Dictionnaire d'**orthographe** et de **difficultés** du français

25, avenue Pierre-de-Coubertin, 75013 Paris
www.lerobert.com

ISBN : 978-2-84902-913-8

Dictionnaire d'**orthographe** et de **difficultés** du français

Le Robert

Direction éditoriale

Dominique Le Fur

Rédaction

Édouard Trouillez - Géraldine Moinard

Lecture-Correction

Annick Valade

Anne-Marie Lentaigne - Muriel Zarka-Richard

Méryem Puill-Châtillon

Secrétariat d'édition

Silke Zimmermann

Informatique éditoriale

Sébastien Pelloello

Conception technique et maquette

Maud Dubourg

PRÉFACE

Cet ouvrage s'adresse à tous ceux qui doivent ou aiment écrire dans une langue soignée, que ce soit dans le cadre privé ou professionnel.

De façon très pratique, il répond à toutes les questions que l'on peut se poser sur l'orthographe, la prononciation, le genre et l'usage des mots, la conjugaison des verbes.

Il signale certaines particularités de la langue française qui, si elles font partie de son « charme » et de sa « finesse », relèvent parfois d'une certaine incohérence et tendent quelques pièges qu'il est bon d'éviter.

Ce dictionnaire rassemble près de **84 000 mots**, soit l'équivalent de la nomenclature du *Grand Robert de la langue française*. Par simple recours à l'ordre alphabétique, il permet de vérifier rapidement l'orthographe d'un mot et apporte une réponse immédiate et claire sur :

➢ la catégorie grammaticale

➢ le féminin des adjectifs et des noms

➢ les pluriels irréguliers et les pluriels des mots composés

➢ la catégorie et le numéro de conjugaison des verbes (qui renvoie aux tableaux en annexe)

➢ les marques déposées

➢ les recommandations officielles

➢ les graphies recommandées par les Rectifications de l'orthographe de 1990 (voir plus bas), signalées par le signe ○

Des remarques expliquent des particularités et irrégularités de la langue française qui peuvent vite devenir des chausse-trapes :

➢ le genre inattendu (ex. : *la coriandre, le gerbéra*)

➢ la variabilité ou l'invariabilité selon le contexte

➢ les constructions syntaxiques, les solécismes (ex. : *pallier qqch. ; remédier à qqch.*)

➢ les verbes défectifs (ex. : *gésir, seoir*)

➢ l'usage (féminisation des titres, pléonasmes, etc.)

➢ l'emploi de la majuscule

➢ la prononciation des mots rares ou mal connus (comme les emprunts)

➢ les homonymes (ex. : *cent/sang ; céans/séant*)

➢ les « paronymes », c'est-à-dire des mots approchants souvent confondus (ex. : *conjoncture/conjecture ; quelque/quel que*)

➢ les confusions de sens

Ces remarques sont précédées d'un symbole différent selon la nature de l'information donnée, pour un repérage plus aisé.

Le dictionnaire alphabétique est complété par des tableaux de conjugaison. Ils rappellent les formes conjuguées de tous les verbes grâce aux 74 verbes modèles présentés. Certaines formes sont accompagnées de remarques sur des graphies introduites par les Rectifications de l'orthographe de 1990.

Les Rectifications de l'orthographe de 1990

Le 6 décembre 1990 paraissait au *Journal officiel* un texte du Conseil supérieur de la langue française proposant un certain nombre de rectifications orthographiques. Elles portent sur les 5 points principaux suivants :

➢ **le trait d'union** disparaît dans un certain nombre de mots au profit de la soudure (ex. : *autoécole, contrappel*) mais est ajouté dans les numéros composés (ex. : *vingt-et-un-mille-six-cent-deux*)

➢ **les mots composés** de type forme verbale + nom ou préposition + nom prennent la marque du pluriel au deuxième élément (ex. : *un essuie-main, des essuie-mains ; un garde-côte, des garde-côtes ; un après-midi, des après-midis*)

➢ **l'accent circonflexe** n'est plus obligatoire sur les lettres *i* et *u* (ex. : *flute, traitre*), sauf dans les formes verbales (ex. : *qu'il fût*), et dans quelques mots qui pourraient devenir ambigus (ex. : *mûr*)

➢ **le participe passé** est invariable dans le cas de *laisser* suivi d'un infinitif (ex. : *elle s'est laissé convaincre*)

➢ **les mots empruntés** suivent les règles d'accentuation et de formation du pluriel des mots français (ex. : *un imprésario, des imprésarios*)

Par ailleurs :

➢ **les graphies de mots de la même famille** sont harmonisées (ex. : *boursouffler* comme *souffler, charriot* comme *charrette*) et rendues conformes aux règles de l'écriture du français (ex. : *douçâtre*)

➢ **une consonne qui suit un e muet est simple** : on écrit *lunette/lunetier, prunelle/prunelier,* sur le modèle de *noisette/noisetier*

➢ **les verbes en *-eler* et en *-eter*** s'écrivent avec un accent grave et une consonne simple devant une syllabe contenant un *e* muet. Les dérivés en *-ment* de ces verbes suivent la même règle (ex. : *il détèle* sur le modèle de *il pèle, il étiquètera* sur le modèle de *il achètera ; nivèlement, renouvèlement*). Exceptions : *appeler, jeter* et leurs composés (y compris *interpeler*) bien implantés dans l'usage

➢ **les verbes en *-otter*** s'écrivent avec une consonne simple, de même que leurs dérivés (ex. : *frisoter, frisotis*).

Certaines conjugaisons sont modifiées :

➢ **les formes conjuguées** des verbes du type *céder* s'écrivent avec un accent grave au futur et au conditionnel (ex. : *il cèdera* sur le modèle de *il lèvera*)

➢ **dans les inversions interrogatives**, la première personne du singulier en *e* suivie du pronom personnel *je* porte un accent grave (ex. : *aimè-je*).

Ces propositions ont reçu un avis favorable de l'Académie française, l'accord du Conseil de la langue française du Québec et celui du Conseil de la langue de la Communauté française de Belgique. Censées aller dans le sens de la simplification, elles n'en ont pas moins des détracteurs qui pointent l'introduction d'incohérences et de confusions.

Loin de ces polémiques, le *Dictionnaire d'orthographe et difficultés du français* marque du symbole ○ toutes les graphies préconisées par les Rectifications de l'orthographe de 1990, lorsqu'elles ne sont pas déjà entérinées par l'usage et enregistrées dans des ouvrages de référence tels que *le Petit Robert de la langue française*. Il signale ainsi que ces formes, réputées fautives jusqu'en 1990, ne devraient plus être sanctionnées.

◆◆◆

Ce ***Dictionnaire d'orthographe et de difficultés du français*** tente d'embrasser le vaste sujet de l'orthographe lexicale et grammaticale en tant que produit d'une norme – qui crée des règles mais aussi des exceptions et des difficultés – et des usages – qui essaient régulièrement de les contourner. Nous espérons que vous aurez plaisir à le consulter, que ce soit pour améliorer votre expression écrite ou pour vos jeux de lettres, comme simple pense-bête ou comme référence professionnelle, voire pour alimenter votre réflexion sur ce passionnant sujet.

Nous tenons à saluer ici la mémoire de M. André Jouette. Son *Dictionnaire d'orthographe et d'expression écrite*, qui avait succédé à *Toute l'orthographe pratique*, a été publié par les Dictionnaires Le Robert pendant plus de 15 ans. Fruit d'un travail dont l'excellence, l'exhaustivité et le ton inimitable furent appréciés par le grand public comme par les spécialistes de l'écrit, il a inspiré de nombreux travaux sur l'orthographe, dont le présent ouvrage.

Le *Dictionnaire d'orthographe et d'expression écrite* de M. André Jouette est présent au catalogue numérique du Robert, consultable sur le site www.lerobert.com.

ABRÉVIATIONS ET SYMBOLES

abrév. abréviation
adj. adjectif ; adjectival
adv. adverbe ; adverbial
Agric. agriculture
Antiq. Antiquité
Archit. architecture
arg. argotique
art. article
Blas. blasons
Bot. botanique
Can. canadianisme
Cin. cinéma
compar. comparatif ; comparaison
conj. conjonction ; conjonctif
conjug. conjugaison
déf. défini
dém. démonstratif
dép. département
Didact. didactique
Dr. droit
excl. exclamatif
fam. familier
f. ; fém. féminin
Géom. géométrie
Hist. histoire

hom. homonyme
impers. impersonnel
indéf. indéfini
indic. indicatif
indir. indirect
inf. infinitif
interj. interjection
interrog. interrogatif
intr. intransitif
inv. invariable
irrég. irrégulier
lang. langage
littér. littéraire
loc. locution
m. ; masc. masculin
Mar. marine
Math. mathématique
Méd. médecine
Mus. musique
n. nom
Naut. nautisme
n. f. nom féminin
n. m. nom masculin
numér. numéral
ord. ordinal
p. p. participe passé
p. prés. participe présent
partit. partitif

pers. personne ; personnel
pl. pluriel
pop. populaire
poss. possessif
prép. préposition ; prépositif
prés. présent
pron. pronom ; pronominal
rec. off. recommandation officielle
région. régional ; régionalisme
rel. relatif
Relig. religion
Sc. sciences
sing. singulier
subj. subjonctif
subst. substantif
superl. superlatif
symb. symbole
Techn. technique
tr. transitif
Typo. typographie
v. verbe
Vén. vénerie
vx vieux

○ graphie préconisée par les Rectifications de l'orthographe de 1990
® marque déposée
* forme fautive ou non attestée
' marque d'aspiration interdisant liaison et élision
♪ remarque sur la prononciation
≡ remarque sur la grammaire et l'usage
➾ remarque sur l'orthographe
↯ alerte sur une difficulté ou une confusion possible
☯ alerte ou remarque sur le genre
⌘ remarque sur la syntaxe

A

a n. m. inv, abrév. et symb.
HOM. **à, ah, ha,** formes du v. **avoir**

à prép.

▪ **à + le**

⌘ La préposition *à* et l'article *le* se contractent en *au* sauf devant une voyelle ou un *h* muet : *au bal ; au hérisson ; à l'avant ; à l'homme.*

▪ **à la**

⌘ Le groupe prépositionnel *à la* suivi d'un adjectif substantivé sert à indiquer la manière : *parler à la légère ; filer à l'anglaise.* Dans le domaine culinaire, *à la* s'efface régulièrement au profit d'une simple apposition du nom : *une entrecôte (à la) bordelaise ; des tournedos (à la) béarnaise.*

▪ **à** ou **chez**

Ξ La préposition *à* est employée avec le verbe *aller* quand le complément est un nom de lieu : *je vais à la boulangerie.* Quand le complément est un nom de personne, l'emploi de *à*, bien que fréquent, est fautif ; il faut employer *chez* : *je vais chez le boulanger* (et non *je vais au boulanger*). Lorsqu'il s'agit d'un magasin, d'une raison sociale, on emploie *chez* devant un nom de famille et *à* dans les autres cas : *aller chez Leclerc, chez Armand Colin, à Carrefour, aux Presses de la Cité.*

▪ **à** ou **en** devant un nom de moyen de transport

Ξ La préposition *à* précède les noms de moyens de transport que l'on peut enfourcher : *à cheval ; à vélo ; à mobylette.* Si le moyen de transport est un véhicule dans lequel on peut entrer, on emploie *en* : *en voiture ; en bateau ; en avion.*

▪ **à** ou **de** pour marquer la possession

Ξ Il faut employer *de* pour marquer la possession sauf avec le verbe *être* ou avec un pronom : *c'est le vélo de Julie ; ce vélo est à Julie ; un ami de Jean : un ami à lui.* La préposition *à* est admise dans les expressions toutes faites ou par plaisanterie : *un fils à papa ; le toutou à sa mémère.*

HOM. **a, ah, ha,** formes du v. **avoir**

abaca n. m.
abacule n. m.
abaissable adj.
abaissant, ante adj.
abaisse n. f.
HOM. **abbesse**
abaissée n. f.
HOM. **abc**
abaisse-langue n. m. ▪ plur. **abaisse-langues**
abaissement n. m.
abaisser v. tr. | conjug. 1 |
¬ **s'abaisser**

➾ Le participe passé de la forme pronominale s'accorde en genre et en nombre avec le sujet : *elle s'est abaissée à lui parler.*

HOM. **abc**
abaisseur, euse adj. et n. m.
abajoue n. f.

⚡ Ne pas confondre **abajoue**, qui désigne la poche située entre la joue et la mâchoire de certains animaux (singe, hamster), avec **bajoue**, qui désigne la joue d'autres animaux (porc, veau).

abalé n. m.
abalone n. m.
abalourdir v. tr. | conjug. 2 |
abalourdissement n. m.
abandon n. m.
abandonnant, ante adj.
abandonnataire n.
abandonnateur, trice n.
abandonné, ée adj.
abandonnement n. m.

abandonner v. tr. | conjug. 1 |
¬ **s'abandonner**
➾ Aux temps composés de la forme pronominale, le participe passé s'accorde en genre et en nombre avec le sujet : *elle s'est abandonnée au désespoir.*
abandonnique adj. et n.
abaque n. m.
☯ Ce mot est masculin : *un abaque ancien.*
abarticulaire adj.
abasie n. f.
abasourdi, ie /-z-/ adj.
abasourdir /-z-/ v. tr. | conjug. 2 |
abasourdissant, ante /-z-/ adj.
abasourdissement /-z-/ n. m.
abat n. m.
Ξ Dans le sens de « bas morceaux d'un animal de boucherie », ce mot s'emploie toujours au pluriel : *des abats de poulet.*
abâtardir v. tr. | conjug. 2 |
¬ **s'abâtardir**
➾ Aux temps composés de la forme pronominale, le participe passé s'accorde en genre et en nombre avec le sujet : *ils se sont abâtardis.*
abâtardissement n. m.
abatis n. m.
ϟ Dans l'usage actuel **abatis** signifie « terrain déboisé ». Il ne faut pas le confondre avec **abattis**, qui signifie « abats de volaille » ou « amas de bois ».
HOM. **abattis**, formes du v. **abattre**
abat-jour n. m. ▪ plur. **abat-jours** ou plur. inv.
abat-son n. m. ▪ plur. **abat-sons**
abattable adj.
abattage n. m.
abattant n. m.
abattée n. f.
abattement n. m.
abatteur, euse n.
abattis n. m.
Ξ Quand il désigne les abats de volaille, ce mot s'emploie toujours au pluriel.
ϟ Ne pas confondre **abattis**, qui signifie « abats de volaille » ou « amas de bois », avec **abatis**, qui signifie « terrain déboisé ».
HOM. **abatis**, formes du v. **abattre**
abattoir n. m.
abattre v. tr. et v. intr. | conjug. 41 |
¬ **s'abattre**
➾ Aux temps composés de la forme pronominale, le participe passé s'accorde en genre et en nombre avec le sujet : *elle s'est abattue sur son lit.*
abattu, ue adj. et n. m.
abatture n. f.
abat-vent n. m. ▪ plur. **abat-vents** ou plur. inv.
abat-voix n. m. inv.

abbaside ou **abbasside** adj. et n.
abbatial, iale, iaux /-s-/ adj. et n. f.
abbaye /-ei-/ n. f.
abbé n. m.
➾ Comme tous les titres honorifiques, ce mot ne prend pas de majuscule : *monsieur l'abbé.*
HOM. **abée**
abbesse n. f.
HOM. **abaisse**, formes du v. **abaisser**
abbéton n. m.
abbevillien, ienne adj. et n. m.
ϟ Ne pas confondre **abbevillien**, terme de géologie et de paléontologie, avec **Abbevillois**, nom des habitants d'Abbeville.
abc n. m. inv.
HOM. **abaissée, abaisser**
abcéder v. intr. | conjug. 6 |
¬ **s'abcéder**
➾ Aux temps composés de la forme pronominale, le participe passé s'accorde en genre et en nombre avec le sujet : *des nodules se sont abcédés.*
abcès n. m.
abdicataire adj. et n.
➾ Ce mot, bien que de la famille de *abdiquer*, s'écrit avec un *c*.
abdicateur, trice adj.
➾ Ce mot, bien que de la famille de *abdiquer*, s'écrit avec un *c*.
abdication n. f.
➾ Ce mot, bien que de la famille de *abdiquer*, s'écrit avec un *c*.
abdiquer v. tr. | conjug. 1 |
abdomen /-mɛn/ n. m.
abdominal, ale, aux adj.
abdos n. m. pl.
◘ abrév. de **abdominaux**
abducteur, trice adj. et n. m.
ϟ Ne pas confondre **abducteur**, qui signifie « produisant l'abduction » ave **adducteur**, qui signifie « produisant un mouvement d'adduction ».
abduction n. f.
ϟ Ne pas confondre **abduction**, qui signifie « mouvement qui écarte de l'axe du corps », avec **adduction**, qui signifie « action de dériver les eaux » ou « mouvement qui rapproche de l'axe du corps ».
abécédaire adj. et n. m.
abée n. f.
HOM. **abbé**
abeillage n. m.
abeille n. f.
abélien, ienne adj.
abelmosque n. f.
abénaquis, ise adj. et n.
aber /-ɛʀ-/ n. m.
aberrance n. f.

aberrant, ante adj.
aberration n. f.
abêtir v. tr. | conjug. 2 |
¬ **s'abêtir**
➾ Aux temps composés de la forme pronominale, le participe passé s'accorde en genre et en nombre avec le sujet : *elle s'est abêtie à regarder ces émissions.*
abêtissant, ante adj.
abêtissement n. m.
abêtisseur, euse n.
abêtissoir n. m.
ab hoc et ab hac loc. adv.
abhorrer v. tr. | conjug. 1 |
abies /-jɛs/ n. m.
abiétacée n. f.
abiétate n. m.
abiétin, ine adj.
abiétique adj.
abîme ou **abime**° n. m.
➾ Ce mot peut s'écrire *abyme* uniquement dans l'expression **mise en abyme**.
⚡ Ne pas confondre **abîme**, qui désigne un gouffre, avec **abysse**, qui désigne une fosse sous-marine. En revanche, les deux mots signifient « grande différence » au sens figuré.
HOM. **abyme**
abîmé, ée ou **abimé, ée**° adj.
abîmer ou **abimer**° v. tr. | conjug. 1 |
¬ **s'abîmer**
➾ Aux temps composés de la forme pronominale, le participe passé s'accorde en genre et en nombre avec le sujet : *ces poires se sont abîmées.* Mais le participe passé ne s'accorde pas quand il est suivi d'un complément d'objet direct : *elle s'est abîmé les dents.* Il ne s'accorde avec le complément d'objet direct que lorsque celui-ci est placé avant le verbe : *elle se les est abîmées.*
ab initio loc. adv.
ab intestat /-ɛ̃tɛsta/ loc. adv. et adj.
abiogenèse n. f.
abiose n. f.
abiotique adj.
abiotrophie n. f.
abiotrophique adj.
ab irato loc. adv. et adj.
abject, e /-ɛkt/ adj.
abjectement adv.
abjection n. f.
abjuration n. f.
⚡ Ne pas confondre **abjuration**, qui signifie « abandon, renoncement », avec **adjuration**, qui signifie « supplication ».
abjuratoire adj.
abjurer v. tr. | conjug. 1 |
⚡ Ne pas confondre **abjurer**, qui signifie « abandonner, renoncer à », avec **adjurer**, qui signifie « supplier ».
ablactation n. f.
ablastine n. f.
ablater v. tr. | conjug. 1 |
ablatif, ive n. m. et adj.
ablation n. f.
able n. m.
ablégat n. m.
ablégation n. f.
ablépharie n. f.
ableret n. m.
ablette n. f.
ablier n. m.
abloc n. m.
HOM. **à bloc**
ablocage n. m.
abloquer v. tr. | conjug. 1 |
ablution n. f.
ablutionner v. tr. | conjug. 1 |
abnégation n. f.
aboi n. m.
Ξ Ce mot s'emploie surtout au pluriel dans la locution **aux abois**.
HOM. formes du v. **aboyer**
aboiement n. m.
➾ Ne pas oublier le *e* muet.
aboiteau n. m.
abolir v. tr. | conjug. 2 |
Ξ **Abolir entièrement** est un pléonasme à éviter.
abolisseur n. m.
abolition n. f.
abolitionnisme n. m.
abolitionniste n. et adj.
aboma n. m.
abomasum ou **abomasus** n. m.
abominable adj.
abominablement adv.
abomination n. f.
abominer v. tr. | conjug. 1 |
abondamment adv.
abondance n. f.
abondanciste n.
abondant, ante adj.
abonde n. f.
abondement n. m.
abonder v. intr. et v. tr. | conjug. 1 |
les marchandises abondent
▸ **abonder en** (+ n.) *la boutique abonde en marchandises*
▸ **abonder dans le sens de qqn**
Ξ La structure **abonder de** (+ n.) est vieillie : *une région qui abonde de vignes.*
La structure transitive ne s'emploie qu'au sens de « contribuer au financement de » : *abonder un budget, un plan d'épargne salariale.*

abonnable adj.
abonnage n. m.
abonnataire adj. et n.
abonné, ée adj. et n.
abonnement n. m.
abonner v. tr. | conjug. 1 |
¬ **s'abonner**
➾ Aux temps composés de la forme pronominale, le participe passé s'accorde en genre et en nombre avec le sujet : *elle s'est abonnée à une revue.*
abonnir v. tr. | conjug. 2 |
abonnissement n. m.
aboral, ale, aux adj.
aboralement adv.
abord n. m.
▸ **d'abord, tout d'abord**
▸ **au premier abord, de prime abord**
☰ La locution ***à prime abord** est fautive.
HOM. formes du v. **abhorrer**
abordable adj.
abordage n. m.
aborder v. intr. et v. tr. | conjug. 1 |
¬ **s'aborder**
➾ Aux temps composés de la forme pronominale, le participe passé s'accorde en genre et en nombre avec le sujet : *ils se sont abordés dans la rue.*
abordeur n. m. et adj. m.
aborigène n. et adj.
➾ Ce mot s'écrit avec une majuscule lorsqu'il désigne un autochtone d'Australie : *les Aborigènes sont les premiers occupants de l'Australie.* Le mot **arborigène*, employé pour *aborigène* par confusion avec des mots de la famille de *arbre* (*arboré, arboricole*), n'existe pas.
ab origine /-e/ loc. adv.
abornement n. m.
abortif, ive adj.
abortion n. f.
abouchement n. m.
aboucher v. tr. | conjug. 1 |
¬ **s'aboucher**
➾ Aux temps composés de la forme pronominale, le participe passé s'accorde en genre et en nombre avec le sujet : *elle s'est abouchée avec lui ; ils se sont abouchés.*
abouler v. intr. et v. tr. | conjug. 1 |
☰ Ce mot est argotique.
¬ **s'abouler**
➾ Aux temps composés de la forme pronominale, le participe passé s'accorde en genre et en nombre avec le sujet : *elles se sont rapidement aboulées.*
aboulie n. f.
aboulique adj. et n.
about n. m.
aboutage n. m.
aboutement n. m.
abouter v. tr. | conjug. 1 |
abouti, ie adj.
aboutir v. intr. et v. tr. ind. | conjug. 2 |
▸ **aboutir dans/sur** *le couloir aboutit dans une chambre, sur une terrasse*
▸ **aboutir à** *le chemin aboutit à une chapelle ; l'enquête aboutit à cette conclusion*
aboutissant n. m.
aboutissement n. m.
ab ovo loc. adv.
aboyant, ante adj.
aboyer v. intr. et v. tr. | conjug. 8 |
▸ **aboyer contre/après** (+ n.) *elle aboie contre les touristes ; il aboie après ses employés*
aboyeur, euse n.
abra n. f.
abracadabra n. m.
abracadabrant, ante adj.
abracadabrantesque adj.
abranche adj. et n. m.
abrasax n. m.
→ **[1]abraxas**
abrasement n. m.
abraser v. tr. | conjug. 1 |
abrasif, ive n. m. et adj.
abrasin n. m.
abrasion n. f.
[1]abraxas ou **abrasax** n. m. (amulette)
[2]abraxas n. m. (papillon)
abréacteur n. m.
abréaction n. f.
abréagir v. tr. | conjug. 2 |
abrégé n. m.
abrégeable adj.
abrégement ou **abrègement** n. m.
abréger v. tr. | conjug. 3 et 6 |
abrêtier n. m.
abrêt-noir n. m. ▪ plur. **abrêts-noirs**
abreuvage n. m.
abreuvement n. m.
abreuver v. tr. | conjug. 1 |
abreuvoir n. m.
abréviateur, trice adj. et n.
abréviatif, ive adj.
abréviation n. f.
abréviativement adv.
abri n. m.
Abribus® n. m.
➾ Comme tous les noms déposés, ce mot doit s'écrire avec une majuscule : *se réfugier sous un Abribus.* Toutefois, on le trouve fréquemment employé comme nom générique sans respect de la règle : *se réfugier sous un abribus.*

abricot n. m.
☰ Ce mot peut s'employer comme adjectif de couleur ; il est alors invariable : *des rubans abricot*.
abricoté, ée adj.
abricotier n. m.
abricotine n. f.
abrier v. tr. | conjug. 7 |
abri-sous-roche n. m. ▪ plur. **abris-sous-roche**
abrité, ée adj.
abriter v. tr. | conjug. 1 |
¬ **s'abriter**
➾ Aux temps composés de la forme pronominale, le participe passé s'accorde en genre et en nombre avec le sujet : *ils se sont abrités sous un arbre*.
abrivent n. m.
abrogatif, ive adj.
abrogation n. f.
abrogatoire adj.
abrogeable adj.
abroger v. tr. | conjug. 3 |
abrouti, ie adj.
abroutissement n. m.
abrupt, e /-pt/ adj. et n. m.
abruptement adv.
abruti, ie adj. et n.
abrutir v. tr. | conjug. 2 |
¬ **s'abrutir**
➾ Aux temps composés de la forme pronominale, le participe passé s'accorde en genre et en nombre avec le sujet : *elle s'est abrutie de travail*.
abrutissant, ante adj.
abrutissement n. m.
A. B. S. n. m.
◘ abrév. de **Antiblockiersystem** (antiblocage de sécurité)
abscision ou **abscission** n. f.
abscisse n. f.
☯ Ce mot est féminin : *une abscisse*.
abscons, onse /-ɔ̃, ɔ̃s/ adj.
absence n. f.
absent, ente adj. et n.
⌘ L'emploi de **absent à** suivi d'un complément de lieu est critiqué. Il est préférable d'employer **absent de** : *il était absent du tribunal*.
absentéisme n. m.
absentéiste adj. et n.
absenter (s') v. pron. | conjug. 1 |
➾ Aux temps composés, le participe passé s'accorde en genre et en nombre avec le sujet : *ils se sont absentés*.
absidal, ale, aux adj.
abside n. f.
☯ Ce mot est féminin : *une abside*.
ϟ Ne pas confondre **abside**, qui désigne l'extrémité du chœur d'une église, avec **apside**, terme d'astronomie.
absidial, iale, iaux adj.
absidiole n. f.
absinthe n. f.
absinthine n. f.
absinthique adj.
absinthisme n. m.
absolu, ue adj. et n. m.
absoluité n. f.
absolument adv.
absolutif, ive adj.
absolution n. f.
absolutisme n. m.
absolutiste adj. et n.
absolutoire adj.
absorbable adj.
absorbance n. f.
absorbant, ante adj.
absorbation n. f.
absorbement n. m.
absorber v. tr. | conjug. 1 |
ϟ Ne pas confondre **absorber**, qui signifie « laisser pénétrer », avec **adsorber**, qui signifie « retenir à la surface ».
➾ Plusieurs mots de la même famille s'écrivent avec un *p* : *absorption*, *absorptif*, *absorptiométrie*, etc.
absorbeur n. m.
absorptance n. f.
➾ Ce mot, de la famille de *absorber*, s'écrit avec un *p*, malgré une prononciation proche de celle du *b*.
absorptif, ive adj.
➾ Ce mot, de la famille de *absorber*, s'écrit avec un *p*, malgré une prononciation proche de celle du *b*.
absorptiomètre n. m.
➾ Ce mot, de la famille de *absorber*, s'écrit avec un *p*, malgré une prononciation proche de celle du *b*.
absorptiométrie n. f.
➾ Ce mot, de la famille de *absorber*, s'écrit avec un *p*, malgré une prononciation proche de celle du *b*.
absorption n. f.
➾ Ce mot, de la famille de *absorber*, s'écrit avec un *p*, malgré une prononciation proche de celle du *b*.
ϟ Ne pas confondre **absorption**, qui signifie « action d'absorber », avec **adsorption**, qui signifie « rétention en surface ».
absorptivité n. f.
➾ Ce mot, de la famille de *absorber*, s'écrit avec un *p*, malgré une prononciation proche de celle du *b*.

absoudre v. tr. | conjug. 51 |
CONJUG. Attention aux formes du participe passé : *absous* (masculin) et *absoute, absoutes* (féminin). Cependant, les Rectifications de l'orthographe de 1990 préconisent la graphie *absout* pour la forme masculine du participe passé.
absoute n. f.
abstème adj. et n.
abstenant n. m.
abstenir (s') v. pron. | conjug. 22 |
➾ Aux temps composés, le participe passé s'accorde en genre et en nombre avec le sujet : *elle s'est abstenue de répondre ; de nombreux électeurs se sont abstenus.*
abstention n. f.
abstentionnisme n. m.
abstentionniste n.
abstergent, ente adj. et n. m.
absterger v. tr. | conjug. 3 |
abstersif, ive adj. et n. m.
abstersion n. f.
abstinence n. f.
abstinent, ente adj.
abstract n. m.
Ξ Cet anglicisme appartient au vocabulaire scientifique. Dans le langage courant, on emploie plutôt *résumé.*
abstracteur n. m.
abstractif, ive adj.
abstraction n. f.
abstractivement adv.
abstractivité n. f.
abstraire v. tr. | conjug. 50 |
CONJUG. Ce verbe est inusité au passé simple et à l'imparfait du subjonctif.
¬ **s'abstraire**
➾ Aux temps composés de la forme pronominale, le participe passé s'accorde en genre et en nombre avec le sujet : *elle s'est complètement abstraite au milieu de cette agitation.*
abstrait, aite adj. et n. m.
abstraitement adv.
abstrus, use adj.
➾ Ne pas oublier le *s* au masculin singulier.
abstrusion n. f.
absurde adj. et n. m.
absurdement adv.
absurdisme n. m.
absurdité n. f.
abus n. m.
abuser v. tr. et v. tr. ind. | conjug. 1 |
Ξ Il faut bien distinguer **abuser qqn**, qui signifie « tromper qqn », et **abuser de qqn**, qui signifie « violer qqn » : *ce commerçant malhonnête nous a abusés ; il a été condamné pour avoir abusé d'elle.*
⌘ Ce verbe peut s'employer sans complément au sens de « exagérer » : *je trouve qu'il abuse.*
¬ **s'abuser**
➾ Aux temps composés de la forme pronominale, le participe passé s'accorde en genre et en nombre avec le sujet : *elle s'est abusée sur ce point.*
abuseur, euse n. et adj.
abusif, ive adj.
abusivement adv.
abutilon n. m.
abyme n. m.
Ξ Ce mot s'emploie uniquement dans la locution **mise en abyme**.
HOM. **abîme**, formes du v. **abîmer**
→ aussi **abîme**
abyssal, ale, aux adj.
abysse n. m.
☯ Ce mot est masculin : *un abysse.*
⚡ Ne pas confondre **abysse**, qui désigne une fosse sous-marine, avec **abîme**, qui désigne un gouffre. En revanche, les deux mots signifient « grande différence » au sens figuré.
abyssin, ine adj. et n.
abzyme n. f.
aca n. m.
acabit /-i/ n. m.
acacia n. m.
☯ Ce mot est masculin : *un acacia.*
académicien, ienne n.
académie n. f.
➾ Ce mot s'écrit avec une majuscule dans les noms d'organismes à caractère unique lorsqu'il est déterminé par un adjectif ou un nom commun : *l'Académie des sciences ; l'Académie des beaux-arts ; l'Académie royale espagnole* mais *une académie scientifique, artistique ; l'académie des Goncourt.* Avec une majuscule et sans complément, **l'Académie** désigne l'Académie française ou l'école philosophique grecque fondée par Platon : *elle a été reçue à l'Académie ; l'Académie était située dans les faubourgs d'Athènes.*
académique adj.
académiquement adv.
académisable adj.
académisme n. m.
académiste n. m.
acadianisme n. m.
acadien, ienne adj. et n.
➾ L'adjectif s'écrit sans majuscule : *la population acadienne.* Le nom s'écrit avec une majuscule uniquement quand il désigne une personne : *les Acadiens ; c'est une Acadienne* mais *parler l'acadien.*

ϟ Ne pas confondre **acadien**, qui signifie « d'Acadie », avec **akkadien**, qui signifie « d'Akkad ».
HOM. **akkadien**
acajou n. m.
Ξ Ce mot peut s'employer comme adjectif de couleur ; il est alors invariable : *des cheveux acajou*.
[1]**acajuba** n. m. (arbre)
[2]**acajuba** n. f. (noix d'acajou)
acalculie n. f.
acalèphe n. m.
acalorique adj.
acalyphe n. m.
acanthacée n. f.
acanthaire n. m.
acanthe n. f.
acanthobdelle n. m.
acanthocarpe adj.
acanthocéphale n. m.
acanthode n. m.
acanthodien n. m.
acanthopanax n. m.
acanthoptérygien, ienne n. m. et adj.
acanthure n. m.
acap n. m.
a cappella ou **a capella** ou **à capella**○ loc. adj. et adv.
acariâtre adj.
acariâtreté n. f.
acaricide adj. et n. m.
acarien n. m.
acariose n. f.
acarologie n. f.
acarpe adj.
acarus /-ys/ n. m.
acaryote n. f. et adj.
acatalectique adj. et n. m.
acatalepsie n. f.
acataleptique adj. et n.
acatène adj.
acathésie n. f.
acathisie ou **akathisie** n. f.
acathisique adj.
acaude adj.
acaule adj.
accablant, ante adj.
accablement n. m.
accabler v. tr. | conjug. 1 |
accalmie n. f.
accalminé, ée adj.
accaparant, ante adj.
accaparement n. m.
accaparer v. tr. | conjug. 1 |
Ξ La forme pronominale **s'accaparer (de)**, fréquente en Belgique, a le même sens que la forme transitive.
accapareur, euse n.
accastillage n. m.
accastiller v. tr. | conjug. 1 |
accédant, ante n.
accéder v. tr. ind. | conjug. 6 |
[1]**accelerando** ▪ plur. **accelerandos** ou **accélérando** ▪ plur. **accélérandos** n. m. •
[2]**accelerando** ou **accélérando** adv.
accélérateur, trice adj. et n. m.
accélération n. f.
accéléré, ée adj. et n. m.
accélérer v. tr. | conjug. 6 |
¬ **s'accélérer**
➾ Aux temps composés de la forme pronominale, le participe passé s'accorde en genre et en nombre avec le sujet : *la cadence s'est accélérée*.
accélérine n. f.
accélérographe n. m.
accéléromètre n. m.
accent n. m.
accenteur n. m.
accentuable adj.
accentuation n. f.
accentué, ée adj.
accentuel, elle adj.
accentuer v. tr. | conjug. 1 |
acceptabilité n. f.
acceptable adj.
acceptant, ante adj. et n.
acceptation n. f.
ϟ Ne pas confondre **acceptation** avec **acception**. Au sens de « fait d'accepter », *acception* ne s'emploie que dans le langage juridique et administratif.
accepter v. tr. | conjug. 1 |
accepteur n. m. et adj. m.
acception n. f.
ϟ Ne pas confondre **acception** avec **acceptation**. Au sens de « fait d'accepter », *acception* ne s'emploie que dans le langage juridique et administratif.
accès n. m.
HOM. formes du v. **axer**
accessibilité n. f.
accessible adj.
accession n. f.
accessit /-it/ n. m.
accessoire adj. et n. m.
accessoirement adv.
accessoiriser v. tr. | conjug. 1 |
accessoiriste n.
accident n. m.
accidenté, ée adj. et n.
accidentel, elle adj.
accidentellement adv.
accidenter v. tr. | conjug. 1 |

accidentogène adj.
accidentologie n. f.
accidentologue n.
accipitridé n. m.
accipitriné n. m.
accise n. f.
accisien n. m.
acclamateur, trice n.
acclamation n. f.
➾ La locution **par acclamation** s'écrit toujours au singulier : *ils ont été élus par acclamation.*
acclamer v. tr. | conjug. 1 |
acclimatable adj.
acclimatation n. f.
acclimatement n. m.
acclimater v. tr. | conjug. 1 |
¬ **s'acclimater**
➾ Aux temps composés de la forme pronominale, le participe passé s'accorde en genre et en nombre avec le sujet : *elle s'était acclimatée à la vie de pensionnaire.*
accoinçon n. m.
accointance n. f.
Ξ Ce mot s'emploie surtout au pluriel dans l'expression **avoir des accointances** qui signifie « avoir des relations » : *il a des accointances parmi les élus locaux.*
accolade n. f.
accolage n. m.
accolement n. m.
accoler v. tr. | conjug. 1 |
accolure n. f.
accombant, ante adj.
accommodable adj.
accommodage n. m.
accommodant, ante adj.
accommodat /-a/ n. m.
accommodateur, trice adj.
accommodation n. f.
accommodement n. m.
accommoder v. tr. et v. intr. | conjug. 1 |
¬ **s'accommoder**
Ξ Il faut distinguer la structure vieillie **s'accommoder à**, qui signifie « s'adapter à », de **s'accommoder de**, qui signifie « accepter comme pouvant convenir » : *elle s'est accommodée aux impératifs ; il s'accommode toujours de ce qu'on lui propose.*
➾ Aux temps composés de la forme pronominale, le participe passé s'accorde en genre et en nombre avec le sujet : *elle s'est accommodée de la situation.*
accompagnant, ante n.
accompagnateur, trice n.
accompagnement n. m.
accompagner v. tr. | conjug. 1 |
¬ **s'accompagner**
➾ Aux temps composés de la forme pronominale, le participe passé s'accorde en genre et en nombre avec le sujet : *la défaite s'est accompagnée d'humiliation.*
accompli, ie adj. et n. m.
accomplir v. tr. | conjug. 2 |
¬ **s'accomplir**
➾ Aux temps composés de la forme pronominale, le participe passé s'accorde en genre et en nombre avec le sujet : *elle s'est accomplie dans le travail.*
accomplissement n. m.
accon n. m.
→ **acon**
acconage n. m.
→ **aconage**
acconier n. m.
→ **aconier**
accorage n. m.
accord n. m.
➾ Ce mot s'écrit sans majuscule : *les accords de Munich ; les accords franco-tunisiens de 1956.*
HOM. **accore, acore, accort**
accordable adj.
accordage n. m.
accordailles n. f. pl.
accordance n. f.
accordant, ante adj.
accord-cadre n. m. ▪ plur. **accords-cadres**
accordé, ée adj.
accordéon n. m.
accordéoniste n.
accorder v. tr. | conjug. 1 |
¬ **s'accorder**
➾ Aux temps composés de la forme pronominale, le participe passé s'accorde en genre et en nombre avec le sujet : *elle s'est accordée avec lui ; ils ne se sont pas accordés.* Mais le participe passé ne s'accorde pas quand il est suivi d'un complément d'objet direct : *elles se sont accordé une pause.* Il ne s'accorde avec le complément d'objet direct que lorsque celui-ci est placé avant le verbe : *la pause qu'elles se sont accordée.*
accordeur, euse n.
accordoir n. m.
[1]**accore** n. m. ou f. (cale d'un navire)
HOM. **accord, accort, acore**
[2]**accore** n. m. (contour d'écueil)
HOM. **accord, accort, acore**
[3]**accore** adj. (abrupt)
HOM. **accord, accort, acore**
accorné, ée adj.
accort, orte /akɔʀ, ɔʀt/ adj.
HOM. **accord, accore, acore**

accortement adv.
accortise n. f.
accostable adj.
accostage n. m.
accostant, ante adj.
accoster v. tr. | conjug. 1 |
accot /-o/ n. m.
accotement n. m.
accoter v. tr. | conjug. 1 |
¬ **s'accoter**
➾ Aux temps composés de la forme pronominale, le participe passé s'accorde en genre et en nombre avec le sujet : *elle s'est accotée au comptoir.*
HOM. **à-côté**
accotoir n. m.
accouardir v. tr. | conjug. 2 |
accouchée n. f.
accouchement n. m.
accoucher v. tr. et v. tr. ind. | conjug. 1 |
Ξ Ne pas confondre **accoucher une femme**, qui signifie « aider une femme à mettre son enfant au monde », avec **accoucher de**, qui signifie « mettre au monde » : *c'est une sage-femme qui l'a accouchée ; elle a accouché d'une fille.*
accoucheur, euse n.
accoudement n. m.
accouder (s') v. pron. | conjug. 1 |
➾ Aux temps composés, le participe passé s'accorde en genre et en nombre avec le sujet : *elle s'est accoudée à la balustrade.*
accoudoir n. m.
accouplage n. m.
accouple n. f.
accouplé, ée adj.
accouplement n. m.
accoupler v. tr. | conjug. 1 |
¬ **s'accoupler**
➾ Aux temps composés de la forme pronominale, le participe passé s'accorde en genre et en nombre avec le sujet : *les deux pigeons se sont accouplés.*
accourcie n. f.
accourcir v. tr. et v. intr. | conjug. 2 |
accourcissement n. m.
accourir v. intr. | conjug. 11 |
CONJUG. Ce verbe peut se conjuguer avec l'auxiliaire *être* ou *avoir* : *je suis vite accouru ; j'ai vite accouru.*
accourse n. f.
accoutrement n. m.
accoutrer v. tr. | conjug. 1 |
¬ **s'accoutrer**
➾ Aux temps composés de la forme pronominale, le participe passé s'accorde en genre et en nombre avec le sujet : *ils se sont bizarrement accoutrés.*

accoutumance n. f.
accoutumé, ée adj.
▸ **à l'accoutumée** *il est passé à 8 heures, comme à l'accoutumée*
accoutumer v. tr. | conjug. 1 |
▸ **accoutumer qqn à** (+ n.) *je suis accoutumé à ce genre de remarque*
▸ **accoutumer qqn à** (+ inf.) *on ne l'a pas accoutumé à travailler*
¬ **s'accoutumer**
➾ Aux temps composés de la forme pronominale, le participe passé s'accorde en genre et en nombre avec le sujet : *elle s'est accoutumée à cette situation.*
accouvage n. m.
accouveur, euse n.
accréditaire adj.
accréditation n. f.
accréditement n. m.
accréditer v. tr. | conjug. 1 |
accréditeur n. m.
accréditif, ive adj. et n. m.
accrescent, ente adj.
accrêté, ée adj.
accrétion n. f.
accro adj. et n.
□ abrév. de **accroché**
⚡ Ne pas confondre **accro**, qui signifie « dépendant » ou « passionné », avec **accroc**, qui signifie « déchirure » ou « difficulté ».
HOM. **accroc**
Accrobranche® n. f.
➾ Comme tous les noms déposés, ce mot doit s'écrire avec une majuscule : *faire de l'Accrobranche.* Toutefois, on le trouve fréquemment employé comme nom générique sans respect de la règle : *faire de l'accrobranche.* On rencontre parfois la graphie *accrobranche.*
accroc /-o/ n. m.
⚡ Ne pas confondre **accroc**, qui signifie « déchirure » ou « difficulté », avec **accro**, qui signifie « dépendant » ou « passionné ».
HOM. **accro**
accrochage n. m.
accroche n. f.
accroche-cœur n. m. ▪ plur. **accroche-cœurs**
accrochement n. m.
accroche-plat n. m. ▪ plur. **accroche-plats**
accrocher v. tr. et v. intr. | conjug. 1 |
¬ **s'accrocher**
➾ Aux temps composés de la forme pronominale, le participe passé s'accorde en genre et en nombre avec le sujet : *elle s'est accrochée à la rampe.*
accrocheur, euse adj. et n.
accroire v. tr. | conjug. seult inf. |
Ξ Ce verbe s'emploie uniquement à l'infinitif

dans des locutions telles que **en faire accroire** ou **s'en laisser accroire** : *il a essayé de nous en faire accroire ; je ne vais pas m'en laisser accroire.*

accroissement n. m.

accroître ou **accroitre**○ v. tr. | conjug. 55, sauf p. p. *accru* |

➾ Les Rectifications de l'orthographe de 1990 préconisent la suppression de l'accent circonflexe sur le *i* devant le *t* : *il accroit, il accroitra, il accroitrait.*

¬ **s'accroître**

➾ Aux temps composés de la forme pronominale, le participe passé s'accorde en genre et en nombre avec le sujet : *la population s'est accrue.*

accroupir (s') v. pron. | conjug. 2 |

➾ Aux temps composés, le participe passé s'accorde en genre et en nombre avec le sujet : *elles se sont accroupies.*

accroupissement n. m.

accru n. m.

HOM. **accrue**

accrue n. f.

HOM. **accru**

accueil /akœj/ n. m.

➾ Ne pas écrire **acceuil*, qui n'existe pas.

HOM. formes du v. **accueillir**

accueillant, ante /akœj-/ adj. et n.

➾ Ne pas écrire **acceuillant*, qui n'existe pas.

accueillir /akœj-/ v. tr. | conjug. 12 |

➾ Ne pas écrire **acceuillir*, qui n'existe pas.

accul /-y/ n. m.

HOM. **accus, acul**

acculée n. f.

HOM. **aculé, acculer**

acculement n. m.

acculer v. tr. | conjug. 1 |

HOM. **aculé, acculée**

acculturatif, ive adj.

acculturation n. f.

acculturer v. tr. | conjug. 1 |

accumulateur n. m.

accumulation n. f.

accumuler v. tr. | conjug. 1 |

¬ **s'accumuler**

➾ Aux temps composés de la forme pronominale, le participe passé s'accorde en genre et en nombre avec le sujet : *les lettres se sont accumulées.*

accus n. m. pl.

□ abrév. de **accumulateurs**

☰ Le singulier est rare mais attesté : *un accu rechargeable.*

HOM. **accul, acul**

accusable adj.

accusateur, trice n. et adj.

accusatif n. m.

accusation n. f.

accusatoire adj.

accusé, ée n.

accuser v. tr. | conjug. 1 |

¬ **s'accuser**

➾ Aux temps composés de la forme pronominale, le participe passé s'accorde en genre et en nombre avec le sujet : *elle s'est accusée d'imprudence.*

ace /ɛs/ n. m.

HOM. **ès, esse, s**

acellulaire adj.

acène n. m.

HOM. formes du v. **asséner**

acense n. f.

acéphale adj. et n.

acéphalie n. f.

acer /-ɛʀ/ n. m.

acéracé, ée adj. et n. f.

→ **acériné, ée**

acérage n. m.

acérain, aine adj.

acerbe adj.

acerbité n. f.

acéré, ée adj.

acérentomon n. m.

acérer v. tr. | conjug. 6 |

acéricole adj.

acériculteur, trice n.

acériculture n. f.

acériné, ée ou **acéracé, ée** adj. et n. f.

acescence n. f.

acescent, ente adj.

acétabulaire n. f.

acétabule n. f.

acétal, als n. m.

acétamide n. m.

acétate n. m.

acéteux, euse adj.

acétification n. f.

acétifier v. tr. | conjug. 7 |

acétimètre ou **acétomètre** n. m.

acétine n. f.

acétique adj.

ϟ Ne pas confondre **acétique**, qui concerne l'acide du vinaigre, avec **ascétique**, qui concerne l'ascétisme ou les ascètes.

HOM. **ascétique**

acétobacter /-ɛʀ/ n. m.

acétocellulose n. f.

acétol n. m.

acétolyse n. f.

acétomel n. m.

acétomètre n. m.

→ **acétimètre**

acétone n. f.

acétonémie n. f.

acétonémique adj.
acétonurie n. f.
acétophénone n. f.
acétoselle n. f.
acétylation n. f.
acétylcellulose n. f.
acétylcholine /-k-/ n. f.
acétylcoenzyme n. f.
acétyle n. m.
acétylé, ée adj.
acétylène n. m.
acétylénique adj.
acétylformique adj.
acétylique adj.
acétylsalicylique adj.
acétylure n. m.
achaine /-k-/ n. m.
→ **akène**
achalandage n. m.
achalandé, ée adj.
Ξ Ce mot signifie « qui a de nombreux clients ». L'emploi de **bien achalandé** au sens de « bien approvisionné » est plus courant mais critiqué.
achalander v. tr. | conjug. 1 |
achalant, ante adj. et n.
achalasie n. f.
achaler v. tr. | conjug. 1 |
achards n. m. pl.
HOM. **hachard**
acharné, ée adj.
acharnement n. m.
acharner v. tr. et v. pron. | conjug. 1 |
¬ **s'acharner**
▸ **s'acharner à** (+ inf.) *il s'acharne à me poursuivre*
▸ **s'acharner à** (+ n.) *elle s'acharne au travail*
▸ **s'acharner sur/contre** (+ n.) *le sort s'acharne sur lui* ou *contre lui*
Ξ La tournure **s'acharner après** est à éviter.
➾ Aux temps composés de la forme pronominale, le participe passé s'accorde en genre et en nombre avec le sujet : *elles se sont acharnées*.
achat n. m.
HOM. formes du v. **hacher**
achatine n. m. ou f.
ache n. f.
HOM. **h, hache, hasch**, formes du v. **hacher**
achée n. f. ou **achet** n. m.
HOM. **hacher**
achéen, enne /-k-/ adj. et n.
achéménide /-k-/ adj. et n.
acheminement n. m.
acheminer v. tr. | conjug. 1 |
¬ **s'acheminer**
➾ Aux temps composés de la forme pronominale, le participe passé s'accorde en genre et en nombre avec le sujet : *ils se sont acheminés vers la maison.*
achemineur n. m.
achène /-k-/ n. m.
→ **akène**
achérontia /-k-/ n. f.
achetable adj.
achet n. m.
→ **achée**
acheter v. tr. | conjug. 5 |
¬ **s'acheter**
➾ Le participe passé ne s'accorde pas quand il est suivi d'un complément d'objet direct : *elle s'est acheté une jupe.* Il s'accorde avec le complément d'objet direct quand celui-ci est placé avant le verbe : *la jupe qu'elle s'est achetée.*
acheteur, euse n.
acheuléen, enne adj. et n. m.
achevage n. m.
achevé, ée adj. et n. m.
achèvement n. m.
achever v. tr. | conjug. 5 |
¬ **s'achever**
➾ Aux temps composés de la forme pronominale, le participe passé s'accorde en genre et en nombre avec le sujet : *la réunion s'est achevée.*
achigan n. m.
achillée /-k-/ n. f.
achilléine /-k-/ n. f.
acholie /-k-/ n. f.
achondroplase /-k-/ n. et adj.
achondroplasie /-k-/ n. f.
achoppement n. m.
achopper v. tr. ind. | conjug. 1 |
▸ **achopper à, sur** (+ n.) *achopper à un problème, sur un mot difficile*
¬ **s'achopper à**
➾ Aux temps composés de la forme pronominale, le participe passé s'accorde en genre et en nombre avec le sujet : *elle s'est achoppée à une difficulté.*
achorion /-k-/ n. m.
achromasie /-k-/ n. f.
achromat /akʀɔma/ n. m.
achromate /-k-/ n. et adj.
→ **achromatope**
achromatine /-k-/ n. f.
achromatique /-k-/ adj.
achromatisation /-k-/ n. f.
achromatiser /-k-/ v. tr. | conjug. 1 |
achromatisme /-k-/ n. m.
achromatope ou **achromatopsique** /-k-/ n. et adj.
achromatopsie /-k-/ n. f.
achromatopsique n. et adj.
→ **achromatope**

achrome /-k-/ adj.
achromie /-k-/ n. f.
achromique /-k-/ adj.
achromobacter /-k-/ n. m.
achronique /-k-/ adj.
ϟ Ne pas confondre **achronique**, qui concerne le temps, avec **acronyque**, qui caractérise un astre.
HOM. **acronyque**
achylie n. f.
aciculaire adj.
acicule n. m.
acidage n. m.
acidalie n. f.
acide adj. et n. m.
acidifère adj.
acidifiable adj.
acidifiant, iante adj. et n. m.
acidification n. f.
acidifier v. tr. | conjug. 7 |
¬ **s'acidifier**
➾ Aux temps composés de la forme pronominale, le participe passé s'accorde en genre et en nombre avec le sujet : *la substance s'est acidifiée.*
acidimètre n. m.
acidimétrie n. f.
acidité n. f.
acidobasique adj.
acidogène adj.
acidograveur n. m.
acidophile adj.
acidorésistance n. f.
acidorésistant, ante adj. et n. m.
acidose n. f.
acidosique adj.
acidule adj.
acidulé, ée adj.
aciduler v. tr. | conjug. 1 |
acier n. m.
Ξ Ce mot peut s'employer seul comme adjectif de couleur ou derrière un adjectif de couleur pour en préciser la nuance ; ces adjectifs sont alors invariables : *des teintes acier* ; *une voiture gris acier.*
HOM. formes du v. **asseoir**
aciérage n. m.
aciération n. f.
aciérer v. tr. | conjug. 6 |
aciéreux, euse adj.
aciérie n. f.
aciériste n.
acinace n. m.
acinésie ou **akinésie** n. f.
acinète n. f.
acinétien n. m.
acineux, euse adj.
acinier n. m.
HOM. formes du v. **assigner**
acinus /-ys/ n. m. ▪ plur. inv. ou plur. **acini**
Ξ On peut employer le pluriel invariable *acinus* ou le pluriel latin *acini.*
acipenséridé n. m.
aclinique adj.
acmé n. m. ou f.
ϟ Ne pas confondre **acmé**, qui signifie « apogée », avec **acné**, qui désigne une maladie de la peau.
acméidé n. m.
acné n. f.
ϟ Ne pas confondre **acné**, qui désigne une maladie de la peau, avec **acmé**, qui signifie « apogée ».
HOM. **haquenée**
acnéiforme adj.
acnéique adj.
acochlidioidé n. m.
acœlien /-se-/ n. m.
acœlomate /-se-/ n. m.
acolytat /-a/ n. m.
acolyte n.
☯ L'emploi au féminin est rare mais correct : *sa mystérieuse acolyte.*
acomas ou **acomat** /-a/ n. m.
acompte n. m.
➾ Ne pas écrire le nom *acompte* comme la locution **à compte** : *donner une somme à compte* mais *donner un acompte.*
HOM. **compte** (à compte)
acon ou **accon** n. m.
aconage ou **acconage** n. m.
acône adj.
aconier ou **acconier** n. m.
aconit /-it/ n. m.
aconitine n. f.
acontie n. f.
a contrario ou **à contrario** ○ loc. adv. et adj.
acoquinant, ante adj.
acoquinement n. m.
acoquiner (s') v. pron. | conjug. 1 |
➾ Aux temps composés, le participe passé s'accorde en genre et en nombre avec le sujet : *elle s'est acoquinée avec lui* ; *ils se sont acoquinés.*
acore n. m.
HOM. **accord, accore, accort**
acosmique adj.
acosmisme n. m.
à-côté n. m. ▪ plur. **à-côtés**
➾ Ce nom s'écrit avec un trait d'union, contrairement aux locutions **à côté** et **à côté de**.
HOM. **accoter**
acotylédone adj. et n. f.
acoumètre n. m.

acoumétrie n. f.
à-coup n. m. ▪ plur. **à-coups**
◗ **par à-coups**
acouphène n. m.
acousmatique adj.
acousticien, ienne n.
acoustique adj. et n. f.
acoustiquement adv.
acquérant, ante adj.
acquéresse n. f.
Ξ Ce mot est le féminin de *acquéreur* dans la langue juridique.
acquéreur, euse n.
☯ Le *Guide d'aide à la féminisation des noms de métiers, titres, grades et fonctions* et l'Office québécois de la langue française recommandent l'emploi de la forme féminine *acquéreuse*. Toutefois, le masculin est encore employé pour désigner une femme : *elle s'est portée acquéreur d'un terrain*. La forme *acquéresse* est rare et appartient à la langue juridique.
acquérir v. tr. | conjug. 21 |
acquêt n. m.
HOM. **haquet**
acquiesçant, ante adj.
acquiescement n. m.
acquiescer v. tr. ind. | conjug. 3 |
◗ **acquiescer à** (+ n.) *acquiescer à une demande/à un vœu*
Ξ Ce verbe peut s'employer sans complément : *il acquiesça d'un signe de tête*.
¹**acquis, ise** adj.
HOM. **acquit**
²**acquis** n. m.
⚡ Ne pas confondre **acquis**, qui vient du verbe *acquérir*, avec **acquit**, qui vient du verbe *acquitter*, notamment dans les locutions **pour acquit** et **par acquit de conscience**.
HOM. **acquit**
acquisitif, ive adj.
acquisition n. f.
acquisivité n. f.
acquit /-i/ n. m.
◗ **pour acquit**
◗ **par acquit de conscience**
⚡ Ne pas confondre **acquit**, qui vient du verbe *acquitter*, avec **acquis**, qui vient du verbe *acquérir*.
HOM. **acquis**
acquit-à-caution n. m. ▪ plur. **acquits-à-caution**
acquittement n. m.
acquitter v. tr. | conjug. 1 |
¬ **s'acquitter**
➾ Aux temps composés de la forme pronominale, le participe passé s'accorde en genre et en nombre avec le sujet : *elle s'est acquittée de sa dette*.

acra n. m.
acraspède ou **acraspédote** adj. et n.
acre n. f.
⚡ Ne pas confondre le nom **acre**, qui est une unité de mesure agraire, avec l'adjectif **âcre**, qui signifie « irritant au goût ».
HOM. **âcre**
âcre adj.
⚡ Ne pas confondre l'adjectif **âcre**, qui signifie « irritant au goût », avec le nom **acre**, qui est une unité de mesure agraire.
HOM. **acre**
acré interj. et n. m.
acréage n. m.
âcrement adv.
âcreté n. f.
acrididé n. m.
acridien, ienne n. m. et adj.
acridine n. f.
acridinique adj.
acridoïde n. m.
→ **acridien**
Acrilan® n. m.
➾ Comme tous les noms déposés, ce mot doit s'écrire avec une majuscule : *une robe en Acrilan*. Toutefois, on le trouve fréquemment employé comme nom générique sans respect de la règle : *une robe en acrilan*.
acrimonie n. f.
acrimonieusement adv.
acrimonieux, ieuse adj.
acritique adj.
acroamatique adj.
acrobate n.
acrobatie /-si/ n. f.
acrobatique adj.
acrobatiquement adv.
acrobatisme n. m.
acrobranche n. f.
→ **Accrobranche**
acrocarpe adj. et n. f.
acrocentrique adj.
acrocéphale adj.
acrocéphalie n. f.
acrochorde n. m.
acrochordidé n. m.
acrochordon n. m.
acrocyanose n. f.
acrodermatite n. f.
acrodonte adj. et n. m.
acrogène adj. et n. m.
acroléine n. f.
acromégalie n. f.
acromégalique adj.
acromégalogigantisme n. m.
acromégaloïde adj.
acromial, iale, iaux adj.

acromion n. m.
acron n. m.
acronycte n. f.
acronyme n. m.
acronymique adj.
acronyque adj.
ϟ Ne pas confondre **acronyque**, qui caractérise un astre, avec **achronique**, qui concerne le temps.
HOM. **achronique**
acroparesthésie n. f.
acropathie n. f.
acrophobie n. f.
acrophonie n. f.
acropode n. m.
acropodion n. m.
acropole n. f.
☯ Ce mot est féminin : *une acropole.*
Ξ Avec une majuscule et sans complément, **l'Acropole** désigne le monument d'Athènes : *nous avons visité l'Acropole.*
acrosome n. m.
acrosomial, ale, aux adj.
acrosport n. m.
acrostiche n. m.
☯ Ce mot est masculin : *un acrostiche.*
acrostole n. m.
acrotère n. m.
acrothoracique n. m.
acrylate n. m.
acrylique adj. et n. m.
actanciel, ielle adj.
actant n. m.
acte n. m.
➾ Dans les noms de textes, ce mot s'écrit avec une majuscule lorsqu'il est déterminé par un adjectif ou par un nom écrit sans majuscule : *l'Acte unique européen* mais *l'acte d'Union*.
actée n. f.
HOM. **acter**
actéon n. m.
actéonidé n. m.
acter v. tr. | conjug. 1 |
HOM. **actée**
acteur, trice n.
A. C. T. H. n. f.
□ abrév. de **adrenocorticotrop(h)ic hormone**
actif, ive adj. et n. m.
actinauxisme n. m.
actine n. f.
actiniaire n. m.
actinide n. m.
actinie n. f.
actinifère adj.
actiniforme adj.
actinique adj.
actiniquement adv.
actinisation n. f.
actinisme n. m.
actinite n. f.
actinium n. m.
actinographe n. m.
actinolite n. f.
→ **actinote**
actinologie n. f.
actinomètre n. m.
actinométrie n. f.
actinométrique adj.
actinomorphe adj.
actinomycète n. m.
actinomycose n. f.
actinon n. m.
actinophrys n. m.
actinopode n. m.
actinoptérygien n. m.
actinote n. f.
actinothérapie n. f.
actinotriche n. m.
actinotropisme n. m.
action n. f.
HOM. formes du v. **axer**
actionnaire n.
HOM. formes du v. **actionner**
actionnalisme n. m.
actionnariat n. m.
actionnement n. m.
actionner v. tr. | conjug. 1 |
actionneur n. m.
actionnisme n. m.
activable adj.
activant, ante adj.
activateur, trice n. m. et adj.
activation n. f.
activement adv.
activer v. tr. | conjug. 1 |
¬ **s'activer**
➾ Aux temps composés de la forme pronominale, le participe passé s'accorde en genre et en nombre avec le sujet : *elle s'est activée toute la journée.*
activeur n. m.
activisme n. m.
activiste n.
activité n. f.
actographe n. m.
actographie n. f.
actuaire n.
actualisable adj.
actualisateur, trice adj. et n. m.
actualisation n. f.
actualiser v. tr. | conjug. 1 |
actualisme n. m.
actualité n. f.
actuariat /-a/ n. m.

actuariel, ielle adj.
actuation n. f.
actuel, elle adj.
actuellement adv.
acuité n. f.
acul /-y/ n. m.
HOM. **accul, accus**
aculé, ée adj.
HOM. **acculée, acculer**
aculéate n. m.
aculéiforme adj.
acumen /-ɛn/ n. m.
acuminé, ée adj.
acuponcteur, trice ou **acupuncteur, trice** /-pɔ̃k-/ n.
acuponcture ou **acupuncture** /-pɔ̃k-/ n. f.
acutangle adj.
acutangulé, ée adj.
acutesse n. f.
acyanopsie n. f.
acyclique adj.
acylation n. f.
acyle n. m.
ada n. m.
adab n. f.
adac n. m.
◻ abrév. de **avion à décollage et à atterrissage courts**
◻ rec. off. pour **STOL**
adactyle adj.
adage n. m.
[1]**adagio** /ada(d)ʒjo/ n. m.
➾ Ce mot a un pluriel régulier : *des adagios*.
[2]**adagio** /ada(d)ʒjo/ adv.
adamantin, ine adj.
adamantoblaste n. m. et adj.
adamien, ienne adj. et n.
adamique adj.
adamisme n. m.
adamite adj. et n.
ad aperturam libri /-tyʀ-/ loc. adv.
adaptabilité n. f.
adaptable adj.
adaptateur, trice n.
adaptatif, ive adj.
adaptation n. f.
adapter v. tr. | conjug. 1 |
¬ **s'adapter**
➾ Aux temps composés de la forme pronominale, le participe passé s'accorde en genre et en nombre avec le sujet : *elle s'est adaptée au rythme scolaire*.
adaptif, ive adj.
adaptométrie n. f.
adav n. m.
◻ abrév. de **avion à décollage vertical**
addax n. m.
addenda /-ɛ̃-/ n. m. ▪ plur. **addendas** ou plur. inv.
Ξ En latin, *addenda* est un nom pluriel. On peut toutefois l'employer au singulier et franciser la forme du pluriel : *un addenda, des addendas*. Le singulier *addendum* est rare.
addict adj. et n.
☯ La forme féminine *addicte* est rare.
addictif, ive adj.
addiction n. f.
addictologie n. f.
addictologue n.
addisonien, ienne adj.
addisonisme n. m.
additif, ive adj. et n. m.
addition n. f.
HOM. **adition**
additionnable adj.
additionnel, elle adj.
additionnement n. m.
additionner v. tr. | conjug. 1 |
¬ **s'additionner**
➾ Aux temps composés de la forme pronominale, le participe passé s'accorde en genre et en nombre avec le sujet : *les erreurs se sont additionnées*.
additionneur n. m.
additionneuse n. f.
additivé, ée adj.
additivement adv.
additivité n. f.
adducteur adj. m. et n. m.
ϟ Ne pas confondre **adducteur**, qui signifie « produisant un mouvement d'adduction » avec **abducteur**, qui signifie « produisant l'abduction ».
adductif, ive adj.
adduction n. f.
ϟ Ne pas confondre **adduction**, qui signifie « action de dériver les eaux » ou « mouvement qui rapproche de l'axe du corps », avec **abduction**, qui signifie « mouvement qui écarte de l'axe du corps ».
adduit n. m.
adélie n. m.
adélocordé n. m.
adelphie n. f.
adelphique adj.
adelphophagie n. f.
ademption n. f.
adénectomie n. f.
adénie n. f.
adénine n. f.
adénite n. f.
adénocarcinome n. m.
adénofibrome n. m.
adénoïde adj.

adénoïdectomie n. f.
adénoïdien, ienne adj.
adénomateux, euse adj.
adénomatose n. f.
adénome n. m.
adénomectomie n. f.
adénopathie n. f.
adénosarcome n. m.
adénosine n. f.
adénostyle n. f.
adénovirus n. m.
adent n. m.
adéphage n. m.
adepte n.
adéquat, ate /-kwa(t), at/ adj.
▸ **adéquat à** *un lieu adéquat à une activité*
♪ La prononciation du *t* au masculin est critiquée.
adéquatement adv.
adéquation n. f.
aderne n. f.
adessif n. m.
adextre adj.
adextré, ée adj.
adhérence n. f.
adhérent, ente adj. et n.
➾ Ne pas écrire cet adjectif comme *adhérant*, participe présent du verbe *adhérer*.
adhérer v. tr. ind. | conjug. 6 |
adhésif, ive adj.
adhésion n. f.
adhésivité n. f.
ad hoc loc. adj. inv.
des instruments ad hoc
HOM. **haddock**
ad hominem loc. adj.
ad honores /-ɛs/ loc. adv.
adiabatique adj. et n. f.
adiabatiquement adv.
adiabatisme n. m.
adialectique adj.
adiante n. m.
Ξ On trouve aussi la forme latine *adiantum* /-ɔm/.
adiaphore adj.
adiaphorèse n. f.
adiaphorie n. f.
adiathermane adj.
adieu interj. et n. m.
à Dieu va(t) /adjøva(t)/ loc. interj.
ad infinitum /-ɔm/ loc. adv.
adipeusement adv.
adipeux, euse adj.
adipique adj.
adipocyte n. m.
adipolyse n. f.
adipopexie n. f.
adipose n. f.
adiposité n. f.
Adiprène® n. m.
➾ Comme tous les noms déposés, ce mot doit s'écrire avec une majuscule : *des semelles en Adiprène*. Toutefois, on le trouve fréquemment employé comme nom générique sans respect de la règle : *des semelles en adiprène*.
adiré, ée adj.
adition n. f.
HOM. **addition**
adive n. m.
adjacent, ente adj.
adjectif, ive n. m. et adj.
adjectivable adj.
adjectival, ale, aux adj.
adjectivation n. f.
adjectivement adv.
adjectiver v. tr. | conjug. 1 |
adjoindre v. tr. | conjug. 49 |
¬ **s'adjoindre**
➾ Aux temps composés de la forme pronominale, le participe passé s'accorde en genre et en nombre avec le sujet : *ils se sont adjoints à cette entreprise*. Mais le participe passé ne s'accorde pas quand il est suivi d'un complément d'objet direct : *elle s'est adjoint deux assistants*. Il ne s'accorde avec le complément d'objet direct que lorsque celui-ci est placé avant le verbe : *les deux assistants qu'elle s'est adjoints*.
adjoint, ointe n. et adj.
➾ Il n'y a jamais de trait d'union entre *adjoint* et le nom qui le précède : *le directeur adjoint*.
adjonctif, ive adj.
adjonction n. f.
ϟ Ne pas confondre **adjonction**, qui signifie « ajout », avec **injonction**, qui signifie « ordre ».
adjudant, ante n.
adjudant-chef, adjudante-chef n. ▪ plur. **adjudants-chefs, adjudantes-chefs**
adjudant-major, adjudante-major(e) n. ▪ plur. **adjudants-majors, adjudantes-major(e)s**
→ aussi **major**
adjudicataire n.
adjudicateur, trice n.
adjudicatif, ive adj.
adjudication n. f.
adjuger v. tr. | conjug. 3 |
¬ **s'adjuger**
➾ Le participe passé ne s'accorde pas quand il est suivi d'un complément d'objet direct : *elle s'est adjugé la récompense*. Il s'accorde avec le complément d'objet direct quand celui-ci est placé avant le verbe : *la récompense qu'elle s'est adjugée*.

adjuration n. f.
ϟ Ne pas confondre **adjuration**, qui signifie « supplication », avec **abjuration**, qui signifie « abandon, renoncement ».
adjurer v. tr. | conjug. 1 |
ϟ Ne pas confondre **adjurer**, qui signifie « supplier », avec **abjurer**, qui signifie « abandonner, renoncer à ».
adjuteur, trice n.
adjuvant n. m.
adjuvat /-a/ n. m.
adjuver v. tr. | conjug. 1 |
adlérien, ienne adj.
adlérisme n. m.
ad libitum /-ɔm/ loc. adv.
ad limina loc. adj.
ad litem loc. adj.
ad litteram loc. adv.
ad majorem dei gloriam /-dei-/ loc. lat.
admettre v. tr. | conjug. 56 |
▸ **en admettant que** (+ subj.) *en admettant que nous nous soyons trompés*
adminicule n. m.
administrant, ante adj.
administrateur, trice n.
administratif, ive adj.
administration n. f.
Ξ Avec une majuscule, **l'Administration** désigne l'ensemble des services administratifs d'un pays : *elle est entrée dans l'Administration.*
administrativement adv.
administré, ée n.
administrer v. tr. | conjug. 1 |
admirable adj.
admirablement adv.
admirant, ante adj.
admirateur, trice n.
admiratif, ive adj.
admiration n. f.
admirativement adv.
admirer v. tr. | conjug. 1 |
¬ **s'admirer**
➾ Aux temps composés de la forme pronominale, le participe passé s'accorde en genre et en nombre avec le sujet : *elle s'est admirée dans le miroir.*
admis, ise adj.
admissibilité n. f.
admissible adj.
admission n. f.
admittance n. f.
admittatur n. m.
admixtion n. f.
admonestation n. f.
admonester v. tr. | conjug. 1 |
admoniteur, trice n.
admonition n. f.
A. D. N. n. m.
▫ abrév. de **acide désoxyribonucléique**
A. D. N. ase n. f.
▫ abrév. de **désoxyribo(se) et nucléase**
adné, ée adj.
adnominal, ale, aux adj.
ad nutum /-nytɔm/ loc. adv.
ado n.
▫ abrév. de **adolescent, ente**
HOM. **ados, hadaux** (plur. de *hadal*)
adobe n. m.
adolescence n. f.
adolescent, ente n.
adologie n. f.
adologique adj.
adoloré, ée adj.
adonide n. f.
adonien, ienne ou **adonique** adj. et n. m.
[1]**adonis** n. m. (statue, bel homme, papillon)
Ξ Employé comme nom commun, ce mot s'écrit sans majuscule, contrairement au nom propre qui désigne le personnage mythologique : *cet homme est un adonis.*
[2]**adonis** n. f. (plante)
adonner v. pron. et v. intr. | conjug. 1 |
¬ **s'adonner à** (+ n.)
➾ Aux temps composés de la forme pronominale, le participe passé s'accorde en genre et en nombre avec le sujet : *elle s'est adonnée à la boisson.*
ϟ Ne pas confondre **s'adonner à**, dont le complément doit désigner une chose, avec **se donner à**, dont le complément peut désigner une personne dans certains emplois : *il s'adonne à sa passion ; elle s'est donnée à lui.*
adoptable adj.
adoptant, ante adj. et n.
adopter v. tr. | conjug. 1 |
adoptif, ive adj.
adoption n. f.
adorable adj.
adorablement adv.
adoral, ale, aux adj.
adorant, ante adj.
adorateur, trice n.
adoratif, ive adj.
adoration n. f.
adorer v. tr. | conjug. 1 |
ados n. m.
HOM. **ado, hadaux** (plur. de *hadal*)
adossement n. m.
adosser v. tr. | conjug. 1 |
¬ **s'adosser**
➾ Aux temps composés de la forme pronominale, le participe passé s'accorde en genre et en nombre avec le sujet : *elle s'est adossée à la barrière.*

adosseur n. m.
adoubement n. m.
adouber v. tr. | conjug. 1 |
adoubeur n. m.
adoucir v. tr. | conjug. 2 |
¬ **s'adoucir**
➾ Aux temps composés de la forme pronominale, le participe passé s'accorde en genre et en nombre avec le sujet : *elle s'est adoucie avec le temps.*
adoucissage n. m.
adoucissant, ante adj.
adoucissement n. m.
adoucisseur n. m.
adoué, ée adj.
adoxa n. f.
adoxus /-ksys/ n. m.
ad patres /-tʀɛs/ loc. adv.
adragant n. m.
adragante n. f.
adragantine n. f.
ad referendum /-ɔm/ loc. adv.
ad rem loc. adv. et adj.
adrénaline n. f.
adrénalinémie n. f.
adrénalinique adj.
adrénergie n. f.
adrénergique adj.
adrénolytique adj. et n. m.
adressable adj.
adressage n. m.
adresse n. f.
adresser v. tr. | conjug. 1 |
¬ **s'adresser**
➾ Aux temps composés de la forme pronominale, le participe passé s'accorde en genre et en nombre avec le sujet : *elle s'est adressée à lui.*
adressier n. m.
HOM. forme du v. **adresser**
adret n. m.
adriatique adj. et n. f.
➾ Sauf dans la dénomination géographique **la mer Adriatique**, l'adjectif s'écrit sans majuscule : *les flots adriatiques.* Le nom s'écrit toujours avec une majuscule : *les bords de l'Adriatique.*
adrogation n. f.
adroit, oite adj.
adroitement adv.
adscrit adj.
A. D. S. L.® n. m. inv.
◻ abrév. de **asymmetric digital subscriber line**
adsorbable adj.
adsorbant, ante adj. et n. m.
adsorbat n. m.
adsorber v. tr. | conjug. 1 |
ϟ Ne pas confondre **adsorber**, qui signifie « retenir à la surface », avec **absorber**, qui signifie « laisser pénétrer ».
adsorboluminescence n. f.
adsorption n. f.
ϟ Ne pas confondre **adsorption**, qui signifie « rétention en surface », avec **absorption**, qui signifie « action d'absorber ».
adstrat /-a/ n. m.
adufe n. m.
adulaire n. m.
HOM. forme du v. **aduler**
adulateur, trice n.
adulatif, ive adj.
adulation n. f.
aduler v. tr. | conjug. 1 |
adultat n. m.
adulte adj. et n.
adultérateur, trice n. et adj.
adultération n. f.
adultère adj. et n. m.
adultérer v. tr. | conjug. 6 |
adultérin, ine adj.
adultisme n. m.
adultocrate n. m.
adultocratie n. f.
aduste adj.
adustion n. f.
ad usum /-yzɔm/ loc. adv.
ad usum delphini /-yzɔm-/ loc. adj.
ad valorem loc. adj.
advection n. f.
advenant, ante adj.
advenir v. intr. | conjug. 22 |
adventice adj. et n. f.
adventif, ive adj.
adventiste n.
adverbal, ale, aux adj.
ϟ Ne pas confondre **adverbal** qui signifie « qui concerne le verbe » avec **adverbial** qui signifie « qui a le caractère de l'adverbe ».
adverbe n. m.
adverbial, iale, iaux adj.
ϟ Ne pas confondre **adverbial** qui signifie « qui a le caractère de l'adverbe » avec **adverbal** qui signifie « qui concerne le verbe ».
adverbialement adv.
adverbialisateur n. m. et adj.
adverbialiser v. tr. | conjug. 1 |
adversaire n.
adversatif, ive adj.
adverse adj.
adversité n. f.
advertance n. f.
ad vitam æternam /-etɛʀnam/ loc. adv.
adynamie n. f.

adynamique adj.
adyton ou **adytum** /-ɔm/ n. m.
aède n. m.
aédès ou **aedes** n. m.
ægagropile /e-/ ou **égagropile** n. m.
ægosome /e-/ ou **égosome** n. m.
ægypan ou **ægipan** /e-/ ou **égypan** n. m.
æpyornis /epjɔʀnis/ ou **épyornis** n. m.
aérage n. m.
aérateur n. m.
aération n. f.
aéraulique n. f.
aéré, ée adj.
aérer v. tr. | conjug. 6 |
¬ **s'aérer**
➾ Aux temps composés de la forme pronominale, le participe passé s'accorde en genre et en nombre avec le sujet : *elle s'est aérée quelques instants*. Mais le participe passé ne s'accorde pas quand il est suivi d'un complément d'objet direct : *elle s'est aéré la tête*.
aérianiste adj. et n.
aéricole adj.
aérien, ienne adj.
aériennement adv.
aérifère adj.
aériforme adj.
aérium /-ɔm/ n. m.
aérobic n. f.
aérobie adj. et n. m.
☯ Le nom est masculin : *un aérobie*.
aérobiologie n. f.
aérobiologique adj.
aérobiose n. f.
aérobus n. m.
aéroclub ▪ plur. **aéroclubs** ou **aéro-club** ▪ plur. **aéro-clubs** n. m.
aérocolie n. f.
aérocondenseur n. m.
aérocyste n. m.
aérodigestif, ive adj.
aérodrome n. m.
aérodynamicien, ienne n.
aérodynamique n. f. et adj.
aérodynamisme n. m.
aérodyne n. m.
aéroélasticité n. f.
aérofibre n. f.
aérofrein n. m.
aérofreinage n. m.
aérogare n. f.
☯ Ce mot est féminin : *une grande aérogare*.
aérogastrie n. f.
aérogel n. m.
aéroglisseur n. m.
▫ rec. off. pour **hovercraft**
aérogramme n. m.
aérographe n. m.
aérographie n. f.
aérographié, ée adj.
aérolargage n. m.
aérolarguable adj.
aérolarguer v. tr. | conjug. 1 |
aérolithe ou **aérolite** n. m.
aérolithique adj.
aérologie n. f.
aérologique adj.
aéromagnétique adj.
aéromancie n. f.
aéromancien, ienne adj. et n.
aéromaritime adj.
aéromètre n. m.
ϟ Ne pas confondre **aéromètre**, qui désigne un appareil qui mesure la densité de l'air, avec **aréomètre**, qui désigne un appareil qui mesure la densité des liquides.
aérométrie n. f.
ϟ Ne pas confondre **aérométrie**, qui signifie « mesure de la densité de l'air », avec **aréométrie**, qui signifie « mesure de la densité des liquides ».
aéromobile adj.
aéromodèle n. m.
aéromodélisme n. m.
aéromodéliste n.
aéromoteur n. m.
aéronaute n.
aéronautique adj. et n. f.
aéronaval, ale adj. et n. f.
➾ Le pluriel est régulier : *des équipements aéronavals*.
aéronef n. m.
☯ Ce mot est masculin : *un aéronef*.
aéronomie n. f.
aéropathie n. f.
aérophagie n. f.
aérophobie n. f.
aérophone n. m.
aérophore adj. et n. m.
aérophotographie n. f.
aéroplace n. f.
aéroplane n. m.
aéroponie n. f.
aéroport n. m.
aéroporté, ée adj.
aéroportuaire adj.
aéropostal, ale, aux adj. et n. f.
➾ Le nom féminin *Aéropostale*, qui a désigné le service de liaison aérienne pour le transport du courrier, s'écrit avec une majuscule : *un pilote de l'Aéropostale*.
aéroscaphe n. m.
aéroscope n. m.
aérosol /aeʀɔsɔl/ n. m.

aérosolthérapie /-sɔl-/ n. f.
aérosondage n. m.
aérospatial, iale, iaux adj.
aérosphère n. f.
aérostat /-sta/ n. m.
aérostation n. f.
aérostatique adj. et n. f.
aérostier, ière n.
aérostructure n. f.
aérotechnique n. f. et adj.
aéroterrestre adj.
aérothérapie n. f.
aérotherme n. m.
aérothermique adj.
aérothermodynamique adj.
Aérotrain® n. m.
➾ Comme tous les noms déposés, ce mot doit s'écrire avec une majuscule : *la propulsion des Aérotrains*. Toutefois, on le trouve fréquemment employé comme nom générique sans respect de la règle : *la propulsion des aérotrains*.
aérotransport n. m.
aérotransporté, ée adj.
aérotropisme n. m.
æschne /ɛskn/ n. f.
æthuse ou **éthuse** /etyz/ n. f.
aétite n. f.
aétobatidé n. m.
afeité, ée adj.
affabilité n. f.
affable adj.
▸ **affable avec** ou **envers qqn** *elle s'est montrée affable avec nous* ou *envers nous*
affablement adv.
affabulateur, trice adj. et n.
affabulation n. f.
affabuler v. tr. et v. intr. | conjug. 1 |
affacturage n. m.
□ rec. off. pour **factoring**
affadir v. tr. | conjug. 2 |
¬ **s'affadir**
➾ Aux temps composés de la forme pronominale, le participe passé s'accorde en genre et en nombre avec le sujet : *sa beauté s'est affadie*.
affadissant, ante adj.
affadissement n. m.
affaiblir v. tr. | conjug. 2 |
¬ **s'affaiblir**
➾ Aux temps composés de la forme pronominale, le participe passé s'accorde en genre et en nombre avec le sujet : *la patiente s'est affaiblie*.
affaiblissant, ante adj.
affaiblissement n. m.
affaiblisseur n. m.
affaire n. f.
➾ Avec une majuscule et sans complément, **l'Affaire** désigne une affaire politique ou judiciaire qui fait grand bruit : *tous les journaux parlent de l'Affaire*. Ce fut notamment le cas de l'affaire Dreyfus à la fin du XIXe s. On écrit ce mot avec une majuscule dans la dénomination **le ministère des Affaires étrangères**.
ϟ Ne pas confondre **avoir affaire** avec **avoir à faire**. **Avoir affaire** est toujours suivi de la préposition *à* : *j'ai eu affaire à lui*. **Avoir à faire** s'emploie avec ou sans complément : *j'ai un exercice à faire ; j'ai beaucoup à faire ; j'ai à faire*.
affairé, ée adj.
affairement n. m.
affairer (s') v. pron. | conjug. 1 |
➾ Aux temps composés, le participe passé s'accorde en genre et en nombre avec le sujet : *ils se sont affairés toute la journée*.
affaireux, euse adj.
affairisme n. m.
affairiste n.
affaissement n. m.
affaisser v. tr. | conjug. 1 |
¬ **s'affaisser**
➾ Aux temps composés de la forme pronominale, le participe passé s'accorde en genre et en nombre avec le sujet : *la façade s'est affaissée*.
affaitage n. m.
affaitement n. m.
affaiter v. tr. | conjug. 1 |
affalement n. m.
affaler v. tr. | conjug. 1 |
¬ **s'affaler**
➾ Aux temps composés de la forme pronominale, le participe passé s'accorde en genre et en nombre avec le sujet : *elle s'est affalée sur le divan*.
affamant, ante adj.
affamé, ée adj.
affamer v. tr. | conjug. 1 |
affameur, euse n.
affaneur n. m.
affect n. m.
HOM. formes du v. **affecter**
affectable adj.
affectataire n.
affectation n. f.
affecté, ée adj.
affecter v. tr. | conjug. 1 |
¬ **s'affecter**
➾ Aux temps composés de la forme pronominale, le participe passé s'accorde en genre et en nombre avec le sujet : *elle s'est affectée de cet échec*.

affectibilité n. f.
affectif, ive adj.
affection n. f.
ϟ Ne pas confondre **affection**, qui signifie, dans le langage médical, « trouble organique ou fonctionnel » avec **infection**, qui signifie « maladie infectieuse ».
affectionné, ée adj.
affectionnément adv.
affectionner v. tr. | conjug. 1 |
affectivement adv.
affectivité n. f.
affectueusement adv.
affectueux, euse adj.
affectuosité n. f.
affectus n. m.
affenage n. m.
affenoir n. m.
afférence n. f.
afférent, ente adj.
ϟ Ne pas confondre en anatomie **afférent**, qui signifie « qui conduit vers un organe », avec son antonyme **efférent**, qui signifie « qui conduit hors d'un organe ».
affermage n. m.
afferme n. f.
affermer v. tr. | conjug. 1 |
affermir v. tr. | conjug. 2 |
¬ **s'affermir**
➾ Aux temps composés de la forme pronominale, le participe passé s'accorde en genre et en nombre avec le sujet : *son autorité s'est affermie.*
affermissement n. m.
affété, ée adj.
affèterie ou **afféterie** n. f.
affettuoso ou **affétuoso**° adv.
affeurage n. m.
→ **afforage**
affichable adj.
affichage n. m.
affiche n. f.
afficher v. tr. | conjug. 1 |
¬ **s'afficher**
➾ Aux temps composés de la forme pronominale, le participe passé s'accorde en genre et en nombre avec le sujet : *elle s'est affichée avec son amant.*
affichette n. f.
afficheur, euse n.
affichiste n.
affidavit /-vit/ n. m.
affidé, ée adj.
affilage n. m.
affilée (d') loc. adv.
HOM. **affiler**
affilement n. m.
affiler v. tr. | conjug. 1 |
ϟ Ne pas confondre **affiler**, qui signifie « rendre tranchant », avec **effiler**, qui signifie « rendre mince et allongé ».
HOM. **affilée (d')**
affileur n. m.
affiliation n. f.
affilier v. tr. | conjug. 7 |
¬ **s'affilier**
➾ Aux temps composés de la forme pronominale, le participe passé s'accorde en genre et en nombre avec le sujet : *elle s'est affiliée à un parti politique.*
affiloir n. m.
HOM. **affiloire**
affiloire n. f.
HOM. **affiloir**
affin, ine adj.
→ aussi **affine**
affinage n. m.
ϟ Ne pas confondre **affinage** et **raffinage**. Les deux noms peuvent signifier « traitement qui sert à épurer » mais s'emploient avec des compléments différents : **affinage** s'emploie pour le verre et les métaux ; **raffinage** s'emploie pour le sucre, le papier et le pétrole. Seul **affinage** peut désigner l'achèvement de la maturation des fromages.
affine adj.
Ξ Cet adjectif, qui s'emploie uniquement en biologie et en mathématiques, est invariable en genre : *un espace affine.* Dans les autres domaines, on emploie l'adjectif *affin*, qui varie en genre et en nombre : *des groupes affins ; des langues affines*
affinement n. m.
affiner v. tr. | conjug. 1 |
ϟ Ne pas confondre **affiner** et **raffiner**. Les deux verbes peuvent signifier « traiter pour épurer » mais s'emploient avec des compléments différents : **affiner** s'emploie pour le verre et les métaux ; **raffiner** s'emploie pour le sucre, le papier et le pétrole. Seul **affiner** peut signifier « achever la maturation de » : *affiner les fromages.* Au sens figuré, **affiner** signifie « rendre plus fin » et **raffiner** signifie « rendre plus délicat, plus subtil » : *affiner ses goûts ; raffiner une décoration.*
→ aussi **raffiner**
affinerie n. f.
ϟ Ne pas confondre **affinerie**, qui désigne une usine où l'on traite le verre ou les métaux, avec **raffinerie**, qui désigne une usine où l'on traite le pétrole, le sucre ou le papier.
affineur, euse n.
affinitaire adj.
affinité n. f.
affinoir n. m.

affins n. m. pl.
HOM. **afin**
affiquet n. m.
affirmable adj.
affirmant, ante adj.
affirmateur, trice adj. et n.
affirmatif, ive adj. et adv.
affirmation n. f.
affirmativement adv.
affirmer v. tr. | conjug. 1 |
¬ **s'affirmer**
➾ Aux temps composés de la forme pronominale, le participe passé s'accorde en genre et en nombre avec le sujet : *sa personnalité s'est affirmée.*
affixal, ale, aux adj.
affixation n. f.
[1]**affixe** n. m. (élément accolé au radical d'un mot)
➾ Ce mot s'écrit avec deux *f*, contrairement à *infixe.*
[2]**affixe** n. f. (nombre complexe)
affixé, ée adj.
afflation n. f.
affleurage n. m.
affleurement n. m.
affleurer v. intr. et v. tr. | conjug. 1 |
↯ Ne pas confondre **affleurer**, qui signifie « apparaître à la surface », avec **effleurer**, qui signifie « toucher légèrement ».
Ξ La structure transitive ne s'emploie qu'au sens technique de « mettre au même niveau » : *affleurer au grattoir les joints d'un parquet.*
afflictif, ive adj.
affliction n. f.
affligeable adj.
affligeant, ante adj.
affliger v. tr. | conjug. 3 |
¬ **s'affliger**
➾ Aux temps composés de la forme pronominale, le participe passé s'accorde en genre et en nombre avec le sujet : *elle s'est affligée de cette nouvelle.*
afflouage n. m.
afflouer v. tr. | conjug. 1 |
affluence n. f.
affluent n. m. et adj.
➾ Ne pas écrire ce mot comme *affluant*, participe présent du verbe *affluer.*
affluer v. intr. | conjug. 1 |
afflux /-u/ n. m.
↯ Ne pas confondre **afflux**, qui signifie « fait de couler en abondance », avec **influx**, qui signifie « phénomène de transmission » : *un afflux de sang ; l'influx nerveux.*
HOM. formes du v. **affluer**
affolage n. m.
affolant, ante adj.
affolé, ée adj.
affolement n. m.
affoler v. tr. | conjug. 1 |
¬ **s'affoler**
➾ Aux temps composés de la forme pronominale, le participe passé s'accorde en genre et en nombre avec le sujet : *elle s'est affolée inutilement.*
affoleuse n. f.
afforage ou **affeurage** n. m.
afforestage n. m.
afforestation n. f.
affouage n. m.
affouager, ère adj.
affouagiste n. m.
affouillable adj.
affouillement n. m.
affouiller v. tr. | conjug. 1 |
affourche n. f.
affourcher v. tr. | conjug. 1 |
affourragement ou **affouragement** n. m.
affourrager ou **affourager** v. tr. | conjug. 3 |
affraîchie ou **affraichie**° n. f.
affranchi, ie adj. et n.
affranchir v. tr. | conjug. 2 |
¬ **s'affranchir**
➾ Aux temps composés de la forme pronominale, le participe passé s'accorde en genre et en nombre avec le sujet : *ils se sont affranchis.*
affranchissable adj.
affranchissant, ante adj.
affranchissement n. m.
affranchisseur n. m.
affres n. f. pl.
affrètement n. m.
affréter v. tr. | conjug. 6 |
affréteur, euse n.
affreusement adv.
affreux, euse adj.
affriandant, ante adj.
affriander v. tr. | conjug. 1 |
affriolant, ante adj.
affrioler v. tr. | conjug. 1 |
affriquée adj. f.
affront n. m.
affrontable adj.
affrontement n. m.
affronter v. tr. | conjug. 1 |
¬ **s'affronter**
➾ Aux temps composés de la forme pronominale, le participe passé s'accorde en genre et en nombre avec le sujet : *ils se sont affrontés au cours d'un tournoi.*
affronterie n. f.
affronteur, euse n.
affublement n. m.

affubler v. tr. | conjug. 1 |
affure ou **afur** n. m. et f.
affusion n. f.
affût ou **affut**○ n. m.
affûtage ou **affutage**○ n. m.
affûté, ée ou **affuté, ée**○ adj.
affûter ou **affuter**○ v. tr. | conjug. 1 |
affûteur, euse ou **affuteur, euse**○ n.
affûtiaux ou **affutiaux**○ n. m. pl.
affûtoir ou **affutoir**○ n. m.
afghan, ane adj. et n.
➾ L'adjectif s'écrit sans majuscule : *un lévrier afghan ; la population afghane.* Le nom s'écrit avec une majuscule uniquement quand il désigne une personne : *les Afghans ; c'est une Afghane* mais *parler l'afghan.*
aficionado n. m.
afin de loc. prép.
⌘ Cette locution est toujours suivie de l'infinitif. Le sujet du verbe à l'infinitif est le même que celui du verbe principal : *il parle lentement afin d'être compris.*
afin que loc. conj.
⌘ Cette locution est toujours suivie du subjonctif : *il parle lentement afin qu'on le comprenne.*
aflatoxine n. f.
afocal, ale, aux adj.
a fortiori ou **à fortiori**○ /afɔʀsjɔʀi/ loc. adv.
africain, aine adj. et n.
➾ L'adjectif s'écrit sans majuscule : *la population africaine.* Le nom s'écrit avec une majuscule : *les Africains ; c'est une Africaine.*
africanisation n. f.
africaniser v. tr. | conjug. 1 |
¬ **s'africaniser**
➾ Aux temps composés de la forme pronominale, le participe passé s'accorde en genre et en nombre avec le sujet : *la mode s'est africanisée.*
africanisme n. m.
africaniste n.
africanité n. f.
africanthrope n. m.
afrikaans ou **afrikans** /-kɑ̃s/ adj. et n. m.
afrikaner ou **afrikander** /-ɛʀ/ adj. et n.
➾ L'adjectif s'écrit sans majuscule : *la population afrikaner.* Le nom s'écrit avec une majuscule : *les Afrikaners ; c'est une Afrikaner.*
afrite n. m.
afro adj. inv.
afro-américain, aine adj. et n. ▪ plur. **afro-américains, aines**
➾ L'adjectif s'écrit sans majuscule : *la population afro-américaine.* Le nom s'écrit avec une majuscule : *les Afro-Américains ; c'est une Afro-Américaine.*
afro-asiatique adj. et n. ▪ plur. **afro-asiatiques**
➾ L'adjectif s'écrit sans majuscule : *la population afro-asiatique.* Le nom s'écrit avec une majuscule : *les Afro-Asiatiques ; c'est une Afro-Asiatique.*
afro-beat ou **afrobeat**○ /-it/ n. m. sing.
afro-brésilien, ienne adj. et n. ▪ plur. **afro-brésiliens, iennes**
➾ L'adjectif s'écrit sans majuscule : *la population afro-brésilienne.* Le nom s'écrit avec une majuscule : *les Afro-Brésiliens ; c'est une Afro-Brésilienne.*
afrocentrisme n. m.
afro-cubain, aine adj. et n. ▪ plur. **afro-cubains, aines**
➾ L'adjectif s'écrit sans majuscule : *la population afro-cubaine.* Le nom s'écrit avec une majuscule : *les Afro-Cubains ; c'est une Afro-Cubaine.*
afro-européen, enne adj. et n. ▪ plur. **afro-européens, ennes**
➾ L'adjectif s'écrit sans majuscule : *la population afro-européenne.* Le nom s'écrit avec une majuscule : *les Afro-Européens ; c'est une Afro-Européenne.*
afro-latin, ine adj. et n.
➾ L'adjectif s'écrit sans majuscule : *la population afro-latine.* Le nom s'écrit avec une majuscule : *les Afro-Latins ; c'est une Afro-Latine.*
after /-œʀ/ n. m. ou f. inv.
after-shave ▪ plur. inv. ou **aftershave**○ ▪ plur. **aftershaves**○ /aftœʀʃɛv/ n. m.
afur n. m. et f.
→ **affure**
A. G. n. f.
□ abrév. de **assemblée générale**
aga /aga/ n. m.
→ **agha**
agaçant, ante adj.
agace ou **agasse** n. f.
agacement n. m.
agacer v. tr. | conjug. 3 |
agacerie n. f.
agaceur n. m.
agacin n. m.
→ **agassin**
agada n. f.
→ **hagada**
agadiste n. m.
agaillardi, ie adj.
agalactie ou **agalaxie** n. f.
agalmatolithe n. f.
agame adj.
agamète n. f.
agami n. m.
HOM. **agamie**

agamidé n. m.
agamie n. f.
HOM. **agami**
agammaglobulinémie n. f.
agapanthe n. f.
agape n. f.
Ξ De nos jours, ce mot s'utilise surtout au pluriel dans l'expression plaisante **faire des agapes**.
agapètes n. pl.
agar-agar n. m. ▪ plur. **agars-agars**
agaric n. m.
agaricacée n. f.
agaricale n. f.
agasse n. f.
→ **agace**
agassin ou **agacin** n. m.
agate n. f.
agaté, ée adj.
HOM. **agathée**
agathée n. f.
HOM. **agaté**
agathine n. f.
agati n. m.
agatifère adj.
agatisation n. f.
agatisé, ée adj.
agavacée n. f.
agave n. m.
age n. m.
HOM. **âge**
âge n. m.
➾ Ce mot s'écrit sans majuscule : *l'âge du fer ; l'âge d'or.*
HOM. **age**
âgé, ée adj.
agélène n. f.
agélénidé n. m.
agence n. f.
agencement n. m.
agencer v. tr. | conjug. 3 |
agenceur, euse n.
agencier n. m.
agenda /-ɛ̃-/ n. m.
agénésie n. f.
agénésique adj.
agénitalisme n. m.
agenouillement n. m.
agenouiller (s') v. pron. | conjug. 1 |
➾ Aux temps composés, le participe passé s'accorde en genre et en nombre avec le sujet : *ils se sont agenouillés devant lui.*
agenouilloir n. m.
agent, e n.
☯ *Agente* est la forme féminine recommandée par le *Guide d'aide à la féminisation des noms de métiers, titres, grades et fonctions* et l'Office québécois de la langue française : *une agente de police.* Toutefois, le masculin est encore souvent employé : *elle est agent d'assurances.*
ager /agɛʀ ; aʒɛʀ/ n. m.
agérate ou **ageratum** ou **agératum**° /-ɔm/ n. m.
Agétac n. m.
▫ abrév. de **accord général sur les tarifs douaniers et le commerce**
aggiornamento /a(d)ʒjɔʀnamɛnto/ n. m.
➾ Le pluriel est régulier : *des aggiornamentos.*
agglo n. m.
▫ abrév. de **aggloméré**
agglomérant, ante adj. et n. m.
agglomérat /-a/ n. m.
HOM. formes du v. **agglomérer**
agglomération n. f.
aggloméré n. m.
agglomérer v. tr. | conjug. 6 |
¬ **s'agglomérer**
➾ Aux temps composés de la forme pronominale, le participe passé s'accorde en genre et en nombre avec le sujet : *la neige s'est agglomérée.*
agglutinabilité n. f.
agglutinable adj.
agglutinant, ante adj.
agglutinat /-a/ n. m.
HOM. formes du v. **agglutiner**
agglutinatif, ive adj.
agglutination n. f.
agglutinement n. m.
agglutiner v. tr. | conjug. 1 |
¬ **s'agglutiner**
➾ Aux temps composés de la forme pronominale, le participe passé s'accorde en genre et en nombre avec le sujet : *les passants s'étaient agglutinés devant la vitrine.*
agglutinine n. f.
agglutinogène n. m.
aggravant, ante adj.
aggravation n. f.
aggrave n. f.
aggravée n. f.
aggravement n. m.
aggraver v. tr. | conjug. 1 |
¬ **s'aggraver**
➾ Aux temps composés de la forme pronominale, le participe passé s'accorde en genre et en nombre avec le sujet : *la situation s'est aggravée.*
agha ou **aga** /aga/ n. m.
agile adj.
agilement adv.
agileté n. f.
agilité n. f.
agio n. m.

à giorno ou **a giorno** /-dʒɔ- ; -ʒjɔ-/ loc. adv.
agiotage n. m.
agioter v. intr. | conjug. 1 |
agioteur, euse n.
agir v. intr., v. tr. et v. pron. impers. | conjug. 2 |
▸ **il s'agit de** (+ n.) *il s'agit de votre santé*
▸ **il s'agit de** (+ inf.) *il s'agit d'être efficace*
▸ **s'agissant de** (+ n.) *s'agissant des salaires, une décision est à prendre*
☰ La tournure familière **il s'agit que** (+ subj.) *(il s'agit que tu te mettes au travail)* est à éviter.
âgisme n. m.
agissable adj.
agissant, ante adj.
agissements n. m. pl.
agitable adj.
agitant, ante adj.
agitateur, trice n.
agitation n. f.
[1]**agitato** n. m.
➾ Ce mot a un pluriel régulier : *des agitatos.*
[2]**agitato** adv.
agité, ée adj.
agiter v. tr. | conjug. 1 |
¬ **s'agiter**
➾ Aux temps composés de la forme pronominale, le participe passé s'accorde en genre et en nombre avec le sujet : *elle s'est agitée dans son sommeil.*
agit-prop n. f. inv.
aglaspide n. m.
aglobulie n. f.
aglomérulaire adj.
aglosse n. m. et adj.
aglycone n. m. ou f.
aglyphe adj. et n. m.
agma n. m.
agnat /agna/ n. m.
agnathe /agn-/ adj. et n. m.
agnation /agn-/ n. f.
agnatique /agn-/ adj.
agneau n. m.
agnelage n. m.
agneler v. intr. | conjug. 5 |
agnelet n. m.
HOM. formes du v. **agneler**
agnelin n. m.
agneline n. f.
agnelle n. f.
HOM. formes du v. **agneler**
agnosie /agn-/ n. f.
agnosique /agn-/ adj.
agnostérol /agn-/ n. m.
agnosticisme /agn-/ n. m.
agnostique /agn-/ adj.
agnus-castus /aɲyskastys ; agnyskastys/ n. m. inv.
agnus dei /aɲysdei ; agnysdei/ n. m. inv.
agogique n. f.
agonal, ale, aux adj. et n. f. pl.
agone n. m.
agonie n. f.
HOM. formes du v. **agonir**
agonique adj. et n.
agonir v. tr. | conjug. 2 |
▸ **agonir qqn de** (+ n.) *il m'a agoni d'injures*
agonisant, ante adj.
agoniser v. intr. | conjug. 1 |
☰ On rencontre parfois ce verbe à la forme transitive indirecte au sens de « accabler », par analogie avec *agonir* : *il m'a agonisé d'injures.* Cet emploi familier est critiqué. Il doit être évité dans la langue soignée.
agoniste adj. et n. m.
agonistique n. f. et adj.
agonothète n. m.
agora n. f.
agoranome n. m.
agoraphobe adj. et n.
agoraphobie n. f.
agouant, ante adj.
agouti n. m.
agoyate n. m.
agpaïte n. f.
agrafage n. m.
agrafe n. f.
agrafer v. tr. | conjug. 1 |
agrafeur, euse n.
agrafeuse n. f.
agrafure n. f.
agrainage n. m.
agraire adj.
agrammatical, ale, aux adj.
agrammaticalité n. f.
agrammatique adj.
agrammatisme n. m.
agrandir v. tr. | conjug. 2 |
¬ **s'agrandir**
➾ Aux temps composés de la forme pronominale, le participe passé s'accorde en genre et en nombre avec le sujet : *la ville s'est beaucoup agrandie.*
agrandissant, ante adj.
agrandissement n. m.
agrandisseur n. m.
agranulaire adj.
agranulocytose n. f.
agrape n. f.
agraphie n. f.
agrarien, ienne n. et adj.
agrarisme n. m.
agravitation n. f.
agréabilité n. f.
agréable adj.

agréablement adv.
agréation n. f.
agréé n. m.
agréer v. tr. ind. et v. tr. | conjug. 1 |
▸ **agréer qqch.** *il a fait agréer leur demande*
▸ **agréer à qqn** *nous irons le matin, si cela vous agrée*
agréeur, euse n.
agrég n. f.
▫ abrév. de **agrégation**
agrégat /-a/ n. m.
agrégateur n. m.
agrégatif, ive n.
agrégation n. f.
agrégé, ée n.
agréger v. tr. | conjug. 3 et 6 |
¬ **s'agréger**
➾ Aux temps composés de la forme pronominale, le participe passé s'accorde en genre et en nombre avec le sujet : *elle s'est agrégée à notre équipe.*
agrémaniste ou **agrémentiste** n.
agrément n. m.
agrémentation n. f.
agrémenter v. tr. | conjug. 1 |
agrémentiste n.
→ **agrémaniste**
agrès n. m. pl.
agressant, ante adj.
agresser v. tr. | conjug. 1 |
agresseur, euse n.
➾ Attention à ne pas écrire ce mot avec deux *g*, sous l'influence de l'anglais *aggressor.*
agressif, ive adj.
➾ Attention à ne pas écrire ce mot avec deux *g*, sous l'influence de l'anglais *aggressive.*
agression n. f.
➾ Attention à ne pas écrire ce mot avec deux *g*, sous l'influence de l'anglais.
agressivement adv.
➾ Attention à ne pas écrire ce mot avec deux *g*, sous l'influence de l'anglais *aggressively.*
agressivité n. f.
➾ Attention à ne pas écrire ce mot avec deux *g*, sous l'influence de l'anglais.
agressologie n. f.
agreste adj.
agri n.
agrichage n. m.
agricheur, euse n. et adj.
agricole adj.
agriculteur, trice n.
agriculture n. f.
➾ On écrit ce mot avec une majuscule dans **le ministère de l'Agriculture.**
agrier n. m.
agrile n. m.
agrion n. m.
agrionidé n. m.
agriote n. m.
agriotype n. m.
agripaume n. f.
agrippant, ante adj.
agrippement n. m.
agripper v. tr. | conjug. 1 |
¬ **s'agripper**
➾ Aux temps composés de la forme pronominale, le participe passé s'accorde en genre et en nombre avec le sujet : *elle s'est agrippée à une échelle.*
agrippeur, euse adj. et n.
agro n.
agroalimentaire adj. et n. m.
agrobiologie n. f.
agrobiologique adj.
agrobiologiste n.
agrobusiness /-biznɛs/ n. m.
agrocarburant n. m.
agrochimie n. f.
agrochimique adj.
agrochimiste n.
agroenvironnemental, ale, aux adj.
agroforesterie n. f.
agroforestier, ière adj.
agrogéologie n. f.
agro-industrie n. f. ▪ plur. **agro-industries**
agro-industriel, ielle adj. ▪ plur. **agro-industriels, ielles**
agrologie n. f.
agrologique adj.
agrologisticien, ienne n. m.
agronome n.
agronomie n. f.
agronomique adj.
agropastoral, ale, aux adj.
agropédologie n. f.
agropharmacie n. f.
agrostemma n. f.
agrostemmine n. f.
agrostide ou **agrostis** /-is/ n. f.
agrosystème n. m.
agrotis /-is/ n. m.
agrotourisme n. m.
agroupement n. m.
agrume n. m.
agrumiculteur, trice n.
agrumiculture n. f.
agrypnie n. f.
aguacate /agwakate/ n. m.
aguardiente /agwaʀdjɛnte/ n. f.

aguerrir v. tr. | conjug. 2 |
▸ **s'aguerrir à/contre** *il s'est aguerri au froid* ou *contre le froid*
➾ Aux temps composés de la forme pronominale, le participe passé s'accorde en genre et en nombre avec le sujet : *elle s'est aguerrie avec le temps.*
aguerrissement n. m.
aguets (aux) loc. adv.
agueusie n. f.
agui n. m.
aguichage n. m.
◻ rec. off. pour **teasing**
aguichant, ante adj.
aguiche n. f.
◻ rec. off. pour **teaser**
aguicher v. tr. | conjug. 1 |
aguicherie n. f.
aguicheur, euse adj. et n.
aguilaneuf n. m.
'ah interj.
HOM. **a, à, ha**, formes du v. **avoir**
ahan n. m.
ahanant, ante adj.
ahanement n. m.
ahaner v. intr. | conjug. 1 |
aheurtement n. m.
ahimsa n. m.
ahou interj.
ahuri, ie adj.
ahurir v. tr. | conjug. 2 |
ahurissant, ante adj.
ahurissement n. m.
[1]**aï** /ai/ n. m. (animal, inflammation)
HOM. formes du v. **haïr**
[2]**aï** ou **ay** ou **aÿ** /ai/ n. m. (vin)
➾ Lorsqu'il désigne un vin, ce mot s'écrit sans majuscule, contrairement au nom propre qui désigne la commune : *un vin d'Ay* mais *une bouteille d'ay.*
HOM. formes du v. **haïr**
aiche n. f.
→ **esche**
aicher v. tr. | conjug. 1 |
→ **escher**
aïd n. m.
aidable adj.
aidant, ante n. et adj.
[1]**aide** n. f. (action d'aider)
[2]**aide** n. (personne qui aide)
☰ Les mots composés de *aide* et d'un autre nom s'écrivent avec un trait d'union : *une aide-comptable ; un aide-cuisinier ; un aide-soignant ; une aide-ménagère.* Quand *aide* est suivi d'un adjectif ou d'un complément prépositionnel, il n'y a généralement pas de trait d'union : *une aide familiale ; une aide maternelle ; un aide à domicile ; un aide de camp.*
aideau n. m.
aide-chimiste n. ▪ plur. **aides-chimistes**
aide-comptable n. ▪ plur. **aides-comptables**
aide-cuisinier, ière n. ▪ plur. **aides-cuisiniers, ières**
aide-major n. m. ▪ plur. **aides-majors**
aide-mémoire n. m. ▪ plur. inv. ou plur. **aide-mémoires**
➾ Dans ce mot, *aide* ne prend jamais de *s* au pluriel : il désigne l'action d'aider et non pas une personne qui aide.
aide-ménagère n. f. ▪ plur. **aides-ménagères**
➾ Sous l'influence du nom *aide* au sens de « assistance » (*elle bénéficie d'une aide ménagère*), ce mot, qui désigne une personne, s'écrit souvent sans trait d'union : *elle est aide ménagère.*
aider v. tr. et v. tr. ind. | conjug. 1 |
☰ La structure indirecte **aider à** a le sens de *faciliter, contribuer à* et doit être suivie d'un nom qui désigne une action ou un résultat : *ces mesures pourront aider au rétablissement de l'économie.*
¬ **s'aider**
➾ Aux temps composés de la forme pronominale, le participe passé s'accorde en genre et en nombre avec le sujet : *elle s'est aidée d'un dictionnaire ; ils se sont aidés mutuellement.*
aide-soignant, ante n. ▪ plur. **aides-soignants, antes**
aideur n. m.
aïe interj.
HOM. **ail, haïe**, formes du v. **aller**
aïet n. m.
aïeul, aïeule n.
☰ Au masculin pluriel, ce mot a deux formes correspondant à deux sens différents. Au sens de « grand-père, grand-mère », le pluriel est *aïeuls* : *ses aïeuls paternels.* Au sens de « ancêtre », le mot est rarement employé au singulier et le pluriel est *aïeux* : *nos aïeux les Gaulois.*
aigage n. m.
→ **aiguage**
[1]**aigle** n. m. (rapace, figure décorative, lutrin, format de papier)
☰ Avec une majuscule et sans complément, **l'Aigle** désigne Napoléon Ier ; **l'Aigle de Patmos** désigne saint Jean ; **l'Aigle de Meaux** désigne Bossuet.
[2]**aigle** n. f. (femelle du rapace, figure héraldique, enseigne militaire)
aigledon n. m.
aiglefin n. m.
ϟ Ne pas confondre **aiglefin**, qui désigne un poisson, avec **aigrefin**, qui signifie « escroc ».
→ **églefin**
aiglette n. f.

aiglon, onne n.
Ξ Avec une majuscule, *l'Aiglon* désigne Napoléon II.
aiglure n. f.
aigre adj.
aigre-doux, douce adj. ▪ plur. **aigres-doux, douces**
aigrefin n. m.
⚡ Ne pas confondre **aigrefin**, qui signifie « escroc », avec **aiglefin**, qui désigne un poisson.
aigrelet, ette adj.
aigrement adv.
aigremoine n. f.
aigret, ette adj. et n. m.
aigrette n. f.
aigretté, ée adj.
aigreur n. f.
aigri, ie adj.
aigrin n. m.
aigriotte n. f.
aigrir v. tr. et v. intr. | conjug. 2 |
¬ **s'aigrir**
➾ Aux temps composés de la forme pronominale, le participe passé s'accorde en genre et en nombre avec le sujet : *elle s'est aigrie avec l'âge.*
aigrissement n. m.
aigu, uë ou **üe**○ adj.
♪ Le tréma sur le *e* au féminin indique qu'il faut prononcer le *u*. Cependant, les Rectifications de l'orthographe de 1990 préconisent le déplacement du tréma sur le *u* pour signaler que c'est cette voyelle qui doit être prononcée.
aiguade /-ga- ; -gwa-/ n. f.
♪ La prononciation /-gwa-/ est régionale.
aiguage ou **aigage** n. m.
aiguail /ɛgaj ; ɛgɥaj/ n. m.
aigue boulide n. f.
aigue-marine n. f. ▪ plur. **aigues-marines**
aiguer v. intr. | conjug. 1 |
aiguière n. f.
aiguillade /-gɥij-/ n. f.
aiguillage /-gɥij-/ n. m.
aiguillat /-gɥij-/ n. m.
HOM. formes du v. **aiguiller**
aiguille /egɥij/ n. f.
aiguillée /-gɥij-/ n. f.
HOM. **aiguillier, aiguiller**
[1]**aiguiller, ère**○
→ **aiguillier, ière**
[2]**aiguiller** /-gɥij-/ v. tr. | conjug. 1 |
HOM. **aiguillée, aiguillier**
aiguillerie /-gɥij-/ n. f.
aiguilletage /-gɥij-/ n. m.
aiguilleté, ée /-gɥij-/ adj.
aiguilleter /-gɥij-/ v. tr. | conjug. 4 |
aiguilletier, ière /-gɥij-/ n.
HOM. formes du v. **aiguilleter**
aiguillette /-gɥij-/ n. f.
aiguilleur, euse /-gɥij-/ n.
aiguillier, ière ou **aiguiller, ère**○ /-gɥij-/ n.
HOM. **aiguillée, aiguiller**
aiguillon /-gɥij-/ n. m.
HOM. formes du v. **aiguiller**
aiguillonnement /-gɥij-/ n. m.
aiguillonner /-gɥij-/ v. tr. | conjug. 1 |
aiguillonnier /-gɥij-/ n. m.
aiguillot /-gɥij-/ n. m.
aiguisage /-gi- ; -gɥi-/ n. m.
aiguisement /-gi- ; -gɥi-/ n. m.
aiguiser /-gi- ; -gɥi-/ v. tr. | conjug. 1 |
♪ La prononciation /-gɥi-/ est correcte mais tend à disparaître au profit de /-gi-/. Il en est de même pour les mots de la même famille.
aiguiseur, euse /-gi- ; -gɥi-/ n.
aiguisoir /-gi- ; -gɥi-/ n. m.
aïkibudo /-bu-/ n. m.
aïkido n. m.
ail /aj/ n. m.
Ξ Ce nom, qui s'emploie surtout au singulier, a deux formes possibles au pluriel : *aulx* /o/, dont l'emploi tend à disparaître, et *ails*, devenu plus courant.
HOM. **aïe, haïe**, formes du v. **aller** ; (du plur.) **au, eau, haut, ho, o, ô, oh, os**
ailante n. m.
aile n. f.
HOM. **ale, elle, l**, formes du v. **héler**
ailé, ée adj.
aileron n. m.
HOM. formes du v. **héler**
ailettage n. m.
ailette n. f.
ailier, ière n.
HOM. formes du v. **héler**
aillade n. f.
aillée n. f.
ailler v. tr. | conjug. 1 |
ailleurs adv.
▸ **d'ailleurs**
▸ **par ailleurs**
ailurope n. m.
aimable adj.
aimablement adv.
aimance n. f.
[1]**aimant, ante** adj. (affectueux)
[2]**aimant** n. m. (corps magnétique)
aimantation n. f.
aimanter v. tr. | conjug. 1 |
¬ **s'aimanter**
➾ Aux temps composés de la forme pronominale, le participe passé s'accorde en genre

et en nombre avec le sujet : *les substances se sont aimantées.*

aimantin n. m.

□ rec. off. pour **magnet**

aimer v. tr. | conjug. 1 |

▸ **aimer** (+ n.) *il aime ses parents*

▸ **aimer** (+ inf.) *il aime nager*

▸ **aimer que** (+ subj.) *elle aime que tout soit parfait*

☰ La structure indirecte **aimer à** (+ inf.) appartient au registre littéraire : *j'aime à me promener dans la campagne.* Dans les expressions soutenues **aimer à croire** et **aimer à penser**, *aimer à* a le sens de « vouloir » : *j'aime à croire/à penser qu'il s'est assagi.*

⌘ La structure ***aimer à ce que** (**il aime à ce qu'on le prévienne*) est fautive.

▸ **aimer mieux** (+ n. ou inf.) *j'aime mieux son premier livre que le second ; elle aime mieux danser que chanter*

▸ **aimer mieux que** (+ subj.) *j'aime mieux que tu viennes seul*

⌘ Deux *que* ne peuvent se succéder : **j'aime mieux qu'ils s'entendent que qu'ils poursuivent ce conflit.* On dira : *j'aime mieux qu'ils s'entendent plutôt que de les voir poursuivre ce conflit.*

¬ **s'aimer**

➾ Aux temps composés de la forme pronominale, le participe passé s'accorde en genre et en nombre avec le sujet : *ils se sont aimés passionnément.*

aimeur, euse n. et adj.

aimoir n. m.

aine n. f.

HOM. **haine, n**

aîné, ée ou **ainé, ée**○ adj. et n.

HOM. **henné**

aînesse ou **ainesse**○ n. f.

ains conj.

ainsi adv.

▸ **et ainsi de suite**

▸ **pour ainsi dire**

▸ **ainsi que**

➾ Le nom introduit par **ainsi que** fait partie du sujet de la phrase sauf s'il est pas séparé par des virgules : *notre voisine ainsi que son père sont charmants* mais *notre voisine, ainsi que son père, est charmante.*

☰ **Ainsi donc** est un pléonasme à éviter.

aïoli ou **ailloli** n. m.

[1]**air** n. m. (mélange gazeux, musique)

HOM. **aire, ère, erre, ers, haire, hère, r,** formes des v. **airer, errer**

[2]**air** n. m. (apparence, manière)

⌘ Lorsqu'un nom de chose est sujet de **avoir l'air**, l'adjectif attribut s'accorde avec le sujet : *ces eaux ont l'air polluées.* Lorsque le sujet est un nom de personne, l'adjectif peut s'accorder avec le sujet *(elle a l'air gentille)* ou avec *air* si l'on veut insister sur l'expression du visage *(elle a l'air soucieux).* Si *air* est suivi d'un complément, l'adjectif reste au masculin singulier : *elle a l'air mutin de son jeune frère.*

HOM. **aire, ère, erre, ers, haire, hère, r,** formes des v. **airer, errer**

airage n. m.

airain n. m.

HOM. **errhin**

air-air loc. adj. inv.

Airbag® n. m.

□ rec. off. : **sac gonflable** ou **coussin gonflable** ou **coussin de sécurité**

➾ Comme tous les noms déposés, ce mot doit s'écrire avec une majuscule : *une voiture équipée de deux Airbags.* Toutefois, on le trouve fréquemment employé comme nom générique sans respect de la règle : *une voiture équipée de deux airbags.*

Airbus® n. m. inv.

➾ Comme tous les noms déposés, ce mot doit s'écrire avec une majuscule : *un vol en Airbus.* Toutefois, on le trouve fréquemment employé sans respect de la règle : *un vol en airbus.*

aire n. f.

HOM. **air, ère, erre, ers, haire, hère, r,** formes des v. **airer, errer**

airedale /-ɛl/ n. m.

airée n. f.

HOM. **errer**

airelle n. f.

airer v. intr. | conjug. 1 |

HOM. **errer**

airial n. m.

air-mer loc. adj. inv.

air-sol loc. adj. inv.

airure n. f.

ais /ɛ/ n. m. (planchette de bois)

HOM. **eh, haie,** formes des v. **avoir, être, haïr**

aisance n. f.

➾ Ce mot est toujours au pluriel dans les locutions **cabinet d'aisances, lieux d'aisances** et **fosse d'aisances.**

[1]**aise** n. f.

[2]**aise** adj.

☰ Cet adjectif appartient au registre soutenu. Il est toujours précédé d'un adverbe intensif et s'emploie avec le pronom *en* ou un complément introduit par *de* : *je suis tout aise de vous avoir rencontré ; j'en suis fort aise ; nous en sommes bien aises.*

aisé, ée adj.

aisément adv.

aisseau n. m.
→ **aissette**
aisselier n. m.
aisselle n. f.
aissette n. f. ou **aisseau** n. m.
aisy n. m.
aître ou **aitre**○ n. m.
HOM. **être, hêtre**
aizoacée n. f.
ajax n. m.
ajiste n.
ajointer v. tr. | conjug. 1 |
ajonc /-ɔ̃/ n. m.
ajoupa n. m.
ajour n. m.
ajourage n. m.
ajouré, ée adj.
ajourer v. tr. | conjug. 1 |
ajournable adj.
ajournement n. m.
ajourner v. tr. | conjug. 1 |
ajout n. m.
ajoutage n. m.
ajoute n. f.
ajouté n. m.
ajoutement n. m.
ajouter v. tr. | conjug. 1 |
Ξ **Ajouter en plus** est un pléonasme à éviter.
ajoutoir n. m.
ajouture n. f.
ajustable adj.
ajustage n. m.
ajustement n. m.
ajuster v. tr. | conjug. 1 |
ajusteur, euse n.
ajustoir n. m.
ajusture n. f.
ajut /-yt/ n. m.
ajutage n. m.
akan n. m.
akassa n. m.
akathisie n. f.
→ **acathisie**
akène ou **achaine** ou **achène** /-k-/ n. m.
akinésie n. f.
→ **acinésie**
akinétique adj.
akkadien, ienne adj. et n.
➡ L'adjectif s'écrit sans majuscule : *l'art akkadien ; le peuple akkadien*. Le nom s'écrit avec une majuscule uniquement quand il désigne une personne : *au temps des Akkadiens ; une Akkadienne* mais *étudier l'akkadien*.
⚡ Ne pas confondre **akkadien**, qui signifie « d'Akkad », avec **acadien**, qui signifie « d'Acadie ».
HOM. **acadien**

ako n. m.
aksak n. m.
akvavit /akwavit/ n. m.
→ **aquavit**
alabandine ou **alabandite** n. f.
alabastre n.
alabastrin, ine adj.
alabastrite n. f.
alacrité n. f.
alain n. m.
alaire adj.
HOM. forme du v. **aller**
alaise n. f.
→ **alèse**
alambic /-ic/ n. m.
alambiquage n. m.
alambiqué, ée adj.
alambiquer v. tr. | conjug. 1 |
alambiqueur, euse n.
alandier n. m.
alane n. m.
alangui, ie adj.
alanguir v. tr. | conjug. 2 |
¬ **s'alanguir**
➡ Aux temps composés de la forme pronominale, le participe passé s'accorde en genre et en nombre avec le sujet : *elle s'est alanguie au soleil.*
alanguissant, ante adj.
alanguissement n. m.
alanine n. f.
alaouite adj. et n.
alapin n. m.
alarguer v. intr. | conjug. 1 |
alaria n. m. ou f.
alarmant, ante adj.
alarme n. f.
alarmer v. tr. | conjug. 1 |
¬ **s'alarmer**
➡ Aux temps composés de la forme pronominale, le participe passé s'accorde en genre et en nombre avec le sujet : *elle s'est alarmée pour rien.*
alarmisme n. m.
alarmiste n.
alastrim n. m.
a latere ou **à latéré**○ loc. adj.
alaterne n. m.
alaudidé n. m.
albacore n. m.
albain, aine adj. et n.
albanais, aise adj. et n.
➡ L'adjectif s'écrit sans majuscule : *la frontière albanaise ; la population albanaise*. Le nom s'écrit avec une majuscule uniquement quand il désigne une personne : *les Albanais ; c'est une Albanaise* mais *parler l'albanais*.

albarelle n. f.
albâtre n. m.
☯ Ce nom est masculin : *l'albâtre blanc d'Italie.*
albâtrier n. m.
albatros /-os/ n. m.
albe adj. et n.
albédo n. m.
Albène® n. m.
➾ Comme tous les noms déposés, ce mot doit s'écrire avec une majuscule : *une nappe en Albène.* Toutefois, on le trouve fréquemment employé comme nom générique sans respect de la règle : *une nappe en albène.*
alberge n. f.
albergier n. m.
albertine n. f.
albertypie n. f.
albescent, ente adj.
albien, ienne adj. et n. m.
albification n. f.
albigeois, oise adj. et n.
➾ L'adjectif s'écrit toujours sans majuscule : *les paysages albigeois ; une famille albigeoise.* Ce mot s'écrit avec une majuscule quand il désigne la région d'Aquitaine et les habitants d'Albi ou de sa région : *la culture céréalière en Albigeois ; il a épousé une Albigeoise.* Il s'écrit sans majuscule quand il désigne les cathares de la région d'Albi (XIIe et XIIIe s.) : *la croisade contre les albigeois.*
albinisme n. m.
albinos /-os/ n. et adj.
albite n. f.
albizzia /-dzja/ n. f.
alboche adj. et n.
albraque n. f.
albuginé, ée adj. et n. f.
albugineux, euse adj.
albugo n. m.
album /-ɔm/ n. m.
albumen /-ɛn/ n. m.
albuménie n. f.
albuminase n. f.
albuminate n. f.
albumine n. f.
albuminé, ée adj.
albuminémie n. f.
albumineux, euse adj.
albuminifère adj.
albuminimètre ou **albuminomètre** n. m.
albuminique adj.
albuminoïde adj.
albuminoïdique adj.
albuminomètre n. m.
→ **albuminimètre**
albuminose n. f.
albuminurie n. f.
albuminurique adj.
albumose n. f.
albumosurie n. f.
alcade n. m.
alcadie n. f.
alcaïque adj.
alcalde n. m.
alcalescence n. f.
alcalescent, ente adj.
alcali n. m.
alcalicellulose n. f.
alcalifiant, ante adj.
alcalimètre n. m.
alcalimétrie n. f.
alcalimétrique adj.
alcalin, ine adj.
alcalinisant, ante adj.
alcalinisation n. f.
alcaliniser v. tr. | conjug. 1 |
alcalinité n. f.
alcalinoterreux, euse adj.
alcaloïde n. m.
alcaloïdique adj.
alcaloïdisme n. m.
alcalose n. f.
alcancie n. f.
alcane n. m.
alcaptone n. f.
alcaptonurie n. f.
alcarazas /-as/ n. m.
alcatraz n. m.
alcazar n. m.
alcédinidé n. m.
alcée n. f.
alcelaphus /-ys/ n. m.
alcène n. m.
alces /-ɛs/ n. m.
alchémille /-ke-/ n. f.
alchimie n. f.
alchimique adj.
alchimiste n.
alcibiade n. m.
alcide n. m.
alcidé n. m.
alciforme n. m.
alciope n. f.
alcool /-ɔl-/ n. m.
alcoolase /-ɔl-/ n. f.
alcoolat /-ɔla/ n. m.
alcoolate /-ɔl-/ n. m.
alcoolature /-ɔl-/ n. f.
alcoolé /-ɔl-/ n. m.
alcoolémie /-ɔl-/ n. f.
alcoolier, ière /-ɔl-/ n. m. et adj.
alcoolification /-ɔl-/ n. f.

alcoolique /-ɔl-/ adj. et n.
alcooliquement /-ɔl-/ adv.
alcoolisable /-ɔl-/ adj.
alcoolisation /-ɔl-/ n. f.
alcooliser /-ɔl-/ v. tr. | conjug. 1 |
alcoolisme /-ɔl-/ n. m.
alcoolo /-ɔl-/ adj. et n. (alcoolique)
alcoolodépendance /-ɔl-/ n. f.
alcoolodépendant, ante /-ɔl-/ adj. et n.
alcoologie /-ɔl-/ n. f.
alcoologique /-ɔl-/ adj.
alcoologue /-ɔl-/ n.
alcoolomanie /-ɔl-/ n. f.
alcoolorésistant, ante /-ɔl-/ adj.
alcoolotabagique /-ɔl-/ adj.
alcoolotabagisme /-ɔl-/ n. m.
alcoolyse /-ɔl-/ n. f.
HOM. formes du v. **alcooliser**
alcoomètre /-ɔl-/ n. m.
alcoométrie /-kɔ-/ n. f.
alcoométrique /-kɔ-/ adj.
Alcootest® /-kɔ-/ ou **Alcotest**® n. m.
➾ Comme tous les noms déposés, ce mot doit s'écrire avec une majuscule : *utiliser des Alcootests*. Toutefois, on le trouve fréquemment employé comme nom générique sans respect de la règle : *utiliser des alcootests*.
alcopop n. m.
alcoran n. m.
Alcotest® n. m.
→ **Alcootest**
alcôve n. f.
☯ Ce mot est féminin : *une alcôve étroite*.
alcoxyle n. m.
alcoylation /-ɔi-/ ou **alkylation** n. f.
alcoyle /-ɔil/ ou **alkyle** n. m.
alcyne n. m.
alcyon n. m.
HOM. **halcyon**
alcyonaire n. m.
alcyonien, ienne adj.
alde n. m.
aldée n. f.
aldéhyde n. m.
aldéhydé, ée adj.
aldéhydique adj.
al dente /aldɛnte/ adv. et adj. inv.
alderman /-man/ n. m. ▪ plur. **aldermans** ou plur. **aldermen** /-mɛn/
Ξ On peut employer le pluriel francisé *aldermans* ou le pluriel anglais *aldermen*.
aldin, ine adj.
aldol n. m.
aldose n. m.
aldostérone n. f.
aldrovande ou **aldrovandia** n. f.
ale /ɛl/ n. f.
HOM. **aile**, **elle**, **l**, formes du v. **héler**
aléa n. m.
aléatoire adj.
aléatoirement adv.
alécithe adj.
alector n. m.
alémanique adj. et n.
➾ L'adjectif s'écrit sans majuscule : *la population alémanique*. Le nom s'écrit avec une majuscule uniquement quand il désigne une personne : *les Alémaniques ; c'est une Alémanique* mais *parler l'alémanique*.
alençon n. m.
alêne ou **alène** n. f.
HOM. **allène**, **haleine**
aléné, ée adj.
alénier, ière n.
alénois adj. m.
alentissement n. m.
alentour adv.
Ξ La graphie *à l'entour* est archaïque.
alentours n. m. pl.
◗ **aux alentours de** *aux alentours du 15 mai*
aléoute ou **aléoutien, ienne** adj. et n.
➾ L'adjectif s'écrit sans majuscule : *le peuple aléoute* ou *aléoutien*. Le nom s'écrit avec une majuscule uniquement quand il désigne une personne : *les Aléoutes* ou *les Aléoutiens ; c'est une Aléoute* ou *une Aléoutienne* mais *parler l'aléoute*.
aleph n. m. inv.
alépin, ine adj. et n.
alépine n. f.
alérion n. m.
alertant, ante adj.
alerte adj. et n. f.
alertement adv.
alerter v. tr. | conjug. 1 |
alésage n. m.
alèse ou **alaise** n. f.
HOM. **aise** (à l'aise), **allaise**
alésé, ée adj.
alèsement n. m.
aléser v. tr. | conjug. 6 |
aléseur, euse n. (personne)
aléseuse n. f. (machine)
alésoir n. m.
alésure n. f.
aléthique adj.
alette n. f.
HOM. **haleter**, formes des v. **allaiter**
aleucémique adj.
aleurite n. f.
aleurode n. m.
aleurone n. f.

alevin n. m.
alevinage n. m.
aleviner v. tr. | conjug. 1 |
alevinier n. m.
alevinière n. f.
alexandra n. m.
¹**alexandrin, ine** adj. et n. (d'Alexandrie)
➾ L'adjectif s'écrit sans majuscule : *l'art alexandrin ; les poètes alexandrins*. Le nom s'écrit avec une majuscule quand il désigne les habitants d'Alexandrie : *les Alexandrins ; une Alexandrine*.
²**alexandrin** adj. et n. m. (vers)
alexandrinisme n. m.
alexandrite n. f.
alexie n. f.
alexine n. f.
alexipharmaceutique adj.
alexipharmaque adj. et n.
alexique n.
alexitère adj. et n.
alexithymie n. f.
alezan, ane adj. et n.
➾ L'adjectif est invariable quand il est suivi d'un autre adjectif ou d'un nom qui précise la nuance : *des juments alezan brûlé*.
alfa n. m.
HOM. **alpha**
alfalfa n. m.
alfange n. m.
alfatier, ière n. et adj.
Alfénide® n. m.
➾ Comme tous les noms déposés, ce mot doit s'écrire avec une majuscule : *des couverts en Alfénide*. Toutefois, on le trouve fréquemment employé comme nom générique sans respect de la règle : *des couverts en alfénide*.
algacé, ée adj.
algal, ale, aux adj.
alganon n. m.
algarade n. f.
algaroth n. m.
algazelle n. f.
algèbre n. f.
☯ Ce mot est féminin.
algébricité n. f.
algébrique adj.
algébriquement adv.
algébrisation n. f.
algébriser v. tr. | conjug. 1 |
algébriste n.
algébroïde adj.
algérianisation n. f.
algérien, ienne adj. et n.
➾ L'adjectif s'écrit sans majuscule : *la population algérienne*. Le nom s'écrit avec une majuscule uniquement quand il désigne une personne : *les Algériens ; c'est une Algérienne* mais *parler l'algérien* (l'arabe dialectal d'Algérie).
ϟ Ne pas confondre **algérien**, qui signifie « d'Algérie », avec **algérois**, qui signifie « d'Alger ».
algérois, oise adj. et n.
➾ L'adjectif s'écrit sans majuscule : *l'agglomération algéroise*. Le nom s'écrit avec une majuscule : *les Algérois ; c'est une Algéroise ; visiter l'Algérois*.
ϟ Ne pas confondre **algérois**, qui signifie « d'Alger », avec **algérien**, qui signifie « d'Algérie ».
algésie n. f.
algésimètre n. m.
algésiogène adj.
algicide adj. et n. m.
algide adj.
algidité n. f.
algie n. f.
alginate n. m.
algine n. f.
alginique adj.
algique adj.
algoculture n. f.
algodystrophie n. f.
algol n. m. (algorithmic language)
algologie n. f.
algologique adj.
algologue n.
algonquien, ienne ou **algonkien, ienne** adj. et n. m.
algonquin, ine ou **algonkin, ine** adj. et n.
☰ La graphie *algonkin* est archaïque.
➾ L'adjectif s'écrit sans majuscule : *le peuple algonquin*. Le nom s'écrit avec une majuscule uniquement quand il désigne une personne : *les Algonquins ; c'est une Algonquine* mais *parler l'algonquin*.
algopareunie n. f.
algophilie n. f.
algophobie n. f.
algorithme n. m.
➾ Ce mot (issu de l'arabe) et ses dérivés ne sont pas formés sur *rythme*. Ils s'écrivent avec un *i*.
algorithmique adj. et n. f.
algorithmiquement adv.
algothérapie n. f.
algue n. f.
algueux, euse adj.
alhagi n. m.
alhambra n. m.
alias /aljas/ adv. et n. m.
alibi n. m.
alibile adj.

alibilité n. f.
aliboron n. m.
aliboufier n. m.
alicament n. m.
alicante n. m.
HOM. **aliquante**
alicyclique adj.
alidade n. f.
alien /aljɛn/ n. m.
HOM. formes du v. **aliéner**
aliénabilité n. f.
aliénable adj.
aliénant, ante adj.
aliénataire n.
aliénateur, trice n.
aliénation n. f.
aliéné, ée adj. et n.
aliéner v. tr. | conjug. 6 |
¬ **s'aliéner**
➾ Le participe passé ne s'accorde pas quand il est suivi d'un complément d'objet direct : *il s'est aliéné la confiance de ses collègues*. Il s'accorde avec le complément d'objet direct quand celui-ci est placé avant le verbe : *la confiance qu'il s'est aliénée*.
aliénisme n. m.
aliéniste n.
alifère adj.
aliforme adj.
alignage n. m.
aligné, ée adj.
alignement n. m.
aligner v. tr. | conjug. 1 |
¬ **s'aligner**
➾ Aux temps composés de la forme pronominale, le participe passé s'accorde en genre et en nombre avec le sujet : *les concurrents se sont alignés*.
aligneur, euse n.
alignoir n. m.
alignole n. m.
aligot n. m.
aligoté n. m.
aliment n. m.
alimentaire adj.
alimentarité n. f.
alimentateur, trice ou **alimenteur, trice** adj. et n. m.
alimentation n. f.
alimenter v. tr. | conjug. 1 |
¬ **s'alimenter**
➾ Aux temps composés de la forme pronominale, le participe passé s'accorde en genre et en nombre avec le sujet : *elle ne s'est pas alimentée pendant deux jours*.
alimenteur, trice adj. et n. m.
→ **alimentateur, trice**

alinéa n. m.
alinéaire adj.
alinéatiser ou **alinéater** v. tr. | conjug. 1 |
alios /-os/ n. m.
aliotique adj.
aliphatique adj.
aliquante adj. f.
HOM. **alicante**
aliquote adj. f.
alise ou **alize** n. f.
alisier ou **alizier** n. m.
alisma ou **alisme** n. m.
alismacée n. f.
alitement n. m.
aliter v. tr. | conjug. 1 |
¬ **s'aliter**
➾ Aux temps composés de la forme pronominale, le participe passé s'accorde en genre et en nombre avec le sujet : *elle s'est alitée*.
aliturgique adj.
alizari n. m.
alizarine n. f.
alize n. f.
→ **alise**
alizé adj. et n. m.
alizéen, enne adj.
alizier n. m.
→ **alisier**
alkékenge n. m.
alkermès n. m.
alkyde adj.
alkylation n. f.
→ **alcoylation**
alkyle n. m.
→ **alcoyle**
allable adj.
allache n. f.
allaise n. f.
HOM. **aise (à l'), alaise**
allaitant, ante adj.
allaitante adj. f.
allaitement n. m.
HOM. **halètement**
allaiter v. tr. | conjug. 1 |
allamanda n. f.
allant, ante n. m. et adj.
allantoïde n. f.
allantoïdien n. m.
allatif n. m.
alla turca /al(l)atuʀka/ loc. adv. et adj. inv.
alléchant, ante adj.
allèchement n. m.
allécher v. tr. | conjug. 6 |
allée n. f.
▸ **allée et venue** *c'était une allée et venue*

continuelle ; perdre son temps en allées et venues
HOM. **aller, haler, hâler**
allégation n. f.
allège n. f.
allégé, ée adj.
allégeable adj.
allégeance n. f.
allègement ou **allégement** n. m.
alléger v. tr. | conjug. 6 |
allégorie n. f.
allégorique adj.
allégoriquement adv.
allégorisation n. f.
allégoriseur n. m.
allégorisme n. m.
allégoriste n. m.
allègre adj.
allègrement ou **allégrement** adv.
allégresse n. f.
¹**allégretto** ou **allegretto** n. m.
➾ Le pluriel est régulier : *des allégrettos* ou *allegrettos*.
²**allégretto** ou **allegretto** adv.
¹**allégro** ou **allegro** n. m.
➾ Le pluriel est régulier : *des allégros* ou *allegros*.
²**allégro** ou **allegro** adv.
alléguer v. tr. | conjug. 6 |
▸ **alléguer** (+ n.) *nous pourrons alléguer ce texte de loi ; il a allégué de mauvaises raisons*
▸ **alléguer que** (+ indic.) *il suffit d'alléguer que la cohabitation est impossible*
allèle n. m.
allélique adj.
allélogène adj.
allélomorphe adj.
allélotrope adj. et n. m.
alléluia /a(l)leluja/ n. m.
allemand, ande adj. et n.
➾ L'adjectif s'écrit sans majuscule : *le peuple allemand ; un berger allemand*. Le nom s'écrit avec une majuscule uniquement quand il désigne une personne : *les Allemands ; c'est une Allemande* mais *parler l'allemand*.
HOM. **halement**
allemande n. f. (danse)
allène n. m.
HOM. **alêne, haleine**
allénique adj.
¹**aller** n. m.
HOM. **allée, haler, hâler**

²**aller** v. intr. et v. tr. | conjug. 9 |
CONJUG. À l'impératif, *va* devient *vas* devant le complément *y* : *va chez eux sans moi ; vas-y sans moi*. Ce n'est pas le cas quand *y* est le complément d'un autre verbe de la phrase : *va mettre la table dans le jardin ; va y mettre la table*.
☰ Aux temps composés, *être allé* est en concurrence avec *avoir été*, dont l'emploi est critiqué. Dans la langue soignée, on dira *je suis allé chez ma grand-mère* plutôt que *j'ai été chez ma grand-mère*.
Aller s'emploie avec un verbe au participe présent ou un gérondif pour exprimer la simultanéité, l'aspect duratif ou progressif : *son angoisse allait augmentant ; son angoisse allait en augmentant*. Les deux structures sont syntaxiquement correctes et n'ont aucune différence de sens. L'emploi du gérondif est toutefois plus courant que celui du participe présent, qui appartient au langage littéraire.
La structure **aller pour** (+ inf.) indique un but non réalisé : *il alla pour lui parler puis y renonça*. Elle est à proscrire quand l'action indiquée par le verbe à l'infinitif est réalisée : *il alla lui parler, ce qui entraîna une violente dispute*.
¬ **s'en aller**
⌘ Dans le langage soutenu, le pronom *en* doit se placer directement après le pronom réfléchi aux temps composés : *je m'en suis allé discrètement*. Il est fréquemment placé après l'auxiliaire dans le langage courant, ce qui n'est plus considéré comme fautif : *je me suis en allé discrètement*.
➾ Aux temps composés de la forme pronominale, le participe passé s'accorde en genre et en nombre avec le sujet : *elle s'en est allée sans rien dire*.
À la deuxième personne du présent de l'impératif, il faut écrire *va-t'en* et non pas *va-t-en* : le *t'* est le pronom *te* élidé et non pas un *t* euphonique.
☰ Au sens de « partir », **s'en aller** suivi d'un verbe à l'infinitif est familier : *je m'en vais chercher du pain*. Comme verbe auxiliaire exprimant le futur proche, **s'en aller** (+ inf.) est vieilli ou populaire : *je m'en vais vous raconter mon histoire*. Il est surtout employé au présent, à la première personne du singulier.
HOM. **allée, haler, hâler**
→ aussi **à**, **venir**

allergène n. m. et adj.
allergénique adj.
allergide n. f.
allergie n. f.
allergique adj.
allergisant, ante adj. et n. m.
allergisation n. f.
allergologie n. f.
allergologique adj.
allergologiste n.

allergologue n.
aller-retour n. m. ▪ plur. **allers-retours**
allesthésie n. f.
alleu n. m.
alleutier n. m.
allevasse n. f.
alliable adj.
alliacé, ée adj.
alliage n. m.
alliaire n. f.
HOM. forme du v. **allier**
alliance n. f.
➾ Ce mot s'écrit sans majuscule dans **l'Arche d'alliance**. Il s'écrit avec une majuscule dans **l'Alliance française**. On écrit avec des majuscules et un trait d'union **la Triple-Alliance**, **la Quadruple-Alliance**, **la Sainte-Alliance** et **la Nouvelle-Alliance**.
alliancé, ée adj.
alliciant, ante adj.
allié, iée adj. et n.
[1]**allier** v. tr. | conjug. 7 |
▸ **allier... et/à/avec** *une discipline qui allie le corps et l'esprit ; ce film allie l'humour à la réflexion ; il allie l'élégance avec la modernité*
¬ **s'allier**
▸ **s'allier à/avec** *il s'est allié à son ancien concurrent* ou *avec son ancien concurrent*
➾ Aux temps composés de la forme pronominale, le participe passé s'accorde en genre et en nombre avec le sujet : *elle s'est alliée avec lui ; ils se sont alliés*.
HOM. **hallier**
[2]**allier** ou **'hallier** n. m.
HOM. **hallier**
alligator n. m.
alligatoriné n. m.
allitératif, ive adj.
➾ Ce mot est de la famille de *lettre* mais s'écrit avec un seul *t*.
allitération n. f.
➾ Ce mot est de la famille de *lettre* mais s'écrit avec un seul *t*.
allitérer v. tr. | conjug. 6 |
➾ Ce mot est de la famille de *lettre* mais s'écrit avec un seul *t*.
allo ou **allô** interj.
HOM. **halo**
allobarbital n. m.
alloc n. f.
▫ abrév. de **allocation**
allocataire n.
ϟ Ne pas confondre **allocataire**, qui désigne une personne qui bénéficie d'une allocation, avec **allocutaire**, qui désigne une personne à qui l'on parle.
allocation n. f.
ϟ Ne pas confondre **allocation**, qui désigne une somme allouée, avec **allocution**, qui désigne un discours.
allocentrique adj.
allocentrisme n. m.
allocentriste adj. et n.
allochirie /-k-/ n. f.
allochtone /-k-/ adj.
allochtonie /-k-/ n. f.
allocutaire n.
ϟ Ne pas confondre **allocutaire**, qui désigne une personne à qui l'on parle, avec **allocataire**, qui désigne une personne qui bénéficie d'une attribution.
allocution n. f.
ϟ Ne pas confondre **allocution**, qui désigne un discours, avec **allocation**, qui désigne une attribution ou une somme allouée, ni avec **élocution**, qui désigne la manière d'articuler, de s'exprimer oralement.
allodial, iale, iaux adj.
allodialité n. f.
allogame adj.
allogamie n. f.
allogène adj.
HOM. **halogène**
allographe adj. et n. m.
allogreffe n. f.
allogreffon n. m.
allolalie n. f.
allométrie n. f.
allomorphe adj. et n. m.
allomorphie n. f.
allomorphisme n. m.
allonge n. f.
allongé, ée adj.
allongeable adj.
allongement n. m.
allonger v. tr. et v. intr. | conjug. 3 |
¬ **s'allonger**
➾ Aux temps composés de la forme pronominale, le participe passé s'accorde en genre et en nombre avec le sujet : *elle s'est allongée sur son lit*.
allongeur, euse adj. et n.
allonyme adj.
allopathe adj.
allopathie n. f.
allopathique adj.
allopatrique adj.
allophane n. f.
allophanique adj.
allophone n. et adj.
allophyle adj. et n.
allopsyché n. f.
allosaure n. m.
allosome n. m.
allostérie n. f.

allostérique adj.
allotir v. tr. | conjug. 2 |
allotissement n. m.
allotropie n. f.
allotropique adj.
allotype n. m.
allouable adj.
allouchier ou **alouchier** n. m.
alloué, ée adj.
allouer v. tr. | conjug. 1 |
allouvi adj. et n.
→ **alouvi**
alloxane n. m.
alluchon n. m.
allumable adj.
allumage n. m.
allume n. m.
allumé, ée adj.
allume-cigare n. m. ▪ plur. **allume-cigares**
allume-feu n. m. ▪ plur. **allume-feux**
allume-gaz n. m. inv.
allumelle n. f.
→ **alumelle**
allumement n. m.
allume-pipe n. m. ▪ plur. **allume-pipes**
allumer v. tr. | conjug. 1 |
Ξ Il faut éviter le pléonasme **allumer la lumière**, dont l'emploi est courant mais critiqué. On emploiera plutôt **donner de la lumière** ou *allumer* sans complément : *voulez-vous donner de la lumière dans l'entrée ? ; voulez-vous allumer dans l'entrée ?*
allumette n. f.
Ξ Ce mot peut s'employer en apposition ; il prend la marque du pluriel : *des pommes allumettes.*
allumettier, ière n.
allumeur, euse n.
allumoir n. m.
allural, ale adj.
allure n. f.
➾ Ce mot est au singulier dans la locution **à toute allure**.
alluré, ée adj.
allusif, ive adj.
ϟ Ne pas confondre **allusif**, qui signifie « qui fait une allusion », avec **élusif**, qui signifie « qui esquive, évite avec adresse ».
allusion n. f.
allusionnel, elle adj.
allusionner v. intr. | conjug. 1 |
allusionniste adj. et n.
allusivement adv.
alluvial, iale, iaux adj.
alluvion n. f.
☯ Ce mot est féminin : *une alluvion.*
Ξ Dans le sens de « sédiments », ce mot s'emploie au pluriel : *des alluvions récentes.*
alluvionnaire adj.
alluvionnement n. m.
alluvionner v. intr. | conjug. 1 |
allyle n. m.
allylique adj.
almadin n. m.
→ **almandin**
almadine n. f.
→ **almandine**
almageste n. m.
alma mater /-ɛʀ/ n. f. inv.
almanach /-a/ n. m.
almandin ou **almadin** n. m.
almandine ou **almadine** n. f.
almasilicium /-ɔm/ n. m.
alme adj.
almée n. f.
almicantarat /-a/ n. m.
alnico n. m.
aloès /-ɛs/ n. m.
aloétique adj.
aloe vera ou **aloé véra** n. m. inv.
alogie n. f.
alogique adj.
aloi n. m.
Ξ De nos jours, ce mot ne s'emploie que dans la locution **de bon/mauvais aloi** : *une simplicité de bon aloi.*
aloïne n. f.
alopécie n. f.
alopécique adj. et n.
alopias n. m.
alors adv.
▸ **d'alors** *les jeux d'alors étaient différents*
▸ **jusqu'alors** *il vivait jusqu'alors complètement isolé*
▸ **alors que** *cela s'est produit alors qu'il n'était pas chez lui ; il fait bon chez vous, alors que chez moi on gèle ; on la critique alors qu'elle n'est pas responsable ; il est blond alors que son frère est brun.*
alose n. f.
☯ Ce mot est féminin : *l'alose commune.*
alosier n. m. ou **alosière** n. f.
alouate n. m.
alouchier n. m.
→ **allouchier**
alouette n. f.
alourdir v. tr. | conjug. 2 |
¬ **s'alourdir**
➾ Aux temps composés de la forme pronominale, le participe passé s'accorde en genre et en nombre avec le sujet : *sa démarche s'est alourdie.*
alourdissant, ante adj.

alourdissement n. m.
alouvi ou **allouvi** adj. et n.
aloyage /alwajaʒ/ n. m.
aloyau /alwajo/ n. m.
alpacca n. m.
alpaga n. m.
☯ Ce mot est masculin : *de l'alpaga blanc.*
HOM. formes du v. **alpaguer**
alpage n. m.
alpagiste n.
alpague n. f.
alpaguer v. tr. | conjug. 1 |
alpargate ou **alpargata** n. f.
Alpax® n. m.
➾ Comme tous les noms déposés, ce mot doit s'écrire avec une majuscule : *des jantes en Alpax.* Toutefois, on le trouve fréquemment employé comme nom générique sans respect de la règle : *des jantes en alpax.*
alpe n. f.
alpenstock /-ɛn-/ n. m.
alper v. intr. | conjug. 1 |
alpestre adj.
alpha n. m. ▪ plur. inv. ou plur. **alphas**○ (lettre)
Ξ Ce mot peut s'employer en apposition ; il est alors invariable : *des rayons alpha ; des particules alpha.*
HOM. **alfa**
alphabet n. m.
alphabétaire adj.
alphabète n. et adj.
alphabétique adj.
alphabétiquement adv.
alphabétisation n. f.
alphabétiser v. tr. | conjug. 1 |
alphabétiseur, euse n.
alphabétisme n. m.
alphabloquant, ante adj. et n. m.
alphaglobuline n. f.
alpha-inhibiteur, trice adj. ▪ plur. **alpha-inhibiteurs, trices**
alphalytique adj.
alphamimétique adj. et n. m.
alphanumérique adj.
Alphapage® n. m.
➾ Comme tous les noms déposés, ce mot doit s'écrire avec une majuscule : *envoyer des messages avec un Alphapage.* Toutefois, on le trouve fréquemment employé comme nom générique sans respect de la règle : *envoyer des messages avec un alphapage.*
alpharécepteur n. m.
alphastimulant, ante adj. et n. m.
alphathérapie n. f.
alphonse n. m.
alpicole adj.
alpigène adj.
alpin, ine adj.
alpinisme n. m.
alpiniste n.
alpiste n. m.
alque n. m.
alquifoux /-u/ n. m.
alsace n. m.
➾ Lorsqu'il désigne un vin, ce mot s'écrit sans majuscule, contrairement au nom propre qui désigne la région : *un vin d'Alsace* mais *une bouteille d'alsace.*
alsacien, ienne adj. et n.
➾ L'adjectif s'écrit sans majuscule : *une tarte alsacienne ; la population alsacienne.* Le nom s'écrit avec une majuscule uniquement quand il désigne une personne : *les Alsaciens ; un costume traditionnel d'Alsacienne* mais *parler l'alsacien.*
alse n. f.
alsine n. f.
alsinée n. f.
alsophila n. m. ou **alsophile** n. f.
alstonia n. m.
alstrœmère ou **alstrœmérie** /-tʀo-/ n. f.
altaïque adj.
altaïte n. f.
altérabilité n. f.
altérable adj.
altéragène adj.
altérant, ante adj.
altérateur, trice adj.
altératif, ive adj.
altération n. f.
altercation n. f.
alterconsommateur, trice n.
alterconsommation n. f.
alter ego /altɛʀego/ n. m. inv.
altérer v. tr. | conjug. 6 |
¬ **s'altérer**
➾ Aux temps composés de la forme pronominale, le participe passé s'accorde en genre et en nombre avec le sujet : *les couleurs se sont altérées.*
altereuropéen, enne adj. et n.
altérité n. f.
altermonde n. m.
altermondialisation n. f.
altermondialisme n. m.
altermondialiste adj. et n.
alternance n. f.
alternant, ante adj.
alternanthéra n. f.
alternat /-a/ n. m.
HOM. formes du v. **alterner**
alternateur n. m.
alternatif, ive adj.
alternation n. f.

alternative n. f.
Ξ Ce mot signifie « situation dans laquelle il n'y a que deux partis possibles » : *je me trouve dans une fâcheuse alternative : la blesser ou lui mentir.* On ne peut donc pas « hésiter entre deux alternatives ». L'emploi au sens de « solution de remplacement » (*chercher une alternative*), calqué sur l'anglais, est critiqué.
alternativement adv.
alterne adj.
alterné, ée adj.
alterner v. intr. et v. tr. | conjug. 1 |
Ξ La forme pronominale ***s'alterner** est fautive : **débats et concerts se sont alternés toute la journée.* Il faut lui préférer la structure intransitive : *débats et concerts ont alterné toute la journée.*
altérocentrisme n. m.
altesse n. f.
➾ Employé comme titre honorifique, ce mot s'écrit avec une majuscule, tout comme l'adjectif possessif qui le précède : *Son Altesse la princesse ; Votre Altesse.* L'accord se fait soit avec le nom qui suit le titre, soit au féminin si *altesse* est employé seul : *Son Altesse le prince est satisfait ; Son Altesse est satisfaite.*
[1]**althæa** /-ea/ ou **alt(h)éa** n. f. (guimauve officinale, rose trémière)
[2]**althæa** /-ea/ ou **alt(h)éa** n. m. (hibiscus)
altier, ière adj.
altièrement adv.
altimètre n. m.
altimétrie n. f.
altimétrique adj.
altiport n. m.
altise n. f.
altissime adj.
altiste n.
altitude n. f.
altitudinal, ale, aux adj.
[1]**alto** n. (personne)
➾ Le pluriel est régulier : *des altos.*
[2]**alto** n. m. (voix, instrument)
➾ Le pluriel est régulier : *des altos.*
Ξ Ce mot peut s'employer en apposition ; il est alors invariable : *des clarinettes alto.*
altocumulus /-ys/ n. m.
altostratus /-ys/ n. m.
altruicide adj. et n.
→ **autruicide**
altruisme n. m.
altruiste adj. et n.
Altuglas® ou **altuglass** n. m. inv.
➾ Comme tous les noms déposés, ce mot doit s'écrire avec une majuscule : *des tables en Altuglas.* Toutefois, on le trouve fréquemment employé comme nom générique sans respect de la règle : *des tables en altuglas.* La graphie *altuglass* est abusive.
alu n. m.
▫ abrév. de **aluminium**
Ξ Ce mot peut s'employer en apposition ; il est alors invariable : *des papiers alu.*
aluchromie /-k-/ n. f.
aluchromiste /-k-/ n.
alucite n. f.
alude ou **alute** n. f.
aludel n. m.
aluette n. f.
alumelle ou **allumelle** n. f.
aluminage n. m.
⚡ Ne pas confondre **aluminage**, mot de la famille d'*alumine*, avec **aluminiage**, qui vient d'*aluminium*.
aluminaire adj.
aluminate n. m.
alumine n. f.
aluminer v. tr. | conjug. 1 |
aluminerie n. f.
alumineux, euse adj.
aluminiage n. m.
⚡ Ne pas confondre **aluminiage**, qui vient d'*aluminium*, avec **aluminage**, mot de la famille d'*alumine*.
aluminier n. m.
aluminière n. f.
aluminifère adj.
aluminique adj.
aluminite n. f.
aluminium /-ɔm/ n. m.
Ξ Ce mot peut s'employer en apposition ; il est alors invariable : *des rouleaux aluminium ; des papiers aluminium.*
aluminosilicate n. m.
aluminothermie n. f.
aluminure n. f.
alumiphane n. m.
alumnat /-a/ n. m.
alun n. m.
alunage n. m.
alunation n. f.
alundum /-ɔm/ n. m.
aluner v. tr. | conjug. 1 |
⚡ Ne pas confondre **aluner**, qui signifie « imprégner d'alun », avec **alunir**, qui signifie « se poser sur la Lune ».
alunerie n. f.
aluneux, euse adj.
alunière n. f.
alunifère adj.
alunir v. intr. | conjug. 2 |
Ξ Ce verbe n'est pas admis par l'Académie qui recommande l'emploi de **atterrir sur la Lune**.

⚡ Ne pas confondre **alunir**, qui signifie « se poser sur la Lune », avec **aluner**, qui signifie « imprégner d'alun ».
alunissage n. m.
Ξ Ce nom n'est pas admis par l'Académie qui recommande l'emploi de *atterrissage* même lorsque l'on parle de la Lune.
alunite n. f.
alunogène n. m.
alutacé, ée adj.
alute n. f.
→ **alude**
alvéographe n. m.
alvéolaire adj.
alvéole n. m. ou n. f.
☯ Ce mot s'emploie comme nom féminin depuis le début du XXe s. Il est parfois encore employé au masculin, seul genre que lui attribue l'Académie.
alvéolé, ée adj.
alvéoline n. f.
alvéolite n. f.
alvéolyse n. f.
alvin, ine adj.
alysse n. f.
alyte n. m.
HOM. formes du v. **aliter**
alzheimer /alzajmɛʀ/ n. m.
➾ Employé comme substantif, ce mot s'écrit sans majuscule : *elle a un alzheimer ; des alzheimers précoces*. Dans **maladie d'Alzheimer**, il s'écrit avec une majuscule car il s'agit du nom propre.
alzheimérien, ienne /alzajmeʀ-/ adj. et n.
a. m. /aɛm ; eɛm/ loc. adv.
□ abrév. de **ante meridiem**
amabile /-ile/ adv.
amabiliser v. tr. | conjug. 1 |
amabilité n. f.
amade n. f.
amadelphe adj.
amadine n. f.
amadinidé n. m.
amadis /-is/ n. m.
amadou n. m.
HOM. formes du v. **amadouer**
amadouage n. m.
amadouement n. m.
amadouer v. tr. | conjug. 1 |
amadoueur, euse adj. et n.
amadouvier n. m.
amagnétique adj.
amaigrir v. tr. | conjug. 2 |
¬ **s'amaigrir**
➾ Aux temps composés de la forme pronominale, le participe passé s'accorde en genre et en nombre avec le sujet : *elle s'est amaigrie avec l'âge*.
amaigrissant, ante adj. et n. m.
amaigrissement n. m.
amalgamant, ante adj.
amalgamation n. f.
amalgame n. m.
amalgamer v. tr. | conjug. 1 |
¬ **s'amalgamer**
➾ Aux temps composés de la forme pronominale, le participe passé s'accorde en genre et en nombre avec le sujet : *la substance s'est amalgamée avec une autre*.
amalgameur n. m.
aman /-ɑ̃/ n. m.
HOM. **amant**, **amman**
amandaie n. f.
amande n. f.
Ξ Ce mot peut s'employer seul comme adjectif de couleur ou derrière un adjectif de couleur pour en préciser la nuance ; ces adjectifs sont alors invariables : *des chaussettes vert amande ; des rideaux amande*.
➾ On peut écrire **de l'huile d'amande douce** ou **de l'huile d'amandes douces**.
HOM. **amende**, formes du v. **amender**
amandé adj. et n. m.
HOM. **amender**
amanderaie n. f.
HOM. formes du v. **amender**
amandier n. m.
HOM. formes du v. **amender**
amandin, ine adj.
amandine n. f.
amanite n. f.
☯ Ce mot est féminin : *une amanite vénéneuse*.
amanitine n. f.
amant, ante n.
HOM. **aman, amman**
amarantacé, ée adj. et n. f.
amarante n. f.
Ξ Ce mot peut s'employer comme adjectif de couleur ; il est alors invariable : *des reflets amarante*.
amarantine n. f.
amarelle n. f.
amarescent, ente adj.
amareyeur, euse n.
amaril, ile adj.
amarilique n.
amarinage n. m.
amarine n. f.
amariner v. tr. | conjug. 1 |
amarnien, ienne adj.
amaro n. m.
amarrage n. m.
amarre n. f.
amarrer v. tr. | conjug. 1 |
amarreur, euse n.

amaryllidacée n. f.
amaryllis n. f.
☯ Ce mot est féminin : *une amaryllis.*
amas /-a/ n. m.
amasse n. f.
amassement n. m.
amasser v. tr. | conjug. 1 |
¬ **s'amasser**
➾ Aux temps composés de la forme pronominale, le participe passé s'accorde en genre et en nombre avec le sujet : *la neige s'est amassée.*
amassette n. f.
amasseur, euse n.
amatelotage n. m.
amateloter v. tr. | conjug. 1 |
amateur, trice n. et adj.
☯ La forme féminine *amatrice*, préconisée par le *Guide d'aide à la féminisation des noms de métiers, titres, grades et fonctions* et l'Office québécois de la langue française, semble employée plus couramment comme nom que comme adjectif : *c'est une grande amatrice de musique* mais *une musicienne amateur*. On trouve parfois *amateure (une chanteuse amateure)*, mais cette forme est à éviter.
amateurisme n. m.
amathie n. f.
amatir v. tr. | conjug. 2 |
amativité n. f.
amatoxine n. f.
amaurobius /-bjys/ n. m.
amaurose n. f.
amaurotique adj. et n.
a maxima ou **à maxima** ○ loc. adj.
amazone n. f.
amazonien, ienne adj.
amazonite n. f.
ambacte n. m.
ambages n. f. pl.
Ξ Ce mot s'emploi surtout dans la locution **sans ambages** : *parlez-moi sans ambages.*
ambarvales ou **ambarvalies** n. f. pl.
ambassade n. f.
ambassadeur, drice n.
➾ Ce mot s'écrit sans majuscule : *Son Excellence l'ambassadeur de France aux États-Unis.*
☯ *Ambassadrice* est la forme féminine recommandée par le *Guide d'aide à la féminisation des noms de métiers, titres, grades et fonctions* et l'Office québécois de la langue française. Toutefois, le masculin *ambassadeur* est encore parfois employé pour désigner une femme : *elle a été nommée ambassadeur*. On rencontre parfois la forme *ambassadeure.*
ambassadorial, iale, iaux adj.
ambatch n. m.
ambe n. m.
ambesas /-ɑs/ n. m.
ambiance n. f.
ambiancer v. intr. | conjug. 3 |
ambianceur, euse n.
ambiant, iante adj.
ambiantal, ale, aux adj.
ambidextre adj. et n.
ambidextrie n. f.
ambiéqual, ale adj. et n.
ambigu, uë ou **üe** ○ adj.
♪ Au féminin, le tréma sur le *e* indique qu'il faut prononcer le *u*. Cependant, les Rectifications de l'orthographe de 1990 préconisent le déplacement du tréma sur le *u* pour signaler que c'est cette voyelle qui doit être prononcée.
ambiguïté ou **ambigüité** ○ n. f.
♪ Le tréma sur le *e* indique qu'il faut prononcer le *u*. Cependant, les Rectifications de l'orthographe de 1990 préconisent le déplacement du tréma sur le *u* pour signaler que c'est cette voyelle qui doit être prononcée.
ambigument adv.
Ambiophonie® n. f.
➾ Comme tous les noms déposés, ce mot doit s'écrire avec une majuscule : *une diffusion en Ambiophonie*. Toutefois, on le trouve fréquemment employé comme nom générique sans respect de la règle : *une diffusion en ambiophonie.*
ambiophonique adj.
ambipare adj.
ambisexué, ée adj.
ambitendance n. f.
ambitieusement adv.
ambitieux, ieuse adj.
ambition n. f.
ambitionner v. tr. | conjug. 1 |
ambitus /-ys/ n. m.
ambivalence n. f.
ambivalent, ente adj.
amblant, ante adj.
amble n. m.
ambler v. intr. | conjug. 1 |
ambleur, euse adj.
amblyope adj. et n.
amblyopie n. f.
amblyopsis n. m.
amblyornis n. m.
amblyoscope n. m.
amblypode n. m.
amblyrhynque n. m.
amblystome n. m.
amboine n. m.
ambon n. m.
ambre n. m.
☯ Ce nom est masculin : *de l'ambre fin.*
Ξ Ce mot peut s'employer comme adjectif de

couleur ; il est alors invariable : *des pelages ambre.*
ambré, ée adj.
ambréine n. f.
ambrer v. tr. | conjug. 1 |
ambrette n. f.
ambrin, ine adj.
ambrine n. f.
ambroisie n. f.
ambroisien, ienne adj.
ambrosiacée n. f.
ambrosiaque adj.
ambrosien, ienne adj.
ambubaïes /-baj/ n. f. pl.
ambulacraire adj.
ambulacre n. m.
ambulance n. f.
ambulancier, ière n.
ambulant, ante adj.
ambulation n. f.
ambulatoire adj.
ambuler v. intr. | conjug. 1 |
amburbial, ale adj. et n. f.
âme n. f.
amébée ou **amœbée** adj.
amélanche n. f.
amélanchier n. m.
amèle adj. et n.
amélie n. f.
améliorable adj.
améliorant, ante adj. et n. m.
améliorateur, trice adj. et n. m.
amélioration n. f.
améliorer v. tr. | conjug. 1 |
¬ **s'améliorer**
➾ Aux temps composés de la forme pronominale, le participe passé s'accorde en genre et en nombre avec le sujet : *les conditions se sont améliorées ; elle s'est améliorée en orthographe.*
améliorissement n. m.
amen /amɛn/ interj. et n. m. inv.
HOM. **amène**, formes du v. **amener**
amenage n. m.
aménageable adj.
aménagement n. m.
aménager v. tr. | conjug. 3 |
ϟ Ne pas confondre **aménager**, qui signifie « adapter, organiser », avec **emménager**, qui signifie « s'installer » : *il aménage un loft ; il emménage dans un loft.*
aménageur, euse n.
aménagiste n.
amendable adj.
amende n. f.
▸ **être, mettre à l'amende**
▸ **faire amende honorable**
HOM. **amande**
amendement n. m.
amender v. tr. | conjug. 1 |
¬ **s'amender**
➾ Aux temps composés de la forme pronominale, le participe passé s'accorde en genre et en nombre avec le sujet : *elle s'est amendée progressivement.*
HOM. **amandé**
amendeur n. m.
amène adj.
HOM. **amen**, formes du v. **amener**
amenée n. f.
amènement adv.
amener v. tr. | conjug. 5 |
ϟ **Amener** signifie « mener avec soi (un être animé) à un endroit » : *amener son chien chez le vétérinaire.* **Emmener** signifie « prendre avec soi (un être animé) en partant » : *emmener son chien en vacances.*
Ξ La distinction entre *amener (un être animé)* et *apporter (une chose)* est de moins en moins respectée dans la langue parlée mais doit l'être à l'écrit : *elle a amené des amis et apporté un gâteau.*
¬ **s'amener**
➾ Aux temps composés de la forme pronominale, le participe passé s'accorde en genre et en nombre avec le sujet : *ils se sont amenés avec deux heures de retard.*
ameneur n. m.
aménité n. f.
amenokal /-me-/ n. m.
aménorrhée n. f.
amentacée n. f.
amentifère adj. et n. f.
amentiforme adj.
amenuisement n. m.
amenuiser v. tr. | conjug. 1 |
¬ **s'amenuiser**
➾ Aux temps composés de la forme pronominale, le participe passé s'accorde en genre et en nombre avec le sujet : *sa tristesse s'est amenuisée.*
[1]**amer, ère** adj. (âpre)
[2]**amer** n. m. (Naut. : repère)
amèrement adv.
américain, aine adj. et n.
➾ L'adjectif s'écrit sans majuscule : *la population américaine.* Le nom s'écrit avec une majuscule uniquement quand il désigne une personne : *les Américains du Nord ; il a épousé une Américaine* mais *conduire une américaine ; le homard à l'américaine.*
→ aussi **homard**
américanisation n. f.

américaniser v. tr. | conjug. 1 |
¬ **s'américaniser**
➾ Aux temps composés de la forme pronominale, le participe passé s'accorde en genre et en nombre avec le sujet : *une société qui s'est américanisée.*
américanisme n. m.
américaniste adj. et n.
américanocentrique adj.
américanocentrisme n. m.
américanocentriste adj.
américanologie n. f.
américanologue n.
américanophile adj.
américanophilie n. f.
américanophobe adj.
américanophobie n. f.
américium /-jɔm/ n. m.
amérin, ine adj.
amérindien, ienne adj. et n.
➾ L'adjectif s'écrit sans majuscule : *une langue amérindienne ; les tribus amérindiennes.* Le nom s'écrit avec une majuscule : *les Amérindiens ; c'est une Amérindienne.*
amérisant n. m.
amerlo ou **amerlot** ou **amerloque** n. et adj.
Ξ Ce mot est familier et injurieux.
amerrir v. intr. | conjug. 2 |
➾ Ce mot vient de *mer* mais s'écrit avec deux *r*, d'après *atterrir.*
amerrissage n. m.
➾ Ce mot vient de *mer* mais s'écrit avec deux *r*, d'après *atterrissage.*
amertume n. f.
amétabole adj. et n. m.
amétallique adj.
améthyste n. f.
☯ Ce nom est féminin : *une améthyste.*
Ξ Ce mot peut s'employer comme adjectif de couleur ; il est alors invariable : *des étoffes améthyste.*
amétrope adj.
amétropie n. f.
ameublement n. m.
ameublir v. tr. | conjug. 2 |
ameublissement n. m.
ameutement n. m.
ameuter v. tr. | conjug. 1 |
¬ **s'ameuter**
➾ Aux temps composés de la forme pronominale, le participe passé s'accorde en genre et en nombre avec le sujet : *les voisins se sont ameutés.*
A. M. G. n. f.
◻ abrév. de **assistance médicale gratuite**
amharique n. m.
amherstia n. m.
ami, ie n. et adj.
HOM. **amict, amie, ammi**
amiable adj.
▸ **à l'amiable**
amiablement adv.
amiante n. m.
☯ Ce mot est masculin : *l'amiante est dangereux pour la santé.*
amianté, ée adj.
amiante-ciment n. m. ▪ plur. **amiantes-ciments**
amibe n. f.
amibiase n. f.
amibiasique adj. et n.
amibien, ienne n. et adj.
amiboïde adj.
amiboïsme n. m.
amical, ale, aux adj. et n. f.
amicalement adv.
amicalité n. f.
amicrobien, ienne adj.
amict /-i/ n. m.
HOM. **ami, amie, ammi**
amide n. m.
amidé, ée adj.
amidine n. f.
amidisme n. m.
amidogène n. m.
amidol n. m.
amidolique adj. et n. m.
amidon n. m.
amidonnage n. m.
amidonner v. tr. | conjug. 1 |
amidonnerie n. f.
amidonnier, ière n.
amidonnière n. f.
amidopyrine n. f.
amidostome n. m.
amie n. f.
HOM. **ami, amict, ammi**
amimie n. f.
amination n. f.
amincir v. tr. | conjug. 2 |
¬ **s'amincir**
➾ Aux temps composés de la forme pronominale, le participe passé s'accorde en genre et en nombre avec le sujet : *elle s'est amincie à l'adolescence.*
amincissant, ante adj.
amincissement n. m.
amincisseur, euse n.
amine n. f.
aminé, ée adj.
HOM. **amminé, amminée**
a minima ou **à minima** ○ loc. adj.
aminoacide ▪ plur. **aminoacides** ou **amino-acide** ▪ plur. **amino-acides** n. m.

aminophylline n. f.
aminoplaste n. m.
aminoside n. m.
amiral, ale, aux n.
amiralat /-a/ n. m.
amirauté n. f.
Ξ Avec une majuscule, **l'Amirauté** désigne le ministère de la Marine en Grande-Bretagne : *le premier lord de l'Amirauté*
amish n. inv. et adj. inv.
amissibilité n. f.
amissible adj.
amission n. f.
amitalocal, ale, aux adj.
amitat n. m.
amiteusement ou **amitieusement** adv.
amiteux, euse ou **amitieux, ieuse** adj.
amitié n. f.
amitose n. f.
amitotique adj.
amman /-ɑ̃/ n. m.
HOM. **aman, amant**
ammeistre n. m.
ammi n. m.
HOM. **ami, amict, amie**
amminé, ée adj.
HOM. **aminé, amminée**
amminée n. f.
HOM. **aminé, amminé**
ammocète n. f.
ammodyte n. m. ou f.
ammodytidé n. m.
ammonacé, ée ou **ammoné, ée** adj. et n. f.
ammonal n. m.
ammonéen, éenne adj.
ammoniac, iaque adj. et n. m.
➾ Ne pas écrire le nom masculin *ammoniac,* qui désigne un gaz, comme le nom féminin *ammoniaque,* qui désigne un liquide.
HOM. **ammoniaque**
ammoniacal, ale, aux adj.
ammoniaque n. f.
➾ Ne pas écrire le nom féminin *ammoniaque,* qui désigne un liquide, comme le nom masculin *ammoniac,* qui désigne un gaz.
HOM. **ammoniac**
ammoniaqué, ée adj.
ammoniation n. f.
ammonie n. f.
ammoniotélique adj.
ammonisation n. f.
ammonite n. f.
ammonitrate n. m.
ammonium /-jɔm/ n. m.
ammoniure n. m.
ammoniurie n. f.
ammonoïde adj. et n. m.
ammonoïdé n. m.
ammophile adj.
amnésie n. f.
amnésique adj. et n.
amnestique adj. et n. m.
amnicole adj.
amniocentèse /-sɛ̃-/ n. f.
amnios /-ɔs/ n. m.
amnioscopie n. f.
amniote adj. et n. m.
amniotique adj.
amnistiable adj.
amnistiant, iante adj.
amnistie n. f.
amnistier v. tr. | conjug. 7 |
amochage n. m.
amocher v. tr. | conjug. 1 |
amochir v. tr. | conjug. 2 |
¬ **s'amochir**
➾ Aux temps composés de la forme pronominale, le participe passé s'accorde en genre et en nombre avec le sujet : *elle s'est amochie en vieillissant.*
amodiable adj.
amodiataire n.
amodiateur, trice n.
amodiation n. f.
amodier v. tr. | conjug. 7 |
amœbée adj.
→ **amébée**
amoindrir v. tr. | conjug. 2 |
¬ **s'amoindrir**
➾ Aux temps composés de la forme pronominale, le participe passé s'accorde en genre et en nombre avec le sujet : *leur fortune s'est amoindrie.*
amoindrissant, ante adj.
amoindrissement n. m.
amok n. m.
amollie n. f.
amollir v. tr. | conjug. 2 |
¬ **s'amollir**
➾ Aux temps composés de la forme pronominale, le participe passé s'accorde en genre et en nombre avec le sujet : *la neige s'est amollie.*
amollissant, ante adj.
amollissement n. m.
amome n. m.
amonceler v. tr. | conjug. 4 |
¬ **s'amonceler**
➾ Aux temps composés de la forme pronominale, le participe passé s'accorde en genre et en nombre avec le sujet : *les feuilles se sont amoncelées.*
amoncellement ou **amoncèlement**° n. m.
amont n. m.

amontilla ou **amontillado** n. m.
amoral, ale, aux adj.
↯ Ne pas confondre **amoral**, qui signifie « qui n'a pas de morale », avec **immoral**, qui signifie « contraire à la morale » : *une science amorale ; un acte immoral.*
amoralisme n. m.
amoraliste n.
amoralité n. f.
amorçage n. m.
amorce n. f.
amorcer v. tr. | conjug. 3 |
¬ **s'amorcer**
➾ Aux temps composés de la forme pronominale, le participe passé s'accorde en genre et en nombre avec le sujet : *la décrue s'est amorcée.*
amorceur n. m.
amorçoir n. m.
amoroso adv.
amorpha n. f.
amorphe adj.
amorphie n. f.
amorphisme n. m.
amorphognosie /-gno-/ n. f.
amorphophallus /-ys/ n. m.
amorti n. m.
amortir v. tr. | conjug. 2 |
¬ **s'amortir**
➾ Aux temps composés de la forme pronominale, le participe passé s'accorde en genre et en nombre avec le sujet : *les oscillations se sont amorties.*
amortissable adj.
amortissant, ante adj.
amortissement n. m.
amortisseur, euse n. m. et adj.
amour n. m.
☯ *Amour* était autrefois un nom féminin. Ce genre a subsisté au pluriel dans la langue littéraire : *des amours enfantines.*
➾ Ce mot s'écrit avec une majuscule quand il désigne le fleuve ou le personnage mythologique et quand il est employé par allégorie : *naviguer sur l'Amour ; l'Amour avec son arc et son carquois ; le duel opposait l'Amour et la Mort.*
amouracher (s') v. pron. | conjug. 1 |
➾ Aux temps composés, le participe passé s'accorde en genre et en nombre avec le sujet : *elle s'est amourachée de son professeur.*
amourette n. f.
☰ Dans le sens « morceaux des animaux de boucherie », ce mot est toujours aux pluriel : *manger des amourettes.*
amoureusement adv.
amoureux, euse adj. et n.
amour-propre n. m. ▪ plur. **amours-propres**
amovibilité n. f.
amovible adj.
ampélidacée n. f.
ampélodesmos /-os/ n. m.
ampélographe n.
ampélographie n. f.
ampélologie n. f.
ampélologique adj.
ampélophage adj. et n.
ampélopsis /-is/ n. m.
ampérage n. m.
ampère n. m.
ampère-heure ▪ plur. **ampères-heure** ou **ampèreheure**○ ▪ plur. **ampèreheures**○ n. m.
ampèremètre n. m.
ampérométrique adj.
amphé ou **amphète** n. f.
▫ abrév. de **amphétamine**
amphélographique adj.
amphétamine n. f.
amphétaminé, ée adj.
amphétaminique adj. et n. m.
amphétaminomane n.
amphète n. f.
→ **amphé**
amphi n. m.
▫ abrév. de **amphithéâtre**
amphiarthrose n. f.
amphibie adj. et n. m.
☯ Le nom est masculin : *un amphibie.*
amphibien n. m.
amphibiotique adj.
amphibole adj. et n. f.
amphibolique adj.
amphibologie n. f.
amphibologique adj.
amphibologiquement adv.
amphibraque n. m.
amphicœle ou **amphicœlien, ienne** ou **amphicœlique** /-sel-/ adj.
amphictyon n. m.
amphictyonat /-a/ n. m.
amphictyonie n. f.
amphictyonique adj.
amphigame adj.
amphigastre n. m.
amphigène n. m.
amphigouri n. m.
☯ Ce mot est masculin : *un amphigouri.*
amphigourique adj.
amphigourisme n. m.
amphihalin, ine adj.
amphimacre n. m.
amphimixie n. f.
amphineure n. m.
amphinome n. f.
amphinomidée n. f.

amphion n. m.
amphioxus /-ys/ n. m.
amphipneuste adj.
amphipode n. m.
amphiprion n. m.
amphiprostyle adj.
amphiptère ou **amphistère** n. m.
amphisarque n. m.
amphisbène n. m.
amphisbénidé n. m.
amphiscien n. m.
amphistère n. m.
→ **amphiptère**
amphistome n. m.
amphithéâtral, ale, aux adj.
amphithéâtre n. m.
amphithéâtrique adj.
amphitrite n. f.
amphitryon, onne n.
➾ Employé comme nom commun, ce mot s'écrit sans majuscule, contrairement au nom propre qui désigne le roi grec : *il joue le rôle d'Amphitryon* mais *un plat préparé par notre amphitryon.*
amphiume ou **amphiuma** n. m.
amphogène adj.
ampholyte n. m.
amphore n. f.
amphorique adj.
amphotère adj.
amphotéricine n. f.
ample adj.
amplectif, ive adj.
amplement adv.
ampleur n. f.
amplexicaule adj.
amplexion n. f.
ampli n. m.
▫ abrév. de **amplificateur**
HOM. formes du v. **emplir**
ampliatif, ive adj.
ampliation n. f.
amplifiable adj.
amplifiant, iante adj.
amplificateur, trice n. m. et adj.
amplification n. f.
amplifier v. tr. | conjug. 7 |
¬ **s'amplifier**
➾ Aux temps composés de la forme pronominale, le participe passé s'accorde en genre et en nombre avec le sujet : *la douleur s'est amplifiée.*
amplitude n. f.
ampoule n. f.
ampoulé, ée adj.
ampoulette n. f.
ampullacé, ée adj.
ampullaire n. m. et adj.
amputable adj.
amputation n. f.
amputé, ée adj. et n.
amputer v. tr. | conjug. 1 |
am stram gram interj.
amuïr (s') v. pron. | conjug. 2 |
➾ Aux temps composés, le participe passé s'accorde en genre et en nombre avec le sujet : *une voyelle qui s'est amuïe.*
amuïssement n. m.
amulette n. f.
amunitionnement n. m.
amunitionner v. tr. | conjug. 1 |
amure n. f.
amurer v. tr. | conjug. 1 |
amusable adj.
amusamment adv.
amusant, ante adj.
amuse-bouche n. m. ▪ plur. **amuse-bouches**
amuse-gueule n. m. ▪ plur. **amuse-gueules**
☰ Ce mot appartient au registre familier. Dans le langage soutenu, on emploie plutôt *amuse-bouche.*
amusement n. m.
amusément adv.
amuser v. tr. | conjug. 1 |
¬ **s'amuser**
➾ Aux temps composés de la forme pronominale, le participe passé s'accorde en genre et en nombre avec le sujet : *ils s'étaient bien amusés ; elle s'est amusée de lui.*
amusette n. f.
amuseur, euse n.
amusie n. f.
amusoire n. f.
amyélinique adj.
amygdale /-mi(g)d-/ n. f.
♪ La prononciation /amigdal/ tend à disparaître au profit de /amidal/. Il en est de même pour tous les dérivés du mot.
amygdalectomie /-mi(g)d-/ n. f.
amygdalée /-mi(g)d-/ n. f.
amygdalien, ienne /-mi(g)d-/ adj.
amygdalin, ine /-mi(g)d-/ adj.
amygdaline /-mi(g)d-/ n. f.
amygdalite /-mi(g)d-/ n. f.
amygdaloïde /-mi(g)d-/ adj.
amygdalotome /-mi(g)d-/ n. m.
amygdalus /ami(g)dalys/ n. m.
amylacé, ée adj.
amylase n. f.
amyle n. m.
amylène n. m.
amylique adj.
amylobacter /-ɛʀ/ n. m.
amyloïdose n. f.

amylopectine n. f.
amylose n. f.
amyotrophie n. f.
amyotrophique adj.
amyris /-is/ ou **amyride** n. f.
an n. m.
➾ Ce mot s'écrit avec une majuscule dans les noms de fêtes : *je les ai invités pour le Nouvel An ; le jour de l'An ; le premier de l'An.*
HOM. **en, han**
ana n. m. ▪ plur. **anas** ou plur. inv.
☰ En latin, *ana* est une terminaison du pluriel. On peut toutefois l'employer au singulier et franciser la forme du pluriel : *un ana, des anas.*
anabaptisme /-bati-/ n. m.
anabaptiste /-bati-/ n. et adj.
anabas /-as/ n. m.
anabiose n. f.
anableps /-ɛps/ n. m.
anabolique adj.
anabolisant, ante n. m. et adj.
anabolisé, ée adj.
anabolisme n. m.
anabolite n. m.
anacanthinien n. m.
anacarde n. m.
anacardiacée n. f.
anacardier n. m.
anachlorhydrie n. f.
anachorète /-k-/ n. m.
anachorétique /-k-/ adj.
anachorétisme /-k-/ n. m.
anachronique /-k-/ adj.
anachroniquement /-k-/ adv.
anachronisme /-k-/ n. m.
anaclitique adj.
anacoluthe n. f.
☯ Ce mot est féminin : *une anacoluthe.*
anaconda n. m.
anacoste n. f.
anacréontique adj.
anacréontisme n. m.
anacrouse n. f.
anadiplose n. f.
anadrome adj.
anadyomène adj.
anaérobie adj.
anaérobiose n. f.
anaérobique adj.
anagallis /-is/ n. f.
anaglyphe n. m.
anaglyptique adj.
anagnoste /-gnɔ-/ n. m.
anagogie n. f.
anagogique adj.
anagrammatique adj.
anagrammatiser v. tr. | conjug. 1 |
anagrammatisme n. m.
anagramme n. f.
☯ Ce mot est féminin : *une anagramme savoureuse.*
anagrammer v. tr. | conjug. 1 |
anagyre n. m.
anal, ale, aux adj.
HOM. **annal, annales,** (du plur.) **anneau**
analecta ou **analectas**○ n. m. pl.
analème ou **analemme** n. m.
analemmatique adj.
analepse n. f.
☯ Ce mot est féminin : *une analepse.*
analepsie n. f.
analeptique adj.
analgésiant, ante adj.
analgésie n. f.
analgésique adj. et n. m.
analgie n. f.
analité n. f.
HOM. **annalité**
anallantoïdien n. m.
anallergique adj.
anallergisant, ante adj.
analogie n. f.
▸ **par analogie avec** *j'avais pensé cela par analogie avec autre chose*
analogique adj.
analogiquement adv.
analogisme n. m.
analogiste n.
analogon n. m.
analogue adj. et n. m.
⌘ Ne pas dire ***analogue de** mais **analogue à** : *une étoile analogue au Soleil.*
analphabète adj.
analphabétisme n. m.
analycité n. f.
analysable adj.
analysant, ante n.
analyse n. f.
analyser v. tr. | conjug. 1 |
analyseur n. m.
analyste n.
⚡ Ne pas confondre **analyste**, qui signifie « personne qui fait des analyses », avec **annaliste**, qui signifie « auteur d'annales ».
HOM. **annaliste**
analyste-programmeur, euse n. ▪ plur. **analystes-programmeurs, euses**
analyticité n. f.
analytique n. f. et adj.
analytiquement adv.
anamirte n. m.
anamnèse n. f.
anamnestique adj.

anamnien, ienne ou **anamnié, ée** ou **anamniote** adj. et n. m.
anamorphose n. f.
anamorphosé, ée adj.
anamorphoseur, euse adj.
anamorphosique adj.
ananas /-a(s)/ n. m.
anapeste n. m.
anapestique adj.
anaphase n. f.
anaphore n. f.
anaphorèse n. f.
anaphorique adj. et n. m.
anaphrodisiaque adj. et n. m.
anaphrodisie n. f.
anaphylactique adj.
anaphylaxie n. f.
anaplasie n. f.
anaplastie n. f.
anapside n. m.
anar n. et adj.
▫ abrév. de **anarchiste**
anarchie n. f.
anarchique adj.
anarchiquement adv.
anarchisant, ante adj.
anarchisme n. m.
anarchiste n. et adj.
anarchosyndicalisme /-k-/ n. m.
anarchosyndicaliste /-k-/ adj. et n.
anarrhique n. m.
anarthrie n. f.
anas /-as/ n. m.
anasarque n. f.
¹anastatique adj. (reproduction, réimpression)
²anastatique n. f. (plante)
anastigmat /-at/ ou **anastigmatique** adj. m.
anastigmatisme n. m.
anastomose n. f.
anastomoser v. tr. | conjug. 1 |
¬ **s'anastomoser**
➾ Aux temps composés de la forme pronominale, le participe passé s'accorde en genre et en nombre avec le sujet : *les vaisseaux se sont anastomosés*.
anastomotique adj.
anastral, ale, aux adj.
anastrophe n. f.
anatectique adj.
anatexie n. f.
anathématique adj.
anathématisation n. f.
anathématiser v. tr. | conjug. 1 |
anathématisme n. m.
¹anathème n. (personne)
²anathème n. m. (excommunication)
anathémiser v. tr. | conjug. 1 |
anatidé n. m.
anatife n. m.
anatifère adj.
anatocisme n. m.
anatomie n. f.
anatomique adj.
anatomiquement adv.
anatomisme n. m.
anatomiste n.
anatomoclinique adj. et n. f.
anatomopathologie n. f.
anatomopathologique adj.
anatomopathologiquement adv.
anatomopathologiste n.
anatomophysiologie n. f.
anatomophysiologique adj.
anatopisme n. m.
anatoxine n. f.
anatoxique adj.
anatoxiréaction n. f.
anatoxithérapie n. f.
anavaccin n. m.
anavenin n. m.
ancelle n. f.
ancestral, ale, aux adj.
ancestralement adv.
ancestralité n. f.
ancestrula n. f.
ancêtre n.
anche n. f.
HOM. **hanche**
anché, ée adj.
HOM. **hancher**
anchoïade /ɑ̃ʃɔjad/ n. f.
anchois n. m.
anchoitage n. m.
anchoité, ée adj.
ancien, ienne adj. et n.
➾ L'adjectif s'écrit avec une majuscule dans **l'Ancien Testament**, **l'Ancien Régime** et **l'Ancien Monde**. Le nom masculin s'écrit avec majuscule quand il suit un nom propre : *Bruegel l'Ancien* ; *Pline l'Ancien et Pline le Jeune*. Avec une majuscule et sans complément, **les Anciens** désigne les peuples et les auteurs de l'Antiquité ainsi que leurs partisans lors de la polémique littéraire du XVIIe et du XVIIIe siècle : *la querelle des Anciens et des Modernes*.
anciennement adv.
ancienneté n. f.
ancillaire /ɑ̃silɛʀ/ adj.
ancolie n. f.
ancône n. f.
ancrage n. m.
HOM. **encrage**

ancre n. f.
HOM. **encre**, formes des v. **ancrer, encrer**
ancrer v. tr. | conjug. 1 |
¬ **s'ancrer**
➾ Aux temps composés de la forme pronominale, le participe passé s'accorde en genre et en nombre avec le sujet : *une idée qui s'est ancrée durablement.*
HOM. **encrer**
ancylocère n. m.
andabate n. m.
andain n. m.
HOM. **andin**
andainage n. m.
andaineur n. m.
andalou, ouse adj. et n.
➾ L'adjectif s'écrit sans majuscule : *la musique andalouse ; les danseuses andalouses.* Le nom s'écrit avec une majuscule : *les Andalous ; c'est une Andalouse.*
andalousite n. f.
1**andante** /ɑ̃dɑ̃t ; ɑ̃ndɑ̃nte/ n. m.
➾ Le pluriel est régulier : *des andantes.*
2**andante** /ɑ̃dɑ̃t ; ɑ̃ndɑ̃nte/ adv.
1**andantino** /ɑ̃dɑ̃tino ; ɑ̃ndɑ̃ntino/ n. m.
➾ Le pluriel est régulier : *des andantinos.*
2**andantino** /ɑ̃dɑ̃tino ; ɑ̃ndɑ̃ntino/ adv.
andésine n. f.
andésite n. f.
andésitique adj.
andin, ine adj. et n.
➾ L'adjectif s'écrit sans majuscule : *les plateaux andins ; la population andine.* Le nom s'écrit avec une majuscule : *les Andins ; c'est une Andine.*
HOM. **andain**
andinisme n. m.
andira n. f.
andouille n. f.
andouiller n. m.
andouillette n. f.
andrachné n. m.
andradite n. f.
andragogie n. f.
andragogique adj.
andragogue n.
andrène n. m.
andrinople n. f.
androcée n. m.
androcentrique adj.
androcentrisme n. m.
androcéphale adj.
androctone n. m.
androdamas /-as/ n. m.
androgame n. m.
androgamie n. f.
androgène adj. et n. m.
androgenèse n. f.
androgénie n. f.
androgénique adj.
androgynat /-a/ n. m.
androgyne adj. et n.
androgynéité n. f.
androgynie n. f.
androgynique adj.
androgynisme n. m.
androgynoïde adj. et n.
androïde n. m. et adj.
androlâtre adj. et n.
androlâtrie n. f.
andrologie n. f.
andrologique adj.
andrologue n.
andromanie n. f.
andromède n. f.
andropause n. f.
androphile adj. et n.
androphilie n. f.
androphobe adj. et n.
androphobie n. f.
andropogon n. m.
androsace n. f. ou m.
androsème n. m.
androstérone n. f.
androtome adj. et n. f.
âne n. m.
anéantir v. tr. | conjug. 2 |
¬ **s'anéantir**
➾ Aux temps composés de la forme pronominale, le participe passé s'accorde en genre et en nombre avec le sujet : *une civilisation qui s'est anéantie.*
anéantissant, ante adj.
anéantissement n. m.
anecdote n. f.
anecdotier, ière n.
anecdotique adj.
anecdotiquement adv.
ânée n. f.
HOM. **année**
anéjaculation n. f.
anel n. m.
HOM. formes du v. **anneler**
anémiant, iante adj.
anémie n. f.
anémier v. tr. | conjug. 7 |
anémique adj.
anémocorde n. m.
anémogame adj.
anémographe n. m.
anémographie n. f.
anémomètre n. m.
anémométrie n. f.
anémométrique adj.

anémométroscope n. m.
anémone n. f.
anémopathie n. f.
anémophile adj.
anémophilie n. f.
anémophobie n. f.
anémoscope n. m.
anémotrope n. m.
anencéphale adj.
anencéphalie n. f.
anépigraphe adj. et n. m.
anergie n. f.
anergique adj.
anergisant, ante adj.
ânerie n. f.
anéroïde adj. m.
ânesse n. f.
anesthésiable adj.
anesthésiant, iante adj.
anesthésie n. f.
anesthésier v. tr. | conjug. 7 |
anesthésiologie n. f.
anesthésiologiste n.
anesthésique adj. et n. m.
anesthésiste n.
anesthétique adj.
aneth /-ɛt/ n. m.
aneural, ale, aux adj.
aneurine n. f.
anévrismal, ale, aux ou **anévrysmal, ale, aux** adj.
anévrisme ou **anévrysme** n. m.
➾ La graphie *anévrysme* s'emploie surtout dans le langage scientifique.
anfractueux, euse adj.
anfractuosité n. f.
➾ Bien prononcer le /ɑ̃/ et ne pas écrire **infractuosité*.
angarie n. f.
ange n. m.
☯ *Ange* est toujours masculin : *sa femme est un ange.*
Ξ Ce mot s'écrit avec une majuscule dans **la baie des Anges** mais sans majuscule dans les autres cas : *l'ange Gabriel.*
angéiologie n. f.
angéite ou **angiite** n. f.
angelet n. m.
[1]**angélique** adj. (de l'ange)
[2]**angélique** n. f. (plante)
angéliquement adv.
angélisme n. m.
angélité n. f.
angélologie ou **angéologie** n. f.
angélophanie n. f.
angelot n. m.
angélus /-ys/ n. m.
angéologie n. f.
→ **angélologie**
angevin, ine adj.
➾ L'adjectif s'écrit sans majuscule : *la douceur angevine ; la population angevine.* Le nom s'écrit avec une majuscule : *les Angevins ; c'est une Angevine.*
angiectasie n. f.
angiite n. f.
→ **angéite**
angine n. f.
angineux, euse adj. et n.
angioblaste n. m.
angiocardiogramme n. m.
angiocardiographie n. f.
angiocardite n. f.
angiocarpe adj. et n. m.
angiocarpie n. f.
angiocholite /-k-/ n. f.
angiographie n. f.
angioleucite n. f.
angiologie n. f.
angiome n. m.
angioneurotique adj.
angiopathie n. f.
angioplastie n. f.
angioscopie n. f.
angiospasme n. m.
angiospasmodique adj.
angiospermal, ale, aux adj.
angiosperme adj. et n. f.
☯ Le nom est féminin : *une angiosperme.*
angiospermie n. f.
angiotensine n. f.
angiotomie n. f.
angiotonine n. f.
anglais, aise adj. et n. (d'Angleterre)
➾ L'adjectif s'écrit sans majuscule : *la population anglaise ; une clé anglaise.* Le nom s'écrit avec une majuscule uniquement quand il désigne une personne : *les Anglais ; c'est une Anglaise* mais *parler l'anglais ; un jardin à l'anglaise ; filer à l'anglaise.*
HOM. **anglet**
anglaise n. f. (écriture, boucle de cheveux)
anglaiser v. tr. | conjug. 1 |
[1]**angle** n. m.
[2]**angle** adj. et n. (d'un peuple germanique)
➾ L'adjectif s'écrit sans majuscule : *le peuple angle.* Le nom s'écrit avec une majuscule : *les Angles.*
angledozer ou **angledozeur**° /ɑ̃glədozœʀ/ n. m.
▫ rec. off. : **bouteur biais**
anglet n. m.
HOM. **anglais**
angleterre n. f.

angleux, euse adj.
anglican, ane adj. et n.
➾ Comme tous les mots désignant ou qualifiant une religion ou ses adeptes, ce mot s'écrit sans majuscule : *la religion anglicane ; les anglicans.*
anglicanisme n. m.
➾ Comme tous les mots désignant une religion, ce mot s'écrit sans majuscule : *se convertir à l'anglicanisme.*
angliche adj. et n.
anglicisant, ante adj.
anglicisation n. f.
angliciser v. tr. | conjug. 1 |
anglicisme n. m.
angliciste n.
anglo-américain, aine adj. et n. ▪ plur. **anglo-américains, aines**
➾ L'adjectif s'écrit sans majuscule : *la population anglo-américaine.* Le nom s'écrit avec deux majuscules uniquement quand il désigne une personne : *les Anglo-Américains ; c'est une Anglo-Américaine* mais *les spécificités de l'anglo-américain* (langue anglaise parlée aux États-Unis).
anglo-arabe adj. ▪ plur. **anglo-arabes**
☰ Ce mot s'écrit toujours sans majuscule : *les chevaux anglo-arabes ; c'est un anglo-arabe qui a gagné la course.*
anglomane n.
anglomanie n. f.
anglo-normand, ande adj. et n. ▪ plur. **anglo-normands, andes**
➾ Sauf dans la dénomination géographique **les îles Anglo-Normandes**, l'adjectif s'écrit sans majuscules : *un cheval anglo-normand ; le dialecte anglo-normand.* Le nom s'écrit avec deux majuscules uniquement quand il désigne une personne : *les Anglo-Normands ; une Anglo-Normande* mais *une œuvre écrite en anglo-normand.*
anglophile adj. et n.
anglophilie n. f.
anglophobe adj. et n.
anglophobie n. f.
anglophone adj. et n.
anglo-saxon, onne adj. et n. ▪ plur. **anglo-saxons, onnes**
➾ L'adjectif s'écrit sans majuscule : *les coutumes anglo-saxonnes ; la population anglo-saxonne.* Le nom s'écrit avec deux majuscules uniquement quand il désigne une personne : *les Anglo-Saxons ; c'est une Anglo-Saxonne* mais *comprendre l'anglo-saxon.*
angoissant, ante adj.
angoisse n. f.
angoissé, ée adj.
angoisser v. tr. et v. intr. | conjug. 1 |
¬ **s'angoisser**
➾ Aux temps composés de la forme pronominale, le participe passé s'accorde en genre et en nombre avec le sujet : *elle s'est angoissée pour rien.*
angoisseux, euse adj. et n.
angon n. m.
angor n. m.
angora adj. et n. m.
angoratine n. f.
angoreux, euse adj.
angoumois, oise adj.
angström ou **angstrœm** ○ /-øm/ n. m.
anguiforme adj.
anguillade n. f.
anguille n. f.
anguillère ou **anguillière** n. f.
anguillidé n. m.
anguilliforme adj. et n. m.
anguillule n. f.
angulaire adj.
angulairement adv.
angulation n. f.
anguleusement adv.
anguleux, euse adj.
angusticlave n. m.
angustifolié, ée adj.
angustirostre adj.
angustura n. f.
anharmonique adj.
anhélance n. f.
anhélant, ante adj.
anhélation n. f.
HOM. **annélation**
anhéler v. intr. | conjug. 6 |
anhépathie n. f.
anhidrose ou **anidrose** n. f.
anhidrotique ou **anidrotique** adj. et n. m.
anhinga n. m.
anhistorique adj.
anhistorisme n. m.
anhydre adj.
anhydride n. m.
☯ Ce mot est masculin : *anhydride sulfureux.*
anhydrite n. f.
anhydrobiose n. f.
anhypothétique adj.
ânichon n. m.
anicroche n. f.
☯ Ce mot est féminin : *une petite anicroche.*
anidrose n. f.
→ **anhidrose**
ânier, ière n.
anil n. m.
anilide n. m.
aniline n. f.

anilisme n. m.
anille n. f.
anima n. f.
HOM. formes du v. **animer**
animadversion n. f.
[1]**animal, ale, aux** adj.
[2]**animal, aux** n. m.
animalcule n. m.
animalculisme n. m.
animalculiste n. et adj.
animalement adv.
animalerie n. f.
animalesque adj.
animalier, ière n. et adj.
animalisable adj.
animalisation n. f.
animaliser v. tr. | conjug. 1 |
animalité n. f.
animateur, trice adj. et n.
animathèque n. f.
animation n. f.
animato adv.
animé, ée adj.
animelles n. f. pl.
animer v. tr. | conjug. 1 |
¬ **s'animer**
➾ Aux temps composés de la forme pronominale, le participe passé s'accorde en genre et en nombre avec le sujet : *la rue s'est animée.*
animique adj.
animisme n. m.
animiste adj. et n.
animosité n. f.
animus /-ys/ n. m.
anion n. m.
anionique adj.
aniridie n. f.
anis /ani(s)/ n. m.
anisade n. f.
anisakiase n. f.
aniser v. tr. | conjug. 1 |
anisette n. f.
anisique adj.
anisocorie n. f.
anisogamie n. f.
anisole n. m.
anisomyaire n. m.
anisoplie n. f.
anisoptère n. m.
anisotrope adj.
anisotropie n. f.
anite n. f.
ankh n. m. et adj.
ankylosaure n. m.
ankylose n. f.
ankyloser v. tr. | conjug. 1 |
¬ **s'ankyloser**
➾ Aux temps composés de la forme pronominale, le participe passé s'accorde en genre et en nombre avec le sujet : *mes jambes se sont ankylosées.*
ankylostome n. m.
ankylostomiase n. f.
annal, ale, aux adj.
HOM. **anal, annales**, (du plur.) **anneau**
annales n. f. pl.
HOM. **anal, annal**
annaliste n.
⚡ Ne pas confondre **annaliste**, qui signifie « auteur d'annales », avec **analyste**, qui signifie « personne qui fait une analyse ».
HOM. **analyste**
annalité n. f.
HOM. **analité**
annamite adj. et n.
➾ L'adjectif s'écrit sans majuscule : *le peuple annamite.* Le nom s'écrit avec une majuscule uniquement quand il désigne une personne : *les Annamites ; une Annamite* mais *un texte traduit de l'annamite.*
annamitique adj.
annate n. f.
anneau n. m.
HOM. **anaux** (plur. de *anal*), **annaux** (plur. de *annal*)
année n. f.
➾ Ce mot s'écrit avec une majuscule dans **les Années folles**.
HOM. **ânée**
année-lumière n. f. ▪ plur. **années-lumière**
☰ En astronomie, on emploie aussi la locution **année de lumière**, de même sens : *un astre situé à cinq années-lumière* ou *à cinq années de lumière.*
Année-lumière est une unité de distance et non de temps. On peut donc dire *il y a des années-lumière entre eux* mais pas *cela s'est passé il y a des années-lumière.*
annélation n. f.
HOM. **anhélation**
annelé, ée adj.
anneler v. tr. | conjug. 4 |
annelet n. m.
HOM. formes du v. **anneler**
annélide n. m.
anneliste n.
annelure n. f.
annexe adj. et n. f.
annexer v. tr. | conjug. 1 |
¬ **s'annexer**
➾ Aux temps composés de la forme pronominale, le participe passé s'accorde en genre

et en nombre avec le sujet : *de nouvelles pièces se sont annexées au dossier.*

annexion n. f.

HOM. formes du v. **annexer**

annexionnisme n. m.

annexionniste adj. et n.

annexite n. f.

annihilable adj.

annihilant, ante adj.

annihilateur, trice adj.

annihilation n. f.

annihiler v. tr. | conjug. 1 |

¬ **s'annihiler**

➾ Aux temps composés de la forme pronominale, le participe passé s'accorde en genre et en nombre avec le sujet : *les preuves se sont annihilées.*

anniversaire adj. et n. m.

☰ Ne pas employer l'expression fautive **commémorer un anniversaire**. Il faut dire **fêter** ou **célébrer un anniversaire**.

annonaire adj.

HOM. formes du v. **ânonner**

annonce n. f.

annoncer v. tr. | conjug. 3 |

¬ **s'annoncer**

➾ Aux temps composés de la forme pronominale, le participe passé s'accorde en genre et en nombre avec le sujet : *la défaite s'est annoncée.*

annonceur, euse n.

☯ *Annonceuse* est la forme recommandée par le *Guide d'aide à la féminisation des noms de métiers, titres, grades et fonctions* et l'Office québécois de la langue française pour parler d'une femme. L'Office québécois de la langue française admet également l'emploi de la forme *annonceure.*

annonciade n. f.

annonciateur, trice n.

annonciation n. f.

➾ Ce mot s'écrit avec une majuscule quand il désigne l'épisode biblique, la fête religieuse qui le commémore ou une œuvre qui le représente : *l'ange de l'Annonciation ; l'Annonciation est fêtée le 25 mars ; les Annonciations de Fra Angelico.*

annoncier, ière n.

annone n. f.

HOM. **anone**, formes du v. **ânonner**

annotateur, trice n.

annotation n. f.

annoter v. tr. | conjug. 1 |

annuaire n. m.

annualisation n. f.

annualiser v. tr. | conjug. 1 |

annualité n. f.

annuel, elle adj. et n. m.

annuellement adv.

annuité n. f.

annulabilité n. f.

annulable adj.

annulaire adj. et n. m.

annulatif, ive adj.

annulation n. f.

annulement n. m.

annuler v. tr. | conjug. 1 |

¬ **s'annuler**

➾ Aux temps composés de la forme pronominale, le participe passé s'accorde en genre et en nombre avec le sujet : *les forces se sont annulées.*

annus horribilis /anysɔʀibilis/ loc. subst.

anobie n. m.

anobiidé n. m.

anoblir v. tr. | conjug. 2 |

ϟ Ne pas confondre **anoblir**, qui signifie « conférer un titre de noblesse à », avec **ennoblir**, qui signifie « donner de la grandeur, de la noblesse morale à ».

anoblissant, ante adj.

anoblissement n. m.

anode n. f.

anodin, ine adj.

anodique adj.

anodisation n. f.

anodiser v. tr. | conjug. 1 |

anodonte adj. et n. m.

anodontie /-ti/ n. f.

anomal, ale, aux adj.

HOM. **anomale**

anomale ou **anomala** n. m.

HOM. **anomal**

anomalie n. f.

anomalistique adj.

anomalon n. m.

anomalure n. m.

anomaluridé n. m.

[1]**anomie** ou **anomye** n. f. (mollusque)

[2]**anomie** n. f. (absence de norme)

anomique adj.

anomoure n. m.

anomye n. f.

→ [1]**anomie**

ânon n. m.

anonacée n. f.

anone n. f.

HOM. **annone**, formes du v. **ânonner**

ânonnement n. m.

ânonner v. tr. | conjug. 1 |

anonymat /-ma/ n. m.

anonyme adj.

anonymement adv.

anonymie n. f.

anonymisation n. f.

anonymiser v. tr. | conjug. 1 |
anonymité n. f.
anonymographe n.
anonymographie n. f.
anophèle n. m.
☯ Ce mot est masculin : *un anophèle.*
anophtalme adj. et n. m.
anophtalmie n. f.
anopie n. f.
anoplothérium n. m.
anoploure n. m.
anopsie n. f.
anorak n. m.
anorchidie n. f.
anordir v. intr. | conjug. 2 |
anorectique adj. et n.
anorexie n. f.
anorexigène adj. et n. m.
anorexique adj. et n.
anorganique adj.
anorgasmie n. f.
anormal, ale, aux adj. et n.
anormalement adv.
anormalité n. f.
anorthite n. f.
anosmatique adj.
anosmie n. f.
anosmique adj.
anosodiaphorie n. f.
anosognosie /-gno-/ n. f.
anosognosique /-gno-/ adj.
anoure adj. et n. m.
anovarie n. f.
anovulaire adj.
anovulation n. f.
anovulatoire adj.
anoxémie n. f.
anoxémique adj.
anoxie n. f.
anoxique adj.
anschluss /ɑ̃ʃlus/ n. m. inv.
➾ Avec une majuscule, **l'Anschluss** désigne le rattachement de l'Autriche à l'Allemagne : *l'Anschluss eut lieu en 1938* mais *redouter un anschluss.*
anse n. f.
HOM. **hanse**
ansé, ée adj.
ansériforme adj. et n. m.
ansérin, ine adj.
ansérine n. f.
ansette n. f.
ansière n. f.
anspect /-pɛk/ n. m.
anspessade n. m.
antabuse adj.
antagonique adj.
antagoniser v. tr. | conjug. 1 |
antagonisme n. m.
antagoniste adj. et n.
antalgique adj.
antan (d') loc. adj.
HOM. **entant** (p. prés. de *enter*), formes du v. **entendre**
antanaclase n. f.
antarctique adj. et n. m.
➾ Sauf dans la dénomination géographique **l'océan Antarctique**, l'adjectif s'écrit sans majuscule : *les régions antarctiques.* Le nom s'écrit toujours avec une majuscule : *une carte de l'Antarctique.*
ante n. f.
HOM. **ente**, formes des v. **enter, hanter**
antébois ou **antebois** n. m.
antécambrien, ienne adj.
antécédemment /-damɑ̃/ adv.
antécédence n. f.
antécédent, ente adj. et n. m.
antécesseur n. m.
antéchrist n. m.
➾ Avec une majuscule, **l'Antéchrist** désigne le personnage de l'Apocalypse : *la venue de l'Antéchrist* mais *il se traitait d'antéchrist.*
antécime n. f.
antédéviation n. f.
antédiluvien, ienne adj.
antéfixe n. f.
antéhistorique adj.
antéhumain, aine adj. et n.
antéhypophysaire adj.
antéhypophyse n. f.
antémémoire n. f.
antenais, aise ou **antenois, oise** adj. et n.
anténatal, ale adj.
[1]**antennaire** n. m. (poisson)
[2]**antennaire** n. f. (plante)
[3]**antennaire** adj. (qui porte des antennes)
antennate n. m.
antenne n. f.
antennifère adj. et n. m.
antenniforme adj.
antenniste n.
antennule n. f.
antenois, oise adj. et n.
→ **antenais**
anténuptial, ale, aux adj.
antépénultième adj. et n. f.
antéposer v. tr. | conjug. 1 |
antéposition n. f.
antéprédicatif, ive adj.
antépulsion n. f.

antérieur, ieure adj.
▸ **antérieur à** *un fait antérieur à un autre ; un événement antérieur de dix ans à un autre*
⌘ Cet mot étant un adjectif comparatif, on ne peut dire ***plus antérieur** ou ***moins antérieur** mais on peut dire **très/peu/bien antérieur à**.
antérieurement adv.
antériorité n. f.
antérograde adj.
antéro(-)postérieur, ieure adj. ▪ plur. **antéro(-)postérieurs, ieures**
antéversé, ée adj.
antéversion n. f.
anthélicien n. m.
anthélix n. m.
anthelminthique adj.
anthémis /-is/ n. f.
anthère n. f.
☯ Ce mot est féminin : *une anthère.*
HOM. formes du v. **enterrer**
anthéridie n. f.
anthéridien, ienne adj.
anthérozoïde n. m.
anthèse n. f.
anthocyane ou **anthocyanine** n. f.
anthocyanidine n. f.
anthocyanine n. f.
anthologie n. f.
anthologique adj.
anthologiquement adv.
anthologiste n.
anthonome n. m.
anthophage adj.
anthophore adj. et n. m.
anthozoaire n. m.
anthracène ou **anthracine** n. m.
anthracénique adj.
anthracine n. m.
→ **anthracène**
anthracite n. m.
☯ Ce mot est masculin.
☰ Ce mot peut s'employer seul comme adjectif de couleur ou derrière un adjectif de couleur pour en préciser la nuance ; ces adjectifs sont alors invariables : *des vestes gris anthracite ; des rideaux anthracite.*
anthraciteux, euse adj.
anthracnose n. f.
anthracose n. f.
anthraquinone n. f.
anthrax n. m.
HOM. **entraxe**
anthrène n. m.
anthropien, ienne adj.
anthropique adj.
HOM. **entropique**
anthropocentrique adj.
anthropocentrisme n. m.
anthropodicée n. f.
anthropoforme adj.
anthropogenèse n. f.
anthropogénie n. f.
anthropographe n.
anthropographie n. f.
anthropographique adj.
anthropoïde adj. et n.
anthropolâtrie n. f.
anthropologie n. f.
anthropologique adj.
anthropologiquement adv.
anthropologue ou **anthropologiste** n.
☰ La forme *anthropologiste* est vieillie.
anthropométrie n. f.
anthropométrique adj.
anthropomorphe adj.
anthropomorphique adj.
anthropomorphiquement adv.
anthropomorphiser v. tr. | conjug. 1 |
anthropomorphisme n. m.
anthropomorphiste n.
anthropomorphite n. m.
anthroponyme n. m.
anthroponymie n. f.
anthroponymique adj.
anthropophage adj. et n.
anthropophagie n. f.
anthropophagique adj.
anthropophile adj.
anthropopithèque n. m.
anthropotechnie n. f.
anthropozoïque adj.
anthume adj.
anthurium /-ɔm/ n. m.
anthyllide n. f.
anthyllis /-is/ n. f.
antiacridien, ienne adj.
antiadhésif, ive adj.
antiaérien, ienne adj.
antiâge adj. inv.
antiaggloméránt, ante adj. et n. m.
antiagression adj.
antialcoolique adj.
antialcoolisme n. m.
antialiéniste adj.
antiallemand, ande adj.
antiallergique adj. et n. m.
antiamaril, ile adj.
antiaméricain, aine adj.
antiaméricanisme n. m.
antiamibien, ienne adj.
antiandrogène adj. et n. m.
antiandrogénique adj.
antianémique adj.

antiapartheid /-tɛd/ adj. inv.
antiar n. m.
antiaristocratique adj.
antiarthritique adj.
antiasthénique adj. et n. m.
antiatome n. m.
antiatomique adj.
antiavalanche adj.
antiavortement adj. ▪ plur. inv. ou plur. **anti-avortements**
antibactérien, ienne adj.
antibactériologique adj.
antibalançant n. m.
antibélier n. m.
antibiogramme n. m.
antibiomanie n. f.
antibiorésistance n. f.
antibiorésistant, ante adj.
antibiose ou **antibiosis** n. f.
antibiothérapie n. f.
antibiotique adj. et n. m.
antiblanchiment adj.
antiblocage adj.
antibois n. m.
antibolchevique adj.
antibott ou **antibotte** n. m.
antibotulinique adj.
antibouchon adj.
antibourgeois, oise adj.
antibrouillage n. m.
antibrouillard adj. et n. m.
antibrouillé, ée adj.
antibruit adj.
antibuée adj. inv.
anticalaminant, ante adj. et n. m.
anticalcaire adj. inv.
anticancer adj.
anticancéreux, euse adj.
anticapitalisme n. m.
anticapitaliste adj.
anticarie adj.
anticathode n. f.
anticatholique adj. et n.
anticellulite adj. inv.
anticerne(s) adj. et n. m.
antichambre n. f.
antichar adj.
antichoc adj.
anticholérique /-k-/ adj.
antichrèse /-k-/ n. f.
antichrésiste /-k-/ n. et adj.
antichrétien, ienne adj. et n.
antichristianisme n. m.
antichtone n. m.
anticipant, ante adj.
anticipateur, trice adj.
anticipatif, ive adj.
anticipation n. f.
anticipatoire adj.
anticipé, ée adj.
anticiper v. tr. et v. intr. | conjug. 1 | *anticiper un paiement ; il a anticipé son lob* ▸ **anticiper sur** *il n'aurait pas dû anticiper sur ses revenus*
anticivique adj.
anticivisme n. m.
anticlérical, ale, aux adj. et n.
anticléricalisme n. m.
anticlinal, ale, aux adj. et n. m.
anticoagulant, ante adj. et n. m.
anticodon n. m.
anticollision n. f.
anticolonial, ale, aux adj. et n.
anticolonialisme n. m.
anticolonialiste adj. et n.
anticomanie n. f. → **antiquomanie**
anticomitial, iale, iaux adj. et n. m.
anticommercial, iale, iaux adj.
anticommunisme n. m.
anticommuniste adj. et n.
anticommutatif, ive adj.
anticonceptionnel, elle adj. et n. m.
anticoncordataire adj. et n.
anticonformisme n. m.
anticonformiste adj. et n.
anticonjoncturel, elle adj.
anticonstitutionnel, elle adj.
anticonstitutionnellement adv.
anticonvulsif, ive adj.
anticonvulsivant, ante adj. et n. m.
anticopie adj.
anticoquelucheux, euse adj.
anticorps n. m.
anticorrosion adj. inv.
anticouple adj. et n. m.
anticrise adj. inv.
anticrue adj.
anticryptogamique adj.
anticyclique adj.
anticyclonal, ale, aux ou **anticyclonique** adj.
anticyclone n. m.
antidate n. f.
antidater v. tr. | conjug. 1 |
antidécapant, ante adj. et n. m.
antidéflagrant, ante adj. et n. m.
antidéflagration adj. et n. f.
antidélocalisation adj.
antidémarrage n. m. et adj. inv.
antidémocrate adj. et n.
antidémocratique adj.

antidémocratisme n. m.
antidémoniaque adj.
antidéplacement n. m.
antidépresseur adj. m. et n. m.
antidépressif, ive adj.
antidérapage adj.
antidérapant, ante adj.
antidétonant, ante adj. et n. m.
antidiabétique adj. et n. m.
antidiarrhéique n. m.
antidiastase n. f.
antidiphtérique adj.
antidiscrimination adj. et n. f.
antidiscriminatoire adj.
antidiurétique adj. et n. m.
antidopage ou **antidoping** /-piŋ/ adj. inv.
antidote n. m.
☯ Ce mot est masculin : *un antidote*.
⌘ Au sens propre, ce mot se construit avec la préposition *de* : *le lait est l'antidote du phosphore*. Au sens figuré, il s'emploie avec la préposition *à* : *un antidote à l'ennui*. L'emploi de la préposition *contre*, bien que fréquent, est à éviter, *anti-* et *contre* ayant le même sens.
antidotique adj.
antidotisme n. m.
antidouleur adj. et n. m.
antidreyfusard, arde adj. et n.
antidreyfusisme n. m.
antidrogue adj.
antidumping /-dœmpiŋ/ adj.
antiéconomique adj.
antiélectron n. m.
antiémétique adj. et n. m.
antiémeute(s) adj.
antiengin(s) adj.
antienne /ɑ̃tjɛn/ n. f.
antienzyme n. m. ou f.
antiépidémique adj.
antiépileptique n. m.
antiesclavagiste adj. et n.
antiétatisme n. m.
antiétincelle adj.
antieuropéen, enne adj. et n.
antiévangélique adj.
antiévanouissement n. m.
▫ rec. off. pour **antifading**
antiexclusion adj.
antifading /-fadiŋ/ n. m.
▫ rec. off. : **antiévanouissement**
antifamilial, ale, aux adj.
antifascisme /-faʃ-/ n. m.
antifasciste /-faʃ-/ adj. et n.
antifatigue adj. et n. m.
antifébrile adj. et n. m.
antifécondant, ante adj.
antifédéral, ale, aux adj.
antifédéralisme n. m.
antiféminisme n. m.
antiféministe adj. et n.
antifermentescible adj.
antiferromagnétique adj. et n. m.
antiferromagnétisme n. m.
antifeu adj. ▪ plur. **antifeux**
antifongique ou **antifungique** adj. et n. m.
antiforces adj. inv.
antiforme adj. et n. f.
antifrançais, aise adj. et n.
antifraude adj.
antifriction n. m. et adj. inv.
antifuite adj.
antifumée n. m. et adj. inv.
antifungique adj. et n. m.
→ **antifongique**
anti-g adj. inv.
antigang adj. et n.
antigaspi adj.
➾ Cet adjectif s'accorde en nombre mais pas en genre : *des mesures antigaspis*.
antigaullisme n. m.
antigaulliste adj. et n.
antigel n. m. et adj. inv.
antigène n. m.
antigénémie n. f.
antigénique adj.
antigéniquement adv.
antigivrage n. m.
antigivrant, ante adj. et n. m.
antigivre n. m. et adj. inv.
antigivreur, euse adj. et n. m.
antiglisse adj. inv.
antigone n. f.
antigoutte adj.
antigoutteux, euse adj. et n. m.
antigouvernemental, ale, aux adj.
antigouvernementalisme n. m.
antigraffiti adj.
antigravifique adj.
antigravitation n. f.
antigravitationnel, elle adj.
antigravité n. f.
antigrève adj. inv.
antigrippal, ale, aux adj. ou **antigrippe** adj. inv.
antiguérilla adj. inv.
antiguerre adj. inv. et n.
antihalo adj. et n. m.
antihausse adj. inv.
antihémophilique adj. et n. m.
antihépatite n. m.
antihéros n. m.
antiherpétique adj. et n. m.
antihistaminique adj. et n. m.

anti-HIV adj. inv.
antihormone adj. et n. f.
antihumain, aine adj.
antihumanisme n. m.
antihumaniste adj.
antihydrogène adj. et n. m.
antihygiénique adj.
antihypertenseur n. m.
anti-impérial, ale ▪ plur. **anti-impériaux, ales** adj. et n.
anti-impérialisme ▪ plur. **anti-impérialismes** n. m.
anti-impérialiste ▪ plur. **anti-impérialistes** adj. et n.
anti-infectieux, euse ▪ plur. **anti-infectieux, euses** adj.
anti-inflammatoire ▪ plur. **anti-inflammatoires** adj. et n. m.
anti-inflationniste ▪ plur. **anti-inflationnistes** adj.
anti-institutionnel, elle ▪ plur. **anti-institutionnels, elles** adj.
anti-intellectualisme ▪ plur. **anti-intellectualismes** n. m.
anti-intellectualiste ▪ plur. **anti-intellectualistes** adj.
anti-intellectuel, elle ▪ plur. **anti-intellectuels, elles** adj. et n.
anti-IVG adj. et n. inv.
antijeu n. m.
antijeune(s) adj.
antijuif, juive adj.
antilaïc, ique adj.
antilibéral, ale, aux adj.
antilibéralisme n. m.
antilicenciement adj.
antilithique adj. et n. m.
antillanisme n. m.
antilogarithme n. m.
antilogie n. f.
antilogique adj.
antilope n. f.
antilopiné ou **antilopidé** n. m.
antimaastrichtien, ienne n. et adj.
antimaçonnique adj.
antimaffia ou **antimafia** adj.
antimaffieux, euse ou **antimafieux, euse** adj.
antimagnétique adj.
antimarxisme n. m.
antimarxiste adj. et n.
antimatière n. f.
antimère n. m.
antiméridien n. m.
antimétabolique adj. et n. m.
antimétabolite n. m.
antimicrobien, ienne adj. et n. m.
antimigraineux, euse adj. et n. m.
antimilitaire adj.
antimilitarisme n. m.
antimilitariste adj. et n.
antimine adj.
antiministériel, elle adj.
antimissile adj.
antimite adj. et n. m.
antimitotique adj. et n. m.
antimodernisme n. m.
antimoderniste adj. et n. m.
antimoine n. m.
☯ Ce nom est masculin.
antimonarchique adj.
antimonarchiste n.
antimondialisation n. f. et adj. inv.
antimondialisme n. m.
antimondialiste adj. et n.
antimonial, ale, aux adj. et n. m.
antimoniate n. m.
antimonié, ée adj.
antimonieux adj. m.
antimoniure n. m.
antimonopole adj.
antimontelait ▪ plur. **antimontelaits** n. m.
antimoral, ale, aux adj.
antimorbilleux, euse adj.
antimorphinique adj. et n. m.
antimoustique adj.
antimycosique adj. et n. m.
antinatalisme n. m.
antinataliste adj.
antinational, ale, aux adj.
antinationalisme n. m.
antinationaliste adj.
antinaturel, elle adj.
antinaupathique adj. et n. m.
antinazi, ie adj. et n.
antinazisme n. m.
antineutrino n. m.
antineutron n. m.
antinévralgique adj. et n. m.
antinomie n. f.
ϟ Ne pas confondre **antinomie**, qui signifie « opposition totale », avec **antonymie**, qui signifie « opposition de sens entre deux mots ».
antinomique adj.
antinomiquement adv.
antinomiste n.
antinosographique adj.
antinoüs /-nɔys/ n. m.
antinucléaire adj. et n.
antiobésité adj. et n. m.
antioccidental, ale, aux adj.
antioccidentalisme n. m.
antiodeur adj.

antioncogène n. m.
antiovulatoire adj. et n. m.
antioxydant, ante adj. et n. m.
antioxygène n. m.
antipaludéen, enne adj. et n. m.
antipaludique adj. et n. m.
antipape n. m.
antipapisme n. m.
antipapiste adj. et n.
antiparallèle adj.
antiparasitaire adj. et n. m.
antiparasite adj.
antiparasiter v. tr. | conjug. 1 |
antiparkinsonien, ienne adj. et n. m.
antiparlementaire adj. et n.
antiparlementarisme n. m.
antiparti adj. et n.
antiparticule n. f.
antipasti n. m. pl.
Ξ En italien, *antipasti* est un nom pluriel. On peut toutefois l'employer au singulier et franciser la forme du pluriel : *un antipasti, des antipastis.*
antipathie n. f.
antipathique adj.
antipathiquement adv.
antipatinage n. m.
antipatriote adj. et n.
antipatriotique adj.
antipatriotisme n. m.
antipellagreux, euse adj.
antipelliculaire adj.
antipériodique adj.
antipéristaltique adj.
antipéristase n. f.
antipernicieux, euse adj.
antipersonnel adj. ▪ plur. inv. ou plur. **antipersonnels**
➾ On trouve la graphie *antipersonnelles* au féminin pluriel : *des mines antipersonnelles*
antiperspirant, ante adj. et n. m.
antipestilentiel, elle adj.
antiphase n. f.
antiphilosophe adj. et n.
antiphilosophique adj.
antiphlogistique adj. et n. m.
antiphonaire n. m.
antiphone n. m.
antiphonie n. f.
antiphrase n. f.
antiphrastique adj.
antiphysique adj.
antipiratage adj. inv.
antiplastique adj.
antipodal, ale, aux adj.
antipode n. m.
☯ Ce mot est masculin : *un antipode.*
antipodique adj.
antipodisme n. m.
antipodiste n.
antipoésie n. f.
antipoète n. m.
antipoétique adj.
antipoison adj. inv. et n. m.
antipolio adj.
antipoliomyélitique adj.
antipolitique adj. et n. f.
antipollution adj. ▪ plur. inv. ou plur. **antipollutions**
antipopulaire adj.
antiprohibitionniste adj. et n.
antiprotéase n. f.
antiprotectionnisme n. m.
antiprotectionniste adj. et n.
antiproton n. m.
antiprurigineux, euse adj. et n. m.
antipsorique adj. et n. m.
antipsychiatre /-k-/ n.
antipsychiatrie /-k-/ n. f.
antipsychiatrique /-k-/ adj.
antipsychotique /-k-/ adj. et n. m.
antiptose n. f.
antipub adj. et n.
antipublicitaire adj.
antiputride adj. et n. m.
antipyrétique adj. et n. m.
antipyrine n. f.
antiquaille n. f.
antiquaillerie n. f.
antiquaire n.
antique adj. et n.
☯ Le nom est masculin quand il désigne l'art ou l'ensemble des œuvres d'art antiques : *l'antique est souvent mal imité.* Il peut être masculin ou féminin quand il désigne une œuvre, un objet particulier : *un(e) antique a été dérobé(e).*
antiquement adv.
antiquisant, ante adj.
antiquité n. f.
➾ Avec une majuscule, **l'Antiquité** désigne la période de l'histoire allant des plus anciennes civilisations jusqu'à la chute de l'Empire romain : *l'Antiquité grecque et romaine* ; *un documentaire sur l'Antiquité.*
antiquomanie ou **anticomanie** n. f.
antirabique adj.
antirachitique adj.
antiracisme n. m.
antiraciste adj. et n.
antiradar n. m. et adj.
antiradiation adj.
antiradiations adj. inv.
antiradical, ale, aux n.

antiradicalaire adj.
antirationalisme n. m.
antirationaliste adj. et n.
antirationnel, elle adj. et n. m.
antiréalisme n. m.
antireflet adj.
antiréflexif, ive adj.
antireflux adj.
antiréglementaire ou **antirèglementaire**° adj.
antirejet adj. ▪ plur. inv. ou plur. **antirejets**
antireligieux, ieuse adj.
antirépublicain, aine adj. et n.
antirépublicanisme n. m.
antiretour adj. ▪ plur. inv. ou plur. **antiretours**
antirétroviral, ale, aux adj. et n. m.
antirévisionnisme n. m.
antirévisionniste adj. et n.
antirévolutionnaire adj. et n.
antirhumatismal, ale, aux adj. et n. m.
antiride(s) adj. ▪ plur. **antirides**
antiripage n. m.
▫ rec. off. pour **antiskating**
antiroman n. m.
antirougeoleux, euse adj.
antirouille adj. inv. et n. m.
antiroulis adj.
antisalissure adj.
antisatellite adj.
antiscientifique adj.
antiscorbutique adj.
antisèche n. f.
antisecte adj.
antiségrégationniste adj. et n.
antisémite n. et adj.
antisémitique adj.
antisémitisme n. m.
antisepsie n. f.
antiseptique adj. et n. m.
antisérum /-ɔm/ n. m.
antisida adj. inv.
antisigma n. m.
antisionisme n. m.
antisioniste adj. et n.
antisismique adj.
antiskating /-skɛtiŋ/ n. m.
▫ rec. off. : **antiripage**
antislash /-slaʃ/ n. m.
antisocial, iale, iaux adj.
antisocialisme n. m.
antisocialiste adj. et n.
antisolaire adj.
anti-sous-marin, ine adj. ▪ plur. **anti-sous-marins, ines**
antisoviétique adj.
antisoviétisme n. m.
antispam adj.
antispasmodique adj. et n. m.
antispécisme n. m.
antispéciste adj. et n.
antispiritualisme n. m.
antisportif, ive adj.
antistalinien, ienne n. et adj.
antistalinisme n. m.
antistar adj.
antistatique adj. et n. m.
antistress adj. inv.
antistrophe n. f.
antisudoral, ale, aux adj. et n. m.
antisurface adj. inv.
antisymétrique adj.
antisyndical, ale, aux adj.
antisyndicalisme n. m.
antisyphilitique adj.
antisystématique adj.
antitabac adj. inv.
antitabagisme n. m.
antitache adj. et n. m.
antitank adj.
antiterrorisme n. m.
antiterroriste adj.
antitétanique adj.
antithéisme n. m.
antithéologique adj.
antithermique adj. et n. m.
antithèse n. f.
antithétique adj.
antithrombine n. f.
antithyroïdien, ienne adj. et n. m.
antitotalitaire adj.
antitout adj. inv.
antitoxine n. f.
antitoxique adj.
antitragus /-ys/ n. m.
antitranspirant, ante adj. et n. m.
antitranspiration adj.
antitrinitaire adj.
antitrust /-tʀœst/ adj.
antitrypsine n. f.
antituberculeux, euse adj.
antitumoral, ale, aux adj. et n. m.
antitussif, ive adj. et n. m.
antitype n. m.
antityphique adj.
antityphoïdique adj.
antiulcère adj. et n. m.
antiulcéreux, euse adj. et n. m.
anti-UV adj. inv.
antivariolique adj.
antivénérien, ienne adj. et n. m.
antivenimeux, euse adj.
antivibration adj.

antivieillissement adj. inv.
antivieux adj.
anti-VIH adj. inv.
antiviolence adj.
antiviral, ale, aux adj. et n. m.
antivirus n. m.
antivitamine n. f.
antivol n. m. et adj. inv.
antonomase n. f.
antonyme n. m.
antonymie n. f.
Ne pas confondre **antonymie**, qui signifie « opposition de sens entre deux mots », avec **antinomie**, qui signifie « opposition totale ».
antonymique adj.
antre n. m.
Ce mot est masculin : *un antre mystérieux.*
HOM. **entre**, formes du v. **entrer**
antrite n. f.
antrustion n. m.
anucléé, ée adj.
anurie n. f.
anus /-ys/ n. m.
anxiété n. f.
anxieusement adv.
anxieux, ieuse adj. et n.
anxiodépressif, ive adj.
anxiogène adj.
anxiolytique adj. et n. m.
A. O. C. n. f.
□ abrév. de **appellation d'origine contrôlée**
aorasie n. f.
aoriste n. m.
Ce mot est masculin : *un aoriste irrégulier.*
aorte n. f.
aortique adj.
aortite n. f.
aortographie n. f.
aoul ou **aoûl** /aul/ n. m.
août ou **aout**○ /u(t)/ n. m.
La prononciation /aut/ est fautive.
Comme tous les noms de mois, ce mot s'écrit sans majuscule : *le 15 août.*
HOM. **hou, houe, houx, ou, où**
aoûtage ou **aoutage**○ /(a)utaʒ/ n. m.
aoûtat ou **aoutat**○ /auta/ n. m.
HOM. formes du v. **aoûter**
aoûtement ou **aoutement**○ /(a)u-/ n. m.
aoûter ou **aouter**○ /(a)u-/ v. tr. et v. intr. | conjug. 1 |
aoûtien, ienne ou **aoutien, ienne**○ /aus-/ n.
¹apache n. et adj. (Indien)
L'adjectif s'écrit sans majuscule : *des danses apaches ; les tribus apaches.* Le nom s'écrit avec une majuscule uniquement quand il désigne une personne : *les Apaches d'Arizona ; une Apache* mais *parler l'apache.*
²apache n. m. (vx : voyou)
apagogie n. f.
apaisant, ante adj.
apaisement n. m.
apaiser v. tr. | conjug. 1 |
¬ **s'apaiser**
Aux temps composés de la forme pronominale, le participe passé s'accorde en genre et en nombre avec le sujet : *la tempête s'est apaisée.*
apalachine n. f.
apanage n. m.
Ce mot est masculin : *un apanage.*
Apanage exclusif est un pléonasme à éviter.
apanager, ère adj.
apanagiste adj. et n.
apareunie n. f.
a pari ou **à pari**○ loc. adv. et adj. inv.
aparté n. m.
apartheid /-tɛd/ n. m.
apathie n. f.
apathique adj. et n.
apathiquement adv.
apatite n. f.
apatosaure n. m.
apatride adj. et n.
apatridie n. f.
apatrié, ée adj.
apax n. m.
→ **hapax**
ape ou **apus** /-ys/ n. m.
apennin, ine adj.
apepsie n. f.
aperceptif, ive adj.
aperception n. f.
apercevable adj.
apercevance n. f.
apercevoir v. tr. et v. pron. | conjug. 28 |
▸ **apercevoir que** (+ indic.) *j'aperçois qu'il vient*
⌘ La construction **apercevoir** (+ inf.) est vieillie ou littéraire : *je l'aperçois venir.*
¬ **s'apercevoir**
▸ **s'apercevoir de** (+ n.) *je m'aperçois de mon erreur*
▸ **s'apercevoir que** (+ indic.) *je m'aperçois que je me suis trompé*
Aux temps composés de la forme pronominale, le participe passé s'accorde en genre et en nombre avec le sujet : *elle s'est aperçue de son retard ; ils se sont aperçus dans la rue.*
aperçu n. m.
apériodique adj.
apérispermé, ée adj.
apériteur, trice n. et adj.

apéritif, ive adj. et n. m.
apéro n. m.
◻ abrév. de **apéritif**
apert, erte ou **appert, erte** /-ɛʀ, ɛʀt/ adj.
HOM. **appert** (forme du v. *apparoir*)
apertement adv.
aperture n. f.
apesanteur n. f.
Ne pas confondre **apesanteur**, qui désigne l'absence de pesanteur, avec **pesanteur**, qui signifie « force qui entraîne les corps vers le centre de la Terre ».
apétale adj. et n. f.
apetissement n. m.
apetisser v. tr. et v. intr. | conjug. 1 |
à-peu-près n. m. inv.
Ne pas écrire ce nom comme la locution adverbiale **à peu près**, qui s'écrit toujours sans trait d'union : *il a à peu près réussi* mais *se fonder sur des à-peu-près*.
apeuré, ée adj.
apeurer v. tr. | conjug. 1 |
apex n. m.
aphaniptère n. m.
aphasie n. f.
aphasique adj. et n.
aphélie n. m.
aphémie n. f.
aphérèse n. f.
aphidé ou **aphidien** n. m.
HOM. **affidé**
aphidius /-jys/ n. m.
aphlogistique adj.
aphone adj.
aphonie n. f.
aphonique adj.
aphorisme n. m.
aphoristique adj.
aphotique adj.
aphrodisiaque adj. et n. m.
aphrodisie n. f.
aphrodite n. f.
Contrairement au nom propre qui désigne la déesse, ce mot, qui désigne un animal, s'écrit sans majuscule : *ramasser des aphrodites*.
aphrophore n. m.
aphte n. m.
Ce mot est masculin : *des aphtes buccaux*.
aphteux, euse adj.
aphtisation n. f.
aphtoïde adj.
aphylle adj.
aphytal, ale, aux adj.
A. P. I. n. m.
◻ abrév. de **alphabet de l'association phonétique internationale**

api (d') loc. adj. inv.
apiaire n. m.
→ **apidé**
à-pic n. m. ▪ plur. **à-pics**
Ce nom s'écrit avec un trait d'union, contrairement à la locution **à pic** : *une montagne à pic ; tomber à pic* mais *de nombreux à-pics*.
HOM. **à pic** (loc.)
apical, ale, aux adj. et n. f.
apicolabial, ale, aux adj.
apicole adj.
apiculteur, trice n.
apiculture n. f.
apidé ou **apiaire** n. m.
apiéceur, euse n.
apifuge adj. et n. m.
apigmenté, ée adj.
apiol n. m.
apion n. m.
apios /-jos/ n. m.
apiquage n. m.
apiquer v. tr. | conjug. 1 |
apis /-is/ n. m.
apithérapie n. f.
apitoiement n. m.
Ne pas oublier le *e* muet.
apitoyable adj.
apitoyant, ante adj.
apitoyer v. tr. | conjug. 8 |
¬ **s'apitoyer**
Aux temps composés de la forme pronominale, le participe passé s'accorde en genre et en nombre avec le sujet : *elle s'est apitoyée sur son sort*.
A. P. L. n. f.
◻ abrév. de **aide personnalisée au logement**
aplacentaire adj. et n. m.
aplanat /-a/ n. m.
aplanétique adj.
aplanétisme n. m.
aplanir v. tr. | conjug. 2 |
¬ **s'aplanir**
Aux temps composés de la forme pronominale, le participe passé s'accorde en genre et en nombre avec le sujet : *les difficultés se sont aplanies*.
aplanissement n. m.
aplanisseur, euse n.
aplasie n. f.
aplasique adj.
aplastique adj.
aplat ▪ plur. **aplats** ou **à-plat** ▪ plur. **à-plats** n. m.
Ne pas écrire ce nom comme la locution adverbiale **à plat** : *mettre un objet à plat ; avoir un pneu à plat ; être à plat ventre* mais *peindre des aplats* ou *des à-plats*.

aplati, ie adj.
aplatir v. tr. | conjug. 2 |
¬ **s'aplatir**
➾ Aux temps composés de la forme pronominale, le participe passé s'accorde en genre et en nombre avec le sujet : *ils se sont aplatis devant lui.*
aplatissage n. m.
aplatissant, ante adj.
aplatissement n. m.
aplatisseur n. m.
aplatissoir n. m. ou **aplatissoire** n. f.
aplet /-ɛ/ n. m.
aplomb n. m.
▸ **d'aplomb** *mettre un mur d'aplomb*
aplysie n. f.
apnée n. f.
apnéique adj.
apnéiste n.
apneumie n. f.
apoastre n. m.
apocalypse n. f.
➾ Avec une majuscule, **l'Apocalypse** désigne le dernier livre du Nouveau Testament : *une citation de l'Apocalypse* mais *les apocalypses juives ; un paysage d'apocalypse.*
apocalyptique adj.
apocalyptiquement adv.
apochromatique adj.
a poco loc. adv.
apocope n. f.
apocopé, ée adj.
apocrisiaire ou **apocrissaire** n. m.
apocrite n. m.
apocryphe adj. et n. m.
apocyn /-sɛ/ n. m.
apocynacée n. f.
apode adj. et n. m.
apodicticité n. f.
apodictique adj.
apodictiquement adv.
apodose n. f.
apoenzyme n. m. ou f.
apoétique adj.
apogamie n. f.
apogée n. m.
☯ Ce mot est masculin : *un apogée.*
apoïdé ou **apoïde** n. m.
apolipoprotéine n. f.
apolitique adj. et n.
apolitisme n. m.
apollinien, ienne adj.
apollon n. m. (papillon ; homme d'une grande beauté)
➾ Contrairement au nom propre, ce mot s'écrit toujours sans majuscule : *les ailes d'un apollon ; cet homme est un apollon.*
apollonien, ienne adj.
apologétique adj. et n.
apologétiquement adv.
apologie n. f.
apologique adj.
apologiste n.
apologue n. m.
apolune n. m.
apomictique adj.
apomixie n. f.
apomorphe adj.
apomorphie n. f.
apomorphine n. f.
aponévrose n. f.
aponévrotique adj.
apophantique n. f.
apophatique adj.
apophatisme n. m.
apophonie n. f.
apophtegmatique adj.
apophtegme n. m.
☯ Ce mot est masculin : *un apophtegme impérieux.*
apophysaire adj.
apophyse n. f.
☯ Ce mot est féminin : *une apophyse.*
apophysite n. f.
apoplectiforme adj.
apoplectique adj. et n.
➾ Ne pas employer **apoplexique,* qui n'existe pas.
apoplectoïde adj.
apoplexie n. f.
apoprotéine n. f.
apoptose n. f.
apoptotique adj.
aporétique adj.
aporie n. f.
aporisme n. m.
aposélénie n. m.
aposiopèse n. f.
aposporie n. f.
apostasie n. f.
apostasier v. intr. | conjug. 7 |
apostat, ate /-a, at/ adj. et n.
aposté, ée adj.
apostème n. m.
→ **apostume**
[1]**a posteriori** /-te-/ ou **à postériori**○ loc. adv. et adj. inv.
[2]**a posteriori** /-te-/ ▪ plur. inv. ou **apostériori**○ ▪ plur. **apostérioris**○ n. m.
apostille n. f.
apostiller v. tr. | conjug. 1 |
apostolat /-a/ n. m.
apostolicité n. f.
apostolique adj.

apostoliquement adv.
[1]**apostrophe** n. f. (interpellation)
[2]**apostrophe** n. f. (signe orthographique)
apostropher v. tr. | conjug. 1 |
¬ **s'apostropher**
➾ Aux temps composés de la forme pronominale, le participe passé s'accorde en genre et en nombre avec le sujet : *ils se sont apostrophés dans la rue.*
apostume ou **apostème** n. m.
apotèle n. m.
apothécie n. f.
apothème n. m.
☯ Ce mot est masculin : *un apothème.*
apothéose n. f.
apothéotique adj.
apothicaire n. m.
apothicairerie n. f.
apothicairesse n. f.
apotome n. m.
apôtre n. m.
➾ Avec une majuscule, **les Apôtres** désigne les douze disciples de Jésus-Christ : *les Actes des Apôtres* mais *l'apôtre Jean ; quatre apôtres ; les douze apôtres.* On écrit également avec une majuscule **l'Apôtre des gentils**, surnom de saint Paul.
apotropaïque adj.
apotropée n. et adj.
apotropéen, enne adj.
apozème n. m.
appalachien, ienne adj.
appaloosa /-lusa/ n. m.
apparaissance n. f.
apparaître ou **apparaitre** ○ v. intr. | conjug. 57 |
CONJUG. En principe, ce verbe se conjugue avec l'auxiliaire *être* pour insister sur l'état ou avec l'auxiliaire *avoir* pour insister sur l'action : *elle est apparue dans une nouvelle tenue ; il a apparu soudainement.* Toutefois, pour des raisons euphoniques, l'auxiliaire *être* est plus courant.
⌘ Ce verbe peut être suivi d'un attribut avec ou sans *comme* : *sa décision lui apparaît comme équitable* ou *sa décision lui apparaît équitable.*
➾ Les Rectifications de l'orthographe de 1990 préconisent la suppression de l'accent circonflexe sur le *i* devant le *t* : *il apparait, il apparaitra, il apparaitrait.*
apparat /-a/ n. m.
apparatchik n.
apparaux n. m. pl.
appareil n. m.
HOM. formes du v. **appareiller**
appareillable adj.
appareillade n. f.
appareillage n. m.
appareillement n. m.
[1]**appareiller** v. intr. | conjug. 1 | (quitter le mouillage, le port)
[2]**appareiller** v. tr. | conjug. 1 | (assortir)
ϟ Ne pas confondre **appareiller**, qui signifie « assortir », avec **apparier**, qui signifie « unir par paire ».
¬ **s'appareiller**
➾ Aux temps composés de la forme pronominale, le participe passé s'accorde en genre et en nombre avec le sujet : *les tourterelles se sont appareillées.*
appareilleur, euse n.
appareilleuse n. f.
apparemment /-ramɑ̃/ adv.
Ξ La locution **apparemment que** (+ indic.) est correcte : *apparemment qu'il viendra ; apparemment qu'il était malade.* Son emploi est toutefois devenu rare : *apparemment, il viendra ; apparemment, il était malade.*
apparence n. f.
apparent, ente adj.
apparentage n. m.
apparenté, ée adj.
▸ **apparenté à** *il est apparenté à mon mari*
apparentement n. m.
apparenter v. tr. | conjug. 1 |
¬ **s'apparenter à**
le goût de l'orange s'apparente à celui de la mandarine
➾ Aux temps composés de la forme pronominale, le participe passé s'accorde en genre et en nombre avec le sujet : *leurs qualités se sont apparentées.*
appariable adj.
appariade n. f.
appariement n. m.
➾ Ne pas oublier le *e* muet.
apparier v. tr. | conjug. 7 |
ϟ Ne pas confondre **apparier**, qui signifie « unir par paire », avec **appareiller**, qui signifie « assortir ».
apparieur, euse n.
appariteur, trice n.
apparition n. f.
apparoir v. intr.
Ξ *Apparoir* appartient au langage juridique.
CONJUG. Ce verbe s'emploie uniquement à l'infinitif et à la troisième personne du singulier de l'indicatif présent : *faire apparoir de son bon droit ; il appert de cet acte.*
appartement n. m.
appartement-témoin n. m. ▪ plur. **appartements-témoins**
appartenance n. f.
appartenant, ante adj.
appartenir v. tr. ind. | conjug. 22 |

appas n. m. pl.
→ aussi **appât**
appassionata adj. f et n. f.
appassionato adv., adj. et n. m.
appât n. m.
➾ Dans le sens de « attraits », il existe une forme plurielle *appas* qui est ancienne ; elle s'emploie encore dans la langue littéraire ou par plaisanterie : *une femme aux appas généreux*.
HOM. formes du v. **happer**
appâter v. tr. | conjug. 1 |
appaumé, ée adj.
appauvrir v. tr. | conjug. 2 |
¬ **s'appauvrir**
➾ Aux temps composés de la forme pronominale, le participe passé s'accorde en genre et en nombre avec le sujet : *une région qui s'est appauvrie*.
appauvrissant, ante adj.
appauvrissement n. m.
appeau n. m.
appel n. m.
HOM. formes du v. **appeler**
appelable adj.
appelant, ante n. et adj.
appelé, ée adj. et n. m.
appeler v. tr. | conjug. 4 |
¬ **s'appeler**
➾ Aux temps composés de la forme pronominale, le participe passé s'accorde en genre et en nombre avec le sujet : *ils se sont tout de suite appelés par leur prénom*.
appeleur, euse n.
appellatif, ive adj.
appellation n. f.
appendice /-pɛ̃-/ n. m.
☯ Ce mot est masculin : *un appendice*.
appendicectomie /-pɛ̃-/ n. f.
appendicémie /-pɛ̃-/ n. f.
appendicisme /-pɛ̃-/ n. m.
appendicite /-pɛ̃-/ n. f.
☰ L'expression **être opéré de l'appendicite** est fréquente mais abusive. Il est préférable d'employer **être opéré de l'appendice**.
appendicocèle /-pɛ̃-/ n. f.
appendicostomie /-pɛ̃-/ n. f.
appendiculaire /-pɛ̃-/ adj. et n.
appendicule /-pɛ̃-/ n. m.
appendiculé, ée /-pɛ̃-/ adj. et n.
appendre v. tr. | conjug. 41 |
➾ Au présent de l'indicatif, à la forme interrogative avec sujet inversé, on écrit *append-on, append-il, append-elle* et non **append-t-on, *append-t-il, *append-t-elle*. Le *d* final se prononce /t/ ; il est donc inutile et fautif d'ajouter un *t*.
appentis /-ɑ̃ti/ n. m.
appenzell /apɛnzɛl/ n. m.
appert (il) v. intr.
→ aussi **apparoir**
appert, erte adj.
→ **apert**
appertisation n. f.
appertiser v. tr. | conjug. 1 |
appesantir v. tr. | conjug. 2 |
¬ **s'appesantir**
➾ Aux temps composés de la forme pronominale, le participe passé s'accorde en genre et en nombre avec le sujet : *elle s'est appesantie sur des détails*.
appesantissement n. m.
appétence n. f.
appétent, ente adj.
appétissant, ante adj.
appétit n. m.
appétitif, ive adj.
appétition n. f.
applaudimètre n. m.
applaudir v. intr., v. tr. et v. tr. ind. | conjug. 2 |
☰ L'expression pléonastique **applaudir des deux mains**, qui signifie « applaudir très fort » ou, au sens figuré, « approuver totalement », est admise.
La construction **applaudir à** (+ n.) appartient au langage littéraire : *j'applaudis à votre initiative*.
¬ **s'applaudir**
➾ Aux temps composés de la forme pronominale, le participe passé s'accorde en genre et en nombre avec le sujet : *elle s'est applaudie de sa décision*.
applaudissant, ante adj.
applaudissement n. m.
applaudisseur n. m.
applicabilité n. f.
applicable adj.
applicage n. m.
applicateur, trice n. et adj.
applicatif, ive adj. et n. m.
application n. f.
applique n. f.
appliqué, ée adj.
appliquer v. tr. | conjug. 1 |
¬ **s'appliquer**
➾ Aux temps composés de la forme pronominale, le participe passé s'accorde en genre et en nombre avec le sujet : *cette règle s'est longtemps appliquée*.
appliquette n. f.
appliqueuse n. f.
appoggiature ou **appogiature** /apɔ(d)ʒjatyʀ/ n. f.
appoggiaturer ou **appogiaturer** /apɔ(d)ʒjatyʀe/ v. tr. | conjug. 1 |
appoint n. m.

appointage n. m.
appointement n. m.
appointements n. m. pl.
appointer v. tr. | conjug. 1 |
appointir v. tr. | conjug. 2 |
appondre v. tr. | conjug. 41 |
➾ Au présent de l'indicatif, à la forme interrogative avec sujet inversé, on écrit *appond-on, appond-il, appond-elle* et non **appond-t-on, *appond-t-il, *appond-t-elle*. Le *d* final se prononce /t/ ; il est donc inutile et fautif d'ajouter un *t*.
apponse n. f.
appontage n. m.
appontement n. m.
apponter v. intr. | conjug. 1 |
apponteur n. m.
apport n. m.
apporter v. tr. | conjug. 1 |
→ aussi **amener**
apporteur n. m.
apposer v. tr. | conjug. 1 |
apposition n. f.
appréciabilité n. f.
appréciable adj.
appréciablement adv.
appréciateur, trice n. et adj.
appréciatif, ive adj.
appréciation n. f.
apprécier v. tr. | conjug. 7 |
¬ **s'apprécier**
➾ Aux temps composés de la forme pronominale, le participe passé s'accorde en genre et en nombre avec le sujet : *ils se sont tout de suite appréciés.*
appréhender v. tr. | conjug. 1 |
▸ **appréhender** (+ n.) *il appréhende cet examen*
▸ **appréhender de** (+ inf.) *il appréhende d'y aller*
▸ **appréhender que** (+ subj.) *il appréhende qu'elle (ne) soit en colère*
appréhensif, ive adj.
appréhension n. f.
appréhensivité n. f.
apprenant, ante n.
apprendre v. tr. | conjug. 58 |
▸ **apprendre** (+ n.) *elle a appris le dessin ; j'ai appris son déménagement*
▸ **apprendre à** (+ inf.) *elle a appris à dessiner*
▸ **apprendre que** (+ indic.) *j'ai appris qu'il avait déménagé*
➾ Au présent de l'indicatif, à la forme interrogative avec sujet inversé, on écrit *apprend-on, apprend-il, apprend-elle* et non **apprend-t-on, *apprend-t-il, *apprend-t-elle*. Le *d* final se prononce *t* ; il est donc inutile et fautif d'ajouter un *t*.

apprenti, ie n.
apprentissage n. m.
apprêt n. m.
HOM. **après**
apprêtage n. m.
apprêté, ée adj.
apprêter v. tr. et v. pron. | conjug. 1 |
¬ **s'apprêter**
▸ **s'apprêter à** (+ n.) *il s'apprête au combat*
▸ **s'apprêter à** (+ inf.) *il s'apprête à combattre*
➾ Aux temps composés de la forme pronominale, le participe passé s'accorde en genre et en nombre avec le sujet : *elle s'était apprêtée au départ.*
apprêteur, euse n.
apprivoisable adj.
apprivoisement n. m.
apprivoiser v. tr. | conjug. 1 |
¬ **s'apprivoiser**
➾ Aux temps composés de la forme pronominale, le participe passé s'accorde en genre et en nombre avec le sujet : *une bête qui s'est apprivoisée.*
apprivoiseur, euse n. et adj.
approbaniste n. m.
approbateur, trice n. et adj.
approbatif, ive adj.
approbation n. f.
approbativement adv.
approbativité n. f.
approbatur /-yʀ/ n. m.
approchable adj.
approchant, ante adj.
approche n. f.
▸ **d'approche** *des travaux d'approche ; une lunette d'approche*
▸ **d'approche** (+ adj.) *une personne d'approche facile*
Ξ Ne pas confondre **à l'approche de**, qui signifié « en s'approchant de » et **aux approches de** qui signifie « aux abords de » : *il a sursauté à mon approche ; se promener aux approches de la ville.* En revanche, le singulier et le pluriel peuvent s'employer au figuré pour désigner le fait d'être sur le point de se produire : *à l'approche de la trentaine* ou aux *approches de la trentaine.* Le singulier est plus fréquent.
approché, ée adj.
approchement n. m.
approcher v. tr., v. tr. ind. et v. intr. | conjug. 1 |
Ξ **Approcher près de** est un pléonasme à éviter.
¬ **s'approcher**
➾ Aux temps composés de la forme pronominale, le participe passé s'accorde en genre

et en nombre avec le sujet : *ils se sont approchés discrètement.*

approfondi, ie adj.

approfondir v. tr. | conjug. 2 |

¬ **s'approfondir**

➾ Aux temps composés de la forme pronominale, le participe passé s'accorde en genre et en nombre avec le sujet : *la plaie s'est approfondie.*

approfondissement n. m.

appropriable adj.

appropriage n. m.

appropriatif, ive adj.

appropriation n. f.

approprié, iée adj.

approprier v. tr. et v. pron. | conjug. 7 |

¬ **s'approprier**

⌘ La construction ***s'approprier de** est fautive : il faut dire *il s'est approprié tout le mérite* (et non **il s'est approprié de tout le mérite*).

➾ Le participe passé ne s'accorde pas quand il est suivi d'un complément d'objet direct : *ils se sont approprié la découverte.* Il s'accorde avec le complément d'objet direct quand celui-ci est placé avant le verbe : *la découverte qu'ils se sont appropriée.*

approuvable adj.

approuvé p. p. inv. et n. m.

Ξ Le participe passé s'emploie comme préposition en tête de phrase ou dans des formules elliptiques : *approuvé l'écriture ci-dessus ; lu et approuvé.* Il est alors invariable.

approuver v. tr. | conjug. 1 |

▸ **approuver** (+ n.) *j'approuve cette décision*

▸ **approuver qqn** *il approuve son collègue*

▸ **approuver qqn de** (+ inf.) *je vous approuve de mener ce combat*

▸ **approuver que** (+ subj.) *je n'approuve pas qu'il ait cette attitude*

approvisionnement n. m.

approvisionner v. tr. | conjug. 1 |

¬ **s'approvisionner**

➾ Aux temps composés de la forme pronominale, le participe passé s'accorde en genre et en nombre avec le sujet : *elle s'est approvisionnée en carburant.*

approvisionneur, euse n. et adj.

approximatif, ive adj.

approximation n. f.

approximativement adv.

appui n. m.

HOM. formes du v. **appuyer**

appuie-bras ▪ plur. inv. ou **appui-bras** ▪ plur. **appuis-bras** n. m.

appuie-main ▪ plur. **appuie-mains** ou **appui-main** ▪ plur. **appuis-mains** n. m.

appuiement n. m.

appuie-tête ▪ plur. **appuie-têtes** ou **appui-tête** ▪ plur. **appuis-têtes** n. m.

appuyé, ée adj.

appuyer v. tr. et v. intr. | conjug. 8 |

¬ **s'appuyer**

➾ Aux temps composés de la forme pronominale, le participe passé s'accorde en genre et en nombre avec le sujet : *elle s'est appuyée sur sa canne.*

apragmatique adj.

apragmatisme n. m.

apraxie n. f.

apraxique adj. et n.

âpre adj.

aprèm ou **aprème** n. m. ou f. inv.

▫ abrév. de **après-midi**

âprement adv.

après prép., adv. et n. m.

▸ **après** (+ n.) *elle est partie après la réunion*

▸ **après** (+ inf. passé) *il a déjeuné après avoir nagé*

⌘ La règle veut que la locution **après que** soit suivie de l'indicatif : *après qu'il a parlé ; après qu'elle l'eut quitté.* L'emploi très fréquent du subjonctif, par analogie avec **avant que**, est à éviter. La forme **après** (+ inf. présent) ne s'emploie que dans les expressions **après boire** et **après manger**.

Ξ **Et puis après** est un pléonasme à éviter.

HOM. **apprêt**

après-demain adv.

après-dîner ▪ plur. **après-dîners** ou **après-diner**○ ▪ plur. **après-diners**○ n. m.

après-guerre n. m. ▪ plur. **après-guerres**

après-midi n. m. ou f. ▪ plur. **après-midis** ou plur. inv.

☯ Ce mot peut s'employer au masculin ou au féminin : *cet après-midi* ou *cette après-midi.* Le masculin est toutefois plus fréquent : *un bel après-midi d'été.*

➾ Ce nom s'écrit avec un trait d'union, contrairement au groupe adverbial **après midi** : *je viendrai cet après-midi* mais *je viendrai après midi.*

après-rasage n. m. et adj. ▪ plur. **après-rasages**

après-shampoing ▪ plur. **après-shampoings** ou **après-shampooing** ▪ plur. **après-shampooings** n. m. et adj.

après-ski n. m. ▪ plur. **après-skis** ou plur. inv.

après-soleil n. m. ▪ plur. **après-soleils** ou plur. inv.

après-vente adj. ▪ plur. **après-ventes** ou plur. inv.

âpreté n. f.

âpreur n. f.

aprilin, ine adj.

[1]**a priori** ou **à priori**○ ▪ plur. inv. loc. adv. et adj.
[2]**a priori** ▪ plur. inv. ou **apriori**○ ▪ plur. **aprioris**○ n. m.
apriorique adj.
apriorisme n. m.
aprioriste adj.
apron n. m.
à-propos n. m. inv.
➾ Ce nom s'écrit avec un trait d'union, contrairement à locution **à propos (de)** : *un procès mal à propos ; à propos de cette affaire* mais *avoir le sens de l'à-propos.*
aprosexie n. f.
aprotique adj.
apsara n. f.
apside n. f.
ϟ Ne pas confondre **apside**, terme d'astronomie, avec **abside**, qui désigne l'extrémité du chœur d'une église.
apte adj.
▸ **apte à** (+ n.) *il est apte à la marche*
▸ **apte à** (+ inf.) *il est apte à marcher*
⌘ La construction ***apte pour** est fautive.
aptère adj.
HOM. **haptère**
aptérie n. f.
aptéronote n. m.
aptérygote n. m.
aptéryx n. m.
aptien, ienne adj. et n. m.
aptitude n. f.
▸ **aptitude à** (+ n. ou inf.) *une aptitude à la réflexion ; l'aptitude à comprendre*
▸ **aptitude pour** (+ n. ou inf.) *il a des aptitudes pour les mathématiques ; il n'a pas les aptitudes pour faire ce travail*
aptyalisme n. m.
apurement n. m.
apurer v. tr. | conjug. 1 |
ϟ Ne pas confondre **apurer**, terme du domaine de la finance qui signifie « reconnaître exact après vérification des pièces justificatives » (*apurer un compte*), avec **épurer**, qui signifie « rendre pur, correct » (*épurer son style*).
apus n. m.
→ **ape**
apyre adj.
apyrène adj.
apyrétique adj.
apyrexie n. f.
apyrexique adj.
aquabuilding /akwab(ɥ)ildiŋ/ n. m.
aquabulle /akwa-/ n. f.
aquacole /akwa-/ adj.
aquaculteur, trice /akwa-/ ou **aquiculteur, trice** /akɥi-/ n.
aquaculture /akwa-/ ou **aquiculture** /akɥi-/ n. f.
aquafitness /akwa-/ n. m.
aquafortiste /akwa-/ n.
Aquagym® /akwa-/ n. f.
➾ Comme tous les noms déposés, ce mot doit s'écrire avec une majuscule : *faire de l'Aquagym*. Toutefois, on le trouve très fréquemment employé comme nom générique sans respect de la règle : *faire de l'aquagym*.
aquajogging /akwadʒɔgiŋ/ n. m.
aquamanile /akwa-/ n. m.
☯ Ce mot est masculin : *un aquamanile romain*.
aquanaute /akwa-/ n.
aquaparc /akwa-/ n. m.
aquaplanage /akwa-/ n. m.
□ rec. off. pour **aquaplaning**
aquaplane /akwa-/ n. m.
aquaplaning /akwaplaniŋ/ n. m.
□ rec. off. : **aquaplanage**
aquarellage /akwa-/ n. m.
aquarelle /akwa-/ n. f.
aquareller /akwa-/ v. tr. | conjug. 1 |
aquarelliste /akwa-/ n.
aquarien /akwa-/ n. m.
aquariologie /akwa-/ n. f.
aquariologique /akwa-/ adj.
aquariophile /akwa-/ n.
aquariophilie /akwa-/ n. f.
aquarium /akwaʀjɔm/ n. m.
aquascope /akwa-/ n. m.
aquaspace /akwa-/ n. m.
aquastat /akwasta/ n. m.
aquatile /akwa-/ adj.
aquatinte /akwa-/ n. f.
aquatintiste /akwa-/ n.
aquatique /akwa-/ adj.
aquatubulaire /akwa-/ adj.
aquavit ou **akvavit** /akwavit/ n. m.
Aquazole® /akwa-/ n. m.
➾ Comme tous les noms déposés, ce mot doit s'écrire avec une majuscule : *rouler à l'Aquazole*. Toutefois, on le trouve fréquemment employé comme nom générique sans respect de la règle : *rouler à l'aquazole*.
aqueduc n. m.
aqueux, euse adj.
à quia /akɥija/ loc. adv.
▸ **être à quia**
▸ **mettre/réduire qqn à quia**
➾ Contrairement à d'autres locutions d'origine latine, *à quia* ne s'écrit jamais sans accent car seul *quia* vient du latin.
aquicole /akɥi-/ adj.
aquiculteur, trice /akɥi-/ n.
→ **aquaculteur**

aquiculture /akɥi-/ n. f.
→ **aquaculture**
aquifère /akɥi-/ adj.
aquifoliacée /akɥi-/ n. f.
aquilain ou **aquilant** adj. m. et n. m.
aquilidé n. m.
aquilin adj. m.
☯ Cet adjectif s'emploie presque exclusivement pour qualifier le *nez*. Le féminin *aquiline* est rare et littéraire.
HOM. **aquilain**
aquiliné n. m.
aquilon n. m.
aquitanien n. m.
aquoibonisme n. m.
aquoiboniste adj. et n.
aquosité n. f.
ara n. m.
HOM. **haras**
araba n. f.
arabe adj. et n.
➾ L'adjectif s'écrit sans majuscule : *le monde arabe ; les Émirats arabes unis*. Le nom s'écrit avec une majuscule uniquement quand il désigne une personne : *les Arabes ; c'est une Arabe* mais *parler l'arabe*.
arabesque n. f.
☯ Ce mot est féminin : *une grande arabesque*.
arabette n. f.
arabica n. m.
arabinose n. m.
arabique adj.
arabisant, ante n.
arabisation n. f.
arabiser v. tr. | conjug. 1 |
arabisme n. m.
arabité n. f.
arable adj.
arabo-andalou, ouse adj. ▪ plur. **arabo-andalous, ouses**
arabo-islamique adj. ▪ plur. **arabo-islamiques**
arabologue n.
arabo-musulman, ane adj. ▪ plur. **arabo-musulmans, anes**
arabophone adj.
arac ou **arack** n. f.
→ **arak**
aracée ou **aroïdacée** n. f.
HOM. **harasser**
arachide n. f.
☯ Ce mot est féminin : *une arachide*.
arachnéen, enne /-kneɛ̃, ɛn/ adj.
arachnide /-k-/ n. m.
arachnoïde /-k-/ n. f.
arachnoïdien, ienne /-k-/ adj.
arachnoïdite /-k-/ n. f.
arachnologie /-k-/ n. f.
arachnologue /-k-/ n.
arachnophobe /-k-/ n.
arachnophobie /-k-/ n. f.
aragonais, aise adj. et n.
➾ L'adjectif s'écrit sans majuscule : *la population aragonaise*. Le nom s'écrit avec une majuscule uniquement quand il désigne une personne : *les Aragonais ; c'est une Aragonaise* mais *parler l'aragonais ; danser l'aragonaise*.
aragonite n. f.
araignée n. f.
araire n. m.
arak ou **arac** ou **arack** n. m.
Araldite® n. m.
➾ Comme tous les noms déposés, ce mot doit s'écrire avec une majuscule : *un moulage en Araldite*. Toutefois, on le trouve fréquemment employé comme nom générique sans respect de la règle : *un moulage en araldite*.
aralia ou **aralie** n. m. ou f.
araliacée n. f.
araméen, enne adj. et n.
➾ L'adjectif s'écrit sans majuscule : *les peuples araméens*. Le nom s'écrit avec une majuscule uniquement quand il désigne une personne : *les Araméens ; une Araméenne* mais *un texte écrit en araméen*.
aramide adj.
aramon n. m.
➾ Lorsqu'il désigne un vin, ce mot s'écrit sans majuscule, contrairement au nom propre qui désigne la commune : *du vin d'Aramon* mais *une bouteille d'aramon*.
aranéen, enne adj.
aranéeux, euse adj.
aranéide n. m.
aranéiforme adj.
aranéologie n. f.
aranéologue n. m.
arantèle ou **arantelle** n. f.
arapaïma n. m.
arasage n. m.
arase n. f.
arasement n. m.
araser v. tr. | conjug. 1 |
aratoire adj.
araucaria n. m.
arbalestrille n. f.
arbalète n. f.
arbalétrier n. m.
arbalétrière n. f.
arbi n. m.
arbitrable adj.
arbitrage n. m.
arbitragiste adj.

arbitraire adj. et n. m.
HOM. forme du v. **arbitrer**
arbitrairement adv.
arbitral, ale, aux adj.
arbitralement adv.
[1]**arbitre** n. (juge)
[2]**arbitre** n. m. (volonté)
☰ De nos jours, ce nom s'emploie uniquement dans la locution **libre arbitre**, qui s'écrit sans trait d'union.
arbitrer v. tr. | conjug. 1 |
arbois n. m.
arboré, ée adj.
arborer v. tr. | conjug. 1 |
arborescence n. f.
arborescent, ente adj.
arboretum ou **arborétum** /-etɔm/ n. m.
arboricole adj.
arboriculteur, trice n.
arboriculture n. f.
arboriforme adj.
arborisation n. f.
arborisé, ée adj.
arboriste n. m.
arbouse n. f.
arbousier n. m.
arbovirose n. f.
arbovirus /-ys/ n. m.
arbre n. m.
arbrier n. m.
arbrisseau n. m.
arbuscule n. m.
arbuste n. m.
➾ Ne pas employer **arbustre*, qui n'existe pas.
arbustif, ive adj.
[1]**arc** n. m.
➾ Avec une majuscule et sans complément, **l'Arc de triomphe** désigne le monument parisien : *visiter l'Arc de triomphe* mais *l'arc de triomphe de l'Étoile*.
[2]**arc** n. m. inv.
◻ abrév. de **aids related complex**
arcade n. f.
arcane n. m.
☯ Ce mot est masculin : *un arcane majeur*.
HOM. **arcanne**
arcanette n. f.
arcanne n. f.
HOM. **arcane**
arcanson n. m.
arcasse n. f.
arcature n. f.
arcboutant ▪ plur. **arcboutants** ou **arc-boutant** ▪ plur. **arcs-boutants** n. m.
arcbouter ou **arc-bouter** v. tr. | conjug. 1 |
¬ **s'arcbouter**
➾ Aux temps composés de la forme pronominale, le participe passé s'accorde en genre et en nombre avec le sujet : *elle s'est arcboutée*.
arc-doubleau ▪ plur. **arcs-doubleaux** ou **arcdoubleau** ▪ plur. **arcdoubleaux** n. m.
arceau n. m.
arcelet n. m.
HOM. formes du v. **harceler**
arc-en-ciel n. m. ▪ plur. **arcs-en-ciel** /aʀkɑ̃sjɛl/
arc-en-terre n. m. ▪ plur. **arcs-en-terre** /aʀkɑ̃tɛʀe/
archaïque /-k-/ adj.
archaïsant, ante /-k-/ adj. et n.
archaïsme /-k-/ n. m.
archal n. m. sing.
archange /-k-/ n. m.
➾ Ce mot s'écrit toujours sans majuscule : *les archanges ; l'archange Michel*.
archangélique /-k-/ adj.
archanthrope /-k-/ n. m.
archanthropien /-k-/ n. m. et adj.
arche n. f.
➾ On écrit ce mot avec une majuscule dans **l'Arche d'alliance**, **l'Arche sainte** et **la Grande Arche de la Défense**.
archée n. f.
HOM. **archer**
archéen, enne /-keɛ̃, ɛn/ adj. et n. m.
archégone /-k-/ n. m.
archelet n. m.
archelle n. f.
archentérique /-k-/ adj.
archentéron /-k-/ n. m.
archéobactérie /-k-/ n. f.
archéologie /-k-/ n. f.
archéologique /-k-/ adj.
archéologiquement adv.
archéologue /-k-/ n.
archéomagnétisme /-k-/ n. m.
archéoptéryx /-k-/ n. m.
archéozoïque /-k-/ adj. et n. m.
archéozoologie /-k-/ n. f.
archéozoologue /-k-/ n.
archer, ère n.
HOM. **archée**
archère ou **archière** n. f.
archerie n. f.
archerot n. m.
archet n. m.
archetier, ière n.
archétypal, ale, aux ou **archétypique** /-k-/ adj.
archétype /-k-/ n. m.
archevêché n. m.

archevêque n. m.
➾ Ce mot s'écrit toujours sans majuscule : *Son Excellence l'archevêque*.
archiatre /-k-/ n. m.
archichancelier n. m.
archiconfrérie n. f.
archiconnu, ue adj.
archicube n. m.
archidiaconat /-a/ n. m.
archidiaconé n. m.
archidiacre n. m.
archidiocésain, aine adj.
archidiocèse n. m.
archiduc, archiduchesse n.
archiduché n. m.
archiépiscopal, ale, aux adj.
archiépiscopat /-a/ n. m.
archière n. f.
archifaux, fausse adj.
archifou, folle adj.
archiluth n. m.
archimagie n. f.
archimandritat /-a/ n. m.
archimandrite n. m.
archimédien, ienne adj.
archimillionnaire adj. et n.
archimime n. m.
archine n. f.
archipatelin adj. et n.
archipel n. m.
☯ Ce mot est masculin : *un archipel fabuleux*.
archiphonème n. m.
archipompe n. f.
archipresbytéral, ale, aux adj.
archiprêtre n. m.
archiprêtré n. m.
archiptère n. m.
architecte n.
architectonie n. f.
architectonique adj. et n. f.
architectoniquement adv.
architectural, ale, aux adj.
architecturalement adv.
architecture n. f.
architecturer v. tr. | conjug. 1 |
architrave n. f.
architravé, ée adj.
architrésorier n. m.
architriclin n. m.
archivable adj.
archivage n. m.
archiver v. tr. | conjug. 1 |
archives n. f. pl.
Ξ *Archives* est toujours au pluriel : *des images d'archives*.
➾ Ce mot s'écrit avec une majuscule dans la dénomination **les Archives nationales**.
archiviste n.
archiviste-paléographe n. ▪ plur. **archivistes-paléographes**
archivistique adj. et n. f.
archivolte n. f.
archontat /-kɔ̃ta/ n. m.
archonte /-k-/ n. m.
archosaurien n. m.
archure n. f.
arcifère adj. et n. m.
arciforme adj.
arçon n. m.
arçonnage n. m.
arçonner v. tr. | conjug. 1 |
arçonneur, euse n.
arc-rampant ▪ plur. **arcs-rampants** ou **arcrampant**○ ▪ plur. **arcrampants**○ n. m.
arctique adj. et n. m.
➾ Sauf dans la dénomination géographique **l'océan Arctique**, l'adjectif s'écrit sans majuscule : *le cercle arctique* ; *les grands froids arctiques*. Le nom s'écrit toujours avec une majuscule : *les peuples de l'Arctique*.
arcure n. f.
ardéidé n. m.
ardélion n. m.
ardemment /-amɑ̃/ adv.
ardent, ente adj.
HOM. **hardant** (du v. harder)
ardeur n. f.
ardier n. m.
ardillon n. m.
ardito adv.
ardoise n. f.
Ξ Ce mot peut s'employer seul comme adjectif de couleur ou derrière un adjectif de couleur pour en préciser la nuance ; ces adjectifs sont alors invariables : *des volets bleu ardoise* ; *des murs gris ardoise* ; *des uniformes ardoise*.
ardoisé, ée adj.
ardoiser v. tr. | conjug. 1 |
ardoiseux, euse ou **ardoisien, ienne** adj.
ardoisier, ière adj. et n.
ardoisière n. f.
ardu, ue adj.
arduité n. f.
ardûment ou **ardument**○ adv.
are n. m.
HOM. **arrhes, ars, art, hare, hart**
area /aʀea/ ou **aréa**○ n. f.
aréage n. m.
areau n. m.
HOM. **haro**
arec n. m.
aréflexie n. f.
areg n. m. pl.
→ [1]**erg**

aréique adj.
aréisme n. m.
areligieux, ieuse adj.
a remotis ou **à rémotis**○ /aʀemɔtis/ loc. adv.
aréna ou **arena** /-e-/ n. m. ou f.
arénacé, ée adj.
arénaire adj. et n.
arénation n. f.
arénavirus /-ys/ n. m.
¹**arène** n. f. (amphithéâtre, sable)
²**arène** n. m. (hydrocarbure)
aréneux, euse adj.
arénicole adj. et n. f.
arénifère adj.
arénite n. f.
arénuleux, euse adj.
aréolaire adj.
aréole n. f.
Ne pas confondre **aréole**, qui signifie « cercle qui entoure le mamelon du sein », avec **auréole**, qui signifie « cercle qui entoure la tête des saints dans les représentations religieuses » ou « trace circulaire ».
aréolé, ée adj.
aréomètre n. m.
Ne pas confondre **aréomètre**, qui désigne un appareil qui mesure la densité des liquides, avec **aéromètre**, qui désigne un appareil qui mesure la densité de l'air.
aréométrie n. f.
Ne pas confondre **aréométrie**, qui signifie « mesure de la densité des liquides », avec **aérométrie**, qui signifie « mesure de la densité de l'air ».
aréopage n. m.
Ne pas employer **aéropage*, qui n'existe pas. Avec une majuscule et sans complément, **l'Aréopage** désigne le tribunal antique d'Athènes : *les membres de l'Aréopage*.
aréopagite n. m.
aréostyle n. m.
aréotectonique n. f.
aréquier n. m.
arête n. f.
HOM. **arrête**, formes du v. **arrêter**
arêtier n. m.
HOM. formes du v. **arrêter**
arêtière n. f.
arétin, ine adj.
areu areu interj.
argali n. m.
argamasse n. f.
argan n. m.
arganier n. m.
argas /-as/ n. m.
argémon n. m.
argémone n. f.
argent n. m.
argentage n. m.
argentan ou **argenton** n. m.
argentation n. f.
→ **argenture**
argenté, ée adj.
argentéa n. f.
argenter v. tr. | conjug. 1 |
argenterie n. f.
argenteur, euse n.
argenteux, euse adj.
argentier n. m.
HOM. formes du v. **argenter**
argentifère adj.
¹**argentin, ine** adj. (comme l'argent)
²**argentin, ine** adj. et n. (d'Argentine)
L'adjectif s'écrit sans majuscule : *le tango argentin ; la population argentine*. Le nom s'écrit avec une majuscule : *les Argentins ; c'est une Argentine*.
argentine n. f. (plante, poisson)
argentique adj.
argentiste n. m.
argentite n. f.
argenton n. m.
→ **argentan**
argentopyrite n. f.
argenture ou **argentation** n. f.
arghoul ou **arghul** /-gul/ n. m.
argilacé, ée adj.
argile n. f.
Ce mot est féminin : *une argile blanche*.
argileux, euse adj.
argilière n. f.
argilifère adj.
arginine n. f.
argol n. m.
argon n. m.
argonaute n. m.
Ce mot s'écrit avec une majuscule uniquement quand il désigne le groupe de héros grecs : *Jason et les Argonautes*.
argot n. m.
argotier n. m.
argotique adj.
argotisme n. m.
argotiste n.
argoulet n. m.
argousier n. m.
argousin n. m.
argue n. f.
¹**arguer** ou **argüer**○ /aʀgɥe/ v. tr. et v. tr. ind. | conjug. 1 | (donner comme argument)
▸ **arguer qqch.** *vous ne pouvez rien arguer de ce fait*
▸ **arguer de qqch.** *il arguera de circonstances atténuantes*

◗ **arguer que** (+ indic.) *arguant qu'il n'était pas averti*

♪ A l'infinitif, on doit prononcer le *u* après le *g*, comme dans le mot *aigu*. Cependant la fin de ce verbe est souvent prononcée comme le mot *gué* de par l'absence du tréma sur le *u* dans la graphie traditionnelle.

➾ Dans les formes conjuguées, le tréma se place habituellement sur le *e* ou sur le *i* pour indiquer que le *u* se prononce : *il arguë, nous arguïons*. L'Académie le place sur le *u* depuis 1975 : *elle argüe, vous argüiez*. Par ailleurs, les Rectifications de l'orthographe de 1990 préconisent le déplacement du tréma sur le *u* même à l'infinitif pour signaler que c'est cette voyelle qui doit être prononcée.

²**arguer** /aʀge/ v. tr. | conjug. 1 | (Tech. : étirer des lingots)

argument n. m.

argumentaire adj. et n. m.

argumentant n. m.

argumentateur, trice n.

argumentatif, ive adj.

argumentation n. f.

argumenter v. intr. | conjug. 1 |

argumenteur n. m.

argus /-ys/ n. m.

argutie /-si/ n. f.

argutieux, euse /-sjø, øz/ adj.

argyraspide n. m.

argyrie n. f.

argyrisme n. m.

argyronète n. f.

argyrose n. f.

¹**aria** n. m. (vx : souci)

²**aria** n. f. (air musical)

arianiser v. tr. | conjug. 1 |

HOM. **aryanisé**

arianisme n. m.

HOM. **aryanisme**

ariary n. m.

aride adj.

aridification n. f.

aridité n. f.

arien, ienne adj. et n.

HOM. **aryen**

ariette n. f.

arille n. m.

arioso n. m.

➾ Ce mot a un pluriel régulier : *des ariosos*.

ariser v. tr. | conjug. 1 |

→ **arriser**

aristarque n. m.

aristo n.

□ abrév. de **aristocrate**

aristocrate n.

aristocratie /-si/ n. f.

aristocratique adj.

aristocratiquement adv.

aristoloche n. f.

aristolochiacée n. f.

aristophanesque adj.

aristotélicien, ienne adj. et n.

aristotélique adj. et n.

aristotélisme n. m.

arithmancie n. f.

→ **arithmomancie**

arithméticien, ienne n.

arithmétique adj. et n. f.

arithmétiquement adv.

arithmographe n. m.

arithmologie n. f.

arithmomancie ou **arithmancie** n. f.

arithmomanie n. f.

arithmomètre n. m.

arlequin, ine n. m. et f.

➾ Ce mot s'écrit avec une majuscule quand il désigne le personnage de la commedia dell'arte : *Colombine et Arlequin* mais *un défilé d'arlequins ; une arlequine ; un habit d'arlequin ; un manteau d'arlequin*.

Ξ Ce mot peut s'employer en apposition ; il est alors invariable : *des bas arlequin*.

arlequinade n. f.

arlésien, ienne adj. et n.

➾ L'adjectif s'écrit sans majuscule : *la population arlésienne*. Le nom s'écrit avec une majuscule : *les Arlésiens ; c'est une Arlésienne ; jouer les Arlésiennes*.

armada n. f.

➾ Ce mot s'écrit avec une majuscule dans les dénominations **la Grande Armada** et **l'Invincible Armada**.

armadille n. f.

armagnac n. m.

➾ Lorsqu'il désigne une eau-de-vie, ce mot s'écrit sans majuscule, contrairement au nom propre qui désigne la région : *une eau-de-vie d'Armagnac* mais *des armagnacs hors d'âge*.

armailli n. m.

armateur, trice n.

armature n. f.

armaturer v. tr. | conjug. 1 |

arme n. f.

➾ Ce mot est au pluriel dans les locutions suivantes : **commandant d'armes** ; **compagnon d'armes** ; **dépôt d'armes** ; **être en armes** ; **fait d'armes** ; **frère d'armes** ; **héraut d'armes** ; **homme d'armes** ; **maître d'armes** ; **maniement d'armes** ; **place d'armes** ; **prévôt d'armes** ; **salle d'armes** ; **suspension d'armes**.

armé, ée adj. et n. m.

armée n. f.

➾ Ce mot s'écrit avec une majuscule dans

l'Armée des ombres, **l'Armée du salut**, **l'Armée rouge** et **la Grande Armée**.

armeline n. f.

armement n. m.

arménien, ienne adj. et n.

➾ L'adjectif s'écrit sans majuscule : *la population arménienne ; la diaspora arménienne*. Le nom s'écrit avec une majuscule uniquement quand il désigne une personne : *les Arméniens ; c'est une Arménienne* mais *parler l'arménien*.

arménité n. f.

armer v. tr. | conjug. 1 |

¬ **s'armer**

➾ Aux temps composés de la forme pronominale, le participe passé s'accorde en genre et en nombre avec le sujet : *elle s'est armée d'un pistolet*.

armet n. m.

HOM. formes du v. **armer**

armeur n. m.

armeuse n. f.

armillaire /-lɛʀ/ adj.

armilles n. f. pl.

arminien n. m.

armistice n. m.

☯ Ce mot est masculin : *un armistice*.

armoire n. f.

armoiries n. f. pl.

armoise n. f.

armoiseur n. m.

armon n. m.

HOM. formes du v. **armer**

armorial, iale, iaux adj.

armoricain, aine adj. et n.

➾ L'adjectif s'écrit sans majuscule : *le relief armoricain ; le Massif armoricain*. Le nom s'écrit avec une majuscule uniquement quand il désigne une personne : *les Armoricains ; c'est une Armoricaine* mais *parler l'armoricain ; des œufs à l'armoricaine*.

→ aussi **homard**

armorier v. tr. | conjug. 7 |

armoriste n. m.

armure n. f.

armuré, ée adj.

armurerie n. f.

armurier, ière n.

A. R. N. n. m.

▫ abrév. de **acide ribonucléique**

arnaque n. f.

arnaquer v. tr. | conjug. 1 |

arnaqueur, euse n.

arnica n. f.

☯ Ce mot est féminin : *une arnica*.

arobas /-as/ n. m.

arobase ou **arrobase** n. f.

arobe n. f.

→ **arrobe**

aroïdacée n. f.

→ **aracée**

arolle ou **arole** n. m. ou f.

aromal, ale, aux adj.

aromate n. m.

☯ Ce mot est masculin : *un aromate frais*.

aromathérapeute n.

aromathérapie n. f.

aromaticien, ienne n.

aromatique adj.

aromatisant n. m.

aromatisation n. f.

aromatiser v. tr. | conjug. 1 |.

arome n. m. (plante)

arôme n. m. (odeur)

☯ Ce mot est masculin : *un arôme délicieux*.

aronde n. f.

arondelle n. f.

arondinacé, ée adj. et n. f.

arpailleur n. m.

arpège n. m.

☯ Ce mot est masculin : *un arpège ascendant*.

arpègement n. m.

arpéger v. tr. | conjug. 3 et 6 |

arpent n. m.

arpentage n. m.

arpenter v. tr. | conjug. 1 |

arpenteur, euse n.

arpenteuse n. f.

arpète ou **arpette** n. f.

HOM. **harpette**

arpion n. m.

arpon n. m.

HOM. **harpon**, formes du v. **harper**

arqué, ée adj.

arquebusade n. f.

arquebuse n. f.

☯ Ce mot est féminin : *une arquebuse très ancienne*.

arquebuserie n. f.

arquebusier n. m.

arquer v. tr. et v. intr. | conjug. 1 |

¬ **s'arquer**

➾ Aux temps composés de la forme pronominale, le participe passé s'accorde en genre et en nombre avec le sujet : *ses sourcils s'étaient arqués*.

arrachage n. m.

arraché n. m.

▸ **à l'arraché** *une victoire à l'arraché ; gagner à l'arraché ; un vol à l'arraché*

arrache-clou n. m. ▪ plur. **arrache-clous**

arrache-cœur n. m. ▪ plur. inv. ou plur. **arrache-cœurs**

arrachement n. m.

arrache-moyeu n. m. ▪ plur. **arrache-moyeux**
arrache-pied (d') ou **arrachepied (d')**○ loc. adv.
arracher v. tr. | conjug. 1 |
¬ **s'arracher**
➾ Aux temps composés de la forme pronominale, le participe passé s'accorde en genre et en nombre avec le sujet : *les dernières places se sont arrachées ; elle s'est arrachée des bras de son père.* Mais le participe passé ne s'accorde pas quand il est suivi d'un complément d'objet direct : *elles se sont arraché les yeux ; les supporteurs se sont arraché les dernières places.* Il ne s'accorde avec le complément d'objet direct que lorsque celui-ci est placé avant le verbe : *les places que les supporteurs se sont arrachées.*
arrache-racine n. m. ▪ plur. **arrache-racines**
arracheur, euse n.
arrachis /-i/ n. m.
arrachoir n. m.
arrachure n. f.
arraisonnement n. m.
arraisonner v. tr. | conjug. 1 |
arrangeable adj.
arrangeant, ante adj.
arrangement n. m.
arranger v. tr. | conjug. 3 |
¬ **s'arranger**
➾ Aux temps composés de la forme pronominale, le participe passé s'accorde en genre et en nombre avec le sujet : *elle s'est arrangée pour venir.*
arrangeur, euse n.
arrentement n. m.
arrenter v. tr. | conjug. 1 |
arrérager v. intr. et v. pron. | conjug. 3 |
¬ **s'arrérager**
➾ Aux temps composés de la forme pronominale, le participe passé s'accorde en genre et en nombre avec le sujet : *les termes s'étaient arréragés.*
arrérages n. m. pl.
Ξ Ce mot s'emploie toujours au pluriel : *deux années d'arrérages.*
arrestation n. f.
arrêt n. m.
ϟ Ne pas confondre **arrêt**, au sens de « jugement » (*un arrêt de la cour d'assises*), avec **arrêté**, qui signifie « décision écrite d'une autorité » (*un arrêté préfectoral*).
HOM. **haret**
arrête adj.
HOM. **arête**
[1]**arrêté, ée** adj.
[2]**arrêté** n. m.
ϟ Ne pas confondre **arrêté**, qui signifie « décision écrite d'une autorité » (*un arrêté préfectoral*), avec **arrêt**, au sens de « jugement » (*un arrêt de la cour d'assises*).
arrête-bœuf n. m. ▪ plur. **arrête-bœufs** /aʀɛtbø/
arrêter v. tr. et v. intr. | conjug. 1 |
Ξ La construction **arrêter de** est fréquente dans le langage courant : *il n'arrête pas de neiger ; arrête de m'ennuyer !* Dans le langage soutenu, on emploiera plutôt **cesser de** : *il ne cesse de neiger ; cesse de m'ennuyer !*
¬ **s'arrêter**
➾ Aux temps composés de la forme pronominale, le participe passé s'accorde en genre et en nombre avec le sujet : *ils se sont arrêtés subitement.*
arrêtiste n. m.
arrêtoir n. m.
arrhénogène adj.
arrhénogénie n. f.
arrhes /aʀ/ n. f. pl.
☯ *Arrhes* est un mot féminin : *des arrhes importantes.*
Ξ Ce nom s'emploie toujours au pluriel : *verser mille euros d'arrhes.*
HOM. **are, ars, art, hare, hart**
arriération n. f.
arrière adv., adj. inv. et n. m.
arrière- élément
➾ Dans les composés formés avec *arrière-*, *arrière* est invariable.
arriéré, ée adj. et n.
arrière-automne n. m. ▪ plur. **arrière-automnes**
arrière-ban n. m. ▪ plur. **arrière-bans**
arrière-bec n. m. ▪ plur. **arrière-becs**
arrière-bouche n. f. ▪ plur. **arrière-bouches**
arrière-boutique n. f. ▪ plur. **arrière-boutiques**
arrière-cerveau n. m. ▪ plur. **arrière-cerveaux**
arrière-chœur n. m. ▪ plur. **arrière-chœurs**
arrière-corps n. m. inv.
arrière-cour n. f. ▪ plur. **arrière-cours**
arrière-cousin, ine n. ▪ plur. **arrière-cousins, ines**
arrière-cuisine n. f. ▪ plur. **arrière-cuisines**
arrière-été n. m. ▪ plur. **arrière-étés**
arrière-faix n. m. inv.
arrière-fief n. m. ▪ plur. **arrière-fiefs**
arrière-fleur n. f. ▪ plur. **arrière-fleurs**
arrière-fond n. m. ▪ plur. **arrière-fonds**
arrière-front n. m. ▪ plur. **arrière-fronts**
arrière-garde n. f. ▪ plur. **arrière-gardes**
arrière-gorge n. f. ▪ plur. **arrière-gorges**
arrière-goût ▪ plur. **arrière-goûts** ou **arrière-gout**○ ▪ plur. **arrière-gouts**○ n. m.

arrière-grand-mère n. f. ▪ plur. **arrière-grands-mères**
arrière-grand-oncle n. m. ▪ plur. **arrière-grands-oncles**
arrière-grand-père n. m. ▪ plur. **arrière-grands-pères**
arrière-grands-parents n. m. pl.
arrière-grand-tante n. f. ▪ plur. **arrière-grands-tantes**
arrière-magasin n. m. ▪ plur. **arrière-magasins**
arrière-main n. f. ▪ plur. **arrière-mains** (revers de la main)
arrière-main n. m. ▪ plur. **arrière-mains** (partie d'un cheval)
arrière-neveu n. m. ▪ plur. **arrière-neveux**
arrière-nièce n. f. ▪ plur. **arrière-nièces**
arrière-pays n. m. inv.
arrière-pensée n. f. ▪ plur. **arrière-pensées**
arrière-petit-cousin n. m. ▪ plur. **arrière-petits-cousins**
arrière-petite-cousine n. f. ▪ plur. **arrière-petites-cousines**
arrière-petite-fille n. f. ▪ plur. **arrière-petites-filles**
arrière-petite-nièce n. f. ▪ plur. **arrière-petites-nièces**
arrière-petit-fils n. m. ▪ plur. **arrière-petits-fils**
arrière-petit-neveu n. m. ▪ plur. **arrière-petits-neveux**
arrière-petits-enfants n. m. pl.
arrière-plan n. m. ▪ plur. **arrière-plans**
□ rec. off. pour **background**
arrière-port n. m. ▪ plur. **arrière-ports**
arriérer v. tr. | conjug. 6 |
¬ **s'arriérer**
➾ Aux temps composés de la forme pronominale, le participe passé s'accorde en genre et en nombre avec le sujet : *ils se sont arriérés.*
arrière-saison n. f. ▪ plur. **arrière-saisons**
arrière-salle n. f. ▪ plur. **arrière-salles**
arrière-scène n. f. ▪ plur. **arrière-scènes**
arrière-train n. m. ▪ plur. **arrière-trains**
arrière-vassal ▪ plur. **arrière-vassaux** n. m.
arrière-voussure n. f. ▪ plur. **arrière-voussures**
arrimage n. m.
arrimer v. tr. | conjug. 1 |
arrimeur n. m.
arriser ou **ariser** v. tr. | conjug. 1 |
arrivage n. m.
arrivant, ante n.
arrivé, ée adj.
arrivée n. f.
arriver v. intr. | conjug. 1 |
▸ **arriver à** (+ inf.) *il n'arrive pas à dormir*
▸ **arriver à** (+ n.) *elle est arrivée à ses fins ; nous arrivons à la conclusion*
▸ **arriver à qqn** *cela ne m'est jamais arrivé*
▸ **il arrive à qqn de** (+ inf.) *il lui arrive souvent de se mettre en colère*
⌘ La forme impersonnelle **il arrive que** est rarement suivie de l'indicatif ; l'usage courant actuel préfère le subjonctif : *il arrive que nous sortions après dîner.*
☰ La locution **en arriver à**, suivie de l'infinitif ou d'un nom, insiste sur l'évolution, souvent involontaire : *j'en arrive à douter d'elle ; il en est arrivé à la mendicité.*
arrivisme n. m.
arriviste n.
arrobas n. m.
arrobase n. f.
→ **arobase**
arrobe ou **arobe** n. f.
arroche n. f.
arrogamment adv.
arrogance n. f.
arrogant, ante adj.
arroger (s') v. pron. | conjug. 3 |
➾ Aux temps composés, le participe passé ne s'accorde pas quand il est suivi d'un complément d'objet direct : *elle s'est arrogé ces titres.* Il s'accorde avec le complément d'objet direct quand celui-ci est placé avant le verbe : *les titres qu'elle s'est arrogés.*
arroi n. m.
arrondi, ie adj. et n. m.
arrondir v. tr. | conjug. 2 |
¬ **s'arrondir**
➾ Aux temps composés de la forme pronominale, le participe passé s'accorde en genre et en nombre avec le sujet : *la voile s'est arrondie.*
arrondissage n. m.
arrondissement n. m.
arrondissementier n. m.
arrondisseur n. m.
arrosable adj.
arrosage n. m.
arrosé, ée adj.
arrosement n. m.
arroser v. tr. | conjug. 1 |
arroseur, euse n.
arrosoir n. m.
arrow-root /aʀoʀut/ n. m. ▪ plur. **arrow-roots**
arroyo /aʀɔjo/ n. m.
arrugie n. f.
ars /aʀ/ n. m.
HOM. **are, arrhes, art, hare, hart**
arsenal, aux n. m.
arséniate n. m.
arséniaté, ée adj.

arsenic /-ic/ n. m.
arsenical, ale, aux adj.
arsenicisme n. m.
arsénié, ée adj.
arsénieux adj. m.
arséniosulfure n. m.
arsénique adj.
arsénite n. m.
arséniure n. m.
arsénobenzol /-bɛ̃-/ n. m.
arsin adj. m.
arsine n. f.
arsinique adj.
arsis /-is/ n. f.
arsouille n. et adj.
☯ Le nom s'emploie parfois au féminin pour désigner un homme : *son fils est une petite arsouille.*
arsouiller (s') v. pron. | conjug. 1 |
➾ Aux temps composés, le participe passé s'accorde en genre et en nombre avec le sujet : *ils se sont arsouillés toute la nuit.*
arsouillerie n. f.
art n. m.
HOM. **are, arrhes, ars, hare, hart**
artaban n. m.
➾ Ce mot s'écrit sans majuscule, sauf quand il s'agit du nom propre : *fier comme Artaban* mais *fier comme un artaban ; faire l'artaban.*
artéfact ou **artefact** /-te-/ n. m.
artel n. m.
artémie ou **artémia** n. f.
artémise n. f.
artère n. f.
artériectomie n. f.
artériel, ielle adj.
artériographie n. f.
artériolaire adj.
artériole n. f.
artériologie n. f.
artériopathie n. f.
artérioscléreux, euse adj. et n.
artériosclérose n. f.
ϟ Ne pas confondre **artériosclérose** avec **athérosclérose**. Ces deux mots désignent une maladie qui entraîne un durcissement des artères ; dans le cas de l'**athérosclérose**, la pathologie est due à un athérome (dépôt).
artériotomie n. f.
artérite n. f.
ϟ Ne pas confondre **artérite**, qui signifie « inflammation artérielle », avec **arthrite**, qui signifie « inflammation articulaire ».
artéritique adj. et n.
artésien, ienne adj. et n.
➾ L'adjectif s'écrit sans majuscule : *un puits artésien ; la population artésienne.* Le nom s'écrit avec une majuscule : *les Artésiens ; c'est une Artésienne.*
arthralgie n. f.
arthrite n. f.
ϟ Ne pas confondre **arthrite**, qui signifie « inflammation articulaire », avec **artérite**, qui signifie « inflammation artérielle ».
arthritique adj. et n.
arthritisme n. m.
arthrodèse n. f.
arthrodie n. f.
arthrogène adj.
arthrographie n. f.
arthrologie n. f.
arthrolyse n. f.
arthrométrie n. f.
arthropathie n. f.
arthroplastie n. f.
arthropode n. m.
arthrosclérose n. f.
arthroscopie n. f.
arthrose n. f.
arthrosique adj. et n.
arthurien, ienne adj.
artichaut n. m.
➾ Ne pas écrire **artichaud*.
artichautière n. f.
artiche n. m.
article n. m.
articlier n. m.
articulaire adj.
HOM. forme du v. **articuler**
articulateur n. m.
articulation n. f.
articulatoire adj.
articulé, ée adj. et n. m.
articuler v. tr. | conjug. 1 |
¬ **s'articuler**
➾ Aux temps composés de la forme pronominale, le participe passé s'accorde en genre et en nombre avec le sujet : *les éléments se sont mal articulés.*
articulet n. m.
artien, ienne adj. et n.
artifice n. m.
artificialisant, ante adj.
artificialisation n. f.
artificialiser v. tr. | conjug. 1 |
artificialisme n. m.
artificialiste adj.
artificialité n. f.
artificiel, ielle adj.
artificiellement adv.
artificier, ière n.
artificieusement adv.
artificieux, ieuse adj.
artiflot n. m.

artillerie n. f.
artilleur, euse n.
artimon n. m.
artiodactyle n. m.
artiozoaire n. m.
artisan, ane n.
☯ *Artisane* est la forme féminine recommandée par le *Guide d'aide à la féminisation des noms de métiers, titres, grades et fonctions* et l'Office québécois de la langue française. Toutefois, le masculin est encore employé au sens propre pour désigner une femme : *elle est artisan* ; *une femme artisan*. Au sens figuré, le masculin est toujours employé : *elle a été l'artisan de son malheur*.
artisanal, ale, aux adj.
artisanalement adv.
artisanat n. m.
artisane n. f.
artisanerie n. f.
artisme n. m.
artison n. m.
artisonné, ée adj.
artiste n. et adj.
artistement adv.
artisterie n. f.
artistique adj.
artistiquement adv.
artistisme n. m.
artocarpe n. m.
artothécaire n. m.
artothèque n. f.
artotyrite n. m.
Arts déco n. m. pl.
◻ abrév. de **Arts décoratifs**
➾ Ce mot s'écrit avec une majuscule : *elle a fait les Arts déco*. Employé en apposition, il s'écrit sans *s* : *le style Art déco* ; *des meubles Art déco*.
arum /-ɔm/ n. m.
aruspice ou **haruspice** n. m.
aruspicine n. f.
arvicole adj. et n. m.
aryanisé, ée adj.
HOM. **arianiser**
aryanisme n. m.
HOM. **arianisme**
aryballe n. m.
aryen, enne n. et adj.
➾ L'adjectif s'écrit sans majuscule : *la race aryenne*. Le nom s'écrit avec une majuscule : *les Aryens* ; *c'est une Aryenne*.
HOM. **arien**
aryle n. m.
aryténoïde adj. et n. m.
aryténoïdien, ienne adj.
arythmie n. f.
arythmique adj.
arzel n. m.
as /as/ n. m.
◻ rec. off. pour **ace**
HOM. **asse**
ASA n. m. inv.
◻ abrév. de **American standards association**
asaret n. m.
asbeste n. m.
asbestose n. f.
asbestosique adj.
ascalaphe n. m.
ascalin n. m.
ascar n. m.
→ **askar**
ascaride ou **ascaris** /-is/ n. m.
ascaridiose ou **ascaridiase** n. f.
ascaridol n. m.
ascaris n. m.
→ **ascaride**
ascendance n. f.
ascendant, ante adj. et n. m.
ascendeur n. m.
ascendre v. tr. | conjug. 41 |
➾ Au présent de l'indicatif, à la forme interrogative avec sujet inversé, on écrit *ascend-on, ascend-il, ascend-elle* et non **ascend-t-on, *ascend-t-il, *ascend-t-elle*. Le *d* final se prononce /t/ ; il est donc inutile et fautif d'ajouter un *t*.
ascenseur n. m.
ascension n. f.
➾ Avec une majuscule, **l'Ascension** désigne l'épisode biblique et la fête religieuse qui le commémore : *le jeudi de l'Ascension*.
ascensionnel, elle adj.
ascensionner v. tr. | conjug. 1 |
ascensionniste n.
ascensoriste n.
ascèse n. f.
ascète n.
HOM. **assette**
ascétère n. m.
ascétique adj.
⚡ Ne pas confondre **ascétique**, qui concerne l'ascétisme ou les ascètes, avec **acétique**, qui concerne l'acide du vinaigre.
HOM. **acétique**
ascétiquement adv.
ascétisme n. m.
ascia n. f.
ascidie n. f.
ascien n. m.
ascientifique adj.

ASCII /aski/ n. m.
□ abrév. de **American standard code for information interchange**
[1]ascite n. f. (Méd. : épanchement)
[2]ascite n. m. (hérétique)
ascitique adj. et n.
asclépiadacée n. f.
[1]asclépiade n. f. (plante)
[2]asclépiade n. m. (vers)
ascogène adj.
ascogone n. m.
ascolaire adj.
ascomycète n. m.
ascophylle n. f.
ascorbique adj.
ascospore n. f.
ascot /-ɔt/ n. m.
asdic n. m.
□ abrév. de **allied submarine detection investigation committee**
asébotoxine n. f.
aséismique adj.
aséité n. f.
aselle n. m.
aselline n. f.
asémanticité n. f.
asémantique adj.
asémie n. f.
asepsie n. f.
aseptique adj.
aseptiquement adv.
aseptisation n. f.
aseptiser v. tr. | conjug. 1 |
aseptiseur n. m.
ases n. f. pl.
HOM. **hase**
asexualité n. f.
asexué, ée adj.
asexuel, elle adj.
asfir n. m.
ashkénaze /aʃ-/ n. et adj.
➾ L'adjectif s'écrit sans majuscule : *la population ashkénaze*. Le nom s'écrit avec une majuscule : *les Séfarades et les Ashkénazes ; c'est une Ashkénaze.*
ashram /aʃ-/ n. m.
asiadollar n. m.
asialie n. f.
asianique adj. et n.
asiarcat /-a/ n. m.
asiarque n. m.
asiate n. et adj.
➾ L'adjectif s'écrit sans majuscule : *la population asiate*. Le nom s'écrit avec une majuscule : *les Asiates ; c'est une Asiate.*
☰ Ce mot a souvent une valeur péjorative.

asiatique adj. et n.
➾ L'adjectif s'écrit sans majuscule : *la population asiatique ; la grippe asiatique*. Le nom s'écrit avec une majuscule : *les Asiatiques ; c'est une Asiatique.*
asiatiquement adv.
asiatisme n. m.
asien, ienne adj. et n.
asilage n. m.
asilaire adj.
asile n. m.
☯ Ce mot est masculin : *un asile sûr.*
asilé n. m.
asiler v. tr. | conjug. 1 |
asinaire ou **asinal, ale, aux** adj.
asine adj. f et n. f.
asinien, ienne adj.
asismique adj.
askar ou **ascar** n. m.
asociabilité n. f.
asocial, iale, iaux adj. et n.
asocialité n. f.
asomatognosie /-gno-/ n. f.
aspalath ou **aspalathe** n. m.
aspalax n. m.
asparagé, ée ou **asparaginé, ée** ou **asparagoïde** adj. et n.
asparagiculteur, trice n.
asparaginase n. f.
asparagine n. f.
asparaginé, ée adj. et n.
→ **asparagé**
asparagoïde adj. et n.
→ **asparagé**
asparagus /-ys/ n. m.
aspartam(e) n. m.
aspartase n. f.
aspartique adj.
aspasie n. f.
aspasien, ienne adj.
aspe ou **asple** n. m.
aspécifique adj.
aspect /-pɛ/ n. m.
aspecter v. tr. | conjug. 1 |
aspectuel, elle adj.
asperge n. f.
☯ Ce mot est féminin, même au sens figuré quand il désigne un homme : *son mari est une grande asperge.*
aspergée n. f.
asperger v. tr. | conjug. 3 |
¬ **s'asperger**
➾ Aux temps composés de la forme pronominale, le participe passé s'accorde en genre et en nombre avec le sujet : *elle s'est aspergée de parfum*. Mais le participe passé ne

s'accorde pas quand il est suivi d'un complément d'objet direct : *elle s'est aspergé le visage et le cou*. Il ne s'accorde avec le complément d'objet direct que lorsque celui-ci est placé avant le verbe : *elle se les est aspergés*.
HOM. **aspergée**
aspergerie n. f.
aspergès /-ɛs/ n. m.
aspergille n. f. ou **aspergillus** n. m.
aspergillose n. f.
aspergillus n. m.
→ **aspergille**
aspérité n. f.
aspermatisme n. m.
asperme adj.
aspermie n. f.
asperseur n. m.
aspersion n. f.
aspersoir n. m.
aspérule n. f.
asphaltage n. m.
asphalte n. m.
☯ Ce mot est masculin : *un asphalte brûlant*.
asphalter v. tr. | conjug. 1 |
asphalteur, euse n.
asphaltier n. m.
HOM. formes du v. **asphalter**
asphaltique ou **asphalteux, euse** adj.
asphaltite adj. et n. m.
asphère n. f.
asphérique adj.
asphodèle n. m.
☯ Ce mot est masculin : *un asphodèle fané*.
asphyxiant, iante adj.
asphyxie n. f.
asphyxié, iée adj. et n.
asphyxier v. tr. | conjug. 7 |
¬ **s'asphyxier**
➾ Aux temps composés de la forme pronominale, le participe passé s'accorde en genre et en nombre avec le sujet : *ils se sont asphyxiés au gaz*.
asphyxique adj.
aspi adj. et n.
◻ abrév. de **aspirant**
aspic /-ik/ n. m.
aspidiacée ou **aspidiée** n. f.
aspidistra n. m.
aspidium /-jɔm/ n. m.
aspidosperma n. m.
aspiole n. m.
aspirail, aux n. m.
aspirant, ante adj. et n.
aspirateur, trice adj. et n. m.
aspiratif, ive adj.
aspiration n. f.
aspiratoire adj.
aspirer v. tr. et v. tr. ind. | conjug. 1 |
▸ **aspirer à** (+ n.) *le bonheur auquel j'aspire*
aspirine n. f.
☯ Ce mot est féminin : *prendre une aspirine*.
☰ *Aspirine* n'est plus un nom déposé en France ; il s'emploie comme nom commun : *prendre un cachet d'aspirine ; deux aspirines*.
Aspivenin® n. m.
➾ Comme tous les noms déposés, ce mot doit s'écrire avec une majuscule : *utiliser des Aspivenins*. Toutefois, on le trouve fréquemment employé comme nom générique sans respect de la règle : *utiliser des aspivenins*.
asple n. m.
→ **aspe**
asplénie n. f.
asplenium /-jɔm/ n. m.
[1]**aspre** n. m. (ancienne petite monnaie turque)
[2]**aspre** n. f. (région. : colline)
asque n. m.
assabler v. tr. | conjug. 1 |
assa fœtida ou **assa-fœtida** /-fe-/ n. f. inv.
assagir v. tr. | conjug. 2 |
¬ **s'assagir**
➾ Aux temps composés de la forme pronominale, le participe passé s'accorde en genre et en nombre avec le sujet : *ils se sont assagis avec le temps*.
assagissement n. m.
assai /asaj/ adv.
assaillant, ante adj. et n. m.
assaillement n. m.
assaillir v. tr. | conjug. 13 |
assainir v. tr. | conjug. 2 |
assainissant, ante adj.
assainissement n. m.
assainisseur n. m.
assaisonnement n. m.
assaisonner v. tr. | conjug. 1 |
assaki n. f.
assalier n. m.
assamais, aise adj. et n.
➾ L'adjectif s'écrit sans majuscule : *la population assamaise*. Le nom s'écrit avec une majuscule uniquement quand il désigne une personne : *les Assamais ; c'est une Assamaise* mais *parler l'assamais*.
assarmenter v. tr. | conjug. 1 |
assassin, ine n. et adj.
☯ Pour parler d'une femme, l'emploi de la forme féminine **assassine** est recommandé par l'Office québécois de la langue française. Toutefois, la forme masculine est encore souvent employée : *l'assassin était une femme ; elle est l'assassin de son frère*.
assassinant, ante adj.
assassinat /-a/ n. m.
assassinement n. m.

assassiner v. tr. | conjug. 1 |

assassineur, euse n.

assaut n. m.
HOM. **asseau**

assauvagir v. intr. | conjug. 2 |

assavoir v. tr. et conj. | conjug. seult à l'inf. et après le verbe faire |

Ξ Le verbe *assavoir* ne s'emploie que dans la locution **faire assavoir qqch.**, peu usitée de nos jours.
La conjonction a le même sens que la locution *à savoir*, qui signifie « c'est-à-dire », mais ne s'emploie que très rarement.

asseau n. m. ou **aissette** ou **asse** ou **assette** ou **essette** n. f.
HOM. **assaut, as, ascète**

asséchant, ante adj.

assèchement n. m.

assécher v. tr. et v. intr. | conjug. 6 |

¬ **s'assécher**
➾ Aux temps composés de la forme pronominale, le participe passé s'accorde en genre et en nombre avec le sujet : *la rivière s'est asséchée.*

assécurose n. f.

assemblable adj.

assemblage n. m.

assemblé n. m.

assemblée n. f.
➾ Ce mot s'écrit avec une majuscule quand il désigne l'Assemblée nationale, qu'il soit suivi ou non de l'adjectif : *le Sénat et l'Assemblée nationale ; les députés de l'Assemblée.*

assemblement n. m.

assembler v. tr. | conjug. 1 |

¬ **s'assembler**
➾ Aux temps composés de la forme pronominale, le participe passé s'accorde en genre et en nombre avec le sujet : *la foule s'était assemblée.*

assembleur, euse n.

assemblier n. m.

assénement n. m.

asséner ou **assener** /-se-/ v. tr. | conjug. 5, 6 |
♪ Le premier *e* de *assener* se prononce /é/.
➾ La graphie *asséner* est retenue par l'Académie française depuis 1975.

assent n. m.

assentiment n. m.

assentir v. intr. | conjug. 16 |

asseoiement ou **asseyement** n. m.
➾ Ne pas oublier le *e* muet.

asseoir ou **assoir**○ v. tr. | conjug. 26 |
CONJUG. Ce verbe a deux conjugaisons possibles, sauf au passé simple, à l'imparfait du subjonctif et au participe passé. D'une manière générale, les deux formes sont en concurrence au sens propre, alors qu'on emploie plus fréquemment les formes en *-o-* au sens figuré : *une entreprise qui assoit sa réputation ; nous assoirions notre autorité.* À l'impératif, *assois, assoyons* et *assoyez* sont populaires.
Attention à ne pas employer le participe passé (**assis-toi*) à la place de l'impératif (*assieds-toi*).
Ne pas oublier le *i* aux première et deuxième personnes du pluriel de l'imparfait de l'indicatif et du subjonctif présent : *nous asseyions, assoyions ; vous asseyiez, assoyiez.* Les formes *asseyons, assoyons ; asseyez, assoyez* (indicatif présent) et *asseyions, assoyions ; asseyiez, assoyiez* ont une prononciation très proche.

¬ **s'asseoir**
➾ Aux temps composés de la forme pronominale, le participe passé s'accorde en genre et en nombre avec le sujet : *elle s'est assise sur un tabouret.*

assereau n. m.

asséritif, ive adj.
ϟ Ne pas confondre **asséritif**, terme de psychologie qui signifie « qui est affirmé a priori par un enfant sans qu'il puisse imaginer que ce soit faux », avec **assertif** qui signifie « affirmatif ».

assermentation n. f.

assermenté, ée adj.

assermenter v. tr. | conjug. 1 |

asserter v. tr. | conjug. 1 |

assertif, ive adj.
ϟ Ne pas confondre **assertif**, qui signifie « affirmatif », avec **asséritif**, terme de psychologie qui signifie « qui est affirmé a priori par un enfant sans qu'il puisse imaginer que ce soit faux ».

assertion n. f.

assertivité n.

assertorique adj.

asservir v. tr. | conjug. 2 |

asservissant, ante adj.

asservissement n. m.

asservisseur n. m.

assesseur, eure n.
☯ *Assesseure* est la forme recommandée par le *Guide d'aide à la féminisation des noms de métiers, titres, grades et fonctions* et l'Office québécois de la langue française pour parler d'une femme. L'emploi de *assesseur* au féminin est également admis par le *Guide d'aide à la féminisation des noms de métiers, titres, grades et fonctions* : *c'est une assesseur.* En Suisse, on emploie *assesseuse.*

assessoral, ale, aux ou **assessorial, iale, iaux** adj.

assessorat /-a/ n. m.

assette n. f.
→ **asseau**

asseulé, ée adj.

assévératif, ive adj.
asseyement n. m.
assez adv.
▸ **assez de** *il est tombé assez de pluie*
▸ **avoir assez de qqch.** *je n'ai pas assez d'argent*
▸ **en avoir assez de** *j'en ai assez ! il en a assez de ces histoires ; nous en avons assez de lui*
▸ **assez... pour** *il est bien assez intelligent pour comprendre*
☰ La locution **assez bien** au sens de « un assez grand nombre », s'emploie surtout en Belgique et appartient au registre familier : *il y a eu assez bien de fruits cette année.*
assibilation n. f.
assibiler v. tr. | conjug. 1 |
assidéen, éenne n. et adj.
assidu, ue adj.
assiduité n. f.
assidûment ou **assidument**○ adv.
assiégé, ée adj. et n.
assiégeant, ante adj. et n.
assiéger v. tr. | conjug. 3 et 6 |
assiégeur, euse n.
assiette n. f.
assiettée n. f.
assignable adj.
assignat /-a/ n. m.
HOM. formes du v. **assigner**
assignataire adj. et n.
assignation n. f.
assigner v. tr. | conjug. 1 |
assimilabilité n. f.
assimilable adj.
assimilant, ante adj.
assimilateur, trice adj. et n.
assimilatif, ive adj.
assimilation n. f.
assimilatoire adj.
assimilé, ée adj. et n. m.
assimiler v. tr. | conjug. 1 |
¬ **s'assimiler**
➾ Aux temps composés de la forme pronominale, le participe passé s'accorde en genre et en nombre avec le sujet : *elle s'est assimilée au groupe.*
assis, ise adj.
assise n. f. (rangée de pierres ; base)
assises n. f. pl. (juridiction ; congrès)
➾ Ce mot s'emploie toujours au pluriel et s'écrit sans majuscule : *les assises d'un parti ; la cour d'assises ; être renvoyé aux assises.*
assistanat /-a/ n. m.
assistance n. f.
assistanciel, elle adj.
assistant, ante n.
☰ Au sens « personne qui assiste à quelque chose », ce mot s'emploie toujours au masculin pluriel : on dit *une femme parmi les assistants* et non *une assistante.*
assisté, ée adj.
assister v. intr. et v. tr. | conjug. 1 |
▸ **assister à** (+ n.) *j'ai assisté à la conférence ; on assiste à une baisse des effectifs*
asso ou **assoce** n. f.
□ abrév. de **association**
associabilité n. f.
associable adj.
associatif, ive adj.
association n. f.
associationnisme n. m.
associationniste adj.
associativement adv.
associativité n. f.
associé, iée n.
associer v. tr. | conjug. 7 |
☰ Les compléments du verbe peuvent être unis par la préposition *à* ou la préposition *avec* quand il s'agit uniquement de choses ou uniquement de personnes : *associer des mots à des images* ou *avec des images ; il s'est associé à son frère* ou *avec son frère.* En revanche, seule la préposition *à* peut s'employer quand il s'agit d'une personne et d'une chose : *j'ai associé mon frère à nos travaux ; je m'associe à votre chagrin.*
¬ **s'associer**
➾ Aux temps composés de la forme pronominale, le participe passé s'accorde en genre et en nombre avec le sujet : *ils se sont associés ; elle s'est associée à lui.* Mais le participe passé ne s'accorde pas quand il est suivi d'un complément d'objet direct : *elle s'est associé deux collaborateurs.* Il ne s'accorde avec le complément d'objet direct que lorsque celui-ci est placé avant le verbe : *les deux collaborateurs qu'elle s'est associés.*
assogue n. f.
assoiffé, ée adj. et n.
assoiffer v. tr. | conjug. 1 |
assoir○ v. tr. et v. pron. | conjug. 26 |
→ **asseoir**
assolement n. m.
assoler v. tr. | conjug. 1 |
assombrir v. tr. | conjug. 2 |
¬ **s'assombrir**
➾ Aux temps composés de la forme pronominale, le participe passé s'accorde en genre et en nombre avec le sujet : *son expression s'est assombrie.*
assombrissant, ante adj.
assombrissement n. m.
assombrisseur n. m.

assommade n. f.
assommage n. m.
assommant, ante adj.
assommement n. m.
assommer v. tr. | conjug. 1 |
assommeur n. m.
assommoir n. m.
assomptif, ive adj.
assomption n. f.
➾ Ce mot s'écrit avec une majuscule quand il désigne l'épisode biblique, la fête religieuse qui le commémore ou une œuvre qui la représente : *l'Assomption de la Vierge ; l'Assomption est célébrée le 15 août ; une Assomption du Greco.*
assomptionniste n. m.
➾ Ce mot s'écrit avec une minuscule lorsqu'il désigne une personne : *des assomptionnistes.* Il s'écrit avec une majuscule lorsqu'il désigne sans ambiguïté l'ordre lui-même : *l'ordre des Assomptionnistes ; il est entré chez les Assomptionnistes.*
assonance n. f.
assonancé, ée adj.
assonancer v. tr. | conjug. 3 |
assonant, ante adj.
assoner v. intr. | conjug. 1 |
assorti, ie adj.
assortiment n. m.
➾ Ne pas écrire **assortiement.*
assortir v. tr. | conjug. 2 |
▸ **assortir qqch. à/avec qqch.** *elle a assorti ses chaussures à son sac* ou *avec son sac*
▸ **assortir qqch. de qqch.** *assortir un traité d'une clause*
¬ **s'assortir**
➾ Aux temps composés de la forme pronominale, le participe passé s'accorde en genre et en nombre avec le sujet : *ces accessoires ne se sont pas assortis.*
assortissage n. m.
assortissant, ante adj.
assortissement n. m.
assortisseur, euse n.
assoupi, ie adj.
assoupir v. tr. | conjug. 2 |
¬ **s'assoupir**
➾ Aux temps composés de la forme pronominale, le participe passé s'accorde en genre et en nombre avec le sujet : *elle s'est assoupie quelques instants.*
assoupissant, ante adj.
assoupissement n. m.
assouplir v. tr. | conjug. 2 |
¬ **s'assouplir**
➾ Aux temps composés de la forme pronominale, le participe passé s'accorde en genre et en nombre avec le sujet : *la discipline s'est assouplie.*
assouplissant n. m.
assouplissement n. m.
assouplisseur n. m.
assourdir v. tr. | conjug. 2 |
¬ **s'assourdir**
➾ Aux temps composés de la forme pronominale, le participe passé s'accorde en genre et en nombre avec le sujet : *sa voix s'est assourdie.*
assourdissant, ante adj.
assourdissement n. m.
assouvir v. tr. | conjug. 2 |
¬ **s'assouvir**
➾ Aux temps composés de la forme pronominale, le participe passé s'accorde en genre et en nombre avec le sujet : *sa passion s'est assouvie.*
assouvissable adj.
assouvissance n. f.
assouvissement n. m.
assuétude n. f.
assujetti, ie adj. et n.
assujettir v. tr. | conjug. 2 |
¬ **s'assujettir**
➾ Aux temps composés de la forme pronominale, le participe passé s'accorde en genre et en nombre avec le sujet : *ils se sont assujettis à la règle.*
assujettissant, ante adj.
assujettissement n. m.
assumable adj.
assumer v. tr. | conjug. 1 |
¬ **s'assumer**
➾ Aux temps composés de la forme pronominale, le participe passé s'accorde en genre et en nombre avec le sujet : *elle s'est assumée très jeune.*
assurable adj.
assurage n. m.
assurance n. f.
☰ Ce mot est au pluriel dans les locutions suivantes : **assurances sociales** ; **compagnie d'assurances** ; **agent/inspecteur d'assurances** ; **courtier en assurances.**
Ce nom apparaît dans de nombreux mots composés : *une assurance-maladie ; des assurances-vie ; une assurance-incendie.* Il peut également être suivi d'un groupe nominal en apposition, sans trait d'union : *des assurances tous risques.*
assurantiel, elle adj. et n. m.
assuré, ée adj. et n.
assurement n. m.
assurément adv.
assurer v. tr. | conjug. 1 |
▸ **assurer qqch. à qqn** *son mari lui assure*

une certain train de vie ; sa situation lui assure des revenus confortables

◗ **assurer qqn de qqch.** *vous pouvez l'assurer de notre soutien ; sa conduite passée nous assure de l'avenir*

◗ **assurer à qqn que** (+ indic.) *il nous a assuré qu'il s'occupait de tout*

¬ **s'assurer**

➾ Aux temps composés de la forme pronominale, le participe passé s'accorde en genre et en nombre avec le sujet : *ils se sont assurés de l'exactitude de cette nouvelle ; elle s'est assurée contre les incendies.* Mais le participe passé ne s'accorde pas quand il est suivi d'un complément d'objet direct : *il s'est assuré la protection du gouvernement.* Il ne s'accorde avec le complément d'objet direct que lorsque celui-ci est placé avant le verbe : *la protection qu'il s'est assurée.*

assureur, euse n.

☯ *Assureuse* est la forme recommandée par le *Guide d'aide à la féminisation des noms de métiers, titres, grades et fonctions* et l'Office québécois de la langue française pour parler d'une femme. La forme *assureure* est également admise par l'Office québécois de la langue française.

assyrien, ienne adj. et n.

➾ L'adjectif s'écrit sans majuscule : *la civilisation assyrienne.* Le nom s'écrit avec une majuscule uniquement quand il désigne une personne : *les Assyriens ; une Assyrienne* mais *ils parlaient l'assyrien.*

assyriologie n. f.

assyriologue n.

assyro-babylonien, ienne adj. ▪ plur. **assyro-babyloniens, iennes**

astable adj. et n. m.

astaciculteur, trice n.

astaciculture n. f.

astacus /-ys/ n. m.

astarté n. f.

astartien, ienne n. m. et adj.

astasie n. f.

astate n. m.

astatique adj.

aster /astɛʀ/ n. m.

☯ Ce mot est masculin : *un aster fané.*

HOM. **hastaire**

astéracée n. f.

astéréognosie /-gnɔ-/ n. f.

astéride adj. et n. m.

astérie n. f.

astérion n. m.

astérisme n. m.

astérisque /-ʀisk/ n. m.

☯ Ce mot est masculin : *un astérisque.*

astérixis ou **asterixis** /asteʀiksis/ n. m.

asternal, ale adj.

astéroïde n. m.

☯ Ce mot est masculin : *un astéroïde.*

astéronyme n. m.

astérosismologie n. f.

asthéniant, ante adj.

asthénie n. f.

asthénique adj. et n.

asthénopie n. f.

asthénosphère n. f.

asthénosphérique adj.

asthmatiforme /asma-/ adj.

asthmatique /asma-/ adj. et n.

asthme /asm/ n. m.

☯ Ce mot est masculin : *un asthme handicapant.*

asthmologie /asmɔ-/ n. f.

asthmomètre /asmɔ-/ n. m.

asti n. m.

➾ Lorsqu'il désigne un vin, ce mot s'écrit sans majuscule, contrairement au nom propre qui désigne la ville d'Italie : *un vin d'Asti* mais *une bouteille d'asti.*

astic /-ik/ n. m.

HOM. formes du v. **astiquer**

asticot /-o/ n. m.

asticotage n. m.

asticotant, ante adj.

asticoter v. tr. | conjug. 1 |

asticoteur, euse n.

asticotier n. m.

astien n. m.

astigmate adj.

astigmatique adj.

astigmatisme n. m.

astiquage n. m.

astiquer v. tr. | conjug. 1 |

astiqueur, euse n.

astome adj.

astomie n. f.

[1]**astragale** n. m. (os, moulure)

☯ Ce mot est masculin : *un astragale fracturé ; un astragale décoratif.*

[2]**astragale** n. f. (plante)

☯ Ce mot est féminin : *une astragale épineuse.*

astragalée n. f.

astragaloïde adj.

astrakan n. m.

➾ Ne pas écrire ce mot comme *Astrakhan*, le nom propre dont il est issu.

astral, ale, aux adj.

astrance ou **astrantia** n. f.

astre n. m.

astrée n. f. ou n. m.

☯ Ce mot s'emploie généralement au féminin mais le masculin est attesté.

astreignant, ante adj.

astreindre v. tr. | conjug. 52 |
¬ **s'astreindre**
➾ Aux temps composés de la forme pronominale, le participe passé s'accorde en genre et en nombre avec le sujet : *elle s'est astreinte à se lever tôt.*
astreinte n. f.
astrictif, ive adj.
astriction n. f.
astrifère adj.
astringence n. f.
astringent, ente adj. et n. m.
astrobiologie n. f.
astrobiologique adj.
astroblaste n. m.
astroblème n. m.
astrochimie n. f.
astrochimique adj.
astrocytaire adj.
astrocyte n. m.
astrocytome n. m.
astrodôme n. m.
astrodynamique n. f.
astrographe n. m.
astrographie n. f.
astroïde adj. et n. f.
astroïte n. f.
astrolabe n. m.
astrolâtrie n. f.
astrologie n. f.
astrologien, ienne n.
astrologique adj.
astrologiquement adv.
astrologue n.
astromancie n. f.
astromètre n. m.
astrométrie n. f.
astrométrique adj.
astrométriste n.
astronaute n.
astronauticien, ienne n.
astronautique n. f.
astronef n. m.
☯ Ce mot est masculin : *un astronef.*
astronome n.
astronomie n. f.
astronomique adj.
astronomiquement adv.
astrophore n. m.
astrophotographie n. f.
astrophotographique adj.
astrophotomètre n. m.
astrophysicien, ienne n.
astrophysique n. f.
astroport /-ɔʀ/ n. m.
astrosophie n. f.
astrosphère n. f.
astrostatique n. f.
astructurel, elle adj.
astuce n. f.
astucieusement adv.
astucieux, ieuse adj.
asturien, ienne adj. et n. m.
astynome n. m.
asura /-u-/ n. m.
asyllabie n. f.
asymbolie n. f.
asymétrie n. f.
asymétrique adj.
asymétriquement adv.
asymptomatique adj.
asymptote n. f. et adj.
asymptotique adj.
asynartète adj. et n. m.
asynchrone /-k-/ adj.
asynchronisme /-k-/ n. m.
asyndète n. f.
☯ Ce mot est féminin : *une asyndète.*
asyndétique adj.
asynergie n. f.
asynergique adj.
asyntaxique ou **asyntactique** adj.
asystématique adj.
asystolie n. f.
asystolique adj.
atabeg ou **atabek** n. m.
ataca n. m.
HOM. formes du v. **attaquer**
→ **atoca**
atacamite ou **atakamite** n. f.
atactique adj.
ataman n. m.
ataraxie n. f.
ataraxique adj.
ataval, ale adj.
ataves n. m. pl.
atavique adj.
ataviquement adv.
atavisme n. m.
atavofigures n. f. pl.
ataxie n. f.
ataxique adj. et n.
atchoum interj.
atèle n. m.
HOM. **attelle**, **hâtelle**, formes du v. **atteler**
atélectasie n. f.
atelier n. m.
HOM. formes du v. **atteler**
atéliose n. f.
atellanes n. f. pl.
atémi ▪ plur. **atémis** ou **atemi** ▪ plur. inv. n. m.

a tempera ou **à tempéra** ○ loc. adj.
Ξ On dit aussi *à la tempéra.*
a tempo ou **à tempo** ○ /atɛmpo/ loc. adv.
atemporalité n. f.
atemporel, elle adj.
ATER n.
◻ abrév. de **attaché temporaire d'enseignement et de recherche**
atermoiement n. m.
➾ Ne pas oublier le *e* muet.
atermoyer v. tr. et v. intr. | conjug. 8 |
atermoyeur, euse n.
ateuchus /atøkys/ n. m.
athanor n. m.
athée n. et adj.
➾ Ce mot s'écrit toujours avec un *e,* même quand il désigne un homme : *son mari est athée.*
HOM. **hâter**
athéiser v. intr. et v. tr. | conjug. 1 |
athéisme n. m.
athéiste adj.
athéistique adj.
athématique adj.
athématisme n. m.
athénée n. m.
☯ Ce mot est masculin : *un grand athénée.*
athermane adj.
athermique adj.
athéromateux, euse adj. et n.
athéromatose n. f.
athérome n. m.
athéroscléreux, euse adj.
athérosclérose n. f.
ϟ Ne pas confondre **athérosclérose** avec **artériosclérose**. Ces deux mots désignent une maladie qui entraîne un durcissement des artères ; dans le cas de l'**athérosclérose**, la pathologie est due à un athérome (dépôt).
athétoïde adj.
athétose n. f.
athétosique adj.
athlète n.
athlétique adj.
athlétiquement adv.
athlétisme n. m.
athlothète n. m.
athrepsie n. f.
athrepsique adj.
athymie n. f.
HOM. **atimie**
atimie n. f.
HOM. **athymie**
atlante n.
➾ Ce nom s'écrit avec une majuscule quand il désigne les habitants de l'Atlantide : *les Atlantes.* Il est masculin et s'écrit avec une minuscule quand il désigne une statue : *un atlante en marbre.*
atlantique adj. et n. m.
➾ Sauf dans la dénomination géographique **l'océan Atlantique**, l'adjectif s'écrit sans majuscule : *la côte atlantique.* Le nom s'écrit toujours avec une majuscule : *traverser l'Atlantique.*
atlantisme n. m.
atlantiste n. et adj.
atlantosaure n. m.
atlas n. m.
atlastique adj.
atman n. m.
atmosphère n. f.
☯ Ce mot est féminin : *une atmosphère oppressante.*
atmosphérique adj.
atoca ou **ataca** n. m.
atocatière n. f.
atoll n. m.
☯ Ce mot est masculin : *un atoll merveilleux.*
atome n. m.
atome-gramme n. m. ▪ plur. **atomes-grammes**
atomicien, ienne n.
atomicité n. f.
atomique adj.
atomiquement adv.
atomisation n. f.
atomiser v. tr. | conjug. 1 |
atomiseur n. m.
atomisme n. m.
atomiste n. et adj.
atomistique adj. et n. f.
atonal, ale, aux ou **als** adj.
atonalité n. f.
atone adj.
atonie n. f.
atonique adj.
atopie n. f.
atopique adj.
atour n. m.
Ξ Sauf dans l'expression **dame d'atour**, ce mot s'emploie toujours au pluriel : *parée de ses plus beaux atours.*
atourneur, euse n.
atout n. m.
à-tout-va loc. adv.
atoxicité n. f.
atoxique adj.
A. T. P. n. f.
◻ abrév. de **adénosine triphosphate**
atrabilaire adj. et n.
atrabile n. f.
atramentaire adj. et n. m.
âtre n. m.

atrébate adj.
atrésie n. f.
atrésié, ée adj.
atrésique adj.
atriau n. m.
atrichie n. f.
âtrier n. m.
atrioventriculaire adj.
atrium /atʀijɔm/ n. m.
atroce adj.
atrocement adv.
atrocité n. f.
atrope ou **atropa** n. f.
atrophiant, ante adj.
atrophie n. f.
atrophié, iée adj.
atrophiement n. m.
atrophier v. tr. | conjug. 7 |
¬ **s'atrophier**
➾ Aux temps composés de la forme pronominale, le participe passé s'accorde en genre et en nombre avec le sujet : *ses jambes se sont atrophiées.*
atrophique adj.
atropine n. f.
atropinisation n. f.
atropisme n. m.
atropos /-os ; -ɔs/ n. m.
attablement n. m.
attabler v. tr. | conjug. 1 |
¬ **s'attabler**
➾ Aux temps composés de la forme pronominale, le participe passé s'accorde en genre et en nombre avec le sujet : *ils se sont attablés.*
attachage n. m.
attachant, ante adj.
attache n. f.
attaché, ée adj. et n.
attaché-case /-kɛz/ n. m. ▪ plur. **attachés-cases**
attachement n. m.
attacher v. tr. | conjug. 1 |
¬ **s'attacher**
➾ Aux temps composés de la forme pronominale, le participe passé s'accorde en genre et en nombre avec le sujet : *elle s'est attachée à lui.* Mais le participe passé ne s'accorde pas quand il est suivi d'un complément d'objet direct : *elle s'est attaché les cheveux.* Il ne s'accorde avec le complément d'objet direct que lorsque celui-ci est placé avant le verbe : *elle se les est attachés.*
attacheur, euse n.
attacus /-ys/ n. m.
attagène n. m.
attalea n. m.
attaquable adj.
attaquant, ante n.
▫ rec. off. pour **raider**
attaque n. f.
attaquer v. tr. | conjug. 1 |
¬ **s'attaquer**
➾ Aux temps composés de la forme pronominale, le participe passé s'accorde en genre et en nombre avec le sujet : *ils se sont attaqués au problème.*
attaqueur, euse n. et adj.
attardé, ée adj.
attardement n. m.
attarder v. tr. | conjug. 1 |
¬ **s'attarder**
➾ Aux temps composés de la forme pronominale, le participe passé s'accorde en genre et en nombre avec le sujet : *elle s'est attardée sur un détail.*
atte n. m.
HOM. **hâte**
atteignable adj.
atteindre v. tr. et v. tr. ind. | conjug. 52 |
Ξ La construction transitive indirecte **atteindre à** (+ n.) s'emploie surtout dans le langage littéraire : *il veut atteindre à la perfection.*
atteint, einte adj.
atteinte n. f.
attelabe ou **attelabus** /-ys/ n. m.
attelable adj.
attelage n. m.
attelée n. f.
attèlement ou **attellement** n. m.
atteler v. tr. | conjug. 4 |
¬ **s'atteler**
➾ Aux temps composés de la forme pronominale, le participe passé s'accorde en genre et en nombre avec le sujet : *elle s'est attelée à un long travail.*
attelle n. f.
HOM. **atèle, hâtelle**
attenances n. f. pl.
attenant, ante adj.
attendant, ante n.
attendre v. tr. | conjug. 41 |
▸ **attendre** (+ n.) *nous attendons le train ; je t'attendrai devant la gare ; ils attendent le bon moment pour commencer*
▸ **attendre que** (+ subj.) *j'attends que ce soit fini*
▸ **attendre de** (+ inf.) *attendez d'être sorti pour fumer*
▸ **attendre qqch. de** (+ n.) *il n'y a rien à attendre de lui*
Ξ La construction indirecte **attendre après**

qqn est populaire ; elle est à éviter dans la langue soignée.

➾ Au présent de l'indicatif, à la forme interrogative avec sujet inversé, on écrit *attend-on, attend-il, attend-elle* et non **attend-t-on, *attend-t-il, *attend-t-elle*. Le *d* final se prononce /t/ ; il est donc inutile et fautif d'ajouter un *t*.

¬ **s'attendre**

▸ **s'attendre à qqch.** *on s'attendait au pire*

▸ **s'attendre à** (+ inf.) *je m'attendais à vous rencontrer*

▸ **s'attendre à ce que** (+ subj.) *on s'attend à ce qu'il soit élu*

⌘ La construction **s'attendre que** est plus soutenue que **s'attendre à ce que**. Avec une négation, elle est toujours suivie d'un subjonctif : *je ne m'attendais pas qu'il vienne*. Sans négation, elle est suivie de l'indicatif ou, plus fréquemment, du subjonctif : *je m'attends qu'il viendra ; je m'attends qu'il vienne*.

CONJUG. À l'impératif, les formes *attends-t'y* et *attendez-vous-y* sont à éviter pour des raisons d'euphonie. On dira plutôt *attends-toi à cela* et *attendez-vous à cela*.

➾ Aux temps composés de la forme pronominale, le participe passé s'accorde en genre et en nombre avec le sujet : *elle s'était attendue à mieux*.

attendrir v. tr. | conjug. 2 |

¬ **s'attendrir**

➾ Aux temps composés de la forme pronominale, le participe passé s'accorde en genre et en nombre avec le sujet : *elle s'est attendrie sur leur sort*.

attendrissable adj.

attendrissant, ante adj.

attendrissement n. m.

attendrisseur n. m.

[1]**attendu, ue** adj.

[2]**attendu** prép.

➾ Comme toutes les prépositions, *attendu* est invariable : *attendu les circonstances*.

Ξ **Attendu que** (+ indic) s'emploie surtout dans le langage juridique pour introduire les motifs d'un jugement.

[3]**attendu** n. m.

Ξ Ce nom masculin s'emploie surtout au pluriel dans le langage juridique : *les attendus d'un jugement*.

attenir v. intr. | conjug. 22 |

▸ **attenir à** (+ n.) *la salle à manger attenait à la cuisine*

Ξ Ce verbe s'emploie surtout dans le langage littéraire.

attentat /-a/ n. m.

HOM. formes du v. **attenter**

attentatoire adj.

attentat-suicide n. m. ▪ plur. **attentats-suicides**

attente n. f.

⌘ Attention à la formule **dans l'attente de**, qui concerne obligatoirement le sujet de la phrase. Il ne faut donc pas écrire *dans l'attente de votre réponse, veuillez agréer...* mais *dans l'attente de votre réponse, je vous prie d'agréer...*

HOM. formes du v. **attenter**

attenter v. intr. et v. tr. ind. | conjug. 1 |

▸ **attenter à** (+ n.) *il a essayé d'attenter à sa vie*

Ξ La construction intransitive **attenter sur/contre qqn** est archaïque.

ϟ Ne pas confondre **attenter**, qui signifie « faire une tentative criminelle » (*attenter à la vie de qqn*), avec **intenter**, qui signifie « entreprendre (une action en justice) » (*intenter un procès à qqn*).

attentif, ive adj.

attention n. f.

▸ **faire attention à** (+ n.) *faites attention à lui ; j'ai fait attention aux détails*

▸ **faire attention de** (+ inf.) *fais attention de ne pas tomber*

▸ **faire attention à ce que** (+ subj.) *faites attention à ce que personne ne vous voie*

⌘ La locution **faire attention que** est généralement suivie du subjonctif : *fais attention à ce qu'on ne te surprenne pas*. Toutefois, l'indicatif est obligatoire quand il s'agit d'un fait accompli : *elle ne faisait pas attention qu'on l'observait*.

ϟ Ne pas confondre **attention** avec **intention**, notamment dans les locutions **à l'attention de** et **à l'intention de**. La première désigne le destinataire d'un courrier : *une lettre à l'attention de Mme Dupont* ; la seconde indique le bénéficiaire d'une action : *nous avons organisé une fête à son intention*.

attentionné, ée adj.

ϟ Ne pas confondre **attentionné** avec **intentionné**. Le premier signifie « qui est plein de prévenances » ; le second s'emploie dans les locutions **bien/mal intentionné** qui signifient « qui a de bons/de mauvais desseins ».

attentionnel, elle adj.

attentisme n. m.

attentiste adj. et n.

attentivement adv.

atténuance n. f.

atténuant, ante adj.

atténuateur n. m.

atténuation n. f.

atténuement n. m.

atténuer v. tr. | conjug. 1 |

¬ **s'atténuer**

➾ Aux temps composés de la forme pronominale, le participe passé s'accorde en genre

et en nombre avec le sujet : *la douleur s'est atténuée.*

atterrage n. m.
atterrant, ante adj.
atterrement n. m.
atterrer v. tr. | conjug. 1 |
atterrir v. intr. | conjug. 2 |
atterrissage n. m.
atterrissement n. m.
atterrisseur n. m. et adj.
attestateur, trice adj.
attestation n. f.
attesté, ée adj.
attester v. tr. et v. tr. ind. | conjug. 1 |
◗ **attester** (+ n.) *j'atteste la réalité de ce fait*
◗ **attester que** (+ indic.) *il atteste que cet homme est innocent*
◗ **attester de** (+ n.) *j'atteste de sa bonne foi*
atticisme n. m.
atticiste n. m.
atticurge adj.
attiédir v. tr. | conjug. 2 |
attiédissement n. m.
attifage n. m.
attifement n. m.
attifer v. tr. | conjug. 1 |
¬ **s'attifer**
➾ Aux temps composés de la forme pronominale, le participe passé s'accorde en genre et en nombre avec le sujet : *elle s'était attifée d'une robe à volants.*
attiger v. tr. et v. intr. | conjug. 3 |
attignole n. f.
attikamek n. et adj.
➾ L'adjectif s'écrit sans majuscule : *le peuple attikamek.* Le nom s'écrit avec une majuscule : *les Attikameks ; c'est une Attikamek.*
attingent, ente adj.
attingible adj. et n.
attique adj. et n. m. ou f.
☯ Le nom féminin est rare mais attesté : *un bâtiment couronné d'une attique.*
attiquement adv.
attirable adj.
attirail n. m.
attirance n. f.
attirant, ante adj.
attirement n. m.
attirer v. tr. | conjug. 1 |
¬ **s'attirer**
➾ Le participe passé ne s'accorde pas quand il est suivi d'un complément d'objet direct : *elle s'est attiré des ennuis.* Il s'accorde avec le complément d'objet direct quand celui-ci est placé avant le verbe : *les ennuis qu'elle s'est attirés.*
attisant, ante adj.
attise ou **attisée** n. f.
attisement n. m.
attiser v. tr. | conjug. 1 |
attiseur n. m.
attisoir n. m.
attitré, ée adj.
attitrer v. tr. | conjug. 1 |
attitude n. f.
attorney n. m.
➾ Ce mot a un pluriel régulier : *des attorneys.*
attouchement n. m.
attoucher v. tr. | conjug. 1 |
attoucheur, euse adj.
attractant, ante n. m. et adj.
attracteur, trice adj.
attractif, ive adj.
Ξ Au sens de « attrayant, séduisant », ce mot est un anglicisme critiqué.
attraction n. f.
attractionnaire ou **attractionniste** adj. et n.
attractivité n. f.
attraire v. tr. | conjug. 50 usité surtout à l'inf. |
Ξ Ce verbe s'emploie surtout à l'infinitif dans le langage juridique : *attraire qqn en justice.*
attrait n. m.
attrapable adj.
attrapade n. f.
attrapage n. m.
attrape n. f.
attrape-couillon n. m. ▪ plur. **attrape-couillons**
attrape-gogo n. m. ▪ plur. inv. ou plur. **attrape-gogos**
attrape-mouche n. m. ▪ plur. **attrape-mouches**
attrape-nigaud n. m. ▪ plur. **attrape-nigauds**
attrape-poussière n. m. ▪ plur. inv. ou plur. **attrape-poussières**
attraper v. tr. | conjug. 1 |
◗ **attraper** (+ n.) *la police a attrapé le voleur*
◗ **attraper qqn à** (+ inf.) *je l'ai attrapé à voler mes cerises*
attrapeur, euse n.
attrapoire n. f.
attrayant, ante adj.
attribuable adj.
attribuer v. tr. | conjug. 1 |
¬ **s'attribuer**
➾ Le participe passé ne s'accorde pas quand il est suivi d'un complément d'objet direct : *il s'est attribué la meilleure part.* Il s'accorde avec le complément d'objet direct quand celui-ci est placé avant le verbe : *la part qu'il s'est attribuée.*

attribut n. m.
HOM. formes du v. **attribuer**
attributaire n. et adj.
attributif, ive adj.
attribution n. f.
attributionnisme n. m.
attristant, ante adj.
attristement n. m.
attrister v. tr. | conjug. 1 |
¬ **s'attrister**
➾ Aux temps composés de la forme pronominale, le participe passé s'accorde en genre et en nombre avec le sujet : *ils se sont attristés de cette nouvelle.*
attrition n. f.
attroupement n. m.
attrouper v. tr. | conjug. 1 |
¬ **s'attrouper**
➾ Aux temps composés de la forme pronominale, le participe passé s'accorde en genre et en nombre avec le sujet : *les passants se sont attroupés.*
aturien, ienne n. m. et adj.
atypie n. f.
atypique adj.
atypiquement adv.
au art. déf. masc. sing.
→ aussi **à**
aubade n. f.
Ξ L'emploi de ce mot pour désigner un concert donné le soir est abusif : une aubade a lieu le matin (à l'aube), une sérénade a lieu le soir.
aubader v. intr. et v. tr. | conjug. 1 |
aubage n. m.
aubain, aine n. m. et adj.
HOM. **aubin**
aubaine n. f.
Ξ **Bonne aubaine** est un pléonasme à éviter.
aube n. f.
aubépine n. f.
aubépinier n. m.
auber n. m.
→ **aubert**
aubère adj. et n. m.
➾ L'adjectif de couleur est invariable quand il est suivi d'un autre adjectif qui précise la nuance : *des juments aubère clair.*
HOM. **aubert**, **haubert**, formes du v. **obérer**
auberge n. f.
aubergine n. f. et adj. inv.
aubergiste n.
auberon n. m.
auberonnière n. f.
aubert ou **auber** n. m.
HOM. **aubère, haubert**, formes du v. **obérer**
aubette n. f.
Ξ Ce mot s'emploie surtout en Belgique.
aubier n. m.
aubifoin n. m.
aubin n. m.
HOM. **aubain**
aubine n. f.
aubour n. m.
aubrac n. f.
aubriétia ou **aubriète** ou **aubriétie** n. f.
auburn /obœʀn/ adj. inv.
➾ Ce mot est invariable : *des cheveux auburn.*
auburnien, ienne /obœʀnjɛ̃, jɛn/ adj.
aubusson n. m.
aucoumea n. m.
auctorial, iale, iaux adj.
aucuba n. m.

---

aucun, une adj. et pron.
Ξ Le pronom ne s'emploie au pluriel que dans la locution **d'aucuns** : *d'aucuns prétendent qu'il a menti.*
L'adjectif ne s'emploie au pluriel que lorsque le nom qu'il accompagne n'a pas de singulier : *aucuns frais ; aucunes funérailles.*
L'emploi de ce mot avec une valeur positive est littéraire : *il travaille plus qu'aucun de ses collègues.* Il s'emploie plus couramment avec une valeur négative : *il n'a aucun talent ; sans aucun doute ; il n'en est venu aucun.*
⌘ Quand il accompagne *sans,* l'adjectif *aucun* peut se placer avant ou après le nom : *sans aucune hypocrisie ; sans hypocrisie aucune.*
Aucun et *pas* ne peuvent pas s'employer dans la même proposition : on ne dira pas **je n'ai pas entendu aucun bruit* mais *je n'ai entendu aucun bruit.*
En coordination, *aucun* s'emploie avec *ni* et non avec *et* : on ne dira pas **je n'ai aucun dictionnaire et aucune encyclopédie* mais *je n'ai aucun dictionnaire ni aucune encyclopédie.*
Lorsqu'il y a plusieurs sujets précédés de *aucun,* le verbe s'accorde uniquement avec le dernier sujet : *aucune radio, aucune télévision, aucun journal n'est censuré.*

---

aucunement adv.
audace n. f.
audacieusement adv.
audacieux, ieuse adj. et n.
au-deçà loc. adv.
au-dedans loc. adv.
au-dehors loc. adv.
au-delà n. m. et prép.
au-dessous loc. adv.
au-dessus loc. adv.
au-devant de loc. prép.
audibilité n. f.
audible adj.

audience n. f.
audiencement n. m.
audiencer v. tr. | conjug. 1 |
audiencier, ière adj. et n.
Audimat® /-at/ n. m.
➾ Comme tous les noms déposés, ce mot doit s'écrire avec une majuscule : *les champions de l'Audimat.* Toutefois, on le trouve fréquemment employé sans respect de la règle : *les champions de l'audimat.*
audimateur, euse adj. et n.
audimatique adj.
audimètre n. m.
audimétrie n. f.
audimétrique adj.
audimutité n. f.
audio adj. inv.
audioconférence n. f.
audiofréquence n. f.
audiogramme n. m.
audioguidage n. m.
audioguide n. m.
audiolivre n. m.
audiologie n. f.
audiologue n.
audiomètre n. m.
audiométrie n. f.
audiométriste n.
audion n. m.
audionumérique adj.
audio-oral, ale ▪ plur. **audio-oraux, ales** ou **audiooral, ale**○ ▪ plur. **audiooraux, ales**○ adj.
audiophile n.
audiophone n. m.
audiophonie n. f.
audiophonique adj.
audiophonologie n. f.
audioprothésiste n.
audiotéléphonique adj.
audiotexte n. m.
audiotutoriel, elle adj.
audiotypie n. f.
audiotypiste n.
audio-vidéo adj. inv.
audiovisualiste n.
audiovisuel, elle adj. et n. m.
audit /-it/ n. m.
auditer v. tr. | conjug. 1 |
auditeur, trice n.
audition n. f.
▫ rec. off. pour **casting**
auditionner v. intr. et v. tr. | conjug. 1 |
auditivement adv.
auditoire n. m.
auditorat /-a/ n. m.
auditorium /-jɔm/ n. m.
auge n. f.
augée n. f.
auget n. m.
augette n. f.
augite n. f.
augment n. m.
augmentable adj.
augmentateur, trice n.
augmentatif, ive adj.
augmentation n. f.
augmenter v. tr. et v. intr. | conjug. 1 |
augural, ale, aux adj.
auguralement adv.
augurat n. m.
HOM. formes du v. **augurer**
augure n. m.
☯ Ce nom est masculin : *un augure.*
☰ *Augure* est toujours au singulier dans les locutions **de bon/de mauvais augure** : *des oiseaux de mauvais augure.*
augurer v. tr. | conjug. 1 |
▸ **augurer** (+ n.) *cela augure un grand succès*
▸ **augurer que** (+ indic.) *rien ne laisse augurer qu'il réussira*
▸ **augurer qqch. de qqch.** *je ne peux rien augurer de cette affaire*
☰ De nos jours, **augurer** (+ n.) s'emploie surtout à l'infinitif avec *laisser* : *cela laisse augurer un grand succès.*
augustat /-a/ n. m.
auguste adj. et n. m.
➾ Ce mot s'écrit sans majuscule : *l'auguste et le clown blanc.*
augustement adv.
augustin, ine n. et adj.
➾ Ce mot s'écrit avec une minuscule lorsqu'il désigne une personne : *un couvent d'augustines.* Il s'écrit avec une majuscule lorsqu'il désigne sans ambiguïté l'ordre lui-même : *il est entré chez les Augustins.*
augustinien, ienne adj.
augustinisme n. m.
aujourd'hui adv. et n. m.
☰ **À aujourd'hui** et **au jour d'aujourd'hui** sont des pléonasmes à éviter. On emploiera plutôt **à ce jour** : *à ce jour, les résultats sont satisfaisants.*
L'expression **aujourd'hui en huit** est correcte.
On peut employer indifféremment *jusqu'aujourd'hui* ou *jusqu'à aujourd'hui.*
aula n. f.
HOM. **holà, ola**
aulète n. m.
aulétique adj. et n. f.
aulique adj. et n. f.
aulnaie /o(l)nɛ/ ou **aunaie** n. f.
aulne /o(l)n/ ou **aune** n. m.
aulofée ou **auloffée** n. f.

aulx n. m. pl.
→ aussi **ail**
aumaille n. f.
aumône n. f.
aumônerie n. f.
aumônier, ière n. (personne)
aumônière n. f. (bourse, préparation)
aumônieux, euse adj.
aumusse n. f.
aunage n. m.
aunaie n. f.
→ **aulnaie**
[1]**aune** n. f. (ancienne mesure)
HOM. **aulne**
[2]**aune** n. m. (arbre)
HOM. **aulne**
→ **aulne**
aunée n. f.
HOM. **auner**
auner v. tr. | conjug. 1 |
HOM. **aunée**
auneur n. m.
auparavant adv.
auprès adv.
Ξ Contrairement à **près de**, la locution **auprès de** ne peut être suivie que d'un nom de personne ou d'un pronom : *il passe beaucoup de temps auprès de ses grands-parents* ou *auprès d'eux*.
auquel pron. rel. et interrog.
aura n. f.
☯ Ce mot est féminin : *une aura mystérieuse*.
HOM. formes du v. **avoir**
aurantiacée n. f.
auréliacée n. f.
aurélie n. f.
auréolaire adj.
auréole n. f.
↯ Ne pas confondre **auréole**, qui signifie « cercle qui entoure la tête des saints dans les représentations religieuses » ou « trace circulaire », avec **aréole**, qui signifie « cercle qui entoure le mamelon du sein ».
auréoler v. tr. | conjug. 1 |
Auréomycine® n. f.
➾ Comme tous les noms déposés, ce mot doit s'écrire avec une majuscule : *utiliser de l'Auréomycine*. Toutefois, on le trouve fréquemment employé comme nom générique sans respect de la règle : *utiliser de l'auréomycine*.
aureus n. m.
auriculaire adj. et n. m.
auriculairement adv.
auricule n. f.
auriculé, ée adj.
auriculothérapie n. f.
auriculoventriculaire adj.
aurifère adj.
aurification n. f.
aurifier v. tr. | conjug. 7 |
HOM. **horrifier**
aurige n. m.
aurignacien, ienne adj. et n. m.
aurique adj.
auriste n. m.
aurochs ou **auroch** ○ /ɔʀɔk/ ▪ plur. **aurochs** n. m.
aurone n. f.
auroral, ale, aux adj.
aurore n. f.
auscultation n. f.
auscultatoire adj.
ausculter v. tr. | conjug. 1 |
ausonien, ienne adj.
auspice n. m. (Antiq. : prêtre)
HOM. **auspices, hospice**
auspices n. m. pl. (présages)
☯ Ce mot est masculin : *sous de fâcheux auspices*.
HOM. **auspice, hospice**
aussi adv. et conj.
Ξ Ce mot ne s'emploie que dans les phrases affirmatives : *j'y suis allé aussi*. Dans les phrases négatives, il faut employer *non plus* : *je n'y suis jamais allé non plus*.
'**aussière** n. f.
→ **haussière**
aussitôt adv.
➾ Attention à ne pas écrire *aussitôt* comme le comparatif *aussi tôt* : *il se coucha aussi tôt que la veille* mais *il se coucha aussitôt arrivé*.
austénite n. f.
austénitique adj.
auster n. m.
HOM. **austère**
austère adj.
HOM. **auster**
austèrement adv.
austérité n. f.
austral, ale, aux ou **als** adj.
Ξ Au masculin pluriel, on peut employer *australs* ou *austraux*. Les deux formes sont admises par l'Académie.
australanthrope n.
australanthropien n. m.
australianisme n. m.
australoïde adj.
australopithèque n. m.
austrasien, ienne adj. et n.
ausweis /awsvajs/ n. m.
autan n. m.
HOM. **autant, ôtant** (du v. ôter)

autant adv.
▸ **autant que** *je souffre autant que vous ; il travaille autant qu'il peut ; on n'est respecté qu'autant qu'on est juste ; autant que j'en puisse juger*
▸ **autant de (... que)** *je n'avais jamais vu autant de dauphins ; j'ai autant de livres que lui*
▸ **autant de** (+ n.) *ses livres sont autant de chefs-d'œuvre*
▸ **pour autant** *il a fait un effort mais il n'a pas progressé pour autant*
▸ **autant... autant...** *autant il est charmant avec elle, autant il est désagréable avec nous*
▸ **d'autant** *cela augmente d'autant son profit*
▸ **d'autant que** *il faut être prudent, d'autant qu'il y a un risque*
▸ **d'autant plus (que)** *il est très affaibli, d'autant plus qu'il est âgé*
▸ **d'autant mieux (que)** *la chaleur se conserve d'autant mieux que vous fermez plus vite la porte*
▸ **d'autant moins (que)** *j'en ai d'autant moins le courage*
➾ Attention à ne pas écrire **autant pour moi** pour dire « je reconnais que je me suis trompé » ; il faut écrire **au temps pour moi**.
☰ En Belgique, *autant* peut signifier « tant » et être utilisé pour exprimer une quantité non précisée : *imaginons que tu paies autant pour ton loyer.*
HOM. **autan, ôtant** (du v. ôter)

autarcie n. f.
autarcique adj.
autel n. m.
HOM. **hôtel**
auteur, e n.
☯ La forme féminine *auteure*, recommandée par le *Guide d'aide à la féminisation des noms de métiers, titres, grades et fonctions* et l'Office québécois de la langue française, est de plus en plus courante. L'emploi de *auteur* au féminin est également admis par le *Guide d'aide à la féminisation des noms de métiers, titres, grades et fonctions* : *une auteur de romans.* La forme *autrice* est employée en Suisse. *Auteuse* est un barbarisme à proscrire.
HOM. **hauteur**
auteuriste adj.
authenticité n. f.
authentification n. f.
authentifier v. tr. | conjug. 7 |
authentique adj.
authentiquement adv.
authentiquer v. tr. | conjug. 1 |
autisme n. m.
autiste adj. et n.
autistique adj.
auto n. f.
□ abrév. de **automobile**
autoaccusateur, trice n.
autoaccusation n. f.
autoaccuser (s') v. pron. | conjug. 1 |
➾ Aux temps composés, le participe passé s'accorde en genre et en nombre avec le sujet : *elle s'est autoaccusée du crime.*
☰ Ce verbe est pléonastique. Il est préférable d'employer *s'accuser* : *elle s'est accusée du crime.*
autoadhésif, ive adj. et n. m.
autoadministration n. f.
autoadministrer (s') v. pron. | conjug. 1 |
➾ Aux temps composés, le participe passé s'accorde en genre et en nombre avec le sujet : *l'équipe s'est autoadministrée.*
autoalimentation n. f.
autoallumage n. m.
autoamorçage n. m.
autoanalyse n. f.
autoanalyste n.
autoanalytique adj.
autoanticorps n. m.
autoassurance n. f.
autobalayeuse n. f.
autoberge n. f.
autobiographe n.
autobiographie n. f.
autobiographique adj.
autobloquant, ante adj.
autobronzant, ante adj. et n. m.
autobus n. m.
autocabrage n. m.
autocanon n. m.
autocar n. m.
autocaravane n. f.
□ rec. off. pour **camping-car** ou **motor-home**
autocariste n.
autocassable adj.
autocastration n. f.
autocatalyse n. f.
autocatalytique adj.
autocélébration n. f.
autocensure n. f.
autocensurer (s') v. pron. | conjug. 1 |
➾ Aux temps composés, le participe passé s'accorde en genre et en nombre avec le sujet : *la presse s'est autocensurée.*
autocentré, ée adj.
autocéphale adj.
autochenille n. f.
autochir n. f.
autochrome /-k-/ adj. et n. f.
autochromie /-k-/ n. f.
autochtone /-k-/ adj. et n.

autochtonie /-k-/ n. f.
autocinétique adj.
autoclavage n. m.
autoclave adj. et n. m.
autocollant, ante adj. et n. m.
autocommutateur n. m.
autoconcurrence n. f.
autoconduction n. f.
autocongratulation n. f.
autocongratuler (s') v. pron. | conjug. 1 |
➾ Aux temps composés, le participe passé s'accorde en genre et en nombre avec le sujet : *ils se sont autocongratulés chaleureusement.*
autoconservation n. f.
autoconsommation n. f.
autocontestation n. f.
autocontrôle n. m.
autocontrôler (s') v. pron. | conjug. 1 |
➾ Aux temps composés, le participe passé s'accorde en genre et en nombre avec le sujet : *ils se sont autocontrôlés.*
autocopiant adj. m.
autocopie n. f.
autocopier v. tr. | conjug. 1 |
autocorrectif, ive adj.
autocorrection n. f.
autocorriger (s') v. pron. | conjug. 3 |
➾ Aux temps composés, le participe passé s'accorde en genre et en nombre avec le sujet : *les élèves se sont autocorrigés.*
autocouchette ou **autos-couchettes** adj. et n. m.
autocrate n.
autocratie n. f.
autocratique adj.
autocratiquement adv.
autocratiser v. tr. | conjug. 1 |
autocratisme n. m.
autocritique n. f.
autocuiseur n. m.
autodafé n. m.
autodateur n. m.
autodébrayage n. m.
autodéclaratif, ive adj. et n. m.
autodéclaration n. f.
autodécontraction n. f.
autodéfendre (s') v. pron. | conjug. 41 |
➾ Aux temps composés, le participe passé s'accorde en genre et en nombre avec le sujet : *elle s'est autodéfendue.*
autodéfense n. f.
autodéfinir (s') v. pron. | conjug. 2 |
➾ Aux temps composés, le participe passé s'accorde en genre et en nombre avec le sujet : *elle s'est autodéfinie.*
autodégrader (s') v. pron. | conjug. 1 |
➾ Aux temps composés, le participe passé s'accorde en genre et en nombre avec le sujet : *ils se sont autodégradés.*
autodérision n. f.
autodestructeur, trice adj.
autodestructif, ive adj.
autodestruction n. f.
autodétermination n. f.
autodétruire (s') v. pron. | conjug. 38 |
➾ Aux temps composés, le participe passé s'accorde en genre et en nombre avec le sujet : *la matière s'est autodétruite.*
autodictée n. f.
autodidacte adj. et n.
autodidactique adj.
autodidactisme n. m.
autodidaxie ou **autodidactie** n. f.
autodirecteur n. m.
autodirigé, ée adj.
autodiscipline n. f.
autodiscipliner (s') v. pron. | conjug. 1 |
➾ Aux temps composés, le participe passé s'accorde en genre et en nombre avec le sujet : *les élèves se sont autodisciplinés.*
autodissolution n. f.
autodistribution n. f.
autodocumentation n. f.
autodocumenté, ée adj.
autodrome n. m.
autoécole ▪ plur. **autoécoles** ou **auto-école** ▪ plur. **auto-écoles** n. f.
autoécologie n. f.
autoéditer v. tr. | conjug. 1 |
autoédition n. f.
autoépurateur, trice adj.
autoépuration n. f.
autoérotique adj.
autoérotisme n. m.
autoévaluation n. f.
autoévaluer (s') v. pron. | conjug. 1 |
➾ Aux temps composés, le participe passé s'accorde en genre et en nombre avec le sujet : *les employés se sont autoévalués.*
autoévolutif, ive adj.
autoévolution n. f.
autoexcitateur, trice adj.
autoextinguible adj.
autoextractible adj.
autofécondation n. f.
autoféconder (s') v. pron. | conjug. 1 |
➾ Aux temps composés, le participe passé s'accorde en genre et en nombre avec le sujet : *elle s'est autofécondée.*
autofertilité n. f.
autofiction n. f.
autofinancement n. m.

autofinancer v. tr. | conjug. 3 |
autoflagellation n. f.
autoflageller (s') v. pron. | conjug. 1 |
➾ Aux temps composés, le participe passé s'accorde en genre et en nombre avec le sujet : *ils se sont autoflagellés.*
autofocus /-ys/ adj.
autoformation n. f.
autoformer (s') v. pron. | conjug. 1 |
➾ Aux temps composés, le participe passé s'accorde en genre et en nombre avec le sujet : *elle s'est autoformée à ce logiciel.*
autofrettage n. m.
autogame adj.
autogamie n. f.
autogène adj.
autogéré, ée adj.
autogérer (s') v. pron. | conjug. 6 |
➾ Aux temps composés, le participe passé s'accorde en genre et en nombre avec le sujet : *l'association s'est autogérée.*
autogestion n. f.
autogestionnaire adj.
autogire n. m.
autognose ou **autognosie** /-gno-/ n. f.
autogoal /-gol/ n. m.
autogonflant, ante adj.
autographe adj. et n. m.
☯ Le nom est masculin : *un autographe.*
autographie n. f.
autographier v. tr. | conjug. 7 |
autographique adj.
autogreffe n. f.
autogreffon n. m.
autogrue n. f.
autoguidage n. m.
autoguidé, ée adj.
autohémothérapie n. f.
autohémothérapique adj.
autohypnose n. f.
auto-immun, une adj. ▪ plur. **auto-immuns, unes**
auto-immunisation n. f. ▪ plur. **auto-immunisations**
auto-imposition n. f. ▪ plur. **auto-impositions**
auto-incompatibilité n. f. ▪ plur. **auto-incompatibilités**
auto-inductance n. f. ▪ plur. **auto-inductances**
auto-induction n. f. ▪ plur. **auto-inductions**
auto-infection n. f. ▪ plur. **auto-infections**
auto-injectable adj. ▪ plur. **auto-injectables**
auto-injection n. f. ▪ plur. **auto-injections**
auto-intoxication n. f. ▪ plur. **auto-intoxications**
auto-ionisation n. f. ▪ plur. **auto-ionisations**
autojustification n. f.
autolâtre adj. et n.
autolâtrie n. f.
autolaveuse n. f.
autolimitation n. f.
autolocomoteur, trice adj.
autolocomotion n. f.
autolubrifiant, iante adj.
autolyse n. f.
automassage n. m.
automassant, ante adj.
automasseur, euse adj. et n. m.
automate n. m.
automaticien, ienne n.
automaticité n. f.
automation n. f.
▫ rec. off. : **automatisation**
automatique adj. et n.
automatiquement adv.
automatisable adj.
automatisation n. f.
automatiser v. tr. | conjug. 1 |
automatisme n. m.
automatiste n. m.
automédication n. f.
automédon n. m.
automéduse n. f.
automitrailleuse n. f.
automnal, ale, aux /ɔtɔnal ; otɔnal/ adj.
♪ Le *m* ne se prononce pas.
automne /ɔtɔn ; otɔn/ n. m.
♪ Le *m* ne se prononce pas.
automobile adj. et n. f.
automobilisable adj.
automobilisme n. m.
automobiliste n.
automorphe adj.
automorphisme n. m.
automoteur, trice adj. et n.
automotrice n. f.
automutilateur, trice n. et adj.
automutilation n. f.
automutiler (s') v. pron. | conjug. 1 |
➾ Aux temps composés, le participe passé s'accorde en genre et en nombre avec le sujet : *ils se sont automutilés.*
autoneige n. f.
autonettoyant, ante adj.
autonome adj.
autonomie n. f.
autonomisation n. f.
autonomiser (s') v. pron. | conjug. 1 |
➾ Aux temps composés, le participe passé s'accorde en genre et en nombre avec le sujet : *ils se sont autonomisés.*
autonomisme n. m.
autonomiste n.

autonyme adj.
autonymie n. f.
autonymique adj.
autopalpation n. f.
autoparodie n. f.
autoparodier v. tr. | conjug. 7 |
autopédestre adj.
autopersuasion n. f.
autophage adj.
autophagie n. f.
autophagique adj.
autophilie n. f.
autophilique adj.
autopilote n. m.
autopiste n. f.
autoplastie n. f.
autoplastique adj.
autopolaire adj.
autopollinisation n. f.
autopolymérisant, ante adj.
autopompe n. f.
autopont n. m.
autoportant, ante adj.
autoporté, ée adj.
autoporteur, euse adj.
autoportrait n. m.
autoposition n. f.
autoprescription n. f.
autoproclamation n. f.
autoproclamer (s') v. pron. | conjug. 1 |
➾ Aux temps composés, le participe passé s'accorde en genre et en nombre avec le sujet : *elle s'est autoproclamée présidente.*
autoproduction n. f.
autoproduire (s') v. tr. | conjug. 38 |
➾ Aux temps composés, le participe passé s'accorde en genre et en nombre avec le sujet : *cette chanteuse s'est autoproduite.*
autopromotion n. f.
autopropulsé, ée adj.
autopropulseur n. m.
autopropulsion n. f.
autoprotection n. f.
autoprotolyse n. f.
autopsie n. f.
autopsier v. tr. | conjug. 7 |
autopunitif, ive adj.
autopunition n. f.
autoquestionnement n. m.
autoradio adj. inv. et n. m.
autoradiographie n. f.
autorail n. m.
autoréférentiel, ielle adj.
autoréglage n. m.
autorégulateur, trice adj.
autorégulation n. f.
autorégulé, ée adj.
autoréguler v. tr. | conjug. 1 |
autorelaxation n. f.
autoremblayage n. m.
autoréparer (s') v. pron. | conjug. 1 |
➾ Aux temps composés, le participe passé s'accorde en genre et en nombre avec le sujet : *la machine s'est autoréparée.*
autorépliquer (s') v. pron. | conjug. 1 |
➾ Aux temps composés, le participe passé s'accorde en genre et en nombre avec le sujet : *ils se sont autorépliqués.*
autoreproducteur, trice adj.
autoreproduction n. f.
autoreverse /-RƏVƐRS ; -RIVŒRS/ adj. inv.
autorisation n. f.
autorisé, ée adj.
autoriser v. tr. | conjug. 1 |
▸ **autoriser qqch.** *autoriser les sorties*
▸ **autoriser qqn à** (+ inf.) *je vous autorise à ne pas y aller*
¬ **s'autoriser**
➾ Aux temps composés de la forme pronominale, le participe passé s'accorde en genre et en nombre avec le sujet : *elle s'est autorisée à partir ; elle s'est autorisée de votre bienveillance.* Mais le participe passé ne s'accorde pas quand il est suivi d'un complément d'objet direct : *elle s'est autorisé quelques jours de repos.* Il ne s'accorde avec le complément d'objet direct que lorsque celui-ci est placé avant le verbe : *les quelques jours de repos qu'elle s'est autorisés.*
autoritaire adj.
autoritairement adv.
autoritarisme n. m.
autoritariste adj. et n.
autorité n. f.
autoroute n. f.
☯ Ce mot est féminin : *une autoroute.*
autoroutier, ière adj.
autosatisfaction n. f.
autoscopie n. f.
autositaire adj.
autosite n. m.
autosome n. m.
autosomique adj.
autostabilisé, ée adj.
autostabilité n. f.
autostable adj.
autostatique adj.
autostop ▪ plur. **autostops** ou **auto-stop** ▪ plur. **auto-stops** n. m.
autostoppeur, euse ▪ plur. **autostoppeurs, euses** ou **auto-stoppeur, euse** ▪ plur. **auto-stoppeurs, euses** n.

autostrade n. f.
Ξ De nos jours, ce mot s'emploie uniquement pour désigner une autoroute italienne.
autosubsistance n. f.
autosuffisance n. f.
autosuffisant, ante adj.
autosuggéré, ée adj.
autosuggestion n. f.
autosurveillance n. f.
autotensiomètre n. m.
autotomie n. f.
autotour n. m.
autotoxine n. f.
autotracté, ée adj.
autotransfusion n. f.
autotrophe adj.
autotrophie n. f.
[1]**autour** adv.
il faut mettre de la ficelle autour
▸ **autour de** *faire cercle autour de qqn*
⊸ Ne pas écrire **autour de** comme **au tour de** : *c'est au tour de Pierre de faire la vaisselle* mais *la Terre tourne autour du Soleil*. Si l'on peut dire « c'est à son tour de... », c'est que la locution s'écrit en trois mots.
HOM. **au tour** (loc.)
[2]**autour** n. m.
HOM. **au tour** (loc.)
autourserie n. f.
autoursier n. m.
autovaccin n. m.
autovaccination n. f.
autozoécie n. f.

autre adj., pron. et n. m.
■ adjectif
▸ **autre que** *il n'a pas réalisé d'autre film que celui-là*
▸ **sans autre** (+ n.) *il m'a dit cela sans autre précision*
▸ **autre chose** *parlons d'autre chose*
⌘ Avec **autre chose**, l'accord se fait au masculin : *il m'a montré autre chose d'étonnant*. Il ne faut pas confondre cette locution avec **une autre chose**, qui s'accorde au féminin : *il m'a montré une autre chose étonnante*.
Ξ L'emploi de l'adjectif *autre* avec *nous*, *vous* et *eux* est perçu comme familier en France : *je viens avec vous autres*. Au Québec, il fait partie de l'usage standard.
■ pronom
▸ **d'autres** *parler de choses et d'autres*
▸ **rien d'autre** *vous ne voulez rien d'autre ?*
▸ **l'un... l'autre ; les uns... les autres** *l'un dictait, l'autre écrivait ; les uns lisaient, les autres dormaient*
▸ **l'un et l'autre** *l'un et l'autre sont venus*
▸ **l'un ou l'autre** *l'un ou l'autre viendra*
▸ **l'un** (+ prép.) **l'autre** *il nous a présentés l'un à l'autre ; marcher l'un après l'autre, l'un à côté de l'autre, l'un derrière l'autre ; vivre l'un pour l'autre*
⊸ **Entre autres** est toujours au pluriel : *j'ai visité les cathédrales d'Espagne, entre autres celle de Tolède*.
⌘ Quand **l'un et l'autre** et **ni l'un ni l'autre** sont sujets, l'accord peut se faire au singulier ou au pluriel : *l'un et l'autre se dit* ou *se disent ; ni l'un ni l'autre n'est venu* ou *ne sont venus*.
→ aussi **chose**, **part**

autrefois adv.
⊸ Cet adverbe s'écrit en un mot, contrairement au groupe adverbial *une autre fois* : *il est venu une autre fois* mais *il est venu autrefois*.
autrement adv.
▸ **autrement dit** *elle ne rentre pas dîner, autrement dit nous dînerons seuls*
▸ **pas autrement** *cela n'est pas autrement utile ; je ne m'en étonne pas autrement*
Ξ Cet adverbe peut s'utiliser dans une langue soutenue pour former des comparatifs de supériorité, où il a le sens de *plus* : *celui-ci est autrement intéressant*. Son emploi pour renforcer un comparatif de supériorité ou d'infériorité, avec le sens de *bien*, est courant mais critiqué : *c'est autrement plus/moins utile que je (ne) l'aurais cru*.
autrice n. f.
→ aussi **auteur**
autrichien, ienne adj. et n.
⊸ L'adjectif s'écrit sans majuscule : *le folklore autrichien ; la population autrichienne*. Le nom s'écrit avec une majuscule : *les Autrichiens ; c'est une Autrichienne*.
autruche n. f.
autrucherie n. f.
autruchon n. m.
autrui pron.
Ξ *Autrui* s'emploie couramment comme complément : *agir pour le compte d'autrui ; faire du mal à autrui*. L'emploi comme sujet est didactique ou littéraire : *autrui est l'objet d'une connaissance incertaine*.
autruicide ou **altruicide** n. m.
autunien, ienne adj. et n. m.
autunite n. f.
auvent n. m.
auvergnat, ate adj. et n.
⊸ L'adjectif s'écrit sans majuscule : *la bourrée auvergnate ; la population auvergnate*. Le nom s'écrit avec une majuscule uniquement quand il désigne une personne : *les Auvergnats ; c'est une Auvergnate* mais *parler l'auvergnat*.
auvernat n. m.
auverpin n. m.
aux art. déf. pl.

auxèse ou **auxèsis** n. f.
auxiliaire adj. et n.
➾ L'adjectif *auxiliaire* n'est jamais relié par un trait d'union au nom qui le précède : *un maître auxiliaire.*
auxiliairement adv.
auxiliariat /-a/ n. m.
auxiliateur, trice adj.
auxine n. f.
auxinique adj.
auxinologie n. f.
auxotrophe n. m.
auxquels, auxquelles pron. rel. et interrog.
ava n. m.
avachi, ie adj.
avachir v. tr. | conjug. 2 |
¬ **s'avachir**
➾ Aux temps composés de la forme pronominale, le participe passé s'accorde en genre et en nombre avec le sujet : *mes chaussures se sont avachies.*
avachissant, ante adj.
avachissement n. m.
¹aval n. m. et adj. inv. (partie inférieure d'un cours d'eau, d'une vallée et figuré.)
ski aval
▸ **en aval** *les arbres qui bordent le torrent en aval*
▸ **en aval de** *Rouen est situé en aval de Paris ; en aval du pont ; les contrôles sont faits en aval de la production*
➾ Le pluriel est régulier : *des avals.*
HOM. formes du v. **avaler**
²aval n. m. (garantie, soutien)
▸ **donner son aval à qqn/qqch.**
➾ Le pluriel est régulier : *des avals.*
HOM. formes du v. **avaler**
avalable adj.
avalage n. m.
avalaison ou **avalasse** n. f.
avalanche n. f.
avalancher v. intr. | conjug. 1 |
avalancheux, euse adj.
avalant, ante adj.
avalasse n. f.
→ **avalaison**
avalé, ée adj.
avalement n. m.
avaler v. tr. | conjug. 1 |
avale-tout n. inv. ou **avaletout**° ▪ plur. **avaletouts**° n.
avaleur, euse n.
avaliser v. tr. | conjug. 1 |
avaliseur, euse adj. et n.
avaliste adj. et n.
avaloir n. m.
HOM. **à-valoir, avaloire**

à-valoir n. m. inv.
➾ Ne pas écrire ce nom comme la locution **à valoir** : *verser une somme à valoir sur une créance* mais *verser un à-valoir sur une créance.*
HOM. **avaloir, avaloire**
avaloire n. f.
HOM. **avaloir, à-valoir**
avalure n. f.
avance n. f.
▸ **en avance** *il est arrivé en avance*
▸ **à l'avance** *il faut s'y prendre plusieurs jours à l'avance*
▸ **d'avance** *payer d'avance*
▸ **par avance** *je me réjouis par avance*
⌘ L'expression **très en avance** est familière ; elle doit être évitée dans le langage soutenu.
➾ Éviter les pléonasmes tels que *prévoir à l'avance, pressentir à l'avance, prévenir à l'avance,* etc. : le préfixe *pré-* marque déjà l'antériorité dans le temps.
avancé, ée adj.
avancée n. f.
avancement n. m.
avancer v. tr. et v. intr. | conjug. 3 |
¬ **s'avancer**
➾ Aux temps composés de la forme pronominale, le participe passé s'accorde en genre et en nombre avec le sujet : *ils se sont avancés vers nous.*
avançon n. m.
HOM. formes du v. **avancer**
avanie n. f.

¹avant prép. et adv.
▪ préposition
▸ **avant tout** *avant tout, il faut éviter la guerre*
▸ **avant de** (+ inf.) *réfléchissez bien avant de vous décider*
⌘ Contrairement à **après que**, **avant que** est toujours suivie du subjonctif : *ne parlez pas avant qu'il ait fini/qu'il n'ait fini.*
Dans une proposition introduite par **avant que**, le *ne* explétif est facultatif : *cachons-nous avant qu'il arrive ; cachons-nous avant qu'il n'arrive.*
La construction **avant que de** (+ inf.) est correcte ; elle s'emploie surtout dans le langage littéraire : *venez me voir avant que de partir.*
▪ adverbe
▸ **d'avant** *le jour d'avant*
▸ **en avant** *se pencher en avant ; mettre qqch. en avant*
▸ **en avant de** *l'éclaireur marche en avant de la troupe*
HOM. **Avent, havant** (du v. *haver*)

[2]**avant** adj. inv. et n. m.
➾ L'adjectif est toujours invariable : *les roues, les sièges, les places avant d'une voiture.*
HOM. **Avent, havant** (du v. *haver*)
avant- élément
➾ Dans les composés formés avec *avant-*, *avant* est invariable.
avantage n. m.
▸ **tirer avantage de qqch.** *il tire avantage de son expérience*
▸ **à l'avantage de qqn** *la mésaventure tourna à mon avantage*
▸ **avoir avantage à** (+ inf.) *vous auriez avantage à vous taire*
➾ Attention à ne pas écrire **d'avantage* au sens de « plus » ; l'adverbe *davantage* s'écrit en un seul mot : *il en veut toujours davantage* mais *il n'a pas d'avantage à travailler plus.*
avantager v. tr. | conjug. 3 |
avantageusement adv.
avantageux, euse adj.
avant-bassin n. m. ▪ plur. **avant-bassins**
avant-bec n. m. ▪ plur. **avant-becs**
avant-bras n. m. inv.
avant-cale n. f. ▪ plur. **avant-cales**
avant-centre n. m. ▪ plur. **avants-centres**
avant-chœur n. m. ▪ plur. **avant-chœurs**
avant-clou n. m. ▪ plur. **avant-clous**
avant-corps n. m. inv.
avant-cour n. f. ▪ plur. **avant-cours**
avant-coureur n. m. et adj. m. ▪ plur. **avant-coureurs**
avant-courrier, ière n. ▪ plur. **avant-courriers, ières**
avant-dernier, ière adj. ▪ plur. **avant-derniers, ières**
avant-deux n. m. inv.
avant-dîner ▪ plur. **avant-dîners** ou **avant-diner**° ▪ plur. **avant-diners**° n. m.
avant-foyer n. m. ▪ plur. **avant-foyers**
avant-garde n. f. ▪ plur. **avant-gardes**
avant-gardisme n. m. ▪ plur. **avant-gardismes**
avant-gardiste adj. et n. ▪ plur. **avant-gardistes**
avant-goût ▪ plur. **avant-goûts** ou **avant-gout**° ▪ plur. **avant-gouts**° n. m.
avant-guerre n. m. ou f. ▪ plur. **avant-guerres**
☯ Ce mot est normalement féminin, seul genre accepté par l'Académie. Toutefois, le masculin est également admis par de nombreux dictionnaires.
avant-hier adv.
➾ Ne pas écrire *avant-hier*, qui désigne un jour, comme **avant hier**, qui désigne une période : *je ne l'avais jamais rencontrée avant hier* mais *je l'ai rencontrée avant-hier.*
avanti interj.
avant-main n. f. ▪ plur. **avant-mains**
avant-métré n. m. ▪ plur. **avant-métrés**
avant-midi n. m. ou f. ▪ plur. **avant-midis** ou plur. inv.
➾ Ce nom s'écrit avec un trait d'union, contrairement au groupe adverbial **avant midi** : *il est venu avant midi* mais *il est resté toute l'avant-midi.*
avant-mont n. m. ▪ plur. **avant-monts**
avant-nuit n. f. ▪ plur. **avant-nuits**
avant-pays n. m. inv.
avant-pied n. m. ▪ plur. **avant-pieds**
avant-plan n. m. ▪ plur. **avant-plans**
avant-port n. m. ▪ plur. **avant-ports**
avant-poste n. m. ▪ plur. **avant-postes**
avant-première n. f. ▪ plur. **avant-premières**
avant-projet n. m. ▪ plur. **avant-projets**
avant-propos n. m. inv.
avant-puits n. m. inv.
avant-scène n. f. ▪ plur. **avant-scènes**
avant-soirée n. f. ▪ plur. **avant-soirées**
▫ rec. off. pour **prime time**
avant-toit n. m. ▪ plur. **avant-toits**
avant-train n. m. ▪ plur. **avant-trains**
avant-veille n. f. ▪ plur. **avant-veilles**
avare adj. et n.
avarement adv.
avarice n. f.
avaricieux, ieuse adj.
avarie n. f.
avarié, iée adj.
avarier v. tr. | conjug. 7 |
¬ **s'avarier**
➾ Aux temps composés de la forme pronominale, le participe passé s'accorde en genre et en nombre avec le sujet : *les marchandises se sont avariées.*
avaro n. m.
avatar n. m.
Ξ Ce mot signifie « métamorphose, transformation ». L'emploi au sens de « mésaventure » est un contresens à éviter.
à vau-l'eau loc. adv.
tous nos projets vont à vau-l'eau
A. V. C. n. m.
▫ abrév. de **accident vasculaire cérébral**
Ave /ave/ n. m. inv.
▫ abrév. de **Ave Maria**
HOM. formes des v. **avoir, haver**
avec prép. et adv.
Ξ La locution **d'avec** est correcte ; elle sert à marquer une séparation : *séparer l'ivraie d'avec le bon grain ; il a divorcé d'avec elle.* Dans le langage courant, on emploie plutôt *de* : *il a divorcé d'elle.*
Les locutions **avec cela (que)** et **avec ça**

(que) appartiennent au langage familier. Dans le langage soutenu, on dira plutôt **en plus**. L'emploi de *avec* en tant qu'adverbe est familier ou régional (Belgique et Nord de la France) : *elle est venue me chercher et je suis reparti avec ; je vais me promener, tu viens avec ?*. Il est à éviter dans le langage soutenu : *elle est venue me chercher et je suis reparti avec elle ; je vais me promener, tu viens avec moi ?*

aveiniau n. m.

aveline n. f.

avelinier n. m.

Ave Maria n. m. inv.

aven /-ɛn/ n. m.

[1]**avenant, ante** adj. (affable)

[2]**avenant** n. m. (clause additionnelle)

avenant (à l') loc. adv. (en accord, en conformité)
le repas était excellent et le service à l'avenant
› **à l'avenant de** *le dessert fut à l'avenant du repas*

avènement n. m.

avenier, ière adj. et n.

avenir n. m.
› **à l'avenir** *à l'avenir, soyez plus prudent*
› **d'avenir** *les techniques d'avenir*
➾ Ne pas écrire ce mot comme la locution adjectivale **à venir** : *les générations à venir* mais *à l'avenir, nous serons plus prudents.*
HOM. **à venir** (loc.)

Avent n. m.
➾ Ce mot s'écrit toujours avec une majuscule : *les quatre dimanches de l'Avent.*
HOM. **avant, havant** (du v. *haver*)

aventure n. f.
› **à l'aventure** *flâner à l'aventure*
› **d'aventure** *si d'aventure vous venez ici*
› **par aventure** *nous nous sommes connus par aventure*
➾ Ce mot est au singulier dans l'expression **l'esprit d'aventure** et au pluriel dans **roman/film d'aventures.**

aventuré, ée adj.

aventurer v. tr. | conjug. 1 |
¬ **s'aventurer**
› **s'aventurer à** (+ inf.) *ne vous aventurez pas à répondre*
➾ Aux temps composés de la forme pronominale, le participe passé s'accorde en genre et en nombre avec le sujet : *ils se sont aventurés trop loin.*

aventureusement adv.

aventureux, euse adj.

aventurier, ière n.

aventurine n. f.

aventurisme n. m.

aventuriste adj. et n.

avenu, ue adj.
Ξ De nos jours, ce mot ne s'emploie plus que dans la locution **nul et non avenu** : *je considère ces déclarations comme nulles et non avenues.*
HOM. **avenue**

avenue n. f.
HOM. **avenu**
→ aussi **habiter**

avéré, ée adj.

avérer v. tr. | conjug. 6 |
CONJUG. Ce verbe n'est utilisé qu'à l'infinitif et au participe passé, sauf pour la forme pronominale.
¬ **s'avérer**
la nouvelle s'est avérée
› **s'avérer** (+ adj.) *ce choix s'est avéré judicieux*
› **il s'avère que** (+ indic.) *il s'avère que vous aviez raison*
Ξ Éviter le pléonasme **s'avérer vrai** et la contradiction **s'avérer faux** : le verbe *s'avérer* signifie « être reconnu vrai ». On dira plutôt **se révéler vrai/faux.**
➾ Aux temps composés de la forme pronominale, le participe passé s'accorde en genre et en nombre avec le sujet : *cette méthode s'est avérée efficace.*

averne n. m.

averrhoa n. m.

averroïsme n. m.

averroïste adj. et n.

avers /-ɛʀ/ n. m.
HOM. formes des v. **avérer, haver**

averse n. f.
➾ Ne pas écrire le nom féminin *averse* comme la locution **à verse** : *il a plu à verse* mais *il y a eu une averse.*

aversion n. f.
› **en aversion** *j'ai les courgettes en aversion ; elle a pris son voisin en aversion*
Ξ Si la construction **avoir de l'aversion contre** est correcte, **avoir de l'aversion pour** est aujourd'hui plus courante : *j'ai de l'aversion pour cet homme.*

averti, ie adj.

avertin n. m.

avertir v. tr. | conjug. 2 |
› **avertir de** (+ n.) *elle nous a avertis du danger*
› **avertir que** (+ indic.) *il m'a averti que l'horaire avait changé*

avertissement n. m.

avertisseur, euse adj. et n. m.

avestique adj. et n.

avette n. f.

aveu n. m.
▸ **de l'aveu de** *de l'aveu des témoins, il était présent le jour du crime*
➾ Ce mot est au singulier dans la locution **homme sans aveu**.
⌘ L'expression **passer des aveux** est incorrecte. Il faut dire **passer aux aveux** ou **faire des aveux**.
aveuglant, ante adj.
aveugle adj. et n.
aveuglement n. m.
aveuglément adv.
aveugler v. tr. | conjug. 1 |
¬ **s'aveugler**
➾ Aux temps composés de la forme pronominale, le participe passé s'accorde en genre et en nombre avec le sujet : *elle s'est aveuglée.*
aveuglette (à l') loc. adv.
aveulir v. tr. | conjug. 2 |
¬ **s'aveulir**
➾ Aux temps composés de la forme pronominale, le participe passé s'accorde en genre et en nombre avec le sujet : *cette génération s'est aveulie.*
aveulissant, ante adj.
aveulissement n. m.
aveuvé, ée adj.
aviaire adj.
aviateur, trice n.
aviation n. f.
avicole adj.
aviculaire adj. et n.
avicule n. f.
aviculteur, trice n.
aviculture n. f.
avide adj.
avidement adv.
avidité n. f.
avien, ienne adj.
avifaune n. f.
avifuge adj. et n. m.
avili, ie adj.
avilir v. tr. | conjug. 2 |
¬ **s'avilir**
➾ Aux temps composés de la forme pronominale, le participe passé s'accorde en genre et en nombre avec le sujet : *elle s'est avilie par des lâchetés.*
avilissant, ante adj.
avilissement n. m.
avilisseur, euse n.
aviné, ée adj.
aviner v. tr. | conjug. 1 |
avion n. m.
HOM. formes du v. **avoir**
avion-cargo n. m. ▪ plur. **avions-cargos**
avion-citerne n. m. ▪ plur. **avions-citernes**
avion-école n. m. ▪ plur. **avions-écoles**
avionique n. f.
avionnerie n. f.
avionnette n. f.
avionneur n. m.
avion-suicide n. m. ▪ plur. **avions-suicides**
avion-taxi n. m. ▪ plur. **avions-taxis**
aviron n. m.
avironner v. intr. | conjug. 1 |
avironnier n. m.
avis /avi/ n. m.
▸ **être d'avis de** (+ inf.) *je suis d'avis de le faire*
⌘ La construction **être d'avis que** est suivie de l'indicatif s'il s'agit d'un fait accompli et du subjonctif s'il s'agit d'un fait hypothétique : *je suis d'avis qu'il s'est trompé ; je suis d'avis que nous en discutions.*
La construction **m'est avis que** est correcte : *m'est avis qu'il nous a menti.*
avisé, ée adj.
▸ **être bien/mal avisé** *j'ai été bien avisé de l'attendre*
☰ Si la locution **mal avisé** est correcte, l'emploi de l'adjectif *malavisé* est plus fréquent.
aviser v. tr. et v. tr. ind. | conjug. 1 |
▸ **aviser qqch.** *il avise un portefeuille oublié sur un banc, il le ramasse*
▸ **aviser qqn de** (+ n.) *elle m'a avisé du mariage de son frère*
▸ **aviser à** (+ n.) *avisons aux moyens de nous tirer d'affaire*
▸ **aviser à** (+ inf.) *avisons à nous tirer d'affaire*
▸ **aviser à ce que** (+ subj.) *elle a avisé à ce que tout soit en ordre*
⌘ Ce verbe peut s'employer sans complément : *on avisera le moment venu.*
¬ **s'aviser**
▸ **s'aviser que** (+ indic.) *il s'est avisé qu'il n'y avait plus personne*
▸ **s'aviser de** (+ n.) *je ne m'étais pas avisé de ce problème*
▸ **s'aviser de** (+ inf.) *ne t'avise pas de bavarder*
➾ Aux temps composés de la forme pronominale, le participe passé s'accorde en genre et en nombre avec le sujet : *elle s'est avisée de sa présence.*
aviso n. m.
avitaillement n. m.
avitailler v. tr. | conjug. 1 |
¬ **s'avitailler**
➾ Aux temps composés de la forme pronominale, le participe passé s'accorde en genre et en nombre avec le sujet : *ils se sont avitaillés en eau.*
avitailleur n. m.
avitaminose n. f.
avivage n. m.

avivé n. m.
avivement n. m.
aviver v. tr. | conjug. 1 |
avivoir n. m.
avocaillon n. m.
avocasserie n. f.
avocassier, ière adj.
[1]**avocat** n. m. (fruit)
[2]**avocat, ate** n. (personne)
☯ Si le féminin *avocate* est désormais courant, on dit encore *avocat* en parlant d'une femme, notamment lorsqu'il s'agit du titre : *maître Sophie Dupont, avocat au barreau de Lille.*
avocatier n. m.
avocature n. f.
avocette n. f.
avodiré n. m.
avoine n. f.
☯ Ce mot est féminin : *l'avoine commune.*
→ aussi **fou**
avoiner v. tr. | conjug. 1 |
[1]**avoir** n. m.

[2]**avoir** v. tr. | conjug. 34 |
▸ **avoir à** (+ inf.) *j'ai des lettres à écrire ; j'ai à faire*
▸ **n'avoir qu'à** (+ inf.) *vous n'avez qu'à tourner le bouton*
▸ **il n'y a qu'à** (+ inf.) *il n'y a plus qu'à recommencer*
▸ **il n'y en a que pour qqn** *elle ne pense pas aux autres, il n'y en a que pour elle*
▸ **tout ce qu'il y a de** (+ adj.) *une femme bien habillée, tout ce qu'il y a de convenable*
▸ **en avoir pour** *il en a eu pour quinze euros ; en avoir pour son argent*
Ξ Les locutions **en avoir à/contre/après qqn** au sens de « en vouloir à, s'en prendre à qqn » appartiennent au langage familier. Elles sont à éviter dans le langage courant.

avoirdupoids n. m. inv.
avoisinant, ante adj.
avoisiner v. tr. | conjug. 1 |
¬ **s'avoisiner à** (+ n.)
le guépard s'avoisine à la panthère
➾ Aux temps composés de la forme pronominale, le participe passé s'accorde en genre et en nombre avec le sujet : *ils se sont avoisinés.*
avortement n. m.
avorter v. intr. et v. tr. | conjug. 1 |
avorteur, euse n.
avortoir n. m.
avorton n. m.
Ξ Au sens figuré, ce mot peut désigner une femme : *cette fille est un avorton.*
avouable adj.
avoué, ée n.
avouer v. tr. | conjug. 1 |
¬ **s'avouer** (+ adj.)
➾ Aux temps composés de la forme pronominale, le participe passé s'accorde en genre et en nombre avec le sujet : *elle s'est avouée coupable.*
avoyer v. tr. | conjug. 8 |
avril n. m.
➾ Comme tous les noms de mois, ce mot s'écrit sans majuscule : *il est né le 3 avril.*
avrillée n. f.
avulsion n. f.
avunculaire /avɔ̃-/ adj.
avunculairement /avɔ̃-/ adv.
avunculat /avɔ̃kyla/ n. m.
avunculocal, ale, aux /avɔ̃-/ adj.
awalé /-wa-/ n. m.
axe n. m.
axel n. m.
axène adj.
axénique adj.
axénisation n. f.
axer v. tr. | conjug. 1 |
▸ **axer qqch. sur** *il a axé sa politique commerciale sur l'investissement*
axérophtol n. m.
axial, iale, iaux adj.
axile adj.
axillaire /-il-/ adj.
axinite n. f.
axiologie n. f.
axiologique adj.
axiomatique adj. et n. f.
axiomatiquement adv.
axiomatisable adj.
axiomatisation n. f.
axiomatiser v. tr. | conjug. 1 |
axiome n. m.
axiomètre n. m.
axis /-is/ n. m.
axisymétrique adj.
axolotl n. m.
axone n. m.
axonge n. f.
axonométrie n. f.
axonométrique adj.
axopode n. m.
ay ou **aÿ** n. m.
→ [2]**aï**
aya n. f.
ayaï n. m.
ayan /ajan/ ou **ayam** n. m.
ayant p. prés. (avoir)
ayant cause n. m. ▪ plur. **ayants cause**
➾ Attention à la place du *s* au pluriel.
ayant droit n. m. ▪ plur. **ayants droit**
➾ Attention à la place du *s* au pluriel.

ayapana n. m.
ayatollah n. m.
aye-aye /ajaj/ n. m. ▪ plur. **ayes-ayes**
aymara n. et adj.
ayuntamiento /ajuntamjɛnto/ n. m.
ayurvéda /ajyʀveda ; ajuʀveda/ n. m.
ayurvédique /ajyʀ-/ adj.
azalée n. f.
☯ Ce mot est féminin : *une azalée*
azédarac n. m.
azéotrope adj.
azerole n. f.
azerolier n. m.
AZERTY adj. inv.
azidothymidine n. f.
azilien, ienne adj. et n. m.
azimut /-yt/ n. m.
▸ **tous azimuts** *publicité tous azimuts ; tirer tous azimuts*
➾ Ne pas écrire **azimuth*.
Ξ L'expression **dans tous les azimuts** appartient au langage familier. Dans le langage soigné, on dira plutôt **dans toutes les directions**. On évitera également d'utiliser **tout azimut** pour lui préférer **tous azimuts**.
azimutal, ale, aux adj.
azimuté, ée adj.
azimuter v. tr. | conjug. 1 |
azine n. f.
azinique adj.
azoïque adj.
azoospermie /-zoo-/ n. f.
azoospermique /-zoo-/ adj.
azotate n. m.
azote n. m.
☯ Ce mot est masculin : *l'azote trivalent*.
azoté, ée adj.
azotémie n. f.
azotémique adj.
azoteux adj. m.
azothydrique adj.
azotique adj.
azotite n. m.
azotobacter /-ɛʀ/ n. m.
azoture n. m.
azoturie n. f.
A. Z. T.® n. m.
▫ abrév. de **azidothymidine**
aztèque /as-/ adj.
➾ L'adjectif s'écrit sans majuscule : *la langue aztèque ; le peuple aztèque*. Le nom s'écrit avec une majuscule : *les Aztèques ; une Aztèque*.
azulejo ou **azuléjo**° /asulexo/ n. m.
azulène n. m.
azur n. m.
▸ **d'azur** *un ciel d'azur ; une mer d'azur*
➾ Ce mot s'écrit avec une majuscule dans le nom propre *la Côte d'Azur*.
Ξ Ce mot peut s'employer seul comme adjectif de couleur ou derrière un adjectif de couleur pour en préciser la nuance ; ces adjectifs sont alors invariables : *des chemises bleu azur ; des chemises azur*.
azurage n. m.
azurant, ante adj. et n. m.
azuré, ée adj.
azuréen, enne adj.
azurement n. m.
azurer v. tr. | conjug. 1 |
HOM. **azuré**
azurin, ine adj.
azurine n. f.
azurite n. f.
azygos /-os/ adj. et n. f.
azymal, ale adj.
azyme adj.
Ξ Ce mot s'emploie comme nom masculin pluriel pour désigner la Pâque juive ; il s'écrit alors avec une majuscule : *la fête des Azymes*.
azziminia n. f.
azziministe adj. et n. m.

B

b n. m. inv, abrév. et symb.
B2B ou **B to B** /bitubi/ adj. et n. m. inv.
▫ abrév. de **business to business**
B2C ou **B to C** /bitusi/ adj. et n. m. inv.
▫ abrév. de **business to consumer**
B. A. /beɑ/ n. f. inv.
▫ abrév. de **bonne action**
HOM. **béat**
b. a.-ba /beɑbɑ/ n. m. sing.
[1]**baba** adj.
➾ Ce mot est variable en nombre mais invariable en genre : *elles en sont restées babas.*
[2]**baba** n. m. (gâteau)
[3]**baba** n. f. (vieille femme russe)
[4]**baba** n.
▫ abrév. de **baba cool**
baba cool /-kul/ n. ▪ plur. **babas cool**
babel n. f.
babelesque adj.
babélique adj.
babélisme n. m.
babelutte ou **babelute** n. f.
babeurre n. m.
babiche n. f.
babil /-i(l)/ n. m.
♪ Le *l* final se prononce ou non. La prononciation du *l* est vieillie.
babilan n. m.
babilanisme n. m.
babillage n. m.
babillard, arde adj. et n.
babillement n. m.
babiller v. intr. | conjug. 1 |
babines n. f. pl.
babiole n. f.
babiroussa n. m.
bâbord n. m.
Ξ *Bâbord* désigne le côté gauche du navire, quand on regarde vers l'avant. Pour se le rappeler, on peut retenir que *bâbord* et *gauche* contiennent un *a*.
bâbordais n. m.
babouche n. f.
babouchka n. f.
babouin n. m.
baboune n. f.
babouvisme n. m.
babouviste adj. et n.
baby /babi ; bebi/ n. m. ▪ plur. **babies** ou plur. **babys**
Ξ On peut employer le pluriel anglais *babies* ou le pluriel francisé *babys*.
Ce mot peut s'employer en apposition ; il est alors invariable : *des tailles baby*.
baby-blues ou **babyblues**° /babibluz ; bebi-/ n. m. inv.
baby-boom ▪ plur. **baby-booms** ou **babyboum**° ▪ plur. **babyboums**° /babibum ; bebi-/ n. m.
baby-boomer ▪ plur. **baby-boomers** ou **baby-boumeur, euse** ▪ plur. **baby-boumeurs, euses** ou **babyboumeur, euse**° ▪ plur. **babyboumeurs, euses**° /babibumœʀ, øz ; bebi-/ n. m.
baby-foot ▪ plur. inv. ou **babyfoot** ▪ plur. **babyfoots** /babifut/ n. m.
babylonien, ienne adj.
➾ L'adjectif s'écrit sans majuscule : *un bâtiment babylonien ; la population babylonienne.* Le nom s'écrit avec une majuscule : *les Babyloniens ; une Babylonienne.*
baby-sitter ▪ plur. **baby-sitters** ou **babysitter** ▪ plur. **babysitters** ou **babysitteur, euse** ▪ plur. **babysitteurs, euses** /babisitœʀ, øz ; bebi-/ n.
➾ Ne pas employer **baby-sister*.
baby-sitting ▪ plur. **baby-sittings** ou **babysitting** ▪ plur. **babysittings** /babisitiŋ ; bebi-/ n. m.
[1]**bac** n. m.
[2]**bac** n. m.
▫ abrév. de **baccalauréat**

bacante n. f.
→ [2]**bacchante**
baccalauréat n. m.
baccara n. m. (jeu)
HOM. **baccarat**
baccarat /-a/ n. m. (cristal)
Ce mot s'écrit sans majuscule, contrairement au nom propre qui désigne la ville : *des verres en cristal de Baccarat* mais *des verres en baccarat*.
HOM. **baccara**
bacchanal /-k-/ n. m.
HOM. **bacchanale**
bacchanale /-k-/ n. f.
Au pluriel, ce mot s'écrit avec une majuscule quand il désigne les fêtes antiques : *les Bacchanales étaient célébrées en l'honneur de Bacchus* mais *des anniversaires qui se terminent en bacchanales*.
HOM. **bacchanal**
[1]**bacchante** /-k-/ n. f. (prêtresse)
[2]**bacchante** ou **bacante** n. f. (moustache)
Ce mot s'emploie surtout au pluriel : *de belles bacchantes*.
bacchique /-ʃ-/ adj.
→ **bachique**
baccifère /-ksi-/ adj.
bacciforme /-ksi-/ adj.
baccivore /-ksi-/ adj.
bâchage n. m.
bâche n. f.
bachelette n. f.
bachelier, ière n.
bachelor n. m.
bâcher v. tr. | conjug. 1 |
bâchi n. m.
bachi-bouzouk ▪ plur. **bachi-bouzouks** ou **bachibouzouk**° ▪ plur. **bachibouzouks**° n. m.
bachique ou **bacchique** /-ʃ-/ adj.
[1]**bachot** n. m. (bac, barque)
[2]**bachot** n. m.
abrév. de **baccalauréat**
Cette abréviation est familière et vieillie.
bachotage n. m.
bachoter v. intr. | conjug. 1 |
bachoteur, euse n.
bacillaire /-sil-/ adj. et n.
bacillariophycée n. f.
bacille /-sil/ n. m.
bacillifère /-sili-/ n. et adj.
bacilliforme /-sili-/ adj.
bacillose /-sil-/ n. f.
bacillurie /-sil-/ n. f.
bäckeofe /bɛkəɔf(ə)/ n. m.
→ **baeckeofe**
backfisch /bakfiʃ/ n. m.
backgammon /bakgamɔn/ n. m.
background /bakgʀawnd/ n. m.
rec. off. : **arrière-plan**
back office ▪ plur. **back offices** ou **back-office** ▪ plur. **back-offices** ou **backoffice**° ▪ plur. **backoffices**° n. m.
backup ▪ plur. **backups** ou **back-up** ▪ plur. inv. /bakœp/ n. m.
bâclage n. m.
bâcle n. f.
bâcler v. tr. | conjug. 1 |
bacon /bekɔn/ n. m.
baconien, ienne adj.
bactériacée n. f.
bactériale n. f.
bactéricide adj. et n. m.
bactéridie n. f.
bactérie n. f.
bactériel, ielle adj.
bactériémie n. f.
bactériémique adj.
bactérien, ienne adj.
bactério n. f.
abrév. de **bactériologie**
bactériochlorophylle /-k-/ n. f.
bactériocine n. f.
bactériologie n. f.
bactériologique adj.
bactériologiste n.
bactériolyse n. f.
bactériolysine n. f.
bactériolytique adj.
bactériophage n. m.
bactériostatique adj.
bactériothérapie n. f.
bacul /-y/ n. m.
baculite n. f.
bada n. m.
badaboum interj.
badamier n. m.
badaud, aude n. et adj.
Le féminin *badaude* est rare mais correct.
badauder v. intr. | conjug. 1 |
badauderie n. f.
badelaire n. m.
bader v. intr. et v. tr. | conjug. 1 |
baderne n. f.
badge n. m.
badgé, ée adj.
badgeage n. m.
badger v. intr. | conjug. 3 |
badgeuse n. f.
badiane n. f.
badigeon n. m.
badigeonnage n. m.
badigeonner v. tr. | conjug. 1 |

badigeonneur n. m.
badigoinces n. f. pl.
[1]**badin, ine** adj.
[2]**badin** n. m.
badinage n. m.
badine n. f.
badiner v. intr. | conjug. 1 |
badinerie n. f.
badlands /-lɑ̃ds/ n. f. pl.
badminton /-mintɔn/ n. m.
➾ Ne pas écrire **badmington*.
baeckeofe ou **bäckeofe** /bɛkəɔf(ə)/ n. m.
BAFA n. m.
□ abrév. de **brevet d'aptitude aux fonctions d'animateur**
baffe n. f.
baffer v. tr. | conjug. 1 |
baffle n. m.
□ rec. off. : **écran acoustique**
☯ Ce mot est masculin : *un grand baffle*.
bafouage n. m.
bafouer v. tr. | conjug. 1 |
bafouillage n. m.
bafouillant, ante adj.
bafouille n. f.
bafouiller v. intr. et v. tr. | conjug. 1 |
bafouilleur, euse n. et adj.
bafouillis /-i/ n. m.
bâfre n. f.
bâfrée n. f.
bâfrement n. m.
bâfrer v. tr. et v. intr. | conjug. 1 |
¬ **se bâfrer**
➾ Aux temps composés de la forme pronominale, le participe s'accorde en genre et en nombre avec le sujet : *ils se sont bâfrés*.
HOM. **bâfrée**
bâfrerie n. f.
bâfreur, euse n.
bagad /-ad/ n. m. ▪ plur. **bagadou** ou plur. **bagads**°
Ξ On peut employer le pluriel breton *bagadou* ou le pluriel francisé *bagads*.
bagage n. m.
➾ Ce mot est au singulier dans l'expression **plier bagage** et au pluriel dans la locution **avec armes et bagages**. On l'écrit généralement avec un *s* dans **sans bagages**.
HOM. **baguage**
bagagerie n. f.
bagagiste n.
bagarre n. f.
bagarrer v. pron. et v. intr. | conjug. 1 |
Ξ La forme intransitive appartient au registre familier : *il va falloir bagarrer pour l'obtenir*.
¬ **se bagarrer**
➾ Aux temps composés de la forme pronominale, le participe s'accorde en genre et en nombre avec le sujet : *elle s'est bagarrée avec son frère ; ils se sont bagarrés*.
bagarreur, euse adj. et n.
bagasse n. f.
bagassier n. m.
bagassière n. f.
bagatelle n. f.
bagel /begœl ; bagɛl/ n. m.
HOM. **bégueule**
baggy /bagi/ n. m. ▪ plur. **baggys** ou plur. **baggies**
Ξ On peut employer le pluriel francisé *baggys* ou le pluriel anglais *baggies*.
Ce mot peut s'employer en apposition ; il est alors invariable : *des jeans baggy*.
bagnard, arde n.
bagne n. m.
bagnole n. f.
bagot n. m.
bagotier n. m.
bagou ou **bagout** n. m.
bagouse n. f.
baguage n. m.
HOM. **bagage**
bague n. f.
baguenaude n. f.
baguenauder v. intr. | conjug. 1 |
baguenauderie n. f.
baguenaudier n. m.
baguer v. tr. | conjug. 1 |
baguette n. f.
baguier n. m.
bah interj.
HOM. **bas, bât**, formes du v. **battre**
bahut /-y/ n. m.
bahutier n. m.
bai, baie adj.
➾ Cet adjectif est invariable quand il est suivi d'un autre adjectif qui précise la nuance : *des juments baies ; des juments bai foncé*.
HOM. **baie, bê, bey**
baie n. f.
➾ Ce mot s'écrit toujours sans majuscule : *la baie de Douarnenez ; la baie d'Hudson*.
HOM. **bai, bê, bey**
baignade n. f.
baignage n. m.
baigner v. tr. et v. intr. | conjug. 1 |
¬ **se baigner**
➾ Aux temps composés de la forme pronominale, le participe s'accorde en genre et en nombre avec le sujet : *elles se sont baignées dans la piscine*.
baigneur, euse n.
baignoire n. f.
bail /baj/ n. m. ▪ plur. **baux**
Ξ Lorsque le mot entre dans la formation

d'un nom composé, il prend un *s* au pluriel : *des crédits-bails ; des locations-bails.*
HOM. **baille**, **bye**, formes des verbes **bailler**, **bâiller**, **bayer**
bâillant, ante adj.
baille n. f.
HOM. **bail**, **bye**, formes des verbes **bailler**, **bâiller**, **bayer**
bâillement n. m.
HOM. **bayement**
bailler v. tr. | conjug. 1 |
Ξ Ce verbe ne s'emploie plus que dans l'expression **vous me la baillez belle, vous me la baillez bonne**.
HOM. **bâiller**, **bayer**
bâiller v. intr. | conjug. 1 |
➾ Attention à ne pas employer ce verbe dans l'expression **bayer aux corneilles**.
HOM. **bailler**, **bayer**
bailleur, bailleresse n.
⚡ Ne pas confondre **bailleur, bailleresse**, qui signifie « personne qui donne une chose à bail », avec **bâilleur, bâilleuse**, qui signifie « personne qui bâille beaucoup ».
HOM. **bâilleur**
bâilleur, euse n.
⚡ Ne pas confondre **bâilleur, bâilleuse**, qui signifie « personne qui bâille beaucoup », avec **bailleur, bailleresse**, qui signifie « personne qui donne une chose à bail ».
HOM. **bailleur**
bailli /baji/ n. m.
bailliage /bajaʒ/ n. m.
bailliager, ère /baja-/ adj.
baillive /baj-/ n. f.
bâillon n. m.
HOM. formes des v. **bailler, bâiller, bayer**
bâillonnement n. m.
bâillonner v. tr. | conjug. 1 |
baïlothérapie n. f.
bain n. m.
➾ Ce mot est au pluriel dans les locutions **bains publics** et **établissement de bains**. Il est au singulier dans les expressions qui désignent des objets en rapport avec le bain : **drap/serviette/sortie de bain** ; **costume/maillot/slip/caleçon de bain** ; **cabine/bonnet de bain**. Il s'écrit indifféremment avec ou sans *s* dans **salle de bain(s)**. Employé en apposition, **bain de soleil** est invariable : *des robes bain de soleil.*
HOM. **²ben**
baïne n. f.
bain-marie n. m. ▪ plur. **bains-marie**
➾ Dans ce nom composé, *marie* s'écrit toujours sans majuscule.
baïonnette n. f.
baïoque n. f.
baïram /baj-/ ou **beïram** /bɛj-/ n. m.
baisable adj.
baisant, ante adj.
baise n. f.
baise-en-ville n. m. inv.
baisemain n. m.
➾ Ce nom s'écrit toujours en un seul mot.
baisement n. m.
baise-pied n. m. ▪ plur. **baise-pieds**
¹baiser n. m.
²baiser v. tr. | conjug. 1 |
baiseur, euse n.
baisodrome n. m.
baisoter v. tr. | conjug. 1 |
baissant, ante adj.
baisse n. f.
baissement n. m.
baisser v. tr. et v. intr. | conjug. 1 |
¬ **se baisser**
➾ Aux temps composés de la forme pronominale, le participe s'accorde en genre et en nombre avec le sujet : *nous nous sommes baissés pour passer sous la voûte.*
baissier, ière n. m. et adj.
HOM. formes du v. **baisser**
baissière n. f.
baisure n. f.
bajocien, ienne adj. et n. m.
bajoue n. f.
⚡ Ne pas confondre **bajoue**, qui désigne la joue de certains animaux (porc, veau), avec **abajoue**, qui désigne la poche située entre la joue et la mâchoire d'autres animaux (singe, hamster).
bajoyer /-ʒwaje/ n. m.
bakchich n. m.
bakéliser v. tr. | conjug. 1 |
Bakélite® n. f.
baklava n. m.
bakufu /-ufu/ n. m.
bal n. m.
HOM. **balle**, formes du v. **baller**
balade n. f. (promenade)
HOM. **ballade**
balader v. tr. | conjug. 1 |
¬ **se balader**
➾ Aux temps composés de la forme pronominale, le participe s'accorde en genre et en nombre avec le sujet : *nous nous sommes baladés en forêt.*
¹baladeur, euse adj.
²baladeur n. m.
□ rec. off. pour **Walkman** ®
baladeuse n. f.
baladin, ine n.
⚡ Ne pas confondre **baladin**, qui signifie « comédien ambulant », avec **paladin**, qui signifie « chevalier ».

baladinage n. m.
baladodiffusion n. f.
balafon n. m.
balafoniste n.
balafre n. f.
balafrer v. tr. | conjug. 1 |
balai n. m.
HOM. **balais**, **ballet**, formes des v. **balayer**, **baller**
balai-brosse n. m. ▪ plur. **balais-brosses**
balais adj. m. inv.
HOM. **balai**, **ballet**, formes des v. **balayer**, **baller**
balaise adj. et n.
→ **balèze**
balalaïka n. f.
balan n. m.
HOM. **ballant**
balançage n. m.
balançant, ante adj.
balance n. f.
➾ Quand il désigne la constellation ou le signe du zodiaque, ce mot est invariable et s'écrit avec une majuscule : *il est (du signe) de la Balance ; elles sont Balance.*
balancé, ée adj.
balancelle n. f.
balancement n. m.
balancer v. tr. et v. intr. | conjug. 3 |
¬ **se balancer**
➾ Aux temps composés de la forme pronominale, le participe s'accorde en genre et en nombre avec le sujet : *elle s'est balancée sur sa chaise ; ils s'en sont balancés.*
balancier n. m.
HOM. formes du v. **balancer**
balancine n. f.
balançoire n. f.
balandran ou **balandras** n. m.
balandre n. f.
balane n. f.
balanifère adj.
balanite n. f.
balata n. f.
balauste n. f.
balayage n. m.
balayer v. tr. | conjug. 8 |
♪ Les formes conjuguées qui présentent l'alternance *y/i* peuvent se prononcer /e/ ou /ej/ quand elle s'écrivent avec un *y* : *nous balayerons* /baleʀɔ̃ ; balejʀɔ̃/. La prononciation en /ej/ est vieillie et familière. Elles se prononcent toujours /e/ quand elles s'écrivent avec un *i*.
balayette n. f.
balayeur, euse n.
balayure n. f.
balayures n. f. pl.
balbisme n. m.
balbutiant, iante /-sjɑ̃/ adj.
balbutiement /-si-/ n. m.
➾ Ne pas oublier le *e* muet.
balbutier /-sje-/ v. intr. et v. tr. | conjug. 7 |
balbutieur, euse adj.
balbuzard n. m.
balcon n. m.
balconnet n. m.
balconnière n. f.
baldaquin n. m.
➾ Ce mot est au singulier dans la locution **lit à baldaquin**.
bale n. f.
→ ²**balle**
baleine n. f.
baleiné, ée adj.
baleineau n. m.
baleinier, ière adj.
baleinière n. f.
baleinoptère n. m.
balèse adj. et n.
→ **balèze**
balèvre n. f.
balèze ou **balèse** ou **balaise** adj. et n.
balin-balan ou **balinbalan**○ loc. adv.
balisage n. m.
balise n. f.
baliser v. tr. et v. intr. | conjug. 1 |
baliseur n. m.
balisier n. m.
HOM. formes du v. **baliser**
¹**baliste** n. f. (catapulte)
²**baliste** n. m. (poisson)
balisticien, ienne n.
balistique adj. et n. f.
balistiquement adv.
balivage n. m.
baliveau n. m.
baliverne n. f.
Ξ Ce mot s'emploie surtout au pluriel : *dire des balivernes ; trêve de balivernes !*
balkanique adj.
balkanisation n. f.
balkaniser v. tr. | conjug. 1 |
¬ **se balkaniser**
➾ Aux temps composés de la forme pronominale, le participe s'accorde en genre et en nombre avec le sujet : *des pays qui se sont balkanisés.*
ballade n. f. (chanson, poème)
HOM. **balade**
ballant, ante adj. et n. m.
HOM. **balan**
ballast n. m.
ballastage n. m.
ballaster v. tr. | conjug. 1 |

ballastière n. f.
[1]**balle** n. f. (ballon)
HOM. **bal**, formes du v. **baller**
[2]**balle** ou **bale** n. f. (de céréales)
HOM. **bal**, formes du v. **baller**
balle-peau interj. et pron. indéf.
☰ L'emploi de ce mot est vieilli.
baller v. intr. | conjug. 1 |
ballerine n. f.
ballet n. m.
➾ Ce mot s'écrit avec une majuscule quand il entre dans la formation d'un nom propre : *les Ballets russes ; les Ballets de Monte-Carlo*, etc.
HOM. **balai**, **balais**, formes des v. **balayer**, **baller**
ballettomane ou **ballétomane**○ n.
[1]**ballon** n. m. (balle)
☰ Ce mot peut s'employer en apposition ; il est alors invariable : *des pneus ballon ; des manches ballon ; des verres ballon.*
HOM. formes du v. **baller**
[2]**ballon** n. m. (montagne des Vosges)
➾ Ce mot s'écrit sans majuscule : *le ballon d'Alsace.*
HOM. formes du v. **baller**
ballonné, ée adj. et n. m.
ballonnement n. m.
ballonner v. tr. | conjug. 1 |
ballonnet n. m.
HOM. formes du v. **ballonner**
ballon-sonde n. m. ▪ plur. **ballons-sondes**
ballot n. m. et adj. m.
☰ Ce mot est invariable en genre : *elles sont un peu ballots.*
ballote n. f.
ballotin n. m.
ballottage ou **ballotage**○ n. m.
ballottant, ante ou **ballotant, ante**○ adj.
ballottement ou **ballotement**○ n. m.
ballotter ou **balloter**○ v. tr. et v. intr. | conjug. 1 |
ballottine ou **ballotine**○ n. f.
ball-trap ▪ plur. **ball-traps** ou **balltrap**○ ▪ plur. **balltraps**○ /baltʀap/ n. m.
balluche adj. et n. m.
balluchon ou **baluchon** n. m.
bal musette n. m. ▪ plur. **bals musettes**
balnéaire adj.
balnéation n. f.
balnéothérapie n. f.
balourd, ourde n. et adj.
balourdement adv.
balourdise n. f.
balsa /-za/ n. m.
balsamier /-za-/ n. m.
balsaminacée /-za-/ n. f.
balsamine /-za-/ n. f.
balsamique /-za-/ adj.
balsamite /-za-/ n. f.
balsamodendron /balzamɔdɛ̃dʀɔ̃/ n. m.
balte adj. et n.
➾ L'adjectif s'écrit sans majuscule : *les populations baltes*. Le nom s'écrit avec une majuscule quand il désigne une personne ou les pays de la Baltique orientale : *les Baltes ; c'est une Balte ; les pays Baltes.*
balthazar n. m.
➾ Contrairement au nom propre, ce mot s'écrit sans majuscule : *commander des balthazars.*
baltringue n.
baluchon n. m.
→ **balluchon**
balustrade n. f.
balustre n. m.
☯ Ce mot est masculin : *un balustre.*
balzacien, ienne n. et adj.
balzacisme n. m.
balzan adj. m.
balzane n. f.
bambée n. f.
bambin, ine n.
☯ La forme féminine *bambine* est rare mais correcte.
bambochade n. f.
bamboche n. f.
bambocher v. intr. | conjug. 1 |
bambocheur, euse n.
bambou n. m.
[1]**bamboula** n. m. (tam-tam)
[2]**bamboula** n. f. (danses, fête)
bambousaie ou **bambouseraie** n. f.
ban n. m.
➾ Ce mot est au singulier dans les locutions **mettre au ban** et **rupture de ban**.
ϟ Ne pas confondre ce mot avec **banc** dans des expressions voisines comme **être au ban de la société** et **être au banc des accusés**.
HOM. **banc**
banal, ale adj.
☰ Au masculin pluriel, ce mot a deux formes qui correspondent à deux sens différents. Au sens historique de « qui appartient au suzerain », le pluriel est *banaux* : *les fours/les moulins banaux*. Au sens de « commun, sans originalité », le pluriel est *banal* : *des propos banals.*
banalement adv.
banalisation n. f.
banalisé, ée adj.
banaliser v. tr. | conjug. 1 |
¬ **se banaliser**
➾ Aux temps composés de la forme pronominale, le participe s'accorde en genre et en nombre avec le sujet : *la violence s'est banalisée.*
banalité n. f.

banana split /-it/ n. m. ▪ plur. **banana splits** ou plur. **bananas splits**

banane n. f.

☰ Ce mot peut s'employer en apposition ; il est alors invariable : *des sacs banane ; des chignons banane. Banane* peut également s'employer seul comme adjectif de couleur ou derrière un adjectif de couleur pour en préciser la nuance ; ces adjectifs sont alors invariables : *des tasses jaune banane ; des teintes banane.*

bananer v. tr. | conjug. 1 |

¬ **se bananer**

➾ Aux temps composés de la forme pronominale, le participe s'accorde en genre et en nombre avec le sujet : *elle s'est bananée à l'examen.*

bananeraie n. f.

HOM. formes du v. **bananer**

bananette n. f.

[1]**bananier, ière** adj.

HOM. formes du v. **bananer**

[2]**bananier** n. m.

HOM. formes du v. **bananer**

banc n. m.

➾ Ce mot s'écrit au pluriel dans la locution **char à bancs**.

⚡ Ne pas confondre ce mot avec **ban** dans des expressions voisines comme **être au banc des accusés** et **être au ban de la société**.

HOM. **ban**

bancable ou **banquable** adj.

bancaire adj.

HOM. formes du v. **banquer**

bancal, ale adj.

➾ Le pluriel est régulier : *des tabourets bancals.*

bancarisation n. f.

bancarisé, ée adj.

Bancassurance® n. f.

➾ Comme tous les noms déposés, ce mot doit s'écrire avec une majuscule : *des Bancassurances.* Toutefois, on le trouve fréquemment employé comme nom générique sans respect de la règle : *des bancassurances.*

bancassureur n. m.

bancelle n. f.

banchage n. m.

banche n. f.

banchée n. f.

bancher v. tr. | conjug. 1 |

banco adj., n. m. et interj.

bancoulier n. m.

bancroche adj.

banc-titre n. m. ▪ plur. **bancs-titres**

banda n. f.

HOM. formes du v. **bander**

bandage n. m.

bandagiste n.

bandaison n. f.

bandana n. m.

bandant, ante adj.

bande n. f.

⌘ Lorsque **une bande de** suivi d'un nom est sujet, le verbe s'accorde soit avec *bande,* soit avec le complément : *une bande de voyous a saccagé les lieux* ou *ont saccagé les lieux.* Avec **la trentaine de**, le verbe s'accorde toujours avec *bande : la bande de voyous a été arrêtée.*

bandé, ée adj.

bande-amorce n. f. ▪ plur. **bandes-amorces**

bande-annonce n. f. ▪ plur. **bandes-annonces**

bandeau n. m.

bandelette n. f.

bander v. tr. et v. intr. | conjug. 1 |

➾ Aux temps composés de la forme pronominale, le participe ne s'accorde pas quand il est suivi d'un complément d'objet direct : *elle s'est bandé la main.* Il s'accorde avec le complément d'objet direct quand celui-ci est placé avant le verbe : *la main qu'elle s'est bandée.*

bandereau n. m.

banderille n. f.

bandérilléro ▪ plur. **bandérilléros** ou **banderillero** ▪ plur. **banderilleros** n. m.

banderolage n. m.

banderole n. f.

banderoleuse n. f.

bande-son n. f. ▪ plur. **bandes-sons**

bandeur, euse n.

bandière n. f.

bandit n. m.

☯ Ce mot n'a pas de forme féminine mais peut désigner une femme : *le bandit était une femme ; ces petites filles sont de vrais bandits.*

banditisme n. m.

bandoline n. f.

bandonéon n. m.

bandonéoniste n.

bandoulière n. f.

♪ Ce mot n'a qu'un seul *l*, il se prononce /bɑ̃duljɛʀ/ et non pas /bɑ̃dujɛʀ/.

bang interj. et n. m. inv.

bangladeshi, ie adj.

➾ L'adjectif s'écrit sans majuscule : *la population bangladeshie.* Le nom s'écrit avec une majuscule : *les Bangladeshis ; c'est une Bangladeshie.*

banian n. m.

banjo /bɑ̃(d)ʒo/ n. m.

banjoïste /bɑ̃(d)ʒɔist/ n.

banlieue n. f.

banlieue-dortoir n. f. ▪ plur. **banlieues-dortoirs**

banlieusard, arde n.

banne n. f.
banneau n. m.
banneret adj. m. et n. m.
banneton n. m.
bannette n. f.
banni, ie adj.
bannière n. f.
bannir v. tr. | conjug. 2 |
▸ **bannir** (+ n.) **de** (+ n.) *elle a été bannie d'ici ; bannir un sujet de la conversation*
bannissable adj.
bannissement n. m.
banon n. m.
banquable adj.
→ **bancable**
banque n. f.
➾ Ce mot s'écrit avec une majuscule dans les noms d'organismes bancaires, sauf s'il est déterminé par un nom propre : *la Banque franco-portugaise ; la Banque de France ; la Banque nationale suisse* mais *la banque Rothschild.*
banquer v. intr. | conjug. 1 |
banqueroute n. f.
banqueroutier, ière n.
banquet n. m.
HOM. formes du v. **banquer**
banqueter v. intr. | conjug. 4 |
banqueteur, euse n.
banquette n. f.
HOM. formes du v. **banqueter**
banquier, ière n.
banquière n. f.
banquise n. f.
➾ Ce mot ne désigne pas une région ; il s'écrit toujours sans majuscule : *la dérive de la banquise.*
banquiste n. m.
bantou, e n. et adj.
➾ L'adjectif s'écrit sans majuscule : *les langues bantoues ; les populations bantoues.* Le nom s'écrit avec une majuscule : *les Bantous ; c'est une Bantoue.*
bantouiste n.
bantouistique n. f.
bantoustan n. m.
banvin n. m.
banyuls /banjyls ; banjuls/ n. m.
➾ Lorsqu'il désigne un vin, ce mot s'écrit sans majuscule contrairement au nom propre qui désigne la ville : *un vin de Banyuls* mais *une bouteille de banyuls.*
banzaï interj.
baobab n. m.
baou n. m.
baptême /batɛm/ n. m.
baptiser /batize/ v. tr. | conjug. 1 |
baptiseur /batizœʀ/ n. m.
baptismal, ale, aux /batismal, o/ adj.
baptisme /batism/ n. m.
baptistaire /batis-/ adj.
HOM. **baptistère**
baptiste /batist/ adj. et n.
HOM. **batiste**
baptistère /batis-/ n. m.
HOM. **baptistaire**
baquet n. m.
baqueter v. tr. | conjug. 4 |
baquetures n. f. pl.
bar n. m.
HOM. **bard, barre,** formes du v. **barrer**
baragne n. f.
baragnosie /-gno-/ n. f.
baragouin n. m.
baragouinage n. m.
baragouiner v. tr. et v. intr. | conjug. 1 |
baragouineur, euse n.
baraka n. f.
baralipton /-tɔn/ n. m.
barandage n. m.
baraque n. f.
➾ Ce mot et ses dérivés s'écrivent avec un seul *r.*
baraqué, ée adj.
baraquement n. m.
baraquer v. intr. et v. tr. | conjug. 1 |
baraterie n. f.
barathre ou **barathrum** /-ɔm/ n. m.
baratin n. m.
baratiner v. intr. et v. tr. | conjug. 1 |
baratineur, euse n. et adj.
barattage n. m.
baratte n. f.
baratter v. tr. | conjug. 1 |
baratteuse n. f.
barbacane n. f.
barbacole n. m.
barbadine n. f.
barbant, ante adj.
barbaque n. f.
barbara n. m.
barbare adj. et n.
➾ L'adjectif s'écrit sans majuscule : *les invasions barbares.* Le nom s'écrit avec une majuscule uniquement quand il désigne les populations étrangères à la Grèce et à Rome pendant l'Antiquité : *les invasions des Barbares* mais *ces délinquants sont des barbares.*
barbarement adv.
barbaresque adj. et n.
➾ L'adjectif s'écrit sans majuscule : *les pirates barbaresques.* Le nom s'écrit avec une majuscule : *les Barbaresques ; une Barbaresque.*

barbarie n. f.
⇒ Ce mot s'écrit toujours sans majuscule, contrairement au nom propre qui désignait autrefois les pays de l'Afrique du Nord : *un figuier de Barbarie* mais *tirer un peuple de la barbarie ; un acte de barbarie*.
barbariser v. tr. | conjug. 1 |
barbarisme n. m.
[1]**barbe** n. f. (poils)
[2]**barbe** adj. et n. m. (cheval d'Afrique du Nord)
barbé, ée adj.
barbeau n. m.
Ξ Ce mot peut s'employer derrière un adjectif de couleur pour en préciser la nuance ; les deux mots sont alors invariables : *des teintes bleu barbeau*.
HOM. **barbot**
barbecue /-kju ; -ky/ n. m.
♪ La prononciation /baʀbəkju/ est plus fréquente.
barbe-de-capucin n. f. ▪ plur. **barbes-de-capucin**
barbelé, ée adj. et n. m.
barbelure n. f.
barber v. tr. | conjug. 1 |
barbet, ette n.
HOM. formes du v. **barber**
barbiche n. f.
barbichette n. f.
barbichon n. m.
barbichu, ue adj.
barbier n. m.
HOM. formes du v. **barber**
barbifiant, iante adj.
barbification n. f.
barbifier v. tr. | conjug. 7 |
barbille n. f.
barbillon n. m.
barbiquet n. m.
barbital n. m.
barbitomane n.
barbitomanie n. f.
barbiturate n. m.
barbiturique adj. et n. m.
barbiturisme n. m.
barbon n. m.
HOM. formes du v. **barber**
barbot n. m.
HOM. **barbeau**
barbotage n. m.
barbote n. f.
barbotement n. m.
barboter v. intr. et v. tr. | conjug. 1 |
barboteur, euse n.
barboteuse n. f.
barboteux, euse adj.
barbotière n. f.
barbotin n. m.
barbotine n. f.
barbouillage n. m.
barbouille n. f.
barbouiller v. tr. | conjug. 1 |
¬ **se barbouiller**
⇒ Aux temps composés de la forme pronominale, le participe s'accorde en genre et en nombre avec le sujet : *les enfants se sont barbouillés de confiture*. Mais le participe passé ne s'accorde pas quand il est suivi d'un complément d'objet direct : *les enfants se sont barbouillé la figure de confiture*.
barbouilleur, euse n.
barbouillon n. m.
HOM. formes du v. **barbouiller**
[1]**barbouze** n. f. (barbe)
[2]**barbouze** n. f. ou n. m. (agent secret)
barbouzerie n. f.
barbu, ue adj. et n. m.
HOM. **barbue**
barbue n. f. (poisson)
☯ Ce mot est féminin : *pêcher une barbue*.
HOM. **barbu**
barbule n. f.
barcarolle ou **barcarole**○ n. f.
barcasse n. f.
barcelonnette n. f.
→ **bercelonnette**
bard n. m.
HOM. **bar, barre**, formes du v. **barrer**
barda n. m.
HOM. formes du v. **barder**
bardache n. m.
bardage n. m.
bardane n. f.
[1]**barde** n. m. (poète)
[2]**barde** n. f. (armure, lard)
bardé, ée adj.
bardeau n. m. (planche)
HOM. **bardot**
bardée n. f.
bardelle n. f.
barder v. tr. et v. impers. | conjug. 1 |
[1]**bardeur** n. m. (chariot)
[2]**bardeur, euse** n. (personne)
bardique adj.
bardis /-i/ n. m.
HOM. **bardit**
bardit /-i/ n. m.
HOM. **bardis**
bardot n. m. (petit mulet)
HOM. **bardeau**
barefoot /bɛʀfut/ n. m.
barège n. m.
HOM. **barèges**

barèges n. m.
HOM. **barège**
barégine n. f.
barème n. m.
barémique adj.
baresthésie n. f.
baret n. m.
HOM. formes du v. **barrer**
baréter v. intr. | conjug. 6 |
[1]**barge** n. f. (oiseau, embarcation)
[2]**barge** adj. et n. (fam. : fou)
barguignage n. m.
barguigner v. intr. | conjug. 1 |
barguigneur, euse n.
baricaut n. m.
barigoule n. f.
baril /-i ; -il/ n. m.
➾ Ce mot ne prend qu'un *r*, à la différence de *barrique*, de la même famille.
barillage n. m.
barillet /baʀijɛ ; baʀilɛ/ n. m.
barine n. m. et f.
bariolage n. m.
bariolé, ée adj.
barioler v. tr. | conjug. 1 |
bariolis /-i/ n. m.
bariolure n. f.
barjaque n. f.
barjaquer v. intr. | conjug. 1 |
barjo adj. et n.
elles sont un peu barjos
barlong, ongue adj.
barlotière n. f.
barmaid /-mɛd/ n. f.
barman /-man/ n. m. ▪ plur. **barmans** ou plur. **barmen** /-mɛn/
☰ On peut employer le pluriel francisé *barmans* ou le pluriel anglais *barmen*.
Pour parler d'une femme, on emploie le mot *barmaid*.
bar-mitsva(h) n. f. inv. ou **barmitsva**° n. f.
barn n. m.
barnabite n. m.
barnache ou **barnacle** n. f.
barnum /-ɔm/ n. m.
➾ Ce mot s'écrit toujours sans majuscule, contrairement au nom propre dont il provient : *le cirque Barnum* mais *louer un barnum ; ça a fait un sacré barnum !*
barocepteur n. m.
barodet n. m.
barographe n. m.
baromètre n. m.
barométrique adj.
barométriquement adv.
[1]**baron** n. m.
◗ **baron d'agneau**
HOM. formes du v. **barrer**
[2]**baron, onne** n.
➾ Comme tous les titres de noblesse, ce mot s'écrit sans majuscule : *le baron Haussmann ; madame la baronne.*
HOM. formes du v. **barrer**
baronnage n. m.
baronne n. et adj. f.
baronner v. tr. | conjug. 1 |
baronnet n. m.
baronnial, ale, aux adj.
baronnie n. f.
baroque adj. et n. m.
baroquement adv.
baroquerie n. f.
baroqueux, euse n. et adj.
baroquisme n. m.
baroquiste adj.
barorécepteur n. m.
baroscope n. m.
barosensible adj.
barostat /-a/ n. m.
barotraumatique adj.
barotraumatisme n. m.
baroud /-ud/ n. m.
◗ **baroud d'honneur**
barouder v. intr. | conjug. 1 |
baroudeur, euse n.
barouf n. m.
barque n. f.
barquerolle ou **barquerole**° n. f.
barquette n. f.
barquot n. m.
barracuda /-ku- ; -ky-/ n. m.
barrage n. m.
barragiste adj. et n.
barre n. f.
◗ **en barre(s)** *c'est de l'or en barre(s)*
◗ **avoir barre(s) sur qqn**
HOM. **bar, bard,** formes du v. **barrer**
barré, ée adj. et n. m.
barreau n. m.
HOM. **barrot**
barreaudé, ée adj.
barre-la-route n. m. inv.
barrement n. m.
barrémien, ienne n. m. et adj.
barrer v. tr. | conjug. 1 |
¬ **se barrer**
➾ Aux temps composés de la forme pronominale, le participe s'accorde en genre et en nombre avec le sujet : *elle s'est barrée sans prévenir.*
barrésien, ienne adj. et n.
barrette n. f.

barreur, euse n.
barricade n. f.
barricader v. tr. | conjug. 1 |
¬ **se barricader**
➾ Aux temps composés de la forme pronominale, le participe s'accorde en genre et en nombre avec le sujet : *ils se sont barricadés chez eux.*
barricadeur n. m.
barricadier, ière n. et adj.
barricot n. m.
barriérage n. m.
barrière n. f.
barringtonia /baʀiŋtɔnja/ n. f.
barrique n. f.
➾ Ce mot prend deux *r*, à la différence de *baril*, de la même famille.
barrir v. intr. | conjug. 2 |
barrissement n. m.
barriste n.
barrit /baʀi/ n. m.
HOM. **barye**, formes du v. **barrir**
barrot n. m.
HOM. **barreau**
barsouin n. m.
bar-tabac n. m. ▪ plur. **bars-tabacs**
bartavelle n. f.
bartering /-iŋ/ n. m.
bartériser v. tr. | conjug. 1 |
bartholinite n. f.
bartonelle n. f.
bartonellose n. f.
bartonien n. m.
barycentre n. m.
barycentrique adj.
barye n. f.
HOM. **barrit**, formes du v. **barrir**
barymétrie n. f.
baryon n. m.
baryonique adj.
barysphère n. f.
baryte n. f.
baryté, ée adj.
barytine n. f.
baryton n. m.
◗ **baryton Martin**
barytonnant, ante adj.
barytonner v. intr. | conjug. 1 |
baryum /-jɔm/ n. m.
barzoï /baʀzɔj/ n. m.
[1]**bas, basse** adj.
➾ Ce mot est lié au nom qui le suit par un trait d'union et s'écrit avec une majuscule dans certains noms propres qui désignent une unité administrative ou une période historique : *la Basse-Autriche ; la Basse-Normandie ; la Basse-Saxe ; le Bas-Empire.* Il n'est pas lié par un trait d'union quand il entre dans la composition d'un nom géographique pour uniquement en préciser sa position, son altitude, etc. : *la basse Bretagne ; la basse Égypte ; la basse Seine.*
HOM. **bah**, **bât**, formes du v. **battre**
[2]**bas** n. m. et adv.
▪ nom
◗ **au bas de** *apposer sa signature au bas d'une page*
▪ adverbe
◗ **à bas** *jeter qqch. à bas ; à bas le fascisme*
◗ **mettre bas** *mettre bas les armes ; la chatte a mis bas*
◗ **être bas** *le malade est au plus bas*
◗ **tout bas** *parler tout bas*
◗ **en bas** *avoir la tête en bas ; le bruit vient d'en bas ; en bas de la côte*
Ξ **Descendre en bas** est un pléonasme fréquent à éviter.
HOM. **bah**, **bât**, formes du v. **battre**
basal, ale, aux adj.
basalte n. m.
basaltique adj.
basane n. f.
basané, ée adj.
basaner v. tr. | conjug. 1 |
bas-bleu n. m. et adj. ▪ plur. **bas-bleus**
☯ Ce mot est masculin bien qu'il désigne ou qualifie une femme : *cette journaliste est un bas-bleu.*
bas-côté n. m. ▪ plur. **bas-côtés**
basculant, ante adj.
bascule n. f.
basculement n. m.
basculer v. intr. et v. tr. | conjug. 1 |
basculeur n. m.
bas de casse n. m. inv.
un texte en bas de casse
bas-dessus n. m. inv.
base n. f.
baseball ▪ plur. **baseballs** ou **base-ball** ▪ plur. **base-balls** /bɛzbol/ n. m.
♪ Contrairement à la dernière syllabe de *handball* (mot allemand) qui se prononce /-bal/, celle de *baseball* (mot anglais) se prononce /-bol/.
basedowien, ienne /bazdojɛ̃, jɛn/ adj. et n.
base jump ▪ plur. **base jumps** /bɛzdʒœmp/ n. m.
baselle n. f.
baser v. tr. | conjug. 1 |
Ξ L'emploi courant de **baser sur** au sens de **faire reposer sur** (*une relation basée sur l'amitié*) est critiqué par certains puristes qui préfèrent employer **fonder sur** : *une relation fondée sur l'amitié.*

¬ **se baser**
➾ Aux temps composés de la forme pronominale, le participe s'accorde en genre et en nombre avec le sujet : *ils se sont basés sur des faits.*
bas-fond ▪ plur. **bas-fonds** ou **basfond**○ ▪ plur. **basfonds**○ n. m.
basic n. m. sing.
▫ abrév. de **beginner's all-purpose symbolic instruction code**
HOM. **basique**
basicité n. f.
baside n. f.
basidien, ienne adj.
basidiolichen /-k-/ n. m.
basidiomycète n. m.
basidiospore n. f.
basilaire adj.
basile n. m.
basileus /-eys/ n. m. inv.
basilic n. m.
HOM. **basilique**
basilical, ale, aux adj.
[1]**basilique** n. f. (église)
HOM. **basilic**
[2]**basilique** adj. et n. f. (veine)
HOM. **basilic**
basin n. m.
basion n. m.
basiphile adj.
basique adj.
HOM. **basic**
basiquement adv.
bas-jointé, ée adj. ▪ plur. **bas-jointés, ées**
[1]**basket** /baskɛt/ n. m.
▫ abrév. de **basket-ball**
[2]**basket** /baskɛt/ n. f. (chaussure)
basketball ▪ plur. **basketballs** ou **basket-ball** ▪ plur. **basket-balls** /baskɛtbol/ n. m.
♪ Contrairement à la dernière syllabe de *handball* (mot allemand) qui se prononce /-bal/, celle de *basketball* (mot anglais) se prononce /-bol/.
basketteur, euse n.
bas-mât n. m. ▪ plur. **bas-mâts**
basmati n. m.
bas-normand, ande n. et adj. ▪ plur. inv. ou plur. **bas-normands, andes**
➾ L'adjectif s'écrit sans majuscule : *la population bas-normande.* Le nom s'écrit avec une majuscule : *les Bas-Normands ; c'est une Bas-Normande.*
basoche n. f.
basochien, ienne adj. et n.
basophile adj.
basophobie n. f.
bas-port n. m. ▪ plur. **bas-ports**
basquais, e adj. et n.
➾ L'adjectif s'écrit sans majuscule : *la population basquaise.* Le nom s'écrit avec une majuscule : *les Basquais ; une Basquaise.*
Ξ Dans le langage culinaire, *basquaise* s'emploie dans la locution **à la basquaise** ou en apposition ; il est alors invariable : *des poulets (à la) basquaise.* Hors de cet usage, ce mot est vieilli. De nos jours, on emploie plutôt *basque.*
[1]**basque** n. f. (d'une veste)
[2]**basque** adj. et n.
➾ L'adjectif s'écrit sans majuscule : *un béret basque ; le Pays basque ; la population basque.* Le nom s'écrit avec une majuscule uniquement quand il désigne une personne : *les Basques ; c'est une Basque* mais *parler le basque.*
basquine n. f.
basquisant, ante n. et adj.
basquitude n. f.
bas-relief n. m. ▪ plur. **bas-reliefs**
bas-rouge n. m. ▪ plur. **bas-rouges**
bassac n. m.
basse n. f.
basse-contre ▪ plur. **basses-contre** ou **bassecontre**○ ▪ plur. **bassecontres**○ n. f.
bassecour ▪ plur. **bassecours** ou **basse-cour** ▪ plur. **basses-cours** n. f.
basse-courier, ière ▪ plur. **basses-couriers, ières** ou **bassecourier, ière** ▪ plur. **bassecouriers, ières** n.
basse-fosse ▪ plur. **basses-fosses** ou **basse-fosse**○ ▪ plur. **bassefosses**○ n. f.
basse-lice ▪ plur. **basses-lices** ou **basselice**○ ▪ plur. **basselices**○ ou **basse-lisse** ▪ plur. **basses-lisses** ou **basselisse**○ ▪ plur. **basselisses**○ n. f.
bassement adv.
basserie n. f.
bassesse n. f.
basset n. m.
basse-taille ▪ plur. **basses-tailles** ou **basse-taille**○ ▪ plur. **bassetailles**○ n. f.
bassette n. f.
bassin n. m.
➾ Ce mot s'écrit avec une majuscule dans les désignations d'entités géographiques : *le Bassin parisien ; le Bassin aquitain.*
bassinage n. m.
bassinant, ante adj.
bassine n. f.
bassinée n. f.
bassinement n. m.
bassiner v. tr. | conjug. 1 |
bassinet n. m.
HOM. formes du v. **bassiner**
bassinoire n. f.

bassiste n.
basson n. m.
bassoniste n.
basta interj.
bastague n. f.
bastaing ou **basting** /-stɛ̃/ n. m.
bastant, ante adj.
bastaque n. f.
baste interj.
baster v. intr. | conjug. 1 |
basterne n. f.
bastide n. f.
bastidette n. f.
bastidon n. m.
bastille n. f.
➾ Avec une majuscule, ce mot désigne l'ancienne forteresse parisienne et le quartier où elle se trouvait : *la prise de la Bastille ; rendez-vous à Bastille.*
bastillé, ée adj.
bastilleur n. m.
bastillonné, ée adj.
basting /-stɛ̃/ n. m.
→ **bastaing**
bastingage n. m.
bastingue n. f.
bastinguer v. tr. | conjug. 1 |
bastion n. m.
baston n. m. ou f.
bastonnade n. f.
bastonner v. tr. | conjug. 1 |
¬ **se bastonner**
➾ Aux temps composés de la forme pronominale, le participe s'accorde en genre et en nombre avec le sujet : *ils se sont bastonnés à la sortie de l'école.*
bastonneur n. m.
bastos /-os/ n. f.
bastringue n. m.
bastringuer v. intr. | conjug. 1 |
bastude ou **battude** n. f.
bas-ventre n. m. ▪ plur. **bas-ventres**
B. A. T. n. m.
▫ abrév. de **bon à tirer**
bât n. m.
HOM. **bah, bas,** formes du v. **battre**
bataclan n. m.
batail n. m.
HOM. **bataille,** formes du v. **batailler**
bataillant, ante adj.
bataillard, arde adj.
bataille n. f.
➾ Ce mot s'écrit sans majuscule : *la bataille de Stalingrad.*
HOM. **batail,** formes du v. **batailler**
batailler v. intr. | conjug. 1 |
batailleur, euse adj. et n.
bataillon n. m.
HOM. formes du v. **batailler**
bataillonnaire n. m.
bâtard, arde adj. et n.
batardeau n. m.
bâtardise n. f.
batave adj. et n.
➾ L'adjectif s'écrit sans majuscule : *la population batave.* Le nom s'écrit avec une majuscule uniquement quand il désigne une personne : *les Bataves ; une Batave.*
batavia n. f.
batavique adj.
batayole n. f.
bateau n. m.
Ξ Ce mot peut s'employer en apposition ; il est alors invariable : *des sujets bateau.*
bateau-bus n. m. ▪ plur. **bateaux-bus**
bateau-citerne n. m. ▪ plur. **bateaux-citernes**
bateau-feu n. m. ▪ plur. **bateaux-feux**
bateau-lavoir n. m. ▪ plur. **bateaux-lavoirs**
bateau-mouche n. m. ▪ plur. **bateaux-mouches**
bateau-phare n. m. ▪ plur. **bateaux-phares**
bateau-pilote n. m. ▪ plur. **bateaux-pilotes**
bateau-pompe n. m. ▪ plur. **bateaux-pompes**
bateau-porte n. m. ▪ plur. **bateaux-portes**
batée n. f.
HOM. **battée,** formes des v. **bâter, battre**
batelage n. m.
batelée n. f.
bateler v. intr. | conjug. 4 |
batelet n. m.
HOM. formes du v. **bateler**
bateleur, euse n.
batelier, ière n. et adj.
batellerie n. f.
bâter v. tr. | conjug. 1 |
HOM. **batée, battée,** formes du v. **battre**
bat-flanc n. m. ▪ plur. **bat-flancs**
bath /bat/ adj. inv.
HOM. **batte,** formes des v. **bâter, battre**
batholithe n. m.
bathomètre ou **bathymètre** n. m.
bathonien, ienne adj. et n. m.
bathophobie n. f.
bathyal, yale, yaux adj.
bathyesthésie n. f.
bathymètre n. m.
→ **bathomètre**
bathymétrie n. f.
bathymétrique adj.
bathyplancton n. m.
bathyscaphe n. m.
bathysphère n. f.

[1]**bâti, ie** adj.
HOM. formes des v. **bâtir, battre**
[2]**bâti** n. m.
HOM. formes des v. **bâtir, battre**
bâtier n. m.
HOM. formes du v. **battre**
bâtière n. f.
batifolage n. m.
batifoler v. intr. | conjug. 1 |
batifoleur, euse n.
batik n. m.
bâtiment n. m.
bâtine n. f.
bâtir v. tr. | conjug. 2 |
bâtissable adj.
bâtissage n. m.
bâtisse n. f.
HOM. formes du v. **bâtir**
bâtisseur, euse n.
batiste n. f.
➾ Ce nom s'écrit sans *p*.
HOM. **baptiste**
Batobus® n. m. inv.
➾ Comme tous les noms déposés, ce mot doit s'écrire avec une majuscule : *il y a des Batobus sur la Seine*. Toutefois, on le trouve fréquemment employé comme nom générique sans respect de la règle : *il y a des batobus sur la Seine*.
bâton n. m.
➾ Ce mot est au pluriel dans la locution **à bâtons rompus**.
HOM. formes du v. **battre**
bâtonnable adj.
bâtonnat /-a/ n. m.
HOM. formes du v. **bâtonner**
bâtonner v. tr. | conjug. 1 |
bâtonnet n. m.
HOM. formes du v. **bâtonner**
bâtonnier, ière n.
HOM. formes du v. **bâtonner**
bâtonniste n.
batoude n. f.
batracien n. m.
battable adj.
battade n. f.
battage n. m.
battaison n. f.
[1]**battant, ante** adj. (qui bat)
▸ **tambour battant** *mener une affaire tambour battant*
➾ Dans la locution **battant neuf**, *battant* et *neuf* restent le plus souvent invariables, mais peuvent s'accorder : *des enseignes battant neuf* ; *des enseignes battant neuves* ; *des enseignes battantes neuves*. Toutefois, on ne peut accorder *battant* sans accorder l'adjectif : **des enseignes battantes neuf*.
→ aussi **heure**
[2]**battant, ante** n. (personne)
[3]**battant** n. m. (pièce mobile)
batte n. f.
HOM. **bath**, formes des v. **bâter, battre**
battée n. f.
HOM. **batée**, formes des v. **bâter, battre**
battellement n. m.
battement n. m.
batterie n. f.
batteur, euse n.
batteuse n. f. (machine)
battitures n. f. pl.
battle-dress ou **battledress**○ /batœldʀɛs/ n. m. inv.
battoir n. m.
battologie n. f.
battre v. tr. et v. intr. | conjug. 41 |
▸ **battre froid à qqn** *son collègue lui bat froid*
▸ **battre en retraite** *l'ennemi a battu en retraite*
⌘ Dans la locution **battre son plein**, *son* est un adjectif possessif qui s'accorde avec le sujet : *les réjouissances battent leur plein*. Il ne s'agit pas du substantif *son* et de l'adjectif *plein*, contrairement à ce que certains linguistes ont avancé.
➾ Les mots de la famille de *battre* prennent deux *t*, à l'exception de *combatif* et *combativité*, qui s'écrivent traditionnellement avec un seul *t*. Les Rectifications de l'orthographe de 1990 préconisent toutefois les graphies *combattif* et *combattivité*.
¬ **se battre**
➾ Aux temps composés de la forme pronominale, le participe s'accorde en genre et en nombre avec le sujet : *elle s'est battue avec courage*.
battu, ue adj.
battude n. f.
→ **bastude**
battue n. f.
batture n. f.
batz /bats/ n. m.
bau n. m.
HOM. **baud, baux** (plur. de *bail*), **beau, bot**
baud /bo/ n. m.
HOM. **bau, baux** (plur. de *bail*), **beau, bot**
baudelairien, ienne adj. et n.
baudet n. m.
baudouinage n. m.
baudrier n. m.
baudroie n. f.
baudroyeur n. m.
baudruche n. f.

bauera /bowera/ n. f.
bauge n. f.
baugée n. f.
bauhinie ou **bauhinia** n. f.
baume n. m.
HOM. **bôme**
baumier n. m.
bauquière n. f.
baute n. f.
bauxite n. f.
bavant, ante adj.
bavard, arde adj. et n.
bavardage n. m.
bavardement adv.
bavarder v. intr. | conjug. 1 |
bavarderie n. f.
bavardise n. f.
bavarois, oise adj. et n.
➾ L'adjectif s'écrit sans majuscule : *la population bavaroise.* Le nom s'écrit avec une majuscule uniquement quand il désigne une personne : *les Bavarois ; c'est une Bavaroise* mais *parler le bavarois ; un bavarois au cassis ; une bavaroise au chocolat.*
bavasser v. intr. | conjug. 1 |
bavasseur, euse adj. et n.
bave n. f.
baver v. intr. | conjug. 1 |
baverolle ou **baverole**○ n. f.
bavette n. f.
baveur, euse adj. et n.
baveuse n. f.
baveux, euse adj.
bavochure n. f.
bavoir n. m.
bavolet n. m.
bavoter v. intr. et v. tr. | conjug. 1 |
bavure n. f.
bayadère n. f.
bayard ou **bayart** n. m.
bayement n. m.
HOM. **bâillement**
bayer v. intr. | conjug. 1 |
Ξ Ce mot ne s'emploie plus que dans l'expression **bayer aux corneilles**.
➾ Ne pas écrire ***bâiller aux corneilles**.
HOM. **bailler, bâiller**
bayou n. m.
bay-window /bɛwindo/ ▪ plur. **bay-windows** ou **baywindow**○ ▪ plur. **baywindows** n. f.
bazar n. m. (marché)
➾ Ce mot s'écrit sans *d,* malgré le dérivé *bazarder.*
HOM. **bazard**
bazard n. m. (argot. : élève de Saint-Cyr)
HOM. **bazar**
bazardage n. m.
bazarder v. tr. | conjug. 1 |
bazardeur, euse n.
bazin n. m.
bazooka /-zu-/ n. m.
B. C. B. G. ou **bécebège** adj.
▫ abrév. de **bon chic bon genre**
B. C. G.® n. m.
▫ abrév. de **bacille Bilié de Calmette et Guérin**
B. D. n. f.
▫ abrév. de **bande dessinée**
bdellium /bdeljɔm/ n. m.
bê ou **bè** interj.
HOM. **bai, baie, bey**
beach-volley ou **beachvolley**○ /bitʃvɔlɛ/ n. m.
beagle /bigl/ n. m.
béance n. f.
béant, ante adj.
béarnais, aise adj. et n.
➾ L'adjectif s'écrit sans majuscule : *une sauce béarnaise.* Le nom s'écrit avec une majuscule uniquement quand il désigne une personne : *les Béarnais ; c'est une Béarnaise* mais *parler le béarnais.*
Ξ Dans **sauce béarnaise**, ce mot prend la marque du pluriel car il s'agit d'un adjectif : *des sauces béarnaises.* En revanche, lorsqu'il est employé dans la locution **à la béarnaise** ou en apposition, il est invariable : *des tournedos (à la) béarnaise.*
beat /bit/ adj. inv.
HOM. **bit, bite, bitte,** formes des v. **biter, ²bitter**
béat, ate /-a, at/ adj.
béatement adv.
béatifiant, ante adj.
béatification n. f.
béatifier v. tr. | conjug. 7 |
béatifique adj.
béatilles n. f. pl.
béatitude n. f.
beatnik /bitnik/ n.
¹beau ou **bel, belle** adj. et n.
Ξ Au singulier, *beau* devient *bel* devant un nom commençant par une voyelle ou un *h* muet : *un bel avenir ; un bel homme.* Devant *et,* la forme de l'adjectif dépend de la première lettre du nom qu'il qualifie : *un bel et grand arbre* mais *un beau et grand peuplier.*
➾ *Belle* s'écrit avec une majuscule dans **la Belle Époque**.
HOM. **bau, baud, baux** (plur. de *bail*), **bot**
²beau adv.
▸ **porter beau** *elles portent beau*
▸ **avoir beau** (+ inf.) *j'ai beau crier, il ne m'entend pas*

▸ **il fait beau** (+ inf.) *il fait beau entendre un pareil discours*
▸ **il ferait beau voir que** (+ subj.) *il ferait beau voir que vous agissiez sans notre accord*
▸ **bel et bien** *ils sont bel et bien partis*
▸ **de plus belle** *il pleut de plus belle*
HOM. **bau, baud, baux** (plur. de *bail*), **bot**
beauceron, onne adj. et n.
➾ L'adjectif s'écrit sans majuscule : *la population beauceronne*. Le nom s'écrit avec une majuscule uniquement quand il désigne une personne : *les Beaucerons ; c'est une Beauceronne* mais *il élève des beaucerons*.
beaucoup adv.
▸ **beaucoup de** (+ n.) *beaucoup de temps a passé ; beaucoup d'arbres ont été coupés*
▸ **de beaucoup** *il est de beaucoup le plus vieux*
Ξ Ce mot peut s'employer comme pronom ; s'il n'y a pas d'antécédent, l'accord se fait au masculin pluriel : *elle avait invité des amies, beaucoup ne sont pas venues* mais *il pleuvait, beaucoup sont partis*.
beauf n. m.
beauferie n. f.
beau-fils n. m. ▪ plur. **beaux-fils**
beaufort n. m.
➾ Ce mot s'écrit sans majuscule, contrairement au nom propre qui désigne la ville : *du fromage de Beaufort* mais *manger du beaufort*.
beau-frère n. m. ▪ plur. **beaux-frères**
beaujolais n. m.
➾ Ce mot s'écrit sans majuscule, contrairement au nom propre qui désigne la région : *un vin du Beaujolais* mais *une bouteille de beaujolais*.
beaujolpif n. m. (beaujolais)
beaune n. m.
➾ Ce mot s'écrit sans majuscule, contrairement au nom propre qui désigne la ville : *un vin de Beaune* mais *une bouteille de beaune*.
beau-papa n. m. ▪ plur. **beaux-papas**
beau-parent n. m. ▪ plur. **beaux-parents**
beau-père n. m. ▪ plur. **beaux-pères**
beau-petit-fils n. m. ▪ plur. **beaux-petits-fils**
beaupré n. m.
beauté n. f.
beauvais n. m.
➾ Ce mot s'écrit sans majuscule, contrairement au nom propre qui désigne la ville : *une tapisserie de Beauvais* mais *de superbes beauvais*.
beaux-arts n. m. pl.
beaux-enfants n. m. pl.
bébé n. m.
bébé-bulle n. m. ▪ plur. **bébés-bulle**
bébé-éprouvette n. m. ▪ plur. **bébés-éprouvette**
bébête adj. et n. f.
bébite ou **bebite** ou **bibit(t)e** n. f.
be-bop ▪ plur. **be-bops** ou **bebop**° ▪ plur. **bebops**° /bibɔp/ n. m.
bec n. m.
➾ Ne pas écrire *bonbec* à la place de *bon bec* dans l'expression **avoir bon bec**.
bécabunga /-ɔ̃ga/ n. m.
bécane n. f.
bécard ou **beccard** n. m.
HOM. **bécarre**
bécarre n. m.
Ξ Ce mot peut s'employer en apposition ; il est alors invariable : *des mi bécarre*.
HOM. **bécard**
bécasse n. f.
bécasseau n. m.
bécassier, ière adj.
bécassine n. f.
bécasson n. m.
because ou **bicause** /bikoz/ conj. et prép.
Ξ L'emploi de ce mot en français est familier.
beccard n. m.
→ **bécard**
bec-croisé n. m. ▪ plur. **becs-croisés**
bec-d'âne ▪ plur. **becs-d'âne** ou **bec d'âne** ▪ plur. **becs d'âne** n. m.
bec-de-cane n. m. ▪ plur. **becs-de-cane**
bec-de-corbeau n. m. ▪ plur. **becs-de-corbeau**
bec-de-corbin n. m. ▪ plur. **becs-de-corbin**
bec-de-lièvre n. m. ▪ plur. **becs-de-lièvre**
bécebège adj.
→ **B. C. B. G.**
becfigue n. m.
bec-fin ▪ plur. **becs-fins** ou **becfin**° ▪ plur. **becfins**° n. m.
bêchage n. m.
béchamel n. f.
➾ Employé comme nom commun, ce mot s'écrit sans majuscule et prend un s au pluriel : *préparer des béchamels*. En revanche, dans **à la Béchamel** et **sauce Béchamel**, il est invariable et s'écrit avec une majuscule car il s'agit du nom propre (Louis de Béchamel fut maître d'hôtel de Louis XIV) : *des endives à la Béchamel ; des sauces Béchamel*.
bêchard ou **béchard** n. m.
bêche n. f.
bêche-de-mer n. m. ▪ plur. **bêches-de-mer**
bêchelon n. m.
bécher /beʃɛʀ/ n. m.
bêcher v. tr. | conjug. 1 |
bêcheton n. m.
bêcheur, euse n.

béchevet n. m.
bêcheveter v. tr. | conjug. 4 |
béchique adj.
bêchoir n. m.
bêchon n. m.
HOM. formes du v. **bêcher**
béchot n. m.
bec-jaune n. m. ▪ plur. **becs-jaunes**
bécot n. m.
bécotage n. m.
bécoter v. tr. | conjug. 1 |
¬ **se bécoter**
➾ Aux temps composés de la forme pronominale, le participe s'accorde en genre et en nombre avec le sujet : *ils se sont bécotés en public.*
bécoteur, euse adj. et n.
becqué, ée adj.
becquebois n. m.
becquée ou **béquée** n. f.
HOM. **becqué, béké**
becquerel n. m.
becquet n. m.
→ **béquet**
becqueter ou **béqueter** v. tr. | conjug. 4 | (picorer)
bec-scie n. m. ▪ plur. **becs-scies**
bectance ou **becquetance** n. f.
becter ou **becqueter** v. tr. | conjug. 1 ou 4 | (fam. : manger)
CONJUG. Ce verbe est défectif : il s'emploie surtout à l'infinitif et aux temps composés : *il n'y a rien à becter ; ils ont tout becté.*
bécune n. f.
bedaine n. f.
bed and breakfast /bɛdɛndbʀɛkfœst/ n. m. inv.
bédane n. m.
bédé n. f.
▫ abrév. de **bande dessinée**
bedeau n. m.
bédégar n. m.
bédéiste n.
bédéphile n. et adj.
bédéthèque n. f.
bedole ou **bedolle** adj. et n. f.
bedon n. m.
bedondaine n. f.
bedonnant, ante adj.
bedonnement n. m.
bedonner v. intr. | conjug. 1 |
bédouïde n. f.
bédouin, ine n. et adj.
➾ L'adjectif s'écrit sans majuscule : *des tentes bédouines ; la population bédouine.* Le nom s'écrit avec une majuscule : *les Bédouins ; c'est une Bédouine.*

bée adj. f et n. f.
Ξ L'adjectif ne s'emploie que dans la locution **bouche bée**, qui est invariable : *ils en sont restés bouche bée.*
béer v. intr. | conjug. 1 |
beethovénien, ienne adj.
beetlage /bitlaʒ/ n. m.
beffroi n. m.
bégaiement ou **bégayement** n. m.
Ξ La forme *bégayement* est vieillie.
➾ Ne pas oublier le *e* muet.
bégayage n. m.
bégayant, ante adj.
bégayer v. intr. | conjug. 8 |
bégayeur, euse n. et adj.
bégonia n. m.
☯ Ce mot est masculin : *un grand bégonia.*
bégoniacée n. f.
bégu, uë ou **üe**○ adj. et n.
bègue adj. et n.
béguètement n. m.
bégueter v. intr. | conjug. 5 |
bégueule n. f.
HOM. **bagel**
bégueulerie n. f.
bégueulisme n. m.
béguin n. m.
béguinage n. m.
béguine n. f.
béguineuse n. f.
bégum /-ɔm/ n. f.
béhaviorisme /beavjɔʀ-/ ou **behaviorisme** /bievjɔʀ- ; beavjɔʀ-/ ou **behaviourisme** /beavjuʀ- ; beavjɔʀ-/ n. m.
béhavioriste /beavjɔʀ-/ ou **behavioriste** /bievjɔʀ- ; beavjɔʀ-/ ou **behaviouriste** /beavjuʀ- ; beavjɔʀ-/ n.
béhémot ou **béhémoth** /-ɔt/ n. m.
beige adj.
➾ Cet adjectif de couleur est invariable quand il est suivi d'un autre adjectif qui précise la nuance : *des peintures beige rosé.* Quand deux adjectifs de couleur se suivent, ils sont liés par un trait d'union : *des peintures gris-beige.*
beigeasse adj.
beigeâtre adj.
[1]**beigne** n. f. (fam. : gifle)
HOM. formes du v. **baigner**
[2]**beigne** n. m. (Québec : pâtisserie)
HOM. formes du v. **baigner**
beignet n. m.
HOM. formes du v. **baigner**
beïram n. m.
→ **baïram**
béjaune n. m.
béké n.
HOM. **becquée, becquet**

[1]**bel** adj. m. et adv.
→ aussi **beau**
[2]**bel** n. m. (mesure)
bélandre n. f.
bêlant, ante adj.
bel cantiste ▪ plur. **bel cantistes** ou **belcantiste**○ ▪ plur. **belcantistes**○ n.
bel canto ▪ plur. inv. ou **belcanto**○ ▪ plur. **belcantos**○ n. m.
bêlement n. m.
HOM. **bellement**
bélemnite n. f.
bélemnitique adj.
bélemnitologie n. f.
bêler v. intr. | conjug. 1 |
belette n. f.
belge adj. et n.
➾ L'adjectif s'écrit sans majuscule : *l'accent belge ; le peuple belge*. Le nom s'écrit avec une majuscule : *les Belges ; c'est une Belge*.
belgeoisant, ante n. et adj.
belgicisme ou **belgisme** n. m.
Ξ La forme *belgisme* est rare.
belgique adj.
belgisme n. m.
→ **belgicisme**
bélier n. m.
➾ Quand il désigne la constellation ou le signe du zodiaque, ce mot est invariable et s'écrit avec une majuscule : *il est du signe du Bélier ; elles sont Bélier*.
bélière n. f.
bélinage n. m.
bélino n. m.
bélinogramme n. m.
bélinographe n. m.
bélinographique adj.
bélître ou **bélitre**○ n. m.
belladone n. f.
belladoné, ée adj.
belladonine n. f.
bellâtre n. m.
belle adj. f et n. f.
→ aussi **beau**
belle-dame n. f. ▪ plur. **belles-dames**
belle-de-jour n. f. ▪ plur. **belles-de-jour**
belle-de-nuit n. f. ▪ plur. **belles-de-nuit**
belle-doche n. f. ▪ plur. **belles-doches**
belle-d'onze-heures n. f. ▪ plur. **belles-d'onze-heures**
belle-d'un-jour n. f. ▪ plur. **belles-d'un-jour**
belle-famille n. f. ▪ plur. **belles-familles**
belle-fille n. f. ▪ plur. **belles-filles**
belle-maman n. f. ▪ plur. **belles-mamans**
bellement adv.
HOM. **bêlement**
belle-mère n. f. ▪ plur. **belles-mères**
belle-petite-fille n. f. ▪ plur. **belles-petites-filles**
belles-lettres n. f. pl.
belle-sœur n. f. ▪ plur. **belles-sœurs**
bellicisme n. m.
belliciste adj.
bellicosité n. f.
belligène adj.
belligérance n. f.
belligérant, ante adj. et n.
belliqueusement adv.
belliqueux, euse adj.
bellis /-is/ n. f.
bellissime adj.
bellot, otte adj.
belluaire n. m.
bellure n. m.
belon n. f.
bélon n. m.
bélonéphobie n. f.
belote n. f.
beloteur, euse n.
bélouga ou **béluga** /-u-/ n. m.
béloutche adj. et n.
➾ L'adjectif s'écrit sans majuscule : *le peuple béloutche*. Le nom s'écrit avec une majuscule uniquement quand il désigne une personne : *les Béloutches ; c'est une Béloutche* mais *parler le béloutche*.
béluga n. m.
→ **bélouga**
belvédère n. m.
➾ Avec une majuscule, **le Belvédère** désigne l'édifice du Vatican.
bembex /bɛ̃-/ n. m.
bémol n. m.
Ξ Ce mot peut s'employer en apposition ; il est alors invariable : *des mi bémol*.
bémoliser v. tr. | conjug. 1 |
[1]**ben** /bɛn/ n. m.
▫ abrév. de **bénard**
HOM. **benne**
[2]**ben** /bɛ̃/ adv.
Ξ Ce mot s'emploie couramment à l'oral dans le langage familier au sens de « eh bien » : *ben quoi ? ; ben dis donc !* L'emploi au sens de « bien » est rural : *c'est ben vrai !*
HOM. **bain**
bénard n. m.
bénarde n. f.
benchmark /bɛntʃmaʀk/ n. m.
benchmarking /bɛntʃmaʀkiŋ/ n. m.
bend /bɛnd/ n. m.
bending /bɛndiŋ/ n. m.
bendir /bɛndiʀ/ n. m.
bénédicité n. m.

bénédictin, ine n.
➾ Ce mot s'écrit avec une minuscule lorsqu'il désigne une personne : *un couvent de bénédictines*. Il s'écrit avec une majuscule lorsqu'il désigne sans ambiguïté l'ordre lui-même : *il est entré chez les Bénédictins*.
bénédiction n. f.
benedictus /benediktys/ n. m. inv.
bénef n. m.
□ abrév. de **bénéfice**
bénéfice n. m.
bénéficiaire n. et adj.
HOM. formes du v. **bénéficier**
bénéficial, ale adj.
bénéficiant, ante adj.
[1]**bénéficier** n. m.
[2]**bénéficier** v. tr. ind. | conjug. 7 |
▸ **bénéficier de** (+ n.) *elle a bénéficié d'une remise*
▸ **bénéficier à** (+ n.) *la croissance économique n'a pas bénéficié aux classes moyennes*
bénéfique adj.
bénéolence n. f.
bénéolent, ente adj.
benêt n. m. et adj. m.
☯ Ce mot n'a pas de forme féminine et ne s'emploie pas pour parler d'une femme.
bénévolat n. m.
bénévole adj. et n.
bénévolement adv.
bénévolence n. f.
bénévolent, ente adj.
bengali, ie /bɛ̃-/ n. et adj.
➾ L'adjectif s'écrit sans majuscule : *la population bengalie*. Le nom s'écrit avec une majuscule uniquement quand il désigne une personne : *les Bengalis ; c'est une Bengalie* mais *parler le bengali*.
bénichon n. f.
bénignement adv.
bénignité n. f.
bénin, igne adj.
➾ La forme **bénine* est incorrecte.
béni-oui-oui n. m. inv.
bénir v. tr. | conjug. 2 ; p. p. *béni* |
☰ Le participe passé de ce verbe est *béni*, qu'il ne faut pas confondre avec l'adjectif *bénit* (« qui a reçu la bénédiction du prêtre avec les cérémonies prescrites »). On doit écrire *il a béni le pain* mais *du pain bénit* ; *l'eau bénie par le pape* mais *de l'eau bénite*.
bénissable adj.
bénissage n. m.
bénissant, ante adj.
bénissement n. m.
bénisseur, euse adj.
bénit, ite adj.
→ aussi **bénir**
bénitier n. m.
benjamin, ine /bɛ̃-/ n.
benji /bɛnʒi/ n. m.
benjoin /bɛ̃-/ n. m.
benne n. f.
HOM. [1]**ben**
bennettite n. f.
bennier, ière n.
benoît, oîte ou **benoit, oite**° adj.
benoîte ou **benoite**° n. f.
benoîtement ou **benoitement**° adv.
benthique /bɛ̃-/ adj.
benthogène /bɛ̃-/ adj.
benthonique /bɛ̃-/ adj.
benthos /bɛ̃tos/ n. m.
benthoscope /bɛ̃-/ n. m.
bentonite /bɛ̃-/ n. f.
benzaldéhyde /bɛ̃-/ n. m.
benzamide /bɛ̃-/ n. m.
Benzédrine® /bɛ̃-/ n. f.
➾ Comme tous les noms déposés, ce mot doit s'écrire avec une majuscule : *prendre de la Benzédrine*. Toutefois, on le trouve fréquemment employé comme nom générique sans respect de la règle : *prendre de la benzédrine*.
benzène /bɛ̃-/ n. m.
benzénique /bɛ̃-/ adj.
benzidine /bɛ̃-/ n. f.
benzile /bɛ̃-/ n. m.
HOM. **benzyle**
benzimidazole /bɛ̃-/ n. m.
benzimide /bɛ̃-/ n. f.
benzine /bɛ̃-/ n. f.
HOM. **benzyne**
benzite /bɛ̃-/ n. f.
benzoate /bɛ̃-/ n. m.
benzodiazépine /bɛ̃-/ n. f.
benzoïque /bɛ̃-/ adj.
benzol /bɛ̃-/ n. m.
benzolé, ée /bɛ̃-/ adj.
benzolique /bɛ̃-/ adj.
benzolisme /bɛ̃-/ n. m.
benzonaphtol /bɛ̃-/ n. m.
benzone /bɛ̃-/ n. f.
benzonitrile /bɛ̃-/ n. m.
benzophénone /-bɛ̃-/ n. m.
benzopyrène /bɛ̃-/ n. m.
benzoquinone /bɛ̃-/ n. f.
benzosulfate /bɛ̃-/ n. m.
benzosulfurique /bɛ̃-/ adj.
benzoyle /bɛ̃zɔil/ n. m.
benzylcellulose /bɛ̃-/ n. f.
benzyle /bɛ̃-/ n. m.
HOM. **benzile**
benzylidène /bɛ̃-/ n. m.
benzylique /bɛ̃-/ adj.

benzyne /bɛ̃-/ n. m.
HOM. **benzine**
béotien, ienne n. et adj.
➾ L'adjectif s'écrit sans majuscule : *la population béotienne*. Le nom s'écrit avec une majuscule quand il désigne un habitant de la Béotie : *les Béotiens ; c'est une Béotienne* mais *ils parlaient le béotien ; il a des goûts de béotien ; c'est un béotien en musique*.
béotisme n. m.
B. E. P. n. m. inv.
▫ abrév. de **brevet d'études professionnelles**
B. E. P. C. n. m. inv.
▫ abrév. de **brevet d'études du premier cycle**
béquée n. f.
→ **becquée**
béquet ou **becquet** n. m.
béqueter n. m.
→ **becqueter**
béquillard, arde adj.
béquille n. f.
béquiller v. tr. et v. intr.
ber /bɛʀ/ n. m.
berbère adj. et n.
➾ L'adjectif s'écrit sans majuscule : *les tribus berbères*. Le nom s'écrit avec une majuscule uniquement quand il désigne une personne : *les Berbères ; c'est une Berbère* mais *parler le berbère*.
berbéridacée ou **berbéridée** n. f.
berbéris /-is/ n. m.
berbérophone adj. et n.
bercail n. m.
Ξ Le pluriel *bercails* est régulier mais rare.
berçant, ante adj.
berce n. f.
berceau n. m.
bercelonnette ou **barcelonnette** n. f.
bercement n. m.
bercer v. tr. | conjug. 3 |
¬ **se bercer**
se bercer d'illusions
➾ Aux temps composés de la forme pronominale, le participe s'accorde en genre et en nombre avec le sujet : *elles se sont bercées d'illusions*.
berceur, euse adj.
berceuse n. f.
berdouille n. f.
berdouillette n. f.
béret n. m.
bérézina n. f.
➾ Ce mot s'écrit sans majuscule, contrairement au nom propre qui désigne la rivière : *la bataille de la Bérézina* mais *ça s'est terminé en bérézina*.
bergamasque n. f.
bergame n. f.
➾ Ce mot s'écrit sans majuscule, contrairement au nom propre qui désigne la ville : *des tapisseries de Bergame* mais *des bergames anciennes*.
bergamine n. f.
bergamote n. f.
bergamotier n. m.
berge n. f.
berger, ère n.
bergerade n. f.
bergère n. f.
bergerette n. f.
bergerie n. f.
bergeron n. m.
bergeronnette n. f.
bergerot n. m.
berginisation n. f.
bergmanien, ienne adj.
bergsonien, ienne adj. et n.
bergsonisme n. m.
béribéri n. m.
berimbau ▪ plur. **berimbaus** ou **bérimbau** ▪ plur. **bérimbaus** /beʀimbo/ n. m.
berk ou **beurk** interj.
berkeleyen, enne /bɛʀklɛjɛ̃, ɛn/ adj. et n.
berkélium /-jɔm/ n. m.
berlaud, aude adj. et n.
berle n. f.
berlin n. m.
berline n. f.
berlinette n. f.
berlingot n. m.
berlingue n. m.
berlue n. f.
berme n. f.
bermuda n. m.
bermudien, ienne adj. et n.
➾ L'adjectif s'écrit sans majuscule : *la population bermudienne ; un gréement bermudien*. Le nom s'écrit avec une majuscule : *les Bermudiens ; c'est une Bermudienne*.
bernache ou **bernacle** n. f.
bernardin, ine n.
bernard-l'ermite ou **bernard-l'hermite** n. m. inv.
berne n. f.
▸ **en berne** *un pavillon en berne ; mettre les drapeaux en berne*
bernement n. m.
berner v. tr. | conjug. 1 |
berneur, euse adj. et n.
[1]**bernique** ou **bernicle** n. f.
[2]**bernique** interj.
béroé n. m.
bérot n. m.
berquinade n. f.

berquinisme n. m.
berriasien, ienne adj. et n. m.
berrichon, onne adj. et n.
➾ L'adjectif s'écrit sans majuscule : *la population berrichonne*. Le nom s'écrit avec une majuscule uniquement quand il désigne une personne : *les Berrichons ; c'est une Berrichonne* mais *parler le berrichon ; élever des berrichons* (moutons) ; *des rognons à la berrichonne*.
bersaglier /bɛʀsaglije ; bɛʀsaljeʀ/ n. m.
bertha n. f.
berthe n. f.
bertholletia n. f.
berthon n. m.
bertillonnage n. m.
béryl n. m.
bérylliose n. f.
béryllium /-jɔm/ n. m.
béryx ou **beryx** /be-/ n. m.
berzingue (à tout, à toute) loc. adv.
il a filé à toute berzingue/à tout berzingue
besace n. f.
besacier n. m.
besaigre adj. et n. m.
besaiguë ou **besaigüe**○ n. f.
besant n. m.
besanté, ée adj.
bésef ou **bézef** adv.
besi n. m.
bésiclard, arde n.
bésicles ou **besicles** /be-/ n. f. pl.
bésigue n. m.
besogne n. f.
besogner v. intr. et v. tr. | conjug. 1 |
besogneusement adv.
besogneux, euse adj.
besoin n. m.
◗ **au besoin** *au besoin, téléphonez-moi*
◗ **avoir besoin de** (+ n.) *ils ont besoin d'argent*
◗ **avoir besoin de** (+ inf.) *je n'ai pas besoin d'en parler*
◗ **avoir besoin que** (+ subj.) *il a besoin qu'on le soutienne*
⌘ L'emploi de **avoir besoin** avec un complément d'objet direct est fautif. On ne doit pas dire **qu'est-ce que tu as besoin ?* mais *de quoi as-tu besoin ?*.
Ξ La tournure impersonnelle **être besoin de** (+ inf. ou n.) appartient au registre littéraire : *il n'est point besoin de lui en parler*.
bessemer /bɛsmɛʀ/ n. m.
besson, onne n.
bestiaire n. m.
bestial, iale, iaux adj.
bestialement adv.
bestialiser v. tr. | conjug. 1 |
bestialité n. f.
bestiau n. m.
Ξ Ce mot s'emploie surtout au pluriel : *un marché aux bestiaux*.
bestiole n. f.
bestion n. m.
best of /bɛstɔf/ n. m. inv.
Ξ Ce mot est un anglicisme dont l'emploi est critiqué. Il faut lui préférer *compilation* ou *florilège*.
best-seller ▪ plur. **best-sellers** ou **bestseller**○ ▪ plur. **bestsellers**○ /bɛstsɛlœʀ/ n. m.
[1]**bêta** n. m. ▪ plur. inv. ou plur. **bêtas**○
[2]**bêta** adj. inv.
[3]**bêta, asse** n. et adj.
bêta-adrénergique ▪ plur. **bêta-adrénergiques** ou **bêtaadrénergique**○ ▪ plur. **bêtaadrénergiques**○ adj.
bêtabloquant n. m.
bêtacarotène n. m.
bêtagraphie n. f.
bétail n. m. sing.
bétaillère n. f.
bêta-inhibiteur, trice adj. et n. m. ▪ plur. **bêta-inhibiteurs, trices**
bêtalactamine n. f.
bêtalytique adj.
bêtamimétique adj.
bétanine n. f.
bêtarécepteur n. m.
bêtasse adj. et n. f.
bêtasserie n. f.
bêtastimulant n. m.
bêtatest n. m.
bêtatesteur, euse n.
bêtathérapie n. f.
bêtatron n. m.
bête n. f. et adj.
HOM. **bette**
bétel n. m.
bêtement adv.
bêtifiant, iante adj.
bêtification n. f.
bêtifiement n. m.
bêtifier v. tr. et v. intr. | conjug. 7 |
¬ **se bêtifier**
➾ Aux temps composés de la forme pronominale, le participe s'accorde en genre et en nombre avec le sujet : *elle s'est bêtifiée à ne rien faire*.
bêtise n. f.
bêtisier n. m.
bétoine n. f.
bétoire n. f.
béton n. m.
Ξ Dans le registre familier, ce mot peut

s'employer en apposition ; il est alors invariable : *des excuses béton*.
bétonisation n. f.
bétonnage n. m.
bétonnant, ante adj.
bétonner v. tr. et v. intr. | conjug. 1 |
bétonneur n. m.
bétonneuse n. f.
bétonnière n. f.
bette ou **blette** n. f.
HOM. **bête**
betterave n. f.
betteraverie n. f.
betteravier, ière adj. et n.
betting /bɛtiŋ/ n. m.
bétulacée n. f.
bétyle n. m.
beuglant n. m.
beuglante n. f.
beuglard, arde n. et adj.
beuglement n. m.
beugler v. intr. | conjug. 1 |
beuh interj.
beur, e, beurette n. et adj.
Ξ Ce mot est familier. Au féminin, on peut utiliser *beur* ou *beure* : *la culture beur* ou *beure* ; *beurette* s'emploie exclusivement pour désigner ou qualifier une jeune fille.
HOM. **beurre**, formes du v. **beurrer**
beurk interj.
→ **berk**
beurrage n. m.
beurre n. m.
HOM. **beur**
¹**beurré, ée** adj.
²**beurré** n. m.
beurrée n. f.
beurre-frais adj. inv.
beurrer v. tr. | conjug. 1 |
beurrerie n. f.
beurreux, euse adj.
beurrier, ière n. et adj.
HOM. formes du v. **beurrer**
beuverie n. f.
bévatron n. m.
bévue n. f.
bey /bɛ/ n. m.
HOM. **bai, baie, bê**
beylical, ale, aux adj.
beylicat n. m.
beylik n. m.
beylisme n. m.
beyliste adj. et n.
bézef adv.
→ **bésef**
bezet n. m.
bézoard n. m.
bhakti n. f.
bi adj. et n.
▫ abrév. de **bisexuel**
biacide n. m. et adj.
biactif, ive adj.
biadmissible adj.
biais, biaise adj. et n. m.
◗ **de biais** *regarder de biais ; prendre qqch./qqn de biais*
◗ **en biais** *jeter un coup d'œil en biais*
biaisé, ée adj.
biaisement n. m.
biaiser v. intr. et v. tr. | conjug. 1 |
biaiseur, euse n. et adj.
biarrot, ote adj. et n.
➾ L'adjectif s'écrit sans majuscule : *la population biarrote*. Le nom s'écrit avec une majuscule uniquement quand il désigne une personne : *les Biarrots ; c'est une Biarrote* mais *une garniture à la biarrote ; préparer une biarrote*.
biathlète n.
biathlon n. m.
biatomique adj.
biaural, ale, aux adj.
biauriculaire adj.
biaxe adj.
bib n. m.
bibacier n. m.
→ **bibassier**
bibande adj.
bibard, arde n.
bibasique adj.
bibassier ou **bibacier** n. m.
bibelot n. m.
bibelotage n. m.
bibeloter v. intr. et v. tr. | conjug. 1 |
bibeloterie n. f.
bibeloteur, euse n.
bibelotier, ière n.
bibendum /bibɛ̃dɔm/ n. m.
biberon n. m.
biberonner v. intr. | conjug. 1 |
biberonnerie n. f.
biberonneur, euse n.
¹**bibi** n. m. (fam. : chapeau)
²**bibi** n. m. et pron. (fam. : moi)
bibiche n. f.
bibine n. f.
bibion n. m.
bibionidé n. m.
bibite ou **bibitte** n. f.
→ **bébite**
bibition n. f.
bible n. f.
➾ Ce mot s'écrit avec une majuscule quand il

désigne l'ensemble de textes sacrés : *interpréter un passage de la Bible ; la Bible de Sacy.* Il s'écrit avec une minuscule quand il désigne le livre lui-même ou quand il est employé au sens figuré : *une bible de poche ; ce dictionnaire est sa bible.*
Ξ Ce mot peut s'employer en apposition ; il est alors invariable : *des papiers bible.*
biblicisme n. m.
bibliciste n.
biblio n. f.
□ abrév. de **bibliographie**
bibliobus /-ys/ n. m.
bibliognosie /-gno-/ n. f.
bibliognoste /-gno-/ n.
bibliographe n.
bibliographie n. f.
bibliographier v. tr. | conjug. 7 |
bibliographique adj.
bibliolâtre n. et adj.
bibliolâtrie n. f.
bibliologie n. f.
bibliologique adj.
bibliomancie n. f.
bibliomancien, ienne n. et adj.
bibliomane adj. et n.
bibliomaniaque adj.
bibliomanie n. f.
bibliométrie n. f.
bibliophage n. m.
bibliophile n.
bibliophilie n. f.
bibliophilique adj.
bibliopoche n. f.
bibliopsychologie n. f.
bibliotaphe n.
bibliotechnique adj.
bibliothécaire n.
bibliothéconomie n. f.
bibliothéconomique adj.
bibliothèque n. f.
➾ Ce mot s'écrit avec une majuscule quand il désigne un établissement unique dans l'État : *la Bibliothèque nationale ; la Bibliothèque royale* mais *la bibliothèque municipale.* Quand le nom est qualifié par un adjectif dérivé d'un nom propre, seul l'adjectif prend une majuscule : *la bibliothèque Mazarine.*
biblique adj.
bibliquement adv.
biblisme n. m.
bibliste n.
bibus /-ys/ n. m.
Bic® n. m.
➾ Comme tous les noms déposés, ce mot doit s'écrire avec une majuscule : *écrire avec des Bics.* Toutefois, on le trouve fréquemment employé comme nom générique sans respect de la règle : *écrire avec des bics.*
HOM. **bique**
bicaméral, ale, aux adj.
bicaméralisme ou **bicamérisme** n. m.
bicarbonate n. m.
bicarbonaté, ée adj.
bicarboné, ée adj.
bicarburation n. f.
bicarbure n. m.
bicarré, ée adj.
bicaténaire adj.
bicause conj. et prép.
→ **because**
bicentenaire adj. et n. m.
bicéphale adj.
bicéphalisme n. m.
biceps /-ɛps/ n. m.
biche n. f.
bicher v. intr. | conjug. 1 |
bicherie n. f.
bichet n. m.
HOM. formes du v. **bicher**
bichette n. f.
bichlamar n. m.
bichlorure /-k-/ n. m.
bichon, onne n.
HOM. formes du v. **bicher**
bichonnage n. m.
bichonner v. tr. | conjug. 1 |
bichonneur, euse n.
bichromate /-k-/ n. m.
bichromaté, ée /-k-/ adj.
bichromie /-k-/ n. f.
bicipital, ale, aux adj.
bickford /-fɔʀd/ n. m.
biclou ou **bicloune** n. m.
bicolore adj.
bicombustible adj. et n. m.
bicomposant n. m.
biconcave adj.
biconvexe adj.
bicoque n. f.
bicoquet n. m.
bicorne adj. et n. m.
bicorps /-ɔʀ/ adj. et n. m.
bicot n. m.
☯ Ce mot, très péjoratif et injurieux, n'a pas de forme féminine et ne s'emploie pas pour parler d'une femme.
bicouche n. f.
bicourant adj. inv.
Bicross® n. m.
➾ Comme tous les noms déposés, ce mot doit s'écrire avec une majuscule : *des Bicross.* Toutefois, on le trouve fréquemment employé

comme nom générique sans respect de la règle : *des bicross.*
bicrossing /-iŋ/ n. m.
biculturalisme n. m.
biculturel, elle adj.
bicuspide adj.
bicycle n. m.
bicyclette n. f.
bicyclique adj.
bicycliste n.
bicylindre n. m.
bidard n. m. et adj. m.
bidasse n. m.
bide n. m.
bident n. m.
bidet n. m.
bidimensionnel, elle adj.
bidoche n. f.
bidon n. m.
Ξ Dans le registre familier, ce mot peut s'employer en apposition ; il est alors invariable : *des élections bidon.*
bidonnage n. m.
bidonnant, ante adj.
bidonner v. tr. | conjug. 1 |
¬ **se bidonner**
➾ Aux temps composés de la forme pronominale, le participe s'accorde en genre et en nombre avec le sujet : *ils se sont bidonnés toute la soirée.*
bidonville n. m.
bidouillage n. m.
bidouille n. f.
bidouiller v. tr. | conjug. 1 |
bidouilleur, euse n.
bidule n. m.
bief /bjɛf/ n. m.
bielle n. f.
biellette n. f.

¹bien adv. et adj. inv.
▪ adverbe
▸ **bien faire** *vous avez bien fait*
▸ **faire bien de** (+ inf.) *vous feriez bien de partir*
▸ **bien de, bien des** *il nous donne bien du souci ; j'ai pris cette route bien des fois*
▸ **bien que** (+ subj.) *j'accepte, bien que rien ne m'y contraigne*
▸ **bien que** (+ p. prés.) *bien qu'ayant son permis, elle ne conduit pas*
▸ **bien que** (avec ellipse du verbe et du sujet) *bien que très âgée, elle est encore sportive*
⌘ La locution conjonctive **bien que** s'emploie parfois avec l'indicatif pour marquer la réalité ou avec le conditionnel pour marquer l'éventualité : *bien que j'étais attentif, je me suis trompé ; bien que son jeune âge pourrait le désavantager, il est le plus doué.* L'usage de l'indicatif est cependant considéré comme vieilli.
Ξ Cet adverbe entre en composition avec des verbes à l'infinitif, au participe présent ou au participe passé pour former des noms ou des adjectifs : *le bien-parler ; bien-pensant ; bien-aimé. Bien* reste invariable et le second élément varie en genre et en nombre sauf s'il s'agit d'un infinitif : *des femmes bien-pensantes ; les bien-aimées ; les bien-parler.*
▪ adjectif invariable
▸ **être bien avec qqn** *ils sont bien avec leurs voisins*
▸ **faire bien** *ce tapis fait bien dans le salon*

²bien n. m.
bien-aimé, ée adj. et n. ▪ plur. **bien-aimés, ées**
⌘ L'adjectif a rarement la fonction d'attribut. L'épithète se place le plus souvent après le nom : *sa fille bien-aimée.*
➾ Ce mot s'écrit avec une majuscule dans le surnom du roi Louis XV : *Louis le Bien-Aimé.*
bien-dire n. m. inv.
bien-disant, ante adj. et n. ▪ plur. **bien-disants, antes**
biénergie n. f.
bien-être n. m. inv.
bienfacture n. f.
bien-faire n. m. inv.
bienfaisance /-fə-/ n. f.
bienfaisant, ante /-fə-/ adj.
bienfait n. m.
bienfaiteur, trice n.
bien-fondé n. m. ▪ plur. **bien-fondés**
bien-fonds n. m. inv.
bienheureusement adv.
bienheureux, euse adj. et n.
➾ Ne pas écrire l'adjectif *bienheureux* comme le groupe adjectival *bien heureux* : *je suis bien heureux de vous avoir rencontré* mais *un homme bienheureux ; des bienheureux.* Si l'on peut remplacer *bien* par *vraiment*, il s'agit de l'adverbe *bien*, et *bien heureux* s'écrit en deux mots.
bien-jugé n. m. ▪ plur. **bien-jugés**
bien-manger n. m. inv.
biennal, ale, aux adj. et n. f.
biennalité n. f.
bien-pensant, ante adj. et n. ▪ plur. **bien-pensants, antes**
bien-portant, ante adj. et n. ▪ plur. **bien-portants, antes**
bienséance n. f.
bienséant, ante adj.
bientôt adv.
➾ Ne pas écrire cet adverbe comme le groupe

adverbial *bien tôt* (contraire de *bien tard*) : *il est arrivé bien tôt en comparaison des autres jours* mais *il arrivera bientôt*. Si l'on peut remplacer *bien* par *vraiment*, il s'agit de l'adverbe *bien*, et *bien tôt* s'écrit en deux mots.
bientraitance n. f.
bienveillamment adv.
bienveillance n. f.
bienveillant, ante adj.
bienvenir v. intr.
Ξ Ce mot ne s'emploie qu'à l'infinitif, dans la locution **se faire bienvenir de qqn**.
bienvenu, ue adj. et n.
➾ Ne pas écrire l'adjectif *bienvenu* comme le groupe verbal *bien venu* : *oui, ils sont bien venus chez nous à l'heure prévue* mais *ils seront toujours bienvenus chez nous*. Si l'on peut remplacer *bien* par *vraiment*, il s'agit de l'adverbe *bien*, et *bien venu* s'écrit en deux mots.
HOM. **bienvenue**
bienvenue n. f.
HOM. **bienvenu**
bien-vivre n. m. inv.
bière n. f.
biergol n. m.
bièvre n. m.
bif n. m.
HOM. **biffe**, formes du v. **biffer**
biface n. m.
HOM. formes du v. **biffer**
biffage n. m.
biffe n. f.
HOM. **bif**
biffer v. tr. | conjug. 1 |
biffeton ou **bifton** n. m.
Ξ Ce mot est employé familièrement pour *billet*.
biffetonner ou **biftonner** v. intr. | conjug. 1 |
biffin n. m.
biffure n. f.
bifide adj.
bifidobactérie n. f.
bifidus /-ys/ n. m.
bifilaire adj.
bifocal, ale, aux adj.
bifore n. f. et adj.
biforme adj.
bifront adj. m.
bifteck ou **biftèque** n. m.
Ξ L'emploi de ce mot pour désigner la viande d'un autre animal que le bœuf (*un bifteck de cheval*) est critiqué car il vient d'un mot anglais qui signifie « tranche de bœuf ». En revanche, on peut employer *steak* : *un steak de cheval*.
bifton n. m.
→ **biffeton**
bifurcation n. f.
bifurquer v. intr. | conjug. 1 |
bigaille n. f.
bigame adj. et n.
bigamie n. f.
bigarade n. f.
bigaradier n. m.
bigarré, ée adj.
bigarreau n. m.
bigarreautier n. m.
bigarrer v. tr. | conjug. 1 |
bigarrure n. f.
big bang ▪ plur. **big bangs** ou **big-bang** ▪ plur. **big-bangs** ou **bigbang**○ ▪ plur. **bigbangs**○ n. m.
➾ Dans un contexte scientifique, ce mot s'écrit régulièrement avec des majuscules : *la théorie du Big Bang*.
bige n. m.
bigeade n. f.
bigéminé, ée adj.
bighorn n. m.
HOM. **bigorne**
bigle adj. et n.
bigler v. intr. et v. tr. | conjug. 1 |
biglerie n. f.
bigleux, euse adj. et n.
bigne n. f.
bigner (se) v. pron. | conjug. 1 |
➾ Aux temps composés, le participe s'accorde en genre et en nombre avec le sujet : *ils se sont bignés*.
bignole ou **bignolle** n. f.
bignon n. m.
bignone n. f.
bignonia n. m.
☯ Ce mot est masculin : *de grands bignonias*.
bignoniacée n. f.
bignonier n. m.
bignouf n. m.
bigo n. m.
□ abrév. de **bigophone**
HOM. **bigot**
bigophone n. m.
bigophoner v. intr. | conjug. 1 |
bigornage n. m.
bigorne n. f.
HOM. **bighorn**
bigorneau n. m.
bigorner v. tr. | conjug. 1 |
¬ **se bigorner**
➾ Aux temps composés de la forme pronominale, le participe s'accorde en genre et en nombre avec le sujet : *ils se sont violemment bigornés.*.
bigot, ote adj. et n.
HOM. **bigo**
bigotement adv.

bigoterie n. f.
bigotisme n. m.
bigouden, ène /-ɛ̃, ɛn/ n. et adj.
➾ L'adjectif s'écrit sans majuscule : *le pays bigouden ; la coiffe bigoudène*. Le nom s'écrit avec une majuscule uniquement quand il désigne une personne : *les Bigoudens ; c'est une Bigoudène* mais *elle porte une bigoudène*.
bigoudi n. m.
bigre interj. et n. m.
bigrement adv.
bigrille adj. et n.
bigue n. f.
biguine n. f.
bihebdomadaire adj.
Ξ L'emploi de ce mot au sens de « qui paraît toutes les deux semaines » est fautif : il signifie « qui paraît deux fois par semaine » : *un journal bihebdomadaire*.
bihoreau n. m.
bijectif, ive adj.
bijection n. f.
bijou n. m. ▪ plur. **bijoux**
bijouterie n. f.
bijoutier, ière n.
bijumeau n. et adj. m.
bikbachi n. m.
biker ou **bikeur, euse** /bajkœʀ/ n.
☯ La forme *biker* peut s'employer pour parler d'une femme : *elle est biker ; c'est une biker*.
Bikini® n. m.
➾ Comme tous les noms déposés, ce mot doit s'écrire avec une majuscule : *elle porte des Bikinis*. Toutefois, on le trouve fréquemment employé comme nom générique sans respect de la règle : *elle porte des bikinis*.
bilabial, iale, iaux adj. et n. f.
bilabié, iée adj.
bilame n. m.
☯ Ce mot est masculin : *un vieux bilame*.
bilan n. m.
bilanciel, elle adj.
bilanisme n. m.
bilatéral, ale, aux adj.
bilatéralement adv.
bilatéralisme n. m.
bilatéralité n. f.
bilboquet n. m.
bile n. f.
HOM. **bill**
biler (se) v. pron. | conjug. 1 |
➾ Aux temps composés, le participe s'accorde en genre et en nombre avec le sujet : *elle s'est bilée pour rien*.
bileux, euse adj.
ϟ Ne pas confondre **bileux**, mot familier qui signifie « anxieux », avec **bilieux**, qui signifie « qui résulte d'un excès de bile » et, au figuré, « coléreux ».
bilharzie n. f.
bilharziose n. f.
biliaire adj.
bilié, ée adj.
bilieusement adv.
bilieux, ieuse adj.
ϟ Ne pas confondre **bilieux**, qui signifie « qui résulte d'un excès de bile » et, au figuré, « coléreux », avec **bileux**, mot familier qui signifie « anxieux ».
biligenèse ou **biligénie** n. f.
bilinéaire adj.
bilingue adj.
bilinguiser /-gɥi-/ v. tr. | conjug. 1 |
bilinguisme /-gɥi-/ n. m.
bilirubinate n. m.
bilirubine n. f.
bilirubinémie n. f.
biliverdine n. f.
bill n. m.
HOM. **bile**, formes du v. **biler (se)**
billard n. m.
billarder v. intr. | conjug. 1 |
billardier n. m.
billbergia n. m.
bille n. f.
▸ **bille en tête** *ils sont arrivés bille en tête*
➾ Ce mot est au singulier dans les expressions **stylo à bille** et **déodorant à bille**. Il est au pluriel dans les expressions **roulement à billes** et **bombe à billes**.
billebaude n. f.
biller v. tr. | conjug. 1 |
billet n. m.
billeté, ée adj.
billetique n. f.
billette n. f.
billetterie n. f.
billettiste n.
billevesée /bil-/ n. f.
billion /bil-/ n. m.
Ξ Attention à la confusion entre le sens actuel « un million de millions » et le sens ancien « mille millions ».
billon n. m.
HOM. formes du v. **biller**
billonnage n. m.
billot n. m.
bilobé, ée adj.
bilocal, ale, aux adj.
bilocation n. f.
biloculaire adj.
bim interj.
bimane adj. et n.
bimatière adj.

bimbachi n. m.
bimbelot n. m.
bimbeloterie n. f.
bimbelotier, ière n.
bimbo /bimbo/ n. f.
bimembraphone adj.
bimensuel, elle adj. et n. m.
Ξ Ce mot signifie « qui paraît deux fois par mois ». Son emploi au sens de « qui paraît tous les deux mois » est fautif.
bimestre n. m.
bimestriel, ielle adj. et n. m.
Bimétal® n. m.
➾ Comme tous les noms déposés, ce mot doit s'écrire avec une majuscule : *des Bimétaux*. Toutefois, on le trouve fréquemment employé sans respect de la règle : *des bimétaux*.
bimétallique adj.
bimétallisme n. m.
bimétalliste adj. et n.
bimillénaire adj. et n. m.
bimodal, ale, aux adj. et n. m.
bimoteur adj. m. et n. m.
binage n. m.
binaire adj.
binairement adv.
binard ou **binart** n. m.
binarisme n. m.
binarité n. f.
binational, ale, aux adj. et n.
binaural, ale, aux adj.
binauriculaire adj.
biner v. tr. et v. intr. | conjug. 1 |
binet n. m.
HOM. formes du v. **biner**
binette n. f.
bineur, euse n. (personne)
bineuse n. f. (instrument)
bing /biŋ/ interj.
bingo /biŋgo/ n. m. et interj.
biniou n. m.
binoclard, arde adj. et n.
binocle n. m.
Ξ Ce mot masculin s'emploie au singulier au sens de « lunettes sans branches se fixant sur le nez » : *il a cassé son vieux binocle*. Toutefois, il est fréquemment employé dans le langage familier au sens de « lunettes » comme nom féminin pluriel : *il a cassé ses vieilles binocles*.
binocleux, euse adj. et n.
binoculaire adj. et n. f.
binoculé, ée adj.
binôme n. m.
binomial, iale, iaux adj.
binot ou **binoir** n. m.
binotage n. m.
bintje /bintʃ/ n. f.
binucléé, ée adj.
binz ou **bin's** /bins/ n. m.
[1]**bio** n. f.
◘ abrév. de **biographie**
[2]**bio** adj. et n. m.
◘ abrév. de **biologique**
bioacoustique n. f.
bioassimilable adj.
bioastronomie n. f.
biobibliographie n. f.
biobibliographique adj.
biocapsule n. f.
biocapteur n. m.
biocarburant n. m.
biocatalyse n. f.
biocatalyseur n. m.
biocénose ou **biocœnose** /-se-/ n. f.
biocéramique adj. et n. f.
biochimie n. f.
biochimique adj.
biochimiste n.
biocide n. m.
bioclimat n. m.
bioclimatique adj.
bioclimatologie n. f.
bioclimatologiste n.
biocœnose /-se-/ n. f.
→ **biocénose**
biocombustible n. m.
biocompatibilité n. f.
biocompatible adj.
bioconversion n. f.
biocosmétique adj. et n. f.
biodégradabilité n. f.
biodégradable adj.
biodégradation n. f.
biodégrader v. tr. | conjug. 1 |
biodesign /-dizajn ; -dezajn/ n. m.
biodiesel ou **biodiésel** n. m.
biodiversité n. f.
biodynamie n. f.
biodynamique n. f.
bioélectricité n. f.
bioélectrique adj.
bioélectronique n. f.
bioélément n. m.
bioénergétique adj. et n. f.
bioénergie n. f.
bioéthanol n. m.
bioéthicien, ienne n.
bioéthique n. f.
biofertilisant n. m.
Biofibre® n. f.
➾ Comme tous les noms déposés, ce mot doit s'écrire avec une majuscule : *la fabrication*

des Biofibres. Toutefois, on le trouve fréquemment employé comme nom générique sans respect de la règle : *la fabrication des biofibres*.

biogaz n. m.
biogène adj.
biogenèse n. f.
biogénétique adj. et n. f.
biogénie n. f.
biogénique adj.
biogéographie n. f.
biogéographique adj.
biographe n.
biographie n. f.
biographier v. tr. | conjug. 7 |
biographique adj.
biographiquement adv.
bio-industrie n. f. ▪ plur. **bio-industries**
bio-informaticien, ienne n. ▪ plur. **bio-informaticiens, iennes**
bio-informatique n. f. ▪ plur. **bio-informatiques**
bio-ingénierie n. f. ▪ plur. **bio-ingénieries**
biolistique n. f.
biologie n. f.
biologique adj.
biologiquement adv.
biologiser v. tr. | conjug. 1 |
biologisme n. m.
biologiste n.
bioluminescence n. f.
bioluminescent, ente adj.
biomagnétique adj.
biomagnétisme n. m.
biomasse n. f.
biomatériau n. m.
biomathématicien, ienne n.
biomathématique adj. et n. f.
biomécanique n. f.
biomédecine n. f.
biomédical, ale, aux adj.
biométéorologie n. f.
biométricien, ienne n.
biométrie n. f.
biométrique adj.
biométriste n. m.
biomimétique adj.
biomoléculaire adj.
biomorphique adj.
biomorphisme n. m.
biomorphose n. f.
bionicien, ienne n.
bionique n. f.
bionomie n. f.
bionomique adj.
biopeptidique adj.
biopesticide n. m.
biophage adj. et n.
biopharmaceutique adj.
biopharmacie n. f.
biophysicien, ienne n.
biophysique n. f. et adj.
bioplastique adj.
biopsie n. f.
biopsier v. tr. | conjug. 7 |
biopsique adj.
biopsychologie n. f.
biopsychologique adj.
biopuce n. f.
bioréacteur n. m.
biorythme n. m.
bioscience n. f.
biosécurité n. f.
biosphère n. f.
biosphérique adj.
biostatisticien, ienne n.
biostatistique n. f.
biostimuline n. f.
biosynthèse n. f.
biosynthétique adj.
biote n. m.
biotechnicien, ienne n.
biotechnique n. f.
biotechnologie n. f.
biotechnologique adj.
biotechnologiste n.
bioterrorisme n. m.
bioterroriste adj.
biothérapie n. f.
biothérapique adj.
biotine n. f.
biotique adj.
biotite n. f.
biotope n. m.
biotype n. m.
biotypologie n. f.
biotypologique adj.
biotypologiste n.
biovigilance n. f.
biovulaire adj.
biovulé, ée adj.
bioxyde n. m.
bip n. m.
Ξ **Bip sonore** est un pléonasme à éviter.
bipale adj.
bipare adj. et n. f.
biparti, ie ou **bipartite** adj.
Ξ Au sens « qui est composé de deux groupes », la forme *bipartite* est plus fréquente : *un gouvernement bipartite*.
bipartisme n. m.
bipartite adj.
→ aussi **biparti**

bipartition n. f.
bipasse n. m.
→ **by-pass**
bip-bip ▪ plur. **bips-bips** ou **bipbip**○ ▪ plur. **bipbips**○ n. m.
bipède adj. et n. m.
bipédie n. m.
bipenne n. f.
bipenné, ée adj.
biper v. tr. | conjug. 1 |
bipeur ou **biper** /-œʀ/ n. m.
biphasé, ée adj.
biphényle n. m.
bipied n. m.
biplace adj. et n. m.
biplan n. m.
biplaniste n.
bipoint n. m.
bipolaire adj.
bipolarisation n. f.
bipolarisé, ée adj.
bipolarité n. f.
bipoutre adj.
biprocesseur adj. et n. m.
biquadratique adj.
bique n. f.
HOM. **Bic**
biquet, ette n.
biquotidien, ienne adj.
biquotidiennement adv.
birapport n. m.
birationnel, elle adj.
birbe n. m.
birdie ou **birdy** /bœʀdi/ n. m.
➾ Ce mot a un pluriel régulier : *des birdies ; des birdys*.
bire n. f.
biréacteur n. m.
biréfringence n. f.
biréfringent, ente adj.
birème n. f.
birgue n. m.
biribi n. m.
birloir n. m.
birman, ane adj. et n.
➾ L'adjectif s'écrit sans majuscule : *la population birmane*. Le nom s'écrit avec une majuscule uniquement quand il désigne une personne : *les Birmans ; c'est une Birmane* mais *parler le birman*.
birotor adj. et n. m.
biroulade n. m.
biroute n. f.
birr n. m.
[1]**bis, bise** /bi, biz/ adj.
➾ L'adjectif est invariable quand il est suivi d'un autre adjectif qui précise la nuance : *des toiles bis foncé* mais *des toiles bises*.
HOM. (du fém.) formes du v. **biser**
[2]**bis** /bis/ interj., n. m. et adv.
HOM. **bisse**, formes du v. **bisser**
bisaïeul, eule n.
➾ Ce mot a un pluriel régulier : *des bisaïeuls*.
bisaille n. f.
bisancien n. m.
bisannualité n. f.
bisannuel, elle adj.
bisant n. m.
bisbille n. f.
bisbrouille n. f.
biscaïen n. m.
HOM. **biscayen**
biscaïenne n. f.
HOM. **biscayenne** (fém. de *biscayen*)
biscayen, yenne adj. et n.
➾ L'adjectif s'écrit sans majuscule : *la population biscayenne*. Le nom s'écrit avec une majuscule uniquement quand il désigne une personne : *les Biscayens ; c'est une Biscayenne* mais *parler le biscayen*.
HOM. (du masc.) **biscaïen** ; (du fém.) **biscaïenne**
bischof /biʃɔf/ n. m.
biscôme n. m.
biscornu, ue adj.
biscoteau ou **biscoto** n. m.
biscotin n. m.
biscotte n. f.
biscotterie n. f.
biscottier, ière n.
biscuit n. m.
biscuité, ée adj.
biscuiter v. tr. | conjug. 1 |
biscuiterie n. f.
biscutelle ou **biscutella** n. f.
[1]**bise** n. f. (vent)
ϟ Ne pas confondre **bise**, qui signifie « vent du nord sec et froid », avec **brise**, qui signifie « vent peu violent ».
[2]**bise** n. f. (fam. : baiser)
biseau n. m.
biseautage n. m.
biseauter v. tr. | conjug. 1 |
biseauteur, euse n.
bisegmentation n. f.
[1]**biser** v. intr. | conjug. 1 | (graines : devenir gris noir)
[2]**biser** v. tr. | conjug. 1 | (embrasser)
biset n. m.
HOM. formes du v. **biser**
bisette n. f.
bisexe adj.
bisexualité n. f.
bisexué, ée adj.

bisexuel, elle adj. et n.
bismarckien, ienne adj.
bismuth /-yt/ n. m.
bismuthé, ée /-yt-/ adj.
bismuthine /-yt-/ n. f.
bismuthique /-yt-/ adj.
bismuthisme /-yt-/ n. m.
bismuthomanie /-yt-/ n. f.
bismuthothérapie /-yt-/ n. f.
bison, onne n.
HOM. formes du v. **biser**
bisou n. m.
bisouter v. tr. | conjug. 1 |
bisquain ou **bisquin** n. m.
bisque n. f.
bisquer v. intr. | conjug. 1 |
bisquin n. m.
→ **bisquain**
bis repetita (placent) /bisʀepetita (plasɛ̃t)/ loc.
bissac n. m.
[1]**bisse** n. m. (Suisse : canal)
HOM. [2]**bis**, formes du v. **bisser**
[2]**bisse** n. f. (Blason. : couleuvre)
HOM. [2]**bis**, formes du v. **bisser**
bissecter v. tr. | conjug. 1 |
bissecteur, trice adj. et n. f.
bissection n. f.
bissel n. m.
bisser v. tr. | conjug. 1 |
bissexte n. m.
bissextil, ile adj.
bissoc n. m.
bistable adj.
bistoquet n. m.
bistorte n. f.
bistortier n. m.
bistouille n. f.
bistouquette n. f.
bistouri n. m.
bistournage n. m.
bistourner v. tr. | conjug. 1 |
bistrage n. m.
bistre n. m. et adj. inv.
bistré, ée adj.
bistrer v. tr. | conjug. 1 |
bistroquet n. m.
bistrot ou **bistro** n. m.
Ξ Ce mot peut s'employer en apposition ; il est alors invariable : *des chaises bistrot.*
bistrote n. f.
bistrotier, ière n.
bistrure n. f.
bisulfate n. m.
bisulfite n. m.
bisulfitique adj.
bisulfure n. m.
bit /bit/ n. m.
HOM. **beat**, **bite**, **bitte**, formes des v. **biter**, [2]**bitter**
bitable ou **bittable** adj.
bite ou **bitte** n. f. (vulg. : pénis)
HOM. **beat**, **bit**, formes des v. **biter**, [2]**bitter**
bitension adj. inv.
biter ou **bitter** v. tr. | conjug. 1 | (fam. : comprendre)
bithérapie n. f.
bitmap adj. et n. m.
bitonal, ale, aux ou **als** adj.
bitonalisme n. m.
bitonalité n. f.
bitoniau n. m.
bitord n. m.
bitos /-os/ n. m.
bittable adj.
→ **bitable**
[1]**bitte** n. f. (bollard)
[2]**bitte** n. f. (vulg. : pénis)
→ **bite**
[1]**bitter** /-ɛʀ/ n. m.
[2]**bitter** /-e/ v. tr. | conjug. 1 | (amarrer)
HOM. **biter**
[3]**bitter** v. tr. | conjug. 1 | (fam. : comprendre)
→ **biter**
bitton n. m.
HOM. formes des v. **biter**, **bitter**
[1]**bitture** n. f. (longueur d'amarres)
HOM. **byture**
[2]**bitture** n. f. (fam. : ivresse)
HOM. **byture**
→ **biture**
bitturer (se) v. pron. | conjug. 1 |
→ **biturer (se)**
bitumage n. m.
bitumastic n. m.
bitume n. m.
bitumer v. tr. | conjug. 1 |
bitumeux, euse adj.
bitumier n. m.
bitumineux, euse adj.
bituminifère adj.
bituminisation n. f.
bitumose n. f.
biturbine adj.
biture ou **bitture** n. f. (fam. : ivresse)
HOM. **byture**
biturer (se) ou **bitturer (se)** v. pron. | conjug. 1 |
➡ Aux temps composés, le participe s'accorde en genre et en nombre avec le sujet : *ils se sont biturés.*
biunivoque adj.
biunivoquement adv.
bivalence n. f.

bivalent, ente adj.
bivalve adj. et n. m.
biveau n. m.
bivitellin, ine adj.
bivouac n. m.
HOM. formes du v. **bivouaquer**
bivouaquer v. intr. | conjug. 1 |
biwa /-wa/ n. m.
bixacée n. f.
bizarde adj. f.
bizarre adj.
bizarrement adv.
bizarrerie n. f.
bizarroïde adj.
bizness n. m.
→ **business**
biznessman /-man/ n. m. ▪ plur. **biznessmans** ou plur. **biznessmen**
→ **businessman**
biznesswoman /-wuman/ n. f. ▪ plur. **biznesswomans** ou plur. **biznesswomen**
→ **businesswoman**
bizut, ute /-y(t), -yt/ ou **bizuth, uthe** /-y(t), -yt/ n.
bizutage n. m.
bizuter v. tr. | conjug. 1 |
bizuth, uthe /-y(t)/ n.
→ **bizut, ute**
blabla n. m.
blablabla interj.
blablater v. intr. | conjug. 1 |
blablateur, euse n.
black n. et adj.
Ξ En français, ce mot appartient au registre familier.
➾ L'adjectif s'écrit sans majuscule : *la musique black*. Le nom s'écrit avec une majuscule : *les Blacks ; c'est une Black*.
black-bass ou **blackbass**○ n. m. inv.
black-bottom ▪ plur. **black-bottoms** ou **blackbottom**○ ▪ plur. **blackbottoms**○ n. m.
blackboulage n. m.
blackbouler v. tr. | conjug. 1 |
black-jack ▪ plur. **black-jacks** ou **blackjack**○ ▪ plur. **blackjacks**○ /blak(d)ʒak/ n. m.
black-out ▪ plur. inv. ou **blackout**○ ▪ plur. **blackouts**○ /-aut/ n. m.
◻ rec. off. : **silence radio**
black-rot ▪ plur. **black-rots** ou **blackrot**○ ▪ plur. **blackrots**○ /-ʀɔt/ n. m.
blafard, arde adj.
blafardement adv.
blaff n. m.
blague n. f.
blaguer v. intr. | conjug. 1 |
blagueur, euse n. et adj.
blaid /blɛd/ n. m.
HOM. **bled**
blair n. m.
HOM. formes du v. **blairer**
blaireau n. m.
blaireauter v. tr. | conjug. 1 |
blairer v. tr. | conjug. 1 |
blâmable adj.
blâmant, ante adj.
blâme n. m.
blâmer v. tr. | conjug. 1 |
¬ **se blâmer**
➾ Aux temps composés de la forme pronominale, le participe s'accorde en genre et en nombre avec le sujet : *elle s'est blâmée d'avoir cédé*.
[1]**blanc, blanche** adj. et n.
➾ Sauf quand il entre dans la formation des noms géographiques **le mont Blanc** et **le cap Blanc-Nez**, l'adjectif s'écrit sans majuscule : *la population blanche d'Amérique ; une femme blanche*. Le nom s'écrit avec une majuscule uniquement quand il désigne une personne : *les Blancs d'Amérique ; une Blanche*. L'adjectif est invariable quand il est suivi d'un autre adjectif ou d'un nom qui précise la nuance : *des murs blanc cassé ; des draps blanc ivoire*. Quand deux adjectifs de couleur se suivent, ils sont invariables et liés par un trait d'union : *des teintes blanc-beige*.
[2]**blanc** n. m.
▸ **en blanc** *des chèques en blanc*
▸ **à blanc** *chauffer un métal à blanc ; saigner à blanc ; tirer à blanc*
blanc-bec n. m. ▪ plur. **blancs-becs**
blanc-bleu adj. ▪ plur. **blancs-bleus**
blanc-cassis n. m. ▪ plur. **blancs-cassis**
blanc-étoc ▪ plur. **blancs-étocs** ou **blanc-estoc** ▪ plur. **blancs-estocs** n. m.
blanchaille n. f.
blanchâtre adj.
blanche n. f. (note, fam. : héroïne)
blanchecaille n. f.
blanchement adv.
blanchet, ette adj. et n. m.
blancheur n. f.
blanchiment n. m.
blanchir v. tr. et v. intr. | conjug. 2 |
blanchissage n. m.
blanchissant, ante adj.
blanchissement n. m.
blanchisserie n. f.
blanchisseur, euse n.
blanchoiement n. m.
➾ Ne pas oublier le *e* muet.
blanchon n. m.
blanchoyant, ante adj.

blanchoyer v. intr. | conjug. 8 |
blanc-manger n. m. ▪ plur. **blancs-mangers**
blanc-manteau n. m. ▪ plur. **blancs-manteaux**
blanc-nez n. m. ▪ plur. **blancs-nez**
blanc-seing /-sɛ̃/ n. m. ▪ plur. **blancs-seings**
blandice n. f.
blanque n. f.
blanquet n. m.
blanquette n. f.
blanquisme n. m.
blanquiste adj. et n.
blaps /blaps/ n. m.
blase ou **blaze** n. m.
blasé, ée adj.
blasement n. m.
blaser v. tr. | conjug. 1 |
¬ **se blaser**
➾ Aux temps composés de la forme pronominale, le participe s'accorde en genre et en nombre avec le sujet : *elle s'est blasée.*
blason n. m.
HOM. formes du v. **blaser**
blasonné, ée adj.
blasonnement n. m.
blasonner v. tr. | conjug. 1 |
blasonneur, euse n. et adj.
blasphémateur, trice n. et adj.
blasphématoire adj.
blasphème n. m.
blasphémer v. intr. et v. tr. | conjug. 6 |
blast n. m. (onde de choc, lésions)
HOM. **blaste**
blaste n. m. (Bot. : partie d'un embryon)
HOM. **blast**
blastème n. m.
blaster /-œʀ/ n. m.
blastocœle /-sɛl/ ou **blastocèle** n. m.
blastocœlien, ienne /-sɛl-/ adj.
blastocyste n. m.
blastocyte n. m.
blastoderme n. m.
blastodermique adj.
blastogenèse n. f.
blastogénétique adj.
blastomère n. m.
blastomyces n. m. pl.
blastomycète n. m.
blastomycétien, ienne ou **blastomycétique** adj.
blastomycose n. f.
blastoporal, ale, aux adj.
blastopore n. m.
blastozoïde adj.
blastula n. f.
blatèrement n. m.
blatérer v. intr. | conjug. 6 |
blatier n. m.
blatte n. f.
blaude n. f.
blavet n. m.
blaze n. m.
→ **blase**
blazer /-ɛʀ ; -œʀ/ n. m.
blé n. m.
blèche adj.
bled /blɛd/ n. m.
HOM. **blaid**
blédard, arde n.
bleime n. f.
HOM. **blème, blême**
blème ou **blem** /blɛm/ n. m.
□ abrév. de **problème**
HOM. **bleime, blême**
blême adj.
HOM. **bleime, blème**
blêmir v. intr. | conjug. 2 |
blêmissant, ante adj.
blêmissement n. m.
blend /blɛnd/ ou **blended** /blɛndid/ n. m.
blende /blɛ̃d/ n. f.
HOM. **blinde**, formes du v. **blinder**
blennie n. f.
blennorragie n. f.
blennorragique adj.
blennorrhée n. f.
blépharite n. f.
blépharophtalmie n. f.
blépharoplastie n. f.
blépharospasme n. m.
blépharotic n. m.
blépharotiqueur, euse n.
blériot n. m.
blèse adj. et n.
blèsement n. m.
bléser v. intr. | conjug. 6 |
blésité n. f.
blessable adj.
blessant, ante adj.
blessé, ée adj. et n.
Ξ Le nom masculin est parfois employé avec un adjectif qui qualifie normalement la blessure : *un blessé grave* ; *un blessé léger* ; *les grands blessés.* Cet emploi est critiqué.
blessement n. m.
blesser v. tr. | conjug. 1 |
¬ **se blesser**
➾ Aux temps composés de la forme pronominale, le participe s'accorde en genre et en nombre avec le sujet : *elle s'est blessée en tombant.*
blessure n. f.
blet, blette /blɛ, blɛt/ adj.

blette n. f.
→ **bette**
blettir v. intr. | conjug. 2 |
blettissement n. m.
blettissure n. f.
bleu, bleue adj. et n. m.
➾ L'adjectif est invariable quand il est suivi d'un autre adjectif ou d'un nom qui précise la nuance : *des robes bleu foncé ; des robes bleu ciel ; des robes bleu roi ; des robes bleu Nattier*. Quand deux adjectifs de couleur se suivent, ils sont invariables et liés par un trait d'union : *des vestes bleu-vert ; des vestes gris-bleu*. Avec une majuscule, **les Bleus** désigne une équipe sportive ou les soldats républicains pendant la Révolution.
bleuâtre adj.
bleu-bite n. m. ▪ plur. **bleus-bites**
bleuet n. m.
bleuetier /bløətje/ n. m.
bleuetière /bløətjɛʀ/ n. f.
bleuetterie /bløɛtʀi/ n. f.
bleueur n. m.
bleuir v. tr. et v. intr. | conjug. 2 |
bleuissage n. m.
bleuissant, ante adj.
bleuissement n. m.
bleuissure n. f.
bleuité n. f.
bleusaille n. f.
bleusaillon n. m.
bleuté, ée adj.
➾ Cet adjectif est invariable quand il suit un adjectif de couleur : *des étoffes blanc bleuté*.
bleuter v. tr. | conjug. 1 |
bleuterie n. f.
bliaud ou **bliaut** n. m.
blindage n. m.
blinde n. f.
HOM. **blende**
blindé, ée adj. et n. m.
blinder v. tr. et v. intr. | conjug. 1 |
¬ **se blinder**
➾ Aux temps composés de la forme pronominale, le participe s'accorde en genre et en nombre avec le sujet : *elle s'est blindée contre la critique*.
bling-bling /bliŋbliŋ/ adj. inv. et n. m. inv.
blini(s) /-is/ n. m. ▪ plur. **blinis**
blinquer v. intr. | conjug. 1 |
blister /-ɛʀ/ n. m.
blistériser v. tr. | conjug. 1 |
blitz n. m.
blitzkrieg /-kʀig/ n. m.
blizzard n. m.
bloc n. m.
◗ **en bloc** *l'accusé nie en bloc ; démissions en bloc*
◗ **à bloc** *serrer les freins à bloc ; être gonflé à bloc*
➾ Ne pas écrire **bloque*. Ce mot entre en composition avec d'autres noms : *bloc-cuisine ; bloc-douche ; bloc-porte*. Au pluriel, seul *bloc* varie si le second élément n'est pas comptable : *des blocs-éviers* mais *des blocs-eau*. L'expression **bloc opératoire** s'écrit sans trait d'union car *opératoire* est un adjectif.
HOM. **block**, **bloque**, formes du v. **bloquer**
blocage n. m.
➾ Ce mot vient du verbe *bloquer* mais s'écrit avec un *c*.
blocaille n. f.
blocaux n. m. pl.
bloc-cylindres ou **bloc-cylindre**○ ▪ plur. **blocs-cylindres** n. m.
bloc-diagramme n. m. ▪ plur. **blocs-diagrammes**
bloche n. m.
blochet n. m.
block n. m.
HOM. **bloc**, **bloque**, formes du v. **bloquer**
blockbuster /-bœstœʀ/ n. m.
blockhaus /-os/ n. m.
bloc-moteur n. m. ▪ plur. **blocs-moteurs**
bloc-note ou **bloc-notes** ▪ plur. **blocs-notes** n. m.
Ξ La forme *bloc-notes* est recommandée officiellement pour remplacer *blog*.
bloc-système n. m. ▪ plur. **blocs-systèmes**
blocus /-ys/ n. m.
blog ou **blogue** n. m.
□ rec. off. : **bloc-note**
blogosphère n. f.
bloguer v. intr. | conjug. 1 |
blogueur, euse ou **blogger** /-œʀ/ n.
blond, blonde adj. et n.
➾ L'adjectif est invariable quand il est suivi d'un autre adjectif ou d'un nom qui précise la nuance : *des cheveux blond cendré* mais *des cheveux blonds*.
blondasse adj.
blondasserie n. f.
blonde n. f.
blondel n. m.
blondelet, ette adj. et n.
blondeur n. f.
[1]**blondin** n. m. (benne)
[2]**blondin, ine** n. (personne blonde)
blondinet, ette n.
blondir v. intr. et v. tr. | conjug. 2 |
blondissant, ante adj.
blondoiement n. m.
➾ Ne pas oublier le *e* muet.

blondoyant, ante adj.
blondoyer v. intr. | conjug. 8 |
bloody mary ▪ plur. inv. ou **bloodymary**○ ▪ plur. **bloodymarys**○ /blɔdimaʀi/ n. m.
bloom /blum/ n. m.
HOM. **bloum**
bloomer /blumœʀ/ n. m.
blooming /blumiŋ/ n. m.
bloquant, ante adj.
bloque n. f.
HOM. **bloc, block**
bloquer v. tr. | conjug. 1 |
¬ **se bloquer**
➾ Aux temps composés de la forme pronominale, le participe s'accorde en genre et en nombre avec le sujet : *elle s'est bloquée.* Mais le participe passé ne s'accorde pas quand il est suivi d'un complément d'objet direct : *elle s'est bloqué le dos.*
bloquet n. m.
HOM. formes du v. **bloquer**
bloquette n. f.
[1]**bloqueur, euse** adj. et n. m. (inhibiteur)
[2]**bloqueur, euse** n. (Belg. : travailleur acharné)
bloquiste adj. et n.
blot n. m.
blottir (se) v. pron. | conjug. 2 |
➾ Aux temps composés, le participe s'accorde en genre et en nombre avec le sujet : *elle s'est blottie dans les bras de son père.*
blottissement n. m.
bloum n. m.
HOM. **bloom**
blousant, ante adj.
blouse n. f.
HOM. **blues**
blousé, ée adj.
blouser v. tr. et v. intr. | conjug. 1 |
¬ **se blouser**
➾ Aux temps composés de la forme pronominale, le participe s'accorde en genre et en nombre avec le sujet : *ils se sont blousés.*
blousier n. m.
HOM. formes du v. **blouser**
blouson n. m.
HOM. formes du v. **blouser**
blousse n. f.
blue grass /blugʀɑs/ n. m.
blue-jean ▪ plur. **blue-jeans** ou **bluejean**○ ▪ plur. **bluejeans**○ /bludʒin/ n. m.
blue note /blunɔt/ n. f. ▪ plur. **blue notes**
blues /bluz/ n. m.
HOM. **blouse**, formes du v. **blouser**
bluesman /bluzman/ n. m. ▪ plur. **bluesmen** /-mɛn/ ou plur. **bluesmans**
Ξ On peut employer le pluriel anglais *bluesmen* ou le pluriel francisé *bluesmans.*
bluesy /bluzi/ adj. inv.
bluet n. m.
bluette n. f.
bluetter v. intr. | conjug. 1 |
bluff /blœf/ n. m.
HOM. formes du v. **bluffer**
bluffant, ante /blœ-/ adj.
bluffer /blœ-/ v. intr. et v. tr. | conjug. 1 |
bluffeur, euse /blœ-/ n. et adj.
blush /blœʃ/ n. m.
➾ Ce mot a un pluriel régulier : *des blushs.*
blutage n. m.
bluteau n. m.
bluter v. tr. | conjug. 1 |
bluterie n. f.
bluteur n. m.
blutoir n. m.
B. M. X. n. m.
▫ abrév. de **bicycle moto X**
B. N. n. f.
▫ abrév. de **Bibliothèque nationale**
[1]**B. O.** n. m.
▫ abrév. de **bulletin officiel**
[2]**B. O.** n. f.
▫ abrév. de **bande originale**
boa n. m.
boat people /botpipœl/ n. m. inv.
[1]**bob** n. m. (chapeau)
[2]**bob** n. m.
▫ abrév. de **bobsleigh**
bobard n. m.
bobardier, ière n.
bobby n. m. ▪ plur. **bobbies** ou plur. **bobbys**
Ξ On peut employer le pluriel anglais *bobbies* ou le pluriel francisé *bobbys.*
bobèche n. f.
bobècherie n. f.
bobéchon n. m.
bobeur, euse n.
bobinage n. m.
bobinard n. m.
bobine n. f.
bobineau ou **bobino** ou **bobinot** n. m.
bobiner v. tr. | conjug. 1 |
bobinette n. f.
bobineur, euse n.
bobinier, ière n.
HOM. formes du v. **bobiner**
bobino n. m.
→ **bobineau**
bobinoir n. m.
bobinot n. m.
→ **bobineau**
[1]**bobo** n. m. (fam. : plaie)
[2]**bobo** n.
▫ abrév. de **bourgeois bohème**
boboïsation n. f.

bobonne n. f.
bobosse n.
bobraft n. m.
bobsleigh /bɔbslɛg/ n. m.
bobtail /bɔbtɛl/ n. m.
boc n. m. (Suisse : barbiche)
HOM. **bock**
bocage n. m.
➾ Ce mot s'écrit avec une majuscule quand il entre dans la désignation d'une entité géographique : *le Bocage vendéen ; le Bocage normand.*
bocager, ère adj.
bocageux, euse adj.
bocal, aux n. m.
bocard n. m.
bocardage n. m.
bocarder v. tr. | conjug. 1 |
bocardeur n. m.
boche n. et adj.
Ξ Ce mot est injurieux.
bochiman, ane ou **boschiman, ane** /bɔʃimɑ̃, an/ adj. et n.
➾ L'adjectif s'écrit sans majuscule : *la population bochimane.* Le nom s'écrit avec une majuscule uniquement quand il désigne une personne : *les Bochimans ; c'est une Bochimane* mais *parler le bochiman.*
bock n. m. (récipient)
HOM. **boc**
bodega /bɔdega/ ou **bodéga** n. f.
bodhisattva /bɔdisatva/ n. m.
bodian n. m.
body n. m. ▪ plur. **bodys** ou plur. **bodies**
Ξ On peut employer le pluriel francisé *bodys* ou le pluriel anglais *bodies.*
bodyboard /bɔdibɔʀd/ n. m.
bodybuildé, ée /bɔdibilde/ adj.
bodybuildeur, euse /bɔdibil-/ n.
bodybuilding /bɔdibildiŋ/ n. m.
boësse /bwɛs/ n. f.
boette ou **bouette** /bwɛt/ n. f.
bœuf /bœf/ n. m. ▪ plur. **bœufs** /bø/
♪ Ce mot se prononce /bø/ dans la locution **bœuf gras.**
Ξ Ce mot peut s'employer en apposition ; il est alors invariable : *des effets bœuf.*
bœufer v. intr. | conjug. 1 |
B. O. F. /beoɛf/ n. et adj.
▫ abrév. de **beurre, œufs, fromages**
bof interj.
bogey /bɔgɛ/ n. m.
➾ Ce mot a un pluriel régulier : *des bogeys.*
boghead /bɔgɛd/ n. m.
boghei /bɔgɛ/ ou **boguet** n. m.
bogie /bɔʒi/ ou **boggie** /bɔgi/ n. m.
➾ Ce mot a un pluriel régulier : *des bogies ; des boggies.*

bogomile n. et adj.
[1]**bogue** n. f. (enveloppe)
[2]**bogue** n. m.
▫ rec. off. pour **bug**
bogué, ée adj.
boguer v. intr. | conjug. 1 |
boguet n. m.
→ **boghei**
boguière n. f.
bohème n. et adj.
➾ Ce mot s'écrit avec une minuscule et un accent grave, contrairement au nom propre qui désigne la région : *la vie de bohème* mais *visiter la Bohême et la Moravie.*
bohémianisme n. m.
bohémien, ienne n.
➾ Ce mot s'écrit avec une majuscule quand il désigne les habitants de la Bohême : *des Bohémiens de Prague.* Il s'écrit sans majuscule quand il désigne des nomades : *une roulotte de bohémiens.*
bohémiste n.
bohrium /-jɔm/ n. m.
boille n. f.
HOM. **boy**
[1]**boire** n. m.
[2]**boire** v. tr. | conjug. 53 |
bois n. m.
➾ Ce mot s'écrit sans majuscule : *le bois de Vincennes.*
HOM. formes du v. **boire**
boisage n. m.
bois-de-fer n. m. inv.
boisé, ée adj. et n. m.
boisement n. m.
boiser v. tr. | conjug. 1 |
boiserie n. f.
boiseur, euse n.
boiseux, euse adj.
boisseau n. m.
boisselage n. m.
boisselée n. f.
boisselier, ière n.
boissellerie n. f.
boisson n. f.
boitage n. m. (action de boiter)
HOM. **boîtage**
boîtage ou **boitage**° n. m. (action de mettre en boîte)
HOM. **boitage**
boitard n. m.
boite n. f. (boisson)
HOM. **boîte**, formes du v. **boiter**
boîte ou **boite**° n. f. (récipient)
HOM. **boite**, formes du v. **boiter**
boitement n. m.
boiter v. intr. | conjug. 1 |

boiterie n. f.
boiteux, euse adj.
boîtier ou **boitier**○ n. m.
boitillant, ante adj.
boitillement n. m.
boitiller v. intr. | conjug. 1 |
boiton n. m.
boit-sans-soif n. inv.
boit-tout ou **boitout** n. m. inv.
bol n. m.
bolaire adj.
bolas /bɔlɑs/ n. m. pl. ou n. f. pl.
bolchevik /-ʃə- ; -ʃe-/ ou **bolchevique** /-ʃə- ; -ʃe-/ ou **bolchévique**○ n.
➾ Ce mot ne prend jamais de majuscule : *les bolcheviks, les bolcheviques.*
bolchevisation /-ʃə- ; -ʃe-/ ou **bolchévisation**○ n. f.
bolcheviser /-ʃə- ; -ʃe-/ ou **bolchéviser**○ v. tr. | conjug. 1 |
bolchevisme /-ʃə- ; -ʃe-/ ou **bolchévisme**○ n. m.
bolcheviste /-ʃə- ; -ʃe-/ ou **bolchéviste**○ n.
bolcho n. m.
boldo n. m.
bolduc n. m.
bolée n. f.
boléro n. m.
bolet n. m.
bolétique adj.
bolge n. f.
bolide n. m.
bolier ou **boulier** n. m. (filet)
bolinche n. m. ou f.
bolivar n. m.
boliviano n. m.
bollandiste n. m.
bollard n. m.
bolognaise ou **bolognese** /-ɛz/ n. f. et adj. f.
Ξ Dans **sauce bolognaise**, ce mot prend la marque du pluriel car il s'agit d'un adjectif : *des sauces bolognaises*. En revanche, lorsqu'il est employé dans la locution **à la bolognaise** ou en apposition, il est invariable : *des spaghetti (à la) bolognaise.*
bolomètre n. m.
bolométrique adj.
bolus /-ys/ n. m.
bombage n. m.
bombagiste n. m.
bombance n. f.
bombancier n. m.
bombarde n. f.
bombardelle n. f.
bombardement n. m.
bombarder v. tr. | conjug. 1 |
bombardier n. m.
bombardon n. m.
bombasin n. m.
bombax n. m.
bombe n. f.
bombé, ée adj.
bombement n. m.
[1]**bomber** v. tr. et v. intr. | conjug. 1 |
[2]**bomber** ou **bombeur**○ /bɔ̃bœʀ/ n. m. (blouson)
bombette n. f.
bombeur, euse n.
bombillement n. m.
bombinette n. f.
bombonne n. f.
→ **bonbonne**
bombycidé n. m.
bombycien, ienne n. et adj.
bombyx n. m.
bôme n. f.
HOM. **baume**
bômé, ée adj.

[1]**bon, bonne** adj. et n.
▸ **bon pour** (+ n.) *un remède bon pour la gorge*
▸ **bon pour** (+ inf.) *toutes les raisons sont bonnes pour se plaindre*
▸ **bon à** (+ inf.) *la soupe est bonne à jeter*
▸ **bon contre** (+ n.) *un produit bon contre les moustiques*
▸ **bon en** (+ n.) *il est bon en géographie*
▸ **il est bon de** (+ inf.) *qu'il est bon de ne rien faire !*
▸ **il est bon que** (+ subj.) *il est bon que vous le sachiez*
♪ L'adjectif masculin se prononce /bɔn/ devant une voyelle ou un *h* muet : *bon anniversaire* /bɔnanivɛʀsɛʀ/.
Ξ Le comparatif de *bon* est *meilleur* : *ton plat est meilleur que le mien* et non pas **ton plat est plus bon que le mien* ; *un produit meilleur marché qu'un autre* et non pas **un produit plus bon marché qu'un autre*. Toutefois, *plus* peut s'employer avec *bon* dans certains cas : - lorsque les deux mots ne se suivent pas : *plus ou moins bon ; plus il est bon, plus on se moque de lui* ; - dans une comparaison avec un autre adjectif : *il est plus bon que sage* ; - quand *bon* fait partie de certaines locutions figées : *il est plus bon enfant que son frère ; il est plus bon vivant qu'auparavant*. - quand *bon* signifie « gentil, indulgent » : *c'est un homme bon et son fils est plus bon encore.*
➾ Ce mot est au singulier dans l'expression **bonne vie et mœurs**, bien qu'il qualifie les deux noms. Ce mot s'écrit avec une majuscule lorsqu'il est associé au mot *Dieu* : *s'adresser au Bon Dieu*. Mais il s'écrit avec

une minuscule dans le juron **bon Dieu** : *dépêche-toi, bon Dieu !*
HOM. **bond**

[2]**bon** n. m. (billet)
HOM. **bond**

[3]**bon** adv.
▸ **il fait bon** (+ inf.) *une région où il fait bon vivre*
➾ Lorsque *bon* modifie un adjectif, l'accord fluctue : *ils sont arrivés bon(s) derniers.*
HOM. **bond**

bonace n. f. (calme de la mer)
HOM. **bonasse**

bonaparteux adj.

bonapartisme n. m.

bonapartiste adj. et n.

bonard, arde ou **bonnard, arde** adj.

bon à rien, bonne à rien ▪ plur. **bons à rien, bonnes à rien** n.

bonasse adj. (faible)
HOM. **bonace**

bonassement adv.

bonasserie n. f.

bonbec n. m.
➾ Attention au *n* devant le *b*. Ne pas écrire *bonbec* au lieu de *bon bec* dans l'expression **avoir bon bec**.

bonbon n. m.
➾ Attention au *n* devant le *b*.

bonbonne ou **bombonne** n. f.

bonbonnerie n. f.
➾ Attention au *n* devant le *b*.

bonbonnière n. f.
➾ Attention au *n* devant le *b*.

bond n. m.
▸ **faire faux bond à qqn** *deux invités nous ont fait faux bond*
HOM. **bon**

bondage n. m.

bonde n. f.

bondé, ée adj.

bondelle n. f.

bonder v. tr. | conjug. 1 |

bondérisation n. f.

bondérisé, ée adj.

bondieusard, arde adj. et n.

bondieusarderie n. f.

bondieuserie n. f.

bondir v. intr. | conjug. 2 |

bondissant, ante adj.

bondissement n. m.

bondon n. m.

bondonnière n. f.

bondrée n. f.

bonduc n. m.

bonellie n. f.

bon enfant adj. inv.
➾ Cet adjectif est invariable : *une ambiance bon enfant ; elles sont bon enfant.*

bonenfantise n. f.

bongare ou **bungare** n. m.

bongeau n. m.
→ **bonjeau**

bonheur n. m.

bonheur-du-jour n. m. ▪ plur. **bonheurs-du-jour**

bonhomie ou **bonhommie**○ n. f.

[1]**bonhomme** n. m. ▪ plur. **bonshommes**
Ξ Le pluriel de ce nom est *bonshommes*, qu'il faut bien prononcer /bɔ̃zɔm/. Toutefois, on trouve fréquemment le pluriel *bonhommes*, notamment dans l'expression **des bonhommes de neige**.

[2]**bonhomme** adj. ▪ plur. **bonhommes**

boni n. m.
➾ Ce mot a un pluriel régulier : *des bonis.*
Ξ *Boni* est parfois employé comme pluriel de *bonus*.
HOM. formes du v. **bonnir**

boniche ou **bonniche** n. f.

boniface adj. et n.

bonifacement adv.

bonifiant, ante adj.

bonification n. f.

bonifier v. tr. | conjug. 7 |
¬ **se bonifier**
➾ Aux temps composés de la forme pronominale, le participe s'accorde en genre et en nombre avec le sujet : *ils se sont bonifiés avec le temps.*

boniment n. m.

bonimenter v. intr. | conjug. 1 |

bonimenteur, euse n.

bonir v. tr. | conjug. 2 |
→ **bonnir**

bonisseur, euse n.

bonite n. f.

bonjeau ou **bonjot** ou **bongeau** n. m.

bonjour n. m.
bonjour ! des bonjours timides

bon marché loc. adj. inv.
Ξ Le comparatif de *bon marché* est *meilleur marché* : il faut dire *un produit meilleur marché qu'un autre* et non **un produit plus bon marché qu'un autre.*

bonnard, arde adj.
→ **bonard**

bonne n. f.

bonne femme n. f. ▪ plur. **bonnes femmes**

bonne-maman n. f. ▪ plur. **bonnes-mamans**

bonnement adv.
Ξ Ce mot ne s'emploie plus que dans la locution **tout bonnement** : *il m'a tout bonnement dit ce qu'il pensait.*

bonnet n. m.
bonnetade n. f.
bonneteau n. m.
bonneterie /bɔn(ə)tʀi ; bɔnɛtʀi/ ou **bonnèterie**○ n. f.
bonneteur n. m.
bonnetier, ière n.
bonneton n. m.
bonnette n. f.
bonniche n. f.
→ **boniche**
bonnir ou **bonir** v. tr. | conjug. 2 |
bonobo n. m.
bon-papa n. m. ▪ plur. **bons-papas**
bonsaï ou **bonzaï** /bɔ̃(d)zaj/ n. m. et interj.
➾ La graphie *bonzaï* est la seule retenue par l'Académie.
bon sens n. m. sing.
bonshommes n. m. pl.
→ aussi **bonhomme**
bonsoir n. m.
bonsoir ! des bonsoirs chaleureux
bonté n. f.
bonus /-ys/ n. m. ▪ plur. inv. ou plur. **boni**
☰ On peut employer le pluriel invariable *bonus* ou le pluriel latin *boni*.
bonus-malus /bɔnysmalys/ n. m. inv.
bon vivant n. m. et adj. m. ▪ plur. **bons vivants**
☯ Ce mot est invariable en genre mais peut qualifier une femme : *elles sont très bons vivants*.
bonzaï /bɔ̃(d)zaj/ n. m.
→ **bonsaï**
bonze n. m.
bonzerie n. f.
bonzesse n. f.
boogie-woogie ▪ plur. **boogie-woogies** ou **boogiewoogie**○ ▪ plur. **boogiewoogies**○ /bugiwugi/ n. m.
[1]**book** /buk/ n. m.
▫ abrév. de **bookmaker**
HOM. **bouc**
[2]**book** /buk/ n. m.
▫ abrév. de **press-book**
▫ rec. off. : **portfolio**
HOM. **bouc**
booké, ée /buke/ adj.
☰ Ce mot est un anglicisme qu'il est préférable de remplacer, selon le sens, par *complet* ou *occupé*.
booker /buke/ v. tr. | conjug. 1 |
☰ Ce mot est un anglicisme qu'il est préférable de remplacer par *réserver*.
bookeur, euse /bu-/ n.
☰ Ce mot est un anglicisme qu'il est préférable de remplacer par *agent*.
booking /bukiŋ/ n. m.
☰ Ce mot est un anglicisme qu'il est préférable de remplacer par *réservation*.
bookmaker ou **bookmakeur** /bukmɛkœʀ/ n. m.
booléen, enne ou **booléien, ienne** ou **boolien, ienne** /bu-/ adj.
boom /bum/ ou **boum**○ n. m. (croissance)
boomer /bumœʀ/ ou **boomeur**○ n. m.
boomerang /bumʀɑ̃g/ n. m.
☰ Ce mot peut s'employer en apposition ; il est alors invariable : *des effets boomerang*.
[1]**booster** /bustœʀ/ ou **boosteur**○ n. m.
▫ rec. off. : **suramplificateur** ou **propulseur d'appoint** ou **propulseur auxiliaire**
[2]**booster** /buste/ v. tr. | conjug. 1 |
boot /but/ n. m.
HOM. formes des v. **booter, bouter**
booter /bu-/ v. tr. | conjug. 1 |
HOM. **bouter**
bootlegger ou **bootleggeur**○ /butlegœʀ/ n. m.
boots /buts/ n. f. pl.
bop n. m.
▫ abrév. de **be-bop**
boqueteau n. m.
boquillon n. m.
bora n. f.
boracite n. f.
borane n. m.
borasse n. m.
borassus /-ys/ n. m.
borate n. m.
boraté, ée adj.
borax n. m.
borborygme n. m.
bord n. m.
➾ La locution **à ras bord** varie en nombre : *un verre ballon rempli à ras bord* (il n'y a qu'un bord) ; *un bassin carré rempli à ras bords* (il y a quatre bords).
HOM. **bore, bort**
bordage n. m.
borde n. f.
bordé n. m.
bordeau n. m. (cabane)
HOM. **bordeaux**
bordeaux n. m. (vin)
➾ Ce mot s'écrit sans majuscule, contrairement au nom propre qui désigne la ville : *un vin de Bordeaux* mais *une bouteille de bordeaux*.
☰ Ce mot peut s'employer comme adjectif de couleur : *des chaussures bordeaux*.
HOM. **bordeau**
bordée n. f.
bordel n. m.

bordelais, aise adj. et n.
➾ L'adjectif s'écrit sans majuscule : *la population bordelaise ; le vignoble bordelais*. Le nom s'écrit avec une majuscule : *les Bordelais ; c'est une Bordelaise*.
Ξ *Bordelaise* s'emploie dans la locution **à la bordelaise** et en apposition ; il est alors invariable : *des entrecôtes (à la) bordelaise*.
bordelaise n. f. (futaille, bouteille)
bordelier, ière adj. et n.
bordélique adj.
bordéliser v. tr. et v. intr. | conjug. 1 |
border v. tr. | conjug. 1 |
bordereau n. m.
borderie n. f.
bordier, ière n. et adj.
bordigue ou **bourdigue** n. f.
bordille n. f.
bordure n. f.
bordurer v. tr. | conjug. 1 |
bordurette n. f.
bordureuse n. f.
bordurier, ière n.
bore n. m.
HOM. **bord, bort**
boréal, ale, aux ou **als** adj.
Ξ Au masculin pluriel, on peut employer *boréaux* ou *boréals*. Les deux formes sont admises par l'Académie.
borée n. m.
borghot /-gɔt/ n. m.
borgne adj. et n.
borgnon ou **borgnot** n. m.
borie n. f.
borique adj.
boriqué, ée adj.
borisme n. m.
bornage n. m.
borne n. f.
Ξ Ce mot peut s'employer indifféremment au singulier ou au pluriel dans la locution **sans bornes(s)** : une *joie sans borne(s)* ; *une méchanceté sans borne(s)*. Le pluriel est plus fréquent.
➾ Les composés **borne témoin**, **borne frontière** s'écrivent sans trait d'union, mais on écrit **borne-fontaine**.
borné, ée adj.
borne-fontaine n. f. ▪ plur. **bornes-fontaines**
borner v. tr. | conjug. 1 |
¬ **se borner**
➾ Aux temps composés de la forme pronominale, le participe s'accorde en genre et en nombre avec le sujet : *ils se sont bornés au strict nécessaire*.
bornier n. m.
HOM. formes du v. **borner**
bornoyer v. intr. et v. tr. | conjug. 8 |
borosilicate n. m.
borosilicaté, ée adj.
borraginée ou **borraginacée** n. f.
borréliose n. f.
Borsalino® n. m.
➾ Comme tous les noms déposés, ce mot doit s'écrire avec une majuscule : *de vieux Borsalinos*. Toutefois, on le trouve fréquemment employé comme nom générique sans respect de la règle : *de vieux borsalinos*.
bort /bɔʀ/ n. m.
HOM. **bord, bore**
bortch ou **bortsch** /bɔʀtʃ/ n. m.
borure n. m.
bosco n. m.
HOM. **boscot**
boscop n. f.
→ **boskoop**
boscot, otte adj. et n.
HOM. **bosco**
bosel n. m.
boskoop /bɔskɔp/ ou **boscop** n. f.
➾ Employé comme nom commun, ce mot s'écrit sans majuscule : *cultiver des boskoops*. Mais on l'écrit avec une majuscule dans **belle de Boskoop** car il s'agit du nom propre.
bosniaque adj. et n.
➾ L'adjectif s'écrit sans majuscule : *la population bosniaque*. Le nom s'écrit avec une majuscule uniquement quand il désigne une personne : *les Bosniaques ; c'est une Bosniaque* mais *parler le bosniaque*.
boson n. m.
bosquet n. m.
boss n. m. inv.
HOM. **bosse**, formes du v. **bosser**
bossage n. m.
bossanova ▪ plur. **bossanovas** ou **bossa-nova** ▪ plur. **bossas-novas** n. f.
bosse n. f.
HOM. **boss**
bosselage n. m.
bosselard n. m.
bosseler v. tr. | conjug. 4 |
bosselle n. f.
bossellement ou **bossèlement**○ n. m.
bosselure n. f.
bosser v. tr. et v. intr. | conjug. 1 |
bossetier n. m.
bossette n. f.
bosseur, euse n.
bossoir n. m.
bossu, ue adj. et n.
bossuage n. m.
bossuer v. tr. | conjug. 1 |
bostangi /bɔstɑ̃dʒi/ n. m.

boston /-ɔ̃/ n. m.
bostonner v. intr. | conjug. 1 |
bostryche n. m.
bot, bote adj.
➡ **Pied bot** s'écrit sans trait d'union pour désigner un pied difforme, contrairement au nom et à l'adjectif *pied-bot*, qui désigne ou qualifie une personne ou un cheval : *c'est une pied-bot ; il est pied-bot ; un cheval pied-bot* mais *elle a un pied bot ; le pied bot d'un cheval*.
HOM. (du masc.) **bau**, **baud**, **baux** (plur. de *bail*), **beau** ; (du fém.) **botte**
botanique adj. et n. f.
botaniquement adv.
botaniser v. intr. | conjug. 1 |
botaniste n.
botanomancie n. f.
botanophile adj. et n.
bothriocéphale n. m.
botryoïde adj.
botryomycète n. m.
botryomycome n. m.
botryomycose n. f.
botrytis /-is/ n. m.
botrytisé, ée adj.
bottage n. m.
botte n. f.
HOM. **bote** (fém. de *bot*)
[1]**botté, ée** adj.
[2]**botté** n. m.
bottée n. f.
bottelage n. m.
bottelée n. f.
botteler v. tr. | conjug. 4 |
bottelette n. f.
botteleur, euse n.
botteleuse n. f.
botteloir n. m.
botter v. tr. | conjug. 1 |
HOM. **botté, bottée**
botteur, euse n.
botticellien, ienne adj.
bottier, ière n.
HOM. formes du v. **botter**
bottillon n. m.
Bottin® n. m.
➡ Comme tous les noms déposés, ce mot doit s'écrire avec une majuscule : *de vieux Bottins*. Toutefois, on le trouve fréquemment employé comme nom générique sans respect de la règle : *de vieux bottins*.
bottine n. f.
botulinique adj.
botulique adj.
botulisme n. m.
boubou n. m.
boubouler v. intr. | conjug. 1 |
bouc n. m.
HOM. **book, book**
boucage n. m.
boucaille n. f.
boucan n. m.
boucanage n. m.
boucane n. f.
boucané, ée adj.
boucaner v. tr. et v. intr. | conjug. 1 |
boucanerie n. f.
boucanier n. m.
HOM. formes du v. **boucaner**
boucanière n. f.
boucaro n. m.
boucassin n. m.
boucassiné, ée adj.
boucau n. m.
HOM. **boucaud, boucaut, boucot**
boucaud ou **boucot** n. m.
HOM. **boucau, boucaut**
boucaut n. m.
HOM. **boucau, boucaud, boucot**
bouchage n. m.
boucharde n. f.
boucharder v. tr. | conjug. 1 |
bouche n. f.
➡ Ce mot est au singulier dans les expressions **dépenses/frais de bouche**, **munitions/provisions de bouche** et **métiers de bouche**.
HOM. **bush**
bouché, ée adj.
bouche-à-bouche n. m. inv.
bouche à oreille n. m. inv.
bouchée n. f.
HOM. **boucher**
bouchement n. m.
[1]**boucher, ère** adj. et n.
HOM. (du masc.) **bouchée** ; (du fém.) formes du v. **boucher**
[2]**boucher** v. tr. | conjug. 1 |
¬ **se boucher**
➡ Aux temps composés de la forme pronominale, le participe s'accorde en genre et en nombre avec le sujet : *la conduite d'eau s'est bouchée*. Mais le participe passé ne s'accorde pas quand il est suivi d'un complément d'objet direct : *ils se sont bouché les oreilles*. Il ne s'accorde avec le complément d'objet direct que lorsque celui-ci est placé avant le verbe : *ils se les sont bouchées*.
HOM. **bouchée**
boucherie n. f.
bouche-trou n. m. ▪ plur. **bouche-trous**
boucheur, euse n.
bouchoir n. m.
boucholeur, euse n.
bouchon n. m.
HOM. formes du v. **boucher**

bouchonnage n. m.
bouchonné, ée adj.
bouchonnement n. m.
bouchonner v. tr. et v. intr. | conjug. 1 |
bouchonnier n. m.
bouchot n. m.
➾ Ce mot n'est pas un nom propre : il désigne une clôture servant à la culture des coquillages. Il s'écrit sans majuscule : *des moules de bouchot*.
bouchoteur n. m.
bouchure n. f.
bouclage n. m.
bouclarès adj. inv.
boucle n. f.
▫ rec. off. pour **looping**
➾ Ce mot s'emploie au singulier dans la locution **en boucle** : *des reportages diffusés en boucle*.
→ aussi **oreille**
bouclé, ée adj.
bouclement n. m.
boucler v. tr. et v. intr. | conjug. 1 |
bouclerie n. f.
bouclette n. f.
bouclier n. m.
boucon n. m.
boucot n. m.
→ **boucaud**
bouddha n. m.
➾ Ce mot s'écrit avec une majuscule uniquement quand il désigne le fondateur du bouddhisme : *la pensée de Bouddha* mais *cet homme est devenu un bouddha ; des bouddhas en bronze*.
HOM. formes du v. **bouder**
bouddhéité n. f.
bouddhique adj.
bouddhisme n. m.
➾ Comme tous les mots désignant une doctrine religieuse, ce mot s'écrit sans majuscule : *la pratique du bouddhisme*.
bouddhiste n. et adj.
➾ Comme tous les mots désignant ou qualifiant une doctrine religieuse ou ses adeptes, ce mot s'écrit sans majuscule : *la pensée bouddhiste ; les bouddhistes*.
bouder v. intr. et v. tr. | conjug. 1 |
bouderie n. f.
boudeur, euse adj. et n.
boudeuse n. f. (siège)
boudeusement adv.
boudi interj.
boudin n. m.
boudinade n. f.
boudinage n. m.
boudine n. f.
boudiné, ée adj.
boudinement n. m.
boudiner v. tr. | conjug. 1 |
¬ **se boudiner**
➾ Aux temps composés de la forme pronominale, le participe s'accorde en genre et en nombre avec le sujet : *elle s'est boudinée dans un corset*.
boudineuse n. f.
boudinière n. f.
boudiou interj.
boudoir n. m.
boudu interj.
boue n. f.
HOM. **bouh, bout**, formes du v. **bouillir**
bouée n. f.
[1]**bouette** n. f. (appât)
→ **boette**
[2]**bouette** n. f. (Canada, fam. : boue)
[1]**boueux, boueuse** adj.
[2]**boueux** n. m. (fam. : éboueur)
bouffable adj.
bouffage n. m.
bouffant, ante adj.
bouffarde n. f.
bouffarder v. intr. | conjug. 1 |
[1]**bouffe** adj. et n. m. (burlesque)
➾ Ce mot s'écrit avec une majuscule seulement dans les dénominations : *les Bouffes ; le théâtre des Bouffes du Nord* mais *l'opéra bouffe*.
[2]**bouffe** n. f. (fam. : nourriture)
bouffée n. f.
bouffer v. tr. et v. intr. | conjug. 1 |
bouffetance n. f.
bouffette n. f.
bouffeur, euse n.
bouffi, ie adj. et n. m.
HOM. formes du v. **bouffir**
bouffir v. tr. et v. intr. | conjug. 2 |
bouffissage n. m.
bouffisseur n. m.
bouffissure n. f.
bouffoir n. m.
bouffon, onne n. et adj.
HOM. formes du v. **bouffonner**
bouffonnade n. f.
bouffonnant, ante adj.
bouffonnement adv.
bouffonner v. intr. | conjug. 1 |
bouffonnerie n. f.
boufre interj.
bougainvillée /-vile/ n. f. ou **bougainvillier** /-vilje/ n. m.
bouge n. m.
HOM. formes du v. **bouger**
bougé n. m.
bougeant, ante adj.

bougée n. f.
bougement n. m.
bougeoir n. m.
bougeotte n. f.
bouger v. intr. et v. tr. | conjug. 3 |
bougerie n. f.
bougette n. f.
bougie n. f.
bougillon, onne n. et adj.
bougisme n. m.
bougnat n. m.
bougner v. tr. | conjug. 1 |
bougnou n. m.
bougnoul ou **bougnoule** n.
Ξ Ce mot est injurieux et raciste.
bougon, onne adj.
Ξ La forme *bougon* peut s'employer pour qualifier une femme : *elle est un peu bougon* ou *bougonne aujourd'hui.*
bougonnement n. m.
bougonner v. intr. | conjug. 1 |
bougonnerie n. f.
bougonneur, euse adj. et n.
bougonneux, euse adj.
bougran n. m.
bougre, bougresse n.
bougrement adv.
bougrerie n. f.
bouh interj.
HOM. **boue, bout**, formes du v. **bouillir**
bouiboui ▪ plur. **bouibouis** ou **boui-boui** ▪ plur. **bouis-bouis** n. m.
bouif n. m.
bouillabaisse n. f.
bouillage n. m.
bouillaison n. f.
bouillant, ante adj.
bouillard n. m.
bouillasse n. f.
bouille n. f.
HOM. formes du v. **bouillir**
bouillée n. f.
bouillerie n. f.
bouilleur, euse n.
bouilli, ie adj. et n. m.
bouillie n. f.
bouillir v. intr. | conjug. 15 |
bouillissage n. m.
bouillisseur n. m.
bouillitoire n. m.
bouilloire n. f.
bouillon n. m.
HOM. formes du v. **bouillir**
bouillon-blanc n. m. ▪ plur. **bouillons-blancs**
bouillonnant, ante adj.
bouillonné n. m.
bouillonnement n. m.
bouillonner v. intr. et v. tr. | conjug. 1 |
HOM. **bouillonné**
bouillonneur, euse n.
bouillonneux, euse adj.
bouillotte n. f.
bouillotter ou **bouilloter**○ v. intr. | conjug. 1 |
bouillu ou **boullu** adj. m.
Ξ Cet adjectif ne s'emploie que dans le dicton populaire *café bouillu, café foutu*. Ne pas l'employer à la place de *bouilli*, participe passé du verbe *bouillir* : *du lait bouilli ; de la viande bouillie.*
HOM. (de *boullu*) **boulu**
boujaron n. m.
boujon n. m.
HOM. formes du v. **bouger**
boulage ou **bouletage** n. m.
boulaie ou **bouleraie** n. f.
HOM. **boulê, boulet**, formes du v. **bouler**
boulance n. f.
boulange n. f.
[1]**boulanger, ère** n.
Ξ Le féminin s'emploie dans la locution **à la boulangère** ou en apposition ; il est alors invariable : *des pommes (à la) boulangère.*
[2]**boulanger** v. tr. | conjug. 3 |
boulangerie n. f.
boulangisme n. m.
boulangiste adj. et n.
boulant, ante adj.
boulard n. m.
boulbène n. f.
boulder ou **bouldeur**○ n. m.
boule n. f.
➾ Ne pas écrire le groupe nominal **boule de neige** comme le nom *boule-de-neige*, qui désigne un arbuste : *il a planté des boules-de-neige* mais *les enfants ont fait des boules de neige.*
HOM. **boulle**
boulé n. m.
boulê n. f.
HOM. **boulaie, boulet**, formes du v. **bouler**
bouleau n. m.
HOM. **boulot**
boule-de-neige n. f. ▪ plur. **boules-de-neige** (arbuste)
bouledogue n. m.
boulefinch○ n. m.
→ **bull-finch**
bouléguer v. intr. | conjug. 6 |
bouler v. tr. et v. intr. | conjug. 1 |
bouleraie n. f.
→ **boulaie**
boulet n. m.
HOM. **boulê, boulaie**, formes du v. **bouler**
bouletage n. m.
→ **boulage**

bouleté, ée adj.
bouleterrier n. m.
→ **bull-terrier**
boulette n. f.
bouleture n. f.
bouleux, euse adj. et n. m.
boulevard n. m.
➾ Ce mot est au singulier dans la locution **théâtre/pièce de boulevard**. *Boulevard* s'écrit avec une majuscule dans les dénominations **les Grands Boulevards** (ou **les Boulevards**), **les Boulevards extérieurs** et **les Boulevards périphériques** qui désignent des boulevards parisiens.
→ aussi **habiter**
boulevardier, ière adj.
boulevari n. m.
bouleversant, ante adj.
bouleversement n. m.
bouleverser v. tr. | conjug. 1 |
boulgour ou **boulghour** n. m.
boulièche n. f.
[1]**boulier** n. m. (abaque)
HOM. formes du v. **bouler**
[2]**boulier** n. m. (filet)
→ **bolier**
boulimie n. f.
boulimique adj. et n.
boulin n. m.
boulinage n. m.
bouline n. f.
boulinette n. f.
boulingrin n. m.
boulingue n. f.
boulinier, ière adj. et n. m.
boulisme n. m.
bouliste n.
boulistique adj.
boulle n. m.
➾ Ce mot s'écrit avec une minuscule quand il désigne un meuble mais avec une majuscule quand il désigne le style : *posséder un boulle* mais *le style Boulle ; être meublé en Boulle*.
HOM. **boule**, formes du v. **bouler**
boullu adj. m.
→ **bouillu**
boulochage n. m.
bouloche n. f.
boulocher v. intr. | conjug. 1 |
boulodrome n. m.
bouloir n. m.
boulomane n.
boulon n. m.
HOM. formes du v. **bouler**
boulonnage n. m.
boulonnais, aise adj. et n.
➾ L'adjectif s'écrit sans majuscule : *la population boulonnaise ; des chevaux boulonnais*. Le nom s'écrit avec une majuscule quand il désigne une personne ou la région du Pas-de-Calais : *les Boulonnais ; c'est une Boulonnaise ; vivre dans le Boulonnais* mais *élever des boulonnais* (chevaux).
boulonner v. tr. et v. intr. | conjug. 1 |
boulonnerie n. f.
boulonnière n. f.
[1]**boulot, otte** adj. et n. (rond)
HOM. **bouleau**
[2]**boulot** n. m. (fam. : travail)
HOM. **bouleau**
boulotter ou **bouloter** v. tr. et v. intr. | conjug. 1 |
boulu, ue adj. (région. : rond)
HOM. **boullu**
boulure n. f.
[1]**boum** interj. et n. m. (bruit)
HOM. **boom**
[2]**boum** n. m. (croissance)
HOM. **boom**
→ **boom**
[3]**boum** n. f. (fête)
HOM. **boom**
boumer v. intr. | conjug. 1 |
Ξ Ce verbe ne s'emploie que dans l'expression familière **ça boume**.
boumeur n. m.
boumian n. m.
bouque n. f.
HOM. **bouc, book**
bouquet n. m.
bouqueté, ée adj.
bouquetier n. m.
bouquetière n. f.
bouquetin n. m.
bouqueton n. m.
bouquin n. m.
bouquinage n. m.
bouquiner v. intr. et v. tr. | conjug. 1 |
bouquinerie n. f.
bouquineur, euse n.
bouquiniste n.
bouracan n. m.
bouracher n. m.
bouraque n. f.
→ **bourraque**
bourbe n. f.
bourbelier n. m.
bourbeux, euse adj.
bourbier n. m.
bourbillon n. m.
bourbon n. m.
➾ Contrairement au nom propre qui désigne

un comté du Kentucky, ce mot s'écrit sans majuscule : *un verre de bourbon*.

bourbonien, ienne adj.

bourbonnais, aise adj. et n.

➾ L'adjectif s'écrit sans majuscule : *la population bourbonnaise ; un chien bourbonnais*. Le nom s'écrit avec une majuscule quand il désigne une personne et la province française : *les Bourbonnais ; c'est une Bourbonnaise ; visiter le Bourbonnais* mais *chanter une bourbonnaise*.

bourbouille n. f.

bourcet ou **bourset** n. m.

bourdaine n. f.

bourdalou ou **bourdaloue** n. m.

bourdante n. f.

bourde n. f.

bourdigue n. f.

→ **bordigue**

bourdillon n. m.

bourdon n. m.

➾ Ne pas écrire **faux bourdon**, qui désigne le mâle de l'abeille, comme *faux-bourdon*, terme de musique.

bourdonnant, ante adj.

bourdonnement n. m.

bourdonner v. intr. | conjug. 1 |

bourdonneur, euse adj. et n.

bourdonnière n. f.

bourg /buʀ/ n. m.

HOM. **bourre**

bourgade n. f.

bourgadier n. m.

bourgage n. m.

bourge n. et adj.

◻ abrév. de **bourgeois, oise**

bourgeois, oise n. et adj.

bourgeoisant, ante adj.

bourgeoisement adv.

bourgeoisial, iale, iaux adj.

bourgeoisie n. f.

bourgeoisisme n. m.

bourgeon n. m.

bourgeonnant, ante adj.

bourgeonnement n. m.

bourgeonner v. intr. | conjug. 1 |

bourgeonneux, euse adj.

bourgeron n. m.

bourgmestre /buʀgmɛstʀ/ n. m.

bourgogne n. m.

➾ Ce mot s'écrit sans majuscule, contrairement au nom propre qui désigne la région : *un vin de Bourgogne* mais *une bouteille de bourgogne*.

bourgue n. m.

HOM. **burg**

bourgueil n. m.

➾ Ce mot s'écrit sans majuscule, contrairement au nom propre qui désigne la ville : *un vin de Bourgueil* mais *une bouteille de bourgueil*.

bourguignon, onne adj. et n.

➾ L'adjectif s'écrit sans majuscule : *la population bourguignonne ; un bœuf bourguignon ; une fondue bourguignonne*. Le nom s'écrit avec une majuscule uniquement quand il désigne une personne : *les Bourguignons ; c'est une Bourguignonne* mais *préparer un bourguignon*.

Ξ Dans le langage culinaire, *bourguignonne* s'emploie dans la locution **à la bourguignonne** ou en apposition ; il est alors invariable : *des champignons (à la) bourguignonne*.

bourguignotte ou **bourguignote** n. f.

bourka n. f.

→ **burqa**

bourlingage n. m.

bourlingue n. f.

bourlinguer v. intr. | conjug. 1 |

bourlingueur, euse adj. et n.

bournonite n. f.

bourrache n. f.

bourrade n. f.

bourrage n. m.

bourrant, ante adj.

bourraque ou **bouraque** n. f.

bourras /-a/ n. m.

HOM. formes du v. **bourrer**

bourrasque n. f.

bourratif, ive adj.

[1]**bourre** n. f. (ouate)

HOM. **bourg**

[2]**bourre** n. m. (arg. : policier)

HOM. **bourg**

bourré, ée adj.

Ξ Dans la langue soutenue, il faut éviter d'employer **bourré de remords** à la place de **bourrelé de remords**.

bourreau n. m.

☯ Ce mot est toujours masculin mais peut s'employer pour parler d'une femme : *sa fille est un bourreau de travail*.

bourrée n. f.

bourrèlement n. m.

bourrelé, ée adj.

Ξ Ce mot s'emploie surtout dans l'expression **bourrelé de remords**. Dans la langue soutenue, il faut éviter d'employer **bourré de remords**.

bourreler v. tr. | conjug. 4 |

bourrelet n. m.

HOM. formes du v. **bourreler**

bourreleur, euse n.

bourrelier, ière n.
HOM. formes du v. **bourreler**
bourrelle n. f.
HOM. formes du v. **bourreler**
bourrellerie n. f.
bourre-pif ▪ plur. **bourre-pifs** ou **bourrepif**○ ▪ plur. **bourrepifs**○ n. m.
bourrer v. tr. et v. intr. | conjug. 1 |
¬ **se bourrer**
➾ Aux temps composés de la forme pronominale, le participe s'accorde en genre et en nombre avec le sujet : *ils se sont bourrés de coups*. Mais le participe passé ne s'accorde pas quand il est suivi d'un complément d'objet direct : *ils se sont bourré la gueule.*
bourrette n. f.
bourreur, euse n.
bourriche n. f.
bourrichon n. m.
bourricot n. m.
bourride n. f.
bourrillon n. m.
bourrin n. m. et adj.
bourrine n. f.
bourrique n. f.
bourriquet n. m.
bourriquier n. m.
bourroir n. m.
bourru, ue adj.
bourse n. f.
➾ Ce mot s'écrit avec une majuscule quand il désigne le marché public, l'ensemble des opérations qui y sont traitées et le lieu où elles s'effectuent : *la Bourse de Paris ; les cours de la Bourse ; une société cotée en Bourse ; rendez-vous devant la Bourse*. Par analogie, on écrit également avec une majuscule **la Bourse du travail** et **la Bourse des vêtements/des timbres/des livres**, etc.
bourse-à-pasteur n. f. ▪ plur. **bourses-à-pasteur**
bourseau n. m.
bourset n. m.
→ **bourcet**
boursette n. f.
boursicaut ou **boursicot** n. m.
boursicotage n. m.
boursicoter v. intr. | conjug. 1 |
boursicoteur, euse n.
boursier, ière n. et adj.
boursiller v. intr. | conjug. 1 |
boursouflage ou **boursoufflage** n. m.
boursouflé, ée ou **boursoufflé, ée** adj.
boursouflement ou **boursoufflement** n. m.
boursoufler ou **boursouffler** v. tr. | conjug. 1 |
boursouflure ou **boursoufflure** n. f.
bousage n. m.
bousard n. m.
bousbir n. m.
bouscueil n. m.
bousculade n. f.
bousculant, ante adj.
bousculement n. m.
bousculer v. tr. | conjug. 1 |
¬ **se bousculer**
➾ Aux temps composés de la forme pronominale, le participe s'accorde en genre et en nombre avec le sujet : *les visiteurs se sont bousculés.*
bousculeur, euse adj. et n.
bouse n. f.
bouseux n. m.
bousier n. m.
bousillage n. m.
bousiller v. intr. et v. tr. | conjug. 1 |
bousilleur, euse n.
bousin n. m.
bousine ou **bouzine** n. f.
bousingot n. m.
bousingotisme n. m.
boussole n. f.
boussolier n. m.
boustifaille n. f.
boustifailler v. intr. | conjug. 1 |
boustifailleur, euse n.
boustrophédon n. m.
bout /bu/ n. m.
♪ Au sens de « cordage », ce mot se prononce /but/.
➾ Ce mot est toujours au singulier dans la locution **à tout bout de champ**.
HOM. **boue**, **bouh**, formes du v. **bouillir**
boutade n. f.
boutanche n. f.
boutargue n. f.
→ **poutargue**
bout-dehors n. m. ▪ plur. **bouts-dehors**
bout-de-pied n. m. ▪ plur. **bouts-de-pied**
bout-de-table n. m. ▪ plur. **bouts-de-table**
boute-en-train ▪ plur. inv. ou **boutentrain**○ ▪ plur. **boutentrains**○ n. m.
☯ Ce mot est toujours masculin mais peut se dire en parlant d'une femme : *elle était le boute-en-train de la bande ; sa sœur est un vrai boute-en-train.*
boutefas /butfa/ n. m.
boutefeu n. m.
bouteille n. f.
☰ Ce mot peut s'employer derrière un adjectif de couleur pour en préciser la nuance ; les deux mots sont alors invariables : *des manteaux vert bouteille.*
bouteiller n. m.
bouteillerie n. f.

bouteillon ou **bouthéon** n. m.
HOM. formes du v. **bouteiller**
bouter v. tr. | conjug. 1 |
HOM. **booter**
bouterolle ou **bouterole**○ n. f.
bouteroue n. f.
boute-selle ▪ plur. inv. ou **bouteselle**○ ▪ plur. **bouteselles**○ n. m.
bouteur n. m.
bouthéon n. m.
→ **bouteillon**
boutiquaire n. m.
HOM. forme du v. **boutiquer**
boutique n. f.
boutiquer v. tr. | conjug. 1 |
boutiquier, ière n.
HOM. formes du v. **boutiquer**
¹**boutis** /-i(s)/ n. m. (ouvrage de broderie)
HOM. **boutisse**
²**boutis** ou **bouttis** /-i/ n. m. (Vén. : trou)
boutisse n. f.
HOM. ¹**boutis**
boutoir n. m.
bouton n. m.
HOM. formes du v. **bouter**
bouton-d'argent n. m. ▪ plur. **boutons-d'argent**
bouton-d'or n. m. ▪ plur. **boutons-d'or**
Ξ Ce mot peut s'employer comme adjectif de couleur ; il est alors invariable : *des soies bouton-d'or.*
boutonnage n. m.
boutonné, ée adj.
boutonnement n. m.
boutonner v. intr. et v. tr. | conjug. 1 |
boutonnerie n. f.
boutonneux, euse adj. et n.
boutonnier, ière n.
boutonnière n. f.
boutonniériste n.
bouton-poussoir n. m. ▪ plur. **boutons-poussoirs**
bouton-pression n. m. ▪ plur. **boutons-pression**
boutre n. m.
bout-rimé n. m. ▪ plur. **bouts-rimés**
bout-saigneux n. m. ▪ plur. **bouts-saigneux**
bouttis /-i/ n. m.
→ ²**boutis**
bouturage n. m.
bouture n. f.
bouturer v. tr. | conjug. 1 |
bouvard n. m.
bouvardia n. m.
bouveau n. m.
bouverie n. f.
bouvet n. m.
bouveter v. tr. | conjug. 4 |
bouveteuse n. f.
bouvier, ière n.
bouvière n. f.
bouvillon n. m.
bouvreuil n. m.
bouvril n. m.
bouzine n. f.
→ **bousine**
bouzouki ou **buzuki** /buzuki/ n. m.
bouzy n. m.
➾ Ce mot s'écrit sans majuscule, contrairement au nom propre qui désigne la ville : *un vin de Bouzy* mais *une bouteille de bouzy.*
bovarysme n. m.
bovaryste adj.
bovette ou **bowette** /bɔv-/ n. f.
bovetteur n. m.
bovidé n. m.
bovillon n. m.
→ **bouvillon**
bovin, ine adj. et n. m.
boviné n. m.
bowette /bɔv-/ n. f.
→ **bovette**
bowling /buliŋ/ n. m.
bow-window ▪ plur. **bow-windows** ou **bowwindow**○ ▪ plur. **bowwindows** /bowindo/ n. m.
box n. m. ▪ plur. inv. ou plur. **boxes**
Ξ On peut employer le pluriel invariable *box* ou le pluriel anglais *boxes.*
HOM. **boxe**
boxant, ante adj.
box-calf ▪ plur. **box-calfs** ou **boxcalf**○ ▪ plur. **boxcalfs**○ n. m.
boxe n. f.
HOM. **box**
¹**boxer** /bɔksɛʀ/ n. m. (chien)
♪ Ce mot vient de l'allemand ; il se prononce /bɔksɛʀ/ et non pas /bɔksœʀ/.
²**boxer** /bɔkse/ v. intr. et v. tr. | conjug. 1 |
³**boxer** /bɔksœʀ/ n. m.
◻ abrév. de **boxer-short**
boxer-short ▪ plur. **boxer-shorts** ou **boxershort**○ ▪ plur. **boxershorts**○ /bɔksœʀʃɔʀt/ n. m.
boxeur, euse n.
box-office ▪ plur. **box-offices** ou **box-office**○ ▪ plur. **boxoffices**○ n. m.
boxon n. m.
boy /bɔj/ n. m.
HOM. **boille**
boyard /bɔjaʀ/ n. m.
boyau n. m.
boyauderie n. f.
boyaudier, ière n.

boyauter (se) v. pron. | conjug. 1 |
➾ Aux temps composés, le participe s'accorde en genre et en nombre avec le sujet : *ils se sont boyautés.*
boycott /bɔjkɔt/ n. m.
boycottage /bɔj-/ n. m.
boycotter /bɔj-/ v. tr. | conjug. 1 |
boycotteur, euse /bɔj-/ n.
boyesse /bɔjɛs/ n. f.
boy-friend ▪ plur. **boy-friends** ou **boy-friend**○ ▪ plur. **boyfriends**○ /bɔjfʀɛnd/ n. m.
boy-scout ▪ plur. **boy-scouts** ou **boyscout**○ ▪ plur. **boyscouts**○ /bɔjskut/ n. m.
bozo n. m.
B. P. n. f.
◻ abrév. de **boîte postale**
brabançon, onne adj. et n.
➾ L'adjectif s'écrit sans majuscule : *la population brabançonne* ; *un cheval brabançon.* Le nom s'écrit avec une majuscule quand il désigne une personne ou l'hymne national belge : *les Brabançons ; c'est une Brabançonne ; chanter la Brabançonne* mais *élever des brabançons* (chevaux).
brabant n. m.
➾ Ce mot s'écrit sans majuscule, contrairement au nom propre qui désigne la région : *labourer avec un brabant.*
bracelet n. m.
bracelet-montre n. m. ▪ plur. **bracelets-montres**
brachial, iale, iaux /-k-/ adj.
brachialgie /-k-/ n. f.
brachiation /-k-/ n. f.
brachiopodes /-k-/ n. m. pl.
brachiosaure /-k-/ n. m.
brachycéphale /-k-/ adj. et n.
brachycéphalie /-k-/ n. f.
brachycéphalisation /-k-/ n. f.
brachycère /-k-/ n. m.
brachydactyle /-k-/ adj. et n.
brachylogie /-k-/ n. f.
brachyne /-k-/ n. m.
brachyoure /-k-/ n. m.
brachyptère /-k-/ adj. et n. m.
brachyrhynque /-k-/ adj. et n. m.
brachythérapie /-k-/ n. f.
braconnage n. m.
braconner v. intr. | conjug. 1 |
braconnier, ière n.
HOM. formes du v. **braconner**
braconnière n. f.
bractéal, ale, aux adj.
bractéate adj. et n. f.
bractée n. f.
bractéole n. f.
bradage n. m.
Bradel (à la) loc. adj.
➾ *Bradel* s'écrit avec une majuscule car il s'agit d'un nom propre : *une reliure à la Bradel.*
brader v. tr. | conjug. 1 |
braderie n. f.
bradeur, euse n.
bradycardie n. f.
bradycinésie ou **bradykinésie** n. f.
bradykinine n. f.
bradylalie n. f.
bradype n. m.
bradypepsie n. f.
bradypnée n. f.
bradypsychie n. f.
brae(d)burn /bʀɛ(d)bœʀn/ n. f.
brague n. f.
braguet n. m.
braguette n. f.
brahman /-an/ n. m. (savoir, divinité)
HOM. **brahmane**
brahmane n. m. (personne)
HOM. **brahman**
brahmanique adj.
➾ Comme tous les mots qualifiant une doctrine religieuse, ce mot s'écrit sans majuscule : *la religion brahmanique.*
brahmanisme n. m.
➾ Comme tous les mots désignant une doctrine religieuse, ce mot s'écrit sans majuscule : *le brahmanisme.*
brahmaniste n. et adj.
➾ Comme tous les mots désignant ou qualifiant les adeptes d'une doctrine religieuse, ce mot s'écrit sans majuscule : *les brahmanistes.*
brahmine ou **bramine** n.
brahmique adj.
brai n. m.
HOM. **braie, braye**, formes du v. **brayer**
braie n. f.
☰ Ce mot s'emploie au pluriel pour désigner le pantalon : *un Gaulois vêtu de braies.*
HOM. **brai, braye**, formes du v. **brayer**
braiement n. m.
→ **braiment**
braillard, arde n. et adj.
braille n. m. et adj. inv.
braillement n. m.
brailler v. intr. | conjug. 1 |
brailleur, euse adj. et n.
braiment ou **braiement** n. m.
☰ La graphie *braiement* est vieillie.
brain-drain ▪ plur. **brain-drains** ou **braindrain**○ ▪ plur. **braindrains**○ /bʀɛndʀɛn/ n. m.
brainstorming /bʀɛnstɔʀmiŋ/ n. m.
◻ rec. off. : **remue-méninges**
brain-trust ▪ plur. **brain-trusts** ou **braintrust**○ ▪ plur. **braintrusts**○ /bʀɛntʀœst/ n. m.

braire v. intr. | conjug. 50 |
♪ Bien prononcer les formes en *y* : *brayons* /bʀajɔ̃/, *brayez* /bʀaje/.
braisage n. m.
braise n. f.
braiser v. tr. | conjug. 1 |
braisette n. f.
braisier n. m.
HOM. formes du v. **braiser**
braisière n. f.
braisillant, ante adj.
braisillement n. m.
braisiller v. intr. | conjug. 1 |
HOM. **brésiller**
brame n. m.
bramée n. f.
bramement n. m.
bramer v. intr. | conjug. 1 |
bramine n.
→ **brahmine**
bran n. m.
brancard n. m.
brancardage n. m.
brancarder v. tr. | conjug. 1 |
brancardier n. m.
branchage n. m.
branche n. f.
branché, ée adj. et n.
branchée n. f.
branchement n. m.
brancher v. intr. et v. tr. | conjug. 1 |
branchette n. f.
branche-ursine n. f. ▪ plur. **branches-ursines**
branchial, iale, iaux /-k-/ adj.
branchie n. f.
branchiopode /-k-/ n. m.
branchiosaure /-k-/ n. m.
branchouille adj.
branchu, ue adj.
brandade n. f.
brande n. f.
brandebourg /-uʀ/ n. m.
➾ Ce mot s'écrit sans majuscule, contrairement au nom propre qui désigne une province d'Allemagne : *une redingote à brandebourgs*.
brandevin n. m.
brandevinier, ière n.
brandillant, ante adj.
brandilloire n. f.
brandillon n. m.
brandir v. tr. | conjug. 2 |
brandissage n. m.
brandissement n. m.
brandisseur, euse n.
brandon n. m.
brandonner v. tr. | conjug. 1 |
brandy n. m. ▪ plur. **brandys** ou plur. **brandies**
Ξ On peut employer le pluriel francisé *brandys* ou le pluriel anglais *brandies*.
HOM. formes du v. **brandir**
branlade n. f.
branlage n. m.
branlant, ante adj.
branle n. m.
branle-bas ou **branlebas**○ n. m. inv.
branlée n. f.
branlement n. m.
branle-queue n. m. ▪ plur. **branle-queues**
branler v. tr. et v. intr. | conjug. 1 |
branlette n. f.
branleur, euse n. et adj.
branloire n. f.
branque n. m. et adj.
branquignol n. m. et adj. m.
branquignollerie n. f.
brante n. f.
braquage n. m.
braque n. m. et adj.
braquemart n. m.
braquement n. m.
braquer v. tr. | conjug. 1 |
braquet n. m.
HOM. formes du v. **braquer**
braqueur, euse n.
bras n. m.
brasage n. m.
braser v. tr. | conjug. 1 |
brasérade ou **braserade** /-ze-/ n. f.
braséro ou **brasero** /-ze-/ n. m.
brasier n. m.
HOM. formes du v. **braser**
brasière n. f.
brasillement n. m.
brasiller v. intr. | conjug. 1 |
bras-le-corps (à) loc. adv.
brasque n. f.
brasquer v. tr. | conjug. 1 |
brassage n. m.
brassard n. m.
brassardé, ée adj.
brasse n. f.
➾ L'expression **brasse papillon** s'écrit sans trait d'union.
brassé adj. m.
brassée n. f.
brasser v. tr. | conjug. 1 |
brasserie n. f.
brasseur, euse n.
brasseyer v. tr. | conjug. 1 |
brassiage n. m.
brassicale n. f.
brassicole adj.

brassicourt adj. et n. m.
brassier n. m.
HOM. formes du v. **brasser**
brassière n. f.
brassin n. m.
brasure n. f.
bravache n. m. et adj.
bravacherie n. f.
bravade n. f.
brave adj. et n.
bravement adv.
braver v. tr. | conjug. 1 |
braverie n. f.
bravissimo interj.
[1]**bravo** interj. et n. m. (applaudissement)
➾ Ce mot a un pluriel régulier : *la salle croule sous les bravos*.
[2]**bravo** n. m. ▪ plur. **bravi** ou plur. **bravos**○ (tueur à gages)
Ξ On peut employer le pluriel italien *bravi* ou le pluriel francisé *bravos*.
bravoure n. f.
braye /bʀɛ/ n. f.
HOM. **brai, braie,** formes du v. **braire**
brayer /bʀeje/ n. m.
break /bʀɛk/ n. m.
breakdance ▪ plur. **breakdances** ou **break dance** ▪ plur. **break dances** /bʀɛkdɑ̃s ; -dɛns/ n. f.
[1]**breaker** ou **breakeur, euse** /bʀɛkœʀ/ n. (danseur)
[2]**breaker** /bʀɛke/ v. tr. | conjug. 1 |
breakfast /bʀɛkfœst/ n. m.
brebiette n. f.
brebis /-i/ n. f.
brèche n. f.
▫ rec. off. pour **break (tennis)**
brèche-dent adj. et n. ▪ plur. **brèche-dents**
bréchet n. m.
bréchification n. f.
brechtien, ienne /bʀɛʃ-/ adj.
bréchu, ue adj.
bredin n. m.
bredouillage n. m.
bredouillant, ante adj.
bredouille adj.
bredouillement n. m.
bredouiller v. intr. et v. tr. | conjug. 1 |
bredouilleur, euse n. et adj.
bredouillis /-i/ n. m.
bredzon /bʀəd-/ n. m.
[1]**bref, brève** adj. et adv.
Ξ **Enfin bref** est un pléonasme à éviter : on ne dira pas *enfin bref, tout s'est bien déroulé* mais *bref, tout s'est bien déroulé*.
[2]**bref** n. m.
bregma /bʀɛg-/ n. m.
bréhaigne adj. f.
breitschwanz /bʀɛtʃvɑ̃ts/ n. m. inv.
brêlage n. m.
brelan n. m.
brélandier, ière n.
brèle n. m. (mulet)
HOM. **brêle**
[1]**brêle** ou **brèle** n. f. (fam. : idiot)
HOM. **brèle**
[2]**brêle** ou **brelle** n. f. (tronc, harnachement)
HOM. **brèle**
brêler v. tr. | conjug. 1 |
brelle n. f.
→ [2]**brêle**
breloque n. f.
brème n. f. (poisson)
HOM. **brême**
brême n. f. (carte à jouer)
HOM. **brème**
brémette n. f.
brenne n. f.
brent /bʀɛnt/ n. m.
brésil n. m.
brésilien, ienne adj. et n.
➾ L'adjectif s'écrit sans majuscule : *la population brésilienne*. Le nom s'écrit avec une majuscule uniquement quand il désigne une personne : *les Brésiliens ; c'est une Brésilienne* mais *parler le brésilien* (le portugais parlé au Brésil).
brésiline n. f.
brésiller v. intr. et v. tr. | conjug. 1 |
HOM. **braisiller**
brésolles ou **bressolles** n. f. pl.
bressant n. f.
➾ Employé comme nom commun, ce mot s'écrit sans majuscule : *des bressants*. Mais dans la locution **à la Bressant**, il s'écrit avec une majuscule car il s'agit du nom propre : *des coiffures à la Bressant*.
bressolles n. f. pl.
→ **brésolles**
brétailler v. intr. | conjug. 1 |
brétailleur n. m.
bretèche n. f.
bretelle n. f.
bretessé, ée ou **bretéché, ée** adj.
breton, onne adj. et n.
➾ L'adjectif s'écrit sans majuscule : *la population bretonne ; les légendes bretonnes*. Le nom s'écrit avec une majuscule uniquement quand il désigne une personne : *les Bretons ; c'est une Bretonne* mais *parler le breton ; un texte en bas breton*.
bretonnant, ante adj.
brette n. f.
brettelé, ée adj.

bretteler ou **bretter** v. tr. | conjug. 4 ou 1 |
bretteur, euse n.
bretzel /bʀɛtzɛl/ n. m.
breuil /bʀœj/ n. m.
breuvage n. m.
brève n. f.
brevet n. m.
brevetabilité n. f.
brevetable adj.
brevetage n. m.
breveté, ée adj.
breveter v. tr. | conjug. 4 |
bréviaire n. m.
bréviligne adj.
brévilingue adj. et n. m.
brévité n. f.
bri n. m.
HOM. **brie, bris**
briard, arde adj. et n. m.
➾ L'adjectif s'écrit sans majuscule : *la population briarde ; un chien briard*. Le nom s'écrit avec une majuscule uniquement quand il désigne une personne : *les Briards ; c'est une Briarde* mais *élever des briards* (chiens).
bribe n. f.
bric-à-brac n. m. inv.
bricage n. m.
→ **briquage**
bricelet n. m.
bric et de broc (de) /-ɔk/ loc. adv.
bricheton n. m.
brichetonner v. intr. et v. tr. | conjug. 1 |
[1]**brick** n. m. (voilier, beignet)
HOM. **brique**, formes du v. **briquer**
[2]**Brick**® n. f. (emballage)
➾ Comme tous les noms déposés, ce mot doit s'écrire avec une majuscule : *des Bricks de lait*. Toutefois, on le trouve fréquemment employé comme nom générique sans respect de la règle : *des bricks de lait*.
HOM. **brique**, formes du v. **briquer**
bricolage n. m.
bricole n. f.
bricoler v. intr. et v. tr. | conjug. 1 |
bricoleur, euse n.
bricolier n. m.
bricolo n. (fam. : bricoleur)
bridage n. m.
bride n. f.
bridé, ée adj.
brider v. tr. | conjug. 1 |
bridge n. m.
bridger v. intr. | conjug. 3 |
bridgeur, euse n.
bridon n. m.
bridure n. f.
brie n. m.
➾ Ce mot s'écrit sans majuscule, contrairement au nom propre qui désigne la région : *du fromage de Brie* mais *un morceau de brie*.
HOM. **bri, bris**
brié, ée adj.
briée n. f.
HOM. **briller**
brief /bʀif/ n. m.
▫ rec. off. : **instructions**
HOM. **briffe**, formes des v. **briefer, briffer**
briefer /bʀife/ v. tr. | conjug. 1 |
▫ rec. off. : **instruire**
HOM. **briffer**
briefing /bʀifiŋ/ n. m.
▫ rec. off. : **réunion préparatoire**
brièvement adv.
brièveté n. f.
briffaud n. m.
briffe n. f.
HOM. **brief**, formes des v. **briefer, briffer**
briffer v. tr. et v. intr. | conjug. 1 |
HOM. **briefer**
briffeton n. m.
briffeur, euse n.
brigade n. f.
brigadier, ière n.
brigadier-chef, brigadière-chef n. ▪ plur. **brigadiers-chefs, brigadières-chefs**
brigadiste n.
brigand, ande n.
☯ La forme féminine ne s'emploie que dans le langage littéraire ou par plaisanterie : *la petite brigande a mangé tous les bonbons !*
HOM. **briguant,** p. prés. de *briguer*
brigandage n. m.
brigandeau n. m.
brigander v. intr. et v. tr. | conjug. 1 |
briganderie n. f.
brigandine n. f.
brigantin n. m.
brigantine n. f.
brightique /bʀaj-/ adj.
brightisme /bʀaj-/ n. m.
brignole n. f.
brignolet n. m.
brigue n. f.
briguer v. tr. | conjug. 1 |
brigueur, euse n.
brillamment adv.
brillance n. f.
brillant, ante adj. et n. m.
brillantage n. m.
brillanté n. m.
brillanter v. tr. | conjug. 1 |
brillanteur n. m.
brillantine n. f.

brillantiner v. tr. | conjug. 1 |
brillat-savarin n. m. inv.
brillement n. m.
briller v. intr. | conjug. 1 |
HOM. **briée**
brimade n. f.
brimant, ante adj.
brimbalant, ante adj.
→ **bringuebalant**
brimbalement n. m.
→ **bringuebalement**
brimbaler v. tr. et v. intr.
→ **bringuebaler**
brimbelle n. f.
brimborion n. m.
brimer v. tr. | conjug. 1 |
brin n. m.
HOM. **brun**
brinde n. f.
brindezingue adj.
brindille n. f.
bringé, ée adj.
bringue n. f.
bringuebalant, ante ou **brinquebalant, ante** ou **brimbalant, ante** adj.
Ξ La forme *brimbalant* est vieillie.
bringuebalement ou **brinquebalement** ou **brimbalement** n. m.
Ξ La forme *brimbalement* est vieillie.
bringuebaler ou **brinquebaler** ou **brimbaler** v. tr. et v. intr. | conjug. 1 |
Ξ La forme *brimbaler* est vieillie.
bringuer v. intr. | conjug. 1 |
bringueur, euse n.
brinquebalant, ante adj.
→ **bringuebalant**
brinquebalement n. m.
→ **bringuebalement**
brinquebaler v. tr. et v. intr.
→ **bringuebaler**
brio n. m.
brioche n. f.
brioché, ée adj.
briocherie n. f.
briolage n. m.
briolette n. f.
briquage ou **bricage** n. m.
briquaillon n. m.
brique n. f.
➾ Dans les locutions **de brique(s)** et **en brique(s)**, *brique* est au singulier ou au pluriel selon qu'il désigne la matière ou chaque élément : *une maison de/en brique(s) rouge(s)* mais *un mur en briques creuses*.
Ξ Ce mot peut s'employer seul comme adjectif de couleur ou derrière un adjectif de couleur pour en préciser la nuance ; ces adjectifs sont alors invariables : *des rideaux rouge brique ; des teintes brique*.
HOM. **brick**
briquer v. tr. | conjug. 1 |
briquet n. m.
HOM. formes du v. **briquer**
briquetage n. m.
briqueter v. tr. | conjug. 4 |
briqueterie /-kt- ; -kɛt-/ ou **briquèterie** n. f.
briquetier n. m.
HOM. formes du v. **briqueter**
briquette n. f.
HOM. formes du v. **briqueter**
bris /bʀi/ n. m.
HOM. **bri, brie**
brisance n. f.
brisant, ante adj. et n. m.
briscard ou **brisquard** n. m.
brise n. f.
ϟ Ne pas confondre **brise**, qui signifie « vent peu violent », avec **bise**, qui signifie « vent du nord sec et froid ».
HOM. **brize**, formes du v. **briser**
brisé, ée adj.
brise-bise n. m. ▪ plur. **brise-bises**
brisée n. f.
Ξ Ce mot s'emploie surtout au pluriel au sens de « branches rompues » et au sens figuré dans des expressions : *suivre les brisées de qqn ; aller/marcher sur les brisées de qqn*.
brise-fer n. et adj. inv. ▪ plur. **brise-fers** ou plur. inv.
brise-glace n. m. ▪ plur. **brise-glaces**
brise-jet n. m. ▪ plur. **brise-jets**
brise-lame n. m. ▪ plur. **brise-lames**
brise-mèche n. m. ▪ plur. **brise-mèches**
brisement n. m.
brise-motte n. m. ▪ plur. **brise-mottes**
briser v. tr. | conjug. 1 |
¬ **se briser**
➾ Aux temps composés de la forme pronominale, le participe s'accorde en genre et en nombre avec le sujet : *la glace s'est brisée*.
brise-soleil n. m. ▪ plur. inv. ou plur. **brise-soleils**○
brise-tout ▪ plur. inv. ou **brisetout**○ ▪ plur. **brisetouts**○ n.
briseur, euse n.
brise-vent n. m. ▪ plur. **brise-vents** ou plur. inv.
brise-vue n. m. ▪ plur. inv. ou plur. **brise-vues**○
brisis /-zi/ n. m.
briska n. m.
brisoir n. m.
brisquard n. m.
→ **briscard**
brisque n. f.
brissotin, ine adj. et n.

bristol n. m.
➾ Ce mot s'écrit sans majuscule, contrairement au nom propre qui désigne la ville : *envoyer un bristol.*
Ξ *Bristol* peut s'employer en apposition ; il est alors invariable : *des fiches bristol.*
brisure n. f.
britannicité n. f.
britannique adj. et n.
➾ L'adjectif s'écrit sans majuscule : *la population britannique,* sauf dans la dénomination géographique **les îles Britanniques**. Le nom s'écrit avec une majuscule : *les Britanniques ; c'est une Britannique.*
britanniser v. tr. | conjug. 1 |
britannisme n. m.
briticisme n. m.
british /bʀitiʃ/ n. inv. et adj. inv.
Ξ En français, ce mot appartient au registre familier.
➾ L'adjectif s'écrit sans majuscule : *le style british ; l'accent british.* Le nom s'écrit avec une majuscule : *les British ; c'est une British.*
brittonique adj. et n.
➾ Contrairement à *britannique,* ce mot s'écrit avec deux *t* et un seul *n.* Employé comme adjectif, il s'écrit sans majuscule : *les peuples brittoniques.* Employé comme nom, il prend une majuscule quand il désigne une personne : *les Brittoniques ; une Brittonique* mais *ils parlaient le brittonique.*
brize n. f.
HOM. **brise**, formes du v. **briser**
¹**broc** /bʀo/ n. m. (récipient)
²**broc** /bʀɔk/ n.
▫ abrév. de **brocanteur, euse**
HOM. **broque**
brocaille n. f.
brocantage n. m.
brocante n. f.
brocanter v. intr. et v. tr. | conjug. 1 |
brocanterie n. f.
brocanteur, euse n.
¹**brocard** n. m. (adage, raillerie)
HOM. **brocart**
²**brocard** ou **brocart** n. m. (chevreuil)
HOM. **brocart**
brocarder v. tr. | conjug. 1 |
brocardeur, euse n. et adj.
¹**brocart** n. m. (tissu)
HOM. **brocard**
²**brocart** n. m. (chevreuil)
→ ²**brocard**
brocatelle n. f.
brocciu /bʀɔtʃ(j)u/ ou **bruccio** /bʀutʃ(j)o/ ou **broccio** /bʀɔtʃ(j)o/ n. m.
brochage n. m.
broche n. f.
broché n. m.
brochée n. f.
brocher v. tr. | conjug. 1 |
brochet n. m.
HOM. formes du v. **brocher**
brocheter v. tr. | conjug. 4 |
brochet-lance n. m. ▪ plur. **brochets-lances**
brocheton n. m.
HOM. formes du v. **brocheter**
brochetonnet n. m.
brochette n. f.
brocheur, euse n.
brochoir n. m.
brochure n. f.
brochurette n. f.
brochurier, ière n.
broco n.
▫ abrév. de **brocanteur, euse**
brocoli n. m.
➾ Ce mot a un pluriel régulier : *des brocolis.*
brodequin n. m.
broder v. tr. | conjug. 1 |
broderie n. f.
brodeur, euse n.
broglien, ienne /bʀɔglijɛ̃, jɛn ; bʀœjɛ̃, jɛn/ adj.
broie n. f.
broiement n. m.
➾ Ne pas oublier le *e* muet.
broigne n. f.
broker /bʀɔkœʀ/ ou **brokeur**○ n. m.
▫ rec. off. : **courtier**
brol n. m.
bromal n. m.
bromate n. m.
bromatologie n. f.
bromatologique adj.
brome n. m.
broméliacée n. f.
bromélie n. f.
bromhydrique adj.
bromique adj.
bromisme n. m.
bromothymol n. m.
bromure n. m.
bronca n. f.
bronche n. f.
bronchectasie ou **bronchiectasie** n. f.
bronchement n. m.
broncher v. intr. | conjug. 1 |
bronchial, ale /-ʃjal/ adj.
bronchiectasie n. f.
→ **bronchectasie**
bronchiole /-ʃ ; -k/ n. f.
bronchiolite /-k-/ n. f.
bronchique adj.
bronchite n. f.
bronchité, ée adj.

bronchiteux, euse adj. et n.
bronchitique adj. et n.
bronchographie /-k-/ n. f.
broncholithe /-k-/ n. f.
bronchopathie /-k-/ n. f.
bronchopneumonie /-k-/ n. f.
bronchopneumonique /-k-/ adj.
bronchopulmonaire /-k-/ adj.
bronchorrhée /-k-/ n. f.
bronchoscope /-k-/ n. m.
bronchoscopie /-k-/ n. f.
bronchospasme /-k-/ n. m.
bronchotomie /-k-/ n. f.
brondissement n. m.
brontosaure n. m.
bronzage n. m.
bronzant, ante adj.
bronze n. m.
Ξ Ce mot peut s'employer seul comme adjectif de couleur ou derrière un adjectif de couleur pour en préciser la nuance ; ces adjectifs sont alors invariables : *des robes vert bronze ; des murs bronze.*
bronzé, ée adj.
bronzer v. tr. | conjug. 1 |
bronzerie n. f.
bronzette n. f.
bronzeur, euse n.
bronzier, ière n.
HOM. formes du v. **bronzer**
bronzomanie n. f.
brook /-uk/ n. m.
broque n. f.
HOM. [2]**broc**
broquel n. m.
broqueteur, euse n.
broquette n. f.
broquille n. f.
brossage n. m.
brosse n. f.
brossée n. f.
brosser v. tr. et v. intr. | conjug. 1 |
¬ **se brosser**
➾ Aux temps composés de la forme pronominale, le participe ne s'accorde pas quand il est suivi d'un complément d'objet direct : *elles se sont brossé les cheveux.* Il s'accorde avec le complément d'objet direct quand celui-ci est placé avant le verbe : *les cheveux qu'elles se sont brossés.*
brosserie n. f.
brosseur, euse n.
brossier, ière n.
brou n. m.
➾ L'expression **brou de noix** s'écrit sans trait d'union.
HOM. **broue**, **brout**

brouailles n. f. pl.
broue n. f.
HOM. **brou, brout**
brouet n. m.
brouettage n. m.
brouette n. f.
brouettée n. f.
brouetter v. tr. | conjug. 1 |
brouhaha n. m.
brouillade n. f.
brouillage n. m.
Ξ Au sens « action de troubler la réception d'ondes », il est recommandé officiellement d'employer *embrouillage.*
brouillamini n. m.
brouillard n. m.
brouillarder v. impers. | conjug. 1 |
brouillardeux, euse adj.
brouillasse n. f.
brouillassé, ée adj.
brouillasser v. impers. | conjug. 1 |
brouille n. f.
brouillement n. m.
brouiller v. tr. | conjug. 1 |
¬ **se brouiller**
➾ Aux temps composés de la forme pronominale, le participe s'accorde en genre et en nombre avec le sujet : *elle s'est brouillée avec son frère ; ils se sont brouillés.*
brouillerie n. f.
brouilleur n. m. et adj.
brouillis /-i/ n. m.
HOM. **brouilly**
[1]**brouillon, onne** adj. et n. (personne)
HOM. formes du v. **brouiller**
[2]**brouillon** n. m. (ébauche)
HOM. formes du v. **brouiller**
brouillonner v. tr. et v. intr. | conjug. 1 |
brouilly n. m.
➾ Ce mot s'écrit sans majuscule, contrairement au nom propre qui désigne la ville : *un vin de Brouilly* mais *une bouteille de brouilly.*
HOM. **brouillis**
brouissure n. f.
broum interj.
broussaille n. f.
➾ Ce mot est au pluriel dans les expressions **un pays de broussailles** et **un feu de broussailles**. Dans **des cheveux en broussaille**, le singulier est plus fréquent.
broussailler v. tr. et v. intr. | conjug. 1 |
broussailleux, euse adj.
broussard, arde n.
brousse n. f.
brousser v. intr. | conjug. 1 |
broussin n. m.

brout n. m.
HOM. **brou, broue**
broutage n. m.
broutant, ante adj.
broutard n. m.
broutement n. m.
brouter v. tr. et v. intr. | conjug. 1 |
brouteur, euse adj. et n.
broutille n. f.
brouture n. f.
brownie /bʀoni/ n. m.
brownien, ienne /bʀonjɛ̃/ adj.
browning /bʀoniŋ/ n. m.
broyabilité n. f.
broyable adj.
broyage n. m.
broyat n. m.
broyer v. tr. | conjug. 8 |
broyeur, euse n. et adj.
brrr interj.
bru n. f.
➾ Ne pas écrire **brue*.
bruant n. m.
bruccio /bʀutʃ(j)o/ n. m.
→ **brocciu**
brucella n. f.
brucelles n. f. pl.
brucellose n. f.
bruche n. m.
brucine n. f.
brucolaque n. m.
bruges n. m. inv.
➾ Ce mot s'écrit sans majuscule, contrairement au nom propre qui désigne la ville : *de la dentelle de Bruges* mais *une robe garnie de bruges*.
brugnon n. m.
brugnonier n. m.
bruine n. f.
bruiner v. impers. | conjug. 1 |
bruineux, euse adj.
bruire v. intr. | conjug. 2 |
CONJUG. Ce verbe défectif ne s'emploie qu'à l'infinitif, à la troisième personne et au participe présent : *une source qui bruit* ; *le taffetas se froisse en bruissant*.
HOM. formes du v. **bruisser**
bruissage n. m.
bruissant, ante adj.
bruissement n. m.
bruisser v. intr. | conjug. 1 |
Ξ Ce verbe, issu des formes en *bruiss-* de *bruire*, n'est pas accepté par l'Académie.
HOM. formes du v. **bruire**
bruit n. m.
HOM. formes du v. **bruire**
bruitage n. m.
bruital, ale, aux adj.
bruiter v. tr. | conjug. 1 |
bruiteur, euse n.
bruitophone n. m.
brûlable ou **brulable**○ adj.
brûlage ou **brulage**○ n. m.
brûlant, ante ou **brulant, ante**○ adj.
brûlé, ée ou **brulé, ée**○ adj. et n.
brûle-gueule ▪ plur. **brûle-gueules** ou **brule-gueule**○ ▪ plur. **brule-gueules**○ n. m.
brûlement ou **brulement**○ n. m.
brûle-parfum ▪ plur. **brûle-parfums** ou **brule-parfum**○ ▪ plur. **brule-parfums**○ n. m.
brûle-pourpoint (à) ou **brulepourpoint (à)**○ loc. adv.
brûler ou **bruler**○ v. tr. et v. intr. | conjug. 1 |
¬ **se brûler**
➾ Aux temps composés de la forme pronominale, le participe s'accorde en genre et en nombre avec le sujet : *elles se sont brûlées*. Mais le participe passé ne s'accorde pas quand il est suivi d'un complément d'objet direct : *il s'est brûlé la main*. Il ne s'accorde avec le complément d'objet direct que lorsque celui-ci est placé avant le verbe : *il se l'est brûlée*.
brûlerie ou **brulerie**○ n. f.
brûle-tout ▪ plur. inv. ou **bruletout**○ ▪ plur. **bruletouts**○ n. m.
brûleur, euse ou **bruleur, euse**○ n.
brûlis ou **brulis**○ /-i/ n. m.
brûloir ou **bruloir**○ n. m.
brûlon ou **brulon**○ n. m.
HOM. formes du v. **brûler**
brûlot ou **brulot**○ n. m.
brûlure ou **brulure**○ n. f.
brumaille n. f.
brumaire n. m.
➾ Comme tous les noms de mois, ce mot s'écrit sans majuscule, sauf lorsqu'une date évoque un évènement historique et que l'année n'est pas précisée : *les conséquences du 18 Brumaire* mais *le coup d'État eut lieu le 18 brumaire an VIII*.
brumal, ale adj.
➾ Ce mot a un pluriel régulier : *des végétaux brumals*.
brumasse n. f.
brumasser v. impers. | conjug. 1 |
brume n. f.
brumer v. impers. | conjug. 1 |
brumeusement adv.
brumeux, euse adj.
Brumisateur® n. m.
➾ Comme tous les noms déposés, ce mot doit s'écrire avec une majuscule : *utiliser des*

Brumisateurs. Toutefois, on le trouve fréquemment employé comme nom générique sans respect de la règle : *utiliser des brumisateurs*.

brumisation n. f.
brumiser v. tr. | conjug. 1 |
brun, brune adj. et n.
➾ L'adjectif est invariable quand il est suivi d'un autre adjectif ou d'un nom qui précise la nuance : *des cheveux brun foncé ; des fards brun noisette*. Quand deux adjectifs de couleur se suivent, ils sont invariables et liés par un trait d'union : *des cheveux brun-roux*.
HOM. **brin**
brunante n. f.
brunâtre adj.
brunch /bʀœnʃ/ n. m. ▪ plur. **brunches** ou plur. **brunchs**
☰ On peut employer le pluriel anglais *brunches* ou le pluriel francisé *brunchs*.
brune n. f. (crépuscule)
brunelle n. f.
brunet, ette n.
bruni n. m.
HOM. formes du v. **brunir**
brunir v. tr. et v. intr. | conjug. 2 |
brunissage n. m.
brunissant, ante adj.
brunissement n. m.
brunisseur, euse n. et adj.
brunissoir n. m.
brunissure n. f.
brunoise n. f.
bruschetta /bʀusketa ; -kɛtta/ n. f.
Brushing® /bʀœʃiŋ/ n. m.
➾ Comme tous les noms déposés, ce mot doit s'écrire avec une majuscule : *faire des Brushings*. Toutefois, on le trouve fréquemment employé comme nom générique sans respect de la règle : *faire des brushings*.
brusque adj.
brusquembille n. f.
brusquement adv.
brusquer v. tr. | conjug. 1 |
brusquerie n. f.
brut, brute /bʀyt/ adj.
☰ Ce mot s'emploie fréquemment comme adverbe ; il est alors invariable : *cette caisse d'oranges pèse dix kilos brut*.
➾ Dans les expressions **brut de décoffrage** et **brut de fonderie**, *brut* varie en genre et en nombre : *elles sont brutes de décoffrage/de fonderie*.
brutage n. m.
brutal, ale, aux adj.
brutalement adv.
brutaliser v. tr. | conjug. 1 |
brutalisme n. m.
brutaliste n. et adj.
brutalité n. f.
brute n. f.
bruteur, euse n.
brution /-tjɔ̃/ n. m.
bruxellois, oise /-sel-/ adj. et n.
➾ L'adjectif s'écrit sans majuscule : *la population bruxelloise*. Le nom s'écrit avec une majuscule uniquement quand il désigne une personne : *les Bruxellois ; c'est une Bruxelloise* mais *du lapin à la bruxelloise*.
bruxisme n. m.
bruxomanie n. f.
bruyamment adv.
bruyance /bʀɥijɑ̃s/ n. f.
bruyant, ante adj.
bruyère /bʀyjɛʀ ; bʀɥijɛʀ/ n. f.
bruyéreux, euse /bʀyje- ; bʀɥije-/ adj.
bryacée n. f.
brycomanie n. f.
bryologie n. f.
bryologique adj.
bryologue n.
bryon n. m.
bryone n. f.
bryophyte n. f.
bryozoaire n. m.
B. Sc. n. m.
▫ abrév. de **baccalauréat ès sciences**
B. T. n. f.
▫ abrév. de **basse tension**
B to B /bitubi/ n. m. inv.
→ **B2B**
B to C /bitusi/ n. m. inv.
→ **B2C**
B. T. P. n. m. pl.
▫ abrév. de **bâtiments et travaux publics**
B. T. S. n. m.
▫ abrév. de **brevet de technicien supérieur**
bu, bue adj.
☰ Ce mot est le participe passé du verbe *boire* et s'emploie dans certaines régions au sens de « ivre » : *il est arrivé complètement bu*. Il appartient au registre familier et doit être évité dans le langage soutenu.
buanderie n. f.
buandier, ière n.
bubale n. m.
bubble-gum ▪ plur. **bubble-gums** ou **bubblegum**○ ▪ plur. **bubblegums**○ /bœbœlgɔm/ n. m.
bube n. f.
bubelé, ée adj.
bubelette n. f.
bubo n. m.
bubon n. m.
bubonidé n. m.

bubonique adj.
bubonneux, euse adj.
bubonocèle n. f.
bucail n. m. ou **bucaille** n. f.
bucarde n. f.
buccal, ale, aux adj.
buccin /byksɛ̃/ n. m.
buccinateur /byks-/ n. m. et adj. m.
buccine /byks-/ n. f.
buccodentaire adj.
buccogénital, ale, aux adj.
bucentaure n. m.
bucéphale n. m.
bucéros /-ɔs/ n. m.
bûchage ou **buchage**○ n. m.
bûche ou **buche**○ n. f.
1**bûcher** ou **bucher**○ n. m.
2**bûcher** ou **bucher**○ v. tr. et v. intr. | conjug. 1 |
bûcheron, onne ou **bucheron, onne**○ n.
HOM. formes du v. **bûcher**
bûcheronnage ou **bucheronnage**○ n. m.
bûcheronner ou **bucheronner**○ v. intr. | conjug. 1 |
bûchette ou **buchette**○ n. f.
bûcheur, euse ou **bucheur, euse**○ n.
bucolique n. f. et adj.
bucoliquement adv.
bucrane n. m.
buddleia /-leja/ ou **buddléia** n. m.
☯ Ce mot est masculin : *un grand buddleia.*
budget n. m.
➾ On écrit ce mot avec une majuscule dans **le ministère du Budget**.
budgétaire adj.
budgétairement adv.
budgéter v. tr. | conjug. 6 |
budgétisation n. f.
budgétiser v. tr. | conjug. 1 |
budgétivore adj. et n.
bue n. f. (région. : cruche)
HOM. formes du v. **boire**
buée n. f.
buffalo n. m.
buffe n. f.
buffet n. m.
buffètement n. m.
buffetier, ière n.
buffle n. m.
bufflesse n. f.
buffleterie /-flə- ; -flɛ/ ou **bufflèterie**○ n. f.
buffletin n. m.
bufflon n. m.
bufflonne n. f.
bufo n. m.
bufonidé n. m.
bufotaline n. f.
bufoténine n. f.
bufothérapie n. f.
bug /bœg/ n. m.
◻ rec. off. : **bogue**
bugaku /bugaku/ n. m.
buggy /bygi ; bœgi/ n. m. ▪ plur. **buggys** ou plur. **buggies**
Ξ On peut employer le pluriel francisé *buggys* ou le pluriel anglais *buggies.*
bugle n. m.
buglosse n. f.
bugne n. f.
bugrane n. f.
bugué, ée adj.
building /bildiŋ/ n. m.
buire n. f.
buis /bɥi/ n. m.
buisine n. f.
buissaie ou **buissière** n. f.
buissière n. f.
→ **buissaie**
buisson n. m.
buisson-ardent n. m. ▪ plur. **buissons-ardents**
➾ Ce mot composé, qui désigne un arbuste, s'écrit avec un trait d'union, contrairement à *Buisson ardent,* épisode biblique.
buissonnant, ante adj.
buissonnement n. m.
buissonner v. intr. | conjug. 1 |
buissonneux, euse adj.
buissonnier, ière adj.
bulbaire adj.
bulbe n. m.
☯ Ce mot est masculin : *le bulbe écailleux d'un lis.* Le genre féminin, autrefois employé en botanique, n'est plus usité et n'est plus accepté par l'Académie.
bulbé, ée adj.
bulbeux, euse adj.
bulbiculteur, trice n.
bulbiculture n. f.
bulbille n. f.
bulbocaverneux, euse adj. et n. m.
bulbomédullaire adj.
bulbul n. m.
bulgare adj. et n.
➾ L'adjectif s'écrit sans majuscule : *la population bulgare ; des chants bulgares.* Le nom s'écrit avec une majuscule uniquement quand il désigne une personne : *les Bulgares ; c'est une Bulgare* mais *parler le bulgare.*
Bulgomme® n. m.
➾ Comme tous les noms déposés, ce mot doit s'écrire avec une majuscule : *mettre des Bulgommes sur les tables.* Toutefois, on le trouve fréquemment employé comme nom

générique sans respect de la règle : *mettre des bulgommes sur les tables.*

bull n. m.
▫ abrév. de **bulldozer**
HOM. **bulle**, formes du v. **buller**

bullage n. m.

bullaire n. m.

bulldozer /-zɛʀ ; -zœʀ/ ou **bulldozeur**○ n. m.

[1]**bulle** n. f. (sphère, lettre du pape)
HOM. **bull**

[2]**bulle** n. m. (papier)
Ξ Ce mot peut s'employer en apposition ; il est alors invariable : *des papiers bulle ; des enveloppes bulle.*
HOM. **bull**

bullé, ée adj.

buller v. intr. et v. tr. | conjug. 1 |

bulletin n. m.

bulletin-réponse n. m. ▪ plur. **bulletins-réponses**

bulleur, euse n.

bulleux, euse adj.

bull-finch ▪ plur. **bull-finch(e)s** ou **bullfinch**○ ▪ plur. **bullfinchs**○ /bulfinʃ/ n. m.

bull-terrier ▪ plur. **bull-terriers** /bul-/ ou **bullterrier**○ ▪ plur. **bullterriers**○ n. m.

bulot n. m.

bulteau n. m.

bun /bœn/ n. m.

Buna® n. m.
➾ Comme tous les noms déposés, ce mot doit s'écrire avec une majuscule : *des pneus en Buna.* Toutefois, on le trouve fréquemment employé comme nom générique sans respect de la règle : *des pneus en buna.*

bundle /bœndœl/ n. m.

bungalow /bœ̃galo/ n. m.

bungare /bœ̃-/ n. m.
→ **bongare**

bungarotoxine /bœ̃-/ n. f.

[1]**bunker** /bunkœʀ ; bunkɛʀ/ ou **bunkeur**○ /bunkœʀ/ n. m. (casemate)

[2]**bunker** ou **bunkeur**○ /bœnkœʀ/ n. m. (Golf : fossé rempli de sable)

bunkeriser ou **bunkériser** /bunkerize/ v. tr. | conjug. 1 |

bunraku /bunʀaku/ n. m.

buntsandstein /buntsɑ̃tʃtajn/ n. m.

buplèvre n. m.

bupreste n. m.

buraliste n.

burat n. m.

bure n. f.
HOM. formes du v. **boire**

bureau n. m.

bureaucrate n.

bureaucratie n. f.

bureaucratique adj.

bureaucratiquement adv.

bureaucratisation n. f.

bureaucratiser v. tr. | conjug. 1 |

bureauticien, ienne n.

Bureautique® n. f. et adj.
➾ Comme tous les noms déposés, ce mot doit s'écrire avec une majuscule : *les progrès de la Bureautique.* Toutefois, on le trouve presque toujours employé comme nom générique et comme adjectif sans respect de la règle : *les progrès de la bureautique ; des outils bureautiques.*

burelage n. m.

burelé, ée adj.

burelle ou **burèle** n. f.

burette n. f.

burg /buʀg/ n. m.
HOM. **bourgue**

burgau n. m.

burgaudine n. f.

burgauté, ée adj.

burger /bœʀgœʀ/ n. m.

burgrave n. m.

burgraviat n. m.

burin n. m.

burinage n. m.

buriné, ée adj.

buriner v. tr. | conjug. 1 |

burineur, euse n.

buriniste n.

burka /buʀka/ n. f.

burlat n. f.
☯ Ce mot est féminin : *de belles burlats.*

burlesque adj. et n. m.

burlesquement adv.

burlingue n. m.

burné, ée adj.

burnes n. f. pl.

burnous /byʀnu(s)/ n. m.

burn-out ▪ plur. inv. ou **burnout**○ ▪ plur. **burnouts**○ /bœʀnaut/ n. m.

buron n. m.

buronnier n. m.

burqa ou **burka** ou **bourka** /buʀka/ n. f.

burrito /bu-/ adj. et n. f.

bursaire adj. et n. f.

bursal, ale, aux adj.

bursite n. f.

bus /bys/ n. m.

busaigle n. m.

busard n. m.

busc n. m.

buse n. f.

buser v. tr. | conjug. 1 |

busette n. f.

bush /buʃ/ n. m. ▪ plur. **bushs** ou plur. **bushes**
Ξ On peut employer le pluriel francisé *bushs* ou le pluriel anglais *bushes*.
HOM. **bouche**, formes du v. **boucher**
bushi /buʃi/ n. m. inv.
bushido /buʃi-/ n. m.
business ou **bizness** /biznɛs/ n. m.
businessman /biznɛsman/ ▪ plur. **businessmans** ou plur. **businessmen** /-mɛn/ ou **biznessman** ▪ plur. **biznessmans** ou plur. **biznessmen** n. m.
□ rec. off. : **homme d'affaires**
Ξ On peut employer le pluriel francisé *businessmans* ou *biznessmans* ou le pluriel anglais *businessmen* ou *biznessmen*.
businesswoman /biznɛswuman/ ▪ plur. **businesswomans** ou plur. **businesswomen** /-mɛn/ ou **biznesswoman** ▪ plur. **biznesswomans** ou plur. **biznesswomen** n. f.
□ rec. off. : **femme d'affaires**
Ξ On peut employer le pluriel francisé *businesswomans* ou *biznesswomans* ou le pluriel anglais *businesswomen* ou *biznesswomen*.
busqué, ée adj.
busquer v. tr. | conjug. 1 |
busquière n. f.
busserole n. f.
buste n. m.
bustier n. m.
but /by(t)/ n. m.
Ξ La locution prépositionnelle **dans le but de** (+ inf.) (*il est venu dans le but de vous aider*) est rejetée par certains puristes qui lui préfèrent **dans l'intention de** ou **afin de**. Elle est toutefois très courante.
⚡Ne pas confondre ce mot avec **butte**, notamment dans les expressions **de but en blanc** et **être en butte à**.
HOM. **bute**, **butte**, formes des v. **buter**, **butter**
butadiène n. m.
Butagaz® n. m.
➾ Comme tous les noms déposés, ce mot doit s'écrire avec une majuscule *une cuisinière au Butagaz*. Toutefois, on le trouve fréquemment employé comme nom générique sans respect de la règle : *une cuisinière au butagaz*.
butane n. m.
butanier n. m.
butanol n. m.
bute n. f. (instrument)
HOM. **but**, **butte**, formes des v. **buter**, **butter**
buté, ée adj.
butée n. f.
HOM. **buter**, **butter**
butène n. m.
buter v. tr. et v. intr. | conjug. 1 |
¬ **se buter**
➾ Aux temps composés de la forme pronominale, le participe s'accorde en genre et en nombre avec le sujet : *ils se sont butés*.
HOM. **butée**, **butter**
buteur, euse n.
butin n. m.
butinage n. m.
butiner v. intr. et v. tr. | conjug. 1 |
butineur, euse adj.
butô ou **buto** /byto ; buto/ n. m.
butoir n. m.
HOM. **buttoir**
butome n. m.
butomée ou **butomacée** n. f.
Ξ La forme *butomacée* est vieillie.
butor n. m.
butorderie n. f.
buttage n. m.
butte n. f. (monticule)
⚡Ne pas confondre ce mot avec **but**, notamment dans les expressions **être en butte à** et **de but en blanc**.
HOM. **but**, **bute**, formes des v. **buter**, **butter**
butter v. tr. | conjug. 1 |
HOM. **butée**, **buter**
butte-témoin n. f. ▪ plur. **buttes-témoins**
[1]**butteur** n. m. (outil)
[2]**butteur, euse** n. (personne)
buttoir n. m.
HOM. **butoir**
butture ou **buture** n. f.
butyle n. m.
butylène n. m.
butylique adj.
butyrate n. m.
butyreux, euse adj.
butyrine n. f.
butyrique adj.
butyromètre n. m.
buvable adj.
buvant, ante adj.
buvard n. m.
Ξ Ce mot peut s'employer en apposition ; il prend la marque du pluriel : *des papiers buvards*. Il peut également s'employer derrière un adjectif de couleur pour en préciser la nuance ; les deux mots sont alors invariables : *des jupes rose buvard*.
buvardage n. m.
buvée n. f.
HOM. formes du v. **boire**
buvetier, ière n.
buvette n. f.
buveur, euse n.
buvoter v. intr. | conjug. 1 |

buxacée n. f.
buyse ou **buysse** n. f.
buzuki /buzuki/ n. m.
→ **bouzouki**
buzz /bœz/ n. m. inv.
□ rec. off. : **bouche à oreille**
buzzer /bœzœʀ/ n. m.
by /bi/ n. m.
byblos /-os/ n. m.
bye /baj/ interj.
HOM. **bail, baille**, formes des v. **bailler, bâiller, bayer**
bye-bye ou **byebye**○ /bajbaj/ interj.
byline /bilin/ n. f.
by-pass /bajpas/ ou **bipasse** n. m. inv.
□ rec. off. : **dérivation**
byronien, ienne /baj-/ adj. et n.
byronisme /baj-/ n. m.
byssinose n. f.
byssus /bisys/ n. m.
byte /bajt/ n. m.
□ rec. off. : **octet**
byture n. m.
HOM. **biture**, formes du v. **biturer (se)**
byzantin, ine adj. et n.
➾ L'adjectif s'écrit sans majuscule : *le grec byzantin ; l'Empire byzantin ; des querelles byzantines.* Le nom s'écrit avec une majuscule : *les Byzantins ; une Byzantine.*
byzantinisme n. m.
byzantiniste n.
byzantinologie n. f.
byzantinologue n.
B. Z. D. n. f.
□ abrév. de **benzodiazépine**
bzitt interj.
bzzz... interj.

C

c n. m. inv, abrév. et symb.
♪ La lettre *c* se prononce /k/ devant *a, o, u* (*car, corps, cure*), devant une consonne (*clou*) et en finale (*fac*). Elle se prononce /s/ devant *e, i, y* (*cerise, ciel, cygne, face*) et avec une cédille (*reçu*). Dans le mot *zinc* et dans le mot *second* et ses dérivés, *c* se prononce /g/.
HOM. **ces** (plur. de *ce*), **ses** (plur. de *son*)
C. A. n. m.
▫ abrév. de **chiffre d'affaires**
¹ça pron. dém.
Ξ Ce mot est une forme contractée de *cela* : *donnez-moi ça ; et avec ça ? ; ça n'est pas facile*. Il est très employé dans le langage courant, contrairement à *ci*, forme contractée de *ceci*, qui ne s'emploie que dans des expressions telles que **comme ci comme ça**.
HOM. **çà, sa**
²ça n. m. sing.
HOM. **çà, sa**
çà adv. et interj.
Ξ De nos jours, l'adverbe s'emploie uniquement dans la locution **çà et là** : *des affaires jetées çà et là*. L'interjection est archaïque : *çà, allez-vous vous taire !*
HOM. **ça, sa**
cab n. m.
cabajoutis /-i/ n. m.
cabale n. f.
ϟ Ne pas confondre **cabale** avec **kabbale**. Les deux peuvent désigner l'ésotérisme juif mais, de nos jours, la graphie *kabbale* est plus fréquente dans ce sens. En revanche, seule la graphie *cabale* s'emploie au sens de « manœuvres secrètes ».
HOM. **kabbale**
cabaler v. intr. | conjug. 1 |
cabalisme n. m.
cabaliste n. m. et adj.
HOM. **kabbaliste**
cabalistique adj.
HOM. **kabbalistique**
cabalistiquement adv.
caballero /-leʀo ; -jeʀo/ n. m.
caban n. m.
cabanage n. m.
cabane n. f.
cabaneau n. m.
cabaner v. tr. | conjug. 1 |
cabanette n. f.
cabanon n. m.
HOM. formes du v. **cabaner**
cabaret n. m.
cabaretier, ière n.
cabarouet n. m.
→ **cabrouet**
cabas /-ɑ/ n. m.
cabasset n. m.
cabèche n. f.
cabécou n. m.
caberlot n. m.
cabernet n. m.
cabestan n. m.
▫ rec. off. pour **winch**
cabiai n. m.
cabillaud n. m. (poisson)
HOM. **cabillot**
cabillot n. m. (Mar. : cheville)
HOM. **cabillaud**
cabin-cruiser /kabinkʀuzœʀ/ n. m. ▪ plur. **cabin-cruisers**
cabine n. f.
cabinet n. m.
Ξ Ce mot s'emploie au pluriel pour désigner les toilettes : *aller aux cabinets*.
câblage n. m.
câble n. m.
câblé, ée adj. et n. m.
câbleau n. m.
→ **câblot**
câbler v. tr. | conjug. 1 |
câblerie n. f.
câbleur, euse n.

câbleuse n. f.
[1]**câblier, ière** n. (personne)
[2]**câblier** n. m. (navire)
câblière n. f. (pierre percée)
câbliste n.
câblodistributeur n. m.
câblodistribution n. f.
câblogramme n. m.
câblo-opérateur ▪ plur. **câblo-opérateurs** n. m.
câblot ou **câbleau** n. m.
cabochard, arde adj. et n.
caboche n. f.
cabochon n. m.
cabossage n. m.
cabosse n. f.
cabosser v. tr. | conjug. 1 |
[1]**cabot** n. m. (fam. : chien, caporal)
[2]**cabot** n. m. et adj. (prétentieux)
☯ L'adjectif est invariable en genre mais peut qualifier une femme : *elle est un peu cabot*.
cabotage n. m.
caboter v. intr. | conjug. 1 |
caboteur n. m.
cabotier, ière n. et adj.
cabotin, ine n.
cabotinage n. m.
cabotiner v. intr. | conjug. 1 |
cabotinisme n. m.
cabouillat n. m.
caboulot n. m.
caboulotière n. f.
cabrade n. f.
cabrage n. m.
cabre n. f.
cabré, ée adj.
cabrement n. m.
cabrer v. tr. | conjug. 1 |
¬ **se cabrer**
➾ Aux temps composés de la forme pronominale, le participe passé s'accorde en genre et en nombre avec le sujet : *les chevaux se sont cabrés*.
cabrette n. f.
cabri n. m.
cabriole n. f.
cabrioler v. intr. | conjug. 1 |
cabriolet n. m.
cabrioleur, euse n. et adj.
cabrouet ou **cabarouet** n. m.
cabus /-y/ adj. m. et n. m.
CAC /kak/ n. m.
▫ abrév. de **cotation assistée en continu**
HOM. **caque**, formes du v. **caquer**
caca n. m.
Ξ **Caca d'oie** peut s'employer seul comme adjectif de couleur ou derrière un adjectif de couleur pour en préciser la nuance ; ces adjectifs sont alors invariables : *des rideaux vert caca d'oie ; des voitures caca d'oie*.
HOM. formes du v. **caquer**
cacaber v. intr. | conjug. 1 |
cacade n. f.
cacahouète ou **cacahuète** /kakawɛt/ n. f.
cacaille n. f.
cacao n. m.
cacaoté, ée adj.
cacaotier n. m.
→ **cacaoyer**
cacaotière n. f.
→ **cacaoyère**
cacaoui n. m.
cacaoyer ou **cacaotier** n. m. (arbuste)
cacaoyère ou **cacaotière** n. f. (plantation)
cacardement n. m.
cacarder v. intr. | conjug. 1 |
cacardeur, euse adj.
cacatoès ou **kakatoès** /-tɔɛs/ n. m.
Ξ La graphie *kakatoès* est vieillie.
cacatois n. m.
cachalot n. m.
[1]**cache** n. f. (cachette)
HOM. **cash**
[2]**cache** n. m. (pour masquer)
HOM. **cash**
caché, ée adj.
cache-brassière n. m. ▪ plur. **cache-brassières**
cache-cache ▪ plur. inv. ou **cachecache**° ▪ plur. **cachecaches**° n. m.
cache-cœur n. m. ▪ plur. **cache-cœurs**
cache-col n. m. ▪ plur. **cache-cols**
cache-corset n. m. ▪ plur. **cache-corsets**
cachectique adj. et n.
cache-flamme n. m. ▪ plur. **cache-flammes**
cachement n. m.
cachemire n. m.
cache-misère n. m. ▪ plur. **cache-misères**
cache-mouchoir n. m. ▪ plur. **cache-mouchoirs**
cache-nez n. m. inv.
cache-pot n. m. ▪ plur. **cache-pots**
cache-poussière n. m. ▪ plur. **cache-poussières** ou plur. inv.
cache-prise n. m. ▪ plur. **cache-prises**
[1]**cacher** /-ʃɛʀ/ adj. inv.
→ **casher**
[2]**cacher** v. tr. | conjug. 1 |
¬ **se cacher**
➾ Aux temps composés de la forme pronominale, le participe passé s'accorde en genre et en nombre avec le sujet : *ils se sont cachés dans le jardin*.

cache-radiateur n. m. ▪ plur. **cache-radiateurs**
cacherie n. f.
cachériser v. tr. | conjug. 1 |
cache-sexe n. m. ▪ plur. **cache-sexes**
cachet n. m.
Ξ L'emploi de ce mot au sens de « comprimé » (*un cachet d'aspirine*) est abusif.
HOM. formes du v. **cacher**
cachetage n. m.
cache-tampon n. m. ▪ plur. **cache-tampons**
cache-téléphone n. m. ▪ plur. **cache-téléphones**
cacheter v. tr. | conjug. 4 |
cachetero ou **catchétéro**○ /katʃeteʀo/ n. m.
cacheton n. m.
HOM. formes du v. **cacheter**
cachetonnage n. m.
cachetonner v. intr. | conjug. 1 |
cachette n. f.
HOM. formes du v. **cacheter**
cachexie n. f.
cachinnation n. f.
cachot n. m.
cachotter ou **cachoter**○ v. tr. | conjug. 1 |
cachotterie ou **cachoterie**○ n. f.
cachottier, ière ou **cachotier, ière**○ n.
HOM. formes du v. **cachotter**
cachou n. m.
Ξ Ce mot peut s'employer seul comme adjectif de couleur ou derrière un adjectif de couleur pour en préciser la nuance ; ces adjectifs sont alors invariables : *des rideaux brun cachou ; des chaussettes cachou.*
cachucha /katʃutʃa/ n. f.
cacique n. m.
cacochyme adj.
cacochymie n. f.
cacodylate n. m.
cacodyle n. m.
cacodylique adj.
cacographe n.
cacographie n. f.
cacographique adj.
cacolet n. m.
cacologie n. f.
cacophonie n. f.
cacophonique adj.
cacosmie n. f.
cacou n. m.
cactacée n. f.
cactée n. f.
HOM. **caqueter**
cacteraie n. f.
HOM. formes du v. **caqueter**
cactus /-ys/ n. m.
cacuminal, ale, aux adj.
cadastrage n. m.
cadastral, ale, aux adj.
cadastre n. m.
cadastrer v. tr. | conjug. 1 |
cadastreur, euse n.
cadavéreux, euse adj.
cadavérique adj.
cadavre n. m.
[1]**Caddie**® n. m.
□ rec. off. : **chariot**
➾ Comme tous les noms déposés, ce mot doit s'écrire avec une majuscule : *les Caddies d'un supermarché.* Toutefois, on le trouve fréquemment employé comme nom générique sans respect de la règle : *les caddies d'un supermarché.*
HOM. **cadi, cadis**
[2]**caddie** ou **caddy** n. m. (de golf)
HOM. **cadi, cadis**
cade n. m.
cadeau n. m.
Ξ Ce mot peut s'employer en apposition ; il est alors généralement invariable : *des papiers cadeau ; des idées cadeau.* Cependant, dans l'usage courant, le mot tend à prendre la marque du pluriel lorsqu'on considère qu'il réfère à l'objet : *des paquets/coffrets cadeau* (« des paquets/coffrets qui contiennent des cadeaux ») mais *des paquets/coffrets cadeaux* (« des paquets/coffrets qui sont des cadeaux »).
cadeauter v. tr. | conjug. 1 |
cadédiou ou **cadédis** /-is/ interj.
cadenas /-ɑ/ n. m.
cadenasser v. tr. | conjug. 1 |
cadence n. f.
cadencé, ée adj.
cadencement n. m.
cadencer v. tr. | conjug. 3 |
cadenette n. f.
cadet, ette n. (personne)
cadette n. f. (queue de billard, dalle)
cadi n. m.
HOM. **caddie, cadis**
cadis /-i/ n. m.
HOM. **caddie, cadi**
cadjin, ine n. et adj.
→ **cajun**
cadméen, enne adj.
cadmiage n. m.
cadmie n. f.
cadmier v. tr. | conjug. 7 |
cadmium /-jɔm/ n. m.
cadole n. f.
HOM. **cadolle**
cadolle n. f.
HOM. **cadole**
cador n. m.

cadrage n. m.
cadran n. m.
HOM. **cadrant** (p. prés. de *cadrer*), **quadrant**
cadrannerie n. f.
cadranure ou **cadrannure** n. f.
cadrat /-a/ n. m.
HOM. **quadra**, formes du v. **cadrer**
cadratin n. m.
cadrature n. f.
HOM. **quadrature**
cadraturier, ière n.
[1]**cadre** n. m. (encadrement, entourage)
Ξ La locution prépositionnelle **dans le cadre de** signifie « dans les limites de » : *dans le cadre de ses fonctions*. L'emploi au sens de « à l'occasion de » (*les festivités prévues dans le cadre des Jeux olympiques*) est critiqué.
[2]**cadre** n. (personne)
➾ Ce mot s'écrit avec une majuscule dans **le Cadre noir**, qui désigne le corps des cavaliers d'élite de l'École nationale d'équitation de Saumur.
cadre-conteneur n. m. ▪ plur. **cadres-conteneurs**
cadrer v. intr. et v. tr. | conjug. 1 |
cadreur, euse n.
caduc, uque /-yk/ adj.
caducée n. m.
☯ Ce mot est masculin : *le caducée des médecins*.
➾ Ne pas oublier le *e* final.
caducité n. f.
cæcal, ale, aux /se-/ adj.
cæcum /sekɔm/ n. m.
[1]**CAF** /kaf/ ou **C. A. F.** /seaɛf/ adj. et adv.
▫ abrév. de **coût, assurance, fret**
[2]**CAF** /kaf/ n. f.
▫ abrév. de **caisse d'allocations familiales**
[1]**cafard, arde** n. et adj. (dénonciateur)
[2]**cafard** n. m. (insecte, tristesse)
cafardage n. m.
cafarder v. tr. et v. intr. | conjug. 1 |
cafarderie n. f.
cafardeur, euse n.
cafardeux, euse adj. et n.
cafardise n. f.
caf'conc' /kafkɔ̃s/ n. m.
▫ abrév. de **café-concert**
café n. m.
➾ Les expressions **café crème** et **café filtre** s'écrivent sans trait d'union. Le second élément est invariable : *des cafés crème ; des cafés filtre*. Employé comme adjectif de couleur, *café-au-lait* s'écrit avec des traits d'union.
Ξ *Café* et *café-au-lait* peuvent s'employer comme adjectifs de couleur ; ils sont alors invariables : *des jupes café ; des robes café-au-lait*.
→ aussi **pause(-)café**
café-concert n. m. ▪ plur. **cafés-concerts**
caféiculteur, trice n.
caféiculture n. f.
caféier n. m.
caféière n. f.
caféine n. f.
caféiné, ée adj.
caféino-dépendant, ante ▪ plur. **caféino-dépendants, antes** ou **caféinodépendant, ante**○ ▪ plur. **caféinodépendants, antes**○ adj.
caféique adj.
caféisme n. m.
caféone n. f.
café-restaurant n. m. ▪ plur. **cafés-restaurants**
café-tabac n. m. ▪ plur. **cafés-tabacs**
cafetan n. m.
→ **caftan**
cafétéria n. f.
➾ Ne pas employer **cafétaria*, qui n'existe pas.
cafèterie n. f.
café-théâtre n. m. ▪ plur. **cafés-théâtres**
cafetier, ière n. (personne)
cafetière n. f. (ustensile)
cafignon n. m.
cafiste n.
cafouillage n. m.
cafouillant, ante adj.
cafouiller v. intr. | conjug. 1 |
cafouilleur, euse n.
cafouilleux, euse adj.
cafouillis /-i/ n. m.
cafournion n. m.
cafre adj. et n.
➾ L'adjectif s'écrit sans majuscule : *la population cafre*. Le nom s'écrit avec une majuscule uniquement quand il désigne une personne : *les Cafres ; c'est une Cafre* mais *parler le cafre*.
caftan ou **cafetan** n. m.
HOM. **caftant** (p. prés. de *cafter*)
cafter v. tr. | conjug. 1 |
cafteur, euse n.
C. A. G. /seaʒe/ n. m.
▫ abrév. de **contrôle automatique de gain**
cagade n. f.
cage n. f.
cagée n. f.
cageot n. m.
cagerotte n. f.
caget n. m.
cagette n. f.
cagibi n. m.

cagiste n. m.
cagna n. f.
cagnard n. m. (région. : lieu abrité, soleil)
cagnarder v. intr. | conjug. 1 |
cagnardise n. f.
cagnasse n. f.
¹**cagne** n. f. (région. : paresse)
HOM. **khâgne**
²**cagne** n. f. (classe préparatoire)
→ **khâgne**
¹**cagneux, euse** adj. (qui a les genoux tournés en dedans)
HOM. **khâgneux**
²**cagneux, euse** n. (élève)
→ **khâgneux**
cagnotte n. f.
cagot, ote n.
cagoterie n. f.
cagotisme n. m.
cagouille n. f.
cagoulard, arde n.
cagoule n. f.
➾ Avec une majuscule, **la Cagoule** désigne le Comité secret d'action révolutionnaire, groupe d'extrême droite fondé dans les années 1930.
cagoulé, ée adj.
caguer v. intr. | conjug. 1 |
cahier n. m.
HOM. **cailler**
cahin-caha ou **cahincaha**○ adv.
cahors /-ɔʀ/ n. m.
➾ Ce mot s'écrit sans majuscule, contrairement au nom propre qui désigne la ville : *un vin de Cahors* mais *une bouteille de cahors*.
cahot n. m.
⚡ Ne pas confondre **cahot**, qui signifie « secousse », avec **chaos**, qui signifie « confusion, désordre grave ».
Ξ L'adjectif dérivé de ce nom est *cahoteux* et non pas **cahotique*, employé parfois par confusion avec *chaotique*.
HOM. **chaos, K.-O.**
cahotage n. m.
cahotant, ante adj.
cahotement n. m.
cahoter v. tr. et v. intr. | conjug. 1 |
cahoteux, euse adj.
cahute ou **cahutte** n. f.
caïd n. m.
caïdat /-da/ n. m.
caïeu ou **cayeu** n. m.
caillage n. m.
caillant, ante adj.
caillassage n. m.
caillasse n. f.
caillasser v. tr. | conjug. 1 |
caille n. f.
caillé n. m.
caillebotis ou **caillebottis** /-i/ n. m.
caillebotte n. f.
caillebotter v. tr. | conjug. 1 |
caille-lait n. m. ▪ plur. inv. ou plur. **caille-laits**○
caillement n. m.
cailler v. tr. et v. intr. | conjug. 1 |
HOM. **cahier**
caillera n. f.
HOM. formes du v. **cailler**
cailletage n. m.
cailleteau n. m.
cailleter v. intr. | conjug. 4 |
caillette n. f.
caillot n. m.
caillou n. m. ▪ plur. **cailloux**
cailloutage n. m.
caillouter v. tr. | conjug. 1 |
caillouteux, euse adj.
cailloutis /-i/ n. m.
caïman n. m.
caïque n. m.
☯ Ce mot est masculin : *un vieux caïque*.
cairn n. m.
caisse n. f.
caisse-outre n. f. ▪ plur. **caisses-outres**
caisserie n. f.
caissette n. f.
caissier, ière n.
caisson n. m.
cajeput /-pyt/ n. m.
cajeputier n. m.
cajolant, ante adj.
cajoler v. tr. | conjug. 1 |
cajolerie n. f.
cajoleur, euse adj. et n.
cajou n. m.
cajun ou **cadjin, ine** n. et adj.
☯ La forme *cajun* est invariable en genre : *la musique cajun*.
➾ L'adjectif s'écrit sans majuscule : *la population cajun*. Le nom s'écrit avec une majuscule : *les Cajuns*.
Ξ La variante *cadjin* est surtout employée par les spécialistes.
cake /kɛk/ n. m.
cake-walk ▪ plur. **cake-walks** ou **cake-walk**○ ▪ plur. **cakewalks**○ /kɛkwɔk/ n. m.
cal n. m.
HOM. **cale**, formes du v. **caler**

calabrais, aise adj. et n.
➾ L'adjectif s'écrit sans majuscule : *la population calabraise.* Le nom s'écrit avec une majuscule uniquement quand il désigne une personne : *les Calabrais ; c'est une Calabraise* mais *parler le calabrais ; danser la calabraise.*
calade n. f.
caladium /-jɔm/ n. m.
calage n. m.
calaison n. f.
calalou n. m.
calamar n. m.
→ **calmar**
calambac n. m.
calambour n. m. (bois)
HOM. **calembour**
calame n. m.
calament n. m. ou **calaminthe** n. f.
calaminaire adj.
HOM. formes du v. **calaminer (se)**
calamine n. f.
calaminer (se) v. pron. | conjug. 1 |
¬ **se calaminer**
➾ Aux temps composés de la forme pronominale, le participe passé s'accorde en genre et en nombre avec le sujet : *les cylindres se sont calaminés.*
calaminthe n. f.
→ **calament**
calamistrer v. tr. | conjug. 1 |
calamite n. f.
calamité n. f.
calamiteux, euse adj.
calamus /-ys/ n. m.
calancher v. intr. | conjug. 1 |
calandrage n. m.
calandre n. f.
calandrelle n. f.
calandrer v. tr. | conjug. 1 |
calandreur, euse n.
calanque n. f.
calao n. m.
calasiris /-is/ n. f.
calavérite n. f.
calbar ou **calebar** n. m.
calcaire adj. et n. m.
HOM. forme du v. **calquer**
calcanéen, enne adj.
calcanéum /-eɔm/ n. m.
calcédoine n. f.
calcédonieux, ieuse adj.
calcémie n. f.
calcéolaire n. f.
calcer v. tr. | conjug. 3 |
calcet n. m.
HOM. formes du v. **calcer**
calcicole adj.
calcif n. m.
calciférol n. m.
calcification n. f.
calcifié, iée adj.
calcifuge adj.
calcin n. m.
calcination n. f.
calciner v. tr. | conjug. 1 |
calcioferrite ou **calcoferrite** n. f.
calcipexie n. f.
calcique adj.
calcistie n. f.
calcite n. f.
calcithérapie n. f.
calcitonine n. f.
calcium /-jɔm/ n. m.
calciurie n. f.
calcoferrite n. f.
→ **calcioferrite**
calcomalachite n. f.
calcosodique adj.
calcul n. m.
HOM. formes du v. **calculer**
calculabilité n. f.
calculable adj.
calculateur, trice n. et adj. (personne)
calculatrice n. f. (machine)
calculer v. tr. | conjug. 1 |
calculette n. f.
calculeux, euse adj.
caldarium /-jɔm/ n. m.
caldeira ou **caldera** /-deʀa/ ou **caldéra**° n. f.
caldoche adj. et n.
➾ Ce mot ne s'écrit jamais avec une majuscule.
cale n. f.
HOM. **cal**
calé, ée adj.
calebar n. m.
→ **calbar**
calebasse n. f.
calebassier n. m.
calèche n. f.
caléchier n. m.
calecif n. m.
→ **calcif**
caleçon n. m.
caleçonnade n. f.
calédonien, ienne adj. et n.
➾ L'adjectif s'écrit sans majuscule : *la population calédonienne ; le cycle calédonien ; des plissements calédoniens.* Le nom s'écrit avec une majuscule : *les Calédoniens ; c'est une Calédonienne.*
caléfacteur n. m.
caléfaction n. f.

caléidoscope n. m.
→ **kaléidoscope**
caléidoscopique adj.
→ **kaléidoscopique**
calembour n. m. (jeu de mots)
HOM. **calambour**
calembourdier, ière n.
calembouriste n.
calembredaine n. f.
calen /kalɛn/ n. m.
calencar n. m.
calendaire adj.
calendes n. f. pl.
calendos /-os/ n. m.
calendrier n. m.
◻ rec. off. pour **timing**
HOM. formes du v. **calandrer**
calendula n. m.
calenture n. f.
cale-pied n. m. ▪ plur. **cale-pieds**
calepin n. m.
caler v. tr. et v. intr. | conjug. 1 |
¬ **se caler**
➾ Aux temps composés de la forme pronominale, le participe passé s'accorde en genre et en nombre avec le sujet : *elle s'est calée dans un fauteuil*. Mais le participe passé ne s'accorde pas quand il est suivi d'un complément d'objet direct : *ils se sont calé l'estomac.*
caleter /kalte/ v. intr. | conjug. défectif |
CONJUG. Ce verbe étant défectif et donc difficile à conjuguer, il faut lui préférer *calter.*
→ **calter**
caleur, euse n.
calf n. m.
calfat, e /-a, at/ n.
calfatage n. m.
calfater v. tr. | conjug. 1 |
calfeutrage n. m.
calfeutrer v. tr. | conjug. 1 |
¬ **se calfeutrer**
➾ Aux temps composés de la forme pronominale, le participe passé s'accorde en genre et en nombre avec le sujet : *ils se sont calfeutrés chez eux.*
calibrage n. m.
calibrateur n. m.
calibration n. f.
calibre n. m.
calibrer v. tr. | conjug. 1 |
calibreur n. m.
calibreuse n. f.
calice n. m.
☯ Ce mot est masculin : *un vieux calice.*
caliche n. m.
caliciforme adj.
calicin, ine adj.
calicinal, ale, aux adj.
calicot n. m.
calicule n. m.
calier, ière n.
HOM. formes du v. **caler**
califat ou **khalifat** /-a/ n. m.
☰ La graphie *khalifat* est vieillie.
calife ou **khalife** n. m.
☰ La graphie *khalife* est vieillie.
californium /-jɔm/ n. m.
califourchon (à) loc. adv.
calige n. f.
caligineux, euse adj.
câlin, ine adj. et n. m.
câlinage n. m.
câlinement adv.
câliner v. tr. | conjug. 1 |
câlinerie n. f.
calinotade n. f.
caliorne n. f.
calisson n. m.
call-back ▪ plur. inv. ou **callback**○ ▪ plur. **call backs** /kolbak/ n. m.
calleux, euse adj.
call-girl ▪ plur. **call-girls** ou **callgirl**○ ▪ plur. **callgirls**○ /kolgœʀl/ n. f.
calligrammatique adj.
calligramme n. m.
calligraphe n.
calligraphie n. f.
calligraphier v. tr. | conjug. 7 |
calligraphique adj.
calligraphiquement adv.
callipyge adj.
callipygie n. f.
calliste n. m.
callistèphe n. f.
callitriche n. m.
callopsitte n. m.
callosité n. f.
callovien n. m.
callunaie n. f.
callune n. f.
calmande n. f.
calmant, ante adj. et n. m.
calmar ou **calamar** n. m.
calme adj. et n. m.
calmement adv.
calmer v. tr. | conjug. 1 |
¬ **se calmer**
➾ Aux temps composés de la forme pronominale, le participe passé s'accorde en genre et en nombre avec le sujet : *la tempête s'est calmée.*
calmir v. intr. | conjug. 2 |
calmoduline n. f.
calmos /-os/ adv. et interj.

calo n. m.
HOM. **calot**
calogène adj.
calomel n. m.
calomniateur, trice n.
calomnie n. f.
calomnier v. tr. | conjug. 7 |
calomnieusement adv.
calomnieux, ieuse adj.
calophyllum /-ɔm/ n. m.
caloporteur adj. m. et n. m.
caloquet n. m.
calorie n. f.
calorifère n. m. et adj.
calorifiant, ante adj.
calorification n. f.
calorifique adj.
calorifuge adj. et n. m.
calorifugeage n. m.
calorifuger v. tr. | conjug. 3 |
calorimètre n. m.
calorimétrie n. f.
calorimétrique adj.
calorique adj. et n. m.
calorisation n. f.
caloriser v. tr. | conjug. 1 |
calosome n. m.
calot n. m.
HOM. **calo**
calotin n. m.
calotte n. f.
calotter v. tr. | conjug. 1 |
caloyer, yère /-ɔje, jɛʀ/ n.
calquage n. m.
calque n. m.
Ξ Ce mot peut s'employer en apposition ; il est alors invariable : *des papiers calque*.
calquer v. tr. | conjug. 1 |
calqueur, euse n.
calter ou **caleter** v. intr. | conjug. 1 |
caltha n. f.
HOM. formes du v. **calter**
calumet n. m.
calure n. f.
calus /-y/ n. m.
calva n. m.
◻ abrév. de **calvados**
calvados /-os/ n. m.
➾ Ce mot s'écrit sans majuscule, contrairement au nom propre qui désigne le département : *une eau-de-vie du Calvados* mais *une bouteille de calvados*.
calvaire n. m.
➾ Avec une majuscule, **le Calvaire** désigne le lieu où Jésus fut crucifié : *les stations du Calvaire*.
calville /-il/ n. f.
calvinien, ienne adj.
calvinisme n. m.
➾ Comme tous les mots désignant une doctrine religieuse, ce mot s'écrit sans majuscule : *la naissance du calvinisme*.
calviniste adj. et n.
➾ Comme tous les mots désignant ou qualifiant une doctrine religieuse ou ses adeptes, ce mot s'écrit sans majuscule : *la doctrine calviniste ; les calvinistes*.
calvitie /-si/ n. f.
calycanthe n. m.
calypso n. m.
➾ Ce mot est masculin et s'écrit sans majuscule, contrairement au nom propre qui désigne la nymphe : *danser le calypso*.
calyptoblastide n. m.
calzone /-ɔn(e)/ n. f.
camaïeu n. m. ▪ plur. **camaïeux** ou plur. **camaïeus**
➾ Le pluriel *camaïeux*, plus fréquent, est le seul accepté par l'Académie.
camail n. m.
camaldule n. et adj.
camarade n.
camaraderie n. f.
camard, arde adj. et n.
camarguais, aise adj. et n.
➾ L'adjectif s'écrit sans majuscule : *la population camarguaise ; des bottes camarguaises*. Le nom s'écrit avec une majuscule uniquement quand il désigne une personne : *les Camarguais ; c'est une Camarguaise* mais *une paire de camarguaises*.
camarilla n. f.
camarluche n. m.
camaro n. m.
cambiaire adj.
cambial, ale, aux adj.
cambiste n.
cambium /-jɔm/ n. m.
cambodgien, ienne adj. et n.
➾ L'adjectif s'écrit sans majuscule : *la population cambodgienne*. Le nom s'écrit avec une majuscule uniquement quand il désigne une personne : *les Cambodgiens ; c'est une Cambodgienne* mais *parler le cambodgien*.
cambouis /-i/ n. m.
cambrage n. m.
cambrai n. m.
➾ Ce mot s'écrit sans majuscule, contrairement au nom propre qui désigne la ville : *la dentelle de Cambrai* mais *de superbes cambrais*.
HOM. formes du v. **cambrer**
cambre n. m.
cambré, ée adj.
cambrement n. m.

cambrer v. tr. | conjug. 1 |
¬ **se cambrer**
➾ Aux temps composés de la forme pronominale, le participe passé s'accorde en genre et en nombre avec le sujet : *les danseuses se sont cambrées.*
cambrésine n. f.
cambreur n. m.
cambrien, ienne n. m. et adj.
cambriolage n. m.
cambriole n. f.
cambrioler v. tr. | conjug. 1 |
cambrioleur, euse n.
cambrousier, ière n.
cambroussard, arde ou **cambrousard, arde** n. et adj.
cambrousse n. f.
cambrure n. f.
cambrurier, ière n.
cambuse n. f.
cambusier n. m.
came n. f.
camé, ée adj. et n.
HOM. **camée**
camée n. m.
☯ Ce mot est masculin : *un vieux camée.*
HOM. **camé**, **camer (se)**
caméléon n. m.
caméléonesque adj.
caméléonien, ienne adj. et n. m.
caméléonisme n. m.
camélia ou **camellia** n. m.
☯ Ce mot est masculin : *de grands camélias.*
Ξ La forme *camellia* s'emploie uniquement dans le langage scientifique.
camélidé n. m.
camélien, ienne adj.
camelin, ine adj.
cameline ou **caméline** n. f.
camelle n. f.
camellia n. m.
→ **camélia**
camelot, ote n. (personne)
☯ Pour parler d'une femme, le *Guide d'aide à la féminisation des noms de métiers, titres, grades et fonctions* et l'Office québécois de la langue française recommandent d'employer *camelote* ou *camelot* au féminin : *c'est une camelote* ou *une camelot.*
camelote n. f. (fam. : marchandise)
cameloter v. tr. et v. intr. | conjug. 1 |
cameloteur, euse n.
camelotier, ière n.
camembert n. m.
camer (se) v. pron. | conjug. 1 |
➾ Aux temps composés de la forme pronominale, le participe passé s'accorde en genre et en nombre avec le sujet : *ils s'étaient camés à l'héroïne.*
HOM. **camée**
caméra n. f.
caméral, ale, aux adj.
caméraman /-man/ ▪ plur. **caméramans** ou **cameraman** /kameʀaman/ ▪ plur. **camera men** /kameʀamɛn/ n. m.
Ξ On peut employer les formes francisées *caméraman, caméramans* ou les formes anglaises *cameraman, cameramen.*
caméraphone n. m.
camérier n. m.
camérière n. f.
caméristе n. f.
camerlingat n. m.
camerlingue n. m.
Caméscope® n. m.
➾ Comme tous les noms déposés, ce mot doit s'écrire avec une majuscule : *filmer avec des Caméscopes.* Toutefois, on le trouve fréquemment employé comme nom générique sans respect de la règle : *filmer avec des caméscopes.*
camion n. m.
HOM. formes du v. **camer (se)**
camion-citerne n. m. ▪ plur. **camions-citernes**
camionnage n. m.
camionner v. tr. | conjug. 1 |
camionnette n. f.
camionneur, euse n.
camisard n. m.
camisolage n. m.
camisole n. f.
camomille n. f.
camouflage n. m.
camoufler v. tr. | conjug. 1 |
camouflet n. m.
HOM. formes du v. **camoufler**
camp n. m.
HOM. **khan, quand, quant**
campagnard, arde adj. et n.
campagne n. f.
campagnol n. m.
campanaire adj.
campane n. f.
campanelle n. f.
campanien, ienne adj. et n.
➾ L'adjectif s'écrit sans majuscule : *la population campanienne ; des vases campaniens.* Le nom s'écrit avec une majuscule uniquement quand il désigne une personne : *les Campaniens ; c'est une Campanienne* mais *parler le campanien.*
campaniforme adj.
campanile n. m.
campaniste n.

campanulacée n. f.
campanule n. f.
☯ Ce mot est féminin : *une campanule.*
campanulé, ée adj.
campé, ée adj.
campêche n. m.
campêcher n. m.
campée n. f.
campement n. m.
camper v. intr. et v. tr. | conjug. 1 |
¬ **se camper**
➾ Aux temps composés de la forme pronominale, le participe passé s'accorde en genre et en nombre avec le sujet : *ils se sont campés devant moi.*
campeur, euse n.
camphène n. m.
camphorine n. f.
camphre n. m.
camphré, ée adj.
camphrer v. tr. | conjug. 1 |
camphrier n. m.
camping /kɑ̃piŋ/ n. m.
camping-car /kɑ̃piŋ-/ n. m. ▪ plur. **camping-cars**
▫ rec. off. : **autocaravane**
Camping-Gaz® /kɑ̃piŋ-/ n. m. inv.
➾ Comme tous les noms déposés, ce mot doit s'écrire avec des majuscules : *utiliser des Camping-Gaz.* Toutefois, on le trouve fréquemment employé comme nom générique sans respect de la règle : *utiliser des camping-gaz.*
[1]**campo** n. m. (savane)
[2]**campo** ou **campos** /-o/ n. m. (fam. : congé)
camposanto n. m.
campus /-ys/ n. m.
Ξ L'expression **campus universitaire** est un pléonasme à éviter.
camus, use /-y, -yz/ adj.
C. A. N. /seaɛn/ n. m.
▫ abrév. de **convertisseur analogique-numérique**
canada n. f. ▪ plur. **canadas** ou plur. inv.
➾ Ce mot s'écrit sans majuscule : *de belles canadas.*
Canadair® n. m. inv.
➾ Comme tous les noms déposés, ce mot doit s'écrire avec une majuscule : *le vol des Canadairs.* Toutefois, on le trouve fréquemment employé comme nom générique sans respect de la règle : *le vol des canadairs.*
canadianisme n. m.
canadien, ienne adj. et n.
➾ L'adjectif s'écrit sans majuscule : *la population canadienne.* Le nom s'écrit avec une majuscule uniquement quand il désigne une personne : *les Canadiens ; c'est une Canadienne* mais *il porte une canadienne ; dormir sous une canadienne.*
canaille n. f. et adj.
☯ Le nom est toujours féminin mais peut désigner un homme : *son fils est une canaille.*
canaillement adv.
canaillerie n. f.
canaillocratie n. f.
canal, aux n. m.
HOM. (du plur.) **canot**
canaliculaire adj.
canalicule n. m.
canaliculé, ée adj.
canalisable adj.
canalisateur, trice n. et adj.
canalisation n. f.
canaliser v. tr. | conjug. 1 |
canamelle n. f.
cananéen, enne adj. et n.
➾ L'adjectif s'écrit sans majuscule : *le peuple cananéen.* Le nom s'écrit avec une majuscule uniquement quand il désigne une personne : *les Cananéens ; une Cananéenne* mais *ils parlaient le cananéen.*
canapé n. m.
canapé-lit n. m. ▪ plur. **canapés-lits**
canaque n. et adj.
→ **kanak**
canard n. m.
Ξ Ce mot peut s'employer derrière un adjectif de couleur pour en préciser la nuance ; les deux mots sont alors invariables : *des étoffes bleu canard.*
canardeau n. m.
canardée n. f.
canardement n. m.
canarder v. tr. et v. intr. | conjug. 1 |
canarderie n. f.
canardière n. f.
canari n. m.
Ξ Ce mot peut s'employer seul comme adjectif de couleur ou derrière un adjectif de couleur pour en préciser la nuance ; ces adjectifs sont alors invariables : *des bottes jaune canari ; des chaussures canari.*
canasson n. m.
canasta n. f.
cancale n. f.
➾ Ce mot s'écrit sans majuscule, contrairement au nom propre qui désigne la ville : *des huîtres de Cancale* mais *une douzaine de cancales.*
cancan n. m.
cancanage n. m.
cancaner v. intr. | conjug. 1 |
cancanerie ou **cancannerie** n. f.

cancanier, ière adj. et n.
HOM. formes du v. **cancaner**
cancel n. m.
cancellariat /-a/ n. m.
cancer /-sɛʀ/ n. m.
➾ Quand il désigne la constellation ou le signe du zodiaque, ce mot est invariable et s'écrit avec une majuscule : *il est (du signe) du Cancer ; elles sont Cancer.*
cancéreux, euse adj. et n.
cancérigène adj.
▫ rec. off. : **cancérogène**
cancérisation n. f.
cancériser v. tr. | conjug. 1 |
¬ **se cancériser**
➾ Aux temps composés de la forme pronominale, le participe passé s'accorde en genre et en nombre avec le sujet : *la tumeur s'est cancérisée.*
cancérogène adj.
▫ rec. off. pour **cancérigène**
cancérogenèse n. f.
cancérogénique adj.
cancérologie n. f.
cancérologique adj.
cancérologue n.
cancérophobe adj. et n.
cancérophobie n. f.
cancéropôle n. m.
canche n. f.
cancoillotte /kɑ̃kwajɔt/ n. f.
cancre n. m.
cancrelat /-a/ n. m.
cancrerie n. f.
cancroïde n. m.
candela /-de-/ ou **candéla** n. f.
candélabre n. m.
candeur n. f.
candi adj. m.
candida n. m. inv. (levure)
HOM. **candidat**
candidat, ate n. (personne)
HOM. **candida**
candidature n. f.
candide adj.
candidement adv.
candidose n. f.
candir v. tr. | conjug. 2 |
¬ **se candir**
➾ Aux temps composés de la forme pronominale, le participe passé s'accorde en genre et en nombre avec le sujet : *la confiture s'est candie.*
candisation n. f.
candomblé n. m.
cane n. f. (animal)
HOM. **canne**, formes des v. **caner**, **canner**
canéficier n. m.
canepetière n. f.
canéphore n. f.
canepin n. m.
¹**caner** v. intr. | conjug. 1 | (fam. : reculer)
HOM. **canné**, **canner**
²**caner** ou **canner** v. intr. | conjug. 1 | (argot. : s'enfuir)
HOM. **canné**, **canner**
canetage n. m.
canetière n. f.
canetille n. f.
→ **cannetille**
caneton n. m.
canette n. f.
HOM. **cannette**
caneur adj. et n. m.
HOM. **canneur**
canevas /-a/ n. m.
canevasser v. tr. | conjug. 1 |
canezou n. m.
canfouine n. f.
cange n. f.
cangue n. f.
caniche n. m.
caniculaire adj.
canicule n. f.
canidé n. m.
canidrome n. m.
canier n. m.
HOM. formes des v. **caner**, **canner**
canif n. m.
canin, ine adj.
canine n. f.
caninement adv.
Caninette® n. f.
➾ Comme tous les noms déposés, ce mot doit s'écrire avec une majuscule : *nettoyer les rues avec des Caninettes.* Toutefois, on le trouve fréquemment employé comme nom générique sans respect de la règle : *nettoyer les rues avec des caninettes.*
canisette n. f.
canisse ou **cannisse** n. f.
canissier n. m.
canitie /-si/ n. f.
caniveau n. m.
canna n. m.
HOM. **kana**, **khanat**, formes des v. **caner**, **canner**
cannabinacée n. f.
cannabique adj.
cannabis /-is/ n. m.
cannabisme n. m.
cannage n. m.

cannaie n. f.
HOM. formes des v. **caner, canner**
canne n. f. (objet)
HOM. **cane**, formes des v. **caner, canner**
canné, ée adj.
↯ Ne pas confondre **canné**, qui signifie « garni de brins de jonc ou de rotin entrelacés », avec **cannelé**, qui signifie « qui présente des sillons ».
HOM. **caner, canner**
canneberge n. f.
canne-épée n. f. ■ plur. **cannes-épées**
cannelé, ée adj. et n. m.
↯ Ne pas confondre **cannelé**, qui signifie « qui présente des sillons », avec **canné**, qui signifie « garni de brins de jonc ou de rotin entrelacés ».
canneler v. tr. | conjug. 4 |
cannelier n. m.
HOM. formes du v. **canneler**
cannelle n. f.
Ξ Ce mot peut s'employer en apposition dans **pomme cannelle** ou comme adjectif de couleur ; il est alors invariable : *des pommes cannelle ; des robes cannelle.*
HOM. formes du v. **canneler**
cannelloni /kanelɔni ; kanɛllɔni/ n. m.
Ξ En italien, *cannelloni* est un nom pluriel mais on l'emploie au singulier en francisant la forme du pluriel : *un cannelloni, des cannellonis.*
cannelure n. f.
canne-plantoir n. f. ■ plur. **cannes-plantoirs**
[1]**canner** v. tr. et v. intr. | conjug. 1 | (garnir)
HOM. **caner**
[2]**canner** v. intr. | conjug. 1 | (argot. : s'enfuir)
→ [2]**caner**
cannetille ou **canetille** n. f.
cannette n. f.
HOM. **canette**
canneur, euse n.
HOM. **caneur**
cannibale n.
cannibalesque adj.
cannibalique adj.
cannibalisation n. f.
cannibaliser v. tr. | conjug. 1 |
cannibalisme n. m.
cannier, ière n.
HOM. formes des v. **caner, canner**
cannisse n. f.
→ **canisse**
canoë /-ɔe/ n. m.
♪ Le tréma signale que le *e* se prononce */é/.*
canoéisme n. m.
canoéiste n.
canoë-kayak n. m. ■ plur. **canoës-kayaks**
[1]**canon** n. m. et adj. inv. (arme)
➾ Employé comme adjectif, ce mot est toujours invariable : *des filles canon.*
HOM. formes des v. **caner, canner**
[2]**canon** n. m. (règle)
Ξ Ce mot s'emploie comme adjectif épithète dans l'expression **droit canon**, qui est toujours au singulier.
HOM. formes des v. **caner, canner**
cañon /kanjɔ̃ ; kanjɔn/ n. m.
→ **canyon**
canonial, iale, iaux adj.
canonical, ale, aux adj.
canonicat /-a/ n. m.
canonicité n. f.
canonique adj.
canoniquement adv.
canonisable adj.
canonisation n. f.
canoniser v. tr. | conjug. 1 |
canoniste n. m.
canonnade n. f.
canonnage n. m.
canonner v. tr. | conjug. 1 |
canonnerie n. f.
canonnier n. m.
canonnière n. f.
canope n. m.
canopée n. f.
canot /-o ; -ɔt/ n. m.
♪ Seuls les marins prononcent le *t* final.
HOM. **canaux** (plur. de *canal*)
canotage n. m.
canoter v. intr. | conjug. 1 |
canoteur, euse n.
canotier, ière n.
cant /kɑ̃t/ n. m.
cantabile /-e/ n. m.
cantal n. m.
➾ Ce mot s'écrit sans majuscule, contrairement au nom propre qui désigne la région : *un fromage du Cantal* mais *un morceau de cantal.*
cantaloup /-u/ n. m.
cantate n. f.
cantatille n. f.
cantatrice n. f.
canter /-ɛʀ/ n. m.
HOM. **canthère**
canthare n. m.
cantharide n. f.
cantharidine n. f.
canthère n. m.
HOM. **canter**
cantiga n. f.
cantilène n. f.

cantilever /-ləvɛʀ ; -levœʀ/ ou **cantiléver**○ /-levɛʀ ; -levœʀ/ adj. inv. et n. m.
cantine n. f.
cantiner v. intr. | conjug. 1 |
cantinier, ière n.
HOM. formes du v. **cantiner**
cantique n. m.
HOM. **quantique**
cantoche n. f.
canton n. m.
HOM. **quanton**
cantonade n. f.
cantonais, aise adj. et n.
➾ L'adjectif s'écrit sans majuscule : *la population cantonaise ; du riz cantonais*. Le nom s'écrit avec une majuscule : *les Cantonais ; c'est une Cantonaise*.
cantonal, ale, aux adj.
cantonalisation n. f.
cantonaliser v. tr. | conjug. 1 |
cantonalisme n. m.
cantonaliste adj. et n.
cantonnement n. m.
cantonner v. tr. | conjug. 1 |
¬ **se cantonner**
➾ Aux temps composés de la forme pronominale, le participe passé s'accorde en genre et en nombre avec le sujet : *ils se sont cantonnés dans le même registre*.
cantonnier, ière n. (personne)
HOM. formes du v. **cantonner**
cantonnière n. f. (bande d'étoffe)
cantor n. m.
cantre n. m.
canulaire adj.
canulant, ante adj.
canular n. m.
canularesque adj.
canule n. f.
canuler v. tr. | conjug. 1 |
canut, use /-y, yz/ n.
canyon ou **cañon** /kanjɔ̃ ; kanjɔn/ n. m.
♪ La prononciation /kanjɔn/ est plus courante.
canyoning /kanjɔniŋ/ ou **canyonisme** n. m.
canzone /kɑ̃tzɔne/ n. f.
C. A. O. /seao/ n. f.
□ abrév. de **conception assistée par ordinateur**
caodaïsme n. m.
caodaïste adj. et n.
caoua ou **kawa** n. m.
caouane n. f.
caoutchouc /kautʃu/ n. m.
caoutchoutage n. m.
caoutchouter v. tr. | conjug. 1 |
caoutchouteux, euse adj.
caoutchoutier, ière adj. et n.
cap n. m.
Ξ Ce mot ne s'emploie plus au sens de « tête » que dans l'expression **de pied en cap**. Ne pas écrire ***de pied en cape**.
➾ Ce mot ne prend pas de majuscule dans les dénominations géographiques, sauf quand elles désignent un pays : *le cap de Bonne-Espérance ; le cap Horn* mais *le Cap-Vert*.
HOM. **cape**
C. A. P. /seape/ n. m. inv.
□ abrév. de **certificat d'aptitude professionnelle**
CAPA /kapa/ n. m. inv.
□ abrév. de **certificat d'aptitude à la profession d'avocat**
HOM. **cappa, kappa**
capable adj.
▸ **capable de** (+ n.) *il est capable d'une trahison ; elle est capable du meilleur comme du pire*
▸ **capable de** (+ inf.) *il se sent capable de réussir*
capablement adv.
capacimètre n. m.
capacitaire n. et adj.
capacitance n. f.
capacitation n. f.
capacité n. f.
capacitif, ive adj.
capade n. f.
caparaçon n. m.
➾ Ne pas employer le mot **carapaçon*, qui n'existe pas ; il résulte d'une confusion avec *carapace*.
caparaçonner v. tr. | conjug. 1 |
➾ Ne pas employer **carapaçonner* ; ce mot n'existe pas.
cape n. f.
➾ Ce mot est toujours au singulier dans les expressions **sous cape** et **de cape et d'épée** : *rire sous cape ; des films de cape et d'épée*. Ne pas confondre ce mot avec *cap*, notamment dans l'expression **de pied en cap**, dans laquelle *cap* signifie « tête ».
HOM. **cap**
capé, ée adj.
capelage n. m.
capelan n. m.
capeler v. tr. | conjug. 4 |
capelet n. m.
capeline n. f.
capendu n. m.
caperon n. m.
→ **capron**

CAPES /kapɛs/ n. m.
◘ abrév. de **certificat d'aptitude au professorat de l'enseignement secondaire**
capésien, ienne /-sjɛ̃, jɛn/ n.
HOM. **capétien**
CAPET /kapɛt/ n. m.
◘ abrév. de **certificat d'aptitude au professorat de l'enseignement technique**
capétien, ienne adj.
➾ L'adjectif s'écrit sans majuscule : *la dynastie capétienne*. Le nom s'écrit avec une majuscule : *les Capétiens*.
HOM. **capésien**
capeyer v. intr. | conjug. 1 |
capharnaüm /kafaʀnaɔm/ n. m.
cap-hornier n. m. ▪ plur. **cap-horniers**
➾ Ce mot s'écrit toujours sans majuscule : *d'anciens cap-horniers*.
capillacé, ée adj.
capillaire /kapilɛʀ/ adj. et n. m.
capillarimètre /-pil-/ n. m.
capillarite /-pil-/ n. f.
capillarité /-pil-/ n. f.
capillaroscopie /-pil-/ n. f.
capilliculteur, trice /-pil-/ n.
capilliculture /-pil-/ n. f.
capilliforme /-pil-/ adj.
capilotade n. f.
capiston n. m.
capitaine n.
➾ Ce mot s'écrit toujours sans majuscule : *oui, mon capitaine* ; *la capitaine Dupont*.
capitainerie n. f.
[1]**capital, ale, aux** adj. (important)
[2]**capital, aux** n. m. (somme)
capitale n. f. (ville, majuscule)
capitalisable adj.
capitalisation n. f.
capitaliser v. tr. et v. intr. | conjug. 1 |
capitalisme n. m.
capitaliste n. et adj.
capitalistique adj.
capitalistiquement adv.
capital-risque n. m. ▪ plur. **capitaux-risques**
capital-risqueur n. m. ▪ plur. **capitaux-risqueurs** ou plur. **capital-risqueurs**
capitan n. m.
capitanat /-a/ n. m.
capitane n. f. et adj. f.
capitan-pacha n. m. ▪ plur. **capitans-pachas**
capitation n. f.
capité, ée adj.
capiteux, euse adj.
capitole n. m.
➾ Ce mot s'écrit avec une majuscule lorsqu'il désigne un édifice particulier et qu'il n'est pas suivi d'un complément : *visiter le Capitole* mais *le capitole de Washington* ; *le capitole de Toulouse*.
capitolin, ine adj.
capiton n. m.
capitonnage n. m.
capitonner v. tr. | conjug. 1 |
capitoul n. m.
capitoulat /-a/ n. m.
capitulaire adj., n. m. et n. f.
HOM. forme du v. **capituler**
capitulairement adv.
capitulant adj. m. et n. m.
capitulard, arde n. et adj.
capitulation n. f.
capitule n. m.
☯ Ce mot est masculin : *un capitule*.
capitulé, ée adj.
capituler v. intr. | conjug. 1 |
capodastre n. m.
capoeira /kapue(i)ʀa/ n. f.
capon, onne adj. et n.
caponnière n. f.
caporal, ale, aux n.
➾ Ce mot s'écrit toujours sans majuscule, sauf dans l'expression **le Petit Caporal**, qui désigne Napoléon Ier.
caporal-chef, caporale-chef n. ▪ plur. **caporaux-chefs, caporales-chefs**
caporalisation n. f.
caporaliser v. tr. | conjug. 1 |
caporalisme n. m.
[1]**capot** n. m. (de véhicule)
HOM. **kapo**
[2]**capot** adj. inv. et n. m.
➾ L'adjectif est invariable : *elles sont capot*.
HOM. **kapo**
capotage n. m.
capote n. f.
capoter v. tr. et v. intr. | conjug. 1 |
capout adj. inv.
→ **kapout**
cappa n. f.
HOM. **CAPA, kappa**
capparidacée n. f.
cappella (a) loc. adv.
→ **a cappella**
cappelletti /kapel(l)eti/ n. m.
Ξ En italien, *cappelletti* est un nom pluriel mais on l'emploie au singulier en francisant la forme du pluriel : *une cappelletti, des cappellettis*.
cappuccino /kaputʃino/ n. m.
capre n. m. (navire, matelot)
HOM. **câpre**
[1]**câpre** n. f. (végétal)

☯ Ce mot est féminin : *une câpre*.
HOM. **capre**
²câpre, câpresse n. (personne)
HOM. **capre**
capricant, ante adj.
capriccio /kapritʃo ; kaprisjo/ n. m.
caprice n. m.
capricieusement adv.
capricieux, ieuse adj.
capricorne n. m.
➾ Quand il désigne la constellation ou le signe du zodiaque, ce mot est invariable et s'écrit avec une majuscule : *il est (du signe) du Capricorne ; elles sont Capricorne.*
câprier n. m.
câprière n. f.
caprification n. f.
caprifigue n. f.
caprifiguier n. m.
caprifoliacée n. f.
caprin, ine adj.
capriné n. m.
capripède adj. et n. m.
caprique adj.
caprisque n. m.
caproïque adj.
capron ou **caperon** n. m.
capronier n. m.
caprylique adj.
capsa n. f.
capselle n. f.
capside n. f.
capsomère n. m.
capsulage n. m.
capsulaire adj.
capsule n. f.
capsuler v. tr. | conjug. 1 |
capsulerie n. f.
capsuleuse n. f.
captable adj.
captage n. m.
captal n. m.
captateur, trice n.
captatif, ive adj.
captation n. f.
captativité n. f.
captatoire adj.
capter v. tr. | conjug. 1 |
capteur n. m.
captieusement /kapsjø-/ adv.
captieux, ieuse /kapsjø, jøz/ adj.
captif, ive adj. et n.
captivant, ante adj.
captiver v. tr. | conjug. 1 |
captivité n. f.
capture n. f.
capturer v. tr. | conjug. 1 |
capuce n. m.
capuche n. f.
capuchon n. m.
capuchonner v. tr. | conjug. 1 |
¹capucin, ine n. (religieux)
➾ Ce mot s'écrit avec une minuscule lorsqu'il désigne une personne : *un couvent de capucines*. Il s'écrit avec une majuscule lorsqu'il désigne sans ambiguïté l'ordre lui-même : *il est entré chez les Capucins*.
²capucin n. m. (singe)
capucinade n. f.
capucine n. f. (plante)
Ξ Ce mot peut s'employer comme adjectif de couleur ; il est alors invariable : *des bérets capucine*.
capucinière n. f.
capybara n. m.
caquage n. m.
caque n. f.
HOM. **CAC**
caquelon n. m.
¹caquer v. tr. | conjug. 1 | (mettre en caque)
²caquer v. intr. | conjug. 1 | (Région. : déféquer)
caquet n. m.
▸ **rabattre/rabaisser le caquet à qqn**
HOM. formes du v. **caquer**
caquetage n. m.
caquetant, ante adj.
caquètement n. m.
caqueter v. intr. | conjug. 5 |
HOM. **cactée**
caqueteur, euse /kaktœr, øz/ n. et adj.
caquetoire /kaktwar/ n. f.
¹car conj.
⌘ Dans deux propositions coordonnées, *car* est répété ou non : *car il était tard et (car) il pleuvait*. La reprise par *que* est fautive : **car il était tard et qu'il pleuvait*.
Ξ **Car en effet** est un pléonasme à éviter (*je le sais, car en effet on me l'a dit*), sauf quand *en effet* signifie « réellement, dans la réalité ».
HOM. **carre**, **quart**, formes du v. **carrer**
²car n. m.
HOM. **carre**, **quart**, formes du v. **carrer**
carabe n. m.
carabin n. m.
carabine n. f.
carabiné, ée adj.
carabinier n. m.
carabistouille n. f.
caracal n. m.
caracin n. m.
→ **carassin**
caraco n. m.
caracolade n. f.

caracolant, ante adj.
caracole n. f.
caracoler v. intr. | conjug. 1 |
caractère n. m.
caractériel, ielle adj. et n.
caractériellement adv.
caractérisation n. f.
caractérisé, ée adj.
caractériser v. tr. | conjug. 1 |
¬ se caractériser
➾ Aux temps composés de la forme pronominale, le participe passé s'accorde en genre et en nombre avec le sujet : *cette époque s'est caractérisée par le changement.*
caractéristique adj. et n. f.
caractérologie n. f.
caractérologique adj.
caractérologue n.
caracul ou **karakul** /-kyl/ n. m.
carafe n. f.
carafon n. m.
caraïbe adj. et n.
➾ L'adjectif s'écrit sans majuscule : *les langues caraïbes*. Le nom s'écrit avec une majuscule quand il désigne une personne ou l'entité géographique : *le massacre des Indiens Caraïbes ; c'est une Caraïbe ; la mer des Caraïbes ; la Caraïbe* mais *parler le caraïbe.*
caramba /kaʀamba ; kaʀɑ̃ba/ interj.
carambolage n. m.
carambole n. f.
caramboler v. intr. et v. tr. | conjug. 1 |
¬ se caramboler
➾ Aux temps composés de la forme pronominale, le participe passé s'accorde en genre et en nombre avec le sujet : *des voitures se sont carambolées.*
carambolier n. m.
carambouillage n. m.
carambouille n. f.
carambouiller v. tr. | conjug. 1 |
carambouilleur, euse n.
caramel n. m.
Ξ Ce mot peut s'employer comme adjectif de couleur ; il est alors invariable : *des vestes caramel.*
caramélé, ée adj.
caramélisation n. f.
caraméliser v. tr. | conjug. 1 |
¬ se caraméliser
➾ Aux temps composés de la forme pronominale, le participe passé s'accorde en genre et en nombre avec le sujet : *la substance s'est caramélisée.*
carapace n. f.
carapate n. f.
carapater (se) v. pron. | conjug. 1 |
➾ Aux temps composés de la forme pronominale, le participe passé s'accorde en genre et en nombre avec le sujet : *ils se sont carapatés.*
caraque n. f.
carassin ou **caracin** n. m.
carat /-a/ n. m.
➾ Ce mot est au singulier dans l'expression familière **dernier carat** : *venez à huit heures, dernier carat.*
HOM. formes du v. **carrer**
caravagesque adj. et n. m.
caravagisme n. m.
caravanage n. m.
caravane n. f.
caravanier, ière n. et adj.
caravaning /-iŋ/ n. m.
caravansérail n. m.
caravelle n. f.
carbamate n. m.
carbamique adj.
carbazol ou **carbazole** n. m.
carbet n. m.
carbhémoglobine n. f.
→ **carbohémoglobine**
carbinol n. m.
carbocation n. m.
carbochimie n. f.
carbochimique adj.
carbogène n. m.
Carboglace® n. f.
➾ Comme tous les noms déposés, ce mot doit s'écrire avec une majuscule : *réfrigérer avec de la Carboglace.* Toutefois, on le trouve fréquemment employé comme nom générique sans respect de la règle : *réfrigérer avec de la carboglace.*
carbohémoglobine ou **carbhémoglobine** n. f.
carbomycine n. f.
carbonade ou **carbonnade** n. f.
carbonado n. m.
carbonara n. f.
Ξ Ce mot peut s'employer dans la locution **à la carbonara** ou en apposition ; il est alors invariable : *des spaghettis (à la) carbonara.*
carbonaresque adj.
carbonarisme n. m.
carbonaro n. m. ▪ plur. **carbonaros** ou plur. **carbonari**
Ξ On peut employer le pluriel francisé *carbonaros* ou le pluriel italien *carbonari.*
carbonatation n. f.
carbonate n. m.
carbonater v. tr. | conjug. 1 |
carbonateur n. m.

carbone n. m.
Ξ Ce mot peut s'employer en apposition ; il est alors invariable : *des papiers carbone ; des copies carbone*.
carboné, ée adj.
carboneux, euse adj.
carbonifère adj. et n. m.
carbonique adj.
carbonisage n. m.
carbonisation n. f.
carboniser v. tr. | conjug. 1 |
carbonnade n. f.
→ **carbonade**
carbonyle n. m.
carbonylé, ée adj.
Carborundum® /-ɔ̃dɔm/ n. m.
➾ Comme tous les noms déposés, ce mot doit s'écrire avec une majuscule : *du Carborundum en poudre*. Toutefois, on le trouve fréquemment employé comme nom générique sans respect de la règle : *du carborundum en poudre*.
carboxylase n. f.
carboxyle n. m.
carboxylique adj.
carburant adj. et n. m.
carburateur, trice adj. et n. m.
carburation n. f.
carbure n. m.
carburé, ée adj.
carburéacteur n. m.
□ rec. off. pour **jet fuel**
carburer v. intr. et v. tr. | conjug. 1 |
carcailler v. intr. | conjug. 1 |
carcaise n. f.
carcajou n. m.
carcan n. m.
carcasse n. f.
carcel adj. inv. et n.
des lampes carcel
carcéral, ale, aux adj.
carcinogène adj.
carcinogenèse n. f.
carcinogénétique adj.
carcinologie n. f.
carcinologique adj.
carcinologue n.
carcinomateux, euse adj.
carcinome n. m.
cardage n. m.
cardamine n. f.
cardamome n. f.
➾ Ne pas employer le mot **cardamone*, qui n'existe pas.
cardan n. m.
➾ Ce mot s'écrit avec une majuscule dans les locutions **à la Cardan** et **de Cardan** car il s'agit d'un nom propre : *une suspension à la Cardan ; un joint de Cardan* mais *un réchaud à cardan* ; une *transmission par cardan*.
carde n. f.
cardé, ée adj.
carder v. tr. | conjug. 1 |
cardère n. f.
carderie n. f.
cardeur, euse n.
cardia n. m.
cardial, iale, iaux adj.
cardialgie n. f.
cardialgique adj. et n.
cardiaque adj. et n.
cardiatomie n. f.
cardigan n. m.
cardiidé /-iide/ n. m.
[1]**cardinal, ale, aux** adj.
[2]**cardinal, aux** n. m.
➾ Ce mot s'écrit sans majuscule : *le cardinal Mazarin*.
cardinalat /-a/ n. m.
cardinal-diacre n. m. ▪ plur. **cardinaux-diacres**
cardinalice adj.
cardinaliser v. tr. | conjug. 1 |
[1]**cardio** n. f. (cardiologie)
[2]**cardio** n. (cardiologue)
cardiogramme n. m.
cardiographe n. m.
cardiographie n. f.
cardiographique adj.
cardioïde adj.
cardiologie n. f.
cardiologique adj.
cardiologue n.
cardiomégalie n. f.
cardiomyopathie n. f.
cardiomyoplastie n. f.
cardiopathie n. f.
cardiopathologie n. f.
cardiopulmonaire adj.
cardiorespiratoire adj.
cardiotomie n. f.
cardiotonique adj. et n. m.
cardiotraining /-tʀeniŋ/ n. m.
cardiotrope n. m.
cardiovasculaire adj.
cardite n. f.
cardon n. m.
carême n. m.
➾ Ce mot s'écrit sans majuscule : *les dimanches de carême ; rompre le carême*.
Ξ Ne pas confondre les expressions **arriver comme mars en carême** et **arriver comme**

marée en carême. La première signifie « arriver inévitablement ». La seconde signifie « arriver à propos ».

carême-prenant n. m. ▪ plur. **carêmes-prenants**

carénage n. m.

carence n. f.

carencer v. tr. | conjug. 3 |

carène n. f.

caréner v. tr. | conjug. 6 |

carentiel, ielle /-sjɛl/ adj.

caressant, ante adj.

caresse n. f.

caresser v. tr. | conjug. 1 |

¬ **se caresser**

➾ Aux temps composés de la forme pronominale, le participe passé s'accorde en genre et en nombre avec le sujet : *ils se sont caressés*. Mais le participe passé ne s'accorde pas quand il est suivi d'un complément d'objet direct : *ils se sont caressé les joues*.

caresseur, euse adj. et n.

caret n. m.

HOM. formes du v. **carrer**

carex n. m.

car-ferry ▪ plur. **car-ferrys** ou plur. **car-ferries** ou **carferry**○ ▪ plur. **carferrys**○ n. m.

□ rec. off. pour **ferry-boat**

□ rec. off. : **transbordeur**

cargaison n. f.

cargo n. m.

cargue n. f.

carguer v. tr. | conjug. 1 |

cargueur, euse n.

cari n. m.

HOM. **carie**, formes du v. **carier**

cariacou n. m.

cariant, iante adj.

cariatide ou **caryatide** n. f.

caribou n. m.

caricatural, ale, aux adj.

caricaturalement adv.

caricature n. f.

caricaturer v. tr. | conjug. 1 |

caricaturesque adj.

caricaturiste n.

caridine n. f.

carie n. f.

HOM. **cari**

carien, ienne adj. et n.

carier v. tr. | conjug. 7 |

¬ **se carier**

➾ Aux temps composés de la forme pronominale, le participe passé s'accorde en genre et en nombre avec le sujet : *la dent s'est cariée*.

HOM. **carrier**

carieux, ieuse adj.

carignan n. m.

➾ Ce mot s'écrit sans majuscule, contrairement au nom propre qui désigne la région : *un vin de Carignan* mais *une bouteille de carignan*.

carillon n. m.

carillonnant, ante adj.

carillonnement n. m.

carillonner v. intr. | conjug. 1 |

carillonneur, euse n.

carinate n. m.

cariogène adj.

cariogenèse n. f.

carissime adj.

cariste n.

caritatif, ive adj.

1**carlin** n. m. (ancienne monnaie)

2**carlin, ine** n. m. et adj. (chien)

carline n. f. (plante)

carlingue n. f.

carlinguier n. m.

carlisme n. m.

carliste adj. et n.

carmagnole n. f.

carme n. m.

➾ Ce mot s'écrit avec une minuscule lorsqu'il désigne une personne : *un couvent de carmes*. Il s'écrit avec une majuscule lorsqu'il désigne sans ambiguïté l'ordre lui-même : *il est entré chez les Carmes*.

carmeline n. f. et adj. f.

carmélite n. f.

➾ Ce mot s'écrit avec une minuscule lorsqu'il désigne une personne : *un couvent de carmélites*. Il s'écrit avec une majuscule lorsqu'il désigne sans ambiguïté l'ordre lui-même : *elle est entrée chez les Carmélites*.

Ξ *Carmélite* peut s'employer seul comme adjectif de couleur ou derrière un adjectif de couleur pour en préciser la nuance ; ces adjectifs sont alors invariables : *des robes brun carmélite ; des teintes carmélite*.

carmin n. m.

Ξ Ce mot peut s'employer seul comme adjectif de couleur ou derrière un adjectif de couleur pour en préciser la nuance ; ces adjectifs sont alors invariables : *des étoffes rouge carmin ; des lèvres carmin*.

carminatif, ive adj.

carminé, ée adj.

carminer v. tr. | conjug. 1 |

carnage n. m.

carnaire adj.

1**carnasse** n. m. (région. : méduse)

2**carnasse** n. f. (Techn. : résidu)

carnassier, ière adj. et n.

carnassière n. f. (sac)

carnation n. f.

carnaval n. m.
➾ Ce mot a un pluriel régulier : *des carnavals*. Ce mot s'écrit avec une majuscule dans les noms d'évènements et lorsqu'il désigne le personnage : *le Carnaval de Venise ; Sa Majesté Carnaval ; brûler Carnaval*.
carnavalesque adj.
car-navette n. m. ▪ plur. **cars-navettes**
carne n. f.
carné, ée adj.
carneau n. m.
carnèle n. f.
carnet n. m.
carnier n. m.
carnification n. f.
carnitine n. f.
carnivore adj. et n.
carnotset /-sɛ/ n. m.
carogne n. f.
carole n. f.
carolin, ine adj.
carolingien, ienne adj. et n.
➾ L'adjectif s'écrit sans majuscule : *la dynastie carolingienne*. Le nom s'écrit avec une majuscule : *les Carolingiens*.
carolus /-ys/ n. m.
caronade n. f.
caroncule n. f.
caronculé, ée adj.
carotène n. m.
caroténoïde n. m.
carotide adj. et n. f.
carotidien, ienne adj.
carotique adj.
carottage n. m.
carotte n. f.
Ξ Ce mot peut s'employer seul comme adjectif de couleur ou derrière un adjectif de couleur pour en préciser la nuance ; ces adjectifs sont alors invariables : *des peintures rouge carotte ; des cheveux carotte*.
carotter v. tr. | conjug. 1 |
carotteur, euse adj. et n. (personne)
carotteuse n. f. (appareil)
carottier, ière adj. et n.
HOM. formes du v. **carotter**
caroube n. f.
caroubier n. m.
carouble n. f.
caroubleur n. m.
carouge n. m.
carpaccio /kaʀpatʃ(j)o/ n. m.
¹**carpe** n. f. (poisson)
²**carpe** n. m. (os)
carpé adj. m.
carpeau n. m.
carpe diem /kaʀpedjɛm/ interj. et n. m. inv.
carpellaire /-pɛl(l)ɛʀ/ adj.
carpelle n. m.
☯ Ce mot est masculin : *un carpelle*.
carpette n. f.
carpettier, ière n.
carphologie n. f.
carphologique adj.
carpiculteur, trice n.
carpiculture n. f.
carpien, ienne adj.
carpillon n. m.
carpocapse n. m. ou f.
carpophore n. m.
carquois n. m.
carragheen /kaʀagɛn/ n. m.
carraghénane n. m.
carrare n. m.
➾ Ce mot s'écrit sans majuscule, contrairement au nom propre qui désigne la ville : *du marbre de Carrare* mais *une façade en carrare*.
carre n. f.
HOM. **car, quart**
carré, ée adj. et n. m.
➾ Ce mot s'emploie en apposition et s'accorde en nombre dans les expressions de mesure : *vingt centimètres/mètres carrés*.
carreau n. m.
➾ Ce mot est au singulier dans l'expression **se tenir à carreau** : *tenez-vous à carreau*.
carreauté, ée adj.
carrée n. f. (note ; fam. : chambre)
carré-éponge n. m. ▪ plur. **carrés-éponges**
carrefour n. m.
carrelage n. m.
carreler v. tr. | conjug. 4 |
carrelet n. m.
HOM. formes du v. **carreler**
carrelette n. f.
carreleur, euse n.
carrelure n. f.
carrément adv.
carrer v. tr. | conjug. 1 |
¬ **se carrer**
➾ Aux temps composés de la forme pronominale, le participe passé s'accorde en genre et en nombre avec le sujet : *elle s'est carrée dans le fauteuil*.
carrick n. m.
carrier, ière n. (ouvrier)
HOM. **carier**
carrière n. f. (lieu, profession)
HOM. formes du v. **carier**
carriérisme n. m.
carriériste n.
carriole n. f.
carrom n. m.
carrossable adj.

carrossage n. m.
carrosse n. m.
carrosser v. tr. | conjug. 1 |
carrosserie n. f.
carrossier, ière n.
HOM. formes du v. **carrosser**
carrousel /-zɛl/ n. m.
carroyage /kaʀwajaʒ/ n. m.
carroyer /kaʀwaje/ v. tr. | conjug. 8 |
carrure n. f.
cartable n. m.
cartayer v. intr. | conjug. 8 |
carte n. f.
➾ Ce mot est au singulier dans l'expression **donner/laisser carte blanche** et au pluriel dans l'expression **jouer cartes sur table**.
HOM. **kart**, **quarte**
cartée adj. f.
HOM. **Quarté**
cartel n. m.
cartelette n. f.
→ **quartelette**
carte-lettre n. f. ▪ plur. **cartes-lettres**
cartellisation n. f.
cartelliste adj.
[1]**carter** /-ɛʀ/ n. m.
HOM. formes du v. **carter**
[2]**carter** v. tr. | conjug. 1 |
carte-réponse n. f. ▪ plur. **cartes-réponses**
Carterie® n. f.
➾ Comme tous les noms déposés, ce mot doit s'écrire avec une majuscule : *gérer des Carteries*. Toutefois, on le trouve fréquemment employé comme nom générique sans respect de la règle : *gérer des carteries*.
cartésianisme n. m.
cartésien, ienne adj.
carthame n. m.
cartier n. m.
HOM. **quartier**, formes du v. **carter**
cartilage n. m.
cartilagineux, euse adj.
cartisane n. f.
cartogramme n. m.
cartographe n.
cartographie n. f.
cartographier v. tr. | conjug. 7 |
cartographique adj.
cartomancie n. f.
cartomancien, ienne n.
carton n. m.
HOM. formes du v. **carter**
cartonnage n. m.
cartonné, ée adj.
cartonner v. tr. | conjug. 1 |
cartonnerie n. f.
cartonneux, euse adj.
cartonnier, ière n.
HOM. formes du v. **cartonner**
carton-paille n. m. ▪ plur. **cartons-pailles**
carton-pâte n. m. ▪ plur. **cartons-pâtes**
carton-pierre n. m. ▪ plur. **cartons-pierres**
cartoon /-tun/ n. m.
cartooniste /-tu-/ n.
cartophile adj.
cartophilie n. f.
cartothèque n. f.
[1]**cartouche** n. m. (ornement, emplacement)
☯ Ce mot est masculin : *le cartouche d'un tableau*.
[2]**cartouche** n. f. (munition)
cartoucherie n. f.
cartouchière n. f.
cartulaire n. m.
cartusien, ienne adj.
carus /-ys/ n. m.
carvi n. m.
caryatide n. f.
→ **cariatide**
caryocinèse ou **karyokinèse** n. f.
caryogamie n. f.
caryophyllacé, ée ou **caryophyllé, ée** adj. et n. f.
caryopse n. m.
caryotype n. m.
cas /kɑ/ n. m.
▸ **au cas où/dans le cas où/pour le cas où** (+ condit.) *au cas où il viendrait*
Ξ Les locutions conjonctives **au cas que** et **en cas que** sont vieillies mais correctes. Elles sont suivies du subjonctif : *au cas* ou *en cas qu'il vienne*.
➾ Ce mot est au singulier dans la locution adverbiale **en tout cas**.
HOM. **k**, **ka**
casanier, ière adj.
casaque n. f.
HOM. **kazakh**
casaquin n. m.
casbah /kazba/ n. f.
cascade n. f.
cascader v. intr. | conjug. 1 |
cascadeur, euse adj. et n.
cascara n. f.
cascarille n. f.
cascatelle n. f.
case n. f.
caséation n. f.
→ **caséification**
caséeux, euse adj.
caséification ou **caséation** n. f.
caséifier v. tr. | conjug. 7 |
caséine n. f.

caséine-présure n. f. ▪ plur. **caséines-présures**
caséinerie n. f.
caséinier, ière adj. et n.
casemate n. f.
casemater v. tr. | conjug. 1 |
caser v. tr. | conjug. 1 |
¬ **se caser**
➾ Aux temps composés de la forme pronominale, le participe passé s'accorde en genre et en nombre avec le sujet : *elle s'est casée au fond de la salle.*
caseret ou **caserel** n. m.
caserette n. f.
caserne n. f.
casernement n. m.
caserner v. tr. | conjug. 1 |
casernier, ière n. m. et adj.
HOM. formes du v. **caserner**
caséum /kazeɔm/ n. m.
caseyeur n. m.
cash /kaʃ/ adv. et n. m. inv.
▫ rec. off. : **comptant** ou **(en) espèces**
Ξ Ce mot peut s'employer comme adjectif dans le registre très familier ; il est toujours invariable : *elles ont été cash.*
HOM. **cache**, formes du v. **cacher**
casher ou **cacher** ou **kasher** /-ʃɛʀ/ adj. inv.
➾ La graphie de ce mot est mal fixée. On rencontre de nombreuses variantes.
HOM. formes du v. **cacher**
cash-flow ▪ plur. **cash-flows** ou **cashflow**○ ▪ plur. **cashflows** /kaʃflo/ n. m.
cashmere /kaʃmiʀ/ n. m.
→ **cachemire**
casier n. m.
HOM. formes du v. **caser**
casilleux, euse adj.
casimir n. m.
casino n. m.
casinotier n. m.
casoar n. m.
casque n. m.
➾ Ce mot s'écrit avec une majuscule dans les noms d'organismes à caractère unique : *les Casques d'acier* (groupe nationaliste allemand créé en 1918) et *les Casques bleus* (troupes internationales de l'ONU).
casqué, ée adj.
casquer v. intr. et v. tr. | conjug. 1 |
casquette n. f.
casquetté, ée adj.
casquetterie n. f.
casquettier, ière n.
casqueur, euse n.
cassable adj.
cassage n. m.
cassandre n. f.
➾ Employé comme nom commun, ce mot s'écrit sans majuscule et prend la marque du pluriel : *les prévisions des cassandres.*
cassant, ante adj.
cassate n. f.
cassation n. f.
➾ Ce mot s'écrit toujours sans majuscule : *la Cour de cassation ; se pourvoir en cassation.*
cassave n. f.
¹**casse** n. f.
²**casse** n. m. (fam. : cambriolage)
cassé, ée adj.
¹**casseau** n. m. (cylindre, casse)
²**casseau** ou **cassot** n. m. (récipient)
casse-cou n. et adj. inv. ▪ plur. **casse-cous**
casse-couilles n. inv. et adj. inv.
casse-croûte ▪ plur. **casse-croûte(s)** ou **casse-croute**○ ▪ plur. **casse-croutes**○ n. m.
casse-croûter ou **cassecroûter** ou **casse-crouter**○ v. intr. | conjug. 1 |
casse-cul n. et adj. inv. ▪ plur. **casse-culs** ou plur. inv.
casse-dalle n. m. ▪ plur. inv. ou plur. **casse-dalles**
casse-graine n. m. ▪ plur. inv. ou plur. **casse-graines**
casse-gueule adj. inv. et n. m. ▪ plur. **casse-gueules**
casse-mèche n. m. ▪ plur. **casse-mèches**
cassement n. m.
casse-noisette(s) n. m. ▪ plur. **casse-noisettes**
casse-noix n. m. inv.
casse-patte(s) n. m. ▪ plur. **casse-pattes**
casse-pied(s) n. et adj. ▪ plur. **casse-pieds**
casse-pierre n. m. ▪ plur. **casse-pierres**
casse-pipe n. m. ▪ plur. **casse-pipes**
casse-pot n. m. ▪ plur. **casse-pots**
casser v. tr. et v. intr. | conjug. 1 |
¬ **se casser**
➾ Aux temps composés de la forme pronominale, le participe passé s'accorde en genre et en nombre avec le sujet : *l'ampoule s'est cassée.* Mais le participe passé ne s'accorde pas quand il est suivi d'un complément d'objet direct : *elle s'est cassé la jambe.* Il ne s'accorde avec le complément d'objet direct que lorsque celui-ci est placé avant le verbe : *la jambe qu'il s'est cassée.*
casserole n. f.
casserolée n. f.
casserolier, ière n.
casse-tête n. m. ▪ plur. **casse-têtes**
cassetin n. m.
cassette n. f.
cassettothèque n. f.

casseur, euse n.
cassie n. f.
HOM. **²cassis**
cassier n. m.
cassin n. m.
cassine n. f.
¹cassis /kasis/ n. m. (fruit)
☰ Ce mot peut s'employer comme adjectif de couleur : *des robes cassis.*
²cassis /kasi(s)/ n. m. (dépression)
♪ La prononciation /kasi/ est plus fréquente.
HOM. **cassie**
cassissier n. m.
cassitérite n. f.
cassolette n. f.
casson n. m.
HOM. formes du v. **casser**
cassonade n. f.
cassot n. m.
→ **²casseau**
cassoton n. m.
cassoulet n. m.
cassure n. f.
castagne n. f.
castagner v. intr. et v. tr. | conjug. 1 |
☰ Ce mot est argotique.
¬ **se castagner**
➾ Aux temps composés de la forme pronominale, le participe passé s'accorde en genre et en nombre avec le sujet : *ils se sont castagnés.*
castagnettes n. f. pl.
castagneur, euse adj. et n.
castapiane n. f.
castard, arde ou **castar** adj. et n.
caste n. f.
castel n. m.
castillan, ane adj. et n.
➾ L'adjectif s'écrit sans majuscule : *la population castillane.* Le nom s'écrit avec une majuscule uniquement quand il désigne une personne : *les Castillans ; c'est une Castillane* mais *parler le castillan*.
castille n. f.
castine n. f.
casting /-iŋ/ n. m.
☰ Au sens de « séance d'essai » (*passer un casting*), il est recommandé d'employer *audition*. Au sens de « sélection d'artistes » (*le casting d'un film*), il est recommandé d'employer *distribution artistique*.
castor n. m.
castorette n. f.
castoréum /-ɔm/ n. m.
castorine n. f.
castral, ale, aux adj.
castramétation n. f.
castrat /-a/ n. m.
HOM. formes du v. **castrer**
castrateur, trice adj.
castration n. f.
castrature n. f.
castrer v. tr. | conjug. 1 |
castrisme n. m.
castriste adj. et n.
casualité n. f.
casuarina n. m.
casuel, elle adj. et n. m.
casuellement adv.
casuisme n. m.
casuiste n.
casuistique n. f.
casus belli /kɑzysbɛlli ; -beli/ n. m. inv.
C. A. T. /seate/ n. m.
◻ abrév. de **centre d'aide par le travail**
catabolique adj.
cataboliser v. tr. | conjug. 1 |
catabolisme n. m.
catabolite n. m.
catachrèse /-k-/ n. f.
cataclysmal, ale, aux adj.
cataclysme n. m.
cataclysmique adj.
catacombe n. f.
catacoustique n. f.
catadioptre n. m.
☯ Ce mot est masculin : *le catadioptre d'une bicyclette.*
catadioptrique adj. et n. f.
catadrome adj. et n. m.
catafalque n. m.
catagenèse n. f.
cataire ou **chataire** n. f.
catalan, ane adj. et n.
➾ L'adjectif s'écrit sans majuscule : *la population catalane.* Le nom s'écrit avec une majuscule uniquement quand il désigne une personne : *les Catalans ; c'est une Catalane* mais *parler le catalan*.
☰ Dans le domaine culinaire, *catalane* s'emploie dans la locution **à la catalane** ou en apposition ; il est alors invariable : *des escargots (à la) catalane.*
catalanisme n. m.
catalaniste adj. et n.
catalase n. f.
catalectique adj.
catalepsie n. f.
cataleptique adj.
catalogage n. m.
➾ Ce mot n'a pas de *u*, contrairement à *catalogue* et *cataloguer*.

catalogne n. f.
➾ Ce mot s'écrit sans majuscule, contrairement au nom propre qui désigne la région : *des étoffes de Catalogne* mais *des superbes catalognes.*
catalogue n. m.
cataloguer v. tr. | conjug. 1 |
catalogueur, euse n.
cataloguiste n.
catalpa n. m.
catalyse n. f.
catalyser v. tr. | conjug. 1 |
catalyseur n. m.
catalytique adj.
catamaran n. m.
cataménial, iale, iaux adj.
cataphorèse n. f.
Cataphote® n. m.
☯ Ce mot est masculin : *un Cataphote.*
➾ Comme tous les noms déposés, ce mot doit s'écrire avec une majuscule : *les Cataphotes d'une bicyclette.* Toutefois, on le trouve fréquemment employé comme nom générique sans respect de la règle : *les cataphotes d'une bicyclette.*
¹**cataphracte** n. f. (cuirasse, bateau)
²**cataphracte** n. m. (soldat)
cataplasme n. m.
cataplectique adj.
cataplexie n. f.
catapultable adj.
catapultage n. m.
catapulte n. f.
catapulter v. tr. | conjug. 1 |
cataracte n. f.
cataracté, ée adj.
catarhinien ou **catarrhinien** n. m.
catarrhal, ale, aux adj.
catarrhe n. m. (vx : inflammation)
HOM. **cathare**
catarrheux, euse adj.
catastrophe n. f.
Ξ Ce mot peut s'employer en apposition ; il est alors invariable : *des films catastrophe.*
catastrophé, ée adj.
catastropher v. tr. | conjug. 1 |
catastrophique adj.
catastrophisme n. m.
catastrophiste adj.
catatonie n. f.
catatonique adj. et n.
catch n. m.
HOM. formes du v. **catcher**
catcher v. intr. | conjug. 1 |
catcheur, euse n.
caté n. m. (catéchisme)
catéchèse n. f.
catéchète n. m.
catéchétique adj. et n. f.
catéchine n. f.
catéchisation n. f.
catéchiser v. tr. | conjug. 1 |
catéchisme n. m.
catéchiste n.
catéchistique adj.
catéchol /-ʃɔl ; -kɔl/ n. m.
catécholamine /-k-/ n. f.
catéchuménat /-kymena/ n. m.
catéchumène /-k-/ n.
catégorème n. m.
catégorie n. f.
catégoriel, ielle adj.
catégorique adj.
catégoriquement adv.
catégorisable adj.
catégorisation n. f.
catégoriser v. tr. | conjug. 1 |
catelle n. f.
caténaire adj. et n. f.
☯ Le nom est féminin : *une grande caténaire.*
caténane n. f.
catergol n. m.
caterpillar /-pil-/ n. m.
catgut /katgyt/ n. m.
cathare n. et adj.
➾ Ce mot s'écrit toujours sans majuscule : *les cathares ; un château cathare.*
HOM. **catarrhe**
catharisme n. m.
catharsis /-sis/ n. f.
cathartique adj.
cathédral, ale, aux adj.
cathédrale n. f.
Ξ Ce mot peut s'employer en apposition ; il est alors invariable : *des verres cathédrale.*
cathèdre n. f.
cathepsine n. f.
catherinette n. f.
cathéter /-tɛʀ/ n. m.
cathétérisme n. m.
cathétomètre n. m.
catho n. et adj.
◻ abrév. de **catholique**
cathode n. f.
cathodique adj.
cathodoluminescence n. f.
catholicisant, ante adj.
catholiciser v. tr. | conjug. 1 |
catholicisme n. m.
➾ Comme tous les mots désignant une religion, ce nom s'écrit sans majuscule : *se convertir au catholicisme.*
catholicité n. f.
catholicon n. m.

catholique adj. et n.
➾ Comme tous les mots désignant ou qualifiant une religion ou ses adeptes, ce mot s'écrit sans majuscule : *la religion catholique* ; *les catholiques*.
catholiquement adv.
cati n. m.
catilinaire n. f.
catillac ou **catillard** n. m.
catimini (en) loc. adv.
catin n. f.
cation /katjɔ̃/ n. m.
catir ou **écatir** v. tr. | conjug. 2 |
catissage ou **écatissage** n. m.
catisseur, euse ou **écatisseur** n.
catleya n. m.
→ **cattleya**
catoblépas /-as/ n. m.
catogan n. m.
catoptrique adj. et n. f.
cattleya ou **catleya** n. m.
☯ Ce mot est masculin : *de beaux cattleyas*.
cauchemar n. m.
➾ Ne pas écrire **cauchemard* : ce mot n'a pas de *d*, contrairement à ce que peut laisser penser le dérivé *cauchemarder*.
cauchemardant, ante adj.
cauchemarder v. intr. | conjug. 1 |
cauchemardesque adj.
cauchemardeux, euse adj.
caucus /kokys/ n. m.
caudal, ale, aux adj.
caudataire n. m.
caudé, ée adj.
caudillo /kaodijo/ n. m.
➾ Avec une majuscule, **le Caudillo** désigne le général Franco.
caudrette n. f.
caulerpe n. f.
caulescent, ente adj.
caulicole adj. et n. f.
caulinaire adj.
cauri ou **cauris** /-i(s)/ n. m.
HOM. **kauri**
causal, ale, als ou **aux** adj.
causalement adv.
causalgie n. f.
causalgique adj.
causalisme n. m.
causaliste adj.
causalité n. f.
causant, ante adj.
causateur, trice adj.
causatif, ive adj.
causation n. f.
cause n. f.
▸ **à cause de** (+ n.) *tout est arrivé à cause de lui ; je lui pardonne, à cause de son âge*
➾ Ce mot est au singulier dans les locutions **pour cause de** et **en cause**.
Ξ La locution conjonctive **à cause que** (+ indic.) est vieillie mais correcte : *il a été éliminé à cause qu'il s'est trompé*.
[1]**causer** v. tr. | conjug. 1 | (être cause de)
[2]**causer** v. intr. et v. tr. ind. | conjug. 1 | (s'entretenir)
▸ **causer avec qqn**
▸ **causer de** (+ n.) *causer de littérature*
Ξ Dans le langage familier, la préposition est parfois effacée : *causer chiffons ; causer boulot*. Cette tournure est à éviter dans le langage soutenu.
Causer à qqn, employé au sens de « parler à qqn » (*je te cause*), est populaire et doit être évité dans le langage courant.
causerie n. f.
causette n. f.
Ξ Ce mot est parfois employé pour remplacer l'anglicisme *chat*.
causeur, euse adj. et n. (personne)
causeuse n. f. (canapé)
causse n. m.
➾ Ce mot s'écrit avec une minuscule quand il désigne un plateau calcaire et avec une majuscule dans les dénominations géographiques : *les avens des causses ; les causses du Gévaudan ; les Grands Causses ; du bleu des Causses*.
caussenard, arde adj.
causticité n. f.
caustifier v. tr. | conjug. 7 |
[1]**caustique** adj. et n. m. (corrosif)
[2]**caustique** n. f. (enveloppe des rayons d'un faisceau lumineux)
caustiquement adv.
cautèle n. f.
cauteleusement adv.
cauteleux, euse adj.
cautère n. m.
cautérisant, ante adj.
cautérisation n. f.
cautériser v. tr. | conjug. 1 |
caution n. f.
➾ Ce mot est au singulier dans la locution adjectivale **sujet à caution** : *des informations sujettes à caution*.
cautionnable adj.
cautionnement n. m.
cautionner v. tr. | conjug. 1 |
cavage n. m.
cavaillon n. m.
➾ Ce mot s'écrit sans majuscule, contrairement au nom propre qui désigne la région :

des melons de Cavaillon mais *des cavaillons délicieux.*
cavalcade n. f.
cavalcader v. intr. | conjug. 1 |
cavalcadour adj. m.
Ξ Ce mot ne s'emploie que dans l'expression **écuyer cavalcadour**.
cavale n. f.
cavaler v. intr. et v. tr. | conjug. 1 |
cavalerie n. f.
cavaleur, euse n. et adj.
cavalier, ière n. et adj.
HOM. formes du v. **cavaler**
cavalièrement adv.
cavatine n. f.
[1]**cave** n. f. (local, enjeu)
HOM. formes du v. **caver**
[2]**cave** adj. (creux)
HOM. formes du v. **caver**
[3]**cave** adj. et n. (arg. : qui n'est pas du milieu)
HOM. formes du v. **caver**
cavea /-ea/ n. f.
caveau n. m.
cavecé, ée adj.
caveçon n. m.
cavée n. f.
caver v. tr. et v. intr. | conjug. 1 |
¬ **se caver**
➡ Aux temps composés de la forme pronominale, le participe passé s'accorde en genre et en nombre avec le sujet : *ses yeux se sont cavés*.
caverne n. f.
caverneusement adv.
caverneux, euse adj.
cavernicole adj.
cavet n. m.
HOM. formes du v. **caver**
cavette n. f.
caviar n. m.
caviardage n. m.
caviarder v. tr. | conjug. 1 |
cavicorne adj.
cavillon, onne n. et adj.
caviste n.
cavitaire adj.
cavitation n. f.
cavité n. f.
cavoline n. f.
cavum /-ɔm/ n. m.
cayenne n. m.
➡ Ce mot s'écrit sans majuscule, contrairement au nom propre qui désigne la ville : *du poivre de Cayenne* mais *relever un mets d'une pointe de cayenne*.
cayeu n. m.
→ **caïeu**
cayon n. m.
HOM. formes du v. **cailler**
C. B. /sibi/ n. f.
▫ abrév. de **citizen band**
▫ rec. off. : **bande de fréquences banalisée**
C. C. P. n. m.
▫ abrév. de **compte chèques postal**
CD n. m. (compact disc)
C. D. D. n. m.
▫ abrév. de **contrat à durée déterminée**
[1]**C. D. I.** n. m.
▫ abrév. de **compact disc interactive**
▫ rec. off. : **cédérom interactif**
[2]**C. D. I.** n. m.
▫ abrév. de **contrat à durée indéterminée**
C. D. -R. n. m. (compact disc enregistrable)
C. D. -ROM n. m. inv. ou **cédérom** n. m.
▫ abrév. de **compact disc read only memory**
C. D. -R. W. n. m. (compact disc réenregistrable)
CDthèque n. f.
→ **cédéthèque**
C. E. /seə/ n. m. inv.
▫ abrév. de **cours élémentaire** ou abrév. de **comité d'entreprise**
[1]**ce, cette** adj. dém. ▪ plur. **ces**
Ξ *Ce* devient *cet* devant une voyelle ou un *h* muet : *cet amour ; cet homme.*
HOM. (du masc.) **se** ; (du fém.) **sept, set** ; (du plur.) **c, ses** (plur. de *son*), formes du v. **savoir**
[2]**ce** pron. dém.
Ξ *Ce* se réduit à *c'* devant *en* et les formes du verbe *être* commençant par une voyelle : *c'est une bonne idée ; c'en est fait de lui.* Il se réduit à *ç'* devant *a* : ; *ç'a été rapide.*
C'est reste au singulier devant les pronoms *nous* et *vous* : *c'est nous qui l'avons fait.*
HOM. **se**
C. E. A. n. m.
▫ abrév. de **compte d'épargne en actions**
céans /seɑ̃/ adv.
Ξ Ce mot ne s'emploie plus que dans l'expression **le maître de céans**.
HOM. **séant**
céara n. m.
cébette n. f.
cébidé n. m.
cébiste n.
▫ rec. off. pour **cibiste**
ceci pron. dém.
cécidie n. f.
cécidomyie n. f.
cécité n. f.
cécographie n. f.
cédant, ante n.
céder v. tr., v. tr. ind. et v. intr. | conjug. 6 |
▸ **céder à** (+n) *il a cédé à sa femme ; céder à la tentation*

cédérom n. m.
→ **C. D. -ROM**
cédéthèque ou **CDthèque** n. f.
cédétiste adj. et n.
cedex /se-/ ou **cédex** n. m.
▫ abrév. de **courrier d'entreprise à distribution exceptionnelle**
cédille /sedij/ n. f.
cédraie n. f.
HOM. formes du v. **céder**
cédrat /-a/ n. m.
HOM. formes du v. **céder**
cédratier n. m.
cèdre n. m.
cédrière n. f.
cédulaire adj.
cédule n. f.
cégep /seʒɛp/ n. m.
▫ abrév. de **collège d'enseignement général et professionnel**
cégésimal, ale adj.
cégétiste adj. et n.
ceindre v. tr. | conjug. 52 |
HOM. formes du v. **saigner**
ceinturage n. m.
ceinture n. f.
ceinturer v. tr. | conjug. 1 |
ceinturette n. f.
ceinturon n. m.
HOM. formes du v. **ceinturer**
ceinturonnier n. m.
cela pron. dém.
HOM. formes du v. **celer**
céladon n. m. et adj. inv.
célastracée n. f.
célastrale n. f.
célébrant n. m. et adj. m.
célébration n. f.
célèbre adj.
célébrer v. tr. | conjug. 6 |
celebret ou **célébret**○ /selebʀɛt/ n. m.
célébrissime adj.
célébrité n. f.
celer /səle ; sele/ v. tr. | conjug. 5 |
ϟ Ne pas confondre **celer**, qui signifie « cacher », avec **sceller**, qui signifie « fermer ».
HOM. formes des v. **sceller**, **seller**
célère adj.
célérette n. f.
céleri /sɛl-/ ou **cèleri**○ n. m.
HOM. **sellerie**
célérifère n. m.
céleri-rave /sɛl-/ ▪ plur. **céleris-raves** ou **cèleri-rave**○ ▪ plur. **cèleris-raves**○ n. m.
célérité n. f.
célesta n. m.
☯ Ce mot est masculin : *un célesta*.
céleste adj.
➾ Ce mot s'écrit avec une majuscule dans l'expression **le Céleste Empire**, qui désigne la Chine.
célestement adv.
célestin n. m.
célibat /-a/ n. m.
célibataire adj. et n.
célibattant, ante n.
célioscopie n. f.
→ **cœlioscopie**
célioscopique adj.
→ **cœlioscopique**
cella /sela ; sɛlla/ n. f. ▪ plur. **cellæ** /sele ; sɛlle/ ou plur. **cellas**○
Ξ On peut employer le pluriel latin *cellæ* ou le pluriel francisé *cellas*.
HOM. formes des v. **celer, seller, sceller**
celle pron. dém.
HOM. **sel, selle,** formes des v. **celer, seller, sceller**
→ **celui**
cellérier, ière n.
cellier n. m.
HOM. **sellier**, formes des v. **celer, seller, sceller**
celliste n.
Cellophane® n. f.
➾ Comme tous les noms déposés, ce mot doit s'écrire avec une majuscule : *des emballages en Cellophane*. Toutefois, on le trouve fréquemment employé comme nom générique sans respect de la règle : *des emballages en cellophane*.
☯ Ce mot est féminin.
cellulaire adj.
cellulairement adv.
cellular n. m.
cellulase n. f.
cellule n. f.
celluleux, euse adj.
cellulite n. f.
cellulitique adj.
Celluloïd® /-ɔid/ n. m.
➾ Comme tous les noms déposés, ce mot doit s'écrire avec une majuscule : *des peignes en Celluloïd*. Toutefois, on le trouve très fréquemment employé comme nom générique sans respect de la règle : *des peignes en celluloïd*.
cellulose n. f.
cellulosique adj.
cellulothérapie n. f.
celte n. et adj.
➾ L'adjectif s'écrit sans majuscule : *les peuples celtes*. Le nom s'écrit avec une majuscule uniquement quand il désigne une personne : *les Celtes ; une Celte* mais *ils parlaient le celte*.
celtibère adj. et n.

celtique adj. et n. m.
➾ Ce mot s'écrit toujours sans majuscule : *la mythologie celtique ; les langues celtiques ; ils parlaient le celtique.*
celtisant, ante adj.
celtisme n. m.
celtomane n. et adj.
celui, celle pron. dém. ▪ plur. **ceux, celles**
celui-ci, celle-ci pron. dém. ▪ plur. **ceux-ci, celles-ci**
celui-là, celle-là pron. dém. ▪ plur. **ceux-là, celles-là**
cembro /sɛm-/ n. m.
cément n. m.
cémentation n. f.
cémenter v. tr. | conjug. 1 |
cémenteux, euse adj.
cénacle n. m.
cénaculaire adj.
cendre n. f.
➾ Ce mot est au pluriel dans l'expression **mettre/réduire en cendres**. Au pluriel, on écrit **les Cendres** avec une majuscule pour désigner le symbole de la pénitence dans la religion catholique : *le mercredi des Cendres*
HOM. **sandr**, **sandre**
cendré, ée adj.
➾ Ce mot est invariable quand il est employé avec un adjectif de couleur : *des cheveux blond cendré ; des teintes gris cendré* mais *des cheveux cendrés.*
cendrée n. f.
cendrer v. tr. | conjug. 1 |
cendreux, euse adj.
cendrier n. m.
HOM. formes du v. **cendrer**
cendrillon n. f.
➾ Ce mot s'écrit sans majuscule, contrairement au nom propre qui désigne le personnage : *c'est la cendrillon de la maison ; elle est habillée comme une cendrillon.*
cène n. f.
➾ Ce mot s'écrit avec une majuscule quand il désigne le repas au cours duquel Jésus-Christ institua l'Eucharistie, la cérémonie du Jeudi saint ou une représentation artistique : *la Cène eut lieu la veille de la Passion ; célébrer la Cène ; des Cènes du XVIIe siècle.*
HOM. **saine** (fém. de [1]*sain*), **scène**, **seine**, **sen**
cenelle n. f.
cenellier ou **senellier** n. m.
cénesthésie n. f.
cénesthésique adj.
cénesthopathe adj. et n.
cénesthopathie n. f.
cénesthopathique adj.
cénobial, ale, aux adj.
cénobie n. f.
cénobite n. m.
cénobitique adj.
cénobitisme n. m.
cénocyte n. m.
→ **cœnocyte**
cénocytique adj.
→ **cœnocytique**
cénomanien n. m.
cénotaphe n. m.
cénozoïque adj. et n. m.
cens /sɑ̃s/ n. m.
HOM. **sens**
censé, ée adj.
☰ Cet adjectif est toujours suivi d'un verbe à l'infinitif : *elles étaient censées venir plus tôt ; tu es censé nous aider.*
↯ Ne pas confondre **censé**, qui signifie « supposé », avec **sensé**, qui signifie « raisonnable, judicieux » : *c'est un homme très sensé.*
HOM. **sensé**
censément adv.
↯ Ne pas confondre **censément**, qui signifie « supposément » *(la somme est censément exigible)*, avec **sensément**, qui signifie « raisonnablement » *(agir sensément)*.
HOM. **sensément**
censeur, eure n.
➾ *Censeure* est la forme recommandée par le *Guide d'aide à la féminisation des noms de métiers, titres, grades et fonctions* et l'Office québécois de la langue française pour parler d'une femme. L'emploi de *censeur* au féminin est également admis par le *Guide d'aide à la féminisation des noms de métiers, titres, grades et fonctions* : *c'est une censeur.*
HOM. **senseur**
censier, ière adj. et n.
censitaire n. m. et adj.
censive n. f.
censorat /-a/ n. m.
censorial, iale, iaux adj.
censuel, elle adj.
HOM. **sensuel**
censurable adj.
censure n. f.
censurer v. tr. | conjug. 1 |

[1]**cent** /sɑ̃/ adj. numéral et n.
♪ On fait la liaison uniquement devant un nom : *cent ans* se prononce /sɑ̃tɑ̃/ mais *cent un* se prononce /sɑ̃œ̃/.
➾ L'adjectif numéral cardinal *cent* prend le *s* du pluriel quand il est multiplié par un nombre et qu'il n'est pas suivi d'un autre adjectif numéral : *trois cents jours ; deux cents milliers ; deux cents milliards* mais *cent fois ; quatre cent trente ; deux cent mille.* Employé comme adjectif numéral ordinal, *cent* est

toujours invariable : *le numéro quatre cent.* Ce mot prend la marque du pluriel dans l'expression familière **des mille et des cents**. Les Rectifications de l'orthographe de 1990 préconisent de lier par des traits d'union les numéraux formant un nombre complexe, qu'il soit inférieur ou supérieur à cent : *à la page cent-trente-neuf ; il a mille-huit-cent-trente euros en espèces.* Ce mot s'écrit avec une majuscule dans les dénominations **la guerre de Cent Ans**, **les Cent-Jours** et **le Conseil des Cinq-Cents**. Avec **pour cent** précédé d'un adjectif cardinal, le verbe s'accorde avec le complément : *soixante pour cent des gens ont voté ; quarante pour cent de la population s'est abstenue.*
HOM. **sang, sans**, formes du v. **sentir**

[2]**cent** /sɑ̃/ n. m. (d'euro)
HOM. **sang, sans**, formes du v. **sentir**

[3]**cent** /sɛnt/ n. m. (de monnaie étrangère)

centaine n. f.
⌘ Lorsque **une centaine de** suivi d'un nom au pluriel est sujet, le verbe s'accorde soit avec *centaine*, soit avec le complément : *une centaine de personne attendait* ou *attendaient*. Avec **la centaine de**, le verbe s'accorde toujours avec *centaine* : *la centaine de personnes présentes a été évacuée.*

centaure n. m.
➾ Avec une majuscule, **le Centaure** désigne une constellation. Dans les autres cas, on écrit *centaure* sans majuscule : *Hercule et les centaures.*

centaurée n. f.
centauresse n. f.
centavo n. m.
centenaire adj. et n.
centenier n. m.
centennal, ale, aux adj.
centésimal, ale, aux adj.
centiare n. m.
centième adj. et n.
centigrade adj. et n. m.
centigramme n. m.
centilage n. m.
centile n. m.
centilitre n. m.
centime n. m.
centimètre n. m.
centimétrique adj.
centisthène n. m.
centon n. m.
HOM. **santon**, formes du v. **sentir**

centrage n. m.

[1]**central, ale, aux** adj.
➾ Cet adjectif s'écrit toujours sans majuscule : *le Massif central.*

[2]**central** n. m. (lieu central, court de tennis) *un central téléphonique*

centrale n. f. (usine, groupement, prison) *une centrale électrique*
➾ Ce mot peut s'employer pour désigner l'École centrale des arts et manufactures. Il s'écrit alors avec une majuscule : *les ingénieurs de Centrale ; faire Centrale.*

centralement adv.
centralien, ienne n.
centralisateur, trice adj.
centralisation n. f.
centraliser v. tr. | conjug. 1 |
centralisme n. m.
centraliste adj. et n.
centralité n. f.
centranthe n. m.
HOM. **cent trente**

centration n. f.

centre n. m.
➾ Ce mot s'écrit avec une majuscule quand il désigne une région : *Orléans est le chef-lieu du Centre* mais *le centre de la France.* Il s'écrit également avec une majuscule quand il est en tête d'une dénomination : *le Centre national de la recherche scientifique ; le Centre des démocrates-sociaux* mais *les députés du centre.* Les expressions politiques **centre droit** et **centre gauche** s'écrivent sans trait d'union : *les députés du centre gauche.*

centrer v. tr. | conjug. 1 |
centreur n. m.
centre-ville n. m. ▪ plur. **centres-villes**
centrifugation n. f.
centrifuge adj.
centrifuger v. tr. | conjug. 3 |
centrifugeur n. m.
centrifugeuse n. f.
centriolaire adj.
centriole n. m.
centripète adj.
centrisme n. m.
centriste adj. et n.
centrolécithe adj.
centromère n. m.
centrophylle n. f.
centrosome n. m.
centrosomique adj.
centrosphère n. f.
centrum /sɑ̃tʀɔm/ n. m.
cent-suisse n. m. ▪ plur. **cent-suisses**
centumvir /sɑ̃tɔmviʀ/ n. m.
centumvirat /sɑ̃tɔmviʀa/ n. m.
centuple adj. et n. m.
centupler v. tr. et v. intr. | conjug. 1 |
centurie n. f.
centurion n. m.
cénure ou **cœnure** /se-/ n. m.

cep /sɛp/ n. m.
ϟ Ne pas confondre **cep**, qui signifie « pied de vigne », avec **cèpe**, qui désigne un champignon.
HOM. **cèpe**
cépage n. m.
cèpe n. m.
ϟ Ne pas confondre **cèpe**, qui désigne un champignon, avec **cep**, qui signifie « pied de vigne ».
HOM. **cep**
cépée n. f.
HOM. **C. P.**
cependant adv.
Ξ De nos jours, *cependant* s'emploie surtout pour exprimer une restriction ou une opposition, tout comme *néanmoins*, *pourtant* et *toutefois* : *il joue beaucoup, cependant il ne gagne jamais*. Dans le registre littéraire, il s'emploie encore parfois au sens de « pendant ce temps », notamment dans la locution conjonctive **cependant que**, toujours suivie de l'indicatif : *il s'enfuit cependant que tout le monde dormait*.
céphalalgie n. f.
céphalalgique adj.
céphalée n. f.
céphaline n. f.
céphalique adj.
céphalisation n. f.
céphalocordé n. m.
céphalomètre n. m.
céphalométrie n. f.
céphalométrique adj.
céphalon n. m.
céphalophiné n. m.
céphalopode n. m.
céphaloptère n. m.
céphalorachidien, ienne adj.
céphaloscopie n. f.
céphalosporine n. f.
céphalote n. m.
céphalothoracique adj.
céphalothorax n. m.
céphéide n. f.
cérambycidé n. m.
cérambyx n. m.
cérame n. m.
céramide n. m.
céramie n. f.
céramique adj. et n. f.
céramiste n.
céramographie n. f.
céramographique adj.
céramologie n. f.
céramologue n.
céraste n. m.
cérat /-a/ n. m.
cératine n. f.
cératite n. f.
cératoglosse adj.
céraunie n. f.
cerbère n. m.
➾ Ce mot s'écrit sans majuscule, contrairement au nom propre qui désigne l'animal mythologique : *la concierge est un vrai cerbère*.
cercaire n. f.
☯ Ce mot est féminin : *une cercaire*.
cerce n. f.
HOM. **cers**
cerceau n. m.
cerclage n. m.
cercle n. m.
cercler v. tr. | conjug. 1 |
cercleux n. m.
cercopithèque n. m.
cercueil /-kœj/ n. m.
➾ Ne pas écrire **cerceuil*, qui n'existe pas.
céréale n. f.
céréaliculture n. f.
céréalier, ière adj.
céréaline n. f.
cérébelleux, euse adj.
cérébellite n. f.
cérébral, ale, aux adj.
cérébralement adv.
cérébralisation n. f.
cérébralisme n. m.
cérébraliste adj. et n.
cérébralité n. f.
cérébration n. f.
cérébroside n. m.
cérébrospinal, ale, aux adj.
cérémoniaire n. m.
cérémonial, iale n. m.
➾ Ce mot a un pluriel régulier : *des cérémonials*.
cérémonialisme n. m.
cérémonie n. f.
cérémoniel, ielle adj.
cérémoniellement adv.
cérémonieusement adv.
cérémonieux, ieuse adj.
cérésine n. f.
céreux, euse adj.
HOM. **séreux**
cerf /sɛʀ/ n. m.
HOM. **serre, serf,** formes des v. **serrer, servir**
cerfeuil n. m.
cerf-volant /sɛʀvɔlɑ̃/ n. m. ▪ plur. **cerfs-volants**
cerf-voliste ▪ plur. **cerfs-volistes** ou **cervoliste** ▪ plur. **cervolistes** n. et adj.
cérifère adj.

cérique adj.
HOM. **sérique**
cerisaie n. f.
cerise n. f.
☰ Ce mot peut s'employer seul comme adjectif de couleur ou derrière un adjectif de couleur pour en préciser la nuance ; ces adjectifs sont alors invariables : *des lèvres rouge cerise ; des pantalons cerise.*
cerisette n. f.
cerisier n. m.
[1]**cérite** ou **cérithe** n. m. (mollusque)
[2]**cérite** n. f. (silicate)
cérium /sɛʀjɔm/ n. m.
cerne n. m.
☯ Ce mot est masculin : *de grands cernes.*
cerné, ée adj.
cerneau n. m.
cerner v. tr. | conjug. 1 |
HOM. **serre-nez**
cernure n. f.
cérotique adj.
cers /sɛʀs/ n. m.
HOM. **cerce**

certain, aine adj. et pron.
▪ adjectif placé après le nom
◗ **certain de** (+ n.) *je suis certain de son honnêteté*
◗ **certain de** (+ inf.) *nous sommes certains de réussir*
☰ Dans une proposition positive, **certain que** est suivi de l'indicatif ou du conditionnel : *elle est certaine qu'il n'était pas là ; j'étais certain que vous seriez contents.* Dans une proposition négative ou interrogative, il est suivi de l'indicatif ou du subjonctif : *je ne suis pas certain qu'il viendra* ou *qu'il vienne.*
L'expression **sûr et certain** est une redondance critiquée. Elle est à éviter dans le langage soutenu.
▪ adjectif placé avant le nom
elle restera un certain temps ; dans certains pays
☰ La position de l'adjectif détermine son sens. Bien distinguer entre *un homme d'un certain âge* (qui n'est plus tout jeune), et *un homme d'un âge certain* (qui est vieux).
▪ pronom
☰ Le pronom est toujours au pluriel : *certains le croient.*

certainement adv.
☰ La locution **certainement que** appartient au registre familier : *certainement qu'il vous écrira puisqu'il l'a promis.* Dans le langage soutenu, on dira plutôt : *il vous écrira certainement puisqu'il l'a promis.*

certes adv.
HOM. **serte**
certifiant, iante adj.
certificat /-a/ n. m.
certificateur, trice n.
certificatif, ive adj.
certification n. f.
certifié, iée adj. et n.
certifier v. tr. | conjug. 7 |
certitude n. f.
cérulé, ée adj.
céruléen, enne adj.
céruléoplasmine n. f.
cérumen /-mɛn/ n. m.
cérumineux, euse adj.
cérusage n. m.
céruse n. f.
cérusé, ée adj.
cérusite n. f.
cervaison n. f.
cerveau n. m.
cervelas /-a/ n. m.
cervelet n. m.
cervelière n. f.
cervelle n. f.
cervical, ale, aux adj.
cervicalgie n. f.
cervidé n. m.
cervier adj. m.
HOM. formes du v. **servir**
cervoise n. f.
cervoliste n. et adj.
→ **cerf-voliste**
céryle n. m.
cérylique adj.
ces adj. dém. pl.
ϟ Ne pas confondre l'adjectif démonstratif **ces** avec l'adjectif possessif **ses**. Si l'on peut remplacer par *ce* ou *cette*, il s'agit du démonstratif **ces** : *à qui appartiennent ces disques ? ; à qui appartient ce disque ?.* Si l'on peut remplacer par *son* ou *sa*, il s'agit du possessif **ses** : *il m'a présenté ses amis ; il m'a présenté son ami.*
HOM. **c, ses** (plur. de [1]*son*), formes du v. **savoir**
CES /sɛs/ n. m.
▫ abrév. de **contrat emploi solidarité**
C. E. S. /seøɛs/ n. m.
▫ abrév. de **collège d'enseignement secondaire**
césalpinée n. f.
césalpinie n. f.
césar n. m.
➾ Ce mot s'écrit sans majuscule : *elle a reçu deux césars.*
césarien, ienne adj.
césarienne n. f.
césariser v. tr. | conjug. 1 |

césarisme n. m.
césium /sezjɔm/ n. m.
cespiteux, euse adj.
cessant, ante adj.
Ξ On emploie indifféremment l'expression **toute(s) affaire(s) cessante(s)** au singulier ou au pluriel. Le pluriel est toutefois plus fréquent.
cessation n. f.
cesse n. f.
▸ **n'avoir (pas) de cesse que** (+ subj.) *il n'aura pas de cesse qu'il n'obtienne ce qu'il veut*
▸ **sans cesse** *il parle sans cesse*
cesser v. intr., v. tr. et v. tr. ind. | conjug. 1 |
▸ **cesser de** (+ inf.) *je n'ai pas cessé de l'aimer*
⌘ Avec le verbe *cesser* suivi d'un infinitif, *ne* peut être employé sans autre négation : *elle ne cesse de mentir.*
cessez-le-feu n. m. inv.
cessibilité n. f.
cessible adj.
cession n. f.
↯ Ne pas confondre **cession**, qui signifie « action de céder », avec **session**, qui signifie « période pendant laquelle une assemblée tient séance ».
HOM. **session**, formes du v. **cesser**
cession-bail n. f. ▪ plur. **cessions-bails**
cessionnaire n.
c'est-à-dire loc. conj.
ceste n. m.
cestodaire n. m.
cestode n. m.
cestreau n. m.
césure n. f.
cet adj. dém. masc. sing. ▪ plur. **ces**
→ **¹ce**
C. E. T. /seøte/ n. m.
▫ abrév. de **collège d'enseignement technique**
cétacé n. m.
HOM. **sétacé**
cétane n. m.
céteau n. m.
cétène n. m.
cétérac ou **cétérach** /-ak/ n. m.
cétine n. f.
cétogenèse n. f.
cétoine n. f.
cétologue n.
cétone n. f.
cétonémie n. f.
cétonique adj.
cétonurie n. f.
¹cétose n. m. (composé chimique)
²cétose n. f. (pathologie)
cette adj. dém. fém. sing. ▪ plur. **ces**
→ **¹ce**
ceux pron. dém. masc. plur.
→ **celui**
cévadille n. f.
ceviche ou **céviche** /sevitʃe/ n. f.
ceylanite ou **ceylonite** n. f.
cézigue pron. pers.
Ξ Ce mot est argotique.
cf. abrév.
▫ abrév. de **confer**
Ξ Cette abréviation s'emploie uniquement à l'écrit. Elle s'écrit en italique dans un texte en romain et en romain dans un texte en italique.
C. F. A. n. et adj.
▫ abrév. de **communauté financière africaine**
C. F. A. O. n. f.
▫ abrév. de **conception et fabrication assistées par ordinateur**
C. F. C. n. m.
▫ abrév. de **chlorofluorocarbone**
C. G. S. adj.
▫ abrév. de **centimètre, gramme, seconde**
chabanais n. m.
chabbat /ʃabat/ n. m.
→ **sabbat**
chabichou n. m.
châble n. m.
HOM. formes du v. **chabler**
chabler v. tr. | conjug. 1 |
chablis /-i/ n. m.
➾ Ce mot s'écrit sans majuscule, contrairement au nom propre qui désigne la ville : *un vin de Chablis* mais *une bouteille de chablis.*
chablon n. m.
HOM. formes du v. **chabler**
chaboisseau n. m.
chabot n. m.
chabraque ou **schabraque** n. f.
chabrette n. f.
chabrol ou **chabrot** n. m.
chacal n. m.
➾ Ce mot a un pluriel régulier : *des chacals.*
cha-cha-cha ▪ plur. inv. ou **chachacha**○ ▪ plur. **chachachas**○ /tʃatʃatʃa/ n. m.
chachlik n. m.
chaconne ou **chacone** n. f.

chacun, une pron. indéf.
▪ avec un adjectif possessif
Ξ En règle générale, on peut employer l'adjectif possessif indifféremment au singulier ou au pluriel : *ils partent chacun de leur* ou *de son côté.* Cependant, si *chacun* est en relation avec un participe présent, on emploie le singulier : *chacun fit silence, buvant son verre.* Il en va de même si *chacun* est suivi d'un

complément de nom : *chacun des candidats lisait son texte.*

▪ avec un pronom personnel

Ξ En règle générale, on peut employer le pronom personnel indifféremment au singulier ou au pluriel : *ils font chacun ce qui leur ou lui plaît.* Si *chacun* est indéterminé, on emploie *soi* : *chacun pour soi.* S'il désigne des personnes déterminées, on emploie plutôt *lui* : *après cette rencontre, chacun retourna chez lui.* Si *chacun* se rapporte à un sujet pluriel, on emploie *soi* ou *eux* : *ils rentrèrent chacun chez soi* ou *chez eux.*

chacunière n. f.
chadburn /ʃadbœʀn/ n. m.
chadouf n. m.
chafouin, ine n. et adj.
chafouinerie n. f.
chagatte n. f.
[1]**chagrin, ine** adj. (triste)
[2]**chagrin** n. m. (peine, peau)
chagrinant, ante adj.
chagriner v. tr. | conjug. 1 |
chagrineur, euse adj.
chah n. m.
→ **shah**
chahut n. m.
chahuter v. intr. et v. tr. | conjug. 1 |
chahuteur, euse adj. et n.
chai n. m.
chaille n. f.
chaînage ou **chainage**○ n. m.
chaîne ou **chaine**○ n. f.

Ξ Ce mot est au singulier dans l'expression **réaction en chaîne**.
HOM. **chêne**

chaîné, ée ou **chainé, ée**○ adj.
chaînée ou **chainée**○ n. f. (mesure)
chaîner ou **chainer**○ v. tr. | conjug. 1 |
chaînetier ou **chainetier**○ n. m.
chaînette ou **chainette**○ n. f.
HOM. **chênette**
chaîneur, euse ou **chaineur, euse**○ n.
chaînier, ière ou **chainier, ière**○ n.
HOM. formes du v. **chaîner**
chaîniste ou **chainiste**○ n.
chaînon ou **chainon**○ n. m.
HOM. formes du v. **chaîner**
chainse /ʃɛ̃s/ n. f.
chaintre n. f. ou m.
chair n. f.

↯ Ne pas confondre **chair** (« substance du corps, viande ») avec **chaire** (« siège, poste »), ni avec **chère** (« nourriture, repas »), que l'on trouve dans l'expression **faire bonne chère**.

Ξ Ce mot peut s'employer comme adjectif de couleur ; il est alors invariable : *des bas chair.*
HOM. **chaire**, **cheire**, **cher**, **chère**

chaire n. f.

↯ Ne pas confondre **chaire** (« siège, poste ») avec **chair** (« substance du corps, viande »), ni avec **chère** (« nourriture, repas »), que l'on trouve dans l'expression **faire bonne chère**.
HOM. **chair**, **cheire**, **cher**, **chère**

chaise n. f.
chaisier, ière n.
chakra n. m.
[1]**chaland** n. m. (bateau)
[2]**chaland, ande** n. (client)
chalandage n. m.
chalandise n. f.
chalaze /ʃa- ; ka-/ n. f.
chalazion /ʃa- ; ka-/ n. m.
chalcogène /k-/ n. m.
chalcographe /k-/ n. m.
chalcographie /k-/ n. f.
chalcographique /k-/ adj.
chalcolite /k-/ n. f.
chalcolithique /k-/ adj.
chalcopyrite /k-/ n. f.
chalcosine /k-/ n. f.
chaldéen, enne ou **chaldaïque** /kal-/ adj. et n.

Ξ La forme *chaldaïque* est vieillie.

➾ L'adjectif s'écrit sans majuscule : *le peuple chaldéen ; l'art chaldéen.* Le nom s'écrit avec une majuscule uniquement quand il désigne une personne : *les Chaldéens ; une Chaldéenne* mais *ils parlaient le chaldéen.*

châle n. m.

Ξ Ce mot peut s'employer en apposition ; il est alors invariable : *des cols châle.*

chalef n. m.
chalet n. m.
chaleur n. f.
chaleureusement adv.
chaleureux, euse adj.
châlit n. m.
challenge /ʃalɑ̃ʒ ; tʃalɛndʒ/ n. m.
◻ rec. off. : **défi**
challengeur, euse /ʃalɑ̃dʒœʀ, øz/ ou **challenger** /tʃalɛndʒœʀ ; ʃalɑ̃ʒœʀ/ n.
chaloir v. impers.

Ξ Ce verbe impersonnel ne s'emploie qu'au présent dans l'expression **peu me chaut**, qui signifie « peu m'importe ».

chaloupe n. f.
chaloupé, ée adj.
chaloupée n. f. (danse)
chalouper v. intr. | conjug. 1 |
chaloupier n. m.
HOM. formes du v. **chalouper**

chalumeau n. m.
chalut /-y/ n. m.
chalutable adj.
chalutage n. m.
chaluter v. intr. | conjug. 1 |
chalutier n. m.
chamade n. f.
chamærops /kameʀɔps/ n. m.
→ **chamérops**
chamaille n. f.
chamailler (se) v. pron. | conjug. 1 |
➾ Aux temps composés de la forme pronominale, le participe passé s'accorde en genre et en nombre avec le sujet : *elles se sont chamaillées*.
chamaillerie n. f.
chamailleur, euse n. et adj.
chamaillis /-i/ n. m.
Chamallow® /ʃamalo/ n. m.
➾ Comme tous les noms déposés, ce mot doit s'écrire avec une majuscule : *il mange des Chamallows*. Toutefois, on le trouve fréquemment employé comme nom générique sans respect de la règle : *il mange des chamallows*.
chaman ou **shaman** /ʃaman/ n. m.
chamanique ou **shamanique** adj.
chamanisme ou **shamanisme** n. m.
chamaniste ou **shamaniste** adj.
chamanistique ou **shamanistique** adj.
chamarrage n. m.
chamarrer v. tr. | conjug. 1 |
chamarrure n. f.
chambard n. m.
chambardement n. m.
chambarder v. tr. | conjug. 1 |
chambardeur, euse n. et adj.
chambellan n. m.
chambellanie n. f.
chambertin n. m.
➾ Ce mot s'écrit sans majuscule, contrairement au nom de la ville dont il provient : *un vin de Gevrey-Chambertin* mais *une bouteille de chambertin*.
chamboulement n. m.
chambouler v. tr. | conjug. 1 |
chamboule-tout n. m. inv.
chambourin n. m.
chambranlant, ante adj.
chambranle n. m.
© Ce mot est masculin : *un chambranle*.
chambranler v. intr. | conjug. 1 |
chambray n. m.
HOM. formes du v. **chambrer**
chambre n. f.
➾ Ce mot est au singulier dans les locutions suivantes : **robe de chambre** ; **pot de chambre** ; **valet de chambre** ; **femme de chambre** ; **musique de chambre**. *Chambre* s'écrit avec une majuscule dans les dénominations d'organismes à caractère unique : *la Chambre des députés* ; *la Chambre basse* ou *Chambre des communes* ; *la Chambre haute* ou *Chambre des pairs/des lords*.
chambré, ée adj.
chambrée n. f.
chambrer v. tr. | conjug. 1 |
chambrette n. f.
chambreur, euse n.
chambrier, ière n. (personne)
HOM. formes du v. **chambrer**
chambrière n. f. (fouet, support)
chambriste n.
chameau n. m.
chamelier, ière n. et adj.
chamelle n. f.
chamelon n. m.
chamérops ou **chamærops** /kameʀɔps/ n. m.
chamito-sémitique /ka-/ adj. et n. m. ▪ plur. **chamito-sémitiques**
chamois n. m.
Ξ Ce mot peut s'employer seul comme adjectif de couleur ou derrière un adjectif de couleur pour en préciser la nuance ; ces adjectifs sont alors invariables : *des bottes jaune chamois* ; *des vestes chamois*.
chamoisage n. m.
chamoiser v. tr. | conjug. 1 |
chamoiserie n. f.
chamoisette n. f.
chamoiseur, euse n.
chamoisine n. f.
champ n. m.
➾ Ce mot est au singulier dans les expressions **donner libre champ**, **en champ clos** et **à tout bout de champ**. Il est au pluriel dans l'expression **à travers champs**.
HOM. **chant**
champ' /ʃɑ̃p/ ou **champe** n. m.
◘ abrév. de **champagne**
[1]**champagne** n. f. (plaine)
➾ Ce mot s'écrit sans majuscule, contrairement au nom propre qui désigne la région : *un séjour en Champagne* mais *la champagne de Saintonge*.
[2]**champagne** n. m. (boisson)
➾ Ce mot s'écrit sans majuscule, contrairement au nom propre qui désigne la région : *un vin de Champagne* mais *une bouteille de champagne*. *Champagne* peut s'employer comme adjectif de couleur ; il est alors invariable : *des chemises champagne*.
ϟ Ne pas confondre **sabler le champagne**, qui signifie « boire du champagne », avec **sabrer le champagne**, qui signifie « ouvrir une bouteille de champagne avec un sabre ».

champagnisation n. f.
champagniser v. tr. | conjug. 1 |
champart /-aʀ/ n. m.
champenois, oise adj. et n.
➾ L'adjectif s'écrit sans majuscule : *la population champenoise ; la méthode champenoise.* Le nom s'écrit avec une majuscule uniquement quand il désigne une personne : *les Champenois ; c'est une Champenoise* mais *c'est la contenance de deux champenoises.*
champêtre adj.
champi, isse ou **champis, isse** n. et adj.
champignon n. m.
champignonner v. intr. | conjug. 1 |
champignonneur, euse n.
champignonnière n. f.
champignonniste n.
champion, ionne n.
championnat n. m.
champis, isse n. et adj.
→ **champi**
champlever /ʃɑ̃l(ə)ve/ v. tr. | conjug. 5 |
champlure ou **champleure** n. f.
champoreau n. m.
chamsin /xam-/ n. m.
→ **khamsin**
chançard, arde adj. et n.
chance n. f.
chancel n. m.
chancelant, ante adj.
chanceler v. intr. | conjug. 4 |
chancelier, ière n. (personne)
HOM. formes du v. **chanceler**
chancelière n. f. (boîte, sac)
chancellement ou **chancèlement**○ n. m.
chancellerie n. f.
chanceux, euse adj. et n.
chanci n. m.
chancir v. intr. | conjug. 2 |
chancissure n. f.
chancre n. m.
chancrelle n. f.
chancrelleux, euse adj.
chancreux, euse adj.
chandail n. m.
➾ Ce mot a un pluriel régulier : *des chandails.*
Chandeleur n. f.
➾ Comme tous les mots qui désignent une fête religieuse, ce nom s'écrit avec une majuscule : *les crêpes de la Chandeleur.*
chandelier n. m.
chandelle n. f.
chanfrein n. m.
chanfreinage n. m.
chanfreiner v. tr. | conjug. 1 |
chanfreineuse n. f.
change n. m.
➾ Ce mot est au singulier dans les expressions suivantes : **agent de change** ; **bureau de change** ; **taux de change** ; **lettre de change** ; **gagner/perdre au change.**
changé, ée adj.
changeable adj.
changeant, ante adj.
changement n. m.
changer v. tr., v. tr. ind. et v. intr. | conjug. 3 |
▸ **changer qqch. pour/contre** *changer une voiture pour/contre une autre*
▸ **changer qqch./qqn en** *changer un doute en certitude ; il fut changé en âne*
▸ **changer qqch. à** *ne rien changer à ses habitudes*
▸ **changer de** (+ n.) *il a changé de place ; elle a changé de robe*
¬ **se changer**
➾ Aux temps composés de la forme pronominale, le participe passé s'accorde en genre et en nombre avec le sujet : *elle s'est changée avant de sortir ; la citrouille s'est changée en carrosse.*
changeur, euse n.
chanlatte n. f.
channe n. f.
chanoine n. m.
➾ Ne pas employer **chamoine.*
chanoinesse n. f.
chanoinie n. f.
chanson n. f.
chansonner v. tr. | conjug. 1 |
chansonnette n. f.
chansonnier, ière n.
chant n. m.
HOM. **champ**
chantable adj.
chantage n. m.
chantant, ante adj.
chanteau n. m.
chantefable n. f.
chantepleure n. f.
chanter v. intr. et v. tr. | conjug. 1 |
chanterelle n. f.
chanterie n. f.
→ **chantrerie**
chanteur, euse n.
chantier n. m.
HOM. formes du v. **chanter**
chantignole n. f.
[1]**chantilly** n. f. inv. (crème)
➾ Employé comme nom commun, ce mot s'écrit sans majuscule : *de la chantilly.* En

revanche, on l'écrit avec une majuscule dans **crème Chantilly** car il s'agit du nom propre.
²chantilly n. m. inv. (dentelle)
➾ Ce mot s'écrit sans majuscule, contrairement au nom propre qui désigne la ville : *de la dentelle de Chantilly* mais *du chantilly noir*.
chantoir n. m.
chantonnement n. m.
chantonner v. intr. et v. tr. | conjug. 1 |
chantoung /ʃɑ̃tuŋ/ n. m.
→ **shantung**
chantournement n. m.
chantourner v. tr. | conjug. 1 |
chantre n. m.
chantrerie ou **chanterie** n. f.
chanvre n. m.
chanvreur, euse n.
chanvrier, ière n. et adj. (personne)
chanvrière n. f. (terrain)
chaos /kao/ n. m.
⚡ Ne pas confondre **chaos**, qui signifie « confusion, désordre grave », avec **cahot**, qui signifie « secousse ».
HOM. **cahot**, **K.-O.**
chaotique /k-/ adj.
Ξ Ce mot vient du nom *chaos*. Ne pas employer **cahotique*, créé par confusion entre *chaos* et *cahot* : l'adjectif correspondant à *cahot* est *cahoteux*.
chaotiquement /k-/ adv.
chaouch n. m.
chaource n. m.
➾ Ce mot s'écrit sans majuscule, contrairement au nom propre qui désigne la ville : *du fromage de Chaource* mais *un morceau de chaource*.
chapardage n. m.
chaparder v. tr. | conjug. 1 |
chaparderie n. f.
chapardeur, euse adj. et n.
chapardise n. f.
chaparral n. m.
chapati n. m.
chape n. f.
HOM. **schappe**
chapé, ée adj.
chapeau n. m.
chapeautage n. m.
chapeauter v. tr. | conjug. 1 |
chapelain n. m.
chapeler v. tr. | conjug. 4 |
chapelet n. m.
HOM. formes du v. **chapeler**
chapelier, ière n. et adj.
HOM. formes du v. **chapeler**
chapelle n. f.
HOM. formes du v. **chapeler**
chapellenie n. f.
chapellerie n. f.
chapelure n. f.
chaperon n. m.
chaperonnage n. m.
chaperonner v. tr. | conjug. 1 |
chapier n. m.
chapiteau n. m.
chapitral, ale, aux adj.
chapitre n. m.
➾ Attention à ne pas mettre d'accent circonflexe sur le *i*, faute cuorante faite par analogie avec le mot *épître*.
chapitrer v. tr. | conjug. 1 |
chapka n. f.
⚡ Ne pas confondre **chapka**, qui désigne une coiffure de fourrure d'origine russe, avec **chapska**, qui désigne une coiffure militaire d'origine polonaise.
chaplinesque adj.
chaplis n. m.
chapon n. m.
chaponnage n. m.
chaponneau n. m.
chaponner v. tr. | conjug. 1 |
chaponneur, euse n.
chaponnière n. f.
chapska ou **schapska** n. m. ou f.
⚡ Ne pas confondre **chapska**, qui désigne une coiffure militaire d'origine polonaise, avec **chapka**, qui désigne une coiffure de fourrure d'origine russe.
chaptalisation n. f.
chaptaliser v. tr. | conjug. 1 |
chapus /-y/ n. m.

chaque adj. indéf.
Ξ *Chaque* est invariable et se place devant un nom au singulier. Son emploi avec un groupe nominal pluriel pour marquer la périodicité est familier : *chaque dix minutes ; chaque trois jours*. Dans le langage courant, on dira plutôt *toutes les dix minutes, tous les trois jours*.
⌘ Après deux sujets précédés de *chaque*, et non coordonnés, l'usage tend à mettre le verbe au singulier : *chaque homme, chaque femme a ses particularités*. Si les sujets sont coordonnés, le verbe se met au pluriel ou au singulier : *chaque officier et chaque soldat feront leur devoir* ou *fera son devoir*.
Ne pas employer ce mot comme pronom. Il faut dire *ces cravates coûtent trente euros chacune* et non *ces cravates coûtent trente euros chaque*.

¹char n. m. (chariot)
²char ou **charre** n. m. (bluff)
charabia n. m.

charade n. f.
charadriidé /k-/ n. m.
charadriiforme /k-/ n. m.
charançon n. m.
charançonné, ée adj.
charasse n. f.
charbon n. m.
Ξ Ce mot peut s'employer seul comme adjectif de couleur ou derrière un adjectif de couleur pour en préciser la nuance ; ces adjectifs sont alors invariables : *des yeux noir charbon ; des teintes charbon*.
charbonnage n. m.
charbonnée n. f.
charbonner v. tr. et v. intr. | conjug. 1 |
charbonnerie n. f.
charbonnette n. f.
charbonneux, euse adj.
[1]**charbonnier, ière** n. et adj. (personne)
[2]**charbonnier** n. m. (cargo)
charbonnière n. f. (lieu, mésange)
charbouille n. f.
charcler v. intr. | conjug. 1 |
charcutage n. m.
charcutaille n. f.
charcuter v. tr. | conjug. 1 |
charcuterie n. f.
charcutier, ière n.
HOM. formes du v. **charcuter**
chardon n. m.
chardonnay n. m.
➾ Ce mot s'écrit sans majuscule, contrairement au nom propre qui désigne la commune : *un vin de Chardonnay* mais *une bouteille de chardonnay*.
chardonné, ée adj.
chardonneret n. m.
chardonnette n. f.
chardonnier n. m.
charentais, aise adj. et n.
➾ L'adjectif s'écrit sans majuscule : *la population charentaise*. Le nom s'écrit avec une majuscule uniquement quand il désigne une personne : *les Charentais ; c'est une Charentaise* mais *une paire de charentaises*.
charge n. f.
Ξ L'expression **être en charge de** (*il est en charge de l'intendance*) est un anglicisme critiqué. Il est préférable d'employer **être chargé de** : *il est chargé de l'intendance*.
chargé, ée adj. et n.
chargement n. m.
charger v. tr. | conjug. 3 |
¬ **se charger**
➾ Aux temps composés de la forme pronominale, le participe passé s'accorde en genre et en nombre avec le sujet : *ils se sont chargés des courses*.
chargette n. f.
chargeur n. m.
chargeuse n. f.
▫ rec. off. pour **loader**
charia ou **sharia** n. f.
HOM. formes du v. **charrier**
charibotée n. f.
chariboter v. intr. | conjug. 1 |
chariot ou **charriot** n. m.
▫ rec. off. pour **Caddie**
chariotage ou **charriotage** n. m.
charismatique /k-/ adj.
charismatisme /k-/ n. m.
charisme /k-/ n. m.
charitable adj.
charitablement adv.
charité n. f.
➾ Ce mot s'écrit avec une majuscule quand il désigne un ordre religieux : *les filles de la Charité ; les frères de la Charité*.
charivaresque adj.
charivari n. m.
charivarique adj.
charivariste n.
charlatan n. m.
☯ Ce mot n'a pas de forme féminine mais peut s'employer pour désigner une femme : *cette commerçante est un charlatan*.
charlatanerie n. f.
charlatanesque adj.
charlatanisme n. m.
charlemagne n. m.
Ξ Ce mot s'emploie dans l'expression **faire charlemagne**, qui signifie « se retirer du jeu après avoir gagné ». Il s'écrit sans majuscule, contrairement au nom propre qui désigne l'empereur.
charleston /ʃaʀlɛstɔn/ n. m.
charlot n. m.
charlotte n. f.
charlottine n. f.
charmant, ante adj.
charme n. m.
charmer v. tr. | conjug. 1 |
charmeraie n. f.
charmeur, euse n.
charmille n. f.
charmoie n. f.
charmouthien n. m.
charnage n. m.
charnalité n. f.
charnel, elle adj.
charnellement adv.
charnier n. m.
charnière n. f.
Ξ Ce mot peut s'employer en apposition ; il

prend la marque du pluriel : *des œuvres charnières ; des dates charnières.*
charnu, ue adj.
charnure n. f.
charognage n. m.
charognard, arde n.
charogne n. f.
charognerie n. f.
charogneux, euse adj.
charolais, aise adj. et n.
➾ L'adjectif s'écrit sans majuscule : *la population charolaise ; un bœuf charolais.* Le nom s'écrit avec une majuscule uniquement quand il désigne une personne : *les Charolais ; c'est une Charolaise* mais *élever des charolais ; manger du charolais.*
charpagne n. f.
charpentage n. m.
charpente n. f.
charpenter v. tr. | conjug. 1 |
charpenterie n. f.
charpentier, ière n. (personne)
HOM. formes du v. **charpenter**
charpentière n. f. (insecte)
charpie n. f.
HOM. **sharpie**
charre n. m.
→ **²char**
charrée n. f.
charretée n. f.
charretier, ière n. et adj.
charreton n. m.
charrette n. f.
charriage n. m.
charrier v. tr. | conjug. 7 |
charrière n. f.
charrieur, euse n. et adj.
charriot n. m.
→ **chariot**
charriotage n. m.
→ **chariotage**
charroi n. m.
charron n. m.
charronnage n. m.
charronner v. tr. | conjug. 1 |
charronnerie n. f.
charroyer v. tr. | conjug. 8 |
charroyeur, euse n.
charruage n. m.
charrue n. f.
charruer v. tr. | conjug. 1 |
charte n. f.
➾ Ce mot s'écrit avec une majuscule dans les dénominations de textes de loi : *la Charte constitutionnelle* ou *la Charte ; la Grande Charte ; la Charte 77* mais *la charte des Nations unies ; la charte d'un syndicat.*
charte-partie n. f. ▪ plur. **chartes-parties**
charter /ʃaʀtɛʀ/ n. m.
chartériser v. tr. | conjug. 1 |
chartil /-il/ n. m.
chartisme n. m.
chartiste adj. et n.
chartre n. f.
Ξ Ce mot, qui signifie « prison », ne s'emploie plus que dans l'expression **tenir qqn en chartre privée**.
¹**chartreuse** n. f. (couvent)
²**Chartreuse**® n. f. (liqueur)
➾ Comme tous les noms déposés, ce mot doit s'écrire avec une majuscule : *une bouteille de Chartreuse.* Toutefois, on le trouve fréquemment employé comme nom générique sans respect de la règle : *une bouteille de chartreuse.*
¹**chartreux, euse** n. (religieux, euse)
➾ Ce mot s'écrit avec une minuscule lorsqu'il désigne une personne : *un couvent de chartreux.* Il s'écrit avec une majuscule lorsqu'il désigne sans ambiguïté l'ordre lui-même : *elle est entrée chez les Chartreuses.*
²**chartreux** n. m. (chat)
chartrier n. m.
chas /ʃɑ/ n. m.
HOM. **²chat, shah**
chasme n. m.
chasse n. f. (action de chasser)
HOM. **châsse**
châsse n. f. (coffre, monture)
HOM. **chasse**, formes du v. **chasser**
chassé n. m.
chasseau n. m.
chasse-clou n. m. ▪ plur. **chasse-clous**
chassé-croisé n. m. ▪ plur. **chassés-croisés**
chasselas n. m.
➾ Ce mot s'écrit sans majuscule, contrairement au nom propre qui désigne la ville : *un vin de Chasselas* mais *une bouteille de chasselas.*
chasselatier, ière n.
chasse-marée n. m. ▪ plur. inv. ou plur. **chasse-marées**○
chasse-mouche n. m. ▪ plur. **chasse-mouches**
chasse-neige n. m. ▪ plur. inv. ou plur. **chasse-neiges**
chasse-pierre(s) n. m. ▪ plur. **chasse-pierres**
chassepot n. m.
➾ Employé comme nom commun, ce mot s'écrit avec sans majuscule : *des chassepots.* En revanche, il est invariable et s'écrit avec une majuscule dans **fusil Chassepot** car il s'agit du nom propre : *des fusils Chassepot.*
chasser v. tr. et v. intr. | conjug. 1 |

chasseresse adj. et n. f.
Ξ Ce mot s'emploie dans le langage poétique, contrairement à *chasseuse*, qui s'emploie dans le langage courant.
chasse-roue n. m. ▪ plur. **chasse-roues**
chasseur, euse n.
Ξ Le féminin *chasseuse* s'emploie dans le langage courant, contrairement à *chasseresse*, qui s'emploie dans le langage poétique.
chassie n. f.
HOM. **châssis**
chassieux, ieuse adj.
châssis n. m.
HOM. **chassie**
châssis-presse n. m. ▪ plur. **châssis-presses**
chassoir n. m.
chaste adj.
chastement adv.
chasteté n. f.
chasuble n. f.
Ξ Ce mot peut s'employer en apposition ; il est en principe invariable mais l'accord est très fréquent : *des robes chasuble* ou *chasubles*.
chasublerie n. f.
chasublier, ière n.
[1]**chat** /tʃat/ n. m.
▫ rec. off. : **dialogue en ligne**
Ξ Le mot *causette* est parfois employé pour remplacer cet anglicisme. L'Office québécois de la langue française recommande d'employer *clavardage*.
[2]**chat, chatte** n. (animal)
HOM. **chas, shah**
châtaigne n. f.
Ξ Ce mot peut s'employer seul comme adjectif de couleur ou derrière un adjectif de couleur pour en préciser la nuance ; ces adjectifs sont alors invariables : *des teintes brun châtaigne ; des manteaux châtaigne*.
châtaigner v. intr. | conjug. 1 |
¬ **se châtaigner**
➾ Aux temps composés de la forme pronominale, le participe passé s'accorde en genre et en nombre avec le sujet : *ils se sont châtaignés*.
HOM. **châtaignier**
châtaigneraie n. f.
châtaignier n. m.
HOM. **châtaigner**
châtain, aine adj.
Ξ La forme féminine *châtaine* est rarement employée ; dans le langage courant, *châtain* est invariable en genre : *sa mère est châtain ; des chevelures châtains*.
➾ L'adjectif est invariable quand il est suivi d'un autre adjectif qui précise la nuance : *des cheveux châtains* mais *des cheveux châtain clair*.
chataire n. f.
→ **cataire**
château n. m.
➾ Le composé **château fort** s'écrit sans trait d'union.
chateaubriand ou **châteaubriant** n. m.
➾ Ce mot s'écrit sans majuscule, contrairement aux noms propres qui désignent respectivement l'écrivain et la ville : *un chateaubriand aux pommes*.
châtelain, aine n. (personne)
châtelaine n. f. (chaîne)
châtelé, ée adj.
châtelet n. m.
châtellenie n. f.
chat-huant n. m. ▪ plur. **chats-huants**
châtier v. tr. | conjug. 7 |
chatière n. f.
châtieur, euse n.
châtiment n. m.
chative n. f.
chatoiement n. m.
➾ Ne pas oublier le *e* muet.
[1]**chaton** n. m. (de bague)
[2]**chaton, onne** n. (animal)
chatonner v. intr. | conjug. 1 |
chatouillant, ante adj.
chatouille n. f.
chatouillement n. m.
chatouiller v. tr. | conjug. 1 |
¬ **se chatouiller**
➾ Aux temps composés de la forme pronominale, le participe passé s'accorde en genre et en nombre avec le sujet : *les enfants se sont chatouillés*.
chatouilleur, euse adj. et n.
chatouilleux, euse adj.
chatouillis n. m.
chatoyant, ante adj.
chatoyer v. intr. | conjug. 8 |
chat-pard n. m. ▪ plur. **chats-pards**
châtrer v. tr. | conjug. 1 |
châtreur, euse n. et adj.
châtron n. m.
HOM. formes du v. **châtrer**
chatte n. f.
chattée n. f.
chattemite n. f.
chattemiteux, euse adj.
chatter /tʃate/ ou **tchatter** v. intr. | conjug. 1 |
Ξ Ce mot est un anglicisme. L'Office québécois de la langue française recommande de lui préférer *clavarder*.
chatterie n. f.
chatterton /ʃatɛʀtɔn/ n. m.
chattertoné, ée adj.

chatteur, euse /tʃatœʀ, øz/ n.
Ξ Ce mot est un anglicisme. L'Office québécois de la langue française recommande de lui préférer *clavardeur, clavardeuse.*
chat-tigre n. m. ▪ plur. **chats-tigres**
chaud, chaude adj. et n. m.
HOM. **chaux, show,** formes du v. **chaloir**
chaude n. f. (chaleur, flambée)
chaudeau n. m.
chaudement adv.
chaude-pisse n. f. ▪ plur. **chaudes-pisses**
chauderie n. f.
chaud-froid n. m. ▪ plur. **chauds-froids**
chaudière n. f.
chaudiériste n. m.
chaudrée n. f.
chaudron n. m.
chaudronné, ée adj.
chaudronnée n. f.
chaudronnerie n. f.
chaudronnier, ière n. et adj.
chauffage n. m.
chauffagiste n.
chauffant, ante adj.
chauffard n. m.
☯ Ce mot n'a pas de forme féminine mais peut s'employer pour désigner une femme : *cette conductrice est un chauffard.*
chauffe n. f.
chauffe-assiette(s) n. m. ▪ plur. **chauffe-assiettes**
chauffe-bain n. m. ▪ plur. **chauffe-bains**
chauffe-biberon n. m. ▪ plur. **chauffe-biberons**
chauffe-eau n. m. ▪ plur. inv. ou plur. **chauffe-eaux**○
chauffe-lit n. m. ▪ plur. **chauffe-lits**
chauffe-plat n. m. ▪ plur. **chauffe-plats**
chauffer v. tr. et v. intr. | conjug. 1 |
¬ **se chauffer**
➾ Aux temps composés de la forme pronominale, le participe passé s'accorde en genre et en nombre avec le sujet : *ils se sont chauffés au soleil.*
chaufferette n. f.
chaufferie n. f.
chauffeur, euse n. (conducteur)
☯ *Chauffeuse* est la forme féminine recommandée par le *Guide d'aide à la féminisation des noms de métiers, titres, grades et fonctions* et l'Office québécois de la langue française : *une chauffeuse de taxi.* La forme *chauffeure* est parfois employée au Québec. *Chauffeur* est encore souvent employé pour parler d'une femme : *elle est chauffeur d'autobus.*
chauffeuse n. f. (fauteuil)
chauffoir n. m.
chaufour n. m.
chaufourage n. m.
chaufournier n. m.
chaulage n. m.
chauler v. tr. | conjug. 1 |
chauleuse n. f.
chaulmoogra /-mu-/ n. m.
chaumage n. m.
HOM. **chômage**
chaumard n. m.
chaume n. m.
HOM. formes du v. **chômer**
chaumer v. tr. | conjug. 1 |
HOM. **chômer**
chaumet n. m.
HOM. formes des v. **chaumer, chômer**
chaumier n. m.
HOM. formes des v. **chaumer, chômer**
chaumière n. f.
chaumine n. f.
chaussage n. m.
chaussant, ante adj. et n. m.
chausse n. f.
chaussée n. f.
→ aussi **pont**
chausse-pied ▪ plur. **chausse-pieds** ou **chaussepied**○ ▪ plur. **chaussepieds**○ n. m.
chausser v. tr. | conjug. 1 |
¬ **se chausser**
➾ Aux temps composés de la forme pronominale, le participe passé s'accorde en genre et en nombre avec le sujet : *elle s'est chaussée avec un chausse-pied.*
chausse-trape ▪ plur. **chausse-trapes** ou **chausse-trappe** ▪ plur. **chausse-trappes** ou **chaussetrappe**○ ▪ plur. **chaussetrappes**○ n. f.
chaussette n. f.
chausseur, euse n.
chausson n. m.
HOM. formes du v. **chausser**
chaussonnier, ière n.
chaussure n. f.
chaut v. impers.
→ aussi **chaloir**
chauve adj.
HOM. formes du v. **chauvir**
chauve-souris ▪ plur. **chauves-souris** ou **chauvesouris**○ ▪ plur. **chauvesouris**○ n. f.
chauvin, ine adj. et n.
chauvinique adj.
chauvinisme n. m.
chauviniste adj. et n.
chauvir v. intr. | conjug. 16 ; sauf aux pers. du sing. du prés. de l'indic. et de l'impér. : 2 |
Ξ Ce verbe s'emploie uniquement dans l'expression **chauvir des oreilles,** qui signifie « dresser les oreilles », en parlant de certains

animaux : *l'âne et le mulet chauvent des oreilles*.
chaux /ʃo/ n. f.
HOM. **chaud, show,** forme du v. **chaloir**
chavirable adj.
chavirage n. m.
chavirement n. m.
chavirer v. intr. et v. tr. | conjug. 1 |
chayotte ou **chayote** n. f.
cheap /tʃip/ adj.
chébec n. m.
chèche n. m.
chéchia n. f.
checker /(t)ʃɛke/ v. tr. | conjug. 1 |
⵿ Ce mot est un anglicisme critiqué. Il est préférable d'employer le verbe *vérifier*.
check-list ▪ plur. **check-lists** ou **checklist**○ ▪ plur. **checklists**○ /(t)ʃɛklist/ n. f.
▫ rec. off. : **liste de vérification**
check-up ▪ plur. inv. ou **checkup**○ ▪ plur. **checkups**○ /(t)ʃɛkœp/ n. m.
⵿ Ce mot est un anglicisme critiqué. Il est préférable d'employer *bilan de santé*.
chédail n. m.
cheddar /ʃe-/ n. m.
cheddite /ʃe-/ n. f.
cheeseburger /(t)ʃizbœʀgœʀ/ n. m.
cheesecake /(t)ʃizkɛk/ n. m.
chef n.
☯ Pour parler d'une femme, l'emploi de *chef* au féminin est recommandé par le *Guide d'aide à la féminisation des noms de métiers, titres, grades et fonctions* et par l'Office québécois de la langue française : *une chef de projet*. En Suisse, la forme *cheffe* est courante. Les formes populaires *chefesse* et *cheffesse* sont à éviter.
➾ Les noms de métiers ou de grades composés d'un nom suivi de *chef* s'écrivent avec un trait d'union : *un médecin-chef ; une adjudante-chef*. Quand *chef* précède le nom, il n'y a pas de trait d'union : *un chef cuisinier ; une chef comptable*.
chefaillon n. m.
chef-d'œuvre /ʃɛdœvʀ/ n. m. ▪ plur. **chefs-d'œuvre**
cheffe n. f.
→ aussi **chef**
chefferie n. f.
cheffesse n. f.
→ aussi **chef**
chef-lieu n. m. ▪ plur. **chefs-lieux**
cheftaine n. f.
cheik ou **cheikh** n. m.
HOM. **chèque**
chéilalgie ou **chilalgie** /k-/ n. f.
chéilanthe /k-/ adj.
chéiline /k-/ n. f.
chéilite /k-/ n. f.
chéilophagie ou **chilophagie** /k-/ n. f.
chéiloplastie ou **chiloplastie** /k-/ n. f.
chéiloraphie ou **chiloraphie** /k-/ n. f.
chéiranthe /k-/ n. m.
cheire n. f.
HOM. **chair, chaire, cher, chère**
chéirolépis /keiʀolepis/ n. m.
chéiromys /keiʀɔmis/ ou **chiromys** n. m.
chéiroptère /k-/ n. m.
chélate /k-/ n. m.
chélateur /k-/ adj. m. et n. m.
chélation /k-/ n. f.
chelem ou **schelem** /ʃlɛm/ n. m.
chélicérate /k-/ n. m.
chélicère /k-/ n. f.
chélidoine /k-/ n. f.
chéliforme /k-/ adj.
chelléen, enne adj. et n. m.
chéloïde /k-/ n. f.
chéloïdien, ienne /k-/ adj.
chélonée /k-/ n. f.
chélonidé /k-/ n. m.
chélonien /k-/ n. m. et adj.
chélonographe /k-/ n.
chélonographie /k-/ n. f.
chélonophage /k-/ adj.
chemin n. m.
chemin de fer n. m. ▪ plur. **chemins de fer**
chemineau n. m. (vagabond)
HOM. **cheminot**
cheminée n. f.
⵿ Ce mot peut s'employer en apposition dans l'expression **col cheminée** ; il est alors invariable : *des cols cheminée*.
HOM. **cheminer**
cheminement n. m.
cheminer v. intr. | conjug. 1 |
HOM. **cheminée**
cheminot, ote n. et adj.
HOM. **chemineau**
chemisage n. m.
chemise n. f.
➾ Ce mot s'écrit avec une majuscule dans les noms d'organisations, de groupes : *les Chemises rouges ; les Chemises brunes ; les Chemises noires*.
chemiser v. tr. | conjug. 1 |
chemiserie n. f.
chemisette n. f.
chemisier, ière n.
HOM. formes du v. **chemiser**
chémorécepteur /k-/ n. m.
→ **chimiorécepteur**
chémosis /kemozis/ n. m.
chênaie n. f.
chenal, aux n. m.
HOM. formes du v. **chenaler**

chenaler v. intr. | conjug. 1 |
chenapan n. m.
chêne n. m.
HOM. **chaîne**, formes du v. **chaîner**
chéneau n. m. (gouttière)
chêneau n. m. (arbre)
chêne-liège n. m. ▪ plur. **chênes-lièges**
chenet n. m.
chênette n. f.
HOM. **chaînette**
chènevière n. f.
chènevis /-i/ n. m.
chènevotte n. f.
cheni n. m.
HOM. **chenil**
chenil /-il ; -i/ n. m.
♪ La prononciation /ʃ(ə)ni/ tend à disparaître.
HOM. **cheni**
chenille n. f.
chenillé, ée adj.
chenillère n. f.
chenillette n. f.
chénopode /k-/ n. m.
chénopodiacée /k-/ n. f.
chenu, ue adj.
cheptel /ʃɛptɛl ; ʃtɛl/ n. m.
♪ La prononciation /ʃtɛl/ tend à disparaître.
chéquard n. m.
chèque n. m.
HOM. **cheik**
chèque-cadeau n. m. ▪ plur. **chèques-cadeaux**
Chèque-Restaurant® n. m. ▪ plur. **chèques-restaurants**
➾ Comme tous les noms déposés, ce mot doit s'écrire avec des majuscules : *payer avec des Chèques-Restaurants*. Toutefois, on le trouve fréquemment employé comme nom générique sans respect de la règle : *payer avec des chèques-restaurants*.
chéquier n. m.
cher, chère adj. et adv.
➾ L'adverbe est invariable : *ces montres sont chères* mais *ces montres coûtent cher*.
chercher v. tr. | conjug. 1 |
▸ **chercher à** (+ inf.) *il cherche à se rassurer*
▸ **chercher à ce que** (+ subj.) *cherchez à ce qu'on soit content de vous*
Ξ La construction **chercher après** (+ n.) (*je cherche après mon sac ; on cherche après vous*) est fautive. On dira plutôt : *je chercher mon sac ; on vous cherche*.
¬ **se chercher**
➾ Aux temps composés de la forme pronominale, le participe passé s'accorde en genre et en nombre avec le sujet : *elle s'est longtemps cherchée*.
chercheur, euse n. et adj.

chère n. f.
ϟ Ne pas confondre **chère** (« nourriture, repas »), que l'on trouve dans l'expression **faire bonne chère**, avec **chair** (« substance du corps, viande »), ni avec **chaire** (« siège, poste »).
HOM. **chair**, **chaire**, **cheire**, **cher**
chèrement adv.
cherfaix /-fɛ/ n. m.
chergui n. m.
chéri, ie adj. et n.
HOM. **cherry**, **sherry**
chérif n. m.
ϟ Ne pas confondre **chérif**, qui désigne un prince arabe, avec **shérif**, qui désigne un magistrat anglais ou un officier américain.
HOM. **shérif**
chérifat /-a/ n. m.
chérifien, ienne adj.
chérir v. tr. | conjug. 2 |
chérot adj. m.
cherry /ʃeʀi/ n. m. ▪ plur. **cherrys** ou plur. **cherries**
Ξ On peut employer le pluriel francisé *cherrys* ou le pluriel anglais *cherries*.
ϟ Ne pas confondre **cherry**, qui signifie « liqueur de cerise », avec **sherry**, qui signifie « xérès ».
HOM. **chéri**, **sherry**, formes du v. **chérir**
cherté n. f.
chérubin n. m.
chérusque n. f.
chervis /-i/ n. m.
chester /ʃɛstɛʀ/ n. m.
chétif, ive adj.
chétivement adv.
chétivité n. f.
chétopode /k-/ n. m.
chevage n. m.
chevaine n. m.
→ **chevesne**
cheval, aux n. m.
➾ L'expression **cheval d'arçons** s'écrit sans trait d'union. Au pluriel, on peut employer indifféremment *des cheval d'arçons* ou *des chevaux d'arçons*.
chevalement n. m.
chevaler v. tr. | conjug. 1 |
chevaleresque adj.
chevaleresquement adv.
chevalerie n. f.
chevalet n. m.
HOM. formes du v. **chevaler**
chevalier, ière n. (personne)
➾ Comme tous les titres de noblesse, ce mot s'écrit sans majuscule : *le chevalier Des Grieux*.
HOM. formes du v. **chevaler**
chevalière n. f. (bague)

chevalin, ine adj.
cheval-vapeur n. m. ▪ plur. **chevaux-vapeur**
chevance n. f.
chevauchant, ante adj.
chevauchée n. f.
chevauchement n. m.
chevaucher v. tr. et v. intr. | conjug. 1 |
¬ **se chevaucher**
➾ Aux temps composés de la forme pronominale, le participe passé s'accorde en genre et en nombre avec le sujet : *les réunions se sont chevauchées.*
chevaucheur, euse n.
chevau-léger n. m. ▪ plur. **chevau-légers**
chevêche n. f.
chevelé, ée adj. et n. f.
chevelu, ue adj.
chevelure n. f.
chevesne /-vɛn/ ou **chevaine** ou **chevenne** n. m.
chevet n. m.
chevêtre n. m.
cheveu n. m.
cheveu-de-la-Vierge n. m. ▪ plur. **cheveux-de-la-Vierge**
cheveu-de-Vénus n. m. ▪ plur. **cheveux-de-Vénus**
chevillage n. m.
chevillard, arde n.
cheville n. f.
cheviller v. tr. | conjug. 1 |
chevillette n. f.
chevillière n. f.
HOM. formes du v. **cheviller**
chevillon n. m.
HOM. formes du v. **cheviller**
cheviotte n. f.
[1]**chèvre** n. f. (animal)
[2]**chèvre** n. m. (fromage)
chevreau n. m.
chèvrefeuille n. m.
☯ Ce mot est masculin : *un chèvrefeuille.*
chèvre-pied ▪ plur. **chèvre-pieds** ou **chèvrepied**○ ▪ plur. **chèvrepieds**○ adj. et n. m.
chèvreton n. m.
chevrette n. f.
chevreuil n. m.
chevrier, ière n.
chevrillard n. m.
chevrillon n. m.
chevron n. m.
chevronnage n. m.
chevronné, ée adj.
chevronner v. tr. | conjug. 1 |
chevrotain n. m. (animal)
HOM. **chevrotin**
chevrotant, ante adj.
chevrotement n. m.
chevroter v. intr. | conjug. 1 |
chevrotin n. m. (peau, fromage)
HOM. **chevrotain**
chevrotine n. f.
chewing-gum /ʃwiŋgɔm/ n. m. ▪ plur. **chewing-gums**
chez prép.
→ aussi **à**
chez-moi n. m. inv.
chez-soi n. m. inv.
chez-toi n. m. inv.
chiac n. m.
chiade n. f.
chiader v. tr. | conjug. 1 |
chiadeur, euse adj. et n.
chialer v. intr. | conjug. 1 |
chialeur, euse n. et adj.
chiant, chiante adj.
chianti /kjɑ̃ti/ n. m.
➾ Ce mot a un pluriel régulier : *des chiantis.* Employé comme nom commun, *chianti* s'écrit sans majuscule, contrairement au nom propre qui désigne la région : *un vin de Chianti* mais *une bouteille de chianti.*
chiard n. m.
chiasma /k-/ n. m.
chiasmatique /k-/ adj.
chiasme /k-/ n. m.
chiasse n. f.
chiatique adj.
chibouque ou **chibouk** n. f. ou m.
chibre n. m.
chibreli n. m.
chic n. m., adj. et interj.
HOM. **chique**, formes du v. **chiquer**
[1]**chica** n. f. (danse)
HOM. formes du v. **chiquer**
[2]**chica** n. m. (teinture)
HOM. formes du v. **chiquer**
chicane n. f.
chicaner v. intr. et v. tr. | conjug. 1 |
chicanerie n. f.
chicaneur, euse n.
chicanier, ière n. et adj.
HOM. formes du v. **chicaner**
chicano /tʃi-/ n. m.
chicha n. f.
[1]**chiche** adj. et n. m.
☰ Ce mot ne s'emploie que dans le composé **pois chiche**.
[2]**chiche** adj. (avare, peu abondant)
être chiche de compliments
[3]**chiche** adj. et interj. (capable)
chiche-kébab ▪ plur. **chiches-kébabs** ou **chiche-kebab** ▪ plur. **chiches-kebabs**

/-kebab/ ou **chichekébab**○ ▪ plur. **chichekébabs**○ n. m.
chichement adv.
chicheté n. f.
chichi n. m.
chichiteux, euse adj.
chichon n. m.
chiclé /(t)ʃikle/ n. m.
chicon n. m.
HOM. formes du v. **chiquer**
chicoracée n. f.
chicorée n. f.
chicos /ʃikos/ adj. inv. (fam. : chic)
chicot n. m.
chicote ou **chicotte** n. f.
chicotement n. m.
chicoter v. tr. | conjug. 1 |
chicotin n. m.
chié, chiée adj.
chiée n. f.
chiément adv.
chien, chienne n.
➾ Ce mot est au singulier dans les expressions **un mal de chien**, **un temps de chien**, **entre chien et loup** et **en chien de fusil**. Il est au pluriel dans l'expression **se regarder en chiens de faïence**. *Chien* s'écrit avec une majuscule dans les noms de constellations **le Grand Chien** et **le Petit Chien**.
chiénage n. m.
chien-assis n. m. ▪ plur. **chiens-assis**
chiendent /ʃjɛ̃dɑ̃/ n. m.
chienlit /ʃjɑ̃li/ n. f.
chien-loup n. m. ▪ plur. **chiens-loups**
chiennaille n. f.
chiennée n. f.
chiennerie n. f.
chier v. intr. | conjug. 7 |
chierie n. f.
chieur, chieuse n.
chiffe n. f.
chiffon n. m.
chiffonnade n. f.
chiffonnage n. m.
chiffonné, ée adj.
chiffonnement n. m.
chiffonner v. tr. et v. intr. | conjug. 1 |
chiffonnier, ière n.
HOM. formes du v. **chiffonner**
chiffrable adj.
chiffrage n. m.
chiffre n. m.
chiffrement n. m.
chiffrer v. intr. et v. tr. | conjug. 1 |
¬ **se chiffrer**
➾ Aux temps composés de la forme pronominale, le participe passé s'accorde en genre et en nombre avec le sujet : *les dépenses se sont chiffrées à mille euros*.
chiffreur, euse n.
chignard, arde adj. et n.
chigner v. intr. | conjug. 1 |
chignole n. f.
chignon n. m.
chihuahua /ʃiwawa/ n. m.
chiisme ou **shiisme** n. m.
➾ Comme tous les mots désignant une doctrine religieuse, ce mot s'écrit sans majuscule : *le sunnisme et le chiisme*.
chiite ou **shiite** adj. et n.
➾ Comme tous les mots désignant ou qualifiant une doctrine religieuse ou ses adeptes, ce mot s'écrit sans majuscule : *la doctrine chiite ; les sunnites et les chiites*.
chikungunya /ʃikungunja/ n. m.
chilalgie /k-/ n. f.
→ **chéilalgie**
chili /(t)ʃili/ ou **chile** /(t)ʃile/ n. m.
chili con carne /(t)ʃilikɔnkaʀne/ ou **chile con carne** /(t)ʃile-/ n. m. inv.
chilienne n. f. (chaise)
chilom n. m.
chilophagie /k-/ n. f.
→ **chéilophagie**
chiloplastie /k-/ n. f.
→ **chéiloplastie**
chiloraphie /k-/ n. f.
→ **chéiloraphie**
chiméral, ale, aux adj.
chimère n. f.
chimérique adj.
chimériquement adv.
chimicage ou **chimiquage** n. m.
chimie n. f.
HOM. **shimmy**
chimio n. f.
□ abrév. de **chimiothérapie**
chimioembolisation n. f.
chimioluminescence n. f.
chimionique n. f.
chimioprophylaxie n. f.
chimiorécepteur ou **chémorécepteur** n. m.
chimiorésistance n. f.
chimiosynthèse n. f.
chimiotactique adj.
chimiotactisme n. m.
chimiothèque n. f.
chimiothérapeute n.
chimiothérapie n. f.
chimiothérapique adj.
chimiotropisme n. m.
chimiquage n. m.
→ **chimicage**
chimique adj.

chimiquement adv.
chimiquier n. m.
chimisme n. m.
chimiste n.
chimiurgie n. f.
chimonanthe n. m.
chimpanzé n. m.
chinage n. m.
chinchard n. m.
chinchilla n. m.
[1]**chine** n. m. (porcelaine, papier)
➾ Ce mot s'écrit sans majuscule, contrairement au nom propre qui désigne le pays : *de la porcelaine de Chine ; du papier de Chine* mais *un vase en chine ; écrire sur du chine.*
[2]**chine** n. f. (brocante)
chiné, ée adj.
Ξ Employé derrière un adjectif de couleur, ce mot est invariable : *des robes gris chiné.*
chiner v. tr. | conjug. 1 |
chinetoque n. et adj.
Ξ Ce mot est injurieux et raciste.
chineur, euse n.
[1]**chinois, oise** adj. et n.
➾ L'adjectif s'écrit sans majuscule : *le peuple chinois ; un restaurant chinois.* Le nom s'écrit avec une majuscule uniquement quand il désigne une personne : *les Chinois ; c'est une Chinoise* mais *parler le chinois.*
[2]**chinois** n. m. (fruit, passoire)
chinoiser v. intr. | conjug. 1 |
chinoiserie n. f.
chinon n. m.
➾ Ce mot s'écrit sans majuscule, contrairement au nom propre qui désigne la ville : *un vin de Chinon* mais *une bouteille de chinon.*
chinook /ʃinuk/ n. m.
chintz /ʃints/ n. m.
chinure n. f.
chionis /kjɔnis/ n. m.
chiot n. m.
chiotte n. f. ou n. m.
chiourme n. f.
chip /ʃip/ n. m. (pastille de silicium)
HOM. formes du v. **chiper**
chiper v. tr. | conjug. 1 |
chipeur, euse n. et adj.
chipie n. f.
chipiron n. m.
chipo n. f.
▫ abrév. de **chipolata**
chipolata n. f.
chipotage n. m.
chipoter v. intr. | conjug. 1 |
chipoteur, euse n. et adj.
chippendale /ʃipɛndal/ adj. inv. et n. m.
chips /ʃips/ n. f. pl.
chique n. f.
HOM. **chic**
chiqué n. m.
chiquement adv.
chiquenaude n. f.
chiquenauder v. intr. | conjug. 1 |
chiquer v. tr. et v. intr. | conjug. 1 |
chiqueur, euse n.
chiragre /k-/ n. f. et adj.
chiral, ale, aux /k-/ adj.
chiralité /k-/ n. f.
chirognomonie /k-/ n. f.
chirographaire /k-/ adj.
chirographe /k-/ n. m.
chirographie /k-/ n. f.
chirographique /k-/ adj.
chirologie /k-/ n. f.
chiromancie /k-/ n. f.
chiromancien, ienne /k-/ n.
chiromégalie /k-/ n. f.
chiromètre /k-/ n. m.
chiromys /kiʀɔmis/ n. m.
→ **chéiromys**
chironomie /k-/ n. f.
chiroplaste /k-/ n. m.
chiropracteur, trice /k-/ n.
▫ rec. off. : **chiropraticien, ienne**
chiropraticien, ienne /k-/ n.
▫ rec. off. pour **chiropracteur, trice**
chiropratique /k-/ n. f.
▫ rec. off. pour **chiropraxie**
chiropraxie /ki-/ ou **chiropractie** /kiʀɔpʀakti/ n. f.
▫ rec. off. : **chiropratique**
chiroptère /k-/ n. m.
chiroteuthis /kiʀotøtis/ n. m.
chirurgical, ale, aux adj.
chirurgicalement adv.
chirurgie n. f.
chirurgien, ienne n.
chirurgien-dentiste, chirurgienne-dentiste n. ▪ plur. **chirurgiens-dentistes, chirurgiennes-dentistes**
☯ Le masculin est encore souvent employé pour parler d'une femme : *elle est chirurgien-dentiste.*
chisel n. m.
chistéra ou **chistera** /(t)ʃisteʀa/ n. f. ou m.
chitine /k-/ n. f.
chitineux, euse /k-/ adj.
chiton /k-/ n. m.
chiure n. f.
chlamyde /k-/ n. f.
chlamydia /k-/ n. f. ▪ plur. **chlamydias** ou plur. **chlamydiæ** /-dje/
Ξ On peut employer le pluriel francisé *chlamydias* ou le pluriel latin *chlamydiæ.*

chlamydomonas /klamidɔmɔnas/ n. f.
chlasse adj.
→ **schlasse**
[1]**chleuh, e** adj. et n. (berbère du Maroc)
➾ L'adjectif s'écrit sans majuscule : *la population chleuhe.* Le nom s'écrit avec une majuscule uniquement quand il désigne une personne : *les Chleuhs ; c'est une Chleuhe* mais *parler le chleuh.*
[2]**chleuh, e** ou **schleu, e** adj. et n. (allemand)
Ξ Ce mot est familier et péjoratif.
chlinguer ou **schlinguer** v. intr. | conjug. 1 |
chloasma /k-/ n. m.
chlorage /k-/ n. m.
chloral /k-/ n. m.
chloralisme /k-/ n. m.
chloramine /k-/ n. f.
Chloramphénicol® /k-/ n. m.
➾ Comme tous les noms déposés, ce mot doit s'écrire avec une majuscule : *prendre du Chloramphénicol.* Toutefois, on le trouve fréquemment employé comme nom générique sans respect de la règle : *prendre du chloramphénicol.*
chlorapatite /k-/ n. f.
chlorate /k-/ n. m.
chloraté, ée /k-/ adj.
chloration /k-/ n. f.
chlore /k-/ n. m.
HOM. **clore**
chloré, ée /k-/ adj.
chlorelle /k-/ n. f.
chlorer /k-/ v. tr. | conjug. 1 |
chloreux, euse /k-/ adj.
chlorhydrate /k-/ n. m.
chlorhydrique /k-/ adj.
chlorique /k-/ adj.
chlorite /k-/ n. m.
chlorobenzène /k-/ n. m.
chlorocalcite /k-/ n. f.
chlorocarbonate /k-/ n. m.
chlorochimie /k-/ n. f.
chlorofibre /k-/ n. f.
chlorofluoroalcane /k-/ n. m.
chlorofluorocarbone /k-/ n. m.
chlorofluorocarbure /k-/ n. m.
chloroforme /k-/ n. m.
chloroformer /k-/ v. tr. | conjug. 1 |
chloroformisation /k-/ n. f.
chlorogénique /k-/ adj.
chloroïdérémie /k-/ n. f.
chloromètre /k-/ n. m.
chlorométrie /k-/ n. f.
chlorométrique /k-/ adj.
chlorophycée /k-/ n. f.
chlorophylle /k-/ n. f.
chlorophyllien, ienne /k-/ adj.
chloropicrine /k-/ n. f.
chloroplaste /k-/ n. m.
chloroprène n. m.
chloroquine /k-/ n. f.
chlorose /k-/ n. f.
chlorosulfure /k-/ n. m.
chlorotique /k-/ adj.
chlorpromazine /k-/ n. f.
chlorurage /k-/ n. m.
chlorure /k-/ n. m.
chloruré, ée /k-/ adj.
chlorurer /k-/ v. tr. | conjug. 1 |
chnoque ou **schnock** adj. et n.
chnouf ou **schnouf** n. f.
choanes /k-/ n. f. pl.
choanichtyen /kɔaniktjɛ̃/ n. m.
choc n. m.
➾ Ne pas écrire **choque.*
Ξ Ce mot peut s'employer en apposition ; il prend la marque du pluriel : *des prix chocs.* Il est parfois lié par un trait d'union au nom qui le précède : *des photos chocs* ou *des photos-chocs.*
HOM. formes du v. **choquer**
chocard n. m.
chochotte adj. et n. f.
Ξ Ce mot peut s'employer pour désigner un homme : *son frère est une chochotte.*
chocolat n. m.
Ξ Ce mot peut s'employer seul comme adjectif de couleur ou derrière un adjectif de couleur pour en préciser la nuance ; ces adjectifs sont alors invariables : *des jupes chocolat ; des robes brun chocolat.*
chocolaté, ée adj.
chocolaterie n. f.
chocolatier, ière n. et adj.
chocolatine n. f.
chocottes n. f. pl.
choéphore /k-/ n.
chœur /kœʀ/ n. m.
HOM. **cœur**
choir v. intr. | conjug. défectif |
CONJUG. Ce verbe est défectif : il ne se conjugue pas à l'imparfait ni au subjonctif présent. Au présent, il ne se conjugue pas aux deux premières personnes du pluriel : *je chois, tu chois, il choit, ils choient.* Les formes du passé simple sont : *je chus, tu chus, il chut, nous chûmes, vous chûtes, ils churent.* Le participe passé est *chu.* Au futur et au conditionnel présent, il y a deux formes possibles : *je choirai, je cherrai ; je choirais, je cherrais.*
Ξ De nos jours, ce verbe s'emploie surtout dans l'expression **laisser choir qqn** : *après de belles promesses, il nous a laissés choir.*
HOM. formes du v. **choyer**
choisi, ie adj.

choisir v. tr. | conjug. 2 |
choix n. m.
HOM. formes des verbes **choir, choyer**
choke-bore ▪ plur. **choke-bores** ou **chokebore**○ ▪ plur. **chokebores**○ /(t)ʃɔkbɔʀ/ n. m.
cholagogue /k-/ adj.
cholécalciférol /k-/ n. m.
cholécystectomie /k-/ n. f.
cholécystite /k-/ n. f.
cholécystotomie /k-/ n. f.
cholédoque /k-/ adj. m.
cholémie /k-/ n. f.
choléra /k-/ n. m.
cholérétique /k-/ adj.
cholériforme /k-/ adj.
cholérine /k-/ n. f.
cholérique /k-/ adj. et n.
HOM. **colérique**
cholestase ou **cholostase** /k-/ n. f.
cholestéatome /k-/ n. m.
cholestérol /k-/ n. m.
cholestérolémie /k-/ n. f.
choléthérapie /k-/ n. f.
choliambe /k-/ n. m.
choline /k-/ n. f.
HOM. **colline**
cholinergie /k-/ n. f.
cholinergique /k-/ adj.
cholinestérase /k-/ n. f.
cholique /k-/ adj.
HOM. **colique**
cholostase /k-/ n. f.
→ **cholestase**
cholurie /k-/ n. f.
chômable adj.
chômage n. m.
HOM. **chaumage**
chômé, ée adj.
HOM. formes du v. **chaumer**
chômedu n. m.
chômer v. intr. | conjug. 1 |
HOM. **chaumer**
chômeur, euse n.
chondrichtyen /kɔ̃dʀiktjɛ̃/ n. m.
chondrifié, ée /k-/ adj.
chondriome /k-/ n. m.
chondriosome /k-/ n. m.
chondrite /k-/ n. f.
chondroblaste /k-/ n. m.
chondrocalcinose /k-/ n. f.
chondrocostal, ale, aux /k-/ adj.
chondroïtine /k-/ n. f.
chondroïtique /k-/ adj.
chondrologie /k-/ n. f.
chondrostéen /k-/ n. m.
chondrostome /k-/ n. m.
chope n. f.
choper v. tr. | conjug. 1 | (fam. : attraper)
HOM. **chopper**
chopin n. m.
chopine n. f.
chopiner v. intr. | conjug. 1 |
chopper v. intr. | conjug. 1 | (buter, se tromper)
HOM. **choper**
chop suey /ʃɔpswi ; ʃɔpsɥɛ/ n. m. inv.
Ξ Ce mot peut s'employer en apposition : *des légumes chop suey.*
choquable adj.
choquant, ante adj.
choquer v. tr. | conjug. 1 |
¬ **se choquer**
➾ Aux temps composés de la forme pronominale, le participe passé s'accorde en genre et en nombre avec le sujet : *elles se sont choquées de ces propos.*
choragique /k-/ adj.
choral, ale /k-/ adj. et n. m.
↯ Ne pas confondre le nom masculin **choral**, qui désigne un chant religieux ou une composition musicale, avec le nom féminin **chorale**, qui désigne un ensemble vocal.
Ξ Le pluriel du nom est *chorals* : *les chorals de Bach*. Le pluriel de l'adjectif est *chorals* ou *choraux* : *des ensembles chorals* ou *choraux*.
HOM. **chorale**, **corral** ; (du plur.) coraux *(plur. de corail)*
chorale /k-/ n. f.
↯ Ne pas confondre le nom féminin **chorale**, qui désigne un ensemble vocal, avec le nom masculin **choral**, qui désigne un chant religieux ou une composition musicale.
HOM. **choral, corral**
chorba n. f.
chordal, ale, aux /k-/ adj.
HOM. (du plur.) **cordeau**
chorde /k-/ n. f.
HOM. **corde**
choréa /k-/ n. f.
chorée /k-/ n. f.
HOM. **korê**
chorège /k-/ n. m.
chorégie /k-/ n. f.
chorégique /k-/ adj.
chorégraphe /k-/ n.
chorégraphie /k-/ n. f.
chorégraphier /k-/ v. tr. et v. intr. | conjug. 7 |
chorégraphique /k-/ adj.
chorégraphiquement /k-/ adv.
choréique /k-/ adj.
choreute /k-/ n. m.
chorial, ale, aux /k-/ adj.
choriambe /k-/ n. m.
choriambique /k-/ adj.
chorion /k-/ n. m.

choriste /k-/ n.
HOM. **coryste**
chorizo /ʃɔʀizo ; tʃɔʀiso/ n. m.
chorographe /k-/ n.
chorographie /k-/ n. f.
chorographique /k-/ adj.
choroïde /k-/ n. f. et adj.
choroïdien, ienne /k-/ adj.
choroïdite /k-/ n. f.
chorologie /k-/ n. f.
choronyme /k-/ n. m.
choronymie /k-/ n. f.
chorten /ʃɔʀtɛn/ n. m.
chorus /kɔʀys/ n. m.
1**chose** n. f.
➾ Ce mot est au singulier dans les expressions **c'est peu de chose**, **avant toute chose** et **c'est chose faite**. Il est au pluriel dans **état de choses** et **toutes choses égales**. La locution **autre chose** entraîne le masculin : *il cherche autre chose de beau.*
→ aussi **quelque chose**
2**chose** n. m. (fam. : objet, personne)
Ξ Ce mot peut s'employer comme adjectif dans les expressions **être tout chose** et **se sentir tout chose** : *elles se sentaient toutes choses.*
chosette n. f.
chosification n. f.
chosifier v. tr. | conjug. 7 |
chosisme n. m.
chosiste adj.
chott n. m.
1**chou** n. m. ▪ plur. **choux** (plante, nœud, pâtisserie)
2**chou, choute** adj. inv. et n. (personne)
➾ L'adjectif est généralement invariable (*elles sont chou*) mais on peut dire : *elles sont choutes ; les pauvres choutes !*
HOM. (du fém.) **shoot**, formes du v. **shooter**
chouan n. m.
chouannerie n. f.
➾ Ce mot s'écrit avec une majuscule lorsqu'il désigne l'épisode historique : *les causes de la Chouannerie* mais *une chouannerie moderne.*
choucard, arde adj.
choucas /-a/ n. m.
chouchen /ʃuʃɛn/ n. m. ▪ plur. inv. ou plur. **chouchens**
1**chouchou** n. m. (pour attacher)
➾ Ce mot a un pluriel régulier : *des chouchous.*
2**chouchou, oute** n. (personne)
➾ Ce mot a un pluriel régulier : *des chouchous, des chouchoutes.*
chouchoutage n. m.
chouchouter v. tr. | conjug. 1 |
choucroute n. f.
chouette n. f., adj. et interj.
chouettement adv.
chou-fleur ▪ plur. **choux-fleurs** n. m.
chouïa ou **chouya** n. m.
chouille n. f.
chouiner ou **chougner** v. intr. | conjug. 1 |
chouleur n. m.
chou-navet ▪ plur. **choux-navets** n. m.
choupette n. f.
chouque ou **chouquet** n. m.
chouquette n. f.
chou-rave ▪ plur. **choux-raves** n. m.
HOM. formes du v. **chouraver**
chouraver v. tr. | conjug. 1 |
choure n. f.
chourer v. tr. | conjug. 1 |
chouroun n. m.
chouya n. m.
→ **chouïa**
chow-chow ▪ plur. **chows-chows** ou **chowchow**○ ▪ plur. **chowchows**○ /ʃoʃo/ n. m.
choyer /ʃwaje/ v. tr. | conjug. 8 |
HOM. formes du v. **choir**
chrématistique /k-/ adj. et n. f.
chrême /k-/ n. m.
➾ Ce mot s'écrit toujours sans majuscule : *le saint chrême.*
HOM. **crème**, formes du v. **crémer**
chrémeau /k-/ n. m.
chrestomathie /k-/ n. f.
chrétien, ienne /k-/ adj. et n.
➾ Comme tous les mots désignant ou qualifiant une religion ou ses adeptes, ce mot s'écrit sans majuscule : *la religion chrétienne ; les chrétiens.*
chrétien-démocrate, chrétienne-démocrate /k-/ n. et adj. ▪ plur. **chrétiens-démocrates, chrétiennes-démocrates**
➾ Ce mot s'écrit toujours sans majuscule.
chrétiennement /k-/ adv.
chrétienté /k-/ n. f.
➾ Ce mot s'écrit toujours sans majuscule : *défendre la chrétienté.*
Chris-Craft® ▪ plur. **Chris-Crafts** ou **Chriscraft** ▪ plur. **Chriscrafts** /kʀiskʀaft/ n. m.
➾ Comme tous les noms déposés, ce mot doit s'écrire avec une majuscule. Toutefois, on le trouve fréquemment employé comme nom générique sans respect de la règle : *des chriscrafts.*
chrismal, ale, aux /k-/ n. m. et adj.
chrisme /k-/ n. m.
christ /k-/ n. m.
➾ Ce mot s'écrit avec une minuscule, contrairement au nom propre qui désigne Jésus de Nazareth : *des christs d'ivoire* mais *Jésus-Christ ; la paix du Christ.*

christe-marine /kʀist(ə)maʀin/ n. f. ▪ plur. **christes-marines**
→ **criste-marine**
christiania /k-/ n. m.
christianisation /k-/ n. f.
christianiser /k-/ v. tr. | conjug. 1 |
christianisme /k-/ n. m.
➾ Comme tous les mots désignant une religion, ce nom s'écrit sans majuscule : *se convertir au christianisme*.
christique /k-/ adj.
christologie /k-/ n. f.
christologique /k-/ adj.
christophine /k-/ n. f.
christophore /k-/ n. m.
chromage /k-/ n. m.
chromate /k-/ n. m.
chromaté, ée /k-/ adj.
chromaticité /k-/ n. f.
chromatide /k-/ n. f.
chromatine /k-/ n. f.
chromatinien, ienne /k-/ adj.
chromatique /k-/ adj.
chromatiquement /k-/ adv.
chromatiser /k-/ v. tr. | conjug. 1 |
chromatisme /k-/ n. m.
chromatogène /k-/ adj.
chromatogramme /k-/ n. m.
chromatographie /k-/ n. f.
chromatographique /k-/ adj.
chromatophore /k-/ n. m. et adj.
chromatopsie /k-/ n. f.
chrome /k-/ n. m.
chromé, ée /k-/ adj.
chromer /k-/ v. tr. | conjug. 1 |
chromeux, euse /k-/ adj.
chrominance /k-/ n. f.
chromique /k-/ adj.
chromiste /k-/ n.
chromite /k-/ n. f.
chromo /k-/ n. m.
▫ abrév. de **chromolithographie**
chromodynamique /k-/ n. f.
chromogène /k-/ adj.
chromographe /k-/ n. m.
chromolithographie /k-/ n. f.
chromophile /k-/ adj. et n.
chromophotographie /k-/ n. f.
chromoprotéine /k-/ n. f.
chromopsychologie /k-/ n. f.
chromoscope /k-/ n. m.
chromosome /k-/ n. m.
chromosomique /k-/ adj.
chromosphère /k-/ n. f.
chromosphérique /k-/ adj.
chromothérapie /k-/ n. f.
chromotypographie ou **chromotypie** /k-/ n. f.
chronaxie /k-/ n. f.
chronaxique /k-/ adj.
chroniciser (se) /k-/ v. pron. | conjug. 1 |
➾ Aux temps composés de la forme pronominale, le participe passé s'accorde en genre et en nombre avec le sujet : *la pathologie s'est chronicisée*.
chronicité /k-/ n. f.
chronique /k-/ adj. et n. f.
chroniquement /k-/ adv.
chroniquer /kʀɔ-/ v. tr. | conjug. 1 |
chroniqueur, euse /k-/ n.
chrono /k-/ n. m.
▫ abrév. de **chronomètre**
chronobiologie /k-/ n. f.
chronobiologique /k-/ adj.
chronobiologiste /k-/ n.
chronogramme /k-/ n. m.
chronographe /k-/ n. m.
chronographie /k-/ n. f.
chronologie /k-/ n. f.
chronologique /k-/ adj.
chronologiquement /k-/ adv.
chronologiste /k-/ n.
chronométrage /k-/ n. m.
chronomètre /k-/ n. m.
chronométrer /k-/ v. tr. | conjug. 6 |
chronométreur, euse /k-/ n.
chronométrie /k-/ n. f.
chronométrique /k-/ adj.
chronométriquement /k-/ adv.
chronopathologie /k-/ n. f.
chronopathologique /k-/ adj.
chronophage /k-/ adj.
chronopharmacologie /k-/ n. f.
chronophotographe /k-/ n. m.
chronophotographie /k-/ n. f.
chronophotographique /k-/ adj.
chronoprogrammable /k-/ adj.
chronoprogrammation /k-/ n. f.
chronoprogrammer /k-/ v. tr. | conjug. 1 |
chronoproportionnel, elle /k-/ adj.
chronothérapie /k-/ n. f.
chronotolérance /k-/ n. f.
chrysalide /k-/ n. f.
chrysanthème /k-/ n. m.
☯ Ce mot est masculin : *un chrysanthème*.
chryséléphantin, ine /k-/ adj.
chrysidé /k-/ n. m.
chrysobéryl /k-/ n. m.
chrysocale /k-/ n. m.
chrysocarpe /k-/ adj.
chrysocolle ou **chrysocole**° /k-/ n. f.
chrysolithe ou **chrysolite** /k-/ n. f.
chrysologue /k-/ adj.

chrysomèle /k-/ n. f.
chrysope /k-/ n. f.
chrysopée /k-/ n. f.
chrysoprase /k-/ n. f.
chrysostome /k-/ adj.
chrysothérapie /k-/ n. f.
chtar n. m.
chtarbé, ée adj.
chti ou **ch'ti** n. et adj.
◻ abrév. de **chtimi**
➾ Ce mot est invariable en genre et s'écrit toujours sans majuscule : *les chtis ; c'est une chti ; parler le chti.*
chtimi ou **ch'timi** n. et adj.
➾ Ce mot est invariable en genre et s'écrit toujours sans majuscule : *les chtimis ; c'est une chtimi ; la population chtimi ; parler le chtimi.*
chtonien, ienne /k-/ adj.
chtouille n. f.
C. H. U. /seaʃy/ n. m. inv.
◻ abrév. de **centre hospitalier universitaire**
chuchotage n. m.
chuchotement n. m.
chuchoter v. intr. | conjug. 1 |
chuchoterie n. f.
chuchoteur, euse adj. et n.
chuchotis /-i/ n. m.
chuintant, ante adj. et n. f.
chuintement n. m.
chuinter v. intr. | conjug. 1 |
churrigueresque /ʃu-/ adj.
churro /(t)ʃuʀo/ n. m.
chut /ʃyt/ interj. et n. m.
HOM. **chute**, formes du v. **chuter**
chute n. f.
HOM. **chut**
chuter v. intr. | conjug. 1 |
chutney /ʃœtnɛ/ n. m.
➾ Ce mot a un pluriel régulier : *des chutneys.*
chva /ʃva ; ʃwa/ n. m.
→ **schwa**
chyle n. m.
chyleux, euse adj.
chylifère adj. et n. m.
chylification n. f.
chyme n. m.
chymification n. f.
chymotrypsine n. f.
chypre n. m.
➾ Ce mot s'écrit sans majuscule, contrairement au nom propre qui désigne le pays : *un vin de Chypre ; un parfum de Chypre* mais *une bouteille de chypre.*
chypré, ée adj.
chypriote adj. et n.
➾ L'adjectif s'écrit sans majuscule : *la population chypriote ; l'art chypriote.* Le nom s'écrit avec une majuscule uniquement quand il désigne une personne : *les Chypriotes ; c'est une Chypriote* mais *parler le chypriote.*
chytridiale /k-/ n. f.
[1]**ci** adv.
Ξ Ce mot est une forme contractée de *ici*. Il est toujours précédé ou suivi d'un trait d'union, dans les expressions **de-ci de-là** et **par-ci par-là**, dans des mots composés (*ci-joint, ci-dessus*), après un nom précédé d'un démonstratif (*cet homme-ci*) ou après un pronom démonstratif (*celles-ci*).
⌘ Les mots formés avec *ci* et un adjectif ou un participe passé s'accordent s'ils sont placés après le nom (ils ont une valeur adjectivale) : *la copie ci-incluse.* Ils restent invariables s'ils sont placés avant le nom (ils ont une valeur adverbiale) : *vous trouverez ci-inclus la copie de notre facture.*
HOM. **si, scie, sis** (p. p. de [1]*seoir*), **six**, formes du v. **scier**
[2]**ci** pron. démonstratif.
Ξ Ce mot est une forme contractée de *ceci*. Il s'emploie toujours avec *ça* dans des expressions telles que **comme ci comme ça**.
HOM. **si, scie, sis** (p. p. de [1]*seoir*), **six**, formes du v. **scier**
ci-annexé, ée adj. et adv. ▪ plur. **ci-annexés, ées**
➾ Contrairement à l'adjectif, l'adverbe est invariable ; il est placé devant le nom : *les documents ci-annexés* mais *vous trouverez ci-annexé les documents.*
ciao /tʃao/ interj.
→ **tchao**
ci-après loc. adv.
cibarre n. m.
cibiche n. f.
cibiste n.
◻ rec. off. : **cébiste**
ciblage n. m.
cible n. f.
cibler v. tr. | conjug. 1 |
ciblerie n. f.
ciboire n. m.
ciborium /-jɔm/ n. m.
ciboule n. f.
ciboulette n. f.
ciboulot n. m.
cicatrice n. f.
cicatriciel, ielle adj.
cicatricule n. f.
cicatrisable adj.
cicatrisant, ante adj.
cicatrisation n. f.

cicatriser v. tr. et v. intr. | conjug. 1 |
¬ **se cicatriser**
➾ Aux temps composés de la forme pronominale, le participe passé s'accorde en genre et en nombre avec le sujet : *la brûlure s'est cicatrisée.*
cicer /sisɛʀ/ n. m. ou **cicerole** /sisʀɔl/ n. f.
cicérisme n. m.
cicéro n. m.
cicérone n. m.
cicéronien, ienne adj.
cichlidé n. m.
cicindèle n. f.
ciclosporine ou **cyclosporine** n. f.
ciconiidé n. m.
ci-contre loc. adv.
cicutaire n. f.
cicutine n. f.
ci-dessous loc. adv.
ci-dessus loc. adv.
ci-devant adv., adj. inv. et n. inv.
cidre n. m.
cidrerie n. f.
cidricole adj.
cidrier n. m.
Cie n. f.
□ abrév. de **compagnie**
Ξ Cette abréviation s'emploie uniquement à l'écrit.
ciel n. m. et interj. ▪ plur. **ciels** ou plur. **cieux**
Ξ Le pluriel *cieux* ne s'emploie que dans le langage poétique ou religieux et au sens figuré : *le royaume des cieux ; Notre Père qui êtes aux cieux ; la voûte des cieux ; l'infini des cieux ; sous d'autres cieux* mais *des ciels étoilés ; des ciels orageux ; les ciels de Van Gogh ; des ciels de lit.*
Au sens religieux, on dit *au ciel* : *il est monté au ciel.* Dans les autres emplois, on dit *dans le ciel* : *les oiseaux volent dans le ciel.*
Ce mot peut s'employer seul comme adjectif de couleur ou derrière un adjectif de couleur pour en préciser la nuance ; ces adjectifs sont alors invariables : *des murs bleu ciel ; des chemises ciel.*
➾ Ce mot s'écrit avec une majuscule au sens de « providence » : *grâce au Ciel ; le Ciel soit loué.*
cierge n. m.
ciergier, ière n.
cieux n. m. pl.
→ **ciel**
C. I. F. /seiɛf/ adj. et adv.
□ abrév. de **cost, insurance and freight**
□ rec. off. : **C. A. F.**
CIF /sif/ n. m.
□ abrév. de **congé individuel de formation**
C. I. G. /seiʒe/ n. f.
□ abrév. de **conférence intergouvernementale**
cigale n. f.
cigalier n. m.
cigalière n. f.
cigalon ou **cigalou** n. m.
cigare n. m.
[1]**cigarette** n. f. (rouleau de tabac)
Ξ Ce mot peut s'employer en apposition ; il est alors invariable : *des pantalons cigarette.*
[2]**Cigarette**® n. f. (bateau)
➾ Comme tous les noms déposés, ce mot doit s'écrire avec une majuscule : *faire du offshore avec des Cigarettes.* Toutefois, on le trouve fréquemment employé comme nom générique sans majuscule : *faire du offshore avec des cigarettes.*
cigarettier n. m.
☯ Ce mot, qui s'emploie plus souvent pour désigner une compagnie qu'un individu, n'a pas de forme féminine.
cigarière n. f.
cigarillo n. m.
ci-gît ou **ci-git**○ loc. verb.
cigogne n. f.
cigogneau n. m.
ciguë ou **cigüe**○ /sigy/ n. f.
ci-inclus, use adj. et adv.
➾ Contrairement à l'adjectif, l'adverbe est invariable : *les factures ci-incluses* mais *vous trouverez ci-inclus les factures.*
ci-joint, ci-jointe adj. et adv.
➾ Contrairement à l'adjectif, l'adverbe est invariable : *la copie ci-jointe* mais *vous trouverez ci-joint la copie du contrat.*
cil /sil/ n. m.
HOM. **scille, sil**
ciliaire adj.
cilice n. m.
HOM. **silice**
cilié, iée adj. et n. m.
cillement n. m.
ciller /sije/ v. intr. | conjug. 1 |
cimaise n. f.
cime n. f.
HOM. **cyme**
ciment n. m.
cimentage n. m.
cimentaire adj.
HOM. forme du v. **cimenter**
cimentation n. f.
ciment-colle n. m. ▪ plur. **ciments-colles**
cimenter v. tr. | conjug. 1 |
cimenterie n. f.
cimentier, ière n.
cimeterre n. m.
cimetière n. m.

cimex n. m.
cimicaire n. f.
cimier n. m.
cinabre n. m.
Ξ Ce mot peut s'employer seul comme adjectif de couleur ou derrière un adjectif de couleur pour en préciser la nuance ; ces adjectifs sont alors invariables : *des lèvres rouge cinabre ; des rideaux cinabre.*
cinchonine /sɛ̃kɔnin/ n. f.
cincle n. m.
ciné n. m.
▫ abrév. de **cinéma**
cinéaste n.
cinéclub ▪ plur. **cinéclubs** ou **ciné-club** ▪ plur. **ciné-clubs** /-klœb/ n. m.
cinégraphe n.
cinégraphie n. f.
cinégraphique adj.
cinéma n. m.
Cinémascope® n. m.
➾ Comme tous les noms déposés, ce mot doit s'écrire avec une majuscule : *filmer en Cinémascope*. Toutefois, on le trouve fréquemment employé comme nom générique sans respect de la règle : *filmer en cinémascope.*
cinémascopique adj.
cinémathèque n. f.
cinématique n. f.
cinématographe n. m.
cinématographie n. f.
cinématographier v. tr. | conjug. 7 |
cinématographique adj.
cinématographiquement adv.
cinémographe n. m.
cinémomètre n. m.
cinéparc ▪ plur. **cinéparcs** ou **ciné-parc** ▪ plur. **ciné-parcs** n. m.
▫ rec. off. pour **drive-in**
cinéphage adj. et n.
cinéphile adj. et n.
cinéphilie n. f.
cinéphilique adj.
cinéraire adj. et n. f.
Cinérama® n. m.
➾ Comme tous les noms déposés, ce mot doit s'écrire avec une majuscule : *une diffusion en Cinérama*. Toutefois, on le trouve fréquemment employé comme nom générique sans respect de la règle : *une diffusion en cinérama.*
cinérite n. f.
cinéroman n. m.
cinéshop ▪ plur. **cinéshops** ou **ciné-shop** ▪ plur. **ciné-shops** n. m.
cinéthéodolite n. m.
cinétique n. f. et adj.
cinétir n. m.
cinétogenèse n. f.
cinétose n. f.
cingalais, aise ou **cinghalais, aise** adj. et n.
➾ L'adjectif s'écrit sans majuscule : *la population cingalaise*. Le nom s'écrit avec une majuscule uniquement quand il désigne une personne : *les Cingalais ; c'est une Cingalaise* mais *parler le cingalais.*
cinglage n. m.
cinglant, ante adj.
cinglé, ée adj. et n.
HOM. **cingler**
cingler v. intr. et v. tr. | conjug. 1 |
HOM. **cinglé**
cingleur n. m.
cinglon n. m.
cinglure n. f.
cingulum /-ylɔm/ n. m.
cinname n. m.
cinnamique adj.
cinnamome n. m.
cinoche n. m.
cinoque adj.
→ **sinoque**
cinq /sɛ̃k/ adj. numéral inv. et n. m. inv.
♪ En principe, pour l'adjectif numéral cardinal, on ne prononce le *q* que devant un mot commençant par une voyelle (*cinq amis*), un *h* muet (*cinq hommes*) et en fin de phrase (*midi moins cinq*). Toutefois, la prononciation du *q* devant une consonne (*ils ont cinq filles ; les cinq sens*) ou devant un *h* aspiré (*cinq hautes tours*) est devenue très fréquente. Elle reste rare quand *cinq* est employé devant *cent, mille* et *minutes*.
➾ Ce mot s'écrit avec une majuscule dans certaines dénominations : *le groupe des Cinq ; le Conseil des Cinq-Cents ; les Cinq Nations*. Les numéraux formant un nombre complexe inférieur à cent s'écrivent traditionnellement avec un trait d'union : *trente-cinq jours*. Les Rectifications de l'orthographe de 1990 préconisent de généraliser l'emploi du trait d'union à tous les numéraux composés, qu'ils soient inférieurs ou supérieurs à cent : *à la page cinq-cent-trente ; il a cinq-mille-deux-cents euros en espèces.*
HOM. **scinque** ; **sain**, **saint**, **sein**, **seing**, formes du v. **ceindre**
cinquantaine n. f.
⌘ Lorsque **une cinquantaine de** suivi d'un nom au pluriel est sujet, le verbe s'accorde soit avec *cinquantaine*, soit avec le complément : *une cinquantaine d'exemplaires a été imprimée* ou *ont été imprimés*. Avec **la cinquantaine de**, le verbe s'accorde toujours avec *cinquantaine* : *la cinquantaine d'exemplaires a été envoyée.*

cinquante adj. numéral inv. et n. inv.
➾ Les numéraux formant un nombre complexe inférieur à cent s'écrivent traditionnellement avec un trait d'union : *cinquante-deux jours*. Les Rectifications de l'orthographe de 1990 préconisent de généraliser l'emploi du trait d'union à tous les numéraux composés, qu'ils soient inférieurs ou supérieurs à cent : *à la page cent-cinquante-deux ; il a cent-cinquante-mille euros en espèces.*
cinquantenaire adj. et n. m.
Ξ L'adjectif s'emploie pour qualifier les choses : *un arbre cinquantenaire*. Pour qualifier une personne, il faut employer *quinquagénaire* : *un ministre quinquagénaire*.
cinquantenier n. m.
cinquantième adj. et n.
cinquième adj. et n.
cinquièmement adv.
cintrage n. m.
cintre n. m.
cintré, ée adj.
cintrer v. tr. | conjug. 1 |
cintreuse n. f.
C. I. O. /seio/ n. m.
▫ abrév. de **centre d'information et d'orientation** ou abrév. de **comité international olympique**
cipal, aux n. m.
cipaye /sipaj/ n. m.
cipolin n. m.
cippe n. m.
cirage n. m.
circa adv.
circadien, ienne adj.
circaète n. m.
circamensuel, elle adj.
circannuel, elle adj.
circée n. f.
circiné, ée adj.
circoncire v. tr. | conjug. 37 ; sauf p. p. *circoncis, ise* |
ϟ Ne pas confondre **circoncire**, qui signifie « exciser le prépuce », avec **circonscrire**, qui signifie « délimiter ».
circoncis, ise adj. et n. m.
circoncision n. f.
➾ Avec une majuscule, **la Circoncision** désigne la fête religieuse : *la Circoncision est fêtée le 1er janvier.*
circonférence n. f.
circonférentiel, ielle adj.
circonflexe adj.
circonlocution n. f.
circonscriptible adj.
circonscription n. f.
circonscrire v. tr. | conjug. 39 |
ϟ Ne pas confondre **circonscrire**, qui signifie « délimiter », avec **circoncire**, qui signifie « exciser le prépuce ».
circonspect, ecte /siʀkɔ̃spɛ(kt), ɛkt/ **adj.**
♪ Au masculin, la prononciation /siʀkɔ̃spɛ/ est préférée par les puristes.
circonspection n. f.
circonstance n. f.
circonstancié, iée adj.
circonstanciel, ielle adj.
circonstanciellement adv.
circonstancier v. tr. | conjug. 7 |
circonvallation n. f.
circonvenir v. tr. | conjug. 22 |
circonvoisin, ine adj.
circonvoisiner v. tr. et v. intr. | conjug. 1 |
circonvolution n. f.
circuit n. m.
circuiterie n. f.
circulabilité n. f.
circulable adj.
circulaire adj. et n. f.
HOM. formes du v. **circuler**
circulairement adv.
circulant, ante adj.
circularité n. f.
circulateur n. m.
circulation n. f.
circulatoire adj.
circuler v. intr. | conjug. 1 |
circumduction /siʀkɔm-/ n. f.
circumlunaire /siʀkɔm-/ adj.
circumnavigateur, trice /siʀkɔm-/ n.
circumnavigation /siʀkɔm-/ n. f.
circumpolaire /siʀkɔm-/ adj.
circumsolaire /siʀkɔm-/ adj.
circumterrestre /siʀkɔm-/ adj.
cire n. f.
HOM. **cirre, sire**
ciré, ée adj. et n. m.
cirer v. tr. | conjug. 1 |
HOM. formes du v. **scier**
cireur, euse n.
cireux, euse adj.
cirier, ière n.
HOM. formes des v. **cirer, scier**
ciron n. m.
HOM. formes des v. **cirer, scier**
ciroplaste n. m.
cirque n. m.
cirre ou **cirrhe** n. m.
HOM. **cire, sire**, formes du v. **cirer**
cirrhose n. f.
cirrhotique adj. et n.
cirripède n. m.
cirrocumulus /-ys/ n. m.
cirrostratus /-ys/ n. m.
cirrus /-ys/ n. m.

cirse n. m.
cirure n. f.
cis /sis/ adj.
cisaillage n. m.
cisaille n. f.
cisaillement n. m.
cisailler v. tr. | conjug. 1 |
cisalpin, ine adj.
➾ Ce mot s'écrit avec une majuscule dans **la Gaule Cisalpine** et **la république Cisalpine**.
ciseau n. m.
Ξ Ce mot s'emploie au pluriel pour désigner un instrument formé de deux branches : *découper une feuille de papier avec des ciseaux* ou *avec une paire de ciseaux*. Dans le langage sportif, il s'emploie au singulier pour désigner un saut (*faire un ciseau*) mais au pluriel dans l'expression **sauter en ciseaux**.
ciselage n. m.
cisèlement n. m.
ciseler v. tr. | conjug. 5 |
ciselet n. m.
HOM. formes du v. **ciseler**
ciseleur, euse n.
ciselin n. m.
ciselure n. f.
cisjuran, ane adj.
cisoir n. m.
HOM. **cisoires**
cisoires n. f. pl.
HOM. **cisoir**
cispadan, ane adj.
cisrhénan, ane adj.
[1]**ciste** n. m. (arbrisseau)
[2]**ciste** n. f. (corbeille)
cistercien, ienne adj. et n.
➾ Ce mot s'écrit avec une minuscule lorsqu'il désigne une personne : *un couvent de cisterciennes*. Il s'écrit avec une majuscule lorsqu'il désigne sans ambiguïté l'ordre lui-même : *il est entré chez les Cisterciens*.
cistole n. f.
HOM. **systole**
cis-trans /sistʀɑ̃s/ adj. inv.
cistre n. m.
ϟ Ne pas confondre **cistre**, instrument à cordes occidental, avec **sistre**, instrument à percussion d'origine égyptienne.
HOM. **sistre**
cistron n. m.
cistude n. f.
citadelle n. f.
citadin, ine adj. et n.
citateur, trice n.
citation n. f.
cité n. f.
➾ Ce mot s'écrit avec une majuscule dans certaines dénominations : *la Cité des Doges ; la Cité des Papes ; l'île de la Cité ; la Cité des sciences et de l'industrie ; la Cité interdite*.
HOM. **citer**
cité-dortoir n. f. ▪ plur. **cités-dortoirs**
cité-jardin n. f. ▪ plur. **cités-jardins**
citer v. tr. | conjug. 1 |
HOM. **cité**
citérieur, eure adj.
citerne n. f.
citerneau n. m.
citernier, ière n.
cithare n. f.
ϟ Ne pas confondre le nom féminin **cithare** et le nom masculin **sitar**, qui désignent des instruments de musique. La **cithare** est un instrument à cordes, à caisse plate, sans manche. Le **sitar** est un instrument indien à long manche et cordes pincées.
HOM. **sitar**
citharède n. m.
cithariste n.
HOM. **sitariste**
citole n. f.
citoyen, citoyenne adj. et n.
citoyenneté n. f.
citral n. m.
citrate n. m.
citre n. m.
citrin, ine adj. et n. f.
citrique adj.
citron n. m.
Ξ Ce mot peut s'employer seul comme adjectif de couleur ou derrière un adjectif de couleur pour en préciser la nuance ; ces adjectifs sont alors invariables : *des chaussures jaune citron ; des peintures citron*.
HOM. formes du v. **citer**
citronnade n. f.
citronné, ée adj.
citronnelle n. f.
citronner v. tr. | conjug. 1 |
citronnier n. m.
citrouille n. f.
citrus /-ys/ n. m.
civadière n. f.
cive n. f.
civelle n. f.
civelot n. m.
civet n. m.
civette n. f.
civière n. f.
civil, ile adj. et n. m.
➾ Ne pas écrire *civile* au masculin.
→ aussi **code**
civilement adv.
civilisable adj.
civilisateur, trice adj.

civilisation n. f.
civilisationnel, elle adj.
civilisé, ée adj. et n.
civiliser v. tr. | conjug. 1 |
civiliste n.
civilité n. f.
civique adj.
civiquement adv.
civisme n. m.
clabaud n. m.
HOM. **clabot**
clabaudage n. m.
clabauder v. intr. | conjug. 1 |
clabauderie n. f.
clabaudeur, euse adj. et n.
clabot n. m.
HOM. **clabaud**
clabotage n. m.
claboter v. intr. | conjug. 1 |
clac interj.
HOM. **claque**, formes du v. **claquer**
clactonien, ienne adj. et n. m.
clade n. m.
cladisme n. m.
cladistique adj.
cladogramme n. m.
cladonie ou **cladone** n. f.
⌸ La forme *cladone* est vieillie.
clafoutis /-i/ n. m.
claie n. f.
¹**clair, claire** adj. et n. m.
➾ Quand *clair* est employé avec un adjectif de couleur, il est invariable : *des pantalons vert clair.*
HOM. **clerc**
²**clair** adv.
HOM. **clerc**
clairance n. f.
▫ rec. off. pour **clearance**
claire n. f.
HOM. **clerc**
clairement adv.
¹**clairet, ette** adj.
²**clairet** n. m. (vin rouge)
clairette n. f. (vin blanc)
claire-voie ▪ plur. **claires-voies** ou **clairevoie**° ▪ plur. **clairevoies**° n. f.
clairière n. f.
clair-obscur n. m. ▪ plur. **clairs-obscurs**
clairon n. m.
claironnant, ante adj.
claironnement n. m.
claironner v. intr. et v. tr. | conjug. 1 |
clairsemé, ée adj.
clairvoyance n. f.
clairvoyant, ante adj. et n.

clam n. m.
HOM. formes du v. **clamer**
clamecer v. intr. | conjug. défectif |
→ **clamser**
clamer v. tr. | conjug. 1 |
clameur n. f.
clamp /klɑ̃p/ n. m.
HOM. formes du v. **clamper**
clampage n. m.
clamper v. tr. | conjug. 1 |
clampin n. m.
clamser ou **clamecer** v. intr. | conjug. 1 |
⌸ La forme *clamecer*, défective, est à éviter.
clan n. m.
clandé n. m.
clandestin, ine adj. et n.
clandestinement adv.
clandestinité n. f.
clando n.
▫ abrév. de **clandestin**
clangueur n. f.
clanique adj.
clanisme n. m.
claniste adj.
clap n. m.
clapet n. m.
HOM. formes du v. **clapper**
clapier n. m.
HOM. formes du v. **clapper**
clapir v. intr. | conjug. 2 | (lapin : crier)
clapir (se) v. pron. | conjug. 2 | (lapin : se cacher)
➾ Aux temps composés de la forme pronominale, le participe passé s'accorde en genre et en nombre avec le sujet : *les lapins se sont clapis.*
clapman /-man/ n. m. ▪ plur. **clapmans** ou plur. **clapmen** /-mɛn/
⌸ On peut employer le pluriel à la française *clapmans* ou le pluriel à l'anglaise *clapmen.*
clapot n. m.
clapotage n. m.
clapotant, ante adj.
clapotement n. m.
clapoter v. intr. | conjug. 1 |
clapoteux, euse adj.
clapotis /-i/ n. m.
clappement n. m.
clapper v. intr. | conjug. 1 |
claquade n. f.
claquage n. m.
claquant, ante adj.
¹**claque** n. f. (gifle)
HOM. **clac**
²**claque** adj. et n. m. (chapeau)
HOM. **clac**
claquedent n. m.
claquement n. m.

claquemurer v. tr. | conjug. 1 |
¬ **se claquemurer**
➾ Aux temps composés de la forme pronominale, le participe passé s'accorde en genre et en nombre avec le sujet : *elles se sont claquemurées.*
claquer v. tr. et v. intr. | conjug. 1 |
¬ **se claquer**
➾ Aux temps composés de la forme pronominale, le participe passé ne s'accorde pas quand il est suivi d'un complément d'objet direct : *elle s'est claqué deux muscles.* Il s'accorde avec le complément d'objet direct quand celui-ci est placé avant le verbe : *les deux muscles qu'elle s'est claqués.*
claquet n. m.
HOM. formes du v. **claquer**
claqueter v. intr. | conjug. 4 |
claquette n. f.
claqueur n. m.
claquoir n. m.
clarifiant, ante adj. et n. m.
clarification n. f.
clarifier v. tr. | conjug. 7 |
¬ **se clarifier**
➾ Aux temps composés de la forme pronominale, le participe passé s'accorde en genre et en nombre avec le sujet : *la situation s'est clarifiée.*
clarine n. f.
clarinette n. f.
clarinettiste n.
clarisse n. f.
➾ Ce mot s'écrit avec une minuscule lorsqu'il désigne une personne : *un couvent de clarisses.* Il s'écrit avec une majuscule lorsqu'il désigne sans ambiguïté l'ordre lui-même : *elle est entrée chez les Clarisses.*
clarté n. f.
clase n. f.
clash /klaʃ/ n. m.
clasie n. f.
classable adj.
classage n. m.
classe n. f. et adj. inv
☰ Ce mot peut s'employer comme adjectif ; il est alors invariable : *des vêtements très classe.*
classement n. m.
classer v. tr. | conjug. 1 |
classeur n. m.
classicisant, ante adj.
classicisme n. m.
➾ Ce mot s'écrit sans majuscule : *le classicisme et le romantisme.*
classiciste n.
classieux, ieuse adj.
classificateur, trice n. et adj.
classification n. f.
classificatoire adj.
classifier v. tr. | conjug. 7 |
classique adj. et n.
classiquement adv.
clastique adj.
clathre n. m.
claudélien, ienne adj.
claudicant, ante adj.
➾ Ne écrire cet adjectif comme *claudiquant,* participe présent du verbe *claudiquer.*
claudication n. f.
claudiquer v. intr. | conjug. 1 |
clause n. f.
HOM. **close** (p. p. de *clore)*
claustra n. m.
☯ Ce mot est masculin : *un grand claustra.*
claustral, ale, aux adj.
claustration n. f.
claustrer v. tr. | conjug. 1 |
¬ **se claustrer**
➾ Aux temps composés de la forme pronominale, le participe passé s'accorde en genre et en nombre avec le sujet : *ils se sont claustrés chez eux.*
claustrophobe adj. et n.
claustrophobie n. f.
claustrophobique adj.
clausule n. f.
clavage n. m.
clavaire n. f.
clavardage n. m.
☰ Ce mot est recommandé par l'Office québécois de la langue française pour remplacer l'anglicisme *chat.*
clavarder v. intr. | conjug. 1 |
☰ Ce mot est recommandé par l'Office québécois de la langue française pour remplacer l'anglicisme *chatter.*
clavardeur, euse n.
☰ Ce mot est recommandé par l'Office québécois de la langue française pour remplacer l'anglicisme *chatteur, euse.*
claveau n. m.
clavecin n. m.
claveciniste n.
clavelée n. f.
claveleux, euse adj.
clavelisation n. f.
claveliser v. tr. | conjug. 1 |
clavetage n. m.
claveter v. tr. | conjug. 4 |
clavette n. f.
claviceps /-sɛps/ n. m.
clavicorde n. m.
clavicorne n. m.
claviculaire adj.
clavicule n. f.

claviculé, ée adj.
clavier n. m.
claviériste n.
claviste n.
clayère /klɛjɛʀ/ n. f.
clayette /klɛjɛt/ n. f.
claymore /klɛmɔʀ/ n. f.
clayon /klɛjɔ̃/ n. m.
clayonnage /klɛjɔnaʒ/ n. m.
clayonner /klɛjɔne/ v. tr. | conjug. 1 |
clé ou **clef** /kle/ n. f.
Ξ De nos jours, la graphie *clé* est plus fréquente.
Ce mot peut s'employer en apposition ; il prend la marque du pluriel : *des témoins clés.* Il est parfois lié par un trait d'union au nom qui le précède : *des mots clés* ou *des mots-clés.*
clean /klin/ adj. inv.
clearance /kliʀɑ̃s/ n. f.
◻ rec. off. : **clairance**
clearing /kliʀiŋ/ n. m.
clébard n. m.
clebs /klɛps/ n. m.
clédar n. m.
clef n. f.
→ **clé**
cléistogame adj.
clématite n. f.
clémence n. f.
clément, ente adj.
clémentine n. f.
clémentinier n. m.
clémenvilla n. f.
clenche /klɑ̃ʃ ; klɛ̃ʃ/ n. f.
clenchette n. f.
clephte ou **klephte** n. m.
clepsydre n. f.
cleptomane ou **kleptomane** n. et adj.
cleptomanie ou **kleptomanie** n. f.
clerc /klɛʀ/ n.
☯ Pour parler d'une femme, le *Guide d'aide à la féminisation des noms de métiers, titres, grades et fonctions* et l'Office québécois de la langue française recommandent l'emploi de *clerc* au féminin : *une clerc de notaire.* En Belgique, on rencontre la forme *clercque,* en Suisse, *clergesse.*
HOM. **clair, claire**
clergé n. m.
clergeon n. m.
clergie n. f.
clergyman /klɛʀʒiman/ n. m. ▪ plur. **clergymans** ou plur. **clergymen** /-mɛn/
Ξ On peut employer le pluriel francisé *clergymans* ou le pluriel anglais *clergymen.*
cléricaille n. f.
clérical, ale, aux adj. et n.
cléricaliser v. tr. | conjug. 1 |
cléricalisme n. m.
cléricature n. f.
cléromancie n. f.
clérouque n. m.
clérouquie n. f.
clic interj.
HOM. **clique, cliques,** formes du v. **cliquer**
clicable adj.
[1]**clic-clac** interj. et n. m. inv. (bruit)
[2]**Clic-Clac**® n. m. inv. (canapé)
⇝ Comme tous les noms déposés, ce mot doit s'écrire avec des majuscules. Toutefois, on le trouve fréquemment employé comme nom générique sans respect de la règle : *dormir dans des clic-clac.*
clichage n. m.
cliche n. f.
cliché n. m.
clichement n. m.
clicher v. tr. et v. intr. | conjug. 1 |
clicherie n. f.
clicheur, euse n.
client, cliente n.
clientèle n. f.
clientélisme n. m.
clientéliste adj.
clifoire n. f.
clignant, ante adj.
clignement n. m.
cligner v. tr., v. tr. ind. et v. intr. | conjug. 1 |
Ξ La forme transitive (*cligner les yeux*) s'emploie plutôt pour dire « fermer à demi » (*il cligne les yeux pour accommoder*), alors que le forme transitive indirecte (*cligner de l'œil/des yeux*) s'emploie surtout pour dire « fermer et ouvrir rapidement » (*il cligna de l'œil en signe de connivence*).
clignotant, ante adj. et n. m.
clignotement n. m.
clignoter v. intr. | conjug. 1 |
clignoteur n. m.
clim n. f.
◻ abrév. de **climatisation**
climat n. m.
climatère n. m.
climatérique adj. et n. f.
climatique adj.
climatiquement adv.
climatisation n. f.
climatiser v. tr. | conjug. 1 |
climatiseur n. m.
climatisme n. m.
climatologie n. f.
climatologique adj.
climatologiste n.
climatologue n.
climatopathologie n. f.

climatothérapie n. f.
climatothérapique adj.
climatron n. m.
climax /klimaks/ n. m.
clin n. m.
clinche n. f.
clin d'œil n. m. ▪ plur. **clins d'œil**
clinfoc n. m.
clinicat /-a/ n. m.
clinicien, ienne n. et adj.
clinique adj. et n. f.
cliniquement adv.
clinomètre n. m.
clinométrie n. f.
clinorhombique adj.
clinquant, ante adj. et n. m.
clinquer v. intr. | conjug. 1 |
[1]**clip** n. m. (bijou, agrafe)
Ξ On rencontre parfois la forme *clips* /klips/ au singulier : *un clips*. Cet emploi est abusif et doit être évité.
HOM. formes du v. **clipper**
[2]**clip** n. m. (vidéo)
HOM. formes du v. **clipper**
clipage n. m.
clipart /klipaRt/ n. m.
[1]**clipper** /-œR/ ou **clippeur**○ n. m.
[2]**clipper** v. tr. | conjug. 1 |
cliquable adj.
cliquart n. m.
clique n. f. (groupe)
HOM. **clic, cliques,** formes du v. **cliquer**
cliquer v. intr. | conjug. 1 |
cliques n. f. pl.
Ξ Ce mot ne s'emploie que dans l'expression familière **prendre ses cliques et ses claques**.
HOM. **clic, clique,** formes du v. **cliquer**
cliquet n. m.
cliquetant, ante adj.
cliquètement ou **cliquettement** n. m.
cliqueter v. intr. | conjug. 4 |
cliquetis /-i/ n. m.
cliquette n. f.
clissage n. m.
clisse n. f.
clisser v. tr. | conjug. 1 |
clitocybe n. m.
clitoridectomie n. f.
clitoridien, ienne adj.
clitoris /-is/ n. m.
clivable adj.
clivage n. m.
cliver v. tr. | conjug. 1 |
[1]**cliveur, euse** n. (personne)
[2]**cliveur** n. m. (instrument)
cloacal, ale, aux adj.
cloaque n. m.

cloc interj. et n. m.
HOM. **cloque**
clochard, arde n. (personne)
clochard n. f. (pomme)
clochardisation n. f.
clochardiser v. tr. | conjug. 1 |
¬ **se clochardiser**
➾ Aux temps composés de la forme pronominale, le participe passé s'accorde en genre et en nombre avec le sujet : *ils se sont clochardisés*.
[1]**cloche** n. f. (instrument)
Ξ Ce mot peut s'employer en apposition ; il est alors invariable : *des jupes cloche ; des chapeaux cloche*.
[2]**cloche** n. m. ou n. f. (chapeau)
[3]**cloche** n. f. et adj. (fam. : personne)
clochement n. m.
clochemerle n. m.
cloche-pied (à) ou **clochepied (à)**○ loc. adv.
➾ Comme tous les adverbes, cette locution est invariable : *ils avançaient à cloche-pied*.
[1]**clocher** n. m.
[2]**clocher** v. intr. | conjug. 1 |
clocheter v. intr. | conjug. 4 |
clocheton n. m.
clochette n. f.
clodo n.
cloison n. f.
cloisonnage n. m.
cloisonné, ée adj. et n. m.
cloisonnement n. m.
cloisonner v. tr. | conjug. 1 |
cloisonnisme n. m.
cloître ou **cloitre**○ n. m.
cloîtrer ou **cloitrer**○ v. tr. | conjug. 1 |
¬ **se cloîtrer**
➾ Aux temps composés de la forme pronominale, le participe passé s'accorde en genre et en nombre avec le sujet : *ils se sont cloîtrés chez eux*.
cloîtrier, ière ou **cloitrier, ière**○ n. et adj.
HOM. formes du v. **cloîtrer**
clonage n. m.
clonal, ale, aux adj.
clone n. m.
cloner v. tr. | conjug. 1 |
cloneur n. m.
clonie n. f.
clonique adj.
clonus /-ys/ n. m.
clope n. m. ou f.
cloper v. intr. | conjug. 1 |
clopin-clopant ou **clopinclopant**○ loc. adv.
➾ Comme tous les adverbes, cette locution est invariable : *ils vont clopin-clopant*.

clopiner v. intr. | conjug. 1 |
clopinettes n. f. pl.
cloporte n. m.
cloquage n. m.
cloque n. f.
HOM. **cloc**
cloqué, ée adj.
cloquer v. intr. et v. tr. | conjug. 1 |
clore v. tr. | conjug. 45 |
CONJUG. Ce verbe est défectif : il ne s'emploie ni au passé simple, ni à l'imparfait de l'indicatif. Au présent de l'indicatif, il ne se conjugue pas aux deux premières personnes du pluriel.
HOM. **chlore**
clos, close adj. et n. m.
HOM. (du fém.) **clause**
closeau n. m.
close-combat n. m. ▪ plur. **close-combats**
closerie n. f.
closier, ière n.
clostridie n. f.
clostridium /-jɔm/ n. m.
clôture n. f.
clôturer v. tr. | conjug. 1 |
clou n. m.
HOM. formes du v. **clouer**
clouage n. m.
clouer v. tr. | conjug. 1 |
ϟ Ne pas confondre **clouer**, qui signifie « fixer avec des clous » (*clouer un tapis*), avec **clouter**, qui signifie « garnir de clous » (*clouter des pneus*).
cloueur, euse n.
cloueuse n. f.
cloutage n. m.
cloutard, arde n.
clouté, ée adj.
clouter v. tr. | conjug. 1 |
ϟ Ne pas confondre **clouter**, qui signifie « garnir de clous » (*clouter des pneus*), avec **clouer**, qui signifie « fixer avec des clous » (*clouer un tapis*).
clouterie n. f.
cloutier, ière n. (personne)
HOM. formes du v. **clouter**
cloutière n. f. (outil, boîte)
clovisse n. f.
☯ Ce mot est féminin : *une clovisse*.
clovissière n. f.
clown /klun/ n.
☯ Pour parler d'une femme, l'emploi de *clown* au féminin est recommandé par le *Guide d'aide à la féminisation des noms de métiers, titres, grades et fonctions* et l'Office québécois de la langue française : *c'est une clown*. La forme *clownesse* est rare.
clownerie /klun-/ n. f.
clownesque /klun-/ adj.
clownesse /klun-/ n. f.
→ aussi **clown**
cloyère /klwa- ; klɔj-/ n. f.
club /klœb/ n. m.
Ξ Ce mot peut s'employer en apposition ; il est alors invariable : *des cravates club* (à rayures obliques) ; *des fauteuils club* (larges et profonds).
clubbeur, euse /klœ-/ n.
club-house /klœbaus/ n. m. ▪ plur. **club-houses**
◻ rec. off. : **foyer**
clubiste /klœ-/ n.
clue n. f.
clunisien, ienne adj.
clupéidé n. m.
clupéiforme n. m.
cluse n. f.
clusiacée n. f.
clusie n. f.
cluster /klœstœʀ/ n. m.
clustériser /klœste-/ v. tr. | conjug. 1 |
clypéastre n. m.
clysoir n. m.
clysopompe n. m.
clystère n. m.
cm n. m. inv.
◻ abrév. de **centimètre**
Ξ Cette abréviation s'emploie uniquement à l'écrit et n'est pas suivie d'un point abréviatif.
C. M. n. m. inv.
◻ abrév. de **cours moyen**
C. M. U. n. f.
◻ abrév. de **couverture maladie universelle**
C. N. A. n. m.
◻ abrév. de **convertisseur numérique-analogique**
cnémide n. f.
cnidaire n. m.
cnidoblaste n. m.
coaccusé, ée n.
coacervat /-a/ n. m.
coacervation n. f.
coach /kotʃ/ n. ▪ plur. **coachs** ou plur. **coaches**
◻ rec. off. : **entraîneur**
Ξ On peut employer le pluriel francisé *coachs* ou le pluriel anglais *coaches*.
Au sens de « conseiller professionnel », il est officiellement recommandé d'employer *mentor*.
HOM. formes du v. **coacher**
coacher /kotʃe/ v. tr. | conjug. 1 |
coaching /kotʃiŋ/ n. m.
Ξ Au sens de « conseils professionnels personnalisés », il est officiellement recommandé d'employer *mentorat*.
coacquéreur n. m.
coactif, ive adj.

coaction n. f.
coactionnaire adj. et n.
coadaptateur, trice n.
coadaptation n. f.
coadjuteur, trice n.
coadjutorerie n. f.
coadministrateur, trice n.
coagulabilité n. f.
coagulable adj.
coagulant, ante adj. et n. m.
coagulase n. f.
coagulateur, trice adj.
coagulation n. f.
coaguler v. tr. et v. intr. | conjug. 1 |
coagulum /-ylɔm/ n. m.
coalescence n. f.
coalescent, ente adj. et n. m.
coalisé, ée adj. et n.
coaliser v. tr. | conjug. 1 |
¬ **se coaliser**
➾ Aux temps composés de la forme pronominale, le participe passé s'accorde en genre et en nombre avec le sujet : *ils se sont coalisés*.
coalition n. f.
coaltar /kol- ; kɔl-/ n. m.
◻ rec. off. : **goudron de houille**
coaptation n. f.
coapteur n. m.
coarctation n. f.
coarcté, ée adj.
coarté, ée adj.
coassement n. m.
ϟ Ne pas confondre **coassement** avec **croassement**. Les deux mots signifient « cri » mais **coassement** désigne le cri de la grenouille et du crapaud alors que **croassement** désigne celui du corbeau et de la corneille.
coasser v. intr. | conjug. 1 |
ϟ Ne pas confondre **coasser** avec **croasser**. Les deux verbes signifient « crier » mais **coasser** concerne la grenouille et le crapaud alors que **croasser** concerne le corbeau et la corneille.
coassocié, iée n.
coassurance n. f.
coati n. m.
coauteur, e n.
→ aussi **auteur**
coaxial, iale, iaux adj.
cob n. m.
HOM. **kob**
cobalt n. m.
Ξ Ce mot peut s'employer seul comme adjectif de couleur ou derrière un adjectif de couleur pour en préciser la nuance ; ces adjectifs sont alors invariables : *des rideaux bleu cobalt ; des vestes cobalt.*
cobaltage n. m.
cobalteux, euse adj.
cobalthérapie ou **cobaltothérapie** n. f.
cobaltique adj.
cobaltite n. f.
cobamide n. m. ou f.
cobaye /-aj/ n. m.
cobée n. f.
cobelligérant, ante n. m. et adj.
cobitidé n. m.
cobla n. f.
cobol n. m.
◻ abrév. de **common business oriented language**
cobra n. m.
[1]**coca** n. m. (arbrisseau)
[2]**coca** n. m.
◻ abrév. de **Coca-Cola**
[3]**coca** n. f. (substance)
Coca-Cola® n. m. inv.
➾ Comme tous les noms déposés, ce mot doit s'écrire avec une majuscule : *boire du Coca-Cola*. Toutefois, on le trouve fréquemment employé comme nom générique sans respect de la règle : *boire des coca-cola*.
cocagne n. f.
➾ Ce mot s'écrit sans majuscule : *un mât de cocagne ; un pays de cocagne*.
cocaïer n. m.
cocaïne n. f.
cocaïne-base n. f. ▪ plur. **cocaïnes-bases**
cocaïnique adj.
cocaïnisation n. f.
cocaïnisme n. m.
cocaïnomane n.
cocaïnomanie n. f.
cocarde n. f.
cocardeau n. m.
cocardier, ière adj.
cocasse adj.
cocassement adv.
cocasserie n. f.
cocâtre n. m.
→ **coquâtre**
coccacée n. f.
coccidé ou **coccide** n. m.
coccidie n. f.
coccidien, ienne adj.
coccidiose n. f.
cocciforme adj.
coccinelle n. f.
coccobacille n. m.
coccolite ou **coccolithe** n. f.
coccus /-kys/ n. m. ▪ plur. **coccus** ou plur. **cocci**
Ξ On peut employer le pluriel invariable *coccus* ou le pluriel latin *cocci*.
coccygien, ienne /kɔks-/ adj.

coccyx /kɔksis/ n. m.
[1]**coche** n. f. (vx : entaille)
[2]**coche** n. m.
(chaland)
▸ **coche (de plaisance)**
▫ rec. off. pour **house-boat**
[3]**coche** n. m. (voiture)
cochelet n. m.
cochenillage n. m.
cochenille n. f.
cocheniller v. intr. et v. tr. | conjug. 1 |
[1]**cocher** n. m.
[2]**cocher** v. tr. | conjug. 1 | (marquer)
côcher v. tr. | conjug. 1 | (oiseaux : couvrir la femelle)
cochère adj. f.
HOM. forme du v. **cocher**
cocherelle n. f.
cochet n. m.
HOM. formes du v. **cocher**
cochette n. f.
cochevis /-i/ n. m.
cochléaire /kɔk-/ n. f. et adj.
cochlée /kɔk-/ n. f.
cochoir n. m.
[1]**cochon** n. m. (animal)
HOM. formes du v. **cocher**
[2]**cochon, onne** n. et adj. (fam. : personne)
HOM. formes du v. **cocher**
cochonceté n. f.
cochonglier n. m.
cochonnaille n. f.
cochonnée n. f.
cochonnement adv.
cochonner v. intr. et v. tr. | conjug. 1 |
cochonnerie n. f.
cochonnet n. m.
HOM. formes du v. **cochonner**
cochylis /kɔkilis/ n. m.
cocker /-ɛʀ/ n. m.
cockney /kɔknɛ/ n. et adj.
cockpit /kɔkpit/ n. m.
cocktail /kɔktɛl/ n. m.
Ξ Ce mot peut s'employer en apposition ; il est alors invariable : *des robes cocktail* ; *des sauces cocktail.*
[1]**coco** n. m. (fruit du cocotier)
[2]**coco** n. m. (fam. : œuf, haricot, individu)
[3]**coco** n. f.
▫ abrév. de **cocaïne**
[4]**coco** n.
▫ abrév. de **communiste**
cocon n. m.
coconnage n. m.
coconnière n. f.
cocontractant, ante adj. et n.
cocooner /kɔkune/ v. intr. | conjug. 1 |
cocooning /kɔkuniŋ/ n. m.
cocorico ou **coquerico** n. m.
cocoter v. intr. | conjug. 1 |
→ **cocotter**
cocoteraie n. f.
HOM. formes du v. **cocotter**
cocotier n. m.
HOM. formes du v. **cocotter**
cocotte n. f.
Cocotte-Minute® n. f. ▪ plur. **Cocottes-Minute** ou plur. **Cocottes-minutes**○
➾ Comme tous les noms déposés, ce mot doit s'écrire avec une majuscule : *utiliser des Cocottes-Minute.* Toutefois, on le trouve fréquemment employé comme nom générique sans majuscule : *utiliser des cocottes-minute.*
cocotter ou **cocoter** v. intr. | conjug. 1 |
cocréancier, ière n.
coction n. f.
cocu, ue n. et adj.
cocuage n. m.
➾ Ne pas employer **cocufiage*.
cocufier v. tr. | conjug. 7 |
cocyclique adj.
coda n. f.
HOM. formes du v. **coder**
codage n. m.
codant, ante adj.
code n. m.
➾ Ce mot s'écrit avec une majuscule quand il désigne un ensemble de textes qui régissent un pays ou un domaine spécifique : *le Code civil* ou *Code Napoléon ; le Code pénal ; le Code du travail ; le Code de la route* mais *le code de la politesse ; le code de l'honneur.*
code-barres n. m. ▪ plur. **codes-barres**
codébiteur, trice n.
codec n. m.
codécider v. tr. | conjug. 1 |
codécision n. f.
codéine n. f.
codemandeur, deresse adj. et n.
coder v. tr. et v. intr. | conjug. 1 |
codet n. m.
HOM. formes du v. **coder**
codétenteur, trice n.
codétenu, ue n.
codeur n. m.
codéveloppement n. m.
codex n. m.
codicillaire /-sil-/ adj.
codicille /-sil/ n. m.
codicologie n. f.
codicologique adj.
codicologue n.
codificateur, trice adj. et n.
codification n. f.

codifier v. tr. | conjug. 7 |
codique adj.
codirecteur, trice n.
codirection n. f.
codiriger v. tr. | conjug. 3 |
codominance n. f.
codon n. m.
HOM. formes du v. **coder**
codonataire n.
codonateur, trice n.
coéchangiste n.
coécrire v. tr. | conjug. 39 |
coéditer v. tr. | conjug. 1 |
coéditeur, trice n.
coédition n. f.
coéducation n. f.
coefficient n. m.
cœlacanthe /se-/ n. m.
cœlentéré /se-/ n. m.
cœliaque /se-/ adj.
cœliochirurgie /se-/ n. f.
cœlioscopie /se-/ ou **célioscopie** n. f.
cœlioscopique /se-/ ou **célioscopique** adj.
cœliotomie /se-/ n. f.
cœlomate /se-/ n. m.
cœlome /se-/ n. m.
cœlomique /se-/ adj.
cœlostat /selɔsta/ n. m.
coemption n. f.
cœnocyte /se-/ ou **cénocyte** n. m.
cœnocytique /se-/ ou **cénocytique** adj.
coentreprise n. f.
□ rec. off. pour **joint-venture**
cœnure /se-/ n. m.
→ **cénure**
coenzyme n. m. ou f.
coépouse n. f.
coéquation n. f.
coéquipier, ière n.
coercibilité n. f.
coercible adj.
coercitif, ive adj.
coercition n. f.
coercitivité n. f.
coessentiel, elle, els adj.
coéternel, elle adj.
cœur n. m.
HOM. **chœur**
cœur-de-pigeon n. m. ▪ plur. **cœurs-de-pigeon**
coexistence n. f.
coexister v. intr. | conjug. 1 |
coextensif, ive adj.
coextrusion n. f.
cofacteur n. m.
cofferdam n. m.
coffin n. m.
coffiner v. intr. | conjug. 1 |
coffrage n. m.
coffre n. m.
coffre-fort n. m. ▪ plur. **coffres-forts**
coffrer v. tr. | conjug. 1 |
coffret n. m.
HOM. formes du v. **coffrer**
coffreur, euse n.
cofidéjusseur n. m.
cofinancement n. m.
cofinancer v. tr. | conjug. 3 |
cofondateur, trice n.
cofonder v. tr. | conjug. 1 |
cofusion n. f.
cogénération n. f.
cogérance n. f.
cogérant, ante n.
cogérer v. tr. | conjug. 6 |
cogestion n. f.
cogitation n. f.
cogiter v. intr. | conjug. 1 |
cogito n. m.
cognac n. m.
➾ Ce mot s'écrit sans majuscule, contrairement au nom propre qui désigne la ville : *une eau-de-vie de Cognac* mais *une bouteille de cognac.*
Ξ Ce mot peut s'employer comme adjectif de couleur ; il est alors invariable : *des jupes cognac.*
cognage n. m.
cognasse n. f.
cognassier n. m.
cognat /kɔgna/ n. m.
cognation /-gna-/ n. f.
cognatique /-gna-/ adj.
[1]**cogne** n. m. (pop. : gendarme)
[2]**cogne** n. f. (fam. : bagarre)
cognée n. f.
cognement n. m.
cogner v. tr., v tr. ind. et v. intr. | conjug. 1 |
¬ **se cogner**
➾ Aux temps composés de la forme pronominale, le participe passé s'accorde en genre et en nombre avec le sujet : *elle s'est cognée.* Mais le participe passé ne s'accorde pas quand il est suivi d'un complément d'objet direct : *elle s'est cogné la jambe.* Il ne s'accorde avec le complément d'objet direct que lorsque celui-ci est placé avant le verbe : *la jambe qu'il s'est cognée.*
cogneur, euse n.
cogniticien, ienne /kɔgni-/ n.
cognitif, ive /kɔgni-/ adj.
cognition /kɔgni-/ n. f.
cognitivisme /kɔgni-/ n. m.

cognitiviste /kɔgni-/ adj. et n.
cognoscible /kɔgnɔ-/ adj.
cohabitant, ante adj. et n.
cohabitation n. f.
cohabitationniste adj. et n.
cohabiter v. intr. | conjug. 1 |
cohérence n. f.
cohérent, ente adj.
cohéreur n. m.
cohériter v. intr. | conjug. 1 |
cohéritier, ière n.
cohésif, ive adj.
cohésion n. f.
cohorte n. f.
cohue n. f.
coi, coite adj.
HOM. **kwa, quoi**
coiffage n. m.
coiffant, ante adj.
coiffe n. f.
coiffé, ée adj.
coiffer v. tr. | conjug. 1 |
¬ **se coiffer**
➾ Aux temps composés de la forme pronominale, le participe passé s'accorde en genre et en nombre avec le sujet : *elle s'est coiffée avant de sortir.* Mais le participe passé ne s'accorde pas quand il est suivi d'un complément d'objet direct : *elle s'est coiffé les cheveux.*
coiffeur, euse n.
coiffeuse n. f.
coiffure n. f.
coin n. m.
HOM. **coing**
coinçage n. m.
coincé, ée adj.
coincement n. m.
coincer v. tr. | conjug. 3 |
¬ **se coincer**
➾ Aux temps composés de la forme pronominale, le participe passé s'accorde en genre et en nombre avec le sujet : *la fermeture s'est coincée.* Mais le participe passé ne s'accorde pas quand il est suivi d'un complément d'objet direct : *elle s'est coincé les doigts.*
coinceur n. m.
coinche n. f.
coinchée n. f.
coincher v. intr. | conjug. 1 |
coïncidence n. f.
coïncident, ente adj.
➾ Ne pas écrire cet adjectif comme *coïncidant*, participe présent du verbe *coïncider.*
coïncider v. intr. | conjug. 1 |
coin-coin ▪ plur. inv. ou **coincoin**○ ▪ plur. **coincoins**○ n. m.
coïnculpé, ée n.
coin-de-feu n. m. ▪ plur. **coins-de-feu**
coing /kwɛ̃/ n. m.
HOM. **coin**
coin-repas n. m. ▪ plur. **coins-repas**
coinstot n. m.
coït /kɔit/ n. m.
coïter /kɔite/ v. intr. | conjug. 1 |
coitus interruptus /kɔitysɛ̃tɛʀyptys/ n. m. inv. (coït interrompu)
cojouissance n. f.
[1]**coke** /kok/ n. f.
□ abrév. de **cocaïne**
[2]**coke** /kɔk/ n. m. (combustible)
HOM. **coq, coque**
cokéfaction n. f.
cokéfiable adj.
cokéfier v. tr. | conjug. 7 |
¬ **se cokéfier**
➾ Aux temps composés de la forme pronominale, le participe passé s'accorde en genre et en nombre avec le sujet : *l'huile s'est cokéfiée.*
cokerie n. f.
HOM. **coquerie**
col n. m.
➾ Ce mot s'écrit toujours sans majuscule : *le col de Puymorens ; le col du Somport.*
HOM. **colle**, formes du v. **coller**
[1]**cola** ou **kola** n. m. (arbre)
HOM. formes du v. **coller**
[2]**cola** ou **kola** n. m. ou f. (graine, boisson)
HOM. formes du v. **coller**
colaspidème n. m.
colateur n. m.
colatier ou **kolatier** n. m.
colature n. f.
colback ou **colbac**○ n. m.
colbertisme n. m.
colbertiste adj.
col-bleu n. m. ▪ plur. **cols-bleus**
colchicine n. f.
colchique n. m.
☯ Ce mot est masculin : *un beau colchique.*
colcotar n. m.
cold-cream /kɔldkʀim/ n. m. ▪ plur. **cold-creams**
col-de-cygne n. m. ▪ plur. **cols-de-cygne**
colectomie n. f.
colégataire n.
coléoptère n. m.
colère n. f. et adj.
Ξ L'emploi de l'adjectif est vieilli ou régional : *j'étais très colère.* On emploie plus couramment la locution adjectivale **en colère** : *j'étais très en colère.*
Il faut dire **être en colère contre qqn** et non **être en colère après qqn.**
HOM. forme du v. **coller**

coléreusement adv.
coléreux, euse adj.
colérique adj.
HOM. **cholérique**
coleslaw /kɔlslo/ n. m.
coleta /-e-/ ou **coléta**○ n. f.
coléus /-eys/ n. m.
colibacillaire adj.
colibacille /-sil/ n. m.
colibacillose /-sil-/ n. f.
colibri n. m.
colichemarde adj. f.
colicine n. f.
colicitant, ante n. m. et adj.
colifichet n. m.
coliforme adj. et n. m.
colignon ou **collignon** n. m.
colimaçon n. m.
colin n. m.
colinéaire adj.
colinette n. f.
colinguisme n. m.
colin-maillard n. m. ▪ plur. **colin-maillards**
colinot ou **colineau** n. m.
colin-tampon n. m. ▪ plur. **colin-tampons**
[1]**colique** adj.
HOM. **cholique**
[2]**colique** n. f.
↯ Ne pas confondre **colique**, qui signifie « douleur abdominale » ou « diarrhée », avec **colite**, qui signifie « inflammation du côlon ».
HOM. **cholique**
colis n. m.
colisage n. m.
coliser v. tr. | conjug. 1 |
colistier, ière n.
colite n. f.
↯ Ne pas confondre **colite**, qui signifie « inflammation du côlon », avec **colique**, qui signifie « douleur abdominale » ou « diarrhée ».
colitigant, ante n.
colitique adj.
collabo n.
▫ abrév. de **collaborateur, trice (pendant l'occupation allemande de 1940-1944)**
collaborateur, trice n.
collaboratif, ive adj.
collaboration n. f.
collaborationnisme n. m.
collaborationniste adj. et n.
collaborer v. tr. ind. | conjug. 1 |
▸ **collaborer à qqch.** *j'ai collaboré à ce projet*
▸ **collaborer avec qqn** *elle a collaboré avec nous*
Ξ **Collaborer ensemble** est un pléonasme à éviter.
collage n. m.
collagène n. m.
collagénose n. f.
collant, ante adj. et n. m.
collante n. f. (arg. : convocation)
collanterie n. f.
collapser v. intr. | conjug. 1 |
collapsothérapie n. f.
collapsus /-ys/ n. m.
Collargol® n. m. inv.
➾ Comme tous les noms déposés, ce mot doit s'écrire avec une majuscule : *de la pommade au Collargol*. Toutefois, on le trouve fréquemment employé comme nom générique sans respect de la règle : *de la pommade au collargol*.
collataire n. m.
collatéral, ale, aux adj.
collatéralement adv.
collateur n. m.
collatif, ive adj.
collation n. f.
Ξ **Légère collation** est un pléonasme à éviter.
collationnement n. m.
collationner v. tr. et v. intr. | conjug. 1 |
collationneur, euse n.
colle n. f.
HOM. **col**
collectage n. m.
collecte n. f.
collecter v. tr. | conjug. 1 |
collecteur, trice n. et adj.
collecticiel n. m.
collectif, ive adj. et n. m.
collection n. f.
collectionnable adj.
collectionner v. tr. | conjug. 1 |
collectionneur, euse n.
collectionnisme n. m.
collectivement adv.
collectivisation n. f.
collectiviser v. tr. | conjug. 1 |
collectivisme n. m.
collectiviste n. et adj.
collectivité n. f.
collector n. m.
collège n. m.
➾ Ce mot s'écrit avec une majuscule dans certaines dénominations : *le Collège de France ; le Sacré Collège*.
collégial, iale, iaux adj.
collégialement adv.
collégialité n. f.
collégien, ienne n.
collègue n.
collenchyme n. m.

coller v. tr., v. tr. ind. et v. intr. | conjug. 1 |
¬ **se coller**
➾ Aux temps composés de la forme pronominale, le participe passé s'accorde en genre et en nombre avec le sujet : *elle s'est collée au mur.*
collerette n. f.
collet n. m.
HOM. **colley**, formes du v. **coller**
colletage n. m.
colleter v. tr. | conjug. 4 |
¬ **se colleter**
➾ Aux temps composés de la forme pronominale, le participe passé s'accorde en genre et en nombre avec le sujet : *ils se sont colletés comme des voyous.*
colleteur n. m.
colletin n. m.
HOM. **coltin**
colleur, euse n. (personne)
colleuse n. f. (appareil)
colley n. m.
HOM. **collet**, formes du v. **coller**
collier n. m.
➾ Ce mot s'écrit avec une majuscule dans l'expression **l'affaire du Collier**, qui désigne un événement historique.
HOM. formes du v. **coller**
colligation n. f.
colliger v. tr. | conjug. 3 |
collignon n. m.
→ **colignon**
collimateur n. m.
collimation n. f.
collinaire adj.
colline n. f.
HOM. **choline**
collinette n. f.
collision n. f.
collisionner v. tr. | conjug. 1 |
collisionneur n. m.
colloblaste n. m.
collocation n. f. (didact. : classement, cooccurrence)
HOM. **colocation**
collodion n. m.
collodionné, ée adj.
colloïdal, ale, aux adj.
colloïde n. m.
colloque n. m.
colloquer v. tr. et v. intr. | conjug. 1 |
collure n. f.
HOM. **colure**
collusion n. f.
collusoire adj.
collutoire n. m.
colluvion n. f.
colluvionnement n. m.
collyre n. m.
colmatage n. m.
colmater v. tr. | conjug. 1 |
colo n. f.
▫ abrév. de **colonie de vacances**
colobe n. m.
colobidé n. m.
colobome n. m.
colocase n. f.
colocataire n.
colocation n. f. (d'un logement)
HOM. **collocation**
cologarithme n. m.
colombage n. m.
colombaire ou **columbaire** /-lɔ̃-/ n. m.
colombe n. f.
colombelle n. f.
colombiculture n. f.
colombidé ou **columbidé** /-lɔ̃-/ n. m.
colombier n. m.
colombin, ine adj. et n. m.
colombine n. f.
colombite n. f.
colombo n. m.
colombophile adj. et n.
colombophilie n. f.
colon n. m. (personne)
HOM. **côlon**
côlon n. m. (organe)
HOM. **colon**
colonage n. m.
colonat /-a/ n. m.
colonel, elle n.
➾ Comme tous les grades, ce mot s'écrit toujours sans majuscule : *monsieur le colonel ; la colonelle a été promue générale.*
colonial, iale, iaux adj. et n.
colonialisme n. m.
colonialiste adj. et n.
colonie n. f.
colonisable adj.
colonisateur, trice adj. et n.
colonisation n. f.
colonisé, ée adj. et n.
coloniser v. tr. | conjug. 1 |
colonnade n. f.
colonnaire adj.
colonne n. f.
colonnette n. f.
colopathie n. f.
colophane n. f.
colophaner v. tr. | conjug. 1 |
colophon n. m.
coloquinte n. f.
☯ Ce mot est féminin : *une belle coloquinte.*
colorable adj.

colorage n. m.
colorant, ante adj. et n. m.
coloration n. f.
coloratur /-yʀ/ adj. et n. f. inv.
colorature n. f.
coloré, ée adj.
colorectal, ale, aux adj.
colorer v. tr. | conjug. 1 |
¬ **se colorer**
⇨ Aux temps composés de la forme pronominale, le participe passé s'accorde en genre et en nombre avec le sujet : *ses joues se sont colorées.*
coloriage n. m.
colorier v. tr. | conjug. 7 |
colorimètre n. m.
colorimétrie n. f.
colorimétrique adj.
coloris /-i/ n. m.
HOM. formes du v. **colorier**
colorisation n. f.
coloriser v. tr. | conjug. 1 |
coloriste n.
coloristique adj.
coloscope n. m.
coloscopie n. f.
colossal, ale, aux adj.
colossalement adv.
colosse n. m.
⇨ Ce mot s'écrit sans majuscule : *le colosse de Rhodes.*
colostomie n. f.
colostrum /-ɔm/ n. m.
colportage n. m.
colporter v. tr. | conjug. 1 |
colporteur, euse n.
colposcope n. m.
colposcopie n. f.
Colt® n. m.
⇨ Comme tous les noms déposés, ce mot doit s'écrire avec une majuscule : *tirer avec des Colts.* Toutefois, on le trouve fréquemment employé comme nom générique sans respect de la règle : *tirer avec des colts.*
coltin n. m.
HOM. **colletin**
coltinage n. m.
coltiner v. tr. | conjug. 1 |
¬ **se coltiner**
Ξ La forme pronominale appartient au registre familier.
⇨ Aux temps composés de la forme pronominale, le participe passé ne s'accorde pas quand il est suivi d'un complément d'objet direct : *ils se sont coltiné la vaisselle.* Il s'accorde avec le complément d'objet direct quand celui-ci est placé avant le verbe : *la vaisselle qu'ils se sont coltinée.*
coltineur, euse n.
coltis /-i/ n. m.
colubriforme n. m.
colubrin, ine adj.
columbaire /-lɔ̃-/ n. m.
→ **colombaire**
columbarium /kɔlɔ̃baʀjɔm/ n. m.
columbidé n. m.
→ **colombidé**
columelle n. f.
columnaire adj.
colure n. m.
HOM. **collure**
colvert n. m.
colza n. m.
colzatier n. m.
COM /kɔm/ n. f.
□ abrév. de **collectivité d'outre-mer**
[1]**coma** n. m. (perte de conscience)
HOM. **comma**
[2]**coma** n. f. (aberration géométrique)
HOM. **comma**
comac adv. et adj.
comandant, ante n. (dr. : personne qui donne mandat à une autre)
HOM. **commandant**
comateux, euse adj.
comatique adj.
comatogène adj.
combat n. m.
combatif, ive ou **combattif, ive** adj.
combativité ou **combattivité** n. f.
combattant, ante n. et adj.
combattre v. tr. | conjug. 41 |
combava n. m.
combe n. f.
combette n. f.
combien adv.
Ξ En principe, *combien* devrait s'employer pour le nombre, et *quantième* pour le rang : *le quantième êtes-vous ? – Je suis le sixième ; le quantième sommes-nous ?*. Toutefois, *quantième* n'est plus usité de nos jours et l'emploi de *combien* dans ce sens ne peut plus être considéré comme incorrect : *le combien êtes-vous ? – Je suis le sixième ; le combien sommes nous ?*
combientième adj.
Ξ Ce mot appartient au langage populaire ; son emploi doit être évité.
→ aussi **combien**
combinable adj.
combinaison n. f.
combinant, ante adj.
combinard, arde adj.
combinat /-a/ n. m.
HOM. formes du v. **combiner**

combinateur n. m.
combinatoire adj. et n. f.
combine n. f.
combiné, ée adj. et n. m.
combiner v. tr. | conjug. 1 |
combinette n. f.
combineur, euse n. et adj.
combishort n. m.
combisme n. m.
combiste adj.
comblanchien n. m.
comble adj. et n. m.
comblement n. m.
combler v. tr. | conjug. 1 |
combo n. m.
combourgeois, oise n.
combrière n. f.
comburant, ante adj.
comburer v. tr. | conjug. 1 |
combustibilité n. f.
combustible adj. et n. m.
combustion /-stjɔ̃/ n. f.
come-back n. m. inv.
comédie n. f.
➾ **La Comédie-Française** et **la Comédie-Italienne** s'écrivent avec des majuscules et un trait d'union lorsqu'ils désignent la société de comédiens : *une pièce jouée par la Comédie-Italienne* mais *cette pièce est un classique de la comédie italienne.*
comédien, ienne n. et adj.
comédogène adj.
comédon n. m.
comestibilité n. f.
comestible adj. et n. m.
cométaire adj.
comète n. f.
HOM. formes du v. **commettre**
[1]**comice** n. m. (réunion)
Ξ Ce mot est au pluriel quand il désigne l'assemblée du peuple dans l'Antiquité romaine : *les comices par curies.* Il peut s'employer au singulier quand il désigne une assemblée de cultivateurs : *un comice horticole.*
[2]**comice** n. f. (poire)
comics /-iks/ n. m. pl.
coming out /kɔmiŋaut/ n. m. inv.
comique adj. et n.
➾ Ce mot s'écrit avec une majuscule dans **l'Opéra-Comique**.
comiquement adv.
comitadji n. m.
comitard n. m.
comitat /-a/ n. m.
comite n. m.
comité n. m.
➾ Ce mot s'écrit avec une majuscule lorsqu'il désigne un groupe à caractère unique : *le Comité de salut public ; le Comité de sûreté générale ; les Comités révolutionnaires* mais *un comité d'entreprise ; le comité de lecture d'une maison d'édition.*
comitial, iale, iaux adj.
comitialité n. f.
comitologie n. f.
comma n. m. (Mus. : intervalle)
HOM. **coma**
command n. m.
HOM. **comment**
commandant, ante n. et adj.
HOM. **comandant**
commande n. f.
HOM. **commende**
commandement n. m.
commander v. tr., v. tr. ind. et v. intr. | conjug. 1 |
commanderie n. f.
commandeur, euse n.
commanditaire n.
▫ rec. off. pour **sponsor**
commandite n. f.
commandité, ée n.
commanditer v. tr. | conjug. 1 |
▫ rec. off. pour **sponsoriser**
commando n. m.
HOM. **kommando**
comme conj. et adv.
⌘ La préposition *de* doit toujours être intercalée entre *comme* et un verbe à l'infinitif : *rien n'est reposant comme de regarder la mer.*
Ξ L'emploi de *comme* au sens de « comment » est littéraire ou vieilli : *tu sais comme il est ; je ne sais comme il l'interprétera.*
commedia dell'arte /kɔmedjadɛlaʀt(e)/ n. f. inv.
commémoraison n. f.
commémoratif, ive adj.
commémoration n. f.
commémorer v. tr. | conjug. 1 |
➾ **Commémorer un souvenir** est un pléonasme à éviter : il ne faut pas dire *commémorer le souvenir de quelqu'un* mais *célébrer le souvenir de quelqu'un.* **Commémorer un anniversaire** est fautif : il ne faut pas dire *commémorer l'anniversaire du débarquement* mais *commémorer le débarquement.*
commençant, ante adj. et n.
commencement n. m.
commencer v. tr., v. tr. ind. et v. intr. | conjug. 3 |
▸ **commencer à** (+ inf.) *elle a commencé à chanter ; il commence à pleuvoir*
▸ **commencer par** (+ n.) *il a commencé par un discours*

▸ **commencer par** (+ inf.) *commence par te taire !*

☰ La forme **commencer de** (+ inf.) appartient au registre littéraire : *les feuilles commencèrent de pousser.*

CONJUG. Aux temps composés, la forme intransitive se conjugue avec l'auxiliaire *avoir* ou *être* selon que l'on insiste sur l'action ou sur son résultat : *le compte à rebours a commencé ; le spectacle était déjà commencé quand il est arrivé.*

commendataire adj. et n. m.

commende n. f.

HOM. **commande**, formes du v. **commander**

commensal, ale, aux n.

commensalisme n. m.

commensalité n. f.

commensurabilité n. f.

commensurable adj.

comment adv. et n. m. inv.

☰ La construction **comment que** (*comment qu'il cause !*) est populaire et doit être évitée dans le langage courant.

HOM. **command**

commentaire n. m.

commentateur, trice n.

commenter v. tr. | conjug. 1 |

commérage n. m.

commerçable adj.

commerçant, ante n. et adj.

commerce n. m.

commercer v. intr. | conjug. 3 |

commercial, iale, iaux adj. et n.

commercialement adv.

commercialisable adj.

commercialisation n. f.

commercialiser v. tr. | conjug. 1 |

commercialité n. f.

commère n. f.

commérer v. intr. | conjug. 6 |

commettage n. m.

commettant, ante n.

commettre v. tr. | conjug. 56 |

¬ **se commettre**

☰ La forme pronominale appartient au registre littéraire.

➾ Aux temps composés de la forme pronominale, le participe passé s'accorde en genre et en nombre avec le sujet : *elle s'est commise avec des gens méprisables.*

commination n. f.

comminatoire adj.

comminer v. tr. | conjug. 1 |

comminutif, ive adj.

commis, ise n.

☯ *Commise* est la forme recommandée par le *Guide d'aide à la féminisation des noms de métiers, titres, grades et fonctions* et l'Office québécois de la langue française pour parler d'une femme. L'Office québécois de la langue française admet également l'emploi de *commis* au féminin : *une commis de cuisine.*

HOM. formes du v. **commettre**

commise n. f. (confiscation)

commisération n. f.

commis-greffier n. m. ▪ plur. **commis-greffiers**

commissaire n.

➾ Ce mot s'écrit toujours sans majuscule : *madame la commissaire.*

commissaire-priseur, euse n. ▪ plur. **commissaires-priseurs, euses**

commissariat n. m.

➾ Ce mot s'écrit avec une majuscule dans les dénominations d'organismes à caractère unique : *le Commissariat à l'énergie atomique.*

commission n. f.

commissionnaire n.

commissionner v. tr. | conjug. 1 |

commissoire adj.

commissural, ale, aux adj.

commissure n. f.

commissurotomie n. f.

commodat /-a/ n. m.

commodataire adj. et n.

commode adj. et n. f.

commodément adv.

commodité n. f. (qualité)

commodités n. f. pl. (toilettes, équipements)

commodore n. m.

commotion n. f.

commotionnant, ante adj.

commotionnel, elle adj.

commotionner v. tr. | conjug. 1 |

commuabilité n. f.

commuable adj.

commuer v. tr. | conjug. 1 |

commun, une adj. et n. m.

communal, ale, aux adj. et n. m.

communale n. f. (école)

communalement adv.

communaliser v. tr. | conjug. 1 |

communaliste adj. et n.

communard, arde adj. et n.

communautaire adj.

communautarisation n. f.

communautariser v. tr. | conjug. 1 |

communautarisme n. m.

communautariste adj. et n.

communauté n. f.

➾ Ce mot s'écrit avec une majuscule dans les dénominations d'organismes à caractère unique : *la Communauté des États indépendants ; la Communauté économique européenne ; la Communauté européenne du charbon et de l'acier.*

commune n. f.

➾ Avec une majuscule, **la Commune** désigne le gouvernement municipal de Paris pendant la Révolution et le gouvernement révolutionnaire de 1871.

communément adv.

communiant, iante n.

communicabilité n. f.

communicable adj.

communicant, ante adj. et n.

➾ Ne pas écrire ce mot comme *communiquant*, participe présent du verbe *communiquer.*

communicateur, trice adj. et n.

communicatif, ive adj.

communication n. f.

communicationnel, elle adj.

communiel, elle, els adj.

communier v. intr. | conjug. 7 |

communion n. f.

HOM. formes du v. **communier**

communiqué n. m.

communiquer v. tr. et v. intr. | conjug. 1 |

▸ **communiquer avec** *il a communiqué avec des extraterrestres*

▸ **communiquer par** *il ne communique que par gestes*

▸ **communiquer sur** *le ministère n'a pas communiqué sur cet évènement*

communisant, ante adj.

communisation n. f.

communiser v. tr. | conjug. 1 |

communisme n. m.

communiste adj. et n.

➾ Ce mot s'écrit sans majuscule : *les communistes ; le Parti communiste.*

commutable adj.

commutateur n. m.

commutatif, ive adj.

commutation n. f.

commutativité n. f.

commutatrice n. f.

commuter v. intr. et v. tr. | conjug. 1 |

comourants n. m. pl.

compacité n. f.

compact, e adj. et n. m.

compactable adj.

compactage n. m.

Compact Disc® n. m. ▪ plur. **Compact Discs**

▫ rec. off. : **disque compact**

➾ Comme tous les noms déposés, ce mot doit s'écrire avec des majuscules : *écouter des Compact Discs.* Toutefois, on le trouve fréquemment employé comme nom générique sans respect de la règle : *écouter des compact discs.*

compacter v. tr. | conjug. 1 |

compacteur n. m.

compaction n. f.

compactothèque n. f.

compagne n. f.

→ aussi **compagnon**

compagnie n. f.

➾ Ce mot s'écrit avec une majuscule dans les dénominations d'organismes à caractère unique : *la Compagnie des Indes orientales ; les Grandes Compagnies.*

compagnon n. m.

☯ Au sens courant, le féminin de *compagnon* est *compagne* : *il nous a présenté sa nouvelle compagne ; des compagnes d'infortune.* Quand il s'agit d'une profession, *compagnonne* est recommandé par le *Guide d'aide à la féminisation des noms de métiers, titres, grades et fonctions* et l'Office québécois de la langue française : *une ouvrière promue compagnonne ; elle est compagnonne du devoir.*

compagnonnage n. m.

compagnonne n. f.

→ aussi **compagnon**

compagnonnique adj.

comparabilité n. f.

comparable adj.

comparaison n. f.

▸ **en comparaison de** *une voiture peu chère en comparaison des autres*

▸ **par comparaison à/avec** *pour lui, c'est la misère, par comparaison à sa richesse passée*

comparaître ou **comparaitre**° v. intr. | conjug. 57 |

➾ Les Rectifications de l'orthographe de 1990 préconisent la suppression de l'accent circonflexe sur le *i* devant le *t* : *il comparait, il comparaitra, il comparaitrait.*

comparant, ante adj. et n.

comparateur, trice n. m. et adj.

comparatif, ive adj. et n. m.

comparatif d'égalité ; comparatif d'infériorité ; comparatif de supériorité

→ aussi **aussi, moins, plus**

comparatisme n. m.

comparatiste adj. et n.

comparativement adv.

comparé, ée adj.

comparer v. tr. | conjug. 1 |

▸ **comparer à** *comparer la vie à une aventure*

▸ **comparer avec** *comparer un écrivain avec un autre*

Ξ **Comparer ensemble** est un pléonasme à éviter.

comparoir v. intr. | conjug. seult inf. et p. prés. *comparant* |
Ξ Ce verbe est défectif et son emploi, limité à quelques formules juridiques, tend à disparaître : *une assignation à comparoir*. De nos jours, on emploie plutôt *comparaître*.
comparse n.
compartiment n. m.
compartimentage n. m.
compartimentation n. f.
compartimenter v. tr. | conjug. 1 |
comparution n. f.
compas /-a/ n. m.
compassé, ée adj.
compassement n. m.
compasser v. tr. | conjug. 1 |
compassier, ière n.
HOM. formes du v. **compasser**
compassion n. f.
HOM. formes du v. **compasser**
compassionnel, elle adj.
compatibilité n. f.
compatible adj. et n. m.
compatir v. tr. ind. | conjug. 2 |
compatissant, ante adj.
compatriote n.
compendieusement adv.
compendieux, ieuse adj.
compendium /-jɔm/ n. m.
compénétration n. f.
compénétrer v. tr. | conjug. 6 |
compensable adj.
compensateur, trice adj. et n. m.
compensatif, ive adj.
compensation n. f.
compensatoire adj.
compensé, ée adj.
compenser v. tr. | conjug. 1 |
compérage n. m.
compère n. m.
compère-loriot n. m. ▪ plur. **compères-loriots**
compète n. f.
◻ abrév. de **compétition**
compétence n. f.
compétent, ente adj.
compétiteur, trice n.
compétitif, ive adj.
compétition n. f.
compétitivité n. f.
compilateur, trice n.
compilation n. f.
compiler v. tr. | conjug. 1 |
compisser v. tr. | conjug. 1 |
complaindre v. tr. | conjug. 52 |
complainte n. f.
complaire v. tr. ind. | conjug. 54 |
▸ **complaire à qqn** *il ne cherche qu'à vous complaire*
¬ **se complaire**
complaisamment adv.
complaisance n. f.
complaisant, ante adj.
complant n. m.
complanter v. tr. | conjug. 1 |
complément n. m.
complémentaire adj.
complémentairement adv.
complémentarité n. f.
complémentation n. f.
complémenter v. tr. | conjug. 1 |
complet, ète adj. et n. m.
complètement adv. et n. m.
compléter v. tr. | conjug. 6 |
complétif, ive adj.
complétion n. f.
complétude n. f.
complet-veston n. m. ▪ plur. **complets-vestons**
complexe adj. et n. m.
complexé, ée adj. et n.
complexer v. tr. | conjug. 1 |
complexification n. f.
complexifier v. tr. | conjug. 7 |
complexion n. f.
complexisme n. m.
complexiste n.
complexité n. f.
complexuel, elle, els adj.
complexus /-ys/ n. m.
compliance n. f.
complication n. f.
complice adj. et n.
complicité n. f.
complies n. f. pl.
compliment n. m.
complimenter v. tr. | conjug. 1 |
complimenteur, euse adj.
compliqué, ée adj.
compliquer v. tr. | conjug. 1 |
¬ **se compliquer**
➾ Aux temps composés de la forme pronominale, le participe passé s'accorde en genre et en nombre avec le sujet : *la situation s'est compliquée*.
complot n. m.
comploter v. tr. et v. intr. | conjug. 1 |
comploteur, euse n.
compo n. f.
◻ abrév. de **composition**
compograveur, euse n.
compogravure n. f.
componction n. f.

componctueusement adv.
componctueux, euse adj.
componé, ée adj.
componentiel, elle adj.
comporte n. f.
comportement n. m.
comportemental, ale, aux adj.
comportementaliste n. et adj.
comporter v. tr. | conjug. 1 |
¬ **se comporter**
➾ Aux temps composés de la forme pronominale, le participe passé s'accorde en genre et en nombre avec le sujet : *elles se sont bien comportées.*
composacée n. f.
→ **composée**
composant n. m.
composante n. f.
[1]**composé, ée** adj.
[2]**composé** n. m. (mélange)
composée ou **composacée** n. f. (plante)
composer v. tr. et v. intr. | conjug. 1 |
¬ **se composer**
➾ Aux temps composés de la forme pronominale, le participe passé s'accorde en genre et en nombre avec le sujet : *l'équipe s'est composée de cinq personnes.* Mais le participe passé ne s'accorde pas quand il est suivi d'un complément d'objet direct : *ils se sont composé une attitude nonchalante.* Il ne s'accorde avec le complément d'objet direct que lorsque celui-ci est placé avant le verbe : *l'attitude nonchalante qu'ils se sont composée.*
composeuse n. f.
composite adj. et n. m.
compositeur, trice n.
composition n. f.
compossibilité n. f.
compossible adj.
compost n. m.
HOM. formes du v. **composter**
compostage n. m.
composter v. tr. | conjug. 1 |
composteur n. m.
compote n. f.
compotée n. f.
compoter v. tr. | conjug. 1 |
compotier n. m.
HOM. formes du v. **compoter**
compound /kɔ̃pund/ adj. inv. et n.
comprador ou **compradore** adj. et n. m.
compréhensibilité n. f.
compréhensible adj.
compréhensif, ive adj.
compréhension n. f.
compréhensivement adv.
comprendre v. tr. | conjug. 58 |
▸ **comprendre que** (+ indic. ou condit.) *je compris qu'il s'ennuyait en ma présence ; je compris qu'il lui faudrait du temps*
▸ **comprendre que** (+ subj.) *je comprends qu'il soit mécontent*
¬ **se comprendre**
➾ Aux temps composés de la forme pronominale, le participe passé s'accorde en genre et en nombre avec le sujet : *elles se sont mal comprises.* Au présent de l'indicatif, à la forme interrogative avec sujet inversé, on écrit *comprend-on, comprend-il, comprend-elle* et non **comprend-t-on*, **comprend-t-il*, **comprend-t-elle*. Le *d* final se prononce /t/ ; il est donc inutile et fautif d'ajouter un *t*.
comprenette n. f.
comprenoire n. f.
compresse n. f.
compressé, ée adj.
compresser v. tr. | conjug. 1 |
compresseur n. m. et adj. m.
compressibilité n. f.
compressible adj.
compressif, ive adj.
compressiomètre n. m.
compression n. f.
HOM. formes du v. **compresser**
comprimable adj.
comprimant, ante adj.
comprimé, ée adj. et n. m.
comprimer v. tr. | conjug. 1 |
compris, ise adj.
Ξ L'emploi de *y* est facultatif lorsque *compris* suit le nom : *je vous cède mes terres, la ferme comprise* ou *la ferme y comprise.* Il est obligatoire quand *compris* précède le nom : *je vous cède mes terres, y compris la ferme.* Dans ce cas, *compris* est invariable.
compromettant, ante adj.
compromettre v. intr. et v. tr. | conjug. 56 |
¬ **se compromettre**
➾ Aux temps composés de la forme pronominale, le participe passé s'accorde en genre et en nombre avec le sujet : *elle s'est compromise dans cette affaire.*
compromis n. m.
compromission n. f.
compromissoire adj.
compta /kɔ̃ta/ n. f.
▫ abrév. de **comptabilité**
HOM. **comtat**, formes des v. **compter, conter**
comptabilisable /kɔ̃ta-/ adj.
comptabilisation /kɔ̃ta-/ n. f.
comptabiliser /kɔ̃ta-/ v. tr. | conjug. 1 |
comptabilité /kɔ̃ta-/ n. f.
comptable /kɔ̃tabl/ adj. et n.

comptage /kɔ̃taʒ/ n. m.
HOM. **contage**
comptant /kɔ̃tɑ̃/ adj. m., n. m. et adv.
HOM. **contant** (p. prés. de *conter*), **content**
compte /kɔ̃t/ n. m.
▸ **se rendre compte de** (+ n.) *il s'est rendu compte de son erreur*
▸ **se rendre compte que** (+ indic.) *je me rends compte que j'ai tort*
➾ Ce mot s'écrit sans majuscule dans *la Cour des comptes*. On peut écrire **tout compte fait** ou **tous comptes faits**. Le singulier est plus fréquent. Dans la locution **se rendre compte**, le participe passé de *rendre* est toujours invariable : *elles se sont rendu compte qu'il était tard*. Ne pas écrire la locution **à compte** comme le nom *acompte* : *donner un acompte* mais *donner une somme à compte*.
HOM. **comte**, **conte**, formes du v. **conter**
compte-fil(s) /kɔ̃tfil/ n. m. ▪ plur. **compte-fils**
compte-goutte(s) /kɔ̃t-/ n. m. ▪ plur. **compte-gouttes**
compte-pas /kɔ̃tpɑ/ n. m. inv.
compter /kɔ̃te/ v. tr. et v. intr. | conjug. 1 |
▸ **compter** (+ inf.) *je compte vous aider*
▸ **compter que** (+ indic.) *je compte qu'il viendra*
HOM. **comté**, **conter**
compte rendu /kɔ̃t-/ n. m. ▪ plur. **comptes rendus**
compte-tour /kɔ̃t-/ n. m. ▪ plur. **compte-tours**
compteur /kɔ̃tœʀ/ n. m.
HOM. **conteur**
comptine /kɔ̃tin/ n. f.
comptoir /kɔ̃twaʀ/ n. m.
compulsation n. f.
compulser v. tr. | conjug. 1 |
compulseur n. m.
compulsif, ive adj.
compulsion n. f.
HOM. formes du v. **compulser**
compulsionnel, elle adj.
compulsivement adv.
compuscrit n. m.
comput /kɔ̃pyt/ n. m.
computable adj.
computation n. f.
computationnel, elle n. f.
computer v. tr. | conjug. 1 |
comtal, ale, aux adj.
comtat n. m.
HOM. **compta**, formes des v. **compter**, **conter**
comte n. m.
➾ Comme tous les titres de noblesse, ce mot s'écrit sans majuscule : *c'est le comte de Chambord ; monsieur le comte est arrivé.*
HOM. **compte**, **conte**
[1]**comté** n. m. (territoire)
HOM. **compter**, **conter**
[2]**comté** n. m. (fromage)
➾ Ce mot s'écrit sans majuscule, contrairement au nom propre *Franche-Comté* : *un fromage de Franche-Comté* mais *un morceau de comté.*
HOM. **compter**, **conter**
comtesse n. f.
➾ Ce titre s'écrit sans majuscule : *les ouvrages de la comtesse de Ségur ; madame la comtesse est arrivée.*
comtois, oise adj. et n.
➾ L'adjectif s'écrit sans majuscule : *la population comtoise ; du fromage comtois ; une horloge comtoise.* Le nom s'écrit avec une majuscule : *les Comtois ; c'est une Comtoise.*
comtoise n. f. (horloge)
con, conne n. et adj.
conard, arde ou **connard, arde** adj. et n.
conasse ou **connasse** n. f.
conatif, ive adj.
conation n. f.
concassage n. m.
concassement n. m.
concasser v. tr. | conjug. 1 |
concasseur n. m.
concasseuse n. f.
concaténation n. f.
concaténer v. tr. | conjug. 6 |
concave adj.
concavité n. f.
concédant, ante adj. et n.
concéder v. tr. | conjug. 6 |
concélébration n. f.
concélébrer v. tr. | conjug. 6 |
concentrateur n. m.
▫ rec. off. pour **hub**
concentration n. f.
concentrationnaire adj.
concentré, ée adj. et n. m.
concentrer v. tr. | conjug. 1 |
¬ **se concentrer**
➾ Aux temps composés de la forme pronominale, le participe passé s'accorde en genre et en nombre avec le sujet : *elle s'est concentrée sur le problème.*
concentricité n. f.
concentrique adj.
concentriquement adv.
concept /-ɛpt/ n. m.
conceptacle n. m.
concepteur, trice n.

conception n. f.
➾ Ce mot s'écrit avec une majuscule dans l'expression **l'Immaculée Conception** qui désigne la Vierge Marie.
conceptisme n. m.
conceptualisable adj.
conceptualisation n. f.
conceptualiser v. intr. et v. tr. | conjug. 1 |
conceptualisme n. m.
conceptualiste adj.
conceptualité n. f.
conceptuel, elle adj.
conceptuellement adv.
concernant prép.
ce sont des mesures concernant la circulation en ville; concernant ce projet, je n'ai aucune information
concerner v. tr. | conjug. 1 |
concert n. m.
Ξ De nos jours, les locutions adverbiales **de concert** et **de conserve** s'emploient indifféremment au sens de « ensemble » : *aller de concert/de conserve*; *agir de concert/de conserve*. Il est toutefois préférable d'employer **de concert** quand il y a une notion d'accord ou de concertation et **de conserve** quand il y a une notion d'accompagnement ou de simultanéité : *préparer quelque chose de concert ; voyager de conserve.*
concertant, ante adj.
concertation n. f.
concerter v. tr. | conjug. 1 |
¬ **se concerter**
➾ Aux temps composés de la forme pronominale, le participe passé s'accorde en genre et en nombre avec le sujet : *elles ne s'étaient pas concertées.*
concertina n. m.
concertino n. m. ▪ plur. **concertinos** ou plur. **concertini**
Ξ On peut employer le pluriel francisé *concertinos* ou le pluriel italien *concertini.*
concertiste n.
concerto n. m. ▪ plur. **concertos** ou plur. **concerti**
Ξ On peut employer le pluriel francisé *concertos* ou le pluriel italien *concerti.*
concessible adj.
concessif, ive adj. et n. f.
concession n. f.
concessionnaire n.
concetti /kɔnʃɛtti/ n. m. ▪ plur. inv. ou plur. **concettis**
Ξ En italien, *concetti* est un nom pluriel. On peut toutefois l'employer au singulier et franciser la forme du pluriel : *un concetti, des concettis.*
concevable adj.
concevoir v. tr. | conjug. 28 |
Ξ Suivi de l'indicatif, *concevoir que* signifie « imaginer que » : *je conçois qu'elle a eu un empêchement.* Avec le subjonctif, il signifie « admettre que » : *je conçois qu'il ait changé d'avis.*
conche n. f.
conchier v. tr. | conjug. 7 |
conchifère /-k-/ adj. et n. m.
→ **conchylifère**
conchite /-k-/ n. f.
conchoïdal, ale, aux /-k-/ adj.
conchoïde /-k-/ adj. et n. f.
conchyliculteur, trice /-k-/ n.
conchyliculture /-k-/ n. f.
conchylien, ienne /-k-/ adj.
conchylifère /-k-/ ou **conchifère** /-k-/ adj. et n. m.
conchyliologie /-k-/ n. f.
conchyliologiste ou **conchyliologue** /-k-/ n.
conchylis /kɔ̃kilis/ n. m.
concierge n.
conciergerie n. f.
➾ Avec une majuscule, **la Conciergerie** désigne l'ancienne prison actuellement incluse dans le Palais de justice de Paris.
concile n. m.
➾ Ce mot s'écrit sans majuscule : *le concile de Trente ; le concile de Vatican II.*
conciliable adj.
conciliabule n. m.
conciliaire adj.
conciliairement adv.
conciliant, iante adj.
conciliateur, trice n.
conciliation n. f.
conciliatoire adj.
concilier v. tr. | conjug. 7 |
➾ Aux temps composés de la forme pronominale, le participe passé s'accorde en genre et en nombre avec le sujet : *les deux interprétations ne se sont pas conciliées.*
concis, ise adj.
concision n. f.
concitoyen, concitoyenne n.
concitoyenneté n. f.
conclave n. m.
conclaviste n. m.
concluant, ante adj.
conclure v. tr., v. tr. ind. et v. intr. | conjug. 35 |
▸ **conclure que** (+ indic. ou condit.) *j'en conclus qu'il y a une erreur ; nous en avons conclu qu'il accepterait*
▸ **conclure à** (+ n.) *les enquêteurs concluent à l'assassinat*

▸ **conclure de** (+ inf.) *nous avons conclu de réorganiser les tâches*
➾ Ne pas employer **concluer*, qui n'existe pas.
¬ **se conclure**
➾ Aux temps composés de la forme pronominale, le participe passé s'accorde en genre et en nombre avec le sujet : *la réunion s'est conclue par un accord.*
conclusif, ive adj.
conclusion n. f.
concocter v. tr. | conjug. 1 |
concoction n. f.
concombre n. m.
concomitamment adv.
concomitance n. f.
concomitant, ante adj.
concordance n. f.
concordancier n. m.
concordant, ante adj.
concordat n. m.
➾ Avec une majuscule, **le Concordat** désigne l'accord conclu entre Bonaparte et Pie VII en 1801.
HOM. formes du v. **concorder**
concordataire adj.
concorde n. f.
concorder v. intr. | conjug. 1 |
concordisme n. m.
concourant, ante adj.
concourir v. tr. ind. et v. intr. | conjug. 11 |
concouriste n.
concours n. m.
concrescence n. f.
concrescent, ente adj.
concret, ète adj. et n. m.
concrètement adv.
concréter v. tr. | conjug. 6 |
concrétion n. f.
concrétionné, ée adj.
concrétisation n. f.
concrétiser v. tr. | conjug. 1 |
¬ **se concrétiser**
➾ Aux temps composés de la forme pronominale, le participe passé s'accorde en genre et en nombre avec le sujet : *ses espoirs se sont concrétisés.*
concrétude n. f.
conçu, ue adj.
concubin, ine n.
concubinage n. m.
concubinaire n. et adj.
concubinat n. m.
concupiscence n. f.
concupiscent, ente adj.
concupiscible adj.
concurremment adv.
concurrence n. f.
concurrencer v. tr. | conjug. 3 |
concurrent, ente adj. et n.
concurrentiel, ielle adj.
concussion n. f.
concussionnaire n. et adj.
concuteur n. m.
condamnable /-dan-/ adj.
condamnateur, trice /-dan-/ n.
condamnation /-dan-/ n. f.
condamnatoire /-dan-/ adj.
condamné, ée /-dan-/ adj. et n.
condamner /-dan-/ v. tr. | conjug. 1 |
condé n. m.
condensabilité n. f.
condensable adj.
condensant, ante adj.
condensateur n. m.
condensation n. f.
[1]**condensé, ée** adj.
[2]**condensé** n. m.
□ rec. off. pour **digest**
condenser v. tr. | conjug. 1 |
¬ **se condenser**
➾ Aux temps composés de la forme pronominale, le participe passé s'accorde en genre et en nombre avec le sujet : *la vapeur s'est condensée.*
condenseur n. m.
condescendance n. f.
condescendant, ante adj.
condescendre v. tr. ind. | conjug. 41 |
➾ Au présent de l'indicatif, à la forme interrogative avec sujet inversé, on écrit *condescend-on, condescend-il, condescend-elle* et non **condescend-t-on, *condescend-t-il, *condescend-t-elle.* Le *d* final se prononce /t/ ; il est donc inutile et fautif d'ajouter un *t.*
condiment n. m.
condimentaire adj.
condimenter v. tr. | conjug. 1 |
condisciple n.
condit /-i/ n. m.
condition n. f.
▸ **à condition de** (+ inf.) *c'est faisable, à condition d'être patient*
▸ **à (la) condition que** (+ subj. prés. ou indic. futur) *je te prête ma voiture à (la) condition que tu me la rendes* ou *que tu me la rendras avant ce soir*
conditionnable adj.
conditionnalité n. f.
conditionné, ée adj.
Ξ L'expression **air conditionné** est un anglicisme qu'il est préférable de remplacer par **air climatisé**.

conditionnel, elle adj. et n. m.
→ aussi si
conditionnellement adv.
conditionnement n. m.
□ rec. off. pour **packaging**
conditionner v. tr. | conjug. 1 |
conditionneur, euse n.
condoléances n. f. pl.
condoléant, ante adj.
condom /-dɔm/ n. m.
condominium /-jɔm/ n. m.
condor n. m.
condottiere ▪ plur. **condottieres** ou plur. **condottieri** ou **condottière**○ ▪ plur. **condottières**○ /kɔ̃dɔ(t)tjɛʀ/ n. m.
Ξ On peut employer le pluriel francisé *condottieres* ou le pluriel italien *condottieri*.
conductance n. f.
conducteur, trice n. et adj.
conductibilité n. f.
conductible adj.
conductimètre n. m.
conduction n. f.
conductivité n. f.
conduire v. tr. | conjug. 38 |
¬ **se conduire**
➾ Aux temps composés de la forme pronominale, le participe passé s'accorde en genre et en nombre avec le sujet : *ils se sont mal conduits*.
conduit n. m.
conduite n. f.
condyle n. m.
condylien, ienne adj.
condyloïde ou **condyloïdien, ienne** adj.
condylome n. m.
cône n. m.
conessine n. f.
confabulant, ante adj.
confabulation n. f.
confabuler v. intr. | conjug. 1 |
confection n. f.
confectionner v. tr. | conjug. 1 |
confectionneur, euse n.
confédéral, ale, aux adj.
confédéraliste adj.
confédératif, ive adj.
confédération n. f.
➾ Ce mot s'écrit avec une majuscule dans les dénominations d'organismes à caractère unique : *la Confédération du Rhin ; la Confédération générale du travail ; la Confédération paysanne*.
confédéré, ée n. et adj.
confédérer v. tr. | conjug. 6 |
confer /kɔ̃fɛʀ/ adv.
HOM. formes du v. **conférer**

conférence n. f.
conférencier, ière n.
conférent n. m.
conférer v. tr. et v. intr. | conjug. 6 |
conferve n. f.
confesse n. f.
Ξ Ce mot s'emploie uniquement précédé des prépositions *à* et *de* et sans article : *aller à confesse ; venir de confesse*.
confesser v. tr. | conjug. 1 |
¬ **se confesser**
➾ Aux temps composés de la forme pronominale, le participe passé s'accorde en genre et en nombre avec le sujet : *elles se sont confessées*.
confesseur n. m.
confession n. f.
confessionnal, aux n. m.
confessionnalisme n. m.
confessionnel, elle adj.
confessionnellement adv.
confetti n. m. ▪ plur. inv. ou plur. **confettis**
Ξ En italien, *confetti* est un nom pluriel. On peut toutefois l'employer au singulier et franciser la forme du pluriel : *un confetti, des confettis*.
confiance n. f.
▸ **avoir confiance en qqn/qqch.** *j'ai confiance en mon médecin ; j'ai confiance en la médecine*
▸ **avoir confiance dans qqch.** *il a confiance dans l'avenir*
▸ **faire confiance à qqn/qqch.** *elle ne me fait pas confiance ; je fais confiance à son expérience*
confiant, iante adj.
▸ **être confiant en qqn/qqch.** *il est confiant en ses amis ; il est confiant en l'amitié*
▸ **être confiant dans qqch.** *je suis confiant dans mes choix*
confidemment /-damɑ̃/ adv.
confidence n. f.
confident, ente n.
confidentialité n. f.
confidentiel, ielle adj.
confidentiellement adv.
confier v. tr. | conjug. 7 |
¬ **se confier**
➾ Aux temps composés de la forme pronominale, le participe passé s'accorde en genre et en nombre avec le sujet : *elle s'est confiée à lui*. Mais le participe passé ne s'accorde pas quand il est suivi d'un complément d'objet direct : *elles se sont confié leurs secrets*. Il ne s'accorde avec le complément d'objet direct que lorsque celui-ci est placé avant le verbe : *les secrets qu'elles se sont confiés*.
HOM. formes du v. **confire**

configurabilité n. f.
configuration n. f.
configurer v. tr. | conjug. 1 |
confiné, ée adj.
confinement n. m.
confiner v. tr. | conjug. 1 |
confiner qqn chez lui
▸ **confiner à** *les prairies qui confinent à la rivière*
¬ **se confiner**
➾ Aux temps composés de la forme pronominale, le participe passé s'accorde en genre et en nombre avec le sujet : *ils se sont confinés chez eux.*
confins n. m. pl.
confiote n. f.
confire v. tr. | conjug. 37 |
HOM. formes du v. **confier**
confirmand n. m.
➾ Ne pas écrire ce nom comme *confirmant,* participe présent du verbe *confirmer.*
confirmateur, trice adj. et n.
confirmatif, ive adj.
confirmation n. f.
confirmatoire adj.
confirmer v. tr. | conjug. 1 |
¬ **se confirmer**
➾ Aux temps composés de la forme pronominale, le participe passé s'accorde en genre et en nombre avec le sujet : *la nouvelle s'est confirmée.*
confiscable adj.
➾ Cet adjectif s'écrit avec un *c,* contrairement au verbe *confisquer.*
confiscation n. f.
➾ Ce mot s'écrit avec un *c,* contrairement au verbe *confisquer.*
confiscatoire adj.
➾ Cet adjectif s'écrit avec un *c,* contrairement au verbe *confisquer.*
confiserie n. f.
confiseur, euse n.
confisquer v. tr. | conjug. 1 |
confit, ite adj. et n. m.
confiteor /kɔ̃fiteɔʀ/ n. m. inv.
confiture n. f.
confiturerie n. f.
confiturier, ière n.
conflagration n. f.
conflictualité n. f.
conflictuel, elle adj.
conflit n. m.
confluence n. f.
confluent, ente adj. et n. m.
➾ Ne pas écrire ce mot comme *confluant,* participe présent du verbe *confluer.*
confluer v. intr. | conjug. 1 |
confondant, ante adj.
confondre v. tr. | conjug. 41 |
➾ Au présent de l'indicatif, à la forme interrogative avec sujet inversé, on écrit *confond-on, confond-il, confond-elle* et non **confond-t-on, *confond-t-il, *confond-t-elle.* Le *d* final se prononce /t/ ; il est donc inutile et fautif d'ajouter un *t.*
¬ **se confondre**
➾ Aux temps composés de la forme pronominale, le participe passé s'accorde en genre et en nombre avec le sujet : *elle s'est confondue en remerciements.*
conformabilité n. f.
conformateur n. m.
conformation n. f.
conforme adj.
conformé, ée adj.
conformément adv.
conformer v. tr. | conjug. 1 |
¬ **se conformer**
➾ Aux temps composés de la forme pronominale, le participe passé s'accorde en genre et en nombre avec le sujet : *ils se sont conformés aux circonstances.*
conformisme n. m.
conformiste n. et adj.
conformité n. f.
confort n. m.
Ξ Ce mot peut s'employer en apposition ; il est alors invariable : *des pneus confort.*
confortabilité n. f.
confortable adj.
Ξ Ne pas employer cet adjectif pour qualifier une personne : on peut dire *ce fauteuil est confortable* mais non *je suis confortable dans ce fauteuil,* qui est un anglicisme fautif.
confortablement adv.
confortant, ante adj.
confortatif, ive adj.
confortation n. f.
conforter v. tr. | conjug. 1 |
confortique n. f.
confraternel, elle adj.
confraternellement adv.
confraternité n. f.
confrère n. m.
confrérie n. f.
confrérique adj.
confrontation n. f.
confronter v. tr. | conjug. 1 |
▸ **confronter à/avec** *être confronté à son rival ; confronter les témoins avec le prévenu*
Ξ L'emploi de ce verbe dans le sens de « être obligé de faire face à » (*il est confronté à plusieurs difficultés*) est critiqué et doit être évité.
confucéen, enne /-eɛ̃, ɛn/ adj.
confucianisme n. m.
➾ Ne pas employer **confusianisme,* qui

n'existe pas. Comme tous les mots désignant un courant philosophique ou religieux, ce mot s'écrit sans majuscule : *les adeptes du confucianisme.*

confucianiste adj. et n.

➾ Ne pas employer **confusianiste,* qui n'existe pas. Comme tous les mots désignant ou qualifiant un courant philosophique ou ses adeptes, ce mot s'écrit sans majuscule : *les préceptes confucianistes ; les confucianistes.*

confus, use adj.

confusément adv.

confusion n. f.

confusionnel, elle adj.

confusionnisme n. m.

confusionniste adj. et n.

conga n. f.

congaï ou **congaye** /-aj/ n. f.

conge n. m.

congé n. m.

congéable adj.

congédiable adj.

congédiement n. m.

➾ Ne pas oublier le *e* muet.

congédier v. tr. | conjug. 7 |

congelable adj.

congélateur n. m.

congélatif, ive adj.

congélation n. f.

congelé, ée adj. et n. m.

congeler v. tr. | conjug. 5 |

congélo n. m.

□ abrév. de **congélateur**

congénère adj. et n.

congénial, ale adj.

congénital, ale, aux adj.

congénitalement adv.

congère n. f.

congestible adj.

congestif, ive adj.

congestion n. f.

congestionnel, elle adj.

congestionner v. tr. | conjug. 1 |

congiaire n. m.

conglobation n. f.

congloméral, ale, aux adj.

conglomérant, ante adj.

conglomérat /-a/ n. m.

HOM. formes du v. **conglomérer**

conglomération n. f.

conglomératique adj.

conglomérer v. tr. | conjug. 6 |

conglutinant, ante ou **conglutinatif, ive** adj.

conglutination n. f.

conglutiner v. tr. | conjug. 1 |

conglutineux, euse adj.

¹congolais, aise adj. et n.

➾ L'adjectif s'écrit sans majuscule : *le peuple congolais.* Le nom s'écrit avec une majuscule uniquement quand il désigne une personne : *les Congolais ; c'est une Congolaise* mais *manger un congolais* (gâteau).

²congolais n. m. (gâteau)

congratulant, ante adj.

congratulateur, trice adj. et n.

congratulation n. f.

congratulatoire adj.

congratuler v. tr. | conjug. 1 |

¬ **se congratuler**

➾ Aux temps composés de la forme pronominale, le participe passé s'accorde en genre et en nombre avec le sujet : *ils se sont longuement congratulés.*

congre n. m.

congréage n. m.

congréer v. tr. | conjug. 1 |

congréganiste adj. et n.

congrégation n. f.

congrégationalisme n. m.

congrégationaliste n.

congrès /-ɛ/ n. m.

➾ Avec une majuscule, **le Congrès** désigne le parlement fédéral américain : *les sénateurs font partie du Congrès.*

congressiste n.

congru, ue adj.

congruence n. f.

congruent, ente adj.

congruisme n. m.

congruiste adj. et n.

congrûment ou **congrument**° adv.

coniacien, ienne adj. et n. m.

conicine n. f.

conicité n. f.

conidie n. f.

conifère n. m.

➾ Ce mot n'a pas d'accent circonflexe, contrairement à *cône.*

coniomètre n. m.

coniose n. f.

conique adj. et n. f.

➾ Ce mot n'a pas d'accent circonflexe, contrairement à *cône.*

conirostre adj. et n. m.

conise n. f.

conjecturable adj.

conjectural, ale, aux adj.

conjecturalement adv.

conjecture n. f.

⚡ Ne pas confondre **conjecture**, qui signifie « hypothèse » *(se perdre en conjectures),* avec **conjoncture**, qui signifie « situation » *(la conjoncture internationale).*

conjecturer v. tr. | conjug. 1 |
conjoindre v. tr. | conjug. 49 |
conjoint, ointe adj. et n.
Le masculin est souvent employé pour désigner une femme, notamment dans le langage administratif.
conjointement adv.
conjoncteur n. m.
conjonctif, ive adj.
conjonction n. f.
conjonctival, ale, aux adj.
conjonctive n. f.
conjonctiviste n.
conjonctivite n. f.
conjoncture n. f.
Ne pas confondre **conjoncture**, qui signifie « situation », avec **conjecture**, qui signifie « hypothèse ».
conjoncturel, elle adj.
conjoncturiste n.
conjugable adj.
conjugaison n. f.
conjugal, ale, aux adj.
conjugalement adv.
conjugalité n. f.
conjugateur n. m.
conjugué, ée adj. et n.
conjuguer v. tr. | conjug. 1 |
conjungo /kɔ̃ʒɔ̃go/ n. m.
conjurateur, trice n.
conjuration n. f.
conjuratoire adj.
conjuré, ée n.
conjurer v. tr. | conjug. 1 |
connaissable adj.
connaissance n. f.
▸ **faire la connaissance de qqn**
▸ **faire connaissance avec qqn**
connaissant, ante adj.
connaissement n. m.
connaisseur, euse n. et adj.
La forme féminine *connaisseuse*, recommandée par l'Office québécois de la langue française, est rare. Pour parler d'une femme, le masculin *connaisseur* est encore souvent employé : *elle est très connaisseur en antiquités.*
connaître ou **connaitre** v. tr. | conjug. 57 |
Les Rectifications de l'orthographe de 1990 préconisent la suppression de l'accent circonflexe sur le *i* devant le *t* : *il connait, il connaitra, il connaitrait.*
¬ **se connaître**
Aux temps composés de la forme pronominale, le participe passé s'accorde en genre et en nombre avec le sujet : *elles se sont connues au lycée.*
→ aussi **vu**

connard, arde adj. et n.
→ **conard**
connasse n. f.
→ **conasse**
connaturalité n. f.
connaturel, elle adj.
conne n. f. et adj. f.
conneau n. m.
connectable adj.
connecter v. tr. | conjug. 1 |
¬ **se connecter**
Aux temps composés de la forme pronominale, le participe passé s'accorde en genre et en nombre avec le sujet : *elle s'est connectée à Internet.*
connecteur n. m.
connecticien, ienne n.
connectif, ive adj. et n. m.
connectique n. f.
connement adv.
connerie n. f.
connétable n.
connétablie n. f.
connexe adj.
connexion n. f.
Ne pas écrire **connection*. *Connexion* est formé sur *connexe* et non pas sur *connecter*.
connexionnisme n. m.
connexionniste adj. et n.
connexité n. f.
connil ou **connin** n. m.
connivence n. f.
connivent, ente adj.
connotatif, ive adj.
connotation n. f.
connoter v. tr. | conjug. 1 |
connu, ue adj.
conoïdal, ale, aux adj.
conoïde adj. et n. m.
conopée n. m.
conque n. f.
conquérant, ante n. et adj.
Ce mot s'écrit avec une majuscule dans le surnom **Guillaume le Conquérant**, qui désigne Guillaume Ier, roi d'Angleterre.
conquérir v. tr. | conjug. 21 |
conquêt /-ɛ/ n. m.
conquête n. f.
conquis, ise adj.
conquistador n. m. ▪ plur. **conquistadores** ou plur. **conquistadors**
On peut employer le pluriel espagnol *conquistadores* ou le pluriel francisé *conquistadors.*
consacrant adj. m.
consacré, ée adj.

consacrer v. tr. | conjug. 1 |
¬ **se consacrer**
➾ Aux temps composés de la forme pronominale, le participe passé s'accorde en genre et en nombre avec le sujet : *elle s'est consacrée à la musique.*
consanguin, ine adj.
consanguinité /kɔ̃sɑ̃g(ɥ)inite/ n. f.
consciemment /-sja-/ adv.
conscience n. f.
consciencieusement adv.
consciencieux, ieuse adj.
conscient, iente adj. et n. m.
conscientisation n. f.
conscientiser v. tr. | conjug. 1 |
conscriptible adj.
conscription n. f.
conscrit, ite adj. et n.
consécrateur n. m.
consécration n. f.
consécutif, ive adj.
consécution n. f.
consécutivement adv.
[1]**conseil** n. m. (indication, réunion)
➾ Ce mot s'écrit avec une majuscule dans les noms d'organismes à caractère unique : *le Conseil de sécurité ; le Conseil constitutionnel ; le Conseil des ministres* mais *le conseil municipal de Nice ; le conseil régional de Bourgogne.*
HOM. formes du v. **conseiller**
[2]**conseil** n. (personne)
☯ Pour parler d'une femme, le *Guide d'aide à la féminisation des noms de métiers, titres, grades et fonctions* et l'Office québécois de la langue française recommandent d'employer *conseil* au féminin : *elle est conseil en recrutement ; une conseil en communication.*
Ξ Ce mot peut s'employer dans des noms composés avec un trait d'union ou en apposition ; il prend la marque du pluriel : *des avocats-conseils* ou *des avocats conseils.*
HOM. formes du v. **conseiller**
[1]**conseiller, ère** n.
[2]**conseiller** v. tr. et v. tr. ind. | conjug. 1 |
▸ **conseiller qqn** *conseiller un ami dans l'embarras*
▸ **conseiller qqch. à qqn** *je lui ai conseillé ce livre*
▸ **conseiller à qqn de** (+ inf.) *je lui ai conseillé d'être prudent*
conseilleur, euse n.
consensuel, elle adj.
consensus /kɔ̃sɛ̃sys/ n. m.
consentant, ante adj.
consentement n. m.
consentir v. tr. et v. tr. ind. | conjug. 16 |
▸ **consentir que** (+ subj.) *je consens qu'elle le fasse*
▸ **consentir à** (+ n.) *les parents ont consenti au mariage*
▸ **consentir à** (+ inf.) *il consent à coopérer*
▸ **consentir à ce que** (+ subj.) *je consens à ce qu'il y aille*
conséquemment /-ka-/ adv.
conséquence n. f.
Ξ Ce mot est au singulier dans les locutions **en conséquence** et **sans conséquence**.
conséquent, ente adj.
Ξ L'emploi de cet adjectif au sens de « important » (*une somme conséquente*) est critiqué. Il doit être évité dans le langage soutenu.
conservable adj.
conservateur, trice n. et adj.
conservatif, ive adj.
conservation n. f.
conservatisme n. m.
[1]**conservatoire** adj.
[2]**conservatoire** n. m.
➾ Ce mot s'écrit avec une majuscule dans les dénominations d'établissements uniques : *le Conservatoire national des arts et métiers ; le Conservatoire national supérieur de musique* mais *elle a étudié le piano au conservatoire.*
conserve n. f.
Ξ De nos jours, les locutions adverbiales **de concert** et **de conserve** s'emploient indifféremment au sens de « ensemble » : *aller de concert/de conserve ; agir de concert/de conserve.* Il est toutefois préférable d'employer **de concert** quand il y a une notion d'accord ou de concertation et **de conserve** quand il y a une notion d'accompagnement ou de simultanéité : *préparer quelque chose de concert ; voyager de conserve.*
conservé, ée adj.
conserver v. tr. | conjug. 1 |
conserverie n. f.
conserveur, euse n.
considérable adj.
considérablement adv.
considérant n. m.
considération n. f.
considérément adv.
considérer v. tr. | conjug. 6 |
▸ **considérer que** (+ indic. ou condit.) *si vous considérez que cela vaut la peine ; elle considère que ce serait plus facile*
▸ **considérer comme** (+ n.) *je la considère comme ma fille ; il considère cette théorie comme une absurdité*
▸ **considérer comme** (+ adj.) *je le considère comme responsable*
⌘ L'omission de *comme* (*je le considère responsable*) est fautive et doit être évitée.

¬ **se considérer**
➾ Aux temps composés de la forme pronominale, le participe passé s'accorde en genre et en nombre avec le sujet : *elle s'est considérée comme une victime.*
consignataire n. m.
consignateur, trice n.
consignation n. f.
consigne n. f.
consigner v. tr. | conjug. 1 |
consistance n. f.
consistant, ante adj.
consister v. intr. | conjug. 1 |
▸ **consister en/dans** (+ n.) *en quoi consiste votre projet ? sa qualité consiste dans son savoir-faire*
▸ **consister à** (+ inf.) *ce jeu consiste à inventer des mots*
consistoire n. m.
consistorial, iale, iaux adj. et n.
consistorialement adv.
conso n. f.
◻ abrév. de **consommation**
consœur n. f.
consol n. m.
HOM. **console**, formes du v. **consoler**
consolable adj.
consolant, ante adj.
consolateur, trice n.
consolatif, ive adj.
consolation n. f.
consolatoire adj.
console n. f.
HOM. **consol**, formes du v. **consoler**
consoler v. tr. | conjug. 1 |
¬ **se consoler**
➾ Aux temps composés de la forme pronominale, le participe passé s'accorde en genre et en nombre avec le sujet : *elle s'est consolée.*
consolidable adj.
consolidation n. f.
consolidé, ée adj. et n. m.
consolidement n. m.
consolider v. tr. | conjug. 1 |
¬ **se consolider**
➾ Aux temps composés de la forme pronominale, le participe passé s'accorde en genre et en nombre avec le sujet : *leur amitié s'est consolidée.*
consommable adj.
consommateur, trice n.
consommateurisme n. m.
consommation n. f.
consommatique n. f.
consommatoire adj.
consommé, ée adj. et n. m.
consommer v. tr. | conjug. 1 |
consomptibilité n. f.
consomptible adj.
consomptif, ive adj.
consomption n. f.
consonance n. f.
consonant, ante adj.
consonantique adj.
consonantisme n. m.
consoner v. intr. | conjug. 1 |
consonne n. f.
HOM. formes du v. **consoner**
consort /-ɔʀ/ n. m. et adj. m.
consortial, iale, iaux adj.
consortium /-jɔm/ n. m.
consoude n. f.
conspirant, ante adj.
conspirateur, trice n.
conspiration n. f.
conspirer v. tr., v. intr. et v. tr. ind. | conjug. 1 |
▸ **conspirer qqch.** *conspirer la mort de quelqu'un*
▸ **conspirer contre** *conspirer contre la République*
▸ **conspirer à** (+ inf.) *tout conspire à me nuire*
▸ **conspirer à** (+ n.) *tout conspire à mon bonheur*
conspuer v. tr. | conjug. 1 |
constable n. m.
constamment adv.
constance n. f.
constant, ante adj.
constantan n. m.
constante n. f.
constat /-a/ n. m.
constatable adj.
constatation n. f.
constater v. tr. | conjug. 1 |
constateur n. m.
constellation n. f.
constellé, ée adj.
☰ **Constellé d'étoiles** est un pléonasme à éviter.
consteller v. tr. | conjug. 1 |
consternant, ante adj.
consternation n. f.
consterner v. tr. | conjug. 1 |
constipant, ante adj.
constipation n. f.
constipé, ée adj.
constiper v. tr. | conjug. 1 |
HOM. **constipé**
constituant, ante adj. et n.
➾ Avec une majuscule, **la Constituante** désigne l'Assemblée constituante de 1789.
constitué, ée adj.

constituer v. tr. | conjug. 1 |
¬ **se constituer**
➾ Aux temps composés de la forme pronominale, le participe passé s'accorde en genre et en nombre avec le sujet : *ils se sont constitués prisonniers.*
constitutif, ive adj.
constitution n. f.
➾ Ce mot s'écrit avec une majuscule quand il désigne un ensemble de textes fondamentaux à caractère unique : *la Constitution de l'an VII ; la Constitution européenne ; réviser la Constitution* mais *voter une constitution ; une constitution monarchique.*
constitutionnalisation n. f.
constitutionnaliser v. tr. | conjug. 1 |
constitutionnalisme n. m.
constitutionnaliste n.
constitutionnalité n. f.
constitutionnel, elle adj.
constitutionnellement adv.
constricteur adj. m.
constrictif, ive adj.
constriction n. f.
constrictor adj. m.
constringent, ente adj.
constructeur, trice n. et adj.
constructibilité n. f.
constructible adj.
constructif, ive adj.
construction n. f.
constructique n. f.
constructivisme n. m.
➾ Comme tous les noms de courants artistiques, ce mot s'écrit sans majuscule : *le constructivisme russe.*
constructiviste n. et adj.
➾ Comme tous les mots désignant ou qualifiant un courant artistique ou ses représentants, ce mot s'écrit sans majuscule : *le courant constructiviste ; les constructivistes.*
construire v. tr. | conjug. 38 |
consubstantialité n. f.
consubstantiation n. f.
consubstantiel, ielle adj.
consubstantiellement adv.
consul, e n.
➾ Ce mot s'écrit toujours sans majuscule : *madame la consule.*
consulaire adj.
consulairement adv.
consulat n. m.
➾ Avec une majuscule, **le Consulat** désigne le gouvernement qui suivit le Directoire.
consultabilité n. f.
consultable adj.
consultance n. f.
consultant, ante adj. et n.
consultatif, ive adj.
consultation n. f.
consulte n. f.
HOM. formes du v. **consulter**
consulter v. intr. et v. tr. | conjug. 1 |
consulteur n. m.
consulting /-iŋ/ n. m.
consumable adj.
consumant, ante adj.
consumation n. f.
consumer v. tr. | conjug. 1 |
¬ **se consumer**
➾ Aux temps composés de la forme pronominale, le participe passé s'accorde en genre et en nombre avec le sujet : *la cigarette s'est consumée.*
consumérisme n. m.
consumériste adj. et n.
contact n. m.
HOM. formes du v. **contacter**
contacter v. tr. | conjug. 1 |
contacteur n. m.
contactologie n. f.
contactologue n.
contadin, ine n. et adj.
contage n. m.
HOM. **comptage**
contagieusement adv.
contagieux, ieuse adj.
contagion n. f.
contagionner v. tr. | conjug. 1 |
contagiosité n. f.
container /-ɛʀ/ n. m.
□ rec. off. : **conteneur**
containerisable adj.
containerisation n. f.
containeriser v. tr. | conjug. 1 |
contaminable adj.
contaminant, ante adj. et n. m.
contaminateur, trice adj. et n.
contamination n. f.
contaminer v. tr. | conjug. 1 |
conte n. m.
HOM. **compte, comte**
contemplateur, trice n.
contemplatif, ive adj.
contemplation n. f.
contemplativement adv.
contempler v. tr. | conjug. 1 |
contemporain, aine adj. et n.
contemporanéité n. f.
contempteur, trice n.
contemptible adj.
contemption n. f.
contenance n. f.
contenant n. m.

contendant, ante adj.
↯ Ne pas confondre **contendant**, adjectif vieilli qui signifie « concurrent », avec **contondant**, qui signifie « qui blesse sans couper ni percer ».
conteneur n. m.
◘ rec. off. pour **container**
conteneurisable adj.
conteneurisation n. f.
conteneuriser v. tr. | conjug. 1 |
contenir v. tr. | conjug. 22 |
¬ **se contenir**
➾ Aux temps composés de la forme pronominale, le participe passé s'accorde en genre et en nombre avec le sujet : *ils ne se sont pas contenus.*
content, ente adj.
HOM. **comptant**, **contant** (p. prés. de *conter*)
contentement n. m.
contenter v. tr. | conjug. 1 |
¬ **se contenter**
➾ Aux temps composés de la forme pronominale, le participe passé s'accorde en genre et en nombre avec le sujet : *elle s'est contentée de sourire.*
contentieusement adv.
contentieux, ieuse adj. et n. m.
contentif, ive adj.
contention n. f.
contenu, ue adj. et n. m.
conter v. tr. | conjug. 1 |
HOM. **compter**, **comté**
contestabilité n. f.
contestable adj.
contestablement adv.
contestant, ante n. et adj.
contestataire adj. et n.
contestateur, trice adj. et n.
contestation n. f.
conteste (sans) loc. adv.
contester v. tr. | conjug. 1 |
▸ **contester que** (+ subj.) *je conteste qu'il soit sincère*
▸ **contester que** (+ indic.) *je ne conteste pas qu'il est le meilleur*
conteur, euse n.
HOM. **compteur**
contexte n. m.
contextualisation n. f.
contextualiser v. tr. | conjug. 1 |
contextuel, elle adj.
contextuellement adv.
contexture n. f.
contigu, uë ou **üe**° adj.
contiguïté ou **contigüité**° n. f.
continence n. f.
[1]**continent, ente** adj.
[2]**continent** n. m.
➾ Ce mot s'écrit avec une majuscule dans les expressions **l'Ancien Continent** et **le Nouveau Continent**.
continental, ale, aux adj.
continentalité n. f.
contingence n. f.
contingent, ente adj. et n. m.
contingentement n. m.
contingenter v. tr. | conjug. 1 |
continu, ue adj. et n. m.
continuateur, trice n.
continuation n. f.
continuel, elle adj.
continuellement adv.
continuer v. tr. et v. intr. | conjug. 1 |
▸ **continuer à/de** (+ inf.) *il continue à pleuvoir* ou *de pleuvoir*
continuité n. f.
continûment ou **continument**° adv.
continuo n. m.
continuum /-ɥɔm/ n. m.
contondant, ante adj.
↯ Ne pas confondre **contondant**, qui signifie « qui blesse sans couper ni percer », avec **contendant**, adjectif vieilli qui signifie « concurrent ».
contorniate /-at/ adj. et n. m. ou f.
contorsion n. f.
contorsionner (se) v. pron. | conjug. 1 |
➾ Aux temps composés de la forme pronominale, le participe passé s'accorde en genre et en nombre avec le sujet : *ils se sont contorsionnés.*
contorsionniste n.
contour n. m.
contourné, ée adj.
contournement n. m.
◘ rec. off. pour **by-pass**
contourner v. tr. | conjug. 1 |
contraceptif, ive adj. et n. m.
contraception n. f.
contractant, ante adj. et n.
contracte adj.
contracté, ée adj.
contracter v. tr. | conjug. 1 |
¬ **se contracter**
➾ Aux temps composés de la forme pronominale, le participe passé s'accorde en genre et en nombre avec le sujet : *ses muscles se sont contractés.*
contractibilité n. f.
contractif, ive adj.
contractile adj.
contractilité n. f.
contraction n. f.
contractualisation n. f.

contractualiser v. tr. | conjug. 1 |
contractuel, elle adj. et n.
contractuellement adv.
contracture n. f.
contracturer v. tr. | conjug. 1 |
contracyclique adj.
contradicteur, trice n.
contradiction n. f.
contradictoire adj.
contradictoirement adv.
contragestif, ive adj. et n. m.
contragestion n. f.
contraignable adj.
contraignant, ante adj.
contraindre v. tr. | conjug. 52 |
▸ **contraindre à** (+ n.) *j'ai été contraint à la fuite*
▸ **contraindre à/de** (+ inf.) *ils m'ont contraint à agir ; elle a été contrainte d'accepter*
Ξ **Contraint malgré lui** est un pléonasme à éviter.
¬ **se contraindre**
➾ Aux temps composés de la forme pronominale, le participe passé s'accorde en genre et en nombre avec le sujet : *ils se sont contraints à se lever tôt.*
contraint, ainte adj.
contrainte n. f.
contraire adj. et n. m.
HOM. formes du v. **contrer**
contrairement adv.
contralto n. m.
contrapontique adj.
→ **contrapuntique**
contrapontiste n.
→ **contrapuntiste**
contraposé, ée adj. et n. f.
contraposition n. f.
contrapuntique /-pɔ̃-/ ou **contrapontique** adj.
contrapuntiste /-pɔ̃-/ ou **contrapontiste** n.
contrariant, iante adj.
contrarié, iée adj.
contrarier v. tr. | conjug. 7 |
contrariété n. f.
contrario (a) loc. adv.
→ **a contrario**
contrarotatif, ive adj.
contrastant, ante adj.
contraste n. m.
contrasté, ée adj.
contraster v. tr. et v. intr. | conjug. 1 |
contrastif, ive adj.
contrat n. m.
HOM. formes du v. **contrer**
contravention n. f.
contraventionnel, elle adj.
contraventionnellement adv.
contravis /-i/ n. m.
contre prép., adv. et n. m.
Ξ La locution adverbiale **par contre** est condamnée par certains puristes qui préfèrent employer **en revanche** ou **au contraire**. Elle est toutefois très fréquente dans le langage courant et ne peut être considérée comme fautive.
contre-alizé ▪ plur. **contre-alizés** ou **contralizé**○ ▪ plur. **contralizés**○ n. m.
contre-allée ▪ plur. **contre-allées** ou **contrallée**○ ▪ plur. **contrallées**○ n. f.
contre-amiral, ale, aux ou **contramiral, ale, aux**○ n.
contre-appel ▪ plur. **contre-appels** ou **contrappel**○ ▪ plur. **contrappels**○ n. m.
contre-argument ▪ plur. **contre-arguments** ou **contrargument** ▪ plur. **contrarguments** n. m.
contre-argumentaire ▪ plur. **contre-argumentaires** ou **contrargumentaire** ▪ plur. **contrargumentaires** n. m.
contre-argumentation ▪ plur. **contre-argumentations** ou **contrargumentation** ▪ plur. **contrargumentations** n. f.
contre-assurance ▪ plur. **contre-assurances** ou **contrassurance**○ ▪ plur. **contrassurances**○ n. f.
contre-attaque ▪ plur. **contre-attaques** ou **contrattaque**○ ▪ plur. **contrattaques**○ n. f.
contre-attaquer ou **contrattaquer**○ v. intr. | conjug. 1 |
contrebalancer v. tr. | conjug. 3 |
¬ **s'en contrebalancer**
Ξ La forme pronominale appartient au registre familier.
➾ Aux temps composés de la forme pronominale, le participe passé s'accorde en genre et en nombre avec le sujet : *ils s'en sont contrebalancés.*
contrebande n. f.
contrebandier, ière n.
contrebas (en) loc. adv.
contrebasse n. f.
contrebassiste n.
contrebasson n. m.
contrebatterie n. f.
contrebattre v. tr. | conjug. 41 |
contrebraquer v. intr. | conjug. 1 |
contrebuter v. tr. | conjug. 1 |
contrecarre n. m.
contrecarrer v. tr. | conjug. 1 |
contrechamp n. m.
HOM. **contre-chant**
contre-chant ▪ plur. **contre-chants** ou **contrechant** ▪ plur. **contrechants** n. m.
HOM. **contrechamp**

contrechâssis /-i/ n. m.
contrechoc ▪ plur. **contrechocs** ou **contre-choc** ▪ plur. **contre-chocs** n. m.
contreclef /-kle/ n. f.
contrecœur (à) loc. adv.
contrecoller v. tr. | conjug. 1 |
contrecolleuse n. f.
contrecoup n. m.
contre-courant ▪ plur. **contre-courants** ou **contrecourant**○ ▪ plur. **contrecourants**○ n. m.
contre-courbe ▪ plur. **contre-courbes** ou **contrecourbe**○ ▪ plur. **contrecourbes**○ n. f.
contre-culture ▪ plur. **contre-cultures** ou **contreculture**○ ▪ plur. **contrecultures**○ n. f.
contredanse n. f.
contre-déclaration ▪ plur. **contre-déclarations** ou **contredéclaration**○ ▪ plur. **contredéclarations**○ n. f.
contre-dégagement ▪ plur. **contre-dégagements** ou **contredégagement**○ ▪ plur. **contredégagements**○ n. m.
contre-dégager ou **contredégager**○ v. intr. | conjug. 3 |
contre-dénonciation ▪ plur. **contre-dénonciations** ou **contredénonciation**○ ▪ plur. **contredénonciations**○ n. f.
contre-digue ▪ plur. **contre-digues** ou **contredigue**○ ▪ plur. **contredigues**○ n. f.
contredire v. tr. | conjug. 37, sauf *contredisez* |
CONJUG. Ce verbe se conjugue comme *dire*, sauf à la deuxième personne du pluriel du présent de l'indicatif et de l'impératif : *(vous) contredisez* et non pas **(vous) contredites*.
¬ **se contredire**
➾ Aux temps composés de la forme pronominale, le participe passé s'accorde en genre et en nombre avec le sujet : *ils se sont contredits*.
contredisant, ante adj.
contredit n. m.
contrée n. f.
HOM. **contrer**
contre-écrou ▪ plur. **contre-écrous** ou **contrécrou**○ ▪ plur. **contrécrous**○ n. m.
contre-électromotrice ▪ plur. **contre-électromotrices** ou **contrélectromotrice**○ ▪ plur. **contrélectromotrices**○ adj. f.
contre-emploi ▪ plur. **contre-emplois** ou **contremploi**○ ▪ plur. **contremplois**○ n. m.
contre-empreinte ▪ plur. **contre-empreintes** ou **contrempreinte**○ ▪ plur. **contrempreintes**○ n. f.
contre-enquête ▪ plur. **contre-enquêtes** ou **contrenquête**○ ▪ plur. **contrenquêtes**○ n. f.
contre-épaulette ▪ plur. **contre-épaulettes** ou **contrépaulette**○ ▪ plur. **contrépaulettes**○ n. f.
contre-épreuve ▪ plur. **contre-épreuves** ou **contrépreuve**○ ▪ plur. **contrépreuves**○ n. f.
contre-espion ▪ plur. **contre-espions** ou **contrespion**○ ▪ plur. **contrespions**○ n. m.
contre-espionnage ▪ plur. **contre-espionnages** ou **contrespionnage**○ ▪ plur. **contrespionnages**○ n. m.
contre-essai ▪ plur. **contre-essais** ou **contressai**○ ▪ plur. **contressais**○ n. m.
contre-exemple ▪ plur. **contre-exemples** ou **contrexemple**○ ▪ plur. **contrexemples**○ n. m.
contre-expertise ▪ plur. **contre-expertises** ou **contrexpertise**○ ▪ plur. **contrexpertises**○ n. f.
contre-extension ▪ plur. **contre-extensions** ou **contrextension**○ ▪ plur. **contrextensions**○ n. f.
contrefaçon n. f.
contrefacteur, trice n.
contrefaction n. f.
contrefaire v. tr. | conjug. 60 |
HOM. **contrefer**
contrefaisable adj.
contrefaiseur, euse n.
contrefait, aite adj.
contre-fenêtre ▪ plur. **contre-fenêtres** ou **contrefenêtre**○ ▪ plur. **contrefenêtres**○ n. f.
contre-fer ▪ plur. **contre-fer(s)** ou **contrefer**○ ▪ plur. **contrefers**○ n. m.
HOM. **contrefaire**
contre-feu ▪ plur. **contre-feux** ou **contrefeu**○ ▪ plur. **contrefeux**○ n. m.
contrefiche ▪ plur. **contrefiches** ou **contre-fiche** ▪ plur. **contre-fiches** n. f.
contreficher (se) ou **contreficher (se)** v. pron. | conjug. 1 |
➾ Aux temps composés de la forme pronominale, le participe passé s'accorde en genre et en nombre avec le sujet : *elle s'en est contrefichée*.
contrefil ▪ plur. **contrefils** ou **contre-fil** ▪ plur. **contre-fils** n. m.
contre-filet ▪ plur. **contre-filets** ou **contrefilet**○ ▪ plur. **contrefilets**○ n. m.
contrefort n. m.
contrefoutre (se) v. pron. | conjug. *foutre* |
➾ Aux temps composés de la forme pronominale, le participe passé s'accorde en genre et en nombre avec le sujet : *ils s'en sont contrefoutus*.
contre-haut (en) ou **contrehaut (en)**○ loc. adv.
contre-hermine ▪ plur. **contre-hermines** ou **contrehermine**○ ▪ plur. **contrehermines**○ n. f.
contre-heurtoir ▪ plur. **contre-heurtoirs** ou

contreheurtoir○ ▪ plur. **contreheurtoirs**○ n. m.
contre-indication ▪ plur. **contre-indications** ou **contrindication**○ ▪ plur. **contrindications**○ n. f.
contre-indiquer ou **contrindiquer**○ v. tr. | conjug. 1 |
contre-interrogatoire ▪ plur. **contre-interrogatoires** ou **contrinterrogatoire**○ ▪ plur. **contrinterrogatoires**○ n. m.
contre-jour ▪ plur. inv. ou **contrejour**○ ▪ plur. **contrejours**○ n. m.
contre-lame ▪ plur. **contre-lames** ou **contrelame**○ ▪ plur. **contrelames**○ n. f.
contre-la-montre n. m. inv.
contre-lettre ▪ plur. **contre-lettres** ou **contrelettre**○ ▪ plur. **contrelettres**○ n. f.
contremaître, contremaîtresse ou **contremaitre, contremaitresse**○ n.
☯ Pour parler d'une femme, le *Guide d'aide à la féminisation des noms de métiers, titres, grades et fonctions* et l'Office québécois de la langue française recommandent l'emploi de *contremaîtresse* et de *contremaître* au féminin : *c'est une contremaîtresse* ou *une contremaître*.
contremandement n. m.
contremander v. tr. | conjug. 1 |
contre-manifestant, ante ▪ plur. **contre-manifestants, antes** ou **contremanifestant, ante**○ ▪ plur. **contremanifestants, antes**○ n.
contre-manifestation ▪ plur. **contre-manifestations** ou **contremanifestation**○ ▪ plur. **contremanifestations**○ n. f.
contre-manifester ou **contremanifester**○ v. intr. | conjug. 1 |
contremarche n. f.
contremarque n. f.
contremarquer v. tr. | conjug. 1 |
contre-mesure ▪ plur. **contre-mesures** ou **contremesure**○ ▪ plur. **contremesures**○ n. f.
contre-mi n. m. inv.
contre-mine ▪ plur. **contre-mines** ou **contremine**○ ▪ plur. **contremines**○ n. f.
contremont adv.
contre-mur ▪ plur. **contre-murs** ou **contremur**○ ▪ plur. **contremurs**○ n. m.
contre-offensive ▪ plur. **contre-offensives** ou **controffensive**○ ▪ plur. **controffensives**○ n. f.
contre-pal ▪ plur. **contre-pals** ou **contrepal**○ ▪ plur. **contrepals**○ n. m.
contrepartie n. f.
contrepartiste n.
contre-pas ou **contrepas**○ n. m. inv.
contre-passation ▪ plur. **contre-passations** ou **contrepassation**○ ▪ plur. **contrepassations**○ n. f.
contre-passer ou **contrepasser**○ v. tr. | conjug. 1 |
contrepente ▪ plur. **contrepentes** ou **contre-pente** ▪ plur. **contre-pentes** n. f.
contre-performance ▪ plur. **contre-performances** ou **contreperformance**○ ▪ plur. **contreperformances**○ n. f.
contrepet /-ɛ/ n. m.
contrepèterie n. f.
contrepétiste n.
contrepièce n. f.
contrepied ▪ plur. **contrepieds** ou **contre-pied** ▪ plur. **contre-pieds** n. m.
contreplacage n. m.
contreplaqué n. m.
contre-plongée ▪ plur. **contre-plongées** ou **contreplongée**○ ▪ plur. **contreplongées**○ n. f.
contrepoids /-pwa/ n. m.
contre-poil (à) ou **contrepoil (à)**○ loc. adv.
contrepoint n. m.
contre-pointe ▪ plur. **contre-pointes** ou **contrepointe**○ ▪ plur. **contrepointes**○ n. f.
contrepoison n. m.
contre-porte ▪ plur. **contre-portes** ou **contreporte**○ ▪ plur. **contreportes**○ n. f.
contre-pouvoir ▪ plur. **contre-pouvoirs** ou **contrepouvoir**○ ▪ plur. **contrepouvoirs**○ n. m.
contre-préparation ▪ plur. **contre-préparations** ou **contrepréparation**○ ▪ plur. **contrepréparations**○ n. f.
contre-productif, ive ▪ plur. **contre-productifs, ives** ou **contreproductif, ive**○ ▪ plur. **contreproductifs, ives**○ adj.
contreprojet ▪ plur. **contreprojets** ou **contre-projet** ▪ plur. **contre-projets** n. m.
contre-propagande ▪ plur. **contre-propagandes** ou **contrepropagande**○ ▪ plur. **contrepropagandes**○ n. f.
contreproposition ▪ plur. **contrepropositions** ou **contre-proposition** ▪ plur. **contre-propositions** n. f.
contre-publicité ▪ plur. **contre-publicités** ou **contrepublicité**○ ▪ plur. **contrepublicités**○ n. f.
contrer v. intr. et v. tr. | conjug. 1 |
HOM. **contrée**
contre-rail ▪ plur. **contre-rails** ou **contrerail**○ ▪ plur. **contrerails**○ n. m.
contre-ré n. m. inv.
HOM. forme du v. **contrer**
contre-réaction ▪ plur. **contre-réactions** ou **contreréaction**○ ▪ plur. **contreréactions**○ n. f.
contre-réforme ▪ plur. **contre-réformes** ou

contreréforme○ ▪ plur. **contreréformes**○ n. f.
➾ Avec des majuscules, **la Contre-Réforme** désigne la réforme catholique qui succéda à la Réforme pour s'y opposer.
contre-révolution ▪ plur. **contre-révolutions** ou **contrerévolution**○ ▪ plur. **contrerévolutions**○ n. f.
contre-révolutionnaire ▪ plur. **contre-révolutionnaires** ou **contrerévolutionnaire**○ ▪ plur. **contrerévolutionnaires**○ adj. et n.
contrescarpe n. f.
contreseing /-sɛ̃/ n. m.
contresens /-sɑ̃s/ n. m.
contresignataire n. et adj.
contresigner v. tr. | conjug. 1 |
contre-sommet ▪ plur. **contre-sommets** ou **contresommet**○ ▪ plur. **contresommets**○ n. m.
contresujet ▪ plur. **contresujets** ou **contre-sujet** ▪ plur. **contre-sujets** n. m.
contre-taille ▪ plur. **contre-tailles** ou **contretaille**○ ▪ plur. **contretailles**○ n. f.
contretemps ou **contre-temps** n. m. inv.
contretenir v. tr. | conjug. 22 |
contre-ténor ▪ plur. **contre-ténors** ou **contreténor**○ ▪ plur. **contreténors**○ n. m.
contre-terrorisme ▪ plur. **contre-terrorismes** ou **contreterrorisme**○ ▪ plur. **contreterrorismes**○ n. m.
contre-terroriste ▪ plur. **contre-terroristes** ou **contreterroriste**○ ▪ plur. **contreterroristes**○ n.
contre-timbre ▪ plur. **contre-timbres** ou **contretimbre**○ ▪ plur. **contretimbres**○ n. m.
contre-tirer ou **contretirer**○ v. tr. | conjug. 1 |
contre-torpilleur ▪ plur. **contre-torpilleurs** ou **contretorpilleur**○ ▪ plur. **contretorpilleurs**○ n. m.
contre-transfert ▪ plur. **contre-transferts** ou **contretransfert**○ ▪ plur. **contretransferts**○ n. m.
contretypage n. m.
contretype n. m.
contretyper v. intr. et v. tr. | conjug. 1 |
contre-ut ▪ plur. inv. ou **contrut**○ ▪ plur. **contruts**○ n. m.
contre-vair ▪ plur. **contre-vairs** ou **contre-vair**○ ▪ plur. **contrevairs**○ n. m.
contre-valeur ▪ plur. **contre-valeurs** ou **contrevaleur**○ ▪ plur. **contrevaleurs**○ n. f.
contrevallation n. f.
contrevenant, ante adj. et n.
contrevenir v. tr. ind. | conjug. 22 |
contrevent n. m.
contreventement n. m.
contreventer v. tr. | conjug. 1 |
contrevérité ▪ plur. **contrevérités** ou **contre-vérité** ▪ plur. **contre-vérités** n. f.
contre-visite ▪ plur. **contre-visites** ou **contrevisite**○ ▪ plur. **contrevisites**○ n. f.
contre-voie (à) ou **contrevoie (à)**○ loc. adv.
contribuable n.
contribuer v. tr. ind. | conjug. 1 |
▸ **contribuer à** (+ n.) *contribuer au succès d'une entreprise*
▸ **contribuer à** (+ inf.) *ce film a contribué à le faire connaître*
contributeur, trice n.
contributif, ive adj.
contribution n. f.
contributoire adj.
contributoirement adv.
contrister v. tr. | conjug. 1 |
contrit, ite adj.
contrition n. f.
contrôlabilité n. f.
contrôlable adj.
controlatéral, ale, aux adj.
contrôle n. m.
contrôler v. tr. | conjug. 1 |
¬ **se contrôler**
➾ Aux temps composés de la forme pronominale, le participe passé s'accorde en genre et en nombre avec le sujet : *ils ne se sont pas contrôlés*.
contrôleur, euse n.
contrordre n. m.
controuvé, ée adj.
controuver v. tr. | conjug. 1 |
controversable adj.
controverse n. f.
controversé, ée adj.
controverser v. tr. | conjug. 1 |
controversiste n.
contrut n. m.
→ **contre-ut**
contuition n. f.
[1]**contumace** n. f. (défaut de présentation)
[2]**contumace** ou **contumax** adj. et n. (personne)
contumélie n. f.
contumélieusement adv.
contus, use adj.
contusif, ive adj.
contusion n. f.
contusionner v. tr. | conjug. 1 |
conurbation n. f.
convaincant, ante adj.
➾ Ne pas écrire cet adjectif comme *convainquant*, participe présent du verbe *convaincre*.
convaincre v. tr. | conjug. 42 |
convaincu, ue adj.
convalescence n. f.

convalescent, ente adj.
convallaire n. f.
convecteur n. m.
convectif, ive adj.
convection n. f.
convenable adj.
convenablement adv.
convenance n. f.
convenant, ante adj. et n. m.
convenir v. tr. ind. | conjug. 22 |
▸ **convenir à** (+ n.) *les vêtements qui conviennent à la circonstance ; ce traitement ne me convient pas*
▸ **il convient de** (+ inf.) *il convient de respecter une minute de silence*
▸ **il convient que** (+ subj.) *il conviendrait que vous y alliez*
Ξ Au sens de « être approprié », ce verbe s'emploie avec l'auxiliaire *avoir* : *cette solution ne lui a pas convenu*. Au sens de « admettre » et de « décider », il s'emploie avec l'auxiliaire *être* dans le langage littéraire et avec *avoir* dans le langage courant : *il est convenu* ou *il a convenu de son erreur ; ils sont convenus* ou *ils ont convenu de se revoir*.
convent n. m.
conventicule n. m.
convention n. f.
➾ Avec une majuscule, **la Convention** désigne l'assemblée constituante formée en 1792.
conventionalité n. f.
conventionnalisme n. m.
conventionnaliste adj.
conventionné, ée adj.
conventionnel, elle adj. et n. m.
conventionnellement adv.
conventionnement n. m.
conventualité n. f.
conventuel, elle adj.
conventuellement adv.
convenu, ue adj.
convergence n. f.
convergent, ente adj.
➾ Ne pas écrire cet adjectif comme *convergeant*, participe présent du verbe *converger*.
converger v. intr. | conjug. 3 |
convers, erse /-ɛʀ, ɛʀs/ adj.
conversant, ante adj.
conversation n. f.
conversationnel, elle adj.
conversationner v. intr. | conjug. 1 |
conversationniste n.
converse n. f.
converser v. intr. | conjug. 1 |
conversion n. f.
converti, ie adj. et n.
convertibilité n. f.
convertible adj. et n. m.
convertir v. tr. | conjug. 2 |
convertissable adj.
convertissage n. m.
convertissement n. m.
convertisseur n. m.
convexe adj.
convexité n. f.
convict /-ikt/ n. m.
conviction n. f.
convier v. tr. | conjug. 7 |
convive n.
convivial, iale, iaux adj.
convivialement adv.
convivialiser v. tr. et v. intr. | conjug. 1 |
convivialiste n.
convivialité n. f.
conviviat /-ja/ n. m.
convocable adj.
➾ Cet adjectif s'écrit avec un *c*, contrairement au verbe *convoquer*.
convocateur, trice n. et adj.
➾ Ce mot s'écrit avec un *c*, contrairement au verbe *convoquer*.
convocation n. f.
➾ Ce mot s'écrit avec un *c*, contrairement au verbe *convoquer*.
convoi n. m.
HOM. formes du v. **convoyer**
convoiement n. m.
➾ Ne pas oublier le *e* muet.
convoitable adj.
convoiter v. tr. | conjug. 1 |
convoiteur, euse adj. et n.
convoiteux, euse adj.
convoitise n. f.
convoler v. intr. | conjug. 1 |
convoluta n. m.
convoluté, ée adj.
convolution n. f.
convolvulacée n. f.
convolvulus /-vylys/ n. m.
convoquer v. tr. | conjug. 1 |
convoyage n. m.
convoyer v. tr. | conjug. 8 |
convoyeur, euse n. et adj.
convulsé, ée adj.
convulser v. tr. | conjug. 1 |
¬ **se convulser**
➾ Aux temps composés de la forme pronominale, le participe passé s'accorde en genre et en nombre avec le sujet : *sa figure s'est convulsée de douleur*.
convulsif, ive adj.
convulsion n. f.
convulsionnaire n.

convulsionner v. tr. | conjug. 1 |
convulsivant, ante adj. et n. m.
convulsivement adv.
convulsothérapie n. f.
coobligé, ée n.
cooccupant, ante adj. et n.
cooccurrence n. f.
cooccurrent, ente adj. et n.
[1]**cookie** /kuki/ n. m. (biscuit)
[2]**cookie** /kuki/ n. m.
□ rec. off. : **mouchard électronique** ou **témoin de connexion**
cool /kul/ adj. inv.
➾ Les Rectifications de l'orthographe de 1990 préconisent l'accord en nombre : *elles sont très cools.*
HOM. **coule**, formes du v. **couler**
coolie /kuli/ n. m.
HOM. **coulis**
coolos /kulos/ adj.
coopérant, ante /kɔɔ-/ adj. et n.
coopérateur, trice /k(ɔ)ɔ-/ n.
coopératif, ive /k(ɔ)ɔ-/ adj.
coopération /kɔɔ-/ n. f.
coopératisme /k(ɔ)ɔ-/ n. m.
coopérative /k(ɔ)ɔ-/ n. f.
coopérativement /k(ɔ)ɔ-/ adv.
coopérer /kɔɔ-/ v. tr. ind. | conjug. 6 |
cooptatif, ive adj.
cooptation n. f.
coopter v. tr. | conjug. 1 |
coordinateur, trice n. et adj.
coordination n. f.
coordinence n. f.
coordonnant, ante adj. et n. m.
coordonnateur, trice adj. et n.
coordonné, ée adj. et n. f.
coordonner v. tr. | conjug. 1 |
copahu n. m.
copain n. m. et adj. m.
copal n. m.
copalier n. m.
copalme n. m.
coparent n. m.
coparental, ale, aux adj.
coparentalité n. f.
copartage n. m.
copartageant, ante adj. et n.
copartager v. tr. | conjug. 3 |
coparticipant, ante adj. et n.
coparticipation n. f.
copaternité n. f.
copayer n. m.
copeau n. m.
copépode n. m.
copermutant n. m.
copermutation n. f.
copermuter v. tr. | conjug. 1 |
copernicien, ienne adj. et n.
copiable adj.
copiage n. m.
copie n. f.
copier v. tr. | conjug. 7 |
copier-coller n. m. inv.
copieur, ieuse n.
copieusement adv.
copieux, ieuse adj.
copilote n.
copiloter v. tr. | conjug. 1 |
copinage n. m.
copine n. f. et adj. f.
copiner v. intr. | conjug. 1 |
copinerie n. f.
copineur, euse adj.
copion n. m.
HOM. formes du v. **copier**
copiste n.
coplanaire adj.
coplanarité n. f.
copoclêphile n.
copolymère n. m.
copolymérisation n. f.
coposséder v. tr. | conjug. 6 |
copossesseur n. m.
copossession n. f.
coppa n. f.
HOM. **koppa**
copra ou **coprah** n. m.
copreneur n. m.
coprésidence n. f.
coprésident, ente n.
coprésider v. tr. ind. et v. tr. | conjug. 1 |
coprin n. m.
coprince n. m.
coprocesseur n. m.
coproculture n. f.
coproducteur, trice n.
coproduction n. f.
coproduire v. tr. | conjug. 38 |
coprolagnie n. f.
coprolalie n. f.
coprolalique adj. et n.
coprolithe n. m.
coprologie n. f.
coprologique adj.
copromanie n. f.
coprophage adj.
coprophagie n. f.
coprophile adj.
copropriétaire n.
copropriété n. f.
coprostanol n. m.
coprostérol n. m.

copte adj. et n.
➾ L'adjectif s'écrit sans majuscule : *l'Église copte.* Le nom s'écrit avec une minuscule pour désigner la communauté religieuse et la langue liturgique mais avec une majuscule pour désigner les chrétiens originaires d'Égypte.
coptisant, ante adj. et n.
copulateur, trice adj.
copulatif, ive adj.
copulation n. f.
copule n. f.
copuler v. intr. | conjug. 1 |
copyright /kɔpiʀajt/ n. m.
coq n. m.
Ξ Ce mot peut s'employer en apposition ; il est alors invariable : *des poids coq.*
HOM. **²coke, coque**
coq-à-l'âne n. m. inv.
➾ On écrit : *faire un coq-à-l'âne* mais *passer du coq à l'âne.*
coquard ou **coquart** n. m.
coquâtre ou **cocâtre** n. m.
coque n. f.
HOM. **²coke, coq**
coquebin n. m. et adj. m.
coquecigrue n. f.
coquelet n. m.
coqueleur ou **coqueleux** n. m.
coquelicot n. m.
Ξ Ce mot peut s'employer seul comme adjectif de couleur ou derrière un adjectif de couleur pour en préciser la nuance ; ces adjectifs sont alors invariables : *des robes rouge coquelicot ; des tentures coquelicot.*
coquelle n. f.
coquelourde n. f.
coqueluche n. f.
coquelucheux, euse adj.
coqueluchon n. m.
coquemar n. m.
coquerelle n. f.
coqueret n. m.
coquerico n. m.
→ **cocorico**
coquerie n. f.
HOM. **cokerie**
coqueriquer v. intr. | conjug. 1 |
coqueron n. m.
coquet, ette adj.
coqueter v. intr. | conjug. 4 |
coquetier n. m.
coquetière n. f.
coquettement adv.
coquetterie n. f.
coquillage n. m.
coquillard n. m. (malfaiteur, œil)
HOM. **coquillart**
coquillart n. m. (calcaire)
HOM. **coquillard**
coquille n. f.
coquillé, ée adj.
coquiller v. intr. | conjug. 1 |
coquillette n. f.
coquilleux, euse adj.
coquillier, ière ou **coquiller, ère**° adj. et n. m.
coquin, ine n. et adj.
coquinement adv.
coquinerie n. f.
coquinet, ette adj. et n.
cor n. m.
➾ Attention à l'orthographe de l'expression **à cor et à cri** : ne pas écrire ***à corps et à cris**.
HOM. **corps**
cora n. f.
→ **kora**
coracle n. m. ou f.
coracoïde adj.
coracoïdien, ienne adj.
corah n. m.
HOM. **kora**
¹corail, coraux n. m.
Ξ Ce mot peut s'employer seul comme adjectif de couleur ou derrière un adjectif de couleur pour en préciser la nuance ; ces adjectifs sont alors invariables : *des bijoux rouge corail ; des nappes corail.*
HOM. (du plur.) **choraux** (plur. de *choral* adj)
²Corail® n. m. inv. et adj. inv. (train)
➾ Comme tous les noms déposés, ce mot doit s'écrire avec une majuscule : *voyager en Corail ; des trains Corail.* Toutefois, on le trouve fréquemment employé sans respect de la règle : *voyager en corail ; des trains corail.*
coraillerie n. f.
corailleur, euse n.
coralien, ienne adj.
→ **corallien, ienne**
coraline n. f.
coralliaire adj. et n. m.
corallien, ienne ou **coralien, ienne** adj.
corallifère adj.
coralliforme adj.
coralligène adj.
corallin, ine adj. et n. f.
coramine n. f.
coram populo /-pylo/ loc. adv.
coran n. m.
➾ Ce mot s'écrit avec une majuscule quand il désigne le texte sacré : *les versets du Coran.* Il s'écrit avec une minuscule quand il désigne

un exemplaire du livre et au sens figuré : *un coran enluminé ; ce dictionnaire est son coran.*
coranique adj.
corbeau n. m.
corbeillage n. m.
corbeille n. f.
corbières n. m. inv.
➾ Ce mot s'écrit sans majuscule, contrairement au nom propre qui désigne la région : *un vin des Corbières* mais *une bouteille de corbières.*
corbillard n. m.
corbillat n. m.
corbillon n. m.
corbin n. m. et adj. m.
corbine n. f.
corbleu ou **cordieu** interj.
cordace n. f.
cordage n. m.
corde n. f.
HOM. **chorde**
cordé, ée adj.
cordeau n. m.
cordée n. f.
cordeler v. tr. | conjug. 4 |
cordelette n. f.
cordelier, ière n. (personne)
➾ Ce mot s'écrit avec une majuscule dans **le Club des Cordeliers** (fondé par Danton, Marat et C. Desmoulins en 1790).
cordelière n. f. (cordon, moulure)
cordelle n. f.
corder v. tr. | conjug. 1 |
corderie n. f.
cordés n. m. pl.
cordeur, euse n.
cordial, iale, iaux adj. et n. m.
cordialement adv.
cordialisé, ée adj.
cordialité n. f.
[1]**cordier** n. m. (bateau, partie du violon)
[2]**cordier, ière** n. (personne)
cordieu interj.
→ **corbleu**
cordiforme adj.
cordillère /kɔʀdijɛʀ/ n. f.
➾ Ce mot s'écrit sans majuscule : *la cordillère des Andes.*
cordite n. f.
cordon n. m.
HOM. formes du v. **corder**
cordonal, ale, aux adj.
cordon-bleu n. m. ▪ plur. **cordons-bleus**
cordonner v. tr. | conjug. 1 |
cordonnerie n. f.
cordonnet n. m.
cordonnier, ière n.
cordophone n. m.
[1]**cordouan, ane** adj. et n.
➾ L'adjectif s'écrit sans majuscule : *la population cordouane.* Le nom s'écrit avec une majuscule uniquement quand il désigne une personne : *les Cordouans ; c'est une Cordouane* mais *un fauteuil de cordouan* (cuir).
[2]**cordouan** n. m. (cuir)
corê n. f.
→ **korê**
coréalisateur, trice n.
coréalisation n. f.
coréaliser v. tr. | conjug. 1 |
coréen, enne adj. et n.
➾ L'adjectif s'écrit sans majuscule : *la population coréenne.* Le nom s'écrit avec une majuscule uniquement quand il désigne une personne : *les Coréens du Sud ; c'est une Coréenne* mais *parler le coréen.*
coréférence n. f.
coréférentiel, elle, els adj.
corégence n. f.
corégent n. m.
corégone n. m.
coreligionnaire n.
coréopsis /-is/ n. m.
corépresseur n. m.
corequis, ise adj.
coresponsabilité n. f.
coresponsable adj.
corgi n. m.
coriace adj.
coriacé, ée adj.
coriacement adv.
coriacité n. f.
coriandre n. f.
☯ Ce mot est féminin : *de la coriandre.*
coricide n. m.
corindon n. m.
corinthien, ienne adj. et n.
➾ L'adjectif s'écrit sans majuscule : *le peuple corinthien ; un temple corinthien.* Le nom s'écrit avec une majuscule uniquement quand il désigne une personne : *les Corinthiens ; une Corinthienne* mais *l'ordre corinthien* ou *le corinthien.*
cormaillot n. m.
corme n. f.
cormé n. m.
cormidie n. f.
cormier n. m.
cormoran n. m.
cornac n. m.
cornacée n. f.
cornade n. f.
cornage n. m.
cornaline n. f.

cornaquer v. tr. | conjug. 1 |
cornard, arde adj. et n. m.
corne n. f.
corné, ée adj.
cornecul /-ky/ adj. et n.
corned-beef ▪ plur. **corned-beefs** ou **cornedbif**○ ▪ plur. **cornedbifs** /kɔʀnɛdbif ; kɔʀn bif/ n. m.
cornée n. f.
cornéen, enne adj. et n. f.
cornegidouille interj.
corneillard n. m.
corneille n. f.
corneillon n. m.
cornélien, ienne adj.
cornement n. m.
cornemuse n. f.
cornemuser v. intr. | conjug. 1 |
cornemuseur, euse n.
[1]**corner** /kɔʀnɛʀ/ n. m.
▫ rec. off. : **coup de pied de coin** ou **emplacement promotionnel**
[2]**corner** v. intr. et v. tr. | conjug. 1 |
cornet n. m.
HOM. formes du v. **corner**
cornetage n. m.
[1]**cornette** n. f. (coiffure, étendard, scarole)
[2]**cornette** n. m. (officier)
cornettiste n.
corneur, euse n.
cornflakes ou **corn-flakes** /kɔʀnflɛks/ n. m. pl.
corniaud n. m.
corniche n. f.
cornichon n. m.
cornicule n. f.
cornier, ière adj. et n. f.
HOM. formes du v. **corner**
cornillon n. m.
cornique adj. et n. m.
corniste n.
cornouille n. f.
cornouiller n. m.
cornu, ue adj. et n. f.
cornuelle n. f.
corollaire ou **corolaire**○ n. m.
corollairement ou **corolairement**○ adv.
corolle ou **corole**○ n. f.
coron n. m.
HOM. formes du v. **corrompre**
coronaire adj.
HOM. **coroner**
coronal, ale, aux adj.
coronarien, ienne adj.
coronarite n. f.
coronarographie n. f.
coronavirus /-ys/ n. m.
coronelle n. f.
coroner /-ɛʀ/ n. m.
HOM. **coronaire**
coronille n. f.
coronium /-jɔm/ n. m.
coronographe n. m.
coronoïde adj.
coronule n. f.
corossol n. m.
corossolier n. m.
corozo n. m.
corpocompteur /-kɔ̃t-/ n. m.
corporal, aux n. m.
corporatif, ive adj.
corporation n. f.
corporatisme n. m.
corporatiste adj.
corporé, ée adj.
corporéité n. f.
corporel, elle adj.
corporellement adv.
corporence n. f.
corporification ou **corporisation** n. f.
corps /kɔʀ/ n. m.
♪ On ne fait la liaison que dans l'expression **corps et âme** : /kɔʀzeɑm/.
HOM. **cor**
corps-à-corps n. m. inv.
corpsard /kɔʀsaʀ/ n. m.
corps-mort /kɔʀ-/ n. m. ▪ plur. **corps-morts**
corpulence n. f.
corpulent, ente adj.
corpus /-ys/ n. m.
corpusculaire adj.
corpuscule n. m.
corpusculeux adj.
corpus delicti /kɔʀpysdelikti/ n. m.
corral n. m.
➡ Ce mot a un pluriel régulier : *des corrals*.
HOM. **choral**, **chorale**
corrasion n. f.
correct, e adj.
correctement adv.
correcteur, trice n.
correctif, ive adj. et n. m.
▫ rec. off. pour **patch**
correction n. f.
correctionnalisation n. f.
correctionnaliser v. tr. | conjug. 1 |
correctionnel, elle adj. et n. f.
correctionnellement adv.
corregidor /-ʀe-/ ou **corrégidor**○ n. m.
corrégien, ienne adj.
corrélat n. m.
HOM. formes du v. **corréler**
corrélatif, ive adj.
corrélation n. f.

corrélationnel, elle adj.
corrélativement adv.
corréler v. tr. | conjug. 6 |
correspondance n. f.
correspondancier, ière n.
correspondant, ante adj. et n.
correspondre v. tr. ind. et v. intr. | conjug. 41 |
➾ Au présent de l'indicatif, à la forme interrogative avec sujet inversé, on écrit *correspond-on, correspond-il, correspond-elle* et non **correspond-t-on, *correspond-t-il, *correspond-t-elle*. Le *d* final se prononce /t/ ; il est donc inutile et fautif d'ajouter un *t*.
corrida n. f.
corridor n. m.
corrigé n. m.
corrigeable adj.
corriger v. tr. | conjug. 3 |
corrigeur, euse n.
corrigibilité n. f.
corrigible adj.
corroborant, ante adj. et n. m.
corroboratif, ive adj.
corroboration n. f.
corroborer v. tr. | conjug. 1 |
corrobori n. f. ou m.
corrodant, ante adj.
corroder v. tr. | conjug. 1 |
corroi n. m.
HOM. formes du v. **corroyer**
corroierie n. f.
corrompre v. tr. | conjug. 41 |
corrompu, ue adj.
corrosif, ive adj.
corrosion n. f.
corroyage /kɔʀwajaʒ/ n. m.
corroyer /kɔʀwaje/ v. tr. | conjug. 8 |
corroyeur /kɔʀwajœʀ/ n. m.
corrude n. f.
corrugateur adj. m. et n. m.
corrugation n. f.
corrupteur, trice n. et adj.
corruptibilité n. f.
corruptible adj.
corruptif, ive adj.
corruption n. f.
corsage n. m.
corsaire n. m.
HOM. formes du v. **corser**
corse adj. et n.
➾ L'adjectif s'écrit sans majuscule : *la population corse*. Le nom s'écrit avec une majuscule uniquement quand il désigne une personne : *les Corses ; c'est une Corse* mais *ils parlent le corse*.
HOM. formes du v. **corser**
corsé, ée adj.
corselet n. m.
corser v. tr. | conjug. 1 |
¬ **se corser**
➾ Aux temps composés de la forme pronominale, le participe passé s'accorde en genre et en nombre avec le sujet : *l'affaire s'est corsée*.
corset n. m.
HOM. formes du v. **corser**
corsetage n. m.
corseter v. tr. | conjug. 5 |
corseterie n. f.
corsetier, ière n.
corso n. m.
cortaillod /-ajo/ n. m.
➾ Ce mot s'écrit sans majuscule, contrairement au nom propre qui désigne la ville : *un vin de Cortaillod* mais *une bouteille de cortaillod*.
cortège n. m.
cortès /-ɛs/ n. f. pl.
cortex n. m.
cortical, ale, aux adj.
corticicole adj.
corticipète adj.
corticoïdes n. m. pl.
corticostéroïde n. m.
corticosurrénal, ale, aux n. f. et adj.
corticothérapie n. f.
corticotrope adj.
corticotrophine n. f.
cortile n. m.
cortinaire n. m.
cortine n. f.
cortisol /-zɔl/ n. m.
cortisone n. f.
cortisonique adj.
corton n. m.
➾ Ce mot s'écrit sans majuscule, contrairement au nom propre *Aloxe-Corton* dont il est issu : *une bouteille de corton*.
coruscant, ante adj.
coruscation n. f.
corvéable adj.
corvée n. f.
corvette n. f.
corvicide n. m.
corvidé n. m.
corvifuge adj. et n. m.
corybante n. m.
corydale n. f.
corydalis /-is/ n. m.
corydonien, ienne adj.
corylacée n. f.
corylopsis /-is/ n. m.
corymbe n. m.
corymbifère adj.

coryphée n. m.
☯ Ce mot est masculin, même quand il désigne une femme : *un coryphée*.
coryphène n. m.
coryste n. m.
HOM. **choriste**
coryza n. m.
C. O. S. n. m.
▫ abrév. de **coefficient d'occupation des sols**
cosaque n. et adj.
➾ L'adjectif s'écrit sans majuscule : *la population cosaque*. Le nom s'écrit avec une majuscule quand il désigne une personne de la population de Russie et d'Ukraine mais avec une minuscule quand il désigne un cavalier de l'armée russe : *les Cosaques d'Ukraine ; une troupe de cent cosaques*.
coscénariste n.
cosécante n. f.
cosignataire n. et adj.
cosigner v. tr. | conjug. 1 |
cosinus /-ys/ n. m.
cosmète n. m.
cosméticien, ienne n.
cosmétique adj. et n.
cosmétiquer v. tr. | conjug. 1 |
cosmétologie n. f.
cosmétologue n.
cosmicien, ienne n.
cosmicité n. f.
cosmique adj.
cosmiquement adv.
cosmobiologie n. f.
cosmobiologique adj.
cosmochimie n. f.
cosmodrome n. m.
cosmogare n. f.
cosmogénèse n. f.
cosmogonie n. f.
cosmogonique adj.
cosmogoniste n.
cosmographe n.
cosmographie n. f.
cosmographique adj.
cosmologie n. f.
cosmologique adj.
cosmologiste n.
cosmométrie n. f.
cosmonaute n.
cosmonautique adj.
cosmonef /-nɛf/ n. f.
cosmopathologie n. f.
cosmopolite adj.
cosmopolitisme n. m.
cosmorama n. m.
cosmos /-os/ n. m.
cosmotellurique adj.
cosmotron n. m.
cosmovision n. f.
cossard, arde n. et adj.
cosse n. f.
cosser v. intr. | conjug. 1 |
cossette n. f.
cosson n. m.
HOM. formes du v. **cosser**
cossu, ue adj.
cossus /-ys/ n. m.
costal, ale, aux adj.
HOM. (du plur.) **costaud**
costard n. m.
costaud, aude adj. et n.
☯ La forme *costaude* est rare. On emploie souvent *costaud* pour qualifier une femme : *elle est assez costaud ; c'est une costaud*.
HOM. **costaux** (plur. de *costal*)
costière n. f.
costresse n. f.
costume n. m.
costumé, ée adj.
costumer v. tr. | conjug. 1 |
costumier, ière n.
HOM. formes du v. **costumer**
costus /-ys/ n. m.
[1]**cosy** adj. inv.
[2]**cosy** n. m.
➾ Ce mot a un pluriel régulier : *des cosys*.
cotable adj.
cotangente n. f.
cotation n. f.
cot cot (codac) ou **cot cot (codec)** interj. et n. m. inv.
cote n. f. (montant, estimation, coordonnée)
HOM. **cotte, kot**
côte n. f. (os, pente, rivage)
➾ Ce mot s'écrit avec une majuscule quand il désigne une entité géographique définie : *la Côte d'Azur ; la Côte d'Ivoire ; la Côte-d'Or* (département) mais *la côte méditerranéenne*.
→ aussi [1]**plat**
coté, ée adj.
HOM. **koter**
côté n. m.
▸ **à côté (de)** *il est à côté (de moi) ; les gens d'à côté*
▸ **aux côtés de** *je serai toujours à tes côtés*
▸ **de côté** *il me regardait de côté*
▸ **du côté de** *se placer du côté de la fenêtre*
▸ **de tout côté** ou **de tous côtés** *ils couraient de tout côté* ou *de tous côtés*
coteau n. m.
➾ Bien que dérivé de *côte*, ce mot s'écrit sans accent circonflexe.
cotecoder v. intr. | conjug. 1 |
côtelé, ée adj.
côtelette n. f.

coter v. tr. et v. intr. | conjug. 1 |
HOM. **koter**
coterie n. f.
côtes-du-rhône n. m. inv.
➾ Lorsqu'il désigne un vin, ce mot s'écrit sans majuscule et avec des traits d'union, contrairement au nom propre qui désigne la région : *une bouteille de côtes-du-rhône* mais *un vin des Côtes du Rhone.*
coteur, euse n.
HOM. **koteur**
cothurne n. m. (chaussure)
HOM. **coturne**
cotice n. f.
cotidal, ale, aux adj.
côtier, ière adj. et n. f.
cotignac n. m.
cotillon n. m.
cotillonner v. intr. | conjug. 1 |
cotillonneur, euse n.
cotinga n. m.
cotingidé n. m.
cotir v. tr. et v. intr. | conjug. 2 |
cotisant, ante adj.
cotisation n. f.
cotiser v. intr. et v. pron. | conjug. 1 |
¬ **se cotiser**
➾ Aux temps composés de la forme pronominale, le participe passé s'accorde en genre et en nombre avec le sujet : *elles se sont cotisées.*
cotissure n. f.
côtoiement n. m.
➾ Ne pas oublier le *e* muet.
coton n. m.
Ξ Dans le langage familier, ce mot peut s'employer en apposition pour signifier « difficile » ; il est alors invariable : *des problèmes coton.*
HOM. formes du v. **coter**
cotonéaster /-ɛʀ/ n. m.
cotonnade n. f.
cotonne ou **cotonnette** n. f.
cotonner (se) v. pron. | conjug. 1 |
➾ Aux temps composés de la forme pronominale, le participe passé s'accorde en genre et en nombre avec le sujet : *l'étoffe s'est cotonnée.*
cotonnerie n. f.
cotonneux, euse adj.
cotonnier, ière n. et adj.
HOM. formes du v. **cotonner (se)**
cotonnine n. f.
coton-poudre n. m. ▪ plur. **cotons-poudres**
Coton-Tige® n. m. ▪ plur. **Cotons-Tiges**
➾ Comme tous les noms déposés, ce mot doit s'écrire avec des majuscules : *utiliser des Cotons-Tiges.* Toutefois, on le trouve fréquemment employé comme nom générique sans majuscule : *utiliser des cotons-tiges.*
côtoyer /kotwaje/ v. tr. | conjug. 8 |
¬ **se côtoyer**
➾ Aux temps composés de la forme pronominale, le participe passé s'accorde en genre et en nombre avec le sujet : *ils ne se sont jamais côtoyés.*
cotre n. m.
cotret n. m.
HOM. formes du v. **coter**
cotriade n. f.
cottabe n. m.
cottage /kɔtɛdʒ ; kɔtaʒ/ n. m.
[1]**cotte** n. f. (tunique)
▸ **cotte de mailles**
HOM. **cote, kot,** formes du v. **coter**
[2]**cotte** n. m. (poisson)
HOM. **cote, kot,** formes du v. **coter**
cottereaux n. m. pl.
cotteron n. m.
HOM. formes du v. **coter**
cottière n. f. (barre de fer)
coturne n. (étudiant)
HOM. **cothurne**
cotutelle n. f.
cotuteur, trice n.
cotyle n. m. ou n. f.
cotylédon n. m.
cotylédonaire adj.
cotylédoné, ée adj.
cotyloïde adj.
cotyloïdien, ienne adj.
cotylosaurien n. m.
cotype n. m.
cou n. m.
HOM. **coup, coût,** formes du v. **coudre**
couac n. m.
couagga /kwaga/ n. m.
couaille n. f.
couarail n. m.
couard, couarde adj.
couardement adv.
couardise n. f.
couchage n. m.
couchailler v. intr. | conjug. 1 |
couchant, ante adj. et n. m.
couche n. f.
➾ Ce mot s'emploie au pluriel dans le sens de « alitement de la femme qui accouche, enfantement » : *être en couches, mourir en couches, relever de couches ; retour de couches.* **Fausse couche** s'écrit sans trait d'union.
couché, ée adj.
couche-culotte n. f. ▪ plur. **couches-culottes**

couche-dehors n. m. inv.
couche-partout n. m. inv.
[1]**coucher** n. m.
[2]**coucher** v. tr. et v. intr. | conjug. 1 |
¬ **se coucher**
➾ Aux temps composés de la forme pronominale, le participe passé s'accorde en genre et en nombre avec le sujet : *ils se sont couchés tard*.
coucherie n. f.
couche-tard n. inv.
couche-tôt n. inv.
couchette n. f.
coucheur, euse n.
couchis /-i/ n. m.
couchoir n. m.
couchure n. f.
couci-couça ou **coucicouça** ○ loc. adv.
coucou n. m. et interj.
coucougnettes n. f. pl.
coucoumelle n. f.
cou-coupé n. m. ▪ plur. **cous-coupés**
coucoupha n. m.
coude n. m.
coude-à-coude n. m. inv.
➾ Ce mot composé s'écrit avec des traits d'union, contrairement à la locution adverbiale **coude à coude** : *des coude-à-coude fraternels* mais *travailler coude à coude*.
coudée n. f.
cou-de-pied n. m. ▪ plur. **cous-de-pied**
➾ Ce nom, qui désigne une partie du pied, s'écrit avec un trait d'union, contrairement au groupe nominal **coup de pied** (*donner un coup de pied*).
couder v. tr. | conjug. 1 |
coudière n. f.
coudoiement n. m.
➾ Ne pas oublier le *e* muet.
coudoyer /kudwaje/ v. tr. | conjug. 8 |
coudraie n. f.
coudre v. tr. | conjug. 48 |
➾ Au présent de l'indicatif, à la forme interrogative avec sujet inversé, on écrit *coud-on, coud-il, coud-elle* et non **coud-t-on, *coud-t-il, *coud-t-elle*. Le *d* final se prononce /t/ ; il est donc inutile et fautif d'ajouter un *t*.
coudreuse n. f.
coudrier n. m.
HOM. forme du v. **coudre**
coué, ée adj.
couenne /kwan/ n. f.
♪ La prononciation /kwɛn/ est fautive.
couenneux, euse /kwanø, øz/ adj.
couette n. f.
couffe n. f.
couffin n. m.
coufique ou **kufique** /ku-/ adj. et n. m.
coufle adj.
cougourde n. f.
couguar /-gwaʀ ; -gaʀ/ ou **cougouar** /-gwaʀ/ n. m.
couic interj.
HOM. **Quick**
couillard adj. m. et n. m.
couille n. f.
couillon, onne n.
couillonnade n. f.
couillonner v. tr. | conjug. 1 |
couillu, ue adj.
couine n. f.
couinement n. m.
couiner v. intr. | conjug. 1 |
couineur n. m.
coulage n. m.
coulant, ante adj. et n. m.
coulard, arde adj.
coule n. f. (cagoule)
HOM. **cool**
coule (à la) loc. adj.
HOM. **cool**
coulé n. m.
coulée n. f.
coulemelle n. f.
couler v. intr. et v. tr. | conjug. 1 |
¬ **se couler**
➾ Aux temps composés de la forme pronominale, le participe passé s'accorde en genre et en nombre avec le sujet : *elle s'est coulée dans son lit*.
couleur n. f.
➾ Ce mot est au singulier dans les expressions **haut en couleur** ; **du linge de couleur** ; **changer de couleur** ; **un homme, une femme de couleur**. Il est au pluriel dans **film en couleurs** et **télévision en couleurs**.
Ξ Ce mot peut s'employer en apposition ; il est alors invariable : *des téléviseurs couleur* ; *des bas couleur chair* ; *des scènes très couleur locale*.
couleuse n. f.
couleuvre n. f.
couleuvreau n. m.
couleuvrée n. f.
couleuvrine n. f.
couleuvrinier n. m.
coulibiac n. m.
→ **koulibiac**
coulis /-i/ adj. m. et n. m.
HOM. **coolie**
coulissage n. m.
coulissant, ante adj.
coulisse n. f.
coulisseau n. m.

coulisser v. tr. et v. intr. | conjug. 1 |
coulissier n. m.
couloir n. m.
HOM. **couloire**
couloire n. f.
HOM. **couloir**
coulomb n. m.
coulombien, ienne adj.
coulommiers n. m.
➾ Ce mot s'écrit sans majuscule, contrairement au nom propre qui désigne la ville : *un fromage de Coulommiers* mais *un morceau de coulommiers*.
coulpe n. f.
coulure n. f.
coumarine n. f.
coumarique adj.
coumarou n. m.
country adj. inv., n. f. ou m. inv.
coup /ku/ n. m.
☰ De nos jours, **tout à coup** et **tout d'un coup** sont employés indifféremment au sens de « soudain ». Dans l'expression soignée, il est préférable d'employer **tout à coup** pour dire « brusquement » et **tout d'un coup** pour dire « en une seule fois » : *il est parti tout à coup ; il a traversé la pièce tout d'un coup*.
HOM. **cou**, **coût**, formes du v. **coudre**
coupable adj. et n.
coupablement adv.
coupage n. m.
coupailler v. tr. | conjug. 1 |
coupant, ante adj.
coupasser v. tr. | conjug. 1 |
coup-de-poing n. m. ▪ plur. **coups-de-poing**
➾ Ce mot composé, qui désigne une arme, s'écrit avec des traits d'union, contrairement au groupe nominal *coup de poing* (*donner un coup de poing*).
☰ Ce mot peut s'employer en apposition ; il est alors invariable : *des opérations coup-de-poing*.
coupe n. f.
➾ On écrit ce nom avec une majuscule dans les noms de compétitions sportives : *la Coupe Davis ; la Coupe de France de football*.
[1]**coupé, ée** adj.
[2]**coupé** n. m. (voiture)
coupeau n. m.
coupe-chou n. m. ▪ plur. **coupe-choux**
coupe-cigare n. m. ▪ plur. **coupe-cigares**
coupe-circuit n. m. ▪ plur. **coupe-circuits**
coupe-coupe ▪ plur. inv. ou **coupecoupe**○ ▪ plur. **coupecoupes**○ n. m.
coupée n. f. (Mar. : ouverture)
coupe-faim n. m. ▪ plur. inv. ou plur. **coupe-faims**
coupe-feu n. m. ▪ plur. inv. ou plur. **coupe-feux**
coupe-file n. m. ▪ plur. **coupe-files**
coupe-gorge n. m. ▪ plur. **coupe-gorges**
coupe-jarret n. m. ▪ plur. **coupe-jarrets**
coupe-légume(s) n. m. ▪ plur. **coupe-légumes**
coupellation n. f.
coupelle n. f.
coupement n. m.
coupe-ongle n. m. ▪ plur. **coupe-ongles**
coupe-papier n. m. ▪ plur. **coupe-papiers** ou plur. inv.
coupe-pâte n. m. ▪ plur. inv. ou plur. **coupe-pâtes**○
couper v. tr., v. tr. ind. et v. intr. | conjug. 1 |
¬ **se couper**
➾ Aux temps composés de la forme pronominale, le participe passé s'accorde en genre et en nombre avec le sujet : *elle s'est coupée avec un couteau*. Mais le participe passé ne s'accorde pas quand il est suivi d'un complément d'objet direct : *elle s'est coupé l'oreille*. Il ne s'accorde avec le complément d'objet direct que lorsque celui-ci est placé avant le verbe : *l'oreille qu'il s'est coupée*.
coupe-racine n. m. ▪ plur. **coupe-racines**
couper-coller n. m. inv.
couperet n. m.
HOM. formes du v. **couper**
couperose n. f.
couperosé, ée adj.
couperoser v. tr. | conjug. 1 |
coupeur, euse n.
coupe-vent n. m. ▪ plur. **coupe-vents** ou plur. inv.
couplage n. m.
[1]**couple** n. m. (paire)
[2]**couple** n. f. (Vén. : lien ; vx : deux choses de même espèce)
Couplé® n. m.
➾ Comme tous les noms déposés, ce mot doit s'écrire avec une majuscule : *des Couplés gagnants*. Toutefois, on le trouve fréquemment employé comme nom générique sans respect de la règle : *des couplés gagnants*.
couplement n. m.
coupler v. tr. | conjug. 1 |
couplet n. m.
HOM. formes du v. **coupler**
coupletier n. m.
coupleur n. m.
coupoir n. m.
coupole n. f.
coupon n. m.
HOM. formes du v. **couper**
couponing ou **couponning** /-iŋ/ n. m.
couponnage n. m.

coupon-réponse n. m. ▪ plur. **coupons-réponse**
coupure n. f.
couque n. f.
cour n. f.
➾ Ce mot s'écrit avec une minuscule quand il désigne la résidence et l'entourage du roi mais avec une majuscule quand il désigne le roi et ses ministres : *elle était dame d'honneur à la cour* ; *les festivités de la cour* mais *par ordre de la Cour*. Il s'écrit aussi avec une majuscule quand il désigne un tribunal à caractère unique : *la Cour des comptes* ; *la Cour de cassation* ; *la Cour internationale de justice* mais *la cour d'assises de Lyon* ; *la cour d'appel de Douai*. On écrit également avec une majuscule **la Cour carrée**.
HOM. **courre**, **cours**, **court**, formes du v. **courir**
courable adj.
courage n. m.
courageusement adv.
courageux, euse adj.
courailler v. intr. | conjug. 1 |
couraillerie n. f.
courailleur, euse n.
couramment adv.
[1]**courant, ante** adj.
[2]**courant** n. m. et prép.
courante n. f.
courant-jet n. m. ▪ plur. **courants-jets**
▫ rec. off. pour **jet-stream**
courantologie n. f.
courantométrie n. f.
courbable adj.
courbache n. m. ou n. f.
courbage n. m.
courbaril n. m.
courbarine n. f.
courbatu, ue ou **courbattu, ue** adj.
courbature ou **courbatture** n. f.
courbaturer ou **courbatturer** v. tr. | conjug. 1 |
courbe adj. et n. f.
courbé, ée adj.
courbement n. m.
courber v. tr. | conjug. 1 |
¬ **se courber**
➾ Aux temps composés de la forme pronominale, le participe passé s'accorde en genre et en nombre avec le sujet : *ils se sont courbés pour saluer*.
courbet n. m.
HOM. formes du v. **courber**
courbette n. f.
courbure n. f.
courcaillet n. m.
courçon n. m.
HOM. formes du v. **courser**
courée n. f.
HOM. formes du v. **courir**
courette n. f.
coureur, euse n.
courge n. f.
courgée n. f.
courgeron n. m.
courgette n. f.
courir v. intr. et v. tr. | conjug. 11 |
➾ Aux temps composés de la forme pronominale, le participe passé s'accorde avec le complément antéposé uniquement s'il s'agit d'un complément d'objet direct : *les dangers qu'il a courus* mais *les 200 mètres qu'il a couru* (car il s'agit ici de la forme intransitive).
courlan ou **courliri** n. m.
courlis /-i/ n. m.
couronnant, ante adj.
couronne n. f.
➾ Ce mot s'écrit avec une majuscule quand il désigne une constellation (*la Couronne boréale*), un État monarchique (*la Couronne d'Angleterre*) ou le pouvoir suprême de l'État canadien (*le procureur de la Couronne*).
couronné, ée adj.
couronnement n. m.
couronner v. tr. | conjug. 1 |
couroucou n. m.
[1]**courre** v. tr. | conjug. inf. seult |
CONJUG. Ce verbe ne s'emploie qu'à l'infinitif : *la chasse à courre*.
HOM. **cour**, **cours**, **court**, formes du v. **courir**
[2]**courre** n. m. (chasseur, région)
HOM. **cour**, **cours**, **court**, formes du v. **courir**
courriel n. m.
▫ rec. off. pour **e-mail**
courrier n. m.
HOM. formes du v. **courir**
courriériste n.
courroie n. f.
courroucé, e adj.
courroucer v. tr. | conjug. 3 |
courroux /-u/ n. m.
HOM. **kuru**
cours /kuʀ/ n. m.
HOM. **cour**, **courre**, **court**, formes du v. **courir**
course n. f.
course-poursuite n. f. ▪ plur. **courses-poursuites**
courser v. tr. | conjug. 1 |
coursie n. f.
[1]**coursier** n. m. (cheval)
HOM. formes du v. **courser**
[2]**coursier, ière** n. (personne)
HOM. formes du v. **courser**
coursière n. f. (région. : sentier)
coursing /-iŋ/ n. m.
coursive n. f.

courson n. m.
HOM. formes du v. **courser**
coursonne n. f.
court, courte adj., adv. et n. m.
➾ Ne pas confondre l'adjectif avec l'adverbe, qui est invariable : *il a les cheveux courts* mais *il a les cheveux coupés court*.
HOM. **cour, courre, cours**, formes du v. **courir**
courtage n. m.
courtaud, aude adj. et n. m.
courtauder v. tr. | conjug. 1 |
court-bouillon n. m. ▪ plur. **courts-bouillons**
court-bouillonner v. tr. | conjug. 1 |
court-circuit n. m. ▪ plur. **courts-circuits**
court-circuitage n. m. ▪ plur. **courts-circuitages**
court-circuiter v. tr. | conjug. 1 |
court-courrier n. m. ▪ plur. **court-courriers**
courtelinesque adj.
courtement adv.
courtepointe n. f.
courtepointier, ière n.
courtier, ière n.
□ rec. off. pour **broker**
courtil /-il/ n. m.
courtilière n. f.
courtille n. f.
courtine n. f.
courtisan, ane n. et adj.
courtisanerie n. f.
courtisanesque adj.
courtiser v. tr. | conjug. 1 |
court-jointé, ée adj. ▪ plur. **court-jointés, ées**
court-jus n. m. ▪ plur. **courts-jus**
court-noué n. m. ▪ plur. **courts-noués**
courtois, oise adj.
courtoisement adv.
courtoisie n. f.
court-vêtu, ue adj. ▪ plur. **court-vêtus, ues**
couru, ue adj.
couscous /-us/ n. m.
couscoussier n. m.
cousette n. f.
couseur, euse n.
[1]**cousin** n. m. (insecte)
[2]**cousin, ine** n. (personne)
cousinage n. m.
cousinal, ale, aux adj.
cousiner v. intr. | conjug. 1 |
cousinière n. f.
cousoir n. m.
coussin n. m.
coussinet n. m.
coussinière n. f.
cousso n. m.
cousu, ue adj.
coût ou **cout**○ /ku/ n. m.
♪ La prononciation /kut/ est fautive.
HOM. **cou, coup**, formes des v. **coudre**
coûtant ou **coutant**○ adj. m.
couteau n. m.
➾ Ce mot est au pluriel dans l'expression **à couteaux tirés.**
Ξ On peut employer indifféremment **avoir/mettre le couteau sous la gorge** ou **sur la gorge**. **Sur la gorge** est plus logique mais **sous la gorge** est plus fréquent.
couteau-scie n. m. ▪ plur. **couteaux-scies**
coutelas /-a/ n. m.
coutelée n. f.
coutelet n. m.
coutelier, ière n. et adj.
coutellerie n. f.
coûter ou **couter**○ v. intr., v. tr. et v. tr. ind. | conjug. 1 |
➾ Aux temps composés de la forme pronominale, le participe passé ne s'accorde pas quand il est suivi d'un complément d'objet direct : *ce travail lui a coûté de grands efforts*. Il s'accorde avec le complément d'objet direct quand celui-ci est placé avant le verbe, sauf s'il s'agit d'un prix : *les efforts que ce travail lui a coûtés* mais *les deux cents euros que cette robe lui a coûté*. L'expression **coûte que coûte** est invariable.
coûteusement ou **couteusement**○ adv.
coûteux, euse ou **couteux, euse**○ adj.
coutier, ière n.
coutil /-i/ n. m.
coutilier n. m.
coutille n. f.
coutissé, ée adj. et n. f.
couton n. m.
HOM. formes du v. **coûter**
coutre n. m.
coutrier n. m.
coutrière n. f.
coutume n. f.
coutumier, ière adj. et n. m.
coutumièrement adv.
couture n. f.
➾ Ce mot s'emploie indifféremment au singulier ou au pluriel dans l'expression **à plate(s) couture(s)**. Le singulier est toutefois beaucoup plus fréquent. Le composé **haute couture** s'écrit sans trait d'union.
couturé, ée adj.
couturer v. tr. | conjug. 1 |
coutureuse n. f.
[1]**couturier** adj. m. et n. m. (muscle)
HOM. formes du v. **couturer**
[2]**couturier, ière** n. (personne)
HOM. formes du v. **couturer**
couvade n. f.

couvain n. m.
couvaison n. f.
couvée n. f.
couvent /-ɑ̃/ n. m.
HOM. **couvant** (p. prés. de *couver*)
couventine n. f.
couver v. tr. et v. intr. | conjug. 1 |
couvercle n. m.
[1]**couvert, erte** adj.
HOM. formes du v. **couver**
[2]**couvert** n. m.
HOM. formes du v. **couver**
couverte n. f. (émail)
couverture n. f.
couvet n. m.
HOM. formes du v. **couver**
couveuse n. f.
couvi adj. m.
couvoir n. m.
couvrailles n. f. pl.
couvrant, ante adj.
couvrante n. f.
couvre-chaussure n. m. ▪ plur. **couvre-chaussures**
couvre-chef n. m. ▪ plur. **couvre-chefs**
couvre-feu n. m. ▪ plur. **couvre-feux**
couvre-joint n. m. ▪ plur. **couvre-joints**
couvre-lit n. m. ▪ plur. **couvre-lits**
couvre-livre n. m. ▪ plur. **couvre-livres**
couvre-objet n. m. ▪ plur. **couvre-objets**
couvre-pied ▪ plur. **couvre-pieds** ou **couvrepied**○ ▪ plur. **couvrepieds**○ n. m.
couvre-plat n. m. ▪ plur. **couvre-plats**
couvre-sol adj. inv. et n. m. ▪ plur. inv. ou plur. **couvre-sols**○
couvreur, euse n. (personne)
couvreuse n. f. (machine)
couvrir v. tr. | conjug. 18 |
¬ **se couvrir**
➾ Aux temps composés de la forme pronominale, le participe passé s'accorde en genre et en nombre avec le sujet : *la place s'est couverte de curieux.*
couvrure n. f.
covalence n. f.
covalent, ente adj.
covariance n. f.
covariant, iante adj.
covariation n. f.
covedette n. f.
covelline n. f.
covenant n. m.
covendeur, euse n.
coventrisation n. f.
cover-girl ▪ plur. **cover-girls** ou **covergirl**○ ▪ plur. **covergirls**○ /kɔvœʀgœʀl/ n. f.
covoiturage n. m.
covolume n. m.
cow-boy /kobɔj ; kaobɔj/ ▪ plur. **cow-boys** ou **cowboy**○ ▪ plur. **cowboys**○ n. m.
cow-pox ou **cowpox**○ /kaopɔks ; kopɔks/ n. m. inv.
cox n. f. inv.
coxal, ale, aux adj.
coxalgie n. f.
coxalgique adj.
coxarthrose n. f.
coxite n. f.
coxofémoral, ale, aux adj.
coyau /kɔjo/ n. m.
coyote /kɔjɔt/ n. m.
C. P. n. m. inv.
▫ abrév. de **cours préparatoire**
HOM. **cépée**
C. P. U. n. f.
▫ abrév. de **central processing unit**
C. Q. F. D. abrév.
▫ abrév. de **ce qu'il fallait démontrer**
crabe n. m.
crabier n. m.
crabillon n. m.
crabot n. m.
crabotage n. m.
crabron n. m.
crabs /kʀabs ; -ps/ ou **craps** /kʀaps/ n. m.
crac interj.
HOM. **crack**, **craque**, **krach**, **krak**, formes du v. **craquer**
crachat n. m.
HOM. formes du v. **cracher**
craché adj. inv.
Ξ Cet adjectif s'emploie dans la locution **tout craché** : *c'est sa mère tout craché.*
crachement n. m.
cracher v. intr. et v. tr. | conjug. 1 |
HOM. **crasher (se)**
cracheur, euse adj. et n.
crachin n. m.
crachiner v. impers. | conjug. 1 |
crachis /-i/ n. m.
crachoir n. m.
crachotant, ante adj.
crachotement n. m.
crachoter v. intr. | conjug. 1 |
crachouiller v. tr. et v. intr. | conjug. 1 |
crachouillis n. m.
crack n. m. (champion, drogue)
HOM. **crac**, **craque**, **krach**, **krak**, formes du v. **craquer**
[1]**cracker** /-œʀ/ ou **crackeur**○ n. m. (biscuit)
[2]**cracker** /-œʀ/ n. m. ou **crackeur, euse**○ n.
▫ rec. off. : **pirate**
cracking /-iŋ/ n. m.
▫ rec. off. : **craquage**

cracra adj. inv.
crade adj.
cradingue adj.
crado ou **cradoque** adj.
craie n. f.
HOM. **crêt**
craignos /-os/ adj.
craillement /kʀajmɑ̃/ n. m.
crailler /kʀɑje/ v. intr. | conjug. 1 |
craindre v. tr. et v. intr. | conjug. 52 |
Ξ Comme la plupart des verbes exprimant la crainte, *craindre* se construit avec le subjonctif et éventuellement un *ne* explétif dans les affirmations : *je crains qu'il (ne) s'en aperçoive ; craignez-vous qu'il vienne ?*
crainte n. f.
▸ **de crainte que** (+ subj.) *de crainte qu'on (ne) vous entende*
craintif, ive adj.
craintivement adv.
crambe n. m.
cramé, ée adj.
cramer v. tr. et v. intr. | conjug. 1 |
cramignole n. f.
cramique n. m.
cramoisi, ie adj.
cramoisir v. intr. et v. tr. | conjug. 2 |
cramouille n. f.
crampe n. f.
crampée n. f.
crampette n. f.
crampillon n. m.
crampon n. m.
cramponnable adj.
cramponnage n. m.
cramponné, ée adj.
cramponnement n. m.
cramponner v. tr. | conjug. 1 |
¬ **se cramponner**
➾ Aux temps composés de la forme pronominale, le participe passé s'accorde en genre et en nombre avec le sujet : *ils se sont cramponnés à la rambarde.*
cramponnet n. m.
cran n. m.
crâne n. m. et adj.
crânement adv.
crâner v. intr. | conjug. 1 |
crânerie n. f.
crâneur, euse n. et adj.
craniectomie n. f.
crânien, ienne adj.
cranioclasie n. f.
craniographe n.
craniographie n. f.
craniographique adj.
craniologie n. f.
craniologique adj.
craniomètre n. m.
craniométrie n. f.
craniométrique adj.
cranioplastie n. f.
cranioscopie n. f.
craniotomie n. f.
crânoter v. intr. | conjug. 1 |
crantage n. m.
cranter v. tr. | conjug. 1 |
cranteur, euse adj.
crapahuter v. intr. | conjug. 1 |
crapaud n. m.
crapaud-buffle n. m. ▪ plur. **crapauds-buffles**
crapaude n. f.
crapaudière n. f.
crapaudine n. f.
crapauduc n. m.
crapelet n. m.
crapette n. f.
crapoter v. intr. | conjug. 1 |
crapoteux, euse adj.
crapouilleux, euse adj.
crapouillot n. m.
crapoussin, ine n.
craps /kʀaps/ n. m.
→ **crabs**
crapule n. f.
crapuler v. intr. | conjug. 1 |
crapulerie n. f.
crapuleusement adv.
crapuleux, euse adj.
craquage n. m.
◻ rec. off. pour **cracking**
craquant, ante adj.
craque n. f.
HOM. **crac, crack, krach, krak,** formes du verbe **craquer**
craquelage n. m.
craquelant, ante adj.
craquèlement ou **craquellement** n. m.
craqueler v. tr. | conjug. 4 |
¬ **se craqueler**
➾ Aux temps composés de la forme pronominale, le participe passé s'accorde en genre et en nombre avec le sujet : *la terre s'est craquelée.*
craquelin n. m.
craquelure n. f.
craquement n. m.
craquer v. tr. et v. intr. | conjug. 1 |
craquetant, ante adj.
craquètement ou **craquettement** n. m.
craqueter v. intr. | conjug. 4 |
craquette n. f.
craqueur, euse n.

craqûre ou **craqure**° n. f.
crase n. f.
crash n. m. ▪ plur. **crashs** ou plur. **crashes**
▫ rec. off. : **écrasement**
On peut employer le pluriel francisé *crashs* ou le pluriel anglais *crashes*.
crasher (se) v. pron. | conjug. 1 |
➾ Aux temps composés de la forme pronominale, le participe passé s'accorde en genre et en nombre avec le sujet : *ils se sont crashés*.
HOM. **cracher**
crash test n. m. ▪ plur. **crash tests**
▫ rec. off. : **essai de choc**
craspec adj. inv.
craspédote adj.
crassane n. f.
crassat n. m.
HOM. formes du v. **crasser**
crasse adj. f et n. f.
crasser v. tr. | conjug. 1 |
crasserie n. f.
crasseux, euse adj.
crassier n. m.
HOM. formes du v. **crasser**
crassulacée n. f.
crassule n. f.
cratère n. m.
craterelle n. f.
cratériforme adj.
cratérisé, ée adj.
craton n. m.
cratylisme n. m.
cravachant, ante adj.
cravache n. f.
cravacher v. tr. et v. intr. | conjug. 1 |
cravan n. m.
cravatage n. m.
cravate n. f.
cravater v. tr. | conjug. 1 |
cravatier, ière n.
HOM. formes du v. **cravater**
crave n. m.
crawl /kʀol/ n. m.
crawler /kʀole/ v. intr. | conjug. 1 |
crawleur, euse /kʀol-/ n.
crayère /kʀɛjɛʀ/ n. f.
crayeux, euse adj.
crayon n. m.
crayonnage n. m.
crayonner v. tr. | conjug. 1 |
crayonneur, euse n.
crayonneux, euse adj.
cré adj. m.
HOM. formes du v. **créer**
créance n. f.
créancé, ée adj.
créancier, ière n.
créateur, trice n. et adj.
➾ Avec une majuscule, **le Créateur** désigne Dieu.
créaticien, ienne n.
créatif, ive adj. et n. m.
créatine n. f.
créatinine n. f.
création n. f.
➾ Ce mot s'écrit avec une majuscule au sens religieux : *le mystère de la Création*.
créationnisme n. m.
créationniste adj. et n.
créatique n. f.
créativité n. f.
créature n. f.
crécelle n. f.
crécerelle ou **crècerelle**° n. f.
crèche n. f.
crécher v. intr. | conjug. 6 |
crédence n. f.
crédencier n. m.
crédibilisation n. f.
crédibiliser v. tr. | conjug. 1 |
crédibilité n. f.
crédible adj.
crédiblement adv.
crédié interj.
crédirentier, ière n. et adj.
crédit n. m.
crédit-bail n. m. ▪ plur. **crédits-bails**
▫ rec. off. pour **leasing**
créditer v. tr. | conjug. 1 |
créditeur, trice n.
créditiste n.
crédit-temps n. m. ▪ plur. **crédits-temps**
credo /kʀedo/ ▪ plur. inv. ou **crédo** ▪ plur. **crédos** n. m.
➾ Avec une majuscule, **le Credo** désigne les articles fondamentaux de la foi chrétienne : *chanter le Credo*. Il s'écrit alors toujours sans accent. Au sens figuré, il s'écrit avec une minuscule. L'accent et l'accord sont alors facultatifs : *des credo* ou *des crédos politiques*.
crédule adj.
crédulement adv.
crédulité n. f.
créer v. tr. | conjug. 1 |
créma n. f.
HOM. formes du v. **crémer**
crémaillère n. f.
crémant n. m.
crémaster /-ɛʀ/ n. m.
crémateur n. m.
crémation n. f.
crématiste n.
crématoire adj.

crématorium ou **crematorium** /kʀematɔʀjɔm/ n. m.
[1]**crème** n. f. et adj. inv.
Ξ Ce mot peut s'employer comme adjectif de couleur ; il est alors invariable : *des gants crème*.
HOM. **chrême**
[2]**crème** n. m. (café)
HOM. **chrême**
crème-dessert n. f. ▪ plur. **crèmes-desserts**
crémer v. intr. et v. tr. | conjug. 6 |
crémerie ou **crèmerie**○ n. f.
crémet n. m.
HOM. formes du v. **crémer**
crémeux, euse adj.
crémier, ière n.
HOM. formes du v. **crémer**
crémoir n. m.
crémone n. f.
crénage n. m.
créneau n. m.
crénelage ou **crènelage**○ n. m.
crénelé, ée ou **crènelé**○ adj.
créneler ou **crèneler**○ v. tr. | conjug. 4 |
crénelure ou **crènelure**○ n. f.
créner v. tr. | conjug. 6 |
crénologie n. f.
crénom ou **cré nom** /-nɔ̃/ interj.
crénophile adj.
crénothérapie n. f.
[1]**créole** n. et adj.
➾ Ce mot s'écrit toujours sans majuscule : *les créoles ; c'est une créole ; ils parlent le créole.*
Ξ Dans le domaine culinaire, ce mot s'emploie dans l'expression **à la créole** ou en apposition ; il est alors invariable : *des caris de bœuf (à la) créole.*
[2]**créole** n. f. (anneau)
créolisation n. f.
créoliser v. tr. | conjug. 1 |
créolisme n. m.
créoliste n. et adj.
créolophone n. et adj.
créophage adj. et n.
créosol /-zɔl/ n. m.
créosotage n. m.
créosote n. f.
créosoter v. tr. | conjug. 1 |
crêpage n. m.
[1]**crêpe** n. f. (galette)
[2]**crêpe** n. m. (tissu, latex)
crêpé, ée adj. et n. m.
crêpelage n. m.
crêpelé, ée adj.
crêpelure n. f.
crêper v. tr. | conjug. 1 |
¬ **se crêper**
➾ Aux temps composés de la forme pronominale, le participe passé ne s'accorde pas quand il est suivi d'un complément d'objet direct : *elle s'est crêpé les cheveux ; elles se sont crêpé le chignon.*
crêperie n. f.
crépi n. m.
[1]**crépide** n. f. (sandale)
[2]**crépide** n. f. ou **crépis** /-is/ n. m. (plante)
crêpier, ière n.
HOM. formes du v. **crêper**
crépin n. m.
crépine n. f.
crépinette n. f.
crépinier, ière n.
crépir v. tr. | conjug. 2 |
crépis /-is/ n. m.
→ [2]**crépide**
crépissage n. m.
crépissoir n. m.
crépissure n. f.
crépitant, ante adj.
crépitation n. f.
crépitement n. m.
crépiter v. intr. | conjug. 1 |
crépon n. m.
crépu, ue adj.
crépusculaire adj.
crépusculairement adv.
crépuscule n. m.
créquier n. m.
[1]**crescendo** /kʀeʃɛndo ; kʀeʃɛ̃do/ adv.
[2]**crescendo** /kʀeʃɛndo ; kʀeʃɛ̃do/ n. m. ▪ plur. **crescendos**
crésol /-zɔl/ n. m.
cressiculteur, trice n.
cressiculture n. f.
cresson /kʀesɔ ; kʀəsɔ̃/ n. m.
cressonnette n. f.
cressonnière n. f.
crésus /-ys/ n. m.
➾ Employé comme nom commun, ce mot s'écrit sans majuscule : *elle a épousé un crésus.* Mais il s'écrit avec une majuscule dans l'expression **riche comme Crésus** car il s'agit du nom propre.
Crésyl® n. m.
➾ Comme tous les noms déposés, ce mot doit s'écrire avec une majuscule : *désinfecter avec du Crésyl.* Toutefois, on le trouve fréquemment employé comme nom générique sans respect de la règle : *désinfecter avec du crésyl.*
crésylé, ée adj.

crêt n. m.
HOM. **craie**
crétacé, ée adj. et n. m.
crête n. f.
crêté, ée adj.
crête-de-coq n. f. ▪ plur. **crêtes-de-coq**
crételer ou **crèteler**○ v. intr. | conjug. 4 |
crételle n. f.
crêter v. tr. | conjug. 1 |
crétin, ine n.
crétinerie n. f.
crétinisant, ante adj.
crétinisation n. f.
crétiniser v. tr. | conjug. 1 |
crétinisme n. m.
crétois, oise adj. et n.
➾ L'adjectif s'écrit sans majuscule : *la population crétoise.* ; *l'art crétois*. Le nom s'écrit avec une majuscule uniquement quand il désigne une personne : *les Crétois* ; *c'est une Crétoise* mais *ils parlaient le crétois*.
creton n. m.
cretonne n. f.
creusage n. m.
creuse n. f. (huître)
creusement n. m.
creuser v. tr. et v. intr. | conjug. 1 |
¬ **se creuser**
➾ Aux temps composés de la forme pronominale, le participe passé s'accorde en genre et en nombre avec le sujet : *ses joues se sont creusées*.
creuset n. m.
HOM. formes du v. **creuser**
creuseur, euse n.
creusoir n. m.
creusure n. f.
creux, creuse adj. et n. m.
Ξ Ce mot peut s'employer comme adverbe dans l'expression **sonner creux** ; il est alors invariable : *ces briques sonnent creux*.
crevable adj.
crevage n. m.
crevaille n. f.
crevaison n. f.
crevant, ante adj.
crevard, arde n. et adj.
crevasse n. f.
crevasser v. tr. | conjug. 1 |
crève n. f.
crevé, ée adj. et n. m.
crève-cœur n. m. ▪ plur. **crève-cœurs**
crevée n. f.
crève-la-faim n. inv.
crève-misère n. inv.
crever v. intr. et v. tr. | conjug. 5 |
crève-tonneau n. m. ▪ plur. inv. ou plur. **crève-tonneaux**○
crevette n. f.
crevettier n. m.
crevettière n. f.
crevettine n. f.
crève-vessie n. m. ▪ plur. inv. ou plur. **crève-vessies**○
crevure n. f.
cri n. m.
HOM. formes du v. **crier**
criage n. m.
criaillement n. m.
criailler v. intr. | conjug. 1 |
criaillerie n. f.
criailleur, euse adj. et n.
criant, criante adj.
criard, criarde adj.
criblage n. m.
criblant, ante adj.
crible n. m.
cribler v. tr. | conjug. 1 |
cribleur, euse n.
criblure n. f.
cric /kʀik/ n. m.
HOM. **crique**
cric-crac ou **criccrac**○ interj.
cricket /kʀikɛt/ n. m.
cricoïde adj.
cricri ▪ plur. **cricris** ou **cri-cri** ▪ plur. inv. n. m.
criée n. f.
crier v. intr. et v. tr. | conjug. 7 |
Ξ **Crier après qqn** et **crier sur qqn** appartiennent au langage populaire. Dans le registre courant, il faut employer **crier contre qqn**.
crierie n. f.
crieur, crieuse n.
crime n. m.
criminalisation n. f.
criminaliser v. tr. | conjug. 1 |
criminaliste n.
criminalistique n. f.
criminalité n. f.
criminel, elle adj. et n.
criminellement adv.
criminogène adj.
criminologie n. f.
criminologique adj.
criminologue ou **criminologiste** n.
crin n. m.
➾ Ce mot est au pluriel dans l'expression **à tous crins**.
HOM. formes du v. **craindre**
crincrin n. m.
crinelle n. f.
crinière n. f.

crinoïde n. m.
crinoline n. f.
criocéphale n. m.
criocère n. m.
criquage n. m.
crique n. f.
HOM. **cric**
criquer v. intr. et v. pron. | conjug. 1 |
¬ **se criquer**
➾ Aux temps composés de la forme pronominale, le participe passé s'accorde en genre et en nombre avec le sujet : *la carrosserie s'est criquée.*
criquet n. m.
crise n. f.
criser v. intr. | conjug. 1 |
crisette n. f.
crispant, ante adj.
crispation n. f.
crisper v. tr. | conjug. 1 |
¬ **se crisper**
➾ Aux temps composés de la forme pronominale, le participe passé s'accorde en genre et en nombre avec le sujet : *elles se sont crispées.*
crispin n. m.
criss n. m.
→ **kriss**
crissant, ante adj.
crissement n. m.
crisser v. intr. | conjug. 1 |
cristal, aux n. m.
Ξ Ce mot peut s'employer en apposition ; il est alors invariable : *des boîtiers cristal.*
cristallerie n. f.
cristallier, ière n.
cristallifère adj.
cristallin, ine adj. et n. m.
cristallinien, ienne adj.
cristallinité n. f.
cristallisable adj.
cristallisant, ante adj.
cristallisateur, trice adj. et n.
cristallisation n. f.
cristallisé, ée adj.
cristalliser v. tr. et v. intr. | conjug. 1 |
¬ **se cristalliser**
➾ Aux temps composés de la forme pronominale, le participe passé s'accorde en genre et en nombre avec le sujet : *la substance s'est cristallisée.*
cristallisoir n. m.
cristallite n. f.
cristallitique adj.
cristallochimie n. f.
cristallochimique adj.
cristallogène adj.
cristallogenèse n. f.
cristallogénie n. f.
cristallogénique adj.
cristallographe n.
cristallographie n. f.
cristallographique adj.
cristalloïde adj. et n.
cristallomancie n. f.
cristallométrie n. f.
cristallophone n. m.
cristallophyllien, ienne adj.
criste-marine ▪ plur. **cristes-marines** ou **christe-marine** ▪ plur. **christes-marines** n. f.
cristi interj.
cristiforme adj.
critère n. m.
critériologie n. f.
critériologique adj.
critérium /-jɔm/ n. m.
crithme n. m.
criticailler v. intr. | conjug. 1 |
criticaillon n. m.
criticisme n. m.
criticiste adj. et n.
criticité n. f.
critiquable adj.
[1]**critique** adj. et n.
[2]**critique** n. f. (jugement)
critiquement adv.
critiquer v. tr. | conjug. 1 |
critiqueur, euse n.
croassant, ante adj.
croassement n. m.
ϟ Ne pas confondre **croassement** avec **coassement**. Les deux mots signifient « cri » mais **croassement** désigne le cri du corbeau et de la corneille alors que **coassement** désigne celui de la grenouille et du crapaud.
croasser v. intr. | conjug. 1 |
ϟ Ne pas confondre **croasser** avec **coasser**. Les deux verbes signifient « crier » mais **croasser** concerne le corbeau et la corneille alors que **coasser** concerne la grenouille et le crapaud.
croate adj. et n.
➾ L'adjectif s'écrit sans majuscule : *la population croate.* Le nom s'écrit avec une majuscule uniquement quand il désigne une personne : *les Croates ; c'est une Croate* mais *parler le croate.*
crobard n. m.
[1]**croc** /kʀɔk/ interj.
HOM. formes du v. **croquer**
[2]**croc** /kʀo/ n. m.
croc-en-jambe /kʀɔkɑ̃-/ n. m. ▪ plur. **crocs-en-jambe**
croche adj. et n. f.

croché, ée adj.
croche-patte n. m. ▪ plur. **croche-pattes**
croche-pied ▪ plur. **croche-pieds** ou **crochepied**○ ▪ plur. **crochepieds**○ n. m.
crocher v. tr. | conjug. 1 |
croches n. f. pl. (techn. : tenailles)
crochet n. m.
HOM. formes du v. **crocher**
crochetable adj.
crochetage n. m.
crocheter v. tr. | conjug. 5 |
crocheteur, euse n.
crochu, ue adj.
croco n. m.
▫ abrév. de **crocodile**
crocodile n. m.
crocodilesque adj.
crocodilidé n. m.
crocodilien n. m.
crocus /-ys/ n. m.
croire v. tr., v. tr. ind. et v. intr. | conjug. 44 |
⌘ **Croire que** est suivi de l'indicatif dans une phrase affirmative : *je crois que ta présence est nécessaire.* Dans une phrase négative ou interrogative, il peut être suivi de l'indicatif ou du subjonctif, selon la nuance de sens voulue : *je ne crois pas qu'il viendra ; je ne crois pas que ta présence est* ou *soit nécessaire ; croyez-vous que cela est* ou *soit souhaitable ?*
¬ **se croire**
➾ Aux temps composés de la forme pronominale, le participe passé s'accorde en genre et en nombre avec le sujet : *elles se sont crues perdues.*
croisade n. f.
croisé, ée adj. et n. m.
croisée n. f.
croisement n. m.
croiser v. tr. et v. intr. | conjug. 1 |
¬ **se croiser**
➾ Aux temps composés de la forme pronominale, le participe passé s'accorde en genre et en nombre avec le sujet : *elles se sont croisées dans la rue.*
croiserie n. f.
croiseté, ée adj.
croisette n. f.
croiseur n. m.
croisière n. f.
croisiériste n.
croisillé, ée adj.
croisillon n. m.
croisillonné, ée adj.
croissance n. f.
croissant, ante adj. et n. m.
Croissanterie® n. f.
➾ Comme tous les noms déposés, ce mot doit s'écrire avec une majuscule : *les Croissanteries de Paris.* Toutefois, on le trouve fréquemment employé comme nom générique sans majuscule : *les croissanteries de Paris.*
croisure n. f.
croît ou **croit**○ n. m.
HOM. **croix**, formes des v. **croire**, **croître**
croître ou **croitre**○ v. intr. | conjug. 55 |
➾ Le participe passé s'écrit avec un accent circonflexe, contrairement à celui de *croire* : *les arbres ont crû* mais *j'ai cru ce qu'il m'a dit.* Les Rectifications de l'orthographe de 1990 préconisent la suppression du circonflexe à l'infinitif, au futur et au conditionnel car il n'y a pas de confusion possible avec des formes du verbe *croire.* Ce verbe conserve cependant le circonflexe dans toutes les autres formes.
croix n. f.
➾ Ce mot s'écrit avec une majuscule quand il désigne le gibet sur lequel Jésus-Christ fut mis à mort (*la Sainte Croix, la descente de Croix*) et dans le nom propre **la Croix-Rouge**.
HOM. **croît**, formes des v. **croire** et **croître**
crolle n. f.
crollé, ée adj. et n.
croller v. intr. | conjug. 1 |
Cromalin® n. m.
➾ Comme tous les noms déposés, ce mot doit s'écrire avec une majuscule : *vérifier des Cromalins.* Toutefois, on le trouve fréquemment employé comme nom générique sans respect de la règle : *vérifier des cromalins.*
cromesquis /-i/ n. m.
cromlech /-ɛk/ n. m.
cromorne n. m.
[1]**crône** n. m. (grue)
HOM. **crosne**
[2]**crône** n. f. (excavation)
HOM. **crosne**
cronir ou **crônir** v. intr. et v. tr. | conjug. 2 |
cronstadt /-stat/ n. m.
crooner /kʀunœʀ/ ou **crooneur**○ n. m.
croquade n. f.
croquant, ante adj. et n. m.
croque n. m.
▫ abrév. de **croque-monsieur**
croque au sel (à la) loc. adv.
croque-madame ▪ plur. inv. ou **croquemadame**○ ▪ plur. **croquemadames**○ n. m.
croquembouche n. m.
croquement n. m.
croquemitaine ▪ plur. **croquemitaines** ou **croque-mitaine** ▪ plur. **croque-mitaines** n. m.
croque-monsieur ▪ plur. inv. ou **croquemonsieur**○ ▪ plur. **croquemonsieurs**○ n. m.

croquemort ▪ plur. **croquemorts** ou **croque-mort** ▪ plur. **croque-morts** n. m.
croquenot n. m.
croque-note ▪ plur. **croque-notes** ou **croquenote** ▪ plur. **croquenotes** n. m.
croquer v. tr. et v. intr. | conjug. 1 |
croquet n. m.
HOM. formes du v. **croquer**
croquette n. f.
croqueur, euse adj. et n.
croquignol, ole adj. et n. f.
croquignolesque adj.
croquignolet, ette adj.
croquis /-i/ n. m.
croskill /-il/ n. m.
crosne /kʀon/ n. m.
HOM. **crône**
cross n. m.
□ abrév. de **cross-country**
HOM. **crosse**, formes du v. **crosser**
cross-country ▪ plur. **cross-countrys** ou **crosscountry**○ ▪ plur. **crosscountrys**○ n. m.
crosse n. f.
HOM. **cross**
crossé adj. m.
crosser v. tr. | conjug. 1 |
crossette n. f.
crossing-over /kʀɔsiŋɔvœʀ/ n. m. inv.
□ rec. off. : **enjambement**
crossoptérygien n. m.
crotale n. m.
crotaphite ou **crotaphyte** adj. et n. m.
croton n. m.
HOM. formes du v. **crotter**
crotonique adj.
crotte n. f.
crotter v. tr. et v. intr. | conjug. 1 |
crottillon n. m.
crottin n. m.
crouillat ou **crouille** n. m.
Ξ Ce mot est injurieux et raciste.
croulant, ante adj. et n.
croule n. f.
croulement n. m.
crouler v. intr. | conjug. 1 |
croulier, ière adj. et n. f.
HOM. formes du v. **crouler**
croup /kʀup/ n. m.
HOM. **croupe**
croupade n. f.
croupal, ale, aux adj.
croupe n. f.
HOM. **croup**
croupé, ée adj.
croupetons (à) loc. adv.
croupeux, euse adj.
croupi, ie adj.
croupiat n. m.
croupier, ière n. (personne)
croupière n. f. (courroie)
croupion n. m.
croupir v. intr. | conjug. 2 |
croupissant, ante adj.
croupissement n. m.
croupissoir n. m.
croupissure n. f.
croupon n. m.
croustade n. f.
croustance n. f.
croustillance n. f.
croustillant, ante adj.
croustille n. f.
croustiller v. intr. | conjug. 1 |
croustilleux, euse adj.
croustillon n. m.
croûtage ou **croutage**○ n. m.
croûte ou **croute**○ n. f.
croûté, ée ou **crouté, ée**○ adj. et n. f.
croûtelette ou **croutelette**○ n. f.
croûter ou **crouter**○ v. intr. et v. tr. | conjug. 1 |
croûteux, euse ou **crouteux, euse**○ adj.
croûton ou **crouton**○ n. m.
croûtonner ou **croutonner**○ v. intr. | conjug. 1 |
crouzet n. m.
→ **crozet**
crown-glass /kʀonglas/ n. m. inv.
croyable adj.
croyance n. f.
croyant, ante adj. et n.
crozet ou **crouzet** n. m.
C. R. S. n. m.
□ abrév. de **compagnie républicaine de sécurité**
[1]**cru, crue** adj.
Ξ Ce mot peut s'employer derrière un adjectif de couleur pour en préciser la nuance ; les deux mots sont alors invariables : *des jupes vert cru.*
[2]**cru** n. m.
les grands crus classés du Bordelais
▸ **de son (propre) cru** *il nous a raconté une histoire de son cru*
cruauté n. f.
cruchade n. f.
cruche n. f.
cruchée n. f.
crucherie n. f.
cruchette n. f.
cruchon n. m.
crucial, iale, iaux adj.
crucifère adj. et n. f.
crucifiant, ante adj.
crucifié, iée adj.

crucifiement n. m.
➾ Ne pas oublier le *e* muet.
crucifier v. tr. | conjug. 7 |
crucifiliste n. et adj.
crucifix /-fi/ n. m.
HOM. formes du v. **crucifier**
crucifixion n. f.
cruciforme adj.
crucinumériste n.
cruciverbiste n.
crudité n. f.
crudivore adj.
crudivoriste n.
crue n. f.
HOM. **cru**, formes des v. **croire, croître**
cruel, cruelle adj.
cruellement adv.
cruenté, ée adj.
cruiser ou **cruiseur**° /kʀuzœʀ/ n. m.
crumble /kʀœmbœl/ n. m.
crûment ou **crument**° adv.
cruor n. m.
crural, ale, aux adj.
cruralgie n. f.
crustacé, ée adj. et n. m.
crustal, ale, aux adj.
cruzado /kʀuzado ; kʀus-/ n. m.
cruzeiro /kʀuzɛʀo ; kʀus-/ n. m.
cryanesthésie n. f.
cryobroyage n. m.
cryocâble n. m.
cryocautère n. m.
cryochimie n. f.
cryochirurgie n. f.
cryoconducteur, trice adj.
cryoconservation n. f.
cryogène adj.
cryogénie n. f.
cryogénique adj.
cryogénisation n. f.
cryogéniser v. tr. | conjug. 1 |
cryogéniste n.
cryolithe ou **cryolite** n. f.
cryologie n. f.
cryoluminescence n. f.
cryométrie n. f.
cryométrique adj.
cryonique adj. et n. f.
cryophore n. m.
cryophysique n. f.
cryoplanation n. f.
cryopompage n. m.
cryoscopie n. f.
cryoscopique adj.
cryostat /-a/ n. m.
cryosynérèse n. f.
cryotempérature n. f.
cryothérapie n. f.
cryothermie n. f.
cryothermique adj.
cryotron n. m.
cryoturbation n. f.
cryptage n. m.
cryptanalyse n. f.
crypte n. f.
crypté, ée adj.
crypter v. tr. | conjug. 1 |
cryptesthésie n. f.
cryptesthésique adj.
cryptique adj.
cryptoanalyse n. f.
cryptobiose n. f.
cryptobiote ou **cryptobiotique** adj.
cryptobranche adj.
cryptocapitalisme n. m.
cryptococcose n. f.
cryptocommunisme n. m.
cryptocommuniste adj. et n.
cryptogame adj. et n. m.
cryptogamie n. f.
cryptogamique adj.
cryptogamiste n.
cryptogénétique adj.
cryptogénique adj.
cryptogramme n. m.
cryptographe n.
cryptographie n. f.
cryptographier v. tr. | conjug. 7 |
cryptographique adj.
cryptologie n. f.
cryptologique adj.
cryptologue n.
cryptomère ou **cryptomeria** /-me-/ n. m.
cryptonyme adj. et n. m.
cryptophane n. m.
cryptophonie n. f.
cryptophyte n. f.
cryptopsychie n. f.
cryptorchidie /kʀiptɔʀkidi/ n. f.
cryptosporidiose n. f.
cryptuaire adj.
csar n. m.
→ **tsar**
csardas /ksaʀdas/ n. f.
→ **czardas**
C. S. G. n. f.
▫ abrév. de **contribution sociale généralisée**
cténaire n. m.
cténoïde adj.
cténophore n. m.
cuadrilla /kwadʀija/ n. f.
cubage n. m.

cubature n. f.
cube n. m.
➾ Ce mot s'emploie en apposition et s'accorde en nombre dans les expressions de mesure : *vingt centimètres/mètres cubes*.
cubèbe n. m.
cubébine n. f.
cuber v. tr. et v. intr. | conjug. 1 |
cubi n. m.
▫ abrév. de **cubitainer**
cubicité n. f.
cubiculaire n. m.
cubilot n. m.
cubique adj. et n. f.
cubisme n. m.
➾ Comme tous les noms de courants artistiques, ce mot s'écrit sans majuscule : *les peintres du cubisme*.
cubiste adj. et n.
➾ Comme tous les mots désignant ou qualifiant un courant artistique ou ses représentants, ce mot s'écrit sans majuscule : *le mouvement cubiste ; les cubistes*.
Cubitainer® /-ɛʀ/ n. m.
➾ Comme tous les noms déposés, ce mot doit s'écrire avec une majuscule : *remplir des Cubitainers*. Toutefois, on le trouve fréquemment employé comme nom générique sans respect de la règle : *remplir des cubitainers*.
cubital, ale, aux adj.
cubitière n. f.
cubitus /-ys/ n. m.
cuboïde n. m.
cuboméduse n. f.
cucubale n. m.
cucul ou **cucu** /-y/ adj.
cuculle n. f.
cucumère n. m.
cucurbitacée n. f.
cucurbitain ou **cucurbitin** n. m.
cucurbite n. f.
cucurbité, ée adj. et n. f.
cucuterie n. f.
cueillage /kœj-/ n. m.
cueillaison /kœj-/ n. f.
➾ Ne pas écrire **ceuillaison*, qui n'existe pas.
cueille /kœj/ n. f.
➾ Ne pas écrire **ceuille*, qui n'existe pas.
cueille-fruits ▪ plur. inv. ou **cueille-fruit**° ▪ plur. **cueille-fruits**° /kœj-/ n. m.
➾ Ne pas écrire **ceuille-fruits*, qui n'existe pas.
cueillette /kœj-/ n. f.
➾ Ne pas écrire **ceuillette*, qui n'existe pas.
cueilleur, euse /kœj-/ n.
➾ Ne pas écrire **ceuilleur, euse*, qui n'existe pas.
cueillir /kœj-/ v. tr. | conjug. 12 |
➾ Ne pas écrire **ceuillir*, qui n'existe pas.
cueilloir /kœj-/ n. m.
➾ Ne pas écrire **ceuilloir*, qui n'existe pas.
cuesta /kwɛsta/ n. f.
cufat ou **cuffat** /-a/ n. m.
cuicui ▪ plur. **cuicuis** ou **cui-cui** ▪ plur. inv. interj. et n. m.
cuider v. tr. | conjug. 1 |
cuillère ou **cuiller** /kɥijɛʀ/ n. f.
cuillérée ou **cuillerée** /kɥijeʀe/ n. f.
cuilleron /kɥijʀɔ̃/ n. m.
cuir n. m.
HOM. **cuire**
cuirasse n. f.
cuirassé, ée adj. et n. m.
cuirassement n. m.
cuirasser v. tr. | conjug. 1 |
¬ **se cuirasser**
➾ Aux temps composés de la forme pronominale, le participe passé s'accorde en genre et en nombre avec le sujet : *elle s'est cuirassée contre les affronts*.
cuirassier n. m.
cuire v. tr. et v. intr. | conjug. 38 |
HOM. **cuir**
cuirot n. m.
cuisage n. m.
cuisamment adv.
cuisant, ante adj.
cuiseur n. m.
cuisinable adj.
cuisinage n. m.
cuisine n. f.
cuisiné, ée adj.
cuisiner v. intr. et v. tr. | conjug. 1 |
cuisinette n. f.
▫ rec. off. pour **kitchenette**
cuisinier, ière n. (personne)
HOM. formes du v. **cuisiner**
cuisinière n. f. (fourneau)
cuisiniste n.
cuissage n. m.
cuissard n. m.
cuissarde n. f.
cuisse n. f.
[1]**cuisseau** ou **cuissot** n. m. (de gros gibier)
➾ Les Rectifications de l'orthographe de 1990 préconisent de ne retenir que la graphie *cuisseau* pour désigner la cuisse de gros gibier et la partie du veau.
[2]**cuisseau** n. m. (de veau)
cuisse-madame ▪ plur. **cuisses-madame** ou **cuissemadame**° ▪ plur. **cuissemadames** n. f.
cuissettes n. f. pl.
cuissière n. f.
cuisson n. f.

cuissot n. m.
→ [1]**cuisseau**
cuistance n. f.
cuistot n. m.
cuistre n. m.
cuistrerie n. f.
cuit, cuite adj. et n. f.
cuiter (se) v. pron. | conjug. 1 |
➾ Aux temps composés de la forme pronominale, le participe passé s'accorde en genre et en nombre avec le sujet : *elles se sont cuitées au champagne.*
cuit-tout ▪ plur. inv. ou plur. **cuit-touts** ou **cuitout**° ▪ plur. **cuitouts**° n. m.
cuit-vapeur n. m. ▪ plur. inv. ou plur. **cuit-vapeurs**°
cuivrage n. m.
cuivre n. m.
Ξ Ce mot peut s'employer seul comme adjectif de couleur ou derrière un adjectif de couleur pour en préciser la nuance ; ces adjectifs sont alors invariables : *des rideaux rouge cuivre ; des bottes cuivre.*
cuivré, ée adj.
cuivrer v. tr. | conjug. 1 |
cuivrerie n. f.
cuivreux, euse adj.
cuivrique adj.
cul /ky/ n. m.
➾ Les expressions **cul sec** et **faux cul** s'écrivent sans trait d'union. **Cul sec** est invariable : *ils ont bu leurs verres cul sec.*
HOM. **q**
culard, arde adj.
culasse n. f.
culassement n. m.
culasser v. tr. | conjug. 1 |
cul-bénit n. m. ▪ plur. **culs-bénits**
cul-blanc n. m. ▪ plur. **culs-blancs**
culbutable adj.
culbutage n. m.
culbutant n. m.
culbute n. f.
culbuté, ée adj.
culbutement n. m.
culbuter v. intr. et v. tr. | conjug. 1 |
culbuteur n. m.
culbutis /-i/ n. m.
culbuto n. m.
cul-de-basse-fosse n. m. ▪ plur. **culs-de-basse-fosse**
cul-de-bouteille adj. inv.
cul-de-four n. m. ▪ plur. **culs-de-four**
cul-de-jatte n. et adj. ▪ plur. **culs-de-jatte**
cul-de-lampe n. m. ▪ plur. **culs-de-lampe**
cul-de-poule n. m. ▪ plur. **culs-de-poule**
cul-de-sac n. m. ▪ plur. **culs-de-sac**
cul-doré n. m. ▪ plur. **culs-dorés**
culée n. f.
culement n. m.
culer v. intr. | conjug. 1 |
culeron n. m.
HOM. formes du v. **culer**
culex n. m.
culicidé n. m.
culier, ière adj. et n. f.
HOM. formes du v. **culer**
culinaire adj.
culinairement adv.
culmen /-ɛn/ n. m.
culmifère adj.
culminaison n. f.
culminance n. f.
culminant, ante adj.
culmination n. f.
culminer v. intr. | conjug. 1 |
culot n. m.
culottage n. m.
culotte n. f.
culotté, ée adj.
culotter v. tr. | conjug. 1 |
culotteur n. m.
culottier, ière n.
HOM. formes du v. **culotter**
culpabilisant, ante adj.
culpabilisation n. f.
culpabiliser v. tr. et v. intr. | conjug. 1 |
culpabilité n. f.
culpeu n. m.
cul-rouge n. m. ▪ plur. **culs-rouges**
culte n. m.
Ξ Ce mot peut s'employer en apposition ou entrer en composition avec d'autres noms, précédé d'un trait d'union ; il prend la marque du pluriel : *des films cultes* ou *des films-cultes.*
cultellaire adj.
cul-terreux n. m. ▪ plur. **culs-terreux**
cultisme n. m.
cultivable adj.
cultivar n. m.
cultivateur, trice n.
cultivé, ée adj.
cultiver v. tr. | conjug. 1 |
¬ **se cultiver**
➾ Aux temps composés de la forme pronominale, le participe passé s'accorde en genre et en nombre avec le sujet : *elles se sont cultivées.*
cultuel, elle adj.
cultuellement adv.
cultural, ale, aux adj.
culturalisation n. f.
culturaliser v. tr. | conjug. 1 |
culturalisme n. m.

culturaliste adj. et n.
culture n. f.
➾ Ce mot s'écrit avec une majuscule dans **le ministère de la Culture**.
culturel, elle adj.
culturellement adv.
cultureux, euse n. et adj.
culturisme n. m.
culturiste adj. et n.
cumin n. m.
cuminique adj.
cumul n. m.
HOM. formes du v. **cumuler**
cumulable adj.
cumulard, arde n.
cumulatif, ive adj.
cumulation n. f.
cumulativement adv.
cumuler v. tr. | conjug. 1 |
cumulet n. m.
HOM. formes du v. **cumuler**
cumuliforme adj.
cumulonimbus /-ys/ n. m.
cumulostratus /-ys/ n. m.
cumulovolcan n. m.
cumulus /-ys/ n. m.
cunéiforme adj.
cunette n. f.
cuniculicole ou **cunicole** adj.
cuniculiculteur, trice n.
cuniculiculture n. f.
cunnilingus ou **cunnilinctus** /-ys/ n. m.
cupide adj.
cupidement adv.
cupidité n. f.
cupidon n. m.
cuprammonium /-jɔm/ n. m.
cupressinée n. f.
cupressus /-ys/ n. m.
cuprifère adj.
cuprique adj.
cuprite n. f.
cupro n. m.
cuproalliage n. m.
cuproaluminium /-jɔm/ n. m.
cuproammoniacal, ale, aux adj.
cupronickel n. m.
cuprophane n. f.
cupulaire adj.
cupule n. f.
cupulifère adj. et n. f.
curabilité n. f.
curable adj.
curaçao /-aso/ n. m.
curage n. m.
curaille n. f.
curaillon n. m.
curandier, ière n.
curare n. m.
curarine n. f.
curarisant, ante adj. et n. m.
curarisation n. f.
curariser v. tr. | conjug. 1 |
curatelle n. f.
curateur, trice n.
curatif, ive adj.
curculionidé n. m.
curcuma n. m.
curcumine n. f.
cure n. f.
curé n. m.
HOM. **curée, curer**
cure-dent n. m. ▪ plur. **cure-dents**
curée n. f.
HOM. **curé, curer**
cure-môle n. m. ▪ plur. **cure-môles**
cure-ongle n. m. ▪ plur. **cure-ongles**
cure-oreille n. m. ▪ plur. **cure-oreilles**
cure-pied n. m. ▪ plur. **cure-pieds**
cure-pipe n. m. ▪ plur. **cure-pipes**
curer v. tr. | conjug. 1 |
➾ Aux temps composés de la forme pronominale, le participe passé ne s'accorde pas quand il est suivi d'un complément d'objet direct : *ils se sont curé les oreilles*.
HOM. **curé, curée**
curetage n. m.
cureter v. tr. | conjug. 4 |
cureton n. m.
HOM. formes du v. **cureter**
curette n. f.
cureur, euse n.
curial, iale, iaux adj.
[1]**curie** n. f. (division de tribu, gouvernement pontifical)
HOM. **curry**
[2]**curie** n. m. (ancienne unité de mesure)
HOM. **curry**
curiethérapie n. f.
curieusement adv.
curieux, ieuse adj. et n.
curiologique ou **kyriologique** adj.
curion n. m.
curios /-jo/ n. m. pl.
curiosa n. f. pl.
curiosité n. f.
curiste n.
curium /-jɔm/ n. m.
curling /-iŋ/ n. m.
curopalate n. m.
curriculum /-ɔm/ n. m.
➾ Ce mot a un pluriel régulier : *des curriculums*.

curriculum vitæ /kyʀikylɔmvite/ n. m. ■ plur. inv. ou plur. **curriculums vitæ**
curry n. m.
➾ Ce mot a un pluriel régulier : *des currys.*
HOM. **curie**
curseur n. m.
cursif, ive adj.
cursivement adv.
cursus /-ys/ n. m.
cursus honorum /kyʀsysɔnɔʀɔm/ n. m. inv.
curule adj.
curure n. f.
curvatif, ive adj.
curve adj.
curvigraphe n. m.
curviligne adj.
curvimètre n. m.
cuscute n. f.
cuspide n. f.
cuspidé, ée adj.
cuspidien, ienne adj.
cussonné, ée adj.
custode n. f.
custom /kœstɔm/ n. m.
customisation /kœstɔmizasjɔ̃/ n. f.
customiser /kœstɔmize/ v. tr. | conjug. 1 |
◻ rec. off. : **personnaliser**
cutané, ée adj.
cuti n. f.
cuticole adj.
cuticule n. f.
cutine n. f.
cutiréaction n. f.
cutter /kœtœʀ ; kytɛʀ ; kytœʀ/ ou **cutteur** /kytœʀ/ n. m.
cuvage n. m.
cuvaison n. f.
cuve n. f.
cuveau n. m.
cuvée n. f.
cuvelage n. m.
cuveler v. tr. | conjug. 4 |
cuvelle n. f.
cuver v. intr. et v. tr. | conjug. 1 |
cuvette n. f.
cuveur, euse n.
cuvier n. m.
HOM. formes du v. **cuver**
C. V. n. m. inv.
◻ abrév. de **curriculum vitæ**
cyan n. m.
Ξ Ce mot peut s'employer seul comme adjectif de couleur ou derrière un adjectif de couleur pour en préciser la nuance ; ces adjectifs sont alors invariables : *des teintures bleu cyan ; des encres cyan.*
HOM. **sciant, scient**
cyanamide n. f.
cyanée n. f.
cyanhydrique adj.
cyanine n. f.
cyanique adj.
cyanite n. m.
cyanobactérie n. f.
cyanocobalamine n. f.
cyanogène n. m.
cyanophycée n. f.
cyanophytique adj.
cyanose n. f.
cyanoser v. tr. | conjug. 1 |
cyanotique adj.
cyanuration n. f.
cyanure n. m.
cyanurer v. tr. | conjug. 1 |
cyathe n. m.
cyberachat n. m.
cyberacheteur, euse n.
cyberbanque n. f.
cybercafé n. m.
cyberconsommateur, trice n.
cyberconsommation n. f.
cybercriminalité n. f.
cyberculture n. f.
cyberdélinquance n. f.
cyberdrague n. f.
cyberespace n. m.
cyberguerre n. f.
cyberlangage n. m.
cybermarchand n. m.
cybermonde n. m.
cybernaute n.
cybernéticien, ienne n.
cybernétique n. f.
cybernétisation n. f.
cybernétiser v. tr. | conjug. 1 |
cyberpirate n. m.
cybersexe n. m.
cyberspace n. m.
cyberterrorisme n. m.
cyberterroriste n.
cyberthèque n. f.
cybertravailleur, euse n.
cybistique n. f.
cyborg n. m.
cycadée ou **cycadale** n. f.
cycas /-as/ n. m.
cyclable adj.
cycladique adj.
cyclamate n. m.
cyclamen /-ɛn/ n. m.
☯ Ce mot est masculin : *un beau cyclamen.*
Ξ Ce mot peut s'employer comme adjectif de

couleur ; il est alors invariable : *des robes cyclamen*.
cyclane n. m.
cyclanique adj.
cyclas /-ɑs/ n. f.
cycle n. m.
HOM. **sicle**
cyclicité n. f.
cyclique adj.
cycliquement adv.
cyclisation n. f.
cycliser v. tr. | conjug. 1 |
cyclisme n. m.
cycliste adj. et n.
cyclite n. f.
cyclo n. m.
□ abrév. de **cyclomoteur**
cyclocross ou **cyclo-cross** n. m. inv.
cyclogenèse n. f.
cyclohexane n. m.
cyclohexanique adj.
cyclohexanone n. f.
cyclohexène n. m.
cycloïdal, ale, aux adj.
cycloïde adj. et n. f.
cycloïdie n. f.
cycloïdique adj.
cyclométrie n. f.
cyclomoteur n. m.
cyclomotoriste n.
cyclonage n. m.
cyclonal, ale, aux adj.
cyclone n. m.
cyclonique adj.
cyclonomie n. f.
cyclope n. m.
cyclopéen, enne adj.
cyclopie n. f.
cyclopien, ienne /-jɛ̃, jɛn/ adj. et n.
cyclopousse ▪ plur. **cyclopousses** ou **cyclo-pousse** ▪ plur. **cyclo-pousses** n. m.
cyclopropane n. m.
cycloptère n. m.
cyclorama n. m.
cyclorameur n. m.
cyclosporine n. f.
cyclostome n. m.
cyclothyme n.
cyclothymie n. f.
cyclothymique adj. et n.
cyclotourisme n. m.
cyclotouriste adj. et n.
cyclotron n. m.
cycnoïde adj.
cygne n. m.
HOM. **signe**, formes du v. **signer**
cylindrage n. m.
cylindre n. m.
cylindrée n. f.
cylindrer v. tr. | conjug. 1 |
cylindreur, euse n.
cylindricité n. f.
cylindrique adj.
cylindroïde adj. et n. m.
cylindrome n. m.
cylindrurie n. f.
cymbalaire n. f.
cymbale n. f.
cymbalette n. f.
cymbalier, ière ou **cymbaliste** n.
cymbalum /-ɔm/ n. m.
cyme n. f.
HOM. **cime**
cymène n. m.
cymeux, euse adj.
cymophane n. f.
cynanthropie n. f.
cyndinicien, ienne n.
cyndinique n. f.
cynégétique adj. et n. f.
cynipidé n. m.
cynips /-ips/ n. m.
cynique adj.
cyniquement adv.
cynisme n. m.
cynocéphale adj. et n. m.
cynodonte n. m.
cynodrome n. m.
cynoglosse n. f.
cynomorphe adj. et n. m.
cynophagie n. f.
cynophile adj. et n.
HOM. **sinophile**
cynophilie n. f.
cynophobie n. f.
cynorexie n. f.
cynorhodon ou **cynorrhodon** n. m.
cynosure n. f.
cynotechnique adj.
cynthia /sɛ̃tja/ ou **cynthie** /sɛ̃ti/ n. f.
cyon n. m.
HOM. **scion**, formes du v. **scier**
cypéracée n. f.
cyphoscoliose n. f.
cyphose n. f.
cypre n. m.
cyprée n. f.
cypréidé n. m.
cyprès /-ɛ/ n. m.
cyprière n. f.
cyprin n. m.
cyprine n. f.

cyprinidé n. m.
cyprinodontidé n. m.
cypripède ou **cypripedium** /-edjɔm/ n. m.
cypris /-is/ n. f.
cyrard n. m.
cyrénaïque adj. et n.
➡ L'adjectif s'écrit sans majuscule : *la population cyrénaïque ; l'école cyrénaïque.* Le nom s'écrit avec une majuscule quand il désigne une personne ou la province de Libye : *les Cyrénaïques ; une Cyrénaïque ; la Cyrénaïque.*
cyrénaïsme n. m.
cyrillique adj.
cyrtomètre n. m.
cystalgie n. f.
cystectasie n. f.
cystectomie n. f.
cystéine n. f.
cysthépatique adj.
cysticercose n. f.
cysticerque n. m.
cystine n. f.
cystinurie n. f.
cystique adj.
cystite n. f.
cystocèle n. f.
cystographie n. f.
cystoïde adj.
cystolithe n. m.
cystoplégie n. f.
cystoscope n. m.
cystoscopie n. f.
cystoscopique adj.
cystostomie n. f.
cystotome n. m.
cystotomie n. f.
cystozoïde n. m.
cyte n. f.
HOM. **scythe**, **site**, formes du v. **citer**
cythérée n. f.
cythéréen, enne adj. et n.
cytise n. m.
cytobactériologique adj.
cytobiologie n. f.
cytoblaste n. m.
cytochrome n. m.
cytocide adj.
cytode n. m.
cytodiagnostic n. m.
cytogamie n. f.
cytogénéticien, ienne n.
cytogénétique n. f.
cytokines n. f. pl.
cytologie n. f.
cytologique adj.
cytologiquement adv.
cytologiste n.
cytolyse n. f.
cytomégalovirus /-ys/ n. m.
cytopathogénicité n. f.
cytopathologie n. f.
cytophotométrie n. f.
cytophylaxie n. f.
cytophysiologie n. f.
cytophysiologiste n.
cytoplasique adj.
cytoplasme n. m.
cytoplasmique adj.
cytopoïèse n. f.
cytosine n. f.
cytosol n. m.
cytosquelette n. m.
cytostome n. m.
cytothèque n. f.
cytothérapie n. f.
cytotoxicité n. f.
cytotoxine n. f.
cytotoxique adj.
czar /tzaʀ/ n. m.
→ **tsar**
czardas ou **csardas** /ksaʀdas/ n. f.

D

d n. m. inv, abrév. et symb.
HOM. **dé, des**

D n. m. inv, abrév. et symb.
HOM. **dé, des**

¹d' prép. élidée
→ **¹de**

²d' art. indéf. et art. partitif élidé
→ **²de**

da interj.
Ξ Ce mot ne s'emploie que dans l'expression vieillie **oui-da**.

dab ou **dabe** n. m. (arg. : père)
HOM. **DAB**

DAB /dab/ n. m.
□ abrév. de **distributeur automatique de billets**
HOM. **dab**

dabesse n. f.

dabiste n.

d'abord loc. adv.

d'ac loc. adv.
□ abrév. de **d'accord**

da capo loc. adv.

d'accord loc. adv.
Ξ La structure **être d'accord de** (+ inf.) est vieillie : *ils sont d'accord d'en parler*. De nos jours, on emploie plutôt **être d'accord pour** (+ inf.) : *ils sont d'accord pour en parler*.

¹dace adj. et n. (de la Dacie)
➾ L'adjectif s'écrit sans majuscule : *le peuple dace*. Le nom s'écrit avec une majuscule : *les Daces ; une Dace*.
HOM. **DASS**

²dace n. f. (impôt)
HOM. **DASS**

dacique adj.

dacite n. f.

Dacron® n. m.
➾ Comme tous les noms déposés, ce mot doit s'écrire avec une majuscule : *des voilages en Dacron*. Toutefois, on le trouve fréquemment employé comme nom générique sans respect de la règle : *des voilages en dacron*.

dacryocystite n. f.

dacryogène adj.

dactyle n. m.

dactylé, ée adj.

dactylique adj.

dactylite n. f.

¹dactylo n.
□ abrév. de **dactylographe**

²dactylo n. f.
□ abrév. de **dactylographie**

dactylogramme n. m.

dactylographe n.

dactylographie n. f.

dactylographier v. tr. | conjug. 7 |

dactylographique adj.

dactylolalie n. f.

dactylolalique adj.

dactylologie n. f.

dactylologique adj.

dactylomancie n. f.

dactylophasie n. f.

dactylophasique adj.

dactylopodite n. m.

dactyloptère n. m.

dactyloscopie n. f.

dactyloscopique adj.

dactylotype n. f.

dactylozoïde n. m.

¹dada n. m. (cheval, manie)

²dada n. m. et adj. inv. (mouvement artistique)
➾ Comme tous les mots désignant ou qualifiant un courant artistique ou ses représentants, ce mot s'écrit sans majuscule : *la naissance de dada ; le mouvement dada ; les dadas ; les manifestes dada*.

dadais n. m.
☯ Ce mot n'a pas de forme féminine et ne s'emploie pas pour parler d'une femme.

dadaïsme n. m.
➾ Comme tous les noms de courants artistiques, ce mot s'écrit sans majuscule : *le dadaïsme et le surréalisme.*
dadaïste n. et adj.
➾ Comme tous les mots désignant ou qualifiant un courant artistique ou ses représentants, ce mot s'écrit sans majuscule : *la poésie dadaïste ; les dadaïstes.*
dadin n. m.
dagorne n. f.
dague n. f.
daguer v. tr. et v. intr. | conjug. 1 |
daguerréotype n. m.
daguerréotyper v. tr. | conjug. 1 |
daguerréotypeur n. m.
daguerréotypie n. f.
daguerrien, ienne adj.
daguet n. m.
HOM. formes du v. **daguer**
daguette n. f.
dahabieh /daabje/ n. f.
dahir n. m.
dahlia n. m.
☯ Ce mot est masculin : *un beau dahlia.*
dahu n. m.
daigner v. tr. | conjug. 1 |
▸ **daigner** (+ inf.) *il n'a pas daigné répondre*
Ξ La forme **daigner que** (+ subj.) est littéraire : *daignez que je le fasse moi-même.*
daïkon n. m.
dail n. m. ou **daille** /daj/ n. f.
daim n. m.
daïmio ou **daimyo** n. m.
daine n. f.
daïquiri n. m.
daïra n. f.
dais n. m.
HOM. **dès**, **dey**
dalaï-lama ▪ plur. **dalaï-lamas** ou **dalaïlama**○ ▪ plur. **dalaïlamas**○ n. m.
dalbergie n. f.
daleau n. m.
→ **dalot**
dallage n. m.
dalle n. f.
dalle (que) loc.
daller v. tr. | conjug. 1 |
dalleur, euse n.
dalmate adj. et n.
➾ L'adjectif s'écrit sans majuscule : *la population dalmate.* Le nom s'écrit avec une majuscule uniquement quand il désigne une personne : *les Dalmates ; une Dalmate* mais *ils parlaient le dalmate.*
dalmatien, ienne n.
dalmatique n. f.
dalot ou **daleau** n. m.
dalton /daltɔn/ n. m.
daltonien, ienne adj. et n.
daltonisme n. m.
dam /dɑ̃ ; dam/ n. m.
▸ **au (grand) dam de qqn**
♪ La prononciation /dam/, autrefois jugée fautive, est aujourd'hui admise.
HOM. **dame**, **dans**, **dent**, formes du v. **damer**
damage n. m.
damalisque n. m.
daman n. m.
damara n. m.
damas /dama(s)/ n. m.
➾ Ce mot s'écrit sans majuscule, contrairement au nom propre qui désigne la ville : *des étoffes de Damas* mais *de beaux damas.*
HOM. formes des v. **damasser**, **damer**
damascène adj. et n.
damasquin, ine adj. et n.
damasquinage n. m.
damasquiner v. tr. | conjug. 1 |
⚡ Ne pas confondre **damasquiner** avec **damasser**. **Damasquiner** signifie « incruster un filet d'or ou d'argent dans (une surface métallique) ». **Damasser** signifie « tisser (une étoffe) de manière à faire apparaître des dessins brillants sur fond mat » ou « donner un aspect moiré à (un alliage) ».
damasquinerie n. f.
damasquineur n. m.
damasquinure n. f.
damassé, ée adj.
damasser v. tr. | conjug. 1 |
⚡ Ne pas confondre **damasser** avec **damasquiner**. **Damasser** signifie « tisser (une étoffe) de manière à faire apparaître des dessins brillants sur fond mat » ou « donner un aspect moiré à (un alliage) ». **Damasquiner** signifie « incruster un filet d'or ou d'argent dans (une surface métallique) ».
damasserie n. f.
damasseur, euse n.
damassine n. f.
damassure n. f.
¹dame n. f.
Ξ L'emploi de ce mot au sens de « épouse » (*il est venu avec sa dame*) est populaire et doit être évité. On emploiera plutôt *femme* ou *épouse* : *il est venu avec sa femme* ou *avec son épouse.*
HOM. **dam**
²dame interj.
HOM. **dam**
dame-blanche n. f. ▪ plur. **dames-blanches**
dame-d'onze-heures n. f. ▪ plur. **dames-d'onze-heures**
dame-jeanne n. f. ▪ plur. **dames-jeannes**

damer v. tr. | conjug. 1 |
dameret n. m.
HOM. formes du v. **damer**
dame-ronde n. f. ▪ plur. **dames-rondes**
damette n. f.
dameuse n. f.
damier n. m.
HOM. formes du v. **damer**
dammar n. m.
dammara n. m.
damnable /danabl/ adj.
damnablement /dana-/ adv.
damnant, ante /danɑ̃/ adj.
damnation /danasjɔ̃/ n. f.
damné, ée /dane/ adj. et n.
damner /dane/ v. tr. | conjug. 1 |
¬ **se damner**
➾ Aux temps composés de la forme pronominale, le participe passé s'accorde en genre et en nombre avec le sujet : *elle se serait damnée pour lui.*
damoiseau n. m.
damoiselle n. f.
dan /dan/ n. m.
HOM. formes du v. **damner**
danaïde n. f.
➾ Lorsqu'il désigne un papillon, ce mot s'écrit sans majuscule, contrairement au nom propre qui désigne les personnages mythologiques.
dance /dɑ̃s ; dɛns/ n. f. (music)
HOM. **danse, dense**, formes du v. **danser**
danché, ée adj.
→ **denché**
dancing /dɑ̃siŋ ; dɛnsiŋ/ n. m.
dandin n. m.
dandinant, ante adj.
dandinement n. m.
dandiner v. tr. | conjug. 1 |
¬ **se dandiner**
➾ Aux temps composés de la forme pronominale, le participe passé s'accorde en genre et en nombre avec le sujet : *ils se sont dandinés comme des canards.*
dandinette n. f.
dandy n. m. ▪ plur. **dandys** ou plur. **dandies**
Ξ On peut employer le pluriel francisé *dandys* ou le pluriel anglais *dandies*.
dandysme n. m.
dandystique adj.
daneau n. m.
danger n. m.
dangereusement adv.
dangereux, euse adj.
dangerosité n. f.
danien, ienne adj. et n. m.
danois, oise adj. et n.
➾ L'adjectif s'écrit sans majuscule : *la population danoise*. Le nom s'écrit avec une majuscule uniquement quand il désigne une personne : *les Danois ; c'est une Danoise* mais *parler le danois ; élever des danois* (chiens).
dans prép.
Ξ L'emploi de la locution **dans les** pour marquer l'approximation appartient à la langue parlée : *ça coûte dans les mille euros ; il a dans les quarante ans*. À l'écrit, il est préférable d'employer *à peu près* ou *environ*.
HOM. **dam, dent**
dansable adj.
dansant, ante adj.
danse n. f.
HOM. **dance, dense**, formes du v. **danser**
dansement n. m.
danser v. intr. et v. tr. | conjug. 1 |
danserie n. f.
danseur, euse n.
dansomanie n. f.
dansotement ou **dansottement** n. m.
dansoter ou **dansotter** v. intr. | conjug. 1 |
dantesque adj.
danubien, ienne adj.
D. A. O. n. m.
▫ abrév. de **dessin assisté par ordinateur**
daphné n. m.
daphnie n. f.
daphnoïdée n. f.
daraise n. f.
darbouka ou **derbouka** n. f.
darce n. f.
→ **darse**
darcine n. f.
→ **darsine**
dard n. m.
darder v. tr. | conjug. 1 |
dardière n. f.
dardillon n. m.
dare-dare ou **daredare** ○ adv.
dariole n. f.
darique n. f.
darjeeling /daʀ(d)ʒiliŋ/ n. m.
darmstadtium n. m.
darne n. f. et adj.
daron, onne n.
darse ou **darce** n. f.
darsine ou **darcine** n. f.
darsonvalisation n. f.
dartois n. m.
dartre n. f.
dartreux, euse adj.
dartrose n. f.
darwinesque /daʀwi-/ adj.
darwinien, ienne /daʀwi-/ adj.

darwinisme /daʀwi-/ n. m.
darwiniste /daʀwi-/ adj. et n.
dasein /dazajn/ n. m.
DASS /das/ n. f.
▫ abrév. de **direction des affaires sanitaires et sociales**
HOM. **dace**
dasypeltis /dazipɛltis/ n. m.
dasypode n. m.
dasyure n. m.
D. A. T. /deɑte/ n. m.
▫ abrév. de **digital audio tape**
datable adj.
datage n. m.
dataire n. m.
datation n. f.
datcha n. f.
date n. f.
HOM. **datte**, formes du v. **dater**
dater v. tr. et v. intr. | conjug. 1 |
daterie n. f.
dateur, euse adj. et n. m.
datif, ive adj. et n. m.
dation n. f.
datte n. f. (fruit)
HOM. **date**, formes du v. **dater**
dattier n. m.
HOM. formes du v. **dater**
datura n. m.
D. A. U. /deɑy/ n. m.
▫ abrév. de **document administratif unique**
daube n. f.
dauber v. tr. et v. intr. | conjug. 1 |
daubeur, euse adj. et n.
daubière n. f.
daucus /dokys/ n. m.
dauphin n. m.
➾ Ce mot s'écrit avec une majuscule quand il désigne la constellation et dans **le Grand Dauphin**, surnom du fils de Louis XIV.
dauphinat n. m.
dauphine n. f.
Ξ Ce mot peut s'employer en apposition ; l'usage hésite quant à l'accord : on peut écrire *des pommes dauphine* ou *des pommes dauphines*.
dauphinelle n. f.
dauphinois, oise adj. et n.
➾ L'adjectif s'écrit sans majuscule : *la population dauphinoise* ; *un gratin dauphinois*. Le nom s'écrit avec une majuscule uniquement quand il désigne une personne : *les Dauphinois* ; *c'est une Dauphinoise* mais *parler le dauphinois*.
daurade n. f.
→ **dorade**

davantage adv.
➾ Cet adverbe s'écrit en un seul mot ; attention à ne pas l'écrire comme *d'avantage* : *il n'a pas d'avantage à travailler plus* mais *il en veut toujours davantage*. Quand on peut remplacer par *plus*, il s'agit de l'adverbe.
⌘ *Davantage* s'emploie avec un verbe, jamais avec un adjectif ou un adverbe : **il est davantage intéressant* ; **il est venu davantage rapidement*. Il faut dans ce cas employer *plus* : *il est plus intéressant* ; *il est venu plus rapidement*.
Ξ La structure **davantage que** (*celui-ci me plaît davantage que celui-là*), autrefois critiquée, est aujourd'hui admise.

davier n. m.
dawamesc n. m.
daya n. f.
dazibao /da(d)zibao/ n. m.
D. B. n. f. inv.
▫ abrév. de **division blindée**
D. B. O. n. f.
▫ abrév. de **demande biochimique en oxygène**
D. C. A. n. f.
▫ abrév. de **défense contre avions**
D. C. I. n. f.
▫ abrév. de **dénomination commune internationale**
D. C. O. n. f.
▫ abrév. de **demande chimique en oxygène**
d. d. p. n. f.
▫ abrév. de **différence de potentiel**
D. D. T. n. m.
▫ abrév. de **dichloro-diphényl-trichloréthane**

¹de prép.
Ξ *De* s'élide en *d'* devant une voyelle ou un *h* muet (*porte d'armoire, preuve d'habileté*) mais ne s'élide pas devant un *h* aspiré (*un kilo de haricots, un poème de Hugo*).
De se contracte en *du* avec l'article *le* (*les grilles du parc*), et en *des* avec l'article *les* (*les tuiles des toits*).
De peut être une particule (nobiliaire ou non) qui relie le nom de famille au titre, à l'appellation ou au prénom : *Pierre de Ronsard* ; *Jean de La Fontaine*. Avec le nom de famille seul, on ne garde la particule nobiliaire que devant une voyelle ou un *h* muet (*d'Aubigné* ; *d'Harcourt*), devant les noms d'une seule syllabe (*de Thou* ; *de Gaulle*) et lorsque celle-ci est contractée en *du* ou *des* (*du Bellay* ; *des Périers*).
Lorsque la particule est précédée de la préposition *de*, elle prend une majuscule : *l'appel de De Gaulle*.
→ aussi **à**

²de art. indéf. et partitif
Ξ *De* se contracte en *du* avec l'article *le* et en *des* avec l'article *les* : *elle a mangé du pain ; il y a des épinards*. L'article est omis à la forme négative : *elle n'a pas mangé de pain ; il n'y a plus d'épinards*.
dé n. m.
HOM. **d, des**
D. E. A. /deøɑ/ n. m.
◻ abrév. de **diplôme d'études approfondies**
dead-heat /dɛd(h)it/ ▪ plur. **dead-heats** ou **deadheat**○ ▪ plur. **deadheats**○ n. m.
◻ rec. off. : **ex æquo**
déafférentation n. f.
deal /dil/ n. m.
◻ rec. off. : **accord** ou **négociation** ou **transaction**
HOM. formes du v. **dealer**
déalbation n. f.
dealer /dile/ v. tr. | conjug. 1 |
dealeur, euse n. ou **dealer** /dilœʀ/ n. m.
déambulage n. m.
déambulateur n. m.
déambulation n. f.
déambulatoire adj. et n. m.
déambulement n. m.
déambuler v. intr. | conjug. 1 |
de auditu /deodity/ loc. adv.
deb n. f.
débâcher v. tr. | conjug. 1 |
débâclage n. m.
débâcle n. f.
débâclement n. m.
débâcler v. tr. et v. intr. | conjug. 1 |
débâcleur n. m.
débagoulage n. m.
débagouler v. intr. et v. tr. | conjug. 1 |
débagouleur, euse n.
débaguer v. tr. | conjug. 1 |
débâillonner v. tr. | conjug. 1 |
déballage n. m.
déballastage n. m.
déballaster v. tr. | conjug. 1 |
déballer v. tr. | conjug. 1 |
déballeur, euse n.
déballonnage n. m.
déballonner (se) v. pron. | conjug. 1 |
➾ Aux temps composés de la forme pronominale, le participe passé s'accorde en genre et en nombre avec le sujet : *ils se sont déballonnés*.
débalourder v. tr. | conjug. 1 |
débanalisation n. f.
débanaliser v. tr. | conjug. 1 |
¬ **se débanaliser**
➾ Aux temps composés de la forme pronominale, le participe passé s'accorde en genre et en nombre avec le sujet : *ces pratiques se sont débanalisées*.
débandade n. f.
débandement n. m.
débander v. tr. et v. intr. | conjug. 1 |
¬ **se débander**
➾ Aux temps composés de la forme pronominale, le participe passé s'accorde en genre et en nombre avec le sujet : *son arbalète s'est débandée*.
débanquer v. tr. et v. intr. | conjug. 1 |
débaptiser v. tr. | conjug. 1 |
débarbouillage n. m.
débarbouiller v. tr. | conjug. 1 |
¬ **se débarbouiller**
➾ Aux temps composés de la forme pronominale, le participe passé s'accorde en genre et en nombre avec le sujet : *les enfants se sont débarbouillés*. Mais le participe passé ne s'accorde pas quand il est suivi d'un complément d'objet direct : *ils se sont débarbouillé la figure*.
débarbouillette n. f.
débarcadère n. m.
débardage n. m.
débarder v. tr. | conjug. 1 |
débardeur, euse n.
débarouler ou **dégarouler** v. intr. | conjug. 1 |
débarquage n. m.
débarquant n. m.
débarqué, ée adj. et n.
débarquement n. m.
¹débarquer v. tr. et v. intr. | conjug. 1 |
²débarquer ou **débarqué** n. m.
débarras /-ɑ/ n. m.
HOM. formes du v. **débarrer**
débarrasser v. tr. | conjug. 1 |
¬ **se débarrasser**
➾ Aux temps composés de la forme pronominale, le participe passé s'accorde en genre et en nombre avec le sujet : *elle s'est débarrassée de sa valise*.
débarrasseur, euse n.
débarrer v. tr. | conjug. 1 |
débarreur, euse n.
débarricader v. tr. | conjug. 1 |
¬ **se débarricader**
➾ Aux temps composés de la forme pronominale, le participe passé s'accorde en genre et en nombre avec le sujet : *elle s'est débarricadée de sa chambre*.
débat /debɑ/ n. m.
HOM. formes du v. **débattre**
debater n. m.
→ **débatteur**
débâter v. tr. | conjug. 1 |
HOM. formes du v. **débattre**
débâtir v. tr. | conjug. 2 |

débattement n. m.
débatteur, euse n. ou **debater** /debatœʀ/ n. m.
débattre v. intr., v. tr. et v. pron. | conjug. 41 |
☰ Au sens de « examiner contradictoirement », *débattre* est normalement un verbe transitif direct : *débattre les conditions d'une affaire*. Toutefois, par influence de **discuter de**, la forme **débattre de** est devenue courante et ne peut être considérée comme fautive : *débattre des conditions d'une affaire*.
¬ **se débattre**
➾ Aux temps composés de la forme pronominale, le participe passé s'accorde en genre et en nombre avec le sujet : *la victime s'est débattue*.
débauchage n. m.
débauche n. f.
débauché, ée adj. et n.
débaucher v. tr. | conjug. 1 |
débaucheur, euse n.
débectage ou **débéquetage** ou **débecquetage** n. m.
débectant, ante ou **débéquetant, ante** ou **débecquetant, ante** adj.
débecter ou **débéqueter** ou **débecqueter** v. tr. | conjug. 1 |
débellatoire adj.
débenture n. f.
débenzolage /-bɛ̃-/ n. m.
débenzoler /-bɛ̃-/ v. tr. | conjug. 1 |
débéquetage n. m.
→ **débectage**
débéquetant, ante adj.
→ **débectant**
débéqueter v. tr. | conjug. 4 |
→ **débecter**
débéquiller v. tr. | conjug. 1 |
débet n. m.
débiffer v. tr. | conjug. 1 |
débile adj. et n.
débilement adv.
débilitant, ante adj.
débilitation n. f.
débilité n. f.
débiliter v. tr. | conjug. 1 |
débillarder v. tr. | conjug. 1 |
débinage n. m.
débine n. f.
débiner v. tr. | conjug. 1 |
débiner (se) v. pron. | conjug. 1 |
➾ Aux temps composés de la forme pronominale, le participe passé s'accorde en genre et en nombre avec le sujet : *ses chiens se sont débinés*.
débineur, euse n.
débiper v. tr. | conjug. 1 |
débirentier, ière n.
débit /debi/ n. m.
débitable adj.
débitage n. m.
débitant, ante n.
débiter v. tr. | conjug. 1 |
[1]**débiteur, euse** n. (ouvrier, commerçant)
[2]**débiteur, trice** n. et adj. (qui a des dettes)
débitmètre /debimɛtʀ/ n. m.
déblai n. m.
HOM. formes du v. **déblayer**
déblaiement n. m.
➾ Ne pas oublier le *e* muet.
déblatération n. f.
déblatérer v. intr. et v. tr. | conjug. 6 |
déblayage n. m.
déblayer v. tr. | conjug. 8 |
déblayeur, euse n. et adj.
déblocable adj.
➾ Ce mot s'écrit avec un *c*, contrairement à *débloquer*.
déblocage n. m.
➾ Ce mot s'écrit avec un *c*, contrairement à *débloquer*.
déblocus /-ys/ n. m.
débloquant, ante adj.
débloquement n. m.
débloquer v. tr. et v. intr. | conjug. 1 |
¬ **se débloquer**
➾ Aux temps composés de la forme pronominale, le participe passé s'accorde en genre et en nombre avec le sujet : *la situation s'est débloquée*.
débobiner v. tr. | conjug. 1 |
débogage n. m.
déboguer v. tr. | conjug. 1 |
débogueur n. m.
déboire n. m.
déboisage n. m.
déboisement n. m.
déboiser v. tr. | conjug. 1 |
¬ **se déboiser**
➾ Aux temps composés de la forme pronominale, le participe passé s'accorde en genre et en nombre avec le sujet : *les montagnes se sont déboisées*.
déboiseur, euse n.
déboîtage ou **déboitage**○ n. m.
déboîtement ou **déboitement**○ n. m.
déboîter ou **déboiter**○ v. tr. et v. intr. | conjug. 1 |
¬ **se déboîter**
➾ Aux temps composés de la forme pronominale, le participe passé s'accorde en genre et en nombre avec le sujet : *son épaule s'est déboîtée*. Mais le participe passé ne s'accorde pas quand il est suivi d'un complément d'objet direct : *elle s'est déboîté l'épaule*.
débondage n. m.

débondement n. m.
débonder v. tr. | conjug. 1 |
¬ **se débonder**
➾ Aux temps composés de la forme pronominale, le participe passé s'accorde en genre et en nombre avec le sujet : *elle s'est débondée subitement.*
débondoir n. m.
débondonner v. tr. | conjug. 1 |
débonnaire adj.
débonnairement adv.
débonnaireté n. f.
débord n. m.
débordant, ante adj.
débordé, ée adj.
débordement n. m.
déborder v. intr. et v. tr. | conjug. 1 |
¬ **se déborder**
➾ Aux temps composés de la forme pronominale, le participe passé s'accorde en genre et en nombre avec le sujet : *elle s'est débordée.*
débosquage n. m.
débosselage n. m.
débosseler v. tr. | conjug. 4 |
débosseleur, euse n.
débotté n. m.
débotteler v. tr. | conjug. 4 |
1**débotter** n. m.
2**débotter** v. tr. | conjug. 1 |
¬ **se débotter**
➾ Aux temps composés de la forme pronominale, le participe passé s'accorde en genre et en nombre avec le sujet : *ils se sont débottés en entrant.*
débouchage n. m.
débouché n. m.
débouchement n. m.
déboucher v. tr. | conjug. 1 |
déboucheur, euse n.
débouchoir n. m.
déboucler v. tr. | conjug. 1 |
débouillir v. tr. | conjug. 15 |
débouillissage ou **débouilli** n. m.
déboulé n. m.
déboulée n. f.
débouler v. intr. | conjug. 1 |
débouleur, euse n.
déboulocheur n. m.
déboulonnage n. m.
déboulonnement n. m.
déboulonner v. tr. | conjug. 1 |
débouquement n. m.
débouquer v. intr. | conjug. 1 |
débourbage n. m.
débourber v. tr. | conjug. 1 |
débourbeur n. m.
débourgeoisé, ée adj.
débourrage n. m.
débourrement n. m.
débourrer v. tr. et v. intr. | conjug. 1 |
débourreur, euse adj. et n.
débours /debuʀ/ n. m.
HOM. formes du v. **débourrer**
déboursement n. m.
débourser v. tr. | conjug. 1 |
déboussolant, ante adj.
déboussolé, ée adj.
déboussolement n. m.
déboussoler v. tr. | conjug. 1 |
debout adv.
➾ Comme tous les adverbes, ce mot est invariable : *ils étaient debout.*
débouté n. m.
déboutement n. m.
débouter v. tr. | conjug. 1 |
déboutonnage n. m.
déboutonner v. tr. | conjug. 1 |
¬ **se déboutonner**
➾ Aux temps composés de la forme pronominale, le participe passé s'accorde en genre et en nombre avec le sujet : *elle s'est déboutonnée.*
débraguetter v. tr. | conjug. 1 |
¬ **se débraguetter**
➾ Aux temps composés de la forme pronominale, le participe passé s'accorde en genre et en nombre avec le sujet : *ils se sont débraguettés.*
débraillé, ée adj. et n. m.
débraillement n. m.
débrailler (se) v. tr. | conjug. 1 |
➾ Aux temps composés de la forme pronominale, le participe passé s'accorde en genre et en nombre avec le sujet : *ils se sont débraillés en public.*
débranché, ée adj.
débranchement n. m.
débrancher v. tr. | conjug. 1 |
débrayable adj.
débrayage n. m.
débrayer v. tr. et v. intr. | conjug. 8 |
débridage n. m.
débridé, ée adj.
débridement n. m.
débrider v. tr. | conjug. 1 |
débriefer /debʀife/ v. tr. | conjug. 1 |
débriefing /debʀifiŋ/ n. m.
□ rec. off. : **réunion-bilan**
débringuer v. tr. | conjug. 1 |
¬ **se débringuer**
➾ Aux temps composés de la forme pronominale, le participe passé s'accorde en genre et en nombre avec le sujet : *elle s'est débringuée de l'uniforme qui l'oppressait.*
débris /debʀi/ n. m.

débrochage n. m.
débrocher v. tr. | conjug. 1 |
débronzage n. m.
débronzé, ée adj.
débronzer v. tr. et v. intr. | conjug. 1 |
débrouillable adj.
débrouillage n. m.
débrouillamini n. m.
débrouillard, arde adj. et n.
débrouillardise n. f.
débrouille n. f.
débrouillé, ée adj.
débrouillement n. m.
débrouiller v. tr. | conjug. 1 |
¬ **se débrouiller**
➾ Aux temps composés de la forme pronominale, le participe passé s'accorde en genre et en nombre avec le sujet : *elles se sont débrouillées seules.*
débrouilleur, euse n. et adj.
débroussage n. m.
débroussaillage n. m.
débroussaillant, ante n. m. et adj.
débroussaillement n. m.
débroussailler v. tr. | conjug. 1 |
débroussailleur, euse n. (personne)
débroussailleuse n. f. (machine)
débrousse n. f.
débroussement n. m.
débrousser v. tr. | conjug. 1 |
débrousseur, euse n.
débrutir v. tr. | conjug. 2 |
débrutissement n. m.
débuché ou **débucher** n. m.
débucher v. intr. et v. tr. | conjug. 1 |
débudgétisation n. f.
débudgétiser v. tr. | conjug. 1 |
débureaucratisation n. f.
débureaucratiser v. tr. | conjug. 1 |
débusquage ou **débusquement** n. m.
débusquer v. tr. et v. intr. | conjug. 1 |
début n. m.
Ξ Ce mot s'emploie dans des formules elliptiques avec un nom de mois : *début mai*. Cette tournure est à éviter dans le langage soigné. On dira plutôt : *au début du mois de mai.*
débutant, ante adj. et n.
débuter v. intr. | conjug. 1 |
déca n. m.
▫ abrév. de **décaféiné**
HOM. **decca**
deçà adv.
◗ **en deçà de** *vivre en deçà du seuil de pauvreté ; rester en deçà de la vérité*
➾ La locution **en deçà** s'écrit sans trait d'union.
Ξ L'expression **deçà, delà** signifiant « de côté et d'autre, sans direction précise » est vieillie. On lui préfère de nos jours **de-ci, delà**.
décabosser v. tr. | conjug. 1 |
décachetable adj.
décachetage n. m.
décacheter v. tr. | conjug. 4 |
¬ **se décacheter**
➾ Aux temps composés de la forme pronominale, le participe passé s'accorde en genre et en nombre avec le sujet : *la lettre s'est décachetée en route.*
décacorde n. m.
décadactyle adj.
décadaire adj.
décade n. f.
Ξ Ce mot signifie « période de dix jours ». L'emploi de *décade* pour désigner une période de dix ans est un anglicisme critiqué. Il est préférable d'employer *décennie*.
décadenasser v. tr. | conjug. 1 |
décadence n. f.
décadent, ente adj. et n.
décadentisme n. m.
décadentiste n. m.
décadi n. m.
Ξ Ce mot désignait le dixième jour de la décade, dans le calendrier républicain.
➾ Comme tous les noms de jours, ce mot s'écrit sans majuscule.
décadrer v. tr. | conjug. 1 |
décaèdre adj. et n. m.
décaféination n. f.
décaféiné, ée adj. et n. m.
décaféiner v. tr. | conjug. 1 |
décagonal, ale, aux adj.
décagone n. m.
décagramme n. m.
décaissage n. m.
décaissement n. m.
décaisser v. tr. | conjug. 1 |
décalage n. m.
décalaminage n. m.
décalaminer v. tr. | conjug. 1 |
décalcifiant, iante adj.
décalcification n. f.
décalcifier v. tr. | conjug. 7 |
¬ **se décalcifier**
➾ Aux temps composés de la forme pronominale, le participe passé s'accorde en genre et en nombre avec le sujet : *ses os se sont décalcifiés.*
décalcomanie n. f.
décalé, ée adj. et n.
décaler v. tr. | conjug. 1 |
¬ **se décaler**
➾ Aux temps composés de la forme pronominale, le participe passé s'accorde en genre

et en nombre avec le sujet : *elle s'est décalée pour le laisser passer.*
décalitre n. m.
décalogue n. m.
décalotter v. tr. | conjug. 1 |
¬ **se décalotter**
➾ Aux temps composés de la forme pronominale, le participe passé s'accorde en genre et en nombre avec le sujet : *ils se sont décalottés.*
décalquage n. m.
décalque n. m.
décalquer v. tr. | conjug. 1 |
décalvant, ante adj.
décalvation n. f.
décambrure n. f.
décamètre n. m.
décamétrique adj.
décamired n. m.
décampement n. m.
décamper v. intr. | conjug. 1 |
décan n. m.
décanal, ale, aux adj.
décanat /-a/ n. m.
décaniller v. intr. | conjug. 1 |
décanoïque adj.
décantage n. m.
décantation n. f.
décanter v. tr. et v. intr. | conjug. 1 |
¬ **se décanter**
➾ Aux temps composés de la forme pronominale, le participe passé s'accorde en genre et en nombre avec le sujet : *l'eau polluée s'est décantée.*
décanteur, euse adj. et n. m.
décantonnement n. m.
décantonner v. intr. | conjug. 1 |
décanulation n. f.
décapage n. m.
décapant, ante adj. et n. m.
décapelage n. m.
décapeler v. tr. | conjug. 4 |
décapement n. m.
décapeptide n. m.
décaper v. tr. | conjug. 1 |
décapeur n. m.
▫ rec. off. pour **scrapeur**
décapeuse n. f.
▫ rec. off. pour **scraper**
décapitalisation n. f.
décapitaliser v. tr. | conjug. 1 |
décapitation n. f.
décapiter v. tr. | conjug. 1 |
décapode adj. et n. m.
décapole n. f.
décapotable adj.
décapoter v. tr. | conjug. 1 |
décapsidation n. f.
décapsulage n. m.
décapsulation n. f.
décapsuler v. tr. | conjug. 1 |
décapsuleur n. m.
décapuchonner v. tr. | conjug. 1 |
décarbonatation n. f.
décarbonater v. tr. | conjug. 1 |
décarboniser v. tr. | conjug. 1 |
décarboxylase n. f.
décarboxylation n. f.
décarboxyler v. tr. | conjug. 1 |
décarburant, ante adj.
décarburateur, trice adj.
décarburation n. f.
décarburer v. tr. | conjug. 1 |
décarcasser v. tr. | conjug. 1 |
¬ **se décarcasser**
➾ Aux temps composés de la forme pronominale, le participe passé s'accorde en genre et en nombre avec le sujet : *elle s'est décarcassée pour lui trouver un cadeau.*
décarcération n. f.
décarnisation n. f.
décarottage n. m.
décarrade n. f.
décarrelage n. m.
décarreler v. tr. | conjug. 4 |
décarrer v. intr. et v. tr. | conjug. 1 |
décartellisation n. f.
décartonner v. tr. | conjug. 1 |
décaser v. tr. | conjug. 1 |
décastère n. m.
décasthène n. m.
décasyllabe adj. et n. m.
décasyllabique adj.
décathlon n. m.
décathlonien, ienne n.
décati, ie adj.
décatir v. tr. | conjug. 2 |
¬ **se décatir**
➾ Aux temps composés de la forme pronominale, le participe passé s'accorde en genre et en nombre avec le sujet : *elle s'est décatie en quelques mois.*
décatissage n. m.
décatisseur, euse adj. et n.
décauser v. tr. | conjug. 1 |
decauville /-vil/ n. m.
décavaillonnage n. m.
décavaillonner v. tr. | conjug. 1 |
décavaillonneuse n. f.
décavé, ée adj. et n.
décaver v. tr. | conjug. 1 | (gagner la cave d'un joueur, ruiner)

¬ **se décaver**

➾ Aux temps composés de la forme pronominale, le participe passé s'accorde en genre et en nombre avec le sujet : *ils se sont rapidement décavés*.

decca n. m.

HOM. **déca**

décéder v. intr. | conjug. 6 |

CONJUG. Ce verbe s'emploie toujours avec l'auxiliaire *être* : *il est décédé subitement*.

déceindre v. tr. | conjug. 52 |

décelable adj.

décèlement n. m.

HOM. **descellement**

déceler v. tr. | conjug. 5 |

⚡ Ne pas confondre **déceler**, qui signifie « mettre en évidence », avec **desceller**, qui signifie « défaire (ce qui est scellé) ».

décélération n. f.

décélérer v. intr. | conjug. 6 |

décéléromètre n. m.

décembre n. m.

➾ Comme tous les noms de mois, ce mot s'écrit sans majuscule : *le 20 décembre*.

décembriste n. m.

décemment /desamɑ̃/ adv.

décemvir /-sɛm-/ n. m.

décemviral, ale, aux /-sɛm-/ adj.

décemvirat /-sɛmviʀa/ n. m.

décence n. f.

décennaire adj. et n. m.

décennal, ale, aux adj.

décennie n. f.

décent, ente adj.

HOM. (du masc.) formes du v. **descendre** ; (du fém.) **descente**

décentrage n. m.

décentralisable adj.

décentralisateur, trice adj. et n.

décentralisation n. f.

décentraliser v. tr. | conjug. 1 |

¬ **se décentraliser**

➾ Aux temps composés de la forme pronominale, le participe passé s'accorde en genre et en nombre avec le sujet : *la justice s'est décentralisée*.

décentration n. f.

décentrement n. m.

décentrer v. tr. | conjug. 1 |

décepteur, trice adj. et n.

déceptif, ive adj.

déception n. f.

décercler v. tr. | conjug. 1 |

décérébration n. f.

décérébrer v. tr. | conjug. 6 |

décernement n. m.

décerner v. tr. | conjug. 1 |

décervelage n. m.

décerveler v. tr. | conjug. 4 |

décerveleur, euse n.

décès n. m.

décesser v. intr. | conjug. 1 |

décevant, ante adj.

décevoir v. tr. | conjug. 28 |

déchaîné, ée ou **déchainé, ée**○ adj.

déchaînement ou **déchainement**○ n. m.

déchaîner ou **déchainer**○ v. tr. | conjug. 1 |

¬ **se déchaîner**

➾ Aux temps composés de la forme pronominale, le participe passé s'accorde en genre et en nombre avec le sujet : *la tempête s'était déchaînée*.

déchaler v. intr. | conjug. 1 |

déchant n. m.

déchanter v. intr. | conjug. 1 |

déchaperonner v. tr. | conjug. 1 |

déchardonnage n. m.

décharge n. f.

déchargement n. m.

déchargeoir n. m.

décharger v. tr. | conjug. 3 |

¬ **se décharger**

➾ Aux temps composés de la forme pronominale, le participe passé s'accorde en genre et en nombre avec le sujet : *elle s'est déchargée de son travail sur ses collaborateurs*.

déchargeur n. m.

décharné, ée adj.

décharnement n. m.

décharner v. tr. | conjug. 1 | (se décharner)

➾ Aux temps composés de la forme pronominale, le participe passé s'accorde en genre et en nombre avec le sujet : *sa figure s'est décharnée*.

déchauler v. tr. | conjug. 1 |

déchaumage n. m.

déchaumer v. tr. | conjug. 1 |

déchaumeur, euse adj. et n.

déchaussage n. m.

déchaussé, ée adj.

déchaussement n. m.

déchausser v. tr. | conjug. 1 |

¬ **se déchausser**

➾ Aux temps composés de la forme pronominale, le participe passé s'accorde en genre et en nombre avec le sujet : *elles se sont déchaussées avant d'entrer*.

déchausseuse n. f.

déchaussoir n. m.

déchaussure n. f.

déchaux adj. m.

dèche n. f.

déchéance n. f.

déchet n. m.

Déchetterie® ou **déchèterie○** n. f.
➾ Comme tous les noms déposés, ce mot doit s'écrire avec une majuscule : *les Déchetteries de la région*. Toutefois, on le trouve presque toujours employé comme nom générique sans respect de la règle : *les déchetteries de la région*.
déchettiste n. m.
décheviller v. tr. | conjug. 1 |
déchiffonner v. tr. | conjug. 1 |
déchiffrable adj.
déchiffrage n. m.
déchiffrement n. m.
déchiffrer v. tr. | conjug. 1 |
déchiffreur, euse n.
déchiquetage n. m.
déchiqueté, ée adj.
déchiquètement n. m.
déchiqueter v. tr. | conjug. 4 |
¬ **se déchiqueter**
➾ Aux temps composés de la forme pronominale, le participe passé s'accorde en genre et en nombre avec le sujet : *l'étoffe s'est déchiquetée dans le tambour de la machine à laver.*
déchiqueteur n. m.
déchiqueteuse n. f.
déchiqueture n. f.
déchirage n. m.
déchirant, ante adj.
déchiré, ée adj.
déchirement n. m.
déchirer v. tr. | conjug. 1 |
¬ **se déchirer**
➾ Aux temps composés de la forme pronominale, le participe passé s'accorde en genre et en nombre avec le sujet : *ma chemise s'est déchirée.*
déchireur, euse n.
déchirure n. f.
déchlorurant, ante adj. et n.
déchloruration n. f.
déchlorurer /-k-/ v. tr. | conjug. 1 |
déchoir v. intr. et v. tr. | conjug. 25 |
CONJUG. *Déchoir* est un verbe défectif qui ne s'emploie ni à l'imparfait de l'indicatif, ni à l'impératif, ni au participe présent.
déchoquage n. m.
déchristianisation /-k-/ n. f.
déchristianiser /-k-/ v. tr. | conjug. 1 |
¬ **se déchristianiser**
➾ Aux temps composés de la forme pronominale, le participe passé s'accorde en genre et en nombre avec le sujet : *la région s'est déchristianisée.*
déchronologie /-k-/ n. f.
déchu, ue adj.
déci n. m.
déciare n. m.
décibel n. m.
décibélique adj.
décidabilité n. f.
décidable adj.
décidé, ée adj.
de-ci de-là loc. adv.
décidément adv.
décider v. tr. | conjug. 1 |
¬ **se décider**
➾ Aux temps composés de la forme pronominale, le participe passé s'accorde en genre et en nombre avec le sujet : *elle s'est décidée à parler.*
décideur, euse n.
décidu, ue adj.
décidual, ale, aux adj. et n. f.
décigrade n. m.
décigramme n. m.
décilage n. m.
décile n. m.
décilitre n. m.
déciller /desije/ v. tr. | conjug. 1 |
→ **dessiller**
décimal, ale, aux adj. et n. f.
décimalisation n. f.
décimaliser v. tr. | conjug. 1 |
décimalité n. f.
décimateur n. m.
décimation n. f.
¹**décime** n. f. (taxe)
²**décime** n. m. (dixième)
décimer v. tr. | conjug. 1 |
décimètre n. m.
décimétrique adj.
décimo ou **decimo** /desimo/ adv.
décintrage n. m.
décintrement n. m.
décintrer v. tr. | conjug. 1 |
décisif, ive adj.
décision n. f.
décisionnaire n. et adj.
décisionnel, elle adj.
décisivement adv.
décisoire adj.
décistère n. m.
décisthène n. m.
décitex /desitɛks/ n. m.
déciviliser v. tr. | conjug. 1 |
¬ **se déciviliser**
➾ Aux temps composés de la forme pronominale, le participe passé s'accorde en genre et en nombre avec le sujet : *ces peuples se sont décivilisés.*
décize n. f.
deck n. m.
déclamateur, trice n.
déclamation n. f.

déclamatoire adj.
déclamer v. tr. et v. intr. | conjug. 1 |
déclarable adj.
déclarant, ante n.
déclaratif, ive adj.
déclaration n. f.
➾ Ce mot s'écrit avec une majuscule dans la **Déclaration des droits de l'homme et du citoyen.**
déclaratoire adj.
déclaré, ée adj.
déclarer v. tr. | conjug. 1 |
¬ **se déclarer**
➾ Aux temps composés de la forme pronominale, le participe passé s'accorde en genre et en nombre avec le sujet : *la maladie s'est déclarée très vite.*
déclassé, ée adj. et n.
déclassement n. m.
déclasser v. tr. | conjug. 1 |
¬ **se déclasser**
➾ Aux temps composés de la forme pronominale, le participe passé s'accorde en genre et en nombre avec le sujet : *elle s'est déclassée.*
déclassification n. f.
déclassifier v. tr. | conjug. 7 |
déclaveter v. tr. | conjug. 4 |
déclenchant, ante adj.
déclenche n. f.
déclenchement n. m.
déclencher v. tr. | conjug. 1 |
¬ **se déclencher**
➾ Aux temps composés de la forme pronominale, le participe passé s'accorde en genre et en nombre avec le sujet : *l'alarme s'est déclenchée par erreur.*
déclencheur n. m.
décléricalisation n. f.
décléricaliser v. tr. | conjug. 1 |
déclic n. m.
déclimater v. tr. | conjug. 1 |
déclin n. m.
déclinable adj.
déclinaison n. f.
déclinant, ante adj.
déclinateur n. m.
déclination n. f.
déclinatoire adj. et n. m.
déclinement n. m.
décliner v. tr. et v. intr. | conjug. 1 |
décliquer v. tr. | conjug. 1 |
décliquetage n. m.
décliqueter v. tr. | conjug. 4 |
¬ **se décliqueter**
➾ Aux temps composés de la forme pronominale, le participe passé s'accorde en genre et en nombre avec le sujet : *les engrenages se sont décliquetés.*
déclive adj.
déclivité n. f.
déclochardisation n. f.
décloisonnement n. m.
décloisonner v. tr. | conjug. 1 |
décloîtrer ou **décloitrer** ○ v. tr. | conjug. 1 |
¬ **se décloîtrer**
➾ Aux temps composés de la forme pronominale, le participe passé s'accorde en genre et en nombre avec le sujet : *la religieuse s'est décloîtrée.*
déclore v. tr. | conjug. 45 |
déclouage ou **déclouement** n. m.
déclouer v. tr. | conjug. 1 |
déco n. f.
□ abrév. de **décoration**
décochage n. m.
décochement n. m.
décocher v. tr. | conjug. 1 |
décocheur, euse n.
décocté n. m.
décoction n. f.
décodage n. m.
décoder v. tr. | conjug. 1 |
décodeur n. m.
décoffrage n. m.
décoffrer v. tr. | conjug. 1 |
décohérence n. f.
décohésion n. f.
décoiffage n. m.
décoiffant, ante adj.
décoiffement n. m.
décoiffer v. tr. | conjug. 1 |
¬ **se décoiffer**
➾ Aux temps composés de la forme pronominale, le participe passé s'accorde en genre et en nombre avec le sujet : *ils se sont décoiffés avant d'entrer dans l'église.*
décoinçage ou **décoincement** n. m.
décoincer v. tr. | conjug. 3 |
¬ **se décoincer**
➾ Aux temps composés de la forme pronominale, le participe passé s'accorde en genre et en nombre avec le sujet : *la porte s'est décoincée.*
décolérer v. intr. | conjug. 6 |
Ξ Ce verbe s'utilise surtout dans des tournures négatives : *il n'a pas décoléré de la journée.*
décollable adj.
décollage n. m.
décollation n. f.
décollecte n. f.
décollement n. m.

décoller v. tr. et v. intr. | conjug. 1 |
¬ **se décoller**
➾ Aux temps composés de la forme pronominale, le participe passé s'accorde en genre et en nombre avec le sujet : *l'affiche s'est décollée.*
décolletage n. m.
décolleté, ée adj. et n. m.
décolleter v. tr. | conjug. 4 |
¬ **se décolleter**
➾ Aux temps composés de la forme pronominale, le participe passé s'accorde en genre et en nombre avec le sujet : *elle s'est décolletée pour l'occasion.*
décolleteur, euse n.
décolleur n. m.
décolleuse n. f.
décolloir n. m.
décolonisable adj.
décolonisateur, trice adj. et n.
décolonisation n. f.
décoloniser v. tr. | conjug. 1 |
décolorant, ante adj. et n. m.
décoloration n. f.
décolorer v. tr. | conjug. 1 |
¬ **se décolorer**
➾ Aux temps composés de la forme pronominale, le participe passé s'accorde en genre et en nombre avec le sujet : *la tapisserie s'est décolorée.* Mais le participe passé ne s'accorde pas quand il est suivi d'un complément d'objet direct : *elle s'est décoloré les cheveux.* Il ne s'accorde avec le complément d'objet direct que lorsque celui-ci est placé avant le verbe : *elle se les est décolorés.*
décombinaison n. f.
décombrement n. m.
décombres n. m. pl.
☯ Ce mot est masculin : *de vieux décombres.*
décommande n. f.
décommander v. tr. | conjug. 1 |
¬ **se décommander**
➾ Aux temps composés de la forme pronominale, le participe passé s'accorde en genre et en nombre avec le sujet : *ils se sont décommandés à la dernière minute.*
décommettre v. tr. | conjug. 56 |
de commodo et incommodo /dekɔmɔdo ɛt inkɔmɔdo/ loc. adj.
décommunisation n. f.
décommuniser v. tr. | conjug. 1 |
¬ **se décommuniser**
➾ Aux temps composés de la forme pronominale, le participe passé s'accorde en genre et en nombre avec le sujet : *les pays de l'Est se sont décommunisés.*
décompactage n. m.
décompacter v. tr. | conjug. 1 |
décompensation n. f.
décompensé, ée adj.
décompenser v. intr. | conjug. 1 |
décompilation n. f.
décompiler v. tr. | conjug. 1 |
décompléter v. tr. | conjug. 1 |
décomplexer v. tr. | conjug. 1 |
décomposable adj.
décomposer v. tr. | conjug. 1 |
¬ **se décomposer**
➾ Aux temps composés de la forme pronominale, le participe passé s'accorde en genre et en nombre avec le sujet : *les cadavres se sont rapidement décomposés.*
décomposeur n. m.
décomposition n. f.
décompresser v. tr. et v. intr. | conjug. 1 |
décompresseur n. m.
décompression n. f.
décomprimer v. tr. | conjug. 1 |
décompte n. m.
décompter v. tr. et v. intr. | conjug. 1 |
déconcentration n. f.
déconcentrer v. tr. | conjug. 1 |
¬ **se déconcentrer**
➾ Aux temps composés de la forme pronominale, le participe passé s'accorde en genre et en nombre avec le sujet : *elle s'est déconcentrée.*
déconcertant, ante adj.
déconcertement n. m.
déconcerter v. tr. | conjug. 1 |
déconditionnement n. m.
déconditionner v. tr. | conjug. 1 |
déconfès, esse /dekɔ̃fɛ, ɛs/ adj. et n.
déconfire v. tr. | conjug. 37 |
déconfit, ite adj.
déconfiture n. f.
déconfort n. m.
décongélation n. f.
décongeler v. tr. | conjug. 5 |
décongestif, ive adj. et n. m.
décongestion n. f.
décongestionnant, ante adj.
décongestionnement n. m.
décongestionner v. tr. | conjug. 1 |
déconnade n. f.
déconnage n. m.
déconnant, ante adj.
déconnecter v. tr. | conjug. 1 |
¬ **se déconnecter**
➾ Aux temps composés de la forme pronominale, le participe passé s'accorde en genre et en nombre avec le sujet : *elle s'est déconnectée après avoir fini son travail.*
déconner v. intr. | conjug. 1 |
déconneur, euse n.

déconnexion n. f.
➾ Ne pas écrire **déconnection*.
déconophone n. m.
déconseiller v. tr. | conjug. 1 |
déconsidération n. f.
déconsidérer v. tr. | conjug. 6 |
¬ **se déconsidérer**
➾ Aux temps composés de la forme pronominale, le participe passé s'accorde en genre et en nombre avec le sujet : *elle s'est déconsidérée par sa mauvaise conduite.*
déconsigner v. tr. | conjug. 1 |
déconsolider v. tr. | conjug. 1 |
déconstitutionnaliser v. tr. | conjug. 1 |
déconstruction n. f.
déconstructivisme n. m.
➾ Comme tous les noms de courants artistiques, ce mot s'écrit sans majuscule : *le déconstructivisme et le postmodernisme.*
déconstructiviste n. et adj.
➾ Comme tous les mots désignant ou qualifiant un courant artistique ou ses représentants, ce mot s'écrit sans majuscule : *l'architecture déconstructiviste ; les déconstructivistes.*
déconstruire v. tr. | conjug. 38 |
décontaminateur, trice n.
décontamination n. f.
décontaminer v. tr. | conjug. 1 |
décontenancement n. m.
décontenancer v. tr. | conjug. 3 |
¬ **se décontenancer**
➾ Aux temps composés de la forme pronominale, le participe passé s'accorde en genre et en nombre avec le sujet : *elle s'est décontenancée face aux regards accusateurs.*
décontractant, ante adj. et n. m.
décontract(e) adj.
◻ abrév. de **décontracté**
HOM. formes du v. **décontracter**
décontracté, ée adj.
décontracter v. tr. | conjug. 1 |
¬ **se décontracter**
➾ Aux temps composés de la forme pronominale, le participe passé s'accorde en genre et en nombre avec le sujet : *l'ambiance s'est rapidement décontractée.*
décontraction n. f.
déconventionnement n. m.
déconventionner v. tr. | conjug. 1 |
¬ **se déconventionner**
➾ Aux temps composés de la forme pronominale, le participe passé s'accorde en genre et en nombre avec le sujet : *la clinique s'est déconventionnée.*
déconvenue n. f.
décoordination n. f.
décoqueuse n. f.
décoquiller v. tr. | conjug. 1 |
décor n. m.
HOM. formes du v. **décorer**
décorable adj.
décorateur, trice n.
décoratif, ive adj.
décoration n. f.
décorativement adv.
décorder v. tr. | conjug. 1 |
¬ **se décorder**
➾ Aux temps composés de la forme pronominale, le participe passé s'accorde en genre et en nombre avec le sujet : *les alpinistes se sont décordés.*
décorer v. tr. | conjug. 1 |
décorner v. tr. | conjug. 1 |
décorrélation n. f.
décorréler v. tr. | conjug. 6 |
décorticage n. m.
➾ Ce mot s'écrit avec un *c*, contrairement à *décortiquer.*
décortication n. f.
➾ Ce mot s'écrit avec un *c*, contrairement à *décortiquer.*
décortiquer v. tr. | conjug. 1 |
décortiqueur, euse n.
décorum /-ʀɔm/ n. m.
décote n. f.
décoté, ée adj.
décoter v. tr. | conjug. 1 |
découchage n. m.
découcher v. intr. | conjug. 1 |
découdre v. tr. | conjug. 48 |
➾ Au présent de l'indicatif, à la forme interrogative avec sujet inversé, on écrit *découd-on, découd-il, découd-elle* et non *découd-t-on, découd-t-il, découd-t-elle.* Le *d* final se prononce /t/ ; il est donc inutile et fautif d'ajouter un *t.*
¬ **se découdre**
➾ Aux temps composés de la forme pronominale, le participe passé s'accorde en genre et en nombre avec le sujet : *la doublure de mon manteau s'est décousue.*
découenné, ée /dekwane/ adj.
découlement n. m.
découler v. intr. | conjug. 1 |
découpage n. m.
découpe n. f.
découpé, ée adj.
découper v. tr. | conjug. 1 |
découpeur, euse n.
découplage n. m.
découple n. m.
découplé, ée adj.
découpler v. tr. | conjug. 1 |
découpoir n. m.

découpure n. f.
décourageant, ante adj.
découragement n. m.
décourager v. tr. | conjug. 3 |
¬ **se décourager**
➾ Aux temps composés de la forme pronominale, le participe passé s'accorde en genre et en nombre avec le sujet : *elle ne s'est pas découragée face à l'ampleur du travail*.
décourageur, euse n. et adj.
découronnement n. m.
découronner v. tr. | conjug. 1 |
décours n. m.
décousu, ue adj.
décousure n. f.
découvert, erte adj. et n. m.
découvert (à) loc. adv.
découverte n. f.
découverture n. f.
découvrable adj.
découvreur, euse n.
découvrir v. tr. | conjug. 18 |
¬ **se découvrir**
➾ Aux temps composés de la forme pronominale, le participe passé s'accorde en genre et en nombre avec le sujet : *elle s'est découverte pour avoir moins chaud*. Mais le participe passé ne s'accorde pas quand il est suivi d'un complément d'objet direct : *ils se sont découvert de nombreux points communs*. Il ne s'accorde avec le complément d'objet direct que lorsque celui-ci est placé avant le verbe : *les points communs qu'ils se sont découverts*.
décramponner v. tr. | conjug. 1 |
décrassage n. m.
décrassement n. m.
décrasser v. tr. | conjug. 1 |
¬ **se décrasser**
➾ Aux temps composés de la forme pronominale, le participe passé s'accorde en genre et en nombre avec le sujet : *ils se sont décrassés*. Mais le participe passé ne s'accorde pas quand il est suivi d'un complément d'objet direct : *elle s'est décrassé les ongles*. Il ne s'accorde avec le complément d'objet direct que lorsque celui-ci est placé avant le verbe : *elle se les est décrassés*.
décrassoir n. m.
décrédibilisation n. f.
décrédibiliser v. tr. | conjug. 1 |
¬ **se décrédibiliser**
➾ Aux temps composés de la forme pronominale, le participe passé s'accorde en genre et en nombre avec le sujet : *elle s'est décrédibilisée à force de mentir*.
décréditement n. m.
décréditer v. tr. | conjug. 1 |
décrément n. m.
décrêpage n. m.
décrêpeler v. tr. | conjug. 5 |
décrêper v. tr. | conjug. 1 |
décrépir v. tr. | conjug. 2 |
⚡Ne pas confondre **décrépi**, participe passé de *décrépir* qui signifie « dégarnir du crépi », avec l'adjectif **décrépit**, qui signifie « dégradé par le temps ».
décrépissage n. m.
décrépit, ite /dekʀepi, it/ adj.
⚡Ne pas confondre l'adjectif **décrépit** qui signifie « dégradé par le temps », avec **décrépi**, participe passé de *décrépir* qui signifie « dégarnir du crépi ».
HOM. **décrépi** (p. p. de *décrépir*)
décrépitation n. f.
décrépitude n. f.
[1]**décrescendo** ou **decrescendo** /dekʀeʃɛndo/ n. m.
➾ Le pluriel de ce mot est régulier : *des décrescendos* ou *decrescendos*.
[2]**décrescendo** ou **decrescendo** /dekʀeʃɛndo/ adv.
décret n. m.
décrétale n. f.
décréter v. tr. | conjug. 6 |
décret-loi n. m. ▪ plur. **décrets-lois**
décreusage n. m.
décreusement n. m.
décreuser ou **décruer** ou **décruser** v. tr. | conjug. 1 |
décri n. m.
HOM. formes des v. **décrier, décrire**
décrier v. tr. | conjug. 7 |
HOM. formes du v. **décrire**
décriminalisation n. f.
décriminaliser v. tr. | conjug. 1 |
décrire v. tr. | conjug. 39 |
HOM. formes du v. **décrier**
décrispation n. f.
décrisper v. tr. | conjug. 1 |
¬ **se décrisper**
➾ Aux temps composés de la forme pronominale, le participe passé s'accorde en genre et en nombre avec le sujet : *l'atmosphère s'est rapidement décrispée*.
décristallisation n. f.
décrochage n. m.
décrochement n. m.
décrocher v. tr. et v. intr. | conjug. 1 |
¬ **se décrocher**
➾ Aux temps composés de la forme pronominale, le participe passé s'accorde en genre et en nombre avec le sujet : *la toile s'est décrochée du mur*.
décrocheur, euse adj. et n.
décrochez-moi-ça n. m. inv.
décroisement n. m.

décroiser v. tr. | conjug. 1 |
décroissance n. f.
décroissant, ante adj.
décroissement n. m.
décroît ou **décroit**○ n. m.
HOM. formes du v. **décroître**
décroître ou **décroitre**○ v. intr. | conjug. 55 |
➾ Les Rectifications de l'orthographe de 1990 préconisent la suppression de l'accent circonflexe sur le *i* devant le *t* : *il décroit, il décroitra, il décroitrait*.
décrottage n. m.
décrotter v. tr. | conjug. 1 |
décrotteur n. m.
décrottoir n. m.
décroûter ou **décrouter**○ v. tr. | conjug. 1 |
décruage n. m.
décrue n. f.
décruer v. tr. | conjug. 1 |
→ **décreuser**
décrûment ou **décrument**○ n. m.
décrusage n. m.
décruser v. tr. | conjug. 1 |
→ **décreuser**
décrutement n. m.
décruteur adj. m.
décryptage n. m.
décryptement n. m.
décrypter v. tr. | conjug. 1 |
décrypteur, euse n.
dectique n. m.
déçu, ue adj.
décubitus /dekybitys/ n. m.
décuirasser v. tr. | conjug. 1 |
décuire v. tr. | conjug. 38 |
décuiter v. intr. | conjug. 1 |
décuivrage n. m.
décuivrer v. tr. | conjug. 1 |
de cujus /dekyʒys ; dekujus/ n. m. inv.
déculasser v. tr. | conjug. 1 |
déculottage n. m.
déculottée n. f.
déculotter v. tr. | conjug. 1 |
¬ **se déculotter**
➾ Aux temps composés de la forme pronominale, le participe passé s'accorde en genre et en nombre avec le sujet : *ils se sont déculottés devant leur supérieur*.
déculpabilisant, ante adj.
déculpabilisation n. f.
déculpabiliser v. tr. | conjug. 1 |
déculturation n. f.
déculturé, ée adj.
décuple adj. et n. m.
décuplement n. m.
décupler v. tr. et v. intr. | conjug. 1 |
décurie n. f.
décurion n. m.
décurrence n. f.
décurrent, ente adj.
décussation n. f.
décussé, ée adj.
décuvage n. m.
décuvaison n. f.
décuver v. tr. | conjug. 1 |
dédaignable adj.
dédaigner v. tr. et v. tr. ind. | conjug. 1 |
⌘ Avec un verbe à l'infinitif, *dédaigner* est toujours suivi de la préposition *de*, contrairement à *daigner* : *il dédaigne de répondre*.
dédaigneusement adv.
dédaigneux, euse adj.
dédain n. m.
dédale n. m.
dédaléen, enne adj.
dedans prép., adv. et n. m.
Ξ L'emploi de *dedans* comme préposition (*dedans la maison*) est vieilli.
➾ La locution **en dedans** s'écrit sans trait d'union.
dédicace n. f.
dédicacer v. tr. | conjug. 3 |
dédicataire n.
dédicatoire adj.
dédié, iée adj.
dédier v. tr. | conjug. 7 |
dédifférenciation n. f.
dédifférencier (se) v. pron. | conjug. 7 |
➾ Aux temps composés de la forme pronominale, le participe passé s'accorde en genre et en nombre avec le sujet : *les cellules se sont dédifférenciées*.
dédire v. tr. | conjug. 37, sauf *dédisez* |
CONJUG. Ce verbe se conjugue comme *dire*, sauf au présent de l'indicatif et de l'impératif à la deuxième personne du pluriel : *(vous) dédisez* et non pas **(vous) dédites*.
¬ **se dédire**
➾ Aux temps composés de la forme pronominale, le participe passé s'accorde en genre et en nombre avec le sujet : *elle s'est dédite de ses engagements*.
dédit /dedi/ n. m.
HOM. formes du v. **dédire**
dédite n. f.
HOM. formes du v. **dédire**
dédivinisation n. f.
dédiviniser v. tr. | conjug. 1 |
dédommagement n. m.
dédommager v. tr. | conjug. 3 |
¬ **se dédommager**
➾ Aux temps composés de la forme pronominale, le participe passé s'accorde en genre et en nombre avec le sujet : *ils se sont dédommagés de leurs pertes*.

dédorage n. m.
dédoré, ée adj.
dédorer v. tr. | conjug. 1 |
dédorure n. f.
dédouanage n. m.
dédouanement n. m.
dédouaner v. tr. | conjug. 1 |
¬ se dédouaner
➾ Aux temps composés de la forme pronominale, le participe passé s'accorde en genre et en nombre avec le sujet : *elle s'est dédouanée des accusations portées contre elle.*
dédoublage n. m.
dédoublement n. m.
dédoubler v. tr. | conjug. 1 |
¬ se dédoubler
➾ Aux temps composés de la forme pronominale, le participe passé s'accorde en genre et en nombre avec le sujet : *ses ongles se sont dédoublés.*
dédoublonner v. tr. | conjug. 1 |
dédramatisation n. f.
dédramatiser v. tr. | conjug. 1 |
déductibilité n. f.
déductible adj.
déductif, ive adj.
déduction n. f.
déductivement adv.
déduire v. tr. | conjug. 38 |
déduit n. m.
deejay n.
→ DJ
déesse n. f.
défaçonner v. tr. | conjug. 1 |
de facto /defakto/ loc. adv.
défaillance n. f.
défaillant, ante adj.
défaillir v. intr. | conjug. 13 |
défaire v. tr. | conjug. 60 |
¬ se défaire
➾ Aux temps composés de la forme pronominale, le participe passé s'accorde en genre et en nombre avec le sujet : *elle ne s'est pas défaite de cette obsession.*
HOM. formes des v. **déférer**, **déferrer**
défaisance n. f.
défaisé n. m.
défaiseur n. m.
défait, aite adj.
défaite n. f.
défaitisme n. m.
défaitiste adj. et n.
défalcation n. f.
➾ Ce mot s'écrit avec un *c*, contrairement à *défalquer*.
défalquer v. tr. | conjug. 1 |
défanage n. m.
défanant n. m.
défarder v. tr. | conjug. 1 |
¬ se défarder
➾ Aux temps composés de la forme pronominale, le participe passé s'accorde en genre et en nombre avec le sujet : *la comédienne s'est défardée après le spectacle.*
défatigant, ante adj.
➾ Ne pas écrire cet adjectif comme *défatiguant*, participe présent du verbe *défatiguer*.
défatiguer v. tr. | conjug. 1 |
défaufiler v. tr. | conjug. 1 |
défausse n. f.
défausser v. tr. | conjug. 1 | (Techn. : redresser)
défausser (se) v. pron. | conjug. 1 | (se débarrasser d'une carte)
➾ Aux temps composés de la forme pronominale, le participe passé s'accorde en genre et en nombre avec le sujet : *elle s'est défaussée de la dame de pique.*
défaut n. m.
défaveur n. f.
défavorable adj.
défavorablement adv.
défavorisé, ée adj. et n.
défavoriser v. tr. | conjug. 1 |
défécateur adj. et n. m.
défécation n. f.
➾ Ce mot s'écrit avec un *c*, contrairement à *déféquer*.
défectif, ive adj.
défection /-sjɔ̃/ n. f.
défectionnaire /-sjɔn/ n. et adj.
défectueusement adv.
défectueux, euse adj.
défectuosité n. f.
déféminisation n. f.
déféminiser v. tr. | conjug. 1 |
¬ se déféminiser
➾ Aux temps composés de la forme pronominale, le participe passé s'accorde en genre et en nombre avec le sujet : *cette profession s'est déféminisée.*
défendable adj.
défendeur, deresse n.
⚡ Ne pas confondre **défendeur**, qui signifie « personne contre laquelle est intentée une action », avec **défenseur**, qui signifie « personne qui défend qqn, qui soutient une cause ».
défendre v. tr. | conjug. 41 |
➾ Au présent de l'indicatif, à la forme interrogative avec sujet inversé, on écrit *défend-on, défend-il, défend-elle* et non **défend-t-on, *défend-t-il, *défend-t-elle*. Le *d* final se prononce /t/ ; il est donc inutile et fautif d'ajouter un *t*.

¬ **se défendre**

➾ Aux temps composés de la forme pronominale, le participe passé s'accorde en genre et en nombre avec le sujet : *elle s'est défendue contre les accusations*.

défends n. m.

→ **défens**

défendu, ue adj.

défenestration n. f.

défenestrer v. tr. | conjug. 1 |

¬ **se défenestrer**

➾ Aux temps composés de la forme pronominale, le participe passé s'accorde en genre et en nombre avec le sujet : *elle s'est défenestrée*.

défens ou **défends** n. m.

HOM. formes du v. **défendre**

défensable adj.

défense n. f.

➾ Ce mot s'écrit avec une majuscule dans **le ministère de la Défense**.

défenseur, euse n.

ϟ Ne pas confondre **défenseur**, qui signifie « personne qui défend qqn, qui soutient une cause », avec **défendeur**, qui signifie « personne contre laquelle est intentée une action ».

☯ La forme féminine *défenseuse* est recommandée par le *Guide d'aide à la féminisation des noms de métiers, titres, grades et fonctions* et l'Office québécois de la langue française. Toutefois, *défenseur* est encore souvent employé pour parler d'une femme : *elle fut la défenseur des droits de la femme*. On rencontre parfois la forme *défenseure*.

défensif, ive adj. et n. f.

défensivement adv.

déféquer v. tr. et v. intr. | conjug. 6 |

défèrement n. m.

déférence n. f.

déférent, ente adj.

➾ Ne pas écrire cet adjectif comme *déférant*, participe présent du verbe *déférer*.

déférer v. tr. | conjug. 6 |

HOM. **déferrer**

déferlage n. m.

déferlant, ante adj. et n. f.

déferlement n. m.

déferler v. tr. et v. intr. | conjug. 1 |

déferrage n. m.

déferrer v. tr. | conjug. 1 |

HOM. **déférer**

déferrure n. f.

défervescence n. f.

défervescent, ente adj.

défet n. m.

HOM. formes du v. **défaire**

défeuillage n. m.

défeuillaison n. f.

défeuiller v. tr. | conjug. 1 |

défeutrage n. m.

défeutrer v. tr. | conjug. 1 |

défeutreur n. m.

défi n. m.

HOM. formes des v. **défaire, défier**

défiance n. f.

défiant, iante adj.

défibrage n. m.

défibrer v. tr. | conjug. 1 |

défibreur, euse n.

défibrillateur /defibʀijatœʀ ; defibʀi(l)latœʀ/ n. m.

défibrillation /defibʀijasjɔ̃ ; defibʀi(l)lasjɔ̃/ n. f.

défibriller /defibʀije ; defibʀi(l)le/ v. tr. | conjug. 1 |

défibrination n. f.

défibriner v. tr. | conjug. 1 |

déficeler v. tr. | conjug. 4 |

déficience n. f.

déficient, iente adj.

déficit /defisit/ n. m.

déficitaire adj.

défier v. tr. | conjug. 7 |

¬ **se défier**

➾ Aux temps composés de la forme pronominale, le participe passé s'accorde en genre et en nombre avec le sujet : *elles se sont défiées de son apparente bonté*.

défiger v. tr. | conjug. 3 |

défiguration n. f.

défigurement n. m.

défigurer v. tr. | conjug. 1 |

défilade n. f.

défilage n. m.

défilé n. m.

défilement n. m.

défiler v. tr., v. intr. et v. pron | conjug. 1 |

Ξ **Défiler successivement** est un pléonasme à éviter.

¬ **se défiler**

➾ Aux temps composés de la forme pronominale, le participe passé s'accorde en genre et en nombre avec le sujet : *tous ses amis se sont défilés*.

défileuse n. f.

défilochage n. m.

défilocher v. tr. | conjug. 1 |

défini, ie adj. et n. m.

définir v. tr. | conjug. 2 |

définissable adj.

définissant n. m.

définisseur n. m.

définiteur n. m.

définitif, ive adj.

Ξ Ne pas employer ***en définitif** à la place

de **en définitive**, locution qui signfie « après tout ».
définition n. f.
définitionnel, elle adj.
définitivement adv.
définitoire adj.
défiscalisation n. f.
défiscaliser v. tr. | conjug. 1 |
déflagrant, ante adj.
déflagrateur n. m.
déflagration n. f.
déflagrer v. intr. | conjug. 1 |
déflaté, ée adj.
déflateur, trice adj.
déflation n. f.
déflationniste n. et adj.
défléchir v. tr. et v. intr. | conjug. 2 |
déflecteur n. m.
◻ rec. off. pour **spoiler**
déflegmateur n. m.
déflegmation n. f.
défleuraison n. f.
défleurir v. intr. et v. tr. | conjug. 2 |
défleurissant, ante adj.
déflexion n. f.
déflocage n. m.
➾ Ce mot s'écrit avec un *c*, contrairement à *défloquer*.
défloculation n. f.
défloquer v. tr. | conjug. 1 |
défloraison n. f.
⚡ Ne pas confondre **défloraison**, qui signifie « chute des fleurs », avec **défloration**, qui signifie « perte de la virginité ».
déflorateur, trice adj. et n.
défloration n. f.
⚡ Ne pas confondre **défloration**, qui signifie « perte de la virginité », avec **défloraison**, qui signifie « chute des fleurs ».
déflorer v. tr. | conjug. 1 |
déflorescence n. f.
défluent /deflyɑ̃/ n. m.
défluer v. intr. | conjug. 1 |
défluviation n. f.
défocalisation n. f.
défocaliser v. tr. | conjug. 1 |
défoliant, iante adj. et n. m.
défoliation n. f.
défolier v. tr. | conjug. 7 |
défonçage n. m.
défonce n. f.
défoncé, ée adj.
défoncement n. m.
défoncer v. tr. | conjug. 3 |
¬ **se défoncer**
➾ Aux temps composés de la forme pronominale, le participe passé s'accorde en genre et en nombre avec le sujet : *ils se sont défoncés à l'héroïne.*
défonceuse n. f.
◻ rec. off. pour **dragline** ou **rippeur**
déforcer v. tr. | conjug. 3 |
déforestage n. m.
déforestation n. f.
déforester v. tr. | conjug. 1 |
déformabilité n. f.
déformable adj.
déformant, ante adj.
déformateur, trice adj.
déformation n. f.
déformer v. tr. | conjug. 1 |
¬ **se déformer**
➾ Aux temps composés de la forme pronominale, le participe passé s'accorde en genre et en nombre avec le sujet : *l'étagère s'est déformée sous le poids des livres.*
défoulement n. m.
défouler v. tr. | conjug. 1 |
¬ **se défouler**
➾ Aux temps composés de la forme pronominale, le participe passé s'accorde en genre et en nombre avec le sujet : *ils se sont bien défoulés.*
défouloir n. m.
défourailler v. intr. | conjug. 1 |
défournage n. m.
défournement n. m.
défourner v. tr. | conjug. 1 |
défourneur, euse n.
défourrer v. tr. | conjug. 1 |
défragmentation n. f.
défragmenter v. tr. | conjug. 1 |
défrai n. m.
défraîchi, ie ou **défraichi, ie**° adj.
défraîchir ou **défraichir**° v. tr. | conjug. 2 |
¬ **se défraîchir**
➾ Aux temps composés de la forme pronominale, le participe passé s'accorde en genre et en nombre avec le sujet : *la tapisserie s'est défraîchie.*
défraiement n. m.
➾ Ne pas oublier le *e* muet.
défranchi, ie adj.
défranchir v. tr. | conjug. 2 |
défrayer v. tr. | conjug. 8 |
défrichage n. m.
défrichement n. m.
défricher v. tr. | conjug. 1 |
défricheur, euse n.
défrichis /-ʃi/ n. m.
défringuer v. tr. | conjug. 1 |
¬ **se défringuer**
➾ Aux temps composés de la forme pronominale, le participe passé s'accorde en genre

et en nombre avec le sujet : *elle s'est défringuée*.
défripement n. m.
défriper v. tr. | conjug. 1 |
défrisage n. m.
défrisement n. m.
défriser v. tr. | conjug. 1 |
défroissable adj.
défroisser v. tr. | conjug. 1 |
défroncer v. tr. | conjug. 3 |
défroque n. f.
défroqué, ée adj. et n. m.
défroquer v. tr. et v. intr. | conjug. 1 |
¬ **se défroquer**
➾ Aux temps composés de la forme pronominale, le participe passé s'accorde en genre et en nombre avec le sujet : *des moines se sont défroqués*.
défruitement n. m.
défruiter v. tr. | conjug. 1 |
défubler v. tr. | conjug. 1 |
défunt, unte adj. et n.
dégagé, ée adj.
dégagement n. m.
dégager v. tr. | conjug. 3 |
¬ **se dégager**
➾ Aux temps composés de la forme pronominale, le participe passé s'accorde en genre et en nombre avec le sujet : *les prisonniers se sont dégagés de leurs liens*.
dégaine n. f.
dégainer v. tr. | conjug. 1 |
dégalonner v. tr. | conjug. 1 |
déganter v. tr. | conjug. 1 |
¬ **se déganter**
➾ Aux temps composés de la forme pronominale, le participe passé s'accorde en genre et en nombre avec le sujet : *elle s'est dégantée pour lui serrer la main*.
dégarnir v. tr. | conjug. 2 |
¬ **se dégarnir**
➾ Aux temps composés de la forme pronominale, le participe passé s'accorde en genre et en nombre avec le sujet : *ses tempes ne se sont pas encore dégarnies*.
dégarnissage n. m.
dégarnissement n. m.
dégarouler v. intr. | conjug. 1 |
→ **débarouler**
dégasolinage n. m.
→ **dégazolinage**
dégasoliner v. tr. | conjug. 1 |
→ **dégazoliner**
dégât n. m.
dégauchir v. tr. | conjug. 2 |
dégauchissage n. m.
dégauchissement n. m.
dégauchisseuse n. f.
dégazage n. m.
dégazer v. tr. et v. intr. | conjug. 1 |
dégazolinage ou **dégasolinage** n. m.
dégazoliner ou **dégasoliner** v. tr. | conjug. 1 |
dégazonnage n. m.
dégazonnement n. m.
dégazonner v. tr. | conjug. 1 |
dégel n. m.
HOM. formes du v. **dégeler**
dégelée n. f.
dégèlement n. m.
dégeler v. tr. et v. intr. | conjug. 5 |
¬ **se dégeler**
➾ Aux temps composés de la forme pronominale, le participe passé s'accorde en genre et en nombre avec le sujet : *leurs relations se sont dégelées*.
dégêner v. tr. | conjug. 1 |
¬ **se dégêner**
➾ Aux temps composés de la forme pronominale, le participe passé s'accorde en genre et en nombre avec le sujet : *elle s'est vite dégênée*.
dégénératif, ive adj.
dégénération n. f.
dégénéré, ée adj. et n.
dégénérer v. intr. | conjug. 6 |
dégénérescence n. f.
dégénérescent, ente adj.
dégermage n. m.
dégermer v. tr. | conjug. 1 |
dégermeuse n. f.
dégingandé, ée /deʒɛ̃gɑ̃de/ adj.
dégîter ou **dégiter**○ v. tr. | conjug. 1 |
dégivrage n. m.
dégivrer v. tr. | conjug. 1 |
dégivreur n. m.
déglaçage n. m.
déglacement n. m.
déglacer v. tr. | conjug. 3 |
déglaciation n. f.
déglinguage n. m.
déglingue n. f.
déglinguer v. tr. | conjug. 1 |
¬ **se déglinguer**
➾ Aux temps composés de la forme pronominale, le participe passé s'accorde en genre et en nombre avec le sujet : *ma montre s'est complètement déglinguée*.
dégluement n. m.
dégluer v. tr. | conjug. 1 |
déglutination n. f.
déglutir v. tr. | conjug. 2 |
déglutition n. f.
dégober v. tr. | conjug. 1 |
dégobillage n. m.

dégobiller v. tr. | conjug. 1 |
dégobillis /-iji/ n. m.
dégoisade n. f.
dégoisement n. m.
dégoiser v. tr. et v. intr. | conjug. 1 |
dégommage n. m.
dégommer v. tr. | conjug. 1 |
dégonder v. tr. | conjug. 1 |
dégonflage n. m.
dégonflard, arde n.
dégonfle n. f.
dégonflé, ée adj. et n.
dégonflement n. m.
dégonfler v. tr. et v. intr. | conjug. 1 |
¬ **se dégonfler**
➾ Aux temps composés de la forme pronominale, le participe passé s'accorde en genre et en nombre avec le sujet : *au moment d'agir, elle s'est dégonflée.*
dégorgeage n. m.
dégorgement n. m.
dégorgeoir n. m.
dégorger v. tr. et v. intr. | conjug. 3 |
¬ **se dégorger**
➾ Aux temps composés de la forme pronominale, le participe passé s'accorde en genre et en nombre avec le sujet : *la rivière s'est dégorgée dans le fleuve.*
dégorgeur, euse n.
dégoter ou **dégotter** v. tr. et v. intr. | conjug. 1 |
dégoudronner v. tr. | conjug. 1 |
dégoulinade n. f.
dégoulinage n. m.
→ **dégoulinement**
dégoulinant, ante adj.
dégoulinement ou **dégoulinage** n. m.
dégouliner v. intr. | conjug. 1 |
dégoupiller v. tr. | conjug. 1 |
dégourdi, ie adj. et n.
dégourdir v. tr. | conjug. 2 |
¬ **se dégourdir**
➾ Aux temps composés de la forme pronominale, le participe passé s'accorde en genre et en nombre avec le sujet : *ils se sont dégourdis.* Mais le participe passé ne s'accorde pas quand il est suivi d'un complément d'objet direct : *elle s'est dégourdi les jambes.*
dégourdissage n. m.
dégourdissement n. m.
dégoût ou **dégout**° n. m.
dégoûtamment ou **dégoutamment**° adv.
dégoûtant, ante ou **dégoutant, ante**° adj.
HOM. **dégouttant**
dégoûtation ou **dégoutation**° n. f.
dégoûté, ée ou **dégouté, ée**° adj.
dégoûter ou **dégouter**° v. tr. | conjug. 1 |
¬ **se dégoûter**
➾ Aux temps composés de la forme pronominale, le participe passé s'accorde en genre et en nombre avec le sujet : *elle s'est dégoûtée du café à force d'en boire.*
HOM. **dégoutter**
dégouttant, ante adj.
HOM. **dégoûtant**
dégoutter v. intr. | conjug. 1 |
HOM. **dégoûter**
dégradable adj.
dégradant, ante adj.
dégradateur n. m.
dégradation n. f.
dégradé n. m.
dégrader v. tr. | conjug. 1 |
¬ **se dégrader**
➾ Aux temps composés de la forme pronominale, le participe passé s'accorde en genre et en nombre avec le sujet : *sa santé s'est beaucoup dégradée.*
dégrafer v. tr. | conjug. 1 |
¬ **se dégrafer**
➾ Aux temps composés de la forme pronominale, le participe passé s'accorde en genre et en nombre avec le sujet : *sa robe s'est dégrafée.*
dégrafeur n. m.
dégraffitage n. m.
dégraissage n. m.
dégraissant, ante adj. et n. m.
dégraissement n. m.
dégraisser v. tr. | conjug. 1 |
dégraisseur, euse n.
dégraissoir n. m.
dégras /degʀɑ/ n. m.
dégraveler ou **dégraver** v. tr. | conjug. 4 |
dégravoiement n. m.
➾ Ne pas oublier le *e* muet.
dégravoyer v. tr. | conjug. 8 |
degré n. m.
dégréement n. m.
dégréer v. tr. | conjug. 1 |
dégressif, ive adj.
dégression n. f.
dégressivité n. f.
dégrèvement n. m.
dégrever v. tr. | conjug. 5 |
dégriffé, ée adj.
dégriffer v. tr. | conjug. 1 |
dégriffeur, euse n.
dégringolade n. f.
dégringolant, ante adj.
dégringolée n. f.
dégringoler v. intr. et v. tr. | conjug. 1 |
dégrippant n. m.

dégripper v. tr. | conjug. 1 |
dégrisement n. m.
dégriser v. tr. | conjug. 1 |
¬ **se dégriser**
➾ Aux temps composés de la forme pronominale, le participe passé s'accorde en genre et en nombre avec le sujet : *ils se sont vite dégrisés.*
dégrossage n. m.
dégrosser v. tr. | conjug. 1 |
dégrossir v. tr. | conjug. 2 |
¬ **se dégrossir**
➾ Aux temps composés de la forme pronominale, le participe passé s'accorde en genre et en nombre avec le sujet : *cette brute s'est un peu dégrossie.*
dégrossissage n. m.
dégrossissement n. m.
dégrouiller (se) v. pron. | conjug. 1 |
➾ Aux temps composés, le participe passé s'accorde en genre et en nombre avec le sujet : *ils se sont dégrouillés.*
dégroupage n. m.
dégroupement n. m.
dégrouper v. tr. | conjug. 1 |
dégroupeur n. m.
déguenillé, ée adj.
déguerpir v. tr. et v. intr. | conjug. 2 |
déguerpissement n. m.
dégueulando adv. et n. m.
dégueulasse adj.
dégueulasser v. tr. | conjug. 1 |
¬ **se dégueulasser**
➾ Aux temps composés de la forme pronominale, le participe passé s'accorde en genre et en nombre avec le sujet : *elle s'est dégueulassée en tombant dans la boue.* Mais le participe passé ne s'accorde pas quand il est suivi d'un complément d'objet direct : *elle s'est dégueulassé la robe.* Il ne s'accorde avec le complément d'objet direct que lorsque celui-ci est placé avant le verbe : *la robe qu'elle s'est dégueulassée.*
dégueulasserie n. f.
dégueulatoire adj.
dégueulement n. m.
dégueuler v. tr. et v. intr. | conjug. 1 |
dégueulis n. m.
déguisé, ée adj.
déguisement n. m.
déguiser v. tr. | conjug. 1 |
¬ **se déguiser**
➾ Aux temps composés de la forme pronominale, le participe passé s'accorde en genre et en nombre avec le sujet : *elle s'est déguisée en coccinelle.*
dégurgitation n. f.
dégurgiter v. tr. | conjug. 1 |
dégustateur, trice n.
dégustation n. f.
déguster v. tr. | conjug. 1 |
déhalage n. m.
déhaler v. tr. | conjug. 1 |
¬ **se déhaler**
➾ Aux temps composés de la forme pronominale, le participe passé s'accorde en genre et en nombre avec le sujet : *l'embarcation s'est déhalée.*
HOM. **déhâler**
déhâler v. tr. | conjug. 1 |
HOM. **déhaler**
déhanché, ée adj.
déhanchement n. m.
déhancher (se) v. pron. | conjug. 1 |
➾ Aux temps composés de la forme pronominale, le participe passé s'accorde en genre et en nombre avec le sujet : *elles se sont déhanchées sur la piste de danse.*
déharnacher v. tr. | conjug. 1 |
¬ **se déharnacher**
➾ Aux temps composés de la forme pronominale, le participe passé s'accorde en genre et en nombre avec le sujet : *elle s'est déharnachée de son gros sac à dos.*
déhiscence n. f.
déhiscent, ente adj.
déhonté, ée adj.
dehors prép., adv. et n. m.
□ rec. off. pour **out**
➾ Les locutions **en dehors** et **en dehors de** s'écrivent sans trait d'union.
déhotter v. intr. | conjug. 1 |
déhouillement n. m.
déhouiller v. tr. | conjug. 1 |
déhoussable adj.
déhydroépiandrostérone n. f.
[1]**déicide** adj. et n. (meurtrier)
[2]**déicide** n. m. (meurtre)
déicole adj.
déictique adj. et n. m.
déification n. f.
déifier v. tr. | conjug. 7 |
déisme n. m.
déiste n.
déité n. f.
deixis /deiksis/ n. f.
déjà adv.
déjanté, ée adj.
déjanter v. tr. et v. intr. | conjug. 1 |
déjaugeage n. m.
déjauger v. intr. | conjug. 3 |
déjaunir v. tr. et v. intr. | conjug. 2 |
déjà-vu n. m. inv.
déjection n. f.
déjeté, ée adj.

déjeter v. tr. | conjug. 4 |
¬ **se déjeter**
➾ Aux temps composés de la forme pronominale, le participe passé s'accorde en genre et en nombre avec le sujet : *sa colonne vertébrale s'est déjetée.*
déjettement n. m.
[1]**déjeuner** n. m.
[2]**déjeuner** v. intr. | conjug. 1 |
déjoindre v. tr. | conjug. 49 |
déjouer v. tr. | conjug. 1 |
déjucher v. intr. et v. tr. | conjug. 1 |
déjuger (se) v. pron. | conjug. 3 |
➾ Aux temps composés de la forme pronominale, le participe passé s'accorde en genre et en nombre avec le sujet : *elle s'est déjugée.*
de jure /deʒyʀe/ loc. adj. et adv.
DEL n. f.
▫ abrév. de **diode électroluminescente**
▫ rec. off. pour **LED**
delà prép. et adv.
HOM. **de-là** (de-ci, de-là), **de là**
→ **au-delà, par-delà**
délabialisation n. f.
délabialiser v. tr. | conjug. 1 |
¬ **se délabialiser**
➾ Aux temps composés de la forme pronominale, le participe passé s'accorde en genre et en nombre avec le sujet : *ces phonèmes se sont délabialisés.*
délabré, ée adj.
délabrement n. m.
délabrer v. tr. | conjug. 1 |
¬ **se délabrer**
➾ Aux temps composés de la forme pronominale, le participe passé s'accorde en genre et en nombre avec le sujet : *la maison s'est délabrée en leur absence.*
délabyrinther v. tr. | conjug. 1 |
délacer v. tr. | conjug. 3 |
HOM. **délasser**
délai n. m.
HOM. formes du v. **délayer**
délai-congé n. m. ▪ plur. **délais-congés**
délainage n. m.
délainer v. tr. | conjug. 1 |
délaineur, euse n.
délaissé, ée adj.
délaissement n. m.
délaisser v. tr. | conjug. 1 |
délaisseur, euse adj. et n.
délaitage n. m.
délaiter v. tr. | conjug. 1 |
délaiteuse n. f.
délardement n. m.
délarder v. tr. | conjug. 1 |
délassant, ante adj.
délassement n. m.
délasser v. tr. | conjug. 1 |
¬ **se délasser**
➾ Aux temps composés de la forme pronominale, le participe passé s'accorde en genre et en nombre avec le sujet : *elles se sont délassées au bord de la piscine.*
HOM. **délacer**
délateur, trice n.
délation n. f.
délatter v. tr. | conjug. 1 |
délavage n. m.
délavé, ée adj.
délaver v. tr. | conjug. 1 |
délavure n. f.
délayage n. m.
délayé, ée adj.
délayer v. tr. | conjug. 8 |
Delco® n. m.
➾ Comme tous les noms déposés, ce mot doit s'écrire avec une majuscule : *une tête de Delco.* Toutefois, on le trouve fréquemment employé comme nom générique sans respect de la règle : *une tête de delco.*
deleatur /deleatyʀ/ ▪ plur. inv. ou **déléatur** ▪ plur. **déléaturs** n. m.
déléaturer v. tr. | conjug. 1 |
délébile adj.
délectable adj.
délectablement adv.
délectation n. f.
délecter v. tr. | conjug. 1 |
¬ **se délecter**
➾ Aux temps composés de la forme pronominale, le participe passé s'accorde en genre et en nombre avec le sujet : *elle s'est délectée à la lecture de ce livre.*
délégant, ante n.
➾ Ne pas écrire ce nom comme *déléguant,* participe présent du verbe *déléguer.*
délégataire n.
délégateur, trice n.
délégation n. f.
délégitimation n. f.
délégitimer v. tr. | conjug. 1 |
délégué, ée n.
déléguer v. tr. | conjug. 6 |
délestage n. m.
délester v. tr. | conjug. 1 |
¬ **se délester**
➾ Aux temps composés de la forme pronominale, le participe passé s'accorde en genre et en nombre avec le sujet : *elle s'est délestée de tout son chargement.*
délétère adj.
délétion n. f.
déliage n. m.
déliaison n. f.
délibérant, ante adj.

délibératif, ive adj.
délibération n. f.
délibératoire adj.
délibéré, ée adj. et n. m.
délibérément adv.
délibérer v. intr. et v. tr. ind. | conjug. 6 |
délicat, ate adj.
délicatement adv.
délicatesse n. f.
délice n. m.
☯ Dans la langue littéraire, ce mot est féminin au pluriel : *des délices interdites*.
HOM. formes du v. **délisser**
délicieusement adv.
délicieux, ieuse adj.
délicoter v. tr. | conjug. 1 |
délictuel, elle adj.
délictueux, euse adj.
délié, iée adj. et n. m.
déliement n. m.
➾ Ne pas oublier le *e* muet.
délier v. tr. | conjug. 7 |
¬ se délier
➾ Aux temps composés de la forme pronominale, le participe passé s'accorde en genre et en nombre avec le sujet : *elle s'est déliée de son serment*.
délignage n. m.
déligner v. tr. | conjug. 1 |
déligneuse n. f.
délignifiant, ante adj.
délignification n. f.
délignifier v. tr. | conjug. 7 |
délignure n. f.
déligoter v. tr. | conjug. 1 |
délimitable adj.
délimitation n. f.
délimiter v. tr. | conjug. 1 |
délimiteur n. m.
délinéament n. m.
délinéamenter v. tr. | conjug. 1 |
délinéarisé, ée adj.
délinéation n. f.
délinéer v. tr. | conjug. 1 |
délinquance n. f.
délinquant, ante n. et adj.
déliquescence n. f.
déliquescent, ente adj.
déliquium /kjɔm/ n. m.
délirant, ante adj.
délire n. m.
délirer v. intr. | conjug. 1 |
delirium (tremens) ▪ plur. **deliriums (tremens)** ou **délirium (trémens)** ▪ plur. **déliriums (trémens)** /deliʀjɔm(tʀemɛ̃s)/ n. m.
délissage n. m.
délisser v. tr. et v. intr. | conjug. 1 |
délit /deli/ n. m.
HOM. formes du v. **délier**
délitage n. m.
délitement n. m.
déliter v. tr. | conjug. 1 |
¬ se déliter
➾ Aux temps composés de la forme pronominale, le participe passé s'accorde en genre et en nombre avec le sujet : *la chaux s'est délitée*.
délitescence n. f.
délitescent, ente adj.
délivrance n. f.
délivre n. m.
délivrer v. tr. | conjug. 1 |
¬ se délivrer
➾ Aux temps composés de la forme pronominale, le participe passé s'accorde en genre et en nombre avec le sujet : *ils se sont délivrés de leurs obsessions*.
délivreur n. m.
délocalisable adj.
délocalisation n. f.
délocalisé, ée adj.
délocaliser v. tr. | conjug. 1 |
délocuteur, trice n.
délocutif, ive adj. et n. m.
délocution n. f.
délogement n. m.
déloger v. intr. et v. tr. | conjug. 3 |
déloguer (se) v. pron. | conjug. 1 |
➾ Aux temps composés de la forme pronominale, le participe passé s'accorde en genre et en nombre avec le sujet : *elle s'est déloguée*.
déloquer v. tr. | conjug. 1 |
¬ se déloquer
➾ Aux temps composés de la forme pronominale, le participe passé s'accorde en genre et en nombre avec le sujet : *ils se sont déloqués*.
déloqueté, ée adj.
délot /delo/ n. m.
délover v. tr. | conjug. 1 |
déloyal, ale, aux adj.
déloyalement adv.
déloyauté n. f.
delphinarium /-ʀjɔm/ n. m.
delphine n. f.
delphinidé n. m.
delphinium /-njɔm/ n. m.
delphinologue n.
[1]**delta** n. m. (d'un fleuve)
[2]**delta** n. m. ▪ plur. inv. ou plur. **deltas**○ (lettre)
Ξ Ce mot peut s'employer en apposition ; il est alors invariable : *des rayons delta ; des ailes delta*.
deltacisme n. m.

deltacortisone n. f.
deltaïque adj.
deltaplane n. m.
deltiste n.
deltoïde adj. et n. m.
deltoïdien, ienne adj.
déluge n. m.
➾ Avec une majuscule, **le Déluge** désigne l'épisode biblique : *l'arche de Noé échappa au Déluge.*
déluré, ée adj.
délurer v. tr. | conjug. 1 |
¬ **se délurer**
➾ Aux temps composés de la forme pronominale, le participe passé s'accorde en genre et en nombre avec le sujet : *elle s'est délurée sous son influence.*
délusion n. f.
délusoire adj.
délustrage n. m.
délustrer v. tr. | conjug. 1 |
délutage n. m.
déluter v. tr. | conjug. 1 |
déluteur n. m.
démaclage n. m.
démacler v. tr. | conjug. 1 |
démagnétisation n. f.
démagnétiser v. tr. | conjug. 1 |
démago adj. et n.
◻ abrév. de **démagogue**
démagogie n. f.
démagogique adj.
démagogue n.
démaigrir v. tr. et v. intr. | conjug. 2 |
démaigrissement n. m.
démaillage n. m.
démailler v. tr. | conjug. 1 |
¬ **se démailler**
➾ Aux temps composés de la forme pronominale, le participe passé s'accorde en genre et en nombre avec le sujet : *ses collants se sont démaillés.*
démailloter v. tr. | conjug. 1 |
demain adv. et n. m.
démanchement n. m.
démancher v. tr. et v. intr. | conjug. 1 |
¬ **se démancher**
➾ Aux temps composés de la forme pronominale, le participe passé s'accorde en genre et en nombre avec le sujet : *ils se sont démanchés pour elle.* Mais le participe passé ne s'accorde pas quand il est suivi d'un complément d'objet direct : *elle s'est démanché l'épaule.* Il ne s'accorde avec le complément d'objet direct que lorsque celui-ci est placé avant le verbe : *l'épaule qu'elle s'est démanchée.*
demandable adj.
demande n. f.
demandé, ée adj.
demander v. tr. | conjug. 1 |
⌘ **Demander à ce que** (*il demande à ce que vous l'écoutiez*) est fautif. Il faut dire **demander que** (+ subj.) : *il demande que vous l'écoutiez.*
Demander pour (*elle a demandé pour s'asseoir*) est incorrect. Il faut employer **demander à** (+ inf.) : *elle a demandé à s'asseoir.*
Demander après qqn (*elle demande après le directeur*) est populaire ou régional. Il est préférable d'employer **demander qqn** : *elle demande le directeur.*
¬ **se demander**
➾ Aux temps composés de la forme pronominale, le participe passé ne s'accorde pas avec le sujet : *elle s'est souvent demandé ce qui l'avait poussé à agir ainsi.*
demanderesse n. f.
☰ Cette forme féminine de *demandeur* s'emploie uniquement dans le langage juridique : *une demanderesse en appel.* Dans le langage courant, il faut employer *demandeuse* : *une demandeuse d'emploi.*
demandeur, euse n. et adj.
démangeaison n. f.
démanger v. intr. | conjug. 3 |
démantèlement n. m.
démanteler v. tr. | conjug. 5 |
démantibuler v. tr. | conjug. 1 |
démaquillage n. m.
démaquillant, ante adj. et n. m.
démaquiller v. tr. | conjug. 1 |
¬ **se démaquiller**
➾ Aux temps composés de la forme pronominale, le participe passé s'accorde en genre et en nombre avec le sujet : *elle s'est démaquillée.* Mais le participe passé ne s'accorde pas quand il est suivi d'un complément d'objet direct : *elle s'est démaquillé les yeux.* Il ne s'accorde avec le complément d'objet direct que lorsque celui-ci est placé avant le verbe : *elle se les est démaquillés.*
démarcage ou **démarquage** n. m.
démarcatif, ive adj.
démarcation n. f.
➾ Ce mot s'écrit avec un *c*, contrairement à *démarquer.*
démarchage n. m.
démarche n. f.
démarcher v. tr. | conjug. 1 |
démarcheur, euse n.
démariage n. m.
démarier v. tr. | conjug. 7 |
¬ **se démarier**
➾ Aux temps composés de la forme pronominale, le participe passé s'accorde en genre

et en nombre avec le sujet : *ils se sont démariés*.

démarieuse n. f.

démarquage n. m.

→ **démarcage**

démarque n. f.

démarquer v. tr. et v. intr. | conjug. 1 |

¬ **se démarquer**

➾ Aux temps composés de la forme pronominale, le participe passé s'accorde en genre et en nombre avec le sujet : *elle s'est démarquée de son concurrent*.

démarqueur, euse n.

démarrage n. m.

démarrer v. tr. et v. intr. | conjug. 1 |

Ξ La forme transitive s'emploie normalement dans le domaine de la marine au sens de « larguer les amarres de (un navire) ». L'emploi au sens de « commencer » (*démarrer un travail*) est familier et doit être évité dans le registre soutenu.

démarreur n. m.

□ rec. off. pour **starter**

démasclage n. m.

démascler v. tr. | conjug. 1 |

démascleur n. m.

démasculinisation n. f.

démasculiniser v. tr. | conjug. 1 |

démasquable adj.

démasquement n. m.

démasquer v. tr. | conjug. 1 |

¬ **se démasquer**

➾ Aux temps composés de la forme pronominale, le participe passé s'accorde en genre et en nombre avec le sujet : *elle s'est démasquée*.

démasticage ou **démastiquage** n. m.

démastiquer v. tr. | conjug. 1 |

démâtage n. m.

démâter v. tr. et v. intr. | conjug. 1 |

dématérialisation n. f.

dématérialiser v. tr. | conjug. 1 |

démazoutage n. m.

démazouter v. tr. | conjug. 1 |

d'emblée loc. adv.

dème n. m.

déméchage n. m.

démécologie n. f.

démédicalisation n. f.

démédicaliser v. tr. | conjug. 1 |

démêlage n. m.

démêlant n. m.

démêlé n. m.

démêlement n. m.

démêler v. tr. | conjug. 1 |

¬ **se démêler**

➾ Aux temps composés de la forme pronominale, le participe passé s'accorde en genre et en nombre avec le sujet : *ils se sont démêlés de ce mauvais pas*.

démêleur, euse n.

démêloir n. m.

démêlures n. f. pl.

démembrement n. m.

démembrer v. tr. | conjug. 1 |

déménageable adj.

déménagement n. m.

déménager v. tr. et v. intr. | conjug. 3 |

déménageur, euse n.

démence n. f.

démener (se) v. pron. | conjug. 5 |

➾ Aux temps composés de la forme pronominale, le participe passé s'accorde en genre et en nombre avec le sujet : *elle s'est démenée pour obtenir ce poste*.

dément, ente adj. et n.

démenti n. m.

démentiel, ielle adj.

démentir v. tr. | conjug. 16 |

¬ **se démentir**

➾ Aux temps composés de la forme pronominale, le participe passé s'accorde en genre et en nombre avec le sujet : *sa passion ne s'est pas démentie*.

démerdard, arde n. et adj.

démerde n. f.

démerder (se) v. pron. | conjug. 1 |

➾ Aux temps composés de la forme pronominale, le participe passé s'accorde en genre et en nombre avec le sujet : *ils se sont bien démerdés*.

démerdeur, euse adj.

démérite n. m.

démériter v. intr. | conjug. 1 |

déméritoire adj.

démersal, ale, aux adj.

démesure n. f.

démesuré, ée adj.

démesurément adv.

déméthanisation n. f.

déméthaniser v. tr. | conjug. 1 |

démettre v. tr. | conjug. 56 |

¬ **se démettre**

➾ Aux temps composés de la forme pronominale, le participe passé s'accorde en genre et en nombre avec le sujet : *elle s'est démise de ses fonctions*. Mais le participe passé ne s'accorde pas quand il est suivi d'un complément d'objet direct : *elle s'est démis l'épaule*. Il ne s'accorde avec le complément d'objet direct que lorsque celui-ci est placé avant le verbe : *l'épaule qu'elle s'est démise*.

démeublement n. m.
démeubler v. tr. | conjug. 1 |
demeurant (au) loc. adv.
demeurant, ante adj. et n. m.
demeure n. f.
demeuré, ée adj. et n.
demeurer v. intr. | conjug. 1 |
CONJUG. Ce verbe se conjugue avec l'auxiliaire *avoir* au sens de « habiter » et avec l'auxiliaire *être* au sens de « continuer à être » : *nous avons demeuré à Lausanne pendant plusieurs années ; ils sont demeurés longtemps sans secours.*
[1]**demi, ie** adj.
➾ En tête d'un mot composé, *demi* est toujours invariable : *il a deux demi-sœurs ; des limes demi-rondes.* Dans **et demi**, *demi* s'accorde uniquement en genre : *trois heures et demie ; c'est deux fois et demie plus cher ; midi et demi ; minuit et demi.*
[2]**demi** adv.
➾ La locution adverbiale **à demi** s'écrit sans trait d'union : *être à demi nu ; une porte à demi ouverte.*
[3]**demi** n. m.
demiard n. m.
demi-bas n. m. inv.
demi-bastion n. m. ▪ plur. **demi-bastions**
demi-berline n. f. ▪ plur. **demi-berlines**
demi-bosse n. f. ▪ plur. **demi-bosses**
demi-botte n. f. ▪ plur. **demi-bottes**
demi-bouteille n. f. ▪ plur. **demi-bouteilles**
demi-brigade n. f. ▪ plur. **demi-brigades**
demi-canapé n. m. ▪ plur. **demi-canapés**
demi-canon n. m. ▪ plur. **demi-canons**
demi-castor n. m. ▪ plur. **demi-castors**
demi-cent n. m. ▪ plur. **demi-cents**
HOM. **demi-sang**
demi-centre n. m. ▪ plur. **demi-centres**
demi-cercle n. m. ▪ plur. **demi-cercles**
demi-certitude n. f. ▪ plur. **demi-certitudes**
demi-chaîne ▪ plur. **demi-chaînes** ou **demi-chaine**○ ▪ plur. **demi-chaines** n. f.
demi-circulaire adj. ▪ plur. **demi-circulaires**
demi-clé ▪ plur. **demi-clés** ou **demi-clef** ▪ plur. **demi-clefs** n. f.
demi-cloison n. f. ▪ plur. **demi-cloisons**
demi-colonne n. f. ▪ plur. **demi-colonnes**
demi-conscience n. f. ▪ plur. **demi-consciences**
demi-couronne n. f. ▪ plur. **demi-couronnes**
demi-deuil n. m. ▪ plur. **demi-deuils**
demi-dieu n. m. ▪ plur. **demi-dieux**
demi-double adj. ▪ plur. **demi-doubles**
demi-douzaine n. f. ▪ plur. **demi-douzaines**
demi-droite n. f. ▪ plur. **demi-droites**
demi-dur, dure adj. ▪ plur. **demi-durs, dures**
demie n. f.
demi-échec n. m. ▪ plur. **demi-échecs**
demi-écrémé, ée adj. ▪ plur. **demi-écrémés, ées**
démieller v. tr. | conjug. 1 |
demi-entier, ière adj. ▪ plur. **demi-entiers, ières**
demi-espace n. m. ▪ plur. **demi-espaces**
demi-fin, fine adj. ▪ plur. **demi-fins, fines**
demi-finale n. f. ▪ plur. **demi-finales**
demi-finaliste n. ▪ plur. **demi-finalistes**
demi-fini, ie adj. ▪ plur. **demi-finis, ies**
demi-fond n. m. ▪ plur. **demi-fonds**
demi-fortune n. f. ▪ plur. **demi-fortunes**
demi-franc n. m. ▪ plur. **demi-francs**
demi-frère n. m. ▪ plur. **demi-frères**
demi-gros n. m. inv.
demi-grossiste n. ▪ plur. **demi-grossistes**
demi-guêtre n. f. ▪ plur. **demi-guêtres**
demi-heure n. f. ▪ plur. **demi-heures**
demi-intellectuel, elle n. ▪ plur. **demi-intellectuels, elles**
demi-jour n. m. ▪ plur. **demi-jours** ou plur. inv.
demi-journée n. f. ▪ plur. **demi-journées**
demi-lieue n. f. ▪ plur. **demi-lieues**
démilitarisation n. f.
démilitariser v. tr. | conjug. 1 |
demi-litre n. m. ▪ plur. **demi-litres**
demi-long, longue adj. ▪ plur. **demi-longs, longues**
demi-longueur n. f. ▪ plur. **demi-longueurs**
demi-lune n. f. ▪ plur. **demi-lunes**
demi-mal n. m. ▪ plur. **demi-maux**
HOM. (du plur.) **demi-mot**
demi-mesure n. f. ▪ plur. **demi-mesures**
demi-métal n. m. ▪ plur. **demi-métaux**
demi-mondain, aine adj. et n. f. ▪ plur. **demi-mondains, aines**
demi-monde n. m. ▪ plur. **demi-mondes**
demi-mort, morte adj. ▪ plur. **demi-morts, mortes**
demi-mot n. m. ▪ plur. **demi-mots**
HOM. **demi-maux** (plur. de *demi-mal*)
déminage n. m.
déminer v. tr. | conjug. 1 |
déminéralisant, ante adj.
déminéralisation n. f.
déminéraliser v. tr. | conjug. 1 |
¬ **se déminéraliser**
➾ Aux temps composés de la forme pronominale, le participe passé s'accorde en genre et en nombre avec le sujet : *leurs organismes se sont déminéralisés.*
démineur, euse n.
demi-part n. f. ▪ plur. **demi-parts**
demi-pâte n. f. ▪ plur. **demi-pâtes**
demi-pause n. f. ▪ plur. **demi-pauses**

demi-pension n. f. ▪ plur. **demi-pensions**
demi-pensionnaire n. ▪ plur. **demi-pensionnaires**
demi-périmètre n. m. ▪ plur. **demi-périmètres**
demi-pièce n. f. ▪ plur. **demi-pièces**
demi-pique n. f. ▪ plur. **demi-piques**
demi-pirouette n. f. ▪ plur. **demi-pirouettes**
demi-place n. f. ▪ plur. **demi-places**
demi-plan n. m. ▪ plur. **demi-plans**
demi-pointe n. f. ▪ plur. **demi-pointes**
demi-porte n. f. ▪ plur. **demi-portes**
demi-portion n. f. ▪ plur. **demi-portions**
demi-produit n. m. ▪ plur. **demi-produits**
demi-quart n. m. ▪ plur. **demi-quarts**
demi-queue adj. et n. m. ▪ plur. **demi-queues**
demi-reliure n. f. ▪ plur. **demi-reliures**
demi-rond, ronde adj. ▪ plur. **demi-ronds, rondes** (à moitié rond)
demi-rond n. m. ▪ plur. **demi-ronds** (couteau)
demi-ronde n. f. ▪ plur. **demi-rondes** (lime)
démis, ise adj.
demi-saison n. f. ▪ plur. **demi-saisons**
demi-sang /-sɑ̃/ n. m. ▪ plur. inv. ou plur. **demi-sangs**
HOM. **demi-cent**
demi-savant n. m. ▪ plur. **demi-savants**
demi-savoir n. m. ▪ plur. **demi-savoirs**
demi-sec adj. et n. m. ▪ plur. **demi-secs**
demi-sel adj. et n. m. ▪ plur. inv. ou plur. **demi-sels**
demi-siècle n. m. ▪ plur. **demi-siècles**
demi-sœur n. f. ▪ plur. **demi-sœurs**
[1]**demi-solde** n. f. ▪ plur. **demi-soldes** (solde)
[2]**demi-solde** n. m. ▪ plur. inv. ou plur. **demi-soldes**° (militaire)
demi-sommeil n. m. ▪ plur. **demi-sommeils**
demi-soupir n. m. ▪ plur. **demi-soupirs**
demi-sourire n. m. ▪ plur. **demi-sourires**
démission n. f.
démissionnaire n. et adj.
démissionner v. intr. | conjug. 1 |
demi-succès n. m. inv.
[1]**demi-tarif** adj. ▪ plur. **demi-tarifs** ou plur. inv.
[2]**demi-tarif** n. m. ▪ plur. **demi-tarifs**
demi-tasse n. f. ▪ plur. **demi-tasses**
demi-teinte n. f. ▪ plur. **demi-teintes**
demi-tige n. f. ▪ plur. **demi-tiges**
demi-ton n. m. ▪ plur. **demi-tons**
demi-tour n. m. ▪ plur. **demi-tours**
démiurge n. m.
démiurgie n. f.
démiurgique adj.
demi-vie n. f. ▪ plur. **demi-vies**
demi-vierge n. f. ▪ plur. **demi-vierges**
demi-virginité n. f. ▪ plur. **demi-virginités**
demi-volée n. f. ▪ plur. **demi-volées**
demi-volte n. f. ▪ plur. **demi-voltes**
[1]**demi-watt** /-wat/ n. m. ▪ plur. **demi-watts** (moitié d'un watt)
[2]**demi-watt** /-wat/ n. f. ▪ plur. **demi-watts** (lampe)
démixtion n. f.
démo n. f.
▫ abrév. de **démonstration**
démobilisable adj.
démobilisateur, trice adj.
démobilisation n. f.
démobiliser v. tr. | conjug. 1 |
démocrate n. et adj.
➾ Ce mot s'écrit sans majuscule : *le Parti démocrate ; les républicains et les démocrates.*
démocrate-chrétien, ienne n. et adj. ▪ plur. **démocrates-chrétiens, iennes**
démocrate-socialiste n. et adj. ▪ plur. **démocrates-socialistes**
démocratie /-si/ n. f.
démocratique adj.
démocratiquement adv.
démocratisation n. f.
démocratiser v. tr. | conjug. 1 |
¬ **se démocratiser**
➾ Aux temps composés de la forme pronominale, le participe passé s'accorde en genre et en nombre avec le sujet : *l'éducation s'est démocratisée.*
démodé, ée adj.
démodécie n. f.
démoder v. tr. | conjug. 1 |
¬ **se démoder**
➾ Aux temps composés de la forme pronominale, le participe passé s'accorde en genre et en nombre avec le sujet : *ces vêtements se sont rapidement démodés.*
démodex ou **demodex** /de-/ n. m. inv.
démodulateur n. m.
démodulation n. f.
démoduler v. tr. | conjug. 1 |
démodulomètre n. m.
démographe n.
démographie n. f.
démographique adj.
demoiselle n. f.
démolir v. tr. | conjug. 2 |
démolissage n. m.
démolisseur, euse n.
démolition n. f.
démon n. m.
démone n. f.
démonerie n. f.
démonétisation n. f.
démonétiser v. tr. | conjug. 1 |
démonial, iale, iaux adj.

démonialité n. f.
démoniaque adj. et n.
démoniaquement adv.
démonicole adj. et n.
démonique adj.
démoniser v. tr. | conjug. 1 |
démonisme n. m.
démoniste adj. et n.
démonographe n. m.
démonographie n. f.
démonolâtre adj. et n.
démonolâtrie n. f.
démonologie n. f.
démonologue n.
démonomane n.
démonomanie n. f.
démonopathie n. f.
démonstrateur, trice n.
démonstratif, ive adj.
démonstration n. f.
démonstrativement adv.
démontable adj.
démontage n. m.
démontant, ante adj.
démonté, ée adj.
démonte-pneu n. m. ▪ plur. **démonte-pneus**
démonter v. tr. | conjug. 1 |
¬ **se démonter**
➾ Aux temps composés de la forme pronominale, le participe passé s'accorde en genre et en nombre avec le sujet : *elle ne s'est pas démontée pour si peu*.
démonteur, euse adj. et n.
démontrabilité n. f.
démontrable adj.
démontrer v. tr. | conjug. 1 |
démontreur, euse n.
démoralisant, ante adj.
démoralisateur, trice adj.
démoralisation n. f.
démoraliser v. tr. | conjug. 1 |
démordre v. tr. ind. | conjug. 41 |
➾ Au présent de l'indicatif, à la forme interrogative avec sujet inversé, on écrit *démord-on, démord-il, démord-elle* et non **démord-t-on, *démord-t-il, *démord-t-elle*. Le *d* final se prononce /t/ ; il est donc inutile et fautif d'ajouter un *t*.
démorphinisation n. f.
démoscopie n. f.
démosthénien, ienne ou **démosthénique** adj.
démotique adj. et n.
démotivant, ante adj.
démotivateur, trice adj. et n. m.
démotivation n. f.
démotivé, ée adj.
démotiver v. tr. | conjug. 1 |
démotorisation n. f.
démoucheter v. tr. | conjug. 4 |
démoulage n. m.
démouler v. tr. | conjug. 1 |
démouleur n. m.
démoustication n. f.
démoustiquer v. tr. | conjug. 1 |
démultiplexage n. m.
démultiplexeur n. m.
démultiplicateur, trice adj. et n. m.
démultiplication n. f.
démultiplier v. tr. | conjug. 7 |
démuni, ie adj.
démunir v. tr. | conjug. 2 |
démurer v. tr. | conjug. 1 |
démuseler v. tr. | conjug. 4 |
démutisation n. f.
démutiser v. tr. | conjug. 1 |
démyélinisation n. f.
démyéliniser v. tr. | conjug. 1 |
démystifiant, iante adj.
démystificateur, trice adj. et n.
démystification n. f.
démystifier v. tr. | conjug. 7 |
ϟ Ne pas confondre **démystifier**, qui signifie « détromper (qqn victime d'une mystification) », avec **démythifier**, qui signifie « supprimer en tant que mythe ».
démythificateur, trice adj.
démythification n. f.
démythifier v. tr. | conjug. 7 |
ϟ Ne pas confondre **démythifier**, qui signifie « supprimer en tant que mythe », avec **démystifier**, qui signifie « détromper ».
dénaire adj. et n. m.
dénantir v. tr. | conjug. 2 |
¬ **se dénantir**
➾ Aux temps composés de la forme pronominale, le participe passé s'accorde en genre et en nombre avec le sujet : *elle s'est dénantie de tout ce qu'elle possédait*.
dénasalisation n. f.
dénasaliser v. tr. | conjug. 1 |
dénatalité n. f.
dénationalisation n. f.
dénationaliser v. tr. | conjug. 1 |
dénatter v. tr. | conjug. 1 |
¬ **se dénatter**
➾ Aux temps composés de la forme pronominale, le participe passé s'accorde en genre et en nombre avec le sujet : *ses cheveux se sont dénattés*. Mais le participe passé ne s'accorde pas quand il est suivi d'un complément d'objet direct : *elle s'est dénatté les cheveux*. Il ne s'accorde avec le complément d'objet

direct que lorsque celui-ci est placé avant le verbe : *elle se les est dénattés.*
dénaturalisation n. f.
dénaturaliser v. tr. | conjug. 1 |
dénaturant, ante adj.
dénaturation n. f.
dénaturé, ée adj.
dénaturer v. tr. | conjug. 1 |
¬ se dénaturer
➾ Aux temps composés de la forme pronominale, le participe passé s'accorde en genre et en nombre avec le sujet : *elle ne s'est pas dénaturée.*
dénazification n. f.
dénazifier v. tr. | conjug. 7 |
denché, ée ou **danché, ée** /dɑ̃ʃe/ adj.
denchure n. f.
dendrifuge /dɑ̃dʀi- ; dɛ̃dʀi-/ adj.
[1]**dendrite** /dɑ̃dʀit ; dɛ̃dʀit/ n. f. (Sc. : arborisation, ramification)
[2]**dendrite** /dɑ̃dʀit ; dɛ̃dʀit/ n. m. (ascète)
dendritique /dɑ̃dʀitik ; dɛ̃dʀitik/ adj.
dendrobie /dɑ̃dʀo- ; dɛ̃dʀo-/ n. f.
dendrochronologie /dɑ̃dʀokʀɔnɔlɔʒi ; dɛ̃dʀokʀɔnɔlɔʒi/ n. f.
dendrographe /dɑ̃dʀo- ; dɛ̃dʀo-/ n.
dendrographie /dɑ̃dʀo- ; dɛ̃dʀo-/ n. f.
dendrolithe /dɑ̃dʀo- ; dɛ̃dʀo-/ n. m.
dendrologie /dɑ̃dʀo- ; dɛ̃dʀo-/ n. f.
dendrologiste /dɑ̃dʀo- ; dɛ̃dʀo-/ n.
dendrologue /dɑ̃dʀo- ; dɛ̃dʀo-/ n.
dendromètre /dɑ̃dʀo- ; dɛ̃dʀo-/ n. m.
dendrométrie /dɑ̃dʀo- ; dɛ̃dʀo-/ n. f.
dendrométrique /dɑ̃dʀo- ; dɛ̃dʀo-/ adj.
dendrophage /dɑ̃dʀo- ; dɛ̃dʀo-/ adj. et n. m.
dendrophile /dɑ̃dʀo- ; dɛ̃dʀo-/ n. m.
dendrophilie /dɑ̃dʀo- ; dɛ̃dʀo-/ n. f.
dénébulateur n. m.
dénébulation ou **dénébulisation** n. f.
dénébuler ou **dénébuliser** v. tr. | conjug. 1 |
dénégateur, trice adj. et n.
dénégation n. f.
dénégatoire adj.
déneigement n. m.
déneiger v. tr. | conjug. 3 |
déneigeuse n. f.
dénervation n. f.
dénerver v. tr. | conjug. 1 |
dengue /dɛ̃g/ n. f.
HOM. **dingue**, formes du v. **dinguer**
déni n. m.
HOM. formes du v. **dénier**
déniaisement n. m.
déniaiser v. tr. | conjug. 1 |
¬ se déniaiser
➾ Aux temps composés de la forme pronominale, le participe passé s'accorde en genre et en nombre avec le sujet : *elle s'est déniaisée.*
déniaiseur, euse n.
dénicher v. tr. et v. intr. | conjug. 1 |
dénicheur, euse n.
dénickeler v. tr. | conjug. 4 |
dénicotinisation n. f.
dénicotiniser v. tr. | conjug. 1 |
dénicotiniseur n. m.
denier n. m.
dénier v. tr. | conjug. 7 |
dénigrant, ante adj.
dénigrement n. m.
dénigrer v. tr. | conjug. 1 |
dénigreur, euse n. et adj.
denim /dənim/ n. m.
dénitratation n. f.
dénitrater v. tr. | conjug. 1 |
dénitrifiant, ante adj.
dénitrificateur, trice adj.
dénitrification n. f.
dénitrifier v. tr. | conjug. 7 |
dénivelé n. m. ou **dénivelée** n. f.
déniveler v. tr. | conjug. 4 |
dénivellation n. f.
dénivellement ou **dénivèlement**○ n. m.
dénoircir v. tr. | conjug. 2 |
dénoiseur n. m.
dénombrable adj.
dénombrement n. m.
dénombrer v. tr. | conjug. 1 |
dénominateur n. m.
dénominatif, ive adj.
dénomination n. f.
➾ Ce mot s'écrit avec un seul *m*, contrairement à *dénommer.*
dénommer v. tr. | conjug. 1 |
dénoncer v. tr. | conjug. 3 |
¬ se dénoncer
➾ Aux temps composés de la forme pronominale, le participe passé s'accorde en genre et en nombre avec le sujet : *les coupables se sont dénoncés.*
dénonciateur, trice n.
dénonciation n. f.
dénotatif, ive adj.
dénotation n. f.
dénoter v. tr. | conjug. 1 |
dénouable adj.
dénouement n. m.
➾ Ne pas oublier le *e* muet.

dénouer v. tr. | conjug. 1 |
¬ **se dénouer**
Aux temps composés de la forme pronominale, le participe passé s'accorde en genre et en nombre avec le sujet : *l'intrigue s'est dénouée au cinquième acte.* Mais le participe passé ne s'accorde pas quand il est suivi d'un complément d'objet direct : *elles s'est dénoué les cheveux.* Il ne s'accorde avec le complément d'objet direct que lorsque celui-ci est placé avant le verbe : *elle se les est dénoués.*
de novo /denovo/ loc. adv.
dénoyage n. m.
dénoyautage n. m.
dénoyauter v. tr. | conjug. 1 |
dénoyauteur n. m.
dénoyer v. tr. | conjug. 8 |
denrée n. f.
dense adj.
HOM. **dance**, **danse**, formes du v. **danser**
densément adv.
densification n. f.
densifier v. tr. | conjug. 7 |
¬ **se densifier**
Aux temps composés de la forme pronominale, le participe passé s'accorde en genre et en nombre avec le sujet : *la population s'est densifiée dans cette région.*
densiflore adj.
densimètre n. m.
densimétrie n. f.
densimétrique adj.
densité n. f.
densitométrie n. f.
dent n. f.
HOM. **dam**, **dans**
dentaire adj. et n. f.
dental, ale, aux adj.
dentale n. f. (consonne)
dent-de-lion n. f. ▪ plur. **dents-de-lion**
dent-de-loup /-lu/ n. f. ▪ plur. **dents-de-loup**
denté, ée adj. et n. m.
dentée n. f.
dentelaire n. f.
dentelé, ée adj.
denteler v. tr. | conjug. 4 |
dentelet n. m.
HOM. formes du v. **denteler**
dentelle n. f.
Ce mot peut s'employer en apposition ; il est alors invariable : *des crêpes dentelle.*
dentellerie n. f.
dentellier, ière ou **dentelier, ière** n. et adj.
HOM. formes du v. **denteler**
dentelure n. f.
denticule n. m.
Ce mot est masculin : *un denticule.*
denticulé, ée adj.
dentier n. m.
dentifère adj.
dentifié, ée adj.
dentiforme adj.
dentifrice n. m.
dentimètre n. m.
dentinaire adj.
dentine n. f.
dentirostre adj. et n. m.
dentiste n.
dentisterie n. f.
dentition n. f.
dentofacial, iale, iaux adj.
dentome n. m.
dentu, ue adj.
denture n. f.
denturologie n. f.
denturologiste n.
dénucléarisation n. f.
dénucléariser v. tr. | conjug. 1 |
dénudage n. m.
dénudation n. f.
dénudé, ée adj.
dénudement n. m.
dénuder v. tr. | conjug. 1 |
¬ **se dénuder**
Aux temps composés de la forme pronominale, le participe passé s'accorde en genre et en nombre avec le sujet : *elle s'est dénudée sans pudeur.*
dénudeur n. m.
dénué, ée adj.
dénuement n. m.
dénuer (se) v. pron. | conjug. 1 |
Aux temps composés de la forme pronominale, le participe passé s'accorde en genre et en nombre avec le sujet : *elle s'est dénuée pour ses enfants.*
dénutri, ie adj.
dénutrition n. f.
déo n. m.
□ abrév. de **déodorant**
déodar ou **déodora** n. m.
déodorant, ante n. m. et adj.
de olfactu /deɔlfakty/ loc. adv.
déontique adj.
déontologie n. f.
déontologique adj.
déontologue n.
dépaillage n. m.
dépailler v. tr. | conjug. 1 |
¬ **se dépailler**
Aux temps composés de la forme pronominale, le participe passé s'accorde en genre et en nombre avec le sujet : *la chaise s'est dépaillée.*

dépaissance n. f.
dépalissage n. m.
dépalisser v. tr. | conjug. 1 |
dépannage n. m.
dépanneauter v. tr. | conjug. 1 |
dépanner v. tr. | conjug. 1 |
dépanneur, euse n. (personne)
dépanneuse n. f. (véhicule)
dépapilloter v. tr. | conjug. 1 |
dépaquetage n. m.
dépaqueter v. tr. | conjug. 4 |
déparaffinage n. m.
déparaffiner v. tr. | conjug. 1 |
déparasitage n. m.
déparasiter v. tr. | conjug. 1 |
dépareillage n. m.
dépareillé, ée adj.
dépareiller v. tr. | conjug. 1 |
déparer v. tr. | conjug. 1 |
déparier v. tr. | conjug. 7 |
déparler v. intr. | conjug. 1 |
déparquer v. tr. | conjug. 1 |
départ n. m.
HOM. formes du v. **déparer**
départageant, ante adj.
départager v. tr. | conjug. 3 |
département n. m.
départemental, ale, aux adj.
départementalisation n. f.
départementaliser v. tr. | conjug. 1 |
départiculariser v. tr. | conjug. 1 |
départie n. f.
départir v. tr. | conjug. 16 |
CONJUG. Ce verbe se conjugue comme *partir* et non comme *répartir* : *je dépars ; nous départons ; en départant.*
¬ **se départir**
➾ Aux temps composés de la forme pronominale, le participe passé s'accorde en genre et en nombre avec le sujet : *elle s'est départie de son calme.*
départiteur n. m.
dépassant n. m.
dépassé, ée adj.
dépassement n. m.
dépasser v. tr. | conjug. 1 |
¬ **se dépasser**
➾ Aux temps composés de la forme pronominale, le participe passé s'accorde en genre et en nombre avec le sujet : *ils se sont dépassés.*
dépassionner v. tr. | conjug. 1 |
¬ **se dépassionner**
➾ Aux temps composés de la forme pronominale, le participe passé s'accorde en genre et en nombre avec le sujet : *la discussion s'est dépassionnée.*

dépatouiller (se) v. pron. | conjug. 1 |
➾ Aux temps composés, le participe passé s'accorde en genre et en nombre avec le sujet : *elle s'est dépatouillée comme elle a pu.*
dépatrier v. tr. | conjug. 7 |
dépavage n. m.
dépaver v. tr. | conjug. 1 |
dépaysant, ante /depeizɑ̃, ɑ̃t/ adj.
dépaysé, ée /depeize/ adj.
dépaysement /depeizmɑ̃/ n. m.
dépayser /depeize/ v. tr. | conjug. 1 |
dépeçage n. m.
dépècement n. m.
dépecer v. tr. | conjug. 3 et 5 |
dépeceur, euse n.
dépêche n. f.
dépêchement n. m.
dépêcher v. tr. | conjug. 1 |
¬ **se dépêcher**
➾ Aux temps composés de la forme pronominale, le participe passé s'accorde en genre et en nombre avec le sujet : *elles se sont dépêchées de finir leur travail.*
dépeçoir n. m.
dépeigner v. tr. | conjug. 1 |
dépeindre v. tr. | conjug. 52 |
dépelotonner v. tr. | conjug. 1 |
dépenaillé, ée adj.
dépenaillement n. m.
dépénalisation n. f.
dépénaliser v. tr. | conjug. 1 |
dépendage n. m.
dépendamment adv.
dépendance n. f.
dépendant, ante adj.
dépendeur, euse n.
[1]**dépendre** v. tr. ind. | conjug. 41 | (être dépendant de)
▸ **il dépend de qqn de** (+ inf.) *il dépend de lui d'obtenir réparation*
▸ **il dépend de qqn que** (+ subj.) *il dépend de lui que nous obtenions réparation*
➾ Au présent de l'indicatif, à la forme interrogative avec sujet inversé, on écrit *dépend-on, dépend-il, dépend-elle* et non **dépend-t-on, *dépend-t-il, *dépend-t-elle.* Le *d* final se prononce /t/ ; il est donc inutile et fautif d'ajouter un *t*.
[2]**dépendre** v. tr. | conjug. 41 | (détacher)
➾ Au présent de l'indicatif, à la forme interrogative avec sujet inversé, on écrit *dépend-on, dépend-il, dépend-elle* et non **dépend-t-on, *dépend-t-il, *dépend-t-elle.* Le *d* final se prononce /t/ ; il est donc inutile et fautif d'ajouter un *t*.

dépens n. m. pl.
▸ **aux dépens de** *il vit aux dépens de son frère*
➾ Ne pas écrire **dépends*.
HOM. formes du v. **dépendre**
dépense n. f.
dépenser v. tr. | conjug. 1 |
¬ **se dépenser**
➾ Aux temps composés de la forme pronominale, le participe passé s'accorde en genre et en nombre avec le sujet : *ils se sont dépensés sans compter.*
dépensier, ière n. et adj.
HOM. formes du v. **dépenser**
déperdition n. f.
dépérir v. intr. | conjug. 2 |
dépérissant, ante adj.
dépérissement n. m.
déperlance n. f.
déperlant, ante adj. et n. m.
dépersonnalisation n. f.
dépersonnaliser v. tr. | conjug. 1 |
¬ **se dépersonnaliser**
➾ Aux temps composés de la forme pronominale, le participe passé s'accorde en genre et en nombre avec le sujet : *la sexualité s'est dépersonnalisée.*
dépêtrer v. tr. | conjug. 1 |
¬ **se dépêtrer**
➾ Aux temps composés de la forme pronominale, le participe passé s'accorde en genre et en nombre avec le sujet : *elle s'est dépêtrée de cet importun.*
dépeuplé, ée adj.
dépeuplement n. m.
dépeupler v. tr. | conjug. 1 |
¬ **se dépeupler**
➾ Aux temps composés de la forme pronominale, le participe passé s'accorde en genre et en nombre avec le sujet : *cette région s'est peu à peu dépeuplée.*
déphasage n. m.
déphasé, ée adj.
déphaser v. tr. | conjug. 1 |
déphaseur n. m.
déphosphatisation n. f.
déphosphoration n. f.
déphosphorer v. tr. | conjug. 1 |
déphosphorylation n. f.
dépiautage ou **dépiautement** n. m.
dépiauter v. tr. | conjug. 1 |
dépierrer v. tr. | conjug. 1 |
dépigeonnage n. m.
dépigmentation n. f.
dépigmenter v. tr. | conjug. 1 |
¬ **se dépigmenter**
➾ Aux temps composés de la forme pronominale, le participe passé s'accorde en genre et en nombre avec le sujet : *sa peau s'est dépigmentée.*
dépilage n. m.
dépilatif, ive adj.
dépilation n. f.
dépilatoire adj. et n. m.
dépilement n. m.
dépiler v. tr. et v. intr. | conjug. 1 |
dépiquage n. m.
dépiquer v. tr. | conjug. 1 |
¬ **se dépiquer**
➾ Aux temps composés de la forme pronominale, le participe passé s'accorde en genre et en nombre avec le sujet : *elle s'est finalement dépiquée.*
dépistable adj.
dépistage n. m.
dépister v. tr. | conjug. 1 |
dépisteur n. m.
dépit n. m.
dépité, ée adj.
dépiter v. tr. | conjug. 1 |
¬ **se dépiter**
➾ Aux temps composés de la forme pronominale, le participe passé s'accorde en genre et en nombre avec le sujet : *elle s'est dépitée contre l'injustice de sa situation.*
dépiteux, euse adj.
dépitonner v. intr. | conjug. 1 |
déplaçable adj.
déplacé, ée adj.
déplacement n. m.
déplacer v. tr. | conjug. 3 |
¬ **se déplacer**
➾ Aux temps composés de la forme pronominale, le participe passé s'accorde en genre et en nombre avec le sujet : *elle ne se sera pas déplacée pour rien.*
déplafonnement n. m.
déplafonner v. tr. | conjug. 1 |
déplaire v. tr. ind. | conjug. 54 |
CONJUG. Le participe passé *déplu* est toujours invariable car ce verbe n'a jamais de complément d'objet direct : *elles se sont déplu.*
déplaisamment adv.
déplaisance n. f.
déplaisant, ante adj.
déplaisir n. m.
déplanification n. f.
de plano /deplano/ loc. adv.
déplantage n. m.
déplantation n. f.
déplanter v. tr. | conjug. 1 |
déplantoir n. m.
déplâtrage n. m.
déplâtrer v. tr. | conjug. 1 |
déplétif, ive adj. et n. m.

déplétion n. f.
dépliable adj.
dépliage n. m.
dépliant, iante n. m. et adj.
dépliement n. m.
➾ Ne pas oublier le *e* muet.
déplier v. tr. | conjug. 7 |
¬ **se déplier**
➾ Aux temps composés de la forme pronominale, le participe passé s'accorde en genre et en nombre avec le sujet : *leurs parachutes ne se sont pas dépliés*.
déplissage n. m.
déplisser v. tr. | conjug. 1 |
déploiement n. m.
➾ Ne pas oublier le *e* muet.
déplombage n. m.
déplomber v. tr. | conjug. 1 |
¬ **se déplomber**
➾ Aux temps composés de la forme pronominale, le participe passé s'accorde en genre et en nombre avec le sujet : *sa dent s'est déplombée*.
déplorable adj.
déplorablement adv.
déploration n. f.
déplorer v. tr. | conjug. 1 |
déployer v. tr. | conjug. 8 |
¬ **se déployer**
➾ Aux temps composés de la forme pronominale, le participe passé s'accorde en genre et en nombre avec le sujet : *la bannière s'est déployée au vent*.
déplumé, ée adj.
déplumer v. tr. | conjug. 1 |
¬ **se déplumer**
➾ Aux temps composés de la forme pronominale, le participe passé s'accorde en genre et en nombre avec le sujet : *ils se sont déplumés avec l'âge*.
dépocher v. tr. | conjug. 1 |
dépoétisation n. f.
dépoétiser v. tr. | conjug. 1 |
dépointage n. m.
dépointer v. tr. | conjug. 1 |
dépoitraillé, ée adj.
dépoitrailler v. tr. | conjug. 1 |
¬ **se dépoitrailler**
➾ Aux temps composés de la forme pronominale, le participe passé s'accorde en genre et en nombre avec le sujet : *ils se sont dépoitraillés*.
dépolarisant, ante adj. et n. m.
dépolarisation n. f.
dépolariser v. tr. | conjug. 1 |
dépoli, ie adj. et n. m.
dépolir v. tr. | conjug. 2 |
¬ **se dépolir**
➾ Aux temps composés de la forme pronominale, le participe passé s'accorde en genre et en nombre avec le sujet : *cette glace s'est dépolie peu à peu*.
dépolissage n. m.
dépolissement n. m.
dépolisseur, euse n.
dépolitisation n. f.
dépolitiser v. tr. | conjug. 1 |
¬ **se dépolitiser**
➾ Aux temps composés de la forme pronominale, le participe passé s'accorde en genre et en nombre avec le sujet : *la religion s'est dépolitisée*.
dépolluant, ante adj. et n. m.
dépolluer v. tr. | conjug. 1 |
dépollueur, euse adj.
dépollution n. f.
dépolymérisable adj.
dépolymérisation n. f.
dépolymériser v. tr. | conjug. 1 |
déponent, ente adj. et n. m.
dépopularisation n. f.
dépopulariser v. tr. | conjug. 1 |
dépopulateur, trice adj.
dépopulation n. f.
déport n. m.
déportance n. f.
déportation n. f.
déporté, ée adj. et n.
déportement n. m.
déporter v. tr. | conjug. 1 |
¬ **se déporter**
➾ Aux temps composés de la forme pronominale, le participe passé s'accorde en genre et en nombre avec le sujet : *la voiture s'est déportée sur la gauche*.
déposant, ante n.
dépose n. f.
déposer v. tr. | conjug. 1 |
¬ **se déposer**
➾ Aux temps composés de la forme pronominale, le participe passé s'accorde en genre et en nombre avec le sujet : *la poussière s'est déposée sur les meubles*.
dépositaire n.
déposition n. f.
dépositoire n. m.
déposséder v. tr. | conjug. 6 |
dépossession n. f.
dépôt n. m.
dépotage n. m.
dépotement n. m.
dépoter v. tr. | conjug. 1 |
dépotoir n. m.

dépôt-vente n. m. ▪ plur. **dépôts-vente(s)**
dépouillage n. m.
dépouille n. f.
dépouillé, ée adj.
dépouillement n. m.
dépouiller v. tr. | conjug. 1 |
¬ **se dépouiller**
➾ Aux temps composés de la forme pronominale, le participe passé s'accorde en genre et en nombre avec le sujet : *elle s'est dépouillée de tous ses biens.*
dépouilleur, euse n.
dépourvoir v. tr. | conjug. 25 |
CONJUG. Ce verbe est défectif : il ne s'emploie qu'à l'infinitif et aux temps composés.
¬ **se dépourvoir**
➾ Aux temps composés de la forme pronominale, le participe passé s'accorde en genre et en nombre avec le sujet : *elles se sont dépourvues.*
dépourvu, ue adj.
dépoussiérage n. m.
dépoussiérer v. tr. | conjug. 6 |
dépoussiéreur n. m.
dépravant, ante adj.
dépravateur, trice adj. et n.
dépravation n. f.
dépravé, ée adj.
dépraver v. tr. | conjug. 1 |
déprécatif, ive adj.
déprécation n. f.
déprécatoire adj.
dépréciateur, trice adj. et n.
dépréciatif, ive adj.
dépréciation n. f.
déprécier v. tr. | conjug. 7 |
¬ **se déprécier**
➾ Aux temps composés de la forme pronominale, le participe passé s'accorde en genre et en nombre avec le sujet : *elle s'est toujours dépréciée.*
déprédateur, trice n. et adj.
déprédatif, ive adj.
déprédation n. f.
déprendre (se) v. pron. | conjug. 58 |
➾ Aux temps composés de la forme pronominale, le participe passé s'accorde en genre et en nombre avec le sujet : *elle s'est déprise de ses mauvaises habitudes.*
dépresseur n. m.
dépressif, ive adj.
dépression n. f.
dépressionnaire adj.
dépressurisation n. f.
dépressuriser v. tr. | conjug. 1 |
déprimant, ante adj.
déprime n. f.
déprimé, ée adj. et n.
déprimer v. tr. | conjug. 1 |
déprise n. f.
dépriser v. tr. | conjug. 1 |
De profundis /depʀɔfɔ̃dis/ n. m. inv.
➾ Ce mot s'écrit toujours avec une majuscule.
déprogrammation n. f.
déprogrammer v. tr. | conjug. 1 |
déprolétarisation n. f.
déprolétariser v. tr. | conjug. 1 |
déprotéger v. tr. | conjug. 6 et 3 |
dépsychiatriser /-k-/ v. tr. | conjug. 1 |
dépucelage n. m.
dépuceler v. tr. | conjug. 4 |
dépuceleur n. m.
depuis prép.
Ξ L'emploi de *depuis* pour indiquer le lieu d'origine est abusif et doit être évité : on ne dira pas *une émission transmise depuis Lille* mais *une émission transmise de Lille.*
dépulpage n. m.
dépulper v. tr. | conjug. 1 |
dépurateur n. m.
dépuratif, ive adj. et n. m.
dépuration n. f.
dépuratoire adj.
dépurer v. tr. | conjug. 1 |
députation n. f.
député, ée n.
☯ La forme féminine *députée* est recommandée par le *Guide d'aide à la féminisation des noms de métiers, titres, grades et fonctions* et l'Office québécois de la langue française. Toutefois, la forme masculine est encore parfois employée pour parler d'une femme : *madame le député ; elle est député européen.*
député-maire, députée-maire n. ▪ plur. **députés-maires, députées-maires**
députer v. tr. | conjug. 1 |
déqualification n. f.
déqualifié, iée adj.
déqualifier v. tr. | conjug. 7 |
der n.
▫ abrév. de **dernier, dernière**
déracinable adj.
déracinement n. m.
déraciner v. tr. | conjug. 1 |
dérade n. f.
dérader v. intr. | conjug. 1 |
dérager v. intr. | conjug. 3 |
déraidir v. tr. | conjug. 2 |
¬ **se déraidir**
➾ Aux temps composés de la forme pronominale, le participe passé s'accorde en genre et en nombre avec le sujet : *elle s'est peu à peu déraidie.*
déraillement n. m.

dérailler v. intr. | conjug. 1 |
dérailleur n. m.
déraison n. f.
déraisonnable adj.
déraisonnablement adv.
déraisonnement n. m.
déraisonner v. intr. | conjug. 1 |
déralinguage n. m.
dérамer v. intr. et v. tr. | conjug. 1 |
dérangeant, ante adj.
dérangement n. m.
déranger v. tr. | conjug. 3 |
¬ se déranger
➾ Aux temps composés de la forme pronominale, le participe passé s'accorde en genre et en nombre avec le sujet : *ils se sont dérangés pour rien.*
dérangeur, euse adj. et n.
dérapage n. m.
déraper v. intr. | conjug. 1 |
dérasement n. m.
déraser v. tr. | conjug. 1 |
dératé, ée n.
dérater v. tr. | conjug. 1 |
¬ se dérater
➾ Aux temps composés de la forme pronominale, le participe passé s'accorde en genre et en nombre avec le sujet : *elle s'est dératée pour gagner.*
dérationalisation /-sjɔn-/ n. f.
dérationaliser /-sjɔn-/ v. tr. | conjug. 1 |
dératisation n. f.
dératiser v. tr. | conjug. 1 |
dérayer v. tr. et v. intr. | conjug. 8 |
dérayure n. f.
derbouka n. f.
→ darbouka
derby n. m.
➾ Ce mot a un pluriel régulier : *des derbys.*
derche ou **derge** ou **dergeot** n. m.
déréalisant, ante adj.
déréalisation n. f.
déréaliser v. tr. | conjug. 1 |
derechef adv.
déréel, elle adj.
déréférencement n. m.
déréférencer v. tr. | conjug. 3 |
déréglage n. m.
déréglé, ée adj.
dérèglement n. m.
déréglementation ou **dérèglementation**° n. f.
déréglementer ou **dérèglementer**° v. tr. | conjug. 1 |
dérégler v. tr. | conjug. 6 |
¬ se dérégler
➾ Aux temps composés de la forme pronominale, le participe passé s'accorde en genre et en nombre avec le sujet : *la pendule s'est déréglée.*
dérégulation n. f.
déréistique adj.
derelict /deʀelikt/ n. m.
déréliction n. f.
dérelier v. tr. | conjug. 7 |
déremboursable adj.
déremboursement n. m.
dérembourser v. tr. | conjug. 1 |
déresponsabilisation n. f.
déresponsabiliser v. tr. | conjug. 1 |
derge ou **dergeot** n. m.
→ derche
déridage n. m.
dérider v. tr. | conjug. 1 |
¬ se dérider
➾ Aux temps composés de la forme pronominale, le participe passé s'accorde en genre et en nombre avec le sujet : *elle ne s'est pas déridée de la soirée.*
dérideur, euse adj.
dérision n. f.
dérisoire adj.
dérisoirement adv.
dérivable adj.
dérivant, ante adj.
dérivatif, ive adj. et n. m.
dérivation n. f.
□ rec. off. pour **by-pass**
dérive n. f.
dérivé, ée adj. et n. m.
dérivée n. f. (Math.)
dérivement n. m.
dériver v. tr. et v. tr. ind. | conjug. 1 |
dériveter v. tr. | conjug. 4 |
dériveur n. m.
dérivoir n. m.
dermabrasion n. f.
dermalgie ou **dermatalgie** n. f.
dermatite n. f.
dermatoglyphes n. m. pl.
dermatographie n. f.
dermatologie n. f.
dermatologique adj.
dermatologiste ou **dermatologue** n.
dermatomycose n. f.
dermatophyte n. m.
dermatophytose n. f.
dermatoplastie n. f.
dermatoptique adj.
dermatose n. f.

dermatotrope adj.
→ **dermotrope**
dermatovénérologie n. f.
dermatozoaire n. m.
derme n. m.
dermeste n. m.
dermestidé n. m.
dermique adj.
dermite n. f.
dermoactif, ive adj.
dermocorticoïde n. m.
[1]**dermocosmétique** n. f. (domaine de la cosmétique)
[2]**dermocosmétique** n. m. (produit)
dermogramme n. m.
dermographie n. f.
dermographique adj.
dermographisme n. m.
dermolipectomie n. f.
dermopharmacie n. f.
dermoponcture ou **dermopuncture** /-pɔ̃k tyʀ/ n. f.
dermoprotecteur, trice adj.
dermotrope ou **dermatotrope** adj.
dernier, ière adj. et n.
dernièrement adv.
dernier-né, dernière-née n. ▪ plur. **derniers-nés, dernières-nées**
derny n. m.
dérobade n. f.
dérobé, ée adj.
dérobée (à la) loc. adv.
dérobement n. m.
dérober v. tr. | conjug. 1 |
¬ **se dérober**
➾ Aux temps composés de la forme pronominale, le participe passé s'accorde en genre et en nombre avec le sujet : *elle s'est dérobée à ses obligations.*
dérobeur, euse adj.
dérochage n. m.
dérochement n. m.
dérocher v. intr. et v. tr. | conjug. 1 |
¬ **se dérocher**
➾ Aux temps composés de la forme pronominale, le participe passé s'accorde en genre et en nombre avec le sujet : *les alpinistes se sont dérochés.*
dérocheuse n. f.
déroctage n. m.
déroder v. tr. | conjug. 1 |
dérogation n. f.
dérogatoire adj.
dérogeance n. f.
déroger v. tr. ind. | conjug. 3 |
déroquer v. tr. | conjug. 1 |
dérougir v. intr. | conjug. 2 |
dérouillage ou **dérouillement** n. m.
dérouillée n. f.
dérouillement n. m.
→ **dérouillage**
dérouiller v. tr. | conjug. 1 |
¬ **se dérouiller**
➾ Aux temps composés de la forme pronominale, le participe passé s'accorde en genre et en nombre avec le sujet : *elle s'est dérouillée.* Mais le participe passé ne s'accorde pas quand il est suivi d'un complément d'objet direct : *elle s'est dérouillé les jambes.*
déroulage n. m.
déroulant, ante adj.
déroulement n. m.
dérouler v. tr. | conjug. 1 |
¬ **se dérouler**
➾ Aux temps composés de la forme pronominale, le participe passé s'accorde en genre et en nombre avec le sujet : *la scène s'est déroulée sous nos yeux.*
dérouleur n. m.
dérouleuse n. f.
déroutage n. m.
déroutant, ante adj.
déroute n. f.
déroutement n. m.
dérouter v. tr. | conjug. 1 |
¬ **se dérouter**
➾ Aux temps composés de la forme pronominale, le participe passé s'accorde en genre et en nombre avec le sujet : *plusieurs navires se sont déroutés.*
derrick n. m.
▫ rec. off. : **tour de forage**
derrière prép., adv. et n. m.
déruralisation n. f.
derviche n. m.
dervicherie n. f.
DES /deɛs/ n. m.
▫ abrév. de **diplôme d'études supérieures**
[1]**des** art. déf. (contraction de *de les*)
HOM. **d, dé**
[2]**des** art. partitif
HOM. **d, dé**
[3]**des** art. indéf. (pluriel de *un, une*)
Ξ Dans le langage soutenu, *des* est remplacé par *de* devant un adjectif : *elle a de petits pieds.*
HOM. **d, dé**
dès prép.
HOM. **dais, dey**
désabonnement n. m.
désabonner v. tr. | conjug. 1 |
¬ **se désabonner**
➾ Aux temps composés de la forme pronominale, le participe passé s'accorde en genre et en nombre avec le sujet : *elle s'est désabonnée de ce magazine.*

désabusé, ée adj.
désabusement n. m.
désabuser v. tr. | conjug. 1 |
désaccentuation n. f.
désaccentuer v. tr. | conjug. 1 |
désacclimater v. tr. | conjug. 1 |
désaccord n. m.
désaccordé, ée adj.
désaccorder v. tr. | conjug. 1 |
¬ **se désaccorder**
➾ Aux temps composés de la forme pronominale, le participe passé s'accorde en genre et en nombre avec le sujet : *ma guitare s'est désaccordée.*
désaccouplement n. m.
désaccoupler v. tr. | conjug. 1 |
désaccoutumance n. f.
désaccoutumer v. tr. | conjug. 1 |
¬ **se désaccoutumer**
➾ Aux temps composés de la forme pronominale, le participe passé s'accorde en genre et en nombre avec le sujet : *elle s'est désaccoutumée du tabac.*
désachalandage n. m.
désachalander v. tr. | conjug. 1 |
désacidification n. f.
désacidifier v. tr. | conjug. 7 |
désaciérer v. tr. | conjug. 6 |
désacralisation n. f.
désacraliser v. tr. | conjug. 1 |
désactivation n. f.
désactiver v. tr. | conjug. 1 |
désadaptation n. f.
désadapté, ée adj.
désadapter v. tr. | conjug. 1 |
désaération n. f.
désaérer v. tr. | conjug. 6 |
désaffectation n. f.
désaffecté, ée adj.
désaffecter v. tr. | conjug. 1 |
désaffection n. f.
désaffectionner (se) v. pron. | conjug. 1 |
➾ Aux temps composés de la forme pronominale, le participe passé s'accorde en genre et en nombre avec le sujet : *elle s'est désaffectionnée de cet endroit.*
désafférentation n. f.
désaffiliation n. f.
désaffilier v. tr. | conjug. 7 |
¬ **se désaffilier**
➾ Aux temps composés de la forme pronominale, le participe passé s'accorde en genre et en nombre avec le sujet : *de nombreux membres de ce parti se sont désaffiliés.*
désaffleurer v. tr. | conjug. 1 |
désaffubler v. tr. | conjug. 1 |
désagrafer v. tr. | conjug. 1 |
désagréable adj.
désagréablement adv.
désagréer v. tr. ind. | conjug. 1 |
désagrégation n. f.
désagrégeable adj.
désagrégeant, ante adj.
désagrégement n. m.
désagréger v. tr. | conjug. 3 et 6 |
¬ **se désagréger**
➾ Aux temps composés de la forme pronominale, le participe passé s'accorde en genre et en nombre avec le sujet : *la navette s'est désagrégée en vol.*
désagrément n. m.
désaimantation n. f.
désaimanter v. tr. | conjug. 1 |
désaisonnalisation n. f.
désaisonnaliser v. tr. | conjug. 1 |
désajustement n. m.
désajuster v. tr. | conjug. 1 |
désaliénation n. f.
désaliéner v. tr. | conjug. 6 |
désalignement n. m.
désaligner v. tr. | conjug. 1 |
désalinisation n. f.
désaliniser v. tr. | conjug. 1 |
désalpe n. f.
désalper v. intr. | conjug. 1 |
désaltérant, ante adj.
désaltération n. f.
désaltérer v. tr. | conjug. 6 |
¬ **se désaltérer**
➾ Aux temps composés de la forme pronominale, le participe passé s'accorde en genre et en nombre avec le sujet : *la brebis s'est désaltérée à la rivière.*
désamarrage n. m.
désamarrer v. tr. | conjug. 1 |
désambiguïsation ou **désambigüisation**○ n. f.
désambiguïser ou **désambigüiser**○ v. tr. | conjug. 1 |
désamiantage n. m.
désamianter v. tr. | conjug. 1 |
désamidonnage n. m.
désamidonner v. tr. | conjug. 1 |
désaminase n. f.
désamination n. f.
désaminer v. tr. | conjug. 1 |
désamorçage n. m.
désamorcer v. tr. | conjug. 3 |
désamour n. m.
désancrer v. tr. | conjug. 1 |
désangler v. tr. | conjug. 1 |
désangoisser v. tr. | conjug. 1 |
désanimation n. f.
désankyloser v. tr. | conjug. 1 |

désannexer v. tr. | conjug. 1 |
désannexion n. f.
désannonce n. f.
désannoncer v. tr. | conjug. 3 |
désaper v. tr. | conjug. 1 |
¬ **se désaper**
➾ Aux temps composés de la forme pronominale, le participe passé s'accorde en genre et en nombre avec le sujet : *elle s'est désapée avant de se coucher.*
désapeurer v. tr. | conjug. 1 |
désappareiller v. tr. | conjug. 1 |
désapparier v. tr. | conjug. 7 |
désappointant, ante adj.
désappointé, ée adj.
désappointement n. m.
désappointer v. tr. | conjug. 1 |
désapprendre v. tr. | conjug. 58 |
➾ Au présent de l'indicatif, à la forme interrogative avec sujet inversé, on écrit *désapprend-on, désapprend-il, désapprend-elle* et non **désapprend-t-on, *désapprend-t-il, *désapprend-t-elle*. Le *d* final se prononce /t/ ; il est donc inutile et fautif d'ajouter un *t*.
désapprobateur, trice adj.
désapprobation n. f.
désappropriation n. f.
désapproprier v. tr. | conjug. 7 |
désapprouver v. tr. | conjug. 1 |
désapprovisionnement n. m.
désapprovisionner v. tr. | conjug. 1 |
désarçonnant, ante adj.
désarçonnement n. m.
désarçonner v. tr. | conjug. 1 |
désargentage n. m.
désargenté, ée adj.
désargentement n. m.
désargenter v. tr. | conjug. 1 |
¬ **se désargenter**
➾ Aux temps composés de la forme pronominale, le participe passé s'accorde en genre et en nombre avec le sujet : *ces couverts se sont désargentés avec le temps.*
désargenture n. f.
désarmant, ante adj.
désarmé, ée adj.
désarmement n. m.
désarmer v. tr. | conjug. 1 |
¬ **se désarmer**
➾ Aux temps composés de la forme pronominale, le participe passé s'accorde en genre et en nombre avec le sujet : *les soldats se sont désarmés.*
désarrimage n. m.
désarrimer v. tr. | conjug. 1 |
désarroi n. m.
désarticulation n. f.
désarticuler v. tr. | conjug. 1 |
¬ **se désarticuler**
➾ Aux temps composés de la forme pronominale, le participe passé s'accorde en genre et en nombre avec le sujet : *cette communauté s'est désarticulée.*
désassemblage n. m.
désassembler v. tr. | conjug. 1 |
désassembleur n. m.
désassimilateur, trice adj.
désassimilation n. f.
désassimiler v. tr. | conjug. 1 |
désassortiment n. m.
désassortir v. tr. | conjug. 2 |
désastre n. m.
désastreusement adv.
désastreux, euse adj.
désatellisation n. f.
désatomisation n. f.
désatomiser v. tr. | conjug. 1 |
désattrister v. tr. | conjug. 1 |
désavantage n. m.
désavantager v. tr. | conjug. 3 |
désavantageusement adv.
désavantageux, euse adj.
désaveu n. m.
désavouable adj.
désavouer v. tr. | conjug. 1 |
¬ **se désavouer**
➾ Aux temps composés de la forme pronominale, le participe passé s'accorde en genre et en nombre avec le sujet : *elle s'est désavouée.*
désaxage n. m.
désaxé, ée adj. et n.
désaxement n. m.
désaxer v. tr. | conjug. 1 |
descellement n. m.
HOM. **décèlement**
desceller v. tr. | conjug. 1 |
ϟ Ne pas confondre **desceller**, qui signifie « défaire (ce qui est scellé) », avec **déceler**, qui signifie « mettre en évidence ».
HOM. **desseller**
descendance n. f.
descendant, ante adj. et n.
descenderie n. f.
descendeur, euse n.
descendre v. intr. et v. tr. | conjug. 41 |
CONJUG. Ce verbe se conjugue avec l'auxiliaire *avoir* à la forme transitive et avec l'auxiliaire *être* à la forme intransitive : *il a descendu l'escalier ; il est descendu immédiatement.*
☰ **Descendre en bas** est un pléonasme à éviter.
➾ Au présent de l'indicatif, à la forme interrogative avec sujet inversé, on écrit *descend-on, descend-il, descend-elle* et non **descend-t-on,*

*descend-t-il, *descend-t-elle*. Le *d* final se prononce /t/ ; il est donc inutile et fautif d'ajouter un *t*.

descenseur n. m.
descension n. f.
descensionnel, elle adj.
descente n. f.
HOM. **décente** (fém. de *décent*).
déschisteur n. m.
déscolarisation n. f.
déscolarisé, ée adj.
déscolariser v. tr. | conjug. 1 |
déscotcher v. tr. | conjug. 1 |
¬ **se déscotcher**
➾ Aux temps composés de la forme pronominale, le participe passé s'accorde en genre et en nombre avec le sujet : *elle ne s'est pas déscotchée de la télé*.
descripteur, trice n.
descriptible adj.
descriptif, ive adj. et n. m.
description n. f.
descriptivisme n. m.
descriptiviste adj.
desdits, ites /dedi/ adj.
HOM. formes des v. **dédier, dédire**
déséchouage n. m.
déséchouer v. tr. | conjug. 1 |
désectorisation n. f.
désectoriser v. tr. | conjug. 1 |
déséduquer v. tr. | conjug. 1 |
déségrégation n. f.
déségrégationner v. tr. | conjug. 1 |
désélectionner v. tr. | conjug. 1 |
désélectriser v. tr. | conjug. 1 |
désémantisation n. f.
désemballage n. m.
désemballer v. tr. | conjug. 1 |
désembobiner v. tr. | conjug. 1 |
désembourber v. tr. | conjug. 1 |
désembourgeoisement n. m.
désembourgeoiser v. tr. | conjug. 1 |
¬ **se désembourgeoiser**
➾ Aux temps composés de la forme pronominale, le participe passé s'accorde en genre et en nombre avec le sujet : *elle s'est un peu désembourgeoisée*.
désembouteiller v. tr. | conjug. 1 |
désembrouiller v. tr. | conjug. 1 |
¬ **se désembrouiller**
➾ Aux temps composés de la forme pronominale, le participe passé s'accorde en genre et en nombre avec le sujet : *la situation s'est désembrouillée*.
désembroussailler v. tr. | conjug. 1 |
désembuage n. m.
désembuer v. tr. | conjug. 1 |
désemmailloter v. tr. | conjug. 1 |
désemmancher v. tr. | conjug. 1 |
désempaler v. tr. | conjug. 1 |
désemparé, ée adj.
désemparement n. m.
désemparer v. tr. | conjug. 1 |
Ξ Ce verbe s'emploie surtout dans l'expression **sans désemparer**.
désempeser v. tr. | conjug. 5 |
désempêtrer v. tr. | conjug. 1 |
désempierrer v. tr. | conjug. 1 |
désempiler v. tr. | conjug. 1 |
désemplir v. tr. et v. intr. | conjug. 2 |
¬ **se désemplir**
➾ Aux temps composés de la forme pronominale, le participe passé s'accorde en genre et en nombre avec le sujet : *la salle s'est peu à peu désemplie*.
désemprisonner v. tr. | conjug. 1 |
désencadrement n. m.
désencadrer v. tr. | conjug. 1 |
désencanailler v. tr. | conjug. 1 |
désencarter v. tr. | conjug. 1 |
désenchaînement ou **désenchainement**° n. m.
désenchaîner ou **désenchainer**° v. tr. | conjug. 1 |
désenchanté, e adj.
désenchantement n. m.
désenchanter v. tr. | conjug. 1 |
¬ **se désenchanter**
➾ Aux temps composés de la forme pronominale, le participe passé s'accorde en genre et en nombre avec le sujet : *elle s'est désenchantée*.
désenchanteur, eresse adj. et n.
désenclavement n. m.
désenclaver v. tr. | conjug. 1 |
¬ **se désenclaver**
➾ Aux temps composés de la forme pronominale, le participe passé s'accorde en genre et en nombre avec le sujet : *cette région s'est désenclavée*.
désenclouer v. tr. | conjug. 1 |
désencombrement n. m.
désencombrer v. tr. | conjug. 1 |
désencrage n. m.
désencrasser v. tr. | conjug. 1 |
désencroûter ou **désencrouter**° v. tr. | conjug. 1 |
désendettement n. m.
désendetter (se) v. pron. | conjug. 1 |
➾ Aux temps composés de la forme pronominale, le participe passé s'accorde en genre et en nombre avec le sujet : *ils se sont désendettés*.

désénerver v. tr. | conjug. 1 |
¬ **se désénerver**
➾ Aux temps composés de la forme pronominale, le participe passé s'accorde en genre et en nombre avec le sujet : *elle s'est finalement désénervée.*
désenfiler v. tr. | conjug. 1 |
désenflammer v. tr. | conjug. 1 |
désenfler v. tr. et v. intr. | conjug. 1 |
CONJUG. Le verbe intransitif se conjugue avec l'auxiliaire *avoir* pour insister sur l'action et avec l'auxiliaire *être* pour insister sur le résultat : *ma joue a désenflé rapidement ; quand je me suis réveillé, ma joue était désenflée.*
désenfourner v. tr. | conjug. 1 |
désenfumage n. m.
désenfumer v. tr. | conjug. 1 |
désengagement n. m.
désengager v. tr. | conjug. 3 |
¬ **se désengager**
➾ Aux temps composés de la forme pronominale, le participe passé s'accorde en genre et en nombre avec le sujet : *ils se sont désengagés de leurs obligations.*
désengluer v. tr. | conjug. 1 |
¬ **se désengluer**
➾ Aux temps composés de la forme pronominale, le participe passé s'accorde en genre et en nombre avec le sujet : *elle s'est désengluée de ses mauvaises habitudes.*
désengorgement n. m.
désengorger v. tr. | conjug. 3 |
désengourdir v. tr. | conjug. 2 |
¬ **se désengourdir**
➾ Aux temps composés de la forme pronominale, le participe passé s'accorde en genre et en nombre avec le sujet : *elle s'est désengourdie.*
désengourdissement n. m.
désengrener v. tr. | conjug. 5 |
désenivrer v. tr. et v. intr. | conjug. 1 |
¬ **se désenivrer**
➾ Aux temps composés de la forme pronominale, le participe passé s'accorde en genre et en nombre avec le sujet : *elle s'est désenivrée.*
désenlacer v. tr. | conjug. 3 |
désenlaidir v. tr. et v. intr. | conjug. 2 |
désenneiger v. tr. | conjug. 3 |
désennui n. m.
désennuyer v. tr. | conjug. 8 |
¬ **se désennuyer**
➾ Aux temps composés de la forme pronominale, le participe passé s'accorde en genre et en nombre avec le sujet : *ils se sont désennuyés en allant au cinéma.*
désenrayage n. m.
désenrayer v. tr. | conjug. 8 |
désenrhumer v. tr. | conjug. 1 |
¬ **se désenrhumer**
➾ Aux temps composés de la forme pronominale, le participe passé s'accorde en genre et en nombre avec le sujet : *elle s'est désenrhumée.*
désenrouer v. tr. | conjug. 1 |
¬ **se désenrouer**
➾ Aux temps composés de la forme pronominale, le participe passé s'accorde en genre et en nombre avec le sujet : *elle s'est désenrouée en buvant un verre d'eau.*
désensablement n. m.
désensabler v. tr. | conjug. 1 |
désensevelir v. tr. | conjug. 2 |
désensibilisant, ante adj. et n. m.
désensibilisateur n. m.
désensibilisation n. f.
désensibiliser v. tr. | conjug. 1 |
¬ **se désensibiliser**
➾ Aux temps composés de la forme pronominale, le participe passé s'accorde en genre et en nombre avec le sujet : *ils se sont désensibilisés aux problèmes du tiers-monde.*
désensorceler v. tr. | conjug. 4 |
désensorcellement n. m.
désentoilage n. m.
désentoiler v. tr. | conjug. 1 |
désentortiller v. tr. | conjug. 1 |
désentraver v. tr. | conjug. 1 |
désentrelacer v. tr. | conjug. 3 |
désenvaser v. tr. | conjug. 1 |
désenvelopper v. tr. | conjug. 1 |
désenvenimer v. tr. | conjug. 1 |
désenverguer v. tr. | conjug. 1 |
désenvoûtement ou **désenvoutement**° n. m.
désenvoûter ou **désenvouter**° v. tr. | conjug. 1 |
désenvoûteur, euse ou **désenvouteur, euse**° n.
désépaissir v. tr. | conjug. 2 |
désépargnant, ante n.
désépargne n. f.
désépargner v. intr. | conjug. 1 |
désépingler v. tr. | conjug. 1 |
déséquilibrage n. m.
déséquilibrant, ante adj.
déséquilibration n. f.
déséquilibre n. m.
déséquilibré, ée adj.
déséquilibrement n. m.
déséquilibrer v. tr. | conjug. 1 |

déséquiper v. tr. | conjug. 1 |
¬ **se déséquiper**
➾ Aux temps composés de la forme pronominale, le participe passé s'accorde en genre et en nombre avec le sujet : *les alpinistes se sont déséquipés en arrivant au refuge.*
désert, erte adj. et n. m.
déserter v. tr. | conjug. 1 |
déserteur n. m.
☯ Ce mot n'a pas de forme féminine et s'emploie rarement pour parler d'une femme.
désertification n. f.
désertifier (se) v. pron. | conjug. 7 |
➾ Aux temps composés de la forme pronominale, le participe passé s'accorde en genre et en nombre avec le sujet : *les campagnes se sont désertifiées.*
désertion n. f.
désertique adj.
désescalade n. f.
désespérament adv.
désespérance n. f.
désespérant, ante adj.
désespéré, ée adj.
désespérément adv.
désespérer v. tr. ind., v. intr. et v. tr. | conjug. 6 |
▸ **désespérer de** (+ inf.) *il ne désespère pas de réussir un jour*
▸ **désespérer que** (+ subj.) *nous commençons à désespérer qu'il aille mieux ; je ne désespère pas qu'il (ne) réussisse*
¬ **se désespérer**
➾ Aux temps composés de la forme pronominale, le participe passé s'accorde en genre et en nombre avec le sujet : *elle s'est longtemps désespérée quand sa candidature a été refusée.*
désespoir n. m.
désétatisation n. f.
désétatiser v. tr. | conjug. 1 |
déseuropéanisation n. f.
désexcitation n. f.
désexciter v. tr. | conjug. 1 |
désexualisation n. f.
désexualiser v. tr. | conjug. 1 |
déshabillage n. m.
déshabillé n. m.
déshabiller v. tr. | conjug. 1 |
¬ **se déshabiller**
➾ Aux temps composés de la forme pronominale, le participe passé s'accorde en genre et en nombre avec le sujet : *elle s'est déshabillée.*
déshabilleur, euse adj.
déshabilloir n. m.
déshabité, ée adj.
déshabituer v. tr. | conjug. 1 |
¬ **se déshabituer**
➾ Aux temps composés de la forme pronominale, le participe passé s'accorde en genre et en nombre avec le sujet : *ils se sont déshabitués de travailler.*
désharmonie n. f.
désherbage n. m.
désherbant, ante adj. et n. m.
désherber v. tr. | conjug. 1 |
déshérence n. f.
déshérité, ée adj. et n.
déshéritement n. m.
déshériter v. tr. | conjug. 1 |
déshonnête adj.
déshonnêtement adv.
déshonnêteté n. f.
déshonneur n. m.
déshonorable adj.
déshonorant, ante adj.
déshonorer v. tr. | conjug. 1 |
¬ **se déshonorer**
➾ Aux temps composés de la forme pronominale, le participe passé s'accorde en genre et en nombre avec le sujet : *elle s'est déshonorée.*
déshuilage n. m.
déshuiler v. tr. | conjug. 1 |
déshuileur n. m.
déshumanisant, ante adj.
déshumanisation n. f.
déshumanisé, e adj.
déshumaniser v. tr. | conjug. 1 |
déshumidificateur n. m.
déshumidifier v. tr. | conjug. 7 |
déshydrase n. f.
déshydratant, ante adj. et n. m.
déshydratation n. f.
déshydraté, ée adj.
déshydrater v. tr. | conjug. 1 |
¬ **se déshydrater**
➾ Aux temps composés de la forme pronominale, le participe passé s'accorde en genre et en nombre avec le sujet : *ils se sont rapidement déshydratés.*
déshydrocyclisation n. f.
déshydrogénase n. f.
déshydrogénation n. f.
déshydrogéner v. tr. | conjug. 6 |
déshypothéquer v. tr. | conjug. 6 |
désidérabilité n. f.
desiderata ou **désidératas** n. m. pl.
désidératif, ive adj. et n. m.
desideratum /dezideʀatɔm/ n. m. sing.
Ξ Ce mot ne s'emploie plus que dans la langue didactique. Dans le langage courant, on emploie le pluriel *desiderata.*

design /dizajn/ n. m.
◻ rec. off. : **stylisme**
☰ Ce mot peut s'employer en apposition ; il est alors invariable : *des meubles design*.
désignable adj.
désignateur, trice adj.
désignatif, ive adj.
désignation n. f.
designer /dizajnœʀ/ ou **designeur, euse**○ n.
◻ rec. off. : **styliste**
désigner v. tr. | conjug. 1 |
désilage n. m.
désileuse n. f.
désiliciage n. m.
désillusion n. f.
désillusionnant, ante adj.
désillusionnement n. m.
désillusionner v. tr. | conjug. 1 |
¬ **se désillusionner**
➾ Aux temps composés de la forme pronominale, le participe passé s'accorde en genre et en nombre avec le sujet : *elle s'est désillusionnée en grandissant*.
désincarcération n. f.
désincarcérer v. tr. | conjug. 6 |
désincarnation n. f.
désincarné, ée adj.
désincarner v. tr. | conjug. 1 |
¬ **se désincarner**
➾ Aux temps composés de la forme pronominale, le participe passé s'accorde en genre et en nombre avec le sujet : *elle s'est désincarnée*.
désincrustant, ante adj. et n. m.
désincrustation n. f.
désincruster v. tr. | conjug. 1 |
désindexation n. f.
désindexer v. tr. | conjug. 1 |
désindividualisation n. f.
désindividualiser v. tr. | conjug. 1 |
désindustrialisation n. f.
désindustrialiser v. tr. | conjug. 1 |
¬ **se désindustrialiser**
➾ Aux temps composés de la forme pronominale, le participe passé s'accorde en genre et en nombre avec le sujet : *cette région s'est désindustrialisée après la guerre*.
désinence n. f.
désinentiel, ielle adj.
désinfectant, ante adj. et n. m.
désinfecter v. tr. | conjug. 1 |
désinfecteur adj. et n. m.
désinfection n. f.
désinfestation n. f.
désinfiltrant, ante adj.
désinflation n. f.
désinformation n. f.
désinformer v. tr. | conjug. 1 |
désinhibant, ante adj.
désinhiber v. tr. | conjug. 1 |
désinhibiteur, trice adj.
désinhibition n. f.
désinscription n. f.
désinscrire (se) v. pron. | conjug. 39 |
➾ Aux temps composés de la forme pronominale, le participe passé s'accorde en genre et en nombre avec le sujet : *ils se sont désinscrits du cours de claquettes*.
désinsectisation n. f.
désinsectiser v. tr. | conjug. 1 |
désinsérer v. tr. | conjug. 6 |
désinsertion n. f.
désinstallation n. f.
désinstaller v. tr. | conjug. 1 |
désintégration n. f.
désintégrer v. tr. | conjug. 6 |
¬ **se désintégrer**
➾ Aux temps composés de la forme pronominale, le participe passé s'accorde en genre et en nombre avec le sujet : *la navette s'est désintégrée au contact de l'astéroïde*.
désintellectualiser v. tr. | conjug. 1 |
désintéressé, ée adj.
désintéressement n. m.
désintéressément adv.
désintéresser v. tr. | conjug. 1 |
¬ **se désintéresser**
➾ Aux temps composés de la forme pronominale, le participe passé s'accorde en genre et en nombre avec le sujet : *elle s'est désintéressée de la politique*.
désintérêt n. m.
désintermédiation n. f.
désintoxication n. f.
désintoxiquant, ante adj.
désintoxiquer v. tr. | conjug. 1 |
¬ **se désintoxiquer**
➾ Aux temps composés de la forme pronominale, le participe passé s'accorde en genre et en nombre avec le sujet : *ils se sont désintoxiqués*.
désintrication n. f.
désinvestir v. tr. | conjug. 2 |
désinvestissement n. m.
désinviter v. tr. | conjug. 1 |
désinvolte adj.
désinvolture n. f.
désir n. m.
HOM. formes du v. **désirer**
désirabilité n. f.
désirable adj.
désirant, ante adj.
désirer v. tr. | conjug. 1 |
☰ La structure **désirer de** (+ inf.) est vieillie

ou littéraire : *elle désirait de le séduire.* Dans le langage courant, on emploie **désirer** (+ inf.) ou **désirer que** (+ subj.) : *je désire partir ; je désire que vous m'écoutiez.*

désireux, euse adj.

désistement n. m.

désister (se) v. pron. | conjug. 1 |

➾ Aux temps composés de la forme pronominale, le participe passé s'accorde en genre et en nombre avec le sujet : *elle s'est désistée à la dernière minute.*

desk n. m.

▫ rec. off. : **bureau des dépêches** ou **salle des dépêches**

desktop n. m.

desman n. m.

desmidiale ou **desmidiée** n. f.

desmodie n. f.

desmodonte n. m.

desmodontite n. f.

desmodromique adj.

desmographie n. f.

desmolase n. f.

desmologie n. f.

desmolyse n. f.

desmosome n. m.

desmotomie n. f.

désobéir v. tr. ind. | conjug. 2 |

désobéissance n. f.

désobéissant, ante adj.

désobligeamment adv.

désobligeance n. f.

désobligeant, ante adj.

désobliger v. tr. | conjug. 3 |

désoblitération n. f.

désobstruant, ante ou **désobstructif, ive** adj.

désobstruction n. f.

désobstruer v. tr. | conjug. 1 |

désocclusion n. f.

désoccupation n. f.

désoccupé, ée adj.

désoccuper v. tr. | conjug. 1 |

désocialisation n. f.

désocialiser v. tr. | conjug. 1 |

désodorisant, ante adj. et n. m.

désodorisation n. f.

désodoriser v. tr. | conjug. 1 |

désodoriseur n. m.

désœuvre n. f.

désœuvré, ée adj.

désœuvrement n. m.

désolant, ante adj.

désolation n. f.

désolé, ée adj.

désoler v. tr. | conjug. 1 |

désolidariser v. tr. | conjug. 1 |

¬ **se désolidariser**

⌘ On emploie indifféremment **se désolidariser de qqn** ou **se désolidariser d'avec qqn** : *il s'est désolidarisé de ses collègues* ou *d'avec ses collègues.*

➾ Aux temps composés de la forme pronominale, le participe passé s'accorde en genre et en nombre avec le sujet : *elle s'est désolidarisée de son équipe.*

désoperculateur n. m.

désoperculer v. tr. | conjug. 1 |

désopilant, ante adj.

désopiler v. tr. | conjug. 1 |

désorbitation n. f.

désorbiter v. tr. | conjug. 1 |

désordonné, ée adj.

désordre n. m.

désorganisateur, trice adj. et n.

désorganisation n. f.

désorganiser v. tr. | conjug. 1 |

¬ **se désorganiser**

➾ Aux temps composés de la forme pronominale, le participe passé s'accorde en genre et en nombre avec le sujet : *l'administration s'est désorganisée.*

désorientant, ante adj.

désorientation n. f.

désorienté, ée adj.

désorienter v. tr. | conjug. 1 |

désormais adv.

désorption n. f.

désossage n. m.

désossé, ée adj.

désossement n. m.

désosser v. tr. | conjug. 1 |

désoxycortone ou **désoxycorticostérone** n. f.

désoxydant, ante adj. et n. m.

désoxydation n. f.

désoxygénation n. f.

désoxygéner v. tr. | conjug. 6 |

désoxyribonucléase n. f.

désoxyribonucléique adj.

désoxyribose n. m.

déspécialisation n. f.

déspécialiser v. tr. | conjug. 1 |

¬ **se déspécialiser**

➾ Aux temps composés de la forme pronominale, le participe passé s'accorde en genre et en nombre avec le sujet : *les ouvriers de cette usine se sont déspécialisés.*

despérado ou **desperado** /dɛsperado/ n. m.

despotat /-ta/ n. m.

despote n. m.

☯ Ce mot peut s'employer pour parler d'une femme : *sa mère est un despote.*

despotique adj.
despotiquement adv.
despotisme n. m.
desquamant /dɛskwa-/ n. m.
desquamatif, ive /dɛskwa-/ adj.
desquamation /dɛskwa-/ n. f.
desquamer /dɛskwa-/ v. intr. et v. tr. | conjug. 1 |
¬ **se desquamer**
➾ Aux temps composés de la forme pronominale, le participe passé s'accorde en genre et en nombre avec le sujet : *sa peau s'est desquamée.*
desquels, desquelles pron. rel. et interrog.
→ aussi **lequel, laquelle**
DESS /deøɛsɛs/ n. m.
◻ abrév. de **diplôme d'études supérieures spécialisées**
dessablage n. m.
dessablement n. m.
dessabler v. tr. | conjug. 1 |
dessaisir v. tr. | conjug. 2 |
¬ **se dessaisir**
➾ Aux temps composés de la forme pronominale, le participe passé s'accorde en genre et en nombre avec le sujet : *elle s'est dessaisie de papiers compromettants.*
dessaisissement n. m.
dessaisonalisation n. f.
dessaisonaliser v. tr. | conjug. 1 |
dessaisonnement n. m.
dessaisonner v. tr. | conjug. 1 |
dessalage n. m.
dessalé, ée adj.
dessalement n. m.
dessaler v. tr. et v. intr. | conjug. 1 |
dessalinisateur n. m.
dessalinisation n. f.
dessalure n. f.
dessangler v. tr. | conjug. 1 |
¬ **se dessangler**
➾ Aux temps composés de la forme pronominale, le participe passé s'accorde en genre et en nombre avec le sujet : *la jument s'est dessanglée.*
dessaouler v. tr. et v. intr. | conjug. 1 |
→ **dessoûler**
desséchant, ante adj.
dessèchement n. m.
dessécher v. tr. | conjug. 6 |
¬ **se dessécher**
➾ Aux temps composés de la forme pronominale, le participe passé s'accorde en genre et en nombre avec le sujet : *sa peau s'est desséchée au soleil.*
dessein n. m.
➾ Ce mot est au singulier dans la locution **à dessein.**
HOM. **dessin**
dessellage n. m.
desseller v. tr. | conjug. 1 |
HOM. **desceller**
desserrage n. m.
desserre n. f.
HOM. **dessert**, formes des v. **desserrer, desservir**
desserrement n. m.
desserrer v. tr. | conjug. 1 |
¬ **se desserrer**
➾ Aux temps composés de la forme pronominale, le participe passé s'accorde en genre et en nombre avec le sujet : *la vis s'est desserrée.*
dessert n. m.
HOM. **desserre**, formes des v. **desserrer, desservir**
desserte n. f.
dessertir v. tr. | conjug. 2 |
dessertissage n. m.
desservant n. m.
desservir v. tr. | conjug. 14 |
¬ **se desservir**
➾ Aux temps composés de la forme pronominale, le participe passé s'accorde en genre et en nombre avec le sujet : *elle s'est desservie par sa franchise.*
dessiccant n. m.
dessiccateur n. m.
dessiccatif, ive adj.
dessiccation n. f.
dessillement /desij-/ n. m.
dessiller ou **déciller** /desije/ v. tr. | conjug. 1 |
¬ **se dessiller**
➾ Aux temps composés de la forme pronominale, le participe passé s'accorde en genre et en nombre avec le sujet : *ses yeux se sont lentement dessillés.*
dessin n. m.
HOM. **dessein**
dessinandier n. m.
dessin animé n. m.
dessinateur, trice n.
dessiné, ée adj.
dessiner v. tr. | conjug. 1 |
¬ **se dessiner**
➾ Aux temps composés de la forme pronominale, le participe passé s'accorde en genre et en nombre avec le sujet : *une moue s'est dessinée sur ses lèvres.*
dessolement n. m.
dessoler v. tr. | conjug. 1 |
dessolure n. f.
dessouchage ou **dessouchement** n. m.
dessoucher v. tr. | conjug. 1 |
dessoudage n. m.

dessouder v. tr. | conjug. 1 |
¬ **se dessouder**
➾ Aux temps composés de la forme pronominale, le participe passé s'accorde en genre et en nombre avec le sujet : *la prise s'est dessoudée du mur.*
dessoûler ou **dessaouler** ou **dessouler**○ v. tr. et v. intr. | conjug. 1 |
¬ **se dessoûler**
➾ Aux temps composés de la forme pronominale, le participe passé s'accorde en genre et en nombre avec le sujet : *elle s'est dessoûlée.*
[1]**dessous** prép. et adv.
Ξ L'emploi comme préposition (*le chat est dessous la table*) est archaïque.
➾ Les locutions **sens dessus dessous** et **en dessous** s'écrivent sans trait d'union, contrairement à *ci-dessous, par-dessous, là-dessous, au-dessous*..
[2]**dessous** n. m.
dessous-de-bouteille n. m. inv.
dessous-de-bras n. m. inv.
dessous-de-plat n. m. inv.
dessous-de-table n. m. inv.
dessuintage n. m.
dessuinter v. tr. | conjug. 1 |
dessuinteuse n. f.
[1]**dessus** prép. et adv.
Ξ L'emploi comme préposition (*le livre est dessus la table*) est archaïque.
➾ La locution **sens dessus dessous** s'écrit sans trait d'union.
[2]**dessus** n. m.
dessus-de-lit n. m. inv.
dessus-de-plat n. m. inv.
dessus-de-porte n. m. inv.
déstabilisant, ante adj.
déstabilisateur, trice adj.
déstabilisation n. f.
déstabiliser v. tr. | conjug. 1 |
déstalinisation n. f.
déstaliniser v. tr. | conjug. 1 |
¬ **se déstaliniser**
➾ Aux temps composés de la forme pronominale, le participe passé s'accorde en genre et en nombre avec le sujet : *les pays de l'Est se sont déstalinisés.*
destin n. m.
Ξ **Destin fatal** est un pléonasme à éviter.
destinal, ale, aux adj.
destinataire n.
destinateur n. m.
destination n. f.
destinatoire adj.
destinée n. f.
destiner v. tr. | conjug. 1 |
¬ **se destiner**
➾ Aux temps composés de la forme pronominale, le participe passé s'accorde en genre et en nombre avec le sujet : *elle s'est destinée au professorat.*
destituable adj.
destituer v. tr. | conjug. 1 |
destitution n. f.
déstockage n. m.
déstocker v. tr. et v. intr. | conjug. 1 |
déstockeur n. m.
déstressant, ante adj.
déstresser v. tr. et v. intr. | conjug. 1 |
¬ **se déstresser**
➾ Aux temps composés de la forme pronominale, le participe passé s'accorde en genre et en nombre avec le sujet : *elle s'est déstressée devant la télévision.*
destrier n. m.
destroy /dɛstʀɔj/ adj. inv.
destroyer /dɛstʀwaje/ n. m.
destructeur, trice n. et adj.
destructibilité n. f.
destructible adj.
destructif, ive adj.
destruction n. f.
destructivité n. f.
déstructuration n. f.
déstructurer v. tr. | conjug. 1 |
¬ **se déstructurer**
➾ Aux temps composés de la forme pronominale, le participe passé s'accorde en genre et en nombre avec le sujet : *la ville s'est déstructurée.*
désubjectiviser v. tr. | conjug. 1 |
désuet, ète adj.
désuétude n. f.
désulfitage n. m.
désulfiter v. tr. | conjug. 1 |
désulfuration n. f.
désulfurer v. tr. | conjug. 1 |
désuni, ie adj.
désunion n. f.
désunir v. tr. | conjug. 2 |
¬ **se désunir**
➾ Aux temps composés de la forme pronominale, le participe passé s'accorde en genre et en nombre avec le sujet : *elles se sont désunies.*
désurbanisation n. f.
désurbaniser v. tr. | conjug. 1 |
désurgelé, ée adj.
désutilité n. f.
désynchronisation /-k-/ n. f.
désynchroniser /-k-/ v. tr. | conjug. 1 |
désyndicalisation n. f.

désyndicaliser v. tr. | conjug. 1 |
¬ **se désyndicaliser**
➾ Aux temps composés de la forme pronominale, le participe passé s'accorde en genre et en nombre avec le sujet : *ils se sont désyndicalisés.*
détachable adj.
détachage n. m.
détachant, ante adj. et n. m.
détaché, ée adj.
détachement n. m.
détacher v. tr. | conjug. 1 |
¬ **se détacher**
➾ Aux temps composés de la forme pronominale, le participe passé s'accorde en genre et en nombre avec le sujet : *deux cyclistes se sont détachés du peloton.*
détacheur, euse n.
détail n. m.
➾ Ce mot est au singulier dans les locutions **de détail** (*commerce de détail ; revue de détail*), **au détail** (*vente au détail*) et **en détail** (*décrire qqch. en détail*).
HOM. formes du v. **détailler**
détaillant, ante n.
détailler v. tr. | conjug. 1 |
détaler v. intr. | conjug. 1 |
détartrage n. m.
détartrant, ante adj. et n. m.
détartrer v. tr. | conjug. 1 |
détartreur n. m.
détaxation n. f.
détaxe n. f.
détaxer v. tr. | conjug. 1 |
détectable adj.
détectage n. m.
détecter v. tr. | conjug. 1 |
détecteur, trice adj. et n.
détection n. f.
détective n.
détectivité n. f.
déteindre v. tr. et v. intr. | conjug. 52 |
déteinte n. f.
dételage n. m.
dételer v. tr. et v. intr. | conjug. 4 |
détendeur n. m.
détendre v. tr. | conjug. 41 |
➾ Au présent de l'indicatif, à la forme interrogative avec sujet inversé, on écrit *détend-on, détend-il, détend-elle* et non **détend-t-on, *détend-t-il, *détend-t-elle*. Le *d* final se prononce /t/ ; il est donc inutile et fautif d'ajouter un *t*.
¬ **se détendre**
➾ Aux temps composés de la forme pronominale, le participe passé s'accorde en genre et en nombre avec le sujet : *elle s'est détendue pendant ses vacances.*

détendu, ue adj.
détenir v. tr. | conjug. 22 |
détente n. f.
détenteur, trice n.
détention n. f.
détenu, ue adj. et n.
détergence n. f.
détergent, ente adj. et n. m.
➾ Ne pas écrire ce mot comme *détergeant*, participe présent du verbe *déterger*.
déterger v. tr. | conjug. 3 |
détérioration n. f.
détériorer v. tr. | conjug. 1 |
¬ **se détériorer**
➾ Aux temps composés de la forme pronominale, le participe passé s'accorde en genre et en nombre avec le sujet : *la situation s'est détériorée.*
déterminable adj.
déterminant, ante adj. et n. m.
déterminatif, ive adj.
détermination n. f.
déterminé, ée adj.
déterminément adv.
déterminer v. tr. | conjug. 1 |
¬ **se déterminer**
➾ Aux temps composés de la forme pronominale, le participe passé s'accorde en genre et en nombre avec le sujet : *elle s'est déterminée à agir.*
déterminisme n. m.
déterministe adj. et n.
déterrage n. m.
déterré, ée n.
déterrement n. m.
déterrer v. tr. | conjug. 1 |
déterreur, euse n.
détersif, ive adj. et n. m,
détersion n. f.
détestable adj.
détestablement adv.
détestation n. f.
détester v. tr. | conjug. 1 |
Ξ La structure **détester de** (+ inf.) appartient au registre littéraire : *il déteste de mentir.* Dans le langage courant, on emploie **détester** (+ inf.) : *il déteste mentir.*
¬ **se détester**
➾ Aux temps composés de la forme pronominale, le participe passé s'accorde en genre et en nombre avec le sujet : *ils se sont longtemps détestés avant d'être amis.*
déthéiné, ée adj.
détimbré, ée adj.
détimbrer v. tr. et v. intr. | conjug. 1 |
¬ **se détimbrer**
➾ Aux temps composés de la forme pronominale, le participe passé s'accorde en genre

et en nombre avec le sujet : *sa voix s'est détimbrée*.

détiré n. m.

détirer v. tr. | conjug. 1 |

¬ se détirer

➾ Aux temps composés de la forme pronominale, le participe passé s'accorde en genre et en nombre avec le sujet : *elle s'est détirée en bâillant*.

détireuse n. f.

détisser v. tr. | conjug. 1 |

détonant, ante adj.

➾ Ne pas écrire cet adjectif, qui vient de *détoner*, comme *détonnant*, participe présent du verbe *détonner*.

détonateur n. m.

détonation n. f.

détoner v. intr. | conjug. 1 |

ϟ Ne pas confondre **détoner**, qui signifie « exploser avec bruit », avec **détonner**, qui signifie « ne pas être dans le ton ».

HOM. **détonner**

détonique n. f.

détonner v. intr. | conjug. 1 |

ϟ Ne pas confondre **détonner**, qui signifie « ne pas être dans le ton », avec **détoner**, qui signifie « exploser avec bruit ».

HOM. **détoner**

détordre v. tr. | conjug. 41 |

➾ Au présent de l'indicatif, à la forme interrogative avec sujet inversé, on écrit *détord-on, détord-il, détord-elle* et non **détord-t-on, *détord-t-il, *détord-t-elle*. Le *d* final se prononce /t/ ; il est donc inutile et fautif d'ajouter un *t*.

¬ se détordre

➾ Aux temps composés de la forme pronominale, le participe passé s'accorde en genre et en nombre avec le sujet : *les fils se sont détordus*.

détors, orse /detɔʀ, ɔʀs/ adj.

HOM. formes du v. **détordre**

détorsion n. f.

détortiller v. tr. | conjug. 1 |

¬ se détortiller

➾ Aux temps composés de la forme pronominale, le participe passé s'accorde en genre et en nombre avec le sujet : *elle s'est détortillée de ce gêneur*.

détotalisé, ée adj.

détour n. m.

➾ Ce mot est au singulier dans la locution **sans détour**.

détourage n. m.

détourer v. tr. | conjug. 1 |

détourné, ée adj. et n. m.

détournement n. m.

détourner v. tr. | conjug. 1 |

¬ se détourner

➾ Aux temps composés de la forme pronominale, le participe passé s'accorde en genre et en nombre avec le sujet : *ils se sont détournés de leurs devoirs*.

détourneur, euse n.

détoxication n. f.

détoxifiant, iante adj. et n. m.

détoxifier v. tr. | conjug. 7 |

détoxination n. f.

détoxiner v. tr. | conjug. 1 |

détoxiquer v. tr. | conjug. 1 |

détracter v. tr. | conjug. 1 |

détracteur, trice n.

détraction n. f.

détramage n. m.

détramer v. tr. | conjug. 1 |

détranspirant n. m.

détraquage n. m.

détraqué, ée adj. et n.

détraquement n. m.

détraquer v. tr. | conjug. 1 |

¬ se détraquer

➾ Aux temps composés de la forme pronominale, le participe passé s'accorde en genre et en nombre avec le sujet : *ma montre s'est détraquée*.

détrempe n. f.

détremper v. tr. | conjug. 1 |

détresse n. f.

détresser v. tr. | conjug. 1 |

détribalisation n. f.

détribaliser v. tr. | conjug. 1 |

détricotage n. m.

détricoter v. tr. | conjug. 1 |

¬ se détricoter

➾ Aux temps composés de la forme pronominale, le participe passé s'accorde en genre et en nombre avec le sujet : *sa chaussette s'est détricotée*.

détriment n. m.

détritage n. m.

détrition n. f.

détritique adj.

détritivore adj. et n. m.

détritus /-y(s)/ n. m.

♪ La prononciation /detʀity/ est plus courante.

détroit n. m.

➾ Avec une majuscule, **les Détroits** désigne l'ensemble formé par les détroits du Bosphore et des Dardanelles.

détromper v. tr. | conjug. 1 |

¬ se détromper

➾ Aux temps composés de la forme pronominale, le participe passé s'accorde en genre

et en nombre avec le sujet : *elle s'est rapidement détrompée.*
détrompeur n. m.
détroncation n. f.
détrônement n. m.
détrôner v. tr. | conjug. 1 |
détroquage n. m.
détroquer v. tr. | conjug. 1 |
détroussement ou **détroussage** n. m.
détrousser v. tr. | conjug. 1 |
détrousseur n. m.
détruire v. tr. | conjug. 38 |
¬ **se détruire**
➾ Aux temps composés de la forme pronominale, le participe passé s'accorde en genre et en nombre avec le sujet : *ils se sont mutuellement détruits*. Mais le participe passé ne s'accorde pas quand il est suivi d'un complément d'objet direct : *ils se sont détruit la santé.*
dette n. f.
détumescence n. f.
détumescent, ente adj.
deuche n. f.
◻ abrév. de **deux-chevaux**
deuches n. f. pl.
deudeuche n. f.
DEUG /dœg ; døg/ n. m.
◻ abrév. de **diplôme d'études universitaires générales**
deuil n. m.
deuilleur, euse n.
deus ex machina /deusɛksmakina ; deys-/ n. m. inv.
DEUST /dœst/ n. m.
◻ abrév. de **diplôme d'études universitaires scientifiques et techniques**
deutéragoniste n. m.
deutéranope adj. et n.
deutéranopie n. f.
deutéré, ée ou **deutérié, ée** adj.
deutérium /-ʀjɔm/ n. m.
deutériure ou **deutérure** n. m.
deutérocanonique adj.
deutérogame n.
deutéron n. m.
deutéronome n. m.
deutéropathie n. f.
deutéroscopie n. f.
deuton n. m.
deutoplasme n. m.
deutzia n. m.
deux adj. numéral inv. et n. inv.
♪ On prononce /døz/ devant un mot commençant par une voyelle ou un *h* muet (*deux ans ; deux heures*), /dø/ dans les autres cas (*deux jours ; deux hérissons*).
➾ Les numéraux formant un nombre complexe inférieur à cent s'écrivent traditionnellement avec un trait d'union : *cinquante-deux jours*. Les Rectifications de l'orthographe de 1990 préconisent de généraliser l'emploi du trait d'union à tous les numéraux composés, qu'ils soient inférieurs ou supérieurs à cent : *à la page cent-deux ; il a deux-cent-mille euros en espèces.*
deux-chevaux n. f. inv.
deux-coups n. m. inv.
deuxième adj. numéral ordinal et n.
Ξ La règle voudrait que *deuxième* s'emploie lorsque le nombre des objets dépasse deux (*le deuxième de ses cinq enfants*) et *second* lorsqu'il n'y en a que deux (*la Seconde Guerre mondiale*) mais elle est rarement respectée. Généralement, *second* est préféré à *deuxième* lorsque l'idée de rang n'est pas prépondérante. Il est aussi d'un registre plus soutenu.
deuxièmement adv.
deux-mâts n. m. inv.
deux-pièces n. m. inv.
deux-points n. m. inv.
deux-ponts n. m. inv.
deux-roues n. m. inv.
deux-temps adj. inv. et n. m. inv.
deuzio adv.
dévalant, ante adj.
dévalée n. f.
dévalement n. m.
dévaler v. intr. et v. tr. | conjug. 1 |
dévaliser v. tr. | conjug. 1 |
dévaliseur, euse n.
dévaloir n. m.
dévalorisant, ante adj.
dévalorisation n. f.
dévaloriser v. tr. | conjug. 1 |
¬ **se dévaloriser**
➾ Aux temps composés de la forme pronominale, le participe passé s'accorde en genre et en nombre avec le sujet : *la monnaie s'est dévalorisée.*
dévaluation n. f.
dévaluationniste adj.
dévaluer v. tr. | conjug. 1 |
¬ **se dévaluer**
➾ Aux temps composés de la forme pronominale, le participe passé s'accorde en genre et en nombre avec le sujet : *ces théories se sont vite dévaluées.*
devanagari ou **dévanagari** ou **nagari**° n. f.
devancement n. m.
devancer v. tr. | conjug. 3 |
devancier, ière n.
HOM. formes du v. **devancer**

[1]**devant** prép. et adv.
[2]**devant** n. m.
devantier ou **devanteau** n. m.
devantière n. f.
devanture n. f.
dévaser v. tr. | conjug. 1 |
dévastateur, trice n. et adj.
dévastation n. f.
dévaster v. tr. | conjug. 1 |
dévédéthèque n. f.
déveinard n. m.
déveine n. f.
développable adj.
développante n. f.
développateur n. m.
développé n. m.
développée n. f.
développement n. m.
développer v. tr. | conjug. 1 |
¬ **se développer**
➾ Aux temps composés de la forme pronominale, le participe passé s'accorde en genre et en nombre avec le sujet : *cette technique s'est rapidement développée.*
développeur, euse n.
[1]**devenir** n. m.
[2]**devenir** v. intr. | conjug. 22 |
déventement n. m.
déventer v. tr. | conjug. 1 |
déverbal, aux n. m.
déverbatif n. m.
déverglacer v. tr. | conjug. 3 |
dévergondage n. m.
dévergondé, ée adj.
dévergonder (se) v. pron. | conjug. 1 |
➾ Aux temps composés de la forme pronominale, le participe passé s'accorde en genre et en nombre avec le sujet : *elle s'est dévergondée.*
déverguer v. tr. | conjug. 1 |
dévernir v. tr. | conjug. 2 |
dévernissage n. m.
déverrouillage n. m.
déverrouiller v. tr. | conjug. 1 |
devers /dəvɛʀ/ prép.
Ξ Ce mot ne s'emploie plus que dans la préposition **par-devers**.
dévers /devɛʀ/ n. m.
déversage n. m.
déversé, ée adj.
déversement n. m.
déverser v. tr. et v. intr. | conjug. 1 |
¬ **se déverser**
➾ Aux temps composés de la forme pronominale, le participe passé s'accorde en genre et en nombre avec le sujet : *l'eau s'est déversée dans le bassin.*
déverseur, euse adj. et n.
déversoir n. m.
dévertébré, ée adj.
dévêtement n. m.
dévêtir v. tr. | conjug. 20 |
¬ **se dévêtir**
➾ Aux temps composés de la forme pronominale, le participe passé s'accorde en genre et en nombre avec le sujet : *ils se sont dévêtus.*
dévêtissement n. m.
déviance n. f.
déviant, iante adj. et n.
déviateur, trice adj. et n. m.
déviation n. f.
▫ rec. off. pour **by-pass**
déviationnisme n. m.
déviationniste adj.
dévidage n. m.
dévidement n. m.
dévider v. tr. | conjug. 1 |
¬ **se dévider**
➾ Aux temps composés de la forme pronominale, le participe passé s'accorde en genre et en nombre avec le sujet : *la bobine s'est dévidée.*
dévideur, euse n.
dévidoir n. m.
dévier v. intr. et v. tr. | conjug. 7 |
devin n. m.
HOM. formes du v. **devenir**
devinable adj.
devinaille n. f.
deviner v. tr. | conjug. 1 |
devineresse n. f.
devinette n. f.
devineur, euse n.
dévirage n. m.
dévirer v. tr. | conjug. 1 |
dévirginiser ou **dévirginer** v. tr. | conjug. 1 |
dévirilisation n. f.
déviriliser v. tr. | conjug. 1 |
¬ **se déviriliser**
➾ Aux temps composés de la forme pronominale, le participe passé s'accorde en genre et en nombre avec le sujet : *ils se sont dévirilisés.*
dévirolage n. m.
déviroler v. tr. | conjug. 1 |
devis /dəvi/ n. m.
dévisager v. tr. | conjug. 3 |
¬ **se dévisager**
➾ Aux temps composés de la forme pronominale, le participe passé s'accorde en genre et en nombre avec le sujet : *ils se sont longuement dévisagés.*
devisant, ante adj.

devise n. f.
[1]**deviser** v. intr. | conjug. 1 | (converser)
[2]**deviser** v. tr. | conjug. 1 | (établir le devis de)
devise-titre n. f. ▪ plur. **devises-titres**
deviseur n. m.
dévissable adj.
dévissage n. m.
dévissé n. m.
dévisser v. tr. et v. intr. | conjug. 1 |
¬ **se dévisser**
➾ Aux temps composés de la forme pronominale, le participe passé s'accorde en genre et en nombre avec le sujet : *l'applique s'est dévissée*. Mais le participe passé ne s'accorde pas quand il est suivi d'un complément d'objet direct : *ils se sont dévissé la tête*.
dévisseuse n. f.
dévissoir n. m.
de visu /devizy/ loc. adv.
dévitalisation n. f.
dévitaliser v. tr. | conjug. 1 |
dévitaminé, ée adj.
dévitaminiser v. tr. | conjug. 1 |
dévitré, ée adj.
dévitrifiable adj.
dévitrification n. f.
dévitrifier v. tr. | conjug. 7 |
dévocalisation n. f.
dévoiement n. m.
➾ Ne pas oublier le *e* muet.
dévoilage n. m.
dévoilement n. m.
dévoiler v. tr. | conjug. 1 |
¬ **se dévoiler**
➾ Aux temps composés de la forme pronominale, le participe passé s'accorde en genre et en nombre avec le sujet : *elle ne s'est pas dévoilée*.
[1]**devoir** n. m.
[2]**devoir** v. tr. | conjug. 28 |
➾ Au participe passé, seul le masculin singulier s'écrit avec un accent circonflexe (pour éviter la confusion avec l'article *du*) : *il a dû partir* mais *l'infection est due à un virus* ; *les égards qui lui sont dus* ; *les sommes dues*.
¬ **se devoir**
➾ Aux temps composés de la forme pronominale, le participe passé s'accorde en genre et en nombre avec le sujet : *elle s'est due de le prévenir*.
dévoisé, ée adj.
dévoisement n. m.
dévoltage n. m.
dévolter v. tr. | conjug. 1 |
dévolteur n. m.
dévolu, ue adj. et n. m.
dévolutaire n. m.
dévolutif, ive adj.
dévolution n. f.
dévon ou **devon** /devɔ̃/ n. m.
dévonien, ienne adj. et n. m.
dévorant, ante adj.
dévorateur, trice adj.
dévoration n. f.
dévorement n. m.
dévorer v. tr. | conjug. 1 |
dévoreur, euse n. et adj.
dévot, ote adj. et n.
dévotement adv.
dévotieusement adv.
dévotieux, euse adj.
dévotion n. f.
dévotionnel, elle adj.
dévoué, ée adj.
dévouement n. m.
➾ Ne pas oublier le *e* muet.
dévouer v. tr. | conjug. 1 |
¬ **se dévouer**
➾ Aux temps composés de la forme pronominale, le participe passé s'accorde en genre et en nombre avec le sujet : *elle s'est dévouée pour le soigner*.
dévoyé, ée adj. et n.
dévoyer v. tr. | conjug. 8 |
¬ **se dévoyer**
➾ Aux temps composés de la forme pronominale, le participe passé s'accorde en genre et en nombre avec le sujet : *ils se sont dévoyés*.
dévrillage n. m.
dévriller v. tr. | conjug. 1 |
déwatté, ée adj.
dexaméthasone n. f.
dextérité n. f.
dextralité n. f.
dextran n. m.
dextrane n. f.
dextre n. f. et adj.
dextrement adv.
dextrine n. f.
dextriné, ée adj.
dextrinisation n. f.
dextrocardie n. f.
dextrochère n. m.
dextrogastre n. f.
dextrogyre adj.
dextrorsum /-sɔm/ adj. ▪ plur. inv. ou plur. **dextrorsums**○
dextrose n. m.
dey n. m.
HOM. **dais, dès**
dézingage n. m.
dézinguer v. tr. | conjug. 1 |
dézipper v. tr. | conjug. 1 |
dézonage n. m.
dézoner v. tr. | conjug. 1 |

[1]DG n.
□ abrév. de **directeur, directrice général(e)**
[2]DG n. f.
□ abrév. de **direction générale**
DGSE n. f.
□ abrév. de **direction générale de la sécurité extérieure**
dharma n. m.
DHEA n. f.
□ abrév. de **déhydroépiandrostérone**
dhole n. m.
dia n. f.
□ abrév. de **diapositive**
☰ Cette abréviation appartient au registre familier et s'emploie surtout en Belgique.
diabase n. f.
diabète n. m.
diabétique adj.
diabétogène adj. et n.
diabétologie n. f.
diabétologue n.
diabétomètre n. m.
diable n. m. et interj.
➾ Ce mot s'écrit toujours avec une minuscule : *un pacte avec le diable ; se faire l'avocat du diable ; au diable Vauvert.*
diablement adv.
diablerie n. f.
diablesse n. f.
diableteau ou **diabloteau** n. m.
diablotin n. m.
diabolicisme n. m.
diabolique adj.
diaboliquement adv.
diabolisation n. f.
diaboliser v. tr. | conjug. 1 |
diabolisme n. m.
diabolo n. m.
➾ Les noms qui suivent *diabolo* en apposition sont invariables : *des diabolos menthe ; des diabolos fraise.*
diacétyle n. m.
diacétylmorphine n. f.
diachromie /-k-/ n. f.
diachronie /-k-/ n. f.
diachronique /-k-/ adj.
diachroniquement /-k-/ adv.
diachylon /-k-/ n. m.
diacide n. m. et adj.
diaclase n. f.
diaclasé, ée adj.
diacode n. m.
diaconal, ale, aux adj.
diaconat /-na/ n. m.
diaconesse n. f.
diaconie n. f.
diacoustique n. f.
diacre n. m.
diacritique adj.
diadelphe adj.
diadelphie n. f.
diadelphique adj.
diadème n. m.
diadémé, ée adj.
diadermique adj.
diadoque n. m.
diadsorbé, ée adj.
diagénèse n. f.
diaglyphe ou **diaglypte** n. m.
diagnose n. f.
diagnostic n. m.
➾ Ne pas écrire ce nom comme l'adjectif *diagnostique.*
HOM. **diagnostique**
diagnosticien, ienne n.
diagnostique adj.
HOM. **diagnostic**
diagnostiquer v. tr. | conjug. 1 |
diagnostiqueur, euse n.
diagonal, ale, aux adj. et n. f.
diagonalement adv.
diagramme n. m.
diagraphe n. m.
diagraphie n. f.
diagraphique adj.
diakène n. m.
dialcool /dialkɔl/ n. m.
dialectal, ale, aux adj.
dialectalement adv.
dialectaliser v. tr. | conjug. 1 |
¬ **se dialectaliser**
➾ Aux temps composés de la forme pronominale, le participe passé s'accorde en genre et en nombre avec le sujet : *ces parlers se sont dialectalisés.*
dialectalisme n. m.
dialecte n. m.
dialecticien, ienne n.
dialectique n. f. et adj.
dialectiquement adv.
dialectisation n. f.
dialectiser v. tr. | conjug. 1 |
dialectologie n. f.
dialectologique adj.
dialectologue n.
diallèle n. m.
dialogique adj.
dialogisme n. m.
dialoguant, ante adj.
dialogue n. m.
dialoguer v. intr. et v. tr. | conjug. 1 |
dialogueur, euse n.
dialoguiste n.
dialypétale adj. et n. f.

dialysat /-za/ n. m.
dialyse n. f.
dialyser v. tr. | conjug. 1 |
dialyseur n. m.
dialytique adj.
diam /djam/ n. m.
□ abrév. de **diamant**
diamagnétique adj.
diamagnétisme n. m.
diamant n. m.
diamantaire adj. et n.
diamanté, ée adj.
diamanter v. tr. | conjug. 1 |
diamantifère adj.
diamantin, ine adj.
diamétral, ale, aux adj.
diamétralement adv.
diamètre n. m.
diamide n. m.
diamine n. f.
diaminophénol ou **diamidophénol** n. m.
diamorphine n. f.
diandrie n. f.
diane n. f.
diantre interj.
diantrement adv.
diapason n. m.
diapause n. f.
diapédèse n. f.
diaphane adj.
diaphanéiser ou **diaphaniser** v. tr. | conjug. 1 |
diaphanéité n. f.
diaphanoscope n. m.
diaphanoscopie n. f.
diaphonie n. f.
diaphonique adj.
diaphorèse n. f.
diaphorétique adj.
diaphragmation n. f.
diaphragmatique adj.
diaphragme n. m.
diaphragmer v. tr. et v. intr. | conjug. 1 |
diaphysaire adj.
diaphyse n. f.
diaphysite n. f.
diapo n. f.
□ abrév. de **diapositive**
diaporama n. m.
diapositif, ive adj.
diapositive n. f.
diapothèque n. f.
diapré, ée adj.
diaprer v. tr. | conjug. 1 |
diaprun n. m.
diaprure n. f.
diapside n. m.
diariste n.
diarrhée n. f.
diarrhéique adj. et n.
diarthrose n. f.
diascope n. m.
diascopie n. f.
diascordium /-djɔm/ n. m.
diaspora n. f.
diasporamètre ou **diasporomètre** n. m.
diaspore n. f.
diastase n. f.
diastasique adj.
diastasis /-zis/ n. m.
diastème n. m.
diastéréo-isomère n. m.
diastimomètre n. m.
diastole n. f.
diastolique adj.
diathèque n. f.
diathermane adj.
diathermanéité ou **diathermansie** n. f.
diatherme adj.
diathermie n. f.
diathermique adj.
diathèse n. f.
diathésique adj.
diatomée n. f.
diatomique adj.
diatomite n. f.
diatonique adj.
diatoniquement adv.
diatonisme n. m.
diatribe n. f.
[1]**diaule** n. f. (flûte ; air pour cette flûte)
[2]**diaule** n. m. (course antique)
diazoïque adj. et n. m.
diazote n. m.
dibasique adj.
dibrome n. m.
dicastère n. m.
dicéphale adj. et n.
dicéphalie n. f.
dichlore /-k-/ n. m.
dichlorure /-k-/ n. m.
dichogame /dikɔ-/ adj.
dichogamie /dikɔ-/ n. f.
dichotome /dikɔ-/ adj.
dichotomie /dikɔ-/ n. f.
dichotomique /dikɔ-/ adj.
dichotomiquement /dikɔ-/ adv.
dichotomisation /dikɔ-/ n. f.
dichotomiser /dikɔ-/ v. tr. | conjug. 1 |
¬ **se dichotomiser**
➾ Aux temps composés de la forme pronominale, le participe passé s'accorde en genre

et en nombre avec le sujet : *ces éléments se sont dichotomisés.*
dichroïque /-k-/ adj.
dichroïsme /-k-/ n. m.
dichromasie /-k-/ n. f.
→ **dichromatisme**
dichromate /-k-/ n. m.
dichromatique /-k-/ adj.
dichromatisme /-k-/ n. m.
dichrome /-k-/ adj.
dicible adj.
dicline adj.
dico n. m.
▫ abrév. de **dictionnaire**
dicotylédone adj. et n. f.
dicotylédoné, ée adj. et n. m.
dicoumarine n. f.
dicoumarol n. m.
dicrote adj. m.
dicrotisme n. m.
dictame n. m.
dictamen /-mɛn/ n. m.
dictamne n. m.
Dictaphone® n. m.
➾ Comme tous les noms déposés, ce mot doit s'écrire avec une majuscule : *utiliser des Dictaphones*. Toutefois, on le trouve fréquemment employé comme nom générique sans respect de la règle : *utiliser des dictaphones*.
dictat○ /diktat/ n. m.
→ **diktat**
dictateur, trice n.
dictatorial, iale, iaux adj.
dictatorialement adv.
dictature n. f.
dictée n. f.
dicter v. tr. | conjug. 1 |
diction n. f.
dictionnaire n. m.
dictionnairique adj. et n. f.
dictionnariste n.
dicton n. m.
HOM. formes du v. **dicter**
dictyoptère n. m.
dictyosome n. m.
didacthèque n. f.
didacticiel n. m.
didacticien, ienne n.
didactique adj. et n. f.
didactiquement adv.
didactisme n. m.
didactyle adj.
didascale n. m.
didascalie n. f.
didelphe n. et adj.
didermique adj.
didjeridoo ou **didgeridoo** /didʒeʀidu/ n. m.
didrachme /didʀakm/ n. m.
diducteur, trice adj.
diduction n. f.
didyme adj. et n. m.
dièdre adj. et n. m.
diégèse n. f.
diégétique adj.
diélectrique adj. et n. m.
diélectrolyse n. f.
diélytre ou **dielytra** n. f.
diencéphale n. m.
diencéphalique adj.
diérèse n. f.
diergol n. m.
dièse n. m.
Ξ Ce mot peut s'employer en apposition ; il est alors invariable : *des do dièse.*
diésé, ée adj.
diesel /djezɛl/ ou **diésel** n. m.
➾ Employé comme nom commun, ce mot s'écrit sans majuscule : *les diesels du bateau*. En revanche, il est invariable et s'écrit avec une majuscule dans **moteur Diesel** car il s'agit du nom propre : *les moteurs Diesel du bateau.*
diéseliser v. tr. | conjug. 1 |
diéséliste n. m.
diéser v. tr. | conjug. 6 |
Dies irae /djɛsiʀe/ n. m. inv.
➾ Ce mot s'écrit toujours avec une majuscule.
Diester® /djɛstɛʀ/ n. m.
➾ Comme tous les noms déposés, ce mot doit s'écrire avec une majuscule : *utiliser du Diester*. Toutefois, on le trouve fréquemment employé comme nom générique sans respect de la règle : *utiliser du diester.*
diète n. f.
diététicien, ienne n.
diététique adj. et n. f.
diététiquement adv.
diététiste n.
diétine n. f.
diétotoxique adj.
dieu n. m.
➾ Ce mot s'écrit avec une majuscule quand il s'agit de la divinité d'une religion monothéiste : *il ne croit pas en Dieu ; le royaume de Dieu ; mon Dieu !* mais *les dieux de l'Olympe ; le dieu de la Guerre ; un dieu égyptien.*
diffa n. f.
diffamant, ante adj.
diffamateur, trice n.
diffamation n. f.
diffamatoire adj.
diffamé, ée adj.
diffamer v. tr. | conjug. 1 |
différé n. m.
différemment /-amɑ̃/ adv.

différence n. f.
différenciateur, trice adj. et n. m.
différenciatif, ive adj.
différenciation n. f.
HOM. **différentiation**
différencier v. tr. | conjug. 7 |
¬ **se différencier**
➾ Aux temps composés de la forme pronominale, le participe passé s'accorde en genre et en nombre avec le sujet : *elle s'est différenciée par sa probité.*
HOM. **différentier**
différend n. m.
➾ Ne pas écrire ce nom comme *différant*, participe présent du verbe *différer*.
HOM. **différent**
différent, ente adj.
➾ Ne pas écrire cet adjectif comme *différant*, participe présent du verbe *différer*.
HOM. **différend**
différentiation /difeʀɑ̃sjasjɔ̃/ n. f.
HOM. **différenciation**
[1]**différentiel, ielle** /difeʀɑ̃sjɛl/ adj.
[2]**différentiel** /difeʀɑ̃sjɛl/ n. m.
différentielle /difeʀɑ̃sjɛl/ n. f.
différentier /difeʀɑ̃sje/ v. tr. | conjug. 7 | (Math.)
HOM. **différencier**
différer v. intr. et v. tr. | conjug. 6 |
difficile adj.
difficilement adv.
difficulté n. f.
difficultueusement adv.
difficultueux, euse adj.
diffluence n. f.
diffluent, ente adj.
➾ Ne pas écrire cet adjectif comme *diffluant*, participe présent du verbe *diffluer*.
difforme adj.
difformer v. tr. | conjug. 1 |
difformité n. f.
diffracter v. tr. | conjug. 1 |
diffractif, ive adj.
diffraction n. f.
diffractomètre n. m.
diffringent, ente adj.
diffus, use /dify, yz/ adj.
diffusant, ante adj.
diffusément adv.
diffuser v. tr. et v. intr. | conjug. 1 |
¬ **se diffuser**
➾ Aux temps composés de la forme pronominale, le participe passé s'accorde en genre et en nombre avec le sujet : *la chaleur s'est rapidement diffusée dans la pièce.*
diffuseur, euse n.
diffusibilité n. f.
diffusible adj.
diffusif, ive adj.
diffusion n. f.
diffusionnisme n. m.
diffusionniste adj. et n.
diffusivité n. f.
difluor n. m.
digamma n. m.
digastrique adj.
digérabilité n. f.
digérable adj.
digérer v. tr. | conjug. 6 |
digest n. m.
◻ rec. off. : **condensé**
HOM. **digeste**
[1]**digeste** n. m. (Dr. romain : recueil de décisions)
HOM. **digest**
[2]**digeste** adj.
☰ L'emploi de ce mot, formé sur *indigeste*, est critiqué par certains puristes. Au sens propre et dans la langue soignée, il est préférable d'employer *digestible*.
HOM. **digest**
digesté n. m.
digesteur n. m.
digestibilité n. f.
digestible adj.
digestif, ive adj. et n. m.
digestion n. f.
Digicode® n. m.
➾ Comme tous les noms déposés, ce mot doit s'écrire avec une majuscule : *les Digicodes d'un immeuble*. Toutefois, on le trouve fréquemment employé comme nom générique sans respect de la règle : *les digicodes d'un immeuble.*
Digipack® n. m.
➾ Comme tous les noms déposés, ce mot doit s'écrire avec une majuscule : *le Digipack d'un CD*. Toutefois, on le trouve fréquemment employé comme nom générique sans respect de la règle : *le digipack d'un CD.*
digit /diʒit/ n. m.
digital, ale, aux adj. et n. f.
digitalement adv.
digitaline n. f.
digitalique adj.
digitalisation n. f.
◻ rec. off. : **numérisation**
digitaliser v. tr. | conjug. 1 |
◻ rec. off. : **numériser**
digitaliseur n. m.
digitation n. f.
digité, ée adj.
digitiforme adj.
digitigrade adj.
digitipenné, ée adj.

digitopuncture ou **digitoponcture** n. f.
digitoxine n. f.
diglossie n. f.
digne adj.
Ξ Cet adjectif ne peut être suivi d'un nom de sens négatif que dans une phrase positive : on peut dire *il est digne de mépris* mais pas **il n'est pas digne de mépris*.
dignement adv.
dignifiant, ante adj.
dignification n. f.
dignifier v. tr. | conjug. 7 |
dignitaire n. m.
dignité n. f.
digon n. m.
HOM. formes du v. **diguer**
digramme n. m.
digraphie n. f.
digresser v. intr. | conjug. 1 |
digressif, ive adj.
digression n. f.
➾ Ne pas employer **disgression*, qui n'existe pas.
digue n. f.
diguer v. tr. | conjug. 1 |
diguette n. f.
diholoside n. m.
dihydrogène n. m.
diiode n. m.
dik-dik ▪ plur. **diks-diks** ou **dikdik**○ ▪ plur. **dikdiks** n. m.
diktat ou **dictat**○ /diktat/ n. m.
dilacération n. f.
dilacérer v. tr. | conjug. 6 |
dilapidateur, trice adj. et n.
dilapidation n. f.
dilapider v. tr. | conjug. 1 |
dilatabilité n. f.
dilatable adj.
dilatance n. f.
dilatant, ante adj. et n. m.
dilatateur, trice adj. et n. m.
dilatation n. f.
dilatement n. m.
dilater v. tr. | conjug. 1 |
¬ **se dilater**
➾ Aux temps composés de la forme pronominale, le participe passé s'accorde en genre et en nombre avec le sujet : *sa pupille s'est dilatée dans l'obscurité*.
dilation n. f.
dilatoire adj.
dilatomètre n. m.
dilection n. f.
dilemmatique adj.
dilemme /dilɛm/ n. m.
➾ Ne pas écrire **dilemne* et ne pas prononcer /*dilɛmn/.
dilettante n.
➾ Ce mot a un pluriel régulier : *des dilettantes*.
dilettantisme n. m.
dilettantiste adj. et n.
diligemment /-amɑ̃/ adv.
diligence n. f.
diligent, ente adj.
diligenter v. tr. | conjug. 1 |
dilobé, ée adj.
diluant n. m.
diluer v. tr. | conjug. 1 |
¬ **se diluer**
➾ Aux temps composés de la forme pronominale, le participe passé s'accorde en genre et en nombre avec le sujet : *les sels ne se sont pas bien dilués dans l'eau*.
dilutif, ive adj.
dilution n. f.
diluvial, iale, iaux adj.
diluvien, ienne adj.
diluvium /-vjɔm/ n. m.
dimanche n. m.
➾ Comme tous les noms qui désignent un jour de la semaine, ce mot prend un *s* au pluriel et s'écrit sans majuscule : *ils vont au cinéma tous les dimanches*.
dîme ou **dime**○ n. f.
HOM. forme du v. **dire**
dimension n. f.
dimensionnalité n. f.
dimensionnel, elle adj.
dimensionnement n. m.
dimensionner v. tr. | conjug. 1 |
dimère n. m.
dimidié, ée adj.
diminuant, ante adj.
diminué, ée adj.
¹**diminuendo** /diminɥɛndo/ adv.
²**diminuendo** /diminɥɛndo/ n. m.
➾ Le pluriel est régulier : *des diminuendos*.
diminuer v. tr. et v. intr. | conjug. 1 |
diminutif, ive adj. et n. m.
diminution n. f.
dimissoire n. m.
dimissorial, iale, iaux adj.
dimorphe adj.
dimorphisme n. m.
DIN /din/ n. m. inv.
◘ abrév. de **Deutsche Industrie Norm**
dinamitero ou **dinamitéro**○ n. m.
dinanderie n. f.
dinandier n. m.
dinar n. m.
dînatoire ou **dinatoire**○ adj.

dinde n. f.
dindon n. m.
dindonneau n. m.
dindonner v. tr. | conjug. 1 |
dindonnier, ière n.
dînée ou **dinée**○ n. f.
¹**dîner** ou **diner**○ n. m.
²**dîner** ou **diner**○ v. intr. | conjug. 1 |
dînette ou **dinette**○ n. f.
dîneur, euse ou **dineur, euse**○ n.
ding /diŋ/ interj.
dinghy /diŋgi/ n. m. ▪ plur. **dinghys** ou plur. **dinghies**
□ rec. off. : **canot pneumatique**
☰ On peut employer le pluriel francisé *dinghys* ou le pluriel anglais *dinghies*.
¹**dingo** n. m. (animal)
²**dingo** adj. et n. (fam. : fou)
dingue adj. et n.
HOM. **dengue**
dinguer v. intr. | conjug. 1 |
dinguerie n. f.
dinoflagellé n. m.
dinophysis /-is/ n. m.
dinornis /-is/ n. m.
dinosaure n. m.
dinosaurien n. m.
dinothérium /-jɔm/ n. m.
diocésain, aine adj. et n.
diocèse n. m.
diode n. f.
□ rec. off. pour **LED**
diodon n. m.
diœstrus /diɛstʀys/ n. m. inv.
diogénique adj.
dioggot ou **diogot** /djɔgo/ n. m.
dioïque adj.
diol n. m.
dioléfine n. f.
dionée n. f.
dionysiaque adj. et n. f.
dionysien, ienne adj. et n.
➾ L'adjectif s'écrit sans majuscule : *la population dionysienne*. Le nom s'écrit avec une majuscule quand il désigne un habitant de Saint-Denis : *les Dionysiens ; c'est une Dionysienne*.
Dionysies n. f. pl.
➾ Ce mot s'écrit toujours avec une majuscule : *les Dionysies étaient célébrées en l'honneur de Dionysos*.
diopside n. m.
dioptre n. m.
dioptrie n. f.
dioptrique n. f. et adj.
diorama n. m.
diorite n. f.
dioscoréacée n. f.
dioscures n. m. pl.
diot n. m.
Dioxine® n. f.
➾ Comme tous les noms déposés, ce mot doit s'écrire avec une majuscule : *la Dioxine est très toxique*. Toutefois, on le trouve fréquemment employé comme nom générique sans respect de la règle : *la dioxine est très toxique*.
dioxyde n. m.
dioxygène n. m.
dipeptide n. m.
dipétale adj.
diphasé, ée adj.
diphasique adj.
diphénol n. m.
diphényle n. m.
diphtérie n. f.
diphtérique adj.
diphtongaison n. f.
diphtongue n. f.
diphtonguer v. tr. | conjug. 1 |
diphylétique adj.
diphyodonte adj. et n. m.
diplégie n. f.
diplobacille /-basil/ n. m.
diploblastique adj.
diplocéphalie n. f.
diplocoque n. m.
diplodocus /-ys/ n. m.
diploé n. m.
diplogenèse n. f.
diploïde adj.
diploïdie n. f.
diploïdisation n. f.
diplômant, ante adj.
diplomate n.
diplomatie /-si/ n. f.
diplomatique adj. et n. f.
diplomatiquement adv.
diplôme n. m.
diplômé, ée adj. et n.
diplômer v. tr. | conjug. 1 |
diplopie n. f.
diplopode n. m.
diploptère adj. et n.
dipneumone adj.
dipneuste n. m.
dipode adj. et n. m.
dipolaire adj.
dipôle n. m.
dipsacacée ou **dipsacée** n. f.
dipsomane adj. et n.
dipsomaniaque adj. et n.
dipsomanie n. f.

dipsophobie n. f.
diptère adj. et n. m.
diptyque n. m.
➾ Attention à ne pas intervertir le *i* et le *y* ; on ne doit pas écrire **dyptique*.
diramation n. f.
dircom n.
◻ abrév. de **directeur/directrice de la communication**
¹dire n. m.
➾ On peut employer indifféremment **au dire de** ou **aux dires de** : *au dire des témoins* ou *aux dires des témoins, il était absent ce jour-là.*
²dire v. tr. | conjug. 37 |
¬ se dire
➾ Aux temps composés de la forme pronominale, le participe passé s'accorde en genre et en nombre avec le sujet : *elle s'est dite malade.* Mais le participe passé ne s'accorde pas quand il est suivi d'un complément d'objet direct : *les horreurs qu'elles se sont dites* mais *elles se sont dit des horreurs.*
direct, e adj. et n. m.
directement adv.
directeur, trice n. et adj.
➾ Ce mot s'écrit sans majuscule, sauf dans les formules épistolaires : *madame la directrice est venue* mais *Veuillez agréer, Madame la Directrice,...*
Ξ Le masculin s'emploie encore parfois pour parler d'une femme (*elle est directeur de cabinet*), ce qui ne constitue pas une faute mais est à éviter.
directif, ive adj.
direction n. f.
➾ Ce mot s'écrit avec une majuscule dans les noms d'organismes à caractère unique : *la Direction générale des impôts ; la Direction des douanes* mais *la direction d'une entreprise.*
directionnel, elle adj.
directissime n. f.
directive n. f.
directivisme n. m.
directivité n. f.
directo adv.
◻ abrév. de **directement**
directoire n. m.
➾ Avec une majuscule, **le Directoire** désigne le régime politique français de 1795 à 1799 : *les mœurs du Directoire.*
Ξ Ce mot peut s'employer en apposition ; il est alors invariable : *le style Directoire ; des commodes Directoire.*
directorat n. m.
directorial, iale, iaux adj.
directrice n. f.
dirham /diʀam/ n. m.
dirigé, ée adj.
dirigeable adj. et n. m.
dirigeant, ante adj. et n.
diriger v. tr. | conjug. 3 |
¬ se diriger
➾ Aux temps composés de la forme pronominale, le participe passé s'accorde en genre et en nombre avec le sujet : *ils se sont dirigés vers la porte.*
dirigisme n. m.
dirigiste adj. et n.
dirimant, ante adj.
dirlo n.
◻ abrév. de **directeur, trice**
disaccharide ou **disaccaride**° /-k-/ n. m.
disamare n. f.
discal, ale, aux adj.
discale n. f.
discarthrose n. f.
discectomie n. f.
discernable adj.
discernant, ante adj.
discernement n. m.
discerner v. tr. | conjug. 1 |
disciple n.
disciplinable adj.
disciplinaire adj. et n. m.
disciplinairement adv.
discipline n. f.
discipliné, ée adj.
discipliner v. tr. | conjug. 1 |
disc-jockey n. m. ▪ plur. **disc-jockeys**
→ **disque-jockey**
disco n. m. et adj. inv.
discobole n.
discoglossidé n. m.
discographie n. f.
discographique adj.
discoïdal, ale, aux adj.
discoïde adj.
discomobile n. f.
discompte n. m.
◻ rec. off. pour **discount**
discompteur, euse n.
◻ rec. off. pour **discounter**
discomycète n. m.
discontacteur n. m.
discontinu, ue adj. et n. m.
discontinuation n. f.
discontinuer v. tr. et v. intr. | conjug. 1 |
discontinuité n. f.
disconvenance n. f.
disconvenir v. tr. ind. | conjug. 22 |
▸ **ne pas disconvenir que** (+ subj.) *je ne disconviens pas que cela (ne) soit vrai*
Ξ Ce verbe s'emploie uniquement dans des phrases négatives : *je n'en disconviens pas.*
CONJUG. Ce verbe se conjugue avec l'auxiliaire

être ou *avoir* : *il n'en est* ou *il n'en a pas disconvenu.*
discopathie n. f.
discophile n.
discophilie n. f.
discord n. m. et adj. m.
discordance n. f.
discordant, ante adj.
discorde n. f.
discorder v. intr. | conjug. 1 |
discothécaire n.
discothèque n. f.
[1]**discount** /diskunt ; diskaunt/ n. m.
▫ rec. off. : **ristourne** ou **discompte**
[2]**discount** /diskunt ; diskaunt/ n. m. (magasin)
▫ rec. off. : **minimarge**
Ξ Ce mot peut s'employer en apposition ; il prend la marque du pluriel : *des magasins discounts.*
discounter /diskunte/ v. tr. | conjug. 1 |
discounteur, euse n. m. ou **discounter** /diskuntœʀ ; diskauntœʀ/ n.
▫ rec. off. : **discompteur, euse**
discoureur, euse n.
discourir v. intr. | conjug. 11 |
discours n. m.
HOM. formes du v. **discourir**
discourtois, oise adj.
discourtoisement adv.
discourtoisie n. f.
discrédit n. m.
discréditer v. tr. | conjug. 1 |
¬ **se discréditer**
➾ Aux temps composés de la forme pronominale, le participe passé s'accorde en genre et en nombre avec le sujet : *elle s'est discréditée en oubliant sa promesse.*
discret, ète adj.
discrètement adv.
discrétion n. f.
discrétionnaire adj.
discrétionnairement adv.
discrétisation n. f.
discrétiser v. tr. | conjug. 1 |
discrétoire n. m.
discriminant, ante adj. et n. m.
discriminateur n. m.
discriminatif, ive adj.
discrimination n. f.
discriminatoire adj.
discriminer v. tr. | conjug. 1 |
disculpation n. f.
disculper v. tr. | conjug. 1 |
¬ **se disculper**
➾ Aux temps composés de la forme pronominale, le participe passé s'accorde en genre et en nombre avec le sujet : *elle s'est disculpée auprès du juge.*
discursif, ive adj.
discursivité n. f.
discussif, ive adj.
discussion n. f.
discutable adj.
discutaillant, ante adj.
discutailler v. intr. | conjug. 1 |
discutaillerie n. f.
discutailleur, euse adj. et n.
discuté, ée adj.
discuter v. tr. et v. intr. | conjug. 1 |
Ξ Bien distinguer l'emploi transitif de l'emploi intransitif : *discuter une affaire* signifie « examiner, mettre en question une affaire » alors que *discuter d'une affaire* signifie « parler d'une affaire ».
discuteur, euse adj. et n.
disépale adj.
disert, erte adj.
disertement adv.
disette n. f.
disetteux, euse adj. et n.
diseur, euse n.
HOM. **dix-heures**
disfonctionnement n. m.
disgrâce n. f.
➾ Ce mot s'écrit avec un accent circonflexe sur le *a*, contrairement à ses dérivés (*disgracier, disgracieux*, etc.)
disgracié, iée adj. et n.
disgracier v. tr. | conjug. 7 |
disgracieusement adv.
disgracieux, ieuse adj.
disharmonie ou **dysharmonie** /diza- ; disa-/ n. f.
disharmonieux, ieuse ou **dysharmonieux, euse** adj.
dishley /diʃlɛ/ n. m.
disjoindre v. tr. | conjug. 49 |
¬ **se disjoindre**
➾ Aux temps composés de la forme pronominale, le participe passé s'accorde en genre et en nombre avec le sujet : *les deux parties se sont disjointes.*
disjoint, ointe adj.
disjoncté, ée adj.
disjoncter v. tr. et v. intr. | conjug. 1 |
disjoncteur n. m.
disjonctif, ive adj.
disjonction n. f.
dislocation n. f.
disloquer v. tr. | conjug. 1 |
¬ **se disloquer**
➾ Aux temps composés de la forme pronominale, le participe passé s'accorde en genre

et en nombre avec le sujet : *la manifestation s'est disloquée rapidement*. Mais le participe passé ne s'accorde pas quand il est suivi d'un complément d'objet direct : *elle s'est disloqué l'épaule*.

dismutation n. f.
disneyen, enne adj.
dispache n. f.
dispacheur n. m.
disparaître ou **disparaitre**○ v. intr. | conjug. 57 |
➾ Les Rectifications de l'orthographe de 1990 préconisent la suppression de l'accent circonflexe sur le *i* devant le *t* : *il disparait, il disparaitra, il disparaitrait*.
disparate adj. et n. f.
☯ Le nom est féminin : *une disparate*.
disparation n. f.
disparité n. f.
disparition n. f.
disparu, ue adj.
dispatcher v. tr. | conjug. 1 |
dispatcheur, euse ou **dispatcher** n.
▫ rec. off. : **régulateur, trice**
dispatching /dispatʃiŋ/ n. m.
▫ rec. off. : **régulation**
Ξ Au sens de « organisme central qui assure une régulation, une répartition », il est recommandé officiellement d'employer *régulation*.
dispendieusement adv.
dispendieux, ieuse adj.
dispensable adj.
dispensaire n. m.
dispensateur, trice n.
dispensation n. f.
dispense n. f.
dispensé, ée adj.
dispenser v. tr. | conjug. 1 |
¬ **se dispenser**
➾ Aux temps composés de la forme pronominale, le participe passé s'accorde en genre et en nombre avec le sujet : *elle s'est dispensée de suivre ses conseils*.
dispersal n. m.
dispersant, ante n. m. et adj.
dispersement n. m.
disperser v. tr. | conjug. 1 |
¬ **se disperser**
➾ Aux temps composés de la forme pronominale, le participe passé s'accorde en genre et en nombre avec le sujet : *les manifestants se sont dispersés dans le calme*.
disperseur n. m.
dispersif, ive adj.
dispersion n. f.
dispersoïde n. m.
display n. m.
▫ rec. off. : **visuel**
disponibilité n. f.
disponible adj.
dispos, ose adj.
disposant, ante n.
disposé, ée adj.
disposer v. tr., v. tr. ind. et v. intr. | conjug. 1 |
¬ **se disposer**
➾ Aux temps composés de la forme pronominale, le participe passé s'accorde en genre et en nombre avec le sujet : *elle s'est disposée à l'épouser*.
dispositif n. m.
disposition n. f.
disproportion n. f.
disproportionné, ée adj.
disproportionnel, elle adj.
disproportionnément adv.
disputable adj.
disputailler v. intr. | conjug. 1 |
disputailleur, euse adj. et n.
disputant, ante adj. et n. m.
disputation n. f.
dispute n. f.
disputer v. tr. | conjug. 1 |
Ξ L'emploi au sens de « réprimander » (*il a peur de se faire disputer*) est populaire et doit être évité dans le langage courant.
¬ **se disputer**
➾ Aux temps composés de la forme pronominale, le participe passé s'accorde en genre et en nombre avec le sujet : *elles se sont violemment disputées*. Mais le participe passé ne s'accorde pas quand il est suivi d'un complément d'objet direct : *les concurrents se sont disputé la victoire*.
disputeur, euse adj. et n.
disquaire n.
disqualification n. f.
disqualifier v. tr. | conjug. 7 |
¬ **se disqualifier**
➾ Aux temps composés de la forme pronominale, le participe passé s'accorde en genre et en nombre avec le sujet : *elle s'est disqualifiée en tenant de tels propos*.
disque n. m.
disque-jockey ▪ plur. **disques-jockeys** ou **disc-jockey** ▪ plur. **disc-jockeys** /disk(ə)ʒɔkɛ/ n.
▫ rec. off. : **animateur**
disquette n. f.
disqueuse n. f.
disquisition n. f.
disruptif, ive adj.
disruption n. f.
dissécable adj.
dissecteur, euse n.
dissection n. f.
dissemblable adj.

dissemblablement adv.
dissemblance n. f.
disséminateur, trice adj. et n.
dissémination n. f.
disséminement n. m.
disséminer v. tr. | conjug. 1 |
¬ **se disséminer**
➾ Aux temps composés de la forme pronominale, le participe passé s'accorde en genre et en nombre avec le sujet : *la maladie s'est disséminée dans tout le continent.*
dissension n. f.
dissentiment n. m.
disséquer v. tr. | conjug. 6 |
disséqueur, euse n.
dissertant, ante adj.
dissertateur, trice n. et adj.
dissertatif, ive adj.
dissertation n. f.
disserter v. intr. | conjug. 1 |
dissidence n. f.
dissident, ente adj. et n.
dissimilaire adj.
dissimilation n. f.
dissimilitude n. f.
dissimulable adj.
dissimulateur, trice n. et adj.
dissimulation n. f.
dissimulé, ée adj.
dissimuler v. tr. | conjug. 1 |
Ξ **Dissimuler que** s'emploie généralement avec l'indicatif ou le conditionnel : *il dissimula qu'il était au courant de la chose ; je ne lui ai pas dissimulé que j'aurais préféré partir.* L'emploi du subjonctif est littéraire : *il dissimula qu'il fût au courant de la chose.*
¬ **se dissimuler**
➾ Aux temps composés de la forme pronominale, le participe passé s'accorde en genre et en nombre avec le sujet : *elle s'est dissimulée derrière le rideau.* Mais le participe passé ne s'accorde pas quand il est suivi d'un complément d'objet direct : *ils se sont dissimulé leurs problèmes.*
dissipateur, trice adj. et n.
dissipatif, ive adj.
dissipation n. f.
dissipé, ée adj.
dissiper v. tr. | conjug. 1 |
¬ **se dissiper**
➾ Aux temps composés de la forme pronominale, le participe passé s'accorde en genre et en nombre avec le sujet : *ses inquiétudes se sont dissipées.*
dissociabilité n. f.
dissociable adj.
dissociateur, trice adj. et n.
dissociatif, ive adj.
dissociation n. f.
dissocier v. tr. | conjug. 7 |
¬ **se dissocier**
➾ Aux temps composés de la forme pronominale, le participe passé s'accorde en genre et en nombre avec le sujet : *les deux parties se sont dissociées.*
dissolu, ue adj.
dissolubilité n. f.
dissoluble adj.
dissolutif, ive adj.
dissolution n. f.
dissolvant, ante adj. et n. m.
dissonance n. f.
dissonant, ante adj.
dissoner v. intr. | conjug. 1 |
dissoudre v. tr. | conjug. 51 |
CONJUG. Ce verbe ne s'emploie pas au passé simple.
Ce verbe ne s'emploie pas au passé simple.
Attention aux formes du participe passé : *dissous* (masculin) et *dissoute, dissoutes* (féminin). Cependant, les Rectifications de l'orthographe de 1990 préconisent la graphie *dissout* pour la forme masculine du participe passé.
➾ Au présent de l'indicatif, à la forme interrogative avec sujet inversé, on écrit *dissoud-on, dissoud-il, dissoud-elle* et non *dissoud-t-on, dissoud-t-il, dissoud-t-elle.* Le *d* final se prononce /t/ ; il est donc inutile et fautif d'ajouter un *t.*
¬ **se dissoudre**
➾ Aux temps composés de la forme pronominale, le participe passé s'accorde en genre et en nombre avec le sujet : *l'assemblée s'est dissoute.*
dissuader v. tr. | conjug. 1 |
dissuasif, ive adj.
dissuasion n. f.
dissyllabe adj. et n. m.
dissyllabique adj. et n. m.
dissymétrie n. f.
➾ Ce mot s'écrit avec deux *s*, contrairement à *asymétrie.*
dissymétrique adj.
distal, ale, aux adj.
distance n. f.
distancer v. tr. | conjug. 3 |
ϟ Ne pas confondre **distancer**, qui signifie « dépasser » (au sens propre), avec **distancier**, qui signifie « donner de la distance » (sens abstrait).
distanciation n. f.
distancier v. tr. | conjug. 7 |
ϟ Ne pas confondre **distancier**, qui signifie « donner de la distance » (sens abstrait), avec **distancer**, qui signifie « dépasser » (au sens propre).

¬ **se distancier**
➾ Aux temps composés de la forme pronominale, le participe passé s'accorde en genre et en nombre avec le sujet : *elle s'est distanciée de son mentor.*
distanciomètre n. m.
distant, ante adj.
distendre v. tr. | conjug. 41 |
➾ Au présent de l'indicatif, à la forme interrogative avec sujet inversé, on écrit *distend-on, distend-il, distend-elle* et non **distend-t-on, *distend-t-il, *distend-t-elle.* Le *d* final se prononce /t/ ; il est donc inutile et fautif d'ajouter un *t.*
¬ **se distendre**
➾ Aux temps composés de la forme pronominale, le participe passé s'accorde en genre et en nombre avec le sujet : *sa peau s'est distendue.*
distension n. f.
disthène n. m.
distillat /distila/ n. m.
HOM. formes du v. **distiller**
distillateur, trice /distil-/ n.
distillation /distil-/ n. f.
distillatoire /distil-/ adj.
distiller /distile/ v. tr. et v. intr. | conjug. 1 |
♪ Ne pas prononcer /distije/.
distillerie /distil-/ n. f.
distinct, incte /distɛ̃(kt), ɛ̃kt/ adj.
♪ Au masculin, la prononciation /distɛ̃/ est d'un usage plus soutenu.
distinctement adv.
distinctif, ive adj.
distinction n. f.
distinguable adj.
distingué, ée adj.
distinguer v. tr. | conjug. 1 |
¬ **se distinguer**
➾ Aux temps composés de la forme pronominale, le participe passé s'accorde en genre et en nombre avec le sujet : *ils se sont distingués pendant la guerre.*
distinguo n. m.
distique adj. et n. m.
distomatose n. f.
distome n. m.
distordre v. tr. | conjug. 41 |
➾ Au présent de l'indicatif, à la forme interrogative avec sujet inversé, on écrit *distord-on, distord-il, distord-elle* et non **distord-t-on, *distord-t-il, *distord-t-elle.* Le *d* final se prononce /t/ ; il est donc inutile et fautif d'ajouter un *t.*
¬ **se distordre**
➾ Aux temps composés de la forme pronominale, le participe passé s'accorde en genre et en nombre avec le sujet : *ses traits se sont distordus sous la douleur.*
distors, orse adj.
distorsion n. f.
distractif, ive adj.
distraction n. f.
distractivité n. f.
distraire v. tr. | conjug. 50 |
CONJUG. Ce verbe ne s'emploie ni au passé simple, ni à l'imparfait du subjonctif.
¬ **se distraire**
➾ Aux temps composés de la forme pronominale, le participe passé s'accorde en genre et en nombre avec le sujet : *elle s'est distraite comme elle a pu.*
distrait, aite adj.
distraitement adv.
distrayant, ante adj.
distribuable adj.
distribuer v. tr. | conjug. 1 |
distributaire adj. et n.
distributeur, trice n.
distributif, ive adj.
distribution n. f.
distributionnalisme n. m.
distributionnaliste adj. et n.
distributionnel, elle adj.
distributivement adv.
distributivité n. f.
districal, ale, aux adj.
district n. m.
distyle adj.
HOM. formes du v. **distiller**
disulfirame n. m.
disulfure n. m.
dit, dite adj. et n. m.
HOM. **dix** (devant consonne ou h aspiré)
dithyrambe n. m.
dithyrambique adj.
dito adv.
dittographie n. f.
diurèse n. f.
diurétine n. f.
diurétique adj. et n. m.
diurnal, aux n. m.
diurne adj.
diva n. f.
divagant, ante adj.
➾ Ne pas écrire cet adjectif comme *divaguant,* participe présent du verbe *divaguer.*
divagateur, trice adj.
divagation n. f.
divaguer v. intr. | conjug. 1 |
divalent, ente adj.
divan n. m.
dive adj. f.
divergence n. f.

divergent, ente adj.
⊶ Ne pas écrire cet adjectif comme *divergeant*, participe présent de *diverger*.
diverger v. intr. | conjug. 3 |
divers, erse adj.
diversement adv.
diversicolore adj.
diversifiant, ante adj.
diversificateur, trice adj.
diversification n. f.
diversifier v. tr. | conjug. 7 |
¬ **se diversifier**
⊶ Aux temps composés de la forme pronominale, le participe passé s'accorde en genre et en nombre avec le sujet : *ses lectures se sont diversifiées*.
diversiflore adj.
diversifolié, ée adj.
diversiforme adj.
diversion n. f.
diversité n. f.
diverticule n. m.
diverticulose n. f.
divertimento /-mɛnto ; -mɛ̃to/ n. m. ▪ plur. **divertimentos** ou plur. **divertimenti**
Ξ On peut employer le pluriel francisé *divertimentos* ou le pluriel italien *divertimenti*.
divertir v. tr. | conjug. 2 |
¬ **se divertir**
⊶ Aux temps composés de la forme pronominale, le participe passé s'accorde en genre et en nombre avec le sujet : *elles se sont diverties tout en s'instruisant*.
divertissant, ante adj.
divertissement n. m.
divette n. f.
dividende n. m.
dividivi ou **libidibi** n. m.
divin, ine adj.
♪ **Divin enfant** se prononce /divinɑ̃fɑ̃/.
divinateur, trice n. et adj.
divination n. f.
divinatoire adj.
divinement adv.
divinisation n. f.
diviniser v. tr. | conjug. 1 |
divinité n. f.
divis, ise /divi, iz/ adj. et n. m.
diviser v. tr. | conjug. 1 |
¬ **se diviser**
⊶ Aux temps composés de la forme pronominale, le participe passé s'accorde en genre et en nombre avec le sujet : *ils se sont divisés en deux camps*. Mais le participe passé ne s'accorde pas quand il est suivi d'un complément d'objet direct : *elles se sont divisé le travail*.
diviseur, euse n.
divisibilité n. f.
divisible adj.
division n. f.
HOM. formes du v. **diviser**
divisionnaire adj.
divisionnisme n. m.
divisionniste adj. et n.
divorce n. m.
divorcé, ée adj. et n.
divorcer v. intr. | conjug. 3 |
⌘ On peut employer indifféremment **divorcer de qqn** ou **divorcer d'avec qqn** : *elle a divorcé de son mari* ou *d'avec son mari*.
divortialité n. f.
divulgateur, trice n.
divulgation n. f.
divulguer v. tr. | conjug. 1 |
Ξ **Divulguer publiquement** est un pléonasme à éviter : *divulguer* signifie « rendre public ».
divulseur n. m.
divulsion n. f.
dix adj. numéral inv. et n.
♪ *Dix* se prononce /diz/ devant un mot commençant par une voyelle ou un *h* muet (*dix ans ; dix heures*), /di/ devant un mot commençant par une consonne ou un *h* aspiré (*il a dix chiens ; dix haricots*), /dis/ dans les autres cas (*des chiens, il en a dix*).
⊶ Les numéraux formant un nombre complexe inférieur à cent s'écrivent traditionnellement avec un trait d'union : *dix-huit ; soixante-dix ; quatre-vingt-dix ; quatre-vingt-dix-neuf*. Les Rectifications de l'orthographe de 1990 préconisent de généraliser l'emploi du trait d'union à tous les numéraux composés, qu'ils soient inférieurs ou supérieurs à cent : *à la page cent-dix ; il a dix-mille euros en espèces*. *Dix* s'écrit avec une majuscule dans le nom de l'institution **le Conseil des Dix**.
HOM. **dit**, formes du v. **dire**
dix-cors n. m. inv.
dix-heures n. m. inv.
HOM. **diseur**
dix-huit adj. numéral et n. inv.
♪ Dix-huit se prononce /dizɥi/ devant une consonne ou un *h* aspiré (*dix-huit tonnes ; dix-huit hamsters*), et /dizɥit/ dans les autres cas (*dix-huit euros ; dix-huit hamamélis*).
dix-huitième adj. et n. ▪ plur. **dix-huitièmes**
dix-huitièmement adv.
dixième adj. et n.
dixièmement adv.
dixit /diksit/ loc.
dix-neuf adj. numéral et n. inv.
dix-neuvième adj. et n. ▪ plur. **dix-neuvièmes**
dix-neuvièmement adv.

dix-sept /di(s)sɛt/ adj. numéral et n. inv.
dix-septième /di(s)sɛtjɛm/ adj. et n. ▪ plur. **dix-septièmes**
dix-septièmement /di(s)sɛtjɛmmɑ̃/ adv.
dizain n. m.
dizaine n. f.
⌘ Lorsque **une dizaine de** suivi d'un nom au pluriel est sujet, le verbe s'accorde soit avec *dizaine*, soit avec le complément : *une dizaine de livres manquait* ou *manquaient*. Avec **la dizaine de**, le verbe s'accorde toujours avec *dizaine* : *la dizaine de livres manquants a été retrouvée*.
dizeau n. m.
dizenier n. m.
dizygote adj. et n. m.
DJ /didʒi ; didʒɛ/ ou **deejay** /didʒɛ/ n.
▫ abrév. de **disc jockey**
djaïn ou **djaïna** ou **jaïn** ou **jaïna** adj. et n.
djaïnisme ou **jaïnisme** n. m.
➾ Comme tous les mots désignant une religion, ce mot s'écrit sans majuscule : *se convertir au djaïnisme*.
djaïniste ou **jaïniste** n. m.
➾ Comme tous les mots désignant ou qualifiant une religion ou ses adeptes, ce mot s'écrit sans majuscule : *la religion djaïniste ; les djaïnistes*.
djebel ou **djébel** n. m.
djellaba n. f.
djembé /dʒɛmbe/ n. m.
djeune ou **djeun** n.
Ξ Au pluriel, on rencontre les formes *djeunes*, *djeuns* et *djeun's* et le *s* est souvent prononcé.
djich n. m. inv.
djihad ou **jihad** n. m.
djihadisme ou **jihadisme** n. m.
djihadiste ou **jihadiste** n.
djinn n. m.
HOM. **gin, jean**
DNA n. m.
▫ abrév. de **acide désoxyribonucléique**
do n. m. inv.
HOM. **dos**
doberman /dɔbɛʀman/ n. m.
➾ Ce mot a un pluriel régulier : *des dobermans*.
doc n. f.
▫ abrév. de **documentation**
HOM. **dock**
DOC ou **doc** n. m.
▫ abrév. de **disque optique compact**
doche n. f.
docile adj.
docilement adv.
docilité n. f.
docimasie n. f.
docimologie n. f.
docimologue n.
dock n. m.
HOM. **doc**
docker n.
docte adj.
doctement adv.
docteur, eure n.
☯ *Docteure* est la forme recommandée par le *Guide d'aide à la féminisation des noms de métiers, titres, grades et fonctions* et l'Office québécois de la langue française pour parler d'une femme. L'emploi de *docteur* au féminin est également admis par le *Guide d'aide à la féminisation des noms de métiers, titres, grades et fonctions* : *la docteur Sophie Dupont*. *Doctoresse*, employé uniquement en médecine, n'est plus en usage.
Ξ *Docteur* est un titre et non une profession. *Aller chez le docteur* appartient au registre familier. Dans la langue soignée, il faut dire *aller chez le médecin*.
doctissime adj.
doctoral, ale, aux adj.
doctoralement adv.
doctorant, ante n.
doctorat /-ʀa/ n. m.
doctoresse n. f.
→ aussi **docteur**
doctrinaire n. et adj.
doctrinairement adv.
doctrinal, ale, aux adj.
doctrinalement adv.
doctrinalisme n. m.
doctrinarisme n. m.
doctrine n. f.
doctus cum libro /dɔktyskɔmlibʀo/ loc. adj. ou adv.
docudrame n. m.
docufiction n. f.
document n. m.
documentaire adj. et n. m.
documentaliste n.
documentarisme n. m.
documentariste n.
documentation n. f.
documenter v. tr. | conjug. 1 |
¬ **se documenter**
➾ Aux temps composés de la forme pronominale, le participe passé s'accorde en genre et en nombre avec le sujet : *elle s'est documentée sur ce sujet*.
documentique n. f.
docu-soap ▪ plur. **docu-soaps** ou **docusoap** ▪ plur. **docusoaps** /dokysop/ n. m.
dodécaèdre n. m.
dodécaédrique adj.
dodécagonal, ale, aux adj.
dodécagone n. m.

dodécagyne adj.
dodécandre n. f.
dodécaphonique adj.
dodécaphonisme n. m.
dodécaphoniste adj. et n.
dodécastyle adj.
dodécasyllabe adj. et n. m.
dodelinant, ante adj.
dodelinement n. m.
dodeliner v. intr. | conjug. 1 |
dodinage n. m.
dodine n. f.
¹**dodo** n. m. (oiseau)
²**dodo** n. m. (lang. enfantin : sommeil)
dodu, ue adj.
dogal, ale, aux adj.
dogaresse n. f.
dogat /dɔga/ n. m.
dog-cart ▪ plur. **dog-carts** ou **dogcart**○ ▪ plur. **dogcarts**○ n. m.
doge n. m.
➾ Ce mot s'écrit avec une majuscule dans le nom propre **le palais des Doges** et **la Cité des Doges**.
dogger /dɔgœʀ/ ou **doggeur**○ n. m.
dogmatique adj.
dogmatiquement adv.
dogmatiser v. intr. | conjug. 1 |
dogmatiseur n. m.
dogmatisme n. m.
dogmatiste n.
dogme n. m.
dogre n. m.
dogue n. m.
doguin n. m.
doigt /dwa/ n. m.
HOM. **doit**, formes du v. **devoir**
doigté /dwate/ n. m.
HOM. **doigter, doitée**
doigter /dwate/ v. intr. et v. tr. | conjug. 1 |
HOM. **doigté, doitée**
doigtier /dwatje/ n. m.
HOM. formes du v. **doigter**
doina n. f.
doisil n. m.
→ **douzil**
doit n. m.
HOM. **doigt**, formes du v. **devoir**
doitage n. m.
doitée n. f.
HOM. **doigté, doigter**
dojo n. m.
dol n. m.
dolabre n. f.
dolage n. m.
Dolby® n. m.
➾ Comme tous les noms déposés, ce mot doit s'écrire avec une majuscule : *Dolby stéréo*. Toutefois, on le trouve fréquemment employé comme nom générique sans respect de la règle : *dolby stéréo*.
Ξ *Dolby* peut s'employer en apposition ; il est alors invariable : *des procédés Dolby*.
dolce /dɔltʃe/ adv.
dolce vita /dɔltʃe-/ n. f. sing.
dolcissimo /dɔltʃisimo/ adv.
dôle n. f.
doléance n. f.
doleau n. m.
dolemment /-amɑ̃/ adv.
dolence n. f.
dolent, ente adj.
dolentement adv.
doler v. tr. | conjug. 1 |
doleuse n. f.
dolic ou **dolique** n. m.
dolichocéphale /dɔliko-/ adj.
dolichocéphalie /dɔliko-/ n. f.
dolichocôlon /dɔliko-/ n. m.
dolichocrâne /dɔliko-/ adj. et n.
dolichocrânie /dɔliko-/ n. f.
dolichomorphe /dɔliko-/ adj.
dolichotis /dɔlikɔtis/ n. m.
doliman n. m.
doline n. f.
dolique n. m.
→ **dolic**
dollar n. m.
dollarisation n. f.
dolman n. m.
dolmen n. m.
dolménique adj.
doloire n. f.
dolomède n. m.
dolomie n. f.
dolomite n. f.
dolomitique adj.
dolomitisation n. f.
dolomitisme n. m.
dolorisme n. m.
doloriste adj. et n.
dolosif, ive adj.
dolosivement adv.
dolure n. f.
dom /dɔ̃/ n. m. (titre)
Ξ *Dom* est un titre donné à certains religieux (*dom Pérignon*) et aux nobles portugais et espagnols, à la différence de *don*, qui ne s'emploie que pour les nobles d'Espagne.
➾ Ce mot s'écrit toujours sans majuscule : *le bénédictin dom Calmet*.
HOM. **don, dont**
DOM /dɔm/ n. m. inv.
▫ abrév. de **département d'outre-mer**

domaine n. m.
domanial, iale, iaux adj.
domanialiser v. tr. | conjug. 1 |
domanialité n. f.
dombéya n. m.
dôme n. m.
domesticable adj.
domestication n. f.
domesticité n. f.
domestique adj. et n.
domestiqué, ée adj.
domestiquement adv.
domestiquer v. tr. | conjug. 1 |
domicile n. m.
domiciliaire adj.
domiciliataire n. m.
domiciliation n. f.
domicilier v. tr. | conjug. 7 |
domien, ienne adj. et n.
➾ L'adjectif s'écrit sans majuscule : *la population domienne*. Le nom s'écrit avec une majuscule : *les Domiens ; c'est une Domienne*.
dominable adj.
dominance n. f.
dominant, ante adj.
dominante n. f.
dominateur, trice n. et adj.
domination n. f.
dominer v. intr. et v. tr. | conjug. 1 |
¬ **se dominer**
➾ Aux temps composés de la forme pronominale, le participe passé s'accorde en genre et en nombre avec le sujet : *elle s'est dominée malgré sa colère*.
[1]**dominicain, aine** adj. et n. (religieux)
➾ Ce mot s'écrit avec une minuscule lorsqu'il désigne une personne : *un couvent de dominicaines*. Il s'écrit avec une majuscule lorsqu'il désigne sans ambiguïté l'ordre lui-même : *il est entré chez les Dominicains*.
[2]**dominicain, aine** adj. et n. (relatif à Saint-Domingue ; habitant de Saint-Domingue)
➾ L'adjectif s'écrit sans majuscule : *la population dominicaine ; la République dominicaine*. Le nom s'écrit avec une majuscule uniquement quand il désigne une personne : *les Dominicains ; c'est une Dominicaine*.
dominical, ale, aux adj.
dominion n. m.
HOM. formes du v. **dominer**
domino n. m.
dominoterie n. f.
dominotier, ière n.
domisme n. m.
dommage n. m.
▸ **quel dommage/c'est dommage que** (+ subj.) *c'est dommage qu'il pleuve*
▸ **quel dommage/c'est dommage de** (+ inf.) *quel dommage d'abattre de si beaux arbres !*
dommageable adj.
dommageablement adv.
dommages-intérêts n. m. pl.
domoticien, ienne n.
domotique n. f.
domotiser v. tr. | conjug. 1 |
domptable /dɔ̃(p)tabl/ adj.
domptage /dɔ̃(p)taʒ/ n. m.
dompter /dɔ̃(p)te/ v. tr. | conjug. 1 |
♪ La prononciation du *p* de ce mot et des mots de la même famille, autrefois critiquée, est aujourd'hui courante.
dompteur, euse /dɔ̃(p)tœʀ, øz/ n.
DOM-ROM n. m. inv.
▫ abrév. de **départements et régions d'outre-mer**
DON n. m.
▫ abrév. de **disque optique numérique**
[1]**don** n. m. (action de donner)
HOM. **dom, dont**
[2]**don** n. m. (titre de noblesse)
Ξ *Don* ne s'emploie que pour les nobles espagnols, contrairement à *dom*, titre donné aux nobles d'Espagne et du Portugal, ainsi qu'à certains religieux.
➾ Ce mot s'écrit toujours sans majuscule : *l'histoire de don Quichotte*.
HOM. **dom, dont**
doña /dɔnja/ ou **donia**° n. f.
➾ Ce mot s'écrit toujours sans majuscule : *doña Sol*.
donace n. f.
donacie n. f.
donataire n.
donateur, trice n.
donation n. f.
donation-partage n. f. ▪ plur. **donations-partages**
donatisme n. m.
donatiste n. et adj.
donc conj.
♪ Ce mot se prononce /dɔ̃k/ en tête de proposition ou devant une voyelle, /dɔ̃/ ou /dɔ̃k/ dans les autres cas *(allons donc !)*.
Ξ **Donc par conséquent** est un pléonasme à éviter.
dondaine n. f et interj.
dondon n. f et interj.
donf (à) loc. adv.
dong n. m.
donia° n. f.
→ **doña**
donjon n. m.
donjonné, ée adj.
don juan ▪ plur. **dons juans** ou **don Juan**

▪ plur. inv. ou **donjuan**° ▪ plur. **donjuans**° n. m.
donjuanerie n. f.
donjuanesque adj.
donjuanisme n. m.
donnable adj.
donnant, ante adj.
donne n. f.
donné, ée adj. et n. m.
➾ La locution prépositionnelle **étant donné** se place avant le nom et est invariable : *étant donné les consignes*. En revanche, le participe passé se place après le nom et s'accorde avec lui : *les consignes étant données, nous pouvons commencer*.
donnée n. f.
donner v. tr. et v. intr. | conjug. 1 |
¬ **se donner**
➾ Aux temps composés de la forme pronominale, le participe passé s'accorde en genre et en nombre avec le sujet : *elle s'est donnée en spectacle*. Mais le participe passé ne s'accorde pas quand il est suivi d'un complément d'objet direct : *ils se sont donné beaucoup de peine*. Il ne s'accorde avec le complément d'objet direct que lorsque celui-ci est placé avant le verbe : *la peine qu'ils se sont donnée*.
donneur, euse n. et adj.
donovanose n. f.
don quichotte ▪ plur. **dons quichottes** ou **don Quichotte** ▪ plur. inv. ou **donquichotte**° ▪ plur. **donquichottes** n. m.
donquichottesque adj.
donquichottisme n. m.
dont pron.
HOM. **dom, don**
→ aussi **où**, [2]**que**
donut n. m.
donzelle n. f.
dopa n. f.
▫ abrév. de **dihydroxyphénylalanine**
HOM. formes du v. **doper**
dopage n. m.
▫ rec. off. pour **doping**
dopamine n. f.
dopaminergique adj.
dopant, ante n. m. et adj.
dope n. f.
doper v. tr. | conjug. 1 |
¬ **se doper**
➾ Aux temps composés de la forme pronominale, le participe passé s'accorde en genre et en nombre avec le sujet : *la championne olympique s'était dopée*.
dopeur n. m.
doping /dɔpiŋ/ n. m.
▫ rec. off. : **dopage**
doppler /-plɛʀ/ n. m.
dorade ou **daurade** n. f.
dorage n. m.
dorcade n. f.
[1]**doré, ée** adj.
➾ Employé derrière un adjectif de couleur, ce mot est invariable : *des reflets jaune doré*.
[2]**doré** n. m. (au Canada : poisson d'eau douce)
dorée n. f. (saint-pierre)
doreloterie n. f.
dorelotier, ière n.
dorême n. f.
dorénavant adv.
dorer v. tr. | conjug. 1 |
¬ **se dorer**
➾ Aux temps composés de la forme pronominale, le participe passé s'accorde en genre et en nombre avec le sujet : *elle s'est dorée au soleil*.
d'ores et déjà loc. adv.
doreur, euse n.
dorien, ienne adj. et n.
➾ L'adjectif s'écrit sans majuscule : *le peuple dorien* ; *le mode dorien*. Le nom s'écrit avec une majuscule uniquement quand il désigne une personne : *les Doriens* ; *une Dorienne* mais *ils parlaient le dorien*.
dorine n. f.
doriotisme n. m.
doriotiste adj. et n.
dorique adj. et n. m.
[1]**doris** /dɔʀis/ n. f. (mollusque)
[2]**doris** /dɔʀis/ n. m. (embarcation)
dorisme n. m.
dorissier n. m.
dorlotage n. m.
dorlotement n. m.
dorloter v. tr. | conjug. 1 |
dorloterie n. f.
dorloteur, euse adj. et n.
dormance n. f.
dormant, ante adj. et n. m.
dormette n. f.
dormeur, euse n.
dormeuse n. f. (ancienne voiture, boucle d'oreille)
dormir v. intr. | conjug. 16 |
➾ *Dormir* est un verbe intransitif ; le participe passé est invariable : *les trois heures qu'il a dormi*.
dormitif, ive adj.
dormition n. f.
dormoir n. m.
doroir n. m.
doronic n. m.
dorsal, ale, aux adj. et n. f.
dorsalement adv.

dorsalgie n. f.
dorsifère adj.
dorsiventral, ale, aux adj.
dorsiventralité n. f.
dorsolombaire adj.
dorsopalatal, ale, aux adj.
dorsovélaire adj.
dortoir n. m.
dorure n. f.
doryphore n. m.
dos n. m.
HOM. **do**
DOS /dɔs/ n. m.
◻ abrév. de **disc operating system**
dosable adj.
dos-à-dos n. m. inv.
dosage n. m.
dos d'âne ou **dos-d'âne** n. m. inv.
dose n. f.
HOM. **dôse**
dôse n. f.
HOM. **dose**, formes du v. **doser**
doser v. tr. | conjug. 1 |
dosette n. f.
doseur n. m.
☰ Ce mot s'emploie en apposition dans l'expression **bouchon doseur** : *des bouchons doseurs.*
dosimètre n. m.
dosimétrie n. f.
dosimétrique adj.
dos-nu n. m. ▪ plur. **dos-nus**
dossard n. m.
dosse n. f.
dosseret n. m.
dosseur n. m.
dossier n. m.
dossière n. f.
dostoïevskien, ienne adj.
dot /dɔt/ n. f.
HOM. formes du v. **doter**
dotal, ale, aux adj.
dotalité n. f.
dotation n. f.
dotcom n. f. inv.
doter v. tr. | conjug. 1 |
¬ **se doter**
➾ Aux temps composés de la forme pronominale, le participe passé s'accorde en genre et en nombre avec le sujet : *l'armée s'est dotée d'un nouveau sous-marin.*
douaire n. m.
HOM. formes du v. **douer**
douairière n. f.
douane n. f.
douanier, ière adj. et n.
douar n. m.
doublage n. m.
doublant, ante n.
doublard n. m.
double adj. et n. m.
doublé, ée adj. et n. m.
doubleau n. m.
HOM. **doublot**
double-bec n. m. ▪ plur. **doubles-becs**
double-clic n. m. ▪ plur. **doubles-clics**
double-cliquer v. intr. | conjug. 1 |
double-commande n. f. ▪ plur. **doubles-commandes**
double-crème n. m. ▪ plur. **doubles-crèmes**
double-croche n. f. ▪ plur. **doubles-croches**
double-décimètre n. m. ▪ plur. **doubles-décimètres**
double-étoffe n. f. ▪ plur. **doubles-étoffes**
double-face n. f. ▪ plur. **doubles-faces**
double-fond n. m. ▪ plur. **doubles-fonds**
doublement adv. et n. m.
double-mètre n. m. ▪ plur. **doubles-mètres**
[1]**doubler** n. m.
[2]**doubler** v. tr. et v. intr. | conjug. 1 |
double-rideau n. m. ▪ plur. **doubles-rideaux**
double-scull /-skœl/ n. m. ▪ plur. **doubles-sculls**
double-six n. m. ▪ plur. **doubles-six**
doublet n. m.
HOM. formes du v. **doubler**
doubleté, ée adj.
double-toit n. m. ▪ plur. **doubles-toits**
doublette n. f.
[1]**doubleur** n. m. (bague)
[2]**doubleur, euse** n. (redoublant)
double-vitrage n. m. ▪ plur. **doubles-vitrages**
doublier n. m.
HOM. formes du v. **doubler**
[1]**doublon** n. m.
HOM. formes du v. **doubler**
[2]**doublon, onne** n. (animal de deux ans)
HOM. formes du v. **doubler**
doublonnage n. m.
doublonner v. intr. | conjug. 1 |
doublot n. m.
HOM. **doubleau**
doublure n. f.
douçain n. m.
→ **doucin**
douce adj. f et n. f.
douce-amère n. f. ▪ plur. **douces-amères**
douceâtre ou **douçâtre** adj.
doucement adv.
doucereusement adv.
doucereux, euse adj.
doucet, ette adj. et n. f.
doucette n. f.

doucettement adv.
douceur n. f.
douche n. f.
doucher v. tr. | conjug. 1 |
¬ **se doucher**
➾ Aux temps composés de la forme pronominale, le participe passé s'accorde en genre et en nombre avec le sujet : *elle ne s'est pas douchée depuis des jours.*
douchette n. f.
doucheur, euse n.
doucin ou **douçain** n. m.
doucine n. f.
doucir v. tr. | conjug. 2 |
doucissage n. m.
doucisseur, euse n.
¹**doudou** n. m. (objet d'enfant)
²**doudou** n. f. (femme)
doudoune n. f.
doué, douée adj.
douelle n. f.
douer v. tr. | conjug. 1 |
douil n. m.
HOM. **douille**, formes du v. **douiller**
douillage n. m.
douille n. f.
HOM. **douil**, formes du v. **douiller**
douiller v. intr. | conjug. 1 |
douillet, ette adj.
HOM. formes du v. **douiller**
douillette n. f.
douillettement adv.
douilletterie n. f.
douillon n. m.
HOM. formes du v. **douiller**
douleur n. f.
doulos /dulos/ n. m.
douloureusement adv.
douloureux, euse adj. et n. f.
doum n. m.
douma n. f.
doura(h) n. m.
dourine n. f.
douro n. m.
doute n. m.
douter v. tr. ind. et v. tr. | conjug. 1 |
◗ **douter de** (+ n.) *il doute de l'authenticité de cette nouvelle*
◗ **douter de** (+ inf.) *je doute d'y parvenir*
◗ **douter que** (+ subj.) *je doute fort qu'il vous reçoive*
◗ **douter que** (+ condit.) *je ne doute pas qu'il accepterait, si j'insistais*
⌘ La forme négative **ne pas douter que** est généralement suivie du subjonctif : *je ne doute pas qu'il (ne) réussisse.* L'indicatif peut être employé pour insister sur le caractère incontestable du fait envisagé : *je ne doute pas qu'il réussira.*
¬ **se douter**
➾ Aux temps composés de la forme pronominale, le participe passé s'accorde en genre et en nombre avec le sujet : *ils se sont doutés de quelque chose.*
douteur, euse adj. et n.
douteusement adv.
douteux, euse adj.
douvain n. m.
douve n. f.
douvelle n. f.
¹**doux, douce** adj. et n.
²**doux** adv.
doux-amer, douce-amère adj. ▪ plur. **doux-amers, douces-amères**
douzain n. m.
douzaine n. f.
⌘ Lorsque **une douzaine de** suivi d'un nom au pluriel est sujet, le verbe s'accorde soit avec *douzaine*, soit avec le complément : *une douzaine de tableaux a été volée* ou *ont été volés.* Avec **la douzaine de**, le verbe s'accorde toujours avec *douzaine* : *la douzaine de tableaux volés a été retrouvée.*
douze adj. numéral inv. et n. inv.
➾ Les numéraux formant un nombre complexe inférieur à cent s'écrivent traditionnellement avec un trait d'union : *soixante-douze.* Les Rectifications de l'orthographe de 1990 préconisent de généraliser l'emploi du trait d'union à tous les numéraux composés, qu'ils soient inférieurs ou supérieurs à cent : *à la page cent-douze ; il a douze-mille euros en espèces.*
douze-huit (à) loc. adj.
douzième adj. et n.
douzièmement adv.
douzil ou **doisil** n. m.
doxa n. f.
doxal n. m.
doxique adj.
doxocratie /-si/ n. f.
doxographie n. f.
doxographique adj.
doxologie n. f.
doxycycline n. f.
doyen, doyenne n.
doyenné n. m.
doyenneté n. f.
DPLG adj. inv.
▫ abrév. de **diplômé par le gouvernement**
drac ou **drak** n. m.
dracéna n. m.
drache n. f.
dracher v. impers. | conjug. 1 |

drachme /dʀakm/ n. f.
dracocéphale n. m.
draconculose n. f.
draconien, ienne adj.
dracontium /-sjɔm/ n. m.
¹drag n. f.
□ abrév. de **drag-queen**
HOM. **drague**, formes du v. **draguer**
²drag n. m. (chasse à courre, voiture)
HOM. **drague**, formes du v. **draguer**
dragage n. m.
➾ Ce mot s'écrit sans *u*, contrairement au verbe *draguer*.
dragée n. f.
dragéification n. f.
dragéifier v. tr. | conjug. 7 |
drageoir n. m.
drageon n. m.
drageonnage n. m.
drageonnement n. m.
drageonner v. intr. | conjug. 1 |
dragline /dʀaglin ; dʀaglajn/ n. f.
□ rec. off. : **défonceuse**
dragon n. m.
HOM. formes du v. **draguer**
dragonnade n. f.
dragonne n. f.
dragonné, ée adj.
dragonneau n. m.
dragonner v. tr. | conjug. 1 |
dragonnet n. m.
HOM. formes du v. **dragonner**
dragonnier n. m.
HOM. formes du v. **dragonner**
drag-queen /dʀagkwin/ n. f. ▪ plur. **drag-queens**
dragster /dʀagstɛʀ/ n. m.
drague n. f.
HOM. **drag**
draguer v. tr. | conjug. 1 |
draguette n. f.
dragueur, euse n.
drak n. m.
→ **drac**
draille n. f.
HOM. **dry**
drain n. m.
drainage n. m.
¹draine ou **drenne** n. f. (grive)
HOM. formes du v. **drainer**
²draine n. f. (refrain, rengaine)
HOM. formes du v. **drainer**
drainer v. tr. | conjug. 1 |
drainette n. f.
draineur n. m.
draineuse n. f.
draisienne n. f.
draisine n. f.
drakkar n. m.
dramatique adj. et n. f.
dramatiquement adv.
dramatisant, ante adj.
dramatisation n. f.
dramatiser v. tr. | conjug. 1 |
dramatisme n. m.
dramatiste n. et adj.
dramaturge n.
dramaturgie n. f.
dramaturgique adj.
drame n. m.
dranguel n. m.
drap /dʀa/ n. m.
drapage n. m.
→ **drapement**
drapé, ée adj. et n. m.
drapeau n. m.
drapeautique adj.
drapelet n. m.
drapement ou **drapage** n. m.
draper v. tr. | conjug. 1 |
¬ **se draper**
➾ Aux temps composés de la forme pronominale, le participe passé s'accorde en genre et en nombre avec le sujet : *elle s'est drapée dans son sari*.
draperie n. f.
drap-housse /dʀaus/ n. m. ▪ plur. **draps-housses**
drapier, ière n. et adj.
HOM. formes du v. **draper**
drastique adj.
drastiquement adv.
drave n. f.
draver v. tr. | conjug. 1 |
draveur, euse n.
dravidien, ienne adj. et n. m.
dravière n. f.
drawback /dʀobak/ n. m.
□ rec. off. : **remboursement de droits et taxes**
drayage n. m.
drayer v. tr. | conjug. 8 |
drayoir n. m.
drayoire n. f.
drayure n. f.
dreadlocks /dʀɛdlɔks/ n. f. pl.
dreadnought /dʀɛdnɔt ; dʀɛdnɔf/ n. m.
drêche n. f.
drée n. f.
¹drège ou **dreige** n. f. (filet de pêche)
²drège n. f. (peigne à lin)
¹drégeur ou **dreigeur** n. m. (bateau)
²drégeur, euse n. (ouvrier)
drelin interj.

drenne n. f.
→ **¹draine**
drépanocytaire adj.
drépanocyte n. m.
drépanocytose n. f.
dressage n. m.
dressant n. m.
dressement n. m.
dresser v. tr. | conjug. 1 |
dresseur, euse n.
dressing-room ▪ plur. **dressing-rooms** ou **dressing** /dʀesiŋ(ʀum)/ n. m.
dressoir n. m.
dret, drette adj. et adv.
drève n. f.
dreyfusard, arde adj. et n.
dreyfusisme n. m.
dreyfusiste adj. et n.
DRH n.
◻ abrév. de **directeur, trice/direction des ressources humaines**
dribble ou **drible** n. m.
dribbler ou **dribler** v. tr. | conjug. 1 |
dribbleur, euse ou **dribleur, euse** n.
drift n. m.
drifter /dʀiftœʀ/ ou **drifteur**○ n. m.
drill n. m. (singe)
¹drille /dʀij/ n. m.
Ξ Ce mot, qui a eu le sens de « soldat vagabond, soudard », ne s'emploie plus guère que dans l'expression **joyeux drille**.
HOM. formes du v. **driller**
²drille /dʀij/ n. f. (chiffon, outil)
HOM. formes du v. **driller**
driller /dʀije/ v. tr. | conjug. 1 |
dring /dʀiŋ/ interj.
dringuelle n. f.
drink /dʀink/ n. m.
driographie n. f.
drisse n. f.
drive /dʀajv/ n. m.
drive-in /dʀajvin/ n. m. inv.
◻ rec. off. : **cinéparc** ou **service au volant**
driver /dʀajve ; dʀive/ v. intr. et v. tr. | conjug. 1 |
driveur ou **driver** /dʀajvœʀ ; dʀivœʀ/ n. m.
◻ rec. off. : **pilote de périphérique**
drogman /dʀɔgmɑ̃/ n. m.
➾ Ce mot a un pluriel régulier : *des drogmans*.
drogue n. f.
drogué, ée n. et adj.
droguer v. tr. | conjug. 1 |
¬ **se droguer**
➾ Aux temps composés de la forme pronominale, le participe passé s'accorde en genre et en nombre avec le sujet : *elle nie s'être jamais droguée*.
droguerie n. f.
droguet n. m.
HOM. formes du v. **droguer**
droguetier n. m.
drogueur, euse n.
droguier n. m.
HOM. formes du v. **droguer**
droguiste n.
droïde n. m.
droit, droite adj., adv. et n. m.
droit-de-l'hommisme n. m. ▪ plur. **droit-de-l'hommismes**
droit-de-l'hommiste n. ▪ plur. **droit-de-l'hommistes**
droite n. f.
droitement adv.
droiterie n. f.
droitier, ière adj. et n.
droitisation n. f.
droitiser v. tr. | conjug. 1 |
¬ **se droitiser**
➾ Aux temps composés de la forme pronominale, le participe passé s'accorde en genre et en nombre avec le sujet : *elle s'est droitisée avec l'âge*.
droitisme n. m.
droitiste n. et adj.
droiture n. f.
drolatique adj.
➾ Ce mot s'écrit sans accent circonflexe, contrairement à *drôle*.
drolatiquement adv.
drôle n. et adj.
drôlement adv.
drôlerie n. f.
drôlesse n. f.
drôlet, ette adj.
drôlichon, onne adj.
dromadaire n. m.
drome n. f.
dromie n. f.
dromomanie n. f.
dromon n. m.
dromos /-ɔs/ n. m.
drone n. m.
drongaire n. m.
→ **drungaire**
dronte n. m.
drop n. m.
¹droper v. intr. | conjug. 1 | (fam. : filer)
²droper ou **dropper** v. tr. | conjug. 1 | (fam. : abandonner)
drop-goal /dʀɔpgol/ n. m. ▪ plur. **drop-goals**
drop-out ▪ plur. inv. ou **dropout**○ ▪ plur. **dropouts**○ /dʀɔpawt/ n. m.
droppage n. m.
dropper v. tr. | conjug. 1 |
→ **²droper**

droschki n. m.
→ **droski**
droséra n. m.
☯ Ce mot est masculin : *un droséra*.
droséracée n. f.
droski ou **droschki** n. m.
drosophile n. f.
drosophyllum /-ɔm/ n. m.
dross n. m.
HOM. **drosse**, formes du v. **drosser**
drossage n. m.
drossart n. m.
drosse n. f.
HOM. **dross**, formes du v. **drosser**
drosser v. tr. | conjug. 1 |
drouille n. f.
drouillet n. m.
dru, drue adj.
drugstore /dʀœgstɔʀ/ n. m.
druide n. m.
druidesse n. f.
druidique adj.
druidisme n. m.
drument ou **druement** adv.
drumlin /dʀœmlin/ n. m.
drummeur, euse ou **drummer** /dʀœmœʀ/ n.
drums /dʀœms/ n. m. pl.
drungaire /dʀœ̃gɛʀ/ ou **drongaire** n. m.
drupacé, ée adj.
drupe n. f.
drupéole n. f.
druse n. f.
HOM. **druze**
druze adj. et n.
➾ L'adjectif s'écrit sans majuscule : *la population druze*. Le nom s'écrit avec une majuscule : *les Druzes du Liban ; c'est une Druze*.
HOM. **druse**
dry /dʀaj/ adj. et n. m. ▪ plur. inv. ou plur. **drys**
HOM. **draille**
dryade n. f.
dry farming /dʀajfaʀmiŋ/ n. m. ▪ plur. **dry farmings**
dryopithèque n. m.
DTS n. m.
▫ abrév. de **droit de tirage spécial**
DU /dey/ n. m.
▫ abrév. de **diplôme d'université**
du art. déf. et partitif
HOM. **dû**, formes du v. **devoir**
→ aussi **de**
dû, due adj. et n. m.
HOM. **du**
dual, duale adj.
dualisation n. f.
dualisme n. m.
dualiste adj. et n.
dualistique adj.
dualité n. f.
dubitable adj.
dubitatif, ive adj.
dubitation n. f.
dubitativement adv.
dubnium /dubnjɔm/ n. m.
[1]**duc** n. m. (titre)
➾ Ce mot s'écrit sans majuscule : *le duc de Guise*.
[2]**duc** n. m. (oiseau)
➾ Écrit sans trait d'union, **grand duc** désigne un rapace, au contraire de *grand-duc*, qui est un titre princier.
ducal, ale, aux adj.
ducasse n. f.
ducat /-ka/ n. m.
ducaton n. m.
duc-d'albe n. m. ▪ plur. **ducs-d'albe**
duce /dutʃe/ n. m. (titre pris par Mussolini, chef de l'Italie fasciste (1922-1945).)
duché n. m.
duchesse n. f.
➾ Ce mot s'écrit sans majuscule : *la duchesse d'Anjou*.
Ξ Ce mot peut s'employer en apposition ; il est alors invariable : *des pommes duchesse ; des poires duchesse*.
ducroire n. m.
ductile adj.
➾ Ne pas employer **ductible*, qui n'existe pas.
ductilité n. f.
duction n. f.
dudit adj. m.
duègne n. f.
[1]**duel, duelle** adj.
HOM. **DUEL**
[2]**duel** n. m.
HOM. **DUEL**
DUEL /dɥɛl/ n. m.
▫ abrév. de **diplôme universitaire d'études littéraires**
HOM. **duel**
duelliste n.
D. U. E. S. n. m.
▫ abrév. de **diplôme universitaire d'études scientifiques**
duettino n. m. ▪ plur. **duettinos** ou plur. **duettini**
Ξ On peut employer le pluriel francisé *duettinos* ou le pluriel italien *duettini*.
duettiste n.
duetto /dɥeto ; dɥɛtto/ n. m. ▪ plur. **duettos** ou plur. **duetti**
Ξ On peut employer le pluriel francisé *duettos* ou le pluriel italien *duetti*.

duffel-coat ▪ plur. **duffel-coats** ou **duffle-coat** ▪ plur. **duffle-coats** ou **duffelcoat**○ ▪ plur. **duffelcoats**○ /dœfœlkot/ n. m.
dugazon n. f.
dugong /dygɔ̃g/ n. m.
duit n. m.
duitage n. m.
duite n. f.
dulçaquicole adj.
dulcimer n. m.
dulcine n. f.
dulcinée n. f.
dulcite n. f.
dulcitol n. m.
dulie n. f.
dum-dum ▪ plur. inv. ou **dumdum**○ ▪ plur. **dumdums**○ /dumdum/ adj.
dûment ou **dument**○ adv.
dumper ou **dumpeur**○ /dœmpœʀ/ n. m.
□ rec. off. : **tombereau**
dumping /dœmpiŋ/ n. m.
dunal, ale, aux adj.
dundee /dœndi/ n. m.
dune n. f.
Ξ **Dune de sable** est un pléonasme à éviter.
dunette n. f.
duo n. m.
duodécennal, ale, aux adj.
duodécimal, ale, aux adj.
duodécimo adv.
duodénal, ale, aux adj.
duodénite n. f.
duodénum /-nɔm/ n. m.
duodi n. m.
Ξ Ce mot désignait le deuxième jour de la décade, dans le calendrier républicain.
➾ Comme tous les noms de jours, ce mot s'écrit sans majuscule.
duopole n. m.
D. U. P. n. f.
□ abrév. de **déclaration d'utilité publique**
dupe n. f. et adj.
☯ Le nom est toujours féminin mais il peut s'employer pour parler d'un homme : *il a été la dupe d'un escroc.*
➾ On écrit ce mot avec une majuscule dans **la journée des Dupes** (10 novembre 1630, jour où Louis XIII renouvelle sa confiance à Richelieu que l'on croyait disgracié).
duper v. tr. | conjug. 1 |
¬ **se duper**
➾ Aux temps composés de la forme pronominale, le participe passé s'accorde en genre et en nombre avec le sujet : *ils se sont dupés mutuellement.*
duperie n. f.
dupeur, euse n.
duplex n. m.
duplexage n. m.
duplexer v. tr. | conjug. 1 |
duplexeur n. m.
duplicata n. m. ▪ plur. inv. ou plur. **duplicatas**
Ξ En latin, *duplicata* est un nom pluriel. On peut toutefois l'employer au singulier et franciser la forme du pluriel : *un duplicata, des duplicatas.*
duplicatage n. m.
duplicate (en) loc. adv.
duplicateur n. m.
duplicatif, ive adj.
duplication n. f.
duplicature n. f.
duplice adj. et n.
duplicité n. f.
duplicopieur n. m.
duplique n. f.
dupliquer v. tr. | conjug. 1 |
duquel pron. rel. et interrog.
[1]**dur, dure** adj. et n.
HOM. formes du v. **durer**
[2]**dur** adv. et n. m.
HOM. formes du v. **durer**
durabilité n. f.
durable adj.
durablement adv.
duraille adj.
dural, ale, aux adj.
Duralumin® n. m.
➾ Comme tous les noms déposés, ce mot doit s'écrire avec une majuscule : *des tôles de Duralumin.* Toutefois, on le trouve fréquemment employé comme nom générique sans respect de la règle : *des tôles de duralumin.*
duramen /dyʀamɛn/ n. m.
durant prép.
duratif, ive adj.
durbec n. m.
durcir v. tr. et v. intr. | conjug. 2 |
¬ **se durcir**
➾ Aux temps composés de la forme pronominale, le participe passé s'accorde en genre et en nombre avec le sujet : *la grève s'est durcie.*
durcissant, ante adj. et n. m.
durcissement n. m.
durcisseur n. m.
durée n. f.
durement adv.
dure-mère n. f. ▪ plur. **dures-mères**
durer v. intr. | conjug. 1 |
➾ *Durer* est un verbe intransitif ; le participe passé est invariable : *les trois heures que la réunion a duré.*

duret, ette adj.
HOM. formes du v. **durer**
dureté n. f.
durham n. et adj.
➾ Lorsqu'il désigne ou qualifie un bovin, ce mot s'écrit sans majuscule, contrairement au nom propre qui désigne le comté anglais : *des durhams ; des bœufs durhams.*
HOM. forme du v. **durer**
durian /dyʀjɑ̃ ; dyʀjan/ ou **durion** n. m.
durillon, onne n. m. et adj.
durion n. m.
→ **durian**
Durit® /dyʀit/ ou **durite** n. f.
➾ Comme tous les noms déposés, ce mot doit s'écrire avec une majuscule : *changer une Durit.* Toutefois, on le trouve presque toujours employé comme nom générique sans respect de la règle : *changer une durit.*
DUT /deyte/ n. m.
▫ abrév. de **diplôme universitaire de technologie**
duty-free /djutifʀi/ adj. et n. m. inv.
duumvir /dyɔmviʀ/ n. m.
duumviral, ale, aux /dyɔmviʀal, o/ adj.
duumvirat /dyɔmviʀa/ n. m.
duvet n. m.
duveté, ée adj.
duveter (se) v. pron. | conjug. 5 |
➾ Aux temps composés de la forme pronominale, le participe passé s'accorde en genre et en nombre avec le sujet : *ses joues se sont duvetées à l'adolescence.*
duveteux, euse adj.
duvetine n. f.
duxelles n. f.
DVD n. m.
▫ abrév. de **digital video disc**
DVD-CAM n. m. ou f.
DVD-ROM n. m. inv.
▫ abrév. de **digital versatile disc read only memory**
dyade n. f.
dyadique adj.
dyaliscope n. m.
dyaliscopique adj.
dyarchie n. f.
dyarque n. m.
dyke /dik ; dajk/ n. m.
dynamicien, ienne n.
dynamique adj. et n. f.
dynamiquement adv.
dynamisant, ante adj.
dynamisation n. f.
dynamiser v. tr. | conjug. 1 |
dynamisme n. m.
dynamiste n.
dynamitage n. m.
dynamite n. f.
dynamite-gomme n. f. ▪ plur. **dynamites-gommes**
dynamiter v. tr. | conjug. 1 |
dynamiterie n. f.
dynamiteur, euse n.
dynamitier n. m.
HOM. formes du v. **dynamiter**
dynamo n. f.
dynamoélectrique adj.
dynamogène adj.
dynamogénie n. f.
dynamogénique adj.
dynamographe n. m.
dynamomètre n. m.
dynamométrie n. f.
dynamométrique adj.
dynamophare n. m. ou f.
dynamoteur n. m.
dynaste n. m.
dynastie n. f.
dynastique adj.
dynatron n. m.
dyne n. f.
HOM. **DIN**, formes du v. **dîner**
dysacousie n. f.
dysacromélie n. f.
dysacromélique adj.
dysarthrie n. f.
dysarthrique adj.
dysarthrose n. f.
dysbarisme n. m.
dysbasie n. f.
dysbasique adj.
dysboulie n. f.
dysboulique adj.
dyscalculie n. f.
dyschromatope /-k-/ adj. et n.
dyschromatopsie /-k-/ n. f.
dyschromie /-k-/ n. f.
dyscinésie n. f.
→ **dyskinésie**
dyscinétique adj.
→ **dyskinétique**
dyscrasie n. f.
dyscrasique adj.
dysendocrinie n. f.
dysendocrinien, ienne adj.
dysenterie n. f.
dysentérique adj. et n.
dysesthésie n. f.
dysesthésique adj.
dysfonction n. f.
dysfonctionnement ou **disfonctionnement** n. m.

dysgénésie n. f.
dysgénique adj.
dysgnosie n. f.
dysgrammatisme n. m.
dysgraphie n. f.
dysgraphique adj. et n.
dysgueusie n. f.
dysharmonie n. f.
→ **disharmonie**
dysharmonieux, ieuse adj.
→ **disharmonieux**
dysidrose ou **dyshidrose** n. f.
dyskératose n. f.
dyskinésie ou **dyscinésie** n. f.
dyskinétique ou **dyscinétique** adj.
dyslalie n. f.
dysleptique adj.
dyslexie n. f.
dyslexique adj. et n.
dyslogie n. f.
dyslogique adj. et n.
dysmélie n. f.
dysmélique adj. et n.
dysménorrhée n. f.
dysménorrhéique adj.
dysmétrie n. f.
dysmimie n. f.
dysmnésie n. f.
dysmnésique adj. et n.
dysmorphie n. f.
dysmorphique adj.
dysmorphose n. f.
dysorexie n. f.
dysorexique adj. et n.
dysorthographie n. f.
dysorthographique adj. et n.
dysosmie n. f.
dysostose n. f.
dyspareunie n. f.
dyspepsie n. f.
dyspeptique ou **dyspepsique** adj.
dysphagie n. f.
dysphagique adj. et n.
dysphasie n. f.
dysphasique adj. et n.
dysphémie n. f.
dysphonie n. f.
dysphonique adj. et n.
dysphorie n. f.
dysphorique adj. et n.
dysphrénie n. f.
dysplasie n. f.
dysplasique adj. et n.
dyspnée n. f.
dyspnéique adj. et n.
dyspraxie n. f.
dyspraxique adj. et n.
dysprosium /-zjɔm/ n. m.
dysrythmie n. f.
dyssocial, ale, aux adj.
dystasie n. f.
dysthanasie n. f.
dysthymie n. f.
dystocie n. f.
dystocique adj. et n. f.
dystomie n. f.
dystonie n. f.
dystonique adj. et n.
dystrophiant, ante adj.
dystrophie n. f.
dystrophique adj.
dysurie n. f.
dysurique adj. et n.
dyticidé n. m.
dytique n. m.
dzaquillon n. m.
dzêta n. m. ▪ plur. inv. ou plur. **dzêtas**○
→ **zêta**

E

e n. m. inv, abrév. et symb.
HOM. **euh, eux, heu, œufs** (plur. de *œuf*)
E n. m. inv, abrév. et symb.
HOM. **euh, eux, heu, œufs** plur. de *œuf*
eagle /igœl/ n. m.
E. A. O. n. m.
□ abrév. de **enseignement assisté par ordinateur**
earl grey /œʀlgʀɛ/ n. m. inv.
eau n. f.
➾ Ce mot s'écrit avec une majuscule dans la dénomination **les Eaux et Forêts**, qui désigne une administration à caractère unique. **Eau morte** et **eau vive** s'écrivent sans trait d'union, contrairement à *morte-eau* et *vive-eau*. **Eau de rose** s'écrit toujours sans trait d'union : *un roman à l'eau de rose*. Ce mot est au singulier dans les expressions **salle d'eau** et **château d'eau**, au pluriel dans l'expression **ville d'eaux**.
HOM. **au, aulx** (plur. de *ail*), **haut, ho, o, ô, oh, os**
eau-de-vie n. f. ▪ plur. **eaux-de-vie**
eau-forte n. f. ▪ plur. **eaux-fortes**
eaux-mères n. f. pl.
eaux-vannes n. f. pl.
ébahi, e adj.
ébahir v. tr. | conjug. 2 |
¬ **s'ébahir**
➾ Aux temps composés de la forme pronominale, le participe passé s'accorde en genre et en nombre avec le sujet : *elle s'est ébahie à la vue de ce spectacle*.
ébahissement n. m.
ébarbage n. m.
ébarbement n. m.
ébarber v. tr. | conjug. 1 |
ébarbeur n. m.
ébarboir n. m.
ébarbure n. f.
ébardoir n. m.
ébats n. m. pl.
ébattement n. m.
ébattre (s') v. pron. | conjug. 41 |
➾ Aux temps composés de la forme pronominale, le participe passé s'accorde en genre et en nombre avec le sujet : *les poulains se sont ébattus dans le pré*.
ébaubi, ie adj.
ébaubir v. tr. | conjug. 2 |
¬ **s'ébaubir**
➾ Aux temps composés de la forme pronominale, le participe passé s'accorde en genre et en nombre avec le sujet : *ils se sont ébaubis de ce phénomène*.
ébauchage n. m.
ébauche n. f.
ébaucher v. tr. | conjug. 1 |
¬ **s'ébaucher**
➾ Aux temps composés de la forme pronominale, le participe passé s'accorde en genre et en nombre avec le sujet : *l'idée s'est ébauchée dans son esprit*.
ébaucheur, euse n.
ébauchoir n. m.
ébauchon n. m.
HOM. formes du v. **ébaucher**
ébaudir v. tr. | conjug. 2 |
¬ **s'ébaudir**
➾ Aux temps composés de la forme pronominale, le participe passé s'accorde en genre et en nombre avec le sujet : *ils se sont ébaudis*.
ébaudissement n. m.
ébavurage n. m.
ébavurer v. tr. | conjug. 1 |
ébavureuse n. f.
èbe ou **ebbe** n. m.
ébénacé, ée adj. et n. f.
ébène n. f.
Ξ Ce mot peut s'employer seul comme adjectif de couleur ou derrière un adjectif de couleur pour en préciser la nuance ; ces adjectifs

sont alors invariables : *des teintes noir ébène ; des cheveux ébène*.

ébénier n. m.
ébéniste n.
ébénisterie n. f.
ébergement n. m.
HOM. **hébergement**
éberlué, ée adj.
éberluer v. tr. | conjug. 1 |
ébionite adj. et n. m.
ébisèlement n. m.
ébiseler v. tr. | conjug. 4 |
e-bizness /ibiznɛs/ n. m. inv.
→ **e-business**
éblouir v. tr. | conjug. 2 |
éblouissant, ante adj.
éblouissement n. m.
Ebola (virus) /ebɔla/ n. m.
ébonitage n. m.
ébonite n. f.
e-book /ibuk/ n. m. ▪ plur. **e-books**
□ rec. off. : **livre électronique**
éborgnage n. m.
éborgnement n. m.
éborgner v. tr. | conjug. 1 |
¬ **s'éborgner**

➾ Aux temps composés de la forme pronominale, le participe passé s'accorde en genre et en nombre avec le sujet : *elle s'est éborgnée avec un tendeur*.

ébotter v. tr. | conjug. 1 |
→ **ébouter**
ébouage n. m.
ébouer v. tr. | conjug. 1 |
éboueur, euse n.
ébouillantage n. m.
ébouillantement n. m.
ébouillanter v. tr. | conjug. 1 |
¬ **s'ébouillanter**

➾ Aux temps composés de la forme pronominale, le participe passé s'accorde en genre et en nombre avec le sujet : *elle s'est gravement ébouillantée*. Mais le participe passé ne s'accorde pas quand il est suivi d'un complément d'objet direct : *il s'est ébouillanté la main*. Il ne s'accorde avec le complément d'objet direct que lorsque celui-ci est placé avant le verbe : *il se l'est ébouillantée*.

ébouillir v. intr. | conjug. 15 |
éboulement n. m.
ébouler v. tr. et v. intr. | conjug. 1 |
¬ **s'ébouler**

➾ Aux temps composés de la forme pronominale, le participe passé s'accorde en genre et en nombre avec le sujet : *la muraille s'est éboulée*.

ébouleux, euse adj.
éboulis /-li/ n. m.
ébouqueter v. tr. | conjug. 4 |
ébourgeonnage n. m.
ébourgeonnement n. m.
ébourgeonner v. tr. | conjug. 1 |
ébourgeonnoir n. m.
ébouriffage n. m.
ébouriffant, ante adj.
ébouriffé, ée adj.
ébouriffer v. tr. | conjug. 1 |
¬ **s'ébouriffer**

➾ Aux temps composés de la forme pronominale, le participe passé s'accorde en genre et en nombre avec le sujet : *ses cheveux se sont ébouriffés*. Mais le participe passé ne s'accorde pas quand il est suivi d'un complément d'objet direct : *elle s'est ébouriffé les cheveux*. Il ne s'accorde avec le complément d'objet direct que lorsque celui-ci est placé avant le verbe : *elle se les est ébouriffés*.

ébouriffoir n. m.
ébouriffure n. f.
ébourrage n. m.
ébourrer v. tr. | conjug. 1 |
ébourreuse n. f.
ébourroir n. m.
éboutage n. m.
ébouter ou **ébotter** v. tr. | conjug. 1 |
ébouteuse n. f.
ébouturer v. tr. | conjug. 1 |
ébraiser v. tr. | conjug. 1 |
ébraisoir n. m.
ébranchage n. m.
ébranchement n. m.
ébrancher v. tr. | conjug. 1 |
ébrancheur, euse n.
ébranchoir n. m.
ébranlable adj.
ébranlement n. m.
ébranler v. tr. | conjug. 1 |
¬ **s'ébranler**

➾ Aux temps composés de la forme pronominale, le participe passé s'accorde en genre et en nombre avec le sujet : *la terre s'est ébranlée hier*.

ébranleur, euse n. m. et adj.
ébrasement n. m. ou **ébrasure** n. f.
ébraser v. tr. | conjug. 1 |
ébrèchement n. m.
ébrécher v. tr. | conjug. 6 |
¬ **s'ébrécher**

➾ Aux temps composés de la forme pronominale, le participe passé s'accorde en genre et en nombre avec le sujet : *l'assiette s'est ébréchée*.

ébréchure n. f.
ébreneur, euse n.
ébriété n. f.

ébrieux, euse adj.
ébrouage ou **ébrouissage** n. m.
ébrouement n. m.
➾ Ne pas oublier le *e* muet.
ébrouer v. tr. | conjug. 1 | (Techn. : passer (la laine) dans l'eau de son)
ébrouer (s') v. pron. | conjug. 1 | (souffler en s'agitant)
➾ Aux temps composés de la forme pronominale, le participe passé s'accorde en genre et en nombre avec le sujet : *la jument s'est ébrouée.*
ébrouissage n. m.
→ **ébrouage**
ébruitement n. m.
ébruiter v. tr. | conjug. 1 |
¬ **s'ébruiter**
➾ Aux temps composés de la forme pronominale, le participe passé s'accorde en genre et en nombre avec le sujet : *l'affaire s'est ébruitée.*
ébruter v. tr. | conjug. 1 |
ébuard n. m.
ébulleur n. m.
ébulliomètre n. m.
ébulliométrie n. f.
ébullioscope n. m.
ébullioscopie n. f.
ébullition n. f.
éburnation n. f.
éburne n. f.
éburné, ée adj.
éburnéen, enne adj.
e-business ou **e-bizness** /ibiznɛs/ n. m. inv.
écachement n. m.
écacher v. tr. | conjug. 1 |
écacheur, euse n.
écaillage n. m.
écaille n. f.
ϟ Ne pas confondre *écaille,* qui désigne chacune des petites plaques qui recouvrent la peau des poissons, des reptiles et la carapace des tortues ou chacune des valves d'un mollusque avec *écale,* qui désigne l'enveloppe qui recouvre certains fruits à coque.
écaillé, ée adj.
écaillement n. m.
[1]**écailler, ère** n.
[2]**écailler** v. tr. | conjug. 1 |
ϟ Ne pas confondre *écailler,* qui signifie « enlever les écailles de (un poisson) » ou « ouvrir (une huître) », avec *écaler,* qui signifie « enlever l'écale de (un fruit à coque) » ou « ôter la coquille de (un œuf) ». ¬ **s'écailler**
➾ Aux temps composés de la forme pronominale, le participe passé s'accorde en genre et en nombre avec le sujet : *la peinture s'est écaillée.*
écailleur n. m.
écailleux, euse adj.
écaillure n. f.
écale n. f.
ϟ Ne pas confondre *écale,* qui désigne l'enveloppe qui recouvre certains fruits à coque, avec *écaille,* qui désigne chacune des petites plaques qui recouvrent la peau des poissons, des reptiles et la carapace des tortues ou chacune des valves d'un mollusque.
écaler v. tr. | conjug. 1 |
ϟ Ne pas confondre *écaler,* qui signifie « enlever l'écale de (un fruit à coque) » ou « ôter la coquille de (un œuf) », avec *écailler,* qui signifie « enlever les écailles de (un poisson) » ou « ouvrir (une huître) ».
écalure n. f.
écamoussure n. f.
écang /ekɑ̃/ n. m.
écangage n. m.
écanguer v. tr. | conjug. 1 |
écangueur, euse n.
écapsuleuse n. f.
écarlate n. f. et adj.
☰ *Écarlate* est invariable quand il suit un autre adjectif : *des joues rouge écarlate* mais *des visages écarlates.*
écarquillement n. m.
écarquiller v. tr. | conjug. 1 |
écart n. m.
▫ rec. off. pour **gap**
écartable adj.
écarté, ée adj. et n. m.
écartelé, ée adj.
écartèlement n. m.
écarteler v. tr. | conjug. 5 |
écartelure n. f.
écartement n. m.
écarter v. tr. | conjug. 1 |
¬ **s'écarter**
➾ Aux temps composés de la forme pronominale, le participe passé s'accorde en genre et en nombre avec le sujet : *elle s'est écartée de sa première idée.*
écarteur n. m.
écartomètre n. m.
écartométrie n. f.
écarver v. tr. | conjug. 1 |
écatir v. tr. | conjug. 2 |
→ **catir**
écatissage n. m.
→ **catissage**
écatisseur n. m.
→ **catisseur**
ecballium /-jɔm/ n. m.
E. C. B. U. n. m.
▫ abrév. de **examen cytobactériologique des urines**

ecce homo /ɛtʃeɔmo/ n. m. inv.
➾ Ce mot s'écrit toujours sans majuscule : *les ecce homo du Titien.*
eccéité /ɛkseite/ n. f.
ecchymose /-k-/ n. f.
☯ Ce mot est féminin : *une ecchymose.*
ecchymoser /-k-/ v. tr. | conjug. 1 |
ecchymotique /-k-/ adj.
ecclésia ou **ecclésie** n. f.
ecclésial, iale, iaux adj.
ecclésiastique adj. et n. m.
ecclésiastiquement adv.
ecclésie n. f.
→ **ecclésia**
ecclésiologie n. f.
ecclésiologique adj.
eccoprotique adj. et n. m.
ecdysone n. f.
écéper v. tr. | conjug. 6 |
écervelé, ée adj. et n.
échafaud n. m.
échafaudage n. m.
échafaudement n. m.
échafauder v. intr. et v. tr. | conjug. 1 |
échafaudeur, euse n.
échalas /-la/ n. m.
échalassage ou **échalassement** n. m.
échalasser v. tr. | conjug. 1 |
échalier n. m.
échalote n. f.
échaloté, ée adj.
échancré, ée adj.
échancrer v. tr. | conjug. 1 |
échancrure n. f.
échange n. m.
échangeable adj.
échanger v. tr. | conjug. 3 |
¬ **s'échanger**
➾ Aux temps composés de la forme pronominale, le participe passé s'accorde en genre et en nombre avec le sujet : *des confidences se sont échangées.*
échangeur n. m.
échangisme n. m.
échangiste n. et adj.
échanson n. m.
échansonnerie n. f.
échantignole n. f.
→ **chantignole**
échantillon n. m.
échantillonnage n. m.
échantillonner v. tr. | conjug. 1 |
échantillonneur, euse n.
échanvrer v. tr. | conjug. 1 |
échanvroir n. m.
échappade n. f.
échappatoire n. f.
☯ Ce mot est féminin : *une échappatoire.*
échappé, ée n.
échappée n. f.
échappement n. m.
échappementier n. m.
échapper v. intr. et v. tr. | conjug. 1 |
➾ Dans l'expression **l'échapper belle**, le verbe au participe passé est toujours invariable : *ils l'ont échappé belle.*
¬ **s'échapper**
➾ Aux temps composés de la forme pronominale, le participe passé s'accorde en genre et en nombre avec le sujet : *elles se sont échappées à toutes jambes.*
écharde n. f.
échardonnage n. m.
échardonner v. tr. | conjug. 1 |
échardonneur, euse n.
échardonnoir n. m.
écharnage n. m.
écharnement n. m.
écharner v. tr. | conjug. 1 |
écharneur, euse n.
écharnoir n. m.
écharnure n. f.
écharpage n. m.
écharpe n. f.
écharper v. tr. | conjug. 1 |
¬ **s'écharper**
➾ Aux temps composés de la forme pronominale, le participe passé s'accorde en genre et en nombre avec le sujet : *ils se sont écharpés.*
écharpillage ou **écharpillement** n. m.
écharpiller v. tr. | conjug. 1 |
échars, écharse /eʃaʀ, eʃaʀs/ adj. et n. m.
échasse n. f.
échassier n. m.
échauboulé, ée adj.
échauboulure n. f.
échaudage n. m.
échaudé, ée adj. et n. m.
échaudement n. m.
échauder v. tr. | conjug. 1 |
¬ **s'échauder**
➾ Aux temps composés de la forme pronominale, le participe passé s'accorde en genre et en nombre avec le sujet : *elle s'est échaudée.*
échaudoir n. m.
échaudure n. f.
échauffant, ante adj.
échauffement n. m.
échauffer v. tr. | conjug. 1 |
¬ **s'échauffer**
➾ Aux temps composés de la forme pronominale, le participe passé s'accorde en genre

et en nombre avec le sujet : *les athlètes se sont échauffés*.
échauffourée n. f.
échauffure n. f.
échauguette n. f.
échaumer v. tr. | conjug. 1 |
èche n. f.
→ **esche**
échéance n. f.
échéancier n. m.
échéant, ante adj.
échec n. m.
➾ Ce mot est au pluriel quand il désigne le jeu : *un jeu d'échecs ; un tournoi d'échecs* mais *être échec et mat ; faire échec ; tenir qqn en échec*.
échée n. f.
échelage ou **échellage** n. m.
écheler v. tr. et v. intr. | conjug. 4 |
échelette n. f.
échelier n. m.
HOM. formes du v. **écheler**
échellage n. m.
→ **échelage**
échelle n. f.
échellier n. m.
échelon n. m.
HOM. formes du v. **écheler**
échelonnement n. m.
échelonner v. tr. | conjug. 1 |
¬ **s'échelonner**
➾ Aux temps composés de la forme pronominale, le participe passé s'accorde en genre et en nombre avec le sujet : *les travaux se sont échelonnés sur un an*.
échenau ou **écheneau** n. m.
échénéide ou **échenei s** n. m.
échenillage n. m.
écheniller v. tr. | conjug. 1 |
échenilleur, euse n.
échenilloir n. m.
échéphile n.
écher v. tr. | conjug. 6 |
→ **escher**
écheveau n. m.
échevelé, ée adj.
écheveler v. tr. | conjug. 4 |
échevellement ou **échevèlement** n. m.
echeveria /eʃevɛʀja/ ou **échevérie** /eʃeveʀi/ ou **échévérie** ○ n. m. ou f.
échevettage n. m.
échevette n. f.
échevin, ine n.
échevinage n. m.
échevinal, ale, aux adj.
échevinat n. m.
échidné n. m.
échif, ive adj.
¹**échiffre** n. f. (vx : guérite)
²**échiffre** n. m. (mur)
échine n. f.
échinée n. f.
échiner v. tr. | conjug. 1 |
¬ **s'échiner**
➾ Aux temps composés de la forme pronominale, le participe passé s'accorde en genre et en nombre avec le sujet : *elle s'est échinée à le lui répéter*.
échinide /ekinid/ n. m.
échinocactus /ekinokaktys/ n. m.
échinococcose /ekinɔkɔkoz/ n. f.
échinocoque /ekino-/ n. m.
échinoderme /ekino-/ n. m.
échiquéen, enne adj.
échiqueté, ée adj.
échiquier n. m.
➾ Ce mot s'écrit avec une majuscule dans le titre **le chancelier de l'Échiquier**, qui désigne le ministre des Finances britannique.
échiurien /ekjyʀjɛ̃/ n. m.
¹**écho** /eko/ n. m. (son)
HOM. **écot**
²**écho** /eko/ n. f.
▫ abrév. de **échographie**
HOM. **écot**
échocardiogramme /eko-/ n. m.
échocardiographie /eko-/ n. f.
écho-doppler /ekodɔplɛʀ/ n. m. ▪ plur. **échos-dopplers**
échoendoscopie /eko-/ n. f.
échogramme /eko-/ n. m.
HOM. **écogramme**
échographe /eko-/ n. m.
échographie /eko-/ n. f.
HOM. **écographie**
échographique /eko-/ adj.
échographiste /eko-/ n.
échoïque /eko-/ adj.
échoir v. intr. | conjug. défectif |
CONJUG. Ce verbe est défectif : il ne s'emploie qu'à la troisième personne du singulier et du pluriel : *il échoit, ils échoient* (présent de l'indicatif) ; *il échut* (passé simple) ; *il échoira* (futur simple) ; *il échoirait* (conditionnel) ; *échéant* (participe présent) ; *échu* (participe passé). Ce verbe se conjugue avec l'auxiliaire *être* : *le rôle qui m'était échu*.
écholalie /eko-/ n. f.
écholalique /eko-/ adj.
écholocalisation /eko-/ n. f.
écholocation /eko-/ n. f.
échomètre /ekɔ-/ n. m.
échométrie /ekɔ-/ n. f.
échoppe n. f.

échopper v. tr. | conjug. 1 |
échopraxie /eko-/ n. f.
échosondeur /eko-/ n. m.
échotier, ière /eko-/ n.
échotomographie /eko-/ n. f.
échouage n. m.
échouement n. m.
➾ Ne pas oublier le *e* muet.
échouer v. intr. et v. tr. | conjug. 1 |
¬ **s'échouer**
➾ Aux temps composés de la forme pronominale, le participe passé s'accorde en genre et en nombre avec le sujet : *l'embarcation s'est échouée sur un écueil.*
échu, ue adj.
échute n. f.
écillé, ée /esile/ adj.
écimage n. m.
écimer v. tr. | conjug. 1 |
écimeuse n. f.
éclaboussant, ante adj.
éclaboussement n. m.
éclabousser v. tr. | conjug. 1 |
¬ **s'éclabousser**
➾ Aux temps composés de la forme pronominale, le participe passé s'accorde en genre et en nombre avec le sujet : *elles se sont éclaboussées.*
éclaboussure n. f.
[1]**éclair** n. m. (lumière)
☯ Ce mot est masculin : *un éclair.*
Ξ Ce mot peut s'employer en apposition ; il est alors invariable : *des visites éclair.*
➾ Dans **fermeture Éclair**, ce mot est un nom déposé qui doit s'écrire avec une majuscule. Toutefois, on le trouve fréquemment employé comme nom générique sans respect de la règle : *la fermeture éclair d'un blouson.*
HOM. **éclaire**, formes du v. **éclairer**
[2]**éclair** n. m. (pâtisserie)
HOM. **éclaire**, formes du v. **éclairer**
éclairage n. m.
éclairagisme n. m.
éclairagiste n.
éclairant, ante adj.
éclaircie n. f.
éclaircir v. tr. | conjug. 2 |
¬ **s'éclaircir**
➾ Aux temps composés de la forme pronominale, le participe passé s'accorde en genre et en nombre avec le sujet : *l'affaire s'est éclaircie.* Mais le participe passé ne s'accorde pas quand il est suivi d'un complément d'objet direct : *elle s'est éclairci la voix avant de parler.*
éclaircissage n. m.
éclaircissement n. m.
éclaire n. f. (plante)
HOM. **éclair** ; formes du v. **éclairer**
éclairé, ée adj.
éclairement n. m.
éclairer v. tr. et v. intr. | conjug. 1 |
¬ **s'éclairer**
➾ Aux temps composés de la forme pronominale, le participe passé s'accorde en genre et en nombre avec le sujet : *sa figure s'est éclairée.*
éclairette n. f.
éclaireur, euse n.
éclamé, ée adj.
éclampsie n. f.
éclamptique adj.
éclanche n. f.
éclat n. m.
éclatage n. m.
éclatamment adv.
éclatant, ante adj.
éclate n. f.
éclaté n. m.
éclatement n. m.
éclater v. intr. et v. tr. | conjug. 1 |
¬ **s'éclater**
Ξ La forme pronominale appartient au registre familier.
➾ Aux temps composés de la forme pronominale, le participe passé s'accorde en genre et en nombre avec le sujet : *elles se sont éclatées toute la soirée.*
éclateur n. m.
éclectique adj.
éclectiquement adv.
éclectisme n. m.
éclimètre n. m.
éclipse n. f.
éclipser v. tr. | conjug. 1 |
¬ **s'éclipser**
➾ Aux temps composés de la forme pronominale, le participe passé s'accorde en genre et en nombre avec le sujet : *elle s'est éclipsée avant la fin de la conférence.*
écliptique adj. et n. m.
éclis /ekli/ n. m.
éclissage n. m.
éclisse n. f.
éclisser v. tr. | conjug. 1 |
éclisseuse n. f.
éclopé, ée adj.
écloper v. tr. | conjug. 1 |
éclore v. intr. | conjug. 45 |
écloserie n. f.
éclosion n. f.
HOM. forme du v. **éclore**
éclusage n. m.

écluse n. f.
éclusée n. f.
éclusement n. m.
écluser v. tr. | conjug. 1 |
éclusier, ière n.
HOM. formes du v. **écluser**
ecmnésie n. f.
écobilan n. m.
écobuage n. m.
écobue n. f.
écobuer v. tr. | conjug. 1 |
écobueur, euse n.
écocide n. m.
écocitoyen, citoyenne adj. et n.
écocitoyenneté n. f.
écoclimatologie n. f.
écodéveloppement n. m.
écoemballage n. m.
écoéthologie n. f.
écœurant, ante adj.
écœurement n. m.
écœurer v. tr. | conjug. 1 |
écofrai ou **écofroi** n. m.
écogénétique n. f.
écogramme n. m.
HOM. **échogramme**
écographie n. f.
HOM. **échographie**
écoguide n. m.
écohabitat n. m.
écoin n. m.
écoinçon n. m.
éco-industrie n. f. ▪ plur. **éco-industries**
éco-industriel, ielle adj. et n. m. ▪ plur. **éco-industriels, ielles**
écoine ou **écouane** n. f.
écoinette n. f.
éco-ingénierie n. f. ▪ plur. **éco-ingénieries**
écolabel n. m.
écolage n. m.
HOM. **écollage**
écolâtre n. m.
école n. f.
➾ Ce mot s'écrit avec une majuscule quand il désigne un établissement à caractère unique : *l'École nationale d'administration ; l'École polytechnique* mais *l'école normale de Lyon ; l'école Boulle.*
écolier, ière n.
écollage n. m.
HOM. **écolage**
écolo n. et adj.
◻ abrév. de **écologiste**
écologie n. f.
écologique adj.
écologiquement adv.
écologisme n. m.
écologiste n. et adj.
écologue n.
écomorphose n. f.
écomusée n. m.
éconduire v. tr. | conjug. 38 |
éconocroques n. f. pl.
économat /-ma/ n. m.
économe n. et adj.
économètre n.
économétricien, ienne n.
économétrie n. f.
économétrique adj.
économicité n. f.
économie n. f.
➾ On écrit ce mot avec une majuscule dans **le ministère de l'Économie**.
économique adj. et n. m.
économiquement adv.
économiser v. tr. | conjug. 1 |
économiseur n. m.
économisme n. m.
économiste n.
écopage n. m.
écoparticipation n. f.
écopastille n. f.
écope n. f.
écoper v. tr. | conjug. 1 |
écoperche n. f.
écophobie n. f.
écophysiologie n. f.
écophysiologiste n.
écoproduit n. m.
écoprotéine n. f.
écoquartier n. m.
écorage n. m.
écorçage ou **écorcement** n. m.
écorce n. f.
écorcement n. m.
→ **écorçage**
écorcer v. tr. | conjug. 3 |
écorceur, euse n. (personne)
écorceuse n. f. (machine)
écorchant, ante adj.
écorché, ée n.
écorchement n. m.
écorcher v. tr. | conjug. 1 |
¬ **s'écorcher**
➾ Aux temps composés de la forme pronominale, le participe passé s'accorde en genre et en nombre avec le sujet : *elle s'est écorchée.* Mais le participe passé ne s'accorde pas quand il est suivi d'un complément d'objet direct : *il s'est écorché la jambe.* Il ne s'accorde avec le complément d'objet direct que lorsque celui-ci est placé avant le verbe : *il se l'est écorchée.*
écorcherie n. f.

écorcheur n. m.
écorchure n. f.
écorçoir n. m.
écorecharge n. f.
écorer v. tr. | conjug. 1 |
écornage n. m.
écorne n. f.
écorner v. tr. | conjug. 1 |
écorniflage n. m.
écornifler v. tr. | conjug. 1 |
écorniflerie n. f.
écornifleur, euse n.
écorniflure n. f.
écornure n. f.
écosphère n. f.
écossais, aise adj. et n.
➾ L'adjectif s'écrit sans majuscule : *la population écossaise* ; *une jupe écossaise*. Le nom s'écrit avec une majuscule uniquement quand il désigne une personne : *les Écossais* ; *c'est une Écossaise* mais *parler l'écossais*.
HOM. formes du v. **écosser**
écosse n. f.
écosser v. tr. | conjug. 1 |
écosseur, euse n.
écosystème n. m.
écot n. m.
HOM. **écho**
écôtage n. m.
écotaxe n. f.
écoté, ée adj.
écotechnologie n. f.
écôteur, euse n.
écotone n. m.
écotourisme n. m.
écotoxicité n. f.
écotoxicologie n. f.
écotoxicologue n.
écotoxique adj.
écotrope adj.
écotype n. m.
écouane n. f.
→ **écoine**
écouet n. m.
écoufle n. m.
écoulage n. m.
écoulement n. m.
écouler v. tr. | conjug. 1 |
¬ **s'écouler**
➾ Aux temps composés de la forme pronominale, le participe passé s'accorde en genre et en nombre avec le sujet : *la journée s'est écoulée trop vite*.
écoumène n. m.
→ **œkoumène**
écourgeon n. m.
→ **²escourgeon**
écourtement n. m.
écourter v. tr. | conjug. 1 |
écoutable adj.
écoutant, ante n.
écoute n. f.
écouter v. tr. | conjug. 1 |
¬ **s'écouter**
➾ Aux temps composés de la forme pronominale, le participe passé s'accorde en genre et en nombre avec le sujet : *ils se sont écoutés parler*.
écoute-s'il-pleut n. m. inv.
écouteur, euse n.
écouteux, euse adj.
écoutille n. f.
écoutillon n. m.
écoutoir n. m.
écouvette n. f.
écouvillon n. m.
écouvillonnage n. m.
écouvillonner v. tr. | conjug. 1 |
écrabouillable adj.
écrabouillage n. m.
écrabouillement n. m.
écrabouiller v. tr. | conjug. 1 |
¬ **s'écrabouiller**
➾ Aux temps composés de la forme pronominale, le participe passé s'accorde en genre et en nombre avec le sujet : *la mouche s'est écrabouillée contre le pare-brise*. Mais le participe passé ne s'accorde pas quand il est suivi d'un complément d'objet direct : *elle s'est écrabouillé la tête sur le pavé*.
écrabouilleur, euse n.
écran n. m.
écranique adj.
écrasable adj.
écrasage n. m.
écrasant, ante adj.
écrasé, ée adj.
écrasement n. m.
◻ rec. off. pour **crash**
écrase-merde n. m. ▪ plur. **écrase-merdes**
écraser v. tr. | conjug. 1 |
¬ **s'écraser**
➾ Aux temps composés de la forme pronominale, le participe passé s'accorde en genre et en nombre avec le sujet : *la voiture s'est écrasée contre un arbre*.
écraseur, euse n.
écrasis /-zi/ n. m.
écrasure n. f.
écrémage n. m.
écrémer v. tr. | conjug. 6 |
écrémette n. f.
écrémeur n. m.
écrémeuse n. f.

écrémoir n. m. ou **écrémoire** n. f.
écrêtage n. m.
écrêtement n. m.
écrêter v. tr. | conjug. 1 |
écrevisse n. f.
Ξ Ce mot peut s'employer seul comme adjectif de couleur ou derrière un adjectif de couleur pour en préciser la nuance ; ces adjectifs sont alors invariables : *des joues rouge écrevisse ; des peintures écrevisse.*
écrier (s') v. pron. | conjug. 7 |
➾ Aux temps composés de la forme pronominale, le participe passé s'accorde en genre et en nombre avec le sujet : *elle s'est écriée que c'était une erreur.*
écrille n. f.
écrin n. m.
écrire v. tr. | conjug. 39 |
¬ **s'écrire**
➾ Aux temps composés de la forme pronominale, le participe passé ne s'accorde pas quand il est suivi d'un complément d'objet direct ou qu'il n'y a pas de complément d'objet direct : *ils se sont écrit de très longues lettres ; elles se sont écrit pendant des mois.* Il s'accorde avec le complément d'objet direct quand celui-ci est placé avant le verbe : *les lettres qu'ils se sont écrites.*
écrit, ite adj. et n. m.
écriteau n. m.
écritoire n. f.
☯ Ce mot est féminin : *une écritoire.*
écriture n. f.
➾ Ce mot s'écrit avec une majuscule quand il désigne la Bible : *l'Écriture sainte ; l'interprétation des Écritures.*
écrivailler v. intr. | conjug. 1 |
écrivailleur, euse n.
écrivaillon n. m.
écrivain, aine n.
☯ *Écrivaine* est la forme féminine recommandée par le *Guide d'aide à la féminisation des noms de métiers, titres, grades et fonctions* et l'Office québécois de la langue française. Son emploi est courant au Québec. En France, on emploie parfois *écrivain* au féminin : *c'est une écrivain célèbre.*
écrivant, ante adj. et n.
écrivasser v. intr. | conjug. 1 |
écrivasserie n. f.
écrivassier, ière n. et adj.
écriveur, euse adj. et n.
écrotage n. m.
écrou n. m.
HOM. **écroue**, formes du v. **écrouer**
écroue n. f.
HOM. **écrou**
écrouelles n. f. pl.
écrouelleux, euse adj.
écrouer v. tr. | conjug. 1 |
écrouir v. tr. | conjug. 2 |
écrouissage n. m.
écroulement n. m.
écrouler (s') v. pron. | conjug. 1 |
➾ Aux temps composés de la forme pronominale, le participe passé s'accorde en genre et en nombre avec le sujet : *la maison s'est écroulée.*
écroûter ou **écrouter**° v. tr. | conjug. 1 |
écroûteuse ou **écrouteuse**° n. f.
écru, ue adj.
HOM. **écrues**
écrues n. f. pl.
HOM. **écru**
ecsta n. f.
◻ abrév. de **ecstasy**
ecstasié, ée adj.
HOM. formes du v. **extasier (s')**
ecstasy n. f.
➾ Ce mot a un pluriel régulier : *des ecstasys.*
HOM. formes du v. **extasier (s')**
ectase n. f.
ectasie n. f.
ectasier v. tr. | conjug. 7 |
ecthyma n. m.
ectoblaste n. m.
ectoblastique adj.
ectoderme n. m.
ectodermique adj.
ectogenèse n. f.
ectolécithe adj.
ectomiser v. tr. | conjug. 1 |
ectomorphe adj. et n.
ectomorphique adj.
ectomorphisme n. m.
ectoparasite n. m. et adj.
ectophyte adj. et n. m.
ectopie n. f.
ectopique adj.
ectoplasme n. m.
ectoplasmie n. f.
ectoplasmique adj.
ectotherme adj. et n.
ectozoaire n. m.
ectrodactylie n. f.
ectromèle adj. et n.
ectropion n. m.
ectype n. m. et f.
¹**écu** n. m.
²**écu** n. m.
◻ abrév. de **european currency unit**
écuage ou **écuiage** n. m.
écuanteur n. f.
écubier n. m.
écueil /ekœj/ n. m.
écuelle n. f.

écuellée n. f.
écuellier n. m.
écuiage n. m.
→ **écuage**
écuissage n. m.
écuisser v. tr. | conjug. 1 |
éculé, ée adj.
éculer v. tr. | conjug. 1 |
écumage n. m.
écumant, ante adj.
écume n. f.
écumer v. intr. et v. tr. | conjug. 1 |
écumeur, euse n.
écumeux, euse adj.
écumoire n. f.
Ce mot est féminin : *une écumoire*.
écurage n. m.
écurement n. m.
écurer v. tr. | conjug. 1 |
écureuil n. m.
écureur, euse n.
écurie n. f.
écusson n. m.
écussonnage n. m.
écussonner v. tr. | conjug. 1 |
écussonnoir n. m.
écuyer, ère n.
eczéma ou **exéma** n. m.
eczémateux, euse ou **exémateux, euse** adj. et n.
eczématisation ou **exématisation** n. f.
eczématogène ou **exématogène** adj.
édacité n. f.
édam n. m.
Lorsqu'il désigne un fromage, ce mot s'écrit avec un accent et sans majuscule, contrairement au nom propre qui désigne la ville des Pays-Bas : *du fromage d'Édam* mais *un morceau d'édam*.
édaphique adj.
edelweiss ou **édelweiss** /edɛlvɛs ; edɛlvajs/ n. m.
Ce mot est masculin : *un edelweiss*.
éden /edɛn/ n. m.
Ce mot s'écrit avec une majuscule lorsqu'il désigne le Paradis terrestre : *le jardin d'Éden* mais *un éden de verdure*.
édénien, ienne adj.
édénique adj.
édéniquement adv.
édénisation n. f.
édéniser v. tr. | conjug. 1 |
édénisme n. m.
édentation n. f.
édenté, ée adj. et n. m.
édentement n. m.
édenter v. tr. | conjug. 1 |
édenté n. m.
édicter v. tr. | conjug. 1 |
édiction n. f.
édicule n. m.
édifiant, iante adj.
édificateur, trice adj. et n.
édification n. f.
édifice n. m.
édifier v. tr. | conjug. 7 |
¬ **s'édifier**
Aux temps composés de la forme pronominale, le participe passé s'accorde en genre et en nombre avec le sujet : *sa théorie s'est édifiée sur une légende*.
édile n. m.
édilitaire adj.
édilité n. f.
édit /edi/ n. m.
Ce mot s'écrit sans majuscule : *l'édit de Nantes ; l'édit de Dioclétien*.
éditer v. tr. | conjug. 1 |
éditeur, trice n.
édition n. f.
éditionner v. tr. | conjug. 1 |
éditique n. f.
édito n. m.
□ abrév. de **éditorial**
éditorial, iale, iaux adj. et n. m.
éditorialement adv.
éditorialiste n.
édredon n. m.
E. D. T. A. n. m.
□ abrév. de **(acide) éthylènediaminetétraacétique**
éducabilité n. f.
éducable adj.
Ce mot s'écrit avec un *c*, contrairement à *éduquer*. Il en est de même pour les autres dérivés du verbe : *éducation, éducateur, éducatif*, etc.
éducateur, trice n. et adj.
éducatif, ive adj.
éducation n. f.
Ce mot s'écrit avec une majuscule dans **le ministère de l'Éducation nationale**.
éducationnel, elle adj.
édulcorant, ante adj. et n. m.
édulcoration n. f.
édulcorer v. tr. | conjug. 1 |
éduquer v. tr. | conjug. 1 |
éfaufiler v. tr. | conjug. 1 |
éfendi n. m.
→ **effendi**
effaçable adj.
effaçage n. m.
effacé, ée adj.
effacement n. m.

effacer v. tr. | conjug. 3 |
effaceur n. m.
effaçure n. f.
effanage n. m.
effaner v. tr. | conjug. 1 |
effanure n. f.
effarade n. f.
effarant, ante adj.
effaré, ée adj.
effarement n. m.
effarer v. tr. | conjug. 1 |
¬ **s'effarer**
➾ Aux temps composés de la forme pronominale, le participe passé s'accorde en genre et en nombre avec le sujet : *elle s'est effarée.*
effarouchable adj.
effarouchant, ante adj.
effarouchement n. m.
effaroucher v. tr. | conjug. 1 |
¬ **s'effaroucher**
➾ Aux temps composés de la forme pronominale, le participe passé s'accorde en genre et en nombre avec le sujet : *sa pudeur s'est effarouchée.*
effarvatte n. f.
effecteur, trice adj. et n. m.
effectif, ive adj. et n. m.
effectivement adv.
effectualité n. f.
effectuation n. f.
effectuer v. tr. | conjug. 1 |
¬ **s'effectuer**
➾ Aux temps composés de la forme pronominale, le participe passé s'accorde en genre et en nombre avec le sujet : *la transformation s'est effectuée en deux temps.*
effémination n. f.
efféminé, ée adj.
efféminement n. m.
efféminer v. tr. | conjug. 1 |
effendi ou **éfendi** n. m.
efférence n. f.
efférent, ente adj.
ϟ Ne pas confondre en anatomie **efférent**, qui signifie « qui conduit hors d'un organe », avec son antonyme **afférent**, qui signifie « qui conduit vers un organe ».
effervescence n. f.
effervescent, ente adj.
effet n. m.
effeuillage n. m.
effeuillaison n. f.
effeuillement n. m.
effeuiller v. tr. | conjug. 1 |
¬ **s'effeuiller**
➾ Aux temps composés de la forme pronominale, le participe passé s'accorde en genre et en nombre avec le sujet : *la rose s'est effeuillée.*
effeuilles n. f. pl.
effeuilleur, euse n.
effeuilleuse n. f.
effeuillure n. f.
efficace adj. et n. f.
efficacement adv.
efficacité n. f.
efficience n. f.
Ξ L'emploi de ce mot au sens de « efficacité » est un anglicisme à éviter.
efficient, iente adj.
Ξ L'emploi de ce mot au sens de « efficace » est un anglicisme à éviter.
effigie n. f.
effilage n. m.
effilé, ée adj. et n. m.
effilement n. m.
effiler v. tr. | conjug. 1 |
ϟ Ne pas confondre **effiler**, qui signifie « rendre mince et allongé », avec **affiler**, qui signifie « rendre tranchant ».
¬ **s'effiler**
➾ Aux temps composés de la forme pronominale, le participe passé s'accorde en genre et en nombre avec le sujet : *l'étoffe s'est effilée.*
effileur, euse n.
effilochage n. m.
effiloche n. f.
effilochement n. m.
effilocher v. tr. | conjug. 1 |
¬ **s'effilocher**
➾ Aux temps composés de la forme pronominale, le participe passé s'accorde en genre et en nombre avec le sujet : *son écharpe s'est effilochée.*
effilocheur, euse n. (personne)
effilocheuse n. f. (machine)
effilochure n. f.
effilure n. f.
efflanqué, ée adj.
efflanquer v. tr. | conjug. 1 |
effleurage n. m.
effleurement n. m.
effleurer v. tr. | conjug. 1 |
ϟ Ne pas confondre **effleurer**, qui signifie « toucher légèrement », avec **affleurer**, qui signifie « apparaître à la surface ».
effleurir v. intr. | conjug. 2 |
effleurure n. f.
effloraison n. f.
efflorescence n. f.
efflorescent, ente adj.
effluence n. f.
effluent, ente adj. et n. m.

effluer v. tr. | conjug. 1 |
effluvation n. f.
effluve n. m.
☯ Ce mot est masculin : *des effluves capiteux.*
effluviothérapie n. f.
efflux /ɛfly/ n. m.
HOM. formes du v. **effluer**
effondrement n. m.
effondrer v. tr. | conjug. 1 |
¬ **s'effondrer**
➻ Aux temps composés de la forme pronominale, le participe passé s'accorde en genre et en nombre avec le sujet : *la vieille grange s'est effondrée.*
effondrilles n. f. pl.
efforcer (s') v. pron. | conjug. 3 |
⌘ Ce verbe s'emploie généralement avec la préposition *de* suivie de l'infinitif : *il s'efforce de la convaincre.* L'emploi de la préposition *à* est vieilli : *il s'efforce à la convaincre.*
➻ Aux temps composés de la forme pronominale, le participe passé s'accorde en genre et en nombre avec le sujet : *ils se sont efforcés de la convaincre.*
effort n. m.
HOM. **éphore**
effraction n. f.
⚡ Ne pas confondre **effraction**, qui signifie « bris de clôture ou de serrure » (*vol avec effraction*), avec **infraction**, qui signifie « violation d'une règle, d'une loi » (*commettre une infraction*).
effractionnaire adj.
effraie n. f.
→ aussi **orfraie**
effrangement n. m.
effranger v. tr. | conjug. 3 |
¬ **s'effranger**
➻ Aux temps composés de la forme pronominale, le participe passé s'accorde en genre et en nombre avec le sujet : *les nuages se sont effrangés.*
effrayamment adv.
effrayant, ante adj.
effrayé, ée adj.
effrayer v. tr. | conjug. 8 |
¬ **s'effrayer**
➻ Aux temps composés de la forme pronominale, le participe passé s'accorde en genre et en nombre avec le sujet : *elle s'est effrayée pour rien.*
effréné, ée adj.
➻ Ne pas écrire **effreiné*.
effrénément adv.
effritement n. m.
effriter v. tr. | conjug. 1 |
¬ **s'effriter**
➻ Aux temps composés de la forme pronominale, le participe passé s'accorde en genre et en nombre avec le sujet : *les bas-reliefs se sont effrités.*
effroi n. m.
effronté, ée adj. et n.
effrontément adv.
effronterie n. f.
effroyable adj.
effroyablement adv.
effruiter v. tr. | conjug. 1 |
effulgence n. f.
effulgent, ente adj.
effumer v. tr. | conjug. 1 |
¬ **s'effumer**
➻ Aux temps composés de la forme pronominale, le participe passé s'accorde en genre et en nombre avec le sujet : *la peinture s'est effumée.*
effusant, ante adj.
effuser v. tr. | conjug. 1 |
effusif, ive adj.
effusion n. f.
effusionniste adj.
éfourceau n. m.
éfrit /efʀit/ n. m.
HOM. formes du v. **effriter**
égagropile n. m.
→ **ægagropile**
égaiement ou **égayement** n. m.
➻ Ne pas oublier le *e* muet
HOM. **égaillement**
égaillement /egajmɑ̃ ; egɛjmɑ̃/ n. m.
HOM. **égayement**
égailler (s') /egeje ; egaje/ v. pron. | conjug. 1 |
➻ Aux temps composés, le participe passé s'accorde en genre et en nombre avec le sujet : *ils se sont égaillés.*
HOM. **égayer**
égal, ale, aux adj.
➻ L'expression **d'égal à égal** est invariable : *elles se sont traitées d'égal à égal.* L'accord de la locution **sans égal** au féminin singulier et au féminin pluriel est facultatif : *une gentillesse sans égal(e) ; des performances sans égal(es).* Elle ne s'accorde jamais au masculin pluriel : *des talents sans égal.* L'usage hésite quand à l'accord de l'expression **n'avoir d'égal que** avec le premier nom ou avec le second. L'invariabilité est préférable : *ses talents n'ont d'égal que sa modestie.*
HOM. (du plur.) **ego**
égalable adj.
également adv.

égaler v. tr. | conjug. 1 |
➾ Quand le sujet est une opération mathématique, l'accord du verbe est facultatif : *deux plus trois égale cinq* ou *égalent cinq*.
égalisable adj.
égalisateur, trice adj.
égalisation n. f.
égaliser v. tr. | conjug. 1 |
égaliseur n. m.
égalitaire adj.
égalitairement adv.
égalitarisme n. m.
égalitariste adj. et n.
égalité n. f.
égard n. m.
➾ Ce mot est au singulier dans les locutions **eu égard à** et **par égard pour**. Il est au pluriel dans **à tous égards** et **manque d'égards**.
Ξ Ne pas dire ***en égard à**.
HOM. formes du v. **égarer**
égaré, ée adj.
égarement n. m.
égarer v. tr. | conjug. 1 |
¬ **s'égarer**
➾ Aux temps composés de la forme pronominale, le participe passé s'accorde en genre et en nombre avec le sujet : *elles se sont égarées en chemin*.
égayant, ante adj.
¹**égayement** n. m.
→ **égaiement**
²**égayement** n. m. (fossé)
HOM. **égaillement**
égayer v. tr. | conjug. 8 |
¬ **s'égayer**
➾ Aux temps composés de la forme pronominale, le participe passé s'accorde en genre et en nombre avec le sujet : *ils se sont égayés*.
HOM. **égailler (s')**
égayeur, euse n.
égéen, enne adj.
égérie n. f.
➾ Employé comme nom commun, ce mot s'écrit sans majuscule, contrairement au nom propre qui désigne la muse : *elle fut l'égérie d'un célèbre peintre*.
egesta /eʒɛsta/ n. m. pl.
égide n. f.
☯ Ce mot est féminin : *une égide glorieuse*.
églantier n. m.
églantine n. f.
églefin ou **aiglefin** n. m.
église n. f.
➾ Ce mot s'écrit avec une majuscule lorsqu'il désigne une communauté chrétienne constituée : *l'Église catholique ; les Églises d'Orient ; un homme d'Église*. Il s'écrit avec une minuscule lorsqu'il désigne un édifice : *une église gothique ; se marier à l'église*.
églogue n. f.
églomisation n. f.
ego /ego/ ▪ plur. inv. ou **égo**○ ▪ plur. **égos**○ n. m.
HOM. **égaux** (plur. de *égal*)
égoaltruisme n. m.
égocentrique adj.
égocentriquement adv.
égocentrisme n. m.
égocentriste adj.
égoïne n. f.
égoïsme n. m.
égoïste adj. et n.
égoïstement adv.
égomorphisme n. m.
égorgement n. m.
égorgeoir n. m.
égorger v. tr. | conjug. 3 |
égorgeur, euse n.
égorgillement n. m.
égosillement n. m.
égosiller (s') v. pron. | conjug. 1 |
➾ Aux temps composés de la forme pronominale, le participe passé s'accorde en genre et en nombre avec le sujet : *elles se sont égosillées à répéter les instructions*.
égosome n. m.
→ **ægosome**
égotique adj.
égotisme n. m.
égotiste adj. et n.
égout n. m.
égoutier, ière n.
HOM. formes du v. **égoutter**
égouttage n. m.
égouttement n. m.
égoutter v. tr. | conjug. 1 |
égouttis ou **égoutis** /-ti/ n. m.
égouttoir n. m.
égoutture n. f.
égrain ou **égrin** n. m.
égrainage n. m.
→ **égrenage**
égrainement n. m.
→ **égrènement**
égrainer v. tr. | conjug. 1 |
→ **égrener**
égrainoir n. m.
→ **égrenoir**
égrappage n. m.
égrapper v. tr. | conjug. 1 |
égrappeur, euse n.
égrappoir n. m.
égratignement n. m.

égratigner v. tr. | conjug. 1 |
¬ **s'égratigner**
➾ Aux temps composés de la forme pronominale, le participe passé s'accorde en genre et en nombre avec le sujet : *elle s'est seulement égratignée*. Mais le participe passé ne s'accorde pas quand il est suivi d'un complément d'objet direct : *elle s'est égratigné les jambes*. Il ne s'accorde avec le complément d'objet direct que lorsque celui-ci est placé avant le verbe : *elle se les est égratignées*.
égratigneur, euse adj. et n.
égratignoir n. m.
égratignure n. f.
égravillonner v. tr. | conjug. 1 |
égrégore n. m.
égrenage ou **égrainage** n. m.
égrènement ou **égrainement** n. m.
égrener ou **égrainer** v. tr. | conjug. 5 |
égreneur, euse n. (personne)
égreneuse n. f. (machine)
égrenoir ou **égrainoir** n. m.
égrillard, arde n. et adj.
égrillardise n. f.
égrin n. m.
→ **égrain**
égrisage n. m.
égrisé n. m.
égrisée n. f.
égriser v. tr. | conjug. 1 |
égrisoir n. m.
égrotant, ante adj.
égrugeage n. m.
égrugeoir n. m.
égruger v. tr. | conjug. 3 |
égrugeur, euse adj.
égrugeure /egʀyʒyʀ/ ou **égrugeüre**○ n. f.
égueulement n. m.
égueuler v. tr. | conjug. 1 |
égypan n. m.
→ **ægypan**
égyptiac adj. et n. m.
HOM. **égyptiaque**
égyptianiser v. tr. | conjug. 1 |
¬ **s'égyptianiser**
➾ Aux temps composés de la forme pronominale, le participe passé s'accorde en genre et en nombre avec le sujet : *la population s'est égyptianisée*.
égyptiaque adj.
HOM. **égyptiac**
égyptien, ienne adj. et n.
➾ L'adjectif s'écrit sans majuscule : *la population égyptienne*. Le nom s'écrit avec une majuscule uniquement quand il désigne une personne : *les Égyptiens ; c'est une Égyptienne* mais *ils parlaient l'égyptien*.
égyptologie n. f.
égyptologique adj.
égyptologue n.
'eh interj.
HOM. **ais, haie, hé, et,** formes des v. **avoir, être, haïr**
éhanché, ée adj.
éhonté, ée adj.
éhontément adv.
eider /ɛdɛʀ/ n. m.
HOM. forme du v. **aider**
eidétique adj.
eidophore n. m.
einsteinien, ienne /ɛnʃtɛnjɛ̃ ; ajnʃtajnjɛ̃/ adj.
einsteinisme /ɛnʃtɛnism ; ajnʃtajnism/ n. m.
einsteinium /ɛnʃtɛnjɔm ; ajnʃtajnjɔm/ n. m.
éjaculateur adj. m. et n. m.
éjaculation n. f.
éjaculatoire adj.
éjaculer v. tr. | conjug. 1 |
éjarrage n. m.
éjarrer v. tr. | conjug. 1 |
éjarreur, euse n.
éjecta n. m.
HOM. formes du v. **éjecter**
éjectable adj.
éjecter v. tr. | conjug. 1 |
¬ **s'éjecter**
➾ Aux temps composés de la forme pronominale, le participe passé s'accorde en genre et en nombre avec le sujet : *la pilote s'est éjectée de l'appareil*.
éjecteur n. m.
éjectif, ive adj. et n. f.
éjection n. f.
éjointer v. tr. | conjug. 1 |
éjouissance n. f.
ejusdem farinæ /eʒysdɛmfaʀine/ loc. adj. inv.
ékistique n. f.
ekklesiasterion /eklezjasteʀjɔ̃/ n. m.
ekta n. m.
□ abrév. de **ektachrome**
Ektachrome® /-kʀom/ n. m.
➾ Comme tous les noms déposés, ce mot doit s'écrire avec une majuscule : *regarder des Ektachromes*. Toutefois, on le trouve fréquemment employé comme nom générique sans respect de la règle : *regarder des ektachromes*.
élaborateur, trice adj. et n.
élaboration n. f.
élaborer v. tr. | conjug. 1 |
¬ **s'élaborer**
➾ Aux temps composés de la forme pronominale, le participe passé s'accorde en genre et en nombre avec le sujet : *cette technique s'est élaborée au fil du temps*.
elæagnacée /eleagnase/ n. f.
→ **éléagnacée**

élæis /eleis/ n. m.
→ **éléis**
élagage n. m.
➾ Ce mot s'écrit sans *u*, contrairement à *élaguer*.
élaguer v. tr. | conjug. 1 |
élagueur, euse n.
élaiomètre n. m.
élamite adj. et n.
élan n. m.
HOM. **éland, hélant** (p. prés. de *héler*)
élancé, ée adj.
élancement n. m.
élancer v. tr. | conjug. 3 |
¬ **s'élancer**
➾ Aux temps composés de la forme pronominale, le participe passé s'accorde en genre et en nombre avec le sujet : *ils se sont élancés à sa poursuite*.
éland n. m.
HOM. **élan, hélant** (p. prés. de *héler*)
élaphe n. m.
élaps /elaps/ n. m. inv.
élargir v. tr. | conjug. 2 |
¬ **s'élargir**
➾ Aux temps composés de la forme pronominale, le participe passé s'accorde en genre et en nombre avec le sujet : *ses idées se sont élargies*.
élargissement n. m.
élargisseur n. m.
élargissure n. f.
élasmobranche n. m.
élastance n. f.
élasthanne n. m.
élasticimètre n. m.
élasticimétrie n. f.
élasticité n. f.
élastine n. f.
élastique adj. et n. m.
élastiqué, ée adj.
élastiquement adv.
élastoblaste n. m.
élastoche n. m.
élastomère n. m.
élaté n. m.
élater /-ɛʀ/ n. m. (insecte)
HOM. **élatère**
élatère n. m. (Bot. : organe de certaines plantes)
HOM. **élater**
élatéridé n. m.
élatérite n. f.
élatif n. m.
élation n. f.
élavage n. m.
elbeuf n. m.
elbot n. m.
eldorado n. m.
éléagnacée ou **elæagnacée** /eleagnase/ n. f.
éléate n. et adj.
➾ Le nom s'écrit avec une majuscule : *réfuter les Éléates ; Parménide était un Éléate*. L'adjectif s'écrit avec une minuscule : *la pensée éléate ; les philosophes éléates*.
éléatique adj.
éléatisme n. m.
électeur, trice n.
➾ Ce mot s'écrit avec une majuscule quand il désigne un prince ou un évêque qui avait le droit d'élire l'empereur du Saint Empire germanique : *l'Électeur palatin ; le Grand Électeur*.
électif, ive adj.
élection n. f.
Ξ On dit *les élections municipales, les élections législatives, les élections européennes*, etc. mais on ne peut pas dire *les élections présidentielles* car un seul président est élu. Il faut dire : *l'élection présidentielle*.
électivement adv.
électivité n. f.
électoral, ale, aux adj.
électoralement adv.
électoralisme n. m.
électoraliste adj. et n.
électorat n. m.
électret n. m.
électricien, ienne n.
électricité n. f.
électrification n. f.
électrifier v. tr. | conjug. 7 |
électrique adj.
électriquement adv.
électrisable adj.
électrisant, ante adj.
électrisation n. f.
électriser v. tr. | conjug. 1 |
électriseur, euse n.
électro n. f.
▫ abrév. de **musique électronique**
électroacousticien, ienne adj. et n.
électroacoustique adj. et n. f.
électroaffinité n. f.
électroaimant n. m.
électroaimantation n. f.
électroanalyse n. f.
électroanesthésie n. f.
électrobiogenèse n. f.
électrobiologie n. f.
électrobiologique adj.
électrobus /-ys/ n. m. inv.
électrocapillaire /-kapilɛʀ/ adj.
électrocapillarité /-kapilaʀite/ n. f.
électrocardiogramme n. m.

électrocardiographe n. m.
électrocardiographie n. f.
électrocardiographique adj.
électrocautère n. m.
électrocautérisation n. f.
électrochimie n. f.
électrochimique adj.
électrochimiquement adv.
électrochirurgical, ale, aux adj.
électrochirurgie n. f.
électrochoc n. m.
électrocinétique n. f. et adj.
électrocoagulation n. f.
électroconvulsothérapie n. f.
électrocopie n. f.
électrocopieur n. m.
électroculture n. f.
électrocuter v. tr. | conjug. 1 |
¬ **s'électrocuter**
➾ Aux temps composés de la forme pronominale, le participe passé s'accorde en genre et en nombre avec le sujet : *elle s'est électrocutée.*
électrocuteur, trice adj.
électrocution n. f.
électrode n. f.
électrodéposition n. f.
électrodiagnostic n. m.
électrodialyse n. f.
électrodialyseur n. m.
électrodialytique adj.
électrodomestique adj. et n. m.
électrodynamique n. f. et adj.
électrodynamisme n. m.
électrodynamomètre n. m.
électroencéphalogramme ▪ plur. **électroencéphalogrammes** ou **électro-encéphalogramme** ▪ plur. **électro-encéphalogrammes** n. m.
électroencéphalographie ▪ plur. **électroencéphalographies** ou **électro-encéphalographie** ▪ plur. **électro-encéphalographies** n. f.
électroencéphalographique ▪ plur. **électroencéphalographiques** ou **électro-encéphalographique** ▪ plur. **électro-encéphalographiques** adj.
électroendosmose n. f.
électrofaible adj.
électrofondu, ue n. m. et adj.
électrogalvanique adj.
électrogalvanisme n. m.
électrogène adj.
électrogenèse ou **électrogénie** n. f.
électrogramme n. m.
électrographe n. m.
électrographie n. f.
électro-jazz /-dʒɑz/ n. m. inv.
électrolepsie n. f.
électrologie n. f.
électroluminescence n. f.
électroluminescent, ente adj.
électrolysable adj.
électrolyse n. f.
électrolyser v. tr. | conjug. 1 |
électrolyseur n. m.
électrolyte n. m.
électrolytique adj.
électrolytiquement adv.
électromagnétique adj.
électromagnétisme n. m.
électromanomètre n. m.
électromassage n. m.
électromécanicien, ienne n.
électromécanique adj. et n. f.
électromédical, ale, aux adj.
électroménager adj. m. et n. m.
électroménagiste n. m.
électrométallurgie n. f.
électrométallurgique adj.
électrométallurgiste n.
électromètre n. m.
électrométrie n. f.
électrométrique adj.
électromoteur, trice adj.
électromusculaire adj.
électromyogramme n. m.
électromyographie n. f.
1**électron** n. m. (particule)
2**électron** ou **élektron** n. m. (alliage)
électronarcose n. f.
électronégatif, ive adj.
électronégativité n. f.
électron-gramme ▪ plur. **électrons-grammes** ou **électrongramme**○ ▪ plur. **électrongrammes**○ n. m.
électronicien, ienne n.
électronique adj. et n. f.
électroniquement adv.
électronisation n. f.
électroniser v. tr. | conjug. 1 |
électronothérapie n. f.
électronucléaire adj.
électronucléarisation n. f.
électronvolt n. m.
électro-optique ▪ plur. **électro-optiques** ou **électrooptique**○ ▪ plur. **électrooptiques**○ n. f. et adj.
électroperméabilité n. f.
électrophile adj.
électrophone n. m.
électrophore n. m.
électrophorèse n. f.

électrophorétique adj.
électrophysiologie n. f.
électrophysiologique adj.
électroplaque n. f.
électropneumatique adj.
électropneumatiquement adv.
électropompe n. f.
électroponcture ou **électropuncture** n. f.
électroponcturer ou **électropuncturer** v. tr. | conjug. 1 |
électropositif, ive adj.
électropyrexie n. f.
électroradiologie n. f.
électroradiologique adj.
électroradiologiste n.
électrorétinogramme n. m.
électrorétinographie n. f.
électroscope n. m.
électroscopie n. f.
électroscopique adj.
électrosidérurgie n. f.
électrosidérurgique adj.
électrosoudure n. f.
électrostatique adj. et n. f.
électrostimulation n. f.
électrostriction n. f.
électrotechnicien, ienne n.
électrotechnique adj. et n. f.
électrothérapeutique adj.
→ **électrothérapique**
électrothérapie n. f.
électrothérapique ou **électrothérapeutique** adj.
électrothermie n. f.
électrothermique adj.
électrotonique adj.
électrotonus n. m.
électrotrieur n. m. ou **électrotrieuse** n. f.
électrotropisme n. m.
électrotype n. m.
électrotypie n. f.
électrovalence n. f.
électrovanne n. f.
électrum /-ɔm/ n. m.
électuaire n. m.
éléen, enne adj. et n.
➾ L'adjectif s'écrit sans majuscule : *la population éléenne*. Le nom s'écrit avec une majuscule uniquement quand il désigne une personne : *les Éléens ; une Éléenne* mais *ils parlaient l'éléen*.
élégamment adv.
élégance n. f.
élégant, ante adj.
élégiaque adj.
élégie n. f.
HOM. formes du v. **élégir**
élégir v. tr. | conjug. 2 |
éléidine n. f.
éléis ou **elæis** /eleis/ n. m.
élektron n. m.
→ **²électron**
élément n. m.
élémentaire adj.
élémental, ale adj. et n. m. ▪ plur. **élémentaux** ou plur. **élémentals**
élémi n. m.
élémosinaire adj. et n. m.
éléomètre n. m.
éléphant, ante n.
éléphanteau n. m.
éléphantesque adj.
éléphantiasique adj.
éléphantiasis n. m.
éléphantin, ine adj.
élevage n. m.
élévateur, trice adj. et n.
élévation n. f.
élévatoire adj.
¹élève n. (personne)
²élève n. f. (élevage)
élevé, ée adj.
élever v. tr. | conjug. 5 |
¬ **s'élever**
➾ Aux temps composés de la forme pronominale, le participe passé s'accorde en genre et en nombre avec le sujet : *elle s'est élevée contre les abus*.
éleveur, euse n.
élevon n. m.
HOM. forme du v. **élever**
élevure n. f.
elfe n. m.
➾ Ce mot s'écrit sans majuscule : *les elfes et les fées*.
élider v. tr. | conjug. 1 |
éligibilité n. f.
éligible adj.
élimer v. tr. | conjug. 1 |
éliminable adj.
éliminateur, trice adj.
élimination n. f.
éliminatoire adj. et n. f.
éliminer v. tr. | conjug. 1 |
élingue n. f.
élinguer v. tr. | conjug. 1 |
élinvar n. m.
élire v. tr. | conjug. 43 |
élisabéthain, aine adj.
élisant, ante adj. et n.
élision n. f.
HOM. formes du v. **élire**
élitaire adj.
élite n. f.

élitisme n. m.
élitiste adj.
élixir n. m.
elle pron. pers. f.
HOM. **aile, ale, l,** formes du v. **héler**
→ aussi **lui**
ellébore ou **hellébore** n. m.
ellipse n. f.
ellipsographe n. m.
ellipsoïdal, ale, aux adj.
ellipsoïde n. m. et adj.
ellipsoïdique adj.
ellipticité n. f.
elliptique adj.
elliptiquement adv.
élocution n. f.
Ne pas confondre **élocution**, qui désigne la manière d'articuler, de s'exprimer oralement, avec **allocution**, qui désigne un discours.
élocutoire adj.
élodée ou **hélodée** n. f.
éloge n. m.
Ce mot est masculin : *un éloge*.
élogieusement adv.
élogieux, ieuse adj.
élogiste n. m.
élohinaire adj.
élohisme n. m.
éloigné, ée adj.
éloignement n. m.
éloigner v. tr. | conjug. 1 |
¬ **s'éloigner**
Aux temps composés de la forme pronominale, le participe passé s'accorde en genre et en nombre avec le sujet : *la tempête s'est éloignée*.
élongation n. f.
élonger v. tr. | conjug. 3 |
élongis /-ʒi/ n. m.
éloquemment /elɔkamɑ̃/ adv.
éloquence n. f.
éloquent, ente adj.
elstar n. f.
élu, ue adj. et n.
HOM. formes du v. **éluer**
éluant, ante adj. et n. m.
éluat /-ɥa/ n. m.
HOM. formes du v. **éluer**
élucidation n. f.
élucider v. tr. | conjug. 1 |
élucubrateur, trice n.
élucubration n. f.
élucubrer v. tr. | conjug. 1 |
éludable adj.
éluder v. tr. | conjug. 1 |
éluer v. tr. | conjug. 1 |
élusif, ive adj.
Ne pas confondre **élusif**, qui signifie « qui esquive, évite avec adresse », avec **allusif**, qui signifie « qui fait une allusion ».
élusion n. f.
élution n. f.
éluvial, iale, iaux adj.
éluviation n. f.
éluvion n. f.
éluvionnaire adj.
élyme n. m.
HOM. formes du v. **élimer**
élyséen, enne adj.
élytral, ale, aux adj.
élytre n. m.
Ce mot est masculin : *un élytre*.
élytrite n. f.
elzévir n. m.
elzévirien, ienne adj.
émaciation n. f.
émacié, iée adj.
émacier v. tr. | conjug. 7 |
¬ **s'émacier**
Aux temps composés de la forme pronominale, le participe passé s'accorde en genre et en nombre avec le sujet : *sa figure s'est émaciée*.
e-mail /imɛl/ n. m. ▪ plur. **e-mails**
▫ rec. off. : **courriel**
émail, aux /emaj, o/ n. m.
Certains dictionnaires mentionnent le pluriel *émails* dans certains sens du mot mais seule la forme *émaux* est acceptée par l'Académie.
HOM. formes du v. **émailler**
émaillage n. m.
émailler v. tr. | conjug. 1 |
émaillerie n. f.
émailleur, euse n.
émaillure n. f.
émanation n. f.
émanche n. f.
émancipateur, trice n. et adj.
émancipation n. f.
émanciper v. tr. | conjug. 1 |
¬ **s'émanciper**
Aux temps composés de la forme pronominale, le participe passé s'accorde en genre et en nombre avec le sujet : *elle s'est émancipée*.
émaner v. intr. | conjug. 1 |
émanométrie n. f.
émanon n. m.
HOM. formes du v. **émaner**
émanothérapie n. f.
émargement n. m.

émarger v. tr. | conjug. 3 |
émarginé, ée adj.
émasculation n. f.
émasculer v. tr. | conjug. 1 |
émaux n. m. pl.
→ **émail**
embabouiner v. tr. | conjug. 1 |
embâcle n. m.
emballage n. m.
emballagiste n.
emballant, ante adj.
emballement n. m.
emballer v. tr. | conjug. 1 |
¬ **s'emballer**
➾ Aux temps composés de la forme pronominale, le participe passé s'accorde en genre et en nombre avec le sujet : *nous nous sommes emballés trop vite.*
emballeur, euse n.
embalustrer v. tr. | conjug. 1 |
embarbouiller v. tr. | conjug. 1 |
¬ **s'embarbouiller**
➾ Aux temps composés de la forme pronominale, le participe passé s'accorde en genre et en nombre avec le sujet : *elle s'est embarbouillée dans des explications confuses.*
embarcadère n. m.
➾ Ce mot s'écrit avec un *c*, contrairement au verbe *embarquer*.
☯ Ce mot est masculin : *un embarcadère.*
embarcation n. f.
➾ Ce mot s'écrit avec un *c*, contrairement au verbe *embarquer*.
embardée n. f.
embarder v. tr. et v. intr. | conjug. 1 |
embargo n. m.
embarillage n. m.
embariller v. tr. | conjug. 1 |
embarqué, ée adj.
embarquement n. m.
embarquer v. tr. et v. intr. | conjug. 1 |
¬ **s'embarquer**
☰ La forme pronominale a le même sens que la forme intransitive : *il a embarqué à Dunkerque ; il s'est embarqué à Dunkerque.* Toutefois, la forme pronominale s'emploie surtout au sens figuré : *il s'est embarqué dans une drôle d'aventure.*
➾ Aux temps composés de la forme pronominale, le participe passé s'accorde en genre et en nombre avec le sujet : *elle s'est embarquée dans un procès sans fin.*
embarras n. m.
HOM. formes du v. **embarrer**
embarrassant, ante adj.
embarrassé, ée adj.
embarrasser v. tr. | conjug. 1 |
¬ **s'embarrasser**
➾ Aux temps composés de la forme pronominale, le participe passé s'accorde en genre et en nombre avec le sujet : *elle s'est embarrassée de remords.*
embarrer v. intr. et v. pron. | conjug. 1 |
¬ **s'embarrer**
➾ Aux temps composés de la forme pronominale, le participe passé s'accorde en genre et en nombre avec le sujet : *la jument s'est embarrée.*
embarrure n. f.
embase n. f.
embasement n. m.
embastillement n. m.
embastiller v. tr. | conjug. 1 |
embastionnement n. m.
embastionner v. tr. | conjug. 1 |
embâtage n. m.
embattage ou **embatage** n. m.
embattre ou **embatre** v. tr. | conjug. 41 |
embauchage n. m.
embauche n. f.
embaucher v. tr. | conjug. 1 |
embaucheur, euse n.
embauchoir n. m.
embaumant, ante adj.
embaumement n. m.
embaumer v. tr. | conjug. 1 |
embaumeur, euse n.
embecquer v. tr. | conjug. 1 |
embéguiner v. tr. | conjug. 1 |
¬ **s'embéguiner**
➾ Aux temps composés de la forme pronominale, le participe passé s'accorde en genre et en nombre avec le sujet : *elle s'est embéguinée d'un pâle don juan.*
embelle n. f.
embellie n. f.
embellir v. tr. et v. intr. | conjug. 2 |
¬ **s'embellir**
➾ Aux temps composés de la forme pronominale, le participe passé s'accorde en genre et en nombre avec le sujet : *elle s'est embellie avec l'âge.*
embellissement n. m.
embellisseur, euse adj. m. et n. m.
emberlificoter v. tr. | conjug. 1 |
¬ **s'emberlificoter**
➾ Aux temps composés de la forme pronominale, le participe passé s'accorde en genre et en nombre avec le sujet : *ils se sont emberlificotés dans leurs explications.*
emberlificoteur, euse n.
embêtant, ante adj.
embêtement n. m.

embêter v. tr. | conjug. 1 |
¬ **s'embêter**
➾ Aux temps composés de la forme pronominale, le participe passé s'accorde en genre et en nombre avec le sujet : *elle s'est embêtée toute la soirée.*
embêteur, euse n.
embeurrée n. f.
embiellage n. m.
emblavage n. m.
emblave n. f.
emblavement n. m.
emblaver v. tr. | conjug. 1 |
emblavure n. f.
emblée (d') loc. adv.
emblématique adj.
emblématiquement adv.
emblème n. m.
embobelinage n. m.
embobeliner v. tr. | conjug. 1 |
embobelineur, euse adj. et n.
embobinage n. m.
embobiner v. tr. | conjug. 1 |
emboire v. tr. | conjug. 53 |
¬ **s'emboire**
➾ Aux temps composés de la forme pronominale, le participe passé s'accorde en genre et en nombre avec le sujet : *ces tableaux se sont embus.*
emboîtable ou **emboitable**○ adj.
emboîtage ou **emboitage**○ n. m.
emboîtant, ante ou **emboitant, ante**○ adj.
emboîtement ou **emboitement**○ n. m.
emboîter ou **emboiter**○ v. tr. | conjug. 1 |
¬ **s'emboîter**
➾ Aux temps composés de la forme pronominale, le participe passé s'accorde en genre et en nombre avec le sujet : *les pièces se sont mal emboîtées.*
emboîteuse ou **emboiteuse**○ n. f.
emboîture ou **emboiture**○ n. f.
embole ou **embolus** /-ys/ n. m.
embolie n. f.
embolique adj.
embolisation n. f.
embolisme n. m.
embolismique adj.
embololalie n. f.
embolomère n. m.
embolus /-ys/ n. m.
→ **embole**
embonpoint n. m.
➾ Ne pas écrire **embompoint.*
embossage n. m.
embosser v. tr. | conjug. 1 |
¬ **s'embosser**
➾ Aux temps composés de la forme pronominale, le participe passé s'accorde en genre et en nombre avec le sujet : *l'embarcation s'est embossée.*
embossure n. f.
embotteler v. tr. | conjug. 4 |
embouage n. m.
emboucaner v. tr. et v. intr. | conjug. 1 |
embouche n. f.
embouché, ée adj. et n.
emboucher v. tr. | conjug. 1 |
¬ **s'emboucher**
➾ Aux temps composés de la forme pronominale, le participe passé s'accorde en genre et en nombre avec le sujet : *l'embarcation s'est embouchée.*
emboucheur n. m.
embouchoir n. m.
embouchure n. f.
embouer v. tr. et v. intr. | conjug. 1 |
embouquement n. m.
embouquer v. intr. | conjug. 1 |
embourbement n. m.
embourber v. tr. | conjug. 1 |
¬ **s'embourber**
➾ Aux temps composés de la forme pronominale, le participe passé s'accorde en genre et en nombre avec le sujet : *la voiture s'est embourbée.*
embourgeoisement n. m.
embourgeoiser v. tr. | conjug. 1 |
¬ **s'embourgeoiser**
➾ Aux temps composés de la forme pronominale, le participe passé s'accorde en genre et en nombre avec le sujet : *elle s'est embourgeoisée avec l'âge.*
embourrer v. tr. | conjug. 1 |
embourrure n. f.
embout n. m.
HOM. formes du v. **embouer**
embouteillage n. m.
embouteillement n. m.
embouteiller v. tr. | conjug. 1 |
embouteilleur n. m.
embouteilleuse n. f.
embouter v. tr. | conjug. 1 |
emboutir v. tr. | conjug. 2 |
¬ **s'emboutir**
➾ Aux temps composés de la forme pronominale, le participe passé s'accorde en genre et en nombre avec le sujet : *la voiture s'est emboutie contre un arbre.*
emboutissage n. m.
emboutisseur, euse n. (personne)
emboutisseuse n. f. (machine)
emboutissoir n. m.

embranchement n. m.
embrancher v. tr. | conjug. 1 |
embraquer v. tr. | conjug. 1 |
embrasement n. m.
embraser v. tr. | conjug. 1 |
¬ **s'embraser**
➾ Aux temps composés de la forme pronominale, le participe passé s'accorde en genre et en nombre avec le sujet : *la maison s'est embrasée.*
embrassade n. f.
embrassant, ante adj.
embrasse n. f.
embrassé, ée adj.
embrassement n. m.
embrasser v. tr. | conjug. 1 |
¬ **s'embrasser**
➾ Aux temps composés de la forme pronominale, le participe passé s'accorde en genre et en nombre avec le sujet : *ils se sont embrassés fougueusement.*
embrasseur, euse n.
embrassure n. f.
embrasure n. f.
embrayage n. m.
embrayer v. tr. et v. intr. | conjug. 8 |
embrayeur n. m.
embrènement n. m.
embrèvement n. m.
embrever v. tr. | conjug. 5 |
embrigadement n. m.
embrigader v. tr. | conjug. 1 |
embringuer v. tr. | conjug. 1 |
embroc /ɑ̃bʀɔk/ n. f.
□ abrév. de **embrocation**
embrocation n. f.
embrochage n. m.
embrochement n. m.
embrocher v. tr. | conjug. 1 |
embronchement n. m.
embroncher v. tr. | conjug. 1 |
embrouillage n. m.
embrouillamini n. m.
embrouillarder v. tr. | conjug. 1 |
embrouille n. f.
embrouillé, ée adj.
embrouillement n. m.
embrouiller v. tr. | conjug. 1 |
¬ **s'embrouiller**
➾ Aux temps composés de la forme pronominale, le participe passé s'accorde en genre et en nombre avec le sujet : *elle s'est embrouillée dans ses calculs.*
embrouilleur, euse n.
embroussaillement n. m.
embroussailler v. tr. | conjug. 1 |
embruiné, ée adj.
embrumer v. tr. | conjug. 1 |
embrun n. m.
embrunir v. tr. et v. intr. | conjug. 2 |
embryocardie n. f.
embryocardique adj.
embryogenèse n. f.
embryogénie n. f.
embryogénique adj.
embryographie n. f.
embryologie n. f.
embryologique adj.
embryologiquement adv.
embryologiste n.
embryome n. m.
embryon n. m.
embryonnaire adj.
embryonné adj. m.
embryopathie n. f.
embryotome n. m.
embryotomie n. f.
embu, ue adj. et n. m.
HOM. **embut**, **en-but**, formes du v. **embuer**, formes du v. **emboire**
embûche ou **embuche**○ n. f.
embûcher ou **embucher**○ v. tr. | conjug. 1 |
embuer v. tr. | conjug. 1 |
¬ **s'embuer**
➾ Aux temps composés de la forme pronominale, le participe passé s'accorde en genre et en nombre avec le sujet : *les vitres se sont embuées.*
HOM. formes du v. **emboire**
embuissonné, ée adj.
embuscade n. f.
embusquage n. m.
embusquer v. tr. | conjug. 1 |
¬ **s'embusquer**
➾ Aux temps composés de la forme pronominale, le participe passé s'accorde en genre et en nombre avec le sujet : *ils se sont embusqués dans une ruelle sombre.*
embut /ɑ̃by/ n. m.
HOM. **embu**, **en-but**, formes du v. **embuer**, formes du v. **emboire**
éméché, ée adj.
émécher v. tr. | conjug. 6 |
émendation n. f.
émender v. tr. | conjug. 1 |
émeraldine n. f.
émeraude n. f.
Ξ Ce mot peut s'employer seul comme adjectif de couleur ou derrière un adjectif de couleur pour en préciser la nuance ; ces adjectifs sont alors invariables : *des robes vert émeraude ; des reflets émeraude.*
➾ On écrit ce mot avec une majuscule dans **la Côte d'Émeraude**.

émeraudine n. f.
émergement n. m.
émergence n. f.
émergent, ente adj.
➾ Ne pas écrire cet adjectif comme *émergeant*, participe présent du verbe *émerger*.
émerger v. intr. | conjug. 3 |
émeri n. m.
émerillon n. m.
émerillonné, ée adj.
émerillonner v. tr. | conjug. 1 |
émerisage n. m.
émeriser v. tr. | conjug. 1 |
émeriseuse n. f.
éméritat n. m.
émérite adj.
émersion n. f.
émérus /-ys/ n. m.
émerveillable adj.
émerveillant, ante adj.
émerveillement n. m.
émerveiller v. tr. | conjug. 1 |
¬ **s'émerveiller**
➾ Aux temps composés de la forme pronominale, le participe passé s'accorde en genre et en nombre avec le sujet : *elle s'est émerveillée de son audace.*
éméticité n. f.
émétine n. f.
émétique adj. et n. m.
émétisant, ante adj.
émétiser v. tr. | conjug. 1 |
émetteur, trice n. et adj.
émettre v. tr. | conjug. 56 |
émeu n. m.
HOM. formes du v. **émouvoir**
émeute n. f.
émeutier, ière n.
émiettée n. f.
émiettement n. m.
émietter v. tr. | conjug. 1 |
¬ **s'émietter**
➾ Aux temps composés de la forme pronominale, le participe passé s'accorde en genre et en nombre avec le sujet : *la biscotte s'est émiettée.*
émietteur n. m.
émietteuse n. f.
émigrant, ante n.
émigration n. f.
émigré, ée n.
émigrer v. intr. | conjug. 1 |
⚡ Ne pas confondre **émigrer**, qui signifie « quitter son pays pour s'établir dans un autre », avec **immigrer**, qui signifie « entrer dans un pays pour s'y établir ».
émigrette n. f.
émincé, ée adj. et n. m.
émincer v. tr. | conjug. 3 |
éminceur n. m.
éminemment /eminamɑ̃/ adv.
éminence n. f.
➾ Employé comme titre honorifique, ce mot s'écrit avec une majuscule, tout comme l'adjectif possessif qui le précède : *Son Éminence le cardinal.* L'accord se fait soit avec le nom qui suit le titre, soit au féminin si *éminence* est employé seul : *Son Éminence le cardinal est arrivé ; Son Éminence est arrivée.* **Éminence grise** s'écrit avec une majuscule quand il désigne le Père Joseph, qui fut le confident de Richelieu. Il s'écrit avec une minuscule dans les autres cas : *l'éminence grise du président.*
éminent, ente adj.
⚡ Ne pas confondre **éminent**, qui signifie « remarquable, supérieur », avec **imminent**, qui signifie « qui va se produire dans très peu de temps ».
éminentissime adj.
émir n. m.
➾ Ce mot s'écrit toujours sans majuscule : *l'émir du Koweït.*
HOM. formes du v. **émettre**
émirat n. m.
➾ Ce mot s'écrit avec une majuscule dans le nom propre **les Émirats arabes unis**.
émirati, ie adj.
émissaire adj. et n. m.
émissif, ive adj.
émission n. f.
émissivité n. f.
émissole n. f.
émittance n. f.
emmagasinage n. m.
emmagasinement n. m.
emmagasiner v. tr. | conjug. 1 |
emmagasineur, euse n.
emmailler v. tr. | conjug. 1 |
emmaillotage ou **emmaillotement** n. m.
emmailloter v. tr. | conjug. 1 |
¬ **s'emmailloter**
➾ Aux temps composés de la forme pronominale, le participe passé s'accorde en genre et en nombre avec le sujet : *elle s'est emmaillotée dans une couverture.*
emmanchage n. m.
emmanchement n. m.
emmancher v. tr. | conjug. 1 |
¬ **s'emmancher**
➾ Aux temps composés de la forme pronominale, le participe passé s'accorde en genre et en nombre avec le sujet : *l'affaire s'est mal emmanchée.*
emmancheur n. m.

emmanchure n. f.
emmarchement n. m.
emmêlement n. m.
emmêler v. tr. | conjug. 1 |
¬ **s'emmêler**
➾ Aux temps composés de la forme pronominale, le participe passé s'accorde en genre et en nombre avec le sujet : *ses cheveux se sont emmêlés*. Mais le participe passé ne s'accorde pas quand il est suivi d'un complément d'objet direct : *elle s'est emmêlé les pédales*.
emménagement n. m.
emménager v. intr. | conjug. 3 |
↯ Ne pas confondre **emménager**, qui signifie « s'installer », avec **aménager**, qui signifie « adapter, organiser » : *il emménage dans un loft ; il aménage un loft*.
emménagogue adj. et n. m.
emmener v. tr. | conjug. 5 |
↯ Ne pas confondre **emmener** avec **amener**. **Emmener** signifie « prendre avec soi (un être animé) en partant » : *emmener son chien en vacances*. **Amener** signifie « mener avec soi (un être animé) à un endroit » : *amener son chien chez le vétérinaire*.
emmental ou **emmenthal** /emɛ̃tal/ n. m.
emmerdant, ante adj.
emmerde n. f.
emmerdement n. m.
emmerder v. tr. | conjug. 1 |
¬ **s'emmerder**
➾ Aux temps composés de la forme pronominale, le participe passé s'accorde en genre et en nombre avec le sujet : *ils se sont emmerdés tout l'après-midi*.
emmerdeur, euse n.
emmétrage n. m.
emmétrer v. tr. | conjug. 6 |
emmétrope adj. et n.
emmétropie n. f.
emmi prép. ou adv.
emmieller v. tr. | conjug. 1 |
emmiellure n. f.
emmitouflement n. m.
emmitoufler v. tr. | conjug. 1 |
¬ **s'emmitoufler**
➾ Aux temps composés de la forme pronominale, le participe passé s'accorde en genre et en nombre avec le sujet : *elle s'est emmitouflée dans ses vêtements de ski*.
emmitré, ée adj.
emmortaiser v. tr. | conjug. 1 |
emmotté, ée adj.
emmotter v. tr. | conjug. 1 |
emmouscaillement n. m.
emmouscailler v. tr. | conjug. 1 |
emmuré, ée adj. et n.
emmurement n. m.
emmurer v. tr. | conjug. 1 |
émoi n. m.
émollient, iente adj.
émolument n. m.
émolumentaire adj.
émonctoire n. m.
émondage n. m.
émondation n. f.
émonde n. f.
émondement n. m.
émonder v. tr. | conjug. 1 |
émondes n. f. pl.
émondeur, euse n.
émondoir n. m.
émorfilage n. m.
émorfiler v. tr. | conjug. 1 |
émoticone n. m. ou **émoticône** n. f.
□ rec. off. : **frimousse**
émotif, ive adj.
émotion n. f.
émotionnable adj.
émotionnant, ante adj.
Ξ Cet adjectif s'emploie dans le langage familier ou par plaisanterie. Il est à éviter dans le langage soigné.
émotionnel, elle adj.
émotionnellement adv.
émotionner v. tr. | conjug. 1 |
Ξ Ce verbe s'emploie dans le langage familier ou par plaisanterie. Il est à éviter dans le langage soigné.
émotivité n. f.
émottage n. m.
émotter v. tr. | conjug. 1 |
émotteur, euse n. f. et adj.
émottoir n. m.
émoucher v. tr. | conjug. 1 |
émouchet n. m.
émouchetage n. m.
émoucheter v. tr. | conjug. 4 |
émouchette n. f.
émoucheur, euse n.
émouchoir n. m.
émouchure n. f.
émoulage n. m.
émouleur, euse n.
émoulu, ue adj.
Ξ Dans l'expression **frais émoulu**, *émoulu* s'accorde toujours en genre et en nombre. L'accord de *frais* et facultatif : *elles sont frais émoulues* ou *fraîches émoulues de Polytechnique*.
émoussage n. m.
émoussement n. m.

émousser v. tr. | conjug. 1 |
¬ **s'émousser**
➾ Aux temps composés de la forme pronominale, le participe passé s'accorde en genre et en nombre avec le sujet : *sa passion s'est émoussée.*
émoussoir n. m.
émoustillant, ante adj.
émoustiller v. tr. | conjug. 1 |
émouvant, ante adj.
émouvoir v. tr. | conjug. 27, sauf p. p. *ému* |
¬ **s'émouvoir**
➾ Aux temps composés de la forme pronominale, le participe passé s'accorde en genre et en nombre avec le sujet : *elle s'est émue à cette pensée.*
empaffé, ée n.
empaillage n. m.
empaillé, ée adj. et n.
empaillement n. m.
empailler v. tr. | conjug. 1 |
empailleur, euse n.
1**empalement** n. m. (action d'empaler)
2**empalement** ou **empellement** n. m. (vanne)
empaler v. tr. | conjug. 1 |
¬ **s'empaler**
➾ Aux temps composés de la forme pronominale, le participe passé s'accorde en genre et en nombre avec le sujet : *elle s'est empalée sur une fourche.*
empalmage n. m.
empalmer v. tr. | conjug. 1 |
empan n. m.
empanachage n. m.
empanaché, ée adj.
empannage n. m.
empanner v. intr. | conjug. 1 |
empannon n. m.
HOM. forme du v. **empanner**
empansement n. m.
empapaoutage n. m.
empaquetage n. m.
empaqueter v. tr. | conjug. 4 |
empaqueteur, euse n.
empaqueteuse n. f.
emparadisement n. m.
emparement n. m.
emparer (s') v. pron. | conjug. 1 |
➾ Aux temps composés de la forme pronominale, le participe passé s'accorde en genre et en nombre avec le sujet : *les voleurs se sont emparés de la caisse.*
empâtage n. m.
HOM. **empattage**
empâtement n. m.
HOM. **empattement**
empâter v. tr. | conjug. 1 |
¬ **s'empâter**
➾ Aux temps composés de la forme pronominale, le participe passé s'accorde en genre et en nombre avec le sujet : *ils se sont empâtés en vieillissant.*
HOM. **empatter**
empâteur, euse n.
empathie n. f.
empathique adj.
empattage n. m.
HOM. **empâtage**
empattement n. m.
HOM. **empâtement**
empatter v. tr. | conjug. 1 |
HOM. **empâter**
empatture n. f.
empaumer v. tr. | conjug. 1 |
empaumure n. f.
empêché, ée adj.
empêchement n. m.
empêcher v. tr. | conjug. 1 |
élever des digues pour empêcher qu'un fleuve (ne) déborde
¬ **s'empêcher**
➾ Aux temps composés de la forme pronominale, le participe passé s'accorde en genre et en nombre avec le sujet : *elles se sont empêchées de rire.*
empêcheur, euse n.
empéguer v. tr. | conjug. 6 |
empeignage n. m.
empeigne n. f.
empeigner v. tr. | conjug. 1 |
empellement n. m.
→ 2**empalement**
empeloter v. tr. | conjug. 1 |
empênage n. m.
empêner v. tr. | conjug. 1 |
HOM. formes du v. **empenner**
empennage n. m.
empenne n. f.
HOM. formes du v. **empêner**, formes du v. **empenner**
empennelage n. m.
empenneler v. intr. | conjug. 4 |
empennelle n. f.
empenner v. tr. | conjug. 1 |
HOM. formes du v. **empêner**
empereur n. m.
➾ Ce mot s'écrit sans majuscule, sauf quand il désigne sans ambiguïté un personnage qui n'est pas nommé (notamment Napoléon Ier et l'empereur du Saint Empire romain germanique) : *la défaite de l'Empereur à Waterloo* mais *l'empereur Napoléon Ier ; les empereurs romains.*
emperler v. tr. | conjug. 1 |

emperruqué, ée adj.
empesage n. m.
empesé, ée adj.
empeser v. tr. | conjug. 5 |
empeseur, euse n.
empestant, ante adj.
empester v. tr. | conjug. 1 |
empêtre ou **empetrum** /ɑ̃petʀɔm/ n. m.
empétrée n. f.
HOM. **empêtrer**
empêtrer v. tr. | conjug. 1 |
¬ **s'empêtrer**
➾ Aux temps composés de la forme pronominale, le participe passé s'accorde en genre et en nombre avec le sujet : *elle s'est empêtrée dans ses explications.*
HOM. **empétrée**
empetrum /ɑ̃petʀɔm/ n. m.
→ **empêtre**
emphase n. f.
emphatique adj.
emphatiquement adv.
emphysémateux, euse adj. et n.
emphysème n. m.
emphytéose n. f.
emphytéote n.
emphytéotique adj.
empiècement n. m.
empiéger v. tr. | conjug. 3 et 6 |
empierrage n. m.
empierrement n. m.
empierrer v. tr. | conjug. 1 |
empiètement ou **empiétement** n. m.
empiéter v. tr. ind. | conjug. 6 |
empiffrer (s') v. pron. | conjug. 1 |
➾ Aux temps composés de la forme pronominale, le participe passé s'accorde en genre et en nombre avec le sujet : *elle s'est empiffrée de gâteaux.*
empilable adj.
empilage n. m.
empile n. f.
empilement n. m.
empiler v. tr. | conjug. 1 |
¬ **s'empiler**
➾ Aux temps composés de la forme pronominale, le participe passé s'accorde en genre et en nombre avec le sujet : *les dossiers se sont empilés pendant son absence.*
empileur, euse n.
empire n. m.
➾ Ce mot s'écrit avec une majuscule quand il entre dans la composition d'un nom propre et qu'il est déterminé par un adjectif : *l'Empire britannique ; le Premier Empire ; le Second Empire ; le Saint Empire romain germanique.* Il s'écrit avec une minuscule quand il est déterminé par un complément prépositionnel : *l'empire de Chine.* Avec une majuscule et sans complément, il désigne le règne de Napoléon Ier : *la noblesse d'Empire.*
Ξ Ce mot peut s'employer en apposition avec une majuscule : *le style Empire* ; il est alors invariable : *des meubles Empire.*
HOM. formes du v. **empirer**
empirement n. m.
empirer v. intr. et v. tr. | conjug. 1 |
HOM. **empyrée**
empiricité n. f.
empirie n. f.
empiriocriticisme n. m.
empirique adj.
empiriquement adv.
empirisme n. m.
empiriste adj. et n.
emplacement n. m.
emplafonner v. tr. | conjug. 1 |
¬ **s'emplafonner**
➾ Aux temps composés de la forme pronominale, le participe passé s'accorde en genre et en nombre avec le sujet : *les camions se sont emplafonnés.*
emplanture n. f.
emplastique adj.
emplâtre n. m.
☯ Ce mot est masculin : *un emplâtre.*
emplâtrer v. tr. | conjug. 1 |
emplette n. f.
emplir v. tr. | conjug. 2 |
¬ **s'emplir**
➾ Aux temps composés de la forme pronominale, le participe passé s'accorde en genre et en nombre avec le sujet : *ses yeux se sont emplis de larmes.*
emplissage n. m.
emplisseur, euse n.
emploi n. m.
HOM. formes du v. **employer**
employabilité n. f.
employable adj.
employé, ée n.
employer v. tr. | conjug. 8 |
¬ **s'employer**
➾ Aux temps composés de la forme pronominale, le participe passé s'accorde en genre et en nombre avec le sujet : *elles se sont employées à le convaincre.*
employeur, euse n.
emplumé, ée adj.
emplumer v. tr. | conjug. 1 |
empocher v. tr. | conjug. 1 |
empoignade n. f.
empoignant, ante adj.
empoigne n. f.
empoignement n. m.

empoigner v. tr. | conjug. 1 |
¬ **s'empoigner**
➾ Aux temps composés de la forme pronominale, le participe passé s'accorde en genre et en nombre avec le sujet : *ils se sont sérieusement empoignés.*
empoigneur, euse n.
empointage n. m.
empointer v. tr. | conjug. 1 |
empointure n. f.
empois n. m.
empoisonnant, ante adj.
empoisonnement n. m.
empoisonner v. tr. | conjug. 1 |
¬ **s'empoisonner**
➾ Aux temps composés de la forme pronominale, le participe passé s'accorde en genre et en nombre avec le sujet : *elle s'est empoisonnée avec de l'arsenic.*
empoisonneur, euse n.
empoisser v. tr. | conjug. 1 |
empoissonnage n. m.
empoissonnement n. m.
empoissonner v. tr. | conjug. 1 |
empoitraillé, ée adj.
emporium /-jɔm/ n. m. ▪ plur. **emporiums** ou plur. **emporia**
Ξ On peut employer le pluriel francisé *emporiums* ou le pluriel latin *emporia.*
emport n. m.
emporté, ée adj.
emportement n. m.
emporte-pièce n. m. ▪ plur. **emporte-pièces**
emporter v. tr. | conjug. 1 |
¬ **s'emporter**
➾ Aux temps composés de la forme pronominale, le participe passé s'accorde en genre et en nombre avec le sujet : *ils se sont emportés contre leurs collègues.*
empotage n. m.
empoté, ée adj. et n.
empotement n. m.
empoter v. tr. | conjug. 1 |
empouilles n. f. pl.
empourprer v. tr. | conjug. 1 |
¬ **s'empourprer**
➾ Aux temps composés de la forme pronominale, le participe passé s'accorde en genre et en nombre avec le sujet : *elle s'est empourprée de honte.*
empoussièrement n. m.
empoussiérer v. tr. | conjug. 6 |
empreindre v. tr. | conjug. 52 |
¬ **s'empreindre**
➾ Aux temps composés de la forme pronominale, le participe passé s'accorde en genre et en nombre avec le sujet : *ses yeux se sont empreints de colère.*
empreinte n. f.
HOM. formes du v. **emprunter**
empressant, ante adj.
empressé, ée adj.
empressement n. m.
empresser (s') v. pron. | conjug. 1 |
Ξ L'emploi de ce verbe avec la préposition *à* est vieilli : *il s'empresse à rendre service.* De nos jours, il s'emploie généralement avec la préposition *de* : *il s'empresse de rendre service.*
➾ Aux temps composés de la forme pronominale, le participe passé s'accorde en genre et en nombre avec le sujet : *elle s'est empressée de lui répéter la nouvelle.*
emprésurage n. m.
emprésurer v. tr. | conjug. 1 |
emprise n. f.
emprisonnement n. m.
emprisonner v. tr. | conjug. 1 |
emprunt n. m.
HOM. formes du v. **empreindre**
empruntable adj.
emprunté, ée adj.
emprunter v. tr. | conjug. 1 |
emprunteur, euse n. et adj.
empuantir v. tr. | conjug. 2 |
empuantissement n. m.
empuse n. f.
empyème n. m.
empyrée n. m.
☯ Ce mot est masculin : *un empyrée.*
HOM. **empirer**
empyreumatique adj.
empyreume n. m.
ému, ue adj.
émulateur n. m.
émulation n. f.
émule n.
émuler v. tr. | conjug. 1 |
émulgent, ente adj.
émulseur n. m.
émulsif, ive adj.
émulsifiable adj.
émulsifiant, iante adj.
émulsifier v. tr. | conjug. 7 |
émulsine n. f.
émulsion n. f.
émulsionnant n. m.
émulsionner v. tr. | conjug. 1 |
émulsionneur n. m.
émyde ou **emys** /emis/ n. f.

[1]**en** prép.
Ξ *En* précède immédiatement les noms propres géographiques (pays, régions, provinces) féminins et les noms masculins commençant par une voyelle ou un *h* muet : *il va*

en Espagne ; j'habite en Dordogne ; elle réside en Israël mais *il travaille au Mexique*. On dit toutefois : *aller aux États-Unis*.
En sans article est en concurrence avec *dans* suivi d'un article seulement devant les noms de départements féminins composés, avec ou sans le *et* de coordination : *dans le Cher ; dans la Marne* mais *dans la* ou *en Seine-Maritime ; dans l'Ille-et-Vilaine* ou *en Ille-et-Vilaine*.
En est utilisé avec les noms d'îles lorsque ceux-ci prennent l'article défini : *je serai en Sicile ; ils sont en Martinique* mais *nous irons à Majorque ; ils se rendaient à Cuba*. On dit toutefois : *il vit à la Réunion*.
Devant les noms de villes commençant par une voyelle, on employait encore *en* pour *à* au XVIIe s. De nos jours, l'emploi de *en* devant un nom de ville est à éviter. Les tours tels que *en Avignon, en Arles, en Alger* sont des provençalismes ou des tournures un peu affectées. Cependant, certains écrivains les utilisent par souci de couleur locale ou d'euphonie.
HOM. **an**, **han**
→ aussi **à**

²en pron. et adv.
⌘ La présence de *en* derrière un impératif se terminant par un *e* à la deuxième personne du singulier implique l'ajout d'un *s* en finale du verbe pour éviter le hiatus : *donnes-en un peu ; parles-en*. *En* se place toujours après le pronom personnel ; attention à ne pas créer une fausse liaison pour éviter le hiatus : *donne-m'en un peu* et non **donnes-en moi un peu* ni * *donne-moi-z'en un peu*.
➾ *En* est généralement considéré comme un pronom neutre. Lorsqu'il est complément d'objet direct, le participe passé qu'il précède est donc d'ordinaire invariable : *j'ai acheté des figues, j'en ai mangé ; des histoires de ce genre, j'en ai entendu ! ; il a donné plus de coups qu'il n'en a reçu.*. Cependant, on peut accorder le participe passé en genre et en nombre avec le nom représenté par *en*, notamment si l'on veut insister sur la quantité : *une pyramide telle qu'ils n'en avaient jamais construite ; et des gâteaux, combien en avez-vous vendus ? ; j'ai des milliers de livres, j'en ai même que je n'ai jamais lus*. Si *en* est complément d'objet indirect, il ne faut pas oublier de faire l'accord s'il y a lieu avec le complément d'objet direct : *il y avait des armes ; ils s'en étaient saisis à leur approche* (le complément d'objet direct est *s'* et non *en*, qui est complément d'objet indirect représentant les armes). L'accord du participe passé ne se fait pas si le complément d'objet direct est placé derrière le verbe : *combien de quiches as-tu vendu(es) ?* (accord ou non, selon l'intention de la personne qui parle) *mais des quiches, tu en as vendu combien ?* (le complément d'objet direct est *combien*, placé derrière le verbe).
HOM. **an**, **han**

énallage n. f.
énamourement n. m.
enamourer (s') ou **énamourer (s')** v. pron. | conjug. 1 |
¬ **s'enamourer** ou **s'énamourer**
➾ Aux temps composés de la forme pronominale, le participe passé s'accorde en genre et en nombre avec le sujet : *elle s'est enamourée* ou *énamourée d'un acteur de cinéma*.
énanthème n. m.
énantiobiose n. f.
énantiomère n. m.
énantiomorphe adj.
énantiotrope adj.
énarchie n. f.
énarchique adj.
énargite n. f.
énarque n. m.
énarquien, ienne adj.
énarthrose n. f.
en-avant n. m. inv.
➾ Ce terme de rugby s'écrit avec un trait d'union, contrairement à la locution adverbiale **en avant** : *marcher en avant* mais *commettre un en-avant*.
en-but ▪ plur. **en-buts** /ɑ̃by(t)/ n. m.
HOM. **embu**, **embut**, formes du v. **embuer**, formes du v. **emboire**
encabanage n. m.
encabaner v. tr. | conjug. 1 |
encablure ou **encâblure** n. f.
encadré n. m.
encadrement n. m.
encadrer v. tr. | conjug. 1 |
encadreur, euse n.
encagement n. m.
encager v. tr. | conjug. 3 |
encagoulé, ée adj.
encagouler v. tr. | conjug. 1 |
encaissable adj.
encaissage n. m.
encaissant, ante adj.
encaisse n. f.
encaissement n. m.
encaisser v. tr. | conjug. 1 |
encaisseur n. m.
encaisseuse n. f.
encalminé, ée adj.
encan n. m.
encanaillement n. m.

encanailler (s') v. pron. | conjug. 1 |
¬ **s'encanailler**
➾ Aux temps composés de la forme pronominale, le participe passé s'accorde en genre et en nombre avec le sujet : *elle s'est encanaillée.*
encanter v. tr. | conjug. 1 |
encanteur, euse n.
encaper v. intr. | conjug. 1 |
encapsulation n. f.
encapsuler v. tr. | conjug. 1 |
encapuchonner v. tr. | conjug. 1 |
¬ **s'encapuchonner**
➾ Aux temps composés de la forme pronominale, le participe passé s'accorde en genre et en nombre avec le sujet : *la jument s'est encapuchonnée.*
encaquement n. m.
encaquer v. tr. | conjug. 1 |
encaqueur, euse n.
encart n. m.
encartage n. m.
encarté, ée adj.
encarter v. tr. | conjug. 1 |
encarteur, euse n.
encarteuse n. f.
encartonner v. tr. | conjug. 1 |
encartonneuse n. f.
encas ou **en-cas** n. m. inv.
➾ Ce nom s'écrit en un seul mot ou avec un trait d'union, contrairement à la locution prépositionnelle **en cas de** : *en cas de besoin* mais *emporter un encas* ou *un en-cas*.
encasernement n. m.
encaserner v. tr. | conjug. 1 |
encastelure n. f.
encastillage n. m.
encastrable adj.
encastrement n. m.
encastrer v. tr. | conjug. 1 |
¬ **s'encastrer**
➾ Aux temps composés de la forme pronominale, le participe passé s'accorde en genre et en nombre avec le sujet : *la voiture s'est encastrée sous le camion.*
encaustiquage n. m.
encaustique n. f.
☺ Ce mot est féminin : *une encaustique*.
encaustiquer v. tr. | conjug. 1 |
encavage n. m.
encavement n. m.
encaver v. tr. | conjug. 1 |
encaveur, euse n.
enceindre v. tr. | conjug. 52 |
enceinte adj. f et n. f.
enceinter v. tr. | conjug. 1 |
encellulement n. m.
encelluler v. tr. | conjug. 1 |
encens /ɑ̃sɑ̃/ n. m.
encensement n. m.
encenser v. tr. | conjug. 1 |
encenseur, euse n.
encensier n. m.
HOM. formes du v. **encenser**
encensoir n. m.
encépagement n. m.
encépager v. tr. | conjug. 3 |
encéphalalgie n. f.
encéphale n. m.
encéphaline n. f.
encéphalique adj.
encéphalisation n. f.
encéphalisé, ée adj.
encéphalite n. f.
encéphalitique adj.
encéphalogramme n. m.
encéphalographie n. f.
encéphalomyélite n. f.
encéphalopathie n. f.
encéphalose n. f.
encerclement n. m.
encercler v. tr. | conjug. 1 |
enchaîné, ée ou **enchainé, ée**○ adj. et n. m.
enchaînement ou **enchainement**○ n. m.
enchaîner ou **enchainer**○ v. tr. | conjug. 1 |
¬ **s'enchaîner**
➾ Aux temps composés de la forme pronominale, le participe passé s'accorde en genre et en nombre avec le sujet : *les évènements se sont enchaînés.*
enchanté, ée adj.
enchantement n. m.
enchanter v. tr. | conjug. 1 |
enchanteur, teresse n. et adj.
enchapé, ée adj.
enchaperonner v. tr. | conjug. 1 |
encharger v. tr. | conjug. 3 |
enchâssement n. m.
enchâsser v. tr. | conjug. 1 |
enchâssure n. f.
enchatonnement n. m.
enchatonner v. tr. | conjug. 1 |
enchaussage n. m.
enchausser v. tr. | conjug. 1 |
enchemisage n. m.
enchemiser v. tr. | conjug. 1 |
enchère n. f.
enchérir v. intr. | conjug. 2 |
enchérissement n. m.
enchérisseur, euse n.
enchevalement n. m.
enchevaucher v. tr. | conjug. 1 |
enchevauchure n. f.

enchevêtrement n. m.
enchevêtrer v. tr. | conjug. 1 |
¬ **s'enchevêtrer**
➾ Aux temps composés de la forme pronominale, le participe passé s'accorde en genre et en nombre avec le sujet : *elle s'est enchevêtrée dans son raisonnement.*
enchevêtrure n. f.
enchevillement n. m.
encheviller v. tr. | conjug. 1 |
enchifrené, ée adj.
enchifrènement n. m.
enchilada /ɛn(t)ʃilada/ n. f.
enchiridion /ɑ̃kiʀidjɔ̃/ n. m.
enchondral, ale, aux /ɑ̃kɔ̃-/ adj.
enchondrome /ɑ̃kɔ̃-/ n. m.
enchymose /ɑ̃ki-/ n. f.
enclave n. f.
enclavement n. m.
enclaver v. tr. | conjug. 1 |
enclenche n. f.
enclenchement n. m.
enclencher v. tr. | conjug. 1 |
¬ **s'enclencher**
➾ Aux temps composés de la forme pronominale, le participe passé s'accorde en genre et en nombre avec le sujet : *la révolution s'est enclenchée.*
enclencheur n. m.
enclin, ine adj.
Ξ Cet adjectif s'emploie uniquement pour qualifier un être humain : on peut dire *je suis enclin à la mélancolie* mais pas **un système enclin aux erreurs.*
encliquetage n. m.
encliqueter v. tr. | conjug. 4 |
enclise n. f.
enclitique n. m.
enclore v. tr. | conjug. 45 ; p. prés. *enclosant* |
enclos n. m.
HOM. formes du v. **enclore**
enclosure n. f.
enclôture n. f.
enclouage n. m.
enclouer v. tr. | conjug. 1 |
enclouure n. f.
enclume n. f.
enclumeau ou **enclumot** n. m.
enclumette n. f.
encoche n. f.
encochement n. m.
encocher v. tr. | conjug. 1 |
encodage n. m.
encoder v. tr. | conjug. 1 |
encodeur n. m.
encoffrer v. tr. | conjug. 1 |
encoigner v. tr. | conjug. 1 |
encoignure /ɑ̃kɔɲyʀ ; ɑ̃kwaɲyʀ/ n. f.
♪ La prononciation /ɑ̃kɔɲyʀ/ est la seule acceptée par l'Académie. Toutefois, la prononciation /ɑ̃kwaɲyʀ/ est très fréquente et ne peut plus être considérée comme incorrecte.
encollage n. m.
encoller v. tr. | conjug. 1 |
encolleur, euse n.
encolure n. f.
encombrant, ante adj.
encombre (sans) loc. adv.
encombré, ée adj.
encombrement n. m.
encombrer v. tr. | conjug. 1 |
¬ **s'encombrer**
➾ Aux temps composés de la forme pronominale, le participe passé s'accorde en genre et en nombre avec le sujet : *elle ne s'est pas encombrée de scrupules.*
encomiastique adj.
encontre (à l') loc. adv.
encoprésie n. f.
encor adv.
→ aussi **encore**
encorbellé, ée adj.
encorbellement n. m.
encordage n. m.
encordement n. m.
encorder v. tr. | conjug. 1 |
¬ **s'encorder**
➾ Aux temps composés de la forme pronominale, le participe passé s'accorde en genre et en nombre avec le sujet : *les alpinistes se sont encordés.*
encore adv.
➾ Ce mot s'est écrit *encor* en poésie classique : *« maître Loup s'enfuit, et court encor »* (La Fontaine).
⌘ Quand *encore* est placé en tête d'une proposition, le pronom sujet et le verbe sont inversés : il faut dire *encore fallait-il le savoir* et non **encore il fallait le savoir.*
La locution conjonctive **encore que** s'emploie généralement avec le subjonctif : *mille euros, ce n'est pas cher, encore qu'il faille les avoir.* Toutefois, on peut l'employer avec le conditionnel pour marquer l'éventualité et avec l'indicatif pour marquer la réalité : *ces résultats sont intéressants encore qu'il faudrait pousser les recherches ; je l'ai surveillé encore que c'était superflu.*
encorné, ée adj.
encorner v. tr. | conjug. 1 |
encornet n. m.
HOM. formes du v. **encorner**
encornure n. f.

encoubler v. tr. | conjug. 1 |
¬ s'encoubler
➾ Aux temps composés de la forme pronominale, le participe passé s'accorde en genre et en nombre avec le sujet : *elle s'est encoublée dans le tapis*.
encourageant, ante adj.
encouragement n. m.
encourager v. tr. | conjug. 3 |
encourir v. tr. | conjug. 11 |
encours ou **en-cours** n. m. inv.
HOM. formes du v. **encourir**
encrage n. m.
HOM. **ancrage**
encrassage n. m.
encrassement n. m.
encrasser v. tr. | conjug. 1 |
¬ s'encrasser
➾ Aux temps composés de la forme pronominale, le participe passé s'accorde en genre et en nombre avec le sujet : *son arme s'est encrassée*.
encratique adj.
encre n. f.
HOM. **ancre**, formes des v. **ancrer, encrer**
encrêper v. tr. | conjug. 1 |
encrer v. tr. | conjug. 1 |
HOM. **ancrer**
encreur adj. m.
encrier n. m.
HOM. formes du v. **encrer**
encrine n. m.
encroisage ou **encroisement** n. m.
encroiser v. tr. | conjug. 1 |
encroué, ée adj.
encroûtement ou **encroutement**○ n. m.
encroûter ou **encrouter**○ v. tr. | conjug. 1 |
¬ s'encroûter
➾ Aux temps composés de la forme pronominale, le participe passé s'accorde en genre et en nombre avec le sujet : *ils se sont encroûtés dans leurs habitudes*.
encryptage n. m.
encrypter v. tr. | conjug. 1 |
enculage n. m.
enculé, ée n.
enculer v. tr. | conjug. 1 |
enculeur, euse n.
encuvage n. m.
encuver v. tr. | conjug. 1 |
encyclique n. f.
encyclopédie n. f.
encyclopédique adj.
encyclopédisme n. m.
encyclopédiste n. m.
endauber v. tr. | conjug. 1 |
endéans prép.
en-deçà prép.
en-dehors n. m. inv.
➾ Ce terme de danse s'écrit avec un trait d'union, contrairement aux locutions **en dehors** et **en dehors de**.
endémicité n. f.
endémie n. f.
endémique adj.
endémiquement adv.
endémisme n. m.
endenté, ée adj.
endentement n. m.
endenter v. tr. | conjug. 1 |
endermique adj.
endermologie n. f.
endettement n. m.
endetter v. tr. | conjug. 1 |
¬ s'endetter
➾ Aux temps composés de la forme pronominale, le participe passé s'accorde en genre et en nombre avec le sujet : *ils se sont gravement endettés*.
endeuiller v. tr. | conjug. 1 |
endêver v. intr. | conjug. 1 |
endiablé, ée adj.
endiabler v. tr. et v. intr. | conjug. 1 |
endiamanté, ée adj.
endiguement n. m.
endiguer v. tr. | conjug. 1 |
endimanché, ée adj.
endimanchement n. m.
endimancher v. tr. | conjug. 1 |
¬ s'endimancher
➾ Aux temps composés de la forme pronominale, le participe passé s'accorde en genre et en nombre avec le sujet : *elles se sont endimanchées pour l'occasion*.
endive n. f.
➾ On peut écrire ce mot avec ou sans *s* dans **salade d'endive(s)**.
endivisionnement n. m.
endivisionner v. tr. | conjug. 1 |
endoblaste n. m.
endocarde n. m.
endocardite n. f.
endocarpe n. m.
endochirurgie n. f.
endocrâne n. m.
endocrânien, ienne adj.
endocrine adj.
endocrinien, ienne adj.
endocrinologie n. f.
endocrinologique adj.
endocrinologiste n.
endocrinologue n.
endoctrinement n. m.
endoctriner v. tr. | conjug. 1 |

endoctrineur, euse n.
endoderme n. m.
endodermique adj.
endodonte n. m.
endodontie /-si/ n. f.
endodontique adj.
endogame adj. et n.
endogamie n. f.
endogamique adj.
endogé, ée adj.
endogène adj.
endoglobulaire adj.
endognathie n. f.
endolori, ie adj.
endolorir v. tr. | conjug. 2 |
¬ **s'endolorir**
➾ Aux temps composés de la forme pronominale, le participe passé s'accorde en genre et en nombre avec le sujet : *ses membres se sont endoloris*.
endolorissement n. m.
endoluminal, ale, aux adj.
endolymphe n. f.
endomètre n. m.
endométriose n. f.
endométrite n. f.
endommagement n. m.
endommager v. tr. | conjug. 3 |
endomorphe adj.
endomorphine n. f.
endomorphique adj.
endomorphisme n. m.
endonéphrite n. f.
endoparasite n. m.
endoparasitisme n. m.
endophage adj. et n. m.
endophasie n. f.
endophlébite n. f.
endophyte n. m. et adj.
endoplasme n. m.
endoplasmique adj.
endorectal, ale, aux adj.
endoréique adj.
endoréisme n. m.
endormant, ante adj.
endormement n. m.
endormeur, euse n.
endormi, ie adj.
endormir v. tr. | conjug. 16 |
¬ **s'endormir**
➾ Aux temps composés de la forme pronominale, le participe passé s'accorde en genre et en nombre avec le sujet : *elle s'est endormie sur le canapé*.
endormissement n. m.
endorphine n. f.
endos n. m.
endoscope n. m.
endoscopie n. f.
endoscopique adj.
endoscopiste n.
endosmomètre n. m.
endosmose n. f.
endosmotique adj.
endosonographie n. f.
endosperme n. m.
endospore n. f.
endosquelette n. m.
endossable adj.
endossage n. m.
endossataire n.
endosse n. f.
endossement n. m.
endosser v. tr. | conjug. 1 |
endosseur n. m.
endossure n. f.
endothélial, iale, iaux adj.
endothélium /-jɔm/ n. m.
endotherme adj.
endothermique adj.
endothoracique adj.
endotoxine n. f.
endotoxinique adj.
endotrachéal, ale, aux adj.
endriague n. m.
endroit n. m.
enduction n. f.
enduire v. tr. | conjug. 38 |
Ξ L'expression **enduire d'erreur** ne doit s'employer que par plaisanterie ; il faut dire **induire en erreur**.
¬ **s'enduire**
➾ Aux temps composés de la forme pronominale, le participe passé s'accorde en genre et en nombre avec le sujet : *ils se sont enduits de crème solaire*. Mais le participe passé ne s'accorde pas quand il est suivi d'un complément d'objet direct : *ils se sont enduit les jambes de crème solaire*. Il ne s'accorde avec le complément d'objet direct que lorsque celui-ci est placé avant le verbe : *ils se les sont enduites*.
enduisage n. m.
enduiseur, euse adj. et n.
enduit n. m.
endurable adj.
endurance n. f.
endurant, ante adj.
endurci, ie adj.
endurcir v. tr. | conjug. 2 |
¬ **s'endurcir**
➾ Aux temps composés de la forme pronominale, le participe passé s'accorde en genre

et en nombre avec le sujet : *ils se sont endurcis à l'armée.*
endurcissement n. m.
endurer v. tr. | conjug. 1 |
enduriste n.
¹enduro n. m. (épreuve)
²enduro n. f. (moto)
endymion n. m.
énéolithique adj. et n. m.
énergéticien, ienne n.
énergétique adj. et n. f.
énergétiquement adv.
énergétisant, ante adj.
énergétisme n. m.
énergétiste adj. et n.
énergide n. m.
énergie n. f.
énergique adj.
énergiquement adv.
énergisant, ante adj. et n. m.
énergiseur n. m.
énergivore adj.
énergumène n.
énervant, ante adj.
énervation n. f.
énervé, ée adj.
énervement n. m.
énerver v. tr. | conjug. 1 |
¬ **s'énerver**
➾ Aux temps composés de la forme pronominale, le participe passé s'accorde en genre et en nombre avec le sujet : *ils se sont énervés.*
enfaîteau ou **enfaiteau**° n. m.
enfaîtement ou **enfaitement**° n. m.
enfaîter ou **enfaiter**° v. tr. | conjug. 1 |
enfance n. f.
enfançon, onne n.
enfant n.
enfantelet, ette n.
enfantement n. m.
enfanter v. tr. | conjug. 1 |
enfantillage n. m.
enfantin, ine adj.
enfantinement adv.
enfarger v. tr. | conjug. 3 |
enfarinement n. m.
enfariner v. tr. | conjug. 1 |
¬ **s'enfariner**
➾ Aux temps composés de la forme pronominale, le participe passé s'accorde en genre et en nombre avec le sujet : *elle s'est enfarinée.* Mais le participe passé ne s'accorde pas quand il est suivi d'un complément d'objet direct : *elle s'est enfariné la figure.*
enfer n. m.
➾ Avec une majuscule, **les Enfers** désigne le lieu souterrain habité par les morts, dans la mythologie : *Cerbère est le gardien des Enfers.*
HOM. formes du v. **enferrer**
enfermement n. m.
enfermer v. tr. | conjug. 1 |
¬ **s'enfermer**
➾ Aux temps composés de la forme pronominale, le participe passé s'accorde en genre et en nombre avec le sujet : *elle s'est enfermée dans sa chambre.*
enferrer v. tr. | conjug. 1 |
¬ **s'enferrer**
➾ Aux temps composés de la forme pronominale, le participe passé s'accorde en genre et en nombre avec le sujet : *ils se sont enferrés dans leurs mensonges.*
enferreur, euse n.
enfeu n. m.
enfichable adj.
enfichage n. m.
enficher v. tr. | conjug. 1 |
enfieller v. tr. | conjug. 1 |
enfièvrement n. m.
enfiévrer v. tr. | conjug. 6 |
¬ **s'enfiévrer**
➾ Aux temps composés de la forme pronominale, le participe passé s'accorde en genre et en nombre avec le sujet : *elle s'est enfiévrée pour la politique.*
enfilade n. f.
enfilage n. m.
enfile-aiguilles ▪ plur. inv. ou **enfile-aiguille**° ▪ plur. **enfile-aiguilles**° n. m.
enfilement n. m.
enfiler v. tr. | conjug. 1 |
¬ **s'enfiler**
Ξ La forme pronominale transitive appartient au registre familier.
➾ Aux temps composés de la forme pronominale, le participe passé ne s'accorde pas quand il est suivi d'un complément d'objet direct : *elle s'est enfilé trois desserts.* Il s'accorde avec le complément d'objet direct quand celui-ci est placé avant le verbe : *les desserts qu'elle s'est enfilés.*
enfileur, euse n.
enfin adv.
enflammé, ée adj.
enflammer v. tr. | conjug. 1 |
➾ Ne pas employer **inflammer,* qui n'existe pas.
¬ **s'enflammer**
➾ Aux temps composés de la forme pronominale, le participe passé s'accorde en genre et en nombre avec le sujet : *la maison s'est enflammée.*
enfle adj.
enflé, ée adj.

enfléchure n. f.
enfler v. tr. et v. intr. | conjug. 1 |
enfleurage n. m.
enfleurer v. tr. | conjug. 1 |
enflure n. f.
enfoiré, ée adj. et n.
enfoncé, ée adj.
enfoncement n. m.
enfoncer v. tr. et v. intr. | conjug. 3 |
¬ **s'enfoncer**
➾ Aux temps composés de la forme pronominale, le participe passé s'accorde en genre et en nombre avec le sujet : *ils se sont enfoncés dans la vase*. Mais le participe passé ne s'accorde pas quand il est suivi d'un complément d'objet direct : *elle s'est enfoncé cette idée dans le crâne*.
enfonceur, euse n.
enfonçoir n. m.
enfonçure n. f.
enforcir v. tr. et v. intr. | conjug. 2 |
enformer v. tr. | conjug. 1 |
enfouir v. tr. | conjug. 2 |
¬ **s'enfouir**
➾ Aux temps composés de la forme pronominale, le participe passé s'accorde en genre et en nombre avec le sujet : *elle s'est enfouie sous les couvertures*.
enfouissement n. m.
enfouisseur, euse n.
enfouraillé, ée adj.
enfourchement n. m.
enfourcher v. tr. | conjug. 1 |
enfourchure n. f.
enfournage n. m.
enfournement n. m.
enfourner v. tr. | conjug. 1 |
¬ **s'enfourner**
➾ Aux temps composés de la forme pronominale, le participe passé s'accorde en genre et en nombre avec le sujet : *elle s'est enfournée dans le métro*. Mais le participe passé ne s'accorde pas quand il est suivi d'un complément d'objet direct : *ils se sont enfourné des pâtisseries*. Il ne s'accorde avec le complément d'objet direct que lorsque celui-ci est placé avant le verbe : *les pâtisseries qu'ils se sont enfournées*.
enfourneur, euse n.
enfreindre v. tr. | conjug. 52 |
enfroqué, ée adj. et n. m.
enfuir (s') v. pron. | conjug. 17 |
➾ Aux temps composés de la forme pronominale, le participe passé s'accorde en genre et en nombre avec le sujet : *ils se sont enfuis à l'étranger*.
enfumage n. m.
enfumer v. tr. | conjug. 1 |
enfumoir n. m.
enfûtage ou **enfutage**○ n. m.
enfutailler v. tr. | conjug. 1 |
enfûter ou **enfuter**○ v. tr. | conjug. 1 |
engadinois, oise adj. et n.
➾ L'adjectif s'écrit sans majuscule : *la population engadinoise*. Le nom s'écrit avec une majuscule uniquement quand il désigne une personne : *les Engadinois ; c'est une Engadinoise* mais *parler l'engadinois*.
engagé, ée adj.
engageable adj.
engageant, ante adj.
engageantes n. f. pl.
engagement n. m.
engager v. tr. | conjug. 3 |
¬ **s'engager**
➾ Aux temps composés de la forme pronominale, le participe passé s'accorde en genre et en nombre avec le sujet : *l'élue s'est engagée à tenir ses promesses*.
engagiste n.
engainant, ante adj.
engainé, ée adj.
engainer v. tr. | conjug. 1 |
engamer v. tr. | conjug. 1 |
engane n. f.
enganter v. tr. | conjug. 1 |
engarde n. f.
engaver v. tr. | conjug. 1 |
engazonnement n. m.
engazonner v. tr. | conjug. 1 |
engeance n. f.
engelure n. f.
engendrement n. m.
engendrer v. tr. | conjug. 1 |
engendreur, euse adj.
engin n. m.
engineering /ɛn(d)ʒiniʀiŋ ; in-/ n. m.
□ rec. off. : **ingénierie**
enginiste n.
englaciation n. f.
englobant, ante adj.
englobement n. m.
englober v. tr. | conjug. 1 |
engloutir v. tr. | conjug. 2 |
¬ **s'engloutir**
➾ Aux temps composés de la forme pronominale, le participe passé s'accorde en genre et en nombre avec le sujet : *la caravelle s'est engloutie dans les flots*.
engloutissement n. m.
engloutisseur, euse adj. et n.
engluage n. m.
engluant, ante adj.
engluement n. m.

engluer v. tr. | conjug. 1 |
¬ **s'engluer**
➾ Aux temps composés de la forme pronominale, le participe passé s'accorde en genre et en nombre avec le sujet : *ils se sont englués dans la routine.*
engobage n. m.
engobe n. m.
engober v. tr. | conjug. 1 |
engommage n. m.
engommer v. tr. | conjug. 1 |
engonçage n. m.
engonçant, ante adj.
engoncement n. m.
engoncer v. tr. | conjug. 3 |
engonçure n. f.
engorgement n. m.
engorger v. tr. | conjug. 3 |
engouement n. m.
➾ Ne pas oublier le *e* muet.
engouer (s') v. pron. | conjug. 1 |
➾ Aux temps composés de la forme pronominale, le participe passé s'accorde en genre et en nombre avec le sujet : *elle s'est engouée de ce nouveau gadget.*
engouffrement n. m.
engouffrer v. tr. | conjug. 1 |
¬ **s'engouffrer**
➾ Aux temps composés de la forme pronominale, le participe passé s'accorde en genre et en nombre avec le sujet : *l'eau s'est engouffrée dans le couloir.*
engoulement n. m.
engoulevent n. m.
engourdi, ie adj.
engourdir v. tr. | conjug. 2 |
¬ **s'engourdir**
➾ Aux temps composés de la forme pronominale, le participe passé s'accorde en genre et en nombre avec le sujet : *ses membres se sont engourdis.*
engourdissant, ante adj.
engourdissement n. m.
engrain n. m.
engrainer v. tr. | conjug. 1 |
engrais n. m.
engraissement n. m.
engraisser v. tr. et v. intr. | conjug. 1 |
engraisseur n. m.
engramme n. m.
engrangement n. m.
engranger v. tr. | conjug. 3 |
engrangeur, euse n.
engraulis /-is/ n. m.
engravement n. m.
engraver v. tr. | conjug. 1 |
¬ **s'engraver**
➾ Aux temps composés de la forme pronominale, le participe passé s'accorde en genre et en nombre avec le sujet : *la péniche s'est engravée.*
engravure n. f.
engrêlé, ée adj.
engrêler v. tr. | conjug. 1 |
engrêlure n. f.
engrenage n. m.
engrènement n. m.
engrener v. tr. et v. intr. | conjug. 5 |
engreneur n. m.
engrenure n. f.
engrisailler v. tr. | conjug. 1 |
engrois n. m.
engrosser v. tr. | conjug. 1 |
engrumeler v. tr. | conjug. 4 |
¬ **s'engrumeler**
➾ Aux temps composés de la forme pronominale, le participe passé s'accorde en genre et en nombre avec le sujet : *la crème s'est engrumelée.*
engueulade n. f.
engueulement n. m.
engueuler v. tr. | conjug. 1 |
¬ **s'engueuler**
➾ Aux temps composés de la forme pronominale, le participe passé s'accorde en genre et en nombre avec le sujet : *ils se sont encore engueulés.*
enguiché, ée adj.
enguichure n. f.
enguigné, ée adj.
enguignonné, ée adj.
enguirlandement ou **enguirlandage** n. m.
enguirlander v. tr. | conjug. 1 |
enguirlandeur, euse adj.
enhardir /ɑ̃aʀdiʀ/ v. tr. | conjug. 2 |
¬ **s'enhardir**
➾ Aux temps composés de la forme pronominale, le participe passé s'accorde en genre et en nombre avec le sujet : *elle s'est enhardie jusqu'à l'accoster.*
enhardissement /ɑ̃aʀ-/ n. m.
enharmonie /ɑ̃naʀ-/ n. f.
enharmonique /ɑ̃naʀ-/ adj.
enharnachement /ɑ̃aʀ-/ n. m.
enharnacher /ɑ̃a-/ v. tr. | conjug. 1 |
enherbement /ɑ̃n-/ n. m.
enherber /ɑ̃n-/ v. tr. | conjug. 1 |
enhuché, ée /ɑ̃yʃe/ adj.
enhydre /ɑ̃n-/ adj. et n.
énième ou **nième** /ɛnjɛm/ adj. et n.
énigmatique adj.
énigmatiquement adv.

énigme n. f.
enivrant, ante /ɑ̃nivʀɑ̃ ; enivʀɑ̃, ɑ̃t/ adj.
enivrement /ɑ̃nivʀəmɑ̃ ; enivʀəmɑ̃/ n. m.
enivrer /ɑ̃nivʀe ; enivʀe/ v. tr. | conjug. 1 |
¬ **s'enivrer**
➾ Aux temps composés de la forme pronominale, le participe passé s'accorde en genre et en nombre avec le sujet : *ils se sont enivrés.*
enjambée n. f.
enjambement n. m.
enjamber v. intr. et v. tr. | conjug. 1 |
enjambeur, euse adj.
enjaveler v. tr. | conjug. 4 |
enjeu n. m.
enjoindre v. tr. | conjug. 49 |
▸ **enjoindre qqch. à qqn** *le règlement enjoint une participation financière à chacun*
▸ **enjoindre à qqn de** (+ inf.) *elles nous ont enjoint de venir*
enjôlement n. m.
enjôler v. tr. | conjug. 1 |
enjôlerie n. f.
enjôleur, euse n. et adj.
enjolivement n. m.
enjoliver v. tr. | conjug. 1 |
¬ **s'enjoliver**
➾ Aux temps composés de la forme pronominale, le participe passé s'accorde en genre et en nombre avec le sujet : *l'histoire s'est enjolivée sous sa plume.*
enjoliveur, euse n.
enjolivure n. f.
enjoncer v. tr. | conjug. 3 |
enjoué, ée adj.
enjouement n. m.
➾ Ne pas oublier le *e* muet.
enjuguer ou **enjouguer** v. tr. | conjug. 1 |
enjuponnement n. m.
enjuponner v. tr. | conjug. 1 |
enképhalinase n. f.
enképhaline n. f.
enkysté, ée adj.
enkystement n. m.
enkyster (s') v. pron. | conjug. 1 |
➾ Aux temps composés de la forme pronominale, le participe passé s'accorde en genre et en nombre avec le sujet : *une épine s'est enkystée dans son pied.*
enlacement n. m.
enlacer v. tr. | conjug. 3 |
¬ **s'enlacer**
➾ Aux temps composés de la forme pronominale, le participe passé s'accorde en genre et en nombre avec le sujet : *les amants se sont enlacés.*
enlaçure n. f.
enlaidir v. tr. et v. intr. | conjug. 2 |
¬ **s'enlaidir**
➾ Aux temps composés de la forme pronominale, le participe passé s'accorde en genre et en nombre avec le sujet : *l'actrice s'est enlaidie pour ce rôle.*
enlaidissant, ante adj.
enlaidissement n. m.
enlevage n. m.
enlevé, ée adj.
enlèvement n. m.
enlever v. tr. | conjug. 5 |
¬ **s'enlever**
➾ Aux temps composés de la forme pronominale, le participe passé s'accorde en genre et en nombre avec le sujet : *la montgolfière s'est enlevée.*
enleveur, euse n. et adj.
enlevure n. f.
enliasser v. tr. | conjug. 1 |
enlier v. tr. | conjug. 7 |
enlignement n. m.
enligner v. tr. | conjug. 1 |
enlise n. f.
enlisement n. m.
enliser v. tr. | conjug. 1 |
¬ **s'enliser**
➾ Aux temps composés de la forme pronominale, le participe passé s'accorde en genre et en nombre avec le sujet : *la moto s'est enlisée dans le sable.*
enluminer v. tr. | conjug. 1 |
⚡ Ne pas confondre **enluminer**, qui signifie « orner d'enluminures » (*enluminer un manuscrit*) ou « colorer vivement » (*la fièvre enluminait son visage*), avec **illuminer**, qui signifie « éclairer ».
enlumineur, euse n.
enluminure n. f.
enluné, ée adj.
ennéade n. f.
ennéagonal, ale, aux adj.
ennéagone n. m.
ennéatique adj.
enneigé, ée adj.
enneigement n. m.
enneiger v. tr. | conjug. 3 |
ennemi, ie n. et adj.
enniaiser v. tr. | conjug. 1 |
ennoblir v. tr. | conjug. 2 |
⚡ Ne pas confondre **ennoblir**, qui signifie « donner de la grandeur, de la noblesse morale à », avec **anoblir**, qui signifie « conférer un titre de noblesse à ».
¬ **s'ennoblir**
➾ Aux temps composés de la forme pronominale, le participe passé s'accorde en genre

et en nombre avec le sujet : *ses sentiments se sont ennoblis.*

ennoblissant, ante adj.

ennoblissement n. m.

ennoyage n. m.

ennoyer v. tr. | conjug. 8 |

ennuager v. tr. | conjug. 3 |

ennui n. m.

HOM. formes du v. **ennuyer**

ennuyant, ante adj.

ennuyé, ée adj.

ennuyer v. tr. | conjug. 8 |

¬ **s'ennuyer**

➾ Aux temps composés de la forme pronominale, le participe passé s'accorde en genre et en nombre avec le sujet : *ils se sont ennuyés à mourir.*

ennuyeusement adv.

ennuyeux, euse adj.

énol n. m.

énolate n. m.

énonçable adj.

énoncé n. m.

énoncer v. tr. | conjug. 3 |

énonceur, euse n.

énonciateur, trice n. et adj.

énonciatif, ive adj.

énonciation n. f.

enophtalmie n. f.

enorgueillir /ɑ̃nɔʀgœjiʀ/ v. tr. | conjug. 2 |

¬ **s'enorgueillir**

➾ Aux temps composés de la forme pronominale, le participe passé s'accorde en genre et en nombre avec le sujet : *elle s'est enorgueillie de son succès.*

énorme adj.

énormément adv.

énormité n. f.

énostose n. f.

énouage n. m.

énouer v. tr. | conjug. 1 |

énoueur, euse n. m.

énoyauter v. tr. | conjug. 1 |

enquérir (s') v. pron. | conjug. 21 |

▸ **s'enquérir de** (+ n.) *elle s'est enquise de ma santé ; il s'est enquis de vous*

▸ **s'enquérir si** (+ indic.) *nous nous sommes enquis si cela était vrai*

enquerre (à) loc. adj.

enquête n. f.

enquêter v. intr. | conjug. 1 |

[1]**enquêteur, euse** n. (policier)

[2]**enquêteur, trice** n. (sondeur)

enquillage n. m.

enquiller v. tr. | conjug. 1 |

¬ **s'enquiller**

➾ Aux temps composés de la forme pronominale, le participe passé ne s'accorde pas quand il est suivi d'un complément d'objet direct : *ils se sont enquillé plusieurs bouteilles.* Il s'accorde avec le complément d'objet direct quand celui-ci est placé avant le verbe : *les bouteilles qu'ils se sont enquillées.*

enquilleuse n. f.

enquiquinant, ante adj.

enquiquinement n. m.

enquiquiner v. tr. | conjug. 1 |

¬ **s'enquiquiner**

➾ Aux temps composés de la forme pronominale, le participe passé s'accorde en genre et en nombre avec le sujet : *elle s'est enquiquinée toute la soirée.*

enquiquineur, euse n.

enquis, ise adj.

enracinement n. m.

enraciner v. tr. | conjug. 1 |

¬ **s'enraciner**

➾ Aux temps composés de la forme pronominale, le participe passé s'accorde en genre et en nombre avec le sujet : *la bouture s'est enracinée.*

enragé, ée adj.

enrageant, ante adj.

enragement n. m.

enrager v. intr. | conjug. 3 |

enraidissement n. m.

enraiement ou **enrayement** n. m.

➾ Ne pas oublier le *e* muet.

enrailler v. tr. | conjug. 1 |

enrailleur n. m.

enrayage n. m.

enrayer v. tr. | conjug. 8 |

¬ **s'enrayer**

➾ Aux temps composés de la forme pronominale, le participe passé s'accorde en genre et en nombre avec le sujet : *son arme s'est enrayée.*

enrayeur n. m.

enrayoir n. m.

enrayure n. f.

enrégimentement n. m.

enrégimenter v. tr. | conjug. 1 |

enregistrable adj.

enregistrant, ante adj.

enregistrement n. m.

enregistrer v. tr. | conjug. 1 |

enregistreur, euse adj. et n. m.

enrênement n. m.

enrêner v. tr. | conjug. 1 |

enrésinement n. m.

enrésiner v. tr. | conjug. 1 |

enrhumable adj.

enrhumé, ée adj.
enrhumer v. tr. | conjug. 1 |
¬ **s'enrhumer**
➾ Aux temps composés de la forme pronominale, le participe passé s'accorde en genre et en nombre avec le sujet : *elle s'est enrhumée*.
enrichi, ie adj.
enrichir v. tr. | conjug. 2 |
¬ **s'enrichir**
➾ Aux temps composés de la forme pronominale, le participe passé s'accorde en genre et en nombre avec le sujet : *ils se sont rapidement enrichis*.
enrichissant, ante adj.
enrichissement n. m.
enrichisseur n. m.
enrobage n. m.
enrobant, ante adj. et n. m.
enrobé, ée adj.
enrobement n. m.
enrober v. tr. | conjug. 1 |
enrobeuse n. f.
enrochement n. m.
enrocher v. tr. | conjug. 1 |
enrôlement n. m.
enrôler v. tr. | conjug. 1 |
¬ **s'enrôler**
➾ Aux temps composés de la forme pronominale, le participe passé s'accorde en genre et en nombre avec le sujet : *elle s'est enrôlée dans l'armée*.
enrôleur n. m.
enroué, e adj.
enrouement n. m.
➾ Ne pas oublier le *e* muet.
enrouer v. tr. | conjug. 1 |
¬ **s'enrouer**
➾ Aux temps composés de la forme pronominale, le participe passé s'accorde en genre et en nombre avec le sujet : *elle s'est enrouée à force de crier*.
enrouiller v. tr. | conjug. 1 |
enroulage n. m.
enroulement n. m.
enrouler v. tr. | conjug. 1 |
¬ **s'enrouler**
➾ Aux temps composés de la forme pronominale, le participe passé s'accorde en genre et en nombre avec le sujet : *ils se sont enroulés dans leurs couvertures*.
enrouleur, euse adj.
enrouloir n. m.
enrubannage n. m.
enrubanner v. tr. | conjug. 1 |
enrue n. f.
ensablement n. m.
ensabler v. tr. | conjug. 1 |
¬ **s'ensabler**
➾ Aux temps composés de la forme pronominale, le participe passé s'accorde en genre et en nombre avec le sujet : *la barque s'est ensablée*.
ensachage n. m.
ensachement n. m.
ensacher v. tr. | conjug. 1 |
ensacheur, euse n.
ensaisinement n. m.
ensaisiner v. tr. | conjug. 1 |
ensanglantement n. m.
ensanglanter v. tr. | conjug. 1 |
ensaquer v. tr. | conjug. 1 |
ensauvagement n. m.
ensauvager v. tr. | conjug. 3 |
¬ **s'ensauvager**
➾ Aux temps composés de la forme pronominale, le participe passé s'accorde en genre et en nombre avec le sujet : *elle s'est ensauvagée*.
enseignable adj.
enseignant, ante adj. et n.
HOM. **enceignant** (p. prés. de *enceindre*)
[1]**enseigne** n. f. (objet)
➾ De nos jours, ce mot est au singulier dans l'expression **à telle enseigne que**.
HOM. formes du v. **enceindre**
[2]**enseigne** n. m. (personne)
HOM. formes du v. **enceindre**
enseignement n. m.
enseigner v. tr. | conjug. 1 |
Ξ L'emploi de ce verbe au sens de « éduquer, instruire », avec un complément d'objet direct désignant une personne, est vieux mais correct : *enseigner des adolescents*. De nos jours, le complément d'objet direct désigne la chose transmise : *enseigner la littérature à des adolescents*.
HOM. formes du v. **enceindre**
enseigneur, euse n.
ensellé, ée adj.
ensellement n. m.
ensellure n. f.
[1]**ensemble** adv.
[2]**ensemble** n. m.
⌘ Lorsque **l'ensemble de** suivi d'un nom est sujet, le verbe s'accorde soit avec *ensemble*, soit avec le complément : *l'ensemble des associés était présent* ou *étaient présents*. Avec **un ensemble de**, le verbe s'accorde toujours avec *ensemble* : *un ensemble d'activités était proposé*.
ensemblier n. m.
ensembliste adj.
ensemencement n. m.
ensemencer v. tr. | conjug. 3 |

enserrer v. tr. | conjug. 1 |
enseuillement n. m.
ensevelir v. tr. | conjug. 2 |
¬ **s'ensevelir**
➾ Aux temps composés de la forme pronominale, le participe passé s'accorde en genre et en nombre avec le sujet : *ils se sont ensevelis dans le sable.*
ensevelissement n. m.
ensevelisseur n.
ensiforme adj.
ensilage n. m.
ensiler v. tr. | conjug. 1 |
ensileuse n. f.
ensimage n. m.
ensimeuse n. f.
en-soi n. m. inv.
➾ Ce nom s'écrit avec un trait d'union contrairement à la locution **en soi** : *c'est une chose en soi* mais *l'en-soi et le pour-soi.*
ensoleillé, ée adj.
ensoleillement n. m.
ensoleiller v. tr. | conjug. 1 |
¬ **s'ensoleiller**
➾ Aux temps composés de la forme pronominale, le participe passé s'accorde en genre et en nombre avec le sujet : *son existence s'est ensoleillée.*
ensommeillé, ée adj.
ensommeillement n. m.
ensommeiller v. tr. | conjug. 1 |
¬ **s'ensommeiller**
➾ Aux temps composés de la forme pronominale, le participe passé s'accorde en genre et en nombre avec le sujet : *elle s'est ensommeillée d'un seul coup.*
ensorcelant, ante adj.
ensorceler v. tr. | conjug. 4 |
ensorceleur, euse n. et adj.
ensorcellement ou **ensorcèlement**° n. m.
ensoufrer v. tr. | conjug. 1 |
ensouillage n. m.
ensouiller v. tr. | conjug. 1 |
ensouilleuse n. f.
ensouple n. f.
ensoupleau n. m.
ensoutané, ée adj.
ensoutaner v. tr. | conjug. 1 |
enstérage n. m.
enstérer v. tr. | conjug. 6 |
ensuifer v. tr. | conjug. 1 |
ensuite adv.
Ξ **Puis ensuite** et un pléonasme à éviter.
ensuivant, ante adj. et adv.
ensuivre (s') v. pron. | conjug. 40 |
CONJUG. Ce verbe ne s'emploie qu'à l'infinitif et à la troisième personne : *et tout ce qui s'ensuit ; jusqu'à ce que mort s'ensuive ; les résultats qui s'ensuivirent.* De nos jours, aux temps composés, on emploie plus fréquemment **s'en suivre** : *il s'en est suivi une long débat.* **Il s'est ensuivi** est toutefois correct.
ensuqué, ée adj.
entablement n. m.
entabler v. tr. | conjug. 1 |
entablure n. f.
entacher v. tr. | conjug. 1 |
entage n. m.
entaillage n. m.
entaille n. f.
entailler v. tr. | conjug. 1 |
¬ **s'entailler**
➾ Aux temps composés de la forme pronominale, le participe passé s'accorde en genre et en nombre avec le sujet : *elle s'est entaillée.* Mais le participe passé ne s'accorde pas quand il est suivi d'un complément d'objet direct : *il s'est entaillé la joue.* Il ne s'accorde avec le complément d'objet direct que lorsque celui-ci est placé avant le verbe : *il se l'est entaillée.*
entailloir n. m.
entaillure n. f.
entame n. f.
entamer v. tr. | conjug. 1 |
entamure n. f.
entartage n. m.
entarter v. tr. | conjug. 1 |
entarteur, euse n.
entartrage n. m.
entartrer v. tr. | conjug. 1 |
¬ **s'entartrer**
➾ Aux temps composés de la forme pronominale, le participe passé s'accorde en genre et en nombre avec le sujet : *les canalisations se sont entartrées.*
entassement n. m.
entasser v. tr. | conjug. 1 |
¬ **s'entasser**
➾ Aux temps composés de la forme pronominale, le participe passé s'accorde en genre et en nombre avec le sujet : *ils se sont entassés dans l'ascenseur.*
entasseur, euse n.
ente n. f.
HOM. **ante**, formes des v. **enter, hanter**
enté, ée adj.
HOM. **hanter**
entéléchie n. f.
entement n. m.
entendant, ante n.
entendement n. m.
entendeur n. m.

entendre v. tr. | conjug. 41 |

➾ Au présent de l'indicatif, à la forme interrogative avec sujet inversé, on écrit *entend-on, entend-il, entend-elle* et non **entend-t-on, *entend-t-il, *entend-t-elle*. Le *d* final se prononce /t/ ; il est donc inutile et fautif d'ajouter un *t*.

Quand le participe passé *entendu* est suivi d'un verbe à l'infinitif, il est invariable si le complément est celui du verbe à l'infinitif : *les morceaux que j'ai entendu jouer*. Quand le complément est sujet de l'infinitif, le participe passé s'accorde avec le complément si celui-ci est placé avant : *les musiciens que j'ai entendus jouer* mais *j'ai entendu des musiciens jouer*.

⌘ Au sens de « vouloir que », **entendre que** est toujours suivi du subjonctif : *j'entends qu'on m'obéisse*.

¬ s'entendre

➾ Aux temps composés de la forme pronominale, le participe passé s'accorde en genre et en nombre avec le sujet : *ils se sont bien entendus*.

entendu, ue adj.

enténèbrement n. m.

enténébrer v. tr. | conjug. 6 |

entente n. f.

enter v. tr. | conjug. 1 |

HOM. **hanter**

entéral, ale, aux adj.

entéralgie n. f.

entérectomie n. f.

entérinement n. m.

entériner v. tr. | conjug. 1 |

entérique adj.

entérite n. f.

entéritique adj.

entérobactérie n. f.

entérocolite n. f.

entérocoque n. m.

entérokinase n. f.

entéroptose n. f.

entérorénal, ale, aux adj.

entérorragie n. f.

entérorraphie n. f.

entéroscopie n. f.

entérotoxine n. f.

entérovaccin n. m.

entérovirus /-ys/ n. m.

enterrage n. m.

enterrement n. m.

enterrer v. tr. | conjug. 1 |

¬ s'enterrer

➾ Aux temps composés de la forme pronominale, le participe passé s'accorde en genre et en nombre avec le sujet : *elle s'est enterrée à la campagne*.

enterreur, euse n.

entêtant, ante adj.

en-tête ▪ plur. **en-têtes** ou **entête** ▪ plur. **entêtes** n. m.

☯ Ce mot est masculin : *un en-tête* ou *un entête*.

➾ Ce nom s'écrit avec un trait d'union ou en un seul mot, contrairement à la locution **en tête de** : *inscrire une référence en tête d'une lettre* mais *du papier à lettre à en-tête* ou *à entête*.

HOM. formes du v. **entêter**

entêté, ée adj. et n.

entêtement n. m.

entêter v. tr. | conjug. 1 |

¬ s'entêter

▸ **s'entêter dans** (+ n.) *il s'entête dans son refus*

▸ **s'entêter à** (+ inf.) *il s'entête à refuser*

➾ Aux temps composés de la forme pronominale, le participe passé s'accorde en genre et en nombre avec le sujet : *ils se sont entêtés dans leur erreur*.

enthalpie n. f.

enthèse n. f.

enthésiopathie n. f.

enthésopathie n. f.

enthousiasmant, ante adj.

enthousiasme n. m.

enthousiasmer v. tr. | conjug. 1 |

¬ s'enthousiasmer

➾ Aux temps composés de la forme pronominale, le participe passé s'accorde en genre et en nombre avec le sujet : *elles se sont enthousiasmées pour ce projet*.

enthousiaste adj. et n.

enthousiastement adv.

enthymème n. m.

entichement n. m.

enticher v. tr. | conjug. 1 |

¬ s'enticher

➾ Aux temps composés de la forme pronominale, le participe passé s'accorde en genre et en nombre avec le sujet : *elle s'est entichée de ce gentil garçon*.

entier, ière adj. et n. m.

⌘ Comme tous les adverbes, la locution adverbiale **en entier** est invariable : *elle a mangé la tarte en entier*.

Dans la locution **tout entier**, *tout* est invariable : *la ville tout entière* ; *les légumes tout entiers*.

entièrement adv.

entièreté n. f.

☰ Ce mot s'emploie surtout en Belgique. Dans le reste de la francophonie, on dit plutôt *intégralité* ou *totalité*.

entité n. f.

entoilage n. m.

entoiler v. tr. | conjug. 1 |
entoileuse n. f.
entoir n. m.
entôlage n. m.
entôler v. tr. | conjug. 1 |
entôleur, euse n.
entolome n. m.
entomologie n. f.
entomologique adj.
entomologiste n.
entomophage adj.
entomophile adj.
entomophobie n. f.
entomostracé n. m.
entonnage n. m.
entonnaison n. f.
entonnement n. m.
entonner v. tr. | conjug. 1 |
entonnoir n. m.
entoptique adj.
entorse n. f.
entortillage n. m.
entortillant, ante adj.
entortillement n. m.
entortiller v. tr. | conjug. 1 |
¬ **s'entortiller**
➾ Aux temps composés de la forme pronominale, le participe passé s'accorde en genre et en nombre avec le sujet : *elle s'est entortillée dans ses propos*.
entour n. m.
☰ La locution **à l'entour** est une forme ancienne de l'adverbe *alentour*.
entourage n. m.
entouré, ée adj.
entourer v. tr. | conjug. 1 |
¬ **s'entourer**
➾ Aux temps composés de la forme pronominale, le participe passé s'accorde en genre et en nombre avec le sujet : *elle s'est entourée de beaucoup d'amis*.
entourloupe n. f.
entourlouper v. tr. | conjug. 1 |
entourloupette n. f.
entournure n. f.
entozoaire n. m.
entraccuser (s') v. pron. | conjug. 1 |
➾ Aux temps composés de la forme pronominale, le participe passé s'accorde en genre et en nombre avec le sujet : *les suspects se sont entraccusés du crime*.
entracte n. m.
☯ Ce mot est masculin : *un court entracte*.
entradmirer (s') v. pron. | conjug. 1 |
➾ Aux temps composés de la forme pronominale, le participe passé s'accorde en genre et en nombre avec le sujet : *elles se sont entradmirées*.
entraide n. f.
entraider (s') v. pron. | conjug. 1 |
➾ Aux temps composés de la forme pronominale, le participe passé s'accorde en genre et en nombre avec le sujet : *ils se sont entraidés*.
entrailles n. f. pl.
entrain n. m.
➾ Ce nom s'écrit en un seul mot, contrairement aux locutions **en train** et **en train de** : *se mettre en train ; il est en train de travailler* mais *la soirée manque d'entrain*.
entraînable ou **entrainable**○ adj.
entraînant, ante ou **entrainant, ante**○ adj.
entraînement ou **entrainement**○ n. m.
entraîner ou **entrainer**○ v. tr. | conjug. 1 |
¬ **s'entraîner**
➾ Aux temps composés de la forme pronominale, le participe passé s'accorde en genre et en nombre avec le sujet : *ils se sont entraînés pour la course*.
entraîneur, euse ou **entraineur, euse**○ n.
☯ *Entraineuse* est la forme féminine recommandée par le *Guide d'aide à la féminisation des noms de métiers, titres, grades et fonctions* et l'Office québécois de la langue française pour parler d'une femme. Au Québec, on rencontre parfois la forme *entraîneure* ou *entraineure*, employée notamment pour éviter la confusion avec l'autre sens de *entraîneuse*.
entrait n. m.
HOM. formes du v. **entrer**
entrance n. f.
entrant, ante adj. et n.
entrapparaître ou **entrapparaitre**○ v. intr. | conjug. 57 |
➾ Les Rectifications de l'orthographe de 1990 préconisent la suppression de l'accent circonflexe sur le *i* devant le *t* : *il entrapparait, il entrapparaitra, il entrapparaitrait*.
entrapercevoir v. tr. | conjug. 28 |
¬ **s'entrapercevoir**
➾ Aux temps composés de la forme pronominale, le participe passé s'accorde en genre et en nombre avec le sujet : *elles se sont à peine entraperçues pendant la soirée*.
entrave n. f.
entravé, ée adj.
entraver v. tr. | conjug. 57 |
entravon n. m.
HOM. formes du v. **entraver**
entraxe n. m.
HOM. **anthrax**
entre prép.
➾ Le *e* final ne s'élide jamais : *entre elle et moi*.
HOM. **antre**, formes du v. **entrer**

entrebâillement n. m.
entrebâiller v. tr. | conjug. 1 |
¬ **s'entrebâiller**
➾ Aux temps composés de la forme pronominale, le participe passé s'accorde en genre et en nombre avec le sujet : *la fenêtre s'est entrebâillée*.
entrebâilleur n. m.
entrebâillure n. f.
entre-bande ▪ plur. **entre-bandes** ou **entrebande**○ ▪ plur. **entrebandes**○ n. f.
entrechat n. m.
entrechoc n. m.
HOM. formes du v. **entrechoquer**
entrechoquement n. m.
entrechoquer v. tr. | conjug. 1 |
¬ **s'entrechoquer**
➾ Aux temps composés de la forme pronominale, le participe passé s'accorde en genre et en nombre avec le sujet : *les couverts se sont entrechoqués*.
entre-clos, ose ▪ plur. **entre-clos, oses** ou **entreclos, ose**○ ▪ plur. **entreclos, oses**○ adj.
entrecolonne n. m.
entrecolonnement n. m.
entrecôte n. f.
entrecoupe n. f.
entrecoupé, ée adj.
entrecoupement n. m.
entrecouper v. tr. | conjug. 1 |
entrecroisement n. m.
entrecroiser v. tr. | conjug. 1 |
¬ **s'entrecroiser**
➾ Aux temps composés de la forme pronominale, le participe passé s'accorde en genre et en nombre avec le sujet : *leurs idées se sont entrecroisées*.
entrecueillette /-kœjɛt/ n. f.
entrecuisse n. m.
☯ Ce mot est masculin : *un entrecuisse*.
entredéchirement n. m.
entredéchirer (s') ou **entre-déchirer (s')** v. pron. | conjug. 1 |
➾ Aux temps composés de la forme pronominale, le participe passé s'accorde en genre et en nombre avec le sujet : *elles se sont entredéchirées* ou *entre-déchirées*.
entre-dent ▪ plur. **entre-dents** ou **entredent**○ ▪ plur. **entredents**○ n. m.
entredétruire (s') ou **entre-détruire (s')** v. pron. | conjug. 38 |
➾ Aux temps composés de la forme pronominale, le participe passé s'accorde en genre et en nombre avec le sujet : *ces peuples se sont entredétruits* ou *entre-détruits*.
entredeux ou **entre-deux** n. m. inv.
entre-deux-guerres n. m. ou f. inv.
☯ Les deux genres sont acceptés par l'Académie. Le masculin est plus fréquent.
entredévorer (s') ou **entre-dévorer (s')** v. pron. | conjug. 1 |
➾ Aux temps composés de la forme pronominale, le participe passé s'accorde en genre et en nombre avec le sujet : *les loups se sont entredévorés* ou *entre-dévorés*.
entrée n. f.
entrée-sortie n. f. ▪ plur. **entrées-sorties**
entrefaite n. f.
entre-fenêtre ▪ plur. **entre-fenêtres** ou **entrefenêtre**○ ▪ plur. **entrefenêtres**○ n. m.
entrefer n. m.
entrefermer v. tr. | conjug. 1 |
entrefeuille n. f.
entrefilet n. m.
entregent n. m.
entrégorger (s') ou **entre-égorger (s')** ou **entr'égorger (s')** v. pron. | conjug. 3 |
➾ Aux temps composés de la forme pronominale, le participe passé s'accorde en genre et en nombre avec le sujet : *ils se sont entrégorgés* ou *entre-égorgés*.
entreillage n. m.
entrejambe n. m.
☯ Ce mot est masculin : *un entrejambe*.
entrejeu n. m.
entrelaçable adj.
entrelacé, ée adj.
entrelacement n. m.
entrelacer v. tr. | conjug. 3 |
entrelacs /-lɑ/ n. m.
entrelardement n. m.
entrelarder v. tr. | conjug. 1 |
entre-ligne ▪ plur. **entre-lignes** ou **entreligne**○ ▪ plur. **entrelignes**○ n. m.
entremangement n. m.
entremanger (s') ou **entre-manger (s')** v. pron. | conjug. 3 |
➾ Aux temps composés de la forme pronominale, le participe passé s'accorde en genre et en nombre avec le sujet : *ils se sont entremangés* ou *entre-mangés*.
entremêlement n. m.
entremêler v. tr. | conjug. 1 |
¬ **s'entremêler**
➾ Aux temps composés de la forme pronominale, le participe passé s'accorde en genre et en nombre avec le sujet : *divers évènements se sont entremêlés*.
entremétier n. m.
entremets n. m.
HOM. formes du v. **entremettre (s')**
entremetteur, euse n.

entremettre (s') v. pron. | conjug. 56 |
➾ Aux temps composés de la forme pronominale, le participe passé s'accorde en genre et en nombre avec le sujet : *elle s'est entremise dans la querelle.*
entremise n. f.
entrenerf ▪ plur. **entrenerfs** ou **entre-nerf** ▪ plur. **entre-nerfs** /-nɛʀ/ n. m.
entrenœud ▪ plur. **entrenœuds** ou **entre-nœud** ▪ plur. **entre-nœuds** n. m.
entrenuire (s') ou **entre-nuire (s')** v. pron. | conjug. 38 |
entrepas n. m.
entre-pilastre ▪ plur. **entre-pilastres** ou **entrepilastre** ▪ plur. **entrepilastres** n. m.
entrepointillé, ée adj.
entrepont n. m.
entreposage n. m.
entreposer v. tr. | conjug. 1 |
entreposeur n. m.
entrepositaire n.
entrepôt n. m.
entreprenant, ante adj.
entreprenaute n.
entreprendre v. tr. | conjug. 58 |
➾ Au présent de l'indicatif, à la forme interrogative avec sujet inversé, on écrit *entreprend-on, entreprend-il, entreprend-elle* et non **entreprend-t-on, *entreprend-t-il, *entreprend-t-elle.* Le *d* final se prononce /t/ ; il est donc inutile et fautif d'ajouter un *t.*
entrepreneur, euse n.
☯ *Entrepreneuse* est la forme féminine recommandée par le *Guide d'aide à la féminisation des noms de métiers, titres, grades et fonctions* et l'Office québécois de la langue française pour parler d'une femme : *une entrepreneuse en bâtiments.* L'Office québécois de la langue française admet également la forme *entrepreneure.*
entrepreneurial, iale, iaux adj.
entrepreneuriat n. m.
entreprise n. f.
entrer v. intr. et v. tr. | conjug. 1 |
entrerail ▪ plur. **entrerails** ou **entre-rail** ▪ plur. **entre-rails** n. m.
entreregarder (s') ou **entre-regarder (s')** v. pron. | conjug. 1 |
➾ Aux temps composés de la forme pronominale, le participe passé s'accorde en genre et en nombre avec le sujet : *ils se sont entreregardés* ou *entre-regardés.*
entresol n. m.
entresolé, ée adj.
entre-sort n. m. inv.
entre-sourcils n. m. inv.
entretaille n. f.
entretailler (s') v. pron. | conjug. 1 |
➾ Aux temps composés de la forme pronominale, le participe passé s'accorde en genre et en nombre avec le sujet : *la jument s'est entretaillée.*
entretaillure n. f.
entretemps ou **entre-temps** n. m. inv. et adv.
entretènement n. m.
entreteneur, euse n.
entretenir v. tr. | conjug. 22 |
¬ **s'entretenir**
➾ Aux temps composés de la forme pronominale, le participe passé s'accorde en genre et en nombre avec le sujet : *ils se sont entretenus par téléphone.*
entretenu, ue adj.
entretien n. m.
entretisser v. tr. | conjug. 1 |
entretoile n. f.
entretoise n. f.
entretoisement n. m.
entretoiser v. tr. | conjug. 1 |
entretuer (s') ou **entre-tuer (s')** v. pron. | conjug. 1 |
➾ Aux temps composés de la forme pronominale, le participe passé s'accorde en genre et en nombre avec le sujet : *ils se sont entretués* ou *entre-tués.*
entretuerie n. f.
entrevision n. f.
entrevoie n. f.
HOM. formes du v. **entrevoir**
entrevoir v. tr. | conjug. 30 |
entrevous n. m.
entrevoûter ou **entrevouter**○ v. tr. | conjug. 1 |
entrevue n. f.
☯ Ce mot est féminin : *une brève entrevue.*
entripaillé, ée adj.
entrisme n. m.
entropercule n. m.
entropie n. f.
entropion n. m.
entropique adj.
HOM. **anthropique**
entroque n. m.
entrouvert, erte adj.
entrouverture n. f.
entrouvrir v. tr. | conjug. 18 |
¬ **s'entrouvrir**
➾ Aux temps composés de la forme pronominale, le participe passé s'accorde en genre et en nombre avec le sujet : *ses yeux se sont entrouverts.*
entrure n. f.
entuber v. tr. | conjug. 1 |
enturbanné, ée adj.
enturbanner v. tr. | conjug. 1 |

enture n. f.
énucléation n. f.
énucléer v. tr. | conjug. 1 |
énumérable adj.
énumérateur, trice n. et adj.
énumératif, ive adj.
énumération n. f.
énumérer v. tr. | conjug. 6 |
énurésie n. f.
énurétique adj.
envahir v. tr. | conjug. 2 |
envahissant, ante adj.
envahissement n. m.
envahisseur n. m.
envasement n. m.
envaser v. tr. | conjug. 1 |
¬ **s'envaser**
➾ Aux temps composés de la forme pronominale, le participe passé s'accorde en genre et en nombre avec le sujet : *nous nous sommes envasés.*
enveloppage n. m.
enveloppant, ante adj.
enveloppe n. f.
¹**enveloppé, ée** adj.
²**enveloppé** n. m. (Danse : mouvement tournant)
enveloppée n. f. (Géom. : courbe)
enveloppement n. m.
envelopper v. tr. | conjug. 1 |
¬ **s'envelopper**
➾ Aux temps composés de la forme pronominale, le participe passé s'accorde en genre et en nombre avec le sujet : *elle s'est enveloppée dans un grand manteau.*
enveloppe-réponse n. f. ▪ plur. **enveloppes-réponses**
envelopppeur, euse adj. et n.
envenimation n. f.
envenimé, ée adj.
envenimement n. m.
envenimer v. tr. | conjug. 1 |
¬ **s'envenimer**
➾ Aux temps composés de la forme pronominale, le participe passé s'accorde en genre et en nombre avec le sujet : *la discussion s'est envenimée.*
enverger v. tr. | conjug. 3 |
enverguer v. tr. | conjug. 1 |
envergure n. f.
¹**envers** prép.
Ξ Ne pas confondre **envers et contre tout**, qui signifie « malgré tous les obstacles », avec **envers et contre tous**, qui signifie « en dépit de l'opposition générale ».
²**envers** n. m.
envi (à l') loc. adv.
HOM. **envie**
enviable adj.
enviandé, ée adj. et n.
envidage n. m.
envider v. tr. | conjug. 1 |
envie n. f.
Ξ **Avoir très envie** est très courant mais critiqué par certains puristes : *envie* est un nom et ne peut normalement pas être modifié par un adverbe. Dans le langage soutenu, on dira plutôt **avoir grande envie**.
HOM. **envi (à l')**
envier v. tr. | conjug. 7 |
envieusement adv.
envieux, ieuse adj. et n.
enviné, ée adj.
environ prép. et adv.
Ξ L'adverbe peut se placer indifféremment avant ou après le nombre qu'il modifie : *il y a environ deux ans* ou *il y a deux ans environ.*
environnant, ante adj.
environnement n. m.
environnemental, ale, aux adj.
environnementalisme n. m.
environnementaliste n.
environner v. tr. | conjug. 1 |
environs n. m. pl.
Ξ La locution **aux environs de** s'emploie pour marquer l'approximation spatiale ou temporelle : *elle vit aux environs de Dijon ; c'était aux environs du 10 mai.* Dans les autres cas, il faut employer l'adverbe *environ* : *cela coûte environ mille euros* et non **cela coûte aux environs de mille euros.*
envisageable adj.
envisagement n. m.
envisager v. tr. | conjug. 3 |
envisonné, ée adj.
envoi n. m.
envoiler (s') v. pron. | conjug. 1 |
➾ Aux temps composés, le participe passé s'accorde en genre et en nombre avec le sujet : *ces métaux se sont envoilés.*
envoilure n. f.
envoisiner v. tr. | conjug. 1 |
envol n. m.
HOM. formes du v. **envoler (s')**
envolée n. f.
envolement n. m.
envoler (s') v. pron. | conjug. 1 |
➾ Aux temps composés de la forme pronominale, le participe passé s'accorde en genre et en nombre avec le sujet : *la tourterelle s'est envolée.*
envoûtant, ante ou **envoutant, ante**○ adj.
envoûtement ou **envoutement**○ n. m.
envoûter ou **envouter**○ v. tr. | conjug. 1 |

envoûteur, euse ou **envouteur, euse**○ n.
envoyé, ée adj. et n.
envoyer v. tr. | conjug. 8 |
¬ **s'envoyer**
➾ Aux temps composés de la forme pronominale, le participe passé s'accorde en genre et en nombre avec le sujet : *ils se sont envoyés en l'air*. Mais le participe passé ne s'accorde pas quand il est suivi d'un complément d'objet direct : *ils se sont envoyé de longues lettres*. Il ne s'accorde avec le complément d'objet direct que lorsque celui-ci est placé avant le verbe : *les lettres qu'ils se sont envoyées*.
envoyeur, euse n.
enzootie /ɑ̃zɔɔti ; ɑ̃zooti/ n. f.
enzymatique adj.
enzyme n. f. ou m.
☯ Les deux genres sont acceptés par l'Académie. Le féminin est plus fréquent.
enzymologie n. f.
enzymologique adj.
enzymologiste n.
E. O. A. n.
▫ abrév. de **élève officier d'active**
éocambrien, ienne adj. et n. m.
éocène n. m.
éohippus /-ys/ n. m.
[1]**éolien, ienne** adj. et n. (d'Éolie)
➾ L'adjectif s'écrit sans majuscule : *la population éolienne ; le mode éolien*. Le nom s'écrit avec une majuscule uniquement quand il désigne une personne : *les Éoliens ; une Éolienne* mais *ils parlaient l'éolien*.
[2]**éolien, ienne** adj. et n. f. (relatif au vent)
éoliharpe n. f.
éolipile n. m.
éolique adj.
éolithe n. m.
éon n. m.
éonisme n. m.
E. O. R. n.
▫ abrév. de **élève officier de réserve**
éosine n. f.
éosinopénie n. f.
éosinophile adj. et n. m.
éosinophilie n. f.
épacridacée n. f.
épacride ou **épacris** /-is/ n. f.
épactal, ale, aux adj.
épacte n. f.
épagneul, eule n.
épagomène adj.
épaillage n. m.
épailler v. tr. | conjug. 1 |
épair n. m.
HOM. **épeire**

épais, aisse adj.
épaissement adv.
épaisseur n. f.
épaissir v. intr. et v. tr. | conjug. 2 |
¬ **s'épaissir**
➾ Aux temps composés de la forme pronominale, le participe passé s'accorde en genre et en nombre avec le sujet : *sa taille s'est un peu épaissie*.
épaississant, ante adj.
épaississement n. m.
épaississeur n. m.
épalement n. m.
épaler v. tr. | conjug. 1 |
épamprage n. m.
épamprer v. tr. | conjug. 1 |
épanalepse n. f.
épanchement n. m.
épancher v. tr. | conjug. 1 |
⚡ Ne pas confondre **épancher**, qui signifie au sens propre « faire couler », avec **étancher**, qui signifie « arrêter (un liquide) dans son écoulement ». Au sens figuré, il ne faut pas dire ***épancher sa soif** mais **étancher sa soif**.
¬ **s'épancher**
➾ Aux temps composés de la forme pronominale, le participe passé s'accorde en genre et en nombre avec le sujet : *elle s'est épanchée auprès de moi*.
épanchoir n. m.
épandage n. m.
épandeur n. m.
épandre v. tr. | conjug. 41 |
➾ Au présent de l'indicatif, à la forme interrogative avec sujet inversé, on écrit *épand-on, épand-il, épand-elle* et non **épand-t-on, *épand-t-il, *épand-t-elle*. Le *d* final se prononce /t/ ; il est donc inutile et fautif d'ajouter un *t*.
¬ **s'épandre**
➾ Aux temps composés de la forme pronominale, le participe passé s'accorde en genre et en nombre avec le sujet : *une rougeur s'est épandue sur son visage*.
épannelage n. m.
épanneler v. tr. | conjug. 4 |
épanneleur n. m.
épanner v. tr. | conjug. 1 |
épanneur n. m.
épanorthose n. f.
épanoui, ie adj.
épanouir v. tr. | conjug. 2 |
¬ **s'épanouir**
➾ Aux temps composés de la forme pronominale, le participe passé s'accorde en genre et en nombre avec le sujet : *ils se sont épanouis dans leur travail*.
épanouissant, ante adj.

épanouissement n. m.
épar ou **épart** n. m.
HOM. **épars, épart**
éparchie n. f.
épargnant, ante adj. et n.
épargne n. f.
épargner v. tr. | conjug. 1 |
¬ **s'épargner**
➾ Aux temps composés de la forme pronominale, le participe passé s'accorde en genre et en nombre avec le sujet : *elle ne s'est pas épargnée*. Mais le participe passé ne s'accorde pas quand il est suivi d'un complément d'objet direct : *ils se sont épargné cette peine*. Il ne s'accorde avec le complément d'objet direct que lorsque celui-ci est placé avant le verbe : *la peine qu'ils se sont épargnée*.
épargneur, euse adj. et n.
éparpillement n. m.
éparpiller v. tr. | conjug. 1 |
¬ **s'éparpiller**
➾ Aux temps composés de la forme pronominale, le participe passé s'accorde en genre et en nombre avec le sujet : *les papiers se sont éparpillés*.
éparque n. m.
[1]**épars, arse** adj.
HOM. **épar, épart**
[2]**épars** n. m.
HOM. **épar, épart**
→ [2]**épart**
éparsement adv.
[1]**épart** n. m. (pièce)
→ **épar**
[2]**épart** ou **épars** n. m. (éclair de chaleur)
HOM. **épar, épars**
épartir v. tr. | conjug. 16 |
éparvin ou **épervin** n. m.
épastrouillant, ante adj.
épatamment adv.
épatant, ante adj.
épate n. f.
épaté, ée adj.
épatement n. m.
épater v. tr. | conjug. 1 |
épateur, euse adj.
épaufrer v. tr. | conjug. 1 |
épaufrure n. f.
épaulard n. m.
épaule n. f.
épaulé n. m.
épaule-de-mouton n. f. ▪ plur. **épaules-de-mouton**
épaulée n. f.
épaulé-jeté n. m. ▪ plur. **épaulés-jetés**
épaulement n. m.
épauler v. tr. | conjug. 1 |
¬ **s'épauler**
➾ Aux temps composés de la forme pronominale, le participe passé s'accorde en genre et en nombre avec le sujet : *ils se sont épaulés les uns les autres*.
épaulette n. f.
épaulière n. f.
épave n. f.
épaviste n.
épeautre n. m.
épectase n. f.
épée n. f.
épée-baïonnette n. f. ▪ plur. **épées-baïonnettes**
épeiche n. f.
épeichette n. f.
épeire n. f.
HOM. **épair**
épeirogénique adj.
épéisme n. m.
épéiste n.
épeler v. tr. | conjug. 4 |
épellation /epelasjɔ̃ ; epɛllasjɔ̃/ n. f.
épendymaire adj.
épendyme n. m.
épendymite n. f.
épenthèse n. f.
épenthétique adj.
épépinage n. m.
épépiner v. tr. | conjug. 1 |
éperdu, ue adj.
éperdument adv.
éperlan n. m.
éperluette n. f.
→ **esperluette**
éperon n. m.
éperonnement n. m.
éperonner v. tr. | conjug. 1 |
éperonnerie n. f.
éperonnier n. m.
HOM. formes du v. **éperonner**
épervier n. m.
épervière n. f. et adj.
épervin n. m.
→ **éparvin**
épeurant, ante adj.
épeurement n. m.
épeurer v. tr. | conjug. 1 |
éphèbe n. m.
éphébie n. f.
éphébologie n. f.
éphédra ou **éphèdre** n. m.
éphédrine n. f.
éphélide n. f.
éphémère adj. et n.
éphémèrement adv.

éphéméride n. f.
☯ Ce mot est féminin : *une éphéméride.*
éphéméridé n. m.
éphémérité n. f.
éphéméroptère n. f.
éphialte n. m.
éphod /efɔd/ n. m.
éphorat /-a/ n. m.
éphore n. m.
HOM. **effort**
éphyra ou **éphyrule** n. f.
épi n. m.
HOM. formes du v. **épier**
épiage n. m.
épiaire n. m.
HOM. formes des v. **épier, épierrer**
épiaison n. f.
épiblaste n. m.
épibolie n. f.
épibolique adj.
épicanthus /-ys/ n. m.
épicarde n. m.
épicarpe n. m.
épicarpique adj.
épice n. f.
☯ Ce mot est féminin : *une épice.*
➾ Dans **pain d'épice**, *épice* est toujours au singulier.
HOM. formes des v. **épicer, épisser**
épicé, ée adj.
HOM. **épicer, épisser**
épicéa n. m.
épicène adj.
épicentral, ale, aux adj.
épicentre n. m.
épicer v. tr. | conjug. 3 |
HOM. **épisser**
épicerie n. f.
épichérème /-k-/ n. m.
épicier, ière n.
HOM. (du masc.) formes des v. **épicer, épisser** ; (du fém.) **épissière**
épicondyle n. m.
épicondylite n. f.
épicontinental, ale, aux adj.
épicrâne n. m.
épicrânien, ienne adj.
épicrise n. f.
épicritique adj.
épicurien, ienne adj. et n.
épicuriennement adv.
épicurisme n. m.
épicycle n. m.
épicyclique adj.
épicycloïdal, ale, aux adj.
épicycloïde n. f.
épidémicité n. f.
épidémie n. f.
épidémiologie n. f.
épidémiologique adj.
épidémiologiste n.
épidémiologue n.
épidémique adj.
épidémiquement adv.
epidendrum /epidɛ̃dʀɔm/ n. m.
épidermage n. m.
épiderme n. m.
épidermé, ée adj.
épidermique adj.
épidermite n. f.
épidermomycose n. f.
épidermophyte n. m.
épidermophytie /-ti/ n. f.
épidermure n. f.
épidiascope n. m.
épidictique adj.
épididymaire adj.
épididyme n. m.
épididymite n. f.
épidote n. m.
épidural, ale, aux adj.
épier v. intr. et v. tr. | conjug. 7 |
HOM. formes du v. **épierrer**
épierrage n. m.
épierrement n. m.
épierrer v. tr. | conjug. 1 |
HOM. formes du v. **épier**
épierreur, euse n. (personne)
épierreuse n. f. (machine)
épieu n. m.
ϟ Ne pas confondre **épieu**, qui désigne un long bâton terminé par un fer, avec **pieu**, qui désigne une pièce de bois à bout pointu.
épieur, ieuse n.
épigastralgie n. f.
épigastre n. m.
épigastrique adj.
épigé, ée adj.
épigenèse ou **épigénèse** n. f.
épigénésique adj.
épigénésiste ou **épigénétiste** ou **épigéniste** adj. et n.
épigénétique adj.
épigénétiste adj. et n.
→ **épigénésiste**
épigénie n. f.
épigénique adj.
épigéniste adj. et n.
→ **épigénésiste**
épiglotte n. f.
épiglottique adj.
épiglottite n. f.
épigone n. m.
épigonisme n. m.

épigrammatique adj.
épigrammatiste n.
[1]**épigramme** n. f. (vers)
[2]**épigramme** n. m. (tranche de poitrine)
épigraphe n. f.
☯ Ce mot est féminin : *une épigraphe fameuse.*
épigraphie n. f.
épigraphique adj.
épigraphiste n.
épigyne adj.
épilage n. m.
épilamage n. m.
épilame n. m.
épilateur n. m.
épilation n. f.
épilatoire adj.
épilepsie n. f.
épileptiforme adj.
épileptique adj.
épileptisant, ante adj.
épileptogène adj.
épileptoïde adj.
épileptologue n.
épiler v. tr. | conjug. 1 |
¬ **s'épiler**
➾ Aux temps composés de la forme pronominale, le participe passé s'accorde en genre et en nombre avec le sujet : *elle s'est épilée hier.* Mais le participe passé ne s'accorde pas quand il est suivi d'un complément d'objet direct : *elle s'est épilé les sourcils.* Il ne s'accorde avec le complément d'objet direct que lorsque celui-ci est placé avant le verbe : *elle se les est épilés.*
épileur, euse n.
épillet n. m.
épilobe n. m.
épilogue n. m.
☯ Ce mot est masculin : *un épilogue.*
épiloguer v. tr. | conjug. 1 |
épilogueur, euse adj. et n.
épiloir n. m.
épimorphose n. f.
épinaie n. f.
HOM. formes du v. **épiner**
épinard n. m.
☰ Ce mot peut s'employer seul comme adjectif de couleur ou derrière un adjectif de couleur pour en préciser la nuance ; ces adjectifs sont alors invariables : *des collants vert épinard ; des vestes épinard.*
épinçage n. m.
épinceler v. tr. | conjug. 4 |
épincer v. tr. | conjug. 3 |
épincetage n. m.
épinceter v. tr. | conjug. 4 |
épinceteur, euse n.
épinceur, euse n.
épinçoir n. m.
épine n. f.
épiner v. tr. | conjug. 1 |
épinette n. f.
épineux, euse adj.
épine-vinette n. f. ▪ plur. **épines-vinettes**
épinèvre n. m.
épinglage n. m.
épingle n. f.
➾ Ce mot est toujours au singulier dans l'expression **monter qqch. en épingle**.
☰ Il faudrait normalement dire **épingle de nourrice**. Toutefois, **épingle à nourrice** est plus courant et ne peut être considéré comme fautif.
épingler v. tr. | conjug. 1 |
épinglerie n. f.
épinglette n. f.
▫ rec. off. pour **pin's**
épinglier n. m.
HOM. formes du v. **épingler**
épinier n. m.
HOM. formes du v. **épiner**
épinière adj. f.
épinoche n. f.
☯ Ce mot est féminin : *une épinoche.*
épinochette n. f.
épinosie n. f.
épiornis /-is/ n. m.
→ **æpyornis**
épiphane adj. m.
Épiphanie n. f.
➾ Ce mot s'écrit toujours avec une majuscule : *manger la galette des rois le jour de l'Épiphanie.*
épiphénomène n. m.
épiphénoménisme n. m.
épiphénoméniste adj. et n.
épiphonème n. m.
épiphora n. m.
épiphragme n. m.
épiphylaxie n. f.
épiphylle adj.
épiphysaire adj.
épiphyse n. f.
épiphysectomie n. f.
épiphyte adj.
épiphytie /-fiti/ n. f.
épiplancton n. m.
épiploïque adj.
épiploïte n. f.
épiploon /-plɔɔ̃/ n. m.
épique adj.
épirogenèse n. f.
épirogénique adj.

épirote adj. et n.
➾ L'adjectif s'écrit sans majuscule : *la population épirote*. Le nom s'écrit avec une majuscule uniquement quand il désigne une personne : *les Épirotes ; une Épirote* mais *ils parlaient l'épirote*.
episcénium /-jɔm/ n. m.
episcléral, ale, aux adj.
épiscopal, ale, aux adj.
épiscopalien, ienne adj.
épiscopalisme n. m.
épiscopat n. m.
épiscope n. m.
épisio n. f.
▫ abrév. de **épisiotomie**
épisiotomie n. f.
épisode n. m.
épisodique adj.
épisodiquement adv.
épisome n. m.
épispadias /-as/ n. m.
épispastique adj. et n.
épisperme n. m.
épisser v. tr. | conjug. 1 |
HOM. **épicer**
épissière n. f.
HOM. **épicière**
épissoir n. m.
épissure n. f.
épistasie n. f.
épistate n. m.
épistatique adj.
épistaxis n. f.
épistémè ou **épistémé** n. f.
épistémique adj.
épistémologie n. f.
épistémologique adj.
épistémologiquement adv.
épistémologiste n.
épistémologue n.
épistolaire adj.
épistolairement adv.
épistole n. f.
épistolier, ière n.
épistyle n. m.
épitaphe n. f.
☯ Ce mot est féminin : *une épitaphe*.
épitase n. f.
épitaxie n. f.
épite n. f.
épitexte n. m.
épithalame n. m.
épithélial, iale, iaux adj.
épithélioma n. m.
épithéliomateux, euse adj.
épithélisation n. f.
épithélium /-jɔm/ n. m.
épithème n. m.
épithète n. f.
☯ Ce mot est féminin : *une épithète*.
épithétique adj.
épitoge n. f.
épitomé n. m.
épître ou **épitre**○ n. f.
☯ Ce mot est féminin : *une épître*.
➾ Ce mot s'écrit avec une majuscule lorsqu'il désigne un texte sacré : *le Nouveau Testament se compose des Évangiles et des Épîtres*.
épitrochlée /-k-/ n. f.
épitrochléen, enne /-k-/ adj.
épitrope n. f.
épivarder (s') v. pron. | conjug. 1 |
➾ Aux temps composés de la forme pronominale, le participe passé s'accorde en genre et en nombre avec le sujet : *ils se sont épivardés*.
épizootie /epizɔɔti ; epizooti/ n. f.
épizootique adj.
éploiement n. m.
➾ Ne pas oublier le *e* muet.
éploré, ée adj.
éplorement n. m.
éployé, ée adj.
éployer v. tr. | conjug. 8 |
¬ **s'éployer**
➾ Aux temps composés de la forme pronominale, le participe passé s'accorde en genre et en nombre avec le sujet : *ses ailes se sont éployées*.
épluchage n. m.
épluche-légume(s) n. m. ▪ plur. **épluche-légumes**
épluchement n. m.
éplucher v. tr. | conjug. 1 |
épluchette n. f.
éplucheur, euse n.
épluchoir n. m.
épluchure n. f.
E. P. O. n. f.
▫ abrév. de **erythropoietin**
épode n. f.
époi n. m.
époilant, ante adj.
époinçonner v. tr. | conjug. 1 |
époindre v. tr. | conjug. 49 |
épointage n. m.
épointement n. m.
épointer v. tr. | conjug. 1 |
époisses n. m.
➾ Lorsqu'il désigne un fromage, ce mot s'écrit sans majuscule, contrairement au nom propre qui désigne la commune : *un fromage d'Époisses* mais *un morceau d'époisses*.

éponge n. f.
Ξ Ce mot peut s'employer en apposition ; il est alors invariable : *des serviettes éponge*.
épongeage n. m.
éponger v. tr. | conjug. 3 |
¬ **s'éponger**
➾ Aux temps composés de la forme pronominale, le participe passé s'accorde en genre et en nombre avec le sujet : *elle s'est épongée au sortir du bain*. Mais le participe passé ne s'accorde pas quand il est suivi d'un complément d'objet direct : *elle s'est épongé le front*.
éponte n. f.
épontillage n. m.
épontille n. f.
épontiller v. tr. | conjug. 1 |
éponyme adj.
éponymie n. f.
épopée n. f.
époque n. f.
➾ Ce mot s'écrit avec une majuscule dans **la Belle Époque**.
épos /epos/ n. m.
épouillage n. m.
épouiller v. tr. | conjug. 1 |
époumoner (s') v. pron. | conjug. 1 |
➾ Aux temps composés, le participe passé s'accorde en genre et en nombre avec le sujet : *elle s'est époumonée à lui expliquer l'affaire*.
épousable adj.
épousailles n. f. pl.
épouse n. f.
épousée n. f.
épouser v. tr. | conjug. 1 |
¬ **s'épouser**
➾ Aux temps composés de la forme pronominale, le participe passé s'accorde en genre et en nombre avec le sujet : *ils se sont épousés*.
épouseur n. m.
époussetage n. m.
épousseter v. tr. | conjug. 4 |
époussetoir n. m.
époussette n. f.
époustouflant, ante adj.
époustoufler v. tr. | conjug. 1 |
➾ Le verbe ne prend qu'un seul *f*, à la différence de *souffler*.
épouti n. m.
HOM. formes du v. **époutir**
époutiage ou **époutissage** n. m.
époutir v. tr. | conjug. 2 |
époutissage n. m.
→ **époutiage**
épouvantable adj.
épouvantablement adv.
épouvantail n. m.
➾ Ce mot a un pluriel régulier : *des épouvantails*.
épouvantant, ante adj.
épouvante n. f.
épouvantement n. m.
épouvanter v. tr. | conjug. 1 |
¬ **s'épouvanter**
➾ Aux temps composés de la forme pronominale, le participe passé s'accorde en genre et en nombre avec le sujet : *elle s'est épouvantée de mes propos*.
époux, ouse n.
époxy adj. inv.
époxyde n. m.
épreindre v. tr. | conjug. 52 |
épreintes n. f. pl.
éprendre (s') v. pron. | conjug. 58 |
➾ Aux temps composés de la forme pronominale, le participe passé s'accorde en genre et en nombre avec le sujet : *elle s'est éprise d'un grand blond aux yeux bleus*.
épreuvage n. m.
épreuve n. f.
▫ rec. off. pour **rush**
épris, ise adj.
EPROM n. f.
▫ abrév. de **erasable programmable read only memory**
éprouvant, ante adj.
éprouvé, ée adj.
éprouver v. tr. | conjug. 1 |
Ξ **Éprouver que** (+ indic.) et **éprouver si** (+ indic.) appartiennent au registre littéraire : *éprouver qu'on peut se fier à qqn ; éprouver si un objet est résistant*.
éprouvette n. f.
E. P. S. n. f.
▫ abrév. de **éducation physique et sportive**
epsilon /ɛpsilɔn/ n. m. ▪ plur. inv. ou plur. **epsilons**○
epsomite n. f.
épucer v. tr. | conjug. 3 |
épuisable adj.
épuisant, ante adj.
épuisé, ée adj.
épuisement n. m.
épuiser v. tr. | conjug. 1 |
¬ **s'épuiser**
➾ Aux temps composés de la forme pronominale, le participe passé s'accorde en genre et en nombre avec le sujet : *elle s'est épuisée à la tâche*.
épuisette n. f.
épulide ou **épulie** ou **épulis** /-is/ n. f.
épulon n. m.
épulotique adj.
épulpeur n. m.

épurage n. m.
épuranien, ienne adj.
épurateur n. m. et adj. m.
épuratif, ive ou **épuratoire** adj.
épuration n. f.
épure n. f.
épurement n. m.
épurer v. tr. | conjug. 1 |
ϟ Ne pas confondre **épurer**, qui signifie « rendre pur, correct » (*épurer son style*), avec **apurer**, terme financier qui signifie « reconnaître exact après vérification des pièces justificatives » (*apurer un compte*).
¬ **s'épurer**
➾ Aux temps composés de la forme pronominale, le participe passé s'accorde en genre et en nombre avec le sujet : *la langue s'est épurée*.
épurge n. f.
épyornis /epjɔʀnis/ n. m.
→ **æpyornis**
équanime /ekwa-/ adj.
équanimité /ekwa-/ n. f.
équant /ekwɑ̃-/ n. m.
équarrir v. tr. | conjug. 2 |
équarrissage n. m.
équarrisseur, euse n.
équarrissoir n. m.
équateur /ekwa-/ n. m.
➾ Ce mot s'écrit sans majuscule, contrairement au nom propre qui désigne le pays.
équation /ekwa-/ n. f.
équationnel, elle /ekwa-/ adj.
équatorial, iale, iaux /ekwa-/ adj. et n. m.
ϟ Ne pas confondre **équatorial**, qui signifie « de l'équateur terrestre », avec **équatorien**, qui signifie « de la république de l'Équateur ».
équatorialement /ekwa-/ adv.
équatorien, ienne /ekwa-/ adj. et n.
ϟ Ne pas confondre **équatorien**, qui signifie « de la république de l'Équateur », avec **équatorial**, qui signifie « de l'équateur terrestre ».
➾ L'adjectif s'écrit sans majuscule : *la population équatorienne*. Le nom s'écrit avec une majuscule : *les Équatoriens ; c'est une Équatorienne*.
équerrage n. m.
équerre n. f.
équerrer v. tr. | conjug. 1 |
équestre adj.
équeutage n. m.
équeuter v. tr. | conjug. 1 |
équiangle /ekɥi-/ adj.
équiatomique /ekɥi-/ adj.
équidé n. m.
équidifférence /ekɥi-/ n. f.
équidifférent, ente /ekɥi-/ adj.
équidistance /ekɥi-/ n. f.
équidistant, ante /ekɥi-/ adj.
équilatéral, ale, aux /ekɥi-/ adj.
équilatère /ekɥi-/ adj.
équilibrage n. m.
équilibrant, ante adj.
équilibrateur, trice adj.
équilibration n. f.
équilibre n. m.
équilibré, ée adj.
équilibrer v. tr. | conjug. 1 |
équilibreur, euse adj. et n. m.
équilibriste n.
équille n. f.
équimolaire /ekɥi-/ adj.
équimoléculaire /ekɥi-/ adj.
équimultiple /ekɥi-/ adj.
équimuscle /ekɥi-/ n. m.
équin, ine adj.
équinisme n. m.
équinoxe n. m.
☯ Ce mot est masculin : *un équinoxe*.
équinoxial, iale, iaux adj.
équipage n. m.
équipartition /ekɥi-/ n. f.
équipe n. f.
équipée n. f.
équipement n. m.
équipementier, ière n.
équiper v. tr. | conjug. 1 |
¬ **s'équiper**
➾ Aux temps composés de la forme pronominale, le participe passé s'accorde en genre et en nombre avec le sujet : *ils se sont équipés pour partir camper*.
équipet n. m.
HOM. formes du v. **équiper**
équipeur n. m.
équipier, ière n.
HOM. formes du v. **équiper**
équipollé ou **équipolé** /ekɥi-/ adj. m.
équipollence /ekɥi-/ n. f.
équipollent, ente /ekɥi-/ adj.
équipoller /ekɥi-/ v. tr. | conjug. 1 |
équipossibilité /ekɥi-/ n. f.
équipossible /ekɥi-/ adj.
équipotence /ekɥi-/ n. f.
équipotent /ekɥi-/ adj. m.
équipotentiel, ielle /ekɥi-/ adj.
équiprobable /ekɥi-/ adj.
équisétinée ou **équisétale** n. f.
équisetum /ekɥisetɔm/ n. m.
équitabilité n. f.
équitable adj.
équitablement adv.
équitant, ante adj.
équitation n. f.
équité n. f.

équivalemment /ekivalamɑ̃/ adv.
équivalence n. f.
équivalent, ente adj. et n. m.
➾ Ne pas écrire ce mot comme *équivalant*, participe présent du verbe *équivaloir*.
équivaloir v. tr. ind. | conjug. 29 |
➾ Le participe passé *équivalu* est invariable.
équivalve adj.
équivoque adj. et n. f.
équivoquement adv.
équivoquer v. intr. | conjug. 1 |
érable n. m.
érablière n. f.
éradication n. f.
éradiquer v. tr. | conjug. 1 |
éraflage n. m.
éraflement n. m.
érafler v. tr. | conjug. 1 |
éraflure n. f.
éraillant, ante adj.
éraillé, ée adj.
éraillement n. m.
érailler v. tr. | conjug. 1 |
¬ **s'érailler**
➾ Aux temps composés de la forme pronominale, le participe passé s'accorde en genre et en nombre avec le sujet : *sa voix s'est éraillée.* Mais le participe passé ne s'accorde pas quand il est suivi d'un complément d'objet direct : *elle s'est éraillé la voix.* Il ne s'accorde avec le complément d'objet direct que lorsque celui-ci est placé avant le verbe : *elle se l'est éraillée.*
éraillure n. f.
érasmien, ienne adj.
érasmisme n. m.
erbine n. f.
erbium /-jɔm/ n. m.
erbue n. f.
→ **herbue**
ère n. f.
➾ Ce mot s'écrit sans majuscule : *l'ère chrétienne.*
HOM. **air, aire, erre, ers, haire hère, r,** formes des v. **airer, errer**
érecteur, trice adj.
érectile adj.
➾ Ne pas employer **érectible*, qui n'existe pas.
érectilité n. f.
érection n. f.
éreintage n. m.
éreintant, ante adj.
éreinté, ée adj.
éreintement n. m.
éreinter v. tr. | conjug. 1 |
¬ **s'éreinter**
➾ Aux temps composés de la forme pronominale, le participe passé s'accorde en genre et en nombre avec le sujet : *elle s'est éreintée à la tâche.*
éreinteur, euse n.
[1]**érémiste** ou **RMiste** ou **RMIste** n.
érémitique adj.
érémitisme n. m.
érémologie n. f.
érepsine n. f.
érésipélateux, euse adj.
→ **érysipélateux**
érésipèle n. m.
→ **érysipèle**
éréthisme n. m.
éreuthophobe n.
éreuthophobie n. f.
[1]**erg** n. m. ▪ plur. **ergs** ou plur. **areg** (région du Sahara)
➾ Ce mot s'écrit avec une majuscule dans le nom propre **le Grand Erg.**
Ξ On peut employer le pluriel francisé *ergs* ou le pluriel arabe *areg.*
[2]**erg** n. m. (unité de mesure)
ergastoplasme n. m.
ergastulaire adj. et n. m.
ergastule n. m.
ergatif n. m.
ergo conj.
HOM. **ergot**
ergodique adj.
ergodynamographe n. m.
ergogène adj.
ergogramme n. m.
ergographe n. m.
ergographique adj.
ergol n. m.
ergolier n. m.
ergologie n. f.
ergomètre n. m.
ergométrie n. f.
ergométrique adj.
ergonome n.
ergonomie n. f.
ergonomique adj.
ergonomiste n.
ergostérine n. f.
ergostérol n. m.
ergot n. m.
HOM. **ergo**
ergotage n. m.
ergotamine n. f.
ergoté, ée adj.
ergotement n. m.
ergoter v. intr. | conjug. 1 |

ergoterie n. f.
ergoteur, euse n. et adj.
ergothérapeute n.
ergothérapie n. f.
ergotine n. f.
ergotinine n. f.
ergotisme n. m.
éricacée n. f.
ériger v. tr. | conjug. 3 |
¬ **s'ériger**
➾ Aux temps composés de la forme pronominale, le participe passé s'accorde en genre et en nombre avec le sujet : *elle s'est érigée en justicière.*
érigéron n. m.
érigne n. f.
éristale n. m.
éristique adj. et n.
erlang /ɛʀlɑ̃g/ n. m.
erlenmeyer /ɛʀlœnmejɛʀ/ n. m.
erminette n. f.
ermitage n. m.
➾ Ne pas écrire *hermitage* : cette graphie est archaïque. Avec une majuscule, **l'Ermitage** désigne le palais (aujourd'hui musée) de Saint-Pétersbourg : *le musée de l'Ermitage.*
ermite n.
➾ Ne pas écrire *hermite* : cette graphie est archaïque.
éroder v. tr. | conjug. 1 |
¬ **s'éroder**
➾ Aux temps composés de la forme pronominale, le participe passé s'accorde en genre et en nombre avec le sujet : *la pierre s'est érodée.*
érogène adj.
érogénéité n. f.
éros /eʀos/ n. m.
➾ Employé comme nom commun, ce mot s'écrit sans majuscule, contrairement au nom propre qui désigne le dieu grec.
érosif, ive adj.
érosion n. f.
érotique adj.
érotiquement adv.
érotisation n. f.
érotiser v. tr. | conjug. 1 |
érotisme n. m.
érotologie n. f.
érotologique adj.
érotologue n.
érotomane adj. et n.
érotomaniaque adj.
érotomanie n. f.
erpétologie n. f.
→ **herpétologie**
erpétologique adj.
→ **herpétologique**
erpétologiste n.
→ **herpétologiste**
errance n. f.
errant, ante adj.
erratique adj.
erratum /-ɔm/ n. m. ▪ plur. **errata** ou plur. **erratums**° ou plur. **erratas**°
Ξ On peut employer le pluriel latin *errata* ou les pluriels francisés *erratums* et *erratas.*
erre n. f.
HOM. **air, aire, ère, ers, haire hère, r,** formes des v. **airer, errer**
errements n. m. pl.
errer v. intr. | conjug. 1 |
HOM. **airée, airer**
erreur n. f.
errhin, ine adj.
HOM. **airain**
erroné, ée adj.
erronément adv.
ers /ɛʀ/ n. m.
HOM. **air, aire, ère, erre, haire hère, r,** formes des v. **airer, errer**
ersatz /ɛʀzats/ n. m.
➾ Ne pas écrire **erzats.*
[1]**erse** n. f. (anneau en cordage)
HOM. **herse,** formes du v. **herser**
[2]**erse** adj. et n. m. (de Haute-Écosse ; dialecte écossais)
HOM. **herse,** formes du v. **herser**
erseau n. m.
érubescence n. f.
érubescent, ente adj.
éruca n. f.
éruciforme adj.
érucique adj.
éructation n. f.
éructer v. intr. et v. tr. | conjug. 1 |
érudisant, ante adj.
érudit, ite adj. et n.
érudition n. f.
érugineux, euse adj.
éruptif, ive adj.
éruption n. f.
ϟ Ne pas confondre **éruption**, qui signifie « jaillissement, apparition soudaine (de qqch.) », avec **irruption**, qui signifie « entrée soudaine et violente (de qqch. ou de qqn) ».
éruptivité n. f.
érysipélateux, euse ou **érésipélateux, euse** adj.
érysipèle ou **érésipèle** n. m.
érythémateux, euse adj.
érythème n. m.
érythrémie n. f.

érythrine n. f.
érythroblaste n. m.
érythroblastose n. f.
érythrocytaire adj.
érythrocyte n. m.
érythrodermie n. f.
érythromanie n. f.
érythromycine n. f.
érythrophobe n.
érythrophobie n. f.
érythropoïèse n. f.
érythropoïétine n. f.
érythrose n. f.
érythrosine n. f.
ès /ɛs/ prép.

Ξ Cette préposition est une contraction de *en* et *les*. Elle s'emploie uniquement dans certaines expressions devant un nom au pluriel et sans trait d'union : *docteur ès sciences ; licence ès lettres*.

HOM. **ace**, **esse**, **s**

E. S. B. n. f.

◘ abrév. de **encéphalopathie spongiforme bovine**

esbigner (s') v. pron. | conjug. 1 |

➾ Aux temps composés de la forme pronominale, le participe passé s'accorde en genre et en nombre avec le sujet : *elles se sont esbignées en douce*.

esbroufe n. f.

➾ Ce mot s'écrit avec un seul *f*.

esbroufer v. tr. | conjug. 1 |

➾ Ce mot s'écrit avec un seul *f*.

esbroufeur, euse n.

➾ Ce mot s'écrit avec un seul *f*.

escabeau n. m.
escabèche n. f.
escabelle n. f.
escache n. f.
escadre n. f.
escadrille n. f.
escadrin n. m.
escadron n. m.

➾ Ne pas confondre **chef d'escadrons** (avec un *s*) avec **chef d'escadron** (sans *s*). Le chef d'escadrons est un officier supérieur qui commande plusieurs escadrons de cavalerie ou de blindés. Le chef d'escadron est soit capitaine dans la cavalerie ou dans les blindés, soit commandant dans l'artillerie, la gendarmerie ou le train d'équipages.

escadronner v. intr. | conjug. 1 |
escafignon n. m.
escagasser v. tr. | conjug. 1 |
¬ **s'escagasser**

➾ Aux temps composés de la forme pronominale, le participe passé s'accorde en genre et en nombre avec le sujet : *ils se sont escagassés à tout lui expliquer*.

escalade n. f.
escalader v. tr. | conjug. 1 |
escaladeur, euse n.
Escalator® n. m.

◘ rec. off. : **escalier mécanique**

➾ Comme tous les noms déposés, ce mot doit s'écrire avec une majuscule : *les Escalators d'un centre commercial*. Toutefois, on le trouve fréquemment employé comme nom générique sans respect de la règle : *les escalators d'un centre commercial*.

escale n. f.
escalier n. m.

Ξ Le pluriel est couramment usité pour désigner un seul ensemble de marches : *il a monté les escaliers quatre à quatre*. Dans la langue soignée, il est préférable d'employer le singulier : *il a monté l'escalier quatre à quatre*.

escaliéteur, euse n.
escalin n. m.
escalope n. f.
escalopé, ée adj.
escaloper v. tr. | conjug. 1 |
escalpe n. f.
escamotable adj.
escamotage n. m.
escamote n. f.
escamoter v. tr. | conjug. 1 |
¬ **s'escamoter**

➾ Aux temps composés de la forme pronominale, le participe passé s'accorde en genre et en nombre avec le sujet : *elle s'est escamotée*.

escamoteur, euse n.
escamotoir n. m.
escampativos /-os/ n. m. ou **escampative** n. f.
escampette n. f.
escapade n. f.
escape n. f.
escarbille n. f.
escarbilleur n. m.
escarbot n. m.
escarboucle n. f.
escarcelle n. f.
escargot n. m.
escargotage n. m.
escargotier n. m.
escargotière n. f.
escarmouche n. f.
escarmoucheur n. m.
escarole n. f.
escarotique ou **escharotique** adj. et n. m.
[1]**escarpe** n. f. (talus)
[2]**escarpe** n. m. (assassin)

escarpé, ée adj.
escarpement n. m.
escarpin n. m.
escarpolette n. f.
[1]**escarre** n. f. (nécrose)
[2]**escarre** ou **esquarre** n. f. (équerre)
escarrification n. f.
escarrifier v. tr. | conjug. 7 |
¬ **s'escarrifier**
➾ Aux temps composés de la forme pronominale, le participe passé s'accorde en genre et en nombre avec le sujet : *la plaie s'est escarrifiée.*
escharotique /ɛska-/ adj. et n. m.
→ **escarotique**
eschatologie /ɛska-/ n. f.
eschatologique /ɛska-/ adj.
esche /ɛʃ/ ou **aiche** ou **èche** n. f.
escher /ɛʃe/ ou **aicher** ou **écher** v. tr. | conjug. 1 |
HOM. **échée**
escient /esjɑ̃/ n. m.
Ξ De nos jours, ce mot s'emploie uniquement dans les locutions **à bon escient** et **à mauvais escient**.
esclaffement n. m.
esclaffer (s') v. pron. | conjug. 1 |
➾ Aux temps composés de la forme pronominale, le participe passé s'accorde en genre et en nombre avec le sujet : *ils se sont bruyamment esclaffés.*
esclandre n. m.
☯ Ce mot est masculin : *faire un esclandre.*
esclavage n. m.
esclavager v. tr. | conjug. 3 |
esclavagisme n. m.
esclavagiste adj. et n.
esclave n. et adj.
esclavon, onne adj. et n.
➾ L'adjectif s'écrit sans majuscule : *la population esclavonne.* Le nom s'écrit avec une majuscule uniquement quand il désigne une personne : *les Esclavons ; une Esclavonne* mais *parler l'esclavon.*
esclot n. m.
escobar n. m.
escobarder v. intr. et v. tr. | conjug. 1 |
escobarderie n. f.
escoffion n. m.
escogriffe n. m.
escomptable adj.
escompte n. m.
escompter v. tr. | conjug. 1 |
escompteur, euse n.
escopette n. f.
escorte n. f.
escorter v. tr. | conjug. 1 |
escorteur n. m.
escot n. m.
escouade n. f.
escourche n. f.
[1]**escourgeon** n. m. (lanière)
[2]**escourgeon** ou **écourgeon** n. m. (orge)
escousse n. f.
escrime n. f.
escrimer v. intr. et v. pron. | conjug. 1 |
¬ **s'escrimer**
➾ Aux temps composés de la forme pronominale, le participe passé s'accorde en genre et en nombre avec le sujet : *elle s'est escrimée en vain.*
escrimeur, euse n.
escroc /ɛskʀo/ n. m.
☯ Ce mot n'a pas de forme féminine mais peut s'employer pour désigner une femme : *cette commerçante est un dangereux escroc.*
escroquer v. tr. | conjug. 1 |
escroquerie n. f.
escroqueur, euse n.
escudo /ɛskydo ; ɛskudo/ n. m.
esculape n. m.
➾ Quand il désigne un animal, ce mot s'écrit sans majuscule, contrairement au nom propre qui désigne le dieu romain.
esculence n. f.
esculent, ente adj.
esculine n. f.
ésérine n. f.
esgourde n. f.
esgourder v. tr. | conjug. 1 |
esker /ɛskɛʀ/ n. m.
eskimo n. et adj. inv.
→ **esquimau**
ésociculture n. f.
ésocidé n. m.
ésopique adj.
ésotérique adj.
ésotériquement adv.
ésotérisme n. m.
[1]**espace** n. m. (lieu)
[2]**espace** n. f. (Typo. : tige, blanc)
espacé, ée adj.
espacement n. m.
espacer v. tr. | conjug. 3 |
¬ **s'espacer**
➾ Aux temps composés de la forme pronominale, le participe passé s'accorde en genre et en nombre avec le sujet : *ses visites se sont espacées.*
espace-temps n. m. ▪ plur. **espaces-temps**
espada n. f.
espadon n. m.
espadrille n. f.

espagnol, ole adj. et n.
➾ L'adjectif s'écrit sans majuscule : *la population espagnole*. Le nom s'écrit avec une majuscule uniquement quand il désigne une personne : *les Espagnols ; c'est une Espagnole* mais *parler l'espagnol*.
espagnolade n. f.
espagnolette n. f.
espagnoliser v. tr. | conjug. 1 |
espagnolisme n. m.
espale n. f.
espalier n. m.
espar n. m.
esparcette n. f.
esparcier n. m.
espargoute ou **spargoute** n. f.
espèce n. f.
☯ L'emploi de ce mot au masculin quand le complément est masculin (*un espèce de métal*) est courant mais fautif. Il faut dire : *une espèce de métal*.
⌘ Avec **une espèce de** (+ n.), l'accord se fait avec *espèce* quand ce mot désigne un ensemble de choses ou d'êtres aux caractéristiques communes : *une espèce d'insectes nuisibles est apparue dans la région*. Il s'accorde avec le complément quand *espèce* est employé pour indiquer qu'on ne peut qualifier exactement la chose ou l'être dont on parle : *une espèce d'insecte inquiétant est entré dans la pièce*.
➾ **De toute espèce** s'emploie généralement au singulier : *des objets de toute espèce*.
espérable adj.
espérance n. f.
espérant, ante adj.
espérantisme n. m.
espérantiste adj. et n.
espéranto n. m.
espère n. f.
espérer v. tr. et v. intr. | conjug. 6 |
▸ **espérer qqch.** *ils espèrent un miracle*
▸ **espérer qqn** *on ne vous espérait plus*
▸ **espérer** (+ inf.) *j'espère bien y arriver*
☰ À la forme affirmative, **espérer que** est suivi de l'indicatif ou du conditionnel : *j'espère qu'il viendra ; j'espérais qu'il viendrait*. Aux formes négatives et interrogatives, on peut également employer le subjonctif : *espères-tu qu'il viendra* ou *qu'il vienne ?* ; *je n'espérais pas qu'il viendrait* ou *qu'il vînt*. L'emploi de **espérer que** suivi d'un verbe au présent ou au passé est correct. Il s'agit alors d'une formule de souhait qui signifie « aimer à croire, à penser que » : *j'espère que tu vas bien ; espérons qu'il n'a rien entendu*.
La structure **espérer de** (+ inf.) est vieillie ou littéraire : *il espérait de réussir*.
esperluette ou **éperluette** n. f.

espiègle adj.
espièglerie n. f.
espingole n. f.
espingouin, ine adj. et n.
espiogiciel n. m.
espion, ionne n.
espionite ou **espionnite** n. f.
espionnage n. m.
espionner v. tr. | conjug. 1 |
¬ **s'espionner**
➾ Aux temps composés de la forme pronominale, le participe passé s'accorde en genre et en nombre avec le sujet : *elles se sont espionnées*.
esplanade n. f.
espoir n. m.
espolette n. f.
esponton n. m.
espressione (con) /kɔnɛspʀesjɔne/ loc. adv.
espressivo /ɛspʀesivo/ adj.
esprit n. m.
➾ Ce mot s'écrit avec une majuscule dans **Saint-Esprit** et **Esprit saint**.
esprit-de-bois n. m. ▪ plur. **esprits-de-bois**
esprit-de-sel n. m. ▪ plur. **esprits-de-sel**
esprit-de-vin n. m. ▪ plur. **esprits-de-vin**
esprité, ée adj.
esquarre n. f.
→ [2]**escarre**
esquels, esquelles pron. rel. pl.
esquicher v. tr. | conjug. 1 |
esquif n. m.
esquille n. f.
esquilleux, euse adj.
[1]**esquimau, aude** n. et adj. ou **eskimo** n. et adj. inv. (des terres arctiques de l'Amérique et du Groenland)
➾ Ne pas écrire **esquimaud* au masculin, par analogie avec le féminin. L'adjectif s'écrit sans majuscule : *la population esquimaude*. Le nom s'écrit avec une majuscule uniquement quand il désigne une personne : *les Esquimaux ; c'est une Esquimaude* mais *parler l'esquimau*.
☰ Au Canada, ce mot est considéré comme péjoratif. L'Office québécois de la langue française recommande d'employer *inuit*.
[2]**Esquimau**® n. m. (glace)
➾ Comme tous les noms déposés, ce mot doit s'écrire avec une majuscule : *manger des Esquimaux*. Toutefois, on le trouve presque toujours employé comme nom générique sans respect de la règle : *manger des esquimaux*.
esquimautage n. m.
esquinancie n. f.
esquine n. f.
esquintant, ante adj.
esquinté, ée adj.

esquintement n. m.
esquinter v. tr. | conjug. 1 |
¬ **s'esquinter**
➾ Aux temps composés de la forme pronominale, le participe passé s'accorde en genre et en nombre avec le sujet : *elle s'est esquintée à trop travailler*. Mais le participe passé ne s'accorde pas quand il est suivi d'un complément d'objet direct : *ils se sont esquinté la santé*.
esquire n. m.
esquirol n. m.
esquisse n. f.
◻ rec. off. pour **rough**
esquisser v. tr. | conjug. 1 |
esquive n. f.
esquiver v. tr. | conjug. 1 |
¬ **s'esquiver**
➾ Aux temps composés de la forme pronominale, le participe passé s'accorde en genre et en nombre avec le sujet : *elle s'est esquivée dès qu'elle a pu*.
essai n. m.
➾ Ce mot est toujours au singulier dans les expressions **banc d'essai**, **coup d'essai** et **pilote d'essai**. Il est indifféremment au singulier ou au pluriel dans **tube à essai(s)**.
HOM. formes du v. **essayer**
essaim n. m.
essaimage n. m.
essaimer v. intr. et v. tr. | conjug. 1 |
¬ **s'essaimer**
➾ Aux temps composés de la forme pronominale, le participe passé s'accorde en genre et en nombre avec le sujet : *sa famille s'est essaimée dans toute la région*.
essangeage n. m.
essanger v. tr. | conjug. 3 |
essangeuse n. f.
essanvage n. m.
essanveuse n. f.
essarder v. tr. | conjug. 1 |
essart n. m.
essartage n. m.
essartement n. m.
essarter v. tr. | conjug. 1 |
essartis /-ti/ n. m.
essaule ou **essaune** n. f.
essayage n. m.
essayer v. tr. | conjug. 8 |
▸ **essayer** (+ n.) *j'ai essayé une nouvelle méthode*
▸ **essayer de** (+ inf.) *essayez de vous rappeler ce qui s'est passé*
¬ **s'essayer**
▸ **s'essayer à** (+ n.) *il veut s'essayer à la danse*
▸ **s'essayer à** (+ inf.) *il s'essaye à parler en public*
➾ Aux temps composés de la forme pronominale, le participe passé s'accorde en genre et en nombre avec le sujet : *elle s'est essayée au banjo*.
essayeur, euse n.
essayiste n.
esse n. f.
HOM. **ace, ès, s**
essence n. f.
essence-alcool /-alkɔl/ n. f. ▪ plur. **essences-alcools**
essencerie n. f.
essénien, ienne adj. et n.
➾ Ce mot s'écrit toujours sans majuscule : *les esséniens ; un essénien ; la secte essénienne*.
essénisme n. m.
essente n. f.
essential, ale, aux adj.
essentialiser v. tr. | conjug. 1 |
essentialisme n. m.
essentialiste adj.
essentialité n. f.
essentiel, ielle adj. et n. m.
essentiellement adv.
essette n. f.
→ **asseau**
esseulé, ée adj.
esseuler v. tr. | conjug. 1 |
¬ **s'esseuler**
➾ Aux temps composés de la forme pronominale, le participe passé s'accorde en genre et en nombre avec le sujet : *elle s'est esseulée*.
essieu n. m.
essor n. m.
HOM. formes du v. **essorer**
essorage n. m.
essorant, ante adj.
essoré, ée adj.
essorer v. tr. | conjug. 1 |
¬ **s'essorer**
➾ Aux temps composés de la forme pronominale, le participe passé s'accorde en genre et en nombre avec le sujet : *la buse s'est essorée*.
essoreuse n. f.
essorillement n. m.
essoriller v. tr. | conjug. 1 |
essouchement ou **essouchage** n. m.
essoucher v. tr. | conjug. 1 |
essoufflant, ante adj.
essoufflement n. m.
essouffler v. tr. | conjug. 1 |
¬ **s'essouffler**
➾ Aux temps composés de la forme pronominale, le participe passé s'accorde en genre

et en nombre avec le sujet : *elles se sont vite essoufflées.*

essuie n. m.

essuie-glace n. m. ▪ plur. **essuie-glaces**

essuie-main(s) n. m. ▪ plur. **essuie-mains**

essuie-meuble n. m. ▪ plur. **essuie-meubles**

essuie-phare n. m. ▪ plur. **essuie-phares**

essuie-pied(s) n. m. ▪ plur. **essuie-pieds**

essuie-plume n. m. ▪ plur. **essuie-plumes**

essuie-tout ▪ plur. inv. ou **essuietout**○ ▪ plur. **essuietouts**○ n. m.

essuie-verre n. m. ▪ plur. **essuie-verres**

essuie-vitre n. m. ▪ plur. **essuie-vitres**

essuyage n. m.

essuyer v. tr. | conjug. 8 |

¬ **s'essuyer**

➾ Aux temps composés de la forme pronominale, le participe passé s'accorde en genre et en nombre avec le sujet : *elle ne s'est pas essuyée après sa douche.* Mais le participe passé ne s'accorde pas quand il est suivi d'un complément d'objet direct : *elles se sont essuyé les pieds avant d'entrer.* Il ne s'accorde avec le complément d'objet direct que lorsque celui-ci est placé avant le verbe : *elle se les sont essuyés.*

essuyeur, euse n.

est n. m. inv.

➾ Employé comme adjectif, ce mot s'écrit sans majuscule : *la côte est.* Le nom s'écrit avec une minuscule quand il désigne une orientation, une direction ou une exposition : *un vent d'est ; aller vers l'est.* Il s'écrit avec une majuscule quand il désigne une entité géographique : *les relations entre l'Est et l'Ouest ; les pays de l'Est ; les Allemands de l'Est.* Quand il désigne une région, *est* s'écrit avec une minuscule lorsqu'il a un complément et avec une majuscule quand il n'en a pas : *l'est de la France ; ils habitent dans l'Est.*

HOM. **este**

establishment /ɛstabliʃmɛnt/ n. m.

estacade n. f.

estafette n. f.

☯ Ce mot est féminin, même s'il désigne généralement un homme.

estafier n. m.

estafilade n. f.

estafilader v. tr. | conjug. 1 |

estafinade n. f.

estagnon n. m.

estain n. m.

est-allemand, ande adj. et n. ▪ plur. **est-allemands, andes**

➾ L'adjectif s'écrit sans majuscule : *la population est-allemande.* Le nom s'écrit avec une majuscule : *les Est-Allemands ; une Est-Allemande.*

estame n. f.

estaminet n. m.

estampage n. m.

estampe n. f.

estamper v. tr. | conjug. 1 |

estampeur, euse n.

estampillage n. m.

estampille n. f.

estampiller v. tr. | conjug. 1 |

estampilleuse n. f.

estancia n. f.

estanfort n. m.

estarie n. f.

est-ce que adv. interrog.

Ξ Dans le langage soigné, on préférera employer l'inversion du sujet : *connaissez-vous cet homme ?* est plus élégant que *est-ce que vous connaissez cet homme ?* Cette inversion n'est pas toujours possible à la première personne du singulier du présent de l'indicatif : **dors-je suffisamment ?* On dira alors *est-ce que je dors suffisamment ?* L'emploi de *est-ce que* avec un autre adverbe interrogatif (*pourquoi, comment,* etc.) est inutile et doit être évité. On ne dira pas **pourquoi est-ce que vous vous levez si tôt ?* mais *pourquoi vous levez-vous si tôt ?*

este adj. et n. (estonien)

HOM. **est**

[1]**ester** /ɛstɛʀ/ n. m.

[2]**ester** v. intr. | conjug. seult inf. |

Ξ Ce verbe s'emploie uniquement à l'infinitif et dans le domaine du droit : *ester en justice ; ester en jugement.*

estérase n. f.

estérification n. f.

estérifier v. tr. | conjug. 7 |

esterlin n. m.

esteuf n. m.

→ **éteuf**

esthésie n. f.

esthésiogène adj.

esthésiologie n. f.

esthésiomètre n. m.

esthésiométrie n. f.

esthésiométrique adj.

esthète n. et adj.

esthéticien, ienne n.

esthétique n. f. et adj.

esthétiquement adv.

esthétisant, ante adj.

esthétisation n. f.

esthétiser v. intr. et v. tr. | conjug. 1 |

esthétisme n. m.

estimable adj.

estimateur n. m.

estimatif, ive adj.

estimation n. f.
estimatoire adj.
estime n. f.
estimer v. tr. | conjug. 1 |
¬ s'estimer
➾ Aux temps composés de la forme pronominale, le participe passé s'accorde en genre et en nombre avec le sujet : *elle s'est estimée heureuse d'être là*.
estivage n. m.
estival, ale, aux adj.
HOM. (du plur.) **estivau**
estivant, ante n.
estivation n. f.
estivau n. m.
HOM. **estivaux** (plur. de *estival*)
estive n. f.
estiver v. tr. et v. intr. | conjug. 1 |
estoc /ɛstɔk/ n. m.
estocade n. f.
estocader v. intr. | conjug. 1 |
estom /ɛstɔm/ ou **estome** n. m.
□ abrév. de **estomac**
estomac /ɛstɔma/ n. m.
estomaqué, ée adj.
estomaquer v. tr. | conjug. 1 |
➾ Ce mot n'a pas de *c*, contrairement à *estomac*.
estompage n. m.
estompe n. f.
estompé, ée adj.
estompement n. m.
estomper v. tr. | conjug. 1 |
¬ s'estomper
➾ Aux temps composés de la forme pronominale, le participe passé s'accorde en genre et en nombre avec le sujet : *ses souvenirs se sont estompés*.
estonien, ienne adj. et n.
➾ L'adjectif s'écrit sans majuscule : *la population estonienne*. Le nom s'écrit avec une majuscule uniquement quand il désigne une personne : *les Estoniens ; c'est une Estonienne* mais *parler l'estonien*.
estoquer v. tr. | conjug. 1 |
estouffade n. f.
estourbir v. tr. | conjug. 2 |
estrade n. f.
estradier n. m.
estradiol n. m.
estradiot n. m.
estragon n. m.
estramaçon n. m.
estran n. m.
estrapade n. f.
estrapader v. tr. | conjug. 1 |
estrapasser v. tr. | conjug. 1 |
estrogène adj. et n. m.
→ **œstrogène**
estrogénique adj.
→ **œstrogénique**
estrogénothérapie n. f.
→ **œstrogénothérapie**
estrone n. f.
estrope n. f.
estropiat, ate n. m.
HOM. formes du v. **etropier**
estropié, iée adj. et n.
estropiement n. m.
estropier v. tr. | conjug. 7 |
¬ s'estropier
➾ Aux temps composés de la forme pronominale, le participe passé s'accorde en genre et en nombre avec le sujet : *elle s'est estropiée en tombant d'une échelle*. Mais le participe passé ne s'accorde pas quand il est suivi d'un complément d'objet direct : *elle s'est estropié une jambe*.
estuaire n. m.
estuarien, ienne adj.
estudiantin, ine adj.
esturgeon n. m.
ésule n. f.

et conj.
⌘ *Et* ne peut relier que des éléments de même nature : on ne dira pas **j'aime le tennis et nager* mais *j'aime le tennis et la natation*.
Et ne doit pas être précédé d'une virgule quand il relie des éléments de même fonction grammaticale : *nous avons vu des poissons, des reptiles et des araignées ; elle se leva et se mit à danser*. *Et* peut être précédé d'une virgule quand il relie des propositions qui n'ont pas le même sujet : *il a l'air malade, et sa famille s'en inquiète*.
➾ Après plusieurs noms reliés par *et*, un adjectif est au pluriel s'il qualifie plusieurs de ces noms et au singulier s'il ne qualifie que le dernier : *j'ai vu un film et un documentaire intéressants* (le film et le documentaire sont intéressants) ; *j'ai vu un film et un documentaire intéressant* (seul le documentaire est intéressant). Deux adjectifs reliés par *et* après un nom au pluriel sont au singulier s'ils qualifient respectivement le nom au singulier : *les gouvernements italien et espagnol* (il y a un gouvernement italien et un gouvernement espagnol) mais *les plages italiennes et espagnoles* (il y a plusieurs plages italiennes et plusieurs plages espagnoles).
Ξ Pour marquer l'insistance ou donner du relief à l'expression, il est possible de placer un *et* devant chacun des éléments coordonnés, y compris le premier : *la nourriture y est*

abondante, et savoureuse, et bon marché ; et sa famille et ses amis le désapprouvaient.
HOM. **eh, hé**

êta n. m. ▪ plur. inv. ou plur. **êtas**○
établage n. m.
étable n. f.
établer v. tr. | conjug. 1 |
[1]**établi, ie** adj.
[2]**établi** n. m.
établir v. tr. | conjug. 2 |
¬ **s'établir**
➾ Aux temps composés de la forme pronominale, le participe passé s'accorde en genre et en nombre avec le sujet : *elle s'est établie à Nantes.*
établissage n. m.
établissement n. m.
établisseur n. m.
étage n. m.
étagement n. m.
étager v. tr. | conjug. 3 |
¬ **s'étager**
➾ Aux temps composés de la forme pronominale, le participe passé s'accorde en genre et en nombre avec le sujet : *les maisons se sont étagées sur la colline.*
étagère n. f.
étagiste n. m.
étai n. m.
HOM. formes du v. **être**
étaiement ou **étayement** n. m.
➾ Ne pas oublier le *e* muet.
étaim n. m.
HOM. **étain**, formes du v. **éteindre**
étain n. m.
HOM. **étaim**, formes du v. **éteindre**
étainier n. m.
étal n. m.
➾ Ce mot a un pluriel régulier : *des étals* (le pluriel *étaux* n'est plus usité).
HOM. **étale**
étalage n. m.
étalager v. tr. | conjug. 3 |
étalagiste n.
étale adj. et n.
☯ Le nom, qui désigne le moment où le niveau de la mer est stable, s'emploie au féminin ou au masculin : *l'étale complète* ou *l'étale complet.* Les deux genres sont acceptés par l'Académie.
HOM. **étal**
étalement n. m.
étaler v. tr. et v. intr. | conjug. 1 |
¬ **s'étaler**
➾ Aux temps composés de la forme pronominale, le participe passé s'accorde en genre et en nombre avec le sujet : *les paiements se sont étalés sur trois mois.*
étaleur, euse n. (personne)
étaleuse n. f. (machine)
étalier n. m.
HOM. formes du v. **étaler**
et alii /ɛtalii/ ou **et aliæ** /ɛtalje/ ou **et alia** /ɛtalja/ loc. lat.
étalinguer v. tr. | conjug. 1 |
étalingure n. f.
[1]**étalon** n. m. (cheval, homme)
HOM. formes du v. **étaler**
[2]**étalon** n. m. (modèle de mesure, métal)
➾ **Mètre(-)étalon** s'écrit indifféremment avec ou sans trait d'union. **Étalon-or** s'écrit toujours avec un trait d'union.
HOM. formes du v. **étaler**
étalonnage n. m.
étalonnement n. m.
étalonner v. tr. | conjug. 1 |
étalonnerie n. f.
étalonneur, euse n.
étalonnier, ière adj. et n.
étamage n. m.
étambot n. m.
étambrai n. m.
étamer v. tr. | conjug. 1 |
étameur, euse n.
étamine n. f.
étaminier, ière n.
étampage n. m.
étampe n. f.
étamper v. tr. | conjug. 1 |
étamperche ou **étemperche** n. f.
étampeur, euse n.
étampure n. f.
étamure n. f.
étance n. f.
étanche adj. et n. f.
étanchéité n. f.
étanchement n. m.
étancher v. tr. | conjug. 1 |
⚡ Ne pas confondre **étancher**, qui signifie « arrêter (un liquide) dans son écoulement », avec **épancher**, qui signifie au sens propre « faire couler ». Ne pas dire ***épancher sa soif** à la place de **étancher sa soif**.
étancheur n. m.
étanchoir n. m.
étançon n. m.
étançonnement n. m.
étançonner v. tr. | conjug. 1 |
étanfiche n. f.
étang /etɑ̃/ n. m.
HOM. **étant**, formes du v. **étendre**
étant n. m.
HOM. **étang**, formes du v. **étendre**

étape n. f.
Ξ Ce mot peut s'employer en apposition ; il prend la marque du pluriel : *des villes étapes*.
étapier n. m.
étapleau ou **étapliau** n. m.
étarque n. f.
étarquer v. tr. | conjug. 1 |
étasunien, ienne adj. et n.
→ **états-unien**
état n. m.
➾ Ce mot s'écrit avec une majuscule quand il désigne un pays ou son administration : *les affaires de l'État ; un chef d'État ; un coup d'État ; la raison d'État*. Avec une majuscule et sans complément, **États généraux** désigne ceux de 1789. Mais on écrit *les états généraux de 1789*.
étatifier v. tr. | conjug. 7 |
étatique adj.
étatisation n. f.
étatiser v. tr. | conjug. 1 |
étatisme n. m.
étatiste adj. et n.
état-major n. m. ▪ plur. **états-majors**
états-unien, ienne ▪ plur. **états-uniens, iennes** ou **étasunien, ienne** ▪ plur. **étasuniens, iennes** adj. et n.
Ξ Ce mot s'emploie pour éviter l'ambiguïté de *américain*, qui peut signifier « de l'Amérique » ou, plus spécifiquement, « des États-Unis d'Amérique ».
➾ L'adjectif s'écrit sans majuscule : *la population états-unienne*. Le nom s'écrit avec une majuscule : *les États-Uniens ; c'est une États-Unienne*.
étau n. m.
étaupiner v. tr. | conjug. 1 |
étayage n. m.
étayement n. m.
→ **étaiement**
étayer v. tr. | conjug. 8 |
¬ **s'étayer**
➾ Aux temps composés de la forme pronominale, le participe passé s'accorde en genre et en nombre avec le sujet : *se réflexion s'est étayée sur ses expériences personnelles*.
etc. /ɛtseteʀa/ abrév.
▫ abrév. de **et cætera**
Ξ Cette abréviation s'emploie uniquement à l'écrit. À l'oral, on prononce toujours la forme complète.
Etc. est toujours précédé d'une virgule : *les hérons, les cigognes, les grues, etc.*
Il n'est pas utile de faire suivre *etc.* de points de suspension, qui ont le même sens, ni de répéter le mot.
Certains puristes proscrivent l'emploi de ce mot à la fin d'une énumération de personnes, *et cætera* signifiant en latin « et les autres choses ».
et cætera ou **et cetera** ou **etcétéra** ○ /ɛtseteʀa/ loc. et n. m. inv.
♪ Ne pas prononcer /*ɛksetera/
Ξ À l'écrit, on abrège cette locution en *etc.*
été n. m.
éteigneur, euse n.
éteignoir n. m.
éteindre v. tr. | conjug. 52 |
¬ **s'éteindre**
➾ Aux temps composés de la forme pronominale, le participe passé s'accorde en genre et en nombre avec le sujet : *les lumières se sont éteintes*.
éteint, einte adj.
éteinte n. f.
ételle n. f.
étemperche n. f.
→ **étamperche**
étendage n. m.
étendard n. m.
étenderie n. f.
étendeur, euse n.
étendoir n. m.
étendre v. tr. | conjug. 41 |
➾ Au présent de l'indicatif, à la forme interrogative avec sujet inversé, on écrit *étend-on, étend-il, étend-elle* et non **étend-t-on, *étend-t-il, *étend-t-elle*. Le *d* final se prononce /t/ ; il est donc inutile et fautif d'ajouter un *t*.
¬ **s'étendre**
➾ Aux temps composés de la forme pronominale, le participe passé s'accorde en genre et en nombre avec le sujet : *elle s'est étendue dans l'herbe*.
étendu, ue adj. et n. f.
éternel, elle adj. et n. m.
➾ Avec une majuscule, **l'Éternel** désigne Dieu : *louer l'Éternel ; c'est un grand voyageur devant l'Éternel*.
éternellement adv.
éternisation n. f.
éterniser v. tr. | conjug. 1 |
¬ **s'éterniser**
➾ Aux temps composés de la forme pronominale, le participe passé s'accorde en genre et en nombre avec le sujet : *les négociations se sont éternisées*.
éternité n. f.
éternuement n. m.
éternuer v. intr. | conjug. 1 |
éternueur, euse n.
étésien adj. m.
étêtage n. m.
étêtement n. m.
étêter v. tr. | conjug. 1 |
étêteur, euse n.

éteuf ou **esteuf** n. m.
éteule n. f.
éthanal n. m.
éthane n. m.
éthanoate n. m.
éthanoïque adj.
éthanol n. m.
éthène n. m.
éther n. m.
éthéré, ée adj. et n.
éthéréen, enne adj.
éthérification n. f.
éthérifier v. tr. | conjug. 7 |
éthérique adj.
éthérisation n. f.
éthériser v. tr. | conjug. 1 |
éthérisme n. m.
Ethernet ou **ethernet** /ɛtɛʀnɛt/ n. m.
éthérolat n. m.
éthérolature n. f.
éthérolé n. m.
éthéromane n.
éthéromanie n. f.
éther-oxyde n. m. ▪ plur. **éthers-oxydes**
éther-sel n. m. ▪ plur. **éthers-sels**
éthicien, ienne n.
éthiops /-ps/ n. m.
éthique n. f. et adj.
HOM. **étique**
éthiquement adv.
ethmoïdal, ale, aux adj.
ethmoïde n. m.
ethmoïdite n. f.
ethnarchie n. f.
ethnarque n. m.
ethnicisation n. f.
ethniciser v. tr. | conjug. 1 |
ethnicité n. f.
ethnie n. f.
ethnique adj.
ethniquement adv.
ethno n. f.
▫ abrév. de **ethnologie**
ethnobiologie n. f.
ethnobiologiste n.
ethnobotanique n. f.
ethnobotaniste n.
ethnocentrique adj.
ethnocentrisme n. m.
ethnocentriste n.
ethnocide n. m.
ethnographe n.
ethnographie n. f.
ethnographique adj.
ethnolinguiste n.
ethnolinguistique n. f. et adj.
ethnologial, ale, aux adj.
ethnologie n. f.
ethnologique adj.
ethnologiquement adv.
ethnologue n.
ethnométhodologie n. f.
ethnométhodologue n.
ethnomusicologie n. f.
ethnomusicologique adj.
ethnomusicologue n.
ethnopharmacologie n. f.
ethnopsychiatre /-k-/ n.
ethnopsychiatrie /-k-/ n. f.
ethnopsychologie /-k-/ n. f.
ethnoracial, iale, iaux adj.
ethnozoologie n. f.
ethnozootechnicien, ienne n.
éthocrate n.
éthocratie /-si/ n. f.
éthogramme n. m.
éthographie n. f.
éthographique adj.
éthologie n. f.
éthologique adj.
éthologiste n.
éthologue n.
éthopée n. f.
éthuse n. f.
→ **æthuse**
éthylamine n. f.
éthylation n. f.
éthylbenzène n. m.
éthylcellulose n. f.
éthyle n. m.
éthylène n. m.
éthylénier n. m.
éthylénique adj.
éthylique adj. et n.
éthylisme n. m.
éthylomètre n. m.
éthylotest n. m.
éthyne n. m.
étiage n. m.
étier n. m.
HOM. forme du verbe **être**
étincelage n. m.
étincelant, ante adj.
étinceler v. intr. | conjug. 4 |
étincelle n. f.
étincellement ou **étincèlement**° n. m.
étiolé, ée adj.
étiolement n. m.
étioler v. tr. | conjug. 1 |
¬ **s'étioler**
➾ Aux temps composés de la forme pronominale, le participe passé s'accorde en genre

et en nombre avec le sujet : *la plante s'est étiolée.*
étiologie n. f.
étiologique adj.
étiologiquement adv.
étiopathe n.
étiopathie n. f.
étiopathogénie n. f.
étique adj.
ϟ Ne pas confondre cet adjectif, qui signifie « très maigre » (*un vieillard étique*), avec **éthique**, qui signifie « moral » (*jugements éthiques*).
HOM. **éthique**
étiquetage n. m.
étiqueter v. tr. | conjug. 4 |
étiqueteur, euse n.
étiquette n. f.
étirable adj.
étirage n. m.
étire n. f.
étiré n. m.
étirement n. m.
étirer v. tr. | conjug. 1 |
¬ s'étirer
➾ Aux temps composés de la forme pronominale, le participe passé s'accorde en genre et en nombre avec le sujet : *elle s'est étirée en bâillant.*
étireur, euse n.
étisie n. f.
étoc n. m.
étoffe n. f.
étoffé, ée adj.
étoffement n. m.
étoffer v. tr. | conjug. 1 |
¬ s'étoffer
➾ Aux temps composés de la forme pronominale, le participe passé s'accorde en genre et en nombre avec le sujet : *elle s'est étoffée depuis qu'elle fait du sport.*
étoile n. f.
Ξ Ce mot peut s'employer en apposition ; il prend la marque du pluriel : *des danseuses étoiles.*
➾ **Étoile de mer** s'écrit sans trait d'union.
étoilé, ée adj.
étoilement n. m.
étoiler v. tr. | conjug. 1 |
étole n. f.
étonnamment adv.
étonnant, ante adj.
étonné, ée adj.
étonnement n. m.
étonner v. tr. | conjug. 1 |
¬ s'étonner
▸ **s'étonner de** (+ n.) *je m'étonne de cette nouvelle*
▸ **s'étonner de** (+ inf.) *elle s'étonne de le voir arriver si vite*
▸ **s'étonner que** (+ subj.) *je m'étonne qu'il n'ait pas écrit*
Ξ La structure **s'étonner de ce que** (+ indic. ou subj.) est vieillie ou littéraire : *je m'étonne de ce qu'il est venu* ou *de ce qu'il soit venu.*
⌘ **S'étonner si** s'emploie aux formes négative et interrogative : *ne t'étonne pas si je ne viens pas ; t'étonnerai-je si je te disais qu'il a menti ?*
➾ Aux temps composés de la forme pronominale, le participe passé s'accorde en genre et en nombre avec le sujet : *ils se sont étonnés de la voir arriver à l'heure.*
étonnure n. f.
étoquiau n. m.
étouffade n. f.
étouffage n. m.
étouffant, ante adj.
étouffé, ée adj.
étouffe-chrétien n. m. ▪ plur. **étouffe-chrétiens**
étouffée (à l') loc. adv.
étouffement n. m.
étouffer v. tr. et v. intr. | conjug. 1 |
¬ s'étouffer
➾ Aux temps composés de la forme pronominale, le participe passé s'accorde en genre et en nombre avec le sujet : *elle s'est étouffée avec un bretzel.*
étouffeur, euse adj. et n.
étouffoir n. m.
étoupage n. m.
étoupe n. f.
étoupement n. m.
étouper v. tr. | conjug. 1 |
étoupille n. f.
étoupiller v. tr. | conjug. 1 |
étoupillon n. m.
étourderie n. f.
étourdi, ie adj. et n.
étourdiment adv.
étourdir v. tr. | conjug. 2 |
étourdissant, ante adj.
étourdissement n. m.
étourneau n. m.
étrange adj.
étrangement adv.
¹étranger, ère adj. et n.
²étranger v. tr. | conjug. 3 |
étrangeté n. f.
étranglé, ée adj.
étranglement n. m.
étrangler v. tr. | conjug. 1 |
étrangleur, euse n.
étrangloir n. m.
étranguillon n. m.

étrape ou **étrapoire** n. f.
étraper v. tr. | conjug. 1 |
étrapoire n. f.
→ **étrape**
étrave n. f.
[1]**être** n. m.
➾ Dans le langage religieux, ce mot s'écrit avec une majuscule pour désigner Dieu : *l'Être suprême ; l'Être éternel.*
HOM. **aître, hêtre**
[2]**être** v. intr. | conjug. 61 |
➾ Le participe passé *été* est invariable.
Ξ Aux temps composés, l'emploi de **avoir** été pour dire « être allé » est critiqué. Dans la langue soignée, il faut éviter de dire *j'ai été chez ma grand-mère* mais *je suis allé chez ma grand-mère.*
HOM. **aître, hêtre**
→ aussi **soit**
étrécir v. tr. | conjug. 2 |
¬ **s'étrécir**
➾ Aux temps composés de la forme pronominale, le participe passé s'accorde en genre et en nombre avec le sujet : *sa prunelle s'est étrécie.*
étrécissement n. m.
étreignant, ante adj.
étreindre v. tr. | conjug. 52 |
¬ **s'étreindre**
➾ Aux temps composés de la forme pronominale, le participe passé s'accorde en genre et en nombre avec le sujet : *ils se sont étreints.*
étreinte n. f.
étrempage n. m.
étremper v. intr. | conjug. 1 |
étrenne n. f.
étrenner v. tr. et v. intr. | conjug. 1 |
êtres n. m. pl.
HOM. **aître, hêtre**
étrésillon n. m.
étrésillonnement n. m.
étrésillonner v. tr. | conjug. 1 |
étrier n. m.
HOM. **étriller**
étrière n. f.
étrillage n. m.
étrille n. f.
étriller v. tr. | conjug. 1 |
HOM. **étrier**
étripage n. m.
étripailler v. tr. | conjug. 1 |
¬ **s'étripailler**
➾ Aux temps composés de la forme pronominale, le participe passé s'accorde en genre et en nombre avec le sujet : *elles se sont étripaillées.*
étriper v. tr. | conjug. 1 |
¬ **s'étriper**
➾ Aux temps composés de la forme pronominale, le participe passé s'accorde en genre et en nombre avec le sujet : *les deux gangs se sont étripés.*
étriqué, ée adj.
étriquement n. m.
étriquer v. tr. | conjug. 1 |
étrive n. f.
étrivière n. f.
étroit, oite adj.
étroitement adv.
étroitesse n. f.
étroiture n. f.
étron n. m.
étronçonner v. tr. | conjug. 1 |
étruscologie n. f.
étruscologue n.
étrusque adj. et n.
➾ L'adjectif s'écrit sans majuscule : *le peuple étrusque ; l'art étrusque.* Le nom s'écrit avec une majuscule uniquement quand il désigne une personne : *les Étrusques ; une Étrusque* mais *ils parlaient l'étrusque.*
étude n. f.
➾ Ce mot est au singulier dans **salle d'étude** et **maître d'étude**. Il est au pluriel dans **bourse d'études, certificat d'études, mission d'études, niveau d'études** et **bureau/commission/comité d'études**.
étudiant, iante n. et adj.
étudié, iée adj.
étudier v. tr. et v. intr. | conjug. 7 |
¬ **s'étudier**
➾ Aux temps composés de la forme pronominale, le participe passé s'accorde en genre et en nombre avec le sujet : *les adversaires se sont étudiés avant le match.*
étudieur, euse n.
étudiole n. f.
étui n. m.
étuvage n. m.
étuve n. f.
étuvée n. f.
étuvement n. m.
étuver v. tr. | conjug. 1 |
étuveur n. m.
étymologie n. f.
étymologique adj.
étymologiquement adv.
étymologiser v. intr. | conjug. 1 |
étymologisme n. m.
étymologiste n.
étymon n. m.
eu, eue p. p.
➾ Dans une proposition relative, quand le

participe passé *eu* est suivi d'un infinitif, l'accord est facultatif : *les épreuves que nous avons eu à surmonter* ou *que nous avons eues à surmonter*.
HOM. **hue, u**
→ **avoir**
eubactérie n. f.
eubage n. m.
eubine n. f.
eucaïrite ou **eukaïrite** n. f.
eucalyptol n. m.
eucalyptus n. m.
eucaryote adj. et n. m.
eucharistie /-k-/ n. f.
eucharistique /-k-/ adj.
euchologe /-k-/ n. m.
→ **eucologe**
euchre /-k-/ n. m.
euclase n. f.
euclidia n. f.
euclidien, ienne adj.
eucologe ou **euchologe** n. m.
eudémis /-is/ n. m.
eudémonique adj.
eudémonisme n. m.
eudémoniste adj. et n.
eudermique adj.
eudiomètre n. m.
eudiométrie n. f.
eudiométrique adj.
eudiste n. m.
➾ Ce mot s'écrit avec une minuscule lorsqu'il désigne une personne : *une trentaine d'eudistes*. Il s'écrit avec une majuscule lorsqu'il désigne sans ambiguïté l'ordre lui-même : *il est entré chez les Eudistes*.
eudynamie n. f.
eugénate n. m.
eugénésie n. f.
eugénésique adj.
eugénète n. m.
eugénie n. f.
eugénique n. f. et adj.
eugénisme n. m.
eugéniste n.
eugénol n. m.
euglène n. f.
euglénophycée n. f.
'euh interj.
HOM. **e, eux, heu, œufs** plur. de *œuf*
eukaïrite n. f.
→ **eucaïrite**
eulamellibranche n. m.
eulogie n. f.
eumène n. m.
eumolpe n. m.
eunecte n. m.
eunuchat /ønyka/ n. m.
eunuchisme /ønyk-/ n. m.
eunuchoïde /ønyk-/ adj.
eunuque n. m.
eupareunie n. f.
eupatoire n. f.
eupepsie n. f.
eupeptique adj. et n. m.
euphausia n. f.
euphémique adj.
euphémiquement adv.
euphémisme n. m.
euphonie n. f.
euphonique adj.
euphoniquement adv.
euphorbe n. f.
euphorbiacée n. f.
euphorie n. f.
euphorique adj.
euphoriquement adv.
euphorisant, ante adj. et n. m.
euphorisation n. f.
euphoriser v. tr. | conjug. 1 |
euphotique adj.
euphrasia n. m. ou **euphraise** n. f.
euphuisme n. m.
euplecte n. m.
euploïde adj. et n. m.
eupnée n. f.
eupnéique adj.
eupraxie n. f.
euprocte n. m.
eurafricain, aine adj. et n.
➾ L'adjectif s'écrit sans majuscule : *la population eurafricaine*. Le nom s'écrit avec une majuscule : *les Eurafricains ; c'est une Eurafricaine*.
eurasiatique adj.
⚡ Ne pas confondre ce mot avec **eurasien** : **eurasiatique** ne s'emploie pas pour qualifier des personnes.
eurasien, ienne adj. et n.
➾ L'adjectif s'écrit sans majuscule : *la population eurasienne*. Le nom s'écrit avec une majuscule : *les Eurasiens ; c'est une Eurasienne*.
eurêka interj.
euristique adj. et n. f.
→ **heuristique**
euro n. m.
♪ Ne pas oublier de faire la liaison entre les mots se terminant par un *s* ou un *t*, notamment les numéraux, et le début de ce mot : *cent euros ; quatre vingts euros*.
eurocent /-sɑ̃/ n. m.
eurocentrisme n. m.
eurochèque n. m.
eurocommunisme n. m.

eurocommuniste n.
eurocrate n.
eurocratie /-si/ n. f.
eurocrédit n. m.
eurodéputé, ée n.
eurodevise n. f.
eurodistrict n. m.
eurodollar n. m.
eurodroite n. f.
euroémission n. f.
eurofonctionnaire n.
euromarché n. m.
euromissile n. m.
euro-obligataire ▪ plur. **euro-obligataires** ou **euroobligataire**○ ▪ plur. **euroobligataires**○ adj.
euro-obligation ▪ plur. **euro-obligations** ou **euroobligation**○ ▪ plur. **euroobligations**○ n. f.
europarlement n. m.
europarlementaire n. et adj.
européanisation n. f.
européaniser v. tr. | conjug. 1 |
¬ **s'européaniser**
➾ Aux temps composés de la forme pronominale, le participe passé s'accorde en genre et en nombre avec le sujet : *la politique s'est européanisée.*
européanisme n. m.
européanité n. f.
européen, enne adj. et n.
➾ L'adjectif s'écrit sans majuscule : *la population européenne ; l'Union européenne.* Le nom s'écrit avec une majuscule uniquement quand il désigne une personne : *les Européens ; c'est une Européenne* mais *être habillé à l'européenne.*
européennement adv.
européisme n. m.
européocentrique adj.
européocentrisme n. m.
europhile n. et adj.
europhilie n. f.
europhobe n. et adj.
europhobie n. f.
europium /-jɔm/ n. m.
eurorégion n. f.
euroscepticisme n. m.
eurosceptique adj. et n.
eurosignal n. m.
➾ Contrairement à *signal,* ce mot a un pluriel régulier : *des eurosignals.*
eurostratégie n. f.
eurostratégique adj.
eurotium /-tjɔm/ n. m.
eurovision n. f.
euryalique adj. et n. m.
euryapside n. m.
eurybathe adj.
eurybiote n. m.
eurychorique /-k-/ adj.
euryèce adj.
eurygame adj.
eurygnathe adj. et n. m.
euryhalin, ine adj.
euryhalinité n. f.
euryphage adj.
eurypharynx n. m.
eurytherme adj. et n. m.
eurythermie n. f.
eurythmie n. f.
eurythmique adj.
euskarien, ienne ou **euscarien, ienne** adj. et n.
➾ L'adjectif s'écrit sans majuscule : *la population euskarienne.* Le nom s'écrit avec une majuscule uniquement quand il désigne une personne : *les Euskariens ; c'est une Euskarienne* mais *parler l'euskarien.*
eustache n. m.
eustasie n. f.
eustatique adj.
eustatisme n. m.
eustyle adj.
eutectique adj.
eutectoïde adj. et n. m.
eutélie n. f.
eutexie n. f.
euthanasie n. f.
euthanasier v. tr. | conjug. 7 |
euthanasique adj.
euthanasiste adj. et n.
euthénie n. f.
euthérien n. m.
eutocie n. f.
eutocique adj.
eutonologie n. f.
eutrophe adj.
eutrophie n. f.
eutrophique adj.
eutrophisation n. f.
eux pron. pers.
HOM. **e, euh, heu, œufs** plur. de *œuf*
évacuant, ante adj.
évacuateur, trice adj. et n. m.
évacuatif, ive adj.
évacuation n. f.
évacuer v. tr. | conjug. 1 |
évadé, ée adj. et n.
évader (s') v. pron. | conjug. 1 |
➾ Aux temps composés de la forme pronominale, le participe passé s'accorde en genre et en nombre avec le sujet : *des prisonniers se sont évadés.*

évagation n. f.
évagination n. f.
évaluable adj.
évaluateur, trice n.
évaluation n. f.
évaluer v. tr. | conjug. 1 |
¬ **s'évaluer**
➾ Aux temps composés de la forme pronominale, le participe passé s'accorde en genre et en nombre avec le sujet : *les pertes se sont évaluées à plusieurs milliers d'euros.*
évanescence n. f.
évanescent, ente adj.
évangéliaire n. m.
évangélique adj.
évangéliquement adv.
évangélisateur, trice adj.
évangélisation n. f.
évangéliser v. tr. | conjug. 1 |
évangélisme n. m.
➾ Comme tous les mots désignant une doctrine religieuse, ce mot s'écrit sans majuscule : *l'expansion de l'évangélisme.*
évangéliste n. m.
➾ Comme tous les mots désignant ou qualifiant une doctrine religieuse ou ses adeptes, ce mot s'écrit sans majuscule : *le mouvement évangéliste ; les évangélistes.*
évangile n. m.
➾ Ce mot s'écrit avec une majuscule quand il désigne l'enseignement de Jésus-Christ, l'un des livres écrits par ses apôtres et, par extension, le Nouveau Testament : *répandre l'Évangile ; les Évangiles synoptiques ; l'Évangile selon saint Jean.* Il s'écrit avec une minuscule quand il désigne un texte lu à la messe ou quand il est employé au sens figuré : *l'évangile du jour ; l'évangile du marxisme ; parole d'évangile.*
évanoui, ie adj.
évanouir (s') v. pron. | conjug. 2 |
➾ Aux temps composés de la forme pronominale, le participe passé s'accorde en genre et en nombre avec le sujet : *elle s'est évanouie d'émotion.*
évanouissant, ante adj.
évanouissement n. m.
évaporable adj.
évaporateur n. m.
évaporation n. f.
évaporatoire adj.
évaporé, ée adj.
évaporer v. tr. | conjug. 1 |
¬ **s'évaporer**
➾ Aux temps composés de la forme pronominale, le participe passé s'accorde en genre et en nombre avec le sujet : *l'eau s'est entièrement évaporée.*
évaporeuse n. f.
évaporimètre ou **évaporomètre** n. m.
évaporite n. f.
évaporitique adj.
évaporométrie n. f.
évapotranspiration n. f.
évasé, ée adj.
évasement n. m.
évaser v. tr. | conjug. 1 |
évasif, ive adj.
évasion n. f.
HOM. formes du v. **évaser**
évasivement adv.
évasure n. f.
évêché n. m.
évection n. f.
éveil n. m.
éveillé, ée adj.
éveiller v. tr. | conjug. 1 |
¬ **s'éveiller**
➾ Aux temps composés de la forme pronominale, le participe passé s'accorde en genre et en nombre avec le sujet : *elle s'est éveillée pendant la nuit.*
éveilleur, euse n.
éveinage n. m.
évènement ou **événement** n. m.
➾ Les deux graphies sont acceptées par l'Académie. La graphie *évènement* est préférable car elle est conforme à la prononciation.
évènementiel, ielle ou **événementiel, ielle** adj.
➾ Les deux graphies sont acceptées par l'Académie. La graphie *évènementiel* est préférable car elle est conforme à la prononciation.
event /evɑ̃nt/ n. m.
évent n. m.
éventail n. m.
➾ Ce mot a un pluriel régulier : *des éventails.*
éventaillerie n. f.
éventaillier, ière ou **éventailler, ière**○ n.
éventailliste n.
éventaire n. m.
HOM. forme du v. **éventer**
éventé, ée adj.
éventement n. m.
éventer v. tr. | conjug. 1 |
¬ **s'éventer**
➾ Aux temps composés de la forme pronominale, le participe passé s'accorde en genre et en nombre avec le sujet : *les vins se sont éventés.*
éventoir n. m.
éventration n. f.
éventrement n. m.

éventrer v. tr. | conjug. 1 |
¬ **s'éventrer**
➾ Aux temps composés de la forme pronominale, le participe passé s'accorde en genre et en nombre avec le sujet : *ils se sont éventrés au cours du combat.*
éventreur n. m.
éventualité n. f.
éventuel, elle adj.
éventuellement adv.
évêque n. m.
➾ Ce mot s'écrit sans majuscule : *l'évêque de Nantes ; Monseigneur l'évêque.*
évergète n. m.
évergétisme n. m.
éversé, ée adj.
éversif, ive adj.
éversion n. f.
évertuer (s') v. pron. | conjug. 1 |
➾ Aux temps composés, le participe passé s'accorde en genre et en nombre avec le sujet : *elle s'est évertuée à faire comprendre son point de vue.*
évhémérisme n. m.
évhémériste adj. et n.
éviction n. f.
évidage n. m.
évidé, ée adj.
évidement n. m.
évidemment /evidamɑ̃/ adv.
évidence n. f.
évident, ente adj.
HOM. **évidant** (p. prés. de *évider*)
évider v. tr. | conjug. 1 |
évidoir n. m.
évidure n. f.
évier n. m.
évincement n. m.
évincer v. tr. | conjug. 3 |
éviration n. f.
éviré, ée adj.
éviscération n. f.
éviscérer v. tr. | conjug. 6 |
évitable adj.
évitage n. m.
évitée n. f.
évitement n. m.
éviter v. tr. | conjug. 1 |
▸ **éviter qqch./qqn** *éviter un danger ; elle a cherché à m'éviter*
▸ **éviter de** (+ inf.) *évitez de prendre le métro aux heures de pointe*
▸ **éviter que** (+ subj.) *j'évitais qu'il (ne) m'en parlât*
Ξ La formule **éviter qqch. à qqn** (*vous auriez pu nous éviter cette peine*) est critiquée par certains puristes qui préfèrent **épargner qqch. à qqn**. Son emploi est toutefois courant et ne peut être considéré comme incorrect.
¬ **s'éviter**
➾ Aux temps composés de la forme pronominale, le participe passé s'accorde en genre et en nombre avec le sujet : *ils se sont évités toute la soirée.* Mais le participe passé ne s'accorde pas quand il est suivi d'un complément d'objet direct : *elle s'est évité bien des soucis.* Il ne s'accorde avec le complément d'objet direct que lorsque celui-ci est placé avant le verbe : *les soucis qu'elle s'est évités.*
évocable adj.
évocateur, trice adj.
évocation n. f.
➾ Ce mot s'écrit avec un *c*, contrairement à *évoquer*. Il en est de même pour les autres dérivés du verbe.
évocatoire adj.
évoé ou **évohé** interj.
évolué, ée adj.
évoluer v. intr. | conjug. 1 |
évolutif, ive adj.
évolution n. f.
évolutionnaire adj.
évolutionnisme n. m.
évolutionniste adj. et n.
évolutivité n. f.
évoquer v. tr. | conjug. 1 |
ϟ Ne pas confondre **évoquer**, qui signifie « rendre présent à l'esprit », avec **invoquer**, qui signifie « appeler par des prières, avoir recours à ».
évulsif, ive adj.
évulsion n. f.
evzone n. m.
ex abrupto loc. adv.
exacerbation n. f.
exacerbé, ée adj.
exacerber v. tr. | conjug. 1 |
¬ **s'exacerber**
➾ Aux temps composés de la forme pronominale, le participe passé s'accorde en genre et en nombre avec le sujet : *sa douleur s'est exacerbée.*
exact, exacte /ɛgza(kt), ɛgzakt/ adj.
♪ Au masculin, la prononciation /ɛgza/ tend à disparaître.
exactement adv.
exacteur n. m.
exaction n. f.
exactitude n. f.
ex æquo /ɛgzeko/ loc. adv.
▫ rec. off. pour **dead-heat**
Ξ Ce mot s'emploie parfois comme nom. Il est invariable : *départager les ex æquo.*
exagérateur, trice adj. et n.
exagération n. f.

exagéré, ée adj.
Ξ **Trop exagéré** est un pléonasme à éviter.
exagérément adv.
exagérer v. tr. | conjug. 6 |
exaltant, ante adj.
exaltation n. f.
➾ Ce mot s'écrit avec une majuscule dans **l'Exaltation de la Sainte Croix**.
exalté, ée adj. et n.
exalter v. tr. | conjug. 1 |
¬ **s'exalter**
➾ Aux temps composés de la forme pronominale, le participe passé s'accorde en genre et en nombre avec le sujet : *elle s'est exaltée à l'annonce de ce projet.*
examen /ɛgzamɛ̃/ n. m.
examinateur, trice n.
examiner v. tr. | conjug. 1 |
exanthémateux, euse adj.
exanthématique adj.
exanthème n. m.
exarchat /-ʃa/ n. m.
exarque n. m.
exarthrose n. f.
exaspérant, ante adj.
exaspération n. f.
exaspéré, ée adj.
exaspérer v. tr. | conjug. 6 |
¬ **s'exaspérer**
➾ Aux temps composés de la forme pronominale, le participe passé s'accorde en genre et en nombre avec le sujet : *sa frustration s'est exaspérée.*
exaucement n. m.
HOM. **exhaussement**
exaucer v. tr. | conjug. 3 |
⚡ Ne pas confondre ce verbe qui signifie « satisfaire, contenter », avec **exhausser**, qui signifie « surélever ».
¬ **s'exaucer**
➾ Aux temps composés de la forme pronominale, le participe passé s'accorde en genre et en nombre avec le sujet : *sa prière s'est exaucée.*
HOM. **exhausser**
ex cathedra /ɛkskatedʀa/ ou **ex cathédra**○ loc. adv.
excavateur, trice n.
excavation n. f.
excavatrice n. f.
excaver v. tr. | conjug. 1 |
excédant, ante adj.
HOM. **excédent**
excédent n. m.
HOM. **excédant**
excédentaire adj.
excéder v. tr. | conjug. 6 |
excellemment /ɛkselamɑ̃/ adv.
excellence n. f.
➾ Employé comme titre honorifique, ce mot s'écrit avec une majuscule, tout comme l'adjectif possessif qui le précède : *Son Excellence l'archevêque.* L'accord se fait soit avec le nom qui suit le titre, soit au féminin si *excellence* est employé seul : *Son Excellence l'ambassadeur est arrivé ; Son Excellence est arrivée.*
excellent, ente adj.
➾ Ne pas écrire cet adjectif comme *excellant*, participe présent du verbe *exceller*.
excellentissime adj.
exceller v. intr. | conjug. 1 |
excentration n. f.
excentré, ée adj.
excentrement n. m.
excentrer v. tr. | conjug. 1 |
excentricité n. f.
excentrique adj. et n.
excentriquement adv.
[1]**excepté, ée** adj.
➾ Contrairement à la préposition, cet adjectif se place après le nom et s'accorde avec lui : *j'ai tout noté, ses remarques désobligeantes exceptées* mais *j'ai tout noté, excepté ses remarques désobligeantes.*
[2]**excepté** prép.
➾ Ne pas confondre la préposition avec l'adjectif. Comme toutes les prépositions, ce mot est invariable ; il se place avant le nom : *toute la famille est venue, mes sœurs exceptées* mais *toute la famille est venue, excepté mes sœurs.*
excepter v. tr. | conjug. 1 |
exception n. f.
exceptionnalisme n. m.
exceptionnalité n. f.
exceptionnel, elle adj.
exceptionnellement adv.
excès n. m.
➾ Ne pas oublier le *c* après le *x* en écrivant ce mot et ceux de la même famille.
excessif, ive adj.
excessivement adv.
Ξ L'emploi de cet adverbe au sens de « extrêmement », sans valeur négative (*un plat excessivement bon*), est critiqué et doit être évité.
exciper v. tr. ind. | conjug. 1 |
excipient /ɛksipjɑ̃/ n. m.
excise n. f.
exciser v. tr. | conjug. 1 |
exciseur, euse n.
excision n. f.
HOM. forme du v. **exciser**
excitabilité n. f.
excitable adj.
excitant, ante adj. et n. m.

excitateur, trice n.
excitatif, ive adj.
excitation n. f.
excitatrice n. f.
excité, ée adj. et n.
exciter v. tr. | conjug. 1 |
➾ Ne pas oublier le *c* après le *x* en écrivant ce mot et ceux de la même famille (*excitation, excitant*, etc.)
¬ **s'exciter**
➾ Aux temps composés de la forme pronominale, le participe passé s'accorde en genre et en nombre avec le sujet : *elle s'est excitée sur ce projet*.
exciteur, euse adj. et n.
excitomoteur, trice adj.
exciton n. m.
HOM. formes du v. **exciter**
excitoécrétoire adj.
exclamatif, ive adj. et n. f.
exclamation n. f.
exclamativement adv.
exclamer (s') v. pron. | conjug. 1 |
➾ Aux temps composés de la forme pronominale, le participe passé s'accorde en genre et en nombre avec le sujet : *elle s'est exclamée de surprise*.
exclu, ue adj.
➾ Au singulier, ce mot s'écrit sans *s*, contrairement à *inclus*.
excluant, ante adj.
exclure v. tr. | conjug. 35 |
¬ **s'exclure**
➾ Aux temps composés de la forme pronominale, le participe passé s'accorde en genre et en nombre avec le sujet : *elle s'est volontairement exclue du groupe*.
exclusif, ive adj.
exclusion n. f.
exclusive n. f.
exclusivement adv.
exclusivisme n. m.
exclusiviste adj. et n.
exclusivité n. f.
excommunicateur, trice adj. et n.
excommunication n. f.
excommunicatoire adj.
excommunier v. tr. | conjug. 7 |
ex consensu loc. adv.
excoriation n. f.
excorier v. tr. | conjug. 7 |
¬ **s'excorier**
➾ Aux temps composés de la forme pronominale, le participe passé s'accorde en genre et en nombre avec le sujet : *elle s'est excoriée en tombant*.
excoriose n. f.
excrément n. m.
excrémenteux, euse adj.
excrémentiel, ielle adj.
excreta ou **excrétas**° n. m. pl.
HOM. formes du v. **excréter**
excréter v. tr. | conjug. 6 |
excréteur, trice adj.
excrétion n. f.
excrétoire adj.
excroissance n. f.
excru, ue adj.
excurrent, ente adj.
excursion n. f.
excursionner v. intr. | conjug. 1 |
excursionniste n.
excursus /-ys/ n. m.
excusabilité n. f.
excusable adj.
excuse n. f.
♪ Ne pas prononcer *ɛskyz.
excuser v. tr. | conjug. 1 |
♪ Ne pas prononcer *ɛskyze.
¬ **s'excuser**
☰ **S'excuser** dans le sens de « présenter ses excuses » est considéré comme incorrect par certains puristes, qui préconisent d'employer *excusez-moi* ou *veuillez m'excuser* au lieu de *je m'excuse*. Cet emploi est toutefois très courant et ne constitue pas une faute.
➾ Aux temps composés de la forme pronominale, le participe passé s'accorde en genre et en nombre avec le sujet : *ils se sont excusés auprès d'elle*.
exeat ▪ plur. inv. ou plur. **exeats** ou **exéat**° ▪ plur. **exéats**° /ɛgzeat/ n. m.
exécrabilité n. f.
exécrable adj.
exécrablement adv.
exécration /ɛgze- ; ɛkse-/ n. f.
exécrer /ɛgze- ; ɛkse-/ v. tr. | conjug. 6 |
exécutable adj.
exécutant, ante n.
exécuter v. tr. | conjug. 1 |
¬ **s'exécuter**
➾ Aux temps composés de la forme pronominale, le participe passé s'accorde en genre et en nombre avec le sujet : *elle s'est exécutée de bonne grâce*.
exécuteur, trice n. et adj.
exécutif, ive adj. et n. m.
exécution n. f.
exécutoire adj.
exécutoirement adv.
exèdre n. f.
exégèse n. f.
exégète n. m.
exégétique adj.

exéma n. m.
→ **eczéma**
exémateux, euse adj. et n.
→ **eczémateux**
exématisation n. f.
→ **eczématisation**
exématogène adj.
→ **eczématogène**
exemplaire adj. et n. m.
exemplairement adv.
exemplarité n. f.
exemplatif, ive adj.
exemple n. m.
exemplification n. f.
exemplifier v. tr. | conjug. 7 |
exempt, empte /ɛgzɑ̃, ɑ̃t/ adj. et n. m.
exempter /ɛgzɑ̃te/ v. tr. | conjug. 1 |
¬ **s'exempter**
➾ Aux temps composés de la forme pronominale, le participe passé s'accorde en genre et en nombre avec le sujet : *elle s'est exemptée de dépenses inutiles*.
exemption /ɛgzɑ̃psjɔ̃/ n. f.
exentération n. f.
exequatur ▪ plur. inv. ou **exéquatur**° ▪ plur. **exéquaturs**° /ɛgzekwatyʀ/ n. m.
exerçable adj.
exercé, ée adj.
exercer v. tr. | conjug. 3 |
¬ **s'exercer**
➾ Aux temps composés de la forme pronominale, le participe passé s'accorde en genre et en nombre avec le sujet : *ils se sont beaucoup exercés avant leur audition*.
exercice n. m.
exerciseur n. m.
exérèse n. f.
exergue n. m.
☯ Ce mot est masculin : *un exergue*.
exfiltration n. f.
exfiltrer v. tr. | conjug. 1 |
exfoliant, iante adj.
exfoliatif, ive adj.
exfoliation n. f.
exfolier v. tr. | conjug. 7 |
¬ **s'exfolier**
➾ Aux temps composés de la forme pronominale, le participe passé s'accorde en genre et en nombre avec le sujet : *l'écorce s'est exfoliée*.
exhalaison n. f.
exhalation n. f.
exhaler v. tr. | conjug. 1 |
exhaure n. f.
exhaussement n. m.
HOM. **exaucement**
exhausser /ɛgzose/ v. tr. | conjug. 1 |
ϟ Ne pas confondre ce verbe qui signifie « surélever », avec **exaucer**, qui signifie « satisfaire, contenter ».
HOM. **exaucer**
exhausteur n. m.
exhaustif, ive adj.
exhaustion n. f.
exhaustivement adv.
exhaustivité n. f.
exhérédation n. f.
exhéréder v. tr. | conjug. 6 |
exhiber v. tr. | conjug. 1 |
¬ **s'exhiber**
➾ Aux temps composés de la forme pronominale, le participe passé s'accorde en genre et en nombre avec le sujet : *ils se sont exhibés dans des réunions mondaines*.
exhibi n. et adj.
▫ abrév. de **exhibitionniste**
exhibition n. f.
exhibitionnisme n. m.
exhibitionniste n. et adj.
exhilarant, ante adj.
exhortation n. f.
exhorter v. tr. | conjug. 1 |
☰ La structure **exhorter qqn de** est vieillie. De nos jours, on emploie plutôt **exhorter qqn à** : *je vous exhorte à sortir*.
¬ **s'exhorter**
➾ Aux temps composés de la forme pronominale, le participe passé s'accorde en genre et en nombre avec le sujet : *elles se sont exhortées à agir*.
exhumation n. f.
exhumer v. tr. | conjug. 1 |
exigeant, ante adj.
exigence n. f.
exiger v. tr. | conjug. 3 |
exigibilité n. f.
exigible adj.
exigu, uë ou **üe**° adj.
➾ Le tréma sur le *e* au féminin indique qu'il faut prononcer le *u*. Cependant, les Rectifications de l'orthographe de 1990 préconisent le déplacement du tréma sur le *u* pour signaler que cette voyelle doit être prononcée.
exiguïté ou **exigüité**° n. f.
➾ Le tréma sur le *i* indique qu'il faut prononcer le *u*. Cependant, les Rectifications de l'orthographe de 1990 préconisent le déplacement du tréma sur le *u* pour signaler que cette voyelle doit être prononcée.
exil n. m.
HOM. formes du v. **exiler**
exilé, ée adj. et n.
exiler v. tr. | conjug. 1 |
¬ **s'exiler**
➾ Aux temps composés de la forme pronominale, le participe passé s'accorde en genre

et en nombre avec le sujet : *elle s'est exilée en Australie*.

exilien, ienne adj.

exinscrit, ite adj.

existant, ante adj. et n. m.

existence n. f.

existential, ale, aux adj.

existentialisme n. m.

existentialiste adj.

existentiel, ielle adj.

➾ Bien que dérivé de *existence*, cet adjectif s'écrit avec un *t*.

existentiellement adv.

exister v. intr. | conjug. 1 |

1**exit** /ɛgzit/ n. m. ▪ plur. inv. ou plur. **exits**

2**exit** /ɛgzit/ v.

☰ Ce verbe s'emploie dans les indications scéniques pour signaler qu'un personnage sort (*exit Roméo*). On trouve *exeunt* pour signaler la sortie de scène de plusieurs personnages (*exeunt les gardes*). Ces deux formes peuvent s'employer également par plaisanterie : (*exit le ministre de la Culture*).

ex-libris ou **exlibris**○ /ɛkslibʀis/ n. m. inv.

ex nihilo adv. et adj. inv.

exoascus n. m. inv.

exobiologie n. f.

exobiologique adj.

exobiologiste n.

exocardiaque adj.

exocentrique adj.

1**exocet** n. m.

HOM. formes des v. **exaucer, exhausser**

2**Exocet**® n. m.

➾ Comme tous les noms déposés, ce mot doit s'écrire avec une majuscule : *des Exocets air-mer*. Toutefois, on le trouve fréquemment employé comme nom générique sans respect de la règle : *des exocets air-mer*.

☰ Ce mot peut s'employer en apposition ; il est alors invariable : *des missiles Exocet*.

HOM. formes des v. **exaucer, exhausser**

exocrâne n. m.

exocrânien, ienne adj.

exocrine adj.

exode n. m.

☯ Ce mot est masculin : *un exode*.

➾ Avec une majuscule, **l'Exode** désigne l'émigration des Hébreux hors d'Égypte et le livre de la Bible qui la relate : *Moïse fut le conducteur du peuple juif au cours de l'Exode ; lire un passage de l'Exode*.

exodontie /-si/ n. f.

exodontique adj.

exogame adj. et n.

exogamie n. f.

exogamique adj.

exogène adj.

exogénose n. f.

exognathe /-gnat/ adj.

exognathie /-gnati/ n. f. ou **exognathisme** /-gnatism/ n. m.

exogyne adj.

exomorphe adj.

exomorphique adj.

exomorphisme n. m.

exomphale n. f.

exon n. m.

exondation n. f.

exondement n. m.

exonder (s') v. pron. | conjug. 1 |

➾ Aux temps composés de la forme pronominale, le participe passé s'accorde en genre et en nombre avec le sujet : *la terre s'est exondée*.

exonérateur, trice adj.

exonération n. f.

exonérer v. tr. | conjug. 6 |

¬ **s'exonérer**

➾ Aux temps composés de la forme pronominale, le participe passé s'accorde en genre et en nombre avec le sujet : *ils se sont exonérés de leur dette*.

exophilie n. f.

exophorie n. f.

exophtalmie n. f.

exophtalmique adj.

exoplanète n. f.

exoplasme n. m.

exorable adj.

exoration n. f.

exorbitamment adv.

exorbitance n. f.

exorbitant, ante adj.

➾ Ne pas écrire **exhorbitant* ; ce mot n'existe pas.

exorbité, ée adj.

exorbiter v. tr. | conjug. 1 |

¬ **s'exorbiter**

➾ Aux temps composés de la forme pronominale, le participe passé s'accorde en genre et en nombre avec le sujet : *ses yeux se sont exorbités*.

exorbitisme n. m.

exorcisation n. f.

exorciser v. tr. | conjug. 1 |

exorciseur, euse n.

exorcisme n. m.

exorcistat n. m.

exorciste n.

exorde n. m.

exoréique adj.

exoréisme n. m.

exosmose n. f.

exosphère n. f.

exosphérique adj.
exosquelette n. m.
exostose n. f.
exotérique adj.
exotérisme n. m.
exotherme adj.
exothermique adj.
exotique adj. et n.
exotiquement adv.
exotisme n. m.
exotoxine n. f.
expandeur n. m.
expansé, ée adj.
expansibilité n. f.
expansible adj.
expansif, ive adj.
expansion n. f.
➾ Ne pas écrire **expension,* par analogie avec *extension*.
expansionnisme n. m.
expansionniste n. et adj.
expansivité n. f.
expatriation n. f.
expatrié, iée adj. et n.
expatrier v. tr. | conjug. 7 |
¬ **s'expatrier**
➾ Aux temps composés de la forme pronominale, le participe passé s'accorde en genre et en nombre avec le sujet : *elles se sont expatriées*.
expectant, ante adj.
expectatif, ive adj.
expectation n. f.
expectative n. f.
expectorant, ante adj.
expectoration n. f.
expectorer v. tr. | conjug. 1 |
expédience n. f.
expédient, iente adj. et n. m.
➾ Ne pas écrire ce mot comme *expédiant*, participe présent du verbe *expédier*.
expédier v. tr. | conjug. 7 |
expéditeur, trice n.
expéditif, ive adj.
expédition n. f.
expéditionnaire adj. et n.
expéditivement adv.
expérience n. f.
expérimentable adj.
expérimental, ale, aux adj.
expérimentalement adv.
expérimentalisme n. m.
expérimentaliste n.
expérimentateur, trice n.
expérimentation n. f.
expérimenté, ée adj.
expérimenter v. tr. | conjug. 1 |
expert, erte adj. et n.
➾ **Expert judiciaire** s'écrit sans trait d'union.
expert-comptable, experte-comptable n. ▪ plur. **experts-comptables, expertes-comptables**
expertement adv.
expertise n. f.
expertiser v. tr. | conjug. 1 |
expiable adj.
expiateur, trice adj.
expiation n. f.
expiatoire adj.
expier v. tr. | conjug. 7 |
expirant, ante adj.
expirateur, trice adj. et n. m.
expiration n. f.
expiratoire adj.
expirer v. tr. et v. intr. | conjug. 1 |
explant n. m.
explétif, ive adj.
explétivement adv.
explicable adj.
explicateur, trice adj. et n.
explicatif, ive adj.
explication n. f.
explicitation n. f.
explicite adj.
explicitement adv.
expliciter v. tr. | conjug. 1 |
expliquer v. tr. | conjug. 1 |
¬ **s'expliquer**
➾ Aux temps composés de la forme pronominale, le participe passé s'accorde en genre et en nombre avec le sujet : *ils se sont expliqués calmement*.
exploit n. m.
exploitabilité n. f.
exploitable adj.
exploitant, ante adj. et n.
exploitation n. f.
exploité, ée adj. et n.
exploiter v. tr. et v. intr. | conjug. 1 |
exploiteur, euse n.
explorable adj.
explorateur, trice n.
exploration n. f.
exploratoire adj.
explorer v. tr. | conjug. 1 |
explosé, ée adj.
exploser v. intr. | conjug. 1 |
exploseur n. m.
explosibilité n. f.
explosible adj.
explosif, ive adj. et n. m.
explosimètre n. m.
explosion n. f.
HOM. formes du v. **exploser**

explosivement adv.
explosivité n. f.
expo n. f.
◘ abrév. de **exposition**
exponentiel, ielle adj. et n. f.
exponentiellement adv.
export n. m.
exportable adj.
exportateur, trice n. et adj.
exportation n. f.
exporter v. tr. | conjug. 1 |
¬ **s'exporter**
➾ Aux temps composés de la forme pronominale, le participe passé s'accorde en genre et en nombre avec le sujet : *cette fête s'est exportée dans le monde entier.*
exposant, ante n.
exposé n. m.
exposemètre n. m.
→ **posemètre**
exposer v. tr. | conjug. 1 |
¬ **s'exposer**
➾ Aux temps composés de la forme pronominale, le participe passé s'accorde en genre et en nombre avec le sujet : *elle s'est exposée à la critique.*
exposimètre n. m.
→ **posemètre**
expositeur n. m.
exposition n. f.
➾ Ce mot s'écrit avec une majuscule dans les noms de manifestations culturelles : *l'Exposition universelle de 1937.*
expositoire adj.
expo-vente n. f. ▪ plur. **expo-ventes**
[1]**exprès, esse** /ɛkspʀɛ(s), ɛs/ adj.
♪ Au masculin, le *s* final peut ne pas être prononcé, bien que cet usage, auquel tiennent certains puristes, soit très rare.
↯ Ne pas confondre cet adjectif, qui signifie « explicite, formel » (*un ordre exprès ; une défense expresse*), avec les adjectifs invariables **exprès**, qui signifie « remis sans délai » (*un envoi postal exprès ; une lettre exprès*), et **express**, qui signifie « assurant un déplacement ou un service rapide » (*des voies express ; un [train] express*) ou « expresso » (*un [café] express*).
HOM. **express**
[2]**exprès** /ɛkspʀɛs/ adj. inv.
↯ Ne pas confondre cet adjectif invariable, qui signifie « remis sans délai » (*un envoi postal exprès ; une lettre exprès*), avec les adjectifs **exprès, esse**, qui signifie « explicite, formel » (*un ordre exprès ; une défense expresse*), et **express**, qui signifie « assurant un déplacement ou un service rapide » (*des voies express ; un [train] express*) ou « expresso » (*un [café] express*).
HOM. **express**
[3]**exprès** /ɛkspʀɛ/ adv.
↯ Ne pas confondre l'adverbe **exprès**, qui signifie « à dessein » (*je ne l'ai pas fait exprès*), avec **expressément**, qui signifie « explicitement, formellement » (*je lui ai demandé expressément*).
☰ L'expression **un fait exprès** signifie « une coïncidence curieuse et fâcheuse ». La liaison entre le *t* et le *e* est obligatoire.
express adj. et n. m. inv.
↯ Ne pas confondre ce mot invariable, qui signifie « assurant un déplacement ou un service rapide » (*des voies express ; un [train] express*) ou « expresso » (*un [café] express*) avec les adjectifs **exprès, esse**, qui signifie « explicite, formel » (*un ordre exprès ; une défense expresse*), et **exprès**, qui signifie « remis sans délai » (*un envoi postal exprès ; une lettre exprès*).
HOM. [1 et 2]**exprès**
expressément adv.
↯ Ne pas confondre **expressément**, qui signifie « explicitement, formellement » (*je lui ai demandé expressément*), avec l'adverbe **exprès**, qui signifie « à dessein » (*je ne l'ai pas fait exprès*)
expressif, ive adj.
expression n. f.
expressionnisme n. m.
➾ Comme tous les noms de courants artistiques, ce mot s'écrit sans majuscule : *l'expressionnisme allemand.*
expressionniste adj. et n.
➾ Comme tous les mots désignant ou qualifiant un courant artistique ou ses représentants, ce mot s'écrit sans majuscule : *le mouvement expressionniste ; les expressionnistes.*
expressiste n. m.
expressivement adv.
expressivité n. f.
expresso n. m.
exprimable adj.
exprimer v. tr. | conjug. 1 |
¬ **s'exprimer**
➾ Aux temps composés de la forme pronominale, le participe passé s'accorde en genre et en nombre avec le sujet : *ils se sont exprimés très librement.*
ex professo loc. adv.
expromission n. f.
expropriant, iante adj.
expropriateur, trice n.
expropriation n. f.
exproprier v. tr. | conjug. 7 |
expugnable /-gnabl/ adj.

expulsable adj.
expulsé, ée adj.
expulser v. tr. | conjug. 1 |
expulseur, expultrice adj.
expulsif, ive adj.
expulsion n. f.
HOM. formes du v. **expulser**
expurgation n. f.
expurgatoire adj.
expurger v. tr. | conjug. 3 |
exquis, ise /ɛkski, iz/ adj.
♪ Ne pas prononcer /*ɛski, iz/.
exquisément adv.
exquisité n. f.
exsangue /ɛksɑ̃g ; ɛgzɑ̃g/ adj.
➡ Ne pas écrire **exangue.*
exsanguination n. f.
exsanguino-transfusion ▪ plur. **exsanguino-transfusions** ou **exsanguinotransfusion**○ ▪ plur. **exsanguinotransfusions**○ n. f.
exsertile ou **exsert, erte** adj.
exstrophie n. f.
exsuccion /ɛksysjɔ̃/ n. f.
exsudat n. m.
HOM. formes du v. **exsuder**
exsudatif, ive adj.
exsudation n. f.
exsuder v. intr. et v. tr. | conjug. 1 |
exsufflation n. f.
exsurgence n. f.
extase n. f.
extasier (s') v. pron. | conjug. 7 |
➡ Aux temps composés de la forme pronominale, le participe passé s'accorde en genre et en nombre avec le sujet : *elle s'est extasiée devant ce tableau.*
HOM. **ecstasié**
extatique adj.
extatiquement adv.
extemporané, ée adj.
extemporanément adv.
extenseur adj. m. et n. m.
extensibilité n. f.
extensible adj.
extensif, ive adj.
extension n. f.
➡ Ne pas écrire **extansion.*
extensionalité n. f.
extensionnel, elle adj.
extensivement adv.
extensivité n. f.
extenso (in) /inɛkstɛ̃so/ loc. adv. et adj.
extensomètre n. m.
exténuant, ante adj.
exténuation n. f.
exténuer v. tr. | conjug. 1 |
¬ **s'exténuer**
➡ Aux temps composés de la forme pronominale, le participe passé s'accorde en genre et en nombre avec le sujet : *elle s'est exténuée à crier.*
extérieur, ieure adj. et n. m.
extérieurement adv.
extérioration n. f.
extériorisable adj.
extériorisation n. f.
extérioriser v. tr. | conjug. 1 |
¬ **s'extérioriser**
➡ Aux temps composés de la forme pronominale, le participe passé s'accorde en genre et en nombre avec le sujet : *sa colère s'est extériorisée.*
extériorité n. f.
exterminateur, trice adj. et n.
extermination n. f.
exterminatoire adj.
exterminer v. tr. | conjug. 1 |
¬ **s'exterminer**
➡ Aux temps composés de la forme pronominale, le participe passé s'accorde en genre et en nombre avec le sujet : *ils se sont exterminés.*
externalisation n. f.
externaliser v. tr. | conjug. 1 |
externalité n. f.
externat n. m.
externe adj. et n.
extérocepteur n. m.
extéroceptif, ive adj.
extérofectif, ive adj.
exterritorialité n. f.
extincteur, trice adj. et n. m.
extinctif, ive adj.
extinction n. f.
extinguible adj.
extirpable adj.
extirpateur n. m.
extirpation n. f.
extirper v. tr. | conjug. 1 |
¬ **s'extirper**
➡ Aux temps composés de la forme pronominale, le participe passé s'accorde en genre et en nombre avec le sujet : *elle s'est extirpée de son lit.*
extorquer v. tr. | conjug. 1 |
extorqueur, euse n.
extorsion n. f.
extra n. m. et adj. inv.
➡ Le nom a un pluriel régulier : *des extras.*
extraatmosphérique adj.
extraaxillaire adj.
extrabudgétaire adj.

extracardiaque adj.
extrace n. f.
extracellulaire adj.
extracommunautaire adj.
extracomptable adj.
extraconjugal, ale, aux adj.
extraconstitutionnel, elle adj.
extracontinental, ale, aux adj.
extracorporel, elle adj.
extracourant ▪ plur. **extracourants** ou **extra-courant** ▪ plur. **extra-courants** n. m.
extracourt, courte adj.
extracteur n. m.
extractible adj.
extractif, ive adj.
extraction n. f.
extrader v. tr. | conjug. 1 |
extradition n. f.
extrados n. m.
extradosser v. tr. | conjug. 1 |
extra-dry ▪ plur. inv. ou **extradry** ▪ plur. **extradrys** /ɛkstʀadʀaj/ adj.
extradural, ale, aux adj.
extraeuropéen, enne adj.
extrafin, fine ▪ plur. **extrafins, fines** ou **extra-fin, fine** ▪ plur. **extra-fins, fines** adj.
extrafoliacé, ée ou **extrafolié, ée** adj.
extrafort, forte ▪ plur. **extraforts, fortes** ou **extra-fort, forte** ▪ plur. **extra-forts, fortes** adj. et n. m.
extragalactique adj.
extrahospitalier, ière adj.
extraire v. tr. | conjug. 50 |
¬ **s'extraire**
➾ Aux temps composés de la forme pronominale, le participe passé s'accorde en genre et en nombre avec le sujet : *elles se sont extraites du véhicule à grand-peine*.
extrait n. m.
HOM. formes du v. **extraire**
extrajudiciaire adj.
extrajudiciairement adv.
extralarge ▪ plur. **extralarges** ou **extra-large** ▪ plur. **extra-larges** adj.
extralégal, ale, aux adj.
extraléger, ère adj.
extra-light /-lajt/ ▪ plur. inv. ou **extralight**○ ▪ plur. **extralights**○ adj.
extralinguistique adj.
extralittéraire adj.
extralucide adj.
extramarital, ale, aux adj.
extramathématique adj.
extra-muros ou **extramuros**○ /-os/ adv. et adj. inv.
extranational, ale, aux adj.
extranaturel, elle, els adj.
extranéité n. f.
extranet n. m.
extranucléaire adj.
extraordinaire adj.
extraordinairement adv.
extraparlementaire adj.
extraplat, ate adj.
extrapleural, ale, aux adj. et n. m.
extrapolable adj.
extrapolation n. f.
extrapoler v. intr. | conjug. 1 |
extrapolitique adj.
extraprofessionnel, elle adj.
extrapyramidal, ale, aux adj.
extrarapide adj.
extraréglementaire adj.
extrarénal, ale, aux adj.
extrascientifique adj.
extrascolaire adj.
extrasensible adj.
extrasensoriel, ielle adj.
extrasolaire adj.
extrastatutaire adj.
extrasystole n. f.
extrasystolique adj.
extratemporel, elle adj.
extratensif, ive adj. et n.
extraterrestre adj. et n.
extraterritorial, iale, iaux adj.
□ rec. off. pour **offshore**
extraterritorialité n. f.
extratextuel, elle adj.
extra-urbanisation n. f. ▪ plur. **extra-urbanisations**
extra-utérin, ine adj. ▪ plur. **extra-utérins, ines**
extravagamment adv.
extravagance n. f.
extravagant, ante adj.
extravasation n. f.
extravaser (s') v. tr. et v. pron. | conjug. 1 |
➾ Aux temps composés de la forme pronominale, le participe passé s'accorde en genre et en nombre avec le sujet : *la sève s'est extravasée*.
extraversion n. f.
extraverti, ie adj. et n.
extrême adj. et n. m.
➾ **Extrême gauche** et **extrême droite** s'écrivent sans trait d'union.
extrêmement adv.
extrême-onction n. f. ▪ plur. **extrêmes-onctions**
extrême-oriental, ale, aux adj. et n.
➾ L'adjectif s'écrit sans majuscule : *la population extrême-orientale*. Le nom s'écrit avec une

majuscule : *les Extrême-Orientaux ; c'est une Extrême-Orientale.*
extremis (in) /inɛkstʀemis/ loc. adv. et adj.
extrémiser v. tr. | conjug. 1 |
extrémisme n. m.
extrémiste n. et adj.
extrémité n. f.
extremum ou **extrémum**° /ɛkstʀemɔm/ n. m.
extrinsécisme n. m.
extrinsèque adj.
extrinsèquement adv.
extrorse adj.
extrospection n. f.
extroversion n. f.
extroverti, ie adj. et n.
extrudage n. m.
extrudé, ée adj.
extrudeuse n. f.
extrusion n. f.
extumescence n. f.
exubérance n. f.
exubérant, ante adj.
➾ Ne pas écrire **exhubérant.*
exulcération n. f.
exulcérer v. tr. | conjug. 6 |
¬ **s'exulcérer**
➾ Aux temps composés de la forme pronominale, le participe passé s'accorde en genre et en nombre avec le sujet : *ses lèvres se sont exulcérées.*
exultant, ante adj.
exultation n. f.
exulter v. intr. | conjug. 1 |
exultet /-ɛ(t)/ n. m.
HOM. formes du v. **exulter**
exurbanisation n. f.
exutoire n. m.
exuviation n. f.
exuvie n. f.
ex vivo loc. adv.
ex-voto ▪ plur. inv. ou **exvoto**° ▪ plur. **exvotos**° n. m.
eyeliner /ajlajnœʀ/ n. m.
eyra n. m.
HOM. formes du v. **errer**
ezine /izin/ n. m.

F

f n. m. inv, abrév. et symb.
F n. m. inv, abrév. et symb.
fa n. m. inv.
HOM. **fat**
F. A. B. /ɛfabe/ adj. inv.
▫ abrév. de **franco à bord**
▫ rec. off. pour **F. O. B.**
fabacée n. f.
fabago n. m. ou **fabagelle** n. f.
fabisme n. m.
→ **favisme**
fable n. f.
fabliau n. m.
fablier n. m.
fabricabilité n. f.
fabricable adj.
fabricant, ante n.
➾ Ne pas écrire ce nom comme *fabriquant*, participe présent du verbe *fabriquer*.
fabricateur, trice n.
fabrication n. f.
fabricien n. m.
fabricoter v. tr. | conjug. 1 |
fabrique n. f.
fabriquer v. tr. | conjug. 1 |
fabulant, ante adj.
fabulateur, trice adj. et n.
fabulation n. f.
fabuler v. intr. | conjug. 1 |
fabuleusement adv.
fabuleux, euse adj.
fabuliste n. m.
fac n. f.
▫ abrév. de **faculté**
HOM. **FAQ**
façade n. f.
façadier, ière n.
face n. f.
Ξ La locution prépositionnelle **en face** sans *de* (*la maison en face la mairie*) appartient au registre populaire. Dans le langage soigné, on emploiera plutôt **en face de** : *la maison en face de la mairie.*
HOM. **fasce**, formes du v. **faire**
face-à-face n. m. inv.
➾ Ce nom s'écrit avec des traits d'union, contrairement à la locution adverbiale **face à face** : *ils étaient face à face* mais *un face-à-face télévisé.*
face-à-main n. m. ▪ plur. **faces-à-main**
facétie /-si/ n. f.
facétieusement /-sjøzmɑ̃/ adv.
facétieux, ieuse /-sjø, jøz/ adj.
facette n. f.
facetter v. tr. | conjug. 1 |
fâche n. f.
fâché, ée adj.
Ξ Il faut éviter d'employer **être fâché après qqn**. On dira plutôt **être fâché contre qqn**.
fâcher v. tr. | conjug. 1 |
¬ **se fâcher**
➾ Aux temps composés de la forme pronominale, le participe passé s'accorde en genre et en nombre avec le sujet : *ils se sont fâchés avec elle ; elles se sont fâchées.*
fâcherie n. f.
fâcheusement adv.
fâcheux, euse adj. et n.
facho n. et adj.
▫ abrév. de **fasciste**
facial, iale, iaux adj.
faciès /fasjɛs/ n. m.
facile adj.
facilement adv.
facilitant, ante adj.
facilitateur, trice n.
facilitation n. f.
facilité n. f.
faciliter v. tr. | conjug. 1 |
facob n. m.
façon n. f.
➾ Ce mot est au singulier dans la locution **de**

toute façon : *de toute façon, il est trop tard.* Il s'écrit indifféremment avec ou sans *s* dans la locution **sans façon(s)** : *une réception sans façon(s).* Le singulier est toutefois plus fréquent.
Ξ La locution ***de telle façon à ce que** est fautive. **De façon à ce que** (+ subj.) est critiqué par certains puristes. Dans la langue soignée, on emploiera plutôt **de façon à** (+ inf.) ou **de façon que** (+ subj.) : *il se plaça de façon à être vu ; approche-toi de façon qu'on te voie.*
→ aussi **sans-façon**
faconde n. f.
façonnable adj.
façonnage n. m.
façonné, ée adj.
façonnement n. m.
façonner v. tr. | conjug. 1 |
façonneur, euse n.
façonnier, ière n. et adj.
HOM. formes du v. **façonner**
fac-similaire ▪ plur. **fac-similaires** ou **facsimilaire**° ▪ plur. **facsimilaires**° adj.
fac-similé ▪ plur. **fac-similés** ou **facsimilé**° ▪ plur. **facsimilés**° n. m.
factage n. m.
¹**facteur** n. m. (élément)
²**facteur, trice** n. (personne)
factice adj.
facticement adv.
facticité n. f.
factieusement /-ks-/ adv.
factieux, ieuse /-ks-/ adj. et n.
factif n. m.
faction n. f.
Ξ On emploie indifféremment **de faction** ou **en faction** : *un soldat de faction* ou *un soldat en faction.*
HOM. formes du v. **faxer**
factionnaire n. m.
factitif, ive adj.
factor n. m.
factorage n. m.
factorerie n. f.
factoriel, ielle adj. et n. f.
factoring /-iŋ/ n. m.
▫ rec. off. : **affacturage**
factorisation n. f.
factoriser v. tr. | conjug. 1 |
factotum /-tɔm/ n. m.
factualité n. f.
factuel, elle adj.
factuellement adv.
factum /faktɔm/ n. m.
facturation n. f.
facture n. f.
facture-congé n. f. ▪ plur. **factures-congés**
facturer v. tr. | conjug. 1 |
facturette n. f.
facturier, ière n.
HOM. formes du v. **facturer**
faculaire adj.
facule n. f.
facultaire adj.
facultatif, ive adj.
facultativement adv.
faculté n. f.
➾ Avec une majuscule et sans complément, **la Faculté** désigne la faculté de médecine et, par extension, l'ensemble du corps médical : *consulter la Faculté.*
fada adj. et n.
fadaise n. f.
fadasse adj.
fadassement adv.
fadasserie n. f.
fade adj. et n. m.
fadé, ée adj.
fadement adv.
fader v. pron. et v. intr. | conjug. 1 |
¬ **se fader**
➾ Aux temps composés de la forme pronominale, le participe passé ne s'accorde pas quand il est suivi d'un complément d'objet direct : *elle s'est fadé tout le boulot.*
fadeur n. f.
fading /fadiŋ ; fediŋ/ n. m.
▫ rec. off. : **évanouissement**
fado n. m.
faena /faena/ ou **faéna**° n. f.
faf n.
fafiot n. m.
fagacée n. f.
fagale n. f.
fagnard, arde n. et adj.
fagne n. f.
fagot n. m.
fagotage n. m.
fagoter v. tr. | conjug. 1 |
fagoteur, euse n.
fagotier n. m.
HOM. formes du v. **fagoter**
fagotin n. m.
fagoue n. f.
Fahrenheit /faʀɛnajt/ n. et adj. inv.
➾ Ce mot s'écrit avec une majuscule : *il fait 50 degrés Fahrenheit.*
F. A. I. /ɛfai/ n. m.
▫ abrév. de **fournisseur d'accès à Internet**
faiblard, arde adj.
faible adj. et n. m.
faiblement adv.
faiblesse n. f.
faiblet, ette adj.

faiblir v. intr. | conjug. 2 |
faiblissant, ante adj.
faiblot, otte adj.
faïence n. f.
Ξ Ce mot peut s'employer derrière un adjectif de couleur pour en préciser la nuance ; les deux mots sont alors invariables : *des pantalons bleu faïence.*
faïencé, ée adj.
faïencerie n. f.
faïencier, ière n.
faille n. f.
HOM. formes des v. **faillir, falloir**
failler (se) v. pron. | conjug. 1 |
➾ Aux temps composés, le participe passé s'accorde en genre et en nombre avec le sujet : *la croûte terrestre s'est faillée à cet endroit.*
HOM. formes des v. **faillir**
failli, ie n. et adj.
faillibilité n. f.
faillible adj.
faillir v. intr. | conjug. 2 |
CONJUG. Ce verbe s'emploie surtout à l'infinitif, au passé simple et aux temps composés.
faillite n. f.
faim n. f.
⌘ L'expression **avoir très faim** est critiquée par certains puristes : *faim* est un nom et ne peut normalement pas être modifié par un adverbe. Cet emploi est toutefois très courant et ne peut être considéré comme fautif. Dans la langue littéraire, on dit **avoir grand-faim**.
HOM. **feint** (p. p. de *feindre*), **fin**
faine ou **faîne** n. f.
fainéant, ante n. et adj.
fainéanter v. intr. | conjug. 1 |
fainéantise n. f.
[1]**faire** n. m.
HOM. **fer**, formes du v. **ferrer**

[2]**faire** v. tr. | conjug. 60 |
♪ Les formes en *fais-* (*faisons, faisions,* etc.) se prononcent /fəz-/.
⌘ On omet généralement le pronom réfléchi devant l'infinitif introduit par *faire* : *faire asseoir qqn ; faites-le asseoir.* L'emploi du pronom (*faire s'asseoir qqn ; faites-le s'asseoir*) n'est toutefois pas fautif.
➾ Ne pas confondre **avoir à faire** avec **avoir affaire**. **Avoir à faire** s'emploie avec ou sans complément : *j'ai un exercice à faire ; j'ai beaucoup à faire ; j'ai à faire.* **Avoir affaire** est toujours suivi de la préposition *à* : *j'ai eu affaire à lui.*
¬ **se faire**
➾ Aux temps composés de la forme pronominale, le participe passé s'accorde en genre et en nombre avec le sujet : *elles se sont faites à cette idée ; elle s'est faite belle.* Mais le participe passé ne s'accorde pas quand il est suivi d'un infinitif : *ils se sont fait voler la vedette ; elle s'est fait entendre.* Il ne s'accorde pas non plus quand il est suivi d'un complément d'objet direct : *elle s'est fait des illusions ; il s'est fait une entorse ; des tensions se sont fait jour.* Il ne s'accorde avec le complément d'objet direct que lorsque celui-ci est placé avant le verbe : *les illusions qu'elle s'est faites ; l'entorse qu'il s'est faite.*
HOM. **fer**, formes des v. **ferrer**

faire-part ▪ plur. inv. ou **fairepart**○ ▪ plur. **faireparts**○ n. m.
faire-valoir n. m. inv.
fair-play ▪ plur. inv. ou **fairplay**○ ▪ plur. **fairplays**○ /-plɛ/ n. m.
◘ rec. off. : **franc-jeu**
fairway /-wɛ/ n. m.
faisabilité /fə-/ n. f.
faisable /fə-/ adj.
faisan, ane /fə-/ n. et adj.
HOM. **faisant** (p. prés. de *faire*)
faisances /fə-/ n. f. pl.
faisandage /fə-/ n. m.
faisandé, ée /fə-/ adj.
faisandeau /fə-/ n. m.
faisander /fə-/ v. tr. | conjug. 1 |
faisanderie /fə-/ n. f.
faisandier /fə-/ n. m.
HOM. formes du v. **faisander**
faisanneau /fə-/ n. m.
faisceau n. m.
faiseur, euse /fə-/ n.
faisselle n. f.
[1]**fait, faite** adj.
HOM. **faix**

[2]**fait** n. m.
♪ Ce nom se prononce généralement /fɛ/, mais le *t* final se fait souvent entendre dans certaines expressions figées : *au fait ; en fait ; de fait ; par le fait ; c'est un fait (que) ; prendre qqn sur le fait.*
➾ **Fait divers** s'écrit sans trait d'union.
Ξ **Le fait que** s'emploie avec l'indicatif ou avec le subjonctif selon le degré de réalité accordé par le locuteur au fait en question : *le fait que Napoléon est mort en exil ; le fait que vous ayez de l'expérience ne vous dispense pas de suivre la formation.* Dans l'usage courant, cette distinction n'est pas toujours respectée et le subjonctif est le plus souvent employé.
HOM. **faix**

faîtage ou **faitage**○ n. m.
faîte ou **faite**○ n. m.
HOM. **fête**, formes des v. **faire, fêter**

faîteau ou **faiteau**○ n. m.
faîtier, ière ou **faitier, ière**○ adj.
HOM. formes du v. **fêter**
faîtière ou **faitière**○ adj. et n. f.
faitout ▪ plur. **faitouts** ou **fait-tout** ▪ plur. inv. n. m.
faix /fɛ/ n. m.
HOM. **fait**, formes du v. **faire**
fajita /faxita/ n. f.
fakir n. m.
fakirisme n. m.
falafel n. m.
falaise n. f.
falarique n. f.
falbala n. m.
falbalassé, ée adj.
falciforme adj.
falconidé n. m.
falconiforme n. m.
faldistoire n. m.
falerne n. m.
fallacieusement adv.
fallacieux, ieuse adj.
falloir v. impers. | conjug. 29 |
▸ **il faut** (+ inf.) *il faut l'avertir tout de suite*
▸ **il faut que** (+ subj.) *il faut qu'il vienne, c'est indispensable*
⌘ Ne pas dire ***ce qui faut** mais **ce qu'il faut** : *ce qu'il faut savoir sur la contraception ; il y a tout ce qu'il faut.*
Ξ Ne pas dire ***il faut mieux**, parfois employé par confusion entre **il faut** et **il vaut mieux**.
[1]**falot, ote** adj.
HOM. **phallo**
[2]**falot** n. m.
HOM. **phallo**
falotement adv.
faloterie n. f.
falourde n. f.
falqué, ée adj.
falsifiabilité n. f.
falsifiable adj.
falsificateur, trice n.
falsification n. f.
falsifier v. tr. | conjug. 7 |
faluche n. f.
falun n. m.
falunage n. m.
faluner v. tr. | conjug. 1 |
falunière n. f.
falzar n. m.
famé, ée adj.
Ξ Cet adjectif ne s'emploie que dans les locutions **bien famé** et **mal famé**.
famélique adj.
fameusement adv.
fameux, euse adj.
familial, iale, iaux adj. et n. f.
familialement adv.
familialisme n. m.
familialiste adj.
familiarisation n. f.
familiariser v. tr. | conjug. 1 |
¬ **se familiariser**
➾ Aux temps composés de la forme pronominale, le participe passé s'accorde en genre et en nombre avec le sujet : *ils se sont familiarisés avec l'orthographe.*
familiarité n. f.
familier, ière adj. et n.
familièrement adv.
familiste adj. et n.
familistère n. m.
famille n. f.
famine n. f.
famosité n. f.
famulus /-ys/ n. m.
fan /fan/ n.
HOM. **fane**, formes du v. **faner**
fana adj.
▫ abrév. de **fanatique**
HOM. formes du v. **faner**
fanage n. m.
fanaison n. f.
fanal, aux n. m.
fanandel n. m.
fanatique adj. et n.
fanatiquement adv.
fanatisant, ante adj.
fanatiser v. tr. | conjug. 1 |
fanatiseur, euse n. et adj.
fanatisme n. m.
fanchon n. f.
fanchonnette n. f.
fan-club ▪ plur. **fan-clubs** ou **fanclub**○ ▪ plur. **fanclubs**○ /fanklœb/ n. m.
fandango n. m.
fane n. f.
HOM. **fan**
fané, ée adj.
faner v. tr. | conjug. 1 |
¬ **se faner**
➾ Aux temps composés de la forme pronominale, le participe passé s'accorde en genre et en nombre avec le sujet : *les roses se sont fanées.*
faneur, euse n.
fanfan n. m.
fanfare n. f.
fanfaron, onne adj. et n.
fanfaronnade n. f.
fanfaronnard, arde adj. et n.
fanfaronner v. intr. | conjug. 1 |
fanfaronnerie n. f.

fanfiole n. f.
fanfreluche n. f.
fanfrelucher v. tr. | conjug. 1 |
fanfrelucheux, euse adj.
fange n. f.
fangeux, euse adj.
fangothérapie n. f.
fanion n. m.
HOM. formes du v. **faner**
fanny n. f.
HOM. **phanie**
fanoche adj.
fanoché, ée adj.
fanoir n. m.
fanon n. m.
HOM. formes du v. **faner**
fantaisie n. f.
☰ Ce mot peut s'employer en apposition ; il est alors invariable : *des bijoux fantaisie.*
fantaisisme n. m.
fantaisiste adj. et n.
fantaisistement adv.
fantasia n. f.
fantasmagorie n. f.
fantasmagorique adj.
fantasmagoriquement adv.
fantasmatique adj.
fantasme ou **phantasme** n. m.
fantasmer v. intr. et v. tr. | conjug. 1 |
fantasque adj.
fantasquement adv.
fantassin n. m.
fantastique adj. et n. m.
fantastiquement adv.
fantoche n. m. et adj.
fantochin n. m.
fantomal, ale, aux adj.
fantomatique adj.
fantomatiquement adv.
fantôme n. m.
☰ Ce mot peut s'employer en apposition : *un gouvernement fantôme* ; il prend la marque du pluriel : *des trains fantômes.*
fanton n. m.
→ **fenton**
fanu, ue adj.
fanum /-ɔm/ n. m.
fanure n. f.
fanzine /fɑ̃-/ n. m.
F. A. O. /ɛfao/ n. f.
◻ abrév. de **fabrication assistée par ordinateur**
faon /fɑ̃/ n. m.
HOM. formes du v. **fendre**
FAQ /fak/ n. f. inv.
◻ abrév. de **frequently asked questions** ou abrév. de **foire aux questions**
HOM. **fac**
faquin n. m.
faquinerie n. f.
faquinisme n. m.
far n. m.
HOM. **fard, fare, phare**
farad /-ad/ n. m.
faraday /-dɛ/ n. m.
faradique adj.
faradisation n. f.
faramineux, euse adj.
farandole n. f.
farandoleur, euse n.
faraud, aude n. et adj.
HOM. **faro**
farauderie n. f.
farce n. f. et adj.
☰ L'adjectif est vieilli et familier : *des paroles farces.*
farcement n. m.
farcer v. intr. | conjug. 3 |
farceur, euse n. et adj.
farci, ie adj. et n. m.
HOM. **farsi**
farcin n. m.
farcineux, euse adj.
farcir v. tr. | conjug. 2 |
¬ **se farcir qqch./qqn**
☰ La forme pronominale appartient au registre familier.
➾ Aux temps composés de la forme pronominale, le participe passé ne s'accorde pas quand il est suivi d'un complément d'objet direct : *ils se sont farci toutes les tâches ménagères.* Il s'accorde avec le complément d'objet direct quand celui-ci est placé avant le verbe : *les tâches ménagères qu'ils se sont farcies.*
farcissure n. f.
fard n. m.
HOM. **far, fare, phare**
fardage n. m.
farde n. f.
fardé, ée adj.
fardeau n. m.
fardeleuse n. f.
[1]**farder** v. tr. | conjug. 1 | (maquiller)
¬ **se farder**
➾ Aux temps composés de la forme pronominale, le participe passé s'accorde en genre et en nombre avec le sujet : *elles se sont fardées.* Mais le participe passé ne s'accorde pas quand il est suivi d'un complément d'objet direct : *elles se sont fardé les joues.*
[2]**farder** v. intr. | conjug. 1 | (Mar. : se gonfler)

fardier n. m.
HOM. formes du v. **farder**
fardoches n. f. pl.
fare n. m.
HOM. **far, fard, phare**
faré n. m.
farfadet n. m.
➾ Ce mot s'écrit sans majuscule : *les gnomes et les farfadets.*
farfalle n. f.
Ξ En italien, *farfalle* est un nom pluriel mais on l'emploie au singulier en francisant la forme du pluriel : *une farfalle, des farfalles.*
farfelu, ue adj.
farfouillage ou **farfouillement** n. m.
farfouiller v. intr. | conjug. 1 |
farfouilleur, euse adj. et n.
farguer v. intr. | conjug. 1 |
fargues n. f. pl.
faribole n. f.
fariboler v. intr. | conjug. 1 |
faridondaine n. f.
farigoule n. f.
farigoulette n. f.
farillon n. m.
farinacé, ée adj.
farinade n. f.
farinage n. m.
farine n. f.
fariner v. tr. | conjug. 1 |
farinet n. m.
HOM. formes du v. **fariner**
farineux, euse adj. et n. m.
farinier, ière n.
farlouche n. f.
→ **ferlouche**
farlouse n. f.
farniente /-njɛnte ; -njɑ̃t/ n. m.
farnienter /-njɛnte ; -njɑ̃te/ v. intr. | conjug. 1 |
faro n. m.
HOM. **faraud**
farouche n. m.
farouchement adv.
faroucherie n. f.
farrago n. m.
farsi n. m.
HOM. **farci**
fart /faʀt/ n. m.
fartage n. m.
farter v. tr. | conjug. 1 |
farthing /faʀtiŋ/ n. m.
far west /faʀwɛst/ n. m. inv.
fasce /fas/ n. f.
HOM. **face,** formes du v. **faire**
fascé, ée /fase/ adj.
fascia /fasja/ n. m.
fasciathérapeute /fasja-/ n.
fasciathérapie /fasja-/ n. f.
fasciation /fasja-/ n. f.
fasciculaire adj.
fascicule n. m.
fasciculé, ée adj.
fascié, iée /fasje/ adj.
HOM. forme du v. **faire**
fascinant, ante adj.
fascinateur, trice n. et adj.
fascination n. f.
fascine n. f.
fasciner v. tr. | conjug. 1 |
fascio n. m.
fasciole n. f.
fascisant, ante /faʃ-/ adj.
fascisation /faʃ-/ n. f.
fasciser /faʃ-/ v. tr. | conjug. 1 |
fascisme /faʃism ; fasism/ n. m.
fasciste /faʃist ; fasist/ n. et adj.
faséole n. f.
faseyer ou **faséyer**○ v. intr. | conjug. 1 et 6 |
[1]**faste** adj.
[2]**faste** n. m. (apparat)
Ξ La forme plurielle est devenue fréquente par confusion avec le nom masculin pluriel *fastes* : *les fastes d'un mariage princier.* Dans la langue soignée, on dira plutôt *le faste d'un mariage princier.*
fastes n. m. pl. (registres)
fast-food ▪ plur. **fast-foods** ou **fastfood**○ ▪ plur. **fastfoods**○ /fastfud/ n. m.
▫ rec. off. : **restauration rapide**
fastidieusement adv.
fastidieux, ieuse adj.
fastidiosité n. f.
fastigié, iée adj.
fastoche adj.
fastueusement adv.
fastueux, euse adj.
fastuosité n. f.
fat, fate /fa(t), fat/ adj. et n. m.
HOM. **fa**
fatal, ale adj.
➾ Le pluriel est régulier : *des oublis fatals.*
fatalement adv.
fatalisme n. m.
fataliste n. et adj.
fatalité n. f.
fathom /fazɔm/ n. m.
fatidique adj.
fatidiquement adv.
fatigabilité n. f.
fatigable adj.
fatigant, ante adj.
➾ Ne pas écrire cet adjectif comme *fatiguant,* participe présent du verbe *fatiguer.*
fatigue n. f.

fatigué, ée adj.
fatiguer v. tr. et v. intr. | conjug. 1 |
Ξ L'emploi de la forme intransitive avec un sujet désignant une personne (*je fatigue vite*) est vieilli ou régional. Il est préférable d'employer la forme pronominale : *je me fatigue vite.*
¬ **se fatiguer**
➾ Aux temps composés de la forme pronominale, le participe passé s'accorde en genre et en nombre avec le sujet : *ils se sont fatigués à le lui expliquer.*
fatma n. f.
fatras /fatʀɑ/ n. m.
fatrasie n. f.
fatrasique adj.
fatrasser v. intr. | conjug. 1 |
fatrassier, ière n.
fatuité n. f.
fatum /fatɔm/ n. m.
fatwa ou **fatwah** /fatwa/ n. f.
fau n. m.
HOM. **faux, faut** (du v. *falloir*)
faubert n. m.
faublas /-a/ n. m.
faubourg /fobuʀ/ n. m.
faubourien, ienne n. et adj.
faucard n. m.
faucardement ou **faucardage** n. m.
faucarder v. tr. | conjug. 1 |
faucardeur, euse n.
fauchable adj.
fauchage n. m.
fauchaison n. f.
fauchant, ante adj.
fauchard n. m.
fauche n. f.
fauché, ée adj. et n. f.
faucher v. tr. et v. intr. | conjug. 1 |
fauchet n. m.
HOM. formes du v. **faucher**
fauchette n. f.
faucheur, euse n.
faucheux n. m.
fauchon n. m.
HOM. formes du v. **faucher**
fauchure n. f.
faucille /fosij/ n. f.
faucillon n. m.
faucon n. m.
fauconneau n. m.
fauconnerie n. f.
fauconnier n. m.
fauconnière n. f.
faucre ou **fautre** n. m.
faufil n. m.
HOM. formes du v. **faufiler**
faufilage n. m.
faufiler v. tr. | conjug. 1 |
¬ **se faufiler**
➾ Aux temps composés de la forme pronominale, le participe passé s'accorde en genre et en nombre avec le sujet : *nous nous sommes faufilés à travers la foule.*
faufilure n. f.
faulknérien, ienne adj.
[1]**faune** n. m. (divinité)
[2]**faune** n. f. (animaux)
faunesque adj.
faunesse n. f.
faunin, ine adj.
faunique adj.
faunistique adj.
faunule n. f.
faussaire n.
HOM. forme du v. **fausser**
fausse couche n. f.
faussement adv. et n. m.
fausser v. tr. | conjug. 1 |
HOM. **fossé**
fausset n. m.
HOM. formes du v. **fausser**
fausseté n. f.
faustien, ienne adj.
faute n. f.
Ξ Le complément du nom doit être introduit par *de* : *c'est la faute de son frère*. L'emploi de la préposition *à* (*c'est la faute à son frère*) est populaire et doit être évité. Les formules du type *c'est de ma faute, c'est de la faute de son frère* sont d'usage courant. Dans la langue soignée, on évitera toutefois d'employer la préposition *de* avant le déterminant : *c'est ma faute ; c'est la faute de son frère.*
fauter v. intr. | conjug. 1 |
fauteuil n. m.
fauteur, trice n.
fautif, ive adj.
fautivement adv.
fautre n. m.
→ **faucre**
fauve adj. et n. m.
➾ Ce mot s'écrit sans majuscule, même lorsqu'il désigne un mouvement artistique.
fauverie n. f.
fauvette n. f.
fauvisme n. m.
➾ Comme tous les noms de courants artistiques, ce mot s'écrit sans majuscule : *la naissance du fauvisme.*
fauviste n. m.
➾ Comme tous les mots désignant ou qualifiant un courant artistique ou ses représentants, ce mot s'écrit sans majuscule : *le mouvement fauviste ; les fauvistes.*

[1]**faux, fausse** adj. et n. m.
HOM. (du masc.) **fau, faut** (du v. *falloir*) ; (du fém.) **fosse**
[2]**faux** n. f.
HOM. **fau, faut** (du v. *falloir*)
faux-bourdon n. m. ▪ plur. **faux-bourdons**
➾ Ce terme de musique s'écrit avec un trait d'union, contrairement au groupe nominal **faux bourdon**, qui désigne le mâle de l'abeille.
faux-cul /-ku/ ▪ plur. **faux-culs** ou **faux cul** ▪ plur. **faux culs** n. m.
faux-du-corps n. m. inv.
faux-filet n. m. ▪ plur. **faux-filets**
HOM. formes du v. **faufiler**
faux-fuyant n. m. ▪ plur. **faux-fuyants**
faux-marcher n. m. ▪ plur. **faux-marchers**
faux-monnayeur, fausse-monnayeuse n. m. ▪ plur. **faux-monnayeurs, fausses-monnayeuses**
☯ *Fausse-monnayeuse* est la forme recommandée par l'Office québécois de la langue française pour parler d'une femme.
faux-semblant n. m. ▪ plur. **faux-semblants**
faux-titre n. m. ▪ plur. **faux-titres**
favela /favela/ ou **favéla** n. f.
faverole n. f.
faveur n. f.
faveux, euse adj.
favisme ou **fabisme** n. m.
favorable adj.
favorablement adv.
[1]**favori, ite** adj. et n. (préféré)
➾ Ne pas écrire **favorit*.
[2]**favori** n. m. (cheval, marque-page, touffe de poils)
favorisant, ante adj.
favoriser v. tr. | conjug. 1 |
favoritisme n. m.
favouille n. f.
favus /-ys/ n. m.
fax n. m. inv.
▫ rec. off. : **télécopie** ou **télécopieur**
faxer v. tr. | conjug. 1 |
fayard ou **foyard** n. m.
fayot n. m.
fayotage n. m.
fayoter v. intr. | conjug. 1 |
fayousse n. f.
fazenda /fazɛnda/ n. f.
f. c. é. m. n. f.
▫ abrév. de **force contre-électromotrice**
féal, ale, aux adj. et n. m.
féauté n. f.
fébricitant, ante adj. et n.
fébricité n. f.
fébricule n. f.
fébrifuge adj.
fébrile adj.
fébrilement adv.
fébrilisation n. f.
fébriliser v. tr. | conjug. 1 |
fébrilité n. f.
fécal, ale, aux adj.
fécaloïde adj.
fécalome n. m.
fèces ou **fécès** /fɛs ; fesɛs/ n. f. pl.
HOM. **fesse**, formes du v. **fesser**
fécial, iaux n. m.
fécond, onde adj.
fécondabilité n. f.
fécondable adj.
fécondant, ante adj.
fécondateur, trice adj. et n. m.
fécondation n. f.
féconder v. tr. | conjug. 1 |
fécondité n. f.
féculage n. m.
fécule n. f.
féculence n. f.
féculent, ente adj. et n. m.
HOM. **féculant** (p. prés. du v. *féculer*)
féculer v. tr. | conjug. 1 |
féculerie n. f.
féculeux, euse adj.
féculier, ière adj. et n. m.
féculoïde adj.
fedayin ▪ plur. inv. ou plur. **fedayins** ou **fédayin** ▪ plur. **fédayins** /fedajin/ n. m.
fédéral, ale, aux adj.
fédéralisation n. f.
fédéraliser v. tr. | conjug. 1 |
fédéralisme n. m.
fédéraliste adj. et n.
fédérateur, trice adj. et n.
fédératif, ive adj.
fédération n. f.
➾ Ce mot s'écrit avec une majuscule quand il désigne un organisme à caractère unique : *la Fédération française d'athlétisme ; la Fédération nationale des syndicats d'exploitants agricoles (FNSEA)*.
fédéré, ée adj.
fédérer v. tr. | conjug. 6 |
¬ **se fédérer**
➾ Aux temps composés de la forme pronominale, le participe passé s'accorde en genre et en nombre avec le sujet : *les différents États se sont fédérés*.
fée n. f. et adj.
➾ Ce mot est toujours au pluriel dans **conte de fées**.
feed-back ▪ plur. inv. ou **feedback**° ▪ plur. **feedbacks**° /fidbak/ n. m. inv.

feeder ou **feedeur**○ /fidœʀ/ n. m.
Ξ Ce mot a pour recommandation officielle *ligne d'alimentation* dans le sens de « voie reliant un système producteur d'énergie ou de matière première à un lieu d'utilisation » et *câble coaxial* dans le sens de « câble de deux conducteurs concentriques isolés ».
feeling /filiŋ/ n. m.
féerie /fe(e)ʀi/ ou **fééerie** /feeʀi/ n. f.
HOM. **férie**
féerique /fe(e)ʀik/ ou **fééerique** /feeʀik/ adj.
féeriquement /fe(e)ʀi-/ ou **fééeriquement** /fee-/ adv.
féeriser /fe(e)ʀize/ v. tr. | conjug. 1 |
feignant, ante n. et adj.
feignasse adj. et n.
feindre v. tr. | conjug. 52 |
feint, feinte adj.
HOM. **faim, fin**
feinte n. f.
feinter v. intr. et v. tr. | conjug. 1 |
feinteur, euse n.
feintise n. f.
félatier n. m.
feld-maréchal n. m. ▪ plur. **feld-maréchaux**
feldspath /fɛldspat/ n. m.
feldspathiforme adj.
feldspathique adj.
feldspathisation n. f.
fêlé, ée adj.
fêler v. tr. | conjug. 1 |
félibre n. m.
félibrée n. f.
félibréen, éenne adj.
félibrige n. m.
félicitant, ante adj. et n.
félicitation n. f.
félicité n. f.
HOM. formes du v. **féliciter**
féliciter v. tr. | conjug. 1 |
▸ **féliciter qqn de/pour** (+ n.) *je vous félicite de votre réussite* ou *pour votre réussite*
▸ **féliciter qqn de** (+ inf.) *je vous félicite d'avoir réussi*
¬ **se féliciter**
➾ Aux temps composés de la forme pronominale, le participe passé s'accorde en genre et en nombre avec le sujet : *ils se sont félicités ; elle s'est félicitée de son succès.*
HOM. **félicité**
féliciteur, euse n.
félidé n. m.
félin, ine adj. et n. m.
félinement adv.
félinerie n. f.
félinité n. f.
fellaga ou **fellagha** n. m.
fellah n. m.
HOM. formes du v. **fêler**
fellateur, trice adj. et n.
fellation n. f.
félon, onne adj.
félonie n. f.
felouque n. f.
fêlure n. f.
fém n. f.
▫ abrév. de **force électromotrice**
femelle n. f. et adj.
fémelot n. m.
féminiforme adj.
féminilité n. f.
féminin, ine adj.
fémininement adv.
féminisant, ante adj.
féminisation n. f.
féminiser v. tr. | conjug. 1 |
¬ **se féminiser**
➾ Aux temps composés de la forme pronominale, le participe passé s'accorde en genre et en nombre avec le sujet : *cette profession s'est nettement féminisée.*
féminisme n. m.
féministe adj.
féminité n. f.
féminitude n. f.
féminoïde adj.
femme /fam/ n. f.
femme-grenouille n. f. ▪ plur. **femmes-grenouilles**
☯ Ce mot est recommandé par le *Guide d'aide à la féminisation des noms de métiers, titres, grades et fonctions* et l'Office québécois de la langue française pour remplacer *homme-grenouille* en parlant d'une femme.
femmelette /fam-/ n. f.
femme-objet n. f. ▪ plur. **femmes-objets** /fam-/
fémoral, ale, aux adj.
fémur n. m.
fenaison n. f.
fenasse n. f.
fendage n. m.
fendant, ante adj. et n. m.
fendard ou **fendart** n. m.
fenderie n. f.
fendeur, euse n.
fendeuse n. f.
fendille n. f.
fendillement n. m.
fendiller v. tr. | conjug. 1 |
¬ **se fendiller**
➾ Aux temps composés de la forme pronominale, le participe passé s'accorde en genre

et en nombre avec le sujet : *la terre s'est fendillée sous l'effet du froid.*

fendoir n. m.

fendre v. tr. | conjug. 41 |

➾ Au présent de l'indicatif, à la forme interrogative avec sujet inversé, on écrit *fend-on, fend-il, fend-elle* et non **fend-t-on, *fend-t-il, *fend-t-elle.* Le *d* final se prononce /t/ ; il est donc inutile et fautif d'ajouter un *t.*

¬ **se fendre**

➾ Aux temps composés de la forme pronominale, le participe passé s'accorde en genre et en nombre avec le sujet : *les murs se sont fendus ; elle s'est fendue d'une boîte de chocolats.* Mais le participe passé ne s'accorde pas quand il est suivi d'un complément d'objet direct : *nous nous sommes fendu la poire.*

fendu, ue adj.

fénelonien, ienne adj.

fenestella n. f.

fenestrage n. m.

fenestration n. f.

fenestrelle n. f.

Fenestron® n. m.

fenêtrage n. m.

fenêtre n. f.

fenêtré, ée adj.

fenêtrer v. tr. | conjug. 1 |

feng shui /fɛ̃gʃɥi/ n. m. inv.

fenian, ane n. et adj.

fenil /fəni(l)/ n. m.

♪ La prononciation /fəni/ tend à disparaître.

fennec /fenɛk/ n. m.

fenouil /fənuj/ n. m.

fenouillet n. m. ou **fenouillette** n. f.

fente n. f.

fenton ou **fanton** n. m.

fenugrec n. m.

féodal, ale, aux adj. et n. m.

féodalement adv.

féodalisation n. f.

féodaliser v. tr. | conjug. 1 |

féodalisme n. m.

féodalité n. f.

fer n. m.

Ξ Ce mot peut s'employer derrière un adjectif de couleur pour en préciser la nuance ; les deux mots sont alors invariables : *des voitures gris fer.*

HOM. **faire**, formes du v. **ferrer**

féra n. f.

HOM. formes du v. **ferrer**

féralies n. f. pl.

féraud ou **férault** adj. m.

fer-blanc n. m. ▪ plur. **fers-blancs**

ferblanterie n. f.

ferblantier, ière n.

féria n. f.

férial, iale, iaux adj.

férie n. f.

HOM. **féerie**

férié, iée adj.

HOM. formes du v. **ferrer**

férin, ine adj.

féringien, ienne adj. et n.

férir v. tr. | conjug. seult inf. |

Ξ Ce verbe ne s'emploie plus qu'à l'infinitif, dans l'expression **sans coup férir**.

ferlage n. m.

ferlampier n. m.

→ **frelampier**

ferlampille n. f.

ferler v. tr. | conjug. 1 |

ferlouche ou **farlouche** n. f.

fermage n. m.

fermail, aux n. m.

fermailleur n. m.

fermant, ante adj.

HOM. **ferment, ferrement**

ferme adj. et adv. ; n. f.

fermé, ée adj.

fermement adv.

ferment n. m.

HOM. **fermant, ferrement**

fermentable adj.

fermentaire adj. et n.

HOM. forme du v. **fermenter**

fermentatif, ive adj.

fermentation n. f.

fermenter v. intr. | conjug. 1 |

fermentescibilité n. f.

fermentescible adj.

fermenteur n. m.

fermer v. tr. et v. intr. | conjug. 1 |

¬ **se fermer**

➾ Aux temps composés de la forme pronominale, le participe passé s'accorde en genre et en nombre avec le sujet : *ses yeux se sont fermés.*

fermeté n. f.

fermette n. f.

fermeture n. f.

fermi n. m.

fermier, ière n.

Ξ Ce mot peut s'employer en apposition : *du beurre fermier* ; il prend la marque du pluriel : *des poulets fermiers.*

HOM. formes du v. **fermer**

fermion n. m.

HOM. formes du v. **fermer**

fermium /fɛʀmjɔm/ n. m.

fermoir n. m.

féroce adj.

férocement adv.

férocité n. f.
ferouer n. m.
ferrade n. f.
ferrage n. m.
ferraillade n. f.
ferraillage n. m.
ferraillant, ante adj.
ferraille n. f.
ferraillement n. m.
ferrailler v. intr. | conjug. 1 |
ferraillerie n. f.
ferrailleur, euse n. et adj.
ferrailleux, euse adj.
ferrant adj. m.
ferrate n. m.
ferratier n. m.
ferré, ée adj.
▸ **être ferré sur** *il est ferré sur ce sujet*
▸ **être ferré en** *je ne suis pas très ferré en histoire*
ferrement n. m.
HOM. **fermant, ferment**
ferrer v. tr. | conjug. 1 |
ferret n. m.
HOM. formes du v. **ferrer**
ferretier n. m.
ferreur, euse n.
ferreux, euse adj.
ferricyanure n. m.
ferrière n. f.
ferrifère adj.
ferriprive adj.
ferrique adj.
ferrite n. f.
ferritine n. f.
ferroalliage n. m.
ferroaluminium /-njɔm/ n. m.
ferrochrome n. m.
ferrociment n. m.
ferrocyanure n. m.
ferroélectricité n. f.
ferroélectrique adj.
ferrofluide n. m.
ferromagnésien, ienne adj.
ferromagnétique adj.
ferromagnétisme n. m.
ferromanganèse n. m.
ferronickel n. m.
ferronnerie n. f.
ferronnier, ière n.
ferronnière n. f.
ferroprotéine n. f.
ferroprussiate n. m.
ferrosilicium /-sjɔm/ n. m.
ferrotypie n. f.
ferrotypique adj.
ferroutage n. m.
ferrouter v. tr. | conjug. 1 |
ferroutier, ière adj.
ferrovanadium /-djɔm/ n. m.
ferroviaire adj.
ferrugineux, euse adj.
ferruginosité n. f.
ferrure n. f.
ferry n. m. ▪ plur. **ferries** ou plur. **ferrys**
▫ abrév. de **ferry-boat**
☰ On peut employer le pluriel anglais *ferries* ou le pluriel francisé *ferrys*.
ferry-boat ▪ plur. **ferry-boats** ou **ferryboat**○ ▪ plur. **ferryboats**○ /feʀibot/ n. m.
▫ rec. off. : **bac ou transbordeur**
ferte n. f.
ferté n. f.
fertile adj.
fertilement adv.
fertilisable adj.
fertilisant, ante adj.
fertilisateur, trice adj.
fertilisation n. f.
fertiliser v. tr. | conjug. 1 |
fertiliseur n. m.
fertilité n. f.
féru, ue adj.
▸ **être féru de** *il est féru d'archéologie*
férulation n. f.
férule n. f.
fervemment /-amɑ̃/ adv.
fervent, ente adj.
ferveur n. f.
fervide adj.
fescennin, ine adj.
fessade n. f.
fesse n. f.
HOM. **fèces**
fesse-cahier n. m. ▪ plur. **fesse-cahiers**
fessée n. f.
fesse-maille n. m. ▪ plur. **fesse-mailles**
fesse-mathieu n. m. ▪ plur. **fesse-mathieux**
fesser v. tr. | conjug. 1 |
fesseur, euse n.
fessier, ière adj. et n. m.
HOM. formes du v. **fesser**
fessu, ue adj.
festif, ive adj.
festin n. m.
festinant, ante adj.
festination n. f.
festineur, euse n.
festival n. m.
➡ Ce mot s'écrit avec une majuscule quand il désigne une manifestation à caractère unique : *le Festival de Cannes*.
festivalesque adj.

festivalien, ienne adj.
festivalier, ière n.
festivité n. f.
fest-noz ▪ plur. inv. ou plur. **festou-noz** ou **festnoz**○ /fɛstnoz/ n. m.
☰ *Festou-noz* est le pluriel breton.
festoiement n. m.
➾ Ne pas oublier le *e* muet.
feston n. m.
festonnage n. m.
festonnement n. m.
festonner v. tr. | conjug. 1 |
festonneur, euse n.
festoyer v. tr. et v. intr. | conjug. 8 |
festoyeur, euse n.
feta /feta/ ou **féta** n. f.
HOM. formes du v. **fêter**
fêtable adj.
fêtard, arde n.
fetch n. m.
fête n. f.
HOM. **faîte**, formes des v. **faire, fêter**
Fête-Dieu n. f. ▪ plur. **Fêtes-Dieu**
fêter v. tr. | conjug. 1 |
fetfa n. m.
fétiche n. m.
☰ Ce mot peut s'employer en apposition ; il prend la marque du pluriel : *jouer ses numéros fétiches.*
féticheur n. m.
fétichique adj.
fétichisation n. f.
fétichiser v. tr. | conjug. 1 |
fétichisme n. m.
fétichiste adj. et n.
fétide adj.
fétidité n. f.
fettucine /fetutʃin(e)/ n. f.
☰ En italien, *fettucine* est un nom pluriel mais on l'emploie au singulier en francisant la forme du pluriel : *une fettucine, des fettucines.*
fétu n. m.
fétuque n. f. ou m.
[1]**feu, feue** adj.
➾ Ce mot s'accorde uniquement s'il est accolé au nom : *la feue reine ; mes feus oncles* mais *feu l'épouse du maire ; feu mes oncles ; feu Madame Dupont.*
[2]**feu** n. m.
☰ Ce mot peut s'employer seul comme adjectif de couleur ou derrière un adjectif de couleur pour en préciser la nuance ; ces adjectifs sont alors invariables : *des reflets rouge feu ; des bottes feu.*
L'emploi de l'expression **ne pas faire long feu** pour dire « ne pas durer, ne pas rester longtemps » est un contresens : à l'origine, **faire long feu** signifie, au sens figuré, « ne pas atteindre son but ».
feudal, ale, aux adj.
feudataire n.
feudiste n.
feuil n. m.
HOM. **feuille**, formes du v. **feuiller**
feuillade n. f.
feuillage n. m.
feuillagé, ée adj.
feuillagiste n.
feuillaison n. f.
feuillant, antine n.
➾ Ce mot s'écrit avec une minuscule lorsqu'il désigne une personne : *un couvent de feuillants.* Il s'écrit avec une majuscule lorsqu'il désigne sans ambiguïté l'ordre lui-même ou le groupe de révolutionnaires : *elle est entrée chez les Feuillantines ; le Club des Feuillants.*
feuillantisme n. m.
feuillard n. m.
feuillardier, ière n.
feuille n. f.
HOM. **feuil**
feuillé, ée adj.
feuille de chêne n. f. ▪ plur. **feuilles de chêne**
feuille-de-sauge n. f. ▪ plur. **feuilles-de-sauge**
feuillée n. f. (abri)
feuillées n. f. pl. (tranchée)
feuille-morte adj. inv.
feuiller v. intr. et v. tr. | conjug. 1 |
feuilleret n. m.
HOM. formes du v. **feuiller**
feuillet n. m.
HOM. formes du v. **feuiller**
feuilletage n. m.
feuilleté, ée adj. et n. m.
feuilleter v. tr. | conjug. 4 |
feuilleteur, euse n.
feuilletine n. f.
feuilletis n. m.
feuilleton n. m.
HOM. formes du v. **feuilleter**
feuilletonesque adj.
feuilletoniste n.
feuilletonner v. tr. | conjug. 1 |
feuillette n. f.
HOM. formes du v. **feuilleter**
feuillettement n. m.
feuilliste n. m.
feuillu, ue adj.
feuillure n. f.
feulement n. m.
feuler v. intr. | conjug. 1 |
feutier, ière n. m.

feutrable adj.
feutrage n. m.
feutrant adj. m.
feutre n. m.
Ξ Ce mot peut s'employer en apposition ; il prend la marque du pluriel : *des crayons feutres*.
feutré, ée adj.
feutrer v. tr. | conjug. 1 |
feutreuse n. f.
feutrier, ière n. et adj.
feutrine n. f.
fève n. f.
féverole /fɛvʀɔl/ ou **fèverole**° n. f.
févette n. f.
févier n. m.
février n. m.
➾ Comme tous les noms de mois, ce mot s'écrit sans majuscule : *le 21 février*.
fez /fɛz/ n. m.
F. F. I. n. m. inv.
□ abrév. de **forces françaises de l'intérieur**
fi interj.
HOM. **phi**, formes des v. **faire**, **fier**
fiabiliser v. tr. | conjug. 1 |
fiabiliste adj. et n.
fiabilité n. f.
↯ Ne pas confondre **fiabilité**, qui signifie « caractère d'une personne ou d'une chose en qui ou en quoi on peut avoir confiance », avec **viabilité**, qui signifie « caractère de ce qui peut vivre, se développer ».
fiable adj.
fiacre n. m.
fiançailles n. f. pl.
fiancé, ée n.
fiancer v. tr. | conjug. 3 |
¬ **se fiancer**
➾ Aux temps composés de la forme pronominale, le participe passé s'accorde en genre et en nombre avec le sujet : *ils se sont fiancés au printemps*.
⌘ Ce verbe peut être suivi des prépositions *à* ou *avec* : *il s'est fiancé à une riche industrielle* ou *avec une riche industrielle*.
fiasco n. m.
fiasque n. f.
fiâsse ou **fias** /fjas/ n. m.
fiat /fjat/ n. m. ▪ plur. inv. ou plur. **fiats**°
fibrage n. m.
fibranne n. f.
fibre n. f.
fibreux, euse adj.
fibrillaire /-jɛʀ/ adj.
fibrillation /-jasjɔ̃/ n. f.
fibrille /fibʀij/ n. f.
fibrilleux, euse /fibʀijø, øz/ ou **fibrillé, ée** /fibʀije/ adj.
fibrine n. f.
fibriné, ée adj.
fibrineux, euse adj.
fibrinogène n. m.
fibrinolyse n. f.
fibrinolytique adj.
fibroadénome n. m.
fibroblaste n. m.
fibroblastique adj.
Fibrociment® n. m.
fibrocyte n. m.
fibroïde adj.
fibroïne n. f.
fibromateux, euse adj.
fibromatose n. f.
fibrome n. m.
fibromyalgie n. f.
fibromyome n. m.
fibrosarcome n. f.
fibroscope n. m.
fibroscopie n. f.
fibrose n. f.
fibulation n. f.
fibule n. f.
fic n. m.
ficaire n. f.
ficelage n. m.
ficelé, ée adj.
ficeler v. tr. | conjug. 4 |
ficeleur, euse n.
ficelier n. m.
HOM. formes du v. **ficeler**
ficelle n. f.
Ξ Ce mot peut s'employer seul comme adjectif de couleur ou derrière un adjectif de couleur pour en préciser la nuance ; ces adjectifs sont alors invariables : *des vestes beige ficelle* ; *des pantalons ficelle*.
ficellerie n. f.
fichage n. m.
fichaise n. f.
fichant, ante adj.
fiche n. f.
[1]**ficher** ou **fiche** v. tr. | conjug. 1 ; p. p. *fichu* | (fam. : faire)
CONJUG. Ce verbe a deux formes au participe passé : *fiché* ou *fichu*. *Fiché* est la forme régulière mais elle est très rarement employée.¬ **se ficher** ou **se fiche**
➾ Aux temps composés de la forme pronominale, le participe passé s'accorde en genre et en nombre avec le sujet : *je crois qu'elle s'est fichue de vous*.
[2]**ficher** v. tr. | conjug. 1 | (fixer, mettre sur fiche)

¬ **se ficher**
➾ Aux temps composés de la forme pronominale, le participe passé s'accorde en genre et en nombre avec le sujet : *une épine s'est fichée dans son doigt.*
fichet n. m.
HOM. formes du v. **ficher**
fichier n. m.
HOM. formes du v. **ficher**
fichiste n. m.
fichoir n. m.
fichtre interj.
fichtrement adv.
fichu, ue adj. et n. m.
ficoïde n. f.
fictif, ive adj.
fiction n. f.
HOM. formes du v. **fixer**
fictionalisation n. f.
fictionnaliser v. tr. | conjug. 1 |
fictionnel, elle adj.
fictivement adv.
ficus /fikys/ n. m.
fidéicommis n. m.
fidéicommissaire n. m.
fidéisme n. m.
fidéiste adj. et n.
fidéjusseur n. m.
fidéjussion n. f.
fidéjussoire adj.
fidèle adj. et n.
fidèlement adv.
fidélisation n. f.
fidéliser v. tr. | conjug. 1 |
fidélité n. f.
fiduciaire adj. et n.
fiduciairement adv.
fiducie n. f.
fiduciel, elle adj.
fief /fjɛf/ n. m.
fieffé, ée adj.
fiel /fjɛl/ n. m.
field n. m.
→ **fjeld**
fielleux, euse adj.
fiénothérapie n. f.
fiente n. f.
fienter v. intr. | conjug. 1 |
fienteux, euse adj.
fier, fière adj.
Ξ Ne pas déformer l'expression **fier comme Artaban**.
HOM. formes du v. **fier**
fier (se) v. pron. | conjug. 7 |
➾ Aux temps composés, le participe passé s'accorde en genre et en nombre avec le sujet : *elle s'est fiée à son expérience.*
fier-à-bras n. m. ▪ plur. **fiers-à-bras**
fièrement adv.
fieri /fjeri/ n. m.
fiérot, ote adj. et n.
fierte n. f.
fierté n. f.
fiesta n. f.
fieu n. m.
fièvre n. f.
fiévreusement adv.
fiévreux, euse adj.
fifi n. m.
fifille n. f.
fifre n. m.
fifrelin n. m.
fifrer v. intr. et v. tr. | conjug. 1 |
fifreur, euse n.
fifty-fifty ▪ plur. **fifty-fiftys** ou plur. **fifty-fifties** ou **fiftyfifty**○ ▪ plur. **fiftyfiftys**○ adv. et n. m.
➾ L'adverbe est invariable : *ils ont partagé les gains fifty-fifty.*
figaresque adj.
figaro n. m.
figeage n. m.
figement n. m.
figer v. tr. | conjug. 3 |
¬ **se figer**
➾ Aux temps composés de la forme pronominale, le participe passé s'accorde en genre et en nombre avec le sujet : *leurs sourires se sont figés.*
figisme n. m.
fignolage n. m.
fignoler v. tr. | conjug. 1 |
fignoleur, euse n.
fignolure n. f.
figue n. f.
figueraie n. f.
figuerie n. f.
figuier n. m.
figulin, ine adj. et n. f.
figuline n. f.
figurable adj.
figural, ale, aux adj.
figurant, ante n.
figurateur, trice n.
figuratif, ive adj.
figuration n. f.
figurativement adv.
figure n. f.
➾ Ce mot est toujours au singulier dans les locutions **faire figure** et **prendre figure** : *ils ont fait pâle figure face à leurs adversaires ; ses projets prennent figure.*
figuré, ée adj.
figurément adv.

figurer v. tr. et v. intr. | conjug. 1 |
¬ **se figurer**
➾ Aux temps composés de la forme pronominale, le participe passé ne s'accorde pas quand il est suivi d'un complément d'objet direct : *ils s'étaient figuré qu'elle était plus jolie.* Il s'accorde avec le complément d'objet direct quand celui-ci est placé avant le verbe : *ils se l'étaient figurée plus jolie.*
figurine n. f.
figuriniste n.
figurisme n. m.
figuriste n.
fil n. m.
➾ **Fil de fer** s'écrit sans trait d'union.
HOM. **file**, formes du v. **filer**
filabilité n. f.
filable adj.
filadière n. f.
fil-à-fil n. m. inv.
filage n. m.
filaire adj. et n. f.
HOM. **fillér**, forme du v. **filer**
filament n. m.
filamenté, ée adj.
filamenteux, euse adj.
filandière n. f.
filandre n. f.
filandreusement adv.
filandreux, euse adj.
filant, ante adj.
HOM. (du fém.) **philanthe, phyllanthe**
filanzane n. m.
filao n. m.
filardeau n. m.
filariose n. f.
filasse n. f.
Ξ Ce mot peut s'employer seul comme adjectif de couleur ou derrière un adjectif de couleur pour en préciser la nuance ; ces adjectifs sont alors invariables : *des mèches blond filasse ; des cheveux filasse.*
filasseux, euse adj.
filassier, ière n.
filateur n. m.
filature n. f.
fildeferiste ▪ plur. **fildeferistes** ou **fil-de-fériste** ▪ plur. **fil(s)-de-féristes** n.
file n. f.
HOM. **fil**
filé n. m.
filée n. f.
filement n. m.
filer v. tr. et v. intr. | conjug. 1 |
filerie n. f.
filet n. m.
HOM. formes du v. **filer**
filetage n. m.
fileté n. m.
fileter v. tr. | conjug. 5 |
fileur, euse n.
fileyeur, euse n.
filial, iale, iaux adj.
filiale n. f.
filialement adv.
filialisation n. f.
filialiser v. tr. | conjug. 1 |
filialité n. f.
filiation n. f.
filibeg n. m.
→ **philibeg**
filibus /-ys/ n. m.
filicale n. f.
filicide n. m.
filicinée n. f.
filière n. f.
filiériste n.
filiforage n. m.
filiforme adj.
filigrane n. m.
➾ Ne pas employer **filigramme*, qui n'existe pas.
filigraner v. tr. | conjug. 1 |
filin n. m.
filipendule adj. et n. f.
fillasse n. f.
fille n. f.
Ξ Ce mot peut s'employer en apposition ; il prend la marque du pluriel : *des cellules filles.*
fille-mère n. f. ▪ plur. **filles-mères**
fillér n. m.
HOM. **filaire**, forme du v. **filer**
fillette n. f.
filleul, eule n.
film n. m.
HOM. formes du v. **filmer**
filmable adj.
filmage n. m.
filmer v. tr. | conjug. 1 |
filmeur, euse n.
filmique adj.
filmiquement adv.
film-livre n. m. ▪ plur. **films-livres**
filmogène adj.
filmographe n. m.
filmographie n. f.
filmographique adj.
filmologie n. f.
filmologique adj.
filmologue n.
filmothèque n. f.
filo n. m.
filoche n. f.
filocher v. intr. et v. tr. | conjug. 1 |

filoguidé, ée adj.
filoir n. m.
filon n. m.
HOM. formes du v. **filer**
filonien, ienne adj.
filonner v. intr. | conjug. 1 |
filonneur, euse n.
filoselle n. f.
filou n. m.
filoutage n. m.
filoute n. f.
filouter v. tr. | conjug. 1 |
filouterie n. f.
filovirus /-ys/ n. m.
fils /fis/ n. m.
filterie n. f.
filtrabilité n. f.
filtrable adj.
filtrage n. m.
filtrant, ante adj.
filtrat n. m.
HOM. formes du v. **filtrer**
filtration n. f.
filtre n. m.
Ξ Ce mot peut s'employer en apposition ; il est alors invariable : *des cafés filtre*.
↯ Ne pas confondre **filtre**, « ce qui sert à filtrer », avec **philtre**, « breuvage magique ».
filtre-presse n. m. ▪ plur. **filtres-presses**
filtrer v. tr. et v. intr. | conjug. 1 |
fimbrié, ée adj.
[1]**fin, fine** adj.
Ξ Ce mot peut s'employer comme adverbe ; il est alors invariable : *elle est fin prête ; ils étaient fin soûls*.
HOM. (du masc.) **faim**, formes du v. **feindre** ; (du fém.) **finn**
[2]**fin** n. f.
➾ Ce mot est au pluriel dans la locution **à toutes fins utiles**.
Ξ Ce mot s'emploie dans des formules elliptiques avec un nom de mois : *fin janvier*. Cette tournure est à éviter dans le langage soigné. On dira plutôt : *à la fin du mois de janvier*.
HOM. **faim**, formes du v. **feindre**
finage n. m.
final, ale, als ou **aux** adj.
Ξ Au masculin pluriel, on peut employer *finals* ou *finaux*. Les deux formes sont admises par l'Académie.
HOM. (du plur.) **finaud**
[1]**finale** n. f. (syllabe, épreuve)
[2]**finale** n. m. (musique)
finalement adv.
finalisation n. f.
finalisé, ée adj.
finaliser v. tr. | conjug. 1 |
finalisme n. m.
finaliste adj. et n.
finalitaire adj.
finalité n. f.
finance n. f.
➾ Ce mot s'écrit avec une majuscule dans **le ministère des Finances**. *Finance* est au singulier dans la locution **moyennant finance**.
financement n. m.
financer v. intr. et v. tr. | conjug. 3 |
financeur, euse n.
financiarisation n. f.
financiariser v. tr. | conjug. 1 |
financier, ière n. et adj.
Ξ Dans le domaine culinaire, *financière* s'emploie dans l'expression **à la financière** ou en apposition ; il est alors invariable : *des ris de veau (à la) financière*.
HOM. formes du v. **financer**
financièrement adv.
finasser v. intr. | conjug. 1 |
finasserie n. f.
finasseur, euse n.
finassier, ière n.
HOM. formes du v. **finasser**
finaud, aude adj.
HOM. **finaux** (plur. de *final*)
finauderie n. f.
fincelle n. f.
fine n. f. (eau-de-vie)
HOM. **finn**
finement adv.
finerie n. f.
fines n. f. pl. (granulat)
HOM. **finn**
finesse n. f.
finet, ette adj.
finette n. f.
fini, ie adj.
finir v. tr. et v. intr. | conjug. 2 |
finish /finiʃ/ n. m.
Ξ Pour remplacer la locution **au finish**, il est officiellement recommandé d'employer **à l'arraché**.
finissage n. m.
finissant, ante adj.
finisseur, euse n.
finition n. f.
finitisme n. m.
finitiste adj.
finitude n. f.
finlandisation n. f.
finlandiser v. tr. | conjug. 1 |
finn n. m.
HOM. **fine**
finniste n.

finnois, oise adj. et n.
➾ L'adjectif s'écrit sans majuscule : *la population finnoise*. Le nom s'écrit avec une majuscule uniquement quand il désigne une personne : *les Finnois ; c'est une Finnoise* mais *parler le finnois*.
finno-ougrien, ienne adj. et n. m. ■ plur. **finno-ougriens, iennes**
fiole n. f.
fion n. m.
HOM. formes du v. **fier**
fiord /fjɔʀ(d)/ n. m.
→ **fjord**
fioriture n. f.
fiorituré, ée adj.
fiotte ou **fiote** n. f.
fioul n. m.
□ rec. off. pour **fuel**
firmament n. m.
firman n. m.
firme n. f.
firmisterne n. m.
fisc n. m.
fiscal, ale, aux adj.
fiscalement adv.
fiscalisation n. f.
fiscaliser v. tr. | conjug. 1 |
fiscaliste n. et adj.
fiscalité n. f.
fish-eye /fiʃaj/ n. m. ■ plur. **fish-eyes**
fisiste n.
fissa adv.
fissibilité n. f.
fissible adj.
fissile adj.
fission n. f.
fissionner v. tr. | conjug. 1 |
fissipare adj.
fissiparité n. f.
fissipède n. m.
fissirostre adj.
fissuration n. f.
fissure n. f.
fissurer v. tr. | conjug. 1 |
¬ **se fissurer**
➾ Aux temps composés de la forme pronominale, le participe passé s'accorde en genre et en nombre avec le sujet : *les murs se sont fissurés*.
fiston n. m.
fistot n. m.
fistulaire adj.
fistule n. f.
fistuleux, euse adj.
fistuline n. f.
fistulisation n. f.
fistulographie n. f.
fitness n. m.
FIV ou **F. I. V.** /fiv ; ɛfive/ n. f.
□ abrév. de **fécondation in vitro**
fivète n. f.
□ abrév. de **fécondation in vitro et transfert d'embryon**
fiviste n.
fixable adj.
fixage n. m.
fixant, ante adj.
fixateur, trice adj. et n. m.
fixatif n. m.
fixation n. f.
fixe adj. et n. m.
fixé, ée adj. et n.
fixe-chaussette n. m. ■ plur. **fixe-chaussettes**
fixement adv.
fixer v. tr. | conjug. 1 |
¬ **se fixer**
➾ Aux temps composés de la forme pronominale, le participe passé s'accorde en genre et en nombre avec le sujet : *ils se sont fixés à Nantes*. Mais le participe passé ne s'accorde pas quand il est suivi d'un complément d'objet direct : *elle s'est fixé des objectifs*. Il ne s'accorde avec le complément d'objet direct que lorsque celui-ci est placé avant le verbe : *les objectifs qu'elle s'est fixés*.
fixette n. f.
fixeur n. m.
fixisme n. m.
fixiste adj.
fixité n. f.
fjeld ou **field** n. m.
fjord ou **fiord** /fjɔʀ(d)/ n. m.
flabellation n. f.
flabellé, ée adj.
flabellifère adj. et n.
flabelliforme adj.
flabellum /flabelɔm ; flabɛllɔm/ n. m. inv.
flac interj.
HOM. **flaque**
flaccide /-ks-/ adj.
flaccidité /-ks-/ n. f.
flache n. f.
HOM. **flash**, formes du v. **flasher**
flacherie n. f.
flacheux, euse adj.
flacon n. m.
flaconnage n. m.
flaconnerie n. f.
1**flaconnier, ière** n. (personne)
2**flaconnier** n. m. (étui)
flafla ■ plur. **flaflas** ou **fla-fla** ■ plur. inv. n. m.
flag n. m.
□ abrév. de **flagrant délit**

flagada adj.
flagellaire adj.
HOM. formes du v. **flageller**
flagellant n. m.
flagellateur, trice n. et adj.
flagellation n. f.
flagelle ou **flagellum** /-ɔm/ n. m.
flagellé, ée adj. et n. m.
flageller v. tr. | conjug. 1 |
¬ **se flageller**
➾ Aux temps composés de la forme pronominale, le participe passé s'accorde en genre et en nombre avec le sujet : *les pécheurs se sont flagellés*.
flageolant, ante adj.
flageolement n. m.
flageoler v. intr. | conjug. 1 |
flageolet n. m.
HOM. formes du v. **flageoler**
flagorner v. tr. | conjug. 1 |
flagornerie n. f.
flagorneur, euse n. et adj.
flagornisme n. m.
flagrance n. f.
flagrant, ante adj.
flair n. m.
HOM. formes du v. **flairer**
flairer v. tr. | conjug. 1 |
⚡ Ne pas confondre **flairer**, qui signifie « discerner par l'odeur », avec **fleurer**, qui signifie « dégager une agréable odeur de ».
flaireur, euse n. et adj.
flamand, ande adj. et n.
➾ L'adjectif s'écrit sans majuscule : *les peintres flamands*. Le nom s'écrit avec une majuscule uniquement quand il désigne une personne : *les Flamands ; c'est une Flamande* mais *parler le flamand*.
HOM. **flamant**
flamant n. m.
HOM. **flamand**
flambage n. m.
flambant, ante adj.
➾ Dans la locution **flambant neuf**, *flambant* est toujours invariable et l'accord de *neuf* est facultatif : *des maisons flambant neuf* ou *flambant neuves*.
flambard n. m.
[1]**flambe** n. f. (feu, épée, iris)
[2]**flambe** n. m. (jeu, tripot)
flambé, ée adj.
flambeau n. m.
flambée n. f.
flambement n. m.
flamber v. intr. et v. tr. | conjug. 1 |
flamberge n. f.
flamberie n. f.
flambeur, euse n.
flamboiement n. m.
➾ Ne pas oublier le *e* muet.
flamboyant, ante adj. et n. m.
flamboyer v. intr. | conjug. 8 |
flamenco /flamɛnko/ n. m.
flamiche n. f.
flamine n. m.
flamingant, ante adj. et n.
➾ Ce mot s'écrit sans majuscule : *les flamingants et les wallingants*.
flamingantisme n. m.
flaminien, ienne adj.
flamme n. f.
➾ Ce mot s'emploie généralement au singulier dans les expressions **tout feu tout flamme** et **jeter feu et flamme**. Il est toujours au pluriel dans la locution **en flammes** : *une maison en flammes ; la presse l'a descendu en flammes*.
flammé, ée adj.
flammèche n. f.
flammekueche /flam(ə)kyʃ(ə)/ n. f. ou m.
flammerole n. f.
flammette n. f.
flan n. m.
HOM. **flanc**
flânage n. m.
flanc n. m.
HOM. **flan**
flanc-garde n. f. ▪ plur. **flancs-gardes**
flanchage n. m.
flanchard, arde adj. et n.
flancher v. intr. | conjug. 1 |
flanchet n. m.
HOM. formes du v. **flancher**
flancheur, euse adj. et n.
flanconade n. f.
flandricisme n. m.
flandrin n. m.
flâne n. f.
flanelle n. f.
flâner v. intr. | conjug. 1 |
flânerie n. f.
flâneur, euse n. et adj.
flâneusement adv.
flanquant, ante adj.
flanquement n. m.
flanquer v. tr. | conjug. 1 |
flanqueur n. m.
flapi, ie adj.
flaque n. f.
HOM. **flac**
flaquée n. f.
flash /flaʃ/ n. m. ▪ plur. **flashs** ou plur. **flashes**
Ξ On peut employer le pluriel francisé *flashs* ou le pluriel anglais *flashes*.

Ce mot peut s'employer en apposition ; il est alors invariable : *des ventes flash*
.HOM. **flache**
flashage /flaʃaʒ/ n. m.
flashant, ante /flaʃɑ̃, ɑ̃t/ adj.
flash-back ▪ plur. **flash(s)-back** ou plur. **flashes-back** ou **flashback**○ ▪ plur. **flashbacks**○ /flaʃbak/ n. m.
▫ rec. off. : **retour en arrière**
Flash-Ball® /flaʃbol/ n. m. ▪ plur. **Flash-Balls**
▫ rec. off. : **arme de défense à balles souples**
flasher /flaʃe/ v. intr. et v. tr. | conjug. 1 |
flasheur, euse /flaʃœʀ/ n.
flasheuse /flaʃøz/ n. f. (machine)
flashy /flaʃi/ adj. inv.
flask n. m.
HOM. **flasque**
[1]**flasque** adj. (mou)
HOM. **flask**
[2]**flasque** n. f. (bouteille, jottereau)
HOM. **flask**
[3]**flasque** n. m. (pièce)
HOM. **flask**
flasquement adv.
flâtrure n. f.
flatter v. tr. | conjug. 1 |
¬ **se flatter**
➾ Aux temps composés de la forme pronominale, le participe passé s'accorde en genre et en nombre avec le sujet : *ils se sont flattés de leur réussite*.
flatterie n. f.
flatteur, euse n. et adj.
flatteusement adv.
flat-twin /flattwin/ n. m. ▪ plur. **flat-twins**
flatueux, euse adj.
flatulence n. f.
flatulent, ente adj.
flatuosité n. f.
flatus vocis /flatysvɔsis/ n. m.
flaubertien, ienne adj.
flaugnarde n. f.
→ **flognarde**
flave adj.
flavedo /flavedo/ n. m.
flavescence n. f.
flavescent, ente adj.
flaveur n. f.
flavine n. f.
flavisme n. m.
flavonoïde n. m.
fléau n. m.
fléchage n. m.
[1]**flèche** n. f. (arme, symbole, viande)
➾ Ce mot est au singulier dans les expressions **faire flèche de tout bois** et **monter en flèche** : *les prix montent en flèche*.
[2]**flèche** n. m. (sou)
fléché, ée adj.
flécher v. tr. | conjug. 6 |
fléchette n. f.
fléchi, ie adj.
fléchir v. tr. et v. intr. | conjug. 2 |
fléchissant, ante adj.
fléchissement n. m.
fléchisseur adj. et n. m.
fléchiverbiste n.
flegmatique adj.
flegmatiquement adv.
flegmatisant n. m.
flegmatisme n. m.
flegme n. m.
flegmon n. m.
→ **phlegmon**
flegmoneux, euse adj.
→ **phlegmoneux**
flein n. m.
flémingite n. f.
flemmard, arde adj. et n.
flemmarder v. intr. | conjug. 1 |
flemmardise n. f.
flemme n. f.
fléole ou **phléole** n. f.
flessum /flɛsɔm/ n. m.
→ **flexum**
flet n. m.
flétan n. m.
fletchérisme n. m.
flétri, ie adj.
flétrir v. tr. | conjug. 2 |
¬ **se flétrir**
➾ Aux temps composés de la forme pronominale, le participe passé s'accorde en genre et en nombre avec le sujet : *sa beauté s'est flétrie avec le temps*.
flétrissant, ante adj.
flétrissement n. m.
flétrissure n. f.
flette n. f.
flettner n. m.
fleur n. f.
➾ Ce mot s'écrit indifféremment avec ou sans *s* dans la locution **en fleur(s)** : *des cerisiers en fleur(s) ; des jeunes filles en fleur(s)*. Le pluriel est plus fréquent. La locution **fleur bleue** est invariable : *des adolescents fleur bleue*.
HOM. formes du v. **fleurer**
fleurage n. m.
fleuraison n. f.

fleurant, ante adj.
fleurdelisé, ée adj.
fleurdeliser v. tr. | conjug. 1 |
fleuré, ée adj.
fleurer v. tr. | conjug. 1 |
ϟ Ne pas confondre **fleurer**, qui signifie « dégager une agréable odeur de », avec **flairer**, qui signifie « discerner par l'odeur ».
fleuret n. m.
HOM. formes du v. **fleurer**
fleureté, ée adj.
HOM. **flirter**
fleureter v. intr. | conjug. 4 |
HOM. **flirter**
fleurette n. f.
fleurettisme n. m.
fleurettiste n.
fleuri, ie adj.
➾ On écrit ce mot avec une majuscule dans **la Côte Fleurie**.
fleurine n. f.
fleurir v. intr. et v. tr. | conjug. 2 |
CONJUG. Ce verbe a deux formes différentes à l'imparfait : *il fleurissait* ou *il florissait*. Les formes en *flo-* ne s'emploient plus qu'au sens figuré : *les affaires florissaient*.
fleurissant, ante adj.
fleurissement n. m.
fleuriste n.
fleuristerie n. f.
fleuron n. m.
HOM. formes du v. **fleurer**
fleuronné, ée adj.
fleuronner v. intr. et v. tr. | conjug. 1 |
fleuve n. m.
Ξ Ce mot peut s'employer en apposition ou entrer en composition avec certains noms ; il prend la marque du pluriel : *des discours fleuves ; des romans-fleuves*.
flexibilisation n. f.
flexibiliser v. tr. | conjug. 1 |
flexibilité n. f.
flexible adj.
flexion n. f.
flexionnel, elle adj.
flexoforage n. m.
flexographe n. m.
flexographie n. f.
flexographique adj.
flexueux, euse adj.
flexum ou **flessum** /-ɔm/ n. m.
flexuosité n. f.
flexure n. f.
flibuste n. f.
flibusterie n. f.
flibustier n. m.
flic n. m.
HOM. formes du v. **fliquer**
flicage n. m.
flicaille n. f.
flicard, arde n. m. et adj.
flic flac interj. et n. m. inv. ou **flicflac**○ interj. et n. m.
flingot n. m.
flingue n. m.
flinguer v. tr. et v. intr. | conjug. 1 |
flingueur, euse n. et adj.
flint-glass ou **flint** ou **flintglass**○ /flint(glas)/ n. m. inv.
flip n. m.
flip-flap ▪ plur. inv. ou **flipflap**○ ▪ plur. **flipflaps**○ n. m.
flip-flop ▪ plur. inv. ou **flipflop**○ ▪ plur. **flipflops**○ n. m.
flipot n. m.
flippant, ante adj.
¹flipper ou **flippeur**○ n. m.
²flipper v. intr. | conjug. 1 |
fliquer v. tr. | conjug. 1 |
fliquesse n. f.
fliquette n. f.
flirt /flœʀt/ n. m.
flirtage /flœʀ-/ n. m.
flirtation /flœʀ-/ n. f.
flirter /flœʀte/ v. intr. | conjug. 1 |
HOM. **fleureter**
flirteur, euse /flœʀ-/ adj. et n.
flissah ou **flissa** n. m.
floc interj. et n. m.
flocage n. m.
floche adj. et n. f.
HOM. **flush**
flock-book ▪ plur. **flock-books** ou **flockbook**○ ▪ plur. **flockbooks**○ /-buk/ n. m.
flocon n. m.
floconnant, ante adj.
floconnement n. m.
floconner v. intr. | conjug. 1 |
floconneux, euse adj.
floculant n. m.
floculat n. m.
HOM. formes du v. **floculer**
floculation n. f.
floculence n. f.
floculer v. intr. | conjug. 1 |
floculeux, euse adj.
floe /flo/ n. m.
HOM. **flot**
flognarde ou **flaugnarde** n. f.
flonflon n. m.
flood /flɔd/ adj. inv. et n. m.
flop interj. et n. m.
flopée n. f.

floqué, ée adj.
floquet n. m.
floraison n. f.
floral, ale, aux adj.
floralies n. f. pl.
flore n. f.
floréal n. m.
➡ Comme tous les noms de mois, ce mot s'écrit sans majuscule : *le 11 floréal*.
florée n. f.
florence n. m. et f.
florencé, ée adj.
florentin, ine adj. et n.
➡ L'adjectif s'écrit sans majuscule : *les peintres florentins*. Le nom s'écrit avec une majuscule uniquement quand il désigne une personne : *les Florentins ; c'est une Florentine* mais *des œufs à la florentine ; parler le florentin*.
☰ Dans le domaine culinaire, *florentine* s'emploie dans l'expression **à la florentine** ou en apposition ; il est alors invariable : *des œufs (à la) florentine*.
florès /flɔʀɛs/ n. m.
☰ Ce mot ne s'emploie plus que dans la locution littéraire **faire florès**.
florescence n. f.
florescent, ente adj.
floribond, onde adj.
floribondité n. f.
floricole adj.
floriculteur, trice n.
floriculture n. f.
floridée n. f.
florifère adj.
florilège n. m.
florin n. m.
floripare adj.
florissant, ante adj.
floristicien, ienne n.
floristique adj.
florule n. f.
flosculeux, euse adj.
flot n. m.
➡ Ne pas confondre les locutions **à flot** (sans *s*) et **à flots** (avec un *s*). **À flot** signifie « qui flotte » ou, au sens figuré, « qui n'est plus submergé par les difficultés » : *mettre un navire à flot ; remettre une entreprise à flot*. **À flots** signifie « abondamment » : *l'argent coule à flots*.
HOM. **floe**
flottabilité n. f.
flottable adj.
flottage n. m.
flottaison n. f.
flottant, ante adj. et n. m.
flottard, arde n. m. et adj.
flottation n. f.
flotte n. f.
flotté, ée adj. et n. m.
flottement n. m.
flotter v. intr., v. tr. et v. impers. | conjug. 1 |
flotteron n. m.
HOM. formes du v. **flotter**
flotteur n. m.
flottille n. f.
flou, floue adj. et n. m.
☰ Ce mot peut s'employer comme adverbe ; il est alors invariable : *ils voient flou*.
HOM. formes du v. **flouer**
flouer v. tr. | conjug. 1 |
flouerie n. f.
floueur, euse n.
floutage n. m.
flouter v. tr. | conjug. 1 |
flouve n. f.
flouze ou **flouse** n. m.
fluage n. m.
fluate n. m.
fluaté, ée adj.
flube n. m.
fluctuant, ante adj.
fluctuation n. f.
fluctuer v. intr. | conjug. 1 |
fluctueux, euse adj.
flué, ée adj.
fluence n. f.
fluent, ente adj. et n. f.
➡ Ne pas écrire cet adjectif comme *fluant*, participe présent du verbe *fluer*.
fluer v. intr. | conjug. 1 |
fluet, ette adj.
HOM. formes du v. **fluer**
flueurs n. f. pl.
fluide adj. et n. m.
fluidement adv.
fluidifiant, iante adj.
fluidification n. f.
fluidifier v. tr. | conjug. 7 |
fluidique adj. et n. f.
fluidisation n. f.
fluidiste n.
fluidité n. f.
fluo adj. inv.
□ abrév. de **fluorescent**
fluocarbure n. m.
fluor adj. et n. m.
fluoration ou **fluoruration** n. f.
fluoré, ée adj.
fluorescéine n. f.
fluorescence n. f.
fluorescent, ente adj.
fluorescer v. intr. | conjug. 3 |

fluorhydrique adj.
fluorine n. f.
fluorite n. f.
fluorocarbure n. m.
fluoroquinolone n. m.
fluoroscope n. m.
fluoroscopie n. f.
fluoroscopique adj.
fluorose n. f.
fluoruration n. f.
→ **fluoration**
fluorure n. m.
fluosilicate n. m.
fluotournage n. m.
flush /flœʃ ; flɔʃ/ n. m. ▪ plur. **flushs** ou plur. **flushes**
Ξ On peut employer le pluriel francisé *flushs* ou le pluriel anglais *flushes*.
HOM. **floche**
flûte ou **flute**○ n. f. et interj.
flûté, ée ou **fluté, ée**○ adj.
flûter ou **fluter**○ v. intr. et v. tr. | conjug. 1 |
flûtet ou **flutet**○ n. m.
HOM. formes du v. **flûter**
flûtiau ou **flutiau**○ n. m.
flûtiste ou **flutiste**○ n.
flutter /flœtɛʀ/ n. m.
□ rec. off. : **flottement**
fluvial, iale, iaux adj.
fluviatile adj.
fluvioglaciaire adj.
fluviographe n. m.
fluviomarin, ine adj.
fluviomaritime adj.
fluviomètre n. m.
fluviométrique adj.
flux /fly/ n. m.
HOM. formes du v. **fluer**
fluxage n. m.
fluxer v. tr. | conjug. 1 |
fluxion n. f.
fluxionnaire adj.
fluxionnel, elle, els adj.
fluxmètre /flymɛtʀ/ n. m.
flyer /flajœʀ/ n. m.
flysch n. m.
Fly-Tox ou **Flytox**® /flajtɔks ; flitɔks/ n. m. inv.
F. M. n. f. inv.
□ abrév. de **frequency modulation**
□ rec. off. : **modulation de fréquence**
F. M. I. n. m.
□ abrév. de **fonds monétaire international**
F. O. B. ou **FOB** /ɛfobe ; fɔb/ adj. inv.
□ abrév. de **free on board**
□ rec. off. : **franco à bord**
foc n. m.
HOM. **phoque**

focal, ale, aux adj. et n. f.
focalisable adj.
focalisateur, trice adj.
focalisation n. f.
focaliser v. tr. | conjug. 1 |
¬ **se focaliser**
➾ Aux temps composés de la forme pronominale, le participe passé s'accorde en genre et en nombre avec le sujet : *ils se sont focalisés sur les points essentiels.*
focaliseur n. m.
focomètre n. m.
focométrie n. f.
focométrique adj.
focquier, ière n.
HOM. **phoquier**
focus /fɔkys/ n. m.
foehn /føn/ n. m.
foène ou **foëne** /fwɛn/ n. f.
foéner ou **foëner** /fwene/ v. tr. et v. intr. | conjug. 6 et 1 |
fœtal, ale, aux /fetal, o/ adj.
fœticide /fetisid/ n. m.
fœtoscope /fetɔskɔp/ n. m.
fœtoscopie /fetɔskɔpi/ n. f.
fœtoscopique /fetɔskɔpik/ adj.
fœtus /fetys/ n. m.
fofolle adj. f.
foi n. f.
HOM. **foie, fois**
foie n. m.
HOM. **foi, fois**
foie-de-bœuf n. m. ▪ plur. **foies-de-bœuf**
foil n. m.
□ rec. off. : **plan sustentateur**
foiler n. m.
foin n. m. et interj.
foirade n. f.
foirail n. m.
foirard, arde adj.
foire n. f.
➾ Ce mot s'écrit avec une majuscule quand il désigne une manifestation à caractère unique : *la Foire de Paris*.
foirer v. intr. | conjug. 1 |
foireux, euse adj. et n.
foirolle ou **foirole** n. f.
foiron n. m.
HOM. formes du v. **foirer**
fois n. f.
➾ Ne pas confondre la locution **quelques fois** qui signifie « plusieurs fois, à plusieurs reprises » (*je l'ai rencontré quelques fois*) avec l'adverbe *quelquefois* qui s'écrit en un mot et qui signifie « parfois, dans certains cas » (*je le rencontre quelquefois ; elle est quelquefois surprenante*).

Ξ La locution **des fois** (pour dire « certaines fois ») est familière : *je vais des fois au théâtre*. Dans le langage soigné, on dira plutôt *parfois* ou *quelquefois* : *je vais parfois au théâtre*.
La locution **des fois que** (+ condit.) est populaire : *prends ton manteau, des fois qu'il ferait froid*. Dans le langage soigné, on emploiera plutôt **pour le cas où** (+ condit.) : *prends ton manteau, pour le cas où il ferait froid*.
Beaucoup de fois est à éviter. On dira plutôt **de nombreuses fois** ou **bien des fois**.
HOM. **foi, foie**

foison n. f.
➾ Ce mot est au singulier dans la locution **à foison** : *des compliments à foison*.

foisonnant, ante adj.
foisonnement n. m.
foisonner v. intr. | conjug. 1 |
▸ **foisonner de/en** *le sous-sol foisonne de richesses minières* ou *en richesses minières*
fol adj. m.
→ **fou**
folasse adj. f.
folâtre adj.
folâtrement adv.
folâtrer v. intr. | conjug. 1 |
folâtrerie n. f.
foldingue n. et adj.
foliacé, ée adj.
foliaire adj.
foliation n. f.
folichon, onne adj.
folie n. f.
folié, iée adj.
folingue adj.
folio n. m.
HOM. **foliot**
foliole n. f.
foliolé, ée adj.
folioscope n. m.
foliot n. m.
HOM. **folio**
foliotage n. m.
foliotation n. f.
folioter v. tr. | conjug. 1 |
folioteur n. m. ou **folioteuse** n. f.
folique adj.
folk n. m. et adj.
folkeux, euse n. et adj.
folklo adj.
▫ abrév. de **folklorique**
folklore n. m.
folklorique adj.
folklorisation n. f.
folkloriser v. tr. | conjug. 1 |
folkloriste n.
folle n. f. et adj. f.
→ **fou**
folledingue n. f. et adj. f.
follement adv.
follet, ette adj. et n. m.
folletage n. m.
folleté, ée adj.
follette n. f.
folliculaire n. m. et adj.
follicule n. m.
folliculeux, euse adj.
folliculine n. f.
folliculinique adj.
folliculinothérapie n. f.
folliculite n. f.
folliculostimuline n. f.
follier n. m.
fomentateur, trice n.
fomentation n. f.
fomenter v. tr. | conjug. 1 |
➾ Ne pas employer **fromenter*, qui n'existe pas.

fomenteur, euse n.
fonçage n. m.
fonçailles n. f. pl.
foncé, ée adj.
➾ Quand *foncé* est employé derrière un adjectif de couleur, les deux adjectifs sont invariables : *des cheveux châtain foncé*.

foncement n. m.
foncer v. tr. et v. intr. | conjug. 3 |
fonceur, euse adj. et n.
foncier, ière adj.
HOM. formes du v. **foncer**
foncièrement adv.
foncteur n. m.
fonction n. f.
➾ Dans les expressions **être en fonction** et **rester en fonction**, *fonction* est toujours au singulier. Dans **entrer en fonction(s)**, on peut écrire *fonction* avec ou sans *s* : *le directeur est entré en fonction* ou *en fonctions*. Le singulier est toutefois plus fréquent.

fonctionnaire n.
fonctionnaliser v. tr. | conjug. 1 |
fonctionnalisme n. m.
fonctionnaliste n. et adj.
fonctionnalité n. f.
fonctionnariat n. m.
fonctionnarisation n. f.
fonctionnariser v. tr. | conjug. 1 |
fonctionnarisme n. m.
fonctionnel, elle adj.
fonctionnellement adv.
fonctionnement n. m.
fonctionner v. intr. | conjug. 1 |

fond n. m.
HOM. **fonds, fonts**, formes des v. **faire, fondre**
fondamental, ale, aux adj.
fondamentalement adv.
fondamentalisme n. m.
fondamentaliste adj. et n.
fondant, ante adj. et n. m.
fondateur, trice n. et adj.
fondation n. f.
➾ Ce mot s'écrit avec une majuscule dans les noms d'établissements : *la Fondation Maeght ; la Fondation Miró.*
fondé, ée adj.
fondé, ée de pouvoir(s) n.
➾ Ce nom s'écrit toujours sans traits d'union. *Pouvoir* s'écrit indifféremment avec ou sans *s* : *une fondée de pouvoir* ou *de pouvoirs.*
fondement n. m.
fonder v. tr. | conjug. 1 |
¬ **se fonder**
➾ Aux temps composés de la forme pronominale, le participe passé s'accorde en genre et en nombre avec le sujet : *ils se sont fondés sur des témoignages.*
fonderie n. f.
fondeur, euse n.
fondoir n. m.
fondouk n. m.
fondre v. intr. et v. tr. | conjug. 41 |
➾ Au présent de l'indicatif, à la forme interrogative avec sujet inversé, on écrit *fond-on, fond-il, fond-elle* et non **fond-t-on, *fond-t-il, *fond-t-elle.* Le *d* final se prononce /t/ ; il est donc inutile et fautif d'ajouter un *t.*
¬ **se fondre**
➾ Aux temps composés de la forme pronominale, le participe passé s'accorde en genre et en nombre avec le sujet : *elle s'est fondue dans la foule.*
fondrière n. f.
fondrilles n. f. pl.
fonds n. m.
➾ La locution **à fonds perdu(s)** s'emploie indifféremment au singulier ou au pluriel.
HOM. **fond, fonts**, formes des v. **faire, fondre**
fondu, ue adj. et n. m.
fondue n. f.
fonge n. m.
fongibilité n. f.
fongible adj.
fongicide adj.
fongicole adj.
fongiforme adj.
fongique adj.
fongistatique adj.
fongoïde adj.
fongosité n. f.
fongueux, euse adj.
fongus /-ys/ n. m.
fonio n. m.
fontaine n. f.
fontainebleau n. m.
➾ Lorsqu'il désigne un fromage, ce mot s'écrit sans majuscule, contrairement au nom propre qui désigne la ville : *manger du fontainebleau.*
fontainerie n. f.
fontainier n. m.
fontanelle n. f.
fontange n. f.
fontanili ou **fontanilis** n. m. pl.
☰ On peut employer la forme italienne *fontanili* ou la forme francisée *fontanilis.*
fonte n. f.
fontinal, ale, aux adj.
fontis /fɔ̃ti/ n. m.
fonts n. m. pl.
☰ Ce mot ne s'emploie que dans l'expression **fonts baptismaux**.
HOM. **fond, fonds**, formes des v. **faire, fondre**
foot /fut/ n. m.
▫ abrév. de **football**
HOM. formes du v. **foutre**
football /futbol/ n. m.
footballeur, euse /futbolœʀ, øz/ n.
footballistique /futbolistik/ adj.
footeux, euse /futø, øz/ n. et adj.
footing /futiŋ/ n. m.
for n. m.
☰ Ce mot ne s'emploie que dans l'expression **for intérieur**.
HOM. **fors, fort**, formes du v. **forer**
forage n. m.
forain, aine adj. et n.
foral, ale, aux adj.
foramen /-ɛn/ n. m.
foraminé, ée adj.
foraminifère n. m.
forban n. m.
forbannir v. tr. | conjug. 2 |
forçage n. m.
forçat n. m.
HOM. formes du v. **forcer**
force n. f. et adv.
➾ Ce mot est au singulier dans les locutions **en force, de force** et **à toute force**.
forcé, ée adj.
forcement n. m.
forcément adv.
forcené, ée adj. et n.
forceps /-ps/ n. m.
forcer v. tr. et v. intr. | conjug. 3 |
⌘ Le complément infinitif est le plus souvent introduit par *à* à la voix active et par *de* à la

voix passive : *ils l'ont forcé à partir ; me voilà forcé de partir.*

¬ **se forcer**

➾ Aux temps composés de la forme pronominale, le participe passé s'accorde en genre et en nombre avec le sujet : *elles se sont forcées à travailler.*

forcerie n. f.

forces n. f. pl.

forceur, euse n.

forcing /fɔʀsiŋ/ n. m.

◻ rec. off. : **pression**

forcipressure n. f.

forcir v. intr. | conjug. 2 |

forclore v. tr. | conjug. 45 |

CONJUG. Ce verbe s'emploie surtout à l'infinitif et au participe passé.

forclos, ose adj.

forclusion n. f.

fordisation n. f.

fordisme n. m.

forer v. tr. | conjug. 1 |

forestage n. m.

foresterie n. f.

forestier, ière n. et adj.

foret n. m.

HOM. **forêt**, formes du v. **forer**

forêt n. f.

➾ Ce mot s'écrit avec une majuscule dans la dénomination **les Eaux et Forêts**, qui désigne une administration à caractère unique.

HOM. **foret**, formes du v. **forer**

forêt-galerie n. f. ▪ plur. **forêts-galeries**

forêt-noire n. f. ▪ plur. **forêts-noires**

foreur, euse n. (personne)

foreuse n. f. (machine)

forfaire v. intr., v. tr. ind. et v. tr. | conjug. 60 |

CONJUG. Ce verbe ne se conjugue qu'à l'infinitif, au présent de l'indicatif (aux personnes du singulier) et aux temps composés.

forfait n. m.

forfaitaire adj.

forfaitairement adv.

forfaitairisation ou **forfaitarisation** n. f.

forfaitisation n. f.

forfaitisé, ée adj.

forfaitiser v. tr. | conjug. 1 |

forfaitiste n.

forfaiture n. f.

forfanterie n. f.

forficule n. m.

forficulidé n. m.

forge n. f.

forgé, ée adj.

forgeable adj.

forgeage n. m.

forger v. tr. | conjug. 3 |

¬ **se forger**

➾ Aux temps composés de la forme pronominale, le participe passé ne s'accorde pas quand il est suivi d'un complément d'objet direct : *ils se sont forgé une excellente réputation.* Il s'accorde avec le complément d'objet direct quand celui-ci est placé avant le verbe : *l'excellente réputation qu'ils se sont forgée.*

forgerie n. f.

forgeron, onne n.

HOM. formes du v. **forger**

forgeur, euse n.

forint /fɔʀint/ n. m.

forjet n. m.

HOM. formes du v. **forger**

forjeter v. intr. et v. tr. | conjug. 4 |

forlancer v. tr. | conjug. 3 |

forlane n. f.

forlignage n. m.

forligner v. intr. | conjug. 1 |

forlonge n. m.

forlonger v. tr. | conjug. 3 |

formabilité n. f.

formable adj.

formage n. m.

formaldéhyde n. m.

formalisable adj.

formalisant, ante adj.

formalisateur, trice adj.

formalisation n. f.

formaliser v. tr. | conjug. 1 |

¬ **se formaliser**

➾ Aux temps composés de la forme pronominale, le participe passé s'accorde en genre et en nombre avec le sujet : *ils se sont formalisés pour un détail.*

formalisme n. m.

formaliste adj.

formalité n. f.

formance n. f.

formant n. m.

formariage n. m.

format n. m.

HOM. formes du v. **former**

formatage n. m.

formater v. tr. | conjug. 1 |

formateur, trice n. et adj.

formatif, ive adj.

formation n. f.

forme n. f.

formé, ée adj.

formel, elle adj.

formellement adv.

formène n. m.

former v. tr. | conjug. 1 |
¬ **se former**
➾ Aux temps composés de la forme pronominale, le participe passé s'accorde en genre et en nombre avec le sujet : *une pellicule s'est formée sur le lait*.
formeret n. m.
HOM. formes du v. **former**
formette n. f.
formiate n. m.
Formica® n. m.
formicant, ante adj.
formicaridé n. m.
formication n. f.
formicidé n. m.
formidable adj.
formidablement adv.
formide adj.
formier, ière n.
HOM. formes du v. **former**
formique adj.
formol n. m.
formolage n. m.
formoler v. tr. | conjug. 1 |
formolisation n. f.
formulable adj.
formulaire n. m.
formulation n. f.
formule n. f.
formuler v. tr. | conjug. 1 |
formulette n. f.
formyle n. m.
fornicateur, trice n.
fornication n. f.
forniquer v. intr. | conjug. 1 |
fors prép.
HOM. **for, fort**, formes du v. **forer**
forsythia /fɔʀsisja/ n. m.
¹**fort, forte** adj.
➾ Dans la locution **se faire fort de**, employée au sens de « se targuer, se vanter », *fort* et le participe passé *fait* sont généralement invariables : *elles se sont fait fort de réussir*. L'arrêté de 1901, repris par celui de 1976, permettait l'accord de *fort* (*elle se fait fort* ou *forte de réussir*) mais l'usage n'a pas encore exploité cette tolérance.
HOM. **for, fors**, formes du v. **forer**
²**fort** adv.
HOM. **for, fors**, formes du v. **forer**
³**fort** n. m.
HOM. **for, fors**, formes du v. **forer**
fort-à-bras n. m. ▪ plur. **forts-à-bras**
¹**forte** /fɔʀte/ ou **forté**○ adv.
²**forte** /fɔʀte/ ▪ plur. inv. ou **forté**○ ▪ plur. **fortés**○ n. m.
fortement adv.
¹**forte-piano** ▪ plur. **forte-pianos** ou **fortépiano**○ ▪ plur. **fortépianos**○ /fɔʀtepjano/ n. m.
²**forte-piano** ou **fortépiano**○ /fɔʀtepjano/ adv.
forteresse n. f.
fortiche adj.
fortifiant, iante adj. et n. m.
fortification n. f.
fortifier v. tr. | conjug. 7 |
fortifs n. f. pl.
◻ abrév. de **fortifications**
Ξ Cette abréviation est familière et vieillie.
fortin n. m.
fortissimo n. m. et adv.
Ξ L'adverbe est invariable. Le nom a un pluriel régulier : *des fortissimos*.
fortitude n. f.
fortrait, aite adj.
fortraiture n. f.
fortran n. m.
◻ abrév. de **formula translation**
fortuit, ite adj.
fortuité n. f.
fortuitement adv.
fortune n. f.
➾ Employé par allégorie, ce mot s'écrit avec une majuscule : *la Fortune lui sourit*.
fortuné, ée adj.
forum /fɔʀɔm/ n. m.
◻ rec. off. pour **newsgroup**
forumeur, euse n.
forure n. f.
fossane n. f.
fosse n. f.
HOM. **fausse** fém. de *faux*, formes du v. **fausser**
fossé n. m.
HOM. **fausser**
fossette n. f.
fossile adj. et n. m.
➾ Ne pas écrire **fossille*.
fossilifère adj.
fossilisation n. f.
fossiliser v. tr. | conjug. 1 |
¬ **se fossiliser**
➾ Aux temps composés de la forme pronominale, le participe passé s'accorde en genre et en nombre avec le sujet : *les plantes se sont fossilisées*.
fossilité n. f.
fossoir n. m.
fossoyage n. m.
fossoyer v. tr. | conjug. 8 |
fossoyeur, euse n.
fosterage n. m.
fou, folle n. et adj.
Ξ L'adjectif masculin devient *fol* devant un

nom singulier commençant par une voyelle (*fol espoir*) ou un *h* muet (*fol héroïsme*) et dans certaines expressions (**fol qui s'y fie**). Devant *et*, la forme de l'adjectif dépend de la première lettre du nom qu'il qualifie : *un fol et indicible espoir* mais *un fou et indicible désir*. Cette alternance se rencontre surtout dans la langue littéraire : dans le langage courant, *fou* est généralement placé après le nom (*un espoir fou*).
➾ **Folle avoine** s'écrit sans trait d'union.
HOM. formes du v. **foutre**

fouace n. f.
fouacier n. m.
fouage n. m.
fouagiste n.
fouaille n. f.
fouailler v. tr. | conjug. 1 |
HOM. **foyer**
foucade n. f.
fouchtra interj.
[1]**foudre** n. f. (éclair, reproches)
[2]**foudre** n. m. (tonneau, cylindre pour soufflerie, arme (de Jupiter), homme)
▸ **un foudre de guerre**
foudrier n. m.
foudroiement n. m.
➾ Ne pas oublier le *e* muet.
foudroyage n. m.
foudroyant, ante adj.
foudroyer v. tr. | conjug. 8 |
fouée n. f.
fouet n. m.
fouettage n. m.
fouettard, arde adj.
fouetté, ée adj. et n. m.
fouettement n. m.
fouetter v. tr. et v. intr. | conjug. 1 |
fouetteur, euse adj. et n.
fouffes n. f. pl.
foufou, fofolle adj.
foufoune n. f.
foufounette n. f.
fougade n. f.
fougasse n. f.
fouge n. f.
fouger v. intr. | conjug. 3 |
fougeraie n. f.
fougère n. f.
fougerole n. f.
fougue n. f.
fougueusement adv.
fougueux, euse adj.
fouille n. f.
fouillé, ée adj.
fouille-merde n. ▪ plur. **fouille-merdes**
fouiller v. intr. et v. tr. | conjug. 1 |
fouilleur, euse n.
fouillis n. m.
fouinard, arde adj. et n.
fouine n. f.
fouiner v. intr. | conjug. 1 |
fouineur, euse adj. et n.
fouir v. tr. | conjug. 2 |
fouissage n. m.
fouissement n. m.
fouisseur, euse n. m. et adj.
foulage n. m.
foulant, ante adj.
foulard n. m.
foulardage n. m.
foule n. f.
⌘ Lorsque **une foule de** suivi d'un nom est sujet, le verbe s'accorde soit avec *foule*, soit avec le complément : *une foule de gens pense* ou *pensent que c'est faux*. Avec **la foule de**, le verbe s'accorde toujours avec *foule* : *la foule de badauds s'est dispersée*.
HOM. **full**

foulée n. f.
fouler v. tr. | conjug. 1 |
¬ **se fouler**
➾ Aux temps composés de la forme pronominale, le participe passé s'accorde en genre et en nombre avec le sujet : *elles ne se sont pas beaucoup foulées*. Mais le participe passé ne s'accorde pas quand il est suivi d'un complément d'objet direct : *elle s'est foulé la cheville*. Il ne s'accorde avec le complément d'objet direct que lorsque celui-ci est placé avant le verbe : *la cheville qu'elle s'est foulée*.

foulerie n. f.
fouleur, euse n.
fouloir n. m.
foulon n. m.
HOM. formes du v. **fouler**
foulque n. f.
foultitude n. f.
foulure n. f.
four n. m.
HOM. **four**, formes du v. **fourrer**
fourbe adj. et n.
fourberie n. f.
fourbesque n. m.
fourbi n. m.
fourbir v. tr. | conjug. 2 |
fourbissage n. m.
fourbissement n. m.
fourbisseur, euse n.
fourbissure n. f.
fourbu, ue adj.
fourbure n. f.

fourche n. f.
◗ **les fourches Caudines**
fourchée n. f.
fourche-fière n. f. ▪ plur. **fourches-fières**
fourcher v. intr. et v. tr. | conjug. 1 |
fourchet n. m.
HOM. formes du v. **fourcher**
fourchetée n. f.
fourchette n. f.
fourcheur n. m.
fourchicoter ou **fourchicotter** v. intr. | conjug. 1 |
fourchon n. m.
HOM. formes du v. **fourcher**
fourchu, ue adj.
fourchure n. f.
fourgon n. m.
HOM. formes du v. **fourguer**
fourgonner v. intr. | conjug. 1 |
fourgonnette n. f.
[1]**fourgue** n. m. (arg. : receleur)
[2]**fourgue** n. f. (trafic, marchandise)
fourguer v. tr. | conjug. 1 |
fouriérisme n. m.
fouriériste n. et adj.
fourme n. f.
fourmi n. f.
➾ Ne pas écrire **fourmie*, qui n'existe pas.
fourmilier n. m.
fourmilière n. f.
fourmilion ▪ plur. **fourmilions** ou **fourmi-lion** ▪ plur. **fourmis-lions** n. m.
fourmillant, ante adj.
fourmillement n. m.
fourmiller v. intr. | conjug. 1 |
fournage n. m.
fournaise n. f.
fourneau n. m.
fournée n. f.
fourni, ie adj.
fournier, ière n.
fournil /-i/ n. m.
HOM. formes du v. **fournir**
fournilles n. f. pl.
fourniment n. m.
fournir v. tr. | conjug. 2 |
◗ **fournir qqch. à qqn** *fournir le vivre et le couvert à des réfugiés*
Ξ Avec un complément d'objet direct désignant une personne, le complément second est introduit par *de* ou par *en* : *fournir qqn de boissons* ou *en boissons*. De nos jours, *en* est employé plus couramment.
fournissement n. m.
fournisseur, euse n.
fourniture n. f.
fournituriste adj. et n. m.
fourrage n. m.
fourragement n. m.
[1]**fourrager, ère** adj.
[2]**fourrager** v. intr. et v. tr. | conjug. 3 |
fourragère n. f.
HOM. formes du v. **fourrager**
fourrageur n. m.
fourre n. f.
HOM. **four**
fourré, ée adj. et n. m.
HOM. formes du v. **fourrer**
fourreau n. m.
Ξ Ce mot peut s'employer en apposition ; il prend la marque du pluriel : *des robes fourreaux.*
fourrer v. tr. | conjug. 1 |
¬ **se fourrer**
➾ Aux temps composés de la forme pronominale, le participe passé s'accorde en genre et en nombre avec le sujet : *elle s'est fourrée dans une situation embarrassante.* Cependant, dans la locution **se fourrer le doigt dans l'œil**, le participe passé reste invariable : *elle s'est fourré le doigt dans l'œil.*
fourre-tout ▪ plur. inv. ou **fourretout**○ ▪ plur. **fourretouts**○ n. m.
fourreur, euse n.
fourrier, ière n. (personne)
HOM. formes du v. **fourrer**
fourrière n. f. (lieu de dépôt)
fourrure n. f.
fourvoiement n. m.
➾ Ne pas oublier le *e* muet.
fourvoyer v. tr. | conjug. 8 |
¬ **se fourvoyer**
➾ Aux temps composés de la forme pronominale, le participe passé s'accorde en genre et en nombre avec le sujet : *je crains qu'ils ne se soient fourvoyés.*
fouta ou **foutah** n. m. ou f.
foutage n. m.
foutaise n. f.
foutant adj. m.
fouteau n. m.
foutelaie n. f.
fouterie n. f.
fouteur, euse n.
foutoir n. m.
foutral, ale, als adj.
foutraque adj.
[1]**foutre** v. tr. | conjug. *je fous, nous foutons ; je foutais ; je foutrai ; que je foute, que nous foutions ; foutant ; foutu* |
CONJUG. Ce verbe est inusité aux passés simple et antérieur de l'indicatif, au passé et au plus-que-parfait du subjonctif.

¬ se foutre
➾ Aux temps composés de la forme pronominale, le participe passé s'accorde en genre et en nombre avec le sujet : *ils se sont foutus d'elle.*
[2]**foutre** interj., adv. et n. m.
foutrement adv.
foutriquet n. m.
foutu, ue adj.
foutûment ou **foutument**○ adv.
fovéa n. f.
fovéal, ale, aux adj.
fox n. m. inv.
▫ abrév. de **fox-terrier**
foxé, ée adj.
fox-hound /fɔksaund/ ▪ plur. **fox-hounds** ou **foxhound**○ ▪ plur. **foxhounds**○ n. m.
fox-terrier ▪ plur. **fox-terriers** ou **foxterrier**○ ▪ plur. **foxterriers**○ n. m.
fox-trot /fɔkstʀɔt/ ▪ plur. inv. ou **foxtrot**○ ▪ plur. **foxtrots**○ n. m.
foyard n. m.
→ **fayard**
foyer n. m.
▫ rec. off. pour **club-house**
HOM. **fouailler**
foyère n. f.
HOM. forme du v. **fouailler**
frac n. m.
fracas n. m.
fracassant, ante adj.
fracassement n. m.
fracasser v. tr. | conjug. 1 |
¬ se fracasser
➾ Aux temps composés de la forme pronominale, le participe passé s'accorde en genre et en nombre avec le sujet : *la barque s'est fracassée sur un écueil.* Mais le participe passé ne s'accorde pas quand il est suivi d'un complément d'objet direct : *elles se sont fracassé le crâne.*
fractal, ale adj. et n. f.
fractale n. f.
fraction n. f.
fractionnaire adj.
fractionnel, elle adj.
fractionnement n. m.
fractionner v. tr. | conjug. 1 |
fractionnisme n. m.
fractionniste n. et adj.
fractographie n. f.
fractographique adj.
fracturable adj.
fracturation n. f.
fracture n. f.
fracturer v. tr. | conjug. 1 |
¬ se fracturer
➾ Aux temps composés de la forme pronominale, le participe passé ne s'accorde pas quand il est suivi d'un complément d'objet direct : *il s'est fracturé la jambe.* Il s'accorde avec le complément d'objet direct quand celui-ci est placé avant le verbe : *la jambe qu'il s'est fracturée.*
fractus /-ys/ n. m. inv.
fragifère adj.
fragiforme adj.
fragile adj.
fragilement adv.
fragilisant, ante adj.
fragilisation n. f.
fragiliser v. tr. | conjug. 1 |
fragilité n. f.
fragment n. m.
fragmentable adj.
fragmentaire adj.
HOM. formes du v. **fragmenter**
fragmentairement adv.
fragmentation n. f.
fragmenter v. tr. | conjug. 1 |
fragon n. m.
fragrance n. f.
fragrant, ante adj.
frai n. m.
HOM. **fraie, frais, fret**, formes du v. **frayer**
fraîche (à la) ou **fraiche (à la)**○ loc. adv.
fraîchement ou **fraichement**○ adv.
fraîcheur ou **fraicheur**○ n. f.
fraîchin ou **fraichin**○ n. m.
fraîchir ou **fraichir**○ v. intr. | conjug. 2 |
fraîchissant, ante ou **fraichissant, ante**○ adj.
fraie n. f.
HOM. **frai, frais, fret**, formes du v. **frayer**
frairie n. f.
[1]**frais, fraîche** ou **fraiche**○ adj.
Ξ Dans le registre littéraire, *frais* s'emploie parfois comme adverbe au sens de « depuis peu de temps » : *un mur frais repeint.* Lorsqu'il modifie un adjectif, l'accord est facultatif : *une rose frais éclose* ou *fraîche éclose.*
HOM. **frai, fraie, fret**, formes du v. **frayer**
→ aussi **émoulu**
[2]**frais** n. m. pl.
➾ Ce mot est toujours au pluriel : *aucuns frais ; sans frais supplémentaires.*
HOM. **frai, fraie, fret**, formes du v. **frayer**
fraisage n. m.
fraise n. f.
Ξ Ce mot peut s'employer seul comme adjectif de couleur ou derrière un adjectif de couleur pour en préciser la nuance ; ces adjectifs

sont alors invariables : *des chaussures rouge fraise ; des pantalons fraise.*
fraisement n. m.
fraiser v. tr. | conjug. 1 |
fraiseraie n. f.
fraiserat n. m.
HOM. formes du v. **fraiser**
fraisette n. f.
fraiseur, euse n. (personne)
fraiseuse n. f. (machine)
fraisiculteur, trice n.
fraisier n. m.
HOM. formes du v. **fraiser**
fraisière n. f.
fraisiériculteur, trice n.
fraisiériste n.
fraisil n. m.
fraisoir n. m.
fraissine n. f.
fraisure n. f.
fraké n. m.
framboise n. f.
Ξ Ce mot peut s'employer seul comme adjectif de couleur ou derrière un adjectif de couleur pour en préciser la nuance ; ces adjectifs sont alors invariables : *des lèvres rouge framboise ; des souliers framboise.*
framboisé, ée adj.
framboiser v. tr. | conjug. 1 |
framboiseraie n. f.
framboisier n. m.
HOM. formes du v. **framboiser**
framboisière n. f.
framée n. f.
framiré n. m.
framycétine n. f.
[1]**franc, franche** adj.
➾ La locution **franc de port** est invariable : *nous avons reçu trois caisses de vins franc de port.*
[2]**franc** n. m. (monnaie)
[3]**franc, franque** n. et adj. (d'une peuplade germanique)
➾ L'adjectif s'écrit sans majuscule : *le peuple franc ; la langue franque.* Le nom s'écrit avec une majuscule quand il désigne une personne : *les Francs ; une Franque.*
français, aise adj. et n.
➾ L'adjectif s'écrit sans majuscule : *la population française ; la République française.* Le nom s'écrit avec une majuscule uniquement quand il désigne une personne : *les Français ; c'est une Française* mais *parler le français ; un jardin à la française.*
franc-alleu /fʀɑ̃kaløl/ n. m. ▪ plur. **francs-alleux** /fʀɑ̃kalø/
franc-archer /fʀɑ̃k-/ n. m. ▪ plur. **francs-archers**
franc-bord n. m. ▪ plur. **francs-bords**
franc-bourgeois n. m. ▪ plur. **francs-bourgeois**
franc-canton n. m. ▪ plur. **francs-cantons**
franc-comtois, oise adj. et n. ▪ plur. **francs-comtois, oises**
➾ L'adjectif s'écrit sans majuscules : *la population franc-comtoise.* Le nom s'écrit avec des majuscules uniquement quand il désigne une personne : *les Francs-Comtois ; c'est une Franc-Comtoise* mais *parler le franc-comtois.*
franc-fief n. m. ▪ plur. **francs-fiefs**
francfort n. f.
➾ Quand ce mot désigne une saucisse, il s'écrit sans majuscule, contrairement au nom propre qui désigne la ville : *manger des saucisses de Francfort* mais *manger des francforts.*
franchement adv.
franchir v. tr. | conjug. 2 |
franchisage n. m.
▫ rec. off. pour **franchising**
franchise n. f.
franchisé, ée adj. et n.
franchiser v. tr. | conjug. 1 |
franchiseur, euse n.
franchising /-ziŋ/ n. m.
▫ rec. off. : **franchisage**
franchissable adj.
franchissement n. m.
franchouillard, arde adj. et n.
franchouillardise n. f.
francien n. m.
➾ Comme tous les noms de langues, ce mot s'écrit sans majuscule : *ils parlaient le francien.*
francine n. f.
francique n. m.
➾ Comme tous les noms de langues, ce mot s'écrit sans majuscule : *ils parlaient le francique.*
francisable adj.
francisant, ante adj.
francisation n. f.
franciscain, aine n.
➾ Ce mot s'écrit avec une minuscule lorsqu'il désigne une personne : *un couvent de franciscaines.* Il s'écrit avec une majuscule lorsqu'il désigne sans ambiguïté l'ordre lui-même : *il est entré chez les Franciscains.*
franciscanisme n. m.
franciser v. tr. | conjug. 1 |
francisque n. f.
franciste n.
francité n. f.
francitude n. f.
francium /fʀɑ̃sjɔm/ n. m.
franc-jeu n. m. ▪ plur. **francs-jeux**
franc-juge n. m. ▪ plur. **francs-juges**

franc-maçon, onne n. et adj. ▪ plur. **francs-maçons, franc-maçonnes**
franc-maçonnerie n. f. ▪ plur. **franc-maçonneries**
franc-maçonnique adj. ▪ plur. **franc-maçonniques**
[1]**franco** adv. (sans frais)
[2]**franco** adv.
□ abrév. de **franchement**
franco-canadien, ienne n. et adj. ▪ plur. **franco-canadiens, iennes**
francocentrisme n. m.
francocentriste adj. et n.
franco-français, aise adj. ▪ plur. **franco-français, aises**
francolin n. m.
francomanie n. f.
francophile adj.
francophilie n. f.
francophobe adj.
francophobie n. f.
francophone adj. et n.
francophonie n. f.
franco-provençal, ale, aux n. m. et adj.
➾ Comme tous les noms de langues, ce mot s'écrit sans majuscules : *ils parlaient le franco-provençal.*
franc-parler n. m. ▪ plur. **francs-parlers**
franc-quartier n. m. ▪ plur. **francs-quartiers**
franc-réal n. m. ▪ plur. **francs-réals**
franc-salé n. m. ▪ plur. **francs-salés**
franc-tireur n. m. ▪ plur. **francs-tireurs**
frane n. f.
frange n. f.
frangeant adj. m.
franger v. tr. | conjug. 3 |
frangette n. f.
frangeur, euse n.
frangin, ine n.
frangipane n. f.
frangipanier n. m.
franglais, aise adj. et n. m.
frankaoui n.
franklinisation n. f.
franque adj. f.
franquette (à la bonne) loc. adv.
franquisme n. m.
franquiste n. et adj.
fransquillon, onne n.
fransquillonner v. intr. | conjug. 1 |
frape n. f.
frappadingue adj. et n.
frappage n. m.
frappant, ante adj.
frappe n. f.
frappé, ée adj.
frappe-devant n. m. inv.
frappement n. m.
frapper v. tr. | conjug. 1 |
frappeur, euse n. et adj.
frasil /fʀazi(l)/ n. m.
frasque n. f.
fraternaliste adj.
fraternel, elle adj.
fraternellement adv.
fraternisation n. f.
fraterniser v. intr. | conjug. 1 |
fraternitaire adj.
fraternité n. f.
fraticelle n. m.
[1]**fratricide** n. m. (meurtre)
[2]**fratricide** n. et adj. (meurtrier)
fratrie n. f.
HOM. **phratrie**
fraudatoire adj.
fraude n. f.
frauder v. tr. et v. intr. | conjug. 1 |
fraudeur, euse n.
frauduleusement adv.
frauduleux, euse adj.
fraxine n. f.
fraxinée n. f.
fraxinelle n. f.
fraxinus /-ys/ n. m. inv.
frayage n. m.
frayant, ante adj.
fraye n. f.
frayement n. m.
frayer v. tr. et v. intr. | conjug. 8 |
¬ **se frayer**
➾ Aux temps composés de la forme pronominale, le participe passé ne s'accorde pas quand il est suivi d'un complément d'objet direct : *elles se sont frayé un chemin dans la foule.* Il s'accorde avec le complément d'objet direct quand celui-ci est placé avant le verbe : *les chemins qu'elles se sont frayés.*
frayère n. f.
frayeur n. f.
frayoir n. m.
frayure n. f.
freak /fʀik/ n.
HOM. **fric**
fredaine n. f.
fredon n. m.
fredonnement n. m.
fredonner v. tr. | conjug. 1 |
free-jazz ou **freejazz**○ /fʀidʒɑz/ n. m. inv.
free-lance ▪ plur. **free-lances** ou **freelance**○ ▪ plur. **freelances**○ /fʀilɑ̃s/ adj. et n.
free-martin ▪ plur. **free-martins** ou **freemartin**○ ▪ plur. **freemartins**○ /fʀimaʀtɛ̃/ n. m.
freesia ou **frésia** /fʀezja/ n. m.

freestyle /fʀistajl/ adj. et n. m.
freezer ou **freezeur** /fʀizœʀ/ n. m.
HOM. **friseur**
frégate n. f.
frégater v. tr. | conjug. 1 |
frégaton n. m.
frein n. m.
freinage n. m.
freinateur, trice ou **frénateur, trice** adj.
freination ou **frénation** n. f.
freiner v. intr. et v. tr. | conjug. 1 |
freineur n. m.
freinte n. f.
frelampier ou **ferlampier** n. m.
frelatage n. m.
frelaté, ée adj.
frelater v. tr. | conjug. 1 |
frelateur, euse n.
frêle adj.
freloche n. f.
frelon n. m.
freluche n. f.
freluquet n. m.
frémir v. intr. | conjug. 2 |
frémissant, ante adj.
frémissement n. m.
frênaie n. f.
frénateur, trice adj.
→ **freinateur**
frénation n. f.
→ **freination**
french cancan /fʀɛnʃkɑ̃kɑ̃/ n. m. ▪ plur. **french cancans**
frêne n. m.
HOM. formes du v. **freiner**
frénésie n. f.
frénétique adj.
frénétiquement adv.
frênette n. f.
Fréon® n. m.
fréquemment /-amɑ̃/ adv.
fréquence n. f.
fréquencemètre n. m.
fréquent, ente adj.
fréquentable adj.
fréquentatif, ive adj.
fréquentation n. f.
fréquenté, ée adj.
fréquenter v. tr. et v. intr. | conjug. 1 |
¬ **se fréquenter**
➾ Aux temps composés de la forme pronominale, le participe passé s'accorde en genre et en nombre avec le sujet : *ils se sont longtemps fréquentés*.
fréquentiel, ielle adj.
➾ Ne pas écrire **fréquenciel*.
frérage n. m.
frère n. m.
➾ Ce mot ne prend pas de majuscule quand il désigne un religieux : *voici frère Éloi*. La locution **faux frère** s'écrit sans trait d'union.
frérot n. m.
fresaie n. f.
frésia n. m.
→ **freesia**
fresque n. f.
fresquiste n.
fressure n. f.
fret /fʀɛ(t)/ n. m.
HOM. **frai, fraie, frais, frette,** formes du v. **frayer**
frètement n. m.
fréter v. tr. | conjug. 6 |
HOM. **fretter**
fréteur n. m.
frétillant, ante adj.
frétillard, arde adj.
frétillement n. m.
frétiller v. intr. | conjug. 1 |
frétillon, onne adj.
fretin n. m.
frettage n. m.
frette n. f.
HOM. formes du v. **fréter**
fretté, ée adj.
HOM. **fréter**
fretter v. tr. | conjug. 1 |
HOM. **fréter, fretté**
freudien, ienne adj.
freudisme n. m.
freux n. m.
friabilité n. f.
friable adj.
friand, friande adj. et n. m.
➾ Ne pas écrire **friant*.
friandise n. f.
fric n. m.
HOM. **freak**
fricadelle n. f.
fricandeau n. m.
fricassée n. f.
fricasser v. tr. | conjug. 1 |
fricasseur, euse n.
fricatif, ive adj.
fric-frac ▪ plur. inv. ou **fricfrac**○ ▪ plur. **fricfracs**○ n. m.
friche n. f.
frichti n. m.
fricot n. m.
fricotage n. m.
fricoter v. tr. et v. intr. | conjug. 1 |
fricoteur, euse n.
fricotis n. m.
friction n. f.

frictionnel, elle adj.
frictionner v. tr. | conjug. 1 |
fridolin n. m.
frifri n. m.
frigard n. m.
Frigidaire® n. m.
frigidarium /-ʀjɔm/ n. m.
frigide adj.
frigidement adv.
frigidité n. f.
frigo n. m.
frigolite n. f.
frigoporteur, euse adj. et n. m.
frigorie n. f.
frigorifère adj. et n. m.
frigorifier v. tr. | conjug. 7 |
frigorifique adj.
frigorifuge adj.
frigorigène adj.
frigorimètre n. m.
frigoriste n.
frigothérapie n. f.
frigousse n. f.
frileusement adv.
frileux, euse adj.
frilosité n. f.
frimaire n. m.
➾ Comme tous les noms de mois, ce mot s'écrit sans majuscule : *le 18 frimaire*.
HOM. forme du v. **frimer**
frimant n. m.
frimante n. f.
frimas /fʀimɑ/ n. m.
HOM. formes du v. **frimer**
frime n. f.
frimer v. intr. | conjug. 1 |
frimeur, euse n.
frimousse n. f.
fringale n. f.
fringance n. f.
fringant, ante adj.
➾ Ne pas écrire cet adjectif comme *fringuant*, participe présent du verbe *fringuer*.
fringillidé n. m.
fringuer v. intr. et v. tr. | conjug. 1 |
Ξ L'emploi actuel appartient au registre familier.
¬ **se fringuer**
➾ Aux temps composés de la forme pronominale, le participe passé s'accorde en genre et en nombre avec le sujet : *ils se sont mal fringués*.
fringues n. f. pl.
frio ou **friot** adj.
¹fripe n. f. (vêtement)
²fripe ou **frippe** n. f. (aliment)
friper v. tr. | conjug. 1 |
friperie n. f.
fripier, ière n.
HOM. formes du v. **friper**
fripon, onne n.
HOM. formes du v. **friper**
friponneau n. m.
friponner v. tr. | conjug. 1 |
friponnerie n. f.
fripouillard n. m.
fripouille n. f.
fripouillerie n. f.
frippe n. f.
→ **²fripe**
fripure n. f.
friqué, ée adj.
friquet n. m.
frire v. tr. et v. intr. | conjug. défectif |
CONJUG. Ce verbe ne se conjugue qu'au présent de l'indicatif (aux personnes du singulier uniquement : *je fris, tu fris, il frit*), au futur simple (*je frirai, tu friras, ils friront*), au conditionnel présent (*je frirais, tu frirais, ils friraient*), à l'impératif (au singulier uniquement : *fris*) et aux temps composés.
frisage n. m.
frisant, ante adj.
Frisbee® /fʀizbi/ n. m.
frise n. f.
frise (cheval de) n. m.
frisé, ée adj. et n.
frise-à-plat n. inv.
frise-beurre n. m. ▪ plur. **frise-beurres**
frisée n. f. (chicorée)
friselée n. f.
→ **frisolée**
friseler v. tr. | conjug. 5 |
friselis n. m.
frisement n. m.
friser v. tr. et v. intr. | conjug. 1 |
frisette n. f.
friseur, euse n.
HOM. **freezer**
frisoir n. m.
frisolée ou **friselée** n. f.
¹frison, onne adj. et n. (de la Frise)
➾ L'adjectif s'écrit sans majuscule : *la population frisonne ; une vache frisonne*. Le nom s'écrit avec une majuscule uniquement quand il désigne une personne : *les Frisons ; c'est une Frisonne* mais *parler le frison*.
HOM. formes du v. **friser**
²frison n. m. (mèche, copeau)
HOM. formes du v. **friser**
frisonnement n. m.
frisottant, ante ou **frisotant, ante** adj.
frisotter ou **frisoter** v. tr. et v. intr. | conjug. 1 |
frisottis ou **frisotis** n. m.

frisou n. m.
frisquet, ette n. m. et adj.
frisquette n. f.
frisson n. m.
frissonnant, ante adj.
frissonnement n. m.
frissonner v. intr. | conjug. 1 |
frisure n. f.
frit, frite adj.
frite n. f.
HOM. **fritte**, formes des v. **frire**, **friter (se)**, **fritter**
friter (se) ou **fritter (se)** v. pron. | conjug. 1 |
➾ Aux temps composés, le participe passé s'accorde en genre et en nombre avec le sujet : *les deux bandes rivales se sont fritées.*
friterie n. f.
friteur, euse n. (personne)
friteuse n. f. (appareil)
fritillaire /fʀitilɛʀ/ n. f.
fritons n. m. pl.
HOM. formes des v. **friter (se)**, **fritter**
fritot n. m.
frittage n. m.
fritte n. f.
HOM. **frite**, formes des v. **frire**, **friter (se)**, **fritter**
fritter v. tr. | conjug. 1 |
HOM. **friter (se)**
fritter (se) v. pron. | conjug. 1 |
→ **friter (se)**
frittole n. f.
friture n. f.
friturerie n. f.
friturier, ière n.
fritz /fʀits/ n. m.
frivole adj.
frivolement adv.
frivolité n. f.
froc /fʀɔk/ n. m.
frocard n. m.
froid, froide adj. et n. m.
froidasse adj.
froidement adv.
froideur n. f.
froidure n. f.
froissabilité n. f.
froissable adj.
froissage n. m.
froissant, ante adj.
froissement n. m.
froisser v. tr. | conjug. 1 |
¬ **se froisser**
➾ Aux temps composés de la forme pronominale, le participe passé s'accorde en genre et en nombre avec le sujet : *elles se sont froissées de n'avoir pas été invitées.* Mais le participe passé ne s'accorde pas quand il est suivi d'un complément d'objet direct : *elle s'est froissé plusieurs muscles.* Il ne s'accorde avec le complément d'objet direct que lorsque celui-ci est placé avant le verbe : *les muscles qu'elle s'est froissés.*
froissis n. m.
froissure n. f.
frôlage n. m.
frôlement n. m.
frôler v. tr. | conjug. 1 |
frôleur, euse n.
frôlure n. f.
fromage n. m.
fromagé, ée adj.
fromageon n. m.
fromager, ère n. et adj.
fromagerie n. f.
fromageux, euse adj.
fromegi n. m.
froment n. m.
fromentacé, ée adj. et n. f.
fromental, aux n. m.
frometon n. m.
fronce n. f.
froncement n. m.
froncer v. tr. | conjug. 3 |
fronceur, euse adj.
froncis n. m.
fronçure n. f.
frondaison n. f.
fronde n. f.
➾ Avec une majuscule, **la Fronde** désigne le mouvement d'opposition à Mazarin, au XVIIe s.
fronder v. intr. et v. tr. | conjug. 1 |
fronderie n. f.
frondescent, ente adj.
frondeur, euse n.
frondicole adj.
front n. m.
➾ Ce mot s'écrit avec une majuscule dans **le Front populaire**.
frontail n. m.
frontal, ale, aux n. m. et adj.
HOM. (du plur.) **fronteau**
frontalement adv.
frontalier, ière n. et adj.
frontalité n. f.
fronteau n. m.
HOM. **frontaux** (plur. de *frontal*)
frontière n. f.
Ξ Ce mot peut s'employer en apposition ; il prend la marque du pluriel : *des bornes frontières ; des villes frontières.*

frontignan n. m.
➾ Lorsqu'il désigne un vin, ce mot s'écrit sans majuscule, contrairement au nom propre qui désigne la localité : *un vin de Frontignan* mais *une bouteille de frontignan*.
frontin n. m.
frontisme n. m.
frontispice n. m.
frontiste adj. et n.
frontoethmoïdal, ale adj.
front-office n. m. ▪ plur. **front-offices**
◻ rec. off. : **salle des marchés** ou **service de clientèle**
frontofocomètre n. m.
frontogenèse n. f.
frontogénétique adj.
frontologie n. f.
frontologique adj.
frontolyse n. f.
fronton n. m.
frontonasal, ale, aux adj.
frontopariétal, ale, aux adj.
frottable adj.
frottage n. m.
frottailler v. tr. | conjug. 1 |
frottant, ante adj.
frotte n. f.
frottée n. f.
frotte-manche n. m. ▪ plur. **frotte-manches**
frottement n. m.
frotter v. tr. et v. intr. | conjug. 1 |
¬ **se frotter**
➾ Aux temps composés de la forme pronominale, le participe passé s'accorde en genre et en nombre avec le sujet : *elle s'est frottée contre lui*. Mais le participe passé ne s'accorde pas quand il est suivi d'un complément d'objet direct : *ils se sont frotté les mains*.
frotteur, euse n.
frotteurisme n. m.
frotti-frotta ▪ plur. inv. ou **frottifrotta**○ ▪ plur. **frottifrottas**○ n. m.
frottin n. m.
frottis n. m.
frottoir n. m.
frotton n. m.
HOM. formes du v. **frotter**
frotture n. f.
frouée n. f.
frouement n. m.
frouer v. intr. | conjug. 1 |
froufrou n. m.
froufroutant, ante adj.
froufroutement n. m.
froufrouter v. intr. | conjug. 1 |
froufrouteux, euse adj.
froussard, arde adj. et n.
frousse n. f.
fructiculteur, trice n.
fructiculture n. f.
fructidor n. m.
➾ Comme tous les noms de mois, ce mot s'écrit sans majuscule, sauf lorsqu'une date évoque un évènement historique et que l'année n'est pas précisée : *les conspirateurs du 18 Fructidor* mais *le coup d'État eut lieu le 18 fructidor an V*.
fructidorien n. m.
fructifère adj.
fructifiant, ante adj.
fructificateur, trice adj.
fructification n. f.
fructifier v. intr. | conjug. 7 |
fructokinase n. f.
fructose n. m.
fructosurie n. f.
fructueusement adv.
fructueux, euse adj.
frugal, ale, aux adj.
frugalement adv.
frugalité n. f.
frugifère adj.
frugivore adj.
fruit n. m.
fruitage n. m.
fruitarien, ienne adj. et n.
fruitarisme n. m.
fruité, ée adj.
fruiter v. tr. | conjug. 1 |
fruiterie n. f.
fruiteux, euse adj.
fruiticulteur, trice n.
fruiticulture n. f.
fruitier, ière adj. et n.
fruitif, ive adj.
fruition n. f.
frumentacé, ée adj.
frumentaire adj.
frusquer v. tr. | conjug. 1 |
frusques n. f. pl.
fruste adj.
➾ Ne pas employer **frustre*, qui n'existe pas.
frustement adv.
frustrant, ante adj.
frustrateur, trice adj. et n.
frustratif, ive adj.
frustration n. f.
frustratoire adj.
frustrer v. tr. | conjug. 1 |
frustule n. f.
frustulum /fʀystylɔm/ n. m.
frutescent, ente adj.
fruticuleux, euse adj.
fucacée n. f.

fucale n. f.
fuchsia /fyʃja ; fyksja/ n. m.
♪ La prononciation de loin la plus courante est /fyʃja/.
➾ Ne pas écrire **fuschia* ni **fushia*.
☰ Ce mot peut s'employer seul comme adjectif de couleur ou derrière un adjectif de couleur pour en préciser la nuance ; ces adjectifs sont alors invariables : *des blousons rose fuchsia ; des manteaux fuchsia.*
fuchsine /fyk- ; fyks-/ n. f.
fuchsiné, ée /fyk-/ adj.
fucose n. f.
fucus /fykys/ n. m. inv.
fudge /fɔdʒ/ n. m.
fuel /fjul/ n. m.
◘ rec. off. : **fioul**
fugace adj.
fugacement adv.
fugacité n. f.
fugato n. m. ▪ plur. **fugatos** ou plur. **fugati**
☰ On peut employer le pluriel francisé *fugatos* ou le pluriel italien *fugati*.
fugitif, ive adj. et n.
fugitivement adv.
fugitivité n. f.
fugu /fugu/ n. m.
fugue n. f.
fugué, ée adj.
fuguer v. intr. | conjug. 1 |
fuguette n. f.
fugueur, euse adj. et n.
führer /fyʀœʀ/ n. m.
HOM. **fureur**
fuie n. f.
HOM. formes du v. **fuir**
fuir v. intr. et v. tr. | conjug. 17 |
fuite n. f.
fuiter v. intr. | conjug. 1 |
fulgore n. m.
fulgural, ale, aux adj.
fulgurance n. f.
fulgurant, ante adj.
fulguration n. f.
fulgurer v. intr. | conjug. 1 |
fulgurite n. m. ou f.
fuligine n. f.
fuligineusement adv.
fuligineux, euse adj.
fuliginosité n. f.
fuligo n. m.
fuligule n. m.
full /ful/ n. m.
HOM. **foule**
full-contact /fulkɔ̃takt/ n. m. ▪ plur. **full-contacts**
fullerène n. m. ou f.
fulmicoton n. m.
fulminant, ante adj.
fulminate n. m.
fulminateur, trice adj. et n.
fulmination n. f.
fulminatoire adj.
fulminement n. m.
fulminer v. intr. et v. tr. | conjug. 1 |
fulminique adj.
fulvène n. m.
fumable adj.
fumage n. m.
fumagine n. f.
fumailler v. intr. | conjug. 1 |
fumaillon n. m.
HOM. formes du v. **fumailler**
fumaison n. f.
fumant, ante adj.
fumarase n. m.
fumarate n. m.
fumariacée n. f.
fumarine n. f.
fumarique adj.
fumaryle n. m.
fumasse adj.
fumasser v. intr. | conjug. 1 |
fumature n. f.
fumé, ée adj. et n. m.
fume-cigare n. m. ▪ plur. **fume-cigares**
fume-cigarette n. m. ▪ plur. **fume-cigarettes**
fumée n. f.
fumer v. intr. et v. tr. | conjug. 1 |
HOM. **fumée**
fumerie n. f.
fumerolle ou **fumerole**° n. f.
fumeron n. m.
HOM. formes du v. **fumer**
fumeronner v. intr. | conjug. 1 |
fumet n. m.
HOM. formes du v. **fumer**
fumeterre n. f.
fumette n. f.
fumeur, euse n. (personne)
fumeuse n. f. (siège)
fumeusement adv.
fumeux, euse adj.
fumier n. m.
HOM. formes du v. **fumer**
fumière n. f.
fumigateur n. m.
fumigation n. f.
fumigatoire adj.
fumigène adj.
fumiger v. tr. | conjug. 3 |
fumignon n. m.

fumiste n.
fumisterie n. f.
fumivore adj.
fumoir n. m.
fumure n. f.
fun /fœn/ n. m. et adj. ▪ plur. inv. ou plur. **funs**°
funaire n. f.
funambule n.
funambulesque adj.
funboard /fœnbɔʀd/ n. m.
fundus /fɔ̃dys/ n. m.
fune n. f.
funèbre adj.
funèbrement adv.
funérailles n. f. pl.
funéraire adj.
funérairement adv.
funérarium /-ʀjɔm/ n. m.
funeste adj.
funestement adv.
funiculaire adj.
funicule n. m.
funiculite n. f.
funin n. m.
funk /fœnk/ n. m. et adj.
funky /fœnki/ adj. et n. m. ▪ plur. **funkys** ou plur. **funkies**
Ξ On peut employer le pluriel anglais *funkies* ou le pluriel francisé *funkys*.
fur n. m.
Ξ Ce mot ne s'emploie plus que dans la locution **au fur et à mesure**. Ne pas dire ***à fur et à mesure** ni ***au fur et mesure**.
HOM. forme du v. **être**
furane ou **furanne** n. m.
furax adj.
furet n. m.
furetage n. m.
fureter v. intr. | conjug. 5 |
fureteur, euse n. et adj.
fureur n. f.
HOM. **führer**
furfuracé, ée adj.
furfural n. m.
furfures n. m. pl.
furfurol n. m.
furia n. f.
furibard, arde adj.
furibond, onde adj.
furie n. f.
➾ Avec une majuscule, **les Furies** désigne les trois divinités romaines (Alecto, Mégère et Tisiphone) : *il fut poursuivi par les Furies.*
furieusement adv.
furieux, ieuse adj.
furioso adj.
furole n. f.
furon n. m.
furoncle n. m.
furonculeux, euse adj.
furonculose n. f.
furtif, ive adj.
furtivement adv.
furtivité n. f.
fusain n. m.
fusainiste n.
fusaïole n. f.
fusant, ante adj.
fusarolle ou **fusarole**° n. f.
fuscine n. f.
fuseau n. m.
Ξ Ce mot peut s'employer en apposition ; il prend la marque du pluriel : *des pantalons fuseaux.*
fusée n. f.
HOM. **fuser**
fusel n. m.
fuselage n. m.
fuselé, ée adj.
fuseler v. tr. | conjug. 4 |
fusement n. m.
fuséologie n. f.
fuséonautique n. f.
fuser v. intr. | conjug. 1 |
HOM. **fusée**
fusette n. f.
fusibilité n. f.
fusible adj. et n. m.
fusiforme adj.
fusil /fyzi/ n. m.
fusilier /fyzilje/ n. m.
➾ Ne pas confondre l'orthographe et la prononciation de ce nom avec celles du verbe *fusiller.*
fusillade n. f.
fusiller /fyzije/ v. tr. | conjug. 1 |
➾ Ne pas confondre l'orthographe et la prononciation de ce verbe avec celles du nom *fusilier.*
fusilleur n. m.
fusilli n. m.
Ξ En italien, *fusilli* est un nom pluriel mais on l'emploie au singulier en francisant la forme du pluriel : *un fusilli, des fusillis.*
fusil-mitrailleur n. m. ▪ plur. **fusils-mitrailleurs**
fusiner v. tr. | conjug. 1 |
fusiniste n.
fusion n. f.
HOM. formes du v. **fuser**
fusionnel, elle adj.
fusionnement n. m.
fusionner v. intr. et v. tr. | conjug. 1 |
fusorial, ale, aux adj.

fustanelle n. f.
fuste n. f.
fustet n. m.
fustibale n. f.
fustier n. m.
fustigateur, trice n.
fustigation n. f.
fustiger v. tr. | conjug. 3 |
fustine n. f.
fût ou **fut**○ n. m.
HOM. formes du v. **être**
futaie n. f.
futaille n. f.
futaine n. f.
futainier, ière n.
futal n. m.
fute n. m.
◘ abrév. de **futal**
futé, ée adj. et n. (personne)
futée n. f. (mastic)
fute-fute adj. ▪ plur. **futes-futes**
futile adj.
futilement adv.
futilisation n. f.
futilité n. f.
futon n. m.
futsal /futsal/ n. m.
futur, ure adj. et n. m.
Ξ Sous l'influence de l'anglais *future*, le nom est abusivement employé dans le sens de « avenir ».
futurible adj. et n.
futurisme n. m.
➾ Comme tous les noms de courants artistiques, ce mot s'écrit sans majuscule : *le futurisme de Marinetti*.
futuriste adj.
➾ Comme tous les mots désignant ou qualifiant un courant artistique ou ses représentants, ce mot s'écrit sans majuscule : *le mouvement futuriste ; les futuristes*.
futurition n. f.
futurologie n. f.
futurologique adj.
futurologue n.
fuyant, ante adj. et n.
fuyard, arde adj. et n.

G

g n. m. inv, abrév. et symb.
G n. m. inv, abrév. et symb.
GABA n. m. inv.
□ abrév. de **gamma-aminobutyric acid**
gabardine n. f.
gabare ou **gabarre** n. f.
gabariage n. m.
[1]**gabarier** ou **gabarrier** n. m.
[2]**gabarier** v. tr. | conjug. 7 |
gabarieur, ieuse n.
gabarit /-ʀi/ n. m.
HOM. formes du v. **gabarier**
gabarot /-ʀo/ n. m.
gabarre n. f.
→ **gabare**
gabarrier n. m.
→ [1]**gabarier**
gabbro n. m.
gabegie n. f.
gabeleur n. m.
gabelle n. f.
gabelou n. m.
➾ Ce mot s'écrit avec un seul *l*, à la différence de *gabelle*, dont il est dérivé.
gabeur n. m.
gabie n. f.
gabier n. m.
gabion n. m.
gabionnade n. f.
gabionnage n. m.
gabionner v. tr. | conjug. 1 |
gabionneur n. m.
gable ou **gâble** n. m.
⚡ Ne pas confondre **gable**, terme d'architecture, avec **galbe**, qui signifie « contour » (*le galbe d'une jambe*).
gaburon n. m.
gâchage n. m.
gâche n. f.
gâcher v. tr. | conjug. 1 |
gâchette n. f.
Ξ L'emploi de *gâchette* pour désigner la détente est courant mais abusif : la gâchette est une pièce interne commandée par la détente. On évitera donc de dire *le doigt sur la gâchette* et *appuyer sur la gâchette* mais *le doigt sur la détente* et *appuyer sur la détente*.
gâcheur, euse n.
gâchis n. m.
gade n. m.
gadelier ou **gadellier** n. m.
gadelle n. f.
gadget /gadʒɛt/ n. m.
gadgeterie n. f.
gadgétisation n. f.
gadgétiser v. tr. | conjug. 1 |
gadgetterie n. f.
gadgi(e) n. f.
gadidé n. m.
gadiforme n. m.
gadin n. m.
gadjo n. m. ▪ plur. **gadjos** ou plur. **gadgé**
Ξ On peut employer le pluriel francisé *gadjos* ou le pluriel tsigane *gadgé*.
gadolinite n. f.
gadolinium /-njɔm/ n. m.
gadoue n. f.
gadouille n. f.
gaélique adj. et n. m.
➾ Ce mot s'écrit sans majuscule : *les coutumes gaéliques ; ils parlent le gaélique*.
[1]**gaffe** n. f. (perche, bourde, attention)
[2]**gaffe** n. m. (gardien de prison)
gaffer v. tr. et v. intr. | conjug. 1 |
gaffeur, euse n.
gag n. m.
gaga n. et adj.
➾ Ce mot s'accorde en nombre mais pas en genre : *elles sont toutes gagas de lui*.
gagaïsme n. m.
gagaku /-ku/ n. m.

gage n. m.
➾ Ce mot est toujours au pluriel dans les expressions **prêteur sur gages**, **tueur à gages** et **être aux gages de qqn**.
gager v. tr. | conjug. 3 |
gageure ou **gageüre**○ /gaʒyʀ ; gaʒœʀ/ n. f.
♪ Le *e* de *eu* signale que le *g* doit être prononcé /ʒ/ et non /g/. La prononciation /gaʒœʀ/, induite par la présence de ce *e*, est critiquée mais très fréquente. Les Rectifications de l'orthographe de 1990 préconisent le déplacement du tréma sur le *u* pour signaler que c'est bien le *u* qui se prononce.
gagiste n. m.
gagman /gagman/ n. m. ▪ plur. **gagmen** /gagmɛn/ ou plur. **gagmans**
☰ On peut employer le pluriel à l'anglaise *gagmen* ou le pluriel à la française *gagmans*.
gagnable adj.
gagnage n. m.
gagnant, ante adj. et n.
gagne n. f.
gagne-pain n. m. ▪ plur. inv. ou plur. **gagne-pains**○
gagne-petit ▪ plur. inv. ou **gagnepetit**○ ▪ plur. **gagnepetits**○ n. m.
gagner v. tr. | conjug. 1 |
gagneur, euse n. et adj.
gaguesque adj.
[1]**gai, gaie** /ge ; gɛ/ adj.
HOM. **gay, guai, gué, guet**
[2]**gai** /gɛ/ adj. et n.
→ **gay**
gaïac n. m.
gaiement ou **gaîment** ou **gaiment**○ adv.
☰ La graphie *gaîment* est devenue rare.
gaieté ou **gaîté** ou **gaité**○ n. f.
☰ La graphie *gaîté* est devenue rare.
HOM. **guetter**
[1]**gaillard, arde** adj. et n. (vigoureux)
[2]**gaillard** n. m. (partie de navire)
[1]**gaillarde** n. f. (danse, caractère d'imprimerie)
[2]**gaillarde** n. f. (plante)
→ **gaillardie**
gaillardement adv.
gaillardie ou **gaillarde** n. f.
gaillardise n. f.
gaillet n. m.
HOM. **gayet**
gailletin n. m.
gaillette n. f.
HOM. **gayettes**
gaîment ou **gaiment**○ adv.
→ **gaiement**
gain n. m.
gainage n. m.
gainant, ante adj.
gaine n. f.
gainer v. tr. | conjug. 1 |
gainerie n. f.
gainette n. f.
gainier, ière n.
HOM. formes du v. **gainer**
gaîté ou **gaité**○ n. f.
→ **gaieté**
gaize n. f.
gal n. m.
HOM. **gale, galle**
[1]**gala** n. m. (fête)
[2]**gala** n. f. (pomme)
galactagogue adj. et n. m.
galactique adj.
➾ Ne pas employer **galaxique*, qui n'existe pas.
galactogène adj. et n. m.
galactomètre n. m.
galactophage adj.
galactophore adj.
galactopoïèse n. f.
galactorrhée n. f.
galactose n. m.
galactosémie n. f.
galactosidase n. f.
galactoside n. f.
galago n. m.
Galalithe® n. f.
galamment adv.
galandage n. m.
galanga n. m.
galant, ante adj.
➾ Avec des minuscules et sans trait d'union, **vert galant** se dit d'un bandit ou d'un séducteur. Avec des majuscules et un trait d'union, **le Vert-Galant** désigne Henri IV.
HOM. (du fém.) **galanthe**
galanterie n. f.
galanthe n. m.
HOM. **galante** (fém. de *galant*)
galantin n. m. et adj.
galantine n. f.
galantiser v. tr. et v. intr. | conjug. 1 |
galapiat /-pja/ n. m.
galate adj. et n.
galathée ou **galatée** n. f.
galaxie n. f.
➾ Avec une majuscule, **la Galaxie** désigne le système stellaire dont fait partie le Soleil : *la Galaxie contient une centaine de milliards d'étoiles* mais *la galaxie d'Andromède* ; *les nombreuses galaxies de l'univers*.
galbage n. m.
galbanum /-nɔm/ n. m.
galbe n. m.
ϟ Ne pas confondre **galbe**, qui signifie

« contour » (*le galbe d'une jambe*), avec **gable**, terme d'architecture.
galbé, ée adj.
galber v. tr. | conjug. 1 |
galbeux, euse adj.
galbord n. m.
galbule n. f.
gale n. f.
↯ Ne pas confondre **gale**, qui désigne une maladie de la peau ou une maladie qui provoque des pustules sur les végétaux (*la gale de la pomme de terre*), avec **galle**, qui désigne un insecte ou une excroissance qui apparaît sur les végétaux (*la galle du chêne*). Seul *gale* s'emploie dans des expressions figurées : *méchant comme la gale ; ne pas avoir la gale*.
HOM. **gal, galle**
galéasse ou **galéace** n. f.
galée n. f.
galéga n. m.
galéjade n. f.
galéjer v. intr. | conjug. 6 |
galéjeur, euse adj. et n.
galène n. f.
galénique adj.
galénisme n. m.
galéniste n.
galéode n. f. ou m.
galéole n. f.
galéopithèque n. m.
galéopsis /-is/ n. m.
galérand n. m.
HOM. **galérant** (p. prés. de *galérer*)
galère n. f.
galérer v. intr. | conjug. 6 |
galerie n. f.
➾ *Galerie* s'écrit avec une minuscule dans **la galerie des Glaces**. Dans les noms de lieux d'exposition, on écrit ce mot avec une majuscule lorsqu'il est seulement déterminé par un adjectif : *la Galerie nationale* (à Oslo, à Prague). Il s'écrit avec une minuscule quand il est déterminé par un substantif : *la galerie nationale d'Irlande ; la galerie Agathe-Gaillard ; la galerie nationale de la Tapisserie*. Avec des majuscules et sans complément, **la Grande Galerie** désigne celle du Louvre.
galérien n. m.
galeriste n.
galérite n. f.
galerne n. f.
galet n. m.
galetage n. m.
galetas n. m.
HOM. formes du v. **galeter**
galeter v. tr. | conjug. 4 |
galétière n. f.
→ **galettière**
galetouse ou **galtouse** n. f.
galette n. f.
HOM. formes du v. **galeter**
galetteux, euse adj.
galettière ou **galétière** n. f.
galeux, euse adj.
galgal n. m.
galhauban n. m.
galibi adj. et n.
➾ L'adjectif s'écrit sans majuscule : *la population galibi*. Le nom s'écrit avec une majuscule uniquement quand il désigne une personne : *les Galibis ; c'est une Galibi* mais *parler le galibi*.
galibot n. m.
galicien, ienne adj. et n.
➾ L'adjectif s'écrit sans majuscule : *la population galicienne*. Le nom s'écrit avec une majuscule uniquement quand il désigne une personne : *les Galiciens ; c'est une Galicienne* mais *parler le galicien*.
galifard n. m.
1 **galiléen, enne** adj. et n. (de la province de Galilée)
➾ L'adjectif s'écrit sans majuscule : *la population galiléenne*. Le nom s'écrit avec une majuscule : *les Galiléens ; une Galiléenne*.
2 **galiléen, enne** adj. (relatif à Galilée)
galimafrée n. f.
galimatias /galimatja/ n. m.
galion n. m.
galioniste n. m.
galiote n. f.
galipéa ou **galipée** n. f.
galipette n. f.
galipetteur, euse adj. et n.
galipot n. m.
galipoter v. tr. | conjug. 1 |
1 **galle** n. f.
↯ Ne pas confondre **galle**, qui désigne un insecte ou une excroissance qui apparaît sur les végétaux (*la galle du chêne*), avec **gale**, qui désigne une maladie de la peau ou une maladie qui provoque des pustules sur les végétaux (*la gale de la pomme de terre*). Seul *gale* s'emploie dans des expressions figurées : *méchant comme la gale ; ne pas avoir la gale*.
HOM. **gal, gale**
2 **galle** n. m. (prêtre)
HOM. **gal, gale**
gallec n. et adj.
→ **gallo**
gallérie n. f.
gallican, ane adj. et n.
➾ Comme tous les mots désignant ou qualifiant une doctrine religieuse ou ses adeptes, ce mot s'écrit sans majuscule : *l'Église gallicane ; les gallicans*.

gallicanisme n. m.
➾ Comme tous les mots désignant une doctrine religieuse, ce mot s'écrit sans majuscule : *le gallicanisme de Bossuet*.
gallicisant, ante n. et adj.
gallicisme n. m.
gallicole adj.
gallifère adj.
galliforme n. m.
gallinacé, ée adj. et n. m.
galline n. f.
gallinette n. f.
gallinule n. f.
gallioque n. f.
gallique adj.
gallisation n. f.
gallium /galjɔm/ n. m.
gallo ou **gallot** ou **gallec** n. et adj.
➾ L'adjectif s'écrit sans majuscule : *la population gallo*. Le nom s'écrit avec une majuscule uniquement quand il désigne une personne : *les Gallos ; c'est une Gallo* mais *parler le gallo*.
HOM. **galop**
gallo-belge adj. ▪ plur. **gallo-belges**
gallodrome n. m.
gallois, oise adj. et n.
➾ L'adjectif s'écrit sans majuscule : *la population galloise*. Le nom s'écrit avec une majuscule uniquement quand il désigne une personne : *les Gallois ; c'est une Galloise* mais *parler le gallois*.
gallomanie n. f.
gallon n. m.
HOM. **galon**
gallophobe adj.
gallophobie n. f.
gallo-romain, aine adj. et n. ▪ plur. **gallo-romains, aines**
➾ L'adjectif s'écrit sans majuscules : *la population gallo-romaine ; des vestiges gallo-romains*. Le nom s'écrit avec des majuscules : *les Gallo-Romains ; une Gallo-Romaine*.
gallo-roman, ane n. m. et adj. ▪ plur. **gallo-romans, anes**
➾ Comme tous les noms de langues, ce mot s'écrit sans majuscule : *ils parlaient le gallo-roman*.
gallot n. et adj.
→ **gallo**
gallup /galœp/ n. m.
galochard, arde adj.
galoche n. f.
galon n. m.
HOM. **gallon**
galonnage n. m.
galonnard n. m.
galonné, ée adj. et n. m.
galonner v. tr. | conjug. 1 |
galonnier, ière n. et adj.
HOM. formes du v. **galonner**
galop /galo/ n. m.
HOM. **gallo**
galopade n. f.
galopant, ante adj.
galope n. f.
galoper v. intr. et v. tr. | conjug. 1 |
galopeur, euse n.
galopin, ine n.
☯ Le féminin *galopine* est rare : ce mot s'emploie surtout pour parler d'un garçon.
galopiner v. intr. | conjug. 1 |
galoubet n. m.
galoup /galup/ ou **galoupe** n. m.
galtouse n. f.
→ **galetouse**
galuchat n. m.
galure n. m.
galurin n. m.
galvanique adj.
galvaniquement adv.
galvanisant, ante adj.
galvanisation n. f.
galvaniser v. tr. | conjug. 1 |
galvaniseur n. m.
galvanisme n. m.
galvano n. m.
galvanocautère n. m.
galvanochimique adj.
galvanomètre n. m.
galvanométrique adj.
galvanoplaste n.
galvanoplastie n. f.
galvanoplastique adj.
galvanotaxie n. f.
galvanothérapie n. f.
galvanotropisme n. m.
galvanotype n. m.
galvanotypie n. f.
galvaudage n. m.
galvauder v. tr. et v. intr. | conjug. 1 |
¬ **se galvauder**
➾ Aux temps composés de la forme pronominale, le participe passé s'accorde en genre et en nombre avec le sujet : *ces expressions se sont galvaudées*.
galvaudeux, euse n.
[1]**gamache** n. f. (guêtre, fauvette)
[2]**gamache** n. m. (gourmand)
gamahucher v. tr. | conjug. 1 |
gamase n. m.
gamasiforme n. m.
gamay n. m. inv.
➾ Lorsqu'il désigne un vin, ce mot s'écrit sans majuscule, contrairement au nom propre qui

désigne la localité : *un vin de Gamay* mais *une bouteille de gamay.*
gambadant, ante adj.
gambade n. f.
gambader v. intr. | conjug. 1 |
gambadeur, euse n.
gamba ▪ plur. **gambas** /-as/ ou **gambas** /-as/ ▪ plur. inv. n. f.
☰ Ce mot s'employant surtout au pluriel ; l'usage hésite quant à la forme du singulier : *une gamba* ou *gambas*.
gambe n. f.
gamberge n. f.
gamberger v. intr. et v. tr. | conjug. 3 |
[1]**gambette** n. f. ((fam. : jambe))
[2]**gambette** n. m. ((oiseau))
gambeyer ou **gambier** v. tr. | conjug. 1 |
gambier n. m.
gambille n. f.
gambiller v. intr. | conjug. 1 |
gambilleur, euse n. et adj.
gambiste n.
gambit /gɑ̃bi/ n. m.
gambusie n. f.
gamelan n. m.
gamelle n. f.
gamétange n. m.
gamétangie n. f.
gamète n. m.
☯ Ce mot est masculin : *un gamète mâle.*
gamétogenèse n. f.
gamétophyte n. m.
gamin, ine n.
gaminement adv.
gaminer v. intr. | conjug. 1 |
gaminerie n. f.
gamma n. m. ▪ plur. inv. ou plur. **gammas**○
☰ Ce mot peut s'employer en apposition ; il est alors invariable : *des rayons gamma*.
gammacisme n. m.
gammaglobuline n. f.
gammaglobulines n. f. pl.
gammagraphie n. f.
gammamètre n. m.
gammamétrie n. f.
gammare n. m.
gammaridé n. m.
gammathérapie n. f.
gamme n. f.
☰ **Haut de gamme, milieu de gamme** et **bas de gamme** s'écrivent sans trait d'union et peuvent s'employer en apposition ; ils sont alors invariables : *des téléviseurs haut de gamme.*
gammée adj. f.
gamopétale adj. et n. f.
➾ Le nom est féminin, contrairement à *pétale* : *une gamopétale.*
gamosépale adj.
ganache n. f.
ganacherie n. f.
ganaderia /-dɛʀja/ ou **ganadéria** n. f.
ganadero /-deʀo/ ou **ganadéro**○ n. m.
gandharva n. m.
gandhien, ienne adj.
gandhisme n. m.
gandin n. m.
gandinerie n. f.
gandinisme n. m.
gandoura n. f.
gang /gɑ̃g/ n. m.
HOM. **gangue**
ganga n. m.
gangétique adj.
gangliforme adj.
ganglion n. m.
ganglionite n. f.
ganglionnaire adj.
ganglionné, ée adj.
ganglioside n. m.
gangrène n. f.
gangrener /gɑ̃gʀəne ; gɑ̃gʀene/ ou **gangréner** v. tr. | conjug. 5 |
¬ **se gangrener** ou **se gangréner**
➾ Aux temps composés de la forme pronominale, le participe passé s'accorde en genre et en nombre avec le sujet : *la plaie s'est gangrenée.*
gangreneux, euse ou **gangréneux, euse** /gɑ̃gʀənø ; gɑ̃gʀenø/ adj.
gangster /gɑ̃gstɛʀ/ n. m.
☯ Ce mot n'a pas de forme féminine et s'emploie rarement pour parler d'une femme.
gangstérisme n. m.
gangue n. f.
HOM. **gang**
gangué, ée adj.
gangueille n. f.
gangui n. m.
ganja /gɑ̃dʒa/ n. f.
ganoïde adj. et n. m.
ganse n. f.
ganser v. tr. | conjug. 1 |
gansette n. f.
gant n. m.
gantelée ou **ganteline** n. f.
ganteler v. tr. | conjug. 4 |
gantelet n. m.
HOM. formes du v. **ganteler**
ganteline n. f.
→ **gantelée**
ganter v. tr. | conjug. 1 |

ganterie n. f.
gantier, ière n.
HOM. formes du v. **ganter**
gant-jaune n. m. ▪ plur. **gants-jaunes**
ganymède n. m.
gap n. m.
◻ rec. off. : **écart**
gâpette ou **gapette** n. f.
garage n. m.
garagiste n.
garaldes n. f. pl.
garamond n. m.
garançage n. m.
garance n. f.
☰ Ce mot peut s'employer seul comme adjectif de couleur ou derrière un adjectif de couleur pour en préciser la nuance ; ces adjectifs sont alors invariables : *des jupes rouge garance ; des rideaux garance.*
garancer v. tr. | conjug. 3 |
garancerie n. f.
garanceur, euse n.
garancier n. m.
garancière n. f.
garant, ante n.
➾ Attention à l'accord dans la locution **se porter garant** : *elles se sont portées garantes pour lui.*
☰ Pour parler d'une chose, on emploie uniquement le masculin : *l'estime de ses collègues est le garant de son sérieux* (et non **la garante de son sérieux*).
garantie n. f.
garantique n. f.
garantir v. tr. | conjug. 2 |
garbure n. f.
garce n. f.
garcette n. f.
garçon n. m.
➾ **Garçon coiffeur** et **garçon boucher** s'écrivent sans trait d'union.
garçonne n. f.
garçonnet n. m.
garçonnier, ière adj. et n. f.
garçonnisme n. m.
gardage n. m.
¹garde n. f. (action de garder, groupe de personnes, choses qui protègent)
➾ On écrit ce mot avec une majuscule dans **la Vieille Garde**. **Garde à vue** s'écrit sans traits d'union et varie en nombre : *des gardes à vue.*
☰ La locution ***sans crier garde** est fautive : il faut dire **sans crier gare**.
²garde n. (personne)
➾ **Garde forestier** (**garde forestière** au féminin) et **garde champêtre** s'écrivent sans trait d'union.
gardé, ée adj.

garde-à-vous loc. et n. m. inv.
garde-barrière n. ▪ plur. **gardes-barrières** ou plur. **garde-barrières**○
garde-bœuf n. m. ▪ plur. **garde-bœufs**
garde-boue n. m. ▪ plur. **garde-boues**
garde-boutique n. m. ▪ plur. **garde-boutique(s)**
garde-bras n. m. inv.
garde-but n. m. ▪ plur. **garde-buts**
garde-cendre n. m. ▪ plur. inv. ou plur. **garde-cendres**
garde-chaîne ▪ plur. **garde-chaîne(s)** ou **garde-chaine**○ ▪ plur. **garde-chaines**○ n. m.
garde-chasse n. m. ▪ plur. **gardes-chasses** ou plur. **garde-chasses**○
garde-chiourme n. m. ▪ plur. **gardes-chiourmes** ou plur. **garde-chiourmes**○
garde-col n. m. ▪ plur. **garde-cols**
garde-corps n. m. inv.
garde-côte n. ▪ plur. **garde-côtes**
garde-feu n. m. ▪ plur. **garde-feux**
garde-fou n. m. ▪ plur. **garde-fous**
garde-française n. m. ▪ plur. **gardes-françaises** (soldat)
garde-frontière n. m. ▪ plur. **gardes-frontières** ou plur. **garde-frontières**○
garde-ligne n. m. ▪ plur. **garde-ligne(s)**
garde-magasin n. m. ▪ plur. **gardes-magasins** ou plur. **garde-magasins**○
garde-main n. m. ▪ plur. **garde-main(s)**
garde-malade n. ▪ plur. **gardes-malades** ou plur. **garde-malades**○
garde-manche n. m. ▪ plur. **garde-manches**
garde-manger n. m. ▪ plur. **garde-mangers**
garde-marine n. m. ▪ plur. **gardes-marines** ou plur. **garde-marines**○
garde-meuble n. m. ▪ plur. **garde-meubles**
garde-mite n. m. ▪ plur. **gardes-mites** ou plur. **garde-mites**○
Gardénal® n. m.
gardénalisme n. m.
garde-nappe n. m. ▪ plur. **garde-nappes**
garden-center /gaʀdɛnsɛntœʀ/ n. m. ▪ plur. **garden-centers**
◻ rec. off. : **jardinerie**
gardénia n. m.
☯ Ce mot est masculin : *un gardénia.*
garde-noble n. f. ▪ plur. **garde-nobles**
garde-notes ou **garde-note**○ ▪ plur. **garde-notes** n. m.
garden-party ▪ plur. **garden-partys** ou **garden-partie** ▪ plur. **garden-parties** /gaʀdɛnpaʀti/ n. f.
¹garde-pêche n. m. ▪ plur. **garde-pêches** (bateau)
²garde-pêche n. m. ▪ plur. **gardes-pêches** ou plur. **garde-pêches**○ (personne)

garde-port n. m. ▪ plur. **gardes-ports** ou plur. **garde-ports**○
garde-queue n. f. ▪ plur. **garde-queues**
garder v. tr. | conjug. 1 |
¬ **se garder**
☰ **Se garder de** (+ inf.) signifie « avoir soin de ne pas » et non pas « avoir soin de ». Pour dire « n'écoutez pas les flatteurs », on dira donc *gardez-vous d'écouter les flatteurs* et non pas *gardez-vous de ne pas écouter les flatteurs*.
➾ Aux temps composés de la forme pronominale, le participe passé s'accorde en genre et en nombre avec le sujet : *elle s'est bien gardée de leur en parler.*
garde-rats ou **garde-rat**○ ▪ plur. **garde-rats** n. m.
garderie n. f.
garde-robe n. f. ▪ plur. **garde-robes**
garde-rôt adj. inv.
garde-temps n. m. inv.
gardeur, euse n.
garde-vente n. m. ▪ plur. **gardes-ventes** ou plur. **garde-ventes**○
garde-vin n. m. ▪ plur. **garde-vins**
garde-voie n. m. ▪ plur. **gardes-voies** ou plur. **garde-voies**○
garde-vue n. m. ▪ plur. inv. ou plur. **garde-vues**○
gardian n. m.
gardiane n. f.
gardien, ienne n.
☰ Ce mot peut s'employer en apposition ; il prend la marque du pluriel : *des anges gardiens.*
gardiennage n. m.
gardienné, ée adj.
gardon n. m.
HOM. formes du v. **garder**
gardonneau n. m.
[1]**gare** n. f.
[2]**gare** interj.
▸ **sans crier gare**
▸ **gare à** (+ n.) *gare à la casse ; gare à toi si tu désobéis*
▸ **gare à** (+ inf.) *gare à ne pas tomber*
☰ La structure **gare que** (+ subj.) est vieillie ou littéraire : *gare qu'il ne faille tout recommencer.*
[1]**garenne** n. f. (bois)
[2]**garenne** n. m. (lapin)
garer v. tr. | conjug. 1 |
¬ **se garer**
➾ Aux temps composés de la forme pronominale, le participe passé s'accorde en genre et en nombre avec le sujet : *ils se sont garés le long du trottoir.*
gargamelle n. f.
gargantua n. m.
➾ Employé comme nom commun, ce mot s'écrit sans majuscule et prend la marque du pluriel, contrairement au nom du personnage de Rabelais : *Gargantua et Pantagruel* mais *une famille de gargantuas.*
gargantuesque adj.
gargariser (se) v. pron. | conjug. 1 |
➾ Aux temps composés, le participe passé s'accorde en genre et en nombre avec le sujet quand il s'agit d'un verbe pronominal réfléchi : *elles se sont gargarisées de leurs bons résultats.* Le participe passé ne s'accorde pas quand il est suivi d'un complément d'objet direct : *ils se sont gargarisé la gorge.*
gargarisme n. m.
gargot n. m.
gargote n. f.
gargoter v. intr. | conjug. 1 |
gargotier, ière n.
gargouillade n. f.
gargouillant, ante adj.
gargouille n. f.
gargouillement n. m.
gargouiller v. intr. | conjug. 1 |
gargouillis n. m.
gargoulette n. f.
gargousse n. f.
gargousserie n. f.
gargoussier n. m.
garguille n. m.
garibaldien, ienne adj. et n.
gariguette ou **garriguette** n. f.
garnement n. m.
garni, ie adj. et n. m.
garniérite n. f.
garnir v. tr. | conjug. 2 |
garnison n. f.
garnisonnaire ou **garnisaire** n. m.
garnisonner v. tr. et v. intr. | conjug. 1 |
garnissage n. m.
garnisseur, euse n.
garniture n. f.
garou n. m.
garrigue n. f.
garriguette n. f.
→ **gariguette**
garrocher v. tr. | conjug. 1 |
¬ **se garrocher**
➾ Aux temps composés de la forme pronominale, le participe passé s'accorde en genre et en nombre avec le sujet : *ils se sont garrochés dans les magasins.*
garrot n. m.
garrottage ou **garrotage** n. m.
garrotte ou **garrote** n. f.
garrotter ou **garroter** v. tr. | conjug. 1 |
garrulité n. f.
gars /gɑ/ n. m.

gascon, onne adj. et n.
➾ L'adjectif s'écrit sans majuscule : *la population gasconne*. Le nom s'écrit avec une majuscule uniquement quand il désigne une personne : *les Gascons ; c'est une Gasconne ; une promesse de Gascon* mais *ils parlaient le gascon*.
gasconnade n. f.
gasconnant, ante adj.
gasconner v. intr. et v. tr. | conjug. 1 |
gasconnisme n. m.
gasoil ou **gas-oil** /gazwal ; gazɔjl/ n. m.
◻ rec. off. : **gazole**
♪ La prononciation la plus courante est /gazwal/.
gaspacho /gaspatʃo/ n. m.
gaspard n. m.
gaspi n. m.
◻ abrév. de **gaspillage**
gaspillage n. m.
gaspiller v. tr. | conjug. 1 |
gaspilleur, euse n.
gassendisme n. m.
gassendiste n. et adj.
gasteria /gasteʀja/ ou **gastéria**○ n. m.
gastéromycète n. m.
gastéropode n. m.
gastralgie n. f.
gastralgique adj.
gastrectomie n. f.
gastrectomiser v. tr. | conjug. 1 |
gastrine n. f.
gastrique adj.
gastrite n. f.
[1]**gastro** n.
◻ abrév. de **gastroentérologue**
[2]**gastro** n. f.
◻ abrév. de **gastroentérologie** ou abrév. de **gastroentérite**
gastrocolique adj.
gastrocolite n. f.
gastroduodénal, ale, aux adj.
gastrodynie n. f.
gastroentérique adj.
gastroentérite n. f.
gastroentérologie n. f.
gastroentérologue n.
gastro-intestinal, ale adj. ▪ plur. **gastro-intestinaux, ales**
gastrologie n. f.
gastrologue n.
gastronome n.
gastronomie n. f.
gastronomique adj.
gastronomiquement adv.
gastroplastie n. f.
gastropode n. m.
gastrorragie n. f.
gastroscope n.
gastroscopie n. f.
gastrotechnie n. f.
gastrotomie n. f.
gastrozoïde n. m.
gastrula n. f.
gastrulation n. f.
gâté, ée adj.
gâteau n. m.
Ξ Ce mot peut s'employer en apposition ; il est alors invariable : *des papas gâteau*.
gâte-bois n. m. inv.
gâte-papier n. m. ▪ plur. **gâte-papiers** ou plur. inv.
gâter v. tr. | conjug. 1 |
¬ **se gâter**
➾ Aux temps composés de la forme pronominale, le participe passé s'accorde en genre et en nombre avec le sujet : *il semble que les choses se soient gâtées pour lui*.
gâterie n. f.
gâte-sauce n. m. ▪ plur. **gâte-sauces**
gâteur, euse n. et adj.
gâteux, euse adj. et n.
gâtification n. f.
gâtifier v. intr. | conjug. 7 |
gâtine n. f.
HOM. **gattine**
gâtion, ionne /gɑtjɔ̃, jɔn/ n.
HOM. formes du v. **gâter**
gâtionner v. tr. | conjug. 1 |
gâtisme n. m.
gatte n. f.
HOM. **ghât**, formes du v. **gâter**
gattilier n. m.
gattine n. f.
HOM. **gâtine**
gauche adj. et n.
gauchement adv.
gaucher, ère adj. et n.
gaucherie n. f.
gauchir v. intr. et v. tr. | conjug. 2 |
gauchisant, ante adj. et n.
gauchiser v. tr. | conjug. 1 |
¬ **se gauchiser**
➾ Aux temps composés de la forme pronominale, le participe passé s'accorde en genre et en nombre avec le sujet : *elle s'est nettement gauchisée*.
gauchisme n. m.
gauchissement n. m.
gauchiste n. et adj.
[1]**gaucho** n. et adj.
◻ abrév. de **gauchiste**
[2]**gaucho** /go(t)ʃo/ n. m. (gardien de la pampa)
gaude n. f.

gaudeamus /godeamys/ n. m.
gaudir v. intr. | conjug. 2 |
¬ **se gaudir**
➾ Aux temps composés de la forme pronominale, le participe passé s'accorde en genre et en nombre avec le sujet : *elles se sont gaudies de lui*.
gaudissement n. m.
gaudisserie n. f.
gaudriole n. f.
gaudrioler v. intr. | conjug. 1 |
gaufrage n. m.
gaufre n. f.
gaufrer v. tr. | conjug. 1 |
gaufrette n. f.
gaufreur, euse n.
gaufrier n. m.
HOM. formes du v. **gaufrer**
gaufroir n. m.
gaufrure n. f.
gaulage n. m.
gaule n. f.
HOM. **gaulle**, **goal**, formes du v. **gauler**
gaulé, ée adj.
gaulée n. f.
gauleiter /golajtœʀ/ n. m.
gauler v. tr. | conjug. 1 |
gaulette n. f.
gaulis n. m.
gaulle n. f.
HOM. **gaule**, **goal**, formes du v. **gauler**
gaullien, ienne adj.
gaullisme n. m.
➾ Comme tous les noms de courants politiques, ce mot s'écrit sans majuscule : *les partisans du gaullisme*.
gaulliste adj. et n.
➾ Comme tous les mots désignant ou qualifiant un courant politique ou ses partisans, ce mot s'écrit sans majuscule : *le mouvement gaulliste ; les gaullistes*.
gaulois, oise adj. et n.
➾ L'adjectif s'écrit sans majuscule : *le peuple gaulois ; le coq gaulois*. Le nom s'écrit avec une majuscule uniquement quand il désigne une personne : *nos ancêtres les Gaulois ; une Gauloise* mais *ils parlaient le gaulois ; fumer des gauloises*.
gauloisement adv.
gauloiserie n. f.
gaulthérie n. f.
gaupe n. f.
gaur n. m.
HOM. **gord**, **gore**
gaura n. m.
gauss n. m.
HOM. **gausse**, formes du v. **gausser (se)**
gausse n. f.
HOM. **gauss**, formes du v. **gausser** (se)
gausser (se) v. pron. | conjug. 1 |
➾ Aux temps composés, le participe passé s'accorde en genre et en nombre avec le sujet : *ils se sont gaussés de sa maladresse*.
gausserie n. f.
gausseur, euse adj. et n.
gaussmètre n. m.
gavache n. m.
gavage n. m.
gavassine n. f.
[1]**gave** n. m. (cours d'eau)
[2]**gave** n. f. (jabot, gavage)
gaver v. tr. | conjug. 1 |
¬ **se gaver**
➾ Aux temps composés de la forme pronominale, le participe passé s'accorde en genre et en nombre avec le sujet : *elle s'est gavée de chocolat*.
gavette n. f.
gaveur, euse n.
gavial n. m.
gavion ou **gaviot** n. m.
HOM. formes du v. **gaver**
gavon n. m.
HOM. formes du v. **gaver**
[1]**gavot, ote** n. et adj. (de la région de Gap)
➾ L'adjectif s'écrit sans majuscule : *la population gavote*. Le nom s'écrit avec une majuscule uniquement quand il désigne une personne : *les Gavots ; c'est une Gavote* mais *parler le gavot*.
HOM. (du fém.) **gavotte**
[2]**gavot** n. m. (vx : compagnon du devoir de liberté)
gavotte n. f.
HOM. **gavote** (fém. de [1]*gavot*)
gavroche n. m. et adj.
➾ Employé comme nom commun, ce mot s'écrit sans majuscule, contrairement au nom du personnage créé par Victor Hugo : *les gavroches de Paris ; il a un côté gavroche*.
gay ou **gai** adj. et n.
HOM. **gai**, **guai**, **guet**
gayal n. m.
gaye n. f.
gayet n. m.
HOM. **gaillet**
gayettes n. f. pl.
HOM. **gaillette**
gaz n. m.
HOM. **gaze**, formes du v. **gazer**
gazage n. m.
gaze n. f.
HOM. **gaz**, formes du v. **gazer**
gazé, ée adj. et n.
gazéifiable adj.

gazéificateur n. m.
gazéification n. f.
¹gazéifier, ière adj.
²gazéifier v. tr. | conjug. 7 |
gazéiforme adj.
gazelle n. f.
HOM. **ghazel**
gazer v. tr. et v. intr. | conjug. 1 |
gazetier, ière n.
➾ Bien que dérivé de *gazette*, ce mot ne prend qu'un seul *t*.
gazette n. f.
gazeur n. m.
gazeuse n. f.
gazeux, euse adj.
gazier, ière adj. et n.
HOM. formes du v. **gazer**
gazinière n. f.
gazoduc n. m.
gazogène n. m.
gazole n. m.
□ rec. off. pour **gasoil**
gazoline n. f.
gazométallurgie n. f.
gazomètre n. m.
gazométrie n. f.
gazométrique adj.
gazon n. m.
HOM. formes du v. **gazer**
gazonnage n. m.
gazonnant, ante adj.
gazonné, ée adj.
gazonnement n. m.
gazonner v. tr. et v. intr. | conjug. 1 |
gazonneux, euse adj.
gazonnier n. m.
gazouillant, ante adj.
gazouillement n. m.
gazouiller v. intr. | conjug. 1 |
gazouilleur, euse adj.
gazouillis n. m.
geai n. m.
➾ **Noir de geai** est fautif : il faut écrire **noir de jais**.
HOM. **jais, ¹jet**
géant, ante n. et adj.
géantisme n. m.
géantiste n.
géaster /-ɛʀ/ n. m.
gecko n. m.
geek /gik/ n.
gégène n. f.
gégèner v. tr. | conjug. 1 |
géhenne n. f.
géhenner v. tr. | conjug. 1 |
geignant, ante adj.
geignard, arde adj.
geignement n. m.
geignerie n. f.
geigneur, euse adj.
¹geindre n. m.
→ **gindre**
²geindre v. intr. | conjug. 52 |
geisha /gɛjʃa ; gɛʃa/ n. f.
gel n. m.
HOM. formes du v. **geler**
gelada /ʒe-/ ou **gélada** ○ n. m.
gelant, ante adj.
gélasime n. m.
gélatine n. f.
gélatiné, ée adj.
gélatiner v. tr. | conjug. 1 |
gélatineur n. m.
gélatineux, euse adj.
gélatiniforme adj.
gélatinisant, ante adj. et n. m.
gélatinisation n. f.
gélatiniser v. tr. | conjug. 1 |
gélatinobromure n. m.
gélatinochlorure /-k-/ n. m.
gélation n. f.
gelé, ée adj.
gelée n. f.
geler v. tr. et v. intr. | conjug. 5 |
¬ **se geler**
➾ Aux temps composés de la forme pronominale, le participe passé s'accorde en genre et en nombre avec le sujet : *elles se sont gelées à l'attendre dehors*. Mais le participe passé ne s'accorde pas quand il est suivi d'un complément d'objet direct : *elles se sont gelé les fesses*.
geleur, euse n.
gelidium /ʒɛlidjɔm/ n. m.
gélif, ive adj.
gélifiant n. m.
gélification n. f.
gélifier v. tr. | conjug. 7 |
¬ **se gélifier**
➾ Aux temps composés de la forme pronominale, le participe passé s'accorde en genre et en nombre avec le sujet : *la résine s'est gélifiée*.
géline n. f.
gélinette n. f.
gélinotte n. f.
gélisol n. m.
gélivation n. f.
gélivité n. f.
gélivure n. f.
gélolevure n. f.
gélose n. f.
gélosé, ée adj.
gélosique adj.
gélule n. f.

gelure n. f.
gémeau, elle adj. et n.
➾ Quand il désigne la constellation ou le signe du zodiaque, ce mot est au masculin pluriel et s'écrit avec une majuscule : *il est du signe des Gémeaux ; elles sont Gémeaux.*
HOM. **gemmaux** (plur. de *gemmail*)
gémellaire adj.
gémellarité n. f.
gémellation n. f.
gémellé, ée adj.
gémeller v. intr. et v. tr. | conjug. 1 |
gémelliflore adj.
gémellipare adj.
gémelliparité n. f.
gémellité n. f.
gémination n. f.
géminé, ée adj.
géminer v. tr. | conjug. 1 |
gémir v. intr. | conjug. 2 |
gémissant, ante adj.
gémissement n. m.
gémisseur, euse adj. et n.
gemmage n. m.
gemmail, aux /ʒemaj, o/ n. m.
HOM. (du plur.) **gémeau**
gemmaire adj.
HOM. forme du v. **gemmer**
gemmation n. f.
gemme n. f.
gemmé, ée adj.
gemmer v. tr. | conjug. 1 |
gemmeur, euse adj. et n.
gemmifère adj.
gemmiflore adj.
gemmipare adj.
gemmiparité n. f.
gemmiste n.
gemmologie n. f.
gemmologue ou **gemmologiste** n.
gemmothérapie n. f.
gemmule n. f.
gémonies n. f. pl.
génal, ale, aux adj.
gênant, ante adj.
génappe n. m.
gencive n. f.
gendarme n.
gendarmer (se) v. pron. | conjug. 1 |
➾ Aux temps composés, le participe passé s'accorde en genre et en nombre avec le sujet : *elles se sont gendarmées contre leurs parents.*
gendarmerie n. f.
gendarmesque adj.
gendarmeux, euse adj.
gendelettre n. m.
gendre n. m.
gène n. m.
HOM. **gêne,** formes du v. **gêner**
gêne n. f.
➾ La locution adverbiale **sans gêne** (*parler sans gêne*) s'écrit sans trait d'union, contrairement à l'adjectif et au nom *sans-gêne* (*des manières sans-gêne ; c'est un sans-gêne*).
HOM. **gène**
généalogie n. f.
généalogique adj.
généalogiquement adv.
généalogiste n.
génécologie n. f.
génépi n. m.
gêner v. tr. | conjug. 1 |
¬ **se gêner**
➾ Aux temps composés de la forme pronominale, le participe passé s'accorde en genre et en nombre avec le sujet : *ils ne se sont pas gênés pour lui dire ce qu'ils pensaient.*
[1]**général, ale, aux** adj.
[2]**général, ale, aux** n.
➾ Les noms de grades s'écrivent sans majuscule : *le général de Gaulle ; la générale de brigade.*
généralat n. m.
générale n. f.
généralement adv.
généralisable adj.
généralisateur, trice adj.
généralisation n. f.
généraliser v. tr. | conjug. 1 |
¬ **se généraliser**
➾ Aux temps composés de la forme pronominale, le participe passé s'accorde en genre et en nombre avec le sujet : *la corruption s'est généralisée.*
généralissime n. m.
généraliste adj.
généralité n. f.
générateur, trice adj. et n.
génératif, ive adj.
génération n. f.
générationnel, elle adj.
générativisme n. m.
générativiste adj. et n.
générer v. tr. | conjug. 6 |
généreusement adv.
généreux, euse adj.
génériçable adj.
générique adj. et n. m.
génériquement adv.
génériquer v. tr. | conjug. 1 |
génériqueur n. m.
générosité n. f.

genèse n. f.
➾ Avec une majuscule, **la Genèse** désigne le premier livre de la Bible : *la Genèse contient le récit de la Création*.
génésiaque adj.
génésique adj.
genestrolle ou **genestrole** n. f.
genet n. m. (cheval)
HOM. **genêt**
genêt n. m. (arbrisseau)
HOM. **genet**
généthliaque adj.
généthliologie n. f.
généticien, ienne n.
genêtière n. f.
génétique adj. et n. f.
génétiquement adv.
génétiser v. tr. | conjug. 1 |
génétisme n. m.
génétiste adj. et n.
genette n. f.
gêneur, euse n.
genevois, oise adj. et n.
➾ L'adjectif s'écrit sans majuscule : *la population genevoise*. Le nom s'écrit avec une majuscule uniquement quand il désigne une personne : *les Genevois ; c'est une Genevoise* mais *parler le genevois*.
genévrette ou **genevrette** n. f.
genévrier n. m.
genévrière n. f.
génial, iale, iaux adj.
génialement adv.
génialité n. f.
géniculation n. f.
géniculé, ée adj.
génie n. m.
HOM. **jenny**
génien, ienne adj.
genièvre n. m.
genièvrerie n. f.
génipa n. m.
génique adj.
génisse n. f.
génisson n. m.
génital, ale, aux adj.
génitalement adv.
génitalité n. f.
géniteur, trice n.
génitif n. m.
génitocrural, ale, aux adj.
génitoires n. m. pl.
génito-urinaire adj. ▪ plur. **génito-urinaires**
géniture n. f.
génocidaire adj. et n.
génocide n. m. et adj.
génois, oise adj. et n.
➾ Ce mot s'écrit avec un accent aigu, contrairement au nom de la ville, *Gênes*, dont il est dérivé. L'adjectif s'écrit sans majuscule : *la population génoise*. Le nom s'écrit avec une majuscule uniquement quand il désigne une personne : *les Génois ; c'est une Génoise* mais *parler le génois ; une génoise fourrée ; hisser le génois*.
génome n. m.
génomicien, ienne n.
génomique adj. et n. f.
génopathie n. f.
génotexte n. m.
génothèque n. f.
génothérapie n. f.
génotypage n. m.
génotype n. m.
génotyper v. tr. | conjug. 1 |
génotypique adj.
génotypiquement adv.
genou n. m. ▪ plur. **genoux**
➾ Ce mot est toujours au pluriel dans la locution **à genoux** : *se mettre à genoux ; supplier à genoux*.
genouillère n. f.
génovéfain n. m.
génovéfine n. f.
génovine n. f.
genre n. m.
➾ On peut écrire indifféremment **en tout genre** ou **en tous genres**, **de tout genre** ou **de tous genres** : *des travaux de tout genre* ou *de tous genres*.
Ξ Le complément du nom se met au singulier ou au pluriel en fonction du contexte : *je recherche ce genre de costume* (je recherche un costume de ce genre) ; *ce genre de costumes se vend beaucoup* (les costumes de ce genre se vendent beaucoup). Le verbe est au singulier dans tous les cas.
genreux, euse adj.
[1]**gens** /ʒɑ̃/ n. m. et f. pl. (personnes)
Ξ Les adjectifs à forme féminine distincte et qui précèdent immédiatement *gens* se mettent au féminin : *bonnes gens ; vieilles gens*. Dans ce cas, les adjectifs et pronoms placés avant *gens* prennent aussi le féminin, tandis que ceux qui le suivent restent au masculin : *toutes ces bonnes gens sont ennuyeux*. Si *gens* est suivi d'un complément désignant une qualité ou une profession, les adjectifs et pronoms sont au masculin : *certains gens de lettres*. Les adjectifs et pronoms qui ne précèdent *gens* que par inversion restent toujours au masculin : *qu'est-ce qu'ils feraient toutes ces bonnes gens ?* Lorsque *gens* est précédé de *tous* sans article et qu'il est suivi d'une épithète ou d'un

déterminatif, *tous* reste généralement au masculin : *tous gens instruits*.
⌘ *Gens* ne peut être précédé d'un adjectif numéral que s'il est accompagné d'un adjectif ou d'un complément : on peut dire *trois jeunes gens, trois gens de lettres* mais pas **trois gens étaient là*.
HOM. **gent, jan**

²gens /ʒɑ̃s ; ʒɛns/ n. f. (groupe de familles)

¹gent, gente /ʒɑ̃, ʒɑ̃t/ adj.
HOM. (du masc.) **¹gens, jan** ; (du fém.) **jante**

²gent /ʒɑ̃/ n. f.
♪ La prononciation /*ʒɑ̃t/ est fréquente mais fautive.
HOM. **¹gens, jan**

gentamycine n. f.

gentement adv.

gentianacée n. f.

gentianale n. f.

gentiane /ʒɑ̃sjan/ n. f.

¹gentil, ille /ʒɑ̃ti, ij/ adj. et n.
HOM. (du fém.) **jantille**

²gentil /ʒɑ̃ti/ n. m. (païen)

gentilé n. m.

gentilhomme /ʒɑ̃tijɔm/ n. m. ▪ plur. **gentilshommes** /ʒɑ̃tizɔm/

gentilhommerie /ʒɑ̃tijɔmʀi/ n. f.

gentilhommesque /ʒɑ̃tijɔmɛsk/ adj.

gentilhommier, ière /ʒɑ̃tijɔmje, jɛʀ/ adj.

gentilhommière /ʒɑ̃tijɔmjɛʀ/ n. f.

gentilice n. f. et adj.

gentilité n. f.

gentillâtre n. m.

gentillesse n. f.

gentillet, ette adj.

gentiment adv.
⇝ Ne pas écrire **gentiement* ni **gentillement*.

gentleman /ʒɑ̃tləman ; dʒɛntləman/ n. m. ▪ plur. **gentlemen** /dʒɛntləmɛn/ ou plur. **gentlemans**
Ξ On peut employer le pluriel anglais *gentlemen* ou le pluriel francisé *gentlemans*.

gentleman-farmer /-faʀmœʀ/ ▪ plur. **gentlemen-farmers** ou plur. **gentlemans-farmers** ou **gentleman-farmeur**○ ▪ plur. **gentleman-farmeurs**○ n. m.
→ aussi **gentleman**

gentleman-rider /-ʀajdœʀ/ ▪ plur. **gentlemen-riders** ou **gentleman-rideur**○ ▪ plur. **gentlemans-rideurs**○ n. m.

gentleman's agreement ▪ plur. **gentleman's agreements** ou **gentlemen's agreement** ▪ plur. **gentlemen's agreements** ou **gentleman agreement** ▪ plur. **gentleman agreements** /-agʀimɛnt/ n. m.
→ aussi **gentleman**

gentrification ou **gentryfication** /dʒɛntʀi-/ n. f.

gentry /dʒɛntʀi/ n. f. ▪ plur. **gentrys** ou plur. **gentries**
Ξ On peut employer le pluriel francisé *gentrys* ou le pluriel anglais *gentries*.

génuflecteur, trice adj. et n.

génuflexion n. f.

géo n. f.
▫ abrév. de **géographie**

géobiologie n. f.

géobotanique n. f.

géocentrique adj.

géocentrisme n. m.

géochimie n. f.

géochimique adj.

géochimiste n.

géochronologie /-k-/ n. f.

géochronologique /-k-/ adj.

géoculturel, elle adj.

géode n. f.

géodésie n. f.

géodésien, ienne n.

géodésigraphe n. m.

géodésique adj.

géodésiquement adv.

géodimètre n. m.

géodique adj.

géodynamique n. f.

géogénie n. f.

géogénique adj.

géoglyphe n. m.

géognosie /-gno-/ n. f.

géognosique ou **géognostique** /-gno-/ adj.

géographe n.

géographie n. f.

géographien n. m.

géographier v. tr. | conjug. 7 |

géographique adj.

géographiquement adv.

géohistoire n. f.

géohistorien, ienne n.

géoïde n. m.

géo-ingénierie n. f. ▪ plur. **géo-ingénieries**

geôlage n. m.

geôle /ʒol/ n. f.

geôlier, ière /ʒolje, jɛʀ/ n.

géolinguistique adj.

géolocalisation n. f.

géologie n. f.

géologique adj.

géologiquement adv.

géologue n.

géomagnétique adj.

géomagnétisme n. m.

géomancie n. f.

géomancien, ienne n.

géomarketing /ʒeomaʀketiŋ/ n. m.
▫ rec. off. : **géomercatique**
géomatique n. f.
géomécanicien, ienne n.
géomembrane n. f.
géomercatique n. f.
▫ rec. off. pour **géomarketing**
géomesure n. f.
géométral, ale, aux adj.
géométralement adv.
géomètre n.
géométridé n. m.
géométrie n. f.
géométrique adj.
géométriquement adv.
géométrisant, ante adj.
géométrisation n. f.
géométriser v. tr. | conjug. 1 |
géomorphogenèse n. f.
géomorphogénie n. f.
géomorphologie n. f.
géomorphologique adj.
géomorphologue n.
géophage adj.
géophagie n. f.
géophile n. m.
géophilien n. m.
géophone n. m.
géophysicien, ienne n.
géophysiologie n. f.
géophysique n. f.
géophyte n. f.
géopoliticien, ienne n.
géopolitique n. f. et adj.
géopolitologue n.
géoponie n. f.
géoponique adj.
géorama n. m.
georgette n. f.
Ξ Dans la locution **crêpe Georgette**, ce mot est invariable et s'écrit avec une majuscule : *des crêpes Georgette*.
[1]**géorgien, ienne** adj. et n. (de la Géorgie)
➾ L'adjectif s'écrit sans majuscule : *la population géorgienne*. Le nom s'écrit avec une majuscule uniquement quand il désigne une personne : *les Géorgiens ; c'est une Géorgienne* mais *parler le géorgien*.
[2]**géorgien** n. m. (Géol. : étage du cambrien)
géorgique adj.
géoscience n. f.
géostation n. f.
géostationnaire adj.
géostatique n. f.
géostatisticien, ienne n.
géostratégie n. f.
géostratégique adj.
géosynchrone /-k-/ adj.
géosynclinal, aux n. m.
géosynthétique adj. et n. m.
géotactisme n. m.
géotechnicien, ienne n.
géotechnique adj.
géotectonique n. f.
géotextile adj. et n. m.
géothermal, ale, aux adj.
géothermie n. f.
géothermique adj.
géotropique adj.
géotropisme n. m.
géotrupe n. m.
géoxène n. m.
géphyrien n. m.
ger /ʒɛʀ/ n. f. inv. (yourte)
HOM. formes du v. **gérer**
gérable adj.
gérance n. f.
géraniacée n. f.
géraniale n. f.
géraniol n. m.
géranium /ʒeʀanjɔm/ n. m.
géranium-lierre n. m. ▪ plur. **géraniums-lierres**
gérant, ante n.
gerbable adj.
gerbage n. m.
gerbant, ante adj.
gerbe n. f.
gerbée n. f.
gerbement n. m.
gerber v. tr. et v. intr. | conjug. 1 |
gerbera /ʒɛʀbeʀa/ ou **gerbéra** n. m.
☯ Ce mot est masculin : *un gerbera* ou *un gerbéra*.
gerbeur, euse adj. et n. f.
gerbi n. f.
gerbier n. m.
HOM. formes du v. **gerber**
gerbière n. f.
gerbille n. f.
gerbillon n. m.
gerboise n. f.
gerce n. f.
gercement n. m.
gercer v. tr. et v. intr. | conjug. 3 |
gerçure n. f.
géré n. m.
gérer v. tr. | conjug. 6 |
géreur n. m.
gerfaut n. m.
gériatre n.
gériatrie n. f.
gériatrique adj.

gerle n. f.
[1]**germain, aine** adj. et n. (de même famille)
HOM. (du fém.) **germen**
[2]**germain, aine** adj. et n. (de Germanie)
➾ L'adjectif s'écrit sans majuscule : *les peuples germains*. Le nom s'écrit avec une majuscule : *les invasions des Germains*.
HOM. (du fém.) **germen**
germandrée n. f.
germania n. f.
germanique adj. et n.
➾ L'adjectif s'écrit sans majuscule : *la population germanique ; les langues germaniques ; la Confédération germanique*. Le nom s'écrit avec une majuscule uniquement quand il désigne une personne : *les Germaniques ; une Germanique* mais *les langues issues du germanique*.
germaniquement adv.
germanisant, ante adj.
germanisation n. f.
germaniser v. tr. | conjug. 1 |
¬ **se germaniser**
➾ Aux temps composés de la forme pronominale, le participe passé s'accorde en genre et en nombre avec le sujet : *cette région s'est germanisée*.
germanisme n. m.
germaniste n.
germanite n. f.
germanité n. f.
germanium /-jɔm/ n. m.
germanomanie n. f.
germanophile adj. et n.
germanophilie n. f.
germanophobe adj. et n.
germanophobie n. f.
germanophone adj. et n.
germanopratin, ine adj.
germant, ante adj.
germe n. m.
germen /ʒɛʀmɛn/ n. m.
HOM. **germaine** (fém. de *germain*)
germer v. intr. | conjug. 1 |
germicide adj. et n. m.
[1]**germinal, ale, aux** adj.
[2]**germinal** n. m.
➾ Comme tous les noms de mois, ce mot s'écrit sans majuscule : *le 11 germinal*.
germinant, ante adj.
germinateur, trice adj.
germinatif, ive adj.
germination n. f.
germiner v. tr. | conjug. 1 |
germoir n. m.
germon n. m.
HOM. formes du v. **germer**
géromé n. m.
géromorphisme n. m.
gérondif n. m.
géronte n. m.
gérontisme n. m.
gérontocrate n. m.
gérontocratie /-si/ n. f.
gérontocratique adj.
gérontogénie n. f.
gérontologie n. f.
gérontologique adj.
gérontologiste n.
gérontologue n.
gérontophile adj. et n.
gérontophilie n. f.
gérontoxon n. m.
gerris /-is/ n. m.
gersdorffite /gɛʀsdɔʀfit/ n. f.
gerseau n. m.
gerzeau n. m.
gésier n. m.
gésine n. f.
gésir v. intr. | conjug. défectif |
CONJUG. Ce verbe est défectif : il ne s'emploie qu'au présent de l'indicatif (, *nous gisons, vous gisez, ils gisentje gis, tu gis, il gît* ou *il git*°, *nous gisons, vous gisez, ils gisent*), à l'imparfait de l'indicatif (*je gisais, tu gisais*, etc.) et au participe présent (*gisant*).
➾ La formule **ci-gît** est invariable et prend un trait d'union : on ne dit pas **ci-gisent*.
gesnériacée n. f.
gesse n. f.
gestalt /gɛʃtalt/ n. f.
gestaltisme /gɛʃtaltism/ n. m.
gestaltiste /gɛʃtaltist/ adj. et n.
gestalt-thérapie /gɛʃtalt-/ n. f. ■ plur. **gestalt-thérapies**
gestant, ante adj.
gestapiste /gɛstapist/ n. m. et adj.
gestation n. f.
gestatoire adj.
[1]**geste** n. m. (mouvement, action)
[2]**geste** n. f. (exploit, poèmes)
gesticulant, ante adj.
gesticulateur, trice adj. et n.
gesticulation n. f.
gesticulatoire adj.
gesticuler v. intr. | conjug. 1 |
gestion /ʒɛstjɔ̃/ n. f.
♪ Ne pas oublier de prononcer le *t* ; son absence, bien que fréquente, est toujours considérée comme fautive.
gestionnaire /ʒɛstjɔnɛʀ/ adj. et n.
♪ Ne pas oublier de prononcer le *t* ; son absence, bien que fréquente, est toujours considérée comme fautive.
gestique n. f.

gestuaire n. m.
gestualité n. f.
gestuel, elle adj. et n. f.
getter /gɛtɛʀ/ n. m.
gewurztraminer /gevyʀtstʀaminɛʀ/ n. m.
geyser /ʒɛzɛʀ/ n. m.
geysérien, ienne adj.
ghât /gat/ n. m.
HOM. **gatte, formes du v. gâter**
ghazel /gazɛl/ n. m.
HOM. **gazelle**
ghetto n. m.
ghettoïsation n. f.
ghilde /gild/ n. f.
→ **guilde**
G. I. /dʒiaj/ n. m.
▫ abrév. de **government issue**
giaour n. m.
giardia /dʒia-/ n. f.
gibbérelline n. f.
gibbeux, euse adj.
gibbon n. m.
gibbosité n. f.
gibecière n. f.
gibelet n. m.
gibelin n. m.
gibelotte n. f.
giberne n. f.
giberner v. intr. | conjug. 1 |
gibet n. m.
gibier n. m.
giboulée n. f.
giboyer v. intr. | conjug. 8 |
giboyeur n. m.
giboyeux, euse adj.
gibus /ʒibys/ n. m.
giclée n. f.
giclement n. m.
gicler v. intr. | conjug. 1 |
giclette n. f.
gicleur n. m.
giclure n. f.
gidien, ienne adj.
G. I. E. n. m.
▫ abrév. de **groupement d'intérêt économique**
giffard n. m.
giflable adj.
gifle n. f.
gifler v. tr. | conjug. 1 |
gifleur, euse n.
gift /gift/ n. m.
▫ abrév. de **gametes intra-fallopian transfer**
gig /ʒig ; gig/ n. m.
HOM. **gigue**
giga n. m.
▫ abrév. de **gigaoctet**
gigahertz n. m.
gigannée n. f.
gigantal, ale, aux adj.
gigantesque adj.
gigantesquement adv.
gigantisme n. m.
gigantographie n. f.
gigantomachie n. f.
gigantosité n. f.
gigaoctet n. m.
gigawatt n. m.
gigogne n. f. et adj.
gigolette n. f.
gigolo n. m.
gigondas /-das/ n. m.
gigot n. m.
☰ Ce mot peut s'employer en apposition ; il est alors invariable : *des manches gigot*.
gigoté, ée ou **gigotté, ée** adj.
gigotement n. m.
gigoter v. intr. | conjug. 1 |
gigoteur, euse n. (personne, animal)
gigoteuse n. f. (sac de couchage)
gigotté, ée adj.
→ **gigoté**
gigue n. f.
giguer v. intr. | conjug. 1 |
gilbert n. m.
gilde n. f.
→ **guilde**
gilet n. m.
giletier, ière n.
gill /ʒil ; dʒil/ n. m.
HOM. **gille**
[1]**gille** n. m. (personnage)
➾ Ce mot s'écrit avec une majuscule quand il désigne un personnage de carnaval : *les Gilles de Binche*.
HOM. **gill**
[2]**gille** n. m. (filet)
HOM. **gill**
gillette n. m.
gillotage n. m.
gillsage n. m.
gimblette n. f.
gimmick /gimik/ n. m.
gin /dʒin/ n. m.
HOM. **djinn, jean**
gindre ou **geindre** n. m. (boulanger)
gineste n. m.
gin-fizz /dʒinfiz/ n. m. inv.
gingembre n. m.
gingembré, ée adj.
gingeon n. m.
ginger-ale /dʒinʒœʀɛl/ n. m. ▪ plur. **ginger-ales**
gingibrine n. f.

gingin n. m.
ginginer v. intr. | conjug. 1 |
gingival, ale, aux adj.
gingivectomie n. f.
gingivite n. f.
gingivoplastie n. f.
gingivorragie n. f.
ginglard adj.
ginglet adj.
ginglyme n. m.
ginguer v. intr. | conjug. 1 |
ginguet, ette adj.
HOM. formes du v. **ginguer**
ginkgo ou **ginko** /ʒiŋko/ n. m.
ginnerie n. f.
gin-rummy /dʒin-/ ▪ plur. **gin-rummys** ou **gin-rami** ▪ plur. **gin-ramis** n. m.
ginseng /ʒinsɛŋ/ n. m.
gin-tonic /dʒin-/ ▪ plur. **gin-tonics** ou **gin tonic** ▪ plur. **gin tonics** n. m.
giobertite n. f.
giorno (à) ou **giorno (a)** /adʒɔʀno ; aʒjɔʀno/ loc. adv.
giottesque adj.
giottisme n. m.
gipon n. m.
HOM. **gippon**
gippon n. m.
HOM. **gipon**
girafe n. f.
➾ Ne pas écrire *giraffe : ce mot n'a qu'un seul f en français, contrairement à l'anglais.
girafeau n. m.
giraffidé ou **girafidé** n. m.
girafon n. m.
giralducien, ienne adj.
girandole n. f.
girasol /ʒiʀasɔl/ n. m.
giration n. f.
giratoire adj. et n. m.
giraumont n. m.
giraviation n. f.
giravion n. m.
gire n. m.
girel n. m.
HOM. **girelle**
girelle n. f.
HOM. **girel**
girer v. intr. | conjug. 1 |
girie n. f.
girl /gœʀl/ n. f.
girodyne n. m.
girofle n. m.
☯ Ce mot est masculin : *un girofle.*
giroflée n. f. et adj. f.
giroflier n. m.
giroline n. f.
girolle ou **girole**○ n. f.
giron n. m.
HOM. **girond**, formes du v. **girer**
girond, onde adj.
HOM. **giron**, formes du v. **girer**
girondin, ine adj. et n.
➾ L'adjectif s'écrit sans majuscule : *la population girondine ; le parti girondin.* Le nom s'écrit avec une majuscule : *les Girondins et les Jacobins ; c'est une Girondine.*
gironné, ée adj.
gironnement n. m.
gironner v. tr. | conjug. 1 |
girotapis n. m.
girouette n. f.
girouetté, ée adj.
girouetter v. intr. | conjug. 1 |
gisant, ante adj. et n. m.
giscardien, ienne adj. et n.
giscardisme n. m.
giselle n. f.
gisement n. m.
gisoir n. m.
gisquette n. f.
gîtage ou **gitage**○ n. m.
gitan, ane adj. et n.
➾ L'adjectif s'écrit sans majuscule : *le peuple gitan.* Le nom s'écrit avec une majuscule uniquement quand il désigne une personne : *les Gitans ; c'est une Gitane* mais *fumer des gitanes.*
HOM. **gîtant** (p. prés. de *gîter*)
¹gîte ou **gite**○ n. m. (abri, gisement, cuisse de bœuf)
²gîte ou **gite**○ n. f. (Naut. : inclinaison)
gîte-gîte ▪ plur. **gîtes-gîtes** ou **gite-gite**○ ▪ plur. **gites-gites**○ n. m.
gîter ou **giter**○ v. intr. et v. tr. | conjug. 1 |
HOM. **J. T.**
githagisme n. m.
gîtologie ou **gitologie**○ n. f.
gîtologue ou **gitologue**○ n.
giton n. m.
HOM. formes du v. **gîter**
gitonisme n. m.
givrage n. m.
givrant, ante adj.
givre n. m.
givré, ée adj.
givrer v. tr. | conjug. 1 |
¬ **se givrer**
➾ Aux temps composés de la forme pronominale, le participe passé s'accorde en genre et en nombre avec le sujet : *les vitres se sont givrées.*
givreux, euse adj.
givrure n. f.

glabelle n. f.
glabre adj.
glabrescent, ente adj.
glabrisme n. m.
glaçage n. m.
glaçant, ante adj.
glace n. f.
HOM. **glass**
glacé, ée adj.
glacer v. tr. | conjug. 3 |
glacerie n. f.
glaceur, euse n. (personne)
glaceuse n. f. (machine)
glaceux, euse adj.
glaciaire adj.
HOM. **glacière**
glacial, iale, ials ou **iaux** adj.
Ξ Au masculin pluriel, la forme *glacials* est plus fréquente que *glaciaux*.
glacialement adv.
glaciation n. f.
glacié, ée adj.
glaciel, elle adj.
[1]**glacier** n. m. (champ de glace)
HOM. formes du v. **glacer**
[2]**glacier, ière** n. (personne)
HOM. (du masc.) formes du v. **glacer** ; (du fém.) **glaciaire**
glacière n. f. (lieu froid)
HOM. **glaciaire**
glaciérisme n. m.
glaciériste n.
glaciologie n. f.
glaciologique adj.
glaciologue n.
glacis n. m.
glaçoire n. f.
glaçon n. m.
HOM. formes du v. **glacer**
glaçure n. f.
gladiateur, trice n.
gladiatorial, ale, aux adj.
gladié, ée adj.
gladiolé, ée adj.
glageon n. m.
glagla interj.
glagolitique adj.
glaie ou **glaye** n. f.
glaïeul n. m.
glairage n. m.
glaire n. f.
glairer v. tr. | conjug. 1 |
glaireux, euse adj.
glairure n. f.
glaise n. f.
glaiser v. tr. | conjug. 1 |
glaiseux, euse adj.
glaisier n. m.
HOM. formes du v. **glaiser**
glaisière n. f.
glaiteron n. m.
glaive n. m.
glamour n. m.
glamoureux, euse adj.
glanage n. m.
gland n. m.
glandage n. m.
glandaie n. f.
glandaire adj.
HOM. forme du v. **glander**
glande n. f.
glandé, ée adj.
glandée n. f.
glander v. intr. | conjug. 1 |
glandeur, euse n.
glandifère adj.
glandiforme adj.
glandilleux, euse adj.
glandivore adj.
glandouiller v. intr. | conjug. 1 |
glandulaire adj.
glandule n. f.
glanduleux, euse adj.
[1]**glane** n. f. (action de glaner, choses glanées)
[2]**glane** n. m. (poisson)
glanement n. m.
glaner v. tr. | conjug. 1 |
glaneur, euse n.
glanure n. f.
glapir v. intr. | conjug. 2 |
glapissant, ante adj.
glapissement n. m.
glapisseur, euse n. et adj.
glaréole n. f.
glas n. m.
glasnost /glasnɔst/ n. f.
glass n. m.
HOM. **glace**, formes du v. **glacer**
glatir v. intr. | conjug. 2 |
glaubérite n. f.
glaucescence /-esɑ̃s/ n. f.
glaucescent, ente /-esɑ̃, ɑ̃t/ adj.
glaucier n. m. ou **glaucière** n. f.
glaucique adj.
glaucité n. f.
glaucomateux, euse adj.
glaucome n. m.
glauconie ou **glauconite** n. f.
glaucope n. m.
glauque adj.
glauquement adv.
glaveux, euse adj.
glaviot n. m.

glavioter v. intr. | conjug. 1 |
glaye n. f.
→ **glaie**
glèbe n. f.
gléchome /-kom/ ou **glécome** n. m.
[1]**glène** n. f. (cavité, cordage)
[2]**glène** n. f. (Techn. : panier)
→ **gline**
gléner v. tr. | conjug. 6 |
glénoïdal, ale, aux adj.
glénoïde adj.
glénoïdien, ienne adj.
glette n. f.
gley n. m.
gliadine n. f.
glial, gliale, gliaux adj.
glide n. m.
gline ou **glène** n. f.
glioblastome n. m.
gliome n. m.
glissade n. f.
glissage n. m.
glissance n. f.
glissando n. m. ▪ plur. **glissandos** ou plur. **glissandi**
On peut employer le pluriel francisé *glissandos* ou le pluriel italien *glissandi*, plus soutenu.
glissant, ante adj.
glisse n. f.
glissé, ée adj.
glissement n. m.
glisser v. intr. et v. tr. | conjug. 1 |
¬ **se glisser**
➾ Aux temps composés de la forme pronominale, le participe passé s'accorde en genre et en nombre avec le sujet : *elle s'est glissée entre les draps*.
glisseur, euse n.
glissière n. f.
glissoir n. m.
HOM. **glissoire**
glissoire n. f.
HOM. **glissoir**
globaire adj.
global, ale, aux adj.
globalement adv.
globalisant, ante adj.
globalisation n. f.
globaliser v. tr. | conjug. 1 |
¬ **se globaliser**
➾ Aux temps composés de la forme pronominale, le participe passé s'accorde en genre et en nombre avec le sujet : *les échanges se sont globalisés*.
globalisme n. m.
globaliste adj.
globalitaire adj.
globalité n. f.
globe n. m.
globe-trotteur, euse ▪ plur. **globe-trotteurs, euses** ou **globe-trotter** ▪ plur. **globe-trotters** ou **globetrotteur, euse**○ ▪ plur. **globetrotteurs, euses**○ n.
globeux, euse adj.
globicéphale n. m.
globigérine n. f.
globine n. f.
globique adj.
globish n. m.
globulaire adj. et n. f.
globulariée n. f.
globule n. m.
Ce mot est masculin : *un globule blanc*.
globuleux, euse adj.
globulie n. f.
globuliforme adj.
globulimètre n. m.
globulin n. m.
globuline n. f.
globulinurie n. f.
globulolyse n. f.
glocal, ale, aux adj.
glocalisation n. f.
glockenspiel /glɔkœnʃpil/ n. m.
gloire n. f.
glome n. m.
gloméris /-is/ n. m.
glomérulaire adj.
glomérule n. m.
glomérulé, ée adj.
glomérulonéphrite n. f.
glomus /-ys/ n. m.
glop interj. et n. m.
gloria n. m.
➾ Au sens de « hymne », ce mot est invariable ; au sens familier de « café sucré mélangé d'eau-de-vie », il prend la marque du pluriel.
gloriette n. f.
glorieusement adv.
glorieux, ieuse adj.
➾ Ce mot s'écrit avec une majuscule dans **les Trois Glorieuses** (27, 28 et 29 juillet 1830) et **les Trente Glorieuses** (période de prospérité de 1945 à 1975).
glorifiable adj.
glorifiant, ante adj.
glorificateur, trice adj. et n.
glorification n. f.
glorifier v. tr. | conjug. 7 |
¬ **se glorifier**
➾ Aux temps composés de la forme pronominale, le participe passé s'accorde en genre

et en nombre avec le sujet : *elle s'est glorifiée de ses exploits.*
gloriole n. f.
glose n. f.
gloser v. tr. | conjug. 1 |
gloseur, euse n.
gloss n. m.
glossaire n. m.
glossalgie n. f.
glossalgique adj.
glossateur n. m.
glossématique n. f. et adj.
glossème n. m.
glossette n. f.
glossien, ienne ou **glossique** adj.
glossine n. f.
glossite n. f.
glossocèle n. f.
glossodynie n. f.
glossoépiglottique adj.
glossographe n. m.
glossographie n. f.
glossoïde adj.
glossolabié, ée adj.
glossolalie n. f.
glossologie n. f.
glossomanie n. f.
glossopètre n. m.
glossopharyngien, ienne adj. et n. m.
glossophytie n. f.
glossoplégie n. f.
glossotomie n. f.
glottal, ale, aux adj.
glottalisation n. f.
glottalisé, ée adj. et n. f.
glotte n. f.
glottique adj.
glottite n. f.
glottochronologie n. f.
glottorer v. intr. | conjug. 1 |
glouglou n. m.
glougloutant, ante adj.
glougloutement n. m.
glouglouter v. intr. | conjug. 1 |
gloussant, ante adj.
gloussement n. m.
glousser v. intr. | conjug. 1 |
gloussète ou **gloussette** n. f.
glouteron n. m.
glouton, onne adj. et n. m.
gloutonnement adv.
gloutonner v. intr. | conjug. 1 |
gloutonnerie n. f.
gloxinia n. m.
glu n. f.
➾ Ne pas écrire **glue* : ce mot n'a pas de *e*.
HOM. formes du v. **gluer**
gluance n. f.
gluant, ante adj.
gluau n. m.
glucagon n. m.
glucide n. m.
glucidique adj.
glucine n. f.
glucinium /-jɔm/ n. m.
gluckiste adj. et n.
glucocorticostéroïde adj. et n. m.
glucoformateur, trice adj.
glucogène n. m.
glucomètre ou **glycomètre** n. m.
gluconate n. m.
gluconéogenèse n. f.
gluconique adj.
glucosamine n. f.
glucose n. m.
glucoserie n. f.
glucoside n. m.
gluer v. tr. | conjug. 1 |
glui n. m.
glume n. f.
glumelle n. f.
gluon n. m.
HOM. formes du v. **gluer**
glutamate n. m.
glutamine n. f.
glutamique adj.
glutathion n. m.
gluten /glytɛn/ n. m.
glutinatif, ive adj.
glutination n. f.
glutine n. f.
glutineux, euse adj.
glutose n. m.
glycémie n. f.
glycémique adj.
glyceraie n. f.
glycéré n. m.
glycéride n. f.
glycérie n. f.
glycérine n. f.
glycériné adj.
glycériner v. tr. | conjug. 1 |
glycérique adj.
glycérocolle n. f.
glycérol n. m.
glycérolé n. m.
glycérophosphate n. m.
glycérophosphorique adj.
glycérophtalique adj.
glycérotanin n. m.

glycine n. f.
glycocolle n. m.
glycogène n. m.
glycogenèse n. f.
glycogénie n. f.
glycogénique adj.
glycogénogenèse n. f.
glycogénolyse n. f.
glycogénolytique adj.
glycogénose n. f.
glycol n. m.
glycolipide n. m.
glycolyse n. f.
glycolytique adj.
glycomètre n. m.
→ **glucomètre**
glyconien ou **glyconique** adj. m.
glycopexie n. f.
glycoprotéine n. f.
glycoprotéique adj.
glycorégulation n. f.
glycose n. m.
glycoside n. m.
glycosurie n. f.
glycosurique adj.
glycosylation n. f.
glycosyler v. tr. | conjug. 1 |
glyphe n. m.
glypticien, ienne n.
glyptique n. f.
glyptodon ou **glyptodonte** n. m.
glyptographie n. f.
glyptologie n. f.
glyptothèque n. f.
glyqué, ée adj.
G. M. T. loc. nominale
□ abrév. de **Greenwich mean time**
gnac /ɲak/ n. f.
→ **niaque**
gnafron /ɲafʀɔ̃/ n. m.
gnangnan /ɲɑ̃ɲɑ̃/ adj. inv.
gnaphale /gnafal/ n. m.
gnaque /ɲak/ n. f.
→ **niaque**
gnard ou **gnare** /ɲaʀ/ n. m.
gnathique /gnatik/ adj.
gnathologie /gna-/ n. f.
gnathorragie /gna-/ n. f.
gnaule /ɲol/ n. f.
→ **gnôle**
gneiss /gnɛs/ n. m.
gneisseux, euse /gne-/ adj.
gneissique /gne-/ adj.
gnète /gnɛt/ n. f.
gniôle /ɲol/ n. f.
→ **gnôle**
gniolle /ɲol/ adj. et n.
→ **gnolle**
gniouf /ɲuf/ n. m.
→ **gnouf**
gnocchi /ɲɔki/ n. m.
➾ Ce mot a un pluriel régulier : *des gnocchis*.
gnognote ou **gnognotte** /ɲɔɲɔt/ n. f.
gnôle ou **gnaule** ou **gniôle** ou **niôle** /ɲol/ n. f.
gnolle ou **gniolle** adj. et n.
gnome /gnom/ n. m.
gnomique /gnɔmik/ adj.
gnomon /gnɔmɔ̃/ n. m.
gnomonique /gnɔ-/ adj. et n. f.
gnon /ɲɔ̃/ n. m.
gnose /gnoz/ n. f.
gnoséologie /gnoz-/ n. f.
gnoséologique /gnoz-/ adj.
gnosie /gnozi/ n. f.
gnosique /gnozik/ adj.
gnosticisme /gno-/ n. m.
gnostique /gno-/ n.
gnou /gnu/ n. m.
gnouf ou **gniouf** /ɲuf/ n. m.
go n. m.
go (tout de) loc. adv.
goal /gol/ n. m.
□ rec. off. : **gardin de but**
HOM. **gaule, gaulle**, formes du v. **gauler**
goal-average /golaveʀaʒ/ n. m. ▪ plur. **goal-averages**
gobage n. m.
gobbe ou **gobe** n. f.
HOM. Formes du v. **gober**
gobelet n. m.
gobeleterie ou **gobelèterie** n. f.
gobeletier, ière n.
gobelin n. m.
gobelottage ou **gobelotage** n. m.
gobelotter ou **gobeloter** v. intr. | conjug. 1 |
gobelotteur, euse ou **gobeloteur, euse** n.
gobe-mouche ▪ plur. **gobe-mouches** ou **gobemouche**○ ▪ plur. **gobemouches**○ n. m.
gober v. tr. | conjug. 1 |
goberge n. f.
goberger (se) v. pron. | conjug. 3 |
➾ Aux temps composés, le participe passé s'accorde en genre et en nombre avec le sujet : *ils se sont gobergés*.
gobet n. m.
HOM. formes du v. **gober**
gobeter v. tr. | conjug. 4 |
gobetis n. m.
gobette n. f.
gobeur, euse n.
gobichonnade n. f.
gobichonnage n. m.
gobichonner v. intr. | conjug. 1 |

gobichonneur, euse n.
gobie n. m.
godage n. m.
godaille n. f.
¹godailler v. intr. | conjug. 1 | (se livrer à la débauche)
²godailler v. intr. | conjug. 1 | (faire de faux plis)
→ **¹goder**
godailleur, euse n.
godasse n. f.
gode n. m.
godebert n. m.
godelureau n. m.
godemiché n. m.
godendard n. m.
godenot n. m.
¹goder ou **godailler** v. intr. | conjug. 1 | (faire de faux plis)
²goder v. intr. | conjug. 1 | (pop. : jouir)
godet n. m.
HOM. formes du v. **goder**
godiche adj. et n. f.
godichon, onne adj. et n.
godille n. f.
godiller v. intr. | conjug. 1 |
godilleur, euse n.
godillot n. m.
godin n. m.
godinette n. f.
godiveau n. m.
godon n. et adj.
HOM. formes du v. **goder**
godron n. m.
HOM. forme du v. **goder**
godronnage n. m.
godronner v. tr. | conjug. 1 |
godronneur, euse n.
goéland n. m.
goélette n. f.
goémon n. m.
goémonier n. m.
goethéen, éenne /gøteɛ̃, eɛn/ adj.
goétie /gɔesi/ n. f.
gogaille n. f.
goglu n. m.
gogo n. m.
gogo (à) loc. adv.
gogol, e adj. et n.
gogoliser (se) v. pron. | conjug. 1 |
➾ Aux temps composés, le participe passé s'accorde en genre et en nombre avec le sujet : *ils se sont gogolisés.*
gogs ou **gogues** n. m. pl.
▫ abrév. de **goguenots**
goguenard, arde adj.
goguenarder v. intr. | conjug. 1 |
goguenarderie n. f.
goguenardise n. f.
goguenots n. m. pl.
gogues n. m. pl.
→ **gogs**
goguette n. f.
Ξ Ce mot ne s'emploie que dans la locution invariable **en goguette** : *des invités en goguette.*
goï n.
→ **goy**
goinfrade n. f.
goinfre n. m. et adj.
goinfrer (se) v. pron. | conjug. 1 |
➾ Aux temps composés, le participe passé s'accorde en genre et en nombre avec le sujet : *ils se sont goinfrés de mousse au chocolat.*
goinfrerie n. f.
goinfresse n. f.
goitre n. m.
goitreux, euse adj. et n.
goitrigène adj.
gold adj. inv.
golden /gɔldɛn/ n. f.
golden boy /gɔldɛnbɔj/ n. m. ▪ plur. **golden boys**
golden retriever ▪ plur. **golden retrievers** ou **golden rétrieveur**○ ▪ plur. **golden rétrieveurs**○ /gɔldɛnʀetʀivœʀ/ n. m.
goldo n. f.
▫ abrév. de **gauloise**
golem /gɔlɛm/ n. m.
golf n. m.
HOM. **golfe**, formes du v. **golfer**
golfe n. m.
➾ Avec une majuscule et sans complément, **le Golfe** désigne le golfe Persique ou Arabo-Persique : *les pays du Golfe ; la guerre du Golfe.*
HOM. **golf**, formes du v. **golfer**
golfer v. intr. | conjug. 1 |
golfeur, euse n.
golfique adj.
golgotha n. m.
goliard n. m.
goliath n. m. (insecte, géant)
➾ Employé comme nom commun, ce mot s'écrit sans majuscule, contrairement au nom propre qui désigne le personnage biblique.
gollot n. m.
golloter v. intr. | conjug. 1 |
golmotte ou **golmote**○ n. f.
gombo n. m.
Goménol® n. m.
goménolé, ée adj.
Gomina® n. f.
HOM. formes du v. **gominer**
gominer v. tr. | conjug. 1 |

gommage n. m.
gommant, ante adj.
gomme n. f.
gommé, ée adj.
gomme-gutte n. f. ▪ plur. **gommes-guttes**
gomme-laque n. f. ▪ plur. **gommes-laques**
gommer v. tr. | conjug. 1 |
gomme-résine n. f. ▪ plur. **gommes-résines**
gommette n. f.
gommeux, euse adj. et n. m.
gommier n. m.
HOM. formes du v. **gommer**
gommifère adj.
gommose n. f.
gomor n. m.
gomorrhéen, enne adj. et n. f.
gomphide n. m.
gomphose n. f.
gon n. m.
HOM. **gond, gong**
gonade n. f.
gonadique adj.
gonadostimuline n. f.
gonadotrope adj.
gonadotrophine ou **gonadotropine** n. f.
gonakier n. m.
gonalgie n. f.
gonarthrose n. f.
goncier n. m.
gond n. m.
HOM. **gon, gong**
gonder v. tr. | conjug. 1 |
gondolage n. m.
gondolant, ante adj.
gondole n. f.
gondolement n. m.
gondoler v. intr. | conjug. 1 |
¬ **se gondoler**
➾ Aux temps composés de la forme pronominale, le participe passé s'accorde en genre et en nombre avec le sujet : *les cartons se sont gondolés*.
gondolier, ière n.
gondwanien, ienne /gɔ̃dwanjɛ̃, jɛn/ adj.
gone n. m.
HOM. **gonne**
gonelle n. f.
→ **gonnelle**
gonfalon ou **gonfanon** n. m.
gonfalonier ou **gonfanonier** n. m.
gonfanon n. m.
→ **gonfalon**
gonfanonier n. m.
→ **gonfalonier**
gonflable adj.
gonflage n. m.
gonflant, ante adj.
gonfle adj. et n. f.
gonflé, ée adj.
gonflement n. m.
gonfler v. tr. | conjug. 1 |
¬ **se gonfler**
➾ Aux temps composés de la forme pronominale, le participe passé s'accorde en genre et en nombre avec le sujet : *ils se sont gonflés d'orgueil*.
gonflette n. f.
gonfleur n. m.
gong /gɔ̃(g)/ n. m.
HOM. **gon, gond**
gongorisme n. m.
gongoriste adj.
[1]**gonio** n. m.
▫ abrév. de **radiogoniomètre**
[2]**gonio** n. f.
▫ abrév. de **radiogoniométrie**
goniomètre n. m.
goniométrie n. f.
goniométrique adj.
gonion n. m.
gonne n. f.
HOM. **gone**
gonnelle ou **gonelle** n. f.
gonochorique /-kɔ-/ adj.
gonochorisme /-kɔ-/ n. m.
gonococcie /-kɔksi/ n. f.
gonococcique /-kɔksik/ adj.
gonocoque n. m.
gonophore n. m.
gonophorique adj.
gonorrhée n. f.
gonorrhéique adj.
gonosome n. m.
gonozoécie n. f.
gonozoïde n. m.
gonze n. m.
gonzesse n. f.
gopher /-œʀ/ ou **gopheur**○ n. m.
gord n. m.
HOM. **gaur, gore**
gordien adj. m.
gordonia n. m.
gore adj. ▪ plur. inv. ou plur. **gores**○
HOM. **gaur, gord**
gorenflot n. m.
goret n. m.
Goretex® n. m.
gorfou n. m.
gorge n. f.
gorge-de-pigeon adj. inv.
gorgée n. f.
gorgeon n. m.
HOM. formes du v. **gorger**

gorger v. tr. | conjug. 3 |
¬ **se gorger**
➾ Aux temps composés de la forme pronominale, le participe passé s'accorde en genre et en nombre avec le sujet : *ils se sont gorgés de confiture.*
gorgerette n. f.
gorgerin n. m.
gorget n. m.
HOM. formes du v. **gorger**
gorgonaire n. m.
gorgone n. f.
➾ Quand il désigne un animal, ce mot s'écrit sans majuscule, contrairement au nom propre qui désigne les personnages mythologiques.
gorgonie n. f.
gorgonzola n. m.
gorille n. m.
gosette n. f.
gosier n. m.
gospel n. m.
gosplan n. m.
gossaille n. f.
gosse n.
gosseline n. f.
gosser v. tr. et v. intr. | conjug. 1 |
gosserie n. f.
goth, gothe adj. et n.
➾ L'adjectif s'écrit sans majuscule : *les rois goths ; le peuple goth.* Le nom s'écrit avec une majuscule : *les Goths ; un Goth.*
[1]**gotha** n. m. (almanach, ensemble des nobles)
[2]**gotha** n. f. (bombardier)
gothicisme n. m.
gothique adj. et n.
HOM. **gotique**
gothiquement adv.
gothisme n. m.
gotique n. m.
➾ Comme tous les noms de langues, ce mot s'écrit toujours sans majuscule : *ils parlaient le gotique.*
HOM. **gothique**
goton n. f.
gouache n. f.
gouacher v. tr. | conjug. 1 |
gouacheur, euse n.
gouaille n. f.
gouailler v. tr. et v. intr. | conjug. 1 |
gouaillerie n. f.
gouailleur, euse adj.
gouailleusement adv.
gouais n. m.
→ [2]**gouet**
goualante n. f.
goualer v. tr. et v. intr. | conjug. 1 |
goualeuse n. f.
gouape n. f.
gouaper v. intr. | conjug. 1 |
gouapeur, euse n. et adj.
gouda n. m.
➾ Lorsqu'il désigne un fromage, ce mot s'écrit sans majuscule, contrairement au nom propre qui désigne la ville de Hollande : *un fromage de Gouda* mais *un morceau de gouda.*
goudron n. m.
goudronnage n. m.
goudronner v. tr. | conjug. 1 |
goudronnerie n. f.
goudronneur, euse n. (personne)
goudronneuse n. f. (machine)
goudronneux, euse adj.
goudronnier n. m.
[1]**gouet** n. m. (serpe, arum)
[2]**gouet** ou **gouais** n. m. (vin)
gouffre n. m.
gouge n. f.
gouger v. tr. | conjug. 3 |
gougère n. f.
gougette n. f.
gougnafier n. m.
gougnotte n. f.
gougnotter v. tr. | conjug. 1 |
gougoutte n. f.
gouille n. f.
gouine n. f.
goujat, ate adj. et n.
goujatement adv.
goujaterie n. f.
goujatisme n. m.
goujon n. m.
goujonnage n. m.
goujonner v. tr. | conjug. 1 |
goujonnette n. f.
goujonnier n. m.
goujonnière adj. f.
goujure n. f.
goulache ou **goulasch** ou **goulash** /gulaʃ/ n. m. ou f.
goulafre ou **goulafe** adj. et n.
goulag n. m.
goulaguier n. m.
goule n. f.
goulée n. f.
goulet n. m.
⚡ Ne pas confondre **goulet**, qui signifie « passage étroit », avec **goulot**, qui signifie « col étroit d'un récipient ».
Ξ La proximité de sens entre *goulet* et *goulot* fait que l'on a deux expressions pour désigner un passage difficile : **goulet d'étranglement** et **goulot d'étranglement**. Certains puristes préfèrent la première à la seconde mais les

deux formes sont très courantes et admises par l'Académie.

goulette n. f.

gouleyant, ante adj.

gouliafre adj. et n.

gouliafrée n. f.

goulier n. m.

goulot n. m.

⚡ Ne pas confondre **goulot**, qui signifie « col étroit d'un récipient », avec **goulet**, qui signifie « passage étroit ».

☰ La proximité de sens entre *goulet* et *goulot* fait que l'on a deux expressions pour désigner un passage difficile : **goulet d'étranglement** et **goulot d'étranglement**. Certains puristes préfèrent la première à la seconde mais les deux formes sont très courantes et admises par l'Académie.

goulotte n. f.

goulu, ue adj.

goulûment ou **goulument**○ adv.

goum n. m.

goumier n. m.

goupil /gupi(l)/ n. m.

goupillage n. m.

goupille n. f.

goupiller v. tr. | conjug. 1 |

goupillon n. m.

goupillonner v. tr. | conjug. 1 |

goupiner v. tr. et v. intr. | conjug. 1 |

goupineur n. m.

1**gour** n. m. ▪ plur. **gours** ou plur. inv. (fragment de plateau)

HOM. **gourd, goure**, formes du v. **gourer (se)**

2**gour(d)** n. m. (partie creuse d'un cours d'eau, lac)

HOM. **gourd, goure**, formes du v. **gourer (se)**

goura n. m.

HOM. formes du v. **gourer (se)**

gourami n. m.

gourance n. f.

gourante n. f.

gourbet n. m.

gourbi n. m.

1**gourd, gourde** adj.

HOM. **gour, goure**, formes du v. **gourer (se)**

2**gourd** n. m.

→ 2**gour**

gourdasse n. f.

gourde n. f.

gourdement adv.

gourdiflot, ote n.

gourdin n. m.

goure n. f.

HOM. **gour, gourd**, formes du v. **gourer (se)**

gourer (se) v. pron. | conjug. 1 |

➾ Aux temps composés, le participe passé s'accorde en genre et en nombre avec le sujet : *elle s'est gourée dans ses calculs.*

gourgandinage n. m.

gourgandine n. f.

gourgandiner v. intr. | conjug. 1 |

gourgane n. f.

gourgouran n. m.

gourmade n. f.

gourmand, ande adj.

gourmander v. tr. | conjug. 1 |

gourmandeur, euse adj.

gourmandise n. f.

gourme n. f.

gourmé, ée adj.

gourmer v. tr. | conjug. 1 |

gourmet n. m.

HOM. formes du v. **gourmer**

gourmette n. f.

gourmeux, euse adj.

gournable n. f.

gournabler v. tr. | conjug. 1 |

gourou n.

☯ Pour parler d'une femme, le *Guide d'aide à la féminisation des noms de métiers, titres, grades et fonctions* recommande l'emploi de *gourou* au féminin : *la grande gourou*. L'Office québécois de la langue française conseille la forme *gouroue*. La forme *gourelle* est parfois employée mais elle peut être perçue comme péjorative.

gouspin n. m.

goussaut n. m.

gousse n. f.

gousset n. m.

goût ou **gout**○ n. m.

goûtable ou **goutable**○ adj.

1**goûter** ou **gouter**○ n. m.

HOM. **goutter**

2**goûter** ou **gouter**○ v. tr., v. tr. ind. et v. intr. | conjug. 1 |

HOM. **goutter**

goûteron ou **gouteron**○ n. m.

HOM. formes des v. **goûter, goutter**

goûteur, euse ou **gouteur, euse**○ n.

HOM. **goutteur**

goûteux, euse ou **gouteux, euse**○ adj.

HOM. **goutteux**

goutte n. f.

HOM. formes des v. **goûter, goutter**

goutte-à-goutte n. m. inv.

➾ Ce nom s'écrit avec des traits d'union, contrairement à la locution adverbiale **goutte à goutte** : *couler goutte à goutte* mais *des goutte-à-goutte*.

goutteler v. intr. | conjug. 4 |

gouttelette n. f.

goutter v. intr. | conjug. 1 |

HOM. **goûter**

gouttereau adj. m.
goutteur n. m.
HOM. **goûteur**
goutteux, euse adj.
HOM. **goûteux**
gouttier n. m.
HOM. formes des v. **goûter, goutter**
gouttière n. f.
goûtu, ue ou **goutu, ue**○ adj.
gouvernable adj.
gouvernail n. m.
➾ Ce mot a un pluriel régulier *des gouvernails*.
gouvernance n. f.
gouvernant, ante adj. et n.
gouverne n. f.
gouverné, ée adj.
gouverneau n. m.
gouvernement n. m.
gouvernemental, ale, aux adj.
gouvernementalisme n. m.
gouvernementaliste adj. et n.
gouverner v. tr. | conjug. 1 |
gouverneur, eure n.
☯ *Gouverneure* est la forme recommandée par l'Office québécois de la langue française pour parler d'une femme. le *Guide d'aide à la féminisation des noms de métiers, titres, grades et fonctions* admet l'emploi de *gouverneure* ou de *gouverneur* au féminin : *la gouverneur(e) générale*.
gouvernorat n. m.
gouzi-gouzi ▪ plur. inv. ou **gouzigouzi**○ ▪ plur. **gouzigouzis**○ n. m.
goy /gɔj/ ▪ plur. **goys** ou plur. **goyim** /gɔjim/ n. m.
➾ On peut employer le pluriel francisé *goys* ou le pluriel hébreu *goyim*.
goyau ou **goyot** n. m.
goyave n. f.
goyavier n. m.
goyesque adj.
goyot n. m.
→ **goyau**
G. P. L. n. m.
▫ abrév. de **gaz de pétrole liquéfié**
G. P. S. n. m.
▫ abrév. de **global positioning system**
G. Q. G. n. m.
▫ abrév. de **grand quartier général**
G. R.® n. m.
▫ abrév. de **grande randonnée**
graal n. m.
➾ Employé comme nom commun, ce mot s'écrit sans majuscule, contrairement au nom propre : *la quête du Graal* mais *le titre de champion du monde fut son graal*.
grabat n. m.
grabataire adj. et n.
grabeau n. m.
grabeler v. tr. | conjug. 4 |
graben /gʀabɛn/ n. m.
grabons n. m. pl.
→ **greubons**
grabuge n. m.
grâce n. f.
➾ Ce mot est toujours au singulier dans les locutions suivantes : **bonne/mauvaise grâce** ; **grâce à** ; **de grâce** ; **an de grâce** ; **coup de grâce** ; **état de grâce** ; **être en grâce** ; **rentrer en grâce** ; **demander grâce** ; **faire grâce** ; **trouver grâce**. Il est au pluriel ou ou singulier dans **action de grâce(s)** et **rendre grâce(s)**. Avec une majuscule, **les Grâces** désigne les trois divinités romaines.
HOM. **grasse (fém. de *gras*)**
graciable adj.
gracier v. tr. | conjug. 7 |
gracieusement adv.
gracieuser v. tr. | conjug. 1 |
gracieuseté n. f.
gracieux, ieuse adj.
➾ Bien que dérivé du mot *grâce*, cet adjectif s'écrit sans accent circonflexe.
gracilaire n. m.
gracile adj.
gracilement adv.
gracilité n. f.
gracioso adv.
gradaille n. f.
gradateur n. m.
gradation n. f.
ϟ Ne pas confondre **gradation**, qui signifie « progression par degrés successifs », avec **graduation**, qui signifie « division en degrés ».
grade n. m.
gradé, ée adj.
grader /gʀadœʀ/ n. m.
▫ rec. off. : **niveleuse**
gradient /gʀadjɑ̃/ n. m.
gradin n. m.
gradine n. f.
gradualisme n. m.
gradualiste adj.
gradualité n. f.
graduat n. m.
HOM. formes du v. **graduer**
graduateur n. m.
graduation n. f.
ϟ Ne pas confondre **graduation**, qui signifie « division en degrés », avec **gradation**, qui signifie « progression par degrés successifs ».
gradué, ée adj.
graduel, elle adj. et n. m.
graduellement adv.

graduer v. tr. | conjug. 1 |
gradus /-ys/ n. m.
graffigner v. tr. | conjug. 1 |
→ **grafigner**
graffite n. m.
HOM. **graphite**
graffiter v. tr. | conjug. 1 |
HOM. **graphiter**
graffiteur, euse n.
graffiti n. m. ▪ plur. inv. ou plur. **graffitis**
Ξ En italien, *graffiti* est un nom masculin pluriel. On peut toutefois l'employer au singulier et franciser la forme du pluriel : *un graffiti, des graffitis.*
graffitiste adj. et n.
grafigne n. f.
grafigner ou **graffigner** v. tr. | conjug. 1 |
graillant, ante adj.
graille n. f.
graillement n. m.
grailler v. intr. et v. tr. | conjug. 1 |
grailleux, euse ou **graillonneux, euse** adj.
graillon n. m.
HOM. formes du v. **grailler**
graillonnant, ante adj.
graillonnement n. m.
graillonner v. intr. | conjug. 1 |
graillonneur, euse n.
graillonneux, euse adj.
→ **grailleux**
grain n. m.
grainage n. m.
graine n. f.
grainée n. f.
grainer v. intr. et v. tr. | conjug. 1 |
→ [1]**grener**
graineterie /-ntʀi ; -nɛtʀi/ n. f.
grainetier, ière n.
graineur n. m.
grainier, ière n.
HOM. formes du v. **grainer**
graissage n. m.
graisse n. f.
graisser v. tr. et v. intr. | conjug. 1 |
graisset n. m.
HOM. formes du v. **graisser**
[1]**graisseur, euse** n. (personne)
[2]**graisseur** n. m. et adj. m. (dispositif)
graisseux, euse adj.
graissin n. m.
graissoir n. m.
gram /gʀam/ n. m. inv.
HOM. **gramme**, formes du v. **grammer**
gramen /gʀamɛn/ n. m.
graminacée n. f.
graminée n. f.
grammage n. m.
grammaire n. f.
grammairien, ienne n.
grammate n. m.
grammatical, ale, aux adj.
grammaticalement adv.
grammaticalisation n. f.
grammaticalisé, ée adj.
grammaticaliser v. tr. | conjug. 1 |
¬ **se grammaticaliser**
➾ Aux temps composés de la forme pronominale, le participe passé s'accorde en genre et en nombre avec le sujet : *certains mots latins se sont grammaticalisés en français.*
grammaticalité n. f.
grammatiste n. m.
grammatologie n. f.
gramme n. m.
HOM. **gram**
grammer v. tr. | conjug. 1 |
Gramophone® n. m.
grand, grande adj.
➾ Dans la locution **grand ouvert**, on accorde généralement *grand* en genre et en nombre : *les yeux grands ouverts* ; *une fenêtre grande ouverte.* Employé comme adverbe avec le verbe *ouvrir, grand* est invariable : *ouvrir grand les fenêtres.*
→ aussi **rue**
grand-angle n. m. ▪ plur. **grands-angles**
grand-angulaire n. m. ▪ plur. **grands-angulaires**
[1]**grand-croix** n. f. inv. (dignité)
[2]**grand-croix** n. ▪ plur. **grands-croix** (personne)
grand-chose n. inv.
grand-dab n. m. ▪ plur. **grands-dabs**
grand-duc n. m. ▪ plur. **grands-ducs**
➾ Ce titre princier s'écrit avec un trait d'union, au contraire de **grand duc**, qui désigne un rapace. Ce mot s'écrit sans majuscule : *le grand-duc et la grande-duchesse de Luxembourg.*
grand-ducal, ale adj. ▪ plur. **grand-ducaux, grand-ducales**
grand-duché n. m. ▪ plur. **grands-duchés**
grande-duchesse n. f. ▪ plur. **grandes-duchesses**
→ aussi **grand-duc**
grandelet, ette adj.
grandement adv.
grandesse n. f.
grandet, ette adj.
grandeur n. f.
➾ La locution adjectivale **grandeur nature** est invariable : *des portraits grandeur nature.*
grand-guignolesque adj. ▪ plur. **grand-guignolesques**
grandi, ie adj.

grandiloque adj. et n. m.
grandiloquence n. f.
grandiloquent, ente adj.
grandiose adj.
grandiosement adv.
grandir v. intr. et v. tr. | conjug. 2 |
grandissage n. m.
grandissant, ante adj.
grandissement n. m.
grandissime adj.
grand-maman n. f. ▪ plur. **grands-mamans**
grand-maternel, elle adj. ▪ plur. **grands-maternels, elles**
grand-mère n. f. ▪ plur. **grands-mères**
grand-messe n. f. ▪ plur. **grands-messes**
grand-oncle n. m. ▪ plur. **grands-oncles**
grand-papa n. m. ▪ plur. **grands-papas**
grand-parental, ale adj. ▪ plur. **grands-parentaux, ales**
grand-paternel, elle, els adj. ▪ plur. **grands-paternels, elles**
grand-peine (à) loc. adv.
grand-père n. m. ▪ plur. **grands-pères**
grands-parents n. m. pl.
grand-tante n. f. ▪ plur. **grands-tantes**
grand-voile n. f. ▪ plur. **grands-voiles**
grange n. f.
grangée n. f.
granger, ère ou **grangier, ière** n.
granifère adj.
graniforme adj.
granit /gʀanit/ ou **granite** n. m.
granitaire adj.
granite n. m.
→ **granit**
granité, ée adj. et n. m.
granitelle adj. et n. m.
graniter v. tr. | conjug. 1 |
graniteux, euse adj.
granitier n. m.
HOM. formes du v. **graniter**
granitique adj.
granitisation n. f.
granitiser v. tr. | conjug. 1 |
¬ **se granitiser**
➾ Aux temps composés de la forme pronominale, le participe passé s'accorde en genre et en nombre avec le sujet : *la roche s'est granitisée.*
Granito® n. m.
granitoïde adj.
granivore adj.
granny n. f.
▫ abrév. de **granny smith**
➾ Ce mot a un pluriel régulier *des grannys.*
granny smith /gʀanismis/ n. f. inv.
granthā n. f. et adj. inv.
granulage n. m.
granulaire adj.
granularité n. f.
granulat n. m.
HOM. formes du v. **granuler**
granulation n. f.
granule n. m.
☯ Ce mot est masculin : *un granule.*
granulé, ée adj. et n. m.
granuler v. tr. | conjug. 1 |
granuleux, euse adj.
granulie n. f.
granuliforme adj.
granuline n. f.
granulique adj.
granulite n. f.
granulitique adj.
granulocyte n. m.
granulo-graisseux, euse adj. ▪ plur. **granulo-graisseux, euses**
granulomatose n. f.
granulome n. m.
granulométrie n. f.
granulométrique adj.
granulothérapie n. f.
grapefruit /gʀɛpfʀut/ ▪ plur. **grapefruits** ou **grape-fruit** ▪ plur. **grape-fruits** n. m.
➾ Cet anglicisme s'écrit avec un seul *t*, contrairement au mot *grappe.*
graphe n. m.
graphématique adj.
graphème n. m.
grapheur n. m.
graphie n. f.
graphiose n. f.
[1]**graphique** adj.
[2]**graphique** n. f. (technique de représentation)
[3]**graphique** n. m. (représentation graphique)
graphiquement adv.
graphisme n. m.
graphiste n.
graphitage n. m.
graphite n. m.
HOM. **graffite**
graphiter v. tr. | conjug. 1 |
HOM. **graffiter**
graphiteux, euse adj.
graphitique adj.
graphitisation n. f.
graphitose n. f.
graphologie n. f.
graphologique adj.
graphologiquement adv.
graphologue n.
graphomane n.
graphomanie n. f.
graphomètre n. m.

graphophone n. m.
graphorrhée n. f.
graphothérapie n. f.
graphotypie n. f.
grappa n. f.
grappe n. f.
grappier, ière adj. et n. m.
grappillage n. m.
grappiller v. intr. et v. tr. | conjug. 1 |
grappilleur, euse n.
grappillon n. m.
HOM. formes du v. **grappiller**
grappin n. m.
grappiner v. tr. | conjug. 1 |
graptolithe n. m.
gras, grasse adj.
HOM. (du fém.) **grâce**
gras-double n. m. ▪ plur. **gras-doubles**
graser /gʀazɛʀ/ n. m.
gras-fondu ▪ plur. **gras-fondus** n. m. ou **gras-fondure** ▪ plur. **gras-fondures** n. f.
grassement adv.
grasserie n. f.
grasset, ette adj. et n. m. (grassouillet)
²**grasset** n. m. (lampe, oiseau, partie du bœuf ou du cheval)
grassette n. f. (plante)
grasseyant, ante adj.
grasseyement n. m.
grasseyer v. intr. | conjug. 1 |
grasseyeur, euse n.
grassouillet, ette adj.
grateron n. m.
→ **gratteron**
graticulation n. f.
graticule n. m.
graticuler v. tr. | conjug. 1 |
gratienne n. f.
gratifiant, iante adj.
gratification n. f.
gratifier v. tr. | conjug. 7 |
¬ **se gratifier**
➾ Aux temps composés de la forme pronominale, le participe passé s'accorde en genre et en nombre avec le sujet : *ils se sont gratifiés des pires injures*.
gratin n. m.
gratiné, ée adj. et n. f.
gratiner v. intr. et v. tr. | conjug. 1 |
gratiole n. f.
gratis /gʀatis/ adv. et adj.
gratitude n. f.
gratos /gʀatos/ adv. et adj.
gratouillement n. m.
→ **grattouillement**
gratouiller v. tr. | conjug. 1 |
→ **grattouiller**
gratouillis n. m.
→ **grattouillis**
gratounette n. f.
grattage n. m.
grattant, ante adj.
gratte n. f.
gratte-ciel n. m. ▪ plur. inv. ou plur. **gratte-ciels**
gratte-cul /-ky/ n. m. ▪ plur. **gratte-culs**
gratte-dos n. m. inv.
gratte-fond n. m. ▪ plur. **gratte-fonds**
gratteler v. tr. | conjug. 4 |
gratteleux, euse adj.
grattelle n. f.
grattement n. m.
gratte-paille n. m. ▪ plur. inv. ou plur. **gratte-pailles**°
gratte-papier n. m. ▪ plur. **gratte-papiers** ou plur. inv.
gratte-pied(s) n. m. ▪ plur. **gratte-pieds**
gratter v. tr. et v. intr. | conjug. 1 |
¬ **se gratter**
➾ Aux temps composés de la forme pronominale, le participe passé s'accorde en genre et en nombre avec le sujet : *elles se sont grattées*. Mais le participe passé ne s'accorde pas quand il est suivi d'un complément d'objet direct : *ils se sont gratté l'oreille*.
gratteron ou **grateron** n. m.
HOM. formes du v. **gratter**
gratteur, euse n.
grattoir n. m.
HOM. **grattoire**
grattoire n. f.
HOM. **grattoir**
gratton n. m. (aspérité)
HOM. formes du v. **gratter**
grattonnage n. m.
grattonner v. intr. | conjug. 1 |
grattons n. m. pl. (graisse, charcuterie)
HOM. formes du v. **gratter**
grattouillement ou **gratouillement** n. m.
grattouillis ou **gratouillis** n. m.
grattouiller ou **gratouiller** v. tr. | conjug. 1 |
gratture n. f.
gratuiciel n. m.
gratuit, uite adj.
gratuité n. f.
gratuitement adv.
gratulation n. f.
grau n. m.
HOM. **gros**
gravage n. m.
gravatier, ière n.
gravatif, ive adj.
gravats n. m. pl.
HOM. formes du v. **graver**

grave adj.
gravelage n. m.
gravelée adj. et n. f.
graveler v. tr. | conjug. 4 |
gravelet n. m.
HOM. formes du v. **graveler**
graveleusement adv.
graveleux, euse adj.
gravelle n. f.
gravelot n. m.
gravelure n. f.
gravement adv.
gravenche n. f.
gravéolent, ente adj.
graver v. tr. | conjug. 1 |
1**graves** n. f. pl. (terrains)
HOM. formes du v. **graver**
2**graves** n. m. (vin)
gravette n. f.
graveur, euse n.
gravicélération n. f.
gravide adj.
gravidéviation n. f.
gravidique adj.
gravidisme n. m.
gravidité n. f.
gravier n. m.
gravière n. f.
gravifique adj.
gravillon n. m.
gravillonnage n. m.
gravillonner v. tr. | conjug. 1 |
gravillonneur n. m.
gravillonneuse n. f.
gravimètre n. m.
gravimétrie n. f.
gravimétrique adj.
gravir v. tr. ind. et v. tr. | conjug. 2 |
gravisphère n. f.
gravissable adj.
gravissement n. m.
gravissime adj.
gravitant, ante adj.
gravitation n. f.
HOM. forme du v. **graviter**
gravitationnel, elle adj.
gravitationnellement adv.
gravitatoire adj.
gravité n. f.
graviter v. intr. | conjug. 1 |
graviton n. m.
HOM. forme du v. **graviter**
gravoir n. m.
gravois n. m. pl.
gravos, gravosse /gʀavos/ adj. et n.
gravure n. f.
gray n. m.
HOM. **grès**
grazioso adj.
gré n. m.
▸ **au gré de** *le matin ou le soir à votre gré ; le bateau avance au gré du vent*
▸ **de son (plein) gré** *il est venu de son plein gré*
▸ **de gré ou de force**
▸ **de gré à gré**
▸ **contre le gré de** *faire qqch. contre le gré de ses parents*
▸ **bon gré mal gré**
Ξ La locution ***être gré à qqn de** est fautive. Il faut dire **savoir gré à qqn** : *je vous saurai gré de me répondre rapidement* (et non **je vous serai gré de me répondre rapidement*).
HOM. formes du v. **gréer**
gréage n. m.
grèbe n. m.
1**grébiche** adj. et n. f. (harpie)
2**grébiche** ou **grébige** n. f. (imprimerie)
grec, grecque adj. et n.
➾ L'adjectif s'écrit sans majuscule : *le peuple grec.* Le nom s'écrit avec une majuscule uniquement quand il désigne une personne : *les Grecs ; c'est une Grecque* mais *étudier le grec ancien ; des champignons à la grecque.*
HOM. formes du v. **grecquer**
gréciser v. tr. | conjug. 1 |
grécisme n. m.
grécité n. f.
gréco-bouddhique adj. ▪ plur. **gréco-bouddhiques**
gréco-latin, ine adj. ▪ plur. **gréco-latins, ines**
grécomanie n. f.
gréco-romain, aine adj. ▪ plur. **gréco-romains, aines**
grecque n. f. (scie, ornement)
grecquer v. tr. | conjug. 1 |
gredin, ine n.
gredinerie n. f.
gréement /gʀemɑ̃/ n. m.
green /gʀin/ n. m.
gréer v. tr. | conjug. 1 |
gréeur, euse n.
greffable adj.
greffage n. m.
1**greffe** n. m. (stylet, bureau)
2**greffe** n. f. (greffon, opération)
greffer v. tr. | conjug. 1 |
greffeur, euse n.
greffier, ière n.
HOM. formes du v. **greffer**
greffoir n. m.
greffon n. m.
HOM. formes du v. **greffer**

grégaire adj.
grégarine n. f.
grégarisation n. f.
grégarisme n. m.
grégarité n. f.
grège adj.
grégeois adj. m.
Ξ Ce mot ne s'emploie que dans la locution **feu grégeois**.
grégorien, ienne adj.
grègues n. f. pl.
grêle adj. et n. f.
grêlé, ée adj.
grêler v. impers. | conjug. 1 |
grêleux, euse adj.
grelin n. m.
grêloir n. m.
grêlon n. m.
grelot n. m.
grelottant, ante ou **grelotant, ante** adj.
grelottement ou **grelotement** n. m.
grelotter ou **greloter** v. intr. | conjug. 1 |
grelotteux, euse n.
grelottière ou **grelotière** n. f.
greluche n. f.
greluchon n. m.
grémial, aux n. m.
grémil n. m.
grémille n. f.
grenache n. m.
grenadage n. m.
grenade n. f.
grenader v. tr. | conjug. 1 |
grenadeur n. m.
grenadier n. m.
grenadière n. f.
grenadille n. f.
[1]**grenadin, ine** adj. et n. (de Grenade)
➾ L'adjectif s'écrit sans majuscule : *la population grenadine*. Le nom s'écrit avec une majuscule : *les Grenadins ; c'est une Grenadine*.
[2]**grenadin** n. m. (tranche de viande ou poisson, oiseau, œillet)
[1]**grenadine** n. f. (soie)
[2]**grenadine** n. f. (sirop, couleur)
Ξ Ce mot peut s'employer comme adjectif de couleur ; il est alors invariable : *des pantalons grenadine*.
grenage n. m.
grenaillage n. m.
grenaille n. f.
grenaillement n. m.
grenailler v. tr. | conjug. 1 |
grenailleuse n. f.
grenaison n. f.
grenat n. m.
Ξ Ce mot peut s'employer seul comme adjectif de couleur ou derrière un adjectif de couleur pour en préciser la nuance ; ces adjectifs sont alors invariables : *des chaussures rouge grenat ; des étoffes grenat*.
HOM. formes du v. **grener**
grené, ée adj.
greneler v. tr. | conjug. 4 |
[1]**grener** ou **grainer** v. intr. et v. tr. | conjug. 5 ou 1 | (manger, réduire en grains)
[2]**grener** v. intr. et v. tr. | conjug. 5 | (produire de la graine, rendre grenu)
grènetis n. m.
grenette n. f.
greneur, euse n.
greneuse n. f.
grenier n. m.
HOM. formes du v. **grener**
grenouillage n. m.
grenouillard, arde n. et adj.
grenouille n. f.
grenouiller v. intr. | conjug. 1 |
grenouillère n. f.
grenouillet n. m.
grenouille-taureau n. f. ▪ plur. **grenouilles-taureaux**
grenouillette n. f.
grenouilleur, euse n.
grenu, ue adj.
grenure n. f.
grès n. m.
HOM. **gray**
grésage n. m.
gréser v. tr. | conjug. 6 |
gréserie n. f.
gréseuse n. f.
gréseux, euse adj.
grésière n. f.
grésil /gʀezil/ n. m.
grésillant, ante adj.
grésillement n. m.
grésiller v. impers. et v. intr. | conjug. 1 |
grésillon n. m.
grésoir n. m.
gresserie n. f.
gressin n. m.
greubons ou **grabons** n. m. pl.
[1]**grève** n. f. (lieu)
➾ Avec une majuscule, **la Grève** ou **la place de Grève** est l'ancien nom de la place de l'Hôtel-de-Ville à Paris, située au bord de la Seine, où avaient lieu les exécutions.
[2]**grève** n. f. (arrêt de travail, partie d'armure)
grever v. tr. | conjug. 5 |
gréver v. intr. | conjug. 6 |
grévette n. f.

greviller v. tr. | conjug. 1 |
gréviste n.
grianneau n. m.
gribane n. f.
gribiche adj.
▸ **sauce gribiche**
griblette n. f.
gribouillage n. m.
gribouille n. m.
gribouiller v. intr. et v. tr. | conjug. 1 |
gribouillette n. f.
gribouilleur, euse n.
gribouillis n. m.
gribouri n. m.
grièche adj.
grief /gʀijɛf/ n. m.
▸ **avoir des griefs contre qqn/à l'égard de qqn** *elle a des griefs contre lui* ou *à son égard*
▸ **faire grief de qqch. à qqn** *il m'a fait grief de mon départ ; il m'a fait grief d'être parti*
grièvement adv.
Ξ Cet adverbe, synonyme de « gravement », ne s'emploie qu'en parlant d'une atteinte corporelle : *être grièvement atteint ; un patient grièvement brûlé ; une balle l'a grièvement blessé.* On ne dira donc pas **grièvement malade* mais *gravement malade.*
grièveté n. f.
griffade n. f.
griffage n. m.
[1]**griffe** n. f. (chose)
[2]**griffe** n. m. (personne)
griffé, ée adj.
griffer v. tr. | conjug. 1 |
¬ **se griffer**
➾ Aux temps composés de la forme pronominale, le participe passé s'accorde en genre et en nombre avec le sujet : *ils se sont griffés.* Mais le participe passé ne s'accorde pas quand il est suivi d'un complément d'objet direct : *il s'est griffé la joue.* Il ne s'accorde avec le complément d'objet direct que lorsque celui-ci est placé avant le verbe : *il se l'est griffée.*
HOM. **gryphée**
griffeur, euse adj. et n.
griffon n. m.
HOM. formes du v. **griffer**
griffonnage n. m.
griffonnement n. m.
griffonner v. tr. | conjug. 1 |
griffonneur, euse n.
griffonnis n. m.
griffu, ue adj.
griffure n. f.
grifton n. m.
→ **griveton**
grignard n. m.
grigne n. f.
grigner v. intr. | conjug. 1 |
grignon n. m.
HOM. formes du v. **grigner**
grignotage n. m.
grignotement n. m.
grignoter v. intr. et v. tr. | conjug. 1 |
grignoteur, euse adj. et n. f.
grignotine n. f.
grignotis n. m.
grigou n. m.
grigouterie n. f.
grigri ▪ plur. **grigris** ou **gris-gris** ▪ plur. **gris-gris** n. m.
gril /gʀil/ n. m.
HOM. **grill, grylle**
grill /gʀil/ n. m.
HOM. **gril, grylle**
grillade n. f.
grillage n. m.
grillager v. tr. | conjug. 3 |
grillagerie n. f.
grillageur n. m.
grille n. f.
grillé, ée adj.
grille-pain n. m. ▪ plur. **grille-pains** ou plur. inv.
griller v. tr. et v. intr. | conjug. 1 |
grilleur, euse n.
grilloir n. m.
grillon n. m.
HOM. formes du v. **griller**
grillot n. m.
HOM. **griot**
grill-room /-ʀum/ n. m. ▪ plur. **grill-rooms**
grillure n. f.
grimaçant, ante adj.
grimace n. f.
grimacement n. m.
grimacer v. intr. | conjug. 3 |
grimacerie n. f.
grimacier, ière adj.
grimage n. m.
grimaud n. m.
grimaudage n. m.
grime n. m.
grimer v. tr. | conjug. 1 |
¬ **se grimer**
➾ Aux temps composés de la forme pronominale, le participe passé s'accorde en genre et en nombre avec le sujet : *ils se sont grimés en vieillards.*
grimoire n. m.
grimpade n. f.

grimpant, ante adj. et n. m.
grimpe n. f.
grimpée n. f.
grimpement n. m.
[1]**grimper** n. m.
[2]**grimper** v. intr. et v. tr. | conjug. 1 |
CONJUG. Aux temps composés, ce verbe se conjugue avec l'auxiliaire *avoir* : *il a grimpé au faîte de l'arbre*.
grimpereau n. m.
grimpette n. f.
grimpeur, euse adj. et n.
grimpion, ionne n.
HOM. formes du v. **grimper**
grinçant, ante adj.
grincement n. m.
grincer v. intr. | conjug. 3 |
[1]**grinche** adj.
→ **gringe**
[2]**grinche** n. m.
grincher v. intr. | conjug. 1 |
grincheusement adv.
grincheux, euse adj.
grinchu adj.
gringalet n. m.
gringe ou **grinche** adj.
gringo /gʀiŋgo/ n. et adj.
gringolé, ée adj.
gringottement ou **gringotement**○ n. m.
gringotter ou **gringoter**○ v. intr. | conjug. 1 |
gringue n. m.
ginguenaude n. f.
[1]**griot** n. m. (recoupe du blé)
HOM. **grillot**
[2]**griot, griotte** n. (poète africain)
HOM. **grillot**
griotte n. f. (cerise, marbre)
griottier n. m.
griottine n. f.
grip n. m.
HOM. **grippe**, formes du v. **gripper**
grippage n. m.
grippal, ale, aux adj.
grippe n. f.
HOM. **grip**
grippé, ée adj. et n.
grippelé, ée adj.
grippement n. m.
gripper v. tr. et v. intr. | conjug. 1 |
grippe-sou n. ▪ plur. **grippe-sous**
gris, grise adj. et n.
➾ Cet adjectif de couleur est invariable quand il est suivi d'un autre adjectif ou d'un nom qui précise la nuance : *une robe gris foncé ; des jupes gris souris ; des tentures gris perle ; des vestes gris anthracite*. Quand deux adjectifs de couleur se suivent, ils sont invariables et liés par un trait d'union : *des teintes gris-bleu*.
grisage n. m.
grisaille n. f.
grisailler v. intr. | conjug. 1 |
grisailleur n. m.
grisant, ante adj.
grisard n. m.
grisâtre adj.
grisbi n. m.
grise n. f.
grisé n. m.
griser v. tr. | conjug. 1 |
griserie n. f.
griset n. m.
HOM. formes du v. **griser**
grisette n. f.
grisollement n. m.
grisoller v. intr. | conjug. 1 |
[1]**grison, onne** adj. et n. (grisonnant ; âne)
HOM. formes du v. **griser**
[2]**grison, onne** adj. et n. (du canton des Grisons)
➾ L'adjectif s'écrit sans majuscule : *la population grisonne*. Le nom s'écrit avec une majuscule uniquement quand il désigne une personne : *les Grisons ; c'est une Grisonne* mais *parler le grison*. Il s'écrit également avec une majuscule dans **viande des Grisons** car il s'agit du nom propre.
HOM. formes du v. **griser**
grisonnant, ante adj.
grisonnement n. m.
grisonner v. intr. | conjug. 1 |
grisotte n. f.
grisou n. m.
grisoumètre n. m.
grisouteux, euse adj.
grit /gʀit/ n. m.
grive n. f.
grivelé, ée adj.
griveler v. intr. | conjug. 4 |
grivèlerie n. f.
griveleur, euse n.
grivelure n. f.
grivet n. m.
griveton ou **grifton** n. m.
grivette n. f.
grivna n. f.
grivois, oise adj.
grivoise n. f.
grivoisement adv.
grivoiserie n. f.
grizzli ou **grizzly** n. m.
➾ Ce mot a un pluriel régulier *des grizzlis* ou *des grizzlys*.
grœnendael /gʀɔ(n)ɛndal/ n. m.

groenlandais, aise adj. et n.
➾ L'adjectif s'écrit sans majuscule : *la population groenlandaise*. Le nom s'écrit avec une majuscule uniquement quand il désigne une personne : *les Groenlandais ; c'est une Groenlandaise* mais *parler le groenlandais*.
grog n. m.
groggy /gʀɔgi/ adj. inv.
□ rec. off. : **sonné**
grognant, ante adj.
grognard, arde adj. et n. m.
grognasse n. f.
grognasser v. intr. | conjug. 1 |
grognasserie n. f.
grogne n. f.
grognement n. m.
grogner v. intr. | conjug. 1 |
grognerie n. f.
grogneur, euse adj.
grognon, onne adj. et n.
Ξ La forme *grognonne* est rare, on emploie le plus souvent *grognon* pour parler d'une femme : *elle est un peu grognon ; une vieille grognon*.
HOM. formes du v. **grogner**
grognonner v. intr. | conjug. 1 |
grognonnerie n. f.
groie n. f.
groin n. m.
groiner v. intr. | conjug. 1 |
groinson n. m.
groisil /gʀwazil/ n. m.
groize n. f.
grole ou **grolle** n. f. (corneille)
grolle ou **grole** n. f. (chaussure)
grolles n. f. pl.
Ξ Ce mot ne s'emploie que dans l'expression argotique **avoir les grolles** qui signifie « avoir peur ».
HOM. **grole**
grommeler v. intr. et v. tr. | conjug. 4 |
grommellement ou **grommèlement**° n. m.
gromono n. m.
grondable adj.
grondant, ante adj.
gronde n. f.
grondement n. m.
gronder v. intr. et v. tr. | conjug. 1 |
gronderie n. f.
grondeur, euse adj.
grondin n. m.
groom /gʀum/ n. m.
groove /gʀuv/ n. m.
[1]**gros, grosse** adj. et n.
HOM. **grau**
[2]**gros** adv.
HOM. **grau**

gros-bec n. m. ▪ plur. **gros-becs**
gros-bois n. m. inv.
gros-bout n. m. ▪ plur. **gros-bouts**
groschen /gʀɔʃɛn/ n. m.
gros-cul /-ku/ n. m. ▪ plur. **gros-culs**
groseille n. f.
Ξ Ce mot peut s'employer seul comme adjectif de couleur ou derrière un adjectif de couleur pour en préciser la nuance ; ces adjectifs sont alors invariables : *des bottes rouge groseille ; des rideaux groseille*.
groseillier n. m.
➾ Le texte des Rectifications de l'orthographe de 1990 donne une liste, censément close, des mots en *-illier* pour lesquels on accepte la terminaison *-ller* lorsque le *i* n'est pas prononcé (*joailler, marguiller, ouillère, quincailler, serpillère*). *Groseiller* n'y figure pas et la plupart des travaux commentant ce texte expliquent cette absence par son appartenance à la classe des végétaux.
gros-grain n. m. ▪ plur. **gros-grains**
gros-guillaume n. m. ▪ plur. **gros-guillaumes**
gros-noir n. m. ▪ plur. **gros-noirs**
gros-plant n. m. ▪ plur. **gros-plants**
gros-porteur n. m. ▪ plur. **gros-porteurs**
□ rec. off. pour **jumbo-jet**
grosse n. f.
grossement adv.
grosserie n. f.
grossesse n. f.
grosset, ette adj.
grosseur n. f.
grossier, ière adj.
grossièrement adv.
grossièreté n. f.
grossir v. intr. et v. tr. | conjug. 2 |
grossissant, ante adj.
grossissement n. m.
grossiste n.
grosso modo loc. adv.
grossoyer v. tr. | conjug. 8 |
grossulaire n. m.
grossulariée ou **grossulariacée** n. f.
gros-ventre n. m. ▪ plur. **gros-ventres**
gros-vert n. m. ▪ plur. **gros-verts**
grotesque n. et adj.
grotesquement adv.
grotesquerie n. f.
grotte n. f.
grouillant, ante adj.
grouillement n. m.
grouiller v. intr. et v. pron. | conjug. 1 |
¬ **se grouiller**
➾ Aux temps composés de la forme pronominale, le participe passé s'accorde en genre

et en nombre avec le sujet : *elles se sont grouillées de rentrer.*
grouillis n. m.
grouillot n. m.
group /gʀup/ n. m.
HOM. **groupe**, formes du v. **grouper**
groupage n. m.
groupal, ale, aux adj.
groupe n. m.
HOM. **group**
groupement n. m.
grouper v. tr. | conjug. 1 |
¬ **se grouper**
➾ Aux temps composés de la forme pronominale, le participe passé s'accorde en genre et en nombre avec le sujet : *les élèves se sont groupés autour du professeur.*
groupeur adj. m. et n. m.
groupie n.
groupiste n. m.
groupusculaire adj.
groupuscule n. m.
grouse n. f.
grrr interj.
gruau n. m.
grue n. f.
gruerie n. f.
gruge n. f.
grugeage n. m.
grugeoir n. m.
gruger v. tr. | conjug. 3 |
grugerie n. f.
grugeur, euse adj. et n.
grume n. f.
grumeau n. m.
grumeler (se) v. pron. | conjug. 4 |
➾ Aux temps composés, le participe passé s'accorde en genre et en nombre avec le sujet : *la crème s'est grumelée.*
grumeleux, euse adj.
grumelure n. f.
grumier n. m.
grunge /gʀœnʒ/ adj. inv. et n. m.
gruon n. m.
gruppetto /gʀupeto ; gʀupɛtto/ n. m. ▪ plur. **gruppettos** ou plur. **gruppetti**
Ξ On peut employer le pluriel francisé *gruppettos* ou le pluriel italien *gruppetti*.
grusiner v. intr. | conjug. 1 |
gruter v. tr. | conjug. 1 |
grutier, ière n.
HOM. formes du v. **gruter**
gruyer n. m. et adj. m.
gruyère /gʀyjɛʀ ; gʀɥijɛʀ/ n. m.
➾ Lorsqu'il désigne un fromage, ce mot s'écrit sans majuscule, contrairement au nom propre qui désigne la ville : *un fromage de Gruyère* mais *un morceau de gruyère.*
grylle n. m.
HOM. **gril, grill**
gryllidé n. m.
gryphée n. f.
HOM. **griffer**
grypose n. f.
G. S. M. n. m.
◻ abrév. de **global system for mobile communication**
guacamole /gwakamɔl/ n. m.
guai ou **guais** adj. m.
HOM. **gai, gay, guet**
guanaco /gwa-/ n. m.
guanche /gwɑ̃ʃ/ adj. et n.
➾ L'adjectif s'écrit sans majuscule : *la population guanche.* Le nom s'écrit avec une majuscule uniquement quand il désigne une personne : *les Guanches ; c'est une Guanche* mais *ils parlaient le guanche.*
guaneux, euse /gwa-/ adj.
guanidine /gwa-/ n. f.
guanier, ière /gwa-/ adj.
guanine /gwa-/ n. f.
guano /gwano/ n. m.
guanophore /gwa-/ n. m.
guarana /gwa-/ n. m.
guarani /gwaʀani/ adj. et n.
➾ L'adjectif s'écrit sans majuscule : *la population guarani.* Le nom s'écrit avec une majuscule uniquement quand il désigne une personne : *les Guaranis ; c'est une Guarani* mais *parler le guarani ; payer en guaranis.*
guaxe /gwaks/ n. f.
gué n. m. et interj.
HOM. **gai**
guéable adj.
guèbre n.
guède n. f.
guédoufle n. f.
guéer v. tr. | conjug. 1 |
guéguerre n. f.
guelfe n. m.
guelte n. f.
guenille /gənij/ n. f.
guenilleux, euse adj.
guenillon n. m.
guenipe n. f.
guenon n. f.
guenuche n. f.
guépard n. m.
guêpe n. f.
guêper v. tr. | conjug. 1 |
guêpier n. m.
HOM. formes du v. **guêper**
guêpière n. f.

guère adv.
HOM. **guerre**
guéret n. m.
guéri, ie adj.
guéridon n. m.
guérilla n. f.
guérilléro n. m.
guérir v. tr. et v. intr. | conjug. 2 |
guérison n. f.
guérissable adj.
guérissant, ante adj.
guérisseur, euse n.
guérite n. f.
HOM. forme du v. **guérir**
guérit-tout n. m. inv.
guerre n. f.
▸ **de guerre lasse** *il a accepté, de guerre lasse*
▸ **de bonne guerre** *ils ont baissé leur prix, c'est de bonne guerre*
➾ Dans les noms propres, ce mot s'écrit avec une minuscule quand il est déterminé par un nom ou par un groupe nominal : *la guerre de Cent Ans ; la guerre de Sécession ; la guerre des Malouines*. Il s'écrit avec une majuscule quand il est déterminé par un ou plusieurs adjectifs : *la Grande Guerre ; la Seconde Guerre mondiale ; la Guerre froide*. Au pluriel, il s'écrit toujours avec une minuscule : *les guerres puniques*.
HOM. **guère**
guerrier, ière n. et adj.
guerroyant, ante adj.
guerroyer v. intr. et v. tr. | conjug. 8 |
guerroyeur, euse adj. et n.
guesdiste /gɛdist/ adj. et n.
guet n. m.
HOM. **gai, gay, guai**
guet-apens /gɛtapɑ̃/ ▪ plur. **guets-apens** /gɛtapɑ̃/ n. m.
guêtre n. f.
guêtrer v. tr. | conjug. 1 |
guêtron n. m.
HOM. forme du v. **guetter**
guette ou **guète** n. f.
guetter v. tr. | conjug. 1 |
HOM. **gaieté**
guetteur, euse n.
gueulade n. f.
gueulante n. f.
[1]**gueulard, arde** adj. et n. (fam. : criard, goinfre)
[2]**gueulard** n. m. (ouverture)
gueulardise n. f.
gueule n. f.
HOM. **gueules**
gueulebée n. f.
gueule-de-four n. f. ▪ plur. **gueules-de-four**
gueule-de-loup n. f. ▪ plur. **gueules-de-loup**
gueule-de-raie n. f. ▪ plur. **gueules-de-raie**
gueulée n. f.
gueulement n. m.
gueuler v. intr. et v. tr. | conjug. 1 |
gueules n. m.
HOM. **gueule**
gueuleton n. m.
gueuletonner v. intr. | conjug. 1 |
gueulette n. f.
gueulin n. m.
gueuloir n. m.
gueusaille n. f.
gueusailler v. intr. | conjug. 1 |
gueusard, arde adj. et n.
[1]**gueuse** n. f. (objet)
HOM. **gueuze**
[2]**gueuse** n. f. (bière)
→ **gueuze**
gueusement adv.
gueuser v. intr. | conjug. 1 |
gueuserie n. f.
gueux, gueuse n.
HOM. (du fém.) **gueuze**
gueuze ou **gueuse** n. f. (bière)
guévariste adj. et n.
guévoir n. m.
guèze n. m.
gugusse n. m.
gui n. m.
guiage n. m.
guib /gib/ n. m.
guibolle ou **guibole** n. f.
guibre n. f.
guiche n. f.
guichet n. m.
guichetier, ière n.
guidage n. m.
guidance n. f.
HOM. **guide-anse**
[1]**guide** n. (personne)
☯ Pour parler d'une femme, le *Guide d'aide à la féminisation des noms de métiers, titres, grades et fonctions* et l'Office québécois de la langue française et recommandent l'emploi de *guide* au féminin : *une guide de montagne ; la guide d'un musée*.
[2]**guide** n. m. (principe directeur, ouvrage)
[3]**guide** n. f. (lanière de mors)
guide-âne n. m. ▪ plur. **guide-ânes**
guide-anse n. m. ▪ plur. **guide-anses**
HOM. **guidance**
guideau n. m.
guide-chant n. m. ▪ plur. **guide-chants**

guide-coke n. m. ▪ plur. **guide-coke(s)**
guide-fil n. m. ▪ plur. **guide-fils**
guide-greffe n. m. ▪ plur. **guide-greffe(s)**
guide-lame n. m. ▪ plur. **guide-lames**
guide-lime n. m. ▪ plur. **guide-limes**
guider v. tr. | conjug. 1 |
guiderope n. m.
guides n. f. pl. (lanières)
guidisme n. m.
guidoline n. f.
guidon n. m.
HOM. formes du v. **guider**
guidonnage n. m.
guidonner v. intr. | conjug. 1 |
1guignard, arde adj. (malchanceux)
2guignard n. m. (échassier)
guigne n. f.
guigner v. tr. | conjug. 1 |
guignette n. f.
guignier n. m.
HOM. formes du v. **guigner**
guignol n. m.
➾ Employé comme nom commun, ce mot s'écrit avec une minuscule, contrairement au nom propre qui désigne la marionnette : *faire le guignol ; c'est un vrai guignol*.
guignolade n. f.
guignolant, ante adj.
guignolée n. f.
guignoler v. intr. | conjug. 1 |
guignolesque adj.
guignolet n. m.
guignon n. m.
guignonnant, ante adj.
guilde ou **gilde** /gild/ n. f.
guili-guili ▪ plur. **guilis-guilis** ou plur. inv. ou **guiliguili**○ ▪ plur. **guiliguilis** n. m.
guillaume n. m.
guilledin n. m.
guilledou n. m.
guillemet n. m.
☯ Ce mot est masculin : *un guillemet ouvrant*.
guillemetage n. m.
guillemeter ou **guilleméter** v. tr. | conjug. 4 |
guillemot n. m.
guiller v. intr. | conjug. 1 |
guilleret, ette adj.
guillerettement adv.
guilleri n. m.
guillochage n. m.
guilloche n. f.
guilloché, ée adj.
guillocher v. tr. | conjug. 1 |
guillocheur, euse n.
guillochis n. m.
guillochure n. f.
guilloire n. f.
guillon n. m.
guillotinade n. f.
guillotinage n. m.
guillotine n. f.
guillotinement n. m.
guillotiner v. tr. | conjug. 1 |
guillotineur, euse n.
guimauve n. f.
guimbarde n. f.
guimbardier, ière n.
guimbri n. m.
guimpe n. f.
guimper v. tr. | conjug. 1 |
guinche n. m.
guincher v. intr. | conjug. 1 |
guincheur, euse n.
guindage n. m.
guindaille n. f.
guindailler v. intr. | conjug. 1 |
guindailleur, euse n.
guindal n. m.
guindant n. m.
guinde n. f.
guindé, ée adj.
guindeau n. m.
guinder v. tr. | conjug. 1 |
¬ **se guinder**
➾ Aux temps composés de la forme pronominale, le participe passé s'accorde en genre et en nombre avec le sujet : *ils se sont guindés*.
guinderesse n. f.
guindre n. m.
guinée n. f.
guinette n. f.
guingan n. m.
guingois (de) loc. adv.
guinguette n. f.
guipage n. m.
guiper v. tr. | conjug. 1 |
guipoir n. m.
guipon n. m.
HOM. formes du v. **guiper**
guipure n. f.
guirlandage n. m.
guirlande n. f.
guisarme n. f.
guisarmier n. m.
guise n. f.
guitare n. f.
guitariste n.
guitaristique adj.
guiterne n. f.
guit-guit /gigi ; gitgit/ n. m. ▪ plur. **guits-guits**
guitoune n. f.
guitran n. m.

guivre n. f.
guivré, ée adj.
gulaire adj.
gulden /gyldɛn/ n. m.
gumène n. f.
gunitage n. m.
gunite n. f.
guniter v. tr. | conjug. 1 |
günz /gynz/ n. m.
guppy /gypi/ n. m. ▪ plur. **guppys** ou plur. **guppies**
➾ On peut employer le pluriel francisé *guppys* ou le pluriel anglais *guppies*.
gus /gys/ n. m.
gustatif, ive adj.
gustation n. f.
gustométrie n. f.
gustométrique adj.
gut /gyt/ n. m.
gutta-percha ▪ plur. **guttas-perchas** ou **guttapercha**○ ▪ plur. **guttaperchas**○ /gytapɛʀka/ n. f.
guttiféracée n. f.
guttiférale n. f.
guttifère adj. et n. f.
guttural, ale, aux adj.
¹**guyot** /gɥijo/ n. m. (volcan)
²**guyot** /gɥijo/ n. f. (poire)
guzla n. f.
gym /ʒim/ n. f.
□ abrév. de **gymnastique**
gymkhana /ʒimkana/ n. m.
gymnase n. m.
gymnasial, iale, iaux adj.
gymnasiarque n. m.
gymnasien, ienne n.
gymnaste n.
gymnastique adj. et n. f.
gymnastiquer v. intr. | conjug. 1 |
gymnique adj. et n. f.
gymnoblaste adj.
gymnocarpe adj.
gymnogyne adj.
gymnopédie n. f.
gymnosome n. m.
gymnosophiste n. m.
gymnosperme adj. et n. f.
gymnospermie n. f.
gymnote n. m.
gynandrie n. f.
gynandrique adj.
gynandroïde adj.
gynandromorphe adj. et n. m.
gynandromorphisme n. m.
gynécée n. m.
☯ Ce mot est masculin : *un gynécée.*
gynéco n.
□ abrév. de **gynécologue**
gynécocratie /-si/ n. f.
gynécographie n. f.
gynécologie n. f.
gynécologique adj.
gynécologue n.
gynécomaste adj. et n. m.
gynécomastie n. f.
gynécopathie n. f.
gynécophobie n. f.
gynerium /-ʀjɔm/ n. m.
gynogenèse n. f.
gynogénétique adj.
gynoïde adj.
gypaète n. m.
gypsage n. m.
gypse n. m.
gypserie n. f.
gypseux, euse adj.
gypsier, ière n.
gypsifère adj.
gypsomètre n. m.
gypsophile n. f.
gypsose n. f.
gyravion n. m.
gyrer v. intr. | conjug. 1 |
gyrin n. m.
gyrobus /-ys/ n. m.
gyrocompas n. m.
gyrofréquence n. f.
gyromancie n. f.
gyromancien, ienne n.
gyromètre n. m.
gyrophare n. m.
gyropilote n. m.
gyroplane n. m.
gyroptère n. m.
gyroscope n. m.
gyroscopique adj.
gyrostat n. m.
gyrostatique adj.
gyrotrain n. m.
gyrovague adj. et n. m.
gyrus /-ys/ n. m.

H

'h n. m. inv, abrév. et symb.
HOM. **ache, hache, hasch**, formes du v. **hacher**
H n. m. inv, abrév. et symb.
HOM. **ache, hache, hasch**, formes du v. **hacher**
'ha interj.
HOM. **a, à, ah**, formes du v. **avoir**
'habanera /'abaneʀa/ ou **habanéra** ○ n. f.
habeas corpus /abeaskɔʀpys/ n. m. inv.
habenaria /abenaʀja/ ou **habénaria** ○ n. m.
haberlea /abeʀlea/ ou **haberléa** ○ n. m.
habile adj.
habilement adv.
habileté n. f.
ϟ Ne pas confondre **habileté**, qui signifie « qualité d'une personne adroite », avec **habilité**, qui signifie « aptitude juridique ».
habilitant, ante adj.
habilitation n. f.
habilité n. f.
ϟ Ne pas confondre **habilité**, qui signifie « aptitude juridique », avec **habileté**, qui signifie « qualité d'une personne adroite ».
habiliter v. tr. | conjug. 1 |
habillable adj.
habillage n. m.
habillé, ée adj.
habillement n. m.
habiller v. tr. | conjug. 1 |
¬ **s'habiller**
➾ Aux temps composés de la forme pronominale, le participe passé s'accorde en genre et en nombre avec le sujet : *elle s'est habillée rapidement*.
habilleur, euse n.
habit n. m.
habitabilité n. f.
habitable adj.
habitacle n. m.
habitant, ante n.
habitat n. m.
HOM. formes du v. **habiter**
habitation n. f.
habité, ée adj.
habiter v. intr. et v. tr. | conjug. 1 |
⌘ Avec un nom de voie, *habiter* s'emploie intransitivement : *il habite avenue Foch ; elle habite 2, rue Taitbout ; nous habitons une avenue bordée d'arbres*. Dans les autres cas, *habiter* s'emploie indifféremment de manière intransitive ou transitive : *habiter à Lille* ou *habiter Lille ; habiter en ville* ou *habiter la ville ; habiter dans un studio* ou *habiter un studio*.
habituation n. f.
habitude n. f.
habitudinaire n.
habitué, ée n.
habituel, elle adj.
habituellement adv.
habituer v. tr. | conjug. 1 |
¬ **s'habituer**
➾ Aux temps composés de la forme pronominale, le participe passé s'accorde en genre et en nombre avec le sujet : *ils se sont habitués à sa mauvaise cuisine*.
habitus /abitys/ n. m.
habit-veste n. m. ▪ plur. **habits-vestes**
'hâbler v. intr. | conjug. 1 |
'hâblerie n. f.
'hâbleur, euse n. et adj.
'habou adj.
habrobracon n. m.
habrocome n. m.
habronème n. m.
habronémose n. f.
'hach /'aʃ/ n. m.
→ **hasch**
'hachage n. m.
'hachard n. m.
HOM. **achards**
'hache n. f.
HOM. **ache, h, hasch**, formes du v. **hacher**

'haché, ée adj.
HOM. **achée**
'hache-écorce n. m. ▪ plur. inv. ou plur. **hache-écorces**○
'hache-fourrage n. m. ▪ plur. inv. ou plur. **hache-fourrages**○
'hache-légume(s) n. m. ▪ plur. **hache-légumes**
'hache-maïs n. m. inv.
'hachement n. m.
'hachémite adj. et n.
➾ L'adjectif s'écrit sans majuscule : *la dynastie hachémite*. Le nom s'écrit avec une majuscule : *les Hachémites*.
'hache-paille n. m. ▪ plur. **hache-pailles**
'hacher v. tr. | conjug. 1 |
HOM. **achée**
'hachereau n. m.
'hachette n. f.
HOM. formes du v. **acheter**
'hacheur n. m.
'hacheuse n. f.
'hache-viande n. m. ▪ plur. **hache-viandes**
'hachich n. m.
→ **haschisch**
'hachis n. m.
HOM. **hashi**
'hachoir n. m.
'hachot n. m.
'hachotte n. f.
'hachurateur n. m.
'hachure n. f.
'hachurer v. tr. | conjug. 1 |
hacienda /asjɛnda/ n. f.
'hack n. m.
HOM. **haque**
'hacker /'akœʀ/ ou **hackeur, euse**○ n.
▫ rec. off. : **fouineur, euse**
H. A. D. n. f.
▫ abrév. de **hospitalisation à domicile**
'hadal, ale, aux adj.
HOM. (du plur.) **ado**
'haddock n. m.
HOM. **ad hoc**
hadène n. m.
'hadith /'adit/ n. m.
hadj n. m.
'hadji n. m.
hadrome n. m.
hadron n. m.
hadronique adj.
haematoxylon /ematɔksilɔ̃/ n. m.
hafiz n. m.
'hafnium /'afnjɔm/ n. m.
hagada ou **agada** n. f.
hagadiste n. m.
'hagard, arde adj.
'hagardement adv.
'haggis /'agis/ n. m.
hagiasme n. m.
hagiographe adj. et n.
hagiographie n. f.
hagiographique adj.
hagiologe n. m.
hagiologie n. f.
hagiologique adj.
hagiologue n.
hahnium /anjɔm/ n. m.
'haïdouc ou **'haïdouk** /'ajduk/ n. m.
→ **heiduque**
'haie n. f.
HOM. **ais, eh,** formes des v. **avoir, être, haïr**
'haïe interj.
HOM. **aïe, ail,** formes du v. **aller**
'haïk n. m.
'haïku /'ajku/ n. m.
'haillon n. m.
HOM. **hayon**
'haillonneux, euse adj.
'haine n. f.
▸ **avoir de la haine contre/pour qqn** *il a de la haine contre son oncle* ou *pour son oncle*
▸ **avoir de la haine pour qqch.** *elle a de la haine pour le fascisme*
▸ **en haine de** *organiser la révolte en haine des oppresseurs*
▸ **par haine de** *il agit par haine de la religion*
HOM. **aine, n**
'haineusement adv.
'haineux, euse adj.
'haïr v. tr. | conjug. 10 |
¬ **se haïr**
➾ Aux temps composés de la forme pronominale, le participe passé s'accorde en genre et en nombre avec le sujet : *ils se sont haïs avant de s'aimer.*
'haire n. f.
HOM. **air, aire, ère, erre, ers, hère, r,** formes des v. **airer, errer**
'haïssable adj.
'haïsseur, euse adj. et n.
haje n. m.
haka n. m.
'halage n. m.
HOM. **hallage**
'halal ou **'hallal** ▪ plur. inv. ou plur. **halals**○ adj.
'halbi n. m.
'halbran n. m.
halcyon n. m.
HOM. **alcyon**
'hâle n. m.
HOM. **halle**
'hâlé, ée adj.
HOM. **aller**

'hale-à-bord n. m. inv.
hale-avant n. m. inv.
'hale-bas ou **'halebas** n. m. inv.
'halecret n. m.
haleine n. f.
HOM. **alêne, allène**
'halement n. m.
HOM. **allemand**
halenée n. f.
halener /alәne ; alene/ v. tr. | conjug. 5 |
1'haler v. tr. | conjug. 1 | (Mar.)
HOM. **allée, aller, hâler**
2'haler n. m.
HOM. **allée, aller, hâler**
'hâler v. tr. | conjug. 1 |
¬ se hâler
➾ Aux temps composés de la forme pronominale, le participe passé s'accorde en genre et en nombre avec le sujet : *ma peau s'est hâlée au soleil.*
HOM. **allée, aller, haler**
'halesia /'alezja/ n. f.
'haletant, ante adj.
'halètement n. m.
HOM. **allaitement**
'haleter v. intr. | conjug. 5 |
HOM. formes du v. **allaiter**
'hâlette n. f.
HOM. formes des v. **allaiter, haleter**
'haleur, euse n.
'half-pipe ▪ plur. **half-pipes** ou **halfpipe** ▪ plur. **halfpipes** /'alfpajp/ n. m.
'half-track ▪ plur. **half-tracks** ou **halftrack**○ ▪ plur. **halftracks**○ n. m.
'haliastur n. m.
halichère /alikɛʀ ; aliʃɛʀ/ n. m.
halichondrie /alikɔ̃dʀi/ n. f.
halicore n. m.
halicte n. m.
halieutique adj. et n. f.
halieutiste n.
'halin, ine adj. et n. m.
haliotide n. f.
haliotis /-tis/ n. m.
haliple n. m.
halitueux, euse adj.
'hall /'ol/ n. m.
'hallage n. m.
HOM. **halage**
'hallal adj. inv.
→ **halal**
hallali interj. et n. m.
'halle n. f.
HOM. **hâle**
'hallebarde n. f.
'hallebardier n. m.
'hallier n. m.
HOM. **allié, allier**
hallomégalie n. f.
Halloween /alɔwin/ n. f.
➾ Comme tous les noms de fêtes, ce mot s'écrit avec une majuscule : *se déguiser pour Halloween.*
halloysite /alɔjsit/ n. f.
'hallstattien, ienne /'alstatjɛ̃ ; 'alʃtatjɛ̃, jɛn/ adj.
hallucinant, ante adj.
hallucinateur, trice adj.
hallucination n. f.
hallucinatoire adj.
halluciné, ée adj. et n.
halluciner v. tr. | conjug. 1 |
hallucinogène adj. et n. m.
hallucinose n. f.
hallux valgus /alyksvalgys/ n. m.
'halo n. m.
HOM. **allo, halot**
haloacide n. m.
halobate n. m.
halobenthos /-os/ n. m.
halobios /-os/ n. m.
halocarbure n. m.
halochimie n. f.
halogénant, ante adj. et n. m.
halogénation n. f.
halogène n. m.
HOM. **allogène**
halogéné, ée adj.
halogéner v. tr. | conjug. 6 |
halogénure n. m.
halographie n. f.
'hâloir n. m.
halométrie n. f.
halomorphe adj.
HOM. **allomorphe**
Halon® n. m.
➾ Comme tous les noms déposés, ce mot doit s'écrire avec une majuscule : *un extincteur à Halon*. Toutefois, on le trouve fréquemment employé comme nom générique sans respect de la règle : *un extincteur à halon.*
HOM. formes des v. **aller, haler, hâler**
halopéridol n. m.
halophile adj.
halophyte n. f.
halosel n. m.
'halot n. m.
HOM. **allo, halo**
halotechnie n. f.
halotolérant, ante adj.
'halte n. f.
'halte-garderie n. f. ▪ plur. **haltes-garderies**

haltère n. m.
☯ Ce mot est masculin : *un haltère très lourd.*
HOM. formes des v. **altérer, haleter**
haltérophile n.
haltérophilie n. f.
'halva n. m.
'hamac n. m.
'hamada n. f.
[1]**hamadryade** n. f. (nymphe)
[2]**hamadryade** n. m. (cobra)
hamadryas /-ijas/ n. m.
hamamélidée ou **hamamélidacée** n. f.
hamamélis /-lis/ n. m.
'hambourgeois, oise adj. et n.
'hamburger /'ɑ̃burgœr ; 'ɑ̃bœrgœr/ n. m.
'hameau n. m.
hameçon n. m.
hameçonnage n. m.
hameçonner v. tr. | conjug. 1 |
'hamelia /'amelja/ n. m. ou **'hamélie** n. f.
hamitique adj.
'hamlétique adj.
'hammal n. m.
'hammam /'amam/ n. m.
'hammerless /'amɛrlɛs/ n. m.
'hampe n. f.
'hamster /'amstɛr/ n. m.
'han interj.
HOM. **an, en**
'hanap /'anap/ n. m.
'hanche n. f.
HOM. **anche**
'hanchement n. m.
'hancher v. intr. et v. tr. | conjug. 1 |
HOM. **anché**
'hanchu, ue adj.
hand /'ɑ̃d/ n. m.
◻ abrév. de **handball**
'handball ▪ plur. **handballs** ou **'hand-ball** ▪ plur. **hand-balls** /'ɑ̃dbal/ n. m.
'handballeur, euse n.
'handicap /'ɑ̃dikap/ n. m.
♪ Le *h* de ce mot et de certains de ses dérivés (*handicapé*) devrait être aspiré mais, dans l'usage, il est très fréquemment muet. Dans le langage soigné, il est préférable d'éviter la liaison et l'élision : on dira /œ'ɑ̃dikap/ plutôt que /œnɑ̃dikap/.
'handicapant, ante adj.
'handicapé, ée adj. et n.
'handicaper v. tr. | conjug. 1 |
'handicapeur n. m.
'handisport adj.
'hangar n. m.
'haniwa n. m.
'hanneton n. m.
'hannetonnage n. m.
'hannetonner v. intr. | conjug. 1 |
'hansart n. m.
'hanse n. f.
➾ Avec une majuscule, **la Hanse** désigne l'association de villes commerçantes de la mer du Nord et de la Baltique : *la Hanse germanique ; les comptoirs de la Hanse.*
HOM. **anse**
'hanséate adj. et n.
'hanséatique adj.
'hantavirus /-ys/ n. m.
'hanté, ée adj.
HOM. **enter**
'hanter v. tr. | conjug. 1 |
HOM. **enter**
'hanteur, euse n. et adj.
'hantise n. f.
hapalémur n. m.
hapalidé n. m.
hapax ou **apax** n. m.
haplobionte n. m.
haplocère n. m.
haplodiplobionte n. m.
haplographie n. f.
haploïde adj.
haploïdie n. f.
haplologie n. f.
haplonte n. m.
haplopétale adj.
haplophase n. f.
haploscope n. m.
'happe n. f.
'happe-bourse n. m. ▪ plur. **happe-bourses**
'happe-lopin n. m. ▪ plur. **happe-lopins**
'happelourde n. f.
'happement n. m.
'happening /'ap(ə)niŋ/ n. m.
'happer v. tr. et v. intr. | conjug. 1 |
'happeur, euse n. et adj.
'happy end /'apiɛnd/ n. m. ou f. ▪ plur. **happy ends**
☯ Le masculin est plus fréquent.
'happy few /'apifju/ n. m. pl.
haptène n. m.
'haptère n. m.
HOM. **aptère**
haptique adj.
haptodère n. m.
haptoglobine n. f.
haptonomie n. f.
haptonomique adj.
haptothérapeute n.
'haque n. f.
HOM. **hack**
'haquebute n. f.
'haquenée n. f.
HOM. **acné**

'haquet n. m.
HOM. **acquêt**
'haquetier, ière n.
'harakiri ▪ plur. **harakiris** ou **'hara-kiri** ▪ plur. **hara-kiris** n. m.
'harangue n. f.
'haranguer v. tr. | conjug. 1 |
'harangueur, euse n.
'haras n. m.
HOM. **ara**
'harassant, ante adj.
'harasse n. f.
'harassé, ée adj.
'harassement n. m.
'harasser v. tr. | conjug. 1 |
HOM. **aracée**
'harcelant, ante adj.
'harcèlement n. m.
'harceler v. tr. | conjug. 5 |
'harceleur, euse n. et adj.
'hard /'aʀd/ adj. et n. m.
HOM. **harde, hardes**, formes du v. **harder**
hardcore adj. et n. m.
'harde n. f.
↯ Ne pas confondre **harde**, qui signifie « troupe (de bêtes sauvages) » (*une harde de cerfs*), avec **horde**, qui signifie « tribu, peuplade errante » (*une horde de guerriers mongols*).
HOM. **hard**, formes du v. **harder**
1'hardé adj. m. (pondu sans coquille)
2'hardé, ée adj. (accompagné d'une harde)
'hard edge n. m.
'hardées n. f. pl.
'harder v. tr. | conjug. 1 |
'hardes n. f. pl.
HOM. **hard**, formes du v. **harder**
'hardeur, euse n.
'hardi, ie adj.
'hardiesse n. f.
'hardillier ou **hardiller**○ n. m.
'hardiment adv.
➾ Ne pas écrire **hardiement*.
'hard rock ou **'hard-rock** n. m. sing.
hardtop n. m.
'hardware /'aʀdwɛʀ/ n. m.
▫ rec. off. : **matériel**
hare interj. et n. m.
HOM. **are, arrhes, ars, art, hart**
'harem /'aʀɛm/ n. m.
'hareng /'aʀɑ̃/ n. m.
♪ Le *h* est aspiré et le *g* ne se prononce pas.
'harengade n. f.
'harengaison n. f.
'harengère n. f.
HOM. forme du v. **arranger**
'harengerie n. f.
'harenguet n. m.
HOM. formes du v. **haranguer**
'harengueux n. m.
'harenguier n. m.
HOM. formes du v. **haranguer**
'harenguière n. f.
'haret adj. et n. m.
HOM. **arrêt**
'harfang /'aʀfɑ̃/ n. m.
'hargne n. f.
'hargnerie n. f.
'hargneusement adv.
'hargneux, euse adj.
'haricocèle n. m.
'haricot /'aʀiko/ n. m.
♪ Le *h* est aspiré et interdit liaison et élision. Il ne faut donc pas dire /*dezaʀiko/ mais /de'aʀiko/.
'haridelle n. f.
harira n.
'harissa /'aʀisa ; aʀisa/ n. m. ou f.
♪ Le *h* peut être aspiré ou muet. On peut donc dire *du harissa, de la harissa* ou *de l'harissa*.
'harka n. f.
'harki n. m.
'harle n. m.
'harlou ou **'harloup** /'arlu/ interj.
'harmale n. f.
'harmaline n. f.
'harmattan ou **harmatan** n. m.
harmonica n. m.
harmoniciste n.
harmonicorde n. m.
harmonie n. f.
harmonien, ienne adj.
harmonieusement adv.
harmonieux, ieuse adj.
harmonique adj. et n. m. ou f.
harmoniquement adv.
harmonisable adj.
harmonisant, ante adj.
harmonisateur, trice n.
harmonisation n. f.
harmoniser v. tr. | conjug. 1 |
harmoniste n.
harmonium /aʀmɔnjɔm/ n. m.
harmotome n. m.
'harnachement n. m.
'harnacher v. tr. | conjug. 1 |
¬ **se harnacher**
➾ Aux temps composés de la forme pronominale, le participe passé s'accorde en genre et en nombre avec le sujet : *elles se sont harnachées de tout l'attirail de camping*.
'harnacheur n. m.
'harnais ou **'harnois** n. m.

'haro interj. et n. m. inv.
HOM. **areau**
'harouelle n. f.
'harpacte n. m.
'harpactor n. m.
'harpage n. m.
harpagon n. m.
➾ Employé comme nom commun, ce mot s'écrit sans majuscule, contrairement au nom propre qui désigne le personnage créé par Molière : *un vieil harpagon*.
'harpail n. m. ou **'harpaille** n. f.
HOM. **harpaye**
'harpale n. m.
harpaye /aʀpaj/ n. m.
HOM. **harpail(le)**
'harpe n. f.
'harpé, ée adj. et n. m.
'harpeau n. m.
'harper v. intr. et v. tr. | conjug. 1 |
'harpette n. f.
HOM. **arpète**
'harpeur, euse n.
harpidé n. m.
'harpie n. f.
'harpin n. m.
'harpiste n.
'harpoise n. f.
'harpon n. m.
HOM. **arpon**, formes du v. **harper**
'harponnage n. m.
harponnement n. m.
'harponner v. tr. | conjug. 1 |
'harponneur, euse n.
'harponnier n. m.
HOM. formes du v. **harponner**
'harratin n. m.
'harrier n. m.
'hart n. f.
HOM. **are, arrhes, ars, art, hare**
haruspice n. m.
→ **aruspice**
'harviau n. m.
'hasard n. m.
➾ Ne pas écrire **hazard*. Ce mot est au singulier dans la locution **à tout hasard**.
♪ Le *h* est aspiré et interdit liaison et élision. Il ne faut donc pas dire /*atutazaʀ/ mais /atu'azaʀ/.
Ξ **Hasard imprévu** est un pléonasme à éviter.
'hasardé, ée adj.
'hasardement n. m.
'hasarder v. tr. | conjug. 1 |
¬ **se hasarder**
➾ Aux temps composés de la forme pronominale, le participe passé s'accorde en genre et en nombre avec le sujet : *ils se sont hasardés dans les rues la nuit ; elle s'est hasardée à intervenir*.
'hasardeur n. m.
'hasardeusement adv.
'hasardeux, euse adj.
'hasardisation n. f.
'has been /'azbin/ n. m. inv. et adj. inv.
'hasch ou **'hach** /'aʃ/ n. m.
□ abrév. de **haschich**
HOM. **h, hache**, formes du v. **hacher**
'haschisch ou **'haschich** ou **hachich** /'aʃiʃ/ n. m.
'haschischin ou **'hachischin** ou **hachichin** n. m.
'haschischisme ou **hachischisme** ou **hachichisme** n. m.
'hase n. f.
HOM. **ases**
'haseki /'aseki/ n. f.
'hashi n. m. pl.
HOM. **hachis**
'hassani adj. inv.
'hassidim /'asidim/ n. m. pl.
'hassidique adj.
'hassidisme n. m.
'hassium /'asjɔm/ n. m.
'hast n. m.
hastaire n. m.
HOM. **aster**
Hastelloy® /'astelɔj ; 'astelwa/ n. m. inv.
➾ Comme tous les noms déposés, ce mot doit s'écrire avec une majuscule : *un filtre en Hastelloy*. Toutefois, on le trouve fréquemment employé comme nom générique sans respect de la règle : *un filtre en hastelloy*.
'hâte n. f. (précipitation)
➾ Ce mot est au singulier dans la locution **en toute hâte**.
'hâté, ée adj.
'hâtelet n. m.
'hâtelle ou **'hâtelette** n. f.
HOM. **atèle, attelle**, formes du v. **atteler**
'hâter v. tr. | conjug. 1 |
¬ **se hâter**
➾ Aux temps composés de la forme pronominale, le participe passé s'accorde en genre et en nombre avec le sujet : *les enfants se sont hâtés de finir leurs devoirs*.
HOM. **athée**
hatha-yoga n. m.
hathorique adj.
'hâtier n. m.
HOM. formes du v. **hâter**
'hâtif, ive adj.
'hâtiveau n. m.
'hâtivement adv.
hatteria /ateʀja/ n. m. ou **hattérie** n. f.

'hâture n. f.
'hauban n. m.
'haubanage n. m.
'haubaner v. tr. | conjug. 1 |
'haubergeon n. m.
'haubert n. m.
HOM. **aubère, aubert**, formes du v. **obérer**
'hausse n. f.
'hausse-col n. m. ▪ plur. **hausse-cols**
'haussement n. m.
'hausse-pied n. m. ▪ plur. **hausse-pieds**
'hausser v. tr. | conjug. 1 |
¬ **se hausser**
➾ Aux temps composés de la forme pronominale, le participe passé s'accorde en genre et en nombre avec le sujet : *elle s'est haussée sur la pointe des pieds*.
'haussette n. f.
'haussier, ière n. et adj.
HOM. formes du v. **hausser**
'haussière ou **'aussière** n. f.
'haussmannien, ienne adj.
'haussmannisation n. f.
[1]**'haut, haute** adj.
➾ Ce mot est lié au nom qui le suit par un trait d'union et s'écrit avec une majuscule dans certains noms propres qui désignent une unité administrative ou une période historique précise : *la Haute-Autriche ; la Haute-Normandie ; le Haut-Rhin ; le Haut-Empire*. Il n'est pas lié par un trait d'union et s'écrit sans majuscule quand il entre dans la composition d'un nom géographique dont il précise la position, l'altitude, etc. : *la haute Bretagne ; la haute Égypte ; la haute Seine*. Il en est de même pour les périodes historiques imprécises et les langues : *la haute Antiquité ; le haut allemand*. Ce mot s'écrit avec une majuscule dans les composés **la Haute Cour (de justice)**, **la Haute Assemblée** et **le Très-Haut**.
HOM. (du masc.) **au, aulx** (plur. de *ail*), **eau, ho, o, ô, oh, os** (plur.) ; (du fém.) **hôte**, formes du v. **ôter**
[2]**'haut** n. m. et adv.
➾ L'adverbe est invariable : *haut les cœurs ! ; placer la barre trop haut ; des personnes haut placées*.
Ξ **Monter en haut** est un pléonasme fréquent à éviter.
HOM. **au, aulx** (plur. de *ail*), **eau, ho, o, ô, oh, os** (plur.)
[1]**'hautain, aine** adj.
HOM. **hautin**
[2]**'hautain** n. m.
→ **hautin**
'hautainement adv.
'hautaineté n. f.
'hautbois n. m.
'hautboïste n.
'haut-commissaire n. ▪ plur. **hauts-commissaires**
'haut-commissariat ▪ plur. **hauts-commissariats** n. m.
'haut-de-chausse(s) n. m. ▪ plur. **hauts-de-chausses**
'haut-de-côtelettes n. m. inv.
'haut-de-forme n. m. ▪ plur. **hauts-de-forme**
'haute n. f.
HOM. **hôte**, formes du v. **ôter**
[1]**'haute-contre** ▪ plur. **hautes-contre** ou **hautecontre**○ ▪ plur. **hautecontres**○ n. f. (voix)
[2]**'haute-contre** ▪ plur. **hautes-contre** ou **hautecontre**○ ▪ plur. **hautecontres**○ n. m. et adj. (chanteur)
'haute-fidélité ▪ plur. **hautes-fidélités** ou **hautefidélité**○ ▪ plur. **hautefidélités** n. f.
Ξ Ce mot peut s'employer en apposition ; il est alors invariable : *des chaînes haute-fidélité*.
'haute-forme ▪ plur. **hautes-formes** ou **hauteforme**○ ▪ plur. **hauteformes**○ n. m.
'haute-lissier, ière ▪ plur. **hautes-lissiers, ières** ou **hautelissier, ière**○ ▪ plur. **hautelissiers, ières**○ n.
'hautement adv.
'hauterivien, ienne adj. et n. m.
'hautesse n. f.
HOM. **hôtesse**
'hauteur n. f.
Ξ Ne pas confondre les locutions **à la hauteur de** et **à hauteur de**. **À la hauteur de** signifie « au niveau, au rang de » : *mettre une chose à la hauteur d'une autre ; élever qqch. à la hauteur d'une institution ; il n'est pas à la hauteur de son adversaire*. **À hauteur de** introduit une grandeur économique : *subventionner un projet à hauteur de 20 %*.
HOM. **auteur**
'haut-fond ▪ plur. **hauts-fonds** n. m.
'haut-fourneau ▪ plur. **hauts-fourneaux** ou **'haut fourneau** ▪ plur. **hauts fourneaux** n. m.
'haut-fourniste ▪ plur. **hauts-fournistes** ou **haut fourniste** ▪ plur. **hauts fournistes** n.
'hautin ou **'hautain** n. m.
'haut-le-cœur n. m. inv.
'haut-le-corps n. m. inv.
'haut-parleur ▪ plur. **haut-parleurs** ou **hautparleur**○ ▪ plur. **hautparleurs**○ n. m.
'haut-pendu n. m. ▪ plur. **haut-pendus**
'haut-relief n. m. ▪ plur. **hauts-reliefs**
'hauts-parcs n. m. pl.
'hauturier, ière adj.
'havage n. m.

'havanais, aise adj. et n.
➾ L'adjectif s'écrit sans majuscule : *la population havanaise*. Le nom s'écrit avec une majuscule uniquement quand il désigne une personne : *les Havanais ; c'est une Havanaise* mais *des bichons maltais et des havanais*.
'havane n. m.
⌸ Ce mot peut s'employer seul comme adjectif de couleur ou derrière un adjectif de couleur pour en préciser la nuance ; ces adjectifs sont alors invariables : *des bottes brun havane ; des fauteuils havane*.
'hâve adj.
HOM. formes du v. **haver**
'havée n. f.
HOM. **Ave**
'haveneau n. m.
'havenet n. m.
'haver v. tr. | conjug. 1 |
HOM. **Ave**
'haveur n. m.
'haveuse n. f.
'havre n. m.
'havresac n. m.
'havrit /'avʀi/ n. m.
hawaïen, ïenne /awajɛ̃, jɛn/ adj. et n.
➾ L'adjectif s'écrit sans majuscule : *la population hawaïenne ; une guitare hawaïenne ; une chemise hawaïenne ; un volcan hawaïen*. Le nom s'écrit avec une majuscule : *les Hawaïens ; c'est une Hawaïenne*.
'haylage n. m.
'hayon n. m.
HOM. **haillon**
'hazan n. m.
'hé interj.
HOM. **eh, et**
'heaume n. m.
HOM. **home, ohm**
'heaumerie n. f.
'heaumet n. m.
'heaumier, ière n.
héautoscopie n. f.
hebdo n. m.
▫ abrév. de **hebdomadaire**
hebdomadaire adj. et n. m.
hebdomadairement adv.
hebdomadier, ière n.
hebdome n. m.
hébélogie n. f.
hébélome n. m.
hébéphrénie n. f.
hébéphrénique adj. et n.
héberge n. f.
hébergement n. m.
HOM. **ébergement**
héberger v. tr. | conjug. 3 |
hébergeur, euse n. m. et adj.
hébertisme n. m.
hébertiste n. et adj.
➾ Les noms de membres de partis politiques de la Révolution s'écrivent avec une majuscule : *les Hébertistes*.
hébétant, ante adj.
hébété, ée adj.
hébètement ou **hébétement** /ebɛtmɑ̃/ n. m.
hébéter v. tr. | conjug. 6 |
hébétude n. f.
hébraïque adj.
hébraïquement adv.
hébraïsant, ante n. et adj.
hébraïser v. intr. et v. tr. | conjug. 1 |
hébraïsme n. m.
hébraïste n. et adj.
hébréophone adj.
hébreu n. m. et adj. m.
➾ L'adjectif s'écrit sans majuscule : *le peuple hébreu*. Le nom s'écrit avec une majuscule uniquement quand il désigne une personne : *les Hébreux ; c'est un Hébreu* mais *un texte écrit en hébreu*.
☯ Ce mot n'a pas de forme féminine. On emploie, en fonction du contexte, *juive, israélite* ou *hébraïque*.
hécatombe n. f.
hécatonstyle adj. et n. m.
hécistotherme n. f.
hectare n. m.
hectique adj.
hectisie n. f.
hecto n. m.
▫ abrév. de **hectolitre**
hectogramme n. m.
hectographie n. f.
hectographique adj.
hectolitre n. m.
hectomètre n. m.
hectométrique adj.
hectopascal n. m.
hectopièze n. f.
hectosthène n. m.
hectowatt n. m.
hectowattheure n. m.
'héder /'edɛʀ/ n. m.
'hédéracé, ée adj. et n. f.
'hédériforme adj.
'hédobie n. f.
hédonicité n. f.
hédonique adj.
hédonisme n. m.
hédoniste n. et adj.
hédonistique adj.
hédothérapie n. f.
hedwigia n. f.
hedychium /edikjɔm/ n. m.

hédysarum /-ʀɔm/ n. m.
hégélianisme n. m.
hégélien, ienne adj.
hégémonie n. f.
hégémonique adj.
hégémonisme n. m.
hégire n. f.
hégirien, ienne adj.
hégoumène n. m.
'heiduque ou **'haïdouc** ou **haïdouk** n. m.
'heimatlos /'ajmatlos ; ɛmatlos/ adj.
heimatlosat /'ajmatloza ; ɛmatloza/ n. m.
'hein interj.
HOM. **un**
helarcte n. m.
hélas /elɑs/ interj.
hélépole n. f.
héler v. tr. | conjug. 6 |
hélianthe n. m.
hélianthème n. m.
hélianthine n. f.
héliaque adj.
héliaste n. m.
hélibus /-ys/ n. m.
héliçage n. m.
hélice n. f.
héliciculteur, trice n.
héliciculture n. f.
hélicidé n. m.
hélicier n. m.
héliciforme adj.
hélicisme n. m.
hélico n. m.
hélicoagitateur n. m.
hélicoïdal, ale, aux adj.
hélicoïde adj. et n. m.
hélicon n. m.
hélicopode adj.
hélicoptère n. m.
hélicoptèriste n. m.
hélicostat n. m.
hélicotrème n. m.
héliée n. f.
héligare n. f.
◻ rec. off. pour **héliport**
héligrue n. f.
hélio n. f.
◻ abrév. de **héliogravure**
héliocentrique adj.
héliocentrisme n. m.
héliochimique adj.
héliochromie /-k-/ n. f.
héliochromique /-k-/ adj.
héliodermite n. f.
héliodore n. m.
héliodynamique n. f.
héliodyne n. m.
héliaoélectrique adj.
héliofuge adj.
héliogène adj.
héliogramme n. m.
héliographe n. m.
héliographie n. f.
héliographique adj.
héliographiste n.
héliogravé, ée adj.
héliograveur, euse n.
héliogravure n. f.
héliomarin, ine adj.
héliométéorologie n. f.
héliomètre n. m.
héliométrique adj.
hélion n. m.
HOM. formes du v. **héler**
héliopathie n. f.
héliopause n. f.
héliophanie n. f.
héliophile adj.
héliophotomètre n. m.
heliopora n. m.
hélioprophylaxie n. f.
hélioscope adj. et n. m.
hélioscopie n. f.
héliosensibilité n. f.
héliosphère n. f.
héliostat /eljɔsta/ n. m.
héliostation n. f.
héliostatique adj.
héliosynchrone /-k-/ adj.
héliotechnique n. f.
héliothérapeute n.
héliothérapie n. f.
héliothérapique adj.
héliothérapiste n.
héliotherme adj.
héliothermie n. f.
héliothermique adj.
héliotrope n. m.
☯ Ce mot est masculin : *un héliotrope*.
☰ Ce mot peut s'employer comme adjectif de couleur ; il est alors invariable : *des robes héliotrope*.
héliotropine n. f.
héliotropique adj.
héliotropisme n. m.
héliotypie n. f.
héliox n. m.
héliozoaire n. m.
héliport n. m.
◻ rec. off. : **héligare**
héliportage n. m.
héliporté, ée adj.

héliporter v. tr. | conjug. 1 |
héliski n. m.
hélistation n. f.
hélisurface n. f.
hélitransport n. m.
hélitransporté, ée adj.
hélitreuillage n. m.
hélitreuiller v. tr. | conjug. 1 |
hélium /eljɔm/ n. m.
hélix /éliks/ n. m.
hellanodice ou **hellanodique** n. m.
hellébore n. m.
→ **ellébore**
hellène /elɛn ; ɛllɛn/ adj. et n.
L'adjectif s'écrit sans majuscule : *l'armée hellène*. Le nom s'écrit avec une majuscule : *les Hellènes ; une Hellène.*
hellénique adj.
hellénisant, ante n. et adj.
hellénisation n. f.
helléniser v. tr. | conjug. 1 |
¬ **s'helléniser**
Aux temps composés de la forme pronominale, le participe passé s'accorde en genre et en nombre avec le sujet : *des peuples se sont hellénisés.*
hellénisme n. m.
helléniste n.
hellénistique adj.
hellénomanie n. f.
hellénophone adj. et n.
'hello interj.
helminthe n. m.
helminthiase n. f.
helminthique n. et adj.
helminthoïde adj.
helminthologie n. f.
helminthosporiose n. f.
helminthosporium /-ʀjɔm/ n. m.
hélodée n. f.
→ **élodée**
héloderme n. m.
hélophile n. m.
hélophyte n. f.
hélops /elɔps/ n. m.
helvelle n. f.
helvète adj. et n.
L'adjectif s'écrit sans majuscule : *le peuple helvète*. Le nom s'écrit avec une majuscule : *les Helvètes.*
helvétique adj.
helvétisme n. m.
'hem interj.
HOM. **hème, m,** formes du verbe **aimer**
hémagglutinine n. f.
hémagogue adj. et n. m.
hémamibe n. f.
hémangiome n. m.
hémaphéine n. f.
hémarthrose n. f.
hématéine n. f.
hématémèse n. f.
hémateux, euse adj.
hématidrose ou **hémathidrose** n. f.
hématie /emasi/ n. f.
HOM. formes du v. **émacier**
hématimètre n. m.
hématine n. f.
hématique adj.
hématite n. f.
hématoblaste n. m.
hématocèle n. f.
hématocrite n. m.
hématocytologie n. f.
hématode adj.
hématogène adj.
hématographie n. f.
hématologie n. f.
hématologique adj.
hématologiste n.
hématologue n.
hématome n. m.
hématophage adj.
hématophobie n. f.
hématopoïèse n. f.
hématopoïétique adj.
hématose n. f.
hématoxyline n. f.
hématozoaire n. m.
hématurie n. f.
hématurique adj.
hème n. m.
HOM. **hem, m,** formes du verbe **aimer**
héméralope adj. et n.
héméralopie n. f.
hémérocalle n. f.
hémérologie n. f.
hémérologue n.
hémérothèque n. f.
hémialgie n. f.
hémianesthésie n. f.
hémicellulose n. f.
hémicrânie n. f.
hémicristallin, ine adj.
hémicycle n. m.
Ce mot est masculin : *un hémicycle.*
hémicylindrique adj.
hémièdre adj.
hémiédrie n. f.
hémiédrique adj.
hémiface n. f.
hémifacial, ale, aux adj.
hémiglossite n. f.

hémimétabole adj.
hémine n. f.
héminée n. f.
hémiole n. f.
hémione n. m.
hémiopie n. f.
hémiparalysie n. f.
hémiparésie n. f.
hémiplégie n. f.
hémiplégique adj. et n.
hémiptère n. m.
hémisphère n. m.
Ce mot est masculin, contrairement à *sphère* : *un hémisphère*.
hémisphéricité n. f.
hémisphérique adj.
hémisphéroïde adj. et n. m.
hémistiche n. m.
Ce mot est masculin : *un hémistiche*.
hémitrope adj.
hémitropie n. f.
hemlock /ɛmlɔk/ n. m.
hémobiologie n. f.
hémobiologiste n.
hémochromatose /-k-/ n. f.
hémoclasie n. f.
hémocœle ou **hémocèle** n. f.
hémocompatible adj.
hémoconcentration n. f.
hémoculture n. f.
hémocyanine n. f.
hémodiagnostic n. m.
hémodialyse n. f.
hémodialyser v. tr. | conjug. 1 |
hémodialyseur n. m.
hémodilution n. f.
hémodyalisé, ée n.
hémodynamique adj.
hémodynamomètre n. m.
hémoformateur, trice adj.
hémogénie n. f.
hémogénique adj. et n.
hémoglobine n. f.
hémoglobinémie n. f.
hémoglobinique adj.
hémoglobinopathie n. f.
hémoglobinurie n. f.
hémogramme n. m.
hémolymphe n. f.
hémolysant, ante adj.
hémolyse n. f.
hémolysine n. f.
hémolytique adj.
hémopathie n. f.
hémophile adj. et n.
hémophilie n. f.
hémophilique adj.
hémoprotéine n. f.
hémoptysie n. f.
hémoptysique adj. et n.
hémorragie n. f.
hémorragique adj.
hémorroïdaire adj. et n.
hémorroïdal, ale, aux adj.
hémorroïde n. f.
hémorroïsse n. f.
hémosidérine n. f.
hémosporidie n. f.
hémosporidiose n. f.
hémostase n. f.
[1]**hémostatique** adj. et n. m. (substance)
[2]**hémostatique** n. f. (étude)
hémothérapie n. f.
hémothorax n. m.
hémotransfusion n. f.
hémotype n. m.
hémotypologie n. f.
hémovigilance n. f.
hendécagonal, ale, aux adj.
hendécagone n. m.
hendécasyllabe n. m.
hendécasyllabique adj.
hendiadyin /ɛ̃djadin/ ou **hendiadys** /ɛ̃djadis/ n. m.
'**henné** n. m.
HOM. aîné
'**hennin** n. m.
'**hennir** v. intr. | conjug. 2 |
'**hennissant, ante** adj.
'**hennissement** n. m.
hénologie ou **énologie** n. f.
HOM. œnologie
'**hénon** n. m.
'**henry** n. m.
'**hep** interj.
héparine n. f.
hépariné, ée adj.
héparinisation n. f.
hépariniser v. tr. | conjug. 1 |
hépatalgie n. f.
hépatectomie n. f.
hépatique n. et adj.
hépatisation n. f.
hépatisé, ée adj.
hépatisme n. m.
hépatite n. f.
hépatobiliaire adj.
hépatoblastome n. m.
hépatocèle n. f.
hépatocellulaire adj.
hépatocystique adj.
hépatocyte n. m.

hépatoentérique adj.
hépatogène adj.
hépatographie n. f.
hépatologie n. f.
hépatologue n.
hépatome n. m.
hépatomégalie n. f.
hépatonéphrite n. f.
hépatopathie n. f.
hépatoptose n. f.
hépatorénal, ale, aux adj.
hépatosplénique adj.
hépatostomie n. f.
hépatotomie n. f.
hépatotoxémie n. f.
hépatotoxique adj.
hépatovésiculaire adj.
hépatoxicité n. f.
hépiale n. m.
heptacorde adj.
heptaèdre n. m.
heptaédrique adj.
heptagonal, ale, aux adj.
heptagone n. m.
heptagyne adj.
heptaméron n. m.
heptamètre adj.
heptanchus /-kys/ n. m.
heptandre adj.
heptandrie n. f.
heptane n. m.
heptarchie n. f.
heptasyllabe adj.
heptathlon n. m.
heptathlonien, ienne n.
heptose n. m.
héraclides n. m. pl.
héraldique adj. et n. f.
héraldiquement adv.
héraldisme n. m.
héraldiste n.
'héraut n. m.
➾ Ne pas écrire **hérault*.
↯ Ne pas confondre **héraut**, qui signifie « messager », avec **héros**, qui signifie « personne courageuse » ou « personnage principal ».
HOM. **héro, héros**
herbacé, ée adj.
herbage n. m.
herbagement n. m.
[1]**herbager, ère** n. et adj.
[2]**herbager** v. tr. | conjug. 3 |
herbageux, euse adj.
herbe n. f.
➾ La locution **en herbe** est invariable : *les blés en herbe ; des artistes en herbe*. Les composés **herbe à chat** et **herbe aux chats** s'écrivent sans traits d'union.
herberie n. f.
herbérophone adj. et n.
herbette n. f.
herbeux, euse adj.
herbicide adj. et n. m.
herbicole adj.
herbier n. m.
herbière n. f.
herbivore adj. et n.
herborisateur, trice n.
herborisation n. f.
herborisé, ée adj.
herboriser v. intr. | conjug. 1 |
herboriseur, euse n.
herboriste n.
herboristerie n. f.
herbu, ue adj.
herbue ou **erbue** n. f.
'herchage ou **'herschage** n. m.
'herche ou **'hersche** n. f.
'hercher ou **'herscher** v. intr. | conjug. 1 |
'hercheur, euse ou **'herscheur, euse** n.
hercotectonique n. f.
hercule n. m.
➾ Employé comme nom commun, ce mot s'écrit sans majuscule, contrairement au nom propre qui désigne le personnage mythologique : *un véritable hercule ; des hercules de foire*.
herculéen, enne adj.
hercynien, ienne adj.
'herd-book /'œʁdbuk/ n. m. ▪ plur. **herd-books**
'hère n. m.
HOM. **air, aire, ère, erre, ers, haire, r,** formes des v. **airer, errer**
héréditaire adj.
héréditairement adv.
hérédité n. f.
hérédocontagion n. f.
hérédofamilial, ale adj.
hérésiarque n. m.
hérésie n. f.
hérésiographe n.
hérésiographie n. f.
hérésiologie n. f.
hérésiologue n.
héréticité n. f.
hérétique adj.
'hérissé, ée adj.
'hérissement n. m.

'hérisser v. tr. | conjug. 1 |
¬ **se hérisser**
➾ Aux temps composés de la forme pronominale, le participe passé s'accorde en genre et en nombre avec le sujet : *ses poils se sont hérissés*.
'hérisson n. m.
HOM. formes du v. **hérisser**
'hérissonne n. f.
'hérissonné, ée adj.
'hérissonner v. tr. | conjug. 1 |
héritabilité n. f.
héritage n. m.
hériter v. tr. ind. et v. tr. | conjug. 1 |
Ξ La forme transitive directe appartient au registre littéraire : *il a hérité un manoir*. Dans le langage courant, on emploie la forme transitive indirecte : *il a hérité d'un manoir*. Toutefois, quand il y a un complément indirect indiquant l'origine, la forme transitive directe est plus fréquente : *il a hérité un manoir de son oncle*.
héritier, ière n.
HOM. formes du v. **hériter**
hermandad /-dad/ n. f.
hermaphrodisme n. m.
hermaphrodite n. m. et adj.
herméneute n.
herméneutique adj. et n. f.
hermès /ɛʀmɛs/ n. m.
➾ Employé comme nom commun, ce mot s'écrit sans majuscule, contrairement au nom propre qui désigne le dieu grec : *un hermès de marbre ; un buste en hermès*.
herméticité n. f.
hermétique adj. et n.
hermétiquement adv.
hermétisme n. m.
hermétiste n.
hermine n. f.
herminé, ée adj.
herminette n. f.
hermitien, ienne adj.
hermitique adj.
'hernandie n. f.
'herniaire n. f. et adj.
'hernie n. f.
'hernié, iée adj.
'hernieux, euse adj. et n.
'herniole n. f.
héro /eʀo/ n. f.
▫ abrév. de **héroïne (drogue)**
♪ Le *h* est muet, à la différence de celui de *héros*.
HOM. **héraut, héros**
héroïcité /eʀɔisite/ n. f.
♪ Le *h* est muet, à la différence de celui de *héros*.
héroïcomique /eʀɔikɔmik/ adj.
♪ Le *h* est muet, à la différence de celui de *héros*.
héroïne /eʀɔin/ n. f.
♪ Le *h* est muet, à la différence de celui de *héros*.
héroïnomane /eʀɔinɔman/ n. et adj.
♪ Le *h* est muet, à la différence de celui de *héros*.
héroïnomanie /eʀɔinɔmani/ n. f.
♪ Le *h* est muet, à la différence de celui de *héros*.
héroïque /eʀɔik/ adj.
♪ Le *h* est muet, à la différence de celui de *héros*.
héroïquement /eʀɔikmɑ̃/ adv.
♪ Le *h* est muet, à la différence de celui de *héros*.
héroïsation /eʀɔizasjɔ̃/ n. f.
♪ Le *h* est muet, à la différence de celui de *héros*.
héroïser /eʀɔize/ v. tr. | conjug. 1 |
♪ Le *h* est muet, à la différence de celui de *héros*.
héroïsme /eʀɔism/ n. m.
♪ Le *h* est muet, à la différence de celui de *héros*.
'héron n. m.
'héronneau n. m.
'héronnière n. f.
'héros /'eʀo/ n. m.
♪ Le *h* est aspiré et interdit toute liaison et élision.
↯ Ne pas confondre **héros**, qui signifie « personne courageuse » ou « personnage principal », avec **héraut**, qui signifie « messager ».
HOM. **héraut, héro**
'herpe n. f.
herpès /ɛʀmɛs/ n. m.
herpétiforme adj.
herpétique adj.
herpétisme n. m.
herpétologie n. f.
→ **erpétologie**
herpétologique adj.
→ **erpétologique**
herpétologiste n.
→ **erpétologiste**
'hersage n. m.
'herschage n. m.
→ **herchage**
'hersche n. f.
→ **herche**
'herscher v. intr. | conjug. 1 |
→ **hercher**
'herscheur, euse n.
→ **hercheur**

'herse n. f.
HOM. **erse**
'hersé, ée adj.
'herser v. tr. | conjug. 1 |
'herseur, euse n.
'hertz n. m.
'hertzien, ienne adj.
hésitant, ante adj.
hésitation n. f.
hésiter v. intr. | conjug. 1 |
▸ **hésiter à** (+ inf.) *j'hésite à partir*
☰ La structure **hésiter de** (+ inf.) est vieillie : *elle n'hésite pas de se plaindre.* La structure **hésiter si** (+ indic. ou condit.) est vieillie ou littéraire : *il hésite encore s'il doit accepter ; il hésita quelque temps s'il partirait.*
hespéridé n. m.
hespéridine n. f.
hespéridité n. f.
hétaïre n. f.
hétairie n. f.
hétaïrisme n. m.
hétérandre adj.
hétéro n. et adj.
◻ abrév. de **hétérosexuel**
hétérocarpe adj.
hétérocellulaire adj.
hétérocentrique adj.
hétérocère n. m.
hétérocerque adj.
hétérochrome /-k-/ adj.
hétérochromie /-k-/ n. f.
hétérochromosome /-k-/ n. m.
hétérochrone /-k-/ adj.
hétérochtone /-k-/ adj.
hétérocinésie n. f.
hétérocinétique adj.
hétéroclisie n. f.
hétéroclisme n. m.
hétéroclite adj.
hétérocycle n. m.
hétérocyclique adj.
hétérodonte adj. et n. m.
hétérodontie n. f.
hétérodoxe adj.
hétérodoxie n. f.
hétérodyne adj. et n. f.
hétérogamétie n. f.
hétérogamie n. f.
hétérogène adj.
hétérogénéité n. f.
hétérogenèse n. f.
hétérogénie n. f.
hétérogéniste n.
hétéroglotte n.
hétérogreffe n. f.
hétérolatéral, ale, aux adj.
hétérologue adj.
hétéromère adj.
hétérométabole adj.
hétéromorphe adj.
hétéromorphisme n. m.
hétéromyaire n. m.
hétéronome adj.
hétéronomie n. f.
hétéronyme adj.
hétéropeptide n. m.
hétérophile adj.
hétérophobe n.
hétérophobie n. f.
hétérophorie n. f.
hétéroplastie n. f.
hétéroplastique adj.
hétéroploïde adj.
hétéropode n. m.
hétéroprotéine n. f.
hétéroptère n. m.
hétérosciens n. m. pl.
hétérosexisme n. m.
hétérosexualité n. f.
hétérosexuel, elle adj.
hétéroside n. m.
hétérosphère n. f.
hétérostase n. f.
hétérosuggestion n. f.
hétérotherme adj. et n. m.
hétérotope adj.
hétérotopie n. f.
hétérotopique adj.
hétérotriche n. m.
hétérotrophe adj.
hétérotrophie n. f.
hétérotype n. m.
hétéroxène adj. et n. m.
hétérozygote adj. et n.
hétérozygotie n. f.
hetman /ɛtmɑ̃ ; ɛtman/ n. m.
'hêtraie n. f.
'hêtre n. m.
HOM. **aître, être**
1'heu interj. et n. m. inv.
HOM. **e, euh, eux,** plur. de **œuf**
2'heu n. m. (navire)
HOM. **e, euh, eux,** plur. de **œuf**
'heulandite n. f.
heur n. m.
▸ **avoir l'heur de** (+ inf.) *je n'ai pas eu l'heur de lui plaire*
HOM. **heure, heurt**

heure n. f.

♪ Au pluriel, la liaison ne se fait jamais : il ne faut pas dire /*tʀwɑzœʀzed(ə)mi/ mais /tʀwɑzœʀed(ə)mi/.

➾ Ce mot est au singulier dans la locution **à toute heure**. La locution **tout à l'heure** s'écrit sans trait d'union.

⌘ Employés avec *heure, battant, sonnant, tapant* et *pétant* peuvent s'accorder ou non car il peut s'agir d'adjectifs ou de participes présents : *trois heures sonnantes* ou *sonnant* ; *vingt heures tapantes* ou *tapant*. Les adjectifs *précis, sonné* et *passé* s'accordent toujours : *rendez-vous à une heure et demie précise ; il est huit heures passées. Pile* est un adverbe et ne s'accorde pas : *il est deux heures pile. Juste* est généralement employé comme adverbe et ne s'accorde pas : *à seize heures juste.* L'accord n'est toutefois pas fautif. Le verbe *sonner* s'accorde toujours avec *heure,* sauf quand ce dernier est suivi de **et demie**, auquel cas l'accord est facultatif (on peut considérer que c'est l'unique coup marquant la demie qui sonne) : *une heure sonne ; treize heures sonnent ; huit heures et demie sonnent* ou *sonne.*

Ne pas dire ***trop de bonne heure** mais **de trop bonne heure**. Ne pas dire ***de plus bonne heure** mais **de meilleure heure**.

Ξ **À l'heure que** ne s'emploie que dans la locution **à l'heure qu'il est**. On ne dira pas **à l'heure que nous sommes partis* mais *à l'heure où nous sommes partis.*

HOM. **heur**, **heurt**

heureusement adv.

▸ **heureusement que** (+ indic.) *heureusement que je suis venu*

heureuseté n. f.

heureux, euse adj.

▸ **heureux de** (+ n.) *elle est heureuse de votre venue*

▸ **heureux de** (+ inf.) *je suis heureux de vous l'entendre dire*

▸ **heureux que** (+ subj.) *nous sommes heureux qu'il aille mieux*

Ξ La construction **heureux de ce que** (+ subj.) est à éviter.

→ aussi **bien**

heuristique ou **euristique** adj. et n. f.

'heurt n. m.

HOM. **heur**, **heure**

'heurté, ée adj.

'heurtée n. f.

'heurtement n. m.

'heurtequin n. m.

'heurter v. tr. et v. intr. | conjug. 1 |

Ξ Le tour **heurter contre qqch.** est vieilli mais correct : *son pied a heurté contre une marche.*

¬ **se heurter**

➾ Aux temps composés de la forme pronominale, le participe passé s'accorde en genre et en nombre avec le sujet : *ils se sont heurtés à un échec ; les deux voitures se sont heurtées de plein fouet.*

'heurtoir n. m.

'heuse ou **'heusse** n. f.

hévéa n. m.

hexachlorophène n. m.

hexacoralliaire n. m.

hexacorde n. m.

hexadécane n. m.

hexadécimal, ale, aux adj.

hexaèdre adj.

hexaédrique adj.

hexafluorure n. m.

hexagonal, ale, aux adj.

hexagone n. m.

➾ Avec une majuscule, **l'Hexagone** désigne la France métropolitaine : *beau temps sur l'Hexagone.*

hexagyne adj.

hexamètre adj. et n. m.

hexane n. m.

hexanedioïque adj.

hexanoïque adj.

hexapétale adj.

hexapode adj. et n. m.

hexéthal n. m.

hexite n. f. ou **hexitol** n. m.

HOM. **exit**

hexogène n. m.

hexol n. m.

hexose n. m.

'hi interj.

HOM. **hie, I, y**

'hiatal, ale, aux adj.

'hiatus /jatys ; 'jatys/ n. m.

♪ Le *h* peut être muet ou aspiré : on peut dire *l'hiatus* ou *le hiatus*. L'aspiration du *h* est critiquée par certains puristes mais elle est très fréquente et ne peut être considérée comme fautive.

hibernacle n. m.

hibernal, ale, aux adj.

hibernant, ante adj.

hibernation n. f.

hiberner v. intr. | conjug. 1 |

ϟ Ne pas confondre **hiberner**, qui signifie « passer l'hiver en hibernation », avec **hiverner**, qui signifie « passer l'hiver à l'abri ».

hibiscus n. m.

'hibou n. m. ▪ plur. **hiboux**

'hic n. m.

'hic et nunc /'ikɛtnɔ̃k ; -nœk/ loc. adv.

'hickory n. m. ▪ plur. **hickorys** ou plur. **hickories**

Ξ On peut employer le pluriel francisé *hickorys* ou le pluriel anglais *hickories*.

hidalgo n. m.

'hideur n. f.

'hideusement adv.

'hideux, euse adj.

'hidjab ou **hijab** /ʼidʒab/ n. m.

hidradénome n. m.

hidrorrhée n. f.

hidrosadénite n. f.

hidrotique adj.

'hie n. f.

HOM. **hi, I, y**

hièble ou **yèble** n. f.

Ξ Les deux formes permettent la liaison et l'élision : *l'hièble* ou *l'yèble*.

hiémal, ale, aux adj.

hiémation n. f.

'hiement n. m.

'hier /ijɛʀ, jɛʀ/ adv.

'hiéracocéphale adj.

'hiérarchie n. f.

'hiérarchique adj.

'hiérarchiquement adv.

'hiérarchisation n. f.

'hiérarchiser v. tr. | conjug. 1 |

¬ **se hiérarchiser**

➾ Aux temps composés de la forme pronominale, le participe passé s'accorde en genre et en nombre avec le sujet : *la société s'est hiérarchisée*.

'hiérarque n. m.

'hiératique adj.

hiératiquement adv.

'hiératisme n. m.

'hiérodule n. m.

'hiérogamie n. f.

'hiérogamique adj.

'hiéroglyphe n. m.

'hiéroglyphique adj.

'hiérogrammate n. m.

'hiérogrammatique adj.

'hiérogramme n. m.

'hiérographique adj.

'hiéronymite n. m.

'hiérophante n. m.

hiérophantique adj.

'hiérosolymitain, aine adj. et n.

'hi-fi ou **'hifi** n. f. et adj. inv.

'highlander /ʼajlɑ̃dœʀ/ n. m.

'high-tech /ʼajtɛk/ adj. et n. m. inv.

Ξ Ce mot peut s'employer en apposition ; il est alors invariable : *des cuisines high-tech*.

higoumène n. m.

'hihan ▪ plur. **hihans** ou **'hi-han** ▪ plur. inv interj. et n. m.

hijab /ʼidʒab/ n. m.

→ **hidjab**

'hilaire adj.

hilarant, ante adj.

hilare adj.

hilarité n. f.

hilbertien, ienne adj.

'hile n. m.

HOM. **il, île, iles**

'hiloire n. f.

hilote n.

→ **ilote**

himalaya n. m.

➾ Employé comme nom commun, ce mot s'écrit sans majuscule, contrairement au nom propre qui désigne la chaîne de montagnes : *des himalayas de dossiers* ; *un manteau en himalaya*.

himalayen, yenne adj.

himalayisme n. m.

himation n. m.

'hindi, ie /indi ; ʼindi/ n. m. et adj.

➾ Comme tous les noms de langues, ce mot s'écrit sans majuscule : *parler l'hindi* ou *le hindi*.

hindou, e ou **indou, e** adj. et n.

➾ Ce mot ne prend jamais de majuscule : *les hindous* ; *c'est une hindoue* ; *la religion hindoue*.

Ξ *Hindou* a eu le sens de « habitant de l'Inde » et est encore parfois employé dans ce sens pour éviter l'ambiguïté du mot *indien*. Cependant, il est préférable de ne l'utiliser que pour désigner ce qui est relatif à l'hindouisme.

hindouisme n. m.

➾ Comme tous les mots désignant une religion, ce mot s'écrit sans majuscule : *les préceptes de l'hindouisme*.

hindouiste adj. et n.

➾ Comme tous les mots désignant ou qualifiant une religion ou ses adeptes, ce mot s'écrit sans majuscule : *la religion hindouiste* ; *les hindouistes*.

hindoustani n. m.

➾ Comme tous les noms de langues, ce mot s'écrit sans majuscule : *un texte en hindoustani*.

hinterland /intɛʀlɑ̃d/ n. m.

▫ rec. off. : **arrière-pays portuaire**

¹'hip interj.

²'hip adj. et n.

▫ abrév. de **hippie**

'hip-hop n. m. et adj. inv.

hip-hopeur, euse n. ▪ plur. **hip-hopeurs, euses**

hippanthrope n. m.

hipparchie n. f.
hipparion n. m.
hipparque n. m.
hippiatre n.
hippiatrie n. f.
hippiatrique adj.
'hippie ▪ plur. **hippies** ou **'hippy** ▪ plur. **hippys** ou plur. **hippies** n. et adj.
hippique adj.
hippisme n. m.
hippoboscidé n. m.
hippobosque n. m.
hippocampe n. m.
hippocastanacée n. f.
hippocentaure n. m.
hippocrate n. m.
hippocratique adj.
hippocratisme n. m.
hippocratiste adj. et n.
hippodamie n. f.
hippodrome n. m.
hippogriffe n. m.
hippolithe n. m.
hippologie n. f.
HOM. **hypologie**
hippologique adj.
hippologue n.
hippomane n. m.
hippomobile adj.
hippophaé n. m.
hippophage adj. et n.
hippophagie n. f.
hippophagique adj.
hippopotame n. m.
hippopotamesque adj.
hippopotamidé n. m.
hippotechnie n. f.
hippotigris /-gRis/ n. m. inv.
hippotraginé n. m.
hippotrague n. m.
hippotragus /-ys/ n. m.
hippurie n. f.
hippurique adj.
hippurite n. f.
'hippy n. et adj. ▪ plur. **hippies** ou plur. **hippys**
→ **hippie**
hiragana n. m.
hircin, ine adj.
hirondeau n. m.
hirondelle n. f.
hirsute adj.
hirsutisme n. m.
hirudine n. f.
hirudinée n. f.
hirudiniculteur, trice n.
hirudiniculture n. f.
hirudinisation n. f.
hirundinidé n. m.
hispanique adj. et n.
➾ L'adjectif s'écrit sans majuscule : *la population hispanique*. Le nom s'écrit avec une majuscule : *les Hispaniques ; c'est une Hispanique*.
hispanisant, ante n.
hispanisation n. f.
hispaniser v. tr. | conjug. 1 |
¬ **s'hispaniser**
➾ Aux temps composés de la forme pronominale, le participe passé s'accorde en genre et en nombre avec le sujet : *de nombreux mots anglais se sont hispanisés*.
hispanisme n. m.
hispaniste n.
hispanité n. f.
hispano-américain, aine adj. et n. ▪ plur. **hispano-américains, aines**
➾ L'adjectif s'écrit sans majuscules : *la population hispano-américaine*. Le nom s'écrit avec des majusculeq uniquement quand il désigne une personne : *les Hispano-Américains ; c'est une Hispano-Américaine* mais *parler l'hispano-américain*.
hispano-arabe adj. ▪ plur. **hispano-arabes**
hispano-mauresque ▪ plur. **hispano-mauresques** ou **hispano-moresque** ▪ plur. **hispano-moresques** adj.
hispano-mexicain, aine adj. ▪ plur. **hispano-mexicains**
hispanophone adj. et n.
hispanophonie n. f.
hispide adj.
'hissage n. m.
'hisser v. tr. | conjug. 1 |
¬ **se hisser**
➾ Aux temps composés de la forme pronominale, le participe passé s'accorde en genre et en nombre avec le sujet : *ils se sont hissés sur la pointe des pieds*.
histamine n. f.
histaminique adj.
hister /istɛR/ n. m.
histidine n. f.
histiocytaire adj.
histiocyte n. m.
histiocytome n. m.
histiotypique adj.
histochimie n. f.
histochimique adj.
histocompatibilité n. f.
histocompatible adj.
histodiagnostic n. m.
histodysplasie n. f.
histogène adj. et n. m.
histogenèse n. f.

histogénie n. f.
histogramme n. m.
histoire n. f.
➡ L'usage qui consiste à écrire ce mot avec une majuscule dans certains cas est fautif : *l'histoire de France ; l'histoire sainte ; un professeur d'histoire ; une date qui a marqué l'histoire.* Ce mot est au singulier dans la locution **sans histoire** : *des vies sans histoire.*
histologie n. f.
histologique adj.
histologiquement adv.
histologiste n.
histolyse n. f.
histométrie n. f.
histométrique adj.
histone n. f.
histopathologie n. f.
histoplasmose n. f.
histopoïèse n. f.
historadiographie n. f.
historial, ale, aux adj.
historialiser v. tr. | conjug. 1 |
historiciser v. tr. | conjug. 1 |
historicisme n. m.
historicité n. f.
historicocritique adj.
historicomythique adj.
historié, iée adj.
historien, ienne n.
historier v. tr. | conjug. 7 |
historiette n. f.
historieur n. m.
historiographe n.
historiographie n. f.
historiographique adj.
historique adj. et n. m.
historiquement adv.
historisant, ante adj.
historisation n. f.
historisme n. m.
histothérapie n. f.
histotoxique adj. et n. m.
histotropisme n. m.
histrion n. m.
histrionique adj.
histrionisme n. m.
'hit /'it/ n. m.
▫ rec. off. : **tube**
hitlérien, ienne adj.
hitlérisme n. m.
'hit-parade ▪ plur. **hit-parades** ou **hitparade**○ ▪ plur. **hitparades**○ n. m.
▫ rec. off. : **palmarès**
'hittite adj. et n.
➡ L'adjectif s'écrit sans majuscule : *le peuple hittite.* Le nom s'écrit avec une majuscule uniquement quand il désigne une personne : *les Hittites ; une Hittite* mais *ils parlaient le hittite.*
'H. I. V. /'aʃive/ n. m.
▫ abrév. de **human immunodeficiency virus**
Ξ Il est préférable d'employer l'abréviation française *V. I. H.*.
hiver n. m.
hivernage n. m.
hivernal, ale, aux adj.
hivernale n. f.
hivernant, ante adj. et n.
hivernation n. f.
hiverner v. intr. et v. tr. | conjug. 1 |
⚡ Ne pas confondre **hiverner**, qui signifie « passer l'hiver à l'abri », avec **hiberner**, qui signifie « passer l'hiver en hibernation ».
hiverneur, euse n.
'H. L. A. adj.
▫ abrév. de **human leucocyte antigen**
H. L. M. /'aʃɛlɛm/ n. m. ou f.
▫ abrév. de **habitation à loyer modéré**
☯ Le genre féminin est plus correct : *habitation* et un nom féminin. Le masculin est toutefois très courant.
Ξ Ce mot peut s'employer en apposition : *des cités H. L. M.*
hm ou **hmm** interj.
'ho interj.
HOM. (du masc.) **au, aulx** (plur. de *ail*), **eau, haut, o, ô, oh, os** (plur.)
hoazin n. m.
'hobbisme n. m.
'hobby n. m. ▪ plur. **hobbies** ou plur. **hobbys**
Ξ On peut employer le pluriel anglais *hobbies* ou le pluriel francisé *hobbys*.
HOM. **obi**
'hobereau n. m.
'hoc n. m.
HOM. **oc**
'hoca n. m.
'hocco n. m.
'hoche n. f.
'hochement n. m.
'hochepot n. m.
'hochequeue n. m.
'hocher v. tr. | conjug. 1 |
'hochet n. m.
HOM. formes du v. **hocher**
'hocheur, euse n.
'hockey n. m.
HOM. **hoquet, O. K., okay**
'hockeyeur, euse n.
'hodja n. m.
hodochrone /-k-/ n. f.
hodographie n. f.
→ **odographie**

hodographique adj.
→ **odographique**
hodomètre n. m.
→ **odomètre**
hodoscope n. m.
'hoffmannesque adj.
hoffmannien, ienne adj.
'hoir n. m.
'hoirie n. f.
'hoki n. m.
'holà interj.
▸ **mettre le holà**
HOM. **aula, ola**
holandrique adj.
holarctique adj.
'holding /'ɔldiŋ/ n. m. ou f.
'hold-up /'ɔldœp/ ▪ plur. inv. ou **holdup**○ ▪ plur. **holdups**○ n. m.
'hôlement n. m.
'holisme n. m.
'holiste adj. et n.
'holistique adj.
'holker /'ɔlkɛʀ/ n. m.
'hollandais, aise adj. et n.
➾ L'adjectif s'écrit sans majuscule : *une sauce hollandaise*. Le nom s'écrit avec une majuscule uniquement quand il désigne une personne : *les Hollandais ; c'est une Hollandaise* mais *parler le hollandais ; des vaches hollandaises* ou *des hollandaises*.
1'hollande n. f. (toile, porcelaine, pomme de terre)
➾ Ce mot s'écrit avec une minuscule, contrairement au nom propre qui désigne le pays : *cultiver des hollandes*.
2'hollande n. m. (fromage, papier)
➾ Ce mot s'écrit avec une minuscule, contrairement au nom propre qui désigne le pays : *un morceau de hollande*.
'hollandé, ée adj.
'hollandille n. f.
'hollywoodien, ienne /ɔliwudjɛ̃, jɛn/ adj.
'holmium /'ɔlmjɔm/ n. m.
holoaxe adj.
holoblastique adj.
holocarpe adj.
holocauste n. m.
☯ Ce mot est masculin : *un holocauste*.
➾ Avec une majuscule, **l'Holocauste** désigne la tentative d'extermination des Juifs par les nazis.
holocène n. m.
holocentre n. m.
holocéphale n. m. et adj.
holocristallin, ine adj.
holoèdre n. m.
holoédrie n. f.
holoédrique adj.
holoenzyme n. f.
hologamie n. f.
hologrammatique adj.
hologramme n. m.
holographe adj.
→ **olographe**
holographie n. f.
holographier v. tr. | conjug. 7 |
holographique adj.
holographiste n.
hologynique adj.
holométabole adj.
holomètre n. m.
holométrique adj.
holomorphose n. f.
holoparasite n. m.
holophane adj.
holophrastique adj.
holoprotéine n. f.
holorime adj.
holoside n. m.
holosidère n. m.
holostéen n. m.
holostérique adj.
holothuride n. m.
holothurie n. f.
holotriche n. m.
holotype n. m.
'holster /'ɔlstɛʀ/ n. m.
'homard n. m.
Ξ **Homard à l'armoricaine** est une déformation de **homard à l'américaine**. Les deux formes sont aujourd'hui admises.
'homarderie n. f.
'homardier n. m.
hombre n. m.
HOM. **ombre**
'home /'om/ n. m.
HOM. **heaume, ohm**
'home cinéma /'omsinema/ n. m. ▪ plur. **home cinémas**
▫ rec. off. : **cinéma à domicile**
homeland /'omlɑ̃d/ n. m.
homélie n. f.
homéomère adj.
homéomérie n. f.
homéomorphe adj.
homéomorphisme n. m.
homéopathe n.
homéopathie n. f.
homéopathique adj.
homéopathiquement adv.
homéoptote n. m.
homéostasie n. f.
homéostat n. m.
homéostatique adj.

homéotéleute n. f.
homéotherme n. et adj.
homéothermie n. f.
homéotique adj.
homéotypique adj.
homéride n. m.
homérique adj.
homériquement adv.
homérisme n. m.
'homespun /'omspœn/ n. m.
'home-trainer /'omtʀɛnœʀ/ n. m. ▪ plur. **home-trainers**
¹homicide n. et adj. (meurtrier)
²homicide n. m. (meurtre)
homilétique n. f.
homiliaire n. m.
hominal, ale, aux adj.
'homing /'omiŋ/ n. m.
hominidé n. m.
hominien n. m.
homininé n. m.
hominisation n. f.
hominisé, ée adj.
hominoïde adj. et n. m.
hommage n. m.
hommagé, ée adj.
hommager, ère adj. et n. m.
hommasse adj.
homme n. m.

➡ Le composé **homme lige** s'écrit sans trait d'union.

homme-affiche n. m. ▪ plur. **hommes-affiches**
homme-grenouille n. m. ▪ plur. **hommes-grenouilles**

☯ Ce mot est parfois employé pour parler d'une femme : *elle est homme-grenouille.* Le *Guide d'aide à la féminisation des noms de métiers, titres, grades et fonctions* et l'Office québécois de la langue française recommandent d'employer *femme-grenouille.*

homme-mort n. m. ▪ plur. **hommes-morts**
homme-oiseau n. m. ▪ plur. **hommes-oiseaux**
homme-orchestre n. m. ▪ plur. **hommes-orchestres**
homme-réclame n. m. ▪ plur. **hommes-réclames**
homme-robot n. m. ▪ plur. **hommes-robots**
homme-sandwich n. m. ▪ plur. **hommes-sandwichs**
homme-tronc n. m. ▪ plur. **hommes-troncs**
¹homo n. m. et adj.
▫ abrév. de **homosexuel**
²homo n. m. (genre)
homocentre n. m.
homocentrique adj.
homocercie n. f.
homocerque adj.
homochrome adj.
homochromie /-k-/ n. f.
homochromique /-k-/ adj.
homocinétique adj.
homocyclique adj.
homodonte adj.
homœostasie n. f.
homofocal, ale, aux adj.
homogame adj.
homogamétie n. f.
homogamétique adj.
homogamie n. f.
homogène adj.
homogénéifier v. tr. | conjug. 7 |
homogénéisateur, trice adj.
homogénéisation n. f.
homogénéiser v. tr. | conjug. 1 |
homogénéité n. f.
homogenèse n. f.
homographe adj. et n. m.
homographie n. f.
homographique adj.
homogreffe n. f.
homolatéral, ale, aux adj.
homologable adj.
homologatif, ive adj.
homologation n. f.
homologie n. f.
homologique adj.
homologiquement adv.
homologue adj.
homologuer v. tr. | conjug. 1 |
homolytique adj.
homomorphe adj.
homomorphie n. f.
homomorphisme n. m.
homoncule ou **homuncule** /ɔmɔ̃kyl/ n. m.
homonome adj.
homonomie n. f.
homonymat n. m.
homonyme adj. et n. m.
homonymie n. f.
homonymique adj.
homoparental, ale, aux adj.
homoparentalité n. f.
homopétale adj.
homophage adj. et n.
homophile n. m. et adj.
homophilie n. f.
homophobe adj. et n.
homophobie n. f.
homophone adj. et n. m.
homophonie n. f.
homoplastique adj.

homopolaire adj.
homopolymère n. m.
homoptère adj. et n. m.
homosexualisant, ante adj.
homosexualiser v. tr. | conjug. 1 |
homosexualité n. f.
homosexuel, elle n. et adj.
homosphère n. f.
homostase n. f.
homothermie n. f.
homothétie /-si/ n. f.
homothétique adj.
homotopie n. f.
homotype adj.
homotypie n. f.
homotypique adj.
homozygote adj. et n.
homozygotie /-si/ n. f.
homuncule /ɔmɔ̃kyl/ n. m.
→ **homoncule**
'hongre adj.
'hongreline n. f.
'hongrer v. tr. | conjug. 1 |
'hongreur, euse n.
'hongroierie n. f.
'hongrois, oise adj. et n.
➾ L'adjectif s'écrit sans majuscule : *des musiciens hongrois*. Le nom s'écrit avec une majuscule uniquement quand il désigne une personne : *les Hongrois ; c'est une Hongroise* mais *parler le hongrois*.
'hongroyage n. m.
'hongroyer v. tr. | conjug. 8 |
'hongroyeur, euse n.
honnête adj.
honnêtement adv.
honnêteté n. f.
honneur n. m.
'honnir v. tr. | conjug. 2 |
honorabilité n. f.
honorable adj.
honorablement adv.
honoraire adj.
honoraires n. m. pl.
honorariat n. m.
honoré, ée adj. et n. f.
honorer v. tr. | conjug. 1 |
¬ **s'honorer**
➾ Aux temps composés de la forme pronominale, le participe passé s'accorde en genre et en nombre avec le sujet : *elles se sont honorées par leurs bonnes actions*.
honorifique adj.
honorifiquement adv.
honoris causa /ɔnɔʀiskoza/ loc. adj.
'honte n. f.
⌘ Éviter de dire **avoir très honte** : *honte* est un nom et ne peut normalement pas être modifié par un adverbe.
'honteusement adv.
'honteux, euse adj.
'hooligan ou **'houligan** /'uligan ; 'uligɑ̃/ n. m.
'hooliganisme ou **'houliganisme** /'uliganism/ n. m.
'hop interj.
HOM. **ope**
hôpital, aux n. m.
hoplite n. m.
hoplomachie n. f.
hoploptère n. m.
'hoquet n. m.
HOM. **hockey, O. K., okay**
'hoqueter v. intr. | conjug. 4 |
'hoqueton n. m.
HOM. formes du v. **hoqueter**
horaire adj. et n. m.
'horde n. f.
ϟ Ne pas confondre **horde**, qui signifie « tribu, peuplade errante » (*une horde de guerriers mongols*), avec **harde**, qui signifie « troupe (de bêtes sauvages) » (*une harde de cerfs*).
hordéacé, ée adj.
hordéiforme adj.
hordéine n. f.
hordique adj.
'horion n. m.
HOM. forme du v. **avoir**
horizon n. m.
Ξ Ce mot peut s'employer seul comme adjectif de couleur ou derrière un adjectif de couleur pour en préciser la nuance ; ces adjectifs sont alors invariables : *des uniformes bleu horizon ; des écharpes horizon*.
horizontal, ale, aux adj. et n. f.
horizontalement adv.
horizontalisme n. m.
horizontaliste adj. et n.
horizontalité n. f.
horloge n. f.
horloger, ère n. et adj.
horlogerie n. f.
horlogiographie n. f.
hormin n. m.
hormique adj.
'hormis prép.
➾ Ce mot s'écrit avec un *s*, contrairement à *parmi*.
▸ **hormis que** (+ indic. ou condit.) *il ressemble à son père, hormis qu'il est plus grand ; il n'y a aucun danger, hormis qu'il pourrait neiger*
hormogène adj.
hormonal, ale, aux adj.
hormone n. f.
hormoné, ée adj.

hormoner v. tr. | conjug. 1 |
hormonogène adj.
hormonogenèse n. f.
hormonologie n. f.
hormonopoïèse n. f.
hormonothérapie n. f.
'hornblende /'ɔʀnblɛ̃d/ n. f.
horodatage n. m.
horodaté, ée adj.
horodateur, trice n. m. et adj.
horodictique adj.
horographe n.
horographie n. f.
HOM. **orographie**
horographique adj.
HOM. **orographique**
horokilométrique adj.
horologe n. m.
horométrie n. f.
HOM. **orométrie**
horométrique adj.
horoptère n. m.
horoscope n. m.
horoscopie n. f.
horoscopique adj.
horoscopiste n.
horreur n. f.
horrible adj.
horriblement adv.
horrifiant, iante adj.
horrification n. f.
horrifier v. tr. | conjug. 7 |
HOM. **aurifier**
horrifique adj.
horripilant, ante adj.
horripilateur adj. et n. m.
horripilation n. f.
horripiler v. tr. | conjug. 1 |
'hors adv. et prép.
➾ La plupart des composés formés avec *hors* qui ne sont pas des noms s'écrivent sans trait d'union : *un devoir hors sujet ; des dimensions hors normes ; se mettre hors la loi* (mais *une bande de hors-la-loi*) ; *être hors concours* (mais *les hors-concours d'une exposition*) ; *rouler hors piste* (mais *faire du hors-piste*) ; *des gravures hors texte* (mais *des hors-textes en couleur*).
Ξ La locution **hors que** appartient au registre littéraire. Elle s'emploie avec l'indicatif, le conditionnel ou le subjonctif en fonction du sens : *c'est une maison agréable, hors qu'elle est un peu sombre ; nous arriverons à l'heure, hors que le train ait du retard.*
HOM. **or, ord**
'horsain n. m.
'hors-bord n. m. ▪ plur. **hors-bord(s)**
'hors-caste n. ▪ plur. **hors-castes**
hors-champ n. m. ▪ plur. **hors-champs**○
'hors-concours n. m. inv.
→ aussi **hors**
'hors-cote n. m. ▪ plur. **hors-cotes**
'hors-d'œuvre n. m. inv.
'horse-ball ▪ plur. **horse-balls** ou **horseball** ▪ plur. **horseballs** n. m.
'horse-power /'ɔʀspɔwœʀ/ n. m. inv.
'hors-gel adj. inv.
'hors-jeu n. m. ▪ plur. **hors-jeux** ou plur. inv.
'hors-la-loi n. inv.
→ aussi **hors**
'hors-ligne n. m. ▪ plur. **hors-lignes** ou plur. inv.
'hors-piste n. m. ▪ plur. **hors-pistes** ou plur. inv.
→ aussi **hors**
'hors-profil n. m. ▪ plur. inv. ou plur. **hors-profils**○
'hors-série adj. et n. m. ▪ plur. inv. ou plur. **hors-séries**
Ξ L'adjectif s'emploie uniquement pour qualifier une publication : *un numéro hors-série*. Dans les autres cas, on emploie la locution adverbiale **hors série**, qui s'écrit sans trait d'union : *une personnalité hors série*.
'hors-sol adj. ▪ plur. inv. ou plur. **hors-sols**○
'horst n. m.
'hors-texte n. m. ▪ plur. **hors-textes** ou plur. inv.
→ aussi **hors**
hortensia n. m.
☯ Ce mot est masculin : *un bel hortensia*.
horticole adj.
horticulteur, trice n.
horticultural, ale, aux adj.
horticulture n. f.
hortillon n. m.
hortillonnage n. m.
hortillonneur n. m.
'hosanna n. m.
'hosannière adj. f.
hospice n. m.
HOM. **auspice, auspices**
hospitalier, ière adj. et n.
hospitalièrement adv.
hospitalisation n. f.
hospitaliser v. tr. | conjug. 1 |
hospitalisme n. m.
hospitalité n. f.
hospitalo-universitaire adj. ▪ plur. **hospitalo-universitaires**
hospodar n. m.
hostellerie n. f.
hostie n. f.
hostile adj.

hostilement adv.
hostilité n. f.
hosto n. m.
'hot adj. inv.
HOM. **hotte**
'hot-dog ▪ plur. **hot-dogs** ou **'hotdog** ▪ plur. **hotdogs** /'ɔtdɔg/ n. m.
hôte, hôtesse n.
☯ Au sens de « personne qui reçoit l'hospitalité », la forme féminine est *hôte* : *recevoir une hôte de marque.*
➾ Ce mot s'écrit indifféremment avec ou sans *s* dans les locutions **chambre d'hôte(s)** et **table d'hôte(s)**.
HOM. (du masc.) **haute**, formes du v. **ôter** ; (du fém.) **hautesse**
hôtel n. m.
➾ **Hôtel de ville** s'écrit sans trait d'union, sauf dans les adresses : *place de l'Hôtel-de-Ville.*
HOM. **autel**
hôtel-Dieu n. m. ▪ plur. **hôtels-Dieu**
➾ Avec un *H* majuscule et sans complément, **l'Hôtel-Dieu** désigne celui de Paris.
hôtelier, ière n. et adj.
hôtellerie n. f.
hôtel-restaurant n. m. ▪ plur. **hôtels-restaurants**
hôtesse n. f.
'hot-line /'ɔtlajn/ ▪ plur. **hot-lines** ou **hotline** ▪ plur. **hotlines** n. f.
▫ rec. off. : **assistance en ligne** ou **numéro d'urgence**
'hottage n. m.
'hotte n. f.
HOM. **hot**
'hottée n. f.
'hottentot, ote adj. et n.
➾ L'adjectif s'écrit sans majuscule : *la population hottentote.* Le nom s'écrit avec une majuscule uniquement quand il désigne une personne : *les Hottentots* ; *un Hottentot* mais *ils parlaient le hottentot.*
'hottereau n. m.
'hotteur, euse n.
'hottier n. m.
HOM. formes du v. **ôter**
'hotu n. m.
'hou ou **ouh** interj.
HOM. **août, houe, houx, ou, où**
'houache n. f.
'houage n. m.
houaiche n. f.
'houari n. f.
'houblon n. m.
'houblonnage n. m.
'houblonner v. tr. | conjug. 1 |
'houblonnier, ière n. et adj. (personne)
HOM. formes du v. **houblonner**
'houblonnière n. f. (champ)
'houdan n. f.
➾ Lorsqu'il désigne une poule, ce mot s'écrit sans majuscule, contrairement au nom propre qui désigne la commune : *élever des houdans* mais *des poules de Houdan.*
'houe n. f.
HOM. **août, hou, houx, ou, où**
'houement n. m.
'houer v. tr. | conjug. 1* |
'hougnette n. f.
'houhou n. m. et interj.
'houille n. f.
HOM. **ouille**, formes du v. **ouiller**
'houiller, ère adj. et n. f.
HOM. formes du v. **ouiller** ; (du fém.) **ouillère**
'houilleur n. m.
'houilleux, euse adj.
'houillification n. f.
'houka n. m.
'houla interj.
'houle n. f.
'houlette n. f.
'houleux, euse adj.
'houlier n. m.
'houligan n. m.
→ **hooligan**
'houliganisme n. m.
→ **hooliganisme**
'houlographe n. m.
'houlque n. f.
houmous ou **hoummous** ou **houmos** n. m.
'houp interj.
HOM. **houppe**
'houppe n. f.
ϟ Ne pas confondre **houppe**, qui signifie « assemblage formant une touffe », avec **huppe**, qui signifie « touffe de plumes que certains animaux ont sur la tête ».
HOM. **houp**
'houppelande n. f.
'houpper v. tr. | conjug. 1 |
'houppette n. f.
'houppier n. m.
HOM. formes du v. **houpper**
'houque n. f.
'houraillis n. m.
'hourd n. m.
'hourdage n. m.
'hourder v. tr. | conjug. 1 |
'hourdis n. m.
HOM. formes du v. **ourdir**
'houret n. m.
'houri n. f.

'hourque n. f.
'hourra ou **'hurrah** n. m.
HOM. **oura**
'hourrite adj. et n. m.
'hourvari n. m.
house (music) /'aus(mjuzik)/ n. f. sing.
[1]**'houseau** n. m. (jambière)
HOM. **ouzo**
[2]**'houseau** ou **'housseau** n. m. (épingle)
HOM. **ouzo**
'house-boat /'ausbot/ n. m. ▪ plur. **house-boats**
▫ rec. off. : **coche (de plaisance)**
'houspiller v. tr. | conjug. 1 |
houspilleur, euse n. et adj.
houssage n. m.
'houssaie n. f.
HOM. **housset**, formes du v. **housser**
'housse n. f.
'housseau n. m.
→ [2]**houseau**
'houssée n. f.
'housser v. tr. | conjug. 1 |
'housset n. m.
HOM. **houssaie**, formes du v. **housser**
'houssière n. f.
'houssine n. f.
'houssiner v. tr. | conjug. 1 |
'houssoir n. m.
'housure n. f.
'houx n. m.
HOM. **août, hou, houe, ou, où**
hovercraft n. m.
▫ rec. off. : **aéroglisseur**
➾ Ne pas écrire **overcraft*.
hoverport /ɔvœʀpɔʀt/ n. m.
hoya ou **hoyer** n. m.
HOM. **oyat, hoyé**, forme du v. **ouïr**
'hoyau n. m.
'hoyé, ée adj.
HOM. **hoyer**, forme du v. **ouïr**
H. S. adj. inv.
▫ abrév. de **hors service**
[1]**H. T.** adj. inv.
▫ abrév. de **hors taxes**
[2]**H. T.** n. f.
▫ abrév. de **haute tension**
'H. T. M. L. n. m.
▫ abrév. de **hypertext markup language**
'huard ou **'huart** n. m.
hub /'œb/ n. m.
▫ rec. off. : **concentrateur**
'hublot n. m.
hubris /-is/ n. m.
'huche n. f.
'huchée n. f.
'huchement n. m.
'hucher v. intr. et v. tr. | conjug. 1 |
¬ **se hucher**
➾ Aux temps composés de la forme pronominale, le participe passé s'accorde en genre et en nombre avec le sujet : *les enfants se sont huchés sur le toit.*
'hucherie n. f.
'huchet n. m.
HOM. formes du v. **hucher**
'hue interj.
◗ **tirer à hue et à dia**
HOM. **u,** formes du v. **avoir**
'huée n. f.
'huer v. tr. et v. intr. | conjug. 1 |
'huerta /'wɛʀta ; 'ɥɛʀta/ n. f.
'huette n. f.
'hugh interj.
'hugolien, ienne adj.
'huguenot, ote n. et adj.
'huhau interj.
hui adv.
☰ Ce mot ne s'emploie plus que dans *aujourd'hui.*
HOM. **huis, huit**
huilage n. m.
huile n. f.
huiler v. tr. | conjug. 1 |
¬ **s'huiler**
➾ Aux temps composés de la forme pronominale, le participe passé s'accorde en genre et en nombre avec le sujet : *elles se sont huilées avant d'aller au soleil.* Mais le participe passé ne s'accorde pas quand il est suivi d'un complément d'objet direct : *elles se sont huilé la peau.*
huilerie n. f.
huileusement adv.
huileux, euse adj.
[1]**huilier, ière** adj. et n. (personne)
HOM. formes du v. **huiler**
[2]**huilier** n. m. (ustensile)
HOM. formes du v. **huiler**
'huipil n. m.
huis /ɥi/ n. m.
♪ Ce mot ne s'emploie plus que dans la locution **huis clos**, qui se prononce /'ɥiklo/, avec un *h* aspiré : on dit *le huis clos* et non **l'huis clos.*
HOM. **hui, huit**
huisserie n. f.
huissier, ière n.
'huit adj. numéral inv. et n. inv.
♪ Ce mot se prononce /'ɥi/ devant un mot commençant par une consonne, et /'ɥit/ dans tous les autres cas.
➾ Les numéraux formant un nombre complexe inférieur à cent s'écrivent traditionnellement avec un trait d'union : *trente-huit jours.*

Les Rectifications de l'orthographe de 1990 préconisent de généraliser l'emploi des traits d'union à tous les numéraux composés, qu'ils soient inférieurs ou supérieurs à cent : *à la page cent-trente-huit ; il a huit-mille euros en espèces.*

HOM. **hui, huis**

'huitain n. m.

'huitaine n. f.

'huitante adj. numéral inv. et n. inv.

'huitantième adj. numéral ordinal et n.

'huit-en-huit n. m. inv.

'huitième adj. et n.

'huitièmement adv.

huître ou **huitre**○ n. f.

'huit-reflets n. m. inv.

'huit-ressorts n. m. inv.

¹huîtrier, ière ou **huitrier, ière**○ adj. et n. (personne)

²huîtrier ou **huitrier**○ n. m. (oiseau)

huîtrière ou **huitrière**○ n. f. (banc d'huîtres, établissement)

'hulotte n. f.

'hululement ou **'ululement** n. m.

'hululer ou **'ululer** v. intr. | conjug. 1 |

'hum /'œm ; hœm/ interj.

'humage n. m.

humagne n. f.

humain, aine adj. et n. m.

humainement adv.

humanisable adj.

humanisation n. f.

humaniser v. tr. | conjug. 1 |

¬ s'humaniser

➾ Aux temps composés de la forme pronominale, le participe passé s'accorde en genre et en nombre avec le sujet : *les conditions de travail se sont humanisées.*

humanisme n. m.

humaniste n. m. et adj.

humanistique n. f.

humanitaire adj. et n.

humanitairerie n. f.

humanitarisme n. m.

humanitariste adj. et n.

humanité n. f.

humanoïde adj. et n.

'humant, ante adj.

humble adj.

humblement adv.

'humbug /'œmbœg/ n. m. et adj.

humectage n. m.

humectant n. m.

humectation n. f.

humecter v. tr. | conjug. 1 |

¬ s'humecter

➾ Aux temps composés de la forme pronominale, le participe passé s'accorde en genre et en nombre avec le sujet : *ses yeux se sont humectés.* Mais le participe passé ne s'accorde pas quand il est suivi d'un complément d'objet direct : *ils se sont humecté les lèvres.*

humecteur n. m.

'humer v. tr. | conjug. 1 |

huméral, ale, aux adj.

humérus n. m.

humeur n. f.

humicole adj.

humide adj.

humidificateur n. m.

humidification n. f.

humidifier v. tr. | conjug. 7 |

humidifuge adj.

humidimètre n. m.

humidité n. f.

humidologie n. f.

humifère adj.

humification n. f.

humiliant, iante adj.

humiliateur, trice adj. et n.

humiliation n. f.

humilier v. tr. | conjug. 7 |

¬ s'humilier

➾ Aux temps composés de la forme pronominale, le participe passé s'accorde en genre et en nombre avec le sujet : *ils se sont humiliés.*

humilis /-lis/ adj.

humilité n. f.

humine n. f.

humique adj.

humiriacée n. f.

hummock n. m.

humoral, ale, aux adj.

humorisme n. m.

humoriste n. et adj.

humoristique adj.

humoristiquement adv.

humour n. m.

humus /-ys/ n. m.

'hune n. f.

HOM. **une** (fém. de *un*)

'hunier n. m.

'hunnique adj.

HOM. **unique**

'hunter ou **hunteur**○ /œntœʀ/ n. m.

'huppe n. f.

ϟ Ne pas confondre **huppe**, qui signifie « touffe de plumes que certains animaux ont sur la tête », avec **houppe**, qui signifie « assemblage formant une touffe ».

'huppé, ée adj.
'huque n. f.
'hurdler ou **'hurdleur, euse** /'œʀdlœʀ, øz/ n.
▫ rec. off. : **coureur, euse de haies**
'hure n. f.
'hurlade n. f.
'hurlant, ante adj.
'hurlée n. f.
'hurlement n. m.
'hurler v. intr. et v. tr. | conjug. 1 |
'hurleur, euse adj. et n.
hurling /'œʀliŋ/ n. m.
hurluberlu, ue n.
➾ Ne pas employer **huluberlu*, qui n'existe pas.
'hurlupé, ée adj.
'huron, onne n. et adj.
➾ L'adjectif s'écrit sans majuscule : *le peuple huron*. Le nom s'écrit avec une majuscule uniquement quand il désigne une personne : *les Hurons ; c'est une Huronne* mais *parler le huron*.
'huronien, ienne adj.
'hurrah n. m.
→ **hourra**
'hurricane /'yʀikan ; 'œʀikan/ n. m.
'husky /'œski/ n. m. ▪ plur. **huskys** ou plur. **huskies**
♒ On peut employer le pluriel francisé *huskys* ou le pluriel anglais *huskies*.
'huso n. m.
'hussard n. m.
'hussarde n. f.
'hussisme n. m.
'hussite n. m.
'hutin adj. m.
'hutinet n. m.
'hutte n. f.
HOM. **ut**, forme du v. **avoir**
'hutteau n. m.
'huttier n. m.
hyacinthe n. f.
♒ Ce mot peut s'employer comme adjectif de couleur ; il est alors invariable : *des manteaux hyacinthe*.
hyacinthine n. f.
hyades n. f. pl.
hyale n. f.
hyalin, ine adj.
hyalite n. f.
hyalographe n. m.
hyalographie n. f.
hyaloïde adj.
hyaloplasme n. m.
hyaluronique adj.
hybridation n. f.
hybride adj. et n. m.
hybrider v. tr. | conjug. 1 |
hybrideur, euse n.
hybridisme n. m.
hybridité n. f.
hybridome n. m.
hydarthrose n. f.
hydatide n. f.
hydatique adj.
hydatisme n. m.
hydne n. m.
hydnée n. f.
hydracide n. m.
hydragogue adj. et n. m.
hydraire n. m.
hydramnios /-mnjɔs/ n. m.
hydrangée n. f.
hydrangelle n. f. ou **hydrangea** /-ʒa/ n. m.
hydrant n. m. ou **hydrante** n. f.
HOM. **hydranthe**
hydranthe n. m.
HOM. **hydrante**
hydrargie n. f.
→ **hydrargyrisme**
hydrargyre n. m.
hydrargyrie ou **hydrargyrose** n. f.
hydrargyrique adj.
hydrargyrisme n. m. ou **hydrargie** n. f.
hydrastine n. f.
hydratable adj.
hydratant, ante adj. et n. m.
hydratase n. f.
hydratation n. f.
hydrate n. m.
hydrater v. tr. | conjug. 1 |
¬ **s'hydrater**
➾ Aux temps composés de la forme pronominale, le participe passé s'accorde en genre et en nombre avec le sujet : *les joueurs se sont hydratés avant le match*. Mais le participe passé ne s'accorde pas quand il est suivi d'un complément d'objet direct : *ils se sont hydraté la peau*.
hydrateur n. m.
hydraulicien, ienne n.
hydraulicité n. f.
hydraulique adj. et n. f.
hydrauliquement adv.
hydravion n. m.
hydrazide n. f.
hydrazine n. f.
hydre n. f.
hydrémie n. f.
hydride n. m.
hydrie n. f.
hydrique adj.
hydroacoustique adj.
hydrobase n. f.

hydrobie adj. et n. m.
hydrobiologie n. f.
hydrocarbonate n. m.
hydrocarboné, ée adj.
hydrocarbure n. m.
hydrocaule n. m.
hydrocèle n. f.
hydrocellulose n. f.
hydrocéphale adj. et n.
hydrocéphalie n. f.
hydrocharidacée ou **hydrocharidée** n. f.
hydrocharis /idʀokaʀis/ n. f.
hydrochimiste n.
hydrochlorate /-k-/ n. m.
hydrochlorique /-k-/ adj.
hydrochlorofluorocarbure /-k-/ n. m.
hydrochoc n. m.
hydroclimatisme n. m.
hydrocombustible n. m.
hydrocoralliaire n. m.
hydrocortisone n. f.
hydrocotyle n. f.
hydrocraquage n. m.
hydrocuté, ée adj. et n.
hydrocution n. f.
hydrocyon n. m.
hydrodynamique adj. et n. f.
hydroélectricité ou **hydro-électricité** n. f.
hydroélectrique ou **hydro-électrique** adj.
hydrofoil /idʀofɔjl/ n. m.
□ rec. off. : **hydroptère**
hydroformage n. m.
hydrofugation n. f.
hydrofuge adj.
hydrofuger v. tr. | conjug. 3 |
hydrogénation n. f.
hydrogène n. m.
hydrogéné, ée adj.
hydrogéner v. tr. | conjug. 6 |
hydrogénite n. f.
hydrogénocarbonate n. m.
hydrogénoduc n. m.
hydrogénosulfate n. m.
hydrogénosulfite n. m.
hydrogénosulfure n. m.
hydrogéologie n. f.
hydrogéologique adj.
hydrogéologue n.
hydroglisse n. f.
hydroglisseur n. m.
hydrographe n.
hydrographie n. f.
hydrographique adj.
hydrographiquement adv.
hydrohémie n. f.
hydroïde n. m.
hydrojet n. m.
hydrol n. m.
hydrolase n. f.
hydrolat n. m.
hydrolé n. m.
hydrolipidique adj.
hydrolithe n. f.
hydrologie n. f.
hydrologique adj.
hydrologue n.
hydrolysable adj.
hydrolysat n. m.
hydrolyse n. f.
hydrolyser v. tr. | conjug. 1 |
hydromagnésite n. f.
hydromancie n. f.
hydromassage n. m.
hydromassant, ante adj.
hydromécanique adj.
hydroméduse n. f.
hydromel n. m.
hydrométéore n. m.
hydrométéorologie n. f.
[1]**hydromètre** n. m. (instrument)
[2]**hydromètre** n. f. (insecte)
hydrométrie n. f.
hydrométrique adj.
hydrominéral, ale, aux adj.
hydromoteur n. m.
hydronéphrose n. f.
hydronium n. m.
hydronyme n. m.
hydronymie n. f.
hydronymique adj.
hydropathe adj. et n.
hydropathie n. f.
hydropéricarde n. m.
hydrophane adj.
hydrophile adj. et n. m.
hydrophilidé n. m.
hydrophilisation n. f.
hydrophiliser v. tr. | conjug. 1 |
hydrophobe adj. et n.
hydrophobie n. f.
hydrophobique adj. et n.
hydrophone n. m.
hydrophore n.
hydrophosphate n. m.
hydrophtalmie n. f.
hydropigène adj.
hydropique adj.
hydropisie n. f.
hydroplanage n. m.
hydroplane n. m.
hydroplaner v. intr. | conjug. 1 |
hydropneumatique adj.

hydroponique adj.
hydroptère n. m.
▫ rec. off. pour **hydrofoil**
hydroptéride n. f.
hydropulseur n. m.
hydroquinone n. f.
hydroraffinage n. m.
hydrorrhée n. f.
hydroscope n.
hydroscopie n. f.
hydrosilicate n. m.
hydrosiliceux, euse adj.
hydrosoluble adj.
hydrospeed /idʀɔspid/ adj. et n. m.
hydrosphère n. f.
hydrostaticien, ienne n.
hydrostatique n. f. et adj.
hydrosulfate n. m.
hydrosulfure n. m.
hydrosulfureux adj. m.
hydrosulfurique adj.
hydrosystème n. m.
hydrotactisme n. m.
hydrotaxie n. f.
hydrotechnique n. f. et adj.
hydrothèque n. f.
hydrothérapeute n.
hydrothérapie n. f.
hydrothérapique adj.
hydrothérapiste n.
hydrothermal, ale, aux adj.
hydrothermalisme n. m.
hydrothorax n. m.
hydrotimètre n. m.
hydrotimétrie n. f.
hydrotimétrique adj.
hydrotropique adj.
hydrotropisme n. m.
hydroxyde n. m.
hydroxydé, ée adj.
hydroxyéthylcellulose n. f.
hydroxylamine n. f.
hydroxylation n. f.
hydroxyle n. m.
hydroxylé, ée adj.
hydroxylique adj.
hydrozoaire n. m.
hydrure n. m.
hydruré, ée adj.
'hyène /jɛn ; 'jɛn/ n. f.
HOM. **yen**
Hygiaphone® n. m.
➾ Comme tous les noms déposés, ce mot doit s'écrire avec une majuscule : *parler dans un Hygiaphone*. Toutefois, on le trouve très fréquemment employé comme nom générique sans respect de la règle : *parler dans un hygiaphone*.
hygiène n. f.
hygiénique adj.
hygiéniquement adv.
hygiéniser v. tr. | conjug. 1 |
hygiénisme n. m.
hygiéniste n.
hygiénodiététique adj.
hygrobaroscope n. m.
hygrologie n. f.
hygroma n. m.
hygromètre n. m.
hygrométricité n. f.
hygrométrie n. f.
hygrométrique adj.
hygronome n. f.
hygrophile adj.
hygrophobe adj.
hygrophore n. m.
hygroscope n. m.
hygroscopicité n. f.
hygroscopie n. f.
hygroscopique adj.
hygrostat n. m.
hygrote ou **hygrotus** /-ys/ n. m.
hylé n. f.
hylémorphique adj.
hylémorphisme n. m.
hylésine n. m.
hylidé n. m.
hylobatidé n. m.
hylobe ou **hylobie** n. m.
hylocharis /-kaʀis/ n. m.
hylotome n. m.
hylozoïsme n. m.
hylozoïste adj. et n.
[1]**hymen** /imɛn/ n. m. (membrane)
[2]**hymen** /imɛn/ ou **hyménée** n. m. (mariage)
hyménal, ale, aux ou **hyménéal, ale, aux** adj.
hyménéen, enne adj.
hyménium /imenjɔm/ n. m.
hyménomycète n. m.
hyménoptère n. m.
hymnaire n. m.
hymne n.
☯ Ce mot s'emploie presque toujours comme nom masculin. On le rencontre parfois au féminin au sens de « chant à la louange de Dieu ».
hymnique adj.
hymnode n.
hymnographe n. m.
hymnographie n. f.
hymnologie n. f.

hyoglosse adj. et n. m.
hyoïde adj.
hyoïdien, ienne adj.
hyoscyamine n. f.
hypallage n. f.
☯ Ce mot est féminin : *une hypallage.*
'hype /'ajp/ adj. inv.
hyper n. m.
▫ abrév. de **hypermarché**
hyperacidité n. f.
hyperacousie n. f.
hyperactif, ive adj. et n.
hyperactivité n. f.
hyperacuité n. f.
hyperalgésie n. f.
hyperalgésique adj.
hyperalgie n. f.
hyperalgique adj.
hyperandrie n. f.
hyperaphrodisie n. f.
hyperappel n. m.
hyperazotémie n. f.
hyperbande n. f.
hyperbare adj.
hyperbarisme n. m.
hyperbate n. f.
hyperbole n. f.
hyperbolique adj.
hyperboliquement adv.
hyperboliser v. intr. | conjug. 1 |
hyperbolisme n. m.
hyperboloïdal, ale, aux adj.
hyperboloïde adj. et n. m.
hyperboréal, ale, aux adj.
hyperborée adj.
hyperboréen, enne adj. et n.
➾ L'adjectif s'écrit sans majuscule : *les peuples hyperboréens.* Le nom s'écrit avec une majuscule : *les Hyperboréens ; une Hyperboréenne.*
hypercalcémie n. f.
hypercapnie n. f.
hypercharge n. f.
hyperchlorhydrie /-k-/ n. f.
hyperchlorurie /-k-/ n. f.
hypercholestérolémie /-k-/ n. f.
hypercholestérolémique /-k-/ adj. et n.
hypercholie /-k-/ n. f.
hyperchrome /-k-/ adj.
hyperchromie /-k-/ n. f.
hypercinésie n. f.
hypercoagulabilité n. f.
hypercoagulant, ante adj.
hypercorrect, e adj.
hypercorrection n. f.
hypercorticisme n. m.
hypercrinie n. f.
hypercritique n. et adj.
hyperdistribution n. f.
hyperdulie n. f.
hyperémèse n. f.
hyperémie ou **hyperhémie** n. f.
hyperémotif, ive adj. et n.
hyperémotivité n. f.
hyperergie n. f.
hyperespace n. m.
hyperesthésie n. f.
hyperesthésique adj. et n.
hyperfocal, ale, aux adj. et n. f.
hyperfolliculinémie n. f.
hyperfolliculinie n. f.
hyperfolliculinique adj.
hyperfolliculinisme n. m.
hyperfonctionnement n. m.
hyperfréquence n. f.
hypergamie n. f.
hypergenèse n. f.
hypergénétique adj.
hypergénitalisme n. m.
hyperglobulie n. f.
hyperglobulinémie n. f.
hyperglycémiant, ante adj.
hyperglycémie n. f.
hyperglycistie n. f.
hypergueusie n. f.
hyperhémie n. f.
→ **hyperémie**
hyperhydratation n. f.
hypéricacée n. f.
hypericum /-kɔm/ n. m.
hypéridé n. m.
hypérie n. f.
hyperimmun, une adj.
hyperimmunité n. f.
hyperinflation n. f.
hyperinsulinisme n. m.
hyperkératose n. f.
hyperlaxe adj.
hyperleucocytose n. f.
hyperlien n. m.
hyperlipémie n. f.
hyperlipidémie n. f.
hyperlipidique adj.
hypermarché n. m.
hypermastie n. f.
hypermédia n. m. et adj.
hypermédiatisé, ée adj.
hyperménorrhée n. f.
hypermètre adj.
hypermétrie n. f.
hypermétrope adj. et n.
hypermétropie n. f.
hypermimie n. f.

hypermnésie n. f.
hypermolécule n. f.
hyperneigeux, euse adj.
hypernerveux, euse adj.
hypernutrition n. f.
hypéron n. m.
hypéronique adj.
hyperonyme n. m.
hyperonymie n. f.
hyperoodon n. m.
hyperosmie n. f.
hyperostose n. f.
hyperparasite adj. et n. m.
hyperparathyroïdie n. f.
hyperpepsie n. f.
hyperpeptique adj. et n.
hyperphagie n. f.
hyperphagique adj. et n.
hyperphosphatémie n. f.
hyperphrénie n. f.
hyperpituitarisme n. m.
hyperplasie n. f.
hyperplasique adj.
hyperpnée n. f.
hyperpression n. f.
hyperprosexie n. f.
hyperprotéiné, ée adj.
hyperpuissance n. f.
hyperréactivité n. f.
hyperréalisme n. m.
hyperréaliste adj. et n.
hyperréalité n. f.
hyperséborrhéique adj.
hypersécréteur, trice adj.
hypersécrétion n. f.
hypersensibilisation n. f.
hypersensibilité n. f.
hypersensible adj. et n.
hypersexuel, elle adj.
hypersialie n. f.
hypersomniaque adj. et n.
hypersomnie n. f.
hypersonique adj.
hypersplénisme n. m.
hyperstatique adj.
hypersthénie n. f.
hypersthénique adj.
hypersustentateur, trice adj. et n. m.
hypersustentation n. f.
hypertélie n. f.
hypertélorisme n. m.
hypertendu, ue adj. et n.
hypertensif, ive adj.
hypertensine n. f.
hypertension n. f.
hyperterrorisme n. m.
hyperterroriste adj.
hypertexte n. m.
hypertextualité n. f.
hypertextuel, elle adj.
hyperthermie n. f.
hyperthermique adj.
hyperthymie n. f.
hyperthyroïdie n. f.
hyperthyroïdien, ienne adj.
hypertonie n. f.
hypertonique adj.
hypertrichose /-k-/ n. f.
hypertrophie n. f.
hypertrophié, iée adj.
hypertrophier v. tr. | conjug. 7 |
hypertrophique adj.
hyperventilation n. f.
hypervitaminose n. f.
hypèthre adj. et n. m.
hyphe n. m.
HOM. **if**
hypholome n. m.
hypnagogique adj.
hypnagogisme n. m.
hypne n. f.
hypnique adj.
hypnoanalyse n. f.
hypnogène n. m.
hypnogramme n. m.
hypnoïde adj.
hypnologue n. m.
hypnopompique adj.
hypnose n. f.
hypnotique adj.
hypnotiquement adv.
hypnotisable adj.
hypnotisant, ante adj.
hypnotisation n. f.
hypnotiser v. tr. | conjug. 1 |
hypnotiseur, euse n.
hypnotisme n. m.
hypnotiste n.
hypnotoxine n. f.
hypoacousie n. f.
hypoalgésie n. f.
hypoallergénique adj.
hypoallergique adj.
hypoazoteux adj. m.
hypobarisme n. m.
hypobaropathie n. f.
hypocagne n. f.
→ **hypokhâgne**
hypocalcémie n. f.
hypocalorique adj.
hypocapnie n. f.
hypocarpogé, ée adj.

hypocauste n. m.
hypocentre n. m.
hypochloreux /-k-/ adj. m.
hypochlorhydrie /-k-/ n. f.
hypochlorique /-k-/ adj.
hypochlorite /-k-/ n. m.
hypochlorurie /-k-/ n. f.
hypocholestérolémiant, iante /-k-/ adj. et n. m.
hypocholestérolémie /-k-/ n. f.
hypocholie /-k-/ n. f.
hypochrome /-k-/ adj.
hypochromie /-k-/ n. f.
hypocinésie n. f.
hypocoagulabilité n. f.
hypocondre n. et adj.
hypocondriaque adj. et n.
hypocondrie n. f.
hypocoristique adj. et n. m.
hypocorticisme n. m.
hypocras /ipɔkʀɑs/ n. m.
hypocrinie n. f.
hypocrisie n. f.
hypocrite n. et adj.
hypocritement adv.
hypocycloïde n. f.
hypoderme n. m.
hypodermique adj.
hypodermite n. f.
hypodermose n. f.
hypoesthésie n. f.
hypofécondité n. f.
hypofertile adj.
hypofertilité n. f.
hypofolliculinie n. f.
hypofolliculinique adj.
hypofolliculinisme n. m.
hypofonctionnement n. m.
hypogalactie n. f.
hypogastre n. m.
hypogastrique adj.
hypogé, ée adj.
hypogée n. m.
☯ Ce mot est masculin : *un hypogée*.
hypogéen, enne adj.
hypogenèse n. f.
hypogénitalisme n. m.
hypoglandulaire adj.
hypoglobulie n. f.
hypoglobulinémie n. f.
hypoglosse adj.
hypoglossite n. f.
hypoglycémiant n. m. et adj.
hypoglycémie n. f.
hypoglycémique adj. et n.
hypogyne adj.
hypogynisme n. m.
hypokhâgne ou **hypocagne** n. f.
hypoleucocytose n. f.
hypolipémiant, ante adj.
hypolipémie n. f.
hypologie n. f.
HOM. **hippologie**
hypomaniaque adj.
hypomanie n. f.
hypomastie n. f.
hypomimie n. f.
hypomnésie n. f.
hyponoïde adj.
hyponomeute ou **yponomeute** n. m.
hyponyme n. m.
hyponymie n. f.
hypoparathyroïdie n. f.
hypopepsie n. f.
hypophosphatémie n. f.
hypophosphite n. m.
hypophosphoreux, euse adj.
hypophosphorique adj.
hypophrénie n. f.
hypophysaire adj.
hypophyse n. f.
☯ Ce mot est féminin : *une hypophyse*.
hypophysectomie n. f.
hypopituitarisme n. m.
hypoplasie n. f.
hypoplasique adj.
hypoprosexie n. f.
hypoprothrombinémie n. f.
hypopyon n. m.
hyposcenium ou **hyposcénium**° /ipɔsenjɔm/ n. m.
hyposécrétion n. f.
hyposexuel, elle adj.
hyposodé, ée adj.
hyposomnie n. f.
hypospade n. m.
hypospadias /-djɑs/ n. m.
hypostase n. f.
hypostasier v. tr. | conjug. 7 |
hypostatique adj.
hypostatiquement adv.
hyposthénie n. f.
hyposthénique adj.
hypostyle adj.
hyposulfate n. m.
hyposulfite n. m.
hyposulfureux, euse adj.
hypotaupe n. f.
hypotaxe n. f.
hypotendu, ue adj. et n.
hypotenseur adj. m. et n. m.
hypotensif, ive adj.

hypotension n. f.
hypoténuse n. f.
☯ Ce mot est féminin : *une hypoténuse.*
➾ Ne pas écrire **hypothénuse* ni **hypoténus*, qui n'existent pas.
hypothalamique adj.
hypothalamus /-ys/ n. m.
hypothécable adj.
➾ Ce mot s'écrit avec un *c*, contrairement à *hypothéquer*.
hypothécaire adj.
hypothécairement adv.
hypothénar n. m.
hypothèque n. f.
hypothéquer v. tr. | conjug. 6 |
hypothermie n. f.
hypothèse n. f.
⌘ La construction ***dans l'hypothèse que** (+ condit.) pour dire « au cas où » (**dans l'hypothèse que nous perdrions*) est fautive. Il faut employer **dans l'hypothèse où** (+ condit.) : *dans l'hypothèse où nous perdrions.*
hypothéticodéductif, ive adj.
hypothétique adj.
hypothétiquement adv.
hypothrepsie n. f.
hypothymie n. f.
hypothyroïdie n. f.
hypothyroïdien, ienne adj.
hypotonie n. f.
hypotonique adj.
hypotrophie n. f.
hypotrophique adj. et n.
hypotypose n. f.
hypoventilation n. f.
hypovitaminose n. f.
hypoxémie n. f.
hypoxémique adj.
hypoxie n. f.
hypsographie n. f.
hypsographique adj.
hypsomètre n. m.
hypsométrie n. f.
hypsométrique adj.
hyracien ou **hyracoïde** n. m.
hyrcanien, ienne adj. et n.
hysope n. f.
hystéralgie n. f.
hystérectomie n. f.
hystérésis /-zis/ n. f.
hystérétique adj.
hystérie n. f.
hystériforme adj.
hystérique adj. et n.
hystériquement adv.
hystériser v. tr. | conjug. 1 |
hystérisme n. m.
hystérite n. f.
[1]**hystéro** n. f.
▫ abrév. de **hystérographie**
[2]**hystéro** adj. et n.
▫ abrév. de **hystérique**
hystérocèle n. f.
hystéroépilepsie n. f.
hystéroépileptique adj. et n.
hystérogène adj.
hystérographie n. f.
hystéroïde adj.
hystérologie n. f.
hystéromètre n. m.
hystéropexie n. f.
hystérosalpingographie n. f.
hystéroscopie n. f.
hystérotomie n. f.
hystricidé n. m.
Hz symb.

I

I n. m. inv, abrév. et symb.
HOM. **hi, hie, y**
I. A. n. f.
▫ abrév. de **intelligence artificielle**
I. A. C. n. f.
▫ abrév. de **insémination artificielle entre conjoints**
I. A. D. n. f.
▫ abrév. de **insémination artificielle avec donneur**
'iakoute adj. et n.
➾ L'adjectif s'écrit sans majuscule : *la population iakoute*. Le nom s'écrit avec une majuscule uniquement quand il désigne une personne : *les Iakoutes* ; *c'est une Iakoute* mais *parler le iakoute*.
iambe ou **ïambe** n. m.
iambélégiaque adj.
iambique adj.
iambotrochaïque /-k-/ adj.
I. A. O. n. f.
▫ abrév. de **ingénierie assistée par ordinateur**
iatrochimie n. f.
iatrochimique adj.
iatrogène adj.
iatrogénie n. f.
iatrogénique adj.
iatromanie n. f.
iatrophysique n. f.
ibalia n. f.
ibère adj. et n.
➾ L'adjectif s'écrit sans majuscule : *le peuple ibère*. Le nom s'écrit avec une majuscule : *les Ibères*.
ibéride n. f.
ibérien, ienne adj. et n.
➾ L'adjectif s'écrit sans majuscule : *la population ibérienne*. Le nom s'écrit avec une majuscule : *les Ibériens* ; *c'est une Ibérienne*.
ibérique adj. et n.
➾ Le nom s'écrit avec une majuscule : *les Ibériques* ; *c'est une Ibérique*. L'adjectif s'écrit sans majuscule, sauf dans certaines dénominations géographiques : *la population ibérique* ; *les pays ibériques* mais *la péninsule Ibérique* ; *la chaîne Ibérique*.
ibéris /ibeʀis/ n. f.
ibérisme n. m.
ibex n. m.
ibid. abrév.
▫ abrév. de **ibidem**
Ξ Cette abréviation ne s'emploie qu'à l'écrit. Elle se met en italique dans un texte en romain et en romain dans un texte en italique.
ibidem /ibidɛm/ adv.
ibididé n. m.
ibiocéphale adj.
ibis /ibis/ n. m.
iboga n. m.
ibsénien, ienne adj.
ibuprofène n. m.
icaque n. f.
icaquier n. m.
icarien, ienne adj.
icaroscope n. m.
iceberg /isbɛʀg ; ajsbɛʀg/ n. m.
icefield /ajsfild/ n. m.
icelui, icelle pron. et adj. dém. ▪ plur. **iceux, icelles**
ichneumon /iknømɔ̃/ n. m.
ichneumonidé /iknø-/ n. m.
ichneumonoïde /iknø-/ n. m.
ichnographie /iknɔ-/ n. f.
ichnographique /iknɔ-/ adj.
ichnologie /iknɔ-/ n. f.
ichor /ikɔʀ/ n. m.
ichoreux, euse /ikɔ-/ adj.
ichthys ou **ichtys** /iktis/ n. m.
ichtophagique /iktɔ-/ adj.
ichtyocolle /iktjɔ-/ n. f.

ichtyographie /iktjɔ-/ n. f.
ichtyoïde /iktjɔid/ adj.
Ichtyol® /iktjɔl/ n. m.
➾ Comme tous les noms déposés, ce mot doit s'écrire avec une majuscule : *du savon à l'Ichtyol*. Toutefois, on le trouve fréquemment employé comme nom générique sans respect de la règle : *du savon à l'ichtyol*.
ichtyolithe /iktjɔ-/ n. m.
ichtyolithologie /iktjɔ-/ n. f.
ichtyologie /iktjɔ-/ n. f.
ichtyologique /iktjɔ-/ adj.
ichtyologiste /iktjɔ-/ n.
ichtyomorphe /iktjɔ-/ adj.
ichtyophage /iktjɔ-/ adj. et n.
ichtyophagie /iktjɔ-/ n. f.
ichtyornis /iktjɔʀnis/ n. m.
ichtyosaure /iktjo-/ n. m.
ichtyosaurien /iktjo-/ n. m.
ichtyose /iktjoz/ n. f.
ichtyosisme /iktjo-/ n. m.
ichtyotoxine /iktjo-/ n. f.
ichtys /iktis/ n. m.
→ **ichthys**
ici adv.
▸ **d'ici (à ce) que** (+ subj.) *d'ici qu'il ne fasse plus rien, il n'y a pas loin*
⌘ La locution **d'ici**, qui marque un point de départ dans le temps, peut être suivie facultativement de la préposition **à** : *j'aurai fini d'ici à demain* ou *d'ici demain* ; *d'ici à trois jours* ou *d'ici trois jours* ; *d'ici à la fin du mois* ou *d'ici la fin du mois*.
➾ **Ici même** s'écrit sans trait d'union.
ici-bas loc. adv.
icigo adv.
icoglan n. m.
icone n. m. (signe, symbole)
▫ rec. off. : **icône**
HOM. **icône**
icône n. f.
(figure)
▫ rec. off. pour **icone**
HOM. **icone**
iconicité n. f.
iconique adj.
iconiquement adv.
iconiser v. tr. | conjug. 1 |
iconoclasme n. m.
iconoclaste n. et adj.
iconoclastie n. f.
iconoclastique adj.
iconogène n. m.
iconographe n.
iconographie n. f.
iconographique adj.
iconolâtre n.
iconolâtrie n. f.
iconolâtrique adj.
iconologie n. f.
iconologiste n.
iconologue n.
iconomètre n. m.
iconophile adj. et n.
iconophobe adj. et n.
iconoscope n. m.
iconostase n. f.
iconothèque n. f.
icophone n. m.
icosaédral, ale, aux adj.
icosaèdre n. m.
icosagone n. m.
icosandre adj.
icosigone adj. et n. m.
ictère n. m.
ictéridé n. m.
ictérigène adj.
ictérique adj.
ictérohémorragique adj.
ictus /iktys/ n. m.
id. abrév.
▫ abrév. de **idem**
Ξ Cette abréviation ne s'emploie qu'à l'écrit. Elle se met en italique dans un texte en romain et en romain dans un texte en italique.
HOM. **ide**
ide n. m.
idéal, ale, als ou **aux** adj. et n. m.
Ξ Au masculin pluriel, on peut employer *idéals* ou *idéaux*. Les deux formes sont admises par l'Académie.
idéalement adv.
idéalisable adj.
idéalisant, ante adj.
idéalisateur, trice adj. et n.
idéalisation n. f.
idéaliser v. tr. | conjug. 1 |
idéalisme n. m.
idéaliste adj. et n.
idéalité n. f.
idéat n. m.
idéation n. f.
idéationnel, elle adj.
idée n. f.
idéel, elle adj.
idéer v. tr. | conjug. 1 |
idem /idɛm/ adv.
idempotent, ente /idɛm-/ adj.
identifiable adj.
identifiant, iante adj. et n. m.
identificateur, trice adj. et n. m.
identification n. f.
identificatoire adj.

identifier v. tr. | conjug. 7 |
⌘ Ce verbe se construit indifféremment avec *à*, *et* ou *avec* : *identifier une chose à une autre* ou *une chose avec une autre* ou *une chose et une autre*.
¬ **s'identifier**
➾ Aux temps composés de la forme pronominale, le participe passé s'accorde en genre et en nombre avec le sujet : *elle s'est identifiée à sa chanteuse préférée*.
identique adj.
identiquement adv.
identitaire adj.
identité n. f.
idéogramme n. m.
idéographie n. f.
idéographique adj.
idéographiquement adv.
idéologie n. f.
idéologique adj.
idéologiquement adv.
idéologisation n. f.
idéologiser v. tr. | conjug. 1 |
idéologue n.
idéomoteur, trice adj.
idéophone n. m.
ides n. f. pl.
id est /idɛst/ loc. conj.
idie ou **idia** n. f.
idioglossie n. f.
idiogramme n. m.
idiolectal, ale, aux adj.
idiolecte n. m.
idiologie n. f.
idiomatique adj.
idiome n. m.
idiomorphe adj.
idiopathie n. f.
idiopathique adj.
idiophone n. m.
idiorythmie n. f.
idiosyncrasie n. f.
idiosyncrasique adj.
idiot, idiote adj. et n.
idiotement adv.
idiotie /-si/ n. f.
idiotiser v. tr. | conjug. 1 |
idiotisme n. m.
idocrase n. f.
idoine adj.
idolâtre adj. et n.
idolâtrement adv.
idolâtrer v. tr. | conjug. 1 |
idolâtrie n. f.
idolâtrique adj.
idolâtriquement adv.
idole n. f.
☯ Ce mot est toujours féminin, même pour parler d'un homme : *il fut l'une des plus grandes idoles des années 1980*.
idonéité n. f.
idylle n. f.
☯ Ce mot est féminin : *une idylle*.
idyllique adj.
idylliquement adv.
i. e. loc. conj.
◻ abrév. de **id est**
Ξ Cette abréviation ne s'emploie qu'à l'écrit. Elle se met en italique dans un texte en romain et en romain dans un texte en italique.
iemschik n. m.
if n. m.
HOM. **hyphe**
iftar n. m.
igame n. m.
igamie n. f.
igloo /iglu/ ou **iglou** n. m.
igname /iɲam ; ignam/ n. f.
ignare adj.
➾ Ne pas écrire **ignard*.
ignatie n. f.
ignatien, ienne adj.
igné, ée /igne ; iɲe/ adj.
ignescent, ente /igne- ; iɲe-/ adj.
ignicole /igni- ; iɲi-/ adj. et n.
ignifère /igni- ; iɲi-/ adj.
ignifugation /igni- ; iɲi-/ n. f.
ignifuge /igni- ; iɲi-/ adj.
ignifugeant, ante /igni- ; iɲi-/ adj. et n. m.
ignifuger /igni- ; iɲi-/ v. tr. | conjug. 3 |
ignigène /igni- ; iɲi-/ adj.
igniponcture ou **ignipuncture** /igni- ; iɲi-/ n. f.
ignition /igni- ; iɲi-/ n. f.
ignivore /igni- ; iɲi-/ adj.
ignobilité n. f.
ignoble adj.
ignoblement adv.
ignominie n. f.
ignominieusement adv.
ignominieux, ieuse adj.
ignoramment adv.
ignorance n. f.
ignorant, ante adj.
ignorantin adj. m. et n. m.
ignorantisme n. m.
ignorantissime adj. et n.
ignorantiste adj. et n.
ignoré, ée adj.
ignorer v. tr. | conjug. 1 |
Ξ Dans le langage courant, **ignorer que** s'emploie avec l'indicatif ou le conditionnel : *j'ignorais que vous étiez présent ; j'ignorais que*

vous seriez déjà parti à mon arrivée. Il s'emploie parfois avec le subjonctif dans le langage littéraire : *j'ignorais que vous fussiez présent*.
Attention à l'emploi de **vous n'êtes pas sans ignorer**, qui signifie « vous ignorez » et non pas « vous savez ». Dans ce sens, il faut dire **vous n'ignorez pas** ou **vous n'êtes pas sans savoir**.
¬ **s'ignorer**
➻ Aux temps composés de la forme pronominale, le participe passé s'accorde en genre et en nombre avec le sujet : *elles se sont ignorées toute la soirée*.
iguane n. m.
iguanidé n. m.
iguanodon n. m.
igue n. f.
I. H. P. n.
□ abrév. de **interne des hôpitaux de Paris**
ihram n. m.
ikebana /ikebana/ ou **ikébana** n. m.
il pron. pers. m.
♪ Dans la langue familière, le *l* n'est pas toujours prononcé : *il dit* /idi/ ; *ils ont dit* /izɔ̃di/. Cette prononciation doit être évitée dans la langue soignée.
HOM. **hile, île, iles**
→ aussi **qui**
ilang-ilang ▪ plur. **ilangs-ilangs** ou **ylang-ylang** ▪ plur. **ylangs-ylangs** n. m.
île ou **ile**○ n. f.
➻ Ce mot s'écrit avec une majuscule quand il entre dans la composition (avec traits d'union) d'un nom propre qui désigne une unité administrative : *l'Île-aux-Moines* (commune) ; *l'Île-de-France* (Région). Il s'écrit avec une minuscule quand il désigne une entité géographique et est déterminé par un nom ou un adjectif qui, lui, s'écrit avec une majuscule : *l'île Saint-Louis ; l'île de Ré ; les îles Britanniques ; les îles Canaries*.
HOM. **hile, il, iles**
iléal, ale, aux adj.
iléite n. f.
iléocæcal, ale, aux /-sekal, o/ adj.
iléocolique adj.
iléocolite n. f.
iléon n. m.
iléostomie n. f.
iles n. m. pl.
HOM. **hile, il, île**
îlet ou **ilet**○ n. m.
îlette ou **ilette**○ n. f.
iléus /ileys/ n. m.
iliaque adj.
ilicacée ou **ilicinée** n. f.
îlien, îlienne ou **ilien, ienne**○ adj. et n.
iliofémoral, ale, aux adj.
ilion n. m.
illabourable adj.
illacérable adj.
illatif, ive adj.
illation n. f.
illationnisme n. m.
illégal, ale, aux adj.
illégalement adv.
illégalité n. f.
illégitime adj.
illégitimement adv.
illégitimité n. f.
illettré, ée adj. et n.
illettrisme n. m.
illibéral, ale, aux adj.
illicéité ou **illicité** n. f.
illicite adj.
illicitement adv.
illico adv.
illimitable adj.
illimitant, ante adj.
illimitation n. f.
illimité, ée adj. et n. m.
illisibilité n. f.
illisible adj.
illisiblement adv.
illite n. f.
illocutionnaire adj.
illocutoire adj. et n. m.
illogique adj.
illogiquement adv.
illogisme n. m.
illuminable adj.
illuminant, ante adj.
illuminateur n. m.
illuminatif, ive adj.
illumination n. f.
illuminé, ée adj. et n.
illuminer v. tr. | conjug. 1 |
ϟ Ne pas confondre **illuminer**, qui signifie « éclairer », avec **enluminer**, qui signifie « orner d'enluminures » ou « colorer vivement » (*la fièvre enlumine le visage*).
¬ **s'illuminer**
➻ Aux temps composés de la forme pronominale, le participe passé s'accorde en genre et en nombre avec le sujet : *ses yeux se sont illuminés*.
illuminisme n. m.
illuministe adj. et n.
illuné, ée adj.
illusion n. f.
illusionnant, ante adj.
illusionnel, elle adj.

illusionner v. tr. | conjug. 1 |
¬ **s'illusionner**
➾ Aux temps composés de la forme pronominale, le participe passé s'accorde en genre et en nombre avec le sujet : *ils se sont illusionnés sur leurs chances de succès.*
illusionnisme n. m.
illusionniste n.
illusoire adj.
illusoirement adv.
illustrateur, trice n.
illustratif, ive adj.
illustration n. f.
illustre adj.
illustré, ée adj. et n. m.
illustrement adv.
illustrer v. tr. | conjug. 1 |
¬ **s'illustrer**
➾ Aux temps composés de la forme pronominale, le participe passé s'accorde en genre et en nombre avec le sujet : *ils se sont illustrés dans la peinture.*
illustrissime adj.
illutation n. f.
illuvial, iale, iaux adj.
illuviation n. f.
illuvium /i(l)lyvjɔm/ ou **illuvion** n. m.
illyrien, ienne adj. et n.
➾ L'adjectif s'écrit sans majuscule : *la population illyrienne.* Le nom s'écrit avec une majuscule uniquement quand il désigne une personne : *les Illyriens ; une Illyrienne* mais *ils parlaient l'illyrien.*
illyrique adj.
I. L. M. n. m.
▫ abrév. de **immeuble à loyer modéré**
ilménite n. f.
ilomba n. m.
îlot ou **ilot**° n. m.
îlotage ou **ilotage**° n. m.
ilote ou **hilote** n.
ilotie n. f.
îlotier, ière ou **ilotier, ière**° n.
ilotisme n. m.
I. L. S. n. m.
▫ abrév. de **instrument landing system**
image n. f.
imagé, ée adj.
imageant, ante adj.
imager v. tr. | conjug. 3 |
imagerie n. f.
imageur n. m.
imagiciel n. m.
imagicien, ienne n.
¹imagier, ière adj.
HOM. formes du v. **imager**
²imagier n.
➾ Quand il désigne un livre d'images, ce mot est un nom déposé qui doit s'écrire avec une majuscule : *de vieux Imagiers.* Toutefois, on le trouve fréquemment employé comme nom générique sans respect de la règle : *de vieux imagiers.*
HOM. formes du v. **imager**
imaginable adj.
→ aussi **inimaginable**
imaginaire adj. et n. m.
HOM. forme du v. **imaginer**
imaginairement adv.
imaginal, ale, aux adj.
imaginant, ante adj.
imaginateur, trice n.
imaginatif, ive adj. et n.
imagination n. f.
imaginativement adv.
imaginé, ée adj.
imaginer v. tr. | conjug. 1 |
⌘ Ne pas confondre les constructions **imaginer que** et **imaginer de**. **Imaginer que** signifie « se représenter dans l'esprit » ou « supposer ». **Imaginer de** signifie « avoir l'idée de » : *il imagina de modifier la disposition des meubles.*
¬ **s'imaginer**
⌘ La construction ***s'imaginer de** (+ inf.) (**il s'imagine de pouvoir tout changer*) est fautive. Il faut employer **s'imaginer** (+ inf.) : *il s'imagine pouvoir tout changer.*
➾ Aux temps composés de la forme pronominale, le participe passé s'accorde en genre et en nombre avec le sujet : *elle s'est imaginée à cinquante ans.* Mais le participe passé ne s'accorde pas quand il est suivi d'un complément d'objet direct : *elle s'est imaginé qu'il changerait d'avis ; ils se sont imaginé une autre vie.* Il ne s'accorde avec le complément d'objet direct que lorsque celui-ci est placé avant le verbe : *la vie qu'ils se sont imaginée.*
imagisme n. m.
imagiste adj. et n.
imago n. m. et f.
☯ En biologie, ce mot s'emploie au masculin ou au féminin. En psychanalyse, il s'emploie au féminin.
imagoïque adj.
imam /imam/ n. m.
imamat n. m.
IMAO n. m. inv.
▫ abrév. de **inhibiteur de la monoamine oxydase**
imbasculable adj.
imbattable adj.
imbattu, ue adj.
imbécile adj. et n.
➾ Ne pas écrire **imbécille.*

imbécilement adv.
imbécillité ou **imbécilité** n. f.
imbelle adj.
imbelliqueux, euse adj.
imberbe adj.
imberline n. f.
imbiber v. tr. | conjug. 1 |
¬ **s'imbiber**
➾ Aux temps composés de la forme pronominale, le participe passé s'accorde en genre et en nombre avec le sujet : *la terre s'est imbibée d'eau.*
imbibition n. f.
imbitable ou **imbittable** adj.
imblocation n. f.
imbouchable adj.
imbriaque adj. et n.
imbrication n. f.
➾ Ce mot s'écrit avec un *c*, contrairement à *imbriquer*.
imbriqué, ée adj.
imbriquer v. tr. | conjug. 1 |
¬ **s'imbriquer**
➾ Aux temps composés de la forme pronominale, le participe passé s'accorde en genre et en nombre avec le sujet : *les pièces se sont imbriquées.*
imbrisable adj.
imbroglio /ɛ̃bʀɔljo ; ɛ̃bʀɔglijo/ n. m.
imbrûlable ou **imbrulable**○ adj.
imbrûlé, ée ou **imbrulé, ée**○ adj. et n. m.
imbu, ue adj.
imbuvable adj.
I. M. C. adj. inv.
□ abrév. de **infirme moteur cérébral**
imidazole n. m.
imide n. m.
imine n. f.
imitabilité n. f.
imitable adj.
imitateur, trice n.
imitatif, ive adj.
imitation n. f.
imité, ée adj.
imiter v. tr. | conjug. 1 |
immaculé, ée adj.
immanence n. f.
immanent, ente adj.
immanentisme n. m.
immanentiste adj. et n.
immangeable adj.
immaniable adj.
immanquable adj.
immanquablement adv.
immarcescible adj.
immariable adj.
immatérialisme n. m.
immatérialiste n.
immatérialité n. f.
immatériel, ielle adj.
immatériellement adv.
immatriculation n. f.
immatricule n. f.
immatriculer v. tr. | conjug. 1 |
immaturation n. f.
immature adj.
immaturé, ée adj.
immaturité n. f.
immédiat, iate adj. et n. m.
immédiatement adv.
immédiateté n. f.
immédiation n. f.
immelmann n. m.
immémorable adj.
immémoré, ée adj.
immémorial, iale, iaux adj.
immémorialement adv.
immense adj.
immensément adv.
immensité n. f.
immensurable adj.
immergé, ée adj.
immergence n. f.
immergent, ente adj.
immerger v. tr. | conjug. 3 |
immérité, ée adj.
immersif, ive adj.
immersion n. f.
immesuré, ée adj.
immettable adj.
immeuble adj. et n. m.
immigrant, ante adj. et n.
immigration n. f.
immigré, ée adj. et n.
immigrer v. intr. | conjug. 1 |
ϟ Ne pas confondre **immigrer**, qui signifie « entrer dans un pays pour s'y établir », avec **émigrer**, qui signifie « quitter son pays pour s'établir dans un autre ».
imminence n. f.
imminent, ente adj.
ϟ Ne pas confondre **imminent**, qui signifie « qui va se produire dans très peu de temps », avec **éminent**, qui signifie « remarquable, supérieur ».
immiscer (s') v. pron. | conjug. 3 |
➾ Aux temps composés, le participe passé s'accorde en genre et en nombre avec le sujet : *ils se sont immiscés dans leurs affaires.*
immiscible adj.
immiséricordieux, euse adj.
immixtion /imiksjɔ̃/ n. f.
➾ Ne pas employer **immiscion,* qui n'existe pas.

immobile adj.
immobilement adv.
immobilier, ière adj. et n. m.
immobilisable adj.
immobilisant, ante adj.
immobilisation n. f.
immobiliser v. tr. | conjug. 1 |
¬ **s'immobiliser**
➾ Aux temps composés de la forme pronominale, le participe passé s'accorde en genre et en nombre avec le sujet : *la voiture s'est immobilisée.*
immobilisme n. m.
immobiliste adj. et n.
immobilité n. f.
immodération n. f.
immodéré, ée adj.
immodérément adv.
immodeste adj.
immodestement adv.
immodestie n. f.
immodifiable adj.
immolateur, trice n.
immolation n. f.
immoler v. tr. | conjug. 1 |
¬ **s'immoler**
➾ Aux temps composés de la forme pronominale, le participe passé s'accorde en genre et en nombre avec le sujet : *elle s'est immolée par le feu.*
immonde adj.
immondice n. f.
immondicité n. f.
immoral, ale, aux adj.
ϟ Ne pas confondre **immoral**, qui signifie « contraire à la morale » (*un acte immoral*), avec **amoral**, qui signifie « qui n'a pas de morale » (*une science amorale*).
immoralement adv.
immoralisme n. m.
immoraliste adj. et n.
immoralité n. f.
immortalisation n. f.
immortaliser v. tr. | conjug. 1 |
immortalité n. f.
immortel, elle adj. et n.
immortelle n. f.
immortellement adv.
immortification n. f.
immoticien, ienne n.
immotique n. f.
immotivé, ée adj.
immuabilité n. f.
immuable adj.
immuablement adv.
immun, une adj.
immunigène adj.
immunisant, ante adj.
immunisation n. f.
immuniser v. tr. | conjug. 1 |
¬ **s'immuniser**
➾ Aux temps composés de la forme pronominale, le participe passé s'accorde en genre et en nombre avec le sujet : *ils se sont immunisés.*
immunisine n. f.
immunitaire adj.
immunité n. f.
immunition n. f.
immunoanalyse n. f.
immunochimie n. f.
immunocompétence n. f.
immunocompétent, ente adj.
immunodéficience n. f.
immunodéficit n. m.
immunodéficitaire n. et adj.
immunodépresseur n. m.
immunodépressif, ive adj.
immunodépression n. f.
immunodéprimé, ée adj. et n.
immunoélectrophorèse n. f.
immunofluorescence n. f.
immunogène adj.
immunogénétique n. f.
immunoglobuline n. f.
immunologie n. f.
immunologique adj.
immunologiste n.
immunostimulant, ante adj. et n. m.
immunosuppresseur n. m.
immunosuppressif, ive adj.
immunosuppression n. f.
immunothérapie n. f.
immunotolérance n. f.
immunotolérant, ante adj.
immunotransfusion n. f.
immutabilité n. f.
immutable adj.
impact n. m.
Ξ Ce mot s'emploie au sens figuré pour désigner l'effet d'une action forte, brutale : *l'impact de la nouvelle a été terrible.* L'emploi au sens de « influence » (*l'impact de la recherche sur le développement économique*) est critiqué et doit être évité dans le langage soigné.
HOM. formes du v. **impacter**
impacté, ée adj.
impacter v. tr. | conjug. 1 |
impacteur n. m.
impaction n. f.
impair, aire adj. et n. m.
HOM. **imper**
impala n. m.
impalpabilité n. f.

impalpable adj.
impalpablement adv.
impalpé, ée adj.
impaludation n. f.
impaludé, ée adj.
impaludisme n. m.
impanation n. f.
imparable adj.
impardonnable adj.
impardonnablement adv.
impardonné, ée adj.
imparfait, aite adj. et n. m.
imparfaitement adv.
imparidigité, ée adj.
imparinervé, ée adj.
imparipenné, ée adj.
imparisyllabique adj. et n. m.
imparité n. f.
impartageable adj.
imparti, ie adj.
impartial, iale, iaux adj.
impartialement adv.
impartialité n. f.
impartir v. tr. | conjug. 2 |
CONJUG. Ce verbe ne s'emploie qu'à l'infinitif, à l'indicatif présent et au participe passé.
impartition n. f.
impassable adj.
impasse n. f.
☯ Ce mot est féminin : *une impasse*.
impassibilité n. f.
impassible adj.
ϟ Ne pas confondre **impassible**, qui signifie « qui ne montre aucune émotion », avec **impavide**, qui signifie « qui ne montre aucune crainte ».
impassiblement adv.
impastation n. f.
impatiemment /-sjamɑ̃/ adv.
impatience /ɛ̃pasjɑ̃s/ n. f.
HOM. **impatiens**
impatiens /ɛ̃pasjɑ̃s/ n. f.
HOM. **impatience**
impatient, iente /ɛ̃pasjɑ̃, ɑ̃t/ adj.
impatientant, ante /ɛ̃pasjɑ̃tɑ̃, ɑ̃t/ adj.
impatienter /ɛ̃pasjɑ̃te/ v. tr. | conjug. 1 |
¬ **s'impatienter**
➾ Aux temps composés de la forme pronominale, le participe passé s'accorde en genre et en nombre avec le sujet : *elles se sont impatientées*.
impatrié, iée adj. et n.
impatronisation n. f.
impatroniser v. tr. | conjug. 1 |
¬ **s'impatroniser**
➾ Aux temps composés de la forme pronominale, le participe passé s'accorde en genre et en nombre avec le sujet : *ils se sont impatronisés chez moi*.
impavide adj.
ϟ Ne pas confondre **impavide**, qui signifie « qui ne montre aucune crainte », avec **impassible**, qui signifie « qui ne montre aucune émotion ».
impavidement adv.
impavidité n. f.
impayable adj.
impayé, ée adj. et n. m.
impeachment /impitʃmɛnt/ n. m.
impec adj. inv. et adv.
▫ abrév. de **impeccable** ou abrév. de **impeccablement**
impeccabilité n. f.
impeccable adj.
impeccablement adv.
impécunieux, ieuse adj.
impécuniosité n. f.
impédance n. f.
impédancemètre n. m.
impedimenta ou **impédimentas**○ /ɛ̃pedimɛ̃ta ; ɛ̃pedimɛnta/ n. m. pl.
impeignable adj.
impénétrabilité n. f.
impénétrable adj.
impénétrablement adv.
impénétré, ée adj.
impénitence n. f.
impénitent, ente adj.
impensabilité n. f.
impensable adj.
impensablement adv.
impense n. f.
impensé, ée adj. et n. m.
imper n. m.
▫ abrév. de **imperméable**
HOM. **impair**
impérant adj. m.
impératif, ive n. m. et adj.
impérativement adv.
impérativité n. f.
impératoire adj. et n. f.
impératrice n. f.
➾ Ce mot s'écrit sans majuscule : *l'impératrice Eugénie ; Catherine II, impératrice de Russie*.
imperceptibilité n. f.
imperceptible adj.
imperceptiblement adv.
imperdable adj. et n. f.
imperfectibilité n. f.
imperfectible adj.
imperfectif, ive adj.
imperfection n. f.
imperforation n. f.
imperforé, ée adj.

impérial, iale, iaux adj. et n.
impérialement adv.
impérialisé, ée adj.
impérialisme n. m.
impérialiste n. et adj.
impérieusement adv.
impérieux, ieuse adj.
impériosité n. f.
impérissable adj.
impérissablement adv.
impéritie n. f.
imperium ou **impérium**○ /ɛ̃peʀjɔm/ n. m.
impermanence n. f.
impermanent, ente adj.
imperméabilisant, ante adj. et n. m.
imperméabilisation n. f.
imperméabiliser v. tr. | conjug. 1 |
imperméabilité n. f.
imperméable adj. et n. m.
impermutable adj.
impersévérance n. f.
impersonnaliser v. tr. | conjug. 1 |
impersonnalité n. f.
impersonnel, elle adj.
impersonnellement adv.
impersonnifié, ée adj.
impertinemment /-amɑ̃/ adv.
impertinence n. f.
impertinent, ente adj.
imperturbabilité n. f.
imperturbable adj.
imperturbablement adv.
imperturbé, ée adj.
impesanteur n. f.
impétigineux, euse adj.
impétiginisation n. f.
impétigo n. m.
impétrable adj.
impétrant, ante n.
impétration n. f.
impétrer v. tr. | conjug. 6 |
impétueusement adv.
impétueux, euse adj.
impétuosité n. f.
impeuplé, ée adj.
impie adj. et n.
impiété n. f.
impitoyabilité n. f.
impitoyable adj.
impitoyablement adv.
implacabilité n. f.
implacable adj.
implacablement adv.
implaidable adj.
implant n. m.
implantable adj.
implantateur, trice adj. et n.
implantation n. f.
implanté n. m.
implanter v. tr. | conjug. 1 |
¬ s'implanter
➾ Aux temps composés de la forme pronominale, le participe passé s'accorde en genre et en nombre avec le sujet : *cette société s'est implantée à l'étranger.*
implanteur, euse n. et adj.
implantologie n. f.
implantologiste n.
implémentation n. f.
implémenter v. tr. | conjug. 1 |
implexe adj. et n. m.
impliable adj.
implication n. f.
implicite adj.
implicitement adv.
impliquer v. tr. | conjug. 1 |
¬ s'impliquer
➾ Aux temps composés de la forme pronominale, le participe passé s'accorde en genre et en nombre avec le sujet : *ils se sont impliqués dans leur travail.*
implorable adj.
implorant, ante adj.
implorateur, trice n. et adj.
imploration n. f.
implorer v. tr. | conjug. 1 |
imploser v. intr. | conjug. 1 |
implosif, ive adj.
implosion n. f.
HOM. formes du v. **imploser**
imployable adj.
impluvium /ɛ̃plyvjɔm/ n. m.
impolarisable adj.
impoli, ie adj.
impoliment adv.
impolitesse n. f.
impolitique adj.
impolitiquement adv.
impolluable adj.
impollué, ée adj.
impondérabilité n. f.
impondérable adj.
impondéré, ée adj.
impopulaire adj.
impopulairement adv.
impopularité n. f.
import n. m.
importable adj.
importance n. f.
important, ante adj.
importateur, trice n. et adj.

importation n. f.
[1]**importer** v. tr. | conjug. 1 | (introduire dans un pays)
[2]**importer** v. intr. et v. tr. ind. | conjug. 1 | (avoir de l'importance)
CONJUG. Ce verbe ne s'emploie qu'à l'infinitif, au participe présent et à la troisième personne.
▸ **importer à qqn** *ton avis m'importe au plus haut point*
▸ **il importe de** (+ inf.) *il importe de ne pas se tromper*
▸ **il importe que** (+ subj.) *il importe que le retard soit comblé*
⌘ Dans les locutions **peu importe** et **qu'importe**, l'accord du verbe avec le sujet pluriel postposé est facultatif : *peu m'importe(nt) les critiques ; qu'importe(nt) les obstacles.*
import-export n. m. ▪ plur. **imports-exports**
importun, une adj. et n.
⚡ Ne pas confondre **importun** avec **inopportun**. **Importun** signifie « qui déplaît, qui gêne par son caractère ou sa conduite hors de propos » et peut s'employer pour qualifier les personnes ou les choses : *un visiteur importun ; une visite importune.* **Inopportun** signifie « qui est inapproprié, hors de propos » et ne s'emploie que pour qualifier les choses : *une demande inopportune.*
importunément adv.
importuner v. tr. | conjug. 1 |
importunité n. f.
imposable adj.
imposant, ante adj.
imposé, ée adj. et n.
imposer v. tr. | conjug. 1 |
¬ **s'imposer**
➾ Aux temps composés de la forme pronominale, le participe passé s'accorde en genre et en nombre avec le sujet : *notre équipe s'est imposée en finale.* Mais le participe passé ne s'accorde pas quand il est suivi d'un complément d'objet direct : *ils se sont imposé une discipline très stricte.* Il ne s'accorde avec le complément d'objet direct que lorsque celui-ci est placé avant le verbe : *la discipline très stricte qu'ils se sont imposée.*
imposeur n. m.
imposition n. f.
impossibilité n. f.
impossible adj. et n. m.
imposte n. f.
imposteur n. m.
☯ Ce mot n'a pas de forme féminine mais peut s'employer pour parler d'une femme : *la voyante était un imposteur.*
imposture n. f.
impôt n. m.
impotable adj.
impotence n. f.
impotent, ente adj. et n.
impouvoir n. m.
impraticabilité n. f.
impraticable adj.
impratique adj.
impratiqué, ée adj.
imprécateur, trice n. et adj.
imprécation n. f.
imprécatoire adj.
imprécis, ise adj.
imprécisable adj.
imprécisé, ée adj.
imprécisément adv.
imprécision n. f.
imprédictible adj.
imprégnable adj.
imprégnant, ante adj.
imprégnation n. f.
imprégner v. tr. | conjug. 6 |
¬ **s'imprégner**
➾ Aux temps composés de la forme pronominale, le participe passé s'accorde en genre et en nombre avec le sujet : *les éponges se sont imprégnées d'eau.*
imprenabilité n. f.
imprenable adj.
impréparation n. f.
imprésario ▪ plur. **imprésarios** ou **impresario** /ɛ̃pʀesaʀjo ; ɛ̃pʀezaʀjo/ ▪ plur. **impresarios** ou plur. **impresarii** n.
☰ On peut employer le pluriel francisé *imprésarios* ou *impresarios* ou le pluriel à l'italienne *impresarii*. Le véritable pluriel italien, *impresari*, est rarement employé en français.
☯ Pour parler d'une femme, le *Guide d'aide à la féminisation des noms de métiers, titres, grades et fonctions* et l'Office québécois de la langue française préconisent l'emploi de *imprésario* au féminin : *une imprésario réputée.* En Suisse, il est recommandé d'employer la forme *imprésaria.*
imprescriptibilité n. f.
imprescriptible adj.
impresse adj. f.
impressibilité n. f.
impressible adj.
impressif, ive adj. et n.
impression n. f.
impressionnabilité n. f.
impressionnable adj.
impressionnant, ante adj.
impressionner v. tr. | conjug. 1 |
impressionnisme n. m.
➾ Comme tous les noms de courants artistiques, ce mot s'écrit sans majuscule : *les grands noms de l'impressionnisme.*

impressionniste n. et adj.
➾ Comme tous les mots désignant ou qualifiant un courant artistique ou ses représentants, ce mot s'écrit sans majuscule : *le mouvement impressionniste ; les impressionnistes.*
imprévisibilité n. f.
imprévisible adj.
imprévisiblement adv.
imprévision n. f.
imprévoyable adj.
imprévoyance n. f.
imprévoyant, ante adj. et n.
imprévu, ue adj. et n. m.
imprimable adj.
imprimage n. m.
imprimant, ante adj.
imprimante n. f.
imprimatur n. m. ■ plur. inv. ou plur. **imprimaturs**
imprimé, ée adj. et n. m.
imprimer v. tr. | conjug. 1 |
imprimerie n. f.
imprimeur, euse n.
improbabilité n. f.
improbable adj.
improbablement adv.
improbateur, trice n. et adj.
improbatif, ive adj.
improbation n. f.
improbe adj.
improbité n. f.
improductif, ive adj.
improductivement adv.
improductivité n. f.
impromptu, ue /ɛ̃pʀɔ̃pty/ n. m., adj. et adv.
➾ L'adverbe est invariable : *elles sont arrivées impromptu.*
imprononçable adj.
imprononcé, ée adj.
impropères n. m. pl.
impropre adj.
improprement adv.
impropriété n. f.
improuvable adj.
improuver v. tr. | conjug. 1 |
improvisade n. f.
improvisateur, trice n.
improvisation n. f.
improviser v. tr. | conjug. 1 |
¬ **s'improviser**
➾ Aux temps composés de la forme pronominale, le participe passé s'accorde en genre et en nombre avec le sujet : *elle s'est improvisée chef d'entreprise.*
improviste (à l') loc. adv.
imprudemment /-amɑ̃/ adv.
imprudence n. f.
imprudent, ente adj. et n.
impubère n.
impuberté n. f.
impubliable adj.
impudemment /-amɑ̃/ adv.
impudence n. f.
impudent, ente adj.
impudeur n. f.
impudicité n. f.
impudique adj.
impudiquement adv.
impuissance n. f.
impuissant, ante adj.
impulser v. tr. | conjug. 1 |
Ξ Ce mot est un anglicisme parfois critiqué. Il est toutefois accepté par l'Académie.
impulseur n. m.
impulsif, ive adj. et n.
impulsion n. f.
impulsionnel, elle adj.
impulsivement adv.
impulsivité n. f.
impunément adv.
impuni, ie adj.
impunissable adj.
impunité n. f.
impur, ure adj.
impurement adv.
impureté n. f.
imputabilité n. f.
imputable adj.
imputation n. f.
imputer v. tr. | conjug. 1 |
▸ **imputer qqch. à** (+ n.) *elle a imputé l'erreur à son collègue ; imputer un échec à la malchance*
Ξ La construction **imputer qqch. à** suivie d'un nom sans article est vieillie ou littéraire : *imputer un acte à crime ; on lui impute à erreur d'avoir fait cela.*
¬ **s'imputer**
➾ Aux temps composés de la forme pronominale, le participe passé ne s'accorde pas quand il est suivi d'un complément d'objet direct : *elles se sont mutuellement imputé leurs échecs.* Il s'accorde avec le complément d'objet direct quand celui-ci est placé avant le verbe : *les échecs qu'elles se sont mutuellement imputés.*
imputrescibilité n. f.
imputrescible adj.
in /in/ adj. inv.
Ξ Pour remplacer **voix in**, il est officiellement recommandé d'employer **voix dans le champ**.
inaboli, ie adj.
inabordable adj.

inabouti, ie adj.
inabrité, ée adj.
inabrogeable adj.
in absentia /inapsɑ̃sja ; inapsɛ̃sja/ loc. adv.
in abstracto /inapstʀakto/ loc. adv.
inaccentué, ée adj.
inacceptable adj.
inacceptation n. f.
inaccepté, ée adj.
inaccessibilité n. f.
inaccessible adj.
inaccompli, ie adj.
inaccomplissement n. m.
inaccordable adj.
inaccostable adj.
inaccoutumance n. f.
inaccoutumé, ée adj.
inaccusable adj.
inachetable adj.
inachevable adj.
inachevé, ée adj.
inachèvement n. m.
inachever v. tr. | conjug. 5 |
inactif, ive adj.
inactinique adj.
inaction n. f.
inactivation n. f.
inactiver v. tr. | conjug. 1 |
inactivité n. f.
inactualisable adj.
inactualité n. f.
inactuel, elle adj.
inadaptabilité n. f.
inadaptable adj.
inadaptation n. f.
inadapté, ée adj.
inadéquat, quate /-kwa(t), kwat/ adj.
♪ La prononciation du *t* au masculin est critiquée. Dans la langue soignée, il est préférable de l'éviter.
inadéquatement /-kwa-/ adv.
inadéquation /-kwa-/ n. f.
inadmis, ise adj.
inadmissibilité n. f.
inadmissible adj.
inadmission n. f.
inadvertance n. f.
inadvertant, ante adj.
inaffecté, ée adj.
inaffection n. f.
inaffectueux, euse adj.
inajournable adj.
inaliénabilité n. f.
inaliénable adj.
inaliénablement adv.
inaliénation n. f.
inalliable adj.
inalpage n. m.
inalpe n. f.
inaltérabilité n. f.
inaltérable adj.
inaltérablement adv.
inaltéré, ée adj.
inamendable adj.
inamical, ale, aux adj.
inamicalement adv.
inamissibilité n. f.
inamissible adj.
inamovibilité n. f.
inamovible adj.
inamusable adj.
inanalysable adj.
inanalysé, ée adj.
inane adj.
inanimation n. f.
inanimé, ée adj.
inanisation n. f.
inanité n. f.
inanitié, ée adj.
inanition n. f.
inapaisable adj.
inapaisé, ée adj.
inapaisement n. m.
inaperçu, ue adj.
inapparent, ente adj.
inappétence n. f.
inapplicabilité n. f.
inapplicable adj.
inapplication n. f.
inappliqué, ée adj.
inappréciable adj.
inappréciablement adv.
inapprécié, ée adj.
inapprivoisable adj.
inapprivoisé, ée adj.
inapprochable adj.
inappropriable adj.
inapproprié, iée adj.
inapte adj. et n.
ϟ Ne pas confondre **inapte**, qui signifie « incapable », avec * **inepte**, qui signifie « absurde, stupide ».
inaptitude n. f.
inarrachable adj.
inarrangeable adj.
inarticulable adj.
inarticulation n. f.
inarticulé, ée adj.
inassermenté, ée adj.
inasservi, ie adj.
inassignable adj.
inassimilable adj.

inassimilation n. f.
inassimilé, ée adj.
inassouvi, ie adj.
inassouvissable adj.
inassouvissement n. m.
inattaquable adj.
inattaqué, ée adj.
inatteignable adj.
inattendu, ue adj.
inattentif, ive adj.
inattention n. f.
inattentivement adv.
inattrapable adj.
inattrayant, ante adj.
inaudible adj.
Ξ L'emploi de ce mot au sens de « trop mauvais pour être écouté » (*une musique inaudible*) a été critiqué. Il est aujourd'hui courant et ne peut être considéré comme fautif.
inaugural, ale, aux adj.
inaugurateur, trice n.
inauguration n. f.
inaugurer v. tr. | conjug. 1 |
inauthenticité n. f.
inauthentique adj.
inaverti, ie adj.
inavouable adj.
inavouablement adv.
inavoué, ée adj.
in-bord /inbɔʀ(d)/ adj. inv. et n. ▪ plur. **in-bord(s)**
inca adj. et n.
➾ L'adjectif s'écrit sans majuscule : *le peuple inca ; l'Empire inca*. Le nom s'écrit avec une majuscule : *les Incas ; c'est une Inca*.
incaguer v. tr. | conjug. 1 |
incalculabilité n. f.
incalculable adj.
incalculablement adv.
incandescence n. f.
incandescent, ente adj.
➾ Ne pas écrire **incandescant*.
incantateur, trice n. et adj.
incantation n. f.
incantatoire adj.
incapable adj.
incapacitant, ante adj. et n. m.
incapacité n. f.
incarcérable adj.
incarcérateur, trice n.
incarcération n. f.
incarcérer v. tr. | conjug. 6 |
incardination n. f.
incardiné adj. m.
incarnadin, ine adj.
incarnat, ate adj.
incarnation n. f.
incarné, ée adj.
incarner v. tr. | conjug. 1 |
¬ **s'incarner**
➾ Aux temps composés de la forme pronominale, le participe passé s'accorde en genre et en nombre avec le sujet : *nos espoirs s'étaient incarnés en lui*.
incartade n. f.
incasique adj.
Ξ Contrairement à *inca*, *incasique* ne peut qualifier que des choses : *la civilisation incasique*.
incassable adj.
incatalogable adj.
incendiaire n. et adj.
HOM. forme du v. **incendier**
incendie n. m.
incendier v. tr. | conjug. 7 |
incération n. f.
incertain, aine adj.
incertainement adv.
incertitude n. f.
incessamment adv.
Ξ **Incessamment sous peu** est un pléonasme qui doit être évité dans le langage soigné.
incessant, ante adj.
incessibilité n. f.
incessible adj.
inceste n. m.
incestueusement adv.
incestueux, euse adj.
inchangé, ée adj.
inchangeable adj.
inchantable adj.
inchâtié, ée adj.
inchauffable adj.
inchavirable adj.
inchiffrable adj.
inchoatif, ive /-kɔa-/ adj.
inchoquable adj.
incicatrisable adj.
incidemment /-amɑ̃/ adv.
incidence n. f.
incident, ente adj. et n. m.
incidentel, elle, els adj.
incidenter v. intr. | conjug. 1 |
incinérateur n. m.
incinération n. f.
incinérer v. tr. | conjug. 6 |
incipit /ɛ̃sipit/ n. m. ▪ plur. inv. ou plur. **incipits**
incirconcis, ise adj. et n. m.
incirconcision n. f.
incise n. f. et adj. f.
inciser v. tr. | conjug. 1 |
inciseur n. m.
incisif, ive adj.

incision n. f.
incisive n. f.
incisivement adv.
incisure n. f.
incitant, ante adj. et n. m.
incitateur, trice n.
incitatif, ive adj.
incitation n. f.
inciter v. tr. | conjug. 1 |
▸ **inciter qqn à** (+ n.) *les encouragements nous incitent à l'action*
▸ **inciter qqn à** (+ inf.) *sa réponse m'incite à penser qu'il est innocent*
incitomoteur, trice adj.
incivil, ile adj.
incivilement adv.
incivilisable adj.
incivilisation n. f.
incivilisé, ée adj.
incivilité n. f.
incivique adj.
inciviquement adv.
incivisme n. m.
inclairvoyance n. f.
inclairvoyant, ante adj.
inclassable adj.
inclassé, ée adj.
inclémence n. f.
inclément, ente adj.
inclinable adj.
inclinaison n. f.
⚡ Ne pas confondre **inclinaison** avec **inclination**. **Inclinaison** signifie « état de ce qui est incliné » (*l'inclinaison d'un terrain*) ou « position penchée » (*l'inclinaison du dossier d'un siège*). **Inclination** signifie « action d'incliner (la tête ou le corps) » ou « mouvement affectif ou amoureux » (*avoir de l'inclination pour qqn*).
inclinant adj. m.
inclination n. f.
⚡ Ne pas confondre **inclination** avec **inclinaison**. **Inclination** signifie « action d'incliner (la tête ou le corps) » ou « mouvement affectif ou amoureux » (*avoir de l'inclination pour qqn*). **Inclinaison** signifie « état de ce qui est incliné » (*l'inclinaison d'un terrain*) ou « position penchée » (*l'inclinaison du dossier d'un siège*).
incliné, ée adj.
incliner v. tr. et v. intr. | conjug. 1 |
▸ **incliner à** (+ n.) *un parti qui incline à l'absolutisme*
▸ **incliner à** (+ inf.) *j'incline à penser qu'il a raison*
▸ **incliner pour** (+ n.) *il incline pour cette solution*
▸ **incliner vers** (+ n.) *nous inclinons vers l'indulgence*
¬ **s'incliner**
➾ Aux temps composés de la forme pronominale, le participe passé s'accorde en genre et en nombre avec le sujet : *elle s'est inclinée face à son adversaire.*
inclinomètre n. m.
incluant n. m.
inclure v. tr. | conjug. 35 ; sauf p. p. *inclus* |
inclus, use adj.
➾ Ce mot s'écrit avec un *s*, contrairement à *exclu*.
inclusif, ive adj.
inclusion n. f.
inclusivement adv.
incoagulable adj.
incoercibilité n. f.
incoercible adj.
incoerciblement adv.
incognito adv. et n. m.
incognoscible adj. et n. m.
incohérence n. f.
incohérent, ente adj.
incohésion n. f.
incoiffable adj.
incollable adj.
incolore adj.
incomber v. tr. ind. | conjug. 1 |
▸ **incomber à** (+ n.) *les devoirs qui m'incombent*
▸ **il incombe à qqn de** (+ inf.) *c'est à vous qu'il incombe de faire cette démarche*
CONJUG. Ce verbe ne s'emploie qu'à la troisième personne du singulier et du pluriel.
incombustibilité n. f.
incombustible adj.
incomestible adj.
incommensurabilité n. f.
incommensurable adj.
incommensurablement adv.
incommodant, ante adj.
incommode adj.
incommodément adv.
incommoder v. tr. | conjug. 1 |
incommodité n. f.
incommunicabilité n. f.
incommunicable adj.
incommunication n. f.
incommutabilité n. f.
incommutable adj.
incomparable adj.
incomparablement adv.
incompatibilité n. f.
incompatible adj.
incompétence n. f.
incompétent, ente adj.
incomplet, ète adj.
incomplètement adv.

incomplétude n. f.
incomplexe adj.
incompréhensibilité n. f.
incompréhensible adj.
incompréhensiblement adv.
incompréhensif, ive adj.
incompréhension n. f.
incompressibilité n. f.
incompressible adj.
incompris, ise adj.
incomptable adj.
inconcevabilité n. f.
inconcevable adj.
inconcevablement adv.
inconciliabilité n. f.
inconciliable adj.
inconciliablement adv.
inconciliation n. f.
inconcluant, ante adj.
inconditionnalité n. f.
inconditionné, ée adj.
inconditionnel, elle adj.
inconditionnellement adv.
inconduite n. f.
inconfiance n. f.
inconfort n. m.
inconfortable adj.
inconfortablement adv.
incongédiable adj.
incongelable adj.
incongru, ue adj.
incongruité n. f.
incongrûment ou **incongrument**○ adv.
inconjugable adj.
inconnaissabilité n. f.
inconnaissable adj. et n. m.
inconnaissance n. f.
[1]**inconnu** n. m. (ce qui est inconnu)
[2]**inconnu, ue** adj. et n. (personne)
inconnue n. f. (Math. : variable, racine d'une équation)
inconquis, ise adj.
inconsciemment /-amɑ̃/ adv.
inconscience n. f.
inconscient, iente adj. et n.
inconséquemment /-amɑ̃/ adv.
inconséquence n. f.
inconséquent, ente adj.
inconsidération n. f.
inconsidéré, ée adj.
inconsidérément adv.
inconsistance n. f.
inconsistant, ante adj.
inconsolable adj.
inconsolablement adv.
inconsolé, ée adj.
inconsommable adj.
inconstamment adv.
inconstance n. f.
inconstant, ante adj.
inconstatable adj.
inconstitutionnalité n. f.
inconstitutionnel, elle adj.
inconstitutionnellement adv.
inconstructible adj.
incontentable adj.
incontenté, ée adj.
incontestabilité n. f.
incontestable adj.
incontestablement adv.
incontesté, ée adj.
incontinence n. f.
[1]**incontinent, ente** adj. et adv.
[2]**incontinent** adv.
incontournable adj.
incontradiction n. f.
incontrôlable adj.
incontrôlé, ée adj.
inconvenable adj.
inconvenance n. f.
inconvenant, ante adj.
inconvénient, ente adj. et n. m.
➾ Ne pas écrire **inconvéniant,* qui n'existe pas.
inconversible adj.
inconverti, ie adj.
inconvertibilité n. f.
inconvertible adj.
inconvertissable adj.
incoordination n. f.
incoordonné, ée adj.
incorporabilité n. f.
incorporable adj.
incorporalité n. f.
incorporant, ante adj.
incorporation n. f.
incorporéité n. f.
incorporel, elle adj.
incorporer v. tr. | conjug. 1 |
¬ **s'incorporer**
➾ Aux temps composés de la forme pronominale, le participe passé s'accorde en genre et en nombre avec le sujet : *la matière s'est incorporée au sol.*
incorrect, e adj.
incorrectement adv.
incorrection n. f.
incorrigibilité n. f.
incorrigible adj.
incorrigiblement adv.
incorrompu, ue adj.
incorruptibilité n. f.
incorruptible adj.

incorruptiblement adv.
incorruption n. f.
incotable adj.
incrédibilité n. f.
incrédule adj. et n.
incrédulement adv.
incrédulité n. f.
incréé, ée adj.
incrément n. m.
incrémental, ale, aux adj.
incrémentation n. f.
incrémenter v. tr. | conjug. 1 |
incrémentiel, ielle adj.
increvable adj.
incriminable adj.
incriminant, ante adj.
incriminateur, trice adj.
incrimination n. f.
incriminé, ée adj.
incriminer v. tr. | conjug. 1 |
incristallisable adj.
incritiquable adj.
incrochetable adj.
incroyable adj. et n.
incroyablement adv.
incroyance n. f.
incroyant, ante adj.
incrustant, ante adj.
incrustation n. f.
incruste n. f.
incruster v. tr. | conjug. 1 |
¬ **s'incruster**
➾ Aux temps composés de la forme pronominale, le participe passé s'accorde en genre et en nombre avec le sujet : *les canalisations se sont incrustées ; ils se sont incrustés chez elle.*
incrusteur, euse n.
incubat n. m.
HOM. formes du v. **incuber**
incubateur, trice adj. et n.
incubation n. f.
incube n. m.
➾ Ce mot s'écrit avec un seul *c*, contrairement à *succube*.
HOM. formes du v. **incuber**
incuber v. tr. | conjug. 1 |
incuit, ite adj. et n. m.
inculcation n. f.
inculpable adj.
inculpation n. f.
Ξ Dans la langue juridique, ce mot est aujourd'hui remplacé par **mise en examen**.
inculpé, ée adj. et n.
Ξ Dans la langue juridique, ce mot est aujourd'hui remplacé par **mis(e) en examen**.
inculper v. tr. | conjug. 1 |
Ξ Dans la langue juridique, ce mot est aujourd'hui remplacé par **mettre en examen**.
inculquer v. tr. | conjug. 1 |
inculte adj.
incultivable adj.
incultivé, ée adj.
inculture n. f.
incunable adj. et n. m.
incurabilité n. f.
incurable adj.
incurablement adv.
incurie n. f.
incurieux, ieuse adj.
incuriosité n. f.
incursion n. f.
incurvable adj.
incurvation n. f.
incurvé, ée adj.
incurver v. tr. | conjug. 1 |
incuse adj. f et n. f.
indansable adj.
indanthrène n. m.
indatable adj.
inde n. m.
indéboulonnable adj.
indébrouillable adj.
indécachetable adj.
indécelable adj.
indécemment /-amɑ̃/ adv.
indécence n. f.
indécent, ente adj.
indéchiffrable adj.
indéchiffré, ée adj.
indéchirable adj.
indécidabilité n. f.
indécidable adj.
indécidé, ée adj.
indécis, ise adj.
indécision n. f.
indéclinabilité n. f.
indéclinable adj.
indécollable adj.
indécomposable adj.
indécomposé, ée adj.
indécrassable adj.
indécrochable adj.
indécrottabilité n. f.
indécrottable adj.
indécrottablement adv.
indédoublable adj.
indéfectibilité n. f.
indéfectible adj.
indéfectiblement adv.
indéfendable adj.
indéfendu, ue adj.

indéfini, ie adj.
indéfiniment adv.
➾ Ne pas écrire **indéfiniement*.
indéfinissable adj.
indéfinissablement adv.
indéfinité n. f.
indéfinitude n. f.
indéformabilité n. f.
indéformable adj.
indéfrichable adj.
indéfriché, ée adj.
indéfrisable adj. et n. f.
indégonflable adj.
indéhiscence n. f.
indéhiscent, ente adj.
indélébile adj.
indélébilement adv.
indélébilité n. f.
indélibéré, ée adj.
indélicat, ate adj.
indélicatement adv.
indélicatesse n. f.
indélivrable adj.
indémaillable adj.
indémêlable adj.
indémêlé, ée adj.
indemne adj.
➾ Ne pas employer **indemme* sur le modèle de *dilemme* : ce mot n'existe pas.
indemnisable adj.
indemnisation n. f.
indemniser v. tr. | conjug. 1 |
indemnitaire n. et adj.
indemnité n. f.
indémodable adj.
indémontable adj.
indémontrable adj.
indémontré, ée adj.
indène n. m.
indéniable adj.
indéniablement adv.
indénombrable adj.
indénone n. f.
indentation n. f.
indenté, ée adj.
indépassable adj.
indépendamment adv.
indépendance n. f.
indépendant, ante adj.
indépendantisme n. m.
indépendantiste adj. et n.
indéracinable adj.
indéraciné, ée adj.
indéréglable adj.
indescriptibilité n. f.
indescriptible adj.
indescriptiblement adv.
indésir n. m.
indésirable adj. et n.
indésirablement adv.
indésiré, ée adj.
indestructibilité n. f.
indestructible adj.
indestructiblement adv.
indétachable adj.
indétectable adj.
indéterminable adj.
indétermination n. f.
indéterminé, ée adj.
indéterminément adv.
indéterminisme n. m.
indéterministe adj. et n.
indétrônable adj.
indéveloppable adj.
indevinable adj.
indeviné, ée adj.
indévissable adj.
indévot, ote adj. et n.
indévotement adv.
indévotion n. f.
index n. m. inv.
➾ Avec une majuscule, **l'Index** désigne le catalogue des livres dont le Saint-Siège interdisait la lecture : *cet ouvrage était à l'Index*. Dans l'expression figurée **mettre à l'index**, il s'écrit avec une minuscule.
HOM. formes du v. **indexer**
indexation n. f.
indexer v. tr. | conjug. 1 |
▸ **indexer qqch. sur** (+ n.) *indexer un emprunt sur le cours de l'or*
indexeur, euse n.
indianisation n. f.
indianiser v. tr. | conjug. 1 |
¬ **s'indianiser**
➾ Aux temps composés de la forme pronominale, le participe passé s'accorde en genre et en nombre avec le sujet : *cette région s'est indianisée*.
indianisme n. m.
indianiste n.
indianité n. f.
indic n. m.
□ abrév. de **indicateur**
HOM. **indique**, formes du v. **indiquer**
indical, ale, aux adj.
indican n. m.
HOM. **indiquant** (p. prés. de *indiquer*)
indicateur, trice n. et adj.
indicatif, ive adj. et n. m.
indication n. f.
➾ Ce mot s'écrit avec un *c*, contrairement à *indiquer*.

indice n. m.

☯ Ce mot est masculin : *un indice*.

➻ Les noms d'indices boursiers s'écrivent avec une majuscule : *l'indice Nikkei*.

indicer v. tr. | conjug. 3 |

indiciaire adj.

indicial, iale, iaux adj.

indicibilité n. f.

indicible adj.

indiciblement adv.

indiciel, ielle adj.

indict n. m.

indiction n. f.

indien, ienne adj. et n.

➻ Sauf dans la dénomination géographique **l'océan Indien**, l'adjectif s'écrit sans majuscule : *la population indienne* ; *l'Union indienne*. Le nom s'écrit avec une majuscule uniquement quand il désigne une personne : *les Indiens* ; *c'est une Indienne* mais *boire un indien*.

☰ Pour éviter l'ambiguïté de *indien*, on peut employer *amérindien* pour parler des Indiens d'Amérique. En revanche, l'emploi de *hindou* pour parler des Indiens de l'Inde est devenu fautif et doit être évité.

indienne n. f. (toile)

indiennerie n. f.

indienneur, euse n.

indifféremment /-amɑ̃/ adv.

indifférence n. f.

indifférenciation n. f.

indifférencié, iée adj.

indifférencier v. tr. | conjug. 7 |

indifférent, ente adj.

indifférentisme n. m.

indifférentiste n. et adj.

indifférer v. tr. | conjug. 6 |

☰ Ce mot appartient au registre familier. Dans la langue soignée, on emploiera plutôt **être indifférent à** ou **laisser indifférent** : *je vous assure qu'elle m'est indifférente*.

⌘ Ce verbe ne peut s'employer qu'avec un pronom complément : *votre avis m'indiffère* ; *cela les indiffère*.

indigemment /-amɑ̃/ adv.

indigénat n. m.

indigence n. f.

indigène adj. et n.

indigénisme n. m.

indigéniste adj. et n.

indigent, ente adj. et n.

indigéré, ée adj.

indigérer v. tr. | conjug. 6 |

indigeste adj.

indigestement adv.

indigestible adj.

indigestion n. f.

indigestionner v. tr. | conjug. 1 |

indigète adj.

indignation n. f.

indigne adj.

☰ Dans l'emploi actuel, le complément de cet adjectif ne peut être un nom de sens négatif : on peut dire *il est indigne de ces louanges* mais pas *il est indigne de ces reproches*.

indigné, ée adj.

indignement adv.

indigner v. tr. | conjug. 1 |

¬ **s'indigner**

▸ **s'indigner de qqch.** *il s'est indigné d'un tel procédé* **s'indigner contre qqch./qqn**

▸ **s'indigner de** (+ inf.) *il s'indigne de voir ce crime impuni*

▸ **s'indigner que** (+ subj.) *je m'indigne qu'il soit si lâche*

⌘ La construction **s'indigner de ce que** s'emploie indifféremment avec l'indicatif ou le subjonctif : *il s'indigne de ce que je fais* ou *de ce que je fasse si peu*. Il est toutefois préférable d'éviter cette tournure à cause de sa lourdeur.

➻ Aux temps composés de la forme pronominale, le participe passé s'accorde en genre et en nombre avec le sujet : *elles se sont indignées de sa mauvaise conduite*.

indignité n. f.

indigo n. m.

☰ Ce mot peut s'employer seul comme adjectif de couleur ou derrière un adjectif de couleur pour en préciser la nuance ; ces adjectifs sont alors invariables : *des robes bleu indigo* ; *des toiles indigo*.

indigoïde adj.

indigoterie n. f.

[1]**indigotier** n. m. (arbre)

[2]**indigotier, ière** n. et adj. (personne)

indigotine n. f.

indique adj.

HOM. **indic**, formes du v. **indiquer**

indiqué, ée adj.

indique-fuite n. m. ▪ plur. **indique-fuites**

indiquer v. tr. | conjug. 1 |

indirect, e adj.

indirectement adv.

indirigeable adj.

indiscernabilité n. f.

indiscernable adj. et n. m.

indiscernablement adv.

indisciplinable adj.

indiscipline n. f.

indiscipliné, ée adj.

indiscontinu, ue adj.

indiscret, ète adj.

indiscrètement adv.

indiscrétion n. f.

indiscriminé, ée adj.
indiscutable adj.
indiscutablement adv.
indiscuté, ée adj.
indispensabilité n. f.
indispensable adj.
indispensablement adv.
indisponibilité n. f.
indisponible adj.
indispos, ose adj.
indisposé, ée adj.
indisposer v. tr. | conjug. 1 |
indisposition n. f.
indisputable adj.
indissociabilité n. f.
indissociable adj.
indissociablement adv.
indissolubilité n. f.
indissoluble adj.
Ne pas confondre **indissoluble**, qui signifie « qui ne peut être détruit » (*une amitié indissoluble*), avec **insoluble**, qui signifie « qu'on ne peut résoudre » (*un problème insoluble*) ou « qui ne peut se dissoudre » (*une substance insoluble*).
indissolublement adv.
indistinct, incte /ɛ̃distɛ̃(kt), ɛ̃kt/ adj.
La prononciation des lettres *ct* au masculin est à éviter dans la langue soignée.
indistinctement adv.
indistinction n. f.
indistinguable adj.
indium /ɛ̃djɔm/ n. m.
individu n. m.
individualisable adj.
individualisant, ante adj.
individualisation n. f.
individualisé, ée adj.
individualiser v. tr. | conjug. 1 |
¬ **s'individualiser**
Aux temps composés de la forme pronominale, le participe passé s'accorde en genre et en nombre avec le sujet : *ces pratiques se sont individualisées.*
individualisme n. m.
individualiste adj. et n.
individualité n. f.
individuant, ante adj.
individuation n. f.
individué, ée adj.
individuel, elle adj.
individuellement adv.
individuer v. tr. | conjug. 1 |
indivis, ise adj.
▸ **par indivis** *posséder un bien par indivis*
indivisaire n.
indivisé, ée adj.
indivisément adv.
indivisibilité n. f.
indivisible adj.
indivisiblement adv.
indivision n. f.
in-dix-huit /indizɥit/ adj. inv. et n. m. inv.
indo-aryen, enne adj. et n. m. ▪ plur. **indo-aryens, ennes**
Comme tous les mots désignant ou qualifiant une langue, ce mot s'écrit sans majuscule : *les langues indo-aryennes* ou *l'indo-aryen.*
indocile adj.
indocilement adv.
indocilité n. f.
indo-européaniste n. ▪ plur. **indo-européanistes**
indo-européen, enne adj. et n. ▪ plur. **indo-européens, ennes**
L'adjectif s'écrit sans majuscule : *les peuples indo-européens ; les langues indo-européennes.* Le nom s'écrit avec une majuscule uniquement quand il désigne une personne : *les Indo-Européens ; une Indo-Européenne* mais *l'indo-européen.*
indo-gangétique adj. ▪ plur. **indo-gangétiques**
indo-germanique adj. et n. m. ▪ plur. **indo-germaniques**
Comme tous les mots désignant ou qualifiant une langue, ce mot s'écrit sans majuscule : : *les langues indo-germaniques* ou *l'indo-germanique.*
indo-hellénique adj. ▪ plur. **indo-helléniques**
indo-iranien, ienne adj. et n. m. ▪ plur. **indo-iraniens**
Comme tous les mots désignant ou qualifiant une langue, ce mot s'écrit sans majuscule : *les langues indo-iraniennes* ou *l'indo-iranien.*
indole ou **indol** n. m.
indolemment /-amɑ̃/ adv.
indolence n. f.
indolent, ente adj.
indolique adj.
indologie n. f.
indologique adj.
indologue n.
indolore adj.
indomptabilité /ɛ̃dɔ̃(p)ta-/ n. f.
La prononciation du *p* de ce mot et des mots de la même famille, autrefois critiquée, est aujourd'hui courante.
indomptable /ɛ̃dɔ̃(p)tabl/ adj.
La prononciation du *p* de ce mot et des mots de la même famille, autrefois critiquée, est aujourd'hui courante.

indomptablement /ɛ̃dɔ̃(p)ta-/ adv.
♪ La prononciation du *p* de ce mot et des mots de la même famille, autrefois critiquée, est aujourd'hui courante.
indompté, ée /ɛ̃dɔ̃(p)te/ adj.
♪ La prononciation du *p* de ce mot et des mots de la même famille, autrefois critiquée, est aujourd'hui courante.
indonésien, ienne adj. et n.
➾ L'adjectif s'écrit sans majuscule : *la population indonésienne*. Le nom s'écrit avec une majuscule uniquement quand il désigne une personne : *les Indonésiens* ; *c'est une Indonésienne* mais *parler l'indonésien*.
indoor /indɔʀ/ adj. ▪ plur. inv. ou plur. **indoors**○
indo-persan, ane adj.
indophénol n. m.
indosable adj.
indou, e adj. et n.
→ **hindou**
in-douze /induz/ adj. inv. et n. m. inv.
indri n. m.
indu, ue adj.
➾ Ce mot s'écrit sans accent circonflexe, contrairement à *dû*.
indubitable adj.
indubitablement adv.
inductance n. f.
inductancemètre n. m.
inducteur, trice adj. et n. m.
inductible adj.
inductif, ive adj.
induction n. f.
inductivement adv.
inductomètre n. m.
induire v. tr. | conjug. 38 |
☰ L'expression ***induire à erreur** est fautive. Il faut dire **induire en erreur**.
→ aussi **enduire**
induit, ite adj. et n. m.
indulgemment /-amɑ̃/ adv.
indulgence n. f.
indulgent, ente adj.
Induline® n. f.
➾ Comme tous les noms déposés, ce mot doit s'écrire avec une majuscule : *une teinture à l'Induline*. Toutefois, on le trouve fréquemment employé comme nom générique sans respect de la règle : *une teinture à l'induline*.
indult n. m.
indultaire n.
indûment ou **indument**○ adv.
induration n. f.
induré, ée adj.
indurer v. tr. | conjug. 1 |
indusie n. f.
industrialisable adj.
industrialisation n. f.
industrialiser v. tr. | conjug. 1 |
¬ **s'industrialiser**
➾ Aux temps composés de la forme pronominale, le participe passé s'accorde en genre et en nombre avec le sujet : *la région s'est industrialisée*.
industrialisme n. m.
industrialiste adj. et n.
industrie n. f.
industriel, ielle adj. et n.
industriellement adv.
industrieusement adv.
industrieux, ieuse adj.
induvie n. f.
induvié, ée adj.
inébranlabilité n. f.
inébranlable adj.
inébranlablement adv.
inébranlé, ée adj.
inéchangeable adj.
inéclairable adj.
inéclairci, ie adj.
inéclairé, ée adj.
inéclos, ose adj. et n. m.
inécoutable adj.
inécouté, ée adj.
inédit, ite adj. et n. m.
inéditable adj.
inéducabilité n. f.
inéducable adj.
inéducation n. f.
inéduqué, ée adj.
ineffabilité n. f.
ineffable adj.
ineffablement adv.
ineffaçable adj.
ineffaçablement adv.
ineffectif, ive adj.
inefficace adj.
inefficacement adv.
inefficacité n. f.
inefficient, ente adj.
inégal, ale, aux adj.
inégalable adj.
inégalablement adv.
inégalé, ée adj.
inégalement adv.
inégaliser v. tr. | conjug. 1 |
inégalitaire adj.
inégalité n. f.
inélasticité n. f.
inélastique adj.
inélégamment adv.
inélégance n. f.
inélégant, ante adj.

inéligibilité n. f.
inéligible adj.
inéluctabilité n. f.
inéluctable adj.
inéluctablement adv.
inéludable adj.
inémotivité n. f.
inemploi n. m.
inemployable adj.
inemployé, ée adj.
inénarrable adj.
inénarrablement adv.
inengendré, ée adj.
inentamable adj.
inentamé, ée adj.
inentendable adj.
inentendu, ue adj.
inenvisageable adj.
inéprouvé, ée adj.
inepte adj.
ϟ Ne pas confondre **inepte**, qui signifie « absurde, stupide », avec **inapte**, qui signifie « incapable ».
ineptement adv.
ineptie /-si/ n. f.
➾ Ne pas écrire **inepsie*.
inépuisabilité n. f.
inépuisable adj.
inépuisablement adv.
inépuisé, ée adj.
inéquation /-kwa-/ n. f.
inéquitable adj.
inéquitablement adv.
inéquivalent, ente adj.
inéquivoque adj.
inerme adj.
inerrance n. f.
inertance n. f.
inerte adj.
inertement adv.
inertie /-si/ n. f.
inertiel, ielle adj.
inescomptable adj.
inésite n. f.
inespérable adj.
inespérance n. f.
inespéré, ée adj.
inespérément adv.
inespoir n. m.
inessentialité n. f.
inessentiel, elle adj.
inessif n. m.
inesthétique adj.
inestimable adj.
inestimablement adv.
inétendu, ue adj.
inévaluable adj.
inévitabilité n. f.
inévitable adj.
inévitablement adv.
inexact, acte /inɛgza(kt), akt/ adj.
♪ Au masculin, les lettres *ct* peuvent se prononcer ou non ; dans l'usage, elles se prononcent le plus souvent.
inexactement adv.
inexactitude n. f.
inexauçable adj.
inexaucé, ée adj.
inexcitabilité n. f.
inexcitable adj.
inexcusable adj.
inexcusablement adv.
inexécutable adj.
inexécuté, ée adj.
inexécution n. f.
inexécutoire adj.
inexercé, ée adj.
inexhaustible adj.
inexigibilité n. f.
inexigible adj.
inexistant, ante adj.
inexistence n. f.
inexorabilité n. f.
inexorable adj.
inexorablement adv.
inexpérience n. f.
inexpérimenté, ée adj.
inexpert, erte adj.
inexpiable adj.
inexpiablement adv.
inexpié, ée adj.
inexplicabilité n. f.
inexplicable adj.
inexplicablement adv.
inexpliqué, ée adj.
inexploitable adj.
inexploitation n. f.
inexploité, ée adj.
inexplorable adj.
inexploré, ée adj.
inexplosible adj.
inexplosif, ive adj.
inexposable adj.
inexposé, ée adj.
inexpressible adj. et n. m.
inexpressif, ive adj.
inexpression n. f.
inexpressivité n. f.
inexprimabilité n. f.
inexprimable adj.
inexprimablement adv.
inexprimé, ée adj.

inexpugnabilité /-gn-/ n. f.
inexpugnable /-gn-/ adj.
inexpugnablement /-gn-/ adv.
inexpulsable adj.
inextensibilité n. f.
inextensible adj.
inextensif, ive adj.
in extenso /inɛkstɛ̃so/ loc. adv. et adj. inv.
inextinguible /inɛkstɛ̃gibl/ adj.
♪ La prononciation /inɛkstɛ̃gɥibl/ est possible mais très rare de nos jours.
inextinguiblement /inɛkstɛ̃gi-/ adv.
♪ La prononciation /inɛkstɛ̃gɥibləmɑ̃/ est possible mais très rare de nos jours.
inextirpable adj.
in extremis ou **in extrémis**○ /inɛkstʀemis/ loc. adv. et adj. inv.
inextricabilité n. f.
inextricable adj.
inextricablement adv.
infaillibiliste n.
infaillibilité n. f.
infaillible adj.
infailliblement adv.
infaisabilité n. f.
infaisable adj.
infalsifiabilité n. f.
infalsifiable adj.
infamant, ante adj.
➾ Ce mot s'écrit sans accent circonflexe, contrairement à *infâme*.
infâme adj.
infâmement adv.
infamie n. f.
➾ Ce mot s'écrit sans accent circonflexe, contrairement à *infâme*.
infant, ante n.
infanterie n. f.
¹**infanticide** adj. et n. (meurtrier)
²**infanticide** n. m. (meurtre)
infantile adj.
infantilement adv.
infantilisation n. f.
infantiliser v. tr. | conjug. 1 |
infantilisme n. m.
infantilité n. f.
infarci, ie adj.
infarcissement n. m.
infarctus /ɛ̃faʀktys/ n. m.
➾ Ne pas employer **infractus*, qui n'existe pas.
infatigabilité n. f.
infatigable adj.
infatigablement adv.
infatigué, ée adj.
infatuation n. f.
infatué, ée adj.
infatuer v. tr. | conjug. 1 |
¬ **s'infatuer**
➾ Aux temps composés de la forme pronominale, le participe passé s'accorde en genre et en nombre avec le sujet : *elle s'est infatuée*.
infécond, onde adj.
infécondité n. f.
infect, e adj.
➾ Le masculin s'écrit sans *e* : *un repas infect*.
infectant, ante adj.
infectement adv.
infecter v. tr. | conjug. 1 |
ϟ Ne pas confondre **infecter**, qui signifie « transmettre des germes pathogènes », avec **infester**, qui signifie « envahir ».
¬ **s'infecter**
➾ Aux temps composés de la forme pronominale, le participe passé s'accorde en genre et en nombre avec le sujet : *sa blessure s'est infectée*.
infectieux, ieuse adj.
infectiologie n. f.
infectiologue n.
infection n. f.
ϟ Ne pas confondre **infection**, qui signifie « maladie infectieuse », avec **affection**, qui signifie, dans le langage médical, « trouble organique ou fonctionnel ».
infectiosité n. f.
infectum /-ɔm/ n. m.
infélicité n. f.
inféodation n. f.
inféodé, ée adj.
inféoder v. tr. | conjug. 1 |
¬ **s'inféoder**
➾ Aux temps composés de la forme pronominale, le participe passé s'accorde en genre et en nombre avec le sujet : *les médias se sont inféodés au gouvernement*.
infère adj.
inférence n. f.
inférentiel, ielle adj.
inférer v. tr. | conjug. 6 |
¹**inférieur, ieure** adj.
▸ **inférieur à** *mes revenus sont inférieurs aux siens*
⌘ *Inférieur* est un adjectif comparatif. Il ne peut s'employer avec un adverbe comparatif (**plus inférieur*) ni avec un superlatif relatif (**le plus inférieur*). On peut en revanche l'employer avec un superlatif absolu : *très inférieur* ; *bien inférieur*.
²**inférieur, ieure** n.
inférieurement adv.
infériorisant, ante adj.
infériorisation n. f.
inférioriser v. tr. | conjug. 1 |
infériorité n. f.

infermentescible adj.
infernal, ale, aux adj.
infernalement adv.
inférovarié, iée adj.
infertile adj.
infertilité n. f.
infestation n. f.
infester v. tr. | conjug. 1 |
↯ Ne pas confondre **infester**, qui signifie « envahir », avec **infecter**, qui signifie « transmettre des germes pathogènes ».
infeutrable adj.
infibulation n. f.
infibuler v. tr. | conjug. 1 |
infichu, ue adj.
infidèle adj. et n.
infidèlement adv.
infidélité n. f.
infigurable adj.
infiguratif, ive adj.
infiltrable adj.
infiltrant, ante adj.
infiltrat n. m.
HOM. formes du v. **infiltrer**
infiltration n. f.
infiltrer v. tr. | conjug. 1 |
¬ **s'infiltrer**
➾ Aux temps composés de la forme pronominale, le participe passé s'accorde en genre et en nombre avec le sujet : *l'eau s'est infiltrée dans mes chaussures*.
infime adj.
infimité n. f.
infimum /-ɔm/ n. m.
in fine /infine/ loc. adv.
infini, ie adj. et n. m.
infiniment adv.
➾ Ne pas écrire **infiniement*.
infinité n. f.
⌘ Lorsque **une infinité de** suivi d'un nom est sujet, le verbe s'accorde soit avec *infinité*, soit avec le complément : *une infinité de solutions est proposée* ou *sont proposées*. Avec **l'infinité de**, le verbe s'accorde toujours avec *infinité* : *l'infinité des solutions le rassure*.
infinitésimal, ale, aux adj.
infinitésimalement adv.
infinitésimalité n. f.
infinitif, ive n. et adj.
infinitisme n. m.
infinitude n. f.
infirmable adj.
infirmatif, ive adj.
infirmation n. f.
infirme adj. et n.
infirmer v. tr. | conjug. 1 |
infirmerie n. f.
infirmier, ière n.
HOM. (du masc.) formes du v. **infirmer**
infirmité n. f.
infixe n. m.
➾ Ce mot s'écrit avec un seul *f*, contrairement à *affixe* et à *suffixe*.
inflammabilité n. f.
inflammable adj.
inflammateur n. m.
inflammation n. f.
➾ Ne pas employer **enflammation*, qui n'existe pas.
inflammatoire adj.
inflation n. f.
inflationniste adj.
infléchi, ie adj.
infléchir v. tr. | conjug. 2 |
infléchissable adj.
infléchissement n. m.
inflexibilité n. f.
inflexible adj.
inflexiblement adv.
inflexion n. f.
➾ Ne pas écrire **inflection*.
inflexionnel, elle adj.
infliction n. f.
infliger v. tr. | conjug. 3 |
¬ **s'infliger**
➾ Aux temps composés de la forme pronominale, le participe passé ne s'accorde pas quand il est suivi d'un complément d'objet direct : *elle s'est infligé de nombreux sacrifices*. Il s'accorde avec le complément d'objet direct quand celui-ci est placé avant le verbe : *les nombreux sacrifices qu'elle s'est infligés*.
inflorescence n. f.
influençabilité n. f.
influençable adj.
influence n. f.
➾ Ce mot est au singulier dans la locution **trafic d'influence**.
influencer v. tr. | conjug. 3 |
⌘ La construction ***influencer sur** est fautive ; *influencer* est un verbe transitif direct : *les médias influencent l'opinion*.
influent, ente adj.
➾ Ne pas écrire cet adjectif comme *influant*, participe présent du verbe *influer*.
influenza /ɛ̃flyɑ̃za ; ɛ̃flyɛnza/ n. f.
influer v. tr. et v. intr. | conjug. 1 |
▸ **influer sur qqch./qqn** *le climat influe sur l'agriculture ; le groupe influe sur elle*
influx /ɛ̃fly/ n. m.
↯ Ne pas confondre **influx**, qui signifie « phénomène de transmission » (*l'influx nerveux*), avec **afflux**, qui signifie « fait de couler en abondance » (*un afflux de sang*).
HOM. formes du v. **influer**

info n. f.
▫ abrév. de **information**
infobulle n. f.
infogérance n. f.
infographe n.
Infographie® n. f.
➾ Comme tous les noms déposés, ce mot doit s'écrire avec une majuscule : *une étudiante en Infographie*. Toutefois, on le trouve presque toujours employé comme nom générique sans respect de la règle : *une étudiante en infographie*.
infographique n.
infographiste n.
in-folio /infɔljo/ adj. et n. m. ▪ plur. inv. ou plur. **in-folios**
infomercial, iaux n. m.
infondé, ée adj.
informant, ante n.
informateur, trice n.
informaticien, ienne n.
informatif, ive adj.
information n. f.
informationnel, elle adj.
informatique n. f.
informatiquement adv.
informatisable adj.
informatisation n. f.
informatiser v. tr. | conjug. 1 |
¬ **s'informatiser**
➾ Aux temps composés de la forme pronominale, le participe passé s'accorde en genre et en nombre avec le sujet : *la bibliothèque s'est informatisée*.
informe adj.
informé, ée adj. et n. m.
informel, elle adj. et n. m.
informer v. tr. | conjug. 1 |
▸ **informer qqn de qqch.** *il nous a informés de sa décision*
▸ **informer qqn sur qqch./qqn** *elle m'a informé sur les risques encourus ; on nous a informés sur lui*
▸ **informer qqn que** (+ indic. ou condit.) *je vous informe que la réunion est reportée ; je vous informe que la réunion pourrait être reportée*
¬ **s'informer**
▸ **s'informer de qqch.** *ils se sont informés de votre santé*
▸ **s'informer si** *s'informer si une place est libre*
➾ Aux temps composés de la forme pronominale, le participe passé s'accorde en genre et en nombre avec le sujet : *ils se sont informés de la suite des événements*.
informité n. f.
informulable adj.
informulé, ée adj.
inforoute n. f.
infortune n. f.
infortuné, ée adj. et n.
infospectacle n. m.
infothèque n. f.
infoutu, ue adj.
infra adv.
infrabasse n. f.
infracellulaire adj.
infraclusion n. f.
infraconscient, ente adj.
infracteur n. m.
infraction n. f.
ϟ Ne pas confondre **infraction**, qui signifie « violation d'une règle, d'une loi » (*commettre une infraction*), avec **effraction**, qui signifie « bris de clôture ou de serrure » (*vol avec effraction*).
infradiathermie n. f.
infradien, ienne adj.
infraduction n. f.
infrahumain, aine adj.
infraliminaire ou **infraliminal, ale, aux** adj.
infralinguistique adj.
inframicrobiologie n. f.
inframicroscopique adj.
infranchi, ie adj.
infranchissable adj.
infrangible adj.
infrarouge adj. et n. m.
infrasensible /ɛ̃fʀasɑ̃sibl/ adj.
infrason /ɛ̃fʀasɔ̃/ n. m.
infrasonore /ɛ̃fʀasɔnɔʀ/ adj.
infraspécifique adj.
infrastructure n. f.
infrastructurel, elle, els adj.
infravirus /-ys/ n. m. inv.
infréquentable adj.
infréquenté, ée adj.
infroissabilité n. f.
infroissable adj.
infructueusement adv.
infructueux, euse adj.
infrutescence n. f.
infule n. f.
infumable adj.
infundibulaire /ɛ̃fɔ̃-/ adj.
infundibuliforme /ɛ̃fɔ-/ adj.
infundibulum /ɛ̃fɔ̃dibylɔm/ n. m.
infus, use adj.
☰ Cet adjectif ne s'emploie plus que dans la locution **science infuse**.
infusé n. m.
infuser v. tr. | conjug. 1 |

Infusette® n. f.
➾ Comme tous les noms déposés, ce mot doit s'écrire avec une majuscule : *du thé en Infusettes*. Toutefois, on le trouve fréquemment employé comme nom générique sans respect de la règle : *du thé en infusettes*.
infusibilité n. f.
infusible adj.
infusion n. f.
infusoire n. m.
ingagnable adj.
ingambe adj.
Ξ Attention au contresens fréquent : *ingambe* ne signifie pas « infirme » mais « qui est alerte, qui a un usage normal de ses jambes » (*un vieillard encore ingambe*).
ingélif, ive adj.
ingélivité n. f.
ingénier (s') v. pron. | conjug. 7 |
▸ **s'ingénier à** (+ inf.) *il s'ingénie à se faire remarquer*
➾ Aux temps composés, le participe passé s'accorde en genre et en nombre avec le sujet : *elle s'est ingéniée à le séduire*.
ingénierie n. f.
◻ rec. off. pour **engineering**
ingénieriste n.
ingénieur, ieure n.
☯ *Ingénieure* est la forme recommandée par l'Office québécois de la langue française pour parler d'une femme. Le *Guide d'aide à la féminisation des noms de métiers, titres, grades et fonctions* conseille l'emploi de *ingénieure* ou de *ingénieur* au féminin : *une ingénieur(e) en aéronautique*.
ingénieusement adv.
ingénieux, ieuse adj.
ingéniorat n. m.
ingéniosité n. f.
ingénu, ue adj.
ingénuité n. f.
ingénument adv.
➾ Ne pas écrire **ingénuement*.
ingérable adj.
ingérence n. f.
ingérer v. tr. | conjug. 6 |
¬ **s'ingérer**
➾ Aux temps composés de la forme pronominale, le participe passé s'accorde en genre et en nombre avec le sujet : *elles se sont ingérées dans les affaires d'autrui*.
ingesta n. m. pl.
ingestion /ɛ̃ʒɛstjɔ̃/ n. f.
♪ Ne pas oublier de prononcer le *t*. La prononciation /ɛ̃ʒɛsjɔ̃/ est fréquente mais fautive.
in globo /inglɔbo/ loc. adv.
inglorieusement adv.
inglorieux, euse adj.
ingluvial, ale, aux adj.
ingluvie n. f.
ingouvernabilité n. f.
ingouvernable adj.
ingouverné, ée adj.
ingrat, ate adj. et n.
ingratement adv.
ingratitude n. f.
ingrédient /-djɑ̃/ n. m.
ingresque adj.
ingressif, ive adj.
ingression n. f.
ingrisable adj.
ingrisme n. m.
inguérissable adj.
inguérissablement adv.
inguinal, ale, aux /ɛ̃gɥinal, o/ adj.
ingurgitation n. f.
ingurgiter v. tr. | conjug. 1 |
inhabile adj.
inhabilement adv.
inhabileté n. f. (maladresse)
inhabilité n. f. (Dr. : incapacité)
inhabitabilité n. f.
inhabitable adj.
inhabitation n. f.
inhabité, ée adj.
inhabitude n. f.
inhabitué, ée adj.
inhabituel, elle adj.
inhabituellement adv.
inhalant, ante adj.
inhalateur, trice adj. et n. m.
inhalation n. f.
inhaler v. tr. | conjug. 1 |
inharmonie n. f.
inharmonieux, ieuse adj.
inharmonique adj.
inhérence n. f.
inhérent, ente adj.
inhibage n. m.
inhibant, ante adj.
inhibé, ée adj.
inhiber v. tr. | conjug. 1 |
inhibiteur, trice adj. et n. m.
inhibitif, ive adj.
inhibition n. f.
inhibitoire adj.
inhomogène adj.
inhomogénéité n. f.
inhospitalier, ière adj.
inhospitalièrement adv.
inhospitalité n. f.
inhumain, aine adj.
inhumainement adv.
inhumanisé, ée adj.

inhumanité n. f.
inhumation n. f.
inhumer v. tr. | conjug. 1 |
inia n. m. ou **inie** n. f.
iniaque adj.
inimaginable adj.
Ξ Ne pas employer cet adjectif à la place de son antonyme *imaginable* : il faut dire *tous les remèdes possibles et imaginables* et non *tous les remèdes possibles et inimaginables*.
inimaginablement adv.
inimaginé, ée adj.
inimitabilité n. f.
inimitable adj.
inimitablement adv.
inimité, ée adj.
inimitié n. f.
inimprimable adj.
inimputable adj.
inindulgence n. f.
ininflammabilité n. f.
ininflammable adj.
inintelligemment /-amɑ̃/ adv.
inintelligence n. f.
inintelligent, ente adj.
inintelligibilité n. f.
inintelligible adj.
inintelligiblement adv.
inintéressant, ante adj.
inintérêt n. m.
ininterprétable adj.
ininterprété, ée adj.
ininterrompu, ue adj.
ininterruption n. f.
inion n. m.
inique adj.
iniquement adv.
iniquité n. f.
➾ Ne pas employer **inéquité*, qui n'existe pas.
initial, iale, iaux adj. et n. f.
initialement adv.
initialisation n. f.
initialiser v. tr. | conjug. 1 |
initiateur, trice n.
initiation n. f.
initiatique adj.
initiative n. f.
▸ **à/sur l'initiative de qqn** *une fête a été organisée à son initiative* ou *sur son initiative*
➾ Ce mot est au singulier dans la locution **syndicat d'initiative**.
initié, iée n.
initier v. tr. | conjug. 7 |
Ξ Ce verbe s'emploie normalement avec un complément d'objet direct qui désigne une personne : *elle a initié son frère au yoga*. L'emploi de *initier* avec un complément qui désigne une chose (*initier une enquête*) est un anglicisme critiqué.
¬ **s'initier**
➾ Aux temps composés de la forme pronominale, le participe passé s'accorde en genre et en nombre avec le sujet : *elle s'est initiée à la pêche à la mouche*.
injectable adj.
injecté, ée adj.
injecter v. tr. | conjug. 1 |
¬ **s'injecter**
➾ Aux temps composés de la forme pronominale, le participe passé ne s'accorde pas quand il est suivi d'un complément d'objet direct : *elle s'est injecté des stupéfiants*. Il s'accorde avec le complément d'objet direct quand celui-ci est placé avant le verbe : *les stupéfiants qu'elle s'est injectés*.
injecteur, trice n. m. et adj.
injectif, ive adj.
injection n. f.
injoignable adj.
injonctif, ive adj.
injonction n. f.
ϟ Ne pas confondre **injonction**, qui signifie « ordre », avec **adjonction**, qui signifie « ajout ».
injouable adj.
injure n. f.
injurier v. tr. | conjug. 7 |
¬ **s'injurier**
➾ Aux temps composés de la forme pronominale, le participe passé s'accorde en genre et en nombre avec le sujet : *elles se sont violemment injuriées*.
injurieusement adv.
injurieux, ieuse adj.
injuste adj.
injustement adv.
injustice n. f.
injustifiabilité n. f.
injustifiable adj.
injustifié, iée adj.
inlandsis /inlɑ̃dsis/ n. m.
inlassable adj.
inlassablement adv.
inlay /inlɛ/ n. m.
➾ Ce mot a un pluriel régulier : *des inlays*.
inlet /inlɛt/ n. m.
in limine litis /inliminelitis/ loc. adv.
in medio stat virtus /inmedjostatvirtys/ loc. prov.
in memoriam /inmemɔrjam/ loc. prép.
in naturalibus /innatyʀalibys/ loc. adv.
innavigabilité n. f.
innavigable adj.
inné, ée adj.
innégociable adj.
innéisme n. m.

innéiste adj. et n.
innéité n. f.
innervant, ante adj.
innervation n. f.
innerver v. tr. | conjug. 1 |
innettoyable adj.
innocemment /-amɑ̃/ adv.
innocence n. f.
innocent, ente adj. et n.
innocenter v. tr. | conjug. 1 |
innocuité n. f.
innombrabilité n. f.
innombrable adj.
Ξ Cet adjectif s'emploie dans le langage courant avec un nom au pluriel (*des détails innombrables*) ou un nom collectif (*une foule innombrable*). Dans le langage littéraire, on le rencontre parfois employé avec un nom au singulier au sens de « qui a de très nombreux aspects » : *un amour innombrable.*
innombrablement adv.
innominé, ée adj.
innommable adj.
innommé, ée ou **innomé, ée** adj.
innovant, ante adj.
innovateur, trice n.
innovation n. f.
innover v. tr. et v. intr. | conjug. 1 |
innumérable adj.
inobservable adj.
inobservance n. f.
inobservation n. f.
inobservé, ée adj.
inobstruable adj.
inocclusion n. f.
inoccupation n. f.
inoccupé, ée adj.
in-octavo /inɔktavo/ adj. et n. m. ▪ plur. inv. ou plur. **in-octavos**
inoculabilité n. f.
inoculable adj.
inoculateur, trice adj. et n.
inoculation n. f.
inoculer v. tr. | conjug. 1 |
¬ **s'inoculer**
➾ Aux temps composés de la forme pronominale, le participe passé ne s'accorde pas quand il est suivi d'un complément d'objet direct : *ils se sont inoculé une maladie.* Il s'accorde avec le complément d'objet direct quand celui-ci est placé avant le verbe : *la maladie qu'ils se sont inoculée.*
inoculum /inɔkylɔm/ n. m.
inocybe n. m.
inodore adj.
inoffensif, ive adj.
inoffensivement adv.
inofficiel, elle adj.
inofficieux, euse adj.
inofficiosité n. f.
inondable adj.
inondation n. f.
inondé, ée adj. et n.
inonder v. tr. | conjug. 1 |
¬ **s'inonder**
➾ Aux temps composés de la forme pronominale, le participe passé s'accorde en genre et en nombre avec le sujet : *elle s'est inondée de parfum.*
inopérabilité n. f.
inopérable adj.
inopérance n. f.
inopérant, ante adj.
inopiné, ée adj.
inopinément adv.
inopportun, une adj.
ϟ Ne pas confondre **inopportun** avec **importun**. **Inopportun** signifie « qui est inapproprié, hors de propos » et ne s'emploie que pour qualifier les choses : *une demande inopportune.* **Importun** signifie « qui déplaît, qui gêne par son caractère ou sa conduite hors de propos » et peut s'employer pour qualifier les personnes ou les choses : *un visiteur importun ; une visite importune.*
inopportunément adv.
inopportunité n. f.
inopposabilité n. f.
inopposable adj.
inordination n. f.
inorganique adj.
inorganisable adj.
inorganisation n. f.
inorganisé, ée adj.
inosculation n. f.
inosite n. f. ou **inositol** n. m.
inotrope adj.
inoubliable adj.
inoubliablement adv.
inoublié, ée adj.
inouï, ïe adj.
inouïsme n. m.
inouvrable adj.
Inox® n. m.
➾ Comme tous les noms déposés, ce mot doit s'écrire avec une majuscule : *des couverts en Inox.* Toutefois, on le trouve très fréquemment employé comme nom générique sans respect de la règle : *des couverts en inox.*
inoxydabilité n. f.
inoxydable adj.
in pace ou **in-pace** /inpase ; inpatʃe/ n. m. inv.
in partibus /inpaʀtibys/ loc. adj.
in petto /inpeto/ loc. adv.

in-plano /inplano/ adj. et n. m. ▪ plur. inv. ou plur. **in-planos**
input /input/ n. m.
inqualifiable adj.
inquart n. m.
inquartation n. f.
in-quarto /inkwarto/ adj. et n. m. ▪ plur. inv. ou plur. **in-quartos**
inquiet, inquiète adj.
inquiétant, ante adj.
inquiètement adv.
inquiéter v. tr. | conjug. 6 |
¬ **s'inquiéter**
▸ **s'inquiéter de** (+ n.) *je m'inquiète de son silence*
▸ **s'inquiéter de** (+ inf.) *elle s'est inquiétée de savoir si j'étais guéri*
▸ **s'inquiéter que** (+ subj.) *je m'inquiète qu'ils soient en retard*
⌘ La construction **s'inquiéter de ce que** s'emploie indifféremment avec l'indicatif ou le subjonctif : *il s'inquiétait de ce qu'elle avait l'air triste ; je m'inquiète de ce qu'il fasse si froid*. Il est toutefois préférable de l'éviter à cause de sa lourdeur.
➾ Aux temps composés de la forme pronominale, le participe passé s'accorde en genre et en nombre avec le sujet : *elles se sont inquiétées pour lui*.
inquiéteur, euse n.
inquiétude n. f.
inquilin, ine adj.
inquilinisme n. m.
inquisiteur, trice n. m. et adj.
inquisitif, ive adj.
inquisition n. f.
➾ Avec une majuscule, **l'Inquisition** désigne le tribunal ecclésiastique (supprimé au XVIIIe s.) : *l'Inquisition fut instituée par le pape Grégoire IX*.
inquisitoire adj.
inquisitorial, iale, iaux adj.
inracontable adj.
Ξ *Irracontable* n'est pas fautif mais *inracontable* est plus fréquent.
inratable adj.
insaisissabilité n. f.
insaisissable adj.
insalifiable adj.
insalissable adj.
insalivation n. f.
insalubre adj.
insalubrement adv.
insalubrité n. f.
insane adj.
insanité n. f.
insapide adj.
insaponifiable adj.
insatiabilité /ɛ̃sasjabilite/ n. f.
insatiable /ɛ̃sasjabl/ adj.
insatiablement /ɛ̃sasja-/ adv.
insatisfaction n. f.
insatisfaisant, ante adj.
insatisfait, aite adj.
insaturable adj.
insaturé, ée adj.
insciemment /-amɑ̃/ adv.
inscience n. f.
inscient, ente adj. et n.
inscripteur, trice adj. et n.
inscriptible adj.
inscription n. f.
inscrire v. tr. | conjug. 39 |
¬ **s'inscrire**
➾ Aux temps composés de la forme pronominale, le participe passé s'accorde en genre et en nombre avec le sujet : *ils se sont inscrits à un stage de danse ; elle s'est inscrite en faux*.
inscrit, ite adj. et n.
inscrivant, ante n.
inscrutable adj.
inculpation n. f.
insculper v. tr. | conjug. 1 |
insécabilité n. f.
insécable adj.
insectarium /ɛ̃sɛktaʀjɔm/ n. m.
insecte n. m.
insecticide adj. et n. m.
insectifuge adj. et n. m.
insectilège n. m.
insectillice adj. et n. m.
insectivore adj. et n. m.
insectologie n. f.
insécuriser v. tr. | conjug. 1 |
insécuritaire adj.
insécurité n. f.
inséductible adj.
in-seize /insɛz/ adj. inv. et n. m. inv.
inselberg /insɛlbɛʀg/ n. m.
inséminateur, trice adj. et n.
insémination n. f.
inséminé, ée adj.
inséminer v. tr. | conjug. 1 |
insensé, ée adj.
insenséisme n. m.
insensément adv.
insensibilisateur adj. et n. m.
insensibilisation n. f.
insensibiliser v. tr. | conjug. 1 |
insensibilité n. f.
insensible adj.
insensiblement adv.
inséparabilité n. f.
inséparable adj.

inséparablement adv.
inséparé, ée adj. et n.
insérable adj.
insérer v. tr. | conjug. 6 |
¬ **s'insérer**
➾ Aux temps composés de la forme pronominale, le participe passé s'accorde en genre et en nombre avec le sujet : *elles se sont très bien insérées dans leur entreprise.*
insermenté adj. m.
insert n. m.
HOM. formes du v. **insérer**
insertion n. f.
inservable adj.
inserviabilité n. f.
inserviable adj.
insexualité n. f.
insexué, ée adj.
insexuel, elle adj.
insidieusement adv.
insidieux, ieuse adj.
insigne adj. et n. m.
☯ Ce mot est masculin : *un insigne prestigieux.*
insignifiance n. f.
insignifiant, iante adj.
insincère adj.
insincérité n. f.
insinuant, ante adj.
insinuatif, ive adj.
insinuation n. f.
insinuer v. tr. | conjug. 1 |
insinueux, euse adj.
insipide adj.
insipidement adv.
insipidité n. f.
insistance n. f.
insistant, ante adj.
insister v. intr. | conjug. 1 |
in situ /insity/ loc. adv.
insituable adj.
insociabilité n. f.
insociable adj.
insocial, ale, aux adj.
insoignable adj.
in-soixante-quatre /inswasɑ̃tkatʀ/ adj. inv. et n. m. inv.
insolateur n. m.
insolation n. f.
insolemment /-amɑ̃/ adv.
insolence n. f.
insolent, ente adj. et n.
HOM. **insolant** (p. prés. de *insoler*)
insoler v. tr. | conjug. 1 |
insolite adj.
insolitement adv.
insolubilisation n. f.
insolubiliser v. tr. | conjug. 1 |
insolubilité n. f.
insoluble adj.
ϟ Ne pas confondre **insoluble**, qui signifie « qu'on ne peut résoudre » (*un problème insoluble*) ou « qui ne peut se dissoudre » (*une substance insoluble*), avec **indissoluble**, qui signifie « qui ne peut être détruit » (*une amitié indissoluble*).
insolvabilité n. f.
insolvable adj.
insomniaque adj. et n.
insomnie n. f.
insomnieux, euse adj. et n.
insomnisant, ante adj.
insondabilité n. f.
insondable adj.
insondablement adv.
insondé, ée adj.
insonore adj.
insonorisation n. f.
insonoriser v. tr. | conjug. 1 |
insonorité n. f.
insortable adj.
insouci n. m.
insouciamment adv.
insouciance n. f.
insouciant, iante adj.
insoucieusement adv.
insoucieux, ieuse adj.
⌘ Cet adjectif doit toujours être suivi d'un complément, au contraire de *insouciant*, qui est par ailleurs plus courant : *des adolescents insoucieux du lendemain.*
insoumis, ise adj. et n.
insoumission n. f.
insoupçonnable adj.
insoupçonné, ée adj.
insoutenable adj.
inspecter v. tr. | conjug. 1 |
inspecteur, trice n.
inspection n. f.
inspectorat n. m.
inspirant, ante adj.
inspirateur, trice adj. et n.
inspiration n. f.
inspiratoire adj.
inspiré, ée adj. et n.
inspirer v. tr. et v. intr. | conjug. 1 |
¬ **s'inspirer**
➾ Aux temps composés de la forme pronominale, le participe passé s'accorde en genre et en nombre avec le sujet : *elle s'est inspirée de faits réels.*
inspiromètre n. m.
instabilité n. f.
instable adj.
instablement adv.

installateur, trice n.
installation n. f.
installer v. tr. | conjug. 1 |
¬ **s'installer**
➾ Aux temps composés de la forme pronominale, le participe passé s'accorde en genre et en nombre avec le sujet : *ils se sont installés en ville.*
installeur, euse adj. et n.
instamment adv.
instance n. f.
▸ **en instance (de)** *des affaires en instance ; être en instance de divorce*
[1]**instant, ante** adj.
[2]**instant** n. m.
➾ Ce mot est toujours au pluriel dans la locution **par instants** : *on entendait du bruit par instants.*
instantané, ée adj.
instantanéiser v. tr. | conjug. 1 |
instantanéisme n. m.
instantanéiste adj.
instantanéité n. f.
instantanément adv.
instar de (à l') loc. prép.
⌘ Cette locution ne peut pas s'employer avec un adjectif possessif : on peut dire *à l'instar de Pierre* mais pas **à son instar.*
instaurateur, trice n.
instauration n. f.
instaurer v. tr. | conjug. 1 |
¬ **s'instaurer**
➾ Aux temps composés de la forme pronominale, le participe passé s'accorde en genre et en nombre avec le sujet : *une ère nouvelle s'est instaurée.*
instigateur, trice n.
instigation n. f.
▸ **à l'instigation de** *il a agi à l'instigation de ses parents*
➾ Ce mot s'écrit sans *u*, contrairement à *instiguer.*
instiguer v. tr. | conjug. 1 |
instillateur /ɛ̃stil-/ n. m.
instillation /ɛ̃stilasjɔ̃/ n. f.
♪ Ne pas prononcer /*ɛ̃stijasjɔ̃/.
instiller /ɛ̃stile/ v. tr. | conjug. 1 |
instinct /ɛ̃stɛ̃/ n. m.
▸ **d'instinct** *il a trouvé d'instinct les bons gestes*
instinctif, ive adj.
instinctivement adv.
instinctivité n. f.
instinctuel, elle adj.
instit n.
▫ abrév. de **instituteur, trice**
instituant, ante adj. et n. m.
instituer v. tr. | conjug. 1 |
¬ **s'instituer**
➾ Aux temps composés de la forme pronominale, le participe passé s'accorde en genre et en nombre avec le sujet : *des relations nouvelles se sont instituées.*
institut n. m.
➾ Ce mot s'écrit avec une majuscule quand il désigne un organisme à caractère unique : *l'Institut de France ; l'Institut du monde arabe ; l'Institut géographique national* mais *l'institut Pasteur de Lille.* Avec une majuscule et sans complément, **l'Institut** désigne l'Institut de France : *les membres de l'Institut.*
HOM. formes du v. **instituer**
institutes n. f. pl.
instituteur, trice n.
institution n. f.
institutionnalisation n. f.
institutionnaliser v. tr. | conjug. 1 |
¬ **s'institutionnaliser**
➾ Aux temps composés de la forme pronominale, le participe passé s'accorde en genre et en nombre avec le sujet : *ces échanges se sont institutionnalisés.*
institutionnalisme n. m.
institutionnel, elle adj.
institutionnellement adv.
instructeur, trice n.
instructif, ive adj.
instruction n. f.
instructivement adv.
instruire v. tr. | conjug. 38 |
¬ **s'instruire**
➾ Aux temps composés de la forme pronominale, le participe passé s'accorde en genre et en nombre avec le sujet : *elle s'est instruite toute seule.*
instruit, ite adj.
instrument n. m.
instrumentaire adj.
HOM. forme du v. **instrumenter**
instrumental, ale, aux adj.
instrumentalement adv.
instrumentalisation n. f.
instrumentaliser v. tr. | conjug. 1 |
instrumentalisme n. m.
instrumentaliste adj. et n.
instrumentalité n. f.
instrumentation n. f.
instrumenter v. intr. et v. tr. | conjug. 1 |
instrumentiste n.
instrumentum /ɛ̃stʀymɑ̃tɔm/ n. m. ▪ plur. **instrumenta** ou plur. **instrumentums**○
Ξ On peut employer le pluriel latin *instrumenta* ou le pluriel francisé *instrumentums.*

insu, ue adj. et n. m.

Ξ Ce mot ne s'emploie plus que dans la locution prépositive **à l'insu de** : *il a agi à mon insu.*

insubmersibilité n. f.
insubmersible adj.
insubordination n. f.
insubordonné, ée adj.
insubstance n. f.
insubstantialité n. f.
insubstantiel, elle adj.
insuccès n. m.
insuffisamment adv.
insuffisance n. f.
insuffisant, ante adj.
insufflateur n. m.
insufflation n. f.
insuffler v. tr. | conjug. 1 |
insulaire adj.
insularisation n. f.
insulariser v. tr. | conjug. 1 |
insularisme n. m.
insularité n. f.
insulation n. f.
insulinase n. f.
insuline n. f.
insulinémie n. f.
insulinique adj.
insulinodépendant, ante adj. et n.
insulinothérapie n. f.
insultant, ante adj.
insulte n. f.
insulté, ée adj. et n.
insulter v. tr. et v. tr. ind. | conjug. 1 |

Ξ La forme transitive indirecte **insulter à** (+ n.) s'emploie surtout dans le registre littéraire : *le luxe des riches insulte à la misère des déshérités.*

¬ **s'insulter**

➾ Aux temps composés de la forme pronominale, le participe passé s'accorde en genre et en nombre avec le sujet : *elles se sont insultées comme des chiffonnières.*

insulteur n. m.
insupportabilité n. f.
insupportable adj.
insupportablement adv.
insupporté, ée adj.
insupporter v. tr. | conjug. 1 |

Ξ Ce mot appartient au registre familier. Dans la langue soignée, on emploiera plutôt **être insupportable à** : *son hypocrisie m'est insupportable.*

⌘ Ce verbe ne peut s'employer qu'avec un pronom complément : *la douleur l'insupporte.*

insupprimable adj.
insurgé, ée adj. et n.
insurgent n. m.
insurger (s') v. pron. | conjug. 3 |

➾ Aux temps composés, le participe passé s'accorde en genre et en nombre avec le sujet : *elle s'est insurgée contre la mauvaise foi de son interlocuteur.*

insurmontable adj.
insurpassable adj.
insurrecteur adj. et n. m.
insurrection n. f.
insurrectionnaire adj. et n.
insurrectionnel, elle adj.
insurrectionnellement adv.
intachable adj.
intact, e adj.

➾ Le masculin s'écrit sans *e* : *des sentiments intacts.*

intactile adj.
intaillable adj.
intaille n. f.
intailler v. tr. | conjug. 1 |
intangibilité n. f.
intangible adj.
intarissable adj.
intarissablement adv.
intégrabilité n. f.
intégrable adj.
intégral, ale, aux adj. et n. f.

Ξ Ne pas dire **faire partie intégrale** à la place de **faire partie intégrante**.

intégralement adv.
intégralisme n. m.
intégralité n. f.

ϟ Ne pas confondre **intégralité**, qui désigne l'état d'une chose complète, avec **intégrité**, qui désigne l'état d'une chose intacte ou l'état d'une personne honnête.

intégrant, ante adj.

Ξ Ne pas dire **faire partie intégrale** à la place de **faire partie intégrante**.

intégrase n. f.
intégrateur n. m.
intégratif, ive adj.
intégration n. f.
intégrationniste adj. et n.
intègre adj.
intégré, ée adj.
intègrement adv.
intégrer v. tr. | conjug. 6 |

¬ **s'intégrer**

➾ Aux temps composés de la forme pronominale, le participe passé s'accorde en genre et en nombre avec le sujet : *ils se sont intégrés dans la société.*

intégrisme n. m.
intégriste n. et adj.

intégrité n. f.
↯ Ne pas confondre **intégrité**, qui désigne l'état d'une chose intacte ou l'état d'une personne honnête, avec **intégralité**, qui désigne l'état d'une chose complète.
intellect n. m.
intellectif, ive adj.
intellection n. f.
intellectualisation n. f.
intellectualiser v. tr. | conjug. 1 |
¬ **s'intellectualiser**
➾ Aux temps composés de la forme pronominale, le participe passé s'accorde en genre et en nombre avec le sujet : *son œuvre s'est intellectualisée*.
intellectualisme n. m.
intellectualiste adj.
intellectualité n. f.
intellectuel, elle adj. et n.
intellectuellement adv.
intelligemment /-amɑ̃/ adv.
intelligence n. f.
intelligent, ente adj.
intelligentiel, ielle adj.
intelligentsia ou **intelligentzia** /ɛ̃teliʒɛnsja ; inteligɛnsja/ n. f.
intelligibilité n. f.
intelligible adj.
intelligiblement adv.
intello adj. et n.
□ abrév. de **intellectuel**
intellocrate n.
intempérance n. f.
intempérant, ante adj.
intempéré, ée adj.
intempérie n. f.
Ξ De nos jours, ce mot s'emploie presque toujours au pluriel : *être exposé aux intempéries*.
intempestif, ive adj.
intempestivement adv.
intempestivité n. f.
intemporalité n. f.
intemporel, elle adj.
intenable adj.
intendance n. f.
intendant, ante n.
intense adj.
↯ Ne pas confondre **intense**, qui signifie « qui dépasse la mesure ordinaire » (*un froid intense*), avec **intensif**, qui signifie « qui fait l'objet d'un effort soutenu » (*un entraînement intensif*).
➾ Quand *intense* est employé derrière un adjectif de couleur, les deux adjectifs sont invariables : *des teintes rouge intense*.
intensément adv.
intensif, ive adj.
↯ Ne pas confondre **intensif**, qui signifie « qui fait l'objet d'un effort soutenu » (*un entraînement intensif*), avec **intense**, qui signifie « qui dépasse la mesure ordinaire » (*un froid intense*).
intensification n. f.
intensifier v. tr. | conjug. 7 |
¬ **s'intensifier**
➾ Aux temps composés de la forme pronominale, le participe passé s'accorde en genre et en nombre avec le sujet : *les combats se sont intensifiés*.
intensimètre n. m.
intension n. f.
↯ Ne pas confondre **intension**, anglicisme qui désigne l'ensemble des caractères qui permettent de définir un concept (*une définition par intension*), avec **intention**, qui désigne le fait de se proposer un certain but (*avoir l'intention de nuire*).
HOM. **intention**
intensionnel, elle adj.
HOM. **intentionnel**
intensité n. f.
intensivement adv.
intenter v. tr. | conjug. 1 |
↯ Ne pas confondre **intenter**, qui signifie « entreprendre (une action en justice) » (*intenter un procès à qqn*), avec **attenter**, qui signifie « faire une tentative criminelle » (*attenter à la vie de qqn*).
intention n. f.
↯ Ne pas confondre **intention** avec **attention**, notamment dans les locutions **à l'intention de** et **à l'attention de**. La première indique le bénéficiaire d'une action : *nous avons organisé une fête à son intention*. La seconde désigne le destinataire d'un courrier : *une lettre à l'attention de Mme Dupont*. Ne pas confondre **intention**, qui désigne le fait de se proposer un certain but (*avoir l'intention de nuire*), avec **intension**, anglicisme qui désigne l'ensemble des caractères qui permettent de définir un concept (*une définition par intension*).
HOM. **intension**
intentionnaliser v. tr. | conjug. 1 |
intentionnalité n. f.
intentionné, ée adj.
↯ Ne pas confondre **intentionné** avec **attentionné**. Le premier s'emploie dans les locutions **bien/mal intentionné** qui signifient « qui a de bons/de mauvais desseins ». Le second signifie « qui est plein de prévenances ».
intentionnel, elle adj.
HOM. **intensionnel**
intentionnellement adv.

[1]inter n. m.
□ abrév. de **interurbain**
[2]inter n. (footballeur, euse)
interactif, ive adj.
interaction n. f.
interactivement adv.
interactivité n. f.
interafricain, aine adj.
interagir v. intr. | conjug. 2 |
interallié, iée adj.
interarmées adj.
interarmes adj.
interarticulaire adj.
interastral, ale, aux adj.
interatomique adj.
interattraction n. f.
interauriculaire adj.
interbancaire adj.
interbancarité n. f.
interbranches adj.
intercalaire adj.
HOM. forme du v. **intercaler**
intercalation n. f.
intercaler v. tr. | conjug. 1 |
¬ **s'intercaler**
➾ Aux temps composés de la forme pronominale, le participe passé s'accorde en genre et en nombre avec le sujet : *cette diapositive s'est intercalée entre les autres*.
intercantonal, ale, aux adj.
intercéder v. intr. | conjug. 6 |
intercellulaire adj.
intercentre n. m.
intercepter v. tr. | conjug. 1 |
intercepteur n. m.
interception n. f.
intercesseur, eure n.
☯ *Intercesseure* est la forme recommandée par l'Office québécois de la langue française pour parler d'une femme.
intercession n. f.
⚡ Ne pas confondre **intercession**, qui signifie « intervention », avec **intersession**, qui signifie « temps qui sépare deux sessions ».
HOM. **intersession**
interchangeabilité n. f.
interchangeable adj.
interchanger v. tr. | conjug. 3 |
intercinèse n. f.
intercirculation n. f.
interclasse n. m.
☯ Ce mot est masculin, contrairement à *classe* : *un interclasse*.
interclassement n. m.
interclasser v. tr. | conjug. 1 |
interclasseuse n. f.
interclubs /ɛ̃tɛʀklœb/ adj. inv.
intercolonial, ale, aux adj.
intercommunal, ale, aux adj.
intercommunalité n. f.
intercommunautaire adj.
intercommunication n. f.
intercommunion n. f.
intercompréhensible adj.
intercompréhension n. f.
interconfessionnel, elle adj.
interconnectable adj.
interconnecter v. tr. | conjug. 1 |
interconnectivité n. f.
interconnexion n. f.
➾ Ne pas écrire **interconnection*.
intercontinental, ale, aux adj.
intercorrélation n. f.
intercostal, ale, aux adj.
intercotidal, ale, aux adj.
intercours n. m.
intercourse n. f.
intercritique adj.
interculturalité n. f.
interculturel, elle adj.
intercurrence n. f.
intercurrent, ente adj.
interdéfinissable adj.
interdentaire adj.
interdental, ale, aux adj. et n. f.
interdépartemental, ale, aux adj.
interdépendance n. f.
interdépendant, ante adj.
interdicteur, trice adj.
interdiction n. f.
interdigital, ale, aux adj.
interdigitation n. f.
interdigité, ée adj.
interdire v. tr. | conjug. 37 sauf *interdisez* |
CONJUG. Ce verbe se conjugue comme *dire*, sauf au présent de l'indicatif et de l'impératif à la deuxième personne du pluriel : *(vous) interdisez* et non pas **(vous) interdites*.
¬ **s'interdire**
➾ Aux temps composés de la forme pronominale, le participe passé ne s'accorde pas quand il est suivi d'un complément d'objet direct : *elles se sont interdit les gâteaux* ; *elle s'est interdit d'y penser*. Il s'accorde avec le complément d'objet direct quand celui-ci est placé avant le verbe : *les aliments qu'elles se sont interdits*.
interdisciplinaire adj.
interdisciplinarité n. f.
interdit, ite adj. et n. m.
interdunaire adj.
interdune n. f.
interentreprises adj. inv.
intéressant, ante adj.

intéressé, ée adj.
intéressement n. m.
intéresser v. tr. | conjug. 1 |
¬ **s'intéresser**
➾ Aux temps composés de la forme pronominale, le participe passé s'accorde en genre et en nombre avec le sujet : *les journaux se sont intéressés à cette affaire.*
intérêt n. m.
interétatique adj.
interethnique adj.
interfaçable adj.
interfaçage n. m.
interface n. f.
☯ Ce mot est féminin : *une interface.*
interfacer v. tr. | conjug. 3 |
interfaceur n. m.
interfécond, onde adj.
interfécondation n. f.
interfécondité n. f.
interfédéral, ale, aux adj.
interférence n. f.
interférent, ente adj.
➾ Ne pas écrire cet adjectif comme *interférant*, participe présent du verbe *interférer*.
interférentiel, ielle adj.
interférer v. intr. | conjug. 6 |
Ξ La forme pronominale **s'interférer** est pléonastique : il faut dire *leurs initiatives risquent d'interférer* et non *leurs initiatives risquent de s'interférer*.
interféromètre n. m.
interférométrie n. f.
interférométrique adj.
interféron n. m.
HOM. formes du v. **interférer**
interfertilité n. f.
interfluve n. m.
interfoliage n. m.
interfolier v. tr. | conjug. 7 |
interfrange n. f.
intergalactique adj.
interglaciaire adj.
intergouvernemental, ale, aux adj.
intergroupe adj. et n. m.
interhémisphérique adj.
interhumain, aine adj.
intérieur, ieure adj. et n. m.
➾ Ce mot s'écrit avec une majuscule dans **le ministère de l'Intérieur**.
intérieurement adv.
intérim /ɛ̃teʀim/ n. m.
➾ Ne pas écrire *intérime*.
intérimaire adj. et n.
interindividuel, elle adj.
interindustriel, elle adj.
interinfluence n. f.
intériorisation n. f.
intérioriser v. tr. | conjug. 1 |
intériorité n. f.
interjecter v. tr. | conjug. 1 |
interjectif, ive adj.
interjection n. f.
interjeter v. tr. | conjug. 4 |
▸ **interjeter appel** *la famille a interjeté appel de ce jugement*
interlangue n. f.
interleukine n. f.
interlignage n. m.
[1]**interligne** n. m. (espace)
[2]**interligne** n. f. (Typogr. : lame de métal)
interligner v. tr. | conjug. 1 |
interlinéaire adj.
interlinéation n. f.
interlingual, ale, aux /ɛ̃tɛʀlɛ̃gwal, o/ adj.
interlinguistique adj. et n. f.
interlobaire adj.
interlobulaire adj.
interlock n. m.
HOM. formes du v. **interloquer**
interlocuteur, trice n.
interlocution n. f.
interlocutoire adj.
interlope n. m. et adj.
interloqué, ée adj.
interloquer v. tr. | conjug. 1 |
interlude n. m.
☯ Ce mot est masculin : *un interlude.*
intermariage n. m.
intermaxillaire adj.
intermède n. m.
☯ Ce mot est masculin : *un intermède.*
intermédiaire adj. et n.
intermédiarité n. f.
intermédiat, ate adj. et n. m.
intermédiation n. f.
intermédine n. f.
intermenstruel, elle adj.
intermétallique adj.
intermezzo /ɛ̃tɛʀmɛdzo/ n. m. ▪ plur. **intermezzos** ou plur. **intermezzi**
Ξ On peut employer le pluriel francisé *intermezzos* ou le pluriel italien *intermezzi*.
interminable adj.
interminablement adv.
interministériel, ielle adj.
intermission n. f.
intermittemment /-amɑ̃/ adv.
intermittence n. f.
➾ Ce mot est au singulier dans la locution **par intermittence** : *ils travaillent par intermittence.*
intermittent, ente adj. et n.
intermodal, al, aux adj.

intermodalité n. f.
intermodulation n. f.
intermoléculaire adj.
intermonde n. m.
intermusculaire adj.
internalisation n. f.
internaliser v. tr. | conjug. 1 |
internat n. m.
HOM. formes du v. **interner**
international, ale, aux adj.
internationalement adv.
internationalisation n. f.
internationaliser v. tr. | conjug. 1 |
internationalisme n. m.
internationaliste adj. et n.
internationalité n. f.
internaute n.
interne adj. et n.
interné, ée adj. et n.
internel, elle adj.
internement n. m.
interner v. tr. | conjug. 1 |
Internet ou **internet** n. m.
➾ Ce mot s'écrit avec une minuscule quand il est précédé de l'article défini (*surfer sur l'internet*) et avec une majuscule quand il est employé sans l'article (*surfer sur Internet*). L'absence d'article est aujourd'hui plus fréquente. Ce mot peut s'employer en apposition ; il est alors invariable : *des sites Internet*.
interniste n.
internodal, ale, aux adj.
internonce n. m.
internonciature n. f.
inter nos /ɛ̃tɛʀnos ; intɛʀnos/ loc. adv.
internucléaire adj.
interocéanique adj.
intérocepteur n. m.
intéroceptif, ive adj.
intéroceptivité n. f.
interoculaire adj.
interopérabilité n. f.
interopérable adj.
interoperculaire n. m.
interopérer v. intr. | conjug. 6 |
interosseux, euse adj.
interpariétal, ale, aux adj.
interparlementaire adj.
interparticulaire adj.
interpédonculaire adj.
interpellateur, trice n.
interpellatif n. m.
interpellation n. f.
interpeller ou **interpeler** v. tr. | conjug. 1 ou 4 |
♪ La graphie *interpeler*° est conforme à la prononciation courante.
interpénétration n. f.
interpénétrer (s') v. pron. | conjug. 6 |
➾ Aux temps composés, le participe passé s'accorde en genre et en nombre avec le sujet : *ces théories se sont interpénétrées*.
interpersonnel, elle adj.
interphase n. f.
Interphone® n. m.
➾ Comme tous les noms déposés, ce mot doit s'écrire avec une majuscule : *parler dans un Interphone*. Toutefois, on le trouve fréquemment employé comme nom générique sans respect de la règle : *parler dans un interphone*.
interplanétaire adj.
inter pocula /ɛ̃tɛʀpɔcyla/ loc. adv.
interpolaire adj.
interpolateur, trice n.
interpolation n. f.
interpoler v. tr. | conjug. 1 |
interpolliniser v. tr. | conjug. 1 |
interposé, ée adj.
interposer v. tr. | conjug. 1 |
¬ **s'interposer**
➾ Aux temps composés de la forme pronominale, le participe passé s'accorde en genre et en nombre avec le sujet : *elles se sont interposées entre les belligérants*.
interposition n. f.
interprétable adj.
interprétant, ante n.
interprétariat n. m.
interprétateur, trice adj. et n.
interprétatif, ive adj.
interprétation n. f.
interprétativement adv.
interprète n.
interpréter v. tr. | conjug. 6 |
interpréteur n. m.
interprofession n. f.
interprofessionnel, elle adj.
interpsychologie /-k-/ n. f.
interquartile n. m.
interracial, iale, iaux adj.
interradial, iale, iaux adj.
interradius /-ys/ n. m.
interréaction n. f.
interrégional, ale, aux adj.
interrègne n. m.
interrelation n. f.
interrelié, ée adj.
interreligieux, ieuse adj.
interrogant, ante adj.
interrogat n. m.
interrogateur, trice n. et adj.
interrogatif, ive adj. et n.
interrogation n. f.
interrogativement adv.

interrogatoire n. m.
interrogeable adj.
interrogeant, ante adj.
interroger v. tr. | conjug. 3 |
¬ **s'interroger**
➾ Aux temps composés de la forme pronominale, le participe passé s'accorde en genre et en nombre avec le sujet : *ils se sont interrogés sur leur avenir.*
interroi n. m.
interrompre v. tr. | conjug. 41 |
¬ **s'interrompre**
➾ Aux temps composés de la forme pronominale, le participe passé s'accorde en genre et en nombre avec le sujet : *elle s'est interrompue dans sa lecture.*
interronégatif, ive adj.
interrupteur, trice n.
interruptif, ive adj.
interruption n. f.
intersaison n. f.
interscapulaire adj.
interscolaire adj.
intersécant, ante adj.
intersecté, ée adj.
intersecter v. tr. | conjug. 1 |
intersecting /ɛ̃tɛʀsɛktiŋ/ n. m.
intersection n. f.
intersectoriel, elle adj.
intersession n. f.
ϟ Ne pas confondre **intersession**, qui signifie « temps qui sépare deux sessions », avec **intercession**, qui signifie « intervention ».
HOM. **intercession**
intersexualité n. f.
intersexué, ée n. m. et adj.
intersexuel, elle adj.
intersidéral, ale, aux adj.
intersigne n. m.
intersillon n. m.
interspécifique adj.
interstade n. m.
interstations adj. inv.
interstellaire adj.
interstérile adj.
interstérilité n. f.
interstice n. m.
☯ Ce mot est masculin : *un interstice.*
interstitiel, ielle adj.
➾ Ne pas écrire **intersticiel*.
intersubjectif, ive adj.
intersubjectivité n. f.
intersyndical, ale, aux adj. et n. f.
intersystole n. f.
intertexte n. m.
intertextualité n. f.
intertextuel, elle adj.
intertidal, ale, aux adj.
intertitre n. m.
intertrigineux, euse adj.
intertrigo n. m.
intertropical, ale, aux adj.
intertype n. f.
interuniversitaire adj.
interurbain, aine adj. et n. m.
intervallaire adj.
intervalle n. m.
➾ Ce mot est masculin : *un intervalle. Intervalle* est toujours au pluriel dans la locution adverbiale **par intervalles** : *on entendait du bruit par intervalles.*
intervalliste n.
intervalvaire adj.
intervenant, ante adj. et n.
intervenir v. intr. | conjug. 22 |
CONJUG. Ce verbe se conjugue avec l'auxiliaire *être* : il faut dire *il est intervenu dans le débat* et non **il a intervenu dans le débat.*
Ξ L'emploi de ce verbe au sens de « avoir lieu, se produire » (*des changements sont intervenus en votre absence*) est abusif et doit être évité.
intervention n. f.
interventionnel, elle adj.
interventionnisme n. m.
interventionniste adj. et n.
interventriculaire adj.
interversion n. f.
intervertébral, ale, aux adj.
intervertir v. tr. | conjug. 2 |
¬ **s'intervertir**
➾ Aux temps composés de la forme pronominale, le participe passé s'accorde en genre et en nombre avec le sujet : *les fonctions se sont interverties.*
intervertissement n. m.
interview /ɛ̃tɛʀvju/ n. f.
☯ Ce mot est féminin : *une interview.*
interviewer /ɛ̃tɛʀvjuve/ v. tr. | conjug. 1 |
intervieweur, euse /ɛ̃tɛʀvjuvœʀ, øz/ ou **interviewer** n.
intervocalique adj.
interzonal, ale, aux adj.
interzone(s) adj. ▪ plur. **interzones**
intestable adj.
intestat adj.
[1]**intestin, ine** adj.
Ξ Cet adjectif ne s'emploie plus que dans quelques expressions : *guerre intestine* ; *querelles intestines*, etc.
[2]**intestin** n. m.
intestinal, ale, aux adj.
inti /inti/ n. m.
intifada /intifada/ n. f.

intima n. f.
HOM. formes du v. **intimer**
intimation n. f.
intime adj.
intimé, ée adj. et n.
intimement adv.
intimer v. tr. | conjug. 1 |
intimidable adj.
intimidant, ante adj.
intimidateur, trice adj.
intimidation n. f.
intimider v. tr. | conjug. 1 |
intimisme n. m.
intimiste n. et adj.
intimité n. f.
intirable adj.
intisy n. m.
intitulé n. m.
intituler v. tr. | conjug. 1 |
¬ **s'intituler**
➾ Aux temps composés de la forme pronominale, le participe passé s'accorde en genre et en nombre avec le sujet : *cette nouvelle s'est intitulée différemment*.
intolérable adj.
intolérablement adv.
intolérance n. f.
intolérant, ante adj.
intolérantisme n. m.
intonatif, ive adj.
intonation n. f.
intoné, ée adj.
intorsion n. f.
intouchabilité n. f.
intouchable adj. et n.
intouché, ée adj.
intox n. f.
□ abrév. de **intoxication**
intoxicant, ante adj.
➾ Ne pas écrire cet adjectif comme *intoxiquant,* participe présent du verbe *intoxiquer*.
intoxication n. f.
➾ Ce mot s'écrit avec un *c,* contrairement à *intoxiquer*.
intoxination n. f.
intoxiquer v. tr. | conjug. 1 |
¬ **s'intoxiquer**
➾ Aux temps composés de la forme pronominale, le participe passé s'accorde en genre et en nombre avec le sujet : *elle s'est intoxiquée en mangeant des champignons.*
intra-artériel, ielle ▪ plur. **intra-artériels, ielles** ou **intraartériel, ielle**○ ▪ plur. **intraartériels, ielles**○ adj.
intra-articulaire ▪ plur. **intra-articulaires** ou **intraarticulaire**○ ▪ plur. **intraarticulaires**○ adj.
intra-atomique ▪ plur. **intra-atomiques** ou **intraatomique**○ ▪ plur. **intraatomiques**○ adj.
intracardiaque adj.
intracellulaire adj.
intracérébral, ale, aux adj.
intracommunautaire adj.
intracrânien, ienne adj.
intracutané, ée adj.
intradermique adj.
intradermo n. f.
□ abrév. de **intradermoréaction**
intradermoréaction ▪ plur. **intradermoréactions** ou **intradermo-réaction** ▪ plur. **intradermo-réactions** n. f.
intradisciplinaire adj.
intrados n. m.
intraduisible adj.
intradural, ale, aux adj.
intraépithélial, ale, aux adj.
intrafamilial, iale, iaux adj.
intraglaciaire adj.
intrahépatique adj.
intrait n. m.
intraitable adj.
intralingual, ale, aux adj.
intramédullaire adj.
intramercuriel, elle adj.
intramoléculaire adj.
intramondain, aine adj.
intra-muros ou **intramuros**○ /-ROS/ adv. et adj. inv.
intramusculaire adj.
intranet /-nɛt/ n. m.
intranscriptible adj.
intransférable adj.
intransformable adj.
intransgressable adj.
intransigeance n. f.
intransigeant, ante adj.
intransitable adj.
intransitif, ive adj. et n. m.
intransitivement adv.
intransitivité n. f.
intransmissibilité n. f.
intransmissible adj.
intransportable adj.
intransposable adj.
intrant n. m.
intranucléaire adj.
intraoculaire adj.
intraorganique adj.
intrapelvien, ienne adj.
intrapéritonéal, ale, aux adj.
intrapleural, ale, aux adj.
intrapsychique adj.

intrapulmonaire adj.
intrarachidien, ienne adj.
intraspécifique adj.
intrathoracique adj.
intra-utérin, ine adj. ▪ plur. **intra-utérins, ines**
intravasculaire adj.
intraveineux, euse adj.
intraventriculaire adj.
intraversable adj.
in-trente-deux adj. et n. m. inv.
intrépide adj.
intrépidement adv.
intrépidité n. f.
intrication n. f.
➾ Ce mot s'écrit avec un *c*, contrairement à *intriquer*.
intrigant, ante adj. et n.
➾ Ne pas écrire ce mot comme *intriguant*, participe présent du verbe *intriguer*.
intrigue n. f.
intriguer v. tr. et v. intr. | conjug. 1 |
intrinsèque adj.
intrinsèquement adv.
intriquer v. tr. | conjug. 1 |
¬ **s'intriquer**
➾ Aux temps composés de la forme pronominale, le participe passé s'accorde en genre et en nombre avec le sujet : *ces phénomènes se sont intriqués*.
introducteur, trice n.
introductible adj.
introductif, ive adj.
introduction n. f.
introductoire adj.
introduire v. tr. | conjug. 38 |
☰ L'emploi de **introduire qqn** au sens de « présenter qqn » est un anglicisme à éviter.
¬ **s'introduire**
➾ Aux temps composés de la forme pronominale, le participe passé s'accorde en genre et en nombre avec le sujet : *elle s'est introduite chez lui en cachette*.
introfaction n. f.
introït /ɛ̃tʀɔit/ n. m.
introjectif, ive adj.
introjection n. f.
intromission n. f.
intron n. m.
intronisation n. f.
introniser v. tr. | conjug. 1 |
introrse adj.
introspecter v. intr. | conjug. 1 |
introspectif, ive adj.
introspection n. f.
introspectionnisme n. m.
introspectionniste adj.
introublé, ée adj.
introuvable adj.
introversif, ive adj.
introversion n. f.
introverti, ie adj. et n.
⚡ Ne pas confondre **introverti**, qui signifie « centré sur soi-même », avec **inverti**, synonyme vieilli de *homosexuel*.
intrus, use /ɛ̃tʀy, yz/ adj. et n.
➾ Ne pas oublier le *s* au singulier.
intrusif, ive adj.
intrusion n. f.
intubation n. f.
intuber v. tr. | conjug. 1 |
intuitif, ive adj.
intuition n. f.
intuitionnel, elle adj.
intuitionner v. tr. | conjug. 1 |
intuitionnisme n. m.
intuitionniste n. et adj.
intuitivement adv.
intuitivisme n. m.
intuitiviste adj. et n.
intuitu personæ /ɛ̃tɥitypɛʀsɔne/ loc. adv.
intumescence n. f.
intumescent, ente adj.
intussusception /ɛ̃tyssysɛpsjɔ̃/ n. f.
inuit /inɥit/ n. et adj. inv. en genre
☰ Ce mot est recommandé par l'Office québécois de la langue française pour remplacer *esquimau*, jugé péjoratif au Canada.
➾ L'adjectif s'écrit sans majuscule : *la population inuit*. Le nom s'écrit avec une majuscule uniquement quand il désigne une personne : *les Inuits ; c'est une Inuit* mais *parler l'inuit*.
inuktitut /inuktitut/ n. m.
➾ Comme tous les noms de langues, ce mot s'écrit sans majuscule : *parler l'inuktitut*.
inulase n. f.
inule n. f.
inulée n. f.
inuline n. f.
inusabilité n. f.
inusable adj.
inusé, ée adj.
inusité, ée adj.
inusuel, elle adj.
in utero /inyteʀo/ ou **in utéro** ○ loc. adv.
inutile adj.
inutilement adv.
inutilisable adj.
inutilisation n. f.
inutilisé, ée adj.
inutilité n. f.
invaginable adj.
invagination n. f.

invaginer v. tr. | conjug. 1 |
¬ **s'invaginer**
➾ Aux temps composés de la forme pronominale, le participe passé s'accorde en genre et en nombre avec le sujet : *ces organes se sont invaginés.*
invaincu, ue adj.
invalidant, ante adj.
invalidation n. f.
invalide adj. et n.
➾ Avec une majuscule, **les Invalides** désigne l'hospice parisien fondé par Louis XIV : *l'hôtel des Invalides ; visiter les Invalides.*
invalidement adv.
invalider v. tr. | conjug. 1 |
invalidité n. f.
Invar® n. m.
➾ Comme tous les noms déposés, ce mot doit s'écrire avec une majuscule : *un revêtement en Invar.* Toutefois, on le trouve fréquemment employé comme nom générique sans respect de la règle : *un revêtement en invar.*
invariabilité n. f.
invariable adj.
invariablement adv.
invariance n. f.
invariant, iante adj. et n. m.
invasif, ive adj.
invasion n. f.
invective n. f.
invectiver v. intr. et v. tr. | conjug. 1 |
Ξ La forme intransitive **invectiver contre qqn** est vieillie. De nos jours, on emploie plutôt la forme transitive **invectiver qqn** : *il nous a invectivés.*
invendable adj.
invendu, ue adj.
invengé, ée adj.
inventable adj.
inventaire n. m.
HOM. forme du v. **inventer**
inventer v. tr. | conjug. 1 |
¬ **s'inventer**
➾ Aux temps composés de la forme pronominale, le participe passé ne s'accorde pas quand il est suivi d'un complément d'objet direct : *ils se sont inventé des histoires ; elle s'est inventé qu'elle était malade.* Il s'accorde avec le complément d'objet direct quand celui-ci est placé avant le verbe : *les histoires qu'ils se sont inventées.*
inventeur, trice n.
☯ *Inventrice* est la forme féminine recommandée par le *Guide d'aide à la féminisation des noms de métiers, titres, grades et fonctions* et l'Office québécois de la langue française. La Suisse recommande la forme *inventeuse.* On rencontre encore parfois le masculin employé pour parler d'une femme : *elle fut l'inventeur de ce procédé.*
inventif, ive adj.
invention n. f.
inventivement adv.
inventivité n. f.
inventoriable adj.
inventoriage n. m.
inventorier v. tr. | conjug. 7 |
inventorieur, euse n.
inventoriste n.
invérifiable adj.
invérifié, ée adj.
inversable adj.
inverse adj. et n. m.
inversement adv. et n. m.
inverser v. tr. | conjug. 1 |
¬ **s'inverser**
➾ Aux temps composés de la forme pronominale, le participe passé s'accorde en genre et en nombre avec le sujet : *la tendance s'est inversée.*
inverseur n. m.
inversible adj.
inversif, ive adj.
inversion n. f.
invertase n. f.
invertébré, ée adj.
inverti, ie adj. et n.
ϟ Ne pas confondre **inverti**, synonyme vieilli de *homosexuel,* avec **introverti** qui signifie « centré sur soi-même ».
invertine n. f.
invertir v. tr. | conjug. 2 |
investigateur, trice n.
investigatif, ive adj.
investigation n. f.
➾ Ce mot s'écrit sans *u,* contrairement à *investiguer.*
investiguer v. intr. | conjug. 1 |
investir v. tr. | conjug. 2 |
¬ **s'investir**
➾ Aux temps composés de la forme pronominale, le participe passé s'accorde en genre et en nombre avec le sujet : *elle s'est beaucoup investie dans ce projet.*
investissement n. m.
investisseur, euse n.
investiture n. f.
➾ Ce mot s'écrit avec une majuscule dans **la querelle des Investitures** (entre les papes et les empereurs germaniques, 1074-1122).
invétération n. f.
invétéré, ée adj.
inviabilité n. f.
inviable adj.

invigoration n. f.
invincibilité n. f.
invincible adj.
invinciblement adv.
in-vingt-quatre /in-/ adj. inv. et n. m. inv.
inviolabilité n. f.
inviolable adj.
inviolablement adv.
inviolé, ée adj.
invisibilité n. f.
invisible adj. et n. m.
invisiblement adv.
invitant, ante adj.
invitation n. f.
invitatoire adj. et n. f.
invite n. f.
invité, ée n.
inviter v. tr. | conjug. 1 |
¬ **s'inviter**
➾ Aux temps composés de la forme pronominale, le participe passé s'accorde en genre et en nombre avec le sujet : *ils se sont invités à la fête.*
inviteur, euse adj. et n.
in vitro /invitʀo/ loc. adv.
invivable adj.
in vivo /invivo/ loc. adv.
invocateur, trice n.
invocation n. f.
invocatoire adj.
involontaire adj.
involontairement adv.
involucelle n. m.
involucre n. m.
involucré, ée adj.
involuer v. intr. | conjug. 1 |
involuté, ée adj.
involutif, ive adj.
involution n. f.
invoquer v. tr. | conjug. 1 |
⚡ Ne pas confondre **invoquer**, qui signifie « appeler par des prières, avoir recours à », avec **évoquer**, qui signifie « rendre présent à l'esprit ».
invraisemblable /-sɑ̃-/ adj.
invraisemblablement /-sɑ̃-/ adv.
invraisemblance /-sɑ̃-/ n. f.
invulnérabilité n. f.
invulnérable adj.
iodacétone n. f.
iodate n. m.
HOM. forme du v. **ioder**
iodation n. f.
iode n. m.
☯ Ce mot est masculin.
HOM. **yod**
iodé, ée adj.
iodémie n. f.
ioder v. tr. | conjug. 1 |
iodeux, euse adj.
iodhydrique adj. m.
iodifère adj.
iodique adj.
iodisme n. m.
iodler ou **jodler** /jɔdle/ v. intr. | conjug. 1 |
iodleur, euse ou **jodleur, euse** /jɔdlœʀ, øz/ n.
iodobenzène n. m.
iodoforme n. m.
iodoformé, ée adj.
iodométrie n. f.
iodophile adj.
iodophilie n. f.
iodothérapie n. f.
ioduration n. f.
iodure n. m.
ioduré, ée adj.
iodurisme n. m.
ion n. m.
ionien, ienne adj.
➾ L'adjectif s'écrit sans majuscule (*la population ionienne*), sauf dans les dénominations géographiques : *la mer Ionienne, les îles Ioniennes*. Le nom s'écrit avec une majuscule uniquement quand il désigne une personne : *les Ioniens ; une Ionienne* mais *parler l'ionien*.
ionique adj.
ionisable adj.
ionisant, ante adj.
ionisation n. f.
ioniser v. tr. | conjug. 1 |
ioniseur ou **ionisateur** n. m.
ionogramme n. m.
ionomètre n. m.
ionone n. f.
ionophorèse n. f.
ionosphère n. f.
ionosphérique adj.
iota n. m. ▪ plur. inv. ou plur. **iotas**○
♪ On peut faire l'élision (*l'iota*) mais on évitera de faire la liaison : *un iota* se prononce /œ̃jɔta/.
iotacisme n. m.
iourte n. f.
→ **yourte**
ipé n. m.
ipéca n. m.
ipécacuana n. m.
ipomée n. f.
ippon n. m.
ips /ips/ n. m.
ipse /ipse/ n. m. inv.
ipséité n. f.
ipso facto loc. adv.

iranien, ienne adj. et n.
➾ L'adjectif s'écrit sans majuscule : *la population iranienne*. Le nom s'écrit avec une majuscule uniquement quand il désigne une personne : *les Iraniens ; c'est une Iranienne* mais *parler l'iranien*.
iranisant, ante n.
irascibilité n. f.
irascible adj.
irbis /-is/ n. m.
ire n. f.
irénarque n. m.
irénique adj.
irénisme n. m.
iréniste n.
iridacée n. f.
iridectomie n. f.
iridescence n. f.
iridescent, ente adj.
iridié, iée adj.
iridien, ienne adj.
iridium /iʀidjɔm/ n. m.
iridocyclite n. f.
iridodilatateur, trice adj.
iridokératite n. f.
iridologie n. f.
iridologique adj.
iridologue n.
iridoscope n. m.
iridotomie n. f.
irien, ienne adj.
iris /iʀis/ n. m.
irisable adj.
irisation n. f.
irisé, ée adj.
irisement n. m.
iriser v. tr. | conjug. 1 |
irish coffee /ajʀiʃkɔfi/ n. m. ▪ plur. **irish coffees**
iritis /iʀitis/ n. f.
irlandais, aise adj. et n.
➾ L'adjectif s'écrit sans majuscule : *la population irlandaise, un setter irlandais*. Le nom s'écrit avec une majuscule uniquement quand il désigne une personne : *les Irlandais ; c'est une Irlandaise* mais *parler l'irlandais*.
I. R. M. n. f.
◻ abrév. de **imagerie par résonance magnétique**
iroko n. m.
irone n. f.
ironie n. f.
ironique adj.
ironiquement adv.
ironiser v. intr. | conjug. 1 |
ironisme n. m.
ironiste n.
iroquois, oise adj. et n.
➾ L'adjectif s'écrit sans majuscule : *le peuple iroquois*. Le nom s'écrit avec une majuscule uniquement quand il désigne une personne : *les Iroquois ; c'est une Iroquoise* mais *parler l'iroquois ; une coiffure à l'iroquoise* ou *une iroquoise*.
I. R. P. P. n. m.
◻ abrév. de **impôt sur le revenu des personnes physiques**
irrachetable adj.
irracontable adj.
Ξ *Irracontable* n'est pas fautif mais *inracontable* est plus fréquent.
irradiance n. f.
irradiant, iante adj.
irradiateur n. m.
irradiation n. f.
irradier v. intr. et v. tr. | conjug. 7 |
irraison n. f.
irraisonnable adj.
irraisonnablement adv.
irraisonné, ée adj.
irrassasiable adj.
irrassasié, ée adj.
irrationalisme n. m.
irrationaliste adj. et n.
irrationalité n. f.
irrationnel, elle adj.
irrationnellement adv.
irrattrapable adj.
irréalisable adj.
irréalisation n. f.
irréalisé, ée adj.
irréalisme n. m.
irréaliste adj.
irréalité n. f.
irrecevabilité n. f.
irrecevable adj.
irréconciliabilité n. f.
irréconciliable adj.
irréconciliablement adv.
irréconcilié, ée adj.
irrécouvrable adj.
irrécupérable adj.
irrécusabilité n. f.
irrécusable adj.
irrécusablement adv.
irrécusé, ée adj.
irrédentisme n. m.
irrédentiste adj. et n.
irréductibilité n. f.
irréductible adj.
irréductiblement adv.
irréel, elle adj.
irréellement adv.
irréfléchi, ie adj.

irréflectivité n. f.
irréflexion n. f.
irréformabilité n. f.
irréformable adj.
irréfragable adj.
irréfragablement adv.
irréfrénable adj.
irréfréné, ée adj.
irréfutabilité n. f.
irréfutable adj.
irréfutablement adv.
irréfuté, ée adj.
irregardable adj.
irrégularité n. f.
irrégulier, ière adj.
irrégulièrement adv.
irréligieusement adv.
irréligieux, ieuse adj.
irréligion n. f.
irréligiosité n. f.
irremboursable adj.
irrémédiabilité n. f.
irrémédiable adj.
irrémédiablement adv.
irrémissible adj.
irrémissiblement adv.
irremplaçabilité n. f.
irremplaçable adj.
irremplissable adj.
irréparabilité n. f.
irréparable adj.
irréparablement adv.
irrépétible adj.
irrépréhensible adj.
irrépréhensiblement adv.
irreprésentable adj.
irrépressible adj.
irrépressiblement adv.
irréprochabilité n. f.
irréprochable adj.
irréprochablement adv.
irrésistibilité n. f.
irrésistible adj.
irrésistiblement adv.
irrésolu, ue adj.
irrésolument adv.
irrésolution n. f.
irrespect n. m.
irrespectueusement adv.
irrespectueux, euse adj.
irrespirabilité n. f.
irrespirable adj.
irresponsabilité n. f.
irresponsable adj.
irrétrécissabilité n. f.
irrétrécissable adj.
irretrouvable adj.
irréussite n. f.
irrévélable adj.
irrévélé, ée adj.
irrévéremment /-amɑ̃/ adv.
irrévérence n. f.
irrévérencieusement adv.
irrévérencieux, ieuse adj.
irrévérent, ente adj.
irréversibilité n. f.
irréversible adj.
irréversiblement adv.
irrévocabilité n. f.
irrévocable adj.
irrévocablement adv.
irrigable adj.
irrigateur, trice n. m. et adj.
irrigation n. f.
irriguer v. tr. | conjug. 1 |
irritabilité n. f.
irritable adj.
irritament n. m.
irritant, ante adj.
irritatif, ive adj.
irritation n. f.
irrité, ée adj.
irriter v. tr. | conjug. 1 |
¬ **s'irriter**

⊶ Aux temps composés de la forme pronominale, le participe passé s'accorde en genre et en nombre avec le sujet : *ils se sont irrités contre elle.*

irruptif, ive adj.
irruption n. f.

ϟ Ne pas confondre **irruption**, qui signifie « entrée soudaine et violente (de qqch. ou de qqn) », avec **éruption**, qui signifie « jaillissement, apparition soudaine (de qqch.) ».

I. S. n. m.
□ abrév. de **impôt sur le bénéfice des sociétés**
isabelle adj. inv.
isallobare n. f.
isallotherme n. f.
isard n. m.
isatine n. f.
isatis /izatis/ n. m.
isba /izba/ n. f.
I. S. B. N. n. m.
□ abrév. de **international standard book number**
ischémie /iskemi/ n. f.
ischémique /iskemik/ adj. et n.
ischiatique /iskjatik/ adj.
ischion /iskjɔ̃/ n. m.
ischurie /iskyʀi/ n. f.
iséiconie n. f.

iséiconique adj.
isentropique adj.
I. S. F. n. m.
□ abrév. de **impôt de solidarité sur la fortune**
isiaque adj.
isinglass n. m.
islam n. m.
➾ Ce mot s'écrit avec une minuscule quand il désigne la religion : *les cinq piliers de l'islam*. Il s'écrit avec une majuscule quand il désigne le monde musulman : *les pays de l'Islam*.
islamique adj.
➾ Comme tous les mots qualifiant une religion, ce mot s'écrit sans majuscule : *la religion islamique*.
islamisation n. f.
islamiser v. tr. | conjug. 1 |
¬ **s'islamiser**
➾ Aux temps composés de la forme pronominale, le participe passé s'accorde en genre et en nombre avec le sujet : *des peuples se sont islamisés*.
islamisme n. m.
➾ Comme tous les mots désignant une religion, ce mot s'écrit sans majuscule : *les adeptes de l'islamisme*.
islamiste adj. et n.
➾ Comme tous les mots désignant ou qualifiant une religion ou ses adeptes, ce mot s'écrit sans majuscule : *les islamistes*.
islamite adj. et n.
islamité n. f.
islamologie n. f.
islamologue n.
islamophobe adj.
islamophobie n. f.
islandais, aise adj. et n.
➾ L'adjectif s'écrit sans majuscule : *la population islandaise*. Le nom s'écrit avec une majuscule uniquement quand il désigne une personne : *les Islandais ; c'est une Islandaise* mais *parler l'islandais*.
ismaélien, ienne adj. et n.
ismaélisme ou **ismaïlisme** n. m.
ismaélite n. m.
isménéen, enne adj. et n.
ISO n. m. inv.
□ abrév. de **international standardization organization**
isoagglutination n. f.
isoamyle n. m.
isoamylique adj.
isobare adj. et n. f.
isobarique adj.
isobase n. f.
isobathe adj. et n. f.
isobutane n. m.
isobutanol n. m.
isobutyle n. m.
isobutylène n. m.
isobutylique adj.
isocalorique adj.
isocarde n. m.
isocèle adj.
isocélie n. f.
isocéphalie n. f.
isochore /-kɔʀ/ adj.
isochromatique /-k-/ adj.
isochromatisme /-k-/ n. m.
isochrone /-k-/ adj.
isochronique /-k-/ adj.
isochronisme /-k-/ n. m.
isoclinal, ale, aux adj.
isocline adj.
isocorie n. f.
isocyanate n. m.
isocyanique adj.
isodactyle adj.
isodactylie n. f.
isodyname adj.
isodynamie n. f.
isodynamique adj.
isodynamisme n. m.
isoédrique adj.
isoélectrique adj.
isoète n. m.
isogame adj.
isogamie n. f.
isogenèse n. f.
isoglosse n. f. et adj.
isoglucose n. m.
isogonal, ale, aux adj.
isogone adj.
isogonie n. f.
isogonique adj.
isogramme n. m.
isogreffe n. f.
isogroupe adj.
isohalin, ine adj. et n. f.
isohyète adj.
isohypse adj.
iso-ionique ▪ plur. **iso-ioniques** ou **isoïonique** ▪ plur. **isoïoniques** adj.
isolable adj.
isolant, ante adj. et n. m.
isolat n. m.
HOM. formes du v. **isoler**
isolateur n. m.
isolation n. f.
isolationnisme n. m.
isolationniste n. et adj.
isolé, ée adj. et n.
isolement n. m.

isolément adv.
isoler v. tr. | conjug. 1 |
¬ **s'isoler**
➾ Aux temps composés de la forme pronominale, le participe passé s'accorde en genre et en nombre avec le sujet : *elle s'est isolée du monde.*
isoleucine n. f.
isolisme n. m.
isologie n. f.
isologue adj.
isoloir n. m.
isomère adj. et n. m.
isomérie n. f.
isomérique adj.
isomérisation n. f.
isomériser v. tr. | conjug. 1 |
isomérisme n. m.
isomètre adj.
isométrie n. f.
isométrique adj.
isométropie n. f.
isomorphe adj.
isomorphisme n. m.
isonèphe adj. et n. f.
isoniazide n. f.
isonitrile n. m.
isonomie n. f.
isooctane n. m.
isopaque adj.
isopathie n. f.
isopentane n. m.
isopérimètre adj.
isopet n. m.
→ **ysopet**
isophase adj.
isoplèthe adj. et n. f.
isopode adj. et n. m.
isoprène n. m.
isoprénique adj.
isopropyle n. m.
isopropylique adj.
isoptère n. m.
Isorel® n. m.
➾ Comme tous les noms déposés, ce mot doit s'écrire avec une majuscule : *des panneaux en Isorel.* Toutefois, on le trouve fréquemment employé comme nom générique sans respect de la règle : *des panneaux en isorel.*
isorythmie n. f.
isorythmique adj.
isoséiste adj.
isosiste adj. et n. f.
isosonie n. f.
isosonique adj.
isosphérique adj.
isospin /izospin/ n. m.
isospondyle n. m.
isostasie n. f.
isostatique adj.
isostérie n. f.
isotactique adj.
isothérapie n. f.
isothérapique adj.
isothère adj. et n. f.
isotherme adj. et n. f.
isothermie n. f.
isothermique adj.
isotone adj.
isotonicité n. f.
isotonie n. f.
isotonique adj.
isotope n. m. et adj.
ϟ Ne pas confondre **isotope**, qui désigne et qualifie chacun des éléments de même numéro atomique mais de masse atomique différente, avec **isotrope**, qui signifie « dont les propriétés ne dépendent pas de la direction ».
isotopie n. f.
isotopique adj.
isotransplant n. m.
isotransplantation n. f.
isotron n. m.
isotrope adj.
ϟ Ne pas confondre **isotrope**, qui signifie « dont les propriétés ne dépendent pas de la direction », avec **isotope**, qui désigne et qualifie chacun des éléments de même numéro atomique mais de masse atomique différente.
isotropie n. f.
isovalérique ou **isovalérianique** adj.
isovèle adj. et n. f.
israélien, ienne /isʀaeljɛ̃, jɛn/ adj. et n.
➾ L'adjectif s'écrit sans majuscule : *la population israélienne.* Le nom s'écrit avec une majuscule : *les Israéliens ; c'est une Israélienne.*
israélite /isʀaelit/ n. et adj.
Ξ Ce mot est parfois employé avec une connotation antisémite.
issant, ante adj.
HOM. **hissant** (p. prés. de *hisser*)
issir v. intr. | conjug. défectif |
CONJUG. Ce verbe est défectif : il ne se conjugue qu'à l'imparfait (*j'issais*), au passé simple (*ils issirent*), au participe présent (*issant*) et aux temps composés (*ils étaient issus*). De nos jours, on emploie presque exclusivement le participe passé *issu*.
issu, ue adj. (p. p. de issir)
issue n. f.
I. S. T. /iɛste/ n. f.
□ abrév. de **infection sexuellement transmissible**
isthme n. m.

isthmien, ienne adj.
isthmique adj.
isvotchik n. m.
itacisme n. m.
itague n. f.
italianisant, ante n. et adj.
italianisation n. f.
italianiser v. intr. et v. tr. | conjug. 1 |
italianisme n. m.
italien, ienne adj. et n.
➾ L'adjectif s'écrit sans majuscule : *les peintres italiens*. Le nom s'écrit avec une majuscule uniquement quand il désigne une personne : *les Italiens ; c'est une Italienne* mais *parler l'italien ; un théâtre à l'italienne ; le format à l'italienne.*
italiote adj. et n.
➾ L'adjectif s'écrit sans majuscule : *les peuples italiotes*. Le nom s'écrit avec une majuscule : *les Italiotes ; c'est une Italiote.*
italique adj. et n.
➾ Ce mot est au singulier dans la locution **en italique** : *un texte en italique.*
ite n. f.
item adv. et n. m.
itératif, ive adj.
itération n. f.
itérativement adv.
itérer v. tr. | conjug. 6 |
ithos /itos/ n. m.
ithyphalle n. m.
ithyphallique adj.
itinéraire n. m. et adj.
itinérant, ante adj.
itol n. m.
itou adv.
I. U. F. M. n. m.
◘ abrév. de **institut universitaire de formation des maîtres**
iule n. m.
I. U. T. n. m.
◘ abrév. de **institut universitaire de technologie**
iutien, ienne /iysjɛ̃, jɛn/ n.
ive n. f.
ivette n. f.
I. V. G. n. f.
◘ abrév. de **interruption volontaire de grossesse**
ivoire n. m.
Ξ Ce mot peut s'employer seul comme adjectif de couleur ou derrière un adjectif de couleur pour en préciser la nuance ; ces adjectifs sont alors invariables : *des robes blanc ivoire ; des costumes ivoire.*
ivoiré, ée adj.
ivoirerie n. f.
ivoirier n. m.
ivoirin, ine adj.
ivoiriste n.
ivoirine n. f.
ivraie n. f.
ivre adj.
➾ **Ivre mort** s'écrit sans trait d'union. Les deux éléments s'accordent : *elles étaient ivres mortes.*
ivresse n. f.
ivrogne adj. et n.
ivrognerie n. f.
ivrognesse n. f.
Ξ Ce mot est rare ; on emploie souvent *ivrogne* pour parler d'une femme : *une vieille ivrogne.*
ixage n. m.
ixe n. m.
HOM. **x**
ixer v. tr. | conjug. 1 |
ixia n. f.
'ixième ou **xième** /'iksjɛm/ adj. numéral
ixode n. m.
ixodisme n. m.
ixtle /ikst(ə)l/ n. m.
izombé n. m.

J

j n. m. inv, abrév. et symb.
HOM. formes du v. **gésir**
J n. m. inv, abrév. et symb.
HOM. formes du v. **gésir**
jà adv.
HOM. **jas**
jabadao n. m.
jabiru n. m.
jablage n. m.
jable n. m.
jabler v. tr. | conjug. 1 |
jableuse n. f.
jablière n. f.
jabloir n. m.
jaborandi n. m.
jabot n. m.
jabotage n. m.
jaboter v. intr. | conjug. 1 |
jaboteur, euse n.
jabotière n. f.
jacamar n. m.
jacana n. m.
jacapucayo n. m.
jacaranda n. m.
jacare ou **jacaré** n. m.
jacasse n. f.
jacassement n. m.
jacasser v. intr. | conjug. 1 |
jacasserie n. f.
jacasseur, euse adj. et n.
jacassier, ière adj. et n.
HOM. formes du v. **jacasser**
jacée n. f.
jacent, ente adj.
jachère n. f.
jacinthe n. f.
jaciste adj. et n.
jack /(d)ʒak/ n. m.
jackpot /(d)ʒakpɔt/ n. m.
jaco n. m.
→ **[1]jacquot**
jacob n. m.
jacobée n. f.
jacobien, ienne adj. et n. m.
[1]jacobin, ine n. (personne)
➾ Ce mot s'écrit avec une minuscule quand il désigne une personne : *Robespierre était un jacobin ; un couvent de jacobins*. Au pluriel, il s'écrit avec une majuscule quand il désigne sans ambiguïté la société révolutionnaire ou l'ordre religieux : *le Club des Jacobins ; l'ordre des Jacobins*.
[2]jacobin n. m. (oiseau, champignon)
jacobinisme n. m.
jacobite adj. et n.
jacobus /-ys/ n. m.
jaconas /ʒakɔnɑ/ n. m.
jacot n. m.
→ **[1]jacquot**
jacquard n. m. et adj. inv.
jacquardé, ée adj.
jacque n. f.
HOM. **jack, jacques, jaque**
jacqueline n. f.
jacquemart n. m.
→ **jaquemart**
jacquerie n. f.
➾ Avec une majuscule, **la Jacquerie** désigne le soulèvement des paysans français contre les seigneurs en 1358 : *la Jacquerie du Beauvaisis*.
[1]Jacques n. m. (personne)
➾ On peut écrire ce prénom avec ou sans majuscule dans l'expression **faire le Jacques** ou **le jacques**.
HOM. **jack, jacque, jaque**
[2]jacques n. m. (oiseau)
HOM. **jack, jacque, jaque**
[1]jacquet n. m. (jeu)
[2]jacquet ou **jaquet** n. m. (écureuil)

jacqueteur, euse n.
jacquier n. m.
→ **jaquier**
[1]**jacquot** ou **jacot** ou **jaco** n. m. (perroquet)
[2]**jacquot** n. m. (arg. : anus)
jactance n. f.
jactation n. f.
jacter v. intr. | conjug. 1 |
jacteur, euse n. et adj.
jaculation n. f.
jaculatoire adj.
Jacuzzi® /ʒakuzi/ n. m.
➾ Comme tous les noms déposés, ce mot doit s'écrire avec une majuscule : *se prélasser dans un Jacuzzi*. Toutefois, on le trouve fréquemment employé comme nom générique sans respect de la règle : *se prélasser dans un jacuzzi*.
jade n. m.
Ξ Ce mot peut s'employer seul comme adjectif de couleur ou derrière un adjectif de couleur pour en préciser la nuance ; ces adjectifs sont alors invariables : *des bottes vert jade ; des reflets jade*.
jadéite n. f.
jadis /ʒadi(s)/ adv.
jadot n. m.
jaguar /ʒagwaʀ/ n. m.
jaguarion /ʒagwaʀ-/ n. m.
jaguarondi ou **jaguarundi** /ʒagwaʀɔ̃di/ n. m.
jaillir v. intr. | conjug. 2 |
jaillissant, ante adj.
jaillissement n. m.
jaïn ou **jaïna** adj. et n.
→ **djaïn**
jaïnisme n. m.
→ **djaïnisme**
jaïniste n.
→ **djaïniste**
jais n. m.
➾ La locution **noir de jais** est invariable : *des cheveux noir de jais*.
HOM. **geai**, [1]**jet**
jaja n. m.
jalage n. m.
jalap n. m.
jale n. f.
jalet n. m.
jalmince adj.
jalon n. m.
jalon-mire n. m. ■ plur. **jalons-mires**
jalonnement n. m.
jalonner v. intr. et v. tr. | conjug. 1 |
jalonneur, euse n.
jalousement adv.
jalouser v. tr. | conjug. 1 |
¬ **se jalouser**
➾ Aux temps composés de la forme pronominale, le participe passé s'accorde en genre et en nombre avec le sujet : *mes frères se sont longtemps jalousés*.
jalousie n. f.
jaloux, ouse adj. et n.
▸ **jaloux de** (+ n.) *elle est jalouse de lui ; elle est jalouse de son succès*
▸ **jaloux que** (+ subj.) *il est jaloux qu'elle réussisse*
jam /dʒam/ n. f.
□ abrév. de **jam-session**
jamais adv.
jambage n. m.
jambart n. m.
jambe n. f.
➾ Ce mot est au pluriel dans la locution **à toutes jambes** et au singulier dans la locution **ronds de jambe**.
Ξ L'emploi de la locution **par-dessous la jambe** pour dire « avec désinvolture » est vieillie. De nos jours, on dit plutôt **par-dessus la jambe** : *il a fait son travail par-dessus la jambe*.
jambé, ée adj.
jambelet n. m.
jambette n. f.
jambier, ière adj. et n. m.
jambière n. f.
jambin n. m.
jambon n. m.
jambonné, ée adj.
jambonneau n. m.
jambonnette n. f.
jamboree /ʒɑ̃bɔʀe ; ʒambɔʀi/ ■ plur. **jamborees** ou **jamborée**○ ■ plur. **jamborées**○ **n. m.**
jambose ou **jamerose** n. f.
jambosier ou **jamerosier** n. m.
jammer v. intr. | conjug. 1 |
jam-session /dʒamsesjɔ̃/ n. f. ■ plur. **jam-sessions**
jan /ʒɑ̃/ n. m.
HOM. [1]**gens, gent**
jangada n. f.
jangag n. m.
janie n. f.
janin n. m.
janissaire n. m.
janoterie n. f.
janotisme ou **jeannotisme** n. m.
jansénien, ienne adj.
jansséniquement adv.
jansénisme n. m.
➾ Comme tous les noms désignant une doctrine religieuse, ce mot s'écrit sans majuscule : *Port-Royal, berceau du jansénisme*.

janséniste n. et adj.
➾ Comme tous les mots désignant ou qualifiant une doctrine religieuse ou ses adeptes, ce mot s'écrit sans majuscule : *la doctrine janséniste ; les jansénistes*.
jansky n. m.
jante n. f.
HOM. **gente** (fém. de [1]*gent*)
janthine n. f.
jantier n. m. ou **jantière** n. f.
jantille n. f.
HOM. **gentille**
janus /-ys/ n. m.
janvier n. m.
➾ Comme tous les noms de mois, ce mot s'écrit sans majuscule : *le 24 janvier*.
jap n. m.
▫ abrév. de **japonais, aise**
HOM. **jappe**, formes du v. **japper**
japhétique adj. et n.
japon n. m.
➾ Quand il désigne du papier ou de la porcelaine, ce mot s'écrit sans majuscule, contrairement au nom propre qui désigne le pays : *de la porcelaine du Japon* mais *un service à thé en japon ; une édition de luxe sur japon impérial*.
Ξ Ce mot peut s'employer en apposition ; il est alors invariable : *des papiers japon*.
HOM. formes du v. **japper**
japonais, aise adj. et n.
➾ Ne pas écrire **japonnais* : ce mot n'a qu'un seul *n*. L'adjectif s'écrit sans majuscule : *la population japonaise ; des produits japonais*. Le nom s'écrit avec une majuscule uniquement quand il désigne une personne : *les Japonais ; c'est une Japonaise* mais *parler le japonais*.
japonaiser v. tr. | conjug. 1 |
japonaiserie ou **japonerie** n. f.
japonisant, ante n. et adj.
japoniser v. tr. | conjug. 1 |
¬ **se japoniser**
➾ Aux temps composés de la forme pronominale, le participe passé s'accorde en genre et en nombre avec le sujet : *la mode s'est japonisée*.
japonisme n. m.
japoniste n.
japonite n. f.
jappage n. m.
jappant, ante adj.
jappe n. f.
HOM. **jap**
jappement n. m.
japper v. intr. | conjug. 1 |
jappeur, euse adj. et n.
[1]**jaque** n. m. ou f. (justaucorps)
HOM. **jack, jacque, jacques**
[2]**jaque** n. m. (fruit)
HOM. **jack, jacque, jacques**
jaquelin n. m.
jaquemart ou **jacquemart** n. m.
jaquet n. m.
→ [2]**jacquet**
jaquette n. f.
➾ Ne pas écrire **jacquette*.
jaquier ou **jacquier** n. m.
jar ou **jars** n. m. (argot)
HOM. **jard, jarre**
jararaca n. m.
jard ou **jar** n. m. (sable)
HOM. **jar, jarre, jars**
[1]**jarde** n. f. ou **jardon** n. m. (tumeur)
[2]**jarde** n. f. (défaut d'un diamant)
jardin n. m.
➾ Dans les noms de jardins, ce mot s'écrit généralement sans majuscule : *le jardin des Tuileries*. Mais on écrit avec des majuscules **le Jardin des Plantes** et **le Jardin d'Acclimatation**.
jardinage n. m.
jardinatoire adj.
jardiner v. intr. | conjug. 1 |
jardinerie n. f.
▫ rec. off. pour **garden-center**
jardinet n. m.
HOM. formes du v. **jardiner**
jardineux, euse adj.
jardinier, ière n. et adj.
HOM. (du masc.) formes du v. **jardiner**
jardinière n. f.
jardiniste n.
jardon n. m.
→ [1]**jarde**
jargon n. m.
jargonagraphie n. f.
jargonaphasie n. f.
jargonnant, ante adj.
jargonner v. intr. | conjug. 1 |
jargonnesque adj.
jargonneur, euse n.
jargonneux, euse adj.
jargonnier, ière adj.
jargonomimie n. f.
jarni interj.
jarnicoton interj.
jarnidieu ou **jarnibleu** interj.
jarosse ou **jarousse** n. f.

jarovisation n. f.
[1]**jarre** n. f. (récipient)
HOM. **jar, jard, jars**
[2]**jarre** ou **jars** n. m. (poil)
HOM. **jar, jard**
jarret n. m.
jarreté, ée adj.
jarretelle n. f.
↯ Ne pas confondre **jarretelle**, qui désigne chacune des quatre bandes élastiques d'un porte-jarretelles, avec **jarretière**, qui désigne une bande élastique destinée à maintenir un bas en l'entourant.
[1]**jarreter** v. intr. | conjug. 4 | (Archit. : former un coude)
[2]**jarreter** v. tr. | conjug. 4 | (garnir de jarretières)
[3]**jarreter** v. tr. | conjug. 4 | (fam. : exclure)
→ **jarter**
jarretière n. f.
↯ Ne pas confondre **jarretière**, qui désigne une bande élastique destinée à maintenir un bas en l'entourant, avec **jarretelle**, qui désigne chacune des quatre bandes élastiques d'un porte-jarretelles.
➾ Avec une majuscule, **la Jarretière** désigne l'ordre de chevalerie anglais : *les chevaliers de la Jarretière*.
jarreux, euse adj.
jarrissade n. f.
[1]**jars** n. m. (animal)
HOM. **jar, jard, jarre**
[2]**jars** n. m. (argot)
→ **jar**
[3]**jars** n. m. (poil)
→ [2]**jarre**
jarter ou **jarreter** v. tr. | conjug. 1 ; 4 |
CONJUG. Ce verbe s'emploie surtout à l'infinitif et au participe passé : *ils se sont fait jarter ; on les a jartés*.
jas /ʒɑ/ n. m.
HOM. **jà**
jasant, ante adj. et n. m.
jasement n. m.
jaser v. intr. | conjug. 1 |
jaseran ou **jaseron** n. m.
HOM. (de la variante) forme du v. **jaser**
jasette n. f.
jaseur, euse adj. et n. m.
jasione n. f.
jasmin n. m.
jasmone n. f. ou m.
jaspage n. m.
jaspe n. m.
jaspé, ée adj. et n. m.
jasper v. tr. | conjug. 1 |
jaspin n. m.
jaspinage n. m.
jaspiner v. intr. | conjug. 1 |
jaspineur, euse n.
jaspique adj.
jaspoïde adj.
jaspure n. f.
jass n. m.
→ **yass**
jasserie n. f.
jato n. m. inv.
◘ abrév. de **jet assisted take off**
jatrophe n. m.
jatte n. f.
jattée n. f.
jauge n. f.
jaugeage n. m.
jauger v. intr. et v. tr. | conjug. 3 |
¬ **se jauger**
➾ Aux temps composés de la forme pronominale, le participe passé s'accorde en genre et en nombre avec le sujet : *les adversaires se sont jaugés avant le match*.
jaugette n. f.
[1]**jaugeur, euse** n. (personne)
[2]**jaugeur** n. m. (appareil)
jaugue n. f.
jaumière n. f.
jaunasse adj.
jaunâtre adj.
jaune adj., n. et adv.
➾ L'adjectif de couleur est invariable quand il est suivi d'un autre adjectif ou d'un nom qui précise la nuance : *des bottes jaune vif ; des cirés jaune citron ; des murs jaune d'or*. Quand deux adjectifs de couleur se suivent, ils sont invariables et liés par un trait d'union : *des reflets vert-jaune*.
jauneau n. m.
jaunée n. f.
jaunet, ette adj. et n. m.
jaunir v. tr. et v. intr. | conjug. 2 |
jaunissage n. m.
jaunissant, ante adj.
jaunisse n. f.
jaunissement n. m.
jaunissure n. f.
jaunotte n. f.
jaurèsien, ienne adj.
jaurésiste adj. et n.
java n. f.
[1]**javanais, aise** adj. et n. (de Java)
➾ L'adjectif s'écrit sans majuscule : *la population javanaise*. Le nom s'écrit avec une majuscule uniquement quand il désigne une personne : *les Javanais ; c'est une Javanaise* mais *parler le javanais*.
[2]**javanais** n. m. (argot)
javart n. m.
javeau n. m.

Javel (eau de) n. f.
Ξ **De la Javel** est populaire. Dans le langage soigné, il faut dire **de l'eau de Javel**.
HOM. **javelle**
javelage n. m.
javelé, ée adj.
javeler v. tr. et v. intr. | conjug. 4 |
javeleur, euse n.
javeline n. f.
javelle n. f.
HOM. **Javel**
javellisation n. f.
javelliser v. tr. | conjug. 1 |
javelot n. m.
javeloté, ée adj.
javotte n. f.
jayet n. m.
jazz /dʒɑz/ n. m. inv.
jazzifier /dʒɑzi-/ v. tr. | conjug. 7 |
jazzique /dʒɑzik/ adj.
jazzistique /dʒɑzi-/ adj.
jazzman /dʒɑzman/ n. m. ▪ plur. **jazzmen** /dʒazmɛn/ ou plur. **jazzmans**
Ξ On peut employer le pluriel anglais *jazzmen* ou le pluriel francisé *jazzmans*.
jazzothèque /dʒɑz-/ n. f.
jazz-rock /dʒɑz-/ n. m.
jazzy /dʒɑzi/ adj. ▪ plur. inv. ou plur. **jazzys**○

je pron. pers.
Ξ *Je* s'élide en *j'* devant une voyelle ou *h* muet : *j'attends le bus ; j'habite à Paris.*
♪ Au présent, lorsqu'il y a inversion du sujet *je*, le *e* final des verbes du premier groupe se transforme en *é* euphonique : *me trompé-je ; me douté-je*. Ces formes appartiennent au registre littéraire. Dans le langage courant, on emploie plutôt **est-ce que** : *est-ce que je me trompe ?* La forme en *-é* est également possible avec quelques verbes du troisième groupe, en concurrence avec la forme habituelle : *puissé-je* ou *puis-je ; eussé-je* ou *ai-je ; dussé-je* ou *dois-je*.
Pour des raisons d'euphonie, l'inversion est impossible avec les formes conjuguées monosyllabiques, à l'exception de *ai-je, dis-je, dois-je, puis-je, suis-je, vais-je* et *vois-je* : on ne peut pas dire **dors-je ?* ni **pars-je ?*. L'emploi de **est-ce que** est alors obligatoire : *est-ce que je dors ? ; est-ce que je pars ?*
En cas d'inversion, le *e* de *je* devient muet : *irai-je ?* /iʀɛʒ/ ; *que vois-je ?* /kəvwaj/.

jean /dʒin/ n. m. ▪ plur. **jeans** /dʒin(s)/
Ξ On rencontre parfois la forme *jeans* /dʒin(s)/ au singulier pour désigner le pantalon : *il porte un jeans*. En revanche, pour désigner le tissu, on écrit toujours *jean* : *des vestes en jean*.
HOM. **djinn, gin**
jean-foutre ▪ plur. inv. ou **jeanfoutre**○ ▪ plur. **jeanfoutres**○ n. m.
jean-foutrerie ▪ plur. **jean-foutreries** ou **jeanfoutrerie**○ ▪ plur. **jeanfoutreries**○ n. f.
jean-le-blanc n. m. inv.
jeanneton n. f.
jeannette n. f.
jeannot n. m.
jeannotisme n. m.
→ **janotisme**
jéciste adj. et n.
jectisse adj. f.
Jeep® /(d)ʒip/ n. f.
➾ Comme tous les noms déposés, ce mot doit s'écrire avec une majuscule : *rouler en Jeep*. Toutefois, on le trouve très fréquemment employé comme nom générique sans respect de la règle : *rouler en jeep*.
jeffersonnie n. f.
jéhoviste adj. et n.
jéjunal, ale, aux adj.
jéjunite n. f.
jéjuno-iléite n. f. ▪ plur. **jéjuno-iléites**
jéjuno-iléon n. m. ▪ plur. **jéjuno-iléons**
jéjunoscope n. m.
jéjunostomie n. f.
jéjunum /ʒeʒynɔm/ n. m.
je-m'en-fichisme n. m. ▪ plur. **je-m'en-fichismes**
je-m'en-fichiste adj. et n. ▪ plur. **je-m'en-fichistes**
je-m'en-foutisme n. m. ▪ plur. **je-m'en-foutismes**
je-m'en-foutiste adj. et n. ▪ plur. **je-m'en-foutistes**
je ne sais quoi ou **je-ne-sais-quoi** n. m. inv.
➾ Ce nom s'écrit indifféremment avec ou sans traits d'union : *elle a un je ne sais quoi de charmant* ou *un je-ne-sais-quoi de charmant*. En revanche, il n'y a jamais de traits d'union quand l'expression n'est pas substantivée : *elle a je ne sais quoi de charmant*.
jennérien, ienne adj.
jenny /ʒeni/ n. f.
➾ Ce mot a un pluriel régulier : *des jennys*.
HOM. **génie**
jérémiade n. f.
jerez /xeʀɛs/ n. m.
→ **xérès**
jerk /(d)ʒɛʀk/ n. m.
HOM. formes du v. **jerker**
jerker /(d)ʒɛʀke/ v. intr. | conjug. 1 |
jerkeur, euse /(d)ʒɛʀkœʀ, øz/ n.
jéroboam n. m.

jerricane ou **jerrican** ou **jerrycan** /(d)ʒeʀikan/ n. m.
jersey n. m.
jersiais, iaise adj.
jervine n. f.
jèse n. m.
◻ abrév. de **jésuite**
jésuite n. m. et adj.
➾ Ce mot s'écrit avec une minuscule lorsqu'il désigne une personne : *un couvent de jésuites*. Il s'écrit avec une majuscule lorsqu'il désigne sans ambiguïté l'ordre lui-même : *il est entré chez les Jésuites*.
jésuitement adv.
jésuiterie n. f.
jésuitière n. f.
jésuitique adj.
jésuitiquement adv.
jésuitisme n. m.
jésus interj. et n. m.
➾ Quand il désigne un saucisson, un format de papier ou une représentation de Jésus, ce nom s'écrit sans majuscule : *un jésus de Morteau ; mettre un jésus en cire dans la crèche*. L'interjection s'écrit généralement avec une majuscule : *doux Jésus !*
[1]**jet** /ʒɛ/ n. m. (lancer)
HOM. **geai, jais**
[2]**jet** /dʒɛt/ n. m. (avion)
jetable adj.
jetage n. m.
[1]**jeté, ée** adj.
[2]**jeté** n. m.
jetée n. f.
jeter v. tr. | conjug. 4 |
¬ **se jeter**
➾ Aux temps composés de la forme pronominale, le participe passé s'accorde en genre et en nombre avec le sujet : *elle s'est jetée à l'eau*. Mais le participe passé ne s'accorde pas quand il est suivi d'un complément d'objet direct : *elles se sont jeté des cailloux*. Il ne s'accorde avec le complément d'objet direct que lorsque celui-ci est placé avant le verbe : *les cailloux qu'elles se sont jetés*.
jeteur, euse n.
jetisse adj. f.
jeton n. m.
➾ La locution **faux jeton** est invariable en genre : *une faux jeton ; elle sont drôlement faux jetons*.
HOM. formes du v. **jeter**
jetonnier, ière n. m. et adj.
jet-set ▪ plur. **jet-sets** ou **jet set** ▪ plur. **jet sets** /dʒɛtsɛt/ ou **jetset**○ n. f.
jet-setter ▪ plur. **jet-setters** ou **jet-setteur, euse** ▪ plur. **jet-setteurs, euses** ou **jetsetteur, euse**○ n.
jet-ski /dʒɛtski/ ▪ plur. **jet-skis** ou **jetski**○ n. m.
jet-society /dʒɛtsɔsajti/ ▪ plur. **jet-societys** ou plur. **jet-societies** ou **jetsociety**○ n. f.
Ξ On peut employer le pluriel francisé *jet-societys* ou le pluriel anglais *jet-societies*.
jet-stream /dʒɛtstʀim/ ▪ plur. **jet-streams** ou **jetstream**○ n. m.
◻ rec. off. : **courant d'altitude**
jettatore /dʒetatɔʀe/ n. m.
jettatura /dʒetatuʀa/ n. f.
jeu n. m.
➾ Ce mot s'écrit avec une majuscule dans les dénominations de compétitions sportives : *les Jeux olympiques*. On l'écrit également avec une majuscule dans **le serment du Jeu de paume**. Ce mot est au singulier dans les locutions **entrer en jeu, être en jeu** et **d'entrée de jeu**. On écrit **salle de jeu** sans *x* en parlant des jeux d'argent et **salle de jeux** avec un *x* en parlant des jeux d'enfants.
Ξ Dans l'expression **le jeu ne vaut/n'en vaut pas la chandelle**, l'emploi du pronom *en* est facultatif.
jeu-concours n. m. ▪ plur. **jeux-concours**
jeudi n. m.
➾ Comme tous les noms qui désignent un jour de la semaine, ce mot prend un *s* au pluriel : *elle joue tous les jeudis*. Il s'écrit sans majuscule, sauf dans **le Jeudi saint**.
jeun (à) /aʒœ̃/ loc. adv.
jeune adj. et n.
➾ Le nom *jeune* s'écrit avec majuscule quand il suit un nom propre : *Pline l'Ancien et Pline le Jeune*.
jeûne /ʒøn/ n. m.
➾ Contrairement à *jeun (être à jeun)*, de la même famille, ce mot prend un accent circonflexe.
jeunement adv.
jeûner ou **jeuner**○ /ʒøne/ v. intr. | conjug. 1 |
➾ Les Rectifications de l'orthographe de 1990 préconisent l'abandon de l'accent circonflexe sur ce verbe, ce qui permet d'harmoniser avec *jeun (être à jeun)*, mot de la même famille.
jeunesse n. f.
jeunet, ette adj. et n.
jeune-turc n. et adj. ▪ plur. **jeunes-turcs**
jeûneur, euse ou **jeuneur, euse**○ n.
jeunisme n. m.
jeuniste adj. et n.
jeunot, otte adj. et n. m.
jèze n. m.
◻ abrév. de **jésuite**
jigger ou **jiggeur**○ /(d)ʒigɛʀ ; (d)ʒigœʀ/ n. m.
jihad /dʒi(j)ad/ n. m.
→ **djihad**

jihadisme /dʒi(j)adism/ n. m.
→ **djihadisme**
jihadiste /dʒi(j)adist/ n.
→ **djihadiste**
jingle /dʒingœl/ n. m.
◻ rec. off. : **indicatif (musical)**
jiu-jitsu ou **jiujitsu**° n. m.
→ **jujitsu**
joaillerie n. f.
joaillier, ière ou **joailler, ère** n.
joannite n.
→ **johannite**
[1]**job** n. m. (fam. : travail)
Ce mot est féminin au Québec : *une job intéressante.*
[2]**job** n. m.
▸ **monter le job à qqn**
jobard, arde adj. et n.
jobardement adv.
jobarder v. tr. | conjug. 1 |
jobardise ou **jobarderie** n. f.
jobastre adj. et n.
jobelin n. m.
jocasse n. f.
jociste adj. et n.
jockey n.
jocko n. m. et adj.
jocothérapie n. f.
jocrisse n. m.
jocrisserie n. f.
jod n. m.
jodel n. m.
jodhpur n. m.
jodlée /jɔdle/ n. f.
jodler /jɔdle/ v. intr. | conjug. 1 |
→ **iodler**
jodleur, euse /jɔdlœʀ, øz/ n.
→ **iodleur**
jogger /dʒɔge/ v. intr. | conjug. 1 |
[1]**joggeur, euse** ou **jogger** /dʒɔgœʀ, øz/ n. (personne)
[2]**joggeur** ou **jogger** n. m. (chaussure)
jogging n. m.
johannique adj.
johannisberg n. m.
Lorsqu'il désigne un vin, ce mot s'écrit sans majuscule, contrairement au nom propre qui désigne la commune : *un vin de Johannisberg* mais *une bouteille de johannisberg.*
johannisme n. m.
johannite ou **joannite** n. et adj.
joie n. f.
joignabilité n. f.
joignable adj.
[1]**joignant, ante** adj.
[2]**joignant** adv. et prép.
joigneur n. m.
joindre v. tr. et v. intr. | conjug. 49 |
⌘ La construction **joindre une chose avec une autre** est correcte : *joindre la plaisanterie avec la gravité.* **Joindre une chose à une autre** et **joindre une chose et une autre** sont toutefois plus courants.
Ξ **Joindre ensemble** est un pléonasme à éviter.
¬ **se joindre**
Aux temps composés de la forme pronominale, le participe passé s'accorde en genre et en nombre avec le sujet : *elles se sont jointes aux manifestants.*
[1]**joint, jointe** adj.
[2]**joint** n. m.
jointage n. m.
jointe n. f.
jointé, ée adj.
jointée n. f.
jointement n. m.
jointer v. tr. | conjug. 1 |
jointif, ive adj.
jointivement adv.
jointoiement n. m.
Ne pas oublier le *e* muet.
jointoyer v. tr. | conjug. 8 |
jointoyeur, euse n.
jointure n. f.
joint-venture /dʒɔjntvɛntʃœʀ/ n. f. ▪ plur. **joint-ventures**
◻ rec. off. : **coentreprise**
joisse adj.
→ **jouasse**
jojo adj. inv. et n. m.
jojoba n. m.
jokari n. m.
joker n. m.
joli, ie adj.
jolibois n. m.
joliesse n. f.
joliet, ette adj.
joliment adv.
Ne pas écrire **joliement*.
jolité n. f.
joliveté n. f.
jonagold n. f.
jonc n. m.
joncacée ou **juncacée** n. f.
joncaille n. f.
joncer v. tr. | conjug. 3 |
jonceux, euse adj.
jonchaie n. f.
HOM. **jonchet**, formes du v. **joncher**
jonché, ée adj.
jonchée n. f.
jonchement n. m.
joncher v. tr. | conjug. 1 |

joncheraie n. f.
HOM. formes du v. **joncher**
jonchère n. f.
HOM. forme du v. **joncher**
jonchet n. m.
HOM. **jonchaie**, formes du v. **joncher**
jonciforme adj.
jonctif, ive adj.
jonction n. f.
joncture n. f.
jonglage n. m.
jongler v. intr. | conjug. 1 |
jonglerie n. f.
jongleur, euse n.
jonkheer /jɔŋkɛʀ ; ʒɔ̃kɛʀ/ n. m.
jonque n. f.
jonquille n. f.
Ξ Ce mot peut s'employer seul comme adjectif de couleur ou derrière un adjectif de couleur pour en préciser la nuance ; ces adjectifs sont alors invariables : *des robes jaune jonquille ; des rubans jonquille.*
joquette n. f.
joran ou **juran** n. m.
jordanesque adj.
jordanon n. m.
Jorkyball® /djɔʀkibol/ n. m.
➾ Comme tous les noms déposés, ce mot doit s'écrire avec une majuscule : *un match de Jorkyball.* Toutefois, on le trouve employé sans respect de la règle : *jouer au jorkyball.*
joruri n. m.
joseph adj. inv. et n. m.
joséphine n. f.
joséphisme n. m.
jota /xɔta/ n. f.
♪ Ce mot, qui désigne notamment une consonne gutturale espagnole, commence par un son qui n'appartient pas au français, sorte de raclement de gorge.
jotte n. f.
jottereau n. m.
jouabilité n. f.
jouable adj.
jouail n. m.
joual, jouale n. m. et adj.
➾ L'adjectif est parfois invariable en genre : *la grammaire joual.*
HOM. **joualle**
joualisant, ante adj. et n.
joualiser v. intr. | conjug. 1 |
joualle n. f.
HOM. **joual**
jouasse ou **joisse** adj.
joubarbe n. f.
joue n. f.
HOM. **joug**, formes du v. **jouer**
joueb n. m.
jouée n. f.
jouelle n. f.
jouer v. intr. et v. tr. | conjug. 1 |
¬ **se jouer de qqch./qqn**
➾ Aux temps composés de la forme pronominale, le participe passé s'accorde en genre et en nombre avec le sujet : *elle s'est jouée de lui.*
jouet n. m.
HOM. formes du v. **jouer**
jouette adj. et n. f.
joueur, joueuse n.
joufflu, ue adj.
joug /ʒu/ n. m.
HOM. **joue**, formes du v. **jouer**
jouguet n. m.
jouir v. tr. ind. | conjug. 2 |
Ξ On ne peut employer ce verbe avec un complément désignant quelque chose de défavorable : on peut dire *il jouit d'une bonne réputation* mais pas *il jouit d'une mauvaise réputation.*
jouissance n. f.
jouissant, ante adj.
jouisseur, euse n.
jouissif, ive adj.
joujou n. m. ▪ plur. **joujoux**
joujouthèque n. f.
joule n. m.
jour n. m.
➾ Ce mot est toujours au singulier dans la locution **à jour**, sauf quand elle signifie « à trous » : *des clôtures à jours* mais *tenir ses comptes à jour.*
ϟ Ne pas confondre les expressions **mettre à jour** et **mettre au jour**. **Mettre à jour** signifie « actualiser » : *mettre à jour un dictionnaire.* **Mettre au jour** signifie « révéler, sortir de terre, découvrir » : *les fouilles ont mis au jour des ruines ; l'enquête a mis au jour un trafic de faux papiers.*
journade n. f.
journal, aux adj. et n. m.
⌘ **Lire sur le journal** est fautif : il faut dire **lire dans le journal**.
HOM. (du plur.) **journau**
journaleux, euse n.
journalier, ière adj. et n.
journalisation n. f.
journaliser v. intr. et v. tr. | conjug. 1 |
journalisme n. m.
journaliste n.
journalistique adj.
journau n. m.
HOM. **journaux** (plur. de *journal*)
journée n. f.
journel, elle adj.

journellement adv.
joute n. f.
HOM. **joutte**, formes du v. **jouter**
jouter v. intr. | conjug. 1 |
jouteur, euse n.
joutte n. f. (région. : blette)
HOM. **joute**, formes du v. **jouter**
jouvence n. f.
➾ Ce mot s'écrit avec une majuscule dans **la fontaine de Jouvence**.
jouvenceau, elle n.
jouxte prép.
jouxter v. tr. | conjug. 1 |
jovial, iale, iaux adj.
jovialement adv.
jovialité n. f.
jovicentrique adj.
jovien, ienne adj.
joyau n. m.
➾ Ne pas écrire **joyeau*.
joyeusement adv.
joyeuses n. m. pl.
joyeuseté n. f.
joyeux, euse adj.
joystick /(d)ʒɔjstik/ n. m.
□ rec. off. : **manche (à balai)**
J. T. n. m.
□ abrév. de **journal télévisé**
HOM. **gîter**
jubarte n. f.
jubé n. m.
jubéa ou **jubæa** n. m.
jubilaire adj.
HOM. forme du v. **jubiler**
jubilant, ante adj.
jubilation n. f.
jubilatoire adj.
jubilé n. m.
jubiler v. intr. | conjug. 1 |
jubis /ʒybis/ n. m.
juc n. m.
juchée n. f.
jucher v. intr. et v. tr. | conjug. 1 |
¬ **se jucher**
➾ Aux temps composés de la forme pronominale, le participe passé s'accorde en genre et en nombre avec le sujet : *elle s'est juchée sur la branche*.
juchoir n. m.
judaïcité n. f.
judaïque adj.
judaïquement adv.
judaïsant, ante adj. et n.
judaïsation n. f.
judaïser v. intr. et v. tr. | conjug. 1 |
judaïsme n. m.
➾ Comme tous les noms désignant une religion, ce mot s'écrit sans majuscule : *se convertir au judaïsme*.
judaïté n. f.
judas n. m.
➾ Employé comme nom commun, ce mot s'écrit sans majuscule : *son collègue est un judas ; regarder par le judas*. Mais dans **baiser de Judas**, il s'écrit avec une majuscule car il s'agit du nom propre.
judéité n. f.
judelle n. f.
judéo-allemand, ande adj. et n. ▪ plur. **judéo-allemands, andes**
➾ Ce mot s'écrit toujours sans majuscule : *les judéo-allemands ; une judéo-allemande ; parler le judéo-allemand*.
judéo-arabe adj. et n. ▪ plur. **judéo-arabes**
➾ Ce mot s'écrit toujours sans majuscule : *les judéo-arabes ; une judéo-arabe*.
judéo-araméen, enne adj. et n. ▪ plur. **judéo-araméens, ennes**
➾ Ce mot s'écrit toujours sans majuscule : *les judéo-araméens ; une judéo-araméenne ; ils parlaient le judéo-araméen*.
judéo-chrétien, ienne /-kʀetjɛ̃, jɛn/ adj. ▪ plur. **judéo-chrétiens, iennes**
➾ Ce mot s'écrit toujours sans majuscule : *les judéo-chrétiens ; une judéo-chrétienne*.
judéo-christianisme /-kʀistjanism/ n. m.
judéo-espagnol, ole adj. et n. ▪ plur. **judéo-espagnols, oles**
➾ Ce mot s'écrit toujours sans majuscule : *les judéo-espagnols ; une judéo-espagnole ; parler le judéo-espagnol*.
judéo-français, aise adj. et n. ▪ plur. **judéo-français, aises**
➾ Ce mot s'écrit toujours sans majuscule : *les judéo-français ; une judéo-française ; des textes écrits en judéo-français*.
judéophobe adj. et n.
judéophobie n. f.
judicatif, ive adj.
judicatoire adj.
judicature n. f.
judiciaire adj.
judiciairement adv.
judiciarisation n. f.
judiciariser v. tr. | conjug. 1 |
¬ **se judiciariser**
➾ Aux temps composés de la forme pronominale, le participe passé s'accorde en genre et en nombre avec le sujet : *la vie politique s'est judiciarisée*.
judicieusement adv.
judicieux, ieuse adj.
judo n. m.

judoka n.
☯ Pour parler d'une femme, le *Guide d'aide à la féminisation des noms de métiers, titres, grades et fonctions* et l'Office québécois de la langue française recommandent l'emploi de *judoka* au féminin : *une célèbre judoka*. On rencontre parfois la forme *judokate*.
jugal, ale, aux adj.
juge n.
jugé ou **juger** n. m.
◗ **tir au jugé** ou **au juger**
jugeable adj.
jugeant, ante adj.
juge-arbitre n. ▪ plur. **juges-arbitres**
juge-commissaire n. ▪ plur. **juges-commissaires**
jugement n. m.
jugeote n. f.
➾ Ne pas écrire **jugeotte*.
[1]**juger** n. m.
→ **jugé**
[2]**juger** v. tr. et v. tr. ind. | conjug. 3 |
⌘ La forme transitive indirecte **juger de** s'emploie uniquement aux sens de « apprécier, évaluer » et de « imaginer, se représenter » : *juger de la sincérité de qqn ; juger d'une chose comme un aveugle des couleurs ; jugez de ma surprise*. Dans les autres cas, on emploie la forme transitive directe : *juger un différend ; ses collègues l'ont mal jugée*.
La construction **juger que** est suivie de l'indicatif dans une phrase affirmative et du subjonctif dans une phrase négative ou interrogative : *je juge que ta présence est nécessaire ; je ne juge pas que ta présence soit nécessaire ; jugez-vous qu'il soit l'heure de rentrer ?*
¬ **se juger**
➾ Aux temps composés de la forme pronominale, le participe passé s'accorde en genre et en nombre avec le sujet : *elle s'est jugée très sévèrement*.
jugère n. f.
HOM. forme du v. **juger**
jugerie n. f.
jugeur, euse n.
juglandacée ou **juglandée** n. f.
jugulaire adj. et n. f.
HOM. forme du v. **juguler**
juguler v. tr. | conjug. 1 |
juif, juive n. et adj.
➾ L'adjectif s'écrit toujours sans majuscule : *le peuple juif ; la religion juive*. Le nom s'écrit avec une majuscule quand il désigne une personne appartenant au peuple juif : *les Juifs ont obtenu la création de l'État d'Israël en 1947*. Il s'écrit avec une minuscule quand il désigne une personne de religion juive : *les juifs et les chrétiens*.
juillet n. m.
➾ Comme tous les noms de mois, ce mot s'écrit sans majuscule, sauf dans **14 Juillet** quand il s'agit de la fête : *les festivités du 14 Juillet* mais *le 14 juillet 1789 ; elle est née un 14 juillet*. Il s'écrit également avec une majuscule dans les dénominations historiques **la monarchie de Juillet** et **la révolution de Juillet**.
juillettiste n.
juin n. m.
➾ Comme tous les noms de mois, ce mot s'écrit sans majuscule : *l'appel du 18 juin 1940*.
juiverie n. f.
jujitsu ou **ju-jitsu** ou **jiu-jitsu** n. m.
jujube n. m.
jujubier n. m.
juke-box ou **jukebox** /ʒykbɔks ; dʒukbɔks/ n. m. inv.
julep /ʒylɛp/ n. m.
jules n. m.
julien, ienne adj.
juliénas n. m.
➾ Lorsqu'il désigne un vin, ce mot s'écrit sans majuscule, contrairement au nom propre qui désigne la commune : *un vin de Juliénas* mais *une bouteille de juliénas*.
julienne n. f.
julot n. m.
jumar n. m.
HOM. **jumart**
jumaras /-ʀa(s)/ n. m.
jumart n. m.
HOM. **jumar**
[1]**jumbo** /dʒœmbo/ n. m. (chariot)
[2]**jumbo** /dʒœmbo/ n. m.
▫ abrév. de **jumbo-jet**
jumbo-jet /dʒœmbodʒɛt/ n. m. ▪ plur. **jumbo-jets**
▫ rec. off. : **gros-porteur**
jumeau, elle adj. et n.
HOM. (du fém.) **jumel, jumelle**, formes du v. **jumeler**
jumel adj. m.
HOM. **jumelle**, formes du v. **jumeler**
jumelage n. m.
jumelé, ée adj.
jumeler v. tr. | conjug. 4 |
jumelle n. f.
➾ On peut employer le singulier ou le pluriel pour désigner l'instrument à deux lunettes : *une jumelle de théâtre* ou *des jumelles de théâtre*. Le pluriel est plus fréquent. **Une paire de jumelle** est abusif et doit être évité dans le langage soigné.
HOM. **jumel**, formes du v. **jumeler**
jument n. f.

jumenterie n. f.
jumenté n. m.
jumenteux, euse adj.
jump /dʒœmp/ n. m.
[1]**jumper** ou **jumpeur** /dʒœmpœʀ/ n. m. (cheval, athlète)
[2]**jumper** /dʒœmpœʀ/ n. m. (vêtement)
jumping /dʒœmpiŋ/ n. m.
juncacée /ʒɔ̃kase/ n. f.
→ **joncacée**
jungermanniale /juŋgœʀmanjal/ n. f.
jungien, ienne /juŋgjɛ̃, jɛn/ adj. et n.
jungle /ʒœ̃gl ; ʒɔ̃gl/ n. f.
♪ La prononciation /ʒɔ̃gl/ tend à disparaître.
junior, e ou **junior** adj. et n.
Juniore est la forme féminine recommandée par l'Office québécois de la langue française : *une gymnaste juniore*. Le *Guide d'aide à la féminisation des noms de métiers, titres, grades et fonctions* admet l'emploi de *juniore* et de *junior* au féminin : *une junior(e) ; elle est éditrice junior(e)*.
juniperus /ʒynipeʀys/ n. m. inv.
junk /dʒœnk/ n. et adj.
□ abrév. de **junkie**
junker /juŋkɛʀ/ n. m.
junkie /dʒœnki/ n. et adj.
junonien, ienne adj.
junte n. f.
jupe n. f.
jupe-culotte n. f. ▪ plur. **jupes-culottes**
jupette n. f.
jupier, ière n.
jupitérien, ienne adj.
jupon n. m.
juponnage n. m.
juponnaille n. f.
juponné, ée adj.
juponner v. tr. | conjug. 1 |
juponnier n. et adj. m.
HOM. formes du v. **juponner**
jurable adj.
juran n. m.
HOM. **jurant** (p. prés. de *jurer*)
→ **joran**
jurançon n. m.
➾ Lorsqu'il désigne un vin, ce mot s'écrit sans majuscule, contrairement au nom propre qui désigne la commune : *un vin de Jurançon* mais *une bouteille de jurançon*.
jurande n. f.
jurassien, ienne adj. et n.
➾ L'adjectif s'écrit sans majuscule : *les montagnes jurassiennes ; le relief jurassien*. Le nom s'écrit avec une majuscule : *les Jurassiens ; c'est une Jurassienne*.
jurassique adj. et n. m.

jurat n. m.
HOM. formes du v. **jurer**
juratoire adj.
juré, ée adj. et n.
jurement n. m.
jurer v. tr. | conjug. 1 |
¬ **se jurer**
➾ Aux temps composés de la forme pronominale, le participe passé ne s'accorde pas quand il est suivi d'un complément d'objet direct : *les époux se sont juré fidélité ; elle s'est juré de revenir*.
jureur n. m.
juridiction n. f.
juridictionnalisation n. f.
juridictionnel, elle adj.
juridique adj.
juridiquement adv.
juridisme n. m.
jurisconsulte n. m.
jurisprudence n. f.
jurisprudent n. m.
jurisprudentiel, ielle adj.
juriste n.
jurologie n. f.
juron n. m.
HOM. formes du v. **jurer**
jury n. m.
[1]**jus** /ʒy/ n. m. (liquide)
➾ Dans **jus de fruits** et **jus de légumes**, le complément du nom est au pluriel. Dans les autres cas, il est au singulier : *jus de viande ; jus de tomate ; jus de pomme ; jus de raisin*, etc.
[2]**jus** /ʒys/ n. m. (ce qui est licite, dissertation, courant)
jusant n. m.
jusée n. f.
jus gentium /ʒysʒɛ̃sjɔm/ n. m.
jusqu'au-boutisme n. m.
jusqu'au-boutiste n. ▪ plur. **jusqu'au-boutistes**

jusque ou **jusques** prép. et conj.
▸ **jusqu'à ce que** (+ subj.) *jusqu'à ce que mort s'ensuive*
▸ **jusqu'à tant que** (+ subj.) *jusqu'à tant qu'il revienne*
Ξ La forme *jusques* est vieillie ou poétique.
➾ Le *e* final s'élide devant une voyelle : *rougir jusqu'aux oreilles*. **Jusque-là** s'écrit avec un trait d'union
⌘ *Jusque* est toujours suivi d'une préposition ou d'un adverbe : *rouler jusqu'à Marseille* (et non **jusque Marseille*) ; *aller jusqu'au bout ; du haut jusqu'en bas ; c'est fermé jusqu'en mai ; accompagner qqn jusque chez lui ; je vous attendrai jusque vers onze*

heures ; jusqu'alors ; jusqu'à hier ; jusqu'ici ; jusqu'à quand.
Le choix entre **jusqu'aujourd'hui** et **jusqu'à aujourd'hui** a fait débat. De nos jours, les deux formes sont admises mais **jusqu'à aujourd'hui** est employé plus fréquemment. **Jusqu'à** peut être suivi d'un verbe à l'infinitif à condition que le sujet de l'infinitif soit le même que celui de la principale : *il bondit jusqu'à toucher le plafond.*

jusquiame n. f.
jussie n. f.
jussiée n. f.
jussif, ive adj. et n. m.
jussion n. f.
justaucorps /ʒystokɔʀ/ n. m.
juste adj., n. m. et adv.
➾ L'adverbe est invariable : *ils chantent juste ; il est huit heures juste.*
justement adv.
juste-milieu n. m. et adj. ▪ plur. **juste-milieux**
justesse n. f.
justice n. f.
➾ Ce mot s'écrit avec une majuscule dans **le ministère de la Justice**.
justicia n. f.
HOM. formes du v. **justicier**
justiciabilité n. f.
justiciable adj. et n.
justicialisme n. m.
justicialiste adj. et n.
justiciard, arde n.
¹**justicier** v. tr. | conjug. 7 |
²**justicier, ière** n. et adj.
justif n. f.
▫ abrév. de **justification**
justifiable adj.
justifiant, iante adj.
justificateur, trice adj. et n. m.
justificatif, ive adj.
justification n. f.
justifier v. tr. | conjug. 7 |
⌘ La forme transitive indirecte **justifier de** s'emploie au sens de « apporter la preuve de » : *justifier de son identité ; justifier d'un paiement.* Dans les autres cas, on emploie la forme transitive directe : *justifier un retard ; il devra justifier qu'il était malade.*
¬ **se justifier**
➾ Aux temps composés de la forme pronominale, le participe passé s'accorde en genre et en nombre avec le sujet : *les accusés se sont justifiés auprès des jurés.*
justin n. m.
jutage n. m.
¹**jute** n. m. (plante, fibre)
☯ Ce mot est masculin : *le jute est résistant.*
HOM. formes du v. **juter**
²**jute** n. f. (fam. et vulg. : sperme)
juter v. intr. | conjug. 1 |
juteux, euse adj. et n. m.
jutosité n. f.
juvénat n. m.
juvénile adj.
juvénilement adv.
juvenilia /ʒyvenilja/ n. m. pl.
juvénilisme n. m.
juvénilité n. f.
juxta-articulaire ▪ plur. **juxta-articulaires** ou **juxtaarticulaire**○ ▪ plur. **juxtaarticulaires**○ adj.
juxtaépiphysaire adj.
juxtaliminaire adj.
juxtalinéaire adj.
juxtalinéairement adv.
juxtaposable adj.
juxtaposant, ante adj.
juxtaposé, ée adj.
juxtaposer v. tr. | conjug. 1 |
juxtaposition n. f.

K

k n. m. inv, abrév. et symb.
HOM. **cas, ka**
K n. m. inv, abrév. et symb.
HOM. **cas, ka**
ka n. m.
HOM. **cas, k**
→ **kaon**
kabbale n. f.
↯ Ne pas confondre **kabbale** avec **cabale**. Les deux peuvent désigner l'ésotérisme juif mais, de nos jours, la graphie *kabbale* est plus fréquente dans ce sens. En revanche, seule la graphie *cabale* s'emploie au sens de « manœuvres secrètes ».
HOM. **cabale**
kabbaliste n.
HOM. **cabaliste**
kabbalistique adj.
HOM. **cabalistique**
kabig /kabik/ n. m.
kablouna n. m.
kabuki /kabuki/ n. m.
kabyle adj. et n.
➾ L'adjectif s'écrit sans majuscule : *la population kabyle*. Le nom s'écrit avec une majuscule uniquement quand il désigne une personne : *les Kabyles ; c'est une Kabyle* mais *parler le kabyle*.
kacha n. f.
HOM. **kasha**, formes du v. **cacher**
kachoube adj. et n.
➾ L'adjectif s'écrit sans majuscule : *la population kachoube*. Le nom s'écrit avec une majuscule uniquement quand il désigne une personne : *les Kachoubes ; c'est une Kachoube* mais *parler le kachoube*.
kaddish n. m.
kadsura /katsuʀa/ n. m.
kæmpférie /kɛmpf-/ n. f.
kafir n. m.
kafkaïen, ïenne adj.
kagou n. m.
kaïffa n. m.
kaïmac n. m.
kaïnite n. f.
kaïnophobie n. f.
kaire n. m.
HOM. **kère**
kaiser /kɛzɛʀ ; kajzɛʀ/ n. m.
➾ Ce mot s'écrit généralement avec une majuscule, notamment lorsqu'il désigne Guillaume II, empereur d'Allemagne : *la défaite du Kaiser*.
kaiserlick /kɛzɛʀ-/ n. m.
kakapo n. m.
kakatoès /kakatɔɛs/ n. m.
→ **cacatoès**
kakémono n. m.
kakerlak n. m.
[1]**kaki** adj. inv. et n. m. inv. (couleur)
➾ Ce mot peut s'employer seul comme adjectif de couleur ou derrière un adjectif de couleur pour en préciser la nuance ; ces adjectifs sont alors invariables : *des vestes kaki ; des vestes vert kaki*.
[2]**kaki** n. m. (arbre, fruit)
kakochnik n. m.
kala-azar n. m. ▪ plur. **kala-azars**
kalachnikov n. f.
kalanchoé /-k-/ n. m.
kaléidoscope ou **caléidoscope** n. m.
kaléidoscopique ou **caléidoscopique** adj.
kali n. m.
kalicine n. f.
kalicytie n. f.
kaliémie n. f.
kalisme n. m.
kalium /-ljɔm/ n. m.
kallikréine n. f.

kalmie ou **kalmia** n. f.
kalmouk, e adj.
➾ L'adjectif s'écrit sans majuscule : *la population kalmouke.* Le nom s'écrit avec une majuscule uniquement quand il désigne une personne : *les Kalmouks ; c'est une Kalmouke* mais *parler le kalmouk.*
kama n. m.
kamala n. m.
kamchadale ou **kamtchadale** adj. et n.
➾ L'adjectif s'écrit sans majuscule : *la population kamchadale.* Le nom s'écrit avec une majuscule uniquement quand il désigne une personne : *les Kamchadales ; c'est une Kamchadale* mais *parler le kamchadale.*
kami n. m.
kamichi n. m.
kamik n. m.
kamikaze n. et adj.
kampong /kɑ̃pɔ̃ŋ/ n. m.
kamtchadale adj. et n.
→ **kamchadale**
[1]**kan** n. m. (titre mongol)
→ [1]**khan**
[2]**kan** n. m. (caravansérail)
→ [2]**khan**
kana n. m.
HOM. **canna**, **khanat**, formes des v. **caner**, **canner**
kanak, e ou **canaque** n. et adj.
➾ L'adjectif s'écrit sans majuscule : *la population kanake.* Le nom s'écrit avec une majuscule uniquement quand il désigne une personne : *les Kanaks ; c'est une Kanake* mais *parler le kanak.*
kanamycine n. f.
kanat n. m.
→ **khanat**
kandjar n. m.
kangourou n. m.
Ξ Ce mot peut s'employer en apposition ; il est alors invariable : *des sacs kangourou ; des slips kangourou.*
kangourou-rat n. m. ▪ plur. **kangourous-rats**
kanji /-dʒi/ n. m. ▪ plur. inv. ou plur. **kanjis**○
kanoun n. m.
kantisme n. m.
kantiste adj. et n.
kaoliang n. m.
kaolin n. m.
kaolinique adj.
kaolinisation n. f.
kaoliniser v. tr. | conjug. 1 |
kaolinite n. f.
kaon ou **ka** n. m.
kapo n. m.
HOM. **capot**
kapok n. m.
kapokier n. m.
kapout ▪ plur. inv. ou **capout** ▪ plur. inv. ou plur. **capouts**○ adj.
[1]**kappa** n. m. ▪ plur. inv. ou plur. **kappas**○ (lettre grecque)
HOM. **CAPA, cappa**
[2]**kappa** n. f. (plante)
HOM. **CAPA, cappa**
karakul /kaʀakyl/ n. m.
→ **caracul**
karaoké n. m.
karata n. m.
karaté n. m.
karatéka n.
karbau ou **kérabau** n. m.
Karcher® /kaʀʃɛʀ/ n. m.
➾ Comme tous les noms déposés, ce mot doit s'écrire avec une majuscule : *passer la terrasse au Karcher.* Toutefois, on le trouve fréquemment employé comme nom générique sans respect de la règle : *passer la terrasse au karcher.*
karchériser v. intr. | conjug. 1 |
karité n. m.
karma ou **karman** n. m.
karmatique adj.
karmique adj.
karst n. m.
karstique adj.
karstologie n. f.
kart /kaʀt/ n. m.
HOM. **carte, quarte**
karting /-iŋ/ n. m.
karyokinèse n. f.
→ **caryocinèse**
kasatchok n. m.
kasha n. m.
HOM. **kacha**, formes du v. **cacher**
kasher /-ʃɛʀ/ adj. ▪ plur. inv. ou plur. **kashers**○
→ **casher**
kata n. m.
katabatique adj.
katafront n. m.
katakana n. m.
katana n. m.
kathak n. m.
kathakali n. m.
katiba n. f.
katier n. m.
kauri n. m.
HOM. **cauri**
kava n. m.
kâvya n. m. et adj.
kawa n. m.
→ **caoua**

kawaïsme n. m.
kayak n. m.
kayakiste n.
kazakh, kazakhe adj. et n.
➾ L'adjectif s'écrit sans majuscule : *la population kazakhe*. Le nom s'écrit avec une majuscule uniquement quand il désigne une personne : *les Kazakhs ; c'est une Kazakhe* mais *parler le kazakh*.
HOM. **casaque**
kazoo /kazu/ n. m.
kchatriya ou **kchatrya** n. m.
kébab ou **kebab** /kebab/ n. m.
keepsake /kipsɛk/ n. m.
keffieh ou **kéfié** /kefjɛ ; kefje/ n. m.
kéfir n. m.
→ **képhir**
kefta n. f.
keirin /keʀin/ n. m.
kelvin /kɛlvin/ n. m.
kelvinomètre n. m.
kémia n. f.
kendo /kɛndo/ n. m.
kendoka /kɛndo-/ n.
kennédie ou **kennedye** n. f.
kénotron n. m.
kentia /kɛntja/ n. m.
kentrophylle /kɛ̃tʀɔ-/ n. f.
képhir ou **kéfir** n. m.
képi n. m.
képissier, ière n.
keplérien, ienne adj.
kérabau n. m.
→ **karbau**
kératalgie n. f.
kératectomie n. f.
kératine n. f.
kératinisation n. f.
kératinisé, ée adj.
kératiniser v. tr. | conjug. 1 |
kératique adj.
kératite n. f.
kératocèle n. f.
kératocône n. m.
kératoconjonctivite n. f.
kératodermie n. f.
kératolyse n. f.
kératomalacie n. f.
kératome n. m.
kératoplastie n. f.
kératoplastique adj.
kératose n. f.
kératotomie n. f.
kerdomètre n. m.
kère n. f.
HOM. **kaire**
kérion n. m.
kérithérapie n. f.
kerma n. m.
kermès /kɛʀmɛs/ n. m.
HOM. **kermesse**
kermesse n. f.
HOM. **kermès**
kermétisé, ée adj.
kérogène n. m.
kérosène n. m.
kérotracose n. f.
kéroub n. m.
→ **khéroub**
kerrie n. m.
kérygme n. m.
késaco ou **kezako** pron. interrog.
ketch n. m.
ketchup /kɛtʃœp/ n. m.
ketmie n. f.
kétol n. m.
keuf n. m.
keum n. m.
keuper /køpɛʀ/ n. m.
keuss n. m.
kévatron n. m.
Kevlar® n. m.
➾ Comme tous les noms déposés, ce mot doit s'écrire avec une majuscule : *une corde en Kevlar*. Toutefois, on le trouve fréquemment employé comme nom générique sans respect de la règle : *une corde en kevlar*.
keynésianisme /ke-/ n. m.
keynésien, ienne /ke-/ adj.
kg n. m.
◘ abrév. de **kilogramme**
Ξ Cette abréviation s'emploie uniquement à l'écrit.
khâgne ou **cagne** n. f.
khâgneux, euse ou **cagneux, euse** n.
khalifat n. m.
→ **califat**
khalife n. m.
→ **calife**
khalkha n. m.
➾ Comme tous les noms de langues, ce mot s'écrit sans majuscule : *parler le khalkha*.
HOM. formes du v. **calquer**
khammès /kamɛs/ n. m.
khamsin ou **chamsin** /xamsin/ n. m.
[1]**khan** ou **kan** /kɑ̃/ n. m. (titre mongol)
HOM. **camp, quand, quant**
[2]**khan** ou **kan** /kɑ̃/ n. m. (caravansérail)
HOM. **camp, quand, quant**
khanat ou **kanat** n. m.
HOM. **canna, kana,** formes des v. **caner, canner**
khanoun n. f.
kharidjisme n. m.

kharidjite n.
khat /kat/ n. m.
→ **qat**
khédival, ale, aux ou **khédivial, iale, iaux** adj.
khédivat n. m.
khédive n. m.
khéroub n. m.
khi n. m. ▪ plur. inv. ou plur. **khis**○
HOM. **qui**
khmer, khmère adj. et n.
➾ L'adjectif s'écrit sans majuscule : *la population khmère* ; *la République khmère*. Le nom s'écrit avec une majuscule uniquement quand il désigne une personne : *les Khmers rouges* ; *c'est une Khmère* mais *parler le khmer*.
khodja n. m.
khôl ou **khol**○ ou **kohol** ou **koheul** n. m.
khotba n. f.
kibboutz /kibuts/ n. m. ▪ plur. inv. ou plur. **kibboutzim** /kibutsim/
Ξ On peut employer le pluriel invariable *kibboutz* ou le pluriel hébreu *kibboutzim*.
kibboutzique adj.
kibboutznik /kibutsnik/ n.
kibla ou **kiblah** n. f.
→ **qibla**
kichenotte n. f.
→ **quichenotte**
kick n. m.
kickboxer ou **kickboxeur, euse**○ n.
kickboxing /kikbɔksiŋ/ n. m.
kicker /kikɛʀ/ n. m.
kid n. m.
kidnappage n. m.
kidnapper v. tr. | conjug. 1 |
kidnappeur, euse n.
kidnapping /-napiŋ/ n. m.
Ξ L'emploi de *kidnapping* et de ses dérivés pour parler de l'enlèvement d'un adulte est courant mais critiqué : étymologiquement, ce mot signifie « enlèvement d'enfant ».
kief /kjɛf/ n. m.
kieselguhr ou **kieselgur** /kizɛlgyʀ/ n. m.
kiésérite ou **kiesérite** n. f.
[1]**kif** n. m. (bonheur, haschich)
HOM. formes du v. **kifer**
[2]**kif** n. m.
▸ **c'est du kif**
HOM. formes du v. **kifer**
kifer ou **kiffer** v. intr. et v. tr. | conjug. 1 |
kifant, ante ou **kiffant, ante** adj.
kifeur, euse ou **kiffeur, euse** n.
kifkif ou **kif-kif** adj. inv.
kifomanie n. f.
kiki n. m.
kil n. m.
kilim /kilim/ n. m.
killy n. m. ▪ plur. **killies** ou plur. **killys**○
➾ On peut employer le pluriel anglais *killies* ou le pluriel francisé *killys*.
kilo n. m.
◻ abrév. de **kilogramme**
kiloampère n. m.
kiloampèremètre n. m.
kilobar n. m.
kilobit /-bit/ n. m.
kilocalorie n. f.
kilocycle n. m.
kiloeuro n. m.
kilofranc n. m.
kilogramme n. m.
kilogrammètre n. m.
kilohertz n. m.
kilojoule n. m.
kilométrage n. m.
kilomètre n. m.
kilométrer v. tr. | conjug. 6 |
kilométrique adj.
kilométriquement adv.
kilo-octet ▪ plur. **kilo-octets** ou **kilooctet**○ ▪ plur. **kilooctets**○ n. m.
kilotonne n. f.
kilotonnique adj.
kilovar n. m.
kilovolt n. m.
kilovoltampère n. m.
kilowatt n. m.
kilowattheure n. m.
kilt n. m.
kimberlite n. f.
kimono n. m.
Ξ Ce mot peut s'employer en apposition ; il est alors invariable : *des manches kimono* ; *des robes kimono*.
kina n. f.
kinase n. f.
[1]**kiné** n.
◻ abrév. de **kinésithérapeute**
HOM. **quiné**
[2]**kiné** n. f.
◻ abrév. de **kinésithérapie**
HOM. **quiné**
kinescope n. m.
kinescopie n. f.
kinésimètre n. m.
[1]**kinésique** adj. (relatif à la kinesthésie)
→ **kinesthésique**
[2]**kinésique** adj. et n. f. (relatif à la communication par gestes)
kinésiste n.
kinésithérapeute n.
kinésithérapie n. f.

kinesthésie n. f.
kinesthésique ou **kinésique** adj.
kinétoscope n. m.
king-charles /kiŋʃaʀl/ n. m. inv.
kinine n. f.
HOM. **quinine**
kinkajou n. m.
kinnara n. m. ▪ plur. inv. ou plur. **kinnaras**○
kinnor n. m.
kino n. m.
kiosquaire n.
kiosque n. m.
kiosquier, ière n.
kip n. m.
kippa n. f.
kipper /kipœʀ/ n. m.
Kir® n. m.
➾ Comme tous les noms déposés, ce mot doit s'écrire avec une majuscule : *boire un Kir*. Toutefois, on le trouve presque toujours employé comme nom générique sans respect de la règle : *boire un kir*.
kirghiz, ize adj. et n.
➾ L'adjectif s'écrit sans majuscule : *la population kirghize*. Le nom s'écrit avec une majuscule uniquement quand il désigne une personne : *les Kirghiz* ; *c'est une Kirghize* mais *parler le kirghiz*.
kirsch n. m.
kiss kiss interj.
→ **kss kss**
kit n. m.
▫ rec. off. : **prêt-à-monter**
HOM. **quitte**, formes du v. **quitter**
kitch adj. inv. et n. m. inv.
→ **kitsch**
kitchenette n. f.
▫ rec. off. : **cuisinette**
kite /kajt/ n. m.
▫ abrév. de **kitesurf**
kitesurf /kajtsœʀf/ n. m.
kitesurfer ou **kitesurfeur, euse** /kajtsœʀfœʀ, øz/ n.
kitsch ou **kitch** adj. inv. et n. m. inv.
kiwi n. m.
kiwiculteur, trice n.
kjökkenmödding /kjøkɛnmødiŋ/ n. m.
Klaxon® /klaksɔn/ n. m.
➾ Comme tous les noms déposés, *Klaxon* doit s'écrire avec une majuscule : *donner un coup de Klaxon*. Toutefois, on le trouve presque toujours employé comme nom générique sans respect de la règle : *donner un coup de klaxon*.
klaxonner v. intr. et v. tr. | conjug. 1 |
Kleenex® /klinɛks/ n. m.
➾ Comme tous les noms déposés, ce mot doit s'écrire avec une majuscule : *un paquet de Kleenex*. Toutefois, on le trouve fréquemment employé comme nom générique sans respect de la règle : *un paquet de kleenex*.
klephte n. m.
→ **clephte**
klepper /klepœʀ/ n. m.
kleptomane n. et adj.
→ **cleptomane**
kleptomanie n. f.
→ **cleptomanie**
kling kling /kliŋ-/ interj.
klippe /klipə/ n. m. ▪ plur. **klippen** /klipɛn/ ou plur. **klippes**
Ξ On peut employer le pluriel allemand *klippen* ou le pluriel francisé *klippes*.
klong /klɔ̃ŋ/ n. m.
klystron n. m.
km abrév.
▫ abrév. de **kilomètre**
Ξ Cette abréviation s'emploie uniquement à l'écrit.
knack n. f.
knickerbockers /knikɛʀbɔkɛʀs ; nikœʀbɔkœʀ/ n. m. pl.
knickers /knikɛʀs ; nikœʀ/ n. m. pl.
▫ abrév. de **knickerbockers**
knock-down /(k)nɔkdɔn ; (k)nɔkdaun/ n. m. inv.
knock-out ▪ plur. inv. ou **knockout**○ ▪ plur. **knockouts**○ /(k)nɔkaut/ n. m. et adj.
knödel ou **knœdel** /knødɛl/ n. m. pl.
knout /knut/ n. m.
knouter v. tr. | conjug. 1 |
know-how /no(h)ao/ n. m. inv.
K.-O. n. m. inv. et adj. inv.
▫ abrév. de **knock-out**
HOM. **cahot, chaos**
koala n. m.
koan /kɔan ; kɔɑ̃/ n. m. ▪ plur. inv. ou plur. **koans**○
kob n. m.
HOM. **cob**
kobold n. m.
kochia n. f.
koff n. m.
koheul ou **kohol** n. m.
→ **khôl**
koinè /kɔine ; kɔinɛ/ n. f.
[1]**kola** n. m. (arbre)
→ [1]**cola**
[2]**kola** n. m. ou f. (graine, boisson)
→ [2]**cola**
kolatier n. m.
→ **colatier**
kolatisme n. m.
kolinski n. m.
kolkhoze n. m.

kolkhozien, ienne adj. et n.
kommandantur /-tuR ; -tyR/ n. f.
kommando n. m.
kompas /kɔ̃pa/ n. m.
komsomol /kɔmsɔmɔl/ n.
konel n. m.
konzern /kɔ̃tsɛRn/ n. m.
kop n. m.
kopeck n. m.
koppa n. m.
HOM. **coppa**
kora ou **kôra** ou **cora** n. f.
HOM. **corah**
korê ou **corê** /kɔRe ; kɔRɛ/ n. f.
HOM. **chorée**
korrigan, ane n.
kot /kɔt/ n. m.
HOM. **cote**, **cotte**, formes du v. **coter**
koter v. intr. | conjug. 1 |
HOM. **coté**, **coter**
koteur, euse n.
HOM. **coteur**
koto n. m.
koubba ou **kouba** n. f.
kouglof n. m.
kouign-amann ou **kouignamann** /kwiɲaman/ n. m. inv.
koulak n. m.
koulibiac ou **coulibiac** n. m.
koumis ou **koumys** /kumi(s)/ n. m.
kourgane n. m.
kouros /kuRos/ n. m.
kourtchatovium /kuRtʃatɔvjɔm/ n. m.
kraal /kRɑl/ n. m.
krach /kRak/ n. m. (effondrement boursier)
HOM. **crac**, **crack**, **craque**, **krak**, formes du v. **craquer**
kraft n. m.
Ξ Ce mot peut s'employer en apposition ; il prend la marque du pluriel : *des papiers krafts*.
krak n. m. (château fort)
HOM. **crac**, **crack**, **craque**, **krach**, formes du v. **craquer**
kraken /-kɛn/ n. m.
kramerie n. f.
krapfen /-pfɛn/ n. m.
kraurosis /-is/ n. m.
kreep /kRip/ n. m.
kremlin n. m.
➾ Avec une majuscule et sans complément, **le Kremlin** désigne celui de Moscou et, par métonymie, le gouvernement russe.
kremlinologie n. f.
kremlinologique adj.
kremlinologue n.
kreutzer /kRøtsɛR ; kRødzɛR/ n. m.
kriegspiel /kRigʃpil/ n. m.
krill n. m.
kriss ou **criss** n. m.
HOM. formes du v. **crisser**
kronprinz /kRɔnpRints/ n. m.
➾ Avec une majuscule, **le Kronprinz** désigne Frédéric-Guillaume, le fils de Guillaume II, empereur d'Allemagne.
kroumir n. m.
krump n. m.
krypton n. m.
ksar n. m. ▪ plur. **ksars** ou plur. **ksour(s)**
Ξ On peut employer le pluriel arabe *ksour* ou l'un des deux pluriels francisés *ksars* et *ksours*.
ksi n. m. ▪ plur. inv. ou plur. **ksis**○
→ **xi**
ksour n. m. pl.
→ **ksar**
kss kss ou **kiss kiss** interj.
kuatsu /kwatsu/ n. m.
kufique /ku-/ adj. et n. m.
→ **coufique**
kummel n. m.
kumquat /kɔmkwat ; kumkwat/ n. m.
kung-fu ou **kungfu**○ /kuŋfu/ n. m. inv.
kurde adj. et n.
➾ L'adjectif s'écrit sans majuscule : *la population kurde*. Le nom s'écrit avec une majuscule uniquement quand il désigne une personne : *les Kurdes* ; *c'est une Kurde* mais *parler le kurde*.
kuru /kuRu/ n. m.
HOM. **courroux**
kvas ou **kwas** /kvɑs/ n. m.
kwa adj. ▪ plur. inv. ou plur. **kwas**○
HOM. **coi, quoi**
kwashiorkor n. m.
K-way® /kawɛ/ n. m. inv.
➾ Comme tous les noms déposés, ce mot doit s'écrire avec une majuscule : *porter un K-way*. Toutefois, on le trouve fréquemment employé comme nom générique sans respect de la règle : *porter un k-way*.
kymographe n. m.
kymographie n. f.
kymrique adj. et n. m.
➾ Comme tous les noms de langues, ce mot s'écrit sans majuscule : *ils parlaient le kymrique*.
kyôgen /-ʒɛn/ n. m.
kyrie (eleison) /kiRje(eleisɔn)/ n. m. inv.
kyrielle n. f.
⌘ Lorsque **une kyrielle de** suivi d'un nom est sujet, le verbe s'accorde soit avec *kyrielle*, soit avec le complément : *une kyrielle de reproches*

l'attendait ou *l'attendaient*. Avec **la kyrielle de**, le verbe s'accorde toujours avec *kyrielle* : *la kyrielle de reproches l'a peiné*.

kyriologique adj.
→ **curiologique**

kyste n. m.
kysteux, euse adj.
kystique adj.
kyu /kju/ n. m.
kyudo /kjudo/ n. m.

L

l n. m. inv, abrév. et symb.
HOM. **aile, ale, elle,** forme du v. **héler**
L n. m. inv, abrév. et symb.
HOM. **aile, ale, elle,** forme du v. **héler**
[1]**la** art. déf. f.
→ [1]**le**
[2]**la** pron. pers. f.
→ [2]**le**
[3]**la** n. m.
HOM. **là, lacs,** [1]**las**
là adv. et interj.
➾ L'adverbe *là* est lié par un trait d'union au nom qui le précède quand celui-ci est immédiatement précédé de l'adjectif démonstratif ou quand il n'en est séparé que par un numérique : *ce garçon-là* ; *ces deux garçons-là* mais *ce grand garçon là*. Les locutions suivantes s'écrivent sans trait d'union : **çà et là** ; **d'ici là** ; **ici et là** ; **là contre** ; **là même** ; **par là**. Les locutions suivantes s'écrivent avec un trait d'union : **de-ci de-là** ; **jusque-là** ; **là-bas** ; **là-dedans** ; **là-dessous** ; **là-dessus** ; **là-haut** ; **par-ci, par-là**.
⌘ On peut dire **là où** (*là où je vais*) et **c'est là que** (*c'est là que je vais*) mais **c'est là où** est fautif.
HOM. **la, lacs,** [1]**las**
→ aussi **où**
labadens /-dɛ̃s/ n. m.
labarum /-ʀɔm/ n. m.
là-bas adv.
labbe n. m.
labdanum /-nɔm/ n. m.
→ **ladanum**
label n. m.
HOM. **labelle**
labelle n. m.
HOM. **label**
labellisation n. f.
labelliser v. tr. | conjug. 1 |
labeur n. m.
labeurier n. m.
labferment n. m.
labiacée n. f.
labial, iale, iaux adj.
labialisation n. f.
labialiser v. tr. | conjug. 1 |
¬ **se labialiser**
➾ Aux temps composés, le participe passé s'accorde en genre et en nombre avec le sujet : *cette voyelle s'est labialisée en français moderne*.
labiatiflore adj.
labidonte adj.
labié, iée adj. et n. f.
labile adj.
labilité n. f.
labiodental, ale, aux adj.
labiovélaire adj. et n. f.
labium /-jɔm/ n. m.
labo n. m.
□ abrév. de **laboratoire**
laborantin, ine n.
laboratoire n. m.
laborieusement adv.
laborieux, ieuse adj.
laboulbéniacée n. f.
labour n. m.
labourable adj.
labourage n. m.
labouré n. m.
labourer v. tr. | conjug. 1 |
laboureur n. m.
laboureuse n. f.
labrador n. m.
labradorite n. f.
labre n. m.
labret n. m.
labrit ou **labri** n. m.
labyrinthe n. m.
➾ Ne pas écrire **labiryNthe*.
labyrinthé, ée adj.

labyrinthien, ienne adj.
labyrinthiforme adj.
labyrinthique adj.
labyrinthite n. f.
labyrinthodonte n. m.
lac n. m.
HOM. **laque**
laçage n. m.
lacanien, ienne adj. et n.
laccase n. f.
laccifère /laksi-/ adj.
laccolithe n. f.
lacé n. m.
HOM. **lasser**
lacement n. m.
lacer v. tr. | conjug. 3 |
HOM. **lasser**
lacérable adj.
lacération n. f.
lacérer v. tr. | conjug. 6 |
lacerie n. f.
laceron n. m.
HOM. formes des v. **lacer** et **lasser**
lacertide adj. et n. m.
lacertilien ou **lacertien** n. m.
lacet n. m.
HOM. formes des v. **lacer, lasser**
laceur, euse n.
lâchage n. m.
lâche adj. et n.
lâché, ée adj.
lâchée n. f.
lâchement adv.
¹lâcher n. m.
²lâcher v. tr. et v. intr. | conjug. 1 |
¬ se lâcher
➾ Aux temps composés, le participe passé s'accorde en genre et en nombre avec le sujet : *elle s'est complètement lâchée.*
lâcher-prise n. m. ▪ plur. **lâcher-prises**
lâcheté n. f.
lâcheur, euse n.
lacinié, iée adj.
laciniure n. f.
lacis /lasi/ n. m.
HOM. **lassi, lassis**
laconien, ienne adj. et n.
➾ L'adjectif s'écrit sans majuscule : *la population laconienne.* Le nom s'écrit avec une majuscule uniquement quand il désigne une personne : *les Laconiens ; une Laconienne* mais *ils parlaient le laconien.*
laconique adj.
laconiquement adv.
laconisme n. m.
lacrosse n. m.
lacrima-christi ou **lacryma-christi** /-kʀisti/ n. m. inv.
lacrymal, ale, aux adj.
lacrymation n. f.
lacrymatoire adj. et n. m.
lacrymogène adj.
lacrymo-nasal, aux adj. m.
lacs /lɑ/ n. m.
HOM. **la, là, ¹las**
lactacidémie n. f.
lactaire adj. et n. m.
lactalbumine n. f.
lactame n. f.
lactarium /-jɔm/ n. m.
lactase n. f.
lactate n. m.
lactation n. f.
lacté, ée adj.
lactéal, ale, aux adj.
lactéine n. f.
lactescence n. f.
lactescent, ente adj.
lactifère adj.
lactique adj.
lactobacille /-basil/ n. m.
lactodensimètre n. m.
lactoduc n. m.
lactoflavine n. f.
lactogène adj. et n. m.
lactoglobuline n. f.
lactomètre n. m.
lactone n. f.
lactoprotéine n. f.
lactose n. m.
☯ Ce mot est masculin : *le lactose.*
lactosérum /-ʀɔm/ n. m.
lactosurie n. f.
lactothérapie n. f.
lactucarium /-jɔm/ n. m.
lacunaire adj.
lacune n. f.
lacuneux, euse adj.
laçure n. f.
lacustre adj.
lad n. m.
ladanum ou **labdanum** /-nɔm/ n. m.
là-dedans loc. adv.
ladères n. m. pl.
là-dessous loc. adv.
là-dessus loc. adv.
ladin n. m.
ladino n. m.
➾ Comme tous les noms de langues, ce mot s'écrit sans majuscule : *ils parlaient le ladino.*
ladite adj. f.
→ aussi **ledit**

ladre n. et adj.
ladrement adv.
ladrerie n. f.
ladure n. f.
lady /ledi/ n. f. ▪ plur. **ladies** ou plur. **ladys**
➾ Comme tous les titres honorifiques, ce mot s'écrit avec une minuscule : *j'ai rencontré lady Hamilton*.
Ξ On peut employer le pluriel anglais *ladies* ou le pluriel francisé *ladys*.
HOM. **lesdits**
laga adv.
lagan n. m.
lagena /-ʒena/ n. f.
lagidium /-jɔm/ n. m. ▪ plur. inv. ou plur. **lagidiums**○
lagmi n. m.
lagomorphe n. m.
lagon n. m.
↯ Ne pas confondre **lagon**, « petit lac d'eau salée entre la terre et un récif corallien », avec **lagune**, « étendue d'eau de mer retenue par un cordon littoral ».
lagopède n. m.
lagophtalmie n. f.
lagostome n. m.
lagotis /-ti(s)/ n. m.
lagotriche n. m.
lagremuse n. f.
laguiole /la(g)jɔl/ n. m.
➾ Lorsqu'il désigne un fromage ou un couteau, ce mot s'écrit sans majuscule, contrairement au nom propre qui désigne la commune : *du fromage de Laguiole* mais *couper un morceau de laguiole avec un laguiole*.
laguis /lagi(s)/ n. m.
lagunage n. m.
lagunaire adj.
lagune n. f.
↯ Ne pas confondre **lagune**, « étendue d'eau de mer retenue par un cordon littoral », avec **lagon**, « petit lac d'eau salée entre la terre et un récif corallien ».
Ξ Ce mot peut s'employer seul comme adjectif de couleur ou derrière un adjectif de couleur pour en préciser la nuance ; ces adjectifs sont alors invariables : *des voitures bleu lagune ; des reflets lagune*.
laguneux, euse adj.
lagurier n. m.
là-haut adv.
[1]**lai, laie** adj.
HOM. **laid, laie, lais, lait, laye, legs, lei** (plur. de [2]*leu*), **lez**, formes du v. **layer**
[2]**lai** n. m.
HOM. **laid, laie, lais, lait, laye, legs, lei** (plur. de [2]*leu*), **lez**, formes du v. **layer**
laïc, laïque ou **laïque** n. et adj.
➾ Le nom masculin devrait s'écrire *laïc* et l'adjectif masculin *laïque*. Cependant, les deux graphies sont courantes et admises dans les deux cas : *c'est un laïc* ou *un laïque* ; *l'enseignement laïc* ou *laïque*.
laïcard, arde n. et adj.
laïcat n. m.
HOM. **laïka**
laîche ou **laiche**○ n. f.
HOM. **lèche**, formes du v. **lécher**
laïcisateur, trice n. et adj.
laïcisation n. f.
laïciser v. tr. | conjug. 1 |
¬ **se laïciser**
➾ Aux temps composés, le participe passé s'accorde en genre et en nombre avec le sujet : *cette fête catholique s'est laïcisée*.
laïcisme n. m.
laïciste adj. et n.
laïcité n. f.
laid, laide adj.
HOM. (du masc.) **lai, laie, lais, lait, laye, legs, lei** (plur. de [2]*leu*), **lez**, formes du v. **layer** ; (du fém.) **LED, lède** var. de *lédon*
laidement adv.
laideron n. m. et adj.
☯ Ce mot est masculin mais s'emploie presque toujours pour parler d'une femme : *sa fille est un laideron*. La forme *laideronne* est rare.
laideronne n. f.
→ aussi **laideron**
laideur n. f.
[1]**laie** n. f. (animal, espace déboisé, marteau)
HOM. **lai, laid, lais, lait, laye, legs, lei** (plur. de [2]*leu*), **lez**, formes du v. **layer**
[2]**laie** n. f. (partie de l'orgue)
→ **laye**
laïka n. m. ou f.
HOM. **laïcat**
lainage n. m.
laine n. f.
lainé, ée adj.
lainer v. tr. | conjug. 1 |
lainerie n. f.
lainette n. f.
laineur, euse n. (personne)
laineuse n. f. (machine)
laineux, euse adj.
lainier, ière n. et adj.
HOM. formes du v. **lainer**
lainure n. f.
laique adj. et n.
→ **laïc**
laïquement adv.
laird /lɛʀd/ n. m.

lais n. m.
HOM. **lai, laid, laie, lait, laye, legs, lei** (plur. de ²*leu*), **lez**, formes du v. **layer**
laïs /lais/ n. f.
laisse n. f.
laissées n. f. pl.
laissé-pour-compte, laissée-pour-compte n. ▪ plur. **laissés-pour-compte, laissées-pour-compte**
➾ Ce nom s'écrit avec des traits d'union, contrairement au groupe adjectival **laissé(e) pour compte** : *les laissés-pour-compte de la société* mais des *marchandises laissées pour compte*.
laisser v. tr. | conjug. 1 |
▸ **ne pas laisser de** (+ inf.) *sa réaction ne laisse pas de me surprendre*
⌘ Avec *laisser* suivi d'un verbe à l'infinitif, on peut employer les pronoms *le/la/les* ou *lui/leur* : *elle le laisse manger des bonbons* ou *elle lui laisse manger des bonbons*. La première forme est plus fréquente.
Lorsque le verbe à l'infinitif est suivi d'un verbe pronominal, le pronom *se* peut être omis : *il a laissé s'enfuir le suspect* ou *il a laissé enfuir le suspect*.
➾ Quand le participe passé précède un verbe à l'infinitif, il ne s'accorde pas s'il est suivi d'un complément d'objet direct : *il a laissé jouer les enfants*. Il s'accorde avec le complément d'objet direct si celui-ci est placé avant le verbe et qu'il est sujet de l'infinitif : *les enfants qu'il a laissés jouer* (ce sont les enfants qui jouent). Il ne s'accorde pas avec le complément d'objet direct placé avant le verbe si celui-ci est complément d'objet de l'infinitif : *les textes qu'il a laissé modifier* (ce ne sont pas les textes qui modifient). La même règle s'applique à la forme pronominale : le participe passé s'accorde avec le sujet si celui-ci est également sujet de l'infinitif : *elles se sont laissées mourir*. Si le sujet est complément d'objet de l'infinitif, le participe reste invariable : *elle s'est laissé séduire (par cet homme) ; ils se sont laissé photographier (par les journalistes)*. Cependant, les Rectifications de l'orthographe de 1990 préconisent l'invariabilité du participe quel que soit le sujet de l'action : *jouerles enfants qu'il a laissé*○ *jouer* ; *mourirelles se sont laissé*○ *mourir*.
laisser-aller n. m. inv.
laisser-faire n. m. inv.
laissez-passer n. m. inv.
➾ Attention à ne pas écrire *laisser-passer*, sur le modèle de *laisser-aller* et *laisser-faire*.

lait n. m.
➾ On peut écrire **du lait d'amande** ou **du lait d'amandes**.
HOM. **lai, laid, laie, lais, laye, legs, lei** (plur. de ²*leu*), **lez**, formes du v. **layer**
laitage n. m.
laitance n. f.
laite n. f.
HOM. **let, lette**
laité, ée adj.
laiterie n. f.
laiteron n. m.
laiteusement adv.
laiteux, euse adj.
¹**laitier** n. m. (matières vitreuses)
²**laitier, ière** n. et adj. (personne)
laitière n. f. (pot à lait)
laiton n. m.
HOM. **letton**
laitonnage n. m.
laitonner v. tr. | conjug. 1 |
laitue n. f.
laïus /lajys/ n. m.
laïusser v. intr. | conjug. 1 |
laïusseur, euse adj. et n.
laize n. f.
HOM. formes du v. **léser**
lakisme n. m.
lakiste adj. et n.
lalala interj.
lallation n. f.
lalo n. m.
lalomanie n. f.
lalopathie n. f.
lalopathologie n. f.
lama n. m.
HOM. formes du v. **lamer**
lamage n. m.
lamaïque adj.
lamaïsme n. m.
lamaïste adj. et n.
lamanage n. m.
lamaneur n. m.
lamantin n. m.
lamarckien, ienne adj. et n.
lamarckisme n. m.
lamartinien, ienne adj.
lamaserie n. f.
➾ Ne pas écrire **lamasserie*.
lambada n. f.
lambda n. m. et adj. ▪ plur. inv. ou plur. **lambdas**○
lambdacisme n. m.
lambdatique adj.
lambdoïde adj.
lambeau n. m.
lambel n. m.

lambic n. m.
lambin, ine n. et adj.
lambinage n. m.
lambiner v. intr. | conjug. 1 |
lambis n. m.
lamblia n. m.
lambliase n. f.
lambourde n. f.
lambrequin n. m.
lambris n. m.
lambrissage n. m.
lambrisser v. tr. | conjug. 1 |
lambrotte n. f.
lambruche ou **lambrusque** n. f.
lambswool /lɑ̃bswul/ n. m.
lame n. f.
lamé, ée adj. et n. m.
lamellaire adj.
lamellation n. f.
lamelle n. f.
lamellé, ée adj.
lamellé-collé n. m. ▪ plur. **lamellés-collés**
lamelleux, euse adj.
lamellibranche n. m.
lamellicorne n. m.
lamelliforme adj.
lamellirostre n. m.
lamentable adj.
lamentablement adv.
lamentateur, trice adj. et n.
lamentation n. f.
lamenter v. intr., v. tr. et v. pron. | conjug. 1 |
¬ **se lamenter**
➾ Aux temps composés, le participe passé s'accorde en genre et en nombre avec le sujet : *ils se sont lamentés sur leur sort toute la soirée.*
lamento /lamɛnto/ n. m.
lamer v. tr. | conjug. 1 |
lamiacée n. f.
lamiale n. f.
lamie n. f.
[1]**lamier** n. m. (plante)
HOM. formes du v. **lamer**
[2]**lamier, ière** n. (personne)
HOM. formes du v. **lamer**
Lamifié® n. m.
➾ Comme tous les noms déposés, ce mot doit s'écrire avec une majuscule : *un revêtement en Lamifié.* Toutefois, on le trouve très fréquemment employé comme nom générique sans respect de la règle : *un revêtement en lamifié.*
laminage n. m.
laminaire adj. et n. f.
HOM. forme du v. **laminer**
laminé n. m.
laminectomie n. f.
laminer v. tr. | conjug. 1 |
laminerie n. f.
lamineur, euse n. et adj.
lamineux, euse adj.
laminoir n. m.
lampadaire n. m.
lampadophore adj. et n.
lampant, ante adj.
lamparo n. m.
[1]**lampas** /lɑ̃pɑ(s)/ n. m. (étoffe)
HOM. formes du v. **lamper**
[2]**lampas** /lɑ̃pɑ/ n. m. (gonflement, gosier)
HOM. formes du v. **lamper**
lampassé, ée adj.
lampe n. f.
lampée n. f.
lampemètre n. m.
lamper v. tr. | conjug. 1 |
lamperon n. m.
HOM. formes du v. **lamper**
lampe-tempête n. f. ▪ plur. **lampes-tempête** ou plur. **lampes-tempêtes**°
lampette n. f.
lampèze n. m.
lampier n. m.
HOM. formes du v. **lamper**
lampion n. m.
HOM. formes du v. **lamper**
lampiste n.
lampisterie n. f.
lampon n. m.
HOM. formes du v. **lamper**
lampotte n. f.
lampourde n. f.
lamprillon n. m.
lamproie n. f.
lamproyon n. m.
lampyre n. m.
lampyridé n. m.
lanatoside n. m.
lançage n. m.
lance n. f.
lancé n. m.
lance-amarre(s) n. m. ▪ plur. **lance-amarres**
lance-bombe(s) n. m. ▪ plur. **lance-bombes**
lancée n. f.
lance-engin(s) n. m. ▪ plur. **lance-engins**
lance-flamme(s) n. m. ▪ plur. **lance-flammes**
lance-fusée(s) n. m. ▪ plur. **lance-fusées**
lance-grenade(s) n. m. ▪ plur. **lance-grenades**
lance-harpon n. m. ▪ plur. **lance-harpons**
lancement n. m.
lance-mine(s) n. m. ▪ plur. **lance-mines**
lance-missile(s) n. m. ▪ plur. **lance-missiles**

lancéole n. f.
lancéolé, ée adj.
lance-pierre n. m. ▪ plur. **lance-pierres**
[1]**lancer** n. m.
➾ La locution **lancer franc** s'écrit sans trait d'union.
[2]**lancer** v. tr. et v. intr. | conjug. 3 |
¬ **se lancer**
➾ Aux temps composés, le participe passé s'accorde en genre et en nombre avec le sujet : *elle s'est lancée dans la chanson.* Mais le participe passé ne s'accorde pas quand il est suivi d'un complément d'objet direct : *ils se sont lancé des boules de neige.* Il ne s'accorde avec le complément d'objet direct que lorsque celui-ci est placé avant le verbe : *les boules de neige qu'ils se sont lancées.*
lanceron n. m.
HOM. formes du v. **lancer**
lance-roquette(s) n. m. ▪ plur. **lance-roquettes**
lance-satellite(s) n. m. ▪ plur. **lance-satellites**
lance-torpille(s) n. m. ▪ plur. **lance-torpilles**
lancette n. f.
lanceur, euse n.
lanche n. f.
lancier n. m.
HOM. formes du v. **lancer**
lanciforme adj.
lancinant, ante adj.
lancination n. f.
lanciner v. tr. | conjug. 1 |
lancis n. m.
lançoir n. m.
lançon n. m.
HOM. formes du v. **lancer**
land /lɑ̃d/ n. m. ▪ plur. **länder** /lɛndœʀ/ ou plur. **lands**
☰ On peut employer le pluriel allemand *länder* ou le pluriel francisé *lands.*
HOM. **lande**
landage n. m.
landais, aise adj. et n.
➾ L'adjectif s'écrit sans majuscule : *la population landaise ; une vache landaise ; un berger landais.* Le nom s'écrit avec une majuscule : *les Landais ; c'est une Landaise.*
landamman /lɑ̃damɑ̃/ n. m.
land art /lɑ̃daʀt/ n. m. ▪ plur. **land arts**
landau n. m.
➾ Ne pas écrire **landeau*. Ce mot a un pluriel régulier : *des landaus.*
landaulet n. m.
lande n. f.
HOM. **land**
länder /lɛndœʀ/ n. m. pl.
→ aussi **land**

landerira ou **landerirette** /-de-/ interj.
landernau ou **landerneau** n. m.
➾ Employé comme nom commun, ce mot s'écrit sans majuscule, contrairement au nom propre qui désigne la commune : *le landerneau littéraire.*
landgrave /lɑ̃dgʀav/ n. m.
landgraviat /lɑ̃dgʀavja/ n. m.
landier n. m.
landlord /lɑ̃dlɔʀ/ n. m.
landolphia n. f.
landsturm /lɑ̃dʃtuʀm/ n. m.
landtag /lɑ̃dtag/ n. m.
landwehr /lɑ̃dwɛʀ/ n. f.
laneret n. m.
langage n. m.
➾ Ne pas écrire **language.*
langagier, ière adj. et n.
langagièrement adv.
lange n. m.
langer v. tr. | conjug. 3 |
langoureusement adv.
langoureux, euse adj.
langouste n. f.
langoustier n. m.
langoustine n. f.
langue n. f.
langué, ée adj.
langue-de-bœuf n. f. ▪ plur. **langues-de-bœuf**
langue-de-carpe n. f. ▪ plur. **langues-de-carpe**
langue-de-cerf n. f. ▪ plur. **langues-de-cerf**
langue-de-chat n. f. ▪ plur. **langues-de-chat**
langue-de-chien n. f. ▪ plur. **langues-de-chien**
langue-de-femme n. f. ▪ plur. **langues-de-femme**
langue-de-serpent n. f. ▪ plur. **langues-de-serpent**
langue-de-vache n. f. ▪ plur. **langues-de-vache**
languedocien, ienne adj. et n.
➾ L'adjectif s'écrit sans majuscule : *la population languedocienne.* Le nom s'écrit avec une majuscule uniquement quand il désigne une personne : *les Languedociens ; c'est une Languedocienne* mais *des encornets à la languedocienne ; parler le languedocien.*
langue-d'oiseau n. f. ▪ plur. **langues-d'oiseau**
languette n. f.
langueur n. f.
langueyage n. m.
langueyer v. tr. | conjug. 1 |
langueyeur n. m.

languide adj.
languier n. m.
languir v. intr. et v. pron. | conjug. 2 |
¬ **se languir**
➾ Aux temps composés, le participe passé s'accorde en genre et en nombre avec le sujet : *elle s'est languie de sa Bretagne natale.*
languissamment adv.
languissant, ante adj.
languissement n. m.
laniaire adj.
HOM. **lanière**
lanice adj.
lanier n. m.
lanière n. f.
HOM. **laniaire**
lanifère adj.
lanigère adj.
laniidé n. m.
laniste n. m.
lanital n. m.
lanoline n. f.
lanostérol n. m.
lanovaseline n. f.
lansonien, ienne adj.
lansquenet n. m.
lansquine n. f.
lansquiner v. impers. et v. intr. | conjug. 1 |
lantanier n. m.
lanterne n. f.
lanterneau n. m.
→ **lanternon**
lanternement n. m.
lanterner v. intr. et v. tr. | conjug. 1 |
lanternerie n. f.
lanternier, ière n.
HOM. formes du v. **lanterner**
lanterniste n.
lanternon ou **lanterneau** n. m.
HOM. formes du v. **lanterner**
lanthane n. m.
lanthanide n. m.
lantiponnage n. m.
lantiponner v. intr. | conjug. 1 |
lanugineux, euse adj.
lanugo n. m.
lao n. m.
➾ Comme tous les noms de langues, ce mot s'écrit sans majuscule : *parler le lao.*
laotien, ienne /laɔsjɛ̃/ adj. et n.
➾ L'adjectif s'écrit sans majuscule : *la population laotienne.* Le nom s'écrit avec une majuscule uniquement quand il désigne une personne : *les Laotiens ; c'est une Laotienne* mais *parler le laotien.*
lapalissade n. f.
➾ Ce nom s'écrit avec deux *s*, même s'il vient du nom propre *La Palice.*
laparoscope n. m.
laparoscopie n. f.
laparoscopique adj.
laparostat n. m.
laparotomie n. f.
lapement n. m.
laper v. tr. | conjug. 1 |
lapereau n. m.
lapeur, euse n. et adj.
lapiaz ou **lapié** n. m.
lapiazé, ée adj.
lapicide n.
1**lapidaire** n. et adj. (personne)
HOM. forme du v. **lapider**
2**lapidaire** n. m. (traité, meule)
HOM. forme du v. **lapider**
lapidairerie n. f.
lapidateur, trice n.
lapidation n. f.
lapider v. tr. | conjug. 1 |
lapideur n. m.
lapidification n. f.
lapidifier v. tr. | conjug. 7 |
lapié n. m.
→ **lapiaz**
lapilleux, euse /lapi(l)lø, øz/ adj.
lapilli(s) /lapi(l)li/ n. m. pl.
lapin, ine n.
lapiner v. intr. | conjug. 1 |
lapinière n. f.
lapinisme n. m.
lapinot n. m.
lapis(-lazuli) /lapis(lazyli)/ n. m. ▪ plur. **lapis (-lazulis)**
Ξ Lorsque *lapis* est employé derrière un adjectif de couleur pour en préciser la nuance, les deux adjectifs sont invariables : *des porcelaines bleu lapis.*
lapon, one adj. et n.
➾ Ne pas écrire **laponne* : le féminin n'a qu'un seul *n*. L'adjectif s'écrit sans majuscule : *la population lapone.* Le nom s'écrit avec une majuscule uniquement quand il désigne une personne : *les Lapons ; c'est une Lapone* mais *parler le lapon.*
HOM. formes du v. **laper**
1**laps, lapse** /laps/ adj.
Ξ Ce mot ne s'emploie que dans la locution **laps(e) et relaps(e)**.
2**laps** /laps/ n. m.
Ξ Ce mot ne s'emploie que dans la locution **laps de temps**.
lapsus /lapsys/ n. m.
laptot n. m.

laquage n. m.
laquais n. m.
HOM. formes du v. **laquer**
[1]**laque** n. f. (suc, fixateur)
Ξ Ce mot peut s'employer seul comme adjectif de couleur ou derrière un adjectif de couleur pour en préciser la nuance ; ces adjectifs sont alors invariables : *des vestes rouge laque ; des rideaux laque.*
HOM. **lac**
[2]**laque** n. m. ou n. f. (vernis au latex)
HOM. **lac**
[3]**laque** n. m. (objet d'art)
HOM. **lac**
laqué, ée adj.
laquer v. tr. | conjug. 1 |
laqueur, euse n.
laqueux, euse adj.
laquier n. m.
HOM. formes du v. **laquer**
laraire n. m.
larbin n. m.
larbinisme n. m.
larcin n. m.
lard n. m.
HOM. **lare**
lardacé, ée adj.
lardage n. m.
larder v. tr. | conjug. 1 |
larderasse n. f.
lardeux, euse adj.
lardier n. m.
HOM. formes du v. **larder**
lardiforme adj.
lardoire n. f.
lardon n. m.
HOM. formes du v. **larder**
lardonner v. tr. | conjug. 1 |
lardu n. m.
lardure n. f.
lare n. m.
➾ Ce mot s'écrit sans majuscule : *les lares domestiques.*
HOM. **lard**
larfeuille n. m.
largable adj.
➾ Ce mot n'a pas de *u*, contrairement à *larguer.*
largage n. m.
➾ Ce mot n'a pas de *u*, contrairement à *larguer.*
largando adv. et n. m.
➾ Le nom a un pluriel régulier : *des largandos.*
large adj., n. m. et adv.
Ξ Employé comme nom, *large* signifie « largeur » : on peut dire indifféremment *trois mètres de largeur* ou *trois mètres de large.*
➾ Dans la locution **large ouvert**, *large* s'accorde au pluriel : *des fenêtres larges ouvertes.*
largement adv.
largesse n. f.
larget n. m.
largeur n. f.
➾ On peut dire indifféremment *trois mètres de largeur* ou *trois mètres de large.*
larghetto /laʀgeto/ adv. et n. m.
➾ Le nom a un pluriel régulier : *des larghettos.*
largo adv. et n. m.
➾ Le nom a un pluriel régulier : *des largos.*
largonji n. m.
largue adj.
larguer v. tr. | conjug. 1 |
largueur n. m.
laricio n. m. et adj.
larigot n. m.
→ aussi **tire-larigot (à)**
larix n. m.
larme n. f.
larme-de-Job n. f. ▪ plur. **larmes-de-Job**
larme-du-Christ /-kʀist/ n. f. ▪ plur. **larmes-du-Christ**
larmier n. m.
larmoiement n. m.
➾ Ne pas oublier le *e* muet.
larmoyant, ante adj.
larmoyer v. intr. | conjug. 8 |
larmoyeur, euse adj. et n.
larmuse n. f.
larron, onne n.
☯ Le féminin *larronne* est rare : ce mot s'emploie presque toujours au masculin.
➾ Ce mot est toujours au pluriel dans l'expression **s'entendre comme larrons en foire**.
larsen /laʀsɛn/ n. m.
larton n. m.
larvaire adj.
larve n. f.
larvé, ée adj.
larvicide adj. et n. m.
larvipare adj.
larvivore adj.
laryngal, ale, aux adj. et n. f.
laryngé, ée adj.
laryngectomie n. f.
laryngectomiser v. tr. | conjug. 1 |
laryngien, ienne adj.
laryngisme n. m.
laryngite n. f.
laryngocentèse /-sɛ̃tɛz/ n. f.
laryngologie n. f.
laryngologique adj.
laryngologiste ou **laryngologue** n.
laryngopathie n. f.

laryngopharynx n. m.
laryngophone n. m.
laryngoplastie n. f.
laryngoplégie n. f.
laryngoréflexe adj.
laryngoscope n. m.
laryngoscopie n. f.
laryngoscopique adj.
laryngospasme n. m.
laryngotomie n. f.
laryngotomique adj.
laryngo-trachéal, ale, aux /-k-/ adj.
laryngotrachéite /-k-/ n. f.
laryngotrachéotomie /-k-/ n. f.
larynx n. m.
Ne pas confondre **larynx** avec **pharynx**. Le larynx est la partie supérieure du canal respiratoire, entre le pharynx et la trachée, où se trouvent les cordes vocales. Le pharynx est la cavité située entre la bouche et l'œsophage où aboutissent les conduits digestif et respiratoire.
[1]**las, lasse** /lɑ, lɑs/ adj.
♪ La prononciation du *s* au masculin est fautive.
HOM. (du masc.) **la, là, lacs** ; (du fém.) formes des v. **lacer, lasser**
[2]**las** /lɑs/ interj.
HOM. formes des v. **lacer, lasser**
lasagne n. f.
HOM. **lazagne**
lascar n. m.
Ne pas écrire **lascard*.
lascif, ive adj.
lascivement adv.
lascivité ou **lasciveté** n. f.
laser /lazɛʀ/ n. m.
Laser peut s'employer en apposition ; il est alors invariable : *des rayons laser ; des imprimantes laser*.
laserdisc n. m.
laserie n. f.
lasérothérapie n. f.
laserpitium /-jɔm/ n. m.
lassant, ante adj.
lasser v. tr. | conjug. 1 |
¬ **se lasser**
Aux temps composés, le participe passé s'accorde en genre et en nombre avec le sujet : *elles se sont lassées de la vie parisienne*.
HOM. **lacer**
lassi n. m. (boisson)
HOM. **lacis, lassis**
lassis n. m. (tissu)
HOM. **lacis, lassi**
lassitude n. f.
lasso n. m.
Lastex® n. m.
Comme tous les noms déposés, ce mot doit s'écrire avec une majuscule : *un maillot de bain en Lastex*. Toutefois, on le trouve fréquemment employé comme nom générique sans respect de la règle : *un maillot de bain en lastex*.
lasting /lastiŋ/ n. m.
lasure n. f.
lasurer v. tr. | conjug. 1 |
latanier n. m.
latence n. f.
latent, ente adj.
HOM. **lattant** (p. prés. de *latter*)
latéral, ale, aux adj. et n. f.
latéralement adv.
latéralisation n. f.
latéralisé, ée adj.
latéralité n. f.
latere (a) loc. adv.
→ **a latere**
latérite n. f.
latéritique adj.
latéritisation n. f.
latéroflexion n. f.
latéroposition n. f.
latéroversion n. f.
latex n. m.
lathrée n. f.
lathyrisme n. m.
lathyrus /-ys/ n. m.
laticifère adj.
laticlave n. m.
latif n. m.
latiface adj.
latifolié, ée adj.
latifundia /-fɔ̃dja/ n. m. pl.
→ **latifundium**
latifundiaire /-fɔ̃djɛʀ/ adj.
latifundiste /-fɔ̃dist/ n. m.
latifundium /-fɔ̃djɔm/ n. m. ▪ plur. **latifundia** ou plur. **latifundiums**°
On peut employer le pluriel latin *latifundia* ou le pluriel francisé *latifundiums*.
latiligne adj.
latin, ine adj. et n.
L'adjectif s'écrit sans majuscule : *la population latine ; l'Amérique latine*. Le nom s'écrit avec une majuscule uniquement quand il désigne une personne : *les Latins et les Anglo-Saxons ; une Latine* mais *étudier le latin*. **Bas latin** s'écrit sans trait d'union.
latinisant, ante adj. et n.
latinisation n. f.
latiniser v. tr. et v. intr. | conjug. 1 |
latinisme n. m.
latiniste n.

latinité n. f.
latino adj. et n.
□ abrév. de **latino-américain, aine**
➾ L'adjectif s'écrit sans majuscule : *la population latino*. Le nom s'écrit avec une majuscule : *les Latinos ; c'est une Latino.*
latino-américain, aine adj. et n. ▪ plur. **latino-américains, aines**
➾ L'adjectif s'écrit sans majuscule : *la population latino-américaine*. Le nom s'écrit avec une majuscule uniquement quand il désigne une personne : *les Latino-Américains ; c'est une Latino-Américaine.*
latinophone adj.
latirostre adj.
latitude n. f.
latitudinaire adj. et n.
latitudinal, ale, aux adj.
latitudinarisme n. m.
latomies n. f. pl.
lato sensu /latosɛ̃sy/ loc. adv.
latreutique adj.
latrie n. f.
latrines n. f. pl.
latrodecte n. m.
latrodectisme n. m.
lats /lats/ n. m.
lattage n. m.
latte n. f.
latté, ée adj. et n. m.
latter v. tr. | conjug. 1 |
lattice n. m.
lattis n. m.
lattorfien n. m.
laudanisé, ée adj.
laudanum /-nɔm/ n. m.
laudateur, trice n.
laudatif, ive adj.
laudes n. f. pl.
laudisme n. m.
lauracée n. f.
laurate n. m.
laure n. f.
HOM. **lord, lors**
lauré, ée adj.
lauréat, ate adj. et n.
laurentie /-si/ n. f.
lauréole n. f.
laurier n. m.
laurier-cerise n. m. ▪ plur. **lauriers-cerises**
laurier-rose ▪ plur. **lauriers-roses** ou **laurier rose** ▪ plur. **lauriers roses** n. m.
laurier-sauce n. m. ▪ plur. **lauriers-sauce** ou plur. **lauriers-sauces**○
laurier-tin n. m. ▪ plur. **lauriers-tins**
➾ Ne pas écrire **laurier-thym.*
laurique adj.
lauze ou **lause** n. f.
L. A. V. /ɛlave/ n. m. inv.
□ abrév. de **lymphadenopathy associated virus**
lavabilité n. f.
lavable adj.
lavabo n. m.
lavage n. m.
lavallière adj. et n. f.
lavande n. f.
Ξ Ce mot peut s'employer seul comme adjectif de couleur ou derrière un adjectif de couleur pour en préciser la nuance ; ces adjectifs sont alors invariables : *des nappes bleu lavande ; des rideaux lavande.*
lavandé, ée adj.
¹lavandier, ière n. (personne)
²lavandière n. f. (oiseau, terrain)
lavandin n. m.
lavane n. f.
lavant, ante adj.
lavaret n. m.
lavasse n. f.
lavatère n. f.
lave n. f.
lavé, ée adj.
lave-auto n. m. ▪ plur. **lave-autos**
lave-dos n. m. inv.
lavée n. f.
lave-glace n. m. ▪ plur. **lave-glaces**
lave-linge n. m. ▪ plur. **lave-linges** ou plur. inv
lave-main(s) n. m. ▪ plur. **lave-mains**
lavement n. m.
lave-phares ▪ plur. inv. ou **lave-phare**○ ▪ plur. **lave-phares**○ n. m.
lave-pont n. m. ▪ plur. **lave-ponts**
laver v. tr. | conjug. 1 |
¬ **se laver**
➾ Aux temps composés, le participe passé s'accorde en genre et en nombre avec le sujet : *elles ne se sont pas lavées depuis une semaine*. Mais le participe passé ne s'accorde pas quand il est suivi d'un complément d'objet direct : *ils se sont lavé les mains*. Il ne s'accorde avec le complément d'objet direct que lorsque celui-ci est placé avant le verbe : *ils se les sont lavées soigneusement.*
laverie n. f.
lavette n. f.
laveur, euse n.
lave-vaisselle n. m. ▪ plur. **lave-vaisselles** ou plur. inv
lave-vitre(s) n. m. ▪ plur. **lave-vitres**
lavignon n. m.
lavique adj.
lavis n. m.
lavogne n. f.

lavoir n. m.
lavougne n. f.
lavure n. f.
lawrencium /lɔʀɑ̃sjɔm/ n. m.
lawsonia /losɔnja/ n. m.
laxatif, ive adj. et n. m.
laxisme n. m.
laxiste adj. et n.
laxité n. f.
laye ou **laie** n. f.
HOM. **lai, laid, lais, lait, legs, lei** (plur. de *leu*), **lez**, formes du v. **layer**
layer v. tr. | conjug. 8 |
layeterie n. f.
layetier, ière n.
layette n. f.
Ξ Ce mot peut s'employer derrière un adjectif de couleur pour en préciser la nuance ; les deux mots sont alors invariables : *des murs bleu layette ; des jupes rose layette.*
layeur, euse n.
layon n. m.
HOM. formes du v. **layer**
lazagne n. m.
HOM. **lasagne**
lazaret n. m.
lazariste n. m.
➾ Ce mot s'écrit avec une minuscule lorsqu'il désigne une personne : *un couvent de lazaristes.* Il s'écrit avec une majuscule lorsqu'il désigne sans ambiguïté l'ordre lui-même : *il est entré chez les Lazaristes.*
lazingue n. m.
lazulite n. f.
lazurite n. f.
lazzarone /ladzaʀɔne ; lazaʀɔn/ n. m.
lazzaronisme /ladz- ; laz-/ n. m.
lazzi /la(d)zi/ n. m. ▪ plur. inv. ou plur. **lazzis**
Ξ En italien, *lazzi* est un nom masculin pluriel. On peut toutefois l'employer au singulier et franciser la forme du pluriel : *un lazzi, des lazzis.*
L. C. D. n. m.
▫ abrév. de **liquid crystal display**

¹le, la, les art. déf.

▪ Élision et contraction de l'article défini

Ξ *Le* et *la* se réduisent à *l'* devant une voyelle ou un *h* muet : *l'ami ; l'école ; l'habit.* Précédés de la préposition *à*, *le* et *les* se transforment en *au* et *aux*. Précédés de la préposition *de*, ils se transforment en *du* et *des*.

▪ Répétition et omission de l'article défini

Ξ L'article doit être répété devant chacun des noms juxtaposés ou coordonnés par *et* ou *ou* : *la motivation, l'organisation et la persévérance sont les qualités requises pour ce travail.* L'article n'est toutefois pas répété dans certaines formules figées dans lesquelles les noms forment un ensemble : *les us et coutumes ; les allées et venues ; les parents et amis ; les Eaux et Forêts.* Il peut également ne pas être répété lorsque les noms sont de même genre et qu'ils désignent la même personne ou la même chose : *Sophie, la secrétaire de rédaction et assistante de direction.* Avec une juxtaposition ou une coordination de dates ou de noms de jours, les articles singuliers peuvent être remplacés par l'article pluriel : *les 24 et 25 janvier ; les XVIIe et XVIIIe siècles ; les lundi, mardi et vendredi.* L'article défini peut être omis dans les énumérations (*parents, collègues, amis : tout le monde était là*) et dans certains tours figés (*remuer ciel et terre*).

▪ L'article défini devant un nom de famille ou un prénom

Ξ *Les* peut s'employer devant un nom de famille : *nous sommes invités chez les Dupuis.* Cet usage est correct et courant. L'article défini s'est aussi employé devant les noms de femmes célèbres ou de certains artistes italiens : *la Montespan ; la Callas ; le Titien.* Dans les autres cas, l'emploi de *le* ou de *la* devant un nom ou un prénom est populaire ou régional : *j'ai vu la Marie ; c'est le Dupuis qui est venu.* Il doit être évité dans la langue soignée.

▪ L'article défini devant un superlatif

⌘ L'article s'accorde avec le nom ou pronom auquel se rapporte le superlatif quand on compare plusieurs êtres ou objets : *c'est la femme la plus élégante que je connaisse ; voici les deux livres les plus rares de ma bibliothèque ; ce jour-là, elle a été la plus heureuse.* L'article *le* reste invariable quand on veut marquer qu'un être ou un objet atteint, au moment indiqué par le contexte, le plus haut degré d'une certaine qualité : *c'est ce jour-là qu'elle a été le plus heureuse.* Il est également invariable quand le superlatif modifie un verbe ou un adverbe : *c'est la femme que j'ai le plus aimée.*

HOM. (du fém.) **là, lacs, ¹las** ; (du plur.) **lé**

²le, la, les pron. pers.

▪ Élision du pronom

Ξ *Le* et *la* se réduisent à *l'* devant une voyelle ou un *h* muet : *je l'entends ; ils l'hébergent ; elle l'y a mis ; je l'en remercie.* Après l'impératif, l'élision ne se fait qu'avec *y* et *en* : *faites-l'y entrer ; faites l'en retirer* mais *faites-le appeler.*

■ Omission du pronom

☰ Dans une incise, le pronom neutre *le* est omis quand il est complément d'un verbe de connaissance employé à la première personne du singulier du présent de l'indicatif : *c'est, je pense, un grave problème* mais *c'était, nous le pensions, un grave problème*. Il peut également être omis dans une réponse négative : *croyez-vous qu'elle viendra ? – je ne (le) crois pas*. Le pronom neutre *le* est facultatif dans les propositions comparatives : *il est plus jeune que je ne le croyais* ou *que je le croyais*.

■ **Le/la/les** ou **lui/leur**

☰ Avec *laisser* et les verbes de perception (*entendre, voir, sentir*, etc.) suivis d'un infinitif, le pronom sujet de l'infinitif peut indifféremment être *le/la/les* ou *lui/leur* : *je la laisse faire ce qu'elle veut* ou *je lui laisse faire ce qu'elle veut* ; *je les ai vus le manger* ou *je le leur ai vu manger*. L'emploi de *lui/leur* est cependant rare, notamment avec les verbes de perception.

■ Accord du pronom avec l'antécédent

⌘ Le pronom s'accorde en genre et en nombre avec le substantif qu'il représente : *sa femme, je la connais bien*. Mais on utilise le pronom neutre *le* s'il représente un nom pris en valeur d'adjectif ou s'il représente un adjectif ou un participe passé : *une grande dame, elle ne le sera jamais* ; *j'étais inquiète mais je ne le suis plus*.

■ Accord du participe passé avec le pronom

⌘ Le participe passé s'accorde avec le pronom complément d'objet direct qui le précède : *la victoire, nous l'avions espérée*. En revanche, il est invariable lorsque le complément est le pronom neutre *le* : *la victoire fut moins facile que nous ne l'avions espéré* (le pronom ne représente pas *la victoire* mais *que la victoire fut facile*).

HOM. (du fém.) **là**, **lacs**, **¹las** ; (du plur.) **lé**

lé n. m.
HOM. **les**

leader ou **leadeur, euse** /lidœʀ/ n.
HOM. **lieder** (plur. de *lied*)

leadership ou **leadeurship**○ /lidœʀʃip/ n. m.
▫ rec. off. : **primauté**

leasing /liziŋ/ n. m.
▫ rec. off. : **crédit-bail**

leavers /livœʀ/ n. m.

lebel n. m.
➾ Employé comme nom commun, ce mot s'écrit sans majuscule : *des lebels*. Mais il est invariable et s'écrit avec une majuscule dans **fusil Lebel** car il s'agit d'un nom propre : *des fusils Lebel*.

lécanie n. f.

lécanore n. f.

léchage n. m.

lèche n. f.
HOM. **laîche**

lèche-botte n. ■ plur. **lèche-bottes**

lèche-cul n. ■ plur. **lèche-culs**

lèchefrite n. f.

lèchement n. m.

lécher v. tr. | conjug. 6 |

¬ **se lécher**
➾ Aux temps composés, le participe passé ne s'accorde pas quand il est suivi d'un complément d'objet direct : *elles se sont léché les babines*

lécheur, euse n.

lèche-vitrine n. m. ■ plur. **lèche-vitrines**

léchouiller v. tr. | conjug. 1 |

lécithe n. m.
HOM. **lécythe**

lécithine n. f.

lécithique adj.

lécithocèle n. m.

leçon n. f.

lécrelet n. m.

lecteur, trice n.

lecteur-enregistreur n. m. ■ plur. **lecteurs-enregistreurs**

lectine n. f.

lectionnaire n. m.

lectisterne n. m.

lectorat n. m.

lectrin n. m.

lecture n. f.

lécythe n. m.
HOM. **lécithe**

LED ou **led** /lɛd/ n. f.
▫ abrév. de **light emitting diode**
▫ rec. off. : **diode électroluminescente** ou **DEL**
HOM. **laide** (fém. de *laid*), **lède** var. de *lédon*

ledit, ladite adj.
➾ Cet adjectif s'écrit en un seul mot : *ledit acheteur ; ladite maison*.

lédon n. m. ou **lède** n. f.
HOM. **laide** (fém. de *laid*), **LED**

légal, ale, aux adj.
HOM. (du plur.) **Lego** ®

légalement adv.

légalisation n. f.

légaliser v. tr. | conjug. 1 |

légalisme n. m.

légaliste adj. et n.

légalité n. f.

légat n. m.
HOM. formes du v. **léguer**

légataire n.
➾ Ne pas employer **légateur*, qui n'existe pas.

légatine n. f.
légation n. f.
légato ou **legato** n. m. et adv.
➾ Le nom a un pluriel régulier : *des légatos*.
lège adj.
légendaire adj.
HOM. forme du v. **légender**
légendairement adv.
légende n. f.
légender v. tr. | conjug. 1 |
léger, ère adj.
légèrement adv.
légèreté n. f.
leggins ou **leggings** /legiŋs/ n. f. pl.
leghorn /legɔʀn/ n. f.
légiférable adj.
légiférer v. intr. | conjug. 6 |
légion n. f.
➾ Ce mot s'écrit avec une majuscule quand il désigne un régiment ou un ordre à caractère unique : *la Légion étrangère* (ou *la Légion*) ; *la Légion arabe* ; *la Légion d'honneur*. Employé comme attribut, *légion* est invariable : *les visiteurs étaient légion*.
⌘ Au sens de « grand nombre », lorsque **une légion de** suivi d'un nom est sujet, le verbe s'accorde soit avec *légion*, soit avec le complément : *une légion de visiteurs est arrivée* ou *sont arrivés*. Avec **la légion de**, le verbe s'accorde toujours avec *légion* : *la légion de visiteurs est arrivée*.
légionelle n. f.
légionellose n. f.
légionnaire n. m.
législateur, trice n. et adj.
législatif, ive adj.
➾ Avec une majuscule, **la Législative** désigne l'Assemblée législative, qui succéda à la Constituante en 1791.
législation n. f.
législativement adv.
législature n. f.
légiste n.
légitimaire adj.
HOM. forme du v. **légitimer**
légitimation n. f.
légitime adj. et n. f.
légitimement adv.
légitimer v. tr. | conjug. 1 |
légitimisme n. m.
légitimiste n. et adj.
légitimité n. f.
Lego® /lego/ n. m.
➾ Comme tous les noms déposés, ce mot doit s'écrire avec une majuscule : *jouer avec des Legos*. Toutefois, on le trouve fréquemment employé comme nom générique sans respect de la règle : *jouer avec des legos*.
HOM. **légaux** (plur. de *légal*)
legs /lɛg ; lɛ/ n. m.
HOM. **lai, laid, laie, lais, lait, laye, lei** (plur. de ²*leu*), **lez**, formes du v. **layer** ; formes du v. **léguer**
léguer v. tr. | conjug. 6 |
¹**légume** n. m. (plante)
²**légume** n. f.
Ξ Ce mot ne s'emploie que dans la locution familière **grosse légume** qui signifie « personne influente ».
¹**légumier** n. m. (jardin, vaisselle)
²**légumier, ière** n. et adj. (métier, personne)
légumine n. f.
légumineux, euse adj. et n. f.
légumiste n.
lehm /lɛm/ n. m.
HOM. **lem, lemme**
lei n. m. pl.
HOM. **lai, laid, laie, lais, lait, laye, legs, lez**, formes du v. **layer**
→ aussi **leu**
leibnizianisme /lɛbnits- ; lajbnits-/ n. m.
leibnizien, ienne /lɛbnits- ; lajbnits-/ adj. et n.
léiomyome n. m.
leiophyllum /lejofilɔm/ n. m.
leishmania ou **leishmanie** n. f.
leishmanide n. f.
leishmanie n. f.
→ **leishmania**
leishmaniose n. f.
leitmotiv /lɛtmɔtiv ; lajtmɔtif/ n. m. ▪ plur. **leitmotivs** ou plur. **leitmotive**
Ξ On peut employer le pluriel francisé *leitmotivs* ou le pluriel allemand *leitmotive*.
lek n. m.
lem n. m.
HOM. **lehm, lemme**
lemmatique adj.
lemmatisation n. f.
lemmatiser v. tr. | conjug. 1 |
lemme n. m.
HOM. **lehm, lem**
lemming /lemiŋ/ n. m.
lemnacée n. f.
lemniscate n. f.
lemnisque n. m.
lemon-grass /lemɔngʀas/ n. m. inv.
lémur n. m.
HOM. **lémure**
lémure n. m.
HOM. **lémur**
lémurien n. m.
lendemain n. m.

lendit n. m.
lendore adj. et n.
lénifiant, iante adj.
lénification n. f.
lénifier v. tr. | conjug. 7 |
léninisme n. m.
léniniste adj. et n.
lénitif, ive adj.
lénition n. f.
lent, lente adj.
lente n. f.
lentement adv.
lenteur n. f.
lenticelle n. f.
lenticellé, ée adj.
lenticulaire adj.
lenticule n. f.
lenticulé, ée adj.
lentiforme adj.
lentigineux, euse adj.
lentiginose n. f.
lentigo n. m.
lentille n. f.
lentilleux, euse adj.
lentillon n. m.
lentin n. m.
lentisque n. m.
lento /lɛnto/ adv. et n. m.
➾ Le nom a un pluriel régulier : *des lentos*.
léonais, aise adj. et n.
➾ L'adjectif s'écrit sans majuscule : *la population léonaise*. Le nom s'écrit avec une majuscule uniquement quand il désigne une personne : *les Léonais* ; *c'est une Léonaise* mais *parler le léonais*.
léonard, arde adj. et n.
➾ L'adjectif s'écrit sans majuscule : *la population léonarde*. Le nom s'écrit avec une majuscule uniquement quand il désigne une personne : *les Léonards* ; *c'est une Léonarde* mais *parler le léonard*.
léonardesque ou **léonardien, ienne** adj.
léonin, ine adj.
léontiasis /-zis/ n. m.
léontine n. f.
léontocéphale adj.
léontodon n. m.
léontopodium /-jɔm/ n. m.
léonure n. m.
léopard n. m.
Ξ Ce mot peut s'employer en apposition ; il est alors invariable : *des imprimés léopard*.
léopardé, ée adj.
L. E. P. ou **LEP** n. m.
▫ abrév. de **lycée d'enseignement professionnel**
lépadogastre ou **lepadogaster** n. m.
lépas /lepas/ n. m.
lépidodendron /-dɛ̃-/ n. m.
lépidolite ou **lépidolithe** n. m.
lépidope n. m.
lépidophylle adj.
lépidoptère n. m.
lépidoptériste n.
lépidoptérologie n. f.
lépidosaurien n. m.
lépidosirène n. m.
lépidostée ou **lépisostée** n. m.
lépiote n. f.
lépisme n. m.
lépisostée n. m.
→ **lépidostée**
léporide ou **léporidé** n. m.
lèpre n. f.
lépréchaunisme n. m.
lépreux, euse adj.
lépride n. f.
léprologie n. f.
léprologue n.
léprome n. m.
léproserie n. f.
lepta n. m. pl.
→ aussi **lepton**
lepte n. m.
leptine n. f.
leptique adj.
leptis /lɛptis/ n. f.
leptocéphale n. m.
leptocère n. m.
leptocorise n. f.
leptolide n. m.
leptolithique n. m. et adj.
leptologie n. f.
leptologique adj.
leptome n. m.
leptoméninges n. f. pl.
[1]**lepton** /lɛptɔn/ n. m. ▪ plur. **lepta** ou plur. **leptons**○ (monnaie)
Ξ On peut employer le pluriel grec *lepta* ou le pluriel francisé *leptons*.
[2]**lepton** /lɛptɔ̃/ n. m. (particule)
leptonique adj.
leptosome adj.
leptospire n. m.
leptospirose n. f.
lepture n. m.
lequel, laquelle ▪ plur. **lesquels, lesquelles** pron. rel. et interrog.
Ξ Avec la préposition *à*, *lequel*, *lesquels* et *lesquelles* se contractent en *auquel*, *auxquels* et *auxquelles*. Avec la préposition *de*, ils se contractent en *duquel*, *desquels* et *desquelles*.

Laquelle ne se contracte pas : *à laquelle* ; *de laquelle.*
→ aussi **quoi**
lerche adv.
lérot n. m.
[1]**les** art. déf. pl.
→ [1]**le**
[2]**les** pron. pers. pl.
→ [2]**le**
lès ou **les** prép.
→ **lez**
lesbianisme ou **lesbisme** n. m.
lesbien, ienne adj. et n. f.
lesbisme n. m.
→ **lesbisme**
lesdites adj. f. pl.
→ aussi **ledit, ladite**
lesdits adj. m. pl.
HOM. **lady**
→ aussi **ledit, ladite**
lèse-majesté n. f. ▪ plur. inv. ou plur. **lèse-majestés**
léser v. tr. | conjug. 6 |
lésine n. f.
lésiner v. intr. | conjug. 1 |
lésinerie n. f.
lésineur, euse adj. et n.
lésineux, euse adj.
lésion n. f.
HOM. formes du v. **léser**
lésionnaire adj.
lésionnel, elle adj.
lesquels, lesquelles pron. rel. et interrog.
→ aussi **lequel, laquelle**
lessivable adj.
lessivage n. m.
lessive n. f.
lessiver v. tr. | conjug. 1 |
[1]**lessiveur, euse** n. (personne)
[2]**lessiveur** n. m. (appareil de cuisson)
lessiveuse n. f. (appareil de lavage)
lessiviel, ielle adj.
lessivier, ière n.
HOM. formes du v. **lessiver**
lessonia ou **lessonie** n. f.
lest n. m.
HOM. **leste**, formes du v. **lester**
lestable adj.
lestage n. m.
leste adj.
HOM. **lest**, formes du v. **lester**
lestement adv.
lester v. tr. | conjug. 1 |
¬ **se lester**
➾ Aux temps composés, le participe passé ne s'accorde pas quand il est suivi d'un complément d'objet direct : *elles se sont lesté l'estomac.*
lesteur adj. et n. m.
let /lɛt/ adj. inv. et interj.
Ξ Il est officiellement recommandé de remplacer l'interjection *let !* par *filet !*
HOM. **laite, lette**
létal, ale, aux adj.
➾ Ne pas écrire *léthal.
létalité n. f.
letchi n. m.
→ **litchi**
léthargie n. f.
léthargique adj.
léthéen, enne adj.
léthéomanie n. f.
lette ou **lettique** n. m.
➾ Comme tous les noms de langues, ce mot s'écrit sans majuscule : *parler le lette* ou *le lettique.*
letton, one adj. et n.
➾ L'adjectif s'écrit sans majuscule : *la population lettonne.* Le nom s'écrit avec une majuscule uniquement quand il désigne une personne : *les Lettons ; c'est une Lettone* mais *parler le letton.*
HOM. **laiton**
lettrage n. m.
lettre n. f.
➾ Ce mot est au pluriel dans les locutions **en toutes lettres** et **papier à lettres**. Au sens de littérature, *lettres* est toujours au pluriel : *un professeur de lettres ; une femme de lettres.* La locution adjectivale **lettre morte** est invariable : *tous mes conseils sont restés lettre morte.* **Les belles-lettres** s'écrit avec un trait d'union.
lettré, ée adj.
lettrer v. tr. | conjug. 1 |
lettre-transfert n. f. ▪ plur. **lettres-transferts**
lettrine n. f.
lettrisme n. m.
lettriste n. et adj.
[1]**leu** n. m.
▸ **à la queue leu leu**
[2]**leu** n. m. ▪ plur. **lei** (monnaie)
HOM. (du plur.) **lai, laid, laie, lais, lait, laye, lez,** formes du v. **layer**
leucanie n. f.
leucémide n. f.
leucémie n. f.
leucémique adj. et n.
leucémogène adj.
leucine n. f.

leucisme n. m.
[1]**leucite** n. f. (silicate)
[2]**leucite** n. m. (plaste)
leucoblaste n. m.
leucocytaire adj.
leucocyte n. m.
leucocytogenèse n. f.
leucocytolyse ou **leucolyse** n. f.
leucocytose n. f.
leucodérivé n. m.
leucoderme n. m.
leucodermie n. f.
leucodystrophie n. f.
leucoencéphalite n. f.
leucokératose n. f.
leucolyse n. f.
→ **leucocytolyse**
leucomaïne n. f.
leucome n. m.
leuconychie /-niki/ n. f.
leucopénie n. f.
leucopénique adj. et n.
leucophlegmasie n. f.
leucoplasie n. f.
leucopoïèse n. f.
leucopoïétique adj.
leucorrhée n. f.
leucorrhéïque adj.
leucosarcome n. m.
leucose n. f.
leucotomie n. f.
leucotrichie /-tʀiki/ n. f.
leude n. m.
[1]**leur** pron. pers. inv.
HOM. **leurre**, formes du v. **leurrer**
→ aussi **lui**

[2]**leur, leurs** adj. et pron. poss.
Leur est au singulier quand il se rapporte à une seule chose ou à un seul être commun aux possesseurs : *ils ont quitté leur pays ; mon voisin et ses frères sont venus avec leur père.* Il est au pluriel quand il y a plusieurs choses ou plusieurs êtres pour chaque possesseur : *ils n'en ont pas cru leurs oreilles ; les candidats sont venus avec leurs parents.* Quand il y a une seule chose ou un seul être pour chaque possesseur, on emploie le singulier pour insister sur l'unicité et le pluriel pour insister sur la pluralité : *les étudiants pensent à leur carrière ; les soldats prennent leurs fusils.*
Ξ L'adjectif possessif est remplacé par *le, la, les* quand il détermine un nom désignant une partie du corps ou de l'esprit du sujet de la phrase : *ils se sont cassé le bras* (et non **ils se sont cassé leur bras* ni **ils ont cassé leur bras*) ; *elles ont perdu la mémoire* (et non **elles ont perdu leur mémoire*). Certaines expressions figées font exception : *ils n'ont plus toute leur tête* (et non **toute la tête*).
HOM. **leurre**, formes du v. **leurrer**

leurre n. m.
HOM. **leur**
leurrer v. tr. | conjug. 1 |
¬ **se leurrer**
Aux temps composés, le participe passé s'accorde en genre et en nombre avec le sujet : *elle s'est leurrée sur ses sentiments.*
lev n. m. ▪ plur. **leva**
HOM. **lève**, formes du v. **lever**
levade n. f.
levage n. m.
levain n. m.
levalloisien, ienne adj. et n. m.
levant, ante adj. et n. m.
Avec une majuscule, **le Levant** désigne les régions de la Méditerranée orientale : *les peuples du Levant.*
levantin, ine adj. et n.
L'adjectif s'écrit sans majuscule : *les peuples levantins.* Le nom s'écrit avec une majuscule : *les Levantins ; une Levantine.*
levantine n. f. (étoffe)
lève n. f.
HOM. **lev**, formes du v. **lever**
levé, ée adj. et n. m.
HOM. **lever**
lève-blocs ▪ plur. inv. ou **lève-bloc**○ ▪ plur. **lève-blocs**○ adj.
levée n. f.
lève-glace n. m. ▪ plur. **lève-glaces**
lève-malade n. m. ▪ plur. **lève-malades**
[1]**lever** n. m.
[2]**lever** v. tr. et v. intr. | conjug. 5 |
¬ **se lever**
Aux temps composés, le participe passé s'accorde en genre et en nombre avec le sujet : *ils se sont levés à l'aube.*
→ aussi **lièvre**
lève-tard n. inv.
lève-tôt n. inv.
leveur, euse n.
lève-vitre n. m. ▪ plur. **lève-vitres**
léviathan n. m.
levier n. m.
HOM. formes du v. **lever**
lévigation n. f.
léviger v. tr. | conjug. 3 |
lévirat n. m.
lévirostre n. m.

lévitation n. f.
[1]**lévite** n. m. (membre de la tribu de Lévi)
HOM. formes du v. **léviter**
[2]**lévite** n. f. (redingote)
HOM. formes du v. **léviter**
léviter v. intr. | conjug. 1 |
lévitique adj. et n. m.
➾ Lorsque ce mot désigne le troisième livre du Pentateuque, il prend une majuscule : *le Lévitique contient les lois des lévites.*
lévogyre adj.
levrauder v. tr. | conjug. 1 |
levraut ou **levreau** n. m.
lèvre n. f.
levreau n. m.
→ **levraut**
levreteau n. m.
levrette n. f.
levretté, ée adj.
levretter v. intr. | conjug. 1 |
lévrier n. m.
levron, onne n.
levroux n. m.
lévulose n. m.
levurage n. m.
levure n. f.
levurer v. tr. | conjug. 1 |
levurerie n. f.
levurier n. m.
lexème n. m.
lexical, ale, aux adj.
lexicalisation n. f.
lexicalisé, ée adj.
lexicaliser (se) v. pron. | conjug. 1 |
➾ Aux temps composés, le participe passé s'accorde en genre et en nombre avec le sujet : *cette locution s'est lexicalisée.*
lexicaliste adj.
lexicographe n.
lexicographie n. f.
lexicographique adj.
lexicologie n. f.
lexicologique adj.
lexicologue n.
lexicométrie n. f.
lexicométrique adj.
lexicon n. m.
lexie n. f.
lexique n. m.
lexis /lɛksis/ n. f.
lez ou **les** /lɛ ; le/ ou **lès** /lɛ/ prép.
HOM. **lai, laid, laie, lais, lait, laye, legs, lei** (plur. de [2]*leu*), formes du v. **layer** ; **lé**
lézard n. m.
lézarde n. f.
lézardeau n. m.
lézarder v. tr. et v. intr. | conjug. 1 |
¬ **se lézarder**
➾ Aux temps composés, le participe passé s'accorde en genre et en nombre avec le sujet : *les murs se sont lézardés.*
L. F. A. C. n. m.
□ abrév. de **lance-fusées antichars**
li n. m. ▪ plur. inv. ou plur. **lis**
HOM. **lie,** [2]**lis, lit,** formes des v. **lier, lire**
liage n. m.
liais n. m.
HOM. formes du v. **lier**
liaison n. f.
liaisonner v. tr. | conjug. 1 |
liane n. f.
lianescent, ente adj.
lianos○ /ljanos/ n. m. pl.
→ **llanos**
liant, liante adj. et n. m.
liard n. m.
liardeur, euse n. et adj.
lias /ljɑs/ n. m.
HOM. **liasse**
liasique ou **liassique** adj.
liasse n. f.
HOM. **lias**
liasthénie n. f.
libage n. m.
libanisation n. f.
libation n. f.
libeccio /libɛtʃjo/ n. m.
[1]**libelle** n. m. (livre, court écrit)
☯ Ce mot est masculin : *faire un libelle contre qqn.*
ϟ Ne pas confondre **libelle**, qui désigne un écrit satirique ou diffamatoire, avec **libellé**, qui désigne les termes dans lesquels un texte est rédigé.
[2]**libelle** n. f. (Sc. : bulle)
libellé n. m.
ϟ Ne pas confondre **libellé**, qui désigne les termes dans lesquels un texte est rédigé, avec **libelle**, qui désigne un écrit satirique ou diffamatoire.
libeller v. tr. | conjug. 1 |
libelliste n.
libellule n. f.
libellulidé n. m.
liber /libɛʀ/ n. m.
HOM. formes du v. **libérer**
libera /libeʀa/ ▪ plur. inv. ou **libéra**○ ▪ plur. **libéras**○ n. m.
HOM. formes du v. **libérer**
libérable adj. et n. m.
libéral, ale, aux adj. et n.
HOM. (du plur.) **libéro**
libéralement adv.
libéralisation n. f.

libéraliser v. tr. | conjug. 1 |
¬ **se libéraliser**
➾ Aux temps composés, le participe passé s'accorde en genre et en nombre avec le sujet : *l'économie s'est libéralisée.*
libéralisme n. m.
libéralité n. f.
libérateur, trice n. et adj.
libération n. f.
➾ Avec une majuscule, **la Libération** désigne l'évènement historique de 1944.
libératoire adj.
libéré, ée adj.
libérer v. tr. | conjug. 6 |
¬ **se libérer**
➾ Aux temps composés, le participe passé s'accorde en genre et en nombre avec le sujet : *elle s'est libérée de sa dette.*
[1]**libérien, ienne** adj. (du liber, tissu végétal)
[2]**libérien, ienne** adj. et n. (du Libéria)
➾ L'adjectif s'écrit sans majuscule : *la population libérienne.* Le nom s'écrit avec une majuscule : *les Libériens ; c'est une Libérienne.*
libériste n.
libéro n. m.
HOM. **libéraux** (plur. de *libéral*)
libéroligneux, euse adj.
libertaire adj. et n.
liberté n. f.
liberticide adj.
libertin, ine adj. et n.
libertinage n. m.
libertinement adv.
Liberty® n. m.
➾ Comme tous les noms déposés, ce mot doit s'écrire avec une majuscule : *des chemisiers en Liberty.* Toutefois, on le trouve fréquemment employé comme nom générique sans respect de la règle : *des chemisiers en liberty.* Ce mot a un pluriel régulier : *des Libertys fleuris.*
liberty-ship n. m. ▪ plur. **liberty-ships**
libidibi n. m.
→ **dividivi**
libidinal, ale, aux adj.
libidineux, euse adj.
libidinisation n. f.
libidinosité n. f.
libido n. f.
libouret n. m.
libraire n.
librairie n. f.
libration n. f.
libre adj.
libre arbitre n. m.
➾ Contrairement aux autres composés formés avec l'adjectif *libre,* celui-ci s'écrit sans trait d'union.
libre-échange n. m. ▪ plur. **libres-échanges**
libre-échangisme n. m. ▪ plur. **libres-échangismes**
libre-échangiste n. ▪ plur. **libres-échangistes**
librement adv.
libre pensée ▪ plur. **libres pensées** ou **libre-pensée** ▪ plur. **libres-pensées** n. f.
libre penseur, euse ▪ plur. **libres penseurs** ou **libre-penseur, euse** ▪ plur. **libres-penseurs** adj. et n.
libre-service n. m. ▪ plur. **libres-services**
librettiste n.
libretto n. m.
➾ Ce mot a un pluriel régulier : *des librettos.*
liburne n. f.
libyque adj. et n. m.
➾ Comme tous les noms de langues, ce mot s'écrit sans majuscule : *ils parlaient le libyque.*
[1]**lice** n. f. (chienne, palissade, compétition)
▸ **entrer en lice**
▸ **rester en lice**
HOM. **lis, lisse,** formes du v. **lisser**
[2]**lice** ou **lisse** n. f. (métier à tisser)
➾ Les locutions **de haute lice** ou **lisse** et **de basse lice** ou **lisse** s'écrivent sans trait d'union et sont invariables : *des tapisseries de haute lice.*
HOM. **lis,** formes du v. **lisser**
licéité n. f.
licence n. f.
licenciable adj. et n.
licencié, iée n.
licenciement n. m.
➾ Ne pas oublier le *e* muet.
licencier v. tr. | conjug. 7 |
licencieur n. m.
licencieusement adv.
licencieux, ieuse adj.
lichade n. f.
liche n. f.
lichée n. f.
lichen /likɛn/ n. m.
lichéneux, euse /lik-/ adj.
lichénique /lik-/ adj.
lichénoïde ou **lichéniforme** /lik-/ adj.
licher v. tr. | conjug. 1 |
lichette n. f.
licheur, euse n. et adj.
lichouserie n. f.
lichoux, ouse adj. et n.
licier ou **lissier** n. m.
HOM. formes du v. **lisser**
licitation n. f.
licitatoire adj.
licite adj.
licitement adv.

liciter v. tr. | conjug. 1 |
licol ou **licou** n. m.
licorne n. f.
licteur n. m.
lidar n. m.
◻ abrév. de **light detecting and ranging**
lido n. m.
Ξ Avec une majuscule et sans complément, **le Lido** désigne celui de Venise.
lidocaïne n. f.
lie n. f. et adj.
HOM. **li, ²lis, lit**, formes des v. **lier, lire**
lié, liée adj.
lied /lid/ n. m. ▪ plur. **lieds** ou plur. **lieder** /lidœʀ ; lidɛʀ/
Ξ On peut employer le pluriel francisé *lieds* ou le pluriel allemand *lieder*.
HOM. (du plur.) **leader**
lie de vin ou **lie-de-vin** adj. inv.
liège n. m.
liégé, ée adj.
liégeois, oise adj. et n.
➾ L'adjectif s'écrit sans majuscule : *la population liégeoise ; un café liégeois*. Le nom s'écrit avec une majuscule uniquement quand il désigne une personne : *les Liégeois ; c'est une Liégeoise*.
liéger v. tr. | conjug. 3 _et_ 6 |
liégeur, euse n.
liégeux, euse adj.
liement n. m.
lien n. m.
lientérie ou **lienterie** /ljɑ̃-/ n. f.
lientérique /ljɑ̃-/ adj.
lier v. tr. | conjug. 7 |
¬ **se lier**
➾ Aux temps composés, le participe passé s'accorde en genre et en nombre avec le sujet : *ils se sont liés d'amitié*.
lierne n. f.
lierre n. m.
HOM. forme du v. **lier**
liesse n. f.

¹lieu n. m. (endroit)
▸ **au lieu de** (+ n.) *employer un mot au lieu d'un autre*
▸ **au lieu de** (+ inf.) *aide-nous au lieu de nous regarder !*
Ξ La locution **au lieu que** s'emploie couramment avec le subjonctif, pour opposer une action non accomplie à une action accomplie : *au lieu que la nouvelle le réjouisse, elle l'a attristé*. Elle s'est également employée avec l'indicatif ou le conditionnel au sens de « tandis que, alors que » : *au lieu que l'un travaille, l'autre s'amuse ; au lieu qu'il pourrait nous aider, il préfère s'amuser*. Cet emploi est vieilli.
➾ Contrairement à son homonyme, ce nom s'écrit avec un *x* au pluriel : *des lieux inquiétants*. Ne pas écrire ce nom masculin comme le nom féminin *lieue*, que l'on trouve notamment dans les expressions **à cent lieues** et **à mille lieues**. On peut écrire indifféremment **en tout lieu** ou **en tous lieux**. Il est toujours au singulier dans **avoir lieu** ; **donner lieu** ; **en lieu et place** ; **en temps et lieu** et **il y a lieu**. **Lieu commun** s'écrit sans trait d'union. Avec une minuscule, **lieu saint** désigne un édifice religieux (église, temple, etc.). Au pluriel et avec une majuscule, **Lieux saints** désigne dans l'absolu les sanctuaires qui se rattachent au souvenir de Jésus, en Palestine.
HOM. **lieue**

²lieu n. m. (poisson)
➾ Contrairement à son homonyme, ce nom s'écrit avec un *s* au pluriel : *pêcher des lieus*.
HOM. **lieue**
lieudit ▪ plur. **lieudits** ou **lieu-dit** ▪ plur. **lieux-dits** n. m.
lieue n. f.
➾ Ne pas écrire ce nom féminin comme le nom masculin *lieu*, notamment dans les expressions **à cent lieues** et **à mille lieues**.
HOM. **lieu**
lieur, lieuse n. (personne)
lieuse n. f. et adj. f. (machine)
lieutenance n. f.
lieutenant, ante n.
lieutenant-colonel, lieutenante-colonelle n. ▪ plur. **lieutenants-colonels, lieutenantes-colonelles**
lièvre n. m.
Ξ Certains puristes critiquent l'emploi de l'expression **soulever un lièvre**, déformation de **lever un lièvre**. Toutefois, l'analogie avec l'expression **soulever une question** l'a imposée dans l'usage et les deux formes sont aujourd'hui admises.
liévreteau n. m.
lift n. m.
HOM. formes du v. **lifter**
lifter v. tr. | conjug. 1 |
liftier, ière n.
HOM. formes du v. **lifter**
lifting /liftiŋ/ n. m.
◻ rec. off. : **lissage**
ligament n. m.
ligamentaire adj.
ligamenteux, euse adj.
ligand n. m.
HOM. **liguant** (p. prés. de *liguer*)
ligase n. f.
ligature n. f.

ligaturer v. tr. | conjug. 1 |
lige adj.
➾ **Homme lige** s'écrit sans trait d'union.
ligérien, ienne adj.
light /lajt/ adj. ▪ plur. inv. ou plur. **lights**○
ligie n. f.
lignage n. m.
lignager, ère adj.
lignard n. m.
ligne n. f.
➾ Ce mot est au singulier dans la locution **hors ligne** : *des parcours hors ligne*. Avec une majuscule et sans complément, **la Ligne** désigne l'équateur : *passer la Ligne*.
ligne-bloc n. f. ▪ plur. **lignes-blocs**
lignée n. f.
ligner v. tr. | conjug. 1 |
lignerolle ou **lignerole**○ n. f.
lignette n. f.
ligneul n. m.
ligneur n. m.
ligneux, euse adj.
lignicole adj.
lignification n. f.
lignifier (se) v. pron. | conjug. 7 |
➾ Aux temps composés, le participe passé s'accorde en genre et en nombre avec le sujet : *la tige s'est lignifiée*.
lignine n. f.
lignite n. m.
☯ Ce mot est masculin : *du lignite*.
ligniteux, euse adj.
lignocaïne n. f.
lignocellulose n. f.
lignomètre n. m.
ligot n. m.
ligotage n. m.
ligoter v. tr. | conjug. 1 |
ligroïne n. f.
ligue n. f.
➾ Ce mot s'écrit avec une majuscule dans **la Sainte Ligue** (ou **la Ligue**) et dans les noms d'organisations à caractère unique : *la Ligue des droits de l'homme ; la Ligue arabe ; la Ligue communiste révolutionnaire*.
liguer v. tr. | conjug. 1 |
¬ **se liguer**
➾ Aux temps composés, le participe passé s'accorde en genre et en nombre avec le sujet : *elles se sont liguées contre lui*.
ligueur, euse n.
ligule n. f.
ligulé, ée adj.
liguliflore n. f.
liguliforme adj.
liguline n. f.
ligure adj. et n.
➾ L'adjectif s'écrit sans majuscule : *le peuple ligure*. Le nom s'écrit avec une majuscule uniquement quand il désigne une personne : *les Ligures ; une Ligure* mais *ils parlaient le ligure*.
ligurien, ienne adj. et n.
➾ L'adjectif s'écrit sans majuscule : *la population ligurienne ; la République ligurienne*. Le nom s'écrit avec une majuscule uniquement quand il désigne une personne : *les Liguriens ; c'est une Ligurienne* mais *parler le ligurien*.
lilas n. m.
Ξ Ce mot peut s'employer seul comme adjectif de couleur ou derrière un adjectif de couleur pour en préciser la nuance ; ces adjectifs sont alors invariables : *des chemises bleu lilas ; des jupes lilas*.
liliacé, ée adj.
liliacée n. f.
lilial, iale, iaux adj.
liliale n. f.
lilium /-jɔm/ n. m.
lilliputien, ienne /-pysjɛ̃/ adj. et n.
➾ Au sens figuré, le nom s'écrit sans majuscule, contrairement au nom qui désigne les personnages imaginaires : *Gulliver et les Lilliputiens* mais *son mari est un lilliputien*.
limace n. f.
limaçon n. m.
limaçonnière n. f.
limage n. m.
limaille n. f.
liman n. m.
HOM. **limant** (p. prés. de *limer*)
limande n. f.
limander v. tr. | conjug. 1 |
limande-sole n. f. ▪ plur. **limandes-soles**
limba /limba/ n. m.
limbaire adj.
limbe n. m.
⚡ Ne pas confondre **limbe**, qui désigne notamment le bord extérieur du disque d'un astre, avec **nimbe**, qui désigne un disque lumineux dans les représentations religieuses.
limbes n. m. pl.
limbique adj.
[1]**lime** n. f. (outil, mollusque)
[2]**lime** n. f. ou m. (fruit)
limer v. tr. | conjug. 1 |
¬ **se limer**
➾ Aux temps composés, le participe passé ne s'accorde pas quand il est suivi d'un complément d'objet direct : *elle s'est limé les ongles*. Il ne s'accorde avec le complément d'objet direct que lorsque celui-ci est placé avant le verbe : *elle se les est limés*.
limerick n. m.
limes ou **limès**○ /-ɛs/ n. m.

limette n. f.
limettier n. m.
limeur, euse n. et adj.
limicole adj.
limier n. m.
☯ Ce mot n'a pas de forme féminine mais peut s'employer pour parler d'une femme : *l'inspectrice est un fin limier.*
HOM. formes du v. **limer**
liminaire adj.
↯ Ne pas confondre **liminaire**, qui signifie « placé en tête, au début (d'un texte) », avec l'adjectif **préliminaire**, qui signifie « qui précède, prépare (une chose plus importante) ».
liminal, ale, aux adj.
limitable adj.
limitant, ante adj.
limitatif, ive adj.
limitation n. f.
limitativement adv.
limite n. f.
➾ Ce mot est au pluriel dans la locution **sans limites** : *une ambition sans limites.*
Ξ *Limite* peut s'employer en apposition ; il prend la marque du pluriel : *des cas limites ; des dates limites ; des vitesses limites.*
limité, ée adj.
limiter v. tr. | conjug. 1 |
¬ **se limiter**
➾ Aux temps composés, le participe passé s'accorde en genre et en nombre avec le sujet : *elles se sont limitées à l'essentiel.*
limiteur n. m.
limitrophe adj.
limivore ou **limnivore** adj. et n.
limnée n. f.
limnétique adj.
limnigraphe n. m.
limnimètre n. m.
limnimétrie n. f.
limnique adj.
limnivore adj. et n.
→ **limivore**
limnobiologie n. f.
limnobiologique adj.
limnobios /-bjɔs/ n. m.
limnologie n. f.
limnoplancton n. m.
limogeage n. m.
limoger v. tr. | conjug. 3 |
limon n. m.
HOM. formes du v. **limer**
limonade n. f.
limonadier, ière n.
limonage n. m.
limonaire n. m.
➾ Employé comme nom commun, ce mot s'écrit sans majuscule : *des limonaires.* Mais il est invariable et s'écrit avec une majuscule dans **orgue Limonaire** car il s'agit d'un nom propre : *des orgues Limonaire.*
HOM. forme du v. **limoner**
limonène n. m.
limoner v. tr. | conjug. 1 |
limonette n. f.
limoneux, euse adj.
limonier n. m.
HOM. forme du v. **limoner**
limonière n. f.
limonite n. f.
limoselle n. f.
limousin, ine adj. et n.
➾ L'adjectif s'écrit sans majuscule : *la population limousine.* Le nom s'écrit avec une majuscule uniquement quand il désigne une personne : *les Limousins ; c'est une Limousine* mais *parler le limousin.*
limousinage n. m.
limousine n. f. (voiture, pèlerine)
limousiner v. tr. | conjug. 1 |
limpide adj.
limpidement adv.
limpidité n. f.
limule n. m. ou f.
limure n. f.
lin n. m.
Ξ Ce mot peut s'employer seul comme adjectif de couleur ou derrière un adjectif de couleur pour en préciser la nuance ; ces adjectifs sont alors invariables : *des vestes gris lin ; des robes gris de lin ; des teintes lin.*
linacé, ée adj.
linacée ou **linée** n. f.
linaigrette n. f.
linaire n. f.
linalol n. m.
linceul n. m.
➾ Ne pas employer **linceuil*, qui n'existe pas.
linçoir ou **linsoir** n. m.
lindane n. m.
lindor n. m.
linéaire adj. et n. m.
linéairement adv.
linéal, ale, aux adj.
linéament n. m.
linéamentaire adj.
linéamenter v. tr. | conjug. 1 |
linéarisation n. f.
linéarité n. f.
linéature n. f.
linée n. f.
→ **linacée**

linéique adj.
liner ou **lineur**° /lajnœʀ/ n. m.
◻ rec. off. : **avion de ligne**
linette n. f.
lingam /lɛ̃gam/ ou **linga** n. m.
linge n. m.
lingé, ée adj.
linger, ère n.
lingère n. f.
lingerie n. f.
lingette n. f.
lingot n. m.
lingotage n. m.
lingoter v. tr. | conjug. 1 |
lingotier n. m.
lingotière n. f.
lingua franca /lingwa-/ n. f.
lingual, ale, aux /lɛ̃gwal, o/ adj.
linguatule n. f.
[1]**lingue** n. f. (poisson)
[2]**lingue** n. m. (couteau)
linguet n. m.
linguette n. f.
linguiforme adj.
linguiste n.
linguistique n. f. et adj.
linguistiquement adv.
lingule n. f.
liniculture n. f.
linier, ière adj.
linière n. f.
liniment n. m.
linkage /liŋkaʒ/ n. m.
links /liŋks/ n. m. pl.
linnéen, enne adj.
linnéon n. m.
[1]**lino** n. m.
◻ abrév. de **linoléum**
[2]**lino** n. f.
◻ abrév. de **linotype** ou abrév. de **linotypie**
[3]**lino** n.
◻ abrév. de **linotypiste**
linographie n. f.
linogravure n. f.
linoléate n. m.
linoléine n. f.
linoléique adj.
linolénique adj.
linoléum /-ɔm/ n. m.
linon n. m.
linotte n. f.
➾ Ce mot est toujours au singulier dans la locution **tête de linotte** : *des têtes de linotte.*
Linotype® n. f.
➾ Comme tous les noms déposés, ce mot doit s'écrire avec une majuscule : *composer un texte avec une Linotype.* Toutefois, on le trouve fréquemment employé comme nom générique sans respect de la règle : *composer un texte avec une linotype.*
linotypie n. f.
linotypiste n.
linsang /lɛ̃sɑ̃g ; linsɑ̃ŋ/ n. m.
linsoir n. m.
→ **linçoir**
linteau n. m.
linter /lintɛʀ/ n. m.
lion n. m.
➾ Quand il désigne la constellation ou le signe du zodiaque, ce mot est invariable et s'écrit avec une majuscule : *il est (du signe) du Lion ; elles sont Lion.*
HOM. formes du v. **lier**
lionceau n. m.
lionne n. f.
lioube n. f.
liparidé n. m.
liparis /-ʀis/ n. m.
lipase n. f.
lipémie ou **lipidémie** n. f.
lipide n. m.
lipidémie n. f.
→ **lipémie**
lipidique adj.
lipidité n. f.
lipidoconverseur n. m.
lipiodiagnostic ou **lipiododiagnostic** n. m.
lipiodol n. m.
lipizzan /-dzɑ̃/ adj. et n. m.
lipoarthrite n. f.
lipoaspiration n. f.
lipochrome /-k-/ n. m.
lipodystrophie n. f.
lipogenèse n. f.
lipogrammatie n. f.
lipogrammatique adj.
lipogramme n. m.
lipoïde adj. et n. m.
lipoïdique adj.
lipojet n. m.
lipolyse n. f.
lipolytique adj.
lipomateux, euse adj.
lipomatose n. f.
lipome n. m.
lipopexie n. f.
lipophile adj.
lipophore n. m.
lipophorèse n. f.
lipoprotéine n. f.
lipoprotéique adj.
liposarcome n. m.
liposoluble adj.
liposome n. m.

lipostatique adj.
lipostructure n. f.
liposuccion /liposy(k)sjɔ̃/ n. f.
liposucer v. tr. | conjug. 3 |
lipothymie n. f.
lipotrope adj.
lipotropie n. f.
lipovaccin /-vaksɛ̃/ n. m.
lippe n. f.
lippée n. f.
lippitude n. f.
lippu, ue adj.
liquation n. f.
liquéfacteur n. m.
liquéfaction n. f.
liquéfiable adj.
liquéfiant, iante adj.
liquéfier v. tr. | conjug. 7 |
¬ **se liquéfier**
➾ Aux temps composés, le participe passé s'accorde en genre et en nombre avec le sujet : *la glace s'est liquéfiée au soleil.*
liquette n. f.
liqueur n. f.
➾ Ne pas écrire **liqueure.*
liquidable adj.
liquidambar n. m.
liquidateur, trice n.
liquidatif, ive adj.
liquidation n. f.
liquide adj. et n. m.
liquidement adv.
liquider v. tr. | conjug. 1 |
liquidien, ienne adj.
liquidité n. f.
liquidus /-ys/ n. m.
liquor /likwɔʀ/ n. m.
liquoreux, euse adj.
liquoriste n.
[1]**lire** n. f.
HOM. **lyre**
[2]**lire** v. tr. | conjug. 43 |
Ξ On dit **lire qqch. sur une affiche** mais **lire qqch. dans un livre, dans une lettre, dans un journal**.
HOM. **lyre**
lirette n. f.
[1]**lis** ou **lys** /lis/ n. m. (plante)
Ξ De nos jours, la graphie *lis* est plus courante.
HOM. **lice, lisse**, formes du v. **lisser**
[2]**lis** /li/ n. m. (bord)
HOM. **li, lie, lit**, formes des v. **lier, lire**
lisage n. m.
lisant, ante n.
lise n. f.
HOM. **lyse**, formes des v. **lire, lyser**
liserage ou **lisérage** n. m.
liseré ou **liséré** n. m.
liserer ou **lisérer** v. tr. | conjug. 5 ou 6 |
liseron n. m.
HOM. formes des v. **lyser, liserer**
liset n. m.
HOM. formes des v. **lire, lyser**
lisette n. f.
liseur, euse n. (personne)
liseuse n. f. (lampe, couvre-lit)
lisibilité n. f.
lisible adj.
lisiblement adv.
lisier n. m.
HOM. formes des v. **lire, lyser**
lisière n. f.
lisoir n. m.
lisp n. m.
□ abrév. de **list processing**
lissage n. m.
□ rec. off. pour **lifting**
lissant, ante adj.
[1]**lisse** adj.
HOM. **lice**, [1]**lis**
[2]**lisse** n. f. (outil, pièce)
HOM. **lice**, [1]**lis**
[3]**lisse** n. f. (métier à tisser)
→ [2]**lice**
lissé, ée adj. et n. m.
HOM. **lycée**
lisser v. tr. | conjug. 1 |
HOM. **lycée**
lissette n. f.
lisseur, euse n.
lissier n. m.
→ **licier**
lissoir n. m.
lissotriche adj.
listage n. m.
□ rec. off. pour **listing**
liste n. f.
listel n. m.
lister v. tr. | conjug. 1 |
listéria ou **listeria** n. f.
listériose n. f.
listing /listiŋ/ n. m.
□ rec. off. : **listage**
liston n. m.
HOM. formes du v. **lister**
lit n. m.
HOM. **li, lie**, [2]**lis**, formes des v. **lier, lire**
litage n. m.
litanie n. f.
litanique adj.
lit-cage n. m. ▪ plur. **lits-cages**
litchi ou **letchi** n. m.
lité, ée adj.

liteau n. m.
HOM. **litho**
liteaunage n. m.
litée n. f.
liter v. tr. | conjug. 1 |
literie n. f.
litham ou **litsam** /-am/ n. m.
litharge n. f.
lithargé, ée ou **lithargiré, ée** adj.
lithectomie n. f.
lithémie n. f.
lithergol n. m.
lithiase n. f.
lithiasique adj. et n.
lithine n. f.
lithiné, ée adj.
lithinifère adj.
lithique adj.
HOM. **lytique**
lithium /-jɔm/ n. m.
litho n. f.
▫ abrév. de **lithographie**
HOM. **liteau**
lithobie n. m.
lithochromie /-k-/ n. f.
lithochromique /-k-/ adj.
lithochromiser /-k-/ v. tr. | conjug. 1 |
lithoclase n. f.
lithodome n. m.
lithogène adj.
lithogenèse n. f.
lithographe n.
lithographie n. f.
lithographier v. tr. | conjug. 7 |
lithographique adj.
lithoïde adj.
lithologie n. f.
lithologique adj.
lithologiste ou **lithologue** n.
litholyse n. f.
lithophage adj. et n. m.
lithophanie n. f.
lithophyte n. m.
lithopone n. m.
lithosol /-s-/ n. m.
lithosphère n. f.
lithosphérique adj.
lithothamnium /-jɔm/ n. m.
lithothérapie n. f.
lithotome n. m.
lithotomie n. f.
lithotripteur ou **lithotriteur** n. m.
lithotritie /-tʀisi/ n. f.
lithotypographie n. f.
lithotypographier v. tr. | conjug. 7 |
lithotypographique adj.
lithuanien, ienne adj. et n.
→ **lituanien**
liticonsorts n. m. pl.
litière n. f.
litigant, ante adj.
litige n. m.
litigieux, ieuse adj.
litisdécisoire adj.
litispendance n. f.
litorne n. f.
litote n. f.
litotique adj.
litrage n. m.
[1]**litre** n. f. (ornement)
[2]**litre** n. m. (unité de mesure)
litrer v. tr. | conjug. 1 |
litron n. m.
HOM. forme du v. **litrer**
litsam n. m.
→ **litham**
littéraire adj. et n.
littérairement adv.
littéral, ale, aux adj.
littéralement adv.
littéralisme n. m.
littéralité n. f.
littérarité n. f.
littérateur, trice n.
littératie /-si/ n. f.
littérature n. f.
littérisme n. m.
littoral, ale, aux adj. et n. m.
littorine n. f.
littorinidé n. m.
lituanien, ienne ou **lithuanien, ienne** adj. et n.
➾ L'adjectif s'écrit sans majuscule : *la population lituanienne*. Le nom s'écrit avec une majuscule uniquement quand il désigne une personne : *les Lituaniens* ; *c'est une Lituanienne* mais *parler le lituanien*.
liturge n. m.
liturgie n. f.
➾ Ne pas écrire **lithurgie* : ce mot et ses dérivés n'ont pas de *h*.
liturgique adj.
liturgiquement adv.
liturgiste n.
lituus /lityys/ n. m.
liure n. f.
livarde n. f.
livarot n. m.
live /lajv/ adj. ▪ plur. inv. ou plur. **lives**○
livèche n. f.
livédo ▪ plur. **livédos** ou **livedo** ▪ plur. **livedos** ou plur. inv. n. m. ou f.
livet n. m.

livide adj.
lividement adv.
lividité n. f.
livie n. f.
living /liviŋ/ n. m.
¤ abrév. de **living-room**
living-room /liviŋʀum/ n. m. ▪ plur. **living-rooms**
¤ rec. off. : **salle de séjour**
livrable adj.
livraison n. f.
[1]**livre** n. m. (ouvrage)
[2]**livre** n. f. (monnaie)
livre-cassette n. m. ▪ plur. **livres-cassettes**
livrée n. f.
livre-horaire n. m. ▪ plur. **livres-horaires**
livre-objet n. m. ▪ plur. **livres-objets**
livrer v. tr. | conjug. 1 |
¬ **se livrer**
➾ Aux temps composés, le participe passé s'accorde en genre et en nombre avec le sujet : *les coupables se sont livrés à la police.*
livresque adj.
livret n. m.
HOM. formes du v. **livrer**
livreur, euse n.
lixiviant n. m.
lixiviation n. f.
llanos ou **lianos**○ /ljanos/ n. m. pl.
lloyd /lɔjd/ n. m.
loader ou **loadeur**○ /lodœʀ/ n. m.
¤ rec. off. : **chargeuse**
loase n. f.
lob n. m.
HOM. **lobe**
lobaire adj.
HOM. forme du v. **lober**
lobby n. m. ▪ plur. **lobbys** ou plur. **lobbies**
☰ On peut employer le pluriel francisé *lobbys* ou le pluriel anglais *lobbies*.
lobbying /lɔbiiŋ/ n. m.
lobbyiste n.
lobe n. m.
HOM. **lob**, formes du v. **lober**
lobé, ée adj.
lobectomie n. f.
lobectomique adj.
lobéliacée n. f.
lobélie n. f.
lobéline n. f.
lober v. intr. et v. tr. | conjug. 1 |
lobite n. f.
lobotomie n. f.
lobotomiser v. tr. | conjug. 1 |
lobulaire adj.
lobule n. m.
lobulé, ée adj.
lobuleux, euse adj.
local, ale, aux adj. et n. m.
localement adv.
localier n. m.
localisable adj.
localisateur, trice adj. et n. m.
localisation n. f.
localisé, ée adj.
localiser v. tr. | conjug. 1 |
¬ **se localiser**
➾ Aux temps composés, le participe passé s'accorde en genre et en nombre avec le sujet : *les conflits se sont localisés.*
localisme n. m.
localité n. f.
locanda n. f.
locataire n.
locateur, trice n.
locatif, ive adj. et n. m.
location n. f.
location-gérance n. f. ▪ plur. **locations-gérances**
location-vente n. f. ▪ plur. **locations-ventes**
locatis /-ti/ n. m.
locature n. f.
locdu, ue adj.
→ **loquedu**
[1]**loch** /lɔk/ n. m. (appareil de mesure)
HOM. **looch, loque**
[2]**loch** /lɔk ; lɔx/ n. m. (lac)
HOM. **looch, loque**
[1]**loche** n. f. (animal)
[2]**loche** n. m. (chauffeur de taxi)
locher v. tr. | conjug. 1 |
lochies n. f. pl.
lockisme n. m.
lockout ▪ plur. **lockouts** ou **lock-out** ▪ plur. inv. /lɔkaut/ n. m.
lockouter ou **lock-outer** /lɔkaute/ v. tr. | conjug. 1 |
loco n. f.
¤ abrév. de **locomotive**
loco citato loc. adv.
locomobile adj. et n. f.
locomoteur, trice adj. et n. m.
locomotif, ive adj.
locomotion n. f.
locomotive n. f.
locomotrice n. f.
locorégional, ale, aux adj.
locotracteur n. m.
locrien, ienne adj. et n. m.
loculaire adj.
locule n. m.
loculé, ée adj.
loculeux, euse adj.

loculus /-ys/ n. m. ▪ plur. **loculi** ou plur. **loculus**○
locus /lɔkys/ n. m. ▪ plur. **locus** ou plur. **loci** /lɔki ; lɔsi/
Ξ On peut employer le pluriel francisé *locus* ou le pluriel latin *loci*.
locuste n. f.
locustelle n. f.
locuteur, trice n.
locutif, ive adj.
locution n. f.
loden /lɔdɛn/ n. m.
lodge n. m.
lods /lo/ n. m. pl.
HOM. **lot**
lœss /løs/ n. m.
lof n. m.
HOM. **loffe**, formes du v. **lofer**
lofer v. intr. | conjug. 1 |
loffe adj.
HOM. **lof**, formes du v. **lofer**
loft n. m.
log n. m.
▫ abrév. de **logarithme**
HOM. formes du v. **loguer (se)**
loganiacée n. f.
logarithme n. m.
➾ Ne pas écrire **logarythme*.
logarithmique adj.
logatome n. m.
loge n. f.
logeabilité n. f.
logeable adj.
logement n. m.
loger v. intr. et v. tr. | conjug. 3 |
¬ **se loger**
➾ Aux temps composés, le participe passé s'accorde en genre et en nombre avec le sujet : *la balle s'est logée dans le mur*.
logette n. f.
logeur, euse n.
loggia /lɔdʒja/ n. f.
logiciel, ielle n. m. et adj.
▫ rec. off. pour **software**
logicien, ienne n.
logicisme n. m.
logiciste n. et adj.
logicomathématique adj.
logicopositivisme n. m.
logicosémantique adj.
logique adj. et n. f.
logiquement adv.
logis n. m.
logiste n.
logisticien, ienne n.
logistique n. f. et adj.
logithèque n. f.
logo n. m.
logocentrisme n. m.
logogramme n. m.
logographe n. m.
logographie n. f.
logographique adj.
logogriphe n. m.
logogriphique adj.
logomachie n. f.
logomachique adj.
logopathie n. f.
logopède n.
logopédie n. f.
logopédique adj.
logopédiste n.
logorrhée n. f.
logorrhéique adj. et n.
logos /lɔgos/ n. m.
logosphère n. f.
logotype n. m.
loguer (se) v. pron. | conjug. 1 |
➾ Aux temps composés, le participe passé s'accorde en genre et en nombre avec le sujet : *elle s'est loguée pour accéder à l'intranet*.
loi n. f.
➾ Avec une majuscule et sans complément, **la Loi** désigne la loi de Moïse : *les Tables de la Loi* ; *les docteurs de la Loi*. Dans les autres cas, ce mot s'écrit sans majuscule : *la loi Veil* ; *au nom de la loi*.
loi-cadre n. f. ▪ plur. **lois-cadres**
loin adv. et n. m.
▸ **au loin** *il est parti au loin*
▸ **de loin** *certains visiteurs sont venus de loin ; c'est de loin son meilleur roman*
▸ **de loin en loin** *des repères placés de loin en loin*
▸ **il y a loin** *il y a loin de l'aéroport à la ville ; de là à dire qu'il est coupable, il n'y a pas loin*
▸ **loin de** (+ n.) *ils travaillent loin de chez eux ; être loin du but*
▸ **loin de** (+ inf.) *j'étais loin de m'imaginer sa réaction*
▸ **pas loin de** *il n'est pas loin de minuit*
Ξ Les locutions **d'aussi loin que** et **du plus loin que** s'emploient avec l'indicatif au sens spatial et avec le subjonctif au sens temporel : *d'aussi loin qu'il m'a aperçu ; du plus loin que je m'en souvienne*.
lointain, aine adj. et n. m.
Ξ On peut dire **au loin** et **dans le lointain** mais ***au lointain** est incorrect.
lointainement adv.
loi-programme n. f. ▪ plur. **lois-programmes**
loir n. m.
➾ Ne pas écrire **loire*.
loirot n. m.
loisible adj.

loisiblement adv.
loisir n. m.
▸ **à loisir** *dormir à loisir*
lolita n. f.
lollard n. m.
lolo n. m.
lombago n. m.
→ **lumbago**
lombaire adj.
lombalgie n. f.
lombalgique adj. et n.
lombard, arde adj. et n.
➾ L'adjectif s'écrit sans majuscule : *la population lombarde*. Le nom s'écrit avec une majuscule uniquement quand il désigne une personne : *les Lombards ; c'est une Lombarde* mais *parler le lombard*.
lombarthrose n. f.
lombes n. m. pl.
lombosacré, ée adj.
lombosciatique n. f.
lombostat n. m.
lombotomie n. f.
lombric n. m.
lombrical, ale, aux adj.
lombricidé n. m.
lombricoïde adj.
lombriculture n. f.
lompe n. m.
→ **lump**
londrès /-dʀɛs/ n. m.
londrin ou **londre** n. m.
lône n. f.
[1]**long, longue** adj.
♪ Le masculin se prononce /lɔ̃g/ devant une voyelle ou un *h* muet *(un long automne, un long habitacle)*.
[2]**long** n. m. et adv.
☰ On peut dire indifféremment *trois mètres de longueur* ou *trois mètres de long*.
longane n. m.
longanier n. m.
longanime adj.
longanimement adv.
longanimité n. f.
long-courrier adj. ▪ plur. inv. ou plur. **longs-courriers**
long drink /lɔ̃gdʀink/ n. m. ▪ plur. **long drinks**
longe n. f.
longé, ée adj.
longer v. tr. | conjug. 3 |
longère n. f.
HOM. forme du v. **longer**
longeron n. m.
longévité n. f.
longibande adj. et n.
longicaule adj.
longicorne adj. et n. m.
longiface adj.
longiforme adj.
longiligne adj.
longimétrie n. f.
longipenne adj. et n.
longirostre adj.
longis /lɔ̃ʒis/ n. m.
longistyle adj.
longitude n. f.
longitudinal, ale, aux adj.
longitudinalement adv.
long-jointé, ée adj. ▪ plur. **long-jointés, ées**
longotte n. f.
longrine n. f.
longtemps /lɔ̃tɑ̃/ n. m. et adv.
longue n. f.
longuement adv.
longuet, ette adj. et n. m.
longueur n. f.
☰ On peut dire indifféremment *trois mètres de longueur* ou *trois mètres de long*.
longue-vue n. f. ▪ plur. **longues-vues**
looch /lɔk/ n. m.
HOM. **loch, loque**
loofa /lufa/ n. m.
→ **luffa**
look /luk/ n. m.
looké, ée /luke/ adj.
looker /luke/ v. tr. | conjug. 1 |
lookeuse /lukøz/ n. f.
looping /lupiŋ/ n. m.
◻ rec. off. : **boucle**
looser /luzœʀ/ n. m.
→ **loser**
lopaille n. f.
lope n. f.
lopette n. f.
lophobranche n. m.
lophodonte adj.
lophophore n. m.
lophophorien, ienne adj. et n. m.
lopin n. m.
loquace adj.
loquacement adv.
loquacité n. f.
loque n. f.
➾ Ce mot est au pluriel dans la locution **en loques** : *ce manteau tombe en loques*.
HOM. **loch, looch**
loquedu, ue ou **locdu, ue** adj.
loquèle n. f.
loquet n. m.
loqueteau n. m.
loqueteux, euse adj.
loqueux, euse adj.

loran n. m.
□ abrév. de **long range aid to navigation**
loranthacée n. f.
loranthe ou **lorantus** n. f.
lord /lɔʀ(d)/ n. m.
➾ Comme tous les titres honorifiques, ce mot s'écrit avec une minuscule : *j'ai rencontré lord Hamilton ; la Chambre des lords*.
HOM. **laure, lors**
lord-maire n. m. ▪ plur. **lords-maires**
lordose n. f.
lordosique adj.
loré, ée adj.
lorette n. f.
lorgnade n. f.
lorgnement n. m.
lorgner v. tr. | conjug. 1 |
lorgnerie n. f.
lorgnette n. f.
lorgneur, euse n.
lorgnon n. m.
HOM. formes du v. **lorgner**
lori n. m.
HOM. **loris, lorry**
loricaire n. m.
loriot n. m.
lorique n. f.
loriqué, ée adj.
loriquet n. m.
loris /lɔʀi/ n. m.
HOM. **lori, lorry**
lorisidé n. m.
lormier, ière adj. et n.
lorrain, aine adj. et n.
➾ L'adjectif s'écrit sans majuscule : *la population lorraine ; une quiche lorraine*. Le nom s'écrit avec une majuscule uniquement quand il désigne une personne : *les Lorrains ; c'est une Lorraine* mais *parler le lorrain*.
lorry n. m. ▪ plur. **lorrys** ou plur. **lorries**
Ξ On peut employer le pluriel francisé *lorrys* ou le pluriel anglais *lorries*.
HOM. **lori, loris**
lors adv.
HOM. **laure, lord**
lorsque conj.
Ξ Le *e* de *lorsque* ne s'élide que devant *un, une, il, elle* et *on* : *lorsqu'il arriva ; lorsqu'une tempête éclata*. L'élision devant *en* est aujourd'hui admise : *lorsqu'en 1914 la guerre éclata*. À l'écrit comme à l'oral, on rencontre souvent l'élision devant d'autres mots commençant par une voyelle : *lorsqu'enfin ; lorsqu'aucun*, etc. Il est toutefois préférable de respecter la règle dans le langage soigné.
losange n. m.
losangé, ée adj.
losanger v. tr. | conjug. 3 |
losangique adj.
loser ou **looser** ou **loseur** ○ /luzœʀ/ n. m.
➾ La graphie *looser*, fautive en anglais, est fréquente mais doit être évitée.
lot n. m.
HOM. **lods**
lote n. f.
→ **lotte**
loterie n. f.
loti, ie adj.
lotier n. m.
lotière n. f.
lotiforme adj.
lotion n. f.
lotionner v. tr. | conjug. 1 |
¬ **se lotionner**
➾ Aux temps composés, le participe passé s'accorde en genre et en nombre avec le sujet : *elles se sont lotionnées*. Mais le participe passé ne s'accorde pas quand il est suivi d'un complément d'objet direct : *elles se sont lotionné les cheveux*. Il ne s'accorde avec le complément d'objet direct que lorsque celui-ci est placé avant le verbe : *elles se les sont lotionnés*.
lotir v. tr. | conjug. 2 |
lotissage n. m.
lotissement n. m.
lotisseur, euse n.
loto n. m.
➾ Quand il désigne le jeu public, ce mot est un nom déposé qui doit s'écrire avec une majuscule : *gagner au Loto*. Toutefois, on le trouve fréquemment employé sans respect de la règle : *gagner au loto*.
lotta n. f.
lotte ou **lote** n. f.
lotus /lɔtys/ n. m.
louable adj.
louablement adv.
louage n. m.
louageur n. m.
louange n. f.
louanger v. tr. | conjug. 3 |
louangeur, euse n. et adj.
loub n. m.
□ abrév. de **loubard**
loubard, e n.
loubavitch adj. et n.
loubine n. f.
louchard, arde adj. et n.
louche adj. et n. f.
louchée n. f.
loucher v. intr. | conjug. 1 |
loucherbem /luʃebɛm/ ou **louchébème** n. m.
loucherie n. f. ou **louchement** n. m.
louchet n. m.

loucheur, euse n.
louchir v. intr. | conjug. 2 |
louchon n. m.
HOM. formes du v. **loucher**
louée n. f.
[1]**louer** v. tr. | conjug. 1 | (déclarer les mérites, féliciter)
▸ **louer** (+ n.) *louer un auteur; louer les qualités de qqch.; louer Dieu*
▸ **louer qqn de/pour** (+ inf.) *je ne peux que le louer d'avoir agi ainsi* ou *pour avoir agi ainsi*
¬ **se louer**
➾ Aux temps composés, le participe passé s'accorde en genre et en nombre avec le sujet : *elles se sont louées d'avoir accepté cette offre.*
[2]**louer** v. tr. | conjug. 1 | (donner ou prendre en location)
loueur, euse n.
louf adj.
▫ abrév. de **loufoque**
louferie n. f.
loufiat n. m.
loufoque adj.
loufoquerie n. f.
louftingue adj. et n.
lougre n. m.
louis n. m.
louise-bonne n. f. ▪ plur. **louises-bonnes**
louis-philippard, arde adj. ▪ plur. **louis-philippards, ardes**
louis-quatorzien, ienne adj. ▪ plur. **louis-quatorziens, iennes**
loukoum n. m.
[1]**loulou** n. m. (chien)
[2]**loulou, oute** n. (personne)
loup n. m.
➾ **Loup de mer** s'écrit sans trait d'union.
HOM. formes du v. **louer**
loupage n. m.
loup-cervier n. m. ▪ plur. **loups-cerviers**
loupe n. f.
loupé, ée adj. et n. m.
louper v. tr. | conjug. 1 |
¬ **se louper**
➾ Aux temps composés, le participe passé s'accorde en genre et en nombre avec le sujet : *nous nous sommes loupés de peu.*
loupeur, euse adj. et n.
loupeux, euse adj.
loup-garou n. m. ▪ plur. **loups-garous**
loupiat n. m.
loupiot, iotte ou **iote** n. (fam. : enfant)
HOM. (du fém.) **loupiote**
loupiote n. f. (fam. : lampe)
HOM. **loupiotte** (fém. de *loupiot*)
lourd, lourde adj.
➾ *Lourd* peut s'employer comme adverbe ; il est alors invariable : *ces malles pèsent lourd.*
HOM. **loure, lur**
lourdaud, aude n. et adj.
lourde n. f.
lourdement adv.
lourder v. tr. | conjug. 1 |
lourderie n. f.
lourdeur n. f.
lourdier n. m.
HOM. formes du v. **lourder**
lourdingue adj.
lourdise n. f.
loure n. f.
HOM. **lourd, lur**
louré n. m.
HOM. forme du v. **louer**
lourer v. tr. | conjug. 1 |
HOM. forme du v. **louer**
lousse adj. (Can., fam. : desserré, libre, généreux)
loustic n. m.
➾ Ne pas écrire **loustique.*
loute n. f.
loutre n. f.
loutrophore n. f. ou m.
louvard ou **louvart** n. m.
louve n. f.
louvet, ette adj.
louvetage n. m.
louveteau n. m.
louveter v. intr. | conjug. 4 |
louveterie ou **louvèterie** n. f.
louveteur, euse n.
louvetier n. m.
HOM. formes du v. **louveter**
louvette n. f.
louvoiement n. m.
➾ Ne pas oublier le *e* muet.
louvoyage n. m.
louvoyer v. intr. | conjug. 8 |
lovelace n. m.
lovement n. m.
lover v. tr. | conjug. 1 |
¬ **se lover**
➾ Aux temps composés, le participe passé s'accorde en genre et en nombre avec le sujet : *elle s'est lovée dans le canapé.*
loveur n. m.
loxodromie n. f.
loxodromique adj.
loyal, ale, aux adj.
loyalement adv.
loyalisme n. m.
loyaliste adj. et n.
loyauté n. f.

loyer n. m.
L. S. D. n. m.
▫ abrév. de **lysergsaürediäthylamid** (acide lysergique diéthylamide)
lu, lue adj.
Ξ *Lu* peut s'employer comme préposition en tête de phrase ou dans des formules elliptiques ; il est alors invariable : *lu les documents ci-joints ; lu et approuvé.*
lubie n. f.
lubin n. m. ou **lubine** n. f.
lubricité n. f.
lubrifiant, iante adj. et n. m.
lubrificateur adj. et n. m.
lubrification n. f.
lubrifier v. tr. | conjug. 7 |
lubrique adj.
lubriquement adv.
lucane n. m.
lucaniste ou **lucanophile** n.
lucarne n. f.
lucarnon ou **lucarneau** n. m.
[1]**lucernaire** n. m. (office religieux)
[2]**lucernaire** n. f. (méduse)
lucet n. m. ou **luce** n. f.
luchage n. m.
luche n. f.
lucide adj.
lucidement adv.
lucidité n. f.
luciférianisme n. m.
luciférien, ienne adj. et n.
luciférine n. f.
lucifuge adj. et n. m.
lucilie n. f.
lucimètre n. m.
lucinocte adj.
luciole n. f.
lucite n. f.
lucratif, ive adj.
lucrativement adv.
lucre n. m.
lucrèce n. f.
luctueux, euse adj.
luddisme n. m.
HOM. **ludisme**
ludiciel n. m.
ludien n. m.
ludion n. m.
ludique adj.
ludisme n. m.
HOM. **luddisme**
ludobus /-bys/ n. m.
ludoéducatif, ive adj.
ludologue n.
ludospace n. m.
ludothèque n. f.
ludothérapie n. f.
ludovirtuel, elle adj.
luès /lɥɛs/ n. m.
luétine n. f.
luétique adj.
luétisme n. m.
luette n. f.
lueur n. f.
luffa ou **loofa** /lufa/ n. m.
luge n. f.
luger v. intr. | conjug. 3 |
lugeur, euse n.
lugubre adj.
lugubrement adv.

lui pron. pers.
Ξ *De lui, d'elle, à lui* et *à elle* ne s'emploient que pour les personnes. Pour les choses et les animaux, on emploie *en* et *y* : *le chien du voisin, elle s'en méfie* (et non *elle se méfie de lui*) ; *le vase, il faut y faire attention* (et non *il faut faire attention à lui*).
Quand le pronom complément désigne une personne déterminée, on emploie *lui* ou *elle* : *il veut prendre du temps pour lui.* Quand il désigne une personne indéterminée, on emploie *soi* : *il faut prendre du temps pour soi.*
Avec *laisser* et les verbes de perception (*entendre, voir, sentir,* etc.) suivis d'un infinitif, le pronom sujet de l'infinitif peut indifféremment être *le/la/les* ou *lui/leur* : *je la laisse faire ce qu'elle veut* ou *je lui laisse faire ce qu'elle veut ; je l'ai souvent vu arriver tôt* ou *je lui ai souvent vu arriver tôt.* L'emploi de *lui/leur* est moins fréquent, surtout avec les verbes de perception.
HOM. formes du v. **luire**

lui-même pron. pers.
luire v. intr. | conjug. 38, sauf au p. p. *lui* |
➾ Le participe passé *lui* est invariable.
luisance n. f.
luisant, ante adj. et n. m.
luisette n. f.
→ **luzette**
lulu n. m.
lumachelle n. f.
lumachellique adj.
lumbago /lɔ̃bago ; lœ̃bago/ ou **lombago** n. m.
lumen /lymɛn/ n. m.
lumière n. f.
Ξ **Allumer la lumière** est un pléonasme courant. Dans le langage soigné, on dira plutôt **donner de la lumière** ou *allumer* sans complément : *voulez-vous donner de la lumière dans l'entrée ? ; voulez-vous allumer dans l'entrée ?*

➾ Avec une majuscule, **les Lumières** désigne le courant philosophique du XVIIIe s. Mais on écrit *lumières* sans majuscule dans **le Siècle des lumières**.
lumignon n. m.
luminaire n. m.
luminance n. f.
luminariste n.
lumination n. f.
luminescence n. f.
luminescent, ente adj.
lumineusement adv.
lumineux, euse adj.
luminifère adj.
luminique adj.
luminisme n. m.
luministe n.
luminophore adj. et n. m.
luminosité n. f.
luminothérapie n. f.
lumiphane n. m.
Lumitype® n. f.
➾ Comme tous les noms déposés, ce mot doit s'écrire avec une majuscule : *composer un texte avec une Lumitype*. Toutefois, on le trouve fréquemment employé comme nom générique sans respect de la règle : *composer un texte avec une lumitype*.
lump /lœ̃p/ ou **lompe** n. m.
lumpen-prolétariat ▪ plur. **lumpen-prolétariats** ou **lumpenprolétariat** ▪ plur. **lumpenprolétariats** /lumpɛn-/ n. m.
[1]**lunaire** adj.
[2]**lunaire** n. f. (plante)
[3]**lunaire** n. m. (papillon)
lunaison n. f.
lunatique adj. et n.
lunch /lœntʃ ; lœ̃ʃ/ n. m. ▪ plur. **lunchs** ou plur. **lunches**
➾ On peut employer le pluriel francisé *lunchs* ou le pluriel anglais *lunches*.
HOM. formes du v. **lyncher**
luncher /lœntʃe ; lœ̃ʃe/ v. intr. | conjug. 1 |
HOM. **lyncher**
luncheur, euse /lœntʃ- ; lœ̃ʃ-/ n.
lundi n. m.
➾ Comme tous les noms qui désignent un jour de la semaine, *lundi* s'écrit avec une minuscule et prend un *s* au pluriel : *il fait du sport tous les lundis*.
lune n. f.
➾ Ce mot s'écrit avec une majuscule quand il désigne l'astre : *la rotation de la Lune* ; *envoyer une fusée sur la Lune*. Il s'écrit sans majuscule quand il désigne le disque lumineux et dans les expressions figurées : *un croissant de lune* ; *un clair de lune* ; *promettre la lune*.
luné, ée adj.
lunetier, ière ou **lunettier, ière** n.
lunette n. f.
lunetté, ée adj.
lunetterie n. f.
lunetteux, euse adj.
lunettier, ière n.
→ **lunetier**
lunisolaire adj.
lunulaire adj.
lunule n. f.
lunulé, ée adj.
lunure n. f.
lupanar n. m.
lupercal, ale, aux adj.
lupercales n. f. pl.
lupin n. m.
lupinose n. f.
lupique adj. et n. m.
lupome n. m.
lupulin n. m.
lupuline n. f.
lupulone n. f.
lupus /lypys/ n. m.
lur n. m.
HOM. **lourd**, **loure**
lurette n. f.
➾ Ce mot ne s'emploie que dans la locution **belle lurette** qui est toujours au singulier : *il y a belle lurette qu'ils sont partis* ; *je le sais depuis belle lurette*.
Lurex® n. m.
➾ Comme tous les noms déposés, ce mot doit s'écrire avec une majuscule : *des collants en Lurex*. Toutefois, on le trouve fréquemment employé comme nom générique sans respect de la règle : *des collants en lurex*.
luron, onne n.
lusin n. m.
lusitanien, ienne ou **lusitain, aine** adj. et n.
➾ L'adjectif s'écrit sans majuscule : *le peuple lusitanien*. Le nom s'écrit avec une majuscule uniquement quand il désigne une personne : *les Lusitaniens* ou *les Lusitains* ; *c'est une Lusitanienne* ou *une Lusitaine*.
lusophone adj. et n.
lusophonie n. f.
lustrage n. m.
lustral, ale, aux adj.
lustration n. f.
lustre n. m.
lustré, ée adj.
lustrer v. tr. | conjug. 1 |
lustrerie n. f.
lustreur, euse n. (personne)
lustreuse n. f. (machine)
lustrine n. f.

lustroir n. m.
lustucru n. m.
lut /lyt/ n. m.
HOM. **luth, lutte**, formes des v. **luter, lutter**
lutage n. m.
lutation n. f.
lutécien ou **lutétien** n. m.
lutécium /-jɔm/ n. m.
lutéine n. f.
lutéinique adj.
lutéinisation n. f.
lutéol n. m.
luter v. tr. | conjug. 1 |
HOM. **luthé, lutter**
lutétien n. m.
→ **lutécien**
luth n. m.
HOM. **lut, lutte**, formes des v. **luter, lutter**
luthé, ée adj.
HOM. **luter, lutter**
luthéranisme n. m.
➾ Ne pas employer **luthérianisme*, qui n'existe pas. Comme tous les mots désignant une doctrine religieuse, ce mot s'écrit sans majuscule : *se convertir au luthéranisme*.
lutherie n. f.
luthérien, ienne adj.
➾ Comme tous les mots désignant ou qualifiant une doctrine religieuse ou ses adeptes, ce mot s'écrit sans majuscule : *l'Église luthérienne ; les luthériens*.
luthier, ière n.
↯ Ne pas confondre **luthier**, « personne qui fabrique des instruments à cordes », avec **luthiste**, « personne qui joue du luth ».
luthiste n.
↯ Ne pas confondre **luthiste**, « personne qui joue du luth », avec **luthier**, « personne qui fabrique des instruments à cordes ».
lutin, ine n. m. et adj.
➾ Ce mot s'écrit sans majuscule : *les lutins et les farfadets*.
lutiner v. intr. et v. tr. | conjug. 1 |
lutinerie n. f.
lutrin n. m.
lutte n. f.
HOM. **lut, luth**, formes du v. **luter**
lutter v. intr. | conjug. 1 |
HOM. **luthé, luter**
lutteur, euse n.
lutz /luts/ n. m.
lux n. m.
HOM. **luxe**, formes du v. **luxer**
luxation n. f.
↯ Ne pas confondre **luxation**, qui signifie « déplacement des surfaces d'une articulation », avec **luxure**, qui signifie « goût immodéré des plaisirs sexuels ».

luxe n. m.
➾ **Grand luxe** peut s'employer en apposition ; il est alors invariable : *des hôtels grand luxe*.
⌘ Au sens de « grand nombre », lorsque **un luxe de** suivi d'un nom est sujet, le verbe s'accorde soit avec *luxe*, soit avec le complément : *un luxe de détails alourdit le texte* ou *alourdissent le texte*. Avec **le luxe de**, le verbe s'accorde toujours avec *luxe* : *le luxe de détails inutiles alourdit le texte*.
HOM. **lux**
luxembourgeois, oise adj. et n.
➾ L'adjectif s'écrit sans majuscule : *la population luxembourgeoise*. Le nom s'écrit avec une majuscule uniquement quand il désigne une personne : *les Luxembourgeois ; c'est une Luxembourgeoise* mais *parler le luxembourgeois*.
luxembourgisme n. m.
luxer v. tr. | conjug. 1 |
¬ **se luxer**
➾ Aux temps composés, le participe passé ne s'accorde pas quand il est suivi d'un complément d'objet direct : *elle s'est luxé les poignets*. Il s'accorde avec le complément d'objet direct quand celui-ci est placé avant le verbe : *elle se les est luxés*.
luxmètre n. m.
luxueusement adv.
luxueux, euse adj.
↯ Ne pas confondre **luxueux**, qui signifie « coûteux, somptueux », avec **luxurieux**, qui signifie « qui concerne les plaisirs sexuels ».
luxure n. f.
↯ Ne pas confondre **luxure**, qui signifie « goût immodéré des plaisirs sexuels », avec **luxation**, qui signifie « déplacement des surfaces d'une articulation ».
luxuriance n. f.
luxuriant, iante adj.
↯ Ne pas confondre **luxuriant**, qui signifie « qui se développe en abondance », avec **luxurieux**, qui signifie « qui concerne les plaisirs sexuels ».
luxurieusement adv.
luxurieux, ieuse adj.
↯ Ne pas confondre **luxurieux**, qui signifie « qui concerne les plaisirs sexuels », avec **luxueux**, qui signifie « coûteux, somptueux », ni avec **luxuriant**, qui signifie « qui se développe en abondance ».
luzerne n. f.
luzernière n. f.
luzette ou **luisette** n. f.
luzule n. f.
lycanthrope n.
lycanthropie n. f.

lycaon n. m.
lycée n. m.
➾ Ne pas oublier le *e* final.
HOM. **lisser**
lycéen, enne n.
lycène n. f.
lycénidé n. m.
lychnide /lik-/ n. f. ou **lychnis** /lik-/ n. m.
lychnite /lik-/ n. f.
lycien, ienne adj.
lyciet ou **lycium** /-jɔm/ n. m.
lycope n. m.
lycopène n. m.
lycoperdon n. m.
lycopode n. m.
lycopodiacée n. f.
lycopodiale n. f.
lycopodinée n. f.
lycose n. f.
Lycra® n. m.
➾ Comme tous les noms déposés, ce mot doit s'écrire avec une majuscule : *des sous-pulls en Lycra.* Toutefois, on le trouve fréquemment employé comme nom générique sans respect de la règle : *des sous-pulls en lycra.*
lyda n. f.
lyddite n. f.
lydien, ienne adj.
➾ L'adjectif s'écrit sans majuscule : *la population lydienne.* Le nom s'écrit avec une majuscule uniquement quand il désigne une personne : *les Lydiens ; c'est une Lydienne* mais *parler le lydien.* Notez bien la place du *y* ; il ne faut pas écrire **lidyen*, sous l'influence de *libyen.*
lygus /ligys/ n. m.
lymphadénie n. f.
lymphangiome n. m.
lymphangite n. f.
lymphatique adj.
lymphatisme n. m.
lymphe n. f.
↯ Ne pas confondre **lymphe**, qui désigne un liquide organique, avec **nymphe**, qui désigne une divinité et, en zoologie, le deuxième stade de la métamorphose des insectes.
lymphocèle n. m.
lymphocytaire adj.
lymphocyte n. m.
lymphocytopénie n. f.
→ **lymphopénie**
lymphocytose n. f.
lymphœdème /-edɛm ; -ødɛm/ n. m.
lymphogranulomatose n. f.
lymphogranulome n. m.
lymphographie n. f.
lymphoïde adj.
lymphokine n. f.
lymphome n. m.
lymphopénie ou **lymphocytopénie** n. f.
lymphoréticulose n. f.
lymphosarcome n. m.
lynchage n. m.
lyncher v. tr. | conjug. 1 |
HOM. **luncher**
lyncheur, euse n.
lyncodon n. m.
lynx n. m.
lyonnais, aise n. f.
➾ L'adjectif s'écrit sans majuscule : *la population lyonnaise ; une sauce lyonnaise.* Le nom s'écrit avec une majuscule uniquement quand il désigne une personne : *les Lyonnais ; c'est une Lyonnaise* mais *parler le lyonnais.*
Ξ Dans le domaine culinaire, *lyonnaise* s'emploie dans l'expression **à la lyonnaise** ou en apposition ; il est alors invariable : *des museaux de bœuf (à la) lyonnaise.*
lyophile adj.
lyophilie n. f.
lyophilisation n. f.
lyophiliser v. tr. | conjug. 1 |
lyophobe adj.
lyophobie n. f.
lypémanie n. f.
lyre n. f.
HOM. **lire**
lyré, ée adj.
lyric n. m.
HOM. **lyrique**
lyricomane n.
lyrique adj. et n.
HOM. **lyric**
lyriquement adv.
lyriser v. tr. | conjug. 1 |
lyrisme n. m.
lyriste n.
lys /lis/ n. m.
→ [1]**lis**
lysat n. m.
HOM. formes du v. **lyser**
lyse n. f.
HOM. **lise**, formes du v. **lire**
lyser v. tr. | conjug. 1 |
HOM. formes du v. **lire**
lysergamide n. m.
lysergide n. m.
lysergique adj.
lysimaque n. f.
lysine n. f.
lysis /lizis/ n. m.

lysogène adj.
lysosome n. m.
lysosomial, iale, iaux adj.
lysozyme n. m.
lythracée n. f.
lythrum /-ɔm/ n. m.
lytique adj.
HOM. **lithique**

M

m n. m. inv, abrév. et symb.
➾ Le symbole du mètre s'écrit sans point : *3 m de large*. Pour abréger *trois mètres cinquante*, on écrit *3,5 m* et non pas **3 m 5*.
HOM. formes du v. **aimer**
M n. m. inv, abrév. et symb.
HOM. formes du v. **aimer**
M. abrév. ▪ plur. **MM.**
◻ abrév. de **monsieur, messieurs**
☰ Cette abréviation s'emploie uniquement à l'écrit et devant un nom : *M. Dubois*.
L'abréviation *Mr* est un anglicisme à éviter.
HOM. formes du v. **aimer**
ma adj. poss.
☰ *Ma* devient *mon* devant une voyelle ou un *h* muet : *mon amie ; mon habitation*.
HOM. **mas, mât**
→ aussi **mon**
maastrichtien, ienne adj.
maboul, e n. et adj.
➾ Le masculin s'écrit sans *e*.
maboulisme n. m.
mac ou **maque** n. m.
◻ abrév. de **maquereau**
HOM. **mach, macque**, formes des v. **macquer, maquer**
macabre adj.
macache adv.
macadam /-dam/ n. m.
macadam-ciment /-dam-/ n. m. ▪ plur. **macadams-ciments**
macadamia n. m.
macadamisage n. m.
macadamiser v. tr. | conjug. 1 |
macaire n. m.
HOM. formes des v. **macquer, maquer**
macaque n. m.
macaquerie n. f.
macarelle interj.
macareux n. m.
macaron n. m.
macaroné, ée adj.
macaronée n. f.
macaroni n. m.
☰ En italien, *macaroni* est un nom pluriel mais on l'emploie au singulier en francisant la forme du pluriel : *un macaroni, des macaronis*.
macaronique adj.
macaronisme n. m.
macassar n. m.
maccarthysme /makk-/ n. m.
maccarthyste /makk-/ adj. et n.
macchabée /mak-/ n. m.
➾ Ne pas oublier le *e* final.
macédoine n. f.
macédonien, ienne adj. et n.
➾ L'adjectif s'écrit sans majuscule : *la population macédonienne*. Le nom s'écrit avec une majuscule uniquement quand il désigne une personne : *les Macédoniens ; c'est une Macédonienne* mais *parler le macédonien*.
macérage n. m.
macérateur, trice adj. et n. m.
macération n. f.
macérer v. tr. et v. intr. | conjug. 6 |
maceron n. m.
HOM. forme du v. **masser**
macfarlane n. m.
mach /mak/ n. m.
➾ Dans la locution **nombre de Mach**, ce mot s'écrit avec une majuscule car il s'agit d'un nom propre. Employé comme nom commun, il s'emploie sans article et s'écrit sans majuscule : *voler à mach 3*.
machaon /-kaɔ̃/ n. m.
mâche n. f.
mâche-bouchon n. m. ▪ plur. **mâche-bouchons**
mâchefer n. m.
mâche-laurier n. m. ▪ plur. inv. ou plur. **mâche-lauriers**
mâchelier, ière adj.

mâchement n. m.
macher ou **mâcher** v. tr. | conjug. 1 | (région. : meurtrir)
mâcher v. tr. | conjug. 1 | (mastiquer)
HOM. **macher**
machette n. f.
➾ Ce mot s'écrit sans accent circonflexe.
mâcheur, euse n.
machiavel /-kja-/ n. m.
machiavélien, ienne /-kja-/ adj.
machiavélique /-kja-/ adj.
machiavéliquement /-kja-/ adv.
machiavélisme /-kja-/ n. m.
machiavéliste /-kja-/ n.
machicot n. m.
machicotage n. m.
machicoter v. intr. | conjug. 1 |
mâchicoulis n. m.
machin n. m.
machinal, ale, aux adj.
machinalement adv.
machinateur, trice n.
machination n. f.
machine n. f.
machine-outil n. f. ▪ plur. **machines-outils**
machiner v. tr. | conjug. 1 |
machinerie n. f.
machine-transfert n. f. ▪ plur. **machines-transferts**
machineur, euse n.
machinique adj.
machinisme n. m.
machiniste n.
machino n.
▫ abrév. de **machiniste**
machinoir n. m.
machisme /matʃism/ n. m.
machiste /matʃist/ n. et adj.
machmètre /mak-/ n. m.
macho /matʃo/ n. m.
➾ Ne pas écrire **matcho*.
mâchoire n. f.
mâchoiron n. m.
mâchon n. m.
HOM. formes du v. **mâcher**
mâchonnement n. m.
mâchonner v. tr. | conjug. 1 |
mâchonneur, euse n.
mâchoter v. tr. | conjug. 1 |
mâchouillement n. m.
mâchouiller v. tr. | conjug. 1 |
mâchouilleur, euse n.
mâchure n. f.
mâchurer v. tr. | conjug. 1 |
macis n. m.
mackintosh /makintɔʃ/ n. m.
maclage n. m.
macle ou **macre** n. f.
maclé, ée adj.
¹macler v. tr. | conjug. 1 | (brasser (le verre en fusion))
²macler v. intr. et v. pron. | conjug. 1 | (se disposer en macle)
¬ **se macler**
➾ Aux temps composés de la forme pronominale, le participe passé s'accorde en genre et en nombre avec le sujet : *les cristaux se sont maclés*.
maclura n. m.
maçon, onne n.
HOM. formes du v. **masser**
mâcon n. m.
➾ Lorsqu'il désigne un vin, ce mot s'écrit sans majuscule, contrairement au nom propre qui désigne la ville : *un vin de Mâcon* mais *une bouteille de mâcon*.
maçonnage n. m.
mâconnais, aise adj.
maçonner v. tr. | conjug. 1 |
maçonnerie n. f.
maçonnique adj.
macouba n. m.
macoumba ou **macumba** /-kum-/ n. f.
macoute adj. m. et n. m.
macquage ou **maquage** n. m.
macque ou **maque** n. f.
HOM. **mac**, **mach**, formes des v. **macquer, maquer**
macquer ou **maquer** v. tr. | conjug. 1 |
macramé n. m.
macre n. f.
→ **macle**
macreuse n. f.
macro n. f.
▫ abrév. de **macroéconomie** ou abrév. de **macro-instruction** ou abrév. de **macrophotographie**
HOM. **maquereau**
macrobiote adj. et n.
macrobiotique n. f.
macrobiotisme n. m.
macrocéphale adj.
macrocéphalie n. f.
macrocheilie /-kɛli/ n. f.
macrochirie /-kiʀi/ n. f.
macrocole adj.
macrocommande n. f.
macrocontexte n. m.
macrocosme n. m.
macrocosmique adj.
macrocyste ou **macrocystis** /-tis/ n. m.
macrocyte n. m.
macrocytose n. f.
macrodactyle adj.

macrodactylie n. f.
macrodécision n. f.
macrodontie /-ti ; -si/ n. f.
macroéconomie n. f.
macroéconomique adj.
macroévolution n. f.
macrogamète n. m.
macrogénitosomie n. f.
macroglobuline n. f.
macroglobulinémie n. f.
macroglosse adj. et n. m.
macroglossie n. f.
macrognathie /-gnati/ n. f.
macrographie n. f.
macrographique adj.
macro-instruction n. f. ▪ plur. **macro-instructions**
macroion /makʀojɔ̃/ n. m.
macroionique adj.
macrolépidoptère n. m.
macrolide n. m.
macroliposculpture n. f.
macromélie n. f.
macromère n. m.
macromoléculaire adj.
macromolécule n. f.
macromycète n. m.
macronutriment n. m.
macroordinateur n. m.
macrophage n. m. et adj.
macrophotographie n. f.
macrophotographique adj.
macroplancton n. m.
macropode adj. et n. m.
macropodidé n. m.
macropodie n. f.
macropolymère n. m.
macroporosité n. f.
macroprosopie n. f.
macropsie n. f.
macroscélide n. m.
macroscopique adj.
macroscopiquement adv.
macroséisme n. m.
macrosismique ou **macroséismique** adj.
macroskélie n. f.
macrosmatique adj.
macrosociologie n. f.
macrosomie n. f.
macrosporange n. m.
macrospore n. f.
macrostomie n. f.
macrostructure n. f.
[1]**macroure** n. m. (crustacé)
[2]**macroure** ou **macrure** n. m. (poisson)
macrozoaire n. m.
macruridé n. m.
mactre n. f.
macula n. f.
HOM. formes du v. **maculer**
maculage n. m.
maculaire adj.
HOM. forme du v. **maculer**
maculant, ante adj.
maculature n. f.
macule n. f.
maculer v. tr. | conjug. 1 |
maculiforme adj.
macumba /-kum-/ n. f.
→ **macoumba**
madame n. f. ▪ plur. **mesdames**
➾ Ce mot s'écrit avec une majuscule dans les formules de politesse ou lorsqu'il constitue un titre honorifique : *je vous prie d'agréer, Madame, mes salutations distinguées ; Madame Élisabeth, sœur de Louis XVI* mais *j'ai rencontré madame Dubois ; mes amitiés à madame votre mère.*
Ξ **Une madame** est populaire ou enfantin. Dans le langage courant, il faut dire **une dame**.
→ aussi **Mme**
madapolam /-lam/ n. m.
madécasse adj. et n.
madéfaction n. f.
made in /mɛdin/ loc. adj.
madeleine n. f.
madeleineau n. m.
madeleinette n. f.
madelonnette n. f.
mademoiselle n. f. ▪ plur. **mesdemoiselles**
➾ Ce mot s'écrit avec une majuscule dans les formules de politesse ou lorsqu'il constitue un titre honorifique : *veuillez agréer, Mademoiselle ; le mariage de Mademoiselle avec le roi d'Espagne* mais *j'ai rencontré mademoiselle Dubois ; mes amitiés à mademoiselle votre fille.*
Ξ **Une mademoiselle** est populaire ou enfantin. Dans le langage courant, il faut dire **une demoiselle**.
Mademoiselle était autrefois le titre donné à la fille aînée des frères ou des oncles du roi. Avec des majuscules, **la Grande Mademoiselle** désigne la duchesse de Montpensier, cousine germaine de Louis XIV.
→ aussi **Mlle**
madère n. m.
➾ Lorsqu'il désigne un vin, *madère* s'écrit sans majuscule, contrairement au nom propre qui désigne l'île : *un vin de Madère* mais *une bouteille de madère.*
Ξ Ce mot peut s'employer en apposition ; il est alors invariable : *des sauces madère.*
madérisation n. f.

madérisé adj. m.
madériser v. tr. | conjug. 1 |
madi n. m.
HOM. **mahdi**
madiran n. m.
➾ Lorsqu'il désigne un vin, ce mot s'écrit sans majuscule, contrairement au nom propre qui désigne la commune : *un vin de Madiran* mais *une bouteille de madiran*.
madjoun ou **majoun** n. m.
madone n. f.
➾ Avec une majuscule, **la Madone** désigne la Vierge : *prier la Madone*. Il s'écrit sans majuscule dans les autres cas : *les madones de Botticelli ; un visage de madone*.
madrague n. f.
madras /-dʀɑs/ n. m.
➾ Quand il désigne une étoffe, ce mot s'écrit sans majuscule, contrairement au nom propre qui désigne la ville d'Inde : *de jolis madras*.
madrasa n. f.
→ **médersa**
madre n. m.
madré, ée adj.
madréporaire n. m.
madrépore n. m.
madréporique adj.
madrier n. m.
madrigal, aux n. m.
madrigalesque adj.
madrigaliser v. intr. | conjug. 1 |
madrigaliste n.
madrure n. f.
maelstrom ou **malstrom** /malstʀɔm/ ou **malström** ou **maelström** /malstʀøm/ n. m.
maerl /maɛʀl/ ou **merl** n. m.
HOM. **merle**
maestoso adv.
maestria n. f.
maestro n. m.
➾ Ce mot a un pluriel régulier : *des maestros*.
mafé ou **maffé** n. m.
mafflu, ue adj.
mafia ou **maffia** n. f.
➾ Avec une majuscule, **la Mafia** désigne l'organisation sicilienne : *un parrain de la Mafia*. Il s'écrit sans majuscule dans les autres cas : *la mafia japonaise ; la mafia du dopage ; une mafia de collectionneurs*.
mafieux, euse ou **maffieux, ieuse** adj. et n.
maf(f)ioso n. m. ▪ plur. **maf(f)iosi** ou plur. **maf(f)iosos**
➾ On peut employer le pluriel italien *maf(f)iosi* ou le pluriel francisé *maf(f)iosos*.
mafique adj.
maganer v. tr. | conjug. 1 |
magasin n. m.
➾ Ne pas écrire **magazin*.
magasinage n. m.
magasiner v. intr. | conjug. 1 |
magasinier, ière n.
HOM. formes du v. **magasiner**
magazine n. m.
➾ Ne pas écrire **magasine*.
magazinique adj.
magdalénien, ienne adj. et n. m.
➾ L'adjectif s'écrit toujours sans majuscule : *la civilisation magdalénienne*. Le nom s'écrit généralement sans majuscule mais la majuscule initiale est de rigueur dans les ouvrages spécialisés.
magdaléon n. m.
¹mage n. m.
➾ Avec une majuscule, **les Mages** désigne les personnages de l'Évangile mais on écrit **les Rois mages**.
²mage ou **maje** adj. m.
Ξ Cet adjectif ne s'emploie que dans la locution **juge mage** ou **juge maje**.
magellanique adj.
magenta /maʒɛ̃ta/ n. m.
Ξ Ce mot peut s'employer comme adjectif de couleur ; il est alors invariable : *des bottes magenta*.
maghrébin, ine ou **magrébin, ine** adj. et n.
➾ L'adjectif s'écrit sans majuscule : *la population maghrébine*. Le nom s'écrit avec une majuscule : *les Maghrébins ; c'est une Maghrébine*.
magicien, ienne n.
magie n. f.
magique adj.
magiquement adv.
magisme n. m.
magister /maʒistɛʀ/ n. m. (maître d'école, pédant)
HOM. **magistère**
magistère n. m. (dignité, autorité, diplôme)
HOM. **magister**
magistral, ale, aux adj.
magistralement adv.
magistrat, ate n.
magistrature n. f.
magma n. m.
magmatique adj.
magmatisme n. m.
magnan n. m.
magnanarelle n. f.
magnanerie n. f.
magnanier, ière n.
magnanime adj.
magnanimement adv.
magnanimité n. f.
magnat /magna ; maɲa/ n. m.
HOM. formes du v. **magner (se)**

magner (se) v. pron. | conjug. 1 |
➾ Aux temps composés, le participe passé s'accorde en genre et en nombre avec le sujet : *ils se sont magnés*. Mais le participe passé ne s'accorde pas quand il est suivi d'un complément d'objet direct : *elle s'est magné le popotin*.
magnes n. f. pl.
magnésie n. f.
magnésien, ienne adj.
magnésifère adj.
magnésique adj.
magnésite n. f.
magnésium /-jɔm/ n. m.
magnet /maɲɛt/ n. m.
▫ rec. off. : **aimantin**
magnétique adj.
magnétiquement adv.
magnétisable adj.
magnétisant, ante adj.
magnétisation n. f.
magnétiser v. tr. | conjug. 1 |
magnétiseur, euse n.
magnétisme n. m.
magnétite n. f.
¹magnéto n. f. (machine)
²magnéto n. m.
▫ abrév. de **magnétophone**
magnétoaérodynamique n. f.
magnétocassette n. m.
magnétochimie n. f.
magnétodynamique adj.
magnétoélectrique adj.
magnétoencéphalographie n. f.
magnétogène adj.
magnétohydrodynamique n. f.
magnétomètre n. m.
magnétométrie n. f.
magnétométrique adj.
magnétomoteur, trice adj.
magnéton n. m.
magnéto-optique ▪ plur. **magnéto-optiques** ou **magnétooptique**○ ▪ plur. **magnétooptiques**○ n. f.
magnétopause n. f.
magnétophone n. m.
magnétophonique adj.
magnétophotographique adj.
magnétoscope n. m.
magnétoscoper v. tr. | conjug. 1 |
magnétoscopique adj.
magnétosphère n. f.
magnétosphérique adj.
magnétostatique adj. et n.
magnétostrictif, ive adj.
magnétostriction n. f.
magnétothérapie n. f.
magnétron n. m.
magnicide /-gni- ; -ɲi-/ n.
magnificat /maɲifikat ; magnifikat/ n. m. inv.
magnificence n. f.
↯ Ne pas confondre **magnificence**, qui signifie « beauté pleine de grandeur », avec **munificence**, qui signifie « générosité pleine de grandeur ».
magnifier v. tr. | conjug. 7 |
¬ **se magnifier**
➾ Aux temps composés de la forme pronominale, le participe passé s'accorde en genre et en nombre avec le sujet : *sa passion s'est magnifiée*.
magnifique adj.
magnifiquement adv.
magnitude n. f.
magnolia n. m.
➾ Ne pas écrire **magniolia*.
☯ Ce mot est masculin : *un beau magnolia*.
magnoliacée n. f.
magnum /magnɔm/ n. m.
magot n. m.
magouillage n. m.
magouille n. f.
magouiller v. intr. et v. tr. | conjug. 1 |
magouilleur, euse adj. et n.
magrébin, ine adj. et n.
→ **maghrébin**
magret n. m.
magyar, e adj. et n.
➾ L'adjectif s'écrit sans majuscule : *la population magyare*. Le nom s'écrit avec une majuscule uniquement quand il désigne une personne : *les Magyars* ; *c'est une Magyare* mais *parler le magyar*.
magyarisation n. f.
magyariser v. tr. | conjug. 1 |
mahaleb /maalɛb/ n. m.
maharadja ou **maharaja** ou **maharajah** /ma(a)ʀadʒa/ n. m.
maharani ou **maharané** n. f.
mahatma n. m.
mahdi n. m.
HOM. **madi**
mahdisme n. m.
mahdiste adj. et n.
maheutre n.
mah-jong ▪ plur. **mah-jongs** ou **majong** ▪ plur. **majongs** /maʒɔ̃g/ n. m.
mahogani n. m.
mahométan, ane n. et adj.
mahométisme n. m.
mahonia n. m. ou **mahonie** n. f.
mahonne n. f.
mahous, ousse /maus/ adj.
→ **maous**

mahout /maut/ n. m.
mahratte adj. et n.
→ **marathe**
mai n. m.
➾ Comme tous les noms de mois, ce mot s'écrit sans majuscule, sauf dans **le 1er Mai** ou **le Premier Mai** quand il s'agit de la fête : *le muguet du 1er Mai* mais *il est né un 1er mai* ; *les évènements de mai 68*.
HOM. **maie**, **mais**, **maye**, **mets**, formes du v. **mettre**
maïa n. m.
HOM. **maya**, formes du v. **mailler**
maïanthème n. m.
maïdisme n. m.
maie n. f.
HOM. **mai**, **mais**, **maye**, **mets**, formes du v. **mettre**
maïeur, eure ou **mayeur, eure** n.
maïeuticien n. m.
→ aussi **sage-femme**
maïeutique n. f.
[1]**maigre** adj. et n. (décharné, sans gras)
[2]**maigre** n. m. (poisson)
maigrelet, ette adj.
maigrement adv.
maigreur n. f.
maigrichon, onne adj.
maigriot, iotte adj.
maigrir v. intr. et v. tr. | conjug. 2 |
[1]**mail** /maj/ n. m. (marteau)
HOM. **maille**, formes du v. **mailler**
[2]**mail** /mɛl/ n. m.
▫ abrév. de **e-mail**
▫ rec. off. : **courriel**
HOM. formes du v. **mêler**
mail-coach ▪ plur. **mail-coach(e)s** ou **mailcoach**○ ▪ plur. **mailcoachs**○ /mɛlkotʃ/ n. m.
➾ On peut employer le pluriel anglais *mail-coaches* ou le pluriel francisé *mail-coachs* ou *mailcoachs*○.
mailing /meliŋ/ n. m.
▫ rec. off. : **publipostage**
maillage n. m.
maillant, ante adj.
maille n. f.
▸ **avoir maille à partir avec qqn/qqch.**
HOM. [1]**mail**
maillé, ée adj.
maillechort n. m.
mailler v. tr. et v. intr. | conjug. 1 |
¬ **se mailler**
➾ Aux temps composés de la forme pronominale, le participe passé s'accorde en genre et en nombre avec le sujet : *les sardines se sont maillées*.
maillet n. m.
HOM. formes du v. **mailler**
mailletage n. m.
mailleton n. m.
mailleur, euse n.
mailloche n. f.
maillocheur, euse n.
maillon n. m.
HOM. formes du v. **mailler**
maillot n. m.
maillotin n. m.
maillure n. f.
main n. f.
➾ Ce mot est toujours au singulier dans les locutions et expressions suivantes : **à main armée** ; **à main levée** ; **à portée de main** ; **avoir en main** ; **changer de main** (sens propre) ; **coup de main** ; **de longue main** ; **de main de maître** ; **de première main** ; **de seconde main** ; **en un tour de main** ; **faire main basse** ; **fait main** (mais *fait* s'accorde : *des écharpes faites main*) ; **frein à main** ; **homme de main** ; **ne pas y aller de main morte** ; **prendre en main** ; **preuve en main** ; **sac à main** ; **tenir en main**. Il est toujours au pluriel dans les locutions **à pleines mains**, **changer de mains** (sens figuré) et **en bonnes mains**. Il s'écrit indifféremment avec ou sans *s* dans **de main(s) en main(s)** et **en main(s) propre(s)**. Dans **poignée de main**, il s'écrit sans *s* au singulier et avec ou sans *s* au pluriel : *une poignée de main* ; *des poignées de main(s)*. Attention à ne pas écrire en deux mots *main mise* dans le sens de « prise, emprise » ; on écrit *ils ont la mainmise sur ce secteur*. **Petite main**, qui désigne une couturière, s'écrit sans trait d'union.
HOM. **maint**
mainate n. m.
maincourantier n. m.
main-d'œuvre n. f. ▪ plur. **mains-d'œuvre**
main-forte ou **mainforte**○ n. f. sing.
▸ **donner/prêter main-forte à qqn**
mainlevée n. f.
➾ Ce nom s'écrit en un seul mot, contrairement à la locution **à main levée** : *un vote à main levée* mais *accorder la mainlevée d'un séquestre*.
mainmise n. f.
mainmortable adj.
mainmorte n. f.
➾ Ce nom s'écrit en un mot, contrairement à *main morte* que l'on trouve dans l'expression **ne pas y aller de main morte** : *les biens de mainmorte*.
maint, mainte adj. indéf. et pron. indéf.
Ξ Ce mot ne s'emploie plus que dans le registre littéraire et dans certaines locutions : *à maintes reprises* ; *maintes et maintes fois*. On

peut l'employer au singulier au sens de « plus d'un » ou au pluriel au sens de « nombreux ». De nos jours, le pluriel est plus fréquent.
HOM. **main**

maintenabilité n. f.
maintenage n. m.
maintenance n. f.
maintenant adv.
◗ **à partir de maintenant**
◗ **dès maintenant**
◗ **maintenant que** (+ indic.) *maintenant qu'il est parti, la voie est libre*
Ξ L'emploi de *maintenant* dans une phrase au passé ou au futur n'est pas fautif : *maintenant, il était heureux* ; *maintenant, nous n'aurons plus d'obstacle.*

mainteneur n. m.
maintenir v. tr. | conjug. 22 |
¬ **se maintenir**
➾ Aux temps composés de la forme pronominale, le participe passé s'accorde en genre et en nombre avec le sujet : *elle s'est maintenue en tête de la course.*

maintenue n. f.
maintien n. m.
HOM. formes du v. **maintenir**

maïolique n. f.
maire n.
☯ Pour parler d'une femme, le *Guide d'aide à la féminisation des noms de métiers, titres, grades et fonctions* et l'Office québécois de la langue française recommandent l'emploi de *maire* au féminin : *madame la maire* ; *la maire de Lille*. Toutefois, le masculin est encore souvent employé : *madame le maire*. La forme *mairesse*, qui désignait autrefois l'épouse d'un maire, est également admise mais le suffixe *-esse* peut être perçu comme désuet ou dévalorisant.
HOM. **mer**, **mère**

mairesse n. f.
→ aussi **maire**

mairie n. f.
mais adv. et conj.
Ξ L'adverbe ne s'emploie que dans la locution vieillie **n'en pouvoir mais** ou pour renforcer ce qui suit : *mais non* ; *mais certainement* ; *mais que se passe-t-il ?*
Mais doit être précédé d'une virgule quand il relie deux propositions : *il n'est pas beau, mais il a du charme.* Il s'emploie sans virgule quand il relie deux mots ou groupes de mots de même nature : *avancer lentement mais sûrement* ; *elle est douée mais peu expérimentée.*
Mais cependant et **mais pourtant** sont des pléonasmes à éviter.
HOM. **mai**, **maie**, **maye**, **mets**, formes du v. **mettre**

maïs n. m.
maïserie /maisʀi/ n. f.
maïsicole /maisi-/ adj.
maïsiculture /maisi-/ n. f.
maison n. f.
➾ *Maison* s'écrit avec une majuscule dans les noms propres **la Maison carrée** et **la Maison-Blanche**. Le composé **maison mère** s'écrit sans trait d'union.
Ξ Ce mot peut s'employer en apposition ; il est alors invariable : *des terrines maison* ; *les méthodes maison.*
HOM. **méson**

maisonnée n. f.
maisonnerie n. f.
maisonnette n. f.
maistrance ou **mestrance** n. f.
maître, maîtresse ou **maitre, maitresse**○ n.
➾ Ce mot s'écrit avec une majuscule dans les surnoms de peintres anonymes : *le Maître au feuillage brodé.* **Maître nageur** et les noms composés de *maître* et d'un nom de métier (*maître tailleur*) s'écrivent sans trait d'union. La locution **maîtresse femme** s'écrit également sans trait d'union. La locution **en maître** s'accorde en genre et en nombre : *ils règnent en maîtres* ; *elle décide en maîtresse.*
☯ Pour parler du titre ou du métier d'une femme, le *Guide d'aide à la féminisation des noms de métiers, titres, grades et fonctions* et l'Office québécois de la langue française recommandent d'employer *maître* au féminin dans tous les cas où *maîtresse* n'est pas dans l'usage : *une maître nageuse* ; *une maître d'ouvrage* ; *elle est maître de conférences* mais *une maîtresse de piano* ; *elle était maîtresse d'école.*
Ξ Ce mot peut s'employer en apposition au sens de « qui est le plus important, qui est essentiel ». Il s'accorde en genre et en nombre : *garder ses cartes maîtresses.* Dans certains cas, il se place avant le nom (*le maître mot*) ou indifféremment avant ou après le nom (*la maîtresse branche* ; *la branche maîtresse*). La postposition est toutefois plus fréquente.
HOM. **mètre**, **mettre**

maître-à-danser ▪ plur. **maîtres-à-danser** ou **maitre-à-danser**○ ▪ plur. **maitres-à-danser**○ n. m.
➾ Ce nom, qui désigne un compas, s'écrit avec des traits d'union, contrairement à **maître à danser**, employé autrefois pour désigner un professeur de danse.

maître-autel ▪ plur. **maîtres-autels** ou **maitre-autel**○ ▪ plur. **maitres-autels**○ n. m.
maître chanteur, euse ▪ plur. **maîtres chanteurs, euses** ou **maitre chanteur, euse**○ ▪ plur. **maitres chanteurs, euses**○ n.
maître-chien ▪ plur. **maîtres-chiens** ou

maitre-chien○ ▪ plur. **maitres-chiens**○ n. m.
maître-coq ▪ plur. **maîtres-coqs** ou **maitre-coq**○ ▪ plur. **maitres-coqs**○ n. m.
maître-couple ▪ plur. **maître-couples** ou **maitre-couple**○ ▪ plur. **maitres-couples**○ n. m.
maître-cylindre ▪ plur. **maîtres-cylindres** ou **maitre-cylindre**○ ▪ plur. **maitres-cylindres**○ n. m.
maître-esclave ▪ plur. **maîtres-esclaves** ou **maitre-esclave**○ ▪ plur. **maitres-esclaves**○ adj.
maître-mot ▪ plur. **maîtres-mots** ou **maître mot** ▪ plur. **maîtres mots** ou **maitre-mot**○ ▪ plur. **maitres-mots**○ n. m.
maître-queux ▪ plur. **maîtres-queux** ou **maitre-queux**○ ▪ plur. **maitres-queux**○ n. m.
maîtresse ou **maitresse**○ n. f. (amante)
maîtrisable ou **maitrisable**○ adj.
maîtrise ou **maitrise**○ n. f.
maîtriser ou **maitriser**○ v. tr. | conjug. 1 |
¬ **se maîtriser**
➾ Aux temps composés de la forme pronominale, le participe passé s'accorde en genre et en nombre avec le sujet : *elle s'est admirablement maîtrisée.*
Maïzena® /-zena/ ou **Maïzéna**○ n. f.
➾ Comme tous les noms déposés, ce mot doit s'écrire avec une majuscule : *200 grammes de Maïzena.* Toutefois, on le trouve très fréquemment employé comme nom générique sans respect de la règle : *200 grammes de maïzena.*
maja n. f.
→ **majo**
maje adj. m.
→ **²mage**
majesté n. f.
➾ Employé comme titre honorifique, ce mot s'écrit avec une majuscule, tout comme l'adjectif possessif qui le précède : *Sa Majesté le roi ; Votre Majesté.* L'accord se fait soit avec le nom qui suit le titre, soit au féminin si *majesté* est employé seul : *Sa Majesté le roi est satisfait ; Sa Majesté est satisfaite.*
majestueusement adv.
majestueux, euse adj.
majeur, eure adj. et n.
majidé n. m.
majo, maja /maʒ- ; max-/ n.
majolique n. f.
majong n. m.
→ **mah-jong**
¹major, e adj. et n. (officier, premier d'un concours)
➾ **Major général** s'écrit sans trait d'union.
☯ *Majore* est la forme féminine recommandée par l'Office québécois de la langue française. Le *Guide d'aide à la féminisation des noms de métiers, titres, grades et fonctions* admet l'emploi de *majore* et de *major* au féminin : *la major(e) de la promotion.*
²major n. f. (entreprise)
▫ rec. off. : **(compagnie) majeure** ou **grande compagnie**
majoral, aux n. m.
majoralat n. m.
majorant n. m.
majorat n. m.
HOM. formes du v. **majorer**
majoration n. f.
majordome n. m.
majoré, ée adj.
majorer v. tr. | conjug. 1 |
majorette n. f.
majoritaire adj.
majoritairement adv.
majorité n. f.
⌘ Lorsque ce mot suivi d'un nom est sujet, le verbe s'accorde soit avec *majorité,* soit avec le complément : *la majorité des Français le croit* ou *le croient.*
majorquin, ine adj. et n.
majoun n. m.
→ **madjoun**
majuscule adj. et n. f.
makélisme ou **makilisme** n. m.
makélite ou **makilite** adj. et n.
makémono n. m.
→ **makimono**
make up /mɛkœp/ n. m. inv.
makhzen n. m.
→ **maghzen**
maki n. m.
HOM. **maquis**
makilisme n. m.
→ **makélisme**
makilite adj. et n.
→ **makélite**
makimono ou **makémono** n. m.
making of /mekiŋɔf/ n. m. inv.
¹mal n. m. ▪ plur. **maux**
⌘ Avec les locutions verbales telles que **avoir mal**, **faire mal**, **donner mal**, etc., le complément est introduit par *à* : *avoir mal à la tête.* Dans les autres cas, le complément de *mal* est introduit par *de* : *un mal de tête* (et non **un mal à la tête*).
L'expression **avoir très mal** est critiquée par certains puristes : *mal* est un nom et ne peut normalement pas être modifié par un adverbe. Cet emploi est toutefois très courant et ne peut être considéré comme fautif.
HOM. (du sing.) **mâle**, **malle** ; (du plur.) **mot**

[2]**mal, e** adj.
HOM. **mâle, malle**
[3]**mal** adv.
➾ Comme tous les adverbes, *mal* est invariable : *les affaires vont mal ; elles sont mal habillées ; elle est mal dans sa peau ; ils sont mal en point.* La locution familière *pas mal,* employée comme adjectif au sens de « assez bien », est invariable (il s'agit de l'adverbe *mal* et non pas de l'adjectif) : *ces maisons sont pas mal.*
Ξ La locution adverbiale **pas mal (de)** appartient au registre familier : *il a pas mal voyagé ; il y aura pas mal de monde.* Dans la langue soignée, on emploiera plutôt *beaucoup.*
HOM. **mâle, malle**
malabar n. m.
malabsorption /-aps-/ n. f.
malachite /-ʃit ; -kit/ n. f.
malacie n. f.
malacoderme adj.
malacologie n. f.
malacologique adj.
malacologiste n.
malacoptérygien n. m.
malacostracé n. m.
malade adj. et n.
maladie n. f.
maladif, ive adj.
maladivement adv.
maladrerie n. f.
maladresse n. f.
maladroit, oite adj. et n.
maladroitement adv.
malaga n. m.
➾ Lorsqu'il désigne du raisin ou du vin, ce mot s'écrit sans majuscule, contrairement au nom propre qui désigne la région : *du raisin de Malaga ; un vin de Malaga* mais *manger du malaga ; une bouteille de malaga.*
malaguette n. f.
mal-aimé, ée ▪ plur. **mal-aimés, ées** ou **malaimé, ée**○ ▪ plur. **malaimés, ées**○ n.
➾ Ce nom s'écrit avec un trait d'union ou en un mot, contrairement au groupe adjectival **mal aimé** : *des enfants mal aimés* mais *des mal-aimés.*
malaire adj.
malais, aise adj. et n.
➾ L'adjectif s'écrit sans majuscule : *la population malaise.* Le nom s'écrit avec une majuscule uniquement quand il désigne une personne : *les Malais ; c'est une Malaise* mais *parler le malais.*
malaise n. m.
malaisé, ée adj.
malaisément adv.
malandre n. f.
malandreux, euse adj.
malandrin n. m.
malappris, ise n.
Ξ L'emploi du féminin est rare.
malard ou **malart** n. m.
malaria n. f.
malariologie n. f.
malarique adj. et n.
malavisé, ée adj.
malaxage n. m.
malaxation n. f.
malaxer v. tr. | conjug. 1 |
malaxeur n. m.
malayalam /malajalam/ n. m.
➾ Comme tous les noms de langues, ce mot s'écrit sans majuscule : *parler le malayalam.*
malayo-polynésien, ienne adj. ▪ plur. **malayo-polynésiens, iennes**
mal-baisé, ée n. ▪ plur. **mal-baisés, ées**
malbâti, ie adj. et n.
malbec n. m.
malbouffe n. f.
malchance n. f.
malchanceux, euse adj.
malcommode adj.
malcontent, ente adj. et n.
maldisant, ante adj.
maldonne n. f.
mâle n. et adj.
HOM. **mal, malle**
malédiction n. f.
maléfice n. m.
maléfique adj.
maléique adj.
malemort n. f.
malencontre n. f.
malencontreusement adv.
malencontreux, euse adj.
malendurant, ante adj.
malentendant, ante n.
malentendu n. m.
mal-être ▪ plur. inv. ou **malêtre**○ n. m.
malévole adj.
malfaçon n. f.
malfaisance /-fəz-/ n. f.
malfaisant, ante /-fəz-/ adj.
malfaiteur, trice n.
Ξ Le féminin est rare.
malfamé, ée ou **mal famé, ée** adj.
malfonctionnement n. m.
malformation n. f.
malfrat n. m.

malgache adj. et n.
➾ L'adjectif s'écrit sans majuscule : *la population malgache*. Le nom s'écrit avec une majuscule uniquement quand il désigne une personne : *les Malgaches ; c'est une Malgache* mais *parler le malgache*.
malgracieusement adv.
malgracieux, ieuse adj.
malgré prép.
➾ Ne pas écrire **malgrés* : ce mot n'a pas de *s*.
Ξ **Malgré que** n'est parfaitement correct que dans la locution littéraire **malgré que j'en aie/qu'il en ait/que nous en ayons**, etc. qui signifie « malgré mes/ses/nos réticences ». Dans les autres cas, **malgré que** est courant mais critiqué. Dans le langage soigné, il est préférable de l'éviter. On emploiera plutôt **bien que**.
malgré-nous n. m. pl.
malhabile adj.
malhabilement adv.
malhabileté n. f.
malherbe n. f.
malherbologie n. f.
malheur n. m.
HOM. **malheure**
malheure n. f.
HOM. **malheur**
malheureusement adv.
malheureux, euse adj. et n.
malhonnête adj.
malhonnêtement adv.
malhonnêteté n. f.
mali n. m.
➾ Ce mot a un pluriel régulier : *des malis*.
Ξ *Mali* est parfois employé comme pluriel de *malus*.
malice n. f.
malicieusement adv.
malicieux, ieuse adj.
malignement adv.
malignité n. f.
malin, maligne adj. et n.
Ξ La forme féminine *maline* est fréquemment employée dans le langage familier. Elle doit être évitée dans la langue soignée.
malines n. f.
➾ Lorsqu'il désigne de la dentelle, ce mot s'écrit sans majuscule, contrairement au nom propre qui désigne la ville : *de la dentelle de Malines* mais *un col de malines*.
malingre adj.
malingreux, euse adj. et n.
malinké adj. et n. ▪ plur. inv. ou plur. **malinkés**
➾ L'adjectif s'écrit sans majuscule : *les populations malinké* ou *malinkés*. Le nom s'écrit avec une majuscule uniquement quand il désigne une personne : *les Malinké* ou *Malinkés ; c'est une Malinké* mais *parler le malinké*.
malinois n. m.
malintentionné, ée adj.
malique adj.
malitorne adj. et n.
mal-jugé n. m. ▪ plur. **mal-jugés**
mallarméen, enne adj.
mallarméisme ou **mallarmisme** n. m.
malle n. f.
HOM. **mal, mâle**
malléabilisation n. f.
malléabiliser v. tr. | conjug. 1 |
malléabilité n. f.
malléable adj.
malléal, ale, aux ou **malléaire** adj.
malléer v. tr. | conjug. 1 |
malléine n. f.
malléolaire adj.
malléole n. f.
malle-poste n. f. ▪ plur. **malles-poste**
malletier n. m.
mallette n. f.
mal-logé, ée n. ▪ plur. **mal-logés, ées**
mal-logement n. m. ▪ plur. **mal-logements**
malm n. m.
malmenage n. m.
malmener v. tr. | conjug. 5 |
malmignatte n. f.
mal-nourri, ie n. ▪ plur. **mal-nourris, ies**
malnutri, ie adj. et n.
malnutrition n. f.
malocclusion n. f.
malodorant, ante adj.
malonique adj.
malossol n. m.
malotru, ue n.
maloya n. m.
mal-pensant, ante n. et adj. ▪ plur. **mal-pensants, antes**
malpèque n. f.
malpighie /-gi/ n. f.
malpighien, ienne /-gi/ adj.
malplaisant, ante adj.
malpoli, ie adj. et n.
Ξ Ce mot appartient au registre familier. Dans le langage courant, on emploiera plutôt l'adjectif *impoli*.
malposition n. f.
malpropre adj.
malproprement adv.
malpropreté n. f.
malsain, aine adj.
malséance n. f.
malséant, ante adj.
malsemé, ée adj.

malsonnant, ante adj.
malstrom ou **malström** /malstʀøm/ n. m.
→ **maelstrom**
malt n. m.
HOM. **malthe**, formes du v. **malter**
maltage n. m.
maltais, aise adj. et n.
➾ L'adjectif s'écrit sans majuscule : *la population maltaise ; un bichon maltais.* Le nom s'écrit avec une majuscule uniquement quand il désigne une personne : *les Maltais ; c'est une Maltaise* mais *parler le maltais ; élever des maltais.*
maltase n. f.
malté, ée adj.
malter v. tr. | conjug. 1 |
malterie n. f.
malteur n. m.
malthe n. f.
HOM. **malt**, formes du v. **malter**
malthusianisme n. m.
malthusien, ienne adj. et n.
maltine n. f.
maltose n. m.
maltôte n. f.
maltôtier, ière n.
maltraitance n. f.
maltraitant, ante adj.
maltraiter v. tr. | conjug. 1 |
ϟ Attention à la différence entre **maltraiter**, qui signifie « traiter avec brutalité, rigueur » *(les enfants maltraités par leurs parents)* et **mal traiter** qui signifie « traiter de façon inappropriée » *(sa maladie/la question a été mal traitée).*
malus /malys/ n. m. ▪ plur. inv. ou plur. **mali**
Ξ On peut employer le pluriel francisé *malus* ou le pluriel latin *mali.*
malvacée n. f.
malvale n. f.
malveillamment adv.
malveillance n. f.
malveillant, ante adj.
malvenu, ue adj.
▸ **malvenu de/à** (+ inf.) *elle est malvenue de se plaindre* ou *à se plaindre*
malversation n. f.
mal-vivre n. m. inv.
malvoisie n. m.
malvoyance n. f.
malvoyant, ante n.
mama n. f.
→ **mamma**
mamaliga n. f.
mamamouchi n. m.
maman n. f.
mambo /mɑ̃(m)bo/ n. m.
mamé(e) ou **mamet** n. f.
mamelé, ée ou **mamellé, ée** adj.
mamellaire adj.
mamelle n. f.
➾ Ne pas écrire **mammelle* : contrairement à de nombreux mots de la même famille (*mammaire, mammifère*), ce mot n'a pas de double *m.*
mamelliforme adj.
mamelon n. m.
mamelonné, ée adj.
mamelonnement n. m.
mamelouk n. m.
mamelu, ue adj.
mamet n. f.
→ **mamé(e)**
[1]**mamie** ou **m'amie** n. f. (mon amie)
[2]**mamie** ▪ plur. **mamies** ou **mammy** ▪ plur. **mammys** ou plur. **mammies** n. f. (grand-mère)
Ξ La forme *mammy* est empruntée à l'anglais. On peut employer le pluriel francisé *mammys* ou le pluriel anglais *mammies.*
mamillaire /-mil-/ adj. et n. f.
mamilloplastie /-mil-/ n. f.
mamma ou **mama** n. f.
mammaire adj.
mammalien, ienne adj.
mammalogie n. f.
mammalogique adj.
mammalogiste n.
mammectomie n. f.
mammifère adj. et n. m.
mammisi n. m. ▪ plur. inv. ou plur. **mammisis**
mammite n. f.
mammographie n. f.
mammoplastie n. f.
mammouth n. m.
mammy n. f. ▪ plur. **mammys** ou plur. **mammies**
→ [2]**mamie**
mamours n. m. pl.
mam'selle ou **mam'zelle** n. f.
man n. m.
HOM. formes du v. **mentir**
mana n. m.
manade n. f.
manadier n. m.
management /manaʒmɑ̃ ; manadʒmɛnt/ n. m.
manager /mana(d)ʒe/ v. tr. | conjug. 3 |
managérial, iale, iaux /manadʒeʀjal/ adj.
manageur, euse ou **manager** /manadʒœʀ ; manadʒɛʀ/ n.
manant n. m.
mancelle n. f.
mancenille n. f.

mancenillier n. m.
➾ Le texte des Rectifications de l'orthographe de 1990 donne une liste, censément close, des mots en *-illier* pour lesquels on accepte la terminaison *-ller* lorsque le *i* n'est pas prononcé (*joailler, marguiller, ouillère, quincailler, serpillère*). *Mancenillier* n'y figure pas et la plupart des travaux commentant le texte des Rectifications expliquent cette absence par son appartenance à la classe des végétaux.
[1]**manche** n. f. (partie d'un vêtement, partie d'un jeu, tuyau, bras de mer)
[2]**manche** n. m. (partie d'un outil)
mancheron n. m.
manchette n. f.
manchon n. m.
manchonnage n. m.
manchonner v. tr. | conjug. 1 |
[1]**manchot, ote** adj. et n. (personne)
➾ Ne pas écrire **manchotte* : le féminin n'a qu'un seul *t*.
[2]**manchot** n. m. (oiseau)
manchy n. m.
mancie n. f.
mancienne n. f.
mancipation n. f.
mancipium /-jɔm/ n. m.
mandala n. m.
mandale n. f.
mandant, ante n.
⚡ Ne pas confondre **mandant** avec **mandataire** : le mandant donne au mandataire le pouvoir de faire quelque chose en son nom.
[1]**mandarin, ine** n. m. et adj. (personne, canard)
[2]**mandarin** n. m. (langue)
➾ Comme tous les noms de langues, ce mot s'écrit sans majuscule : *parler le mandarin*.
mandarinal, ale, aux adj.
mandarinat n. m.
mandarine n. f. (fruit)
Ξ Ce mot peut s'employer comme adjectif de couleur ; il est alors invariable : *des foulards mandarine*.
mandarinier n. m.
mandat n. m.
HOM. formes du v. **mander**
mandataire n.
➾ Ne pas employer **mandateur*, qui n'existe pas.
⚡ Ne pas confondre **mandataire** avec **mandant** : le mandataire reçoit du mandant le pouvoir de faire quelque chose en son nom.
HOM. forme du v. **mandater**
mandataire-liquidateur n. m. ▪ plur. **mandataires-liquidateurs**
mandat-carte n. m. ▪ plur. **mandats-cartes**
mandatement n. m.
mandater v. tr. | conjug. 1 |
⚡ Ne pas confondre **mandater**, qui signifie « donner pouvoir à (qqn) », avec **mander**, qui signifie « transmettre (une instruction) », « faire savoir par lettre » ou « faire venir (qqn) ».
mandatif, ive adj.
mandat-lettre n. m. ▪ plur. **mandats-lettres**
mandat-poste n. m. ▪ plur. **mandats-poste**
mandature n. f.
mandchou, e /mɑ̃tʃu/ adj. et n.
➾ L'adjectif s'écrit sans majuscule : *la population mandchoue*. Le nom s'écrit avec une majuscule uniquement quand il désigne une personne : *les Mandchous* ; *c'est une Mandchoue* mais *parler le mandchou*.
mande n. f.
mandé ou **mendé** n. et adj. inv.
➾ Comme tous les noms de langues, ce mot s'écrit sans majuscule : *parler le mandé* ou *le mendé*.
mandement n. m.
mander v. tr. | conjug. 1 |
⚡ Ne pas confondre **mander**, qui signifie « transmettre (une instruction) », « faire savoir par lettre » ou « faire venir (qqn) » avec **mandater**, qui signifie « donner pouvoir à (qqn) ».
mandibulaire adj.
mandibule n. f.
☯ Ce mot est féminin : *une mandibule*.
mandille n. f.
mandingue adj. et n.
mandoline n. f.
mandoliniste n.
mandore n. f.
mandorle n. f.
mandragore n. f.
mandre n. f.
mandrill /mɑ̃dʀil/ n. m.
mandrin n. m.
mandrinage n. m.
mandriner v. tr. | conjug. 1 |
mandrineur, euse n. (personne)
mandrineuse n. f. (outil)
manducation n. f.
manécanterie n. f.
manège n. m.
manéger v. tr. et v. intr. | conjug. 6 |
mânes n. m. pl.
☯ Ce mot est masculin : *les mânes ancestraux*.
HOM. **manne**
manet n. m.
maneton n. m.
manette n. f. (levier)
HOM. **mannette**
manezingue n. m.
manga n. m.
mangabey n. m.

mangaka n.
manganate n. m.
manganèse n. m.
manganésien, ienne adj.
manganeux adj. m.
manganifère adj.
manganin n. m.
manganique adj.
manganisme n. m.
[1]**manganite** n. m. (oxyde double du bioxyde de manganèse et d'un oxyde métallique)
[2]**manganite** n. f. (hydroxyde de manganèse naturel)
mangeable adj.
mangeaille n. f.
mange-disque n. m. ▪ plur. **mange-disques**
mange-mil n. m. ▪ plur. inv. ou plur. **mange-mils**○
mangeoire n. f.
mangeotter ou **mangeoter**○ v. tr. | conjug. 1 |
[1]**manger** n. m.
Ξ Hormis dans l'expression **le boire et le manger**, l'emploi de ce nom est populaire. Dans le langage soigné, on dira plutôt *nourriture*.
[2]**manger** v. tr. | conjug. 3 |
Ξ À la forme passive, le complément d'agent est généralement introduit par la préposition *par* : *une plaque de fer mangée par la rouille*. On le rencontre parfois introduit par la préposition *de* et, dans certaines expressions, par la préposition *à* : *un cadavre mangé des vers* ; *une étoffe mangée aux mites*.
mangerie n. f.
mange-tout ▪ plur. inv. ou **mangetout**○ ▪ plur. **mangetouts**○ n. m.
mangeur, euse n.
mangeure ou **mangeüre**○ /mɑ̃ʒyʀ/ n. f.
♪ Ne pas prononcer /mɑ̃ʒœʀ/.
mangle n. f.
manglier n. m.
manglietia /-etja/ n. m.
mango n. m. ou f.
mangonneau n. m.
mangotier n. m.
mangoustan n. m.
mangoustanier n. m.
mangouste n. f.
mangoustier n. m.
mangrove n. f.
mangue n. f.
manguier n. m.
manhattan /manatan/ n. m.
➾ Lorsqu'il désigne un cocktail, ce mot s'écrit sans majuscule, contrairement au nom propre qui désigne le quartier new-yorkais : *préparer un manhattan*.
maniabilité n. f.
maniable adj.
maniacodépressif, ive adj.
maniage n. m.
maniaque adj.
maniaquement adv.
maniaquerie n. f.
manichéen, enne /-k-/ n. et adj.
manichéisme /-k-/ n. m.
manichéiste /-k-/ n. et adj.
manicle ou **manique** n. f.
manicorde ou **manicordion** ou **manichordion** n. m.
manie n. f.
maniement n. m.
➾ Ne pas oublier le *e* muet.
[1]**manier** n. m.
[2]**manier** v. tr. | conjug. 7 |
[3]**manier (se)** ou **magner (se)** v. tr. | conjug. 7 |
➾ Aux temps composés, le participe passé s'accorde en genre et en nombre avec le sujet : *ils se sont magnés*. Mais le participe passé ne s'accorde pas quand il est suivi d'un complément d'objet direct : *elle s'est magné le popotin*.
manière n. f.
▸ **de manière à** (+ inf.) *manœuvrer de manière à obtenir qqch*.
➾ Ce mot est au singulier dans la locution **de toute manière**.
⌘ La locution **de telle manière que** est suivie de l'indicatif pour indiquer une conséquence de fait, du subjonctif pour indiquer une conséquence voulue ou du conditionnel pour indiquer une éventualité : *il a agi de telle manière qu'il a échoué ; de manière que tout aille bien ; elle s'est préparée de telle manière qu'elle pourrait réussir*.
La locution **de manière à ce que** (+ subj.) est critiquée mais courante. ***De telle manière à ce que** est fautif.
maniéré, ée adj.
maniérisme n. m.
➾ Comme tous les noms de courants artistiques, ce mot s'écrit sans majuscule : *le maniérisme de Bronzino*.
maniériste adj. et n.
➾ Comme tous les mots désignant ou qualifiant un courant artistique ou ses représentants, ce mot s'écrit sans majuscule : *l'architecture maniériste ; les maniéristes*.
maniette n. f.
manieur, ieuse n.
manif n. f.
▫ abrév. de **manifestation**
manifestant, ante n.
manifestation n. f.
manifeste adj. et n. m.

manifestement adv.
manifester v. tr. et v. intr. | conjug. 1 |
¬ **se manifester**
➾ Aux temps composés de la forme pronominale, le participe passé s'accorde en genre et en nombre avec le sujet : *plusieurs candidats se sont manifestés.*
manifold n. m.
manigance n. f.
➾ Ne pas écrire **maniguance.*
manigancer v. tr. | conjug. 3 |
➾ Ne pas écrire **maniguancer.*
¬ **se manigancer**
➾ Aux temps composés de la forme pronominale, le participe passé s'accorde en genre et en nombre avec le sujet : *une étrange affaire s'est manigancée pendant son absence.*
maniguette n. f.
[1]**manille** n. f. (jeu, anneau)
[2]**manille** n. m. (cigare, chapeau)
➾ Quand il désigne un cigare ou un chapeau, ce mot s'écrit sans majuscule, contrairement au nom propre qui désigne la ville : *fumer des manilles ; porter un manille.*
maniller v. intr. | conjug. 1 |
manilleur, euse n.
manillon n. m.
maniluve n. m.
→ **manuluve**
manioc n. m.
manip n. f.
▫ abrév. de **manipulation**
manipulable adj.
manipulateur, trice n. et adj.
manipulation n. f.
manipule n. m.
☯ Ce mot est masculin : *un manipule.*
manipuler v. tr. | conjug. 1 |
manique n. f.
→ **manicle**
manitoba n. m.
manitou n. m.
maniveau n. m.
manivelle n. f.
manne n. f.
HOM. **mânes**
mannée n. f.
[1]**mannequin, ine** n. (personne)
☯ Pour parler d'une femme, le *Guide d'aide à la féminisation des noms de métiers, titres, grades et fonctions* et l'Office québécois de la langue française admettent l'emploi de *mannequine* ou de *mannequin* au féminin : *c'est une mannequine* ou *une mannequin célèbre.* Le masculin est encore souvent employé : *sa femme est un mannequin célèbre.*
☰ Ce mot s'emploie en apposition dans l'expression **taille mannequin** ; il est alors invariable : *des tailles mannequin.*
[2]**mannequin** n. m. (objet)
mannequinage n. m.
mannequinat n. m.
HOM. formes du v. **mannequiner**
mannequiner v. tr. | conjug. 1 |
mannequineur, euse n.
mannette n. f. (panier)
HOM. **manette**
mannite n. f.
mannité, ée adj.
mannitol n. m.
mannose n. m.
manocage ou **manoquage** n. m.
manocontact n. m.
manodétendeur n. m.
manœuvrabilité n. f.
manœuvrable adj.
manœuvrant, ante adj.
[1]**manœuvre** n. f. (action)
[2]**manœuvre** n. (personne)
manœuvrer v. intr. et v. tr. | conjug. 1 |
manœuvrier, ière n.
manographe n. m.
manoir n. m.
manoko n. m.
manola n. f.
manomètre n. m.
manométrie n. f.
manométrique adj.
manoquage n. m.
→ **manocage**
manoque n. f.
manoquer v. tr. | conjug. 1 |
manostat n. m.
manotte n. f.
manouche n. et adj.
➾ L'adjectif s'écrit sans majuscule : *le peuple manouche ; la musique manouche.* Le nom s'écrit avec une majuscule : *les Manouches ; c'est une Manouche.*
manouvrier, ière n.
manquant, ante adj.
manque adj. et n. m.
manqué, ée adj. et n. m.
manquement n. m.
manquer v. intr., v. tr. et v. tr. ind. | conjug. 1 |
▸ **manquer à** (+ n.) *ses enfants lui manquent ; les mots me manquent pour en parler ; il a manqué à tous ses devoirs*
▸ **manquer de** (+ n.) *ils manquent d'argent ; manquer de respect à qqn*
▸ **manquer (de)** (+ inf.) *j'ai manqué (de) tomber*

▸ **ne pas manquer de** (+ inf.) *je ne manquerai pas de vous informer ; ça ne peut manquer d'arriver*

¬ **se manquer**

➾ Aux temps composés de la forme pronominale, le participe passé s'accorde en genre et en nombre avec le sujet quand *manquer* signifie « rater » (le pronom est complément d'objet direct) : *ils se sont manqués de peu.* Quand *manquer* signifie « faire défaut », le participe passé est invariable (le pronom est complément d'objet indirect) : *ils se sont beaucoup manqué.*

mansard ou **mansart** n. m.

mansarde n. f.

mansardé, ée adj.

manse n. f. ou m.

HOM. **mense**

mansion n. f.

HOM. **mention**

mansionnaire n. m.

HOM. forme du v. **mentionner**

mansuétude n. f.

manta ou **mante** n. f. (poisson)

HOM. **menthe,** formes du verbe **mentir**

mante n. f. (insecte, vêtement)

HOM. **menthe,** formes du verbe **mentir**

manteau n. m.

mantelé, ée adj.

mantelet n. m.

manteline n. f.

mantellique adj.

mantelure n. f.

mantille n. f.

mantique n. f.

mantisse n. f.

mantra n. m.

manualiser v. tr. | conjug. 1 |

manualité n. f.

manubrium /-ɔm/ n. m.

manucode n. m.

[1]**manucure** n. (personne)

[2]**manucure** n. m. ou f. (soin des mains)

manucurer v. tr. | conjug. 1 |

manucurie n. f.

[1]**manuel, elle** adj.

[2]**manuel** n. m.

manuélin, ine adj.

manuelle n. f.

manuellement adv.

manufacturable adj.

manufacture n. f.

manufacturer v. tr. | conjug. 1 |

manufacturier, ière n. et adj.

manuluve ou **maniluve** n. m.

manu militari loc. adv.

manumission n. f.

manuscriptologie n. f.

manuscrit, ite adj. et n. m.

Ξ Malgré le sens étymologique « texte écrit à la main », le nom peut s'employer pour parler d'un texte tapé à la machine ou sur ordinateur : *envoyer un manuscrit par courriel.*

manutention n. f.

manutentionnaire n.

manutentionner v. tr. | conjug. 1 |

manutentionneur, euse n.

manuterge n. m.

manzanilla /mɑ̃dzanija/ n. m. ou f.

mao adj. et n.

▫ abrév. de **maoïste**

M. A. O. n. f.

▫ abrév. de **maintenance assistée par ordinateur**

maoïsme n. m.

maoïste adj. et n.

maori, ie adj. et n.

➾ L'adjectif s'écrit sans majuscule : *la population maorie.* Le nom s'écrit avec une majuscule uniquement quand il désigne une personne : *les Maoris ; c'est une Maorie* mais *parler le maori.*

maous, ousse ou **mahous, ousse** adj.

map n. f.

▫ rec. off. : **mappe**

mappage n. m.

▫ rec. off. pour **mapping**

mappe n. f.

▫ rec. off. pour **map**

mappemonde n. f.

Ξ L'emploi de ce mot pour parler d'une sphère représentant le globe terrestre est courant mais abusif : *mappemonde* désigne normalement une carte plane.

mapper v. tr. | conjug. 1 |

mapping /-iŋ/ n. m.

▫ rec. off. : **mappage**

maquage n. m.

→ **macquage**

[1]**maque** n. f. (outil)

→ **macque**

[2]**maque** n. m.

→ **mac**

maquée n. f.

[1]**maquer** v. tr. | conjug. 1 |

Ξ Ce mot appartient au registre populaire.

¬ **se maquer**

➾ Aux temps composés de la forme pronominale, le participe passé s'accorde en genre et en nombre avec le sujet : *elle s'est maquée avec son boulanger.*

HOM. **macquer**

[2]**maquer** v. tr. | conjug. 1 |

→ **macquer**

maqueraison n. f.

maquereau n. m.
HOM. **macro**
maquereautage ou **maquerellage** n. m.
maquereauter ou **maquereller** v. tr. et v. intr. | conjug. 1 |
maquereautier n. m.
HOM. formes du v. **maquereauter**
maquerelle n. f.
Ξ Ce mot s'emploie en apposition dans la locution **mère maquerelle** ; il prend la marque du pluriel : *des mères maquerelles.*
maquettage n. m.
maquette n. f.
maquetter v. tr. | conjug. 1 |
maquettisme n. m.
maquettiste n.
maquignon, onne n.
maquignonnage n. m.
maquignonner v. tr. | conjug. 1 |
maquillage n. m.
maquiller v. tr. | conjug. 1 |
¬ **se maquiller**
➾ Aux temps composés de la forme pronominale, le participe passé s'accorde en genre et en nombre avec le sujet : *elle s'est maquillée avant de sortir.* Mais le participe passé ne s'accorde pas quand il est suivi d'un complément d'objet direct : *elle s'est maquillé les yeux.* Il ne s'accorde avec le complément d'objet direct que lorsque celui-ci est placé avant le verbe : *elle se les est maquillés.*
1 **maquilleur, euse** n. (personne)
2 **maquilleur** n. m. (bateau)
maquis n. m.
HOM. **maki**
maquisard n. m.
mara n. m.
marabout n. m. et adj.
maraboutage n. m.
marabouter v. tr. | conjug. 1 |
maraboutique adj.
maraboutisme n. m.
marabunta /-bunta/ n. f.
maracas /-kas/ n. f. pl.
Ξ Ce mot s'emploie presque toujours au pluriel. L'usage hésite quant à la forme du singulier : *une maraca* ou *une maracas.*
maracuja ou **maracudja** /-ku(d)ʒa/ n. m.
maraîchage ou **maraichage** ○ n. m.
maraîcher, ère ou **maraicher, ère** ○ n. et adj.
maraîchin, ine ou **maraichin, ine** ○ adj. et n.
marais n. m.
➾ Ce mot s'écrit avec une majuscule dans les dénominations géographiques : *le Marais* (quartier parisien) ; *le Marais breton* ; *le Marais poitevin.* **Marais salant** s'écrit sans trait d'union.
HOM. forme du v. **marrer (se)**
maranta n. m.
marasme n. m.
marasque n. f.
marasquin n. m.
marathe ou **mahratte** adj. et n.
➾ L'adjectif s'écrit sans majuscule : *le peuple marathe.* Le nom s'écrit avec une majuscule uniquement quand il désigne une personne : *les Marathes* mais *parler le marathe.*
HOM. forme du v. **marrer (se)**
marathon n. m.
Ξ Ce mot peut s'employer en apposition ; il prend la marque du pluriel : *des discussions marathons.*
marathonien, ienne n.
maratisme n. m.
maratiste adj. et n.
marâtre n. f.
maraud, aude n.
maraudage n. m.
maraude n. f.
marauder v. intr. et v. tr. | conjug. 1 |
maraudeur, euse n. et adj.
maravédis /-dis/ n. m.
marayon n. m.
marbrage n. m.
marbre n. m.
marbré, ée adj.
marbrer v. tr. | conjug. 1 |
marbrerie n. f.
marbreur, euse n.
marbrier, ière adj. et n. (personne)
marbrière n. f. (carrière)
marbrure n. f.
marc /maʀ/ n. m.
HOM. **mare, marre,** formes du verbe **marrer (se)**
marcaire n. m.
HOM. forme du v. **marquer**
marcairerie ou **marcairie** n. f.
marcassin n. m.
marcassite n. f.
marcel n. m.
marceline n. f.
marcescence n. f.
marcescent, ente adj.
marcescible adj.
marchage n. m.
marchand, ande n. et adj.
HOM. **marchant**
→ aussi **vin**
marchandage n. m.
marchandailler v. tr. | conjug. 1 |
marchander v. tr. | conjug. 1 |
marchandeur, euse n.
marchandisage n. m.
◻ rec. off. pour **merchandising**
marchandisation n. f.

marchandise n. f.
marchandiseur, euse n.
marchant, ante adj.
HOM. **marchand**
marchantia ou **marchantie** n. f.
[1]**marche** n. f. (province, district militaire)
[2]**marche** n. f. (endroit où se pose le pied, action de marcher)
➾ Ce mot s'écrit avec une majuscule dans les noms de manifestations : *la Marche mondiale des femmes ; la Marche pour la paix.*
Ξ **Marche à pied** est un pléonasme courant à éviter dans le langage soigné.
marché n. m.
➾ Ce mot s'écrit avec une majuscule dans **le Marché commun**. La locution **bon marché** est invariable : *des chaussures bon marché.* Le comparatif est **meilleur marché** (et non pas ***plus bon marché**) : *un produit meilleur marché qu'un autre.*
marchéage n. m.
marché-gare n. m. ▪ plur. **marchés-gares**
marchepied n. m.
marcher v. intr. | conjug. 1 |
marchette n. f.
marcheur, euse n. et adj.
marconi adj. inv.
marcotin ou **marquotin** n. m.
marcottage n. m.
marcotte n. f.
marcotter v. tr. | conjug. 1 |
mardelle n. f.
mardi n. m. et interj.
➾ Comme tous les noms qui désignent un jour de la semaine, ce mot prend un *s* au pluriel : *ils vont au cinéma tous les mardis.* Il s'écrit sans majuscule, sauf dans les noms de fêtes : *Mardi gras ; le Mardi saint.*
mare n. f.
HOM. **marc, marre,** formes du verbe **marrer (se)**
marécage n. m.
marécageux, euse adj.
maréchal, ale, aux n.
maréchalat n. m.
maréchalerie n. f.
maréchal-ferrant, maréchale-ferrante n. ▪ plur. **maréchaux-ferrants, maréchales-ferrantes**
maréchaliste adj. et n.
maréchaussée n. f.
marée n. f.
HOM. **marrer (se)**
→ aussi **carême**
marégramme n. m.
marégraphe n. m.
marégraphique adj.
marègue n. f.
marelle n. f.
maremmatique adj.
maremme n. f.
marémoteur, trice adj.
marengo /-RĒ-/ n. m.
Ξ Dans le domaine culinaire, *marengo* s'emploie dans la locution **à la marengo** ou en apposition ; il est alors invariable : *des veaux (à la) marengo.* Ce mot peut s'employer seul comme adjectif de couleur ou derrière un adjectif de couleur pour en préciser la nuance ; ces adjectifs sont alors invariables : *des rideaux brun marengo ; des vestes marengo.*
marennes n. f.
HOM. **marraine**
marennine n. f.
maréomètre n. m.
mareyage n. m.
mareyeur, euse n.
marfil n. m.
→ [1]**morfil**
margaille n. f.
margarine n. f.
margarinerie n. f.
margarinier, ière adj. et n.
margarita n. f. ou m.
margauder v. intr. | conjug. 1 |
margaux n. m.
➾ Lorsqu'il désigne un vin, ce mot s'écrit sans majuscule, contrairement au nom propre qui désigne la commune : *un vin de Margaux* mais *une bouteille de margaux.*
HOM. **margot**
margay /maʀgɛ/ n. m.
marge n. f.
margelle n. f.
margeoir n. m.
marger v. tr. et v. intr. | conjug. 3 |
margeur, euse n.
marginal, ale, aux adj. et n.
marginalement adv.
marginalisation n. f.
marginaliser v. tr. | conjug. 1 |
¬ **se marginaliser**
➾ Aux temps composés de la forme pronominale, le participe passé s'accorde en genre et en nombre avec le sujet : *elles se sont marginalisées.*
marginalisme n. m.
marginaliste adj. et n.
marginalité n. f.
marginé, ée adj.
marginer v. tr. | conjug. 1 |
margis n. m.
□ abrév. de **maréchal des logis**
Ξ Cette abréviation est argotique.
margot n. f.
HOM. **margaux**

margoter ou **margotter** v. intr. | conjug. 1 |
margotin n. m.
margoton n. f.
margouillat n. m.
margouillis n. m.
margoulette n. f.
margoulin, ine n.
margousier n. m.
margrave n.
margravial, ale, aux adj.
margraviat n. m.
margravine n. f.
margritin n. m.
marguerite n. f.
marguillier, ière ou **marguiller, ère** n.
mari n. m.
HOM. **marri**, formes du v. **marier**
mariable adj.
mariachi /maʀjatʃi/ n. m.
mariage n. m.
marial, iale, ials ou **iaux** adj.
➾ Au masculin pluriel, on peut employer *marial* ou *mariaux*. Les deux formes sont admises par l'Académie.
marialogie ou **mariologie** n. f.
marianiste n. m.
marianne n. f.
marié, iée adj. et n.
marie-couche-toi-là n. f. inv.
marie-galante n. f. ▪ plur. **maries-galantes**
marie-jeanne n. f. inv. (marijuana)
➾ Contrairement au prénom composé, ce nom s'écrit sans majuscules.
[1]**marie-louise** n. f. ▪ plur. **maries-louises** (partie d'un cadre)
➾ Contrairement au prénom composé, ce mot s'écrit sans majuscule.
[2]**marie-louise** n. m. ▪ plur. **maries-louises** (novice)
➾ Contrairement au prénom composé, ce mot s'écrit sans majuscule.
marier v. tr. | conjug. 7 |
☰ L'emploi de la forme transitive au sens de « épouser » (*il a marié la fille d'un notaire*) est vieilli ou régional.
¬ **se marier**
➾ Aux temps composés de la forme pronominale, le participe passé s'accorde en genre et en nombre avec le sujet : *ils se sont mariés en août*.
☰ On peut employer **se marier à qqn** ou **se marier avec qqn**. La seconde forme est plus courante.
marie-salope n. f. ▪ plur. **maries-salopes**
marieur, ieuse n.
marigot n. m.
marijuana /-ʀwana ; -ʒɥana/ ou **marihuana** n. f.
marimba /-ʀim-/ n. m.
[1]**marin, ine** adj.
[2]**marin, ine** n.
☯ Pour parler d'une femme, le *Guide d'aide à la féminisation des noms de métiers, titres, grades et fonctions* et l'Office québécois de la langue française préconisent l'emploi de *marin* au féminin : *c'est une marin*. Le *Guide d'aide à la féminisation des noms de métiers, titres, grades et fonctions* admet également la forme *marine* : *c'est une marine*.
☰ *Marin* peut s'employer en apposition ; il est alors invariable : *des cols marin*.
marina n. f.
marinade n. f.
marinage n. m.
[1]**marine** n. f. (art de la navigation)
☰ Ce mot peut s'employer seul comme adjectif de couleur ou derrière un adjectif de couleur pour en préciser la nuance ; ces adjectifs sont alors invariables : *des pantalons bleu marine* ; *des pulls marine*.
[2]**marine** n. m. (soldat)
mariné, ée adj.
mariner v. tr. et v. intr. | conjug. 1 |
marinesque adj.
maringote ou **maringotte** n. f.
maringouin n. m.
marinier, ière n. et adj. (personne)
HOM. formes du v. **mariner**
marinière n. f. (blouse)
☰ Dans le domaine culinaire, ce mot s'emploie dans l'expression **à la marinière** ou en apposition ; il est alors invariable : *des moules (à la) marinière*.
marinisme n. m.
mariniste adj. et n.
mariolle ou **mariole**° adj. et n.
mariologie n. f.
→ **marialogie**
marionnette n. f.
marionnettiste n.
marisque n. f.
mariste n.
➾ Ce mot s'écrit avec une minuscule lorsqu'il désigne une personne : *un couvent de maristes*. Il s'écrit avec une majuscule lorsqu'il désigne sans ambiguïté l'ordre lui-même : *il est entré chez les Maristes*.
marital, ale, aux adj.
maritalement adv.
maritime adj.
maritorne n. f.
marivaudage n. m.
marivauder v. intr. | conjug. 1 |
marjo adj. et n.
◻ abrév. de **marginal**
marjolaine n. f.

mark n. m.
HOM. **marque**, formes du v. **marquer**
marketer /maRkəte/ v. tr. | conjug. 4 |
marketing /maRketiŋ/ ou **markéting**○ /-iŋ/ n. m.
◘ rec. off. : **mercatique**
markovien, ienne adj.
marle adj.
marli n. m.
marlin n. m.
marlou n. m.
marmaille n. f.
marmelade n. f.
marmenteau adj. m.
marmitage n. m.
marmite n. f.
marmitée n. f.
marmiter v. tr. | conjug. 1 |
marmiteux, euse adj.
marmiton n. m.
HOM. formes du v. **marmiter**
marmonnage n. m.
marmonnement n. m.
marmonner v. tr. | conjug. 1 |
Ne pas confondre **marmonner** avec **marmotter**. Les deux verbes signifient « dire confusément, parler entre ses dents » mais seul *marmonner* s'emploie au sens de « murmurer avec hostilité » : *marmonner des menaces*.
marmoréen, enne adj.
marmorisation n. f.
marmoriser v. tr. | conjug. 1 |
marmot n. m.
Ce mot n'a pas de forme féminine. Au singulier, il ne s'emploie que pour désigner un petit garçon. Au pluriel, il désigne des enfants sans distinction de sexe.
marmottage n. m.
marmottant, ante adj.
marmotte n. f.
marmottement n. m.
marmotter v. tr. | conjug. 1 |
Ne pas confondre **marmotter** avec **marmonner**. Les deux verbes signifient « dire confusément, parler entre ses dents » mais seul *marmonner* s'emploie au sens de « murmurer avec hostilité » : *marmonner des menaces*.
marmotteur, euse n. et adj.
marmottier n. m.
HOM. formes du v. **marmotter**
marmotton n. m.
HOM. formes du v. **marmotter**
marmouset n. m.
marnage n. m.
marne n. f.
marner v. tr. et v. intr. | conjug. 1 |
marneur, euse n.
marneux, euse adj.
marnière n. f.
marnon n. m.
HOM. formes du v. **marner**
marocanisation n. f.
maroilles /maRwal/ n. m.
Lorsqu'il désigne un fromage, ce mot s'écrit sans majuscule, contrairement au nom propre qui désigne la commune : *du fromage de Maroilles* mais *manger du maroilles*.
maronage n. m.
HOM. **marronnage**
maronite n. et adj.
maronnant adj.
maronner v. intr. | conjug. 1 |
HOM. **marronner**
maroquin n. m.
maroquinerie n. f.
maroquinier, ière n.
marotique adj.
marotisme n. m.
marotte n. f.
1**marouette** n. f. (oiseau)
2**marouette** n. f. (plante)
→ **maroute**
marouflage n. m.
1**maroufle** n. m. (homme)
2**maroufle** n. f. (colle)
maroufler v. tr. | conjug. 1 |
maroufleur, euse n.
maroute ou **marouette** n. f.
marprime n. f.
marquage n. m.
Ne pas écrire **marcage*.
marquant, ante adj.
marque n. f.
HOM. **mark**
marqué, ée adj. et n. m.
marque-page n. m. ▪ plur. **marque-pages**
marquer v. tr. et v. intr. | conjug. 1 |
¬ **se marquer**
Aux temps composés de la forme pronominale, le participe passé s'accorde en genre et en nombre avec le sujet : *ses traits se sont marqués avec l'âge*.
marqueté, ée adj.
marqueterie /-kɛtRi ; -kətRi/ ou **marquèterie** n. f.
Ne pas écrire **marquetterie*.
marqueteur, euse n.
marquette n. f.
marqueur, euse n.
marquis n. m.
Comme tous les titres de noblesse, ce mot s'écrit sans majuscule : *le marquis de Sade* ; *monsieur le marquis est arrivé*.

marquisat n. m.
marquise n. f.
➾ Comme tous les titres de noblesse, ce mot s'écrit sans majuscule : *la marquise de Brinvilliers ; madame la marquise est arrivée.*
marquoir n. m.
marquotin n. m.
→ **marcotin**
marrade n. f.
marraine n. f.
➾ Ne pas écrire **maraine* : ce mot s'écrit avec deux *r*.
HOM. **marennes**
marrane n.
marrant, ante adj.
marre adv. et n. f.
HOM. **marc, mare**
marrer (se) v. pron. | conjug. 1 |
➾ Aux temps composés, le participe passé s'accorde en genre et en nombre avec le sujet : *elles se sont bien marrées.*
HOM. **marée**
marri, ie adj.
HOM. **mari**, formes du v. **marier**
[1]**marron** n. m. et adj. inv. (fruit, couleur)
➾ L'adjectif est invariable : *des yeux marron.*
HOM. formes du v. **marrer (se)**
[2]**marron, onne** adj. (clandestin)
HOM. (du masc.) formes du v. **marrer (se)** ; (du fém.) formes des v. **maronner, marronner**
marronnage n. m.
HOM. **maronage**
marronnasse adj.
marronner v. intr. | conjug. 1 |
HOM. **maronner**
marronnier n. m.
HOM. formes des v. **maronner, marronner**
marrube n. m.
mars /maʀs/ n. m.
➾ Comme tous les noms de mois, ce mot s'écrit sans majuscule : *le 16 mars.*
→ aussi **carême**
marsala n. m.
➾ Lorsqu'il désigne un vin, ce mot s'écrit sans majuscule, contrairement au nom propre qui désigne la ville : *un vin de Marsala* mais *une bouteille de marsala.*
marsault /-so/ n. m.
marseillais, aise adj. et n.
➾ L'adjectif s'écrit sans majuscule : *la population marseillaise.* Le nom s'écrit avec une majuscule uniquement quand il désigne une personne : *les Marseillais ; c'est une Marseillaise* mais *parler le marseillais.* Quand **La Marseillaise** désigne l'hymne national, il s'agit d'un titre ; il s'écrit donc avec une majuscule.
marshal n. m.
marshmallow /maʀʃmalo/ n. m.
marsouin n. m.
marsouinage n. m.
marsouiner v. intr. | conjug. 1 |
marsupial, iale, iaux adj. et n. m.
marsupium /-jɔm/ n. m.
martagon n. m.
marte ou **martre** n. f.
marteau n. m.
marteau-pilon n. m. ▪ plur. **marteaux-pilons**
marteau-piolet n. m. ▪ plur. **marteaux-piolets**
marteau-piqueur n. m. ▪ plur. **marteaux-piqueurs**
marteau-révolver ▪ plur. **marteaux-révolvers** ou **marteau-revolver** ▪ plur. **marteaux-revolvers** n. m.
martel n. m.
Ξ Ce mot ne s'emploie que dans l'expression **se mettre martel en tête**.
HOM. formes du v. **marteler**
martelage n. m.
martelé, ée adj.
martèlement n. m.
marteler v. tr. | conjug. 5 |
martelet n. m.
HOM. formes du v. **marteler**
martelette n. f.
marteleur, euse n.
martelière n. f.
marteline n. f.
martensite /-tɛ̃-/ n. f.
martensitique /-tɛ̃-/ adj.
martial, iale, iaux /-sjal, -sjo/ adj.
martialement /-sjal-/ adv.
martien, ienne /maʀsjɛ̃/ adj. et n.
➾ L'adjectif s'écrit sans majuscule : *les volcans martiens.* Le nom s'écrit avec une majuscule quand il désigne les habitants supposés de la planète Mars : *les Martiens ; elle joue le rôle d'une Martienne.* Il s'écrit avec une minuscule lorsqu'il désigne une personne étrange : *qu'est-ce que c'est que ce martien ?*
martin n. m.
martin-chasseur n. m. ▪ plur. **martins-chasseurs**
martinet n. m.
martingale n. f.
martingalé, ée adj.
Martini® n. m.
➾ Comme tous les noms déposés, ce mot doit s'écrire avec une majuscule : *une bouteille de Martini.* Toutefois, on le trouve très fréquemment employé comme nom générique sans respect de la règle : *une bouteille de martini.*
martinisme n. m.

martiniste adj. et n.
martin-pêcheur n. m. ▪ plur. **martins-pêcheurs**
martre n. f.
→ **marte**
martyr, yre n. et adj. (personne)
HOM. **martyre**
martyre n. m. (supplice)
▸ **souffrir le martyre**
HOM. **martyr**
martyriser v. tr. | conjug. 1 |
martyriseur n. m.
martyrium /-jɔm/ n. m.
martyrologe n. m.
➾ Ne pas employer **martyrologue*.
martyrologie n. f.
martyrologique adj.
martyrologiste n.
marxien, ienne adj.
marxisant, ante adj.
marxisation n. f.
marxiser v. tr. et v. intr. | conjug. 1 |
¬ **se marxiser**
➾ Aux temps composés de la forme pronominale, le participe passé s'accorde en genre et en nombre avec le sujet : *ses idées politiques se sont marxisées*.
marxisme n. m.
➾ Comme tous les noms de doctrines politiques, ce mot s'écrit sans majuscule : *se réclamer du marxisme*.
marxisme-léninisme n. m. ▪ plur. **marxismes-léninismes**
➾ Comme tous les noms de doctrine politiques, ce mot s'écrit sans majuscule : *le marxisme-léninisme*.
marxiste adj. et n.
➾ Comme tous les mots désignant ou qualifiant une doctrine politique ou ses partisans, ce mot s'écrit sans majuscule : *la doctrine marxiste ; les marxistes*.
marxiste-léniniste adj. et n. ▪ plur. **marxistes-léninistes**
➾ Comme tous les mots désignant ou qualifiant une doctrine politique ou ses partisans, ce mot s'écrit sans majuscule : *la doctrine marxiste-léniniste ; les marxistes-léninistes*.
marxologie n. f.
marxologue n.
maryland n. m.
➾ Lorsqu'il désigne du tabac, ce mot s'écrit sans majuscule, contrairement au nom propre qui désigne l'État : *du tabac du Maryland* mais *fumer du maryland*.
mas /mɑ(s)/ n. m.
HOM. **ma, mât**, formes du v. **masser**
masaï /masaj/ adj. et n.
mascara n. m.
mascarade n. f.
mascaret n. m.
mascaron n. m.
mascarpone n. m.
mascotte n. f.
masculin, ine adj.
masculinement adv.
masculinisation n. f.
masculiniser v. tr. | conjug. 1 |
¬ **se masculiniser**
➾ Aux temps composés de la forme pronominale, le participe passé s'accorde en genre et en nombre avec le sujet : *elle s'est masculinisée*.
masculinisme n. m.
masculinité n. f.
maser /mazɛʀ/ n. m.
□ abrév. de **microwave amplification by stimulated emission of radiation**
maset /mazɛ/ ou **mazet** n. m.
maskinongé n. m.
maso adj. et n.
□ abrév. de **masochiste**
HOM. **mazot**
masochisme n. m.
masochiste adj. et n.
masquage n. m.
masquant, ante adj.
[1]**masque** n. m. (objet)
[2]**masque** n. f. (femme)
masqué, ée adj.
masquer v. tr. | conjug. 1 |
massacrant, ante adj.
massacre n. m.
massacrer v. tr. | conjug. 1 |
massacreur, euse n.
massage n. m.
massaliote adj.
masse n. f.
⌘ Au sens figuré, lorsque **une masse de** suivi d'un nom est sujet, le verbe s'accorde soit avec *masse*, soit avec le complément : *une masse de gens s'est approchée* ou *se sont approchés*. Avec **la masse de**, le verbe s'accorde toujours avec *masse* : *la masse de gens s'est approchée*.
HOM. **mas**
massé n. m.
masselotte n. f.
massepain n. m.
masser v. tr. | conjug. 1 |
¬ **se masser**
➾ Aux temps composés de la forme pronominale, le participe passé s'accorde en genre et en nombre avec le sujet : *la foule s'était massée devant la préfecture*. Mais le participe passé ne s'accorde pas quand il est suivi d'un complément d'objet direct : *elle s'est massé les tempes*. Il ne s'accorde avec le complément

d'objet direct que lorsque celui-ci est placé avant le verbe : *elle se les est massées.*

masséter n. m.

massétérin, ine adj.

masse-tige n. f. ▪ plur. **masses-tiges**

massette n. f.

masseur, euse n.

massicot n. m.

massicotage n. m.

massicoter v. tr. | conjug. 1 |

massicoteur, euse n.

massicotier, ière n.

HOM. formes du v. **massicoter**

[1]**massier** n. m. (bâton)

HOM. formes du v. **masser**

[2]**massier, ière** n. (élève des Beaux-Arts)

HOM. formes du v. **masser**

massif, ive adj. et n. m.

➾ Dans les dénominations géographiques, ce mot commence par une minuscule quand il est déterminé par un nom propre et par une majuscule quand il est déterminé par un adjectif : *le massif du Jura* ; *le massif des Bauges* ; *le Massif central* ; *le Massif armoricain.*

massificateur, trice adj.

massification n. f.

massifier v. tr. | conjug. 7 |

massique adj.

massivement adv.

massiveté ou **massivité** n. f.

mass media /masmedja/ ou **mass médias**○ n. m. pl.

massore ou **massorah** n. f.

massorète n. m.

massorétique adj.

massothérapie n. f.

massue n. f.

Ξ Ce mot peut s'employer en apposition ; il prend la marque du pluriel : *des arguments massues.*

massule n. f.

mastaba n. m.

mastar adj. et n.

mastard, arde n.

mastectomie n. f.

[1]**master** /mastœʀ ; mastɛʀ/ n. m.

◻ rec. off. : **bande mère**

HOM. **Mastère**

[2]**master** /mastɛʀ/ n. m. (grade universitaire)

HOM. **Mastère**

master class ▪ plur. inv. ou **master classe** ▪ plur. **master classes** /mastɛʀklas/ n. f.

◻ rec. off. : **classe de maître**

Mastère® n. m.

➾ Comme tous les noms déposés, ce mot doit s'écrire avec une majuscule : *un Mastère de management.* Toutefois, on le trouve très fréquemment employé comme nom générique sans respect de la règle : *un mastère de management.*

HOM. **master**

mastérien, ienne n.

mastering /-iŋ/ n. m.

mastérisation n. f.

mastic n. m.

➾ Ne pas écrire **mastique.*

Ξ Ce mot peut s'employer seul comme adjectif de couleur ou derrière un adjectif de couleur pour en préciser la nuance ; ces adjectifs sont alors invariables : *des toiles gris mastic* ; *des imperméables mastic.*

HOM. formes du v. **mastiquer**

masticage n. m.

➾ Ne pas écrire **mastiquage.*

ϟ Ne pas confondre **masticage**, qui désigne l'action de coller ou de boucher avec du mastic, avec **mastication**, qui désigne l'action de mâcher.

masticateur, trice adj.

➾ Ce mot s'écrit avec un *c*, contrairement au verbe *mastiquer.*

mastication n. f.

➾ Ce mot s'écrit avec un *c*, contrairement au verbe *mastiquer.*

ϟ Ne pas confondre **mastication**, qui désigne l'action de mâcher, avec **masticage**, qui désigne l'action de coller ou de boucher avec du mastic.

masticatoire n. m. et adj.

➾ Ce mot s'écrit avec un *c*, contrairement au verbe *mastiquer.*

mastiff n. m.

mastigadour n. m.

mastigote n. m.

mastiquer v. tr. | conjug. 1 |

mastiqueur, euse n.

mastite n. f.

mastoc n. m. et adj. inv.

mastocyte n. m.

mastocytose n. f.

mastodonte n. m.

mastodontesque adj.

mastoïde n. f.

mastoïdien, ienne adj.

mastoïdite n. f.

mastologie n. f.

mastologue n.

mastopathie n. f.

mastroquet n. m.

masturbateur, trice n.

masturbation n. f.

masturbatoire adj.

masturber v. tr. | conjug. 1 |
¬ **se masturber**
➾ Aux temps composés de la forme pronominale, le participe passé s'accorde en genre et en nombre avec le sujet : *ils se sont masturbés.* Mais le participe passé ne s'accorde pas quand il est suivi d'un complément d'objet direct : *elle s'est masturbé l'esprit.*
m'as-tu-vu n. inv.
m'as-tuvuisme n. m.
masure n. f.
masurium /-jɔm/ n. m.
[1]**mat** /mat/ adj. inv. et n. m. (aux échecs)
HOM. **mat', maths, matte,** formes du v. **mater**
[2]**mat, mate** /mat/ adj. (terne, brun, sourd)
HOM. **mat', maths, matte,** formes du v. **mater**
mat' n. m.
□ abrév. de **matin**
HOM. **mat, maths, matte,** formes du v. **mater**
mât /mɑ/ n. m.
HOM. **ma, mas**
matabiche n. m.
matador n. m.
mataf n. m.
matage n. m.
mâtage n. m.
[1]**matamore** n. m. (personne)
[2]**matamore** n. f. et m. (silo)
matamorisme n. m.
matasse ou **matassé** n. f.
matassin n. m.
matatan n. m.
match n. m. ▪ plur. **matches** ou plur. **matchs**
Ξ On peut employer le pluriel anglais *matches* ou le pluriel francisé *matchs.*
HOM. formes du v. **matcher**
matcher v. intr. et v. tr. | conjug. 1 |
matchiche ou **maxixe** n. f.
match-play ▪ plur. **match-plays** ou **matchplay**○ ▪ plur. **matchplays**○ /matʃplɛ/ n. m.
maté n. m.
HOM. v. **mater, mâter**
mateau ou **matteau** n. m.
matefaim n. m.
matelas n. m.
matelassage n. m.
matelassé, ée adj. et n. m.
matelasser v. tr. | conjug. 1 |
matelassier, ière n.
matelassure n. f.
matelot, ote n.
➾ Ne pas écrire **matelotte* : ce mot n'a qu'un seul *t.*
☯ Pour parler d'une femme, le *Guide d'aide à la féminisation des noms de métiers, titres, grades et fonctions* et l'Office québécois de la langue française recommandent l'emploi de *matelot* au féminin ou de *matelote,* forme employée en Suisse : *c'est une matelot(e).* Les deux formes sont également conseillées Belgique.
Ξ Ce mot peut s'employer en apposition ; il est alors invariable : *des sauces matelote.*
matelotage n. m.
matelote n. f. (plat, danse)
➾ Ne pas écrire **matelotte* : ce mot n'a qu'un seul *t.*
[1]**mater** /matɛʀ/ n. f.
HOM. formes du v. **mater**
[2]**mater** v. tr. | conjug. 1 | (dompter, réprimer, regarder)
HOM. **mâter**
[3]**mater** ou **matir** v. tr. | conjug. 1 ; 2 | (rendre mat, compact)
HOM. **mâter**
mâter v. tr. | conjug. 1 | (pourvoir de mâts)
HOM. **mater**
mater dolorosa /matɛʀdɔlɔʀoza/ n. f. inv.
mâtereau n. m.
matérialisation n. f.
matérialiser v. tr. | conjug. 1 |
¬ **se matérialiser**
➾ Aux temps composés de la forme pronominale, le participe passé s'accorde en genre et en nombre avec le sujet : *ses projets se sont matérialisés.*
matérialisme n. m.
matérialiste n. et adj.
matérialistement adv.
matérialité n. f.
matériau n. m.
matériaux n. m. pl.
matériel, ielle adj. et n.
□ rec. off. pour **hardware**
Ξ L'expression **temps matériel** est critiquée. Dans le langage soigné, on emploiera plutôt **temps nécessaire.**
matériellement adv.
matériologie n. f.
maternage n. m.
maternalisme n. m.
maternant, ante adj.
maternel, elle adj. et n. f.
maternellement adv.
materner v. tr. | conjug. 1 |
maternisation n. f.
maternisé, ée adj.
materniser v. tr. | conjug. 1 |
maternité n. f.
maternologie n. f.
mateur, euse n.
math n. f. pl.
→ **maths**
mathématicien, ienne n.
mathématification n. f.

mathématique adj. et n. f.
☰ Ce mot s'emploie presque toujours au pluriel : *un cours de mathématiques*.
mathématiquement adv.
mathématisable adj.
mathématisation n. f.
mathématiser v. tr. | conjug. 1 |
mathématisme n. m.
mathésis /-zis/ n. f.
matheux, euse n.
maths ou **math** n. f. pl.
□ abrév. de **mathématiques**
HOM. **mat**, **mat'**, **matte**, formes du v. **mater**
mathurin n. m.
mathusalem n. m.
➾ Lorsqu'il désigne une bouteille, ce mot s'écrit sans majuscule, contrairement au nom propre qui désigne le personnage biblique.
mati, ie adj.
matico n. m.
matière n. f.
➾ Ce mot est toujours au singulier dans les locutions **matière à** et **en matière (de)** : *ces faits donnent matière à réflexion ; ils trouvent matière à plaisanter ; en matière poétique ; en matière d'art*.
matiérisme n. m.
MATIF n. m.
□ abrév. de **marché à terme international de France**
matifiant, ante adj.
matifier v. tr. | conjug. 7 |
matin n. m. (partie de la journée)
➾ Après un nom de jour au pluriel, l'accord de *matin* est facultatif : *tous les lundis matin(s)*.
⌘ Après *hier*, *demain* ou un nom de jour, *matin* est introduit directement : *hier matin* (et non **hier au matin*) ; *samedi matin* (et non **samedi au matin*).
HOM. **mâtin**
mâtin, ine n. (chien, personne)
HOM. **matin**
matinal, ale, aux adj.
matinalement adv.
mâtiné, ée adj.
HOM. **matinée**
mâtineau n. m.
matinée n. f.
HOM. **mâtiné, mâtiner**
mâtiner v. tr. | conjug. 1 |
matines n. f. pl.
☰ Ce mot s'emploie sans article dans l'expression **chanter matines**.
matineux, euse adj.
matinier, ière adj.
HOM. formes du v. **mâtiner**
matir v. tr. | conjug. 2 |
→ ³**mater**
matité n. f.
matoir n. m.
matois, oise adj.
matoisement adv.
matoiserie n. f.
¹**maton** n. m. (lait, laine, résidu de graines)
HOM. formes du v. **mater**
²**maton, onne** n. (personne)
HOM. formes du v. **mater**
matos /matos/ n. m.
matou n. m.
matraquage n. m.
➾ Ne pas écrire **matracage*.
matraque n. f.
matraquer v. tr. | conjug. 1 |
matraqueur, euse n. m. et adj.
matras n. m.
matriarcal, ale, aux adj.
matriarcat n. m.
matriarche n. f.
matriçage n. m.
matricaire n. f.
matrice n. f.
matricer v. tr. | conjug. 3 |
¹**matricide** adj. et n. (meurtrier)
²**matricide** n. m. (meurtre)
matriciel, ielle adj.
matriclan n. m.
¹**matricule** n. f. (registre)
☰ Ce mot peut s'employer en apposition ; il prend la marque du pluriel : *des numéros matricules*.
²**matricule** n. m. (numéro)
matriculer v. tr. | conjug. 1 |
matrilatéral, ale, aux adj.
matrilignage n. m.
matrilinéaire adj.
matrilocal, ale, aux adj.
matrimonial, iale, iaux adj.
matrimonialement adv.
matrocline adj.
matroclinie n. f.
matroïde n. m.
matronal, ale, aux adj.
matrone n. f.
➾ Ne pas écrire **matronne* : ce mot n'a qu'un seul *n*.
matronymat n. m.
matronyme n. m.
matronymique adj.
matrulle n. f.
matte n. f.
HOM. **mat**, **mat'**, **maths**, formes du v. **mater**
matteau n. m.
→ **mateau**
matthiole n. f.

matu n. f.
▫ abrév. de **maturité (diplôme)**
matuche n. m.
maturase n. f.
maturateur, trice adj. et n.
maturatif, ive adj.
maturation n. f.
mature adj.
HOM. **mâture**
mâture n. f.
HOM. **mature**
maturer v. tr. | conjug. 1 |
maturiste n.
maturité n. f.
matutinaire n. m.
matutinal, ale, aux adj.
maubèche n. f.
maudire v. tr. | conjug. 2 sauf inf. et p. p. |
CONJUG. Ce verbe ne se conjugue pas comme *dire* mais comme *finir*, sauf à l'infinitif et au participe passé (*maudit, maudite*).
maudissable adj.
maudissement n. m.
maudisseur, euse adj. et n.
maudisson n. m. ou f.
maudit, ite adj.
mauge ou **maugère** n. f.
maugracieux, euse adj.
maugrebleu interj.
maugréer v. intr. | conjug. 1 |
➾ Ne pas employer **maugérer*, qui n'existe pas.
maul /mol/ n. m.
HOM. **môle**
maupiteux, euse adj.
maurandie n. f.
[1]**maure** ou **more** n. et adj. (de Mauretania, de Mauritanie)
Ξ La graphie *more* est vieillie.
➾ L'adjectif s'écrit sans majuscule : *l'art maure*. Le nom s'écrit avec une majuscule : *les Maures ; une Maure*.
HOM. **mors, mort**, formes du v. **mordre**
[2]**maure** n. m. (singe, lin)
HOM. **more, mors, mort**, formes du v. **mordre**
maurelle n. f.
HOM. **morelle**
mauresque ou **moresque** n. f. et adj.
Ξ La graphie *moresque* est vieillie.
➾ L'adjectif s'écrit sans majuscule : *les palais mauresques*. Le nom s'écrit avec une majuscule quand il désigne une femme : *une Mauresque*.
maurrasisme n. m.
maurrassien, ienne ou **maurrasien, ienne** adj. et n.
mauser /mozɛʀ/ n. m.
mausolée n. m.
☯ Ce mot est masculin : *un mausolée*.
➾ Ne pas oublier le *e* final.
maussade adj.
maussadement adv.
maussaderie n. f.
[1]**mauvais, aise** adj. et n.
➾ Dans la locution familière **l'avoir mauvaise**, *mauvaise* est invariable : *ils l'ont mauvaise*.
[2]**mauvais** adv.
➾ Comme tous les adverbes, *mauvais* est invariable : *elles sentent mauvais*.
mauvaisement adv.
mauvaiseté n. f.
mauvâtre adj.
[1]**mauve** n. f. (plante, mouette, parapluie)
[2]**mauve** n. m. et adj. (couleur)
➾ Contrairement à la plupart des adjectifs de couleur issus de noms, *mauve* prend la marque du pluriel : *des collants mauves*.
mauvéine n. f.
mauviette n. f.
mauvis n. m.
maux n. m. pl.
HOM. **mot**
→ aussi [1]**mal**
max n. m.
▫ abrév. de **maximum**
[1]**maxi** n. m.
▫ abrév. de **maximum**
[2]**maxi** adj. inv. (très grand)
maxidiscompte n. m.
maxidiscompteur n. m.
maxillaire /-lɛʀ/ adj. et n. m.
maxille /maksil/ n. f.
maxillite /maksilit/ n. f.
maxillofacial, iale, iaux /-ksilo-/ adj.
maxillule /maksilyl/ n. f.
maxima n. m. pl.
→ **maximum**
maxima (a) loc. adj.
→ **a maxima**
maximal, ale, aux adj.
→ aussi **maximum**
maximalisation n. f.
maximaliser v. tr. | conjug. 1 |
maximalisme n. m.
maximaliste n. et adj.
maximant, ante adj.
maxime n. f.
maximisation n. f.
maximiser v. tr. | conjug. 1 |
maximum n. m. et adj. ▪ plur. **maxima** ou plur. **maximums**
Ξ On peut employer le pluriel latin *maxima* ou le pluriel francisé *maximums*.

Dans le langage soigné, il est préférable de remplacer l'adjectif par *maximal*.
Grand maximum est un pléonasme à éviter.
***Réduire au maximum** est fautif : il faut dire **réduire au minimum.**

Maxiton® n. m.
➾ Comme tous les noms déposés, ce mot doit s'écrire avec une majuscule : *prendre du Maxiton*. Toutefois, on le trouve très fréquemment employé comme nom générique sans respect de la règle : *prendre du maxiton*.

maxixe n. f.
→ **matchiche**

maxwell n. m.

maxwellien, ienne adj.

1**maya** adj. et n. (de la civilisation maya)
➾ L'adjectif s'écrit sans majuscule : *l'art maya ; le peuple maya*. Le nom s'écrit avec une majuscule uniquement quand il désigne une personne : *les Mayas ; c'est une Maya* mais *parler le maya*.
HOM. **maïa**, formes du v. **mailler**

2**maya** n. f. (boisson)
HOM. **maïa, formes** du v. **mailler**

3**maya** ou **mâyâ** n. f. (terme du bouddhisme)
HOM. **maïa**, formes du v. **mailler**

maye /mɛ/ n. f.
HOM. **mai, maie, mais, mets**, formes du v. **mettre**

mayen n. m.

mayeur, eure n.
→ **maïeur**

mayo adj. et n. f.
▫ abrév. de **mayonnaise**

mayonnaise adj. et n. f.
Ξ Dans **sauce mayonnaise**, ce mot est un adjectif ; il prend la marque du pluriel : *des sauces mayonnaises*. En revanche, quand il s'agit du nom employé en apposition, il est invariable : *des œufs mayonnaise*.

mayorquin, ine adj. et n.
→ **majorquin**

mazagran n. m.

mazarin n. m. ou **mazarine** n. f.

mazarinade n. f.

mazdéen, enne adj.

mazdéisme n. m.

mazet n. m.
→ **maset**

mazette n. f.

mazot n. m.
HOM. **maso**

mazout /-zut/ n. m.

mazoutage n. m.

mazouter v. intr. et v. tr. | conjug. 1 |

mazouteur n. m.

mazurka n. f.

M. B. A. n. f.
▫ abrév. de **marge brute d'autofinancement**

mbar symb.
▫ abrév. de **millibar**

McIntosh /makintɔʃ/ n. f. inv. (pomme)

M. C. M. n. m. pl.
▫ abrév. de **montants compensatoires monétaires**

me pron. pers.
Ξ *Me* s'élide en *m'* devant une voyelle ou un *h* muet : *vous m'y verrez ; il m'honore*.

mea-culpa ou **mea culpa** n. m. inv.

méandre n. m.
☯ Ce mot est masculin : *un méandre*.

méandreux, euse adj.

méandrine n. f.

méandrique adj.

méat n. m.

méatoscopie n. f.

mec n. m.

mécanicien, ienne n. et adj.

mécanicisme n. m.

mécaniciste adj. et n.

mécanique adj. et n. f.

mécaniquement adv.

mécanisage n. m.

mécanisation n. f.

mécaniser v. tr. | conjug. 1 |

mécanisme n. m.

mécaniste adj.

mécanistique adj.

mécano n.
▫ abrév. de **mécanicien**
HOM. **Meccano** ®

mécanographe n.

mécanographie n. f.

mécanographique adj.

mécanographiquement adv.

mécanothérapie n. f.

mécatronicien, ienne n.

mécatronique n. f.

Meccano® n. m.
➾ Comme tous les noms déposés, ce mot doit s'écrire avec une majuscule : *jouer au Meccano*. Toutefois, on le trouve très fréquemment employé comme nom générique sans respect de la règle : *jouer au meccano*.
HOM. **mécano**

mécénat n. m.
▫ rec. off. pour **sponsoring**

mécène n. m.
▫ rec. off. pour **sponsor**

méchage n. m.

méchamment adv.
➾ Ne pas écrire **méchament*.

méchanceté n. f.

méchant, ante adj. et n.

mèche n. f.

➾ Ce mot est au singulier dans les expressions **être de mèche avec qqn** et **il n'y a pas mèche**.

méché, ée adj.

mécher v. tr. | conjug. 6 |

mécheux, euse adj.

méchoui n. m.

mechta n. f.

mécompréhension n. f.

mécompte n. m.

méconduire (se) v. pron. | conjug. 38 |

¬ **se méconduire**

➾ Aux temps composés, le participe passé s'accorde en genre et en nombre avec le sujet : *elle s'est méconduite avec ses parents*.

méconduite n. f.

méconial, iale, iaux adj.

méconium /-jɔm/ n. m.

méconnaissable adj.

méconnaissance n. f.

méconnaissant, ante adj.

méconnaître ou **méconnaitre**○ v. tr. | conjug. 57 |

➾ Les Rectifications de l'orthographe de 1990 préconisent la suppression de l'accent circonflexe sur le *i* devant le *t* : *il méconnait, il méconnaitra, il méconnaitrait*.

méconnu, ue adj.

méconopsis /-psis/ n. m.

mécontent, ente adj. et n.

mécontentement n. m.

mécontenter v. tr. | conjug. 1 |

mécoptère n. m.

mécoptéroïde n. m.

mécréance n. f.

mécréant, ante adj. et n.

mecton n. m.

médaillable adj. et n.

médaille n. f.

➾ Les noms de distinctions s'écrivent sans majuscule : *la médaille du travail* ; *la médaille de la famille française*.

médaillé, ée adj. et n.

médailler v. tr. | conjug. 1 |

médailleur, euse n.

médaillier ou **médailler** n. m.

médailliste n.

médaillon n. m.

HOM. formes du v. **médailler**

mède adj. et n.

➾ L'adjectif s'écrit sans majuscule : *les rois mèdes*. Le nom s'écrit avec une majuscule : *les Mèdes ; c'est une Mède*.

médecin, ine n.

☯ Pour parler d'une femme, le *Guide d'aide à la féminisation des noms de métiers, titres, grades et fonctions* et l'Office québécois de la langue française recommandent l'emploi de *médecin* au féminin : *une médecin réputée*. La forme *médecine* est également admise par le *Guide d'aide à la féminisation des noms de métiers, titres, grades et fonctions* : *une médecine réputée*.

➾ **Médecin légiste** s'écrit sans trait d'union.

→ aussi **docteur**

médecin-conseil n. m. ▪ plur. **médecins-conseils**

médecine n. f.

médecine-ball /-bol/ n. m. ▪ plur. **médecine-balls**

médersa ou **madrasa** n. f.

média n. m.

HOM. **médiat**

médiagraphie n. f.

médial, ale, aux adj. et n. f.

médiale n. f.

Médiamat® /-mat/ n. m.

➾ Comme tous les noms déposés, ce mot doit s'écrire avec une majuscule : *les chiffres de Médiamat*. Toutefois, on le trouve fréquemment employé comme nom générique sans respect de la règle : *les chiffres de médiamat*.

médian, iane adj. et n. f.

médianoche n. m.

médiante n. f.

médiascope n. m.

médiascopie n. f.

médiastin n. m.

médiastinal, ale, aux adj.

médiastinotomie n. f.

médiat, iate adj.

HOM. **média**

médiatement adv.

médiateur, trice n.

médiathécaire n.

médiathèque n. f.

médiation n. f.

médiatique adj.

médiatiquement adv.

médiatisation n. f.

médiatiser v. tr. | conjug. 1 |

médiator n. m.

médiatrice n. f.

médical, ale, aux adj.

⚡ Ne pas confondre **médical**, « qui concerne la médecine », avec **médicinal**, « qui a des propriétés curatives ».

médicalement adv.

médicalisation n. f.

médicaliser v. tr. | conjug. 1 |

médicament n. m.

médicamenteux, euse adj.

médicastre n. m.

médicat n. m.
médicateur, trice adj.
médication n. f.
médicinal, ale, aux adj.
↯ Ne pas confondre **médicinal**, « qui a des propriétés curatives », avec **médical**, « qui concerne la médecine ».
médicinalement adv.
médicinier n. m.
médicochirurgical, ale, aux adj.
médicolégal, ale, aux adj.
médicopédagogique adj.
médicopsychologique /-k-/ adj.
médicosocial, iale, iaux adj.
médiéval, ale, aux adj.
médiévisme n. m.
médiéviste n.
médimarémètre n. m.
médimne n. m.
médina n. f.
médiocratie /-kʀasi/ n. f.
médiocre adj. et n.
médiocrement adv.
médiocrité n. f.
médiodorsal, ale, aux adj. et n. f.
médiologie n. f.
médiologue n.
médiopalatal, ale, aux adj. et n. f.
médiopassif, ive n. m. et adj.
médiotarsien, ienne adj.
médique adj.
médire v. tr. ind. | conjug. 37 ; sauf *médisez* |
CONJUG. Ce verbe se conjugue comme *dire*, sauf au présent de l'indicatif et de l'impératif à la deuxième personne du pluriel : *(vous) médisez* et non pas *(vous) médites*.
➾ Le participe passé *médit* est invariable.
Ξ La construction **médire sur** est vieillie. De nos jours, on emploie plutôt **médire de** : *ils ont médit de vous*.
médisance n. f.
médisant, ante adj. et n.
méditatif, ive adj. et n.
méditation n. f.
méditativement adv.
méditer v. tr. et v. intr. | conjug. 1 |
méditerrané, ée adj. et n. f.
Ξ Ce mot ne s'emploie plus que comme nom propre, avec une majuscule : **la mer Méditerranée** ou **la Méditerranée**.
➾ Attention à l'orthographe : deux *r* et un *n*.
méditerranéen, enne adj. et n.
➾ L'adjectif s'écrit sans majuscule : *les pays méditerranéens*. Le nom s'écrit avec une majuscule : *les Méditerranéens* ; *c'est une Méditerranéenne*. Attention à l'orthographe : deux *r* et un *n*.
[1]**médium** /-jɔm/ n. (personne)
[2]**médium** /-jɔm/ n. m. (registre, moyen terme, liquide)
médiumnique /medjɔmnik/ adj.
médiumnité /medjɔmnite/ n. f.
médius /medjys/ n. m.
medley n. m.
[1]**médoc** n. m. (vin)
➾ Lorsqu'il désigne un vin, ce mot s'écrit sans majuscule, contrairement au nom propre qui désigne la région : *un vin du Médoc* mais *une bouteille de médoc*.
[2]**médoc** n. m. (fam. : médicament)
médrano n. m.
médulla n. f.
médullaire adj.
médullarine n. f.
médulle n. m.
médullectomie n. f.
médulleux, euse adj.
médullisation n. f.
médullosurrénal, ale adj. et n. f.
médullosurrénalome n. m.
médusant, ante adj.
méduse n. f.
méduser v. tr. | conjug. 1 |
meeting /mitiŋ/ n. m.
▫ rec. off. : **réunion**
méfait n. m.
méfiance n. f.
méfiant, iante adj.
méfier (se) v. pron. | conjug. 7 |
➾ Aux temps composés, le participe passé s'accorde en genre et en nombre avec le sujet : *ils ne se sont pas méfiés d'elle*.
méforme n. f.
méga n. m.
▫ abrév. de **mégaoctet**
mégabit /-bit/ n. m.
mégacaryocyte n. m.
mégacéphalie n. f.
mégacéros /-ɔs/ n. m.
mégacôlon n. m.
mégacycle n. m.
mégadyne n. f.
mégahertz n. m.
mégajoule n. m.
mégalithe n. m.
mégalithique adj.
mégalo adj. et n.
▫ abrév. de **mégalomane**
mégaloblaste n. m.
mégalocéphale adj.
mégalocéphalie n. f.
mégalocrânie n. f.

mégalomane adj. et n.
mégalomaniaque adj.
mégalomanie n. f.
mégalopole ou **mégapole** n. f.
mégalopsie n. f.
mégalosaure n. m.
mégamix n. m.
mégaoctet n. m.
mégaphone n. m.
mégapole n. f.
→ **mégalopole**
mégaptère n. m.
mégarde n. f.
Ξ De nos jours, ce mot ne s'emploie plus que dans la locution **par mégarde**.
mégarien, ienne ou **mégarique** adj. et n.
➾ L'adjectif s'écrit sans majuscule : *des bols mégariens* ; *la morale mégarique*. Le nom s'écrit avec une majuscule quand il désigne un habitant de Mégare : *une Mégarienne* ou *une Mégarique*. Il s'écrit sans majuscule quand il désigne un philosophe : *les mégariques ont influencé les stoïciens.*
mégaron n. m.
mégastore n. m.
mégathérium /-jɔm/ n. m.
mégatherme adj.
mégatonne n. f.
mégatonnique adj.
mégawatt n. m.
mège n. m.
mégère n. f.
mégerg /megɛʀg/ n. m.
mégie n. f. ou **mégissage** n. m.
mégir ou **mégisser** v. tr. | conjug. 2 ou 1 |
mégis n. m.
mégisserie n. f.
mégissier, ière n.
HOM. formes du v. **mégir**
mégohm n. m.
mégohmmètre n. m.
mégot n. m.
mégotage n. m.
mégoter v. intr. | conjug. 1 |
méharée n. f.
méhari n. m. ▪ plur. **mehara** ou plur. **méharis**
Ξ On peut employer le pluriel arabe *mehara* ou le pluriel francisé *méharis*.
méhariste n.
meilleur, e adj.
ce plat est meilleur que je (ne) pensais
⌘ Avec **le meilleur que**, la proposition relative se met soit au subjonctif, soit à l'indicatif : *c'est le meilleur pain que vous puissiez* ou *que vous pouvez trouver*. Le subjonctif est plus fréquent. L'emploi de *meilleur* avec un ordinal est incorrect : il ne faut pas dire *le deuxième meilleur temps* mais *le deuxième temps.*
Ξ Le renforcement de *meilleur* par *beaucoup* est grammaticalement correct mais n'est pas employé : on dit **bien meilleur**.
L'expression **prendre le meilleur sur** (*il a pris le meilleur sur son concurrent*) est un anglicisme à éviter. On emploiera plutôt **prendre l'avantage sur** ou **l'emporter sur** : *il a pris l'avantage sur son concurrent ; il l'a emporté sur son concurrent.*
→ aussi [1]**bon**
méiopragie ou **miopragie** n. f.
méiose n. f.
méiotique adj.
meistre n. m.
meitnerium /majtnɛʀjɔm/ n. m.
méjanage n. m.
méjugement n. m.
méjuger v. tr. | conjug. 3 |
¬ **se méjuger**
➾ Aux temps composés de la forme pronominale, le participe passé s'accorde en genre et en nombre avec le sujet : *elle s'est méjugée.*
mél. n. m.
◻ abrév. de **messagerie électronique**
Ξ Cette abréviation ne doit s'employer que devant une adresse électronique. On n'écrira pas *envoyer un mél.* mais, selon la recommandation officielle, *envoyer un courriel.*
mêlable adj.
mélæna n. m.
→ **méléna**
mélamine n. f.
ϟ Ne pas confondre **mélamine**, qui désigne un composé chimique servant à fabriquer des résines, avec **mélanine**, qui désigne un pigment.
mélaminé, ée adj. et n. m.
mélampyre n. m.
mélampyrisme n. m.
mélancolie n. f.
mélancolique adj.
mélancoliquement adv.
mélanémie n. f.
mélanésien, ienne adj. et n.
➾ L'adjectif s'écrit sans majuscule : *la population mélanésienne*. Le nom s'écrit avec une majuscule uniquement quand il désigne une personne : *les Mélanésiens ; c'est une Mélanésienne* mais *parler le mélanésien.*
mélange n. m.
mélangé, ée adj.
mélangeable adj.
mélangeoir n. m.

mélanger v. tr. | conjug. 3 |
mélanger une chose à/avec/et une autre
¬ **se mélanger**
➾ Aux temps composés de la forme pronominale, le participe passé s'accorde en genre et en nombre avec le sujet : *les populations se sont mélangées*. Mais le participe passé ne s'accorde pas quand il est suivi d'un complément d'objet direct : *elle s'est mélangé les pinceaux*.
mélangeur n. m.
mélanine n. f.
⚡ Ne pas confondre **mélanine**, qui désigne un pigment, avec **mélamine**, qui désigne un composé chimique servant à fabriquer des résines.
mélanippe n. f.
mélanique adj.
mélanisme n. m.
mélanoblaste n. m.
mélanoblastome n. m.
mélanocetus /-cetys/ n. m.
mélanocyte n. m.
mélanoderme adj. et n.
mélanodermie n. f.
mélanome n. m.
mélanophore n. m.
mélanosarcome n. m.
mélanose n. f.
mélanostimuline n. f.
mélant, ante adj.
mélasse n. f.
mélastome n. m.
mélatonine n. f.
melba adj. ▪ plur. inv. ou plur. **melbas**○
➾ Ce mot s'écrit parfois avec une majuscule car il vient d'un nom propre : *des pêches melba* ou *des pêches Melba*.
melchior /-kjɔʀ/ n. m.
melchite /-kit/ n.
→ **melkite**
mêlé, ée adj.
méléagriculteur, trice n.
méléagrine n. f.
mêlé-casse ▪ plur. **mêlés-casses** ou **mêlécasse** ▪ plur. **mêlécasses** n. m.
mêlée n. f.
mêlement n. m.
méléna ou **mélæna** /melena/ n. m.
mêler v. tr. | conjug. 1 |
▸ **mêler... et** *elle mêle douceur et fermeté*
▸ **mêler... avec** *mêler la danse avec la musique*
▸ **mêler... à** *mêler des détails pittoresques à un récit ; mêler qqn à une affaire*
▸ **mêler... de** *mêler un récit d'allusions médisantes*
¬ **se mêler**
➾ Aux temps composés de la forme pronominale, le participe passé s'accorde en genre et en nombre avec le sujet : *elle s'est mêlée à la foule ; ils se sont mêlés de ce qui ne les regardait pas*.
mêle-tout ▪ plur. inv. ou **mêletout**○ ▪ plur. **mêletouts**○ n. m.
mélèze n. m.
mélia n. m.
méliacée n. f.
mélier n. m.
HOM. formes du v. **mêler**
mélilot n. m.
méli-mélo ▪ plur. **mélis-mélos** ou **mélimélo** ▪ plur. **mélimélos** n. m.
mélinite n. f.
mélioratif, ive adj.
mélioration n. f.
méliorisme n. m.
mélioriste adj. et n.
mélique adj. et n. f.
mélisme n. m.
mélisse n. f.
mélissique adj.
mélitine n. f.
HOM. **mélittine**
mélitococcie n. f.
mélitte n. f.
HOM. **mellite**
mélittine n. f.
HOM. **mélitine**
melkite ou **melchite** n.
mellah n. m.
HOM. formes du v. **mêler**
mellifère adj.
mellification n. f.
mellifique adj.
melliflu, ue ou **melliflue** adj.
mellite n. m.
HOM. **mélitte**
mélo n. m.
□ abrév. de **mélodrame**
mélode n. m.
mélodie n. f.
mélodieusement adv.
mélodieux, ieuse adj.
mélodique adj.
mélodiquement adv.
mélodiste n.
mélodium /-jɔm/ n. m.
mélodramatique adj.
mélodramatiquement adv.
mélodramatiser v. tr. | conjug. 1 |
mélodramaturge n. m.
mélodrame n. m.
méloé n. m.

mélomane n.
mélomanie n. f.
mélomèle n. et adj.
mélomélie n. f.
melon n. m.
Ξ Ce mot peut s'employer en apposition ; il est alors invariable : *des chapeaux melon*.
mélongène ou **mélongine** n. f.
mélonide adj.
melonné, ée adj.
melonnée n. f.
melonnière n. f.
mélopée n. f.
mélophage n. m.
méloplastie n. f.
melos /melɔs/ n. m.
melting-pot /mɛltiŋpɔt/ n. m. ▪ plur. **melting-pots**
mélusine n. f.
membranaire adj.
membrane n. f.
membrané, ée adj.
membraneux, euse adj.
membraniforme adj.
membranophone n. m.
membranule n. f.
membre n. m.
Ξ Ce mot peut s'employer en apposition ; il prend la marque du pluriel : *les pays membres*.
membré, ée adj.
membrer v. tr. et v. intr. | conjug. 1 |
membron n. m.
HOM. formes du v. **membrer**
membru, ue adj.
membrure n. f.

même adj., pron. et adv.
▸ **à même** (+ n.) *porter un pull à même la peau*
▸ **à même de** (+ inf.) *il n'est pas à même de tout comprendre*
➾ Devant ou derrière un nom, *même* est un adjectif qui marque la similitude ou l'exactitude et qui prend la marque du pluriel, tout comme le pronom : *elle incarne la douceur et la grâce mêmes ; nous avons les mêmes bottes ; elle et moi avons les mêmes*. En revanche, quand il modifie un adjectif, un verbe, un adverbe ou une proposition, *même* est un adverbe qui marque une gradation et qui est invariable : *même ses amis l'ont abandonné ; ils sont gros, même obèses*. En cas de doute, si *même* peut être déplacé et remplacé par *aussi*, il s'agit de l'adverbe : *recycler les emballages même* signifie « recycler même les emballages », « recycler aussi les emballages » mais *recycler les emballages mêmes* signifie « recycler les emballages eux-mêmes ». Derrière un pronom personnel, *même* est précédé d'un trait d'union : *toi-même ; eux-mêmes*, etc. Quand il s'agit du *vous* de politesse ou du *nous* de majesté, *même* reste au singulier : *vous le constaterez vous-même, chère Madame*. **Ici même** et **là même** s'écrivent sans trait d'union.
⌘ Les groupes nominaux introduits par **de même que** doivent être précédés et suivis d'une virgule. Le verbe ne s'accorde qu'avec le nom qui précède, qui est le seul sujet : *Jean, de même que ses sœurs, apprend le piano* (et non pas **apprennent le piano*). Si **de même que** est en tête de phrase, **de même** doit être répété dans la seconde proposition ou remplacé par *ainsi* : *de même qu'il aime les plantes, de même son frère aime les animaux* ou *ainsi son frère aime les animaux* mais *il aime les plantes, de même que son frère aime les animaux*.
Ξ **Pas même, plus même** et **si même** appartiennent au registre littéraire. Dans le langage courant, on dit plutôt **même pas, même plus** et **même si**.
La locution **tout de même** est courante (*il aurait tout de même pu prévenir*), mais dans le langage soigné il est préférable d'employer *néanmoins, cependant* ou *toutefois*.
La locution **même que** (*il était présent, même qu'il est arrivé le premier*) est populaire et doit être évitée. On dira plutôt *il était présent, c'est même lui qui est arrivé le premier*.
→ aussi **quand**

mémé n. f.
mêmement adv.
mémento /memɛ̃to/ n. m.
memento mori /memɛ̃tomɔʀi/ n. m. inv.
mémérage n. m.
mémère n. f.
mémérer v. intr. | conjug. 6 |
mémo n. m.
◻ abrév. de **mémorandum**
[1]**mémoire** n. f. (faculté, souvenir)
[2]**mémoire** n. m. (écrit)
Ξ Ce mot s'emploie au pluriel quand il désigne la relation écrite que fait une personne des évènements auxquels elle a participé ou dont elle a été témoin ; il s'écrit avec une majuscule : *les passionnants Mémoires de cet homme politique*.
mémorabilité n. f.
mémorable adj.
mémorablement adv.
mémorandum /-dɔm/ n. m.
mémoration n. f.
mémorial, iaux n. m.

mémorialiste n.
mémoriel, ielle adj.
mémorisable adj.
mémorisateur, trice adj.
mémorisation n. f.
mémoriser v. tr. | conjug. 1 |
menable adj.
menaçant, ante adj.
menace n. f.
menacé, ée adj.
menacer v. tr. | conjug. 3 |
▸ **menacer** (+ n.) *menacer qqn de mort ; ces épreuves menacent leur bonheur*
▸ **menacer de** (+ inf.) *elle menace de dénoncer ses voisins ; le mur menace de s'écrouler*
▸ **menacer ruine** *le château menace ruine*
ménade n. f.
menage n. m.
ménage n. m.
ménagement n. m.
➾ On peut écrire **avec ménagement(s)** et **sans ménagement(s)** au pluriel ou au singulier. Les deux formes sont admises par l'Académie. Dans les deux cas, le singulier est plus fréquent : *on lui a annoncé la nouvelle avec ménagement ; traiter qqn sans ménagement.*
[1]**ménager, ère** n. et adj.
[2]**ménager** v. tr. | conjug. 3 |
¬ **se ménager**
➾ Aux temps composés de la forme pronominale, le participe passé s'accorde en genre et en nombre avec le sujet : *elle ne s'est pas ménagée.* Mais le participe passé ne s'accorde pas quand il est suivi d'un complément d'objet direct : *ils se sont ménagé une porte de sortie.*
ménagère n. f.
HOM. forme du v. **ménager**
ménagerie n. f.
ménagier n. m.
HOM. formes du v. **ménager**
ménagiste n.
ménarche n. f.
menchevik ou **menchévique**° /mɛnʃevik/ n. et adj.
menchevisme ou **menchévisme**° /mɛnʃe-/ n. m.
mendacité n. f.
mendé adj. et n.
→ **mandé**
mendélévium /mɛ̃delevjɔm/ n. m.
mendélien, ienne /mɛ̃-/ adj.
mendélisme /mɛ̃-/ n. m.
mendéliste /mɛ̃-/ n.
mendésisme /mɛ̃-/ n. m.
mendésiste /mɛ̃-/ adj.
mendiant, iante n.
mendicité n. f.
mendier v. intr. et v. tr. | conjug. 7 |
HOM. formes du v. **mander**
mendieur, euse adj. et n.
mendigot, ote n.
➾ Ne pas écrire **mendigotte* : le féminin n'a qu'un seul *t.*
mendigoter v. intr. et v. tr. | conjug. 1 |
mendole n. f.
meneau n. m.
ménechme /menɛkm/ n. m.
menée n. f.
mener v. tr. | conjug. 5 |
☰ Pour des raisons d'euphonie, on dit *mènes-y-moi* et *menez-y-moi* plutôt que *mène-m'y* et *menez-m'y.*
ménesse n. f.
ménestrel n. m.
ménétrier n. m.
meneur, euse n.
menhaden /menadɛn/ n. m.
menhir n. m.
méniane n. f.
ménil ou **mesnil** n. m.
ménin, ine ou **menin, ine** n.
méninge n. f.
☯ Ce mot est féminin : *les méninges molles.*
méningé, ée adj.
méningien, ienne adj.
méningiome n. m.
méningisme n. m.
méningite n. f.
méningitique adj.
méningococcie n. f.
méningocoque n. m.
méningoencéphalite n. f.
méningorragie n. f.
méniscal, ale, aux adj.
méniscite n. f.
ménisectomie ou **méniscectomie** n. f.
ménisque n. m.
mennonite n. et adj.
ménologe n. m.
menon n. m.
HOM. formes du v. **mener**
ménopause n. f.
➾ Ne pas écrire **ménopose.*
ménopausée adj. f.
➾ Ne pas écrire **ménoposée.*
ménopausique adj.
➾ Ne pas écrire **ménoposique.*
ménopome n. f.
ménorah n. f.
ménorragie n. f.
ménostase n. f.
menottage n. m.
menotte n. f.
menotter v. tr. | conjug. 1 |

mensale n. f.
mense n. f.
HOM. **manse**
mensonge n. m.
mensonger, ère adj.
mensongèrement adv.
menstruation n. f.
menstrue n. m.
menstrué, ée adj.
menstruel, elle adj.
menstrues n. f. pl.
mensualisation n. f.
mensualiser v. tr. | conjug. 1 |
mensualité n. f.
mensuel, elle adj. et n.
mensuellement adv.
mensur /mɛn-/ n. f.
mensurabilité n. f.
mensurable adj.
mensurateur n. m.
mensuration n. f.
mentagre n. f.
mental, ale, aux adj.
mentalement adv.
mentalisation n. f.
mentaliser v. tr. | conjug. 1 |
mentalisme n. m.
mentaliste adj. et n.
mentalité n. f.
menterie n. f.
menteur, euse n. et adj.
menteusement adv.
menthane /mɛ̃-/ n. m.
menthanol /mɛ̃-/ n. m.
menthanone /mɛ̃-/ n. f.
menthe n. f.
Ξ Ce mot peut s'employer seul comme adjectif de couleur ou derrière un adjectif de couleur pour en préciser la nuance ; ces adjectifs sont alors invariables : *des robes vert menthe* ; *des pantalons menthe* ; *des murs menthe à l'eau*.
HOM. **mante**, formes du v. **mentir**
menthe-coq n. f. ▪ plur. **menthes-coqs**
menthol n. m.
mentholé, ée adj.
menthone /mɛ̃-/ n. f.
menticide n. m.
mention n. f.
➾ Ce mot est toujours au singulier dans la locution **faire mention de** : *les problèmes dont vous faites mention*.
HOM. **mansion**
mentionner v. tr. | conjug. 1 |
mentir v. intr. | conjug. 16 |
¬ **se mentir**
mentisme n. m.
menton n. m.
HOM. formes du v. **mentir**
mentonnet n. m.
mentonnier, ière adj.
mentonnière n. f.
mentoplastie n. f.
mentor /mɛ̃- ; mɑ̃-/ n. m.
◻ rec. off. pour **coach**
mentorat /mɛ̃- ; mɑ̃-/ n. m.
◻ rec. off. pour **coaching**
mentule n. f.
[1]**menu** n. m.
[2]**menu, ue** adj. et adv.
➾ L'adverbe est invariable : *des oignons hachés menu*.
menuaille n. f.
menuet n. m.
menu-gros n. m. ▪ plur. **menus-gros**
menuisage n. m.
menuise n. f.
menuiser v. tr. | conjug. 1 |
menuiserie n. f.
menuisier, ière n.
ménure n. m.
menuse n. f.
menu-vair n. m. ▪ plur. **menus-vairs**
ményanthe n. m.
mépacrine n. f.
mépartiste n. m. et adj.
méphistophélès /-ɛs/ n. m.
méphistophélique adj.
méphitique adj.
méphitiser v. tr. | conjug. 1 |
méphitisme n. m.
méplat, ate adj. et n. m.
méprendre (se) v. pron. | conjug. 58 |
➾ Aux temps composés, le participe passé s'accorde en genre et en nombre avec le sujet : *elle s'est méprise sur son compte*. Au présent de l'indicatif, à la forme interrogative avec sujet inversé, on écrit *se méprend-on, se méprend-il, se méprend-elle* et non **se méprend-t-on, *se méprend-t-il, *se méprend-t-elle*. Le *d* final se prononce /t/ ; il est donc inutile et fautif d'ajouter un *t*.
mépris n. m.
▸ **au mépris de** (+ n.) *au mépris des conventions*
Ξ **En mépris de** est rare et doit être évité.
HOM. formes du v. **méprendre (se)**
méprisable adj.
méprisablement adv.
méprisant, ante adj.
méprise n. f.
mépriser v. tr. | conjug. 1 |
▸ **mépriser qqn de/pour** (+ inf.) *je la méprise d'avoir menti* ou *pour avoir menti*

mépriseur, euse adj. et n.
méprobamate n. m.
mer n. f.
➾ Ce mot s'écrit sans majuscule : *la mer Méditerranée ; la mer de Chine ; la mer du Nord ; la mer de Glace ; la mer Rouge ; la mer Morte.* **Haute mer** et **pleine mer** s'écrivent sans trait d'union.
HOM. **maire, mère**
méralgie n. f.
méranti n. m.
merbau n. m.
mercanti n. m.
mercantile adj.
mercantilisation n. f.
mercantiliser v. tr. | conjug. 1 |
mercantilisme n. m.
mercantiliste n. et adj.
mercaptan n. m.
mercaticien, ienne n.
mercatique n. f.
▫ rec. off. pour **marketing**
mercato n. m.
▫ rec. off. : **marché des transferts**
mercenaire adj. et n.
mercerie n. f.
mercerisage n. m.
merceriser v. tr. | conjug. 1 |
merceriseuse n. f.
merchandising /mɛʀʃɑ̃dajziŋ ; mɛʀʃɑ̃diziŋ/ n. m.
▫ rec. off. : **marchandisage**
[1]**merci** n. f. (grâce)
▸ **Dieu merci** *Dieu merci, il est sauf !*
▸ **à la merci de** *tenir qqn à sa merci*
➾ Ce mot est toujours au singulier dans la locution **sans merci** : *des luttes sans merci.*
[2]**merci** n. m. (remerciement)
▸ **merci de** (+ inf.) *merci de bien vouloir répondre dans les plus brefs délais ; merci de m'avoir aidé*
▸ **merci de/pour** (+ n.) *merci de votre soutien* ou *pour votre soutien*
☰ **Merci beaucoup** et **merci bien** sont courants mais doivent être évités dans le langage soigné.
mercier, ière n.
mercredi n. m.
➾ Comme tous les noms qui désignent un jour de la semaine, *mercredi* s'écrit sans majuscule et prend un *s* au pluriel : *ils jouent au billard tous les mercredis ; le mercredi des Cendres.*
mercure n. m.
mercureux adj. m.
mercurey n. m.
➾ Lorsqu'il désigne un vin, ce mot s'écrit sans majuscule, contrairement au nom propre qui désigne la commune : *un vin de Mercurey* mais *une bouteille de mercurey.*
mercuriale n. f.
mercuriel, ielle adj.
mercurique adj.
Mercurochrome® /-k-/ n. m.
➾ Comme tous les noms déposés, ce mot doit s'écrire avec une majuscule : *nettoyer une plaie avec du Mercurochrome.* Toutefois, on le trouve fréquemment employé comme nom générique sans respect de la règle : *nettoyer une plaie avec du mercurochrome.*
merdailleux, euse n.
merdaillon n. m.
merde n. f. et interj.
merder v. intr. | conjug. 1 |
merdeusement adv.
merdeux, euse adj. et n.
merdier n. m.
HOM. formes du v. **merder**
merdique adj.
merdoie adj. inv.
merdouille n. f.
merdouiller v. intr. | conjug. 1 |
merdoyer v. intr. | conjug. 8 |
merdum /mɛʀdum/ interj.
[1]**mère** n. f.
➾ *Mère* s'écrit avec une majuscule dans **la fête des Mères**. Il ne prend pas de majuscule quand il désigne une religieuse : *mère Teresa.*
☰ Ce mot peut s'employer en apposition : *une branche mère ; une cellule mère ; une langue mère.* Il prend la marque du pluriel : *des sociétés mères.*
HOM. **maire, mer**
[2]**mère** adj.
HOM. **maire, mer**
méreau n. m.
mère-grand n. f. ▪ plur. **mères-grand**
merengué ou **merengue** /məʀɛ̃ge/ n. m.
HOM. **meringuer**
mérèse ou **mérésis** n. f.
merger n. m.
merguez /-gɛz/ n. f.
mergule n. m.
méricarpe n. m.
méridien, ienne adj. et n.
méridienne n. f.
méridional, ale, aux adj.
➾ L'adjectif s'écrit sans majuscule : *la population méridionale.* Le nom s'écrit avec une majuscule : *les Méridionaux ; c'est une Méridionale.*
meringage n. m.
meringue n. f.
meringuer v. tr. | conjug. 1 |
HOM. **merengué**
mérinos /-nos/ n. m.

merise n. f.
merisier n. m.
mérismatique adj.
mérisme n. m.
méristématique adj.
méristème n. m.
méristémisation n. f.
méristique adj.
méritant, ante adj.
Ξ *Méritant* ne se dit que de personnes et *méritoire* de choses : *un élève méritant ; un effort méritoire.*
mérite n. m.
mériter v. tr. | conjug. 1 |
mérithalle n. m.
méritocrate adj. et n.
méritocratie /-krasi/ n. f.
méritocratique adj.
méritoire adj.
Ξ *Méritoire* ne se dit que de choses et *méritant* de personnes : *un effort méritoire ; un élève méritant.*
méritoirement adv.
merl n. m.
→ **maerl**
merlan n. m.
merle n. m.
HOM. **maerl**
merleau n. m.
HOM. **merlot**
merlette n. f.
merlin n. m.
merlon n. m.
merlot n. m.
HOM. **merleau**
merlu ou **merlus** n. m.
merluche n. f.
merluchon n. m.
mérocrine adj.
mérogamie n. f.
mérogonie n. f.
mérogonique adj.
méroplancton n. m.
mérostome n. m.
mérotomie n. f.
mérou n. m.
meroutage n. m.
mérovingien, ienne adj. et n.
➾ L'adjectif s'écrit sans majuscule : *la dynastie mérovingienne*. Le nom s'écrit toujours avec une majuscule : *les Mérovingiens*.
merrain n. m.
merrine n. f.
mérule n. m. ou f.
merveille n. f.
▸ **promettre monts et merveilles**
➾ *Merveille* est au singulier dans les locutions **à merveille** et **faire merveille** : *ils se portent à merveille ; ces produits font merveille.* Il est au pluriel dans **dire merveilles** : *il nous en a dit merveilles.* Ce mot s'écrit avec une majuscule dans **les Sept Merveilles du monde**.
⌘ La locution **c'est merveille que** est suivie du subjonctif : *c'est merveille qu'ils soient venus.*
merveilleusement adv.
merveilleux, euse adj. et n.
mérycisme n. m.
merzlota n. f.
mes adj. poss.
→ aussi **mon**
mesa ou **mésa** /meza/ n. f.
mésaise n. m.
mésal, ale, aux adj.
mésalliance n. f.
mésallier (se) v. pron. | conjug. 7 |
➾ Aux temps composés de la forme pronominale, le participe passé s'accorde en genre et en nombre avec le sujet : *elle s'est mésalliée.*
mésange n. f.
mésangeau n. m.
mésangette n. f.
mésavenance n. f.
mésavenant, ante adj.
mésaventure n. f.
mescal ou **mezcal** n. m.
mescaline n. f.
mescalinique adj.
mesclun n. m.
mesdames n. f. pl.
→ **madame**
mesdemoiselles n. f. pl.
→ **mademoiselle**
mésembryanthème n. m.
mésemploi n. m.
mésencéphale n. m.
mésencéphalique adj.
mésenchymateux, euse adj.
mésenchyme n. m.
mésentendre v. tr. | conjug. 41 |
➾ Au présent de l'indicatif, à la forme interrogative avec sujet inversé, on écrit *mésentend-on, mésentend-il, mésentend-elle* et non **mésentend-t-on, *mésentend-t-il, *mésentend-t-elle.* Le *d* final se prononce /t/ ; il est donc inutile et fautif d'ajouter un *t*.
¬ **se mésentendre**
➾ Aux temps composés de la forme pronominale, le participe passé s'accorde en genre et en nombre avec le sujet : *ils se sont mésentendus sur cette question.*
mésentente n. f.
mésentère n. m.
mésentérique adj.
mésentérite n. f.
mésestimation n. f.

mésestime n. f.
mésestimer v. tr. | conjug. 1 |
¬ **se mésestimer**
➾ Aux temps composés de la forme pronominale, le participe passé s'accorde en genre et en nombre avec le sujet : *elle s'est longtemps mésestimée.*
mésial, ale, aux adj.
mésinformation n. f.
mésinformé, ée adj.
mésintelligence n. f.
mésinterprétation n. f.
mésinterpréter v. tr. | conjug. 6 |
mésique adj.
mesmérien, ienne adj.
mesmérisme n. m.
mesmériste adj. et n.
mesnil n. m.
→ **ménil**
mésoblaste n. m.
mésoblastique adj.
mésocarpe n. m.
mésocéphale n. et adj.
mésoclimat n. m.
mésocôlon n. m.
mésocrétacé n. m.
mésoderme n. m.
mésodermique adj.
mésoglée n. f.
mésolithique n. m. et adj.
mésologie n. f.
mésologique adj.
mésomère n. f. et adj.
mésomérie n. f.
mésomorphe adj.
mésomorphique adj.
mésomorphisme n. m.
méson n. m.
HOM. **maison**
mésonéphrétique adj.
mésonéphros /-fRos/ n. m.
mésopause n. f.
mésophile adj.
mésophyte n. et adj.
mésoplancton n. m.
mésopotamien, ienne adj. et n.
➾ L'adjectif s'écrit sans majuscule : *les civilisations mésopotamiennes ; l'art mésopotamien.* Le nom s'écrit avec une majuscule : *les Mésopotamiens ; une Mésopotamienne.*
mésoscaphe n. m.
mésosphère n. f.
mésothéliome n. m.
mésothélium /-jɔm/ n. m.
mésothérapeute n.
mésothérapie n. f.
mésotherme adj.
mésothoracique adj.
mésothorax n. m.
mésothorium /-jɔm/ n. m.
mésoxalique adj.
mésoyage n. m.
mésozoïque n. m. et adj.
mesquin, ine adj.
mesquinement adv.
mesquinerie n. f.
mess n. m.
HOM. **messe**
message n. m.
messager, ère n.
messagerie n. f.
messaline n. f.
messe n. f.
HOM. **mess**
messéance n. f.
messéant, ante adj.
messeigneurs n. m. pl.
→ **monseigneur**
messeoir ou **messoir**° v. intr. | conjug. 26 |
CONJUG. Ce verbe est défectif : il ne s'emploie qu'à la troisième personne du singulier du présent de l'indicatif (*il messied*) et au participe présent (*messéant*).
Ξ Ce verbe s'emploie presque toujours à la forme négative : *cette couleur ne messied pas à votre teint.*
messianique adj.
messianisme n. m.
messianiste adj. et n.
messianité n. f.
messidor n. m.
➾ Comme tous les noms de mois, ce mot s'écrit sans majuscule : *le 11 messidor.*
messie n. m.
➾ Avec une majuscule, **Le Messie** désigne Jésus-Christ : *l'avènement du Messie* mais *attendre qqn comme le messie.*
messieurs n. m. pl.
→ **monsieur**
messire n. m.
messoir° v. intr. | conjug. 26 |
→ **messeoir**
mestrance n. f.
→ **maistrance**
mestre n. m.
mesurable adj.
mesurage n. m.
mesure n. f.
➾ Ce mot est toujours au singulier dans les locutions **à mesure que, au fur et à mesure, en mesure (de), outre mesure, sans (commune) mesure** et **sur mesure.**
mesuré, ée adj.
mesurément adv.

mesurer v. intr. et v. tr. | conjug. 1 |
➾ Le participe passé s'accorde avec le complément antéposé uniquement quand il s'agit d'un complément d'objet direct : *les pièces que tu as mesurées* mais *les 2,02 m qu'elle a mesuré* (il s'agit ici de la structure intransitive, sans complément d'objet).
¬ **se mesurer**
➾ Aux temps composés de la forme pronominale, le participe passé s'accorde en genre et en nombre avec le sujet : *l'équipe de France s'est mesurée à celle du Portugal.*
mesurette n. f.
[1]**mesureur, euse** n. (personne)
[2]**mesureur** n. m. (appareil)
mesuron n. m.
HOM. formes du v. **mesurer**
mésusage n. m.
mésuser v. tr. ind. | conjug. 1 |
[1]**méta** n. f. (borne)
[2]**Méta**® n. m. (combustible)
➾ Comme tous les noms déposés, ce mot doit s'écrire avec une majuscule : *un réchaud à Méta.* Toutefois, on le trouve fréquemment employé comme nom générique sans respect de la règle : *un réchaud à méta.*
métabiose n. f.
[1]**métabole** n. f. (figure de style)
[2]**métabole** adj. et n. m. (insecte)
métabolique adj.
métabolisation n. f.
métaboliser v. tr. | conjug. 1 |
métabolisme n. m.
métabolite n. m.
métacarpe n. m.
métacarpien, ienne adj. et n. m.
métacentre n. m.
métacentrique adj.
métachromatique /-k-/ adj.
métachromatisme /-k-/ n. m.
métachronie /-k-/ n. f.
métachronisme /-k-/ n. m.
métaconnaissance n. f.
métacritique adj.
métadialectique n. f.
métadiscours n. m.
métadonnée n. f.
métadyne n. f.
métagenèse n. f.
métagénésique adj.
métagéométrie n. f.
métagrammatique adj.
métagramme n. m.
métahistoire n. f.
métail n. m.
métairie n. f.
métal, aux n. m.
métalangage n. m.
métalangue n. f.
métaldéhyde n. m. ou f.
métalent n. m.
métalepse n. f.
métalinguistique adj.
métalléité n. f.
métallerie n. f.
métallescence n. f.
métallescent, ente adj.
métallier, ière n.
métallifère adj.
métallin, ine adj.
métallique adj.
métalliquement adv.
métallisation n. f.
métallisé, ée adj.
☰ Quand *métallisé* est employé derrière un adjectif de couleur pour en préciser la nuance, les deux mots sont invariables : *des peintures gris métallisé.*
métalliser v. tr. | conjug. 1 |
métalliseur, euse adj. et n.
métallo n.
□ abrév. de **métallurgiste**
métallocéramique n. f.
métallochimie n. f.
métallochromie /-k-/ n. f.
métallochromiste /-k-/ n.
métallogenèse n. f.
métallogénie n. f.
métallographie n. f.
métallographique adj.
métalloïde n. m.
métalloïdique adj.
métallophone n. m.
métalloplastique adj.
métalloprotéine n. f.
métalloradiographie n. f.
métallothérapie n. f.
métallurgie n. f.
métallurgique adj.
métallurgiquement adv.
métallurgiste adj. et n.
métalogique adj. et n. f.
métamathématique n. f.
métamère adj. et n. m.
métamérie n. f.
métamérique adj.
métamérisation n. f.
métamorale n. f.
métamorphique adj.
métamorphiser v. tr. | conjug. 1 |
métamorphisme n. m.
métamorphosable adj.
métamorphose n. f.

métamorphoser v. tr. | conjug. 1 |
¬ **se métamorphoser**
➾ Aux temps composés de la forme pronominale, le participe passé s'accorde en genre et en nombre avec le sujet : *la chenille s'est métamorphosée en papillon*.
métamoteur n. m.
métanéphrétique adj.
métanéphros /-ʀos/ n. m.
métaphase n. f.
métaphonie n. f.
métaphonique adj.
métaphore n. f.
métaphorique adj.
métaphoriquement adv.
métaphoriser v. tr. et v. intr. | conjug. 1 |
métaphosphate n. m.
métaphosphorique adj.
métaphrase n. f.
métaphraste n. m.
métaphysaire adj.
métaphyse n. f.
métaphysicien, ienne n.
métaphysique adj. et n. f.
métaphysiquement adv.
métaphysiquer v. tr. et v. intr. | conjug. 1 |
métaplasie n. f.
métaplasique adj.
métaplasme n. m.
métaplastique adj.
métaproblématique adj.
métapsychique adj. et n. f.
métapsychologie /-k-/ n. f.
métapsychologique /-k-/ adj.
métascience n. f.
métasigne n. m.
métasociologie n. f.
métaspermatogenèse n. f.
métastabilité n. f.
métastable adj.
métastase n. f.
métastasé, ée adj.
métastaser v. intr. | conjug. 1 |
métastatique adj.
métasternal, ale, aux adj.
métasternum /-nɔm/ n. m.
métasystème n. m.
métatarsalgie n. f.
métatarse n. m.
métatarsien, ienne adj. et n. m.
métathéorie n. f.
métathéorique adj.
métathèse n. f.
métathoracique adj.
métathorax n. m.
métayage n. m.
métayer, ère n.
métazoaire n. m.
méteil n. m.
métempirique adj.
métempsycose ou **métempsychose** /-koz/ n. f.
Ξ La graphie *métempsycose* est plus courante.
métempsycosiste ou **métempsychosiste** /-koz-/ adj. et n.
métencéphale n. m.
métensomatose n. f.
météo n. f. et adj. inv.
◻ abrév. de **météorologie** ou abrév. de **météorologique**
météore n. m.
☯ Ce mot est masculin : *un météore*.
météorique adj.
météorisation n. f.
météoriser v. tr. | conjug. 1 |
météorisme n. m.
météorite n. m. ou f.
Ξ Ce mot s'emploie plus souvent au masculin dans le langage scientifique et au féminin dans le langage courant. Les deux genres sont admis par l'Académie.
météoritique adj.
météorographe n. m.
météorologie n. f.
météorologique adj.
météorologiquement adv.
météorologiste ou **météorologue** n.
météoromancie n. f.
météoromancien, ienne adj.
météoropathie n. f.
météoropathologie n. f.
métèque n. m.
méthacrylate n. m.
méthacrylique adj.
méthadone n. f.
méthanal n. m.
méthanation n. f.
méthane n. m.
méthanier n. m.
méthanique adj.
méthanisation n. f.
méthanogène n. m. et adj.
méthanol n. m.
méthémoglobine n. f.
méthionine n. f.
méthode n. f.
méthodique adj.
méthodiquement adv.
méthodisme n. m.
➾ Comme tous les noms désignant un mouvement religieux, ce mot s'écrit sans majuscule : *le méthodisme prit naissance au sein de l'anglicanisme*.

méthodiste adj. et n.
➾ Comme tous les mots désignant ou qualifiant un mouvement religieux ou ses adeptes, ce mot s'écrit sans majuscule : *l'Église méthodiste ; les méthodistes.*
méthodologie n. f.
méthodologique adj.
méthoxyle n. m.
méthoxylé, ée adj.
méthylamine n. f.
méthylate n. m.
méthylation n. f.
méthylcellulose n. f.
méthyle n. m.
méthylé, ée adj.
méthylène n. m.
méthylhydrazine n. f.
méthylique adj.
méticilline n. f.
méticuleusement adv.
méticuleux, euse adj.
méticulosité n. f.
métier n. m.
métif, ive adj. et n.
métingue n. m.
métis, isse /metis/ adj.
métisation n. f.
métissage n. m.
métisser v. tr. | conjug. 1 |
¬ **se métisser**
➾ Aux temps composés de la forme pronominale, le participe passé s'accorde en genre et en nombre avec le sujet : *Noirs et Blancs se sont métissés.*
métivier n. m.
métonien, ienne adj.
métonomasie n. f.
métonymie n. f.
métonymique adj.
métope n. f.
métopique adj.
métoposcopie n. f.
métoposcopique adj.
métrage n. m.
➾ **Long métrage**, **moyen métrage** et **court métrage** s'écrivent sans trait d'union.
métralgie n. f.
mètre n. m.
➾ **Mètre carré** et **mètre cube** s'écrivent sans trait d'union. **Mètre(-)étalon** s'écrit indifféremment avec ou sans trait d'union.
HOM. **maître**, **mettre**
→ aussi **m**
métré n. m.
mètre-kilogramme n. m. ▪ plur. **mètres-kilogrammes**
métrer v. tr. | conjug. 6 |
mètre-seconde n. m. ▪ plur. **mètres-seconde**
métreur, euse n.
métrication n. f.
métricien, ienne n.
métrique adj. et n. f.
métrisable adj. m.
métrite n. f.
[1]**métro** n. m. (moyen de transport)
[2]**métro** adj. et n. (habitant de la métropole)
métrologie n. f.
métrologique adj.
métrologiste n.
métromane n.
métromanie n. f.
métronome n. m.
métronomique adj.
métropathie n. f.
métropole n. f.
[1]**métropolitain** adj. m. et n. m. (chemin de fer)
[2]**métropolitain, aine** adj. et n. (de métropole)
métropolite n. m.
métrorragie n. f.
métrorragique adj.
mets n. m.
HOM. **mai**, **maie**, **mais**, **maye**, formes du v. **mettre**
mettable adj.
mettage n. m.
metteur, euse n.
☯ *Metteuse* est la forme recommandée par le *Guide d'aide à la féminisation des noms de métiers, titres, grades et fonctions* et l'Office québécois de la langue française pour parler d'une femme : *c'est une metteuse en scène ; elle est metteuse en pages.* Pour le féminin de **metteur en scène**, l'Office québécois de la langue française recommande également la forme **metteure en scène**.
mettre v. tr. | conjug. 56 |
☰ Ne pas confondre les locutions **mettre bas**, qui signifie « accoucher » (en parlant des animaux), et **mettre à bas**, qui signifie « abattre ».
¬ **se mettre**
➾ Aux temps composés de la forme pronominale, le participe passé s'accorde en genre et en nombre avec le sujet : *elle s'est mise au lit ; elles se sont mises d'accord.* Mais le participe passé ne s'accorde pas quand il est suivi d'un complément d'objet direct : *elles se sont mis leurs voisines à dos ; elle s'est mis en tête de devenir écrivaine.* Il ne s'accorde avec le complément d'objet direct que lorsque celui-ci est placé avant le verbe : *les voisines*

qu'ils se sont mises à dos ; l'idée qu'elles se sont mise en tête.
HOM. **mètre, maître**
→ aussi **jour**
méture n. f.
meublant, ante adj.
meuble adj. et n. m.
meublé, ée adj. et n. m.
meubler v. tr. | conjug. 1 |
meublier n. m.
HOM. formes du v. **meubler**
meuf n. f.
meuglement n. m.
meugler v. intr. | conjug. 1 |
meuh interj. et n. m.
HOM. formes du v. **mouvoir**
meulage n. m.
meulard n. m.
meularde n. f.
meulardeau n. m.
meule n. f.
meuler v. tr. | conjug. 1 |
meulerie n. f.
meuleton n. m.
meulette n. f.
meuleuse n. f.
meulier, ière adj. et n.
HOM. formes du v. **meuler**
meulière n. f.
meuliérisation n. f.
meulon n. m.
HOM. formes du v. **meuler**
meunerie n. f.
[1]**meunier, ière** n. et adj. (personne)
Ξ Dans le domaine de la cuisine, *meunière* s'emploie dans la locution **à la meunière** ou en apposition ; il est alors invariable : *des soles (à la) meunière.*
[2]**meunier** n. m. (poisson)
[3]**meunière** n. f. (mésange)
meurette n. f.
Ξ Ce mot peut s'employer en apposition ; il est alors invariable : *des œufs meurette.*
meursault /-so/ n. m.
➾ Lorsqu'il désigne un vin, ce mot s'écrit sans majuscule, contrairement au nom propre qui désigne la commune : *un vin de Meursault* mais *une bouteille de meursault.*
meurt-de-faim n. inv.
meurt-de-soif n. inv.
meurtre n. m.
meurtrier, ière n. et adj.
meurtrière n. f.
meurtrir v. tr. | conjug. 2 |
meurtrissant, ante adj.
meurtrissure n. f.
meute n. f.
mévendre v. tr. | conjug. 41 |
➾ Au présent de l'indicatif, à la forme interrogative avec sujet inversé, on écrit *mévend-on, mévend-il, mévend-elle* et non **mévend-t-on, *mévend-t-il, *mévend-t-elle*. Le *d* final se prononce /t/ ; il est donc inutile et fautif d'ajouter un *t*.
mévente n. f.
mexicanisation n. f.
mexicaniser v. tr. | conjug. 1 |
¬ **se mexicaniser**
➾ Aux temps composés de la forme pronominale, le participe passé s'accorde en genre et en nombre avec le sujet : *cette région s'est mexicanisée.*
mézail n. m.
➾ Ce mot a un pluriel régulier : *des mézails.*
mezcal n. m.
→ **mescal**
mézigue pron. pers.
mezzanine /mɛdzanin/ n. f.
mezza-voce /mɛdzavɔtʃe/ loc. adv.
mezze ▪ plur. inv. ou **mezzé** ▪ plur. **mezzés** /me(d)ze/ n. m.
mezzo /mɛdzo/ n.
▫ abrév. de **mezzo-soprano**
mezzo forte /mɛdzofɔʀte/ loc. adv.
[1]**mezzo-soprano** /mɛdzo-/ n. m. ▪ plur. **mezzos-sopranos** (voix)
[2]**mezzo-soprano** /mɛdzo-/ n. f. ▪ plur. **mezzos-sopranos** (cantatrice)
mezzotinto /mɛdzotinto/ n. m. ▪ plur. **mezzotintos** ou plur. inv.
mi n. m. inv.
HOM. **mie, mis, mye,** formes du v. **mettre**
mia n. m.
miam(-miam) ▪ plur. **miams(-miams)** ou plur. inv. interj. et n. m.
miaou interj. et n. m.
miasmatique adj.
miasme n. m.
miaulard n. m.
miaulement n. m.
miauler v. intr. | conjug. 1 |
miauleur, euse adj. et n.
mi-bas n. m. inv.
mi-bois n. m. inv.
mica n. m.
micacé, ée adj.
micanite n. f.
mi-carême n. f. ▪ plur. **mi-carêmes**
micaschiste n. m.
micaschisteux, euse adj.
micellaire adj.
micelle n. f.
HOM. **missel**
micellien, ienne adj.

miche n. f.
miché n. m.
michelangelesque /mikɛlɑ̃ʒelɛsk/ adj.
micheline n. f.
mi-chemin (à) loc. adv.
micheton n. m.
michetonnage n. m.
michetonner v. intr. | conjug. 1 |
michetonneuse n. f.
mi-clos, close adj. ▪ plur. **mi-clos, closes**
[1]**micmac** n. m. (fam. : manigance, désordre)
[2]**micmac, micmaque** adj. et n. (d'une nation amérindienne du Canada)
➾ L'adjectif s'écrit sans majuscule : *la population micmaque*. Le nom s'écrit avec une majuscule uniquement quand il désigne une personne : *les Micmacs ; c'est une Micmaque* mais *parler le micmac*.
micocoule n. f.
micocoulier n. m.
mi-corps (à) loc. adv.
mi-côte (à) loc. adv.
mi-course n. f. ▪ plur. **mi-courses**
[1]**micro** n. m.
▫ abrév. de **microphone**
[2]**micro** n. m.
▫ abrév. de **micro-ordinateur**
[3]**micro** n. f.
▫ abrév. de **micro-informatique**
microaiguille n. f.
microampère n. m.
microampèremètre n. m.
microanalyse n. f.
microanalyste n.
microassemblage n. m.
microbalance n. f.
microbe n. m.
microbicide adj. et n. m.
microbie n. f.
microbien, ienne adj.
microbille n. f.
microbiologie n. f.
microbiologique adj.
microbiologiste n.
microbiote n. m.
microbisme n. m.
microbiurgie n. f.
microbrouillard n. m.
microbus /-bys/ n. m.
microcalorimètre n. m.
microcalorimétrie n. f.
microcaméra n. f.
microcapsulé, ée adj.
microcentrale n. f.
microcéphale adj. et n.
microcéphalie n. f.
microchaîne ou **microchaine**° n. f.
microchimie n. f.
microchimique adj.
microchimiquement adv.
microchirurgical, ale, aux adj.
microchirurgie n. f.
microcinéma n. m.
microcinématographie n. f.
microcinématographique adj.
microcircuit n. m.
microclimat n. m.
microclimatique adj.
microclimatologie n. f.
microclimatologique adj.
microcline n. f.
microcontact n. m.
microcontexte n. m.
microcopie n. f.
microcopier v. tr. | conjug. 7 |
microcoque n. m.
microcosme n. m.
microcosmique adj.
microcoupure n. f.
micro-cravate ▪ plur. **micros-cravates** ou **microcravate**° ▪ plur. **microcravates**° n. m.
microcrédit n. m.
microcristal, aux n. m.
microcristallin, ine adj.
microcurie n. m.
microcyte n. m.
microdactyle adj.
microdécision n. f.
microdissection n. f.
microdontie /-dɔ̃ti ; -dɔ̃si/ n. f.
microéconométrie n. f.
microéconomie n. f.
microéconomique adj.
microédition n. f.
microélectrode n. f.
microélectronique n. f. et adj.
microencapsulation n. f.
microentrepreneur, euse n.
microentreprise n. f.
microévolution n. f.
microfarad /-faʀad/ n. m.
microfaune n. f.
microfibre n. f.
microfichage n. m.
microfiche n. f.
microficher v. tr. | conjug. 1 |
microfilm n. m.
microfilmage n. m.
microfilmer v. tr. | conjug. 1 |
microfiltration n. f.
microfiltrer v. tr. | conjug. 1 |
microfissure n. f.
microflore n. f.

microforme n. f.
microgénitalisme n. m.
microglossaire n. m.
microglosse n. m.
microglossie n. f.
microgramme n. m.
micrographe n.
micrographie n. f.
micrographique adj.
microgravité n. f.
microgrenu, ue adj.
microhm n. m.
micro-informatique n. f. ▪ plur. **micro-informatiques**
micro-injecter v. tr. | conjug. 1 |
micro-injection n. f. ▪ plur. **micro-injections**
micro-instruction n. f. ▪ plur. **micro-instructions**
micro-instrument n. m. ▪ plur. **micro-instruments**
microlecture n. f.
microlépidoptère n. m. et adj.
microlithe ou **microlite** n. m.
microlithique ou **microlitique** adj.
micromanipulateur n. m.
micromanipulation n. f.
micromélie n. f.
micromère n. m.
micrométéorite n. m. ou f.
micromètre n. m.
micrométrie n. f.
micrométrique adj.
micromilieu n. m.
micromillimètre n. m.
microminiaturisation n. f.
microminiaturiser v. tr. | conjug. 1 |
micromolécule n. f.
micromortier n. m.
micromoteur n. m.
micromycète n. m.
micron n. m.
micronisation n. f.
microniser v. tr. | conjug. 1 |
micronoyau n. m.
micronucléus /-ys/ n. m.
micro-ondable ▪ plur. **micro-ondables** ou **microondable** ▪ plur. **microondables** adj.
[1]**micro-onde** ▪ plur. **micro-ondes** ou **microonde** ▪ plur. **microondes** n. f. (onde)
[2]**micro-onde(s)** ▪ plur. **micro-ondes** ou **microonde** ▪ plur. **microondes** n. m. (four)
micro-ordinateur ▪ plur. **micro-ordinateurs** ou **microordinateur** ▪ plur. **microordinateurs** n. m.
micro-organisme ▪ plur. **micro-organismes** ou **microorganisme** ▪ plur. **microorganismes** n. m.
micropaléontologie n. f.
microphage adj. et n. m.
microphone n. m.
microphonique adj.
microphotographie n. f.
microphotographier v. tr. | conjug. 7 |
microphotographique adj.
microphotomètre n. m.
microphtalmie n. f.
microphysique n. f.
microphyte n. f.
micropilule n. f.
microplancton n. m.
micropolluant n. m.
microporeux, euse adj.
microprocesseur n. m.
microprogrammation n. f.
microprogramme n. m.
micropropulseur n. m.
micropsie n. f.
microptère adj.
micropyle n. m.
microrupteur n. m.
microscope n. m.
microscopie n. f.
microscopique adj.
microscopiste n.
microseconde n. f.
microséisme n. m.
microséismique adj.
microséismographe n. m.
microsillon n. m.
microsmatique adj.
microsociété n. f.
microsociologie n. f.
microsociologique adj.
microsomatie /-ti/ n. f.
microsonde n. f.
microsoudure n. f.
microspectroscopie n. f.
microsphère n. f.
microsporange n. m.
microspore n. f.
microsporie n. f.
microsthésie n. f.
microstructure n. f.
microtectonique n. f.
microtextural, ale, aux adj.
microtexture n. f.
microtherme adj.
microthermie n. f.
microtome n. m.
microtracteur n. m.
microtraumatisme n. m.
micro-trottoir ▪ plur. **micros-trottoirs** n. m.
microtubule n. m.

micro-univers n. m. inv.
microvillosité n. f.
microviseur n. m.
microvolt n. m.
microwatt n. m.
microzoaire n. m.
miction n. f.
ϟ Ne pas confondre **miction**, qui signifie « action d'uriner », avec **mixtion**, qui signifie « mélange de substances ».
middle-west /midœlwɛst/ ou **midwest** n. m. sing.
midi n. m.
☯ Ce mot est masculin : *il est midi précis* ; *midi et demi*.
⌘ Quand *midi* est sujet, le verbe est au singulier : *midi sonna* (et non **midi sonnèrent*).
Ξ On peut dire indifféremment *demain à midi* ou *demain midi*.
L'emploi de l'article avec *midi* doit être évité dans le langage soigné : on dira *à midi, il déjeune à la cantine* plutôt que *le midi, il déjeune à la cantine* et *nous sommes partis vers midi* plutôt que *nous sommes partis vers les midi*. De même, on emploiera **à midi** plutôt que **ce midi**.
➾ Avec une majuscule et sans complément, **le Midi** désigne le sud de la France : *habiter dans le Midi* ; *l'accent du Midi*. Mais on écrit *le midi de la France* sans majuscule à *midi*. *Midi* s'écrit avec une majuscule dans les dénominations géographiques : *l'aiguille du Midi* ; *le canal du Midi*.
midichaîne ou **midichaine**° n. f.
midifié, ée adj.
midinette n. f.
midship n. m.
midwest n. m. sing.
→ **middle-west**
mie adv. et n. f.
HOM. **mi, mis, mye**, formes du v. **mettre**
miel n. m.
➾ Ce mot est au singulier dans l'expression **être tout miel** (ou **être tout sucre tout miel**) : *elles étaient tout miel*.
Ξ *Miel* peut s'employer seul comme adjectif de couleur ou derrière un adjectif de couleur pour en préciser la nuance ; ces adjectifs sont alors invariables : *des draps jaune miel* ; *des robes miel*.
HOM. **mielle**
miellaison n. f.
miellat n. m.
miellature n. f.
mielle n. f.
HOM. **miel**
miellé, ée adj.
miellée n. f.
mielleusement adv.
mielleux, euse adj.
mien, mienne adj. poss. et pron. poss.
miette n. f.

mieux adv.
c'est mieux que je (ne) le pensais
⌘ *Mieux* est un comparatif ; ***plus mieux** est donc incorrect.
Devant un participe féminin ou pluriel, l'article du superlatif **le mieux** est invariable si le superlatif indique un degré, sans comparer l'être ou l'objet en question à un autre : *nous vous proposons la solution le mieux adaptée à vos besoins* (elle ne peut pas être plus adaptée). Il s'accorde au contraire s'il y a comparaison entre plusieurs êtres ou objets : *nous avons choisi la solution la mieux adaptée* (parmi plusieurs solutions). Quand il modifie un verbe, **le mieux** est invariable : *c'est cette chanson qu'il interprète le mieux*.
La locution **à qui mieux mieux** ne peut s'employer qu'avec un verbe au pluriel : *ils buvaient à qui mieux mieux* (mais pas **il buvait à qui mieux mieux*).
L'emploi de **de mieux** avec une quantité est incorrect : il ne faut pas dire *c'est cinq secondes de mieux que son adversaire* mais *c'est cinq secondes de moins que son adversaire* ;il ne faut pas dire *il a trois points de mieux* mais *il a trois points de plus*.
➾ La locution adverbiale **des mieux** est suivie d'un adjectif ou d'un participe passé qui s'accorde toujours en genre et en nombre avec le nom qui précède, si celui-ci est au pluriel : *ces maisons sont des mieux entretenues*. Si le nom est au singulier, le participe ou l'adjectif se met généralement au pluriel, mais on peut rencontrer l'invariabilité : *le titre est des mieux choisis* ou *des mieux choisi*.
Ξ On peut dire indifféremment *il fait le mieux qu'il peut* ou *il fait du mieux qu'il peut*.
Le mieux que est suivi de l'indicatif quand l'action est accomplie et du subjonctif quand elle est hypothétique : *il a fait le mieux qu'il pouvait* ; *le mieux que je puisse faire, c'est vous aider en cas de problème*.

mieux-disant, ante adj. ▪ plur. **mieux-disants, antes**
mieux-être n. m. inv.
mieux-faisant, ante /-fəz-/ adj. ▪ plur. **mieux-faisants, antes**
mieux-vivre n. m. inv.
mièvre adj.
mièvrement adv.
mièvrerie n. f.
mièvreté n. f.
mi-fermé, ée adj.
mi-fin adj. m. ▪ plur. **mi-fins**

mig n. m. inv.
migdol n. m.
migmatite n. f.
mignard, arde adj.
mignardement adv.
mignarder v. tr. | conjug. 1 |
mignardise n. f.
mignon, onne adj. et n.
mignonnement adv.
mignonnerie n. f.
mignonnet, ette adj. et n. (personne)
mignonnette n. f. (plante, poivre, gravier, flacon)
mignoter v. tr. | conjug. 1 |
¬ **se mignoter**
➾ Aux temps composés de la forme pronominale, le participe passé s'accorde en genre et en nombre avec le sujet : *elle s'est mignotée avant son rendez-vous*.
migraine n. f.
migraineux, euse adj.
migrant, ante adj. et n.
migrateur, trice adj.
migration n. f.
migratoire adj.
migrer v. intr. | conjug. 1 |
mihrab n. m.
mi-jambe ou **mi-jambes (à)** loc. adv.
mijaurée n. f.
mijotage n. m.
mijotant, ante adj.
mijoter v. tr. et v. intr. | conjug. 1 |
mijoteuse n. f.
mikado n. m.
[1]**mil** /mil/ adj. inv.
→ [1]**mille**
[2]**mil** /mil ; mij/ n. m.
HOM. **mille**
milady /milɛdi/ n. f.
mi-laine adj. et n. m. ▪ plur. **mi-laines**
milan n. m.
milanais, aise adj. et n.
➾ L'adjectif s'écrit sans majuscule : *la population milanaise*. Le nom s'écrit avec une majuscule uniquement quand il désigne une personne : *les Milanais ; c'est une Milanaise* mais *préparer un milanais* (génoise à l'abricot).
Ξ Dans le domaine culinaire, *milanaise* s'emploie dans la locution **à la milanaise** ou en apposition ; il est alors invariable : *des paupiettes de veau (à la) milanaise*.
milandre n. m.
milaneau n. m.
milanière n. f.
mildiou n. m.
mildiousé, ée adj.
mile /majl/ n. m. (mesure de longueur anglo-saxonne (1609 m))
mileur /majlœʀ/ n. m.
[1]**miliaire** adj. et n. f. (semblable au mil, maladie)
HOM. **milliaire**
[2]**miliaire** n. m. (chaudière)
HOM. **milliaire**
milice n. f.
➾ Avec une majuscule, **la Milice** désigne le corps paramilitaire formé par le gouvernement de Vichy pendant l'Occupation.
milicien, ienne n.
milieu n. m.
➾ Ce mot s'écrit avec une majuscule dans **l'empire du Milieu**, qui désigne la Chine.
Ξ **Milieu ambiant** est un pléonasme à éviter.
militaire adj. et n.
militairement adv.
militance n. f.
militant, ante adj. et n.
militantisme n. m.
militantiste adj.
militaria n. m. ▪ plur. inv. ou plur. **militarias**○
militarisation n. f.
militariser v. tr. | conjug. 1 |
¬ **se militariser**
➾ Aux temps composés de la forme pronominale, le participe passé s'accorde en genre et en nombre avec le sujet : *cette nation s'est militarisée*.
militarisme n. m.
militariste adj. et n.
militaroéconomique adj.
militaro-industriel, elle adj. ▪ plur. **militaro-industriels, elles**
militaropolitique adj.
militer v. intr. | conjug. 1 |
milium /-jɔm/ n. m.
milkbar ▪ plur. **milkbars** ou **milk-bar** ▪ plur. **milk-bars** n. m.
milkshake ▪ plur. **milkshakes** ou **milk-shake** ▪ plur. **milk-shakes** /-ʃɛk/ n. m.
millade /mijad/ n. f.
millage n. m.
millas /mijas/ n. m. ou **millasse** ou **milliasse** n. f.
[1]**mille** ou **mil** adj. inv. et n. inv. (numéral)
Ξ La graphie *mil* s'est employée pour les dates de l'ère chrétienne avant 2 000 : *mil cinq cent quinze ; l'an mil*. Elle est aujourd'hui vieillie.
➾ *Mille* est toujours invariable : *gagner des mille et des cents*. Les Rectifications de l'orthographe de 1990 préconisent de généraliser l'emploi du trait d'union à tous les numéraux

composés, qu'ils soient inférieurs ou supérieurs à cent : *le numéro mille-quatre-vingt ; il a cent-cinquante-mille euros en espèces.*

⌘ *Mille* ne peut être suivi d'un complément prépositionnel : on ne dira pas **des dizaines de mille d'oiseaux* mais *des dizaines de milliers d'oiseaux*. En revanche, on peut dire indifféremment *il y en avait des dizaines de mille* ou *il y en avait des dizaines de milliers*.

²mille n. m. (mesure de longueur)

Ξ Un *mille marin* ou *nautique* correspond à 1 852 m. La francisation du mot anglais *mile* (1 609 m) en *mille* crée parfois des confusions.

HOM. **mil**

millée /mije/ n. f.

¹millefeuille n. m. (gâteau)

²millefeuille ▪ plur. **millefeuilles** ou **mille-feuille** ▪ plur. **mille-feuilles** n. f. (plante)

millefiori ou **milléfiori**° /mi(l)lefjɔʀi/ n. m. ▪ plur. inv. ou plur. **millefioris** ou plur. **milléfioris**°

Ξ En italien, *millefiori* est un nom pluriel. On peut toutefois l'employer au singulier et franciser la forme du pluriel : *un millefiori, des millefioris*.

mille-fleurs ▪ plur. inv. ou **millefleur**° ▪ plur. **millefleurs**° n. f.

millénaire adj. et n. m.

millénarisme n. m.

millénariste adj.

millénium /-jɔm/ n. m.

millepatte ▪ plur. **millepattes** ou **mille-pattes** ▪ plur. inv. n. m.

millepertuis ou **mille-pertuis** n. m. inv.

millépore n. m.

milleraie ▪ plur. **milleraies** ou **mille-raies** ▪ plur. **mille-raies** n. m.

millerandage n. m.

millerandé, ée adj.

millérite n. f.

millerole n. m.

millésimal, ale, aux adj.

millésime n. m.

millésimé, ée adj.

millésimer v. tr. | conjug. 1 |

millet /mijɛ/ n. m.

mille-trous ▪ plur. inv. ou **milletrou**° ▪ plur. **milletrous**° n. m.

milliaire /miljɛʀ/ adj.

HOM. **miliaire**

milliampère n. m.

milliampèremètre n. m.

milliard n. m.

⌘ Lorsque **un milliard de** suivi d'un nom est sujet, le verbe s'accorde soit avec *milliard*, soit avec le complément : *un milliard d'années s'est écoulé* ou *se sont écoulées*. Avec **le milliard de**, le verbe s'accorde toujours avec *milliard* : *le milliard d'années qui nous sépare*.

milliardaire adj. et n.

milliardième adj. et n. m.

¹milliasse /miljas/ n. f. (grand nombre)

²milliasse /mijas/ n. f. (gâteau)

→ **millas**

millibar n. m.

millicurie n. m.

millième adj. et n.

millier n. m.

⌘ Lorsque **un millier de** suivi d'un nom est sujet, le verbe s'accorde soit avec *millier*, soit avec le complément : *un millier de personnes était présent* ou *étaient présentes*. Avec **le millier de**, le verbe s'accorde toujours avec *millier* : *le millier de personnes présentes a assisté au spectacle*.

→ aussi **¹mille**

milligrade n. m.

milligramme n. m.

millilitre n. m.

millime n. m.

millimètre n. m.

millimétré, ée adj.

millimétrique adj.

millimétriquement adv.

millimicron n. m.

million n. m.

⌘ Lorsque **un million de** suivi d'un nom est sujet, le verbe s'accorde soit avec *million*, soit avec le complément : *un million de personnes est concerné* ou *sont concernées*. Avec **le million de**, le verbe s'accorde toujours avec *million* : *le million de personnes concernées sera principalement européen*.

millionième adj. et n.

millionnaire adj. et n.

➾ Ne pas écrire **millionaire* : ce mot a deux *n*.

milliosmole n. f.

millirœntgen /-ʀœntgɛn/ n. m.

milliseconde n. f.

millithermie n. f.

millivolt n. m.

millivoltmètre n. m.

milord n. m.

milouin n. m.

mi-lourd adj. m. et n. m. ▪ plur. **mi-lourds**

milreis /milʀɛjs/ n. m.

mimant, ante adj.

mime n.

HOM. forme du v. **mettre**

miméographier v. tr. | conjug. 7 |

mimer v. tr. | conjug. 1 |

mimesis /mimezis/ n. f.

mimétique adj.
mimétisme n. m.
mimeuse adj. et n. f.
mimi n. m. et adj. inv.
mimïambe adj. et n. m.
mimine n. f.
mimique adj. et n. f.
mimivirus /-RYS/ n. m.
mimodrame n. m.
mimographe n. m.
mimographie n. f.
mimographique adj.
mimolette n. f.
mimologie n. f.
mimologique adj.
mimosa n. m.

☰ Ce mot peut s'employer en apposition dans la locution **œuf mimosa** ; il est alors invariable : *des œufs mimosa*. *Mimosa* peut également s'employer seul comme adjectif de couleur ou derrière un adjectif de couleur pour en préciser la nuance ; ces adjectifs sont alors invariables : *des rideaux jaune mimosa ; des jupes mimosa*.

mimosacée n. f.
mi-moyen adj. m. et n. m. ▪ plur. **mi-moyens**
min n. f.

◻ abrév. de **minute**

☰ Cette abréviation ne s'emploie qu'à l'écrit. Comme toutes les abréviations d'unités de mesure, elle n'est pas suivi d'un point abréviatif. L'abréviation *mn* est fréquente mais fautive : il faut écrire *35 min* et non *35 mn*.

M. I. N. n. m.

◻ abrév. de **marché d'intérêt national**

minable adj. et n.
minablement adv.
minage n. m.
minahouet /-wɛt/ n. m.
minaret n. m.
minauder v. intr. | conjug. 1 |
minauderie n. f.
minaudeur, euse adj. et n.
minaudier, ière adj.
minbar /minbaʀ/ n. m.
mince adj. et interj.
mincet, ette adj.
minceur n. f.

☰ Ce mot peut s'employer en apposition ; il est alors invariable : *des recettes minceur*.

mincir v. intr. | conjug. 2 |
[1]**mine** n. f. (aspect)

➾ Ce mot est toujours au singulier dans les locutions **avoir bonne/mauvaise mine**, **faire grise mine (à qqn)**, **faire mine de** et **ne pas payer de mine**.

[2]**mine** n. f. (terrain)

➾ Avec une majuscule, **les Mines** désigne l'administration spécialisée dans l'étude des terrains. Mais on écrit **l'École des mines** sans majuscule à *mines*.

minenwerfer /minənvɛʀfɛʀ/ n. m. ▪ plur. inv. ou plur. **mininwerfers**○
miner v. tr. | conjug. 1 |
minerai n. m.

➾ Le singulier n'a pas de *s*.
HOM. formes du v. **miner**

minéral, ale, aux adj. et n. m.
minéralier n. m.
minéralisant, ante adj.
minéralisateur, trice adj. et n. m.
minéralisation n. f.
minéraliser v. tr. | conjug. 1 |
minéralité n. f.
minéralocorticoïde adj. et n. m.
minéralogie n. f.
minéralogique adj.
minéralogiquement adv.
minéralogiste n.
minéralurgie n. f.
minérographe n.
minérographie n. f.
minérographique adj.
minerval, ale, aux adj. et n. m.
minervales n. f. pl.
[1]**minerve** n. f. (appareil orthopédique, femme, esprit)
[2]**Minerve**® n. f. (machine à imprimer)

➾ Comme tous les noms déposés, ce mot doit s'écrire avec une majuscule : *une Minerve à pédale*. Toutefois, on le trouve fréquemment employé comme nom générique sans respect de la règle : *une minerve à pédale*.

minerviste n. m.
minervois n. m.

➾ Lorsqu'il désigne un vin, ce mot s'écrit sans majuscule, contrairement au nom propre qui désigne la région : *un vin du Minervois* mais *une bouteille de minervois*.

minestrone n. m.
minet, ette n. (chat, personne)
HOM. formes du v. **miner**
minette n. f. (région. : minerai de fer, luzerne)
[1]**mineur, eure** adj. et n.

➾ Ce mot s'écrit avec une majuscule dans **l'Asie Mineure**.

☰ **Les mineurs de moins de dix-huit ans** est un pléonasme à éviter. En revanche, on peut dire *les mineurs de moins de seize ans, de moins de douze ans*, etc.

[2]**mineur, euse** n. (ouvrier)

☯ *Mineuse* est la forme recommandée par le

Guide d'aide à la féminisation des noms de métiers, titres, grades et fonctions et l'Office québécois de la langue française pour parler d'une femme. le *Guide d'aide à la féminisation des noms de métiers, titres, grades et fonctions* précise que cette féminisation est virtuelle, les femmes n'ayant pas le droit de descendre dans les puits. De plus, les femmes qui travaillent à la mine sont désignées par le nom propre à leur fonction : *hercheuse, trieuse*, etc.

mini adj. inv.

miniature n. f.

Ξ Ce mot peut s'employer en apposition ; il prend la marque du pluriel : *des trains miniatures*.

miniaturé, ée adj.

miniaturisation n. f.

miniaturiser v. tr. | conjug. 1 |

miniaturiste n.

Minibar® n. m.

➾ Comme tous les noms déposés, ce mot doit s'écrire avec une majuscule : *le Minibar est vide*. Toutefois, on le trouve fréquemment employé comme nom générique sans respect de la règle : *le minibar est vide*.

minibus /-bys/ n. m.

minicalculatrice n. f.

minicassette n. f.

minichaîne ou **minichaine**○ n. f.

minidisc ou **minidisque** n. m.

minidose n. f.

minidosé, ée adj.

minier, ière adj.

HOM. formes du v. **miner**

minière n. f.

mini-géométrie ▪ plur. **mini-géométries** ou **minigéométrie**○ ▪ plur. **minigéométries**○ n. f.

minigolf n. m.

mini-informatique n. f. ▪ plur. **mini-informatiques**

minijupe n. f.

minima n. m. pl.

→ **minimum**

minima (a) loc. adj. inv.

→ **a minima**

minimal, ale, aux adj.

→ aussi **minimum**

minimalisme n. m.

➾ Comme tous les noms de courants artistiques, ce mot s'écrit sans majuscule : *le minimalisme en sculpture*.

minimaliste adj.

➾ Comme tous les mots désignant ou qualifiant un courant artistique ou ses représentants, ce mot s'écrit sans majuscule : *le courant minimaliste ; les minimalistes*.

minimant, ante adj.

minimarge n. m.

▫ rec. off. pour **discount**

minimax n. m.

minime adj. et n.

Ξ L'adjectif n'est plus employé comme superlatif ; il n'est donc pas incorrect de dire *plus minime, extrêmement minime*, etc.

minimètre n. m.

minimex n. m.

minimexé, ée adj.

minimisation n. f.

minimiser v. tr. | conjug. 1 |

minimisme n. m.

minimiste adj. et n.

minimum /-mɔm/ n. m. et adj. ▪ plur. **minima** ou plur. **minimums**

Ξ On peut employer le pluriel latin *minima* ou le pluriel francisé *minimums*.
Dans le langage soigné, il est préférable de remplacer l'adjectif par *minimal*.

mini-ordinateur n. m. ▪ plur. **mini-ordinateurs**

minipilule n. f.

minirobe n. f.

minirugby n. m.

miniski n. m.

minispace n. m.

ministère n. m.

➾ Ce mot s'écrit sans majuscule : *le ministère des Finances*.

ministérialisme n. m.

ministériat n. m.

ministériel, ielle adj.

ministrable adj.

ministre n.

➾ Ce mot s'écrit sans majuscule : *la ministre de la Culture ; le Premier ministre ; le Conseil des ministres*.

Ξ Ce mot peut s'employer en apposition ; il est alors invariable : *du papier ministre ; des bureaux ministre*.

ministresse n. f.

Ξ Cette forme a été éliminée par l'emploi devenu courant de *ministre* au féminin. Il s'est également employé dans le registre familier pour parler de la femme d'un ministre.

Minitel® n. m.

➾ Comme tous les noms déposés, ce mot doit s'écrire avec une majuscule : *les messageries du Minitel*. Toutefois, on le trouve fréquemment employé comme nom générique sans respect de la règle : *les messageries du minitel*.

minitéliste n.

minium /-jɔm/ n. m.

Ξ Ce mot peut s'employer seul comme adjectif de couleur ou derrière un adjectif de couleur pour en préciser la nuance ; ces adjectifs

sont alors invariables : *des bottes rouge minium ; des vestes minium.*

Minivague® n. f.

➾ Comme tous les noms déposés, ce mot doit s'écrire avec une majuscule : *elle s'est fait faire une Minivague.* Toutefois, on le trouve fréquemment employé comme nom générique sans respect de la règle : *elle s'est fait faire une minivague.*

minnesang /minesɑ̃ŋ/ n. m.

minnesinger ou **minnésinger**○ /minesiŋgɛʀ/ n. m.

mino adj. et n.

HOM. **minot**

minoen, enne /minɔɛ̃/ adj.

[1]**minois** n. m. (visage)

[2]**minois** n. m. (arcboutant)

minon n. m.

minorant n. m.

minorat n. m.

HOM. formes du v. **minorer**

minoratif, ive adj.

minoration n. f.

Ξ La forme *minorisation* est courante mais doit être évitée.

minoré, ée adj. et n. m.

minorer v. tr. | conjug. 1 |

Ξ La forme *minoriser* est courante mais doit être évitée.

minores n. m. pl.

minoritaire adj. et n.

minorité n. f.

⌘ Lorsque **la minorité de** ou **une minorité de** suivi d'un nom est sujet, le verbe s'accorde soit avec *minorité*, soit avec le complément : *une minorité de Français le croit* ou *le croient.*

[1]**minot** n. m. (mesure ; fam. : enfant)

HOM. **mino**

[2]**minot** ou **minois** n. m. (arcboutant)

HOM. **mino**

minotaure n. m.

minoterie n. f.

minotier n. m.

minou n. m.

minouche n. f. ou **minouchet, ette** n.

minque n. f.

minuit n. m.

☯ Ce mot est masculin : *il est minuit précis ; minuit et demi.*

⌘ Quand *minuit* est sujet, le verbe est au singulier : *minuit sonna* (et non **minuit sonnèrent*).

Ξ L'emploi de l'article avec *minuit* doit être évité dans le langage soigné : on dira *nous sommes partis vers minuit* plutôt que *nous sommes partis vers les minuit.*

minus (habens) /minys(abɛ̃s)/ n.

minuscule adj. et n. f.

minutage n. m.

▫ rec. off. pour **timing**

minutaire adj.

HOM. forme du v. **minuter**

minute n. f.

Ξ Ce mot peut s'employer en apposition ; il est alors invariable : *des entrecôtes minute ; des clés minute.*

minuter v. tr. | conjug. 1 |

minuterie n. f.

minuteur n. m.

minutie /-si/ n. f.

➾ Ne pas écrire **minucie.*

minutier n. m.

HOM. formes du v. **minuter**

minutieusement adv.

minutieux, ieuse adj.

➾ Ne pas écrire **minucieux.*

miocène adj. et n. m.

mioche n.

miopragie n. f.

→ **méiopragie**

mi-parti, ie adj. ▪ plur. **mi-partis, ies**

mi-partition n. f.

miquelet n. m.

mir n. m.

HOM. **mire, myrrhe,** formes des v. **mettre, mirer**

mirabelle n. f.

Ξ Ce mot peut s'employer seul comme adjectif de couleur ou derrière un adjectif de couleur pour en préciser la nuance ; ces adjectifs sont alors invariables : *des bottes jaune mirabelle ; des rideaux mirabelle.*

mirabellier n. m.

mirabilis /-lis/ n. m.

miracle n. m.

Ξ Ce mot peut s'employer en apposition ; il prend la marque du pluriel : *des solutions miracles.*

miraculé, ée adj.

miraculeusement adv.

miraculeux, euse adj.

mirador n. m.

mirage n. m.

➾ Ce mot s'écrit avec une majuscule quand il désigne un avion : *le vol d'un Mirage.*

mirandelle n. f.

miraud, aude adj. et n.

→ **miro**

mirbane n. f.

[1]**mire** n. f. (visée)

➾ Ce mot est toujours au singulier dans les locutions **cran de mire, ligne de mire** et **point de mire.**

HOM. **mir, myrrhe,** formes des v. **mettre, mirer**

[2]**mire** n. m. (vx : médecin apothicaire)

HOM. **mir, myrrhe,** formes des v. **mettre, mirer**

miré, ée adj.
mired n. m.
mire-œuf n. m. ▪ plur. **mire-œufs**
mirepoix n. m. ou f.
mirer v. tr. | conjug. 1 |
¬ **se mirer**
➾ Aux temps composés de la forme pronominale, le participe passé s'accorde en genre et en nombre avec le sujet : *elle s'est mirée dans l'eau du lac.*
mirette n. f.
mireur, euse n.
mirifique adj.
mirifiquement adv.
mirlicoton n. m.
mirliflore n. m.
mirliton n. m.
mirmidon, mirmidone n.
→ **myrmidon**
mirmillon n. m.
miro ou **miraud, aude** adj. et n.
mirobolant, ante adj.
HOM. **myrobolan**
mirodrome n. m.
miroir n. m.
Ξ Ce mot est invariable dans **œuf (au) miroir** : *des œufs (au) miroir.*
miroitant, ante adj.
miroité, ée adj.
miroitement n. m.
miroiter v. intr. | conjug. 1 |
miroiterie n. f.
miroitier, ière n.
mironton n. m. (individu)
mironton, mirontaine interj.
miroton n. m. (plat)
Ξ Ce mot peut s'employer en apposition ; il est alors invariable : *des bœufs miroton.*
➾ La forme *mironton*, employée fréquemment sous l'influence du refrain populaire *mironton, mirontaine*, est fautive.
Mirus® /miʀys/ n. m.
➾ Comme tous les noms déposés, ce mot doit s'écrire avec une majuscule : *un Mirus à bois*. Toutefois, on le trouve fréquemment employé comme nom générique sans respect de la règle : *un mirus à bois.*
mis, mise adj.
➾ Employé comme préposition devant un nom, **mis à part** est invariable : *mis à part ma sœur, nous jouons tous du piano* mais *ma sœur mise à part, nous jouons tous du piano.*
HOM. (du masc.) **mi, mie, mye**, (du fém.) formes du v. **miser**
→ aussi **mettre**
misaine n. f.
misandre adj. et n.
misandrie n. f.
misanthrope n. et adj.
misanthropie n. f.
misanthropique adj.
miscellanées n. f. pl.
miscibilité n. f.
miscible adj.
mise n. f.
→ aussi **page, pli**
miser v. tr. | conjug. 1 |
misérabilisme n. m.
misérabiliste adj. et n.
misérable adj. et n.
misérablement adv.
misère n. f.
HOM. forme du v. **miser**
miserere /mizeʀeʀe/ ▪ plur. inv. ou **miséréré** ▪ plur. **miséréré**s n. m.
miséreux, euse adj. et n.
miséricorde n. f.
miséricordieusement adv.
miséricordieux, ieuse adj.
misgurne n. f.
miso n. m.
misogamie n. f.
misogyne adj. et n.
misogynie n. f.
misogynique adj.
misologie n. f.
misologue adj. et n.
misonéisme n. m.
misonéiste n. et adj.
mispickel n. m.
miss n. f.
Ξ Le pluriel anglais *misses* est inusité en français.
➾ Quand il s'agit d'un titre, ce mot s'écrit avec une majuscule : *elle a été élue Miss Poitou-Charentes*. Dans les autres cas, *miss* s'écrit sans majuscule : *les enquêtes de miss Marple.*
missel n. m.
HOM. **micelle**
missi dominici n. m. pl.
missile n. m.
missilier, ière n.
mission n. f.
missionnaire n. et adj.
HOM. forme du v. **missionner**
missionnariat n. m.
missionner v. tr. | conjug. 1 |
missive adj. f et n. f.
mistelle n. f.
mistigri n. m.
➾ Bien que ce mot soit dérivé en partie de l'adjectif *gris*, il ne prend pas de *s* au singulier.
miston, onne n.
mistoufle n. f.

mistral n. m.
➾ Ce mot a un pluriel régulier : *des mistrals*.
mistress n. f.
mitage n. m.
mitaine n. f.
mitan n. m.
HOM. **mi-temps**
mitannien, ienne adj.
mitard n. m.
mitchourinien, ienne adj.
mitchourinisme n. m.
mite n. f.
HOM. **mythe**, forme du v. **mettre**
mité, ée adj.
[1]**mi-temps** n. f. inv. (motié d'un match)
HOM. **mitan**
[2]**mi-temps** n. m. inv. (travail à mi-temps)
HOM. **mitan**
miter v. tr. | conjug. 1 |
¬ **se miter**
➾ Aux temps composés de la forme pronominale, le participe passé s'accorde en genre et en nombre avec le sujet : *l'étoffe s'est mitée*.
miteusement adv.
miteuserie n. f.
miteux, euse adj. et n.
mithracisme ou **mithriacisme** n. m.
mithriaque adj.
mithridate n. m.
mithridatisation n. f.
mithridatiser v. tr. | conjug. 1 |
¬ **se mithridatiser**
➾ Aux temps composés de la forme pronominale, le participe passé s'accorde en genre et en nombre avec le sujet : *elle s'est mithridatisée*.
mithridatisme n. m.
mitigation n. f.
mitigé, ée adj.
Ξ L'emploi de *mitigé* au sens de « mêlé, mélangé » (*des sentiments mitigés*) est critiqué. Il doit être évité dans la langue soignée.
mitiger v. tr. | conjug. 3 |
mitigeur n. m.
mitochondrial, iale, iaux /-k-/ adj.
mitochondrie /-k-/ n. f.
mitoclasique adj.
mitogène adj. et n. m.
mitogénétique adj.
miton n. m.
HOM. formes du v. **miter**
mitonnage n. m.
mitonnement n. m.
mitonner v. intr. et v. tr. | conjug. 1 |
HOM. **mythonner**
mitose n. f.
mitotique adj.
mitotiquement adv.
mitoyen, mitoyenne adj.
mitoyenneté n. f.
mitraillade n. f.
mitraillage n. m.
mitraille n. f.
mitrailler v. intr. et v. tr. | conjug. 1 |
mitraillette n. f.
mitrailleur, euse n. (personne)
mitrailleuse n. f. (arme)
mitral, ale, aux adj.
mitre n. f.
mitré, ée adj.
mitron n. m.
mi-voix (à) loc. adv.
mix n. m. ▪ plur. inv. ou plur. **mixes**
Ξ On peut employer le pluriel invariable *mix* ou le pluriel anglais *mixes*.
HOM. formes du v. **mixer**
mixable adj.
mixage n. m.
mixer v. tr. | conjug. 1 |
[1]**mixeur** n. m. (appareil)
[2]**mixeur, euse** n. (personne)
mixité n. f.
mixte adj.
mixtiligne adj.
mixtion /mikstjɔ̃/ n. f.
ϟ Ne pas confondre **mixtion**, qui signifie « mélange de substances », avec **miction**, qui signifie « action d'uriner ».
mixtionner /mikstjɔne/ v. tr. | conjug. 1 |
mixture n. f.
miyagawanellose n. f.
M. J. C. n. f.
▫ abrév. de **maison des jeunes et de la culture**
M. K. S. A. adj.
▫ abrév. de **mètre, kilogramme, seconde, ampère**
Mlle abrév. ▪ plur. **Mlles**
▫ abrév. de **mademoiselle, mesdemoiselles**
Ξ Cette abréviation s'emploie uniquement à l'écrit et devant un nom : *Mlle Dubois*.
➾ Ne pas écrire **Melle* ni **Melles*.
mm symb. (millimètre)
Mme abrév. ▪ plur. **Mmes**
▫ abrév. de **madame, mesdames**
Ξ Cette abréviation s'emploie uniquement à l'écrit et devant un nom : *Mme Dubois*.
mmm interj.
M. M. S. n. m.
▫ rec. off. : **message multimédia**
M. N. n. f.
▫ abrév. de **marine nationale**
mnème ou **mnémé** n. f.
mnémique adj.

mnémonique adj.
mnémotactisme n. m.
mnémotechnie /-tɛk-/ n. f.
mnémotechnique /-tɛk-/ adj.
mnésique adj.
mob n. f.
▫ abrév. de **mobylette**
mobile adj. et n. m.
mobile home n. m. ▪ plur. **mobile homes**
▫ rec. off. : **maison mobile**
mobilier, ière adj. et n. m.
mobilisable adj.
mobilisateur, trice adj.
mobilisation n. f.
mobiliser v. tr. | conjug. 1 |
¬ **se mobiliser**
➾ Aux temps composés de la forme pronominale, le participe passé s'accorde en genre et en nombre avec le sujet : *les syndicalistes se sont fortement mobilisés.*
mobilisme n. m.
mobiliste adj. et n.
mobilité n. f.
mobinaute n.
mobiste n.
Mobylette® n. f.
➾ Comme tous les noms déposés, ce mot doit s'écrire avec une majuscule : *faire de la Mobylette*. Toutefois, on le trouve fréquemment employé comme nom générique sans respect de la règle : *faire de la mobylette.*
mocassin n. m.
mochard, arde adj.
mochardise n. f.
moche adj. et n. f.
mocheté n. f.
moco n. m.
→ **moko**
mod abrév.
▫ abrév. de **modulo**
Ξ Cette abréviation ne s'emploie qu'à l'écrit.
modal, ale, aux adj. et n. f.
modalisant, ante adj.
modalisateur n. m.
modalisation n. f.
modaliser v. tr. | conjug. 1 |
modalité n. f.
[1]**mode** n. f. (mœurs, tendances)
▸ **à la mode de** *des tripes à la mode de Caen*
▸ **à la mode** *des restaurants à la mode*
Ξ Ce mot peut s'employer en apposition ; il est alors invariable : *des bœufs mode* ; *des coloris mode.*
[2]**mode** n. m. (manière, ton, caractère d'une forme verbale)
modelable adj.
modelage n. m.
modelant, ante adj.
modèle n. m.
Ξ Ce mot peut s'employer en apposition ; il prend la marque du pluriel : *des élèves modèles.*
modelé n. m.
modeler v. tr. | conjug. 5 |
modeleur, euse n.
modélisation n. f.
modéliser v. tr. | conjug. 1 |
modélisme n. m.
modéliste n.
modem n. m.
▫ abrév. de **modulateur-démodulateur**
modénature n. f.
modérabilité n. f.
modérable adj.
modérantisme n. m.
modérantiste adj. et n.
modérateur, trice n. et adj.
modération n. f.
modérato ou **moderato** /-de-/ n. m. et adv.
➾ Le nom a un pluriel régulier : *des modératos* ou *des moderatos.*
modéré, ée adj. et n.
modérément adv.
modérer v. tr. | conjug. 6 |
¬ **se modérer**
➾ Aux temps composés de la forme pronominale, le participe passé s'accorde en genre et en nombre avec le sujet : *elle s'est modérée dans ses ambitions.*
moderne adj.
➾ Employé comme nom masculin pluriel avec une majuscule, **les Modernes** désigne les auteurs de l'époque moderne ainsi que leurs partisans lors de la polémique littéraire du XVIIe et du XVIIIe siècle : *la querelle des Anciens et des Modernes.*
modernisateur, trice n. et adj.
modernisation n. f.
moderniser v. tr. | conjug. 1 |
¬ **se moderniser**
➾ Aux temps composés de la forme pronominale, le participe passé s'accorde en genre et en nombre avec le sujet : *cet hôpital s'est modernisé.*
modernisme n. m.
➾ Ce mot s'écrit sans majuscule : *le modernisme en peinture.*
modernissime adj.
moderniste adj. et n.
➾ Ce mot s'écrit sans majuscule : *le courant moderniste* ; *les modernistes.*
modernité n. f.
modern style /mɔdɛʀnstil/ n. m. inv.
Ξ Ce mot peut s'employer en apposition ; il

est toujours invariable : *des bouches de métro modern style*.

modeste adj.

modestement adv.

modestie n. f.

modeuse n. f.

modicité n. f.

modifiable adj.

modifiant, ante adj.

modificateur, trice adj. et n.

modificatif, ive adj.

modification n. f.

modifier v. tr. | conjug. 7 |

¬ **se modifier**

➾ Aux temps composés de la forme pronominale, le participe passé s'accorde en genre et en nombre avec le sujet : *les habitudes se sont modifiées*.

modillon n. m.

modique adj.

modiquement adv.

modiste n.

modius /mɔdjys/ n. m.

modulable adj.

modulaire adj.

modulant, ante adj.

modularité n. f.

[1]**modulateur, trice** n. (personne)

[2]**modulateur** n. m. et adj. (appareil)

modulation n. f.

module n. m.

☯ Ce mot est masculin : *un module*.

moduler v. tr. | conjug. 1 |

modulo prép.

modulor n. m.

modus operandi /mɔdysɔpeʀɑ̃di/ n. m. inv.

modus ponens /mɔdyspɔnɛ̃s/ n. m.

modus tollens /mɔdystɔlɛ̃s/ n. m.

modus vivendi /mɔdysvivɛ̃di/ n. m. inv.

Ξ L'emploi de ce mot au sens de « mode de vie » est fautif : il signifie « accommodement, transaction mettant d'accord deux parties en litige ».

moelle /mwal/ n. f.

➾ Ne pas écrire **moëlle* : ce mot n'a pas de tréma.

♪ Ne pas prononcer /*mwel/.

moelleusement /mwa-/ adv.

♪ Ne pas prononcer /*mweløzmɑ̃/.

moelleux, euse /mwa-/ adj.

♪ Ne pas prononcer /*mwelø/.

moellier /mwa-/ adj. m.

moellon /mwa-/ n. m.

moellonnage /mwa-/ n. m.

moellonneur, euse /mwa-/ n.

moere ou **moère** /mwɛʀ/ n. f.

mœurs /mœʀ(s)/ n. f. pl.

HOM. formes du v. **mourir**

mofette n. f.

mofler v. tr. | conjug. 1 |

mogette ou **mojette** n. f.

moghol, ole ou **mogol, ole** adj.

moha n. m.

mohair n. m.

Ξ Ce mot peut s'employer en apposition ; il est alors invariable : *des pulls mohair*.

mohar n. m.

moharram /mɔaʀam/ ou **moharrem** /mɔaʀɛm/ n. m.

mohatra n. m.

moi pron. pers. et n. m. inv.

Ξ *Moi* se réduit à *m'* devant *en* et *y* : *donnez-m'en ; faites m'y penser*.

Quand on désigne plusieurs personnes, *moi* doit se situer en dernière position : *lui et moi* (et non pas *moi et lui*) ; *mon père, ma mère et moi* (et non pas *moi, mon père et ma mère*).

HOM. **moye**, **mois**

moï adj. et n.

➾ L'adjectif s'écrit sans majuscule : *les populations moïs*. Le nom s'écrit avec une majuscule uniquement quand il désigne une personne : *les Moïs ; c'est une Moï* mais *parler le moï*.

moie n. f.

→ **moye**

moignon n. m.

moi-même pron. pers.

moindre adj. compar.

⌘ ***Très moindre** est fautif mais on peut dire **bien moindre**. **Beaucoup moindre** appartient au registre littéraire.

Ξ **Le moindre petit** est un pléonasme parfois toléré lorsque *petit* a une valeur plus qualitative que quantitative. Il est toutefois préférable de l'éviter.

moindrement adv.

moine n. m.

moineau n. m.

moinelle n. f.

moinerie n. f.

moinesse n. f.

moinillon n. m.

moins adv.

▸ **à moins de** (+ n.) *nous viendrons à moins d'un imprévu*

▸ **à moins de** (+ inf.) *il n'acceptera pas à moins de recevoir une augmentation*

▸ **à moins que** (+ subj.) *j'irai chez vous, à moins que vous (ne) sortiez*

Ξ **Au moins** et **du moins** font partie du langage courant. **Tout au moins** et **pour le moins** s'emploient davantage dans la langue soignée. **À tout le moins** appartient au registre soutenu. Seul **au moins** peut se placer en fin de phrase : *il aurait pu s'excuser, au moins*. Avec **du moins**, l'inversion du sujet et du verbe est fréquente : *s'il a reçu des menaces, du moins n'est-il pas en danger*.

⌘ Devant un adjectif ou un participe féminin ou pluriel, l'article du superlatif **le moins** est invariable si le superlatif indique un degré, sans comparer l'être ou l'objet en question à un autre : *c'est ce jour-là qu'elles étaient le moins attentives*. Il s'accorde au contraire s'il y a comparaison entre plusieurs êtres ou objets : *ces étudiantes sont les moins attentives de la classe*. Quand il modifie un verbe, **le moins** est invariable : *c'est la ville que j'ai le moins aimée*.

Moins que s'emploie dans une comparaison : *il a travaillé moins qu'hier*. Dans les autres cas, il faut employer **moins de** : *il a travaillé moins d'une heure* (et non pas **moins qu'une heure*). Quand **moins de** (+ n.) est sujet, le verbe est au pluriel : *moins de deux semaines s'écoulèrent*.

➾ La locution nominale **moins que rien** s'écrit sans traits d'union : *ce sont des moins que rien*. La locution adverbiale **des moins** est suivie d'un adjectif ou un participe passé qui s'accorde toujours en genre et en nombre avec le nom qui précède, s'il est au pluriel : *des chansons des moins originales*. Si le nom est au singulier, le participe ou l'adjectif se mettent généralement au pluriel ; mais on peut rencontrer l'invariabilité : *un portrait des moins flatteurs* ou *des moins flatteur*.

moins-disant, ante adj. et n. ▪ plur. **moins-disants, antes**
moins-perçu n. m. ▪ plur. **moins-perçus**
moins-value n. f. ▪ plur. **moins-values**
moirage n. m.
moire n. f.
moiré, ée adj. et n. m.
moirer v. tr. | conjug. 1 |
moireur, euse n.
moirure n. f.
mois n. m.
HOM. **moi, moye**
moise n. f.
moïse n. m.
moiser v. tr. | conjug. 1 |
moisi, ie adj. et n. m.
moisir v. intr. | conjug. 2 |
moisissure n. f.
moissine n. f.
moisson n. f.
moissonnage n. m.
moissonner v. tr. | conjug. 1 |
moissonneur, euse n.
moissonneuse-batteuse n. f. ▪ plur. **moissonneuses-batteuses**
moissonneuse-lieuse n. f. ▪ plur. **moissonneuses-lieuses**
moite adj.
moiteur n. f.
moitié n. f.

⌘ Lorsque **la moitié de** suivi d'un nom est sujet, le verbe s'accorde soit avec *moitié*, soit avec le complément : *la moitié des spectateurs est partie avant la fin* ou *sont partis avant la fin*. La règle selon laquelle l'accord se fait au singulier quand il s'agit de l'une des deux parties parfaitement égales et au pluriel quand il s'agit d'une moitié approximative n'est pas respectée dans l'usage.

Ξ **Moitié moins** est familier : *l'entreprise a fait moitié moins de bénéfices que sa concurrente*. Dans le langage soigné, il est préférable de l'éviter. On dira par exemple : *les bénéfices de l'entreprise ne représentent que la moitié de ceux de sa concurrente*.

➾ **Moitié-moitié** s'écrit avec un trait d'union : *nous avons partagé les bénéfices moitié-moitié*.

moitir v. tr. | conjug. 2 |
mojette n. f.
→ **mogette**
mojito /mɔxito/ n. m.
moka n. m.
HOM. formes du v. **moquer**
moko ou **moco** n. m.
mol adj. m.
→ **mou**
molaire adj. et n. f.
môlaire adj.
molalité n. f.
molard n. m.
→ **mollard**
molarisation n. f.
molarité n. f.
molasse ou **mollasse** n. f.
moldo-valaque adj. ▪ plur. **moldo-valaques**
[1]**mole** n. f. (unité)
HOM. **mol, molle** (de *mou*)
[2]**mole** /mɔlɛ/ n. m. (sauce)
HOM. **mollet**
[1]**môle** n. f. (maladie, poisson)
HOM. **maul**
[2]**môle** n. m. (construction)
HOM. **maul**
moléculaire adj.
molécularité n. f.
molécule n. f.
molécule-gramme n. f. ▪ plur. **molécules-grammes**
molène n. f.

molequin adj. m.
moleskine n. f.
molestation n. f.
molester v. tr. | conjug. 1 |
moletage n. m.
moleté, ée adj.
moleter v. tr. | conjug. 4 |
moletoir n. m.
molette n. f.
➾ Ne pas écrire **mollette* : ce mot n'a qu'un seul *l*.
molière n. m.
➾ Lorsqu'il désigne une récompense, ce mot s'écrit sans majuscule, contrairement au nom propre : *il a reçu deux molières.*
moliéresque adj.
moliérisé, ée adj.
moliériste n.
molinisme n. m.
moliniste n. et adj.
molinosisme n. m.
molinosiste n. et adj.
mollah n. m.
mollarchie n. f.
mollard ou **molard** n. m.
mollarder v. intr. | conjug. 1 |
[1]**mollasse** adj.
[2]**mollasse** n. f.
→ **molasse**
mollasserie n. f.
mollasson, onne n. et adj.
mollé n. m.
mollement adv.
mollesse n. f.
[1]**mollet, ette** adj.
HOM. [2]**mole**
[2]**mollet** n. m.
HOM. [2]**mole**
molleterie n. f.
molletière n. f.
molleton n. m.
molletonnage n. m.
molletonné, ée adj.
molletonner v. tr. | conjug. 1 |
molletonneux, euse adj.
mollification n. f.
mollifier v. tr. | conjug. 7 |
mollir v. tr. et v. intr. | conjug. 2 |
mollisol /-sɔl/ n. m.
mollo adv.
molluscide n. m.
molluscum /-kɔm/ n. m.
mollusque n. m.
moloch /-lɔk/ n. m.
molosse n. m.
molossique adj.
molossoïde adj.
moltifao n. m.
molto adv.
molusson n. m.
molve n. f.
moly n. m.
molybdate n. m.
molybdène n. m.
molybdénite n. f.
molybdique adj.
molysmologie n. f.
moman n. f.
môme n.
moment n. m.
▸ **au moment où** (+ indic.) *au moment même où il arrivait ; il la suivit des yeux jusqu'au moment où elle disparut*
▸ **du moment où/que** (+ indic.) *à partir du moment où tu es d'accord, il n'y a rien à dire ; du moment qu'on me prévient, je n'y vois pas d'inconvénient*
➾ Ce mot est au pluriel dans la locution **par moments**. On peut écrire indifféremment **à tout moment** ou **à tous moments** mais le singulier est plus fréquent.
momentané, ée adj.
momentanément adv.
momerie n. f. (littér. : attitude hypocrite ou ridicule)
mômerie n. f.
mômichon, onne ou **mômignard, arde** n.
momie n. f.
Ξ Ce mot peut s'employer seul comme adjectif de couleur ou derrière un adjectif de couleur pour en préciser la nuance ; ces adjectifs sont alors invariables : *des accessoires brun momie ; des rideaux momie.*
momier, ière n.
momificateur n. m.
momification n. f.
momifier v. tr. | conjug. 7 |
¬ **se momifier**
➾ Aux temps composés de la forme pronominale, le participe passé s'accorde en genre et en nombre avec le sujet : *sa dépouille s'est momifiée.*
mômignard, arde n.
→ **mômichon**
mominette n. f.
momon n. m.
momordique n. f.
momot n. m.
mon, ma, mes adj. poss.
♪ On fait la liaison quand *mon* est devant un mot commençant par une voyelle ou un *h* muet : *mon ami* /mɔ̃nami/. La prononciation dénasalisée /mɔnami/ est vieillie.
Ξ L'adjectif possessif est remplacé par *le, la, les* quand il détermine un nom désignant une

partie du corps ou de l'esprit du sujet de la phrase : *je me suis cassé le bras* (et non **je me suis cassé mon bras*, ni **j'ai cassé mon bras*) ; *j'ai perdu la mémoire* (et non **j'ai perdu ma mémoire*). Certaines expressions figées font exception : *je n'ai plus toute ma tête* (et non **toute la tête*).
HOM. **mont**
→ aussi **ma**
monacal, ale, aux adj.
HOM. (du plur.) **monaco**
monacalement adv.
monacanthe n. m. et adj.
monacat /-a/ n. m.
monachisme /-ʃism ; -kism/ n. m.
monaco n. m.
➾ Employé comme nom commun, ce mot s'écrit sans majuscule, contrairement au nom propre qui désigne la principauté : *ne plus avoir un monaco ; boire un monaco.*
HOM. **monacaux** (plur. de *monacal*)
monade n. f.
monadelphe adj.
monadique adj.
monadisme n. m.
monadiste adj. et n.
monadnock n. m.
monadologie n. f.
monadologique adj.
monandre adj.
monandrie n. f.
monanthe adj.
monarchie n. f.
monarchique adj.
monarchiquement adv.
monarchiser v. tr. | conjug. 1 |
monarchisme n. m.
monarchiste n. et adj.
monarde n. f.
monarque n. m.
monastère n. m.
monastique adj.
monastiquement adv.
monaural, ale, aux adj.
monazite n. f.
monbazillac n. m.
➾ Lorsqu'il désigne un vin, ce mot s'écrit sans majuscule, contrairement au nom propre qui désigne la commune : *un vin de Monbazillac* mais *une bouteille de monbazillac.*
monbin n. m.
monceau n. m.
mondain, aine adj. et n.
mondainement adv.
mondanisation n. f.
mondaniser v. intr. | conjug. 1 |
mondanité n. f.
mondation n. f.
monde n. m. et adj.
➾ Ce mot s'écrit avec une majuscule dans **l'Ancien Monde** et **le Nouveau Monde**.
⌘ Lorsque ce mot suivi d'un nom est sujet, le verbe s'accorde avec *monde* : *un monde de célébrités remplissait la salle.*
monder v. tr. | conjug. 1 |
mondial, iale, iaux adj. et n. m.
mondialement adv.
mondialisation n. f.
mondialiser v. tr. | conjug. 1 |
¬ **se mondialiser**
➾ Aux temps composés de la forme pronominale, le participe passé s'accorde en genre et en nombre avec le sujet : *la crise s'est mondialisée.*
mondialisme n. m.
mondialiste adj.
mondialité n. f.
mondovision ou **mondiovision** n. f.
monédule n. f.
Monel® n. m.
➾ Comme tous les noms déposés, ce mot doit s'écrire avec une majuscule : *des pistons en Monel*. Toutefois, on le trouve fréquemment employé comme nom générique sans respect de la règle : *des pistons en monel.*
monème n. m.
monère n. f.
monergol n. m.
moneron n. m.
monétaire adj.
➾ Ce mot et ses dérivés n'ont qu'un seul *n*, contrairement à *monnaie*.
monétarisme n. m.
monétariste adj. et n.
monéticien, ienne n.
monétique n. f.
monétisation n. f.
monétiser v. tr. | conjug. 1 |
mongol, e adj. et n.
➾ L'adjectif s'écrit sans majuscule : *les tribus mongoles*. Le nom s'écrit avec une majuscule uniquement quand il désigne une personne : *les Mongols ; c'est une Mongole* mais *parler le mongol.*
mongolien, ienne adj. et n.
mongolique adj.
mongolisme n. m.
mongoloïde adj. et n.
monial, iale, iaux adj.
moniale n. f.
moniliase n. f.
monilie ou **monilia** n. m.
moniliforme adj.
moniliose n. f.

monisme n. m.
moniste adj. et n.
moniteur, trice n.
monition n. f.
monitoire n. m.
monitor n. m.
monitorage n. m.
□ rec. off. pour **monitoring**
monitorat n. m.
monitoring /-ʀiŋ/ n. m.
□ rec. off. : **monitorage**
monnaie n. f.
monnaie-du-pape n. f. ■ plur. **monnaies-du-pape**
monnayable adj.
monnayage n. m.
monnayer v. tr. | conjug. 8 |
monnayeur n. m.
[1]mono n. m. et adj. inv.
[2]mono n.
□ abrév. de **moniteur, trice**
monoacide adj.
monoamide n. m.
monoamine n. f.
monoarthrite n. f.
monoarticulaire adj.
monoatomique adj.
monoaxe adj.
monobasique adj.
monobloc adj. inv. et n. m.
monobrin adj. et n. m.
monocâble n. m. et adj.
monocaméral, ale, aux adj.
monocaméralisme ou **monocamérisme** n. m.
monocarpien, ienne ou **monocarpique** adj.
monocellulaire adj.
monocéphale adj.
monochromateur /-k-/ n. m.
monochromatique /-k-/ adj.
monochrome /-k-/ adj.
monochromie /-k-/ n. f.
monocinétique adj.
monocle n. m.
monoclé, ée adj.
monoclinal, ale, aux adj. et n. m.
monoclinique adj.
monoclonal, ale, aux adj.
monocolore adj.
monocomparateur n. m.
monocoque n. m. et adj.
monocorde n. m. et adj.
monocordiste n.
monocorps n. m.
monocotylédone adj. et n. f.
monocouche adj. et n. f.
monocratie /-kʀasi/ n. f.
monocratique adj.
monocristal, aux n. m.
monocristallin, ine adj.
monoculaire adj.
monoculture n. f.
monocycle adj. et n. m.
monocyclique adj.
monocylindre n. m.
monocylindrique adj.
monocyte n. m.
monocytose n. f.
monodie n. f.
monodique adj.
monœcie /-nesi/ n. f.
monoénergétique adj.
monofilament n. m.
monofonction adj. inv.
monogame adj.
monogamie n. f.
monogamique adj.
monogène adj. et n. m.
monogenèse n. f.
monogénésique adj.
monogénétique adj.
monogénie n. f.
monogénique adj.
monogénisme n. m.
monogéniste n.
monogerme adj.
monoglotte n. et adj.
monograde adj.
monogrammatique adj.
monogramme n. m.
monogrammiste n.
monographie n. f.
monographique adj.
monogynie n. f.
monohybride n. m. et adj.
monohydrate n. m.
monohydraté, ée adj.
monoï n. m. inv.
monoïde n. m.
monoïdéique adj.
monoïdéisme n. m.
monoïque adj.
monokini n. m.
monolingue adj. et n.
monolinguisme n. m.
monolithe adj. et n. m.
monolithique adj.
monolithisme n. m.
monologique adj.
monologue n. m.
monologuer v. intr. | conjug. 1 |

monologueur, euse ou **monologuiste** n.
monomane ou **monomaniaque** adj. et n.
monomanie n. f.
monôme n. m.
monomère adj. et n. m.
monométallisme n. m.
monométalliste adj.
monomètre adj. et n. m.
monomoléculaire adj.
monomorphe adj.
monomorphisme n. m.
monomoteur, trice adj.
mononucléaire adj. et n. m.
mononucléose n. f.
mononucléotide n. m.
monopalme n. f.
monoparental, ale, aux adj.
monoparentalité n. f.
monopétale adj.
monophage adj.
monophasé, ée adj.
monophonie n. f.
monophonique adj.
monophtongaison n. f.
monophylétique adj.
monophylétisme n. m.
monophylle adj.
monophyodonte adj. et n. m.
monophysisme n. m.
monophysite adj. et n.
monoplace adj.
monoplan n. m.
monoplégie n. f.
monopode adj.
monopolaire adj.
monopole n. m.
Ξ **Monopole exclusif** est un pléonasme à éviter.
monopôle n. m. (Phys. : particule)
monopoleur, euse n.
monopolisateur, trice n.
monopolisation n. f.
monopoliser v. tr. | conjug. 1 |
monopoliste n.
monopolistique adj.
monoposte adj.
monoprocesseur n. m. et adj.
monoprogrammation n. f.
monopsone n. m.
monoptère adj. et n. m.
monorail adj. inv. et n. m.
monorchide /-k-/ adj. et n.
monorchidie /-k-/ n. f.
monoréacteur n. m. et adj. m.
monoréfringent, ente adj.
monorime adj.
monosaccharide ou **monosaccaride**° /-k-/ n. m.
monosémie n. f.
monosémique adj.
monosépale adj.
monosexualité n. f.
monosexué, ée ou **monosexuel, elle** adj.
monoski n. m.
monoskieur, ieuse n.
monosoc adj. et n.
monospace n. m.
monospécifique adj.
monosperme adj.
monospermique adj.
monostable adj. et n. m.
monostique ou **monostiche** adj. et n.
monostyle adj.
monosubstitué, ée adj.
monosyllabe adj. et n. m.
monosyllabique adj.
monosyllabisme n. m.
monothéique adj.
monothéisme n. m.
monothéiste n. et adj.
monothélisme n. m.
monothélite adj. et n.
monothérapie n. f.
monotone adj.
monotonement adv.
monotonie n. f.
monotonique adj.
monotrace adj.
monotrème adj. et n. m.
monotriphasé, ée adj.
[1]**monotype** adj. et n. m. (procédé de peinture ou gravure, voilier)
[2]**Monotype**® n. f. (machine d'imprimerie)
➾ Comme tous les noms déposés, ce mot doit s'écrire avec une majuscule : *imprimer avec une Monotype*. Toutefois, on le trouve fréquemment employé comme nom générique sans respect de la règle : *imprimer avec une monotype*.
monotypique adj.
monovalent, ente adj.
monoxène adj.
monoxyde n. m.
monoxyle adj.
monozygote adj.
monseigneur n. m. ▪ plur. **messeigneurs**
➾ Ce mot s'écrit sans majuscule : *monseigneur l'archevêque de Paris*.
Ξ Le pluriel *messeigneurs* s'emploie uniquement quand on s'adresse à des personnes. Quand on parle d'elles, on emploie **nosseigneurs**.

monsieur /məsjø/ n. m. ▪ plur. **messieurs** /mesjø/

➾ Ce mot s'écrit avec une majuscule dans les formules de politesse ou lorsqu'il constitue un titre honorifique : *je vous prie d'agréer, Monsieur,... ; Monsieur, frère du roi* mais *j'ai rencontré monsieur Dubois ; mes amitiés à monsieur votre père.*

Ξ La formule *messieurs dames* est populaire. On emploiera plutôt **mesdames et messieurs**.

→ aussi **M.**

monsignor ▪ plur. **monsignors** ou **monsignore** /-ʀe/ ▪ plur. **monsignori** n. m.

monstera /mɔ̃stɛʀa/ n. f.

monstrance n. f.

monstration n. f.

monstre n. m. et adj.

☯ Ce mot est masculin mais peut s'employer pour parler d'une femme : *cette criminelle est un monstre.*

monstresse n. f.

Ξ Cette forme féminine de *monstre* ne s'emploie que par plaisanterie.

monstrueusement adv.

monstrueux, euse adj.

monstruosité n. f.

mont n. m.

➾ Ce mot s'écrit sans majuscule dans les noms de montagnes : *le mont Everest ; le mont des Oliviers ; le mont Noir.* Ne pas confondre **le mont Blanc**, qui désigne un sommet des Alpes, avec **le (massif du) Mont-Blanc**, qui désigne l'ensemble de la chaîne montagneuse.

HOM. **mon**

montable adj.

montage n. m.

montagnard, arde adj. et n.

➾ Avec une majuscule, le nom désigne un député de la Convention : *les Montagnards ; Robespierre était un Montagnard* ; **les Montagnards et les Girondins**.

montagne n. f.

➾ Ce mot s'écrit sans majuscule dans la plupart des dénominations géographiques : *la montagne Sainte-Geneviève ; la montagne Pelée ; les montagnes Rocheuses ; la montagne de Lure.* Il s'écrit avec une majuscule dans **la Montagne Blanche** (près de Prague) ; **la Montagne Noire** (dans le Massif central) et **les Montagnes Noires** (en Bretagne).

montagnette n. f.

montagneux, euse adj.

montaison n. f.

montanisme n. m.

montaniste n. et adj.

montant, ante adj. et n. m.

montante n. f.

mont-blanc n. m. ▪ plur. **monts-blancs** (crème)

mont-de-piété n. m. ▪ plur. **monts-de-piété**

mont-d'or n. m. ▪ plur. **monts-d'or**

monte n. f.

monte-charge n. m. ▪ plur. **monte-charges**

monte-courrier n. m. ▪ plur. **monte-courriers**

montée n. f.

monte-en-l'air n. m. inv.

monte-glace n. m. ▪ plur. **monte-glaces**

monte-meuble n. m. ▪ plur. **monte-meubles**

monte-plat n. m. ▪ plur. **monte-plats**

monter v. intr. et v. tr. | conjug. 1 |

CONJUG. La forme transitive se conjugue avec l'auxiliaire *avoir* : *j'ai monté les cartons au grenier ; il a monté un dossier.* La forme intransitive peut normalement se conjuguer avec l'auxiliaire *être* ou *avoir*. Toutefois, dans l'usage actuel, *être* est presque toujours employé, sauf si *monter* exprime une augmentation : *ils sont montés sur le toit ; les prix ont monté.*

Ξ **Monter en haut** est un pléonasme à éviter.

➾ Attention à l'orthographe de *coup* dans l'expression **monter le coup à qqn**.

¬ **se monter**

➾ Aux temps composés de la forme pronominale, le participe passé s'accorde en genre et en nombre avec le sujet : *ils se sont montés les uns contre les autres ; les dépenses se sont montées à deux mille euros.* Mais le participe passé ne s'accorde pas quand il est suivi d'un complément d'objet direct : *elles se sont monté la tête*

monte-sac n. m. ▪ plur. **monte-sacs**

monteur, euse n.

montgolfière /mɔ̃gɔlfjɛʀ/ n. f.

montia /-sja/ ou **montie** /-si/ n. f.

monticole adj.

monticule n. m.

montien, ienne /-sjɛ̃/ adj. et n. m.

montjoie /mɔ̃ʒwa/ n. f.

montmorency /mɔ̃mɔʀɑ̃si/ n. f.

montoir n. m.

montparno /mɔ̃paʀno/ n. et adj.

montrable adj.

montrachet /mɔ̃ʀaʃɛ/ n. m.

➾ Lorsqu'il désigne un vin, ce mot s'écrit sans majuscule, contrairement au nom propre qui désigne le vignoble : *un vin du Montrachet* mais *une bouteille de montrachet.*

montrance n. f.

montre n. f.

◗ **faire montre de** *il a fait montre de compréhension*

montre-bracelet n. f. ▪ plur. **montres-bracelets**
montrer v. tr. | conjug. 1 |
¬ **se montrer**
➾ Aux temps composés de la forme pronominale, le participe passé s'accorde en genre et en nombre avec le sujet : *elle ne s'est pas montrée sous son meilleur jour ; ils se sont montrés très honnêtes.*
montre-réveil n. f. ▪ plur. **montres-réveils**
montreuil n. f.
montreur, euse n.
montueux, euse adj.
montuosité n. f.
monture n. f.
monument n. m.
monumentaire adj.
monumental, ale, aux adj.
monumentalement adv.
monumentalité n. f.
mooniste /munist/ n.
mooré /mɔʀe/ ou **moré** n. m.
➾ Comme tous les noms de langues, ce mot s'écrit sans majuscule : *parler le mooré* ou *le moré.*
moos /mɔs/ ou **moss** n. m.
mopse n. m.
moquable adj.
moque n. f.
moquer v. tr. et v. pron. | conjug. 1 |
Ξ La construction transitive **moquer qqn** appartient au registre littéraire et s'emploie surtout à la forme passive : *elle a été moquée.*
¬ **se moquer**
➾ Aux temps composés de la forme pronominale, le participe passé s'accorde en genre et en nombre avec le sujet : *elle s'est bien moquée de lui.*
Ξ **Se faire moquer de soi** est un pléonasme à éviter.
moquerie n. f.
moquette n. f.
moquetter v. tr. | conjug. 1 |
moquettiste n.
moqueur, euse adj. et n.
moqueusement adv.
moracée n. f.
moraille n. f.
moraillon n. m. et adj. m.
[1]**moraine** n. f. (débris de roche)
HOM. **morène**
[2]**moraine** ou **morille** ou **morine** n. f. et adj. (laine)
HOM. **morène**
morainique adj.
moral, ale, aux adj. et n. m.
morale n. f.
moralement adv.
moralisant, ante adj.
moralisateur, trice adj. et n.
moralisation n. f.
moralisé, ée adj.
moraliser v. intr. et v. tr. | conjug. 1 |
moraliseur, euse n.
moralisme n. m.
moraliste n.
moralité n. f.
morasse n. f.
[1]**moratoire** adj.
[2]**moratoire** ou **moratorium** /-jɔm/ n. m.
moraton n. m.
morbide adj.
morbidement adv.
morbidesse n. f.
morbidité n. f.
morbier n. m.
morbifique adj.
morbilleux, euse adj.
morbilliforme adj.
morbleu interj.
morbus /-bys/ n. m.
morceau n. m.
morcelable adj.
morceler v. tr. | conjug. 4 |
¬ **se morceler**
➾ Aux temps composés de la forme pronominale, le participe passé s'accorde en genre et en nombre avec le sujet : *la foule s'est morcelée en plusieurs petits groupes.*
morcellement ou **morcèlement**° n. m.
morcif n. m.
mordache n. f.
mordacité n. f.
mordage n. m.
mordançage n. m.
mordancer v. tr. | conjug. 3 |
mordâne n. m.
mordant, ante adj. et n. m.
mordelle n. f.
mordette n. f.
mordeur, euse adj. et n. m.
mordicant, ante adj.
mordication n. f.
mordicus /-ys/ adv.
mordienne interj.
mordieu interj.
mordillage n. m.
mordillement n. m.
mordiller v. tr. | conjug. 1 |
mordillure n. f.
mordiou interj.
mordoré, ée adj. et n. m.
mordorure n. f.

mordre v. tr. et v. intr. | conjug. 41 |
➾ Au présent de l'indicatif, à la forme interrogative avec sujet inversé, on écrit *mord-on, mord-il, mord-elle* et non **mord-t-on, *mord-t-il, *mord-t-elle*. Le *d* final se prononce /t/ ; il est donc inutile et fautif d'ajouter un *t*.
¬ **se mordre**
➾ Aux temps composés de la forme pronominale, le participe passé s'accorde en genre et en nombre avec le sujet : *les chiots se sont mordus*. Mais le participe passé ne s'accorde pas quand il est suivi d'un complément d'objet direct : *elle s'est mordu la langue*. Il ne s'accorde avec le complément d'objet direct que lorsque celui-ci est placé avant le verbe : *elle se l'est mordue*.
mordu, ue adj. et n.
mordve adj. et n.
➾ L'adjectif s'écrit sans majuscule : *la population mordve*. Le nom s'écrit avec une majuscule uniquement quand il désigne une personne : *les Mordves ; c'est une Mordve* mais *parler le mordve*.
¹**more** adj. et n. (de Mauretania, de Mauritanie)
→ ¹**maure**
²**more** n. f. (voyelle)
HOM. **maure**, **mors**, **mort**, formes du v. **mordre**
moré n. m.
→ **mooré**
moreau, elle adj.
morelle n. f.
HOM. **maurelle**
morène ou **morrène** n. f.
HOM. **moraine**
moresque n. f. et adj.
→ **mauresque**
moret n. m.
morfal, ale n. et adj.
morfalou n. m.
¹**morfil** ou **marfil** n. m. (ivoire brut)
²**morfil** n. m. (filaments)
morfilage n. m.
morfiler v. tr. | conjug. 1 |
morflat ▪ plur. **morflats** ou **mort-flat** ▪ plur. **morts-flats** adj. et n. m.
HOM. formes du v. **morfler**
morfler v. tr. | conjug. 1 |
morfondre (se) v. pron. | conjug. 41 |
➾ Aux temps composés de la forme pronominale, le participe passé s'accorde en genre et en nombre avec le sujet : *elle s'est morfondue à l'attendre*. Au présent de l'indicatif, à la forme interrogative avec sujet inversé, on écrit *se morfond-on, se morfond-il, se morfond-elle* et non **se morfond-t-on, *se morfond-t-il, *se morfond-t-elle*. Le *d* final se prononce /t/ ; il est donc inutile et fautif d'ajouter un *t*.
morfondu, ue adj.
morfondure n. f.
morganatique adj.
morganatiquement adv.
morgeline n. f.
morgue n. f.
morgueur n. m.
morguier n. m.
moria n. f.
moribond, onde adj. et n.
moricaud, aude adj. et n.
morigénateur, trice adj.
morigéner v. tr. | conjug. 6 |
¹**morille** n. f. (champignon, protubérance)
²**morille** n. f. (laine)
→ ²**moraine**
morillon n. m.
morine n. f.
→ ²**moraine**
moringa n. m.
morio n. m.
morion n. m.
morisque n. et adj.
morlingue n. m.
mormon, one n. et adj.
➾ Comme tous les mots désignant ou qualifiant un mouvement religieux ou ses adeptes, ce mot s'écrit sans majuscule : *la doctrine mormone ; les mormons*.
mormonisme n. m.
➾ Comme tous les mots désignant un mouvement religieux, ce mot s'écrit sans majuscule : *se convertir au mormonisme*.
¹**morne** adj.
²**morne** n. f. (anneau)
³**morne** n. m. (montagne)
morné, ée adj.
HOM. **mort-né**
mornement adv.
mornifle n. f.
morose adj.
morosif, ive adj.
morosité n. f.
morphée n. f.
morphéique adj.
morphématique adj.
morphème n. m.
morphine n. f.
morphiné, ée adj.
morphine-base n. f. ▪ plur. **morphines-bases**
morphing /-fiŋ/ n. m.
◻ rec. off. : **morphose**
morphinique adj.
morphinisme n. m.
morphinomane adj. et n.
morphinomanie n. f.
morphisme n. m.
morphogène adj.

morphogenèse n. f.
morphogénétique adj.
morphognosie /-gnozi/ n. f.
morphogramme n. m.
morphographie n. f.
morphologie n. f.
morphologique adj.
morphologiquement adv.
morphologue n.
morphométrie n. f.
morphométrique adj.
morphophonologie ou **morphonologie** n. f.
morphophonologique ou **morphonologique** adj.
morphopsychologie /-k-/ n. f.
morphopsychologique /-k-/ adj.
morphosémantique adj.
morphosyntaxe n. f.
morphosyntaxique adj.
morphotype n. m.
morpion n. m.
morrène n. f.
→ **morène**
mors n. m.
HOM. **maure, more, mort,** formes du v. **mordre**
[1]**morse** n. m. (animal)
[2]**morse** n. m. (système codé)
➾ Employé comme nom commun, ce mot s'écrit sans majuscule : *des signaux en morse*. Mais il s'écrit avec une majuscule dans **code Morse** car il s'agit d'un nom propre.
morsure n. f.
[1]**mort, morte** adj. et n.
♪ Le *t* du masculin ne se prononce jamais.
➾ Ce mot s'écrit avec une majuscule dans **le jour des Morts**. On l'écrit également avec une majuscule lorsqu'il est employé par allégorie : *la Mort armée de sa faux*. **À demi mort** et **mort vivant** s'écrivent sans trait d'union.
Ξ Dans l'expression **faire le mort**, *mort* est invariable quand il s'agit d'un jeu : *elle a fait le mort lors de cette partie de bridge*. L'accord en genre et en nombre et facultatif quand **faire le mort** signifie « ne pas bouger » ou « ne pas intervenir » : *j'attends qu'elles réagissent mais elles font le mort* ou *les mortes*.
HOM. **maure**, **more**, **mors**, formes du v. **mordre**
[2]**mort** n. f.
➾ Ce mot s'écrit avec une majuscule quand il y a personnification : *la Mort portant sa faux*.
HOM. **maure**, **more**, **mors**, formes du v. **mordre**
mortadelle n. f.
mortaillable adj.
mortaille n. f.
mortaisage n. m.
mortaise n. f.
mortaiser v. tr. | conjug. 1 |
mortaiseuse n. f.
mortalité n. f.
mort-aux-rats n. f. inv.
mort-bois n. m. ▪ plur. **morts-bois**
morteau n. f.
HOM. **morte-eau**
morte-eau n. f. ▪ plur. **mortes-eaux**
HOM. **morteau**
mortel, elle adj. et n.
mortellement adv.
morte-paye n. f. ▪ plur. **mortes-payes**
morte-saison n. f. ▪ plur. **mortes-saisons**
mort-flat adj. et n. m. ▪ plur. **morts-flats**
→ **morflat**
mort-gage n. m. ▪ plur. **morts-gages**
morticole n. m.
mortier n. m.
mortifère adj.
mortifiant, iante adj.
mortification n. f.
mortifier v. tr. | conjug. 7 |
¬ **se mortifier**
➾ Aux temps composés de la forme pronominale, le participe passé s'accorde en genre et en nombre avec le sujet : *elle s'est mortifiée*.
mortinatalité n. f.
mort-né, mort-née adj. et n. ▪ plur. **mort-nés, mort-nées**
HOM. **morné**
morts-terrains n. m. pl.
mortuaire adj.
morue n. f.
morula n. f.
morus /-RYS/ n. m.
morutier, ière n. m. et adj.
morve n. f.
morveux, euse adj. et n.
mosaïcité n. f.
mosaïculture n. f.
mosaïque n. f. et adj.
mosaïqué, ée adj.
mosaïsme n. m.
mosaïste n.
mosan, ane adj.
moscatel n. m.
moscouade ou **moscovade** n. f.
moscoutaire n.
mosette ou **mozette** n. f.
mosi ou **mossi** ▪ plur. inv. ou plur. **mos(s)is** ○ adj. et n.
➾ L'adjectif s'écrit sans majuscule : *le peuple mosi*. Le nom s'écrit avec une majuscule uniquement quand il désigne une personne : *les Mosi ; c'est une Mosi* mais *parler le mosi*.
mosquée n. f.
moss n. m.
→ **moos**

mossi adj. et n. ▪ plur. inv. ou plur. **mossis**○
→ **mosi**
mosso adv.
mot n. m.
➾ Les locutions **au bas mot**, **mot à mot** et **mot pour mot** s'écrivent sans traits d'union. *Mot* est au singulier dans la locution **sans mot dire** et au pluriel dans **à mots couverts**.
HOM. **maux** (plur. de [1]*mal*)
motard, arde n.
mot-clé n. m. ▪ plur. **mots-clés**
motel n. m.
HOM. **motelle**
motelier, ière n.
motelle n. f.
HOM. **motel**
motet n. m.
HOM. formes du v. **motter (se)**
moteur, trice n. m. et adj.
moteur-fusée n. m. ▪ plur. **moteurs-fusées**
motif n. m.
motilité n. f.
motion n. f.
motionnaire n.
motionnel, elle, els adj.
motival, ale, aux adj.
motivant, ante adj.
motivateur, trice adj. et n. m.
motivation n. f.
motivationnel, elle, els adj.
motivé, ée adj.
motiver v. tr. | conjug. 1 |
motivique adj.
moto n. f.
motoball /-bol/ n. m.
motobineuse n. f.
motobrouette n. f.
motociste n. m.
motocross ▪ plur. inv. ou **moto-cross** ▪ plur. **motos-cross** n. m.
motocrotte n. f.
motoculteur n. m.
motoculture n. f.
motocyclable adj.
motocycle n. m.
motocyclette n. f.
motocyclisme n. m.
motocycliste n.
motodrome n. m.
motofaucheuse n. f.
motogodille n. f.
motomarine n. f.
motonautique adj.
motonautisme n. m.
motoneige n. f.
motoneigiste n.
motoneurone n. m.
motopaveur ou **motopaver** n. m.
motopompe n. f.
motopropulseur adj. m.
motor-home n. m. ▪ plur. **motor-homes**
□ rec. off. : **autocaravane**
motorisation n. f.
motoriser v. tr. | conjug. 1 |
motoriste n. m.
motorship n. m.
motoski n. f.
mototracteur n. m.
mot-outil n. m. ▪ plur. **mots-outils**
mot-phrase n. m. ▪ plur. **mots-phrases**
mot-rébus /-ʀebys/ n. m. ▪ plur. **mots-rébus**
motrice n. f.
motricité n. f.
mots croisés n. m. pl.
➾ Ce mot s'écrit sans trait d'union.
Ξ On rencontre parfois ce mot au singulier : *faire un mots croisés*. Cet emploi est à éviter.
mots-croisiste n. ▪ plur. **mots-croisistes**
mottage n. m.
motte n. f.
motter (se) v. pron. | conjug. 1 |
➾ Aux temps composés de la forme pronominale, le participe passé s'accorde en genre et en nombre avec le sujet : *les perdrix se sont mottées*.
mottereau n. m.
motteux n. m.
motton n. m.
HOM. formes du v. **motter (se)**
motu proprio loc. adv. et n. m. inv.
motus /mɔtys/ interj.
mot-valise n. m. ▪ plur. **mots-valises**
[1]**mou** ou **mol, molle** adj. et n.
Ξ *Mou* devient *mol* devant une voyelle ou un *h* muet : *un mol abandon*. Devant *et*, la forme de l'adjectif dépend de la première lettre du nom qu'il qualifie : *un mol et veule abandon* mais *un mou et veule mensonge*. Cette forme est toutefois rare, *mou* étant presque toujours placé après le nom qu'il qualifie.
HOM. (du masc.) **moue**, **moût**, formes du v. **moudre** ; (du fém.) **mole**
[2]**mou** n. m. (poumon)
HOM. **moue, moût**, formes du v. **moudre**
[3]**mou** adv.
HOM. **moue, moût**, formes du v. **moudre**
mouais interj.
mouchachou ou **moutchatchou** n. m.
mouchage n. m.
moucharabieh /-bje/ ou **moucharabié** n. m.
mouchard, arde n.
mouchardage n. m.
moucharder v. tr. | conjug. 1 |

mouche n. f.

➾ Ce mot est toujours au singulier dans l'expression **faire mouche** : *ils ont fait mouche.* Il s'écrit indifféremment avec ou sans *s* dans l'expression **pattes de mouche(s)** : *je ne parviens pas à déchiffrer ses pattes de mouche(s).* **Poids mouche** est invariable : *les poids plume et les poids mouche.*

mouche-bébé n. m. ▪ plur. **mouche-bébés**

moucher v. tr. | conjug. 1 |

¬ **se moucher**

➾ Aux temps composés de la forme pronominale, le participe passé s'accorde en genre et en nombre avec le sujet : *elle s'est mouchée bruyamment.*

moucherolle ou **moucherole**○ n. f.

moucheron n. m.

HOM. forme du v. **moucher**

moucheronnage n. m.

moucheronner v. intr. | conjug. 1 |

mouchet n. m.

HOM. formes du v. **moucher**

mouchetage n. m.

moucheté, ée adj.

moucheter v. tr. | conjug. 4 |

mouchetis n. m.

mouchette n. f.

moucheture n. f.

moucheur, euse n.

mouchoir n. m.

mouchure n. f.

mouclade n. f.

moudjahid ▪ plur. **moudjahidin** ou plur. **moudjahidines** ou **moudjahidine**○ ▪ plur. **moudjahidines** n. m.

Ξ En arabe, *moudjahidin* est le pluriel de *moudjahid.* On peut toutefois l'employer au singulier dans une forme francisée : *un moudjahidine*○.

moudre v. tr. | conjug. 47 |

Ξ Seules les formes *moudre, moudrai(s)* et *moulu(e)* sont courantes.

➾ Au présent de l'indicatif, à la forme interrogative avec sujet inversé, on écrit *moud-on, moud-il, moud-elle* et non **moud-t-on, *moud-t-il, *moud-t-elle.* Le *d* final se prononce /t/ ; il est donc inutile et fautif d'ajouter un *t.*

moue n. f.

HOM. **mou, moût**, formes du v. **moudre**

mouette n. f.

moufeter v. intr. | conjug. 5 |

→ **moufter**

mouffette ou **moufette** n. f.

mouflage n. m.

[1]**moufle** n. f. (gant, barre de fer)

➾ Ne pas écrire **mouffle* : ce mot n'a qu'un seul *f.*

[2]**moufle** n. m. ou f. (poulies, four)

[3]**moufle** n. m. (récipient, visage)

mouflé, ée adj.

mouflet, ette n.

mouflette n. f.

mouflon n. m.

moufter ou **moufeter** v. intr. | conjug. 1 |

CONJUG. Ce verbe est défectif : il s'emploie surtout à l'infinitif, à l'imparfait et aux temps composés.

mouillabilité n. f.

mouillable adj.

mouillade n. f.

mouillage n. m.

mouillant, ante n. m. et adj.

mouillasser v. impers. | conjug. 1 |

mouille n. f.

mouillé, ée adj.

mouille-bouche n. f. ▪ plur. **mouille-bouches**

mouille-étiquettes ▪ plur. inv. ou **mouille-étiquette**○ ▪ plur. **mouille-étiquettes**○ n. m.

mouillement n. m.

mouiller v. tr. et v. intr. | conjug. 1 |

¬ **se mouiller**

➾ Aux temps composés de la forme pronominale, le participe passé s'accorde en genre et en nombre avec le sujet : *ils ne se sont pas beaucoup mouillés dans cette histoire.* Mais le participe passé ne s'accorde pas quand il est suivi d'un complément d'objet direct : *elle s'est mouillé les cheveux.* Il ne s'accorde avec le complément d'objet direct que lorsque celui-ci est placé avant le verbe : *elle se les est mouillés.*

mouillère n. f.

HOM. forme du v. **mouiller**

mouillette n. f.

mouilleur n. m.

mouilloir n. m.

HOM. **mouilloire**

mouilloire adj. f.

HOM. **mouilloir**

mouillon n. m.

HOM. formes du v. **mouiller**

mouillure n. f.

mouise n. f.

moujik n. m.

moujingue n.

moukère ou **mouquère** n. f.

moulage n. m.

moulaire n. m.

HOM. forme du v. **mouler**

moulant, ante adj.
[1]**moule** n. m. (objet, modèle)
[2]**moule** n. f. (mollusque, mollasson, sexe de la femme)
moulé, ée adj.
mouleau n. m.
moulée n. f.
mouler v. tr. | conjug. 1 |
moulerie n. f.
mouleur, euse n.
moulier, ière adj. et n. f.
HOM. formes du v. **mouler**
moulière n. f.
moulin n. m.
moulinage n. m.
moulin-à-vent n. m. inv.
➾ Ce nom, qui désigne un vin, s'écrit avec des traits d'union, contrairement au groupe nominal **moulin à vent**.
mouliner v. tr. | conjug. 1 |
moulinerie n. f.
moulinet n. m.
HOM. formes du v. **mouliner**
Moulinette® n. f.
➾ Comme tous les noms déposés, ce mot doit s'écrire avec une majuscule : *passer des légumes à la Moulinette*. Toutefois, on le trouve fréquemment employé comme nom générique sans respect de la règle : *passer des légumes à la moulinette*.
moulineur, euse n.
moulinier, ière n.
HOM. formes du v. **mouliner**
mouliste n. m.
Mouloud /-lud/ n. m.
➾ Comme tous les noms de fêtes, ce mot s'écrit avec une majuscule : *les cérémonies du Mouloud*.
moult adv. et adj.
Ξ *Moult* est un adverbe qui s'emploie de nos jours par plaisanterie ou par erreur comme adjectif : *après moultes pérégrinations*.
moulu, ue adj.
moulurage n. m.
mouluration n. f.
moulure n. f.
HOM. formes des v. **moudre, moulurer**
moulurer v. tr. | conjug. 1 |
moulureuse n. f.
moulurier, ière n.
HOM. formes du v. **moulurer**
moumoute n. f.
➾ Ne pas écrire **moumoutte* : ce mot n'a qu'un seul *t*.
mound /maund ; mund/ n. m.
mouquère n. f.
→ **moukère**
mourant, ante adj. et n.
moureur, euse n.
mourine n. f.
mourir v. intr. | conjug. 19 |
➾ Ne pas écrire **mourrir* : ce verbe n'a qu'un seul *r*, sauf au futur et au conditionnel présent (*je mourrai, je mourrais*).
Ξ Ce verbe s'emploie parfois à la forme pronominale dans le registre littéraire au sens de « être sur le point de mourir » : *leur mère se meurt*. Cette construction ne peut s'employer aux temps composés.
mourmé n. m.
mouroir n. m.
mouron n. m.
HOM. formes du v. **mourir**
mourre n. f.
mouscaille n. f.
mouseion /muzejɔn/ n. m.
mousmée ou **mousmé** n. f.
mousquet n. m.
mousquetade n. f.
mousquetaire n. m.
Ξ Ce mot peut s'employer en apposition ; il est alors invariable : *des cols mousquetaire ; des poignets mousquetaire*.
mousqueterie /muskɛtʀi ; muskətʀi/ ou **mousquèterie** n. f.
mousqueton n. m.
mousquetonnage n. m.
mousquetonner v. intr. | conjug. 1 |
moussage n. m.
moussaillon n. m.
moussaka n. f.
moussant, ante adj.
[1]**mousse** n. f. (plante, écume)
Ξ Ce mot peut s'employer derrière un adjectif de couleur pour en préciser la nuance ; les deux mots sont alors invariables : *des jupes vert mousse*.
[2]**mousse** n. m. (marin)
[3]**mousse** adj. (émoussé)
mousseau ou **moussot** adj. m.
mousselinage n. m.
mousseline n. f.
Ξ Ce mot peut s'employer en apposition ; il est alors invariable : *des pommes mousseline*.
mousselinette n. f.
mousser v. intr. | conjug. 1 |
mousseron n. m.
HOM. formes du v. **mousser**
mousseux, euse adj. et n. m.
ϟ Ne pas confondre **mousseux**, « qui produit des bulles en surface » (*un vin mousseux*), avec **moussu**, « couvert de mousse » (*des branches moussues*).
moussoir n. m.
mousson n. f.
HOM. formes du v. **mousser**

moussot adj. m.
→ **mousseau**
moussu, ue adj.
Ne pas confondre **moussu**, « couvert de mousse » (*des branches moussues*), avec **mousseux**, « qui produit des bulles en surface » (*un vin mousseux*).
moustache n. f.
Ce mot s'emploie indifféremment au singulier ou au pluriel pour désigner l'ensemble des poils qui garnissent la lèvre supérieure de l'homme : *un homme qui porte une moustache* ou *des moustaches*. Le pluriel s'emploie plus fréquemment lorsqu'il y a deux parties distinctes.
moustachu, ue adj.
moustérien, ienne adj. et n. m.
moustiquaire n. f.
Ce mot est féminin : *une moustiquaire*.
moustique n. m.
moût ou **mout**° /mu/ n. m.
HOM. **mou, moue**, formes du v. **moudre**
moutard n. m.
moutarde n. f.
Ce mot peut s'employer seul comme adjectif de couleur ou derrière un adjectif de couleur pour en préciser la nuance ; ces adjectifs sont alors invariables : *des bottes jaune moutarde ; des pantalons moutarde*.
moutardelle n. f.
moutarder v. tr. | conjug. 1 |
moutardier n. m.
moutchatchou n. m.
→ **mouchachou**
moutier n. m.
moutmout /mutmut/ n. m.
¹**mouton, onne** adj.
²**mouton** n. m.
moutonnage n. m.
moutonnant, ante adj.
moutonne n. f.
moutonné, ée adj.
moutonnement n. m.
moutonner v. intr. | conjug. 1 |
moutonnerie n. f.
moutonneux, euse adj.
moutonnier, ière adj.
Cet adjectif signifie « grégaire, imitateur ». Pour parler des moutons, il faut employer l'adjectif *ovin* : *l'élevage ovin*.
HOM. formes du v. **moutonner**
mouture n. f.
mouvance n. f.
mouvant, ante adj.
mouvement n. m.
mouvementé, ée adj.
mouvementer v. tr. | conjug. 1 |
mouvementiste adj. et n.
mouveron n. m.
HOM. forme du v. **mouvoir**
mouvette n. f.
mouvoir v. tr. | conjug. 27 |
Ce verbe s'emploie surtout à l'infinitif, au présent de l'indicatif (*je meus*), au participe présent (*mouvant*) et au participe passé (*mû* ou *mu*°, *mue, mus, mues*).
Moviola® n. f.
Comme tous les noms déposés, ce mot doit s'écrire avec une majuscule : *le monteur se sert d'une Moviola*. Toutefois, on le trouve fréquemment employé comme nom générique sans respect de la règle : *le monteur se sert d'une moviola*.
moxa n. m.
moxibustion n. f.
moye ou **moie** n. f.
HOM. **moi, mois**
moyé, ée adj.
¹**moyen, moyenne** adj.
²**moyen** n. m.
L'expression **tâcher moyen (de faire qqch.)** est populaire. Dans le registre courant, on dira plutôt **trouver moyen (de faire qqch.)**.
Moyen Âge n. m.
moyenâgeux, euse adj.
moyen-courrier n. m. et adj. m. ▪ plur. **moyen-courriers** ou plur. **moyens-courriers**
moyennant prép.
→ aussi **finance**
moyenne n. f.
moyennement adv.
moyenner v. tr. | conjug. 1 |
moyen-oriental, ale, aux adj.
moyettage n. m.
moyette n. f.
moyeu n. m.
moyeuse adj. et n. f.
mozabite ou **mzabite** adj. et n.
L'adjectif s'écrit sans majuscule : *la population mozabite*. Le nom s'écrit avec une majuscule uniquement quand il désigne une personne : *les Mozabites ; c'est une Mozabite* mais *parler le mozabite*.
mozarabe n. et adj.
Ce mot s'écrit sans majuscule : *les mozarabes ; une mozarabe ; l'art mozarabe*.
mozartien, ienne /-sjɛ̃/ adj.
mozette n. f.
→ **mosette**
mozzarella /mɔdzaʀela ; mɔdzaʀɛlla/ n. f.
MP3 n. m.
▫ abrév. de **MPeg-1 audio layer 3**
M. S. T. n. f.
▫ abrév. de **maladie sexuellement transmissible**

M. T. S. adj.
□ abrév. de **mètre, tonne, seconde**
mu n. m. ▪ plur. inv. ou plur. **mus**°
HOM. **mû, mue**, formes des v. **mouvoir, muer**
mû, mue ou **mu, mue**° p. p.
HOM. formes des v. **mouvoir, muer**
→ **mouvoir**
muabilité n. f.
muable adj.
muance n. f.
muche adj.
mucher v. tr. | conjug. 1 |
→ **musser**
mucilage n. m.
mucilagineux, euse adj.
mucinase n. f.
mucine n. f.
mucipare adj.
mucite n. f.
mucoïde n. m.
mucoïtine n. f.
mucolytique adj.
mucomembraneux, euse adj.
mucoprotéide n. m. ou **mucoprotéine** n. f.
mucopurulent, ente adj.
mucopus /-py/ n. m.
mucor n. m.
mucoracée ou **mucorinée** n. f.
mucorale n. f.
mucosité n. f.
➾ Ce mot s'écrit avec un *c*, contrairement à *muqueuse*.
mucoviscidose n. f.
mucoviscidosique adj.
mucron n. m.
mucroné, ée adj.
mucus /mykys/ n. m.
mudéjar n. et adj.
➾ Ce mot s'écrit sans majuscule : *l'art mudéjar ; les mudéjars*.
mudra n. m.
mue n. f.
HOM. **mu, mû**, formes du v. **mouvoir, muer**
muer v. tr. et v. intr. | conjug. 1 |
¬ **se muer**
➾ Aux temps composés de la forme pronominale, le participe passé s'accorde en genre et en nombre avec le sujet : *sa joie s'est muée en mélancolie*.
muesli /mysli/ ou **musli** n. m.
muet, muette adj. et n. (personne)
HOM. formes du v. **muer**
muette n. f. (pavillon)
muettement adv.
muezzin /mɥɛdzin/ ou **muezzine**° n. m.
muffée ou **muflée** n. f.
muffin /mœfin/ n. m.
mufle n. m.
➾ Ne pas écrire **muffle* : ce mot n'a qu'un seul *f*.
muflée n. f.
→ **muffée**
muflerie n. f.
muflier n. m.
mufti ou **muphti** n. m.
mug /mœg/ n. m.
muge n. m.
mugir v. intr. | conjug. 2 |
↯ Ne pas confondre **mugir** avec **rugir**. Les deux verbes signifient crier mais *mugir* s'emploie en parlant des bovidés alors que *rugir* s'emploie en parlant de certains grands fauves.
mugissant, ante adj.
mugissement n. m.
muguet n. m.
Ξ Ce mot s'emploie avec l'article partitif : on peut dire *offrir du muguet* et *un brin de muguet* mais pas **un muguet*.
mugueter v. intr. et v. tr. | conjug. 4 |
muid /mɥi/ n. m.
mulard, arde n. m. et adj.
mulasse n. f.
mulasserie n. f.
mulassier, ière adj.
mulâtre, mulâtresse n. et adj.
☯ L'adjectif féminin est toujours *mulâtre* : *une jeune femme mulâtre*. Le nom féminin *mulâtresse*, péjoratif et vieilli, est souvent remplacé par *mulâtre* : *c'est une mulâtre*.
mule n. f.
HOM. **mulle**
mule-jenny n. f. ▪ plur. **mule-jennys**
mulet n. m.
muleta /muleta ; myleta/ ou **muléta** n. f.
muletier, ière n. m. et adj.
muletière n. f.
mulette n. f.
mulle n. m.
HOM. **mule**
mulon n. m.
mulot n. m.
muloter v. intr. | conjug. 1 |
mulsion n. f.
multa paucis /mylta posis/ loc. adj. et adv.
multiarticulé, ée adj.
multibranche adj.
multibrin adj.
multibroche adj.
multicâble adj. et n. m.
multicanal, ale, aux adj.
multicarte adj.
multicast n. m.
multicaule adj.

multicellulaire adj.
multicentenaire adj.
multicolore adj.
multicombustible adj. et n. m.
multiconducteur, trice adj.
multiconfessionnel, elle adj.
multicoque n. m.
multicorps n. m.
multicouche adj.
multicritère adj.
multiculturalisme n. m.
multiculturel, elle adj.
multicuspide ou **multicuspidé, ée** adj.
multidiffusion n. f.
multidigité, ée adj.
multidimensionnel, elle adj.
multidirectionnel, elle adj.
multidisciplinaire adj.
multidisciplinarité n. f.
multiethnique adj.
multifactoriel, ielle adj.
multifenêtrage n. m.
multifenêtre adj.
multifilaire adj.
multiflore adj.
multifonction adj.
multifonctionnalité n. f.
multifonctionnel, elle adj.
multiforme adj.
multiformité n. f.
multifréquence adj.
multigénique adj.
multigeste adj. et n. f.
multigestion n. f.
multigrade adj.
multigraphe n. m.
multijoueur adj.
multilatéral, ale, aux adj.
multilatéralisme n. m.
multilinéaire adj.
multilinéarité n. f.
multilingue adj.
multilinguisme n. m.
multilobé, ée adj.
multiloculaire adj.
multimarque adj.
multimarquisme n. m.
multimédia adj. et n. m.
multimédiathèque n. f.
multimédiatique adj.
multimètre n. m.
multimilliardaire adj. et n.
multimillionnaire adj. et n.
multimodal, ale, aux adj.
multimoléculaire adj.
multinational, ale, aux adj.
multinationalisation n. f.
multinationalité n. f.
multinomial, iale, iaux adj.
multinorme adj. m. et n. m.
multipare adj. et n. f.
multiparité n. f.
multipartenariat n. m.
multipartisme n. m.
multipartite adj.
multipiste adj.
multiplace adj.
multiplan n. m.
multiplane n. f.
multiplateforme adj.
multiplay n. m.
multiple adj. et n. m.
multiplet n. m.
multiplex adj. et n. m. (liaison)
HOM. **multiplexe**
multiplexage n. m.
multiplexe n. m. (complexe cinématographique)
HOM. **multiplex**
multiplexé, ée adj.
multiplexeur n. m.
multipliable adj.
multipliant, ante adj. et n.
multiplicande n. m.
multiplicateur, trice adj. et n. m.
multiplicatif, ive adj.
multiplication n. f.
multiplicativement adv.
multiplicité n. f.
multiplier v. intr. et v. tr. | conjug. 7 |
➾ Le verbe est au singulier dans les opérations mathématiques : *sept multiplié par neuf ; sept que multiplie neuf.*
¬ **se multiplier**
➾ Aux temps composés de la forme pronominale, le participe passé s'accorde en genre et en nombre avec le sujet : *les protestations se sont multipliées.*
multipoint adj.
multipolaire adj.
multipolarité n. f.
multiponcture n. f.
→ **multipuncture**
multiposte adj.
multiprise n. f. et adj. f.
multiprocesseur n. m. et adj. m.
multiprocessing adj. et n. m.
□ rec. off. : **multitraitement**
multiprogrammation n. f.
multipropriétaire n. et adj.
multipropriété n. f.
multipuncture /-pɔ̃ktyʀ/ ou **multiponcture** n. f.

multiracial, iale, iaux adj.
multirangement adj.
multirécidive n. f.
multirécidiviste adj. et n.
multirésistant, ante adj.
multirisque adj.
multisalle adj.
multiséculaire adj.
multisensoriel, ielle adj.
multisiège adj. et n. m.
multisoc adj. et n. m.
multistandard adj. m. inv. et n. m.
multisupport adj.
multitâche adj.
multithérapie n. f.
multitimbral, ale, aux adj.
multitraitement n. m.
◻ rec. off. pour **multiprocessing**
multitube adj.
multitubulaire adj.
multitude n. f.
⌘ Lorsque **une multitude de** suivi d'un nom est sujet, le verbe s'accorde soit avec *multitude*, soit avec le complément : *une multitude de clients était entrée* ou *étaient entrés*. Avec **la multitude de**, le verbe s'accorde toujours avec *multitude* : *la multitude de clients se dispersa*.
multi-usage adj. ▪ plur. **multi-usages**
multivalve adj. et n. m.
multivarié, ée adj.
multivoque adj.
municipal, ale, aux adj.
municipalisation n. f.
municipaliser v. tr. | conjug. 1 |
municipalisme n. m.
municipalité n. f.
municipe n. m.
☯ Ce mot est masculin : *un municipe*.
munificence n. f.
↯ Ne pas confondre **munificence**, qui signifie « générosité pleine de grandeur », avec **magnificence**, qui signifie « beauté pleine de grandeur ».
munificent, ente adj.
munir v. tr. | conjug. 2 |
¬ **se munir**
➾ Aux temps composés de la forme pronominale, le participe passé s'accorde en genre et en nombre avec le sujet : *elle s'est munie d'une lampe de poche*.
munition n. f.
munitionnaire n. m.
munitionner v. tr. | conjug. 1 |
munster /mœ̃stɛʀ/ n. m.
➾ Lorsqu'il désigne un fromage, ce mot s'écrit sans majuscule, contrairement au nom propre qui désigne la ville : *du fromage de Munster* mais *manger du munster*.
muntjac n. m.
muon n. m.
HOM. formes du v. **muer**
muonique adj.
muonium /-ɔm/ n. m.
muphti n. m.
→ **mufti**
muqueuse n. f.
muqueux, euse adj.
mur n. m.
HOM. **mûr, mûre, murrhe**
mûr, mûre ou **mure**○ adj.
HOM. **mur, murrhe**
murage n. m.
mûraie ou **muraie**○ ou **mûreraie** ou **mureraie**○ n. f.
HOM. **muret**, formes du v. **murer**
muraille n. f.
muraillement n. m.
mural, ale, aux adj.
muralisme n. m.
➾ Comme tous les noms de courants artistiques, ce mot s'écrit sans majuscule : *les représentants du muralisme*.
muraliste n.
➾ Comme tous les mots désignant ou qualifiant un courant artistique ou ses représentants, ce mot s'écrit sans majuscule : *le mouvement muraliste ; les muralistes*.
mûre ou **mure**○ n. f.
HOM. **mur, mûr, murrhe**
mureau n. m.
mûrement ou **murement**○ adv.
murène n. f.
murénidé n. m.
murer v. tr. | conjug. 1 |
¬ **se murer**
➾ Aux temps composés de la forme pronominale, le participe passé s'accorde en genre et en nombre avec le sujet : *ils se sont murés dans leur silence*.
mûreraie ou **mureraie**○ n. f.
→ **mûraie**
muret n. m. ou **murette** n. f.
HOM. **mûraie**, formes du v. **murer**
muretin n. m.
murex n. m.
murger (se) v. pron. | conjug. 3 |
➾ Aux temps composés de la forme pronominale, le participe passé s'accorde en genre et en nombre avec le sujet : *ils se sont murgés*.
murger n. m.
muriate n. m.
muriatique adj.
muridé n. m.

mûrier ou **murier**○ n. m.
HOM. formes du v. **murer**
murin, ine adj.
HOM. **murrhin**
mûrir ou **murir**○ v. tr. et v. intr. | conjug. 2 |
mûrissage ou **murissage**○ n. m.
mûrissant, ante ou **murissant, ante**○ adj.
mûrissement ou **murissement**○ n. m.
mûrisserie ou **murisserie**○ n. f.
murmel n. m.
murmurant, ante adj.
murmurateur, trice n.
murmure n. m.
murmurer v. intr. et v. tr. | conjug. 1 |
mûron ou **muron**○ n. m.
HOM. formes du v. **murer**
murrhe n. f.
HOM. **mur, mûr, mûre**
murrhin, ine adj.
HOM. **murin**
mur-rideau n. m. ▪ plur. **murs-rideaux**
musacée n. f.
musagète adj. m.
Ξ Cet adjectif ne s'emploie que dans **Apollon musagète**.
musaraigne n. f.
musard, arde adj. et n.
musarder v. intr. | conjug. 1 |
musarderie n. f.
musardeur, euse adj. et n.
musardise n. f.
musc n. m.
muscade adj. et n. f.
muscadelle n. f.
muscadet n. m.
muscadier n. m.
muscadin n. m.
muscadine n. f.
muscardin n. m.
muscardine n. f.
muscari n. m.
muscarine n. f.
muscarinique adj.
muscat, ate adj. et n. m.
muschelkalk /muʃ-/ n. m.
muscidé n. m.
muscinal, ale, aux adj.
muscinée n. f.
muscle n. m.
musclé, ée adj. et n. m.
muscler v. tr. | conjug. 1 |
muscoïde adj.
muscologie n. f.
muscone n. f.
muscu n. f.
□ abrév. de **musculation**
musculaire adj.
musculairement adv.
musculation n. f.
musculature n. f.
musculeusement adv.
musculeux, euse adj. et n. f.
musculocutané, ée adj.
musculomembraneux, euse adj.
musculosquelettique adj.
¹muse n. f. (déesse, inspiration, femme)
➾ Avec une majuscule, **Les Muses** désigne les neuf déesses de la mythologie antique : *Apollon et les Muses*. Il s'écrit sans majuscule dans les autres cas : *Euterpe est la muse de la musique ; les muses de Dali*.
²muse n. f. (rut du cerf)
muséal, ale, aux adj.
museau n. m.
musée n. m.
➾ Ne pas oublier le *e* final. Dans les noms d'établissements, ce mot s'écrit avec une majuscule quand il est suivi uniquement d'un adjectif : *le Musée alpin ; le Musée océanographique*. Il s'écrit sans majuscule lorsqu'il est suivi d'un complément ou d'un nom propre : *le musée du Louvre ; le musée Carnavalet ; le musée de l'Homme ; le musée national d'Art moderne*.
HOM. **muser**
muséification n. f.
muséifier v. tr. | conjug. 7 |
museler v. tr. | conjug. 4 |
muselet n. m.
HOM. formes du v. **museler**
museletage n. m.
museleteuse n. f.
muselière n. f.
musellement ou **musèlement**○ n. m.
muséographe n.
muséographie n. f.
muséographique adj.
muséologie n. f.
muséologique adj.
muséologue n.
muser v. intr. | conjug. 1 |
HOM. **musée**
muserolle ou **muserole**○ n. f.
¹musette n. f. (cornemuse, danse, sac, musaraigne)
²musette n. m. (genre de musique, bal)
Ξ Ce mot s'emploie en apposition dans la locution **bal musette** ; il prend la marque du pluriel : *des bals musettes*.
muséum /-eɔm/ n. m.
➾ On écrit généralement ce mot avec une majuscule dans les noms de musées : *le Muséum national d'histoire naturelle* (ou *le Muséum*).
museur, euse n.

[1]**musical, ale, aux** adj.
[2]**musical** n. m.
➾ Ce mot a un pluriel régulier : *des musicals*.
musicalement adv.
musicalisation n. f.
musicalisme n. m.
musicalité n. f.
Musicassette® n. f.
➾ Comme tous les noms déposés, ce mot doit s'écrire avec une majuscule : *écouter des Musicassettes*. Toutefois, on le trouve fréquemment employé comme nom générique sans respect de la règle : *écouter des musicassettes*.
musicastre n. m.
music-hall /myzikol/ n. m. ▪ plur. **music-halls**
musicien, ienne n. et adj.
musico n. m.
HOM. **musicot**
musicographe n.
musicographie n. f.
musicographique adj.
musicologie n. f.
musicologique adj.
musicologue n.
musicomane n.
musicomanie n. f.
musicot n. m.
HOM. **musico**
musicothérapeute n.
musicothérapie n. f.
musique n. f.
musiquer v. intr. et v. tr. | conjug. 1 |
musiquette n. f.
musli n. m.
→ **muesli**
musoir n. m.
musqué, ée adj.
musse n. f.
musser ou **mucher** v. tr. | conjug. 1 |
¬ **se musser** ou **se mucher**
➾ Aux temps composés de la forme pronominale, le participe passé s'accorde en genre et en nombre avec le sujet : *elle s'est mussée* ou *muchée*.
mussif adj. m.
mussitation n. f.
must /mœst/ n. m.
mustang /mystɑ̃g/ n. m.
mustélidé n. m.
mustelle ou **mustèle** n. f.
mustimètre n. m.
musulman, ane adj. et n.
➾ Comme tous les mots désignant ou qualifiant une religion ou ses adeptes, ce mot s'écrit sans majuscule : *la religion musulmane ; les musulmans*.
mutabiliste adj.
mutabilité n. f.
mutable adj.
[1]**mutacisme** n. m. (mutisme)
[2]**mutacisme** ou **mytacisme** n. m. (mauvaise prononciation)
mutage n. m.
mutagène adj.
mutagenèse n. f.
mutant, ante adj. et n.
mutation n. f.
mutationnel, elle adj.
mutationnisme n. m.
mutationniste adj. et n.
mutatis mutandis /mytatismytɑ̃dis/ loc. adv.
muté, ée adj.
muter v. tr. et v. intr. | conjug. 1 |
mutifiant adj.
mutificateur n. m.
mutilant, ante adj.
mutilateur, trice n.
mutilation n. f.
mutilé, ée n.
mutiler v. tr. | conjug. 1 |
¬ **se mutiler**
➾ Aux temps composés de la forme pronominale, le participe passé s'accorde en genre et en nombre avec le sujet : *ils se sont mutilés afin d'être réformés*.
mutin, ine adj. et n.
mutiné, ée adj. et n.
mutinement adv.
mutiner (se) v. pron. | conjug. 1 |
➾ Aux temps composés de la forme pronominale, le participe passé s'accorde en genre et en nombre avec le sujet : *les prisonniers se sont mutinés*.
mutinerie n. f.
mutique adj.
mutisme n. m.
mutité n. f.
mutualisation n. f.
mutualiser v. tr. | conjug. 1 |
mutualisme n. m.
mutualiste adj. et n.
mutualité n. f.
mutuel, elle adj. et n. f.
mutuellement adv.
Ξ Ne pas employer cet adverbe avec un verbe qui exprime la réciprocité : on peut dire *s'aider mutuellement* mais *s'entraider mutuellement* est pléonastique.
mutuellisme n. m.
mutuelliste n. et adj.
mutule n. f.
myalgie n. f.
myalgique adj.

myasthénie n. f.
myasthénique adj.
myatonie n. f.
mycélien, ienne adj.
mycélium /-jɔm/ n. m.
mycène n. m.
mycénien, ienne adj.
mycétome n. m.
mycétophage adj. et n. m.
mycétophile adj. et n. f.
myciculteur, trice n.
myciculture n. f.
mycobactérie n. f.
mycocécidie n. f.
mycoderme n. m.
mycodermique adj.
mycologie n. f.
mycologique adj.
mycologue n.
mycophage adj. et n.
mycophile adj. et n.
mycoplasme n. m.
mycoplasmique adj.
mycoplasmose n. f.
mycorhizal, ale, aux adj.
mycorhize n. f.
mycose n. f.
mycosique adj.
mycostatique adj.
mycothérapie n. f.
mycotoxicose n. f.
mydriase n. f.
mydriatique adj.
mye n. f.
HOM. **mi, mie, mis,** formes du v. **mettre**
myélencéphale n. m.
myéline n. f.
myélinique adj.
myélinisation n. f.
myélinisé, ée adj.
myélite n. f.
myéloblaste n. m.
myéloculture n. f.
myélocyte n. m.
myélogramme n. m.
myélographie n. f.
myéloïde adj.
myélome n. m.
myélopathie n. f.
myéloplaxe n. m.
myélosarcome n. m.
myélose n. f.
mygale n. f.
myiase n. f.
mylabre n. m.
Mylar® n. m.
➾ Comme tous les noms déposés, ce mot doit s'écrire avec une majuscule : *un ballon en Mylar*. Toutefois, on le trouve fréquemment employé comme nom générique sans respect de la règle : *un ballon en mylar*.
myliobate n. m.
myoblaste n. m.
myocarde n. m.
myocardiopathie n. f.
myocardite n. f.
myocastor n. m.
myocinétique ou **myokinétique** adj.
myoclonie n. f.
myoélectricité n. f.
myofibrille n. f.
myoglobine n. f.
myogramme n. m.
myographe n. m.
myographie n. f.
myographique adj.
myoïde adj.
myokinétique adj.
→ **myocinétique**
myologie n. f.
myologique adj.
myolyse n. f.
myome n. m.
myomectomie n. f.
myomère n. m. ou **myotome** n. m.
myomètre n. m.
myopathe adj. et n.
myopathie n. f.
myopathique adj.
myope n. et adj.
myopie n. f.
myoplastie n. f.
myopotame n. m.
myorelaxant, ante adj.
myosine n. f.
myosis /-zis/ n. m.
myosite n. f.
myosotis /-tis/ n. m.
myotique adj.
myotome n. m.
→ **myomère**
myotomie n. f.
myotonie n. f.
myotonique adj.
myotubulaire adj.
myriacée ou **myricée** n. f.
myriade n. f.
⌘ Lorsque **une myriade de** suivi d'un nom est sujet, le verbe s'accorde soit avec *myriade*, soit avec le complément : *une myriade d'étoiles brille* ou *brillent dans le ciel*. Avec **la myriade**

de, le verbe s'accorde toujours avec *myriade* : *la myriade d'étoiles disparut*.

myriagone n. m.

myriagramme n. m.

myriamètre n. m.

myriapode n. m.

myrica n. m.

myricée n. f.

→ **myriacée**

myriophylle n. m.

myrmécologie n. f.

myrmécologique adj.

myrmécologue n.

myrmécophage adj.

myrmécophile adj. et n.

myrmécophilie n. f.

myrméléonidé n. m.

myrmidon, myrmidone ou **mirmidon, mirmodone** n.

myrobolan n. m.

HOM. **mirobolant**

myrosine n. f.

myroxyle ou **myroxylon** n. m.

myrrhe n. f.

Ne pas écrire **myrhe* ni **myrre* : ce mot a deux *r* et un *h*.

Ne pas confondre **myrrhe**, qui désigne une résine aromatique, avec **myrte**, qui désigne un arbre.

HOM. **mir, mire**, formes des v. **mettre, mirer**

myrtacée n. f.

myrtaie n. f.

myrte n. m.

Ne pas écrire **myrthe* : ce mot n'a pas de *h*.

Ce mot est masculin : *un myrte*.

Ne pas confondre **myrte**, qui désigne un arbre, avec **myrrhe**, qui désigne une résine aromatique.

myrtiforme adj.

myrtille n. f.

Ne pas écrire **myrthille* : ce mot n'a pas de *h*.

mystagogie n. f.

mystagogique adj.

mystagogue n. m.

myste n. m.

¹mystère n. m.

²Mystère® n. m. (dessert)

Comme tous les noms déposés, ce mot doit s'écrire avec une majuscule : *un Mystère à la vanille*. Toutefois, on le trouve fréquemment employé comme nom générique sans respect de la règle : *un mystère à la vanille*.

mystérieusement adv.

mystérieux, ieuse adj.

mysticète n. m.

mysticiser v. tr. | conjug. 1 |

mysticisme n. m.

mysticité n. f.

mystifiable adj.

mystifiant, iante adj.

mystificateur, trice n.

mystification n. f.

mystifier v. tr. | conjug. 7 |

Ne pas confondre **mystifier**, qui signifie « tromper », avec **mythifier**, qui signifie « instaurer en tant que mythe ».

mystique adj. et n.

mystiquement adv.

mytacisme n. m.

→ **²mutacisme**

mythe n. m.

HOM. **mite**, formes des v. **mettre, miter**

mythification n. f.

mythifier v. intr. et v. tr. | conjug. 7 |

Ne pas confondre **mythifier**, qui signifie « instaurer en tant que mythe », avec **mystifier**, qui signifie « tromper ».

mythique adj.

¹mytho adj. et n.

□ abrév. de **mythomane**

²mytho n. m. (langage des jeunes : mensonge)

mythographe n.

mythographie n. f.

mythologie n. f.

mythologique adj.

mythologiquement adv.

mythologue n.

mythomane adj. et n.

mythomaniaque adj.

mythomanie n. f.

mythonner v. intr. | conjug. 1 |

HOM. **mitonner**

mythos /mitos/ n. m.

mytilicole adj.

mytiliculteur, trice n.

mytiliculture n. f.

mytilidé n. m.

mytiloïde adj.

mytilotoxine n. f.

myxine n. f.

myxœdémateux, euse /mikse-/ adj. et n.

myxœdème /mikse-/ n. m.

myxoïde adj.

myxomatose n. f.

myxome n. m.

myxomycète n. m.

myxovirus /-ʀys/ n. m.

myzodendron /-dɛ̃-/ n. m.

myzomèle n. m.

mzabite adj. et n.

→ **mozabite**

N

n n. m. inv, abrév. et symb.
HOM. **aine, haine**
N n. m. inv, abrév. et symb.
HOM. **aine, haine**
na interj.
naan /nan/ n. m.
nabab n. m.
nababie n. f.
nabi n. m.
➾ Ce mot s'écrit sans majuscule : *les nabis ; un nabi*.
nabisme n. m.
nabka ou **nabquah** n. m.
nabla n. m.
nable n. m.
nabot, ote n. et adj.
Ξ Le féminin *nabote* est rare.
nabuchodonosor /-k-/ n. m.
➾ Quand il désigne une bouteille, ce mot s'écrit sans majuscule, contrairement au nom propre qui désigne le personnage biblique.
nacaire n. f.
nacarat n. m.
Ξ Ce mot peut s'employer seul comme adjectif de couleur ou derrière un adjectif de couleur pour en préciser la nuance ; ces adjectifs sont alors invariables : *des bracelets rouge nacarat ; des chaussures nacarat*.
nacelle n. f.
nache n. f.
nacre n. f.
☯ Ce mot est féminin : *de la nacre*.
nacré, ée adj.
Ξ Lorsque *nacré* est employé derrière un adjectif de couleur pour en préciser la nuance, les deux mots sont invariables : *des vernis bleu nacré*.
nacrer v. tr. | conjug. 1 |
nacrier, ière adj.
HOM. formes du v. **nacrer**
nacroculture n. f.
nacrure n. f.
nacteur n. m.
nadir n. m.
nadiral, ale, aux adj.
nævien, ienne /ne-/ adj.
nævocarcinome /ne-/ n. m.
nævus /nevys/ n. m. ▪ plur. inv. ou plur. **nævi**
Ξ On peut employer le pluriel invariable *nævus* ou le pluriel latin *nævi*.
nafé n. m.
naffe n. f.
naga n. m.
nagaïka n. f.
nagari n. f.
→ **devanagari**
nage n. f.
➾ Ce mot est toujours au singulier dans la locution **en nage** : *ils étaient en nage*.
nageant, ante adj.
nagée n. f.
nageoire n. f.
nageoter v. intr. | conjug. 1 |
nager v. intr. | conjug. 3 |
nageur, euse n.
naguère adv.
Ξ L'emploi de ce mot au sens de « jadis, autrefois » est fautif : *naguère* signifie « il y a peu de temps ».
nahuatl n. m.
➾ Comme tous les noms de langues, ce mot s'écrit sans majuscule : *parler le nahuatl*.
naïadacée ou **naïadée** n. f.
naïade n. f.
naïas /najas/ n. m.
naïf, naïve adj. et n.
nain, naine n. et adj.
Ξ **Petit nain** est un pléonasme à éviter.
naissain n. m.
naissance n. f.
naissant, ante adj.
naisseur, euse n.

naître ou **naitre** ○ v. intr. | conjug. 59 |
➾ Les Rectifications de l'orthographe de 1990 préconisent la suppression de l'accent circonflexe sur le *i* devant le *t* : *il nait, il naitra, il naitrait*.
naïvement adv.
naïveté n. f.
naja n. m.
HOM. formes du v. **nager**
nama n. m.
➾ Comme tous les noms de langues, ce mot s'écrit sans majuscule : *parler le nama*.
nana n. f.
nanan n. m.
nanar ou **nanard** n. m.
nancelle n. f.
nandina n. m.
nandinie n. f.
nandou n. m.
nandrolone n. f.
nanifier v. tr. | conjug. 7 |
naniser v. tr. | conjug. 1 |
nanisme n. m.
nankin n. m.
Ξ Ce mot peut s'employer seul comme adjectif de couleur ou derrière un adjectif de couleur pour en préciser la nuance ; ces adjectifs sont alors invariables : *des gants jaune nankin ; des étoffes nankin*.
nanobiologie n. f.
nanocapsule n. f.
nanocristal, aux n. m.
nanoélectronique n. f.
nanofiltration n. f.
nanofossile n. m.
nanomatériau n. m.
nanomédicament n. m.
nanomètre n. m.
nanoparticule n. f.
nanophysique n. f.
nanoplancton n. m.
Nanoréseau® n. m.
➾ Comme tous les noms déposés, ce mot doit s'écrire avec une majuscule : *installer un Nanoréseau*. Toutefois, on le trouve fréquemment employé comme nom générique sans respect de la règle : *installer un nanoréseau*.
nanoseconde n. f.
nanostructuré, ée adj.
nanotechnologie /-tɛk-/ n. f.
nanotechnologique /-tɛk-/ adj.
nansouk ou **nanzouk** n. m.
nant n. m.
nantais, aise adj. et n.
➾ L'adjectif s'écrit sans majuscule : *la population nantaise*. Le nom s'écrit avec une majuscule : *les Nantais ; c'est une Nantaise*.

nanti, ie adj. et n.
nantir v. tr. | conjug. 2 |
nantissement n. m.
nanzouk n. m.
→ **nansouk**
naos /naos ; naɔs/ n. m.
NAP /nap/ adj. inv. (Neuilly, Auteuil, Passy)
HOM. **nappe**, formes du v. **napper**
napalm n. m.
napalmiser v. tr. | conjug. 1 |
napée n. f.
HOM. **napper**
napel n. m.
naphazoline n. f.
naphtalène n. m.
naphtaline n. f.
naphtaliner v. tr. | conjug. 1 |
naphte n. m.
☯ Ce mot est masculin : *du naphte*.
naphtène n. m.
naphténique adj.
naphtol n. m.
naphtylamine n. f.
naphtyle n. m.
[1]**napoléon** n. m. (pièce)
➾ Ce mot s'écrit sans majuscule, contrairement au nom propre.
[2]**napoléon** n. f. (cerise)
➾ Employé comme nom commun, ce mot s'écrit sans majuscule et prend la marque du pluriel : *manger des napoléons*. Mais il est invariable et s'écrit avec une majuscule dans **cerise Napoléon** car il s'agit du nom propre.
napoléonien, ienne adj.
[1]**napolitain, aine** adj. et n. (de Naples)
➾ L'adjectif s'écrit sans majuscule : *la population napolitaine ; une tranche napolitaine*. Le nom s'écrit avec une majuscule uniquement quand il désigne une personne : *les Napolitains ; c'est une Napolitaine* mais *parler le napolitain*.
[2]**Napolitain**® n. m. (chocolat)
➾ Comme tous les noms déposés, ce mot doit s'écrire avec une majuscule : *manger des Napolitains*. Toutefois, on le trouve fréquemment employé comme nom générique sans respect de la règle : *manger des napolitains*.
napolitaine n. f. (tissu, orgue)
nappage n. m.
nappe n. f.
HOM. **NAP**
napper v. tr. | conjug. 1 |
HOM. **napée**
napperon n. m.
HOM. forme du v. **napper**
napperonner v. tr. | conjug. 1 |
nappette n. f.
narcéine n. f.

narcisse n. m.
☯ Ce mot est masculin : *un narcisse.*
narcissique adj. et n.
narcissiquement adv.
narcissisme n. m.
narcoanalyse n. f.
narcoanalyste n.
narcochimiste n.
narcodiagnostic /-gn-/ n. m.
narcodollars n. m. pl.
narcolepsie n. f.
narcoleptique adj.
narcomane n.
narcomanie n. f.
narcoméduse n. f.
narcose n. f.
narcosynthèse n. f.
narcoterrorisme n. m.
narcoterroriste n.
narcothérapie n. f.
narcotine n. f.
narcotique adj. et n. m.
narcotiser v. tr. | conjug. 1 |
narcotisme n. m.
narcotrafic n. m.
narcotrafiquant n. m.
nard n. m.
HOM. formes du v. **narrer**
narghilé n. m.
→ **narguilé**
nargue n. f.
narguer v. tr. | conjug. 1 |
narguilé ou **narghilé** n. m.
narine n. f.
naringine n. f.
narquois, oise adj.
narquoisement adv.
narquoiserie n. f.
narrataire n.
narrateur, trice n.
narratif, ive adj.
narration n. f.
narrativisation n. f.
narrativiser v. tr. | conjug. 1 |
narrativité n. f.
narratologie n. f.
narré n. m.
narrer v. tr. | conjug. 1 |
narse n. f.
narthex n. m.
narval n. m.
➠ Ce mot a un pluriel régulier : *des narvals.*
nasal, ale, aux adj. et n. m.
HOM. (du plur.) **naseau**
nasalement adv.
nasalisation n. f.
nasaliser v. tr. | conjug. 1 |
¬ **se nasaliser**
➠ Aux temps composés de la forme pronominale, le participe passé s'accorde en genre et en nombre avec le sujet : *cette voyelle s'est nasalisée.*
nasalité n. f.
nasard n. m.
nasarde n. f.
nasarder v. tr. | conjug. 1 |
nase ou **naze** adj. et n. m.
naseau n. m.
HOM. **nasaux** (plur de *nasal*)
nashi /naʃi/ n. m.
nasière n. f.
nasillant, ante adj.
nasillard, arde adj.
nasillarder v. intr. | conjug. 1 |
nasillement n. m.
nasiller v. intr. | conjug. 1 |
nasilleur, euse adj.
nasillonner v. intr. | conjug. 1 |
[1]**nasique** n. f. (couleuvre)
[2]**nasique** n. m. (singe)
nasitort n. m.
nasonnement n. m.
nasopharyngé, ée adj.
nasopharynx n. m.
nasse n. f.
natal, ale adj.
➠ Le pluriel est régulier : *des troubles natals.*
natalisme n. m.
nataliste adj.
natalité n. f.
natation n. f.
natatoire adj.
natif, ive adj. et n.
Ξ **Né natif de** est un pléonasme à éviter.
nation n. f.
➠ Ce mot s'écrit avec une majuscule dans **l'Organisation des Nations unies** (ou **les Nations unies**).
national, ale, aux adj. et n.
➠ Ne pas écrire **nationnal* : ce mot et ses dérivés n'ont pas de double *n.*
nationale n. f. (route)
nationalement adv.
nationalisable adj.
nationalisation n. f.
nationaliser v. tr. | conjug. 1 |
nationalisme n. m.
nationaliste adj. et n.
nationalité n. f.
national-populisme n. m. sing.
national-socialisme n. m. sing.

national-socialiste adj. ▪ plur. **nationaux-socialistes**
➾ Le premier élément est invariable au féminin : *la doctrine national-socialiste ; des militantes national-socialistes.*
nativement adv.
nativisme n. m.
nativiste adj. et n.
nativité n. f.
➾ Avec une majuscule et sans complément, **la Nativité** désigne la naissance de Jésus, la fête qui la commémore (Noël) ou une œuvre qui la représente : *célébrer la Nativité ; les Nativités du Moyen Âge.* Mais on écrit *la nativité de Jésus* sans majuscule à *nativité.*
natrémie n. f.
natrium /-jɔm/ n. m.
natriurie n. f.
natron ou **natrum** /-ɔm/ n. m.
nattage n. m.
natte n. f.
natté n. m.
natter v. tr. | conjug. 1 |
[1]**nattier, ière** n.
HOM. formes du v. **natter**
[2]**Nattier** adj. inv.
☲ Ce mot peut s'emploie derrière un adjectif de couleur pour en préciser la nuance ; les deux mots sont alors invariables : *des écharpes bleu Nattier.* Il s'écrit avec une majuscule car il s'agit d'un nom propre.
HOM. formes du v. **natter**
naturalisation n. f.
naturaliser v. tr. | conjug. 1 |
naturalisme n. m.
➾ Comme tous les noms de courants artistiques, ce mot s'écrit sans majuscule : *le naturalisme de Zola.*
naturaliste n. et adj.
➾ Comme tous les mots désignant ou qualifiant un courant artistique ou ses représentants, ce mot s'écrit sans majuscule : *le courant naturaliste ; les naturalistes.*
naturalité n. f.
nature n. f.
➾ Ce mot est au singulier dans les locutions **en nature**, **grandeur nature** et **de nature** : *des avantages en nature ; des portraits grandeur nature ; des commentaires de toute nature ; des choses de nature différente ; ils sont sociables de nature. Nature* s'écrit avec une majuscule lorsqu'il est employé par allégorie : *la Nature s'éveille en ce mois de mai.* **Nature morte** s'écrit sans trait d'union.
☲ *Nature* peut s'employer comme adjectif ; il est alors invariable : *des fraises nature ; des filles très nature.*

naturel, elle adj. et n.
➾ *Naturel* est toujours au singulier dans la locution **au naturel** : *des haricots au naturel.*
naturellement adv.
naturemortiste n.
naturisme n. m.
naturiste n. et adj.
naturlich adv.
naturopathe adj. et n.
naturopathie n. f.
nauclée n. f.
nauclère n. m.
naucore n. f.
naucrates /-tɛs/ n. m.
naufrage n. m.
naufragé, ée adj. et n.
naufrager v. intr. | conjug. 3 |
naufrageur n. m.
naulage n. m.
naumachie n. f.
naupathie n. f.
naupathique adj. et n.
nauplius /-ys/ n. m.
nauséabond, onde adj.
nausée n. f.
nauséeux, euse adj.
naute n. m.
nautile n. m.
nautique adj.
nautisme n. m.
nautonier, ière n.
navaja /-ʒa ; -xa/ n. f.
naval, ale adj.
➾ Ce mot a un pluriel régulier : *des chantiers navals.* Employé comme nom avec une majuscule, **la Navale** désigne l'école supérieure qui forme les officiers de la marine militaire. Mais on écrit **l'École navale** sans majuscule à *navale.*
navalisation n. f.
navaliser v. tr. | conjug. 1 |
navarchie n. f.
navarin n. m.
☲ **Navarin de mouton** est un pléonasme à éviter.
navarque n. m.
navarrais, aise adj. et n.
➾ L'adjectif s'écrit sans majuscule : *la population navarraise.* Le nom s'écrit avec une majuscule uniquement quand il désigne une personne : *les Navarrais ; c'est une Navarraise* mais *parler le navarrais.*
nave n. f.
navel n. f.
navet n. m.
navette n. f.

navetteur, euse /navetœʀ, øz/ n.
♪ La prononciation /naftœʀ, øz/ est courante en Belgique.
navicelle n. f.
navicert /-sɛʀ/ n. m.
□ abrév. de **navigation certificate**
naviculaire adj.
navicule n. f.
naviforme adj.
navigabiliser v. tr. | conjug. 1 |
➾ Ce mot n'a pas de *u*, contrairement à *naviguer*.
navigabilité n. f.
➾ Ce mot n'a pas de *u*, contrairement à *naviguer*.
navigable adj.
➾ Ce mot n'a pas de *u*, contrairement à *naviguer*.
navigant, ante adj. et n.
➾ Ne pas écrire ce mot comme *naviguant*, participe présent du verbe *naviguer*.
navigateur, trice n.
➾ Ce mot n'a pas de *u* après le *g*, contrairement à *naviguer*.
navigation n. f.
➾ Ce mot n'a pas de *u*, contrairement à *naviguer*.
naviguer v. intr. | conjug. 1 |
naviplane n. m.
navire n. m.
navire-citerne n. m. ▪ plur. **navires-citernes**
□ rec. off. pour **tanker**
navire-école n. m. ▪ plur. **navires-écoles**
navire-hôpital n. m. ▪ plur. **navires-hôpitaux**
navire-usine n. m. ▪ plur. **navires-usines**
navisphère n. f.
navrance n. f.
navrant, ante adj.
navré, ée adj.
navrement n. m.
navrer v. tr. | conjug. 1 |
nazaréen, enne adj.
➾ L'adjectif s'écrit sans majuscule : *la population nazaréenne*. Le nom s'écrit avec une majuscule uniquement quand il désigne un habitant de Nazareth : *les Nazaréens* ; *une Nazaréenne*. Il s'écrit sans majuscule quand il désigne un peintre ou l'un des premiers chrétiens : *les nazaréens précédèrent les préraphaélites*.
naze adj. et n. m.
→ **nase**
[1]**nazi, ie** n. et adj. (du parti allemand)
➾ Ce mot s'écrit sans majuscule : *le parti nazi ; les nazis*.
[2]**nazi** ou **nazir** n. m. (Relig. : homme consacré à Dieu)

nazifier v. tr. | conjug. 7 |
¬ **se nazifier**
➾ Aux temps composés de la forme pronominale, le participe passé s'accorde en genre et en nombre avec le sujet : *l'Allemagne s'est nazifiée avant la guerre*.
nazillon, onne n.
nazir n. m.
→ [2]**nazi**
naziréat n. m.
naziréen n. m.
nazisme n. m.
N. B. abrév.
□ abrév. de **nota bene**
N. B. C. adj. inv.
□ abrév. de **nucléaire-biologique-chimique**
ndama n. m.

ne adv. de négation
Ξ *Ne* s'élide devant une voyelle ou un *h* muet : *je n'en veux pas*.
Ne s'emploie en corrélation avec un autre adverbe de négation (*pas, plus, point, ni, jamais, guère, aucunement*, etc.) ou avec certains noms ou adjectifs de valeur négative (*personne, rien, aucun*) : *ils n'ont pas d'enfant* ; *il n'a ni frère ni sœur* ; *je n'ai rien vu*. Il s'emploie aussi avec *que* au sens de « seulement » : *je n'ai que de l'eau*. *Ne* s'emploie toujours seul avec **savoir que** (+ inf.) (*je ne sais que faire*) et dans certaines formules figées : *il va on ne peut mieux* ; *qu'à cela ne tienne* ; *si je ne m'abuse*. Il s'emploie également seul dans des phrases négatives introduites par *que* au sens de *pourquoi* : *que ne m'a-t-il prévenu ?* *Ne* peut s'employer seul avec les verbes *cesser, pouvoir* et *oser* : *je ne peux vous répondre* ; *je n'ose lui en parler*. Cet usage appartient au registre soutenu. *Ne* peut également s'employer seul aux temps composés avec une indication de durée introduite par *depuis, voici* ou *il y a* : *voici deux ans que je ne l'ai vu*.
Ne est fréquemment omis dans la langue familière : *je viendrai pas ; j'en ai aucune idée*. Attention à ne pas l'oublier dans la langue soignée, notamment après *on*, dont la liaison entraîne souvent l'omission de *ne* : (*on en a plus* au lieu de *on n'en a plus*)
⌘ *Ne* précède immédiatement le verbe conjugué ; seuls les pronoms personnels compléments peuvent s'intercaler entre *ne* et le verbe : *je ne le veux pas*.

né, née adj.
➾ Après un substantif, l'adjectif est lié par un trait d'union : *c'est un orateur-né* ; *une artiste-née*.
Ξ **Né natif de** est un pléonasme à éviter.
HOM. **nez**

néandertalien, ienne ou **néanderthalien, ienne** adj. et n.
➾ Ce mot s'écrit sans majuscule : *les néandertaliens*.
☰ La graphie *néanderthalien* n'est plus usitée.
néandertaloïde adj. et n.
néanmoins adv. et conj.
néant n. m.
néantisant, ante adj.
néantisation n. f.
néantise n. f.
néantiser v. tr. | conjug. 1 |
néarctique adj.
nebka /nɛpka/ n. f.
nébride n. f.
nébulaire adj.
nébulé, ée adj.
nébules n. f. pl.
nébuleuse n. f.
nébuleusement adv.
nébuleux, euse adj.
nébulisation n. f.
nébuliser v. tr. | conjug. 1 |
nébuliseur n. m.
nébulosité n. f.
nécessaire adj. et n. m.
▸ **nécessaire à** *les vitamines sont nécessaires à l'organisme*
▸ **faire le nécessaire pour** (+ inf.) *nous ferons le nécessaire pour arriver à l'heure*
▸ **faire le nécessaire pour que** (+ subj.) *nous ferons le nécessaire pour que tout soit prêt*
nécessairement adv.
nécessitant, ante adj.
nécessitarisme n. m.
nécessitation n. f.
nécessité n. f.
nécessiter v. tr. | conjug. 1 |
nécessiteux, euse adj. et n.
neck n. m.
nec plus ultra n. m. inv.
nécrobacillose /-basiloz/ n. f.
nécrobie n. f.
nécrobiose n. f.
nécrobiotique adj.
nécrohormone n. f.
nécrologe n. m.
ϟ Ne pas confondre **nécrologe**, « liste de morts », avec **nécrologue**, « auteur de nécrologies ».
nécrologie n. f.
nécrologique adj.
nécrologue n.
ϟ Ne pas confondre **nécrologue**, « auteur de nécrologies », avec **nécrologe**, « liste de morts ».

nécromancie n. f.
nécromancien, ienne n.
nécromant n. m.
nécromantique adj.
nécrophage adj.
nécrophagie n. f.
nécrophagique adj.
nécrophile adj. et n.
nécrophilie n. f.
nécrophilique adj.
nécrophobie n. f.
nécrophobique adj.
nécrophore n. m.
nécropole n. f.
nécropsie n. f.
nécropsique adj.
nécrosant, ante adj.
nécrose n. f.
nécroser v. tr. | conjug. 1 |
¬ **se nécroser**
➾ Aux temps composés de la forme pronominale, le participe passé s'accorde en genre et en nombre avec le sujet : *sa dent s'est nécrosée*.
nécrosique ou **nécrotique** adj.
nectaire n. m.
nectar n. m.
➾ Ne pas écrire **nectare*.
nectaréen, éenne adj.
nectarifère adj.
nectarine n. f.
necton n. m.
necture n. m.
nedjdi n. m.
neem /nim/ n. m.
→ **nim**
néencéphale n. m.
néerlandais, aise /neɛʀ-/ adj. et n.
➾ L'adjectif s'écrit sans majuscule : *la population néerlandaise*. Le nom s'écrit avec une majuscule uniquement quand il désigne une personne : *les Néerlandais ; c'est une Néerlandaise* mais *parler le néerlandais*.
néerlandophone /neɛʀ-/ adj. et n.
nef n. f.
nefas /nefas/ n. m.
néfaste adj.
nèfle n. f.
néflier n. m.
négateur, trice n. et adj.
négatif, ive adj. et n.
négation n. f.
négationnisme n. m.
➾ Ne pas écrire **négationisme*.
négationniste n. et adj.
➾ Ne pas écrire **négationiste*.
négativement adv.

négativisme n. m.
négativiste adj. et n.
négativité n. f.
négatogène adj.
négatoire adj.
négaton n. m.
négatoscope n. m.
négligé, ée adj. et n. m.
négligeable adj.
négligemment /-amɑ̃/ adv.
➾ Ne pas écrire **négligeamment* : ce mot n'a pas de *a*.
négligence n. f.
➾ Ne pas écrire **négligeance* : ce mot n'a pas de *a*.
négligent, ente adj.
➾ Ne pas écrire cet adjectif comme *négligeant*, participe présent du verbe *négliger*.
négliger v. tr. | conjug. 3 |
négoce n. m.
négociabilité n. f.
négociable adj.
négociant, iante n.
négociateur, trice n.
négociation n. f.
négocier v. intr. et v. tr. | conjug. 7 |
Ξ L'expression **négocier un virage** est un anglicisme entré dans le langage courant.
négondo n. m.
nègre, négresse n. et adj.
Ξ Ce mot est considéré comme raciste sauf quand il est employé par les Noirs eux-mêmes.
L'adjectif est invariable en genre : *des tribus nègres*.
nègre-blanc loc. adj. inv.
négrerie ou **nègrerie** n. f.
négrette n. f.
négrier, ière adj. et n. m.
négril n. m.
négrille n. et adj.
➾ L'adjectif s'écrit sans majuscule : *les tribus négrilles*. Le nom s'écrit avec une majuscule : *les Négrilles ; une Négrille*.
négrillon, onne n.
négrito adj. et n.
➾ L'adjectif s'écrit sans majuscule : *les populations négritos*. Le nom s'écrit avec une majuscule : *les Négritos ; c'est une Négrito*.
négritude n. f.
négro n. m.
Ξ Ce mot est injurieux et raciste. Il ne s'emploie pas pour parler d'une femme.
négro-africain, aine adj. et n. ▪ plur. **négro-africains, aines**
➾ L'adjectif s'écrit sans majuscule : *la population négro-africaine*. Le nom s'écrit avec une majuscule : *les Négro-Africains ; c'est une Négro-Africaine*.
négro-américain, aine adj. et n. ▪ plur. **négro-américains, aines**
➾ L'adjectif s'écrit sans majuscule : *la population négro-américaine*. Le nom s'écrit avec une majuscule : *les Négro-Américains ; c'est une Négro-Américaine*.
négroïde adj.
négron n. m.
négrone n. f.
négrophile n. et adj.
négrophilie n. f.
negro-spiritual, als ou **négrospiritual, als**○ /negʀospiʀitɥɔl, ɔls/ n. m.
néguentropie n. f.
négus /negys/ n. m.
neige n. f.
neigé, ée adj.
neigeoter v. impers. | conjug. 1 |
neiger v. impers. | conjug. 3 |
neigeux, euse adj.
nélombo n. m.
nem /nɛm/ n. m.
némale n. m.
némastome n. m.
némathelminthe n. m.
nématique adj.
nématocère n. m.
nématocyste n. m.
nématode n. m.
nématologie n. f.
néméen, enne adj.
némerte n. f. ou **némertien** /-sjɛ̃/ n. m.
némoral, ale, aux adj.
némoricole adj.
ne m'oubliez pas n. m. inv.
nemrod /nɛmʀɔd/ n. m.
néné n. m.
[1]**nénette** n. f. (tête, fille)
[2]**Nénette**® n. f. (brosse)
➾ Comme tous les noms déposés, ce mot doit s'écrire avec une majuscule : *lustrer la carrosserie avec une Nénette*. Toutefois, on le trouve fréquemment employé comme nom générique sans respect de la règle : *lustrer la carrosserie avec une nénette*.
nénies n. f. pl.
HOM. **nenni**
nenni adv.
Ξ De nos jours, ce mot s'emploie surtout par plaisanterie : *que nenni !*
HOM. **nénies**
nénuphar ou **nénufar** n. m.
néoattique adj.
néobabylonien, ienne adj.
néoblaste n. m.

néocapitalisme n. m.
néocapitaliste adj.
néocatholicisme n. m.
néocatholique adj.
néoceltique adj.
néochrétien, ienne /-k-/ adj. et n.
néochristianisme /-k-/ n. m.
néoclassicisme n. m.
➾ Comme tous les noms de courants artistiques, ce mot s'écrit sans majuscule : *les partisans du néoclacissisme*.
néoclassique adj. et n.
➾ Comme tous les mots désignant ou qualifiant un courant artistique ou ses représentants, ce mot s'écrit sans majuscule : *le courant néoclassique ; les néoclassiques*.
néocolonialisme n. m.
néocolonialiste adj.
néocomien, ienne n. et adj.
néoconfucianisme n. m.
néoconservateur, trice n. et adj.
néocor n. m.
HOM. **néocore**
néocorat n. m.
néocore n. m.
HOM. **néocor**
néocortex n. m.
néocortical, ale, aux adj.
néocrâne n. m.
néocréationnisme n. m.
néocréationniste adj. et n.
néocriticisme n. m.
néocriticiste adj. et n.
néodarwinien, ienne adj.
néodarwinisme n. m.
néodyme n. m.
néofascisme /-faʃism/ n. m.
néofasciste /-faʃist/ adj. et n.
néoformation n. f.
néoformé, ée adj.
néogène n. m.
néoglucogenèse ou **néoglycogenèse** n. f.
néogothique adj.
néogrammairien n. m.
néographisme n. m.
néogrec, néogrecque adj.
néohébreu n. m.
➾ Comme tous les noms de langues, ce mot s'écrit sans majuscule : *les particularités du néohébreu*.
néohippocratisme n. m.
néohittite n. m.
néo-impressionnisme n. m. ▪ plur. **néo-impressionnismes**
➾ Comme tous les noms de courants artistiques, ce mot s'écrit sans majuscule : *le néo-impressionnisme fut fondé par Seurat*.
néo-impressionniste adj. et n. ▪ plur. **néo-impressionnistes**
➾ Comme tous les mots désignant ou qualifiant un courant artistique ou ses représentants, ce mot s'écrit sans majuscule : *le mouvement néo-impressionniste ; les néo-impressionnistes*.
néokantien /-kɑ̃sjɛ/ adj. et n.
néokantisme n. m.
néolamarckien, ienne adj. et n.
néolamarckisme n. m.
néolatin, ine adj.
néolibéral, ale, aux adj. et n.
néolibéralisme n. m.
néolithique adj. et n. m.
néolocal, ale, aux adj.
néologie n. f.
néologique adj.
néologisme n. m.
néologiste n.
néologue n.
néomalthusianisme n. m.
néomalthusien, ienne adj. et n.
néomanie n. f.
néoménie n. f.
néomycine n. f.
néon n. m.
néonatal, ale adj.
néonatalogie n. f.
néonatalogiste n.
néonazi, ie adj. et n.
néonazisme n. m.
néopaganisme n. m.
néopallium /-jɔm/ n. m.
néoperse n. m.
néophobe adj. et n.
néophobie n. f.
néophyte n. et adj.
néoplasie n. f.
néoplasique adj.
néoplasme n. m.
néoplasticien, ienne n.
néoplasticisme n. m.
néoplastie n. f.
néoplastique adj.
néoplatonicien, ienne n. et adj.
néoplatonisme n. m.
néopositivisme n. m.
néopositiviste adj. et n.
Néoprène® n. m.
➾ Comme tous les noms déposés, ce mot doit s'écrire avec une majuscule : *une combinaison en Néoprène*. Toutefois, on le trouve fréquemment employé comme nom générique sans respect de la règle : *une combinaison en néoprène*.
néoprotectionnisme n. m.

néoprovençal, ale, aux adj.
néopythagoricien, ienne adj. et n.
néopythagorisme n. m.
néoréalisme n. m.
➾ Comme tous les noms de courants artistiques, ce mot s'écrit sans majuscule : *le néoréalisme italien*.
néoréaliste adj. et n.
➾ Comme tous les mots désignant ou qualifiant un courant artistique ou ses représentants, ce mot s'écrit sans majuscule : *le courant néoréaliste ; les néoréalistes*.
néoromantique n. et adj.
➾ Comme tous les mots désignant ou qualifiant un courant artistique ou ses représentants, ce mot s'écrit sans majuscule : *le courant néoromantique ; les néoromantiques*.
néoromantisme n. m.
➾ Comme tous les noms de courants artistiques, ce mot s'écrit sans majuscule : *le néoromantisme allemand*.
néorural, ale, aux n. et adj.
néostigmine n. f.
néoténie n. f.
néoténique adj.
néothomisme n. m.
néothomiste adj. et n.
néottie n. f.
néovitalisme n. m.
néozoïque adj.
népalais, aise adj. et n.
➾ L'adjectif s'écrit sans majuscule : *la population népalaise*. Le nom s'écrit avec une majuscule uniquement quand il désigne une personne : *les Népalais ; c'est une Népalaise* mais *parler le népalais*.
nèpe n. f.
népenthès /nepɛ̃tɛs/ n. m.
neper /nepɛʀ/ n. m.
népérien, ienne adj.
népète n. f.
néphélectomètre n. m.
néphélion n. m.
néphélomètre n. m.
néphélométrie n. f.
néphralgie n. f.
néphrectomie n. f.
néphrétique adj.
néphridie n. f.
¹néphrite n. f. (maladie)
↯ Ne pas confondre **néphrite**, qui signifie « maladie du rein », avec **névrite**, qui signifie « lésion des nerfs ».
²néphrite n. f. (jade)
néphritique adj.
néphrocèle n. f.
néphrogénique adj.
néphrographie n. f.
néphroïde adj. et n. f.
néphrolithe n. m.
néphrologie n. f.
néphrologique adj.
néphrologue n.
néphron n. m.
néphropathie n. f.
néphropexie n. f.
néphrose n. f.
néphrotique adj.
néphrotome n. m.
néphrotomie n. f.
néphrotoxique adj.
népotisme n. m.
neptunien, ienne n. et adj.
neptunisme n. m.
neptuniste n.
neptunium /-jɔm/ n. m.
néré n. m.
néréide ou **néréis** /-is/ n. f.
nerf n. m.
♪ Le *f* ne se prononce jamais.
➾ Ce mot est au pluriel dans les locutions **crise de nerfs** et **être à bout de nerfs**. Il est au singulier dans **manquer de nerf**.
nerf-férure n. f. ▪ plur. **nerfs-férures**
nerf-foulure n. f. ▪ plur. **nerfs-foulures**
nérinée n. f.
nérite n. f.
néritique adj.
néroli n. m.
néron n. m.
néronien, ienne adj.
nerprun n. m.
nerval, ale adj.
nervalien, ienne adj. et n.
nervation n. f.
nervé, ée adj.
nerver v. tr. | conjug. 1 |
nerveusement adv.
nerveux, euse adj. et n.
nervi n. m.
➾ Ce mot a un pluriel régulier : *des nervis*.
nervin, ine adj. et n. m.
nervisme n. m.
nervosisme n. m.
nervosité n. f.
nervure n. f.
nervuré, ée adj.
nervurer v. tr. | conjug. 1 |
Nescafé® n. m.
➾ Comme tous les noms déposés, ce mot doit s'écrire avec une majuscule : *préparer un Nescafé*. Toutefois, on le trouve fréquemment employé comme nom générique sans respect de la règle : *préparer un nescafé*.

nescience n. f.
n'est-ce pas loc. adv.
➾ Il n'y a pas de trait d'union entre *ce* et *pas*.
☰ *N'est-ce pas* s'emploie avec un point d'interrogation (*vous êtes de mon avis, n'est-ce pas ?*), sauf quand il est employé en incise : *vous savez, n'est-ce pas, que nous ferons le nécessaire*.
nestor n. m.
nestorianisme n. m.
nestorien, ienne n. et adj.
¹net, nette adj.
HOM. **Net**
²net n. m. et adv.
➾ L'adverbe est invariable : *ils se sont arrêtés net ; cela pèse 30 kilos net*.
HOM. **Net, nette**
³net adj. et interj. (au tennis)
☰ Il est recommandé de remplacer l'interjection *net !* par *filet !*
HOM. **Net, nette**
Net n. m. sing. (Internet)
HOM. **net, nette**
nétiquette n. f.
nette n. f.
HOM. **net, Net**
nettement adv.
netteté n. f.
nettoiement n. m.
➾ Ne pas oublier le *e* muet.
nettoyabilité n. f.
nettoyable adj.
nettoyage n. m.
nettoyant, ante adj. et n. m.
nettoyer v. tr. | conjug. 8 |
¬ **se nettoyer**
➾ Aux temps composés de la forme pronominale, le participe passé s'accorde en genre et en nombre avec le sujet : *ils se sont nettoyés*. Mais le participe passé ne s'accorde pas quand il est suivi d'un complément d'objet direct : *ils se sont nettoyé les oreilles*. Il ne s'accorde avec le complément d'objet direct que lorsque celui-ci est placé avant le verbe : *ils se les sont nettoyées*.
nettoyeur, euse n.
nettoyure n. f.
¹neuf adj. numéral inv. et n. inv.
♪ *Neuf* se prononce /nœv/ dans **neuf ans** et **neuf heures**.
➾ Les numéraux formant un nombre complexe inférieur à cent s'écrivent traditionnellement avec un trait d'union : *cinquante-neuf jours*. Les Rectifications de l'orthographe de 1990 préconisent de généraliser l'emploi du trait d'union à tous les numéraux composés, qu'ils soient inférieurs ou supérieurs à cent : *à la page neuf-cent-neuf ; il a neuf-mille euros en espèces*.
²neuf, neuve adj. et n. m.
➾ Ce mot est toujours au singulier dans les locutions **à neuf** et **de neuf** : *des appartements refaits à neuf ; ils étaient vêtus de neuf*.
→ aussi **flambant**
neufchâtel /nøʃɑtɛl/ n. m.
➾ Lorsqu'il désigne un fromage, ce mot s'écrit sans majuscule, contrairement au nom propre qui désigne la commune : *un fromage de Neufchâtel* mais *manger du neufchâtel*.
neuf-deux n. m. inv.
neuf-huit n. m. inv.
neuf-quatre n. m. inv.
neuf-seize n. m. inv.
neumatique adj.
¹neume n. m. (signe, en musique)
²neume n. f. (groupe de notes)
neumé, ée adj.
neuneu adj.
➾ Cet adjectif familier est invariable en genre mais variable en nombre : *elles sont un peu neuneus*.
neuneuil ou **neunœuil** n. m.
neural, ale, aux adj.
neurasthénie n. f.
neurasthénique adj.
neurinome n. m.
neuroanatomique adj.
neuroanatomiste n.
neurobiochimie n. f.
neurobiologie n. f.
neurobiologique adj.
neurobiologiste n.
neuroblaste n. m.
neurocardiologue n.
neurochimie n. f.
neurochirurgical, ale, aux adj.
neurochirurgie n. f.
neurochirurgien, ienne n.
neurocirculatoire adj.
neurocognitiviste /-gn-/ n.
neurocrâne n. m.
neurocrine adj.
neurocrinie n. f.
neurodégénératif, ive adj.
neurodépresseur n. m.
neuroendocrine adj.
neuroendocrinien, ienne adj.
neuroendocrinologie n. f.
neuroendocrinologiste n.
neuroépithélium /-jɔm/ n. m.
neurofibrillaire /-fibʀijɛʀ/ adj.
neurofibrille /-fibʀij/ n. f.
neurofibromatose n. f.
neurogène adj.

neurogenèse n. f.
neurogénéticien, ienne n.
neuroglandulaire adj.
neurogliome n. m.
neuroglobuline n. f.
neurographie n. f.
neurohistologie n. f.
neurohormonal, ale, aux adj.
neurohormone n. f.
neurohumoral, ale, aux adj.
neurohypophysaire adj.
neurohypophyse n. f.
neuro-immunologie n. f. ▪ plur. **neuro-immunologies**
neuroleptanalgésie n. f.
neuroleptique adj. et n. m.
neurolinguiste n.
neurolinguistique n. f.
neurologie n. f.
neurologique adj.
neurologue n.
neurolyse n. f.
neuromédiateur n. m.
neuromimétique adj.
neuromoteur, trice adj.
neuromusculaire adj.
neuronal, ale, aux adj.
neurone n. m.
neuronique adj.
neuropathie n. f.
neuropathique adj.
neuropathologie n. f.
neuropathologique adj.
neuropathologiste n.
neuropédiatre n.
neuropeptide n. m.
neuropharmacologie n. f.
neuropharmacologique adj.
neuropharmacologue n.
neurophylactique adj.
neurophylaxie n. f.
neurophysine n. f.
neurophysiologie n. f.
neurophysiologique adj.
neurophysiologiste n.
neuroplégie n. f.
neuroplégique adj. et n. m.
neuroprotecteur, trice adj.
neuropsychiatre /-k-/ n.
neuropsychiatrie /-k-/ n. f.
neuropsychiatrique /-k-/ adj.
neuropsychologie /-k-/ n. f.
neuropsychologique /-k-/ adj.
neuroradiologie n. f.
neurosciences n. f. pl.
neurosécréteur, trice adj.
neurosécrétion n. f.
neurostimulant, ante adj. et n. m.
neurostimulation n. f.
neurosyphilis /-sifilis/ n. f.
neurotensine n. f.
neurotique adj.
neurotisation n. f.
neurotomie n. f.
neurotonie n. f.
neurotonique adj.
neurotoxine n. f.
neurotoxique adj.
neurotransmetteur n. m.
neurotrope adj.
neurotrophique adj.
neurotropisme n. m.
neurovasculaire adj.
neurovégétatif, ive adj.
neuroviscéral, ale, aux adj.
neurula n. f.
neustrien, ienne adj. et n.
neutralement adv.
neutralisable adj.
neutralisant, ante adj. et n. m.
neutralisation n. f.
neutraliser v. tr. | conjug. 1 |
neutralisme n. m.
neutraliste adj. et n.
neutralité n. f.
neutre adj. et n.
neutrino n. m.
neutrodynage n. m.
neutrodyne adj. et n. m.
neutrographie n. f.
□ rec. off. : **neutronographie**
neutron n. m.
neutronique adj.
neutronographie n. f.
□ rec. off. pour **neutrographie**
neutropénie n. f.
neutropénique adj.
neutrophile adj. et n. m.
neutrophilie n. f.
neuvain n. m.
neuvaine n. f.
neuvième adj. et n.
neuvièmement adv.
ne varietur /nevaʀjetyʀ/ loc. adv. et adj.
névasse n. f.
névé n. m.
neveu n. m.
névralgie n. f.
névralgique adj.
névraxe n. m.
névraxite n. f.

névrectomie n. f.
→ **névrotomie**
névrilème n. m.
névrite n. f.
↯ Ne pas confondre **névrite**, qui signifie « lésion des nerfs », avec **néphrite**, qui signifie « maladie du rein ».
névritique adj.
névrodermite n. f.
névroglie n. f.
névroglique adj.
névrologie n. f.
névrome n. m.
névropathe adj. et n.
névropathie n. f.
névropathique adj.
névroptère n. m.
névrose n. f.
névrosé, ée adj. et n.
névrotique adj.
névrotomie ou **névrectomie** n. f.
new deal /njudil/ n. m. ▪ plur. **new deals**
new-look ▪ plur. inv. ou **newlook**° ▪ plur. **newlooks**° /njuluk/ n. m. et adj.
newsgroup /njuz-/ n. m.
▫ rec. off. : **forum**
newsmagazine /njuz-/ n. m.
newton /njutɔn/ n. m.
newtonianisme /njutɔn-/ n. m.
newtonien, ienne /njutɔnjɛ̃/ adj. et n.
nexe n. m.
nez n. m.
➾ Les locutions **nez à nez**, **à vue de nez** et **pied de nez** s'écrivent sans traits d'union.
HOM. **né**

ni conj.
Ξ *Ni* ne peut coordonner que des éléments de même nature : *il n'a pas envie de sortir ni de jouer* (et non **il n'a pas envie de sortir ni d'un jeu*). *Ni* s'emploie soit en répétition, soit précédé d'un autre élément de négation : *il n'a ni frère ni sœur ; elle n'a jamais vu la mer ni l'océan*. L'emploi de *ni* seul appartient au registre littéraire : *les critiques ni les obstacles ne l'arrêteront*.
Les éléments liés par *ni* doivent être séparés par une virgule s'ils sont plus de deux : *il n'est ni gentil, ni intelligent, ni cultivé* mais *il n'est ni gentil ni intelligent*.
⌘ Avec des partitifs, *ni* ne peut apparaître devant le premier élément : *je n'ai pas d'argent ni de provisions* (et non **je n'ai ni d'argent ni de provisions*).
Après plusieurs sujets au singulier coordonnés par *ni*, le verbe se met généralement au pluriel : *ni lui ni moi n'avons l'esprit de compétition*. Il se met au singulier si l'action verbale ne peut se rapporter qu'à un seul sujet : *ce n'est ni votre candidat ni le mien qui sera nommé à ce poste*. Si les sujets sont grammaticalement différents, l'accord suit les règles habituelles : *ni lui ni toi n'en êtes capables*. Lorsque le second des sujets joints par *ni* est ou contient un terme comme *aucun, personne, rien*, englobant le premier sujet, c'est *lui* qui commande l'accord du verbe : *ni moi ni personne n'a pu l'aider*.
L'adjectif s'accorde avec les éléments liés par *ni* auxquels il se rapporte : *il n'y a ni cour ni jardin intérieurs* mais *il n'y a ni cour ni jardin potager*.
HOM. **nid**, formes du v. **nier**

niable adj.
▸ **il n'est pas niable que** (+ indic.) *il n'est pas niable que son intervention a été efficace*
Ξ Ce mot s'emploie surtout au négatif : *cela n'est pas niable*.
niagara n. m.
niais, niaise adj. et n.
HOM. formes du v. **nier**
niaisard, arde adj.
niaisement adv.
niaiser v. intr. et v. tr. | conjug. 1 |
niaiserie n. f.
niaiseux, euse adj. et n.
niama-niama ou **nyama-nyama** n. m. pl.
niangon n. m.
niaouli n. m.
niaque ou **gnac** ou **gnaque** n. f.
niare ou **niard** n. m.
niasse n. m.
→ **gnasse**
[1]**nib** adv. (rien)
[2]**nib** n. m.
▫ abrév. de **nibar**
nibar ou **nibard** n. m.
nicaise n. m.
nicandre n. f.
niccolo n. m.
nice adj.
nicet, ette adj. et n.
niche n. f.
nichée n. f.
nicher v. intr. et v. tr. | conjug. 1 |
¬ **se nicher**
➾ Aux temps composés de la forme pronominale, le participe passé s'accorde en genre et en nombre avec le sujet : *une mésange s'est nichée dans le chêne*.
nichet n. m.
HOM. formes du v. **nicher**
nicheur, euse adj.
nichoir n. m.

nichon n. m.
HOM. formes du v. **nicher**

Nichrome® /-k-/ n. m.
➾ Comme tous les noms déposés, ce mot doit s'écrire avec une majuscule : *du fil de Nichrome*. Toutefois, on le trouve fréquemment employé comme nom générique sans respect de la règle : *du fil de nichrome*.

nickel n. m. et adj. inv.
HOM. formes du v. **nickeler**

nickelage n. m.

nickelé, ée adj.

nickeler v. tr. | conjug. 4 |

nickélifère adj.

nickéline n. f.

nickélique adj.

nickelure n. f.

nicnac ▪ plur. **nicnacs** ou **nic-nac** ▪ plur. inv. n. m.

nicodème n. m.

niçois, oise adj. et n.
➾ L'adjectif s'écrit sans majuscule : *la population niçoise ; une salade niçoise*. Le nom s'écrit avec une majuscule uniquement quand il désigne une personne : *les Niçois ; c'est une Niçoise* mais *parler le niçois*.

nicol n. m.

nicotiane n. f.

nicotinamide n. f.

nicotine n. f.

nicotineux, euse adj.

nicotinique adj.

nicotiniser v. tr. | conjug. 1 |

nicotinisme n. m.

nictation ou **nictitation** n. f.

nictitant, ante adj.

nictitation n. f.

nid /ni/ n. m.
Ξ Quand le complément de *nid* est un nom d'oiseau, il est au singulier : *des nids d'alouette*. Quand il s'agit d'un autre animal, le complément est au pluriel : *un nid de guêpes ; un nid de rats*. *Nid d'écureuil* est une exception. Le complément est au pluriel dans *nid de brigands/d'espions* et *un nid de mitrailleuses*. Il est au singulier dans **nid de résistance**.
➾ *Nid d'aigle* s'écrit sans trait d'union, même quand il désigne une construction située en un lieu élevé.
HOM. **ni**, formes du v. **nier**

nidation n. f.

nid-d'abeilles n. m. ▪ plur. **nids-d'abeilles**

nid-de-pie n. m. ▪ plur. **nids-de-pie**

nid-de-poule n. m. ▪ plur. **nids-de-poule**

nider (se) v. pron. | conjug. 1 |
➾ Aux temps composés, le participe passé s'accorde en genre et en nombre avec le sujet : *deux œufs se sont nidés*.

nidicole adj.

nidificateur, trice adj.

nidification n. f.

nidifier v. intr. | conjug. 7 |

nidifuge adj.

nidoreux, euse adj.

nidulant, ante adj.

niébé n. f. ou m.
☯ Ce mot est masculin au Niger, féminin dans les autres pays.

nièce n. f.

niellage n. m.

[1]**nielle** n. f. (plante, maladie)

[2]**nielle** n. m. (ornement)

nieller v. tr. | conjug. 1 |

nielleur, euse n.

niellure n. f.

nième /enjɛm/ adj. et n.
→ **énième**

nier v. tr. | conjug. 7 |
▸ **nier** (+ inf. passé) *il nie l'avoir rencontré*
Ξ **Nier que** est suivi de l'indicatif quand le locuteur pense que l'action exprimée a été accomplie : *il nie qu'il est venu à quatre heures alors que je l'ai vu*. Il est suivi du subjonctif quand l'action est hypothétique : *il nie qu'il soit venu à quatre heures*.

nière n. m.
HOM. forme du v. **nier**

niet /njɛt/ adv. et n. m.

nietzschéen, enne /nitʃeɛ̃/ adj. et n.

nietzschéisme /nitʃe-/ n. m.

nifé n. m.

nigaud, aude adj. et n.

nigaudement adv.

nigauderie n. f.

nigelle n. f.

nigérian, ane adj. et n. (du Nigéria)
➾ L'adjectif s'écrit sans majuscule : *la population nigériane*. Le nom s'écrit avec une majuscule : *les Nigérians ; c'est une Nigériane*.

nigérien, ienne adj. et n. (du Niger)
➾ L'adjectif s'écrit sans majuscule : *la population nigérienne*. Le nom s'écrit avec une majuscule : *les Nigériens ; c'est une Nigérienne*.

night-club ▪ plur. **night-clubs** ou **nightclub**° /najtklœb/ ▪ plur. **nightclubs**° n. m.

nigrica n. m.

nigritique adj.

niguedouille n. et adj.
→ **niquedouille**

nihilisme n. m.

nihiliste adj. et n.

nihil obstat n. m. inv.

nilgaut ou **nilgau** n. m.

nille n. f.

nilomètre n. m.

nilo-saharien, ienne adj. ▪ plur. **nilo-sahariens, iennes**
nilo-tchadien, ienne adj. ▪ plur. **nilo-tchadiens, iennes**
nilotique adj.
nilpotent, ente adj.
nim ou **neem** /nim/ n. m.
nimbe n. m.
Ce mot est masculin : *un nimbe.*
Ne pas confondre **nimbe**, qui désigne un disque lumineux dans les représentations religieuses, avec **limbe**, qui désigne notamment le bord extérieur du disque d'un astre.
nimber v. tr. | conjug. 1 |
nimbostratus /-ys/ n. m.
[1]**nimbus** /-ys/ n. m. (nuage)
[2]**nimbus** /-ys/ n. m. (savant distrait)
Employé comme nom commun, ce mot s'écrit sans majuscule : *son mari est une espèce de nimbus.* Mais on l'écrit avec une majuscule dans **un professeur Nimbus** car il s'agit du nom propre.
n'importe pron. indéf.
Ce mot est invariable : *n'importe lesquelles.*
ninas /ninas/ n. m.
ninivéen, enne adj.
ninivite adj. et n.
niobique adj.
niobium /-jɔm/ n. m.
niôle n. f.
→ **gnôle**
niolo n. m.
Lorsqu'il désigne un fromage, ce mot s'écrit sans majuscule, contrairement au nom propre qui désigne la région : *un fromage de Niolo* mais *manger du niolo.*
nipa n. m.
HOM. formes du v. **nipper**
nipiologie n. f.
nippe n. f.
nipper v. tr. | conjug. 1 |
¬ **se nipper**
Aux temps composés de la forme pronominale, le participe passé s'accorde en genre et en nombre avec le sujet : *elle s'est nippée de neuf.*
nippon, one ou **onne** adj. et n.
Ce mot est péjoratif ou vieilli.
L'adjectif s'écrit sans majuscule : *la population nippone* ou *nipponne.* Le nom s'écrit avec une majuscule : *les Nippons ; c'est une Nippone* ou *Nipponne.*
HOM. formes du v. **nipper**
niqab n. m.
nique n. f.
niquedouille ou **niguedouille** n. et adj.
niquer v. tr. | conjug. 1 |
nirvana n. m.
nirvanien, ienne adj.
nisan n. m.
nit /nit/ n. m.
nitée n. f.
nitelle n. f.
nitescence n. f.
nitescent, ente adj.
nitomètre n. m.
nitouche n. f.
nitraniline n. f.
nitratation n. f.
nitrate n. m.
nitraté, ée adj.
nitrater v. tr. | conjug. 1 |
nitration n. f.
nitre n. m.
nitré, ée adj.
nitrer v. tr. | conjug. 1 |
nitreur n. m.
nitreux, euse adj.
nitrière n. f.
nitrifiant, ante adj.
nitrificateur, trice adj.
nitrification n. f.
nitrifier v. tr. | conjug. 7 |
¬ **se nitrifier**
Aux temps composés de la forme pronominale, le participe passé s'accorde en genre et en nombre avec le sujet : *l'eau s'est nitrifiée.*
nitrile n. m.
nitrique adj.
nitrite n. m.
nitrobactérie n. f. ou **nitrobacter** n. m.
nitrobenzène /-bɛ̃-/ n. m.
nitrobenzolisme /-bɛ̃-/ n. m.
nitrocellulose n. f.
nitrocellulosique adj.
nitrogénase n. f.
nitrogène n. m.
nitroglycérine n. f.
nitrométhane n. m.
nitronaphtalène n. m.
nitrophénol n. m.
nitrophile adj.
nitrosation n. f.
nitrosé, ée adj.
nitrotoluène n. m.
nitruration n. f.
nitrure n. m.
nitrurer v. tr. | conjug. 1 |
nival, ale, aux adj.
HOM. (du plur.) **niveau**
nivaquine n. f.
nivation n. f.
nive n. f.
nivéal, ale, aux adj.

niveau n. m.
Ξ Ce mot peut s'employer au figuré pour parler de degrés comparatifs : *le niveau culturel ; il n'est pas au niveau de sa tâche.* En revanche, l'emploi de **au niveau** au sens de « dans le domaine » (*tout va pour le mieux au niveau financier*) est critiqué et doit être évité dans la langue soignée.
HOM. **nivaux** (plur. de *nival*)
nivéen, enne adj.
nivelage n. m.
nivélateur, trice ou **nivellateur, trice** adj. et n.
nivelée n. f.
nivèlement° n. m.
→ **nivellement**
niveler v. tr. | conjug. 4 |
nivelette n. f.
niveleur, euse n. (personne)
[2]**niveleur** n. m. (herse)
niveleuse n. f.
(engin)
□ rec. off. pour **grader**
nivelle n. f.
nivellateur, trice adj. et n.
→ **nivélateur**
nivellement ou **nivèlement°** n. m.
nivéoéolien, ienne ou **nivoéolien, ienne** adj.
nivéole n. f.
nivernais, aise adj. et n.
➾ L'adjectif s'écrit sans majuscule : *la population nivernaise ; des bœufs nivernais.* Le nom s'écrit avec une majuscule : *les Nivernais ; c'est une Nivernaise.*
Ξ Ne pas employer ce mot pour parler des habitants de Nevers, appelés *Neversois.*
nivet n. m.
nivicole adj.
nivoéolien, ienne adj.
→ **nivéoéolien**
nivoglaciaire adj.
nivologie n. f.
nivologue n.
nivomètre n. m.
nivométrie n. f.
nivométrique adj.
nivopluvial, iale, iaux adj.
nivôse n. m.
➾ Comme tous les noms de mois, ce mot s'écrit sans majuscule : *le 9 nivôse.*
nivosité n. f.
nixe n. f.
nizeré n. m.
n-linéaire adj.
nô n. m.
HOM. **nos**
nobélisable adj.
nobélisation n. f.
nobélisé, ée adj.
nobélium /-jɔm/ n. m.
nobiliaire n. m. et adj.
nobilité n. f.
noblaillon, onne n.
noble adj. et n.
noblement adv.
noblesse n. f.
nobliau n. m.
noce n. f.
➾ Ce mot s'emploie au pluriel pour désigner le mariage ou l'anniversaire de mariage : *épouser qqn en secondes noces ; nuit de noces ; voyage de noces ; les noces d'argent.* Il s'emploie au singulier pour désigner les réjouissances qui accompagnent le mariage, l'ensemble des personnes qui y assistent ou, dans le langage familier, une partie de débauche : *être invité à la noce ; la noce suivit les mariés jusqu'à l'église ; ils ont fait la noce toute la nuit.*
nocer v. intr. | conjug. 3 |
noceur, euse n. et adj.
nocher n. m.
nochère n. f.
HOM. forme du v. **nocher**
nocicepteur n. m.
nociceptif, ive adj.
nociception n. f.
nocif, ive adj.
nocivité n. f.
noctambule n. et adj.
↯ Ne pas confondre **noctambule**, « personne qui se promène ou se divertit la nuit », avec **somnambule**, « personne qui effectue des actes coordonnés dans son sommeil ».
noctambulisme n. m.
noctiflore n. f.
noctiluque adj. et n. f.
noctuelle n. f.
noctuidé n. m.
noctule n. f.
nocturnal n. m.
[1]**nocturne** adj.
[2]**nocturne** n. m. (partie de l'office, morceau de musique, oiseau)
[3]**nocturne** n. f. (compétition, ouverture en soirée)
nocturnement adv.
nocuité n. f.
nodal, ale, aux adj.
nodosité n. f.
nodulaire adj.
nodule n. m.
☯ Ce mot est masculin : *un nodule.*
noduleux, euse adj.

nodus /nɔdys/ n. m.
noël n. m.
➾ Comme tous les noms de fêtes, ce mot s'écrit avec une majuscule : *la messe de Noël ; le père Noël ; les vacances de Noël ; joyeux Noël !* Il s'écrit sans majuscule uniquement quand il désigne un chant : *chanter des noëls.*
☯ On rencontre parfois *Noël* au féminin avec l'article *la* : *ils sont venus pour la Noël.* Cet emploi est légèrement familier et doit être évité : on dira plutôt *ils sont venus pour Noël.*
noématique adj.
noème n. m.
noèse n. f.
noétique n. f. et adj.
noétiquement adv.
nœud n. m.
☰ Ce mot désigne notamment une unité de vitesse correspondant à 1 mille marin à l'heure. Il est donc pléonastique de dire *le navire file vingt nœuds à l'heure.* Il faut dire simplement *le navire file vingt nœuds.*
noir, noire adj. et n.
➾ L'adjectif de couleur est invariable quand il est suivi d'un autre adjectif ou d'un nom qui précise la nuance : *des cheveux noir corbeau ; des peintures noir profond ; des voitures noir bleuté ; des reflets noir de jais.* Quand deux adjectifs de couleur se suivent, ils sont invariables et liés par un trait d'union : *des tissus gris-noir.* L'adjectif s'écrit avec une majuscule dans les dénominations géographiques : *la mer Noire ; le mont Noir* mais *la population noire des États-Unis ; l'Afrique noire.* Le nom s'écrit avec une majuscule uniquement quand il désigne une personne : *les Noirs de Louisiane ; c'est une Noire.*
noirâtre adj.
noiraud, aude adj. et n.
noirceur n. f.
noircir v. intr. et v. tr. | conjug. 2 |
¬ **se noircir**
➾ Aux temps composés de la forme pronominale, le participe passé s'accorde en genre et en nombre avec le sujet : *ils se sont noircis.*
noircissage n. m.
noircissant, ante adj.
noircissement n. m.
noircisseur, euse n.
noircissure n. f.
noire n. f. (note de musique)
noirement adv.
noireté ou **noirté** n. f.
noise n. f.
☰ Ce mot ne s'emploie plus que dans l'expression **chercher des noises** ou **chercher noise** (au sing.) **à qqn**.
noiseraie n. f.
noisetier n. m.
noisette n. f.
☰ Ce mot peut s'employer en apposition ; il prend la marque du pluriel : *des pommes noisettes.*
Noisette peut s'employer seul comme adjectif de couleur ou derrière un adjectif de couleur pour en préciser la nuance ; ces adjectifs sont alors invariables : *des fards brun noisette ; des yeux noisette.*
noisetterie n. f.
noisettine n. f.
noix n. f.
HOM. formes du v. **noyer**
nolens volens /nɔlɛ̃svɔlɛ̃s/ adv.
noli me tangere /nɔlimetɑ̃ʒeʀe/ n. m. inv.
nolis /nɔli/ n. m.
nolisement n. m.
noliser v. tr. | conjug. 1 |
nolition n. f.
nolonté n. f.
nom n. m.
➾ Ce mot est au singulier dans la locution **sans nom** : *des horreurs sans nom.*
HOM. **non**
nomade adj. et n.
nomadisation n. f.
nomadiser v. intr. | conjug. 1 |
nomadisme n. m.
no man's land /nomanslɑ̃d/ n. m. inv.
nomarchie n. f.
nomarque n. m.
nombrable adj.
nombre n. m.
➾ Ce mot est au singulier dans les locutions **en nombre**, **nombre de** et **sans nombre** : *ils sont venus en nombre ; depuis nombre d'années ; il a raté des occasions sans nombre.*
⌘ Lorsque **un grand nombre de** (ou **un petit nombre de**, **un certain nombre de**, etc.) suivi d'un nom est sujet, le verbe s'accorde soit avec *nombre,* soit avec le complément : *un grand nombre de personnes s'est présenté* ou *se sont présentées.* Avec **nombre de**, le verbe s'accorde toujours avec le complément : *nombre de personnes se sont présentées.*
nombrer v. tr. | conjug. 1 |
nombreusement adv.
nombreux, euse adj.
nombril /nɔ̃bʀi(l)/ n. m.
♪ La prononciation /nɔ̃bʀi/ tend à disparaître.
nombrilisme n. m.
nombriliste adj. et n.
nome n. m.
HOM. formes du v. **nommer**
nomenclateur, trice adj. et n.
nomenclature n. f.
nomenclaturer v. tr. | conjug. 1 |

nomenklatura /nɔmɛnklatuʀa/ n. f.
nomenklaturiste /nɔmɛnklatuʀist/ n.
nominal, ale, aux adj. et n. m.
nominalement adv.
nominalisateur n. m.
nominalisation n. f.
nominaliser v. tr. | conjug. 1 |
nominalisme n. m.
nominaliste adj.
nominataire n. et adj.
nominateur n. m.
nominatif, ive adj. et n. m.
nomination n. f.
➾ Ne pas écrire **nommination* : ce mot n'a qu'un seul *m*, contrairement à *nommer*.
nominativement adv.
nominé, ée adj.
▫ rec. off. : **sélectionné, ée**
nominer v. tr. | conjug. 1 |
Ξ Ce mot est un anglicisme critiqué. On emploiera plutôt *sélectionner* ou *nommer*.
nommable adj.
nommage n. m.
nommé, ée adj.
nommément adv.
nommer v. tr. | conjug. 1 |
nommeur n. m.
nomogramme n. m.
nomographe n. m.
nomographie n. f.
nomographique adj.
nomologie n. f.
nomologique adj.
nomothète n. m.
nomothétique adj.

non adv. de négation
▸ **non (pas) que** (+ subj.) *non (pas) qu'il soit mécontent*
➾ Employé comme nom, ce mot est invariable : *le référendum a obtenu une majorité de non ; des non catégoriques*.
⌘ La locution **non seulement** s'emploie en corrélation avec *mais, mais encore, mais aussi* ou *mais même* par rapport à des éléments de même nature : *non seulement elle a fait une erreur, mais en plus elle nous a menti ; il est non seulement un grand artiste mais aussi un grand cuisinier*.
Ξ On peut employer indifféremment *non* ou *pas* dans les formules elliptiques : *elle aime les artichauts, moi non* ou *moi pas*.
Non entre fréquemment en composition. Devant les noms, il est toujours lié par un trait d'union : *une non-intervention ; des non-croyants ; un non-voyant*. Devant les adjectifs, l'usage omet souvent le trait d'union ; les deux graphies sont acceptables : *ils sont non croyants* ou *non-croyants*. Il est toujours invariable. Les Rectifications de l'orthographe de 1990 ne préconisent pas la soudure : *non* n'est pas un élément savant, la formation des composés respecte les règles morphologiques et syntaxiques et le sens est transparent.
HOM. **nom**

non-activité n. f.
nonagénaire adj. et n.
nonagésime adj. et n. m.
non-agression n. f.
non-aligné, ée adj. et n.
non-alignement n. m.
nonantaine n. f.
nonante adj. numéral inv.
nonantième adj. numéral ordinal et n.
non-appartenance n. f.
non-assistance n. f.
non-belligérance n. f.
non-belligérant, ante adj. et n.
nonce n. m.
nonchalamment adv.
nonchalance n. f.
nonchalant, ante adj.
nonchaloir n. m.
nonciature n. f.
non-combattant, ante adj. et n.
non-comparant, ante n.
non-comparution n. f.
non-conciliation n. f.
non-concurrence n. f.
non-conformisme n. m.
non-conformiste adj. et n.
non-conformité n. f.
non-contradiction n. f.
non-croyant, ante adj. et n.
non-cumul n. m.
non-directivité n. f.
non-discrimination n. f.
non-dit n. m.
non-droit n. m.
none n. f.
HOM. **nonne**
non-engagé, ée adj. et n.
non-engagement n. m.
non-être n. m. inv.
non-évènement ou **non-événement** n. m.
non-exécution n. f.
non-existence n. f.
non-figuratif, ive adj.
non-fumeur, euse adj. et n.
non-gage n. m.
nonidi n. m.
➾ Comme tous les noms de jours, ce mot s'écrit sans majuscule.

nonillion n. m.
non-imposition n. f.
non-ingérence n. f.
non-initié, iée adj. et n.
non-inscrit, ite adj. et n.
non-intervention n. f.
non-interventionniste adj. et n.
non-jouissance n. f.
non-lieu n. m.
non-métal n. m. ▪ plur. **non-métaux**
non-moi n. m.
nonnain n. f.
☯ Ce mot est féminin : *une nonnain*.
nonne n. f.
HOM. **none**
nonnette n. f.
nonobstance n. f.
nonobstant prép. et adv.
nonos /nɔnɔs/ n. m.
non-paiement n. m.
¹**nonpareil, eille** adj.
➾ Ne pas écrire **nompareil*.
²**nonpareil** n. m. ou **nonpareille** n. f. (oiseau, œillet)
nonpareille n. f. (ruban)
non-prolifération n. f.
non-recevoir n. m. inv.
non-résident, ente adj. et n.
non-respect n. m. inv.
non-retour n. m.
non-rétroactivité n. f.
non-satisfaction n. f.
non-sens n. m. et adj.
non-soi n. m.
non-spécialiste adj. et n.
non-stop /nɔn-/ adj. inv. et n. inv.
non-tissé n. m.
➾ Ce nom s'écrit avec un trait d'union, contrairement au groupe adjectival *non tissé* : *une nappe en non-tissé ; une nappe non tissée*.
non troppo /nɔntʀɔpo/ loc. adv.
nonuple adj.
non-usage n. m.
non-valeur n. f.
non-violence n. f.
non-violent, ente adj. et n.
non-voyant, ante adj. et n.
nooanaleptique adj. et n. m.
nooleptique adj. et n. m.
noologique adj.
noosphère n. f.
nopage n. m.
nopal n. m.
➾ Ce mot a un pluriel régulier : *des nopals*.
noradrénaline n. f.
noradrénergique adj.
norbertin, ine adj. et n.
nord n. m. inv. et adj. inv.
➾ Employé comme adjectif, ce mot ne s'écrit avec une majuscule que dans les dénominations géographiques **l'hémisphère Nord** et **le pôle Nord**. Il s'écrit sans majuscule dans les autres cas : *le Pacifique nord ; la banlieue nord ; l'aile nord d'un bâtiment*. Le nom s'écrit avec une minuscule quand il désigne une orientation, une direction ou une exposition : *une pièce exposée au nord ; un vent du nord ; aller vers le nord*. Il s'écrit avec une majuscule quand il désigne une entité géographique : *les relations entre le Nord et le Sud ; les mers du Nord ; l'Amérique du Nord*. Quand il désigne une région, *nord* s'écrit avec une minuscule lorsqu'il a un complément et avec une majuscule quand il n'en a pas : *le nord de la France ; ils habitent dans le Nord*. Quand il s'agit du département, il s'écrit toujours avec une majuscule : *le Nord et le Pas-de-Calais*.
nord-africain, aine adj. et n. ▪ plur. **nord-africains, aines**
➾ L'adjectif s'écrit sans majuscule : *la population nord-africaine*. Le nom s'écrit avec des majuscules : *les Nord-Africains ; c'est une Nord-Africaine*.
nord-américain, aine adj. et n. ▪ plur. **nord-américains, aines**
➾ L'adjectif s'écrit sans majuscule : *la population nord-américaine*. Le nom s'écrit avec des majuscules : *les Nord-Américains ; c'est une Nord-Américaine*.
nord-coréen, enne adj. et n. ▪ plur. **nord-coréens, ennes**
➾ L'adjectif s'écrit sans majuscule : *la population nord-coréenne*. Le nom s'écrit avec des majuscules : *les Nord-Coréens ; c'est une Nord-Coréenne*.
nord-est n. m. et adj.
→ aussi **nord**
nordestin, ine adj. et n.
nordet n. m.
nord-européen, enne adj. et n. ▪ plur. **nord-européens, ennes**
➾ L'adjectif s'écrit sans majuscule : *la population nord-européenne*. Le nom s'écrit avec des majuscules : *les Nord-Européens ; c'est une Nord-Européenne*.
nordicité n. f.
nordique adj. et n.
➾ L'adjectif s'écrit sans majuscule : *les peuples nordiques ; les langues nordiques*. Le nom s'écrit avec une majuscule uniquement quand il désigne une personne : *les Nordiques ; c'est une Nordique* mais *l'ancien nordique* (langue).
nordir v. intr. | conjug. 2 |
nordisme n. m.

nordiste n. et adj.
➾ Ce mot s'écrit sans majuscule : *la population nordiste ; les nordistes et les sudistes ; une nordiste de Lille.*
nord-nord-est n. m. inv.
→ aussi **nord**
nord-nord-ouest n. m. inv.
→ aussi **nord**
nord-ouest n. m. et adj.
→ aussi **nord**
norfolk n. m.
noria n. f.
normable adj.
normal, ale, aux adj. et n. f.
➾ Avec une majuscule, *Normale* désigne l'établissement où l'on forme des professeurs et des chercheurs : *il a été reçu à Normale.* Mais on écrit **l'École normale supérieure** sans majuscule à *normale*.
normalement adv.
normalie n. f.
normalien, ienne n.
normalisation n. f.
normaliser v. tr. | conjug. 1 |
normalité n. f.
normand, ande n. et adj.
➾ L'adjectif s'écrit sans majuscule : *la population normande ; la côte normande ; le trou normand.* Le nom s'écrit avec une majuscule uniquement quand il désigne une personne : *les Normands ; c'est une Normande ; une réponse de Normand* mais *parler le normand ; élever des normandes* (vaches).
normandisme n. m.
normanno-picard, arde adj. et n. m. ▪ plur. **normanno-picards, ardes**
➾ Comme tous les noms de langues, ce mot s'écrit sans majuscule : *ils parlaient le normanno-picard.*
normatif, ive adj.
normativisme n. m.
normativiste adj. et n.
normativité n. f.
norme n. f.
normé, ée adj.
normer v. tr. | conjug. 1 |
normoblaste n. m.
normoblastique adj.
normoblastose n. f.
normocyte n. m.
normocytique adj.
normographe n. m.
normotendu, ue n. et adj.
nornes n. f. pl.
noroît ou **noroit**○ n. m.
HOM. **norrois**
norrois, oise ou **norois, oise** n. m. et adj.
➾ Comme tous les noms de langues, ce mot s'écrit sans majuscule : *un texte en norrois* ou *en norois.*
HOM. **noroît**
norvégien, ienne adj. et n. (de Norvège)
➾ L'adjectif s'écrit sans majuscule : *la population norvégienne.* Le nom s'écrit avec une majuscule uniquement quand il désigne une personne : *les Norvégiens ; c'est une Norvégienne* mais *parler le norvégien.*
norvégienne n. f. (barque)
nos adj. poss.
HOM. **nô**
→ aussi **notre**
nosémose ou **nosémiase** n. f.
nosocomial, iale, iaux adj.
nosogénie n. f.
nosogénique adj.
nosographie n. f.
nosographique adj.
nosologie n. f.
nosologique adj.
nosologiste n.
nosomanie n. f.
nosophobe n.
nosophobie n. f.
nosophobique adj. et n.
nostalgie n. f.
nostalgique adj.
nostalgiquement adv.
nostoc n. m.
nostomanie n. f.
nostras /-as/ adj.
nota bene /nɔtabene/ loc. et n. m. inv.
notabilité n. f.
notable adj. et n. m.
ϟ Ne pas confondre l'adjectif **notable**, qui signifie « remarquable, digne d'être noté » (*une différence notable*), avec **notoire**, qui signifie « connu par un grand nombre de personnes » ou « reconnu comme tel » (*il est d'une avarice notoire ; un alcoolique notoire*).
notablement adv.
notaire n.
☯ Pour parler d'une femme, le *Guide d'aide à la féminisation des noms de métiers, titres, grades et fonctions* et l'Office québécois de la langue française recommandent l'emploi de *notaire* au féminin : *c'est une notaire. Notaresse* et *notairesse* sont des mots vieillis employés autrefois pour désigner l'épouse d'un notaire.
HOM. forme du v. **noter**
notairesse n. f.
→ aussi **notaire**
notamment adv.
notaresse n. f.
→ aussi **notaire**
notarial, iale, iaux adj.

notariat n. m.
HOM. formes du v. **notarier**
notarié, iée adj.
notarier v. tr. | conjug. 7 |
notateur, trice n.
notation n. f.
◻ rec. off. pour **rating**
note n. f.
➾ Ce mot est au pluriel dans **prendre des notes** mais au singulier dans **prendre note**, **prendre bonne note** et **prendre en note** : *prenez note de cette information ; prendre une adresse en note.*
noter v. tr. | conjug. 1 |
noteur, euse n.
notice n. f.
notificatif, ive adj.
notification n. f.
notifier v. tr. | conjug. 7 |
notion n. f.
notionnel, elle adj.
notocorde n. f.
notodonte n. m.
notodontidé n. m.
notoire adj.
↯ Ne pas confondre **notoire**, qui signifie « connu par un grand nombre de personnes » ou « reconnu comme tel » (*il est d'une avarice notoire ; un alcoolique notoire*), avec l'adjectif **notable**, qui signifie « remarquable, digne d'être noté » (*une différence notable*).
notoirement adv.
notomèle n. m.
notonecte n. m. ou f.
notoriété n. f.
notos /-os/ n. m.
notre, nos adj. poss.
Ξ L'adjectif possessif est remplacé par *le, la, les* quand il détermine un nom désignant une partie du corps ou de l'esprit du sujet de la phrase : *nous nous sommes cassé le bras* (et non **nous nous sommes cassé notre bras* ni **nous avons cassé notre bras*) ; *nous avons perdu la mémoire* (et non **nous avons perdu notre mémoire*). Certaines expressions figées font exception : *nous n'avons plus toute notre tête* (et non **toute la tête*).
nôtre adj. poss., pron. poss. et n.
Ξ L'adjectif possessif *nôtre* s'emploie dans le registre soutenu en fonction attribut : *à présent, cette idée est nôtre*. Devant un nom, il faut employer l'adjectif possessif *notre*, sans accent circonflexe : *c'est notre idée.*
Notre-Dame n. f. inv.
➾ Dans les noms d'édifices, le complément de *Notre-Dame* n'est pas lié par un trait d'union s'il indique le lieu où il se trouve : *Notre-Dame de Paris* mais *Notre-Dame-de-l'Assomption.*
notule n. f.
nouage n. m.
nouaison n. f.
nouala n. f.
nouba n. f.
noue n. f.
HOM. **nous**, formes du v. **nouer**
noué, nouée adj.
nouement n. m.
➾ Ne pas oublier le *e* muet.
nouer v. tr. et v. intr. | conjug. 1 |
¬ **se nouer**
➾ Aux temps composés de la forme pronominale, le participe passé s'accorde en genre et en nombre avec le sujet : *une solide amitié s'est nouée entre eux.*
nouet n. m.
HOM. formes du v. **nouer**
nouette n. f.
noueur n. m.
noueux, noueuse adj.
nougat n. m.
nougatine n. f.
nouille n. f.
Ξ Ce mot peut s'employer comme adjectif ; il prend la marque du pluriel : *qu'est-ce qu'ils sont nouilles !*
nouillerie n. f.
nouillettes n. f. pl.
noulet n. m.
nouménal, ale, aux adj.
noumène n. m.
nounou n. f.
nounours /-urs/ n. m.
nourrain n. m.
nourri, ie adj.
nourrice n. f.
HOM. formes du v. **nourrir**
nourricerie n. f.
nourricier, ière n. et adj.
HOM. forme du v. **nourrir**
nourrir v. tr. | conjug. 2 |
¬ **se nourrir**
➾ Aux temps composés de la forme pronominale, le participe passé s'accorde en genre et en nombre avec le sujet : *elle s'est nourrie de soupe.*
nourrissage n. m.
nourrissant, ante adj.
nourrissement n. m.
[1]**nourrisseur, euse** n. (personne)
[2]**nourrisseur** n. m. (récipient)
nourrisson n. m.
HOM. formes du v. **nourrir**
nourriture n. f.

nous pron. pers.

⌘ Le *nous* de majesté ou de modestie équivaut à *je* ; il entraîne l'accord du verbe au pluriel mais pas celui de l'adjectif : "*nous sommes étonnée de cette décision*" *dit la reine* ; *dans cet exposé, nous nous sommes concentrée sur l'année 2005*. L'adjectif s'accorde également avec le sujet réel lorsque *nous* est employé à la deuxième personne en signe de sympathie : *alors, sommes-nous contente ?* En revanche, quand *nous* est employé à la troisième personne lorsque la personne qui parle (avocat, notaire) représente les intérêts d'une autre, l'adjectif s'accorde au pluriel : *nous reconnaissons être responsables*.

Beaucoup d'entre nous, **la plupart d'entre nous** et **certains d'entre nous** entraînent l'accord à la troisième personne du pluriel : *beaucoup d'entre nous sont déçus*.

Après plusieurs sujets incluant *moi*, la reprise par *nous* est facultative : *mes amis et moi sommes heureux de cette nouvelle* ou *mes amis et moi, nous sommes heureux de cette nouvelle*.

HOM. **noue**, formes du v. **nouer**

nous-même(s) pron. pers.

nouure n. f.

nouveau ou **nouvel, nouvelle** adj. et n.

Ξ *Nouveau* devient *nouvel* devant une voyelle ou un *h* muet : *un nouvel ami* ; *un nouvel hebdomadaire*. Devant *et*, la forme de l'adjectif dépend de la première lettre du nom qu'il qualifie : *un nouvel et luxueux hebdomadaire* mais *un nouveau et luxueux magazine*.

De nouveau signifie « une fois de plus » tandis que **à nouveau** signifie « d'une manière nouvelle » : *il pleut de nouveau* ; *examiner un dossier à nouveau*. Toutefois, cette distinction tend à disparaître, **à nouveau** étant très souvent employé au sens de « de nouveau » : *il pleut à nouveau*.

Nouveau s'emploie fréquemment devant un adjectif substantivé ; il s'accorde en genre et en nombre : *des nouveaux mariés* ; *une nouvelle venue* ; *les nouveaux riches*.

➾ Ce mot s'écrit avec une majuscule dans **le Nouveau Testament**, **le Nouveau Monde** et dans les dénominations géographiques : *le Nouveau-Mexique* ; *la Nouvelle-Calédonie* ; *La Nouvelle-Orléans*.

nouveau-né, nouveau-née adj. et n. ▪ plur. **nouveau-nés, nouveau-nées**

Ξ On rencontre parfois les formes *nouvelle-née*, *nouveaux-nés* et *nouvelles-nées*.

nouveauté n. f.

nouvellan n. m.

nouvelle n. f.

nouvellement adv.

nouvelleté n. f.

nouvelliste n.

nova n. f. ▪ plur. **novae** ou plur. **novas**

Ξ On peut employer le pluriel latin *novae* ou le pluriel francisé *novas*.

HOM. formes du v. **nover**

novale adj. et n. f.

novateur, trice n.

novation n. f.

novatoire adj.

novelette n. f.

novélisation ou **novellisation** n. f.

novéliser ou **novelliser** v. tr. | conjug. 1 |

novelles n. f. pl.

novembre n. m.

➾ Comme tous les noms de mois, ce mot s'écrit sans majuscule sauf dans les noms d'évènements ou de fêtes : *les commémorations du 11 Novembre* mais *l'armistice qui mit fin à la Première Guerre mondiale eut lieu le 11 novembre 1918*.

nover v. tr. | conjug. 1 |

HOM. **novæ** (plur. de *nova*)

novice n. et adj.

noviciat n. m.

novillada /nɔvijada/ n. f.

novilléro ou **novillero** /nɔvijeʀo/ n. m.

novillo /nɔvijo/ n. m.

novlangue n. f.

novo (de) /denovo/ loc. adv.

novocaïne n. f.

novotique n. f.

noyade n. f.

noyage n. m.

noyau n. m.

➾ Ne pas écrire **noyeau* : ce mot n'a pas de *e*.

noyautage n. m.

noyauter v. tr. | conjug. 1 |

noyauteur, euse n.

noyé, ée adj. et n.

[1]**noyer** n. m.

[2]**noyer** v. tr. | conjug. 8 |

¬ **se noyer**

➾ Aux temps composés de la forme pronominale, le participe passé s'accorde en genre et en nombre avec le sujet : *elle s'est noyée*.

nozigues pron. pers.

N. P. I. n. m. pl.

▫ abrév. de **nouveaux pays industrialisés**

N. T. S. C. n. m.

▫ abrév. de **national television system committee**

[1]**nu, nue** adj. et n. m.

➾ La locution **à nu** est invariable : *ils se sont mis à nu*.

[2]**nu** n. m. ▪ plur. inv. ou plur. **nus**○ (lettre)

nuage n. m.

➾ Ce mot est au pluriel dans **un ciel sans**

nuages et au singulier dans **un bonheur sans nuage**.
nuagé, ée adj.
nuageux, euse adj.
nuagisme n. m.
nuagiste adj. et n.
nuaison n. f.
nuance n. f.
nuancé, ée adj.
nuancer v. tr. | conjug. 3 |
nuancier n. m.
HOM. formes du v. **nuancer**
nubien, ienne adj. et n.
➡ L'adjectif s'écrit sans majuscule : *la population nubienne*. Le nom s'écrit avec une majuscule uniquement quand il désigne une personne : *les Nubiens ; c'est une Nubienne* mais *parler le nubien ; une nubienne de coton* (étoffe).
nubile adj.
nubilité n. f.
nubuck n. m.
nucal, ale, aux adj.
nucelle n. m.
nuciculteur, trice n.
nuciculture n. f.
nucléaire adj.
nucléarisation n. f.
nucléariser v. tr. | conjug. 1 |
nucléariste n.
nucléase n. f.
nucléé, ée adj.
nucléide n. m.
nucléine n. f.
nucléique adj.
nucléocapside n. f.
nucléocrate n.
nucléoélectrique adj.
nucléoïde n. m.
nucléolaire adj.
nucléole n. m.
nucléolé, ée adj.
nucléolyse n. f.
nucléon n. m.
nucléonique adj. et n. f.
nucléophile n. m. et adj.
nucléoplasme n. m.
nucléoplasmique adj.
nucléoprotéide n. m.
nucléoprotéine n. f.
nucléoside n. m.
nucléosome n. m.
nucléosynthèse n. f.
nucléothermique adj.
nucléotide n. m.
nucléus /-ys/ n. m.
nuclide n. m.
nucode n. m.
nuculaine n. m.
nucule n. f.
nuculeux, euse adj.
nudibranche adj. et n. m.
nudisme n. m.
nudiste adj. et n.
nudité n. f.
nue n. f.
▸ **porter/élever/mettre aux nues**
▸ **tomber des nues**
nué, ée adj.
nuée n. f.
⌘ Lorsque **une nuée de** suivi d'un nom est sujet, le verbe s'accorde soit avec *nuée*, soit avec le complément : *une nuée de photographes se précipita* ou *se précipitèrent*. Avec **la nuée de**, le verbe s'accorde toujours avec *nuée* : *la nuée de photographes a disparu*.
nuement adv.
→ **nûment**
nue-propriété n. f. ▪ plur. **nues-propriétés**
nuer /nyɛʀ/ n. m.
➡ Comme tous les noms de langues, ce mot s'écrit sans majuscule : *parler le nuer*.
nugget /nœgɛt/ n. m.
nuire v. tr. ind. | conjug. 38 |
▸ **nuire à qqn/qqch.** *il nous a nui par son silence ; fumer nuit à la santé*
¬ **se nuire**
nuisance n. f.
nuisant, ante adj.
nuisette n. f.
nuisible adj.
nuisiblement adv.
nuit n. f.
HOM. formes du v. **nuire**
nuitamment adv.
nuitard, arde n.
nuitée n. f.
nuiteux, euse n.
nul, nulle adj. et pron.
Ξ Employé comme adjectif indéfini devant un nom, *nul* est toujours au singulier, sauf si le nom ne peut être qu'au pluriel : *nulle part ailleurs* mais *nulles mœurs, nuls frais*.
⌘ Lorsque *nul* précède plusieurs noms, le verbe s'accorde uniquement avec le dernier : *nulle association, nul organisme n'est habilité à faire cela*.
nullard, arde adj.
nullement adv.
nullipare adj. et n. f.
nullité n. f.
nullius /-ys/ adj.
nullivalent, ente adj.
nullivariant, ante adj.

numen /nymɛn/ n. m. ▪ plur. **numina** ou plur. **numens**○
➾ On peut employer le pluriel latin *numina* ou le pluriel francisé *numens*.
nûment ou **nuement** ou **nument**○ adv.
numéraire adj. et n. m.
numéral, ale, aux adj.
HOM. (du plur.) **numéro**
numérateur n. m.
numératif, ive adj. et n. m.
numération n. f.
⚡ Ne pas confondre **numération**, qui désigne l'action de compter, de dénombrer, avec **numérotation**, qui désigne l'action de donner des numéros à des objets.
numéricien, ienne n.
numériclature n. f.
numérique adj.
◻ rec. off. pour **digital**
numériquement adv.
numérisation n. f.
numériser v. tr. | conjug. 1 |
◻ rec. off. pour **digitaliser**
numériseur n. m.
◻ rec. off. pour **scanner**
numéro n. m.
Ξ Ce mot s'abrège en *n°* uniquement quand il est employé en apposition et qu'il est suivi d'un chiffre ou d'un nombre : *le bâtiment n° 5* mais *il habite au numéro 5*.
HOM. **numéraux** (plur. de *numéral*)
numérologie n. f.
numérologue n.
numérotage n. m.
numérotation n. f.
⚡ Ne pas confondre **numérotation**, qui désigne l'action de donner des numéros à des objets, avec **numération**, qui désigne l'action de compter, de dénombrer.
numéroter v. tr. | conjug. 1 |
numéroteur n. m.
numerus clausus ou **numérus clausus**○ /nymeʀysklozys/ n. m.
numide adj. et n.
➾ L'adjectif s'écrit sans majuscule : *la population numide*. Le nom s'écrit avec une majuscule : *les Numides ; une Numide*.
numidique adj. et n. m.
➾ Comme tous les noms de langues, ce mot s'écrit sans majuscule : *des inscriptions en numidique*.
numineux, euse adj. et n. m.
numismate n.
numismatique adj. et n. f.
nummulaire n. f. et adj.
nummulite n. f.
nummulitique adj. et n. m.
nunatak n. m.
nunchaku /nunʃaku/ n. m.
nuncupatif /nɔ̃-/ adj. m.
nuncupation /nɔ̃-/ n. f.
nunuche adj. et n. f.
nuoc-mam ou **nuoc-mâm** ou **nuocmam**○ /nɥɔkmam/ n. m.
nu-pied n. m. ▪ plur. **nu-pieds** (sandale)
nu-pieds adj. inv. (pieds nus)
nu-propriétaire, nue-propriétaire n. ▪ plur. **nus-propriétaires, nues-propriétaires**
nuptial, iale, iaux adj.
nuptialement adv.
nuptialité n. f.
nuque n. f.
nuraghe ▪ plur. **nuraghi** /nyʀag ; nuʀage, i/ ou **nuraghé**○ ▪ plur. **nuraghés**○ n. m.
nursage /nœʀsaʒ/ n. m.
nurse /nœʀs/ n. f.
nursery ▪ plur. **nurserys** ou **nurserie** ▪ plur. **nurseries** /nœʀsəʀi/ n. f.
nursing /nœʀsiŋ/ n. m.
nutant, ante adj.
nutation n. f.
nu-tête adj. inv.
nutricial, ale, aux adj.
nutricier, ière adj.
nutriment n. m.
nutrithérapeute n.
nutrithérapie n. f.
nutritif, ive adj.
nutrition n. f.
nutritionnel, elle adj.
nutritionnellement adv.
nutritionniste n.
nutritivité n. f.
nyama-nyama n. m. pl.
→ **niama-niama**
nyanja /njandʒa/ ou **nyanga** /njanga/ n. m.
➾ Comme tous les noms de langues, ce mot s'écrit sans majuscule : *parler le nyanja* ou *le nyanga*.
nyctage n. m.
nyctaginacée n. f.
nyctalope adj. et n.
nyctalopie n. f.
nyctalopique adj.
nycthéméral, ale, aux adj.
nycthémère n. m.
nyctipériodique adj.
nyctitropisme n. m.
nycturie n. f.
Nylon® n. m.
➾ Comme tous les noms déposés, ce mot doit s'écrire avec une majuscule : *du fil de Nylon*. Toutefois, on le trouve fréquemment employé comme nom générique sans respect de la règle : *du fil de nylon*.

Ξ Ce mot peut s'employer en apposition ; il est alors invariable : *des bas Nylon*.
nymphal, ale, aux adj.
nymphe n. f.
⚡Ne pas confondre **nymphe**, qui désigne une divinité et, en zoologie, le deuxième stade de la métamorphose des insectes, avec **lymphe**, qui désigne un liquide organique.
nymphéa n. m.
nymphéacée n. f.
nymphéal, ale, aux adj.
nymphée n. m. ou f.
nymphette n. f.
nympho n. f. et adj. f.
□ abrév. de **nymphomane**
nymphomane n. f. et adj. f.
nymphomanie n. f.
nymphose n. f.
nystagmique adj. et n.
nystagmus /-ys/ n. m.

O

o n. m. inv, abrév. et symb.
HOM. **au, aulx** (plur. de *ail*), **eau, haut, ho, ô, oh, os** (plur.)
O n. m. inv, abrév. et symb.
HOM. **au, aulx** (plur. de *ail*), **eau, haut, ho, ô, oh, os** (plur.)
ô interj.
HOM. **au, aulx** (plur. de *ail*), **eau, haut, ho, o, oh, os** (plur.)
oaristys /-tis/ n. f.
oasien, ienne adj. et n.
oasis /-is/ n. f.
☯ Ce mot est féminin : *une oasis.*
oba n. m.
obbligato adj. ▪ plur. inv. ou plur. **obbligatos**○
obéché n. m.
obédience n. f.
➾ Ne pas écrire **obédiance.*
obédiencier n. m.
obédientiel, ielle adj.
obéir v. tr. ind. | conjug. 2 |
▸ **obéir à qqn/qqch.** *il obéit à ses parents ; elle préfère obéir à son instinct*
⌘ Ce verbe peut s'employer au passif : *il est obéi de tous* ou *par tous.*
obéissance n. f.
obéissant, ante adj.
obel ou **obèle** n. m.
obélisque n. m.
☯ Ce mot est masculin : *un obélisque.*
obérer v. tr. | conjug. 6 |
Ξ **Obérer de dettes** est un pléonasme à éviter.
obèse adj. et n.
obésiologue ou **obésologue** n.
obésité n. f.
¹obi n. f. (ceinture)
HOM. **hobby**
²obi n. m. (sorcier)
HOM. **hobby**
obier n. m.
obit /ɔbit/ n. m.
obituaire adj. et n. m.
objectal, ale, aux adj.
objectalité n. f.
objecter v. tr. | conjug. 1 |
objecteur, trice n.
objectif, ive adj. et n. m.
objection n. f.
objectivant, ante adj.
objectivation n. f.
objectivement adv.
objectiver v. tr. | conjug. 1 |
objectivisme n. m.
objectiviste n.
objectivité n. f.
objet n. m.
➾ Ce mot est toujours au singulier dans les locutions **avoir pour objet** et **être/faire l'objet de** : *cette circulaire a pour objet l'entretien et la sécurité de l'établissement ; ils ont été* ou *ils ont fait l'objet de nombreuses critiques.*
Ξ La locution **avoir pour objet** ne peut avoir pour sujet un nom ou un pronom désignant une personne : on ne dira pas **j'ai pour objet de vous convaincre* mais *j'ai pour but de vous convaincre.*
objurgateur, trice adj.
objurgation n. f.
objurguer v. intr. | conjug. 1 |
oblade n. f.
oblat, ate n.
➾ Ce mot s'écrit avec une minuscule lorsqu'il désigne une personne : *un couvent d'oblates.* Il s'écrit avec une majuscule lorsqu'il désigne sans ambiguïté l'ordre lui-même : *il est entré chez les Oblats.*
oblatif, ive adj.
oblation n. f.
oblativité n. f.
oblature n. f.
obligataire n. et adj.

obligation n. f.
obligatoire adj.
obligatoirement adv.
obligé, ée adj. et n.
obligeamment adv.
➾ Ne pas écrire **obligemment*.
obligeance n. f.
➾ Ne pas écrire **obligence*.
obligeant, ante adj.
obliger v. tr. | conjug. 3 |
⌘ Ce verbe se construit généralement avec la préposition *à* à la voix active et avec *de* à la voix passive : *ils l'ont obligé à partir* ; *il a été obligé de partir*.
¬ **s'obliger**
➾ Aux temps composés de la forme pronominale, le participe passé s'accorde en genre et en nombre avec le sujet : *elle s'est obligée à sortir*.
oblique adj.
obliquement adv.
obliquer v. intr. | conjug. 1 |
obliquité n. f.
oblitérant, ante adj.
oblitérateur, trice adj. et n. m.
oblitération n. f.
oblitérer v. tr. | conjug. 6 |
oblong, ongue adj.
obnubilation n. f.
obnubiler v. tr. | conjug. 1 |
➾ Ne pas employer **omnubiler*, qui n'existe pas.
obole n. f.
☯ Ce mot est féminin : *une obole*.
obombrer v. tr. | conjug. 1 |
obreptice adj.
obrepticement adv.
obreption n. f.
obrok n. m.
obrué, ée adj.
obscène adj.
➾ Ne pas écrire **obsène*.
obscènement adv.
➾ Ne pas écrire **obsènement*.
obscénité n. f.
➾ Ne pas écrire **obsénité*.
obscur, ure adj.
obscurant, ante n. et adj.
obscurantisme n. m.
obscurantiste adj. et n.
obscurateur n. m.
obscuration n. f.
obscurcir v. tr. | conjug. 2 |
¬ **s'obscurcir**
➾ Aux temps composés de la forme pronominale, le participe passé s'accorde en genre et en nombre avec le sujet : *la chambre s'est obscurcie*.
obscurcissement n. m.
obscurément adv.
obscurisme n. m.
obscurité n. f.
obsécration n. f.
obsédant, ante adj.
obsédé, ée n.
obséder v. tr. | conjug. 6 |
obsèques n. f. pl.
obséquieusement adv.
obséquieux, ieuse adj.
obséquiosité n. f.
observabilité n. f.
observable adj.
observance n. f.
observant ou **observantin** n. m. et adj.
observateur, trice n.
observation n. f.
observationnel, elle adj.
observatoire n. m.
➾ Avec une majuscule et sans complément, **l'Observatoire** désigne l'observatoire de Paris.
observer v. tr. | conjug. 1 |
▸ **observer qqn/qqch.** *observer un tableau ; observer un adversaire*
▸ **observer que** (+ indic.) *j'ai observé qu'il était très nerveux*
¬ **s'observer**
➾ Aux temps composés de la forme pronominale, le participe passé s'accorde en genre et en nombre avec le sujet : *une hausse de la croissance s'est observée au trimestre dernier*.
obsesseur n. m. et adj. m.
obsessif, ive adj.
obsession n. f.
obsessionnel, elle adj.
obsidienne n. f.
obsidional, ale, aux adj.
obsolescence n. f.
obsolescent, ente adj.
obsolète adj.
obstacle n. m.
➾ Ce mot est au pluriel dans la locution **course d'obstacles**. Il est toujours au singulier dans **faire obstacle** : *ils ont fait obstacle à ce voyage*.
obstétrical, ale, aux adj.
obstétricien, ienne n.
obstétrique n. f.
obstination n. f.
obstiné, ée adj.
obstinément adv.

obstiner (s') v. pron. | conjug. 1 |
➡ Aux temps composés de la forme pronominale, le participe passé s'accorde en genre et en nombre avec le sujet : *elle s'est obstinée dans son erreur.*
obstruable adj.
obstruant, ante adj. et n. f.
obstructif, ive adj.
obstruction n. f.
obstructionnisme n. m.
obstructionniste n. et adj.
obstrué, ée adj.
obstruer v. tr. | conjug. 1 |
⚡ Ne pas confondre **obstruer**, qui signifie « embarrasser (un canal, une voie) » (*un vaisseau obstrué par un caillot ; des débris obstruent la route*), avec **obturer**, qui signifie « boucher (une ouverture) » (*obturer une fuite avec du mastic*).
obtempérer v. tr. ind. | conjug. 6 |
▸ **obtempérer à** *il refuse d'obtempérer aux ordres*
obtenir v. tr. | conjug. 22 |
▸ **obtenir qqch.** *je souhaite obtenir des précisions*
▸ **obtenir qqch. à qqn** *elle m'a fait obtenir un poste*
▸ **obtenir de** (+ inf.) *il a obtenu de travailler à mi-temps*
▸ **obtenir que** (+ subj. ou condit.) *nous avons obtenu qu'il vînt aux réunions ; il a obtenu de son fils qu'il continuerait ses études*
¬ **s'obtenir**
➡ Aux temps composés de la forme pronominale, le participe passé s'accorde en genre et en nombre avec le sujet : *cette victoire ne s'est obtenue qu'au prix de grands efforts.*
obtenteur, trice n.
obtention n. f.
obturateur, trice adj. et n. m.
obturation n. f.
obturer v. tr. | conjug. 1 |
⚡ Ne pas confondre **obturer**, qui signifie « boucher (une ouverture) » (*obturer une fuite avec du mastic*), avec **obstruer**, qui signifie « embarrasser (un canal, une voie) » (*un vaisseau obstrué par un caillot ; des débris obstruent la route*).
obtus, use /ɔpty, yz/ adj.
➡ Ne pas oublier le *s* au singulier.
obtusangle adj.
obtusément adv.
obtusion n. f.
obus /ɔby/ n. m.
obusier n. m.
obvenir v. intr. | conjug. 22 |
obvers /ɔbvɛʀ/ n. m. ou **obverse** n. f.
obversion n. f.
obvie adj.
obvier v. tr. ind. | conjug. 7 |
▸ **obvier à qqch.** *obvier à un accident possible en prenant des mesures rigoureuses*
oc adv. d'affirmation
➡ Ce mot s'écrit toujours sans majuscule : *la langue d'oc.*
HOM. **hoc**
ocarina n. m.
occabe ou **occabus** n. m.
occase n. f. et adj. f.
□ abrév. de **occasion**
occasion n. f.
➡ Ce mot est au singulier dans les locutions **d'occasion**, **par occasion** et **en toute occasion**.
occasionnalisme n. m.
occasionnaliste adj. et n.
occasionnel, elle adj.
occasionnellement adv.
occasionner v. tr. | conjug. 1 |
occident n. m.
➡ Ce mot s'écrit avec une minuscule quand il désigne le point cardinal : *le soleil se couche à l'occident.* Il s'écrit avec une majuscule quand il désigne une zone géographique ou l'ensemble formé par les pays d'Europe de l'Ouest et les États-Unis : *l'Empire romain d'Occident ; les relations entre l'Occident et les pays musulmans.*
HOM. **oxydant**
occidental, ale, aux adj. et n.
➡ L'adjectif s'écrit sans majuscule : *la population occidentale.* Le nom s'écrit avec une majuscule uniquement quand il désigne une personne : *les Occidentaux ; c'est une Occidentale.*
occidentalisation n. f.
occidentaliser v. tr. | conjug. 1 |
¬ **s'occidentaliser**
➡ Aux temps composés de la forme pronominale, le participe passé s'accorde en genre et en nombre avec le sujet : *elle s'est occidentalisée.*
occidentalisme n. m.
occidentaliste adj.
occidentalité n. f.
occipital, ale, aux adj.
occipitofrontal, ale, aux adj.
occipitomentonnier, ière adj.
occiput /ɔksipyt/ n. m.
occire v. tr. | conjug. défectif |
CONJUG. Ce verbe ne s'emploie qu'à l'infinitif et au participe passé (*occis, occise*).
occiseur n. m.
occision n. f.

occitan, ane n. et adj.
➾ L'adjectif s'écrit sans majuscule : *la population occitane*. Le nom s'écrit avec une majuscule uniquement quand il désigne une personne : *les Occitans ; c'est une Occitane* mais *parler l'occitan*.
occitanien, ienne adj.
occitanisme n. m.
occitaniste adj. et n.
occlure v. tr. | conjug. 35 sauf p. p. *occlus* |
occlus, use adj.
➾ Ne pas oublier le *s* au singulier.
occlusal, ale, aux adj.
occlusif, ive adj.
occlusion n. f.
occlusodontie /-ti ; -si/ n. f.
occultation n. f.
occulte adj.
occultement adv.
occulter v. tr. | conjug. 1 |
occulteur n. m.
occultisme n. m.
occultiste n. et adj.
occupant, ante adj. et n.
occupation n. f.
➾ Avec une majuscule et sans complément, **l'Occupation** désigne la période pendant laquelle la France fut occupée par les Allemands (1940-1944) : *le Paris de l'Occupation*. Mais on écrit *l'occupation de la France par les Allemands* sans majuscule à *occupation*.
occupationnel, elle adj.
occupé, ée adj.
occuper v. tr. | conjug. 1 |
¬ **s'occuper à qqch.**
▸ **s'occuper à qqch.** *il s'occupe à des travaux de jardinage*
▸ **s'occuper à** (+ inf.) *il s'occupe à jardiner*
▸ **s'occuper de qqn/qqch.** *elle s'occupe de ses enfants ; il s'est occupé de tout*
▸ **s'occuper de** (+ inf.) *il ne s'occupe pas de savoir si cela vous dérange*
➾ Aux temps composés de la forme pronominale, le participe passé s'accorde en genre et en nombre avec le sujet : *elle s'est bien occupée de lui*.
occurrence n. f.
▸ **en l'occurrence** *la personne responsable, en l'occurrence, monsieur Untel*
➾ Attention à l'orthographe : ce mot s'écrit avec deux *c* et deux *r*.
occurrent, ente adj.
➾ Attention à l'orthographe : ce mot s'écrit avec deux *c* et deux *r*.
océan n. m.
➾ Dans les dénominations géographiques, l'adjectif qui qualifie *océan* s'écrit avec une majuscule : *l'océan Atlantique ; l'océan Indien*. Lorsqu'il n'est pas déterminé, *océan* s'écrit avec une majuscule : *Biarritz est sur l'Océan*.
océanarium /-jɔm/ n. m.
→ **océanorium**
océanaute n.
océane adj. f.
océanide n. f.
océanien, ienne adj. et n.
➾ L'adjectif s'écrit sans majuscule : *la population océanienne ; l'art océanien*. Le nom s'écrit avec une majuscule : *les Océaniens ; c'est une Océanienne*.
océanique adj.
océanographe n.
océanographie n. f.
océanographique adj.
océanologie n. f.
océanologique adj.
océanologue n.
océanorium ou **océanarium** /-jɔm/ n. m.
ocellaire adj.
ocelle n. m.
☯ Ce mot est masculin : *un ocelle*.
ocellé, ée adj.
ocellement n. m.
oceller v. tr. | conjug. 1 |
ocellure n. f.
ocelot n. m.
ochlocratie /ɔklɔkʀasi/ n. f.
ochracé, ée /-k-/ adj.
O. C. R. n. m.
□ abrév. de **optical character recognition** (reconnaissance optique de caractères)
[1]**ocre** n. f. (colorant minéral naturel)
[2]**ocre** n. m. et adj. inv. (couleur)
ocré, ée adj.
➾ Lorsque *ocré* est employé derrière un adjectif de couleur pour en préciser la nuance, les deux mots sont invariables : *des pierres gris ocré*.
ocrer v. tr. | conjug. 1 |
ocreux, euse adj.
octacorde n. m.
octaèdre n. m.
octaédriforme adj.
octaédrique adj.
octaétéride ou **octaétéris** /-is/ n. f.
octal, ale, aux adj.
octandre adj.
octandrie n. f.
[1]**octane** adj. f. (fièvre)
[2]**octane** n. m. (hydrocarbure)
octanoïque adj.
octant n. m.
octante adj. numéral cardinal inv.
octantième adj.
octateuque n. m.

octavaire n. m.
octave n. f.
☯ Ce mot est féminin : *une octave*.
octavier v. intr. et v. tr. | conjug. 7 |
octavin n. m.
octavine n. f.
octavon, onne adj. et n.
octet n. m.
▫ rec. off. pour **byte**
octette n. m.
octidi n. m.
➾ Comme tous les noms de jours, ce mot s'écrit sans majuscule.
octillion n. m.
octobre n. m.
➾ Comme tous les noms de mois, ce mot s'écrit sans majuscule, sauf lorsqu'une date évoque un évènement historique et que l'année n'est pas précisée : *la révolution d'Octobre* mais *la révolution d'octobre 1917*.
octocéphale adj.
octocoralliaire n. m.
octogénaire adj. et n.
octogonal, ale, aux adj.
octogone adj. et n. m.
octonaire adj. et n. m.
octopode adj. et n. m.
octostyle adj.
octosyllabe adj. et n. m.
octosyllabique adj.
octroi n. m.
octroyer v. tr. | conjug. 8 |
⌘ La construction ***octroyer de** (+ inf.) est fautive ; ce verbe s'emploie uniquement avec un nom : *on lui a octroyé un délai*.
¬ **s'octroyer**
➾ Aux temps composés de la forme pronominale, le participe passé ne s'accorde pas quand il est suivi d'un complément d'objet direct : *ils se sont octroyé une pause*. Il ne s'accorde avec le complément d'objet direct que lorsque celui-ci est placé avant le verbe : *la pause qu'ils se sont octroyée*.
octroyeur, euse adj. et n.
octuor n. m.
octuple adj. et n. m.
octupler v. tr. | conjug. 1 |
octyle n. m.
octylique adj.
oculaire adj. et n. m.
➾ Ne pas écrire **occulaire* : ce mot et ses dérivés n'ont qu'un seul *c*.
oculairement adv.
oculariste n.
ocularité n. f.
oculé, ée adj.
oculi n. m.
oculifère adj.
oculiforme adj.
oculiste n.
oculistique n. f. et adj.
oculocardiaque adj.
oculogyre adj.
oculométrie n. f.
oculomoteur, trice adj.
oculopalpébral, ale, aux adj.
oculoverbal, ale, aux adj.
oculus /-ys/ n. m. ▪ plur. inv. ou plur. **oculi**
Ξ On peut employer le pluriel invariable *oculus* ou le pluriel latin *oculi*.
ocytocine ou **oxytocine** n. f.
odalisque n. f.
☯ Ce mot est féminin : *une odalisque*.
ode n. f.
odelette n. f.
odéon n. m.
odeur n. f.
odieusement adv.
odieux, ieuse adj.
odographie ou **hodographie** n. f.
odographique ou **hodographique** adj.
odologie n. f.
odomètre ou **hodomètre** n. m.
odométrie n. f.
odonate n. m.
odontalgie n. f.
odontalgique adj. et n.
odontalgiste n.
odontite n. f.
odontoblaste n. m.
odontoblastique adj.
odontocète n. m.
odontogenèse n. f.
odontogramme n. m.
odontoïde adj.
odontoïdien, ienne adj.
odontologie n. f.
odontologique adj.
odontologiste ou **odontologue** n.
odontome n. m.
odontomètre n. m.
odontorragie n. f.
odontorragique adj.
odontostomatologie n. f.
odonyme n. m.
odorant, ante adj.
odorat n. m.
odoratif, ive adj.
odoration n. f.
odorer v. intr. et v. tr. | conjug. 1 |
odoriférant, ante adj.
odorigène adj.
odorimétrie n. f.

odorisant n. m.
odorisation n. f.
odoriser v. tr. | conjug. 1 |
odoriseur n. m.
odorité n. f.
odyssée n. f.
œcuménicité /eky- ; øky-/ n. f.
♪ La prononciation /eky-/ est à préférer dans la langue soignée.
œcuménique /eky- ; øky-/ adj.
♪ La prononciation /eky-/ est à préférer dans la langue soignée.
œcuménisme /eky- ; øky-/ n. m.
♪ La prononciation /eky-/ est à préférer dans la langue soignée.
œcuméniste /eky- ; øky-/ adj. et n.
♪ La prononciation /eky-/ est à préférer dans la langue soignée.
œcus /ekys/ n. m.
œdémateux, euse /ed- ; ød-/ adj.
♪ La prononciation /ed-/ est à préférer dans la langue soignée.
œdème /ed- ; ød-/ n. m.
♪ La prononciation /ed-/ est à préférer dans la langue soignée.
œdicnème /ed-/ n. m.
œdipe /ed- ; ød-/ n. m.
♪ La prononciation /ed-/ est à préférer dans la langue soignée.
➾ Employé comme nom commun, ce mot s'écrit sans majuscule : *un œdipe mal résolu*. En revanche, il s'écrit avec une majuscule dans **complexe d'Œdipe** car il s'agit du nom propre.
œdipien, ienne /ed- ; ød-/ adj.
♪ La prononciation /ed-/ est à préférer dans la langue soignée.
œdipisme /ed- ; ød-/ n. m.
♪ La prononciation /ed-/ est à préférer dans la langue soignée.
œdomètre /ed- ; ød-/ n. m.
♪ La prononciation /ed-/ est à préférer dans la langue soignée.
œdométrie /ed- ; ød-/ n. f.
♪ La prononciation /ed-/ est à préférer dans la langue soignée.
œdométrique /ed- ; ød-/ adj.
♪ La prononciation /ed-/ est à préférer dans la langue soignée.
œil /œj/ n. m. ▪ plur. **yeux**
Ξ Dans les domaines techniques (marine, imprimerie) et quand *œil* désigne un orifice, le pluriel est *œils* : *les œils des aiguilles ; les œils des rideaux de théâtre*. Quand *œil* désigne l'organe de la vue, le pluriel est toujours *yeux*. La locution **entre quat'z'yeux** est familière et doit évitée dans le langage soigné.
➾ *Œil* est toujours au singulier dans la locution **coup d'œil** : *jeter des coups d'œil*. Ne pas employer ***être tous yeux** au lieu de **être tout yeux**.
→ aussi **clin d'œil**
œil-de-bœuf /-bœf/ n. m. ▪ plur. **œils-de-bœuf**
œil-de-chat n. m. ▪ plur. **œils-de-chat**
œil-de-crapaud n. m. ▪ plur. **œils-de-crapaud**
œil-de-faisan /-fəzɑ̃/ n. m. ▪ plur. **œils-de-faisan**
œil-de-paon /-pɑ̃/ n. m. ▪ plur. **œils-de-paon**
œil-de-perdrix /-dri/ n. m. ▪ plur. **œils-de-perdrix**
Ξ Ce mot peut s'employer en apposition ; il est alors invariable : *des vins œil-de-perdrix*.
œil-de-pie n. m. ▪ plur. **œils-de-pie**
œil-de-serpent n. m. ▪ plur. **œils-de-serpent**
œillade n. f.
œillader v. tr. | conjug. 1 |
œillard n. m.
œillé, ée adj.
œillère n. f. et adj. f.
œillet n. m.
➾ Ce mot s'écrit avec une majuscule dans la dénomination historique **la révolution des Œillets**.
œilletage n. m.
œilleteuse n. f.
œilleton n. m.
œilletonnage n. m.
œilletonner v. tr. | conjug. 1 |
œillette n. f.
œillettiste n.
œkoumène /e-/ ou **écoumène** n. m.
œnanthe /e-/ n. f.
☯ Ce mot est féminin : *une œnanthe*.
œnanthique /e-/ adj.
œnanthol /e-/ n. m.
œnanthylique /e-/ adj.
œnistérie /e-/ n. f.
œnochoé /enɔkɔe/ n. f.
œnographie /e-/ n. f.
œnolature /e-/ n. f.
œnolique /e-/ adj.
œnolisme /e-/ n. m.
œnologie /e-/ n. f.
HOM. **hénologie**
œnologique /e-/ adj.
œnologue /e-/ n.
œnomètre /e-/ n. m.
œnométrie /e-/ n. f.
œnométrique /e-/ adj.
œnophile /e-/ adj. et n.
œnophore /e-/ n. m.

œnotechnie ou **œnotechnique** /enɔtɛk-/ n. f.
œnothéracée /e-/ n. f.
œnothère ou **œnothéra** /e-/ n. m.
œrsted /œʀstɛd/ n. m.
œrstite /œʀstit/ n. f.
œsophage /e-/ n. m.
œsophagectomie /e-/ n. f.
œsophagien, ienne /e-/ adj.
œsophagisme /e-/ n. m.
œsophagite /e-/ n. f.
œsophagoscope /e-/ n. m.
œsophagoscopie /e-/ n. f.
œstradiol ou **estradiol** /ɛs-/ n. m.
œstral, ale, aux /ɛs-/ adj.
œstre /ɛs-/ n. m.
œstridé /ɛs-/ n. m.
œstriol /øs- ; ɛs-/ n. m.
♪ La prononciation /ɛs-/ est à préférer dans la langue soignée.
œstrogène /øs- ; ɛs-/ ou **estrogène** adj. et n. m.
♪ La prononciation /ɛs-/ est à préférer dans la langue soignée.
œstrogénique /øs- ; ɛs-/ ou **estrogénique** adj.
♪ La prononciation /ɛs-/ est à préférer dans la langue soignée.
œstrogénothérapie /øs- ; ɛs-/ ou **estrogénothérapie** n. f.
♪ La prononciation /ɛs-/ est à préférer dans la langue soignée.
œstrone /ɛs-/ ou **estrone** n. f.
œstrus /ɛstʀys/ n. m.
œuf /œf/ n. m. ▪ plur. **œufs** /ø/
♪ Ne pas prononcer /œf/ au pluriel.
Ξ On peut employer indifféremment **œuf au plat** ou **œuf sur le plat**.
HOM. (du plur.) **e**, **euh**, **eux**, **heu**
œufrier n. m.
œuvé, ée adj.
[1]**œuvre** n. f. (travail, réalisation)
➾ Ce mot est toujours au singulier dans les locutions **maître d'œuvre** ou **maitre d'œuvre**, **mettre en œuvre** et **mise en œuvre**.
[2]**œuvre** n. m. (bâtisse, ensemble des productions d'un artiste)
le gros œuvre ; l'œuvre gravé de Rembrandt
➾ Ce mot est au singulier dans la locution **à pied d'œuvre**.
œuvrer v. intr. | conjug. 1 |
œuvrette n. f.
'off adj. inv. et adv.
Ξ Pour remplacer **voix off**, il est officiellement recommandé d'employer **voix hors champ**.
offensant, ante adj.
offense n. f.
offensé, ée adj. et n.
offenser v. tr. | conjug. 1 |
¬ **s'offenser de** (+ n.)
◗ **s'offenser de** (+ n.) *il s'est offensé de cette remarque*
◗ **s'offenser de** (+ inf. passé) *il s'est offensé de n'avoir pas été prévenu*
◗ **s'offenser que** (+ subj.) *il s'est offensé que tu ne l'aies pas prévenu*
➾ Aux temps composés de la forme pronominale, le participe passé s'accorde en genre et en nombre avec le sujet : *ils se sont offensés de son retard*.
offenseur, euse n.
☯ *Offenseuse* est la forme recommandée par l'Office québécois de la langue française pour parler d'une femme : *l'offenseuse et l'offensée*.
offensif, ive adj.
offensive n. f.
offensivement adv.
offert, erte adj.
offertoire n. m.
office n. m.
➾ Ce mot est toujours au singulier dans les locutions **d'office** et **faire office** : *les châtelains font office de guides*. *Office* s'écrit avec une majuscule dans **le palais des Offices**.
officemar n. m.
officiaire n.
HOM. forme du v. **officier**
official, aux n. m.
officialisation n. f.
officialiser v. tr. | conjug. 1 |
officialité n. f.
officiant, iante n. m. et f.
officiel, ielle adj. et n.
officiellement adv.
[1]**officier, ière** n.
☯ *Officière* est la forme recommandée par le *Guide d'aide à la féminisation des noms de métiers, titres, grades et fonctions* et l'Office québécois de la langue française pour parler d'une femme : *elle est officière de gendarmerie*.
Ξ *Officier* peut s'employer en apposition ; il est alors invariable : *des cols officier*.
[2]**officier** v. intr. | conjug. 7 |
officieusement adv.
officieux, ieuse adj.
officinal, ale, aux adj.
officine n. f.
officiosité n. f.
offrande n. f.
offrant, ante n.
☯ *Offrante* est la forme recommandée par l'Office québécois de la langue française pour parler d'une femme : *la plus offrante*.
offre n. f.
offreur, euse n.

offrir v. tr. | conjug. 18 |
▸ **offrir qqch. à qqn** *elle a offert des fleurs à son mari*
▸ **offrir à qqn de** (+ inf.) *ils nous ont offert de nous héberger*
¬ **s'offrir**
➾ Aux temps composés de la forme pronominale, le participe passé s'accorde en genre et en nombre avec le sujet : *elle s'est offerte pour l'accompagner*. Mais le participe passé ne s'accorde pas quand il est suivi d'un complément d'objet direct : *ils se sont offert une nouvelle voiture*. Il ne s'accorde avec le complément d'objet direct que lorsque celui-ci est placé avant le verbe : *la voiture qu'ils se sont offerte*.
offset /ɔfsɛt/ n. m. et adj. inv.
offsettiste n.
offshore /ɔfʃɔʀ/ adj. inv. et n. m.
▫ rec. off. : **extraterritorial** ou **(en) mer**
offuscation n. f.
offusquer v. tr. | conjug. 1 |
¬ **s'offusquer de** (+ n.)
▸ **s'offusquer de** (+ n.) *il s'est offusqué d'un tel sans-gêne*
▸ **s'offusquer de** (+ inf. passé) *elle s'est offusquée d'avoir été traitée ainsi*
▸ **s'offusquer que** (+ subj.) *je m'offusque qu'ils ne soient pas venus*
➾ Aux temps composés de la forme pronominale, le participe passé s'accorde en genre et en nombre avec le sujet : *elle s'est offusquée de son impudeur*.
oflag n. m.
oghamique adj.
ogival, ale, aux adj.
ogive n. f.
ogivette n. f.
ogivocylindrique adj.
O. G. M. n. m.
▫ abrév. de **organisme génétiquement modifié**
ognette n. f.
ognon○ n. m.
→ **oignon**
ognonade○ n. f.
→ **oignonade**
ognonière○ n. f.
→ **oignonière**
ogre, ogresse n.
oh interj.
☰ Cette interjection est toujours suivie d'un point d'exclamation : *oh ! quelle chance !* (et non *oh, quelle chance !*).
➾ Employé comme nom, *oh* reste invariable : *pousser des oh ! et des ah !*
HOM. **au**, **aulx** (plur. de *ail*), **eau**, **haut**, **ho**, **o**, **ô**, **os** (plur.)
ohé interj.
ohm n. m.
HOM. **heaume, home**
ohmique adj.
ohmmètre n. m.
O. H. Q. n.
▫ abrév. de **ouvrier hautement qualifié**
oïdium /-jɔm/ n. m.
oie n. f.
HOM. **ouah, wouah**
oignon /ɔɲɔ̃/ ou **ognon**○ n. m.
➾ Ce mot est au pluriel dans la locution **en rang d'oignons**.
oignonade ou **ognonade**○ /ɔɲɔ-/ n. f.
oignonière /ɔɲɔ-/ ou **ognonière**○ n. f.
oïl adv. d'affirmation
➾ Ce mot s'écrit toujours sans majuscule : *la langue d'oïl*.
oille /ɔj/ n. f.
oindre v. tr. | conjug. 49 |
¬ **s'oindre**
➾ Aux temps composés de la forme pronominale, le participe passé s'accorde en genre et en nombre avec le sujet : *ils se sont oints d'huile solaire*.
¹**oint, ointe** adj. et n. m. (roi, prêtre)
HOM. **ouin**
²**oint** ou **oing** n. m. (graisse)
HOM. **ouin**
oiseau n. m.
➾ Ce mot est au singulier dans la locution **à vol d'oiseau**.
oiseau-lyre n. m. ▪ plur. **oiseaux-lyres**
oiseau-moqueur n. m. ▪ plur. **oiseaux-moqueurs**
oiseau-mouche n. m. ▪ plur. **oiseaux-mouches**
oiseau-trompette n. m. ▪ plur. **oiseaux-trompettes**
oiseler v. tr. et v. intr. | conjug. 4 |
oiselet n. m.
HOM. formes du v. **oiseler**
oiseleur, euse n.
⚡Ne pas confondre **oiseleur**, personne qui attrape des oiseaux, avec **oiselier**, personne qui élève et qui vend des oiseaux.
oiselier, ière n.
⚡Ne pas confondre **oiselier**, personne qui élève et qui vend des oiseaux, avec **oiseleur**, personne qui attrape des oiseaux.
HOM. formes du v. **oiseler**
oiselle n. f.
oisellerie n. f.
oiseusement adv.
oiseux, euse adj.
⚡Ne pas confondre **oiseux**, qui signifie « inutile et vain », avec **oisif**, qui signifie « qui est sans occupation ».

oisif, ive adj. et n.
↯ Ne pas confondre **oisif**, qui signifie « qui est sans occupation », avec **oiseux**, qui signifie « inutile et vain ».
oisillon n. m.
oisivement adv.
oisiveté n. f.
oison n. m.
O. K. ou **okay** /ɔke ; ɔkɛ/ adv. et adj. inv.
□ abrév. de **oll korrect, de "all correct"**
HOM. **hockey, hoquet**
oka n. m.
➾ Lorsqu'il désigne un fromage, ce mot s'écrit sans majuscule, contrairement au nom propre qui désigne la région : *du fromage d'Oka* mais *un morceau d'oka*.
okapi n. m.
okay adv. et adj. inv.
HOM. **hockey, hoquet**
→ **O. K.**
okimono n. m.
okoumé n. m.
ola n. f.
HOM. **aula, holà**
olacacée n. f.
olé ou **ollé** interj.
Ξ La locution **olé olé** s'emploie comme adjectif ; elle est invariable : *elles sont un peu olé olé*.
oléacée ou **oléinée** n. f.
oléagineux, euse adj. et n. m.
oléandre n. m.
oléandrine n. f.
oléate n. m.
olécrane n. m.
olécranien, ienne adj.
oléfiant, iante adj.
oléfine n. f.
oléiculteur, trice n.
oléiculture n. f.
oléifère adj.
oléiforme adj.
oléine n. f.
oléinée n. f.
→ **oléacée**
oléique adj. m.
olenellus /ɔlenelys/ n. m.
olenus /ɔlenys/ n. m.
oléobromie n. f.
oléoduc n. m.
oléofuge adj.
oléographie n. f.
oléohydraulique adj.
oléolat n. m.
oléomètre n. m.
oléonaphte n. m.
oléophile adj.
oléopneumatique adj.
oléoprotéagineux, euse adj.
oléorésine n. f.
oléum /-ɔm/ n. m.
olfactène n. m.
olfactif, ive adj.
olfaction n. f.
olfactivement adv.
olfactomètre n. m.
olfactométrie n. f.
olibrius /-jys/ n. m.
➾ Ce mot s'écrit sans *y*, contrairement au nom propre dont il provient.
olifant ou **oliphant** n. m.
oligarchie n. f.
oligarchique adj.
oligarchiquement adv.
oligarque n.
oligiste adj. et n. m.
oligocène n. m.
oligochète /-kɛt/ n. m.
oligocrânie n. f.
oligodactylie n. f.
oligodipsie n. f.
oligodontie /-ti ; -si/ n. f.
oligoélément n. m.
oligohémie n. f.
oligolécithe adj.
oligoménorrhée n. f.
oligomère n. m.
oligomérique adj.
oligonucléotide n. m.
oligopeptide n. m.
oligophagie n. f.
oligophrène adj. et n.
oligophrénie n. f.
oligopole n. m.
oligopoleur n. m.
oligopolistique adj.
oligopsone n. m.
oligosaccharide ou **oligosaccaride**○ /-k-/ n. m.
oligosialie n. f.
oligospermie n. f.
oligurie n. f.
oligurique adj.
olim /ɔlim/ n. m. ▪ plur. inv. ou plur. **olims**○
oliphant n. m.
→ **olifant**
olivacé, ée adj.
olivade n. f.
olivaie n. f.
HOM. **olivet**
→ **oliveraie**
olivaire adj.
olivaison n. f.

olivâtre adj.
olive n. f.
☰ Ce mot peut s'employer seul comme adjectif de couleur ou derrière un adjectif de couleur pour en préciser la nuance ; ces adjectifs sont alors invariables : *des robes vert olive ; des draps olive*.
oliveraie ou **olivaie** n. f.
oliverie n. f.
olivet n. m.
➾ Lorsqu'il désigne un fromage, ce mot s'écrit sans majuscule, contrairement au nom propre qui désigne la commune : *du fromage d'Olivet* mais *manger de l'olivet*.
HOM. **olivaie**
olivétain n. m.
olivète n. f.
HOM. **olivette**
olivette n. f.
HOM. **olivète**
oliveur, euse n.
olivier n. m.
➾ Ce mot s'écrit avec une majuscule dans **le mont des Oliviers**.
olivine n. f.
ollaire adj.
olla-podrida ▪ plur. **ollas-podridas** ou **ollapodrida**○ ▪ plur. **ollapodridas**○ /ɔja- ; ɔ(l)la-/ n. f.
ollé interj.
→ **olé**
olmèque adj. et n.
➾ L'adjectif s'écrit sans majuscule : *la population olmèque*. Le nom s'écrit avec une majuscule : *les Olmèques ; une Olmèque*.
olographe ou **holographe** adj.
➾ Les deux graphies sont admises par l'Académie.
olympiade n. f.
☰ L'emploi de ce mot au pluriel pour désigner les Jeux olympiques est critiqué : *olympiade* désigne une période de quatre ans. Dans la langue soignée, il est préférable de l'éviter.
olympien, ienne adj. et n.
➾ L'adjectif s'écrit sans majuscule : *les dieux olympiens*. Le nom s'écrit avec une majuscule : *les Olympiens*.
olympique adj.
➾ Ce mot s'écrit sans majuscule dans **les Jeux olympiques**.
olympisme n. m.
ombelle n. f.
ϟ Ne pas confondre **ombelle**, qui signifie « petites fleurs groupées », avec **ombrelle**, qui signifie « petit parasol portatif ».
ombellé, ée adj.
ombellifère ou **ombelliféracée** adj. et n. f.
ombelliforme adj.
ombellule n. f.
ombilic n. m.
ombilical, ale, aux adj.
ombilication n. f.
ombiliqué, ée adj.
omble n. m.
omblière n. f.
ombon n. m.
ombrage n. m.
➾ Ce mot est toujours au singulier dans les locutions **porter ombrage** et **prendre ombrage**.
ombragé, ée adj.
ϟ Ne pas confondre **ombragé**, « qui reçoit de l'ombre », avec **ombrageux**, « qui s'effraie facilement » ou « susceptible, méfiant », ni avec **ombreux**, « qui donne de l'ombre ».
ombrager v. tr. | conjug. 3 |
ombrageusement adv.
ombrageux, euse adj.
ϟ Ne pas confondre **ombrageux**, « qui s'effraie facilement » ou « susceptible, méfiant », avec **ombragé**, « qui reçoit de l'ombre », ni avec **ombreux**, « qui donne de l'ombre ».
1 **ombre** n. f. (zone sombre, terre)
☰ Ne pas confondre **à l'ombre de**, **sous l'ombre de** et **sous ombre de**. Seules les locutions **à l'ombre de** et **sous l'ombre de** s'emploient au sens propre : *à l'ombre d'un parasol ; sous l'ombre d'un arbre*. Au sens figuré, **à l'ombre de** signifie « sous la protection de » : *à l'ombre du gouvernement*. **Sous l'ombre de** et **sous ombre de**, tour vieilli, signifient « sous prétexte de » : *sous l'ombre de l'altruisme* ou *sous ombre d'altruisme, il s'immisce dans les affaires des autres*. On rencontre aussi la construction **sous ombre que** (+ indic.), également vieillie : *sous ombre qu'il est intelligent, il se croit tout permis*.
HOM. **hombre**
2 **ombre** n. m. (poisson)
HOM. **hombre**
ombrée n. f.
ombrelle n. f.
ϟ Ne pas confondre **ombrelle**, qui signifie « petit parasol portatif », avec **ombelle**, qui signifie « petites fleurs groupées ».
ombrer v. tr. | conjug. 1 |
ombrette n. f.
ombreux, euse adj.
ϟ Ne pas confondre **ombreux**, « qui donne de l'ombre », avec **ombrageux**, « qui s'effraie facilement » ou « susceptible, méfiant », ni avec **ombragé**, « qui reçoit de l'ombre ».
ombrien, ienne adj. et n.
➾ L'adjectif s'écrit sans majuscule : *la population ombrienne*. Le nom s'écrit avec une

majuscule uniquement quand il désigne une personne : *les Ombriens ; c'est une Ombrienne* mais *parler l'ombrien*.

ombrière n. f.

ombrine n. f.

ombromanie n. f.

ombudsman /ɔmbydsman/ n. m. ■ plur. **ombudsmans** ou plur. **ombudsmen**

Ξ On peut employer le pluriel francisé *ombudsmans* ou le pluriel à l'anglaise *ombudsmen*.

oméga n. m. ■ plur. inv. ou plur. **omégas**○

omelette n. f.

➾ Ne pas écrire **ommelette* : ce mot n'a qu'un seul *m*.

omerta n. f.

omettre v. tr. | conjug. 56 |

◗ **omettre** (+ n.) *n'omettre aucun détail*

◗ **omettre de** (+ inf.) *elle a omis de les prévenir*

◗ **omettre que** (+ indic.) *vous omettez qu'il n'est pas au courant*

omicron /-ɔn/ n. m. ■ plur. inv. ou plur. **omicrons**○

omis, ise adj. et n. m.

omission n. f.

➾ Ne pas écrire **ommission* : ce mot n'a qu'un seul *m*.

ommatidie n. f.

omnibus /-ys/ n. m. et adj.

omnicolore adj.

omnidirectionnel, elle adj.

omnipotence n. f.

omnipotent, ente adj.

omnipraticien, ienne n.

omniprésence n. f.

omniprésent, ente adj.

omniscience n. f.

omniscient, iente adj.

omnisports adj.

omnium /-jɔm/ n. m.

omnivore adj.

omohyoïdien adj. m.

omophage adj. et n.

omophagie n. f.

omoplate n. f.

☯ Ce mot est féminin : *une omoplate*.

omphalectomie n. f.

omphalorragie n. f.

omphalotomie n. f.

on pron. indéf.

Ξ Dans la langue soignée, on emploie parfois **l'on** pour éviter un hiatus : *où l'on va ; et l'on pense que... ; si l'on croit ses dires*. On préférera aussi **que l'on** à **qu'on** : *les gens que l'on aime*. En revanche, **l'on** doit être évité quand le mot qui suit commence par un *l* : *ce qu'on lui laisse* (et non **ce que l'on lui laisse*). **L'on** peut également s'employer en tête de phrase mais cet usage est vieilli : *l'on ne saurait penser à tout*. *On* est souvent employé à la place des pronoms personnels, surtout dans le registre familier : *quand est-ce qu'on se voit ? ; chez nous, on parle peu ; eh bien ! on ne s'en fait pas !* Les verbes sont toujours à la troisième personne du singulier mais les adjectifs et les participes passés s'accordent en genre et en nombre avec le sujet réel : *on est arrivés à cinq heures ; alors, on est contente ?* En revanche, il faut employer le possessif de la troisième personne du singulier (*son, sa, ses*) sauf quand *on* équivaut à *nous*, auquel cas on emploiera *notre* et *nos* : *alors, on est satisfaite de son voyage ? ; mes amis et moi, on aime notre ville*.

⌘ Quand il y a plusieurs verbes, la répétition de *on* est obligatoire : *on crie et on pleure* (et non **on crie et pleure*).

HOM. forme du v. **avoir**

→ aussi **ne**

onagracée n. f.

onagrariacée ou **onagrariée** n. f.

[1]**onagre** n. m. (âne, machine de guerre)

[2]**onagre** ou **onagraire** n. f. (plante)

onanique adj.

onanisme n. m.

onaniste adj. et n.

onc ou **oncques** ou **onques** adv.

once n. f.

onchocercose /-k-/ n. f.

onchocerque /-k-/ n. m.

oncial, iale, iaux adj. et n. f.

oncidium /-jɔm/ n. m.

oncirostre adj. et n.

oncle n. m.

oncogène adj.

oncogénétique n. f.

oncologie n. f.

oncologue n.

oncoprotéine n. f.

oncotique adj.

oncques adv.

→ **onc**

onction n. f.

onctueusement adv.

onctueux, euse adj.

onctuosité n. f.

ondatra n. m.

onde n. f.

➾ Ce mot est au singulier dans **longueur d'onde**. Il est au pluriel dans **mettre en ondes** et **mise en ondes**.

ondé, ée adj.

ondée n. f.

ondemètre n. m.

ondin, ine n.

ondinisme n. m.
ondiniste n.
on-dit n. m. inv.
ondoiement n. m.
➾ Ne pas oublier le *e* muet.
ondoscope n. m.
ondoyant, ante adj.
ondoyer v. intr. et v. tr. | conjug. 8 |
ondulant, ante adj.
ondulation n. f.
ondulatoire adj.
ondulé, ée adj.
onduler v. intr. et v. tr. | conjug. 1 |
onduleur n. m.
onduleux, euse adj.
one man show /wanmanʃo/ n. m. ▪ plur. **one man shows**
▫ rec. off. : **(spectacle) solo**
onéraire adj.
onéreusement adv.
onéreux, euse adj.
⌶ **Frais onéreux** et **dépenses onéreuses** sont des pléonasmes à éviter.
one-step /wanstɛp/ n. m. ▪ plur. **one-steps**
one woman show /wanwumanʃo/ n. m. ▪ plur. **one woman shows**
▫ rec. off. : **(spectacle) solo**
O. N. G. n. f. inv.
▫ abrév. de **organisation non gouvernementale**
ongle n. m.
➾ Ce mot est au pluriel dans les locutions **vernis à ongles** et **bec et ongles**.
onglé, ée adj.
onglée n. f.
onglet n. m.
onglette n. f.
onglier n. m.
onglon n. m.
onguent /ɔ̃gɑ̃/ n. m.
➾ Ne pas écrire **onguant*.
onguicule n. m.
onguiculé, ée adj.
onguiforme adj.
ongulé, ée adj. et n. m.
onguligrade adj.
oniomanie n. f.
onirique adj.
onirisme n. m.
oniroanalyse n. f.
onirocrite n. m.
onirocritique n. f.
onirogène adj. et n. m.
oniroïde adj.
onirologie n. f.
onirologue n.
oniromancie n. f.
oniromancien, ienne n.
onirophrénie n. f.
onirothérapie n. f.
onlay /ɔnlɛ/ n. m.
onomasiologie n. f.
onomasiologique adj.
onomasticon n. m.
onomastique n. f. et adj.
onomatomanie n. f.
onomatopée n. f.
onomatopéique adj.
ononis /-nis/ n. m.
onoporde ou **onopordon** n. m.
onques adv.
→ **onc**
onset /ɔnsɛt/ n. m.
onshore adj. inv.
ontique adj.
ontogenèse ou **ontogénie** n. f.
ontogénétique ou **ontogénique** adj.
ontologie n. f.
ontologique adj.
ontologiquement adv.
ontologisme n. m.
ontothéologie n. f.
onusien, ienne adj.
onychie /ɔniki/ n. f.
onychogène /-k-/ adj.
onychologie /-k-/ n. f.
onychomycose /-k-/ n. f.
onychophage /-k-/ n.
onychophagie /-k-/ n. f.
onychose /-k-/ n. f.
onyx n. m.
onyxis /-is/ n. m.
onzain n. m.
onzaine n. f.

'onze adj. numéral inv. et n. inv.
♪ Ce mot ne permet pas l'élision : il faut dire *à partir de onze heures* et non **à partir d'onze heures*. On trouve cependant le composé *dame-d'onze-heures* et la locution **bouillon d'onze heures.** Il ne permet pas non plus la liaison : *les onze* se prononce /leɔ̃z/.
➾ Les numéraux formant un nombre complexe inférieur à cent s'écrivent traditionnellement avec un trait d'union : *cinquante-deux jours*. Les Rectifications de l'orthographe de 1990 préconisent de généraliser l'emploi du trait d'union à tous les numéraux composés, qu'ils soient inférieurs ou supérieurs à cent : *à la page cent-onze ; il a cent-onze-mille euros en espèces.*

'onzième adj. et n.
onzièmement adv.

oocyte n. m.
→ **ovocyte**
oogenèse n. f.
→ **ovogenèse**
oogone n. f.
oolithe ou **oolite** n. f. ou m.
oolithique adj.
oologie n. f.
oolyse n. f.
oosphère n. f.
oospore n. f.
oothèque n. f.
ootomie n. f.
O. P. A. n. f. inv.
▫ abrév. de **offre publique d'achat**
opacifiant, iante adj.
opacification n. f.
opacifier v. tr. | conjug. 7 |
opacimètre n. m.
opacimétrie n. f.
opacité n. f.
opale n. f.
☯ Ce mot est féminin : *une opale.*
➾ On écrit ce mot avec une majuscule dans la dénomination géographique **Côte d'Opale**.
opalescence n. f.
opalescent, ente adj.
opalin, ine adj.
opaline n. f.
opalisation n. f.
opaliser v. tr. | conjug. 1 |
opaque adj.
opaquement adv.
op art /ɔpaʀ(t)/ n. m. ▪ plur. **op arts**
op. cit. loc.
▫ abrév. de **opus citatum**
☰ Cette abréviation s'emploie uniquement à l'écrit. Elle s'écrit en italique dans un texte en romain et en romain dans un texte en italique.
ope n. f. ou m.
HOM. **hop**
O. P. E. n. f. inv.
▫ abrév. de **offre publique d'échange**
opéable adj.
open /ɔpɛn/ adj. et n. m. ▪ plur. inv. ou plur. **opens**○
openfield /ɔpɛnfild/ n. m.
opéra n. m.
➾ Ce mot s'écrit sans majuscule quand il désigne une œuvre : *un opéra de Verdi.* Il s'écrit avec une majuscule quand il désigne un édifice : *l'Opéra de Lille.*
☰ Ce mot peut s'employer seul comme adjectif de couleur ou derrière un adjectif de couleur pour en préciser la nuance ; ces adjectifs sont alors invariables : *des tissus rouge opéra ; des étoffes opéra.*
HOM. formes du v. **opérer**

opérable adj.
opéra-comique n. m. ▪ plur. **opéras-comiques**
opérande n. m.
opérant, ante adj.
opérateur, trice n.
opératif, ive adj.
opération n. f.
➾ Ce mot est au singulier dans les locutions **salle d'opération** et **table d'opération.**
opérationnalité n. f.
opérationnel, elle adj.
opérationnisme n. m.
opératique adj.
opératoire adj.
opératoirement adv.
operculaire adj. et n. f.
opercule n. m.
☯ Ce mot est masculin : *un opercule.*
operculé, ée adj.
operculiforme adj.
opéré, ée adj. et n.
opérer v. tr. | conjug. 6 |
¬ **s'opérer**
➾ Aux temps composés de la forme pronominale, le participe passé s'accorde en genre et en nombre avec le sujet : *une grande transformation s'est opérée.*
opérette n. f.
opéron n. m.
HOM. formes du v. **opérer**
ophiase ou **ophiasis** n. f.
ophicléide n. m.
ophidien, ienne adj. et n. m.
ophidisme n. m.
ophioglosse n. m.
ophioglossée ou **ophioglossacée** n. f.
ophiographie ou **ophiologie** n. f.
ophiolâtrie n. f.
ophiolite n. f.
ophiolitique adj.
ophion n. m.
ophiophage adj. et n.
ophite n. m.
ophiure n. f.
ophiuride ou **ophiuridé** n. m.
ophrys /-is/ n. m. ou f.
ophtalmie n. f.
ophtalmique adj.
ophtalmodynamomètre n. m.
ophtalmodynie n. f.
ophtalmographie n. f.
ophtalmologie n. f.
ophtalmologique adj.
ophtalmologiste ou **ophtalmologue** n.
ophtalmomètre n. m.
ophtalmométrie n. f.

ophtalmoplégie n. f.
ophtalmoplégique adj.
ophtalmoréaction n. f.
ophtalmoscope n. m.
ophtalmoscopie n. f.
ophtalmoscopique adj.
ophtalmostat n. m.
ophtalmotomie n. f.
opiacé, ée adj. et n. m.
opiacer v. tr. | conjug. 3 |
opianine n. f.
opiat n. m.
opilation n. f.
opimes adj. f. pl.
◗ **dépouilles opimes**
opinant n. m.
Opinel® n. m.
➾ Comme tous les noms déposés, ce mot doit s'écrire avec une majuscule : *se servir d'un Opinel*. Toutefois, on le trouve fréquemment employé comme nom générique sans respect de la règle : *se servir d'un opinel*.
opiner v. intr. | conjug. 1 |
opiniâtre adj.
opiniâtrement adv.
opiniâtrer v. tr. | conjug. 1 |
opiniâtreté n. f.
opinion n. f.
➾ Ce mot est toujours au singulier dans les locutions **délit d'opinion**, **liberté d'opinion**, **journal d'opinion**, **leader d'opinion** et **sondage d'opinion**. Il est au pluriel dans **conflit d'opinions**.
HOM. formes du v. **opiner**
opioïde adj. et n. m.
opiomane n.
opiomanie n. f.
opiophage n.
opiophagie n. f.
opisthion n. m.
opisthobranche n. m.
opisthocœle ou **opisthocèle** adj. et n.
opisthodome n. m.
opisthoglyphe ou **opistoglyphe** adj.
opisthognatisme /-gna-/ n. m.
opisthographe adj.
opisthotique adj. et n. m.
opium /-jɔm/ n. m.
opodeldoch /-dɔk/ n. m.
oponce ou **opuntia** n. m.
opontiacée n. f.
opopanax n. m.
opossum /-ɔm/ n. m.
➾ Ne pas écrire **oppossum* : ce mot n'a qu'un seul *p*.
opothérapie n. f.
opothérapique adj.
oppidum /-ɔm/ n. m.
opportun, une adj.
opportunément adv.
opportunisme n. m.
opportuniste n. et adj.
opportunité n. f.
☰ Ce mot signifie « caractère de ce qui convient, de ce qui vient à propos » : *l'opportunité d'une décision*. L'emploi au sens de « circonstance opportune » (*profiter d'une opportunité*) est un anglicisme critiqué qui doit être évité dans la langue soignée.
opposabilité n. f.
opposable adj.
opposant, ante adj. et n.
opposé, ée adj. et n. m.
◗ **à l'opposé (de)** *la gare est à l'opposé ; elle est à l'opposé de son frère*
opposer v. tr. | conjug. 1 |
¬ **s'opposer**
◗ **s'opposer à** (+ n.) *je m'oppose à cette décision*
◗ **s'opposer à ce que** (+ subj.) *il s'oppose à ce que vous preniez de tels risques*
➾ Aux temps composés de la forme pronominale, le participe passé s'accorde en genre et en nombre avec le sujet : *ses parents se sont opposés à son mariage*.
opposite n. m.
◗ **à l'opposite (de)** *leur maison est à l'opposite de la nôtre ; leurs points de vue sont à l'opposite (l'un de l'autre)*
opposition n. f.
oppositionnel, elle adj. et n.
oppressant, ante adj.
oppressé, ée adj.
oppresser v. tr. | conjug. 1 |
⚡ Ne pas confondre **oppresser** et **opprimer**. **Oppresser** signifie « gêner la respiration de » et, au figuré, « accabler, angoisser ». **Opprimer** signifie « persécuter, empêcher de s'exprimer ».
oppresseur, eure n. et adj.
☯ *Oppresseure* est la forme recommandée par l'Office québécois de la langue française pour parler d'une femme.
oppressif, ive adj.
☰ Ce mot ne s'emploie pas pour qualifier des personnes : *des mesures oppressives*.
oppression n. f.
HOM. forme du v. **oppresser**
opprimant, ante adj.
opprimé, ée adj. et n.
opprimer v. tr. | conjug. 1 |
⚡ Ne pas confondre **opprimer** et **oppresser**. **Opprimer** signifie « persécuter, empêcher de s'exprimer ». **Oppresser** signifie « gêner la respiration de » et, au figuré, « accabler, angoisser ».

opprobre n. m.
➾ Ne pas employer **opprobe*, qui n'existe pas.
☯ Ce mot est masculin : *un opprobre*.
O. P. R. n. f.
▫ abrév. de **offre publique de retrait**
opsine n. f.
opsomane n.
opsomanie n. f.
opsonine n. f.
opsonique adj.
Optalidon® n. m.
➾ Comme tous les noms déposés, ce mot doit s'écrire avec une majuscule : *prendre de l'Optalidon*. Toutefois, on le trouve fréquemment employé comme nom générique sans respect de la règle : *prendre de l'optalidon*.
optatif, ive adj.
optation n. f.
opter v. intr. | conjug. 1 |
◗ **opter pour** (+ n.) *ils ont opté pour un prénom composé*
opticien, ienne n.
optima n. m. pl. et adj. pl.
→ **optimum**
optimal, ale, aux adj.
optimalisation n. f.
optimaliser v. tr. | conjug. 1 |
optimation n. f.
optime adv.
optimisation n. f.
optimiser v. tr. | conjug. 1 |
optimiseur n. m.
optimisme n. m.
optimiste adj. et n.
optimum /-ɔm/ n. m. et adj. ▪ plur. **optima** ou plur. **optimums**
☰ On peut employer le pluriel latin *optima* ou le pluriel francisé *optimums*.
Dans le langage soigné, il est préférable de remplacer l'adjectif par *optimal*.
option n. f.
optionnel, elle adj.
optique adj. et n. f.
optiquement adv.
optocoupleur n. m.
optoélectronique n. f. et adj.
optomètre n. m.
optométrie n. f.
optométrique adj.
optométriste n.
optostrié, ée adj.
optotype n. m.
optracken /ɔptʀakɛn/ n. m.
optronique n. f. et adj.
opulemment /-amɑ̃/ adv.
➾ Ne pas écrire **opulamment*.
opulence n. f.
➾ Ne pas écrire **opulance*.
opulent, ente adj.
➾ Ne pas écrire **opulant*.
opuntia /ɔpɔ̃sja/ n. m.
→ **oponce**
opus /ɔpys/ n. m.
opus citatum /ɔpyssitatɔm/ loc.
opuscule n. m.
☯ Ce mot est masculin : *un opuscule*.
opus incertum /ɔpysɛ̃sɛʀtɔm/ n. m. inv.
O. P. V. n. f. inv.
▫ abrév. de **offre publique de vente**
O. Q. n. inv.
▫ abrév. de **ouvrier qualifié**
¹**or** n. m.
☰ *Or* et **vieil or** peuvent s'employer comme adjectifs de couleur ; ils sont alors invariables : *des jupes or ; des rideaux vieil or*.
HOM. **hors, ord**
→ aussi **étalon**
²**or** adv. et conj.
☰ Après *or*, la virgule est fréquente mais pas obligatoire.
HOM. **hors, ord**
oracle n. m.
oraculaire adj.
oraculeux, euse adj.
orage n. m.
orageusement adv.
orageux, euse adj.
oraison n. f.
oral, ale, aux adj.
oralement adv.
oraliser v. tr. | conjug. 1 |
oraliste adj. et n.
oralité n. f.
orange n. f.
☰ Ce mot peut s'employer comme adjectif de couleur ; il est alors invariable : *des pantalons orange ; des blousons orange fluo ; les nouveaux rideaux sont orange*.
orangé, ée adj. et n. m.
➾ Quand cet adjectif de couleur en qualifie un autre, les deux adjectifs sont invariables et liés par un trait d'union : *des reflets rouge-orangé*.
orangeade n. f.
orangeat n. m.
oranger n. m.
orangeraie n. f.
orangère n. f.
orangerie n. f.
orangette n. f.
orangine n. f.
orangisme n. m.
orangiste adj. et n.

orang-outan(g) /ɔʀɑ̃utɑ̃/ ▪ plur. **orangs-outan(g)s** n. m.
➾ Les deux graphies sont admises par l'Académie.
orant, ante n.
orateur, trice n.
oratoire adj. et n. m.
oratoirement adv.
oratorien n. m.
➾ Ce mot s'écrit avec une minuscule lorsqu'il désigne une personne : *un couvent d'oratoriens.* Il s'écrit avec une majuscule lorsqu'il désigne sans ambiguïté l'ordre lui-même : *il est entré chez les Oratoriens.*
oratorio n. m.
orbe n. m. et adj.
orbevoie n. f.
orbicole adj.
orbiculaire adj.
orbière n. f.
orbitage n. m.
orbitaire adj.
orbital, ale, aux adj. et n. f.
orbite n. f.
☯ Ce mot est féminin : *une orbite.*
orbitèle n. f.
orbiter v. intr. | conjug. 1 |
orbiteur n. m.
orcanète ou **orcanette** n. f.
orcéine n. f.
orchésographie ou **orchestographie** /-k-/ n. f.
orchestique /-k-/ n. f.
orchestral, ale, aux /-k-/ adj.
orchestrateur, trice /-k-/ n.
orchestration /-k-/ n. f.
orchestre /-k-/ n. m.
orchestrer /-k-/ v. tr. | conjug. 1 |
orchialgie /-k-/ n. f.
orchidacée /-k-/ n. f.
orchidectomie /-k-/ n. f.
orchidée /-k-/ n. f.
☯ Ce mot est féminin : *une orchidée.*
orchidopexie /-k-/ n. f.
orchis /ɔʀkis/ n. m.
orchite /-k-/ n. f.
ord, orde /ɔʀ, ɔʀd/ adj.
HOM. **hors, or**
ordalie n. f.
ordalique adj.
ordinaire adj. et n. m.
▸ **d'ordinaire** *il est moins élégant que d'ordinaire*
▸ **à l'ordinaire** *je suis arrivé à huit heures comme à l'ordinaire*
ordinairement adv.
[1]**ordinal, ale, aux** adj. et n. m.
[2]**ordinal, aux** n. m. (livre de prières)
ordinand n. m.
ϟ Ne pas confondre **ordinand**, qui désigne celui qui est ordonné prêtre, avec **ordinant**, qui désigne celui qui procède à l'ordination.
HOM. **ordinant**
ordinant n. m.
ϟ Ne pas confondre **ordinant**, qui désigne celui qui procède à l'ordination, avec **ordinand**, qui désigne celui qui est ordonné prêtre.
HOM. **ordinand**
ordinariat n. m.
[1]**ordinateur, trice** adj. et n. m. (religieux)
[2]**ordinateur** n. m. (machine)
➾ Ne pas écrire **ordinnateur* : ce mot n'a qu'un seul *n*.
ordination n. f.
ordinogramme n. m.
ordo n. m. ▪ plur. inv. ou plur. **ordos**
ordonnable adj.
ordonnance n. f.
☯ Ce mot s'est parfois employé au masculin pour désigner un domestique militaire.
ordonnancement n. m.
ordonnancer v. tr. | conjug. 3 |
ordonnancier n. m.
HOM. formes du v. **ordonnancer**
ordonnateur, trice n.
ordonné, ée adj.
ordonnée n. f.
ordonner v. tr. | conjug. 1 |
▸ **ordonner** (+ n.) *il a ordonné la fermeture de l'établissement*
▸ **ordonner de** (+ inf.) *je vous ordonne de partir*
☰ **Ordonner que** est parfois suivi du futur simple ou du conditionnel présent mais le subjonctif est plus fréquent : *il ordonne que tout le monde soit convoqué chez lui.*
¬ **s'ordonner**
➾ Aux temps composés de la forme pronominale, le participe passé s'accorde en genre et en nombre avec le sujet : *ses idées se sont ordonnées.*
ordovicien, ienne adj. et n. m.
ordre n. m.
➾ Ce mot s'écrit sans majuscule dans les dénominations d'ordres religieux ou honorifiques : *l'ordre des Bénédictins ; l'ordre de la Légion d'honneur ; l'ordre de Malte.* En revanche, il s'écrit avec une majuscule dans les dénominations d'organisations professionnelles à caractère unique : *l'Ordre des médecins ; le conseil de l'Ordre.*
☰ **Ordre impératif** est un pléonasme à éviter. Les locutions **du premier/du second/du dernier ordre** sont vieillies. De nos jours, on emploie plutôt **de premier/de second/de**

dernier ordre : *un auteur de premier ordre* ; *des œuvres de second ordre*.
ordure n. f.
ordurier, ière adj.
öre /øʀ/ n. m.
oréade n. f.
orée n. f.
HOM. forme du v. **avoir**
oreillard, arde adj. et n. m.
oreille n. f.
➾ Ce mot est au singulier dans les locutions **bouche à oreille** et **être dur d'oreille**. Il est au pluriel dans la locution **être tout oreilles**. Il s'accorde en nombre dans **boucle d'oreille** et **pendant d'oreille** : *une boucle d'oreille* ; *des pendants d'oreilles*.
Ξ Ne pas confondre les locutions **se faire tirer l'oreille**, qui signifie « se faire prier, obéir avec réticence », et **se faire tirer les oreilles**, qui signifie « se faire réprimander ».
Ne pas employer ***rabattre les oreilles** à la place de **rebattre les oreilles**.
oreiller n. m.
oreillette n. f.
oreillon n. m.
orémus /-ys/ n. m.
oréopithèque n. m.
ores adv. et conj.
Ξ Cette graphie ancienne de l'adverbe *or* ne s'emploie plus que dans la locution **d'ores et déjà**.
orfèvre n.
orfévré, ée adj.
orfèvrerie n. f.
orfraie n. f.
➾ Ce mot est employé par confusion dans l'expression **pousser des cris d'orfraie** : c'est l'*effraie*, et non l'*orfraie*, qui pousse des cris stridents. Cette expression est toutefois très courante et ne peut être considérée comme fautive.
orfroi n. m.
organal, ale, aux adj.
organdi n. m.
organe n. m.
organeau n. m.
organelle n. m.
organicien, ienne adj. et n.
organicisme n. m.
organiciste adj. et n.
organier, ière n.
organigramme n. m.
organique adj.
organiquement adv.
organisable adj.
organisant, ante adj.
organisateur, trice n.
organisation n. f.
➾ Ce mot s'écrit avec une majuscule dans les dénominations d'organismes à caractère unique : *l'Organisation des Nations unies* ; *l'Organisation mondiale de la santé*.
organisationnel, elle adj.
organisé, ée adj.
organiser v. tr. | conjug. 1 |
¬ **s'organiser**
➾ Aux temps composés de la forme pronominale, le participe passé s'accorde en genre et en nombre avec le sujet : *la résistance s'est organisée*.
organiseur n. m.
◻ rec. off. : **agenda électronique**
organisme n. m.
organiste n.
organite n. m.
organochloré, ée /-k-/ adj. et n. m.
organodynamie n. f.
organodynamique adj.
organodynamisme n. m.
organogène adj.
organogenèse n. f.
organogénie n. f.
organographie n. f.
organographique adj.
organoleptique adj.
organoleptiquement adv.
organologie n. f.
organomagnésien n. m.
organométallique adj.
organon n. m.
organophosphoré, ée adj. et n. m.
organosilicié, ée adj.
organosol n. m.
organothérapie n. f.
organotypique adj.
organsin n. m.
organsinage n. m.
organsiner v. tr. | conjug. 1 |
organsineur n. m.
organum /-ɔm/ n. m.
organza n. m.
orgasme n. m.
orgasmique adj.
orgastique adj.
orge n. f. et n. m.
☯ Ce mot n'est masculin que dans les locutions **orge mondé** et **orge perlé**.
orgeat n. m.
orgelet n. m.
orgerie n. f.
orgiaque adj.
orgiasme n. m.
orgiastique adj.
orgiastiquement adv.

orgie n. f.
orgue n. m.
☯ Ce mot est féminin au pluriel quand il désigne un seul instrument : *les grandes orgues de Notre-Dame.*
➾ Dans **orgue de Barbarie**, *Barbarie* s'écrit avec une majuscule car il vient du nom propre *Barberi.*
orgueil n. m.
➾ Ne pas écrire **orgueuil* ni **orgeuil.*
orgueilleusement adv.
orgueilleux, euse adj.
orguette n. f.
oribus /-ys/ n. m.
orichalque /-k-/ n. m.
oriel n. m.
orient /ɔʀjɑ̃/ n. m.
➾ Ce mot s'écrit avec une minuscule quand il désigne le point cardinal : *le soleil se lève à l'orient.* Il s'écrit avec une majuscule quand il désigne l'Asie et parfois certains pays du bassin méditerranéen ou de l'Europe centrale : *des tapis d'Orient ; le schisme d'Orient.* Avec des majuscules, **le Grand Orient** désigne une loge franc-maçonnique.
orientable adj.
oriental, ale, aux adj. et n.
➾ L'adjectif s'écrit sans majuscule : *les peuples orientaux ; l'Afrique orientale.* Le nom s'écrit avec une majuscule : *les Orientaux ; c'est une Orientale.*
orientalisant, ante adj.
orientaliser v. tr. | conjug. 1 |
¬ **s'orientaliser**
➾ Aux temps composés de la forme pronominale, le participe passé s'accorde en genre et en nombre avec le sujet : *elle s'est orientalisée.*
orientalisme n. m.
orientaliste n. et adj.
orientation n. f.
orienté, ée adj.
orientement n. m.
orienter v. tr. | conjug. 1 |
¬ **s'orienter**
➾ Aux temps composés de la forme pronominale, le participe passé s'accorde en genre et en nombre avec le sujet : *elle s'est orientée vers la recherche.*
orienteur, euse n.
➾ Ne pas employer **orientateur,* qui n'existe pas.
orienteur-marqueur n. m. ▪ plur. **orienteurs-marqueurs**
orifice n. m.
oriflamme n. f.
☯ Ce mot est féminin : *une oriflamme.*
origami n. m.
origan n. m.
originaire adj.
originairement adv.
[1]**original, ale, aux** adj. et n. (personne)
[2]**original, aux** n. m. (document, modèle)
originalement adv.
originalité n. f.
origine n. f.
originel, elle adj.
originellement adv.
originer (s') v. pron. | conjug. 1 |
➾ Aux temps composés de la forme pronominale, le participe passé s'accorde en genre et en nombre avec le sujet : *son angoisse s'est originée dans ce traumatisme.*
orignal, aux n. m.
orillon n. m.
orin n. m.
oringuer v. tr. | conjug. 1 |
oriol ou **oriole** n. m.
oriolidé n. m.
oripeau n. m.
[1]**O. R. L.** n. f. et adj.
▫ abrév. de **otorhinolaryngologie** ou abrév. de **otorhinolaryngologique**
[2]**O. R. L.** n.
▫ abrév. de **otorhinolaryngologiste**
orle n. m.
orlé, ée adj.
orléanisme n. m.
orléaniste n. et adj.
[1]**orléans** n. f. (étoffe)
➾ Lorsqu'il désigne une étoffe, ce mot s'écrit sans majuscule, contrairement au nom propre qui désigne la ville : *des étoffes d'Orléans* mais *une veste d'été en orléans.*
[2]**orléans** n. m. (vx : vin)
➾ Lorsqu'il désigne un vin, ce mot s'écrit sans majuscule, contrairement au nom propre qui désigne la ville : *un vin d'Orléans* mais *une bouteille d'orléans.*
Orlon® n. m.
➾ Comme tous les noms déposés, ce mot doit s'écrire avec une majuscule : *un pull en Orlon.* Toutefois, on le trouve fréquemment employé comme nom générique sans respect de la règle : *un pull en orlon.*
ormaie ou **ormoie** n. f.
HOM. **ormet**
orme n. m.
ormeau n. m.
ormet n. m.
HOM. **ormaie**
ormier n. m.
ormille n. f.
ormoie n. f.
→ **ormaie**
orne n. m.

ornemaniste n.
➾ Ne pas employer **ornementiste*, qui n'existe pas.
ornement n. m.
ornemental, ale, aux adj.
ornementation n. f.
ornementer v. tr. | conjug. 1 |
orner v. tr. | conjug. 1 |
ornière n. f.
ornithogale n. m.
ornithologie n. f.
ornithologique adj.
ornithologue n.
ornithomancie n. f.
ornithophile n. et adj.
ornithoptère n. m.
ornithorynque n. m.
ornithose n. f.
orobanchacée n. f.
orobanche n. f.
orobe n. m.
orogenèse n. f.
orogénie n. f.
orogénique adj.
orographie n. f.
orographique adj.
orohydrographique adj.
orométrie n. f.
oronge n. f.
☯ Ce mot est féminin : *une oronge.*
oronyme n. m.
oronymie n. f.
oronymique adj.
oropharynx n. m.
orophile adj.
orpaillage n. m.
orpailleur, euse n.
orphée n. f.
orphelin, ine n. et adj.
orphelinage n. m.
orphelinat n. m.
orphéon n. m.
orphéonique adj.
orphéoniste n.
orphie n. f.
orphique adj.
orphisme n. m.
➾ Qu'il désigne une doctrine religieuse ou un mouvement artistique, ce mot s'écrit sans majuscule : *les rites de l'orphisme* ; *l'orphisme de Delaunay*.
orpiment n. m.
orpin n. m.
orque n. f.
☯ Ce mot est féminin : *une orque.*
orseille n. f.
orteil n. m.
Ξ **Orteil de pied** est un pléonasme à éviter.
orthèse n. f.
orthicon n. m.
ortho adj. inv.
orthocentre n. m.
orthocentrique adj.
orthochromatique /-k-/ adj.
orthochromatisme /-k-/ n. m.
orthodiagramme n. m.
orthodontie /-ti ; -si/ n. f.
orthodontique adj.
orthodontiste n.
orthodoxe adj. et n.
➾ Comme tous les mots désignant ou qualifiant une religion ou ses adeptes, ce mot s'écrit sans majuscule : *la religion orthodoxe* ; *les orthodoxe.*
orthodoxie n. f.
orthodromie n. f.
orthodromique adj.
orthoépie n. f.
orthogenèse n. f.
orthogénie n. f.
orthogénisme n. m.
orthognathe /-gnat/ adj.
orthognathisme /-gnat-/ n. m.
orthogonal, ale, aux adj.
orthogonalement adv.
orthograde adj.
orthographe n. f.
☯ Ce mot est féminin : *une orthographe.*
orthographie n. f.
orthographier v. tr. | conjug. 7 |
orthographique adj.
orthographiquement adv.
orthologie n. f.
orthologique adj.
orthonormal, ale, aux adj.
orthonormé, ée adj.
orthopédie n. f.
orthopédique adj.
orthopédiste n.
orthophonie n. f.
orthophonique adj.
orthophoniste n.
orthophorie n. f.
orthophotocarte n. f.
orthophotographie n. f.
orthopnée n. f.
orthoprothésiste n.
orthoptère n. m. et adj.
orthopticien, ienne ou **orthoptiste** n.
orthoptie n. f.
orthoptique adj. et n. f.
orthoptiste n.
→ **orthopticien**

orthorhombique adj.
orthoscopie n. f.
orthoscopique adj.
orthose n. m.
orthostate n. m.
orthostatique adj.
orthosympathique adj.
orthotrope adj.
ortie n. f.
ortive adj. f.
ortolan n. m.
orvale n. f.
orvet n. m.
orviétan n. m.
orvieto ou **orviéto**° n. m.
➾ Lorsqu'il désigne un vin, ce mot s'écrit sans majuscule, contrairement au nom propre qui désigne la ville : *un vin d'Orvieto* mais *une bouteille d'orvieto*.
orwellien, ienne adj.
oryctérope n. m.
oryctographie ou **oryctologie** n. f.
Orylag® n. m.
➾ Comme tous les noms déposés, ce mot doit s'écrire avec une majuscule : *de la fourrure d'Orylag*. Toutefois, on le trouve fréquemment employé comme nom générique sans respect de la règle : *de la fourrure d'orylag*.
oryx n. m.
os /ɔs ; plur. o/ n. m.
♪ Le *s* se prononce uniquement au singulier, sauf dans quelques locutions comme **sac d'os** ou **en chair et en os**.
HOM. (du plur.) **au, aulx** (plur. de *ail*), **eau, haut, ho, o, ô, oh**
O. S. n.
▫ abrév. de **ouvrier spécialisé**
ôs /øs/ n. m.
osanore adj.
oscabrion n. m.
oscar n. m.
➾ Ce mot s'écrit sans majuscule : *ce film a reçu deux oscars*.
oscarisé, ée adj.
oscietre n. m.
oscillant, ante /-il-/ adj.
oscillateur /-il-/ n. m.
oscillation /-il-/ n. f.
oscillatoire /-il-/ adj.
oscillatrice /-il-/ n. f.
osciller /-il-/ v. intr. | conjug. 1 |
oscillogramme /-il-/ n. m.
oscillographe /-il-/ n. m.
oscillomètre /-il-/ n. m.
oscillométrie /-il-/ n. f.
oscilloscope /-il-/ n. m.
oscitation n. f.
osculaire adj.
osculateur, trice adj.
osculation n. f.
oscule n. m.
os-de-mouton n. m. inv.
ose n. m.
HOM. formes du v. **oser**
osé, ée adj.
oseille n. f.
oser v. tr. | conjug. 1 |
⌘ Avec le verbe *oser* suivi d'un infinitif, *ne* peut être employé sans autre négation : *je n'ose lui parler*.
oseraie n. f.
HOM. formes du v. **oser**
oseur, euse adj. et n.
oside n. m.
osier n. m.
HOM. formes du v. **oser**
osiériculteur, trice n.
osiériculture n. f.
osiériste n.
osiriaque adj.
osirien, ienne adj.
osmatique adj.
osmesthésie n. f.
osmiate n. m.
osmie n. f.
osmiesthésimètre n. m.
osmique adj.
osmium /-jɔm/ n. m.
osmocepteur n. m.
osmolaire adj.
osmolarité n. f.
osmole n. f.
osmologie n. f.
osmomètre n. m.
osmonde n. f.
osmonocivité n. f.
osmophore adj. et n. m.
osmorécepteur n. m.
osmorégulateur, trice adj. et n. m.
osmorégulation n. f.
osmosat n. m.
osmose n. f.
osmoseur n. m.
osmotactisme n. m.
osmotaxie n. f.
osmothèque n. f.
osmotique adj.
osmotiquement adv.
osmotoxicité n. f.
osmotrophe adj. et n. m.
osmotrophie n. f.
osque adj. et n.
➾ L'adjectif s'écrit sans majuscule : *le peuple*

osque. Le nom s'écrit avec une majuscule uniquement quand il désigne une personne : *les Osques ; une Osque* mais *ils parlaient l'osque*.

ossature n. f.
ossaturé, ée adj.
osséine n. f.
osselet n. m.
ossements n. m. pl.
osseret n. m.
ossète n. et adj.
➾ L'adjectif s'écrit sans majuscule : *le peuple ossète*. Le nom s'écrit avec une majuscule uniquement quand il désigne une personne : *les Ossètes ; une Ossète* mais *parler l'ossète*..
osseux, euse adj.
ossianique adj.
ossianisme n. m.
ossicule n. m.
ossifère adj.
ossification n. f.
ossifier v. tr. | conjug. 7 |
¬ **s'ossifier**
➾ Aux temps composés de la forme pronominale, le participe passé s'accorde en genre et en nombre avec le sujet : *des cartilages se sont ossifiés*.
ossifluent, ente adj.
ossifrage n. m.
osso buco ▪ plur. inv. ou **ossobuco**○ ▪ plur. **ossobucos**○ n. m.
ossu, ue adj.
ossuaire n. m.
ost n. m.
ostariophysaire n. m.
ostéalgie n. f.
ostéalgique adj.
ostéichtyen /-k-/ n. m.
ostéide n. f.
ostéine n. f.
ostéite n. f.
ostensible adj.
ostensiblement adv.
ostensif, ive adj.
ostension n. f.
ostensoir n. m.
ostentateur, trice adj.
ostentation n. f.
ostentatoire adj.
ostéoarthrite n. f.
ostéoblaste n. m.
ostéochondrite /-k-/ n. f.
ostéochondrose /-k-/ n. f.
ostéoclasie n. f.
ostéoclaste n. m.
ostéocyte n. m.
ostéodensitométrie n. f.
ostéogène adj.
ostéogenèse ou **ostéogénie** n. f.
ostéographie n. f.
ostéoïde adj. et n. m.
ostéolepis /-lepis/ n. m.
ostéolite n. f.
HOM. **ostéolithe**
ostéolithe n. m.
HOM. **ostéolite**
ostéologie n. f.
ostéologique adj.
ostéolyse n. f.
ostéolytique adj.
ostéomalacie n. f.
ostéome n. m.
ostéométrie n. f.
ostéomusculaire adj.
ostéomyélite n. f.
ostéone n. m.
ostéonécrose n. f.
ostéopathe n.
ostéopathie n. f.
ostéopathique adj.
ostéopétrose n. f.
ostéopétrotique adj.
ostéophlegmon n. m.
ostéophyte n. m.
ostéophytose n. f.
ostéoplastie n. f.
ostéoporose n. f.
ostéoporotique adj. et n.
ostéopraticien, ienne n.
ostéosarcome n. m.
ostéose n. f.
ostéostracé n. m.
ostéosynthèse n. f.
ostéothérapie n. f.
ostéotomie n. f.
ostéotrope adj.
ostiak ou **ostyak** n. m.
➾ Comme tous les noms de langues, ce mot s'écrit sans majuscule : *parler l'ostiak* ou *l'ostyak*.
ostial, ale, aux adj.
ostiariat n. m.
ostiole n. m.
ostium /-jɔm/ n. m.
ostothèque n. f.
ostpolitik n. f.
ostracé, ée adj. et n.
ostraciser v. tr. | conjug. 1 |
ostracisme n. m.
ostracoderme n. m.
ostracode n. m.
ostracologie n. f.
ostracologique adj.
ostracon ou **ostrakon** /-ɔn/ n. m.

ostracum /-kɔm/ n. m.
ostréicole adj.
ostréiculteur, trice n.
ostréiculture n. f.
ostréidé n. m.
ostréophile adj.
ostrogoth, gothe /ostʀogo, gɔt/ n. et adj.
➾ L'adjectif s'écrit sans majuscule : *le peuple ostrogoth*. Le nom s'écrit avec une majuscule uniquement quand il désigne un habitant de la partie orientale des territoires occupés par les Goths : *les Ostrogoths ; une Ostrogothe*. Il s'écrit avec une minuscule quand il désigne une personne rustre ou extravagante : *qu'est-ce que c'est que cet ostrogoth ?*
ostyak n. m.
→ **ostiak**
otage n.
➾ Ce mot peut rester au singulier dans la locution **prendre en otage** quand le complément est au pluriel : *ils ont été pris en otage(s)*.
otalgie n. f.
otalgique adj.
otarie n. f.
ôté prép.
➾ Comme toutes les prépositions, *ôté* est invariable : *ôté quelques pages, ce livre est excellent*.
ôte-agrafe(s) n. m. ▪ plur. **ôte-agrafes**
ôter v. tr. | conjug. 1 |
otique adj.
otite n. f.
otitique adj.
otocoris /-is/ n. m. ou f.
otocyon n. m.
otocyste n. m.
otolithe n. m.
otolithique adj.
otologie n. f.
otomassage n. m.
otopiésis /-is/ n. f.
otorhino ▪ plur. **otorhinos** ou **oto-rhino** ▪ plur. **oto-rhinos** n.
□ abrév. de **otorhinolaryngologiste**
otorhinolaryngologie ▪ plur. **otorhinolaryngologies** ou **oto-rhino-laryngologie** ▪ plur. **oto-rhino-laryngologies** n. f.
otorhinolaryngologique ▪ plur. **otorhinolaryngologiques** ou **oto-rhino-laryngologique** ▪ plur. **oto-rhino-laryngologiques** adj.
otorhinolaryngologiste ▪ plur. **otorhinolaryngologistes** ou **oto-rhino-laryngologiste** ▪ plur. **oto-rhino-laryngologistes** n.
otorragie n. f.
otorrhée ou **otorrée** n. f.
otorrhéique adj.
otosclérose n. f.
otoscope n. m.
otoscopie n. f.
otospongiose n. f.
[1]**ottoman, ane** adj. et n. (de la dynastie fondée par Othman)
➾ L'adjectif s'écrit sans majuscule : *la population ottomane ; l'Empire ottoman*. Le nom s'écrit avec une majuscule : *les Ottomans ; c'est une Ottomane*.
[2]**ottoman** n. m. (étoffe)
ottomane n. f. (canapé)

---

ou conj. et n. m.
➾ Ne pas écrire *ou* comme *où* : si l'on peut remplacer par **ou bien**, *ou* s'écrit sans accent.
⌘ *Ou* ne peut coordonner que des éléments de même nature : on ne dira pas **il veut une glace ou boire de l'eau* mais *il veut manger une glace ou boire de l'eau* ou *il veut une glace ou de l'eau*.
Ou ne peut s'employer dans une proposition négative : on ne dira pas **elle n'a jamais vu la mer ou l'océan* mais *elle n'a jamais vu la mer ni l'océan*.
Dans une suite de plus de deux termes, *ou* se place soit devant le dernier, soit devant chaque terme sauf le premier : on peut dire *veuillez apporter du vin, du fromage ou du pain* ou *veuillez apporter du vin, ou du fromage, ou du pain*. *Ou* peut également être répété avec deux propositions symétriques : *ou c'est lui ou c'est moi*.
Ou n'est pas précédé d'une virgule quand il relie deux mots ou groupes de mots de même nature ou des propositions ayant le même sujet : *c'est maintenant ou jamais ; avez-vous faim ou soif ? ; je le ferai seul ou je demanderai de l'aide*. Il n'est pas non plus précédé d'une virgule dans les énumérations dont les éléments ne sont pas exclusifs (*ou* a alors le sens de *et*) : *la France ou l'Italie ou l'Allemagne sont des exemples de pays industrialisés*. En revanche, *ou* doit être précédé d'une virgule dans les énumérations dont les éléments sont exclusifs : *nous partirons en France, ou en Allemagne, ou en Italie*. La virgule est également obligatoire quand *ou* relie des propositions ayant des sujets différents ou quand il introduit un synonyme, une explication ou une nuance : *je le ferai seul, ou quelqu'un m'aidera ; la pariétaire, ou casse-pierre, pousse sur les murs ; l'oisiveté, ou plutôt le manque d'intérêt, le rend triste*.
Avec deux sujets au singulier reliés par *ou*, le verbe se met au pluriel s'il peut se rapporter aux deux sujets : *sa mère ou son père peuvent l'accompagner*. Si l'action verbale ne peut se rapporter qu'à un seul sujet, le verbe est obligatoirement au singulier : *c'est Paul ou Jean qui gagnera*. Quand les sujets sont des pronoms personnels, l'accord suit la règle

habituelle : *elle ou moi le ferons*. L'adjectif s'accorde avec les éléments liés par *ou* auxquels il se rapporte : *je recherche un immeuble avec une cour ou un jardin intérieurs* mais *je recherche un immeuble avec une cour ou un jardin potager*.
Ξ **Ou sinon** est admis dans l'usage courant : *qu'il se calme, ou sinon je me fâche*. Dans le registre soutenu, on emploiera *ou* ou *sinon* seuls : *qu'il se calme, ou je me fâche ; qu'il se calme, sinon je me fâche*.
HOM. **août, hou, houe, houx, où**

où pron., adv. rel. et interrog.
▸ **où que** (+ subj.) *où que vous alliez*
⌘ *Où* ne peut être employé avec *y* ni avec *en* : on ne doit pas dire **la rue où j'y suis né* ni **la ville d'où j'en viens* mais *la rue où je suis né* et *la ville d'où je viens*.
Où ne peut être précédé à la fois de l'adverbe *là* et d'une autre préposition (*de, jusque, par*) : on ne dira pas **par là où nous sommes passés* ni **de là où nous venons* mais *par où nous sommes passés* et *d'où nous venons*.
Avec un nom de lieu introduit par *de*, on peut employer *dont* ou **d'où** : *la ville dont je viens* ou *d'où je viens*.
Avec un antécédent désignant une période, on peut employer *où* ou *que* : *l'année où nous nous sommes rencontrés* ou *l'année que nous nous sommes rencontrés* ; *un jour où j'étais en vacances* ou *un jour que j'étais en vacances*. L'emploi de *où* est courant, celui de *que* est plus soutenu.
Avec **c'est là** et **c'est à**, on emploie *que* et non *où* : *c'est là que je vis* (et non **c'est là où je vis*).
Où et *pour* sont en concurrence devant un infinitif : *nous cherchons un endroit où dormir* ou *pour dormir*. Les deux tours sont corrects.
HOM. **août, hou, houe, houx, ou**
→ aussi **ou, cas**

ouabaïne n. f.
ouache interj.
'ouah interj.
HOM. **oie, wouah**
ouaille n. f.
Ξ De nos jours, ce mot s'emploie presque toujours au pluriel : *le curé et ses ouailles*.
'ouais interj.
'ouananiche n. f.
'ouaouaron n. m.
ouatage n. m.
(')ouate /(')wat/ n. f.
♪ Devant *ouate*, l'élision est facultative : on peut dire *de la ouate* ou *de l'ouate*. En revanche, *ouate* ne permet pas la liaison : *des ouates* se prononce /dewat/ et non /*dezwat/.
HOM. **watt**

ouaté, ée adj.
'ouater v. tr. | conjug. 1 |
ouaterie n. f.
ouateux, euse adj.
'ouatine n. f.
'ouatiner v. tr. | conjug. 1 |
oubli n. m.
HOM. **oublie**
oubliable adj.
oublie n. f.
HOM. **oubli**
oublié, ée adj. et n.
oublier v. tr. | conjug. 7 |
▸ **oublier** (+ n.) *j'ai oublié mon chapeau*
▸ **oublier de** (+ inf.) *il a oublié de fermer la porte*
Ξ Avec **oublier que**, l'usage du subjonctif est littéraire ou vieilli. De nos jours, on emploie l'indicatif ou le conditionnel selon que le fait est accompli ou éventuel : *j'avais oublié qu'il venait tous les lundis ; j'avais oublié qu'il viendrait demain*.
¬ **s'oublier**
➾ Aux temps composés de la forme pronominale, le participe passé s'accorde en genre et en nombre avec le sujet : *elles ne se sont pas oubliées*.
oubliette n. f.
¹oublieur ou **oublieux** n. m. (marchand d'oublies)
²oublieur, euse n. (personne de peu de mémoire)
oublieusement adv.
oublieux, ieuse adj.
ouch /autʃ/ interj.
ouche n. f.
oud /ud/ n. m.
oudinisation n. f.
oudiste n.
ouech adv. et n.
→ **wech**
oued /wɛd/ n. m.
ouest n. m. inv. et adj. inv.
➾ Employé comme adjectif, ce mot s'écrit sans majuscule : *la côte ouest*. Le nom s'écrit avec une minuscule quand il désigne une orientation, une direction ou une exposition : *un vent d'ouest ; aller vers l'ouest ; le soleil se couche à l'ouest*. Il s'écrit avec une majuscule quand il désigne une entité géographique : *les relations entre l'Est et l'Ouest ; la conquête de l'Ouest ; les Allemands de l'Ouest*. Quand il désigne une région, *ouest* s'écrit avec une minuscule lorsqu'il a un complément et avec une majuscule quand il n'en a pas : *l'ouest de la France* mais *ils habitent dans l'Ouest*.

ouest-allemand, ande adj. et n. ■ plur. **ouest-allemands, andes**
➾ L'adjectif s'écrit sans majuscule : *la population ouest-allemande*. Le nom s'écrit avec une majuscule : *les Ouest-Allemands ; une Ouest-Allemande*.

[1]**'ouf** adj. et n. (fam. : fou)

[2]**'ouf** interj.

ougaritique adj. et n. m.
➾ Comme tous les noms de langues, ce mot s'écrit sans majuscule : *des textes en ougaritique*.

ougrien, ienne adj.

ouh interj.
→ **hou**

'oui adv. d'affirmation
♪ *Oui* ne permet ni l'élision ni la liaison : *que oui* /kəwi/ ; *un oui* /œwi/.
⌘ *Oui* ne peut être employé pour répondre à une question négative : à la question *ne l'avez-vous pas vu ?*, on ne répondra pas *oui* mais *si*.
➾ Employé comme nom, *oui* est invariable : *une majorité de oui ; des oui enthousiastes*.
HOM. **ouïe**, formes du v. **ouïr**

oui-da interj.

'ouï-dire n. m. inv.

ouïe n. f.
➾ Attention à l'orthographe de *tout* dans l'expression **être tout ouïe**.
HOM. **oui**

ouïgour ou **ouïghour** /uigur ; ujgur/ n. m.
➾ Comme tous les noms de langues, ce mot s'écrit sans majuscule : *des textes en ouïgour* ou *en ouïghour*.

ouillage n. m.

'ouille interj.
HOM. **houille**, formes du v. **ouiller**

ouiller v. tr. | conjug. 1 |
HOM. **houiller**

ouillère ou **ouillière** ou **oullière** n. f.
HOM. **houillère** fém. de houiller, forme du v. **ouiller**

'ouin interj.
HOM. **oint**, formes du v. **oindre**

ouïr v. tr. | conjug. *j'ois, nous oyons ; j'oyais ; j'ouïs ; j'ouïrai ; que j'oie, que nous oyions ; que j'ouïsse ; oyant ; ouï* |
CONJUG. Ce verbe s'emploie surtout à l'infinitif et au participe passé.
➾ Dans la langue juridique, le participe passé *ouï* s'emploie parfois comme préposition ; il est alors invariable : *ouï les témoins*.

'ouistiti n. m.
♪ Ce mot ne permet pas la liaison ni l'élision : *le ouistiti* (et non **l'ouistiti*).

oukase ou **ukase** n. m.
☯ Ce mot est masculin : *un oukase*.

ouléma n. m.
→ **uléma**

oulipien, ienne adj. et n.

oullière n. f.
→ **ouillère**

oulmière n. f.

oumiak n. m.

ounce n. f.

ouolof adj. et n.
→ **wolof**

oupille n. f.

oups interj.

oura n. m.
HOM. **hourra**

ouragan n. m.

ouralien, ienne adj.

ouralique n. m.

ouraloaltaïque adj.

ouraque n. m.

ourdir v. tr. | conjug. 2 |

ourdissage n. m.

ourdisseur, euse n.

ourdissoir n. m.

ourdou, oue ou **urdu** adj. et n. m.
➾ Comme tous les noms de langues, ce mot s'écrit sans majuscule : *parler l'ourdou*.

ourlé, ée adj.

ourler v. tr. | conjug. 1 |

ourlet n. m.
HOM. formes du v. **ourler**

ourlien, ienne adj.

ourque n. f.

ours /urs/ n. m.
Ξ Au sens figuré, ce mot s'emploie comme nom ou comme adjectif pour parler d'une personne insociable ou hargneuse, qui recherche la solitude : *il est un peu ours*. Il est invariable en genre mais peut s'employer pour parler d'une femme : *sa compagne est un ours*.

ourse n. f.
➾ Ce mot s'écrit avec une majuscule dans les noms de constellations **la Grande Ourse** et **la Petite Ourse**.

ourserie n. f.

oursin n. m.

oursinade n. f.

oursinier, ière n.

ourson n. m.

ousque adv.

oustau n. f.

'ouste ou **oust** interj.

'out /aut/ adv. et adj. inv.
◘ rec. off. : **dehors**

outarde n. f.

outardeau n. m.

outil /uti/ n. m.

outillage n. m.
outiller v. tr. | conjug. 1 |
outilleur, euse n.
outing /autiŋ/ n. m.
outlaw /autlo/ n. m.
outplacement /aut-/ n. m.
output /autput/ n. m.
◘ rec. off. : **produit de sortie**
outrage n. m.
outragé, ée adj.
outrageant, ante adj.
outrager v. tr. | conjug. 3 |
outrageusement adv.
outrageux, euse adj.
outrance n. f.
outrancier, ière adj.
outrancièrement adv.
[1]**outre** n. f.
[2]**outre** prép. et adv.
▸ **outre que** (+ indic. ou condit.) *outre qu'il est idiot, il est très laid ; outre qu'elle pourrait venir, elle pourrait nous aider*
▸ **en outre** *il est tombé malade... (et) en outre, il a perdu son emploi*
▸ **outre mesure** *ce voyage ne l'avait pas fatigué outre mesure*
▸ **passer outre à** (+ n.) *passer outre à une interdiction*
☰ La locution **plus outre** est vieillie ou littéraire : *passons plus outre.*
En outre de, employé par analogie avec **en plus de**, est critiqué. Dans la langue soignée, il est préférable de l'éviter.
outré, ée adj.
outre-Atlantique adv.
outrecuidance n. f.
outrecuidant, ante adj.
outre-Manche adv.
outremer n. m.
☰ Ce mot peut s'employer seul comme adjectif de couleur ou derrière un adjectif de couleur pour en préciser la nuance ; ces adjectifs sont alors invariables : *des collants bleu outremer ; des peintures outremer.*
outre-mer adv.
outre-monts adv.
outrepassé, ée adj.
outrepasser v. tr. | conjug. 1 |
outrer v. tr. | conjug. 1 |
outre-Rhin adv.
outre-tombe adv.
outrigger ou **outriggeur**○ /autʀigœʀ/ n. m.
outsider ou **outsideur**○ /autsajdœʀ/ n. m.
ouvert, erte adj.
→ aussi **grand**
ouvertement adv.
ouverture n. f.
ouvrabilité n. f.
ouvrable adj. m.
↯ Ne pas confondre **jour ouvrable**, « jour où l'on peut travailler », avec **jour ouvré**, « jour où l'on travaille ».
ouvrage n. m.
☯ Ce mot est féminin dans l'expression populaire **c'est de la belle ouvrage**.
ouvragé, ée adj.
ouvrager v. tr. | conjug. 3 |
ouvraison n. f.
ouvrant, ante n. m. et adj.
ouvré, ée adj.
↯ Ne pas confondre **jour ouvré**, « jour où l'on travaille », avec **jour ouvrable**, « jour où l'on peut travailler ».
ouvreau n. m.
ouvre-boîte ▪ plur. **ouvre-boîtes** ou **ouvre-boite**○ ▪ plur. **ouvre-boites**○ n. m.
ouvre-bouteille n. m. ▪ plur. **ouvre-bouteilles**
ouvre-gant n. m. ▪ plur. **ouvre-gants**
ouvre-huître ▪ plur. **ouvre-huîtres** ou **ouvre-huitre**○ ▪ plur. **ouvre-huitres**○ n. m.
ouvrer v. intr. et v. tr. | conjug. 1 |
ouvreur, euse n. (personne)
ouvreuse n. f. (machine)
ouvrier, ière n. et adj.
HOM. formes du v. **ouvrir**
ouvriérisme n. m.
ouvriériste adj. et n.
ouvrir v. tr. et v. intr. | conjug. 18 |
¬ **s'ouvrir**
➾ Aux temps composés de la forme pronominale, le participe passé s'accorde en genre et en nombre avec le sujet : *la porte s'est ouverte toute seule.* Mais le participe passé ne s'accorde pas quand il est suivi d'un complément d'objet direct : *elles s'est ouvert les veines.* Il ne s'accorde avec le complément d'objet direct que lorsque celui-ci est placé avant le verbe : *elle se les est ouvertes.*
ouvroir n. m.
ouzbek, eke ou **èke**○ adj. et n.
➾ L'adjectif s'écrit sans majuscule : *la population ouzbek.* Le nom s'écrit avec une majuscule uniquement quand il désigne une personne : *les Ouzbeks ; c'est une Ouzbeke* mais *parler l'ouzbek.* Ce mot est en général invariable en genre et parfois invariable en nombre.
ouzo n. m.
HOM. **houseau**
ovaire n. m.
ovalaire adj.
ovalbumine n. f.
ovale adj. et n. m.
ovalie n. f.

ovalisation n. f.
ovalisé, ée adj.
ovaliser v. tr. | conjug. 1 |
ovalocyte n. m.
ovariectomie n. f.
ovariectomiser v. tr. | conjug. 1 |
ovarien, ienne adj.
ovariotomie n. f.
ovarite n. f.
ovate n. m.
ovation n. f.
ovationner v. tr. | conjug. 1 |
ove n. m.
☯ Ce mot est masculin : *un ove.*
ové, ée adj.
over arm stroke /ɔvɛʀaʀmstʀok/ n. m.
overdose n. f.
□ rec. off. : **surdose**
overdrive /ɔvœʀdʀajv/ n. m.
ovibos /ɔvibɔs/ n. m.
ovicapre n. m.
ovidé n. m.
oviducte n. m.
oviforme adj.
ovin, ine adj.
oviné n. m.
ovipare adj.
oviparité n. f.
ovipositeur n. m.
oviposition n. f.
oviscapte n. m.
oviste n. et adj.
ovni n. m.
□ abrév. de **objet volant non identifié**
➻ Ce mot prend la marque du pluriel : *des ovnis.*
ovnilogie n. f.
ovniste n.
ovocentre n. m.
ovocyte ou **oocyte** n. m.
ovogenèse ou **oogenèse** n. f.
ovoglobuline n. f.
ovoïdal, ale, aux adj.
ovoïde adj.
ovoir n. m.
ovolécithine n. f.
ovologie n. f.
ovoproduit n. m.
ovotestis /-tɛstis/ n. m.
ovovivipare adj. et n.
ovoviviparité n. f.
ovulaire adj.
HOM. forme du v. **ovuler**
ovulation n. f.
ovulatoire adj.
ovule n. m.
☯ Ce mot est masculin : *un ovule.*
ovuler v. intr. | conjug. 1 |
oxacide n. m.
oxalate n. m.
oxalide n. f. ou **oxalis** /-is/ n. m.
oxalique adj.
oxalisme n. m.
oxalose n. f.
oxazine n. f.
oxazinique adj.
oxer /ɔksɛʀ/ n. m.
oxford /ɔksfɔʀd/ n. m.
➻ Lorsqu'il désigne un tissu, ce mot s'écrit sans majuscule, contrairement au nom propre qui désigne la ville : *du tissu d'Oxford* mais *une chemise en oxford.*
oxhydrique adj.
➻ Ne pas oublier le *h* après le *x.*
oxhydryle n. m.
➻ Ne pas oublier le *h* après le *x.*
oxime n. f.
oxonium /-jɔm/ n. m.
oxyacétylénique adj.
oxycarboné, ée adj.
oxycarbonémie n. f.
oxycarbonisme n. m.
oxycellulose n. f.
oxychloration /-k-/ n. f.
oxychlorure /-k-/ n. m.
oxycoupage n. m.
oxycoupeur, euse n.
oxycrat n. m.
oxydabilité n. f.
oxydable adj.
oxydant, ante adj. et n. m.
HOM. **occident**
oxydase n. f.
oxydation n. f.
oxyde n. m.
oxyder v. tr. | conjug. 1 |
¬ **s'oxyder**
➻ Aux temps composés de la forme pronominale, le participe passé s'accorde en genre et en nombre avec le sujet : *ces bijoux se sont oxydés.*
oxydérurgie n. f.
oxydimétrie n. f.
oxydoréducteur, trice adj.
oxydoréductimétrie n. f.
oxydoréduction n. f.
oxygénable adj.
oxygénant, ante adj.
oxygénase n. f.
oxygénateur n. m.
oxygénation n. f.
oxygène n. m.

oxygéner v. tr. | conjug. 6 |
¬ **s'oxygéner**
➾ Aux temps composés de la forme pronominale, le participe passé s'accorde en genre et en nombre avec le sujet : *elle s'est oxygénée à la campagne*. Mais le participe passé ne s'accorde pas quand il est suivi d'un complément d'objet direct : *elle s'est oxygéné les poumons*.
oxygénite n. f.
oxygénothérapie n. f.
oxyhémoglobine n. f.
oxylithe n. m.
oxymel n. m.
oxymètre n. m.
oxymétrie n. f.
oxymore ou **oxymoron** n. m.
☯ Ce mot est masculin : *un oxymore*.
oxyosmie n. f.
oxyrhynque ou **oxyrhynche** adj. et n. m.
oxysulfure n. m.
oxytocine n. f.
→ **ocytocine**
oxyton n. m.
oxytonisme n. m.
oxyure n. m.
oxyurose n. f.
oyant, ante n.
oyat n. m.
HOM. **hoya**
Ozalid® n. m.
➾ Comme tous les noms déposés, ce mot doit s'écrire avec une majuscule : *vérifier les Ozalids*. Toutefois, on le trouve fréquemment employé comme nom générique sans respect de la règle : *vérifier les ozalids*.
ozène n. m.
ozéneux, euse adj.
ozocérite ou **ozokérite** n. f.
ozonation n. f.
ozone n. m.
☯ Ce mot est masculin : *l'ozone est dangereux à respirer*.
ozonisation n. f.
ozoniser v. tr. | conjug. 1 |
ozoniseur n. m.
ozonolyse n. f.
ozonomètre n. m.
ozonométrie n. f.
ozonométrique adj.
ozonoscope n. m.
ozonosphère n. f.
ozonothérapie n. f.
ozotypie n. f.

P

p n. m. inv, abrév. et symb.
P n. m. inv, abrév. et symb.
PAC n. f.
□ abrév. de **politique agricole commune**
HOM. **pack, pâques**, formes du v. **pacquer**
paca n. m.
HOM. formes du v. **pacquer**
pacage n. m.
HOM. **package, pacquage**
pacager v. tr. et v. intr. | conjug. 3 |
pacane n. f.
pacanier n. m.
pacant n. m.
HOM. **pacquant** (p. prés. de *pacquer*)
pacemaker ou **pacemakeur**○ /pɛsmɛkœʀ/ n. m.
□ rec. off. : **stimulateur**
pacfung /pakfɔ̃/ n. m.
pacha n. m.
pachalik n. m.
pachinko /patʃinko/ n. m.
pachon n. m.
pachto adj. et n. m.
➡ Comme tous les noms de langues, ce mot s'écrit sans majuscule : *le pachto est parlé en Afghanistan.*
pachyderme /-ʃi- ; -ki-/ adj. et n.
♪ La prononciation en /-ki-/ est très rare.
pachydermie /-ʃi- ; -ki-/ n. f.
♪ La prononciation en /-ki-/ est très rare.
pachydermique /-ʃi- ; -ki-/ adj.
♪ La prononciation en /-ki-/ est très rare.
pachyméninge /-ʃi- ; -ki-/ n. f.
pachyméningite /-ʃi- ; -ki-/ n. f.
pachypleurite /-ʃi- ; -ki-/ n. f.
pacifiant, ante adj.
pacificateur, trice n. et adj.
pacification n. f.
pacifier v. tr. | conjug. 7 |
¬ **se pacifier**
➡ Aux temps composés de la forme pronominale, le participe passé s'accorde en genre et en nombre avec le sujet : *la région s'est pacifiée.*
pacifique adj. et n.
➡ L'adjectif s'écrit sans majuscule *(la côte pacifique)*, sauf dans la dénomination géographique **l'océan Pacifique**. Le nom s'écrit toujours avec une majuscule : *traverser le Pacifique.*
pacifiquement adv.
pacifisme n. m.
pacifiste n. et adj.
pack n. m.
□ rec. off. : **groupe d'options**
HOM. **PAC, pâques**, formes du v. **pacquer**
package /pakaʒ ; pakɛdʒ/ n. m.
□ rec. off. : **achat groupé** ou **boîtier** ou **conditionnement** ou **forfait** ou **progiciel**
Ξ Pour remplacer cet anglicisme, plusieurs mots sont officiellement recommandés en fonction du sens : *achat groupé, boitier, conditionnement, forfait* et *progiciel.*
HOM. **pacage, pacquage**
packagé, ée /pakadʒe ; pakɛdʒe/ adj.
package deal /pakadʒdil ; pakɛdʒdil/ n. m. ▪ plur. **package deals**
packager /paka- ; pakɛ-/ n. m. ou **packageur, euse** n.
□ rec. off. : **éditeur exécutif**
packaging /pakadʒiŋ ; pakɛdʒiŋ/ n. m.
□ rec. off. : **conditionnement** ou **emballage (de matières radioactives)** ou **mise en boîtier**
pacotille n. f.
pacotilleur n. m.
pacquage n. m.
pacquer v. tr. | conjug. 1 |

pacs /paks/ n. m.
▫ abrév. de **pacte civil de solidarité**
HOM. formes du v. **pacser**
pacser v. intr. | conjug. 1 |
¬ **se pacser**
➾ Aux temps composés de la forme pronominale, le participe passé s'accorde en genre et en nombre avec le sujet : *ils se sont pacsés l'année dernière.*
pacson n. m.
➾ Ce mot, forme argotique de *paquet*, a de nombreuses variantes graphiques : *paqson, packson, paxon,* etc.
HOM. formes du v. **pacser**
pacte n. m.
pactisation n. f.
pactiser v. intr. | conjug. 1 |
pactiseur, euse n.
pactole n. m.
pad n. m.
padan, ane adj.
HOM. (du fém.) **pas-d'âne**
Paddair® n. m.
➾ Comme tous les noms déposés, ce mot doit s'écrire avec une majuscule : *une partie de Paddair.* Toutefois, on le trouve fréquemment employé comme nom générique sans respect de la règle : *une partie de paddair.*
paddé, ée adj.
padding /padiŋ/ n. m.
paddock n. m.
paddy n. m. ▪ plur. inv. ou plur. **paddys**○
padelin n. m.
padine n. f.
padischah ou **padichah** n. m.
padma n. m.
padou ou **padoue** n. m.
padouan, ane adj. et n.
➾ L'adjectif s'écrit sans majuscule : *la population padouane.* Le nom s'écrit avec une majuscule uniquement quand il désigne une personne : *les Padouans ; c'est une Padouane* mais *danser la padouane ; élever des padouanes* (poules).
pæan /peɑ̃/ n. m.
→ **péan**
paella ou **paëlla** /paela ; pae(l)ja/ ou **paélia**○ n. f.
[1]**paf** interj.
[2]**paf** adj.
➾ Cet adjectif s'accorde en nombre mais pas en genre : *elles étaient pafs.*
PAF n. m. (paysage audiovisuel français)
pagaie n. f.
pagaille ou **pagaïe** n. f.
pagailleux, euse adj.
paganisant, ante n.
paganiser v. tr. | conjug. 1 |
¬ **se paganiser**
➾ Aux temps composés de la forme pronominale, le participe passé s'accorde en genre et en nombre avec le sujet : *ces peuples se sont paganisés.*
paganisme n. m.
pagayer v. intr. | conjug. 8 |
pagayeur, euse n.
[1]**page** n. f. (feuille, écran)
➾ Ce mot s'écrit avec ou sans *s* dans la locution **mise en page(s)**.
[2]**page** n. m. (garçon, animal)
[3]**page** n. m.
▫ abrév. de **pageot (lit)**
Ξ Cette abréviation appartient au registre populaire.
pageau n. m.
page-écran n. f. ▪ plur. **pages-écrans**
pagel n. m.
pagelle n. f.
[1]**pageot** n. m. (poisson)
[2]**pageot** ou **pajot** n. m. (pop. : lit)
pageur ou **pager** /paʒœʀ/ n. m.
pagi n. m. pl.
→ **pagus**
pagination n. f.
paginé, ée adj.
paginer v. tr. | conjug. 1 |
pagne n. m.
pagnon n. m.
pagnot n. m.
pagnoter (se) v. pron. | conjug. 1 |
Ξ Ce mot est populaire.
➾ Aux temps composés, le participe passé s'accorde en genre et en nombre avec le sujet : *elle s'est pagnotée de bonne heure.*
pagode n. f.
Ξ Ce mot peut s'employer en apposition ; il reste alors invariable : *des manches pagode.*
pagodon n. m.
pagoscope n. m.
pagre n. m.
pagure n. m.
pagus /pagys/ n. m. ▪ plur. inv. ou plur. **pagi**
Ξ On peut employer le pluriel invariable *pagus* ou le pluriel latin *pagi.*
pahlavi n. m.
→ **pehlvi**
paidologie n. f.
paie ou **paye** n. f.
HOM. **peille, paie, pet,** formes du v. **paître**
paiement ou **payement** n. m.
➾ Ne pas oublier le *e* muet.
païen, païenne adj. et n.
païennement adv.
paierie n. f.
HOM. **pairie, péri,** formes du v. **périr**

paillage n. m.
paillard, arde adj. et n.
paillardement adv.
paillarder v. intr. | conjug. 1 |
paillardise n. f.
[1]**paillasse** n. f. (objet ; pop. : prostituée)
[2]**paillasse** n. m. (bateleur, clown)
paillasserie n. f.
paillasson n. m.
paillassonnage n. m.
paillassonner v. tr. | conjug. 1 |
paille n. f.
Ξ Ce mot peut s'employer en apposition dans la locution **pomme paille** ; il est alors invariable : *des pommes paille*. Il peut aussi s'employer seul comme adjectif de couleur ou derrière un adjectif de couleur pour en préciser la nuance ; ces adjectifs sont alors invariables : *des chemisiers jaune paille ; des draps paille*.
[1]**paillé, ée** adj.
[2]**paillé** n. m. (Agric. : fumier, litière)
paillée n. f. (Agric. : gerbes)
paille-en-cul n. m. ▪ plur. **pailles-en-cul**
paille-en-queue n. m. ▪ plur. **pailles-en-queue**
[1]**pailler, ère** adj. et n. m.
[2]**pailler** v. tr. | conjug. 1 |
paillère n. f.
HOM. forme du v. **pailler**
paillet adj. et n. m.
HOM. formes du v. **pailler**
pailletage n. m.
pailleté, ée adj.
pailleter v. tr. | conjug. 4 |
pailleteur, euse n.
paillette n. f.
pailleur, euse n.
pailleux, euse adj.
paillis n. m.
paillole n. f.
paillon n. m.
HOM. formes du v. **pailler**
paillot n. m.
paillote n. f.
paillu, ue adj.
pain n. m.
HOM. **pin**, formes du v. **peindre**
paindépicier n. m.
paintball /pɛntbol/ n. m.
[1]**pair, paire** adj.
HOM. **paire, père, pers**, formes du v. **perdre**
[2]**pair** n. m.
➾ *Pair* est toujours au singulier dans les locutions **hors (de) pair, aller de pair** et **au pair**. Ce mot s'écrit sans majuscule dans **la Chambre des pairs**.
HOM. **paire, père, pers**, formes du v. **perdre**
paire n. f.
HOM. **pair, père, pers**, formes du v. **perdre**
pairement adv.
pairesse n. f.
pairie n. f.
HOM. **paierie, péri**, formes du v. **périr**
pairle n. m.
HOM. **perle**, formes du v. **perler**
paisibilité n. f.
paisible adj.
paisiblement adv.
paissance n. f.
paissant, ante adj.
paisseau n. m.
paisson n. m.
HOM. formes du v. **paître**
paître ou **paitre**○ v. tr. et v. intr. | conjug. 57 |
➾ Les Rectifications de l'orthographe de 1990 préconisent la suppression de l'accent circonflexe sur le *i* devant le *t* : *il pait, il paitra, il paitrait*.
paix n. f.
HOM. **paie, pet**, formes des v. **paître, payer**
pajot n. m.
→ [2]**pageot**
[1]**pal** n. m.
HOM. **pale, pâle**
[2]**pal** n. m.
◻ abrév. de **phase alternating line**
HOM. **pale, pâle**
pala n. f.
palabre n. f. ou m.
☯ Le féminin, seul genre admis par l'Académie, est plus fréquent.
Ξ De nos jours, ce mot s'emploie surtout au pluriel : *obtenir un rabais après maintes palabres*.
palabrer v. intr. | conjug. 1 |
palabreur n. m.
palace n. m.
paladin n. m.
ϟ Ne pas confondre **paladin**, qui signifie « chevalier », avec **baladin**, qui signifie « comédien ambulant ».
palæarctique adj.
→ **paléarctique**
palafitte n. m.
[1]**palais** n. m. (bâtiment)
➾ Dans les noms d'édifices, *palais* s'écrit sans majuscule s'il est suivi d'un nom : *le palais de la Découverte ; le palais des Papes ; le palais Garnier*. Il s'écrit avec une majuscule quand il est précédé ou suivi d'un adjectif : *le Petit Palais ; le Grand Palais ; le Palais-Royal* (avec un trait d'union) ; *le Palais idéal*. Avec une

majuscule et sans complément de lieu, **le Palais de justice** ou **de Justice** désigne celui de Paris. Employé par métonymie pour désigner l'organisme judiciaire, *palais* s'écrit avec une majuscule : *un décision du Palais ; une loi votée par le Palais-Bourbon* (avec un trait d'union) mais *l'Assemblée siège au palais Bourbon.*
HOM. **palet**
[2]**palais** n. m. (partie du corps)
HOM. **palet**
palan n. m.
palanche n. f.
palançon n. m.
palangre n. f.
palangrer v. intr. | conjug. 1 |
palangrier adj. m. et n. m.
palangrotte n. f.
palanque n. f.
palanquée n. f.
palanquer v. intr. et v. tr. | conjug. 1 |
palanquin n. m.
palastre ou **palâtre** n. m.
palatabilité n. f.
palatal, ale, aux adj.
palatalisation n. f.
palataliser v. tr. | conjug. 1 |
palatin, ine adj. et n. m.
➾ Ce mot s'écrit avec une majuscule dans la dénomination géographique **le mont Palatin**. Avec des majuscules, **la Princesse Palatine** désigne Anne de Gonzague. Avec une majuscule, **la Palatine** désigne Charlotte-Élisabeth de Bavière.
palatinat n. m.
palatine n. f. (vêtement)
palatite n. f.
palatogramme n. m.
palatographie n. f.
palatographique adj.
palatopharyngite n. f.
palatoplastie n. f.
palatoplégie n. f.
palatorraphie n. f.
palâtre n. m.
→ **palastre**
palazzo /-dzo/ n. m. ▪ plur. **palazzi** ou plur. **palazzos**
Ξ On peut employer le pluriel italien *palazzi* ou le pluriel francisé *palazzos*.
palc n. m.
[1]**pale** n. f. (d'une hélice, d'une écluse...)
HOM. **pal, pâle**
[2]**pale** ou **palle** n. f. (linge sacré)
HOM. **pal, pâle**
pâle adj.
➾ Lorsque *pâle* est employé derrière un adjectif de couleur pour en préciser la nuance, les deux mots sont invariables : *des pantalons bleu pâle.*
HOM. **pal, pale**
palé, ée adj.
paléage n. m.
pale-ale /pɛlɛl/ n. f. ▪ plur. **pale-ales**
paléanthrope n. m.
paléanthropien, ienne n. m. et adj.
paléarctique ou **palæarctique** /-ea-/ adj.
palée n. f.
palefrenier, ière n.
palefrin n. m.
palefroi n. m.
pâlement adv.
palémon n. m.
paléoanthropologie n. f.
paléoanthropologiste n.
paléoanthropologue n.
paléoarchéologie /-k-/ n. f.
paléobiochimie n. f.
paléobiologie n. f.
paléobotanique n. f.
paléobotaniste n.
paléocène adj. et n. m.
paléochrétien, ienne /-k-/ adj.
paléoclimat n. m.
paléoclimatologie n. f.
paléoclimatologue n.
paléocrystique adj.
paléocytologie n. f.
paléoécologie n. f.
paléoécologique adj.
paléoencéphale n. m.
paléogène n. m.
paléogéographie n. f.
paléogéographique adj.
paléographe n.
paléographie n. f.
paléographique adj.
paléohistologie n. f.
paléolithique adj. et n. m.
➾ L'adjectif s'écrit toujours sans majuscule : *l'ère paléolithique*. Le nom s'écrit généralement sans majuscule mais la majuscule initiale est de rigueur dans les ouvrages spécialisés.
paléologue n.
paléomagnétique adj.
paléomagnétisme n. m.
paléontologie n. f.
paléontologique adj.
paléontologiste n.
paléontologue n.
paléopalynologie n. f.
paléopathologie n. f.
paléopathologique adj.
paléopsychologie /-k-/ n. f.

paléoptérygien n. m.
paléosol n. m.
paléospéléologie n. f.
paléospéléologique adj.
paléotempérature n. f.
paléothérium /-jɔm/ n. m.
paléotropical, ale, aux adj.
paléozoïque adj. et n. m.
paléozoologie n. f.
paléozoologique adj.
paléozoologiste n.
palerée n. f.
palermitain, aine adj.
paleron n. m.
palestre n. f.
palestrique adj. et n. f.
palestrite n. m.
palet n. m.
HOM. **palais**
paletot n. m.
palette n. f.
palettisable adj.
palettisation n. f.
palettiser v. tr. | conjug. 1 |
palétuvier n. m.
pâleur n. f.
pali, ie n. m. et adj.
➾ Comme tous les noms de langues, ce mot s'écrit sans majuscule : *ils parlaient le pali.*
HOM. **palis**, formes du v. **pâlir**
palicare n. m.
→ **palikare**
pâlichon, onne adj.
palicinésie ou **palikinésie** n. f.
palier n. m.
➾ Ce mot est toujours au pluriel dans la locution **par paliers**.
HOM. **pallier**
palière adj. f.
HOM. forme du v. **pallier**
palification n. f.
paligraphie n. f.
palikare ou **palicare** n. m.
palikinésie n. f.
→ **palicinésie**
palilalie n. f.
palimpseste n. m.
palindrome n. m.
palindromique adj.
palingenèse ou **palingénie** n. f.
palingénésie n. f.
palingénésique adj.
palinodie n. f.
palinodier v. intr. | conjug. 7 |
palinodique adj.
palinodiste n.
pâlir v. intr. et v. tr. | conjug. 2 |
palis n. m.
HOM. **pali**, formes du v. **pâlir**
palissade n. f.
palissadement n. m.
palissader v. tr. | conjug. 1 |
palissadique adj.
palissage n. m.
palissandre n. m.
☯ Ce mot est masculin : *du palissandre.*
pâlissant, ante adj.
pâlissement n. m.
palisser v. tr. | conjug. 1 |
palisson n. m.
palissonnage n. m.
palissonner v. tr. | conjug. 1 |
palissonneur, euse n.
paliure n. m.
palladien, ienne adj.
[1]**palladium** /-jɔm/ n. m. (statue, protection)
[2]**palladium** /-jɔm/ n. m. (élément chimique)
palladure n. f.
palle n. f.
→ [2]**pale**
palléal, ale, aux adj.
palliateur, trice n.
palliatif, ive adj. et n. m.
⌘ Le complément du nom n'est pas introduit par *à* mais par *de* : *un palliatif de la crise* (et non **un palliatif à la crise*).
palliation n. f.
pallidal, ale, aux adj.
pallidectomie n. f.
pallidum /-ɔm/ n. m.
pallier v. tr. | conjug. 7 |
⌘ ***Pallier à**, souvent employé par analogie avec **remédier à**, est fautif : il faut dire *pallier une insuffisance* et non **pallier à une insuffisance.*
HOM. **palier**
pallium /-jɔm/ n. m.
palma-christi /-k-/ n. m. inv.
palmaire adj.
HOM. **palmer**, forme du v. **palmer**
palmarès /-ɛs/ n. m.
◻ rec. off. pour **hit-parade**
palmarium /-jɔm/ n. m.
palmatifide adj.
palmature n. f.
[1]**palme** n. f. (feuille, prix, nageoire)
[2]**palme** n. m. (mesure)
palmé, ée adj.
palmée n. f.
[1]**palmer** v. tr. et v. intr. | conjug. 1 |
[2]**palmer** /-mɛʀ/ n. m.
HOM. **palmaire**
palmeraie n. f.
palmette n. f.

palmier n. m.
HOM. formes du v. **palmer**
palmifide adj.
palmiforme adj.
palmilobé, ée adj.
palminervé, ée adj.
palmiparti, ie adj.
palmipartite adj.
palmipède adj. et n. m.
palmiséqué, ée adj.
palmiste n. m.
palmitate n. m.
palmite n. m.
palmitine n. f.
palmitique adj. m.
palmure n. f.
palombe n. f.
palombière n. f.
palombin n. m.
palonnier n. m.
palot n. m.
HOM. **pâlot**
pâlot, otte adj.
HOM. **palot**
palotage n. m.
palotin n. m.
palourde n. f.
palpabilité n. f.
palpable adj.
palpablement adv.
palpage n. m.
palpation n. f.
palpe n. m.
palpébral, ale, aux adj.
[1]**palper** n. m.
[2]**palper** v. tr. | conjug. 1 |
palper-rouler n. m. inv.
palpeur n. m.
palpitant, ante adj. et n. m.
palpitation n. f.
palpitement n. m.
palpiter v. intr. | conjug. 1 |
palplanche n. f.
palsambleu interj.
paltoquet n. m.
palu n. m.
▫ abrév. de **paludisme**
HOM. **palud, palus**
paluche n. f.
palucher (se) v. pron. | conjug. 1 |
➾ Aux temps composés, le participe passé s'accorde en genre et en nombre avec le sujet : *ils se sont paluchés*. Mais le participe passé ne s'accorde pas quand il est suivi d'un complément d'objet direct : *elle s'est paluché toutes les corrections*. Il ne s'accorde avec le complément d'objet direct que lorsque celui-ci est placé avant le verbe : *les corrections qu'elle s'est paluchées*.
palud /paly/ ou **palude** n. m.
HOM. **palu, palus**
paludarium /-jɔm/ n. m.
paludéen, enne adj.
paluderie n. f.
paludier, ière n.
paludine n. f.
paludique adj. et n.
paludisme n. m.
paludologie n. f.
paludologue n.
paludothérapie n. f.
palun n. m.
palus /paly/ n. m.
HOM. **palu, palud**
palustre adj.
palynologie n. f.
palynologique adj.
palynologue n.
pâmant, ante adj.
pâme n. f.
pâmer (se) v. pron. | conjug. 1 |
➾ Aux temps composés, le participe passé s'accorde en genre et en nombre avec le sujet : *elle s'est pâmée devant ce tableau.*
pâmoison n. f.
pampa n. f.
pampe n. f.
pampéen, enne adj.
pampéro n. m.
pamphile n. m.
pamphlet n. m.
pamphlétaire n.
pampille n. f.
pamplemousse n. m.
☯ Le genre féminin n'est plus admis par l'Académie.
pamplemoussier n. m.
pampre n. m.
☯ Ce mot est masculin : *un pampre.*
☲ **Pampre de vigne** est un pléonasme à éviter.
pampré, ée adj.
pamprée n. f.
pan n. m. et interj.
HOM. **paon**, formes du v. **pendre**
panacée n. f.
☲ **Panacée universelle** est un pléonasme à éviter.
panachage n. m.
panache n. m.
panaché, ée adj.
[1]**panacher** v. tr. | conjug. 1 |
[2]**panacher** n. m.
panachure n. f.

panade n. f.
panafricain, aine adj.
panafricanisme n. m.
panage n. m.
panaire adj.
HOM. formes des v. **paner**, **panner**
panais n. m.
HOM. formes du v. **paner**, formes du v. **panner**
panama n. m.
➾ Lorsqu'il désigne un chapeau, ce mot s'écrit sans majuscule, contrairement au nom propre qui désigne le pays : *porter un panama*.
panaméricain, aine adj.
panaméricanisme n. m.
panamiste n. et adj.
panarabe adj.
panarabisme n. m.
panard, arde n. m. et adj.
panaris /panaʀi/ n. m.
panasiatique adj.
panasiatisme n. m.
panasserie n. f.
panatela ou **panatella** ou **panatéla**○ n. m.
panathénées n. f. pl.
panathénien, ienne adj.
panax n. m.
pan-bagnat n. m. ▪ plur. **pans-bagnats**
panca ou **panka** n. m.
pancake /pankɛk/ n. m.
pancalisme n. m.
pancartage n. m.
pancarte n. f.
pancetta /pɑ̃(t)ʃeta/ n. f.
panchen-lama /panʃɛnlama/ n. m. ▪ plur. **panchen-lamas**
panchro /-k-/ adj. inv.
□ abrév. de **panchromatique**
panchromatique /-k-/ adj.
panchronie /-k-/ n. f.
panchronique /-k-/ adj.
panclastite n. f.
pancosmisme n. m.
pancrace n. m.
pancratiaste /-tiast ; -siast/ n. m.
pancréas /pɑ̃kʀeɑs/ n. m.
pancréatectomie n. f.
pancréatine n. f.
pancréatique adj.
pancréatite n. f.
panda n. m.
pandanus /-ys/ n. m.
pandectes n. f. pl.
pandèmes n. f. pl.
pandémie n. f.
pandémique adj.
pandémoniaque adj.
pandémonium /-jɔm/ n. m.
pandiculation n. f.
pandion n. m.
HOM. formes du v. **pendre**
pandit /-i(t)/ n. m.
HOM. formes du v. **pendre**
[1]**pandore** n. f. (instrument de musique)
[2]**pandore** n. m. (gendarme)
pandour n. m.
panégyrie n. f.
panégyrique n. m.
➾ Ne pas employer **panégérique*, qui n'existe pas.
panégyriste n.
panel n. m.
panélisé, ée n.
panéliste n.
panémone adj. et n. f.
paner v. tr. | conjug. 1 |
HOM. **panné**, **panner**
panerée n. f.
paneterie ou **panèterie** n. f.
panetier n. m.
panetière n. f.
paneton n. m.
HOM. **panneton**
panettone /panetɔn/ n. m.
paneuropéanisme n. m.
paneuropéen, enne adj.
panga n. m.
pangée n. f.
pangermanique adj.
pangermanisme n. m.
pangermaniste adj. et n.
pangolin n. m.
panhellénique adj.
panhellénisme n. m.
panic ou **panis** /pani(s)/ n. m.
HOM. **panique**, formes du v. **paniquer**
panicaut n. m.
panicule n. f. (inflorescence)
HOM. **pannicule**
paniculé, ée adj.
panier n. m.
HOM. formes du v. **paner**, formes du v. **panner**
panière n. f.
panier-repas n. m. ▪ plur. **paniers-repas**
panifiable adj.
panification n. f.
panifier v. tr. | conjug. 7 |
panini n. m.
paniquant, ante adj.
paniquard, arde n.
panique adj. et n. f.
HOM. **panic**
paniquer v. tr. et v. intr. | conjug. 1 |

panis /pani(s)/ n. m.
→ **panic**
panislamique adj.
panislamisme n. m.
panisse n. f.
panka n. m.
→ **panca**
panlexique n. m.
panlogisme n. m.
panmictique adj.
panmixie n. f.
panne n. f.
HOM. **paonne** (fém. de *paon*, formes du v. **paner**, formes du v. **panner**
panné, ée adj. et n.
HOM. **paner, panner**
panneau n. m.
HOM. **paonneau**
panneautage n. m.
panneauter v. intr. | conjug. 1 |
panneauteur n. m.
panneauteuse n. f.
pannequet n. m.
panner v. tr. | conjug. 1 |
HOM. **paner, panné**
panneton n. m.
HOM. **paneton**
pannicule n. m. (tissu graisseux)
HOM. **panicule**
panniculite n. f.
pannus /panys/ n. m.
HOM. **panus**
panonceau n. m.
➾ Ne pas écrire **pannonceau* : ce mot n'a qu'un seul *n*, contrairement à *panneau*.
panophtalmie n. f.
panoplie n. f.
panoptique adj.
panorama n. m.
panoramique adj. et n. m.
panoramiquer v. intr. | conjug. 1 |
panoramisme n. m.
panorpe n. f.
panorthodoxe adj.
panosse n. f.
panosser v. tr. | conjug. 1 |
panoufle n. f.
panouille n. f.
panpan interj.
panpsychisme n. m.
panpsychiste adj. et n.
pansage n. m.
panse n. f.
HOM. formes des v. **panser, penser**
pansement n. m.
HOM. **pensement**
panser v. tr. | conjug. 1 |
HOM. **pensée, penser**
panseur, euse n.
HOM. **penseur**
pansexualisme n. m.
pansière n. f.
pansinusite n. f.
panslave adj.
panslavisme n. m.
panslaviste adj. et n.
panspermie n. f.
panspermique adj.
panspermiste n.
pansu, ue adj.
pantacourt n. m.
pantagruélique adj.
pantalon n. m.
Ξ Ce mot est parfois employé au pluriel pour désigner une seule pièce. Cet usage vieilli doit être évité.
pantalonnade n. f.
pantalonné, ée adj.
pantalonnier, ière adj.
pantanne n. f.
pante n. m.
HOM. **pente**
pantelant, ante adj.
panteler v. intr. | conjug. 4 |
pantellement ou **pantèlement**° n. m.
pantenne ou **pantène** n. f.
panthéisme n. m.
panthéiste adj. et n.
panthéistique adj.
panthéon n. m.
➾ Avec une majuscule, **le Panthéon** désigne le monument romain ou le monument parisien : *Victor Hugo repose au Panthéon.*
panthère n. f.
Ξ Ce mot peut s'employer en apposition ; il est alors invariable : *des imprimés panthère.*
pantière n. f.
pantin n. m.
pantine n. f.
Ξ Cette forme féminine de *pantin* est rare.
pantocrator adj. et n. m.
pantogamie n. f.
pantographe n. m.
pantographier v. tr. | conjug. 7 |
pantographique adj.
pantoire n. f.
pantois, oise adj.
pantomètre n. m.
[1]**pantomime** n. (personne)
➾ Ne pas employer **pantomine*, qui n'existe pas.
[2]**pantomime** n. f. (jeu du mime, pièce mimée)

☯ Ce mot est féminin : *jouer une pantomime*.
➾ Ne pas employer **pantomine*, qui n'existe pas.
pantomimer v. tr. | conjug. 1 |
pantomimique adj.
pantophobie n. f.
pantothénate n. m.
pantothénique adj.
pantouflage n. m.
pantouflard, arde adj.
pantoufle n. f.
➾ Ne pas écrire **pantouffle* : ce mot et ses dérivés n'ont qu'un seul *f*.
pantouflé adj. m.
pantoufler v. intr. | conjug. 1 |
pantouflerie n. f.
pantouflier, ière n.
HOM. formes du v. **pantoufler**
pantoum n. m.
pantoute adv.
panty n. m. ▪ plur. **pantys** ou plur. **panties**
Ξ On peut employer le pluriel francisé *pantys* ou le pluriel anglais *panties*.
panure n. f.
panurge n. m.
panurgisme n. m.
panus /panys/ n. m.
HOM. **pannus**
panzer /pɑ̃(d)zɛʀ/ n. m.
P. A. O. n. f.
◻ abrév. de **publication assistée par ordinateur**
paolo n. m.
paon, paonne /pɑ̃, pan/ n.
HOM. (du masc.) **pan**, formes du v. **pendre** ; (du fém.) **panne**, formes du v. **paner**, formes du v. **panner**
paon-de-jour /pɑ̃-/ n. m. ▪ plur. **paons-de-jour**
paon-de-nuit /pɑ̃-/ n. m. ▪ plur. **paons-de-nuit**
paonneau /pano/ n. m.
HOM. **panneau**
PAP n. m.
◻ abrév. de **prêt aidé pour l'accession à la propriété**
papa n. m.
papable adj.
papaïne n. f.
papal, ale, aux adj.
papalin, ine n. et adj. (soldat, partisan du pape)
papaline n. f. (chocolat)
papamobile n. f.
paparazzi /-ʀadzi/ n. m. ▪ plur. **paparazzis** ou plur. **paparazzi**
Ξ En italien, *paparazzi* est un nom masculin pluriel. On peut toutefois l'employer au singulier et franciser la forme du pluriel : *un paparazzi, des paparazzis*.
papas /papas/ n. m.
papatte n. f.
papauté n. f.
papaver /-vɛʀ/ n. m.
papavéracée n. f.
papavérine n. f.
papaye /-aj/ n. f.
papayer n. m.
pape n. m.
➾ Ce mot s'écrit avec une majuscule dans **le palais des Papes** mais on écrit *Sa Sainteté le pape* sans majuscule à *pape*.
HOM. **pappe**
papé ou **papet** n. m.
papefigue n. m.
papegai n. m.
[1]**papelard** n. m. (fam. : papier)
[2]**papelard, arde** n. et adj. (personne)
papelardise n. f.
papelonné, ée adj.
paperasse n. f.
paperasserie n. f.
paperassier, ière n. et adj.
papérisé, ée adj.
paperole n. f.
papesse n. f.
papet n. m.
→ **papé**
papeterie ou **papèterie** n. f.
papetier, ière n.
paphos /pafos/ n. m.
papi ou **papy** n. m.
papier n. m.
➾ Les locutions suivantes s'écrivent sans trait d'union : **papier aluminium** ; **papier argent** ; **papier bible** ; **papier bristol** ; **papier bulle** ; **papier buvard** ; **papier cadeau** ; **papier calque** ; **papier carbone** ; **papier crépon** ; **papier cristal** ; **papier journal** ; **papier kraft** ; **papier machine** ; **papier maïs** ; **papier pelure** ; **papier vélin**. Le second élément est invariable, à l'exception de *vélin*, qui prend facultativement la marque du pluriel, et de *buvard* : *des papiers vélin(s)* ; *des papiers buvards* mais *des papiers carbone* ; *des papiers machine*.
papier-filtre n. m. ▪ plur. **papiers-filtres**
papier-monnaie n. m. ▪ plur. **papiers-monnaies**
papier-toile n. m. ▪ plur. **papiers-toiles**
papilionacé, ée n. f. et adj.
papilionidé n. m.
papillaire adj.
papille /-ij/ n. f.

papilleux, euse adj.
papillifère /-il(l)i ; -iji/ adj.
papilliforme /-il(l)i ; -iji/ adj.
papillite /-il(l)i ; -iji/ n. f.
papillomavirus /papijɔmavirys/ n. m.
papillome /-ilom ; -ijɔm/ n. m.
papillon n. m.
Ξ Ce mot peut s'employer en apposition ; il est alors invariable : *des nœuds papillon ; des brasses papillon ; des becs papillon.*
papillonnage n. m.
papillonnant, ante adj.
papillonnement n. m.
papillonner v. intr. | conjug. 1 |
papillotage n. m.
papillotant, ante adj.
papillote n. f.
➾ Ne pas écrire **papillotte* : ce mot n'a qu'un seul *t*.
papillotement n. m.
papilloter v. tr. et v. intr. | conjug. 1 |
papimane n. m.
papion n. m.
papisme n. m.
papiste n.
papotage n. m.
papoter v. intr. | conjug. 1 |
papoteur, euse n.
papotier, ière adj. et n.
HOM. formes du v. **papoter**
papotis n. m.
[1]**papou, e** adj. et n.
➾ L'adjectif s'écrit sans majuscule : *la population papoue*. Le nom s'écrit avec une majuscule uniquement quand il désigne une personne : *les Papous ; c'est une Papoue* mais *parler le papou*.
[2]**papou** n. m. (fam. : grand-père)
papouillard, arde adj.
papouille n. f.
papouiller v. tr. | conjug. 1 |
papounet n. m.
pappe n. m.
HOM. **pape**
paprika n. m.
papule n. f.
papuleux, euse adj.
papy n. m.
→ **papi**
papy-boom /-bum/ ▪ plur. **papy-booms** ou **papyboum**○ ▪ plur. **papyboums**○ n. m.
papyracé, ée adj.
papyriforme adj.
papyrographie n. f.
papyrologie n. f.
papyrologique adj.
papyrologue n.
papyros /-os/ n. m.
papyrus /-ys/ n. m.
pâque n. f. ou **pâques** n. f. pl. et n. m.
Ξ Au féminin singulier et avec une majuscule, **la Pâque** désigne la fête juive. Au féminin pluriel et avec une majuscule, *Pâques* désigne la fête chrétienne : *joyeuses Pâques ; Pâques fleuries*. Au masculin singulier et avec une majuscule, *Pâques* désigne le jour où l'on célèbre cette fête : *Pâques est célébré entre le 22 mars et le 25 avril*. Quand il désigne l'agneau pascal, *pâque* est féminin singulier et s'écrit sans majuscule : *manger la pâque*. Dans la locution **faire ses pâques**, qui signifie « recevoir la communion à Pâques », *pâques* est féminin pluriel et s'écrit sans majuscule.
HOM. **PAC**, **pack**, formes du v. **pacquer**
paquebot n. m.
pâquerette n. f.
pâques n. f. pl. et n. m.
→ **pâque**
paquet n. m.
▫ rec. off. pour **pack**
HOM. formes du v. **pacquer**
paquetage n. m.
paqueté, ée adj.
paqueter v. tr. | conjug. 4 |
paqueteur, euse n.
paquetier, ière n.
paquet-poste n. m. ▪ plur. **paquets-poste**
[1]**par** prép.
▸ **de par** (+ n.) *de par la loi ; de par ses convictions*
▸ **par trop** (+ adj.) *une éducation par trop conventionnelle*
➾ Les locutions **par en haut**, **par en bas**, **par ici** et **par là** s'écrivent sans trait d'union. En emploi distributif, le nom qui suit *par* est au singulier : *courir plusieurs fois par semaine ; cela fait trente euros par personne*.
HOM. **parr**, **part**, formes des v. **parer**, **partir**
→ aussi **contre**
[2]**par** n. m.
HOM. **parr**, **part**, formes des v. **parer**, **partir**
P. A. R. /peaɛʀ/ n. m.
▫ abrév. de **plan d'aménagement rural**
[1]**para** n.
▫ abrév. de **parachutiste**
HOM. formes du v. **parer**
[2]**para** n. m. (monnaie)
HOM. formes du v. **parer**
parabase n. f.
parabellum /paʀabelɔm/ n. m.
paraben /paʀabɛn/ n. m. (parahydroxybenzoate)
parabiose n. f.
parabole n. f.
parabolicité n. f.

parabolique adj.
paraboloïdal, ale, aux adj.
paraboloïde n. m.
parabuée n. f. et adj.
paracentèse n. f.
➾ Ne pas écrire **parasynthèse*.
paracerque n. m.
paracétamol n. m.
▫ abrév. de **para-acetylaminophenol**
parachevable adj.
parachèvement n. m.
parachever v. tr. | conjug. 5 |
parachronique /-k-/ adj.
parachronisme /-k-/ n. m.
parachutage n. m.
parachute n. m.
parachuter v. tr. | conjug. 1 |
¬ **se parachuter**
➾ Aux temps composés de la forme pronominale, le participe passé s'accorde en genre et en nombre avec le sujet : *les soldats se sont parachutés en territoire ennemi*.
parachutisme n. m.
parachutiste n. et adj.
Paraclet n. m.
paracousie n. f.
parade n. f.
➾ Ce mot est toujours au singulier dans les locutions **de parade** et **faire parade de** : *des habits de parade ; ils font parade de leurs richesse.*
paradentaire adj.
paradentose n. f.
→ **paradontose**
parader v. intr. | conjug. 1 |
paradeur, euse n.
paradichlorobenzène /-k-/ n. m.
paradigmatique n. f. et adj.
paradigme n. m.
paradis n. m.
➾ Ce mot s'écrit toujours sans majuscule : *l'enfer et le paradis*.
Ξ On dit généralement **aller au paradis** ; **aller en paradis** est moins fréquent.
paradisiaque adj.
paradisier n. m.
paradiste n. m.
paradontose ou **paradentose** n. f.
parador n. m.
parados /-do/ n. m.
paradoxal, ale, aux adj.
paradoxalement adv.
paradoxe n. m.
paradoxisme n. m.
paradoxure n. m.
parafe n. m.
→ **paraphe**
parafer v. tr. | conjug. 1 |
→ **parapher**
parafeu n. m.
parafeur n. m.
→ **parapheur**
paraffinage n. m.
paraffine n. f.
➾ Ne pas écrire **parafine* : ce mot et ses dérivés s'écrivent avec deux *f*.
paraffiné, ée adj.
paraffiner v. tr. | conjug. 1 |
paraffinique adj.
parafiscal, ale, aux adj.
parafiscalité n. f.
parafoudre n. m.
parage n. m.
▸ **de haut parage** *une dame de haut parage*
paragenèse n. f.
parages n. m. pl.
paragnosie /-gnozi/ n. f.
paragoge n. f.
paragouvernemental, ale, aux adj.
paragrammatique adj.
paragrammatisme n. m.
paragramme n. m.
paragraphe n. m.
paragraphie n. f.
paragrêle n. m. et adj.
paraguante /-gɑ̃t/ n. f.
paragueusie n. f.
paraison n. f.
paraître ou **paraitre** ○ v. intr. | conjug. 57 |
➾ Les Rectifications de l'orthographe de 1990 préconisent la suppression de l'accent circonflexe sur le *i* devant le *t* : *il parait, il paraitra, il paraitrait*.
▸ **il paraît/paraîtrait que** (+ indic.) *il paraît qu'ils vont se marier*
▸ **il me paraît que** (+ indic. ou condit.) *il me paraît qu'elle s'est trompée ; il me paraît que vous devriez intervenir*
▸ **il ne paraît pas que** (+ subj.) *il ne leur paraissait pas que le départ fût proche*
▸ **il paraît** (+ adj.) **de** (+ inf.) *il paraît nécessaire d'agir ainsi*
Ξ La construction **il paraît** (+ adj.) **que** est suivie de l'indicatif pour exprimer la certitude et du subjonctif pour exprimer l'hypothèse ou la négation : *il paraît évident qu'on va augmenter les impôts ; il paraît préférable que vous sortiez ; il ne me paraît pas certain qu'il vienne.*
Les locutions **à ce qu'il paraît** et **paraît/paraîtrait que** (+ indic.) sont familières. Dans la langue soignée, on emploie plutôt **paraît-il** en incise : *il a, paraît-il, changé d'emploi*.
Au sens de « être publié », ce verbe se conjugue avec l'auxiliaire *avoir* ou *être* selon que l'on insiste sur l'action ou sur le résultat :

ce roman a d'abord paru en feuilleton ; tous ses livres sont parus chez le même éditeur. Dans les autres sens, il se conjugue toujours avec le verbe *avoir* : *elle n'a pas paru de la journée ; il m'a paru soucieux.*

parakératose n. f.
parakinésie n. f.
paralangage n. m.
paralexie n. f.
paralipomènes n. m. pl.
paralipse n. f.
paralittéraire adj.
paralittérature n. f.
paraliturgie n. f.
parallactique adj.
parallactiquement adv.
parallaxe n. f.
[1]**parallèle** adj.
[2]**parallèle** n. f. (droite)
[3]**parallèle** n. m. (cercle ; comparaison)
parallèlement adv.
parallélépipède n. m.
parallélépipédique adj.
parallélisation n. f.
paralléliser v. tr. | conjug. 1 |
paralléliseur n. m.
parallélisme n. m.
paralléliste adj. et n.
parallélogrammatique adj.
parallélogramme n. m.
paralogie n. f.
paralogisme n. m.
paralympique adj.
paralysant, ante adj.
paralysé, ée adj. et n.
paralyser v. tr. | conjug. 1 |
paralysie n. f.
paralytique adj. et n.
paramagnétique adj.
paramagnétisme n. m.
paramécie n. f.
paramédical, ale, aux adj.
paramétrage n. m.
paramètre n. m.
paramétrer v. tr. | conjug. 6 |
paramétrique adj.
paramétrite n. f.
paramilitaire adj.
paraminophénol n. m.
paramnésie n. f.
paramnésique adj.
paramorphine n. f.
paramoteur n. m.
paramotoriste n.
paraneige adj. et n.
parangon n. m.
parangonnage n. m.
parangonner v. tr. | conjug. 1 |
[1]**parano** n. f.
□ abrév. de **paranoïa**
[2]**parano** adj. et n.
□ abrév. de **paranoïaque**
paranoïa n. f.
paranoïaque adj. et n.
paranoïde adj.
paranormal, ale, aux adj.
paranthrope n. m.
paranymphe n.
paraosmie n. f.
→ **parosmie**
parapente n. m.
parapentiste n.
parapet n. m.
parapharmaceutique adj.
parapharmacie n. f.
paraphasie n. f.
paraphe ou **parafe** n. m.
parapher ou **parafer** v. tr. | conjug. 1 |
paraphernal, ale, aux adj.
parapheur ou **parafeur** n. m.
paraphimosis /-is/ n. m.
paraphrase n. f.
ϟ Ne pas confondre **paraphrase**, qui signifie « développement explicatif d'un texte », avec **périphrase**, qui signifie « expression synonyme d'un mot ».
paraphraser v. tr. | conjug. 1 |
paraphraseur, euse n.
paraphrasie n. f.
paraphraste n. m.
paraphrastique adj.
paraphrène adj. et n.
paraphrénie n. f.
paraphyse n. f.
paraplégie n. f.
paraplégique adj.
parapluie n. m.
parapsychique adj.
parapsychologie /-k-/ n. f.
parapsychologique /-k-/ adj.
parapublic, ique adj.
parascève n. f.
parascience n. f.
parascientifique adj.
parascolaire adj.
parasélène n. f.
parasexualité n. f.
parasexuel, elle adj.
parasismique adj.
parasitaire adj.
parasite n. m. et adj.
parasitémie n. f.
parasiter v. tr. | conjug. 1 |

parasiticide adj. et n. m.
parasitique adj.
parasitisme n. m.
parasitologie n. f.
parasitologique adj.
parasitologue n.
parasitose n. f.
parasol n. m.
parasoleil n. m.
parasolier n. m.
parastatal, ale, aux adj.
parastate n. m.
parasympathicolytique ou **parasympatholytique** adj.
parasympathicomimétique ou **parasympathomimétique** adj.
parasympathique adj. et n. m.
parasynthétique adj. et n. m.
parataxe n. f.
paratexte n. m.
parathormone n. f.
parathyroïde n. f.
paratomie n. f.
paratonnerre n. m.
parâtre n. m.
paratyphique adj. et n.
paratyphoïde adj. et n. f.
paravalanche ▪ plur. **paravalanches** ou **pare-avalanches** ▪ plur. inv. **n. m.**
paravent n. m.
➾ Ne pas écrire **paravant* : ce mot s'écrit avec un *e*.
paraverbal, ale, aux adj.
paravertébral, ale, aux adj.
paravivipare adj.
paraxial, ale, aux adj.
parbleu interj.
parc n. m.
➾ Ce mot s'écrit sans majuscule : *le parc Monceau*.
HOM. **parque**, formes du v. **parquer**
parcage n. m.
parcellaire adj.
parcellarité n. f.
parcelle n. f.
parcellement n. m.
parceller v. tr. | conjug. 1 |
parcellisation n. f.
parcelliser v. tr. | conjug. 1 |
¬ **se parcelliser**
➾ Aux temps composés de la forme pronominale, le participe passé s'accorde en genre et en nombre avec le sujet : *l'opposition s'est parcellisée*.
parce que loc. conj.
Ξ *Parce que* s'élide devant *à, il(s), elle(s), on, en, un* et *une* : *parce qu'il faut faire attention ; parce qu'un ami me l'a dit*.
L'emploi de **parce que** sans reprise du sujet et du verbe est un tour elliptique stylistiquement marqué : *elle est heureuse parce que comblée*. Cet usage est à éviter dans le langage courant.
➾ Ne pas confondre *parce que*, qui introduit une cause, avec la construction **par ce que**, qui s'écrit en trois mots et dans laquelle *par* introduit un complément d'agent : *il s'en va parce qu'il s'ennuie ; il est intéressé par ce que je dis*.
parche n. f.
parchemin n. m.
parcheminage n. m.
parcheminer v. tr. | conjug. 1 |
¬ **se parcheminer**
➾ Aux temps composés de la forme pronominale, le participe passé s'accorde en genre et en nombre avec le sujet : *sa peau s'est parcheminée avec l'âge*.
parcheminerie n. f.
parchemineux, euse adj.
parcheminier, ière n.
parchet n. m.
par-ci, par-là loc. adv.
Ξ La virgule est obligatoire quand les deux éléments sont disjoints : *des injures par-ci, des grossièretés par-là*. Elle est facultative mais plus fréquemment omise dans les autres cas : *il y a quelques erreurs par-ci par-là*.
parcimonie n. f.
parcimonieusement adv.
parcimonieux, ieuse adj.
parclose n. f.
parcmètre n. m.
parcomètre n. m.
parcourable adj.
parcourir v. tr. | conjug. 11 |
parcours n. m.
pardalie n. f.
pardanthus /-ys/ n. m.
par-dehors loc. prép.
par-delà loc. prép. et adv.
par-derrière loc. prép. et adv.
par-dessous loc. prép. et adv.
pardessus n. m. (vêtement)
par-dessus loc. prép. et adv.
par-devant loc. prép.
par-devers loc. prép.
pardi interj.
pardieu interj.
pardingue n. m.
pardon n. m.
pardonnable adj.
pardonner v. tr. | conjug. 1 |
▸ **pardonner à qqn** *il cherche à se faire pardonner*

▸ **pardonner qqch. à qqn** *je ne lui pardonne pas ses mensonges*

☰ La construction **pardonner qqn** est considérée comme incorrecte. Cependant, la forme passive **vous êtes pardonné** est admise.

¬ **se pardonner**

➾ Aux temps composés de la forme pronominale, le participe passé ne s'accorde pas quand il est suivi d'un complément d'objet direct ou qu'il n'y a pas de complément d'objet direct : *ils se sont pardonné leurs erreurs ; elles ne se sont pas pardonné.* Il ne s'accorde avec le complément d'objet direct que lorsque celui-ci est placé avant le verbe : *les erreurs qu'ils se sont pardonnées.*

paré, ée adj.

paréage n. m.

→ **pariage**

pare-balle(s) n. m. ▪ plur. **pare-balles**

pare-boue n. m. ▪ plur. inv. ou plur. **pare-boues**

parebrise ▪ plur. **parebrises** ou **pare-brise** ▪ plur. inv. ou plur. **pare-brises**○ n. m.

pare-buffle n. m. ▪ plur. **pare-buffles**

parechoc ▪ plur. **parechocs** ou **pare-chocs** ▪ plur. inv. n. m.

pare-douche n. m. ▪ plur. **pare-douches**

parèdre adj. et n.

pare-éclat(s) n. m. ▪ plur. **pare-éclats**

pare-étincelle(s) n. m. ▪ plur. **pare-étincelles**

pare-feu n. m. ▪ plur. **pare-feux**

pare-flamme adj. ▪ plur. inv. ou plur. **pare-flammes**○

pare-fumée n. m. ▪ plur. **pare-fumées** ou plur. inv.

HOM. **parfumer**

parégorique adj. et n. m.

parégorisme n. m.

pareil, eille adj. et n.

☯ Ce mot est employé comme nom féminin dans la locution **rendre la pareille** et comme nom masculin dans la locution **du pareil au même**.

➾ La locution **sans pareil** varie en genre et en nombre : *des splendeurs sans pareilles.*

☰ Dans le langage courant, *pareil* est fréquemment employé comme adverbe : *essayer de faire pareil ; ils sont habillés pareil.* Dans la langue soignée, il est préférable d'employer *pareillement* ou **de la même manière**.

⌘ La construction ***pareil que** est courante mais fautive : **leur maison est pareille que la nôtre.* Dans une comparaison, il faut employer **pareil à** : *leur maison est pareille à la nôtre.*

pareillement adv.

parélie n. m.

→ **parhélie**

parelle n. f.

parement n. m.

parementer v. tr. | conjug. 1 |

parementure n. f.

parémiaque n. m.

parémiographe n.

parémiographie n. f.

parémiologie n. f.

parémiologique adj.

parémiologue n.

parenchymateux, euse adj.

parenchymatose n. f.

parenchyme n. m.

pare-neige n. m. ▪ plur. inv. ou plur. **pare-neiges**○

parénèse n. f.

parénétique adj.

parent, ente n. et adj.

☰ Employé au singulier pour désigner le père ou la mère, *parent* est toujours masculin : *elle était le seul parent présent.*

HOM. **parant** (p. prés. de *parer*)

parentage n. m.

parentaille n. f.

parental, ale, aux adj.

parentales n. f. pl.

parentalies n. f. pl.

parentalisation n. f.

parentalité n. f.

parenté n. f.

parentèle n. f.

parentéral, ale, aux adj.

parenthésage n. m.

parenthèse n. f.

➾ Ce mot est au pluriel dans la locution **entre parenthèses** et au singulier dans **par parenthèse**.

paréo n. m.

pare-pierres ▪ plur. inv. ou **pare-pierre**○ ▪ plur. **pare-pierres**○ n. m.

pare-poussière n. m. ▪ plur. inv. ou plur. **pare-poussières**○

[1]**parer** v. tr. | conjug. 1 | (orner)

¬ **se parer**

➾ Aux temps composés de la forme pronominale, le participe passé s'accorde en genre et en nombre avec le sujet : *elle s'est parée de ses plus beaux bijoux.*

[2]**parer** v. tr. et v. tr. ind. | conjug. 1 | (éviter)

▸ **parer qqch./qqn** *parer un coup ; je suis bien paré contre le froid*

▸ **parer à qqch.** *parer à toute éventualité ; il faut parer au plus pressé*
[3]**parer** v. tr. et v. intr. | conjug. 1 | (verbe de l'équitation)
parère n. m.
HOM. forme du v. **parer**
parergon n. m.
parésie n. f.
pare-soleil n. m. ▪ plur. inv. ou plur. **pare-soleils**○
paresse n. f.
HOM. formes du v. **paraître**
paresser v. intr. | conjug. 1 |
paresseusement adv.
paresseux, euse adj. et n.
paresthésie n. f.
parétique adj.
pareur, euse n.
pare-vapeur adj. et n. m. ▪ plur. **pare-vapeurs**
pare-vent n. m. ▪ plur. inv. ou plur. **pare-vents**○
parfaire v. tr. | conjug. 60 |
CONJUG. Ce verbe ne s'emploie qu'à l'infinitif et aux temps composés.
parfait, aite adj. et n. m.
☰ L'adjectif peut être modifié par des adverbes tels que *plus, moins, très*, etc. Il a alors le sens de « proche de la perfection » : *son plat est encore plus parfait que la dernière fois.*
parfaitement adv.
parfilage n. m.
parfiler v. tr. | conjug. 1 |
parfileur, euse n.
parfois adv.
parfondre v. tr. | conjug. 41 |
➾ Au présent de l'indicatif, à la forme interrogative avec sujet inversé, on écrit *parfond-on, parfond-il, parfond-elle* et non **parfond-t-on, *parfond-t-il, *parfond-t-elle*. Le *d* final se prononce /t/ ; il est donc inutile et fautif d'ajouter un *t*.
parfum n. m.
➾ Ce mot est au singulier dans la locution **au parfum** : *on les a mis au parfum.*
parfumé, ée adj.
parfumer v. tr. | conjug. 1 |
¬ **se parfumer**
➾ Aux temps composés de la forme pronominale, le participe passé s'accorde en genre et en nombre avec le sujet : *elle s'est parfumée au musc.*
HOM. **pare-fumée**
parfumerie n. f.
parfumeur, euse n.
parhélie ou **parélie** n. m.
parhélique adj.
pari n. m.
HOM. formes du v. **parier**
pari (a) loc. adj. et adv.
→ **a pari**
paria n. m.
☯ Au sens figuré, ce mot peut s'employer au féminin : *elle est traitée comme une paria.*
HOM. formes du v. **parier**
pariade n. f.
pariage ou **paréage** n. m.
parian n. m.
HOM. **pariant** (p. prés. de *parier*)
paridé n. m.
paridigitidé, ée adj. et n.
parier v. tr. | conjug. 7 |
☰ Le tour **je te/vous parie que** est familier. Dans la langue soignée, on emploie **parier contre qqn** ou, plus couramment, **parier avec qqn**.
Le nom qui désigne la personne, l'animal ou la chose sur laquelle on mise est introduit par *sur* ou par *pour*. Quand il s'agit d'un animal, l'emploi de *sur* est plus fréquent : *parier sur le bon cheval.*
pariétaire n. f.
☯ Ce mot est féminin : *une pariétaire.*
pariétal, ale, aux adj. et n.
parieur, ieuse n.
parigot, ote adj. et n.
➾ Ce mot s'écrit toujours sans majuscule : *les parigots ; c'est une parigote.*
paripenné, ée adj.
paris-brest n. m. inv.
parisette n. f.
parisianiser v. tr. | conjug. 1 |
¬ **se parisianiser**
➾ Aux temps composés de la forme pronominale, le participe passé s'accorde en genre et en nombre avec le sujet : *elle s'est parisianisée.*
parisianisme n. m.
parisien, ienne n. et adj.
➾ L'adjectif s'écrit sans majuscule : *la population parisienne ; un titi parisien ; le Bassin parisien.* Le nom s'écrit avec une majuscule uniquement quand il désigne une personne : *les Parisiens ; c'est une Parisienne* mais *manger un parisien* (gâteau ou sandwich).
☰ Dans le domaine culinaire, *parisienne* s'emploie dans l'expression **à la parisienne** ou en apposition ; il est alors invariable : *des noix de veau (à la) parisienne.*
parisis /-zi/ adj.
parisyllabique /-sil(l)abik/ adj.
paritaire adj.
paritarisme n. m.

parité n. f.

[1]**parjure** n. m. (faux serment)

[2]**parjure** n. et adj. (personne)

parjurer (se) v. pron. | conjug. 1 |

➾ Aux temps composés, le participe passé s'accorde en genre et en nombre avec le sujet : *ils se sont parjurés*.

parka n. f. ou m.

☯ Le féminin est plus fréquent.

HOM. formes du v. **parquer**

Parkérisation® n. f.

➾ Comme tous les noms déposés, ce mot doit s'écrire avec une majuscule : *la Parkérisation des métaux*. Toutefois, on le trouve fréquemment employé comme nom générique sans respect de la règle : *la parkérisation des métaux*.

parkériser v. tr. | conjug. 1 |

parking /-iŋ/ n. m.

◻ rec. off. : **parc de stationnement**

parkinson /paʀkinsɔn/ n. m.

➾ Employé comme nom commun, ce mot s'écrit sans majuscule : *il est atteint d'un parkinson*. Mais il s'écrit avec une majuscule dans **la maladie de Parkinson** car il s'agit d'un nom propre.

parkinsonien, ienne /paʀkin-/ adj. et n.

parkinsonisme /paʀkin-/ n. m.

parlable adj.

parlage n. m.

parlant, ante adj.

parlé, ée adj.

parlement n. m.

➾ Ce mot s'écrit sans majuscule quand il désigne une cour de justice française, des Capétiens jusqu'à la Révolution : *le parlement de Bordeaux*. Il s'écrit avec une majuscule quand il désigne l'assemblée qui détient le pouvoir législatif : *les débats du Parlement ; le Parlement européen*.

parlementaire adj. et n.

HOM. formes du v. **parlementer**

parlementairement adv.

parlementarisme n. m.

parlementariste adj. et n.

parlementer v. intr. | conjug. 1 |

[1]**parler** n. m.

[2]**parler** v. intr., v. tr. ind. et v. tr. | conjug. 1 |

- **parler avec qqn** *j'ai parlé avec ses parents*
- **parler de qqch./qqn** *parler de son enfance ; je ne veux plus entendre parler d'elle*
- **parler à qqn** *je souhaite leur parler*
- **parler de qqch./qqn à qqn** *il n'a parlé à personne de cette histoire ; je parlerai de vous au directeur*
- **parler de** (+ inf.) *ils parlent de se marier*

Ξ Avec pour complément un nom de langue employé sans article, *parler* signifie simplement « s'exprimer en (telle langue) » : *je l'entends parler italien*. Avec l'article, *parler* signifie plutôt « savoir s'exprimer en (telle langue) » : *on recherche quelqu'un qui parle l'italien*. Toutefois, cette distinction n'est pas toujours respectée dans l'usage.

⌘ Le complément peut être introduit sans préposition quand il désigne le sujet de la conversation : *parler affaires ; parler chiffons*. Cet emploi est toutefois limité à des sujets d'ordre général : on ne dit pas, par exemple, **parler affaires en cours* ni **parler jupes à carreaux*.

¬ **se parler**

➾ Aux temps composés de la forme pronominale, le participe passé est invariable quand il s'emploie avec un complément d'objet indirect : *ils se sont longuement parlé ; elle s'est parlé à elle-même*. Il s'accorde avec le sujet lorsqu'il est de sens passif : *la langue latine s'est parlée pendant des siècles*.

parlerie n. f.

parleur, euse n.

parloir n. m.

➾ Ne pas écrire **parloire* : ce mot n'a pas de *e*.

parlophone n. m.

parlote ou **parlotte** n. f.

parloter ou **parlotter** v. intr. | conjug. 1 |

parlure n. f.

parme adj. inv. et n. m.

parmélie n. f.

parmentier n. m.

➾ Employé comme nom commun, ce mot s'écrit sans majuscule : *un parmentier de canard*. Mais on l'écrit avec une majuscule dans **hachis Parmentier** car il s'agit du nom propre.

parmentière n. f.

parmenture n. f.

parmesan n. m.

parmi prép.

➾ Ne pas écrire **parmis* : ce mot n'a pas de *s*, contrairement à *hormis*.

Ξ De nos jours, ce mot ne peut s'employer qu'avec un nom pluriel ou collectif ou un pronom pluriel : *des maisons disséminées parmi les arbres ; nous souhaitons vous avoir bientôt parmi nous ; parmi la foule*.

⌘ L'emploi du pronom *qui* avec *parmi* est fautif. Il faut employer *lesquels* ou *lesquelles* : *les gens parmi lesquels j'ai grandi* (et non **les gens parmi qui j'ai grandi*).

Parnasse n. m.

➾ Ce mot s'écrit toujours avec une majuscule : *les poètes du Parnasse*.

parnassien, ienne adj. et n. m.
➾ Ce mot s'écrit sans majuscule : *l'école parnassienne ; les parnassiens.*
parochial, ale, aux /-k-/ adj.
parodie n. f.
parodier v. tr. | conjug. 7 |
parodique adj.
parodiste n.
parodontal, ale, aux adj.
parodonte n. m.
parodontie /-si/ n. f.
parodontique adj.
parodontiste n.
parodontite n. f.
parodontologie n. f.
parodontologiste n.
parodontologue n.
parodontopathie n. f.
parodontose n. f.
parodos /-ɔs/ n. m.
paroi n. f.
➾ Ne pas écrire **paroie* : ce mot n'a pas de *e*.
paroir n. m.
paroisse n. f.
paroissial, iale, iaux adj.
paroissien, ienne n.
parole n. f.
paroli n. m.
parolier, ière n.
paromologie n. f.
paronomase n. f.
paronyme adj. et n. m.
paronymie n. f.
paronymique adj.
paronyque n. f.
paroptique adj.
paros /paʀɔs/ n. m.
➾ Lorsqu'il désigne du marbre, ce mot s'écrit sans majuscule, contrairement au nom propre qui désigne l'île : *du marbre de Paros* mais *du paros de première qualité.*
parosmie ou **paraosmie** n. f.
parotide n. f.
parotidectomie n. f.
parotidien, ienne adj.
parotidite n. f.
parousie n. f.
paroxysmal, ale, aux adj.
paroxysme n. m.
paroxysmique adj.
paroxyste n. et adj.
paroxystique adj.
paroxyton adj. m.
paroxytonique adj.
paroxytonisme n. m.
parpaigne adj. f.
parpaillot, ote n.
parpaing /paʀpɛ̃/ n. m.
parpelette n. f.
parpine n. f.
parquage n. m.
parque n. f.
➾ Avec une majuscule, **les Parques** désigne les trois déesses de la mythologie antique. Au singulier, **la Parque** désigne la destinée ou la mort. Ce mot s'écrit sans majuscule dans les autres cas : *la parque Atropos.*
HOM. **parc**
parquer v. tr. et v. intr. | conjug. 1 |
¬ **se parquer**
➾ Aux temps composés de la forme pronominale, le participe passé s'accorde en genre et en nombre avec le sujet : *elle s'est parquée devant la préfecture.*
parquet n. m.
HOM. formes du v. **parquer**
parquetage n. m.
parqueter v. tr. | conjug. 4 |
parqueterie ou **parquèterie** n. f.
parqueteur, euse n. (personne)
parqueteuse n. f. (machine)
parquetier n. m.
parqueur, euse n.
parr n. m.
HOM. **par**, **part**, formes des v. **parer**, **partir**
parrain n. m.
➾ Ne pas écrire **parain* : ce mot et ses dérivés s'écrivent avec deux *r*.
parrainage n. m.
◻ rec. off. pour **sponsoring**
parrainer v. tr. | conjug. 1 |
◻ rec. off. pour **sponsoriser**
parraineur, euse n.
◻ rec. off. pour **sponsor**
1**parricide** n. et adj. (meurtrier)
2**parricide** n. m. (meurtre)
parsec n. m.
parsemer v. tr. | conjug. 5 |
parsemis n. m.
parseur n. m.
parsi, e n. et adj.
➾ Ce mot s'écrit sans majuscule : *les parsis ; ils parlaient le parsi.*
parsisme n. m.
➾ Comme tous les mots désignant une religion, ce mot s'écrit sans majuscule : *le parsisme est une religion monothéiste.*

1**part** n. f. (partie)
➾ Ce mot est toujours au singulier dans les locutions suivantes : **à part** ; **à part entière** ; **autre part** ; **avoir part à** ; **de part en part** ; **de part et d'autre** ; **faire part de qqch.** ; **nulle part** ; **prendre en bonne/mauvaise part** ; **prendre part à** ; **quelque part**. On

peut écrire indifféremment **de toute part** ou **de toutes parts**. Le pluriel est plus fréquent.
Ξ La locution **faire part de** (+ n.) s'écrit sans trait d'union : *il nous a fait part de son mécontentement*. ***Faire part que** (+ indic.) est fautif.
La locution prépositive **à part** doit normalement être suivie d'un nom. **À part** (+ inf.) (*il n'a rien fait à part dormir*) et **à part que** (+ indic.) (*tout va bien, à part que j'ai faim*) sont familiers. La construction ***à part de** (+ inf.) est fautive.
⌘ Lorsque **une part de** suivi d'un nom est sujet, le verbe s'accorde soit avec *part*, soit avec le complément : *une part des bénéfices a disparu* ou *ont disparu*. Avec **la... part de**, le verbe s'accorde toujours avec *part* : *la plus grande part des bénéfices lui revient*.La locution **d'une part,... d'autre part** est utilisée pour mettre en parallèle oupour opposer deux idées ou deux faits, deux aspects d'un objet ; ses membres sont donc indissociables : *d'une part c'est cher, d'autre part, c'est laid ; d'une part, il en avait envie, d'autre part, il n'osait pas*.
HOM. **par**, **parr**, formes des v. **parer**, **partir**
→ aussi **mis, mise**

²part n. m. (accouchement, nouveau-né)
HOM. **par**, **parr**, formes des v. **parer**, **partir**
partage n. m.
partagé, ée adj.
partageable adj.
partageant, ante n.
partager v. tr. | conjug. 3 |
¬ **se partager**
⇒ Aux temps composés de la forme pronominale, le participe passé s'accorde en genre et en nombre avec le sujet : *l'assemblée s'est partagée en deux groupes*. Mais le participe passé ne s'accorde pas quand il est suivi d'un complément d'objet direct : *les héritiers se sont partagé la fortune de leurs parents*. Il ne s'accorde avec le complément d'objet direct que lorsque celui-ci est placé avant le verbe : *la fortune qu'ils se sont partagée*.
partageur, euse n. et adj.
partageux, euse n.
partance n. f.
▸ **en partance** *des convois en partance ; un avion en partance pour Milan*
¹partant, ante n. et adj.
²partant conj.
partenaire n.
partenarial, ale, aux adj.
partenariat n. m.
parterre n. m.
⇒ Ne pas confondre ce nom avec la locution **par terre**, qui s'écrit en deux mots : *un parterre de tulipes ; tomber par terre*.
HOM. **par terre**
parthénocissus /-ys/ n. m.
parthénogamie n. f.
parthénogenèse n. f.
parthénogénèse n. f.
parthénogénétique adj.
parthénologie n. f.
parthénophobie n. f.
¹parti, ie adj. (absent, éméché)
HOM. **party**
²parti, ie ou **ite** adj. (Blas. : partagé)
Ξ La forme féminine *partite* est archaïque.
HOM. **party**
³parti n. m.
▸ **parti pris** *je vous le dis sans parti pris*
▸ **prendre parti** *ils ont pris parti pour/contre lui ; j'ai pris le parti d'en rire ; il en a pris son parti*
▸ **tirer parti de** *il en a tiré le meilleur parti*
⇒ Dans les dénominations, ce mot s'écrit avec une majuscule quand il est uniquement déterminé par des adjectifs : *le Parti républicain ; le Parti communiste français*. Il s'écrit avec une minuscule quand il est déterminé par un nom : *le parti des Travailleurs*.
HOM. **partie**, **party**
partiaire adj.
partial, iale, iaux adj.
partialement adv.
partialité n. f.
participant, ante adj. et n.
participatif, ive adj.
participation n. f.
participationniste adj. et n.
participe n. m.
participer v. tr. ind. | conjug. 1 |
⌘ Ce verbe se construit généralement avec un sujet désignant une personne et un complément introduit par la préposition *à* : *elle n'a pas participé à la réunion*. La construction **participer de** (+ n.) s'emploie dans le registre littéraire au sens de « tenir de la nature de » : *des sentiments qui participent de la foi*.
participial, iale, iaux adj.
particulaire adj.
particularisation n. f.
particulariser v. tr. | conjug. 1 |
¬ **se particulariser**
⇒ Aux temps composés de la forme pronominale, le participe passé s'accorde en genre et en nombre avec le sujet : *elle s'est particularisée par son inventivité*.
particularisme n. m.
particulariste n.
particularité n. f.
particule n. f.

particulier, ière adj. et n. m.
➾ La locution **en particulier** est invariable : *nous nous sommes entretenus en particulier ; ils aiment en particulier la viole et le clavecin.*
particulièrement adv.
partie n. f.
◗ **en partie** *c'est en partie vrai*
◗ **faire partie de** (+ n.) *cela ne fait pas partie de mes attributions*
◗ **prendre qqn à partie**
◗ **être juge et partie**
⌘ Lorsque **une partie de** suivi d'un nom est sujet, le verbe s'accorde soit avec *partie*, soit avec le complément : *une partie des spectateurs s'est levée* ou *se sont levés*. Avec **la... partie de**, le verbe s'accorde toujours avec *partie* : *la majeure partie des spectateurs s'est levée.*
HOM. **parti, party**
partie-cycle n. f. ▪ plur. **parties-cycles**
partiel, ielle adj.
partiellement adv.
partinium /-jɔm/ n. m.
[1]**partir** v. intr. | conjug. 16 | (s'en aller)
☰ Avec le verbe *partir*, l'emploi des prépositions *à* et **en** est courant mais critiqué : *je pars à Lyon ; elle part en Allemagne ; ils partent à l'usine.* Dans la langue soignée, on emploiera plutôt la préposition *pour* : *je pars pour Lyon ; elle part pour l'Allemagne ; ils partent pour l'usine.*
L'emploi de **partir pour** avec un complément indiquant une durée (*je pars pour huit jours*) est courant mais doit être évité. Dans le langage soigné, on emploiera plutôt *s'absenter* : *je m'absente huit jours.* ***Partir pendant** est fautif. On dira plutôt **s'absenter pendant**.
La locution **à partir de** s'emploie pour indiquer un point de départ dans le temps ou dans l'espace : *à partir de maintenant ; à partir d'ici, la route s'élargit.* Pour indiquer la matière première, on préférera un autre tour : *un meuble créé avec des objets de récupération.*
[2]**partir** v. tr. | conjug. 16 | (partager)
☰ Ce verbe ne s'emploie plus que dans l'expression **avoir maille à partir avec qqn**.
partisan, ane n. et adj.
➾ Ne pas écrire **partisant* : ce mot n'a pas de *t*.
☯ *Partisane* est la forme recommandée par l'Office québécois de la langue française pour parler d'une femme : *elle est partisane de la liberté de la presse.* Ne pas employer **partisante*, qui est fautif.
partisanerie n. f.
partita n. f. ▪ plur. **partitas** ou plur. **partite**
☰ On peut employer le pluriel francisé *partitas* ou le pluriel italien *partite*.
partite adj.
→ [2]**parti, ie**

partiteur n. m.
partitif, ive adj.
partition n. f.
partitionnement n. m.
partitionner v. tr. | conjug. 1 |
parton n. m.
HOM. formes du v. **partir**
partout adv.
☰ **Tout partout** est un pléonasme à éviter. La locution **de partout** ne s'emploie normalement que pour indiquer la provenance : *ils arrivent de partout.* Les autres usages (*il s'est sali de partout*) doivent être évités.
partouzard, arde ou **partousard, arde** adj. et n.
partouze ou **partouse** n. f.
partouzer ou **partouser** v. intr. | conjug. 1 |
parturiente adj. f et n. f.
parturition n. f.
party n. f. ▪ plur. **parties** ou plur. **partys**
☰ On peut employer le pluriel anglais *parties* ou le pluriel francisé *partys*.
HOM. **parti, partie**, formes du v. **partir**
parulidé n. m.
parulie n. f.
parure n. f.
HOM. forme du v. **paraître**
parurerie n. f.
parurier, ière n.
parution n. f.
☰ Ce mot a été critiqué par certains puristes qui lui préfèrent *publication* ou *mise en vente*. Il est toutefois devenu courant et ne peut plus être considéré comme fautif.
parvenir v. tr. ind. | conjug. 22 |
◗ **parvenir à** (+ n.) *parvenir au sommet d'une montagne ; il est parvenu à ses fins ; ma lettre vous est-elle parvenue ?*
◗ **parvenir à** (+ inf.) *je ne parviens pas à m'endormir*
parvenu, ue adj. et n.
parvis n. m.
P. A. S. n. m.
▫ abrév. de **paraaminosalicylique**
[1]**pas** n. m.
➾ La locution **au pas** est toujours au singulier : *ils marchent au pas ; nous marchons au pas cadencé ; elles avancent au pas de course.* Avec **à pas**, les adjectifs s'accordent au pluriel : *elle marche à grands pas ; il avance à pas comptés.* Pour désigner le détroit, on écrit **le pas de Calais** sans majuscule à *pas* et sans traits d'union. Mais on écrit *Pas-de-Calais* pour désigner le département.
☰ On peut dire **au pas gymnastique** ou **au pas de gymnastique**. La seconde forme est plus courante.
HOM. **past**

²pas auxiliaire de la négation, traditionnellement considéré comme un adverbe
Ξ Attention à la place de la négation qui peut changer complètement le sens de la phrase : *il ne sait pas parler* (« il est incapable de parler ») et *il sait ne pas parler* « (il est capable de se taire ») ; *ce n'est pas absolument vrai* (« ce n'est pas tout à fait vrai ») et *ce n'est absolument pas vrai* (« c'est complètement faux »).
On peut employer indifféremment *non* ou *pas* dans les formules elliptiques : *elle aime les artichauts, moi non* ou *moi pas*.
HOM. **past**
¹pascal, ale, als ou **aux** adj.
Ξ Au masculin pluriel, on peut employer *pascals* ou *pascaux*. Les deux formes sont admises par l'Académie.
²pascal n. m.
➾ Ce mot a un pluriel régulier : *cent pascals.*
pascalien, ienne adj.
pascal-seconde n. m. ▪ plur. **pascals-seconde**
pascuan, ane adj. et n. m.
➾ Comme tous les noms de langues, ce mot s'écrit sans majuscule : *ils parlent le pascuan.*
pas-d'âne n. m. inv.
HOM. **padane** (fém. de *padan*)
pasdar /pazdaʀ/ n. m.
pas-de-géant n. m. inv.
➾ Ne pas confondre ce nom, qui désigne un appareil de gymnastique, avec le groupe nominal **pas de géant**, qui s'écrit sans trait d'union : *il avance à pas de géant.*
pas-de-porte n. m. inv.
paseo ou **paséo**○ /paseo/ n. m.
pas-grand-chose n. inv.
➾ Ne pas confondre ce nom, qui désigne une personne de peu de valeur, avec la locution **pas grand-chose**, qui signifie « peu de chose » : *c'est un pas-grand-chose ; il ne vaut pas grand-chose.*
pashmina n. m.
pasigraphie n. f.
pasionaria /pɑsjɔnaʀja/ ou **passionaria** n. f.
paso doble ▪ plur. inv. ou **pasodoble**○ ▪ plur. **pasodobles**○ /pasodɔbl/ n. m.
pasquedieu interj.
pasquin n. m.
pasquinade n. f.
passable adj.
passablement adv.
passacaille n. f.
passade n. f.
passage n. m.
➾ Ce mot est au singulier dans les locutions **au passage** et **de passage** : *ils ont acheté des légumes au passage ; des amis de passage.*
¹passager v. tr. et v. intr. | conjug. 1 |
²passager, ère n. et adj.
Ξ **Rue passagère** est fautif : il faut dire **rue passante**.
passagèrement adv.
passant, ante adj. et n.
passar n. m.
passarille /-ij/ n. f.
→ **passerille**
passation n. f.
passavant n. m.
¹passe n. f. (action, endroit, chose qui dépasse, oiseau)
²passe n. m.
▫ abrév. de **passe-partout**
³passe n. m. (permis)
¹passé, ée adj.
➾ Employé avec *heure*, ce mot s'accorde en genre et en nombre : *il est huit heures passées.*
²passé n. m. et prép.
➾ Employé comme préposition, *passé* est invariable : *passé huit heures, il sera trop tard.*
passe-balle n. m. ▪ plur. **passe-balles**
passe-bande adj. inv.
passe-bas adj. inv.
passe-bouillon n. m. ▪ plur. **passe-bouillons**
passe-boule n. m. ▪ plur. **passe-boules**
passe-carreau n. m. ▪ plur. **passe-carreaux**
passe-chevron n. m. ▪ plur. **passe-chevrons**
passe-corde n. m. ▪ plur. **passe-cordes**
passe-couloir n. m. ▪ plur. **passe-couloirs**
passe-crassane ▪ plur. **passe-crassanes** n. f.
passe-debout n. m. inv.
passe-dix /-dis/ n. m. inv.
passe-droit n. m. ▪ plur. **passe-droits**
passée n. f.
passe-fleur n. f. ▪ plur. **passe-fleurs**
passe-haut adj. inv.
passéisme n. m.
passéiste adj. et n.
passe-lacet n. m. ▪ plur. **passe-lacets**
passe-lait n. m. ▪ plur. inv. ou plur. **passe-laits**○
passe-lien n. m. ▪ plur. **passe-liens**
passement n. m.
passementer v. tr. | conjug. 1 |
passementerie n. f.
passementier, ière n. et adj.
passe-montagne n. m. ▪ plur. **passe-montagnes**
passe-muraille n. m. ▪ plur. inv. ou plur. **passe-murailles**○
passe-partout ▪ plur. inv. ou **passepartout**○ ▪ plur. **passepartouts**○ n. m.
passe-passe ▪ plur. inv. ou **passepasse**○ ▪ plur. **passepasses**○ n. m.
passe-pied n. m. ▪ plur. **passe-pieds**
passe-pierre n. f. ▪ plur. **passe-pierres**

passe-plat n. m. ▪ plur. **passe-plats**
passepoil n. m.
passepoiler v. tr. | conjug. 1 |
passeport n. m.
passe-purée n. m. ▪ plur. **passe-purées**
passer v. intr. et v. tr. | conjug. 1 |
La forme transitive se conjugue avec l'auxiliaire *avoir* : *elle lui a passé son livre*. La forme intransitive peut se conjuguer avec *être* ou *avoir* mais l'emploi de *être* est devenu plus fréquent : *il est passé sous une échelle*.
¬ **se passer**
Aux temps composés de la forme pronominale, le participe passé s'accorde en genre et en nombre avec le sujet : *elle s'est passée de nos conseils*. Mais le participe passé ne s'accorde pas quand il est suivi d'un complément d'objet direct : *elles se sont passé les plats*. Il ne s'accorde avec le complément d'objet direct que lorsque celui-ci est placé avant le verbe : *les plats qu'elles se sont passés*.
→ aussi ²**outre**
passerage n. f.
passereau n. m.
passerelle n. f.
passeresse n. f.
passériforme n. m.
passerille /-ij/ ou **passarille** n. f.
passerine n. f.
passerinette n. f.
passe-rivière n. m. ▪ plur. **passe-rivières**
passerose n. f.
passet n. m.
HOM. formes du v. **passer**
passe-temps ou **passetemps**° n. m. inv.
passe-thé n. m. ▪ plur. **passe-thés**
passe-tout-grain n. m. inv.
passette n. f.
passeur, euse n.
passe-velours n. m. inv.
passe-volant n. m. ▪ plur. **passe-volants**
passe-vue n. m. ▪ plur. **passe-vues**
passible adj.
passif, ive adj. et n. m.
passiflore n. f.
passiflorine n. f.
passim /pasim/ adv.
passimètre n. m.
passing-shot /pasiŋ(ʃɔt)/ n. m. ▪ plur. **passing-shots**
passion n. f.
Avec une majuscule, **la Passion** désigne les souffrances et le supplice du Christ : *la semaine de la Passion*.
HOM. formes du v. **passer**
passionaria n. f.
→ **pasionaria**
passioniste n. m.
→ **passionniste**
passionnaire n. m.
HOM. forme du v. **passionner**
passionnant, ante adj.
passionné, ée adj. et n.
Le complément de l'adjectif peut être introduit par *de*, *par* ou *pour* : *elle est passionnée de musique ; il est passionné par son travail ; ils sont passionnés pour le tango*. Le complément du nom est introduit par *de* : *une passionnée de photo*.
passionnel, elle adj.
passionnellement adv.
passionnément adv.
passionner v. tr. | conjug. 1 |
¬ **se passionner**
Aux temps composés de la forme pronominale, le participe passé s'accorde en genre et en nombre avec le sujet : *elle s'est passionnée très tôt pour les dictionnaires*.
passionnette n. f.
passionniste ou **passioniste** n. m.
passivable adj.
passivation n. f.
passivement adv.
passiver v. tr. | conjug. 1 |
passivisme n. m.
passiviste adj. et n.
passivité n. f.
passoire n. f.
passure n. f.
past /pɑ/ ou **pât** n. m.
HOM. **pas**
pastaga n. m.
pastel n. m.
Ce mot peut s'employer seul en apposition ou derrière un adjectif de couleur ; les deux mots sont alors invariables : *des pantalons bleu pastel ; des robes pastel*.
pastelliste n.
pastenade n. f.
pastenague n. f.
pastèque n. f.
Ce mot peut s'employer seul comme adjectif de couleur ou derrière un adjectif de couleur pour en préciser la nuance ; ces adjectifs sont alors invariables : *des manteaux pastèque ; des jupes rouge pastèque*.
pasteur, eure n.
Pasteure est la forme féminine recommandée par l'Office québécois de la langue française. Le *Guide d'aide à la féminisation des noms de métiers, titres, grades et fonctions* admet l'emploi de *pasteure* et de *pasteur* au féminin : *c'est une pasteur(e)*.
pasteurella ou **pasterelle** n. f.
pasteurellose n. f.

pasteurien, ienne adj. et n.
pasteurisateur n. m.
pasteurisation n. f.
pasteurisé, ée adj.
pasteuriser v. tr. | conjug. 1 |
pastichage n. m.
pastiche n. m.
pasticher v. tr. | conjug. 1 |
pasticheur, euse n.
pastilla /pastija/ n. f.
pastillage n. m.
pastille n. f.
pastillé, ée adj.
pastillette n. f.
pastilleur, euse n.
pastis /-is/ n. m.
pastisson n. m.
paston n. m.
pastoral, ale, aux adj. et n. f.
pastoralement adv.
pastoralisme n. m.
pastorat n. m.
pastoresse n. f.
→ aussi **pasteur**
pastorien, ienne adj. et n.
pastorisme n. m.
pastour, oure n.
pastoureau, elle n.
pastourelle n. f.
pastrami n. m.
pat /pat/ adj. inv. et n. m.
HOM. **pâte, patte**
pât n. m.
→ **past**
patache n. f.
patachon n. m.
patafioler v. tr. | conjug. 1 |
pataphysicien, ienne n.
pataphysique n. f. et adj.
patapouf interj. et n. m.
pataque n. f.
pataquès /patakɛs/ n. m.
patarafe n. f.
pataras n. m.
patarasse n. f.
patard n. m.
patarin n. m.
patate n. f.
patati, patata interj.
patatoïde adj.
patatras interj.
pataud, aude n. et adj.
Pataugas® /patogas/ n. m.
➾ Comme tous les noms déposés, ce mot doit s'écrire avec une majuscule : *une paire de Pataugas*. Toutefois, on le trouve fréquemment employé comme nom générique sans respect de la règle : *une paire de pataugas*.
pataugeage ou **pataugement** n. m.
pataugeoire n. f.
patauger v. intr. | conjug. 3 |
pataugeur, euse n. et adj.
pataugis n. m.
patch n. m.
▫ rec. off. : **retouche** ou **correctif**
patchouli n. m.
➾ Le singulier n'a pas de *s*.
patchwork /patʃwœʀk/ n. m.
pâte n. f. (préparation, aliment)
HOM. **pat, patte**
pâté n. m.
HOM. **pâtée**
pâtée n. f.
HOM. **pâté**
patelette ou **pattelette** n. f.
patelin, ine n. m. et adj.
patelinage n. m. ou **patelinerie** n. f.
pateliner v. intr. et v. tr. | conjug. 1 |
patelinerie n. f.
→ **patelinage**
patellaire adj.
patelle n. f.
patelliforme adj.
patemment /-amɑ̃/ adv.
patence n. f.
patène n. f.
patenôtre n. f.
patenôtrier n. m.
patent, ente adj.
➾ Ne pas écrire **patant*.
patentable adj.
patentage n. m.
patente n. f.
patenté, ée adj.
patenter v. tr. | conjug. 1 |
[1]**pater** /patɛʀ/ n. m. (père)
HOM. **patère**
[2]**Pater** /patɛʀ/ n. m. inv. (prière)
HOM. **patère**
patère n. f.
HOM. **pater**
pater familias /patɛʀ-as/ n. m. inv.
paternage n. m.
paternaliser v. tr. | conjug. 1 |
paternalisme n. m.
paternaliste adj.
paterne adj.
HOM. **pattern**
paternel, elle adj. et n. m.
paternellement adv.
paternement adv.

paternité n. f.
[1]**Pater noster** /patɛʀnɔstɛʀ/ n. m. inv. (prière)
[2]**pater noster** /patɛʀnɔstɛʀ/ n. m. ▪ plur. **paters nosters** (appareil)
pâteusement adv.
pâteux, euse adj.
pathétique adj. et n. m.
pathétiquement adv.
pathétisme n. m.
pathie n. f.
HOM. **pâtis**, formes du v. **pâtir**
pathogène adj.
pathogenèse n. f.
pathogénésie n. f.
pathogénicité n. f.
pathogénie n. f.
pathogénique adj.
pathognomonie /-gnɔ-/ n. f.
pathognomonique /-gnɔ-/ adj.
pathologie n. f.
pathologique adj.
pathologiquement adv.
pathologiste n. et adj.
pathomime n.
pathomimie n. f.
pathophobie n. f.
pathos /patos/ n. m.
patibulaire adj.
patiemment /pasjamɑ̃/ adv.
patience /-sjɑ̃s/ n. f.
patient, iente /-sjɑ̃/ adj. et n.
patientèle /-sjɑ̃-/ n. f.
patienter /-sjɑ̃-/ v. intr. | conjug. 1 |
patin n. m.
patinage n. m.
patine n. f.
patiner v. tr. et v. intr. | conjug. 1 |
patinette n. f.
patineur, euse n.
patinoire n. f.
patio /pasjo ; patjo/ n. m.
pâtir v. intr. | conjug. 2 |
pâtis n. m.
HOM. **pathie**, formes du v. **pâtir**
pâtissant, ante adj.
pâtisser v. intr. | conjug. 1 |
pâtisserie n. f.
pâtissier, ière n. et adj.
pâtissoire n. f.
pâtisson n. m.
HOM. formes du v. **pâtisser**
patito n. m.
patoche n. f.
patois n. m.
patoisant, ante adj.
patoiser v. intr. | conjug. 1 |
pâton n. m.
pâtonnage n. m.
patouillard n. m.
patouillat n. m.
HOM. formes du v. **patouiller**
patouille n. f.
patouiller v. intr. et v. tr. | conjug. 1 |
patouillet n. m.
HOM. formes du v. **patouiller**
patraque n. f. et adj.
patraquerie n. f.
pâtre n. m.
patriarcal, ale, aux adj.
patriarcalement adv.
patriarcalisme n. m.
patriarcat n. m.
patriarche n. m.
patriarchie n. f.
patrice n. m.
patricial, iale, iaux adj.
patriciat n. m.
patricien, ienne n. et adj.
⚡ Ne pas confondre **patricien**, « personne qui appartenait à la classe supérieure des citoyens romains », avec **praticien**, « personne qui pratique un art, une technique ou qui donne des soins médicaux ».
patriclan n. m.
patrie n. f.
patrilinéaire adj.
patrilocal, ale, aux adj.
patrimoine n. m.
patrimonial, iale, iaux adj.
patrimonialement adv.
patriotard, arde n. et adj.
patriote n. et adj.
patriotique adj.
patriotiquement adv.
patriotisme n. m.
patristique n. f. et adj.
patrocline adj.
patroclinie n. f.
patrologie n. f.
[1]**patron** n. m. (modèle)
[2]**patron, onne** n. (personne)
patronage n. m.
➾ Ne pas écrire **patronnage* : ce mot s'écrit avec un seul *n*, contrairement à *patronner*.
patronal, ale, aux adj.
➾ Ne pas écrire **patronnal* : ce mot s'écrit avec un seul *n*, contrairement à *patronner*.
patronat n. m.
➾ Ne pas écrire **patronnat* : ce mot s'écrit avec un seul *n*, contrairement à *patronner*.
HOM. formes du v. **patronner**

patron-jaquet ou **patron-jaquette** n. m. sing.
→ **potron-jaquet**
patron-minet ou **patron-minette** n. m. sing.
→ **potron-minet**
patronner v. tr. | conjug. 1 |
patronnesse adj. f et n. f.
Ξ Cette forme féminine de *patron* ne s'emploie que pour désigner, souvent de manière ironique, une femme qui se consacre à des œuvres de bienfaisance. Dans les autres cas, on emploie *patronne*.
patronnet n. m.
HOM. formes du v. **patronner**
patronnier, ière n.
HOM. formes du v. **patronner**
patronyme n. m.
patronymique adj.
patrouillage n. m.
patrouille n. f.
patrouiller v. intr. | conjug. 1 |
patrouilleur, euse n.
patte n. f. (membre)
➾ Ce mot est au singulier dans les expressions **faire patte de velours** et **montrer patte blanche**.
HOM. **pat**, **pâte**
patté, ée adj.
patte-d'oie n. f. ▪ plur. **pattes-d'oie**
patte-fiche n. f. ▪ plur. **pattes-fiches**
pattelette n. f.
→ **patelette**
patte-mâchoire n. f. ▪ plur. **pattes-mâchoires**
pattemouille n. f.
patte-pelu, ue n. ▪ plur. **pattes-pelus, ues**
pattern n. m.
HOM. **paterne**
pattes d'ef n. f. pl.
□ abrév. de **pattes d'éléphant**
Ξ Cette abréviation appartient au registre familier. Ce mot se rencontre aussi au masculin singulier au sens de « pantalon à pattes d'éléphant » : *elle porte un patte d'ef avec des sandales*.
pattinsonage /-insɔn-/ n. m.
pattu, ue adj.
pâturable adj.
pâturage n. m.
pâture n. f.
pâturer v. tr. et v. intr. | conjug. 1 |
pâturin n. m.
paturon ou **pâturon** n. m.
HOM. formes du v. **pâturer**
pauchouse n. f.
→ **pochouse**
pauciflore adj.
paucité n. f.
paulette n. f.
paulien, ienne adj.
paulinien, ienne adj.
paulinisme n. m.
pauliste adj. et n.
paulownia /polɔnja/ n. m.
☯ Ce mot est masculin : *un paulownia*.
paumatoire adj.
paume n. f.
paumé, ée adj.
paumelle n. f.
paumer v. tr. | conjug. 1 |
¬ **se paumer**
➾ Aux temps composés de la forme pronominale, le participe passé s'accorde en genre et en nombre avec le sujet : *ils se sont paumés en route*.
paumier, ière n. m. et adj.
HOM. formes du v. **paumer**
paumoyer v. tr. | conjug. 8 |
paumure n. f.
paupérisation n. f.
paupériser v. tr. | conjug. 1 |
¬ **se paupériser**
➾ Aux temps composés de la forme pronominale, le participe passé s'accorde en genre et en nombre avec le sujet : *cette région s'est paupérisée*.
paupérisme n. m.
paupière n. f.
paupiette n. f.
pausal, ale, aux adj.
pause n. f.
ϟ Ne pas confondre **pause**, qui signifie « interruption momentanée », avec **pose**, qui signifie « mise en place », « attitude du corps » ou « exposition (d'une pellicule) ».
HOM. **pose**
pause(-)café n. f. ▪ plur. **pauses(-)café**
pauser v. intr. | conjug. 1 |
HOM. **poser**
pausette n. f.
pauvre adj. et n.
pauvrement adv.
pauvresse n. f.
Ξ Cette forme féminine de *pauvre* est vieillie. De nos jours, on dit *une pauvre*.
pauvret, ette n. et adj.
pauvreté n. f.
pavage n. m.
pavane n. f.
pavaner (se) v. pron. | conjug. 1 |
➾ Aux temps composés, le participe passé s'accorde en genre et en nombre avec le sujet : *elle s'est pavanée toute la soirée*.

¹pavé, ée adj.
²pavé n. m. (bloc)
pavée n. f. (fleur)
pavement n. m.
paver v. tr. | conjug. 1 |
paveton n. m.
paveur, euse n.
pavie n. f.
pavillon n. m.
pavillonnaire adj.
pavillonnerie n. f.
pavillonneur n. m.
pavimenteux, euse adj.
pavlovien, ienne adj.
pavlovisme n. m.
pavois n. m.
pavoisement n. m.
pavoiser v. tr. | conjug. 1 |
pavot n. m.
payable adj.
payant, ante adj. et n.
paye n. f.
→ **paie**
payement n. m.
→ **paiement**
payer v. tr. | conjug. 8 |
¬ **se payer**
➾ Aux temps composés de la forme pronominale, le participe passé s'accorde en genre et en nombre avec le sujet : *elles se sont payées de mots.* Mais le participe passé ne s'accorde pas quand il est suivi d'un complément d'objet direct : *ils se sont payé sa tête ; elle s'est payé de nouvelles chaussures.* Il ne s'accorde avec le complément d'objet direct que lorsque celui-ci est placé avant le verbe : *les nouvelles chaussures qu'elle s'est payées.*
HOM. **peiller**
payeur, euse n.
payol /pajɔl/ n. m.
payot /pajo/ n. m.
¹pays /pei/ n. m. (territoire)
➾ Ce mot s'écrit avec une majuscule dans *les Pays de la Loire* (région administrative) et *les Pays-Bas.* Dans les autres dénominations géographiques, *pays* s'écrit avec une majuscule s'il est suivi d'un adjectif et avec une minuscule s'il est suivi d'un nom : *le Pays basque ; le pays de Galles ; le pays de Caux.*
²pays, payse /pei, peiz/ n. (personne)
paysage /pei-/ n. m.
paysagé, ée /pei-/ adj.
paysager, ère /pei-/ adj.
paysagisme /pei-/ n. m.
paysagiste /pei-/ n.
paysan, anne /peizɑ̃, an/ n. et adj.
paysannat /peizana/ n. m.
paysannerie /pei-/ n. f.
P. C. n. m.
▫ abrév. de **personal computer**
pcht interj. et n. m.
→ **pscht**
P. C. V. n. m.
▫ abrév. de **à percevoir**
P. D. A. n. m.
▫ abrév. de **personal digital assistant**
P. D. F. n. m. inv.
▫ abrév. de **portable document format**
P. D. G. ou **pédégé, pédégère** n.
▫ abrév. de **président-directeur général, présidente-directrice générale**
☯ Pour parler d'une femme, le *Guide d'aide à la féminisation des noms de métiers, titres, grades et fonctions* recommande l'emploi de *P. D. G.* au féminin : *c'est une P. D. G.*
péage n. m.
➾ Ce mot est toujours au singulier dans la locution **à péage** : *des autoroutes à péage ; des chaînes à péage.*
péager, ère n. et adj.
péagiste n.
péan ou **pæan** /peɑ̃/ n. m.
péanien, ienne adj.
peau n. f.
HOM. **pot**
peaucier adj. m. et n. m.
HOM. **peaussier**
peaufinage n. m.
peaufiner v. tr. | conjug. 1 |
peau-rouge n. et adj. ▪ plur. **peaux-rouges**
➾ L'adjectif s'écrit sans majuscule : *des tribus peaux-rouges.* Le nom s'écrit avec une majuscule : *les Peaux-Rouges ; c'est une Peau-Rouge.*
peausserie n. f.
peaussier n. m.
HOM. **peaucier**
peaussu, ue adj.
pebble culture /pɛbœlkyltyʀ/ n. m. ▪ plur. **pebble cultures**
pébrine n. f.
pébroc ou **pébroque** n. m.
pec adj. m.
HOM. **pecque**
pécaïre interj.
pécan ou **pecan** n. m.
HOM. **peccant, pékan**
pécari n. m.
peccabilité n. f.
peccable adj.
peccadille n. f.
peccamineux, euse adj.
peccant, ante adj.
HOM. **pécan, pékan**
peccata n. m.
pêchable adj.

pêchant, ante adj.
pêchard adj. et n. m.
pechblende /pɛʃblɛ̃d/ n. f.
[1]**pêche** n. f. (action de pêcher, produit de la pêche)
Ξ La préposition *à* sert à introduire le complément d'objet ou le complément de moyen : *la pêche au hareng ; la pêche à la langouste ; la pêche à la ligne ; la pêche au chalut*. Si les deux compléments sont mentionnés, le complément d'objet doit être introduit par *de* : *la pêche de la sole au filet*.
HOM. formes du v. **pécher**
[2]**pêche** n. f. (fruit, coup, visage, moral)
Ξ Ce mot peut s'employer seul comme adjectif de couleur ou derrière un adjectif de couleur pour en préciser la nuance ; ces adjectifs sont alors invariables : *des chemisiers rose pêche ; des murs pêche*.
HOM. formes du v. **pécher**
péché n. m.
pécher v. intr. | conjug. 6 | (commettre une faute)
HOM. **pêcher**
[1]**pêcher** n. m.
[2]**pêcher** v. tr. | conjug. 1 | (prendre dans l'eau)
HOM. **pécher**
pechère interj.
→ **peuchère**
pécheresse /peʃʀɛs/ ou **pècheresse**○ n. f.
→ **pécheur**
pêcherie n. f.
pêchette n. f.
pécheur, pécheresse ou **pècheresse**○ n.
pêcheur, euse n.
pêchu, e adj.
pécile○ n. m.
→ **pœcile**
pécilotherme○ adj.
→ **poïkilotherme**
pécoptéris /-is/ n. m.
pécore n. f.
pecorino /pe-/ ▪ plur. **pecorini** ou plur. **pecorinos** ou **pécorino** ▪ plur. **pécorinos** n. m.
Ξ On peut employer le pluriel italien *pecorini* ou le pluriel francisé *pecorinos* ou *pécorinos*.
pecque n. f.
HOM. **pec**
pectase n. f.
pecten /pɛktɛn/ n. m.
pectine n. f.
pectiné, ée n. m. et adj.
pectique adj.
pectoral, ale, aux adj. et n. m.
pectose n. m.
péculat n. m.
pécule n. m.
↯ Ne pas confondre **pécule**, nom masculin qui signifie « somme d'argent économisée », avec **pécune**, nom féminin vieilli qui signifie « argent ».
pécune n. f.
↯ Ne pas confondre **pécune**, nom féminin vieilli qui signifie « argent », avec **pécule**, nom masculin qui signifie « somme d'argent économisée ».
pécuniaire adj.
➾ Ne pas écrire **pécunière*. Ne pas employer **pécunier*, qui n'existe pas.
pécuniairement adv.
pédagogie n. f.
pédagogique adj.
pédagogiquement adv.
pédagogue n. et adj.
pédal, ale, aux adj.
pédalage n. m.
pédale n. f.
pédalée n. f.
pédaler v. intr. | conjug. 1 |
pédaleur, euse n.
pédalfer /-fɛʀ/ n. m.
pédalier n. m.
HOM. formes du v. **pédaler**
Pédalo® n. m.
➾ Comme tous les noms déposés, ce mot doit s'écrire avec une majuscule : *faire du Pédalo*. Toutefois, on le trouve fréquemment employé comme nom générique sans respect de la règle : *faire du pédalo*.
pédane adj. m.
pédant, ante n. et adj.
pédanterie n. f.
pédantesque adj.
pédantesquement adv.
pédantiser v. intr. | conjug. 1 |
pédantisme n. m.
pède n. m.
▫ abrév. de **pédé**
pédé n. m. et adj.
pédégé, pédégère n.
→ **P. D. G.**
pédégérial, iale, iaux adj.
pédéraste n. m.
pédérastie n. f.
pédérastique adj.
pédestre adj.
pédestrement adv.
pédiatre n.
pédiatrie n. f.
pédiatrique adj.
pedibus /pedibys/ ou **pédibus**○ adv.
pédicellaire n. m.
pédicelle n. m.
pédicellé, ée adj.
pédiculaire n. f. et adj.
pédicule n. m.

pédiculé, ée adj.
pédiculose n. f.
pédicurage n. m.
pédicure n.
pédicurer v. tr. | conjug. 1 |
pédicurie n. f.
pédieux, ieuse adj.
pedigree /pedigʀe/ ou **pédigrée**○ n. m.
pédiluve n. m.
pédimane n. m.
pédiment n. m.
pédimentation n. f.
pédiométrie n. f.
pédipalpe n. m.
pédiplaine n. f.
pédocal n. m.
pédoclimax n. m.
pédodontie /-dɔ̃si/ n. f.
pédogamie n. f.
pédogenèse n. f.
pédologie n. f.
pédologique adj.
pédologue n.
pédonculaire adj.
pédoncule n. m.
☯ Ce mot est masculin : *un pédoncule.*
pédonculé, ée adj.
pédophile adj. et n.
pédophilie n. f.
pédophilique adj.
pédopornographie n. f.
pédopsychiatre /-k-/ n.
pédopsychiatrie /-k-/ n. f.
pédopsychiatrique /-k-/ adj.
pédum /-ɔm/ n. m.
pedzouille n.
peeling /piliŋ/ n. m.
peep-show /pipʃo/ n. m. ▪ plur. **peep-shows**
pégamoïd ou **pégamoïde** n. m.
pégase n. m.
P. E. G. C. n. m.
◻ abrév. de **professeur d'enseignement général de collège**
pegmatite n. f.
pégot n. m.
pègre n. f.
pégriot n. m.
péguer v. tr. et v. intr. | conjug. 6 |
pégueux, euse adj.
pehlvi /pɛlvi/ ou **pahlavi** n. m.
➾ Comme tous les noms de langues, ce mot s'écrit sans majuscule : *ils parlaient le pehlvi.*
peignage n. m.
peigne n. m.
peigné, ée adj. et n. m.
peigne-cul n. m. ▪ plur. **peigne-culs**
peignée n. f.
peigne-hérisson n. m. ▪ plur. **peignes-hérissons**
peigner v. tr. | conjug. 1 |
¬ **se peigner**
➾ Aux temps composés de la forme pronominale, le participe passé s'accorde en genre et en nombre avec le sujet : *elle s'est peignée en hâte.* Mais le participe passé ne s'accorde pas quand il est suivi d'un complément d'objet direct : *elle s'est peigné les cheveux.* Il ne s'accorde avec le complément d'objet direct que lorsque celui-ci est placé avant le verbe : *elle se les est peignés.*
HOM. formes du v. **peindre**
peignerie n. f.
peigneur, euse n.
peigne-zizi n. m. ▪ plur. **peigne-zizis**
peignier n. m.
HOM. formes du v. **peigner**
peignoir n. m.
➾ Ne pas écrire **peignoire.*
peignon n. m.
HOM. formes du v. **peindre**
peignures n. f. pl.
peille n. f.
HOM. **paye**, formes du v. **payer**
peiller, ère n.
HOM. **payer**
peinard, arde ou **pénard, arde** adj.
peinardement adv.
peindre v. tr. | conjug. 52 |
¬ **se peindre**
➾ Aux temps composés de la forme pronominale, le participe passé s'accorde en genre et en nombre avec le sujet : *l'émotion s'est peinte sur son visage.* Mais le participe passé ne s'accorde pas quand il est suivi d'un complément d'objet direct : *elle s'est peint les paupières.* Il ne s'accorde avec le complément d'objet direct que lorsque celui-ci est placé avant le verbe : *elle se les est peintes.*

peine n. f.
▸ **sous peine de** (+ n.) *défense d'afficher sous peine d'amende*
▸ **sous peine de** (+ inf.) *il fallait rouler doucement sous peine de glisser*
▸ **être en peine de** (+ n.) *elle n'est pas en peine d'idées*
▸ **être en peine de** (+ inf.) *j'étais bien en peine de lui répondre*
▸ **être en peine pour** (+ inf.) *il n'est pas en peine pour se trouver des amis*
▸ **c'est à peine si** (+ indic.) *c'est à peine s'il sort de chez lui*
▸ **ce n'est pas la peine de** (+ inf.) *ce n'est pas la peine de vous inquiéter*

▸ **ce n'est pas la peine que** (+ subj.) *ce n'est pas la peine que vous vous inquiétiez*
▸ **cela vaut la peine de** (+ inf.) *cela vaut la peine d'essayer*
▸ **cela vaut la peine que** (+ subj.) *cela vaut la peine que vous essayiez*
➾ Ce mot est au singulier dans les locutions **à grand-peine, à peine, avec peine, avoir peine à, en peine, homme de peine, sans peine, sous peine de** et dans l'expression **toute peine mérite salaire**.
⌘ En tête de phrase, **à peine** entraîne l'inversion du sujet et du verbe : *à peine étais-je sorti qu'il commença à pleuvoir*. Il s'emploie généralement avec *que* mais parfois aussi avec *quand* ou *lorsque* : *à peine était-il guéri quand une mauvaise nouvelle arriva*. **À peine** peut également s'employer dans une proposition participiale : *à peine endormi, il se mit à ronfler*.
☰ Ne pas confondre les locutions **avoir de la peine, avoir de la peine à** et **avoir peine à**. **Avoir de la peine** signifie « être triste ». **Avoir de la peine à** et **avoir peine à** signifient « avoir de la difficulté à » mais le second s'emploie plutôt dans le cas d'un obstacle psychologique (absence d'envie, répugnance, etc.) : *j'ai de la peine à m'endormir ; j'ai peine à vous croire*.
HOM. **pêne, penne**

peiner v. intr. et v. tr. | conjug. 1 |
HOM. **²penne, penné**
peineux, euse adj.
peint, peinte adj.
HOM. **pain, pin**
peintraillon n. m.
peintre n.
☯ Pour parler d'une femme, le *Guide d'aide à la féminisation des noms de métiers, titres, grades et fonctions* et l'Office québécois de la langue française recommandent l'emploi de *peintre* au féminin : *c'est une peintre norvégienne*.
peintre-graveur, euse n. ▪ plur. **peintres-graveurs, euses**
peinture n. f.
peinturer v. tr. | conjug. 1 |
peintureur n. m.
peinturier, ière n. m. et adj.
HOM. formes du v. **peinturer**
peinturlurage n. m.
peinturlure n. f.
peinturlurer v. tr. | conjug. 1 |
¬ **se peinturlurer**
➾ Aux temps composés de la forme pronominale, le participe passé s'accorde en genre et en nombre avec le sujet : *elle s'est peinturlurée*. Mais le participe passé ne s'accorde pas quand il est suivi d'un complément d'objet direct : *ils se sont peinturluré la figure*. Il ne s'accorde avec le complément d'objet direct que lorsque celui-ci est placé avant le verbe : *ils se la sont peinturlurée*.
péjoratif, ive adj.
péjoration n. f.
péjorativement adv.
péjorer v. tr. | conjug. 1 |
pékan n. m.
HOM. **pécan, peccant**
péket n. m.
→ **péquet**
¹pékin n. m. (étoffe)
²pékin ou **péquin** n. m. (individu)
pékiné, ée adj. et n. m.
pékinois, oise adj. et n.
➾ L'adjectif s'écrit sans majuscule : *la population pékinoise*. Le nom s'écrit avec une majuscule uniquement quand il désigne une personne : *les Pékinois ; c'est une Pékinoise* mais *parler le pékinois ; son chien est un pékinois*.
pékinologue n.
pekoe ou **pékoe** /peko/ n. m.
P. E. L. n. m.
▫ abrév. de **plan d'épargne logement**
pela ou **pèla** n. f.
pelade n. f.
peladique adj.
pelage n. m.
pélagianisme n. m.
pélagien, ienne adj. et n.
pélagique adj.
HOM. **pélasgique**
pélagos ou **pelagos** /pelagɔs ; -gos/ n. m.
pélamide ou **pélamyde** n. f.
pélamidière n. f.
pelan n. m.
pelard adj. et n. m.
pélardon n. m.
pélargonium /-jɔm/ n. m.
pélasgique /pelaʒik/ adj.
HOM. **pélagique**
pélastre n. m.
pélaud n. m.
→ **pélot**
pelé, ée adj. et n.
pélécaniforme n. m.
pélécypode n. m.
péléen, enne adj.
pêle-mêle ▪ plur. inv. ou **pêlemêle** ▪ plur. **pêlemêles** adv. et n. m.
peler v. tr. et v. intr. | conjug. 5 |
¹pèlerin, ine n. (personne)
☰ Le féminin est peu employé.
²pèlerin n. m. (animal)
➾ Ce mot peut s'employer en apposition ; il

prend la marque du pluriel : *des faucons pèlerins ; des requins pèlerins ; des criquets pèlerins.*
pèlerinage n. m.
pèlerine n. f. (vêtement)
pelette n. f.
peleur, euse n.
péliade n. f.
pélican n. m.
pelisse n. f.
pelisson n. m.
pellage n. m.
pellagre n. f.
pellagreux, euse adj. et n.
pelle n. f.
HOM. formes du v. **peler**
pelle-bêche n. f. ▪ plur. **pelles-bêches**
pellée n. f.
pelle-pioche n. f. ▪ plur. **pelles-pioches**
peller v. tr. | conjug. 1 |
HOM. formes du v. **peler**
pelleron n. m.
HOM. formes des v. **peler, peller**
pellet n. m.
HOM. formes du v. **peller**
pelletage n. m.
pelletat n. m.
HOM. formes du v. **pelleter**
pelletée n. f.
HOM. **pelté**
pelleter v. tr. | conjug. 4 |
pelleterie /pelɛtʀi ; pɛltʀi/ n. f.
[1]**pelleteur, euse** n. (personne)
[2]**pelleteur** n. m. (machine)
pelleteuse n. f. (pelle mécanique)
pelletier, ière n.
HOM. formes du v. **pelleter**
pelletiérine n. f.
pelletisation n. f.
pelliculable adj.
pelliculage n. m.
pelliculaire adj.
pellicule n. f.
pelliculé, ée adj.
pelliculeux, euse adj.
pelloche ou **péloche** n. f.
pellucide adj.
pélobate n. m.
pélodyte n. m.
pélogène adj.
peloir n. m.
pélophage adj.
pélot ou **pélaud** n. m.
pelotage n. m.
pelotari n. m.
pelote n. f.
peloter v. tr. et v. intr. | conjug. 1 |
peloteur, euse n. et adj.
peloton n. m.
HOM. formes du v. **peloter**
pelotonnement n. m.
pelotonner v. tr. | conjug. 1 |
¬ **se pelotonner**
➾ Aux temps composés de la forme pronominale, le participe passé s'accorde en genre et en nombre avec le sujet : *elle s'est pelotonnée contre sa mère.*
pelotonneur, euse n.
pelouse n. f.
pelta ou **pelte** n. f.
peltaste n. m.
pelté, ée adj.
HOM. **pelletée**, formes du v. **pelleter**
peltiforme adj.
pelu, ue adj.
peluche n. f.
peluché, ée ou **pluché, ée** adj.
pelucher ou **plucher** v. intr. | conjug. 1 |
pelucheux, euse ou **plucheux, euse** adj.
pelure n. f.
Ξ Ce mot peut s'employer en apposition ; il est alors invariable : *des papiers pelure.*
Pelure d'oignon peut s'employer seul comme adjectif de couleur ou derrière un adjectif de couleur pour en préciser la nuance ; ces adjectifs sont alors invariables : *des vins pelure d'oignon ; des foulards rose pelure d'oignon.*
pelurer v. tr. | conjug. 1 |
pelvectomie n. f.
pelvien, ienne adj.
pelvigraphie n. f.
pelvimètre n. m.
pelvimétrie n. f.
pelvipéritonite n. f.
pelvis /pɛlvis/ n. m.
pelvisupport /-s-/ n. m.
pelvitomie n. f.
pembina /pɛ̃-/ n. m.
→ **pimbina**
pemmican /pemikɑ̃ ; pɛmmikɑ̃/ n. m.
pemphigoïde /pɛ̃-/ n. f.
pemphigus /pɛ̃figys/ n. m.
penaille n. f.
penailleux, euse adj. et n.
penaillon n. m.
pénal, ale, aux adj.
pénalement adv.
pénalisant, ante adj.
pénalisation n. f.
pénaliser v. tr. | conjug. 1 |
pénaliste n.
pénalité n. f.
pénaltouche n. f.

pénalty ▪ plur. **pénaltys** ou **penalty** ▪ plur. **penaltys** ou plur. **penalties** n. m.
▫ rec. off. : **tir de réparation**
☰ On peut employer le pluriel francisé *penaltys* ou *pénaltys* ou le pluriel anglais *penalties*.
pénard, arde adj.
→ **peinard**
pénates n. m. pl.
☯ Ce mot est masculin.
penaud, aude adj.
pence /pɛns/ n. m. pl.
→ **penny**
penchant n. m.
penché, ée adj.
penchement n. m.
pencher v. intr. et v. tr. | conjug. 1 |
¬ **se pencher**
➾ Aux temps composés de la forme pronominale, le participe passé s'accorde en genre et en nombre avec le sujet : *les experts se sont penchés sur ce problème.*
pendable adj.
pendage n. m.
pendagemètre n. m.
pendagemétrie n. f.
pendaison n. f.
[1]**pendant, ante** adj.
[2]**pendant** n. m.
➾ Dans la locution **faire pendant à**, *pendant* s'accorde au pluriel : *les deux bibelots font pendants.* Dans **se faire pendant**, il est invariable : *les deux bibelots se font pendant.*
→ aussi **oreille**
[3]**pendant** prép.
· *il a voyagé pendant dix ans*
◗ **pendant que** *je suis arrivé pendant qu'il dormait ; pendant que j'y pense*
☰ **Pendant que** peut exprimer une opposition (*je travaille pendant qu'il se repose*) mais doit toujours exprimer la simultanéité : on ne dira pas **on la critique pendant qu'elle n'est pas responsable* mais *on la critique alors qu'elle n'est pas responsable.*
pendard, arde n.
pendeloque n. f.
pendentif n. m.
➾ Ne pas écrire **pendantif* : ce mot n'a pas de *a*.
penderie n. f.
pendeur n. m.
pendiller v. intr. | conjug. 1 |
pendillon n. m.
pendis n. m.
HOM. formes du v. **pendre**
pendjabi /pɛndʒabi/ n. m.
➾ Comme tous les noms de langues, ce mot s'écrit sans majuscule : *ils parlent le pendjabi.*
pendoir n. m.
pendouiller v. intr. | conjug. 1 |
pendouillis n. m.
pendre v. intr. et v. tr. | conjug. 41 |
➾ Au présent de l'indicatif, à la forme interrogative avec sujet inversé, on écrit *pend-on, pend-il, pend-elle* et non **pend-t-on, *pend-t-il, *pend-t-elle*. Le *d* final se prononce /t/ ; il est donc inutile et fautif d'ajouter un *t*.
¬ **se pendre**
➾ Aux temps composés de la forme pronominale, le participe passé s'accorde en genre et en nombre avec le sujet : *elle s'est pendue à son cou*.
pendu, ue adj. et n.
pendulaire adj.
pendulation n. f.
[1]**pendule** n. m. (système oscillant)
[2]**pendule** n. f. (horloge)
penduler v. intr. | conjug. 1 |
pendulette n. f.
pêne n. m.
HOM. **peine, penne,** formes du v. **peiner**
pénéplaine n. f.
pénéplanation n. f.
pénétrabilité n. f.
pénétrable adj.
pénétrance n. f.
pénétrant, ante adj.
pénétrante n. f.
pénétration n. f.
pénétré, ée adj.
pénétrer v. intr. et v. tr. | conjug. 6 |
¬ **se pénétrer**
➾ Aux temps composés de la forme pronominale, le participe passé s'accorde en genre et en nombre avec le sujet : *ils se sont pénétrés de cette idée.*
pénétreur n. m.
pénétromètre n. m.
pénibilité n. f.
pénible adj.
péniblement adv.
péniche n. f.
Pénichette® n. f.
➾ Comme tous les noms déposés, ce mot doit s'écrire avec une majuscule : *à bord d'une Pénichette*. Toutefois, on le trouve fréquemment employé comme nom générique sans respect de la règle : *à bord d'une pénichette.*
pénicillé, ée adj.
pénicillinase n. f.
pénicilline n. f.
pénicillinémie n. f.
pénicillinique adj.
pénicillinorésistant, ante adj.
pénicillium ou **penicillium** /penisiljɔm/ n. m.
pénicillorésistant, ante adj.

pénien, ienne adj.
pénil n. m.
péninsulaire adj.
péninsule n. f.
pénis /penis/ n. m.
pénitence n. f.
pénitencerie n. f.
pénitencier n. m.
pénitent, ente n.
pénitentiaire adj.
➾ Ne pas écrire **pénitentière* ni **pénitencière*.
pénitential, iale, iaux adj.
pénitentiel, ielle adj. et n. m.
pennage n. m.
pennatifide adj.
pennatifolié, ée adj.
pennatule n. f.
[1]**penne** /pɛn/ n. f. (plume)
HOM. **peine, pêne**, formes du v. **peiner**
[2]**penne** /pene/ n. f. (pâte)
HOM. **penné, peiner**
penné, ée adj.
HOM. **peiner, [2]penne**
penniforme adj.
pennon n. m.
HOM. formes du v. **peiner**
pennonage n. m.
pennonceau n. m.
penn-ti n. m. inv.
penny n. m. ▪ plur. **pence** /pɛns/ ou plur. **pennies**
Ξ Le pluriel *pence* s'emploie pour désigner la valeur. *Pennies* s'emploie pour désigner les pièces.
pénologie n. f.
pénologique adj.
pénologue n.
pénombre n. f.
pénombreux, euse adj.
penon n. m.
pensable adj.
pensant, ante adj.
pensé n. m.
HOM. **panser, pensée**
pense-bête n. m. ▪ plur. **pense-bêtes**
pensée n. f.
HOM. **panser, pensé**
pensement n. m.
HOM. **pansement**
[1]**penser** n. m.
HOM. **panser, pensé, pensée**
[2]**penser** v. intr., v. tr. ind. et v. tr. | conjug. 1 |
il est plus tard que je (ne) le pensais
▸ **penser à** (+ n.) *je penserai à vous ; il pense à son travail ; elle me fait penser à quelqu'un*
▸ **penser à** (+ inf.) *il n'a pas pensé à acheter du pain ; penser du bien de quelqu'un*
▸ **penser** (+ inf.) *elles pensent déménager*
▸ **penser que**
Ξ Dans une phrase affirmative, **penser que** s'emploie avec l'indicatif ou le conditionnel : *je pense qu'elle est honnête ; je pense qu'il pourrait réussir*. Dans une phrase négative ou interrogative, il s'emploie généralement avec le subjonctif ou le conditionnel : *je ne pense pas qu'elle soit honnête ; pensez-vous qu'il puisse réussir* ou *qu'il pourrait réussir ?* L'indicatif est toutefois possible lorsque le locuteur est sûr de la réponse : *il ne pense pas qu'elle est honnête*.
HOM. **panser, pensé, pensée**
penseur, euse n.
Ξ Le féminin est rare.
HOM. **panseur**
pensif, ive adj.
pension n. f.
HOM. formes des v. **panser, penser**
pensionnaire n.
pensionnat n. m.
HOM. formes du v. **pensionner**
pensionné, ée adj. et n.
pensionner v. tr. | conjug. 1 |
pensivement adv.
pensum /pɛ̃sɔm/ n. m.
pentabromure /pɛ̃-/ n. m.
pentachlorure /pɛ̃tak-/ n. m.
pentacle /pɛ̃-/ n. m.
pentacorde /pɛ̃-/ n. m.
pentacrine /pɛ̃-/ n. m.
pentadactyle /pɛ̃-/ adj.
pentadécagone /pɛ̃-/ n. m. et adj.
pentadrachme /pɛ̃-/ n. f.
pentaèdre /pɛ̃-/ n. m. et adj.
pentagonal, ale, aux /pɛ̃-/ adj.
pentagone /pɛ̃-/ n. m.
➾ Avec une majuscule, **le Pentagone** désigne l'édifice de Washington et, par métonymie, l'état-major des armées des États-Unis.
pentagramme /pɛ̃-/ n. m.
pentamère /pɛ̃-/ adj. et n. m.
pentaméthylbenzène /pɛ̃-/ n. m.
pentamètre /pɛ̃-/ adj. et n. m.
pentane /pɛ̃-/ n. m.
pentanol /pɛ̃-/ n. m.
pentapétale ou **pentapetalé, ée** /pɛ̃-/ adj.
pentapole /pɛ̃-/ n. f.
pentarchie /pɛ̃-/ n. f.
pentarchique /pɛ̃-/ adj.
pentarque /pɛ̃-/ n. m.
pentastyle /pɛ̃-/ adj.
pentasulfure /pɛ̃-/ n. m.
pentasyllabe /pɛ̃-/ adj.
Pentateuque /pɛ̃-/ n. m.
pentathle /pɛ̃-/ n. m.

pentathlon /pɛ̃-/ n. m.
pentathlonien, ienne /pɛ̃-/ n.
pentatome /pɛ̃-/ n. m. ou f.
pentatomique /pɛ̃-/ adj.
pentatonique /pɛ̃-/ adj.
pentavalent, ente /pɛ̃-/ adj.
pente n. f.
➾ Ce mot est toujours au singulier dans la locution **en pente** : *des rues en pente.*
HOM. **pante**
pentécostaire adj. et n. m.
pentecôtal, ale, aux adj.
Pentecôte n. f.
➾ Comme tous les noms de fêtes, ce mot s'écrit toujours avec une majuscule : *le lundi de Pentecôte.*
pentecôtisme n. m.
pentecôtiste n. et adj.
pentélique /pɛ̃-/ adj. et n. m.
penthémimère /pɛ̃-/ adj. et n. f.
penthiobarbital /pɛ̃-/ n. m.
penthode /pɛ̃-/ n. f.
→ **pentode**
Penthotal® /pɛ̃-/ n. m.
➾ Comme tous les noms déposés, ce mot doit s'écrire avec une majuscule : *une piqûre de Penthotal.* Toutefois, on le trouve fréquemment employé comme nom générique sans respect de la règle : *une piqûre de penthotal.*
penthouse /pɛntaus/ n. m.
penthrite ou **pentrite** /pɛ̃-/ n. f.
pentite /pɛ̃-/ n. f.
pentlandite /pɛntlɑ̃dit/ n. f.
pentode ou **penthode** /pɛ̃-/ n. f.
pentosane /pɛ̃-/ n. m.
pentose /pɛ̃-/ n. m.
pentrite /pɛ̃-/ n. f.
→ **penthrite**
pentu, ue adj.
penture n. f.
pénultième adj. et n. f.
pénurie n. f.
péon n. m.
péonage n. m.
people /pipœl ; pipɔl/ ou **pipeule** ou **pipole** adj. inv. et n. m. inv.
péotte n. f.
pep n. m.
→ **peps**
PEP n. m.
▫ abrév. de **plan d'épargne populaire**
pépé n. m.
HOM. **pépée**
pépée n. f.
HOM. **pépé**
pépère n. m. et adj.
péperin /pepʀɛ̃/ ou **pèperin**○ n. m.
pépètes n. f. pl.
pépiage n. m.
pépiant, ante adj.
pépie n. f.
pépiement n. m.
➾ Ne pas oublier le *e* muet.
pépier v. intr. | conjug. 7 |
pépieur, euse adj.
pépin n. m.
pépinière n. f.
pépiniériste n.
pépite n. f.
péplum /peplɔm/ n. m.
péponide n. f. ou **pépon** n. m.
peppermint /pepɛʀmɛ̃t ; pepœʀmint/ ou **Pippermint**® /pipœʀmint/ n. m.
➾ Comme tous les noms déposés, *Pippermint* doit s'écrire avec une majuscule : *boire des Pippermints.* Toutefois, on le trouve fréquemment employé comme nom générique sans respect de la règle : *boire des pippermints.*
pepperoni ou **pepperóni**○ n. m.
peps /pɛps/ ou **pep** n. m.
pepsine n. f.
pepsinogène n. m.
peptidase n. f.
peptide n. m.
peptidique adj.
peptique adj.
peptisant, ante adj.
peptisation n. f.
peptogène adj. et n. m.
peptone n. f.
peptonisable adj.
peptonisation n. f.
péquenaud, aude ou **pèquenaud, aude**○ ou **péquenot** ou **pèquenot**○ /pɛkno, od/ n.
péquet ou **péket** n. m.
péquin n. m.
→ [2]**pékin**
péquiste n. et adj.
peracide n. m.
péragration n. f.
pérail n. m.
➾ Ce mot a un pluriel régulier : *des pérails.*
perambulation n. f.
péramèle n. m.
péramélidé n. m.
perarséniate n. m.
per ascensum /pɛʀasɛ̃sɔm/ loc. adv.
perborate n. m.
perçage n. m.
percale n. f.
percaline n. f.
percalineuse n. f.
perçant, ante adj.
HOM. **persan**

per capita loc. adv.
perce n. f.
HOM. **perse**
perce-bois n. m. inv.
perce-bouchon n. m. ▪ plur. **perce-bouchons**
perce-carte n. m. ▪ plur. **perce-cartes**
percée n. f.
perce-feuille n. f. ▪ plur. **perce-feuilles**
percement n. m.
perce-meule n. m. ▪ plur. **perce-meules**
perce-muraille n. f. ▪ plur. **perce-murailles**
perce-neige n. m. ou f. ▪ plur. inv. ou plur. **perce-neiges**
☯ De nos jours, le masculin est plus fréquent.
percentile adj. et n. m.
perce-oreille n. m. ▪ plur. **perce-oreilles**
perce-pierre n. f. ▪ plur. **perce-pierres**
percept n. m.
percepteur, trice n. et adj.
ϟ Ne pas confondre **percepteur**, qui signifie « comptable chargé de la perception des impôts », avec **précepteur**, qui signifie « personne chargée de l'éducation d'un enfant à domicile ».
perceptibilité n. f.
perceptible adj.
perceptiblement adv.
perceptif, ive adj.
perception n. f.
perceptionnisme n. m.
perceptionniste adj. et n.
perceptivité n. f.
perceptuel, elle adj.
percer v. tr. et v. intr. | conjug. 3 |
☰ **Percer un trou** est un pléonasme à éviter. On ne dira pas *percer un trou dans le mur* mais *percer le mur* ou *faire un trou dans le mur*.
¬ **se percer**
➾ Aux temps composés de la forme pronominale, le participe passé s'accorde en genre et en nombre avec le sujet : *le réservoir s'est percé*. Mais le participe passé ne s'accorde pas quand il est suivi d'un complément d'objet direct : *il s'est percé les oreilles*. Il ne s'accorde avec le complément d'objet direct que lorsque celui-ci est placé avant le verbe : *il se les est percées*.
percerette n. f.
percette n. f.
perceur, euse n. (personne)
perceuse n. f. (machine)
percevable adj.
percevoir v. tr. | conjug. 28 |
perchage n. m.
perchaude n. f.
perche n. f.
perché, ée adj. et n. m.
perchée n. f. (tranchée)
percher v. intr. et v. tr. | conjug. 1 |
¬ **se percher**
➾ Aux temps composés de la forme pronominale, le participe passé s'accorde en genre et en nombre avec le sujet : *l'hirondelle s'est perchée sur le toit*.
percheron, onne adj. et n.
➾ L'adjectif s'écrit sans majuscule : *la population percheronne*. Le nom s'écrit avec une majuscule uniquement quand il désigne une personne : *les Percherons ; c'est une Percheronne* mais *élever des percherons* (chevaux).
HOM. formes du v. **percher**
perchette n. f.
percheur, euse adj.
perchis n. m.
perchiste n.
▫ rec. off. pour **perchman**
perchlorate /-k-/ n. m.
perchlorique /-k-/ adj.
perchlorure /-k-/ n. m.
perchman /pɛʀʃman/ n. ▪ plur. **perchmans** ou plur. **perchmen**
▫ rec. off. : **perchiste**
☰ On peut employer le pluriel francisé *perchmans* ou le pluriel anglais *perchmen*.
perchoir n. m.
➾ Ne pas écrire **perchoire*.
percidé n. m.
perclus, use adj.
➾ Les formes **perclu* et **perclue* sont fautives.
percnoptère n. m.
perçoir n. m.
percolateur n. m.
percolation n. f.
percoler v. intr. | conjug. 1 |
percomorphe n. m.
perçu, ue adj. et n. m.
percussion n. f.
percussionniste n.
percutané, ée adj.
percutant, ante adj.
percuter v. tr. et v. intr. | conjug. 1 |
¬ **se percuter**
➾ Aux temps composés de la forme pronominale, le participe passé s'accorde en genre et en nombre avec le sujet : *les deux véhicules se sont percutés de plein fouet*.
percuteur n. m.
percutiréaction n. f.
perdable adj.
perdant, ante n. et adj.
perdeur, euse n.
perditance n. f.
perdition n. f.

perdre v. tr. | conjug. 41 |
➾ Au présent de l'indicatif, à la forme interrogative avec sujet inversé, on écrit *perd-on, perd-il, perd-elle* et non **perd-t-on, *perd-t-il, *perd-t-elle*. Le *d* final se prononce /t/ ; il est donc inutile et fautif d'ajouter un *t*.
¬ **se perdre**
➾ Aux temps composés de la forme pronominale, le participe passé s'accorde en genre et en nombre avec le sujet : *elle s'est perdue dans la forêt*.
perdreau n. m.
perdrigon n. m.
perdrix /-dʀi/ n. f.
perdu, ue adj.
perdurable adj.
perdurer v. intr. | conjug. 1 |
père n. m.
➾ *Père* s'écrit avec une majuscule dans **la fête des Pères**, **le Saint-Père**, **les Pères de l'Église** et **les Pères du concile**. Il ne prend pas de majuscule quand il désigne un religieux : *le père Feder ; les pères dominicains*. Ce mot est au singulier dans la locution **de père en fils** : *ils sont accordéonistes de père en fils*.
HOM. **pair**, **paire**, **pers**, formes du v. **perdre**
pérégrin, ine adj. et n.
pérégrination n. f.
➾ Ne pas employer **périgrination*, qui n'existe pas.
☰ De nos jours, ce mot s'emploie presque toujours au pluriel : *le récit de mes pérégrinations*.
pérégriner v. intr. | conjug. 1 |
pérégrinisme n. m.
pérégrinité n. f.
péremption n. f.
ϟ Ne pas confondre **péremption**, qui signifie « annulation après l'expiration d'un délai », avec **préemption**, qui signifie « droit d'acheter avant un autre ».
péremptoire adj.
péremptoirement adv.
pérennant, ante adj.
pérenne adj.
pérennisation n. f.
pérenniser v. tr. | conjug. 1 |
pérennité n. f.
péréquation n. f.
perestroïka /peʀɛstʀɔika/ ou **pérestroïka** n. f.
perfectibilité n. f.
perfectible adj.
perfectif, ive n. m. et adj.
perfection n. f.
perfectionné, ée adj.
perfectionnement n. m.
perfectionner v. tr. | conjug. 1 |
¬ **se perfectionner**
➾ Aux temps composés de la forme pronominale, le participe passé s'accorde en genre et en nombre avec le sujet : *elle s'est perfectionnée dans cette discipline*.
perfectionnisme n. m.
perfectionniste n. et adj.
perfectum /-ɔm/ n. m.
perfide adj. et n.
perfidement adv.
perfidie n. f.
[1]**perfo** n.
▫ abrév. de **perforateur, trice**
[2]**perfo** n. f.
▫ abrév. de **perforation**
[3]**perfo** n. f.
▫ abrév. de **perforeuse**
perfolié, iée adj.
perforage n. m.
perforant, ante adj.
perforateur, trice adj. et n.
perforatif, ive adj.
perforation n. f.
perforatrice n. f.
perforé, ée adj.
perforer v. tr. | conjug. 1 |
perforeuse n. f.
performance n. f.
performant, ante adj.
performatif n. m.
performer v. intr. | conjug. 1 |
performeur, euse n.
perfuser v. tr. | conjug. 1 |
perfuseuse n. f.
perfusion n. f.
pergélisol n. m.
pergola n. f.
perhydrol n. m.
[1]**péri, ie** adj.
HOM. **paierie**, **pairie**, formes du v. **périr**
[2]**péri** n. f.
HOM. **paierie**, **pairie**, formes du v. **périr**
périanthe n. m.
périapex n. m.
périapical, ale, aux adj.
périapside n. f.
périartérite n. f.
périarthrite n. f.
périarticulaire adj.
périastre n. m.
péribole n. m.
péribuccal, ale, aux adj.
péricarde n. m.
péricardique adj.
péricardite n. f.
péricarpe n. m.

périchondre /-kɔ̃-/ n. m.
périchondrite /-kɔ̃-/ n. f.
periclasie n. f.
→ **périodontoclasie**
péricline n. m.
péricliter v. intr. | conjug. 1 |
➾ Ne pas employer **pérécliter*, qui n'existe pas.
péricope n. f.
péricoronaire adj.
péricoronarite n. f.
péricrâne n. m.
péricuIturel, elle adj. et n.
péricycle n. m.
péricyclique adj.
périderme n. m.
péridinien n. m.
péridot n. m.
péridotite n. f.
péridrome n. m.
péridural, ale, aux adj. et n. f.
périf ou **périph** n. m.
▫ abrév. de **périphérique**
périgée n. m.
➾ Ce mot est masculin : *un périgée*.
périglaciaire adj.
périgourdin, ine adj. et n.
➾ L'adjectif s'écrit sans majuscule : *la population périgourdine*. Le nom s'écrit avec une majuscule uniquement quand il désigne une personne : *les Périgourdins ; c'est une Périgourdine* mais *ils parlaient le périgourdin*.
Ξ Dans le domaine culinaire, *périgourdine* s'emploie dans l'expression **à la périgourdine** ou en apposition ; il est alors invariable : *des filets de porc (à la) périgourdine*.
périgueux n. m.
périhélie n. m.
périhépatite n. f.
péri-informaticien, ienne n. ▪ plur. **péri-informaticiens, iennes**
péri-informatique n. f. et adj. ▪ plur. **péri-informatiques**
péril /peʀil/ n. m.
périlleusement adv.
périlleux, euse adj.
périlogie n. f.
périlune n. m.
périlymphe n. f.
périmaxillite n. f.
périmé, ée adj.
périmer (se) v. pron. | conjug. 1 |
➾ Aux temps composés, le participe passé s'accorde en genre et en nombre avec le sujet : *ma carte d'identité s'est périmée*.
périmétral, ale, aux adj.
périmètre n. m.
périmétrie n. f.
périmétrique adj.
périnatal, ale adj.
périnatalité n. f.
périnatalogie n. f.
périnéal, ale, aux adj.
périnée n. m.
☯ Ce mot est masculin : *le périnée*.
➾ Ne pas oublier le *e* fnal.
⚡ Ne pas confondre **périnée**, qui désigne la partie inférieure du petit bassin, avec **péroné** qui désigne un os de la jambe.
période n. f.
☯ Ce mot est masculin dans les locutions vieillies **au plus haut période** et **au dernier période**.
➾ Ce mot est au pluriel dans la locution **par périodes** : *ils se voient par périodes*.
périodemètre n. m.
périodicité n. f.
périodique adj.
périodiquement adv.
périodisation n. f.
périodonte n. m.
périodontie /-ti/ n. f.
périodontite n. f.
périodontoclasie ou **périclasie** n. f.
périœciens /peʀjesjɛ̃/ n. m. pl.
périonyxis /-is/ n. f.
périophtalme n. m.
périostal, ale, aux adj.
périoste n. m.
périostique adj.
périostite n. f.
périostose n. f.
péripatéticien, ienne n. et adj.
péripatétique adj.
péripatétisme n. m.
péripétie /-si/ n. f.
périph n. m.
→ **périf**
périphérie n. f.
périphérique adj. et n. m.
périphlébite n. f.
périphrase n. f.
⚡ Ne pas confondre **périphrase**, qui signifie « expression synonyme d'un mot », avec **paraphrase**, qui signifie « développement explicatif d'un texte ».
périphraser v. intr. | conjug. 1 |
périphrastique adj.
périphyton n. m.
périple n. m.
Ξ L'emploi de *périple* pour désigner un voyage par voie de terre est critiqué. Dans le langage soigné, on veillera à ne l'employer

que pour désigner un voyage circulaire en mer.
péripneumonie n. f.
périptère adj. et n. m.
périr v. intr. | conjug. 2 |
CONJUG. De nos jours, *périr* se conjugue uniquement avec l'auxiliaire *avoir* : *ils ont péri à la guerre.*
périscélide n. f.
périsciens n. m. pl.
périscolaire adj.
périscope n. m.
périscopique adj.
périspermatique adj.
périsperme n. m.
périsplénite n. f.
périsporiacée n. f.
périssable adj.
périssant, ante adj.
périssodactyle n. m.
périssoire n. f.
périssologie n. f.
péristaltique adj.
péristaltisme n. m.
péristase n. f.
péristéraphile adj. et n.
péristère n. m.
péristéronique adj.
péristome n. m.
péristomial, ale, aux ou **péristomal, ale, aux** adj.
péristyle n. m.
péristylique adj.
périsystole n. f.
péritectique adj.
Péritel® adj. inv.
➾ Comme tous les noms déposés, ce mot doit s'écrire avec une majuscule : *une prise Péritel*. Toutefois, on le trouve fréquemment employé comme nom générique sans respect de la règle : *une prise péritel.*
péritéléphonie n. f.
péritexte n. m.
périthèce n. m.
péritoine n. m.
péritonéal, ale, aux adj.
péritonéoscopie n. f.
péritonisation n. f.
péritoniser v. tr. | conjug. 1 |
péritonisme n. m.
péritonite n. f.
péritrachéen, enne /-k-/ adj.
péritrophique adj.
périthyphlite n. f.
périurbain, aine adj.
périurbanisation n. f.
périurétral adj.
périutérin adj.
périviscérite n. f.
périzonium /-jɔm/ n. m.
perlaboration n. f.
perlage n. m.
perlant adj. m. et n. m.
perle n. f.
☰ Ce mot peut s'employer seul comme adjectif de couleur ou derrière un adjectif de couleur pour en préciser la nuance ; ces adjectifs sont alors invariables : *des foulards gris perle ; des rideaux perle.*
HOM. **pairle**
perlé, ée adj.
perlèche n. f.
perler v. tr. et v. intr. | conjug. 1 |
perleur n. m. ou **perleuse** n. f.
perlier, ière adj.
HOM. formes du v. **perler**
perlimpinpin n. m.
➾ Ce mot est au singulier dans la locution **poudre de perlimpinpin**.
perlingual, ale, aux /pɛʀlɛ̃gwal, o/ adj.
perlite n. f.
perlitique adj.
perlocutoire adj.
perloir n. m.
¹**perlon** n. m. (requin)
HOM. formes du v. **perler**
²**Perlon**® n. m. (fibre)
➾ Comme tous les noms déposés, ce mot doit s'écrire avec une majuscule : *un cordon en Perlon*. Toutefois, on le trouve fréquemment employé comme nom générique sans respect de la règle : *un cordon en perlon*.
HOM. formes du v. **perler**
perlot n. m.
perlouse ou **perlouze** n. f.
perlure n. f.
¹**perm** ou **perme** n. f.
▫ abrév. de **permission**
²**perm** ou **perme** n. f.
▫ abrév. de **permanence**
permaculture n. f.
permafrost n. m.
permalloy /pɛʀmalɔj ; pɛʀmalwa/ n. m.
permanence n. f.
permanencier, ière n.
permanent, ente adj. et n.
permanenter v. tr. | conjug. 1 |
permanentiste n.
permanganate n. m.
permanganaté, ée adj.
permanganique adj.
perme n. f.
→ **perm**
perméabilisation n. f.

perméabiliser v. tr. | conjug. 1 |
perméabilité n. f.
perméable adj.
perméase n. f.
permettre v. tr. | conjug. 56 |
▸ **permettre qqch. à qqn** *les sorties ne lui sont pas permises*
▸ **permettre de** (+ inf.) *son patron lui a permis de ne pas venir travailler ce matin*
▸ **permettre que** (+ subj.) *on me permettait que je vinsse*
¬ **se permettre**
➾ Aux temps composés de la forme pronominale, le participe passé ne s'accorde pas quand il est suivi d'un complément d'objet direct ou d'un infinitif : *elle s'est permis quelques douceurs* (et non **elle s'est permise quelques douceurs*) ; *elles ne se sont pas permis de le juger* (et non **elles ne se sont pas permises de le juger*). Il s'accorde avec le complément d'objet direct quand celui-ci est placé avant le verbe : *les douceurs qu'elle s'est permises*. Quand il est suivi d'un infinitif, le participe passé est invariable : *des choses qu'elles ne se sont pas permis de dire* (le complément n'est pas *des choses* mais *de dire des choses*).
permien, ienne adj. et n. m.
permis n. m.
permis-chef n. m. ▪ plur. **permis-chefs**
permissible adj.
permissif, ive adj.
permission n. f.
permissionnaire n.
permissivité n. f.
permittivité n. f.
permixtion n. f.
permsélectif, ive adj.
permutabilité n. f.
permutable adj.
permutant, ante n.
permutation n. f.
permutatrice n. f.
permuter v. tr. et v. intr. | conjug. 1 |
permutite n. f.
perne n. f.
pernette n. f.
pernicieusement adv.
pernicieux, ieuse adj.
perniciosité n. f.
perniose n. f.
pernitrique adj.
Pernod® n. m.
➾ Comme tous les noms déposés, ce mot doit s'écrire avec une majuscule : *boire un Pernod*. Toutefois, on le trouve fréquemment employé comme nom générique sans respect de la règle : *boire un pernod*.
pérodictique n. m.
péromélie n. f.
péroné n. m.
ϟ Ne pas confondre **péroné**, qui désigne un os de la jambe, avec **périnée**, qui désigne la partie inférieure du petit bassin.
péronée n. f.
péronéotibial adj.
péronier, ière n. m. et adj.
péronisme n. m.
péroniste n. et adj.
péronnelle n. f.
péronosporacée n. f.
peropératoire adj.
péroraison n. f.
peroral, ale, aux adj.
pérorer v. intr. | conjug. 1 |
péroreur, euse n. et adj.
per os /pɛʀɔs/ loc. adv.
pérot n. m.
peroxonitrique adj.
peroxyacide n. m.
peroxydase n. f.
peroxydation n. f.
peroxyde n. m.
peroxydé, ée adj.
peroxyder v. tr. | conjug. 1 |
peroxygéné, ée adj.
peroxysel n. m.
perpendiculaire adj. et n. f.
perpendiculairement adv.
perpendicularité n. f.
perpète (à) ou **perpette (à)** loc. adv.
perpétration n. f.
perpétrer v. tr. | conjug. 6 |
ϟ Ne pas confondre **perpétrer**, qui signifie « commettre (un acte criminel) », avec **perpétuer**, qui signifie « faire durer ».
perpétualisme n. m.
perpétualiste adj. et n.
perpétuation n. f.
perpétuel, elle adj.
perpétuellement adv.
perpétuement n. m.
perpétuer v. tr. | conjug. 1 |
ϟ Ne pas confondre **perpétuer**, qui signifie « faire durer », avec **perpétrer**, qui signifie « commettre (un acte criminel) ».
¬ **se perpétuer**
➾ Aux temps composés de la forme pronominale, le participe passé s'accorde en genre et en nombre avec le sujet : *la tradition s'est perpétuée de génération en génération*.
perpétuité n. f.
perphosphoré, ée adj.
perpignan n. m.
perplexe adj.
perplexité n. f.

perquisiteur n. m.
perquisition n. f.
perquisitionner v. intr. | conjug. 1 |
☰ La forme transitive (*perquisitionner un local*) est critiquée et doit être évitée.
perquisitionneur, euse n.
perré n. m.
perreyé, ée adj.
perrière n. f.
perron n. m.
perronné, ée adj.
perroquet n. m.
☰ Ce mot peut s'employer derrière un adjectif de couleur pour en préciser la nuance ; les deux mots sont alors invariables : *des jupes vert perroquet*.
perruche n. f.
perruque n. f.
perruquer v. intr. | conjug. 1 |
perruquier, ière n.
perruquisme n. m.
pers /pɛʀ/ adj. m.
HOM. **pair**, **père**, **pers**, formes du v. **perdre**
persan, ane adj. et n.
➾ L'adjectif s'écrit sans majuscule : *la population persane*. Le nom s'écrit avec une majuscule uniquement quand il désigne une personne : *les Persans* ; *une Persane* mais *parler le persan* ; *son chat est un persan*.
☰ Contrairement à *perse*, *persan* s'emploie pour parler de la Perse de la conquête arabe jusqu'au XXe s.
HOM. **perçant**
[1]**perse** adj. et n. (de Perse)
➾ L'adjectif s'écrit sans majuscule : *le peuple perse*. Le nom s'écrit avec une majuscule uniquement quand il désigne une personne : *les Perses* ; *une Perse* mais *des textes en ancien perse*.
☰ Contrairement à *persan*, *perse* s'emploie pour parler de l'ancienne Perse, avant la conquête arabe du XIIe s.
HOM. **perce**, formes du v. **percer**
[2]**perse** n. f. (tissu)
HOM. **perce**, formes du v. **percer**
persécutant, ante adj.
persécuté, ée adj. et n.
persécuter v. tr. | conjug. 1 |
persécuteur, trice n. et adj.
persécutif, ive adj.
persécution n. f.
perséides n. f. pl.
persel n. m.
persévéramment adv.
persévérance n. f.
persévérant, ante adj.
persévération n. f.
persévérer v. intr. | conjug. 6 |
☰ La construction **persévérer à** (+ inf.) appartient au registre littéraire : *je persévère à penser qu'il s'est trompé*.
persicaire n. f.
persicot n. m.
persienne n. f.
persiflage ou **persifflage** n. m.
persifler ou **persiffler** v. tr. | conjug. 1 |
persifleur, euse ou **persiffleur, euse** n. et adj.
persil /pɛʀsi(l)/ n. m.
♪ Dans le langage soigné, on préfèrera la prononciation /pɛʀsi/.
persillade n. f.
persillé, ée adj.
persiller v. tr. | conjug. 1 |
persillère n. f.
HOM. forme du v. **persiller**
persilleuse n. f.
persique adj.
persistance n. f.
persistant, ante adj.
persister v. intr. | conjug. 1 |
je persiste dans mon opinion
▸ **persister à** (+ inf.) *le suspect persiste à nier*
persona n. f.
persona grata n. f. inv.
persona non grata /pɛʀsɔnanɔngʀata/ n. f. inv.
personnage n. m.
personnalisable adj.
personnalisation n. f.
personnaliser v. tr. | conjug. 1 |
personnalisme n. m.
personnaliste adj. et n.
personnalité n. f.
[1]**personne** n. f.
➾ L'accord se fait toujours au féminin, même quand *personne* désigne un homme : *ce garçon est la personne dont je vous ai parlée*. Ce mot est toujours au singulier dans les locutions **en personne** et **par personne** : *ils sont venus en personne ; trente euros par personne*.
⌘ Contrairement à *gens*, *personne* peut être accompagné d'un adjectif numéral : *deux ou trois personnes*.
[2]**personne** pron. indéf.
⌘ L'accord se fait au masculin, sauf quand il ne peut s'agir que d'une femme : *parmi les étudiantes, personne n'est aussi intelligente qu'elle*. Les adjectifs qui qualifient *personne* sont introduits par *de* : *il n'y a personne d'intéressant ; il n'y a personne d'aussi fou que lui*.
personnel, elle adj. et n. m.
personnellement adv.
personnification n. f.
personnifié, iée adj.

personnifier v. tr. | conjug. 7 |
personnologie n. f.
perspectif, ive adj.
perspective n. f.
perspectivisme n. m.
perspectiviste n.
perspicace adj.
perspicacement adv.
perspicacité n. f.
perspicuité n. f.
perspiration n. f.
persuader v. tr. | conjug. 1 |

▸ **persuader qqn de qqch.** *il m'a persuadé de la sincérité de ses intentions*

▸ **persuader qqn de** (+ inf.) *il faut le persuader d'accepter*

▸ **persuader qqn que** (+ indic.) *elle m'a persuadé qu'elle était sincère*

Ξ La structure **persuader à qqn que/de** est vieillie : *il faut lui persuader d'accepter.*

¬ **se persuader**

➾ Aux temps composés, l'accord du participe passé est en principe facultatif car le sujet peut être complément direct (**persuader qqn de** ou **que...**) ou indirect (**persuader à qqn de** ou **que...**). Toutefois, la seconde structure étant vieillie, on préfèrera l'accord en genre et en nombre : *elles se sont persuadées de sa bonne foi.*

persuasible adj.
persuasif, ive adj.
persuasion n. f.
persuasivement adv.
persulfate n. m.
persulfure n. m.
persulfuré, ée adj.
persulfurique adj.
perte n. f.

➾ Ce mot est au singulier dans les locutions **à perte de vue** et **en pure perte**. Il est au pluriel dans **pertes et profits** (ou **profits et pertes**). Il peut s'écrire indifféremment avec ou sans *s* dans la locution **avec perte(s) et fracas**.

pertinace adj. et n.
pertinacité n. f.
pertinemment /-amɑ̃/ adv.
pertinence n. f.
pertinent, ente adj.
pertuis n. m.
pertuisane n. f.
pertuisanier n. m.
perturbant, ante adj.
perturbateur, trice n. et adj.
perturbation n. f.
perturbé, ée adj.
perturber v. tr. | conjug. 1 |
pervenche n. f.

Ξ Ce mot peut s'employer seul comme adjectif de couleur ou derrière un adjectif de couleur pour en préciser la nuance ; ces adjectifs sont alors invariables : *des yeux pervenche ; des chaussettes bleu pervenche ;.*

pervers, erse adj. et n.
perversement adv.
perversibilité n. f.
perversion n. f.
perversité n. f.
pervertir v. tr. | conjug. 2 |

¬ **se pervertir**

➾ Aux temps composés de la forme pronominale, le participe passé s'accorde en genre et en nombre avec le sujet : *elle s'est pervertie.*

pervertissement n. m.
pervertisseur, euse n. et adj.
pervibrage n. m.
pervibrateur ou **pervibreur** n. m.
pervibrer v. tr. | conjug. 1 |
pesable adj.
pesade n. f.
pesage n. m.
pesamment adv.
pesant, ante adj.
pesanteur n. f.

➾ Ne pas écrire **pesanteure.*

↯ Ne pas confondre **pesanteur**, qui désigne la force qui entraîne les corps vers le centre de la Terre avec **apesanteur**, qui désigne l'absence de pesanteur.

pèse-acide n. m. ▪ plur. **pèse-acides**
pèse-alcool n. m. ▪ plur. **pèse-alcools**
pèse-bébé n. m. ▪ plur. **pèse-bébés**
pesée n. f.
pèse-esprit n. m. ▪ plur. **pèse-esprits**
pèse-grain n. m. ▪ plur. **pèse-grains**
pèse-lait n. m. ▪ plur. **pèse-laits**
pèse-lettre n. m. ▪ plur. **pèse-lettres**
pèse-liqueur n. m. ▪ plur. **pèse-liqueurs**
pèsement n. m.
pèse-moût ▪ plur. **pèse-moûts** ou **pèse-mout**○ ▪ plur. **pèse-mouts**○ n. m.
pèse-personne n. m. ▪ plur. **pèse-personnes**
peser v. tr. et v. intr. | conjug. 5 |

▸ **peser sur/contre** *le fardeau qui pèse sur ses épaules ; peser de tout son poids contre une porte ; les charges qui pèsent sur lui sont accablantes*

▸ **peser à qqn** *la solitude lui pèse*

➾ Le participe passé s'accorde avec le complément antéposé uniquement quand il s'agit d'un complément d'objet direct : *le pour et le contre ont été pesés* mais *les cent kilos qu'elle a pesé avant son régime* (il s'agit ici de la structure intransitive, sans complément d'objet).

¬ **se peser**
➾ Aux temps composés de la forme pronominale, le participe passé s'accorde en genre et en nombre avec le sujet : *ils se sont pesés*.
pèse-sel n. m. ▪ plur. **pèse-sels**
pèse-sirop n. m. ▪ plur. **pèse-sirops**
peseta ou **péséta**○ /pezeta ; peseta/ n. f.
pésètes n. f. pl.
pesette n. f.
peseur, euse n.
pèse-vin n. m. ▪ plur. **pèse-vins**
peso ou **péso**○ /pezo ; peso/ n. m.
peson n. m.
HOM. formes du v. **peser**
pessaire n. m.
pesse n. f.
HOM. formes du v. **paître**
pessereau n. m.
pessière n. f.
pessimisme n. m.
pessimiste adj. et n.
peste n. f.
pester v. intr. | conjug. 1 |
▸ **pester contre qqch./qqn** *il peste contre tout le monde ; elle peste contre le mauvais temps*
pesteux, euse adj.
pesticide n. m. et adj.
pestiféré, ée adj. et n.
pestilence n. f.
pestilent, ente adj.
pestilentiel, ielle adj.
pesto n. m.
pet n. m.
HOM. **paie, paix**, formes des v. **paître, payer**
pétainisme ou **pétinisme** n. m.
pétainiste ou **pétiniste** adj. et n.
pétalaire adj.
pétale n. m.
☯ Ce mot est masculin : *un pétale*.
pétalé, ée adj.
pétalisme n. m.
pétaloïde adj.
pétanque n. f.
pétanqueur, euse n.
pétant, ante adj.
→ aussi **heure**
pétaradant, ante adj.
pétarade n. f.
pétarader v. intr. | conjug. 1 |
pétard n. m.
pétardage n. m.
pétarder v. tr. et v. intr. | conjug. 1 |
pétardier, ière adj.
pétase n. m.
pétasite n. m.
pétasse n. f.
pétaudière n. f.
pétauriste n. m.
pet d'âne n. m. ▪ plur. **pets d'âne**
pet-de-loup n. m. ▪ plur. **pets-de-loup**
pet-de-nonne n. m. ▪ plur. **pets-de-nonne**
pété, ée adj.
pétéchial, iale, iaux adj.
pétéchie n. f.
pet-en-l'air n. m. inv.
péter v. intr. et v. tr. | conjug. 6 |
pète-sec ▪ plur. inv. ou **pètesec**○ ▪ plur. **pètesecs**○ n. et adj.
péteur, euse n.
péteux, euse n. et adj.
pétillant, ante adj.
pétillement n. m.
pétiller v. intr. | conjug. 1 |
pétinisme n. m.
→ **pétainisme**
pétiniste adj. et n.
→ **pétainiste**
pétiolaire adj.
pétiole n. m.
☯ Ce mot est masculin : *un pétiole*.
pétiolé, ée adj.
petiot, iote adj. et n.
petit, ite adj., n. et adv.
➾ Employé comme adverbe, *petit* est invariable : *elles voient petit*.
petit-beurre ▪ plur. **petits-beurre(s)** n. m.
petit-bois n. m. ▪ plur. **petits-bois**
➾ Ne pas confondre ce nom, qui désigne le montant et la traverse d'une fenêtre maintenant les vitres, avec **petit bois**, écrit sans trait d'union : *ramasser du petit bois ; ils vivent près du petit bois*.
petit-bourgeois, petite-bourgeoise n. et adj. ▪ plur. **petits-bourgeois, petites-bourgeoises**
petit-cousin, petite-cousine n. ▪ plur. **petits-cousins, petites-cousines**
[1]**petit-déjeuner** n. m. ▪ plur. **petits-déjeuners**
[2]**petit-déjeuner** v. intr. | conjug. 1 |
petit-derrière n. m. ▪ plur. **petits-derrière**
petit-dragon n. m. ▪ plur. **petits-dragons**
petite-bourgeoisie n. f. ▪ plur. **petites-bourgeoisies**
petite-fille n. f. ▪ plur. **petites-filles**
➾ Ne pas confondre ce nom, qui établit un lien de parenté par rapport aux grands-parents, avec **petite fille**, écrit sans trait d'union : *une dame et ses trois petites-filles ; une jeune maman et sa petite fille ; un jouet pour les petites filles*.
petitement adv.
petite-nièce n. f. ▪ plur. **petites-nièces**

petite-oie n. f. ▪ plur. **petites-oies**
petitesse n. f.
petit-fer n. m. ▪ plur. **petits-fers**
petit-fils n. m. ▪ plur. **petits-fils**
petit-four ▪ plur. **petits-fours** ou **petit four** ▪ plur. **petits fours** n. m.
petit-gris n. m. ▪ plur. **petits-gris**
pétition n. f.
pétitionnaire n.
pétitionnement n. m.
pétitionner v. intr. | conjug. 1 |
pétitionneur, euse n.
petit-lait n. m. ▪ plur. **petits-laits**
petit-maître, petite-maîtresse ▪ plur. **petits-maîtres, petites-maîtresses** ou **petit-maitre, petite-maitresse**○ ▪ plur. **petits-maitres, petites-maitresses**○ n.
➾ Ne pas confondre ce mot, qui désignait autrefois une personne maniérée et prétentieuse, avec **petit maître** ou **petit maitre**○, qui s'écrit sans trait d'union et qui désigne un peintre.
petit-nègre n. m. sing.
petit-neveu n. m. ▪ plur. **petits-neveux**
pétitoire n. m. et adj.
petit-pois ▪ plur. **petits-pois** ou **petit pois** ▪ plur. **petits pois** n. m.
petit-porteur n. m. ▪ plur. **petits-porteurs**
petits-enfants n. m. pl.
➾ Ne pas confondre ce nom, qui établit un lien de parenté par rapport aux grands-parents, avec **petits enfants**, écrit sans trait d'union : *une dame et ses trois petits-enfants ; un jeune couple et ses trois petits enfants ; un jeu pour les petits enfants.*
petit-suisse n. m. ▪ plur. **petits-suisses**
pétochard, arde n.
pétoche n. f.
pétocher v. intr. | conjug. 1 |
pétoire n. f.
pétole n. f.
pétomane adj. et n.
peton n. m.
pétoncle n. m.
pétouiller v. intr. | conjug. 1 |
pétoulet n. m.
pétrarquisant, ante adj.
pétrarquiser v. intr. | conjug. 1 |
pétrarquisme n. m.
pétrarquiste n. et adj.
pétras n. m.
pétré, ée adj.
pétrel n. m.
pétreux, euse adj.
pétricherie n. f.
pétrifiant, iante adj.
pétrification n. f.
pétrifier v. tr. | conjug. 7 |
¬ **se pétrifier**
➾ Aux temps composés de la forme pronominale, le participe passé s'accorde en genre et en nombre avec le sujet : *ces cadavres se sont pétrifiés.*
pétrin n. m.
pétrir v. tr. | conjug. 2 |
pétrissable adj.
pétrissage n. m.
pétrissée n. f.
pétrisseur, euse n.
pétrochimie ou **pétrolochimie** n. f.
Ξ La variante *pétrolochimie* est mieux formée mais elle est rarement employée.
pétrochimique ou **pétrolochimique** adj.
pétrochimiste n.
pétrodollar n. m.
pétrogale n. m.
pétroglyphe n. m.
pétrographe n.
pétrographie n. f.
pétrographique adj.
pétrolage n. m.
pétrolatum /-ɔm/ n. m.
pétrole n. m.
Ξ Ce mot peut s'employer derrière un adjectif de couleur pour en préciser la nuance ; les deux mots sont alors invariables : *des costumes bleu pétrole.*
pétrolé, ée adj.
pétroler v. tr. | conjug. 1 |
pétrolerie n. f.
pétrolette n. f.
pétroleuse n. f.
pétrolier, ière n. m. et adj.
pétrolifère adj.
pétrolochimie n. f.
→ **pétrochimie**
pétrolochimique adj.
→ **pétrochimique**
pétrologie n. f.
pétrologique adj.
pétrominéralier n. m.
pétrosilex n. m.
pétrousquin n. m.
pétulamment adv.
pétulance n. f.
pétulant, ante adj.
pétun n. m.
pétuner v. intr. | conjug. 1 |
pétunia n. m.
☺ Ce mot est masculin : *un pétunia.*

peu adv.
▸ **si peu que** (+ subj.) *si peu que ce soit*
▸ **pour peu que** (+ subj.) *pour peu qu'on veuille l'admettre*
▸ **peu s'en faut que** (+ subj.) *peu s'en fallut qu'il (ne) perdît sa place*
⌘ Avec *peu* employé seul, l'accord se fait au pluriel : *peu le croient.* Avec **peu de** suivi d'un nom, l'accord se fait avec le nom : *peu de monde est venu ; peu de gens sont venus.* Avec **le peu de** suivi d'un nom, l'accord se fait soit au masculin singulier si l'on veut insister sur l'idée de manque, soit avec le complément : *le peu d'informations le décourage ; le peu d'informations lui suffisent.*
Ξ Ne pas confondre **peu de** et **un peu de** : *il a peu d'argent* signifie « il n'a pas beaucoup d'argent » tandis que *il a un peu d'argent* signifie « il a une certaine quantité d'argent ». Avec les comparatifs *meilleur, inférieur* et *supérieur*, on peut employer **de peu** ou **un peu** : *elle est de* ou *un peu supérieure à lui.* Dans les autres cas, on ne peut employer que **un peu** : *elle est un peu plus grande que lui.*
On peut employer indifféremment **tant soit peu** ou **un tant soit peu** : *une personne (un) tant soit peu consciencieuse y aurait pensé.*
➾ Ne pas confondre la locution **peu de chose**, dans laquelle *chose* est au singulier et qui signifie « quelque chose d'insignifiant », avec le groupe nominal **peu de choses**, dans lequel *chose* est au pluriel et qui signifie « des choses peu nombreuses » : *compter pour peu de chose ; on est peu de chose ; à peu de chose près* mais *il y a peu de choses dans mon sac.*
HOM. **peuh**, formes du v. **pouvoir**

peucédan n. m.
peuchère ou **pechère** interj.
peuh interj.
HOM. **peu**, formes du v. **pouvoir**
peul, peule ou **peuhl, peuhle** adj. et n.
➾ L'adjectif s'écrit sans majuscule : *la population peule.* Le nom s'écrit avec une majuscule uniquement quand il désigne une personne : *les Peuls ; c'est une Peule* mais *parler le peul.*
peulven /-vɛn/ n. m.
peuplade n. f.
peuple n. m.
Ξ Ce mot peut s'employer comme adjectif ; il est alors invariable : *ils font peuple.*
peuplé, ée adj.
peuplement n. m.
peupler v. tr. | conjug. 1 |
¬ **se peupler**
➾ Aux temps composés de la forme pronominale, le participe passé s'accorde en genre et en nombre avec le sujet : *cette ville s'est peuplée à la Renaissance.*
peupleraie n. f.
peuplier n. m.
HOM. formes du v. **peupler**
peur n. f.
▸ **avoir peur de** (+ n) *elle a peur des oiseaux*
▸ **avoir peur de** (+ inf.) *il a peur d'être entendu*
▸ **avoir peur que** (+ subj.) *il a peur qu'on (ne) l'entende ; il n'a pas peur qu'on l'entende*
▸ **de peur** ou **par peur de** (+ inf.) *je suis parti tôt, par peur d'arriver en retard*
▸ **de peur** ou **par peur que** (+ subj.) *il la retenait de peur qu'elle (ne) s'en aille*
➾ Ne pas écrire **peure*.
⌘ L'expression **avoir très peur** est critiquée par certains puristes : *peur* est un nom et ne peut normalement pas être modifié par un adverbe. Cet emploi est toutefois très courant et ne peut être considéré comme fautif. Dans la langue littéraire, on dit **avoir grand'peur** ou **grand-peur**.
peureusement adv.
peureux, euse adj.
peut-être adv.
il viendra peut-être
▸ **peut-être que** (+ indic. ou condit.) *peut-être qu'il est souffrant ; peut-être qu'elle pourra* ou *qu'elle pourrait nous aider*
➾ Ne pas confondre l'adverbe *peut-être* avec le groupe verbal **peut être**, qui s'écrit sans trait d'union : *elle est peut-être partie ; elle peut être partie.* Si on peut dire *peuvent être* au pluriel, il s'agit du groupe verbal : *elles peuvent être parties.*
⌘ Placé en tête de phrase, *peut-être* entraîne généralement l'inversion du sujet et du verbe : *peut-être est-elle partie.*
peyotl n. m.
pèze n. m.
pézize n. f.
pfennig n. m.
pff(t) ou **pfut...** interj.
P. G. C. D. n. m.
▫ abrév. de **plus grand commun diviseur**
pH n. m. inv.
▫ abrév. de **potentiel d'hydrogène**
phacochère n. m.
phacomatose n. f.
phacome n. m.
phacomètre n. m.
phaéton n. m.
phage n. m.
phagédénique adj.
phagédénisme n. m.
phagocytaire adj.
phagocyte n. m.
phagocyter v. tr. | conjug. 1 |
phagocytose n. f.

phagotrophe adj.
phalangarque n. m.
phalange n. f.
phalanger n. m.
phalangette n. f.
phalangien, ienne adj.
phalangine n. f.
phalangisation n. f.
phalangiste n.
phalanstère n. m.
phalanstérien, ienne n. et adj.
phalène n. f. ou m.
phalère n. f.
phalle n. m.
phalline n. f.
phallique adj.
phallisme ou **phallacisme** n. m.
phallo adj. et n. m.
□ abrév. de **phallocrate**
HOM. **falot**
phallocentrique adj.
phallocentrisme n. m.
phallocrate n. et adj.
phallocratie /-si/ n. f.
phallocratique adj.
phallocratisme n. m.
phalloïde adj.
phalloïdien, ienne adj.
phalloïdine n. f.
phallos /falos/ n. m.
phallus /falys/ n. m.
phanère n. m.
HOM. formes du v. **faner**
phanérobranche adj.
phanérogame adj. et n. f.
phanérogamie n. f.
phanéroglosses n. m. et adj.
phanérophore adj.
phanie n. f.
HOM. **fanny**
phanotron n. m.
phantasmascopie n. f.
phantasme n. m.
→ **fantasme**
pharaon n. m.
☲ **Pharaon égyptien** est un pléonasme à éviter.
pharaonien, ienne adj.
pharaonique adj.
pharaonne n. f.
phare n. m.
☲ Ce mot peut s'employer en apposition ; il prend la marque du pluriel : *les produits phares d'une marque.*
HOM. **far, fard, fare, fart**
pharillon n. m.
pharisaïque adj.
pharisaïsme n. m.
pharisien, ienne n.
➾ Ce mot s'écrit sans majuscule : *Jésus et les pharisiens.*
pharmaceutique n. f. et adj.
pharmacie n. f.
pharmacien, ienne n.
pharmacocinétique n. f. et adj.
pharmacodépendance n. f.
pharmacodépendant, ante adj.
pharmacodynamie n. f.
pharmacodynamique adj.
pharmacogénétique n. f.
pharmacogénomique n. f.
pharmacognosie /-gno-/ n. f.
pharmacologie n. f.
pharmacologique adj.
pharmacologiquement adv.
pharmacologue n.
pharmacomanie n. f.
pharmacopat n. m.
pharmacopée n. f.
pharmacophilie n. f.
pharmacopole n. m.
pharmacopsychologie /-k-/ n. f.
pharmacotechnie /-k-/ n. f.
pharmacotechnique /-k-/ adj.
pharmacothérapie n. f.
pharmacovigilance n. f.
pharyngal, ale, aux adj. et n. f.
pharyngé, ée adj.
pharyngectomie n. f.
pharyngien, ienne adj.
pharyngisme n. m.
pharyngite n. f.
pharyngolaryngite n. f.
pharyngoplastie n. f.
pharyngoplégie n. f.
pharyngoscope n. m.
pharyngoscopie n. f.
pharyngospasme n. m.
pharyngotomie n. f.
pharynx n. m.
ϟ Ne pas confondre **pharynx** avec **larynx**. Le **pharynx** est la cavité située entre la bouche et l'œsophage où aboutissent les conduits digestif et respiratoire. Le **larynx** est la partie supérieure du canal respiratoire, entre le pharynx et la trachée, où se trouvent les cordes vocales.
phascolome n. m.
phase n. f.
phasemètre n. m.
phasianidé n. m.
phasme n. m.
phasmidé n. m.
phasotron n. m.
phatique adj.

phébéen, enne adj.
phébus ou **phœbus** /febys/ n. m.
phelloderme n. m.
phellogène adj.
phénacétine n. f.
phénakisticope ou **phénakistiscope** n. m.
phénanthrène n. m.
phénate n. m.
phénicien, ienne adj. et n.
➾ L'adjectif s'écrit sans majuscule : *le peuple phénicien*. Le nom s'écrit avec une majuscule uniquement quand il désigne une personne : *les Phéniciens ; une Phénicienne* mais *ils parlaient le phénicien*.
phénicoptère n. m.
phénique adj.
phéniqué, ée adj.
¹**phénix** n. m. (animal, personne)
➾ Avec une majuscule, **le Phénix** désigne l'oiseau mythologique : *le Phénix renaît de ses cendres*. Employé comme nom commun, *phénix* s'écrit sans majuscule : *ce n'est pas un phénix !*
HOM. **phœnix**
²**phénix** n. m. (palmier)
→ **phœnix**
phénobarbital n. m.
phénocopie n. f.
phénogénétique adj. et n. f.
phénol n. m.
phénolate n. m.
phénolique adj.
phénologie n. f.
phénologique adj.
phénolphtaléine n. f.
phénoménal, ale, aux adj.
phénoménalement adv.
phénoménalisme n. m.
phénoménalité n. f.
phénomène n. m.
phénoménique adj.
phénoménisme n. m.
phénoméniste n. et adj.
phénoménologie n. f.
phénoménologique adj.
phénoménologue n.
phénoplaste n. m.
phénotexte n. m.
phénothiazine n. f.
phénotype n. m.
phénotypique adj.
phénylalanine n. f.
phénylarsine n. f.
phénylbutazone n. f.
phénylcétonurie n. f.
phényle n. m.
phényléthylique adj.
phénylhydrazine n. f.
phénylique adj.
phénylpyruvique adj.
phéochromocytome /-k-/ n. m.
phéophycée n. f.
phéosporée n. f.
phéromonal, ale, aux adj.
phéromone n. f.
phi n. m. ▪ plur. inv. ou plur. **phis**°
HOM. **fi**, formes des v. **faire, fier**
phiale n. f.
phidiaque ou **phidien, ienne** ou **phidiesque** adj.
philanthe n. m.
HOM. **filante** (fém. de *filant*), **phyllanthe**
philanthrope n.
philanthropie n. f.
philanthropique adj.
philatélie n. f.
philatélique adj.
philatéliste n.
philédon ou **philémon** n. m.
philharmonie n. f.
philharmonique adj.
philhellène n. et adj.
philhellénique adj.
philhellénisme n. m.
philibeg ou **filibeg** n. m.
philippine n. f. et adj. f.
philippique n. f.
¹**philistin, ine** n. et adj. (peuple)
➾ L'adjectif s'écrit sans majuscule : *le peuple philistin*. Le nom s'écrit avec une majuscule uniquement quand il désigne une personne : *les Philistins ; une Philistine* mais *ils parlaient le philistin*.
²**philistin** n. m. et adj. m. (personne vulgaire)
➾ Ce mot s'écrit toujours sans majuscule.
philistinisme n. m.
philluministe n.
philo n. f.
▫ abrév. de **philosophie**
philodendron /-dɛ̃-/ n. m.
philologie n. f.
philologique adj.
philologiquement adv.
philologue n.
philomèle n. f.
philosophailler v. intr. | conjug. 1 |
philosophaillerie n. f.
philosophal, ale adj.
philosophant, ante adj.
philosophard, arde adj.
philosophe n. et adj.
philosopher v. intr. | conjug. 1 |
philosopherie n. f.
philosophie n. f.

philosophique adj.
philosophiquement adv.
philosophisme n. m.
philotechnique /-k-/ adj.
philtre n. m.
↯ Ne pas confondre **philtre**, « breuvage magique », avec **filtre**, « ce qui sert à filtrer ».
HOM. **filtre**
phimosis /-is/ n. m.
phishing /fiʃiŋ/ n. m.
phlébectomie n. f.
phlébite n. f.
phlébographie n. f.
phlébographique adj.
phlébolithe n. m.
phlébologie n. f.
phlébologue n.
phlébonarcose n. f.
phléborragie n. f.
phlébothrombose n. f.
phlébotome n. m.
phlébotomie n. f.
phlébotomiser v. tr. | conjug. 1 |
phlegmasie n. f.
phlegmasique adj.
phlegmon ou **flegmon** n. m.
phlegmoneux, euse ou **flegmoneux, euse** adj.
phléole n. f.
→ **fléole**
phloème n. m.
phlogisticien n. m.
phlogistique n. m.
phlox n. m.
phlyctène n. f.
phlycténoïde adj.
pH-mètre n. m.
phobie n. f.
phobique adj. et n.
phobiquement adv.
phobophobie n. f.
phocéen, enne adj. et n.
➾ L'adjectif s'écrit sans majuscule : *la population phocéenne ; la cité phocéenne.* Le nom s'écrit avec une majuscule : *les Phocéens ; une Phocéenne.*
phocidé n. m.
phocidien, ienne adj. et n.
➾ L'adjectif s'écrit sans majuscule : *la population phocidienne.* Le nom s'écrit avec une majuscule : *les Phocidiens ; une Phocidienne.*
phocomèle adj. et n.
phocomélie n. f.
phœbus /febys/ n. m.
→ **phébus**
phœnix /feniks/ ou **phénix** n. m. (palmier)
pholade n. f.
pholcodine n. f.
pholidote n. m. et adj.
pholiote n. f.
phonateur, trice adj.
phonation n. f.
phonatoire adj.
phonautographe n. m.
phone n. m.
phonématique adj. et n. f.
phonème n. m.
phonémique adj.
phonéticien, ienne n.
phonétique adj. et n. f.
phonétiquement adv.
phonétiser v. tr. | conjug. 1 |
phonétisme n. m.
phoniatre n.
phoniatrie n. f.
phonie n. f.
phonique adj.
phonisme n. m.
phoniste n.
phono n. m.
▫ abrév. de **phonographe**
phonoaudiologie n. f.
phonocapteur, trice adj. et n. m.
phonocardiographe n. m.
phonocardiographie n. f.
phonocontrôle n. m.
phonogénie n. f.
phonogénique adj.
phonogramme n. m.
phonographe n. m.
phonographie n. f.
phonographier v. tr. | conjug. 7 |
phonographique adj.
phonographiquement adv.
phonolithe ou **phonolite** n. m. ou f.
phonolithique ou **phonolitique** adj.
phonologie n. f.
phonologique adj.
phonologiquement adv.
phonologisation n. f.
phonologue n.
phonomètre n. m.
phonométrie n. f.
phonométrique adj.
phonon n. m.
phonopsie n. f.
phonorécepteur n. m.
phonoscope n. m.
phonostylistique n. f.
phonothécaire n.
phonothèque n. f.
phoque n. m.
HOM. **foc**

phoqueteau n. m.
phoquier n. m.
HOM. **focquier**
phormion n. m.
HOM. formes du v. **former**
phormium /-jɔm/ n. m.
phosgène n. m.
phosphagène n. m.
phosphatage n. m.
phosphatase n. f.
phosphatation n. f.
phosphate n. m.
phosphaté, ée adj.
phosphatémie n. f.
phosphater v. tr. | conjug. 1 |
phosphaterie n. f.
phosphatide n. m.
phosphatier n. m.
phosphatique adj.
phosphaturie n. f.
phosphazène n. m.
phosphène n. m.
phosphine n. f.
phosphite n. m.
phosphoaminolipide n. m.
phosphocalcique adj.
phosphocréatine n. f.
phospholipide n. m.
phospholipidique adj.
phosphoprotéide n. m.
phosphoprotéine n. f.
phosphore n. m.
phosphoré, ée adj.
phosphorémie n. f.
phosphorer v. intr. | conjug. 1 |
phosphorescence n. f.
phosphorescent, ente adj.
phosphoreux, euse adj.
phosphorique adj.
phosphorisation n. f.
phosphorisme n. m.
phosphorite n. f.
phosphoritique adj.
phosphorographie n. f.
phosphorographique adj.
phosphorolyse n. f.
phosphoroscope n. m.
phosphorylase n. f.
phosphorylation n. f.
phosphoryle n. m.
phosphosidérite n. f.
phosphure n. m.
phot /fɔt/ n. m.
photique adj.
photisme n. m.
[1]**photo** n. f.
□ abrév. de **photographie**
[2]**photo** adj. inv.
□ abrév. de **photographique**
photobactérie n. f.
photobiologie ou **photologie** n. f.
photobiologiste n.
photocalque n. m.
photocapteur n. m.
photocarte n. f.
photocatalyse n. f.
photocathode n. f.
photocellule n. f.
photochimie n. f.
photochimiothérapie n. f.
photochimique adj.
photochimiquement adv.
photochromie /-k-/ n. f.
photochromique /-k-/ adj.
photocollographie n. f.
photocolorimètre n. m.
photocomposer v. tr. | conjug. 1 |
photocomposeur n. m.
photocomposeuse n. f.
photocompositeur n. m.
photocomposition n. f.
photoconducteur, trice adj.
photoconductibilité n. f.
photoconductivité n. f.
photocopie n. f.
photocopier v. tr. | conjug. 7 |
photocopieur n. m.
photocopieuse n. f.
photocopillage n. m.
photocopilleur, euse n.
photodégradable adj.
photodermatose n. f.
photodésintégration n. f.
photodestructible adj.
photodiode n. f.
photodissociation n. f.
photoélasticimétrie n. f.
photoélectricité n. f.
photoélectrique adj.
photoélectron n. m.
photoémetteur, trice adj.
photofilmeur n. m.
photo-finish /-finiʃ/ ▪ plur. **photos-finish** ou **photofinish**○ ▪ plur. **photofinishs**○ n. f.
□ rec. off. : **photographie d'arrivée**
photofission n. f.
photoflood /-flɔd/ adj. et n. m.
photogène adj.
photogenèse n. f.
photogénie n. f.
photogénique adj.

photoglyptie /-ti/ n. f.
photogramme n. m.
photogrammétrie n. f.
photogrammétrique adj.
photographe n.
photographiable adj.
photographie n. f.
photographier v. tr. | conjug. 7 |
photographique adj.
photographiquement adv.
photograver v. tr. | conjug. 1 |
photograveur, euse n.
photogravure n. f.
photo-identification n. f. ▪ plur. **photo-identifications**
photo-interprétation n. f. ▪ plur. **photo-interprétations**
photo-ionisation n. f. ▪ plur. **photo-ionisations**
photojournalisme n. m.
photojournaliste n.
photolecture n. f.
photolithographie n. f.
photolithographique adj.
photolithogravure n. f.
photologie n. f.
→ **photobiologie**
photoluminescence n. f.
photoluminescent, ente adj.
photolyse n. f.
photolytique adj.
photomacrographe n.
photomacrographie n. f.
photomacrographique adj.
photomagnétique adj.
Photomaton® n. m.
➾ Comme tous les noms déposés, ce mot doit s'écrire avec une majuscule : *faire des photos d'identité dans un Photomaton*. Toutefois, on le trouve fréquemment employé comme nom générique sans respect de la règle : *faire des photos d'identité dans un photomaton*.
photomécanique adj.
photomédecine n. f.
photomètre n. m.
photométrie n. f.
photométrique adj.
photométriquement adv.
photométriste n.
photomicrographie n. f.
photomicrographique adj.
photomontage n. m.
photomosaïque n. f.
photomultiplicateur n. m.
photon n. m.
photonique adj.
photonucléaire adj.
photopériode n. f.
photopériodique adj.
photopériodisme n. m.
photophile adj.
photophobie n. f.
photophobique adj.
photophone n. m.
photophore n. m.
photophosphorylation n. f.
photopile n. f.
photoplan n. m.
photopolarimètre n. m.
photoprojecteur n. m.
photopsie n. f.
photoréalisme n. m.
photoréaliste adj.
photorécepteur n. m.
photoreportage n. m.
photoreporter /-ʀ(ə)pɔʀtɛʀ ; -ʀ(ə)pɔʀtœʀ/ n.
photorésistance n. f.
photorésistant, ante adj.
photorésistivité n. f.
photorespiration n. f.
photo-robot ▪ plur. **photos-robots** ou **photorobot** ▪ plur. **photorobots** n. m.
photoroman n. m.
photosatellite n. f.
photosensibilisation n. f.
photosensibilité n. f.
photosensible adj.
photosource n. f.
photosphère n. f.
photosphérique adj.
photostat n. m.
photostop n. f.
photostoppeur, euse n.
photostyle n. m.
photosynthèse n. f.
photosynthétique adj.
photosystème n. m.
phototactisme n. m.
phototaxie n. f.
photothécaire n.
photothèque n. f.
photothérapie n. f.
photothérapique adj.
phototransistor n. m.
phototrophe adj.
phototropisme n. m.
phototype n. m.
phototypie n. f.
phototypique adj.
phototypographie n. f.
photovoltaïque adj.

P. H. P. n. f. inv.
▫ abrév. de **personne humaine potentielle**
phragmite n. m.
phrase n. f.
phrasé n. m.
phraséologie n. f.
phraséologique adj.
phraser v. tr. | conjug. 1 |
phraseur, euse n.
phrastique adj.
phratrie n. f.
HOM. **fratrie**
phréaticole adj.
phréatique adj.
phréatobiologie n. f.
phrénique adj.
phrénologie n. f.
phrénologique adj.
phrénologiquement adv.
phrénologiste ou **phrénologue** n.
phrygane n. f.
phrygien, ienne adj. et n.
➾ L'adjectif s'écrit sans majuscule : *la population phrygienne ; le mode phrygien ; le bonnet phrygien*. Le nom s'écrit avec une majuscule : *les Phrygiens ; c'est une Phrygienne*.
phryné n. f.
phtalate n. m.
phtaléine n. f.
phtalique adj.
phtiriase n. f. ou **phtiriasis** /-is/ n. m.
phtirius ou **phtirus** /-ys/ n. m.
phtisie n. f.
phtisiologie n. f.
phtisiologique adj.
phtisiologue n.
phtisique adj. et n.
phycocyanine n. f.
phycoérythrine n. f.
phycoïdée n. f.
phycologie n. f.
phycologique adj.
phycologiste ou **phycologue** n.
phycomycète n. m.
phycomycose n. f.
phycophéine n. f.
phylactère n. m.
phylactique adj.
phylarchie n. f.
phylarque n. m.
phylaxie n. f.
phylétique adj.
phylétiquement adv.
phyllade n. m.
phyllanthe n. m.
HOM. **filante** (fém. de *filant*), **philanthe**
phyllie n. f.
phyllopode n. m.
phyllospondyle n. m.
phyllotaxie n. f.
phylloxéra n. m.
phylloxéré, ée adj.
phylloxérien, ienne adj.
phylloxérique adj.
phylogenèse n. f.
phylogénétique adj. et n. f.
phylogénétiquement adv.
phylogénique adj.
phylum /filɔm/ n. m. ▪ plur. **phylums** ou plur. **phyla**
Ξ On peut employer le pluriel francisé *phylums* ou le pluriel latin *phyla*.
physalie n. f.
physalis /-is/ n. m.
physiatre n.
physiatrie n. f.
physicalisme n. m.
physicaliste adj.
physicien, ienne n.
physicisme n. m.
physiciste adj. et n.
physicochimie n. f.
physicochimique adj.
physicochimiste n.
physicomathématique n. f.
physicothéologique adj.
physiocrate n. m.
physiocratie /-si/ n. f.
physiocratique adj.
physiogène adj.
physiogenèse n. f.
physiogénie n. f.
physiogénique adj.
physiognomonie /-gnɔ-/ n. f.
physiognomonique /-gnɔ-/ adj.
physiognomoniste /-gnɔ-/ n.
physiographe n.
physiographie n. f.
physiographique adj.
physiologie n. f.
physiologique adj.
physiologiquement adv.
physiologiste n.
physiologue n.
physionévrose n. f.
physionomie n. f.
physionomique adj.
physionomiste n. et adj.
physiopathologie n. f.
physiopathologique adj.
physiothérapeute n.
physiothérapie n. f.

[1]**physique** adj.
[2]**physique** n. m. (aspect)
[3]**physique** n. f. (science)
physiquement adv.
physisorption n. f.
physophore n. m.
physostigma n. m.
physostigmine n. f.
physostome n. m.
phytéléphas /-fɑs/ n. m.
phythormone n. f.
phytoalexine n. f.
phytobiologie n. f.
phytobiologique adj.
phytobiologiste n.
phytoécologie n. f.
phytoécologique adj.
phytogéographe n.
phytogéographie n. f.
phytogéographique adj.
phytohormone ou **phythormone** n. f.
phytoparasite adj. et n. m.
phytopathologie n. f.
phytopathologique adj.
phytopathologiste n.
phytophage adj. et n.
phytopharmaceutique adj.
phytopharmacie n. f.
phytopharmacien, ienne n.
phytophthora n. m.
phytoplancton n. m.
phytoplanctonique adj.
phytosanitaire adj.
phytosociologie n. f.
phytosociologue n.
phytothérapeute n.
phytothérapie n. f.
phytothérapique adj.
phytotoxicité n. f.
phytotoxine n. f.
phytotoxique adj.
phytotron n. m.
phytozoaire n. m.
pi n. m. ▪ plur. inv. ou plur. **pis**○
HOM. **pie, pis**
piaculaire adj.
piaf n. m.
HOM. **piaffe**, formes du v. **piaffer**
piaffant, ante adj.
piaffe n. f.
HOM. **piaf**, formes du v. **piaffer**
piaffement n. m.
[1]**piaffer** v. intr. | conjug. 1 |
[2]**piaffer** n. m.
piaffeur, euse adj.
piaillant, ante adj.
piaillard, arde adj.
piaillement n. m.
piailler v. intr. | conjug. 1 |
piaillerie n. f.
piailleur, euse n. et adj.
pian n. m.
piane-piane adv.
pianino n. m.
pianique adj. et n.
[1]**pianissimo** n. m. ▪ plur. **pianissimos** ou plur. **pianissimi**
Ξ On peut employer le pluriel francisé *pianissimos* ou le pluriel italien *pianissimi*.
[2]**pianissimo** adv.
pianiste n.
pianistique adj.
piano adv. et n. m.
piano-bar n. m. ▪ plur. **pianos-bars**
piano-forte /-fɔʀte/ ▪ plur. **pianos-forte** ou **pianoforte** ▪ plur. inv. ou **pianoforté**○ ▪ plur. **pianofortés**○ n. m.
pianofortiste n.
Pianola® n. m.
➾ Comme tous les noms déposés, ce mot doit s'écrire avec une majuscule : *jouer du Pianola*. Toutefois, on le trouve fréquemment employé comme nom générique sans respect de la règle : *jouer du pianola*.
pianotage n. m.
pianoter v. intr. | conjug. 1 |
piassava n. m.
piastre n. f.
piat n. m.
piaulant, ante adj.
piaulard, arde adj. et n.
piaule n. f.
piaulement n. m.
piauler v. intr. | conjug. 1 |
piaulis n. m.
piaye n. m.
HOM. formes du v. **piailler**
piazza n. f.
P. I. B. n. m.
□ abrév. de **produit intérieur brut**
pibale n. f.
pible (à) loc. adj.
piblokto n. m.
pibrock n. m.
pic n. m.
HOM. **pique**, formes du v. **piquer**
pic (à) loc. adv. et adj.
➾ Cette locution s'écrit sans trait d'union, contrairement au nom *à-pic* : *de nombreux à-pics* mais *une montagne à pic* ; *tomber à pic*.
pica n. m.
HOM. formes du v. **piquer**
picador n. m.

picage n. m.
HOM. **piquage**
picaillon n. m.
picamètre n. m.
picard, arde adj. et n.
➾ L'adjectif s'écrit sans majuscule : *la population picarde*. Le nom s'écrit avec une majuscule uniquement quand il désigne une personne : *les Picards ; c'est une Picarde* mais *parler le picard*.
picardan ou **picardant** n. m.
picardisant, ante adj.
picardisme n. m.
picarel n. m.
picaresque adj.
picaro n. m.
pic-bois ▪ plur. **pics-bois** ou **pique-bois** ▪ plur. inv. n. m.
piccalilli n. m.
piccolo ou **picolo** n. m.
pichenet n. m.
pichenette n. f.
pichenotte n. f.
pichet n. m.
picholine /-k-/ n. f.
picidé n. m.
pickles /pikœls/ n. m. pl.
pickpocket /-kɛt/ n. m.
pickup ▪ plur. **pickups** ou **pick-up** ▪ plur. inv. /pikœp/ n. m.
◻ rec. off. : **ramasseur**
picodon n. m.
picofarad /-ʀad/ n. m.
picoler v. intr. | conjug. 1 |
picoleur, euse n.
picolo n. m.
→ **piccolo**
picorée n. f.
picorement n. m.
picorer v. intr. et v. tr. | conjug. 1 |
picoreur, euse n.
picoseconde n. f.
picosser v. tr. | conjug. 1 |
picot n. m.
picotage n. m.
picote n. f.
picotement n. m.
picoter v. tr. | conjug. 1 |
picoterie n. f.
picoteux n. m.
picotin n. m.
picotis n. m.
picouse n. f.
→ **piquouse**
picpoul ou **piquepoul** n. m.
picrate n. m.
picridium /-jɔm/ n. m. ou **picride** n. f.
picrique adj.
picris /-s/ n. m.
picrocholin, ine /-k-/ adj.
picrotoxine n. f.
picte n. m.
picter v. intr. | conjug. 1 |
HOM. **piqueter**
pictogramme n. m.
pictographie n. f.
pictographique adj.
picto-idéogramme n. m. ▪ plur. **picto-idéogrammes**
picton n. m.
pictonner v. intr. | conjug. 1 |
pictural, ale, aux adj.
picturaliser v. tr. | conjug. 1 |
pic-vert /pivɛʀ/ n. m. ▪ plur. **pics-verts**
→ **pivert**
pidgin /pidʒin/ n. m.
➾ Comme tous les noms de langues, ce mot s'écrit sans majuscule : *ils parlent le pidgin*.
pidgin-english /pidʒiningliʃ/ n. m.
➾ Comme tous les noms de langues, ce mot s'écrit sans majuscule : *ils parlent le pidgin-english*.
[1]**pie** n. f. et adj. inv. (oiseau, couleur)
HOM. **pi, pis**
[2]**pie** adj. f. (pieuse)
Ξ Ce mot ne s'emploie que dans la locution **œuvre pie**.
HOM. **pi, pis**
pièce n. f.
➾ Ce mot est au singulier dans les locutions **faire pièce à** et **pièce à pièce**. Il est au pluriel dans **de toutes pièces**, **juger sur pièces**, **mettre/tailler en pièces** et **pièces à l'appui**.
Ξ Ne pas confondre la locution **tout d'une pièce**, qui signifie « d'un seul tenant » et, au figuré, « sans finesse », et **de toutes pièces**, qui signifie « sans rien emprunter à la réalité ».
piécé n. m.
piécette n. f.
pied n. m.
➾ Ce mot est au singulier dans les locutions suivantes : **à pied**, **à pied d'œuvre**, **à pied sec**, **avoir pied**, **bon pied bon œil**, **coup de pied**, **de pied**, **de pied en cap**, **de pied ferme**, **en pied**, **lâcher pied**, **mettre pied à terre**, **perdre pied**, **pied à pied**, **pied au plancher**, **prendre pied**, **sur pied**. Il est au pluriel dans **à pieds joints**, **de la tête aux pieds**, **fouler aux pieds** et **pieds et poings liés**. Contrairement à **nu-pieds**, **pieds nus** s'écrit sans trait d'union.
Ξ Ne pas confondre **au pied de qqch.**, qui signifie « à la base de qqch. » (*au pied du mur*), avec **aux pieds de qqn** (*se jeter aux pieds de qqn*).

L'emploi de ce mot au sens de « syllabe » est abusif et doit être évité. Dans le langage soigné, on dira *un vers de douze syllabes* et non *un vers de douze pieds*.
→ aussi **cou-de-pied**, **marche**
pied-à-terre /pjetatɛʀ/ n. m. inv.
➾ Ne pas confondre ce nom, qui désigne un logement, avec **pied à terre**, que l'on trouve dans la locution **mettre pied à terre** qui s'écrit sans trait d'union et se prononce sans liaison.
pied-bot n. et adj. ▪ plur. **pieds-bots**
➾ Ce mot, qui s'emploie pour parler d'une personne ou d'un cheval, s'écrit avec un trait d'union, contrairement à **pied bot**, qui désigne un pied difforme : *elle a un pied bot ; le pied bot d'un cheval* mais *il est pied-bot ; une pied-bot ; un cheval pied-bot*.
pied-d'alouette n. m. ▪ plur. **pieds-d'alouette**
pied-de-biche n. m. ▪ plur. **pieds-de-biche**
pied-de-cheval n. m. ▪ plur. **pieds-de-cheval**
pied-de-chèvre n. m. ▪ plur. **pieds-de-chèvre**
pied-de-coq n. m. et adj. ▪ plur. **pieds-de-coq**
pied-de-cuve n. m. ▪ plur. **pieds-de-cuve**
pied-de-lion n. m. ▪ plur. **pieds-de-lion**
pied-de-loup n. m. ▪ plur. **pieds-de-loup**
pied-de-mouton n. m. ▪ plur. **pieds-de-mouton**
pied de nez n. m. ▪ plur. **pieds de nez**
pied-de-poule n. m. et adj. ▪ plur. **pieds-de-poule**
pied-de-roi n. m. ▪ plur. **pieds-de-roi**
HOM. **piédroit**
pied-de-table n. m. ▪ plur. **pieds-de-table** (table)
pied-de-veau n. m. ▪ plur. **pieds-de-veau**
pied-d'oiseau n. m. ▪ plur. **pieds-d'oiseau**
pied-droit n. m. ▪ plur. **pieds-droits**
→ **piédroit**
piédestal, aux n. m.
pied-fort n. m. ▪ plur. **pieds-forts**
→ **piéfort**
piedmont /pjemɔ̃/ n. m.
→ **piémont**
pied-noir n. et adj. ▪ plur. **pieds-noirs**
➾ Ce mot s'écrit sans majuscule : *les pieds-noirs ; c'est une pied-noir*.
piédouche n. m.
pied-plat n. m. ▪ plur. **pieds-plats**
piédroit ▪ plur. **piédroits** ou **pied-droit** ▪ plur. **pieds-droits** n. m.
HOM. **pied-de-roi**
piéfort ▪ plur. **piéforts** ou **pied-fort** ▪ plur. **pieds-forts** n. m.

piège n. m.
Ξ Ce mot peut s'employer en apposition ; il prend la marque du pluriel : *des questions pièges*.
piégeage n. m.
piégée n. f.
piéger v. tr. | conjug. 3 et 6 |
piégeur, euse n.
piégeux, euse adj.
pie-grièche n. f. ▪ plur. **pies-grièches**
pie-mère n. f. ▪ plur. **pies-mères**
piémont ou **piedmont** /pjemɔ̃/ n. m.
piémontais, aise adj. et n.
➾ L'adjectif s'écrit sans majuscule : *la population piémontaise*. Le nom s'écrit avec une majuscule uniquement quand il désigne une personne : *les Piémontais ; c'est une Piémontaise* mais *parler le piémontais*.
piercing /piʀsiŋ/ n. m.
piéride n. f.
pie-rouge adj. inv.
Pierrade® n. f.
➾ Comme tous les noms déposés, ce mot doit s'écrire avec une majuscule : *faire cuire des aliments sur une Pierrade*. Toutefois, on le trouve fréquemment employé comme nom générique sans respect de la règle : *faire cuire des aliments sur une pierrade*.
pierraille n. f.
pierre n. f.
➾ Ce mot est au singulier dans les locutions **à un jet de pierre**, **à pierre fendre**, **cœur de pierre**, **être/rester de pierre**, **l'âge de pierre** et **pierre sur pierre**. On l'écrit indifféremment avec ou sans *s* dans **casseur de pierre(s)**.
Ξ On peut dire indifféremment *un mur de pierre* ou *un mur en pierre*.
pierrée n. f.
pierreries n. f. pl.
pierrette n. f.
pierreuse n. f.
pierreux, euse adj. et n. f.
pierrier n. m.
pierrière n. f.
pierriste n.
pierrot n. m.
pierrure n. f.
pietà ▪ plur. inv. ou **piéta**○ ▪ plur. **piétas**○ **n. f.**
piétaille n. f.
piété n. f.
piètement n. m.
piéter v. intr. | conjug. 6 |
piéteur n. m.
piétin n. m.
piétinant, ante adj.
piétinement n. m.
piétiner v. intr. et v. tr. | conjug. 1 |

piétineur, euse n.
piétisme n. m.
piétiste n.
piéton, onne n. et adj.
☰ *Piétonne* est couramment employé comme adjectif mais rarement comme nom : on emploie presque toujours *piéton*, même pour parler d'une femme.
On peut employer indifféremment **rue piétonne** ou **rue piétonnière**.
piétonnier, ière adj.
→ aussi **piéton**
piètre adj.
piètrement adv.
piette n. f.
pieu n. m.
ϟ Ne pas confondre **pieu**, qui désigne une pièce de bois à bout pointu, avec **épieu**, qui désigne un long bâton terminé par un fer.
HOM. **pieux**
pieusement adv.
pieuter (se) v. pron. | conjug. 1 |
➾ Aux temps composés, le participe passé s'accorde en genre et en nombre avec le sujet : *elles se sont pieutées très tôt*.
pieuvre n. f.
pieux, pieuse adj.
HOM. **pieu**
pièze n. f.
piézocristallisation n. f.
piézoélectricité n. f.
piézoélectrique adj.
piézographe n. m.
piézographie n. f.
piézographique adj.
piézomètre n. m.
piézométrie n. f.
piézométrique adj.
pif interj. et n. m.
HOM. formes du v. **pifer**
pifer ou **piffer** ou **piffrer** v. tr. | conjug. 1 |
CONJUG. Ce verbe s'emploie surtout à l'infinitif.
piffre n. m.
pifomètre n. m.
pifométrique adj.
pigache adj.
pige n. f.
pigeon n. m.
HOM. formes du v. **piger**
pigeonnage n. m.
pigeonnant, ante adj.
pigeonne n. f.
pigeonneau n. m.
pigeonner v. tr. | conjug. 1 |
pigeonnier n. m.
piger v. tr. | conjug. 3 |
pigiste n.
pigment n. m.
pigmentaire adj.
HOM. formes du v. **pigmenter**
pigmentation n. f.
pigmenté, ée adj.
pigmenter v. tr. | conjug. 1 |
pigmentogène adj.
pigmentophore adj.
pignada n. f.
pignatelle n. f.
pigne n. f.
pigner v. intr. et v. tr. | conjug. 1 |
pignet n. m.
HOM. formes du v. **pigner**
pignochage n. m.
pignocher v. intr. et v. tr. | conjug. 1 |
☰ Ce mot est vieilli et familier.
¬ **se pignocher**
➾ Aux temps composés de la forme pronominale, le participe passé s'accorde en genre et en nombre avec le sujet : *ils se sont pignochés*.
pignocheur, euse n.
pignolat n. m.
pignole n. f.
pignon n. m.
pignonné, ée adj.
pignoratif, ive adj.
pignouf, e n.
pignouferie n. f.
pilaf n. m.
pilage n. m.
pilaire adj.
pilastre n. m.
pilchard n. m.
[1]**pile** n. f.
[2]**pile** n. m. (javelot)
[3]**pile** adv.
➾ Comme tous les adverbes, *pile* est invariable : *il est quatre heures pile ; ils se sont arrêtés pile*.
pilée n. f.
pile-poil adv.
piler v. intr. et v. tr. | conjug. 1 |
pilet n. m.
HOM. formes du v. **piler**
pileur, euse n.
pileux, euse adj.
pilier n. m.
HOM. formes du v. **piler**
pilifère adj.
piliforme adj.
pili-pili n. m. inv.
pillage n. m.
pillard, arde n. et adj.
piller v. tr. | conjug. 1 |
pillerie n. f.

pilleur, euse n.
pilocarpe n. m.
pilocarpine n. f.
pilomoteur adj. m.
pilon n. m.
HOM. formes du v. **piler**
pilonnage n. m.
pilonnement n. m.
pilonner v. tr. | conjug. 1 |
pilori n. m.
➾ Ne pas écrire *piloris* au singulier.
pilosébacé, ée adj.
piloselle n. f.
pilosisme n. m.
pilosité n. f.
pilot n. m.
pilotable adj.
pilotage n. m.
pilote n.
Ξ Ce mot peut s'employer en apposition ; il prend la marque du pluriel : *des rôles pilotes*.
piloter v. tr. | conjug. 1 |
pilotin n. m.
pilotis n. m.
pilou n. m.
piloutier n. m.
Pilpil® n. m.
➾ Comme tous les noms déposés, ce mot doit s'écrire avec une majuscule : *manger du Pilpil*. Toutefois, on le trouve fréquemment employé comme nom générique sans respect de la règle : *manger du pilpil*.
pilpoul n. m.
pils /pils/ n. f.
pilsen /pilsɛn/ n. f.
pilulaire adj. et n. m.
pilule n. f.
➾ Ne pas écrire **pillule*.
pilulier n. m.
pilum /-ɔm/ n. m.
pimbêche n. f.
pimbina ou **pembina** /pɛ̃-/ n. m.
piment n. m.
pimentade n. f.
pimenter v. tr. | conjug. 1 |
pimpant, ante adj.
pimperneau n. m.
pimpesouée n. f.
pimple n. m.
pimprenelle n. f.
pin n. m.
HOM. **pain**, formes du v. **peindre**
pinacle n. m.
piña colada /piɲakɔlada/ n. f.
pinacologie n. f.
pinacothèque n. f.
pinaillage n. m.
pinailler v. intr. | conjug. 1 |
pinailleur, euse n.
pinanga n. m.
pinard n. m.
pinardier n. m.
pinasse n. f.
pinastre n. m.
pinçade n. f.
pinçage n. m.
pinçard, arde adj.
pince n. f.
pincé, ée adj.
pinceau n. m.
pincée n. f.
pince-fesse(s) n. m. ▪ plur. **pince-fesses**
pince-jupe n. m. ▪ plur. **pince-jupes**
pincelier n. m.
pincement n. m.
pince-monseigneur n. f. ▪ plur. **pinces-monseigneur**
pince-nez n. m. inv.
pince-notes ▪ plur. inv. ou **pince-note**○ ▪ plur. **pince-notes**○ n. m.
pince-oreille n. m. ▪ plur. **pince-oreilles**
pincer v. tr. | conjug. 3 |
¬ **se pincer**
➾ Aux temps composés de la forme pronominale, le participe passé s'accorde en genre et en nombre avec le sujet : *elle s'est pincée*. Mais le participe passé ne s'accorde pas quand il est suivi d'un complément d'objet direct : *elle s'est pincé les doigts dans la porte*. Il ne s'accorde avec le complément d'objet direct que lorsque celui-ci est placé avant le verbe : *elle se les est pincés dans la porte*.
pince-sans-rire n. inv.
pincette n. f.
pinceur, euse adj. et n.
pinchard, arde adj.
HOM. **pinchart**
pinchart n. m.
HOM. **pinchard**
pinçon n. m.
HOM. **pinson**, formes du v. **pincer**
pinçotement n. m.
pinçoter v. tr. | conjug. 1 |
pinçure n. f.
pinda n. m.
pindarique adj.
pindariser v. intr. | conjug. 1 |
pindarisme n. m.
pine n. f.
HOM. **pinne**
pinéal, ale, aux adj.
pineau n. m.
↯ Ne pas confondre **pineau**, qui désigne un vin de liqueur (*pineau des Charentes*) ou un

cépage du Val de Loire (*pineau d'Aunis*), avec **pinot**, qui désigne un cépage cultivé notamment en Bourgogne et en Champagne (*pinot noir, pinot blanc*).
HOM. **pinot**
pinède n. f.
pinène n. m.
pineraie n. f.
pingouin n. m.
pingouinière n. f.
ping-pong /piŋpɔ̃g/ ▪ plur. inv. ou **ping-pong**○ ▪ plur. **pingpongs**○ n. m.
pingre n. et adj.
pingrerie n. f.
pinière n. f.
pinifère adj.
pinne n. f.
HOM. **pine**
pinnipède n. m.
pinnothère n. m.
pinnule n. f.
pinocytose n. f.
pinot n. m.
Ne pas confondre **pinot**, qui désigne un cépage cultivé notamment en Bourgogne et en Champagne (*pinot noir, pinot blanc*), avec **pineau**, qui désigne un vin de liqueur (*pineau des Charentes*) ou un cépage du Val de Loire (*pineau d'Aunis*).
HOM. **pineau**
pin-pon interj. et n. m. inv.
pinque n. f.
pin's /pins/ n. m.
▫ rec. off. : **épinglette**
pinscher /pinʃɛʀ/ n. m.
pinson n. m.
HOM. **pinçon**, formes du v. **pincer**
pinsonnière n. f.
pinta n. f.
pintade n. f.
pintadeau n. m.
pintadine n. f.
pintadon n. m.
pinte n. f.
HOM. formes du v. **peindre**
pinter v. intr. et v. pron. | conjug. 1 |
Ξ Ce mot est populaire.
¬ **se pinter**
➾ Aux temps composés de la forme pronominale, le participe passé s'accorde en genre et en nombre avec le sujet : *ils se sont pintés au whisky*.
pin(-)up /pinœp/ ▪ plur. inv. ou **pinup** ▪ plur. **pinups** n. f.
pinyin /pinjin/ n. m. et adj.
piochage n. m.
pioche n. f.
piochement n. m.
piocher v. tr. | conjug. 1 |
piocheur, euse n.
piochon n. m.
HOM. formes du v. **piocher**
piolé, ée adj.
piolet n. m.
[1]**pion** n. m.
[2]**pion, pionne** n. (fam. : surveillant)
pioncer v. intr. | conjug. 3 |
pionnage n. m.
pionnicat n. m.
pionnier, ière n. et adj.
piot n. m.
pioupiou n. m.
pipa n. m.
HOM. formes du v. **piper**
[1]**pipe** n. f.
[2]**pipe** n. m.
▫ abrév. de **pipeline**
pipeau n. m.
HOM. **pipo**
pipeauter v. intr. | conjug. 1 |
pipée n. f.
pipelet, ette n.
Ξ Au sens courant de « bavard », on emploie le féminin pour parler d'un homme ou d'une femme : *ce garçon est une vraie pipelette*.
pipeline /piplin ; pajplajn/ n. m.
pipelinier n. m.
piper v. intr. et v. tr. | conjug. 1 |
pipéracée n. f.
pipérade ou **piperade** n. f.
pipérazine n. f.
piper-cub /pipœʀkœb/ n. m. ▪ plur. **piper-cubs**
piperie n. f.
pipérin n. m.
pipérine n. f.
pipéronal n. m.
pipetage n. m.
pipette n. f.
pipeule adj. inv. et n. m. pl.
→ **people**
pipeur, euse n. et adj.
pipi n. m.
pipier, ière n. et adj.
HOM. formes du v. **piper**
pipi-room /-rum/ n. m. ▪ plur. **pipi-rooms**
pipistrelle n. f.
pipit /pipit/ n. m.
pipo n. m.
HOM. **pipeau**
pipole adj. inv. et n. m. pl.
→ **people**
pipolisation n. f.
Pippermint® /pipœʀmint/ n. m.
➾ Comme tous les noms déposés, ce mot

doit s'écrire avec une majuscule : *boire des Pippermints*. Toutefois, on le trouve fréquemment employé comme nom générique sans respect de la règle : *boire des pippermints*.
→ **peppermint**

piquage n. m.
HOM. **picage**

piquant, ante adj. et n. m.

[1]**pique** n. f. (arme, faux, méchanceté)
HOM. **pic**

[2]**pique** n. m. (carte)
HOM. **pic**

piqué, ée adj.

pique-assiette n. ▪ plur. **pique-assiettes**

pique-bœuf n. m. ▪ plur. **pique-bœufs**

pique-bois n. m. inv.
→ **pic-bois**

pique-feu n. m. ▪ plur. **pique-feux**

pique-fleur n. m. ▪ plur. **pique-fleurs**

pique-mouche n. f. ▪ plur. **pique-mouches**

piquenique ▪ plur. **piqueniques** ou **pique-nique** ▪ plur. **pique-niques** n. m.
HOM. **pycnique**

piqueniquer ou **pique-niquer** v. intr. | conjug. 1 |

piqueniqueur, euse ▪ plur. **piqueniqueurs, euses** ou **pique-niqueur, euse** ▪ plur. **pique-niqueurs, euses** n.

pique-note n. m. ▪ plur. **pique-notes**

piquepoul n. m.
→ **picpoul**

piquer v. tr. et v. intr. | conjug. 1 |
¬ **se piquer**
➾ Aux temps composés de la forme pronominale, le participe passé s'accorde en genre et en nombre avec le sujet : *elle s'est piquée avec une aiguille*. Mais le participe passé ne s'accorde pas quand il est suivi d'un complément d'objet direct : *il s'est piqué la main avec une aiguille*. Il ne s'accorde avec le complément d'objet direct que lorsque celui-ci est placé avant le verbe : *il se l'est piquée avec une aiguille*.

piquerie n. f.

piquet n. m.
HOM. formes du v. **piquer**

piquetage n. m.

piqueter v. tr. | conjug. 4 |
HOM. formes du v. **picter**

piquetis n. m.

piqueton n. m.
HOM. formes des v. **picter, piqueter**

piquette n. f.

piqueur, euse n.

piqueux n. m.

piquier n. m.
HOM. formes du v. **piquer**

piquoir n. m.

piquouse ou **picouse** n. f.

piqûrage ou **piqurage** ○ n. m.

piqûre ou **piqure** ○ n. f.

piqûreuse ou **piqureuse** ○ n. f.

pirandellien, ienne adj.

pirandellisme n. m.

piranha n. m.

piratable adj.

piratage n. m.

pirate n. m.
▫ rec. off. pour **cracker**
Ξ Ce mot peut s'employer en apposition ; il prend la marque du pluriel : ***des radios pirates***.

pirater v. intr. et v. tr. | conjug. 1 |

piraterie n. f.

pire adj.
je ne connais pas de pire désagrément
◗ **pire que** *la situation est encore pire que je (ne) croyais*
Ξ *Pire* signifie « plus mauvais » : ***plus pire**, ***moins pire** et ***beaucoup pire** sont donc fautifs. **Bien pire** et les tours exprimant une multiplication (*cent/mille fois pire*) sont en revanche corrects. Par ailleurs, si le remplacement de **plus bon** par *meilleur* est obligatoire, celui de **plus mauvais** par *pire* ne l'est pas.
En français québécois, l'expression familière **pas pire** signifie « pas mal du tout ».
⚡ Ne pas confondre **pire** et **pis** : *pire* signifie « plus mauvais », *pis* signifie « plus mal » et, selon certains puristes, seul *pis* peut normalement s'employer avec un neutre ou un indéfini (*rien n'est pis que la maladie* ; *quelque chose de pis*). Toutefois, *pis*, qui appartient aujourd'hui au registre littéraire, est souvent remplacé par *pire*, sauf quand il est employé comme adverbe et dans les locutions suivantes : **aller de mal en pis, au pis aller, dire pis que pendre de qqn, qui pis est, tant pis**.

pirée n. f.

piridion n. m.

piriforme adj.

pirogue n. f.

piroguier n. m.

pirojki n. m.

pirole n. f. (plante)
HOM. **pirolle, pyrrol**

pirolle n. f. (oiseau)
HOM. **pirole, pyrrol**

piroplasmose n. f.

pirouettant, ante adj.

pirouette n. f.

pirouettement n. m.

pirouetter v. intr. | conjug. 1 |

pis adv., adj. et n. m.
⚡ Ne pas confondre **pis** et **pire** : *pis* signifie « plus mal », *pire* signifie « plus mauvais » et,

selon certains puristes, seul *pis* peut normalement s'employer avec un neutre ou un indéfini (*rien n'est pis que la maladie*; *quelque chose de pis*). Toutefois, *pis*, qui appartient aujourd'hui au registre littéraire, est souvent remplacé par *pire*, sauf quand il est employé comme adverbe et dans les locutions suivantes : **aller de mal en pis, au pis aller, dire pis que pendre de qqn, qui pis est, tant pis.**
HOM. **pi, pie**
pis-aller n. m. inv.
➾ Ce nom s'écrit avec un trait d'union, contrairement à la locution **au pis aller**.
piscicole adj.
pisciculteur, trice n.
pisciculture n. f.
pisciforme adj.
piscine n. f.
piscinier ou **pisciniste** n. m.
piscivore adj.
pisé n. m.
pisiforme adj. m.
pisoir n. m.
pisolithe ou **pisolite** n. f.
pisolithique ou **pisolitique** adj.
pissala n. m.
pissaladière n. f.
pissant, ante adj.
pissat n. m.
HOM. formes du v. **pisser**
pisse n. f.
pisse-copie ▪ plur. **pisse-copies** ou **pisse copie**○ ▪ plur. **pissecopies**○ n.
pissée n. f.
pisse-froid ▪ plur. inv. ou **pissefroid**○ ▪ plur. **pissefroids**○ n. m.
pissement n. m.
pissenlit n. m.
pisser v. intr. et v. tr. | conjug. 1 |
pissette n. f.
pisseur, euse n.
pisseux, euse adj.
pisse-vinaigre ▪ plur. **pisse-vinaigres** ou **pissevinaigre**○ ▪ plur. **pissevinaigres**○ n. m.
pissoir n. m.
pissoter v. intr. | conjug. 1 |
pissotière n. f.
pistache n. f.
Ξ Ce mot peut s'employer seul comme adjectif de couleur ou derrière un adjectif de couleur pour en préciser la nuance ; ces adjectifs sont alors invariables : *des chaussures vert pistache ; des foulards pistache.*
pistachier n. m.
pistage n. m.
pistard, arde n.
pistation n. f.
piste n. f.
pister v. tr. | conjug. 1 |
pisteur, euse n.
pistil n. m.
pistillaire /-i(l)l-/ adj.
pistolade n. f.
pistolage n. m.
pistole n. f.
pistoléro ou **pistolero** /-le-/ n. m.
pistolet n. m.
pistolet-mitrailleur n. m. ▪ plur. **pistolets-mitrailleurs**
pistolet-pulvérisateur n. m. ▪ plur. **pistolets-pulvérisateurs**
pistoleur n. m.
piston n. m.
HOM. formes du v. **pister**
pistonner v. tr. | conjug. 1 |
pistou n. m.
pita n. m.
pitahaya n. f.
pitaine n. m.
pitance n. f.
pitancerie n. f.
pitancier n. m.
pitaud, aude n.
pitbull /pitbul ; pitbyl/ ▪ plur. **pitbulls** ou **pit-bull** ▪ plur. **pit-bulls** n. m.
pitch n. m.
HOM. formes du v. **pitcher**
pitcher v. intr. | conjug. 1 |
pitchoun, oune n.
pitchounet, ette n.
pitchpin n. m.
pite n. f.
piteusement adv.
piteux, euse adj.
pithécanthrope n. m.
pithécanthropien, ienne adj. et n.
pithécoïde adj.
pithécomorphe adj. et n.
pithécomorphisme n. m.
pithiatique adj.
pithiatisme n. m.
pithiviers n. m.
➾ Quand il désigne une préparation culinaire, ce mot s'écrit sans majuscule, contrairement au nom propre qui désigne la commune : *manger un pithiviers.*
pitié n. f.
piton n. m.
HOM. **python**
pitonnage n. m.
pitonner v. intr. | conjug. 1 |
pitoune n. f.
pitoyable adj.
pitoyablement adv.

pitre n. m.
pitrerie n. f.
pittoresque adj. et n. m.
pittoresquement adv.
pittosporum /-ɔm/ n. m.
pituitaire adj.
pituite n. f.
pituiteux, euse adj.
pituitrine n. f.
pityriasis /-zis/ n. m.
più adv.
[1]**pive** n. m. (vin)
[2]**pive** n. f. (cône d'arbre résineux)
pivert ou **pic-vert** /pivɛʀ/ n. m.
pivoine n. f.
⊟ Ce mot peut s'employer seul comme adjectif de couleur ou derrière un adjectif de couleur pour en préciser la nuance ; ces adjectifs sont alors invariables : *des bottes rouge pivoine ; des chemisiers pivoine.*
pivot n. m.
pivotant, ante adj.
pivoté n. m.
pivotement n. m.
pivoter v. intr. | conjug. 1 |
pivoterie n. f.
pixel n. m.
pixéliser v. tr. | conjug. 1 |
pizza /pidza/ n. f.
pizzaïolo /pidzajɔlo/ n. m.
pizzéria ou **pizzeria** /pidzeʀja/ n. f.
pizzicato /pidzikato/ n. m. ▪ plur. **pizzicatos** ou plur. **pizzicati**
⊟ On peut employer le pluriel francisé *pizzicatos* ou le pluriel italien *pizzicati*.
P. J. n. f.
◻ abrév. de **police judiciaire**
placage n. m.
↯ Ne pas confondre **placage**, qui désigne un revêtement, avec **plaquage**, qui signifie « action de faire tomber un adversaire au rugby » ou, dans le registre familier, « abandon ».
HOM. **plaquage**
plaçage n. m.
placagiste n.
placard n. m.
placardage n. m.
placarde n. f.
placarder v. tr. | conjug. 1 |
placardeur, euse n.
placardier n. m.
placardisation n. f.
placardiser v. tr. | conjug. 1 |
place n. f.
➾ Ce mot est toujours au singulier dans les locutions **au lieu et place**, **de place en place**, **être/mettre en place**, **faire place**, **mise en place**, **prendre place**, **rester/tenir en place**, **sur place**. Il est au pluriel dans **par places**.
⊟ Avec un nom de chose pour complément, on peut employer indifféremment **remettre en place** ou **remettre à sa place** : *il a remis les livres en place* ou *à leur place*. En revanche, quand le nom désigne une personne, on ne peut employer que **à sa place** : *elle a remis le goujat à sa place* (et non **elle a remis le goujat en place*).
placé, ée adj.
placeau n. m.
placébo ou **placebo** /plasebo/ n. m.
placement n. m.
placenta /-sɛ̃-/ n. m.
placentaire /-sɛ̃-/ adj. et n. m.
placentairien, ienne /-sɛ̃-/ adj.
placentation /-sɛ̃-/ n. f.
placentographie /-sɛ̃-/ n. f.
[1]**placer** /plasɛʀ/ n. m.
[2]**placer** v. tr. | conjug. 3 |
¬ **se placer**
➾ Aux temps composés de la forme pronominale, le participe passé s'accorde en genre et en nombre avec le sujet : *elle s'est placée sous sa protection*.
placet n. m.
HOM. formes du v. **placer**
placette n. f.
placeur, euse n.
placide adj.
placidement adv.
placidité n. f.
placier, ière n.
HOM. formes du v. **placer**
Placo® n. m.
➾ Comme tous les noms déposés, ce mot doit s'écrire avec une majuscule : *un revêtement en Placo*. Toutefois, on le trouve fréquemment employé comme nom générique sans respect de la règle : *un revêtement en placo*.
placode n. f.
placoderme n. m.
placodonte n. m.
placoïde adj.
Placoplatre® n. m.
➾ Comme tous les noms déposés, ce mot doit s'écrire avec une majuscule : *un revêtement en Placoplatre*. Toutefois, on le trouve fréquemment employé comme nom générique sans respect de la règle : *un revêtement en placoplatre*.
placotage n. m.
placoter v. intr. | conjug. 1 |
placoteux, euse ou **placoteur, euse** n. et adj.
plaçure n. f.

plafond n. m.
Ξ Ce mot peut s'employer en apposition ; il prend la marque du pluriel : *des prix plafonds*.
plafonnage n. m.
plafonnant, ante adj.
plafonnard n. m.
plafonnement n. m.
plafonner v. tr. et v. intr. | conjug. 1 |
plafonneur n. m.
plafonnier, ière adj. et n. m.
HOM. formes du v. **plafonner**
plagal, ale, aux adj.
plage n. f.
plagiaire n.
➾ Ne pas employer les formes **plagieur, plagieuse*, qui n'existent pas.
HOM. forme du v. **plagier**
plagiat n. m.
HOM. formes du v. **plagier**
plagier v. tr. | conjug. 7 |
plagiocéphale adj. et n.
plagiocéphalie n. f.
plagioclase n. m.
plagioclasique adj.
plagiostome n. m.
plagiotrope adj.
plagiotropie n. f.
plagiste n.
[1]**plaid** /plɛ/ n. m. (tribunal, procès)
HOM. **plaie**, **plet**, formes du v. **plaire**
[2]**plaid** /plɛd/ n. m. (couverture)
HOM. formes du v. **plaider**
plaidable adj.
plaidant, ante adj.
plaider v. intr. et v. tr. | conjug. 1 |
◗ **plaider pour/en faveur de qqn**
Ξ Ne pas employer *plaidoyer*, qui n'est plus un verbe, à la place de *plaider*.
plaider-coupable n. m. ▪ plur. **plaider-coupables**
➾ Ne pas confondre ce nom, qui s'écrit avec un trait d'union, avec la locution verbale **plaider coupable**.
plaiderie n. f.
plaideur, euse n.
plaidoirie n. f.
➾ Ne pas écrire **plaidoierie*.
ϟ Ne pas confondre **plaidoirie** et **plaidoyer**. De nos jours, *plaidoirie* s'emploie davantage au sens juridique et *plaidoyer* au sens figuré : *la plaidoirie des avocats ; un plaidoyer en faveur de la paix.*
plaidoyer n. m.
Ξ Le verbe *plaidoyer* n'existe plus : il faut employer *plaider*.
ϟ Ne pas confondre **plaidoyer** et **plaidoirie**. De nos jours, *plaidoirie* s'emploie davantage au sens juridique et *plaidoyer* au sens figuré : *la plaidoirie des avocats ; un plaidoyer en faveur de la paix.*
plaie n. f.
➾ Ce mot est au pluriel dans l'expression **ne demander/ne rêver que plaies et bosses**.
HOM. [1]**plaid**, **plet**, formes du v. **plaire**
plaignant, ante adj. et n.
plaignard, arde adj.
plaignardement adv.
[1]**plain, plaine** adj.
HOM. **plein**, formes du v. **plaindre**
[2]**plain** n. m.
HOM. **plein**, formes du v. **plaindre**
plain-chant n. m. ▪ plur. **plains-chants**
➾ Ne pas écrire **plein-chant*.
plaindre v. tr. | conjug. 52 |
¬ **se plaindre**
il souffre sans se plaindre
◗ **se plaindre de** (+ inf.) *elle se plaint d'avoir été maltraitée*
◗ **se plaindre de** (+ n.) *il se plaint de son sort ; ils se plaignent de leurs voisins*
Ξ **Se plaindre de ce que** se construit indifféremment avec l'indicatif ou le subjonctif : *elle se plaint de ce qu'elle a* ou *de ce qu'elle ait trop de travail*.
Ξ **Se plaindre que** se construit généralement avec le subjonctif : *elle se plaint qu'on l'ait calomniée*. Mais on peut aussi employer l'indicatif pour insister sur la réalité : *se plaindre que la mariée est trop belle*. **Se plaindre de ce que** se construit indifféremment avec l'indicatif ou le subjonctif : *elle se plaint de ce qu'elle a* ou *de ce qu'elle ait trop de travail*.
➾ Aux temps composés de la forme pronominale, le participe passé s'accorde en genre et en nombre avec le sujet : *elle s'est plainte auprès de la direction*.
plaine n. f.
HOM. **pleine** (fém. de *plein*)
plain-pied (de) loc. adv.
➾ Ne pas écrire **plein-pied*.
plainte n. f.
Ξ La construction **déposer plainte** est fautive : seul **porter plainte** s'emploie sans article. Il faut dire **déposer une plainte**.
HOM. **plinthe**
plaintif, ive adj.
plaintivement adv.
plaire v. tr. | conjug. 54 |
Ξ Ne pas confondre la construction personnelle **ce qu'il vous plaît** qui signifie « ce que vous voudrez » (*faites ce qu'il vous plaît*) et la construction impersonnelle **ce qui vous plaît** qui signifie « ce que vous aimez » (*prenez ce qui vous plaît*).
Les formules de souhait introduites par *plaise* ou *plût* sont au subjonctif : *plût à Dieu que*

nous soyons les premiers ; *plaise au ciel qu'il s'en sorte*. Il en est de même avec la locution **à Dieu ne plaise** : *à Dieu ne plaise que je me compromette*.
¬ **se plaire**
elles se plaisent beaucoup
◗ **se plaire à** (+ n.) *il se plaît au travail*
◗ **se plaire à** (+ inf.) *il se plaît à dire qu'il n'a jamais été malade*
plaisamment adv.
plaisance n. f.
plaisancier, ière n.
plaisant, ante adj. et n. m.
plaisanter v. intr. et v. tr. | conjug. 1 |
plaisanterie n. f.
plaisantin n. m. et adj. m.
☯ Ce mot n'a pas de forme féminine et s'emploie rarement pour parler d'une femme.
plaisir n. m.
➾ Ce mot est toujours au singulier dans les locutions **à plaisir**, **avec plaisir**, **faire plaisir**, **par plaisir** et **partie de plaisir**. Il est au pluriel dans **vie de plaisirs**.
Ξ La formule elliptique d'adieu **au plaisir** est populaire. Dans le langage soigné, on dira plutôt *au plaisir de vous revoir*.
plaisse n. f.
[1]**plan, plane** adj.
HOM. **plant**
[2]**plan** n. m.
➾ Ce mot est toujours au singulier dans les locutions **laisser en plan** et **rester en plan** : *elles nous ont laissés en plan* ; *ils sont restés en plan*.
Ξ La locution **au plan (de)**, employée au sens de « du point de vue (de) », est critiquée. On emploiera plutôt **sur le plan (de)** : *sur le plan de l'efficacité* ; *sur le plan moral*.
HOM. **plant**
planage n. m.
planaire n. f.
HOM. forme du v. **planer**
planant, ante adj.
planarisation n. f.
plancha /plɑ̃tʃa/ n. f.
planche n. f.
planche-contact n. f. ■ plur. **planches-contact**
planchéiage n. m.
planchéier v. tr. | conjug. 7 |
planchéieur, ieuse n.
[1]**plancher** n. m.
Ξ Ce mot peut s'employer en apposition ; il prend la marque du pluriel : *des prix planchers*.
[2]**plancher** v. intr. | conjug. 1 |
planchette n. f.
planchiste n.
planchon n. m.
HOM. formes du v. **plancher**
plançon n. m.
plan-concave adj. ■ plur. **plan-concaves**
plan-convexe adj. ■ plur. **plan-convexes**
plancton n. m.
planctonique adj.
planctonologie n. f.
planctonologique adj.
planctonologiste n.
planctophage adj.
[1]**plane** n. m. (arbre)
[2]**plane** n. f. (outil, parchemin)
plané, ée adj. et n. m.
planéité n. f.
planelle n. f.
planement n. m.
planer v. tr. et v. intr. | conjug. 1 |
planétaire adj.
planétairement adv.
planétarisation n. f.
planétarisé, ée adj.
planétarium /-jɔm/ n. m.
planète n. f.
HOM. **planette**
planétisation n. f.
planétoïde n. m.
planétologie n. f.
planétologue n.
planette n. f.
HOM. **planète**
[1]**planeur, euse** n. (personne)
[2]**planeur** n. m. (appareil volant)
planeuse n. f. (machine)
planèze n. f.
planièdre adj.
planifiable adj.
planifiant, ante adj.
planificateur, trice n.
planification n. f.
□ rec. off. pour **planning**
planifier v. tr. | conjug. 7 |
planigramme n. m.
planigraphe n. m.
planimètre n. m.
planimétrie n. f.
planimétrique adj.
planirostre adj.
planisme n. m.
planisphère n. m.
☯ Ce mot est masculin, contrairement à *sphère* : *un planisphère*.
planiste n.
planitude n. f.
planning /planiŋ/ n. m.
□ rec. off. : **planification**
planographie n. f.

planoir n. m.
planomanie n. f.
planorbe n. f.
plan-plan adv.
planque n. f.
planqué, ée adj. et n.
planquer v. tr. et v. intr. | conjug. 1 |
¬ **se planquer**
➾ Aux temps composés de la forme pronominale, le participe passé s'accorde en genre et en nombre avec le sujet : *elle s'est planquée derrière un arbre.*
plan-séquence n. m. ▪ plur. **plans-séquences**
plansichter /plɑ̃siʃtɛʀ/ n. m.
plant n. m.
HOM. **plan**
plantade n. f.
plantage n. m.
plantaginacée n. f.
plantain n. m.
Ξ Ce mot peut s'employer en apposition ; il est alors invariable : *des bananes plantain.*
plantaire adj.
plantard n. m.
plantation n. f.
plante n. f.
planté, ée adj.
planter v. tr. et v. intr. | conjug. 1 |
¬ **se planter**
➾ Aux temps composés de la forme pronominale, le participe passé s'accorde en genre et en nombre avec le sujet : *elle s'est plantée devant lui.*
[1]**planteur, euse** n. (personne)
[2]**planteur** n. m. (cocktail)
planteuse n. f. (machine)
plantier n. m.
HOM. formes du v. **planter**
plantigrade adj. et n. m.
plantocratie /-si/ n. f.
plantoir n. m.
planton n. m.
HOM. formes du v. **planter**
plantule n. f.
plantureusement adv.
plantureux, euse adj.
planula ou **planule** n. f.
planure n. f.
plapier n. m.
plaquage n. m.
↯ Ne pas confondre **plaquage**, qui signifie « action de faire tomber un adversaire au rugby » ou, dans le registre familier, « abandon », avec **placage**, qui désigne un revêtement.
HOM. **placage**
plaque n. f.
plaqué n. m.
plaquemine n. f.
plaqueminier n. m.
plaquer v. tr. | conjug. 1 |
plaquellaire adj.
plaquette n. f.
plaquettiste n.
plaqueur, euse n. (personne)
plaqueuse n. f. (machine)
plaquis n. m.
plaquiste n.
plasma n. m.
plasmagène n. m. et adj.
plasmaphérèse n. f.
plasmateur n. m.
plasmathérapie ou **plasmothérapie** n. f.
plasmatique adj.
plasmatron n. m.
plasmicien, ienne n.
plasmide n. m.
plasmifier v. tr. | conjug. 7 |
plasmine n. f.
plasmique adj.
plasmocytaire adj.
plasmocyte n. m.
plasmocytose n. f.
plasmode n. m.
plasmodial, ale, aux adj.
plasmodie n. f.
plasmodium /-jɔm/ n. m.
plasmoïde n. m.
plasmolyse n. f.
plasmon n. m.
plasmopara n. m.
plasmothérapie n. f.
→ **plasmathérapie**
plaste n. m.
plastic n. m. (explosif)
HOM. **plastique**, formes du v. **plastiquer**
plasticage ou **plastiquage** n. m.
plasticien, ienne n.
plasticimètre n. m.
Plasticine® n. f.
➾ Comme tous les noms déposés, ce mot doit s'écrire avec une majuscule : *jouer avec de la Plasticine.* Toutefois, on le trouve fréquemment employé comme nom générique sans respect de la règle : *jouer avec de la plasticine.*
plasticité n. f.
plastie n. f.
plastifiant, iante n. m. et adj.
plastification n. f.
plastifier v. tr. | conjug. 7 |
plastigel n. m.
plastiquage n. m.
→ **plasticage**

[1]**plastique** adj.
HOM. **plastic**, formes du v. **plastiquer**
[2]**plastique** n. f. (forme)
HOM. **plastic**, formes du v. **plastiquer**
[3]**plastique** n. m. (matière)
Ξ Ce mot peut s'employer en apposition ; il est alors invariable : *des sacs plastique.*
HOM. **plastic**, formes du v. **plastiquer**
plastiquement adv.
plastiquer v. tr. | conjug. 1 |
plastiqueur, euse n.
plastisol n. m.
plastoc n. m.
plastochimie n. f.
plastotypie n. f.
plastron n. m.
plastronnant, ante adj.
plastronner v. tr. et v. intr. | conjug. 1 |
plastronneur, euse n.
plasturgie n. f.
plasturgiste n.
[1]**plat, plate** adj. et n. m.
➾ Ne pas confondre la locution **à plat**, qui s'écrit sans trait d'union, avec le nom *aplat* ou *à-plat* : *peindre des aplats* ou *des à-plats* mais *mettre un objet à plat ; avoir un pneu à plat ; être à plat ventre.* Les locutions **être à plat** et **à plat ventre** sont invariables : *les pneus sont à plat ; ils sont à plat ventre.*
Ξ On peut employer indifféremment **du plat de côte** ou **des plates côtes** pour parler de la partie plate des côtes du bœuf.
[2]**plat** n. m. (récipient)
platanaie n. f.
platane n. m.
plat-bord n. m. ▪ plur. **plats-bords**
plat-cul n. m. ▪ plur. **plats-culs**
plate n. f.
plateau n. m.
plateau-repas n. m. ▪ plur. **plateaux-repas**
platebande ▪ plur. **platebandes** ou **plate-bande** ▪ plur. **plates-bandes** n. f.
plate-cuve n. f. ▪ plur. **plates-cuves**
platée n. f.
plateforme ▪ plur. **plateformes** ou **plate-forme** ▪ plur. **plates-formes** n. f.
platelage n. m.
platelonge ▪ plur. **platelonges** ou **plate-longe** ▪ plur. **plates-longes** n. f.
platement adv.
plateresque adj.
platerie n. f.
plathelminthe n. m.
platier n. m.
platière n. f.
platin n. m.
platinage n. m.
[1]**platine** n. f. (objet)
[2]**platine** n. m. (métal)
Ξ Ce mot peut s'employer seul comme adjectif de couleur ou derrière un adjectif de couleur pour en préciser la nuance ; ces adjectifs sont alors invariables : *des perruques blond platine ; des cheveux platine.*
platiné, ée adj.
platiner v. tr. | conjug. 1 |
platineur, euse n.
platineux adj. m.
platinide n. m.
platinifère adj.
platinique adj.
platiniser v. tr. | conjug. 1 |
platinite n. f.
platinoïde n. m.
platinose n. f.
platinotypie n. f.
platinure n. f.
platitude n. f.
platode n. m.
platonicien, ienne adj.
platonique adj.
platoniquement adv.
platonisant, ante adj.
platonisme n. m.
plâtrage n. m.
plâtras n. m.
plâtre n. m.
plâtrée n. f.
plâtrer v. tr. | conjug. 1 |
plâtrerie n. f.
plâtreur, euse n.
plâtreux, euse adj.
plâtrier, ière n. (personne)
HOM. formes du v. **plâtrer**
plâtrière n. f. (carrière, four)
platybasique adj.
platycéphale adj. et n.
platycéphalie n. f.
platycercidé n. m.
platycerque n. m.
platype n. m.
platyrhinien ou **platyrrhinien** n. m.
plausibilité n. f.
plausible adj.
plausiblement adv.
play-back ▪ plur. inv. ou **playback**○ ▪ plur. **playbacks**○ /plɛbak/ n. m.
◻ rec. off. : **présonorisation**
play-boy ▪ plur. **play-boys** ou **playboy**○ ▪ plur. **playboys**○ /plɛbɔj/ n. m.
play-girl ▪ plur. **play-girls** ou **playgirl**○ ▪ plur. **playgirls**○ /plɛgœʀl/ n. f.
playmate /plɛmɛt/ n. f.

play-off /plɛɔf/ n. m. inv.
playon n. m.
pléban ou **plébain** n. m.
plèbe n. f.
plébéianisme n. m.
plébéien, ienne n. et adj.
plébéiennement adv.
plébiscitaire adj.
HOM. forme du v. **plébisciter**
plébiscite n. m.
plébisciter v. tr. | conjug. 1 |
plectognathe /-gn-/ n. m.
plectre n. m.
pléiade n. f.
➾ Avec une majuscule, **les Pléiades** désigne les filles d'Atlas ou un groupe d'étoiles. Au singulier, **la Pléiade** peut désigner le même groupe d'étoiles ou un groupe de poètes.
Ξ Employé comme nom commun, *pléiade* désigne un groupe de personnes jugées remarquables : *une pléiade de compositeurs*. L'emploi au sens de « groupe important » est critiqué et doit être évité.
⌘ Lorsque **une pléiade de** suivi d'un nom est sujet, le verbe s'accorde soit avec *pléiade*, soit avec le complément : *une pléiade d'artistes a participé* ou *ont participé au projet*. Avec **la pléiade de**, le verbe s'accorde toujours avec *pléiade* : *la pléiade d'artistes présents a participé au projet*.
plein, pleine adj. et n. m.
➾ Employé comme préposition, *plein* est invariable : *des billets plein les poches* (mais *les poches pleines de billets*). Il est également invariable dans les locutions familières **tout plein** (*ils sont gentils tout plein*), **en plein dans/sur** (*les bombes sont tombées en plein sur la gare*) et **plein de** (*il y a plein d'obstacles*).
Ξ Dans le langage soigné, on veillera à remplacer **tout plein** par *très*, **en plein dans/sur** par *juste* ou par *exactement* et **plein de** par *beaucoup de* : *ils sont très gentils ; les bombes sont tombées juste sur la gare ; il y a beaucoup d'obstacles*.
HOM. **plain**, formes du v. **plaindre**
→ aussi **battre**, **temps**
pleinairiste adj. et n.
plein-cintre n. m. ▪ plur. **pleins-cintres**
pleinement adv.
plein-emploi ou **plein emploi** n. m. sing.
plein-jeu n. m. ▪ plur. **pleins-jeux**
plein-vent n. m. ▪ plur. **pleins-vents**
pléiotrope adj.
pléiotropie n. f.
pléistocène adj. et n. m.
plénier, ière adj.
plénièrement adv.
plénipotentiaire n.
plénitude n. f.
plénum ou **plenum** /plenɔm/ n. m.
pléomorphisme n. m.
pléonasme n. m.
pléonastique adj.
➾ Ne pas employer **pléonasmique*, qui n'existe pas.
pléonastiquement adv.
plésianthrope n. m.
plésiomorphe adj.
plésiosaure n. m.
plésiosaurique adj.
plessimètre n. m.
plessis n. m.
plet n. m.
HOM. [1]**plaid, plaie**, formes du v. **plaire**
pléthodontidé n. m.
pléthore n. f.
Ξ Ce mot est péjoratif : il doit être employé au sens de « excès » et non de « abondance ».
⌘ Lorsque **une pléthore de** suivi d'un nom est sujet, le verbe s'accorde soit avec *pléthore*, soit avec le complément : *une pléthore de produits encombre le marché* ou *encombrent le marché*. Avec **la pléthore de**, le verbe s'accorde toujours avec *pléthore* : *la pléthore de produits encombre le marché*.
pléthorique adj.
pleur n. m.
➾ Ne pas écrire *pleure*.
Ξ De nos jours, ce mot s'emploie presque toujours au pluriel : *entendre des pleurs ; un homme en pleurs*.
HOM. formes du v. **pleurer**
pleuracanthe ou **pleuracanthus** n. m.
pleurage n. m.
pleural, ale, aux adj.
pleurant, ante adj. et n. m.
pleurard, arde adj. et n.
pleurectomie n. f.
pleure-misère n. ▪ plur. inv. ou plur. **pleure-misères**
pleurer v. intr. et v. tr. | conjug. 1 |
pleurésie n. f.
pleurétique adj.
pleureur, euse n. et adj.
pleureux, euse adj.
[1]**pleurite** n. f. (pleurésie)
[2]**pleurite** n. m. (partie membraneuse)
pleurnichage n. m.
pleurnichant, ante adj.
pleurnichard, arde adj.
pleurnichement n. m.
pleurnicher v. intr. | conjug. 1 |
pleurnicherie n. f.
pleurnicheur, euse n. et adj.
pleurobranche n. m.

pleurocentèse /-sɛ̃-/ n. f.
pleurodynie n. f.
pleuronecte n. m.
pleuropneumonie n. f.
pleurote n. m.
➾ Ne pas écrire **pleurotte* : ce mot n'a qu'un seul *t*.
pleurotomie n. f.
pleurotrème n. m.
pleutre n. m. et adj.
pleutrerie n. f.
pleuvasser v. impers. | conjug. 1 |
pleuviner v. impers. | conjug. 1 |
pleuvioter ou **pleuvoter** v. impers. | conjug. 1 |
pleuvocher v. intr. | conjug. 1 |
pleuvoir v. impers. et v. intr. | conjug. 23 |
☰ À la forme impersonnelle, le verbe est toujours au singulier, même lorsqu'un sujet réel est mentionné : *il pleut de grosses gouttes* ; *il pleut des cordes*. En revanche, il se conjugue normalement à la forme intransitive : *les insultes pleuvent*.
plèvre n. f.
plexi n. m.
▫ abrév. de **Plexiglas**
Plexiglas® /-glas/ n. m.
➾ Comme tous les noms déposés, ce mot doit s'écrire avec une majuscule : *un présentoir en Plexiglas*. Toutefois, on le trouve fréquemment employé comme nom générique sans respect de la règle : *un présentoir en plexiglas*.
plexulaire adj.
plexus n. m.
pleyel n. m.
pli n. m.
➾ Ce mot est au pluriel dans la locution **mise en plis**.
HOM. **plie**, formes du v. **plier**
pliable adj.
pliage n. m.
pliant, pliante adj. et n. m.
plie n. f.
HOM. **pli**, formes du v. **plier**
plié n. m.
plie-ligne n. m. ▪ plur. **plie-lignes**
pliement n. m.
➾ Ne pas oublier le *e* muet.
plier v. tr. et v. intr. | conjug. 7 |
¬ **se plier**
➾ Aux temps composés de la forme pronominale, le participe passé s'accorde en genre et en nombre avec le sujet : *elle s'est pliée à ses exigences*.
plieur, plieuse n.
plinien, ienne adj.
plinthe n. f.
HOM. **plainte**
pliocène adj. et n. m.
plioir n. m.
pliosaure n. m.
plique n. f.
plissage n. m.
plissé, ée adj. et n. m.
plissement n. m.
plisser v. tr. et v. intr. | conjug. 1 |
¬ **se plisser**
➾ Aux temps composés de la forme pronominale, le participe passé s'accorde en genre et en nombre avec le sujet : *sa peau s'est plissée*.
plisseur, euse n.
plisson n. m.
HOM. formes du v. **plisser**
plissure n. f.
pliure n. f.
ploc interj. et n. m.
HOM. formes du v. **ploquer**
plof interj.
ploiement n. m.
➾ Ne pas oublier le *e* muet.
plomb n. m.
plombage n. m.
plombaginacée ou **plombaginée** n. f.
plombagine n. f.
plombe n. f.
plombé, ée adj.
plombée n. f.
plombémie n. f.
plomber v. tr. | conjug. 1 |
plomberie n. f.
plombeur n. m.
plombier, ière adj. et n.
HOM. (du fém.) **plombières**
plombières n. f. (glace)
➾ Lorsqu'il désigne une glace, ce mot s'écrit sans majuscule, contrairement au nom propre qui désigne la ville : *manger une plombières*. Ne pas oublier le *s* au singulier.
HOM. **plombière** (fém. de *plombier*)
plombifère adj.
plombique adj.
plombiste n. m.
plomboir n. m.
plombure n. f.
plommée n. f.
plonge n. f.
plongeant, ante adj.
plongée n. f.
plongement n. m.
plongeoir n. m.
➾ Ne pas écrire **plongeoire*.
plongeon n. m.
HOM. formes du v. **plonger**

plonger v. tr. et v. intr. | conjug. 3 |
¬ **se plonger**
➾ Aux temps composés de la forme pronominale, le participe passé s'accorde en genre et en nombre avec le sujet : *ils se sont plongés dans leur lecture*.
plongeur, euse n.
ploquer v. tr. | conjug. 1 |
plot n. m.
plotinien, ienne adj.
plotinisme n. m.
plouc adj. et n.
plouf interj.
ploutocrate n. m.
ploutocratie /-si/ n. f.
ploutocratique adj.
ploutrage ou **ploutage** n. m.
ploutre n. f.
ployable adj.
ployage n. m.
ployant, ante adj.
ployer v. tr. et v. intr. | conjug. 8 |
pluché, ée adj.
→ **peluché**
plucher v. intr. | conjug. 1 |
→ **pelucher**
pluches n. f. pl.
plucheux, euse adj.
→ **pelucheux**
pluie n. f.
plum /plum/ n. m.
plumage n. m.
plumail n. m.
plumaison n. f.
plumard n. m.
plumasseau n. m.
plumasserie n. f.
plumassier, ière n. et adj.
plum-cake /plumkɛk/ n. m. ▪ plur. **plum-cakes**
[1]**plume** n. f.
➾ Ce mot est normalement au singulier dans la locution **gibier à plume**. Le pluriel est toutefois fréquent et ne peut être considéré comme incorrect. Il s'écrit indifféremment avec ou sans *s* dans **lit de plume(s)**, **oreiller de plume(s)**, etc.
Ξ Ce mot peut s'employer en apposition ; il est alors invariable : *des poids plume*.
[2]**plume** n. m.
▫ abrév. de **plumard**
plumeau n. m.
plumée n. f.
plumer v. tr. et v. intr. | conjug. 1 | (dépouiller)
plumer (se) v. pron. | conjug. 1 | (se coucher)
➾ Aux temps composés, le participe passé s'accorde en genre et en nombre avec le sujet : *elle s'est plumée dès qu'elle a pu*.
plumet n. m.
HOM. formes du v. **plumer**
plumeté, ée adj.
plumetis n. m.
plumette n. f.
plumeur, euse n.
plumeux, euse adj.
plumier n. m.
HOM. formes du v. **plumer**
plumitif n. m.
plum-pudding /plumpudiŋ/ ▪ plur. **plum-puddings** ou **plumpouding** ▪ plur. **plumpoudings** n. m.
plumule n. f.
plupart (la) n. f.
➾ Quand **la plupart** est complété par un nom, l'accord se fait avec le nom : *la plupart de son temps est consacré à la peinture ; la plupart des invités sont partis*. Avec **la plupart d'entre nous** et **la plupart d'entre vous**, le verbe s'accorde à la troisième personne du pluriel : *la plupart d'entre nous le croient* (et non **le croyons*). Employé seul, **la plupart** entraîne l'accord au masculin pluriel : *la plupart se sont trompés*. On rencontre parfois l'accord au féminin pluriel dans le registre littéraire : *la plupart s'est trompée*.
plural, ale, aux adj.
pluralisation n. f.
pluraliser v. tr. | conjug. 1 |
pluralisme n. m.
pluraliste adj.
pluralité n. f.
pluriannuel, elle adj.
pluriatomique adj.
pluricellulaire adj.
pluriculturel, elle adj.
pluridisciplinaire adj.
pluridisciplinarité n. f.
pluriel, ielle n. m. et adj.
pluriethnique adj.
pluriflore adj.
plurifonctionnalité n. f.
plurifonctionnel, elle adj.
plurilatéral, ale, aux adj.
plurilingue adj. et n.
plurilinguisme n. m.
plurinational, ale, aux adj.
plurinucléé, ée adj.
pluripartisme n. m.
pluripartite adj.
pluripensionné, ée n.
pluripolaire adj.
plurivalence n. f.
plurivalent, ente adj.

plurivocité n. f.
plurivoque adj.

plus adv.
♪ *Plus* se prononce normalement /ply/ devant une consonne, /plyz/ devant une voyelle ou un *h* muet et /plys/ en finale. La prononciation /plys/ tend toutefois à se généraliser quand *plus* a un sens positif pour éviter la confusion avec le *plus* négatif, couramment construit sans *ne* dans le discours relâché. Ainsi, selon la prononciation, *j'en veux plus* signifie soit « j'en veux encore », soit « je n'en veux plus ». Employé comme conjonction (*trois plus cinq*) ou comme nom (*les plus qui font la différence*), *plus* se prononce toujours /plys/.
⌘ Devant un adjectif ou un participe féminin ou pluriel, l'article du superlatif **le plus** est invariable si le superlatif indique un degré, sans comparer l'être ou l'objet en question à un autre : *c'est ce jour-là qu'elles étaient le plus heureuses*. Il s'accorde au contraire s'il y a comparaison entre plusieurs êtres ou objets : *ces étudiantes sont les plus brillantes de la classe*. Quand il modifie un verbe, **le plus** est invariable : *c'est la chanson que j'ai le plus écoutée*.
Plus que s'emploie dans une comparaison : *il a travaillé plus qu'hier*. Dans les autres cas, il faut employer **plus de** : *il a travaillé plus d'une heure* (et non pas **plus qu'une heure*). Quand **plus d'un** est sujet, le verbe est au singulier : *plus d'un mois était passé*.
➾ La locution adverbiale **des plus** est suivie d'un adjectif ou d'un participe passé qui s'accorde toujours en genre et en nombre avec le nom qui précède, s'il est au pluriel : *des chansons des plus originales*. Si le nom est au singulier, le participe ou l'adjectif se mettent généralement au pluriel ; mais on peut rencontrer l'invariabilité : *le titre est des mieux choisis* ou *des mieux choisi*.
HOM. formes des v. **plaire**, **pleuvoir**

plusieurs adj. et nominal indéf. pl.
Ξ *Plusieurs* signifie « plus d'un ». **Deux ou plusieurs** est toutefois admis dans l'usage courant au sens de « deux ou plus de deux ».
⌘ Avec **plusieurs d'entre nous** et **plusieurs d'entre vous**, le verbe s'accorde à la troisième personne du pluriel : *plusieurs d'entre vous le savent* (et non **le savez*).
plus-que-parfait n. m. sing.
plus-value n. f. ▪ plur. **plus-values**
plutéus /-ys/ n. m.
pluton n. m.
➾ Ce terme de géologie s'écrit sans majuscule, contrairement au nom propre qui désigne le dieu romain et la planète naine.
plutonien, ienne adj.
plutonigène adj.
plutonique adj.
plutonisme n. m.
plutonium /plytɔnjɔm/ n. m.
plutôt adv.
il n'est pas méchant, plutôt grincheux ; c'est plutôt rassurant
▸ **plutôt que (de)** (+ inf.) *il préfère partir plutôt que céder* ou *plutôt que de céder*
Ξ *Plutôt que* s'emploie avec le subjonctif quand le fait est hypothétique : *j'aimerais mieux qu'ils restent plutôt qu'ils s'en aillent*. Il s'emploie avec l'indicatif quand le fait est accompli ; le *ne* explétif est alors obligatoire : *elle paraphrasait plutôt qu'elle ne commentait*.
➾ Ne pas confondre cet adverbe, qui signifie « de préférence », avec **plus tôt**, contraire de **plus tard**.
pluvial, iale, iaux adj. et n. m.
pluvian n. m.
pluvier n. m.
pluvieux, ieuse adj.
Ξ L'emploi de *pluvieux* au sens de « où il pleut beaucoup » est critiqué. Il est toutefois très courant et ne peut être considéré comme fautif.
pluviner v. impers. | conjug. 1 |
pluviogramme n. m.
pluviomètre n. m.
pluviométrie n. f.
pluviométrique adj.
pluvionival, ale, aux adj.
pluviôse n. m.
➾ Comme tous les noms de mois, ce mot s'écrit sans majuscule : *le 11 pluviôse*.
pluviosité n. f.
P. L. V. n. f. inv.
▫ abrév. de **publicité sur le lieu de vente**
P. M. n. f.
▫ abrév. de **police militaire**
p. m. loc. adv.
▫ abrév. de **post meridiem**
[1]**P. M. A.** n. m. pl.
▫ abrév. de **pays les moins avancés**
[2]**P. M. A.** n. f. inv.
▫ abrév. de **procréation médicalement assistée**
P. M. E. n. f. inv.
▫ abrév. de **petites et moyennes entreprises**
P. M. I. n. f.
▫ abrév. de **protection maternelle et infantile**
P. M. U. n. m.
▫ abrév. de **pari mutuel urbain**
P. N. B. n. m.
▫ abrév. de **produit national brut**

pneu n. m.
➾ Le pluriel s'écrit *pneus* et non **pneux*.
pneuma n. m.
pneumallergène n. m.
pneumarthrographie n. f.
pneumaticité n. f.
[1]**pneumatique** adj.
[2]**pneumatique** n. f. (science)
[3]**pneumatique** n. m. (objet gonflable, missive)
pneumatiquement adv.
pneumatocèle n. m.
pneumatochimique adj.
pneumatologie n. f.
pneumatolyse n. f.
pneumatolytique adj.
pneumatophore n. m.
pneumatose n. f.
pneumatothérapie n. f.
pneumo n. m.
▫ abrév. de **pneumothorax**
pneumochoc n. m.
pneumococcie n. f.
pneumoconiose n. f.
pneumocoque n. m.
pneumocystose n. f.
pneumogastrique adj. et n. m.
pneumographe n. m.
pneumographie n. f.
pneumographique adj.
pneumologie n. f.
pneumologue n.
pneumomédiastin n. m.
pneumonectomie n. f.
pneumonie n. f.
pneumonique adj. et n.
pneumopathie n. f.
pneumopédiatre n.
pneumopéritoine n. m.
pneumophtisiologie n. f.
pneumophtisiologue n.
pneumothérapie n. f.
pneumothorax n. m.
pochade n. f.
pochage n. m.
pochard, arde n. et adj.
pocharder (se) v. pron. | conjug. 1 |
➾ Aux temps composés, le participe passé s'accorde en genre et en nombre avec le sujet : *ils se sont pochardés*.
pochardise n. f.
[1]**poche** n. f.
➾ Ce mot est au singulier dans la locution **argent de poche**.
[2]**poche** n. m. (livre de poche)
poché, ée adj.
pochée n. f.
pocher v. tr. et v. intr. | conjug. 1 |
poche-révolver ▪ plur. **poches-révolvers** ou **poche-revolver** ▪ plur. **poches-revolvers** /-ʀevɔlvɛʀ/ n. f.
pochet n. m.
HOM. formes du v. **pocher**
pochetée n. f.
pochetron, onne n.
pochetronner (se) v. pron. | conjug. 1 |
➾ Aux temps composés, le participe passé s'accorde en genre et en nombre avec le sujet : *elles se sont pochetronnées*.
pochette n. f.
pochette-surprise n. f. ▪ plur. **pochettes-surprises**
pocheuse n. f.
pochis n. m.
pochoir n. m.
pochon n. m.
HOM. formes du v. **pocher**
pochothèque n. f.
pochouse ou **pauchouse** n. f.
pochtron, onne n. m.
pocket /pɔkɛt/ n.
poco adv.
[1]**podagre** n. f. (vx : goutte)
[2]**podagre** adj. et n. (vx : atteint par la goutte)
podaire n. f.
podcast n. m.
podcaster v. tr. | conjug. 1 |
podcasting /-iŋ/ n. m.
▫ rec. off. : **diffusion pour baladeur**
podestariat n. m.
podestat n. m.
podiatre n.
podiatrie n. f.
podium /-jɔm/ n. m.
pododermatite n. f.
podologie n. f.
podologique adj.
podologue n.
podomancie n. f.
podomètre n. m.
podométrique adj.
podoscaphe n. m.
podotactile adj.
podzol n. m.
podzolique adj.
podzolisation n. f.
podzoliser v. tr. | conjug. 1 |
pœcile /pesi-/ n. m.
pœcilotherme /pesi-/ adj.
→ **poïkilotherme**

poêlage /pwalaʒ/ n. m.
[1]**poêle** /pwal/ n. m. (tissu, chambre, appareil de chauffage)
HOM. **poil**, formes du v. **poiler (se)**
[2]**poêle** /pwal/ n. f. (ustensile)
HOM. **poil**, formes du v. **poiler (se)**
poêlée /pwale/ n. f.
poêler /pwale/ v. tr. | conjug. 1 |
poêlerie /pwal-/ n. f.
poêlier, ière /pwal-/ n.
HOM. formes des v. **poêler, poiler (se)**
poêlon /pwal-/ n. m.
HOM. formes des v. **poêler, poiler (se)**
poêlonnée /pwal-/ n. f.
poème n. m.
poésie n. f.
poesté n. f.
poétastre n. m.
poète n.
Pour parler d'une femme, le *Guide d'aide à la féminisation des noms de métiers, titres, grades et fonctions* et l'Office québécois de la langue française recommandent l'emploi de *poète* au féminin : *une grande poète*. La forme *poétesse*, employée en Suisse, est également admise par le *Guide d'aide à la féminisation des noms de métiers, titres, grades et fonctions* bien que le suffixe *-esse* puisse être perçu comme désuet ou dévalorisant. Les deux formes sont en usage en Belgique.
poétereau ou **poètereau**○ n. m.
poétesse n. f.
→ aussi **poète**
poétique adj. et n. f.
poétiquement adv.
poétisable adj.
poétisation n. f.
poétiser v. tr. | conjug. 1 |
pogne n. f.
pogné, ée adj. et n.
pogner v. tr. | conjug. 1 |
pognon n. m.
pogo n. m.
pogonophore n. m.
pogoter v. intr. | conjug. 1 |
pogoteur, euse n.
pogrom ou **pogrome** n. m.
pogromiste n.
poicré, ée adj.
poids n. m.
Qu'il désigne un athlète ou un véhicule, **poids lourd** s'écrit sans trait d'union. Dans les locutions qui désignent des catégories d'athlètes, le mot qui suit *poids* varie en nombre s'il s'agit d'un adjectif mais il est invariable s'il s'agit d'un nom : *des poids légers* ; *des poids mi-moyens* ; *des poids coq* ; *des poids plume*.
HOM. **pois, poix, pouah**
poignant, ante adj.
poignard n. m.
poignardant, ante adj.
poignarder v. tr. | conjug. 1 |
poignardeur, euse n.
poigne n. f.
poignée n. f.
Ce mot est au pluriel dans la locution **par poignées**. Il s'écrit indifféremment avec ou sans *s* dans **à poignée(s)**.
→ aussi **main**
poignet n. m.
poïkilodermie n. f.
poïkilotherme ou **pœcilotherme** ou **pécilotherme**○ /pɔiki ; pesi-/ adj.
poil n. m.
Ce mot est au singulier dans **gibier à poil** et dans les locutions familières **à poil, au poil** et **de bon/mauvais poil**. Il s'emploie indifféremment au singulier ou au pluriel dans la locution **de tout poil** ou **de tous poils** : *des sympathisants de tout poil* ou *de tous poils*.
HOM. **poêle**, formes du v. **poêler**
poilade n. f.
poilant, ante adj.
poiler (se) v. pron. | conjug. 1 |
Aux temps composés, le participe passé s'accorde en genre et en nombre avec le sujet : *ils se sont bien poilés*.
HOM. **poêler**
poileux, euse adj.
poilu, ue adj. et n. m.
poinçon n. m.
poinçonnage n. m.
poinçonnement n. m.
poinçonner v. tr. | conjug. 1 |
poinçonneur, euse n. (personne)
poinçonneuse n. f. (outil)
poindre v. tr. et v. intr. | conjug. 49 |
CONJUG. Ce verbe s'emploie surtout à l'infinitif, aux troisièmes personnes du présent de l'indicatif et de l'imparfait et au participe présent.
→ aussi [2]**pointer**
poing n. m.
Ce mot est toujours au singulier dans les locutions **arme de poing** et **coup de poing**. Il est au pluriel dans **à poings fermés** et **pieds et poings liés**.
HOM. **point**, formes du v. **poindre**
poinsettia n. m.

[1]**point** n. m.
▸ **au point de** (+ inf.) *il était découragé au point de tout abandonner*
▸ **sur le point de** (+ inf.) *nous sommes sur le point de partir*
Ce mot est toujours au singulier dans les

locutions **à point**, **au point**, **en tout point** et **mal en point**.

Ξ Les locutions **au point que**, **à tel point que**, **à ce point que**, etc., se construisent avec l'indicatif ou le conditionnel : *il était ému au point qu'il ne pouvait plus parler ; il s'est entraîné à ce point qu'il pourrait gagner.* **Au point que** est parfois employé avec le subjonctif dans des phrases négatives et interrogatives ou pour marquer l'idée d'intention, de finalité : *il ne faisait pas sombre au point qu'on ne pût se diriger ; il faut le harceler au point qu'il fléchisse.*

HOM. **poing**, formes du v. **poindre**

²**point** auxiliaire de la négation, traditionnellement considéré comme adverbe.

Ξ Ce mot est perçu de nos jours comme vieilli ou littéraire. L'omission de *ne* est limitée à la langue rurale : *elle est point bête.*

HOM. **poing**, formes du v. **poindre**

pointage n. m.

pointal, aux n. m.

HOM. (du plur.) **pointeau**

point-arrière n. m. ▪ plur. **points-arrière**

point de vue n. m. ▪ plur. **points de vue**

◗ **au/du point de vue** (+ adj.) *au point de vue économique*

◗ **au/du point de vue de** (+ n.) *du point de vue de l'économie*

Ξ L'emploi de **au point de vue** suivi d'un nom sans la préposition *de* (*au point de vue économie*) est critiqué. Il doit être évité dans la langue soignée.

pointe n. f.

➾ La locution **de pointe** est invariable : *des vitesses de pointe ; des techniques de pointe.*

pointé, ée adj.

pointeau n. m.

HOM. **pointaux** (plur. de *pointal*)

pointement n. m.

¹**pointer** ou **pointeur** n. m. (chien)

²**pointer** v. tr. et v. intr. | conjug. 1 |

Ξ L'emploi de ce verbe au sens de « commencer d'apparaître » est parfois critiqué. Dans le langage surveillé, on emploiera plutôt *poindre* : *le jour point* (plutôt que *le jour pointe*).

¬ **se pointer**

Ξ La forme pronominale appartient au registre familier.

➾ Aux temps composés de la forme pronominale, le participe passé s'accorde en genre et en nombre avec le sujet : *elle s'est pointée à cinq heures.*

pointerie n. f.

pointerolle ou **pointerole**○ n. f.

¹**pointeur, euse** n. (personne)

²**pointeur** n. m. (curseur)

³**pointeur** n. m. (chien)

→ ¹**pointer**

pointeuse n. f. (machine)

pointicelle n. f.

pointillage n. m.

pointille n. f.

pointillé n. m.

➾ Ce mot est au singulier dans la locution **en pointillé** : *c'est en pointillé dans son discours.*

pointillement n. m.

pointiller v. tr. et v. intr. | conjug. 1 |

pointillerie n. f.

pointilleur n. m.

pointilleusement adv.

pointilleux, euse adj.

pointillisme n. m.

pointilliste n. et adj.

point mort n. m. ▪ plur. **points morts**

pointu, ue adj.

Ξ *Pointu* s'emploie parfois comme adverbe. Il est alors invariable : *elles parlent pointu.*

pointure n. f.

point-virgule n. m. ▪ plur. **points-virgules**

poire n. f.

poiré n. m.

HOM. **poirée**

poireau n. m.

poireautage n. m.

poireauter v. intr. | conjug. 1 |

poirée n. f.

HOM. **poiré**

poiret n. m.

poirier n. m.

pois n. m.

HOM. **poids, poix, pouah**

poiscaille n. f. ou m.

poise n. f.

poiseuille n. m.

poison n. m.

☯ Au sens familier de « personne insupportable », ce mot s'emploie au masculin ou au féminin pour parler d'une femme : *cette fille est un poison* ou *une poison.*

poissant, ante adj.

poissard, arde n. et adj.

¹**poisse** n. f. (misère, malchance)

²**poisse** n. m. (voleur, souteneur)

poisser v. tr. | conjug. 1 |

poisseur n. m.

poisseux, euse adj.

poisson n. m.

➾ Les mots composés de *poisson* et d'un adjectif s'écrivent sans trait d'union : *poisson*

rouge ; *poisson volant*, tandis que les composés de *poisson* et d'un nom s'écrivent avec un trait d'union : *poisson-chat* ; *poisson-épée*. Quand il désigne la constellation ou le signe du zodiaque, ce mot est au masculin pluriel et s'écrit avec une majuscule : *il est du signe des Poissons* ; *elle est Poissons*.
HOM. formes du v. **poisser**
poisson-chat n. m. ▪ plur. **poissons-chats**
poisson-clown n. m. ▪ plur. **poissons-clowns**
poisson-épée n. m. ▪ plur. **poissons-épées**
poisson-lune n. m. ▪ plur. **poissons-lunes**
poissonnaille n. f.
poissonnerie n. f.
poissonneux, euse adj.
poissonnier, ière n.
poissonnière n. f.
poisson-perroquet n. m. ▪ plur. **poissons-perroquets**
poisson-pilote n. m. ▪ plur. **poissons-pilotes**
poisson-scie n. m. ▪ plur. **poissons-scies**
poissure n. f.
poitevin, ine n. et adj.
➾ L'adjectif s'écrit sans majuscule : *la population poitevine* ; *le Marais poitevin*. Le nom s'écrit avec une majuscule uniquement quand il désigne une personne : *les Poitevins* ; *c'est une Poitevine* mais *parler le poitevin*.
poitrail n. m.
➾ Ce mot a un pluriel régulier : *des poitrails*.
poitrinaire adj. et n.
poitrine n. f.
poitrinière n. f.
poivrade n. f.
Ξ Dans le domaine culinaire, ce mot s'emploie dans la locution **à la poivrade** ou en apposition ; il est alors invariable : *des artichauts (à la) poivrade*.
poivre n. m.
➾ La locution adjectivale **poivre et sel** est invariable : *des cheveux poivre et sel*.
poivré, ée adj.
poivrer v. tr. | conjug. 1 |
¬ **se poivrer**
Ξ La forme pronominale appartient au registre familier.
➾ Aux temps composés de la forme pronominale, le participe passé s'accorde en genre et en nombre avec le sujet : *elle s'est poivrée*.
poivrette n. f.
poivrier n. m.
HOM. formes du v. **poivrer**
poivrière n. f.
poivron n. m.
HOM. formes du v. **poivrer**
poivrot, ote n.
poix n. f.
HOM. **poids, pois, pouah**

poker n. m.
pokériste n.
polabe n. m.
➾ Comme tous les noms de langues, ce mot s'écrit sans majuscule : *ils parlaient le polabe*.
polack n. m.
→ **²polaque**
polacre n. f.
¹polaire adj.
➾ Ce mot s'écrit avec une majuscule dans **l'étoile Polaire** (ou **la Polaire**).
²polaire n. f. (Math. : droite, plan)
³polaire n. m. (tissu)
¹polaque n. m. (cavalier polonais)
²polaque ou **polack** n. m. (fam. et péj. : Polonais)
¹polar n. m. (roman policier)
²polar ou **polard, arde** n. (étudiant)
polarimètre n. m.
polarimétrie n. f.
polarimétrique adj.
polarisabilité n. f.
polarisable adj.
polarisant, ante adj.
polarisation n. f.
polariscope n. m.
polariser v. tr. | conjug. 1 |
¬ **se polariser**
➾ Aux temps composés de la forme pronominale, le participe passé s'accorde en genre et en nombre avec le sujet : *elle s'est polarisée sur ses études*.
polariseur adj. et n. m.
polarité n. f.
polarographe n. m.
polarographie n. f.
polarographique adj.
Polaroïd® n. m.
➾ Comme tous les noms déposés, ce mot doit s'écrire avec une majuscule : *prendre des photos avec un Polaroïd*. Toutefois, on le trouve fréquemment employé comme nom générique sans respect de la règle : *prendre des photos avec un polaroïd*.
polastre n. m.
polatouche n. m.
polder /pɔldɛʀ/ n. m.
poldérisation n. f.
poldériser v. tr. | conjug. 1 |
pôle n. m.
➾ Ce mot s'écrit sans majuscule : *le pôle Nord et le pôle Sud*.
polémarchie n. f.
polémarque n. m.
polémique adj. et n. f.
polémiquer v. intr. | conjug. 1 |
polémiste n.

polémographe n.
polémoine n. f.
→ **polémonie**
polémologie n. f.
polémologique adj.
polémologue n.
polémoniacée n. f.
polémonie ou **polémoine** n. f.
polenta /-lɛn-/ n. f.
pole position n. f. ▪ plur. **pole positions**
polhodie n. f.
poli, ie adj. et n. m.
poliade adj.
polianite n. f.
polianthes n. f.
police n. f.
policé, ée adj.
policeman /pɔlisman/ n. m. ▪ plur. **policemen** ou plur. **policemans**
Ξ On peut employer le pluriel anglais *policemen* ou le pluriel francisé *policemans*.
policer v. tr. | conjug. 3 |
polichinelle n. m.
➾ Employé comme nom commun, ce mot s'écrit sans majuscule : *faire le polichinelle*. Dans la locution **un secret de Polichinelle**, il s'écrit avec une majuscule car il s'agit du nom propre.
policier, ière adj. et n.
☯ *Policière* est la forme recommandée par le *Guide d'aide à la féminisation des noms de métiers, titres, grades et fonctions* et l'Office québécois de la langue française pour parler d'une femme.
HOM. formes du v. **policer**
policlinique n. f.
ϟ Ne pas confondre **policlinique**, qui désigne un établissement municipal où sont donnés des soins à des personnes qui ne sont pas hospitalisées, avec **polyclinique**, qui désigne un établissement hospitalier où l'on soigne différents types de maladies.
HOM. **polyclinique**
polignac n. m.
poliment adv.
➾ Ne pas écrire **poliement*.
¹**polio** n. f.
▫ abrév. de **poliomyélite**
²**polio** n.
▫ abrév. de **poliomyélitique**
polioencéphalite n. f.
poliomyélite n. f.
poliomyélitique adj. et n.
poliorcétique adj. et n. f.
poliovirus /-virys/ n. m.
polir v. tr. | conjug. 2 |
¬ **se polir**
➾ Aux temps composés de la forme pronominale, le participe passé s'accorde en genre et en nombre avec le sujet : *les pierres se sont polies*. Mais le participe passé ne s'accorde pas quand il est suivi d'un complément d'objet direct : *elle s'est poli les ongles*. Il ne s'accorde avec le complément d'objet direct que lorsque celui-ci est placé avant le verbe : *elle se les est polis*.
polish n. m.
polissable adj.
polissage n. m.
polisseur, euse n.
polissoir n. m. (outil)
HOM. **polissoire**
polissoire n. f. (meule, atelier)
HOM. **polissoir**
polisson, onne n. et adj.
HOM. formes du v. **policer**, **polir**
polissonner v. intr. | conjug. 1 |
polissonnerie n. f.
polissure n. f.
poliste n. f. ou m.
politesse n. f.
politicailler v. intr. | conjug. 1 |
politicaillerie n. f.
politicailleur, euse n.
politicaillon, onne n.
politicard, arde n. et adj.
politicien, ienne n. et adj.
politico-judiciaire ▪ plur. **politico-judiciaires** ou **politicojudiciaire**○ ▪ plur. **politicojudiciaires**○ adj.
¹**politique** adj. et n. m. (personne, domaine)
²**politique** n. f. (manière de gouverner, stratégie)
politique-fiction n. f. ▪ plur. **politiques-fictions**
politiquement adv.
politiquer v. intr. | conjug. 1 |
politisation n. f.
politiser v. tr. | conjug. 1 |
¬ **se politiser**
➾ Aux temps composés de la forme pronominale, le participe passé s'accorde en genre et en nombre avec le sujet : *elles se sont politisées*.
politisme n. m.
politiste n.
politologie n. f.
politologue n.
poljé /pɔlje/ n. m.
polka n. f.
Ξ Ce mot s'emploie en apposition dans la locution **pain polka** ; il est alors invariable : *des pains polka*.
polkiste n.
pollakiurie n. f.
pollen /pɔlɛn/ n. m.

pollénographie n. f.
pollex n. m.
pollicial, ale, aux adj.
pollicitant, ante n.
pollicitation n. f.
pollinie n. f.
pollinifère adj.
pollinique adj.
pollinisateur, trice adj.
pollinisation n. f.
polliniser v. tr. | conjug. 1 |
pollinose n. f.
polluant, ante adj. et n. m.
polluer v. tr. | conjug. 1 |
pollueur, euse adj. et n.
pollution n. f.
polo n. m.
poloche n. f.
polochon n. m.

➾ Ne pas employer **pelochon*, qui n'existe pas.

poloïste n.
polonais, aise adj. et n.

➾ L'adjectif s'écrit sans majuscule : *la population polonaise*. Le nom s'écrit avec une majuscule uniquement quand il désigne une personne : *les Polonais ; c'est une Polonaise* mais *parler le polonais*.

polonaise n. f. (danse, musique, gâteau)
polonium /-jɔm/ n. m.
poltron, onne adj. et n.
poltronnerie n. f.
polyacide n. m.
polyacrylate n. m.
polyacrylique adj.
polyaddition n. f.
polyadelphe adj.
polyadelphie n. f.
polyakène n. m.
polyalcool n. m.
polyamide n. m.
polyamine n. f.
polyandre adj.
polyandrie n. f.
polyandrique adj.
polyarthrite n. f.
polyarticulaire adj.
polyatomique adj.
polybasique adj.
polybie n.
polybutadiène n. m.
polybutylène n. m.
polycamératique adj.
polycarbonate n. m.
polycarie n. f.
polycentrique adj.
polycentrisme n. m.
polycéphale adj.
polychètes /-kɛt/ n. m. pl.
polychloré, ée /-k-/ adj.
polychlorure /-k-/ n. f.
polycholie /-k-/ n. f.
polychreste /-k-/ adj. et n.
polychroïque /-k-/ adj.
polychroïsme /-k-/ n. m.
polychrome /-k-/ adj.
polychromé, ée /-k-/ adj.
polychromie /-k-/ n. f.
polyclinique n. f.

ϟ Ne pas confondre **polyclinique**, qui désigne un établissement hospitalier où l'on soigne différents types de maladies, avec **policlinique**, qui désigne un établissement municipal où sont donnés des soins à des personnes qui ne sont pas hospitalisées.

HOM. **policlinique**

polycolore adj.
polycondensat n. m.
polycondensation n. f.
polycopie n. f.
polycopié, iée adj. et n. m.
polycopier v. tr. | conjug. 7 |
polycopieuse n. f.
polycorie n. f.
polycoton n. m.
polycourant adj. inv. et n.
polyculture n. f.
polycyclique adj.
polycytogénie n. f.
polydactyle adj.
polydactylie n. f.
polydipsie n. f.
polydysplasie n. f.
polydystrophie n. f.
polyèdre n. m. et adj.
polyédrique adj.
polyélectrolyte n. m.
polyembryonie n. f.
polyester /-ɛʀ/ n. m.
polyestérification n. f.
polyéther /-ɛʀ/ n. m.
polyéthylène n. m.
polyfonctionnel, elle adj.
polygala n. m.
polygale n. m.
polygame n. et adj.
polygamie n. f.
polygamique adj.
polygénésie n. f.
polygénie n. f.
polygénique adj.
polygénisme n. m.
polygéniste adj. et n.
polyglobulie n. f.

polyglossie n. f.
polyglotte adj. et n.
polyglottisme n. m.
polyglycol n. m.
polygonacée n. f.
polygonal, ale, aux adj.
polygonation n. f.
polygone n. m.
polygraphe n.
polygraphie n. f.
polygraphique adj.
polygynie n. f.
polyhandicapé, ée adj. et n.
polyhybride n. m.
polyinsaturé, ée adj.
polyisoprène n. m.
polykystique adj.
polylobe adj.
polylobé, ée adj.
polymèle adj.
polymélie n. f.
polyménorrhée n. f.
polymérase n. f.
polymère n. m.
polymérie n. f.
polymérique adj.
polymérisable adj.
polymérisant, ante adj.
polymérisat n. m.
polymérisation n. f.
polymériser v. tr. | conjug. 1 |
polymétallique adj.
polyméthacrylate n. m.
polyméthylène n. m.
polymodal, ale, aux adj.
polymorphe adj.
polymorphie n. f.
polymorphisme n. m.
polymultiplié, ée adj.
polynévrite n. f.
polynie n. f.
polynôme n. m.
polynucléaire adj.
polynucléé, ée adj.
polynucléose n. f.
polynucléotide n. m.
polyol n. m.
polyonychie /-ki/ n. f.
polyopie n. f.
polyorchidie /-k-/ n. f.
polyoside n. m.
polyostéochondrite /-k-/ n. f.
polypage n. m.
polypathologie n. f.
polype n. m.
polypensionné, ée adj.
polypeptide n. m.
polypeptidique adj.
polypétale adj.
polypeux, euse adj.
polyphage adj. et n.
polyphagie n. f.
polyphasé, ée adj.
polyphasique adj.
polyphénol n. m.
polyphone adj.
polyphonie n. f.
polyphonique adj.
polyphosphate n. m.
polyphyodonte adj.
polypier n. m.
polyploïde adj.
polyploïdie n. f.
polypnée n. f.
polypnéique adj.
polypode n. m.
polypodie n. f.
polypore n. m.
polyporée n. f.
polyporopylène n. m.
polypose n. f.
polyprène n. m.
polypropylène n. m.
polypsychisme n. m.
polyptère n. m.
polyptote n. f.
polyptyque n. m.
polyradiculonévrite n. f.
polyribosome n. m.
polyrythmie n. f.
polysaccharide ou **polysaccaride**° /-sakaʀid/ n. m.
polysarcie /-saʀsi/ n. f.
polyscope n. m.
polysémie /-semi/ n. f.
polysémique /-semik/ adj.
polysérite /-seʀit/ n. f.
polysialie /-sjali/ n. f.
polysoc /-sɔk/ n. m.
polysome n. m.
polysomie n. f.
polysomique adj.
polyspermie n. f.
polystyle adj.
polystyrène n. m.
polysubstitué, ée /-sybstitɥe/ adj.
polysulfure /-sylfyʀ/ n. m.
polysyllabe /-sil(l)ab/ adj.
polysyllabique /-sil(l)abik/ adj.
polysyllabisme /-sil(l)abism/ n. m.
polysyllogisme /-silɔʒism/ n. m.
polysyllogistique /-silɔʒistik/ adj.

polysyndète /-sɛ̃dɛt/ n. f.
polysynodie /-sinodi/ n. f.
polysynthétique /-sɛ̃tetik/ adj.
polysynthétisme /-sɛ̃tetism/ n. m.
polytaxique adj.
polytechnicien, ienne /-k-/ n. et adj.
polytechnique /-k-/ adj. et n. f.
Ξ Avec une majuscule, ce mot désigne l'école nationale : *elle est entrée à Polytechnique.* Mais on écrit **l'École polytechnique** sans majuscule à *polytechnique.*
polyterpène n. m.
polyterpénique adj.
polythéisme n. m.
polythéiste n. et adj.
polythélie n. f.
Polythène® n. m.
➾ Comme tous les noms déposés, ce mot doit s'écrire avec une majuscule : *une nappe en Polythène.* Toutefois, on le trouve fréquemment employé comme nom générique sans respect de la règle : *une nappe en polythène.*
polythèque n. f.
polytherme adj.
polytonal, ale, aux ou **als** adj.
polytonalité n. f.
polytopisme n. m.
polytoxicomane n.
polytoxicomanie n. f.
polytransfusé, ée adj. et n.
polytraumatisé, ée adj. et n.
polytraumatisme n. m.
polytric n. m.
polytypie n. f.
polytypique adj.
polytypisme n. m.
polyuréthane ou **polyuréthanne** n. m.
polyurie n. f.
polyurique adj.
polyvaccin n. m.
polyvalence n. f.
polyvalent, ente adj.
polyvalvulaire adj.
polyvinyle n. m.
polyvinylique adj.
polyvision n. f.
polyvitaminique adj.
polyzoaire n. m.
polyzoïcité n. f.
polyzoïque adj.
polyzoïsme n. m.
pomaison n. f.
pomate n. f.
pomélo n. m.
pomerium ou **pomérium**○ /pɔmeʀjɔm/ n. m.
→ **pomœrium**

pomerol n. m.
➾ Lorsqu'il désigne un vin, ce mot s'écrit sans majuscule, contrairement au nom propre qui désigne la commune : *un vin de Pomerol* mais *une bouteille de pomerol.*
pomiculteur, trice n.
pomiculture n. f.
pommade n. f.
pommader v. tr. | conjug. 1 |
¬ **se pommader**
➾ Aux temps composés de la forme pronominale, le participe passé s'accorde en genre et en nombre avec le sujet : *elle s'est pommadée.*
pommadier n. m.
pommadin n. m.
pommage n. m.
pommard n. m.
➾ Lorsqu'il désigne un vin, ce mot s'écrit sans majuscule, contrairement au nom propre qui désigne la commune : *un vin de Pommard* mais *une bouteille de pommard.*
¹pomme n. f. (fruit)
Ξ Ce mot peut s'employer derrière un adjectif de couleur pour en préciser la nuance ; les deux mots sont alors invariables : *des jupes vert pomme.*
²pomme n. f.
□ abrév. de **pomme de terre**
Ξ Ce mot s'emploie dans le langage de la restauration, généralement suivi d'un nom en apposition : *des pommes allumettes ; des pommes boulangère ; des pommes chips ; des pommes dauphine(s) ; des pommes duchesse ; des pommes mousseline ; des pommes noisettes ; des pommes paille ; des pommes vapeur.*
pommé, ée adj.
ϟ Ne pas confondre **pommé**, qui signifie « arrondi », avec **pommelé**, qui signifie « couvert de nuages ou de taches rondes » : *une laitue pommée ; un ciel pommelé ; un cheval pommelé.*
pommeau n. m.
pomme de terre n. f.
Ξ L'expression **pomme de terre en robe des champs** est une déformation de **pomme de terre en robe de chambre**. Elle est toutefois entrée dans l'usage et ne peut être considérée comme fautive.
pommelé, ée adj.
ϟ Ne pas confondre **pommelé**, qui signifie « couvert de nuages ou de taches rondes », avec **pommé**, qui signifie « arrondi » : *un ciel pommelé ; un cheval pommelé ; une laitue pommée.*
➾ Lorsque *pommelé* est employé derrière un adjectif de couleur, les deux mots sont invariables : *des juments gris pommelé.*

pommeler (se) v. pron. | conjug. 4 |
➾ Aux temps composés, le participe passé s'accorde en genre et en nombre avec le sujet : *la robe du cheval s'est pommelée avec l'âge.*
pommelle n. f.
pommer v. intr. | conjug. 1 |
pommeraie n. f.
pommeté, ée adj.
pommette n. f.
pommier n. m.
pomoculteur, trice n.
pomoculture n. f.
pomœrium ou **pomerium** ou **pomérium**○ /pɔmeʀjɔm/ n. m.
pomologie n. f.
pomologique adj.
pomologiste n.
pomologue n.
pompadour n. f.
➾ Quand il désigne une variété de pommes de terre, ce mot s'écrit sans majuscule, contrairement au nom propre dont il provient.
pompage n. m.
pompant, ante adj.
pompe n. f.
➾ Ce mot est au singulier dans les locutions **en grande pompe** et **à toute pompe**.
[1]**pompéien, ienne** adj. et n. (de Pompéi)
➾ L'adjectif s'écrit sans majuscule : *la population pompéienne.* Le nom s'écrit avec une majuscule : *les Pompéiens ; une Pompéienne.*
[2]**pompéien, ienne** adj. et n. (de Pompée)
➾ Ce mot s'écrit sans majuscule : *le parti pompéien ; les pompéiens.*
pompe-la-sueur n. inv.
pomper v. tr. | conjug. 1 |
pomperie n. f.
pompette adj.
pompeur, euse adj. et n.
pompeusement adv.
pompeux, euse adj.
pompier, ière adj. et n.
☯ *Pompière* est la forme recommandée par le *Guide d'aide à la féminisation des noms de métiers, titres, grades et fonctions* et l'Office québécois de la langue française pour parler d'une femme : *c'est une pompière.*
pompiérisme n. m.
pompile n. m.
pompiste n.
pom-pom girl /pɔmpɔmgœʀl/ n. f. ▪ plur. **pom-pom girls**
pompon n. m.
☰ Ce mot peut s'employer en apposition ; il prend la marque du pluriel : *des roses pompons.*
HOM. formes du v. **pomper**
pomponne n. f.
pomponner v. tr. | conjug. 1 |
¬ **se pomponner**
➾ Aux temps composés de la forme pronominale, le participe passé s'accorde en genre et en nombre avec le sujet : *elle s'est pomponnée pendant des heures.*
pomposo adv.
ponant n. m.
ponantais, aise adj. et n.
ponçage n. m.
ponce n. f.
☰ Ce mot s'emploie en apposition dans la locution **pierre ponce** ; il prend la marque du pluriel : *des pierres ponces.*
[1]**ponceau** n. m. et adj. inv. (pavot, couleur)
[2]**ponceau** n. m. (pont)
poncelet n. m.
poncer v. tr. | conjug. 3 |
ponceur n. m.
ponceuse n. f.
ponceux, euse adj.
ponch○ n. m.
→ [1]**punch**
poncho /pɔ̃(t)ʃo/ n. m.
poncif n. m.
poncirus /-ys/ n. m.
ponction n. f.
ponctionner v. tr. | conjug. 1 |
ponctionneur n. m.
ponctualité n. f.
ponctuateur n. m.
ponctuation n. f.
ponctuel, elle adj.
ponctuellement adv.
ponctuer v. tr. | conjug. 1 |
pondaison n. f.
pondérabilité n. f.
pondérable adj.
pondéral, ale, aux adj.
pondérateur, trice adj.
pondération n. f.
pondéré, ée adj.
pondérer v. tr. | conjug. 6 |
pondéreux, euse adj. et n. m.
pondeur, euse n.
pondoir n. m.
pondre v. tr. | conjug. 41 |
☰ Lorsque l'on parle d'un oiseau, **pondre un œuf/des œufs** est un pléonasme à éviter, sauf quand *œuf* est accompagné d'un adjectif : *un oiseau qui pond de gros œufs ; la poule a pondu trois œufs.*
➾ Au présent de l'indicatif, à la forme interrogative avec sujet inversé, on écrit *pond-on,*

pond-il, pond-elle et non **pond-t-on, *pond-t-il, *pond-t-elle*. Le *d* final se prononce /t/ ; il est donc inutile et fautif d'ajouter un *t*.

ponette n. f.

poney n. m.

poney-club /pɔnɛklœb/ n. m. ▪ plur. **poneys-clubs**

pongé ou **pongée** n. m.

pongidé n. m.

pongiste n.

pongitif, ive adj.

pongo n. m.

pont n. m.

➾ Ce mot s'écrit sans majuscule dans la plupart des noms de ponts : *le pont de l'Alma* ; *le pont des Arts* ; *le pont Mirabeau*, etc. Mais on écrit **le Pont-Neuf**, **le Petit-Pont** et **le Pont-au-Change** avec des majuscules et des traits d'union. Avec des majuscules, **les Ponts et Chaussées** désigne le service public ou l'école nationale. Mais on écrit **l'École des ponts et chaussées** sans majuscule à *pont* et à *chaussée*. L'expression **pont(-)aux(-)ânes** s'écrit avec ou sans traits d'union ; la liaison se fait entre le *t* et le *aux*.

HOM. formes du v. **pondre**

pontage n. m.

pont-bascule n. m. ▪ plur. **ponts-bascules**

pont-canal n. m. ▪ plur. **ponts-canaux**

¹ponte n. f. (action)

²ponte n. m. (joueur, as)

ponté, ée adj.

pontédériacée n. f.

pontée n. f.

ponter v. tr. et v. intr. | conjug. 1 |

pontet n. m.

HOM. formes du v. **ponter**

ponteur n. m.

pontien adj. et n. m.

pontier, ière n.

HOM. formes du v. **ponter**

pontife n. m.

pontifiage n. m.

pontifiant, iante adj. et n.

pontifiard n. m.

pontifical, ale, aux adj.

pontificalement adv.

pontificat n. m.

pontifier v. intr. | conjug. 7 |

pontil n. m.

pont-l'évêque n. m. inv.

➾ Lorsqu'il désigne un fromage, ce mot s'écrit sans majuscules, contrairement au nom propre qui désigne la commune : *un fromage de Pont-l'Évêque* mais *un morceau de pont-l'évêque*.

pont-levis n. m. ▪ plur. **ponts-levis**

pont-neuf n. m. ▪ plur. **ponts-neufs** (chanson, tartelette)

Ξ Ce mot peut s'employer en apposition ; il est alors invariable : *des pommes pont-neuf*.

ponton n. m.

HOM. formes du v. **ponter**

pontonage ou **pontonnage** n. m.

ponton-grue n. m. ▪ plur. **pontons-grues**

pontonnier, ière n.

pontuseau n. m.

pool /pul/ n. m.

HOM. **poule**, **²pull**

pop adj. inv. et n. f.

HOM. **pope**

pop art /pɔpaʀt/ n. m. sing.

popcorn ▪ plur. **popcorns** ou **pop-corn** ▪ plur. **pop-corns** n. m.

pope n. m.

HOM. **pop**

popeline n. f.

popine n. f.

poplité, ée adj.

pop music n. f. ▪ plur. **pop musics**

popote n. f.

Ξ Ce mot peut s'employer comme adjectif ; il est alors invariable : *ils sont un peu popote*.

popotier n. m.

popotin n. m.

popov n. inv.

populace n. f.

populacier, ière adj.

populage n. m.

populaire adj.

populairement adv.

popularisation n. f.

populariser v. tr. | conjug. 1 |

¬ **se populariser**

➾ Aux temps composés de la forme pronominale, le participe passé s'accorde en genre et en nombre avec le sujet : *ce sport s'est popularisé*.

popularité n. f.

population n. f.

populationnisme n. m.

populationniste adj. et n.

populéum /-ɔm/ n. m.

populeux, euse adj.

populisme n. m.

populiste n. et adj.

populo n. m.

pop-up n. m. inv. ou **popup**○ n. m.

□ rec. off. : **(fenêtre) intruse**

poquer v. intr. | conjug. 1 |

poquet n. m.

HOM. formes du v. **poquer**

poquette n. f.

poracé, ée adj.
→ **porracé**
porc /pɔʀ/ n. m.
HOM. **pore, port**
porcelaine n. f.
porcelainerie n. f.
porcelaineux, euse adj.
porcelainier, ière n. et adj.
porcelané, ée adj.
porcelanique adj.
porcelanite n. f.
porcelet n. m.
porc-épic /pɔʀkepik/ n. m. ▪ plur. **porcs-épics** /pɔʀkepik/
porchaison n. f.
porche n. m.
porcher, ère n.
porcherie n. f.
porcif n. f.
porcin, ine adj. et n. m.
pore n. m.
Ce mot est masculin : *un pore.*
HOM. **porc, port**
poreux, euse adj.
porion n. m.
porisme n. m.
poristique adj.
porno adj.
▫ abrév. de **pornographique**
pornocratie /-si/ n. f.
pornographe n. m.
pornographie n. f.
pornographique adj.
porocéphale n. m.
porogène adj.
porométrie n. f.
porosité n. f.
porphyre n. m.
porphyrie n. f.
porphyrine n. f.
porphyrique adj.
porphyrogénète adj.
porphyroïde adj.
porque n. f.
porracé, ée ou **poracé, ée** adj.
porrection n. f.
porridge n. m.
porrigineux, euse adj.
porrigo n. m.
port n. m.
HOM. **porc, pore**
portabilité n. f.
portable adj. et n. m.
portage n. m.
portager v. tr. | conjug. 3 |
portail n. m.
portal, ale, aux adj.
portance n. f.
portant, ante adj. et n.
portatif, ive adj.
[1]**porte** adj. f et n. f.
Ce mot s'écrit sans majuscule dans les noms qui désignent une ancienne porte de l'enceinte d'une ville : *la porte d'Orléans ; la porte Dauphine ; la porte des Lilas.*
[2]**porte** adj. f.
▸ **veine porte**
porté n. m.
porte-aéronef(s) n. m. ▪ plur. **porte-aéronefs**
porte-à-faux n. m. inv.
▸ **en porte-à-faux** *une poutre en porte-à-faux ; un pays en porte-à-faux avec le droit européen*
porte-affiche n. m. ▪ plur. **porte-affiches**
porte-aigle n. m. ▪ plur. **porte-aigles**
porte-aiguille(s) n. m. ▪ plur. **porte-aiguilles**
porte-aiguillon adj. et n. m. ▪ plur. **porte-aiguillons**
porte-alésoir n. m. ▪ plur. **porte-alésoirs**
porte-allumette(s) n. m. ▪ plur. **porte-allumettes**
porte-amarre n. m. ▪ plur. **porte-amarres**
porte-à-porte n. m. inv.
Ne pas confondre ce nom avec la locution adverbiale **porte à porte**, qui s'écrit sans trait d'union : *faire du porte-à-porte ; habiter porte à porte.*
porte-assiette n. m. ▪ plur. **porte-assiettes**
porte-auto(s) adj. ▪ plur. **porte-autos**
porte-avion(s) n. m. ▪ plur. **porte-avions**
porte-bagage(s) n. m. ▪ plur. **porte-bagages**
porte-baguette n. m. ▪ plur. **porte-baguettes**
porte-baïonnette n. m. ▪ plur. **porte-baïonnettes**
[1]**porte-balai** n. m. ▪ plur. **porte-balais** (support à balai)
[2]**porte-balai(s)** n. m. ▪ plur. **porte-balais** (gaine d'une machine électrique)
porte-bannière n. ▪ plur. **porte-bannières**
porte-barge(s) n. m. et adj. ▪ plur. **porte-barges**
porte-bât n. m. ▪ plur. **porte-bâts**
porte-bébé n. m. ▪ plur. **porte-bébés**
porte-bijou n. m. ▪ plur. **porte-bijoux**
porte-billet(s) n. m. ▪ plur. **porte-billets**
porte-bois n. m. inv.
porte-bonheur n. m. ▪ plur. inv. ou plur. **porte-bonheurs**
Ce mot peut s'employer en apposition ; il prend la marque du pluriel : *des médaillons porte-bonheurs.*
porte-bouquet n. m. ▪ plur. **porte-bouquets**

porte-bouteille(s) n. m. ▪ plur. **porte-bouteilles**
porte-brancard n. m. ▪ plur. **porte-brancards**
porte-bras n. m. inv. et adj. inv.
porte-bride n. m. ▪ plur. **porte-brides**
porte-carabine n. m. ▪ plur. **porte-carabines**
porte-carte(s) n. m. ▪ plur. **porte-cartes**
porte-ceinture(s) n. m. ▪ plur. **porte-ceintures**
porte-chaland(s) n. m. ▪ plur. **porte-chalands**
porte-chandelle(s) n. m. ▪ plur. **porte-chandelles**
porte-chape ▪ plur. **porte-chapes** ou **portechape** ▪ plur. **portechapes** n. m.
porte-chapeau(x) n. m. ▪ plur. **porte-chapeaux**
porte-chéquier n. m. ▪ plur. **porte-chéquiers**
porte-cigare(s) n. m. ▪ plur. **porte-cigares**
porte-cigarette(s) n. m. ▪ plur. **porte-cigarettes**
porte-clé(s) ▪ plur. **porte-clés** ou **porteclé**○ ▪ plur. **porteclés**○ n. m.
porte-conteneur(s) n. m. ▪ plur. **porte-conteneurs**
porte-copie n. m. ▪ plur. **porte-copies**
porte-coton n. m. ▪ plur. **porte-cotons**
porte-couteau n. m. ▪ plur. **porte-couteaux**
porte-cravate n. m. ▪ plur. **porte-cravates**
porte-crayon ▪ plur. **porte-crayons** ou **portecrayon**○ ▪ plur. **portecrayons**○ n. m.
porte-croix n. m. inv.
porte-crosse n. m. ▪ plur. **porte-crosses**
porte-document(s) n. m. ▪ plur. **porte-documents**
porte-drapeau n. ▪ plur. **porte-drapeaux**
portée n. f.
Ξ La locution à **portée de** (+ n.) s'emploie surtout dans des formules figées : *à portée de voix ; à portée de fusil.* **À la portée de** (+ n.) s'emploie plus librement : *mettre un verre à la portée d'un malade.*
porte-embrasse n. m. ▪ plur. **porte-embrasses**
porte-enseigne n. m. ▪ plur. **porte-enseignes**
porte-épée n. m. ▪ plur. **porte-épées**
porte-étendard n. m. ▪ plur. **porte-étendards**
porte-étrier n. m. ▪ plur. **porte-étriers**
porte-étrivière n. m. ▪ plur. **porte-étrivières**
portefaix n. m.
porte-fanion n. m. ▪ plur. **porte-fanions**
porte-fenêtre n. f. ▪ plur. **portes-fenêtres**
portefeuille n. m.
Ξ Ce mot peut s'employer en apposition ; il est alors invariable : *des jupes portefeuille.*
portefeuilliste n.
porte-film n. m. ▪ plur. **porte-films**
porte-flambeau n. m. ▪ plur. **porte-flambeaux**
porte-flingue n. m. ▪ plur. **porte-flingues**
porte-folio n. m. ▪ plur. **porte-folios**
porte-fort ▪ plur. inv. n. m.
porte-glaive n. m. ▪ plur. **porte-glaives**
➾ Ce mot est invariable et s'écrit avec des majuscules lorsqu'il désigne un ordre de chevalerie : *les chevaliers Porte-Glaive* ou *les Porte-Glaive.*
porte-gobelet n. m. ▪ plur. **porte-gobelets**
porte-graine n. m. ▪ plur. **porte-graines**
porte-greffe n. m. ▪ plur. **porte-greffes**
porte-hauban(s) n. m. ▪ plur. **porte-haubans**
porte-hélicoptère(s) n. m. ▪ plur. **porte-hélicoptères**
porte-instruments ▪ plur. inv. ou **porte-instrument**○ ▪ plur. **porte-instruments**○ n. m.
porte-jarretelle(s) n. m. ▪ plur. **porte-jarretelles**
porte-jupe n. m. ▪ plur. **porte-jupes**
porte-lame n. m. ▪ plur. **porte-lames**
porte-lance n. m. ▪ plur. **porte-lances**
portelone n. m.
porte-lumière n. m. ▪ plur. **porte-lumières**
porte-malheur n. m. ▪ plur. inv. ou plur. **porte-malheurs**
Ξ Ce mot peut s'employer en apposition ; il prend la marque du pluriel : *des oiseaux porte-malheurs.*
portemanteau ▪ plur. **portemanteaux** ou **porte-manteau** ▪ plur. **porte-manteaux** n. m.
portement n. m.
porte-menu n. m. ▪ plur. **porte-menus**
porte-mine ▪ plur. **porte-mines** ou **portemine**○ ▪ plur. **portemines**○ n. m.
portemonnaie ▪ plur. **portemonnaies** ou **porte-monnaie** ▪ plur. **porte-monnaies** n. m.
porte-montre n. m. ▪ plur. **porte-montres**
porte-mors n. m. inv.
porte-musique n. m. ▪ plur. inv. ou plur. **porte-musiques**
portenteux, euse adj.
porte-objectif n. m. ▪ plur. **porte-objectifs**
porte-objet n. m. ▪ plur. **porte-objets**
porte-outil n. m. ▪ plur. **porte-outils**
porte-panier n. m. ▪ plur. **porte-paniers**
porte-parapluie n. m. ▪ plur. **porte-parapluies**

porte-parole n. m. ▪ plur. inv. ou plur. **porte-paroles**
porte-plat n. m. ▪ plur. **porte-plats**
porteplume ▪ plur. **porteplumes** ou **porte-plume** ▪ plur. **porte-plumes** n. m.
porte-poussière n. m. ▪ plur. **porte-poussière** ou plur. inv.
porte-queue n. m. ▪ plur. **porte-queues**
[1]**porter** /pɔʀtɛʀ/ n. m.
[2]**porter** v. tr. et v. tr. ind. | conjug. 1 |
▸ **porter à qqch.** *une coutume qui porte au crime*
▸ **porter à** (+ inf.) *tout porte à croire que c'est faux*
▸ **être porté à** (+ inf.) *nous sommes portés à faire confiance*
▸ **être porté sur qqch.** *il est porté sur la boisson*
▸ **porter sur** *tout l'édifice porte sur ces colonnes ; la discussion a porté sur ce sujet*
¬ **se porter**
➻ Aux temps composés de la forme pronominale, le participe passé s'accorde en genre et en nombre avec le sujet : *ils se sont portés volontaires*.
portereau n. m.
porte-revue(s) n. m. ▪ plur. **porte-revues**
porterie n. f.
porter-lancer n. m. ▪ plur. **porte-lancers**
porte-savon n. m. ▪ plur. **porte-savons**
[1]**porte-serviette** n. m. ▪ plur. **porte-serviettes** (pour serviette de table)
[2]**porte-serviette(s)** n. m. ▪ plur. **porte-serviettes** (pour serviette(s) de toilette)
porte-ski(s) n. m. ▪ plur. **porte-skis**
porte-tambour n. f. ▪ plur. **porte-tambours**
porteur, euse n. et adj.
porte-véhicules ▪ plur. inv. ou **porte-véhicule**○ ▪ plur. **porte-véhicules**○ n. m.
porte-vent n. m. ▪ plur. **porte-vent** ou plur. inv.
porte-voix ou **portevoix**○ n. m. inv.
portfolio /pɔʀt-/ n. m.
□ rec. off. pour **press-book**
portier, ière n. (personne)
HOM. formes du v. **porter**
portière adj. f et n. f. (porte, assemblage)
portillon n. m.
portion n. f.
portionnable adj.
portionnaire n.
portionné, ée adj.
portionneur n. m.
portionneuse n. f.
portique n. m.
portland /pɔʀtlɑ̃d/ n. m.
➻ Employé comme nom commun, ce mot s'écrit sans majuscule : *du portland*. Mais il s'écrit avec une majuscule dans **ciment Portland** car il s'agit du nom propre.
portlandien n. m.
porto n. m.
➻ Lorsqu'il désigne un vin de liqueur, ce mot s'écrit sans majuscule, contrairement au nom propre qui désigne la ville : *un vin de Porto* mais *une bouteille de porto*.
portor n. m.
portrait n. m.
portrait-charge n. m. ▪ plur. **portraits-charges**
portraitiste n.
portrait-robot n. m. ▪ plur. **portraits-robots**
portraiture n. f.
portraiturer v. tr. | conjug. 1 |
Port-Salut® n. m. inv.
➻ Comme tous les noms déposés, ce mot doit s'écrire avec des majuscules : *manger du Port-Salut*. Toutefois, on le trouve fréquemment employé comme nom générique sans respect de la règle : *manger du port-salut*.
portuaire adj.
portugais, aise adj. et n.
➻ Ne pas écrire **portuguais*. L'adjectif s'écrit sans majuscule : *la population portugaise*. Le nom s'écrit avec une majuscule uniquement quand il désigne une personne : *les Portugais ; c'est une Portugaise* mais *parler le portugais*.
portugaise n. f. (pièce, huître ; fam. : oreille)
portulacacée n. f.
portulan n. m.
portune n. m.
P. O. S. /pɔs/ n. m.
□ abrév. de **plan d'occupation des sols**
posada n. f.
posage n. m.
pose n. f.
⚡ Ne pas confondre **pose**, qui signifie « mise en place », « attitude du corps » ou « exposition (d'une pellicule) », avec **pause**, qui signifie « interruption momentanée ».
HOM. **pause**
posé, ée adj.
posée n. f.
HOM. **pauser**
posément adv.
posemètre ou **exposemètre** ou **exposimètre** n. m.
[1]**poser** v. intr. et v. tr. | conjug. 1 |
▸ **poser pour la galerie**
▸ **poser à** (+ n.) *il pose au justicier*
▸ **poser une question à qqn**
¬ **se poser**
l'avion vient de se poser
▸ **se poser en/comme** (+ n.) *il se pose en*

victime ; elle se pose comme un être exceptionnel

➾ Aux temps composés de la forme pronominale, le participe passé s'accorde en genre et en nombre avec le sujet : *la mouche s'est posée sur le beurre.* Mais le participe passé ne s'accorde pas quand il est suivi d'un complément d'objet direct : *ils se sont posé des questions.* Il ne s'accorde avec le complément d'objet direct que lorsque celui-ci est placé avant le verbe : *les questions qu'ils se sont posées.*

HOM. **pauser**

[2]**poser** n. m.

HOM. **pauser**

poseur, euse n.

posidonie n. f.

positif, ive adj. et n. m.

position n. f.

positionnel, elle adj.

positionnement n. m.

positionner v. tr. | conjug. 1 |

¬ **se positionner**

➾ Aux temps composés de la forme pronominale, le participe passé s'accorde en genre et en nombre avec le sujet : *cette entreprise s'est positionnée sur un marché prometteur.*

positionneur n. m.

positionneuse n. f.

positionniste n.

positivement adv.

positiver v. tr. et v. intr. | conjug. 1 |

positivisme n. m.

➾ Comme tous les noms de doctrines, ce mot s'écrit sans majuscule : *le positivisme de Renan.*

positiviste adj. et n.

➾ Comme tous les mots désignant ou qualifiant un courant politique ou ses partisans, ce mot s'écrit sans majuscule : *le catéchisme positiviste ; les positivistes.*

positivité n. f.

positron ou **positon** n. m.

positronium ou **positonium** /-jɔm/ n. m.

posologie n. f.

posologique adj.

possédable adj.

possédant, ante adj. et n.

possédé, ée adj. et n.

posséder v. tr. | conjug. 6 |

possesseur n.

☯ Pour parler d'une femme, ce mot peut s'employer au féminin : *elle est la possesseur d'une immense fortune.* L'Office québécois de la langue française recommande la forme *possesseure.* En Suisse, on emploie plutôt *possesseuse.*

possessif, ive adj. et n. m.

possession n. f.

possessionné, ée adj.

possessionnel, elle adj.

possessivité n. f.

possessoire adj.

possibilité n. f.

possible adj. et n. m.

➾ La locution **au possible** est invariable : *ils sont ennuyeux au possible.* Employé avec un superlatif, *possible* est invariable : *faire le moins de fautes possible* signifie « le moins possible de fautes, le moins de fautes qu'il soit possible de faire ». Mais dans les cas où *possible* qualifie le nom, il s'accorde normalement : *le meilleur des mondes possibles* veut dire « le meilleur des mondes parmi les mondes possibles ». De même, on distinguera *envisager le plus de cas de figure possible,* qui signifie « le plus possible de cas de figure » et *envisager le plus de cas de figure possibles,* qui signifie « le plus de cas de figure parmi les cas de figures possibles ».

Ξ On peut dire **dans toute la mesure possible** et **dans la mesure du possible** mais **dans toute la mesure du possible** est fautif.

possiblement adv.

post n. m.

postabdomen /-mɛn/ n. m.

postaccélération n. f.

postage n. m.

postal, ale, aux adj.

postbiblique adj.

postclassique adj.

postcombustion n. f.

postcommunion n. f.

postcommunisme n. m.

postcommuniste adj. et n.

postconsulat n. m.

postcure n. f.

postdamien, ienne adj. et n. m.

postdate n. f.

postdater v. tr. | conjug. 1 |

postdental, ale, aux adj.

postdoc adj. inv.

□ abrév. de **postdoctoral**

postdoctoral, ale, aux adj.

[1]**poste** n. f. (service de distribution du courrier, bureau de poste)

➾ Ce mot s'écrit avec une minuscule quand il désigne le service : *envoyer un colis par la poste.* Mais on écrit **La Poste** avec des majuscules pour parler de l'entreprise qui gère ce service : *les employés de La Poste.*

[2]**poste** n. m. (place assignée, emploi, emplacement, appareil)

posté, ée adj.

poste-frontière n. m. ▪ plur. **postes-frontières**

postenquête n. f.
[1]**poster** /pɔstɛʀ/ n. m.
HOM. **postère**, formes du v. **poster**
[2]**poster** v. tr. | conjug. 1 |
¬ **se poster**
➾ Aux temps composés de la forme pronominale, le participe passé s'accorde en genre et en nombre avec le sujet : *elle s'était postée à l'embrasure de la fenêtre.*
postère n. m.
HOM. [1]**poster**, formes du v. **poster**
postérieur, ieure adj. et n. m.
à une date postérieure ; la partie postérieure
◗ **postérieur à** *un document postérieur à un autre*
⌘ Ce mot est un adjectif comparatif : on ne peut pas dire ***plus postérieur** ni ***moins postérieur** mais on peut dire **très/peu/bien postérieur à**.
postérieurement adv.
posteriori (a) /-te-/ loc. adv., adj. inv. et n. m. inv.
→ **a posteriori**
postériorité n. f.
postérisation n. f.
postériser v. tr. | conjug. 1 |
postérité n. f.
postes n. f. pl.
postface n. f.
postfacer v. tr. | conjug. 3 |
postglaciaire adj. et n. m.
posthite n. f.
HOM. **Post-it**
posthomérique adj.
posthume adj.
posthumement ou **posthumément** adv.
posthypophysaire adj.
posthypophyse n. f.
[1]**postiche** adj.
[2]**postiche** n. m. (mèche de cheveux)
[3]**postiche** n. f. (boniment)
◗ **faire la postiche**
posticheur, euse n.
postier, ière n.
HOM. formes du v. **poster**
postillon n. m.
postillonnade n. f.
postillonnant, ante adj.
postillonner v. intr. | conjug. 1 |
postillonneur, euse adj. et n.
postimpressionnisme ou **post-impressionnisme** n. m. sing.
➾ Comme tous les noms de courants artistiques, ce mot s'écrit sans majuscule : *le post-impressionnisme précéda le fauvisme.*
postimpressionniste ▪ plur. **postimpressionnistes** ou **post-impressionniste** ▪ plur. **post-impressionnistes** adj. et n.
➾ Comme tous les mots désignant ou qualifiant un courant artistique ou ses représentants, ce mot s'écrit sans majuscule : *le mouvement post-impressionniste ; les post-impressionnistes.*
postindustriel, elle adj.
Post-it® n. m. inv.
◻ rec. off. : **papillon**
➾ Comme tous les noms déposés, ce mot doit s'écrire avec une majuscule : *noter qqch. sur un Post-it.* Toutefois, on le trouve fréquemment employé comme nom générique sans respect de la règle : *noter qqch. sur un post-it.*
HOM. **posthite**
postlude n. m.
post meridiem /-me-/ loc. adj.
postmoderne adj.
postmodernisme n. m.
➾ Ce mot s'écrit sans majuscule : *le postmodernisme en architecture.*
postmoderniste n.
➾ Ce mot s'écrit sans majuscule : *les postmodernistes.*
post mortem /-ɛm/ loc. adv. et adj.
postnatal, ale adj.
postopératoire adj.
post-partum ▪ plur. inv. ou **postpartum**○ ▪ plur. **postpartums**○ /-ɔm/ n. m.
postposer v. tr. | conjug. 1 |
postposition n. f.
postprandial, iale, iaux adj.
postproduction n. f.
postscolaire adj.
post-scriptum ▪ plur. inv. ou **postscriptum**○ ▪ plur. **postscriptums**○ /-ɔm/ n. m.
postsoixante-huitard, arde adj. et n. ▪ plur. **postsoixante-huitards, ardes**
postsonorisation n. f.
postsonoriser v. tr. | conjug. 1 |
postsynchronisation /-k-/ n. f.
postsynchroniser /-k-/ v. tr. | conjug. 1 |
post-tonique adj. ▪ plur. **post-toniques**
post-traumatique adj. ▪ plur. **post-traumatiques**
postulant, ante n.
postulat n. m.
postulation n. f.
postuler v. intr. et v. tr. | conjug. 1 |
◗ **postuler que** (+ indic.) *postulons que rien n'est éternel*
☰ Au sens de « demander, solliciter », *postuler* s'emploie normalement comme verbe transitif direct : *postuler un emploi.* La construction transitive indirecte est toutefois courante et ne

peut être considérée comme fautive : *postuler à un emploi* ou *pour un emploi*.
postural, ale, aux adj.
posture n. f.
pot n. m.
➾ Les expressions **pot au noir** et **pot aux roses** s'écrivent sans trait d'union. La locution **plein pot** est invariable : *ils payent plein pot ; des billets plein pot*.
HOM. **peau**
potabilisation n. f.
potabilité n. f.
potable adj.
potache n. m.
potage n. m.
potager, ère adj. et n. m.
potamique adj.
potamobiologie n. f.
potamochère n. m.
potamogéton n. m.
potamologie n. f.
potamophile adj.
potamot n. m.
potamotoque adj. et n. m.
potard n. m.
potassage n. m.
potasse n. f.
potassé, ée adj.
potasser v. tr. | conjug. 1 |
potasseur, euse n.
potassique adj.
potassium /-jɔm/ n. m.
pot-au-feu /potofø/ n. m. ▪ plur. **pots-au-feu** /potofø/ ou plur. inv.
pot-bouille n. f. inv.
pot-de-vin n. m. ▪ plur. **pots-de-vin**
pot-de-vinier n. m. ▪ plur. **pots-de-viniers**
[1]**pote** n.
[2]**pote** adj. f.
poteau n. m.
HOM. **potto**
potée n. f.
potelé, ée adj.
potelet n. m.
potelle n. f.
potence n. f.
➾ Ce mot est au singulier dans la locution **gibier de potence**.
potencé, ée adj.
potentat /-a/ n. m.
potentialisateur, trice adj.
potentialisation n. f.
potentialiser v. tr. | conjug. 1 |
potentialité n. f.
potentiel, ielle adj. et n. m.
potentiellement adv.
potentille n. f.
potentiomètre n. m.
potentiométrie n. f.
potentiométrique adj.
poter ou **putter** v. tr. | conjug. 1 |
poterie n. f.
poterne n. f.
potestatif, ive adj.
poteur n. m.
→ [1]**putter**
potiche n. f.
potier, ière n.
potimarron n. m.
potin n. m.
potinage n. m.
potiner v. intr. | conjug. 1 |
potinier, ière adj. et n.
potinière n. f.
potion n. f.
potiquet n. m.
potiron n. m.
potlatch n. m.
potomanie n. f.
potomètre n. m.
poto-poto n. m. inv.
potorou n. m.
pot-pourri ▪ plur. **pots-pourris** ou **pot-pourri**○ ▪ plur. **potpourris**○ n. m.
potron-jaquet ou **potron-jaquette** ou **patron-jaquet** ou **patron-jaquette** n. m. sing.
potron-minet ou **potron-minette** ou **patron-minet** ou **patron-minette** n. m. sing.
potto n. m.
HOM. **poteau**
pottok n. m.
pou n. m. ▪ plur. **poux**
HOM. **pouh, pouls**
pouacre adj.
pouacreux, euse adj.
pouah interj.
HOM. **poids, pois, poix**
poubelle n. f.
Ξ Ce mot peut s'employer en apposition ; il prend la marque du pluriel : *des classes poubelles*.
pouce n. m.
HOM. **pousse**, formes du v. **pousser**
pouce-pied ▪ plur. **pouces-pieds** ou **pousse-pied** ▪ plur. **pousse-pieds** ou **poucepied**○ ▪ plur. **poucepieds**○ n. m.
poucer v. intr. | conjug. 3 |
HOM. **pousser**
poucette n. f. (vx : jeu, tricherie)
HOM. **poussette**
poucettes n. f. pl. (anneau, lien)
HOM. **poussette**

poucier n. m.
HOM. **poussier**, formes du v. **pousser**
pou-de-soie ▪ plur. **pous-de-soie** ou **poult-de-soie** ▪ plur. **poults-de-soie** ou **pou de soie** ▪ plur. **pous de soie** /pud(ə)swa/ n. m.
pouding /pudiŋ/ n. m.
→ **pudding**
poudingue n. m.
poudrage n. m.
poudre n. f.
poudrée n. f.
poudrer v. tr. et v. impers. | conjug. 1 |
¬ **se poudrer**
➾ Aux temps composés de la forme pronominale, le participe passé s'accorde en genre et en nombre avec le sujet : *elle s'est poudrée pour sortir.* Mais le participe passé ne s'accorde pas quand il est suivi d'un complément d'objet direct : *elle s'est poudré les joues.* Il ne s'accorde avec le complément d'objet direct que lorsque celui-ci est placé avant le verbe : *elle se les est poudrées.*
poudrerie n. f.
poudrerizé, ée adj.
poudrette n. f.
poudreuse n. f.
poudreux, euse adj.
poudrier n. m.
poudrière n. f.
poudrin n. m.
poudroiement n. m.
➾ Ne pas oublier le *e* muet.
poudroyant, ante adj.
poudroyer v. intr. | conjug. 8 |
pouet /pwɛt/ interj.
pouf interj., adj. inv. et n. m.
HOM. **pouffe**, formes du v. **pouffer**
pouffant, ante adj.
pouffe n. f.
◻ abrév. de **pouffiasse**
☰ Ce mot est péjoratif et vulgaire.
HOM. **pouf**, formes du v. **pouffer**
pouffement n. m.
pouffer v. intr. | conjug. 1 |
☰ On peut employer indifféremment *pouffer de rire* ou *pouffer* sans complément.
pouffiasse ou **poufiasse** n. f.
pouh interj.
HOM. **pou, pouls**
pouic pron. indéf.
pouillard n. m.
pouille n. f.
pouillé n. m.
pouillerie n. f.
pouilles n. f. pl.
▸ **chanter pouilles à qqn**
pouilleux, euse adj. et n.
pouillot n. m.
pouilly n. m.
➾ Lorsqu'il désigne un vin, ce mot s'écrit sans majuscule, contrairement au nom propre qui désigne la commune : *un vin de Pouilly* mais *une bouteille de pouilly.*
poujadisme n. m.
poujadiste adj. et n.
poulaga n. m.
poulaille n. f.
poulailler n. m.
➾ Ne pas écrire **poulaillier*.
poulain n. m.
poulaine n. f.
poulamon n. m.
poulard adj. m.
poularde n. f.
poulbot n. m.
poule n. f.
HOM. **pool, ²pull**
poulet n. m.
poulette n. f.
➾ Dans le domaine culinaire, ce mot s'emploie dans la locution **à la poulette** ou en apposition ; il est alors invariable : *des sauces (à la) poulette.*
pouliage n. m.
pouliche n. f.
poulie n. f.
poulier n. m.
poulieur, euse n.
poulinage n. m.
poulinement n. m.
pouliner v. intr. | conjug. 1 |
poulinière adj. f.
pouliot n. m.
pouliste n.
poulot, otte n.
poulpe n. m.
☯ Ce mot est masculin : *un poulpe.*
poulpiquet n. m.
pouls /pu/ n. m.
HOM. **pou, pouh**
poult-de-soie /pud(ə)swa/ n. m. ▪ plur. **poults-de-soie**
→ **pou-de-soie**
poumon n. m.
pound /pawnd/ n. m.
poupard n. m. et adj. (poupon)
poupart n. m. (tourteau)
HOM. **poupard**
poupe n. f.
▸ **avoir le vent en poupe**
poupée n. f.
poupelin n. m.
poupin, ine adj.
poupon n. m.
pouponnage n. m.

pouponner v. intr. | conjug. 1 |
pouponnier, ière adj.
HOM. formes du v. **pouponner**
pouponnière n. f.
poupoule n. f.
pour prép. et n. m. inv.
il l'a fait pour toi ; pour cinq élèves filles, il y a trois garçons ; il y a un an jour pour jour
▸ **pour** (+ inf.) *il a tout fait pour réussir*
▸ **pour que** (+ subj.) *elle a partagé le gâteau pour que tout le monde en ait une part ; pour autant que je sache ; pour remarquable qu'il soit*
▸ **pour ce qui est de** (+n.) *pour ce qui est du bricolage, il n'est pas fort*
Ξ Dans la langue courante, les négations *ne* et *pas* sont fréquemment déplacées entre *pour* et *que* : *j'ai caché les bonbons pour (ne) pas qu'il les voie.* Cet usage doit être évité dans la langue soignée : on dira plutôt *j'ai caché les bonbons pour qu'il ne les voie pas.*
→ aussi **cent, où**
pourboire n. m.
pourceau n. m.
pourcentage n. m.
pourchasser v. tr. | conjug. 1 |
¬ **se pourchasser**
➾ Aux temps composés de la forme pronominale, le participe passé s'accorde en genre et en nombre avec le sujet : *les deux gangs se sont pourchassés pendant des années.*
pourchasseur, euse n.
pourfendeur, euse n.
pourfendre v. tr. | conjug. 41 |
➾ Au présent de l'indicatif, à la forme interrogative avec sujet inversé, on écrit *pourfend-on, pourfend-il, pourfend-elle* et non **pourfend-t-on, *pourfend-t-il, *pourfend-t-elle.* Le *d* final se prononce /t/ ; il est donc inutile et fautif d'ajouter un *t.*
pourlèche n. f.
pourlécher v. tr. | conjug. 6 |
¬ **se pourlécher**
➾ Aux temps composés de la forme pronominale, le participe passé s'accorde en genre et en nombre avec le sujet : *elle s'est pourléchée de plaisir.* Mais le participe passé ne s'accorde pas quand il est suivi d'un complément d'objet direct : *elle s'est pourléché les babines.*
pourliche n. m.
pourparler n. m.
Ξ Ce mot s'emploie presque toujours au pluriel : *entrer en pourparlers.*
pourpier n. m.
pourpoint n. m.
[1]**pourpre** n. f. (matière, étoffe, dignité, rougissement)
[2]**pourpre** n. m. et adj. (couleur, mollusque)
➾ L'adjectif prend la marque du pluriel : *des rideaux pourpres.*
pourpré, ée adj.
pourpreuse adj. f.
pourprier n. m.
pourprin, ine adj. et n. m.
pourpris n. m.
pourquoi adv., conj. et n. m. inv.
➾ Ne pas écrire *pourquoi,* qui signifie « pour quelle raison », comme **pour quoi**, qui signifie « dans quel but » : *pour quoi manifestent-ils ? pour l'abolition de la peine de mort* mais *pourquoi manifestent-ils ? parce qu'ils ont été licenciés.*
pourri, ie adj. et n.
pourridié n. m.
pourriel n. m.
pourrir v. intr. et v. tr. | conjug. 2 |
pourrissable adj.
pourrissage n. m.
pourrissant, ante adj.
pourrissement n. m.
pourrisseur, euse adj.
pourrissoir n. m.
pourriture n. f.
pour-soi ou **poursoi**○ n. m. inv.
poursuite n. f.
poursuiteur, euse n.
poursuivable adj.
poursuivant, ante n.
poursuiveur n. m.
poursuivre v. tr. | conjug. 40 |
¬ **se poursuivre**
➾ Aux temps composés de la forme pronominale, le participe passé s'accorde en genre et en nombre avec le sujet : *la discussion s'est poursuivie jusqu'au matin.*
pourtant adv.
➾ Cet adverbe s'écrit en un mot, contrairement à **pour tant**, qui signifie « pour une telle quantité » : *le passe est valable pour tant de jours* mais *c'est pourtant ce qu'ils m'ont dit.* Si l'on peut employer un autre adverbe comme *cependant, toutefois* ou *néanmoins,* il s'agit de *pourtant.*
pourtour n. m.
pourtournant, ante adj.
pourvoi n. m.
pourvoir v. tr. ind. et v. tr. | conjug. 25 |
▸ **pourvoir à qqch.** *pourvoir aux besoins de qqn*
▸ **pourvoir qqn de qqch.** *son père l'a pourvu d'un emploi à plein temps*

◗ **pourvoir qqch. de qqch.** *pourvoir une maison du confort moderne*

¬ **se pourvoir**

les parties intéressées pourront se pourvoir devant le tribunal de première instance

◗ **se pourvoir de qqch.** *se pourvoir de provisions*

➾ Aux temps composés de la forme pronominale, le participe passé s'accorde en genre et en nombre avec le sujet : *elle s'est pourvue d'aliments pour une semaine.*

pourvoirie n. f.

pourvoyeur, euse n.

pourvu, ue adj. et n.

pourvu que loc. conj.

Ξ Cette locution se construit avec le subjonctif : *pourvu qu'il fasse beau dimanche ; il ne demandait rien pourvu qu'on le laissât seul.*

pousada n. f.

poussage n. m.

poussah ou **poussa**○ n. m.

HOM. formes des v. **poucer, pousser**

[1]**pousse** n. f. (action)

HOM. **pouce**, formes du v. **poucer**

[2]**pousse** n. m. (pousse-pousse)

HOM. **pouce**, formes du v. **pousser**

pousse-au-crime n. m. inv.

pousse-avant n. m. inv.

pousse-café n. m. ▪ plur. **pousse-cafés**

pousse-cailloux ▪ plur. inv. ou **pousse-caillou**○ ▪ plur. **pousse-cailloux**○ n. m.

poussée n. f.

[1]**pousse-pied** n. m. ▪ plur. **pousse-pieds** (bateau)

HOM. **pouce-pied**

[2]**pousse-pied** n. m. ▪ plur. **pousse-pieds** (crustacé)

→ **pouce-pied**

pousse-pousse ▪ plur. inv. ou **pousse-pousse**○ ▪ plur. **poussepousses**○ n. m.

pousser v. tr. et v. intr. | conjug. 1 |

¬ **se pousser**

➾ Aux temps composés de la forme pronominale, le participe passé s'accorde en genre et en nombre avec le sujet : *elle s'est poussée pour me laisser passer.*

HOM. **poucer**

poussette n. f.

HOM. **poucette, poucettes**

poussette-canne n. f. ▪ plur. **poussettes-cannes**

pousseur n. m.

pousseux n. m.

pousse-wagon n. m. ▪ plur. **pousse-wagons**

poussier n. m.

HOM. **poucier**, formes des v. **poucer, pousser**

poussière n. f.

poussiéreux, euse adj.

poussif, ive adj.

poussin n. m.

☯ Pour parler d'une jeune sportive, le *Guide d'aide à la féminisation des noms de métiers, titres, grades et fonctions* recommande l'emploi de *poussine : une équipe de poussines.*

Ξ Ce mot peut s'employer derrière un adjectif de couleur pour en préciser la nuance ; les deux mots sont alors invariables : *des vestes jaune poussin.*

[1]**poussine** n. f. (région. : jeune poule)

[2]**poussine** n. f. (sportive)

→ aussi **poussin**

poussinesque adj.

poussinet n. m.

poussinière n. f.

poussiniste n.

poussivement adv.

poussoir n. m.

poutargue ou **boutargue** n. f.

poutine n. f.

poutou n. m.

poutrage n. m.

poutraison n. f.

poutre n. f.

poutrelle n. f.

poutser ou **poutzer** v. tr. | conjug. 1 |

pouture n. f.

[1]**pouvoir** n. m.

→ aussi **fondé, ée de pouvoir(s)**

[2]**pouvoir** v. tr. | conjug. 33 |

◗ **il peut** (+ inf.) *il pourrait y avoir une erreur*

◗ **il se peut que** (+ subj.) *il se peut qu'elle soit absente*

◗ **on ne peut plus/moins** *il était on ne peut plus serviable ; elles sont on ne peut moins polies*

◗ **on ne peut mieux** *ils comprendront on ne peut mieux le problème*

CONJUG. Ce verbe ne se conjugue pas à l'impératif.

Le participe passé *pu* est invariable.

À la première personne du singulier de l'indicatif présent, la forme *puis* est vieillie, sauf dans l'interrogation directe où il est obligatoire : *puis-je entrer ?* Dans les autres cas, on emploie *peux : est-ce que je peux entrer ?*

Ξ Avec le verbe *pouvoir* suivi d'un infinitif, *ne* peut être employé sans autre négation : *je ne peux mentir.*

L'emploi de *pouvoir* avec l'adjectif *possible* est pléonastique et doit être évité : on ne dira pas **il est possible qu'il puisse gagner* mais *il est possible qu'il gagne* ou *il peut gagner.*

pouzzolane /-dz-/ n. f.

pouzzolanique /-dz-/ adj.

pow-wow n. m. inv.

P. P. C. M. n. m.
□ abrév. de **plus petit commun multiple**
P. Q. n. m.
□ abrév. de **papier hygiénique**
pracrit n. m.
→ **prakrit**
practice n. m.
pradelle n. f.
præsidium /pʀezidjɔm/ n. m.
→ **présidium**
pragmaticisme n. m.
pragmatique adj. et n. f.
pragmatiquement adv.
pragmatisme n. m.
pragmatiste adj. et n.
praire n. f.
☯ Ce mot est féminin : *une praire.*
prairial, ale, aux adj. et n. m.
➾ Comme tous les noms de mois, ce mot s'écrit sans majuscule : *le 15 prairial.*
prairie n. f.
prakrit ou **prâkrit** n. m.
➾ Comme tous les noms de langues, ce mot s'écrit sans majuscule : *ils parlaient le prakrit.*
pralin n. m.
pralinage n. m.
praline n. f.
praliné, ée adj.
praliner v. tr. | conjug. 1 |
pralineur, euse n.
prame n. f.
prandial, ale, aux adj.
prao n. m.
prase n. m.
praséodyme n. m.
praséolite n. f.
prasin, ine adj.
pratelle n. f.
praticabilité n. f.
➾ Ce mot s'écrit avec un *c*, contrairement à *pratiquer.*
praticable adj. et n. m.
➾ Ce mot s'écrit avec un *c*, contrairement à *pratiquer.*
praticien, ienne n.
⚡ Ne pas confondre **praticien**, « personne qui pratique un art, une technique ou qui donne des soins médicaux », avec **patricien**, « personne qui appartenait à la classe supérieure des citoyens romains ».
praticité n. f.
pratiquant, ante adj. et n.
➾ Ne pas écrire **praticant.*
pratique adj. et n. f.
pratiquement adv.
☰ L'emploi de *pratiquement* au sens de « à peu de chosesprès » est courant mais critiqué par certains puristes. Dans la langue soignée, on peut le remplacer par *presque.*
pratiquer v. tr. | conjug. 1 |
¬ **se pratiquer**
➾ Aux temps composés de la forme pronominale, le participe passé s'accorde en genre et en nombre avec le sujet : *ces coutumes se sont pratiquées jusqu'au siècle dernier.*
praxéologie n. f.
praxéologique adj.
praxie n. f.
praxinoscope n. m.
praxique adj.
praxis /-is/ n. f.
pré n. m.
HOM. **prée**
préaccentuation n. f.
préachat n. m.
préacheminement n. m.
préacheter v. tr. | conjug. 5 |
préadamisme n. m.
préadamite n. et adj.
préadaptation n. f.
préado n.
□ abrév. de **préadolescent, ente**
préadolescence ou **pré-adolescence** n. f.
préadolescent, ente ▪ plur. **préadolescents** ou **pré-adolescent, ente** ▪ plur. **pré-adolescents, entes** n.
préalable adj. et n. m.
▸ **au préalable** *il faut tout vérifier au préalable*
préalablement adv.
préallumage n. m.
préalpin, ine adj.
préambulaire adj.
préambule n. m.
préampli n. m.
préamplificateur n. m.
préamplification n. f.
préanesthésie n. f.
préannonce n. f.
préannoncer v. tr. | conjug. 3 |
préappel n. m.
préapprenti, ie n.
préapprentissage n. m.
préarticle n. m.
préaspirée adj. f.
préau n. m.
préavis n. m.
préaviser v. tr. | conjug. 1 |
prébaccalauréat n. m.
prébaroque adj.
prébende n. f.
prébendé, ée adj.
prébendier n. m.
prébiotique adj. et n. m.

prébouilli, ie adj.
précâblé, ée adj.
précaire adj.
précairement adv.
précambrien, ienne adj. et n. m.
➾ L'adjectif s'écrit toujours sans majuscule : *l'ère précambrienne*. Le nom s'écrit généralement sans majuscule mais la majuscule initiale est de rigueur dans les ouvrages spécialisés.
précancéreux, euse adj.
précanteur n. m.
précapitalisme n. m.
précapitaliste adj.
précarence n. f.
précariat n. m.
précarisation n. f.
précariser v. tr. | conjug. 1 |
précarité n. f.
précatif adj.
précation n. f.
précaton n. m.
→ **prégaton**
précaution n. f.
➾ Ce mot est au singulier dans les locutions **avec/sans précaution** et **par précaution**.
précautionner v. tr. | conjug. 1 |
¬ **se précautionner contre**
◗ **se précautionner contre** *se précautionner contre les intempéries*
◗ **se précautionner de** *se précautionner d'un équipement adapté*
➾ Aux temps composés de la forme pronominale, le participe passé s'accorde en genre et en nombre avec le sujet : *elle s'est précautionnée contre les cambrioleurs*.
précautionneusement adv.
précautionneux, euse adj.
précédemment /-amɑ̃/ adv.
précédent, ente adj. et n. m.
➾ Ne pas écrire ce mot comme *précédant*, participe présent du verbe *précéder*. *Précédent* est au singulier dans la locution **sans précédent** : *des évènements sans précédent*.
précéder v. tr. | conjug. 6 |
préceinte n. f.
précellence n. f.
précellent, ente adj.
préceltique adj.
précensure n. f.
précepte n. m.
précepteur, trice n.
ϟ Ne pas confondre **précepteur**, qui signifie « personne chargée de l'éducation d'un enfant à domicile », avec **percepteur**, qui signifie « comptable chargé de la perception des impôts ».
préceptoral, ale, aux adj.
préceptorat n. m.
préceptorial, ale, aux adj.
précessif, ive adj.
précession n. f.
préchambre n. f.
préchantre n. m.
précharger v. tr. | conjug. 3 |
préchauffage n. m.
préchauffe n. f.
préchauffer v. tr. | conjug. 1 |
prêche n. m.
prêcher v. tr. et v. intr. | conjug. 1 |
prêcheur, euse n. et adj.
prêchi-prêcha ▪ plur. inv. ou **prêchiprêcha**○ ▪ plur. **prêchiprêchas**○ n. m.
préchrétien, ienne /-k-/ adj.
précieusement adv.
précieux, ieuse adj. et n. f.
préciosité n. f.
précipice n. m.
précipitabilité n. f.
précipitable adj.
précipitamment adv.
précipitant, ante adj.
précipitation n. f.
précipité, ée adj. et n. m.
précipiter v. tr. | conjug. 1 |
¬ **se précipiter**
➾ Aux temps composés de la forme pronominale, le participe passé s'accorde en genre et en nombre avec le sujet : *ils se sont précipités vers la sortie*.
précipitine n. f.
précipitodiagnostic n. m.
préciput /pʀesipyt/ n. m.
préciputaire adj.
précis, ise adj. et n. m.
→ aussi **heure**
précisable adj.
précisément adv.
préciser v. tr. | conjug. 1 |
¬ **se préciser**
➾ Aux temps composés de la forme pronominale, le participe passé s'accorde en genre et en nombre avec le sujet : *la menace s'est précisée*.
précision n. f.
précisionniste adj. et n.
précité, ée adj.
préclassique adj.
précoce adj.
précocement adv.
précocité n. f.
précognition n. f.
précolombien, ienne adj.
précolonial, ale, aux adj.
précombustion n. f.

précommande n. f.
précompression n. f.
précompte /-kɔ̃t/ n. m.
précompter /-kɔ̃t/ v. tr. | conjug. 1 |
préconcentration n. f.
préconcept n. m.
préconception n. f.
préconceptuel, elle adj.
préconçu, ue adj.
précondensation n. f.
précongé n. m.
préconisateur, trice n.
préconisation n. f.
préconiser v. tr. | conjug. 1 |
préconjugal, ale, aux adj.
préconscient, ente adj. et n. m.
précontinent n. m.
précontraindre v. tr. | conjug. 52 |
précontraint, ainte adj. et n. m.
précontrainte n. f.
précordial, iale, iaux adj.
précordialgie n. f.
précorrection n. f.
précritique adj.
précuire v. tr. | conjug. 38 |
précuisson n. f.
précuit, ite adj.
préculturel, ale, aux adj.
précurseur n. et adj.

☯ Ce mot peut s'employer au féminin : *elle est saluée comme une audacieuse précurseur.* L'Office québécois de la langue française recommande la forme *précurseure.* En Suisse, on emploie *précurseuse.*

prédateur, trice n. m. et adj.
prédation n. f.
prédatoire adj.
prédécesseur n.

☯ Ce mot peut s'employer au féminin : *c'est sa prédécesseur.* L'Office québécois de la langue française recommande la forme *prédécesseure.* En Suisse, on emploie *prédécesseuse.*

prédécoupé, ée adj.
prédéfinir v. tr. | conjug. 2 |
prédélinquance n. f.
prédélinquant, ante n.
prédelle n. f.
prédemande n. f.
prédestination n. f.
prédestiné, ée adj.
prédestiner v. tr. | conjug. 1 |
prédestinianisme n. m.
prédéterminant, ante adj. et n. m.
prédétermination n. f.
prédéterminer v. tr. | conjug. 1 |
prédéterminisme n. m.
prédicable adj. et n.
prédicament n. m.
prédicant n. m.

➾ Ne pas confondre ce nom avec *prédiquant,* participe présent du verbe *prédiquer.*

prédicat n. m.

HOM. formes du v. **prédiquer**

prédicateur, trice n.
prédicatif, ive adj.
prédication n. f.

⚡ Ne pas confondre **prédication**, qui signifie « action de prêcher », avec **prédiction**, qui signifie « action de prédire ».

prédictif, ive adj.
prédiction n. f.

⚡ Ne pas confondre **prédiction**, qui signifie « action de prédire », avec **prédication**, qui signifie « action de prêcher ».

prédigéré, ée adj.
prédigestion n. f.
prédilection n. f.
prédiquer v. tr. | conjug. 1 |
prédire v. tr. | conjug. 37 ; sauf *prédisez* |

CONJUG. Ce verbe se conjugue comme *dire,* sauf à la deuxième personne du pluriel du présent de l'indicatif et de l'impératif : *(vous) prédisez* et non **(vous) prédites.*

prédisposer v. tr. | conjug. 1 |
prédisposition n. f.
prédistorsion n. f.
prédominance n. f.
prédominant, ante adj.
prédominer v. intr. | conjug. 1 |
prédorsal, ale, aux adj.
prédynastique adj.
prée n. f.

HOM. **pré**

préélectoral, ale, aux adj.
préemballé, ée adj.
préembauche n. f.
prééminence n. f.

⚡ Ne pas confondre **prééminence**, qui signifie « supériorité absolue », avec **proéminence**, qui signifie « protubérance ».

☰ **Prééminence absolue** est un pléonasme à éviter.

prééminent, ente adj.
préemploi n. m.
préempter v. tr. | conjug. 1 |
préemptif, ive adj.
préemption n. f.

⚡ Ne pas confondre **préemption**, qui signifie « droit d'acheter avant un autre », avec **péremption**, qui signifie « annulation après l'expiration d'un délai ».

préencollé, ée adj.
préenquête n. f.
préenregistré, ée adj.
préenregistrement n. m.

préenregistrer v. tr. | conjug. 1 |
préétablir v. tr. | conjug. 2 |
préexcellence n. f.
préexilien, ienne adj.
préexistant, ante adj.
préexistence n. f.
préexistentiel, elle adj.
préexister v. intr. | conjug. 1 |
◗ **préexister à** (+ n.) *une coutume qui préexistait à une loi*
préfabrication n. f.
préfabriqué, ée adj.
préfabriquer v. tr. | conjug. 1 |
préface n. f.
préfacer v. tr. | conjug. 3 |
préfacier, ière n.
HOM. formes du v. **préfacer**
préfectoral, ale, aux adj.
préfecture n. f.
➾ Avec une majuscule et sans complément, **la Préfecture** désigne la préfecture de police de Paris. Dans les autres cas, *préfecture* s'écrit sans majuscule : *la préfecture du Var* ; *les bureaux de la préfecture.*
préférable adj.
◗ **il est préférable de** (+ inf.) *il est préférable d'utiliser de l'huile d'olive*
◗ **il est préférable que** (+ subj.) *il est préférable qu'elle s'en aille*
préférablement adv.
préférant, ante adj.
préféré, ée adj. et n.
préférence n. f.
preferendum /prefeʀɑ̃dɔm/ n. m.
préférentiel, ielle adj.
préférentiellement adv.
préférer v. tr. | conjug. 6 |
◗ **préférer que** (+ subj.) *je préfère qu'il vienne seul*
Ξ La construction ***préférer** (+ n.) **que** est fautive. Il faut employer **préférer** (+ n.) **à** : on ne dira pas **elle préfère la campagne que la ville* mais *elle préfère la campagne à la ville.*
Quand *préférer* est suivi d'un infinitif, le second élément peut être introduit par **plutôt que de**, **plutôt que**, **que de** ou simplement par **que** : *elle préfère mourir que souffrir* ou *que de souffrir* ou *plutôt que souffrir* ou *plutôt que de souffrir.* Dans le langage littéraire, on rencontre également l'emploi de la préposition *à* : *elle préfère mourir à souffrir.*
Préférer s'emploie indifféremment avec *beaucoup* ou **de beaucoup** : *je préfère (de) beaucoup celui-ci.* **De beaucoup** est plus fréquent. On peut dire *préférer* ou **aimer mieux** mais ***préférer mieux** est fautif.

→ aussi **plutôt**

préfet, ète n.
préfigurateur, trice adj.
préfiguration n. f.
préfigurer v. tr. | conjug. 1 |
préfinancement n. m.
préfix, ixe /pʀefiks/ adj.
préfixal, ale, aux adj.
préfixation n. f.
préfixe n. m.
HOM. **préfix**
préfixer v. tr. | conjug. 1 |
préfixion n. f.
préfloraison n. f.
préfoliation n. f.
préformage n. m.
préformant, ante adj.
préformaté, ée adj.
préformation n. f.
préformationnisme n. m.
préformationniste adj. et n.
préforme n. f.
préformer v. tr. | conjug. 1 |
préformisme n. m.
préfourrière n. f.
préfractionner v. tr. | conjug. 1 |
préfrit, ite adj.
préfrontal, ale, aux adj.
prégaton ou **précaton** n. m.
prégénital, ale, aux adj.
préglaciaire adj.
prégnance /-gnɑ̃s/ n. f.
prégnant, ante /-gnɑ̃/ adj.
prégnation /-gn-/ n. f.
prégraine n. f.
préhellénique adj.
préhenseur adj. m.
préhensible adj.
ϟ Ne pas confondre **préhensible**, mot rare qui signifie « qui peut être saisi », avec **préhensile**, qui signifie « qui peut prendre, saisir » (*une queue préhensile*).
préhensif, ive adj.
préhensile adj.
ϟ Ne pas confondre **préhensile**, qui signifie « qui peut prendre, saisir » (*une queue préhensile*), avec **préhensible**, mot rare qui signifie « qui peut être saisi ».
préhension n. f.
préhistoire n. f.
préhistorien, ienne n.
préhistorique adj.
préhominien n. m.
préhospitalier, ère adj.
préhumain, aine adj.
préimplantatoire adj.
préimpression n. f.
préimprimer v. tr. | conjug. 1 |

préincasique adj.
préindustriel, elle adj.
préinscription n. f.
préinscrire v. tr. | conjug. 39 |
¬ **se préinscrire**
➾ Aux temps composés de la forme pronominale, le participe passé s'accorde en genre et en nombre avec le sujet : *les lycéens se sont préinscrits à l'université.*
préinstallé, ée adj.
préislamique adj.
préjudice n. m.
▸ **porter préjudice à** (+ n.) *ces accusations lui portent préjudice*
▸ **au préjudice de** (+ n.) *une injustice commise à leur préjudice ; au préjudice de l'honneur*
▸ **sans préjudice de** (+ n.) *sans préjudice des questions qui pourront être soulevées plus tard*
préjudiciable adj.
préjudiciaux adj. m. pl.
Ξ Ce mot ne s'emploie que dans la locution **frais préjudiciaux**.
préjudiciel, ielle adj.
➾ Le pluriel est régulier : *des actes préjudiciels.*
préjudicier v. intr. | conjug. 7 |
préjugé n. m.
préjuger v. tr. et v. tr. ind. | conjug. 3 |
autant qu'on peut le préjuger
▸ **préjuger de** (+ n.) *sans préjuger de votre réponse*
Ξ Autrefois critiquée, la forme transitive indirecte est aujourd'hui la plus courante et ne peut être considérée comme fautive. La forme transitive directe appartient à la langue juridique ou littéraire.
prélaquage n. m.
prélart n. m.
prélarve n. f.
prélasser (se) v. pron. | conjug. 1 |
➾ Aux temps composés, le participe passé s'accorde en genre et en nombre avec le sujet : *elle s'est prélassée pendant que les autres travaillaient.*
prélat n. m.
prélatin, ine adj.
prélation n. f.
prélature n. f.
prélavage n. m.
prélaver v. tr. | conjug. 1 |
prêle ou **prèle** n. f.
prélecture n. f.
prélegs /pʀelɛ(g)/ n. m.
prélèvement n. m.
prélever v. tr. | conjug. 5 |
prélibation n. f.
préliminaire n. m. et adj.
➾ Ne pas employer **préléminaire*, qui n'existe pas.
ϟ Ne pas confondre l'adjectif **préliminaire**, qui signifie « qui précède, prépare (une chose plus importante) », avec **liminaire**, qui signifie « placé en tête, au début (d'un texte) ».
préliminairement adv.
prélittéraire adj.
prélogique adj.
prélude n. m.
préluder v. intr. et v. tr. ind. | conjug. 1 |
prématuration n. f.
prématuré, ée adj.
Ξ **Trop prématuré** est un pléonasme à éviter.
prématurément adv.
prématurité n. f.
prémédication n. f.
préméditation n. f.
préméditer v. tr. | conjug. 1 |
préménopause n. f.
prémenstruel, elle adj.
prémices n. f. pl.
ϟ Ne pas confondre **prémices**, qui signifie « commencement », avec **prémisses**, qui signifie « affirmation dont on tire une conclusion ».
HOM. **prémisse**
premier, ière adj. et n.
Ξ Le masculin s'abrège en *Ier* et *1er*, le féminin en *Ire* et *1re*. Les abréviations **Ière* et **1ère* sont fautives.
➾ Ce mot s'écrit avec une majuscule dans **le Premier ministre** et **le Premier consul**. La locution **en premier** est invariable : *elles sont arrivées en premier.* Employé avec un adjectif ou un participe passé, *premier* varie en genre et en nombre : *la première avertie ; les tout premiers arrivés.*
première n. f.
premièrement adv.
premier-lieutenant, première-lieutenante n. m. ▪ plur. **premiers-lieutenants, premières-lieutenantes**
premier-maître, première-maître ▪ plur. **premiers-maîtres, premières-maîtres** ou **premier-maitre, première-maitre**○ ▪ plur. **premiers-maitres, premières-maitres**○ n.
premier-né, première-née adj. et n. ▪ plur. **premiers-nés, premières-nées**
prémilitaire adj.
prémisse n. f.
ϟ Ne pas confondre **prémisses**, qui signifie « affirmation dont on tire une conclusion », avec **prémices**, qui signifie « commencement ».
HOM. **prémices**
prémium ▪ plur. **prémiums** ou **premium** ▪ plur. **premium** /-jɔm/ n. m.

premix ou **prémix**○ n. m. inv.
prémolaire n. f.
prémonition n. f.
prémonitoire adj.
prémontré, ée n.
➾ Ce mot s'écrit avec une minuscule lorsqu'il désigne une personne : *un couvent de prémontrés*. Il s'écrit avec une majuscule lorsqu'il désigne sans ambiguïté l'ordre lui-même : *elle est entrée chez les Prémontrées*.
prémourant n. m.
prémunir v. tr. | conjug. 2 |
¬ **se prémunir**
➾ Aux temps composés de la forme pronominale, le participe passé s'accorde en genre et en nombre avec le sujet : *ils se sont prémunis contre la contagion*.
prémunition n. f.
prenable adj.
prenant, ante adj.
prénatal, ale adj.
➾ Ce mot a un pluriel régulier : *des diagnostics prénatals*.

prendre v. tr. et v. intr. | conjug. 58 |
prendre son chéquier dans sa poche
▸ **prendre qqch. à qqn** *on lui a pris son sac*
▸ **prendre sur soi de** (+ inf.) *il a pris sur lui de cacher la vérité ; il faut prendre sur soi*
▸ **prendre** (+ n.) **en** (+ n.) *prendre qqn en amitié ; prendre qqch. en considération*
▸ **prendre** (+ n.) **pour** (+ n.) *il m'a prise pour une employée ; prendre ses désirs pour des réalités*
Ξ Avec un sujet tel que *l'envie, l'idée*, etc. et un complément désignant une personne, on peut employer indifféremment la forme transitive directe ou la forme transitive indirecte : *l'idée a pris mon frère* ou *l'idée a pris à mon frère de faire du parachutisme*. Il faut, de ce fait, faire attention à l'accord du participe passé qui diffère selon la construction : *ma mère est partie, l'envie l'a prise subitement* mais *l'envie lui a pris subitement*.
➾ Au présent de l'indicatif, à la forme interrogative avec sujet inversé, on écrit *prend-on, prend-il, prend-elle* et non **prend-t-on, *prend-t-il, *prend-t-elle*. Le d final se prononce /t/ ; il est donc inutile et fautif d'ajouter un *t*.
¬ **se prendre**
▸ **s'en prendre à** (+ n.) *il s'en est pris à eux*
▸ **se prendre de** (+ n.) *se prendre d'amitié pour qqn*
▸ **se prendre à** (+ inf.) *je me prends à espérer*
▸ **s'y prendre** *elle ne sait comment s'y prendre ; il s'y prend bien/mal*
▸ **se prendre pour** *il se prend pour un génie*
➾ Aux temps composés de la forme pronominale, le participe passé s'accorde en genre et en nombre avec le sujet : *elles se sont prises par la main*. Mais le participe passé ne s'accorde pas quand il est suivi d'un complément d'objet direct : *elle s'est pris plusieurs gifles*. Il ne s'accorde avec le complément d'objet direct que lorsque celui-ci est placé avant le verbe : *les gifles qu'elle s'est prises*.

preneur, euse n.
prénom n. m.
prénommé, ée n. et adj.
prénommer v. tr. | conjug. 1 |
prénotion n. f.
prénuptial, iale, iaux adj.
préobjectal, ale, aux adj.
préoccupant, ante adj.
préoccupation n. f.
préoccupé, ée adj.
préoccuper v. tr. | conjug. 1 |
¬ **se préoccuper**
➾ Aux temps composés de la forme pronominale, le participe passé s'accorde en genre et en nombre avec le sujet : *ils ne se sont pas préoccupés de ma santé*.
préœdipien, ienne /pʀeedipjɛ̃, jɛn ; pʀeødipjɛ̃, jɛn/ adj.
préolympique adj.
préopératoire adj.
préoral, ale, aux adj.
préordre n. m.
prépa adj. et n. f.
□ abrév. de **(classe) préparatoire**
prépaiement n. m.
➾ Ne pas oublier le *e* muet.
prépalatal, ale, aux adj.
préparage n. m.
préparateur, trice n.
préparatif n. m.
préparation n. f.
préparatoire adj.
préparc n. m.
préparer v. tr. | conjug. 1 |
¬ **se préparer**
➾ Aux temps composés de la forme pronominale, le participe passé s'accorde en genre et en nombre avec le sujet : *ils s'étaient préparés à partir*.
prépatence n. f.
prépayer v. tr. | conjug. 8 |
préperceptif, ive adj.
prépisté, ée adj.
prépondérance n. f.
prépondérant, ante adj.
préposé, ée n.
préposer v. tr. | conjug. 1 |

prépositif, ive adj.
préposition n. f.
prépositionnel, elle adj.
prépositivement adv.
prépotence n. f.
prépotent, ente adj.
prépresse n. m.
préproduction n. f.
préprogrammé, ée adj.
préprogrammer v. tr. | conjug. 1 |
prépsychotique /-k-/ adj. et n.
prépubère adj. et n.
prépubertaire adj.
prépuberté n. f.
prépublication n. f.
prépublier v. tr. | conjug. 7 |
prépuce n. m.
préputial, ale, aux adj.
préqualificatif, ive adj.
préraphaélique adj.
préraphaélisme n. m.
➾ Comme tous les noms de courants artistiques, ce mot s'écrit sans majuscule : *le préraphaélisme de Rossetti*.
préraphaélite n. m. et adj.
➾ Ne pas employer **préraphaéliste,* qui n'existe pas. Comme tous les mots désignant ou qualifiant un courant artistique ou ses représentants, ce mot s'écrit sans majuscule : *le mouvement préraphaélite ; les préraphélites*.
prérasage n. m.
préréglable adj.
préréglage n. m.
prérégler v. tr. | conjug. 6 |
prérentrée n. f.
prérequis n. m.
préretraite n. f.
préretraité, ée adj. et n.
prérévolutionnaire adj.
prérogative n. f.
préroman, ane adj.
préromantique adj.
préromantisme n. m.
près adv.
▸ **de près** *regarder de près*
▸ **près de** (+ n.) *il vivent près de la forêt*
▸ **près de** (+ inf.) *il n'est pas près de changer*
➾ Ne pas écrire *près* comme *prêt* : on peut écrire *il n'est pas près de changer* ou *il n'est pas prêt à changer* mais pas **il n'est pas près à changer* ni **il n'est pas prêt de changer*.
Ξ L'emploi comme préposition est archaïque ou réservé au langage juridique : *expert près les tribunaux*.
HOM. **prêt**
présage n. m.
présager v. tr. | conjug. 3 |
▸ **présager que** (+ indic.) *je présage qu'il partira avant la fin*
⌘ Introduit par *de*, le complément ne peut être qu'un complément d'origine : *que présagez-vous de ces constatations ?* Le complément d'objet est toujours introduit de manière directe : il ne faut pas dire **cela présage d'un grand danger* mais *cela présage un grand danger*.
présalaire n. m.
pré-salé n. m. ▪ plur. **prés-salés**
présanctifié, ée adj.
présaussurien, ienne adj.
presbyacousie n. f.
presbyophrénie n. f.
presbyopie n. f.
presbyte n. et adj.
presbytéral, ale, aux adj.
presbytérat n. m.
presbytère n. m.
presbytérianisme n. m.
presbytérien, ienne adj. et n.
presbytie /-si/ n. f.
presbytre n. m.
prescience n. f.
prescient, ente adj.
préscientifique adj.
préscolaire adj.
préscolarité n. f.
prescripteur, trice n.
prescriptible adj.
prescriptif, ive adj.
prescription n. f.
prescrire v. tr. | conjug. 39 |
ϟ Ne pas confondre **prescrire**, qui signifie « ordonner » ou « recommander », avec **proscrire**, qui signifie « interdire ».
prescrit, ite adj.
préséance n. f.
présélecteur n. m.
présélection n. f.
présélectionner v. tr. | conjug. 1 |
présence n. f.
➾ Les locutions **en présence (de)** et **acte de présence** sont invariables : *en présence des intéressés ; les équipes en présence ; ils font acte de présence*.
présénescence n. f.
présénile adj.
présénilité n. f.
présensibilisé, ée adj.
[1]**présent, ente** adj. et n. m.
▸ **présent à** (+ n.) *avoir une chose présente à l'esprit*
▸ **à présent** *la réunion est à présent terminée*

▸ **à présent que** (+ indic.) *à présent que tout est prêt*

Ξ **À présent (que)** peut s'employer dans une phrase au passé : *son visage était à présent ridé ; à présent que j'étais rentré.*

²présent n. m. (cadeau)

présentable adj.

présentateur, trice n.

présentatif n. m.

présentation n. f.

➾ Ce mot s'écrit avec une majuscule quand il désigne l'épisode biblique ou la fête religieuse : *la Présentation de la Vierge est célébrée le 21 novembre.*

présente n. f. (lettre)

présentéisme n. m.

présentement adv.

présenter v. tr. et v. intr. | conjug. 1 |

¬ **se présenter**

➾ Aux temps composés de la forme pronominale, le participe passé s'accorde en genre et en nombre avec le sujet : *ma sœur s'est présentée à un concours de beauté.*

présentiel, ielle adj. et n. m.

présentification n. f.

présentoir n. m.

➾ Ne pas écrire **présentoire*.

présérie n. f.

préservateur, trice adj. et n. m.

préservatif, ive adj. et n. m.

préservation n. f.

préserver v. tr. | conjug. 1 |

¬ **se préserver**

➾ Aux temps composés de la forme pronominale, le participe passé s'accorde en genre et en nombre avec le sujet : *ils se sont préservés de la maladie par une hygiène irréprochable.*

préside n. m.

présidence n. f.

président, ente n.

➾ Ne pas confondre ce nom avec *présidant*, participe présent du verbe *présider*. Ce mot s'écrit sans majuscule : *la présidente de la République ; le président du Conseil.* Les locutions **président-directeur général** et **présidente-directrice générale** s'écrivent avec un seul trait d'union.

présidentiabilité n. f.

présidentiable adj. et n.

présidentialisation n. f.

présidentialiser v. tr. | conjug. 1 |

présidentialisme n. m.

présidentialiste adj.

présidentiel, ielle adj.

→ aussi **élection**

présider v. tr. et v. tr. ind. | conjug. 1 |

Ξ Ne pas confondre les deux constructions. La forme transitive directe s'emploie au sens de « être le président de, diriger les débats de » ou « occuper la place d'honneur dans » : *présider un conseil d'administration ; présider un dîner.* La forme transitive indirecte s'emploie au sens de « diriger l'organisation de, veiller au bon déroulement de » : *le magistrat qui préside à une cérémonie.* Elle peut également s'employer avec pour sujet un nom de chose : *les règles qui président au fonctionnement d'une institution.*

présidial, iale, iaux n. m. et adj.

présidialité n. f.

présidium ou **præsidium** /pʀezidjɔm/ n. m.

présocratique adj. et n. m.

présomptif, ive adj.

présomption n. f.

présomptivement adv.

présomptueusement adv.

présomptueux, euse adj.

présonorisation n. f.

◻ rec. off. pour **play-back**

présonoriser v. tr. | conjug. 1 |

presque adv.

Ξ Hormis dans le mot *presqu'île* (ou *presqu'ile*○), *presque* ne s'élide pas : *c'est presque impossible ; presque autant ; je l'ai presque entendu.*

Presque se place généralement devant l'adjectif et, aux temps composés, entre l'auxiliaire et le participe passé : *elle écoutait, presque impassible ; il a presque pleuré.* Dans la langue littéraire, il est parfois postposé : *elle écoutait, impassible presque ; il a pleuré presque.*

Avec un nom introduit par une préposition, *presque* se place devant la préposition : *nous sommes presque au sommet.* Si le nom est précédé d'un terme de quantité (*tout, chaque, aucun*, etc.), il est préférable (mais non obligatoire) de placer *presque* après la préposition : *il a écrit à presque tout le monde.*

Dans le langage littéraire, *presque* peut s'employer avec un substantif abstrait : *il en avait la presque certitude.*

presqu'île ou **presqu'ile**○ n. f.

pressage n. m.

pressant, ante adj.

press-book ▪ plur. **press-books** ou **press-book**○ ▪ plur. **pressbooks**○ /pʀɛsbuk/ n. m.

◻ rec. off. : **portfolio**

presse n. f.

➾ Ce mot est toujours au singulier dans la locution **sous presse** : *des ouvrages sous presse.*

pressé, ée adj.

presse-agrume(s) n. m. ▪ plur. **presse-agrumes**

presse-bouton adj. ▪ plur. inv. ou plur. **presse-boutons**○
presse-citron n. m. ▪ plur. **presse-citrons**
pressée n. f.
presse-étoupe n. m. ▪ plur. inv. ou plur. **presse-étoupes**
presse-flan n. m. ▪ plur. **presse-flans**
presse-fruit n. m. ▪ plur. **presse-fruits**
presselle n. f.
pressement n. m.
pressentiment n. m.
pressentir v. tr. | conjug. 16 |
→ aussi **avance**
presse-papier(s) n. m. ▪ plur. **presse-papiers**
presse-purée n. m. ▪ plur. **presse-purées**
presser v. tr. et v. intr. | conjug. 1 |
¬ **se presser**
➾ Aux temps composés de la forme pronominale, le participe passé s'accorde en genre et en nombre avec le sujet : *elles se sont pressées de rentrer.*
presse-raquette n. m. ▪ plur. **presse-raquettes**
presseur, euse n. et adj.
presse-viande n. m. ▪ plur. inv. ou plur. **presse-viandes**
pressier, ière n.
HOM. formes du v. **presser**
pressing /pʀesiŋ/ n. m.
pressiomètre n. m.
pression n. f.
Ξ Ce mot peut s'employer en apposition ; il est alors invariable : *des bières pression.*
HOM. formes du v. **presser**
pressionné, ée adj.
pressoir n. m.
pressostat n. m.
pressothérapie n. f.
pressurage n. m.
pressure n. f.
pressurer v. tr. | conjug. 1 |
¬ **se pressurer**
➾ Aux temps composés de la forme pronominale, le participe passé ne s'accorde pas quand il est suivi d'un complément d'objet direct : *elles se sont pressuré le cerveau pour trouver une solution.*
pressureur, euse n.
pressurisation n. f.
pressuriser v. tr. | conjug. 1 |
prestance n. f.
prestant n. m.
prestataire n.
prestation n. f.
Ξ L'emploi de *prestation* au sens de « performance sportive ou artistique » est critiqué et doit être évité.
preste adj.
presté, ée adj.
prestement adv.
prester v. tr. | conjug. 1 |
prestesse n. f.
prestidigitateur, trice n.
prestidigitation n. f.
prestige n. m.
prestigieusement adv.
prestigieux, ieuse adj.
[1]**prestissimo** n. m. ▪ plur. inv. ou plur. **prestissimos**
[2]**prestissimo** adv.
presto n. m. et adv.
➾ Le nom a un pluriel régulier : *des prestos.*
prestolet n. m.
préstratégique adj.
présuccession n. f.
présumable adj.
présumé, ée adj.
présumer v. tr. et v. tr. ind. | conjug. 1 |
▸ **présumer** (+ indic.) *je présume que c'est une erreur*
▸ **présumer de** (+ n.) *il a trop présumé de ses forces*
présupposé, ée adj. et n. m.
présupposer v. tr. | conjug. 1 |
▸ **présupposer que** (+ indic.) *cela présuppose qu'il est d'accord*
présupposition n. f.
présure n. f.
présurer v. tr. | conjug. 1 |
présystole n. f.
présystolique adj.
[1]**prêt, prête** adj.
▸ **prêt à** (+ inf.) *nous sommes prêts à partir ; il n'est pas prêt à changer*
➾ Ne pas écrire *prêt* comme *près* : on peut écrire *il n'est pas prêt à changer* ou *il n'est pas près de changer* mais pas **il n'est pas près à changer* ni **il n'est pas prêt de changer.*
HOM. **près**
[2]**prêt** n. m.
HOM. **près**
prêt-à-l'emploi n. m. ▪ plur. **prêts-à-l'emploi**
➾ Ce nom s'écrit avec des traits d'union, contrairement à la locution adjectivale **prêt à l'emploi** : *des matériaux prêts à l'emploi* mais *le prêt-à-l'emploi.*
prêt-à-manger n. m. ▪ plur. **prêts-à-manger**
▫ rec. off. pour **fast-food**
➾ Ce nom s'écrit avec des traits d'union, contrairement à la locution adjectivale **prêt à manger** : *des aliments prêts à manger* mais *le prêt-à-manger.*

prêt-à-monter n. m. ▪ plur. **prêts-à-monter**
▫ rec. off. pour **kit**
➾ Ce nom s'écrit avec des traits d'union, contrairement à la locution adjectivale **prêt à monter** : *des meubles prêts à monter* mais *se meubler en prêt-à-monter*.
prétantaine n. f.
→ **prétentaine**
prêt-à-porter n. m. ▪ plur. **prêts-à-porter**
➾ Ce nom s'écrit avec des traits d'union, contrairement à la locution adjectivale **prêt à porter** : *des vêtements prêts à porter* mais *une boutique de prêt-à-porter*.
prêt-à-poster n. m. ▪ plur. **prêts-à-poster**
➾ Ce nom s'écrit avec des traits d'union, contrairement à la locution adjectivale **prêt à poster** : *des enveloppes prêtes à poster* mais *le prêt-à-poster*.
prétarse n. m.
prêté, ée adj. et n. m.
prétendant, ante n.
prétendre v. tr. | conjug. 41 |
▸ **prétendre à** (+ n.) *il peut prétendre à un salaire supérieur*
▸ **prétendre** (+ inf.) *il prétend avoir été malade ; elle prétend être obéie ; je ne prétends pas avoir raison*
☰ Au sens de « affirmer que », **prétendre que** s'emploie avec l'indicatif dans une phrase affirmative et avec le subjonctif dans une phrase négative ou interrogative : *il prétend qu'il m'a prévenu ; je ne prétends pas qu'il l'ait dit ; prétendez-vous que ce soit faux ?* Au sens de **vouloir que**, il s'emploie toujours avec le subjonctif : *il prétend qu'on lui obéisse*.
➾ Au présent de l'indicatif, à la forme interrogative avec sujet inversé, on écrit *prétend-on, prétend-il, prétend-elle* et non **prétend-t-on, *prétend-t-il, *prétend-t-elle*. Le *d* final se prononce /t/ ; il est donc inutile et fautif d'ajouter un *t*.
¬ **se prétendre**
➾ Aux temps composés de la forme pronominale, le participe passé s'accorde en genre et en nombre avec le sujet : *elle s'est prétendue lésée par ce contrat*.
prétendu, ue adj. et n.
→ aussi **soi-disant**
prétendument adv.
➾ Ne pas écrire **prétenduement*.
prête-nom n. m. ▪ plur. **prête-noms**
prétension n. f.
prétensionneur n. m.
prétentaine ou **prétantaine** n. f.
prétentiard, iarde adj. et n.
prétentieusement adv.
prétentieux, ieuse adj.
prétention n. f.
➾ Ce mot s'emploie généralement au singulier dans la locution **sans prétention** : *des réceptions sans prétention*.
prétentionnisme n. m.
prêter v. tr. et v. intr. | conjug. 1 |
¬ **se prêter**
➾ Aux temps composés de la forme pronominale, le participe passé s'accorde en genre et en nombre avec le sujet : *elles se sont volontiers prêtées au jeu*. Mais le participe passé ne s'accorde pas quand il est suivi d'un complément d'objet direct : *elles se sont prêté des disques*. Il ne s'accorde avec le complément d'objet direct que lorsque celui-ci est placé avant le verbe : *les disques qu'elles se sont prêtés*.
prétérit /-ʀit/ n. m.
prétériter v. tr. | conjug. 1 |
prétérition n. f.
prétermission n. f.
préternature n. f.
préternaturel, elle adj.
prétest n. m.
préteur n. m. (Hist. : magistrat, gouverneur)
prêteur, euse n. et adj.
▸ **prêteur sur gages**
[1]**prétexte** n. f. et adj. (toge)
HOM. formes du v. **prétexter**
[2]**prétexte** n. m. (raison)
▸ **sous... prétexte** *sous un prétexte quelconque ; ne parlez sous aucun prétexte*
▸ **sous prétexte que** (+ indic.) *elle ne sort plus, sous prétexte qu'il fait trop froid*
▸ **sous prétexte de** (+ inf.) *sous prétexte d'aider son frère*
▸ **sous prétexte de** (+ n.) *sous prétexte d'altruisme*
▸ **prendre/tirer prétexte de** (+ n.) *il a tiré prétexte d'un malaise pour pouvoir partir*
▸ **être prétexte à** (+ n. ou inf.) *la victoire est prétexte à la fête* ou *à faire la fête*
➾ Quand la locution **être prétexte à** a plusieurs sujets au singulier, *prétexte* prend la marque du pluriel si chaque élément est un prétexte : *le lancement d'un projet et sa réussite sont prétextes aux réjouissances*. Il reste au singulier si l'ensemble des sujets forme un prétexte : *le froid et la fatigue furent prétexte à rester chez soi*.
☰ **Faux prétexte** est un pléonasme à éviter.
prétexter v. tr. | conjug. 1 |
prétimbré, ée adj.
pretintaille n. f.
pretium doloris /pʀesjɔmdɔlɔʀis/ n. m. inv.
prétoire n. m.
prétonique adj.
prétorial, iale, iaux adj.

prétorien, ienne adj. et n. m.
prêtraille n. f.
prétraité, ée adj.
prétraitement n. m.
prétranché, ée adj.
prêtre n.
☯ Pour parler d'une ministre du culte, on emploie *prêtre* au féminin : *c'est une prêtre. Prêtresse* est réservé aux religions païennes.
prêt-relais n. m. ▪ plur. **prêts-relais**
prêtre-ouvrier n. m. ▪ plur. **prêtres-ouvriers**
prêtresse n. f.
→ aussi **prêtre**
prêtricide n. m.
prêtrise n. f.
prêtrophobe n. et adj.
prêtrophobie n. f.
prétuberculeux, euse adj. et n.
préture n. f.
preuve n. f.
▸ **la preuve que** (+ indic.) *la preuve en est que je suis ici*
➾ Ce mot est toujours au singulier dans la locution **faire preuve de** : *ils font preuve de tolérance.*
Ξ **Preuve probante** est un pléonasme à éviter.
preux adj. m. et n. m.
prévalence n. f.
prévalent, ente adj.
➾ Ne pas écrire cet adjectif comme *prévalant*, participe présent du verbe *prévaloir*.
prévaloir v. intr. | conjug. 29 ; sauf subj. prés. *que je prévale, que tu prévales, qu'ils prévalent* |
¬ **se prévaloir**
➾ Aux temps composés de la forme pronominale, le participe passé s'accorde en genre et en nombre avec le sujet : *elle s'est prévalue de ses talents.*
prévaricateur, trice adj. et n.
prévarication n. f.
prévariquer v. intr. | conjug. 1 |
prévariqueux, euse adj.
prévélaire adj.
prévenance n. f.
prévenant, ante adj.
prévendre v. tr. | conjug. 41 |
➾ Au présent de l'indicatif, à la forme interrogative avec sujet inversé, on écrit *prévend-on, prévend-il, prévend-elle* et non **prévend-t-on, *prévend-t-il, *prévend-t-elle*. Le *d* final se prononce /t/ ; il est donc inutile et fautif d'ajouter un *t*.
prévenir v. tr. | conjug. 22 |
▸ **prévenir qqn que** (+ indic.) *je vous préviens que nous arriverons demain ; prévenez les pompiers qu'un accident s'est produit*
CONJUG. Ce verbe se conjugue avec l'auxiliaire *avoir* : *je vous aurai prévenu !*
→ aussi **avance**
prévente n. f.
préventeur n. m.
préventif, ive adj.
prévention n. f.
préventionnaire n.
préventivement adv.
préventologie n. f.
préventologue n.
préventorium /-jɔm/ n. m.
prévenu, ue adj. et n.
préverbal, ale, aux adj.
préverbe n. m.
prévertébral, ale, aux adj.
prévisibilité n. f.
prévisible adj.
prévision n. f.
prévisionnel, elle adj.
ϟ Ne pas confondre **prévisionnel**, « qui se fonde sur des prévisions » (*un budget prévisionnel*), avec **provisionnel**, « qui constitue une provision » (*un acompte provisionnel*).
prévisionnellement adv.
prévisionniste n.
prévisualisation n. f.
prévisualiser v. tr. | conjug. 1 |
prévocalique adj.
prévoir v. tr. | conjug. 24 |
→ aussi **avance**, **prévu**
prévôt n. m.
HOM. formes du v. **prévaloir**
prévôtal, ale, aux adj.
prévôtalement adv.
prévôté n. f.
prévoyance n. f.
prévoyant, ante adj.
prévu, ue adj.
Ξ Ce mot s'emploie dans des tours elliptiques où *que prévu* signifie *qu'il n'était prévu* ; il est alors invariable : *il y a plus de convives que prévu ; une marée plus forte que prévu.*
priant, ante n. et adj.
priape n. m.
priapée n. f.
priapéen, enne adj.
priapique adj.
priapisme n. m.
priapulien n. m.
prie-Dieu n. m. inv.
prier v. tr. et v. intr. | conjug. 7 |
▸ **prier qqn de** (+ inf.) *je vous prie de ne pas en parler*
▸ **prier qqn que** (+ subj.) *prions Dieu qu'il nous vienne en aide*

Ξ La locution **prier qqn à déjeuner/dîner** est littéraire et vieillie.

prière n. f.

➾ Ce mot est toujours au singulier dans la locution **en prière** : *ils sont en prière*.

Ξ La locution nominale **prière d'insérer** s'écrit sans trait d'union. Elle s'emploie au masculin ou au féminin : *un prière d'insérer* ou *une prière d'insérer*.

HOM. forme du v. **prier**

[1]**prieur, eure** n. (religieux, euse)

[2]**prieur** n. m. (magistrat)

prieural, ale, aux adj.

prieuré n. m.

prieuse n. f. (femme qui ouvre le cortège d'un enterrement)

prima donna ▪ plur. inv. ou plur. **prime donne** ou **primadonna**○ ▪ plur. **primadonnas**○ n. f.

Ξ On peut employer le pluriel invariable *prima donna*, le pluriel italien *prime donne* ou le pluriel francisé *primadonnas*.

primage n. m.

primaire adj. et n. m.

HOM. forme du v. **primer**

primal, ale, aux adj.

HOM. (du plur.) **primo**

primarisme n. m.

primarité n. f.

primat n. m.

HOM. formes du v. **primer**

primate n. m.

primatial, iale, iaux /-sjal/ adj. et n. f.

primatie /-si/ n. f.

primatologie n. f.

primatologue n.

primature n. f.

primauté n. f.

□ rec. off. pour **leadership**

prime adj. et n. f.

▸ **de prime abord**

HOM. forme du v. **prendre**

primer v. intr. et v. tr. | conjug. 1 |

Ξ Au sens de « l'emporter », *primer* s'emploie généralement en construction intransitive : *l'intelligence prime*. Il est parfois employé à la forme transitive directe : *il estime que la force prime le droit*. En revanche, la construction ***primer sur** (**la force prime sur le droit*) est fautive.

primerose n. f.

primesautier, ière adj.

prime time /pʀajmtajm/ n. m. ▪ plur. **prime times**

□ rec. off. : **heure de grande écoute**

primeur n. f.

Ξ Ce mot peut s'employer en apposition ; il prend la marque du pluriel : *des légumes primeurs*.

primeuriste n.

primevère n. f.

primicier n. m.

primidi n. m.

Ξ Ce mot désignait le premier jour de la décade, dans le calendrier républicain.

➾ Comme tous les noms de jours, ce mot s'écrit sans majuscule.

primigeste adj. et n. f.

primipare adj. et n. f.

primiparité n. f.

primipilaire ou **primipile** n. m.

primitif, ive adj. et n.

primitivement adv.

primitivisme n. m.

➾ Comme tous les noms de courants artistiques, ce mot s'écrit sans majuscule : *l'héritage du primitivisme*.

primitiviste n.

➾ Comme tous les mots désignant ou qualifiant un courant artistique ou ses représentants, ce mot s'écrit sans majuscule : *le courant primitiviste ; les primitivistes*.

primitivité n. f.

primo adv.

HOM. **primaux** (plur de *primal*)

primoaccédant, ante adj. et n.

primoaccession n. f.

primoarrivant, ante adj. et n.

primodélinquant, ante n.

primogéniture n. f.

primo-infection n. f. ▪ plur. **primo-infections**

primordial, iale, iaux adj.

primordialement adv.

primovaccination n. f.

primulacée n. f.

primuline n. f.

primum movens /pʀimɔmmɔvɛ̃s/ n. m.

prin n. m.

prince n. m.

➾ La locution **bon prince** est invariable : *elles ont été bon prince*. Ce mot s'écrit avec une majuscule dans les dénominations géographiques : *l'île du Prince ; les îles du Prince-Édouard ; Prince Albert* (ville du Canada) ; *le parc des Princes*. Il s'écrit également avec une majuscule dans le surnom **le Prince Noir**, qui désigne le fils aîné d'Édouard III d'Angleterre. Il s'écrit sans majuscule dans les autres cas : *le prince de Monaco ; le prince Édouard gagna la bataille de Poitiers ; les princes de l'Église ; le prince charmant*.

prince de galles n. m. inv.

Ξ Ce mot peut s'employer en apposition ; il reste invariable : *des tissus prince de galles*.

princeps /pʀɛ̃sɛps/ adj.

princerie n. f.

princesse n. f.
➾ Ce mot s'écrit sans majuscule : *la princesse de Galles.*
☰ *Princesse* peut s'employer en apposition ; l'accord est facultatif : *des haricots princesse(s) ; des amandes princesse(s).*
princier, ière adj.
princièrement adv.
principal, ale, aux adj. et n.
principalat n. m.
principalement adv.
principat n. m.
principauté n. f.
➾ Ce mot s'écrit sans majuscule : *la principauté de Monaco.*
principe n. m.
principicule n. m.
printanier, ière adj.
printanisation n. f.
printemps n. m.
➾ On écrit ce mot avec une majuscule dans le **Printemps de Prague**.
printing /pʀintiŋ/ n. m.
priodonte n. m.
prion n. m.
HOM. formes du v. **prier**
prionique adj.
priorat n. m.
priori (a) loc. adv.
→ **a priori**
prioritaire adj.
prioritairement adv.
priorité n. f.
pris, prise adj.
prisable adj.
prisage n. m.
prise n. f.
prise d'air n. f. ▪ plur. **prises d'air**
prise d'eau n. f. ▪ plur. **prises d'eau**
prise de courant n. f. ▪ plur. **prises de courant**
prisée n. f.
priser v. tr. | conjug. 1 |
priseur, euse n.
prismatique adj.
prismatisation n. f.
prismatiser v. tr. | conjug. 1 |
prismatoïde n. m.
prisme n. m.
prison n. f.
prisonnier, ière n. et adj.
privance n. f.
privat-docent /pʀivatdɔsɛnt/ ▪ plur. **privat-docents** ou **privat-dozent** /pʀivatdɔtsɛnt/ ▪ plur. **privat-dozents** n. m.
privatif, ive adj.
privation n. f.
privatique n. f.
privatisable adj.
privatisation n. f.
privatiser v. tr. | conjug. 1 |
privativement adv.
privauté n. f.
privé, ée adj.
privément adv.
priver v. tr. | conjug. 1 |
¬ **se priver**
➾ Aux temps composés de la forme pronominale, le participe passé s'accorde en genre et en nombre avec le sujet : *ils se sont privés de nourriture.*
privilège n. m.
privilégié, iée adj. et n.
privilégier v. tr. | conjug. 7 |
prix n. m.
➾ Ce mot s'écrit sans majuscule : *le prix Nobel de la paix*. La locution **à tout prix** est au singulier.
HOM. **pris**, formes des v. **prier, prendre**
pro n.
◻ abrév. de **professionnel, elle**
proaccélérine n. f.
proactif, ive adj.
proactivement adv.
probabilisme n. m.
probabiliste n. et adj.
probabilité n. f.
probable adj.
☰ L'emploi de *probable* pour qualifier une personne (*le candidat probable*) est abusif. On préfèrera employer *présumé* : *le candidat présumé.*
Il est probable que s'emploie avec l'indicatif ou le subjonctif en fonction du degré de probabilité du fait énoncé : *il est probable qu'il s'est perdu ; il est peu probable qu'il se soit perdu.*
probablement adv.
probant, ante adj.
probation n. f.
probatique adj. f.
probatoire adj.
probe adj.
probiotique n. m. et adj.
probit /pʀɔbit/ n. m.
probité n. f.
problématique adj. et n. f.
problématiquement adv.
problématisation n. f.
problématiser v. tr. | conjug. 1 |
problème n. m.
probloque n.
proboscide n. m.
proboscidien n. m.

proboscis /-sis/ n. m.
procaïne n. f.
procaryote adj. et n. m.
procédé n. m.
procéder v. intr. et v. tr. | conjug. 6 |
◗ **procéder de** (+ n.) *cela procède du même principe*
◗ **procéder à** (+ n.) *il fallut procéder à une autopsie*
procédural, ale, aux adj.
procédure n. f.
procédurier, ière adj. et n.
procellariidé n. m.
procellariiforme n. m.
procéphalique adj.
procère n. m.
procès n. m.
process n. m.
processeur n. m.
processif, ive adj.
procession n. f.
processionnaire adj. et n.
processionnal, aux n. m.
processionnel, elle adj.
processionnellement adv.
processionner v. intr. | conjug. 1 |
processuel, elle adj.
processus /-ys/ n. m.
procès-verbal n. m. ■ plur. **procès-verbaux**
prochain, aine adj. et n.
prochainement adv.
proche adv., prép. et adj.
➾ *Proche* est au singulier dans la locution **de proche en proche**. Ce mot s'écrit avec une majuscule dans la dénomination géographique **Proche-Orient**.
proche-oriental, ale, aux adj.
prochile /-k-/ n. m.
prochinois, oise adj. et n.
prochronisme /-k-/ n. m.
procidence n. f.
procillon n. m.
proclamateur, trice n.
proclamation n. f.
proclamer v. tr. | conjug. 1 |
¬ **se proclamer**
➾ Aux temps composés de la forme pronominale, le participe passé s'accorde en genre et en nombre avec le sujet : *elle s'est proclamée présidente à vie.*
proclise n. f.
proclitique adj.
proclive adj.
proclivité n. f.
procombant, ante adj.
proconsul n. m.
proconsulaire adj.
proconsulat n. m.
proconvertine n. f.
procordé n. m.
procrastination n. f.
procrastineur, euse n.
procréateur, trice adj. et n. m.
procréatif, ive adj.
procréation n. f.
procréatique n. f.
procréer v. tr. | conjug. 1 |
proctalgie n. f.
proctite n. f.
proctologie n. f.
proctologique adj.
proctologue n.
proctorrhée n. f.
procuratèle n. f.
procurateur n. m.
procuratie /-si/ n. f.
procuration /-sjɔ̃/ n. f.
procuratoire adj.
procuratrice n. f.
→ aussi **procureur**
procure n. f.
procurer v. tr. | conjug. 1 |
¬ **se procurer**
➾ Aux temps composés de la forme pronominale, le participe passé ne s'accorde pas avec le sujet lorsqu'il n'est pas suivi d'un complément d'objet direct : *elle s'est procuré de faux papiers.* Il s'accorde avec le complément d'objet direct quand celui-ci est placé avant le verbe : *les faux papiers qu'elle s'est procurés.*
procureur, eure n.
☯ Pour parler d'une femme, l'Office québécois de la langue française recommande la forme *procureure*, également employée en Suisse. En Belgique, il est conseillé d'employer *procureur* au féminin : *c'est une procureur.* Les deux formes sont préconisées par le *Guide d'aide à la féminisation des noms de métiers, titres, grades et fonctions. Procureuse* s'est employé principalement pour parler de l'épouse d'un procureur. L'usage de *procuratrice* se limite au domaine du droit, au sens de « femme qui a pouvoir d'agir pour quelqu'un en vertu d'une procuration ».
procureuse n. f.
→ aussi **procureur**
procursif, ive adj.
procyonidé n. m.
prodiastase n. f.
prodigalement adv.
prodigalité n. f.
prodige n. m.
Ξ Ce mot peut s'employer en apposition ; il prend la marque du pluriel : *des enfants prodiges.*

ϟ Ne pas confondre **enfant prodige**, « très doué », avec **enfant prodigue**, « qui dilapide son bien » ou, par allusion biblique, « qui revient repentant au foyer ».

prodigieusement adv.

prodigieux, ieuse adj.

prodigiosité n. f.

prodigue adj. et n.

▸ **prodigue de** (+ n.) *être prodigue de compliments* ϟ Ne pas confondre **enfant prodigue**, « qui dilapide son bien » ou, par allusion biblique, « qui revient repentant au foyer », avec **enfant prodige**, « très doué ».

prodiguer v. tr. | conjug. 1 |

¬ **se prodiguer**

➾ Aux temps composés de la forme pronominale, le participe passé s'accorde en genre et en nombre avec le sujet : *ils se sont prodigués pour réussir.*

pro domo loc. adv. et adj. inv.

prodrome n. m.

prodromique adj.

producteur, trice adj. et n.

productibilité n. f.

productible adj.

producticien, ienne n.

productif, ive adj.

production n. f.

productique n. f.

productivisme n. m.

productiviste adj.

productivité n. f.

produire v. tr. | conjug. 38 |

¬ **se produire**

➾ Aux temps composés de la forme pronominale, le participe passé s'accorde en genre et en nombre avec le sujet : *la catastrophe annoncée ne s'est pas produite.*

produit n. m.

proèdre n. m.

proédrie n. f.

proème n. m.

proéminence n. f.

ϟ Ne pas confondre **proéminence**, qui signifie « protubérance », avec **prééminence**, qui signifie « supériorité absolue ».

proéminent, ente adj.

proenzyme n. m.

proeuropéen, enne adj. et n.

prof n.

▫ abrév. de **professeur**

profanateur, trice n. et adj.

profanation n. f.

profane adj. et n.

profanement adv.

profaner v. tr. | conjug. 1 |

profasciste adj. et n.

profectif, ive adj.

profection n. f.

profération n. f.

proférer v. tr. | conjug. 6 |

proferment /-mɑ̃/ n. m.

profès, esse /pʀɔfɛ, ɛs/ adj.

professer v. tr. | conjug. 1 |

professeur, eure n.

☯ Pour parler d'une femme, l'Office québécois de la langue française préconise la forme *professeure*, également employée en Suisse. En Belgique, il est recommandé d'employer *professeur* au féminin : *une professeur de sport*. Les deux formes sont admises par le *Guide d'aide à la féminisation des noms de métiers, titres, grades et fonctions.*

profession n. f.

➾ Ce mot est toujours au singulier dans les locutions **faire profession de** et **de profession** : *ils font profession de libéralisme ; ils sont fumistes de profession.*

professionnalisant, ante adj.

professionnalisation n. f.

professionnaliser v. tr. | conjug. 1 |

¬ **se professionnaliser**

➾ Aux temps composés de la forme pronominale, le participe passé s'accorde en genre et en nombre avec le sujet : *cette sportive s'est professionnalisée.*

professionnalisme n. m.

professionnel, elle adj. et n.

professionnellement adv.

professoral, ale, aux adj.

professorat n. m.

profil n. m.

➾ Ne pas écrire *profile* : ce mot n'a pas de *e*, contrairement à certaines formes conjuguées du verbe *profiler*.

profilage n. m.

profilé, ée adj. et n. m.

profiler v. tr. | conjug. 1 |

¬ **se profiler**

➾ Aux temps composés de la forme pronominale, le participe passé s'accorde en genre et en nombre avec le sujet : *une ombre s'est profilée à l'horizon.*

[1]**profileur** n. m. (instrument)

[2]**profileur, euse** n. (personne)

profilographe n. m.

profit n. m.

➾ Ce mot est toujours au singulier dans les locutions **au profit de**, **mettre à profit** et **tirer profit de**. Il est au pluriel dans **pertes et profits** (ou **profits et pertes**).

profitabilité n. f.

profitable adj.

profitablement adv.

profitant, ante adj.

profitard, arde n.
profiter v. tr. ind. | conjug. 1 |
▸ **profiter de** (+ n.) *il faut profiter de la vie ; tout le monde profite de lui ; il en a profité pour s'esquiver*
▸ **profiter à** (+ n.) *chercher à qui profite le crime ; le tourisme profite à l'économie du pays*
▸ **profiter de ce que** (+ indic.) *il profita de ce qu'on ne le voyait pas pour faire une bêtise*
⌘ La construction ***profiter que** est fautive. La formule ***une occasion à profiter** est incorrecte : *profiter* n'est pas un verbe transitif direct.
profiterole n. f.
profiteur, euse n.
profond, onde adj. et n.
➾ Employé comme adverbe, *profond* est invariable : *ils ont creusé profond.*
profondément adv.
profondeur n. f.
pro forma loc. adj. inv.
proforme n. f.
profus, use adj.
profusément adv.
profusion n. f.
progénésique adj.
progéniteur n. m.
progéniture n. f.
progénote n. m.
progeria n. f.
progérique adj. et n.
progestatif, ive adj.
progestérone n. f.
progiciel n. m.
proglaciaire adj.
proglottis /-tis/ n. m.
prognathe /-gn-/ adj.
prognathie /-gn-/ n. f. ou **prognathisme** /-gn-/ n. m.
prognose /-gn-/ n. f.
prognostique /-gn-/ adj.
progradation n. f.
programmable adj.
programmateur, trice n. et adj.
programmathèque n. f.
programmation n. f.
programmatique adj.
programme n. m.
programmer v. tr. | conjug. 1 |
programmerie n. f.
programmeur, euse n.
progrès n. m.
progresser v. intr. | conjug. 1 |
progressif, ive adj.
progression n. f.
progressisme n. m.
progressiste adj. et n.
progressivement adv.
progressivité n. f.
prohibé, ée adj.
prohiber v. tr. | conjug. 1 |
prohibiteur, trice adj.
prohibitif, ive adj.
prohibition n. f.
prohibitionnisme n. m.
prohibitionniste adj. et n.
prohibitoire adj.
proie n. f.
➾ Les locutions **de proie** et **en proie** sont au singulier : *des oiseaux de proie ; ils étaient en proie à de vives inquiétudes.*
projecteur n. m.
projectif, ive adj.
projectile n. m.
projection n. f.
projectionniste n.
projectivement adv.
projecture n. f.
projet n. m.
projetant, ante adj. et n. f.
projeter v. tr. | conjug. 4 |
¬ **se projeter**
➾ Aux temps composés de la forme pronominale, le participe passé s'accorde en genre et en nombre avec le sujet : *elle s'est projetée sur ses enfants.*
projeteur, euse n.
projo n. m.
▫ abrév. de **projecteur**
prolactine n. f.
prolamine n. f.
prolan n. m.
prolapsus /-ys/ n. m.
prolation n. f.
prolégat n. m.
prolégomènes n. m. pl.
prolemme n. m.
prolepse n. f.
proleptique adj.
prolétaire n.
prolétairement adv.
prolétariat n. m.
prolétarien, ienne adj.
prolétarisation n. f.
prolétariser v. tr. | conjug. 1 |
¬ **se prolétariser**
➾ Aux temps composés de la forme pronominale, le participe passé s'accorde en genre et en nombre avec le sujet : *ils se sont prolétarisés.*
prolétarisme n. m.
proliférant, ante adj.
proliférateur, trice adj.
prolifératif, ive adj.

prolifération n. f.
prolifère adj.
proliférer v. intr. | conjug. 6 |
prolification n. f.
prolificité n. f.
prolifique adj.
proligération n. f.
proligère adj.
proline n. f.
prolixe adj.
prolixement adv.
prolixité n. f.
prolo n.
◻ abrév. de **prolétaire**
prolog n. m.
◻ abrév. de **programmation en logique**
HOM. **prologue**
prologue n. m.
HOM. **prolog**
prolongateur n. m.
prolongation n. f.
prolonge n. f.
prolongé, ée adj.
prolongeable adj.
prolongement n. m.
prolonger v. tr. | conjug. 3 |
ϟ Ne pas confondre **prolonger**, qui signifie « faire durer plus longtemps », avec **proroger**, qui signifie « renvoyer à une date ultérieure ».
¬ **se prolonger**
➾ Aux temps composés de la forme pronominale, le participe passé s'accorde en genre et en nombre avec le sujet : *la réunion s'est prolongée jusqu'à 20 h.*
promazine n. f.
promenade n. f.
promener v. tr. | conjug. 5 |
Ξ La forme intransitive est vieillie ou régionale : *je suis allé promener.* Dans le langage courant, on emploie plutôt la forme pronominale, sauf dans l'expression familière **envoyer promener qqn**.
¬ **se promener**
➾ Aux temps composés de la forme pronominale, le participe passé s'accorde en genre et en nombre avec le sujet : *ils se sont promenés dans le parc.*
promenette n. f.
promeneur, euse n.
promenoir n. m.
promérops /-ps/ n. m.
promesse n. f.
prométhéen, enne adj.
prométhéisme n. m.
prométhium /-jɔm/ n. m.
prometteur, euse n. et adj.
promettre v. tr. | conjug. 56 |
▸ **promettre à qqn de** (+ inf.) *il m'a promis de s'en occuper*
▸ **promettre à qqn que** (+ indic. ou condit.) *je vous promets que je penserai à vous ; elle m'avait promis qu'elle penserait à moi*
Ξ **Promettre que** peut s'employer avec un verbe au passé ou au présent au sens de « affirmer, assurer » : *je vous promets que cet objet est neuf ; je vous promets que je l'ai vu.*
¬ **se promettre**
➾ Aux temps composés de la forme pronominale, le participe passé s'accorde en genre et en nombre avec le sujet : *elle s'est promise à lui.* Mais le participe passé ne s'accorde pas quand il est suivi d'un complément d'objet direct : *elle s'est promis de grandes joies ; elles se sont promis de garder le secret.* Il ne s'accorde avec le complément d'objet direct que lorsque celui-ci est placé avant le verbe : *les joies qu'elle s'est promises.*
promis, ise adj. et n.
promiscue adj. f.
promiscuité n. f.
promission n. f.
promo n. f.
◻ abrév. de **promotion**
promontoire n. m.
promoteur, trice n.
promotion n. f.
promotionnel, elle adj.
promotionner v. tr. | conjug. 1 |
promouvable adj.
promouvoir v. tr. | conjug. 27 |
CONJUG. Ce verbe s'emploie surtout à l'infinitif et au participe passé.
Ξ Promouvoir signifie « élever à une dignité, un grade supérieur ». Quand il s'agit du premier grade, il faut employer *nommer*.
prompt, prompte /pʀɔ̃(pt), pʀɔ̃(p)t/ adj.
prompt-bourgeon /pʀɔ̃bu-/ n. m. ▪ plur. **prompts-bourgeons**
promptement /pʀɔ̃ptəmɑ̃ ; pʀɔ̃tmɑ̃/ adv.
prompteur /pʀɔ̃ptœʀ/ n. m.
promptitude /pʀɔ̃(p)tityd/ n. f.
prompto /pʀɔ̃(p)to/ adv.
promu, ue adj. et n.
promulgateur, trice n.
promulgation n. f.
promulguer v. tr. | conjug. 1 |
pronaos /pʀɔnaos/ n. m.
pronateur, trice adj. et n.
pronation n. f.
prône n. m.
pronéphros /-os/ n. m.
prôner v. tr. | conjug. 1 |
prôneur, euse n.

pronom n. m.
HOM. formes du v. **prôner**
pronominal, ale, aux adj.
pronominalement adv.
pronominalisation n. f.
pronominaliser v. tr. | conjug. 1 |
prononçable adj.
prononcé, ée adj. et n. m.
prononcer v. tr. et v. intr. | conjug. 3 |
¬ **se prononcer**
➾ Aux temps composés de la forme pronominale, le participe passé s'accorde en genre et en nombre avec le sujet : *la ministre ne s'est pas prononcée sur ce point*.
prononciation n. f.
pronostic n. m.
➾ Ne pas écrire **pronostique* : ce mot s'écrit avec un *c*.
HOM. **pronostique**, formes du v. **pronostiquer**
pronostication n. f.
pronostique adj.
HOM. **pronostic**
pronostiquer v. tr. | conjug. 1 |
pronostiqueur, euse n.
pronucléaire adj.
pronucléus /-ys/ n. m.
pronunciamiento ou **pronunciamento** /pʀɔnunsjam(j)ɛnto/ n. m.
propagande n. f.
propagandisme n. m.
propagandiste n. et adj.
propagateur, trice n.
propagation n. f.
propager v. tr. | conjug. 3 |
¬ **se propager**
➾ Aux temps composés de la forme pronominale, le participe passé s'accorde en genre et en nombre avec le sujet : *la rumeur s'est très vite propagée*.
propagule n. f.
propane n. m.
propanier n. m.
propanoduc n. m.
propanol n. m.
propanolol n. m.
proparoxyton adj. m. et n. m.
propé n. f.
▫ abrév. de **propédeutique**
propédeute n. et adj.
propédeutique n. f.
propène n. m.
propénoïque adj.
propénol n. m.
propension n. f.
propényle n. m.
propergol n. m.
propfan /pʀɔpfan/ n. m.
propharmacie n. f.
propharmacien, ienne n.
prophase n. f.
prophète, prophétesse n.
➾ Avec une majuscule et sans complément, **le Prophète** désigne Mahomet : *le tombeau du Prophète à Médine*.
prophétie /-si/ n. f.
prophétique adj.
prophétiquement adv.
prophétiser v. tr. | conjug. 1 |
prophétisme n. m.
prophétologie n. f.
prophétologique adj.
prophylactique adj.
➾ Ne pas employer **prophylaxique*, qui n'existe pas.
prophylaxie n. f.
propice adj.
propicement adv.
propiolique adj.
propionate n. m.
propionique adj.
propitiateur, trice /-sja-/ n.
propitiation /-sja-/ n. f.
propitiatoire /-sja-/ n. m. et adj.
propolis /-is/ n. f.
propolisation n. f.
proportion n. f.
➾ Ce mot est au singulier dans les locutions **à proportion (de/que)**, **en proportion (de/avec)**, **hors de proportion** et **sans proportion**. Il s'écrit indifféremment avec ou sans s dans la locution **toute(s) proportion(s) gardée(s)**.
proportionnable adj.
proportionnalisme n. m.
proportionnaliste n.
proportionnalité n. f.
proportionné, ée adj.
proportionnel, elle adj.
proportionnellement adv.
proportionnément adv.
proportionner v. tr. | conjug. 1 |
propos n. m.
➾ La locution **à tout propos** est au singulier.
→ aussi **à-propos**
proposable adj.
proposant, ante adj. et n.
proposer v. tr. et v. intr. | conjug. 1 |
▸ **proposer qqch. à qqn** *je vous propose un dédommagement*
▸ **proposer à qqn de** (+ inf.) *je vous propose d'aller au restaurant*
▸ **proposer à qqn que** (+ subj.) *je vous propose que nous allions au restaurant*

¬ **se proposer**
➾ Aux temps composés de la forme pronominale, le participe passé s'accorde en genre et en nombre avec le sujet : *ils se sont proposés pour le dépouillement*. Mais le participe passé ne s'accorde pas quand il est suivi d'un complément d'objet direct : *elle s'est proposé plusieurs objectifs ; elles se sont proposé de venir*. Il ne s'accorde avec le complément d'objet direct que lorsque celui-ci est placé avant le verbe : *les objectifs qu'elle s'est proposés*.
proposition n. f.
propositionnel, elle adj.
propre adj. et n. m.
▸ **propre à** (+ n.) *une obscurité propre au recueillement*
▸ **propre à** (+ inf.) *être propre à remplir un emploi*
→ aussi **main**
propre-à-rien n. ▪ plur. **propres-à rien**
proprement adv.
propret, ette adj.
propreté n. f.
propréteur n. m.
propréture n. f.
propriétaire n. et adj.
propriété n. f.
proprio n.
▫ abrév. de **propriétaire**
propriocepteur n. m. et adj.
proprioceptif, ive adj.
proprioception n. f.
proprioceptivité n. f.
propulser v. tr. | conjug. 1 |
propulseur adj. m. et n. m.
propulsif, ive adj.
propulsion n. f.
propylamine n. f.
propyle n. m.
propylée n. m.
➾ Avec une majuscule et sans complément, **les Propylées** désigne l'édifice de l'Acropole d'Athènes.
propylène n. m.
propylique adj.
proquesteur n. m.
proquesture n. f.
prorata n. m. ▪ plur. inv. ou plur. **proratas**○
➾ La locution **au prorata (de)** est invariable : *la participation aux bénéfices est fixée au prorata des salaires*.
prorogatif, ive adj.
prorogation n. f.
proroger v. tr. | conjug. 3 |
⚡ Ne pas confondre **proroger**, qui signifie « renvoyer à une date ultérieure », avec **prolonger**, qui signifie « faire durer plus longtemps ».

¬ **se proroger**
➾ Aux temps composés de la forme pronominale, le participe passé s'accorde en genre et en nombre avec le sujet : *l'Assemblée s'est prorogée jusqu'en octobre*.
prosaïque adj.
prosaïquement adv.
prosaïsme n. m.
prosateur, trice n.
proscenium ou **proscénium**○ /prosenjɔm/ n. m.
proscripteur n. m.
proscription n. f.
proscrire v. tr. | conjug. 39 |
⚡ Ne pas confondre **proscrire**, qui signifie « interdire », avec **prescrire**, qui signifie « ordonner » ou « recommander ».
proscrit, ite adj. et n.
proscynème n. m.
proscynèse n. f.
¹prose n. f. (discours)
²prose n. m. (fesses)
prosécrétine n. f.
prosecteur n. m.
prosectorat n. m.
prosélyte n.
prosélytique adj.
prosélytisme n. m.
prosémite adj. et n.
prosémitisme n. m.
prosencéphale n. m.
proseuque n. m.
prosimien n. m.
prosit /pʀɔzit/ interj.
prosobranche n. m.
prosodème n. m.
prosodie n. f.
prosodier v. tr. | conjug. 7 |
prosodique adj.
prosodiquement adv.
prosoma n. m.
prosopoagnosie /-gn-/ n. f.
prosopographie n. f.
prosopologie n. f.
prosopopée n. f.
prosoviétique adj. et n.
prosoviétisme n. m.
prospect /pʀɔspɛ(kt)/ n. m.
HOM. formes du v. **prospecter**
prospecter v. tr. | conjug. 1 |
prospecteur, trice n.
prospecteur-placier, prospectrice-placière n. ▪ plur. **prospecteurs-placiers, prospectrices-placières**
prospectif, ive adj.
prospection n. f.
prospective n. f.

prospectiviste n.
prospectus /-ys/ n. m.
prospère adj.
prospérement adv.
prospérer v. intr. | conjug. 6 |
prospérité n. f.
prostaglandine n. f.
[1]**prostate** n. f. (glande)
[2]**prostate** n. m. (Hist. : protecteur)
prostatectomie n. f.
prostatique adj. et n. m.
prostatisme n. m.
prostatite n. f.
prosternation n. f.
prosternement n. m.
prosterner v. tr. | conjug. 1 |
¬ **se prosterner**
➾ Aux temps composés de la forme pronominale, le participe passé s'accorde en genre et en nombre avec le sujet : *elle s'est prosternée devant l'autel.*
prosthèse n. f.
prosthétique adj.
prosthion n. m.
prostigmine n. f.
prostitué, ée n.
prostituer v. tr. | conjug. 1 |
¬ **se prostituer**
➾ Aux temps composés de la forme pronominale, le participe passé s'accorde en genre et en nombre avec le sujet : *elle s'est prostituée.*
prostituteur, trice n.
prostitution n. f.
prostration n. f.
prostré, ée adj.
prostrer v. tr. | conjug. 1 |
¬ **se prostrer**
➾ Aux temps composés de la forme pronominale, le participe passé s'accorde en genre et en nombre avec le sujet : *elle s'est prostrée dans le silence.*
prostyle adj. et n. m.
prosyllogisme n. m.
prosynodal, ale, aux adj.
protactinium /-jɔm/ n. m.
protagoniste n.
Ξ **Principaux protagonistes** est un pléonasme à éviter.
protal n. m.
HOM. **prothalle**
protalisation n. f.
protamine n. f.
protandre adj.
protandrie n. f.
protandrique ou **protérandrique** adj.
protase n. f.
prote n.

protéacée n. f.
protéagineux, euse n. m. et adj.
protéase n. f.
protecteur, trice n. et adj.
protectif, ive adj.
protection n. f.
protectionnisme n. m.
protectionniste adj. et n.
protectorat n. m.
protée n. m.
☯ Ce mot est masculin : *un protée.*
protégé, ée adj. et n.
protège-bas n. m. inv.
protège-cahier n. m. ▪ plur. **protège-cahiers**
protège-coude n. m. ▪ plur. **protège-coudes**
protège-dents ▪ plur. inv. ou **protège-dent**○ ▪ plur. **protège-dents**○ n. m.
protège-genou n. m. ▪ plur. **protège-genoux**
protège-jambe n. m. ▪ plur. **protège-jambes**
protège-matelas n. m. inv.
protègement n. m.
protège-nez n. m. inv.
protège-oreilles ou **protège-oreille**○ ▪ plur. **protège-oreilles**○ n. m.
protège-parapluie n. m. ▪ plur. **protège-parapluies**
protège-poignet n. m. ▪ plur. **protège-poignets**
protège-pointe n. m. ▪ plur. **protège-pointes**
protéger v. tr. | conjug. 6 et 3 |
▸ **protéger de/contre qqch.** *un rideau qui protège contre les regards indiscrets* ou *qui protège des regards indiscrets*
¬ **se protéger**
se protéger contre les cambrioleurs
➾ Aux temps composés de la forme pronominale, le participe passé s'accorde en genre et en nombre avec le sujet : *elles se sont protégées du soleil.* Mais le participe passé ne s'accorde pas quand il est suivi d'un complément d'objet direct : *ils se sont protégé les oreilles du froid.*
protège-radiateur n. m. ▪ plur. **protège-radiateurs**
protège-slip n. m. ▪ plur. **protège-slips**
protège-tibia n. m. ▪ plur. **protège-tibias**
protéiforme adj.
protéinase n. f.
protéine n. f.
protéiné, ée adj.
protéinique adj.
protéinogramme n. m.
protéinurie n. f.
protéique adj.
protéisme n. m.

protèle n. m.
protélien, ienne adj.
protension n. f.
protéolysat n. m.
protéolyse n. f.
protéolytique adj.
protéome n. m.
protéomique n. f. et adj.
protéose n. f.
protéosynthèse n. f.
protérandrie n. f.
protérandrique adj.
→ **protandrique**
protéranthe adj.
protéroglyphe n. m.
protérogyne adj.
protérogynie n. f.
protestable adj.
protestant, ante n. et adj.
➾ Comme tous les mots désignant ou qualifiant une religion ou ses adeptes, ce mot s'écrit sans majuscule : *l'Église protestante ; les protestants.*
protestantisme n. m.
➾ Comme tous les mots désignant une religion, ce mot s'écrit sans majuscule : *se convertir au protestantisme.*
protestataire adj.
protestation n. f.
protester v. tr., v. tr. ind. et v. intr. | conjug. 1 |
▸ **protester de** (+ n.) *protester de son innocence auprès de qqn*
▸ **protester contre** (+ n.) *protester contre une injustice*
protêt n. m.
proteus /-eys/ n. m.
prothalle n. m.
HOM. **protal**
prothallien, ienne adj.
prothèse n. f.
prothésiste n.
prothétique adj.
prothorax n. m.
prothrombine n. f.
protide n. m.
☯ Ce mot est masculin : *un protide.*
protidique adj.
protiste n. m.
protistologie n. f.
protistologue n.
proto n. m.
▫ abrév. de **prototype**
protobaside n. f.
protobasidiomycète n. m.
protobromure n. m.
protocanonique adj.
protocellule n. f.
protochlorure /-k-/ n. m.
protococcus /-kɔkys/ n. m.
protocolaire adj.
protocolairement adv.
protocole n. m.
protodorique adj.
protoétoile n. f.
protogine n. m. ou f.
HOM. **protogyne**
protogyne adj.
HOM. **protogine**
protogynie n. f.
protohistoire n. f.
protohistorien, ienne n.
protohistorique adj.
proto-industriel, elle adj. ▪ plur. **proto-industriels, elles**
protolangage n. m.
protolyse n. f.
protolytique adj.
protomartyr n. m.
protome n. m.
protomère n. m.
proton n. m.
protonation n. f.
protonéma n. m.
protoneurone n. m.
protonique adj. et n. f.
protonotaire n. m.
protonotariat n. m.
protophyte n. m. ou f.
protoplanétaire adj.
protoplanète n. f.
protoplasme n. m.
protoplasmique adj.
protoplaste n. m.
protoptère n. m.
protosinaïtique adj.
protosolaire adj.
protostomien n. m.
protosulfure n. m.
prototypage n. m.
prototype n. m.
prototyper v. tr. | conjug. 1 |
prototypeur n. m.
prototypique adj.
protoure n. m.
protoxyde n. m.
protozoaire n. m.
protozoologie n. f.
protracteur adj. et n. m.
protractile adj.
protraction n. f.
protrus, use /pʀɔtʀy, yz/ adj.
protrusion n. f.
protubérance n. f.

protubérant, ante adj.
protubérantiel, elle adj.
protuteur, trice n.
protypographique adj.
prou (peu ou) loc. adv.
HOM. **proue**
proudhonien, ienne adj. et n.
proue n. f.
HOM. **prou (peu ou)**
prouesse n. f.
proustien, ienne adj.
prout /pʀut/ interj. et n. m.
prouter v. intr. | conjug. 1 |
prouvable adj.
prouver v. tr. | conjug. 1 |
¬ **se prouver**
➾ Aux temps composés de la forme pronominale, le participe passé s'accorde en genre et en nombre avec le sujet quand il s'agit d'un sens passif : *la chose s'est prouvée à plusieurs reprises*. Mais il ne s'accorde pas quand il s'agit d'un sens réfléchi ou réciproque : *elles se sont prouvé qu'elles en étaient capables*
prouveur, euse n.
provéditeur n. m.
provenance n. f.
provenant, ante adj.
provençal, ale, aux adj. et n.
➾ L'adjectif s'écrit sans majuscule : *la population provençale*. Le nom s'écrit avec une majuscule uniquement quand il désigne une personne : *les Provençaux ; c'est une Provençale* mais *parler le provençal*.
☰ Dans le domaine culinaire, *provençale* s'emploie dans la locution **à la provençale** ou en apposition ; il est alors invariable : *des tomates (à la) provençale*.
provençaliser v. tr. | conjug. 1 |
provençalisme n. m.
provende n. f.
provenir v. intr. | conjug. 22 |
▸ **provenir de** (+ n.) *d'où provient ce colis ?*
CONJUG. Ce verbe se conjugue avec l'auxiliaire *être*. L'emploi du participe passé est rare, on emploie plutôt le participe présent : *un tableau provenant d'une collection privée*.
proverbe n. m.
proverbial, iale, iaux adj.
proverbialement adv.
proverbialiser v. tr. | conjug. 1 |
provicaire n. m.
providence n. f.
➾ Avec une majuscule et sans complément, **la Providence** désigne Dieu.
providentialisme n. m.
providentialiste adj. et n.
providentialité n. f.
providentiel, ielle adj.
providentiellement adv.
provignage ou **provignement** n. m.
provigner v. tr. et v. intr. | conjug. 1 |
provin n. m.
HOM. formes du v. **provenir**
province n. f.
provincial, iale, iaux adj. et n.
provincialat n. m.
provincialement adv.
provincialiser v. tr. | conjug. 1 |
¬ **se provincialiser**
➾ Aux temps composés de la forme pronominale, le participe passé s'accorde en genre et en nombre avec le sujet : *ils se sont provincialisés*.
provincialisme n. m.
provincialité n. f.
provirus /-ys/ n. m.
proviseur, eure n.
☯ *Proviseure* est la forme recommandée par le *Guide d'aide à la féminisation des noms de métiers, titres, grades et fonctions* et l'Office québécois de la langue française pour parler d'une femme. le *Guide d'aide à la féminisation des noms de métiers, titres, grades et fonctions* admet également l'emploi de *proviseur* au féminin : *madame la proviseur*.
provision n. f.
provisionné, ée adj.
provisionnel, elle adj.
⚡ Ne pas confondre **provisionnel**, « qui constitue une provision » (*un acompte provisionnel*), avec **prévisionnel**, « qui se fonde sur des prévisions » (*un budget prévisionnel*).
provisionnellement adv.
provisionnement n. m.
provisionner v. tr. | conjug. 1 |
provisoire adj.
provisoirement adv.
provisorat n. m.
provitamine n. f.
provo n. m.
provoc adj. et n. f.
▫ abrév. de **provocant, ante ; provocateur, trice ; provocation**
provocant, ante adj.
➾ Ne pas écrire cet adjectif comme *provoquant*, participe présent du verbe *provoquer*.
provocateur, trice n. et adj.
➾ Ce mot s'écrit avec un *c*, contrairement à *provoquer*.
provocation n. f.
➾ Ce mot s'écrit avec un *c*, contrairement à *provoquer*.
provocatoire adj.
➾ Ce mot s'écrit avec un *c*, contrairement à *provoquer*.
provolone /pʀɔvɔlɔne/ n. m.

provoquer v. tr. | conjug. 1 |
¬ **se provoquer**
➾ Aux temps composés de la forme pronominale, le participe passé s'accorde en genre et en nombre avec le sujet : *les deux bandes se sont provoquées.*
provoqueur, euse n.
proxémique n. f.
proxène n. m.
proxénète n.
proxénétisme n. m.
proxénie n. f.
proximal, ale, aux adj.
proximité n. f.
proxy n. m.
▫ rec. off. : **(serveur) mandataire**
proyer n. m.
prozine n. m.
prozymase n. f.
pruche n. f.
prude adj. et n.
prudemment /-amɑ̃/ adv.
prudence n. f.
prudent, ente adj.
prudentiel, ielle adj.
pruderie n. f.
prud'femme ou **prudfemme** n. f.
→ aussi **prud'homme**
prud'homal, ale, aux ou **prudhommal, ale, aux** adj.
prud'homie ou **prudhommie** n. f.
prud'homme ou **prudhomme** n.
☯ Pour parler d'une femme, le *Guide d'aide à la féminisation des noms de métiers, titres, grades et fonctions* recommande l'emploi de *prud'homme* au féminin : *c'est une prud'homme.* La forme *prud'femme,* adoptée par la Suisse, est également admise.
prudhommerie n. f.
prudhommesque adj.
prudhommie n. f.
→ **prud'homie**
pruine n. f.
pruiné, ée ou **pruineux, euse** adj.
prune n. f.
☲ Ce mot peut s'employer derrière un adjectif de couleur pour en préciser la nuance ; les deux mots sont alors invariables : *des rideaux prune.*
pruneau n. m.
prunée n. f.
prunelaie n. f.
HOM. **prunelet**
prunelée n. f.
prunelet n. m.
HOM. **prunelaie**
prunelier ou **prunellier** /pʀynəlje/ n. m.
prunelle n. f.
pruniculteur, trice n.
prunier n. m.
prunus /-ys/ n. m.
prurigineux, euse adj.
prurigo n. m.
prurit /-it/ n. m.
prussiate n. m.
prussien, ienne adj. et n.
➾ L'adjectif s'écrit sans majuscule : *la population prussienne.* Le nom s'écrit avec une majuscule uniquement quand il désigne une personne : *les Prussiens ; une Prussienne* mais *une éducation à la prussienne.*
prussienne n. f. (étoffe)
prussique adj.
pruta n. m.
prytanat n. m.
prytane n. m.
prytanée n. m.
☯ Ce mot est masculin : *un prytanée.*
prytanie n. f.
P.-S. n. m. inv.
▫ abrév. de **post-scriptum**
psalidodonte adj.
psallette n. f.
psalliote n. f.
psalmique adj.
psalmistat n. m.
psalmiste n. m.
psalmodie n. f.
psalmodier v. intr. et v. tr. | conjug. 7 |
psalmodique adj.
psaltérion n. m.
psammite n. m.
psammophile adj. et n. m.
psammophyte adj. et n. m.
psaume n. m.
psautier n. m.
pschent /pskɛnt/ n. m.
pschitt ou **pschit** interj. et n. m.
pscht ou **pcht** interj. et n. m.
pschut interj. et n. m. (bruit)
HOM. **pschutt**
pschutt adj. et n. m. (fam. et vx : chic)
HOM. **pschut**
psellion n. m.
pseudarthrose n. f.
pseudencéphale n. m.
pseudencéphalie n. f.
pseudépigraphe adj. et n. m.
pseudo n. m.
▫ abrév. de **pseudonyme**
pseudoalliage n. m.
pseudobulbaire adj.
pseudocarpe n. m.
pseudoclassicisme n. m.

pseudoclassique adj.
pseudoconcept n. m.
pseudodémence n. f.
pseudofécondation n. f.
pseudoforme n. f.
pseudohallucination n. f.
pseudohermaphrodisme n. m.
pseudohermaphrodite n. m.
pseudo-instruction n. f. ▪ plur. **pseudo-instructions**
pseudomembrane n. f.
pseudomembraneux, euse adj.
pseudomère n. m.
pseudomérie n. f.
pseudomonas /-ɑs/ n. m.
pseudomorphose n. f.
pseudonévroptère n. m.
pseudonymat n. m.
pseudonyme adj. et n. m.
pseudonymie n. f.
pseudoparasite n. m.
pseudoparasitisme n. m.
pseudopériodique adj.
pseudopode n. m.
pseudopodique adj.
pseudoscientifique adj.
pseudoscope n. m.
pseudoscopie n. f.
pseudosphère n. f.
pseudosphérique adj.
pseudotuberculose n. f.
pseudotumeur n. f.
psi n. m. ▪ plur. inv. ou plur. **psis**○
HOM. **psy**
psile n. m.
HOM. **psylle**
psilocybe n. m.
psilocybine n. f.
psitt ou **pst** ou **psst** interj.
psittacidé n. m.
psittacisme n. m.
psittacose n. f.
psoas /psɔɑs/ n. m.
psophomètre n. m.
psophométrie n. f.
psoque n. m.
psora ou **psore** n. f.
psoralène n. m.
psoriasique adj.
psoriasis /-is/ n. m.
psorique adj.
psst interj.
→ **psitt**
pst interj.
→ **psitt**

P. S. V. n. m.
□ abrév. de **pilotage sans visibilité**
psy adj. et n.
□ abrév. de **psychologique ; psychologue ; psychiatre ; psychanalyste ; psychothérapeute**
psychagénésie /-k-/ n. f.
psychagénésiste /-k-/ n.
psychagogie /-k-/ n. f.
psychagogique /-k-/ adj.
psychagogue /-k-/ n.
psychalgie /-k-/ n. f.
psychallergie /-k-/ n. f.
psychamine /-k-/ n. f.
psychanalyse /-k-/ n. f.
psychanalyser /-k-/ v. tr. | conjug. 1 |
psychanalyste /-k-/ n.
psychanalytique /-k-/ adj.
psychanalytiquement /-k-/ adv.
psychasthénie /-k-/ n. f.
psychasthénique /-k-/ adj. et n.
psyché /psiʃe/ n. f.
➾ Ne pas écrire **psychée*.
psychédélique /-k-/ adj.
psychédélisme /-k-/ n. m.
psychiatre /-k-/ n.
psychiatrie /-k-/ n. f.
psychiatrique /-k-/ adj.
psychiatriquement /-k-/ adv.
psychiatrisation /-k-/ n. f.
psychiatriser /-k-/ v. tr. | conjug. 1 |
psychie n. f.
psychique adj.
psychiquement adv.
psychisme n. m.
psycho /-k-/ n. f.
□ abrév. de **psychologie**
psychoactif, ive /-k-/ adj.
psychoaffectif, ive /-k-/ adj.
psychoanaleptique /-k-/ adj. et n. m.
psychobiographie /-k-/ n. f.
psychobiographique /-k-/ adj.
psychobiologie /-k-/ n. f.
psychobiologique /-k-/ adj.
psychobiologiste /-k-/ n.
psychochimie /psikɔʃimi/ n. f.
psychochimique /psikɔʃimik/ adj.
psychochirurgical, ale, aux /psikɔʃi-/ adj.
psychochirurgie /psikɔʃi-/ n. f.
psychochirurgien, ienne /psikɔʃi-/ n.
psychocritique /-k-/ n. et adj.
psychodépresseur /-k-/ adj. m. et n. m.
psychodiagnostic /-k-/ n. m.
psychodramatique /-k-/ adj.
psychodrame /-k-/ n. m.
psychodysleptique /-k-/ adj. et n. m.

psychoesthétique /-k-/ adj.
psychogène /-k-/ adj.
psychogenèse /-k-/ n. f.
psychogénétique /-k-/ adj.
psychogénétiste /-k-/ adj. et n.
psychogénie /-k-/ n. f.
psychogénique /-k-/ adj.
psychogramme /-k-/ n. m.
psychographie /-k-/ n. f.
psychographique /-k-/ adj.
psychogroupe /-k-/ n. m.
psychoïde /-k-/ adj.
psychokinésie /-k-/ n. f.
psychokinétique /-k-/ adj.
psycholepsie /-k-/ n. f.
psycholeptique /-k-/ adj. et n. m.
psycholinguiste /-k-/ n.
psycholinguistique /-k-/ n. f. et adj.
psychologie /-k-/ n. f.
psychologique /-k-/ adj.
psychologiquement /-k-/ adv.
psychologisant, ante /-k-/ adj.
psychologiser /-k-/ v. intr. et v. tr. | conjug. 1 |
psychologisme /-k-/ n. m.
psychologiste /-k-/ adj. et n.
psychologue /-k-/ n.
psychomachie /psikɔmaʃi/ n. f.
psychomancie /-k-/ n. f.
psychomécanique /-k-/ n. f.
psychométricien, ienne /-k-/ n.
psychométrie /-k-/ n. f.
psychométrique /-k-/ adj.
psychomimétique /-k-/ adj. et n. m.
psychomorphologie /-k-/ n. f.
psychomoteur, trice /-k-/ adj.
psychomotricien, ienne /-k-/ n.
psychomotricité /-k-/ n. f.
psychonévrose /-k-/ n. f.
psychonévrosique /-k-/ adj.
psychonévrotique /-k-/ adj.
psychopathe /-k-/ n.
psychopathie /-k-/ n. f.
psychopathique /-k-/ adj.
psychopathogène /-k-/ adj.
psychopathologie /-k-/ n. f.
psychopathologique /-k-/ adj.
psychopédagogie /-k-/ n. f.
psychopédagogique /-k-/ adj.
psychopédagogue /-k-/ n.
psychopharmacologie /-k-/ n. f.
psychopharmacologique /-k-/ adj.
psychopharmacologue /-k-/ n.
psychophysicien, ienne /-k-/ n.
psychophysiologie /-k-/ n. f.
psychophysiologique /-k-/ adj.
psychophysiologiste /-k-/ n.
psychophysique /-k-/ n. f. et adj.
psychoplégie /-k-/ n. f.
psychoplégique /-k-/ adj. et n. m.
psychopolémologie /-k-/ n. f.
psychopompe /-k-/ adj.
psychoprophylactique /-k-/ adj.
psychoprophylaxie /-k-/ n. f.
psychorigide /-k-/ adj.
psychorigidité /-k-/ n. f.
psychose /-k-/ n. f.
psychosé, ée /-k-/ adj. et n.
psychosédatif, ive /-k-/ n. m. et adj.
psychosensoriel, ielle /-k-/ adj.
psychosensorimoteur, trice /-k-/ adj.
psychosexuel, elle /-k-/ adj.
psychosique /-k-/ adj.
psychosocial, iale, iaux /-k-/ adj.
psychosociologie /-k-/ n. f.
psychosociologique /-k-/ adj.
psychosociologue /-k-/ n.
psychosomaticien, ienne /-k-/ n.
psychosomatique /-k-/ adj.
psychosomatiser /-k-/ v. intr. | conjug. 1 |
psychostasie /-k-/ n. f.
psychostimulant, ante /-k-/ adj. et n. m.
psychosystématique /-k-/ n. f. et adj.
psychotechnicien, ienne /-k-/ n.
psychotechnique /-k-/ n. f.
psychoter /-k-/ v. intr. | conjug. 1 |
psychotest /-k-/ n. m.
psychothérapeute /-k-/ n.
psychothérapeutique /-k-/ adj.
psychothérapie /-k-/ n. f.
psychothérapique /-k-/ adj.
psychotique /-k-/ adj. et n.
psychotonique /-k-/ adj. et n. m.
psychotraumatique /-k-/ adj.
psychotraumatisme /-k-/ n. m.
psychotrope /-k-/ adj. et n. m.
psychromètre /-k-/ n. m.
psychrométrie /-k-/ n. f.
psychrophile /-k-/ adj. et n. m.
[1]**psylle** n. m. ou f. (insecte)
HOM. **psile**
[2]**psylle** n. m. (charmeur de serpents)
HOM. **psile**
psyllium /-jɔm/ n. m.
P. T. A. C. n. m.
▫ abrév. de **poids total autorisé en charge**
ptarmigan n. m.
ptéranodon n. m.
ptéréon ou **ptérion** n. m.
ptéridophyte n. m.
ptérion n. m.
→ **ptéréon**
ptérodactyle adj. et n. m.

ptérodon n. m.
ptérome n. m.
ptérophore n. m.
ptéropode n. m.
ptérosaure ou **ptérosaurien** n. m.
ptérygion n. m.
ptérygoïde adj.
ptérygoïdien, ienne adj. et n. m.
ptérygote n. m.
ptérylie n. f.
ptolémaïque adj.
ptoléméen, enne ou **ptoloméen, enne** adj.
ptomaïne n. f.
ptose ou **ptôse** n. f.
ptosis /-is/ n. m.
P. T. T. n. f. pl.
□ abrév. de **postes, télégraphes et téléphones ; postes, télécommunications et télédiffusion**
ptyalagogue adj.
ptyaline n. f.
ptyalisme n. m.
ptyx n. m.
puamment adv.
puant, puante adj.
puanteur n. f.
[1]**pub** /pœb/ n. m.
[2]**pub** /pyb/ n. f.
□ abrév. de **publicité**
pubalgie n. f.
pubéral, ale adj.
pubère adj.
pubertaire adj.
puberté n. f.
pubescence n. f.
pubescent, ente adj.
pubien, ienne adj.
pubis /-is/ n. m.
publiable adj.
public, ique adj. et n. m.
➾ Ne pas écrire *publique* au masculin. La locution **grand public** est invariable : *des films grand public.*
publicain n. m.
publication n. f.
publiciser v. tr. | conjug. 1 |
publicisme n. m.
publiciste n.
publicitaire adj. et n.
publicitairement adv.
publicité n. f.
public-relations n. f. pl.
publier v. tr. | conjug. 7 |
publi-information n. f. ▪ plur. **publi-informations**
publiphile n.
publiphobe adj. et n.
Publiphone® n. m.
➾ Comme tous les noms déposés, ce mot doit s'écrire avec une majuscule : *je l'ai appelé d'un Publiphone.* Toutefois, on le trouve fréquemment employé comme nom générique sans respect de la règle : *je l'ai appelé d'un publiphone.*
publipostage n. m.
□ rec. off. pour **mailing**
publipromotionnel, elle adj.
publiquement adv.
publirédactionnel n. m.
puçage n. m.
puccinie n. f. ou **puccinia** n. m.
puce n. f.
Ξ Ce mot peut s'employer seul comme adjectif de couleur ou derrière un adjectif de couleur pour en préciser la nuance ; ces adjectifs sont alors invariables : *des vestes brun puce ; des foulards puce.*
HOM. forme du v. **pouvoir**
puceau n. m.
pucelage n. m.
pucelle n. f.
pucer v. tr. | conjug. 3 |
puceron n. m.
puceronne n. f.
pucerotte n. f.
puceux, euse n. et adj.
puche n. f.
puchoir n. m.
pucier n. m.
pudding ou **pouding** /pudiŋ/ n. m.
puddlage n. m.
puddler v. tr. | conjug. 1 |
puddleur n. m.
pudenda /pydɑ̃da ; pudɛnda/ n. m. pl.
pudeur n. f.
pudibond, onde adj.
pudibonderie n. f.
pudicité n. f.
pudique adj.
pudiquement adv.
pue-la-sueur n. m. inv.
puer v. intr. et v. tr. | conjug. 1 |
puériculteur, trice n.
puériculture n. f.
puéril, ile adj.
➾ Ne pas mettre de *e* au masculin : *ce comportement est très puéril.*
puérilement adv.
puérilisme n. m.
puérilité n. f.
puerpéral, ale, aux adj.
puerpéralité n. f.
puffin n. m.
pugilat n. m.

pugilisme n. m.
pugiliste n. m.
pugilistique adj.
pugnace /-gn-/ adj.
pugnacité /-gn-/ n. f.
puine n. m.
puîné, ée ou **puiné, ée**○ adj. et n.
puis adv.
Ξ **Et puis** est correct mais **et puis après** et **et puis ensuite** sont des pléonasmes à éviter.
HOM. **puits, puy**
puisage n. m.
puisard n. m.
puisatier, ière n.
puisement n. m.
puiser v. tr. | conjug. 1 |
puisette n. f.
puiseur, euse n.
puisoir n. m.
puisque conj.
Ξ *Puisque* s'élide devant *il(s), elle(s), on, un* et *une* : *puisqu'il en est question ; puisqu'une présentation s'impose* mais *puisque aujourd'hui c'est dimanche.*
⌘ L'ellipse du sujet et du verbe *être*, fréquente après *parce que*, est très rare après *puisque*. Il est préférable de l'éviter.
puissamment adv.
puissance n. f.
➾ La locution **en puissance** est invariable : *des criminels en puissance.*
puissant, ante adj. et n. m.
puits n. m.
HOM. **puis, puy**
pulicaire n. f.
pulicidé n. m.
pulka n. f.
[1]**pull** n. m.
□ abrév. de **pull-over**
[2]**pull** /pul/ n. m. et interj. (effet au golf)
HOM. **pool, poule**
[3]**pull** /pul/ interj. (signal)
HOM. **pool, poule**
puller ou **pulleur** /pulœʀ/ n. m.
pullman /pulman/ n. m.
➾ Ce mot a un pluriel régulier : *des pullmans.*
pullorose n. f.
pull-over ▪ plur. **pull-overs** ou **pullover**○ ▪ plur. **pullovers**○ ou **pulloveur**○ ▪ plur. **pulloveurs**○ /pylɔvɛʀ ; pulɔvœʀ/ n. m.
pullulant, ante adj.
pullulation n. f.
pullulement n. m.
pulluler v. intr. | conjug. 1 |
Ξ Le sujet doit obligatoirement désigner la chose ou les êtres qui se manifestent en grand nombre : on peut dire *un texte dans lequel pullulent les fautes* mais pas **un texte qui pullule de fautes.*
pulmonaire adj. et n. f.
pulmoné n. m.
pulmonie n. f.
pulmonique adj. et n.
pulpaire adj.
pulpation n. f.
pulpe n. f.
pulpectomie n. f.
pulper v. tr. | conjug. 1 |
pulpeur n. m.
pulpeux, euse adj.
pulpite n. f.
pulpotomie n. f.
pulque /pulke/ ou **pulqué**○ n. m.
pulsant, ante adj.
pulsar n. m.
pulsateur n. m.
pulsatif, ive adj.
pulsatile adj.
pulsation n. f.
pulsatoire adj.
pulsé adj. m.
pulser v. intr. et v. tr. | conjug. 1 |
pulseur n. m.
pulsion n. f.
HOM. formes du v. **pulser**
pulsionnel, elle adj.
pulsomètre n. m.
pulsoréacteur n. m.
pultacé, ée adj.
pultation n. f.
pulvérin n. m.
pulvérisable adj.
pulvérisateur n. m.
pulvérisation n. f.
pulvériser v. tr. | conjug. 1 |
pulvériseur n. m.
pulvérulence n. f.
pulvérulent, ente adj.
pulvifère adj.
pulvinar n. m.
puma n. m.
pumicite ou **pumite** n. f.
puna n. f.
punais, aise adj.
punaise n. f.
punaiser v. tr. | conjug. 1 |
punaisie n. f.
punaisot n. m.
[1]**punch** /pɔ̃ʃ/ ou **ponch**○ n. m. (boisson)
[2]**punch** /pœnʃ/ n. m. (fam. : dynamisme)
puncheur, euse /pœnʃœʀ/ n.
punching-ball ▪ plur. **punching-balls** ou

punchingball○ ▪ plur. **punchingballs**○ /pœnʃiŋbol/ n. m.
punctiforme /pɔ̃-/ adj.
punctum /pɔ̃ktɔm/ n. m.
punique adj. et n.
➾ L'adjectif s'écrit sans majuscule : *la population punique ; les guerres puniques*. Le nom s'écrit avec une majuscule uniquement quand il désigne une personne : *les Puniques ; une Punique* mais *ils parlaient le punique*.
punir v. tr. | conjug. 2 |
¬ **se punir**
➾ Aux temps composés de la forme pronominale, le participe passé s'accorde en genre et en nombre avec le sujet : *elle s'est punie toute seule*.
punissable adj.
punisseur, euse adj. et n.
punitif, ive adj.
punition n. f.
punk /pœ̃k ; pœnk/ n. et adj.
punkette /pœ̃kɛt ; pœnkɛt/ n. f.
punt /pœnt/ n. m.
puntarelle /pɔ̃-/ n. f.
puntillero ou **puntilléro**○ /puntijeʀo/ n. m.
pupazzo /pupadzo/ n. m. ▪ plur. **pupazzi** ou plur. **pupazzos**
Ξ On peut employer le pluriel italien *pupazzi* ou le pluriel francisé *pupazzos*.
pupe n. f.
pupillaire /-il-/ adj.
pupillarité /-il-/ n. f.
[1]**pupille** /pypij ; pypil/ n. (enfant)
[2]**pupille** /pypij ; pypil/ n. f. (de l'œil)
pupillomètre /-il-/ n. m.
pupinisation n. f.
pupipare adj. et n. m.
pupitre n. m.
pupitreur, euse n.
pupivore adj.
puppy n. m.
pupulement n. m.
pupuler v. intr. | conjug. 1 |
pur, pure adj.
Ξ *Pur* entre dans la composition de nombreuses locutions adjectivales invariables : *des écharpes pur laine vierge ; des saucissons pur porc ; des chevaux pur sang ; des Parisiennes pur jus*.
HOM. forme du v. **pouvoir**
pureau n. m.
HOM. **puro, purot**
purée n. f. et interj.
Ξ Ce mot peut s'employer en apposition ; il est alors invariable : *des pommes purée*.
purement adv.
pureté n. f.
purette n. f.
purgatif, ive adj. et n. m.
purgation n. f.
purgatoire n. m.
purge n. f.
purgeoir n. m.
purger v. tr. | conjug. 3 |
¬ **se purger**
➾ Aux temps composés de la forme pronominale, le participe passé s'accorde en genre et en nombre avec le sujet : *ils se sont purgés*.
purgeur n. m.
purgeuse n. f.
purifiant, iante adj.
purificateur, trice n. et adj.
purification n. f.
purificatoire n. m. et adj.
purifier v. tr. | conjug. 7 |
¬ **se purifier**
➾ Aux temps composés de la forme pronominale, le participe passé s'accorde en genre et en nombre avec le sujet : *ils se sont purifiés*. Mais le participe passé ne s'accorde pas quand il est suivi d'un complément d'objet direct : *ils se sont purifié la peau*. Il ne s'accorde avec le complément d'objet direct que lorsque celui-ci est placé avant le verbe : *ils se la sont purifiée*.
puriforme adj.
purin n. m.
purine n. f.
purique adj.
purisme n. m.
puriste n. et adj.
puritain, aine n. et adj.
puritainement adv.
puritanisme n. m.
puro /pyʀo ; puʀo/ n. m.
HOM. **pureau, purot**
puron n. m.
purot n. m.
HOM. **pureau, puro**
purotin n. m.
purpura n. m.
purpuracé, ée adj.
purpurin, ine adj.
purpurine n. f.
purpurique adj.
pur-sang n. m. ▪ plur. inv. ou plur. **purs-sangs**
➾ Ce nom s'écrit avec un trait d'union, contrairement à la locution adjectivale invariable **pur sang** : *des chevaux pur sang* mais *ce sont des pur-sang* ou *des purs-sangs*.
purulence n. f.
purulent, ente adj.
pus /py/ n. m.
HOM. formes des v. **pouvoir, puer**
puseyisme n. m.

push-pull ▪ plur. inv. ou **pushpull**○ ▪ plur. **pushpulls** /puʃpul/ n. m. inv.
pusillanime /pyzi(l)la-/ adj.
pusillanimement /pyzi(l)la-/ adv.
pusillanimité /pyzi(l)la-/ n. f.
pustulation n. f.
pustule n. f.
pustulé, ée adj.
pustuleux, euse adj.
putain n. f.
putanat n. m.
putanesque adj.
putanier n. m.
putanisme n. m.
putassier, ière adj.
putatif, ive adj.
putativement adv.
pute n. f. et adj.
HOM. forme du v. **pouvoir**
putier ou **putiet** n. m.
putinerie n. f. ou **putinisme** n. m.
putois n. m.
putoisé adj. m.
putréfaction n. f.
putréfiable adj.
putréfier v. tr. | conjug. 7 |
¬ **se putréfier**
➾ Aux temps composés de la forme pronominale, le participe passé s'accorde en genre et en nombre avec le sujet : *la viande s'est putréfiée.*
putrescence n. f.
putrescent, ente adj.
putrescibilité n. f.
putrescible adj.
putrescine n. f.
putride adj.
putridité n. f.
putsch /putʃ/ n. m.
putschiste /putʃist/ n.
putt /pœt/ n. m.
[1]**putter** /pœtœʀ/ ou **poteur** n. m.
[2]**putter** /pœte/ v. tr. | conjug. 1 |
→ **poter**
putto /puto/ n. m. ▪ plur. **putti** ou plur. **puttos**
Ξ On peut employer le pluriel italien *putti* ou le pluriel francisé *puttos.*
puvathérapie n. f.
puy n. m.
HOM. **puis, puits**
puya n. m.
puzzle /pœzl ; pœzœl/ n. m.
p.-v. n. m. inv.
▫ abrév. de **procès-verbal**
P. V. C. n. m. inv.
▫ abrév. de **polyvinylchloride**
P. V. D. n. m. pl.
▫ abrév. de **pays en voie de développement**
pyarthrose n. f.
pycnide n. f.
pycnique adj. et n.
pycnomètre n. m.
pycnose n. f.
pycnotique adj.
pyélique adj.
pyélite n. f.
pyélographie n. f.
pyélonéphrite n. f.
pyéloscopie n. f.
pyélotomie n. f.
pyémie n. f.
→ **pyohémie**
pygargue n. m.
pygmalionisme n. m.
pygmée n. et adj.
➾ Ne pas oublier le *e* final quel que soit le genre. L'adjectif s'écrit sans majuscule : *la population pygmée.* Le nom s'écrit avec une majuscule : *les Pygmées ; c'est une Pygmée*
pygméen, enne adj.
pygmoïde adj.
pyjama n. m.
pyjaveste n. f.
pylône n. m.
pylore n. m.
pylorectomie n. f.
pylorique adj.
pylorisme n. m.
pyoculture n. f.
pyocyanine n. f.
pyocyanique adj.
pyocyte n. m.
pyodermite n. f.
pyogène adj.
pyogénèse n. f.
pyohémie ou **pyémie** n. f.
pyoïde adj.
pyophagie n. f.
pyorrhée n. f.
pyorrhéique adj.
pyrale n. f.
Pyralène® n. m.
➾ Comme tous les noms déposés, ce mot doit s'écrire avec une majuscule : *la toxicité du Pyralène.* Toutefois, on le trouve fréquemment employé sans respect de la règle : *la toxicité du pyralène.*
pyramidal, ale, aux adj.
pyramidalement adv.
pyramide n. f.
pyramidé, ée adj.
pyramider v. intr. | conjug. 1 |

pyramidion n. m.
HOM. formes du v. **pyramider**
pyramidon n. m.
pyrée n. f.
pyrénaïque adj. et n. m.
pyrène n. m.
pyrénéisme n. m.
pyrénéiste n. et adj.
pyrénéite n. f.
pyrénomycète n. m.
pyrèthre n. m.
pyrétique adj.
pyrétogène adj. et n. m.
pyrétothérapie n. f.
Pyrex® n. m.
➾ Comme tous les noms déposés, ce mot doit s'écrire avec une majuscule : *un plat en Pyrex*. Toutefois, on le trouve fréquemment employé comme nom générique sans respect de la règle : *un plat en pyrex*.
pyrexie n. f.
pyrhéliomètre n. m.
pyrhéliométrique adj.
pyridine n. f.
pyridique adj.
pyridoxal n. m.
pyridoxine n. f.
pyrimidine n. f.
pyrimidique adj.
pyrite n. f.
pyriteux, euse adj.
pyrocatéchine n. f. ou **pyrocatéchol** n. m.
pyrocéram /-am/ n. m.
pyroclastique adj.
pyrocorise n. m.
pyroélectricité n. f.
pyroélectrique adj.
pyrofuge adj.
pyrogallol n. m.
pyrogénation n. f.
pyrogène adj.
pyrographe n. m.
pyrograver v. tr. | conjug. 1 |
pyrograveur, euse n.
pyrogravure n. f.
pyrole n. f.
→ **pirole**
pyroligneux, euse adj. et n. m.
pyrolusite n. f.
pyrolyse n. f.
pyrolyser v. tr. | conjug. 1 |
pyrolytique adj.
pyromane n.
pyromanie n. f.
pyromètre n. m.
pyrométrie n. f.
pyrométrique adj.
pyromusical, ale, aux adj.
pyrope n. m.
pyrophage n. m.
pyrophane adj.
pyrophore n. m.
pyrophorique adj.
pyrophosphate n. m.
pyrophosphorique adj.
pyrophyte adj. et n. m.
pyroscaphe n. m.
pyroscope n. m.
pyrosis /-is/ n. m.
pyrosome n. m.
pyrosphère n. f.
pyrosulfurique adj.
pyrotechnicien, ienne /-k-/ n.
pyrotechnie /-k-/ n. f.
pyrotechnique /-k-/ adj.
pyroxène n. m.
pyroxyle n. m.
pyroxylé, ée adj.
pyroxyline n. f.
¹pyrrhique n. f. (danse)
²pyrrhique n. m. (pied)
pyrrhocoris /-is/ ou **pyrocorise** n. m.
pyrrhonien, ienne adj. et n.
pyrrhonisme n. m.
pyrrol ou **pyrrole** n. m.
HOM. **pirole, pirolle**
pyrrolique adj.
pyruvique adj.
pythagoricien, ienne adj. et n.
pythagorique adj.
pythagorisme n. m.
pythiade n. f.
pythie n. f.
pythien, ienne adj.
pythique adj. et n. f.
➾ Ce mot s'écrit avec une minuscule dans **les Jeux pythiques**.
python n. m.
HOM. **piton**
pythonisse n. f.
pyurie n. f.
pyxide n. f.

Q

q n. m. inv, abrév. et symb.
HOM. **cul**
Q n. m. inv, abrév. et symb.
HOM. **cul**
qat ou **khat** /kat/ n. m.
Q. C. M. n. m. inv.
◻ abrév. de **questionnaire à choix multiple**
Q. G. n. m. inv.
◻ abrév. de **quartier général**
Q. H. S. n. m.
◻ abrév. de **quartier de haute sécurité**
Q. I. n. m. inv.
◻ abrév. de **quotient intellectuel**
qibla ou **kibla** ou **kiblah** n. f.
qi gong /tʃikɔ̃g/ n. m. inv.
Q. S. R. n. m.
◻ abrév. de **quartier de sécurité renforcée**
quad /kwad/ n. m.
quadra /k(w)a-/ n.
◻ abrév. de **quadragénaire**
HOM. **cadrat**, formes du v. **cadrer**
quadragénaire /k(w)a-/ adj. et n.
quadragésimal, ale, aux /k(w)adʀa-/ adj.
quadragésime /k(w)a-/ n. f.
quadrangle /k(w)a-/ n. m.
quadrangulaire /k(w)a-/ adj.
quadrant n. m.
HOM. **cadran, cadrant** (p. prés. de *cadrer*)
quadratique /k(w)a-/ adj.
quadrature /k(w)a-/ n. f.
HOM. **cadrature**
quadrette n. f.
quadri /k(w)a-/ n. f.
◻ abrév. de **quadriphonie** ou abrév. de **quadrichromie**
quadriceps /k(w)adʀisɛps/ n. m.
quadrichromie /k(w)adʀikʀɔ-/ n. f.
quadrichromique /k(w)adʀikʀɔ-/ adj.
quadricolore /k(w)a-/ adj.
quadricorne /k(w)a-/ adj.
quadricourant /k(w)a-/ adj. inv.
quadricycle /k(w)a-/ n. m.
quadridimensionnel, elle /k(w)a-/ adj.
quadriennal, ale, aux /k(w)a-/ adj.
quadrifide /k(w)a-/ adj.
quadrifolié, iée /k(w)a-/ adj.
quadrige /k(w)a-/ n. m.
quadrigémellaire /k(w)a-/ adj.
quadrijumeaux /k(w)a-/ adj. et n. m. pl.
quadrilatéral, ale, aux /k(w)a-/ adj.
quadrilatère /k(w)a-/ n. m.
quadrilitère /k(w)a-/ adj.
quadrillage n. m.
[1]**quadrille** n. f. (troupe de cavaliers, de toreros)
[2]**quadrille** n. m. (danse, danseur)
quadrillé, ée adj.
quadriller v. tr. | conjug. 1 |
quadrillion /k(w)adʀiljɔ̃/ n. m.
→ **quatrillion**
quadrilobe /k(w)a-/ n. m.
quadrilobé, ée /k(w)a-/ adj.
quadriloculaire /k(w)a-/ adj.
quadrilogie /k(w)a-/ n. f.
quadrimestre /k(w)a-/ n. m.
quadrimestriel, elle /k(w)a-/ adj.
quadrimoteur /k(w)a-/ adj. m. et n. m.
quadriparti, ie /k(w)a-/ adj.
quadripartisme /k(w)a-/ n. m.
quadripartite /k(w)a-/ adj.
quadripartition /k(w)a-/ n. f.
quadripétale /k(w)a-/ adj.
quadriphonie /k(w)a-/ n. f.
quadriphonique /k(w)a-/ adj.
quadriplace /k(w)a-/ adj. et n. m.
quadripolaire /k(w)a-/ adj.
quadripôle /k(w)a-/ n. m.
quadrique /k(w)a-/ adj. et n. f.
quadriréacteur /k(w)a-/ n. m.
quadrirème /k(w)a-/ n. f.
quadrisyllabe /k(w)a-/ n. m.

quadrisyllabique /k(w)a-/ adj.
quadrivalence /k(w)a-/ n. f.
quadrivalent, ente /k(w)a-/ adj.
quadrivalve /k(w)a-/ adj.
quadrivium /kwadʀivjɔm/ n. m.
quadrumane /k(w)a-/ adj. et n.
quadrupède /k(w)a-/ adj. et n.
quadrupédie /k(w)a-/ n. f.
quadruple /k(w)a-/ adj.
quadruplement /k(w)a-/ n. m. et adv.
quadrupler /k(w)a-/ v. tr. et v. intr. | conjug. 1 |
quadruplés, ées /k(w)a-/ n. pl.
quadruplet /k(w)a-/ n. m.
HOM. formes du v. **quadrupler**
quadruplette /k(w)a-/ n. f.
quadruplex /k(w)a-/ n. m.
quai n. m.
➾ *Quai* s'écrit avec une majuscule dans **le Quai des Orfèvres** et **le Quai d'Orsay** (ou **le Quai**) quand ils désignent respectivement le siège de la police judiciaire et celui du ministère des Affaires étrangères. Il s'écrit sans majuscule quand il désigne simplement la voie : *nous avons marché le long du quai d'Orsay*. La locution **à quai** est invariable : *les navires sont à quai*.
quaiche n. f.
quaker, quakeresse /kwɛkœʀ, kwɛkʀɛs/ n.
quakerisme /kwɛkœʀism/ n. m.
quakeriste /kwɛkœʀist/ adj. et n.
qualif n. f.
◻ abrév. de **qualification**
qualifiable adj.
qualifiant, iante adj.
qualificateur n. m.
qualificatif, ive n. m. et adj.
qualification n. f.
qualifié, iée adj.
qualifier v. tr. | conjug. 7 |
Ξ De nos jours, l'attribut du complément est introduit par *de* : *qualifier qqn de monstre*. L'absence de préposition est réservée à la langue juridique : *l'homicide commis volontairement est qualifié meurtre*.
¬ **se qualifier**
➾ Aux temps composés, le participe passé s'accorde en genre et en nombre avec le sujet : *l'équipe française s'est qualifiée pour la finale*.
qualitatif, ive adj.
qualitativement adv.
qualité n. f.
➾ Ce mot est au pluriel dans la locution **ès qualités**. Il est toujours au singulier dans **avoir qualité pour** et **en (sa) qualité de**.
qualiticien, ienne n.
quand conj. et adv.
quand vous aurez fini, vous pourrez partir
◗ **quand bien même** (+ condit.) *quand bien même il le nierait*
Ξ L'emploi d'une préposition est possible devant l'adverbe *quand* (*je ne sais pas de quand date ce film*) mais fautif devant la conjonction : on ne dira pas *un film de quand j'avais vingt ans* mais, par exemple, *un film de l'époque de mes vingt ans*.
La locution **quand même** est admise dans le langage courant. Dans la langue soignée, on emploiera plutôt **tout de même**.
HOM. **camp**, **khan**, **quant**
quant conj.
Ξ *Quant* est toujours suivi de la préposition *à* : *quant à moi ; quant au ministre*.
➾ Ne pas écrire *quant* comme *quand*. Si l'on peut remplacer **quant à** par **en ce qui concerne**, il s'agit de *quant*.
⚡ Ne pas confondre **quant à** (+ inf.), qui signifie « pour ce qui est de » (*quant à intervenir, c'est hors de question*), avec **tant qu'à** (+ inf.), qui signifie « puisqu'il faut » (*tant qu'à intervenir, faisons-le sérieusement*).
HOM. **camp**, **khan**, **quand**
quanta n. m. sing. ou plur.
→ **quantum**
quant-à-soi n. m. sing.
Ξ Ce mot ne peut s'employer que pour parler de quelqu'un à la troisième personne : on peut dire *il est resté sur son quant-à-soi* mais pas **je suis resté sur mon quant-à-soi*.
quantième adj. et n.
Ξ En principe, *combien* devrait s'employer pour le nombre, et *quantième* pour le rang : *le quantième êtes-vous ? – je suis le sixième ; le quantième sommes-nous ?* Toutefois, *quantième* n'est que très peu usité de nos jours et l'emploi de *combien* dans ce sens ne peut plus être considéré comme incorrect : *le combien êtes-vous ? – je suis le sixième ; le combien sommes-nous ?*
→ aussi **combientième**
quantifiable adj.
quantificateur n. m.
quantification n. f.
quantifié, iée adj.
quantifier v. tr. | conjug. 7 |
quantifieur n. m.
quantile /k(w)ɑ̃-/ n. m.
quantique /k(w)ɑ̃-/ adj.
HOM. **cantique**
quantitatif, ive adj.
quantitativement adv.
quantitativiste n.
quantité n. f.
➾ Ce mot est au singulier dans la locution **en quantité** : *il y a des fruits en quantité*.
⌘ Avec **quantité de** suivi d'un nom au pluriel, l'accord se fait toujours au pluriel : *quantité de*

gens se trompent à ce sujet. Quand *quantité* est précédé de l'article défini, le verbe se met au singulier : *la quantité de vivres a diminué*. Lorsque *quantité* est précédé de l'article indéfini, l'accord du verbe se fait en fonction de la nuance de sens : *une quantité de symptômes sont apparus* ou *est apparue*.

quanton /k(w)ɑ̃-/ n. m.
HOM. **canton**

quantum /k(w)ɑ̃tɔm/ ▪ plur. **quanta** ou **quanta**○ ▪ plur. **quantas**○ /k(w)ɑ̃ta/ n. m.
Ξ En latin, *quanta* est le pluriel de *quantum*. On peut toutefois l'employer au singulier et franciser la forme du pluriel : *un quanta, des quantas*.

quarantaine n. f.
⌘ Lorsque **une quarantaine de** suivi d'un nom est sujet, le verbe s'accorde soit avec *quarantaine*, soit avec le complément : *une quarantaine de personnes attendait* ou *attendaient*. Avec **la quarantaine de**, le verbe s'accorde toujours avec *quarantaine* : *la quarantaine d'exemplaires qui a été envoyée*.

quarante adj. numéral inv. et n. inv.
➾ Avec une majuscule et sans complément, **les Quarante** désigne les membres de l'Académie française. Les numéraux formant un nombre complexe inférieur à cent s'écrivent avec un trait d'union : *quarante-deux jours*. Les Rectifications de l'orthographe de 1990 préconisent de généraliser l'emploi du trait d'union à tous les numéraux composés, qu'ils soient inférieurs ou supérieurs à cent : *à la page cent-quarante-deux ; il a cent-quarante-mille euros en espèces*.

quarante-huitard, arde n. et adj. ▪ plur. **quarante-huitards, ardes**

quarantenaire adj. et n.
Ξ Pour parler d'une personne dont l'âge est compris entre quarante et quarante-neuf ans, il faut employer *quadragénaire*.

quarantenier n. m.

quarantième adj. et n.

quarantièmement adv.

quarderonner v. tr. | conjug. 1 |

quark /kwaʀk/ n. m.

[1]**quart, quarte** adj.
HOM. (du masc.) **car, carre**, formes du v. **carrer** ; (du fém.) **carte, kart**

[2]**quart** n. m.
➾ **Quart d'heure** s'écrit sans trait d'union.
⌘ Lorsque **le quart de** suivi d'un nom au pluriel est sujet, le verbe s'accorde soit avec *quart*, soit avec le complément : *le quart des participants est satisfait* ou *sont satisfaits*. La règle selon laquelle l'accord se fait au singulier quand il s'agit d'une quantité exacte et au pluriel quand il s'agit d'une quantité approximative n'est pas respectée dans l'usage.
Ξ On peut employer indifféremment *une heure et quart* ou *une heure un quart*. **Et quart** est aujourd'hui plus courant. On peut dire *une heure moins le quart* ou *une heure moins un quart* ; **moins un quart** est toutefois vieilli.
HOM. **car, carre**, formes du v. **carrer**

quartager v. tr. | conjug. 3 |

quartaine adj. f.

quartanier ou **quartannier** n. m.

quartation n. f.

quartaut n. m.

quart-de-rond n. m. ▪ plur. **quarts-de-rond**

quarte /k(w)aʀt/ adj. f et n. f.
HOM. **carte, kart**

Quarté® n. m.
➾ Comme tous les noms déposés, ce mot doit s'écrire avec une majuscule : *jouer au Quarté*. Toutefois, on le trouve fréquemment employé comme nom générique sans respect de la règle : *jouer au quarté*.
HOM. formes du v. **carter**

quartefeuille n. f.

quartelette ou **cartelette** n. f.

quartenier n. m.

quarter /kwaʀtɛʀ/ n. m.

quarterback /kwaʀtɛʀbak/ n. m.

[1]**quarteron** n. m. (quantité)
HOM. formes du v. **carter**

[2]**quarteron, onne** n. (personne)
HOM. formes du v. **carter**

quartette ou **quartet** /k(w)aʀtɛt/ n. m.
☯ Ce mot est masculin : *un quartette*.

quartettiste /k(w)a-/ n. m.

quartidi /kwa-/ n. m.
Ξ Ce mot désignait le quatrième jour de la décade, dans le calendrier républicain.
➾ Comme tous les noms de jours, ce mot s'écrit toujours sans majuscule.

quartier n. m.
➾ Ce mot s'écrit avec une majuscule dans **le Quartier latin**.
HOM. **cartier**, formes du v. **carter**

quartier-maître ▪ plur. **quartiers-maîtres** ou **quartier-maitre**○ ▪ plur. **quartiers-maitres**○ n.

quartilage /kwa-/ n. m.
♪ La prononciation /kaʀtilaʒ/ est évitée par suite de l'homonymie avec *cartilage*.

quartile /kwa-/ n. m.

quartique n. f.

quart-monde n. m. ▪ plur. **quarts-mondes**

quart-mondisation n. f. ▪ plur. **quart-mondisations**

quart-mondiste n. ▪ plur. **quarts-mondistes**

quarto /kwa-/ adv.

quartz /kwaʀts/ n. m.

quartzeux, euse /kwaʀtsø/ adj.
quartzifère /kwaʀts-/ adj.
quartzique /kwaʀts-/ adj.
quartzite /kwaʀts-/ n. m.
quasar n. m.
[1]**quasi** adv.
➾ Avec un nom, *quasi* est toujours lié par un trait d'union : *des quasi-synonymes ; en quasi-totalité*. Avec un adjectif, il n'est jamais lié par un trait d'union : *des mots quasi synonymiques*.
[2]**quasi** n. m.
quasi-certitude n. f. ▪ plur. **quasi-certitudes**
quasi-contrat n. m. ▪ plur. **quasi-contrats**
quasicristaux n. m. pl.
quasi-délit n. m. ▪ plur. **quasi-délits**
quasiment adv.
Ξ Ce mot appartient au registre familier. Dans le langage soigné, on le remplacera par *quasi* ou *presque*.
Quasimodo n. f.
➾ Ce mot, qui désigne le dimanche de l'octave de Pâques, s'écrit toujours avec une majuscule : *le dimanche de Quasimodo*.
quasi-monnaie n. f. ▪ plur. **quasi-monnaies**
quasi-usufruit n. m. ▪ plur. **quasi-usufruits**
quassia /kwasja/ ou **quassier** /kwasje/ n. m.
quassine /kwasin/ n. f.
quater /kwatɛʀ/ adv.
quaternaire /kwa-/ adj. et n. m.
➾ L'adjectif s'écrit toujours sans majuscule : *l'ère quaternaire*. Le nom s'écrit généralement sans majuscule mais la majuscule initiale est de rigueur dans les ouvrages spécialisés.
quaterne /kwa-/ n. m.
quaternion /kwa-/ n. m.
quatorze adj. numéral inv. et n. inv.
➾ Les Rectifications de l'orthographe de 1990 préconisent de généraliser l'emploi du trait d'union à tous les numéraux composés, qu'ils soient inférieurs ou supérieurs à cent : *à la page cent-quatorze ; il a cent-quatorze-mille euros en espèces*.
quatorzième adj. et n.
quatorzièmement adv.
quatrain n. m.
quatre adj. numéral inv. et n. inv.
♪ La prononciation /kat/ devant une consonne est familière. Elle doit être évité dans la langue soignée.
➾ Les numéraux formant un nombre complexe inférieur à cent s'écrivent avec un trait d'union : *cinquante-quatre jours*. Les Rectifications de l'orthographe de 1990 préconisent de généraliser l'emploi du trait d'union à tous les numéraux composés, qu'ils soient inférieurs ou supérieurs à cent : *à la page cent-quatre ; il a quatre-mille euros en espèces*.
quatre-cent-vingt-et-un n. m. inv.
quatre-chemins n. m. inv.
quatre-de-chiffre n. m. inv.
quatre-épices n. m. ou f. inv.
quatre-étoiles adj. inv. et n. m. inv.
quatre-feuilles n. m. inv.
quatre-heures n. m. inv.
quatre-huit n. m. inv.
quatre-mâts n. m. inv.
quatre-quarts n. m. inv.
quatre-quatre /kat(ʀə)katʀ/ n. f. ou m. inv.
♪ La prononciation /katkatʀ/ doit être évitée dans la langue soignée.
quatre-saisons /katsɛzɔ̃/ n. f. inv.
Ξ Ce mot s'emploie surtout dans la locution **marchand(e) de(s) quatre-saisons**.
quatre-temps n. m. pl.
quatre-vingt adj. numéral et n.
➾ L'adjectif cardinal prend un *s* lorsqu'il n'est pas suivi d'un autre adjectif numéral : *il a quatre-vingts ans* mais *il a quatre-vingt-huit ans ; quatre-vingts milliers* mais *quatre-vingt mille*. L'adjectif ordinal est invariable : *page quatre-vingt ; les années quatre-vingt*. Les numéraux formant un nombre complexe inférieur à cent s'écrivent avec un trait d'union : *quatre-vingt-neuf*. Les Rectifications de l'orthographe de 1990 préconisent de généraliser l'emploi du trait d'union à tous les numéraux composés, qu'ils soient inférieurs ou supérieurs à cent : *à la page cent-quatre-vingt ; il a quatre-vingt-mille euros en espèces*.
quatre-vingt-dixième adj. et n. ▪ plur. **quatre-vingt-dixièmes**
quatre-vingt-dixièmement adv.
quatre-vingt-et-un n. m. inv.
quatre-vingtième adj. et n. ▪ plur. **quatre-vingtièmes**
quatrième adj. et n.
quatrièmement adv.
quatrillion /k(w)atʀiljɔ̃/ ou **quadrillion** /k(w)adʀiljɔ̃/ n. m.
Ξ Attention à la confusion entre le sens actuel « un million de trillions » et le sens ancien « mille trillions ».
quattrocentiste /kwatʀotʃɛntist/ n.
Quattrocento /kwatʀotʃɛnto/ n. m.
➾ Comme tous les noms désignant une période historique, ce mot s'écrit toujours avec une majuscule.
Ξ Ce mot, qui signifie littéralement « quatre cents », fait référence au quinzième siècle italien, et non au quatorzième.
quatuor /kwatɥɔʀ/ n. m.

[1]**que** conj. et adv.
Ξ *Que* s'élide en *qu'* devant une voyelle ou un *h* muet : *il est moins bête qu'il (n')en a l'air.*
La proposition introduite par *que* est placée habituellement après la principale, mais elle peut aussi parfois se trouver en tête de la phrase ; dans ce cas, le verbe est toujours au subjonctif : *qu'elle ait menti, tout le monde s'en doute* (mais *tout le monde se doute qu'elle a menti*).
Que peut remplacer une conjonction dont on veut éviter la répétition : *quand la nuit tomba et que l'orage gronda ; si nous y parvenons et qu'on nous le permet.*
Dans une comparaison, *que* ne peut être employé qu'une seule fois alors que la logique syntaxique exigerait la répétition : *je ne demande pas mieux qu'il réussisse* (et non **je ne demande pas mieux que qu'il réussisse*). Quand les termes d'une comparaison sont des verbes à l'infinitif, l'emploi de la préposition *de* après *que* est facultatif : *il vaut mieux partir que d'attendre encore* ou *qu'attendre encore.*

[2]**que** pron.
Ξ *Que* s'élide en *qu'* devant une voyelle ou un *h* muet : *c'est la raison qu'il a donnée.*
Dans l'interrogation indirecte, après certains verbes tels que *savoir* à la forme négative devant un infinitif, *que* est en concurrence avec *quoi*. *Que* semble plus abstrait, plus vague que *quoi*. Ainsi on dira plutôt *je ne sais plus que faire* si l'on ne trouve rien pour s'occuper, et *je ne sais plus quoi faire* si l'on se demande quelle est la meilleure solution. Néanmoins, le langage familier emploie *quoi* dans tous les cas.
On peut dire *c'est de cela que je suis le plus fier* ou *c'est cela dont je suis le plus fier* mais pas **c'est cela que je suis le plus fier* ni **c'est de cela dont je suis le plus fier.*
Avec un antécédent désignant une période, on peut employer *où* ou *que* : *l'année où nous nous sommes rencontrés* ou *l'année que nous nous sommes rencontrés ; un jour où j'étais en vacances* ou *un jour que j'étais en vacances.* L'emploi de *où* est courant, celui de *que* est plus soutenu.
⌘ Dans l'interrogation directe, *que* est souvent remplacé par **qu'est-ce que** : *qu'est-ce que tu fais ?* Cette construction équivaut au tour *que fais-tu ?*, qui est à préférer dans la langue soignée. En revanche, dans l'interrogation indirecte, l'emploi de **qu'est-ce que** est fautif : il faut dire *je me demande ce que tu fais* et non *je me demande qu'est-ce que tu fais.*

québéciser v. tr. | conjug. 1 |
québécisme n. m.
québécois, oise adj. et n.
➾ Ne pas écrire **québéquois*. L'adjectif s'écrit sans majuscule : *la population québécoise*. Le nom s'écrit avec une majuscule uniquement quand il désigne une personne : *les Québécois ; c'est une Québécoise* mais *parler le québécois.*
québracho ou **quebracho** /kebʀatʃo/ n. m.
quéchua ou **quechua** /ketʃwa/ ou **quichua** n. m. et adj.
➾ Comme tous les noms de langues, ce mot s'écrit sans majuscule : *ils parlent le quéchua.*

quel, quelle adj.
quel est ce bruit ? je ne sais pas quelle route prendre
▸ **quel que** (+ subj.) *quelles que soient ses intentions*
Ξ *Quel* peut s'employer comme pronom interrogatif uniquement avec un partitif : *des deux frères, quel est le plus doué ?*
➾ Ne pas écrire *quelle* comme *qu'elle* : *je sais quelle est la fille dont il s'agit* signifie « je sais de laquelle il s'agit » mais *je sais qu'elle est la fille dont il s'agit* signifie *je sais que c'est elle dont il s'agit.* Si au masculin on peut remplacer par *qu'il*, il s'agit de *qu'elle.*
→ aussi **quelque**

quelconque adj.
une quelconque objet ; il est très quelconque

quelque adj.
il a dit quelques mots ; j'ai quelque peine à comprendre
▸ **quelque part**
▸ **en quelque sorte**
▸ **quelque... que/qui** (+ subj.) *quelques méchancetés qu'il ait pu écrire, je ne renoncerai pas ; quelque rusé qu'il soit, il ne parvient pas à ses fins ; quelque homme qui put les séparer*
▸ **et quelques** *elle a cinquante ans et quelques ; cent et quelques euros*
Ξ Hormis dans *quelqu'un* et *quelqu'une*, *quelque* ne s'élide pas : *quelque autre chose ; quelque heure qu'il fût.*
➾ Quand il modifie un nom, *quelque* est un adjectif qui s'accorde en genre et en nombre : *quelques mètres de plus ; quelques bêtises qu'elle ait faites*. Employé comme adverbe avec un adjectif ou un adverbe, *quelque* est invariable : *quelque trente mètres ; quelque intelligents qu'ils soient ; quelque subtilement qu'ils aient agi.* Ne pas écrire *quelque* comme **quel que**, qui s'écrit en deux mots et qui est toujours suivi d'un verbe au subjonctif ou d'un pronom : *quelque motif que ce soit ; quel que soit le motif ; il faut tenir compte du motif quel qu'il*

soit ; quelque raison que ce soit ; quelle que soit la raison ; la raison quelle qu'elle soit.
→ aussi **quelque chose**

quelque chose loc. indéf. masc.
Ξ L'accord se fait toujours au masculin singulier : *quelque chose de beau et d'intéressant ; quelque chose est tombé.*
Quelque chose est pronominalisable par *quoi* : *c'est quelque chose en quoi je crois* (et non **en lequel je crois* ni **en laquelle je crois*).
➾ Ne pas écrire cette locution comme le groupe nominal **quelques choses** : *il y a quelque chose dans ce sac* signifie « il y a au moins une chose dans ce sac » mais *il y a quelques choses dans ce sac* signifie « il y a un petit nombre de choses dans ce sac ». Si l'on peut remplacer par « plusieurs choses », il s'agit de **quelques choses**.

quelquefois adv.
➾ Ne pas écrire cet adverbe, qui signifie « parfois, dans certains cas » (*je le rencontre quelquefois ; elle est quelquefois surprenante*), comme la locution **quelques fois**, qui s'écrit en deux mots et qui signifie « plusieurs fois, à plusieurs reprises » (*je l'ai rencontré quelques fois*).
Ξ **Si quelquefois** est familier et **quelquefois que** est populaire. Ils doivent être évités dans la langue soignée.

quelqu'un, une pron. indéf. ▪ plur. **quelques-uns, -unes**
Ξ *Quelqu'une* est rare : on emploie *quelqu'un* même quand il ne peut s'agir que d'une femme (*parmi les danseuses, quelqu'un a été sélectionné*), sauf devant un partitif (*quelqu'une des dix danseuses a été sélectionnée*) mais cette construction est vieillie.

quémandage n. m.

quémander v. intr. et v. tr. | conjug. 1 |

quémandeur, euse n.

qu'en-dira-t-on n. m. inv.

quenelle n. f.

quenotte n. f.

quenouille n. f.
➾ Ce mot est toujours au singulier dans la locution **tomber en quenouille**.

quenouillée n. f.

quéquette ou **quiquette** n. f.

quérable adj.

quercinois, oise adj. et n.
➾ L'adjectif s'écrit sans majuscule : *la population quercinoise*. Le nom s'écrit avec une majuscule uniquement quand il désigne une personne : *les Quercinois ; c'est une Quercinoise* mais *parler le quercinois*.

quercitrin n. m. ou **quercitrine** n. f.

quercitron n. m.

querelle n. f.
➾ Ce mot est toujours au singulier dans la locution **chercher querelle**.

quereller v. tr. | conjug. 1 |
¬ **se quereller**
➾ Aux temps composés, le participe passé s'accorde en genre et en nombre avec le sujet : *ils se sont querellés toute la soirée.*

querelleur, euse adj. et n.

querelleux, euse adj.

quérimonie n. f.

quérir v. tr. | conjug. seult inf. |

quernage n. m.

querneur n. m.

quérulence n. f.

quérulent, ente adj. et n.

quesadilla /kesadija/ ou **quésadilla**° n. f.

questeur, trice n.

question n. f.
▸ **il est question de** (+ inf.) *il n'est pas question de modifier la procédure*
▸ **il est question que** (+ subj.) *il n'est pas question que nous modifiions la procédure*
Ξ Ce mot est toujours au singulier dans les locutions **en question** ; **faire/poser question** ; **il est question de** : *les difficultés en question ; ces faits posent question ; il a été question des travaux de rénovation.*

questionnaire n. m.
HOM. forme du v. **questionner**

questionnement n. m.

questionner v. tr. | conjug. 1 |
¬ **se questionner**
➾ Aux temps composés, le participe passé s'accorde en genre et en nombre avec le sujet : *ils se sont questionnés les uns les autres.*

questionneur, euse n.

questorien, ienne adj.

questure n. f.

quétaine adj.

quête n. f.

quêter v. tr. | conjug. 1 |

quêteur, euse n.

quetsche /kwɛtʃ/ n. f.

quetzal n. m.

queue n. f.
➾ La locution **à la queue leu leu** s'écrit sans trait d'union. Dans **piano à queue** et **sans queue ni tête**, *queue* est invariable : *des pianos à queue ; des histoires sans queue ni tête.*
Ξ On peut dire **faire la queue** ou **faire queue**. **Faire la queue** est plus courant.
HOM. **queux**

queue-de-carpe n. f. ▪ plur. **queues-de-carpe**

queue-de-chat n. f. ▪ plur. **queues-de-chat**
queue-de-cheval n. f. ▪ plur. **queues-de-cheval**
queue-de-cochon n. f. ▪ plur. **queues-de-cochon**
queue-de-lion n. f. ▪ plur. **queues-de-lion**
queue-de-morue n. f. ▪ plur. **queues-de-morue**
queue-de-mouton n. f. ▪ plur. **queues-de-mouton**
queue-de-paon n. f. ▪ plur. **queues-de-paon**
queue-de-pie n. f. ▪ plur. **queues-de-pie**
queue-de-rat n. f. ▪ plur. **queues-de-rat**
queue-de-renard n. f. ▪ plur. **queues-de-renard**
queue-de-vache n. f. ▪ plur. **queues-de-vache**
queue-de-vinaigre n. f. ▪ plur. **queues-de-vinaigre**
queue-rouge n. m. ▪ plur. **queues-rouges**
queusot n. m.
queutage n. m.
queuter v. intr. | conjug. 1 |
[1]**queux** n. m.
Ξ Ce mot ne s'emploie que dans **maître-queux**, qui signifie « cuisinier ».
HOM. **queue**
[2]**queux** n. f. (pierre à aiguiser)
HOM. **queue**

qui pron.
qui est là ?
▸ **qui que** (+ subj.) *qui que vous soyez*
Ξ L'élision de *qui* (*c'est lui qu'a tout mangé ; qu'est-ce qu'a fait une bêtise pareille ?*), fréquente à l'oral, est de nos jours fautive et doit être évitée.
⌘ Le verbe qui suit *qui* s'accorde avec l'antécédent : *toi qui as des enfants* (et non **toi qui a*) ; *c'est nous qui l'avons fait* (et non **c'est nous qui l'ont fait*) ; *c'est moi qui m'en occupe* (et non **c'est moi qui s'en occupe*). En revanche, *qui* s'accorde avec l'attribut quand celui-ci est précédé de l'article défini ou d'un adjectif démonstratif : *je suis l'homme qui vous a parlé au téléphone* (et non **qui vous ai parlé au téléphone*) ; *tu es celui qui a le plus de talent* (et non **qui as le plus de talent*). Il s'accorde également avec l'attribut quand la proposition principale est à la forme négative ou interrogative : *je ne suis pas un homme qui se plaint* (et non **qui me plains*) ; *êtes-vous ceux qui l'ont fait ?* (et non **qui l'avez fait ?*).
Avec certains verbes employés impersonnellement, *qui* est en concurrence avec *qu'il* : *prends ce qui te plaît* (= prends les choses qui te plaisent) ou *prends ce qu'il te plaît* (= prends ce qu'il te plaît de prendre). Quand le verbe est toujours impersonnel, l'emploi de *qui* est fautif : il faut dire *il faut ce qu'il faut*, et non **il faut ce qui faut.*
Dans l'interrogation directe, *qui* est parfois remplacé par **qui est-ce qui** : *qui est-ce qui a téléphoné ?* Cette construction s'emploie surtout à l'oral et doit être évitée dans la langue soignée : on dira plutôt *qui a téléphoné ?* En revanche, dans l'interrogation indirecte, l'emploi de **qui est-ce qui** est fautif : il faut dire *je me demande qui a téléphoné* et non *je me demande qui est-ce qui a téléphoné.*
➾ Ne pas confondre **qui l'** avec *qu'il* : *la femme qui l'a aimé* signifie « la femme qui a aimé cet homme », *la femme qu'il a aimée* signifie « la femme que cet homme a aimée ». Si l'on peut remplacer par *que* suivi d'un nom masculin (*la femme que Jean a aimée*), il s'agit de *qu'il.*
HOM. **khi**

quia (à) /akɥija/ loc. adv.
➾ *À* s'écrit toujours avec un accent : seul *quia* vient du latin.
quibus /kɥibys/ n. m.
quiche n. f.
quichenotte ou **kichenotte** n. f.
quichua n. m. et adj.
→ **quéchua**
Quick® /kwik/ n. m.
➾ Comme tous les noms déposés, ce mot doit s'écrire avec une majuscule : *jouer sur du Quick*. Toutefois, on le trouve fréquemment employé comme nom générique sans respect de la règle : *jouer sur du quick*.
HOM. **couic**
quickstep /kwikstep/ n. m.
quiconque pron. rel. et indéf.
➾ Ne pas écrire **quiquonque*. L'accord se fait généralement au masculin singulier : *quiconque enfreint la loi sera puni*. Il peut se faire au féminin singulier lorsqu'il ne peut s'agir que d'une femme : *quiconque est accouchée par césarienne...*
⌘ La construction **quiconque qui** est fautive : il faut dire *quiconque témoignera sera récompensé* et non *quiconque qui témoignera sera récompensé.*
quid /kɥid ; kwid/ pron. interrog.
quidam /k(ɥ)idam/ n. m.
quidditatif, ive /k(ɥ)id-/ adj.
quiddité /k(ɥ)id-/ n. f.
quiescence n. f.
quiescent, ente adj.
quiet, quiète adj.
quiètement adv.

quiétisme n. m.
quiétiste n.
quiétude n. f.
quignon n. m.
quillaja /kilaʒa ; kɥiaxa/ n. m.
quillard n. m.
quille n. f.
quiller v. intr. | conjug. 1 |
¬ **se quiller**
➾ Aux temps composés, le participe passé s'accorde en genre et en nombre avec le sujet : *elle s'est quillée dans un coin.*
HOM. **quillier**
quillette n. f.
quilleur, euse n.
quillier ou **quiller** n. m.
quillon n. m.
HOM. formes du v. **quiller**
quinaire adj. et n. m.
quinaud, aude adj.
quincaille n. f.
quincaillerie n. f.
quincaillier, ière ou **quincailler, ère** n.
quincite n. f.
quinconce n. m.
➾ Ne pas écrire **quinquonce*. Ce mot est au singulier dans la locution **en quinconce** : *des arbres en quinconce.*
quinconcial, ale, aux adj.
quindécemvir ou **quindécimvir** /k(ɥ)ɛ̃desɛmviʀ/ n. m.
quindécemvirat /k(ɥ)ɛ̃desɛmviʀa/ n. m.
quine n. m. et adv.
quiné, ée adj.
HOM. **kiné**
quinhydrone n. f.
quinidine n. f.
quinine n. f.
HOM. **kinine**
quininisme ou **quinisme** n. m.
quinium /-jɔm/ n. m.
quinoa n. m.
Ξ Ce mot est masculin.
quinola n. m.
quinoléine n. f.
quinoléique adj.
quinolone n. f.
quinone n. f.
quinonique adj.
quinopyrine n. f.
quinotoxine n. f.
quinqua /kɛ̃ka ; kɥɛ̃kwa/ n.
□ abrév. de **quinquagénaire**
♪ La prononciation /kɥɛ̃kwa/ est rarissime.
quinquagénaire /kɛ̃ka- ; kɥɛ̃kwa-/ adj. et n.
♪ La prononciation /kɥɛ̃kwa-/ est rarissime.
quinquagésime /kɛ̃ka- ; kɥɛ̃kwa-/ n. f.
♪ La prononciation /kɥɛ̃kwa-/ est rarissime.
quinquennal, ale, aux adj.
quinquennalité n. f.
quinquennat n. m.
quinquennium /-jɔm/ n. m.
quinquerce n. m.
quinquérème /kɛ̃- ; kɥɛ̃-/ n. f.
quinquet n. m.
quinquina n. m.
quint, quinte adj. et n.
➾ Ce mot s'écrit avec une majuscule dans les noms **Charles Quint** et **Sixte Quint**.
quintaine n. f.
quintal, aux n. m.
quintane adj. f.
quinte n. f.
Quinté® n. m.
➾ Comme tous les noms déposés, ce mot doit s'écrire avec une majuscule : *jouer au Quinté.* Toutefois, on le trouve fréquemment employé sans respect de la règle : *jouer au quinté.*
¹**quintefeuille** n. f. (plante)
²**quintefeuille** n. m. (rosace)
quintessence n. f.
quintessencié, iée adj.
quintessencier v. tr. | conjug. 7 |
¹**quintette** /k(ɥ)ɛ̃tɛt/ n. m. (œuvre musicale)
²**quintette** ou **quintet** /k(ɥ)ɛ̃tɛt/ n. m. (orchestre de jazz)
quinteusement adv.
quinteux, euse adj.
quintidi n. m.
Ξ Ce mot désignait le cinquième jour de la décade, dans le calendrier républicain.
➾ Comme tous les noms de jours, ce mot s'écrit toujours sans majuscule.
quintil n. m.
HOM. **quintile**
quintile n. m.
HOM. **quintil**
quintillion /kɛ̃tiljɔ̃/ n. m.
Ξ Attention à la confusion entre le sens actuel « un million de quatrillions » et le sens ancien « mille quatrillions ».
quintillionième /kɛ̃til-/ n. m.
quinto /kɛ̃to ; kwinto/ adv.
quintolet n. m.
quintuple adj.
quintupler v. tr. et v. intr. | conjug. 1 |
quintuplés, ées n. pl.
quintuplette n. f.
quinzaine n. f.
⌘ Lorsque **une quinzaine de** suivi d'un nom est sujet, le verbe s'accorde soit avec *quinzaine*, soit avec le complément : *une quinzaine*

d'employés a été licenciée ou *ont été licenciés.* Avec **la quinzaine de**, le verbe s'accorde toujours avec *quinzaine* : *la quinzaine d'employés licenciés a été reçue par le directeur.*

quinze adj. numéral inv. et n. inv.
➾ Les numéraux formant un nombre complexe inférieur à cent s'écrivent avec un trait d'union : *quatre-vingt-quinze.* Les Rectifications de l'orthographe de 1990 préconisent de généraliser l'emploi du trait d'union à tous les numéraux composés, qu'ils soient inférieurs ou supérieurs à cent : *à la page cent-quinze ; il a quinze-mille euros en espèces.*

quinze-vingts adj. numéral
➾ Avec des majuscules, **les Quinze-Vingts** désigne l'hôpital parisien fondé par Saint Louis.

quinzième adj.

quinzièmement adv.

quinziste n. m.

quinzomadaire adj. et n. m.

quipou ou **quipu** /kipu/ n. m.

quiproquo n. m.
➾ Ne pas écrire **quiproco.*

quiquette n. f.
→ **quéquette**

quirat /kiʀat/ n. m.

quirataire n.

quiritaire /kɥi-/ adj.

quirite /kɥi-/ n. m.

quiscale /kɥi-/ n. m.

quite /kwite/ n. m.

quittance n. f.

quittancer v. tr. | conjug. 3 |

quitte adj.
➾ Dans les locutions **quitte à** (+ inf.) et **quitte à ce que** (+ subj.), *quitte* est invariable : *ils veulent acheter cette maison, quitte à s'endetter ; nous leur dirons la vérité, quitte à ce qu'ils se fâchent.* Dans **être quitte (de)** et **en être quitte pour**, il s'accorde avec le sujet : *ils sont quittes de leurs dettes ; nous en sommes quittes pour un avertissement.* La locution **(à) quitte ou double** est invariable : *ils jouent (à) quitte ou double ; des quitte ou double.*
Ξ Ne pas confondre les locutions **être quitte de**, qui signifie « être débarrassé de », et **être quitte pour**, qui signifie « avoir pour seul inconvénient ».
HOM. **kit**

quitter v. tr. | conjug. 1 |
¬ **se quitter**
➾ Aux temps composés, le participe passé s'accorde en genre et en nombre avec le sujet : *ils se sont quittés bons amis.*

quitus /-ys/ n. m.

qui-va-là ou **qui va là** loc. interj.

qui-vive interj. et n. m. inv.
halte-là ! qui-vive ?
▸ **sur le qui-vive** *nous étions sur le qui-vive*
➾ Ce mot s'écrit avec un trait d'union, contrairement à la proposition relative **qui vive** : *ne pas trouver âme qui vive.*

quiz ou **quizz** /kwiz/ n. m.

quôc-ngu ou **quocngu**○ /kwɔkngy/ n. m.

---

quoi pron. rel. et interrog.
des sacs, pour quoi faire ?
▸ **de quoi** (+ inf.) *il n'y a pas de quoi rire ; ils ont de quoi vivre*
▸ **quoi que** (+ subj.) *quoi qu'il dise, il a tort ; si tu as besoin de quoi que ce soit, dis-le ; quoi qu'il en soit*
Ξ *Quoi* a généralement pour antécédent un pronom neutre (*quelque chose, ce, rien*) ou une proposition : *il ne trouvait rien à quoi s'accrocher ; nous nous sommes promenés, après quoi nous avons dîné au restaurant.* Quand il s'agit d'une chose définie, on emploie de nos jours *lequel* ou *laquelle* : *l'espoir auquel il s'est accroché ; nous avons fait une longue promenade après laquelle nous avons dîné au restaurant.*
HOM. **coi, kwa**
→ aussi **pourquoi**, **²que**, **quoique**

---

quoique conj.
Ξ Ce mot s'élide devant *il(s), elle(s), on, un* et *une* : *il est désagréable quoiqu'il soit poli.*
⌘ *Quoique* se construit normalement avec le subjonctif : *il est cultivé, quoiqu'il ait quitté l'école très tôt.*
➾ Ne pas écrire la conjonction *quoique*, qui signifie « bien que », comme la locution pronominale **quoi que**, qui signifie « quelle que soit la chose que/qui » : *il a commis une erreur, quoiqu'il dise le contraire ; quoi qu'il dise, il a commis une erreur.* Si on peut remplacer par *bien que*, c'est qu'il s'agit de la conjonction et on l'écrit en un seul mot.

---

quolibet n. m.

quorum /k(w)ɔʀɔm/ n. m.

quota /k(w)ɔta/ n. m.
HOM. formes du v. **coter**

quote-part ▪ plur. **quotes-parts** ou **quotepart**○ ▪ plur. **quoteparts**○ n. f.

quotidien, ienne adj. et n. m.

quotidiennement adv.

quotidienneté n. f.

quotient /kɔsjɑ̃/ n. m.

quotité n. f.

QWERTY /kwɛʀti/ adj. inv.

R

r n. m. inv, abrév. et symb.
HOM. **air, aire, ère, erre, ers, haire hère,** formes des v. **airer, errer**
R n. m. inv, abrév. et symb.
HOM. **air, aire, ère, erre, ers, haire hère,** formes des v. **airer, errer**
rab n. m.
▫ abrév. de **rabiot**
➾ La locution **en rab** est invariable : *il y a des invitations en rab.*
HOM. **rabes**
rabab n. m.
→ **rebab**
rabâchage n. m.
rabâchement n. m.
rabâcher v. intr. et v. tr. | conjug. 1 |
rabâcherie n. f.
rabâcheur, euse n.
rabadiaux n. m. pl.
rabais n. m.
▸ **au rabais** *des ventes au rabais*
rabaissant, ante adj.
rabaissement n. m.
rabaisser v. tr. | conjug. 1 |
¬ **se rabaisser**
➾ Aux temps composés de la forme pronominale, le participe passé s'accorde en genre et en nombre avec le sujet : *elle s'est rabaissée durant tout l'entretien.*
rabaisseur, euse n.
raban n. m.
rabane n. f.
rabaner ou **rabanter** v. tr. | conjug. 1 |
rabat n. m.
HOM. **rahba**
rabat-joie n. ▪ plur. inv. ou plur. **rabat-joies**
Ξ Ce mot peut s'employer comme adjectif ; il est alors invariable : *elles sont un peu rabat-joie.*
rabattable adj.
rabattage n. m.
rabattant, ante adj. et n. m.
rabattement n. m.
rabatteur, euse n.
rabattoir n. m.
rabattre v. tr. | conjug. 41 |
Ξ L'expression ***rabattre les oreilles** est un barbarisme ; il faut dire **rebattre les oreilles**.
¬ **se rabattre**
➾ Aux temps composés de la forme pronominale, le participe passé s'accorde en genre et en nombre avec le sujet : *la voiture s'est rabattue trop vite.*
→ aussi **oreille**
rabattu, ue adj.
rabatture n. f.
rabat-vent n. m. ▪ plur. inv. ou plur. **rabat-vents**○
rabbi n. m.
Ξ Ce mot est surtout employé par les spécialistes de l'histoire juive. Dans le langage courant, on emploie *rabbin*.
rabbin n. m.
→ aussi **rabbi**
rabbinat n. m.
rabbinique adj.
rabbinisme n. m.
rabbiniste n.
rabelaiserie n. f.
rabelaisien, ienne adj.
rabes ou **raves** n. f. pl.
HOM. **rab**
rabibochage n. m.
rabibocher v. tr. | conjug. 1 |
¬ **se rabibocher**
➾ Aux temps composés de la forme pronominale, le participe passé s'accorde en genre et en nombre avec le sujet : *ils se sont rabibochés.*
rabiole n. f.
rabiot n. m.
rabiotage n. m.

rabioter v. intr. et v. tr. | conjug. 1 |
rabioteur, euse n.
rabique adj.
râble n. m.
râblé, ée adj.
râblot n. m.
râblure n. f.
rabolière n. f.
raboliot n. m.
rabonnir v. tr. et v. intr. | conjug. 2 |
rabot n. m.
rabotage n. m.
rabote n. f.
rabotement n. m.
raboter v. tr. | conjug. 1 |
raboteur n. m.
raboteuse n. f.
raboteux, euse adj.
rabotin n. m.
raboture n. f.
raboudinage n. m.
raboudiner v. tr. | conjug. 1 |
¬ **se raboudiner**
➾ Aux temps composés de la forme pronominale, le participe passé s'accorde en genre et en nombre avec le sujet : *elle s'est raboudinée dans un coin.*
rabougri, ie adj.
rabougrir (se) v. pron. | conjug. 2 |
➾ Aux temps composés de la forme pronominale, le participe passé s'accorde en genre et en nombre avec le sujet : *les arbres se sont rabougris.*
rabougrissement n. m.
rabouillage n. m.
rabouiller v. tr. | conjug. 1 |
rabouillère n. f.
rabouilleur, euse n.
rabouilloir n. m.
raboutage n. m.
rabouter v. tr. | conjug. 1 |
raboutissage n. m.
rabrouement n. m.
➾ Ne pas oublier le *e* muet.
rabrouer v. tr. | conjug. 1 |
rabroueur, euse n.
rac n. m.
HOM. **rack**, formes du v. **raquer**
raca interj.
▸ **crier raca sur qqn**
HOM. formes du v. **raquer**
racage n. m.
racahout /ʀakau(t)/ n. m.
racaille n. f.
Ξ Ce mot peut s'employer pour parler d'un groupe de personnes ou d'une personne seule : *il fréquente la racaille ; il s'est fait agresser par une racaille.* Il est toujours féminin, même lorsqu'il s'agit d'un homme.
racanette n. f.
raccard n. m.
raccastillage n. m.
raccastiller v. tr. | conjug. 1 |
raccommodable adj.
raccommodage n. m.
raccommodaille n. f.
raccommodement n. m.
raccommoder v. tr. | conjug. 1 |
¬ **se raccommoder**
Ξ La forme pronominale appartient au registre familier.
➾ Aux temps composés de la forme pronominale, le participe passé s'accorde en genre et en nombre avec le sujet : *elles se sont raccommodées.*
raccommodeur, euse n.
raccompagnade n. f.
raccompagner v. tr. | conjug. 1 |
raccord n. m.
raccordement n. m.
raccorder v. tr. | conjug. 1 |
¬ **se raccorder**
➾ Aux temps composés de la forme pronominale, le participe passé s'accorde en genre et en nombre avec le sujet : *elles se sont raccordées.*
raccorderie n. f.
raccourci n. m.
➾ Ce mot est au pluriel dans **à bras raccourcis** et au singulier dans **en raccourci** : *voici les faits en raccourci.*
raccourcir v. tr. et v. intr. | conjug. 2 |
¬ **se raccourcir**
➾ Aux temps composés de la forme pronominale, le participe passé s'accorde en genre et en nombre avec le sujet : *les jours se sont raccourcis.* Mais le participe passé ne s'accorde pas quand il est suivi d'un complément d'objet direct : *elle s'est raccourci les cheveux.* Il ne s'accorde avec le complément d'objet direct que lorsque celui-ci est placé avant le verbe : *elle se les est raccourcis.*
raccourcissement n. m.
raccours n. m.
raccoutumer v. tr. | conjug. 1 |
→ **réaccoutumer**
raccroc /ʀakʀo/ n. m.
➾ Ce mot est au singulier dans les locutions **de raccroc** et **par raccroc**.
raccrochage n. m.
raccrochement n. m.

raccrocher v. tr. | conjug. 1 |
¬ **se raccrocher**
➾ Aux temps composés de la forme pronominale, le participe passé s'accorde en genre et en nombre avec le sujet : *elle s'est raccrochée à cet espoir.*
raccrocheur, euse adj.
race n. f.
Ξ Ce mot est à employer avec précaution : rien ne permet de définir scientifiquement la notion de race.
➾ La locution **de race** est invariable : *des chiens de race.*
HOM. **³ras, rasse**
racé, ée adj.
racémate n. m.
racémeux, euse adj.
racémique adj.
racer ou **raceur**° /ʀasœʀ ; ʀɛsœʀ/ n. m. (yacht, automobile)
raceur, euse n. (animal)
rachat n. m.
rachée n. f.
rachetable adj.
racheter v. tr. | conjug. 5 |
¬ **se racheter**
➾ Aux temps composés de la forme pronominale, le participe passé s'accorde en genre et en nombre avec le sujet : *ils se sont rachetés auprès d'elle.* Mais le participe passé ne s'accorde pas quand il est suivi d'un complément d'objet direct : *elle s'est racheté des collants.* Il ne s'accorde avec le complément d'objet direct que lorsque celui-ci est placé avant le verbe : *les collants qu'elle s'est rachetés.*
racheteur, euse n.
racheux, euse adj.
rachi n. f.
▫ abrév. de **rachianesthésie**
rachialgie n. f.
rachialgique adj.
rachianesthésie n. f.
rachicentèse /-sɛ̃tɛz/ n. f.
rachidien, ienne adj.
rachimétrie n. f.
rachimétrique adj.
rachis /ʀaʃis/ n. m.
rachitique adj.
rachitisme n. m.
racho adj.
▫ abrév. de **rachitique**
racial, iale, iaux adj.
HOM. (du plur.) **ratio**
racinage n. m.
racinaire adj.
HOM. forme du v. **raciner**
racinal, aux n. m.
racine n. f.
raciner v. tr. | conjug. 1 |
racing /ʀɛsiŋ ; ʀasiŋ/ n. m.
racinien, ienne adj.
raciologie n. f.
racisme n. m.
raciste n. et adj.
rack n. m.
HOM. **rac**, formes du v. **raquer**
rackable adj.
racket /ʀakɛt/ n. m.
HOM. **raquette**
racketter v. tr. | conjug. 1 |
racketteur, euse n.
HOM. **raquetteur**
raclage n. m.
raclare n. m.
racle n. f.
racle-denier n. m. ▪ plur. **racle-deniers**
raclée n. f.
raclement n. m.
racler v. tr. | conjug. 1 |
¬ **se racler**
➾ Aux temps composés de la forme pronominale, le participe passé s'accorde en genre et en nombre avec le sujet : *elle s'est raclé la gorge.* Il ne s'accorde avec le complément d'objet direct que lorsque celui-ci est placé avant le verbe : *elle se l'est raclée.*
raclette n. f.
racleur, euse n.
racloir n. m.
HOM. **racloire**
racloire n. f.
HOM. **racloir**
raclon n. m.
HOM. formes du v. **racler**
raclure n. f.
racolage n. m.
racoler v. tr. | conjug. 1 |
racoleur, euse n. et adj.
racon /ʀakɔn/ n. m.
racontable adj.
racontage n. m.
racontar n. m.
➾ Ne pas écrire **racontard*.
raconter v. tr. | conjug. 1 |
¬ **se raconter**
➾ Aux temps composés de la forme pronominale, le participe passé s'accorde en genre et en nombre avec le sujet : *l'auteure s'est racontée dans ce roman.* Mais le participe passé ne s'accorde pas quand il est suivi d'un complément d'objet direct : *elle s'est raconté des histoires.* Il ne s'accorde avec le complément d'objet direct que lorsque celui-ci est

placé avant le verbe : *les histoires qu'elle s'est racontées.*

raconteur, euse n.

racorni, ie adj.

racornir v. tr. | conjug. 2 |

¬ **se racornir**

➾ Aux temps composés de la forme pronominale, le participe passé s'accorde en genre et en nombre avec le sujet : *elle s'est racornie en vieillissant.*

racornissement n. m.

rad n. m.

HOM. **rade**, formes du v. **rader**

radada n. m.

radar n. m.

◻ abrév. de **radio detecting and ranging**

☰ Ce mot peut s'employer en apposition ; il prend la marque du pluriel : *des écrans radars.*

radarastronomie n. f.

radariste n.

radarphotographie n. f.

radarphotographique adj.

radasse n. f.

¹rade n. f. (bassin)

➾ La locution familière **en rade** est invariable : *des voitures en rade ; des projets restés en rade.*

HOM. **rad**, formes du v. **rader**

²rade n. m. (fam. : bar)

HOM. **rad**, formes du v. **rader**

radeau n. m.

radée n. f.

radeleur ou **radelier** n. m.

rader v. tr. | conjug. 1 |

radeuse n. f.

radiable adj.

radiaire adj.

HOM. forme du v. **radier**

radiairement adv.

radial, iale, iaux adj. et n. f.

HOM. (du plur.) **radio**

radialement adv.

radiamètre n. m.

radian n. m.

HOM. **radiant**

radiance n. f.

radiant, iante adj.

HOM. **radian**

radiateur n. m.

radiatif, ive adj.

radiation n. f.

radical, ale, aux adj. et n.

radicalaire adj.

radicalement adv.

radicalisation n. f.

radicaliser v. tr. | conjug. 1 |

¬ **se radicaliser**

➾ Aux temps composés de la forme pronominale, le participe passé s'accorde en genre et en nombre avec le sujet : *l'opposition s'est radicalisée.*

radicalisme n. m.

radicalité n. f.

radical-socialisme n. m. sing.

radical-socialiste adj. et n. ▪ plur. **radicaux-socialistes**

radicant, ante adj.

radicelle n. f.

radicicole adj.

radicivore adj.

radiculaire adj.

radicule n. f.

radiculeux, euse adj.

radiculite n. f.

radiculodentaire adj.

radié, iée adj. et n. f.

¹radier n. m.

²radier v. tr. | conjug. 7 |

radiesthésie n. f.

radiesthésiste n.

radieusement adv.

radieux, ieuse adj.

radifère adj.

radin, ine adj. et n.

☯ Le masculin est souvent employé pour parler d'une femme : *elle est un peu radin.*

radiner v. intr. et v. pron. | conjug. 1 |

¬ **se radiner**

➾ Aux temps composés de la forme pronominale, le participe passé s'accorde en genre et en nombre avec le sujet : *ils se sont radinés en vitesse.*

radinerie n. f.

¹radio n. f.

◻ abrév. de **radiographie** ou abrév. de **radiodiffusion** ou abrév. de **radiotéléphonie** ou abrév. de **poste de radio**

☰ Ce mot peut s'employer en apposition ; il est alors invariable : *des messages radio.*

HOM. **radiaux** (plur. de *radial*)

²radio n. m.

◻ abrév. de **radiogramme**

HOM. **radiaux** (plur. de *radial*)

³radio n.

◻ abrév. de **radiotélégraphiste**

HOM. **radiaux** (plur. de *radial*)

radioactif, ive adj.

radioactivation n. f.

radioactivité n. f.

radioagronomie n. f.

radioalignement n. m.

radioaltimètre n. m.

radioaltimétrique adj.
radioamateur n. m.
radioappertisation n. f.
radioastronome n.
radioastronomie n. f.
radioastronomique adj.
radioautographie n. f.
radiobalisage n. m.
radiobalise n. f.
radiobaliser v. tr. | conjug. 1 |
radiobiologie n. f.
radiobiologique adj.
radiobiologiste n.
radioborne n. f.
radiocarbone n. m.
radiocarpien, ienne adj.
radiocassette n. f.
radiochimie n. f.
radiochimique adj.
radiochronologie /-k-/ n. f.
radiocobalt n. m.
radiocommande n. f.
radiocommunication n. f.
radiocompas n. m.
radioconcentrique adj.
radioconducteur n. m.
radioconduction n. f.
radioconservation n. f.
radiocristallographie n. f.
radiocristallographique adj.
radiocubital, ale, aux adj.
radiodermite n. f.
radiodétection n. f.
radiodiagnostic n. m.
radiodiffuser v. tr. | conjug. 1 |
radiodiffuseur n. m.
radiodiffusion n. f.
radiodramaturgie n. f.
radiodurcissable adj.
radioécologie n. f.
radioélectricien, ienne n.
radioélectricité n. f.
radioélectrique adj.
radioélectronicien, ienne n.
radioélectronique adj.
radioélément n. m.
radioétoile n. f.
radioexposition n. f.
radiofréquence n. f.
radiogalaxie n. f.
radiogène adj.
radiogénique adj.
radiogoniomètre n. m.
radiogoniométrie n. f.
radiogoniométrique adj.
radiogramme n. m.
radiographe n. m.
radiographie n. f.
radiographier v. tr. | conjug. 7 |
radiographique adj.
radiographiquement adv.
radiogreffage n. m.
radiogreffé, ée adj.
radioguidage n. m.
radioguider v. tr. | conjug. 1 |
radiohéliographe n. m.
radio-immunologie n. f. ▪ plur. **radio-immunologies**
radio-immunologique adj. ▪ plur. **radio-immunologiques**
radio-indicateur n. m. ▪ plur. **radio-indicateurs**
radio-induit, ite adj. ▪ plur. **radio-induits, ites**
radio-interféromètre n. m. ▪ plur. **radio-interféromètres**
radio-iode n. m. ▪ plur. **radio-iodes**
radio-isotope n. m. ▪ plur. **radio-isotopes**
radio-isotopique adj. ▪ plur. **radio-isotopiques**
radiojournal n. m.
radiolabile adj.
radiolaire n. m.
radiolarite n. f.
radiole n. f.
radiolésion n. f.
radiolocalisation n. f.
radiologie n. f.
radiologique adj.
radiologiquement adv.
radiologue n.
radioluminescence n. f.
radioluminescent, ente adj.
radiolyse n. f.
radiolytique adj.
radiomanométrie n. f.
radiomaritime adj.
radiomensuration n. f.
radiomessager n. m.
radiomessagerie n. f.
radiomesure n. f.
radiométallographie n. f.
radiomètre n. m.
radiométrie n. f.
radiométrique adj.
radiomicromètre n. m.
radiomimétique adj.
radiomucite n. f.
radiomutagenèse n. f.
radionavigant n. m.
radionavigation n. f.

radionécrose n. f.
radionucléide n. m.
radio-observatoire ▪ plur. **radio-observatoires** ou **radioobservatoire**○ ▪ plur. **radioobservatoires**○ n. m.
radiopalmaire adj. et n. f.
radiopasteurisation n. f.
radiopathologie n. f.
radiopelvimétrie n. f.
radiophare n. m.
radiophonie n. f.
radiophonique adj.
radiophoniquement adv.
radiophosphore n. m.
radiophotographie n. f.
radiopiloté, ée adj.
radiopistage n. m.
radioprotection n. f.
radiorécepteur n. m.
radioreportage n. m.
radioreporteur, trice n. ou **radioreporter** n. m.
radiorésistance n. f.
radiorétification n. f.
radio-réveil n. m. ▪ plur. **radios-réveils**
radioscopie n. f.
radioscopique adj.
radiosensibilité n. f.
radiosensible adj.
radiosextant n. m.
radiosoleil n. m.
radiosondage n. m.
radiosonde n. f.
radiosource n. f.
radiospectrographe n. m.
radiospectromètre n. m.
radiostéréoscopie n. f.
radiostérilisation n. f.
radiostérilisé, ée adj.
radiostrontium /-stʀɔ̃sjɔm/ n. m.
radiosusceptibilité n. f.
radiosynthèse n. f.
radio-taxi ▪ plur. **radios-taxis** ou **radiotaxi** ▪ plur. **radiotaxis** n. m.
radiotechnique n. f. et adj.
radiotélégramme n. f.
radiotélégraphie n. f.
radiotélégraphier v. tr. | conjug. 7 |
radiotélégraphique adj.
radiotélégraphiste n.
radiotélémétrie n. f.
radiotélémétrique adj.
radiotéléphone n. m.
radiotéléphonie n. f.
radiotéléphonique adj.
radiotéléphoniste n.
radiotélescope n. m.
radiotélévisé, ée adj.
radiotélévision n. f.
radioteur n. m.
radiothéâtre n. m.
radiothérapeute n.
radiothérapie n. f.
radiothérapique adj.
radiotomie n. f.
radiotoxicité n. f.
radiotraceur n. m.
radio-trottoir ▪ plur. **radios-trottoirs** ou **radiotrottoir**○ ▪ plur. **radiotrottoirs**○ n. f.
radique adj.
radis n. m.
radium /-jɔm/ n. m.
radiumbiologie /-jɔm-/ n. f.
radiumthérapie /-jɔm-/ n. f.
radius /-ys/ n. m.
radja /ʀadʒa/ ou **rajah** /ʀa(d)ʒa/ n. m.
radoire n. f.
radôme n. m.
radon n. m.
HOM. formes du v. **rader**
radotage n. m.
radotant, ante adj.
radoter v. intr. | conjug. 1 |
radoterie n. f.
radoteur, euse n.
radoub /ʀadu/ n. m.
radouber v. tr. | conjug. 1 |
radoubeur, euse n.
radoucir v. tr. | conjug. 2 |
¬ **se radoucir**
➾ Aux temps composés de la forme pronominale, le participe passé s'accorde en genre et en nombre avec le sujet : *la température s'est radoucie.*
radoucissement n. m.
radula n. f.
rafale n. f.
➾ Ne pas écrire **raffale* : ce mot n'a qu'un seul *f*.
rafalé, ée adj.
rafaler v. intr. | conjug. 1 |
raffermir v. tr. | conjug. 2 |
¬ **se raffermir**
➾ Aux temps composés de la forme pronominale, le participe passé s'accorde en genre et en nombre avec le sujet : *ses croyances se sont raffermies.*
raffermissant, ante adj.
raffermissement n. m.
raffinage n. m.
ϟ Ne pas confondre **raffinage** et **affinage**. Les deux noms peuvent signifier « traitement

qui sert à épurer » mais s'emploient avec des compléments différents : **raffinage** s'emploie pour le sucre, le papier et le pétrole ; **affinage** s'emploie pour le verre et les métaux. **Affinage** peut aussi désigner l'achèvement de la maturation des fromages.

raffiné, ée adj.

raffinement n. m.

raffiner v. tr. et v. intr. | conjug. 1 |

⚡Ne pas confondre **raffiner** et **affiner**. Les deux verbes peuvent signifier « traiter pour épurer » mais s'emploient avec des compléments différents : **raffiner** s'emploie pour le sucre, le papier et le pétrole ; **affiner** s'emploie pour le verre et les métaux. Seul **affiner** peut signifier « achever la maturation de » : *affiner les fromages*. Au sens figuré, **raffiner** signifie « rendre plus délicat, plus subtil » et **affiner** signifie « rendre plus fin » : *raffiner une décoration ; affiner ses goûts*.

raffinerie n. f.

⚡Ne pas confondre **raffinerie**, qui désigne une usine où l'on traite le pétrole, le sucre ou le papier, avec **affinerie**, qui désigne une usine où l'on traite le verre ou les métaux.

raffineur, euse n.

raffinose n. f.

rafflesia /-le-/ ou **rafflésia** ou **rafflésie** n. f.

raffoler v. tr. ind. | conjug. 1 |

▸ **raffoler de** (+ n.) *mes amis raffolent de lui ; je raffole des sardines à l'huile*

raffut n. m.

raffûter ou **raffuter**○ v. tr. | conjug. 1 |

rafiot n. m.

rafistolage n. m.

rafistoler v. tr. | conjug. 1 |

rafistoleur, euse n.

rafle n. f.

rafler v. tr. | conjug. 1 |

rafraîchi, ie ou **rafraichi, ie**○ adj.

rafraîchir ou **rafraichir**○ v. tr. et v. intr. | conjug. 2 |

¬ **se rafraîchir**

➾ Aux temps composés de la forme pronominale, le participe passé s'accorde en genre et en nombre avec le sujet : *les voyageurs se sont rafraîchis à la fontaine*.

rafraîchissant, ante ou **rafraichissant, ante**○ adj.

rafraîchissement ou **rafraichissement**○ n. m.

rafraîchisseur ou **rafraichisseur**○ n. m.

rafraîchissoir ou **rafraichissoir**○ n. m.

raft n. m.

rafting /ʀaftiŋ/ n. m.

ragaillardir v. tr. | conjug. 2 |

ragamuffin /ʀagamœfin/ n. m. (chat)

→ **raggamuffin**

rage n. f.

➾ Ce mot est toujours au singulier dans les locutions **en rage** et **faire rage** : *elles étaient en rage ; les incendies font rage*.

rageant, ante adj.

ragencer v. tr. | conjug. 3 |

rager v. intr. | conjug. 3 |

rageur, euse adj.

rageusement adv.

ragga n. m.

□ abrév. de **raggamuffin**

raggamuffer ou **raggamuffeur** /ʀagamœfœʀ/ n. m.

raggamuffin ou **ragamuffin** /ʀagamœfin/ n. m. (style musical)

raglan n. m. et adj. inv.

ragnagnas n. m. pl.

ragondin n. m.

[1]**ragot** n. m. (fam. : racontar)

[2]**ragot** n. m. (sanglier)

[3]**ragot, ote** n. et adj. (vx, fam. : petit)

ragotier, ière adj.

ragotin n. m.

ragougnasse n. f.

ragoût ou **ragout**○ n. m.

ragoûtant, ante ou **ragoutant**○ adj.

Ξ Ce mot s'emploie surtout dans des tours négatifs : *un plat peu ragoûtant*. Il ne signifie pas « dégoûtant » mais « appétissant ».

ragoûter ou **ragouter**○ v. tr. | conjug. 1 |

ragrafer v. tr. | conjug. 1 |

ragréage n. m.

ragréer v. tr. | conjug. 1 |

ragréeur, euse n.

ragtime /ʀagtajm/ n. m.

raguer v. intr. | conjug. 1 |

rahat-loukoum /ʀa(a)tlukum/ n. m. ▪ plur. **rahat-loukoums**

rahba n. f.

HOM. **rabat**

rai n. m.

HOM. **raie, rets**, formes du v. **raire**

raï n. m.

HOM. **rail, raille, ray, rye**, formes du v. **railler**

raïa ou **raya** n. m.

raid n. m.

HOM. **raide**

raide adj.

➾ Employé comme adverbe, *raide* est invariable (*des sentiers qui grimpent raide*), sauf dans la locution **raide mort** : *elles sont tombées raides mortes*.

HOM. **raid**

rai-de-cœur n. m. ▪ plur. **rais-de-cœur**

raidement adv.

raider /ʀɛdœʀ/ n. m.
▫ rec. off. : **attaquant**
HOM. **raideur**
raideur n. f.
HOM. **raider**
raidillon n. m.
raidir v. tr. | conjug. 2 |
¬ **se raidir**
➾ Aux temps composés de la forme pronominale, le participe passé s'accorde en genre et en nombre avec le sujet : *elle s'est raidie dans l'effort.*
raidissage n. m.
raidissement n. m.
raidisseur n. m.
raie n. f.
HOM. **rai, rets,** formes du v. **raire**
raifort n. m.
rail n. m.
HOM. **raï, raille, ray, rye,** formes du v. **railler**
railé, ée adj.
raille n. f.
HOM. **raï, rail, ray, rye,** formes du v. **railler**
railler v. tr. | conjug. 1 |
¬ **se railler**
➾ Aux temps composés de la forme pronominale, le participe passé s'accorde en genre et en nombre avec le sujet : *ils se sont raillés d'elle.*
raillère n. f.
HOM. forme du v. **railler**
raillerie n. f.
railleur, euse n. et adj.
railleusement adv.
railroute ▪ plur. **railroutes** ou **rail-route** ▪ plur. **rails-routes** n. m.
rain n. m.
HOM. **rein**
rainage n. m.
raine n. f.
HOM. **reine, rêne, renne**
raineau n. m.
rainer v. tr. | conjug. 1 |
rainette n. f. (grenouille)
HOM. **reinette**
raineuse n. f.
rainurage n. m.
rainure n. f.
rainurer v. tr. | conjug. 1 |
rainureuse n. f.
raiponce n. f.
raire v. intr. | conjug. 50 |
raïs /ʀais/ n. m.
raisin n. m.
raisiné n. m.
↯ Ne pas confondre **raisiné**, qui désigne du jus de raisin concentré et pris en gelée, avec **résiné**, qui désigne du vin contenant de la résine de pin.
HOM. **résiné, résiner**
raisinet n. m.
raison n. f.
➾ Ce mot est au singulier dans les locutions suivantes : **à plus forte raison** ; **à raison de** ; **à tort ou à raison** ; **avec (juste) raison** ; **avoir raison (de)** ; **demander/faire/rendre raison de qqch.** ; **donner/rendre raison à qqn** ; **en raison de** ; **entendre raison** ; **il n'y a pas de raison** ; **plus que de raison** ; **raison de plus** ; **sans raison** ; **sans rime ni raison** ; **tirer raison**.
Ξ Ne pas confondre **à raison de**, qui signifie « sur la base de » (*à raison de cent euros par semaine*), avec **en raison de**, qui signifie « en tenant compte de » (*en raison de son grand âge*).
→ aussi **tort**
raisonnable adj.
raisonnablement adv.
raisonnant, ante adj.
raisonné, ée adj.
raisonnement n. m.
raisonner v. intr., v. tr. ind. et v. tr. | conjug. 1 |
Ξ La forme transitive indirecte est vieillie : *il se mêle de raisonner de tout.*
¬ **se raisonner**
➾ Aux temps composés de la forme pronominale, le participe passé s'accorde en genre et en nombre avec le sujet : *elle s'est raisonnée.*
raisonneur, euse n. et adj.
raïta n. f.
rajah n. m.
→ **radja**
rajania n. m.
rajeton n. m.
rajeunir v. tr. et v. intr. | conjug. 2 |
Ξ Aux temps composés, la forme transitive se conjugue avec l'auxiliaire *avoir*, la forme pronominale avec l'auxiliaire *être*. La forme intransitive se conjugue généralement avec *avoir*, mais on peut aussi employer *être* pour insister sur l'état plus que sur l'action : *elle avait rajeuni de dix ans en quelques mois* ; *après son opération, elle était rajeunie de dix ans.*
¬ **se rajeunir**
➾ Aux temps composés de la forme pronominale, le participe passé s'accorde en genre et en nombre avec le sujet : *elle s'est beaucoup rajeunie.*
rajeunissant, ante adj.
rajeunissement n. m.
rajeunisseur, euse n.
rajout n. m.
rajouter v. tr. | conjug. 1 |

rajpoute /ʀa(d)ʒput/ n. et adj.
➾ L'adjectif s'écrit sans majuscule : *la population rajpoute*. Le nom s'écrit avec une majuscule quand il désigne un habitant du Rajputana (*les Rajpoutes ; une Rajpoute*) mais sans majuscule quand il désigne un dignitaire hindou.
rajustement n. m.
rajuster v. tr. | conjug. 1 |
ϟ Ne pas confondre **rajuster** et **réajuster**. **Rajuster** s'emploie surtout au sens de « remettre en ordre, redonner de la justesse à » (*rajuster son chapeau ; rajuster le tir*). **Réajuster** s'emploie plutôt pour dire « adapter à de nouvelles conditions » (*réajuster les salaires*).
raki n. m.
raku /ʀaku/ n. m.
râlage n. m.
râlant, ante adj.
râle n. m.
HOM. formes du v. **râler, raller**
râlement n. m.
ralenti n. m.
ralentir v. tr. et v. intr. | conjug. 2 |
¬ **se ralentir**
➾ Aux temps composés de la forme pronominale, le participe passé s'accorde en genre et en nombre avec le sujet : *la production s'est ralentie*.
ralentissement n. m.
ralentisseur, euse adj. et n. m.
râler v. intr. | conjug. 1 |
HOM. **raller**
râleur, euse n. et adj.
râleux, euse n.
raligner n. m.
ralingage n. m.
ralingue n. f.
ralinguer v. tr. et v. intr. | conjug. 1 |
raller v. intr. | conjug. 1 |
HOM. **râler**
rallidé n. m.
rallie n. m.
rallié n. m.
ralliement n. m.
➾ Ne pas oublier le *e* muet.
rallier v. tr. | conjug. 7 |
¬ **se rallier**
➾ Aux temps composés de la forme pronominale, le participe passé s'accorde en genre et en nombre avec le sujet : *ils se sont ralliés à mon avis*.
ralliforme n. m.
rallonge n. f.
rallongement n. m.
rallonger v. tr. et v. intr. | conjug. 3 |
¬ **se rallonger**
➾ Aux temps composés de la forme pronominale, le participe passé s'accorde en genre et en nombre avec le sujet : *l'espérance de vie s'est rallongée*.
rallongis n. m.
rallumer v. tr. | conjug. 1 |
¬ **se rallumer**
➾ Aux temps composés de la forme pronominale, le participe passé s'accorde en genre et en nombre avec le sujet : *la flamme s'est rallumée*.
rallye n. m.
➾ Ce mot a un pluriel régulier : *des rallyes*.
HOM. formes du v. **rallier**
rallye-paper /ʀalipɛpœʀ/ n. m. ▪ plur. **rallye-papers**
rallyeur, euse n.
RAM /ʀam/ n. f. inv.
▫ abrév. de **random access memory**
▫ rec. off. : **mémoire vive**
HOM. **ram, rame**, formes du v. **ramer**
ram n. m. (navire)
HOM. **RAM, rame**, formes du v. **ramer**
ramadan n. m.
ramadanesque adj.
ramade n. f.
ramage n. m.
ramagé, ée adj.
ramager v. intr. et v. tr. | conjug. 3 |
ramageur, euse adj.
ramancher v. tr. | conjug. 1 |
ramancheur, euse ou **ramancheux, euse** n.
ramapithèque n. m.
ramas n. m.
HOM. formes du v. **ramer**
ramassage n. m.
ramasse n. f.
ramassé, ée adj.
ramasse-couverts ▪ plur. inv. ou **ramasse-couvert**○ ▪ plur. **ramasse-couverts**○ n. m.
ramassement n. m.
ramasse-miette(s) n. m. ▪ plur. **ramasse-miettes**
ramasse-monnaie n. m. ▪ plur. inv. ou plur. **ramasse-monnaies**○
ramasse-pâte n. m. ▪ plur. inv. ou plur. **ramasse-pâtes**○
ramasse-poussière n. m. ▪ plur. **ramasse-poussières** ou plur. inv.
ramasser v. tr. | conjug. 1 |
¬ **se ramasser**
➾ Aux temps composés de la forme pronominale, le participe passé s'accorde en genre et en nombre avec le sujet : *elle s'est ramassée sur elle-même*.

ramassette n. f.
[1]**ramasseur, euse** n. et adj.
[2]**ramasseur** n. m.
□ rec. off. pour **pickup**
ramasseuse-presse n. f. ▪ plur. **ramasseuses-presses**
ramassis n. m.
ramassoire n. f.
rambarde n. f.
ramberge ou **roberge** n. f.
rambla n. f.
rambot n. m.
rambour n. m.
HOM. **rembours**, formes du v. **rembourrer**
ramboutan n. m.
rambuteau n. m.
ramdam /ʀamdam/ n. m.
rame n. f.
HOM. **RAM**, **ram**, formes du v. **ramer**
ramé, ée adj.
raméal, ale, aux adj.
rameau n. m.
➾ Ce mot s'écrit avec une majuscule dans **le dimanche des Rameaux** (ou **les Rameaux**), qui désigne une fête religieuse.
ramée n. f.
ramenable adj.
ramenard, arde adj. et n.
ramendage n. m.
ramender v. tr. | conjug. 1 |
ramendeur, euse n.
ramené n. m.
[1]**ramener** v. tr. | conjug. 5 |
Ξ Au sens de « faire revenir dans un lieu », *ramener* ne peut s'employer qu'en parlant d'êtres animés : *ramener des amis chez eux.* Pour parler des choses, il faut employer *rapporter* : *rapporter un livre à la bibliothèque.* Cette distinction est de moins en moins respectée mais elle doit l'être dans la langue soignée. En revanche, l'emploi de *ramener* au sens de « faire prendre une certaine position à, remettre en place (qqch.) » est correct : *ramener ses cheveux sur le front ; ramener sur ses genoux les pans d'une robe de chambre.*
¬ **se ramener**
Ξ La forme pronominale appartient au registre familier.
➾ Aux temps composés de la forme pronominale, le participe passé s'accorde en genre et en nombre avec le sujet : *elles se sont ramenées en vitesse.*
[2]**ramener** n. m.
ramequin n. m.
ramer v. tr. et v. intr. | conjug. 1 |
ramereau ou **ramerot** n. m.
ramescence n. f.
ramescent, ente adj.
ramette n. f.
[1]**rameur** n. m. (appareil)
[2]**rameur, euse** n. (personne)
rameutement n. m.
rameuter v. tr. | conjug. 1 |
¬ **se rameuter**
➾ Aux temps composés de la forme pronominale, le participe passé s'accorde en genre et en nombre avec le sujet : *les chiens se sont rameutés.*
rameux, euse adj.
rami n. m.
HOM. **ramie**
ramie n. f.
HOM. **rami**
ramier n. m. et adj.
ramification n. f.
ramifié, iée adj.
ramifier v. tr. | conjug. 7 |
¬ **se ramifier**
➾ Aux temps composés de la forme pronominale, le participe passé s'accorde en genre et en nombre avec le sujet : *la branche s'est ramifiée.*
ramille /-ij/ n. f.
raminagrobis /-bis/ n. m.
ramingue adj.
ramolli, ie adj. et n.
ramollir v. tr. | conjug. 2 |
¬ **se ramollir**
➾ Aux temps composés de la forme pronominale, le participe passé s'accorde en genre et en nombre avec le sujet : *la terre s'est ramollie.*
ramollissable adj.
ramollissant, ante adj.
ramollissement n. m.
ramollo adj. et n.
ramon n. m.
HOM. formes du v. **ramer**
ramonage n. m.
ramonda n. m. ou **ramondie** n. f.
ramoner v. tr. et v. intr. | conjug. 1 |
ramoneur, euse n.
rampant, ante adj.
rampe n. f.
rampeau n. m.
rampement n. m.
ramper v. intr. | conjug. 1 |
rampin adj. et n. m.
rampiste n. m.
rampon n. m.
HOM. formes du v. **ramper**
ramponneau n. m.
rams /ʀams/ n. m.
ramule n. f.

ramure n. f.
ramuscule n. m.
ran n. m.
HOM. **rang**, formes du v. **rendre**
ranale n. f.
ranatre n. f.
rancard ou **rencard** n. m. (fam. : renseignement, rendez-vous)
HOM. **rancart**
rancarder ou **rencarder** v. tr. | conjug. 1 |
¬ **se rancarder** ou **se rencarder**
➾ Aux temps composés de la forme pronominale, le participe passé s'accorde en genre et en nombre avec le sujet : *ils se sont rancardés* ou *rencardés*.
rancart n. m.
➾ Ce mot est au singulier dans la locution familière **mettre/jeter au rancart** : *mettre des projets au rancart*.
HOM. **rancard**
[1]**rance** adj.
[2]**rance** n. f. (pièce de bois)
[3]**rance** n. m. (odeur, goût ; marbre)
rancescible adj.
rancette n. f.
ranch /ʀɑ̃tʃ/ n. m. ▪ plur. **ranchs** ou plur. **ranches**
Ξ On peut employer le pluriel francisé *ranchs* ou le pluriel anglais *ranches*.
ranche n. f.
[1]**rancher** /ʀɑ̃ʃe/ n. m. (échelle)
[2]**rancher** /ʀɑ̃tʃœʀ ; ʀɑ̃tʃɛʀ/ n. m. (fermier)
ranchero ou **ranchéro**° /ʀɑ̃tʃeʀo/ n. m.
rancho /ʀɑ̃tʃo/ n. m.
ranci, ie adj.
rancidité n. f.
rancio n. m.
rancir v. intr. et v. pron. | conjug. 2 |
¬ **se rancir**
➾ Aux temps composés de la forme pronominale, le participe passé s'accorde en genre et en nombre avec le sujet : *l'huile s'est rancie*.
rancissement n. m.
rancissure n. f.
rancœur n. f.
rançon n. f.
rançonnement n. m.
rançonner v. tr. | conjug. 1 |
rançonneur, euse n.
rancune n. f.
➾ Ce mot est au singulier dans les locutions **garder rancune** et **sans rancune**.
rancuneux, euse adj.
rancunier, ière adj. et n.
rand /ʀɑ̃d/ n. m.
HOM. formes du v. **rendre**
rando n. f.
□ abrév. de **randonnée**
randomisation n. f.
randomiser v. tr. | conjug. 1 |
randonnée n. f.
randonner v. intr. | conjug. 1 |
randonneur, euse n.
randori n. m.
rang n. m.
➾ Dans la locution **en rang (d'oignons)**, *rang* se met au singulier ou au pluriel en fonction du nombre de *rangs* : *les élèves se sont mis en rang* (= il n'y a qu'un rang) ; *les élèves se sont mis en rangs* (= il y a plusieurs rangs).
Ξ La locution **de rang** (*dormir deux heures de rang*) est familière. Dans le langage soigné, on préférera **d'affilée**.
HOM. **ran**, formes du v. **rendre**
range n. f.
rangé, ée adj.
range-CD n. m. inv.
rangée n. f.
rangement n. m.
[1]**ranger** /ʀɑ̃dʒɛʀ ; ʀɑ̃dʒœʀ/ n. m.
[2]**ranger** v. tr. | conjug. 3 |
¬ **se ranger**
➾ Aux temps composés de la forme pronominale, le participe passé s'accorde en genre et en nombre avec le sujet : *elles se sont rangées à leur point de vue*.
rangette n. f.
rangeur, euse adj. et n.
rani n. f.
ranidé n. m.
raniforme n. m.
ranimable adj.
ranimation n. f.
ranimer v. tr. | conjug. 1 |
⚡ Ne pas confondre **ranimer** et **réanimer**. **Réanimer** s'emploie seulement au sens de « rétablir les fonctions vitales de (qqn) » : *réanimer un noyé*. L'emploi de **ranimer** est plus général : *ranimer un feu ; ranimer le passé ; ce discours a ranimé les troupes ; ranimer des rancunes*.
¬ **se ranimer**
➾ Aux temps composés de la forme pronominale, le participe passé s'accorde en genre et en nombre avec le sujet : *les haines se sont ranimées*.
ranine adj. f.
rantanplan interj.
ranule ou **ranula** n. f.
ranz /ʀɑ̃z ; ʀɑ̃ts/ n. m.
raout /ʀaut/ n. m.
rap n. m.
HOM. formes des v. **râper**, **rapper**
rapace adj. et n. m.
HOM. formes des v. **râper**, **rapper**
rapacité n. f.

râpage n. m.
rapailler v. tr. | conjug. 1 |
rapaiser v. tr. | conjug. 1 |
rapapilloter v. tr. | conjug. 1 |
rapatelle n. f.
rapatriable adj.
rapatriage n. m.
rapatrié, iée adj. et n.
rapatriement n. m.
➾ Ne pas oublier le *e* muet.
rapatrier v. tr. | conjug. 7 |
rapatronnage n. m.
rapatronner v. tr. | conjug. 1 |
râpe n. f.
HOM. formes du v. **rapper**
râpé, ée adj. et n. m.
HOM. **rapper**
râpement n. m.
raper ou **rapper** v. intr. | conjug. 1 |
HOM. **râper**
râper v. tr. | conjug. 1 |
HOM. **raper**
râperie n. f.
râpes n. f. pl.
HOM. **rap**, formes du v. **rapper**
rapetassage n. m.
rapetasser v. tr. | conjug. 1 |
rapetasseur, euse n.
rapetissement n. m.
rapetisser v. tr. et v. intr. | conjug. 1 |
¬ **se rapetisser**
➾ Aux temps composés de la forme pronominale, le participe passé s'accorde en genre et en nombre avec le sujet : *elle s'est rapetissée.*
rapetissure n. f.
rapeur, euse ou **rappeur, euse** n.
HOM. **râpeur**
râpeur, euse n.
HOM. **rapeur**
râpeux, euse adj.
raphaélesque ou **raphaélique** adj.
raphanie n. f.
raphe n. m.
raphé n. m.
raphia n. m.
raphide n. f.
rapia ou **rapiat, iate** adj. et n.
☺ La forme masculine *rapiat* s'emploie parfois pour parler d'une femme : *elle est un peu rapiat.*
rapide adj. et n.
rapidement adv.
rapidité n. f.
rapido-presto ou **rapido** adv.
rapidos /-dos/ adv.
rapiéçage n. m.
rapiécer v. tr. | conjug. 3 et 6 |
rapière n. f.
rapin n. m.
rapinade n. f.
rapine n. f.
rapiner v. intr. | conjug. 1 |
rapinerie n. f.
rapineur, euse adj. et n.
raplapla adj. inv.
raplatir v. tr. | conjug. 2 |
raplatissement n. m.
raplomber v. tr. | conjug. 1 |
¬ **se raplomber**
➾ Aux temps composés de la forme pronominale, le participe passé s'accorde en genre et en nombre avec le sujet : *elle s'est raplombée pendant ses vacances.*
rapointir v. tr. | conjug. 2 |
→ **rappointir**
rappareiller v. tr. | conjug. 1 |
rappariement n. m.
➾ Ne pas oublier le *e* muet.
rapparier v. tr. | conjug. 7 |
rappel n. m.
HOM. formes du v. **rappeler**
rappelable adj.
rappelé, ée adj.

rappeler v. tr. et v. intr. | conjug. 4 |
▸ **rappeler à qqn de** (+ inf.) *rappelle-moi de sortir les poubelles*
¬ **se rappeler**
⌘ L'introduction du complément par la préposition *de* n'est possible qu'avec un pronom personnel représentant un être humain : *tu te rappelles de moi ?* Dans les autres cas, elle est incorrecte, bien que très répandue : il ne faut pas dire **je ne me rappelle pas de ce film* ni **je me rappelle de l'avoir vu* mais *je ne me rappelle pas ce film* et *je me rappelle l'avoir vu.* Attention aussi à l'emploi des pronoms : on ne peut pas dire **une histoire dont je ne me rappelais plus* ni **cette maison, je m'en rappelle très bien* mais *une histoire que je ne me rappelais plus* et *cette maison, je me la rappelle très bien.*
➾ Aux temps composés de la forme pronominale, le participe passé s'accorde en genre et en nombre avec le sujet : *elle s'est rappelée à leur bon souvenir.* Mais le participe passé ne s'accorde pas quand il est suivi d'un complément d'objet direct : *ils se sont rappelé m'avoir déjà rencontré ; elle s'est rappelé ces évènements.* Il ne s'accorde avec le complément d'objet direct que lorsque celui-ci est placé avant le verbe : *les évènements qu'elle s'est rappelés.*

rappel-lancer n. m. ▪ plur. **rappels-lancers**
rapper v. intr. | conjug. 1 |
→ **raper**
rappeur, euse n.
→ **rapeur**
rappliquer v. tr. et v. intr. | conjug. 1 |
rappointir ou **rapointir** v. tr. | conjug. 2 |
rappointis n. m.
rappondre v. tr. | conjug. 41 |
➾ Au présent de l'indicatif, à la forme interrogative avec sujet inversé, on écrit *rappond-on, rappond-il, rappond-elle* et non **rappond-t-on, *rappond-t-il, *rappond-t-elle*. Le *d* final se prononce /t/ ; il est donc inutile et fautif d'ajouter un *t*.
rapponse n. f.
rapport n. m.
➾ Ce mot est toujours au singulier dans les locutions **avoir rapport**, **en rapport** et **par rapport**. Il est au pluriel dans **sous tous rapports**.
rapportable adj.
rapportage n. m.
rapporté, ée adj.
rapporter v. tr. | conjug. 1 |
¬ **se rapporter**
➾ Aux temps composés de la forme pronominale, le participe passé s'accorde en genre et en nombre avec le sujet : *ils s'en sont rapportés à mon jugement*.
rapporteur, euse n. et adj.
☯ *Rapporteuse* est la forme féminine recommandée par le *Guide d'aide à la féminisation des noms de métiers, titres, grades et fonctions* et l'Office québécois de la langue française. On rencontre parfois aussi les formes *rapporteur* (*c'est une rapporteur*) et *rapporteure*.
rapprendre v. tr. | conjug. 58 |
➾ Au présent de l'indicatif, à la forme interrogative avec sujet inversé, on écrit *rapprend-on, rapprend-il, rapprend-elle* et non **rapprend-t-on, *rapprend-t-il, *rapprend-t-elle*. Le *d* final se prononce /t/ ; il est donc inutile et fautif d'ajouter un *t*.
rapprêter v. tr. | conjug. 1 |
rapproché, ée adj.
rapprochement n. m.
rapprocher v. tr. | conjug. 1 |
¬ **se rapprocher**
➾ Aux temps composés de la forme pronominale, le participe passé s'accorde en genre et en nombre avec le sujet : *elle s'est rapprochée de lui*.
rapprocheur n. m.
rapproprier v. tr. | conjug. 7 |
¬ **se rapproprier**
➾ Aux temps composés de la forme pronominale, le participe passé s'accorde en genre et en nombre avec le sujet : *elles se sont rappropriées*.
rapsode n. m.
→ **rhapsode**
rapsodie n. f.
→ **rhapsodie**
rapsodique adj.
→ **rhapsodique**
rapsodiste n. m.
→ **rhapsodiste**
rapt /ʀapt/ n. m.
HOM. formes du v. **rapter**
rapter v. tr. | conjug. 1 |
raptus /-ys/ n. m.
râpure n. f.
raquer v. intr. | conjug. 1 |
raquetier, ière n.
HOM. formes du v. **racketter**
raquette n. f.
HOM. **racket**, formes du v. **racketter**
raquetteur, euse n.
HOM. **racketteur**
rare adj.
raréfaction n. f.
raréfiable adj.
raréfier v. tr. | conjug. 7 |
➾ Ne pas employer **rarifier*, qui n'existe pas.
¬ **se raréfier**
➾ Aux temps composés de la forme pronominale, le participe passé s'accorde en genre et en nombre avec le sujet : *ses cheveux se sont raréfiés*.
rarement adv.
⌘ En tête de proposition, *rarement* entraîne généralement l'inversion du pronom sujet : *rarement voyait-il ses parents*.
L'emploi de la négation *ne* avec *rarement* dans une phrase affirmative est fautif : il ne faut pas dire **je n'avais rarement vu une chose pareille* mais *j'avais rarement vu une chose pareille*.
rarescent, ente adj.
rareté n. f.
rarissime adj.
rarissimement adv.
[1]**ras, rase** adj.
➾ Employé comme adverbe, *ras* est invariable : *l'herbe est coupée ras*.
☰ On peut employer indifféremment **à ras de** ou **au ras de** : *voler à ras du sol* ou *au ras du sol*. Mais on dit toujours **à ras de terre** et **au ras des pâquerettes**.
HOM. **rat**, **raz**
→ aussi **bord**
[2]**ras** n. m. (radeau)
HOM. **rat**, **raz**
[3]**ras** /ʀɑs/ n. m. (chef éthiopien)
HOM. **race**, **rasse**

R. A. S. /ɛʀɑɛs/ interj.
◘ abrév. de **rien à signaler**
rasa n. f.
HOM. formes du v. **raser**
rasade n. f.
rasage n. m.
rasance n. f.
rasant, ante adj.
rascasse n. f.
rascette n. f.
ras-du-cou n. m. inv.
➾ Ce nom s'écrit avec des traits d'union, contrairement à la locution adjectivale **ras du cou** : *des pulls ras du cou* mais *porter des ras-du-cou*.
rase n. f.
rasé, ée adj.
rase-bitume n. ▪ plur. **rase-bitumes**
rasement n. m.
rase-motte(s) n. m. ▪ plur. **rase-mottes**
rase-pet n. m. ▪ plur. **rase-pets**
raser v. tr. | conjug. 1 |
¬ **se raser**
➾ Aux temps composés de la forme pronominale, le participe passé s'accorde en genre et en nombre avec le sujet : *ils ne se sont pas rasés*. Mais le participe passé ne s'accorde pas quand il est suivi d'un complément d'objet direct : *elle s'est rasé les jambes*. Il ne s'accorde avec le complément d'objet direct que lorsque celui-ci est placé avant le verbe : *elle se les est rasées*.
rasette n. f.
raseur, euse n.
rash /ʀaʃ/ n. m. ▪ plur. **rashs** ou plur. **rashes**
☰ On peut employer le pluriel francisé *rashs* ou le pluriel anglais *rashes*.
rasibus /-ys/ adv.
raskolnik n. m.
ras-le-bol interj. et n. m. inv.
➾ Ce mot s'écrit avec des traits d'union, contrairement à la locution adverbiale **ras le bol** : *j'en ai ras le bol* mais *un ras-le-bol général*.
rasoir n. m.
☰ *Rasoir* peut s'employer comme adjectif dans le langage familier ; il est alors invariable : *elles sont un peu rasoir* ; *des voisins rasoir*.
raspoutitsa n. f.
rassade n. f.
rassasiant, iante adj.
rassasié, iée adj.
rassasiement n. m.
➾ Ne pas oublier le *e* muet.
rassasier v. tr. | conjug. 7 |
rasse ou **resse** n. f.
HOM. **race**, **³ras**
rassemblé, ée adj.
rassemblement n. m.
¹rassembler v. tr. | conjug. 1 |
¬ **se rassembler**
➾ Aux temps composés de la forme pronominale, le participe passé s'accorde en genre et en nombre avec le sujet : *trois mille manifestants se sont rassemblés devant la préfecture*.
²rassembler n. m.
rassembleur, euse n.
rasseoir ou **rassoir**○ v. tr. | conjug. 26 |
CONJUG. Ce verbe a deux conjugaisons possibles, sauf au passé simple, à l'imparfait du subjonctif et au participe passé. À l'impératif, *rassois, rassoyons* et *rassoyez* sont populaires. Attention à ne pas employer le participe passé (**rassis-toi*) à la place de l'impératif (*rassieds-toi*).
Ne pas oublier le *i* aux première et deuxième personnes du pluriel de l'imparfait de l'indicatif et du subjonctif présent : *nous rasseyions, rassoyions* ; *vous rasseyiez, rassoyiez*. Les formes *rasseyons, rassoyons* ; *rasseyez, rassoyez* (indicatif présent) et *rasseyions, rassoyions* ; *rasseyiez, rassoyiez* ont une prononciation très proche.
¬ **se rasseoir**
➾ Aux temps composés de la forme pronominale, le participe passé s'accorde en genre et en nombre avec le sujet : *elle s'est rassise à sa place*.
→ aussi **asseoir**
rasséréné, ée adj.
➾ Ne pas employer **rassénéré*, qui n'existe pas.
rassérénement /ʀaseʀenmɑ̃ ; -ʀɛnmɑ̃/ ou **rassérènement**○ n. m.
rasséréner v. tr. | conjug. 6 |
➾ Ne pas employer **rassénérer*, qui n'existe pas.
rassir v. intr. et v. pron. | conjug. 2 |
CONJUG. Le participe passé est *rassis* au masculin, *rassie* ou *rassise* au féminin.
¬ **se rassir**
➾ Aux temps composés de la forme pronominale, le participe passé s'accorde en genre et en nombre avec le sujet : *la mie s'est rassie* ou *rassise*.
HOM. formes du v. **rasseoir**
rassis, ise ou **ie** adj.
☰ Au féminin, la forme *rassise* est rare.
rassoir○ v. tr. | conjug. 26 |
→ **rasseoir**
rassurance n. f.
rassurant, ante adj.
rassuré, ée adj.

rassurement n. m.
rassurer v. tr. | conjug. 1 |
¬ **se rassurer**
➾ Aux temps composés de la forme pronominale, le participe passé s'accorde en genre et en nombre avec le sujet : *l'équipe s'est rassurée en remportant une première victoire.*
[1]**rasta** n. et adj.
◻ abrév. de **rastafari**
[2]**rasta** n. m. et adj.
◻ abrév. de **rastaquouère**
rastafari n. et adj.
rastaquouère n. m. et adj.
rastaquouérisme n. m.
rastel n. m.
rat n. m.
☰ Ce mot s'emploie comme adjectif au sens de *avare* ; il est alors invariable : *elles sont rat.*
HOM. [1]**ras**, [2]**ras**, **raz**
rata n. m.
HOM. formes du v. **rater**
ratafia n. m.
ratage n. m.
ratanhia n. m.
rataplan interj.
ratapoil n. m.
ratatinage n. m.
ratatiné, ée adj.
ratatinement n. m.
ratatiner v. tr. | conjug. 1 |
¬ **se ratatiner**
➾ Aux temps composés de la forme pronominale, le participe passé s'accorde en genre et en nombre avec le sujet : *la pomme s'est ratatinée.*
ratatouille n. f.
rate n. f.
HOM. **ratte**, formes du v. **rater**
raté, ée n.
râteau n. m.
ratel n. m.
HOM. **ratelle**, formes du v. **râteler**
râtelage n. m.
râtelée n. f.
râteler v. tr. | conjug. 4 |
râteleur, euse n.
râtelier n. m.
HOM. formes du v. **râteler**
ratelle n. f.
HOM. **ratel**, formes du v. **râteler**
râtelure n. f.
rater v. intr. et v. tr. | conjug. 1 |
¬ **se rater**
➾ Aux temps composés de la forme pronominale, le participe passé s'accorde en genre et en nombre avec le sujet : *elles se sont ratées de peu.*
ratiboiser v. tr. | conjug. 1 |
ratiboiseur, euse n.
ratiche n. f.
ratichon n. m.
raticide n. m.
[1]**ratier** n. m. et adj. m.
HOM. formes du v. **rater**
[2]**ratier, ière** adj.
HOM. formes du v. **rater**
ratière n. f.
ratificateur, trice n. et adj.
ratification n. f.
ratifier v. tr. | conjug. 7 |
ratinage n. m.
ratine n. f.
ratiner v. tr. | conjug. 1 |
ratineuse n. f.
rating /ʀatiŋ ; ʀetiŋ/ n. m.
◻ rec. off. : **coefficient de jauge** ou **notation**
[1]**ratio** /ʀasjo/ n. m. (rapport de grandeur)
HOM. **raciaux** (plur. de *racial*)
[2]**ratio** /ʀasjo/ n. f. (raison)
HOM. **raciaux** (plur. de *racial*)
ratiocinage /ʀasjɔ-/ n. m.
ratiocinateur, trice /ʀasjɔ-/ n.
ratiocination /ʀasjɔ-/ n. f.
ratiociner /ʀasjɔ-/ v. intr. | conjug. 1 |
ratiocineur, euse /ʀasjɔ-/ n.
ration n. f.
rational, aux n. m.
rationalisation n. f.
rationaliser v. tr. | conjug. 1 |
rationalisme n. m.
rationaliste adj. et n.
rationalité n. f.
rationnaire n.
HOM. forme du v. **rationner**
rationnel, elle adj. et n. m.
rationnellement adv.
rationnement n. m.
rationner v. tr. | conjug. 1 |
¬ **se rationner**
➾ Aux temps composés de la forme pronominale, le participe passé s'accorde en genre et en nombre avec le sujet : *elle s'est rationnée.*
ratissage n. m.
ratisser v. tr. | conjug. 1 |
ratissette n. f.
ratisseur n. m.
ratissoire n. f.
ratissure n. f.
ratites n. m. pl.
raton n. m.
➾ **Raton laveur** s'écrit sans trait d'union.
HOM. formes du v. **rater**
ratonnade n. f.
ratonner v. intr. et v. tr. | conjug. 1 |

ratonneur n. m.
ratoureux, euse ou **ratoureur, euse** adj. et n.
rattachage n. m.
rattachement n. m.
rattacher v. tr. | conjug. 1 |
¬ **se rattacher**
➾ Aux temps composés de la forme pronominale, le participe passé s'accorde en genre et en nombre avec le sujet : *plusieurs syndicats se sont rattachés au mouvement.*
rattacheur, euse n.
rat-taupe n. m. ▪ plur. **rats-taupes**
ratte n. f.
HOM. **rate**, formes du v. **rater**
rattrapable adj.
rattrapage n. m.
rattrapante n. f.
rattraper v. tr. | conjug. 1 |
¬ **se rattraper**
➾ Aux temps composés de la forme pronominale, le participe passé s'accorde en genre et en nombre avec le sujet : *elle s'est rattrapée à la rambarde.*
raturage n. m.
rature n. f.
raturer v. tr. | conjug. 1 |
rauchage n. m.
raucheur n. m.
raucité n. f.
raugmenter v. tr. et v. intr. | conjug. 1 |
rauque adj.
rauquement n. m.
rauquer v. intr. | conjug. 1 |
rauwolfia /ʀovɔlfja/ n. m.
ravage n. m.
ravagé, ée adj.
ravageant, ante adj.
ravager v. tr. | conjug. 3 |
ravageur, euse adj. et n.
ravalant, ante adj.
ravalement n. m.
ravaler v. tr. | conjug. 1 |
¬ **se ravaler**
➾ Aux temps composés de la forme pronominale, le participe passé s'accorde en genre et en nombre avec le sujet : *ils se sont ravalés en acceptant cette tâche.*
ravaleur, euse n.
ravaudage n. m.
ravauder v. tr. | conjug. 1 |
ravauderie n. f.
ravaudeur, euse n.
[1]**rave** n. f. (plante)
[2]**rave** /ʀɛv/ n. f.
▫ rec. off. : **fête techno**
HOM. **rêve**, formes du v. **rêver**
ravelin n. m.
ravenala /ʀavenala/ ou **ravénala**○ n. m.
ravenelle n. f.
raves n. f. pl.
→ **rabes**
raveur, euse /ʀɛvœʀ, øz/ n.
HOM. **rêveur, euse**
ravi, ie adj.
▸ **être ravi de** (+ n.) *nous sommes ravis de cette trouvaille*
▸ **être ravi de** (+ inf.) *il était ravi de vous rencontrer*
▸ **être ravi que** (+ subj.) *je suis ravi que tu sois là*
▸ **être ravi de ce que** (+ indic.) *je suis ravi de ce que tu es là*
ravier n. m.
ravière n. f.
ravigotant, ante adj.
ravigote n. f.
Ξ Ce mot peut s'employer en apposition ; il est alors invariable : *des sauces ravigote* ; *des têtes de veau ravigote.*
ravigoter v. tr. | conjug. 1 |
ravin n. m.
ravine n. f.
ravineau n. m.
ravinée n. f.
ravinement n. m.
raviner v. tr. | conjug. 1 |
ravineux, euse adj.
raviole n. f.
ravioli n. m.
Ξ En italien, *ravioli* est un nom pluriel mais on l'emploie au singulier en francisant la forme du pluriel : *un ravioli, des raviolis.*
ravir v. tr. | conjug. 2 |
ravisement n. m.
raviser (se) v. pron. | conjug. 1 |
➾ Aux temps composés de la forme pronominale, le participe passé s'accorde en genre et en nombre avec le sujet : *elle s'est ravisée.*
ravissamment adv.
ravissant, ante adj.
ravissement n. m.
ravisseur, euse n.
ravitaillement n. m.
ravitailler v. tr. | conjug. 1 |
¬ **se ravitailler**
➾ Aux temps composés de la forme pronominale, le participe passé s'accorde en genre et en nombre avec le sujet : *ils se sont ravitaillés au supermarché.*
[1]**ravitailleur** n. m. et adj. m. (véhicule)
[2]**ravitailleur, euse** n. (personne)
ravivage n. m.
ravivement n. m.

raviver v. tr. | conjug. 1 |
[1]**ravoir** v. tr. | conjug. seult inf. |
[2]**ravoir** n. m.
ravoure n. m.
ray /ʀaj/ n. m.
HOM. **raï, rail, raille, rye,** formes du v. **railler**
raya n. m.
→ **raïa**
rayage n. m.
rayé, rayée adj.
rayement n. m.
rayer v. tr. | conjug. 8 |
rayère n. f.
HOM. forme du v. **rayer**
raygrass ou **ray-grass** n. m. inv.
rayon n. m.
HOM. formes du v. **rayer**
rayonnage n. m.
rayonnant, ante adj.
rayonne n. f.
rayonné, ée adj. et n. m.
rayonnement n. m.
rayonner v. intr. | conjug. 1 |
rayonneur n. m.
rayonnisme n. m.
rayonniste adj.
rayure n. f.
raz /ʀa/ n. m.
HOM. [1]**ras,** [2]**ras, rat**
raz de marée ou **raz-de-marée** n. m. inv.
razzia /ʀa(d)zja/ n. f.
razzier /ʀa(d)zje/ v. tr. | conjug. 7 |
R.-D. ou **R. & D.** n. f.
□ abrév. de **recherche et développement**
ré n. m. inv.
HOM. **rez, rhé,** formes du v. **réer**
[1]**réa** n. m. (roue)
[2]**réa** n. f.
□ abrév. de **réanimation**
réabonnement n. m.
réabonner v. tr. | conjug. 1 |
¬ **se réabonner**
➾ Aux temps composés de la forme pronominale, le participe passé s'accorde en genre et en nombre avec le sujet : *elle s'est réabonnée à son magazine préféré.*
réabsorber v. tr. | conjug. 1 |
réabsorption n. f.
réac adj. et n.
□ abrév. de **réactionnaire**
réaccélération n. f.
réaccélérer v. tr. | conjug. 6 |
réaccoutumance n. f.
réaccoutumer ou **raccoutumer** v. tr. | conjug. 1 |
¬ **se réaccoutumer**
➾ Aux temps composés de la forme pronominale, le participe passé s'accorde en genre et en nombre avec le sujet : *ils se sont réaccoutumés à travailler.*
réachat n. m.
réacheminement n. m.
réacheminer v. tr. | conjug. 1 |
réacquérir v. tr. | conjug. 21 |
réacquisition n. f.
réactance n. f.
réactant n. m.
réacteur n. m.
réactif, ive adj. et n. m.
réactimètre n. m.
réaction n. f.
▸ **en/par réaction contre** (+ n.) *une décision prise en réaction* ou *par réaction contre les méthodes précédentes*
▸ **en/par réaction à** (+ n.) *agir en réaction* ou *par réaction à une situation nouvelle*
réactionnaire adj. et n.
réactionnel, elle adj.
réactivation n. f.
réactiver v. tr. | conjug. 1 |
réactivité n. f.
réactogène adj. et n. m.
réactualisable adj.
réactualisation n. f.
réactualiser v. tr. | conjug. 1 |
réadaptable adj.
réadaptation n. f.
réadapter v. tr. | conjug. 1 |
¬ **se réadapter**
➾ Aux temps composés de la forme pronominale, le participe passé s'accorde en genre et en nombre avec le sujet : *elle s'est réadaptée à la vie normale.*
réadmettre v. tr. | conjug. 56 |
réadmission n. f.
ready-made ▪ plur. inv. ou **readymade**° ▪ plur. **readymades**° /ʀedimɛd/ n. m.
réaffecter v. tr. | conjug. 1 |
réafficher v. tr. | conjug. 1 |
réaffirmation n. f.
réaffirmer v. tr. | conjug. 1 |
réaggrave n. m.
réagine n. f.
réagir v. intr. | conjug. 2 |
réajustement n. m.
réajuster v. tr. | conjug. 1 |
ϟ Ne pas confondre **réajuster** et **rajuster**. **Réajuster** s'emploie surtout au sens de « adapter à de nouvelles conditions » (*réajuster les salaires*). **Rajuster** s'emploie plutôt pour

dire « remettre en ordre, redonner de la justesse à » (*rajuster son chapeau* ; *rajuster le tir*).

[1]**réal, ale, aux** adj. et n. f.

[2]**réal** ▪ plur. **réaux** ou **real** ▪ plur. **reales** n. m.
Ξ On peut employer les formes francisées *réal* et *réaux* ou les formes espagnoles *real* et *reales*.

réalésage n. m.

réaléser v. tr. | conjug. 6 |

réalgar n. m.

realia /ʀealja/ n. f. pl.

réalignement n. m.

réalisable adj.

réalisateur, trice n.

réalisation n. f.

réaliser v. tr. | conjug. 1 |
Ξ L'emploi de ce verbe au sens de « se rendre compte de » est un anglicisme critiqué.

¬ **se réaliser**
➾ Aux temps composés de la forme pronominale, le participe passé s'accorde en genre et en nombre avec le sujet : *tous mes rêves se sont réalisés*.

réalisme n. m.
➾ Ce mot s'écrit sans majuscule, même lorsqu'il désigne un courant artistique : *le réalisme de Courbet*.

réaliste n. et adj.
➾ Ce mot s'écrit sans majuscule, même lorsqu'il désigne ou qualifie un courant artistique ou ses représentants : *le courant réaliste* ; *les réalistes*.

réalistement adv.

réalité n. f.

reality show /ʀealitiʃo/ n. m. ▪ plur. **reality shows**

réalphabétisation n. f.

réalphabétiser v. tr. | conjug. 1 |

réalpolitique ou **realpolitik** /ʀeal-/ n. f.

réaménagement n. m.

réaménager v. tr. | conjug. 3 |

réamorcer v. tr. | conjug. 3 |

réanimateur, trice n.

réanimation n. f.

réanimer v. tr. | conjug. 1 |
ϟ Ne pas confondre **réanimer** et **ranimer**. **Réanimer** s'emploie seulement au sens de « rétablir les fonctions vitales de (qqn) » : *réanimer un noyé*. L'emploi de **ranimer** est plus général : *ranimer un feu* ; *ranimer le passé* ; *ce discours a ranimé les troupes* ; *ranimer des rancunes*.

réapparaître ou **réapparaitre**° v. intr. | conjug. 57 |
Ξ Aux temps composés, *réapparaître* s'emploie indifféremment avec l'auxiliaire *avoir* ou l'auxiliaire *être* : *la lune a réapparu* ou *est réapparue*.
➾ Les Rectifications de l'orthographe de 1990 préconisent la suppression de l'accent circonflexe sur le *i* devant le *t* : *il réapparait, il réapparaitra, il réapparaitrait*.

réapparition n. f.

réappliquer v. tr. | conjug. 1 |

réappréciation n. f.

réapprendre v. tr. | conjug. 58 |
➾ Au présent de l'indicatif, à la forme interrogative avec sujet inversé, on écrit *réapprend-on, réapprend-il, réapprend-elle* et non **réapprend-t-on, *réapprend-t-il, *réapprend-t-elle*. Le *d* final se prononce /t/ ; il est donc inutile et fautif d'ajouter un *t*.

réapprentissage n. m.

réappropriation n. f.

réapproprier (se) v. pron. | conjug. 7 |
➾ Aux temps composés de la forme pronominale, le participe passé ne s'accorde pas quand il est suivi d'un complément d'objet direct : *elles se sont réapproprié leurs biens*. Il s'accorde avec le complément d'objet direct quand celui-ci est placé avant le verbe : *les biens qu'elles se sont réappropriés*.

réapprovisionnement n. m.

réapprovisionner v. tr. | conjug. 1 |

¬ **se réapprovisionner**
➾ Aux temps composés de la forme pronominale, le participe passé s'accorde en genre et en nombre avec le sujet : *ils se sont réapprovisionnés en carburant*.

réargenter v. tr. | conjug. 1 |

réarmement n. m.

réarmer v. tr. et v. intr. | conjug. 1 |

réarrangement n. m.

réarranger v. tr. | conjug. 3 |

réassignation n. f.

réassigner v. tr. | conjug. 1 |

réassort n. m.

réassortiment n. m.

réassortir v. tr. | conjug. 2 |

réassurance n. f.

réassurer v. tr. | conjug. 1 |

¬ **se réassurer**
➾ Aux temps composés de la forme pronominale, le participe passé s'accorde en genre et en nombre avec le sujet : *les assureurs se sont réassurés*.

réassureur n. m.

rebab ou **rabab** n. m.

rebaigner v. tr. | conjug. 1 |

¬ **se rebaigner**
➾ Aux temps composés de la forme pronominale, le participe passé s'accorde en genre et en nombre avec le sujet : *elle s'est rebaignée en fin d'après-midi*.

rebaisser v. intr. | conjug. 1 |
rebaptisant /R(ə)bat-/ n. m.
rebaptiser /R(ə)bat-/ v. tr. | conjug. 1 |
rébarbatif, ive adj.
rebarbe n. f.
rebat n. m.
rebâtir v. tr. | conjug. 2 |
rebattage n. m.
rebattement n. m.
rebatteuse n. f.
rebattoir n. m.
rebattre v. tr. | conjug. 41 |
Ξ L'expression ***rabattre les oreilles** est un barbarisme ; il faut dire **rebattre les oreilles**.
→ aussi **oreille**
rebattu, ue adj.
Ξ Ne pas remplacer ce mot par *rabattu* : il ne faut pas dire *un sujet rabattu* mais *un sujet rebattu*.
rebec n. m.
rébecca n. m.
rebelle adj. et n.
rebeller (se) v. pron. | conjug. 1 |
➾ Aux temps composés, le participe passé s'accorde en genre et en nombre avec le sujet : *les enfants se sont rebellés contre l'autorité parentale*.
rébellion n. f.
rebelote interj.
rebeu ou **reubeu** n. et adj.
rebiffe n. f.
rebiffer (se) v. pron. | conjug. 1 |
➾ Aux temps composés de la forme pronominale, le participe passé s'accorde en genre et en nombre avec le sujet : *ils se sont rebiffés contre leur patron*.
rebiquer v. intr. | conjug. 1 |
reblochon n. m.
➾ Ne pas employer **roblochon*, qui n'existe pas.
reboisement n. m.
reboiser v. tr. | conjug. 1 |
rebolera /Rebɔlera/ ou **réboléra** ○ n. f.
rebond n. m.
rebondi, ie adj.
rebondir v. intr. | conjug. 2 |
rebondissant, ante adj.
rebondissement n. m.
rebonjour interj.
rebord n. m.
rebordé, ée adj.
reborder v. tr. | conjug. 1 |
rebot n. m.
rebouchage n. m.
reboucher v. tr. | conjug. 1 |
¬ **se reboucher**
➾ Aux temps composés de la forme pronominale, le participe passé s'accorde en genre et en nombre avec le sujet : *la fissure s'est rebouchée*.
rebouclage n. m.
rebouilleur n. m.
rebours /-bur/ n. m.
Ξ On peut employer indifféremment les locutions adverbiales **à rebours de** et **au rebours de** : *aller à rebours de l'évolution* ou *au rebours de l'évolution*. En revanche, seule la locution adverbiale **à rebours** est correcte : *tourner les pages d'un livre à rebours*.
➾ **Compte à rebours** s'écrit sans trait d'union.
reboutement n. m.
rebouter v. tr. | conjug. 1 |
rebouteux, euse n.
reboutonner v. tr. | conjug. 1 |
¬ **se reboutonner**
➾ Aux temps composés de la forme pronominale, le participe passé s'accorde en genre et en nombre avec le sujet : *elle s'est reboutonnée*.
rebraguetter v. tr. | conjug. 1 |
¬ **se rebraguetter**
➾ Aux temps composés de la forme pronominale, le participe passé s'accorde en genre et en nombre avec le sujet : *ils se sont rebraguettés*.
rebras n. m.
rebrassé, ée adj.
rebroder v. tr. | conjug. 1 |
rebroussage n. m.
rebroussement n. m.
rebrousse-poil (à) loc. adv.
rebrousser v. tr. et v. intr. | conjug. 1 |
rebrousseur, euse n.
rebroussoir n. m.
rebuffade n. f.
rébus /Reby(s)/ n. m.
rebut /Rəby/ n. m.
rebutant, ante adj.
rebuter v. tr. | conjug. 1 |
¬ **se rebuter**
➾ Aux temps composés de la forme pronominale, le participe passé s'accorde en genre et en nombre avec le sujet : *elle s'est rebutée*.
recacheter v. tr. | conjug. 4 |
recade ou **récade** n. m.
recadrage n. m.
recadrer v. tr. | conjug. 1 |
recalage n. m.
recalcifiant, ante adj. et n. m.

recalcification n. f.
recalcifier v. tr. | conjug. 7 |
¬ **se recalcifier**
➾ Aux temps composés de la forme pronominale, le participe passé s'accorde en genre et en nombre avec le sujet : *ses os se sont recalcifiés.*
récalcitrance n. f.
récalcitrant, ante adj. et n.
recalculer v. tr. | conjug. 1 |
recaler v. tr. | conjug. 1 |
recalibrer v. tr. | conjug. 1 |
recapitalisation n. f.
recapitaliser v. tr. | conjug. 1 |
récapitulatif, ive adj.
récapitulation n. f.
récapituler v. tr. | conjug. 1 |
recapture n. f.
recardage n. m.
recarder v. tr. | conjug. 1 |
recarrelage n. m.
recarreler v. tr. | conjug. 4 |
recasable adj.
recaser v. tr. | conjug. 1 |
recauser v. intr. | conjug. 1 |
recéder v. tr. | conjug. 6 |
recel n. m.
➾ Ne pas écrire **recèle* ni **recelle.*
HOM. formes du v. **receler**
recelé ou **recélé** n. m.
recèlement n. m.
receler ou **recéler** v. tr. et v. intr. | conjug. 5 |
receleur, euse ou **recéleur, euse** n.
récemment /-sã-/ adv.
récence n. f.
recensement n. m.
recenser v. tr. | conjug. 1 |
recenseur, euse n.
recension n. f.
HOM. formes du v. **recenser**
récent, ente adj.
recentrage n. m.
recentraliser v. tr. | conjug. 1 |
recentrer v. tr. | conjug. 1 |
¬ **se recentrer**
➾ Aux temps composés de la forme pronominale, le participe passé s'accorde en genre et en nombre avec le sujet : *elle s'est recentrée sur ses priorités.*
recépage n. m.
recépée n. f.
recéper v. tr. | conjug. 6 |
récépissé n. m.
➾ Ne pas employer **récipissé*, qui n'existe pas.
réceptacle n. m.
[1]**récepteur, trice** adj. et n. (personne)
[2]**récepteur** n. m. (appareil)
réceptibilité n. f.
réceptif, ive adj.
réception n. f.
▸ **accuser réception de qqch.** *j'accuse réception de votre lettre*
réceptionnaire n.
HOM. forme du v. **réceptionner**
réceptionner v. tr. | conjug. 1 |
réceptionneur, euse n.
réceptionniste n.
réceptivité n. f.
réceptrice n. f.
recercelé, ée adj.
recerclage n. m.
recercler v. tr. | conjug. 1 |
recès ou **recez** /ʀəsɛ/ n. m.
récessif, ive adj.
récession n. f.
récessivité n. f.
recette n. f.
recevabilité n. f.
recevable adj.
recevant, ante adj.
receveur, euse n.
recevoir v. tr. | conjug. 28 |
¬ **se recevoir**
➾ Aux temps composés de la forme pronominale, le participe passé s'accorde en genre et en nombre avec le sujet : *la patineuse s'est reçue sur la jambe gauche.*
recez /ʀəsɛ/ n. m.
→ **recès**
réchampi ou **rechampi** n. m.
réchampir ou **rechampir** v. tr. | conjug. 2 |
réchampissage ou **rechampissage** n. m.
rechange n. m.
Ξ Ce mot s'emploie surtout dans la locution **de rechange**, qui est invariable : *des pièces de rechange.*
rechanger v. tr. | conjug. 3 |
rechanter v. tr. | conjug. 1 |
rechapage n. m.
rechaper v. tr. | conjug. 1 |
réchappé, ée n.
réchapper v. intr. | conjug. 1 |
▸ **réchapper de/à** *réchapper d'une maladie* ou *à une maladie*
▸ **en réchapper** *personne n'en réchappa*
Ξ Aux temps composés, *réchapper* se conjugue avec l'auxiliaire *avoir* : *il a réchappé d'un accident.*
recharge n. f.
rechargeable adj.
rechargement n. m.
recharger v. tr. | conjug. 3 |
rechasser v. tr. et v. intr. | conjug. 1 |

réchaud n. m.
réchauffage n. m.
réchauffant, ante adj.
réchauffé, ée adj. et n. m.
réchauffement n. m.
réchauffer v. tr. | conjug. 1 |
¬ **se réchauffer**
➾ Aux temps composés de la forme pronominale, le participe passé s'accorde en genre et en nombre avec le sujet : *ils se sont réchauffés autour d'un chocolat*. Mais le participe passé ne s'accorde pas quand il est suivi d'un complément d'objet direct : *ils se sont réchauffé les mains*. Il ne s'accorde avec le complément d'objet direct que lorsque celui-ci est placé avant le verbe : *ils se les sont réchauffées*.
réchauffeur n. m.
réchauffoir n. m.
rechauler v. tr. | conjug. 1 |
rechaumer v. tr. | conjug. 1 |
rechaussage n. m.
rechaussement n. m.
rechausser v. tr. | conjug. 1 |
¬ **se rechausser**
➾ Aux temps composés de la forme pronominale, le participe passé s'accorde en genre et en nombre avec le sujet : *elles se sont rechaussées en sortant*.
rêche adj.
recherche n. f.
recherché, ée adj.
rechercher v. tr. | conjug. 1 |
recherchiste n.
rechignement n. m.
rechigner v. intr. | conjug. 1 |
▸ **rechigner à** (+ n.) *elle rechigne à l'ouvrage*
▸ **rechigner à** (+ inf.) *ils rechignent à faire leur travail*
rechristianiser /-k-/ v. tr. | conjug. 1 |
rechute n. f.
rechuter v. intr. | conjug. 1 |
récidivant, ante adj.
récidive n. f.
récidiver v. intr. | conjug. 1 |
récidiviste n.
récidivité n. f.
récif n. m.
➾ Ne pas écrire **récife*.
récifal, ale, aux adj.
récipiendaire n.
récipient /ʀesipjɑ̃/ n. m.
réciprocité n. f.
réciproque adj. et n. f.
Ξ Contrairement à *mutuel*, *réciproque* ne peut s'employer qu'en parlant de deux êtres ou de deux groupes : on peut dire *la confiance réciproque des amants* mais pas *la confiance réciproque des membres d'une famille*.
réciproquement adv.
réciproquer v. tr. | conjug. 1 |
recirculation n. f.
récit n. m.
récital n. m.
➾ Ce mot a un pluriel régulier : *des récitals*.
récitant, ante adj. et n.
récitateur, trice n.
récitatif n. m.
récitation n. f.
réciter v. tr. | conjug. 1 |
réclamant, ante n.
réclamateur n. m.
réclamation n. f.
[1]**réclame** n. m. (cri)
[2]**réclame** n. f. (texte, publicité)
➾ Ce mot est toujours au singulier dans la locution **en réclame** : *des articles en réclame*.
Ξ Ce mot peut s'employer en apposition ; il prend la marque du pluriel : *des ventes réclames*.
réclamer v. tr. et v. intr. | conjug. 1 |
¬ **se réclamer**
➾ Aux temps composés de la forme pronominale, le participe passé s'accorde en genre et en nombre avec le sujet : *ils se sont réclamés de leurs ancêtres*.
réclamier n. m.
HOM. formes du v. **réclamer**
reclassement n. m.
reclasser v. tr. | conjug. 1 |
¬ **se reclasser**
➾ Aux temps composés de la forme pronominale, le participe passé s'accorde en genre et en nombre avec le sujet : *elle s'est reclassée*.
réclinaison n. f.
récliné, ée adj.
reclore v. tr. | conjug. 45 |
reclouer v. tr. | conjug. 1 |
reclure v. tr. | conjug. 35 |
¬ **se reclure**
➾ Aux temps composés de la forme pronominale, le participe passé s'accorde en genre et en nombre avec le sujet : *elle s'est recluse*.
reclus, use /ʀəkly, yz/ adj. et n.
➾ Ne pas oublier le *s* au masculin.
réclusion n. f.
réclusionnaire n.
recogner v. tr. | conjug. 1 |
récognitif /ʀekɔgn- ; ʀekɔɲ-/ adj. m.
récognition /ʀekɔgn- ; ʀekɔɲ-/ n. f.
recoiffer v. tr. | conjug. 1 |
¬ **se recoiffer**
➾ Aux temps composés de la forme pronominale, le participe passé s'accorde en genre

et en nombre avec le sujet : *la comédienne s'est recoiffée pendant l'entracte.*

recoin n. m.

recoincer v. tr. | conjug. 3 |

récolement n. m.

récoler v. tr. | conjug. 1 |

recollage n. m.

récollection n. f.

recollement n. m.

recoller v. tr. | conjug. 1 |

¬ se recoller

➾ Aux temps composés de la forme pronominale, le participe passé s'accorde en genre et en nombre avec le sujet : *la plaie s'est recollée.*

récollet n. m.

HOM. formes du v. **récoler**

recolorisation n. f.

recoloriser v. tr. | conjug. 1 |

récoltable adj.

récoltant, ante adj. et n.

récolte n. f.

récolter v. tr. | conjug. 1 |

récolteur, euse n.

recombinaison n. f.

recombinant, ante adj.

recombiner v. tr. | conjug. 1 |

recommandable adj.

recommandant n. m.

recommandataire n. m.

recommandation n. f.

recommandé, ée adj. et n. m.

recommander v. tr. | conjug. 1 |

¬ se recommander

➾ Aux temps composés de la forme pronominale, le participe passé s'accorde en genre et en nombre avec le sujet : *ils se sont recommandés à Dieu.*

recommençant, ante adj.

recommencement n. m.

recommencer v. tr. et v. intr. | conjug. 3 |

☰ Le complément infinitif peut être introduit par la préposition *de* ou la préposition *à* : *il a recommencé de crier* ou *à crier*. L'emploi de *de* est vieilli ou littéraire, celui de *à* est plus courant.

récompensant, ante adj.

récompense n. f.

récompenser v. tr. | conjug. 1 |

recompiler v. tr. | conjug. 1 |

recomposable adj.

recomposé, ée adj.

recomposer v. tr. | conjug. 1 |

¬ se recomposer

➾ Aux temps composés de la forme pronominale, le participe passé s'accorde en genre et en nombre avec le sujet : *la compagnie s'est recomposée.*

recomposition n. f.

recompter v. tr. | conjug. 1 |

reconcentrer v. tr. | conjug. 1 |

¬ se reconcentrer

➾ Aux temps composés de la forme pronominale, le participe passé s'accorde en genre et en nombre avec le sujet : *l'équipe s'est reconcentrée sur le prochain match.*

réconciliable adj.

réconciliateur, trice n.

réconciliation n. f.

réconcilier v. tr. | conjug. 7 |

¬ se réconcilier

➾ Aux temps composés de la forme pronominale, le participe passé s'accorde en genre et en nombre avec le sujet : *ils se sont réconciliés.*

recondamner /-dane/ v. tr. | conjug. 1 |

reconditionnement n. m.

reconditionner v. tr. | conjug. 1 |

reconductible adj.

reconduction n. f.

reconduire v. tr. | conjug. 38 |

reconduite n. f.

reconfiguration n. f.

reconfigurer v. tr. | conjug. 1 |

réconfort n. m.

réconfortant, ante adj.

réconforter v. tr. | conjug. 1 |

¬ se réconforter

➾ Aux temps composés de la forme pronominale, le participe passé s'accorde en genre et en nombre avec le sujet : *elle s'est réconfortée en mangeant du chocolat.*

reconnaissable adj.

reconnaissance n. f.

reconnaissant, ante adj.

▸ **être reconnaissant à qqn de qqch.** *je leur en serai éternellement reconnaissante*

▸ **être reconnaissant à qqn de** (+ inf.) *je vous serais reconnaissant de bien vouloir appuyer ma demande*

reconnaître ou **reconnaitre**○ v. tr. | conjug. 57 |

➾ Les Rectifications de l'orthographe de 1990 préconisent la suppression de l'accent circonflexe sur le *i* devant le *t* : *il reconnait, il reconnaitra, il reconnaitrait.*

¬ se reconnaître

➾ Aux temps composés de la forme pronominale, le participe passé s'accorde en genre et en nombre avec le sujet : *elle s'est reconnue dans cette description.*

reconnecter v. tr. | conjug. 1 |
¬ **se reconnecter**
➾ Aux temps composés de la forme pronominale, le participe passé s'accorde en genre et en nombre avec le sujet : *ils se sont reconnectés immédiatement*.
reconnexion n. f.
➾ Ne pas écrire **reconnection*.
reconnu, ue adj.
reconquérir v. tr. | conjug. 21 |
reconquête n. f.
reconquista /ʀekɔnkwista ; ʀekɔ̃kista/ n. f.
reconsidérer v. tr. | conjug. 6 |
reconsolider v. tr. | conjug. 1 |
reconstituable adj.
reconstituant, ante adj. et n. m.
reconstituer v. tr. | conjug. 1 |
¬ **se reconstituer**
➾ Aux temps composés de la forme pronominale, le participe passé s'accorde en genre et en nombre avec le sujet : *la communauté s'est reconstituée*.
reconstitution n. f.
reconstructeur, trice n. et adj.
reconstruction n. f.
reconstruire v. tr. | conjug. 38 |
recontacter v. tr. | conjug. 1 |
recontracter v. tr. | conjug. 1 |
reconvention n. f.
reconventionnel, elle adj.
reconventionnellement adv.
reconversion n. f.
reconvertibilité n. f.
reconvertir v. tr. | conjug. 2 |
¬ **se reconvertir**
➾ Aux temps composés de la forme pronominale, le participe passé s'accorde en genre et en nombre avec le sujet : *elle s'est reconvertie dans le journalisme*.
recopiage n. m.
recopie n. f.
recopier v. tr. | conjug. 7 |
record n. m. et adj. inv.
Ξ Ce mot peut s'employer en apposition ; il est normalement invariable mais l'accord est fréquent : *des taux record* ou *des taux records*.
HOM. **recors**
recordage n. m.
recordation n. f.
recorder v. tr. | conjug. 1 |
recordman /ʀ(ə)kɔʀ(d)man/ n. m. ▪ plur. **recordmans** ou plur. **recordmen**
Ξ On peut employer le pluriel à la française *recordmans* ou à l'anglaise *recordmen*.
recordwoman /ʀ(ə)kɔʀ(d)wuman/ n. f. ▪ plur. **recordwomans** ou plur. **recordwomen**
Ξ On peut employer le pluriel à la française *recordwomans* ou à l'anglaise *recordwomen*.

recorriger v. tr. | conjug. 3 |
recors n. m.
HOM. **record**
recoucher v. tr. | conjug. 1 |
¬ **se recoucher**
➾ Aux temps composés de la forme pronominale, le participe passé s'accorde en genre et en nombre avec le sujet : *elle s'est recouchée après le déjeuner*.
recoudre v. tr. | conjug. 48 |
➾ Au présent de l'indicatif, à la forme interrogative avec sujet inversé, on écrit *recoud-on, recoud-il, recoud-elle* et non **recoud-t-on, *recoud-t-il, *recoud-t-elle*. Le *d* final se prononce /t/ ; il est donc inutile et fautif d'ajouter un *t*.
recoupage n. m.
recoupe n. f.
recoupement n. m.
recouper v. tr. | conjug. 1 |
¬ **se recouper**
➾ Aux temps composés de la forme pronominale, le participe passé s'accorde en genre et en nombre avec le sujet : *les témoignages se sont recoupés*.
recoupette n. f.
recouponner v. tr. | conjug. 1 |
recourbé, ée adj.
recourbement n. m.
recourber v. tr. | conjug. 1 |
¬ **se recourber**
➾ Aux temps composés de la forme pronominale, le participe passé s'accorde en genre et en nombre avec le sujet : *la tige s'est recourbée*.
recourbure n. f.
recourir v. intr. et v. tr. ind. | conjug. 11 |
▸ **recourir à qqch.** *il a dû recourir à un mensonge*
▸ **recourir contre qqn** *elle a recouru contre son ex-mari*
recours n. m.
recouvrable adj.
recouvrage n. m.
recouvrance n. f.
recouvrement n. m.
recouvrer v. tr. | conjug. 1 |
Ξ Ne pas remplacer ce verbe par *retrouver* : il ne faut pas dire **retrouver la santé, *retrouver la mémoire* mais *recouvrer la santé, recouvrer la mémoire*.
recouvrir v. tr. | conjug. 18 |
¬ **se recouvrir**
➾ Aux temps composés de la forme pronominale, le participe passé s'accorde en genre et en nombre avec le sujet : *les sommets se sont recouverts de neige*.

recracher v. tr. et v. intr. | conjug. 1 |
recran n. m.
récré n. f.
◻ abrév. de **récréation**
récréance n. f.
recréateur, trice adj.
récréatif, ive adj.
recréation n. f.
récréation n. f.
recréditer v. tr. | conjug. 1 |
recréer v. tr. | conjug. 1 |
récréer v. tr. | conjug. 1 |
¬ **se récréer**
➾ Aux temps composés de la forme pronominale, le participe passé s'accorde en genre et en nombre avec le sujet : *elles se sont récréées.*
récrément n. m.
recrépir v. tr. | conjug. 2 |
recrépissage n. m.
recreusage n. m.
recreuser v. tr. | conjug. 1 |
récri n. m.
HOM. formes des v. **récrier, récrire**
récrier (se) v. pron. | conjug. 7 |
➾ Aux temps composés de la forme pronominale, le participe passé s'accorde en genre et en nombre avec le sujet : *ils se sont récriés contre cette injustice.*
récriminateur, trice adj. et n.
récrimination n. f.
récriminer v. intr. | conjug. 1 |
récrire v. tr. | conjug. 39 |
recristallisation n. f.
recristalliser v. intr. | conjug. 1 |
recroiser v. tr. | conjug. 1 |
recroiseté, ée adj.
recroquevillé, ée adj.
recroquevillement n. m.
recroqueviller v. tr. | conjug. 1 |
¬ **se recroqueviller**
➾ Aux temps composés de la forme pronominale, le participe passé s'accorde en genre et en nombre avec le sujet : *la tortue s'est recroquevillée dans sa coquille.*
recru, ue adj.
Ξ Bien que pléonastique, **recru de fatigue** est admis.
HOM. **recrû, recrue**
recrû ou **recru**○ n. m.
HOM. **recru, recrue**
recrudescence n. f.
recrudescent, ente adj.
recrue n. f.
☯ Ce mot est toujours féminin : *il fait partie des nouvelles recrues.*
HOM. **recru, recrû**
recrutement n. m.
recruter v. tr. | conjug. 1 |
recruteur, euse n.
recta adv.
rectal, ale, aux adj.
HOM. (du plur.) **recto**
rectangle adj. et n. m.
rectangulaire adj.
rectangulairement adv.
rectangularité n. f.
[1]**recteur, trice** n. (personne)
[2]**recteur, trice** adj. et n. f. (plume)
rectifiable adj.
rectifiant, ante adj.
rectificateur, trice n.
rectificatif, ive adj. et n. m.
rectification n. f.
rectifier v. tr. | conjug. 7 |
rectifieur, ieuse n.
rectifieuse n. f.
rectiligne adj.
rectilignement adv.
rectilinéaire adj.
rectimètre n. m.
rection n. f.
rectite n. f.
rectitude n. f.
recto n. m.
Ξ La locution **recto verso** est invariable : *des impressions recto verso.*
HOM. **rectaux** (plur. de *rectal*)
rectocèle n. f.
rectocolite n. f.
rectocurviligne adj.
rectoral, ale, aux adj.
rectorat n. m.
rectorragie n. f.
rectoscope n. m.
rectoscopie n. f.
rectosigmoïde /-s-/ n. m.
rectosigmoïdien, ienne /-s-/ adj.
rectosigmoïdite /-s-/ n. f.
rectosigmoïdoscopie /-s-/ n. f.
rectotomie n. f.
recto tono adv.
rectovaginal, ale, aux adj.
rectovésical, ale, aux adj.
rectrice adj. f et n. f.
rectum /-ɔm/ n. m.
reçu, ue adj. et n. m.
recueil /ʀəkœj/ n. m.
➾ Ne pas écrire **recueuil* ni **recueuil.*
HOM. formes du v. **recueillir**
recueillement /ʀəkœj-/ n. m.
➾ Ne pas écrire **receuillement* ni **recueuillement.*
recueillir /ʀəkœj-/ v. tr. | conjug. 12 |
➾ Ne pas écrire **receuillir* ni **recueuillir.*

¬ **se recueillir**
➾ Aux temps composés de la forme pronominale, le participe passé s'accorde en genre et en nombre avec le sujet : *elle s'est recueillie quelques instants*.
recuire v. tr. et v. intr. | conjug. 38 |
recuisson n. f.
recuit n. m.
recul /-kyl/ n. m.
HOM. formes du v. **reculer**
reculade n. f.
reculage n. m.
reculé, ée adj.
reculée n. f.
reculement n. m.
[1]**reculer** v. intr. et v. tr. | conjug. 1 |
Ξ La forme pronominale est redondante : on préférera dire *elle a reculé* plutôt que *elle s'est reculée*.
Reculer en arrière est un pléonasme à éviter.
[2]**reculer** n. m.
reculons (à) loc. adv.
reculotter v. tr. | conjug. 1 |
¬ **se reculotter**
➾ Aux temps composés de la forme pronominale, le participe passé s'accorde en genre et en nombre avec le sujet : *elle s'est reculottée*.
reculturation n. f.
récupérable adj.
récupérateur, trice n.
récupération n. f.
récupérer v. tr. | conjug. 6 |
récurage n. m.
récurer v. tr. | conjug. 1 |
récurrence n. f.
récurrent, ente adj.
HOM. **récurant** (p. prés. de *récurer*)
récursif, ive adj.
récursivité n. f.
récursoire adj.
récusable adj.
récusant, ante adj. et n.
récusation n. f.
récuser v. tr. | conjug. 1 |
¬ **se récuser**
➾ Aux temps composés de la forme pronominale, le participe passé s'accorde en genre et en nombre avec le sujet : *elles se sont récusées*.
recyclabilité n. f.
recyclable adj.
recyclage n. m.
recycler v. tr. | conjug. 1 |
¬ **se recycler**
➾ Aux temps composés de la forme pronominale, le participe passé s'accorde en genre et en nombre avec le sujet : *ils se sont recyclés dans l'informatique*.
recycleur, euse n.
rédacteur, trice n.
rédaction n. f.
rédactionnel, elle adj.
redan n. m.
HOM. **redent**
reddition n. f.
redécorer v. tr. | conjug. 1 |
redécoupage n. m.
redécouper v. tr. | conjug. 1 |
redécouverte n. f.
redécouvrir v. tr. | conjug. 18 |
redéfaire v. tr. | conjug. 60 |
redéfinir v. tr. | conjug. 2 |
redéfinition n. f.
redemander v. tr. | conjug. 1 |
redémarrage n. m.
redémarrer v. intr. | conjug. 1 |
rédempteur, trice n. et adj.
➾ Avec une majuscule, **le Rédempteur** désigne le Christ.
rédemption n. f.
rédemptoriste n. m.
➾ Ce mot s'écrit avec une minuscule lorsqu'il désigne une personne : *un couvent de rédemptoristes*. Il s'écrit avec une majuscule lorsqu'il désigne sans ambiguïté l'ordre lui-même : *il est entré chez les Rédemptoristes*.
redent n. m.
HOM. **redan**
redenté, ée adj.
redépart n. m.
redéploiement n. m.
➾ Ne pas oublier le *e* muet.
redéployer v. tr. | conjug. 8 |
redéposer v. tr. | conjug. 1 |
redescendre v. intr. et v. tr. | conjug. 41 |
➾ Au présent de l'indicatif, à la forme interrogative avec sujet inversé, on écrit *redescend-on, redescend-il, redescend-elle* et non **redescend-t-on, *redescend-t-il, *redescend-t-elle*. Le *d* final se prononce /t/ ; il est donc inutile et fautif d'ajouter un *t*.
redescente n. f.
redessiner v. tr. | conjug. 1 |
redevable adj.
redevance n. f.
□ rec. off. pour **royalties**
redevancier, ière n.
redéveloppement n. m.
redévelopper v. tr. | conjug. 1 |
redevenir v. intr. | conjug. 22 |
redevoir v. tr. | conjug. 28 |
CONJUG. Le *u* du participe passé masculin singulier du verbe *redevoir* prend un accent circonflexe : *un montant redû*. Cependant, les

Rectifications de l'orthographe de 1990 préconisent l'abandon de cet accent : *un montant redu*.
rédhibition n. f.
rédhibitoire adj.
➾ Ne pas écrire **rhédibitoire*.
rédie n. f.
redif n. f.
▫ abrév. de **rediffusion**
rediffuser v. tr. | conjug. 1 |
rediffusion n. f.
rédiger v. tr. | conjug. 3 |
redimensionnable adj.
redimensionnement n. m.
redimensionner v. tr. | conjug. 1 |
rédimer v. tr. | conjug. 1 |
¬ **se rédimer**
➾ Aux temps composés de la forme pronominale, le participe passé s'accorde en genre et en nombre avec le sujet : *ils se sont rédimés*.
redingote n. f.
➾ Ne pas écrire **redingotte* : ce mot n'a qu'un seul *t*.
rédintégration n. f.
redire v. tr. et v. tr. ind. | conjug. 37 |
▸ **avoir/trouver qqch. à redire à** *je ne vois rien à redire à cela*
CONJUG. Ce verbe se conjugue comme *dire* : *vous redites* (et non **vous redisez*).
redirection n. f.
rediriger v. tr. | conjug. 3 |
rediscuter v. tr. | conjug. 1 |
rediseur, euse n.
redistribuable adj.
redistribuer v. tr. | conjug. 1 |
redistributeur, trice adj. et n.
redistributif, ive adj.
redistribution n. f.
redit n. m.
redite n. f.
redondance n. f.
redondant, ante adj.
redonner v. tr. et v. intr. | conjug. 1 |
▸ **redonner dans** *il redonne dans ses erreurs passées*
redorer v. tr. | conjug. 1 |
redormir v. intr. | conjug. 16 |
redorte n. f.
redoublant, ante n.
redoublé, ée adj.
➾ Ce mot est au singulier dans la locution **à pas redoublé** mais au pluriel dans **frapper à coups redoublés**.
redoublement n. m.
redoubler v. tr., v. tr. ind. et v. intr. | conjug. 1 |
▸ **redoubler de** (+ n.) *redoubler de prudence*
redoul /ʀedul/ ou **roudou** n. m.
redoutable adj.
redoutablement adv.
redoute n. f.
redouter v. tr. | conjug. 1 |
▸ **redouter** (+ n.) *il redoute son patron ; elle redoute l'avenir*
▸ **redouter de** (+ inf.) *je redoute de dormir dehors*
▸ **redouter que** (+ subj.) *je redoute qu'il (ne) vienne*
redoux n. m.
redowa ou **rédowa** /ʀedɔva/ n. f.
redox adj.
▫ abrév. de **réduction oxydation**
▸ **réaction redox**
rèdre n. m.
redressage n. m.
redresse (à la) loc. adj.
redressement n. m.
redresser v. tr. | conjug. 1 |
¬ **se redresser**
➾ Aux temps composés de la forme pronominale, le participe passé s'accorde en genre et en nombre avec le sujet : *l'économie s'est redressée*.
redresseur n. m. et adj. m.
réductase n. f.
réducteur, trice adj. et n. m.
réductibilité n. f.
réductible adj.
réduction n. f.
réductionnisme n. m.
réductionniste adj. et n.
réductone n. f.
réduire v. tr. | conjug. 38 |
¬ **se réduire**
➾ Aux temps composés de la forme pronominale, le participe passé s'accorde en genre et en nombre avec le sujet : *nos dépenses se sont réduites*.
réduit, ite adj. et n. m.
réduplicatif, ive adj.
réduplication n. f.
rédupliqué, ée adj.
réduve n. m.
redynamiser v. tr. | conjug. 1 |
rééchantillonnage n. m.
rééchantillonner v. tr. | conjug. 1 |
rééchelonnable adj.
rééchelonnement n. m.
rééchelonner v. tr. | conjug. 1 |
réécrire v. tr. | conjug. 39 |
réécriture n. f.
réédification n. f.
réédifier v. tr. | conjug. 7 |
rééditer v. tr. | conjug. 1 |

réédition n. f.
rééducateur, trice adj. et n.
rééducation n. f.
rééduquer v. tr. | conjug. 1 |
réel, elle adj. et n. m.
réélection n. f.
rééligibilité n. f.
rééligible adj.
réélire v. tr. | conjug. 43 |
réellement adv.
réemballer v. tr. | conjug. 1 |
réembauchage n. m. ou **réembauche** n. f.
réembaucher ou **rembaucher** v. tr. | conjug. 1 |
réémergence n. f.
réémergent, ente adj.
réémetteur n. m.
réemploi n. m.
réemployer v. tr. | conjug. 8 |
réempoissonnement n. m.
réempoissonner v. tr. | conjug. 1 |
réemprunter v. tr. | conjug. 1 |
réemption n. f.
réencadrer v. tr. | conjug. 1 |
réendosser v. tr. | conjug. 1 |
réenfourcher v. tr. | conjug. 1 |
réenregistrable adj.
réenregistrement n. m.
réenregistrer v. tr. | conjug. 1 |
réensemencement n. m.
réensemencer v. tr. | conjug. 3 |
réentendre v. tr. | conjug. 41 |
➾ Au présent de l'indicatif, à la forme interrogative avec sujet inversé, on écrit *réentend-on, réentend-il, réentend-elle* et non **réentend-t-on, *réentend-t-il, *réentend-t-elle*. Le *d* final se prononce /t/ ; il est donc inutile et fautif d'ajouter un *t*.
réenvahir v. tr. | conjug. 2 |
réenvisager v. tr. | conjug. 3 |
rééquilibrage n. m.
rééquilibrant, ante adj. et n. m.
rééquilibre n. m.
rééquilibrer v. tr. | conjug. 1 |
rééquipement n. m.
rééquiper v. tr. | conjug. 1 |
¬ **se rééquiper**
➾ Aux temps composés de la forme pronominale, le participe passé s'accorde en genre et en nombre avec le sujet : *ils se sont rééquipés.*
réer v. intr. | conjug. 1 |
réescompte n. m.
réescompter v. tr. | conjug. 1 |
réessayage n. m.
réessayer v. tr. | conjug. 8 |
réétiquetage n. m.
réétiqueter v. tr. | conjug. 4 |
réétudier v. tr. | conjug. 7 |
réévaluation n. f.
réévaluer v. tr. | conjug. 1 |
réexamen n. m.
réexaminer v. tr. | conjug. 1 |
réexpédier v. tr. | conjug. 7 |
réexpédition n. f.
réexploitable adj.
réexploitation n. f.
réexploiter v. tr. | conjug. 1 |
réexportation n. f.
réexporter v. tr. | conjug. 1 |
réexposer v. tr. | conjug. 1 |
¬ **se réexposer**
➾ Aux temps composés de la forme pronominale, le participe passé s'accorde en genre et en nombre avec le sujet : *elles se sont réexposées au soleil.*
réexposition n. f.
réextradition n. f.
refabriquer v. tr. | conjug. 1 |
refaçon n. f.
refaçonner v. tr. | conjug. 1 |
réfaction n. f.
refacturation n. f.
refacturer v. tr. | conjug. 1 |
refaire v. tr. | conjug. 60 |
Ξ **Refaire encore** est un pléonasme à éviter.
¬ **se refaire**
➾ Aux temps composés de la forme pronominale, le participe passé s'accorde en genre et en nombre avec le sujet : *elle ne s'est pas refaite au travail après son année sabbatique*. Le participe passé ne s'accorde pas quand il est suivi d'un complément d'objet direct : *elle s'est refait des amis.* Il s'accorde avec le complément d'objet direct quand celui-ci est placé avant le verbe : *les amis qu'elle s'est refaits.*
refait n. m.
refamiliariser v. tr. | conjug. 1 |
réfection n. f.
réfectoire n. m.
➾ Ne pas oublier le *e* final.
réfectorier, ière n.
refend (de) loc. adj.
➾ Cette locution est invariable : *des murs de refend.*
refendage n. m.
refendre v. tr. | conjug. 41 |
➾ Au présent de l'indicatif, à la forme interrogative avec sujet inversé, on écrit *refend-on, refend-il, refend-elle* et non **refend-t-on, *refend-t-il, *refend-t-elle*. Le *d* final se prononce /t/ ; il est donc inutile et fautif d'ajouter un *t*.
refente n. f.

référé n. m.
référence n. f.
➾ Ce mot est au singulier dans **indice de référence**, **ouvrage de référence** et **faire référence à**.
référencement n. m.
référencer v. tr. | conjug. 3 |
➾ Ne pas employer **référencier*, qui n'existe pas.
référendaire n. m.
référendum ou **referendum** /ʀefeʀɛ̃dɔm ; ʀefeʀɑ̃dɔm/ n. m.
référent n. m.
➾ Ne pas écrire ce nom comme *référant*, participe présent du verbe *référer*.
référentiel, ielle adj. et n. m.
➾ Ce mot s'écrit avec un *t*, contrairement à *référence*.
référer v. tr. | conjug. 6 |
▸ **en référer à qqn** *il en a référé au juge*
▸ **référer à qqch.** *ce mot réfère à un objet imaginaire*
¬ **se référer à** (+ n.)
je me suis référé à lui ; je me réfère à son avis ; des observations qui se réfèrent au passé
Ξ La construction ***s'en référer à** est fautive.
➾ Aux temps composés de la forme pronominale, le participe passé s'accorde en genre et en nombre avec le sujet : *elle s'est référée aux textes de loi*.
refermable adj.
refermer v. tr. | conjug. 1 |
¬ **se refermer**
➾ Aux temps composés de la forme pronominale, le participe passé s'accorde en genre et en nombre avec le sujet : *la porte s'est refermée*.
referrer v. tr. | conjug. 1 |
refil ou **refile** n. m.
refiler v. tr. | conjug. 1 |
refinancement n. m.
refinancer v. tr. | conjug. 3 |
réfléchi, ie adj.
réfléchir v. tr., v. intr. et v. tr. ind. | conjug. 2 |
▸ **réfléchir qqch.** *la lune réfléchit la lumière du soleil*
▸ **réfléchir à qqch.** *réfléchis à ce que tu dis*
▸ **réfléchir sur qqch.** *réfléchir sur un problème*
▸ **réfléchir que** (+ indic.) *réfléchissez que c'est peut-être votre seule chance*
¬ **se réfléchir**
➾ Aux temps composés de la forme pronominale, le participe passé s'accorde en genre et en nombre avec le sujet : *sa silhouette s'est réfléchie dans l'eau*.
réfléchissant, ante adj.
réflectance n. f.
réflecteur n. m. et adj.
réflectif, ive adj.
réflectivité n. f.
réflectographie n. f.
réflectomètre n. m.
réflectorisé, ée adj.
reflet n. m.
reflètement n. m.
refléter v. tr. | conjug. 6 |
refleurir v. intr. et v. tr. | conjug. 2 |
refleurissement n. m.
reflex ou **réflex** adj. et n. m. (appareil)
HOM. **réflexe**
réflexe adj. et n. m. (réaction)
HOM. **reflex**
réflexibilité n. f.
réflexible adj.
réflexif, ive adj.
réflexion n. f.
➾ Ce mot est toujours au singulier dans les locutions **réflexion faite** et **donner matière à réflexion**.
réflexivement adv.
réflexivité n. f.
réflexogène adj.
réflexogramme n. m.
réflexologie n. f.
réflexologique adj.
réflexologiste n.
réflexopathie n. f.
réflexothérapie n. f.
refluant, ante adj.
refluement n. m.
➾ Ne pas oublier le *e* muet.
refluer v. intr. | conjug. 1 |
reflux /ʀəfly/ n. m.
refondateur, trice adj. et n.
refondation n. f.
refonder v. tr. | conjug. 1 |
refondre v. tr. et v. intr. | conjug. 41 |
➾ Au présent de l'indicatif, à la forme interrogative avec sujet inversé, on écrit *refond-on, refond-il, refond-elle* et non **refond-t-on, *refond-t-il, *refond-t-elle*. Le *d* final se prononce /t/ ; il est donc inutile et fautif d'ajouter un *t*.
refonte n. f.
reforage n. m.
reforestation n. f.
reforester v. tr. | conjug. 1 |
reforger v. tr. | conjug. 3 |
réformable adj.
reformage n. m.
reformatage n. m.
reformater v. tr. | conjug. 1 |
réformateur, trice n. et adj.
réformation n. f.

réformatoire adj.
réforme n. f.
➾ Avec une majuscule, **la Réforme** désigne le mouvement religieux du XVIe s.
réformé, ée adj. et n.
reformer v. tr. | conjug. 1 |
¬ **se reformer**
➾ Aux temps composés de la forme pronominale, le participe passé s'accorde en genre et en nombre avec le sujet : *l'équipe s'est reformée.*
réformer v. tr. | conjug. 1 |
réformette n. f.
reforming /ʀifɔʀmiŋ ; ʀəfɔʀmiŋ/ n. m.
réformisme n. m.
réformiste n. et adj.
reformulation n. f.
reformuler v. tr. | conjug. 1 |
refouillement n. m.
refouiller v. tr. | conjug. 1 |
refoulé, ée adj. et n.
refoulement n. m.
refouler v. tr. | conjug. 1 |
refouleur n. m.
refouloir n. m.
refourguer v. tr. | conjug. 1 |
refourrer v. tr. | conjug. 1 |
réfractaire adj.
▸ **réfractaire à qqch.** *il est réfractaire à l'autorité*
HOM. forme du v. **réfracter**
réfracter v. tr. | conjug. 1 |
réfracteur, trice adj.
réfractif, ive adj.
réfraction n. f.
réfractionniste n.
réfractivité n. f.
réfractomètre n. m.
réfractométrie n. f.
refrain n. m.
réfrangibilité n. f.
réfrangible adj.
refrapper v. tr. et v. tr. ind. | conjug. 1 |
refrènement /ʀəfʀɛnmɑ̃/ ou **réfrènement**° n. m.
réfréner ou **refréner** v. tr. | conjug. 6 |
➾ Ne pas écrire **réfreiner.*
réfrigérant, ante adj.
réfrigérateur n. m.
➾ Ne pas employer **réfrigirateur*, qui n'existe pas.
réfrigération n. f.
réfrigérer v. tr. | conjug. 6 |
réfringence n. f.
réfringent, ente adj.
refriser v. tr. | conjug. 1 |
refroidir v. tr. et v. intr. | conjug. 2 |
¬ **se refroidir**
➾ Aux temps composés de la forme pronominale, le participe passé s'accorde en genre et en nombre avec le sujet : *la température s'est refroidie.*
refroidissant, ante adj.
refroidissement n. m.
refroidisseur n. m. et adj. m.
refuge n. m.
Ξ Ce mot peut s'employer en apposition ; il prend la marque du pluriel : *des valeurs refuges.*
réfugié, iée adj. et n.
réfugier (se) v. pron. | conjug. 7 |
➾ Aux temps composés de la forme pronominale, le participe passé s'accorde en genre et en nombre avec le sujet : *ils se sont réfugiés sous un arbre.*
refuite n. f.
réfulgent, ente adj.
refumer v. tr. | conjug. 1 |
refus n. m.
refusable adj.
refuser v. tr. et v. intr. | conjug. 1 |
▸ **refuser** (+ n.) *il refuse les compromis*
▸ **refuser de** (+ inf.) *je refuse d'obéir*
¬ **se refuser**
▸ **se refuser à** (+ n.) *je me refuse à la facilité ; elle s'est refusée à lui*
▸ **se refuser à** (+ inf.) *il se refuse à mentir*
➾ Aux temps composés de la forme pronominale, le participe passé s'accorde en genre et en nombre avec le sujet : *elle s'est refusée à tout commentaire.* Mais le participe passé ne s'accorde pas quand il est suivi d'un complément d'objet direct : *elle s'est refusé les sucreries.* Il ne s'accorde avec le complément d'objet direct que lorsque celui-ci est placé avant le verbe : *elle se les est refusées.*
réfutabilité n. f.
réfutable adj.
réfutateur, trice n.
réfutation n. f.
réfuter v. tr. | conjug. 1 |
refuznik n.
reg /ʀɛg/ n. m. ▪ plur. **regs** ou plur. **areg**
HOM. **règue**
regagner v. tr. | conjug. 1 |
regain n. m.
régal n. m. (délice)
➾ Ce mot a un pluriel régulier : *des régals.*
HOM. **régale**, formes du v. **régaler**
régalade n. f.
régalage n. m.

régalant, ante adj.
[1]**régale** n. f. (droit)
HOM. **régal**
[2]**régale** n. m. (jeu de l'orgue)
HOM. **régal**
[3]**régale** adj. f.
◗ **eau régale**
HOM. **régal**
régalec n. m.
régalement n. m.
régaler v. tr. | conjug. 1 |
¬ **se régaler**
➾ Aux temps composés de la forme pronominale, le participe passé s'accorde en genre et en nombre avec le sujet : *elles se sont régalées.*
régaleur, euse n.
régalien, ienne adj.
régaliste n. m.
regard n. m.
➾ Ce mot est toujours au singulier dans les locutions **au regard de**, **en regard (de)** et **droit de regard**.
regardable adj.
regardant, ante adj.
regarder v. tr. et v. tr. ind. | conjug. 1 |
◗ **regarder** (+ n.) *regarder un tableau*
◗ **regarder** (+ inf.) *je regarde tomber la pluie*
◗ **regarder à** (+ n.) *ne pas regarder à la dépense ; y regarder à deux fois*
¬ **se regarder**
➾ Aux temps composés de la forme pronominale, le participe passé s'accorde en genre et en nombre avec le sujet : *ils se sont regardés droit dans les yeux.*
regardeur, euse n.
regarnir v. tr. | conjug. 2 |
regarnis n. m.
régate n. f.
régater v. intr. | conjug. 1 |
régatier, ière n.
HOM. formes du v. **régater**
regazonner v. tr. | conjug. 1 |
regel n. m.
HOM. formes du v. **regeler**
regeler v. tr. et v. intr. | conjug. 5 |
régence n. f.
➾ Avec une majuscule, **la Régence** désigne le gouvernement du duc d'Orléans, après la mort de Louis XIV.
☲ Ce mot s'emploie en apposition au sens de « qui appartient à l'époque de la Régence ou en rappelle le style ». Il s'écrit avec une majuscule : *une table Régence*. Sans majuscule, il s'est employé comme adjectif pour dire « qui a des manières rappelant celles de l'Ancien Régime » : *elle est très régence*. Il est invariable dans les deux cas : *des meubles Régence ; ils sont un peu régence.*
regency /ʀeʒɛnsi/ adj. inv.
régendat n. m.
régénérant, ante adj.
régénérateur, trice adj. et n. m.
régénératif, ive adj.
régénération n. f.
régénéré, ée adj.
régénérer v. tr. | conjug. 6 |
¬ **se régénérer**
➾ Aux temps composés de la forme pronominale, le participe passé s'accorde en genre et en nombre avec le sujet : *la peau brûlée s'est régénérée.*
régénérescence n. f.
régent, ente n.
➾ Avec une majuscule et sans complément, **le Régent** désigne Philippe d'Orléans ou un diamant célèbre.
régenter v. tr. | conjug. 1 |
regeste n. m.
reggae /ʀege/ n. m. et adj. inv.
[1]**régicide** adj. et n. (meurtrier)
[2]**régicide** n. m. (meurtre)
régie n. f.
regimbement n. m.
regimber v. intr. | conjug. 1 |
regimbeur, euse n. et adj.
régime n. m.
➾ Avec des majuscules, **l'Ancien Régime** désigne le régime monarchique français, avant 1789.
régiment n. m.
régimentaire adj.
reginglard n. m.
reginglette n. f.
région n. f.
➾ Ce mot s'écrit avec une majuscule quand il désigne une unité administrative : *un préfet de Région ; la Région Midi-Pyrénées ; la Région wallonne* mais *la région d'Aix-en-Provence ; la région parisienne.*
régional, ale, aux adj.
régionalement adv.
régionalisation n. f.
régionaliser v. tr. | conjug. 1 |
régionalisme n. m.
régionaliste adj. et n.
régionnement n. m.
régir v. tr. | conjug. 2 |
régissant, ante adj.
régisseur, euse n.
registration n. f.
registre n. m.
☲ On emploie plutôt **inscrire sur un registre**

que **inscrire dans un registre** : *il a inscrit son nom sur le registre.*
réglable adj.
réglage n. m.
règle n. f.
➾ Ce mot est toujours au singulier dans les locutions **de règle** et **en règle** : *la politesse et la discrétion sont de règle ; les documents sont en règle.*
réglé, ée adj.
règlement n. m.
réglementaire ou **règlementaire**○ adj.
HOM. forme du v. **réglementer**
réglementairement ou **règlementairement**○ adv.
réglementarisme ou **règlementarisme**○ n. m.
réglementariste ou **règlementariste**○ n. et adj.
réglementation ou **règlementation**○ n. f.
réglementer ou **règlementer**○ v. tr. | conjug. 1 |
régler v. tr. | conjug. 6 |
¬ **se régler**
➾ Aux temps composés de la forme pronominale, le participe passé s'accorde en genre et en nombre avec le sujet : *l'affaire s'est réglée devant les tribunaux.*
réglet n. m.
HOM. formes du v. **régler**
réglette n. f.
régleur, euse n.
[1]**réglisse** n. f. (plante)
[2]**réglisse** n. f. ou m. (racine)
boisson à la ou *au réglisse*
☯ Le féminin est à préférer dans la langue soignée.
reglisser v. tr. | conjug. 1 |
réglo adj. inv.
régloir n. m.
réglure n. f.
régnant, ante adj.
règne n. m.
régner v. intr. | conjug. 6 |
➾ Le participe passé *régné* est invariable : *les vingt ans que le prince a régné.*
régnicole n.
régolite n. m.
regonflage n. m.
regonflement n. m.
regonfler v. intr. et v. tr. | conjug. 1 |
regorgeant, ante adj.
regorgement n. m.
regorger v. intr. | conjug. 3 |
régosol n. m.
regoûter ou **regouter**○ v. tr. | conjug. 1 |
regrat n. m.
regrattage n. m.
regratter v. intr. et v. tr. | conjug. 1 |
regratterie n. f.
regrattier, ière n. et adj.
regréer v. tr. | conjug. 1 |
regreffer v. tr. | conjug. 1 |
regrès /ʀ(ə)gʀɛ/ n. m.
HOM. **regret**
régresser v. intr. | conjug. 1 |
régressif, ive adj.
régression n. f.
régressivement adv.
regret n. m.
▸ **avoir le regret de** ou **être au regret de** (+ inf.) *j'ai le regret de ne pouvoir me rendre à votre invitation*
➾ Ce mot est au singulier dans la locution **à regret** : *ils acceptèrent à regret.*
HOM. **regrès**
regrettable adj.
regrettablement adv.
regretter v. tr. | conjug. 1 |
▸ **regretter** (+ n.) *regretter le temps passé ; on vous regrettera*
▸ **regretter de** (+ inf.) *je regrette de vous avoir fait attendre*
▸ **regretter que** (+ subj.) *nous regrettons qu'il ne puisse venir*
regretteur, euse n.
regrèvement n. m.
regrimper v. intr. | conjug. 1 |
regros n. m.
regrossir v. intr. | conjug. 2 |
regroupement n. m.
regrouper v. tr. | conjug. 1 |
¬ **se regrouper**
➾ Aux temps composés de la forme pronominale, le participe passé s'accorde en genre et en nombre avec le sujet : *ils se sont regroupés derrière un candidat unique.*
règue n. f.
HOM. **reg**
régul adj.
HOM. **régule**, formes du v. **réguler**
régularisable adj.
régularisation n. f.
régulariser v. tr. | conjug. 1 |
régularité n. f.
régulateur, trice adj. et n.
□ rec. off. pour **dispatcheur, euse**
régulation n. f.
[1]**régule** n. m. (métal, alliage)
HOM. **régul**, formes du v. **réguler**
[2]**régule** n. f. (partie d'une horloge)
HOM. **régul**, formes du v. **réguler**
réguler v. tr. | conjug. 1 |
régulier, ière adj. et n. m.
HOM. forme du v. **réguler**

régulière n. f.
régulièrement adv.
régurgitation n. f.
régurgiter v. tr. | conjug. 1 |
réhabilitable adj.
réhabilitant, ante adj.
réhabilitation n. f.
réhabilitatoire adj.
réhabiliter v. tr. | conjug. 1 |
réhabituer v. tr. | conjug. 1 |
¬ **se réhabituer**
➾ Aux temps composés de la forme pronominale, le participe passé s'accorde en genre et en nombre avec le sujet : *elle s'est réhabituée au froid.*
rehaussable adj.
rehaussage n. m.
rehausse n. f.
rehaussement n. m.
rehausser v. tr. | conjug. 1 |
➾ La première syllabe de ce mot et de ses dérivés s'écrit sans accent et se prononce /rə/.
rehausseur n. m.
rehaut n. m.
réhoboam /reɔbɔam/ n. m.
réhydratation n. f.
réhydrater v. tr. | conjug. 1 |
reich /rajʃ/ n. m.
reichsmark /rajʃmark/ n. m.
reichstag /rajʃtag/ n. m.
reichswehr /rajʃver/ n. f.
réifiant, ante adj.
réification n. f.
réifier v. tr. | conjug. 7 |
reiki /rejki/ n. m.
reillère n. f.
HOM. forme du v. **rayer**
réimperméabilisation n. f.
réimperméabiliser v. tr. | conjug. 1 |
réimplantation n. f.
réimplanter v. tr. | conjug. 1 |
réimportation n. f.
réimporter v. tr. | conjug. 1 |
réimposer v. tr. | conjug. 1 |
réimposition n. f.
réimpression n. f.
réimprimer v. tr. | conjug. 1 |
rein n. m.
HOM. **rain**
réincarcération n. f.
réincarcérer v. tr. | conjug. 6 |
réincarnation n. f.
réincarner (se) v. pron. | conjug. 1 |
➾ Aux temps composés de la forme pronominale, le participe passé s'accorde en genre et en nombre avec le sujet : *elle se serait réincarnée en chat.*
réincorporer v. tr. | conjug. 1 |
réindexation n. f.
réindexer v. tr. | conjug. 1 |
reine n. f.
➾ Ce mot s'écrit sans majuscule : *la reine d'Angleterre ; la reine Astrid.*
HOM. **raine**, **rêne**, **renne**
reine-claude n. f. ▪ plur. **reines-claudes**
reine-des-prés n. f. ▪ plur. **reines-des-prés**
reine-marguerite n. f. ▪ plur. **reines-marguerites**
reinette n. f. (pomme)
HOM. **rainette**
réinfecter v. tr. | conjug. 1 |
¬ **se réinfecter**
➾ Aux temps composés de la forme pronominale, le participe passé s'accorde en genre et en nombre avec le sujet : *la plaie s'est réinfectée.*
réinfection n. f.
réinformatisation n. f.
réinformatiser v. tr. | conjug. 1 |
réingénierie n. f.
réinitialisation n. f.
réinitialiser v. tr. | conjug. 1 |
réinjecter v. tr. | conjug. 1 |
réinjection n. f.
réinscriptible adj.
réinscription n. f.
réinscrire v. tr. | conjug. 39 |
¬ **se réinscrire**
➾ Aux temps composés de la forme pronominale, le participe passé s'accorde en genre et en nombre avec le sujet : *ils se sont réinscrits à l'université.*
réinsérer v. tr. | conjug. 6 |
¬ **se réinsérer**
➾ Aux temps composés de la forme pronominale, le participe passé s'accorde en genre et en nombre avec le sujet : *elle s'est bien réinsérée à sa sortie de prison.*
réinsertion n. f.
réinstallation n. f.
réinstaller v. tr. | conjug. 1 |
¬ **se réinstaller**
➾ Aux temps composés de la forme pronominale, le participe passé s'accorde en genre et en nombre avec le sujet : *ils se sont réinstallés dans leur ancien appartement.*
réinstaurer v. tr. | conjug. 1 |
reinté, ée adj.
réintégrable adj.
réintégrande n. f.
réintégration n. f.
réintégrer v. tr. | conjug. 6 |
réinterprétation n. f.
réinterpréter v. tr. | conjug. 6 |
réintroducteur, trice n.

réintroduction n. f.
réintroduire v. tr. | conjug. 38 |
réinventer v. tr. | conjug. 1 |
réinvention n. f.
réinvestir v. tr. | conjug. 2 |
réinvestissement n. m.
réinviter v. tr. | conjug. 1 |
reis /ʀɛjs/ n. m.
réitérable adj.
réitérant, ante adj.
réitératif, ive adj.
réitération n. f.
réitérer v. tr. | conjug. 6 |
reître ou **reitre**○ n. m.
rejaillir v. intr. | conjug. 2 |
rejaillissant, ante adj.
rejaillissement n. m.
rejet n. m.
rejetable adj.
rejeter v. tr. | conjug. 4 |
rejeton n. m.
HOM. formes du v. **rejeter**
rejetonne n. f.
rejoignement n. m.
rejoindre v. tr. | conjug. 49 |
¬ **se rejoindre**
➾ Aux temps composés de la forme pronominale, le participe passé s'accorde en genre et en nombre avec le sujet : *ils se sont rejoints devant la gare.*
rejointoiement n. m.
➾ Ne pas oublier le *e* muet.
rejointoyer v. tr. | conjug. 8 |
rejouer v. intr. et v. tr. | conjug. 1 |
réjouir v. tr. | conjug. 2 |
te voir me réjouir
¬ **se réjouir**
réjouissez-vous, j'apporte une bonne nouvelle
▸ **se réjouir de** (+ n.) *je me réjouis de ton succès*
▸ **se réjouir de** (+ inf.) *ils se réjouissent de vous voir réussir*
▸ **se réjouir que** (+ subj.) *elle se réjouit que tout se soit bien terminé*
▸ **se réjouir de ce que** (+ indic.) *nous nous réjouissons de ce que tout va pour le mieux*
➾ Aux temps composés de la forme pronominale, le participe passé s'accorde en genre et en nombre avec le sujet : *elle s'est réjouie de le voir si heureux.*
réjouissance n. f.
réjouissant, ante adj.
rejuger v. tr. | conjug. 3 |
relâchant, ante adj. et n.
[1]**relâche** n. m. (pause, détente, fermeture)
☯ Ce mot est parfois employé au féminin, notamment au sens de « fermeture momentanée d'une salle de spectacle » : *il y a une relâche tous les lundis.*
[2]**relâche** n. f. (Mar. : lieu d'escale, action de faire escale)
relâché, ée adj.
relâchement n. m.
relâcher v. tr. et v. intr. | conjug. 1 |
¬ **se relâcher**
➾ Aux temps composés de la forme pronominale, le participe passé s'accorde en genre et en nombre avec le sujet : *mon attention s'est relâchée.*
relais ou **relai** n. m.
➾ Au singulier, la forme *relai* est admise dans l'usage courant. Dans la langue soignée, on préférera toutefois la forme *relais.*
Ξ Ce mot peut s'employer en apposition : *des villes relais.*
HOM. formes du v. **relayer**
relaisser (se) v. pron. | conjug. 1 |
➾ Aux temps composés de la forme pronominale, le participe passé s'accorde en genre et en nombre avec le sujet : *la biche s'est relaissée.*
relance n. f.
relancer v. tr. et v. intr. | conjug. 3 |
relanceur, euse n.
relancis n. m.
relaps, apse /ʀəlaps/ adj. et n.
relargage n. m.
rélargir v. tr. | conjug. 2 |
rélargissement n. m.
relarguer v. tr. | conjug. 1 |
relater v. tr. | conjug. 1 |
relateur n. m.
relatif, ive adj. et n.
relation n. f.
➾ Ce mot s'écrit indifféremment avec ou sans *s* dans la locution **être en relation(s) avec qqn** et **par relation(s)**.
relationné, ée adj.
relationnel, elle adj.
relativement adv.
relativisation n. f.
relativiser v. tr. | conjug. 1 |
relativisme n. m.
relativiste adj. et n.
relativité n. f.
relavage n. m.
relaver v. tr. | conjug. 1 |
[1]**relax** ou **relax, axe** adj. inv., adv. et interj.
HOM. **relaxe**, formes des v. **relaxer, relaxer (se)**
[2]**relax** n. m. inv. (repos, fauteuil)
HOM. **relaxe**, formes des v. **relaxer, relaxer (se)**
relaxant, ante adj. et n. m.
relaxateur n. m.
relaxation n. f.

relaxe n. f.
HOM. **relax**, formes des v. **relaxer, relaxer (se)**
¹relaxer v. tr. | conjug. 1 | (libérer)
²relaxer v. tr. | conjug. 1 | (détendre)
¬ se relaxer
➾ Aux temps composés de la forme pronominale, le participe passé s'accorde en genre et en nombre avec le sujet : *elle s'est relaxée dans un bain chaud*.
relaxothérapie n. f.
relayer v. intr. et v. tr. | conjug. 8 |
¬ se relayer
➾ Aux temps composés de la forme pronominale, le participe passé s'accorde en genre et en nombre avec le sujet : *ils se sont relayés pour tenir le stand*.
relayeur, euse n.
relecture n. f.
relégable adj.
relégalisation n. f.
relégation n. f.
reléguer v. tr. | conjug. 6 |
relent n. m.
relevable adj.
relevage n. m.
relevailles n. f. pl.
relève n. f.
relevé, ée adj. et n. m.
relevée n. f.
relèvement n. m.
relever v. tr., v. tr. ind. et v. intr. | conjug. 5 |
▸ **relever qqn de** (+ n.) *il a été relevé de ses fonctions*
▸ **relever de** (+ n.) *cet employé relève de tel directeur ; son cas relève de la psychiatrie ; elle relève de maladie*
¬ se relever
▸ **se relever** *il est tombé et s'est relevé*
▸ **se relever de** (+ n.) *il ne s'est jamais relevé de ce malheur ; le pays se relève de ses cendres*
➾ Aux temps composés de la forme pronominale, le participe passé s'accorde en genre et en nombre avec le sujet : *elle s'est relevée*.
releveur, euse adj. et n.
reliage n. m.
relief n. m.
➾ Ce mot est toujours au singulier dans la locution **en relief** : *des images en relief ; mettre des idées en relief*. Au sens de « restes », il est toujours au pluriel : *les reliefs du repas ; les reliefs d'une splendeur passée*.
relier v. tr. | conjug. 7 |
relieur, ieuse n.
religieusement adv.
religieux, ieuse adj. et n.
religion n. f.
➾ Avec une majuscule, **les guerres de Religion** désigne la guerre civile française qui opposa les catholiques et les protestants (1562-1598).
religionnaire n.
religiosité n. f.
reliquaire n. m.
reliquat /-ka/ n. m.
reliquataire n.
relique n. f.
relire v. tr. | conjug. 43 |
¬ se relire
➾ Aux temps composés de la forme pronominale, le participe passé s'accorde en genre et en nombre avec le sujet : *ils se sont relus attentivement*.
relish /ʀəliʃ/ n. f.
reliure n. f.
relocalisation n. f.
relocaliser v. tr. | conjug. 1 |
relocation n. f.
relogement n. m.
reloger v. tr. | conjug. 3 |
relookage /ʀ(ə)lukaʒ/ n. m.
relooker /ʀ(ə)luke/ v. tr. | conjug. 1 |
relookeur, euse /ʀ(ə)luk-/ n.
relooking n. m.
relou, oue adj.
HOM. formes du v. **relouer**
relouage n. m.
relouer v. tr. | conjug. 1 |
réluctance n. f.
reluire v. intr. | conjug. 38 |
reluisant, ante adj.
reluquer v. tr. | conjug. 1 |
relustrer v. tr. | conjug. 1 |
rélutif, ive adj.
relution n. f.
rem /ʀɛm/ n. m.
▫ abrév. de **Röntgen equivalent man**
HOM. **rhème**
remâchement n. m.
remâcher v. tr. | conjug. 1 |
¹remaillage n. m. (préparation d'une peau de chamois)
²remaillage n. m. (action de remonter des mailles)
→ **remmaillage**
¹remailler v. tr. | conjug. 1 | (préparer une peau de chamois)
²remailler v. tr. | conjug. 1 | (remonter des mailles)
→ **remmailler**
remailleuse n. f.
→ **remmailleuse**
remake /ʀimɛk/ n. m.
rémanence n. f.
rémanent, ente adj.
remanger v. tr. | conjug. 3 |

remaniable adj.
remaniement n. m.
➡ Ne pas oublier le *e* muet.
remanier v. tr. | conjug. 7 |
remanieur, euse n.
remaquillage n. m.
remaquiller v. tr. | conjug. 1 |
¬ **se remaquiller**
➡ Aux temps composés de la forme pronominale, le participe passé s'accorde en genre et en nombre avec le sujet : *elle s'est remaquillée avant de sortir*. Mais le participe passé ne s'accorde pas quand il est suivi d'un complément d'objet direct : *elle s'est remaquillé les yeux*. Il ne s'accorde avec le complément d'objet direct que lorsque celui-ci est placé avant le verbe : *elle se les est remaquillés*.
remarcher v. intr. | conjug. 1 |
remariage n. m.
remarier v. tr. | conjug. 7 |
¬ **se remarier**
➡ Aux temps composés de la forme pronominale, le participe passé s'accorde en genre et en nombre avec le sujet : *elle s'est remariée le mois dernier*.
remarquable adj.
remarquablement adv.
remarque n. f.
remarqué, ée adj.
remarquer v. tr. | conjug. 1 |
⌘ Les constructions ***remarquer qqn que** et ***remarquer à qqn que** sont fautives. Il faut employer **faire remarquer à qqn que** : *il m'a fait remarquer que je m'étais trompé*.
¬ **se remarquer**
➡ Aux temps composés de la forme pronominale, le participe passé s'accorde en genre et en nombre avec le sujet : *son erreur ne s'est pas remarquée*.
remastérisation n. f.
remastériser v. tr. | conjug. 1 |
remasticage n. m.
remastiquer v. tr. | conjug. 1 |
remballage n. m.
remballer v. tr. | conjug. 1 |
rembarquement n. m.
rembarquer v. tr. et v. intr. | conjug. 1 |
¬ **se rembarquer**
➡ Aux temps composés de la forme pronominale, le participe passé s'accorde en genre et en nombre avec le sujet : *ils se sont rembarqués dans une nouvelle affaire*.
rembarrer v. tr. | conjug. 1 |
rembauchage n. m.
→ **réembauchage**
rembaucher v. tr. | conjug. 1 |
→ **réembaucher**
remblai n. m.
HOM. formes du v. **remblayer**
remblaiement n. m.
➡ Ne pas oublier le *e* muet.
remblaver v. tr. | conjug. 1 |
remblayage n. m.
remblayer v. tr. | conjug. 8 |
remblayeur, euse n.
remblayeuse n. f.
rembobinage n. m.
rembobiner v. tr. | conjug. 1 |
rembobineuse n. f.
remboîtage ou **remboitage**○ n. m.
remboîtement ou **remboitement**○ n. m.
remboîter ou **remboiter**○ v. tr. | conjug. 1 |
rembourrage n. m.
rembourrer v. tr. | conjug. 1 |
rembourreur, euse n.
rembourrure n. f.
rembours /-bur/ n. m.
HOM. **rambour**, formes du v. **rembourrer**
remboursable adj.
remboursement n. m.
rembourser v. tr. | conjug. 1 |
rembranesque adj.
rembrunir v. tr. | conjug. 2 |
¬ **se rembrunir**
➡ Aux temps composés de la forme pronominale, le participe passé s'accorde en genre et en nombre avec le sujet : *sa mine s'est rembrunie*.
rembrunissement n. m.
rembuchement n. m.
rembucher v. tr. | conjug. 1 |
remède n. m.
▸ **remède à** *un remède à l'ennui ; aux grands maux les grands remèdes*
▸ **remède de** *le remède de la bêtise n'existe pas*
▸ **remède contre** *un remède contre la souffrance*
remédiable adj.
remédiation n. f.
remédier v. tr. ind. | conjug. 7 |
▸ **remédier à qqch.** *il faut remédier à cette situation*
remêler v. tr. | conjug. 1 |
remembrance n. f.
remembrement n. m.
remembrer v. tr. | conjug. 1 |
remémorateur, trice adj.
remémoratif, ive adj.
remémoration n. f.

remémorer v. tr. | conjug. 1 |
¬ **se remémorer**
⌘ La construction ***se remémorer de** est fautive.
➾ Aux temps composés de la forme pronominale, le participe passé ne s'accorde pas quand il est suivi d'un complément d'objet direct : *elle s'est remémoré les événements*. Il s'accorde avec le complément d'objet direct quand celui-ci est placé avant le verbe : *les événements qu'elle s'est remémorés*.
remérage n. m.
remerciement n. m.
➾ Ne pas oublier le *e* muet.
remercier v. tr. | conjug. 7 |
☰ **Remercier pour** s'emploie surtout pour les choses concrètes : *je vous remercie pour votre cadeau*. Dans les autres cas, on emploie surtout **remercier de** : *nous vous remercions de votre aimable hospitalité ; il l'a remercié d'être venu*.
remercieur, euse n.
réméré n. m.
▸ **vente à réméré**
remettage n. m.
remettant n. m.
remettre v. tr. | conjug. 56 |
¬ **se remettre**
➾ Aux temps composés de la forme pronominale, le participe passé s'accorde en genre et en nombre avec le sujet : *elle ne s'est pas remise de cet échec ; elles s'en sont remises à lui*.
remeubler v. tr. | conjug. 1 |
rémige n. f.
remilitarisation n. f.
remilitariser v. tr. | conjug. 1 |
reminéralisant, ante adj.
reminéralisation n. f.
reminéraliser v. tr. | conjug. 1 |
réminiscence n. f.
remis, ise adj.
remisage n. m.
remise n. f.
remiser v. tr. | conjug. 1 |
remisier n. m.
HOM. formes du v. **remiser**
remisse n. m.
rémisse adj. f.
rémissibilité n. f.
rémissible adj.
rémissif, ive adj.
rémission n. f.
rémittence n. f.
rémittent, ente adj.
remix n. m. ▪ plur. inv. ou plur. **remixes**
☰ On peut employer le pluriel invariable *remix* ou le pluriel anglais *remixes*.
HOM. formes du v. **remixer**
remixage n. m.
remixer v. tr. | conjug. 1 |
remixeur n. m.
rémiz /ʀemiz/ n. m.
remmaillage /ʀɑ̃m-/ ou **remaillage** n. m.
remmailler /ʀɑ̃m-/ ou **remailler** v. tr. | conjug. 1 |
remmailleuse /ʀɑ̃m-/ ou **remailleuse** n. f.
remmailloter /ʀɑ̃m-/ v. tr. | conjug. 1 |
remmancher /ʀɑ̃m-/ v. tr. | conjug. 1 |
remmargement /ʀɑ̃m-/ n. m.
remmener /ʀɑ̃m(ə)ne/ v. tr. | conjug. 5 |
☰ Au sens de « mener avec soi au lieu d'où l'on a amené », *remmener* ne peut s'employer qu'en parlant d'êtres animés : *amener un enfant à l'école, puis le remmener chez lui*. Pour parler des choses, il faut employer *remporter* : *le livreur a remporté la marchandise refusée*. Cette distinction est de moins en moins respectée mais elle doit l'être dans la langue soignée.
remnographie n. f.
remobilisation n. f.
remobiliser v. tr. | conjug. 1 |
remodelage n. m.
remodeler v. tr. | conjug. 5 |
rémolinite n. f.
remontage n. m.
remontant, ante adj. et n. m.
remonte n. f.
remonté, ée adj.
remontée n. f.
remonte-pente n. m. ▪ plur. **remonte-pentes**
remonter v. intr. et v. tr. | conjug. 1 |
remonteur n. m.
remontoir n. m.
remontrance n. f.
remontrant n. m.
remontrer v. tr. | conjug. 1 |
▸ **en remontrer à qqn** *il prétend en remontrer à son maître*
¬ **se remontrer**
➾ Aux temps composés de la forme pronominale, le participe passé s'accorde en genre et en nombre avec le sujet : *elle ne s'est plus remontrée après ce scandale*.
remontreur, euse adj.
rémora n. m.
remordre v. tr. | conjug. 41 |
➾ Au présent de l'indicatif, à la forme interrogative avec sujet inversé, on écrit *remord-on, remord-il, remord-elle* et non **remord-t-on*,

***remord-t-il, *remord-t-elle**. Le *d* final se prononce /t/ ; il est donc inutile et fautif d'ajouter un *t*.

remords n. m.
➾ Ne pas oublier le *s* au singulier.
→ aussi **bourrelé**

remorquage n. m.

remorque n. f.

remorquer v. tr. | conjug. 1 |

remorqueur n. m.

remotivation n. f.

remotiver v. tr. | conjug. 1 |

remouillage n. m.

remouiller v. tr. | conjug. 1 |

rémoulade n. f.
Ξ Ce mot peut s'employer en apposition : *du céleri rémoulade*. Il est alors invariable.

remoulage n. m.

remouler v. tr. | conjug. 1 |

rémouleur n. m.

remous n. m.

rempaillage n. m.

rempailler v. tr. | conjug. 1 |

rempailleur, euse n.

rempaqueter v. tr. | conjug. 4 |

rempart n. m.

rempiètement ou **rempiétement** n. m.

rempiéter v. tr. | conjug. 6 |

rempiler v. tr. et v. intr. | conjug. 1 |

remplaçable adj.

remplaçant, ante n.

remplacement n. m.

remplacer v. tr. | conjug. 3 |

remplaceur, euse n.

remplage n. m.

¹rempli, ie adj.

²rempli n. m.

remplier v. tr. | conjug. 7 |

remplir v. tr. | conjug. 2 |
¬ **se remplir**
➾ Aux temps composés de la forme pronominale, le participe passé s'accorde en genre et en nombre avec le sujet : *la salle s'est rapidement remplie*. Mais le participe passé ne s'accorde pas quand il est suivi d'un complément d'objet direct : *ils se sont rempli les poches*.

remplissage n. m.

remplisseur, euse n.

remploi n. m.

remployable adj.

remployer v. tr. | conjug. 8 |

remplumer v. tr. | conjug. 1 |
¬ **se remplumer**
➾ Aux temps composés de la forme pronominale, le participe passé s'accorde en genre et en nombre avec le sujet : *elle s'est vite remplumée*.

rempocher v. tr. | conjug. 1 |

rempoissonnement n. m.

rempoissonner v. tr. | conjug. 1 |

remporter v. tr. | conjug. 1 |
→ aussi **remmener**

rempotage n. m.

rempoter v. tr. | conjug. 1 |

remprunter v. tr. | conjug. 1 |

remuable adj.

remuage n. m.

remuant, ante adj.

remue n. f.

remue-ménage n. m. ▪ plur. inv. ou plur. **remue-ménages**

remue-méninges ou **remue-méninge**° ▪ plur. **remue-méninges** n. m.
▫ rec. off. pour **brainstorming**

remuement n. m.
➾ Ne pas oublier le *e* muet.

remuer v. tr. et v. intr. | conjug. 1 |
¬ **se remuer**
➾ Aux temps composés de la forme pronominale, le participe passé s'accorde en genre et en nombre avec le sujet : *elle s'est remuée pour se trouver un stage*.

remueur, euse n.

remugle n. m.

rémunérateur, trice n. et adj.

rémunération n. f.
➾ Ne pas employer **rénumération*, qui n'existe pas.

rémunératoire adj.

rémunérer v. tr. | conjug. 6 |
➾ Ne pas employer **rénumérer*, qui n'existe pas.

renâclant, ante adj.

renâcler v. intr. | conjug. 1 |
elle accepte en renâclant
▸ **renâcler à** (+ n.) *il renâcle à la besogne*

renâcleur, euse adj.

renaissance n. f.
➾ Avec une majuscule, **la Renaissance** désigne la période historique.
Ξ Ce mot peut s'employer en apposition ; il est alors invariable et s'écrit avec une majuscule : *les châteaux Renaissance des bords de la Loire*.

renaissant, ante adj.

renaître ou **renaitre**° v. intr. | conjug. 59 |
➾ Les Rectifications de l'orthographe de 1990 préconisent la suppression de l'accent circonflexe sur le *i* devant le *t* : *il renait, il renaitra, il renaitrait*.
▸ **renaître à** (+ n.) *renaître à la vie*
CONJUG. Ce verbe s'emploie rarement aux

temps composés.
rénal, ale, aux adj.
renanthera n. f. ou m.
renard n. m.
renarde n. f.
renardé, ée adj.
renardeau n. m.
renarder v. intr. | conjug. 1 |
renardière n. f.
renationalisation n. f.
renationaliser v. tr. | conjug. 1 |
renaturation n. f.
renaturer v. tr. | conjug. 1 |
renaud n. m.
renauder v. intr. | conjug. 1 |
renaudeur, euse n.
rencaissage n. m.
rencaissement n. m.
rencaisser v. tr. | conjug. 1 |
rencard n. m.
→ **rancard**
rencarder v. tr. | conjug. 1 |
→ **rancarder**
renchaîner ou **renchainer**○ v. tr. | conjug. 1 |
renchéri, ie adj.
renchérir v. tr. et v. intr. | conjug. 2 |
▸ **renchérir sur** *renchérir sur un mensonge*
renchérissement n. m.
renchérisseur, euse n.
rencogner v. tr. | conjug. 1 |
¬ **se rencogner**
➾ Aux temps composés de la forme pronominale, le participe passé s'accorde en genre et en nombre avec le sujet : *elle s'est rencognée dans sa timidité*.
[1]**rencontre** n. f.
[2]**rencontre** n. m. (Blas. : tête d'animal)
rencontrer v. tr. | conjug. 1 |
¬ **se rencontrer**
➾ Aux temps composés de la forme pronominale, le participe passé s'accorde en genre et en nombre avec le sujet : *ils se sont rencontrés par hasard*.
rendement n. m.
rendetter v. tr. | conjug. 1 |
rendeur, euse n.
rendez-moi n. m.
rendez-vous n. m.
rendormir v. tr. | conjug. 16 |
¬ **se rendormir**
➾ Aux temps composés de la forme pronominale, le participe passé s'accorde en genre et en nombre avec le sujet : *elles se sont rendormies*.
rendosser v. tr. | conjug. 1 |
rendre v. tr. | conjug. 41 |
➾ Au présent de l'indicatif, à la forme interrogative avec sujet inversé, on écrit *rend-on, rend-il, rend-elle* et non **rend-t-on, *rend-t-il, *rend-t-elle*. Le *d* final se prononce /t/ ; il est donc inutile et fautif d'ajouter un *t*.
¬ **se rendre**
➾ Aux temps composés de la forme pronominale, le participe passé s'accorde en genre et en nombre avec le sujet : *elle s'est rendue à Rouen*. Mais le participe passé ne s'accorde pas quand il est suivi d'un complément d'objet direct : *elles se sont rendu des services ; elle s'est rendu compte qu'elle avait tort*. Il ne s'accorde avec le complément d'objet direct que lorsque celui-ci est placé avant le verbe : *les services qu'elles se sont rendus*.
→ aussi **compte**
rendu, ue adj. et n. m.
rendurcir v. tr. | conjug. 2 |
rendurcissement n. m.
rendzine n. f.
rêne n. f. (courroie)
HOM. **raine, reine, renne**
renégat, ate n.
renégociable adj.
renégociation n. f.
renégocier v. tr. | conjug. 7 |
reneiger v. impers. | conjug. 3 |
rénette n. f. (outil)
rénetter v. tr. | conjug. 1 |
renfermé, ée adj. et n. m.
renfermement n. m.
renfermer v. tr. | conjug. 1 |
¬ **se renfermer**
➾ Aux temps composés de la forme pronominale, le participe passé s'accorde en genre et en nombre avec le sujet : *ils se sont renfermés sur eux-mêmes*.
renfiler v. tr. | conjug. 1 |
renflammer v. tr. | conjug. 1 |
renflé, ée adj.
renflement n. m.
renfler v. intr. et v. tr. | conjug. 1 |
renflouage n. m.
renflouement n. m.
➾ Ne pas oublier le *e* muet.
renflouer v. tr. | conjug. 1 |
renfloueur n. m.
renfoncement n. m.
renfoncer v. tr. et v. intr. | conjug. 3 |
renfonçures n. f. pl.
renforçage n. m.
renforçateur n. m. et adj. m.
renforcement n. m.

renforcer v. tr. | conjug. 3 |
¬ **se renforcer**
➾ Aux temps composés de la forme pronominale, le participe passé s'accorde en genre et en nombre avec le sujet : *ma confiance en elle s'est renforcée.*
renforcir v. tr. | conjug. 3 |
renformir v. tr. | conjug. 2 |
renformis n. m.
renfort n. m.
➾ Ce mot est au singulier dans **en renfort** et **à grand renfort de** : *embaucher des employés en renfort ; ils s'expriment à grand renfort de gestes.*
renfouir v. tr. | conjug. 2 |
renfourcher v. tr. | conjug. 1 |
renfourner v. tr. | conjug. 1 |
renfrogné, ée adj.
renfrognement n. m.
renfrogner (se) v. pron. | conjug. 1 |
➾ Aux temps composés de la forme pronominale, le participe passé s'accorde en genre et en nombre avec le sujet : *elle s'est brusquement renfrognée.*
rengagement n. m.
rengager v. tr. | conjug. 3 |
¬ **se rengager**
➾ Aux temps composés de la forme pronominale, le participe passé s'accorde en genre et en nombre avec le sujet : *ils se sont rengagés dans l'armée.*
rengaine n. f.
rengainer v. tr. | conjug. 1 |
rengorgement n. m.
rengorger (se) v. pron. | conjug. 3 |
➾ Aux temps composés de la forme pronominale, le participe passé s'accorde en genre et en nombre avec le sujet : *elles se sont rengorgées de leur succès.*
rengraisser v. intr. | conjug. 1 |
rengrènement n. m.
rengréner | conjug. 6 | ou **rengrener** | conjug. 5 | v. tr.
reniable adj.
reniement n. m.
➾ Ne pas oublier le *e* muet.
renier v. tr. | conjug. 7 |
¬ **se renier**
➾ Aux temps composés de la forme pronominale, le participe passé s'accorde en genre et en nombre avec le sujet : *ils se sont reniés.*
reniflage n. m.
reniflard n. m.
renifle n. f.
reniflement n. m.
renifler v. intr. et v. tr. | conjug. 1 |
reniflerie n. f.
reniflette n. f.
renifleur, euse n.
réniforme adj.
rénine n. f.
rénitence n. f.
rénitent, ente adj.
renne n. m. (animal)
HOM. **raine, reine, rêne**
renom n. m.
HOM. **renon**
renommé, ée adj.
▸ **renommé pour qqch.** *une région renommée pour ses vins*
renommée n. f.
➾ Avec une majuscule, **la Renommée** désigne le personnage allégorique : *les cent bouches de la Renommée.*
renommer v. tr. | conjug. 1 |
renon n. m.
HOM. **renom**
renonçant, ante adj. et n.
renonce n. f.
renoncement n. m.
renoncer v. tr. | conjug. 3 |
▸ **renoncer à** (+ n.) *renoncer à un projet ; renoncer à celle qu'on aime*
renonciataire n.
renonciateur, trice n.
renonciation n. f.
renonculacée n. f.
renoncule n. f.
renouée n. f.
renouement n. m.
➾ Ne pas oublier le *e* muet.
renouer v. tr. | conjug. 1 |
renoueur, euse n.
renouveau n. m.
renouvelable adj.
renouvelant, ante n.
renouveler v. tr. | conjug. 4 |
¬ **se renouveler**
➾ Aux temps composés de la forme pronominale, le participe passé s'accorde en genre et en nombre avec le sujet : *les incidents se sont renouvelés.*
renouvellement ou **renouvèlement**○ n. m.
rénovateur, trice n. et adj.
rénovation n. f.
rénover v. tr. | conjug. 1 |
renquiller v. tr. | conjug. 1 |
renrailleur n. m.
renseignement n. m.
renseigner v. tr. | conjug. 1 |
¬ **se renseigner**
⌘ La construction **se renseigner si** (*je vais me renseigner s'il y a un club de judo*) est critiquée. Il est préférable de l'éviter. On dira plutôt : *je*

vais me renseigner pour savoir s'il y a un club de judo.

➾ Aux temps composés de la forme pronominale, le participe passé s'accorde en genre et en nombre avec le sujet : *elle s'est renseignée sur les horaires de train.*

rentabilisation n. f.

rentabiliser v. tr. | conjug. 1 |

rentabilité n. f.

rentable adj.

rentablement adv.

rentamer v. tr. | conjug. 1 |

rente n. f.

renté, ée adj.

renter v. tr. | conjug. 1 |

[1]**rentier, ière** n. (personne)

HOM. formes du v. **renter**

[2]**rentier** n. m. (liste)

HOM. formes du v. **renter**

rentoilage n. m.

rentoiler v. tr. | conjug. 1 |

rentoileur, euse n.

rentrage n. m.

rentraire v. tr. | conjug. 50 |

HOM. forme du v. **rentrer**

rentraiture n. f.

rentrant, ante adj. et n. m.

rentrayage n. m.

rentrayer v. tr. | conjug. 8 |

rentrayeur, euse n.

rentré, ée adj. et n. m.

rentre-dedans n. m. inv.

rentrée n. f.

rentrer v. intr. et v. tr. | conjug. 1 |

Ξ L'emploi de ce verbe sans idée de répétition ni de retour est courant mais abusif. Il est à éviter dans le langage soigné : on ne dira pas *c'est la première fois que je rentre dans cette église* ni *ma fille rentre en seconde* mais *c'est la première fois que j'entre dans cette église* et *ma fille entre en seconde.*

rentrure n. f.

renutrition n. f.

renvers n. m.

renversable adj.

renversant, ante adj.

renverse n. f.

renversé, ée adj.

renversement n. m.

renverser v. tr. | conjug. 1 |

¬ **se renverser**

➾ Aux temps composés de la forme pronominale, le participe passé s'accorde en genre et en nombre avec le sujet : *les marchandises se sont renversées sur la chaussée.*

renverseur, euse n.

renversoir n. m.

renversure n. f.

renvidage n. m.

renvider v. tr. | conjug. 1 |

renvideur n. m.

renvoi n. m.

HOM. formes du v. **renvoyer**

renvoyer v. tr. | conjug. 8 |

➾ Aux temps composés de la forme pronominale, le participe passé ne s'accorde pas quand il est suivi d'un complément d'objet direct : *elles se sont renvoyé la balle.*

réoccupation n. f.

réoccuper v. tr. | conjug. 1 |

réopérer v. tr. | conjug. 6 |

réorchestration /-k-/ n. f.

réorchestrer /-k-/ v. tr. | conjug. 1 |

réordination n. f.

réordonner v. tr. | conjug. 1 |

réorganisateur, trice n. et adj.

réorganisation n. f.

réorganiser v. tr. | conjug. 1 |

¬ **se réorganiser**

➾ Aux temps composés de la forme pronominale, le participe passé s'accorde en genre et en nombre avec le sujet : *l'entreprise s'est entièrement réorganisée.*

réorientation n. f.

réorienter v. tr. | conjug. 1 |

réouverture n. f.

réouvrir v. tr. | conjug. 18 |

Ξ Dans le langage soigné, on emploie plutôt *rouvrir.*

rep n. m.

▫ abrév. de **Röntgen équivalent physique**

repaire n. m.

↯ Ne pas confondre **repaire**, qui signifie « refuge », avec **repère**, qui signifie « marque qui sert à retrouver ».

HOM. **repère**, formes des v. **reperdre, repérer**

repairer v. intr. | conjug. 1 |

HOM. formes des v. **reperdre, repérer**

repaître ou **repaitre** ○ v. tr. | conjug. 57 |

➾ Les Rectifications de l'orthographe de 1990 préconisent la suppression de l'accent circonflexe sur le *i* devant le *t* : *il repait, il repaitra, il repaitrait.*

¬ **se repaître**

➾ Aux temps composés de la forme pronominale, le participe passé s'accorde en genre et en nombre avec le sujet : *les bêtes se sont repues.*

répandage n. m.

répandeur n. m. ou **répandeuse** n. f.

répandre v. tr. | conjug. 41 |

➾ Ne pas écrire **répendre.* Au présent de l'indicatif, à la forme interrogative avec sujet inversé, on écrit *répand-on, répand-il, répand-elle* et non **répand-t-on, *répand-t-il, *répand-t-elle*. Le *d* final se prononce /t/ ; il est donc inutile et fautif d'ajouter un *t*.

¬ **se répandre**
le brouillard se répand

› **se répandre en** (+ n.) *se répandre en injures*

➾ Aux temps composés de la forme pronominale, le participe passé s'accorde en genre et en nombre avec le sujet : *l'eau s'est répandue sur le sol.*

répandu, ue adj.
repapilloter v. tr. | conjug. 1 |
réparable adj.
réparage n. m.
reparaître ou **reparaitre**° v. intr. | conjug. 57 |

➾ Les Rectifications de l'orthographe de 1990 préconisent la suppression de l'accent circonflexe sur le *i* devant le *t* : *il reparait, il reparaitra, il reparaitrait.*

réparateur, trice n. et adj.
réparation n. f.
réparatoire adj.
reparcourir v. tr. | conjug. 11 |
réparer v. tr. | conjug. 1 |
reparler v. intr. | conjug. 1 |

¬ **se reparler**

➾ Le participe passé de ce verbe est invariable quand il s'emploie avec un complément d'objet indirect : *elles ne se sont pas reparlé depuis leur dispute.*

repartager v. tr. | conjug. 3 |
répartement n. m.
répartie ou **repartie** n. f.
repartir v. intr. | conjug. 16 | (partir à nouveau)
[1]**répartir** ou **repartir** v. tr. | conjug. 16 | (répondre)
[2]**répartir** v. tr. | conjug. 2 | (distribuer)

¬ **se répartir**

➾ Aux temps composés de la forme pronominale, le participe passé s'accorde en genre et en nombre avec le sujet : *elles se sont réparties en plusieurs groupes.* Mais le participe passé ne s'accorde pas quand il est suivi d'un complément d'objet direct : *ils se sont réparti les tâches.* Il ne s'accorde avec le complément d'objet direct que lorsque celui-ci est placé avant le verbe : *les tâches qu'ils se sont réparties.*

répartissable adj.
répartiteur, trice n.
répartition n. f.
reparution n. f.
repas n. m.
repassage n. m.
repasse n. f.
repasser v. intr. et v. tr. | conjug. 1 |
repasseur, euse n. (personne)
repasseuse n. f. (machine)
repavage n. m.
repavement n. m.
repaver v. tr. | conjug. 1 |
repayer v. tr. | conjug. 8 |
repêchage n. m.
repêcher v. tr. | conjug. 1 |
repeigner v. tr. | conjug. 1 |

¬ **se repeigner**

➾ Aux temps composés de la forme pronominale, le participe passé s'accorde en genre et en nombre avec le sujet : *elle s'est repeignée discrètement.*

repeindre v. tr. | conjug. 52 |
repeint n. m.
repenser v. intr. et v. tr. | conjug. 1 |
repentance n. f.
repentant, ante adj.
repenti, ie adj.
repentir n. m.
repentir (se) v. pron. | conjug. 16 |

➾ Aux temps composés de la forme pronominale, le participe passé s'accorde en genre et en nombre avec le sujet : *elle s'est repentie de ses péchés.*

repérable adj.
repérage n. m.
reperçage n. m.
repercer v. tr. | conjug. 3 |
reperceur, euse n.
répercussif, ive adj.
répercussion n. f.
répercussivité n. f.
répercuter v. tr. | conjug. 1 |

¬ **se répercuter**

➾ Aux temps composés de la forme pronominale, le participe passé s'accorde en genre et en nombre avec le sujet : *la hausse du dollar s'est répercutée sur le prix des produits.*

reperdre v. tr. | conjug. 41 |

➾ Au présent de l'indicatif, à la forme interrogative avec sujet inversé, on écrit *reperd-on, reperd-il, reperd-elle* et non **reperd-t-on, *reperd-t-il, *reperd-t-elle*. Le *d* final se prononce /t/ ; il est donc inutile et fautif d'ajouter un *t*.

repère n. m.

ϟ Ne pas confondre **repère**, qui signifie « marque qui sert à retrouver », avec **repaire**, qui signifie « refuge ».

☰ Ce mot peut s'employer en apposition ; il prend la marque du pluriel : *des bornes repères.*

HOM. **repaire**, formes des v. **repairer**, **reperdre**

repérer v. tr. | conjug. 6 |
¬ **se repérer**
➾ Aux temps composés de la forme pronominale, le participe passé s'accorde en genre et en nombre avec le sujet : *ils se sont repérés facilement.*
HOM. formes des v. **repairer**, **reperdre**
repéreur, euse n.
répertoire n. m.
répertorier v. tr. | conjug. 7 |
répétabilité n. f.
répétable adj.
répète n. f.
◻ abrév. de **répétition**
répéter v. tr. | conjug. 6 |
☰ **Répéter de nouveau** est un pléonasme à éviter.
L'emploi de **répéter deux fois** au sens de « dire deux fois » ou « faire deux fois » est fautif : cela signifie « dire trois fois » ou « faire trois fois ». Pour dire « dire deux fois » ou « faire deux fois », il faut employer simplement *répéter.*
¬ **se répéter**
➾ Aux temps composés de la forme pronominale, le participe passé s'accorde en genre et en nombre avec le sujet : *l'histoire s'est répétée.*
répéteur n. m.
répétiteur, trice n.
répétitif, ive adj.
répétition n. f.
répétitivité n. f.
répétitorat n. m.
repétrir v. tr. | conjug. 2 |
repeuplée n. f.
repeuplement n. m.
repeupler v. tr. | conjug. 1 |
¬ **se repeupler**
➾ Aux temps composés de la forme pronominale, le participe passé s'accorde en genre et en nombre avec le sujet : *la ville s'est repeuplée.*
repic n. m.
HOM. formes du v. **repiquer**
repincer v. tr. | conjug. 3 |
repiquage n. m.
repiquer v. tr. | conjug. 1 |
repiqueur, euse n.
repiqueuse n. f.
répit n. m.
replacement n. m.
replacer v. tr. | conjug. 3 |
replain n. m.
replanification n. f.
replanifier v. tr. | conjug. 7 |
replantation n. f.
replanter v. tr. | conjug. 1 |
replat n. m.
replâtrage n. m.
replâtrer v. tr. | conjug. 1 |
replet, ète adj.
réplétif, ive adj.
réplétion n. f.
repleuvoir v. impers. | conjug. 23 |
repli n. m.
HOM. formes du v. **replier**
repliable adj.
repliage n. m.
réplicatif, ive adj.
réplication n. f.
repliement n. m.
➾ Ne pas oublier le *e* muet.
replier v. tr. | conjug. 7 |
¬ **se replier**
➾ Aux temps composés de la forme pronominale, le participe passé s'accorde en genre et en nombre avec le sujet : *ils se sont repliés sur eux-mêmes.*
réplique n. f.
répliquer v. tr. | conjug. 1 |
¬ **se répliquer**
➾ Aux temps composés de la forme pronominale, le participe passé s'accorde en genre et en nombre avec le sujet : *la molécule s'est répliquée.*
répliqueur, euse n.
replisser v. tr. | conjug. 1 |
reploiement n. m.
➾ Ne pas oublier le *e* muet.
replongée n. f.
replonger v. tr. et v. intr. | conjug. 3 |
¬ **se replonger**
➾ Aux temps composés de la forme pronominale, le participe passé s'accorde en genre et en nombre avec le sujet : *ils se sont replongés dans leur lecture.*
reployer v. tr. | conjug. 8 |
repolarisation n. f.
repolir v. tr. | conjug. 2 |
repolissage n. m.
répondant, ante n.
répondeur, euse adj. et n. m.
répondre v. tr. et v. tr. ind. | conjug. 41 |
▸ **répondre à** (+ n.) *répondre à une question ; il m'a répondu durement*
▸ **répondre qqch. à qqn** *elle ne m'a rien répondu*
▸ **répondre de** (+ inf.) *il m'a répondu de rester où j'étais*
▸ **répondre que** (+ indic.) *je lui ai répondu qu'il avait raison*
▸ **répondre de** (+ n.) *je réponds de lui auprès de ses créanciers ; je ne réponds plus de rien*

▸ **répondre pour** (+ n.) *son tuteur répond pour lui ; mon œuvre répondra pour moi*
➾ Au présent de l'indicatif, à la forme interrogative avec sujet inversé, on écrit *répond-on, répond-il, répond-elle* et non **répond-t-on, *répond-t-il, *répond-t-elle*. Le *d* final se prononce /t/ ; il est donc inutile et fautif d'ajouter un *t*.
répons /ʀepɔ̃/ n. m.
HOM. formes du v. **répondre**
réponse n. f.
➾ Ce mot est toujours au singulier dans la locution **droit de réponse**.
repopulation n. f.
report n. m.
reportage n. m.
reporter v. tr. | conjug. 1 |
Ξ **Reporter à qqn**, employé au sens de « en référer à qqn », est un anglicisme critiqué.
¬ **se reporter**
➾ Aux temps composés de la forme pronominale, le participe passé s'accorde en genre et en nombre avec le sujet : *elle s'est reportée aux textes de loi*.
reporteur, trice ou **reporter** n.
reporting /ʀəpɔʀtiŋ ; ʀipɔʀtiŋ/ n. m.
repos n. m.
reposant, ante adj.
repose n. f.
reposé, ée adj.
repose-bras n. m. inv.
reposée n. f.
repose-pied n. m. ▪ plur. **repose-pieds**
reposer v. intr. et v. tr. | conjug. 1 |
¬ **se reposer**
➾ Aux temps composés de la forme pronominale, le participe passé s'accorde en genre et en nombre avec le sujet : *elle ne s'est pas beaucoup reposée*.
repose-tête n. m. ▪ plur. **repose-tête(s)**
repositionnable adj.
repositionnement n. m.
repositionner v. tr. | conjug. 1 |
reposoir n. m.
reposure n. f.
repotencé, ée adj.
repoudrer v. tr. | conjug. 1 |
¬ **se repoudrer**
➾ Aux temps composés de la forme pronominale, le participe passé s'accorde en genre et en nombre avec le sujet : *elle s'est repoudrée*. Mais le participe passé ne s'accorde pas quand il est suivi d'un complément d'objet direct : *elle s'est repoudré les joues*. Il ne s'accorde avec le complément d'objet direct que lorsque celui-ci est placé avant le verbe : *elle se les est repoudrées*.
repoussage n. m.
repoussant, ante adj.
repousse n. f.
repoussé, ée adj. et n. m.
repoussement n. m.
repousse-peaux ▪ plur. inv. ou **repousse-peau**○ ▪ plur. **repousse-peaux**○ n. m.
repousser v. tr. et v. intr. | conjug. 1 |
Ξ L'emploi de *repousser* au sens de « remettre à plus tard » est critiqué. Dans la langue soignée, on peut employer *reporter* ou *différer*.
repousseur n. m.
repoussoir n. m.
repréciser v. tr. | conjug. 1 |
répréhensible adj.
répréhensiblement adv.
répréhensif, ive adj.
répréhension n. f.
reprendre v. tr. et v. intr. | conjug. 58 |
➾ Au présent de l'indicatif, à la forme interrogative avec sujet inversé, on écrit *reprend-on, reprend-il, reprend-elle* et non **reprend-t-on, *reprend-t-il, *reprend-t-elle*. Le *d* final se prononce /t/ ; il est donc inutile et fautif d'ajouter un *t*.
¬ **se reprendre**
➾ Aux temps composés de la forme pronominale, le participe passé s'accorde en genre et en nombre avec le sujet : *elle s'y est reprise à deux fois*.
repreneur, euse n.
représailles n. f. pl.
représentable adj.
représentant, ante n.
représentatif, ive adj.
représentation n. f.
représentativement adv.
représentativité n. f.
représenter v. tr. | conjug. 1 |
¬ **se représenter**
➾ Aux temps composés de la forme pronominale, le participe passé s'accorde en genre et en nombre avec le sujet : *l'occasion ne s'est pas représentée*. Mais le participe passé ne s'accorde pas quand il est suivi d'un complément d'objet direct : *ils se sont représenté la situation*. Il ne s'accorde avec le complément d'objet direct que lorsque celui-ci est placé avant le verbe : *la situation qu'ils se sont représentée*.
represser v. tr. | conjug. 1 |
répresseur n. m.
répressible adj.
répressif, ive adj.
répression n. f.
répressionnaire n.
répressivement adv.
réprimable adj.
réprimandable adj.

réprimande n. f.
réprimander v. tr. | conjug. 1 |
réprimant, ante adj.
réprimer v. tr. | conjug. 1 |
reprint /RəpRint/ n. m.
reprisage n. m.
repris de justice n. m. inv.
reprise n. f.
▸ **à différentes/maintes/plusieurs reprises** *je le lui ai dit à maintes reprises*
repriser v. tr. | conjug. 1 |
repriseuse n. f.
repro n. f.
▫ abrév. de **reproduction**
réprobateur, trice adj.
réprobation n. f.
reprochable adj.
reproche n. m.
reprocher v. tr. | conjug. 1 |
¬ **se reprocher**
➾ Aux temps composés de la forme pronominale, le participe passé ne s'accorde pas quand il est suivi d'un complément d'objet direct : *elle s'est reproché son absence de courage.*
reproducteur, trice adj. et n. m.
reproductibilité n. f.
reproductible adj.
reproductif, ive adj.
reproduction n. f.
reproductivité n. f.
reproduire v. tr. | conjug. 38 |
¬ **se reproduire**
➾ Aux temps composés de la forme pronominale, le participe passé s'accorde en genre et en nombre avec le sujet : *la situation s'est reproduite.*
reprofilage n. m.
reprogrammation n. f.
reprogrammer v. tr. | conjug. 1 |
reprographe n. m.
reprographie n. f.
reprographier v. tr. | conjug. 7 |
reprographieur n. m.
reprographique adj.
reprotoxique adj.
réprouvable adj.
réprouvé, ée n.
réprouver v. tr. | conjug. 1 |
reps /Rεps/ n. m.
reptation n. f.
reptile adj. et n. m.
reptilien, ienne adj.
repu, ue adj.
[1]**républicain, aine** adj. et n.
➾ Ce mot s'écrit sans majuscule : *le Parti républicain ; les républicains et les démocrates.*
[2]**républicain** n. m. (oiseau)
républicanisme n. m.
républicaniste n. et adj.
republication n. f.
republier v. tr. | conjug. 7 |
republieur, euse n.
république n. f.
➾ Dans les dénominations géographiques, ce mot s'écrit avec une majuscule lorsqu'il est suivi d'un adjectif : *la République française ; la République fédérale d'Allemagne ; la République démocratique du Congo.* Il s'écrit sans majuscule quand il est suivi d'un nom propre : *la république de Pologne* et quand il désigne le régime politique : *proclamer la république. République* s'écrit également avec une majuscule lorsqu'il désigne une période historique, un État ou un régime en place : *la Cinquième* ou *la Ve République ; le président de la République ; Marianne est l'emblème de la République ; au nom de la République.*
répudiation n. f.
répudiatoire adj.
répudier v. tr. | conjug. 7 |
répugnance n. f.
répugnant, ante adj.
répugner v. tr. ind. et v. tr. | conjug. 1 |
▸ **répugner à** (+ n.) *elle répugne à la violence*
▸ **répugner à** (+ inf.) *elle répugne à se battre*
▸ **il répugne à qqn de** (+ inf.) *il lui répugne de se battre*
Ξ Au sens de « dégoûter », l'emploi de la forme transitive est fréquent, dans le registre littéraire comme dans le langage courant : *cette nourriture le répugne.* Elle est toutefois considérée par certains comme vieillie ou familière, voire incorrecte ; on emploiera donc plutôt la forme intransitive : *cette nourriture lui répugne.*
répulsif, ive adj. et n. m.
répulsion n. f.
▸ **avoir/éprouver de la répulsion pour/à l'égard de qqn/qqch.** *elle éprouve de la répulsion à mon égard ; j'ai de la répulsion pour les rognons*
Ξ ***Avoir/éprouver de la répulsion contre** est fautif.
répulsivement adv.
répulsivité n. f.
réputation n. f.
réputé, ée adj.
▸ **réputé pour** *une ville réputée pour ses monuments*
réputer v. tr. | conjug. 1 |
requalification n. f.

requalifier v. tr. | conjug. 7 |
requérable adj.
requérant, ante adj. et n.
requérir v. tr. | conjug. 21 |
requête n. f.
requêter v. tr. | conjug. 1 |
requiem /ʀekɥijɛm/ n. m. inv.
requimpette n. f.
requin n. m.
Ξ Les noms formés de *requin* et d'un adjectif s'écrivent sans trait d'union : *requin blanc, requin bleu, requin commun*. Les noms formés de *requin* et d'un autre nom s'écrivent généralement avec un trait d'union : *requin-baleine, requin-raie, requin-tigre*. Dans *requin(-)pèlerin* et *requin(-)marteau*, le trait d'union est facultatif.
requinisme n. m.
requinquage n. m.
requinquant, ante adj.
requinquer v. tr. | conjug. 1 |
¬ **se requinquer**
➾ Aux temps composés de la forme pronominale, le participe passé s'accorde en genre et en nombre avec le sujet : *elles se sont requinquées au grand air*.
requis, ise adj.
réquisit /ʀekwizit/ n. m.
réquisition n. f.
réquisitionnable adj.
réquisitionnaire adj. et n. m.
réquisitionner v. tr. | conjug. 1 |
réquisitoire n. m.
réquisitorial, iale, iaux adj.
requitter v. tr. | conjug. 1 |
¬ **se requitter**
➾ Aux temps composés de la forme pronominale, le participe passé s'accorde en genre et en nombre avec le sujet : *ils se sont quittés et requittés*.
R. E. R. /ɛʀøɛʀ/ n. m.
▫ abrév. de **réseau express régional**
reroutage n. m.
rerouter v. tr. | conjug. 1 |
R. E. S. n. m.
▫ abrév. de **rachat d'entreprise par les salariés**
resaler v. tr. | conjug. 1 |
resalir v. tr. | conjug. 2 |
¬ **se resalir**
➾ Aux temps composés de la forme pronominale, le participe passé s'accorde en genre et en nombre avec le sujet, sauf s'il est suivi d'un complément d'objet direct : *elle s'est resalie ; elle s'est resali les mains*.
resaluer v. tr. | conjug. 1 |
resarcelé, ée adj.
rescapé, ée adj. et n.
rescaper v. tr. | conjug. 1 |
rescindable /ʀe- ; ʀə-/ adj.
rescindant, ante /ʀe- ; ʀə-/ adj. et n. m.
rescinder /ʀe- ; ʀə-/ v. tr. | conjug. 1 |
rescisible adj.
rescision /ʀe- ; ʀə-/ n. f.
rescisoire /ʀe- ; ʀə-/ adj. et n. m.
rescolarisation n. f.
rescousse n. f.
▸ **à la rescousse** *venir à la rescousse de qqn*
rescription n. f.
rescrit n. m.
réseau n. m.
réseautage n. m.
réseauter v. intr. | conjug. 1 |
réseautique n. f.
résécabilité n. f.
résécable adj.
résecteur n. m.
résection n. f.
réséda n. m.
☯ Ce mot est masculin : *un réséda*.
Ξ Ce mot peut s'employer seul comme adjectif de couleur ou derrière un adjectif de couleur pour en préciser la nuance ; ces adjectifs sont alors invariables : *des peintures vert réséda ; des uniformes réséda*.
résédacée n. f.
resemer v. tr. | conjug. 5 |
→ **ressemer**
réséquer v. tr. | conjug. 6 |
réserpine n. f.
réservataire adj. et n. m.
réservation n. f.
réserve n. f.
➾ Ce mot est au singulier dans les locutions **en réserve**, **sans réserve** et **sous réserve (de)**. Il est généralement au pluriel dans **sous toutes réserves**.
réservé, ée adj.
réserver v. tr. | conjug. 1 |
¬ **se réserver**
je préfère me réserver pour une meilleure occasion ; ils se réservent le droit de refuser
▸ **se réserver de** (+ inf.) *il se réserve d'y séjourner*
➾ Aux temps composés de la forme pronominale, le participe passé s'accorde en genre et en nombre avec le sujet : *elle s'est réservée pour le dessert*. Mais le participe passé ne s'accorde pas quand il est suivi d'un complément d'objet direct : *ils se sont réservé plusieurs possibilités*. Il ne s'accorde avec le complément d'objet direct que lorsque celui-ci est placé avant le verbe : *les possibilités qu'ils se sont réservées*.
réserviste n. m.

réservoir n. m.
➾ Ne pas écrire **réservoire*.
résidant, ante adj.
☰ Ce mot est un participe présent utilisé comme adjectif : *les membres résidants d'une académie*. Son homophone *résident* s'utilise comme substantif.
HOM. **résident**
résidence n. f.
➾ Ne pas écrire **résidance*.
résident, ente n. et adj.
☰ Ce mot s'emploie comme nom (*les résidents d'une cité universitaire ; les résidents espagnols en France*) et de manière plus restreinte comme adjectif emprunté à l'anglais, au sens de « qui est à demeure dans la mémoire d'un ordinateur » (*un programme résident*). Son homophone *résidant* s'emploie comme adjectif (*les membres résidants d'une académie*).
HOM. **résidant**
résidentiel, ielle adj.
➾ Ne pas écrire **résidenciel*.
résider v. intr. | conjug. 1 |
résidu n. m.
résiduaire adj.
résiduel, elle adj.
résignable adj.
résignant n. m.
résignataire n.
résignation n. f.
résigné, ée adj. et n.
résigner v. tr. | conjug. 1 |
¬ **se résigner**
il faut se résigner
▸ **se résigner à** (+ n.) *se résigner à la fuite*
▸ **se résigner à** (+ inf.) *se résigner à perdre la partie*
➾ Aux temps composés de la forme pronominale, le participe passé s'accorde en genre et en nombre avec le sujet : *elles se sont résignées à partir*.
résiliable adj.
résiliation n. f.
résiliement n. m.
➾ Ne pas oublier le *e* muet.
résilience n. f.
résilient, iente adj.
résilier v. tr. | conjug. 7 |
résille n. f.
☰ Ce mot peut s'employer en apposition ; il est alors invariable : *des bas résille*.
résinage n. m.
résine n. f.
résiné, ée adj. et n. m.
⚡ Ne pas confondre **résiné**, qui désigne du vin contenant de la résine de pin, avec **raisiné**, qui désigne du jus de raisin concentré et pris en gelée.
HOM. **raisiné**
résiner v. tr. | conjug. 1 |
HOM. **raisiné**
résinerie n. f.
résineux, euse adj. et n. m.
résingle n. f.
résinier, ière n. et adj.
résinifère adj.
résinique adj.
résinite n. f.
résinocyste n. m.
résinographie n. f.
résinoïde adj. et n. m.
résipiscence n. f.
résistance n. f.
➾ Avec une majuscule, **la Résistance** désigne l'organisation d'opposition à l'occupant allemand pendant la Seconde Guerre mondiale.
résistanciel, ielle adj.
résistant, ante adj. et n.
résister v. tr. ind. | conjug. 1 |
▸ **résister à** (+ n.) *résister à la tentation*
résisteur n. m.
résistibilité n. f.
résistible adj.
résistif, ive adj.
résistivimètre n. m.
résistivité n. f.
resituer v. tr. | conjug. 1 |
resocialisation n. f.
résolu, ue adj.
résolubilité n. f.
résoluble adj.
résolument adv.
➾ Ne pas écrire **résoluement*.
résolutif, ive adj.
résolution n. f.
résolutoire adj.
résolvance n. f.
résolvant, ante adj.
résolvante n. f.
résonance n. f.
➾ Ce mot s'écrit avec un seul *n*, contrairement à *résonner*.
résonateur n. m.
➾ Ce mot s'écrit avec un seul *n*, contrairement à *résonner*.
resonger /-s-/ v. tr. ind. | conjug. 3 |
résonnant, ante ou **résonant, ante** adj.
résonnement n. m.
résonner v. intr. | conjug. 1 |
résorbable adj.
résorbant, ante adj. et n. m.

résorber v. tr. | conjug. 1 |
¬ **se résorber**
➾ Aux temps composés de la forme pronominale, le participe passé s'accorde en genre et en nombre avec le sujet : *ses hématomes se sont résorbés.*
résorcine n. f. ou **résorcinol** n. m.
résorcylique adj.
résorption n. f.
➾ Ne pas écrire **résorbtion* : ce mot s'écrit avec un *p.*
résoudre v. tr. | conjug. 51 |
▸ **résoudre de** (+ inf.) *j'ai résolu de partir*
▸ **résoudre qqn à** (+ n.) *ce n'est pas à moi de l'y résoudre*
▸ **résoudre qqn à** (+ inf.) *ils m'ont résolu à partir*
CONJUG. Ce verbe a deux participes passés : *résolu* et , *résouterésous* ou *résout*°, *résoute.* Le second s'emploie uniquement au sens de « transformer, dissoudre » : *en pluiele brouillard s'est résous* ou *résout*° *en pluie.*
¬ **se résoudre**
▸ **se résoudre à** (+ n.) *il faut se résoudre à un compromis*
▸ **se résoudre à** (+ inf.) *ils se sont résolus à déménager*
➾ Aux temps composés de la forme pronominale, le participe passé s'accorde en genre et en nombre avec le sujet : *elle s'est résolue à tenter sa chance.*
respect n. m.
respectabiliser v. tr. | conjug. 1 |
respectabilité n. f.
respectable adj.
respectablement adv.
respecter v. tr. | conjug. 1 |
¬ **se respecter**
➾ Aux temps composés de la forme pronominale, le participe passé s'accorde en genre et en nombre avec le sujet : *elle s'est toujours respectée.*
respectif, ive adj.
Ξ Le nom qualifié par *respectif* peut être au singulier ou au pluriel : *ils sont retournés dans leur région respective* ou *dans leurs régions respectives.* Le pluriel est plus courant.
respectivement adv.
respectueusement adv.
respectueux, euse adj. et n. f.
respir ou **respire** n. m.
respirabilité n. f.
respirable adj.
respirant, ante adj.
respirateur n. m.
respiration n. f.
respiratoire adj.
respire n. m.
→ **respir**
respirer v. intr. et v. tr. | conjug. 1 |
resplendir v. intr. | conjug. 2 |
resplendissant, ante adj.
resplendissement n. m.
responsabilisant, ante adj.
responsabilisation n. f.
responsabiliser v. tr. | conjug. 1 |
responsabilité n. f.
responsable adj. et n.
Ξ Au sens de « qui est l'auteur, la cause (de qqch.) », *responsable* a une valeur négative : on peut dire *il est responsable de cet échec* mais pas *il est responsable de cette réussite.*
responsorial n. m.
resquillage n. m.
resquille n. f.
resquiller v. intr. et v. tr. | conjug. 1 |
resquilleur, euse n. et adj.
ressac n. m.
ressaigner v. tr. et v. intr. | conjug. 1 |
ressaisir v. tr. | conjug. 2 |
¬ **se ressaisir**
➾ Aux temps composés de la forme pronominale, le participe passé s'accorde en genre et en nombre avec le sujet : *l'équipe s'est ressaisie après sa défaite.*
ressaisissement n. m.
ressassage n. m.
ressassant, ante adj.
ressassement n. m.
ressasser v. tr. | conjug. 1 |
ressasseur, euse n.
ressaut n. m.
ressauter v. tr. et v. intr. | conjug. 1 |
ressauteur adj. et n. m.
ressautoir n. m.
ressayage n. m.
ressayer v. tr. | conjug. 8 |
resse n. f.
→ **rasse**
ressemblance n. f.
ressemblant, ante adj.
ressembler v. tr. ind. | conjug. 1 |
▸ **ressembler à** (+ n.) *sa jupe ressemble à la mienne ; il ressemble à un homme célèbre*
➾ Le participe passé *ressemblé* est invariable.
⌘ L'expression **se ressembler comme deux gouttes d'eau** doit uniquement s'employer à la forme pronominale avec un sujet au pluriel : *son frère et lui se ressemblent comme deux gouttes d'eau.* Il faut éviter de dire *il ressemble comme deux gouttes d'eau à son frère.*
ressemelable adj.
ressemelage n. m.

ressemeler v. tr. | conjug. 4 |
ressemeleur, euse n.
ressemer ou **resemer** v. tr. | conjug. 5 |
ressemis n. m.
ressentiment n. m.
ressentir v. tr. | conjug. 16 |
¬ **se ressentir**
➾ Aux temps composés de la forme pronominale, le participe passé s'accorde en genre et en nombre avec le sujet : *sa fatigue s'est ressentie dans son travail.*
resserrable adj.
resserrage n. m.
resserre n. f.
resserré, ée adj.
resserrement n. m.
resserrer v. tr. | conjug. 1 |
¬ **se resserrer**
➾ Aux temps composés de la forme pronominale, le participe passé s'accorde en genre et en nombre avec le sujet : *leurs liens se sont resserrés.*
resservir v. tr. et v. intr. | conjug. 14 |
¬ **se resservir**
➾ Aux temps composés de la forme pronominale, le participe passé s'accorde en genre et en nombre avec le sujet : *ils se sont resservis du vieux tourne-disque.*
ressort n. m.
ressortant, ante adj.
ressortie n. f.
[1]**ressortir** v. intr. et v. tr. | conjug. 16 | (sortir à nouveau)
[2]**ressortir** v. tr. ind. | conjug. 2 | (dépendre)
◗ **ressortir à** (+ n.) *ce procès ressortit à la cour d'appel*
CONJUG. Ce verbe ne se conjugue pas comme *sortir* : *il ressortit, ils ressortissent* (et non **il ressort, *ils ressortent*).
ressortissant, ante adj. et n.
ressoudage n. m.
ressouder v. tr. | conjug. 1 |
ressource n. f.
➾ Avec *ressource* au singulier, **sans ressource** s'est employé au sens de « sans recours » : *une situation sans ressource.* Avec *ressources* au pluriel, **sans ressources** signifie « pauvre » : *une famille sans ressources. Ressources* est également au pluriel dans la locution **à bout de ressources**. Dans **homme de ressource(s)**, il s'écrit indifféremment avec ou sans *s*. Le pluriel est plus fréquent.
ressourcement n. m.
ressourcer v. tr. | conjug. 3 |
¬ **se ressourcer**
➾ Aux temps composés de la forme pronominale, le participe passé s'accorde en genre et en nombre avec le sujet : *elles se sont ressourcées à la campagne.*
ressouvenance n. f.
ressouvenir (se) v. pron. | conjug. 22 |
➾ Aux temps composés de la forme pronominale, le participe passé s'accorde en genre et en nombre avec le sujet : *elle s'est ressouvenue de ces évènements.*
ressouvenir n. m.
ressuage n. m.
ressuer v. intr. et v. tr. | conjug. 1 |
ressui n. m.
HOM. formes du v. **ressuyer**
ressuiement n. m.
➾ Ne pas oublier le *e* muet.
ressuivage n. m.
ressuivre v. tr. | conjug. 40 |
ressurgir ou **resurgir** v. intr. | conjug. 2 |
ressuscitation n. f. ou **ressuscitement** n. m.
☰ Ces mots sont archaïques ou restreints au langage médical. Dans le langage courant, on emploie *résurrection*.
ressusciter v. intr. et v. tr. | conjug. 1 |
☰ Aux temps composés, la forme intransitive se conjugue avec l'auxiliaire *avoir* ou *être* selon que l'on insiste sur l'action ou sur le résultat : *elle a ressuscité sous nos yeux ; pour les chrétiens, Jésus est ressuscité.*
ressusciteur n. m. et adj. m.
ressuyage n. m.
ressuyant, ante adj.
ressuyer v. tr. | conjug. 8 |
restant, ante adj. et n. m.
restau n. m.
→ **resto**
restaurant n. m.
restaurateur, trice n. et adj.
restauration n. f.
➾ Avec une majuscule, **la Restauration** désigne la période de retour au pouvoir des Bourbons (1814-1830).
restaurer v. tr. | conjug. 1 |
¬ **se restaurer**
➾ Aux temps composés de la forme pronominale, le participe passé s'accorde en genre et en nombre avec le sujet : *ils se sont restaurés.*
restauroute n. m.
→ **Restoroute**
reste n. m.
◗ **de reste** *il y a des munitions de reste*
◗ **en reste** *ils ne sont jamais en reste*
☰ Les locutions **au reste** et **du reste** ont le même sens. **Au reste** appartient au registre littéraire ; **du reste** est plus courant.
⌘ Lorsque **le reste de** suivi d'un nom est sujet, le verbe s'accorde soit avec *reste,* soit avec le complément : *le reste des marchandises est*

périmé ou *sont périmées*. Le singulier est toutefois plus fréquent.
rester v. intr. | conjug. 1 |
◗ **il reste** *il reste cinq questions*
◗ **il reste... à** (+ inf.) *il reste deux cartons à porter*
◗ **il reste que/il n'en reste pas moins que** (+ indic.) *il n'en reste pas moins qu'il est compétent*
☰ De nos jours, ce verbe se conjugue toujours avec l'auxiliaire *être* : *je suis resté une semaine sur la côte.*
⌘ Lorsque *rester* est suivi d'un infinitif de but, celui-ci peut être introduit ou non par la préposition *à* : *nous sommes restés à dîner* ou *restés dîner*. L'emploi de la préposition est à préférer dans la langue soignée.
Dans l'énoncé d'une opération, *rester* est toujours invariable : *huit moins cinq, reste trois.*
Placé en tête de phrase avec inversion du sujet, *rester* s'accorde normalement avec le sujet : *restent trois kilos de légumes*. Mais il peut aussi ne pas s'accorder si l'on considère que *reste* est une ellipse de la forme impersonnelle *il reste* : *reste trois kilos de légumes*.
Lorsque **(tout) ce qui reste de** est suivi d'un nom au pluriel, l'accord se fait au singulier : *tout ce qui reste des fruits est sur la table.*
restituable adj.
restituer v. tr. | conjug. 1 |
restituteur n. m. et adj.
restitution n. f.
restitutoire adj.
resto ou **restau** n. m.
◻ abrév. de **restaurant**
restockage n. m.
Restoroute® ou **restauroute** n. m.
➾ Comme tous les noms déposés, *Restoroute* doit s'écrire avec une majuscule : *déjeuner dans un Restoroute*. Toutefois, on le trouve fréquemment employé comme nom générique sans respect de la règle : *déjeuner dans un restoroute.*
restreignant, ante adj.
restreindre v. tr. | conjug. 52 |
¬ **se restreindre**
➾ Aux temps composés de la forme pronominale, le participe passé s'accorde en genre et en nombre avec le sujet : *elles se sont restreintes dans leurs dépenses.*
restreint, einte adj.
restrictif, ive adj.
restriction n. f.
restringent, ente adj. et n. m.
restructuration n. f.
restructurer v. tr. | conjug. 1 |
restylage n. m.
restyler v. tr. | conjug. 1 |
restyling n. m.
resucée n. f.
resucer v. tr. | conjug. 3 |
resuffixation n. f.
résultant, ante adj.
résultante n. f.
résultat n. m.
HOM. formes du v. **résulter**
résultatif, ive adj.
résulter v. intr. | conjug. 1 |
◗ **il résulte que** (+ indic.) *il résulte des aveux du prévenu qu'il n'a pu agir seul*
CONJUG. Ce verbe ne s'emploie qu'à l'infinitif, au participe présent et à la troisième personne. Aux temps composés, il se conjugue avec l'auxiliaire *avoir* ou *être* : *ce qui en a résulté* ou *ce qui en est résulté.*
résumable adj.
résumé n. m.
◗ **en résumé** *en résumé, il n'y a qu'une seule chose à retenir*
résumer v. tr. | conjug. 1 |
resurchauffe n. f.
resurchauffer v. tr. | conjug. 1 |
resurchauffeur n. m.
resurfaçage n. m.
resurfacer v. tr. | conjug. 3 |
résurgence n. f.
résurgent, ente adj.
resurgir v. intr. | conjug. 2 |
→ **ressurgir**
résurrecteur n. et adj.
résurrection n. f.
➾ Avec une majuscule et sans complément, **la Résurrection** désigne la résurrection du Christ : *le mystère de la Résurrection.*
résurrectionnel, elle adj.
resynchroniser /-k-/ v. tr. | conjug. 1 |
retable n. m.
rétabli, ie adj.
rétablir v. tr. | conjug. 2 |
¬ **se rétablir**
➾ Aux temps composés de la forme pronominale, le participe passé s'accorde en genre et en nombre avec le sujet : *les malades se sont rapidement rétablis.*
rétablissement n. m.
retaillage n. m.
retaille n. f.
retaillé, ée adj.
retaillement n. m.
retailler v. tr. | conjug. 1 |
retaillure n. f.
rétamage n. m.
rétamer v. tr. | conjug. 1 |
¬ **se rétamer**
➾ Aux temps composés de la forme pronominale, le participe passé s'accorde en genre

et en nombre avec le sujet : *elle s'est rétamée dans l'escalier.*
rétameur n. m.
retapage n. m.
retape n. f.
retaper v. tr. | conjug. 1 |
¬ **se retaper**
➾ Aux temps composés de la forme pronominale, le participe passé s'accorde en genre et en nombre avec le sujet : *elle s'est retapée après son accident.*
retapeur, euse n.
retapisser v. tr. | conjug. 1 |
retard n. m.
➾ *Retard* est toujours au singulier dans les locutions **en retard (sur)** et **sans retard**.
Ξ Ce mot peut s'employer en apposition ; il est alors invariable : *des effets retard.*
retardant, ante adj.
retardataire adj. et n.
retardateur, trice adj. et n. m.
retardation n. f.
retardé, ée adj.
retardement n. m.
retarder v. tr. et v. intr. | conjug. 1 |
retassure n. f.
retâter v. tr. | conjug. 1 |
reteindre v. tr. | conjug. 52 |
retéléphoner v. tr. ind. | conjug. 1 |
retendoir n. m.
retendre v. tr. | conjug. 41 |
➾ Au présent de l'indicatif, à la forme interrogative avec sujet inversé, on écrit *retend-on, retend-il, retend-elle* et non **retend-t-on, *retend-t-il, *retend-t-elle.* Le *d* final se prononce /t/ ; il est donc inutile et fautif d'ajouter un *t.*
retenir v. tr. | conjug. 22 |
¬ **se retenir**
➾ Aux temps composés de la forme pronominale, le participe passé s'accorde en genre et en nombre avec le sujet : *ils se sont retenus de s'énerver.*
rétentat n. m.
retenter v. tr. | conjug. 1 |
rétenteur, trice adj.
rétention n. f.
rétentionnaire n.
retentir v. intr. | conjug. 2 |
retentissant, ante adj.
retentissement n. m.
retenu, ue adj.
retenue n. f.
reterçage n. m.
retercer v. tr. | conjug. 3 |
rétiaire n. m.
réticence n. f.
réticent, ente adj.
réticulaire adj.
réticularité n. f.
réticulation n. f.
réticule n. m.
réticulé, ée adj.
réticuler v. tr. | conjug. 1 |
réticulocyte n. m.
réticuloendothélial, iale, iaux adj.
réticuloendothéliose ou **réticulose** n. f.
réticulosarcome n. m.
réticulum /-ɔm/ n. m.
rétif, ive adj.
rétifié, ée adj.
rétiforme adj.
rétinacle n. m.
rétinal ou **rétinène** n. m.
rétine n. f.
rétinien, ienne adj.
rétinite n. f.
rétinoblastome n. m.
rétinographie n. f.
rétinoïde n. m.
rétinoïque adj.
rétinol n. m.
rétinopathie n. f.
rétinoscopie n. f.
retinospora /ʀe-/ n. m.
rétique adj. et n. m.
→ **rhétique**
retirable adj.
retirade n. f.
retirage n. m.
retiraison n. f.
retiration n. f.
retiré, ée adj.
retirement n. m.
retirer v. tr. | conjug. 1 |
¬ **se retirer**
➾ Aux temps composés de la forme pronominale, le participe passé s'accorde en genre et en nombre avec le sujet : *ils se sont retirés des affaires.*
retirons n. m. pl.
HOM. formes du v. **retirer**
retirure n. f.
retissage n. m.
retisser v. tr. | conjug. 1 |
rétiveté ou **rétivité** n. f.
retombant, ante adj.
retombe n. f.
retombé n. m.
retombée n. f.
retombement n. m.
retomber v. intr. | conjug. 1 |

retondre v. tr. | conjug. 41 |
➾ Au présent de l'indicatif, à la forme interrogative avec sujet inversé, on écrit *retond-on, retond-il, retond-elle* et non **retond-t-on, *retond-t-il, *retond-t-elle*. Le *d* final se prononce /t/ ; il est donc inutile et fautif d'ajouter un *t*.
retoquer v. tr. | conjug. 1 |
retordage n. m.
retorderie n. f.
retordeur, euse n.
retordoir ou **retorsoir** n. m.
retordre v. tr. | conjug. 41 |
➾ Au présent de l'indicatif, à la forme interrogative avec sujet inversé, on écrit *retord-on, retord-il, retord-elle* et non **retord-t-on, *retord-t-il, *retord-t-elle*. Le *d* final se prononce /t/ ; il est donc inutile et fautif d'ajouter un *t*.
rétorquable adj.
rétorquer v. tr. | conjug. 1 |
retors, orse adj. et n. m.
HOM. formes du v. **retordre**
rétorsif, ive adj.
rétorsion n. f.
retorsoir n. m.
→ **retordoir**
retorte n. f.
retouchable adj.
retouche n. f.
retoucher v. tr. | conjug. 1 |
retoucherie n. f.
retoucheur, euse n.
retour n. m.
➾ Ce mot est toujours au singulier dans les locutions **au retour**, **de retour**, **en retour** et **sans retour**.
Ξ La locution ***payer qqn en retour** est incorrecte. Il faut dire **payer qqn de retour**.
retournage n. m.
retourne n. f.
retourné n. m.
retournement n. m.
retourner v. tr. et v. intr. | conjug. 1 |
¬ **se retourner**
il est parti sans se retourner
▸ **s'en retourner** *il est temps de s'en retourner*
➾ Aux temps composés de la forme pronominale, le participe passé s'accorde en genre et en nombre avec le sujet : *l'embarcation s'est retournée ; elles s'en sont retournées chez elles*.
retourneur, euse n. m.
retracer v. tr. | conjug. 3 |
rétractable adj.
rétractation n. f.
rétracter v. tr. | conjug. 1 |
¬ **se rétracter**
➾ Aux temps composés de la forme pronominale, le participe passé s'accorde en genre et en nombre avec le sujet : *les témoins se sont rétractés*.
rétracteur adj. m. et n. m.
rétractibilité n. f.
rétractible adj.
rétractif, ive adj.
rétractile adj.
rétractilité n. f.
rétraction n. f.
retraduction n. f.
retraduire v. tr. | conjug. 38 |
retraire v. tr. | conjug. 50 |
[1]**retrait, aite** adj.
[2]**retrait** n. m.
➾ La locution **en retrait** est invariable : *des maisons en retrait*.
retraitant, ante n.
retraite n. f.
Ξ On peut employer indifféremment **être en retraite** ou **être à la retraite**.
retraité, ée adj. et n.
retraitement n. m.
retraiter v. tr. | conjug. 1 |
retranchement n. m.
retrancher v. tr. | conjug. 1 |
¬ **se retrancher**
➾ Aux temps composés de la forme pronominale, le participe passé s'accorde en genre et en nombre avec le sujet : *ils se sont retranchés dans leur silence*.
retranscription n. f.
retranscrire v. tr. | conjug. 39 |
retransférer v. tr. | conjug. 6 |
retransmetteur n. m.
retransmettre v. tr. | conjug. 56 |
retransmission n. f.
retravailler v. tr., v. tr. ind. et v. intr. | conjug. 1 |
retraverser v. tr. | conjug. 1 |
retrayant n. m.
rétréci, ie adj.
rétrécir v. tr. et v. intr. | conjug. 2 |
¬ **se rétrécir**
➾ Aux temps composés de la forme pronominale, le participe passé s'accorde en genre et en nombre avec le sujet : *leurs chances se sont rétrécies*.
rétrécissement n. m.
rétreigneur n. m.
rétreindre ou **retreindre** v. tr. | conjug. 52 |
rétreinte n. f. ou **rétreint** n. m.
retrempe n. f.
retremper v. tr. | conjug. 1 |

rétribuer v. tr. | conjug. 1 |
rétributeur, trice n.
rétribution n. f.
retriever ou **rétrieveur**° /ʀetʀivœʀ/ n. m.
[1]**rétro** adj. inv.
- abrév. de **rétrograde**
- rec. off. pour **vintage**

[2]**rétro** n. m.
- abrév. de **rétroviseur**

rétroactes n. m. pl.
rétroactif, ive adj.
rétroaction n. f.
rétroactivement adv.
rétroactivité n. f.
rétroagir v. intr. | conjug. 2 |
rétrocédant, ante n. et adj.
rétrocéder v. tr. et v. intr. | conjug. 6 |
rétrocessif, ive adj.
rétrocession n. f.
rétrocessionnaire n. et adj.
rétrochargeuse n. f.
rétroconversion n. f.
rétroconvertir v. tr. | conjug. 2 |
rétrocroisement n. m.
rétrodéviation n. f.
rétrodiction n. f.
rétrodiffuser v. tr. | conjug. 1 |
rétrodiffusion n. f.
rétroéclairage n. m.
rétroéclairé, ée adj.
rétrofléchi, ie adj.
rétroflexe adj.
rétroflexion n. f.
rétrofusée n. f.
rétrognathie n. f. ou **rétrognatisme** /-gna-/ n. m.
rétrogradation n. f.
rétrograde adj.
rétrograder v. intr. et v. tr. | conjug. 1 |
rétrogression n. f.
rétro-ingénierie n. f. ▪ plur. **rétro-ingénieries**
rétropédalage n. m.
rétropédaler v. intr. | conjug. 1 |
rétroplanning /-iŋ/ n. m.
rétroposition n. f.
rétroprogestérone n. f.
rétroprojecteur n. m.
rétroprojection n. f.
rétropropulsion n. f.
rétropulsif, ive adj.
rétropulsion n. f.
rétrospectif, ive adj. et n. m.
rétrospection n. f.
rétrospective n. f.
rétrospectivement adv.
rétrostéroïde n. m.
rétrotuyère n. f.
retroussage n. m.
retroussé, ée adj.
retroussement n. m.
retrousser v. tr. | conjug. 1 |
¬ **se retrousser**
➾ Aux temps composés de la forme pronominale, le participe passé s'accorde en genre et en nombre avec le sujet : *elle s'est retroussée jusqu'aux genoux.*
retroussis n. m.
retrouvable adj.
retrouvaille n. f.
retrouve n. f.
retrouver v. tr. | conjug. 1 |
¬ **se retrouver**
➾ Aux temps composés de la forme pronominale, le participe passé s'accorde en genre et en nombre avec le sujet : *ils se sont retrouvés par hasard.*
→ aussi **recouvrer**
rétroversé, ée adj.
rétroversion n. f.
rétroviral, ale, aux adj.
rétrovirologie n. f.
rétrovirologue n.
rétrovirus /-ys/ n. m.
rétroviseur n. m.
rets /ʀɛ/ n. m.
HOM. **rai, raie**, formes du v. **raire**
retsina /ʀɛtsina/ n. m. ▪ plur. inv. ou plur. **retsinas**°
retubage n. m.
retuber v. tr. | conjug. 1 |
reubeu n. et adj.
→ **rebeu**
réuni, ie adj.
réunificateur, trice adj.
réunification n. f.
réunifier v. tr. | conjug. 7 |
réunion n. f.
réunionite n. f.
réunir v. tr. | conjug. 2 |
Ξ ***Réunir avec** est fautif.
Réunir ensemble est un pléonasme à éviter.
¬ **se réunir**
➾ Aux temps composés de la forme pronominale, le participe passé s'accorde en genre et en nombre avec le sujet : *elles se sont réunies autour d'un bon repas.*
réunissable adj.
réunissage n. m.
réunisseur n. m. ou **réunisseuse** n. f.
réussi, ie adj.
réussir v. intr. et v. tr. | conjug. 2 |
Ξ La forme transitive, autrefois critiquée, est

aujourd'hui admise : on peut dire *réussir à ses examens* ou *réussir ses examens*.
réussite n. f.
réutilisable adj.
réutilisation n. f.
réutiliser v. tr. | conjug. 1 |
revaccination n. f.
revacciner v. tr. | conjug. 1 |
revalenta /ʀəvalɛ̃ta/ ou **revalentia** /ʀəvalɛ̃sja/ n. f.
revalidation n. f.
revaloir v. tr. | conjug. 29 |
CONJUG. Ce verbe s'emploie surtout à l'infinitif, au futur et au conditionnel.
revalorisation n. f.
revaloriser v. tr. | conjug. 1 |
revanchard, arde adj. et n.
revanche n. f.
prendre sa revanche (sur)
▸ **en revanche** *ce modèle est épuisé, en revanche celui-là est disponible*
➾ Ne pas écrire **revenche* : ce mot s'écrit avec un *a*.
→ aussi **contre**
revancher (se) v. pron. | conjug. 1 |
➾ Ne pas employer **se revenger*, qui n'existe pas. Aux temps composés de la forme pronominale, le participe passé s'accorde en genre et en nombre avec le sujet : *ils se sont revanchés*.
revanchisme n. m.
revanchiste n. et adj.
revascularisation n. f.
revasculariser v. tr. | conjug. 1 |
rêvasser v. intr. | conjug. 1 |
rêvasserie n. f.
rêvasseur, euse n. et adj.
rêvassier, ière adj. et n.
HOM. formes du v. **rêvasser**
rêve n. m.
HOM. **²rave**
rêvé, ée adj.
revêche adj.
réveil n. m.
HOM. formes du v. **réveiller**
réveille-matin n. m. ▪ plur. inv. ou plur. **réveille-matins**○
➾ Ne pas écrire **réveil-matin*.
réveiller v. tr. | conjug. 1 |
¬ **se réveiller**
➾ Aux temps composés de la forme pronominale, le participe passé s'accorde en genre et en nombre avec le sujet : *elle s'est réveillée en sursaut*.
réveilleur, euse n.
réveillon n. m.
HOM. formes du v. **réveiller**
réveillonner v. intr. | conjug. 1 |
réveillonneur, euse n.
révélateur, trice n. et adj.
révélation n. f.
révélatoire adj.
révéler v. tr. | conjug. 6 |
¬ **se révéler**
➾ Aux temps composés de la forme pronominale, le participe passé s'accorde en genre et en nombre avec le sujet : *son hypothèse s'est révélée exacte*.
revenant, ante adj. et n.
revenant-bon n. m. ▪ plur. **revenants-bons**
revendeur, euse n.
revendicant, ante adj. et n.
➾ Ne pas écrire ce mot comme *revendiquant*, participe présent du verbe *revendiquer*.
HOM. **revendiquant**
revendicateur, trice n. et adj.
revendicatif, ive adj.
revendication n. f.
revendiquant, ante n.
HOM. **revendicant**
revendiquer v. tr. | conjug. 1 |
revendiqueur, euse n.
revendre v. tr. | conjug. 41 |
➾ Au présent de l'indicatif, à la forme interrogative avec sujet inversé, on écrit *revend-on, revend-il, revend-elle* et non **revend-t-on, *revend-t-il, *revend-t-elle*. Le *d* final se prononce /t/ ; il est donc inutile et fautif d'ajouter un *t*.
revenez-y n. m. inv.
revenir v. intr. | conjug. 22 |
revente n. f.
revenu n. m.
HOM. **revenue**
revenue n. f.
HOM. **revenu**
rêver v. intr. et v. tr. | conjug. 1 |
▸ **rêver de** (+ inf.) *il rêve de faire le tour du monde*
▸ **rêver que** (+ indic.) *j'ai rêvé que je m'envolais*
Ξ Lorsque *rêver* a un nom pour complément, le choix de la préposition dépend du sens du verbe. Au sens de « voir en rêve » et de « souhaiter ardemment », *rêver* s'emploie avec *de* : *j'ai rêvé de toi cette nuit ; elle rêve d'une maison au bord de la mer*. Au sens de « penser vaguement à », il s'emploie avec *à* : *ils rêvent à des jours meilleurs*. Au sens vieilli de « méditer », il s'emploie avec *sur* : *il rêvait sur son destin*. Au sens de « imaginer », il s'emploie sans préposition : *le monde que j'ai rêvé*.
¬ **se rêver**
➾ Aux temps composés de la forme pronominale, le participe passé s'accorde en genre

et en nombre avec le sujet : *elle s'est longtemps rêvée danseuse étoile.*
réverbérant, ante adj.
réverbération n. f.
réverbère n. m.
réverbérer v. tr. | conjug. 6 |
reverdie n. f.
reverdir v. tr. et v. intr. | conjug. 2 |
reverdissage n. m.
reverdissant, ante adj.
reverdissement n. m.
reverdoir n. m.
révéremment adv.
révérence n. f.
révérenciel, ielle adj.
révérencieusement adv.
révérencieux, ieuse adj.
révérend, ende adj. et n.
HOM. **révérant** (p. prés. de *révérer*)
révérendissime adj.
révérer v. tr. | conjug. 6 |
rêverie n. f.
revérifier v. tr. | conjug. 7 |
reverlanisation n. f.
revernir v. tr. | conjug. 2 |
revernissage n. m.
revers n. m.
réversal, ale, aux adj.
reverse /RəvɛRs ; Rivœrs/ adj. inv.
reversement n. m.
reverser v. tr. | conjug. 1 |
reversi n. m.
réversibilité n. f.
réversible adj.
réversiblement adv.
réversion n. f.
reversoir n. m.
révertant n. m.
revertier n. m.
revêtement n. m.
revêtir v. tr. | conjug. 20 |
¬ **se revêtir**
➾ Aux temps composés de la forme pronominale, le participe passé s'accorde en genre et en nombre avec le sujet : *ils se sont revêtus de leur uniforme.*
rêveur, euse adj. et n.
rêveusement adv.
revidage n. m.
revider v. tr. | conjug. 1 |
revient /Rəvjɛ̃/ n. m.
revif n. m.
revigorant, ante adj.
revigoration n. f.
revigorer v. tr. | conjug. 1 |
revirage n. m.
revirement n. m.
revirer v. tr. | conjug. 1 |
révisable adj.
réviser v. tr. | conjug. 1 |
réviseur, euse n.
☯ *Réviseuse* est la forme recommandée par le *Guide d'aide à la féminisation des noms de métiers, titres, grades et fonctions* et l'Office québécois de la langue française pour parler d'une femme. L'Office québécois de la langue française admet également la forme *réviseure.*
révisibilité n. f.
révisible adj.
révision n. f.
révisionnel, elle adj.
revisionner v. tr. | conjug. 1 |
révisionnisme n. m.
révisionniste n. et adj.
revisiter v. tr. | conjug. 1 |
réviso n.
◻ abrév. de **révisionniste**
révisorat n. m.
revisser v. tr. | conjug. 1 |
revitalisant, ante adj.
revitalisation n. f.
revitaliser v. tr. | conjug. 1 |
revival /Rəvival ; Rivajvœl/ n. m.
➾ Ce mot a un pluriel régulier : *des revivals.*
revivalisme n. m.
revivaliste n.
revivification n. f.
revivifier v. tr. | conjug. 7 |
reviviscence n. f.
reviviscent, ente adj.
revivre v. intr. et v. tr. | conjug. 46 |
révocabilité n. f.
révocable adj.
révocation n. f.
révocatoire adj.
revoici prép.
revoilà prép.
revoir v. tr. | conjug. 30 |
▸ **au revoir** *faire au revoir de la main ; des au revoir émouvants*
¬ **se revoir**
➾ Aux temps composés de la forme pronominale, le participe passé s'accorde en genre et en nombre avec le sujet : *elles ne se sont jamais revues.*
rêvoir n. m.
revoler v. intr. et v. tr. | conjug. 1 |
revolin n. m.
révoltant, ante adj.
révolte n. f.
révolté, ée adj. et n.

révolter v. tr. | conjug. 1 |
¬ **se révolter**
➾ Aux temps composés de la forme pronominale, le participe passé s'accorde en genre et en nombre avec le sujet : *elle s'est révoltée contre ses parents*.
révolu, ue adj.
révoluté, ée adj.
révolutif, ive adj.
révolution n. f.
➾ Avec une majuscule et sans complément, **la Révolution française** désigne celle de 1789. **La Révolution culturelle** désigne le mouvement politique chinois.
révolutionnaire adj. et n.
révolutionnairement adv.
révolutionnarisme ou **révolutionarisme** n. m.
révolutionnariste ou **révolutionariste** adj. et n.
révolutionnement n. m.
révolutionner v. tr. | conjug. 1 |
révolver ou **revolver** n. m.
Ξ Ce mot désigne normalement une arme à feu à barillet. Son emploi pour désigner toute arme à feu à répétition est abusif et doit être évité.
révolvérisation n. f.
révolvériser v. tr. | conjug. 1 |
révolving ou **revolving** /ʀevɔlviŋ/ adj. inv. (crédit permanent)
révoquer v. tr. | conjug. 1 |
▸ **révoquer en doute** *il révoque en doute mes propos*
revoter v. tr. et v. intr. | conjug. 1 |
revouloir v. tr. | conjug. 31 |
revoyeur n. m.
revoyure n. f. sing.
Ξ Ce mot familier s'emploie seulement dans la locution **à la revoyure**.
revue n. f.
➾ Ce mot est toujours au singulier dans la locution **passer en revue**.
revuette n. f.
revuiste n.
révulsant, ante adj.
révulser v. tr. | conjug. 1 |
révulsif, ive adj. et n. m.
révulsion n. f.
rewriter /ʀiʀajte ; ʀəʀajte/ v. tr. | conjug. 1 |
rewriteur, trice n. ou **rewriter** /ʀiʀajtœʀ ; ʀəʀajtœʀ/ n. m.
▫ rec. off. : **récriveur, euse**
rewriting /ʀiʀajtiŋ ; ʀəʀajtiŋ/ n. m.
rex n. m. inv.
rexisme n. m.
rexiste adj. et n.
rez /ʀe/ prép.
HOM. **ré, rhé**, formes du v. **réer**
rez-de-chaussée n. m. inv.
rez-de-jardin n. m. inv.
rez-de-sol n. m. inv.
rèze n. f.
rezzou /ʀɛdzu/ n. m.
R. G. n. m. pl.
▫ abrév. de **renseignements généraux**
rH n. m.
▫ abrév. de **réduction de l'hydrogène**
R. H. n. f. pl.
▫ abrév. de **ressources humaines**
rhabdomancie n. f.
rhabdomancien, ienne n.
rhabillage n. m.
rhabillement n. m.
rhabiller v. tr. | conjug. 1 |
¬ **se rhabiller**
➾ Aux temps composés de la forme pronominale, le participe passé s'accorde en genre et en nombre avec le sujet : *ils se sont rhabillés après la baignade*.
rhabilleur, euse n.
rhagade n. f.
rhamnacée n. f.
rhamnose n. m.
rhapsode ou **rapsode** n. m.
rhapsodie ou **rapsodie** n. f.
rhapsodique ou **rapsodique** adj.
rhapsodiste ou **rapsodiste** n. m.
rhazal n. m.
rhé n. m.
HOM. **ré, rez**, formes du v. **réer**
rhème n. m.
HOM. **rem**
rhénan, ane adj.
rhénium /-jɔm/ n. m.
rhéobase n. f.
rhéographe n. m.
rhéographie n. f.
rhéologie n. f.
rhéologique adj.
rhéologue n.
rhéomètre n. m.
rhéophile adj.
rhéophore n. m.
rhéostat n. m.
rhéostatique adj.
rhéostriction n. f.
rhéotaxie n. f.
rhéotaxique adj.
rhéotome n. m.
rhéotropisme n. m.
rhésus /-ys/ n. m.
➾ On écrit généralement ce mot avec une majuscule dans la locution **facteur Rhésus**.

rhéteur n. m.
rhétien, ienne adj.
rhétique ou **rétique** adj. et n. m.
rhétoricien, ienne n.
rhétorique n. f. et adj.
rhétoriqueur n. m.
rhéto-roman, ane adj. et n. m. ▪ plur. **rhéto-romans, anes**
➾ Comme tous les noms de langues, ce mot s'écrit sans majuscule : *le rhéto-roman*.
rhinalgie n. f.
rhinanthe n. m.
rhinencéphale n. m.
¹**rhingrave** n. m. (prince allemand)
²**rhingrave** n. f. (haut-de-chausses)
rhingraviat n. m.
rhinite n. f.
rhinocéros /-ɔs/ n. m.
rhinocérotidé n. m.
rhinoconiose n. f.
rhinolalie n. f.
rhinolaryngite n. f.
rhinologie n. f.
rhinolophe n. m.
rhinomanomètre n. m.
rhinomanométrie n. f.
rhinopharyngé, ée adj.
rhinopharyngite n. f.
rhinopharynx n. m.
rhinophyma n. m.
rhinoplaste n.
rhinoplastie n. f.
rhinoplastique adj.
rhinopome n. m.
rhinorragie n. f.
rhinorrhée n. f.
rhinosalpingite n. f.
rhinosclérome n. m.
rhinoscope n. m.
rhinoscopie n. f.
rhinotomie n. f.
rhinovirus /-ys/ n. m.
rhipiptère n. m.
rhizalyse n. f.
rhizarthrose n. f.
rhize n. f.
HOM. **rise**, formes du v. **riser**
rhizine n. m.
rhizobium /-jɔm/ n. m.
rhizocaline n. f.
rhizocarpé, ée adj.
rhizoctone n. m. ou **rhizoctonie** n. f.
rhizoïde n. m.
rhizomateux, euse adj.
rhizome n. m.
rhizophage adj.
rhizophoracée n. f.
rhizophore ou **rhizophora** n. m.
rhizophylle adj.
rhizopode n. m.
rhizopogon n. m.
rhizopus /-ys/ n. m.
rhizosphère n. f.
rhizostome n. m.
rhizotome n. m.
rhizotomie n. f.
rho ou **rhô** ▪ plur. inv. ou plur. **rhos**○ n. m.
rhodamine n. f.
rhodanien, ienne adj.
Rhodia® n. m.
➾ Comme tous les noms déposés, ce mot doit s'écrire avec une majuscule : *des rideaux en Rhodia*. Toutefois, on le trouve fréquemment employé comme nom générique sans respect de la règle : *des rideaux en rhodia*.
rhodiage n. m.
rhodié, iée adj.
HOM. formes du v. **roder**
rhodien, ienne adj.
rhodier v. tr. | conjug. 7 |
HOM. formes du v. **roder**
rhodinol n. m.
rhodiole n. f.
¹**rhodite** n. f. (alliage)
²**rhodite** n. m. (insecte)
rhodium /-jɔm/ n. m.
rhodo n. m.
□ abrév. de **rhododendron**
rhododendron /-dɛ̃-/ n. m.
rhodographie ou **rhodologie** n. f.
Rhodoïd® n. m.
➾ Comme tous les noms déposés, ce mot doit s'écrire avec une majuscule : *une feuille de Rhodoïd*. Toutefois, on le trouve fréquemment employé comme nom générique sans respect de la règle : *une feuille de rhodoïd*.
rhodophycée n. f.
rhodopsine n. f.
rhodotype n. m.
rhœdale /ʀedal/ n. f.
rhombe n. m.
rhombencéphale n. m.
rhombiforme adj.
rhombique adj.
rhomboèdre n. m.
rhomboédrique adj.
rhomboïdal, ale, aux adj.
rhomboïde n. m. et adj.
rhopalie n. f.
rhopalocère adj. et n. m.
rhotacisme n. m.
Rhovyl® n. m.
➾ Comme tous les noms déposés, ce mot

doit s'écrire avec une majuscule : *une doublure en Rhovyl*. Toutefois, on le trouve fréquemment employé comme nom générique sans respect de la règle : *une doublure en rhovyl*.

rhubarbe n. f.
rhum /ʀɔm/ n. m.
HOM. **rom, ROM**
rhumatisant, ante adj. et n.
rhumatismal, ale, aux adj.
rhumatisme n. m.
rhumatoïde adj.
rhumatologie n. f.
rhumatologique adj.
rhumatologue n.
rhumb ou **rumb** /ʀɔ̃b/ n. m.
HOM. **rhombe**
rhume n. m.
rhumer /ʀɔme/ v. tr. | conjug. 1 |
rhumerie /ʀɔmʀi/ n. f.
rhumier, ière /ʀɔmje/ adj.
rhynchée /-k-/ n. f.
rhynchite /-k-/ n. m.
rhynchocéphale /-k-/ n. m.
rhynchonelle /-k-/ n. f.
rhynchophore /-k-/ n. m.
rhynchote /-k-/ n. m.
rhyolithe ou **rhyolite** n. f.
rhyparographe n. m.
rhyparographie n. f.
rhythm and blues ou **rhythm'n blues** /ʀitm ɛnbluz/ n. m. inv.
rhytidome n. m.
rhyton n. m.
ria n. f.
riad ou **ryad** n. m.
rial n. m.
riant, riante adj.
R. I. B. ou **RIB** /ɛʀibe ; ʀib/ n. m. inv.
□ abrév. de **relevé d'identité bancaire**
ribambelle n. f.
⌘ Lorsque **une ribambelle de** suivi d'un nom est sujet, le verbe s'accorde soit avec *ribambelle*, soit avec le complément : *une ribambelle d'enfants chantait* ou *chantaient*. Avec **la ribambelle de**, le verbe s'accorde toujours avec *ribambelle* : *la ribambelle d'enfants présents se mit à chanter*.
ribaud, aude adj. et n. (débauché, ée)
HOM. **ribot**
ribaude n. f. (défaut d'une étoffe)
ribaudequin n. m.
ribauderie n. f.
ribes /ʀibɛs/ n. m.
ribésiacée n. f.
riblon n. m.
riboflavine n. f.
ribonucléase n. f.
ribonucléique adj.
ribonucléoprotéide n. m.
ribord n. m.
ribordage n. m.
ribose n. m.
ribosomal, ale, aux adj.
ribosome n. m.
ribosomique adj.
ribot n. m.
HOM. **ribaud**
ribote n. f.
riboter v. intr. | conjug. 1 |
riboteur, euse n.
ribouis n. m.
riboulant, ante adj.
ribouldingue n. f.
riboulding uer v. intr. | conjug. 1 |
ribouler v. intr. | conjug. 1 |
ribozyme n. m.
ricain, aine adj.
ricanant, ante adj.
ricanement n. m.
ricaner v. intr. | conjug. 1 |
ricanerie n. f.
ricaneur, euse adj. et n.
ricardeau ou **ricardot** n. m.
ricasolia n. m.
riccia /ʀiksja/ n. m. ou **riccie** /ʀiksi/ n. f.
ricercare /ʀitʃɛʀkaʀe/ n. m. ▪ plur. **ricercari** ou plur. **ricercares**○
Ξ On peut employer le pluriel italien *ricercari* ou le pluriel francisé *ricercares*.
riceys /ʀisɛ/ n. m.
➾ Ce mot s'écrit sans majuscule, contrairement au nom propre qui désigne la commune : *du fromage des Riceys* mais *manger du riceys*.
richard, arde n.
riche adj. et n.
richelieu n. m. ▪ plur. **richelieux** ou plur. **richelieus**
➾ Quand il désigne une chaussure, ce mot s'écrit sans majuscule, contrairement au nom propre : *une paire de richelieux* ou *de richelieus*.
richement adv.
richesse n. f.
richissime adj.
richomme n. m.
ricin n. m.
ricine n. f.
riciné, ée adj.
ricinine n. f.
ricinisme n. m.
ricinoléate n. m.
ricinoléique adj.

rickettsie n. f.
rickettsiose n. f.
rickshaw /ʀikʃo/ n. m.
ricocher v. intr. | conjug. 1 |
ricochet n. m.
ricotta n. f.
ric-rac ou **ricrac**○ loc. adv.
rictus /-ys/ n. m.
ridage n. m.
ridain n. m.
ride n. f.
ridé, ée adj.
rideau n. m.
ridée n. f.
ridelage n. m.
rideleuse n. f.
ridelle n. f.
ridement n. m.
rider v. tr. | conjug. 1 |
¬ **se rider**
➾ Aux temps composés de la forme pronominale, le participe passé s'accorde en genre et en nombre avec le sujet : *sa peau s'est ridée.*
ridicule adj. et n. m.
ridiculement adv.
ridiculisation n. f.
ridiculiser v. tr. | conjug. 1 |
¬ **se ridiculiser**
➾ Aux temps composés de la forme pronominale, le participe passé s'accorde en genre et en nombre avec le sujet : *ils se sont ridiculisés en public.*
ridiculité n. f.
ridoir n. m.
ridule n. f.
riel n. m.
riemannien, ienne /ʀimanjɛ̃/ adj.

rien pron. indéf., n. m. et adv.
♪ Lorsque *rien* est employé comme pronom indéfini, on fait la liaison et la voyelle reste nasale : *rien à dire* /ʀjɛ̃nadiʀ/. Lorsqu'il est employé comme nom, on ne fait pas la liaison : *un rien étonne* /œ̃ʀjɛ̃etɔn/.
⌘ Lorsque *rien* a le sens positif de « quelque chose », il s'emploie sans *ne* : *il est difficile d'en rien conclure* ; *sans qu'il dise rien.* Au sens négatif, il s'emploie sans *ne* dans le registre familier et dans quelques expressions : *vivre de rien* ; *se réduire à rien* ; *se fatiguer pour rien,* etc.
Employé comme complément d'objet direct, *rien* se place devant le participe passé des verbes aux temps composés et devant l'infinitif : *je n'ai rien vu* ; *on ne peut rien voir.*
Lorsqu'il est antécédent d'un pronom relatif, *rien* est suivi du subjonctif : *ne dis rien qui puisse lui nuire.*
Ξ Ne pas confondre **rien moins (que)**, qui signifie « aucunement, nullement » (*ce peintre sans talent n'est rien moins qu'un artiste*), avec **rien de moins (que)**, qui signifie « rien de moins important que » ou « bel et bien » (*elle a réclamé rien de moins que la plus belle suite* ; *ce peintre n'est rien de moins que le plus grand artiste roumain*).
La locution ***comme si rien n'était** (sans attribut) est fautive : il faut dire **comme si de rien n'était**.

riesling /ʀisliŋ/ n. m.
rieur, rieuse n. et adj.
rieusement adv.
[1]**rif** n. m. (feu, bagarre)
HOM. **riff**
[2]**rif** ou **riffe** n. m. (arme à feu)
HOM. **riff**
[3]**rif** n. m. (campagne)
HOM. **riff**
riff n. m.
HOM. **rif**
rififi n. m.
riflard n. m.
rifle n. m.
rifler v. tr. | conjug. 1 |
riflette n. f.
rifloir n. m.
rift n. m.
rigadeau n. m.
rigatoni n. m.
Ξ En italien, *rigatoni* est un nom pluriel mais on l'emploie au singulier en francisant la forme du pluriel : *un rigatoni, des rigatonis.*
rigaudon ou **rigodon** n. m.
rigide adj.
rigidement adv.
rigidifier v. tr. | conjug. 7 |
rigidimètre n. m.
rigidité n. f.
rigodon n. m.
→ **rigaudon**
rigolade n. f.
rigolage n. m.
rigolard, arde adj. et n.
rigole n. f.
rigoler v. intr. | conjug. 1 |
rigoleur, euse adj. et n.
rigoleuse n. f.
Rigollot® n. m.
➾ Comme tous les noms déposés, ce mot doit s'écrire avec une majuscule : *on lui a posé des Rigollots.* Toutefois, on le trouve fréquemment employé comme nom générique sans respect de la règle : *on lui a posé des rigollots.*
HOM. **rigolo**

¹rigolo, ote adj. et n.
HOM. **Rigollot** ®
²rigolo n. m. (pistolet)
HOM. **Rigollot** ®
rigorisme n. m.
rigoriste n. et adj.
rigotte n. f.
rigouillard, arde adj.
rigoureusement adv.
rigoureux, euse adj.
rigueur n. f.
➾ Ce mot est au singulier dans les locutions **de rigueur** et **tenir rigueur à qqn**.
rikiki adj. inv.
→ **riquiqui**
rillettes n. f. pl.
rillons n. m. pl.
rillot ou **rillaud** n. m.
Rilsan® n. m.
➾ Comme tous les noms déposés, ce mot doit s'écrire avec une majuscule : *des tuyaux en Rilsan*. Toutefois, on le trouve fréquemment employé comme nom générique sans respect de la règle : *des tuyaux en rilsan*.
rimailler v. intr. | conjug. 1 |
rimaillerie n. f.
rimailleur, euse n.
rimant, ante adj.
rimaye /ʀimaj/ n. f.
HOM. formes du v. **rimailler**
rimbaldien, ienne adj.
rime n. f.
➾ Ne pas écrire **rimme* : ce mot n'a qu'un seul *m*. Ce mot est au singulier dans la locution **sans rime ni raison**.
rimer v. intr. et v. tr. | conjug. 1 |
rimeur, euse n.
Rimmel® n. m.
➾ Comme tous les noms déposés, ce mot doit s'écrire avec une majuscule : *elle a mis du Rimmel*. Toutefois, on le trouve fréquemment employé comme nom générique sans respect de la règle : *elle a mis du rimmel*.
rinçage n. m.
rinceau n. m.
rince-bouche n. m. ▪ plur. **rince-bouches**
rince-bouteille n. m. ▪ plur. **rince-bouteilles**
rince-cochon n. m. ▪ plur. inv. ou plur. **rince-cochons**○
rince-doigts ▪ plur. inv. ou **rince-doigt**○ ▪ plur. **rince-doigts**○ n. m.
rincée n. f.
rincer v. tr. | conjug. 3 |
¬ **se rincer**
➾ Aux temps composés de la forme pronominale, le participe passé s'accorde en genre et en nombre avec le sujet : *elle s'est rincée*. Mais le participe passé ne s'accorde pas quand il est suivi d'un complément d'objet direct : *ils se sont rincé la bouche*. Il ne s'accorde avec le complément d'objet direct que lorsque celui-ci est placé avant le verbe : *ils se la sont rincée*.
rincette n. f.
rinceur, euse n.
rinçoir n. m.
rinçure n. f.
¹rinforzando /ʀinfɔʀdzando/ adv.
²rinforzando /ʀinfɔʀdzando/ adj. et n. m.
➾ Ce mot a un pluriel régulier : *des rinforzandos ; des accents rinforzandos*.
ring /ʀiŋ/ n. m.
¹ringard n. m. (tisonnier)
²ringard, arde n. et adj. (démodé)
ringardage n. m.
ringarder v. tr. | conjug. 1 |
ringardisation n. f.
ringardise n. f.
ringardiser v. tr. | conjug. 1 |
¬ **se ringardiser**
➾ Aux temps composés de la forme pronominale, le participe passé s'accorde en genre et en nombre avec le sujet : *elle s'est ringardisée*.
rink /ʀink/ n. m.
riokan /ʀjɔkan/ n. m.
riomètre n. m.
R. I. P. ou **RIP** /ɛʀipe ; ʀip/ n. m. inv.
▫ abrév. de **relevé d'identité postale**
HOM. **ripe**, formes du v. **riper**
ripable adj.
ripage n. m.
ripaille n. f.
☰ Ce mot familier est toujours au singulier dans la locution **faire ripaille**.
ripailler v. intr. | conjug. 1 |
ripailleur, euse n. et adj.
riparia n. m.
ripaton n. m.
ripe n. f.
HOM. **RIP**
riper v. tr. et v. intr. | conjug. 1 |
¹ripeur, euse n. (personne)
²ripeur n. m.
(engin)
▫ rec. off. pour **ripper**
→ **rippeur**
ripicole adj.
ripiéno ou **ripieno** /ʀipjeno/ n. m.
Ripolin® n. m.
➾ Comme tous les noms déposés, ce mot doit s'écrire avec une majuscule : *du Ripolin blanc*. Toutefois, on le trouve fréquemment employé comme nom générique sans respect de la règle : *du ripolin blanc*.
ripoliner v. tr. | conjug. 1 |

ripopée n. f.
riposte n. f.
riposter v. intr. | conjug. 1 |
riposteur, euse n.
ripou adj. et n. m. ▪ plur. **ripous** ou plur. **ripoux**
➾ Le pluriel régulier est *ripous*. La forme *ripoux* s'est répandue à la suite du titre du film de Claude Zidi.
rippeur ou **ripper** /ʀipœʀ/ n. m.
▫ rec. off. : **ripeur** ou **défonceuse**
ripple-mark /ʀipœlmaʀk/ n. f. ▪ plur. **ripple-marks**
ripuaire adj. et n.
riquiqui ou **rikiki** adj. inv.
[1]**rire** n. m.
➾ **Fou rire** s'écrit sans trait d'union et prend la marque du pluriel : *des fous rires*.
[2]**rire** v. intr. | conjug. 36 |
▸ **rire de** (+ n.) *rire de la naïveté de qqn*
➾ Le participe passé *ri* est toujours invariable car ce verbe n'a jamais de complément d'objet direct : *elles se sont ri de sa maladresse*.
Ξ **Pour de rire** est populaire ou enfantin. Dans le langage courant, il faut employer **pour rire**.
ris n. m.
➾ Ne pas confondre ce mot avec *riz* : il faut écrire **des ris de veau** et non ***des riz de veau**.
HOM. **riz**
risban n. m.
risberme n. f.
rise n. f.
HOM. **rhize**
risée n. f.
riser v. intr. | conjug. 1 |
risette n. f.
▸ **faire des risettes**
▸ **faire risette**
risible adj.
risiblement adv.
risorius /-jys/ n. m.
risotto n. m.
➾ Ce mot a un pluriel régulier : *des risottos*.
risque n. m.
➾ *Risque* est généralement au singulier dans les locutions **à risque** et **sans risque** : *des grossesses à risque ; des placements sans risque*. Le pluriel n'est toutefois pas fautif.
risqué, ée adj.
risquer v. tr. | conjug. 1 |
▸ **risquer de** (+ inf.) *elle risque de tout perdre*
▸ **risquer que** (+ subj.) *vous risquez qu'il s'en aperçoive*
Ξ L'emploi de **risquer de** au sens de « avoir une chance de », sans idée d'inconvénient, est admis dans l'usage courant : *ça risque de marcher*. Dans la langue soignée, il est préférable de l'éviter.
¬ **se risquer**
il s'est risqué dans la jungle
▸ **se risquer à** (+ inf.) *se risquer à parler*
➾ Aux temps composés de la forme pronominale, le participe passé s'accorde en genre et en nombre avec le sujet : *ils se sont risqués à intervenir*.
risque-tout ▪ plur. inv. ou **risquetout**○ ▪ plur. **risquetouts**○ n. et adj.
risse n. f.
rissole n. f.
rissoler v. tr. | conjug. 1 |
rissolette n. f.
rissolier n. m.
HOM. formes du v. **rissoler**
ristourne n. f.
▫ rec. off. pour **discount**
ristourner v. tr. | conjug. 1 |
rital, ale n.
ritardando /ʀitaʀdando/ adv.
rite ou **rit** n. m.
HOM. forme du v. **rire**
ritournelle n. f.
ritualisation n. f.
ritualiser v. tr. | conjug. 1 |
ritualisme n. m.
ritualiste n. et adj.
rituel, elle adj. et n. m.
rituellement adv.
rivage n. m.
rival, ale, aux n. et adj.
rivaliser v. intr. | conjug. 1 |
rivalité n. f.
rive n. f.
rivelaine n. f.
rivelet n. m.
river v. tr. | conjug. 1 |
riverain, aine n. et adj.
riveraineté n. f.
rivereux, euse adj.
→ **riviéreux**
rivesaltes n. m.
➾ Lorsqu'il désigne un vin, ce mot s'écrit sans majuscule, contrairement au nom propre qui désigne la commune : *un vin de Rivesaltes* mais *une bouteille de rivesaltes*.
rivet n. m.
HOM. formes du v. **river**
rivetage n. m.
riveter v. tr. | conjug. 4 |
riveteuse n. f.
rivetier n. m.
HOM. formes du v. **riveter**
riveur, euse n.
riviera n. f.
➾ Ce mot s'écrit avec une majuscule dans les dénominations géographiques : *la Riviera*

dalmate. Sans complément, il désigne soit le littoral italien qui s'étend le long du golfe de Gênes, soit le littoral de la Côte d'Azur.
rivière n. f.
riviérette n. f.
riviéreux, euse ou **rivereux, euse** adj.
rivoir n. m.
rivulaire adj. et n. f.
rivure n. f.
rixdale n. f.
rixe n. f.
riz n. m.
➾ Ne pas confondre ce mot avec *ris*, que l'on trouve notamment dans **ris de veau**.
HOM. **ris**, formes du v. **rire**
rizaire adj.
HOM. forme du v. **riser**
rizerie n. f.
rizicole adj.
riziculteur, trice n.
riziculture n. f.
rizier n. m.
HOM. formes du v. **riser**
rizière n. f.
riziforme adj.
rizon n. m.
HOM. forme du v. **riser**
rizot n. m.
riz-pain-sel n. m. inv.
R. M. A. n. m.
▫ abrév. de **revenu minimum d'activité**
R. M. I. n. m.
▫ abrév. de **revenu minimum d'insertion**
RMiste ou **RMIste** n.
→ **érémiste**
R. M. N. n. f.
▫ abrév. de **résonance magnétique nucléaire**
R. N. n. f. inv.
▫ abrév. de **route nationale**
R. N. I. S. n. m.
▫ abrév. de **réseau numérique à intégration de services**
road(-)movie ▪ plur. **road(-)movies** ou **roadmovie**○ ▪ plur. **roadmovies**○ /ʀodmuvi/ n. m.
roadster /ʀodstɛʀ/ n. m.
roast-beef /ʀosbif/ n. m. ▪ plur. **roast-beefs**
¹**rob** n. m. (extrait de suc)
HOM. **robe**, formes du v. **rober**
²**rob** ou **robre** n. m. (partie de whist, de bridge)
HOM. **robe**, formes du v. **rober**
robage n. m.
robe n. f.
HOM. **rob**
→ aussi **pomme de terre**
rober v. tr. | conjug. 1 |
roberge n. f.
→ **ramberge**
roberie n. f.
robert n. m.
robe-tablier n. f. ▪ plur. **robes-tabliers**
robette n. f.
robeuse n. f.
robin n. m. et adj.
¹**robine** ou **roubine** n. f. (canal)
²**robine** n. f. (marteau)
robinet n. m.
robinetier, ière ou **robinétier, ière**○ n.
robinetterie n. f.
robineux, euse n.
robinier n. m.
robinson n. m.
robinsonnade n. f.
robinsonner v. intr. | conjug. 1 |
roble n. m.
roblot n. m.
roboratif, ive adj.
robot n. m.
roboticien, ienne n.
robotique n. f.
robotisation n. f.
robotiser v. tr. | conjug. 1 |
robotisme n. m.
robre n. m.
→ ²**rob**
roburite n. f.
robusta n. m.
robuste adj.
robustement adv.
robustesse n. f.
robusticité n. f.
roc n. m. (bloc)
HOM. **rock, roque**, formes du v. **roquer**
rocade n. f.
rocaillage n. m.
¹**rocaille** n. f. (pierres, décor)
²**rocaille** adj. inv. et n. m. (style)
rocailler v. intr. | conjug. 1 |
rocailleur n. m.
rocailleux, euse adj.
rocambeau n. m.
rocambole n. f.
rocambolesque adj.
rocelle n. f.
rochage n. m.
rochasse n. f.
rochassier, ière n.
roche n. f.
roche-magasin n. f. ▪ plur. **roches-magasins**
roche-mère n. f. ▪ plur. **roches-mères**
¹**rocher** n. m.
²**rocher** v. intr. | conjug. 1 |

roche-réservoir n. f. ▪ plur. **roches-réservoirs**
rochet n. m.
HOM. formes du v. **rocher**
rocheux, euse adj.
➾ On écrit ce mot avec une majuscule dans la dénomination géographique **les montagnes Rocheuses**.
rochier n. m.
HOM. formes du v. **rocher**
[1]**rock** n. m. (oiseau)
HOM. **roc**, **roque**, formes du v. **roquer**
[2]**rock** n. m. et adj. inv.
▫ abrév. de **rock-and-roll**
HOM. **roc**, **roque**, formes du v. **roquer**
rockabilly /-li/ n. m.
rock-and-roll ou **rock'n'roll** /ʀɔkɛnʀɔl/ n. m. et adj. inv.
rockeur, euse ou **rocker** n.
rocking-chair ▪ plur. **rocking-chairs** ou **rockingchair**○ ▪ plur. **rockingchairs**○ /ʀɔkiŋ(t)ʃɛʀ/ n. m.
rock-star ▪ plur. **rock-stars** ou **rockstar** ▪ plur. **rockstars** n. f.
rococo n. m. et adj. inv.
➾ Comme tous les mots désignant ou qualifiant un courant artistique, ce mot s'écrit sans majuscule : *le style rococo ; le rococo*.
rocou n. m.
rocouer v. tr. | conjug. 1 |
rocouyer n. m.
rocroi n. m.
rocteur n. m.
rodage n. m.
rôdailler v. intr. | conjug. 1 |
rôdailleur, euse adj. et n.
rode n. f.
rodenticide adj. et n. m.
rodéo n. m.
roder v. tr. | conjug. 1 | (user, faire fonctionner)
rôder v. intr. | conjug. 1 | (errer)
rôderie n. f.
rôdeur, euse n. et adj.
rodeuse n. f.
rodoir n. m.
rodolphines adj. et n. f. pl.
rodomont n. m. et adj.
rodomontade n. f.
rœntgen /ʀøntgɛn/ n. m.
→ **röntgen**
rœntgenium /ʀœntgenjɔm/ n. m.
rœntgenthérapie /ʀœntgɛn-/ n. f.
→ **röntgenthérapie**
rœsti /ʀøsti/ n. m.
→ **rösti**
rogation n. f.
rogatoire adj.
rogatoirement adv.
rogaton n. m.
rognage ou **rognement** n. m.
rogne n. f.
rogne-pied n. m. ▪ plur. inv. ou plur. **rogne-pieds**○
rogner v. tr. et v. intr. | conjug. 1 |
▸ **rogner sur qqch.** *rogner sur les dépenses de nourriture*
rognerie n. f.
rogneur, euse n.
rogneux, euse adj. et n.
rognoir n. m.
rognon n. m.
HOM. formes du v. **rogner**
rognonnade n. f.
rognonner v. intr. | conjug. 1 |
rognure n. f.
rogomme n. m.
☰ De nos jours, ce mot s'emploie surtout dans la locution familière **voix de rogomme**.
rogommeux, euse adj.
rogommiste n. m.
rogue adj. et n. f.
rogué, ée adj.
roguement adv.
roguerie n. f.
rohart n. m.
roi n. m.
➾ *Roi* s'écrit généralement sans majuscule : *le roi Henri IV ; le roi d'Espagne ; le roi est mort*. Il s'écrit avec une majuscule dans certains titres ou surnoms : *le Roi-Soleil ; les Rois Catholiques ; le Roi Très Chrétien ; le Grand Roi ; le Roi des rois*, etc. Au pluriel, ce mot s'écrit également avec une majuscule lorsqu'il désigne les Rois mages : *la fête des Rois ; la galette des Rois*.
HOM. **roie**
roide adj.
roideur n. f.
roidir v. tr. | conjug. 2 |
roie n. f.
HOM. **roi**
roitelet n. m.
roitillon n. m.
rolandique adj.
rôle n. m.
rôlet n. m.
rôle-titre n. m. ▪ plur. **rôles-titres**
rôleur, euse n.
rolle n. m.
roller /ʀɔlœʀ/ n. m.
roller catch /ʀɔlœʀkatʃ/ n. m. ▪ plur. **roller catches**
rolleur, euse n.
rollier n. m.

rollmops /ʀɔlmɔps/ n. m.
rollot n. m.
rom n. et adj.
➾ L'adjectif s'écrit sans majuscule : *le peuple rom*. Le nom s'écrit avec une majuscule uniquement quand il désigne une personne : *les Roms ; c'est une Rom*.
HOM. **rhum, ROM**
ROM n. f. inv.
▫ abrév. de **read only memory**
HOM. **rhum, rom**
romadour n. m.
romagnol, ole adj.
romain, aine adj. et n.
➾ L'adjectif s'écrit sans majuscule : *la population romaine ; l'Empire romain ; les caractères romains*. Le nom s'écrit avec une majuscule uniquement quand il désigne une personne : *les Romains ; c'est une Romaine* mais *le romain et l'italique*.
romaine n. f. (laitue, balance)
romaïque ou **roméique** adj. et n. m.
[1]**roman** n. m. (récit)
HOM. **romand**
[2]**roman, ane** n. m. et adj.
➾ Comme tous les mots qui désignent ou qualifient une langue, *roman* s'écrit sans majuscule : *le roman était parlé autrefois en France ; les langues romanes*.
HOM. **romand**
romance n. f. et adj.
romancer v. tr. | conjug. 3 |
romancero ou **romancéro**° n. m.
romanche n. m.
➾ Comme tous les noms de langues, ce mot s'écrit sans majuscule : *ils parlent le romanche*.
romancier, ière n.
romancine n. f.
romanciste n.
romand, ande adj.
➾ L'adjectif s'écrit sans majuscule : *la Suisse romande ; les Suisses romands*. Le nom s'écrit avec une majuscule : *les Romands ; c'est une Romande*.
HOM. **roman**
romandisme n. m.
romanesco n. m.
Ξ Ce mot peut s'employer en apposition ; il est alors invariable : *des choux romanesco*.
romanesque adj. et n. m.
romanesquement adv.
roman-feuilleton n. m. ▪ plur. **romans-feuilletons**
roman-fleuve n. m. ▪ plur. **romans-fleuves**
romani n. m.
➾ Comme tous les noms de langues, ce mot s'écrit sans majuscule : *ils parlent le romani*.
romanichel, elle n.
➾ Ce mot s'écrit sans majuscule : *une roulotte de romanichels*.
Ξ Ce mot est péjoratif. Pour désigner le peuple parlant le romani, il faut employer *rom*.
→ aussi **rom**
romanisant, ante adj. et n.
romanisation n. f.
romaniser v. intr. et v. tr. | conjug. 1 |
romanisme n. m.
romaniste n.
romanité n. f.
[1]**romano** n. (romanichel)
[2]**romano** n. m. (fromage)
romano-gothique adj. ▪ plur. **romano-gothiques**
roman-photo n. m. ▪ plur. **romans-photos**
romanticisme n. m.
romantique adj. et n.
➾ Comme tous les mots désignant ou qualifiant un courant artistique ou ses représentants, ce mot s'écrit sans majuscule : *la peinture romantique ; les classiques et les romantiques*.
romantiquement adv.
romantiser v. tr. | conjug. 1 |
romantisme n. m.
➾ Comme tous les noms de courants artistiques, ce mot s'écrit sans majuscule : *le romantisme allemand*.
romarin n. m.
rombier n. m.
rombière n. f.
roméique adj. et n. m.
→ **romaïque**
romestecq n. m.
rompement n. m.
rompis n. m.
rompre v. intr. et v. tr. | conjug. 41 |
¬ **se rompre**
➾ Aux temps composés de la forme pronominale, le participe passé s'accorde en genre et en nombre avec le sujet : *la glace s'est rompue*. Mais le participe passé ne s'accorde pas quand il est suivi d'un complément d'objet direct : *elle s'est rompu les os*. Il ne s'accorde avec le complément d'objet direct que lorsque celui-ci est placé avant le verbe : *elle se les est rompus*.
rompu, ue adj.
▸ **rompu à** (+ n.) *une informaticienne rompue à la programmation*
→ aussi **bâton**
romsteck ou **romsteak** ou **rumsteck** ou **rumsteak** /ʀɔmstɛk/ n. m.
romulée n. f.
ronce n. f.
ronceraie n. f.

roncet n. m.
ronceux, euse adj.
ronchon, onne n. et adj.
ronchonnement n. m.
ronchonner v. intr. | conjug. 1 |
ronchonneur, euse adj. et n.
ronchonnot n. m.
roncier n. m.
roncière n. f.
rond, ronde adj. et n. m.
➾ La locution **en rond** est invariable : *ils dansent en rond.*
Ξ *Rond* peut s'employer comme adverbe ; il est alors invariable : *ils ne tournent pas rond ; cent euros tout rond.*
HOM. formes du v. **rompre**
rondache n. f.
rondachier n. m.
rondade n. f.
rondage n. m.
rond-de-cuir n. m. ▪ plur. **ronds-de-cuir**
ronde n. f.
rondeau n. m.
HOM. **rondo**
ronde-bosse n. f. ▪ plur. **rondes-bosses**
rondelet, ette adj. et n. m.
rondelette n. f.
rondelle n. f.
rondement adv.
ronder v. intr. | conjug. 1 |
rondet n. m.
HOM. formes du v. **ronder**
rondeur n. f.
rondier n. m.
HOM. formes du v. **ronder**
rondin n. m.
rondir v. tr. et v. intr. | conjug. 2 |
rondis ou **rondiste** n. m.
rondissage n. m.
rondisseur, euse n.
rondo n. m.
HOM. **rondeau**
rondoir n. m.
rondou n. m.
rondouillard, arde adj.
rond-point ▪ plur. **ronds-points** ou **rondpoint**° ▪ plur. **rondpoints**° n. m.
Ronéo® n. f.
➾ Comme tous les noms déposés, ce mot doit s'écrire avec une majuscule : *reproduire un texte avec une Ronéo.* Toutefois, on le trouve fréquemment employé comme nom générique sans respect de la règle : *reproduire un texte avec une ronéo.*
ronéoter v. tr. | conjug. 1 |
ronéotyper v. tr. | conjug. 1 |
roneraie ou **rôneraie** n. f.
ronflant, ante adj.
ronflement n. m.
ronfler v. intr. | conjug. 1 |
ronflette n. f.
ronfleur, euse n.
ronfloter ou **ronflotter** v. intr. | conjug. 1 |
ronge n. m.
rongeage n. m.
rongeant, ante adj. et n. m.
rongement n. m.
ronger v. tr. | conjug. 3 |
¬ **se ronger**
➾ Aux temps composés de la forme pronominale, le participe passé s'accorde en genre et en nombre avec le sujet : *ils se sont rongés d'inquiétude.* Mais le participe passé ne s'accorde pas quand il est suivi d'un complément d'objet direct : *elle s'est rongé les ongles.* Il ne s'accorde avec le complément d'objet direct que lorsque celui-ci est placé avant le verbe : *elle se les est rongés.*
rongeur, euse adj. et n.
rongicide adj. et n. m.
rongorongo adj. et n. m.
rônier n. m.
ronin ou **rônin** /ʀɔnɛ̃ ; ʀɔnin/ n. m.
ronron n. m.
ronronnement n. m.
ronronner v. intr. | conjug. 1 |
ronsardien, ienne adj.
ronsardisme n. m.
röntgen ou **rœntgen** /ʀøntgɛn/ n. m.
röntgenthérapie ou **rœntgenthérapie** /ʀøntgɛn-/ n. f.
rookerie /ʀukʀi/ ou **roquerie** n. f.
roque n. m.
HOM. **roc, rock**
roquefort n. m.
➾ Lorsqu'il désigne un fromage, ce mot s'écrit sans majuscule, contrairement au nom propre qui désigne la commune : *du fromage de Roquefort* mais *manger du roquefort.*
roquelaure n. f.
roquentin n. m.
roquer v. intr. | conjug. 1 |
roquerie n. f.
→ **rookerie**
roquet n. m.
HOM. formes du v. **roquer**
roquetin n. m.
roquette n. f.
roquillard n. m.
roquille n. f.
rorique adj.
rorqual n. m.
➾ Ce mot a un pluriel régulier : *des rorquals.*

ros /ʀo/ n. m.
HOM. **rho, rot, rôt**
rosace n. f.
HOM. forme du v. **roser**
rosacé, ée adj. et n. f.
rosage n. m.
rosaire n. m.
HOM. forme du v. **roser**
rosalbin n. m.
rosale n. f.
rosalie n. f.
rosaniline n. f.
rosarium /-jɔm/ n. m.
rosat adj. inv.
HOM. formes du v. **roser**
rosâtre adj.
rosbif n. m.
¹**rose** n. f. (fleur)
➾ Ce mot est au singulier dans la locution **eau de rose** : *des romans à l'eau de rose.*
²**rose** adj. et n. m. (couleur)
➾ L'adjectif de couleur est invariable quand il est suivi d'un autre adjectif ou d'un nom qui précise la nuance : *des chaussettes rose pâle* ; *des vestes vieux rose* ; *des pantalons rose bonbon*. Quand deux adjectifs de couleur se suivent, ils sont invariables et liés par un trait d'union : *des rideaux rose-orangé.*
rosé, ée adj.
➾ Lorsque *rosé* suit un adjectif de couleur pour en préciser la nuance, les deux mots sont invariables : *des jupes beige rosé.*
roseau n. m.
rose-croix n. inv.
rosé-des-prés n. m. ▪ plur. **rosés-des-prés**
rosée n. f.
roselet n. m.
roselier, ière adj. et n. f.
roselle n. f.
roséole n. f.
roséoscopie n. f.
roser v. tr. | conjug. 1 |
roseraie n. f.
HOM. formes du v. **roser**
rosette n. f.
roseur n. f.
roseval n. f.
rosicrucien, ienne adj. et n.
rosier n. m.
HOM. formes du v. **roser**
rosière n. f.
rosiériste n.
rosine n. f.
rosir v. intr. et v. tr. | conjug. 2 |
rosissement n. m.
rosmarinée n. f.
rosquille n. f.
→ **rousquille**
rossard, arde n. et adj.
rosse n. f. et adj.
rossée n. f.
rosser v. tr. | conjug. 1 |
rosserie n. f.
rossignol n. m.
rossignolade n. f.
rossignolet n. m.
rossinante n. f.
rossolis n. m.
rostelle n. f.
rösti ou **rœsti** /ʀøsti/ n. m.
rostral, ale, aux adj.
rostre n. m.
rostré, ée adj.
rostrifère adj.
rostriforme adj.
¹**rot** n. m. (renvoi)
HOM. **rho, ros, rôt**
²**rot** /ʀɔt/ n. m. (maladie)
HOM. **rote**, formes du v. **roter**
rôt n. m. (vx : rôti)
HOM. **rho, ros, rot**
rotacé, ée adj.
rotacteur n. m.
rotang /ʀɔtɑ̃g/ n. m.
rotangle n. m.
→ **rotengle**
rotarien, ienne n. et adj.
rotary n. m.
➾ Ce mot a un pluriel régulier : *des rotarys.*
rotateur, trice adj.
rotatif, ive adj., n. m. et n. f.
rotation n. f.
rotationnel, elle adj. et n. m.
rotative n. f.
rotativement adv.
rotativiste n.
rotatoire adj.
rotavirus /-ys/ n. m.
rote n. f.
HOM. ²**rot**
rotengle ou **rotangle** n. m.
roténone n. f.
roter v. intr. | conjug. 1 |
roteur, euse n.
roteuse n. f.
rôti, ie n. m. et adj.
rôtie n. f.
rotifère n. m. et adj.
rotin n. m.
rôtir v. tr. et v. intr. | conjug. 2 |
¬ **se rôtir**
➾ Aux temps composés de la forme pronominale, le participe passé s'accorde en genre

et en nombre avec le sujet : *elles se sont rôties au soleil.*
rôtissage n. m.
rôtisserie n. f.
rôtisseur, euse n.
rôtissoire n. f.
roto n. f.
▫ abrév. de **rotative**
rotogravure n. f.
roton n. m.
HOM. **rotond**, formes du v. **roter**
rotond, onde adj.
HOM. **roton**, formes du v. **roter**
rotonde n. f.
rotondité n. f.
rotoplots n. m. pl.
rotor n. m.
rotorique adj.
rototo n. m.
rotrouenge n. f.
rotruenge n. f.
rottweiler ou **rottweiller** ou **rotweileur**○ /ʀɔtvajlœʀ/ n. m.
rotule n. f.
rotulien, ienne adj.
roture n. f.
roturier, ière adj. et n.
roturièrement adv.
rouable n. m.
rouage n. m.
rouan, rouanne adj.
HOM. **rouant** (p. prés. de *rouer*)
rouanne n. f.
rouannette n. f.
roubignoles n. f. pl.
roubine n. f.
→ [1]**robine**
roublard, arde adj.
roublardise n. f.
rouble n. m.
rouche n. f.
rouchi n. m.
➾ Comme tous les noms de langues ou de dialectes, ce mot s'écrit sans majuscule : *ils parlent le rouchi.*
roucoulade n. f.
roucoulant, ante adj.
roucoulement n. m.
roucouler v. intr. | conjug. 1 |
roucouleur, euse adj. et n.
roucoulis n. m.
roudou n. m.
→ **redoul**
roudoudou n. m.
roue n. f.
HOM. **roux**, formes du v. **rouer**
roué, rouée adj. et n.
rouelle n. f.
rouennerie n. f.
rouennier, ière n.
roue-pelle n. f. ▪ plur. **roues-pelles**
rouer v. tr. | conjug. 1 |
rouergat, ate adj. et n.
➾ L'adjectif s'écrit sans majuscule : *la population rouergate.* Le nom s'écrit avec une majuscule uniquement quand il désigne une personne : *les Rouergats ; c'est une Rouergate* mais *parler le rouergat.*
rouerie n. f.
➾ Ne pas oublier le *e* muet.
rouet n. m.
HOM. formes du v. **rouer**
rouette n. f.
rouf n. m.
rouflaquette n. f.
rougail ou **rougaille** n. m.
rouge adj. et n.
➾ Ce mot s'écrit sans majuscule dans **l'Armée rouge**. **Rouge à lèvres** s'écrit sans trait d'union. L'adjectif de couleur est invariable quand il est suivi d'un autre adjectif ou d'un nom qui précise la nuance : *des vernis rouge sang ; des bottes rouge vif ; des murs rouge tomate.* Quand deux adjectifs de couleur se suivent, ils sont invariables et liés par un trait d'union : *des reflets rouge-orangé.*
Ξ *Rouge* peut s'employer comme adverbe ; il est alors invariable : *ils ont vu rouge ; elles se sont fâchées tout rouge.*
rougeard n. m.
rougeâtre adj.
rougeau n. m.
HOM. **rougeaud, rougeot**
rougeaud, aude adj.
HOM. **rougeau, rougeot**
rouge-gorge ▪ plur. **rouges-gorges** ou **rougegorge**○ ▪ plur. **rougegorges** n. m.
rougeoiement n. m.
➾ Ne pas oublier le *e* muet.
rougeole n. f.
rougeoleux, euse adj. et n.
rougeot, ote adj.
HOM. **rougeau, rougeaud**
rougeoyant, ante adj.
rougeoyer v. intr. | conjug. 8 |
rouge-pie adj. inv.
rouge-queue ▪ plur. **rouges-queues** ou **rougequeue**○ ▪ plur. **rougequeues** n. m.
rougeron n. m.
rouget n. m.
rougette n. f.
rougeur n. f.
[1]**rough** /ʀœf/ n. m.
▫ rec. off. : **esquisse**
[2]**rough** /ʀœf/ n. m. (de golf)

rougi, ie adj.
rougir v. intr. et v. tr. | conjug. 2 |
rougissant, ante adj.
rougissement n. m.
rougissure n. f.
roui, ie adj. et n. m.
rouillarde n. f.
rouille n. f.
Ξ Ce mot peut s'employer comme adjectif de couleur ; il est alors invariable : *des costumes rouille.*
rouillé, ée adj.
rouiller v. intr. et v. tr. | conjug. 1 |
¬ **se rouiller**
➾ Aux temps composés de la forme pronominale, le participe passé s'accorde en genre et en nombre avec le sujet : *l'arme s'est rouillée.*
rouilleuse n. f.
rouilleux, euse adj.
rouillure n. f.
rouir v. tr. et v. intr. | conjug. 2 |
rouissage n. m.
rouisseur, euse n.
rouissoir n. m.
roulable adj.
roulade n. f.
rouláder v. intr. | conjug. 1 |
roulage n. m.
roulaison n. f.
roulant, ante adj.
roulante n. f.
roule n. m.
roulé, ée adj. et n. m.
rouleau n. m.
rouleauté, ée adj. et n. m.
roulé-boulé n. m. ▪ plur. **roulés-boulés**
roulée n. f.
roulement n. m.
rouler v. tr. et v. intr. | conjug. 1 |
¬ **se rouler**
➾ Aux temps composés de la forme pronominale, le participe passé s'accorde en genre et en nombre avec le sujet : *elle s'est roulée en boule.*
roulet n. m.
HOM. formes du v. **rouler**
roulette n. f.
rouleur n. m.
rouleuse n. f.
roulier n. m.
HOM. formes du v. **rouler**
roulière n. f.
roulis n. m.
rouloir n. m.
roulon n. m.
HOM. formes du v. **rouler**
rouloteuse n. f.
roulottage ou **roulotage**○ n. m.
roulotte n. f.
rouloté, ée ou **rouloté, ée**○ adj. et n. m.
roulotter ou **rouloter**○ v. tr. | conjug. 1 |
roulottier, ière n.
HOM. formes du v. **roulotter**
rouloul n. m.
roulure n. f.
roumain, aine adj. et n.
➾ L'adjectif s'écrit sans majuscule : *la population roumaine.* Le nom s'écrit avec une majuscule uniquement quand il désigne une personne : *les Roumains ; c'est une Roumaine* mais *parler le roumain ; des poivrons farcis à la roumaine.*
rouméguer v. intr. | conjug. 6 |
roumi ou **roumi, ie** n.
round /ʀaund ; ʀund/ n. m.
roupane n. f.
roupe n. f.
roupettes n. f. pl.
roupie n. f.
roupieux, euse adj. et n.
roupille n. f.
roupiller v. intr. | conjug. 1 |
roupilleur, euse n.
roupillon n. m.
roupiou n. m.
rouquemoute n.
rouquin, ine adj. et n.
rouscaille n. f.
rouscailler v. intr. | conjug. 1 |
rouscailleur, euse adj. et n.
rouspétage n. m.
rouspétance n. f.
rouspéter v. intr. | conjug. 6 |
rouspéteur, euse n.
rousquille ou **rosquille** n. f.
roussable n. m.
roussalka n. f.
roussane n. f.
roussard n. m.
roussâtre adj.
[1]**rousse** n. f. (tache de rousseur ; arg. : police)
[2]**rousse** n. m. (arg. : policier)
rousseau n. m.
rousseauiste adj. et n.
roussée n. f.
rousselé, ée adj.
rousseler v. intr. | conjug. 4 |
rousselet n. m.
HOM. formes du v. **rousseler**
rousseline n. f.
rousser v. intr. | conjug. 1 |
rousserolle ou **rousserole** n. f.
roussette n. f.

rousseur n. f.
roussi, ie adj. et n. m.
roussille n. f.
roussin n. m.
roussir v. tr. et v. intr. | conjug. 2 |
roussissage n. m.
roussissement n. m.
roussissure n. f.
rouste n. f.
roustir v. tr. | conjug. 2 |
roustissure n. f.
roustons n. m. pl.
routage n. m.
routard, arde n.
route n. f.
router v. tr. | conjug. 1 |
routeur, euse n.
routier, ière adj. et n.
Routière est la forme recommandée par le *Guide d'aide à la féminisation des noms de métiers, titres, grades et fonctions* et l'Office québécois de la langue française pour parler d'une femme : *elle est routière*.
HOM. formes du v. **router**
routin n. m.
routine n. f.
routinier, ière adj.
routinièrement adv.
rouverain ou **rouverin** adj. m.
rouvieux n. m. et adj.
rouvraie n. f.
HOM. formes du v. **rouvrir**
rouvre n. m.
rouvrir v. tr. et v. intr. | conjug. 18 |
¬ **se rouvrir**
➾ Aux temps composés de la forme pronominale, le participe passé s'accorde en genre et en nombre avec le sujet : *la plaie s'est rouverte*.
→ aussi **réouvrir**
roux, rousse adj. et n.
➾ L'adjectif de couleur est invariable quand il est suivi d'un autre adjectif ou d'un nom qui précise la nuance : *des moustaches roux clair*. Quand deux adjectifs de couleur se suivent, ils sont invariables et liés par un trait d'union : *des chevelures brun-roux*.
HOM. **roue**, formes du v. **rouer**
royal, ale, aux adj.
royale n. f.
royalement adv.
royalisme n. m.
royaliste n. et adj.
royalties n. f. pl.
□ rec. off. : **redevance**
royan n. f.
➾ Lorsqu'il désigne une sardine, ce mot s'écrit sans majuscule, contrairement au nom propre qui désigne la région : *des sardines de Royan* mais *manger des royans*.
royaume n. m.
➾ Ce mot s'écrit avec une majuscule dans le nom propre **le Royaume-Uni**. Il s'écrit sans majuscule dans les autres cas : *le royaume de Belgique* ; *le royaume des cieux* ; *le royaume des morts*.
royauté n. f.
royes /ʀwaj/ n. f. pl.
R. S. A. n. m.
□ abrév. de **revenu de solidarité active**
R. S. E. n. f.
□ abrév. de **responsabilité sociale de l'entreprise**
R. S. S. n. m.
□ abrév. de **really simple syndication**
R. T. T. n. f.
□ abrév. de **réduction du temps de travail**
ru n. m.
HOM. **rue, ruz**, formes du v. **ruer**
ruade n. f.
rubacelle n. f.
ruban n. m.
On peut employer **mètre à ruban** ou **mètre ruban**. *Ruban* est invariable dans les deux cas : *des mètres (à) ruban*.
rubanage n. m.
rubané, ée adj.
rubaner v. tr. | conjug. 1 |
rubanerie n. f.
rubaneur, euse adj.
[1]**rubanier, ière** n. et adj.
HOM. formes du v. **rubaner**
[2]**rubanier** n. m. (plante)
HOM. formes du v. **rubaner**
rubato adj., adv. et n. m.
rubèbe n. f.
rubéfaction n. f.
rubéfiant, iante adj. et n. m.
rubéfier v. tr. | conjug. 7 |
rubellite n. f.
rubénien, ienne ou **rubéniste** adj. et n.
rubéole n. f.
rubéoleux, euse adj.
rubéolique adj.
rubescence n. f.
rubescent, ente adj.
rubia n. m.
rubiacée n. f.
rubiadine n. f.
rubiale n. f.
rubican adj. m.
rubicelle n. f.
rubicond, onde adj.
➾ Ne pas confondre cet adjectif avec le nom

propre *Rubicon*, que l'on rencontre notamment dans l'expression **franchir le Rubicon**.
rubidium /-jɔm/ n. m.
rubidomycine n. f.
rubiette n. f.
rubigineux, euse adj.
rubine n. f.
rubis /ʀybi/ n. m.
Ξ Ce mot peut s'employer seul comme adjectif de couleur ou derrière un adjectif de couleur pour en préciser la nuance ; ces adjectifs sont alors invariables : *des voitures rouge rubis ; des reflets rubis.*
rubkor n. m.
rubricateur n. m.
rubriquage ou **rubricage** n. m.
rubriquard, arde ou **rubricard, arde** n.
rubrique n. f.
Ξ **À (telle) rubrique** est admis dans l'usage courant : *un article publié à la rubrique des sports.* Dans la langue soignée, on emploiera plutôt **sous (telle) rubrique** : *sous la rubrique des sports.* **Dans (telle) rubrique** est à éviter.
rubriquer v. intr. et v. tr. | conjug. 1 |
rubrospinal, ale, aux adj.
ruche n. f.
ruché n. m. (ornement)
ruchée n. f.
[1]**rucher** n. m. (ensemble de ruches)
[2]**rucher** v. tr. | conjug. 1 |
rucksack n. m.
rudânier, ière adj.
rudbeckia n. m.
rude adj.
rudement adv.
rudenté, ée adj.
rudenture n. f.
rudéral, ale, aux adj.
rudération n. f.
rudesse n. f.
rudiaire n. m.
rudiment n. m.
rudimentaire adj.
rudimentairement adv.
rudimentation n. f.
rudiste n. m.
rudoiement n. m.
➾ Ne pas oublier le *e* muet.
rudologie n. f.
rudoyer v. tr. | conjug. 8 |
rue n. f.
Ξ Pour désigner la rue principale d'une commune, on emploie *grand-rue* ou *grand'rue* mais pas **grande rue.*
HOM. **ru, ruz**, formes du v. **ruer**
→ aussi **habiter**
ruée n. f.
ruelle n. f.
ruellia n. m.
ruement n. m.
➾ Ne pas oublier le *e* muet.
ruer v. tr. et v. intr. | conjug. 1 |
¬ **se ruer**
➾ Aux temps composés de la forme pronominale, le participe passé s'accorde en genre et en nombre avec le sujet : *elle s'est ruée sur les petits fours ; ils se sont rués de coups.*
rueur, euse adj. et n.
ruffian ou **rufian** n. m.
Ruflette® n. f.
➾ Comme tous les noms déposés, ce mot doit s'écrire avec une majuscule : *coudre des Ruflettes.* Toutefois, on le trouve fréquemment employé comme nom générique sans respect de la règle : *coudre des ruflettes.*
rugby n. m.
rugbyman n. m. ▪ plur. **rugbymen** ou plur. **rugbymans**
Ξ On peut employer le pluriel à l'anglaise *rugbymen* ou le pluriel à la française *rugbymans.*
☯ On rencontre parfois le nom féminin *rugbywoman.* Pour parler d'une femme, le *Guide d'aide à la féminisation des noms de métiers, titres, grades et fonctions* recommande plutôt l'emploi de **joueuse de rugby**.
rugbystique adj.
rugbywoman adj. ▪ plur. **rugbywomen** ou plur. **rugbywomans**
Ξ On peut employer le pluriel à l'anglaise *rugbywomen* ou le pluriel à la française *rugbywomans.*
→ aussi **rugbyman**
rugination n. f.
rugine n. f.
ruginer v. tr. | conjug. 1 |
rugir v. intr. et v. tr. | conjug. 2 |
ϟ Ne pas confondre **rugir** avec **mugir**. Les deux verbes signifient « crier » mais **rugir** s'emploie en parlant de certains grands fauves alors que **mugir** s'emploie en parlant des bovidés.
rugissant, ante adj.
rugissement n. m.
rugosimètre n. m.
rugosité n. f.
rugueux, euse adj. et n. m.
ruilée n. f.
ruiler v. tr. | conjug. 1 |
ruine n. f.
➾ Ce mot est au singulier dans les locutions **en ruine** et **menacer ruine** : *les châteaux sont tombés en ruine ; des villes en ruine ; les immeubles menacent ruine.*
ruiné, ée adj.

ruine-de-rome n. f. ▪ plur. **ruines-de-rome**
ruiner v. tr. | conjug. 1 |
¬ **se ruiner**
➾ Aux temps composés de la forme pronominale, le participe passé s'accorde en genre et en nombre avec le sujet : *elles se sont ruinées au jeu*. Mais le participe passé ne s'accorde pas quand il est suivi d'un complément d'objet direct : *ils se sont ruiné la santé*. Il ne s'accorde avec le complément d'objet direct que lorsque celui-ci est placé avant le verbe : *ils se la sont ruinée*.
ruineusement adv.
ruineux, euse adj.
ruiniforme adj.
ruiniste n.
ruinure n. f.
ruisseau n. m.
ruisselant, ante adj.
ruisseler v. intr. | conjug. 4 |
ruisselet n. m.
HOM. formes du v. **ruisseler**
ruissellement ou **ruissèlement**○ n. m.
ruisson n. m.
rumb n. m.
→ **rhumb**
rumba /Rumba/ n. f.
rumble /Rœmbœl/ n. m.
rumen /Rymɛn/ n. m.
rumeur n. f.
rumex n. m.
rumie n. f.
ruminant, ante adj. et n. m.
rumination n. f.
ruminement n. m.
ruminer v. tr. | conjug. 1 |
rumsteck ou **rumsteak** /Rɔmstɛk/ n. m.
→ **romsteck**
run /Rœn/ n. m.
runabout /Rœnabaut/ n. m.
rune n. f.
runiforme adj.
runique adj.
runologue n.
ruolz /Rɥɔl(t)s/ n. m.
rupélien n. m.
rupestre adj.
rupia n. m.
rupicole n. m.
rupin, ine adj. et n.
rupteur n. m.
ruptile adj.
ruption n. f.
rupture n. f.
rural, ale, aux adj.
ruraliser v. tr. | conjug. 1 |
ruralisme n. m.
ruraliste n.
ruralité n. f.
rurbain, aine adj. et n.
rurbanisation n. f.
rusclet n. m.
ruse n. f.
rusé, ée adj.
ruser v. intr. | conjug. 1 |
rush /Rœʃ/ n. m. ▪ plur. **rushes** ou plur. **rushs**
Ξ On peut employer le pluriel anglais *rushes* ou le pluriel francisé *rushs*.
ruskof ou **russkof** adj. et n. m.
rusma n. m.
russe adj. et n.
➾ L'adjectif s'écrit sans majuscule : *la population russe*. Le nom s'écrit avec une majuscule uniquement quand il désigne une personne : *les Russes ; c'est une Russe* mais *parler le russe ; boire à la russe*.
russification n. f.
russifier v. tr. | conjug. 7 |
russisme n. m.
russkof adj. et n. m.
→ **ruskof**
russophile adj. et n.
russophilie n. f.
russophobe adj. et n.
russophone adj. et n.
russule n. f.
rustaud, aude adj. et n.
rustaudement adv.
rustauderie n. f.
ruste n. f.
rusticage n. m.
rusticité n. f.
¹**Rustine**® n. f. (rondelle de caoutchouc)
➾ Comme tous les noms déposés, ce mot doit s'écrire avec une majuscule : *coller des Rustines*. Toutefois, on le trouve très fréquemment employé comme nom générique sans respect de la règle : *coller des rustines*.
²**rustine** n. f. (face d'un creuset)
rustique adj. et n. m.
rustiqué, ée adj.
rustiquement adv.
rustiquer v. tr. | conjug. 1 |
rustre n. m. et adj.
rustrerie n. f.
rut /Ryt/ n. m.
rutabaga n. m.
rutacée n. f.
rutale n. f.
rutèle n. f.
ruthène adj. et n.
➾ L'adjectif s'écrit sans majuscule : *la population ruthène*. Le nom s'écrit avec une majuscule uniquement quand il désigne une

personne : *les Ruthènes ; une Ruthène* mais *parler le ruthène*.
ruthénium /-jɔm/ n. m.
rutherford n. m.
rutherfordium /-jɔm/ n. m.
rutidea ou **rutidéa** ○ n. m.
rutilance n. f.
rutilant, ante adj.
rutilation n. f.
rutile n. m.
rutilement n. m.
rutiler v. intr. | conjug. 1 |
rutilisme n. m.
rutoside n. m.
ruz /ʀy/ n. m.
HOM. **ru, rue,** formes du v. **ruer**
R.-V. abrév.
◻ abrév. de **rendez-vous**
ryad n. m.
→ **riad**
rye /ʀaj/ n. m.
HOM. **raï, rail, raille, ray,** formes du v. **railler**
rynchite n. m.
rythme n. m.
⊷ Ne pas écrire **rhytme*. Ce mot est généralement au pluriel dans **boîte à rythmes**.
rythmé, ée adj.
rythmer v. tr. | conjug. 1 |
rythmeur, euse n.
rythmicien, ienne n.
rythmicité n. f.
rythmies n. f. pl.
rythmique adj. et n. f.
rythmiquement adv.

S

s n. m. inv, abrév. et symb.
HOM. **ace, ès, esse**
S n. m. inv, abrév. et symb.
HOM. **ace, ès, esse**
sa adj. poss.
Ξ *Sa* devient *son* devant une voyelle ou un *h* muet : *son amie ; son habitation*.
HOM. **ça, çà**
→ aussi **son**
S. A. /ɛsa/ n. f.
▫ abrév. de **société anonyme**
sabaye ou **sabaille** n. f.
sabayon n. m.
sabbat /saba/ ou **shabbat** /ʃabat/ ou **chabbat** /ʃabat/ n. m.
sabbataire n.
sabbathien, ienne n.
sabbatique adj.
¹sabéen, éenne n. (membre d'une secte)
➾ Comme tous les mots désignant ou qualifiant une doctrine religieuse ou ses adeptes, ce mot s'écrit sans majuscule : *la religion sabéenne ; les sabéens*.
²sabéen, éenne n. et adj. (du pays de Saba)
➾ L'adjectif s'écrit sans majuscule : *le peuple sabéen*. Le nom s'écrit avec une majuscule : *les Sabéens ; une Sabéenne*.
sabéisme n. m.
➾ Comme tous les mots désignant une religion, ce mot s'écrit sans majuscule : *le sabéisme*.
sabelle n. f.
sabellianisme n. m.
sabellien, ienne n.
sabellique adj. et n. m.
➾ Comme tous les noms de langues, *sabellique* s'écrit sans majuscule : *parler le sabellique*.
sabin, ine adj. et n.
➾ L'adjectif s'écrit sans majuscule : *la population sabine*. Le nom s'écrit avec une majuscule uniquement quand il désigne une personne : *les Sabins ; c'est une Sabine* mais *parler le sabin*.
sabine n. f. (genévrier)
sabir n. m.
➾ Comme tous les noms de langues, *sabir* s'écrit sans majuscule : *parler le sabir*.
sablage n. m.
¹sable n. m. (matière)
Ξ On peut employer indifféremment **rose de sable** ou **rose des sables**. Le pluriel est plus fréquent.
Ce mot peut s'employer seul comme adjectif de couleur ou derrière un adjectif de couleur pour en préciser la nuance ; ces adjectifs sont alors invariables : *des manteaux beige sable ; des chapeaux sable*.
²sable n. m. (Blas. : noir)
sablé, ée n. m. et adj.
sabler v. tr. | conjug. 1 |
→ aussi **²champagne**
sablerie n. f.
sableur n. m.
sableuse n. f.
sableux, euse adj.
sablier n. m.
sablière n. f.
sabline n. f.
sablon n. m.
HOM. formes du v. **sabler**
sablonner v. tr. | conjug. 1 |
sablonneux, euse adj.
sablonnier n. m.
sablonnière n. f.
sablovaseux, euse adj.
sabodet n. m.
sabord n. m.
sabordage n. m.
sabordement n. m.

saborder v. tr. | conjug. 1 |
¬ **se saborder**
➾ Aux temps composés de la forme pronominale, le participe passé s'accorde en genre et en nombre avec le sujet : *la flotte s'est sabordée*.
sabot n. m.
Ξ Ce mot peut s'employer en apposition ; il prend la marque du pluriel : *des baignoires-sabots*.
sabotage n. m.
saboter v. tr. | conjug. 1 |
saboterie n. f.
saboteur, euse n.
sabotier, ière n.
HOM. formes du v. **saboter**
sabotière n. f. (danse, baignoire)
saboulage ou **saboulement** n. m.
sabouler v. tr. | conjug. 1 |
sabra n.
➾ Ce mot s'écrit sans majuscule : *les sabras ; c'est une sabra*.
HOM. formes du v. **sabrer**
sabrage n. m.
sabre n. m.
sabre-baïonnette n. m. ▪ plur. **sabres-baïonnettes**
sabrer v. tr. | conjug. 1 |
→ aussi [2]**champagne**
sabretache n. f.
sabreur, euse n. (personne)
sabreuse n. f. (machine)
sabulicole adj.
saburral, ale, aux adj.
saburre n. f.
sac n. m.
➾ Ce mot est toujours au singulier dans les locutions **mettre à sac** et **mise à sac**.
HOM. formes des v. **sacquer**, **saquer**
saccade n. f.
saccadé, ée adj.
saccader v. tr. | conjug. 1 |
saccage n. m.
saccagement n. m.
saccager v. tr. | conjug. 3 |
saccageur, euse n. et adj.
saccagne n. f.
saccharase ou **saccarase**○ /-k-/ n. f.
saccharate ou **saccarate**○ /-k-/ n. m.
sacchareux, euse /-k-/ ou **saccareux, euse**○ adj.
saccharide ou **saccaride**○ /-k-/ n. m.
saccharidé ou **saccaridé**○ /-k-/ n. m.
saccharifère ou **saccarifère**○ /-k-/ adj.
saccharifiable ou **saccarifiable**○ /-k-/ adj.
saccharifiant, ante ou **saccarifiant, ante**○ /-k-/ adj.
saccharification ou **saccarification**○ /-k-/ n. f.
saccharifier ou **saccarifier**○ /-k-/ v. tr. | conjug. 7 |
saccharimètre ou **saccarimètre**○ /-k-/ n. m.
saccharimétrie ou **saccarimétrie**○ /-k-/ n. f.
saccharimétrique ou **saccarimétrique**○ /-k-/ adj.
saccharin, ine ou **saccarin, ine**○ /-k-/ adj.
saccharine ou **saccarine**○ /-k-/ n. f.
sacchariné, ée ou **saccariné, ée**○ /-k-/ adj.
saccharinique ou **saccarinique**○ /-k-/ adj.
saccharique ou **saccarique**○ /-k-/ adj.
saccharoïde ou **saccaroïde**○ /-k-/ adj.
saccharol ou **saccarol**○ /-k-/ n. m.
saccharolé ou **saccarolé**○ /-k-/ n. m.
saccharomyces ou **saccaromyces**○ /sakaʀɔmisɛs/ n. m. pl.
saccharomycose ou **saccaromychose**○ /-k-/ n. f.
saccharose ou **saccarose**○ /-k-/ n. m.
☯ Ce mot est masculin : *du saccharose*.
saccharosurie ou **saccarosurie**○ /-k-/ n. f.
saccharure ou **saccarure**○ /-k-/ n. m.
sacciforme /saksi-/ adj.
sacculaire adj.
saccule n. m.
☯ Ce mot est masculin : *le saccule*.
sacculiforme adj.
sacculine n. f.
sacerdoce n. m.
sacerdotal, ale, aux adj.
sachée n. f.
HOM. forme du v. **savoir**
sachem /saʃɛm/ n. m.
sacherie n. f.
sachet n. m.
sacoche n. f.
sacolève n. m. ou **sacoléva** n. f.
sacome n. m.
sacotin n. m.
sac-poubelle n. m. ▪ plur. **sacs-poubelles**
sacquebute ou **saquebute** n. f.
sacquer ou **saquer** v. tr. | conjug. 1 |
HOM. **saké**
sacral, ale, aux adj.
sacralgie n. f.
sacralisation n. f.
sacraliser v. tr. | conjug. 1 |
sacralité n. f.
[1]**sacramentaire** n. et adj.
[2]**sacramentaire** n. m. (livre)
sacramental, aux n. m.
sacramentalité n. f.
sacramentel, elle adj.
sacramentellement adv.

sacrant adj. m.
sacre n. m.
sacré, ée adj. et n. m.
sacrebleu interj.
Sacré-Cœur n. m.
sacrédié interj.
sacredieu interj.
sacrement n. m.
sacrément adv.
sacrer v. tr. et v. intr. | conjug. 1 |
sacret n. m.
HOM. formes du v. **sacrer**
sacrificateur, trice n.
sacrificatoire adj.
sacrificature n. f.
sacrifice n. m.
sacrificiel, ielle adj.
sacrifié, iée adj. et n.
sacrifier v. tr. | conjug. 7 |
▸ **sacrifier** (+ n.) *sacrifier une jeune vierge ; sacrifier un agneau ; sacrifier sa vie privée à sa carrière ; tout sacrifier pour qqn*
▸ **sacrifier à** (+ n.) *sacrifier à un dieu ; sacrifier à la mode*
¬ **se sacrifier**
➾ Aux temps composés de la forme pronominale, le participe passé s'accorde en genre et en nombre avec le sujet : *ils se sont sacrifiés pour leurs enfants.*
¹**sacrilège** n. m. (profanation)
²**sacrilège** n. et adj. (coupable de sacrilège)
sacripant n. m.
sacristain n. m.
sacristaine ou **sacristine** n. f.
☯ le *Guide d'aide à la féminisation des noms de métiers, titres, grades et fonctions* et l'Office québécois de la langue française recommandent l'emploi de *sacristine*, bien que *sacristaine* soit la forme régulière.
sacristi interj.
HOM. **sacristie**
sacristie n. f.
HOM. **sacristi**
sacrococcygien, ienne /-ksi-/ adj.
sacrocoxalgie n. f.
sacro-iliaque adj. ▪ plur. **sacro-iliaques**
sacrolombaire adj.
sacro-saint, -sainte ▪ plur. **sacro-saints, -saintes** ou **sacrosaint, ainte**○ ▪ plur. **sacrosaints, aintes**○ adj.
sacrosciatique adj.
sacrovertébral, ale, aux adj.
sacrum /-ɔm/ n. m.
sadaka n. f. ou m.
sadducéen, enne ou **saducéen, enne** n. et adj.
sade adj.
sadien, ienne adj.
sadique adj. et n.
sadiquement adv.
sadisme n. m.
sadiste adj. et n.
sado adj. et n.
▫ abrév. de **sadique**
sadomaso adj. et n.
▫ abrév. de **sadomasochiste**
sadomasochisme n. m.
sadomasochiste adj. et n.
saducéen, enne n. et adj.
→ **sadducéen**
safari n. m.
safarien, ienne adj.
safari-photo n. m. ▪ plur. **safaris-photos**
safariser v. intr. | conjug. 1 |
safariste n.
safran n. m.
☰ Ce mot peut s'employer seul comme adjectif de couleur ou derrière un adjectif de couleur pour en préciser la nuance ; ces adjectifs sont alors invariables : *des rideaux jaune safran ; des écharpes safran.*
safrané, ée adj.
safranée n. f.
safraner v. tr. | conjug. 1 |
safranier n. m.
HOM. formes du v. **safraner**
safranière n. f.
safranine n. f.
safranique adj.
safre n. m. et adj.
safrole n. m.
saga n. f.
sagace adj.
sagacement adv.
sagacité n. f.
sagaie n. f.
sagamité n. f.
sagard n. m.
sage adj. et n.
➾ Ce mot s'écrit avec une majuscule dans **les Sept Sages**.
sage-femme ▪ plur. **sages-femmes** ou **sagefemme**○ ▪ plur. **sagefemmes**○ n.
☯ Pour parler d'un homme exerçant la profession de sage-femme, l'Assemblée nationale a décidé de maintenir pour les deux sexes l'appellation de *sage-femme*, contre l'avis de l'Académie qui proposait *maïeuticien* : *son frère est sage-femme ; c'est un sage-femme.* le *Guide d'aide à la féminisation des noms de métiers, titres, grades et fonctions* préconise l'emploi de *maïeuticien* tout en acceptant la forme *sage-homme.* L'Office québécois de la langue française

préconise l'emploi de *sage-homme* (ou *sagehomme*).

sagement adv.

sagesse n. f.

sagette n. f.

sagine n. f.

[1]**sagittaire** n. m. (archer, signe du zodiaque)

➾ Quand il désigne la constellation ou le signe du zodiaque, ce mot est invariable et s'écrit avec une majuscule : *il est (du signe) du Sagittaire ; elles sont Sagittaire.*

[2]**sagittaire** n. f. (plante)

sagittal, ale, aux adj.

sagittalement adv.

sagitté, ée adj.

sagne n. f.

sagneur n. m.

sagou n. m.

sagouin, ine n.

sagoutier n. m.

sagum /-ɔm/ n. m.

saharien, ienne adj. et n. (du Sahara)

➾ L'adjectif s'écrit sans majuscule : *la population saharienne*. Le nom s'écrit avec une majuscule : *les Sahariens ; c'est une Saharienne.*

saharienne n. f. (veste)

sahel n. m.

➾ Ce mot s'écrit avec une majuscule lorsqu'il désigne une zone géographique déterminée, notamment l'ensemble des pays situés au sud du Sahara : *la famine menace les habitants du Sahel.*

sahélien, ienne n. et adj.

➾ L'adjectif s'écrit sans majuscule : *la population sahélienne*. Le nom s'écrit sans majuscule quand il désigne une formation géologique (*le sahélien*) et avec une majuscule quand il désigne une personne : *les Sahéliens ; c'est une Sahélienne.*

sahib n. m.

sahraoui, ie adj. et n.

➾ L'adjectif s'écrit sans majuscule : *la population sahraouie*. Le nom s'écrit avec une majuscule : *les Sahraouis ; c'est une Sahraouie.*

saï n. m.

HOM. formes du v. **saillir**

saie n. f.

HOM. **saye**, formes du v. **savoir**

saietter /sejete ; sɛj(ə)te/ v. tr. | conjug. 1 |

saïga n. m.

saignant, ante adj.

saignée n. f.

saignement n. m.

saigne-nez n. m. inv.

saigner v. intr. et v. tr. | conjug. 1 |

HOM. formes du v. **ceindre**

saigneur, euse n. et adj.

HOM. **seigneur**

saigneux, euse adj.

saignoir n. m.

saillant, ante adj.

saillie n. f.

saillir v. intr. et v. tr. | conjug. 2 ou 13 |

CONJUG. Au sens courant de « avancer en formant un relief », ce verbe se conjugue comme *assaillir* dans le langage courant et parfois comme *finir* dans le registre littéraire : *ses muscles saillaient* ou *saillissaient*. Aux sens de « jaillir, s'élancer » et de « couvrir (la femelle) », il se conjugue toujours comme *finir*. Il s'emploie surtout à l'infinitif et à la troisième personne : *l'étalon saillit la jument.*

Ne pas oublier le *i* aux première et deuxième personnes du pluriel de l'imparfait de l'indicatif et du subjonctif présent : *nous saillions, vous sailliez*. Les formes *saillons, saillez* (indicatif présent) et *saillions, sailliez* ont une prononciation très proche.

saïmiri n. m.

[1]**sain, saine** adj.

➾ La locution **sain et sauf** varie en genre et en nombre : *elles sont arrivées saines et sauves.*

HOM. (du masc.) **cinq**, **saint**, **sein**, **seing**, formes du v. **ceindre** ; (du fém.) **cène**, **scène**, **seine**, **sen**

[2]**sain** n. m. (graisse)

HOM. **cinq**, **saint**, **sein**, **seing**, formes du v. **ceindre**

sainbois n. m.

saindoux n. m.

sainement adv.

sainfoin n. m.

sainfoinnière n. f.

saint, sainte n. et adj.

➾ Devant le nom d'un saint, l'adjectif s'écrit sans majuscule : *l'Évangile selon saint Jean ; sainte Thérèse d'Avila*. Il s'écrit également sans majuscule quand il qualifie un substantif : *l'Écriture sainte ; la Terre sainte ; les saintes espèces*. Il s'écrit avec une majuscule et un trait d'union dans les noms propres de personnes, de lieux et de fêtes : *le duc de Saint-Simon ; l'ordre de Saint-Benoît ; le réveillon de la Saint-Sylvestre ; les feux de la Saint-Jean ; l'église Saint-Eustache ; le faubourg Saint-Germain*. On écrit traditionnellement avec des majuscules et sans trait d'union **la Sainte Vierge**, **la Sainte Famille**, **Saint Louis** et **le Saint Empire romain germanique**. Les noms de fromages et de vins

s'écrivent avec un trait d'union et sans majuscule : *saint-nectaire* ; *saint-émilion*, etc.
HOM. (du masc.) **cinq**, **sain**, **sein**, **seing**, formes du v. **ceindre**

saint-benoît ▪ plur. **saint-benoîts** ou **saint-benoit**○ ▪ plur. **saint-benoits**○ n. m.
saint-bernard n. m. ▪ plur. **saint-bernards**
saint-crépin n. m. sing.
saint-cyrien n. m. ▪ plur. **saint-cyriens**
➾ Ce nom s'écrit avec une majuscule quand il désigne un habitant de Saint-Cyr et avec une minuscule quand il désigne un élève de l'école militaire de Saint-Cyr.
sainte-barbe n. f. ▪ plur. **saintes-barbes**
sainte-maure n. m. ▪ plur. **sainte-maures**
➾ Lorsqu'il désigne un fromage, ce mot s'écrit sans majuscule, contrairement au nom propre qui désigne la commune : *du fromage de Sainte-Maure* mais *manger du sainte-maure*.
saintement adv.
saint-émilion n. m. ▪ plur. **saint-émilions**
➾ Lorsqu'il désigne un vin, ce mot s'écrit sans majuscule, contrairement au nom propre qui désigne la commune : *un vin de Saint-Émilion* mais *une bouteille de saint-émilion*.
sainte nitouche n. f. ▪ plur. **saintes nitouches**
Saint-Esprit n. m. sing.
saint-estèphe n. m. ▪ plur. **saint-estèphes**
sainteté n. f.
➾ Employé comme titre honorifique, ce mot s'écrit avec une majuscule, tout comme l'adjectif possessif qui le précède : *Sa Sainteté le pape* ; *Votre Sainteté*. L'accord se fait soit avec le nom qui suit le titre, soit au féminin si *sainteté* est employé seul : *Sa Sainteté le pape est arrivé* ; *Sa Sainteté est arrivée*.
sainteur n. m.
saint-frusquin n. m. sing.
saint-germain n. m. ▪ plur. inv. ou plur. **saint-germains**
saint-glinglin (à la) loc. adv.
saint-honoré n. m. ▪ plur. **saint-honorés**
saint-hubert n. m. ▪ plur. **saint-huberts**
saint-jacques n. f. inv.
➾ Employé comme nom commun, ce mot s'écrit sans majuscule : *manger des saint-jacques*. Mais on écrit **coquille Saint-Jacques** avec des majuscules car il s'agit du nom propre (de *Saint-Jacques-de-Compostelle*).
saint-joseph n. m. inv.
saint-marcellin n. m. ▪ plur. **saint-marcellins**
saint-michel n. m. ▪ plur. **saint-michels**
saint-nectaire n. m. ▪ plur. **saint-nectaires**
Saint-Office n. m. sing.
saintongeais, aise adj. et n.
➾ L'adjectif s'écrit sans majuscule : *la population saintongeaise*. Le nom s'écrit avec une majuscule uniquement quand il désigne une personne : *les Saintongeais* ; *c'est une Saintongeaise* mais *parler le saintongeais*.
saintpaulia n. m.
saint-paulin n. m. ▪ plur. **saint-paulins**
Saint(-)Père n. m. sing.
saint-pierre n. m. ▪ plur. **saint-pierres** ou plur. inv.
saint-rémy n. m. ▪ plur. **saint-rémys**
Saint-Sépulcre n. m. sing.
Saint-Siège n. m. sing.
saint-simonien, ienne adj. et n. ▪ plur. **saint-simoniens**
saint-simonisme n. m.
saint-sulpicerie n. f. ▪ plur. **saint-sulpiceries**
saint-sulpicien, ienne adj. ▪ plur. **saint-sulpiciens, iennes**
saint-synode n. m. ▪ plur. **saints-synodes**
saisi, ie adj. et n.
saisie n. f.
saisie-arrêt n. f. ▪ plur. **saisies-arrêts**
saisie-brandon n. f. ▪ plur. **saisies-brandons**
saisie-exécution n. f. ▪ plur. **saisies-exécutions**
saisie-gagerie n. f. ▪ plur. **saisies-gageries**
saisine n. f.
saisir v. tr. | conjug. 2 |
¬ **se saisir**
➾ Aux temps composés de la forme pronominale, le participe passé s'accorde en genre et en nombre avec le sujet : *elle s'est saisie d'un couteau*.
saisissable adj.
saisissant, ante adj.
saisissement n. m.
saisisseur, euse n.
saison n. f.
➾ On peut écrire **en toute saison** ou **en toutes saisons**. Le singulier est plus fréquent.
saisonnalité n. f.
saisonnier, ière adj.
saïte adj.
sajou n. m.
→ **sapajou**
saké n. m.
HOM. **sacquer**, **saquer**
saki n. m.
sakièh ou **sakieh** n. f.
HOM. formes des v. **sacquer**, **saquer**
sakura /sakuʀa/ n. m.
salace adj.
salacité n. f.
salade n. f.
➾ Ce mot est au singulier dans la locution **en**

salade : *des endives en salade*. Le complément de *salade* est généralement au singulier quand il s'agit de feuilles d'herbes potagères et au pluriel dans les autres cas : *une salade de laitue et de scarole ; salade de betteraves ; salade d'oranges ; salade de pâtes*. Dans **salade d'endive(s)**, le *s* final est facultatif.

saladelle n. f.

saladero /-de-/ ou **saladéro**○ n. m.

[1]**saladier** n. m. (récipient)

[2]**saladier, ière** n. (arg. : menteur)

salafisme n. m.

salafiste ou **salafite** adj. et n.

salage n. m.

salaire n. m.

HOM. forme du v. **saler**

salaison n. f.

salaisonnerie n. f.

salam /salam/ n. m.

salamalec n. m.

[1]**salamandre** n. f. (amphibien, vapeur)

[2]**Salamandre**® n. f. (poêle)

➾ Comme tous les noms déposés, ce mot doit s'écrire avec une majuscule : *la chaleur d'une Salamandre*. Toutefois, on le trouve fréquemment employé comme nom générique sans respect de la règle : *la chaleur d'une salamandre*.

salamandridé n. m.

salamandrine n. f.

salami n. m.

➾ Ce mot a un pluriel régulier : *des salamis*.

salangane n. f.

salant adj. m. et n. m.

salarial, iale, iaux adj.

salariat n. m.

salarié, iée adj. et n.

salarier v. tr. | conjug. 7 |

salarisation n. f.

salaud n. m. et adj. m.

HOM. **salop**

salauderie n. f.

salchow /salko/ n. m.

sale adj.

Ξ Le sens de cet adjectif varie en fonction de sa place par rapport au nom. *Un type sale* signifie « un type qui manque d'hygiène » ; *un sale type* signifie « un type méprisable ». *Une histoire sale* signifie « une histoire grivoise » ; *une sale histoire* signifie « une histoire fâcheuse ».

HOM. **salle**, formes du v. **saler**

[1]**salé, ée** adj.

[2]**salé** n. m.

➾ **Petit salé** s'écrit sans trait d'union.

salègre n. m.

salement adv.

salep n. m.

saler v. tr. | conjug. 1 |

salerne n. m.

saleron n. m.

HOM. forme du v. **saler**

salésien, ienne adj. et n.

➾ Ce mot s'écrit avec une minuscule lorsqu'il désigne une personne : *un couvent de salésiennes*. Il s'écrit avec une majuscule lorsqu'il désigne sans ambiguïté l'ordre lui-même : *il est entré chez les Salésiens*.

saleté n. f.

saleur, euse n.

salicacée n. f.

salicaire n. f.

salicale n. f.

salicine n. f.

salicional, aux n. m.

salicole adj.

salicoque n. f.

salicorne n. f.

salicoside n. m.

saliculteur, trice n.

saliculture n. f.

salicylate n. m.

salicylé, ée adj.

salicylide n. m.

salicylique adj.

salicylisme n. m.

[1]**salien, ienne** adj. et n. m. (prêtre)

[2]**salien, ienne** adj.

➾ Ce mot s'emploie surtout dans la dénomination **les Francs Saliens**, dans laquelle il s'écrit avec une majuscule.

salière n. f.

salifère adj.

salifiable adj.

salification n. f.

salifier v. tr. | conjug. 7 |

saligaud n. m.

salignon n. m.

saligoter v. tr. | conjug. 1 |

salin, ine adj. et n. m.

salinage n. m.

saline n. f.

salingue adj. et n.

salinier, ière adj. et n.

salinisation n. f.

salinité n. f.

salique adj.

salir v. tr. | conjug. 2 |

¬ **se salir**

➾ Aux temps composés de la forme pronominale, le participe passé s'accorde en genre et en nombre avec le sujet : *les enfants se sont salis*. Mais le participe passé ne s'accorde pas quand il est suivi d'un complément d'objet

direct : *elle s'est sali les mains*. Il ne s'accorde avec le complément d'objet direct que lorsque celui-ci est placé avant le verbe : *elle se les est salies*.
salissant, ante adj.
salissement n. m.
salisseur, euse n.
salisson n. f.
HOM. formes du v. **salir**
salissure n. f.
salite n. f.
HOM. forme du v. **salir**
salivaire adj.
HOM. forme du v. **saliver**
salivant, ante adj.
salivation n. f.
salive n. f.
saliver v. intr. | conjug. 1 |
saliveur, euse n.
saliveux, euse adj.
salle n. f.
HOM. **sale**, formes du v. **saler**
salmanazar n. m.
salmigondis n. m.
salmis n. m.
salmonelle ▪ plur. **salmonelles** ou **salmonella** ▪ plur. inv. ou plur. **salmonellas**○ n. f.
salmonellose n. f.
salmoniculteur, trice n.
salmoniculture n. f.
salmonidé n. m.
salmoniforme n. m.
saloir n. m.
salol n. m.
salomé n. m.
salon n. m.
➾ Ce mot s'écrit avec une majuscule dans les noms d'expositions : *le Salon du livre* ; *le Salon de l'agriculture*. On écrit également **le Salon carré** avec une majuscule quand il désigne celui du Louvre.
HOM. formes du v. **saler**
salonnard, arde n.
salonner v. intr. | conjug. 1 |
salonnier, ière n. et adj.
HOM. formes du v. **salonner**
salonnière n. f.
saloon /salun/ n. m.
salop /salo/ n. m.
HOM. **salaud**
salopard n. m.
salope n. f.
saloper v. tr. | conjug. 1 |
saloperie n. f.
salopette n. f.
salopin n. m.
salopiot ou **salopiaud** n. m.
salorge n. f.
salpe n. f.
salpêtre n. m.
salpêtré, e adj.
salpêtrien, ienne adj.
salpêtrière n. f.
salpêtrisation n. f.
salpicon n. m.
salpiglossis /-sis/ n. m.
salpingectomie n. f.
salpingien, ienne adj.
salpingite n. f.
salpingographie n. f.
salpingo-ovarite ▪ plur. **salpingo-ovarites** ou **salpingoovarite**○ ▪ plur. **salpingoovarites**○ n. f.
salpingoplastie n. f.
salpingoscopie n. f.
salpingostomie n. f.
salpingotomie n. f.
salsa n. f.
salse n. f.
salsepareille n. f.
salsifis n. m.
➾ Ne pas oublier le *s* final au singulier.
salsola n. f.
salsolacée n. f.
salsugineux, euse adj.
saltarelle n. f.
saltateur n. m.
saltation n. f.
saltationnisme n. m.
saltatoire adj.
salticidé n. m.
saltigrade adj.
saltigué n. m.
saltimbanque n.
saltimbocca /saltimbɔka/ n. m.
saltique n. f.
salto n. m.
saltus /-ys/ n. m.
saluable adj.
saluade n. f.
salubre adj.
salubrement adv.
salubrité n. f.
saluer v. tr. | conjug. 1 |
¬ **se saluer**
➾ Aux temps composés de la forme pronominale, le participe passé s'accorde en genre et en nombre avec le sujet : *ils se sont salués amicalement*.
salueur, euse adj. et n.
salure n. f.
salut n. m.
HOM. formes du v. **saluer**

salutaire adj.
salutairement adv.
salutation n. f.
salutiste n. et adj.
salvateur, trice adj.
salvation n. f.
[1]**salve** n. f. (décharge d'arme, coupe)
⌘ Lorsque **une salve de** suivi d'un nom est sujet, le verbe s'accorde soit avec *salve*, soit avec le complément : *une salve d'applaudissements éclata* ou *éclatèrent*. Avec **la salve de**, le verbe s'accorde toujours avec *salve* : *la salve d'applaudissements fut spontanée*.
[2]**salve** /salve/ ou **salvé** n. m. inv. (prière)
salve regina /salveʀeʒina/ n. m. inv.
samara n. f.
samare n. f.
samaritain, aine n. et adj.
➾ L'adjectif s'écrit sans majuscule : *la population samaritaine*. Le nom s'écrit avec une majuscule : *les Samaritains ; la parabole du bon Samaritain*.
samarium /-jɔm/ n. m.
[1]**samba** /sɑ̃(m)ba/ n. f. (danse)
[2]**samba** /sɑ̃ba/ n. m. (bois)
sambouk n. m.
sambuque n. f.
samedi n. m.
➾ Comme tous les noms de jours, *samedi* s'écrit sans majuscule et prend un *s* au pluriel : *elle joue au golf tous les samedis*.
samit n. m.
HOM. **sammy**
samizdat /samizdat/ n. m.
sammy n. m. ▪ plur. **sammies** ou plur. **sammys**○
Ξ On peut employer le pluriel anglais *sammies* ou le pluriel francisé *sammys*.
HOM. **samit**
samnite adj. et n. m.
samole n. m.
samouraï ou **samurai** n. m.
samoussa ou **samosa** n. m.
samovar n. m.
samoyède adj. et n.
➾ L'adjectif s'écrit sans majuscule : *la population samoyède*. Le nom s'écrit avec une majuscule uniquement quand il désigne une personne : *les Samoyèdes ; c'est une Samoyède* mais *parler le samoyède*.
sampan ou **sampang** /sɑ̃pɑ/ n. m.
sampanier n. m.
sampi n. m.
sample n. m.
sampleur ou **sampler** n. m.
sampot n. m.
samsara n. m.
SAMU n. m. inv.
▫ abrév. de **service d'aide médicale d'urgence**
samurai n. m.
→ **samouraï**
sana n. m.
▫ abrév. de **sanatorium**
sanation n. f.
sanatorial, ale, aux adj.
sanatorium /-jɔm/ n. m.
➾ Ce mot a un pluriel régulier : *des sanatoriums*.
san-benito /sɑ̃benito/ ▪ plur. inv. ou **sanbénito**○ ▪ plur. **sanbénitos**○ n. m.
sancerre n. m.
➾ Lorsqu'il désigne un vin, ce mot s'écrit sans majuscule, contrairement au nom propre qui désigne la commune : *un vin de Sancerre* mais *une bouteille de sancerre*.
sancir v. intr. | conjug. 2 |
sanctifiant, iante adj.
sanctificateur, trice n. et adj.
sanctification n. f.
sanctifier v. tr. | conjug. 7 |
sanction n. f.
sanctionner v. tr. | conjug. 1 |
sanctuaire n. m.
sanctuarisation n. f.
sanctuariser v. tr. | conjug. 1 |
sanctus /-ys/ n. m.
sandale n. f.
sandalette n. f.
sandalier n. m. ou **sandaliste** n.
sandapile n. f.
sandaraque n. f.
sandastre n. f.
sanderling /sɑ̃dɛʀliŋ/ n. m.
sandhi n. m. ▪ plur. inv. ou plur. **sandhis**○
sandix ou **sandyx** n. m.
sandjak n. m.
Sandow® /sɑ̃do/ n. m.
➾ Comme tous les noms déposés, ce mot doit s'écrire avec une majuscule : *attacher des bagages avec des Sandows*. Toutefois, on le trouve fréquemment employé comme nom générique sans respect de la règle : *attacher des bagages avec des sandows*.
sandr ou **sandur** n. m.
HOM. **cendre, sandre**
sandre n. m.
HOM. **cendre, sandr**
sandwich /sɑ̃dwi(t)ʃ/ n. m. ▪ plur. **sandwiches** ou plur. **sandwichs**
Ξ On peut employer le pluriel anglais *sandwiches* ou le pluriel francisé *sandwichs*. Ce mot

peut s'employer en apposition ; il prend la marque du pluriel : *des structures sandwichs*.
HOM. formes du v. **sandwicher**
sandwicher /sɑ̃dwi(t)ʃe/ v. tr. | conjug. 1 |
sandwicherie /sɑ̃dwi(t)ʃʀi/ n. f.
sandyx n. m.
→ **sandix**
sanforiser v. tr. | conjug. 1 |
sang n. m.
Ξ Ce mot peut s'employer derrière un adjectif de couleur pour en préciser la nuance ; les deux mots sont alors invariables : *des rideaux rouge sang*.
HOM. **cent**, **sans**, formes du v. **sentir**
sang-de-dragon ou **sang-dragon** n. m. inv.
sang-froid n. m. inv.
sanglade n. f.
sanglage n. m.
sanglant, ante adj.
sangle n. f.
sangler v. tr. | conjug. 1 |
sanglier n. m.
HOM. formes du v. **sangler**
sanglon n. m.
HOM. formes du v. **sangler**
sanglot n. m.
sanglotant, ante adj.
sanglotement n. m.
sangloter v. intr. | conjug. 1 |
sang-mêlé n. ▪ plur. inv. ou plur. **sangs-mêlés**
sangria n. f.
sangsue n. f.
sanguicole adj.
sanguin, ine adj. et n.
sanguinaire adj. et n. f.
sanguine n. f.
Ξ Ce mot peut s'employer seul comme adjectif de couleur ou derrière un adjectif de couleur pour en préciser la nuance ; ces adjectifs sont alors invariables : *des tailleurs rouge sanguine ; des foulards sanguine*.
sanguinelle n. f.
sanguinivore adj.
sanguinolaire n. f.
sanguinole n. f.
sanguinolent, ente adj.
sanguisorbe n. f.
sanhédrin n. m.
sanicle n. f.
sanie n. f.
sanieux, ieuse adj.
Sanisette® n. f.
➾ Comme tous les noms déposés, ce mot doit s'écrire avec une majuscule : *installer des Sanisettes*. Toutefois, on le trouve fréquemment employé comme nom générique sans respect de la règle : *installer des sanisettes*.

sanitaire adj. et n. m.
sanitation n. f.
sannion n. m.

sans prép.
▸ **non sans** (+ n. ou inf.) *il y parvint non sans peine ; elle est partie non sans s'indigner*
▸ **n'être pas sans** (+ n. ou inf.) *vous n'êtes pas sans savoir qu'il y a des risques ; une telle affaire n'est pas sans risque*
▸ **ne pas aller sans** (+ n. ou inf.) *une réforme ne va pas sans polémique*
▸ **sans plus** (+ inf.) *partons sans plus attendre*
Ξ De nos jours, la locution **sans que** (+ subj.) s'emploie généralement sans *ne* explétif : *ne faites pas cela sans qu'il soit averti* (plutôt que *sans qu'il ne soit averti*).
L'emploi adverbial de *sans* est familier : *j'ai toujours besoin de mes lunettes, je ne peux pas sortir sans*. Il doit être évité dans la langue soignée.
⌘ Dans une coordination, *sans* peut être repris par *ni* ou par *et sans* : *sans famille ni ami* ou *sans famille et sans ami*. *Ni sans* est archaïque.
➾ Le nom qui suit *sans* est au singulier ou au pluriel selon le nombre de choses ou d'êtres habituellement présents : *une lettre sans date ; un jardin sans fleurs*. Dans de nombreux cas, on peut employer indifféremment le singulier ou le pluriel : *un couple sans enfant(s) ; un voyageur sans bagage(s)*. Ne pas écrire *sans* à la place de *sens* dans les expressions **sens dessus dessous** et **sens devant derrière**.
HOM. **cent**, **sang**, formes du v. **sentir**

sans-abri n. ▪ plur. **sans-abris** ou plur. inv.
sans-allure adj. et n. ▪ plur. inv. ou plur. **sans-allures**○
sans-cœur n. ▪ plur. inv. ou plur. **sans-cœurs**
sanscrit, ite n. m. et adj.
→ **sanskrit**
sanscritisme n. m.
→ **sanskritisme**
sanscritiste n.
→ **sanskritiste**
sans-culotte n. m. ▪ plur. **sans-culottes**
sans-culottide n. f. ▪ plur. **sans-culottides**
sans-dessein adj. et n. ▪ plur. **sans-desseins** ou plur. inv.
sans-Dieu n. m. inv.
sans-emploi n. ▪ plur. **sans-emplois** ou plur. inv.
sansevière n. f.
sans-façon n. m. ▪ plur. **sans-façons**
➾ Ce mot s'écrit avec un trait d'union, contrairement à la locution **sans façon** :

j'accepte sans façon ; des réceptions sans façon mais *un accueil plein de sans-façon.*

sans-faute n. m. ▪ plur. **sans-fautes** ou plur. inv.

[1]**sans-fil** n. f. ▪ plur. **sans-fils** (T. S. F.)

[2]**sans-fil** n. m. ▪ plur. **sans-fils** ou plur. inv. (radiogramme, téléphone)

sans-filiste n. ▪ plur. **sans-filistes**

sans-gêne adj. et n. m. ▪ plur. inv. ou plur. **sans-gênes**

➾ Ce mot s'écrit avec un trait d'union, contrairement à la locution adverbiale **sans gêne** : *parler sans gêne* mais *agir avec sans-gêne ; des manières sans-gêne(s).*

sans-grade n. ▪ plur. **sans-grades**

sans-guide adj. et n. ▪ plur. inv. ou plur. **sans-guides**○

sanskrit, ite ou **sanscrit, ite** n. m. et adj.

sanskritisme ou **sanscritisme** n. m.

sanskritiste ou **sanscritiste** n.

sans-le-sou n. inv.

➾ Ce nom s'écrit avec des traits d'union, contrairement à la locution adverbiale **sans le sou** : *être sans le sou* mais *un sans-le-sou.*

sans-logis n.

sansonnet n. m.

sans-papier(s) n. ▪ plur. **sans-papiers**

sans-parti n. m. ▪ plur. **sans-partis**

sans-patrie n. m. ▪ plur. inv. ou plur. **sans-patries**○

sans-soin n. ▪ plur. inv. ou plur. **sans-soins**○

sans-souci n. et adj. ▪ plur. **sans-soucis** ou plur. inv.

sans-terre adj. et n. ▪ plur. inv. ou plur. **sans-terres**○

sans-toit n. m. ▪ plur. **sans-toits**

sans-travail adj. et n. inv.

santal n. m.

➾ Ce mot a un pluriel régulier : *des santals.* La forme *santaux* n'est plus employée.

santalacée n. f.

santaline n. f.

santé n. f.

➾ On écrit ce mot avec une majuscule dans **le ministère de la Santé**. *Santé* est toujours au singulier dans la locution **en bonne/mauvaise santé** : *ils sont en bonne santé.*

santiag n. f.

santoline n. f.

santon n. m.

HOM. **centon**, formes du verbe **sentir**

santonine n. f.

santonnier, ière n.

santour ou **santur** /-uʀ/ n. m.

sanve n. f.

sanza /sɑ̃za ; sanza/ n. f.

saoudien, ienne ou **séoudien, ienne** adj. et n.

Ξ La Commission générale de terminologie et de néologie recommande depuis 2008 l'usage de *saoudite* pour l'adjectif *(l'Arabie saoudite)* et de *Saoudien, ienne* pour le nom *(les Saoudiens).*

saoudite ou **séoudite** adj.

→ aussi **saoudien**

saoul, saoule /sul/ adj.

→ **soûl**

saoulard, arde /sulaʀ, aʀd/ n. et adj.

→ **soûlard**

saouler /sule/ v. tr. | conjug. 1 |

→ **soûler**

saoulerie /sulʀi/ n. f.

→ **soûlerie**

sapajou ou **sajou** n. m.

[1]**sape** n. f. (vêtement, outil, tranchée, sapement)

[2]**sape** n. m. (costume d'homme)

sapelli n. m.

sapement n. m.

sapèque n. f.

saper v. tr. et v. intr. | conjug. 1 |

saper (se) v. pron. | conjug. 1 |

➾ Aux temps composés de la forme pronominale, le participe passé s'accorde en genre et en nombre avec le sujet : *elle s'est sapée comme une princesse.*

saperde n. f.

saperlipopette interj.

sapeur, euse n.

sapeur-pompier, sapeuse-pompière n. ▪ plur. **sapeurs-pompiers, sapeuses-pompières**

saphène n. f. et adj.

saphénectomie n. f.

saphique adj.

saphir n. m.

Ξ Ce mot peut s'employer seul comme adjectif de couleur ou derrière un adjectif de couleur pour en préciser la nuance ; ces adjectifs sont alors invariables : *des yeux bleu saphir ; des chaussures saphir.*

saphirin, ine adj. et n. f.

saphisme n. m.

sapide adj.

sapidité n. f.

sapience n. f.

sapiens /sapjɛ̃s/ adj. m.

sapiential, iale, iaux /-pjɑ̃sjal ; -pjɛ̃sjal/ adj.

sapin n. m.

sapinage n. m.

sapindacée n. f.

sapindale n. f.

sapine n. f.
sapineau n. m.
sapinette n. f.
sapineux, euse adj.
sapinière n. f.
sapiteur n. m.
saponacé, ée adj.
saponaire n. f.
saponase n. f.
saponé n. m.
saponide n. m.
saponifiable adj.
saponifiant, ante adj.
saponification n. f.
saponifier v. tr. | conjug. 7 |
saponine n. f.
saponite n. f.
saponoside n. m.
saponulé n. m.
sapotacée n. f.
sapote n. f.
sapotille n. f.
sapotillier ou **sapotier** n. m.
➾ Le texte des Rectifications de l'orthographe de 1990 donne une liste, censément close, des mots en *-illier* pour lesquels on accepte la terminaison *-ller* lorsque le *i* n'est pas prononcé (*joailler, marguiller, ouillère, quincailler, serpillère*). *Sapotillier* n'y figure pas et la plupart des travaux commentant le texte des Rectifications expliquent cette absence par son appartenance à la classe des végétaux.
sappan n. m.
saprelotte interj.
saprin n. m.
sapristi interj.
saprobionte n. m.
saprogène adj.
saprolégniée ou **saprolégniacée** n. f.
sapropèle n. m.
sapropélique adj.
saprophage adj.
saprophile adj.
saprophyte adj. et n. m.
saprophytique adj.
saprophytisme n. m.
saquebute n. f.
→ **sacquebute**
[1]**saquer** v. tr. | conjug. 1 | (tirer, s'agiter)
HOM. **sacquer, saké**
[2]**saquer** v. tr. | conjug. 1 | (fam. : congédier, noter sévèrement, encaisser)
→ **sacquer**
saquinavir n. m.
sar n. m.
sara n. m.
➾ Comme tous les noms de langues, ce mot s'écrit sans majuscule : *ils parlent le sara*.
sarabande n. f.
sarabander v. intr. | conjug. 1 |
sarangi /saʀɑ̃ŋgi/ n. m.
sarbacane n. f.
sarcanthus /-ys/ n. m.
sarcasme n. m.
sarcastique adj.
sarcastiquement adv.
sarcelle n. f.
sarcelline n. f.
sarcellite n. f.
sarcine n. f.
sarclage n. m.
sarcler v. tr. | conjug. 1 |
sarclette n. f.
sarcleur, euse n.
sarcloir n. m.
sarclure n. f.
sarcocarpe n. m.
sarcocèle n. m.
sarcocolle n. f.
sarcocollier n. m.
sarcocyste n. m.
sarcode n. m.
sarcoderme n. m.
sarcoïde n. f.
sarcoïdose n. f.
sarcolite n. f.
sarcologie n. f.
sarcolysine n. f.
sarcomateux, euse adj.
sarcomatose n. f.
sarcome n. m.
sarcomère n. m.
sarcomycine n. f.
[1]**sarcophage** n. m. (cercueil)
Ξ Ce mot peut s'employer en apposition ; il prend la marque du pluriel : *des sacs (de couchage) sarcophages*.
[2]**sarcophage** n. f. (mouche)
sarcophile n. f.
HOM. **sarcophylle**
sarcophylle n. m.
HOM. **sarcophile**
sarcoplasme n. m.
sarcoplasmique adj.
sarcopsylla n. f.
sarcopte n. m.
sarcoptidé n. m.
sarcoramphe n. m.
sarcosine n. f.
sarcosome n. m.
sardanapale n. m.

sardanapalesque adj.
sardane n. f.
[1]**sarde** adj. et n. (de la Sardaigne)
➾ L'adjectif s'écrit sans majuscule : *la population sarde*. Le nom s'écrit avec une majuscule uniquement quand il désigne une personne : *les Sardes ; c'est une Sarde* mais *parler le sarde*.
[2]**sarde** n. f. (poisson)
sardinal n. m.
sardine n. f.
sardinelle n. f.
sardinerie n. f.
sardinier, ière adj. et n.
sardoine n. f.
Ξ Ce mot peut s'employer seul comme adjectif de couleur ou derrière un adjectif de couleur pour en préciser la nuance ; ces adjectifs sont alors invariables : *des rideaux brun sardoine ; des draps sardoine*.
sardonie n. f.
sardonique adj.
sardoniquement adv.
sardonyx n. f.
sargasse n. f.
sarge n. m.
sargue n. m.
sari n. m.
sariette n. f.
→ **sarriette**
sarigue n. f.
sarin n. m.
sarisse n. f.
S. A. R. L. /ɛsaɛʀɛl/ n. f. inv.
▫ abrév. de **société à responsabilité limitée**
sarment n. m.
sarmenter v. intr. | conjug. 1 |
sarmenteux, euse adj.
sarod /saʀɔd/ n. m.
sarong /saʀɔ̃(g)/ n. m.
saronide n. m.
saros /saʀɔs/ n. m.
sarothamne n. m.
saroual ou **sarouel** n. m.
sarracenia /-se-/ n. m. ou **sarracénie** n. f.
sarracéniacée n. f.
sarracéniale n. f.
sarracénie n. f.
sarracénique adj.
sarrancolin n. m.
[1]**sarrasin, ine** n. et adj. (musulman)
[2]**sarrasin** n. m. (céréale, ouvrier)
sarrasine n. f. (herse)
sarrau n. m.
➾ Ce mot a un pluriel régulier : *des sarraus*.
sarrette ou **serrette** n. f.
sarriette ou **sariette** n. f.
sarrussophone n. m.
sartière n. f.
sartine n. f.
sartrien, ienne adj.
sas /sɑs/ n. m.
HOM. **sasse**, formes du v. **sasser**
sashimi n. m.
sassafras /-fʀa/ n. m.
sassage n. m.
sassanide adj. et n.
sasse n. f.
HOM. **sas**, formes du v. **sasser**
sassement n. m.
sassenage n. m.
sasser v. tr. | conjug. 1 |
sasseur, euse n.
sassure n. f.
satan n. m.
satané, ée adj.
satanique adj.
sataniquement adv.
sataniser v. tr. | conjug. 1 |
satanisme n. m.
sataniste adj. et n.
satellisable adj.
satellisation n. f.
satelliser v. tr. | conjug. 1 |
satellitaire adj.
satellite n. m.
Ξ Ce mot peut s'employer en apposition. Au sens de « pris par satellite », il est invariable : *des photos satellite*. Au sens de « dépendant, annexé », il prend la marque du pluriel : *des pays satellites*.
satellite-ballon n. m. ▪ plur. **satellites-ballons**
[1]**sati** n. m. ▪ plur. inv. ou plur. **satis**○ (rite indien)
[2]**sati** n. f. et adj. ▪ plur. inv. ou plur. **satis**○ (veuve qui pratique le sati)
satiation /sasjasjɔ̃/ n. f.
satiété /sasjete/ n. f.
satif, ive adj.
satin n. m.
satinage n. m.
satiné, ée adj.
satiner v. tr. | conjug. 1 |
satinette n. f.
satineur, euse n.
satire n. f.
ϟ Ne pas confondre le nom féminin **satire**, qui désigne un écrit pamphlétaire, avec le nom masculin **satyre**, qui désigne une divinité ou, au figuré, un homme lubrique.
HOM. **satyre**
satirique adj.
HOM. **satyrique**

satiriquement adv.
satiriser v. tr. | conjug. 1 |
satiriste n.
satisfaction n. f.
satisfactoire adj.
satisfaire v. tr. et v. tr. ind. | conjug. 60 |
CONJUG. Ce verbe se conjugue comme *faire* : *vous satisfaites* (et non **vous satisfaisez*).
Ξ La forme transitive indirecte **satisfaire à** (+ n.) s'emploie au sens de « remplir (une exigence) » : *satisfaire à un engagement ; ce bâtiment satisfait aux normes de la construction.* Dans les autres cas, on emploie la forme transitive directe : *satisfaire qqn en lui donnant ce qu'il veut ; satisfaire la curiosité de qqn ; la réponse parut le satisfaire.*
¬ **se satisfaire**
➾ Aux temps composés de la forme pronominale, le participe passé s'accorde en genre et en nombre avec le sujet : *elles se sont satisfaites de peu.*
satisfaisant, ante adj.
satisfait, aite adj.
▸ **satisfait de** (+ n. ou inf.) *nous sommes satisfaits du résultat ; il est satisfait d'avoir obtenu gain de cause*
▸ **satisfait que** (+ subj.) *je suis satisfaite que tout soit rentré dans l'ordre*
satisfecit ▪ plur. inv. ou **satisfécit** ▪ plur. **satisfécits** /-fesit/ n. m.
satori n. m.
satrape n. m.
satrapie n. f.
satrapique adj.
satteau n. m.
saturabilité n. f.
saturable adj.
saturant, ante adj.
saturateur n. m.
saturation n. f.
saturé, ée adj.
saturer v. tr. | conjug. 1 |
saturnale n. f.
saturne n. m. (Alchim. : plomb)
saturnie n. f.
saturnien, ienne adj.
saturniidé ou **saturniade** n. m.
saturnin, ine adj.
saturnisme n. m.
saturomètre n. m.
satyre n. m.
ϟ Ne pas confondre le nom masculin **satyre**, qui désigne une divinité ou, au figuré, un homme lubrique, avec le nom féminin **satire**, qui désigne un écrit pamphlétaire.
HOM. **satire**
satyreau n. m.
satyresse n. f.
satyriasique n. m. et adj.
satyriasis /-is/ n. m.
satyrique adj.
HOM. **satirique**
satyrisme n. m.
sauçage n. m.
sauce n. f.
Ξ Ce mot peut s'employer en apposition ; il est alors invariable : *des rognons sauce madère.*
saucé, ée adj.
saucée n. f.
saucer v. tr. | conjug. 3 |
saucette n. f.
saucier n. m.
HOM. formes du v. **saucer**
saucière n. f.
sauciflard n. m.
saucisse n. f.
saucisserie n. f.
saucissier n. m.
saucisson n. m.
saucissonnade n. f.
saucissonnage n. m.
saucissonné, ée adj.
saucissonner v. intr. et v. tr. | conjug. 1 |
saucissonneur, euse n.
saucissonnier n. m.
sauf, sauve adj. et prép.
▸ **sauf à** (+ inf.) *nous arriverons au but, sauf à suivre des chemins détournés*
▸ **sauf que** (+ indic.) *tout s'est bien passé, sauf qu'il a fait très mauvais temps*
→ aussi **sain**
sauf-conduit ▪ plur. **sauf-conduits** ou **saufconduit**° ▪ plur. **saufconduits**° n. m.
sauge n. f.
[1]**saugé, ée** adj.
[2]**saugé** ou **sauget** n. m.
saugrenu, ue adj.
saugrenuité n. f.
saugue n. f.
saulaie n. f.
HOM. **saulet**
saule n. m.
saulée n. f.
saulet n. m.
HOM. **saulaie**
saulette n. f.
saumâtre adj.
saumoduc n. m.
saumon n. m.
Ξ Ce mot peut s'employer seul comme adjectif de couleur ou derrière un adjectif de couleur pour en préciser la nuance ; ces adjectifs

sont alors invariables : *des rideaux rose saumon ; des robes saumon.*
saumoné, ée adj.
saumoneau n. m.
saumonette n. f.
saumur n. m.
➾ Lorsqu'il désigne un vin, ce mot s'écrit sans majuscule, contrairement au nom propre qui désigne la commune : *un vin de Saumur* mais *une bouteille de saumur.*
HOM. **saumure**
saumurage n. m.
saumure n. f.
HOM. **saumur**
saumuré, ée adj.
saumurer v. tr. | conjug. 1 |
sauna n. m.
HOM. formes du v. **sauner**
saunage n. m.
saunaison n. f.
sauner v. intr. | conjug. 1 |
saunerie n. f.
saunier, ière n.
HOM. formes du v. **sauner**
saunière n. f.
saupe n. f.
saupiquet n. m.
saupoudrage n. m.
saupoudrant, ante adj.
saupoudrer v. tr. | conjug. 1 |
➾ Ne pas employer **soupoudrer*, qui n'existe pas.
saupoudreur, euse adj. et n. f.
saupoudroir n. m.
saur adj. m.
Ξ Ce mot s'emploie surtout dans la locution **hareng saur.**
HOM. **saure, sore, sors, sort**, formes du v. **sortir**
saurage n. m.
saure adj.
HOM. **saur, sore, sors, sort**, formes du v. **sortir**
sauré, ée adj.
HOM. forme du v. **savoir**
saurel n. m.
saurer v. tr. | conjug. 1 |
HOM. forme du v. **savoir**
saurésie n. f.
sauret adj.
HOM. formes du v. **savoir**
saurien n. m.
saurin n. m.
saurir v. tr. | conjug. 2 |
sauris n. m.
saurissage n. m.
saurisserie n. f.
saurisseur, euse n.
saurophidien n. m.
sauropode n. m.
sauropsidé n. m.
sauroptérygien n. m.
saururé n. m.
saussaie n. f.
HOM. formes du v. **saucer**
saussurien, ienne adj.
saut n. m.
HOM. **sceau, seau, sot**
sautage n. m.
sautant, ante adj.
saut-de-lit n. m. ▪ plur. **sauts-de-lit**
saut-de-loup n. m. ▪ plur. **sauts-de-loup**
saut-de-mouton n. m. ▪ plur. **sauts-de-mouton**
saute n. f.
sauté, ée adj. et n. m.
saute-au-paf adj. inv. et n. f. inv.
sautée n. f.
saute-en-barque n. m. inv.
sautelle n. f.
saute-mines ▪ plur. inv. ou **saute-mine**○ ▪ plur. **saute-mines**○ n. m.
saute-mouton n. m. ▪ plur. **saute-moutons**
sauter v. intr. et v. tr. | conjug. 1 |
sautereau n. m.
sauterelle n. f.
sauteriau ou **sauteriot** n. m.
sauterie n. f.
sauternes n. m.
➾ Lorsqu'il désigne un vin, ce mot s'écrit sans majuscule, contrairement au nom propre qui désigne la commune : *un vin de Sauternes* mais *une bouteille de sauternes.*
saute-ruisseau n. m. ▪ plur. **saute-ruisseaux**
sauteur, euse n. et adj.
sauteuse n. f.
sautillage n. m.
sautillant, ante adj.
sautillé n. m.
sautillement n. m.
sautiller v. intr. | conjug. 1 |
sautoir n. m.
sauton n. m.
HOM. formes du v. **sauter**
sautron n. m.
HOM. forme du v. **sauter**
sauvable adj.
sauvage adj.
sauvagement adv.
sauvageon, onne n.
sauvagerie n. f.
sauvagesse n. f.
sauvagin, ine adj.
sauvagine n. f.

sauvagineur n. m.
sauvaginier n. m.
sauvegarde n. f.
sauvegarder v. tr. | conjug. 1 |
sauve-qui-peut n. m. inv.
sauver v. tr. | conjug. 1 |
¬ **se sauver**
➾ Aux temps composés de la forme pronominale, le participe passé s'accorde en genre et en nombre avec le sujet : *ils se sont sauvés en courant.*
sauvetage n. m.
sauveté n. f.
sauveterrien, ienne adj.
sauveteur, euse n.
sauvette (à la) loc. adv.
sauveur, euse n. et adj. m.
☯ *Sauveuse* s'emploie uniquement comme nom. L'adjectif féminin correspondant à *sauveur* est *salvatrice* : *une puissance salvatrice.*
sauvignon n. m.
sauvoir n. m.
S. A. V. /ɛsave/ n. m.
▫ abrév. de **service après-vente**
savamment adv.
savane n. f.
savanisation n. f.
savant, ante adj. et n.
☯ *Savante* est la forme recommandée par le *Guide d'aide à la féminisation des noms de métiers, titres, grades et fonctions* et l'Office québécois de la langue française pour parler d'une femme. Toutefois, le masculin est encore souvent employé : *Marie Curie fut un grand savant.*
savantasse n. m.
savantissime adj.
savarin n. m.
savart n. m.
savate n. f.
savennières n. m.
savetier n. m.
saveur n. f.
savoie n. m.
¹**savoir** n. m.
²**savoir** v. tr. | conjug. 32 |
▸ **à savoir** *il manque l'essentiel, à savoir l'accord de la direction*
▸ **que je sache** *il n'a jamais été marié, que je sache*
⌘ **Savoir que** (+ inf.) s'emploie avec *ne* pour seule négation : *je ne sais que faire* (et non **je ne sais pas que faire*).
Ξ **Vous n'êtes pas sans savoir** signifie « vous savez » et non « vous ignorez ».
¬ **se savoir**
➾ Aux temps composés de la forme pronominale, le participe passé s'accorde en genre et en nombre avec le sujet : *l'histoire s'est sue très rapidement.*
→ aussi **gré**
savoir-être n. m. inv.
savoir-faire n. m. inv.
savoir-vivre n. m. inv.
savoisien, ienne adj.
savon n. m.
HOM. formes du v. **savoir**
savonnage n. m.
savonner v. tr. | conjug. 1 |
¬ **se savonner**
➾ Aux temps composés de la forme pronominale, le participe passé s'accorde en genre et en nombre avec le sujet : *elle s'est savonnée sous la douche.* Mais le participe passé ne s'accorde pas quand il est suivi d'un complément d'objet direct : *ils se sont savonné les mains.* Il ne s'accorde avec le complément d'objet direct que lorsque celui-ci est placé avant le verbe : *ils se les sont savonnées.*
savonnerie n. f.
savonnette n. f.
savonneux, euse adj.
savonnier, ière n. m. et adj.
savourer v. tr. | conjug. 1 |
savoureusement adv.
savoureux, euse adj.
savoyard, arde adj.
➾ L'adjectif s'écrit sans majuscule : *la fondue savoyarde.* Le nom s'écrit avec une majuscule : *les Savoyards ; une Savoyarde.*
sax n. m.
▫ abrév. de **saxophone**
HOM. **saxe**
saxatile adj.
saxe n. m.
➾ Lorsqu'il désigne de la porcelaine ou un objet en porcelaine, ce mot s'écrit sans majuscule, contrairement au nom propre qui désigne la région : *des bibelots en saxe ; une collection de vieux saxes* mais *de la porcelaine de Saxe.*
HOM. **sax**
saxhorn n. m.
saxicole adj. et n.
saxifragacée n. f.
saxifrage n. f. et adj.
¹**saxo** n. m.
▫ abrév. de **saxophone**
²**saxo** n.
▫ abrév. de **saxophoniste**
saxon, onne n. et adj.
➾ L'adjectif s'écrit sans majuscule : *la population saxonne.* Le nom s'écrit avec une majuscule uniquement quand il désigne une personne : *les Saxons ; une Saxonne* mais *ils parlaient le vieux saxon ; le bas saxon.*

saxophone n. m.
saxophoniste n.
saye /sɛ/ n. f.
HOM. **saie**, formes du v. **savoir**
sayette n. f.
sayetterie n. f.
saynète n. f.
➾ Ne pas écrire **scénette* : ce mot n'est pas de la famille de *scène*.
sayon n. m.
HOM. **seillon**
sbire n. m.
scabellon n. m.
scabieuse n. f.
scabieux, ieuse adj.
scabreux, euse adj.
scaferlati n. m.
[1]**scalaire** n. m. (poisson, nombre)
[2]**scalaire** n. f. (mollusque)
[3]**scalaire** adj.
scalant, ante adj.
scalariforme adj.
scala santa n. f.
scald n. m.
HOM. **scalde**
scalde n. m.
HOM. **scald**
scaldique adj.
scalène adj.
scalimétrie n. f.
scalogramme n. m.
scalp n. m.
HOM. formes du v. **scalper**
scalpel n. m.
scalper v. tr. | conjug. 1 |
scalpeur n. m.
scammonée n. f.
scampi n. m.
➾ Ce mot a un pluriel régulier : *des scampis*.
scan /skan/ n. m.
scandale n. m.
➾ Ce mot est toujours au singulier dans la locution **faire scandale** : *ses déclarations ont fait scandale*.
scandaleusement adv.
scandaleux, euse adj.
scandaliser v. tr. | conjug. 1 |
¬ **se scandaliser**
➾ Aux temps composés de la forme pronominale, le participe passé s'accorde en genre et en nombre avec le sujet : *ils se sont scandalisés de son attitude*.
scander v. tr. | conjug. 1 |
scandinave adj. et n.
➾ L'adjectif s'écrit sans majuscule : *le peuple scandinave*. Le nom s'écrit avec une majuscule : *les Scandinaves ; une Scandinave*.

scandinavisme n. m.
scandium /-jɔm/ n. m.
scandix /-ks/ n. m.
scannage n. m.
[1]**scanner** /skanɛʀ/ n. m.
▫ rec. off. : **numériseur** ou **scanneur**
[2]**scanner** v. tr. | conjug. 1 |
scannérisation n. f.
scannériser v. tr. | conjug. 1 |
scanneur n. m.
▫ rec. off. pour **scanner**
scanning /skaniŋ/ n. m.
scanogramme n. m.
scanographe n. m.
scanographie n. f.
scansion n. f.
scaphandre n. m.
scaphandridé n. m.
scaphandrier, ière n.
scaphé n. m.
scaphéphore n.
scaphidie n. f.
scaphite n. m.
scaphoïde adj.
scaphopode n. m.
scapin n. m.
scapinade n. f.
scapolite n. f.
scapulaire adj. et n. m.
scapulalgie n. f.
scapulohuméral, ale, aux adj.
scapulomancie n. f.
scarabée n. m.
➾ Ne pas oublier le *e* final.
scarabéidé n. m.
scaramouche n. m.
scare n. m.
scaridé n. m.
scarieux, ieuse adj.
scarifiage n. m.
scarificateur n. m.
scarification n. f.
scarifier v. tr. | conjug. 7 |
scarlatin, ine adj.
scarlatine n. f. et adj.
scarlatinelle n. f.
scarlatineux, euse adj.
scarlatiniforme adj.
scarole n. f.
scat /skat/ n. m.
scatole ou **scatol** n. m.
scatologie n. f.
scatologique adj.
scatologue n. m.
scatophage adj.

scatophagie n. f.
scatophile adj.
scatter /skatɛʀ/ n. m.
scattering /skatɛʀiŋ/ n. m.
scaure n. m.
HOM. **score**
scazon adj. m. et n. m.
sceau n. m. (cachet, empreinte)
➾ Ce mot s'écrit avec une majuscule dans **le garde des Sceaux**, qui désigne le ministre de la Justice.
HOM. **saut, seau, sot**
sceau-de-Salomon n. m. ▪ plur. **sceaux-de-Salomon**
scélérat, ate adj. et n.
scélératement adv.
scélératesse n. f.
scellage n. m.
scellé n. m.
Ξ **Poser les scellés** est fautif : il faut dire **apposer les scellés**.
HOM. **seller**
scellement n. m.
sceller v. tr. | conjug. 1 |
ϟ Ne pas confondre **sceller**, qui signifie « fermer », avec **celer**, qui signifie « cacher ».
HOM. **seller**
scelleur n. m.
scénarimage n. m.
▫ rec. off. pour **story-board**
scénario ▪ plur. **scénarios** ou **scenario** ▪ plur. **scenarii** ou plur. **scenari** n. m.
Ξ Les formes francisées *scénario* et *scénarios* tendent à supplanter les formes italiennes. Le faux pluriel italien *scenarii* est plus fréquent en français que le véritable pluriel italien *scenari*.
scénarisation n. f.
scénariser v. tr. | conjug. 1 |
scénariste n.
scénaristique adj.
scène n. f.
➾ Ce mot est toujours au singulier dans la locution **en scène** : *mettre en scène ; des mises en scène ; des metteurs en scène*.
HOM. **cène, saine** (fém. de [1]*sain*), **seine, sen**
scenic railway /senikʀɛlwɛ/ n. m. ▪ plur. **scenic railways**
scénique adj.
scéniquement adv.
scénographe n.
scénographie n. f.
scénographique adj.
scénologie n. f.
scénopégies n. f. pl.
scénotest n. m.
scepticisme n. m.
sceptique n. et adj.
ϟ Ne pas confondre **sceptique**, qui signifie « qui doute », avec **septique**, qui signifie « qui produit une infection ».
HOM. **septique**
sceptiquement adv.
sceptre n. m.
schabraque n. f.
→ **chabraque**
schah n. m.
→ **shah**
schako n. m.
→ **shako**
schappe n. m. ou f.
HOM. **chape**
schappiste n.
schapska n. f.
→ **chapska**
schelem /ʃlɛm/ n. m.
→ **chelem**
schéma n. m.
➾ Ne pas écrire **shéma* : ce mot s'écrit avec un *c*.
schémathèque n. f.
schématique adj.
schématiquement adv.
schématisation n. f.
schématiser v. tr. | conjug. 1 |
schématisme n. m.
schème n. m.
schénanthe n. m.
schéol n. m.
scherzando /skɛʀtsando ; skɛʀdzɑ̃do/ adv.
scherzo /skɛʀtso ; skɛʀdzo/ n. m. ▪ plur. **scherzi** ou plur. **scherzos**
Ξ On peut employer le pluriel italien *scherzi* ou le pluriel francisé *scherzos*.
schibboleth /ʃibɔlɛt/ n. m.
schiedam /skidam/ n. m.
schilling /ʃiliŋ/ n. m.
HOM. **shilling**
schinopsis /-is/ n. m.
schinus /ʃinys/ n. m.
schipperke /ʃipɛʀk/ adj. et n. m.
schismatique adj.
schisme n. m.
➾ Ce mot s'écrit avec une majuscule dans **le Grand Schisme**.
schiste n. m.
schisteux, euse adj.
schistoïde adj.
schistose n. f.
schistosité n. f.
schistosome n. m.
schistosomiase n. f.
schize /skiz/ n. f.
schizo /skizo/ n. et adj.
▫ abrév. de **schizophrène**

schizoanalyse /ski-/ n. f.
schizocœle /skizɔsɛl/ n. m.
schizogamie /ski-/ n. f.
schizogène /ski-/ adj.
schizogenèse /ski-/ n. f.
schizogonie /ski-/ n. f.
schizogonique /ski-/ adj.
schizographie /ski-/ n. f.
schizoïde /ski-/ adj. et n.
schizoïdie /ski-/ n. f.
schizoïdique /ski-/ adj.
schizolobium /ski-jɔm/ n. m.
schizomaniaque /ski-/ adj.
schizomanie /ski-/ n. f.
schizométamérie /ski-/ n. f.
schizomycète /ski-/ n. m.
schizonévrose /ski-/ n. f.
schizonte /ski-/ n. m.
schizoparaphasie /ski-/ n. f.
schizophasie /ski-/ n. f.
schizophrène /ski-/ adj. et n.
schizophrénie /ski-/ n. f.
schizophrénique /ski-/ adj.
schizose /ski-/ n. f.
schizostélie /ski-/ n. f.
schizothyme /ski-/ n.
schizothymie /ski-/ n. f.
schizothymique /ski-/ adj.
schlague n. f.
schlamm n. m.
schlammeux, euse adj.
[1]**schlass** ou **chlasse** adj. (fam. : ivre)
[2]**schlass** n. m. (couteau)
schleu, e adj. et n.
→ **chleuh**
schlich /ʃlik/ n. m.
schlinguer v. intr. | conjug. 1 |
→ **chlinguer**
schlittage n. m.
schlitte n. f.
schlitter v. tr. | conjug. 1 |
schlitteur n. m.
schlott n. m.
schmilblick n. m.
schnaps /ʃnaps/ n. m.
schnauzer /ʃnozɛʀ ; ʃnaozɛʀ/ n. m.
schnick n. m.
schnitzel n. m.
schnock adj. et n.
→ **chnoque**
schnorkel ou **schnorchel** /ʃnɔʀkɛl/ n. m.
schnouf n. f.
→ **chnouf**
schœpite /ʃœ-/ n. f.
schofar n. m.
schola /skɔla/ n. f.
scholiaste /sk-/ n. m.
→ **scoliaste**
[1]**scholie** /sk-/ n. f. (annotation)
→ **scolie**
[2]**scholie** /sk-/ n. m. (remarque à propos d'un théorème ou d'une proposition)
→ **scolie**
schooner ou **schooneur**° /ʃunœʀ/ n. m.
schopenhauerien, ienne /ʃɔpɛn-/ adj. et n.
schorre n. m.
schpil n. m.
schproum n. m.
schupo /ʃupo/ n. m.
schuss /ʃus/ n. m. et adv.
schwa ou **chva** n. m.
S. C. I. n. f.
□ abrév. de **société civile immobilière**
sciable adj.
sciage n. m.
Scialytique® n. m.
➾ Comme tous les noms déposés, ce mot doit s'écrire avec une majuscule : *éclairer avec un Scialytique*. Toutefois, on le trouve fréquemment employé comme nom générique sans respect de la règle : *éclairer avec un scialytique*.
sciant, sciante adj.
HOM. **cyan, scient**
sciaphile adj.
sciara n. f.
sciasse n. m.
sciatalgie n. f.
sciathérique adj.
sciatique adj. et n. f.
scie n. f.
HOM. **ci, si, sis, six**
sciemment /sjamɑ̃/ adv.
science n. f.
science-fiction n. f. ▪ plur. **sciences-fictions**
science-fictionnel, elle adj. ▪ plur. **science-fictionnels, elles**
Sciences-po n. f. pl.
sciène n. f.
HOM. **sienne** (fém. de *sien*)
sciénidé n. m.
scient, sciente adj.
HOM. **cyan, sciant**
scientificité n. f.
scientifique adj. et n.
scientifiquement adv.
scientisme n. m.
scientiste adj. et n.
scientologie n. f.
scientologiste n.

scientologue n.
scier v. tr. | conjug. 7 |
scierie n. f.
scieur, scieuse n. (personne)
HOM. **sieur**
scieuse n. f. (machine)
scillarène n. m.
scille /sil/ n. f.
HOM. **cil, sil**
scincidé n. m.
scinder v. tr. | conjug. 1 |
¬ **se scinder**
➾ Aux temps composés de la forme pronominale, le participe passé s'accorde en genre et en nombre avec le sujet : *la communauté s'est scindée en deux.*
scinque n. m.
HOM. **cinq**
scintigramme ou **scintillogramme** /-ijɔ- ; -ilɔ-/ n. m.
scintigraphe ou **scintillographe** /-ijɔ- ; -ilɔ-/ n. m.
scintigraphie ou **scintillographie** /-ijɔ- ; -ilɔ-/ n. f.
scintigraphique ou **scintillographique** /-ijɔ- ; -ilɔ-/ adj.
scintillant, ante /-ijɑ̃ ; -ilɑ̃/ adj. et n. m.
scintillateur /-ija- ; -ila-/ n. m.
scintillation /-ija- ; -ila-/ n. f.
scintillement n. m.
scintiller v. intr. | conjug. 1 |
scintillogramme /-ijɔ- ; -ilɔ-/ n. m.
→ **scintigramme**
scintillographe /-ijɔ- ; -ilɔ-/ n. m.
→ **scintigraphe**
scintillographie /-ijɔ- ; -ilɔ-/ n. f.
→ **scintigraphie**
scintillographique /-ijɔ- ; -ilɔ-/ adj.
→ **scintigraphique**
scintillomètre /-ijɔ- ; -ilɔ-/ n. m.
sciographie n. f.
sciographique adj.
sciomancie n. f.
scion n. m.
HOM. **cyon**, formes du v. **scier**
sciotte n. f.
scipio n. m.
scirpaie n. f.
scirpe n. m.
scissile adj.
scission n. f.
scissionnaire adj.
scissionnisme n. m.
scissionniste n. et adj.
scissipare adj.
scissiparité n. f.
scissomètre n. m.
scissure n. f.
scitaminale n. f.
sciure n. f.
sciuridé n. m.
sciuromorphe n. m.
scléral, ale, aux adj.
scléranthe n. m.
sclérectasie n. f.
sclérectomie n. f.
sclérème n. m.
sclérenchyme n. m.
scléreux, euse adj.
sclérification n. f.
sclérifier v. tr. | conjug. 7 |
sclérite n. f.
scléroatrophique adj.
sclérochoroïdite /-k-/ n. f.
scléroconjonctivite n. f.
sclérocornéen, enne adj.
scléroderme n. m.
sclérodermie n. f.
sclérogène adj.
sclérographe n. m.
sclérokératite n. f.
sclérolyse n. f.
scléromètre n. m.
sclérométrie n. f.
sclérophtalmie n. f.
sclérophtalmique adj.
sclérophylle adj.
scléroprotéine n. f.
sclérosant, ante adj.
sclérose n. f.
sclérosé, ée adj.
scléroser v. tr. | conjug. 1 |
¬ **se scléroser**
➾ Aux temps composés de la forme pronominale, le participe passé s'accorde en genre et en nombre avec le sujet : *ils se sont sclérosés.*
sclérote n. m.
sclérothérapie n. f.
sclérotique n. f.
scolaire adj. et n.
scolairement adv.
scolarisable adj.
scolarisation n. f.
scolariser v. tr. | conjug. 1 |
scolarité n. f.
scolasticat n. m.
scolastique adj. et n.
scolastiquement adv.

scolex n. m.
scoliaste ou **scholiaste** /sk-/ n. m.
[1]**scolie** ou **scholie** /sk-/ n. f. (annnotation)
[2]**scolie** n. m. (remarque sur un théorème ou une proposition)
scoliose n. f.
scoliotique adj. et n.
scolopendre n. f.
Ce mot est féminin : *une scolopendre*.
scolyme n. m.
scolyte n. m.
scombre n. m.
scombrésocidé n. m.
scombridé n. m.
scone n. m.
sconse ou **skunks** /skɔ̃ks/ n. m.
scoop /skup/ n. m.
□ rec. off. : **exclusivité**
scoot /skut/ n. m.
□ abrév. de **scooter**
HOM. **scout**
scooter ou **scooteur**○ /skutɛʀ ; skutœʀ/ n. m.
scootériste /sku-/ n.
scope n. m.
scopélisme n. m.
scopie n. f.
□ abrév. de **radioscopie**
Scopitone® n. m.
Comme tous les noms déposés, ce mot doit s'écrire avec une majuscule : *de vieux Scopitones*. Toutefois, on le trouve fréquemment employé comme nom générique sans respect de la règle : *de vieux scopitones*.
scopolamine n. f.
scopolia n. m.
scops /skɔps/ n. m.
scoptophilie ou **scopophilie** n. f.
scorbut /-byt/ n. m.
Ne pas écrire **scorbute* : ce mot n'a pas de *e*.
scorbutigène adj.
scorbutique adj.
score n. m.
□ rec. off. : **marque**
HOM. **scaure**
scorer v. intr. | conjug. 1 |
scoriacé, ée adj.
scorie n. f.
scorifiant, ante adj.
scorification n. f.
scorifier v. tr. | conjug. 7 |
scorpène n. f.
scorpénidé n. m.
scorpion n. m.
Comme tous les noms qui désignent une constellation et un signe du zodiaque, ce mot est invariable et s'écrit avec une majuscule : *il est (du signe) du Scorpion ; elles sont Scorpion*.
scorpionidé n. m.
scorsonère n. f.
[1]**scotch** n. m. ▪ plur. **scotches** ou plur. **scotchs** (whisky)
On peut employer le pluriel anglais *scotches* ou le pluriel francisé *scotchs*.
HOM. formes du v. **scotcher**
[2]**Scotch**® n. m. (adhésif)
Comme tous les noms déposés, ce mot doit s'écrire avec une majuscule : *fermer un emballage avec du Scotch*. Toutefois, on le trouve fréquemment employé comme nom générique sans respect de la règle : *fermer un emballage avec du scotch*.
HOM. formes du v. **scotcher**
scotchant, ante adj.
scotcher v. tr. | conjug. 1 |
scotch-terrier n. m. ▪ plur. **scotch-terriers**
scotie n. f.
scotisme n. m.
scotiste adj. et n.
scotome n. m.
scotomisation n. f.
scotomiser v. tr. | conjug. 1 |
scotopie n. f.
scotopique adj.
scottique adj.
scottish n. f.
scottish-terrier n. m. ▪ plur. **scottish-terriers**
scoubidou n. m.
scouffin n. m.
scoumoune n. f.
scoured /skuʀɛd/ n. m.
scout, scoute n. et adj.
HOM. **scoot**
scout-car n. m. ▪ plur. **scout-cars**
scoutisme n. m.
S. C. P. n. f.
□ abrév. de **société civile professionnelle**
Scrabble® /skʀabl ; skʀabœl/ n. m.
Comme tous les noms déposés, ce mot doit s'écrire avec une majuscule : *une partie de Scrabble*. Toutefois, on le trouve fréquemment employé sans respect de la règle : *une partie de scrabble*.
scrabbleur, euse n.
scrabe n. f.
scramasaxe n. m.
scrap n. m.
scrapbooking n. m.
scrapeur ou **scraper** /skʀapœʀ ; skʀɛpœʀ/ n. m.
□ rec. off. : **décapeuse** ou **décapeur**

scratch adj. inv. et n. m. ▪ plur. **scratchs** ou plur. **scratches**
⌸ On peut employer le pluriel anglais *scratches* ou le pluriel francisé *scratchs*.
HOM. formes du v. **scratcher**
scratcher v. tr. et v. intr. | conjug. 1 |
scriban n. m. ou **scribanne** n. f.
scribe n. m.
scribouillage n. m.
scribouillard, arde n.
scribouiller v. intr. | conjug. 1 |
scribouilleur, euse n.
scrinium /-jɔm/ n. m.
script n. m. (type d'écriture, scénario ; Inform. : suite de commandes)
HOM. **scripte**
scripte n. (personne)
HOM. **script**
scripteur, trice n.
script-girl /skʀiptgœʀl/ n. f. ▪ plur. **script-girls**
◻ rec. off. : **scripte**
scriptible adj.
scripturaire adj.
scriptural, ale, aux adj.
scrofulaire n. f.
scrofulariacée n. f.
scrofule n. f.
scrofuleux, euse adj. et n.
scrogneugneu interj.
scrotal, ale, aux adj.
scrotocèle n. m.
scrotum /-ɔm/ n. m.
scrub /skʀœb/ n. m.
scrupulard, arde n.
scrupule n. m.
scrupuleusement adv.
scrupuleux, euse adj.
scrupulosité n. f.
scrutateur, trice adj. et n.
scrutation n. f.
scrutement n. m.
scruter v. tr. | conjug. 1 |
scrutin n. m.
scull /skyl ; skœl/ n. m.
sculptage /skylt-/ n. m.
sculpter /skylte/ v. tr. | conjug. 1 |
sculpteur, trice /skylt-/ n.
☯ Pour parler d'une femme, le *Guide d'aide à la féminisation des noms de métiers, titres, grades et fonctions* et l'Office québécois de la langue française conseillent d'employer *sculptrice* ou *sculpteure*. L'emploi de *sculpteur* au féminin est également admis par le *Guide d'aide à la féminisation des noms de métiers, titres, grades et fonctions* : *c'est une sculpteur*.

sculptural, ale, aux /skylt-/ adj.
sculpture /skylt-/ n. f.
scurrile adj.
scurrilité n. f.
scutellaire n. f. et adj.
scutellum /-ɔm/ n. m.
scutiforme adj.
scutum /-ɔm/ n. m. ▪ plur. **scutums** ou plur. **scuta**
⌸ On peut employer le pluriel francisé *scutums* ou le pluriel latin *scuta*.
scybale n. f.
scyphistome n. m.
scyphoméduse n. f.
scyphozoaire n. m.
scytale n. f.
scythe adj. et n.
HOM. **cyte, site**, formes du v. **citer**
scythique adj.
S. D. F. n.
◻ abrév. de **sans domicile fixe**
se pron. pers.
⌸ *Se* s'élide en *s'* devant une voyelle ou un *h* muet : *il s'est amusé ; des couleurs qui s'harmonisent*.
Se est le pronom personnel réfléchi de la troisième personne : *il(s), elle(s)* et *on*. Dans les autres cas, l'emploi de *se* est fautif : il faut dire *si vous voulez obtenir des précisions, il faut vous adresser au directeur* (et non **il faut s'adresser*), *pour nous rassurer, nous avons tout vérifié* (et non **pour se rassurer*), etc.
⌘ Après certains verbes comme *faire* ou *laisser*, *se* est parfois omis devant un verbe à l'infinitif employé habituellement à la forme pronominale : *le bruit a fait retourner tout le monde ; j'ai emmené les enfants promener*.
HOM. **ce**
seaborgium /sibɔʀgjɔm/ n. m.
sea-line /silajn/ n. m. ▪ plur. **sea-lines** (pipeline immergé)
séance n. f.
[1]**séant, ante** adj.
HOM. **céans**
[2]**séant** n. m.
HOM. **céans**
seau n. m.
HOM. **saut, sceau, sot**
seau-pompe n. m. ▪ plur. **seaux-pompes**
sébacé, ée adj.
sébaste n. m.
sébeste n. m.
sébestier n. m.
sébile n. f.
sebka ou **sebkha** n. f.
séborrhée n. f.
séborrhéique adj.

sébum /-ɔm/ n. m.
sec, sèche adj. et n. m.
➾ Ce mot est toujours au singulier dans la locution **à sec** : *mettre des étangs à sec ; ils sont à sec.* Dans la locution **en cinq sec(s)**, *sec* est au pluriel au sens propre (*jouer en cinq secs*) et au singulier au sens figuré (*s'habiller en cinq sec*).
Ξ Ce mot peut s'employer comme adverbe ; il est alors invariable : *elles démarrent sec.*
sécabilité n. f.
sécable adj.
secam ou **sécam**○ /sekam/ n. m.
◘ abrév. de **séquentiel à mémoire**
sécance n. f.
HOM **séquence**
sécant, ante adj. et n. f.
sécateur n. m.
sécateur-serpe n. m. ▪ plur. **sécateurs-serpes**
secco n. m.
Seccotine® n. f.
➾ Comme tous les noms déposés, ce mot doit s'écrire avec une majuscule : *réparer un objet avec de la Seccotine.* Toutefois, on le trouve fréquemment employé comme nom générique sans respect de la règle : *réparer un objet avec de la seccotine.*
sécentisme /setʃɛntism/ n. m.
sécentiste /setʃɛntist/ n. m.
Secento /setʃɛnto/ ou **seicento** /sejtʃɛnto/ n. m.
➾ Comme tous les noms désignant une période historique, ce mot s'écrit toujours avec une majuscule.
Ξ Ce mot, qui signifie littéralement « six cents », fait référence au dix-septième siècle italien, et non au seizième.
sécession n. f.
➾ Ce mot s'écrit avec une majuscule dans **la guerre de Sécession**.
sécessionnisme n. m.
sécessionniste adj. et n.
séchage n. m.
séchant, ante adj.
séchard n. m.
sèche n. f.
HOM. **seiche**
sèche-cheveu(x) n. m. ▪ plur. **sèche-cheveux**
sèche-linge n. m. ▪ plur. **sèche-linges** ou plur. inv.
sèche-main(s) n. m. ▪ plur. **sèche-mains**
sèchement adv.
sécher v. tr. et v. intr. | conjug. 6 |
¬ **se sécher**
➾ Aux temps composés de la forme pronominale, le participe passé s'accorde en genre et en nombre avec le sujet : *elle s'est séchée avec une serviette.* Mais le participe passé ne s'accorde pas quand il est suivi d'un complément d'objet direct : *ils se sont séché les mains.* Il ne s'accorde avec le complément d'objet direct que lorsque celui-ci est placé avant le verbe : *ils se les sont séchées.*
sécheresse /sɛ-/ ou **sècheresse**○ n. f.
sécherie /sɛ-/ ou **sècherie**○ n. f.
sèche-serviette n. m. ▪ plur. **sèche-serviettes**
sécheur n. m.
sécheuse n. f.
séchoir n. m.
séclusion n. f.
sécolle pron. pers.
second, onde /s(ə)gɔ̃, ɔ̃d/ adj. et n.
➾ Ce mot s'écrit avec une majuscule dans **la Seconde Guerre mondiale.**
→ aussi **deuxième**
secondaire /s(ə)gɔ̃-/ adj.
HOM. forme du v. **seconder**
secondairement /s(ə)gɔ̃-/ adv.
secondarité /s(ə)gɔ̃-/ n. f.
seconde /s(ə)gɔ̃d/ n. f.
secondement /s(ə)gɔ̃-/ adv.
seconder /s(ə)gɔ̃-/ v. tr. | conjug. 1 |
secondipare /s(ə)gɔ̃-/ adj.
sécot, ote adj. et n.
secouage n. m.
secouant, ante adj.
secoué, ée adj.
secouée n. f.
secouement n. m.
➾ Ne pas oublier le *e* muet.
secouer v. tr. | conjug. 1 |
secoueur n. m.
secourable adj.
secoureur, euse n.
secourir v. tr. | conjug. 11 |
secourisme n. m.
secouriste n.
secours n. m.
secousse n. f.
Ξ La locution **secousse sismique** est courante mais considérée comme pléonastique : *sismique* vient du grec *seiein* qui signifie « secouer ». Dans le langage soigné, on dira plutôt **secousse tellurique**.
secret, ète n. m. et adj.
➾ La locution **en secret** est invariable : *des renseignements donnés en secret.*
HOM. (du fém.) formes du v. **secréter**
secrétage n. m.
secrétaire n.
➾ Ce mot ne prend pas de majuscule dans **secrétaire d'État**.
HOM. forme du v. **secréter**

secrétairerie n. f.
➾ Ce mot s'écrit avec une majuscule dans **Secrétairerie d'État** (au Vatican).
secrétariat n. m.
secrètement adv.
secréter v. tr. | conjug. 6 | (Tech. : frotter)
sécréter v. tr. | conjug. 6 | (produire)
secréteur n. m.
sécréteur, euse ou **trice** adj.
sécrétine n. f.
sécrétion n. f.
sécrétoire adj.
sectaire n. et adj.
sectarisme n. m.
sectateur, trice n.
secte n. f.
secteur n. m.
sectile adj.
sectilité n. f.
section n. f.
sectionnaire adj. et n. m.
HOM. forme du v. **sectionner**
sectionnement n. m.
sectionner v. tr. | conjug. 1 |
sectionneur n. m.
sectoriel, ielle adj.
sectorisation n. f.
sectoriser v. tr. | conjug. 1 |
sécu n. f. sing.
▫ abrév. de **Sécurité sociale**
séculaire adj.
⚡ Ne pas confondre **séculaire**, qui signifie « qui existe depuis un ou plusieurs siècles », avec **séculier**, qui signifie « qui appartient à la vie laïque ».
séculairement adv.
sécularisation n. f.
séculariser v. tr. | conjug. 1 |
sécularisme n. m.
sécularité n. f.
séculier, ière adj.
⚡ Ne pas confondre **séculier**, qui signifie « qui appartient à la vie laïque », avec **séculaire**, qui signifie « qui existe depuis un ou plusieurs siècles ».
séculièrement adv.
secundo /səgɔ̃do/ adv.
secundogéniture /səgɔ̃do-/ n. f.
sécurisant, ante adj.
sécurisation n. f.
sécurisé, ée adj.
sécuriser v. tr. | conjug. 1 |
Sécurit® /-ʀit/ n. m.
➾ Comme tous les noms déposés, ce mot doit s'écrire avec une majuscule : *des vitres en Sécurit*. Toutefois, on le trouve fréquemment employé comme nom générique sans respect de la règle : *des vitres en sécurit*.
sécuritaire adj.
sécurité n. f.
➾ Ce mot s'écrit avec une majuscule dans le nom d'organisme **la Sécurité sociale**. Les locutions **de sécurité** et **en sécurité** sont invariables : *mettre des objets en sécurité ; des manettes de sécurité*.
sedan n. m.
➾ Lorsqu'il désigne du drap, ce mot s'écrit sans majuscule, contrairement au nom propre qui désigne la commune : *du drap de Sedan* mais *du sedan*.
sédatif, ive adj. et n. m.
sédation n. f.
sédentaire adj. et n.
sédentairement adv.
sédentarisation n. f.
sédentariser v. tr. | conjug. 1 |
¬ **se sédentariser**
➾ Aux temps composés de la forme pronominale, le participe passé s'accorde en genre et en nombre avec le sujet : *ils se sont sédentarisés*.
sédentarisme n. m.
sédentarité n. f.
sedia gestatoria /sedja-/ n. f.
sédiment n. m.
sédimentaire adj.
HOM. forme du v. **sédimenter**
sédimentation n. f.
sédimenter v. tr. | conjug. 1 |
sédimentologie n. f.
sédimentologique adj.
sédimentologue n.
sédiole n. f.
séditieusement adv.
séditieux, ieuse adj. et n.
sédition n. f.
sédon n. m.
HOM. formes du v **céder**
→ **sedum**
séducteur, trice n. et adj.
séductible adj.
séductif, ive adj.
séduction n. f.
séduire v. tr. | conjug. 38 |
séduisant, ante adj.
sedum ou **sédum** /sedɔm/ ou **sédon** n. m.
seersucker /siʀsœkœʀ/ n. m.
séfarade ou **sépharade** n. et adj.
➾ L'adjectif s'écrit sans majuscule : *la population séfarade*. Le nom s'écrit avec une majuscule : *les Séfarades ; c'est une Séfarade*.
séfaradité n. f.

séga n. m.
ségala n. m.
ségestrie n. f.
seghia n. f.
→ **séguia**
segment n. m.
segmentaire adj.
HOM. forme du v. **segmenter**
segmental, ale, aux adj.
segmentation n. f.
segmenter v. tr. | conjug. 1 |
ségrairie n. f.
ségrais n. m.
ségrayer n. m.
ségrégabilité n. f.
ségrégatif, ive adj.
ségrégation n. f.
ségrégationnisme n. m.
ségrégationniste adj. et n.
ségrégué, ée ou **ségrégé, ée** adj.
ségréguer | conjug. 6 | ou **ségréger** | conjug. 3 et 6 | v. tr.
séguedille n. f.
séguia ou **seghia** /segja/ n. f.
seicento /sejtʃɛnto/ n. m.
→ **secento**
seiche n. f.
HOM. **sèche** (fém. de *sec*), formes du v. **sécher**
séide n. m.
seigle n. m.
seigneur n. m.
➾ Avec une majuscule, **Seigneur** désigne Dieu.
seigneurage n. m.
seigneuriage n. m.
seigneurial, iale, iaux adj.
seigneurie n. f.
➾ Ne pas employer **seigneurerie*, qui n'existe pas. Employé comme titre honorifique, ce mot s'écrit avec une majuscule, tout comme l'adjectif possessif qui le précède : *Sa Seigneurie le vicomte* ; *Votre Seigneurie*. L'accord se fait soit avec le nom qui suit le titre, soit au féminin si *seigneurie* est employé seul : *Sa Seigneurie le vicomte est arrivé* ; *Sa Seigneurie est arrivée*.
seille n. f.
seillée n. f.
seillon n. m.
HOM. **sayon**
seillot n. m.
seime n. f.
HOM. **sème**, formes du v. **semer**

sein n. m.
▸ **au sein de** *elle travaille au sein d'une équipe de chercheurs*
HOM. **cinq, sain, saint, seing,** formes du v. **ceindre**
seine ou **senne** n. f.
HOM. **cène, saine** (fém. de [1]*sain*), **scène, sen**
seing /sɛ̃/ n. m.
HOM. **cinq, sain, saint, sein,** formes du v. **ceindre**
séisme n. m.
séismicité n. f.
→ **sismicité**
séismique adj.
→ **sismique**
séismographe n. m.
→ **sismographe**
seitan n. m.
séité n. f.
seizain n. m.
seizaine n. f.
seize adj. numéral inv. et n. m. inv.
➾ Les numéraux formant un nombre complexe inférieur à cent s'écrivent avec un trait d'union : *soixante-seize*. Les Rectifications de l'orthographe de 1990 préconisent de généraliser l'emploi du trait d'union à tous les numéraux composés, qu'ils soient inférieurs ou supérieurs à cent : *à la page cent-seize ; il a seize-mille euros en espèces*.
seizième adj. et n.
seizièmement adv.
seiziémisme n. m.
seiziémiste n.
séjour n. m.
séjourner v. intr. | conjug. 1 |
sel n. m.
HOM. **celle, selle,** formes des v. **celer, sceller, seller**
→ aussi **poivre**
sélacien, ienne adj. et n. m.
sélaginacée n. f.
sélagine n. f.
sélaginelle n. f.
sélam /selam/ n. m.
sélandre n. m.
seldjoukide adj. et n.
➾ L'adjectif s'écrit sans majuscule : *la dynastie seldjoukide*. Le nom s'écrit avec une majuscule : *les Seldjoukides*.
sélect, ecte adj. ou **select** adj. inv.
sélecter v. tr. | conjug. 1 |
sélecteur, trice n. m. et adj.
sélectif, ive adj.
sélection n. f.
sélectionné, ée adj.
◻ rec. off. pour **nominé, ée**
sélectionner v. tr. | conjug. 1 |

sélectionneur, euse n.
sélectionnisme n. m.
sélectionniste adj. et n.
sélectivement adv.
sélectivité n. f.
sélène adj.
→ **sélénite**
sélénhydrique adj.
séléniate n. m.
sélénié, ée adj.
sélénien, ienne n.
→ **sélénite**
sélénieux adj. m.
sélénifère adj.
sélénique adj. m.
[1]**sélénite** ou **sélénien, ienne** n. (habitant de la lune)
[2]**sélénite** ou **sélène** adj. (de la lune)
[3]**sélénite** n. m. (sel)
[4]**sélénite** n. f. (gypse)
séléniteux, euse adj.
sélénium /-jɔm/ n. m.
séléniure n. m.
sélénodésie n. f.
sélénodonte adj.
sélénographie n. f.
sélénographique adj.
sélénologie n. f.
sélénologue n.
[1]**séleucide** n. m. (oiseau)
[2]**séleucide** adj. et n. (grec)
[1]**self** n. f.
□ abrév. de **self-inductance**
[2]**self** n. m.
□ abrév. de **self-service**
self-control n. m. ▪ plur. **self-controls**
self-défense n. f. ▪ plur. **self-défenses**
self-government /sɛlfgɔvɛʀnmɛnt/ n. m. ▪ plur. **self-governments**
self-impédance n. f. ▪ plur. **self-impédances**
self-inductance n. f. ▪ plur. **self-inductances**
self-induction n. f. ▪ plur. **self-inductions**
selfique adj.
self-made-man /sɛlfmɛdman/ n. m. ▪ plur. **self-made-mans** ou plur. **self-made-men**
self-made-woman /sɛlfmɛdwuman/ n. m. ▪ plur. **self-made-womans** ou plur. **self-made-women**
self-service n. m. ▪ plur. **self-services**
selin ou **selinum** /-selinɔm/ n. m.
sellage n. m.

selle n. f.
➾ Les locutions **de selle** et **en selle** sont invariables : *des chevaux de selle ; ils se mettent en selle.*
HOM. **celle**, **sel**, formes des v. **celer**, **sceller**, **seller**
sellée n. f.
HOM. **scellé, sceller, seller**
seller v. tr. | conjug. 1 |
HOM. formes des v. **celer, scellé, sellée, seller**
sellerie n. f.
HOM. **céleri**
sellette n. f.
sellier n. m.
HOM. **cellier**, formes des v. **celer, sceller, seller**
selon prép.
▸ **selon que** (+ indic.) *le point de vue varie selon que l'on est riche ou pauvre*
HOM. formes du v. **celer**
selvatique adj.
selve n. f.
semailles n. f. pl.
semaine n. f.
Ξ On peut dire *une fois (deux fois, trois fois,* etc.*) par semaine* ou *une fois (deux fois, trois fois,* etc.*) la semaine.*
➾ Ce mot s'écrit avec une majuscule dans **la Semaine sainte**.
semainier, ière n. et n. m.
semaison n. f.
semale n. f.
sémanote n. m.
sémantème n. m.
sémanticien, ienne n.
sémantique n. f. et adj.
sémantiquement adv.
sémantisme n. m.
sémaphore n. m.
sémaphorique adj.
sémaphoriste n.
sémasiologie n. f.
sémasiologique adj.
semblable adj. et n.
▸ **semblable à** *un vélo semblable au mien*
semblablement adv.
semblance n. f.
semblant n. m.
➾ Ce mot est toujours au singulier dans la locution **faire semblant** : *elles font semblant.*
sembler v. intr. | conjug. 1 |
▸ **sembler à qqn** (+ attribut) *elle m'a semblé fatiguée*
▸ **sembler à qqn** (+ inf.) *il me semble avoir changé*
▸ **il semble à qqn** (+ attribut) *il me semble inutile de revenir là-dessus ; faites ce que bon vous semble*
Ξ Dans une phrase affirmative, la locution **il**

semble que est suivie de l'indicatif ou du subjonctif selon le degré de certitude : *il semble qu'il est content ; il me semble étrange qu'il ait dit cela.* Dans une phrase négative ou interrogative, il est suivi du subjonctif : *il ne me semble pas qu'elle soit déjà venue ici ; ne vous semble-t-il pas possible que nous y arrivions ?* Dans les deux cas, il peut être suivi du conditionnel pour indiquer une hypothèse : *il semble qu'il pourrait échouer.*

sème n. m.
HOM. **seime**, formes du v. **semer**
séméiologie n. f.
→ **sémiologie**
sémélidé n. m.
semelle n. f.
sémème n. m.
semence n. f.
semenceau n. m.
semencier, ière n. et adj.
semen-contra ▪ plur. inv. ou **semencontra**° ▪ plur. **semencontras**° /semɛnkɔ̃tʀa/ n. m.
semer v. tr. | conjug. 5 |
semestre n. m.
semestriel, ielle adj.
semestriellement adv.
semeur, euse n.
semi-argenté, ée adj. ▪ plur. **semi-argentés, ées**
semi-aride adj. ▪ plur. **semi-arides**
semi-automatique adj. ▪ plur. **semi-automatiques**
semi-autopropulsé, ée adj. ▪ plur. **semi-autopropulsés, ées**
semi-autopropulsion n. f. ▪ plur. **semi-autopropulsions**
semi-auxiliaire adj. et n. m. ▪ plur. **semi-auxiliaires**
semi-balistique adj. ▪ plur. **semi-balistiques**
semi-brève n. f. ▪ plur. **semi-brèves**
semi-chenillé, ée adj. ▪ plur. **semi-chenillés, ées**
semi-circulaire adj. ▪ plur. **semi-circulaires**
semi-coke n. m. ▪ plur. **semi-cokes**
semi-conducteur, trice n. m. et adj. ▪ plur. **semi-conducteurs, trices**
semi-conductibilité n. f.
semi-conserve n. f. ▪ plur. **semi-conserves**
semi-consonne n. f. ▪ plur. **semi-consonnes**
semi-cristal n. m. ▪ plur. **semi-cristaux**
semi-cylindrique adj. ▪ plur. **semi-cylindriques**
semi-direct, ecte adj. ▪ plur. **semi-directs, ectes**
semi-distillation /-ila-/ n. f. ▪ plur. **semi-distillations**
semi-dominance n. f. ▪ plur. **semi-dominances**
semi-durable adj. ▪ plur. **semi-durables**
semi-étoile n. f. ▪ plur. **semi-étoiles**
semi-fini, ie adj. ▪ plur. **semi-finis, ies**
semi-fluide adj. ▪ plur. **semi-fluides**
semi-glisseur n. m. ▪ plur. **semi-glisseurs**
semi-gothique adj. ▪ plur. **semi-gothiques**
semi-hebdomadaire adj. ▪ plur. **semi-hebdomadaires**
semi-liberté n. f.
sémillant, ante adj.
sémillon n. m.
semi-lunaire adj. ▪ plur. **semi-lunaires**
semi-mensuel, elle adj. ▪ plur. **semi-mensuels, elles**
semi-métal n. m. ▪ plur. **semi-métaux**
séminaire n. m.
séminal, ale, aux adj.
séminariste n. m.
semi-nasal, ale adj. et n. f. ▪ plur. **semi-nasals, ales** ou plur. **semi-nasaux, ales**
sémination n. f.
séminifère adj.
séminipare adj.
semi-nomade adj. et n. ▪ plur. **semi-nomades**
semi-nomadisme n. m. ▪ plur. **semi-nomadismes**
séminome n. m.
sémioculturel, elle adj.
semi-officiel, elle adj. ▪ plur. **semi-officiels, elles**
sémiogenèse n. f.
sémiographie n. f.
sémiologie ou **séméiologie** n. f.
sémiologique adj.
sémiologue n.
sémiométrie n. f.
sémiométrique adj.
sémioptère n. m.
sémiosis /-is/ n. f.
sémioticien, ienne n.
sémiotique n. f. et adj.
semi-ouvert, erte adj. ▪ plur. **semi-ouverts, ertes**
semi-ouvré, ée adj. ▪ plur. **semi-ouvrés, ées**
semi-pélagique adj. ▪ plur. **semi-pélagiques**
semi-perméable adj. ▪ plur. **semi-perméables**
semi-polaire adj. ▪ plur. **semi-polaires**
semi-portique n. m. ▪ plur. **semi-portiques**
semi-précieux, euse adj. ▪ plur. **semi-précieux, euses**
semi-produit n. m. ▪ plur. **semi-produits**
semi-public, ique adj. ▪ plur. **semi-publics, iques**
sémique adj.
[1]**semi-remorque** n. f. ▪ plur. **semi-remorques** (remorque)

[2]**semi-remorque** n. m. ▪ plur. **semi-remorques** (camion)
semi-rigide adj. ▪ plur. **semi-rigides**
semis n. m.
➾ Ne pas oublier le *s* final au singulier.
semi-submersible adj. ▪ plur. **semi-submersibles**
sémite n. et adj.
➾ L'adjectif s'écrit sans majuscule : *les peuples sémites*. Le nom s'écrit avec une majuscule : *les Sémites ; une Sémite*.
sémitique adj. et n. m.
➾ Comme tous les noms de langues, *sémitique* s'écrit sans majuscule : *le sémitique oriental et le sémitique occidental*.
sémitisant, ante adj. et n.
sémitisme n. m.
semi-ton n. m. ▪ plur. **semi-tons**
semi-tubulaire adj. ▪ plur. **semi-tubulaires**
semi-voyelle n. f. ▪ plur. **semi-voyelles**
semnopithèque n. m.
semoir n. m.
semonce n. f.
semoncer v. tr. | conjug. 3 |
semoule n. f.
semoulerie n. f.
semoulier, ière n.
semoussage n. m.
semousseuse n. f.
semoustat n. m.
semper virens /sɛ̃pɛʀviʀɛ̃s/ adj.
sempervirent, ente /sɛ̃pɛʀviʀɑ̃/ adj.
sempervivum /sɛ̃pɛʀvivɔm/ n. m. ▪ plur. **sempervivums** ou plur. inv.
sempiternel, elle adj.
sempiternellement adv.
semple n. m.
semtex /sɛmtɛks/ n. m.
sen /sɛn/ n. m.
HOM. **cène, saine** (fém. de [1]*sain*), **scène, seine**
sénaire n. m. et adj.
sénarmontite n. f.
sénat n. m.
➾ Ce mot s'écrit avec une minuscule lorsqu'il désigne une ancienne assemblée politique : *le sénat de Sparte* ; *le sénat de Venise*. Il s'écrit avec une majuscule lorsqu'il désigne une assemblée législative moderne ou l'édifice où elle siège : *l'Assemblée nationale et le Sénat*.
sénateur, trice n.
sénatorerie n. f.
sénatorial, iale, iaux adj.
sénatorien, ienne adj.
sénatus-consulte /senatys-/ n. m. ▪ plur. **sénatus-consultes**
senau n. m.
➾ Ce mot a un pluriel régulier : *des senaus*.
séné n. m.
sénéchal, aux n. m.
sénéchaussée n. f.
séneçon /sɛnsɔ̃/ ou **sèneçon**○ n. m.
sénégalais, aise adj. et n.
➾ L'adjectif s'écrit sans majuscule : *la population sénégalaise*. Le nom s'écrit avec une majuscule uniquement quand il désigne une personne : *les Sénégalais ; une Sénégalaise*.
sénégali n. m.
sénégalien, ienne adj.
Ξ Ce mot est un terme de géographie : *le climat sénégalien*. Dans le langage courant, on emploie *sénégalais*.
sénégalisme n. m.
senellier n. m.
→ **cenellier**
sénescence n. f.
sénescent, ente adj.
sénestre ou **senestre** /se-/ adj.
sénestré, ée adj.
sénestrochère ou **senestrochère** /senɛstʀɔkɛʀ/ n. m.
sénestrogyre adj.
senestrorsum ou **sénestrorsum** /-ɔm/ adj. inv. et adv.
sénevé /sɛnve/ ou **sènevé**○ n. m.
sénieur n. m.
sénile adj.
sénilement adv.
sénilisme n. m.
sénilité n. f.
sénior, e ou **senior** /senjɔʀ/ n. et adj.
☯ *Séniore* est la forme recommandée par l'Office québécois de la langue française pour parler d'une femme : *une joueuse séniore*. le *Guide d'aide à la féminisation des noms de métiers, titres, grades et fonctions* admet l'emploi de *séniore* et de *sénior* au féminin : *c'est une sénior(e)*.
séniorité n. f.
senisse n. f.
senne n. f.
→ **seine**
senneur adj. m.
sénologie n. f.
sénologue n.
sénonien, ienne adj. et n. m.
[1]**sens** n. m. (sensation, jugement, signification)
HOM. **cens**
[2]**sens** n. m. (ordre, direction)
▸ **en tous sens** *chercher en tous sens*
♪ Ce mot se prononce toujours /sɑ̃s/ sauf dans les expressions **sens dessus dessous** /sɑ̃dsydsu/ et **sens devant derrière** /sɑ̃dvɑ̃dɛʀjɛʀ/.
HOM. **cens**
sensass adj.
◻ abrév. de **sensationnel**

sensation n. f.
sensationnalisme n. m.
sensationnaliste adj.
sensationnel, elle adj.
sensationnisme n. m.
sensationniste adj. et n.
sensé, ée adj.
⚡ Ne pas confondre **sensé**, qui signifie « raisonnable, judicieux » (*c'est un homme très sensé*), avec **censé**, qui signifie « supposé » (*tu es censé nous aider*).
HOM. **censé**
sensément adv.
⚡ Ne pas confondre **sensément**, qui signifie « raisonnablement » (*agir sensément*), avec **censément**, qui signifie « supposément » (*la somme est censément exigible*).
HOM. **censément**
senseur n. m.
HOM. **censeur**
sensibilisable adj.
sensibilisateur, trice adj. et n.
sensibilisation n. f.
sensibiliser v. tr. | conjug. 1 |
sensibilisme n. m.
sensibilité n. f.
sensiblard, arde adj. et n.
sensible adj.
sensiblement adv.
sensiblerie n. f.
sensitif, ive adj.
sensitive n. f.
sensitivité n. f.
sensitivomoteur, trice adj.
sensitivosensoriel, elle adj.
sensitométrie n. f.
sensitométrique adj.
sensorialité n. f.
sensoricité n. f.
sensoriel, ielle adj.
sensorimétrie n. f.
sensorimétrique adj.
sensorimoteur, trice adj.
sensorium /-jɔm/ n. m.
sensualisme n. m.
sensualiste adj. et n.
sensualité n. f.
sensuel, elle adj.
HOM. **censuel**
sensuellement adv.
sentant, ante adj.
sent-bon n. m. inv.
sente n. f.
sentence n. f.
sentencieusement adv.
sentencieux, ieuse adj.
senteur n. f.
senti, ie adj. et n. m.
sentier n. m.
sentiment n. m.
sentimental, ale, aux adj.
sentimentalement adv.
sentimentaliser v. tr. et v. intr. | conjug. 1 |
sentimentalisme n. m.
sentimentalité n. f.
sentine n. f.
sentinelle n. f.
sentir v. tr. | conjug. 16 |
➾ Les adjectifs employés comme adverbe avec *sentir* sont invariables : *elles sentent bon ; ils sentent fort*.
¬ **se sentir**
➾ Aux temps composés de la forme pronominale, le participe passé s'accorde en genre et en nombre avec le sujet : *elle s'est sentie mal*. Mais le participe passé ne s'accorde pas quand il est suivi d'un complément d'objet direct : *ils ne se sont pas senti la force de continuer*.
[1]**seoir** ou **soir**○ v. intr. | conjug. 26 ; part. *séant, sis* | (être assis)
HOM. **soir**
[2]**seoir** ou **soir**○ v. intr. | conjug. 26 | (convenir)
CONJUG. Ce verbe ne se conjugue qu'à la troisième personne, à l'indicatif présent, imparfait, futur, au conditionnel présent et au participe présent.
HOM. **soir**
séoudien, ienne adj. et n.
→ **saoudien**
séoudite adj.
→ **saoudite**
sépalaire adj.
sépale n. m.
☯ Ce mot est masculin : *un sépale*.
sépaloïde adj.
séparabilité n. f.
séparable adj.
séparateur, trice adj. et n. m.
séparatif, ive adj. et n. f.
séparation n. f.
séparatisme n. m.
séparatiste n.
séparé, ée adj.
séparément adv.
séparer v. tr. | conjug. 1 |
Ξ On peut employer indifféremment **séparer une chose d'une autre** ou **séparer une chose d'avec une autre**.
¬ **se séparer**
➾ Aux temps composés de la forme pronominale, le participe passé s'accorde en genre et en nombre avec le sujet : *ils se sont séparés à regret*.

sépharade n. et adj.
→ aussi **séfarade**
séphirot /-ʀɔt/ n. m. pl.
sépia n. f.
Ξ Ce mot peut s'employer seul comme adjectif de couleur ou derrière un adjectif de couleur pour en préciser la nuance ; ces adjectifs sont alors invariables : *des teintes brun sépia ; des photos sépia.*
sépiole n. f.
sépiolite n. f.
sépion n. m.
seppuku /sepuku/ n. m.
seps /sɛps/ n. m.
sepsis /sɛpsis/ n. m.
sept /sɛt/ adj. numéral inv. et n. inv.
➾ Les numéraux formant un nombre complexe inférieur à cent s'écrivent avec un trait d'union : *cinquante-sept.* Les Rectifications de l'orthographe de 1990 préconisent de généraliser l'emploi du trait d'union à tous les numéraux composés, qu'ils soient inférieurs ou supérieurs à cent : *à la page cent-sept ; il a sept-mille euros en espèces.*
HOM. **cet, cette, set**
septain /sɛtɛ̃/ n. m.
septal, ale, aux adj.
septantaine n. f.
septante adj. numéral inv. et n. inv.
septantième adj. numéral ordinal et n.
septe n. m.
septembral, ale, aux adj.
septembre n. m.
➾ Comme tous les noms de mois, ce mot s'écrit sans majuscule, sauf lorsqu'une date évoque un évènement historique et que l'année n'est pas précisée : *les attentats du 11 Septembre ; les massacres de Septembre* mais *les attentats qui ont eu lieu le 11 septembre 2001 ; les massacres de septembre 1792.*
septembrisades n. f. pl.
septemvir /sɛptɛmviʀ/ n. m.
septénaire adj. et n. m.
septennal, ale, aux adj.
septennalité n. f.
septennat n. m.
septentrion n. m.
septentrional, ale, aux adj.
sept-huitième /sɛt-/ n. m. ▪ plur. **sept-huitièmes**
septicémie n. f.
septicémique adj.
septicide adj.
septicité n. f.
septicolore n. m.
septidi n. m.
Ξ Ce mot désignait le septième jour de la décade, dans le calendrier républicain.
➾ Comme tous les noms de jours, ce mot s'écrit sans majuscule.
septième /sɛt-/ adj. et n.
septièmement /sɛt-/ adv.
septifère adj.
septillion n. m.
septime n. f.
septimo adv.
septique adj.
↯ Ne pas confondre **septique**, qui signifie « qui produit une infection », avec **sceptique**, qui signifie « qui doute ».
HOM. **sceptique**
sept-mâts /sɛt-/ n. m. inv.
septmoncel /semɔ̃sɛl/ n. m.
sept-œil /sɛt-/ n. m. inv.
septomycète n. m.
septorie n. f.
septotomie n. f.
septuagénaire adj. et n.
septuagésime n. f.
septum /-ɔm/ n. m.
septuor n. m.
septuple adj. et n. m.
septupler v. tr. et v. intr. | conjug. 1 |
sépulcral, ale, aux adj.
sépulcre n. m.
➾ Avec des majuscules et un trait d'union, **le Saint-Sépulcre** désigne le tombeau du Christ à Jérusalem.
sépulture n. f.
séquanien, ienne /-kwa-/ adj.
séqué, ée adj.
séquelle n. f.
séquençage n. m.
séquence n. f.
HOM. **sécance**
séquencé, ée adj.
séquencement n. m.
séquencer v. tr. | conjug. 3 |
séquenceur n. m.
séquentiel, ielle adj.
➾ Ce mot s'écrit avec un *t*, contrairement à *séquence.*
séquentiellement adv.
➾ Ce mot s'écrit avec un *t*, contrairement à *séquence.*
séquestrant, ante adj.
séquestration n. f.
séquestre n. m.
séquestrectomie ou **séquestrotomie** n. f.
séquestrer v. tr. | conjug. 1 |

sequin n. m.
séquoia n. m.
sérac n. m.
sérail n. m.
➾ Ce mot a un pluriel régulier : *des sérails*.
séran n. m.
sérançage n. m.
sérancer v. tr. | conjug. 3 |
séranceur n. m.
sérançoir n. m.
serapeum ou **sérapéum** ○ /seʀapeɔm/ n. m.
1**séraphin** n. m. (ange)
2**séraphin, ine** n. (Can. : avare)
séraphique adj.
sérapias /-as/ n. m.
serbe adj. et n.
➾ L'adjectif s'écrit sans majuscule : *la population serbe*. Le nom s'écrit avec une majuscule uniquement quand il désigne une personne : *les Serbes ; c'est une Serbe* mais *parler le serbe*.
serbo-croate adj. et n. m. ▪ plur. **serbo-croates**
➾ Comme tous les noms de langues, ce mot s'écrit sans majuscule : *ils parlent le serbo-croate*.
serdab n. m.
serdeau n. m.
séré n. m.
HOM. **serrer**
1**serein, eine** adj.
HOM. **serin**
2**serein** n. m.
HOM. **serin**
sereinement adv.
sérénade n. f.
→ aussi **aubade**
sérendipité n. f.
sérénissime adj.
➾ Avec une majuscule et sans complément, **la Sérénissime** désigne la république de Venise.
sérénité n. f.
sereno /seʀeno/ n. m.
sérère ou **serer** /seʀɛʀ/ adj. et n.
HOM. forme du v. **serrer**
séreux, euse adj.
HOM. **céreux**
serf, serve n.
HOM. **cerf, serre**, formes des v. **serrer, servir**
serfouette n. f.
serfouir v. tr. | conjug. 2 |
serfouissage n. m.
serge n. f.
sergé n. m.
sergent, ente n.
sergent-chef n. m. ▪ plur. **sergents-chefs**
sergent-fourrier n. m. ▪ plur. **sergents-fourriers**
sergent-major n. m. ▪ plur. **sergents-majors**
serger ou **sergier** n. m.
sergerie n. f.
sergette n. f.
sergot n. m.
sérialisation n. f.
sérialiser v. tr. | conjug. 1 |
sérialisme n. m.
sériation n. f.
séricicole adj.
sériciculteur, trice n.
sériciculture n. f.
séricigène adj.
séricigraphie n. f.
séricine n. f.
séricite n. f.
série n. f.
➾ Ce mot est toujours au singulier dans les locutions **en série**, **de série** et **hors série** : *des accidents en série ; des voitures de série ; des personnalités hors série*. Il est au pluriel dans **par séries** : *des produits rangés par séries*.
⌘ Lorsque **une série de** suivi d'un nom est sujet, le verbe s'accorde soit avec *série*, soit avec le complément : *une série d'incidents s'est produite* ou *se sont produits*. Avec **la série de**, le verbe s'accorde toujours avec *série* : *la série d'incidents a eu de graves conséquences*.
→ aussi **hors-série**
sériel, ielle adj.
sérier v. tr. | conjug. 7 |
sérieusement adv.
sérieux, ieuse adj. et n. m.
sérigraphie n. f.
sérigraphier v. tr. | conjug. 7 |
sérigraphique adj.
serin n. m.
Ξ Ce mot peut s'employer seul comme adjectif de couleur ou derrière un adjectif de couleur pour en préciser la nuance ; ces adjectifs sont alors invariables : *des bottes jaune serin ; des chaussettes serin*.
HOM. **serein**
serinage n. m.
serine n. f.
sérine n. f.
seriner v. tr. | conjug. 1 |
serinette n. f.
seringa ou **seringat** n. m.
HOM. formes du v. **seringuer**
seringage n. m.
seringue n. f.
seringuer v. tr. | conjug. 1 |
seringuero ou **séringuéro** /seʀiŋgweʀo/ n. m.

sériole n. f.
sériosité n. f.
sérique adj.
HOM. **cérique**
serlienne n. f.
serment n. m.
HOM. **serrement**
sermon n. m.
sermonnaire n. m.
HOM. forme du v. **sermonner**
sermonner v. tr. | conjug. 1 |
sermonneur, euse n.
séroconversion n. f.
sérodiagnostic /-gn-/ n. m.
sérodiscordant, ante adj.
sérologie n. f.
sérologique adj.
sérologiste n.
séromucoïde n. m.
séronégatif, ive adj.
séronégativation n. f.
séronégativité n. f.
séropositif, ive adj.
séropositivité n. f.
séroprévalence n. f.
séroprophylaxie n. f.
séroréaction n. f.
sérosanguin, ine adj.
sérosité n. f.
sérothèque n. f.
sérothérapie n. f.
sérothérapique adj.
sérotine n. f.
sérotonine n. f.
sérovaccination n. f.
serpe n. f.
serpent n. m.
→ aussi **sonnette**
serpentage n. m.
[1]**serpentaire** n. f. (plante)
HOM. forme du v. **serpenter**
[2]**serpentaire** n. m. (oiseau, constellation)
➾ Lorsqu'il désigne une constellation, ce mot s'écrit avec une majuscule : *le Serpentaire n'est pas un signe du zodiaque.*
HOM. forme du v. **serpenter**
serpentant, ante adj.
serpente n. f.
serpenteau n. m.
serpentement n. m.
serpenter v. intr. | conjug. 1 |
serpentiforme adj.
serpentin, ine adj. et n. m.
serpentine n. f.
serpentineux, euse adj.
serpentueux, euse adj.
serper v. tr. | conjug. 1 |
serpette n. f.
serpiérite n. f.
serpigineux, euse adj.
serpillière ou **serpillère** n. f.
serpillon n. m.
serpolet n. m.
serpule n. f.
serrage n. m.
serran n. m.
HOM. **serrant** (p. prés. de *serrer*)
serrante n. f.
serrate adj.
HOM. forme du v. **serrer**
serratiforme adj.
serratule n. f.
serre n. f.
HOM. **cerf, serf**, formes des v. **serrer, servir**
serré, ée adj.
serre-bosse n. m. ▪ plur. **serre-bosses**
serre-bouchon n. m. ▪ plur. **serre-bouchons**
serre-câble n. m. ▪ plur. **serre-câbles**
serre-écrou n. m. ▪ plur. **serre-écrous**
serre-file n. m. ▪ plur. **serre-files**
HOM. **serre-fil(s)**
serre-fil(s) n. m. ▪ plur. **serre-fils**
HOM. **serre-file**
serre-flanc n. m. ▪ plur. **serre-flancs**
serre-frein n. m. ▪ plur. **serre-freins**
serre-joint n. m. ▪ plur. **serre-joints**
serre-livre(s) n. m. ▪ plur. **serre-livres**
serrement n. m.
HOM. **serment**
serre-nez n. m. inv.
HOM. **cerner**
serre-papiers ▪ plur. inv. ou **serre-papier**○ ▪ plur. **serre-papiers**○ n. m.
serrer v. tr. et v. intr. | conjug. 1 |
¬ **se serrer**
➾ Aux temps composés de la forme pronominale, le participe passé s'accorde en genre et en nombre avec le sujet : *elle s'est serrée contre lui.* Mais le participe passé ne s'accorde pas quand il est suivi d'un complément d'objet direct : *ils se sont serré la ceinture.*
serre-tête n. m. ▪ plur. **serre-têtes**
serrette n. f.
→ **sarrette**
serre-tube n. m. ▪ plur. **serre-tubes**
serreur, euse n.
serricorne adj. et n.
serriste n.
serrure n. f.
serrurerie n. f.
serrurier, ière n.
sertão /sɛʀtɑ̃ ; sɛʀtao/ n. m.

serte n. f.
HOM. **certes**
serti n. m.
sertir v. tr. | conjug. 2 |
sertissage n. m.
sertisseur, euse n.
sertissoir n. m.
sertissure n. f.
sérum /-ɔm/ n. m.
sérumalbumine /-ɔm-/ n. f.
sérumglobuline /-ɔm-/ n. f.
servage n. m.
serval n. m.
➾ Ce mot a un pluriel régulier : *des servals*.
¹**servant** adj. m. et n. m. (personne)
²**servant** ou **servan** n. m. (cépage)
servante n. f.
serve n. f.
→ **serf**
serveur, euse n.
☰ Ce mot peut s'employer en apposition ; il prend la marque du pluriel : *des centres serveurs*.
serviabilité n. f.
serviable adj.
serviablement adv.
service n. m.
➾ Ce mot est toujours au singulier dans les locutions **de service**, **en service hors service** et **rendre service** : *les pompiers de service ; des machines en/hors service ; ils nous rendent service. Service* est au pluriel dans *offrir ses services, société de services* mais au singulier dans **offre de service**.
HOM. forme du v. **servir**
serviette n. f.
servile adj.
servilement adv.
servilisme n. m.
servilité n. f.
servir v. tr. | conjug. 14 |
▸ **servir à** *cet ustensile sert à réduire les légumes en purée ; cet échec lui a servi de leçon*
¬ **se servir**
servez-vous à boire
▸ **se servir de** (+ n.) *il se sert peu de son vélo ; il s'est servi de nous*
➾ Aux temps composés de la forme pronominale, le participe passé s'accorde en genre et en nombre avec le sujet : *ils se sont servis abondamment ; elle s'est servie de lui*. Mais le participe passé ne s'accorde pas quand il est suivi d'un complément d'objet direct : *elle s'est servi de l'eau*.
servite n. m.
HOM. forme du v. **servir**
serviteur n. m.
servitude n. f.
servocommande n. f.
servodirection n. f.
servofrein n. m.
servomécanisme n. m.
servomoteur n. m.
servorégleur n. m.
servovalve n. f.
ses adj. poss.
⚡ Ne pas confondre l'adjectif possessif *ses* avec l'adjectif démonstratif *ces*. Si l'on peut remplacer par *son* ou *sa*, il s'agit du possessif *ses* : *il m'a présenté ses amis ; il m'a présenté son ami*. Si l'on peut remplacer par *ce* ou *cette*, il s'agit du démonstratif *ces* : *à qui appartiennent ces disques ? ; à qui appartient ce disque ?*
HOM. **c, ces**
→ aussi **son**
sésame n. m.
sésamoïde adj.
sesbania n. m. ou **sesbanie** n. f.
sesquialtère /sɛskɥi-/ adj.
sesquioxyde /sɛskɥi-/ n. m.
sesquisulfure /sɛskɥi-/ n. f.
sesquiterpène /sɛskɥi-/ n. m.
sessile adj.
session n. f.
⚡ Ne pas confondre **session**, qui signifie « période pendant laquelle une assemblée tient séance », avec **cession**, qui signifie « action de céder ».
HOM. **cession**, formes du v. **cesser**
sesterce n. m.
➾ Ce mot est masculin : *un sesterce*.
set /sɛt/ n. m.
☰ L'emploi de ce mot pour désigner un napperon est abusif : au singulier, *set* désigne normalement l'ensemble des napperons d'un service de table.
HOM. **cet**, **cette**, **sept**
sétacé, ée adj.
HOM. **cétacé**
sétérée n. f.
setier n. m.
sétifère adj.
sétiforme adj.
sétigère adj.
séton n. m.
setter n. m.
seuil n. m.
seuillage n. m.
seul, seule adj.
➾ Dans la locution **seul à seul**, l'accord en genre de *seul* est facultatif : *elles sont restées seul à seul* ou *seule à seule ; il a parlé à sa mère seul à seul* ou *seul à seule*. De nos jours, l'accord est plus fréquent.

Ξ **Le seul qui** s'emploie avec l'indicatif ou le subjonctif selon le degré de réalité du fait exprimé : *elle est la seule qui peut nous aider* ou *qui puisse nous aider*. Il s'emploie avec le conditionnel pour indiquer une éventualité : *elle est la seule qui pourrait nous aider*.

seulabre adj.

seulement adv.

Ξ Cet adverbe s'emploie sans *ne... que* : *cette mesure concerne seulement les fonctionnaires* (et non **ne concerne seulement que les fonctionnaires*).

seulet, ette adj.

sève n. f.

sévère adj.

Ξ L'emploi de *sévère* au sens de « très grave, très difficile » (*des pertes sévères*) est un anglicisme critiqué. Il est préférable de l'éviter.

sévèrement adv.

sévérité n. f.

séveux, euse adj.

sévices n. m. pl.

Ξ **Sévices corporels** est un pléonasme à éviter.

HOM. formes du v. **sévir**

sévir v. intr. | conjug. 2 |

sevrage n. m.

sevrer v. tr. | conjug. 5 |

sèvres n. m.

➾ Lorsqu'il désigne de la porcelaine ou des objets en porcelaine, ce mot s'écrit sans majuscule, contrairement au nom propre qui désigne la ville : *des bibelots en porcelaine de Sèvres* mais *de vieux sèvres*.

HOM. formes du v. **sevrer**

sévrienne n. f.

sévruga n. m.

sexage n. m.

sexagénaire adj. et n.

sexagésimal, ale, aux adj.

sexagésime n. f.

sexappeal n. m.

→ **sex(e)-appeal**

sexdigitaire adj.

sexdigital, ale, aux adj.

sexdigité, ée adj.

sexdigitisme n. m.

sexe n. m.

sexennal, ale, aux adj.

sexennalité n. f.

sexennat n. m.

sex(e)-ratio ▪ plur. **sex(e)-ratios** /-ʀasjo/ n. m.

sex(e)-shop ▪ plur. **sex(e)-shops** n. m. ou f.

sex(e)-symbole ▪ plur. **sex(e)-symboles** n. m.

sex(e)-toy ▪ plur. **sex(e)-toys** ou **sextoy**○ ▪ plur. **sextoys**○ n. m.

sexeur, euse n. m.

sexiatre n.

sexiatrie n. f.

sexisme n. m.

sexiste n. et adj.

sexologie n. f.

sexologique adj.

sexologue n.

sexonomie n. f.

sexophobe adj. et n.

sexothérapeute n.

sexothérapie n. f.

sex-ratio n. m.

→ **sex(e)-ratio**

sex-shop n. m. ou f.

→ **sex(e)-shop**

sex-symbole n. m.

→ **sex(e)-symbole**

sextant n. m.

sexte n. f.

sextette n. m.

sextidi n. m.

Ξ Ce mot désignait le sixième jour de la décade, dans le calendrier républicain.

➾ Comme tous les noms de jours, ce mot s'écrit sans majuscule.

sextil adj. et n. m.

sextile adj. f.

sextillion n. m.

Ξ Attention à la confusion possible entre le sens actuel « un million de quintillions » et le sens ancien « mille quintillions ».

sextine n. f.

sexto adv.

sextolet n. m.

sex-toy n. m.

→ **sex(e)-toy**

sextuor n. m.

sextuple adj. et n. m.

sextupler v. tr. et v. intr. | conjug. 1 |

sexualisation n. f.

sexualiser v. tr. | conjug. 1 |

sexualisme n. m.

sexualiste adj. et n.

sexualité n. f.

sexué, ée adj.

sexuel, elle adj.

sexuellement adv.

sexupare adj.

sexy adj. ▪ plur. inv. ou plur. **sexys**○

seyant, ante adj.

sézigue pron. pers., 3e pers.

S. F. n. f. inv.

▫ abrév. de **science-fiction**

sforzando /sfɔʀdzɑ̃do/ adv.

sfumato /sfumato/ n. m.

S. G. B. D. n. m.
▫ abrév. de **système de gestion de base de données**
sgraffite n. m.
shabbat /ʃabat/ n. m.
→ **sabbat**
shadow boxing /ʃadobɔksiŋ/ n. m. ▪ plur. **shadow boxings**
shah ou **schah** ou **chah** n. m.
HOM. **chas, chat**
[1]**shaker** ou **shakeur** /ʃɛkœʀ/ n. m. (récipient)
[2]**shaker** /ʃɛkœʀ/ n. m. (personne)
shakespearien, ienne /ʃɛkspiʀjɛ̃/ adj.
shako ou **schako** n. m.
shama n. m.
shaman /ʃaman/ n. m.
→ **chaman**
shamanique adj.
→ **chamanique**
shamanisme n. m.
→ **chamanisme**
shamaniste adj. et n.
→ **chamaniste**
shamanistique adj.
→ **chamanistique**
shamisen /-sɛn/ n. m.
shampoing ou **shampooing** /ʃɑ̃pwɛ̃/ n. m.
shampouiner ou **shampooiner** /ʃɑ̃pwine/ v. tr. | conjug. 1 |
¬ **se shampouiner** ou **se shampooiner**
➾ Aux temps composés de la forme pronominale, le participe passé s'accorde en genre et en nombre avec le sujet : *elle s'est shampouinée* ou *shampooinée*. Mais le participe passé ne s'accorde pas quand il est suivi d'un complément d'objet direct : *elle s'est shampouiné* ou *shampooiné les cheveux*. Il ne s'accorde avec le complément d'objet direct que lorsque celui-ci est placé avant le verbe : *ses cheveux, il se les est shampouinés* ou *shampooinés*.
shampouineur, euse ou **shampooineur, euse** /ʃɑ̃pwin-/ n.
shantung ou **chantoung** /ʃɑ̃tuŋ/ n. m.
shareware /ʃɛʀwɛʀ/ adj. et n. m.
sharia n. f.
→ **charia**
sharpeï n. m.
sharpie n. m.
HOM. **charpie**
shebat /ʃebat/ n. m.
shekel /ʃekɛl/ ou **shékel**○ n. m.
shentit /ʃɛntit/ n. m.
shérif n. m.
ϟ Ne pas confondre **shérif**, qui désigne un magistrat anglais ou un officier américain avec **chérif**, qui désigne un prince arabe.
HOM. **chérif**
sherpa n. m.
sherry n. m. ▪ plur. **sherrys** ou plur. **sherries**
☰ On peut employer le pluriel francisé *sherrys* ou le pluriel anglais *sherries*.
ϟ Ne pas confondre **sherry**, qui signifie « xérès », avec **cherry**, qui signifie « liqueur de cerise ».
HOM. **chéri, cherry**, formes du v. **chérir**
shetland /ʃɛtlɑ̃d/ n. m.
shiatsu /ʃiatsy/ n. m.
shiisme n. m.
→ **chiisme**
shiite adj. et n.
→ **chiite**
shilling /ʃiliŋ/ n. m.
HOM. **schilling**
shilom n. m.
shimmy n. m.
HOM. **chimie**
shintoïsme ou **shinto** /ʃin-/ n. m.
➾ Comme tous les mots désignant une religion, ce mot s'écrit sans majuscule : *le shintoïsme* ou *le shinto*.
shintoïste ou **shinto** /ʃin-/ adj. et n.
➾ Comme tous les mots désignant ou qualifiant une religion ou ses adeptes, ce mot s'écrit sans majuscule : *la religion shintoïste* ou *shinto* ; *les shintoïstes* ou *les shintos*.
shipchandler /ʃipʃɑ̃dlœʀ/ ou **shipchandleur**○ n. m.
▫ rec. off. : **avitailleur de navire**
shirting /ʃœʀtiŋ/ n. m.
shit /ʃit/ n. m.
shoah n. f.
➾ Avec une majuscule, **la Shoah** désigne le génocide perpétré contre les Juifs par le régime nazi : *les millions de victimes de la Shoah*.
shocking /ʃɔkiŋ/ adj. inv.
shogun /ʃɔgun/ ou **shogoun** n. m.
shogunal, ale, aux /ʃɔgunal/ ou **shogounal, ale, aux** adj.
shogunat /ʃɔguna/ ou **shogounat** n. m.
shoot /ʃut/ n. m.
HOM. **choute** fém. de [2]*chou*
shooter /ʃute/ v. intr. et v. tr. | conjug. 1 |
¬ **se shooter**
➾ Aux temps composés de la forme pronominale, le participe passé s'accorde en genre et en nombre avec le sujet : *elle s'est shootée à l'héroïne*.
shooteur, euse /ʃut-/ n.
shopping ou **shoping** /ʃɔpiŋ/ n. m.
short /ʃɔʀt/ n. m.
show /ʃo/ n. m.
HOM. **chaud, chaux**, formes du v. **chaloir**
showbiz /ʃobiz/ n. m.
▫ abrév. de **show-business**

show-business ou **showbizness**○ /ʃobiznɛs/ n. m.

show-room ▪ plur. **show-rooms** ou **showroom**○ ▪ plur. **showrooms**○ /ʃoRum/ n. m.

▫ rec. off. : **salle d'exposition**

shrapnel ou **shrapnell** n. m.

shunt /ʃœ̃t/ n. m.

▫ rec. off. : **fondu**

shuntage /ʃœ̃t-/ n. m.

shunter /ʃœ̃te/ v. tr. | conjug. 1 |

---

[1]**si** conj.

Ξ *Si* s'élide en *s'* uniquement devant *il* et *ils* : *je me demande s'ils sont arrivés.*

Ne pas employer **si te/vous plaît* à la place de *s'il te/vous plaît.*

Si ce n'est marque l'hypothèse ou la restriction : *ce travail est l'un des plus aboutis, si ce n'est le meilleur ; je ne demande rien, si ce n'est un peu de respect.* Lorsque le verbe est au passé, *si* peut être omis ; *ce* est alors inversé : *je ne demandais rien, n'était-ce un peu de respect.*

➾ On peut écrire **si non** en deux mots uniquement par opposition à **si oui** : *pratiquez-vous un sport ? si oui, lequel ? si non, pratiquez-vous une autre activité ?*

⌘ Dans une interrogation indirecte, *si* est suivi de l'indicatif ou du conditionnel : *je me demande s'il pourra nous aider* ou *s'il pourrait nous aider.* Lorsque *si* introduit une condition, il est suivi de l'indicatif mais jamais du futur ni du conditionnel : *si tu veux le faire, fais-le.* Quand la proposition subordonnée est négative, la négation *pas* est parfois omise dans certaines formules : *c'est une œuvre de Chagall, si je ne m'abuse.* Lorsque *si* introduit une hypothèse (réalisable ou non), il est suivi de l'imparfait de l'indicatif ou du plus-que-parfait et la principale est au conditionnel présent ou au conditionnel passé : *si je pouvais, je t'aiderais* (et non **si je pourrais*) ; *si j'avais pu, je t'aurais aidé* (et non **si j'aurais pu*). Lorsque *si* introduit une concession, il est suivi de l'indicatif ou, plus rarement, du conditionnel : *si c'est un garçon paresseux, ce n'est pas moins un étudiant brillant ; si rien ne pourrait l'arrêter, il faudrait toutefois le mettre en garde.*

Si c'était... que/qui est généralement suivi de l'indicatif, parfois du subjonctif dans le registre littéraire : *si c'était toi qui avait menti* ou *qui eût menti.*

HOM. **ci, scie, sis, six**

---

[2]**si** adv.

Ξ *Si* s'emploie généralement avec un adjectif ou un adverbe : *il est si beau ; j'ai couru si vite.* Il peut s'employer avec un verbe au participe passé uniquement lorsque celui-ci est conjugué avec l'auxiliaire *être* : on peut dire *il est si enthousiasmé par le spectacle qu'il veut le revoir* mais pas **le spectacle l'a si enthousiasmé.*

⌘ Lorsque **si... que** introduit une concession, il est suivi du subjonctif : *si étonnant qu'il soit, ce livre n'a rien de novateur.* L'inversion du sujet entraîne l'omission de *que* : *si étonnant soit-il.* Lorsque **si... que** apparaît dans une comparaison, la principale est toujours négative ou interrogative. Le verbe de la subordonnée est à l'indicatif ou au conditionnel : *elle n'est pas si belle qu'on le dit.* Lorsque **si... que** marque une relation de cause à effet, il est suivi de l'indicatif ou du conditionnel lorsque la principale est affirmative : *il avait l'air si jeune qu'on le croyait mineur ; je suis si fatigué que je pourrais tomber.* Il est suivi du subjonctif lorsque la principale est négative ou interrogative : *avait-il l'air si jeune qu'on le crût mineur ?* Cette tournure est toutefois rare dans la langue courante.

Si tant est que est toujours suivi du subjonctif : *elle n'est plus très compétente, si tant est qu'elle l'ait été.*

HOM. **ci, scie, sis, six**

---

[3]**si** n. m. inv.

HOM. **ci, scie, sis, six**

sial n. m.

➾ Ce mot a un pluriel régulier : *des sials.*

sialadénite n. f.

sialagogue adj. et n. m.

sialique adj.

sialis /-is/ n. m.

sialogène adj.

sialographie n. f.

sialophagie n. f.

sialorrhée n. f.

siam /sjam/ n. m.

[1]**siamois, oise** adj. et n. (du Siam)

➾ L'adjectif s'écrit sans majuscule : *la population siamoise ; des chats siamois.* Le nom s'écrit avec une majuscule uniquement quand il désigne une personne : *les Siamois ; une Siamoise* mais *ce chat est un siamois.*

[2]**siamois, oise** adj. et n. (jumeaux)

sibérien, ienne adj.

sibilance n. f.

sibilant, ante adj.

sibilation n. f.

sibylle n. f.

➾ Ne pas écrire **sybille.*

sibyllin, ine adj.

➾ Ne pas écrire **sybillin.*

sibyllique adj.
sic adv.
HOM. **sikh**
sicaire n. m.
sicav n. f. inv.
□ abrév. de **société d'investissement à capital variable**
siccateur n. m.
siccatif, ive adj.
siccativant n. m.
siccativité n. f.
siccité /siksite/ n. f.
sicilien, ienne adj. et n.
➡ L'adjectif s'écrit sans majuscule : *la population sicilienne.* Le nom s'écrit avec une majuscule uniquement quand il désigne une personne : *les Siciliens ; c'est une Sicilienne* mais *parler le sicilien.*
sicilienne n. f. (danse, étoffe)
sicle n. m.
HOM. **cycle**
sicule n. m.
sida n. m.
□ abrév. de **syndrome d'immunodéficience acquise**
sidaïque adj. et n.
sidatique adj. et n.
side-car /sidkaʀ ; sajdkaʀ/ ▪ plur. **side-cars** ou **sidecar**○ ▪ plur. **sidecars**○ n. m.
side-cariste /sid- ; sajd-/ ▪ plur. **side-caristes** ou **sidecariste**○ ▪ plur. **sidecaristes**○ n.
sidéen, enne adj. et n.
sidénologie n. f.
sidéral, ale, aux adj.
sidérant, ante adj.
sidération n. f.
sidérazote n. m.
sidéré, ée adj.
sidérémie n. f.
sidérer v. tr. | conjug. 6 |
sidérite n. f.
sidérodendron /dɛ̃-/ n. m.
sidérodermie n. f.
sidérographie n. f.
sidérolithe ou **sidérolite**○ n. f.
sidérolithique ou **sidérolitique**○ adj.
sidéropénie n. f.
sidérophiline n. f.
sidérose n. f.
sidérostat n. m.
sidérotechnie /-k-/ n. f.
sidérothérapie n. f.
sidéroxylon n. m.
sidérurgie n. f.
sidérurgique adj.
sidérurgiste n.
sidi n. m.
sidologie n. f.
sidologue n.
siècle n. m.
Ξ *Siècle* s'abrège en *s.* : *le* XXe *s.*
L'adjectif numéral qui précède *siècle* s'écrit soit en toutes lettres, soit en chiffres romains : *le quinzième siècle* ou *le* XVe *siècle* (mais pas *le* 15e *siècle*).
➡ *Siècle* s'écrit avec une majuscule dans les dénominations de périodes historiques : *le Grand Siècle ; le Siècle des lumières.* Lorsque *siècle* est précédé de plusieurs adjectifs numéraux, il s'écrit sans *s* si tous les numéraux sont précédés d'un article au singulier et avec un *s* s'il n'y a qu'un seul article au pluriel : *le/au* XIe *et le/au* XIIe *siècle ; les/aux* XIe *et* XIIe *siècles.*
siège n. m.
siège-auto n. m. ▪ plur. **sièges-autos**
siéger v. intr. | conjug. 3 et 6 |
siemens /simɛns ; sjemɛ̃s/ ou **siémens**○ n. m.
sien, sienne adj. poss. et pron. poss.
HOM. (du fém.) **sciène**
sierra n. f.
sieste n. f.
siester v. intr. | conjug. 1 |
sieur n. m.
Ξ Ce mot ne s'emploie plus que dans la langue juridique.
HOM. **scieur**
sievert /sivɛʀt/ n. m.
sif n. m.
sifflable adj.
sifflage n. m.
sifflant, ante adj.
sifflard n. m.
sifflement n. m.
siffler v. intr. et v. tr. | conjug. 1 |
sifflet n. m.
HOM. formes du v. **siffler**
siffleur, euse adj. et n.
siffleux n. m.
sifflotement n. m.
siffloter v. intr. et v. tr. | conjug. 1 |
sifflotis n. m.
sifilet n. m.
sigillaire /-il-/ adj. et n. f.
sigillateur /-il-/ n. m.
sigillé, ée /-il-/ adj.
sigillographe /-il-/ n.
sigillographie /-il-/ n. f.
sigillographique /-il-/ adj.
sigisbée n. m.
➡ Ne pas oublier le *e* final.
siglaison n. f.
sigle n. m.
siglé, ée adj.

siglique adj.
sigma n. m. ■ plur. inv. ou plur. **sigmas**°
sigmatique adj.
sigmatisme n. m.
sigmoïdal, ale, aux adj.
sigmoïde adj. et n.
sigmoïdectomie n. f.
sigmoïdien, ienne adj.
sigmoïdite n. f.
signal, aux n. m.
signalé, ée adj.
signalement n. m.
signaler v. tr. | conjug. 1 |
¬ **se signaler**
➾ Aux temps composés de la forme pronominale, le participe passé s'accorde en genre et en nombre avec le sujet : *elle s'est signalée par son courage.*
signalétique adj. et n. f.
signaleur n. m.
signalisateur, trice adj.
signalisation n. f.
signaliser v. tr. | conjug. 1 |
signataire n.
signation n. f.
signature n. f.
signe n. m.
HOM. **cygne**
signer v. tr. | conjug. 1 |
⌘ Au participe passé, le complément d'agent peut être introduit par les prépositions *par* ou *de*, selon que l'on insiste ou non sur l'action exprimée : *une lettre signée par le ministre* ou *signée du ministre.*
¬ **se signer**
➾ Aux temps composés de la forme pronominale, le participe passé s'accorde en genre et en nombre avec le sujet : *ils se sont signés.*
signet n. m.
HOM. formes du v. **signer**
signifiance n. f.
signifiant, iante adj. et n. m.
significateur n. m.
significatif, ive adj.
signification n. f.
significativement adv.
signifié n. m.
signifier v. tr. | conjug. 7 |
sikh, sikhe n. et adj.
➾ Comme tous les mots désignant ou qualifiant une religion ou ses adeptes, ce mot s'écrit sans majuscule : *la religion sikhe ; les sikhs du Panjab.*
HOM. **sic**
sikhisme n. m.
➾ Comme tous les mots désignant une religion, ce mot s'écrit sans majuscule : *le sikhisme.*

sil n. m.
HOM. **cil, scille**
silane n. m.
silanol n. m.
silence n. m.
silenciaire n.
silencieusement adv.
silencieux, ieuse adj. et n. m.
silène n. m.
Silentbloc® /silɑ̃t- ; sajlɛnt-/ n. m.
◻ rec. off. : **support élastique**
➾ Comme tous les noms déposés, ce mot doit s'écrire avec une majuscule : *utiliser des Silentblocs pour la fixation d'un moteur.* Toutefois, on le trouve fréquemment employé comme nom générique sans respect de la règle : *utiliser des silentblocs.*
silésienne n. f.
silex n. m.
silexé, ée adj.
silexiforme adj.
silhouettage n. m.
silhouette n. f.
➾ Ne pas oublier le *h* après le *l.*
silhouetter v. tr. | conjug. 1 |
silicagel n. m.
silicane n. m.
silicatage n. m.
silicatation n. f.
silicate n. m.
silicaté, ée adj.
silicater v. tr. | conjug. 1 |
silicatisation n. f.
silice n. f.
HOM. **cilice**
siliceux, euse adj.
silicicole adj.
silicide n. m.
silicié, ée adj.
silicifère adj.
silicification n. f.
silicifié, ée adj.
silicique adj.
silicium /-jɔm/ n. m.
siliciuration n. f.
siliciure n. m.
silicocalcaire adj.
silicocalcium /-jɔm/ n. m.
silicochloroforme /-k-/ n. m.
silicol n. m.
silicomanganèse n. m.
silicométhane n. m.
siliconage n. m.
silicone n. f.
☯ Ce mot est féminin : *de la silicone.*
siliconé, ée adj.

siliconer v. tr. | conjug. 1 |
silicose n. f.
silicosé, ée adj.
silicotique adj.
silicotuberculose n. f.
silicule n. f.
Silionne® n. f.
➾ Comme tous les noms déposés, ce mot doit s'écrire avec une majuscule : *du fil de Silionne*. Toutefois, on le trouve fréquemment employé comme nom générique sans respect de la règle : *du fil de silionne*.
silique n. f.
siliqueux, euse adj.
sillage n. m.
sille n. m.
HOM. formes du v. **ciller**
sillet n. m.
HOM. formes du v. **ciller**
sillimanite n. f.
sillon n. m.
HOM. formes du v. **ciller**
sillonner v. tr. | conjug. 1 |
sillonnisme n. m.
sillonniste adj. et n.
silo n. m.
silotage n. m.
silphe n. m.
HOM. **sylphe**
silphidé n. m.
silphium /-jɔm/ ou **silphion** n. m.
silure n. m.
siluridé n. m.
silurien, ienne adj.
silvaner /-nɛʀ/ n. m.
→ **sylvaner**
silvéroïde n. m.
silves n. f. pl.
sima n. m.
simagrée n. f.
simandre n. f.
simarre n. f.
simaruba n. m.
simarubacée n. f.
simbleau n. m.
HOM. **simblot**
simblot n. m.
HOM. **simbleau**
simien, ienne adj. et n. m.
simiesque adj.
similaire adj.
Ξ Ce mot n'est jamais suivi d'un complément : on peut dire *deux produits similaires* mais pas **un produit similaire à un autre.*
similairement adv.
similarité n. f.
¹simili n. m. (matière)
²simili n. f.
□ abrév. de **similigravure**
similibronze n. m.
similicuir n. m.
similigraveur n. m.
similigravure n. f.
similimarbre n. m.
similipierre n. f.
similisage n. m.
similiser v. tr. | conjug. 1 |
similiste n. m.
similitude n. f.
similor n. m.
simoniaque adj.
simonie n. f.
simoun n. m.
simple adj. et n.
simplement adv.
simplesse n. f.
simplet, ette adj.
simplex adj. et n. m. (système de transmission)
HOM. **simplexe**
simplexe n. m. (Math. : ensemble)
HOM. **simplex**
simplicité n. f.
simplifiable adj.
simplifiant, ante adj.
simplificateur, trice adj.
simplification n. f.
simplifié, iée adj.
simplifier v. tr. | conjug. 7 |
simplisme n. m.
simplissime adj.
simpliste adj.
simulacre n. m.
simulateur, trice n.
simulation n. f.
simulé, ée adj.
simuler v. tr. | conjug. 1 |
simulie n. f.
simultané, ée adj. et n. f.
simultanéisme n. m.
simultanéiste adj. et n.
simultanéité n. f.
simultanément adv.
sinagot n. m.
sinanthrope n. m.
sinanthropien, ienne adj. et n. m.
sinapis /-is/ n. m.
sinapisation n. f.
sinapisé, ée adj.
sinapiser v. tr. | conjug. 1 |
sinapisme n. m.
sincère adj.
sincèrement adv.

sincérité n. f.
sinche n. f.
sincipital, ale, aux adj.
sinciput /-yt/ n. m.
sinécure n. f.
Ξ Attention au contresens courant : *sinécure* signifie « situation de tout repos », et non le contraire.
sinécuriste n.
sine die /sinedje/ loc. adv.
sine qua non /sinekwanɔn/ loc. adj.
sinfonia /sinfɔnja/ n. f.
sinfonietta /sinfɔnjeta/ n. f.
singalette n. f.
singe n. m.
singer v. tr. | conjug. 3 |
singeresse adj. f.
singerie n. f.
singesse n. f.
Ξ Ce mot est vieilli. De nos jours, pour parler de la femelle du singe, on emploie *guenon*.
singeur, euse n. et adj.
1single /siŋgœl/ n. m. (vieilli : simple, partie de tennis)
2single /siŋgœl/ n. m.
□ rec. off. : **cabine individuelle** ou **compartiment individuel**
3single /siŋgœl/ n. m. (disque, chanson)
□ rec. off. : **simple**
singlet n. m.
singleton n. m.
singulaire adj.
singularisation n. f.
singulariser v. tr. | conjug. 1 |
¬ **se singulariser**
➾ Aux temps composés de la forme pronominale, le participe passé s'accorde en genre et en nombre avec le sujet : *elles se sont singularisées par leur exubérance.*
singularité n. f.
singulatif, ive n. m. et adj.
singulet n. m.
singulier, ière adj. et n. m.
singulièrement adv.
singultueux, euse adj.
sinisation n. f.
siniser v. tr. | conjug. 1 |
sinistralité n. f.
sinistre adj. et n. m.
sinistré, ée adj. et n.
sinistrement adv.
sinistrocardie n. f.
sinistrogyre adj.
sinistrose n. f.
sinistrovolubile adj.
sinité n. f.
sinogramme n. m.
sinologie n. f.
sinologique adj.
sinologue n.
sinon conj.
Ξ **Ou sinon** est un pléonasme à éviter.
La locution **sinon que**, qui introduit une restriction, est suivie de l'indicatif : *c'est une maison agréable, sinon qu'elle est petite.* Cet emploi est aujourd'hui vieilli.
→ aussi **si**
sinophile adj. et n.
HOM. **cynophile**
sinophobe adj. et n.
sinople n. m.
sinoque ou **cinoque** adj.
sinto n. m.
sinuer v. intr. | conjug. 1 |
sinueusement adv.
sinueux, euse adj.
sinuosité n. f.
sinus /sinys/ n. m.
sinusal, ale, aux adj.
sinusectomie n. f.
sinusite n. f.
sinusoïdal, ale, aux adj.
sinusoïdalité n. f.
sinusoïde n. f.
sinus-verse /sinys-/ n. m. ▪ plur. **sinus-verses**
sionisme n. m.
sioniste adj. et n.
sioux /sju/ n. et adj.
➾ L'adjectif s'écrit sans majuscule : *la population sioux.* Le nom s'écrit avec une majuscule uniquement quand il désigne une personne : *les Sioux ; c'est une Sioux* mais *parler le sioux.*
siphoïde adj.
siphomycète n. m.
siphon n. m.
siphonal, ale, aux adj.
siphonale n. f.
siphonnage n. m.
siphonné, ée adj.
siphonnement n. m.
siphonner v. tr. | conjug. 1 |
siphonophore n. m.
sipo n. m.
sipunculien /-pɔ̃-/ n. m.
sir /sœʀ/ n. m.
Ξ *Sir* peut s'employer devant le prénom seul ou suivi du nom de famille, mais jamais devant le nom de famille seul : on peut dire *sir Winston* et *sir Winston Churchill* mais pas **sir Churchill.*
HOM. **sœur**
sirdar n. m.

sire n. m.
HOM. **cire**, **cirre**, formes du v. **cirer**
sirène n. f.
➾ Ce mot s'écrit sans majuscule : *Ulysse et les sirènes*.
sirénidé n. m.
sirénien n. m.
sirerie n. f.
sirex n. m.
sirli n. m.
sirocco ou **siroco** n. m.
sirop n. m.
siroter v. tr. | conjug. 1 |
siroteur, euse n.
sirtaki n. m.
sirupeux, euse adj.
sirvente ou **sirventès** /sirvɑ̃tɛs ; sirvɛ̃tɛs/ n. m.
sis, sise adj.
☰ Cet adjectif s'emploie surtout dans la langue littéraire ou juridique : *un hameau sis à l'écart du village*.
HOM. **ci**, **scie**, **si**, **six**
sisal n. m.
sisitte ou **sissitte** loc. verb.
sismal, ale, aux adj.
sisme n. m.
sismicité ou **séismicité** n. f.
sismique ou **séismique** adj.
☰ Dans la langue soignée, on emploie plutôt *sismique*.
sismogénique adj.
sismogramme n. m.
sismographe ou **séismographe** n. m.
sismographie n. f.
sismographier v. tr. | conjug. 7 |
sismographique adj.
sismologie n. f.
sismologique adj.
sismologue n.
sismomètre n. m.
sismométrie n. f.
sismotectonique n. f.
sismothérapie n. f.
sison n. m.
sissitte loc. verb.
→ **sisitte**
sissone n. f.
sistership /sistœrʃip/ n. m.
sistre n. m.
ϟ Ne pas confondre *sistre*, instrument à percussion d'origine égyptienne, avec *cistre*, instrument à cordes occidental.
HOM. **cistre**
sisymbre n. m.
sisyphe n. m.
➾ Lorsqu'il désigne un insecte, ce mot s'écrit sans majuscule, contrairement au nom propre qui désigne le personnage mythologique.
sitar n. m.
ϟ Ne pas confondre le nom masculin **sitar** et le nom féminin **cithare**, qui désignent des instruments de musique. Le **sitar** est un instrument indien à long manche et cordes pincées. La **cithare** est un instrument à cordes, à caisse plate, sans manche.
HOM. **cithare**
sitarchie n. f.
sitaris /-is/ n. m.
sitariste n.
HOM. **cithariste**
sitcom /sitkɔm/ n. f.
◻ rec. off. : **comédie de situation**
site n. m.
HOM. **cyte**, **scythe**, formes du v. **citer**
sit-in /sitin/ n. m. inv.
sitiomanie /-tjɔ-/ n. f.
sitiophobie /-tjɔ-/ n. f.
sitka n. m.
sitogoniomètre n. m.
sitologie n. f.
sitologue n.
sitomètre n. m.
sitostérol n. m.
sitôt adv.
▸ **sitôt que** (+ indic.) *il partit sitôt qu'il le vit*
➾ Ne pas écrire cet adverbe comme **si tôt**, contraire de **si tard** : *pourquoi pars-tu si tôt ?* mais *sitôt entrés, ils éclatèrent de rire*. Ne pas employer ***d'aussitôt** à la place de **de sitôt** : *on ne le reverra pas de sitôt* (et non **pas d'aussitôt*).
sitotrogue n. f.
sittelle n. f.
situable adj.
situation n. f.
situationnel, elle adj.
situationnisme n. m.
situationniste adj. et n.
situé, ée adj.
situer v. tr. | conjug. 1 |
sium /sjɔm/ n. m.
six /sis/ adj. numéral et n. m.
♪ *Six* se prononce /siz/ devant un mot commençant par une voyelle ou un *h* muet (*six ans ; six heures*), /si/ devant un mot commençant par une consonne ou un *h* aspiré (*ils ont six chats ; six haricots*), /sis/ dans les autres cas (*des chats, ils en ont six*).
➾ Les numéraux formant un nombre complexe inférieur à cent s'écrivent avec un trait d'union : *soixante-six*. Les Rectifications de l'orthographe de 1990 préconisent de généraliser l'emploi du trait d'union à tous les numéraux composés, qu'ils soient inférieurs

ou supérieurs à cent : *à la page cent-six ; il a six-mille euros en espèces.*
HOM. **ci, si, scie, sis**
sixain n. m.
→ **sizain**
six-blancs /siblã/ n. m.
six-dayman /siksdɛman/ n. m. ▪ plur. **six-daymen** ou plur. **six-daymans**○
six-huit /sis-/ n. m. inv.
sixième /siz-/ adj. et n.
sixièmement /siz-/ adv.
six-quatre /sis-/ n. m. inv.
six-quatre-deux (à la) /sis-/ loc. adv.
six-seize /sis-/ n. m. inv.
sixte n. f.
sixties /-tiz/ n. f. pl.
sizain ou **sixain** n. m.
sizaine n. f.
sizerin n. m.
sizette n. f.
ska n. m.
Skaï® n. m.
➾ Comme tous les noms déposés, ce mot doit s'écrire avec une majuscule : *un blouson en Skaï*. Toutefois, on le trouve fréquemment employé comme nom générique sans respect de la règle : *un blouson en skaï*.
skate /skɛt/ n. m.
▫ abrév. de **skate-board**
skate-board /skɛtbɔʀd/ n. m. ▪ plur. **skate-boards**
skateur, euse /skɛt-/ n.
skating /skɛtiŋ/ n. m.
skeet /skit/ n. m.
skeleton /skələtɔn/ n. m.
skénite n. f.
sketch n. m. ▪ plur. **sketches** ou plur. **sketchs**
Ξ On peut employer le pluriel anglais *sketches* ou le pluriel francisé *sketchs*.
ski n. m.
Ξ **Aller à skis** est préférable à **aller en skis**.
skiable adj.
skiascopie n. f.
skiatron n. m.
ski-bob ▪ plur. **ski-bobs** ou **skibob**○ ▪ plur. **skibobs**○ n. m.
skier v. intr. | conjug. 7 |
skieur, skieuse n.
skif ou **skiff** n. m.
skifeur, euse ou **skiffeur, euse** n.
skin /skin/ n.
▫ abrév. de **skinhead**
skinhead /skinɛd/ n.
skipper v. tr. | conjug. 1 |
skippeur, euse n. ou **skipper** /skipœʀ/ n. m.
▫ rec. off. : **chef de bord**
skunks /skɔ̃ks/ n. m.
→ **sconse**
Skydôme® /skaj-/ n. m.
➾ Comme tous les noms déposés, ce mot doit s'écrire avec une majuscule : *installer un Skydôme*. Toutefois, on le trouve fréquemment employé comme nom générique sans respect de la règle : *installer un skydôme*.
skye-terrier /skaj-/ n. m. ▪ plur. **skye-terriers**
sky(-)surf ▪ plur. **sky(-)surfs** ou **skysurf**○ ▪ plur. **skysurfs**○ /skajsœʀf/ n. m.
skysurfing /skajsœʀfiŋ/ n. m.
slab n. m.
slalom /slalɔm/ n. m.
HOM. formes du v. **slalomer**
slalomer v. intr. | conjug. 1 |
slalomeur, euse n.
slam /slam/ n. m.
HOM. formes du v. **slamer**
slamer v. intr. | conjug. 1 |
slameur, euse n.
slash n. m. ▪ plur. **slashs** ou plur. **slashes**
Ξ On peut employer le pluriel francisé *slashs* ou le pluriel anglais *slashes*.
slave adj. et n.
➾ L'adjectif s'écrit sans majuscule : *la population slave ; les langues slaves*. Le nom s'écrit avec une majuscule : *les Slaves ; c'est une Slave*.
slavisant, ante n. et adj.
slaviser v. tr. | conjug. 1 |
¬ **se slaviser**
➾ Aux temps composés de la forme pronominale, le participe passé s'accorde en genre et en nombre avec le sujet : *la mode s'est slavisée*.
slaviste n. et adj.
slavistique n. f.
slavon, onne adj. et n.
➾ L'adjectif s'écrit sans majuscule : *la population slavonne*. Le nom s'écrit avec une majuscule uniquement quand il désigne une personne : *les Slavons ; une Slavonne* mais *ils parlaient le slavon*.
slavophile adj. et n.
slavophilie n. f.
sleeping /slipiŋ/ n. m.
slice /slajs/ n. m.
slicer /slajse/ v. tr. | conjug. 3 |
slim n. m.
Ξ Ce mot peut s'employer en apposition ; il est alors invariable : *des jeans slim*.
slip n. m.
slogan n. m.
sloop /slup/ n. m.
sloughi n. m.

slovaque adj. et n.
➾ L'adjectif s'écrit sans majuscule : *la population slovaque*. Le nom s'écrit avec une majuscule uniquement quand il désigne une personne : *les Slovaques ; c'est une Slovaque* mais *parler le slovaque*.
slovène adj. et n.
➾ L'adjectif s'écrit sans majuscule : *la population slovène*. Le nom s'écrit avec une majuscule uniquement quand il désigne une personne : *les Slovènes ; c'est une Slovène* mais *parler le slovène*.
slow /slo/ n. m.
slum /slœm/ n. m.
slurp interj.
slush /slœʃ/ n. m. ou f.
smack interj. et n. m.
smala n. f.
smalt n. m.
HOM. **smalte**
smalte n. m.
HOM. **smalt**
smaltite n. f.
smaragdin, ine adj.
smaragdite n. f.
smart adj. ▪ plur. inv. ou plur. **smarts**○
smash n. m. ▪ plur. **smashes** ou plur. **smashs**
Ξ On peut employer le pluriel anglais *smashes* ou le pluriel francisé *smashs*.
HOM. formes du v. **smasher**
smasher v. intr. | conjug. 1 |
smasheur, euse n.
S. M. E. n. m.
▫ abrév. de **système monétaire européen**
smectique adj.
smectite n. f.
smegma n. m.
S. M. I. n. m.
▫ abrév. de **système monétaire international**
SMIC n. m.
▫ abrév. de **salaire minimum interprofessionnel de croissance**
smicard, arde n.
SMIG n. m.
▫ abrév. de **salaire minimum interprofessionnel garanti**
smilax n. m.
smiley /smajlɛ/ n. m.
▫ rec. off. : **frimousse**
smillage n. m.
smille /smij/ n. f.
smithsonite n. f.
smocké, ée adj.
smocks n. m. pl.
smog n. m.
smok n. m.
▫ abrév. de **smoking**
smoking /-iŋ/ n. m.
smolt n. m.
smorrebrod n. m.
smorzando /smɔʀdzɑ̃ndo/ adv.
S. M. S. n. m.
▫ abrév. de **short message service**
smurf /smœʀf/ n. m.
HOM. formes du v. **smurfer**
smurfer /smœʀfe/ v. intr. | conjug. 1 |
smurfeur, euse /smœʀf-/ n.
smyrniote adj. et n.
snack n. m.
▫ abrév. de **snack-bar**
snack-bar ▪ plur. **snack-bars** ou **snackbar**○ ▪ plur. **snackbars**○ n. m.
snif ou **sniff** interj.
snifer ou **sniffer** v. tr. | conjug. 1 |
snifeur, euse ou **sniffeur, euse** n.
snipe n. m.
sniper ou **snipeur** /snajpœʀ/ n. m. (tireur isolé)
snob n. et adj.
➾ Cet adjectif s'accorde en nombre mais pas en genre : *elles sont très snobs*.
HOM. formes du v. **snober**
snobard, arde n.
snober v. tr. | conjug. 1 |
snobinard, arde adj. et n.
snobinette n. f.
snobisme n. m.
snoreau n.
snowboard /snobɔʀd/ n. m.
snowboardeur, euse ou **snowboarder** /snobɔʀdœʀ/ n.
snow-boot /snobut/ ▪ plur. **snow-boots** ou **snowboot**○ ▪ plur. **snowboots**○ n. m.
snowpark n. m.
soap /sop/ n. m.
▫ abrév. de **soap-opéra**
soap-opéra /sopɔpeʀa/ n. m. ▪ plur. **soap-opéras**
sobre adj.
sobrement adv.
sobriété n. f.
sobriquet n. m.
soc n. m.
HOM. **socque**
soca n. f.
HOM. **socca**
socca n. f.
HOM. **soca**
soccer /sɔkœʀ/ n. m.
sociabilité n. f.
sociable adj.
sociablement adv.
social, iale, iaux adj.
HOM. (du plur.) **socio**

social-chrétien, ienne /-k-/ adj. et n. ▪ plur. **sociaux-chrétiens, iennes**
social-démocrate adj. et n. ▪ plur. **sociaux-démocrates**
social-démocratie n. f. ▪ plur. **social-démocraties**
socialement adv.
socialisant, ante adj. et n.
socialisation n. f.
socialiser v. tr. | conjug. 1 |
socialisme n. m.
socialiste adj. et n.
➾ Ce mot s'écrit sans majuscule : *le parti socialiste ; les socialistes.*
socialistique adj.
socialité n. f.
social-libéral, ale adj. et n. ▪ plur. **sociaux-libéraux, ales**
social-libéralisme n. m. ▪ plur. **social-libéralismes**
socialo adj. et n.
▫ abrév. de **socialisme**
socialo-libéral, ale adj. et n. ▪ plur. **socialo-libéraux, ales**
sociatrie n. f.
sociétaire adj. et n.
sociétal, ale, aux adj.
sociétariat n. m.
société n. f.
➾ Ce mot s'écrit avec une majuscule dans les dénominations d'organismes à caractère unique, tout comme les éventuels adjectifs qui le précèdent : *la Société nationale des chemins de fer français ; la Société des Nations ; la Nouvelle Société helvétique.*
socinianisme n. m.
socinien n. m.
socio n. f.
▫ abrév. de **sociologie**
HOM. **sociaux** (plur. de *social*)
socioaffectif adj.
socioanalyse n. f.
socioanalyste n.
socioanalytique adj.
sociobiologie n. f.
sociobiologique adj.
sociobiologiste n.
sociocentrisme n. m.
sociocratie /-si/ n. f.
socioculturel, elle adj.
sociodémographique adj.
sociodramatique adj.
sociodrame n. m.
socioéconomie n. f.
socioéconomique adj.
socioéducatif, ive adj.
sociogenèse n. f.
sociogénétique adj.
sociogéographique adj.
sociogramme n. m.
sociogroupe n. m.
sociolâtrie n. f.
sociolecte n. m.
sociolibéral, ale, aux adj.
sociolinguiste n.
sociolinguistique n. f. et adj.
sociologie n. f.
sociologique adj.
sociologiquement adv.
sociologisant, ante adj.
sociologiser v. tr. | conjug. 1 |
sociologisme n. m.
sociologiste adj.
sociologue n.
sociomatrice n. f.
sociométrie n. f.
sociométrique adj.
sociométriste n.
sociopathe n.
sociopathologie n. f.
sociopersonnel, elle adj.
sociopharmacologue n.
sociophobie n. f.
sociophobique adj.
sociopolitique adj.
socioprofessionnel, elle adj.
sociopsychanalyse /-k-/ n. f.
sociopsychiatrie /-k-/ n. f.
sociothérapeutique adj.
sociothérapie n. f.
socius /-jys/ n. m.
socket ou **socquet** ou **soquet** n. m.
socle n. m.
socleur n. m.
socque n. m.
HOM. **soc**
socquet n. m.
→ **socket**
socquette n. f.
socratique adj.
¹**soda** n. m. (boisson)
²**soda** n. m. (carbonate de sodium)
sodalite n. f.
sodalité n. f.
sodation n. f.
soddite n. f.
sodé, ée adj.
sodique adj.
sodium /-jɔm/ n. m.
sodoku /sɔdɔku/ n. m.
ϟ Ne pas confondre **sodoku**, qui désigne une

maladie, avec **sudoku**, qui désigne un jeu de chiffres.

sodomie n. f.

sodomisation n. f.

sodomiser v. tr. | conjug. 1 |

sodomite n. m.

➾ Ne pas employer **sodomiste*, qui n'existe pas.

sœur n. f.

➾ Ce mot ne prend pas de majuscule quand il désigne une religieuse : *voici sœur Marie du Christ*. La locution familière **bonne sœur** s'écrit sans trait d'union.

Ξ Ce mot peut s'employer en apposition ; il prend la marque du pluriel : *des âmes sœurs*.

HOM. **sir**

sœurette n. f.

sofa n. m.

soffite n. m.

soft adj. inv. ▪ plur. inv. ou plur. **softs**○

softball /-bol/ n. m.

software /sɔftwɛr/ n. m.

▫ rec. off. : **logiciel**

sogdien, ienne adj. et n.

➾ L'adjectif s'écrit sans majuscule : *la population sogdienne*. Le nom s'écrit avec une majuscule uniquement quand il désigne une personne : *les Sogdiens* ; *une Sogdienne* mais *ils parlaient le sogdien*.

soi pron. pers.

Ξ *Soi* s'emploie pour désigner une personne indéterminée : *il faut prendre du temps pour soi*. Quand le pronom complément désigne une personne déterminée, on emploie *lui* ou *elle* : *il veut prendre du temps pour lui*.

➾ La locution **en soi** est invariable : *des caractères en soi*.

HOM. **soie**, **soit**, formes du v. **être**

soi-disant adj. inv. et adv.

➾ Ne pas écrire **soit-disant*.

Ξ L'adjectif qualifie normalement une personne et s'emploie au sens de « qui se dit, qui prétend être tel » : *la soi-disant comtesse a été démasquée*. L'emploi au sens de « qui n'est pas ce qu'on en dit » (*le soi-disant escroc était un honorable diplomate* ; *un soi-disant chef-d'œuvre*) est critiqué et doit être évité dans le langage soigné. Il peut être remplacé par *prétendu*. Il en est de même pour l'adverbe : on préfèrera *il a prétendument volé les bijoux mais il nie* à *il a soi-disant volé les bijoux mais il nie*.

La locution **soi-disant que** est populaire et doit être évitée.

soie n. f.

HOM. **soi**, **soit**, formes du v. **être**

soierie n. f.

➾ Ne pas oublier le *e* muet.

soif n. f.

Ξ **Avoir très soif** est très courant mais critiqué par certains puristes : *soif* est un nom et ne peut normalement pas être modifié par un adverbe. Dans la langue littéraire, on dit **avoir grand-soif** ou **grand'soif**.

soiffard, arde ou **soiffeur, euse** adj. et n.

soignable adj.

soignant, ante adj. et n.

soigné, ée adj.

soigner v. intr. et v. tr. | conjug. 1 |

¬ **se soigner**

➾ Aux temps composés de la forme pronominale, le participe passé s'accorde en genre et en nombre avec le sujet : *ils se sont bien soignés*. Mais le participe passé ne s'accorde pas quand il est suivi d'un complément d'objet direct : *il s'est soigné la main*. Il ne s'accorde avec le complément d'objet direct que lorsque celui-ci est placé avant le verbe : *il se l'est soignée*.

soigneur, euse n.

soigneusement adv.

soigneux, euse adj.

soin n. m.

[1]**soir** n. m.

➾ Après un nom de jour au pluriel, l'accord de *soir* est facultatif : *tous les lundis soir(s)*.

⌘ On peut dire *hier au soir* ou *hier soir*. En revanche, avec *demain* ou un nom de jour, l'emploi de *au* est fautif : *demain soir* ; *dimanche soir*.

HOM. **seoir**

[2]**soir** v. intr. | conjug. 26 |

CONJUG. Ce verbe s'emploie uniquement à la troisième personne, au présent, à l'imparfait, au futur, au conditionnel et au participe présent. → [2]**seoir**

soirée n. f.

soiriste n. m.

soissons n. m. pl.

➾ Quand il désigne des haricots, ce mot s'écrit sans majuscule, contrairement au nom propre qui désigne la commune : *des haricots de Soissons* mais *manger des soissons*.

soit conj. et adv.

➾ Ce mot est invariable : *soit les deux hypothèses suivantes*.

♪ La conjonction se prononce /swa/ mais on fait la liaison devant une voyelle ou un *h* muet : *soit un triangle équilatéral*. L'adverbe se prononce toujours /swat/ : *eh bien soit !*

▸ **soit que** (+ subj.),... **soit que** (+ subj.) *soit qu'il pleuve, soit qu'il neige*

Ξ Le second élément d'une alternative commençant par **soit que** est parfois introduit par *ou* : *soit qu'il pleuve ou qu'il neige*. Cette

construction n'est pas fautive et se rencontre surtout dans le registre littéraire.
HOM. **soi**, **soie**, formes du v. **être**

soit-communiqué n. m. inv.

soixantaine /swas-/ n. f.
⌘ Lorsque **une soixantaine de** suivi d'un nom est sujet, le verbe s'accorde soit avec *soixantaine*, soit avec le complément : *une soixantaine de personnes est concernée* ou *sont concernées*. Avec **la soixantaine de**, le verbe s'accorde toujours avec *soixantaine* : *la soixantaine de personnes concernées a été auditionnée*.

soixante /swas-/ adj. numéral inv. et n. m. inv.
➾ Les numéraux formant un nombre complexe inférieur à cent s'écrivent avec un trait d'union : *soixante-cinq*. Les Rectifications de l'orthographe de 1990 préconisent de généraliser l'emploi du trait d'union à tous les numéraux composés, qu'ils soient inférieurs ou supérieurs à cent : *à la page cent-soixante-deux ; il a soixante-mille euros en espèces*.

soixante-dix /swasɑ̃tdis/ adj. numéral inv. et n. m. inv.
➾ Les numéraux formant un nombre complexe inférieur à cent s'écrivent avec un trait d'union : *soixante-dix-neuf*. Les Rectifications de l'orthographe de 1990 préconisent de généraliser l'emploi du trait d'union à tous les numéraux composés, qu'ils soient inférieurs ou supérieurs à cent : *à la page cent-soixante-dix ; il a soixante-dix-mille euros en espèces*.

soixante-dixième /swasɑ̃tdizjɛm/ adj. et n. m. ▪ plur. **soixante-dixièmes**

soixante-huitard, arde /swas-/ adj. et n. ▪ plur. **soixante-huitards, ardes**

soixantenaire /swas-/ n. m.
Ξ Ce mot signifie « soixantième anniversaire ». Pour parler d'une personne dont l'âge est compris entre soixante et soixante-neuf ans, il faut employer *sexagénaire*.

soixante-quinze /swas-/ n. m. inv.

soixantième /swas-/ adj. et n.

soixantièmement /swas-/ adv.

soja n. m.

sokol n. m.

[1]**sol** n. m. (surface, liquide, monnaie)
HOM. **sole**

[2]**sol** n. m. inv. (note de musique)
HOM. **sole**

solage n. m.

sol-air adj. inv.
HOM. **solaire**

solaire adj.
HOM. **sol-air**

solanacée n. f.

solanale n. f.

solandra n. m.

solandre n. f.

solanée n. f.

solarigraphe n. m.

solarimètre n. m.

solarisation n. f.

solariser v. tr. | conjug. 1 |

solarium /-jɔm/ n. m.

soldanelle n. f.

soldat, ate n.
➾ On écrit **le Soldat inconnu** avec une majuscule.
☯ *Soldate* est recommandé par le *Guide d'aide à la féminisation des noms de métiers, titres, grades et fonctions* et l'Office québécois de la langue française pour parler d'une femme : *c'est une soldate*. Cette forme peut toutefois être perçue comme familière, aussi le masculin est encore très fréquent : *elle est soldat ; une femme soldat*.

soldatesque adj. et n. f.

[1]**solde** n. f. (rémunération)
▸ **être à la solde de qqn**

[2]**solde** n. m. (d'un compte ; articles soldés)
☯ Ce mot est masculin : *des soldes permanents*.

solder v. tr. | conjug. 1 |
¬ **se solder**
➾ Aux temps composés de la forme pronominale, le participe passé s'accorde en genre et en nombre avec le sujet : *ses tentatives se sont soldées par un échec*.

Solderie® n. f.
➾ Comme tous les noms déposés, ce mot doit s'écrire avec une majuscule : *acheter des vêtements dans une Solderie*. Toutefois, on le trouve presque toujours employé comme nom générique sans respect de la règle : *acheter des vêtements dans une solderie*.

soldeur, euse n.

sole n. f.
HOM. **sol**

soléaire adj.

soléciser v. intr. | conjug. 1 |

solécisme n. m.

soleil n. m.
➾ Ce mot s'écrit avec une majuscule quand il désigne l'astre : *la Terre tourne autour du Soleil ; une étoile analogue au Soleil*. Il s'écrit sans majuscule quand il désigne le disque lumineux et son rayonnement, ainsi que dans les emplois figurés : *les rayons du soleil ; un jour sans soleil ; en plein soleil ; un coup de soleil ; elle est mon soleil*. On écrit **le Roi-Soleil** et **l'empire du Soleil-Levant** avec des majuscules et un trait d'union.

soleillade n. f.

soleillée n. f.

soleilleux, euse adj.
solement n. m.
solen /sɔlɛn/ n. m.
solennel, elle /sɔlan-/ adj.
solennellement /sɔlan-/ adv.
solennisation /sɔlan-/ n. f.
solenniser /sɔlan-/ v. tr. | conjug. 1 |
solennité /sɔlan-/ n. f.
solénoconque n. m.
solénodonte n. m.
solénoglyphe adj. et n. m.
solénoïdal, ale, aux adj.
solénoïde n. m.
soleret n. m.
solétard n. m.
Solex® n. m.
➾ Comme tous les noms déposés, ce mot doit s'écrire avec une majuscule : *se déplacer à Solex*. Toutefois, on le trouve fréquemment employé comme nom générique sans respect de la règle : *se déplacer à solex*.
solfatare n. m.
solfatarien, ienne adj.
solfège n. m.
solfier v. tr. | conjug. 7 |
solidage n. f.
solidaire adj.
Ξ On peut dire **être solidaire de qqn** ou **être solidaire avec qqn**.
solidairement adv.
solidariser v. tr. | conjug. 1 |
¬ **se solidariser avec**
➾ Aux temps composés de la forme pronominale, le participe passé s'accorde en genre et en nombre avec le sujet : *ils se sont solidarisés avec les grévistes*.
solidarisme n. m.
solidariste adj. et n.
solidarité n. f.
solide adj. et n. m.
solidement adv.
solidien, ienne adj.
solidification n. f.
solidifier v. tr. | conjug. 7 |
¬ **se solidifier**
➾ Aux temps composés de la forme pronominale, le participe passé s'accorde en genre et en nombre avec le sujet : *la lave s'est solidifiée*.
solidité n. f.
solidus /-ys/ n. m.
solier, ière n.
soliflore n. m.
➾ Ce mot est masculin : *un soliflore*.
solifluidal, ale, aux adj.
solifluxion n. f.
solifuge n. m.
solilem /-lɛm/ n. m.
soliloque n. m.
soliloquer v. intr. | conjug. 1 |
solin n. m.
solipède adj.
solipsisme n. m.
solipsiste adj. et n.
soliste n.
solistimum /-ɔm/ n. m.
solitaire adj. et n.
solitairement adv.
solitarisme n. m.
solitude n. f.
solivage n. m.
solive n. f.
soliveau n. m.
sollicitation n. f.
solliciter v. tr. | conjug. 1 |
▸ **solliciter qqn**
▸ **solliciter qqn de** (+ inf.) *je vous sollicite d'intervenir en ma faveur*
▸ **solliciter qqch.** *il sollicite une audience*
▸ **solliciter qqch. de qqn** *je sollicite de votre bienveillance le réexamen du dossier*
solliciteur, euse n.
sollicitude n. f.
solmisation n. f.
[1]**solo** n. m. ▪ plur. **solos** ou plur. **soli** (morceau)
Ξ On peut employer le pluriel francisé *solos* ou le pluriel italien *soli*.
Quand *solo* est employé en apposition, la forme du pluriel est toujours *solos* : *des spectacles solos*.
[2]**solo** n. m. ou f. (papaye)
solonetz /sɔlɔnɛts/ n. m.
solontchak n. m.
sol-sol adj. inv.
solstice n. m.
solsticial, ale, aux adj.
solubilisant, ante adj. et n. m.
solubilisation n. f.
solubiliser v. tr. | conjug. 1 |
solubilité n. f.
soluble adj.
solucamphre n. m.
solunaire adj.
soluté n. m.
solution n. f.
Ξ Attention à l'emploi de la locution **solution de continuité**, qui signifie « interruption », et non le contraire.
solutionnement n. m.
solutionner v. tr. | conjug. 1 |
Ξ Ce mot est critiqué. Il peut être remplacé par *résoudre*.

solutionniste adj. et n.
solutréen, enne adj. et n. m.
solutréomagdalénien, ienne adj.
solvabilité n. f.
solvable adj.
solvant n. m.
solvatation n. f.
solvate n. m.
solvaté, ée adj.
soma n. m.
HOM. formes du v. **sommer**
somali, ie ou **somalien, ienne** adj. et n.
➾ L'adjectif s'écrit sans majuscule : *la population somalie* ou *somalienne*. Le nom s'écrit avec une majuscule uniquement quand il désigne une personne : *les Somalis* ou *les Somaliens ; c'est une Somalie* ou *une Somalienne* mais *parler le somali*.
somation n. f.
HOM. **sommation**
somatique adj.
somatisation n. f.
somatiser v. tr. | conjug. 1 |
somatogène adj.
somatogenèse n. f.
somatognosie /-gn-/ n. f.
somatologie n. f.
somatopleure n. f.
somatopsychique adj.
somatostatine n. f.
somatotrope adj.
somatotrophine ou **somatotropine** n. f.
somatotropique adj.
sombre adj.
sombrement adv.
sombrer v. intr. | conjug. 1 |
sombréro ou **sombrero** /sɔ̃bʀeʀo/ n. m.
sombreur n. f.
somesthésie n. f.
somesthésique adj.
somite n. m.
sommable adj.
sommaire adj. et n. m.
HOM. forme du v. **sommer**
sommairement adv.
sommation n. f.
HOM. **somation**
[1]**somme** n. f. (quantité)
➾ Les locutions **en somme** et **somme toute** sont invariables.
HOM. formes du v. **être**
[2]**somme** n. f.
▸ **bête de somme**
HOM. formes du v. **être**
[3]**somme** n. m. (sieste)
HOM. formes du v. **être**
sommé, ée adj.
sommeil n. m.
HOM. formes du v. **sommeiller**
sommeillement n. m.
sommeiller v. intr. | conjug. 1 |
sommeilleux, euse adj. et n.
sommelier, ière n.
sommellerie n. f.
sommer v. tr. | conjug. 1 |
sommet n. m.
HOM. formes du v. **sommer**
sommier n. m.
HOM. formes du v. **sommer**
sommière n. f.
sommital, ale, aux adj.
sommité n. f.
somnambule n. et adj.
ϟ Ne pas confondre **somnambule**, qui signifie « personne qui effectue des actes coordonnés dans son sommeil », avec **noctambule**, qui signifie « personne qui se promène ou se divertit la nuit ».
somnambulesque adj.
somnambulique adj.
somnambuliquement adv.
somnambulisme n. m.
somnescence n. f.
somnifère adj. et n. m.
somniloquie n. f.
somno n. m.
somnolence n. f.
somnolent, ente adj.
➾ Ne pas écrire cet adjectif comme *somnolant*, participe présent du verbe *somnoler*.
somnoler v. intr. | conjug. 1 |
somnologue n. m.
somptuaire adj.
Ξ La locution **dépenses somptuaires** est pléonastique : *somptuaire* signifie « relatif aux dépenses ». Elle est toutefois admise dans le langage courant au sens de « dépenses de luxe ».
somptueusement adv.
somptueux, euse adj.
somptuosité n. f.
[1]**son, sa, ses** adj. poss. 3ᵉ pers.
Ξ L'adjectif possessif est remplacé par *le, la, les* quand il détermine un nom désignant une partie du corps ou de l'esprit du sujet de la phrase : *elle s'est cassé le bras* (et non **elle s'est cassé son bras* ni **elle a cassé son bras*) ; *il a perdu la mémoire* (et non **il a perdu sa mémoire*). Certaines expressions figées font exception : *elle n'a plus toute sa tête* (et non **toute la tête*).
HOM. (du masc.) formes du v. **être** ; (du fém.) **ça**, **çà** ; (du plur.) **c**, **ces**
→ aussi **sa**

²son n. m.
HOM. formes du v. **être**
sonagramme n. m.
sonagraphe n. m.
sonal n. m.
Ξ Ce mot n'est plus la recommandation officielle pour remplacer *jingle*. Il est désormais conseillé d'employer *indicatif (musical)*.
sonante n. f.
sonar n. m.
□ abrév. de **sound navigation and ranging**
sonate n. f.
HOM. forme du v. **sonner**
sonatine n. f.
sondage n. m.
sonde n. f.
sonder v. tr. | conjug. 1 |
¹sondeur, euse n. (personne)
²sondeur n. m. (appareil)
sondeuse n. f. (petite sonde)
sone n. f. ou m.
HOM. formes du v. **sonner**
song /sɔ̃g/ n. m.
songe n. m.
songeard, arde adj.
songe-creux n. m. inv.
songer v. tr. ind. | conjug. 3 |
▸ **songer à** (+ n.) *ils songent au mariage*
▸ **songer à** (+ inf.) *ils songent à déménager*
songerie n. f.
songeur, euse n. et adj.
songeusement adv.
songhai /sɔ̃gaj/ adj. et n. ▪ plur. inv. ou plur. **songhais**○
➾ L'adjectif s'écrit sans majuscule : *la population songhai*. Le nom s'écrit avec une majuscule uniquement quand il désigne une personne : *les Songhai* ou *les Songhais*○ ; *c'est une Songhai* mais *parler le songhai*.
sonie n. f.
sonique adj.
sonnage n. m.
sonnaille n. f.
¹sonnailler n. m.
²sonnailler v. intr. | conjug. 1 |
sonnaillerie n. f.
sonnant, ante adj.
→ aussi **heure**
sonné, ée adj.
□ rec. off. pour **groggy**
➾ Employé avec *heure*, *sonné* s'accorde en genre et en nombre : *il est onze heures sonnées*.
sonner v. intr., v. tr. et v. tr. ind. | conjug. 1 |
▸ **sonner de** (+ n.) *sonner du clairon*
⌘ Ce verbe s'accorde toujours avec le sujet *heure*, sauf quand ce dernier est suivi de **et demie**, auquel cas l'accord est facultatif (on peut considérer que c'est l'unique coup marquant la demie qui sonne) : *une heure sonne* ; *treize heures sonnent* ; *huit heures et demie sonnent* ou *sonne*.
sonnerie n. f.
sonnet n. m.
HOM. formes du v. **sonner**
sonnette n. f.
➾ Ce mot s'emploie indifféremment au singulier ou au pluriel dans **serpent à sonnette(s)**. Certains ouvrages recommandent le singulier. Le pluriel est toutefois très fréquent.
sonnettiste n.
sonneur, euse n.
sonnez n. m.
HOM. **sonner**
sono n. f.
sonochimie n. f.
sonogramme n. m.
sonographe n. m.
sonographie n. f.
sonoluminescence n. f.
sonomètre n. m.
sonométrie n. f.
sonométrique adj.
sonore adj.
sonorement adv.
sonorisation n. f.
sonoriser v. tr. | conjug. 1 |
sonoriste n.
sonorité n. f.
sonothèque n. f.
Sonotone® n. m.
➾ Comme tous les noms déposés, ce mot doit s'écrire avec une majuscule : *porter un Sonotone*. Toutefois, on le trouve fréquemment employé comme nom générique sans respect de la règle : *porter un sonotone*.
Sopalin® n. m.
➾ Comme tous les noms déposés, ce mot doit s'écrire avec une majuscule : *un rouleau de Sopalin*. Toutefois, on le trouve fréquemment employé comme nom générique sans respect de la règle : *un rouleau de sopalin*.
sophie n. f.
sophisme n. m.
sophiste n. m.
sophistication n. f.
sophistique adj. et n. f.
sophistiqué, ée adj.
sophistiquement adv.
sophistiquer v. tr. | conjug. 1 |
sophistiqueur, euse n.
sophora n. m.
sophrologie n. f.
sophrologique adj.

sophrologue n.
sophronique adj.
sophroniste n. m.
sophronitis /-tis/ n. m.
sophrothérapie n. f.
sopitif, ive adj.
sopor n. m.
soporatif, ive adj.
soporeux, euse adj.
soporifique adj. et n. m.
soprane ▪ plur. **sopranes** ou **soprano** ▪ plur. **sopranos** ou plur. **soprani** n. (personne)
Ξ On peut employer les pluriels francisés *sopranes* et *sopranos* ou le pluriel italien *soprani*.
sopranino n. m.
sopraniser v. intr. | conjug. 1 |
sopraniste n. m.
soprano n. m. ▪ plur. **sopranos** ou plur. **soprani** (voix)
Ξ On peut employer le pluriel francisé *sopranos* ou le pluriel italien *soprani*.
→ aussi **soprane**
soquet n. m.
→ **socket**
sorabe adj. et n.
⇒ L'adjectif s'écrit sans majuscule : *la population sorabe*. Le nom s'écrit avec une majuscule uniquement quand il désigne une personne : *les Sorabes ; c'est une Sorabe* mais *parler le sorabe*.
sorbais n. m.
HOM. **sorbet**
sorbe n. f.
sorbé, ée adj.
sorbet n. m.
HOM. **sorbais**
sorbetière n. f.
sorbier n. m.
sorbique adj.
sorbite n. f.
sorbitol n. m.
sorbonique adj. et n. f.
sorboniste adj. et n.
sorbonnagre n. m.
sorbonnard, arde n. et adj.
sorbonne n. f.
⇒ Lorsqu'il désigne un fourneau ou une enceinte, ce mot s'écrit sans majuscule, contrairement au nom propre.
sorbonniot n. m.
sorcellerie n. f.
sorcier, ière n.
sordide adj.
sordidement adv.
sordidité n. f.
sore n. m.
HOM. **saur, saure, sort**, formes du v. **sortir**
sorédie n. f.
sorgo ou **sorgho** n. m.
sorgue n. f.
sorhopila n. m.
soricidé n. m.
sorite n. m.
sornette n. f.
Ξ Ce mot s'emploie surtout au pluriel : *raconter des sornettes*.
sororal, ale, aux adj.
sororalement adv.
sororat n. m.
sororité n. f.
sorption n. f.
sors adj. et n. m.
HOM. **saur, saure, sore, sort** ; *formes du v.* **sortir**
sort n. m.
Ξ Attention à l'emploi de la locution **faire un sort à qqch.**, qui peut signifier « mettre en valeur qqch. » (*faire un sort à un mot*) ou, dans le registre familier, « finir qqch. de manière radicale » (*faire un sort à une bouteille*).
HOM. **saur, saure, sore, sors**, formes du v. **sortir**
sortable adj.
sortant, ante adj.
sorte n. f.
▸ **de sorte à** (+ inf.) *il a agi de sorte à cacher ses intentions*
▸ **faire en sorte de** (+ inf.) *j'ai fait en sorte d'arriver en avance*
▸ **faire en sorte que** (+ subj.) *ils ont fait en sorte que tout soit en ordre*
⇒ Ce mot est au singulier dans les locutions **de la sorte** et **en quelque sorte**. De nos jours, il est généralement au pluriel dans **toutes sortes de** et **de toutes sortes**.
⌘ Avec **une sorte de** (+ n.), l'accord se fait avec *sorte* quand ce mot désigne un ensemble de choses ou d'êtres aux caractéristiques communes : *une sorte d'insectes nuisibles est apparue dans la région*. Il s'accorde avec le complément quand *sorte* est employé pour indiquer qu'on ne peut qualifier exactement la chose ou l'être dont on parle : *une sorte d'insecte inquiétant est entré dans la pièce*.
La locution **de (telle) sorte que** s'emploie avec l'indicatif ou le conditionnel quand il s'agit d'une conséquence et avec le subjonctif quand il s'agit d'un but : *il s'est senti trahi, de sorte qu'il s'est fâché ; il s'est entraîné de telle sorte qu'il pourrait gagner ; articulez, de sorte que l'on vous comprenne bien*.
sorteur, euse ou **sorteux, euse** adj. et n.
sortie n. f.

sortilège n. m.
[1]**sortir** n. m.
▸ **au sortir de** (+ n.) *au sortir de l'hiver ; au sortir d'un entretien*
[2]**sortir** v. intr. et v. tr. | conjug. 16 | (partir, expulser)
▸ **sortir de** (+ n.) *ils sortent de l'église*
Ξ **Sortir dehors** est un pléonasme à éviter. **Sortir de** (+ inf.) (*sortir de travailler, sortir d'en prendre*) est un tour familier. Il doit être évité dans la langue soignée.
¬ **se sortir de**
➾ Aux temps composés de la forme pronominale, le participe passé s'accorde en genre et en nombre avec le sujet : *elle s'est sortie de ce mauvais pas ; elle s'en est sortie.*
[3]**sortir** v. tr. | conjug. 2 | (Dr. : obtenir)
S. O. S. n. m.
sosie n. m.
☯ Ce mot est toujours masculin, même quand il s'agit d'une femme : *elle est le sosie de ma cousine.*
sosot, sosotte /soso, sɔsɔt/ adj. et n.
sosténuto ou **sostenuto** /sɔstenuto/ adv. et adj.
sot, sotte adj. et n.
HOM. **saut, sceau, seau**
sotch n. m.
sôtêr /sotɛʀ/ adj. m.
HOM. forme du v. **sauter**
soteria /-eʀja/ ou **sotéria**° n. f.
sotériologie n. f.
sotie n. f.
→ **sottie**
sotio n. m.
sot-l'y-laisse n. m. inv.
sotnia n. f.
sottement adv.
sottie ou **sotie** n. f.
sottise n. f.
sottisier n. m.
sotto voce /sɔtovɔtʃe/ adv.
sou n. m.
HOM. **soue, soûl, sous**
souage n. m.
souahéli, ie n. m. et adj.
→ **swahili**
soua-soua adj. inv.
soubassement n. m.
soubise n. f.
soubresaut n. m.
soubressade n. f.
soubrette n. f.
soubreveste n. f.
souche n. f.
Ξ Ce mot peut s'employer en apposition ; il prend la marque du pluriel : *des cellules souches.*

souchet n. m.
souchetage n. m.
soucheter v. tr. | conjug. 4 |
soucheteur n. m.
souchette n. f.
souchon n. m.
souchong /suʃɔ̃g/ n. m.
souci n. m.
▸ **avoir souci de** (+ n.) *elle a souci d'honnêteté*
▸ **avoir souci de** (+ inf.) *ils ont souci de plaire*
souciant, ante adj.
soucier v. tr. | conjug. 7 |
¬ **se soucier**
▸ **se soucier de** (+ n.) *il se soucie toujours des autres*
▸ **se soucier de** (+ inf.) *elle ne se soucie pas de plaire*
Ξ **Se soucier que** (+ subj.) appartient au registre littéraire : *je me souciais peu qu'on m'acceptât.*
➾ Aux temps composés de la forme pronominale, le participe passé s'accorde en genre et en nombre avec le sujet : *elles ne se sont pas souciées de lui.*
soucieusement adv.
soucieux, ieuse adj.
soucoupe n. f.
soucoupiste n.
soudabilité n. f.
soudable adj.
soudage n. m.
soudain, aine adj. et adv.
soudainement adv.
soudaineté n. f.
soudan n. m.
HOM. **soudant**
soudanais, aise ou **soudanien, ienne** adj. et n.
➾ L'adjectif s'écrit sans majuscule : *la population soudanaise ; le climat soudanien.* Le nom s'écrit avec une majuscule uniquement quand il désigne une personne : *les Soudanais ; c'est une Soudanaise* mais *le soudanais central et le soudanais oriental* (groupes de langues).
soudant, ante adj.
HOM. **soudan**
soudard n. m.
soude n. f.
soudé, ée adj.
souder v. tr. | conjug. 1 |
soudeur, euse n.
soudier, ière adj. et n.
HOM. formes du v. **souder**
[1]**soudoyer** v. tr. | conjug. 8 |
[2]**soudoyer** n. m.
soudrille n. m.
soudure n. f.

soue n. f.
HOM. **sou, soûl, sous**
soufflage n. m.
soufflant, ante adj.
soufflante n. f.
soufflard n. m.
souffle n. m.
soufflé, ée adj. et n. m.
soufflement n. m.
souffler v. intr. et v. tr. | conjug. 1 |
soufflerie n. f.
soufflet n. m.
HOM. formes du v. **souffler**
souffleter v. tr. | conjug. 4 |
souffleteur, euse n.
souffletier n. m.
HOM. formes du v. **souffleter**
soufflette n. f.
[1]**souffleur, euse** n. (personne)
[2]**souffleur** n. m. (orifice, cétacé)
souffleuse n. f. (appareil)
soufflure n. f.
souffrance n. f.
➾ La locution **en souffrance** est invariable : *des colis en souffrance.*
souffrant, ante adj.
souffre-douleur n. m. ▪ plur. inv. ou plur. **souffre-douleurs**
☯ Ce mot est toujours au masculin, même pour parler d'une femme : *elle est le souffre-douleur de ses collègues.*
souffreteux, euse adj.
souffrir v. tr. et v. intr. | conjug. 18 |
▸ **ne pas pouvoir souffrir qqn/qqch.** *elle ne peut pas souffrir ses voisins*
▸ **souffrir de** (+ inf.) *je ne peux plus souffrir d'entendre de tels propos*
▸ **souffrir que** (+ subj.) *je ne peux pas souffrir qu'on me mente*
▸ **souffrir de** (+ n.) *elle souffre de rhumatismes*
▸ **souffrir de** (+ inf.) *elle souffre d'être seule*
souffroir n. m.
soufi, ie adj. et n.
➾ Comme tous les mots désignant ou qualifiant une doctrine religieuse ou ses adeptes, ce mot s'écrit sans majuscule : *la doctrine soufie ; les soufis.*
soufisme n. m.
➾ Comme tous les mots désignant une doctrine religieuse, ce mot s'écrit sans majuscule : *les adeptes du soufisme.*
soufite adj.
soufrage n. m.
soufre n. m.
Ξ Ce mot peut s'employer seul comme adjectif de couleur ou derrière un adjectif de couleur pour en préciser la nuance ; ces adjectifs sont alors invariables : *des vestes jaune soufre ; des tentures soufre.*
HOM. formes du v. **souffrir**
soufré, ée adj.
soufrer v. tr. | conjug. 1 |
HOM. formes du v. **souffrir**
soufreur, euse n.
soufreux, euse adj.
soufrière n. f.
soufroir n. m.
souhait n. m.
souhaitable adj.
souhaiter v. tr. | conjug. 1 |
▸ **souhaiter que** (+ subj.) *je souhaite que tu réussisses*
Ξ Lorsque *souhaiter* est suivi d'un infinitif, celui-ci peut être précédé ou non de la préposition *de* si le sujet de *souhaiter* est aussi le sujet de l'infinitif : *chacun lui demande ce qu'il souhaite d'obtenir* ou *ce qu'il souhaite obtenir,* mais l'emploi de la préposition tend à disparaître. Si le sujet est différent, la préposition est obligatoire : *je vous souhaite d'obtenir gain de cause.*
souillard n. m.
souillarde n. f.
souillardure n. f.
souille n. f.
souiller v. tr. | conjug. 1 |
souillon n. m. et f.
☯ Ce mot s'emploie au masculin ou au féminin pour parler d'une femme : *cette fille est un vrai souillon* ou *une vraie souillon.* Il est rarement employé pour parler d'un homme.
HOM. formes du v. **souiller**
souillure n. f.
souimanga ▪ plur. **souimangas** ou **soui-manga** ▪ plur. **soui-mangas** ou **swi-manga** ▪ plur. **swi-mangas** n. m.
souk n. m.
HOM. formes du v. **souquer**
soul /sul ; sawl/ adj. inv. et n. f.
HOM. **soûle** (fém. de *soûl*)
soûl, soûle ou **soul, soule**○ ou **saoul, saoule** /sul/ adj.
HOM. **sou, soue, sous**
soulagement n. m.
soulager v. tr. | conjug. 3 |
¬ **se soulager**
➾ Aux temps composés de la forme pronominale, le participe passé s'accorde en genre et en nombre avec le sujet : *elle s'est soulagée.*
soulageur n. m.
soulane n. f.
soûlant, ante ou **soulant, ante**○ adj.
soûlard, arde ou **soulard, arde**○ ou **saoulard, arde** /sul-/ n. et adj.
soûlaud, aude ou **soulaud, aude**○ n.

soulcie n. m.
soûler ou **souler**○ ou **saouler** /sule/ v. tr. | conjug. 1 |
¬ **se soûler** ou **se saouler**
➾ Aux temps composés de la forme pronominale, le participe passé s'accorde en genre et en nombre avec le sujet : *ils se sont soûlés*.
soûlerie ou **soulerie**○ ou **saoulerie** /sul-/ n. f.
soulevé n. m.
soulèvement n. m.
soulever v. tr. | conjug. 5 |
¬ **se soulever**
➾ Aux temps composés de la forme pronominale, le participe passé s'accorde en genre et en nombre avec le sujet : *la population s'est soulevée contre le dictateur*.
→ aussi **lièvre**
soulier n. m.
HOM. formes du v. **soûler**
soulignage n. m.
souligner v. tr. | conjug. 1 |
soûlographe ou **soulographe**○ n.
soûlographie ou **soulographie**○ n. f.
soûlon, onne ou **soulon, onne**○ n.
HOM. formes du v. **soûler**
soûlot, ote ou **soulot, ote**○ n.
soulte n. f.
soumaintrain n. m.
soumbala n. m.
soumettre v. tr. | conjug. 56 |
¬ **se soumettre**
➾ Aux temps composés de la forme pronominale, le participe passé s'accorde en genre et en nombre avec le sujet : *elles se sont soumises au règlement*.
soumis, ise adj.
soumission n. f.
soumissionnaire n.
soumissionner v. tr. | conjug. 1 |
soupape n. f.
soupçon n. m.
soupçonnable adj.
soupçonner v. tr. | conjug. 1 |
soupçonneusement adv.
soupçonneux, euse adj.
soupe n. f.
soupente n. f.
[1]**souper** n. m.
[2]**souper** v. intr. | conjug. 1 |
soupèsement n. m.
soupeser v. tr. | conjug. 5 |
soupeur, euse n.
[1]**soupier, ière** adj. et n. (personne)
HOM. formes du v. **souper**
[2]**soupier** n. m. (pierre)
HOM. formes du v. **souper**
soupière n. f. (récipient)
soupir n. m.
➾ Ne pas écrire **soupire*.
soupirail, aux n. m.
soupirant, ante adj. et n. m.
soupirer v. intr. et v. tr. | conjug. 1 |
soupireur n. m.
souple adj.
souplement adv.
souplesse n. f.
souquée n. f.
souquenille n. f.
souquer v. tr. et v. intr. | conjug. 1 |
sourate ou **surate** n. f.
source n. f.
sourceur, euse n.
sourcier, ière n.
sourcil n. m.
sourcilier, ière adj.
HOM. forme du v. **sourciller**
sourcillement n. m.
sourciller v. intr. | conjug. 1 |
sourcilleusement adv.
sourcilleux, euse adj.
[1]**sourd, sourde** adj. et n.
▸ **sourd à** *elle est restée sourde à nos demandes*
[2]**sourd** n. m. (salamandre)
sourdaud, aude n.
sourdement adv.
sourdière n. f.
sourdinage n. m.
sourdine n. f.
➾ La locution **en sourdine** est invariable : *ils jouent en sourdine*.
sourdingue adj. et n.
sourdité n. f.
Ξ Ce mot est un terme de phonétique ; il ne doit pas être employé à la place de *surdité*.
sourd-muet, sourde-muette n. et adj. ▪ plur. **sourds-muets, sourdes-muettes**
sourdre v. intr.
CONJUG. Ce verbe s'emploie uniquement à l'infinitif et à la troisième personne de l'indicatif : *il sourd, ils sourdent* ; *il sourdait, ils sourdaient* ; *il sourdit, ils sourdirent* ; *il sourdra, ils sourdront*.
➾ Au présent de l'indicatif, à la forme interrogative avec sujet inversé, on écrit *sourd-on, sourd-il, sourd-elle* et non **sourd-t-on, *sourd-t-il, *sourd-t-elle*. Le *d* final se prononce /t/ ; il est donc inutile et fautif d'ajouter un *t*.
souriant, iante adj.
souriceau n. m.
souricette n. f.
souricier n. m. et adj. m.
souricière n. f.

sourieur, euse adj.
souriquois, oise adj.
[1]**sourire** n. m.
[2]**sourire** v. intr. | conjug. 36 |
CONJUG. Le participe passé *souri* est toujours invariable car ce verbe n'a jamais de complément d'objet direct : *ils se sont souri*.
[1]**souris** n. f. (animal, femme, pièce de viande, objet)
Ξ Ce mot peut s'employer seul comme adjectif de couleur ou derrière un adjectif de couleur pour en préciser la nuance ; ces adjectifs sont alors invariables : *des jupes gris souris ; des teintes souris*.
[2]**souris** n. m. (vx : sourire)
sourive n. f.
sournois, oise adj.
sournoisement adv.
sournoiserie n. f.
sous prép.
HOM. **sou, soue, soûl**
sous-admissible adj. et n. ▪ plur. **sous-admissibles**
sous-alimentation n. f. ▪ plur. **sous-alimentations**
sous-alimenté, ée adj. ▪ plur. **sous-alimentés, ées**
sous-amendement n. m. ▪ plur. **sous-amendements**
sous-arbrisseau n. m. ▪ plur. **sous-arbrisseaux**
sous-barbe n. f. ▪ plur. **sous-barbes**
sous-bibliothécaire n. ▪ plur. **sous-bibliothécaires**
sous-bois n. m. inv.
sous-brigadier, ière n. m. ▪ plur. **sous-brigadiers, ières**
sous-calibré, ée adj. ▪ plur. **sous-calibrés, ées**
sous-chef n. ▪ plur. **sous-chefs**
sous-classe n. f. ▪ plur. **sous-classes**
sous-commission n. f. ▪ plur. **sous-commissions**
sous-consommation n. f. ▪ plur. **sous-consommations**
sous-continent n. m. ▪ plur. **sous-continents**
sous-couche n. f. ▪ plur. **sous-couches**
souscripteur, trice n.
souscription n. f.
ϟ Ne pas confondre **souscription**, qui désigne l'action de souscrire à une publication ou à un emprunt, avec **suscription**, qui désigne dans le langage administratif une adresse écrite sur une lettre ou sur une enveloppe.
souscrire v. tr. | conjug. 39 |
sous-culture n. f. ▪ plur. **sous-cultures**
sous-cutané, ée adj. ▪ plur. **sous-cutanés, ées**
sous-développé, ée adj. ▪ plur. **sous-développés, ées**
sous-développement n. m. ▪ plur. **sous-développements**
sous-diaconat n. m. ▪ plur. **sous-diaconats**
sous-diacre n. m. ▪ plur. **sous-diacres**
sous-directeur, trice n. ▪ plur. **sous-directeurs, trices**
sous-direction n. f. ▪ plur. **sous-directions**
sous-dominante n. f. ▪ plur. **sous-dominantes**
sous-doué, ée adj. ▪ plur. **sous-doués, ées**
sous-effectif n. m. ▪ plur. **sous-effectifs**
sous-embranchement n. m. ▪ plur. **sous-embranchements**
sous-emploi n. m. ▪ plur. **sous-emplois**
sous-employer v. tr. | conjug. 8 |
sous-ensemble n. m. ▪ plur. **sous-ensembles**
sous-entendre v. tr. | conjug. 41 |
➾ Au présent de l'indicatif, à la forme interrogative avec sujet inversé, on écrit *sous-entend-on, sous-entend-il, sous-entend-elle* et non **sous-entend-t-on, *sous-entend-t-il, *sous-entend-t-elle*. Le *d* final se prononce /t/ ; il est donc inutile et fautif d'ajouter un *t*.
sous-entendu n. m. ▪ plur. **sous-entendus**
sous-entrepreneur n. m. ▪ plur. **sous-entrepreneurs**
sous-équipé, ée adj. ▪ plur. **sous-équipés, ées**
sous-équipement n. m. ▪ plur. **sous-équipements**
sous-espace n. m. ▪ plur. **sous-espaces**
sous-espèce n. f. ▪ plur. **sous-espèces**
sous-estimation n. f. ▪ plur. **sous-estimations**
sous-estimer v. tr. | conjug. 1 |
¬ **se sous-estimer**
➾ Aux temps composés de la forme pronominale, le participe passé s'accorde en genre et en nombre avec le sujet : *elle s'est sous-estimée*.
sous-étage n. m. ▪ plur. **sous-étages**
sous-évaluation n. f. ▪ plur. **sous-évaluations**
sous-évaluer v. tr. | conjug. 1 |
sous-exposer v. tr. | conjug. 1 |
sous-exposition n. f. ▪ plur. **sous-expositions**
sous-faîte ▪ plur. **sous-faîtes** ou **sous-faite**° ▪ plur. **sous-faites**° n. m.
sous-famille n. f. ▪ plur. **sous-familles**
sous-fifre n. m. ▪ plur. **sous-fifres**
sous-garde n. f. ▪ plur. **sous-gardes**
sous-genre n. m. ▪ plur. **sous-genres**
sous-gorge n. f. ▪ plur. **sous-gorges**

sous-gouverneur n. m. ▪ plur. **sous-gouverneurs**
sous-groupe n. m. ▪ plur. **sous-groupes**
sous-homme n. m. ▪ plur. **sous-hommes**
sous-humanité n. f. ▪ plur. **sous-humanités**
sous-information n. f. ▪ plur. **sous-informations**
sous-informé, ée adj. ▪ plur. **sous-informés, ées**
sous-jacent, ente adj. ▪ plur. **sous-jacents, entes**
sous-lieutenant, ante n. ▪ plur. **sous-lieutenants, antes**
sous-locataire n. ▪ plur. **sous-locataires**
sous-location n. f. ▪ plur. **sous-locations**
sous-louer v. tr. | conjug. 1 |
sous-main n. m. ▪ plur. **sous-mains**
◗ **en sous-main** *une entreprise rachetée en sous-main*
sous-maître ▪ plur. **sous-maîtres** ou **sous-maitre**○ ▪ plur. **sous-maitres**○ n. m.
sous-maîtresse ▪ plur. **sous-maîtresses** ou **sous-maitresse**○ ▪ plur. **sous-maitresses**○ n. f.
sous-marin, ine adj. et n. m. ▪ plur. **sous-marins, ines**
sous-marinier n. m. ▪ plur. **sous-mariniers**
sous-marque n. f. ▪ plur. **sous-marques**
sous-maxillaire adj. ▪ plur. **sous-maxillaires**
sous-ministre n. ▪ plur. **sous-ministres**
sous-multiple n. m. et adj. ▪ plur. **sous-multiples**
sous-munition n. f. ▪ plur. **sous-munitions**
sous-nappe n. f. ▪ plur. **sous-nappes**
sous-normale n. f. ▪ plur. **sous-normales**
sous-occipital, ale adj. ▪ plur. **sous-occipitaux, ales**
sous-œuvre (en) loc. adv.
sous-officier, ière n. ▪ plur. **sous-officiers, ières**
sous-orbitaire adj. ▪ plur. **sous-orbitaires**
sous-ordre n. m. ▪ plur. **sous-ordres**
sous-palan adj. inv. et adv.
sous-payer v. tr. | conjug. 8 |
sous-performer v. intr. | conjug. 1 |
sous-peuplé, ée adj. ▪ plur. **sous-peuplés, ées**
sous-peuplement n. m. ▪ plur. **sous-peuplements**
sous-pied n. m. ▪ plur. **sous-pieds**
HOM. formes du v. **souper**
sous-plat n. m. ▪ plur. **sous-plats**
sous-pondérer v. tr. | conjug. 6 |
sous-préfectoral, ale adj. ▪ plur. **sous-préfectoraux, ales**
sous-préfecture n. f. ▪ plur. **sous-préfectures**
sous-préfet, -préfète n. ▪ plur. **sous-préfets, -préfètes**
sous-production n. f. ▪ plur. **sous-productions**
sous-produit n. m. ▪ plur. **sous-produits**
sous-programme n. m. ▪ plur. **sous-programmes**
sous-prolétaire n. et adj. ▪ plur. **sous-prolétaires**
sous-prolétariat n. m. ▪ plur. **sous-prolétariats**
sous-pubien, ienne adj. ▪ plur. **sous-pubiens, iennes**
sous-pull n. m. ▪ plur. **sous-pulls**
sous-qualifié, iée adj. ▪ plur. **sous-qualifiés, iées**
sous-régime n. m. ▪ plur. **sous-régimes**
sous-répertoire n. m. ▪ plur. **sous-répertoires**
sous-représentation n. f. ▪ plur. **sous-représentations**
sous-scapulaire adj. ▪ plur. **sous-scapulaires**
sous-secrétaire n. m. ▪ plur. **sous-secrétaires**
sous-secrétariat n. m. ▪ plur. **sous-secrétariats**
sous-seing /susɛ̃/ n. m. ▪ plur. **sous-seings**
➾ Ce nom s'écrit avec un trait d'union, contrairement à la locution **sous seing** : *des actes sous seing privé* mais *des sous-seings privés.*
soussigné, ée adj.
☰ Il n'y a jamais de virgule entre le pronom et *soussigné,* ni entre *soussigné* et le verbe, sauf pour intercaler le nom : *je soussignée m'engage... ; je soussignée, Julie Firmin, m'engage...*
sous-sol n. m. ▪ plur. **sous-sols**
sous-soleuse n. f. ▪ plur. **sous-soleuses**
sous-station n. f. ▪ plur. **sous-stations**
sous-tasse n. f. ▪ plur. **sous-tasses**
sous-tendre v. tr. | conjug. 41 |
➾ Au présent de l'indicatif, à la forme interrogative avec sujet inversé, on écrit *sous-tend-on, sous-tend-il, sous-tend-elle* et non **sous-tend-t-on, *sous-tend-t-il, *sous-tend-t-elle.* Le *d* final se prononce /t/ ; il est donc inutile et fautif d'ajouter un *t.*
sous-tension n. f. ▪ plur. **sous-tensions**
➾ Ce nom s'écrit avec un trait d'union, contrairement à la locution adjectivale et adverbiale **sous tension** : *des appareils sous tension* mais *des sous-tensions.*
sous-titrage n. m. ▪ plur. **sous-titrages**
sous-titre n. m. ▪ plur. **sous-titres**
sous-titrer v. tr. | conjug. 1 |
sous-toilé, ée adj. ▪ plur. **sous-toilés, ées**

soustractif, ive adj.
soustraction n. f.
soustraire v. tr. | conjug. 50 |
¬ **se soustraire**
➾ Aux temps composés de la forme pronominale, le participe passé s'accorde en genre et en nombre avec le sujet : *elle s'est soustraite à ses engagements.*
sous-traitance n. f. ▪ plur. **sous-traitances**
sous-traitant n. m. ▪ plur. **sous-traitants**
sous-traiter v. intr. et v. tr. | conjug. 1 |
sous-utiliser v. tr. | conjug. 1 |
sous-ventrière n. f. ▪ plur. **sous-ventrières**
sous-verge n. m. ▪ plur. **sous-verges**
sous-verre n. m. ▪ plur. **sous-verres**
➾ Ce nom s'écrit avec un trait d'union, contrairement à la locution adverbiale **sous verre** : *mettre une image sous verre* mais *des sous-verres.*
sousverse n. m.
sous-vêtement n. m. ▪ plur. **sous-vêtements**
sous-vide n. m. inv. et adj.
sous-virer v. intr. | conjug. 1 |
sous-vireur, euse adj. ▪ plur. **sous-vireurs, euses**
soutache n. f.
soutacher v. tr. | conjug. 1 |
soutage n. m.
soutane n. f.
soutanelle n. f.
soutanette n. f.
soutanier n. m.
soute n. f.
soutenable adj.
soutenance n. f.
soutenant n. m.
soutènement n. m.
souteneur n. m.
soutenir v. tr. | conjug. 22 |
¬ **se soutenir**
➾ Aux temps composés de la forme pronominale, le participe passé s'accorde en genre et en nombre avec le sujet : *elles se sont soutenues mutuellement.*
soutenu, ue adj.
souterrain, aine adj. et n. m.
souterrainement adv.
soutien n. m.
HOM. formes du v. **soutenir**
soutien-gorge n. m. ▪ plur. **soutiens-gorges**
➾ Ne pas écrire **soutient-gorge.*
soutier, ière n.
soutif n. m.
soutirage n. m.
soutirer v. tr. | conjug. 1 |
soutireur, euse n.
soutireuse n. f.
soutra n. m.
→ **sutra**
soutrage n. m.
souvenance n. f.
[1]**souvenir** n. m.
Ξ Ce mot peut s'employer en apposition ; il prend la marque du pluriel : *des photos souvenirs.*
[2]**souvenir** v. impers. et v. pron. | conjug. 22 |
Ξ La forme impersonnelle ne s'emploie plus que dans le registre littéraire : *il ne me souvient pas de les avoir rencontrés.*
¬ **se souvenir**
⌘ Lorsque le complément est un verbe à l'infinitif, il peut être introduit ou non par la préposition *de* : *elle ne se souvient pas y être allée* ou *d'y être allée.*
Dans une phrase affirmative, **se souvenir que** est suivi de l'indicatif : *je me souviens qu'il est très maladroit.* Dans une phrase négative ou interrogative, il est suivi soit de l'indicatif, soit du subjonctif si l'on met en doute le fait exprimé : *je ne me souvenais pas qu'il était si maladroit* ou *qu'il fût si maladroit.*
➾ Aux temps composés de la forme pronominale, le participe passé s'accorde en genre et en nombre avec le sujet : *ils se sont souvenus de moi.*
souvent adv.
souventes fois ou **souventefois** adv.
[1]**souverain, aine** adj. et n.
[2]**souverain** n. m. (monnaie)
souverainement adv.
souveraineté n. f.
souverainisme n. m.
souverainiste adj. et n.
souvlaki n. m. pl.
soviet n. m.
➾ Ce mot s'écrit avec une majuscule dans les dénominations d'assemblées officielles (*le Soviet suprême*) et dans l'expression **la république des Soviets** (ou **les Soviets**). Il s'écrit avec une minuscule dans les autres cas : *le soviet régional.*
soviétique adj. et n.
➾ L'adjectif s'écrit sans majuscule : *la population soviétique ; l'Union soviétique.* Le nom s'écrit avec une majuscule : *les Soviétiques ; une Soviétique.*
soviétisation n. f.
soviétiser v. tr. | conjug. 1 |
soviétisme n. m.
soviétologue n.
sovkhoze n. m.
sovnarkhoz n. m.
soyer, ère adj. et n. m.
soyeux, euse adj. et n. m.

spa n. m.
space opera /spɛsɔpeʀa/ n. m. ▪ plur. **space operas**
spacieusement adv.
spacieux, ieuse adj.
spaciologie n. f.
spadassin n. m.
spadice n. m.
spadille n. m.
spaetzle /ʃpɛtzœl(ə)/ n. m. ▪ plur. **spaetzles** ou plur. inv.
spaghetti /spageti/ n. m. ▪ plur. inv. ou plur. **spaghettis**
Ξ En italien, *spaghetti* est un nom pluriel. On peut toutefois l'employer au singulier et franciser la forme du pluriel : *un spaghetti, des spaghettis*.
spagirie n. f.
spagyrique ou **spagirique** adj.
spahi n. m.
spalacidé n. m.
spalax n. m.
spallation n. f.
spallière n. f.
spalte n. m.
spalter /spaltɛʀ/ n. m.
spaltung /spaltuŋ/ n. f.
spam /spam/ n. m.
□ rec. off. : **arrosage**
HOM. formes du v. **spammer**
spammer v. tr. | conjug. 1 |
spanandrie n. f.
spanglish n. m.
Ξ Comme tous les noms de langues, ce mot s'écrit sans majuscule : *ils parlent le spanglish*.
spanogynie n. f.
sparadrap /-dʀa/ n. m.
spardeck n. m.
sparganier n. m.
spargoute n. f.
→ **espargoute**
sparklet /-lɛt/ n. m.
sparring-partner /spaʀiŋpaʀtnɛʀ/ n. m. ▪ plur. **sparring-partners**
spartakisme n. m.
➾ Comme tous les noms de courants politiques, ce mot s'écrit sans majuscule : *les partisans du spartakisme*.
spartakiste n.
➾ Comme tous les mots désignant ou qualifiant un courant politique ou ses partisans, ce mot s'écrit sans majuscule : *le mouvement spartakiste ; les spartakistes*.
sparte ou **spart** n. m.
spartéine n. f.
sparterie n. f.
spartex n. m.
spartiate /-sjat/ n. et adj.
➾ L'adjectif s'écrit sans majuscule : *la population spartiate ; un confort spartiate*. Le nom s'écrit avec une majuscule uniquement quand il désigne une personne : *les Spartiates ; une Spartiate* mais *porter des spartiates* (sandales).
spartine n. f.
spasme n. m.
spasmodicité n. f.
spasmodique adj.
spasmodiquement adv.
spasmogène adj.
spasmolytique adj.
spasmophile adj. et n.
spasmophilie n. f.
spasticité n. f.
spastique adj.
spatangoïde n. m.
spatangue n. m.
spath n. m. ▪ plur. **spaths**
HOM. **spathe**
spathe n. f.
HOM. **spath**
spathiflorale n. f.
spathiflore adj.
spathique adj.
spatial, iale, iaux /-sjal/ adj.
➾ Ne pas écrire **spacial*.
spatialement /-sjal-/ adv.
spatialisation /-sjal-/ n. f.
spatialiser /-sjal-/ v. tr. | conjug. 1 |
spatialité /-sjal-/ n. f.
spatiologie /-sjɔ-/ n. f.
spationaute /-sjɔ-/ n.
spationautique /-sjɔ-/ n. f.
spationef /-sjɔ-/ n. m.
spatiotemporel, elle /-sjɔ-/ adj.
spatule n. f.
spatulé, ée adj.
spatuler v. tr. | conjug. 1 |
spatuliforme adj.
speakeasy /spikizi/ n. m. ▪ plur. **speakeasys** ou plur. **speakeasies**
Ξ On peut employer le pluriel francisé *speakeasys* ou le pluriel anglais *speakeasies*.
speaker ou **speakeur**○ /spikœʀ/ n. m.
speakerine /spikʀin/ n. f.
spécial, iale, iaux adj.
spécialement adv.
spécialisation n. f.
spécialisé, ée adj.
spécialiser v. tr. | conjug. 1 |
¬ **se spécialiser**
➾ Aux temps composés de la forme pronominale, le participe passé s'accorde en genre

et en nombre avec le sujet : *elle s'est spécialisée dans la génétique.*
spécialisme n. m.
spécialiste n.
spécialité n. f.
spéciation n. f.
species /spesjɛs/ n. m.
spécieusement adv.
spécieux, ieuse adj.
spécificatif, ive adj.
spécification n. f.
spécificité n. f.
spécifier v. tr. | conjug. 7 |
spécifique adj.
spécifiquement adv.
spécimen /-mɛn/ n. m.
spéciosité n. f.
spécisme n. m.
spéciste n.
spectacle n. m.
spectaculaire adj.
spectaculairement adv.
spectateur, trice n.
spectral, ale, aux adj.
spectralement adv.
spectre n. m.
spectrochimique adj.
spectrocolorimètre n. m.
spectrogramme n. m.
spectrographe n. m.
spectrographie n. f.
spectrographique adj.
spectrohéliogramme n. m.
spectrohéliographe n. m.
spectromètre n. m.
spectrométrie n. f.
spectrophotomètre n. m.
spectrophotométrie n. f.
spectrophotométrique adj.
spectroscope n. m.
spectroscopie n. f.
spectroscopique adj.
spectroscopiste n.
spéculaire adj. et n. f.
HOM. forme du v. **spéculer**
spécularité n. f.
spéculateur, trice n.
spéculatif, ive adj.
spéculation n. f.
spéculativement adv.
spéculer v. intr. | conjug. 1 |
spéculos ou **spéculoos** ou **spéculaus** /-los/ n. m.
Ξ La graphie *spéculaus* s'emploie surtout en Belgique.
spéculum ou **speculum** /spekylɔm/ n. m.
speech /spitʃ/ n. m. ▪ plur. **speeches** ou plur. **speechs**
Ξ On peut employer le pluriel anglais *speeches* ou le pluriel francisé *speechs*.
speed /spid/ n. m. et adj. inv.
HOM. formes du v. **speeder**
speedé, ée /spide/ adj.
speeder /spide/ v. intr. | conjug. 1 |
Speed-Sail® /spidsɛl/ n. m. ▪ plur. **Speed-Sails**
➡ Comme tous les noms déposés, ce mot doit s'écrire avec des majuscules : *faire du Speed-Sail.* Toutefois, on le trouve fréquemment employé sans respect de la règle : *faire du speed-sail.*
speiss /spɛs/ n. m.
spéléiste n.
spéléologie n. f.
spéléologique adj.
spéléologue n.
spéléonaute n.
spéléotomie n. f.
spélonque n. f.
spencer /spɛnsœʀ ; spɛnsɛʀ/ n. m.
spéos /-os/ n. m.
spergulaire n. f.
spergule n. f.
spermaceti ou **spermacéti** n. m.
spermaphyte n. m.
spermathèque n. f.
spermatide n. f.
spermatie /-si/ n. f.
spermatique adj.
spermatisme n. m.
spermatiste ou **spermiste** n.
spermatoblaste n. m.
spermatocèle n. f.
spermatocyte n. m.
spermatogenèse n. f.
spermatogénétique adj.
spermatogonie n. f.
spermatophore n. m.
spermatophyte n. m.
spermatorrhée n. f.
spermatozoïde n. m.
spermaturie n. f.
sperme n. m.
spermicide n. m. et adj.
spermiducte n. m.
spermie n. f.
spermine n. f.
spermiste n.
→ **spermatiste**
spermocentre n. m.
spermoculture n. f.
spermoderme n. m.

spermogonie n. f.
spermogramme n. m.
spermophile n. m.
sperry n. m.
sphacèle n. m.
sphagnale n. f.
sphaigne n. f.
sphène n. m.
sphéniscidé n. m.
sphénisque n. m.
sphénodon n. m.
sphénoïdal, ale, aux adj.
sphénoïde n. m.
sphénoïdite n. f.
sphénomaxillaire adj.
sphénopalatin, ine adj.
sphénophyllum /-ɔm/ n. m.
sphère n. f.
sphériacée n. f.
sphéricité n. f.
sphérique adj.
sphériquement adv.
sphéristique n. f.
sphérocyte n. m.
sphérocytose n. f.
sphéroïdal, ale, aux adj.
sphéroïde n. m.
sphéromètre n. m.
sphérophakie n. f.
sphérule n. f.
sphéruleux, euse adj.
sphex n. m.
sphincter n. m.
sphinctéralgie n. f.
sphinctérien, ienne adj.
sphinge n. f.
sphingolipide n. m.
sphingolipidose n. f.
sphingomyéline n. f.
sphingosine n. f.
sphinx n. m.
➾ Ce mot s'écrit avec une majuscule lorsqu'il désigne le personnage mythologique : *l'énigme du Sphinx*. Il s'écrit avec une minuscule quand il désigne sa représentation : *le grand sphinx de Gizeh*.
HOM. **sphynx**
sphragistique n. f.
sphygmique adj.
sphygmogramme n. m.
sphygmographe n. m.
sphygmographie n. f.
sphygmographique adj.
sphygmomanomètre n. m.
sphygmomètre n. m.
sphygmotensiomètre n. m.
sphynx n. m. (chat)
HOM. **sphinx**
sphyrène n. f.
spi n. m.
□ abrév. de **spinnaker**
spic n. m.
spica n. m.
spiccato n. m.
spiciflore adj.
spiciforme adj.
spicilège n. m.
spicule n. m.
spider /-ɛʀ/ n. m.
spiegel /spigœl ; ʃpigœl/ n. m.
spin /spin/ n. m.
spina n. f.
spina-bifida ▪ plur. inv. ou **spinabifida**○ ▪ plur. **spinabifidas**○ n. m.
spinal, ale, aux adj.
spinalgie n. f.
spina-ventosa /-vɛ̃toza/ ▪ plur. inv. ou **spinaventosa**○ ▪ plur. **spinaventosas**○ n. m.
[1]**spinelle** n. m. (rubis, oxyde)
[2]**spinelle** n. f. (poil de plante)
spinescent, ente adj.
spiniforme adj.
spinnaker /spinakɛʀ ; spinɛkœʀ/ n. m.
spinoriel, elle adj.
spinosaure n. m.
spinozisme ou **spinosisme** n. m.
spinoziste ou **spinosiste** n. et adj.
spinule n. f.
spiracle n. m.
spiral, ale, aux adj.
spirale n. f.
spiralé, ée adj.
spiralisation n. f.
spiraloïde adj.
spiramycine n. f.
spirant, ante adj. et n. f.
HOM. (du fém.) **spiranthe**
spiranthe n. f.
HOM. **spirante** (fém. de *spirant*)
spiration n. f.
spire n. f.
spirée n. f.
spirifer n. m.
spiriforme adj.
spirille n. m.
spirillose n. f.
spiritain n. m.
spirite adj. et n.
spiritisme n. m.
spiritiste adj. et n.

spiritoso adv.
spiritrompe n. f.
spiritual, als /spiʀitɥɔl, ɔls/ n. m.
spiritualisation n. f.
spiritualiser v. tr. | conjug. 1 |
spiritualisme n. m.
spiritualiste adj. et n.
spiritualité n. f.
spirituel, elle adj.
spirituellement adv.
spiritueux, euse adj. et n. m.
spirlin n. m.
spirocercose n. f.
spirochète /-k-/ n. m.
spirochétose /-k-/ n. f.
spirographe n. m.
spirographie n. f.
spiroïdal, ale, aux adj.
spiromètre n. m.
spirométrie n. f.
spirométrique adj.
spirophore n. m.
spirorbe n. m.
spiruline n. f.
spitant, ante adj.
spizaète n. m.
splanchnectomie ou **splanchnicectomie** /-k-/ n. f.
splanchnique /-k-/ adj.
splanchnocrâne /-k-/ n. m.
splanchnologie /-k-/ n. f.
splanchnopleure /-k-/ n. f.
splanchnoptose /-k-/ n. f.
splash interj. et n. m.
spleen /splin/ n. m.
spleenétique /splin-/ ou **splénétique** adj. et n.
splendeur n. f.
splendide adj.
splendidement adv.
splénectomie n. f.
splénétique adj. et n.
→ **spleenétique**
splénique adj.
splénisation n. f.
splénite n. f.
splénius /-ys/ n. m.
splénocontraction n. f.
splénographie n. f.
splénoïde adj.
splénome n. m.
splénomégalie n. f.
spoiler /spɔjlɛʀ/ n. m.
▫ rec. off. : **déflecteur** ou **réducteur de portance**
spoliateur, trice n. et adj.
spoliation n. f.
spolier v. tr. | conjug. 7 |
spondaïque adj.
spondée n. m.
☯ Ce mot est masculin : *un spondée.*
spondias /-as/ n. m.
spondylarthrite n. f.
spondylarthrose n. f.
spondyle n. m.
spondylite n. f.
spondylolisthésis /-is/ n. m.
spondylose n. f.
spongiaire n. m.
spongiculteur n. m.
spongiculture n. f.
spongieux, ieuse adj.
spongiforme adj.
spongille /-ʒil/ n. f.
spongine n. f.
spongioblaste n. m.
spongiocyte n. m.
spongiosité n. f.
spongite n. f.
spongoïde adj.
sponsor /spɔ̃sɔʀ ; spɔnsɔʀ/ n. m.
▫ rec. off. : **mécène** ou **parraineur**
sponsoring /spɔ̃sɔʀiŋ ; spɔnsɔʀiŋ/ n. m.
▫ rec. off. : **mécénat** ou **parrainage**
sponsorisation n. f.
sponsoriser v. tr. | conjug. 1 |
▫ rec. off. : **parrainer**
Ξ Ce mot, dérivé d'un anglicisme, est critiqué. Il peut être remplacé par *parrainer.*
spontané, ée adj.
spontanéisme n. m.
spontanéiste n. et adj.
spontanéité n. f.
spontanément adv.
spontanisme n. m.
sponte sua /spɔ̃tesɥa/ loc. adv.
spoon /spun/ n. m.
sporadicité n. f.
sporadique adj.
sporadiquement adv.
sporagineux, euse adj.
sporange n. m.
☯ Ce mot est masculin : *un sporange.*
sporangial, ale, aux adj.
sporangifère adj.
spore n. f.
☯ Ce mot est féminin : *une spore.*
HOM. **sport**
sporidie n. f.
sporifère adj.
sporoblaste n. m.
sporocarpe n. m.
sporogone n. m.

sporogonie n. f.
sporophylle n. f.
sporophyte n. m.
sporotriche n. m.
sporotrichée n. f.
sporotrichose /-k-/ n. f.
sporotrichosique /-k-/ adj.
sporozoaire n. m.
sporozoïte n. m.
sporozoose /-zooz/ n. f.
sporran /spɔʀan/ n. m.
sport n. m.
Ξ Ce mot peut s'employer comme adjectif ; il est alors invariable : *des tenues sport ; elles n'ont pas été très sport.*
HOM. **spore**
sportif, ive adj.
sportivement adv.
sportivité n. f.
sportule n. f.
sportwear /spɔʀtwɛʀ/ ou **sportswear** /spɔʀts wɛʀ/ n. m.
sporulation n. f.
sporulé, ée adj. et n. f.
sporuler v. intr. | conjug. 1 |
[1]**spot** /spɔt/ n. m.
◻ rec. off. : **repère (lumineux)**
[2]**spot** /spɔt/ n. m.
◻ rec. off. : **message (publicitaire)**
[3]**spot** /spɔt/ n. m.
◻ rec. off. : **site (de pratique)**
[4]**spot** /spɔt/ adj. inv. (Fin. : ponctuel, à court terme)
spoule n. m.
spoutnik n. m.
sprat /-at/ n. m.
spray /spʀɛ/ n. m.
sprechgesang ou **sprechgésang**○ /ʃpʀɛʃge saŋ/ n. m.
spring /spʀiŋ/ n. m.
springbok /spʀiŋbɔk/ n. m.
springer /spʀiŋgɛʀ/ n. m.
sprinkler /spʀinklɛʀ ; spʀinklœʀ/ n. m.
◻ rec. off. : **gicleur**
sprint /spʀint/ n. m.
HOM. formes du v. **sprinter**
sprinter /spʀinte/ v. intr. | conjug. 1 |
sprinteur, euse ou **sprinter** /spʀintœʀ/ n.
spruce n. m.
sprue n. f.
spumaire n. f.
spume n. f.
spumescent, ente adj.
spumeux, euse adj.
spumosité n. f.
sputation n. f.
squale /skwal/ n. m.
squalène /skwa-/ n. m.
squalide /skwa-/ adj.
squalidité /skwa-/ n. f.
squaloïde n. m.
squamate /skwa-/ n. m.
squame /skwam/ n. f.
Ξ Ce mot est féminin.
squamé, ée /skwame/ adj. et n. m.
squameux, euse /skwa-/ adj.
squamifère /skwa-/ adj.
squamiforme /skwa-/ adj.
squamule /skwa-/ n. f.
square n. m.
squash n. m.
squat /skwat/ n. m.
HOM. formes du v. **squatter**
squatine /skwa-/ n. m. ou f.
squatter /skwa-/ v. tr. | conjug. 1 |
squattériser /skwa-/ v. tr. | conjug. 1 |
squatteur, euse ou **squatter** /skwa-/ n.
squaw /skwo/ n. f.
squeeze /skwiz/ n. m.
squeezer /skwize/ v. tr. | conjug. 1 |
squelette n. m.
squeletté, ée adj.
squelettique adj.
squille n. f.
squine n. f.
squirre ou **squirrhe** n. m.
squirreux, euse ou **squirrheux, euse** adj.
SRAS /sʀas/ n. m.
◻ abrév. de **syndrome respiratoire aigu sévère**
S. S. n. m.
◻ abrév. de **Schutz-Staffel**
stabat mater /stabatmatɛʀ/ n. m. inv.
stabile n. m.
stabilimètre n. m.
stabilisant n. m.
stabilisateur, trice adj. et n. m.
stabilisation n. f.
stabiliser v. tr. | conjug. 1 |
¬ **se stabiliser**
➾ Aux temps composés de la forme pronominale, le participe passé s'accorde en genre et en nombre avec le sujet : *la situation s'est stabilisée.*
stabilité n. f.
Stabilo-Boss® n. m.
➾ Comme tous les noms déposés, ce mot doit s'écrire avec des majuscules : *écrire au Stabilo-Boss* ou *au Stabilo.* Toutefois, on le trouve fréquemment employé comme nom générique sans respect de la règle : *écrire au stabilo-boss* ou *au stabilo.*
stablat /-at/ n. m.

stable adj.
stabulation n. f.
[1]**staccato** n. m. ▪ plur. **staccatos** ou plur. **staccati**
Ξ On peut employer le pluriel francisé *staccatos* ou le pluriel italien *staccati*.
[2]**staccato** adv.
stachys /stakis/ n. m.
stade n. m.
stadhouder n. m.
→ **stathouder**
stadia n. m.
stadiaire n.
stadial, ale, aux adj.
stadier, ière n.
stadimètre n. m.
stadimétrique adj.
staff n. m.
HOM. **staffe**, formes du v. **staffer**
staffe n. m.
HOM. **staff**, formes du v. **staffer**
staffer v. tr. | conjug. 1 |
staffeur, euse n.
stage n. m.
stagflation n. f.
stagiaire adj. et n.
stagnance /-gn-/ n. f.
stagnant, ante /-gn-/ adj.
stagnation /-gn-/ n. f.
stagnationniste /-gn-/ n.
stagner /-gn-/ v. intr. | conjug. 1 |
stakhanovisme n. m.
stakhanoviste n. et adj.
stakning /-iŋ/ n. m.
stal adj.
◻ abrév. de **stalinien**
HOM. **stalle**
stalactite n. f.
☯ Ce mot est féminin : *une stalactite*.
➾ Ne pas écrire **stalagtite* : ce mot s'écrit avec un *c*.
stalag n. m.
stalagmite n. f.
☯ Ce mot est féminin : *une stalagmite*.
stalagmitique adj.
stalagmomètre n. m.
stalagmométrie n. f.
stalinien, ienne adj.
stalinisé, ée adj.
staliniser v. tr. et v. intr. | conjug. 1 |
stalinisme n. m.
stalle n. f.
HOM. **stal**
staminal, ale, aux adj.
staminé, ée adj.
staminifère adj.
staminode n. m.
stamnos /-ɔs/ n. m.
stampe n. f.
stampien n. m.
stance n. f.
stand /stɑ̃d/ n. m.
standard n. m. et adj. inv.
standardisable adj.
standardisation n. f.
standardiser v. tr. | conjug. 1 |
standardiste n.
stand-by /stɑ̃dbaj/ n. m. et adj. inv.
◻ rec. off. : **en attente**
standing /-iŋ/ n. m.
standiste n.
standolie n. f.
standolisation n. f.
stanhope n. m.
stanhopée n. f.
stanitza n. f.
stannage n. m.
stannate n. m.
stanneux, euse adj.
stannifère adj.
stannique adj.
stannoïde adj.
stannolite n. f.
stant adj. m.
stapéal n. et adj. m.
staphisaigre n. f.
staphylier n. m.
staphylin, ine adj. et n. m.
staphylococcémie /-kɔks-/ n. f.
staphylococcie /-kɔks-/ n. f.
staphylococcique /-kɔks-/ adj.
staphylocoque n. m.
staphylomateux, euse adj.
staphylome n. m.
staphyloplastie n. f.
staphylorraphie n. f.
star n. f.
starets /staʀɛts/ ou **stariets** /staʀjɛts/ n. m.
starie n. f.
starification n. f.
starifier v. tr. | conjug. 7 |
starisation n. f.
stariser v. tr. | conjug. 1 |
starking /-iŋ/ n. f.
starlette n. f.
staroste n. m.
star-système ▪ plur. **star-systèmes** ou **star-system** ▪ plur. **star-systems** /-tɛm/ n. m.
starter /staʀtɛʀ/ n. m.
◻ rec. off. : **démarreur**
starting-block ▪ plur. **starting-blocks** ou

startingblock° ▪ plur. **startingblocks**° /staʀtiŋ-/ n. m.
▫ rec. off. : **bloc de départ**
starting-gate ▪ plur. **starting-gates** ou **startinggate**° ▪ plur. **startinggates**° /staʀtiŋgɛt/ n. m.
start-up ▪ plur. inv. ou **startup**° ▪ plur. **startups**° /staʀtœp/ n. f.
▫ rec. off. : **jeune pousse**
stase n. f.
stasique adj.
stat /stat/ n. f.
▫ abrév. de **statistique**
statal, ale, aux adj.
[1]**statère** n. m. (monnaie, poids)
[2]**statère** n. f. (balance)
statesthésie n. f.
stathouder /statudɛʀ/ n. m.
stathoudérat n. m.
statice n. m.
statif n. m.
statine n. f.
station n. f.
stationnaire adj. et n. m.
HOM. forme du v. **stationner**
stationnale adj. f et n. f.
stationnarité n. f.
stationnement n. m.
stationner v. intr. | conjug. 1 |
CONJUG. Ce verbe est intransitif et se conjugue avec l'auxiliaire *avoir* aux temps composés. L'emploi du participe passé adjectivé (*des voitures stationnées en double file*) est critiqué et doit être évité.
station-service n. f. ▪ plur. **stations-services**
station-wagon n. f. ▪ plur. **stations-wagons**
statique n. f. et adj.
statiquement adv.
statisme n. m.
statisticien, ienne n.
statistique n. f. et adj.
statistiquement adv.
statoblaste n. m.
statocyste n. m.
statofusée n. f.
statokinésimètre n. m.
statolimnimètre n. m.
statolithe ou **statolite**° n. f.
stator n. m.
statoréacteur n. m.
statorique adj.
statoscope n. m.
statthalter /statalteʀ/ n. m.

[1]**statuaire** adj.
HOM. forme du v. **statuer**
[2]**statuaire** n. (sculpteur)
HOM. forme du v. **statuer**
[3]**statuaire** n. f. (art)
HOM. forme du v. **statuer**
statue n. f.
HOM. **statut**
statuer v. tr. et v. tr. ind. | conjug. 1 |
▸ **statuer sur** *les jurés statuent sur la culpabilité du prévenu*
statuette n. f.
statufier v. tr. | conjug. 7 |
statu quo /statykwo/ ▪ plur. inv. ou **statuquo**° ▪ plur. **statuquos**° n. m.
statural, ale, aux adj.
stature n. f.
staturopondéral, ale, aux adj.
status /-ys/ n. m.
statut n. m.
HOM. **statue**, formes du v. **statuer**
statutaire adj.
statutairement adv.
staurophore adj. et n.
staurothèque n. f.
staurotide n. f.
stavka ou **stafka** n. f.
stawug /stavyk/ n. m.
stayer /stɛjœʀ/ ou **stayeur**° n. m.
steak /stɛk/ n. m.
steamer ou **steameur**° /stimœʀ/ n. m.
steaming /stimiŋ/ n. m.
stéarate n. m.
stéarine n. f.
stéarinerie n. f.
stéarinier n. m.
stéarique adj.
stéarol n. m.
stéarolé n. m.
stéarrhée n. f.
stéaryle n. m.
stéarylique adj.
stéatite n. f.
stéatolyse n. f.
stéatolytique adj.
stéatome n. m.
stéatomérie n. f.
stéatonécrose n. f.
stéatopyge adj.
stéatopygie n. f.
stéatorrhée n. f.
stéatose n. f.
steelband /stilbɑ̃d/ n. m.
steeple /stipl ; stipœl/ n. m.
steeple-chase ▪ plur. **steeple-chases** ou **steeplechase**° ▪ plur. **steeplechases** /stipœlʃɛz/ n. m.

stéganopode n. m.
stégocéphale n. m.
stégocéphalien, ienne adj.
stégomyie n. f.
stégosaure n. m.
steinbock /stɛnbɔk/ n. m.
steinkerke /stɛ̃kɛʀk/ n. f.
steinmann /stɛnman/ n. m.
stèle n. f.
stellage n. m.
stellaire adj. et n. f.
stelléride n. m.
stellion n. m.
stellionat n. m.
stellionataire n. et adj.
stellitage n. m.
Stellite® n. m.
➾ Comme tous les noms déposés, ce mot doit s'écrire avec une majuscule : *un revêtement en Stellite*. Toutefois, on le trouve fréquemment employé comme nom générique sans respect de la règle : *un revêtement en stellite*.
stélogramme n. m.
stem ou **stemm** /stɛm/ n. m.
HOM. **stème**, formes du v. **stemmer**
stembogen /stɛmbɔgɛn/ n. m.
stème n. m.
HOM. **stem**, formes du v. **stemmer**
stemmate n. m.
stemmer v. intr. | conjug. 1 |
stencil /stɛnsil/ n. m.
stenciliste /stɛn-/ n.
stendhalien, ienne /stɛ̃-/ adj.
[1]**sténo** n.
▫ abrév. de **sténographe**
[2]**sténo** n. f.
▫ abrév. de **sténographie**
sténobiote adj. et n.
sténocardie n. f.
sténochromie /-k-/ n. f.
sténodactylographe ou **sténodactylo** n.
sténodactylographie ou **sténodactylo** n. f.
sténoèce adj.
sténogramme n. m.
sténographe n.
sténographie n. f.
sténographier v. tr. | conjug. 7 |
sténographique adj.
sténographiquement adv.
sténohalin, ine adj. et n.
sténohalinité n. f.
sténol n. m.
sténopé n. m.
sténophage adj.
sténosage n. m.
sténose n. f.
sténosé, ée adj.
sténotherme adj. et n.
sténothermie n. f.
sténotype n. f.
sténotyper v. tr. | conjug. 1 |
sténotypie n. f.
sténotypiste n.
stent /stɛnt/ n. m.
stentor n. m.
stentorien, ienne adj.
stéphanien, ienne adj.
stéphanite n. f.
steppage n. m.
steppe n. f.
steppeur ou **stepper** n. m.
steppique adj.
stéradian n. m.
stérage n. m.
stercobiline n. f.
stercoraire n. m. et adj.
stercoral, ale, aux adj.
stercorite n. f.
sterculiacée n. f.
sterculie n. f. ou **sterculier** n. m.
stère n. m.
☯ Ce mot est masculin : *un stère de bois*.
stéréo adj. inv. et n. f.
▫ abrév. de **stéréophonique** ou abrév. de **stéréophonie**
stéréobate n. m.
stéréochimie n. f.
stéréochimique adj.
stéréochromie /-k-/ n. f.
stéréochromique /-k-/ adj.
stéréocomparateur n. m.
stéréoduc n. m.
stéréodynamique adj. et n. f.
stéréognosie /-gn-/ n. f.
stéréogramme n. m.
stéréographie n. f.
stéréographique adj.
stéréographiquement adv.
stéréo-isomère n. m. ▪ plur. **stéréo-isomères**
stéréo-isomérie n. f. ▪ plur. **stéréo-isomériés**
stéréome n. m.
stéréomètre n. m.
stéréométrie n. f.
stéréométrique adj.
stéréomicroscope n. m.
stéréomicroscopie n. f.
stéréomodèle n. m.
stéréophonie n. f.
stéréophonique adj.

stéréophotographie n. f.
stéréoradiographie n. f.
stéréorégularité n. f.
stéréorégulier, ière adj.
stéréoscope n. m.
stéréoscopie n. f.
stéréoscopique adj.
stéréospécificité n. f.
stéréospécifique adj.
stéréospectrogramme n. m.
stéréospondyle n. m.
stéréotaxie n. f.
stéréotaxique adj.
stéréotomie n. f.
stéréotomique adj.
stéréotropique adj.
stéréotropisme n. m.
stéréotypage n. m.
stéréotype n. m.
stéréotypé, ée adj.
stéréotyper v. tr. | conjug. 1 |
stéréotypie n. f.
stéréovision n. f.
stérer v. tr. | conjug. 6 |
stéride n. m.
stérile adj.
stérilement adv.
stérilet n. m.
stérilisant, ante adj.
stérilisateur n. m.
stérilisation n. f.
stériliser v. tr. | conjug. 1 |
stériliste n.
stérilité n. f.
stérique adj.
sterlet n. m.
sterling /-iŋ/ adj. inv.
sternal, ale, aux adj.
sternbergite n. f.
sterne n. f.
sternocléidomastoïdien ▪ plur. **sternocléidomastoïdiens** ou **sterno-cléido-mastoïdien** ▪ plur. **sterno-cléido-mastoïdiens** adj. m. et n. m.
sternum /-ɔm/ n. m.
sternutation n. f.
sternutatoire adj.
stéroïde n. m. et adj.
stéroïdien, ienne adj.
stéroïdique adj.
stérol n. m.
stérolique adj.
stertor n. m.
stertoreux, euse adj.
stéthomètre n. m.
stéthoscope n. m.
stéthoscopique adj.
Stetson® /stɛtsɔn/ n. m.
➾ Comme tous les noms déposés, ce mot doit s'écrire avec une majuscule : *il porte un Stetson*. Toutefois, on le trouve fréquemment employé comme nom générique sans respect de la règle : *il porte un stetson*.
stevedore /stivdɔʀ/ n. m.
stew /stju/ n. m.
steward /stiwaʀt/ n. m.
☯ L'équivalent féminin de *steward* est *hôtesse*. En Suisse, il est recommandé d'employer *stewardesse*.
sthène n. m.
sthénie n. f.
sthénique adj.
stibié, iée adj.
stibine n. f.
stichomythie /-k-/ n. f.
stick n. m.
sticker /stikœʀ/ n. m.
stigma n. m.
stigmate n. m.
stigmateur n. m.
stigmatique adj.
stigmatisation n. f.
stigmatisé, ée adj.
stigmatiser v. tr. | conjug. 1 |
stigmatisme n. m.
stilb n. m.
stilbène n. m.
stilbœstrol /-bɛs-/ n. m.
stil-de-grain n. m. ▪ plur. **stils-de-grain**
stillation n. f.
stillatoire adj.
stilligoutte n. m.
stillingia n. m.
stilliréaction n. f.
stilnovisme n. m.
stilnoviste adj. et n.
stilton /-tɔn/ n. m.
stimugène n. m. et adj.
stimulant, ante adj. et n. m.
stimulateur, trice adj. et n. m.
◻ rec. off. pour **pacemaker**
stimulation n. f.
stimulatoire adj.
stimule n. m.
stimuler v. tr. | conjug. 1 |
stimuleux, euse adj.
stimuline n. f.
stimulus /-ys/ n. m. ▪ plur. inv. ou plur. **stimuli**
Ξ On peut employer le pluriel invariable *stimulus* ou le pluriel latin *stimuli*.
stipa n. m.
stipe n. m.

stipendiaire adj. et n.
stipendié, iée adj.
stipendier v. tr. | conjug. 7 |
stipité, ée adj.
stipulaire adj.
HOM. forme du v. **stipuler**
stipulant, ante adj.
stipulation n. f.
stipule n. f.
stipulé, ée adj.
stipuler v. tr. | conjug. 1 |
stochastique /-k-/ adj. et n. f.
stock n. m.
HOM. formes du v. **stocker**
stockable adj.
stockage n. m.
stock-car ▪ plur. **stock-cars** ou **stockcar**○ ▪ plur. **stockcars**○ n. m.
stocker v. tr. | conjug. 1 |
stockeur, euse n.
stockfisch n. m. inv.
stockiste n. m.
stock-option n. f. ▪ plur. **stock-options**
▫ rec. off. : **option sur titres**
stœchiométrie /stek-/ n. f.
stœchiométrique /stek-/ adj.
stoff n. m.
stoïcien, ienne adj. et n.
stoïcisme n. m.
stoïque adj. et n.
stoïquement adv.
stoker /stɔkœʀ/ ou **stokeur**○ n. m.
stokes /stɔks/ n. m.
STOL n. m.
▫ abrév. de **short taking-off and landing**
▫ rec. off. : **adac**
stola n. f.
stolon n. m.
stolonial, iale, iaux adj.
stolonifère adj.
stomacal, ale, aux adj.
stomachique adj.
stomate n. m.
stomatique adj.
stomatite n. f.
stomato n.
▫ abrév. de **stomatologue**
stomatologie n. f.
stomatologiste n.
stomatologue n.
stomatoplastie n. f.
stomatorragie n. f.
stomatorragique adj.
stomatoscope n. m.
stomie n. f.
stomiser v. tr. | conjug. 1 |
stomocordé n. m.
stomodéal, ale, aux adj.
stomodéum ou **stomodæum** /-deɔm/ n. m.
stomoxe n. m.
stop interj. et n. m.
HOM. formes du v. **stopper**
stop-over /stɔpɔvœʀ/ n. m. inv.
stoppage n. m.
stopper v. tr. et v. intr. | conjug. 1 |
[1]**stoppeur, euse** n. (personne)
[2]**stoppeur** n. m. (appareil)
storage n. m.
storax n. m.
store n. m.
storiste n.
story-board /stɔʀibɔʀd/ n. m. ▪ plur. **story-boards**
▫ rec. off. : **scénarimage**
stoupa n. m.
→ **stupa**
stout n. m. ou f.
stovaïne n. f.
stovaïnique adj.
S. T. P. abrév.
▫ abrév. de **s'il te plaît**
strabique n. et adj.
strabisme n. m.
strabotomie n. f.
stradiot n. m.
stradiote n. m.
stradivarius /-ys/ n. m.
strambotto n. m.
stramoine n. f.
strangulation n. f.
stranguler v. tr. | conjug. 1 |
strangurie n. f.
strapontin n. m.
strapping /-iŋ/ n. m.
strass ou **stras** n. m.
Ξ La graphie *stras* tend à disparaître.
HOM. **strasse**
strasse n. f.
HOM. **strass**
stratagème n. m.
strate n. f.
☯ Ce mot est féminin : *une strate.*
stratège n. m.
☯ Ce mot est toujours masculin, même quand il désigne une femme : *la directrice est un fin stratège.*
stratégie n. f.
stratégique adj.
stratégiquement adv.
stratégiste n. m.
stratification n. f.
stratifié, iée adj.
stratifier v. tr. | conjug. 7 |

stratiforme adj.
stratigraphie n. f.
stratigraphique adj.
stratigraphiquement adv.
stratiome n. m.
stratiote n. f. ou m.
stratocumulus /-ys/ n. m.
stratodyne n. m.
stratonimbus /-ys/ n. m.
stratopause n. f.
stratosphère n. f.
stratosphérique adj.
stratotype n. m.
stratovision n. f.
stratovolcan n. m.
stratum /-ɔm/ n. m.
stratus /-ys/ n. m.
strelitz /-ts/ n. m.
strélitzia /-tsja/ n. m.
stréphopode n. et adj.
strepto n. m.
▫ abrév. de **streptocoque**
streptobacille /-il/ n. m.
streptococcie /-kɔksi/ n. f.
streptococcique /-kɔks-/ adj.
streptocoque n. m.
streptokinase n. f.
streptolysine n. f.
streptomycète n. m.
streptomycine n. f.
streptosarcine n. f.
streptothrix n. m.
stress n. m.
HOM. formes du v. **stresser**
stressant, ante adj.
stresser v. tr. | conjug. 1 |
Stretch® n. m.
➾ Ce mot a un pluriel régulier : *Stretchs*. Comme tous les noms déposés, ce mot doit s'écrire avec une majuscule : *un pantalon en Stretch*. Toutefois, on le trouve presque toujours employé comme nom générique sans respect de la règle : *un pantalon en stretch*.
stretching /stʀɛtʃiŋ/ n. m.
strette n. f.
striage n. m.
striation n. f.
stricage n. m.
strict, stricte adj.
➾ Ne pas écrire *stricte* au masculin.
strictement adv.
striction n. f.
stricto sensu /stʀiktosɛ̃sy/ loc. adv.
stridence n. f.
strident, ente adj.
stridor n. m.
stridulant, ante adj.
stridulation n. f.
stridulatoire adj.
striduler v. intr. | conjug. 1 |
striduleux, euse adj.
strie n. f.
strié, striée adj.
strier v. tr. | conjug. 7 |
strige ou **stryge** n. f.
strigidé n. m.
strigiforme n. m.
strigilaire n. m.
strigile n. m.
strike /stʀajk/ n. m.
string /stʀiŋ/ n. m.
stringendo /stʀinʒɛndo/ adv.
striole n. f.
strioscopie n. f.
strioscopique adj.
stripage n. m.
[1]**stripper** /stʀipœʀ/ ou **strippeur**○ n. m.
▫ rec. off. : **tire-veine**
[2]**stripper** v. tr. | conjug. 1 |
stripping /-iŋ/ n. m.
▫ rec. off. : **éveinage** ou **extraction au gaz**
striptease /stʀiptiz/ ▪ plur. **stripteases** ou **strip-tease** ▪ plur. **strip-teases** n. m.
stripteaseur, euse /stʀiptiz-/ ▪ plur. **stripteaseurs, euses** ou **strip-teaseur, euse** ▪ plur. **strip-teaseurs, euses** n.
striure n. f.
strix n. m.
strobilation n. f.
strobile n. m.
strobilifère adj.
strobiliforme adj.
strobophotographie n. f.
stroborama n. m.
stroboscope n. m.
stroboscopie n. f.
stroboscopique adj.
stroma n. m.
stromatée n. m.
stromatolite n. f. ou m.
strombe n. m.
strombolien, ienne adj.
strongle n. m.
strongyle n. m.
strongyloïdé n. m.
strongyloïdose n. f.
strongylose n. f.
strontiane /-sjan/ n. f.
strontianite /-sjan-/ n. f.
strontique adj.
strontium /-sjɔm/ n. m.
strophaire ou **strropharia** n. m.

strophante n. m.
strophantine n. f.
strophe n. f.
strophique adj.
strophisme n. m.
stropiat n. m.
stross n. m.
structeur n. m.
structurable adj.
structural, ale, aux adj.
structuralement adv.
structuralisme n. m.
structuraliste adj. et n.
structurant, ante adj.
structuration n. f.
structure n. f.
structuré, ée adj.
structurel, elle adj.
structurellement adv.
structurer v. tr. | conjug. 1 |
structurologie n. f.
strudel /ʃtʀudœl/ n. m.
strume n. f.
strumectomie n. f.
strumeux, euse adj.
strumite n. f.
struthio n. m.
struthionidé n. m.
struthioniforme n. m.
strychnine /-k-/ n. f.
strychnique /-k-/ adj.
strychnisme /-k-/ n. m.
strychnos /striknos/ n. m.
stryge n. f.
→ **strige**
stuc n. m.
HOM. formes du v. **stuquer**
stucage n. m.
stucateur n. m.
stucatine n. f.
stucature n. f.
stud-book /stœdbuk/ n. m. ▪ plur. **stud-books**
studette n. f.
studieusement adv.
studieux, ieuse adj.
studio n. m.
studiolo n. m.
studiosité n. f.
stuka n. m.
stup n. m.
▫ abrév. de **stupéfiant**
stupa /stupa/ ou **stoupa** n. m.
stupéfaction n. f.
stupéfaire v. tr. | conjug. 60 |
CONJUG. Ce verbe s'emploie surtout à la troisième personne du singulier, au présent et aux temps composés.
☰ Créé à partir de l'adjectif *stupéfait*, *stupéfaire* est condamné par certains puristes. Il est préférable de l'éviter dans le langage soigné : on ne dira pas *je suis stupéfait par cette nouvelle* (la préposition *par* indique qu'il s'agit du verbe à la forme passive) mais *je suis stupéfait d'apprendre cette nouvelle* (il s'agit de l'adjectif) ou *je suis stupéfié par cette nouvelle* (avec le verbe *stupéfier*).
stupéfait, aite adj.
stupéfiant, iante adj. et n. m.
stupéfier v. tr. | conjug. 7 |
stupeur n. f.
stupide adj.
stupidement adv.
stupidifier v. tr. | conjug. 7 |
stupidité n. f.
stuporeux, euse adj.
stupre n. m.
stuquer v. tr. | conjug. 1 |
sturnidé n. m.
stygien, ienne adj.
style n. m.
stylé, ée adj.
styler v. tr. | conjug. 1 |
stylet n. m.
HOM. formes du v. **styler**
stylisation n. f.
styliser v. tr. | conjug. 1 |
stylisme n. m.
▫ rec. off. pour **design**
styliste n.
▫ rec. off. pour **designer**
stylisticien, ienne n.
stylistique n. f. et adj.
stylite n. m.
stylo n. m.
stylobate n. m.
stylo-bille n. m. ▪ plur. **stylos-billes**
stylo-feutre n. m. ▪ plur. **stylos-feutres**
stylographe n. m.
stylographie n. f.
stylographique adj.
styloïde adj.
styloïdite n. f.
stylolithe n. m.
stylométrie n. f.
Stylomine® n. m.
➾ Comme tous les noms déposés, ce mot doit s'écrire avec une majuscule : *écrire au Stylomine*. Toutefois, on le trouve fréquemment employé comme nom générique sans respect de la règle : *écrire au stylomine*.

stylopode n. m.
stymie n. m.
styphnite n. f.
stylo-plume n. m. ▪ plur. **stylos-plumes**
styptique adj.
styracacée n. f.
styrax n. m.
styrène ou **styrolène** n. m.
styrol n. m.
su, sue adj. et n. m.
HOM. formes du v. **suer**
suage n. m.
suaire n. m.
HOM. forme du v. **suer**
suant, suante adj.
suave adj.
suavement adv.
suavité n. f.
subaérien, ienne adj.
subaigu, uë ou **üe**○ adj.
subalaire adj.
subalpin, ine adj.
subalternat n. m.
subalternation n. f.
subalterne adj. et n.
subalternisation n. f.
subalterniser v. tr. | conjug. 1 |
subalternité n. f.
subantarctique adj.
subaquatique adj.
subarctique adj.
subatlantique adj.
subatomique adj.
subboréal, ale, aux adj.
subcarpatique adj.
subcaudal, ale, aux adj.
subcellulaire adj.
subclinique adj.
subconsciemment /-sjamɑ̃/ adv.
subconscience n. f.
subconscient, iente adj. et n. m.
subcontraire adj.
subculture n. f.
subdélégation n. f.
subdélégué n. m.
subdéléguer v. tr. | conjug. 6 |
subdélire ou **subdelirium** /sybdeliʀjɔm/ n. m.
subdésertique adj.
subdiviser v. tr. | conjug. 1 |
¬ **se subdiviser**
➺ Aux temps composés de la forme pronominale, le participe passé s'accorde en genre et en nombre avec le sujet : *la branche s'est subdivisée en plusieurs rameaux*.
subdivisible adj.
subdivision n. f.
subdivisionnaire adj.
subducté, ée adj.
subduction n. f.
subéquatorial, iale, iaux adj.
suber /sybɛʀ/ n. m.
suberaie n. f.
subéreux, euse adj.
subérification n. f.
subérine n. f.
subérose n. f.
subfébrile adj.
subfossile adj.
subgravité n. f.
subhumain, aine adj.
subictère n. m.
subimago n. f.
subincision n. f.
subintrant, ante adj.
subinvolution n. f.
subir v. tr. | conjug. 2 |
subit, ite /sybi, it/ adj.
HOM. formes du v. **subir**
subitement adv.
subito adv.
subjacent, ente adj.
subjectif, ive adj.
subjectile n. m.
subjection n. f.
subjectivation n. f.
subjectivement adv.
subjectivisme n. m.
subjectiviste adj. et n.
subjectivité n. f.
subjonctif, ive adj. et n. m.
subjugation n. f.
subjuguant, ante adj.
subjuguer v. tr. | conjug. 1 |
subjugueur n. m.
sublatif n. m.
sublétal, ale, aux adj.
sublimant, ante adj.
sublimateur n. m.
sublimation n. f.
sublimatoire adj.
sublime adj. et n. m.
sublimé, ée adj. et n. m.
sublimement adv.
sublimer v. tr. | conjug. 1 |
subliminaire adj.
subliminal, ale, aux adj.
sublimité n. f.
sublingual, ale, aux /-gwa-/ adj.
sublinguite n. f.
sublogique adj. et n. f.
sublunaire adj.
subluxation n. f.
submarginal, ale, aux adj.

submerger v. tr. | conjug. 3 |
submersibilité n. f.
submersible adj. et n. m.
submersion n. f.
submillimétrique adj.
subminiaturisation n. f.
subminiaturisé, ée adj.
submission n. f.
submissivité n. f.
subnarcose n. f.
subnormal, ale, aux adj.
subobscur, ure adj.
subodorer v. tr. | conjug. 1 |
suborbital, ales, aux adj.
subordination n. f.
subordinément adv.
subordonnant, ante adj. et n. m.
subordonné, ée adj. et n.
subordonnée n. f.
subordonnément adv.
subordonner v. tr. | conjug. 1 |
subornation n. f.
suborner v. tr. | conjug. 1 |
suborneur, euse adj. et n.
subphotosphérique adj.
subrécargue n. m.
subrécot n. m.
subreptice adj.
subrepticement adv.
subreption n. f.
subrogateur adj. m. et n. m.
subrogatif, ive adj.
subrogation n. f.
subrogatoire adj.
subrogé, ée adj.
➾ **Subrogé tuteur** s'écrit sans trait d'union.
subroger v. tr. | conjug. 3 |
subsaharien, ienne adj.
subséquemment /sypsekamɑ̃/ adv.
subséquence /-ps-/ n. f.
subséquent, ente /-ps-/ adj.
subside /-bz- ; -ps-/ n. m.
subsidence /-bz- ; -ps-/ n. f.
subsidiaire /-bz- ; -ps-/ adj.
subsidiairement /-bz- ; -ps-/ adv.
subsidiarité /-bz- ; -ps-/ n. f.
subsidiation /-bz- ; -ps-/ n. f.
subsidier /-bz- ; -ps-/ v. tr. | conjug. 7 |
subsistance /-bz-/ n. f.
subsistant, ante /-bz-/ adj. et n.
subsister /-bz-/ v. intr. | conjug. 1 |
subsomption /-ps-/ n. f.
subsonique /-ps-/ adj.
subspontané, ée /-ps-/ adj.
substance /-ps-/ n. f.
▸ **en substance** *voilà ce qu'ils auraient dit, en substance*
substandard /-ps-/ adj.
substanter /-ps-/ v. tr. | conjug. 1 |
substantialisation /-ps-/ n. f.
substantialiser /-ps-/ v. tr. | conjug. 1 |
substantialisme /-ps-/ n. m.
substantialiste /-ps-/ adj. et n.
substantialité /-ps-/ n. f.
substantiation /-ps-/ n. f.
substantiel, ielle /-ps-/ adj.
➾ Ne pas écrire **substanciel* : ce mot et les autres dérivés de *substance* s'écrivent avec un *t*.
substantiellement /-ps-/ adv.
substantif, ive /-ps-/ n. m. et adj.
substantifique /-ps-/ adj.
substantivation /-ps-/ n. f.
substantivement /-ps-/ adv.
substantiver /-ps-/ v. tr. | conjug. 1 |
substituabilité /-ps-/ n. f.
substituable /-ps-/ adj.
substituant, ante /-ps-/ n. et adj.
substituer /-ps-/ v. tr. | conjug. 1 |
⌘ La construction ***substituer une chose par une autre** est fautive : il faut dire **substituer une chose à une autre**.
¬ **se substituer**
➾ Aux temps composés de la forme pronominale, le participe passé s'accorde en genre et en nombre avec le sujet : *elle s'est substituée à lui*.
substitut, ute /-ps-/ n. m.
☯ *Substitute* est recommandé par le *Guide d'aide à la féminisation des noms de métiers, titres, grades et fonctions* et l'Office québécois de la langue française pour parler d'une femme. L'emploi de *substitut* au féminin est également admis par l'Office québécois de la langue française : *la substitut du procureur*.
substitutif, ive /-ps-/ adj.
substitution /-ps-/ n. f.
substitutivité /-ps-/ n. f.
substrat /-ps-/ n. m.
substratum /sypstʀatɔm/ n. m.
substruction /-ps-/ n. f.
substructural, ale, aux /-ps-/ adj.
substructure /-ps-/ n. f.
subsumer /-ps-/ v. tr. | conjug. 1 |
subterfuge /-pt-/ n. m.
subterminal, ale, aux /-pt-/ adj.
subtest /-pt- ; -bt-/ n. m.
subtil, ile /-pt-/ adj.
➾ Ne pas écrire *subtile* au masculin : *un parfum subtil*.
subtilement /-pt-/ adv.

subtilisation /-pt-/ n. f.
subtiliser /-pt-/ v. tr. et v. intr. | conjug. 1 |
subtiliseur, euse /-pt-/ n.
subtilité /-pt-/ n. f.
subtotal, ale, aux /-pt- ; -bt-/ adj.
subtropical, ale, aux /-pt- ; -bt-/ adj.
subule n. f.
subulé, ée adj.
suburbain, aine adj.
suburbicaire adj.
subvenir v. tr. ind. | conjug. 22 |
▸ **subvenir à** (+ n.) *ils subviennent aux besoins de leur fille*
CONJUG. Ce verbe se conjugue avec l'auxiliaire *avoir : il a subvenu à nos dépenses.*
subvention n. f.
subventionnable adj.
subventionnaire adj. et n.
subventionnel, elle adj.
subventionner v. tr. | conjug. 1 |
subversif, ive adj.
subversion n. f.
subversivement adv.
subvertir v. tr. | conjug. 2 |
subvertissement n. m.
subvertisseur, euse n. m.
suc n. m.
succédané n. m.
succéder v. tr. ind. | conjug. 6 |
▸ **succéder à** *elle a succédé à son père*
¬ **se succéder**
ils se sont succédé à la présidence
succenturié adj. m.
succès n. m.
☰ **Gagner un succès** est fautif. On dit **obtenir un succès** ou **remporter un succès.**
successeur n.
☺ On peut employer ce mot au féminin : *elle est la successeur de son père.* L'Office québécois de la langue française recommande la forme *successeure.* En Suisse, on emploie *successeuse.*
successibilité n. f.
successible adj.
successif, ive adj.
succession n. f.
➾ Ce mot s'écrit avec une majuscule dans les dénominations historiques : *la guerre de la Succession d'Espagne ; la guerre de la Succession d'Autriche,* etc.
successivement adv.
successivité n. f.
successoral, ale, aux adj.
succin n. m.
HOM. **succinct**
succinamide n. m.
succinate n. m.
succinct, incte adj.
HOM. **succin**
succinctement adv.
succinée n. f.
succinique adj.
succinite n. f.
succinyle n. m.
succion /-(k)s-/ n. f.
HOM. formes des v. **savoir, sucer**
succomber v. intr. | conjug. 1 |
▸ **succomber à** (+ n.) *succomber à la tentation*
succubat n. m.
succube n. m.
➾ Ce mot s'écrit avec deux *c*, contrairement à *incube.*
succulemment /-amɑ̃/ adv.
succulence n. f.
succulent, ente adj.
succursale adj. et n. f.
succursalisme n. m.
succursaliste adj. et n.
succussion n. f.
suce n. f.
HOM. formes du v. **savoir**
sucée n. f.
sucement n. m.
sucer v. tr. | conjug. 3 |
sucet n. m.
HOM. formes du v. **sucer**
sucette n. f.
suceur, euse n.
suçoir n. m.
suçon n. m.
HOM. formes du v. **sucer**
suçotement n. m.
suçoter v. tr. | conjug. 1 |
sucrage n. m.
sucrant, ante adj.
sucrase n. f.
sucratage n. m.
sucrate n. m.
HOM. forme du v. **sucrer**
sucre n. m.
sucré, ée adj.
sucrer v. tr. | conjug. 1 |
¬ **se sucrer**
☰ La forme pronominale appartient au registre familier.
➾ Aux temps composés de la forme pronominale, le participe passé s'accorde en genre et en nombre avec le sujet : *ils se sont sucrés confortablement.*
sucrerie n. f.
Sucrette® n. f.
➾ Comme tous les noms déposés, ce mot doit s'écrire avec une majuscule : *remplacer le*

sucre par des Sucrettes. Toutefois, on le trouve fréquemment employé comme nom générique sans respect de la règle : *remplacer le sucre par des sucrettes.*

sucreur, euse n.

sucrier, ière adj. et n. m.

HOM. formes du v. **sucrer**

sucrin adj. m. et n. m.

sucrine n. f.

sud n. m. inv.

➾ Employé comme adjectif, ce mot ne s'écrit avec une majuscule que dans les dénominations géographiques suivantes : *l'hémisphère Sud ; le pôle Sud.* Il s'écrit sans majuscule dans les autres cas : *le Pacifique sud ; la banlieue sud ; l'aile sud d'un bâtiment.* Le nom s'écrit avec une minuscule quand il désigne une orientation, une direction ou une exposition : *une pièce exposée au sud ; un vent du sud ; aller vers le sud.* Il s'écrit avec une majuscule quand il désigne une entité géographique : *les relations entre le Nord et le Sud ; les mers du Sud ; l'Amérique du Sud.* Quand il désigne une région, *sud* s'écrit avec une minuscule lorsqu'il a un complément et avec une majuscule quand il n'en a pas : *le sud de la France ; ils habitent dans le Sud.*

sud-africain, aine adj. et n. ▪ plur. **sud-africains, aines**

➾ L'adjectif s'écrit sans majuscule : *la population sud-africaine.* Le nom s'écrit avec une majuscule : *les Sud-Africains ; c'est une Sud-Africaine.*

sud-américain, aine adj. ▪ plur. **sud-américains, aines**

➾ L'adjectif s'écrit sans majuscule : *la population sud-américaine.* Le nom s'écrit avec une majuscule : *les Sud-Américains ; c'est une Sud-Américaine.*

sudamina n. m.

sudarabique adj.

sudation n. f.

sudatoire adj. et n. m.

sudatorium /-jɔm/ n. m.

sud-coréen, enne adj. et n. ▪ plur. **sud-coréens, ennes**

➾ L'adjectif s'écrit sans majuscule : *la population sud-coréenne.* Le nom s'écrit avec une majuscule : *les Sud-Coréens ; c'est une Sud-Coréenne.*

sud-est /-ɛst/ n. m.

sudète adj.

sudiste n. et adj.

➾ Ce mot s'écrit sans majuscule : *les nordistes et les sudistes.*

sudoku /sudoku/ n. m.

⚡ Ne pas confondre **sudoku**, qui désigne un jeu de chiffres, avec **sodoku**, qui désigne une maladie.

sudoral, ale, aux adj.

sudorégulateur, trice adj.

sudorifère adj.

sudorification n. f.

sudorifique adj.

sudoripare adj.

sud-ouest n. m.

sud-sud-est /-ɛst/ n. m.

sud-sud-ouest n. m.

suède n. m.

suédé, ée adj. et n. m.

suédine n. f.

suédois, oise adj. et n.

➾ L'adjectif s'écrit sans majuscule : *la population suédoise.* Le nom s'écrit avec une majuscule uniquement quand il désigne une personne : *les Suédois ; c'est une Suédoise* mais *parler le suédois.*

suée n. f.

suer v. intr. et v. tr. | conjug. 1 |

suerie n. f.

suerte /swɛʀte/ n. f.

suet /sɥɛ(t)/ n. m.

HOM. **suette**, formes du v. **suer**

suette n. f.

HOM. **suet**

sueur n. f.

➾ Ce mot est toujours au singulier dans la locution **en sueur** : *ils étaient en sueur.*

suffète n. m.

suffire v. tr. ind. | conjug. 37 |

▸ **suffire à** (+ n.) *cela suffit à mon bonheur*

▸ **suffire à/pour** (+ inf.) *cela suffit à me convaincre* ou *pour me convaincre*

▸ **il suffit à qqn de** (+ inf.) *il vous suffit de me téléphoner*

▸ **il suffit de** (+ n.) *il suffit de quelques minutes*

▸ **il suffit de** (+ inf.) *il suffisait de nous prévenir*

▸ **il suffit que** (+ subj.) *il aurait suffi qu'on le sache*

suffisamment adv.

☰ **Suffisamment assez** est un pléonasme à éviter.

suffisance n. f.

▸ **en suffisance** *il y a des vivres en suffisance*

suffisant, ante adj.

suffixable adj.

suffixal, ale, aux adj.

suffixation n. f.

suffixe n. m.

suffixer v. tr. | conjug. 1 |

suffocant, ante adj.

➾ Ne pas écrire cet adjectif comme *suffoquant,* participe présent du verbe *suffoquer.*

suffocation n. f.

suffoquer v. tr. et v. intr. | conjug. 1 |

suffragant, ante adj. et n.
suffrage n. m.
suffragette n. f.
suffrutescent, ente adj.
suffusion n. f.
suggérer v. tr. | conjug. 6 |
▸ **suggérer de** (+ inf.) *je lui ai suggéré de se faire couper les cheveux*
suggestibilité n. f.
suggestible adj.
suggestif, ive adj.
suggestion n. f.
Ne pas confondre **suggestion**, « action de suggérer » ou « idée proposée », avec **sujétion**, « action de soumettre » ou « situation d'une personne soumise ».
suggestionnable adj.
suggestionner v. tr. | conjug. 1 |
suggestionneur, euse n.
suggestivité n. f.
suicidaire adj. et n.
HOM. forme du v. **suicider (se)**
suicidant, ante n.
suicide n. m.
Ce mot peut s'employer en apposition. Il prend la marque du pluriel : *des attentats suicides ; des avions suicides*.
suicidé, ée adj. et n.
suicider (se) v. pron. | conjug. 1 |
Ce verbe a été critiqué car il est mal formé : l'élément *sui-* correspond au pronom *se*. Il est toutefois courant et ne peut être considéré comme fautif.
Aux temps composés de la forme pronominale, le participe passé s'accorde en genre et en nombre avec le sujet : *elle s'est suicidée*.
suicideur, euse n.
suicidologie n. f.
suidé n. m.
suie n. f.
HOM. formes des v. **être, suivre**
suif n. m.
HOM. formes du v. **suiffer**
suiffard, arde adj. et n.
suiffer v. tr. | conjug. 1 |
suiffeux, euse adj.
suiforme n. m.
sui generis /sɥiʒeneʀis/ loc. adj.
suint n. m.
suintant, ante adj.
suintement n. m.
suinter v. intr. | conjug. 1 |
suintine n. f.
suisse adj. et n.
Le nom féminin a deux formes : *Suisse* ou *Suissesse*.
L'adjectif s'écrit sans majuscule : *la population suisse ; les gardes suisses*. Le nom s'écrit avec une majuscule quand il désigne un habitant de la Suisse : *les Suisses de Zurich ; c'est une Suisse* ou *une Suissesse*. Il s'écrit sans majuscule lorsqu'il désigne un gardien, un soldat, un écureuil, etc.
Suissesse n. f.
→ aussi **suisse**
suississme n. m.
suite n. f.
Ce mot est toujours au singulier dans les locutions **faire suite à**, **donner suite à** et **par suite de**.
La locution **de suite**, employée au sens de « immédiatement », est critiquée. Il est préférable d'employer **tout de suite** : *je reviens tout de suite* plutôt que *je reviens de suite*.
Suite à appartient à la langue administrative. Dans le langage courant, on emploie plutôt **comme suite à** ou **en réponse à**.
Ne pas confondre la locution **par la suite**, qui signifie « dans la période qui a suivi ou qui suivra », avec **par suite de**, qui signifie « à cause de, en conséquence de ».
suitée adj. f.
suites n. f. pl.
[1]**suivant, ante** adj. et n.
[2]**suivant** prép.
▸ **suivant que** (+ indic.) *les méthodes changent suivant que le patient est un homme ou une femme*
suivante n. f. (dame de compagnie)
suiveur, euse n. et adj.
suivez-moi-jeune-homme n. m. inv.
suivi, ie adj. et n. m.
suivisme n. m.
suiviste adj. et n.
suivre v. tr. | conjug. 40 |
⌘ Le complément du participe passé *suivi* ne peut être introduit par la préposition *par* que lorsque *suivre* a le sens de « poursuivre » : *un malfaiteur suivi par des policiers*. Au sens de « accompagner », il faut employer *de* : *le roi suivi de sa cour* (et non *suivi par sa cour*).
Suivre derrière est un pléonasme à éviter. La locution **en suivant** employée au sens de « à la suite, d'affilée » (*nous avons fait trois parties de rami en suivant*) est critiquée. Il est préférable de l'éviter.
¬ **se suivre**
Aux temps composés de la forme pronominale, le participe passé s'accorde en genre et en nombre avec le sujet : *elles se sont suivies de près*.
[1]**sujet, ette** adj. et n.
[2]**sujet** n. m.
sujétion n. f.
Ne pas confondre **sujétion**, « action de soumettre » ou « situation d'une personne

soumise », avec **suggestion**, « action de suggérer » ou « idée proposée ».
sukiyaki n. m.
sulcature n. f.
sulciforme adj.
sulfacide n. m.
sulfadiazine n. f.
sulfaguanidine n. f.
sulfamide n. m.
sulfamidorésistance n. f.
sulfamidorésistant, ante adj.
sulfamidothérapie n. f.
sulfamique adj.
sulfanilamide n. m. ou f.
sulfarséniure n. m.
sulfatage n. m.
sulfatase n. f.
sulfatation n. f.
sulfate n. m.
sulfaté, ée adj.
sulfater v. tr. | conjug. 1 |
sulfateur, euse n.
sulfateuse n. f.
sulfatisation n. f.
sulfhémoglobine n. f.
sulfhydrique adj. m.
sulfhydrisme n. m.
sulfidoseur n. m.
sulfimide n. m.
sulfinisation n. f.
sulfitage n. m.
sulfitation n. f.
sulfite n. m.
sulfiteur n. m.
sulfitique adj.
sulfitomètre n. m.
sulfitométrie n. f.
sulfocarbonate n. m.
sulfocarbonique adj.
sulfocarbonisme n. m.
sulfocyanate n. m.
sulfocyanique adj.
sulfocyanure n. m.
sulfomanganique adj.
sulfonate n. m.
sulfonation n. f.
sulfone n. m.
sulfoné, ée adj.
sulfonique adj.
sulfonitrique adj.
sulforicinate n. m.
sulfosel n. m.
sulfovinique adj.
sulfurage n. m.
sulfuration n. f.
sulfure n. m.
sulfuré, ée adj.
sulfurer v. tr. | conjug. 1 |
sulfureux, euse adj.
sulfurimètre n. m.
sulfurique adj.
sulfurisation n. f.
sulfurisé, ée adj.
sulfuriser v. tr. | conjug. 1 |
sulfuryle n. m.
sulky n. m. ▪ plur. **sulkies** ou plur. **sulkys**
Ξ On peut employer le pluriel anglais *sulkies* ou le pluriel francisé *sulkys*.
sulpicien, ienne adj. et n.
➾ Ce mot s'écrit avec une minuscule lorsqu'il désigne une personne : *une communauté de sulpiciens*. Il s'écrit avec une majuscule lorsqu'il désigne sans ambiguïté l'ordre lui-même : *il est entré chez les Sulpiciens*.
sultan n. m.
sultanat n. m.
sultane n. f.
sultanin n. m.
sulvinite n. f.
sumac n. m.
sumérien, ienne adj. et n.
➾ L'adjectif s'écrit sans majuscule : *le peuple sumérien*. Le nom s'écrit avec une majuscule quand il désigne une personne : *les Sumériens ; une Sumérienne* mais *ils parlaient le sumérien*.
summum /sɔ(m)mɔm/ n. m.
sumo ou **sumotori** n. m.
sundae /sɔnde/ n. m.
sunlight /sœnlajt/ n. m.
sunna n. f.
sunnisme n. m.
➾ Comme tous les mots désignant une doctrine religieuse, ce mot s'écrit sans majuscule : *le sunnisme et le chiisme*.
sunnite adj. et n.
➾ Comme tous les mots désignant ou qualifiant une doctrine religieuse ou ses adeptes, ce mot s'écrit sans majuscule : *la doctrine sunnite ; les sunnites et les chiites*.
sup adj.
▫ abrév. de **supérieur, ieure**
[1]**super** adj. inv. et n. m.
HOM. **supère**
[2]**super** v. tr. et v. intr. | conjug. 1 |
super-8 n. m. inv. et adj. inv.
superacide n. m.
superalliage n. m.
superamas n. m.
superbe adj. et n. f.
superbement adv.
superbénéfice n. m.
superbombardier n. m.

superbombe n. f.
supercalcul n. m.
supercalculateur n. m.
supercarburant n. m.
supercargue n. m.
supercarré adj. et n. m.
supercavitant, ante adj.
supercentenaire adj. et n.
superchampion, ionne n.
supercherie n. f.
superciment n. m.
superclasse n. f.
supercoquentieux, euse adj.
supercritique adj.
supère adj.
HOM. [1]**super**
superessif adj. et n. m.
superéthanol n. m.
supérette n. f.
superfamille n. f.
superfécondation n. f.
superfétation n. f.
superfétatoire adj.
superficiaire adj.
superficialité n. f.
superficie n. f.
superficiel, ielle adj.
superficiellement adv.
superfin, ine adj.
superfinition n. f.
superflu, ue adj.
superfluide adj. et n. m.
superfluidité n. f.
superfluité n. f.
superforme n. f.
superforteresse n. f.
superfractionnement n. m.
superfractionneur n. m.
supergéant n. m.
supergéante n. f.
supergénérateur n. m.
supergrand n. m.
supergranulation n. f.
supergranule n. m.
super-héros n. m. inv.
superhétérodyne adj. et n. m.
super-huit n. m. et adj. inv.
supérieur, ieure adj. et n.

▸ **supérieur à** *ton talent est supérieur au sien*

⌘ *Supérieur* est un adjectif comparatif. Il ne peut s'employer avec un adverbe comparatif (**plus supérieur*) ni avec un superlatif relatif (**le plus supérieur*). On peut en revanche l'employer avec un superlatif absolu : *très supérieur ; bien supérieur*.

supérieurement adv.
superinflation n. f.
superinvolution n. f.
supériorité n. f.
superisolation n. f.
superjet /-dʒɛt/ n. m.
superjumbo /-dʒœmbo/ n. m.
superlatif, ive adj. et n. m.
superlativement adv.
superléger ▪ plur. **superlégers** ou **super-léger** ▪ plur. **super-légers** n. m.
superluminique adj.
Supermalloy® /-malɔj ; -malwa/ n. m.

➾ Comme tous les noms déposés, ce mot doit s'écrire avec une majuscule : *une structure en Supermalloy*. Toutefois, on le trouve fréquemment employé comme nom générique sans respect de la règle : *une structure en supermalloy*.

superman /-man/ n. m. ▪ plur. **supermans** ou plur. **supermen**

☰ On peut employer le pluriel francisé *supermans* ou le pluriel anglais *supermen*.

supermarché n. m.
supernova n. f. ▪ plur. **supernovæ** ou plur. **supernovas**

☰ On peut employer le pluriel latin *supernovæ* ou le pluriel francisé *supernovas*.

supéropaléolithique adj.
superordinateur n. m.
superordonné, ée adj.
superordre n. m.
superovarié, iée adj.
superovulation n. f.
superoxyde n. m.
superparamagnétisme n. m.
superpatriote adj. et n.
superpétrolier n. m.
superphosphate n. m.
superplasticité n. f.
superplastique adj.
superpolyamide n. m.
superposable adj.
superposer v. tr. | conjug. 1 |
superpositif, ive adj.
superposition n. f.
super-préfet n. m. ▪ plur. **super-préfets**
superproduction n. f.
superprofit n. m.
superpuissance n. f.
superpurgation n. f.
superréaction n. f.
supersonique adj.
superstar n. f.
superstitieusement adv.
superstitieux, ieuse adj. et n.
superstition n. f.
superstrat n. m.
superstructure n. f.

supersynthèse n. f.
supertanker /-tãkœʀ/ ou **supertankeur**○ n. m.
superviser v. tr. | conjug. 1 |
superviseur, euse n.
☯ *Superviseuse* est la forme recommandée par le *Guide d'aide à la féminisation des noms de métiers, titres, grades et fonctions* et l'Office québécois de la langue française pour parler d'une femme. L'Office québécois de la langue française conseille également l'emploi de *superviseure*.
supervision n. f.
superwelter /-wɛltɛʀ/ adj. et n. m.
superwoman /wuman/ n. f. ▪ plur. **superwomans** ou plur. **superwomen**
Ξ On peut employer le pluriel francisé *superwomans* ou le pluriel anglais *superwomen*.
supin n. m.
supinateur n. m. et adj. m.
supination n. f.
supion n. m.
supplantateur, trice adj. et n.
supplantation n. f.
supplanter v. tr. | conjug. 1 |
suppléance n. f.
suppléant, ante adj. et n.
suppléer v. tr. et v. tr. ind. | conjug. 1 |
Ξ La forme transitive directe s'emploie au sens de « mettre à la place de », « remédier à » et « remplacer (qqn) » : *suppléer un procédé par un autre ; suppléer une lacune ; suppléer un professeur.* Cette construction s'emploie surtout dans le registre soutenu. La forme transitive indirecte, plus courante, s'emploie au sens de « remédier à (un défaut, une insuffisance) en remplaçant, en compensant » : *suppléer au manque de main-d'œuvre.*
⌘ La construction ***suppléer à qqn** est fautive.
supplément n. m.
supplémentaire adj.
supplémentairement adv.
supplémentation n. f.
supplémenter v. tr. | conjug. 1 |
supplétif, ive adj. et n. m.
supplétoire adj.
suppliant, iante adj. et n.
supplication n. f.
supplice n. m.
suppliciant, ante adj.
suppliciateur, trice n. et adj.
supplicier v. tr. | conjug. 7 |
supplier v. tr. | conjug. 7 |
supplique n. f.
suppo n. m.
▫ abrév. de **suppositoire**
HOM. **suppôt**
support n. m.
supportable adj.
support-chaussette n. m. ▪ plur. **supports-chaussettes**
supporter v. tr. | conjug. 1 |
Ξ L'emploi de *supporter* au sens de « encourager, soutenir » est un anglicisme critiqué.
supporteur, trice n. ou **supporter** n. m.
HOM. forme du v. **supporter**
supposable adj.
supposé, ée adj.
➾ Employé comme préposition, *supposé* est invariable : *supposé son innocence.* Cet usage est vieilli.
supposément adv.
supposer v. tr. | conjug. 1 |
⌘ Au sens de « poser à titre d'hypothèse », **supposer que** est suivi du subjonctif : *en supposant que ce soit possible ; à supposer que notre projet soit réalisable.* Au sens de « admettre comme probable », il est suivi de l'indicatif dans une phrase affirmative et du subjonctif dans une phrase interrogative ou négative : *j'ai supposé qu'il était parti ; je n'ai pas supposé qu'il fût parti.*
suppositif, ive adj.
supposition n. f.
suppositoire n. m.
suppôt n. m.
HOM. **suppo**
suppresseur n. m. et adj. m.
suppression n. f.
supprimable adj.
supprimer v. tr. | conjug. 1 |
¬ **se supprimer**
➾ Aux temps composés de la forme pronominale, le participe passé s'accorde en genre et en nombre avec le sujet : *elle s'est supprimée.*
suppurant, ante adj.
suppuratif, ive adj.
suppuration n. f.
suppuré, ée adj.
suppurer v. intr. | conjug. 1 |
supputation n. f.
supputer v. tr. | conjug. 1 |
supra adv.
supraconducteur, trice adj. et n. m.
supraconduction n. f.
supraconductivité n. f.
supraconvergent, ente adj.
supradyne adj.
suprahumain, aine adj.
supraliminaire adj.
supramoléculaire adj.
supranational, ale, aux adj.
supranationalisation n. f.
supranationalisme n. m.
supranationaliste adj. et n.

supranationalité n. f.
supranaturel, elle adj.
supranormal, ale, aux adj.
suprarationnel, elle adj.
suprasegmental, ale, aux adj.
suprasensible adj.
suprastructure n. f.
supraterrestre adj.
suprathermique adj.
suprématie /-si/ n. f.
suprématisme n. m.
suprême adj. et n. m.
suprêmement adv.
[1]**sur, sure** adj. (acide)
HOM. **sûr, surre**, forme du v. **savoir**
[2]**sur** prép.
le sac est sur la table ; cela empiète sur ses prérogatives ; sept jours sur sept ; il veille sur elle ; ils sont sur le départ
◗ **sur ce** *sur ce, ils sont partis*
Ξ L'emploi de la préposition *sur* devant un nom de ville pour exprimer le lieu où l'on est ou où l'on va est fautif : il faut dire *partir pour Paris* (et non *sur Paris*), *travailler à Dunkerque* (et non *sur Dunkerque*), *se diriger vers Lyon* (et non *sur Lyon*), etc.
HOM. **sûr, surre**, forme du v. **savoir**
sûr, sûre ou **sure**° adj.
Ξ L'expression **sûr et certain** est une redondance critiquée.
Dans la langue soignée, on préfèrera employer **bien sûr** en incise plutôt que **bien sûr que** : *bien sûr, vous serez rémunéré* (plutôt que *bien sûr que vous serez rémunéré*).
Pour sûr (que), populaire et vieilli, doit être évité.
HOM. **sur**
surabondamment adv.
surabondance n. f.
surabondant, ante adj.
surabonder v. intr. | conjug. 1 |
suractif, ive adj.
suractivé, ée adj.
suractiver v. tr. | conjug. 1 |
suractivité n. f.
suradaptation n. f.
suradapté, ée adj.
suradministrer v. tr. | conjug. 1 |
suradultisme n. m.
surah n. m.
suraigu, uë ou **üe**° adj.
surajouter v. tr. | conjug. 1 |
sural, ale, aux adj.
suraliment n. m.
suralimentation n. f.
suralimenter v. tr. | conjug. 1 |
suramplificateur n. m.
◻ rec. off. pour **booster**
suramplification n. f.
suramplifier v. tr. | conjug. 7 |
suranal, ale, aux adj.
surannation n. f.
suranné, ée adj.
surarbitre n. m.
surard adj. m. et n. m.
surarmé, ée adj.
surarmement n. m.
surarmer v. tr. | conjug. 1 |
surate n. f.
→ **sourate**
surbaissé, ée adj.
surbaissement n. m.
surbaisser v. tr. | conjug. 1 |
surbestialité n. f.
surbille n. f.
surblase ou **surblaze** n. m.
surbooké, ée /-buke/ adj.
surbooker /-buke/ v. tr. | conjug. 1 |
surbooking /-bukiŋ/ n. m.
◻ rec. off. : **surréservation**
surboum n. f.
surbout n. m.
surbrillance n. f.
surbrodé, ée adj.
surcapacitaire adj.
surcapacité n. f.
surcapitalisation n. f.
surcharge n. f.
surchargé, ée adj.
surcharger v. tr. | conjug. 3 |
surchauffage n. m.
surchauffe n. f.
surchauffé, ée adj.
surchauffer v. tr. | conjug. 1 |
surchauffeur n. m.
surchauffure n. f.
surchemise n. f.
surchoix n. m. et adj.
surclassé, ée adj.
surclassement n. m.
surclasser v. tr. | conjug. 1 |
surcompensation n. f.
surcompensé, ée adj.
surcompenser v. intr. | conjug. 1 |
surcomposé, ée adj.
surcompressé, ée adj.
surcompression n. f.
surcomprimer v. tr. | conjug. 1 |
surconcentré, ée adj.
surcongélation n. f.
surconscience n. f.
surconsommation n. f.

surconstance n. f.
surcontre n. m.
surcontrer v. tr. | conjug. 1 |
surconvertisseur n. m.
surcostal, ale, aux adj.
surcot n. m.
surcote n. f.
surcoter v. tr. | conjug. 1 |
surcoupe n. f.
surcouper v. intr. | conjug. 1 |
surcoût ou **surcout**○ n. m.
surcreusement n. m.
surcritique adj.
surcroît ou **surcroit**○ n. m.
Ξ Les locutions **de surcroît** et **par surcroît** sont équivalentes. La première est plus courante.
surcuire v. tr. | conjug. 38 |
surcuisson n. f.
surculotte n. f.
surdensité n. f.
surdent n. f.
surdéterminant, ante adj.
surdétermination n. f.
surdéterminé, ée adj.
surdéterminer v. tr. | conjug. 1 |
surdéveloppé, ée adj.
surdéveloppement n. m.
surdimensionné, ée adj.
surdimensionner v. tr. | conjug. 1 |
surdimutité n. f.
surdiplômé, ée adj.
surdirigé, ée adj.
surdité n. f.
➾ Ne pas remplacer ce mot par *sourdité*, qui est un terme de phonétique.
surdon n. m.
surdos n. m.
surdosage n. m.
surdose n. f.
□ rec. off. pour **overdose**
surdoué, ée adj. et n.
sureau n. m.
HOM. **suros**
surécartement n. m.
sureffectif n. m.
surélévation n. f.
surélever v. tr. | conjug. 5 |
surelle n. f.
suremballage n. m.
sûrement ou **surement**○ adv.
Ξ **Sûrement que** est familier et doit être évité dans le langage soigné : on dira *ils viendront sûrement* plutôt que *sûrement qu'ils viendront*.
suréminence n. f.
suréminent, ente adj.
surémission n. f.
suremploi n. m.
surenchère n. f.
surenchérir v. intr. | conjug. 2 |
surenchérissement n. m.
surenchérisseur, euse n.
surencombré, ée adj.
surencombrement n. m.
surendetté, ée adj.
surendettement n. m.
surentraînement ou **surentrainement**○ n. m.
surentraîner ou **surentrainer**○ v. tr. | conjug. 1 |
surépaisseur n. f.
suréquipement n. m.
suréquiper v. tr. | conjug. 1 |
surérogation n. f.
surérogatoire adj.
surestarie n. f.
surestimation n. f.
surestimer v. tr. | conjug. 1 |
¬ **se surestimer**
➾ Aux temps composés de la forme pronominale, le participe passé s'accorde en genre et en nombre avec le sujet : *ils se sont surestimés.*
suret, ette adj.
sûreté ou **sureté**○ n. f.
➾ Ce mot s'écrit avec une majuscule lorsqu'il désigne l'ancien service français d'information et de surveillance policière : *la Sûreté nationale ; les agents de la Sûreté*. Les locutions **en sûreté** et **de sûreté** sont invariables.
surette n. f.
surévaluation n. f.
surévaluer v. tr. | conjug. 1 |
surévolution n. f.
surex adj.
□ abrév. de **surexposé, ée**
surexcitabilité n. f.
surexcitable adj.
surexcitant, ante adj.
surexcitation n. f.
surexcité, ée adj.
surexciter v. tr. | conjug. 1 |
surexhausser v. tr. | conjug. 1 |
surexploitation n. f.
surexploiter v. tr. | conjug. 1 |
surexposé, ée adj.
surexposer v. tr. | conjug. 1 |
surexposition n. f.
surf /sœʀf/ n. m.
surfaçage n. m.
surface n. f.
surfacer v. tr. | conjug. 3 |
surfaceuse n. f.
surfacique adj.

surfactant n. m.
surfactif n. m. et adj.
surfacturation n. f.
surfacturer v. tr. | conjug. 1 |
surfaire v. tr. | conjug. 60 |
CONJUG. Ce verbe s'emploie surtout à l'infinitif et au présent de l'indicatif. Il se conjugue comme *faire* : *vous surfaites* (et non **vous surfaisez*).
surfait, aite adj.
HOM. **surfaix**
surfaix n. m.
HOM. **surfait**
surf-casting /sœʀfkastiŋ/ n. m.
surfécondation n. f.
surféminisation n. f.
surfer /sœʀfe/ v. intr. | conjug. 1 |
surfeuille n. f.
surfeur, euse /sœʀf-/ n.
surfil n. m.
HOM. formes du v. **surfiler**
surfilage n. m.
surfiler v. tr. | conjug. 1 |
surfin, ine adj.
surfine n. f.
surfing /sœʀfiŋ/ n. m.
surfiscalisation n. f.
surfiste /sœʀfist/ n.
surfondu, ue adj.
surforme n. f.
surfrappe n. f.
surfusible adj.
surfusion n. f.
surgant n. m.
surge adj. et n. f.
surgé n.
□ abrév. de **surveillant général**
Ξ Cette abréviation appartient à l'argot scolaire.
surgélateur n. m.
surgélation n. f.
surgelé, ée adj. et n. m.
surgeler v. tr. | conjug. 5 |
surgénérateur, trice adj. et n. m.
surgeon n. m.
surgeonner v. intr. | conjug. 1 |
surgir v. intr. | conjug. 2 |
surgissement n. m.
surhaussé, ée adj.
surhaussement n. m.
surhausser v. tr. | conjug. 1 |
surhomme n. m.
surhumain, aine adj.
surhumainement adv.
surhumanité n. f.
suri, ie adj.
suricate n. m.
surimi n. m.
surimposer v. tr. | conjug. 1 |
surimposition n. f.
surimpression n. f.
surin n. m.
surindexation n. f.
surindustrialisation n. f.
suriner v. tr. | conjug. 1 |
surineur, euse n.
surinfecter (se) v. pron. | conjug. 1 |
➾ Aux temps composés de la forme pronominale, le participe passé s'accorde en genre et en nombre avec le sujet : *la plaie s'est surinfectée.*
surinfection n. f.
surinformation n. f.
surinformé, ée adj.
surintendance n. f.
surintendant n. m.
surintendante n. f.
surintensité n. f.
surinvestir v. tr. | conjug. 2 |
surinvestissement n. m.
surir v. intr. | conjug. 2 |
surirella n. f.
surirradiation n. f.
surjaler v. intr. | conjug. 1 |
surjectif, ive adj.
surjection n. f.
surjet n. m.
surjeter v. tr. | conjug. 4 |
surjeteuse n. f.
surjeu n. m.
surjouer v. tr. | conjug. 1 |
surlargeur n. f.
surlé n. m.
sur-le-champ /-ʃɑ̃/ loc. adv.
surlendemain n. m.
surlie ou **surlies** n. m.
surligner v. tr. | conjug. 1 |
surligneur n. m.
surliure n. f.
surlonge n. f.
surloyer n. m.
surmâle n. m.
surmatelas n. m.
surmaturation n. f.
surmédiatisation n. f.
surmédiatiser v. tr. | conjug. 1 |
surmédicalisation n. f.
surmédicaliser v. tr. | conjug. 1 |
surmeh /syʀme/ n. m.
surmenage n. m.
surmenant, ante adj.
surmené, ée adj.

surmener v. tr. | conjug. 5 |
¬ **se surmener**
➾ Aux temps composés de la forme pronominale, le participe passé s'accorde en genre et en nombre avec le sujet : *elles se sont surmenées.*
sur-mesure n. m. inv.
surmodulation n. f.
surmoduler v. tr. | conjug. 1 |
surmoi n. m. inv.
surmoïque adj.
surmontable adj.
surmontage n. m.
surmonter v. tr. | conjug. 1 |
surmontoir n. m.
surmortalité n. f.
surmoulage n. m.
surmoule n. m.
surmouler v. tr. | conjug. 1 |
surmulet n. m. (poisson)
surmulot n. m. (rat commun)
surmultiplication n. f.
surmultiplié, iée adj.
surnageant, ante adj.
surnager v. intr. | conjug. 3 |
surnatalité n. f.
surnaturalisme n. m.
surnaturaliste adj. et n.
surnature n. f.
surnaturel, elle adj. et n. m.
surnaturellement adv.
surnom n. m.
surnombre n. m.
surnommer v. tr. | conjug. 1 |
surnourrir v. tr. | conjug. 2 |
surnuméraire adj. et n.
surnumérariat n. m.
suroccupation n. f.
suroccupé, ée adj.
suroffre n. f.
suroît ou **suroit**° n. m.
suron n. m.
suros /-o/ n. m.
HOM. **sureau**
suroxydation n. f.
suroxyder v. tr. | conjug. 1 |
suroxygénation n. f.
suroxygéné, ée adj.
surpassable adj.
surpassement n. m.
surpasser v. tr. | conjug. 1 |
¬ **se surpasser**
➾ Aux temps composés de la forme pronominale, le participe passé s'accorde en genre et en nombre avec le sujet : *la cuisinière s'est surpassée.*
surpatte n. f.
surpâturage n. m.
surpaye n. f.
surpayer v. tr. | conjug. 8 |
surpêche n. f.
surpeuplé, ée adj.
surpeuplement n. m.
surpeupler v. tr. | conjug. 1 |
surpiquer v. tr. | conjug. 1 |
surpiqûre ou **surpiqure**° n. f.
surplace ou **sur-place** n. m.
➾ Ce nom s'écrit en un mot ou avec un trait d'union, contrairement à la locution adverbiale **sur place** : *rester sur place* mais *faire du surplace* ou *du sur-place.*
surplis n. m.
➾ Ne pas oublier le *s* au singulier : *surplis* n'est pas de la famille de *pli.*
surplomb n. m.
➾ La locution **en surplomb** est invariable : *des falaises en surplomb.*
surplombant, ante adj.
surplombement n. m.
surplomber v. intr. et v. tr. | conjug. 1 |
surplus /-ply/ n. m.
▸ **en surplus** *il y a de la marchandise en surplus*
▸ **au surplus** *au surplus, il est en mauvaise santé*
➾ Lorsque **surplus de** est suivi d'un nom au pluriel, l'accord se fait avec *surplus* : *le surplus de produits a été réexpédié* (et non **ont été réexpédiés*).
surpoids n. m.
surpondérer v. tr. | conjug. 6 |
surpopulation n. f.
surprenant, ante adj.
▸ **il est surprenant que** (+ subj.) *il est surprenant que personne ne se soit manifesté*
surprendre v. tr. | conjug. 58 |
▸ **être surpris de/par** (+ n.) *j'ai été surpris de sa réaction ou par sa réaction*
▸ **être surpris de** (+ inf.) *il est surpris d'avoir échoué*
▸ **être surpris que** (+ subj.) *nous serions surpris qu'elle ne vienne pas*
➾ Au présent de l'indicatif, à la forme interrogative avec sujet inversé, on écrit *surprend-on, surprend-il, surprend-elle* et non **surprend-t-on, *surprend-t-il, *surprend-t-elle.* Le *d* final se prononce /t/ ; il est donc inutile et fautif d'ajouter un *t.*
¬ **se surprendre**
▸ **se surprendre à** (+ inf.) *je me suis surpris à sourire*
➾ Aux temps composés de la forme pronominale, le participe passé s'accorde en genre et en nombre avec le sujet : *elle s'est surprise à rêver.*

surpresseur n. m.
surpression n. f.
surprime n. f.
surpris, ise adj.
→ aussi **surprendre**
surprise n. f.
Ξ Ce mot peut s'employer en apposition ; il prend la marque du pluriel : *des visites surprises*.
surprise-partie ▪ plur. **surprises-parties** ou **surprise-party** ▪ plur. **surprise-partys** n. f.
surproducteur, trice adj.
surproduction n. f.
surproduire v. tr. | conjug. 38 |
surprofit n. m.
surprotecteur, trice adj.
surprotection n. f.
surprotéger v. tr. | conjug. 6 et 3 |
surpuissance n. f.
surpuissant, ante adj.
surqualification n. f.
surqualifié, iée adj.
surre n. m.
HOM. **sur, sûr**, forme du v. **savoir**
surréalisant, ante adj.
surréalisme n. m.
➾ Comme tous les noms de courants artistiques, ce mot s'écrit sans majuscule : *le surréalisme et le dadaïsme*.
surréaliste adj. et n.
➾ Comme tous les mots désignant ou qualifiant un courant artistique ou ses représentants, ce mot s'écrit sans majuscule : *le mouvement surréaliste ; les surréalistes et les dadaïstes*.
surréalité n. f.
surrection n. f.
surrède n. m.
surréel, elle adj.
surrégénérateur n. m.
surrégénération n. f.
surrégime n. m.
surrénal, ale, aux adj.
surrénalectomie n. f.
surrénalien, ienne adj.
surrénalite n. f.
surrénalome n. m.
surreprésentation n. f.
surreprésenté, ée adj.
surréservation n. f.
◻ rec. off. pour **surbooking**
surrier n. m.
surround /səʀaund/ adj. et n. m.
sursalaire n. m.
sursalé, ée adj.
sursangle n. f.
sursaturant, ante adj.
sursaturation n. f.
sursaturé, ée adj.
sursaut n. m.
➾ La locution **en sursaut** est invariable : *ils se sont réveillés en sursaut*.
sursauter v. intr. | conjug. 1 |
surséance n. f.
sursemer v. tr. | conjug. 5 |
surseoir ou **sursoir**○ v. tr. et v. tr. ind. | conjug. 26 |
Ξ De nos jours, on emploie surtout la forme transitive indirecte : *le tribunal a sursis à statuer*.
sursimulation n. f.
sursis n. m.
▸ **en sursis** *des condamnés en sursis*
sursitaire adj. et n.
sursoir○ v. tr. et v. tr. ind. | conjug. 26 |
→ **surseoir**
sursolide n. m.
sursoufflage n. m.
surstabilisation n. f.
surstock n. m.
surstockage n. m.
surstocker v. tr. | conjug. 1 |
surtaux n. m.
surtaxation n. f.
surtaxe n. f.
surtaxer v. tr. | conjug. 1 |
surtension n. f.
surtitrage n. m.
surtitre n. m.
surtitrer v. tr. | conjug. 1 |
surtoilé, ée adj.
surtondre v. tr. | conjug. 41 |
➾ Au présent de l'indicatif, à la forme interrogative avec sujet inversé, on écrit *surtond-on, surtond-il, surtond-elle* et non **surtond-t-on, *surtond-t-il, *surtond-t-elle*. Le *d* final se prononce /t/ ; il est donc inutile et fautif d'ajouter un *t*.
surtonte n. f.
surtout adv. et n. m.
Ξ La locution **surtout que** est critiquée. Dans la langue soignée, il est préférable de la remplacer par **d'autant plus que**.
surtravail n. m.
sururbanisation n. f.
survaleur n. f.
survalorisation n. f.
survaloriser v. tr. | conjug. 1 |
surveillance n. f.
surveillant, ante n.
surveille n. f.
surveillé, ée adj.

surveiller v. tr. | conjug. 1 |
¬ **se surveiller**
➾ Aux temps composés de la forme pronominale, le participe passé s'accorde en genre et en nombre avec le sujet : *elle s'est longtemps surveillée par peur de grossir*.
survenance n. f.
survenant, ante n.
survendre v. tr. | conjug. 41 |
➾ Au présent de l'indicatif, à la forme interrogative avec sujet inversé, on écrit *survend-on, survend-il, survend-elle* et non **survend-t-on, *survend-t-il, *survend-t-elle*. Le *d* final se prononce /t/ ; il est donc inutile et fautif d'ajouter un *t*.
survenir v. intr. | conjug. 22 |
CONJUG. Ce verbe se conjugue avec l'auxiliaire *être* : *la maladie est survenue soudainement* (et non **a survenu*).
survente n. f.
survenue n. f.
surverse n. f.
surveste n. f.
survêtement n. m.
survie n. f.
HOM. formes du v. **survivre**
survirage n. m.
survirer v. intr. | conjug. 1 |
survireur, euse adj.
survirilisation n. f.
survitaminé, ée adj.
survitesse n. f.
survitrage n. m.
survivance n. f.
survivant, ante adj. et n.
survivre v. tr., v. tr. ind. et v. intr. | conjug. 46 |
▸ **survivre à** (+ n.) *ils ont survécu à la catastrophe ; elle a survécu à tous les siens*
CONJUG. Le participe passé *survécu* est toujours invariable car ce verbe n'a jamais de complément d'objet direct : *elle s'est survécu dans son œuvre*.
survol n. m.
HOM. formes du v. **survoler**
survoler v. tr. | conjug. 1 |
survoltage n. m.
survolté, ée adj.
survolter v. tr. | conjug. 1 |
survolteur n. m.
survolteur-dévolteur n. m. ▪ plur. **survolteurs-dévolteurs**
sus /sy(s)/ adv.
sus à l'ennemi !
▸ **en sus (de)** *taxe en sus ; les honoraires sont en sus des frais*
HOM. formes des v. **savoir, sucer, suer**
sus-alaire adj. ▪ plur. **sus-alaires**
sus-caudal, ale /sy(s)-/ adj. ▪ plur. **sus-caudaux, ales**
susceptance n. f.
susceptibilité n. f.
susceptible adj.
▸ **susceptible de** (+ n.) *un tarif susceptible d'augmentation*
▸ **susceptible de** (+ inf.) *une personne susceptible de vous renseigner*
☰ Ne pas employer *susceptible* à la place de *capable* lorsqu'il s'agit d'une capacité permanente et reconnue : on dira *les funambules sont capables de marcher sur une corde raide* et non *les funambules sont susceptibles de marcher sur une corde raide*.
susception n. f.
suscitateur, trice n. et adj.
suscitation n. f.
susciter v. tr. | conjug. 1 |
suscription n. f.
⚡ Ne pas confondre **suscription**, qui désigne dans le langage administratif une adresse écrite sur une lettre ou sur une enveloppe, avec **souscription**, qui désigne l'action de souscrire à une publication ou à un emprunt.
suscrire v. tr. | conjug. 39 écrire |
susdénommé, ée /sy(s)-/ adj. et n.
susdit, dite /sy(s)-/ adj. et n.
sus-dominante /sy(s)-/ n. f. ▪ plur. **sus-dominantes**
sus-épineux, euse /syz-/ adj. ▪ plur. **sus-épineux, euses**
sus-hépatique /syz-/ adj. ▪ plur. **sus-hépatiques**
sushi /suʃi/ n. m.
sus-hyoïdien, ienne /syz-/ adj. ▪ plur. **sus-hyoïdiens, iennes**
sus-jacent, ente /sy(s)-/ adj. ▪ plur. **sus-jacents, entes**
sus-malléolaire /sy(s)-/ adj. ▪ plur. **sus-malléolaires**
sus-maxillaire /sy(s)-/ adj. ▪ plur. **sus-maxillaires**
susmentionné, ée /sy(s)-/ adj.
susnommé, ée /sy(s)-/ adj.
sus-occipital, ale /syz-/ adj. ▪ plur. **sus-occipitaux, ales**
sus-orbitaire /syz-/ adj. ▪ plur. **sus-orbitaires**
suspect, ecte adj. et n.
☯ Le nom est souvent employé au masculin pour parler d'une femme : *elle est le suspect numéro un*.
suspectable adj.
suspecter v. tr. | conjug. 1 |
¬ **se suspecter**
➾ Aux temps composés de la forme pronominale, le participe passé s'accorde en genre

et en nombre avec le sujet : *ils se sont suspectés les uns les autres*.

suspendre v. tr. | conjug. 41 |

➾ Au présent de l'indicatif, à la forme interrogative avec sujet inversé, on écrit *suspend-on, suspend-il, suspend-elle* et non **suspend-t-on, *suspend-t-il, *suspend-t-elle*. Le *d* final se prononce /t/ ; il est donc inutile et fautif d'ajouter un *t*.

¬ **se suspendre**

➾ Aux temps composés de la forme pronominale, le participe passé s'accorde en genre et en nombre avec le sujet : *la chauve-souris s'est suspendue à la branche*.

suspendu, ue adj.

suspens /syspɑ̃/ adj. m. et n. m.

Ξ Le nom se rencontre surtout dans la locution **en suspens** : *la question reste en suspens ; des projets en suspens*. Il peut être employé comme équivalent de l'anglicisme *suspense*, mais cet usage est rare.

HOM. formes du v. **suspendre**

[1]**suspense** /syspɑ̃s/ n. f. (Dr. canadien : censure)

[2]**suspense** /syspɛns/ n. m. (attente)

→ aussi **suspens**

suspenseur adj. m. et n. m.

suspensif, ive adj.

suspension n. f.

suspensoïde adj.

suspensoir n. m.

suspente n. f.

suspicieusement adv.

suspicieux, ieuse adj.

suspicion n. f.

sus-pied /sy(s)-/ ▪ plur. **sus-pieds** ou **suspied** ▪ plur. **suspieds** n. m.

suspirieux, ieuse adj.

sus-pubien, ienne /sy(s)-/ adj. ▪ plur. **sus-pubiens, iennes**

sus-scapulaire /sys-/ adj. ▪ plur. **sus-scapulaires**

susseyement n. m.

sussultoire adj.

sustain n. m.

sustentateur, trice adj.

sustentation n. f.

sustenter v. tr. | conjug. 1 |

¬ **se sustenter**

➾ Aux temps composés de la forme pronominale, le participe passé s'accorde en genre et en nombre avec le sujet : *ils se sont sustentés*.

sus-tentoriel, elle /sy(s)-/ adj. ▪ plur. **sus-tentoriels, elles**

sus-tonique /sy(s)-/ n. f. ▪ plur. **sus-toniques**

susucre /sys-/ n. m.

susurrant, ante /sys-/ adj.

susurration /sys-/ n. f.

susurrement /sys-/ n. m.

susurrer /sys-/ v. tr. et v. intr. | conjug. 1 |

susvisé, ée /sys-/ adj.

sutémi /sutemi/ n. m.

sutra /sutʀa/ ou **soutra** n. m.

sutural, ale, aux adj.

suture n. f.

➾ Ce mot est au singulier dans la locution **points de suture**.

suturé, ée adj.

suturer v. tr. | conjug. 1 |

suzerain, aine n.

suzeraineté n. f.

svanète n. m.

svastika ou **swastika** n. m.

svelte adj.

sveltesse n. f.

S. V. P. abrév.

▫ abrév. de **s'il vous plaît**

swahili, ie ou **souahéli, ie** /swa-/ n. m. et adj.

➾ Comme tous les noms de langues, ce mot s'écrit sans majuscule : *ils parlent le swahili*.

swap /swap/ n. m.

▫ rec. off. : **crédit croisé** ou **échange financier**

swastika n. m.

→ **svastika**

sweat /swit ; swɛt/ n. m.

▫ abrév. de **sweat-shirt**

sweater ou **sweateur**○ /switœʀ ; swɛtœʀ/ n. m.

sweat-shirt ▪ plur. **sweat-shirts** ou **sweatshirt**○ ▪ plur. **sweatshirts**○ /switʃœʀt ; swɛtʃœʀt/ n. m.

sweepstake /swipstɛk/ n. m.

swi-manga n. m. ▪ plur. **swi-mangas**

→ **souimanga**

swing /swiŋ/ n. m.

HOM. formes du v. **swinguer**

swinguer /swiŋge/ v. intr. | conjug. 1 |

sybarite n. et adj.

➾ L'adjectif s'écrit sans majuscule : *la population sybarite*. Le nom s'écrit avec une majuscule lorsqu'il désigne un habitant de Sybaris mais sans majuscule lorsqu'il désigne une personne qui recherche les plaisirs et le luxe : *la prospérité des Sybarites ; la vie raffinée d'un sybarite*.

sybaritique adj.

sybaritisme n. m.

sycomancie n. f.

sycomore n. m.

sycone n. m.

sycophante n. m.

sycose n. f.

sycosis /-is/ n. m.

syénite n. f.
syénitique adj.
syllabaire n. m.
syllabation n. f.
syllabe n. f.
syllabique adj.
syllabiquement adv.
syllabiser v. intr. | conjug. 1 |
syllabisme n. m.
syllabus n. m.
syllepse n. f.
sylleptique adj.
syllogiser v. intr. | conjug. 1 |
syllogisme n. m.
syllogistique adj. et n. f.
sylphe n. m.
Ne pas confondre **sylphe** avec **sylvain**. Le sylphe est un génie de l'air, dans les mythologies celtique, gauloise et germanique. Le sylvain est une divinité des forêts, dans la mythologie latine.
HOM. **silphe**
sylphide n. f.
sylvain n. m.
Ne pas confondre **sylvain** avec **sylphe**. Le sylvain est une divinité des forêts, dans la mythologie latine. Le sylphe est un génie de l'air, dans les mythologies celtique, gauloise et germanique.
sylvaner ou **silvaner** /-nɛʀ/ n. m.
sylve n. f.
sylvestre adj.
sylvicole adj.
sylviculteur, trice n.
sylviculture n. f.
sylvie n. f.
sylvien, ienne adj.
sylvine n. f.
sylvinite n. f.
symbion n. m.
symbionte n. m.
symbiose n. f.
symbiote n. m.
symbiotique adj.
symblépharon n. m.
symbolard, arde adj. et n.
symbolarderie n. f.
symbole n. m.
symbolique adj. et n.
symboliquement adv.
symbolisant, ante adj.
symbolisation n. f.
symboliser v. tr. | conjug. 1 |
symbolisme n. m.
Comme tous les noms de courants artistiques, ce mot s'écrit sans majuscule : *le symbolisme de Mallarmé.*
symboliste adj. et n.
Comme tous les mots désignant ou qualifiant un courant artistique ou ses représentants, ce mot s'écrit sans majuscule : *le mouvement symboliste ; les symbolistes.*
symbologie n. f.
symédiane n. f.
symétrie n. f.
symétrique adj.
symétriquement adv.
symétrisable adj.
symétrisation n. f.
symétriser v. tr. et v. intr. | conjug. 1 |
symmachie n. f.
symmorie n. f.
sympa adj.
□ abrév. de **sympathique**
sympathalgie n. f.
sympathalgique adj.
sympathectomie n. f.
sympathicectomie n. f.
sympathicolytique ou **sympatholytique** adj.
sympathicomimétique ou **sympathomimétique** adj.
sympathicotonie n. f.
sympathicotonique adj.
sympathie n. f.
sympathine n. f.
sympathique adj. et n. m.
sympathiquement adv.
sympathisant, ante adj. et n.
sympathiser v. intr. | conjug. 1 |
sympatholytique adj.
→ **sympathicolytique**
sympathomimétique adj.
→ **sympathicomimétique**
sympatrie n. f.
sympatrique adj.
symphalangie n. f.
symphile adj. et n. m.
symphilie n. f.
symphonie n. f.
symphonique adj.
symphoniquement adv.
symphoniste n.
symphorine n. f.
symphysaire adj.
symphyse n. f.
symphyséotomie n. f.
symplectique adj.
symploque n. f.
sympodique adj.
symposium /-jɔm/ n. m.
Ce mot a un pluriel régulier : *des symposiums.*
symptomal, ale, aux adj.

symptomatique adj.
symptomatiquement adv.
symptomatologie n. f.
symptomatologique adj.
symptôme n. m.
➾ Ce mot s'écrit avec un accent circonflexe, contrairement à *symptomatique* et à ses autres dérivés.
↯ Ne pas confondre **symptôme** avec **syndrome**. Le symptôme est le signe d'un état, d'une maladie. Le syndrome est un ensemble de symptômes.
synadelphe n. m.
synagogal, ale, aux adj.
synagogue n. f.
synalèphe n. f.
synalgie n. f.
synallagmatique adj.
synange n. f.
synanthérale n. f.
synanthéré, ée adj.
synaposématisme n. m.
synapse n. f.
synapside n. m.
synapsie n. f.
synaptase n. f.
synaptique adj.
synarchie n. f.
synarchique adj.
synarque n. m.
synarthrose n. f.
synase n. f.
synaspisme n. m.
synaxaire n. m.
synaxe n. f.
syncarpe n. m.
syncarpie n. f.
syncatégorématique adj.
syncheilie /-k-/ ou **synchilie** /-k-/ n. f.
synchondrose /-k-/ n. f.
synchro /-k-/ n. f.
◻ abrév. de **synchronisation**
synchrocyclotron /-k-/ n. m.
synchrone /-k-/ adj.
synchronie /-k-/ n. f.
synchronique /-k-/ adj.
synchroniquement /-k-/ adv.
synchronisant, ante /-k-/ adj.
synchronisation /-k-/ n. f.
synchronisé, ée /-k-/ adj.
synchroniser /-k-/ v. tr. | conjug. 1 |
synchroniseur /-k-/ n. m.
synchronisme /-k-/ n. m.
synchrophasotron /-k-/ n. m.
synchrotron /-k-/ n. m.
synchrotronique /-k-/ adj.
synchyse /-kiz/ ou **synchysis** /-kizis/ n. f.
syncinésie n. f.
syncinétique adj.
synclinal, ale, aux n. m. et adj.
syncopal, ale, aux adj.
syncopant, ante n. et adj.
syncope n. f.
syncopé, ée adj.
syncoper v. tr. et v. intr. | conjug. 1 |
syncrétique adj.
syncrétiquement adv.
syncrétisme n. m.
syncrétiste n. et adj.
syncristallisation n. f.
syncristalliser v. intr. | conjug. 1 |
syncytial, iale, iaux adj.
syncytium /-jɔm/ n. m.
syndactyle adj.
syndactylie n. f.
syndérèse n. f.
synderme n. m.
syndèse n. f.
syndesmologie n. f.
syndesmopexie n. f.
syndesmophyte n. m.
syndesmose n. f.
syndesmotomie n. f.
syndic n. m.
HOM. formes du v. **syndiquer**
syndical, ale, aux adj.
syndicalisable adj.
syndicalisation n. f.
syndicaliser v. tr. | conjug. 1 |
syndicalisme n. m.
syndicaliste n. et adj.
syndicat n. m.
➾ Ce mot s'écrit avec une majuscule lorsqu'il désigne un organisme à caractère unique : *le Syndicat des greffiers de France* mais *le syndicat d'initiative de Nice*.
HOM. formes du v. **syndiquer**
syndicataire n. et adj.
syndication n. f.
syndique n. f.
syndiqué, ée adj.
syndiquer v. tr. | conjug. 1 |
¬ **se syndiquer**
➾ Aux temps composés de la forme pronominale, le participe passé s'accorde en genre et en nombre avec le sujet : *elles se sont syndiquées*.
syndrome n. m.
↯ Ne pas confondre **syndrome** avec **symptôme**. Le **syndrome** est un ensemble de symptômes. Le **symptôme** est le signe d'un état, d'une maladie.
syndromique adj.

synecdoque n. f.
➾ Ne pas employer **synecdote*, qui n'existe pas.
synéchie n. f.
synécologie n. f.
synectique n. f.
synèdre n. m.
synédrion n. m.
synérèse n. f.
synergiciel n. m.
synergide n. f.
synergie n. f.
synergique adj.
synergiquement adv.
synergisme n. m.
synergiste adj. et n. m.
synesthésie n. f.
synfibrose n. f.
syngame n. m.
syngamie n. f.
syngénésie n. f.
syngénésique adj.
syngénésiste n.
syngnathe /-gn-/ n. m.
syngnathidé /-gn-/ n. m.
synodal, ale, aux adj.
synode n. m.
synodique adj. et n. m.
synoecisme n. m.
synonyme adj. et n. m.
synonymie n. f.
synonymique adj.
synopse n. f.
synopsie n. f.
[1]**synopsis** /-sis/ n. f. (Didact. : vue générale)
[2]**synopsis** /-sis/ n. m. (Cin. : résumé)
☯ De nos jours, ce mot n'est plus employé qu'au masculin : *le synopsis d'un film d'espionnage*.
synoptique adj.
synoptophore n. m.
synostose n. f.
synovectomie n. f.
synovial, iale, iaux adj.
synovie n. f.
ϟ Ne pas confondre **synovie**, « liquide qui lubrifie les articulations », avec **synovite**, « inflammation d'une membrane ».
synoviorthèse n. f.
synovite n. f.
ϟ Ne pas confondre **synovite**, « inflammation d'une membrane », avec **synovie**, « liquide qui lubrifie les articulations ».
syntacticien, ienne n.
[1]**syntactique** adj.
→ **syntaxique**
[2]**syntactique** n. f.
syntagmatique adj. et n. f.
syntagme n. m.
syntalité n. f.
syntaxe n. f.
syntaxique ou **syntactique** adj.
syntaxiquement adv.
syntectique n. m.
synthé n. m.
▫ abrév. de **synthétiseur**
synthème n. m.
synthèse n. f.
synthétase n. f.
synthéticité n. f.
synthétique adj.
synthétiquement adv.
synthétisant, ante adj.
synthétiser v. tr. | conjug. 1 |
synthétiseur n. m.
synthétisme n. m.
synthétiste adj. et n.
syntol n. m.
syntone adj.
syntonie n. f.
syntonisation n. f.
syntoniser v. tr. | conjug. 1 |
syntoniseur n. m.
▫ rec. off. pour **tuner**
syntoxique adj.
synusie n. f.
syphilide n. f.
syphiligraphe ou **syphilographe** n.
syphiligraphie ou **syphilographie** n. f.
syphiligraphique ou **syphilographique** adj.
syphilis /-is/ n. f.
syphilithérapie ou **syphilothérapie** n. f.
syphilitique adj. et n.
syphilographe n.
→ **syphiligraphe**
syphilographie n. f.
→ **syphiligraphie**
syphilographique adj.
→ **syphiligraphique**
syphiloïde adj. et n. f.
syphilomanie n. f.
syphilome n. m.
syphilophobe n.
syphilophobie n. f.
syphilothérapie n. f.
→ **syphilithérapie**
syrah n. f.
HOM. formes du v. **cirer**
syriaque n. m.

syrien, ienne adj. et n.
➾ L'adjectif s'écrit sans majuscule : *la population syrienne*. Le nom s'écrit avec une majuscule uniquement quand il désigne une personne : *les Syriens ; c'est une Syrienne* mais *parler le syrien* (l'arabe de Syrie).
syringa n. m.
syringe n. f.
syringomyélie n. f.
syringomyélique adj.
syrinx n. f. ou m.
☯ Le féminin est plus fréquent.
syrma n. m.
syrphe n. m.
syrphidé n. m.
syrrhapte n. m.
syrte n. f.
syssities n. f. pl.
systématicien, ienne n.
systématique adj. et n. f.
systématiquement adv.
systématisation n. f.
systématisé, ée adj.
systématiser v. tr. | conjug. 1 |
¬ **se systématiser**
➾ Aux temps composés de la forme pronominale, le participe passé s'accorde en genre et en nombre avec le sujet : *les contrôles se sont systématisés*.
systématiseur, euse n.
système n. m.
Ξ Ce mot peut s'employer en apposition ; il est alors invariable : *des ingénieurs système*.
systémicien, ienne n.
systémier n. m.
systémique adj. et n. f.
systole n. f.
HOM. **cistole**
systolique adj.
systyle n. m. et adj.
syzygie n. f.
szlachta /slaʃta/ n. f.

T

t n. m. inv, abrév. et symb.
➾ Le *t* euphonique se place entre un verbe conjugué qui se termine par une voyelle ou par un *c* et le pronom *il*, *elle* ou *on* : *avouera-t-il ?* ; *convainc-t-elle son auditoire ?* Lorsque le verbe se termine par un *d*, cette lettre se prononce /t/ ; il est donc inutile et fautif d'ajouter un *t* : *entend-on convenablement* (et non **entend-t-on*). Ne pas confondre le *t* euphonique, qui s'écrit entre traits d'union, avec *t'*, forme élidée du pronom *te* : *s'en va-t-il ?* (et non **s'en va-t'il*) ; *va-t'en* (et non **va-t-en*).
HOM. **té, tes, thé**
T n. m. inv, abrév. et symb.
HOM. **té, tes, thé**
ta adj. poss.
Ξ *Ta* devient *ton* devant une voyelle ou un *h* muet : *ton amie* ; *ton habitation*.
HOM. **tas**
→ aussi **ton**
ta, ta, ta interj.
tab n. m.
tabac /taba/ n. m.
➾ *Tabac* est au singulier dans les locutions **débit de tabac** et **bureau de tabac**.
Ξ Ce mot peut s'employer seul comme adjectif de couleur ou derrière un adjectif de couleur pour en préciser la nuance ; ces adjectifs sont alors invariables : *des chemises brun tabac* ; *des vestes tabac*.
→ aussi **bar-tabac**, **café-tabac**
tabacodépendant, ante adj.
tabacologie n. f.
tabacologue n.
tabacomanie n. f.
tabaculteur, trice n.
tabageur, euse adj.
tabagie n. f.
tabagique adj. et n.
tabagisme n. m.
tabard n. m.
tabarinade n. f.
tabasco n. m.
Tabaski n. f.
➾ Comme tous les noms de fêtes, ce mot s'écrit avec une majuscule : *la Tabaski est célébrée cinquante jours après la fin du Ramadan*.
tabassage n. m.
tabasse n. f.
tabassée n. f.
tabasser v. tr. | conjug. 1 |
tabatière n. f.
tabellaire adj.
tabelle n. f.
tabellion n. m.
tabernacle n. m.
tabès ou **tabes** /tabɛs/ n. m.
tabescence n. f.
tabétique adj.
tabi n. m.
HOM. **tabis**
tabide adj.
tabis /tabi/ n. m.
HOM. **tabi**
tabla n. m.
HOM. formes du v. **tabler**
tablar ou **tablard** n. m.
tablature n. f.
table n. f.
➾ On écrit ce mot avec une majuscule dans **les Tables de la Loi** et **la Loi des Douze Tables**.
tableau n. m.
tableaumane n. m.
tableaumanie n. f.
tableauter v. intr. | conjug. 1 |
tableautier n. m.
HOM. formes du v. **tableauter**
tableautin n. m.
tablée n. f.
tabler v. tr. ind. | conjug. 1 |
▸ **tabler sur** *tabler sur une augmentation des salaires*

tabletier, ière n.
tablettage n. m.
tablette n. f.
tabletter v. tr. | conjug. 1 |
tabletterie n. f.
tableur n. m.
tablier n. m.
HOM. formes du v. **tabler**
tablinum /-ɔm/ n. m.
tabloïd ou **tabloïde** n. m.
tabor n. m.
tabou, e n. m. et adj.
tabouisation n. f.
tabouiser v. tr. | conjug. 1 |
taboulé n. m.
tabouret n. m.
tabourin n. m.
tabulaire adj.
HOM. forme du v. **tabuler**
tabularium /-jɔm/ n. m.
tabulateur n. m.
tabulation n. f.
tabulatrice n. f.
tabuler v. intr. et v. tr. | conjug. 1 |
tabun /tabun/ n. m.
tac interj. et n. m.
➾ La locution **du tac au tac** s'écrit sans traits d'union.
HOM. **taque**, formes du v. **taquer**
tacamaque n. m. et adj.
tacatac interj.
tacaud n. m.
HOM. **tacco, taco, tacot**
tacca n. m.
HOM. formes du v. **taquer**
tacco n. m.
HOM. **tacaud, taco, tacot**
tacet /tasɛt/ n. m.
HOM. **tassette**
tachage n. m.
tachant, ante adj.
tache n. f. (marque)
➾ Ce mot est toujours au singulier dans l'expression **faire tache d'huile** : *ces idées ont fait tache d'huile.*
HOM. **tâche**, formes des v. **tacher, tâcher**
tâche n. f. (travail)
HOM. **tache**, formes des v. **tacher, tâcher**
taché, ée adj.
tachéographe /-k-/ n. m.
tachéomètre /-k-/ n. m.
tachéométrie /-k-/ n. f.
tacher v. tr. | conjug. 1 |
¬ **se tacher**
➾ Aux temps composés de la forme pronominale, le participe passé s'accorde en genre et en nombre avec le sujet : *les enfants se sont tachés avec de la peinture.* Mais le participe passé ne s'accorde pas quand il est suivi d'un complément d'objet direct : *elle s'est taché les doigts.* Il ne s'accorde avec le complément d'objet direct que lorsque celui-ci est placé avant le verbe : *elle se les est tachés.*
HOM. **tâcher**
tâcher v. tr., v. tr. ind. et v. intr. | conjug. 1 |
▸ **tâcher de** (+ inf.) *tâche d'être à l'heure*
▸ **tâcher que** (+ subj.) *tâchez que cela ne se reproduise plus*
Ξ La construction **tâcher à** (+ inf.) est vieillie : *je tâcherai à les convaincre.*
Tâcher moyen est une locution populaire à éviter dans la langue soignée.
HOM. **tacher**
tâcheron, onne n.
HOM. formes des v. **tacher, tâcher**
tacheté, ée adj.
tacheter v. tr. | conjug. 4 |
tacheture n. f.
tachi /tatʃi/ n. m.
tachine /-k-/ n. m. ou f.
HOM. **taquine** (fém. de *taquin*), formes du v. **taquiner**
tachiscopique /-k-/ adj.
tachisme n. m.
➾ Comme tous les noms de courants artistiques, ce mot s'écrit sans majuscule : *le tachisme et le pointillisme.*
tachiste adj. et n.
➾ Comme tous les mots désignant ou qualifiant un courant artistique ou ses représentants, ce mot s'écrit sans majuscule : *le mouvement tachiste ; les tachistes.*
tachistoscope /-k-/ n. m.
tachistoscopique /-k-/ adj.
tachure n. f.
tachyarythmie /-k-/ n. f.
tachycardie /-k-/ n. f.
tachygenèse /-k-/ n. f.
tachygénétique /-k-/ adj.
tachygraphe /-k-/ n. m.
tachygraphie /-k-/ n. f.
tachygraphique /-k-/ adj.
tachymètre /-k-/ n. m.
tachymétrie /-k-/ n. f.
tachyon /-k-/ n. m.
HOM. formes du v. **taquer**
tachyphagie /-k-/ n. f.
tachyphémie /-k-/ n. f.
tachyphylaxie /-k-/ n. f.
tachypnée /-k-/ n. f.
tachypsychie /-k-ʃi/ n. f.
tachysystolie /-k-/ n. f.
tacite adj.
tacitement adv.
taciturne adj.

taciturnement adv.
taciturnité n. f.
tacle n. m.
tacler v. intr. | conjug. 1 |
taco n. m.
HOM. **tacaud, tacco, tacot**
[1]**tacon** n. m. (saumon, pièce pour raccommoder les vêtements)
HOM. formes du v. **taquer**
[2]**tacon** n. m. (Typogr. : pièce)
taconeos ou **taconéos** /takɔneos/ n. m. pl.
taconnet n. m.
tacot n. m.
HOM. **tacaud, tacco, taco**
tact n. m.
tactac n. m.
Tactel® n. m.
➾ Comme tous les noms déposés, ce mot doit s'écrire avec une majuscule : *un pantalon en Tactel.* Toutefois, on le trouve fréquemment employé comme nom générique sans respect de la règle : *un pantalon en tactel.*
tacticien, ienne n.
tacticité n. f.
tactile adj.
tactique n. f. et adj.
tactiquement adv.
tactisme n. m.
tactum /-ɔm/ n. m.
T. A. D. /teade/ n.
□ abrév. de **travailleur, euse à domicile**
tadjik, e adj. et n.
➾ L'adjectif s'écrit sans majuscule : *la population tadjike.* Le nom s'écrit avec une majuscule uniquement quand il désigne une personne : *les Tadjiks ; c'est une Tadjike* mais *parler le tadjik.*
tadorne n. m.
tædium vitæ /tedjɔmvite/ n. m.
taekwondo /tekwɔ̃do/ n. m.
tael /taɛl/ n. m.
tænia /tenja/ n. m.
→ **ténia**
tæniophyllum /tenjofilɔm/ n. m.
taf ou **taffe** n. m. (fam. : travail)
taffe n. f. (fam. : bouffée)
taffer v. intr. | conjug. 1 |
taffetas n. m.
taffetatier, ière n.
tafia n. m.
tag n. m.
HOM. formes du v. **taguer**
tagada interj.
tagage n. m.
tagal ou **tagalog** n. m.
➾ Comme tous les noms de langues, ce mot s'écrit sans majuscule : *ils parlent le tagal* ou *le tagalog.*
tagatose n. f.
tagète n. m.
tagger /tagœʀ/ n. m.
→ **tagueur**
tagine n. m.
→ **tajine**
tagliatelle /talja-/ ou **taliatelle**○ n. f.
Ξ En italien, *tagliatelle* est un nom pluriel mais on l'emploie au singulier en francisant la forme du pluriel : *une tagliatelle, des tagliatelles.*
tagma n. m.
taguer v. tr. | conjug. 1 |
tagueur, euse ou **tagger** /tagœʀ/ n.
taïaut ou **tayaut** interj.
taï-chi(-chuan) /tajʃi(ʃwan)/ n. m.
taie n. f.
Ξ Ne pas employer ***tête d'oreiller** à la place de **taie d'oreiller**.
HOM. [1]**têt**, formes du v. **taire**
taïga n. f.
taïkonaute n.
taïkoun n. m.
taillabilité n. f.
taillable adj.
taillade n. f.
taillader v. tr. | conjug. 1 |
tailladin n. m.
taillage n. m.
taillanderie n. f.
taillandier n. m.
taillant n. m.
[1]**taille** n. f. (coupe)
➾ Ce mot est toujours au singulier dans la locution **pierre de taille**.
HOM. **thaï**
[2]**taille** n. f. (grandeur)
se redresser de toute sa taille
▸ **être de taille à** (+ inf.) *ils ne sont pas de taille à se défendre*
HOM. **thaï**
taillé, ée adj.
taille-buissons ▪ plur. inv. ou **taille-buisson**○ ▪ plur. **taille-buissons**○ n. m.
taille-crayon n. m. ▪ plur. **taille-crayons**
taille-douce n. f. ▪ plur. **tailles-douces**
taille-haie n. m. ▪ plur. **taille-haies**
taille-mer n. m. ▪ plur. inv. ou plur. **taille-mers**○
tailler v. tr. et v. intr. | conjug. 1 |
¬ **se tailler**
Ξ Au sens de « s'enfuir », **se tailler** appartient au registre familier.
➾ Aux temps composés de la forme pronominale, le participe passé s'accorde en genre et en nombre avec le sujet : *elle s'est taillée en*

courant. Mais le participe passé ne s'accorde pas quand il est suivi d'un complément d'objet direct : *ils se sont taillé une excellente réputation*. Il ne s'accorde avec le complément d'objet direct que lorsque celui-ci est placé avant le verbe : *l'excellente réputation qu'ils se sont taillée*.

taillerie n. f.

tailleur, euse n. m.

Ξ Ce mot peut s'employer en apposition ; il est alors invariable : *des cols tailleur*.

tailleur-pantalon n. m. ▪ plur. **tailleurs-pantalons**

taillis n. m.

tailloir n. m.

taillole n. f.

taillon n. m.

HOM. formes du v. **tailler**

tain n. m.

➾ Ne pas écrire *teint* à la place de *tain*, notamment dans la locution **glace sans tain**.

HOM. **teint**, **thym**, **tin**, formes des v. **teindre**, **tenir**

taire v. tr. | conjug. 54 |

¬ **se taire**

⌘ Dans une construction factitive, l'omission du pronom est obligatoire : *je les ai fait taire* (et non **je les ai fait se taire*).

➾ Aux temps composés de la forme pronominale, le participe passé s'accorde en genre et en nombre avec le sujet : *elles se sont tues à notre approche*. Mais le participe passé ne s'accorde pas quand il est suivi d'un complément d'objet direct : *ils se sont tu des vérités*. Il ne s'accorde avec le complément d'objet direct que lorsque celui-ci est placé avant le verbe : *les vérités qu'ils se sont tues*.

HOM. **ter**, **terre**, formes du v. **terrer**

taiseux, euse n.

taisson n. m.

tajine ou **tagine** n. m.

takahé n. m.

taki n. m.

[1]**tala** adj. et n. (étudiant)

HOM. formes des v. **taler**, **taller**

[2]**tala** n. m. (palmier)

HOM. formes des v. **taler**, **taller**

talaire adj.

HOM. **thaler**, formes des v. **taler**, **taller**

talalgie n. f.

talanquère n. f.

talapoin n. m.

talari ou **tallari** n. m.

talatate n. m.

talbin n. m.

talc n. m.

HOM. formes du v. **talquer**

talcaire adj.

HOM. forme du v. **talquer**

talcomètre n. m.

talcschiste n. m.

talé, ée adj.

HOM. **taller**

taleb n. m. ▪ plur. **tolba** ou plur. **tolbas** ou plur. **talebs**

Ξ On peut employer le pluriel arabe *tolba* ou les formes francisées *talebs* et *tolbas*.

talégalle ou **tallegalle** /talegal/ n. m.

talent n. m.

HOM. **talant** (p. prés. de *taler*), **tallant** (p. prés. de *taller*)

talentueusement adv.

talentueux, euse adj.

taler v. tr. | conjug. 1 |

HOM. **taller**

taleth n. m.

taliatelle○ n. f.

→ **tagliatelle**

taliban n. m. ▪ plur. **talibans** ou plur. inv.

Ξ En afghan, *taliban* est un nom masculin pluriel. On peut toutefois l'employer au singulier et franciser la forme du pluriel : *un taliban, des talibans*.

talibé n. m.

talion n. m.

talipot n. m.

→ **tallipot**

talisman n. m.

talismanique adj.

talitre n. m.

talkie-walkie /tokiwoki ; tɔlkiwɔlki/ n. m. ▪ plur. **talkies-walkies**

talk-show /tɔ(l)kʃo/ n. m. ▪ plur. **talk-shows**

▫ rec. off. : **débat-spectacle** ou **émission-débat**

tallage n. m.

tallari n. m.

→ **talari**

talle n. f.

HOM. **thalle**, formes des v. **taler**, **taller**

taller v. intr. | conjug. 1 |

HOM. **talé**, **taler**

tallipot ou **talipot** n. m.

talma n. m.

talmouse n. f.

talmud n. m.

talmudique adj.

talmudiquement adv.

talmudiste n. m.

talochage n. m.

taloche n. f.

talocher v. tr. | conjug. 1 |

talocheur, euse n.

talon n. m.
HOM. formes des v. **taler, taller**
talonnade n. f.
talonnage n. m.
talonnement n. m.
talonner v. tr. et v. intr. | conjug. 1 |
talonnette n. f.
talonneur, euse n.
talonnier, ière n.
HOM. formes du v. **talonner**
talonnière n. f.
talpa n. f.
talpache n. m.
talpack n. m.
talquage n. m.
talquer v. tr. | conjug. 1 |
talqueux, euse adj.
talure n. f.
¹talus /taly/ n. m. (pente)
➾ Ne pas oublier le *s* au singulier.
²talus /talys/ adj. m. (bot)
talweg ou **thalweg** /talvɛg/ n. m.
tamahek n. m. et adj.
➾ Comme tous les noms de langues, ce mot s'écrit sans majuscule : *le tamahek est un dialecte berbère.*
tamandua n. m.
tamanoir n. m.
tamar n. m.
tamaricacée ou **tamariscinée** n. f.
tamarin n. m.
tamarinier n. m.
tamaris /-ʀis/ ou **tamarix** /-ʀiks/ n. m.
tambouille n. f.
tambour n. m.
➾ Ce mot est au singulier dans les locutions **tambour battant** et **sans tambour ni trompette**.
tambourin n. m.
tambourinade n. f.
tambourinage n. m.
tambourinaire n. m.
HOM. forme du v. **tambouriner**
tambourinement n. m.
tambouriner v. intr. et v. tr. | conjug. 1 |
tambourineur, euse n.
tambour-major n. m. ▪ plur. **tambours-majors**
tamia n. m.
tamier n. m.
tamil adj. et n.
→ **tamoul**
tamis n. m.
tamisage n. m.
tamisant, ante adj.
tamisat n. m.
HOM. formes du v. **tamiser**
tamise n. f.
tamiser v. tr. et v. intr. | conjug. 1 |
tamiserie n. f.
tamiseur, euse n.
tamisier, ière n.
HOM. formes du v. **tamiser**
tamoul, e ou **tamil** adj. et n.
➾ L'adjectif s'écrit sans majuscule : *le peuple tamoul.* Le nom s'écrit avec une majuscule uniquement quand il désigne une personne : *les Tamouls ; c'est une Tamoule* mais *parler le tamoul.*
tamouré n. m.
tampico n. m.
tampon n. m.
Ξ Ce mot peut s'employer en apposition ; il prend la marque du pluriel : *des solutions tampons ; des mémoires tampons.*
tamponnade n. f.
tamponnage n. m.
tamponnement n. m.
tamponner v. tr. | conjug. 1 |
tamponneur, euse adj. et n.
tamponnier n. m.
tamponnoir n. m.
tam-tam ▪ plur. inv. ou **tamtam**° ▪ plur. **tamtams**° n. m.
tan n. m.
HOM. **taon, tant, temps,** formes du v. **tendre**
tanagra n. m. ou f.
tanagréen, enne adj.
tanagridé n. m.
tanaïm n. m. pl.
tanaisie n. f.
tancer v. tr. | conjug. 3 |
tanche n. f.
tanchis n. m.
tandem /-dɛm/ n. m.
tandémiste n.
tandis que /tɑ̃dik(ə)/ loc. conj.
♪ La prononciation du *s* est généralement considérée comme fautive.
tandour ou **tandoor** /tɑ̃duʀ/ n. m.
tandouri ou **tandoori** /tɑ̃duʀi/ adj. et n. m.
tanevot n. m.
tanga n. m.
HOM. formes du v. **tanguer**
tangage n. m.
➾ Ne pas écrire **tanguage* : ce mot s'écrit sans *u*, contrairement à *tanguer.*
tangaie n. f.
→ **tanguaie**
tangara n. m.
tangélo ou **tangelo** n. m.
tangence n. f.
tangent, ente adj.
➾ Ne pas écrire **tangeant.*

tangente n. f.
tangenter v. tr. | conjug. 1 |
tangentialité n. f.
tangentiel, ielle adj. et n. f.
tangentiellement adv.
tangerine n. f.
tangibilité n. f.
tangible adj.
tangiblement adv.
tango n. m.
Ξ Ce mot peut s'employer seul comme adjectif de couleur ou derrière un adjectif de couleur pour en préciser la nuance ; ces adjectifs sont alors invariables : *des sacs orange tango* ; *des robes tango*.
tangon n. m.
HOM. formes du v. **tanguer**
tanguaie ou **tangaie** n. f.
HOM. formes du v. **tanguer**
tanguant, ante adj.
tangue n. f.
tanguer v. intr. | conjug. 1 |
Ξ *Tanguer* signifie « remuer d'avant en arrière ». Pour dire « remuer par un mouvement latéral », il faut normalement employer *rouler*.
tangueur n. m.
tanguière n. f.
tanière n. f.
tanin ou **tannin** n. m.
tanisage ou **tannisage** n. m.
taniser ou **tanniser** v. tr. | conjug. 1 |
tank n. m.
[1]**tanka** n. m. ▪ plur. inv. ou plur. **tankas**° (bannière)
[2]**tanka** n. m. (poème)
tanker /tɑ̃kœʀ/ n. m.
▫ rec. off. : **navire-citerne**
HOM. **tankeur**
tankeur n. m.
HOM. **tanker**
tankiste n. m.
tannage n. m.
tannant, ante adj.
tannase n. f.
tanne n. f.
HOM. **thane**
tanné, ée adj.
tannée n. f.
HOM. **taonné**
tanner v. tr. | conjug. 1 |
HOM. **taonné**
tannerie n. f.
tanneur, euse n.
tannin n. m.
→ **tanin**
tannique adj.
tannisage n. m.
→ **tanisage**
tanniser v. tr. | conjug. 1 |
→ **taniser**
tannoïde n. m.
tanrec n. m.
→ **tenrec**
tansad /tɑ̃sad/ n. m.

tant adv. et nominal
▸ **tant de** (+ n.) *je lui ai dit tant de fois ! des gens comme il y en a tant*
▸ **tant de... que** *il y a tant de belles choses que je ne sais que choisir*
▸ **tant que** (intensité) *il souffre tant qu'il est incapable de se lever*
▸ **tant et si bien que** *il tira tant et si bien que la corde cassa*
▸ **tant que** (comparaison) *elle cria tant qu'elle put*
▸ **tant... que** *ce n'est pas tant un échec qu'une déception ; la réussite, tant professionnelle que personnelle ; il s'y efforce tant bien que mal*
▸ **tant... tant** *tant vaut l'homme, tant vaut la terre*
▸ **en tant que** (+ v.) *la passion, en tant qu'elle domine la vie de l'esprit*
▸ **en tant que** (+ n.) *le cinéma en tant qu'art*
Ξ Contrairement à *si*, *tant* s'emploie uniquement avec un verbe, jamais avec un adverbe ou un adjectif : on peut dire *ils se sont tant aimés* mais pas **ils étaient tant amoureux* ni **ils se regardent tant amoureusement*.
Devant **tant soit peu**, l'emploi de *un* est facultatif : *s'il est (un) tant soit peu délicat, il comprendra*.
⌘ Lorsqu'un nom est précédé de **tant de**, l'accord se fait toujours avec le nom : *tant de prudence me rassure ; tant de personnes m'ont aidé*.
Pour introduire la cause, il faut employer *tant* et non *tant que* : *il est tombé malade tant il faisait froid* (et non **tant qu'il faisait froid*).
⚡ Ne pas confondre **tant qu'à** (+ inf.), qui signifie « puisqu'il faut » (*tant qu'à intervenir, faisons-le sérieusement*), avec **quant à** (+ inf.), qui signifie « pour ce qui est de » (*quant à intervenir, c'est hors de question*).
HOM. **tan**, **taon**, **temps**, formes du v. **tendre**
→ aussi **si**

tantale n. m.
➾ Ce nom commun, qui désigne un oiseau ou un élément chimique, s'écrit sans majuscule mais on écrit **supplice de Tantale** avec une majuscule car il s'agit du nom propre.
tantalide n. m.
tantalique adj.

tante n. f.
HOM. **tente**, formes du v. **tenter**
tantet n. m.
tantième adj. et n. m.
tantine n. f.
tantinet n. m.
▸ **un tantinet** *tu exagères un tantinet*
tant mieux loc. adv.
tantôt adv. et n. m.
☰ L'emploi du nom (*le tantôt ; ce tantôt*) est régional et familier.
⌘ Lorsque *tantôt* est répété, la construction doit être symétrique : on peut dire *tantôt ils demeurent en Espagne, tantôt ils vivent en Italie* et *ils demeurent tantôt en Espagne, tantôt en Italie* mais pas **ils demeurent tantôt en Espagne, tantôt ils vivent en Italie.*
tantouze ou **tantouse** n. f.
tant pis loc. adv.
➾ Ne pas écrire **tampis.*
→ aussi **quant**
tantra n. m.
HOM. formes du v. **tenter**
tantrique adj.
tantrisme n. m.
T. A. O. /teao/ n. f.
□ abrév. de **traduction assistée par ordinateur**
tao n. m.
taoïsme n. m.
➾ Comme tous les mots désignant une religion, ce mot s'écrit sans majuscule : *le taoïsme et le confucianisme.*
taoïste n. et adj.
➾ Comme tous les mots désignant ou qualifiant une religion ou ses adeptes, ce mot s'écrit sans majuscule : *la religion taoïste ; les taoïstes.*
taon /tɑ̃/ n. m.
HOM. **tan, tant, temps**, formes du v. **tendre**
taonné, ée /tane/ adj.
HOM. **tannée, tanner**
tap interj.
HOM. **tape**, formes du v. **taper**
tapa n. m.
HOM. formes du v. **taper**
tapabor ou **tapabord** n. m.
→ **tapebord**
tapage n. m.
tapager v. intr. | conjug. 3 |
tapageur, euse adj.
tapageusement adv.
tapant, ante adj.
→ aussi **heure**
tapas /tapas/ n. f. pl.
tape n. f.
HOM. **tap**
tapé, ée adj.
tape-à-l'œil adj. et n. m. inv.
tapebord ou **tapabord** ou **tapabor** n. m.
tapecon n. m.
tapecul /-ku/ ▪ plur. **tapeculs** ou **tape-cul** ▪ plur. **tape-culs** n. m.
tapée n. f.
tapement n. m.
tapenade n. f.
taper v. tr. et v. intr. | conjug. 1 |
¬ **se taper**
☰ Au sens de « faire (une corvée), supporter », **se taper** est familier.
➾ Aux temps composés de la forme pronominale, le participe passé s'accorde en genre et en nombre avec le sujet : *ils se sont tapés dessus.* Mais le participe passé ne s'accorde pas quand il est suivi d'un complément d'objet direct : *elle s'est tapé trois heures de route.* Il ne s'accorde avec le complément d'objet direct que lorsque celui-ci est placé avant le verbe : *les trois heures de route qu'elle s'est tapées.*
tapette n. f.
tapeur, euse n.
taphophilie n. f.
taphophobie n. f.
taphrina n. m.
taphrinale n. f.
tapi, ie adj.
HOM. **tapis**
tapin n. m.
tapiner v. intr. | conjug. 1 |
tapineuse n. f.
tapinois (en) loc. adv.
tapioca n. m.
☯ Ce mot est masculin : *du tapioca.*
tapion n. m.
HOM. formes du v. **taper**
tapir n. m.
tapir (se) v. pron. | conjug. 2 |
➾ Aux temps composés de la forme pronominale, le participe passé s'accorde en genre et en nombre avec le sujet : *la bête s'est tapie dans l'ombre.*
tapirat n. m.
HOM. formes du v. **tapir (se)**
tapiridé n. m.
tapis n. m.
HOM. **tapi**, formes du verbe **tapir (se)**
tapis-brosse n. m. ▪ plur. **tapis-brosses**
tapissant, ante adj.
tapisser v. tr. | conjug. 1 |
HOM. formes du v. **tapir (se)**
tapisserie n. f.
➾ Ce mot est toujours au singulier dans la locution **faire tapisserie** : *elles font tapisserie.*

tapissier, ière n.
HOM. formes des v. **tapisser, tapir (se)**
tapissière n. f. (voiture)
tapoir n. m.
tapon n. m.
HOM. formes du v. **taper**
taponnage n. m.
taponner v. tr. et v. intr. | conjug. 1 |
tapotage n. m.
tapotement n. m.
tapoter v. tr. | conjug. 1 |
tapoteur, euse n.
tapotis n. m.
tapouille n. f.
tapuscrit n. m.
taquage n. m.
taque n. f.
HOM. **tac**
taquer v. tr. | conjug. 1 |
taquet n. m.
HOM. formes du v. **taquer**
taquin, ine adj.
HOM. (du fém.) **tachine**
taquinement adv.
taquiner v. tr. | conjug. 1 |
¬ **se taquiner**
➾ Aux temps composés de la forme pronominale, le participe passé s'accorde en genre et en nombre avec le sujet : *ils se sont taquinés.*
taquinerie n. f.
taquoir n. m.
tara n. m.
HOM. formes du v. **tarer**
tarabiscot n. m.
tarabiscotage n. m.
tarabiscoté, ée adj.
tarabiscoter v. tr. | conjug. 1 |
tarabuster v. tr. | conjug. 1 |
tarage n. m.
taragot n. m.
tarama n. m.
taranche n. f.
tarantass n. m.
tararage n. m.
tarare n. m. et interj.
tararer v. tr. | conjug. 1 |
tarasconnade n. f.
[1]**tarasque** n. f. (animal fabuleux)
[2]**tarasque** adj. et n. (d'un peuple indien)
➾ L'adjectif s'écrit sans majuscule : *le peuple tarasque.* Le nom s'écrit avec une majuscule : *les Tarasques ; une Tarasque.*
taratata interj.
taraud n. m.
HOM. **taro, tarot**
taraudage n. m.
taraudant, ante adj.
tarauder v. tr. | conjug. 1 |
taraudeur, euse n. et adj.
taravelle n. f.
tarbouche ou **tarbouch** n. m.
tard adv.
Ξ Ce mot s'emploie comme nom dans la locution **sur le tard** : *elle s'est mariée sur le tard.*
HOM. **tare**, formes du v. **tarer**
tarder v. intr. | conjug. 1 |
▸ **tarder à** (+ inf.) *je ne vais pas tarder à partir*
▸ **tarder à qqn de** (+ inf.) *le temps me tarde de vous retrouver*
▸ **tarder à qqn que** (+ subj.) *le temps me tarde que nous nous retrouvions*
▸ **il tarde à qqn de** (+ inf.) *il me tarde d'avoir les résultats*
▸ **il tarde à qqn que** (+ subj.) *il me tarde que tu sois là*
tardif, ive adj.
tardigrade n. m. et adj.
tardillon n. m.
tardivement adv.
tardiveté ou **tardivité** n. f.
tardon ou **tardyon** n. m.
HOM. formes du v. **tarder**
tare n. f.
HOM. **tard**
[1]**taré, ée** adj. (affecté d'une tare)
[2]**taré** adj. m. (Blas. : tourné)
tarente n. f.
tarentelle n. f.
tarentisme n. m.
tarentule n. f.
tarer v. tr. | conjug. 1 |
taret n. m.
HOM. formes du v. **tarer**
targe n. f.
targette n. f.
targeur n. m.
targuer (se) v. pron. | conjug. 1 |
➾ Aux temps composés de la forme pronominale, le participe passé s'accorde en genre et en nombre avec le sujet : *elle s'est targuée de sa réussite.*
targui, ie adj. sing. et n. sing.
Ξ *Targui* ne s'emploie qu'au singulier : le pluriel est *touareg(s)* ou *touarègues* ○.
➾ L'adjectif s'écrit sans majuscule : *la population targuie.* Le nom s'écrit avec une majuscule : *c'est un Targui.*
targum /-ɔm/ n. m.
targumique /-gɔmik/ adj.
targumiste /-gɔmist/ n. m.
tari, ie adj.
taricheute /-k-/ n. m.

taride n. f.
tarier n. m.
HOM. formes du v. **tarer**
tarière n. f.
tarif n. m.
tarifaire adj.
HOM. forme du v. **tarifer**
tarifer v. tr. | conjug. 1 |
➾ Ne pas employer **tarifier*, qui n'existe pas.
tarifeur, euse adj. et n.
tarification n. f.
tarin n. m.
tarir v. intr. et v. tr. | conjug. 2 |
¬ **se tarir**
➾ Aux temps composés de la forme pronominale, le participe passé s'accorde en genre et en nombre avec le sujet : *la source s'est tarie.*
tarissable adj.
tarissant, ante adj.
tarissement n. m.
tarlatane n. f.
tarlouze ou **tarlouse** n. f.
tarmac n. m.
tarmacadam /-dam/ n. m.
taro n. m. (plante)
HOM. **taraud, tarot**
tarot n. m. (carte)
HOM. **taraud, taro**
taroté, ée adj.
tarotier n. m.
taroupe n. f.
tarpan n. m.
tarpon n. m.
tarsal, ale, aux adj.
tarsalgie n. f.
tarse n. m.
tarsectomie n. f.
tarsien, ienne adj.
tarsier n. m.
tarsiiforme n. m. et adj.
tarsite n. f. ou n. m.
1**Tartan**® n. m. (revêtement)
➾ Comme tous les noms déposés, ce mot doit s'écrire avec une majuscule : *une piste en Tartan*. Toutefois, on le trouve fréquemment employé comme nom générique sans respect de la règle : *une piste en tartan.*
2**tartan** n. m. (étoffe)
tartane n. f.
tartanelle n. f.
1**tartare** adj. et n. (des populations d'Asie centrale)
➾ L'adjectif s'écrit sans majuscule : *les populations tartares*. Le nom s'écrit avec une majuscule : *les Tartare ; une Tartare.*
2**tartare** adj. et n. m. (préparation culinaire)
tartaréen, éenne adj.
tartaret n. m.
tartarie n. f.
tartarin n. m.
tartarinade n. f.
tarte n. f. et adj.
tartelette n. f.
tartempion n. pr. et n. m.
tartiflette n. f.
tartignolle ou **tartignole** adj.
tartinade n. f.
tartine n. f.
tartiner v. tr. et v. intr. | conjug. 1 |
tartineur, euse n.
tartir v. intr. | conjug. 2 |
tartisses n. f. pl.
tartouse adj.
tartrate n. m.
tartre n. m.
tartré, ée adj.
tartreux, euse adj.
tartrifuge n. m.
tartrique adj.
tartufe ou **tartuffe** n. m. et adj.
tartuferie ou **tartufferie** n. f.
tartuffard, arde adj.
tarzan n. m.
tas n. m.
☰ Lorsque **tas de** est suivi d'un nom au pluriel, l'accord se fait généralement avec *tas* au sens propre et avec le complément au sens figuré : *un tas de branches encombre le chemin ; un tas de voitures encombrent la circulation.*
HOM. **ta**
Taser /tazɛʀ/ n. m.
➾ Comme tous les noms déposés, ce mot doit s'écrire avec une majuscule : *s'équiper de Tasers*. Toutefois, on le trouve fréquemment employé comme nom générique sans respect de la règle : *s'équiper de tasers.*
tasikinésie n. f.
tasmanien, ienne adj.
➾ L'adjectif s'écrit sans majuscule : *la population tasmanienne*. Le nom s'écrit avec une majuscule uniquement quand il désigne une personne : *les Tasmaniens ; c'est une Tasmanienne* mais *ils parlaient le tasmanien.*
tassage n. m.
tasse n. f.
tassé, ée adj.
tasseau n. m.
tassement n. m.

tasser v. tr. et v. intr. | conjug. 1 |
¬ **se tasser**
Ξ Au sens de « prendre, absorber », **se tasser** est familier.
➾ Aux temps composés de la forme pronominale, le participe passé s'accorde en genre et en nombre avec le sujet : *elle s'est tassée avec l'âge*. Mais le participe passé ne s'accorde pas quand il est suivi d'un complément d'objet direct : *elle s'est tassé des tonnes de petits fours*. Il ne s'accorde avec le complément d'objet direct que lorsque celui-ci est placé avant le verbe : *les petits fours qu'elle s'est tassés*.
tasserie n. f.
tassette n. f.
HOM. **tacet**
tasseur, euse n.
tassili n. m.
taste-vin ▪ plur. inv. ou plur. **taste-vins**○ ou **tâte-vin** ▪ plur. inv. ou plur. **tâte-vins**○ n. m.
T. A. T. ou **TAT** /teɑte ; tat/ n. m.
▫ abrév. de **thematic apperception test**
[1]**tata** n. f. (femme, homosexuel)
[2]**tata** n. m. (geste, enceinte, cordon)
tatami n. m.
tatane n. f.
tataouinage n. m.
tataouiner v. intr. | conjug. 1 |
tatar, are adj. et n.
➾ L'adjectif s'écrit sans majuscule : *la population tatare*. Le nom s'écrit avec une majuscule uniquement quand il désigne une personne : *les Tatars ; c'est une Tatare* mais *parler le tatar*.
tâtement n. m.
tâter v. tr. | conjug. 1 |
¬ **se tâter**
Ξ La forme pronominale appartient au registre familier.
➾ Aux temps composés de la forme pronominale, le participe passé s'accorde en genre et en nombre avec le sujet : *ils se sont tâtés avant d'accepter*.
tâteur n. m.
tâte-vin n. m. ▪ plur. inv. ou plur. **tâte-vins**○
→ **taste-vin**
tati(e) n. f.
tatillon, onne adj.
☯ La forme *tatillon* est parfois employée pour parler d'une femme : *elle est très tatillon*.
tatillonnage n. m.
tatillonner v. intr. | conjug. 1 |
tatillonnerie n. f.
tatin n. f.
➾ Employé comme nom commun, *tatin* s'écrit sans majuscule : *préparer des tatins*. Mais on l'écrit avec une majuscule dans **tarte Tatin** car il s'agit du nom propre.

tâtonnant, ante adj.
tâtonnement n. m.
tâtonner v. intr. | conjug. 1 |
tâtonneur, euse n. et adj.
tâtons (à) loc. adv.
➾ Ne pas oublier le *s*.
tatou n. m.
HOM. formes du v. **tatouer**
tatouage n. m.
tatouer v. tr. | conjug. 1 |
tatoueur, euse n.
tatouille n. f.
tatouiller v. tr. | conjug. 1 |
[1]**tau** n. m. ▪ plur. inv. ou plur. **taus**○ (lettre grecque)
HOM. **taud, taux, to, tôt**
[2]**tau** n. m. (bâton)
HOM. **taud, taux, to, tôt**
taube n. m.
taud n. m.
HOM. **taud, taux, to, tôt**
tauder v. tr. | conjug. 1 |
taudion n. m.
taudis n. m.
taulard, arde ou **tôlard, arde** n.
taule ou **tôle** n. f.
taulier, ière ou **tôlier, ière** n.
taupe n. f.
taupé, ée adj.
taupe-grillon n. m. ▪ plur. **taupes-grillons**
taupier n. m.
taupière n. f.
taupin n. m.
taupinée n. f.
taupinière n. f.
taure n. f.
HOM. **tore, torr, tors, tort**, formes du v. **tordre**
taureau n. m.
➾ Comme tous les noms qui désignent une constellation et un signe du zodiaque, ce mot est invariable et s'écrit avec une majuscule : *il est (du signe) du Taureau ; elles sont Taureau*.
HOM. **toro**
taurelière adj. f et n. f.
taurides n. f. pl.
HOM. **torride**
taurillon n. m.
taurin, ine adj.
taurobole n. m.
taurobolique adj.
taurocéphale adj.
taurocholique /-k-/ adj.
tauromachie n. f.
tauromachique adj.
tautochrone /-k-/ adj.
tautogramme adj. et n. m.
tautologie n. f.

tautologique adj.
tautologue n.
tautomère adj. et n. m.
tautomérie n. f.
tautomérique adj.
taux n. m.
HOM. **tau, taud, to, tôt**
tauzin n. m.
tavaillon n. m.
tavaïolle ou **tavaïole**° n. f.
tavel n. m.
➾ Lorsqu'il désigne un vin, ce mot s'écrit sans majuscule, contrairement au nom propre qui désigne la commune : *un vin de Tavel* mais *une bouteille de tavel*.
tavelé, ée adj.
taveler v. tr. | conjug. 4 appeler |
¬ **se taveler**
➾ Aux temps composés de la forme pronominale, le participe passé s'accorde en genre et en nombre avec le sujet : *sa peau s'est tavelée*.
tavelure n. f.
taverne n. f.
tavernier, ière n.
tavillon n. m.
tawgi /tawgi/ n. m.
➾ Comme tous les noms de langues, ce mot s'écrit sans majuscule : *parler le tawgi*.
taxable adj.
taxacée n. f.
taxateur, trice n. et adj.
taxatif, ive adj.
taxation n. f.
taxaudier ou **taxodier** n. m.
→ **taxodium**
taxe n. f.
➾ Ce mot est au pluriel dans la locution **hors taxes**.
taxer v. tr. | conjug. 1 |
⌘ **Taxer qqn de** doit être suivi d'un nom, et non d'un adjectif : on peut dire *taxer qqn d'opportunisme* mais pas **taxer qqn d'opportuniste*.
taxi n. m.
HOM. **taxie**
taxiarchie n. f.
taxiarque n. m.
taxi-auto n. m. ▪ plur. **taxis-autos**
taxi-brousse n. m. ▪ plur. **taxis-brousse**
taxi-compteur /-kɔ̃tœʀ/ n. m. ▪ plur. **taxis-compteurs**
taxidermie n. f.
taxidermique adj.
taxidermiste n.
taxie n. f.
HOM. **taxi**

taxi-girl ▪ plur. **taxi-girls** ou **taxigirl**° ▪ plur. **taxigirls**° /-gœʀl/ n. f.
taximan /-man/ n. m. ▪ plur. **taximans** ou plur. **taximen**
☰ On peut employer le pluriel à la française *taximans* ou le pluriel à l'anglaise *taximen*.
taximètre n. m.
taxinomie n. f.
taxinomique adj.
taxinomiste n.
Taxiphone® n. m.
➾ Comme tous les noms déposés, ce mot doit s'écrire avec une majuscule : *appeler qqn d'un Taxiphone*. Toutefois, on le trouve fréquemment employé comme nom générique sans respect de la règle : *appeler qqn d'un taxiphone*.
[1]**taxis** /taksis/ n. m. (manœuvre opératoire)
[2]**taxis** /taksis/ n. f. (classification)
taxite n. f.
taxiway /-wɛ/ n. m.
taxoche n. m.
taxodium /-jɔm/ n. m.
taxodonte n. m.
taxol n. m.
taxologie n. f.
taxologique adj.
taxologue ou **taxologiste** n.
taxon n. m.
HOM. formes du v. **taxer**
taxonomie n. f.
taxonomique adj.
taxonomiste n.
tayaut interj.
→ **taïaut**
taylorisation /tɛlɔʀ-/ n. f.
tayloriser /tɛlɔʀ-/ v. tr. | conjug. 1 |
taylorisme /tɛlɔʀ-/ n. m.
tayloriste /tɛlɔʀ-/ adj. et n.
TBI n. m.
▫ abrév. de **tableau blanc interactif**
tchadanthrope n. m.
tchadique adj.
tchador n. m.
tchagatay /-taj/ n. m. et adj.
➾ Comme tous les noms de langues, ce mot s'écrit sans majuscule : *ils parlaient le tchagatay*.
tchao ou **ciao** interj.
tchapalo n. m.
tcharchaf n. m.
tchatche n. f.
tchatcher v. intr. | conjug. 1 |
tchatcheur, euse n.
tchatter v. intr. | conjug. 1 |
→ **chatter**
tchékhovien, ienne adj.

tchékiste n.
tchèque adj. et n.
➾ L'adjectif s'écrit sans majuscule : *la population tchèque*. Le nom s'écrit avec une majuscule uniquement quand il désigne une personne : *les Tchèques ; c'est une Tchèque* mais *parler le tchèque*.
tchérémisse n. m.
tcherkan /tʃɛʀkɑ̃ ; -an/ n. m.
tcherkesse adj. et n.
➾ L'adjectif s'écrit sans majuscule : *la population tcherkesse*. Le nom s'écrit avec une majuscule uniquement quand il désigne une personne : *les Tcherkesses ; c'est une Tcherkesse* mais *parler le tcherkesse*.
tchernoziom /-jɔm/ n. m.
tchervonets /tʃɛʀvɔnɛts/ n. m. ▪ plur. **tchervontsy** /tʃɛʀvɔntsi/ ou plur. inv.
Ξ On peut employer le pluriel russe *tchervontsy* ou le pluriel francisé *tchervonets*.
tchétchène adj. et n.
➾ L'adjectif s'écrit sans majuscule : *la population tchétchène*. Le nom s'écrit avec une majuscule uniquement quand il désigne une personne : *les Tchétchènes ; c'est une Tchétchène* mais *parler le tchétchène*.
tchine n. m.
tchin-tchin ou **tchintchin**○ interj.
tchitola n. m.
tchokoué n. m.
➾ Comme tous les noms de langues, ce mot s'écrit sans majuscule : *ils parlent le tchokoué*.
tchouktche adj. et n.
➾ L'adjectif s'écrit sans majuscule : *la population tchouktche*. Le nom s'écrit avec une majuscule uniquement quand il désigne une personne : *les Tchouktches ; c'est une Tchouktche* mais *parler le tchouktche*.
tchouvache adj. et n.
➾ L'adjectif s'écrit sans majuscule : *la population tchouvache*. Le nom s'écrit avec une majuscule uniquement quand il désigne une personne : *les Tchouvaches ; c'est une Tchouvache* mais *parler le tchouvache*.
te pron. pers.
Ξ *Te* s'élide en *t'* devant une voyelle ou *h* muet : *je t'en prie ; tu vas t'habituer*.
→ aussi **t**
té n. m. et interj.
HOM. **t, tes, thé**
team /tim/ n. m.
teaser /tizœʀ/ n. m.
▫ rec. off. : **aguiche**
teasing /tiziŋ/ n. m.
▫ rec. off. : **aguichage**
tec n. f. inv.
▫ abrév. de **tonne équivalent charbon**
HOM. **teck, thèque**
técéfiste n.
technème /-k-/ n. m.
technétium /teknesjɔm/ n. m.
technétronique /-k-/ adj.
technicien, ienne /-k-/ n. et adj.
technicisation /-k-/ n. f.
techniciser /-k-/ v. tr. | conjug. 1 |
technicisme /-k-/ n. m.
techniciste /-k-/ adj.
technicité /-k-/ n. f.
technico-commercial, iale /-k-/ ▪ plur. **technico-commerciaux, iales** ou **technico-commercial, iale**○ ▪ plur. **technicocommerciaux, iales**○ adj.
technico-économique /-k-/ ▪ plur. **technico-économiques** ou **technicoéconomique**○ ▪ plur. **technicoéconomiques**○ adj.
technico-scientifique /-k-/ ▪ plur. **technico-scientifiques** ou **technicoscientifique**○ ▪ plur. **technicoscientifiques**○ adj.
→ **technoscientifique**
Technicolor® /-k-/ n. m.
➾ Comme tous les noms déposés, ce mot doit s'écrire avec une majuscule : *un film en Technicolor*. Toutefois, on le trouve fréquemment employé comme nom générique sans respect de la règle : *un film en technicolor*.
technique /-k-/ adj. et n. f.
techniquement /-k-/ adv.
techniser /-k-/ v. tr. | conjug. 1 |
techno /-k-/ adj. inv. et n. f.
technobureaucratique /-k-/ adj.
technocrate /-k-/ n. m.
technocratie /tɛknɔkʀasi/ n. f.
technocratique /-k-/ adj.
technocratisation /-k-/ n. f.
technocratiser /-k-/ v. tr. | conjug. 1 |
technocratisme /-k-/ n. m.
techno-industriel, elle /-k-/ adj. ▪ plur. **techno-industriels, elles**
technologie /-k-/ n. f.
Ξ Ce mot désigne l'étude des techniques : *un institut universitaire de technologie*. L'emploi au sens de « ensemble de procédés complexes » est abusif. Dans le langage soigné, on emploiera plutôt *technique* : *les techniques de pointe*.
technologique /-k-/ adj.
technologiquement /-k-/ adv.
technologiste /-k-/ n.
technologue /-k-/ n.
technoparc /-k-/ n. m.
technophile /-k-/ adj. et n.
technophilie /-k-/ n. f.
technophobe /-k-/ adj. et n.
technopole /-k-/ n. f.
technopôle /-k-/ n. m.
technopolitique /-k-/ adj.

technoscientifique /-k-/ adj.
technostructure /-k-/ n. f.
teck ou **tek** n. m.
HOM. **tec**, **thèque**
teckel n. m.
teckeraie n. f.
tecoma /tekɔma/ ou **técoma** n. m.
tecticien, ienne n.
tectite n. f.
tectogène adj.
tectologie n. f.
tectonicien, ienne n.
tectonique n. f. et adj.
tectrice adj. f et n. f.
teddy n. m.
□ abrév. de **teddy-bear**
teddy-bear /tedibɛʀ/ n. m. ▪ plur. **teddy-bears**
Te Deum /tedeɔm/ n. m. inv.
tee /ti/ n. m.
teenager ou **teenageur**○ /tinɛdʒœʀ/ n.
teeshirt ▪ plur. **teeshirts** ou **tee-shirt** ▪ plur. **tee-shirts** ou **t-shirt** ▪ plur. **t-shirts** /tiʃœʀt/ n. m.
Téflon® n. m.
➾ Comme tous les noms déposés, ce mot doit s'écrire avec une majuscule : *une poêle en Téflon*. Toutefois, on le trouve fréquemment employé comme nom générique sans respect de la règle : *une poêle en téflon*.
téflonisé, ée adj.
tégénaire n. f.
tégéviste n.
téguement n. m.
tégulaire adj.
tégument n. m.
tégumentaire adj.
teigne n. f.
teigneux, euse adj.
teillage n. m.
teille ou **tille** n. f.
HOM. **thylle**
teiller v. tr. | conjug. 1 |
teilleur, euse n.
teindre v. tr. | conjug. 52 |
ϟ Ne pas confondre **teindre**, qui signifie « imprégner d'une substance colorante » (*teindre un vêtement*), avec **teinter**, qui signifie « couvrir d'une teinte légère » (*teinter un meuble en bois*).
¬ **se teindre**
➾ Aux temps composés de la forme pronominale, le participe passé s'accorde en genre et en nombre avec le sujet : *l'eau s'est teinte de rouge*. Mais le participe passé ne s'accorde pas quand il est suivi d'un complément d'objet direct : *elle s'est teint les cheveux en vert*. Il ne s'accorde avec le complément d'objet direct que lorsque celui-ci est placé avant le verbe : *elle se les est teints en vert*.
HOM. formes du v. **tenir**
[1]**teint, teinte** adj.
HOM. **tain**, **thym**, **tin**, formes des v. **teindre**, **tenir**
[2]**teint** n. m.
➾ Ne pas écrire *teint* à la place de *tain*, notamment dans la locution **glace sans tain**. Les locutions **grand teint** et **bon teint** sont invariables : *des tissus grand teint ; des catholiques bon teint*.
HOM. **tain**, **thym**, **tin**, formes des v. **teindre**, **tenir**
teintant, ante adj.
HOM. **tintant**
teinte n. f.
HOM. formes du v. **tinter**
teinté, ée adj.
teinter v. tr. | conjug. 1 |
ϟ Ne pas confondre **teinter**, qui signifie « couvrir d'une teinte légère » (*teinter un meuble en bois*), avec **teindre**, qui signifie « imprégner d'une substance colorante » (*teindre un vêtement*).
¬ **se teinter**
➾ Aux temps composés de la forme pronominale, le participe passé s'accorde en genre et en nombre avec le sujet : *l'eau s'est teintée de rouge*.
HOM. **tinter**
teintier n. m.
HOM. formes des v. **teinter**, **tinter**
teinture n. f.
teinturerie n. f.
teinturier, ière n.
tek n. m.
→ **teck**

tel, telle adj., pron. et nominal
▸ **tel que** (+ n. ou pron.) *une personne telle que vous*
▸ **rien de tel** *rien de tel qu'une bonne nuit de sommeil*
⌘ Lorsque *tel* est attribut et placé en tête de phrase, le sujet est inversé : *telle est ma décision*.
Lorsque *tel* est épithète, il se place généralement devant le nom : *jamais je n'ai eu une telle peur*. Employé avec *que*, il peut se placer après le nom : *j'ai eu une telle peur que je me suis enfui* ou *j'ai eu une peur telle que je me suis enfui*.
Lorsque **tel que** introduit une conséquence, il est suivi de l'indicatif si la principale est affirmative et du subjonctif si la principale est négative ou interrogative : *j'en ai un besoin*

tel que je ne peux attendre ; je n'en ai pas un besoin tel que je ne puisse attendre.
➾ *Tel* s'accorde avec le nom qui suit : *il a filé telle une flèche* (et non **tel une flèche*). Lorsqu'il est suivi de *que*, *tel* s'accorde avec le nom qui précède : *une canaille telle que lui*. **Tel et tel** et **tel ou tel** s'emploient généralement au singulier mais on peut les employer au pluriel si le sens le nécessite : *telles ou telles personnes pourraient former une équipe*. Lorsque **tel et tel** est employé au singulier, le verbe est au pluriel : *si tel et tel projet échouaient*. Avec **tel ou tel**, le verbe est au singulier : *si tel ou tel projet échouait*. **Tel quel** s'accorde en genre et en nombre : *laisser les choses telles quelles*.
Ξ **Comme tel** et **en tant que tel** sont équivalents : *elle a toujours été considérée comme telle* ou *en tant que telle*.
Ne pas employer **tel que** à la place de **tel quel** : *laissez cela tel quel* (et non **laissez cela tel que*).
HOM. **tell**
→ aussi **manière**

télamon n. m.
télangiectasie n. f.
télanthrope n. m.
télautographe n. m.
télé n. f.
Ξ Ce mot appartient au registre familier.
Télé peut s'employer en apposition ; il est alors invariable : *des feuilletons télé*.
téléachat ▪ plur. **téléachats** ou **télé-achat** ▪ plur. **télé-achats** n. m.
téléacheteur, euse n.
téléacteur, trice n.
téléaffichage n. m.
téléalarme n. f.
téléaste n.
téléavertisseur n. m.
télébande n. f.
télébenne n. f.
téléboutique n. f.
télécabine n. f.
Télécarte® n. f.
➾ Comme tous les noms déposés, ce mot doit s'écrire avec une majuscule : *utiliser une Télécarte*. Toutefois, on le trouve fréquemment employé comme nom générique sans respect de la règle : *utiliser une télécarte*.
télécentre n. m.
téléchargeable adj.
téléchargement n. m.
télécharger v. tr. | conjug. 3 |
téléchargeur n. m.
téléchirurgie n. f.
télécinéaste n.
télécinéma n. m.
téléclinomètre n. m.
télécommande n. f.
télécommander v. tr. | conjug. 1 |
télécommunication n. f.
téléconférence n. f.
téléconseiller, ère n.
téléconsultant, ante n.
télécopie n. f.
▫ rec. off. pour **fax**
télécopier v. tr. | conjug. 7 |
télécopieur n. m.
▫ rec. off. pour **fax**
télécran n. m.
télédéclarant, ante n.
télédéclaration n. f.
télédéclarer v. tr. | conjug. 1 |
télédétection n. f.
télédiaphonie n. f.
télédictage n. m.
télédiffuser v. tr. | conjug. 1 |
télédiffusion n. f.
télédistribution n. f.
télédynamie n. f.
télédynamique adj.
téléécriture n. f.
téléenseignement n. m.
téléévangéliste n. m.
Téléfax® n. m.
➾ Comme tous les noms déposés, ce mot doit s'écrire avec une majuscule : *envoyer un message par Téléfax*. Toutefois, on le trouve fréquemment employé comme nom générique sans respect de la règle : *envoyer un message par téléfax*.
téléférage ou **téléphérage** n. m.
téléférique ou **téléphérique** adj. et n. m.
téléfilm n. m.
téléga ou **télègue** n. f.
télégénie n. f.
télégénique adj.
télégestion n. f.
télégonie n. f.
télégonique adj.
télégramme n. m.
télégraphe n. m.
télégraphie n. f.
télégraphier v. tr. | conjug. 7 |
télégraphique adj.
télégraphiquement adv.
télégraphiste n.
télègue n. f.
→ **téléga**
téléguidage n. m.
téléguider v. tr. | conjug. 1 |
téléimprimé, ée adj.
téléimprimeur n. m.
téléinformatique n. f. et adj.

téléjaugeage n. m.
téléjournal, aux n. m.
télékinésie n. f.
télékinétique adj.
télémaintenance n. f.
télémanipulateur n. m.
télémanipulation n. f.
télémark n. m.
télémarker v. tr. | conjug. 1 |
télémarketeur, euse n.
télémarketing /maʀketiŋ/ ou **télémarkéting**○ n. m.
télémarkeur, euse n.
télématique n. f. et adj.
télémécanicien n. m.
télémécanique n. f.
télémédecine n. f.
télémesure n. f.
télémétacarpalien, ienne adj. et n. m.
télémètre n. m.
télémétrer v. intr. | conjug. 6 |
télémétreur, euse n.
télémétrie n. f.
télémétrique adj.
télencéphale n. m.
télénomie n. f.
→ **téléonomie**
téléobjectif n. m.
téléologie n. f.
téléologique adj.
téléonomie ou **télénomie** n. f.
téléonomique adj.
téléopérateur, trice n.
téléosaure n. m.
téléostéen n. m.
télépaiement n. m.
télépathe n. et adj.
télépathie n. f.
télépathique adj.
télépayer v. tr. | conjug. 8 |
télépéage n. m.
téléphérage n. m.
→ **téléférage**
téléphérique adj. et n. m.
→ **téléférique**
téléphonage n. m.
téléphone n. m.
téléphoner v. tr., v. tr. ind. et v. intr. | conjug. 1 |
▸ **téléphoner à** *je lui ai téléphoné hier*
¬ **se téléphoner**
➾ Aux temps composés de la forme pronominale, le participe passé ne s'accorde pas, sauf s'il est précédé d'un complément d'objet direct : *elles se sont téléphoné hier ; ils se sont téléphoné la nouvelle* mais *la nouvelle qu'ils se sont téléphonée.*
téléphonie n. f.
téléphonique adj.
téléphoniquement adv.
téléphoniste n.
téléphotographie n. f.
téléphotographique adj.
télépiloté, ée adj.
télépointage n. m.
télépointeur n. m.
téléport n. m.
téléportation n. f.
téléporter v. tr. | conjug. 1 |
téléprompteur n. m.
téléradar n. m.
téléradio n. f.
téléradiographie n. f.
téléradiothérapie n. f.
téléréalité n. f.
téléréglage n. m.
téléreportage n. m.
téléroman n. m.
télérupteur n. m.
téléscaphe n. m.
télescopage n. m.
télescope n. m.
télescoper v. tr. | conjug. 1 |
télescopeur, euse adj. et n.
télescopique adj.
téléscripteur n. m.
télésecrétariat n. m.
téléservice n. m.
télésiège n. m.
télésignalisation n. f.
téléski n. m.
télésondage n. m.
télésonder v. tr. | conjug. 1 |
télésouffleur n. m.
téléspeakerine /-spikʀin/ n. f.
téléspectateur, trice n.
télesthésie n. f.
télesthésique adj.
télésurveillance n. f.
Télétex® n. m.
➾ Comme tous les noms déposés, ce mot doit s'écrire avec une majuscule : *une transmission par Télétex*. Toutefois, on le trouve fréquemment employé comme nom générique sans respect de la règle : *une transmission par télétex.*
télétexte n. m.
téléthèque n. f.
téléthon n. m.
télétoxie n. f.
télétoxique adj.
télétraitement n. m.
télétransmettre v. tr. | conjug. 56 |
télétransmission n. f.

télétravail n. m.
télétravailler v. tr. | conjug. 1 |
télétravailleur, euse n.
Télétype® n. m.
➾ Comme tous les noms déposés, ce mot doit s'écrire avec une majuscule : *transmettre des informations par Télétype*. Toutefois, on le trouve fréquemment employé comme nom générique sans respect de la règle : *transmettre des informations par télétype*.
téléuniversité n. f.
télévangéliste n.
télévendeur, euse n.
télévente n. f.
télévérité n. f.
télévisé, ée adj.
téléviser v. tr. | conjug. 1 |
téléviseur n. m.
télévision n. f.
télévisuel, elle adj.
télex n. m.
HOM. formes du v. **télexer**
télexer v. tr. | conjug. 1 |
télexiste n.
tell n. m.
HOM. **tel**
tellement adv.
⌘ **Tellement... que** est suivi de l'indicatif lorsque la principale est affirmative et du subjonctif lorsqu'elle est négative ou interrogative : *il est tellement vieux qu'il ne peut travailler* ; *il n'est pas tellement vieux qu'il ne puisse travailler*.
L'emploi de **tellement que** pour introduire une subordonnée exprimant la cause est fautif : il faut dire *je ne l'ai pas reconnu tellement il a changé* (et non **tellement qu'il a changé*).
Ξ **Tellement de** est familier. Dans la langue soignée, il est préférable d'employer **tant de**. L'emploi de *tellement* avec l'adverbe *si* (**ils sont si tellement proches*) est un pléonasme à éviter.
tellien, ienne adj.
tellière n. m. et adj.
telline n. f.
tellurate n. m.
tellure n. m.
tellureux, euse adj.
tellurhydrique adj.
¹**tellurique** ou **tellurien, ienne** adj. (de la terre)
²**tellurique** adj. (du tellure)
tellurisme n. m.
tellurure n. m.
télocentrique adj.
téloche n. f.
télolécithe adj.
télomère n. m.
télophase n. f.
télotaxie n. f.
telson n. m.
telugu /telugu/ ou **télougou** adj. et n.
➾ L'adjectif s'écrit sans majuscule : *les populations telugus* ou *télougous*. Le nom s'écrit avec une majuscule uniquement quand il désigne une personne : *les Telugus* ou *les Télougous* ; *c'est une Telugu* ou *une Télougou* mais *parler le telugu* ou *le télougou*.
temenos ou **téménos**○ /temenɔs/ n. m.
téméraire adj.
témérairement adv.
témérité n. f.
témoignage n. m.
témoigner v. tr. | conjug. 1 |
▸ **témoigner en faveur de qqn**
▸ **témoigner contre qqn**
▸ **témoigner qqch.** *je lui ai témoigné mon admiration*
▸ **témoigner de** (+ n.) *il était d'accord, je peux en témoigner ; son œuvre témoigne d'une grande imagination*
▸ **témoigner que** (+ indic.) *il a témoigné qu'il l'avait vu*
▸ **témoigner que** (+ inf. passé) *il a témoigné l'avoir vu*
¹**témoin** n. m. (chose, témoignage)
➾ En tête de phrase, *témoin* est invariable : *témoin les accusés de réception*. La locution **à témoin** est invariable : *prendre les passants à témoin*.
Ξ Ce mot peut s'employer en apposition ; il prend la marque du pluriel : *des sujets témoins ; des lampes témoins*.
²**témoin** n. (personne)
☯ Pour parler d'une femme, le *Guide d'aide à la féminisation des noms de métiers, titres, grades et fonctions* et l'Office québécois de la langue française recommandent d'employer *témoin* au féminin : *elle est la principale témoin*.
➾ Ce mot est toujours au pluriel dans la locution **sans témoins**.
tempe n. f.
tempera (a) loc. adj.
→ **a tempera**
tempérament n. m.
tempéramental, ale, aux adj.
tempérance n. f.
tempérant, ante adj.
température n. f.
tempéré, ée adj.
tempérer v. tr. | conjug. 6 |
¬ **se tempérer**
➾ Aux temps composés de la forme pronominale, le participe passé s'accorde en genre et en nombre avec le sujet : *sa colère s'est tempérée*.

tempête n. f.
⌘ Au sens figuré, lorsque **une tempête de** suivi d'un nom est sujet, le verbe s'accorde soit avec *tempête*, soit avec le complément : *une tempête d'applaudissements retentit* ou *retentirent*. Avec **la tempête de**, le verbe s'accorde toujours avec *tempête* : *la tempête d'applaudissements le réjouit*.
tempêter v. intr. | conjug. 1 |
tempêteur, euse n.
tempétueusement adv.
tempétueux, euse adj.
temple n. m.
➾ Ce mot s'écrit avec une majuscule lorsqu'il désigne l'ordre religieux : *l'ordre du Temple*. Employé sans complément, il s'écrit également avec une majuscule lorsqu'il désigne sans ambiguïté un édifice particulier : *Jésus chassant les marchands du Temple* (à Jérusalem) ; *Louis XVI fut détenu au Temple* (à Paris).
templier n. m.
➾ Ce mot s'écrit avec une minuscule lorsqu'il désigne une personne : *un couvent de templiers*. Il s'écrit avec une majuscule lorsqu'il désigne sans ambiguïté l'ordre lui-même : *le trésor des Templiers*.
tempo /tɛmpo ; tẽpo/ n. m. ▪ plur. **tempos** ou plur. **tempi**
Ξ On peut employer le pluriel francisé *tempos* ou le pluriel italien *tempi*.
temporaire adj.
temporairement adv.
¹temporal, ale, aux adj.
²temporal n. m. (os temporal)
temporale n. f. (artère temporale)
temporalité n. f.
temporel, elle adj.
temporellement adv.
temporisateur, trice n. et adj.
temporisation n. f.
temporiser v. intr. et v. tr. | conjug. 1 |
temporiseur adj. et n. m.

temps /tɑ̃/ n. m.
▸ **à temps** *nous sommes arrivés à temps*
▸ **de temps en temps** *il vient de temps en temps*
▸ **le temps de** (+ inf.) *je n'ai pas le temps de m'amuser ; le temps est venu de prendre une décision*
▸ **il est temps de** (+ inf.) *il est plus que temps de partir*
▸ **il est temps que** (+ subj.) *il est temps que nous partions*
➾ Ce mot est au singulier dans les locutions **de temps à autre, de tout temps, en tout temps, en même temps** et **en temps utile/voulu. Plein temps** et **temps plein** s'écrivent sans trait d'union : *travailler à plein temps* ou *à temps plein ; faire un plein temps* ou *un temps plein*.
Ξ **Au temps de** et **du temps de** sont équivalents : *cela s'est passé au temps des croisades* ou *du temps des croisades*. Les locutions conjonctives **au temps que, au temps où, du temps que** et **du temps où** ont le même sens et sont toujours suivies de l'indicatif : *au temps où les ordinateurs n'existaient pas*. **Au temps où** et **du temps où** sont courants. **Au temps que** et **du temps que** se rencontrent davantage dans le registre littéraire *(du temps que j'étais belle)*.
La locution **dans le temps** est familière. Elle peut-être remplacée par *autrefois* : *autrefois, j'avais une deux-chevaux*.
ϟ Attention à ne pas écrire **autant pour moi** à la place de **au temps pour moi** pour dire « je reconnais que je me suis trompé » ; cette erreur est très fréquente.
HOM. **tan, tant, taon**, formes du v. **tendre**
→ aussi **matériel**

tempura /tɛmpuʀa/ n. f.
tenable adj.
tenace adj.
tenacement adv.
ténacité n. f.
tenaillant, ante adj.
tenaille n. f.
Ξ Au sens propre, ce mot s'emploie surtout au pluriel : *arracher un clou avec des tenailles*. Il s'écrit indifféremment avec ou sans *s* dans la locution *être pris en tenaille(s)*.
tenaillement n. m.
tenailler v. tr. | conjug. 1 |
tenaillon n. m.
tenalgie n. f.
tenancier, ière n.
tenant, ante adj. et n.
tendage n. m.
tendance n. f.
Ξ Ce mot peut s'employer comme adjectif ; il est alors invariable : *ces robes sont très tendance*.
tendanciel, ielle adj.
tendanciellement adv.
tendancieusement adv.
tendancieux, ieuse adj.
tendant, ante adj.
tende n. f.
tendelet n. m.
tendelin n. m.
tendelle n. f.
tender /tɑ̃dɛʀ/ n. m.
tenderie n. f.
tenderolle ou **tenderole**° n. f.
tendeur, euse n.

tendières n. f. pl.
tendineux, euse adj.
tendinite n. f.
tendinopathie n. f.
tendoir n. m.
tendon n. m.
HOM. formes du v. **tendre**
[1]**tendre** adj. et n.
➾ On écrit ce mot avec une majuscule dans **le pays du Tendre** et **la carte du Tendre**.
[2]**tendre** v. tr. et v. tr. ind. | conjug. 41 |
▸ **tendre à/vers** (+ n.) *tendre à la perfection* ou *vers la perfection*
▸ **tendre à** (+ inf.) *cette coutume tend à disparaître*
➾ Au présent de l'indicatif, à la forme interrogative avec sujet inversé, on écrit *tend-on, tend-il, tend-elle* et non **tend-t-on, *tend-t-il, *tend-t-elle*. Le *d* final se prononce /t/ ; il est donc inutile et fautif d'ajouter un *t*.
¬ **se tendre**
➾ Aux temps composés de la forme pronominale, le participe passé s'accorde en genre et en nombre avec le sujet : *leurs rapports se sont tendus*.
tendrement adv.
tendresse n. f.
Ξ Ce mot désigne un sentiment. Pour parler de la qualité d'une chose concrète, il faut employer *tendreté* : *la tendreté d'une viande* (et non **la tendresse d'une viande*).
tendret, ette adj.
tendreté n. f.
→ aussi **tendresse**
tendron n. m.
Ξ Ce mot est masculin, même lorsqu'il désigne une jeune fille : *il a épousé un joli tendron*.
HOM. formes du v. **tendre**
tendu, ue adj.
tendue n. f.
ténèbre n. f.
Ξ Ce mot s'emploie presque toujours au pluriel : *dans les ténèbres d'un cachot* ; *le royaume des ténèbres*. L'emploi du singulier, limité au registre littéraire, est rare.
ténébrescence n. f.
ténébrescent, ente adj.
ténébreusement adv.
ténébreux, euse adj.
ténébrion n. m.
ténébrionidé n. m.
tènement n. m.
ténesme n. m.
tenette n. f.
[1]**teneur** n. f.
[2]**teneur, euse** n.
teneurmètre n. m.
ténia ou **tænia** /tenja/ n. m.
ténifuge adj. et n. m.

tenir v. tr., v. tr. ind. et v. intr. | conjug. 22 |
▸ **tenir qqch.** *tenir son chapeau à la main*
▸ **tenir qqch. de qqn** *il tient cela de son père*
▸ **tenir à** (+ n.) *quelqu'un à qui je tiens ; je tiens à la vie ; le succès tient à peu de chose*
▸ **tenir à** (+ inf.) *j'ai tenu à les inviter*
▸ **il tient à** (+ pron.) **que** (+ subj.) *il ne tient pas à moi qu'elle vienne ; il ne tient qu'à vous qu'il obtienne satisfaction ; qu'à cela ne tienne !*
▸ **tenir pour** *ils me tiennent pour responsable*
▸ **tenir en** *je le tiens en estime*
¬ **se tenir**
ils se tiennent mal
▸ **se tenir à qqch.** *il s'est tenu à la rampe ; je me tiens à cette règle*
▸ **s'en tenir à** *nous nous en tiendrons à ce qui était convenu*
▸ **se tenir pour** *je me tiens pour averti*
➾ Aux temps composés de la forme pronominale, le participe passé s'accorde en genre et en nombre avec le sujet : *ils se sont tenus tranquilles ; ils se sont tenus par la main*. Mais le participe passé ne s'accorde pas quand il est suivi d'un complément d'objet direct : *elles se sont tenu compagnie ; ils se sont tenu la main*.
⌘ Lorsque **tenir à ce que** signifie « vouloir absolument que », il est suivi du subjonctif : *il ne tient pas à ce que je vienne*. Lorsqu'il introduit une cause, il est suivi de l'indicatif : *ces différences tiennent à ce que les conditions ont changé*.
Attention à l'ordre des pronoms dans l'expression **se le tenir pour dit** : il faut dire *tiens-toi-le pour dit* et non **tiens-le-toi pour dit*.

[1]**tennis** /-nis/ n. m. (sport)
[2]**tennis** /-nis/ n. f. (chaussure)
tennis-elbow /tenisɛlbo/ n. m. ▪ plur. **tennis-elbows**
tennisman /-man/ n. m. ▪ plur. **tennismen** /-mɛn/ ou plur. **tennismans**
Ξ On peut employer le pluriel à l'anglaise *tennismen* ou le pluriel à la française *tennismans*.
tennistique adj.
tennistiquement adv.
ténodèse n. f.
ténolyse n. f.
tenon n. m.
HOM. formes du v. **tenir**
tenonnage n. m.
tenonner v. tr. | conjug. 1 |
tenonneuse n. f.

ténoplastie n. f.
ténor n. m.
tenora /te-/ ou **ténora**○ n. f.
ténorino ▪ plur. **ténorinos** ou **tenorino** /te-/ ▪ plur. **tenorini** n. m.
☰ On peut employer les formes francisées *ténorino* et *ténorinos* ou les formes italiennes *tenorino* et *tenorini*.
ténorisant, ante adj.
ténoriser v. intr. | conjug. 1 |
ténorite n. f.
ténosite n. f.
ténosynovite n. f.
ténotomie n. f.
tenrec ou **tanrec** n. m.
tenseur n. m. et adj. m.
tensif, ive adj.
tensioactif, ive adj. et n. m.
tensioactivité n. f.
tensiomètre n. m.
tensiométrie n. f.
tension n. f.
☰ L'emploi de *tension* pour désigner une pression artérielle supérieure à la normale (*faire de la tension*) est courant mais abusif. Dans la langue soignée, on emploie *hypertension*.
HOM. formes du v. **tancer**
tensionner v. tr. | conjug. 1 |
tensionneur n. m.
tenson n. f.
HOM. formes du v. **tancer**
tensoriel, ielle adj.
tentaculaire adj.
tentaculairement adv.
tentacule n. m.
☯ Ce mot est masculin : *un tentacule*.
tentaculifère adj. et n.
tentaculiforme adj.
tentant, ante adj.
tentateur, trice n. et adj.
tentation n. f.
tentative n. f.
tente n. f.
HOM. **tante**, formes du v. **tenter**
tente-abri n. f. ▪ plur. **tentes-abris**
tente-caravane n. f. ▪ plur. **tentes-caravanes**
tenter v. tr. | conjug. 1 |
tenthrède n. f.
tentoriel, elle adj.
tenture n. f.
tenturer v. tr. | conjug. 1 |
tenu, ue adj.
▸ **être tenu à** (+ n.) *il est tenu au secret professionnel*
▸ **être tenu à/de** (+ inf.) *elle est tenue à ne pas quitter le pays* ou *de ne pas quitter le pays*
☰ **Être tenu de** (+ n.) appartient à la langue juridique : *le preneur est tenu des dégradations*.
ténu, ue adj.
tenue n. f.
ténuirostre adj. et n. m.
ténuité n. f.
tenure n. f.
ténuto ou **tenuto** /tenuto/ adv.
téocal(l)i n. m.
téorbe n. m.
→ **théorbe**
tep n. f. inv.
▫ abrév. de **tonne équivalent pétrole**
téphillin ▪ plur. **téphillins** ou **tephillin** ▪ plur. inv. /tefilin/ n. m.
tephrite n. f.
téphrochronologie /-k-/ n. f.
téphrosie n. f.
tepidarium ou **tépidarium** /tepidaʀjɔm/ n. m.
tépide adj.
tépidité n. f.
téquila ou **tequila** /tekila/ n. f.
T. E. R. /teøɛʀ/ n. m. inv.
▫ abrév. de **train express régional**
ter adv.
HOM. **taire**, **terre**, formes du v. **terrer**
téragone n. m.
téraoctet n. m.
téraphim /-fim/ n. m. pl.
téraspic /-pik/ n. m.
tératisme n. m.
tératoblastome n. m.
tératogène adj.
tératogenèse n. f.
tératogénétique adj.
tératogénie n. f.
tératoïde adj.
tératologie n. f.
tératologique adj.
tératologue n.
tératome n. m.
tératopage n. m.
terbique adj.
terbium /-jɔm/ n. m.
tercer v. tr. | conjug. 3 |
tercerole n. m.
tercerot n. m.
tercet n. m.
HOM. formes du v. **tercer**
tercio n. m.
HOM. **tertio**
térébelle n. f.
térébellum ou **terebellum** /-ɔm/ n. m.
térébenthène n. m.

térébenthinage n. m.
térébenthine n. f.
térébenthiné, ée adj.
térébinthacée n. f.
térébinthe n. m.
térébique adj.
térébrant, ante adj.
térébration n. f.
térébratule n. f.
térédinidé n. m.
téréphtalate n. m.
téréphtalique adj.
[1]**Tergal**® n. m.
➾ Comme tous les noms déposés, ce mot doit s'écrire avec une majuscule : *un pantalon en Tergal.* Toutefois, on le trouve fréquemment employé comme nom générique sans respect de la règle : *un pantalon en tergal.*
[2]**tergal, ale, aux** adj.
tergiversant, ante adj.
tergiversation n. f.
tergiverser v. intr. | conjug. 1 |
Terital® n. m.
➾ Comme tous les noms déposés, ce mot doit s'écrire avec une majuscule : *une doublure en Terital.* Toutefois, on le trouve fréquemment employé comme nom générique sans respect de la règle : *une doublure en terital.*
Terlenka® n. m.
➾ Comme tous les noms déposés, ce mot doit s'écrire avec une majuscule : *une chemise en Terlenka.* Toutefois, on le trouve fréquemment employé comme nom générique sans respect de la règle : *une chemise en terlenka.*
termaillage n. m.
terme n. m.
➾ Ce mot est au singulier dans les locutions **à terme** et **à court/moyen/long terme**. Il est au pluriel dans **en termes de** et **être en bon/mauvais termes avec qqn**. Ne pas confondre **au terme de**, qui signifie « à la fin de » (*au terme du voyage*), avec **aux termes de**, qui signifie « en respectant les termes de » (*aux termes de la loi*).
HOM. **thermes**
terminage n. m.
terminaison n. f.
[1]**terminal, ale, aux** adj. et n. f.
[2]**terminal, aux** n. m.
terminateur n. m.
terminer v. tr. | conjug. 1 |
⌘ La construction **terminer de** (+ inf.) est fautive : il ne faut pas dire **il a terminé de parler* mais *il a fini de parler.*
¬ **se terminer**
la discussion se termina tard dans la nuit
▸ **se terminer par** *la soirée se terminera par un jeu*
▸ **se terminer en** *le clocher se termine en pointe*
➾ Aux temps composés de la forme pronominale, le participe passé s'accorde en genre et en nombre avec le sujet : *la bagarre s'est mal terminée.*
termineur n. m.
terminisme n. m.
terministe n. et adj.
terminographe n.
terminographie n. f.
terminologie n. f.
terminologique adj.
terminologue n.
terminus /-nys/ n. m.
terminus ad quem /tɛʀminysadkwɛm/ n. m.
terminus a quo /tɛʀminysakwo/ n. m.
termite n. m.
☯ Ce mot est masculin : *un termite.*
HOM. **thermite**
termitière n. f.
termitophage adj.
termitophile adj. et n.
termitoxénie n. f.
ternaire adj.
terne adj. et n. m.
terné, ée adj.
ternir v. tr. | conjug. 2 |
¬ **se ternir**
➾ Aux temps composés de la forme pronominale, le participe passé s'accorde en genre et en nombre avec le sujet : *l'argenterie s'est ternie.*
ternissement n. m.
ternissure n. f.
terpène n. m.
terpénique adj.
terpine n. f.
terpinol n. m.
terpolymère n. m.
terracotta n. f.
terrade n. m.
terrafungine /-fɔ̃-/ n. f.
terrage n. m.
terrain n. m.
terra incognita /-gn-/ n. f.
terramare n. f.
terramycine n. f.
terraplane n. m.
terraqué, ée adj.
terrarium /-jɔm/ n. m.
terra rossa n. f.
terrassant, ante adj.
terrasse n. f.
terrassé, ée adj.

terrassement n. m.
terrasser v. tr. | conjug. 1 |
terrasseux, euse adj.
terrassier n. m.
HOM. formes du v. **terrasser**
terrasson n. m.
HOM. formes du v. **terrasser**
terre n. f.
▸ **à terre** *sauter à terre*
▸ **par terre** *dormir par terre*
▸ **en terre** *porter un mort en terre*
➾ Ce mot s'écrit avec une majuscule quand il désigne la planète : *la Terre tourne autour du Soleil ; une planète analogue à la Terre.* Il s'écrit sans majuscule quand il désigne la surface, l'étendue ou la matière : *poser qqch. par terre ; un tremblement de terre ; parcourir la terre ; une terre inculte ; être couvert de terre.* Dans les dénominations géographiques, il s'écrit avec une majuscule lorsqu'il n'est pas suivi d'un nom propre : *Basse-Terre ; Terre-Neuve ; Terre de Feu ; la Terre sainte* mais *la terre Adélie.*
Ξ **À terre** et **par terre** sont équivalents : *tomber à terre* ou *tomber par terre ; regarder à terre* ou *regarder par terre,* etc. **Par terre** est plus courant.
Terre peut s'employer seul comme adjectif de couleur ou derrière un adjectif de couleur pour en préciser la nuance ; ces adjectifs sont alors invariables : *des vestes brun terre ; des manteaux terre d'ombre ; des pardessus terre de Sienne brûlée.*
HOM. **taire, ter**
terre à terre loc. adj.
terreau n. m.
terreautage ou **terreaudement** n. m.
terreauter v. tr. | conjug. 1 |
terrée n. f.
terrefort n. m.
terrement n. m.
terre-neuvas ▪ plur. inv. ou **terre-neuvier** ▪ plur. **terre-neuviers** n. m. et adj.
terre-neuve n. m. inv.
terre-plein ▪ plur. **terre-pleins** ou **terreplein**○ ▪ plur. **terrepleins**○ n. m.
terrer v. tr. | conjug. 1 |
¬ **se terrer**
➾ Aux temps composés de la forme pronominale, le participe passé s'accorde en genre et en nombre avec le sujet : *elle s'est terrée dans son appartement.*
terrestre adj.
terreur n. f.
➾ Avec une majuscule, **la Terreur** et **la Terreur blanche** désignent des périodes historiques.
terreux, euse adj.
terri n. m.
→ **terril**
terrible adj.
terriblement adv.
terricole adj.
terrien, ienne adj. et n.
HOM. **thérien**
[1]**terrier** n. m. (registre, religieux, abri)
HOM. formes du v. **terrer**
[2]**terrier, ière** n. (chien)
HOM. formes du v. **terrer**
terrière n. f. (lieu d'où l'on retire de la terre)
terrifiant, iante adj.
terrificateur, trice adj.
terrification n. f.
terrifier v. tr. | conjug. 7 |
terrifique adj.
terrigène adj.
terril ou **terri** n. m.
Ξ La graphie *terril* est plus courante.
terrine n. f.
terrinée n. f.
territoire n. m.
territorial, iale, iaux adj.
territorialement adv.
territorialisation n. f.
territorialiser v. tr. | conjug. 1 |
territorialisme n. m.
territorialité n. f.
terroir n. m.
terrorisant, ante adj.
terroriser v. tr. | conjug. 1 |
terrorisme n. m.
terroriste n. et adj.
terser v. tr. | conjug. 1 |
terson n. m.
tertiaire adj. et n.
➾ L'adjectif s'écrit toujours sans majuscule : *l'ère tertiaire.* Le nom s'écrit généralement sans majuscule mais la majuscule initiale est de rigueur dans les ouvrages spécialisés.
tertiairisation n. f.
tertiarisation n. f.
tertiarisme n. m.
tertio adv.
HOM. **tercio**
tertre n. m.
tertulia n. f.
tertullianisme n. m.
tertullianiste n. m.
Térylène® n. m.
➾ Comme tous les noms déposés, ce mot doit s'écrire avec une majuscule : *un étui en Térylène.* Toutefois, on le trouve fréquemment employé comme nom générique sans respect de la règle : *un étui en térylène.*
terza rima /tɛʀtsa- ; tɛʀdza-/ n. f.

tes adj. poss.
HOM. **t, té, thé**
→ **ton**
tesla n. m.
tesselle n. f.
tessère n. f.
tessiture n. f.
tesson n. m.
[1]**test** n. m. (essai, enveloppe)
Ξ Ce mot peut s'employer en apposition ; il prend la marque du pluriel : *des produits tests.*
[2]**test** n. m. (récipient)
→ [1]**têt**
testa n. m.
HOM. formes du v. **tester**
testabilité n. f.
testable adj.
testacé, ée adj.
testacelle n. f.
testage n. m.
testament n. m.
➾ On écrit **l'Ancien Testament** et **le Nouveau Testament** avec des majuscules.
testamentaire adj.
testateur, trice n.
tester v. intr. et v. tr. | conjug. 1 |
testeur, euse n.
testiculaire adj.
testicule n. m.
testimonial, iale, iaux adj.
testimonialement adv.
testing /-iŋ/ n. m.
test-match n. m. ▪ plur. **test-matchs**
testologie n. f.
teston n. m.
HOM. formes du v. **tester**
testostérone n. f.
testu n. m.
tésure n. f.
[1]**têt** /tɛ(t)/ ou **test** n. m. (récipient)
HOM. **taie, tête, tette, thête**, formes des v. **taire, téter**
[2]**Têt** /tɛt/ n. m. (fête)
➾ Comme tous les noms de fêtes, ce mot s'écrit avec une majuscule : *la fête du Têt est célébrée au Viêtnam.*
HOM. **tête, tette, thête**, formes du v. **téter**
tétanie n. f.
tétaniforme adj.
tétanique adj.
tétaniquement adv.
tétanisation n. f.
tétaniser v. tr. | conjug. 1 |
tétanisme n. m.
tétanos /-nos/ n. m.
tétanotoxine n. f.
têtard n. m.
tétasse n. f.
tête n. f.
➾ Ce mot est toujours au singulier dans les locutions **faire tête** et **tenir tête**.
Ξ Ne pas employer ***tête d'oreiller** à la place de **taie d'oreiller**.
HOM. **têt, tette, thête**, formes du v. **téter**
tête-à-queue n. m. inv.
tête-à-tête n. m. inv.
➾ Ce nom s'écrit toujours avec des traits d'union, contrairement à la locution adverbiale qui peut s'écrire avec ou sans traits d'union : *nous nous sommes retrouvés en tête-à-tête* ou *en tête à tête* mais *un tête-à-tête amoureux.*
têteau n. m.
tête-bêche ou **têtebêche**° adv.
tête-chèvre n. m. ▪ plur. **tète-chèvres**
tête-de-chat n. m. ▪ plur. **têtes-de-chat**
tête-de-clou n. m. ▪ plur. **têtes-de-clou**
tête-de-loup /-lu/ n. f. ▪ plur. **têtes-de-loup**
tête-de-Maure n. f. ▪ plur. **têtes-de-Maure**
HOM. **tête-de-mort**
tête-de-moineau n. f. ▪ plur. **têtes-de-moineau**
tête-de-mort n. f. ▪ plur. **têtes-de-mort**
Ξ Ce mot s'emploie surtout en apposition : *sphinx tête-de-mort.*
➾ L'expression qui désigne l'emblème de la mort s'écrit sans traits d'union : *il y avait une tête de mort sur le drapeau.*
HOM. **tête-de-Maure**
[1]**tête-de-nègre** adj. inv. et n. m. inv. (couleur)
[2]**tête-de-nègre** n. f. ▪ plur. **têtes-de-nègre** (pâtisserie, bolet)
tétée n. f.
téter v. tr. | conjug. 6 |
tétère n. f.
HOM. forme du v. **téter**
téterelle n. f.
téteur, euse n.
têtière n. f.
tétigué interj.
tétin n. m.
HOM. **tettin**
tétine n. f.
tétoir n. m.
téton n. m.
HOM. formes du v. **téter**
tétonnière n. f.
tétra n. m.
HOM. **tétras**, formes du v. **téter**
tétrabranche adj.
tétrachlorure /-k-/ n. m.
tétracoque n. m.
tétracoralliaire /-ljɛʀ/ n. m.
tétracorde n. m.
tétracycline n. f.

tétradactyle adj.
tétrade n. f.
tétradrachme /-km/ n. m.
tétradyname adj.
tétraèdre n. m.
tétraédrique adj.
tétraédrite n. f.
tétragone n. f.
tétragramme n. m.
tetrahydrogestrinone n. f.
tétrahydronaphtalène n. m.
tétraline n. f.
tétralogie n. f.
tétramère adj. et n. m.
tétramètre n. m.
tétraodion n. m.
tétraonidé n. m.
tétraparental, ale, aux adj.
tétraphonie n. f.
tétraphonique adj.
tétraplégie n. f.
tétraplégique adj. et n.
tétraploïde adj.
tétraploïdie n. f.
tétrapneumone adj.
tétrapode n. m. et adj.
tétrapodie n. f.
tétrapolaire adj.
tétrapole n. f.
tétraptère adj. et n. m.
tétrarchat /-ka/ n. m.
tétrarchie n. f.
tétrarque n. m.
tétras n. m.
HOM. **tétra**, formes du v. **téter**
tétras-lyre n. m. ▪ plur. **tétras-lyres**
tétrasomie n. f.
tétrasporange n. m.
tétraspore n. f.
tétrastique adj.
tétrastyle adj.
tétrasubstitué, ée adj.
tétrasyllabe n. m.
tétrasyllabique adj.
tétratomicité n. f.
tétratomique adj.
tétravalence n. f.
tétravalent, ente adj.
tétrode n. f.
tétrodon n. m.
tette n. f.
HOM. **têt, tête, thête**, formes du v. **téter**
tettigie n. f.
tettin n. m.
HOM. **tétin**
têtu, ue adj.

teuf n. f.
teufeur, euse n.
teuf-teuf ▪ plur. inv. ou **teufteuf**○ ▪ plur. **teufteufs**○ n. m.
teugue n. f.
teurgoule n. f.
teutomane adj. et n.
teuton, onne adj. et n.
➾ L'adjectif s'écrit sans majuscule : *le peuple teuton*. Le nom s'écrit avec une majuscule uniquement quand il désigne une personne : *les Teutons ; une Teutonne* mais *ils parlaient le teuton* (l'ancien haut allemand).
teutonique adj.
teutonisme n. m.
tévé n. f.
tex n. m.
tex-mex adj. inv.
texte n. m.
texteur n. m.
textile adj. et n. m.
[1]**texto** adv.
[2]**Texto**® n. m.
➾ Comme tous les noms déposés, ce mot doit s'écrire avec une majuscule : *envoyer des Textos*. Toutefois, on le trouve fréquemment employé comme nom générique sans respect de la règle : *envoyer des textos*.
textologie n. f.
textuaire n. m.
textuel, elle adj.
textuellement adv.
texturant n. m.
texturation n. f.
texture n. f.
texturer v. tr. | conjug. 1 |
texturologie n. f.
tézigue pron. pers.
T. G. V.® n. m.
▫ abrév. de **train à grande vitesse**
thaï, thaïe adj. et n.
➾ L'adjectif s'écrit sans majuscule : *la population thaïe*. Le nom s'écrit avec une majuscule uniquement quand il désigne une personne : *les Thaïs ; c'est une Thaïe* mais *parler le thaï*.
HOM. **taille**, formes du v. **tailler**
thaïlandais, aise adj. et n.
➾ L'adjectif s'écrit sans majuscule : *la population thaïlandaise*. Le nom s'écrit avec une majuscule : *les Thaïlandais ; c'est une Thaïlandaise*.
thalamique adj.
thalamus /-mys/ n. m.
thalassémie n. f.
thalassémique adj.
thalassicole adj.

thalasso n. f.
◻ abrév. de **thalassothérapie**
thalassocratie /-kʀasi/ n. f.
thalassothérapeute n.
thalassothérapie n. f.
thalassotoque adj.
thaler /talɛʀ/ n. m.
HOM. **talaire**, formes des v. **taler, taller**
thalidomide n. f.
thalle n. m.
HOM. **talle**, formes des v. **taler, taller**
thalleux, euse adj.
thallique adj.
thallium /-jɔm/ n. m.
thallophyte n. f.
thalweg /talvɛg/ n. m.
→ **talweg**
thanatologie n. f.
thanatologue n.
thanatophobie n. f.
thanatopracteur, trice n.
☯ *Thanatopractrice* est la forme recommandée par le *Guide d'aide à la féminisation des noms de métiers, titres, grades et fonctions* et l'Office québécois de la langue française pour parler d'une femme. En Suisse, on emploie *thanatopracteuse*.
thanatopraxie n. f.
thanatos /-ɔs/ n. m.
thane n. m.
HOM. **tanne**, formes du v. **tanner**
thapsie n. f. ou **thapsia** n. m.
thaumaturge adj. et n. m.
thaumaturgie n. f.
thaumaturgique adj.
thé n. m.
☰ Ce mot peut s'employer derrière un adjectif de couleur pour en préciser la nuance ; les deux mots sont alors invariables : *des draps rose thé*.
HOM. **t, té, tes**
théacée n. f.
théatin n. m.
➾ Ce mot s'écrit avec une minuscule lorsqu'il désigne une personne : *un couvent de théatins*. Il s'écrit avec une majuscule lorsqu'il désigne sans ambiguïté l'ordre lui-même : *il est entré chez les Théatins*.
théâtral, ale, aux adj.
théâtralement adv.
théâtralisation n. f.
théâtraliser v. tr. | conjug. 1 |
théâtralisme n. m.
théâtralité n. f.
théâtre n. m.
théâtreux, euse n. et adj.
théâtrophone n. m.
théâtrothérapie n. f.
thébaïde n. f.
thébaïne n. f.
thébaïque adj.
thébaïsme n. m.
thécophore n. m.
théerie n. f.
théier, ière n. m. et adj.
théière n. f.
théiforme adj.
theileria n. m.
théine n. f.
théisme n. m.
théiste n. et adj.
thélémite n.
thélotisme n. m.
thélygène adj.
thélygénie n. f.
thélytoque adj.
thématicien, ienne n.
thématique adj. et n. f.
thématiser v. tr. | conjug. 1 |
thématisme n. m.
thème n. m.
thénar n. m.
thénardite n. f.
theobroma /teo-/ ou **théobrome** n. m.
théobromine n. f.
théocrate n. m.
théocratie /-kʀasi/ n. f.
théocratique adj.
théocratiquement adv.
théodicée n. f.
théodolite n. m.
théodosien, ienne adj.
théogonie n. f.
théogonique adj.
théologal, ale, aux adj. et n. m.
théologie n. f.
théologien, ienne n.
théologique adj.
théologiquement adv.
théomanie n. f.
théophagie n. f.
théophanie n. f.
théophilanthrope n.
théophilanthropie n. f.
théophylline n. f.
théorbe ou **téorbe** n. m.
théorbiste n.
théorématique adj.
théorème n. m.
théorétique adj. et n. f.
théoricien, ienne n.
théorie n. f.
théorique adj.

théoriquement adv.
théorisation n. f.
théoriser v. intr. et v. tr. | conjug. 1 |
théosophe n.
théosophie n. f.
théosophique adj.
théosophisme n. m.
thèque n. f.
HOM. **tec, teck**
thérapeute n.
thérapeutique adj. et n. f.
thérapie n. f.
thérapique adj.
thériacal, ale, aux adj.
thériaque n. f.
théridion ou **theridium** /teʀidjɔm/ n. m.
thérien n. m.
HOM. **terrien**
thermal, ale, aux adj.
thermalisation n. f.
thermalisme n. m.
thermaliste adj.
thermalité n. f.
thermes n. m. pl.
HOM. **terme**
thermesthésie n. f.
thermesthésique adj.
thermicien, ienne n.
thermicité n. f.
thermidor n. m.
⇔ Comme tous les noms de mois, ce mot s'écrit sans majuscule, sauf lorsqu'une date évoque un évènement historique et que l'année n'est pas précisée : *le 9 Thermidor entraîna la chute de Robespierre* mais *les événements du 9 thermidor an II.*
Ξ Ce mot peut s'employer en apposition ; il est alors invariable : *des homards thermidor.*
thermidorien, ienne adj. et n.
thermie n. f.
thermique adj.
thermiquement adv.
thermisation n. f.
thermisé, ée adj.
thermistance n. f.
thermistor ou **thermisteur** n. m.
thermite n. f.
HOM. **termite**
thermoacidophile adj. et n. m.
thermoalgésie n. f.
thermoanalgésie n. f.
thermoanalyse n. f.
thermoanalytique adj.
thermobalance n. f.
thermobrossage n. m.
□ rec. off. pour **Brushing** ®
thermocautère n. m.
thermocautériser v. tr. | conjug. 1 |
thermochimie n. f.
thermochimique adj.
thermochromie /-k-/ n. f.
thermoclastie n. f.
thermocline n. f.
thermocollable adj.
thermocollage n. m.
thermocollant, ante adj.
thermocompression n. f.
thermoconvection n. f.
thermocopie n. f.
thermocopieuse n. f.
thermocouple n. m.
thermodiffusion n. f.
thermodurcissable adj.
thermodynamicien, ienne n.
thermodynamique n. f. et adj.
thermodynamiquement adv.
thermoélasticité n. f.
thermoélastique adj.
thermoélectricité n. f.
thermoélectrique adj.
thermoélectronique adj.
thermoémission n. f.
thermoformage n. m.
thermoformé, ée adj.
thermogène adj.
thermogénérateur n. m.
thermogenèse ou **thermogénèse** n. f.
thermogénétique adj.
thermogénie n. f.
thermogénique adj.
thermogramme n. m.
thermographe n. m.
thermographie n. f.
thermographique adj.
thermogravimétrie n. f.
thermogravimétrique adj.
thermohalin, ine adj.
thermo-impression n. f. ▪ plur. **thermo-impressions**
thermoïonique adj.
thermolabile adj.
thermolabilité n. f.
thermologie n. f.
thermoluminescence n. f.
thermoluminescent, ente adj.
thermolyse n. f.
thermolytique adj.
thermomagnétique adj.
thermomagnétisme n. m.
thermomanomètre n. m.
thermomastographie n. f.
thermomécanique adj.
thermomètre n. m.

thermométrie n. f.
thermométrique adj.
thermométrographe n. m.
thermominéral, ale, aux adj.
thermonucléaire adj.
thermophile adj. et n. m.
thermophilie n. f.
thermophobie n. f.
thermophone n. m.
thermopile n. f.
thermoplaste adj.
thermoplastique adj.
thermoplongeur n. m.
thermopole n. m.
thermopompe n. f.
thermopondéral, ale, aux adj.
thermopropulsé, ée adj.
thermopropulsif, ive adj.
thermopropulsion n. f.
thermorégulateur, trice n. m. et adj.
thermorégulation n. f.
thermorémanence n. f.
thermorésistant, ante adj.
Thermos® /-os/ n. m. ou f.
☯ Le masculin est plus fréquent.
➾ Comme tous les noms déposés, ce mot doit s'écrire avec une majuscule : *remplir un(e) Thermos de café.* Toutefois, on le trouve fréquemment employé comme nom générique sans respect de la règle : *remplir un(e) thermos de café.*
thermoscope n. m.
thermoscopique adj.
thermosensible adj.
thermosiphon n. m.
thermosphère n. f.
thermostable adj.
thermostat n. m.
thermostater v. tr. | conjug. 1 |
thermostatique adj.
thermotactisme n. m.
thermotaxie n. f.
thermothérapie n. f.
thermotropique adj.
thermotropisme n. m.
théropithèque n. m.
théropode n. m.
thésard, arde n.
thésaurisation n. f.
thésauriser v. intr. et v. tr. | conjug. 1 |
thésauriseur, euse n.
thésaurus ou **thesaurus** /tezɔʀys/ n. m.
thèse n. f.
HOM. formes du v. **taire**
thésis /tezis/ n. f.
Thesmophories n. f. pl.
➾ Comme tous les noms de fêtes, ce mot s'écrit avec une majuscule : *les Thesmophories étaient célébrées en l'honneur de Déméter.*
thesmothète n. m.
thessalien, ienne adj. et n.
➾ L'adjectif s'écrit sans majuscule : *la population thessalienne.* Le nom s'écrit avec une majuscule uniquement quand il désigne une personne : *les Thessaliens ; une Thessalienne* mais *ils parlaient le thessalien.*
thêta n. m. ▪ plur. inv. ou plur. **thêtas**○
HOM. formes du v. **téter**
thête n. m.
HOM. **têt, tête, tette,** formes du v. **téter**
thétique adj.
théurgie n. f.
théurgique adj.
théurgiste ou **théurgite** n.
T. H. G. n. f.
▫ abrév. de **tétrahydrogestrinone**
thiamine n. f.
thiase n. m.
thiasote n.
thiazine n. f.
thiazinique adj.
thiazol ou **thiazole** n. m.
thibaude n. f.
thinite adj.
thioacide n. m.
thioalcool /-kɔl/ n. m.
thiobactérie n. f.
thiocarbonate n. m.
thiocétone ou **thione** n. f.
thiocyanate n. m.
thiokol n. m.
thiol n. m.
thionate n. m.
thionine n. f.
thionique adj.
thiopental /-pɛ̃-/ n. m.
thiophène n. m.
thiosulfate n. m.
thiosulfurique adj.
thio-urée n. f. ▪ plur. **thio-urées**
thixotrope adj.
thixotropie n. f.
thixotropique adj.
thlaspi n. m.
tholéite n. f.
tholia n. f.
tholos /-os/ n. f.
thomise n. m.
thomisme n. m.
thomiste n. et adj.
thon n. m.
HOM. **ton,** formes du v. **tondre**
thonaire n. m.
HOM. **toner, tonnerre,** forme du v. **tonner**

thonier n. m.
HOM. formes du v. **tonner**
thonine n. f.
thora n. f.
→ **torah**
thoracentèse /-sɛ̃-/ n. f.
thoracique adj.
thoraco n. f.
▫ abrév. de **thoracoplastie**
thoracoplastie n. f.
thoracotomie n. f.
thorax n. m.
thorianite n. f.
thorine n. f.
thorite n. f.
thorium /-jɔm/ n. m.
thoron n. m.
HOM. **toron**
thrace adj. et n.
➾ L'adjectif s'écrit sans majuscule : *la population thrace.* Le nom s'écrit avec une majuscule uniquement quand il désigne un habitant de la Thrace : *les Thraces* ; *une Thrace* mais *les thraces et les mirmillons* (gladiateurs) ; *ils parlaient le thrace.*
HOM. **trace**, **trass**
thracophrygien adj. et n. m.
thrène n. m.
HOM. **traîne**
thrénode n.
thréonine n. f.
thridace n. f.
thrill /tʀil/ n. m.
thriller ou **thrilleur**° /sʀilœʀ/ n. m.
thrips /-ps/ n. m.
thrombase n. f.
thrombasthénie n. f.
thrombectomie n. f.
thrombine n. f.
HOM. **trombine**
thromboangéite n. f.
thrombocyte n. m.
thrombocytémie n. f.
thrombocytopénie n. f.
thrombocytose n. f.
thromboélastographie n. f.
thromboembolie n. f.
thrombographie n. f.
thrombokinase n. f.
thrombolyse n. f.
thrombolytique n. m.
thrombopathie n. f.
thrombopénie n. f.
thrombopénique adj.
thrombophlébite n. f.
thromboplastine n. f.
thromboplastique adj.
thrombose n. f.
thrombosé, ée adj.
thrombostatique adj.
thrombotique adj.
thrombus /-bys/ n. m.
T. H. T. n. f.
▫ abrév. de **très haute tension**
thufur n. m.
thug n. m. et adj.
thulium /-jɔm/ n. m.
thune ou **tune** n. f.
thuriféraire n. m.
thuringien, ienne adj. et n. m.
thurne n. f.
thuya n. m.
thyade n. f.
thylacine n. m.
thylle /tij/ n. f.
HOM. **tille**
thyllose n. f.
thym /tɛ̃/ n. m.
HOM. **tain**, **teint**, **tin**, formes des v. **teindre**, **tenir**
thymectomie n. f.
thyméléacée n. f.
thymélée n. f.
thymiatechnie /-k-/ n. f.
thymiatérion n. m.
thymie n. f.
thymine n. f.
thymique adj.
thymite n. f.
thymoanaleptique adj. et n. m.
thymocyte n. m.
thymol n. m.
thymoleptique adj. et n. m.
thymus /-mys/ n. m.
thyratron n. m.
thyréogène adj.
thyréoglobuline n. f.
thyréoprive adj.
thyréostimulant, ante adj.
thyréostimuline n. f.
thyréotoxicose ou **thyrotoxicose** n. f.
thyréotrope adj.
thyristor n. m.
thyristorisé, ée adj.
thyrocalcitonine n. f.
thyroglobuline n. f.
thyroïde adj. et n. f.
thyroïdectomie n. f.
thyroïdien, ienne adj.
thyroïdisme n. m.
thyroïdite n. f.
thyronine n. f.

thyrotoxicose n. f.
→ **thyréotoxicose**
thyrotrophine ou **thyrotropine** n. f.
thyroxine n. f.
thyrse n. m.
thysanoure n. m.
tiag n. f.
◻ abrév. de **santiag**
tiama n. m.
tian n. m.
tiare n. f.
tiaré, ée adj. et n. m.
tibétain, aine adj. et n.
➾ L'adjectif s'écrit sans majuscule : *la population tibétaine*. Le nom s'écrit avec une majuscule uniquement quand il désigne une personne : *les Tibétains ; c'est une Tibétaine* mais *parler le tibétain*.
tibéto-birman, ane adj. et n. m. ▪ plur. **tibéto-birmans, anes**
➾ Comme tous les noms de langues, ce mot s'écrit sans majuscule : *le tibéto-birman commun*.
tibia n. m.
tibial, iale, iaux adj.
tic n. m.
HOM. **tique**, formes du v. **tiquer**
ticage n. m.
tical ou **tikal** n. m.
T. I. C. E. n. f. pl.
◻ abrév. de **technologies de l'information et de la communication dans l'enseignement**
tichodrome /-k-/ n. m.
ticket n. m.
HOM. **tiquet**, formes du v. **tiquer**
ticket-repas n. m. ▪ plur. **tickets-repas**
Ticket-Restaurant® n. m. ▪ plur. **Tickets-Restaurants**
➾ Comme tous les noms déposés, ce mot doit s'écrire avec une majuscule : *payer avec des Tickets-Restaurants*. Toutefois, on le trouve fréquemment employé comme nom générique sans respect de la règle : *payer avec des tickets-restaurants*.
tickson n. m.
tic-tac ▪ plur. inv. ou **tictac**° ▪ plur. **tictacs**° interj. et n. m.
➾ L'interjection est invariable : *des pendules qui font "tictac"*.
tie-break /tajbʀɛk/ n. m. ▪ plur. **tie-breaks**
◻ rec. off. : **échange décisif** ou **jeu décisif** ou **manche décisive**
tiédasse adj.
tiède adj.
Ξ Ce mot peut s'employer comme adverbe ; il est alors invariable : *ils boivent tiède*.
tièdement adv.
tiédeur n. f.
tiédir v. intr. et v. tr. | conjug. 2 |
tiédissant, ante adj.
tiédissement n. m.
tielle n. f.
tien, tienne adj. et pron. poss. de la 2e pers. du sing.
HOM. formes du v. **tenir**
tiento /tiɛnto/ n. m.
tierçage n. m.
¹**tierce** n. f.
²**tierce** adj.
→ **tiers**
tiercé, ée adj. et n. m.
tiercée n. f.
tiercefeuille n. f.
tiercéiste n.
tiercelet n. m.
tiercelin n. m.
tiercement n. m.
tiercer v. tr. | conjug. 3 |
tierceron n. m.
HOM. forme du v. **tiercer**
tiers, tierce adj. et n. m.
➾ Ne pas écrire **tierse*.
⌘ Lorsque **le tiers de** suivi d'un nom est sujet, le verbe s'accorde soit avec *tiers*, soit avec le complément : *le tiers des spectateurs est parti avant la fin* ou *sont partis avant la fin*. La règle selon laquelle l'accord se fait au singulier quand il s'agit d'une quantité exacte et au pluriel quand il s'agit d'une quantité approximative n'est pas respectée dans l'usage.
tiers-an /tjɛʀzɑ̃/ n. m. ▪ plur. **tiers-ans**
tiers-monde n. m. ▪ plur. **tiers-mondes**
tiers-mondisation n. f. ▪ plur. **tiers-mondisations**
tiers-mondisme n. m. ▪ plur. **tiers-mondismes**
tiers-mondiste adj. et n. ▪ plur. **tiers-mondistes**
tiers-point n. m. ▪ plur. **tiers-points**
tif n. m.
tifosi n. m. ▪ plur. **tifosis** ou plur. inv.
Ξ En italien, *tifosi* est un nom masculin pluriel. On peut toutefois l'employer au singulier et franciser la forme du pluriel : *un tifosi, des tifosis*.
tige n. f.
tigelle n. f.
tigellé, ée adj.
tigeron n. m.
tigette n. f.
tiglon n. m.
→ **tigron**
tignard n. m.
tignasse n. f.
tigre, tigresse n.

tigré, ée adj. et n. m.
tigrer v. tr. | conjug. 1 |
tigridia n. m.
tigridie n. f.
tigron ou **tiglon** n. m.
HOM. formes du v. **tigrer**
tigrure n. f.
tiguidou adj.
tikal n. m.
→ **tical**
tiki n. m.
tilaka n. m. ▪ plur. inv. ou plur. **tilakas**○
tilapia n. m.
tilbury n. m.
➾ Ce mot a un pluriel régulier : *des tilburys*.
tilde /tild(e)/ n. m.
tildé, ée adj.
tiliacée n. f.
till /til/ n. m. ou **tillite** n. f.
tillac /tijak/ n. m.
tillage n. m.
tillandsie n. f. ou **tillandsia** n. m.
[1]**tille** /tij/ n. f. (outil)
HOM. **thylle**
[2]**tille** /tij/ n. f. (liber, écorce)
→ **teille**
tiller v. tr. | conjug. 1 |
tilleul n. m.
Ξ Ce mot peut s'employer seul comme adjectif de couleur ou derrière un adjectif de couleur pour en préciser la nuance ; ces adjectifs sont alors invariables : *des écharpes vert tilleul ; des vestes tilleul*.
tilleur, euse n.
tillite n. f.
→ **till**
tillole n. f.
tilsit /tilsit/ n. m.
➾ Lorsqu'il désigne un fromage, ce mot s'écrit sans majuscule, contrairement au nom propre qui désigne la ville de Prusse : *du fromage de Tilsit* mais *manger du tilsit*.
tilt n. m.
HOM. formes du v. **tilter**
tilter v. intr. | conjug. 1 |
timar n. m.
timbale n. f.
timbalier n. m.
timbrage n. m.
timbre n. m.
timbré, ée adj.
timbre-amende n. m. ▪ plur. **timbres-amendes**
timbre-poste n. m. ▪ plur. **timbres-poste**
timbre-quittance n. m. ▪ plur. **timbres-quittances**
timbrer v. tr. | conjug. 1 |
timbre-taxe n. m. ▪ plur. **timbres-taxes**
timbreur, euse n.
timide adj.
timidement adv.
timidité n. f.
timing /tajmiŋ/ n. m.
▫ rec. off. : **calendrier** ou **minutage**
timocratie /-kʀasi/ n. f.
timocratique adj.
timon n. m.
timonerie n. f.
timonier, ière n.
timoré, ée adj.
tin n. m.
HOM. **tain**, **teint**, **thym**, formes des v. **teindre**, **tenir**
tinamidé n. m.
tinamou n. m.
tincal ou **tinkal** n. m.
tinctorial, iale, iaux adj.
tindoul n. m.
tine n. f.
HOM. **tinne**
tinée n. f.
tinéidé n. m.
tinette n. f.
tinkal n. m.
→ **tincal**
tinne n. f.
HOM. **tine**
tintamarre n. m.
tintamarresque adj.
tintant, ante adj.
HOM. **teintant**
tintement n. m.
tinter v. intr. et v. tr. | conjug. 1 |
HOM. **teinter**
tintin n. m.
tintinnabulant, ante adj.
tintinnabulement n. m.
tintinnabuler v. intr. | conjug. 1 |
tinto /tinto/ n. m.
tintouin n. m.
tiolée n. f.
T. I. P. n. m.
▫ abrév. de **titre interbancaire de paiement**
tipi n. m.
tipoy ou **tipoye** /-ɔj/ n. m.
tipoyeur n. m.
tip-top ou **tip top** adj. inv.
tipule n. f.
ti-punch /tipɔ̃ʃ/ n. m. ▪ plur. **ti-punchs**
tique n. f.
HOM. **tic**
tiquer v. intr. | conjug. 1 |
tiquet n. m.
HOM. **ticket**, formes du v. **tiquer**

tiqueté, ée adj.
tiqueture n. f.
tiqueur, euse adj. et n.
tir n. m.
➾ Ce mot est au singulier dans les locutions suivantes : **angle de tir** ; **champ de tir** ; **ligne de tir** ; **plan de tir** ; **stand de tir**.
HOM. **TIR**, **tire**, formes du v. **tirer**
TIR /tiʀ/ n. m.
▫ abrév. de **transit international routier**
HOM. **tir**, **tire**, formes du v. **tirer**
tirade n. f.
tirage n. m.
tiraillage n. m.
tiraille n. f.
tiraillement n. m.
tirailler v. tr. et v. intr. | conjug. 1 |
tiraillerie n. f.
tirailleur n. m.
tiramisu /-su/ n. m.
tirant n. m.
HOM. **tyran**
tirasse n. f.
tiraude n. f.
tire n. f.
HOM. **tir**, **TIR**
tiré, ée adj.
tiré à part n. m.
tire-au-cul /-ku/ n. inv.
tire-au-flanc n. inv.
tire-balle n. m. ▪ plur. **tire-balles**
tire-bonde n. m. ▪ plur. **tire-bondes**
tire-botte n. m. ▪ plur. **tire-bottes**
tirebouchon ▪ plur. **tirebouchons** ou **tire-bouchon** ▪ plur. **tire-bouchons** n. m.
tirebouchonnant, ante ▪ plur. **tirebouchonnants, antes** ou **tire-bouchonnant, ante** ▪ plur. **tire-bouchonnants, antes** adj.
tirebouchonnement n. m.
tirebouchonner ou **tire-bouchonner** v. tr. et v. intr. | conjug. 1 |
tire-braise n. m. ▪ plur. **tire-braises**
tire-clou n. m. ▪ plur. **tire-clous**
tire-d'aile (à) loc. adv.
tirée n. f.
tire-fesse(s) n. m. ▪ plur. **tire-fesses**
tire-filet n. m. ▪ plur. **tire-filets**
tire-fil(s) n. m. ▪ plur. **tire-fils**
tire-fond ▪ plur. **tire-fonds** ou **tirefond**○ ▪ plur. **tirefonds**○ n. m.
tire-jus n. m. inv.
tire-lait n. m. ▪ plur. **tire-lait** ou plur. **tire-laits**○
tire-larigot (à) ou **tirelarigot (à)**○ loc. adv.
tire-ligne n. m. ▪ plur. **tire-lignes**
tirelire n. f.
tire-lire ou **tireli** ou **tirelis** n. m. inv.
tirelirer v. intr. | conjug. 1 |
tirelle n. f.
tire-pied n. m. ▪ plur. **tire-pieds**
[1]**tirer** v. tr., v. tr. ind. et v. intr. | conjug. 1 |
▸ **tirer sur** *tirer sur une ficelle ; tirer sur une cible ; cette couleur tire sur le beige*
▸ **tirer à** (+ n.) *tirer au fusil ; l'hiver tire à sa fin*
➾ Dans les locutions **tirer parti**, **tirer profit**, **tirer avantage**, etc., le complément est toujours au singulier : *ils ont tiré avantage de ces contraintes.*
Ξ La forme transitive directe peut s'employer au sens de « envoyer un projectile sur » si le complément désigne un animal que l'on chasse ou dans des emplois imagés : *tirer une perdrix ; ils l'ont tiré comme un lapin.* Dans les autres cas, on emploie généralement **tirer sur** : *le déséquilibré a tiré sur des passants.*
¬ **se tirer**
▸ **se tirer de** *se tirer d'un mauvais pas*
▸ **s'en tirer** *il parvient toujours à s'en tirer*
➾ Aux temps composés de la forme pronominale, le participe passé s'accorde en genre et en nombre avec le sujet : *ils se sont tirés d'affaire ; elles s'en sont bien tirées.* Mais le participe passé ne s'accorde pas quand il est suivi d'un complément d'objet direct : *elle s'est tiré une balle dans la tête.*
[2]**tirer** n. m.
tirerie n. f.
tiret n. m.
Ξ L'emploi de ce mot pour désigner un trait d'union est abusif.
HOM. formes du v. **tirer**
tiretaine n. f.
tiretainier, ière n.
tireté adj. et n. m.
tirette n. f.
tireur, euse n. (personne)
tireuse n. f. (appareil)
tire-veille n. m. ▪ plur. **tire-veilles**
tire-veine n. m. ▪ plur. **tire-veines**
▫ rec. off. pour **stripper**
tiroir n. m.
tiroir-caisse n. m. ▪ plur. **tiroirs-caisses**
tironien, ienne adj.
tirot n. m.
tisane n. f.
tisanerie n. f.
tisanière n. f.
tisard n. m.
tiser v. intr. | conjug. 1 |
tiseur n. m.
tisoir n. m.
tison n. m.
HOM. formes du v. **tiser**
tisonné, ée adj.

tisonnement n. m.
tisonner v. tr. | conjug. 1 |
tisonneur, euse n.
tisonnier n. m.
tissage n. m.
tisser v. tr. | conjug. 1 |
tisserand, ande n.
tisserin n. m.
tisseur, euse n.
tissu n. m.
tissu-feutre n. m. ▪ plur. **tissus-feutres**
tissulaire adj.
tissure n. f.
tissuterie n. f.
tissuthérapie n. f.
tissutier n. m.
titan n. m.
➾ Employé comme nom commun, ce mot s'écrit sans majuscule, contrairement au nom propre qui désigne les personnages mythologiques : *un travail de titan.*
titanate n. m.
titane n. m.
titané, ée adj.
titanesque adj.
titanifère adj.
titanique adj.
titanite n. f.
titanomagnétite n. f.
titanyle n. m.
titi n. m.
titianesque /-sja-/ adj.
titillant, ante adj.
titillation n. f.
titiller v. tr. | conjug. 1 |
titillomanie n. f.
titisme n. m.
titiste adj. et n.
titrable adj.
titrage n. m.
titraille n. f.
titrateur n. m.
titre n. m.
➾ Ce mot est toujours au singulier dans les locutions **à titre de** (*à titre d'exemples*), **à titre** (+ adj.) (*à titre exceptionnel*), **à juste titre**, **au même titre** et **en titre** (*des professeurs en titre*).
titrer v. tr. | conjug. 1 |
titre-restaurant n. m. ▪ plur. **titres-restaurants**
titreur, euse n.
titreuse n. f.
titrier n. m.
titrimétrie n. f.
titrimétrique adj.
titrisation n. f.
titubant, ante adj.
titubation n. f.
titubement n. m.
tituber v. intr. | conjug. 1 |
titulaire adj. et n.
titulairement adv.
titulariat n. m.
titularisation n. f.
titulariser v. tr. | conjug. 1 |
titulature n. f.
tjaële ou **tjäle** /tʒɛl/ n. m.
tmèse n. f.
T. M. S. n. m. pl.
▫ abrév. de **troubles musculo-squelettiques**
T. N. F. n. m.
▫ abrév. de **tumor necrosis factor**
T. N. T. n. f.
▫ abrév. de **télévision numérique terrestre**
to n. m.
HOM. **tau, taud, taux, tôt**
toalien, ienne adj. et n. m.
toarcien, ienne adj. et n. m.
toast /tost/ n. m.
toaster /toste/ v. tr. | conjug. 1 |
toasteur /tost-/ n. m.
toboggan n. m.
toc interj., adj. inv. et n. m.
➾ La locution **en toc** est invariable : *des bijoux en toc.*
HOM. **TOC, toque**, formes du v. **toquer**
TOC ou **toc** /tɔk/ n. m.
▫ abrév. de **trouble obsessionnel compulsif**
HOM. **toque**, formes du v. **toquer**
tocade ou **toquade** n. f.
tocane n. f.
tocante ou **toquante** n. f.
tocard, arde ou **toquard, arde** adj. et n.
toccata n. f. ▪ plur. **toccatas** ou plur. **toccate**
Ξ On peut employer le pluriel francisé *toccatas* ou le pluriel italien *toccate.*
tocologie n. f.
tocophérol n. m.
tocsin n. m.
toc-toc ▪ plur. inv. ou **toctoc** ▪ plur. **toctocs** interj., n. m. et adj.
toddy n. m.
todier n. m.
toffee /tɔfe ; tɔfi/ n. m.
tofu /tɔfu/ n. m.
togata adj. f.
toge n. f.
tohu-bohu ▪ plur. inv. ou **tohubohu**○ ▪ plur. **tohubohus**○ n. m.
toi pron. pers. et nominal
Ξ *Toi* s'élide en *t'* devant *en* et *y* : *garde-t'en*

bien ; *mets-t'y*. Les formes populaires **garde-toi-z'en bien* et **mets-toi-z'y* sont à proscrire.
HOM. **toit**
toilage n. m.
toile n. f.
toilé, ée adj.
toiler v. tr. | conjug. 1 |
toilerie n. f.
toilettage n. m.
toilette n. f.
toiletter v. tr. | conjug. 1 |
toilettes n. f. pl.
toiletteur, euse n.
toileuse n. f.
toilier, ière n. et adj.
toiliste n.
toi-même pron. pers.
toise n. f.
toisé n. m.
toisement n. m.
toiser v. tr. | conjug. 1 |
toison n. f.
➾ **La Toison d'or** s'écrit avec un *T* majuscule.
HOM. formes du v. **toiser**
toit n. m.
HOM. **toi**
toiture n. f.
toiturer v. tr. | conjug. 1 |
tokamak n. m.
tokay /tɔkɛ/ n. m.
➾ Lorsqu'il désigne un vin, ce mot s'écrit sans majuscule, contrairement au nom propre qui désigne la région de Hongrie : *un vin de Tokay* mais *une bouteille de tokay*.
HOM. **toquet** ; formes du v. **toquer**
tokharien, ienne n. m. et adj.
➾ Comme tous les noms de langues, ce mot s'écrit sans majuscule : *ils parlaient le tokharien*.
toko n. m.
tokonoma n. m.
tôlage n. m.
tolamite n. f.
tôlard, arde n.
→ **taulard**
tolbutamide n. m.
tolbutamine n. f.
[1]**tôle** n. f. (feuille de métal)
HOM. **taule**
[2]**tôle** n. f. (bâtiment)
→ **taule**
tôlé, ée adj.
tolédan, ane adj.
tolérable adj.
tolérablement adv.
tolérance n. f.
➾ Ce mot est toujours au singulier dans les locutions **seuil de tolérance**, **maison de tolérance** et **faire preuve de tolérance**.
tolérant, ante adj.
tolérantisme n. m.
tolérer v. tr. | conjug. 6 |
◗ **tolérer que** (+ subj.) *il ne tolère pas qu'on lui mente*
◗ **tolérer de** (+ inf.) *il ne tolère pas d'avoir été dupé*
tôlerie n. f.
tolet n. m.
toletière n. f.
[1]**tôlier** n. m. (fabricant, vendeur de tôle)
HOM. **taulier**
[2]**tôlier, ière** n. (propriétaire, gérant)
→ **taulier**
tolite n. f.
tollé n. m.
Ξ **Tollé d'indignation** et **tollé de protestation** sont des pléonasmes à éviter.
tolomane n. f.
tolstoïen, enne adj.
tolstoïsme n. m.
toluène n. m.
toluidine n. f.
toluifera /-fera/ ou **toluiféra**° n. f.
toluique adj.
toluol n. m.
tolyle n. m.
TOM /tɔm/ n. m.
▫ abrév. de **territoire d'outre-mer**
HOM. **tom**
tom ▪ plur. **toms** ou **tom-tom** ▪ plur. inv. ou **tomtom**° ▪ plur. **tomtoms** n. m.
HOM. **TOM**
tomahawk /tɔmaok/ n. m.
→ **tomawak**
tomaison n. f.
toman n. m.
tomate n. f.
Ξ Ce mot peut s'employer seul comme adjectif de couleur ou derrière un adjectif de couleur pour en préciser la nuance ; ces adjectifs sont alors invariables : *des chapeaux rouge tomate* ; *des murs tomate*.
tomateux, euse adj.
tomatier, ière adj. et n.
tomawak ou **tomahawk** /tɔmaok/ n. m.
Ξ La forme *tomawak* est critiquée. Dans la langue soignée, il faut employer *tomahawk*.
tombac n. m.
tombal, ale, aux adj.
tombale n. f.
tombant, ante adj.
tombe n. f.
tombé, ée adj. et n. m.
tombeau n. m.

tombée n. f.
tombelle n. f.
[1]**tomber** v. intr. et v. tr. | conjug. 1 |
CONJUG. Ce verbe s'emploie généralement sans complément. Aux temps composés, il se conjugue avec l'auxiliaire *être* : *les feuilles sont tombées*. Le verbe transitif, employé avec l'auxiliaire *avoir*, est limité au langage du sport (*tomber son adversaire*) et à des emplois familiers (*tomber une femme ; tomber la veste*).
[2]**tomber** n. m.
tombereau n. m.
□ rec. off. pour **dumper**
tombeur, euse n.
tombola n. f.
tombolo n. m.
tome n. m.
HOM. **tomme**
tomenteux, euse adj.
tomer v. tr. | conjug. 1 |
tomette n. f.
tomettier n. m.
tomium /-jɔm/ n. m.
tomme n. f.
HOM. **tome**
tommy n. m. ▪ plur. **tommies** ou plur. **tommys**○
Ξ On peut employer le pluriel anglais *tommies* ou le pluriel francisé *tommys*.
tomodensitomètre n. m.
tomodensitométrie n. f.
tomogramme n. m.
tomographe n. m.
tomographie n. f.
tomographique adj.
tom-pouce n. m. inv.
tom-tom n. m. ▪ plur. inv. ou plur. **tomtoms**
→ **tom**
[1]**ton, ta, tes** adj. poss.
Ξ L'adjectif possessif est remplacé par *le, la, les* quand il détermine un nom désignant une partie du corps ou de l'esprit du sujet de la phrase : *tu t'es cassé le bras* (et non **tu t'es cassé ton bras* ni **tu as cassé ton bras*) ; *tu as perdu la mémoire* (et non **tu as perdu ta mémoire*). Certaines expressions figées font exception : *tu n'as plus toute ta tête* (et non **toute la tête*).
HOM. **thon**, formes du v. **tondre**
[2]**ton** n. m.
➾ La locution **de bon ton** est invariable : *des compliments de bon ton*.
Ξ On peut employer indifféremment **d'un ton** (+ adj.) ou **sur un ton** (+ adj.) : *il nous a parlé d'un ton convaincu* ou *sur un ton convaincu*.
HOM. **thon**, formes du v. **tondre**
tonadilla /-dija/ n. f.
tonal, ale, als ou **aux** adj.
Ξ Au masculin pluriel, on peut employer *tonals* ou *tonaux* : *des systèmes tonals* ou *des systèmes tonaux*.
tonalité n. f.
tonca n. m.
→ **tonka**
tondage n. m.
tondaille n. f.
tondaison n. f.
tondeur, euse n.
tondeuse n. f.
tondin n. m.
tondo n. m.
tondre v. tr. | conjug. 41 |
➾ Au présent de l'indicatif, à la forme interrogative avec sujet inversé, on écrit *tond-on, tond-il, tond-elle* et non **tond-t-on, *tond-t-il, *tond-t-elle*. Le *d* final se prononce /t/ ; il est donc inutile et fautif d'ajouter un *t*.
tondu, ue adj.
tondure n. f.
tonème n. m.
toner /tɔnɛʀ/ n. m.
HOM. **thonaire**, **tonnerre**, forme du v. **tonner**
tonétique n. f.
tonfa n. m.
tong /tɔ̃g/ n. f.
tonic n. m.
HOM. **tonique**
tonicardiaque adj.
tonicité n. f.
tonie n. f.
tonifiant, iante adj. et n. m.
tonification n. f.
tonifier v. tr. | conjug. 7 |
[1]**tonique** adj. et n. m. (tonifiant)
HOM. **tonic**
[2]**tonique** n. f. (note)
HOM. **tonic**
tonisme n. m.
tonitruance n. f.
tonitruant, ante adj.
tonitruement n. m.
tonitruer v. intr. | conjug. 1 |
tonka ou **tonca** n. m.
tonlieu n. m.
tonnage n. m.
tonnant, ante adj.
tonne n. f.
➾ Lorsque **tonne de** est suivi d'un nom, l'accord se fait avec *tonne* s'il est employé comme unité de poids et avec le complément quand *tonne* signifie « énorme quantité » : *les tonnes de charbon qui ont été brûlées ; la tonne de cadeaux qu'il a reçus*.
HOM. formes du v. **tonner**

tonneau n. m.
tonnelage n. m.
tonnelet n. m.
tonnelier n. m.
tonnelle n. f.
tonnellerie n. f.
tonner v. intr. | conjug. 1 |
tonnerre n. m.
⌘ Au sens figuré, lorsque **un tonnerre de** suivi d'un nom est sujet, le verbe s'accorde soit avec *tonnerre*, soit avec le complément : *un tonnerre d'applaudissements retentit* ou *retentirent*. Avec **le tonnerre de**, le verbe s'accorde toujours avec *tonnerre* : *le tonnerre d'applaudissements le réjouit*.
HOM. **thonaire**, **toner**, forme du v. **tonner**
tonofibrille /-fibʀij ; -fibʀil/ n. f.
tonolyse n. f.
tonomètre n. m.
tonométrie n. f.
tonométrique adj.
tonotactisme n. m.
tonsillaire /-sil-/ adj.
tonsille /-sij/ n. f.
tonsillite /-sil-/ n. f.
tonsure n. f.
tonsurer v. tr. | conjug. 1 |
tonte n. f.
tontine n. f.
tontiner v. tr. | conjug. 1 |
tontinier, ière n. et adj.
tontisse adj.
tonton n. m.
tonture n. f.
tonus /-nys/ n. m.
[1]**top** n. m. et adj. inv.
HOM. **tope**, formes du v. **toper**
[2]**top** n.
◻ abrév. de **top-model**
HOM. **tope**, formes du v. **toper**
topaze n. f.
☯ Ce mot est féminin : *une topaze*.
☰ Ce mot peut s'employer seul comme adjectif de couleur ou derrière un adjectif de couleur pour en préciser la nuance ; ces adjectifs sont alors invariables : *des chaussures jaune topaze ; des foulards topaze*.
topazolite n. f.
top-case /-kɛz/ n. m. ▪ plur. **top-cases**
tope interj.
HOM. **top**
topectomie n. f.
toper v. intr. | conjug. 1 |
topette n. f.
tophacé, ée adj.
tophus /-fys/ n. m.
topiaire adj. et n. f.
topicaliser v. tr. | conjug. 1 |
topinambou adj. et n.
➾ L'adjectif s'écrit sans majuscule : *le peuple topinambou*. Le nom s'écrit avec une majuscule : *les Topinambous ; une Topinambou*.
topinambour n. m.
topique adj. et n.
topless adj. et adv.
top-modèle ▪ plur. **top-modèles** ou **top model** ▪ plur. **top models** n.
◻ rec. off. : **mannequin vedette**
top niveau n. m. ▪ plur. **top niveaux**
topo n. m.
topoagnosie /-gn-/ n. f.
topochimique adj.
topognosie /-gn-/ n. f.
topographe n.
topographie n. f.
topographique adj.
topographiquement adv.
topoguide n. m.
topologie n. f.
topologique adj.
topologiquement adv.
topologue n.
topométrie n. f.
toponyme n. m.
toponymie n. f.
toponymique adj.
toponymiste n.
topophobie n. f.
toporama n. m.
toposéquence n. f.
top secret ou **top-secret** adj. inv.
toquade ou **tocade** n. f.
→ **tocade**
toquante n. f.
→ **tocante**
toquard, arde adj. et n.
→ **tocard**
toque n. f.
HOM. **TOC**, **toc**, formes du v. **toquer**
toqué, ée adj. et n.
toquer v. intr. | conjug. 1 |
toquer (se) v. pron. | conjug. 1 |
➾ Aux temps composés de la forme pronominale, le participe passé s'accorde en genre et en nombre avec le sujet : *elle s'est toquée d'un aristocrate polonais*.
toquet n. m.
HOM. **tokay**, formes du v. **toquer**
torah ou **thora** n. f.
➾ Ce mot s'écrit avec une majuscule quand il désigne l'ensemble de textes sacrés : *un passage de la Torah*. Il s'écrit avec une minuscule quand il désigne le livre lui-même ou quand

il est employé au sens figuré : *une torah de poche ; ce dictionnaire est sa torah.*

toraille n. m.

torball /tɔʀbal/ n. m.

torchage n. m.

torche n. f.

torché, ée adj.

torche-cul /-ky/ n. m. ▪ plur. **torche-culs**

torchée n. f.

torcher v. tr. | conjug. 1 |

¬ **se torcher**

➾ Aux temps composés de la forme pronominale, le participe passé s'accorde en genre et en nombre avec le sujet : *elle s'est torchée.* Mais le participe passé ne s'accorde pas quand il est suivi d'un complément d'objet direct : *elle s'est torché le derrière.*

torchère n. f.

HOM. forme du v. **torcher**

torchette n. f.

torchis n. m.

torchon n. m.

HOM. formes du v. **torcher**

torchonnement n. m.

torchonner v. tr. | conjug. 1 |

torcol n. m.

tordage n. m.

tordant, ante adj.

tord-boyaux ▪ plur. inv ou **tord-boyau** ▪ plur. **tord-boyaux** n. m.

torde n. f.

tordeur, euse n.

tord-nez n. m. inv.

tordoir n. m.

tordon n. m.

HOM. formes du v. **tordre**

tordre v. tr. | conjug. 41 |

➾ Au présent de l'indicatif, à la forme interrogative avec sujet inversé, on écrit *tord-on, tord-il, tord-elle* et non **tord-t-on, *tord-t-il, *tord-t-elle.* Le *d* final se prononce /t/ ; il est donc inutile et fautif d'ajouter un *t.*

¬ **se tordre**

➾ Aux temps composés de la forme pronominale, le participe passé s'accorde en genre et en nombre avec le sujet : *elles se sont tordues de rire.* Mais le participe passé ne s'accorde pas quand il est suivi d'un complément d'objet direct : *elle s'est tordu la cheville.* Il ne s'accorde avec le complément d'objet direct que lorsque celui-ci est placé avant le verbe : *elle se l'est tordue.*

tordu, ue adj.

tore n. m.

HOM. **taure, torr, tors, tort**, formes du v. **tordre**

toréador n. m.

Ξ Contrairement à *toréro,* ce mot ne s'emploie plus dans la langue de la tauromachie.

toréer v. intr. | conjug. 1 |

toreo /tɔʀeo/ ou **toréo**° n. m.

toréro, toréra ou **torero, torera** /tɔʀeʀo/ n. m.

☯ *Toréra* est la forme recommandée par le *Guide d'aide à la féminisation des noms de métiers, titres, grades et fonctions* et l'Office québécois de la langue française pour parler d'une femme. L'emploi de *toréro* au féminin est également admis par le *Guide d'aide à la féminisation des noms de métiers, titres, grades et fonctions* : *c'est une toréro.*

toreuticien, ienne n.

toreutique n. f.

torgnole n. f.

torgnoler v. tr. | conjug. 1 |

torii n. m. ▪ plur. inv. ou plur. **toriis**°

toril n. m.

torique adj.

tormentille n. f.

tormineux, euse adj.

tornada n. f.

HOM. formes du v. **tornader**

tornade n. f.

toro n. m.

HOM. **taureau**

toroïdal, ale, aux adj.

toron n. m.

HOM. **thoron**

toronner v. tr. | conjug. 1 |

toronneuse n. f.

torpédo n. f.

torpeur n. f.

torpide adj.

torpillage n. m.

torpille n. f.

torpiller v. tr. | conjug. 1 |

torpilleur n. m.

[1]**torque** n. f. (rouleau, bourrelet)

[2]**torque** n. m. (collier gaulois)

torquette n. f.

torr n. m.

HOM. **taure, tore, tors, tort**, formes du v. **tordre**

torréfacteur n. m.

torréfaction n. f.

torréfier v. tr. | conjug. 7 |

torréfieur, euse n.

torrent n. m.

➾ Ce mot est au pluriel dans la locution **à torrents** : *il pleut à torrents ; la pluie tombe à torrents.*

torrenticole adj.

torrentiel, ielle adj.

torrentiellement adv.

torrentueusement adv.
torrentueux, euse adj.
torride adj.
HOM. **taurides**
[1]**tors, torse** adj.
HOM. **taure, tore, torr, tort**, formes du v. **tordre**
[2]**tors** n. m.
HOM. **taure, tore, torr, tort**, formes du v. **tordre**
torsadage n. m.
torsade n. f.
torsader v. tr. | conjug. 1 |
[1]**torse** n. m. (buste)
[2]**torse** n. f. (morceau de bois)
torseur n. m.
torsif, ive adj.
torsin n. m.
torsion n. f.
tort n. m.
▸ **avoir tort de** (+ inf.) *il a tort de s'entêter*
➾ Ce mot est toujours au singulier dans les locutions **à tort**, **avoir tort**, **donner tort**, **en tort** et **faire tort**. Il est au pluriel dans **redresseur de torts**.
Ξ Attention à l'emploi des conjonctions dans les locutions **à tort ou à raison** et **à tort et à travers** : il ne faut pas dire ***à tort et à raison** ni ***à tort ou à travers**.
HOM. **taure, tore, torr, tors**, formes du v. **tordre**
tortellini n. m.
Ξ En italien, *tortellini* est un nom pluriel mais on l'emploie au singulier en francisant la forme du pluriel : *un tortellini, des tortellinis*.
torticolis n. m.
➾ Ne pas oublier le *s* au singulier.
tortil n. m.
tortilla /-ija/ n. f.
tortillage n. m.
tortillant, ante adj.
tortillard adj. et n. m.
tortille n. f.
tortillement n. m.
tortiller v. tr. et v. intr. | conjug. 1 |
¬ **se tortiller**
➾ Aux temps composés de la forme pronominale, le participe passé s'accorde en genre et en nombre avec le sujet : *elle s'est tortillée sur sa chaise*. Mais le participe passé ne s'accorde pas quand il est suivi d'un complément d'objet direct : *elle s'est tortillé les cheveux*. Il ne s'accorde avec le complément d'objet direct que lorsque celui-ci est placé avant le verbe : *les cheveux qu'elle s'est tortillés*.
tortilleur n. m.
tortillis n. m.
tortillon n. m.
tortillonner v. tr. | conjug. 1 |
tortionnaire n.
tortis /tɔʀti/ n. m.
tortoir n. m.
tortore n. f.
tortorer v. tr. | conjug. 1 |
tortouse ou **tourtouse** n. f.
tortricidé n. m.
tortu, ue adj.
HOM. **tortue**
tortue n. f.
HOM. **tortu**
tortueusement adv.
tortueux, euse adj.
tortuosité n. f.
torturant, ante adj.
torture n. f.
torturer v. tr. | conjug. 1 |
tortureur, euse n.
toruleux, euse adj.
torve adj.
tory n. m. ▪ plur. **torys** ou plur. **tories**
Ξ On peut employer le pluriel francisé *torys* ou le pluriel anglais *tories*.
torysme n. m.
toscan, ane adj. et n.
➾ L'adjectif s'écrit sans majuscule : *la population toscane*. Le nom s'écrit avec une majuscule uniquement quand il désigne une personne : *les Toscans ; c'est une Toscane* mais *parler le toscan*.
toss n. m.
HOM. formes du v. **tosser**
tosser v. intr. | conjug. 1 |
tôt adv.
♪ Dans la locution **tôt ou tard**, la liaison est facultative : on peut prononcer /toutaʀ/ ou /totutaʀ/.
➾ Ne pas écrire **bien tôt**, contraire de **bien tard**, comme l'adverbe *bientôt*. Si l'on peut remplacer *bien* par *vraiment*, c'est que l'expression s'écrit en deux mots : *il est bien tôt pour déjeuner !* mais *j'ai bientôt fini*. Ne pas écrire **plus tôt**, contraire de **plus tard**, comme l'adverbe *plutôt*, qui signifie « de préférence, assez, très » : *je ne pourrai pas arriver plus tôt* mais *plutôt mourir ! ; c'est plutôt mieux*.
HOM. **tau, taud, taux, to**
total, ale, aux adj. et n. m.
Ξ L'emploi de *total* en tête de phrase pour introduire une conclusion est familier : *total, je n'ai plus d'argent*. En revanche, l'emploi de la locution **au total** au sens de « tout compte fait » est parfaitement correct : *au total, ce n'est pas une mauvaise affaire*.
HOM. (du plur.) **toto**
totale n. f.
totalement adv.

totalisant, ante adj.
totalisateur, trice adj. et n. m.
totalisation n. f.
totaliser v. tr. | conjug. 1 |
totalitaire adj.
totalitarisme n. m.
totalité n. f.
⌘ Lorsque **la totalité de** est suivi d'un nom au pluriel, l'accord se fait avec *totalité* ou avec le complément en fonction du sens : *la totalité des bénéfices a été reversée à une association ; la totalité des inscrits étaient présents.*
totem /tɔtɛm/ n. m.
totémique adj.
totémiser v. tr. | conjug. 1 |
totémisme n. m.
totémiste adj. et n.
tôt-fait n. m. ▪ plur. **tôt-faits**
totipotence n. f.
totipotent, ente adj.
[1]**toto** n. m. ou **totoche** n. f. (personne)
HOM. **totaux** (plur. de *total*)
[2]**toto** n. m. (fam. : pou)
HOM. **totaux** (plur. de *total*)
[3]**toto** n. f. (fam. : auto)
HOM. **totaux** (plur. de *total*)
toton n. m.
touage n. m.
touaille n. f.
touareg ▪ plur. inv. ou plur. **touaregs** ou **touarègue**○ ▪ plur. **touarègues**○ adj. et n.
Ξ En arabe, *touareg* est le pluriel de *targui*. On peut toutefois l'employer au singulier et franciser la forme du pluriel : *un touareg, des touaregs.*
➾ L'adjectif s'écrit sans majuscule : *la population touareg.* Le nom s'écrit avec une majuscule : *les Touaregs ; c'est une Touareg.*
toubab n. m.
toubib n.
toucan n. m.
touchable adj.
[1]**touchant, ante** adj.
[2]**touchant** prép.
➾ Comme toutes les prépositions, ce mot est invariable : *diverses opinions touchant une même question.*
touchau n. m.
touche n. f.
touche-à-tout n. m. inv.
touche-pipi n. m. ▪ plur. **touche-pipis** ou plur. inv.
[1]**toucher** n. m.
[2]**toucher** v. tr. et v. tr. ind. | conjug. 1 |
▸ **être touché de/par** (+ n.) *nous sommes touchés de votre accueil* ou *par votre accueil*
▸ **être touché de** (+ inf.) *je suis touché d'entendre cela*
▸ **être touché que** (+ subj.) *elle a été touchée que tu sois venu*
Ξ Au sens concret, la forme transitive directe contient l'idée de contact, de sensation : *toucher une étoffe pour en apprécier la qualité.* La forme transitive indirecte insiste davantage sur la manipulation : *ne pas toucher aux objets exposés ; un enfant qui touche à tout.*
¬ **se toucher**
➾ Aux temps composés de la forme pronominale, le participe passé s'accorde en genre et en nombre avec le sujet : *ils se sont touchés.* Cependant, le participe passé ne s'accorde pas quand il est suivi d'un complément d'objet direct : *ils se sont touché la main.*
touche-touche (à) loc. adv.
touchette n. f.
toucheur, euse n.
toue n. f.
HOM. **tout**, **toux**, formes du v. **touer**
touée n. f.
touer v. tr. | conjug. 1 |
toueur n. m.
touffe n. f.
touffetage n. m.
touffeur n. f.
touffu, ue adj.
touillage n. m.
[1]**touille** n. f. (instrument pour touiller)
[2]**touille** n. m. (squale)
touiller v. tr. | conjug. 1 |
touillette n. f.
toujours adv.
touladi n. m.
touline n. f.
touloupe n. f.
toundra n. f.
toungouze n. m. et adj.
➾ Comme tous les noms de langues, ce mot s'écrit sans majuscule : *ils parlent le toungouze.*
toupet n. m.
toupie n. f.
toupiller v. tr. | conjug. 1 |
toupilleur n. m.
toupilleuse n. f.
toupillon n. m.
toupin n. m.
toupine n. f.
toupiner v. intr. | conjug. 1 |
touque n. f.
[1]**tour** n. f. (construction)
➾ Avec une majuscule et sans complément, **la Tour** désigne celle de Londres.
HOM. **tourd**, formes du v. **tourer**
[2]**tour** n. m.
➾ Les locutions **à tour de rôle** et **à tour de bras** sont invariables. La locution **tour à tour**

s'écrit sans traits d'union. *Tour* s'écrit avec une majuscule dans les noms de compétitions sportives : *le Tour de France* (ou *le Tour*).
⌘ Lorsque *tour* est employé avec un possessif dans une formule démonstrative, il faut employer la préposition *à* : on dira *c'est à votre tour de parler* plutôt que *c'est votre tour de parler*. De même, on préférera *chacun à son tour* à *chacun son tour*. Cette dernière tournure est toutefois courante et ne peut être considérée comme fautive.
Le complément infinitif doit être introduit par *de* : *c'est à mon tour de chanter* (plutôt que *à chanter*).
HOM. **tourd**, formes du v. **tourer**

touraco n. m.
touraillage n. m.
touraille n. f.
touraillon n. m.
touranien, ienne adj. et n. m.
➾ Comme tous les noms de langues, ce mot s'écrit sans majuscule : *ils parlaient le touranien*.
tourbage n. m.
tourbe n. f.
tourber v. intr. | conjug. 1 |
tourbeur, euse n.
tourbeux, euse adj.
tourbier, ière n. et adj.
HOM. formes du v. **tourber**
tourbière n. f.
tourbillon n. m.
tourbillonnaire adj.
HOM. forme du v. **tourbillonner**
tourbillonnant, ante adj.
tourbillonnement n. m.
tourbillonner v. intr. | conjug. 1 |
tourd n. m.
HOM. **tour**, formes du v. **tourer**
tourdelle n. f.
tourdille adj. m.
tourelé, ée adj.
tourelle n. f.
tourer v. tr. | conjug. 1 |
touret n. m.
HOM. formes du v. **tourer**
tourie n. f.
tourier, ière adj. et n.
HOM. forme du v. **tourer**
tourillon n. m.
tourillonner v. intr. | conjug. 1 |
tourillonneuse n. f.
tourin n. m.
tourisme n. m.
tourista ou **turista** /tu-/ n. f.
touriste n.
➾ Ce mot est toujours au singulier dans la locution **classe touriste**.
touristique adj.
tourlourou n. m.
tourmaline n. f.
tourment n. m.
tourmentant, ante adj.
tourmente n. f.
tourmenté, ée adj.
tourmenter v. tr. | conjug. 1 |
¬ **se tourmenter**
➾ Aux temps composés de la forme pronominale, le participe passé s'accorde en genre et en nombre avec le sujet : *ils se sont tourmentés pour rien*.
tourmenteur, euse n.
tourmenteux, euse adj.
tourmentin n. m.
tournage n. m.
tournailler v. intr. | conjug. 1 |
tournant, ante adj. et n. m.
tournante n. f.
tournassin n. m.
tourne n. f.
tourné, ée adj.
tourne-à-gauche n. m. inv.
tournebouler v. tr. | conjug. 1 |
tournebride n. m.
tournebroche n. m.
tourne-disque n. m. ▪ plur. **tourne-disques**
tournedos n. m.
tournée n. f.
tournefeuille n. m.
tournelle n. f.
tournemain (en un) loc. adv.
Ξ On peut également employer **en un tour de main**, qui est plus courant.
tournement n. m.
tourne-oreille n. m. ▪ plur. **tourne-oreilles**
tourne-pierre n. m. ▪ plur. **tourne-pierres**
tourner v. tr. et v. intr. | conjug. 1 |
¬ **se tourner**
➾ Aux temps composés de la forme pronominale, le participe passé s'accorde en genre et en nombre avec le sujet : *elle s'est tournée vers lui*.
tournerie n. f.
tournesol n. m.
tournette n. f.
[1]**tourneur, euse** n. et adj. (personne)
[2]**tourneur** n. m. (banque)
tournevire n. m.
tournevis /-vis/ n. m.
tournicoter v. intr. | conjug. 1 |
tournière n. f.
tourniller v. intr. et v. tr. | conjug. 1 |
tourniole n. f.
tourniquer v. intr. | conjug. 1 |

tourniquet n. m.
HOM. formes du v. **tourniquer**
tournis n. m.
tournisse n. f.
tournoi n. m.
➾ Ce mot s'écrit avec une majuscule dans les noms de compétitions sportives : *le Tournoi des six nations.*
HOM. **tournois**, formes du v. **tournoyer**
tournoiement n. m.
➾ Ne pas oublier le *e* muet.
tournois adj.
➾ Ne pas oublier le *s* au singulier : *un denier tournois.*
☯ Cet adjectif est invariable en genre comme en nombre : *une livre tournois.*
HOM. **tournoi**, formes du v. **tournoyer**
tournoyant, ante adj.
tournoyer v. intr. | conjug. 8 |
tournure n. f.
touron n. m.
HOM. formes du v. **tourer**
tour-opérateur n. m. ▪ plur. **tour-opérateurs**
□ rec. off. : **voyagiste** ou **organisateur de voyages**
tourte n. f.
tourteau n. m.
tourtelet n. m.
tourtereau n. m.
tourterelle n. f.
Ξ Ce mot peut s'employer seul comme adjectif de couleur ou derrière un adjectif de couleur pour en préciser la nuance ; ces adjectifs sont alors invariables : *des écharpes gris tourterelle ; des foulards tourterelle.*
tourtière n. f.
tourtouse n. f.
→ **tortouse**
tous, toutes adj., pron. et adv.
HOM. formes du v. **tousser**
→ **¹tout**
touselle n. f.
toussailler v. intr. | conjug. 1 |
Toussaint n. f.
➾ Comme tous les noms de fêtes, ce mot s'écrit avec une majuscule : *aller au cimetière à la Toussaint.*
toussant, ante adj.
tousser v. intr. | conjug. 1 |
tousserie n. f.
tousseur, euse n.
toussotement n. m.
toussoter v. intr. | conjug. 1 |
toussoteux, euse adj.

¹tout, toute, tous, toutes adj., pron. et adv.
♪ *Tout* se prononce /tu/ mais on fait la liaison devant une voyelle ou un *h* muet : *tout un poème ; tout humain.* L'adjectif *tous* se prononce /tu/ devant une consonne ou un *h* aspiré et /tuz/ devant une voyelle ou un *h* muet : *à tous égards ; tous honoraires confondus.* Le pronom *tous* se prononce toujours /tus/ : *ils sont tous venus ; je ne les connais pas tous.*

▪ pronom
⌘ Lorsque le pronom *tout* est complément d'objet direct d'un verbe à l'infinitif ou au participe passé, il se place devant le verbe : *il ne peut pas tout faire ; il a tout mangé.* Lorsqu'il y a plusieurs sujets précédés de *tout*, le verbe s'accorde uniquement avec le dernier sujet : *tout usager, tout employé est tenu de respecter le règlement.* **Tout ce qu'il y a de plus** (+ adj.) reste souvent au présent, même si la principale est au passé : *c'était un jeune homme tout ce qu'il y a de plus honnête.*

▪ adjectif
➾ L'adjectif *tout* s'accorde en genre et en nombre avec le nom : *selon toute apparence ; tous nos amis.*

▪ **tout** + nom propre
➾ Devant un titre d'œuvre, *tout* est invariable, sauf lorsque le titre commence par un article défini féminin singulier ou pluriel : *il faut lire tout « Les Misérables » ; j'ai traduit tout « Une vie » ; il a lu tout* ou *toute « La Condition humaine ».* Devant un nom d'auteur, *tout* est invariable : *elle a lu tout Nathalie Sarraute.* Devant un nom de ville, *tout* est généralement invariable : *d'ici, on voit tout Rome ; tout Rome est en fête.* Il peut s'accorder si l'on veut insister sur la ville elle-même plutôt que sur ses habitants : *tout Rome serait détruit* ou *toute Rome serait détruite.*

▪ **tout ce que**
➾ Lorsque un groupe nominal introduit par **tout ce que** est sujet, l'accord se fait généralement au masculin singulier : *tout ce que Paris comptait de vedettes était réuni* (plutôt que *étaient réunies*).

▪ **tout ce qu'il y a de**
➾ Lorsque cette locution est suivie d'un nom au pluriel, l'accord se fait généralement au masculin singulier : *tout ce qu'il y a de photographes était présent* (plutôt que *étaient présents*). Avec **tout ce qu'il y a de plus** suivi d'un adjectif qui qualifie un nom au pluriel, l'adjectif peut s'accorder avec le nom ou rester au masculin singulier, ce qui est plus fréquent :

des repas tout ce qu'il y a de plus simples ou *tout ce qu'il y a de plus simple*.

▪ tout autre

⌘ Lorsque *tout autre* signifie « n'importe quel autre » *tout* s'accorde en genre avec le pronom *autre* : *toute autre possibilité* (« n'importe quelle autre possibilité »). En revanche, *tout autre* signifie « entièrement autre » *tout* reste invariable car c'est un adverbe modifiant l'adjectif *autre* : *c'est tout autre chose* (« c'est entièrement autre chose »).

▪ adverbe

➾ Un adverbe est normalement invariable. Dans le cas de *tout*, on a cependant conservé certains usages. L'adverbe *tout* est invariable au masculin et devant les adjectifs féminins commençant par une voyelle ou par un *h* muet : *ils sont tout nus* ; *elles sont tout heureuses* ; *tout entière*. Il varie en genre et en nombre devant les adjectifs féminins commençant par une consonne ou un *h* aspiré : *de toutes jeunes filles* ; *elle est toute haineuse*. Employé pour renforcer un nom, l'adverbe *tout* peut s'accorder selon les mêmes règles ou rester invariable : *il est tout* ou *toute douceur*. De nos jours, l'accord est plus fréquent. Dans les locutions **tout feu tout flamme**, **tout yeux tout oreilles** et **tout ouïe**, on écrit toujours *tout*.

▪ tout + à ou de

➾ Devant les prépositions *à* et *de*, on accorde généralement *tout* avec le nom ou le pronom féminin singulier : *elle est toute à son affaire* (mais *elles sont tout à leur affaire*) ; *une cérémonie toute de sobriété et d'émotion* (mais *des cérémonies tout de sobriété et d'émotion*). Avec un nom de couleur, **tout de** est invariable : *elles étaient tout de noir vêtues*. Devant les prépositions *en* et *contre*, *tout* est invariable : *une chemise tout en coton* ; *elles étaient tout en larmes* ; *elle dort tout contre sa mère*.

▪ tout (+ adj.) que

⌘ Cette locution concessive est normalement suivie de l'indicatif : *tout puissant qu'il est*. L'emploi du subjonctif est à éviter.

HOM. **toue**, **toux**, formes du v. **touer**

---

²**tout** n. m.

➾ Le pluriel du nom *tout* est *touts* : *les agglomérations forment des touts indépendants*.

tout-à-l'égout n. m. inv.

toute-boîte ▪ plur. **toutes-boîtes** ou **toutes-boîtes** ou **toutes-boites**° n. m.

Ξ Ce mot est un belgicisme. Il peut s'employer en apposition ; il est alors invariable : *des journaux toute-boîte*.

toute-bonne n. f. ▪ plur. **toutes-bonnes**

toute-épice n. f. ▪ plur. **toutes-épices**

toutefois adv.

tout-en-un adj. inv.

toute-puissance n. f. ▪ plur. **toutes-puissances**

tout-fou adj. m. et n. m. ▪ plur. **tout-fous**

toutim /tutim/ n. m.

toutou n. m.

Tout-Paris n. m.

tout-petit n. m. ▪ plur. **tout-petits**

➾ Ce nom s'écrit avec un trait d'union, contrairement au groupe adjectival **tout petit** : *de tout petits enfants* mais *les tout-petits*.

tout-puissant, toute-puissante adj. ▪ plur. **tout-puissants, toutes-puissantes**

➾ Avec des majuscules, **le Tout-Puissant** désigne Dieu.

tout-terrain adj. et n. inv.

tout va (à) ou **tout-va (à)** loc. adv.

tout-venant n. m. inv.

➾ Ce nom s'écrit avec un trait d'union, contrairement à la locution **à tout venant** : *il se plaignait à tout venant* mais *le tout-venant*.

toux n. f.

HOM. **toue**, **tout**, formes du v. **touer**

township /tɔnʃip ; taonʃip/ n. f. ou m.

toxalbumine n. f.

toxémie n. f.

toxémique adj.

toxialimentaire adj.

toxicité n. f.

toxico adj. et n.

▫ abrév. de **toxicomane**

toxicochimie n. f.

toxicochimiste n.

toxicodépendance n. f.

toxicodépendant, ante adj. et n.

toxicodermie n. f.

toxicogène adj. et n.

toxicologie n. f.

toxicologique adj.

toxicologue n.

toxicomane adj. et n.

toxicomaniaque adj.

toxicomanie n. f.

toxicophage adj. et n.

toxicophilie n. f.

toxicophobie n. f.

toxicophore adj.

toxicose n. f.

toxigène adj.

toxi-infectieux, ieuse ▪ plur. **toxi-infectieux, ieuses** adj.

toxi-infection n. f. ▪ plur. **toxi-infections**

toxine n. f.

toxinhémie n. f.
toxinique adj.
toxinothérapie n. f.
toxique n. m. et adj.
toxocarose n. f.
toxoïde adj.
toxolyse n. f.
toxoplasme n. m.
toxoplasmose n. f.
toxote n. m.
T. P. n. m. pl.
▫ abrév. de **travaux pratiques**
trabac /-ak/ n. m.
traban n. m.
trabe n. f.
trabéation n. f.
trabéculaire adj.
trabécule n. f.
trabée n. f.
traboule n. f.
trabouler v. intr. | conjug. 1 |
trabucaire n. m.
trabuco n. m.
trac /-k/ n. m.
HOM. **traque**, formes du v. **traquer**
trac (tout à) loc. adv.
traçabilité n. f.
traçage n. m.
traçant, ante adj.
tracas n. m.
HOM. formes du v. **traquer**
tracassant, ante adj.
tracasser v. tr. | conjug. 1 |
¬ **se tracasser**
➾ Aux temps composés de la forme pronominale, le participe passé s'accorde en genre et en nombre avec le sujet : *elles se sont tracassées pour lui.*
tracasserie n. f.
tracasseur, euse adj. et n.
tracassier, ière adj.
tracassin n. m.
trace n. f.
➾ On peut écrire ce mot avec ou sans *s* dans la locution **sans laisser de trace(s)**.
HOM. **thrace, trass**
tracé n. m.
tracée n. f.
tracelet n. m.
→ **traceret**
tracement n. m.
tracer v. tr. et v. intr. | conjug. 3 |
traceret ou **tracelet** n. m.
traceur, euse n.
trachéal, ale, aux /-k-/ adj.
trachéate /-k-/ n. m.
trachée n. f.
trachée-artère n. f. ▪ plur. **trachées-artères**
trachéen, enne /-k-/ adj.
trachéide /-k-/ n. f.
trachéite /-k-/ n. f.
trachéobronchite /trak-/ n. f.
trachéofibroscopie /-k-/ n. f.
trachéole /-k-/ n. f.
trachéostomie /-k-/ n. f.
trachéotomie /-k-/ n. f.
trachéotomisé, ée /-k-/ adj. et n.
trachéotomiser /-k-/ v. tr. | conjug. 1 |
trachomateux, euse /-k-/ adj. et n.
trachome /-k-/ n. m.
trachure /-k-/ n. f.
trachylide /-k-/ n. m.
trachyméduse /-k-/ n. f.
trachyptère /-k-/ n. m.
trachystomate /-k-/ n. m.
trachyte /-k-/ n. m.
trachytique /-k-/ adj.
traçoir n. m.
tract n. m.
➾ Ne pas écrire **tracte*.
HOM. formes du v. **tracter**
tractable adj.
tractage n. m.
tractation n. f.
tracté, ée adj.
tracter v. tr. et v. intr. | conjug. 1 |
tracteur, trice adj. et n. m.
tractif, ive adj.
traction n. f.
tractionnaire n. m.
tractoire adj. et n. f.
tractopelle n. f.
tractoriste n.
tractrice n. f.
tractus /-tys/ n. m.
trader n. m. ou **tradeur, euse** /tʀɛdœʀ/ n.
▫ rec. off. : **opérateur, trice de marché**
tradescantia /tʀadɛskɑ̃sja/ n. m.
trade-union /tʀɛdynjɔ̃/ n. f. ▪ plur. **trade-unions**
HOM. **trait d'union**
trade-unionisme /tʀɛdynjɔnism/ n. m. ▪ plur. **trade-unionismes**
trade-unioniste /tʀɛdynjɔnist/ adj. et n. ▪ plur. **trade-unionistes**
tradeur, euse /tʀɛdœʀ, øz/ n.
→ **trader**
traditeur n. m.
tradition n. f.
traditionalisme n. m.
➾ Ne pas écrire **traditionnalisme* : ce mot s'écrit avec un seul *n*, contrairement à *traditionnel*.

traditionaliste adj. et n.
➾ Ne pas écrire **traditionnaliste* : ce mot s'écrit avec un seul *n*, contrairement à *traditionnel*.
traditionnaire adj. et n.
traditionnel, elle adj.
traditionnellement adv.
traducteur, trice n.
traductibilité n. f.
traduction n. f.
traductrice n. f.
traduire v. tr. | conjug. 38 |
¬ **se traduire**
➾ Aux temps composés de la forme pronominale, le participe passé s'accorde en genre et en nombre avec le sujet : *sa politique s'est traduite par un échec*.
traduisible adj.
trafalgar n. m.
➾ Employé comme nom commun, ce mot s'écrit sans majuscule : *les derniers trafalgars*. Mais on l'écrit avec une majuscule dans la locution **coup de Trafalgar** car il s'agit du nom propre.
trafic n. m.
➾ Ne pas écrire **traffic* ni **trafique*.
HOM. formes du v. **trafiquer**
traficotage n. m.
traficoter v. intr. | conjug. 1 |
traficoteur, euse n.
trafiquant, ante n.
trafiquer v. tr. | conjug. 1 |
trafiqueur, euse n.
tragédie n. f.
tragédien, ienne n.
tragicomédie n. f.
tragicomique adj.
tragien, ienne adj.
tragique adj. et n. m.
tragiquement adv.
tragopan n. m.
tragoscèle adj.
tragule n. m.
tragulidé n. m.
tragus n. m.
trahir v. tr. | conjug. 2 |
¬ **se trahir**
➾ Aux temps composés de la forme pronominale, le participe passé s'accorde en genre et en nombre avec le sujet : *elle s'est trahie par cette question*.
trahison n. f.
trail /tʀɛ(j)l/ n. m.
traille n. f.
train n. m.
➾ La locution **en train (de)** s'écrit en deux mots : *se mettre en train* (et non **se mettre entrain*) ; *il est en train de travailler* (et non **il est entrain de travailler*). *Train* est toujours au singulier dans les locutions **aller à fond de train**, **aller bon train**, **aller son train**, **être en train de**, **mener grand train** et **se mettre en train**.
HOM. **trin**
traînage ou **trainage**○ n. m.
traînailler ou **trainailler**○ v. intr. | conjug. 1 |
traînant, ante ou **trainant, ante**○ adj.
traînard, arde ou **trainard, arde**○ n.
traînasse ou **trainasse**○ n. f.
traînassement ou **trainassement**○ n. m.
traînasser ou **trainasser**○ v. tr. et v. intr. | conjug. 1 |
traînasserie ou **trainasserie**○ n. f.
traîne ou **traine**○ n. f.
HOM. **thrène**
traîneau ou **traineau**○ n. m.
traîne-bûche ▪ plur. **traîne-bûches** ou **traine-buche**○ ▪ plur. **traine-buches**○ n. m.
traîne-buisson ▪ plur. **traîne-buissons** ou **traine-buisson**○ ▪ plur. **traine-buissons**○ n. m.
traîne-charrue ▪ plur. **traîne-charrues** ou **traine-charrue**○ ▪ plur. **traine-charrues**○ n. m.
traînée ou **trainée**○ n. f.
traîne-la-patte ou **traine-la-patte**○ n. et adj. inv.
traînement ou **trainement**○ n. m.
traîne-misère ▪ plur. inv. ou plur. **traîne-misères** ou **traine-misère**○ ▪ plur. **traine-misères**○ n.
traîne-patins ▪ plur. inv. ou **traine-patin**○ ▪ plur. **traine-patins**○ n.
traîner ou **trainer**○ v. tr. et v. intr. | conjug. 1 |
¬ **se traîner**
➾ Aux temps composés de la forme pronominale, le participe passé s'accorde en genre et en nombre avec le sujet : *elle s'est traînée jusqu'au salon*.
traîneries ou **traineries**○ n. f. pl.
traîne-savate ▪ plur. **traîne-savates** ou **traine-savate**○ ▪ plur. **traine-savates**○ n.
traîne-semelle ▪ plur. **traîne-semelles** ou **traine-semelle**○ ▪ plur. **traine-semelles**○ n.
traîneur, euse ou **traineur, euse**○ n.
trainglot n. m.
→ **tringlot**
training /tʀeniŋ/ n. m.
traintrain ▪ plur. **traintrains** ou **train-train** ▪ plur. inv. n. m.
traire v. tr. | conjug. 50 |
CONJUG. Ce verbe ne se conjugue pas au passé simple, ni à l'imparfait du subjonctif.
Ne pas oublier le *i* aux première et deuxième personnes du pluriel de l'imparfait de l'indicatif et du subjonctif présent : *nous trayions, vous*

trayiez. Les formes *trayons, trayez* (indicatif présent) et *trayions, trayiez* ont une prononciation très proche.

trait n. m.

➾ Ce mot est toujours au singulier dans les locutions **avoir trait à** et **trait pour trait**. Il est au pluriel dans **à grands traits**.

HOM. **très**, formes du v. **traire**

traitable adj.

traitant, ante n. m. et adj.

traite n. f.

traité n. m.

➾ Ce mot s'écrit sans majuscule : *le traité de Versailles*.

traitement n. m.

traiter v. tr. et v. tr. ind. | conjug. 1 |

☰ Ne pas confondre la forme transitive directe employée au sens de « aborder, examiner » (*l'élève n'a pas traité tel sujet*) avec la forme transitive indirecte **traiter de**, qui signifie « concerner, porter sur » (*cet article traite de tel sujet*).

¬ **se traiter**

➾ Aux temps composés de la forme pronominale, le participe passé s'accorde en genre et en nombre avec le sujet : *ils se sont traités d'idiots*.

traiteur, euse n.

☯ *Traiteuse* est la forme recommandée par le *Guide d'aide à la féminisation des noms de métiers, titres, grades et fonctions* et par l'Office québécois de la langue française pour parler d'une femme. Elle est également conseillée en Suisse. En Belgique, il est recommandé d'employer *traiteur* au féminin : *c'est une traiteur*.

traître, traîtresse ou **traitre, traitresse**° n. et adj.

➾ Ce mot est invariable dans l'expression **prendre qqn en traître** ou **en traitre**° : *ils nous ont pris en traître*.

☯ On emploie parfois la forme *traître* en tant qu'adjectif féminin : *elle serait assez traître pour nous dénoncer ; une pluie traître*.

traîtreusement ou **traitreusement**° adv.

traîtrise ou **traitrise**° n. f.

trajectographie n. f.

trajectographique adj.

trajectoire n. f.

trajet n. m.

tralala n. m.

trâlée n. f.

tram n. m.

▫ abrév. de **tramway**

HOM. **trame**, formes du v. **tramer**

tramage n. m.

tramail ou **trémail** n. m.

trame n. f.

HOM. **tram**

tramelot n. m.

tramer v. tr. | conjug. 1 |

¬ **se tramer**

➾ Aux temps composés de la forme pronominale, le participe passé s'accorde en genre et en nombre avec le sujet : *de nombreux complots se sont tramés entre ces murs*.

tramète n. m.

trameur, euse n.

traminer n. m.

traminot n. m.

tramontane n. f.

tramp /tʀɑ̃p/ n. m.

HOM. **trempe**, formes du v. **tremper**

tramping /tʀɑ̃piŋ/ n. m.

▫ rec. off. : **transport maritime à la demande**

trampoline n. m.

trampoliniste n.

tramway /tʀamwɛ/ n. m.

tranchage n. m.

tranchant, ante adj. et n. m.

➾ La locution **à double tranchant** est invariable.

tranche n. f.

➾ On peut écrire ce mot avec ou sans *s* dans la locution **par tranche(s) d'âge**. Dans la locution **doré sur tranche**, il est normalement au singulier. Le pluriel est toutefois fréquent.

tranché, ée adj.

tranchée n. f.

tranchée-abri n. f. ▪ plur. **tranchées-abris**

tranchefil n. m.

HOM. **tranchefile**

tranchefile n. f.

HOM. **tranchefil**

tranchefiler v. tr. | conjug. 1 |

tranche-gazon n. m. ▪ plur. inv. ou plur. **tranche-gazons**

tranche-lard n. m. ▪ plur. inv. ou plur. **tranche-lards**

tranchement n. m.

tranche-montagne n. m. ▪ plur. **tranche-montagnes**

trancher v. tr. et v. intr. | conjug. 1 |

tranchet n. m.

HOM. formes du v. **trancher**

tranchette n. f.

trancheur, euse n.

trancheuse n. f.

tranchoir n. m.

tranquille adj.

tranquillement adv.

tranquillisant, ante adj. et n. m.

tranquillisation n. f.

tranquilliser v. tr. | conjug. 1 |
¬ **se tranquilliser**
➾ Aux temps composés de la forme pronominale, le participe passé s'accorde en genre et en nombre avec le sujet : *elle s'est tranquillisée.*
tranquillité n. f.
tranquillos /-los/ adv.
[1]**trans** /tʀɑ̃s/ adj.
HOM. **transe**
[2]**trans** /tʀɑ̃s/ n.
□ abrév. de **transsexuel, elle**
HOM. **transe**
transaction n. f.
□ rec. off. pour **deal**
transactionnel, elle adj.
transactionnellement adv.
transafricain, aine adj.
transalpin, ine adj.
transamazonien, ienne adj.
transaminase n. f.
transandin, ine adj.
[1]**transat** /-zat/ n. m. (chaise)
[2]**transat** /-zat/ n. f. (course)
transatlantique adj. et n. m.
transbahutement n. m.
transbahuter v. tr. | conjug. 1 |
transbordement n. m.
transborder v. tr. | conjug. 1 |
transbordeur n. m.
□ rec. off. pour **ferry-boat**
transcanadien, ienne adj. et n. f.
transcaspien, ienne adj.
transcaucasien, ienne adj.
transcendance n. f.
transcendant, ante adj.
transcendantal, ale, aux adj.
transcendantalisme n. m.
transcender v. tr. | conjug. 1 |
¬ **se transcender**
➾ Aux temps composés de la forme pronominale, le participe passé s'accorde en genre et en nombre avec le sujet : *elles se sont transcendées.*
transcodage n. m.
transcoder v. tr. | conjug. 1 |
transcodeur n. m.
transconteneur n. m.
transcontinental, ale, aux adj.
transcriptase n. f.
transcripteur, trice n.
transcription n. f.
transcrire v. tr. | conjug. 39 |
transculturation n. f.
transculturel, elle adj.
transdisciplinaire adj.
transdisciplinarité n. f.
transducteur n. m.
transductif, ive adj.
transduction n. f.
transductivité n. f.
transe n. f.
♪ La prononciation /*tʀɑ̃z/ est fautive.
➾ La locution **en transe** est invariable : *des admirateurs en transe.*
HOM. **trans**
transept /-sɛpt/ n. m.
transeuropéen, enne adj.
transfection n. f.
transférable adj.
transfèrement n. m.
Ξ Ce mot désigne l'action de transférer un prisonnier d'un lieu à un autre. Dans les autres cas, il faut employer *transfert.*
transférentiel, ielle adj.
transférer v. tr. | conjug. 6 |
transferrine n. f.
transfert n. m.
transfigurateur, trice adj.
transfiguration n. f.
➾ Avec une majuscule, ce mot désigne l'épisode biblique, une œuvre qui le représente ou la fête religieuse : *des Transfigurations italiennes ; la Transfiguration est célébrée le 6 août.*
transfigurer v. tr. | conjug. 1 |
transfilage n. m.
transfiler v. tr. | conjug. 1 |
transfini, ie adj.
transfixion n. f.
transfluence n. f.
transfo n. m.
□ abrév. de **transformateur**
transformable adj.
transformateur, trice adj. et n. m.
transformation n. f.
transformationnel, elle adj.
transformée n. f.
transformer v. tr. | conjug. 1 |
¬ **se transformer**
➾ Aux temps composés de la forme pronominale, le participe passé s'accorde en genre et en nombre avec le sujet : *la chenille s'est transformée en papillon.*
transformisme n. m.
transformiste n. et adj.
transfrontalier, ière adj.
transfuge n.
transfuser v. tr. | conjug. 1 |
transfuseur n. m.
transfuseuse n. f.
transfusion n. f.
transfusionnel, elle adj.
transgène n. m.

transgenèse n. f.
transgénique adj.
transgresser v. tr. | conjug. 1 |
transgresseur n. m.
transgressif, ive adj.
transgression n. f.
transhorizon adj.
transhumance n. f.
transhumant, ante adj.
transhumer v. tr. et v. intr. | conjug. 1 |
transi, ie adj. et n. m.
Ξ **Transi de froid** est un pléonasme à éviter.
transigeance n. f.
transiger v. intr. | conjug. 3 |
transigible adj.
transilien, ienne adj. et n. m.
transir v. tr. et v. intr. | conjug. 2 |
CONJUG. Ce verbe s'emploie seulement à l'infinitif, au présent de l'indicatif et aux temps composés.
transissement n. m.
transistor n. m.
transistorisation n. f.
transistoriser v. tr. | conjug. 1 |
transit /-zit/ n. m.
➾ La locution **en transit** est invariable : *des passagers en transit*.
HOM. formes du v. **transiter**
transitaire adj. et n.
HOM. forme du v. **transiter**
transiter v. tr. et v. intr. | conjug. 1 |
transitif, ive adj.
transition n. f.
transitionnel, elle adj.
transitivement adv.
transitivité n. f.
transitoire adj.
transitoirement adv.
translater v. tr. | conjug. 1 |
translateur n. m.
translatif, ive adj.
translation n. f.
translittération n. f.
translittérer v. tr. | conjug. 6 |
translocation n. f.
translucide adj.
ϟ Ne pas confondre **translucide** avec **transparent**. Un objet translucide laisse passer la lumière mais, contrairement à un objet transparent, ne laisse pas paraître avec netteté les objets qui se trouvent derrière.
translucidité n. f.
translucidus /-dys/ n. m.
transmanche adj. inv.
transmetteur, euse n.
transmettre v. tr. | conjug. 56 |
¬ **se transmettre**
➾ Aux temps composés de la forme pronominale, le participe passé s'accorde en genre et en nombre avec le sujet : *la coutume s'est transmise de génération en génération*. Mais le participe passé ne s'accorde pas quand il est suivi d'un complément d'objet direct : *ils se sont transmis l'information*. Il ne s'accorde avec le complément d'objet direct que lorsque celui-ci est placé avant le verbe : *l'information qu'ils se sont transmise*.
transmigration n. f.
transmigrer v. intr. | conjug. 1 |
transmissibilité n. f.
transmissible adj.
transmission n. f.
transmodulation n. f.
transmongolien, ienne adj. et n.
transmuable adj.
transmuer v. tr. | conjug. 1 |
transmutabilité n. f.
transmutable adj.
transmutant, ante adj.
transmutateur, trice n. et adj.
transmutation n. f.
transmuter v. tr. | conjug. 1 |
transnational, ale, aux adj.
transocéanique adj.
transpadan, ane adj.
transpalette n. m. ou f.
transparaître ou **transparaitre**○ v. intr. | conjug. 57 |
➾ Les Rectifications de l'orthographe de 1990 préconisent la suppression de l'accent circonflexe sur le *i* devant le *t* : *il transparait, il transparaitra, il transparaitrait*.
transparence n. f.
transparent, ente adj. et n. m.
➾ Ne pas écrire **transparant*.
ϟ Ne pas confondre **transparent** avec **translucide**. Un objet translucide laisse passer la lumière mais, contrairement à un objet transparent, ne laisse pas paraître avec netteté les objets qui se trouvent derrière.
transperçant, ante adj.
transpercement n. m.
transpercer v. tr. | conjug. 3 |
transphrastique adj.
transpirable adj.
transpirant, ante adj.
transpiration n. f.
transpirer v. intr. et v. tr. | conjug. 1 |
transplacentaire /-sɛ̃-/ adj.
transplant n. m.
transplantable adj.
transplantation n. f.

transplanté, ée adj. et n.
transplantement n. m.
transplanter v. tr. | conjug. 1 |
transplanteur, euse adj. et n.
transplantoir n. m.
transpolaire adj.
transpondeur n. m.
transport n. m.
transportabilité n. f.
transportable adj.
transportant, ante adj.
transportation n. f.
transporté, ée adj.
transporter v. tr. | conjug. 1 |
transporteur n. m.
transposable adj.
transposer v. tr. | conjug. 1 |
transpositeur n. m.
transpositif, ive adj.
transposition n. f.
transposon n. m.
HOM. formes du v. **transposer**
transpyrénéen, enne adj.
transrhénan, ane adj.
transrouleur n. m.
transroulier adj. et n. m.
transsaharien, ienne adj.
transsexualisme n. m.
transsexualité n. f.
transsexuel, elle adj. et n.
transsibérien, ienne adj.
➾ Ce mot peut s'employer comme nom masculin pour désigner le chemin de fer qui traverse la Sibérie. On l'écrit alors avec une majuscule : *le Transsibérien relie Moscou à Vladivostok*.
transsidéral, ale, aux adj.
transsonique adj.
transsonnance n. f.
transsubstantiation n. f.
transsubstantier v. tr. | conjug. 7 |
transsudat n. m.
transsudation n. f.
transsuder v. intr. et v. tr. | conjug. 1 |
transtockeur n. m.
transuranien, ienne adj. et n. m.
transvasage n. m.
transvasement n. m.
transvaser v. tr. | conjug. 1 |
transvaseur n. m.
transverbération n. f.
transverbérer v. tr. | conjug. 6 |
transversal, ale, aux adj.
transversalement adv.
transversalité n. f.
transverse adj.
transvestisme n. m.
transvider v. tr. | conjug. 1 |
transylvain, aine adj. et n.
trapacée n. f.
trapan n. m.
trapèze n. m.
trapéziforme adj.
trapéziste n.
trapézoèdre n. m.
trapézoïdal, ale, aux adj.
trapézoïde adj.
trappage n. m.
[1]**trappe** n. f. (objet)
[2]**trappe** n. f. (ordre religieux, monastère)
➾ On écrit **la Trappe** avec une majuscule pour désigner l'ordre religieux.
trappeur, euse n.
trappillon n. m.
[1]**trappiste** n. m. (moine)
➾ Ce mot s'écrit avec une minuscule lorsqu'il désigne une personne : *un couvent de trappistes*. Il s'écrit avec une majuscule lorsqu'il désigne sans ambiguïté l'ordre lui-même : *il est entré chez les Trappistes*.
[2]**trappiste** n. f. (bière)
[1]**trappistine** n. f. (religieuse)
➾ Ce mot s'écrit avec une minuscule lorsqu'il désigne une personne : *un couvent de trappistines*. Il s'écrit avec une majuscule lorsqu'il désigne sans ambiguïté l'ordre lui-même : *elle est entrée chez les Trappistines*.
[2]**trappistine** n. f. (liqueur)
trappon n. m.
trapu, ue adj.
➾ Ne pas écrire **trappu* : ce mot n'a qu'un seul *p*.
traque n. f.
HOM. **trac**
traquenard n. m.
traquer v. tr. | conjug. 1 |
traquet n. m.
HOM. formes du v. **traquer**
traqueur, euse adj. et n.
trash adj. inv.
trass n. m.
HOM. **thrace, trace**
trattoria n. f.
traulet n. m.
traulisme n. m.
trauma n. m.
traumatique adj.
traumatisant, ante adj.
traumatiser v. tr. | conjug. 1 |
traumatisme n. m.
traumatologie n. f.
traumatologique adj.
traumatologiste n.

traumatopnée n. f.
[1]**travail, aux** n. m. (tâche)
➾ Ce mot s'écrit avec une majuscule dans **le ministère du Travail.**
HOM. formes du v. **travailler**
[2]**travail** n. m. ▪ plur. **travails** (Techn. : appareil)
HOM. formes du v. **travailler**
travaillant, ante adj.
travaillé, ée adj.
travailler v. tr. et v. intr. | conjug. 1 |
travailleur, euse n. et adj.
travailleuse n. f. (meuble)
travaillisme n. m.
➾ Ce mot s'écrit sans majuscule : *les partisans du travaillisme.*
travailliste n. et adj.
➾ Ce mot s'écrit sans majuscule : *un dirigeant travailliste ; les travaillistes.*
travailloter v. intr. | conjug. 1 |
trave n. f.
travée n. f.
travelage n. m.
traveller /travlœr/ n. m.
▫ abrév. de **traveller's chèque**
traveller's chèque ▪ plur. **traveller's chèques** ou **traveller's check** ▪ plur. **traveller's checks** /travlœr(s)ʃɛk/ n. m.
▫ rec. off. : **chèque de voyage**
travelling ou **traveling** /travliŋ/ n. m.
travelo n. m.
travers n. m.
ne tombez pas dans ce travers
▸ **en travers (de)** *un véhicule en travers de la route*
▸ **de travers** *elle a les dents de travers*
⌘ Contrairement à **au travers,** *à travers* ne peut être suivi de la préposition *de* : *se frayer un chemin à travers la foule* (et non **à travers de la foule*).
→ aussi **tort**
traversable adj.
traversage n. m.
traversant, ante adj. et n. m.
travers-banc n. m. ▪ plur. **travers-bancs**
traverse n. f.
traversée n. f.
traverser v. tr. | conjug. 1 |
Ξ **Traverser un pont** est critiqué par certains puristes : quand le complément désigne une voie, *traverser* signifie normalement « couper perpendiculairement ». Cet emploi est toutefois parfaitement admis dans l'usage courant.
traversier, ière adj. et n. m.
HOM. formes du v. **traverser**
traversin n. m.
traversine n. f.
travertin n. m.
travertineux, euse adj.
travesti, ie adj. et n. m.
travestir v. tr. | conjug. 2 |
¬ **se travestir**
➾ Aux temps composés de la forme pronominale, le participe passé s'accorde en genre et en nombre avec le sujet : *ils se sont travestis.*
travestisme n. m.
travestissement n. m.
travestisseur, euse adj. et n.
traveteau n. m.
traviole (de) loc. adv.
travois n. m.
travon n. m.
travouil n. m.
travure n. f.
trayeur, euse n.
trayon n. m.
HOM. formes du v. **traire**
trébuchage n. m.
trébuchant, ante adj. et n. m.
trébuchement n. m.
trébucher v. intr. et v. tr. | conjug. 1 |
trébuchet n. m.
HOM. formes du v. **trébucher**
Trecento /tretʃɛnto/ n. m.
➾ Comme tous les noms de périodes historiques, ce mot s'écrit toujours avec une majuscule.
Ξ Ce mot, qui signifie littéralement « trois cents », fait référence au quatorzième siècle italien, et non au treizième.
trécheur n. m.
→ **trescheur**
trédame interj.
tréfau ou **tréfeau** n. m.
tréfilage n. m.
tréfiler v. tr. | conjug. 1 |
tréfilerie n. f.
tréfileur n. m.
tréfileuse n. f.
tréfiloir n. m.
tréflage n. m.
trèfle n. m.
tréflé, ée adj.
tréflerie ou **tréflière** n. f.
tréfoncier, ière adj. et n.
tréfonds n. m.
➾ Ne pas oublier le *s* au singulier.
tréhala n. m.
tréhalose n. m.
treillage n. m.
treillager v. tr. | conjug. 3 |
treillageur n. m.
treillard ou **treillon** n. m.
treille n. f.
treillis n. m.
treillisser v. tr. | conjug. 1 |

treizain n. m.
treize adj. numéral inv. et n. m. inv.
➾ Les numéraux formant un nombre complexe inférieur à cent s'écrivent avec un trait d'union : *soixante-treize jours*. Les Rectifications de l'orthographe de 1990 préconisent de généraliser l'emploi du trait d'union à tous les numéraux composés, qu'ils soient inférieurs ou supérieurs à cent : *à la page cent-treize* ; il a *treize-mille euros en espèces*.
treizième adj. et n.
treizièmement adv.
treiziste n. m.
trek n. m.
→ **trekking**
trekkeur, euse n.
trekking /tʀekiŋ/ ou **trek** /tʀɛk/ n. m.
trélingage n. m.
tréma n. m.
HOM. **trémat**
trémail n. m.
→ **tramail**
trémat n. m.
HOM. **tréma**
trématage n. m.
trémater v. tr. | conjug. 1 |
trématode n. m.
tremblaie n. f.
tremblant, ante adj. et n. f.
tremble n. m.
tremblé, ée adj. et n. m.
tremblement n. m.
trembler v. intr. | conjug. 1 |
▸ **trembler de** (+ inf.) *je tremble d'échouer*
▸ **trembler que** (+ subj.) *je tremble qu'il (ne) l'apprenne*
trembleur, euse n. et adj.
trembleuse n. f.
tremblotant, ante adj.
tremblote n. f.
tremblotement n. m.
trembloter v. intr. | conjug. 1 |
trembloteur, euse adj. et n.
tremblotis n. m.
trémelle n. f.
trémeur n. f.
trémie n. f.
trémière adj. f.
trémion n. m.
trémisse n. m.
trémois n. m.
trémolite n. f.
trémolo n. m.
trémoussement n. m.
trémousser (se) v. pron. | conjug. 1 |
➾ Aux temps composés, le participe passé s'accorde en genre et en nombre avec le sujet : *elle s'est trémoussée sur sa chaise*.
trempabilité n. f.
trempage n. m.
trempant, ante adj.
trempe adj. et n. f.
HOM. **tramp**
trempé, ée adj. et n. m.
trempée n. f.
tremper v. tr. et v. intr. | conjug. 1 |
¬ **se tremper**
➾ Aux temps composés de la forme pronominale, le participe passé s'accorde en genre et en nombre avec le sujet : *elles se sont trempées*. Mais le participe passé ne s'accorde pas quand il est suivi d'un complément d'objet direct : *elle s'est trempé les pieds dans l'eau*. Il ne s'accorde avec le complément d'objet direct que lorsque celui-ci est placé avant le verbe : *elle se les est trempés dans l'eau*.
trempette n. f.
trempeur n. m.
trempis n. m.
tremplin n. m.
trempoir n. m.
trémulant, ante adj.
trémulation n. f.
trémuler v. intr. et v. tr. | conjug. 1 |
trenail n. m.
trench /tʀɛnʃ/ n. m.
▫ abrév. de **trench-coat**
➾ Le pluriel est régulier : *des trenchs*.
trench-coat /tʀɛnʃkot/ n. m. ▪ plur. **trench-coats**
trennel n. m.
trentain n. m.
trentaine n. f.
⌘ Lorsque **une trentaine de** suivi d'un nom au pluriel est sujet, le verbe s'accorde soit avec *trentaine*, soit avec le complément : *une trentaine d'œuvres a été volée* ou *ont été volées*. Avec **la trentaine de**, le verbe s'accorde toujours avec *trentaine* : *la trentaine d'œuvres volées a été retrouvée*.
trente adj. numéral inv. et n. m. inv.
➾ Les numéraux formant un nombre complexe inférieur à cent s'écrivent avec un trait d'union : *trente-neuf jours*. Les Rectifications de l'orthographe de 1990 préconisent de généraliser l'emploi du trait d'union à tous les numéraux composés, qu'ils soient inférieurs ou supérieurs à cent : *à la page cent-trente-huit* ; *il a trente-mille euros en espèces*.
trente-deux-pieds n. m. inv.
trente-et-quarante n. m. inv.
trente et un n. m. sing.
▸ **se mettre sur son trente et un**
trentenaire adj.

trentenier n. m.
trente-six adj. numéral inv. et n. m. inv.
trente-trois adj. numéral inv. et n. m. inv.
trentième adj. et n.
trentièmement adv.
tréou n. m.
trépan n. m.
HOM. **trépang**
trépanation n. f.
trépaner v. tr. | conjug. 1 |
trépang /-pɑ̃/ n. m.
→ **tripang**
trépas n. m.
trépassement n. m.
trépasser v. intr. | conjug. 1 |
CONJUG. Aux temps composés, la forme intransitive se conjugue avec l'auxiliaire *avoir* ou avec l'auxiliaire *être* selon que l'on insiste sur l'action ou sur le résultat : *il a trépassé subitement ; j'appris qu'il était trépassé depuis longtemps*.
trèpe n. m.
tréphocyte n. m.
tréphocytose n. f.
tréphone n. f.
trépidant, ante adj.
trépidation n. f.
trépider v. intr. | conjug. 1 |
trépidomètre n. m.
trépied n. m.
trépignant, ante adj.
trépignée n. f.
trépignement n. m.
trépigner v. intr. | conjug. 1 |
trépigneuse n. f.
trépointe n. f.
tréponématose n. f.
tréponème n. m.
très adv.
⌘ *Très* peut modifier un participe passé uniquement si celui-ci est employé comme adjectif : on peut dire *il sont très ennuyés* mais pas **ils se sont très ennuyés*.
Très ne peut normalement pas modifier un nom ; il est toutefois admis dans certaines locutions : *avoir très peur, très faim, très envie*, etc.
Il peut également modifier un nom employé comme adjectif : *un homme très fin de siècle ; elle fait très rive gauche*.
HOM. **trait**, formes du v. **traire**
trésaille n. f.
trésaillé, ée ou **trésallé, ée** adj.
trésaillure n. f.
trescheur ou **trécheur** n. m.
trésillon n. m.
trésor n. m.
➾ Ce mot s'écrit avec une majuscule dans **le Trésor public** (ou **le Trésor**).
trésorerie n. f.
trésorier, ière n.
trésorier-payeur n. m. ▪ plur. **trésoriers-payeurs**
tressage n. m.
tressaillant, ante adj.
tressaillement n. m.
tressaillir v. intr. | conjug. 13 |
tressaut n. m.
tressautant, ante adj.
tressautement n. m.
tressauter v. intr. | conjug. 1 |
tresse n. f.
tresser v. tr. | conjug. 1 |
tresseur, euse n.
tressoir n. m.
tréteau n. m.
treuil n. m.
HOM. **treuilles**, formes du v. **treuiller**
treuillage n. m.
treuiller v. tr. | conjug. 1 |
treuilles n. f. pl.
HOM. **treuil**, formes du v. **treuiller**
trêve n. f.
▸ **sans trêve** *marcher sans trêve*
▸ **trêve de** (+ n.) *trêve de plaisanterie !*
trévire n. f.
trévirer v. tr. | conjug. 1 |
trévise n. f.
➾ Lorsqu'il désigne une variété de chicorée, ce mot s'écrit sans majuscule, contrairement au nom propre qui désigne la ville d'Italie : *la trévise et la batavia*.
tri n. m.
HOM. **trie**, formes du v. **trier**
triable adj.
triacide n. m.
triacleur n. m.
triade n. f.
triadelphe adj.
triadique adj.
triage n. m.
triaire n. m.
HOM. **trière**, formes des v. **trier**, **triller**
[1]**trial** n. m. (course)
[2]**trial** n. m. ou f. (moto)
trialcool /-kɔl/ ou **triol** n. m.
trialisme n. m.
trialiste adj. et n.
triammonique adj.
triandre adj.
triandrie n. f.
triangle n. m.
triangulaire adj.

triangulairement adv.
triangulateur, trice n.
triangulation n. f.
trianguler v. tr. | conjug. 1 |
trias /tʀijas/ n. m.
triasique adj.
triathlète n.
triathlon n. m.
triathlonien, ienne n.
triatomicité n. f.
triatomique adj.
tribade n. f.
tribadisme n. m.
tribal, ale, aux adj.
HOM. **triballe**
tribalisme n. m.
triballe n. f.
HOM. **tribal**
triballer v. tr. | conjug. 1 |
tribart n. m.
tribasique adj.
triboélectricité n. f.
triboélectrique adj.
tribologie n. f.
tribologue n.
triboluminescence n. f.
triboluminescent, ente adj.
tribomètre n. m.
tribométrie n. f.
tribord n. m.
☰ *Tribord* désigne le côté droit du navire, quand on regarde vers l'avant. Pour se le rappeler, on peut retenir que *tribord* et *droit* contiennent un *i*.
tribordais n. m.
triboulet n. m.
tribraque n. m.
tribromure n. m.
tribu n. f.
➾ Ne pas écrire **tribue*.
HOM. **tribut**
tribulation n. f.
tribulus /-ys/ n. m.
tribun n. m.
tribunal, aux n. m.
➾ Ce mot s'écrit avec une majuscule lorsqu'il désigne un organisme à caractère unique : *le Tribunal pénal international ; le Tribunal révolutionnaire de Paris (1793-1795)* mais *le tribunal d'instance de Toulouse ; le tribunal de police de Nantes*.
tribunat n. m.
➾ Avec une majuscule, **le Tribunat** désigne l'assemblée instituée par la Constitution de l'an VIII.
tribune n. f.
tribunitien, ienne adj.
tribut n. m.
HOM. **tribu**
tributaire adj.
tribute adj.
tributyrine n. f.
tric n. m.
→ **trick**
tricalcique adj.
tricarboxylique adj.
tricard, arde n.
tricastin, ine adj.
tricennal, ale, aux adj.
tricentenaire n. m. et adj.
tricéphale adj.
triceps /-sɛps/ adj. et n. m.
tricératops /-tɔps/ n. m.
trichage n. m.
triche n. f.
tricher v. intr. | conjug. 1 |
tricherie n. f.
tricheur, euse n.
trichiasis /-kjazis/ n. m.
trichinal, ale, aux /-k-/ adj.
trichine /-k-/ n. f.
trichiné, ée /-k-/ adj.
trichineux, euse /-k-/ adj.
trichinose /-k-/ n. f.
trichion /-k-/ n. m.
trichite /-k-/ n. f.
trichloracétique /-k-/ adj.
trichloréthylène /-k-/ n. m.
trichlorure /-k-/ n. m.
trichocéphale /-k-/ n. m.
trichocéphalose /-k-/ n. f.
trichoclastie /-k-/ n. f.
trichocyste /-k-/ n. m.
trichoglossie /-k-/ n. f.
trichogramme /-k-/ n. m.
trichogyne /-k-/ n. f.
trichologie /-k-/ n. f.
tricholome /-k-/ n. m.
trichoma /-k-/ n. m.
trichomanie /-k-/ n. f.
trichomonas /-kɔmɔnas/ n. m.
trichomonase ou **trichomonose** /-k-/ n. f.
trichomycine /-k-/ n. f.
trichomycose /-k-/ n. f.
trichopathie /-k-/ n. f.
trichophytie /-kofiti/ n. f.
trichophyton /-kɔ-/ n. m.
trichoptilose /-k-/ n. f.
trichose /-k-/ n. f.
trichotome /-k-/ adj.
trichotomie /-k-/ n. f.
trichotomique /-k-/ adj.
trichroïsme /-k-/ n. m.

trichroïte /-k-/ adj.
trichromatique /-k-/ adj.
trichromatisme /-k-/ n. m.
trichrome /-k-/ adj.
trichromie /-k-/ n. f.
trichromique /-k-/ adj.
trick ou **tric** n. m.
HOM. **trique**
triclinaire adj. et n. m.
triclinique adj.
triclinium /-klinjɔm/ n. m.
➾ Ce mot a un pluriel régulier : *des tricliniums*.
tricoises n. f. pl.
tricolor n. m.
tricolore adj.
triconque n. m.
tricontinental, ale, aux adj.
tricorne adj. et n. m.
tricot n. m.
tricotage n. m.
tricoté, ée adj.
tricotée n. f.
tricoter v. tr. et v. intr. | conjug. 1 |
tricotets n. m. pl.
tricoteur, euse n.
Tricouni® n. m.
➾ Comme tous les noms déposés, ce mot doit s'écrire avec une majuscule : *des chaussures à Tricounis*. Toutefois, on le trouve fréquemment employé comme nom générique sans respect de la règle : *des chaussures à tricounis*.
tricourant adj. inv.
tricouse n. f.
tricrésylphosphate n. m.
tricrote adj.
trictrac n. m.
tricuspide adj.
tricycle n. m. et adj.
tricyclique adj.
tricycliste n.
tridacne n. m.
tridactyle adj.
tride adj.
trident n. m.
tridenté, ée adj.
tridentin, ine adj.
tridermique adj.
tridi n. m.
Ξ Ce mot désignait le troisième jour de la décade, dans le calendrier républicain.
➾ Comme tous les noms de jours, ce mot s'écrit sans majuscule.
tridimensionnalité n. f.
tridimensionnel, elle adj.
triduum /tʀidyɔm/ n. m.
trie n. f.
HOM. **tri**
trièdre adj. et n. m.
triège n. m.
triel n. m.
triennal, ale, aux adj.
triennat n. m.
triennium /-jɔm/ n. m.
trier v. tr. | conjug. 7 |
HOM. **triller**
triérarchie n. f.
triérarque n. m.
trière n. f.
HOM. **triaire**, formes des v. **trier**, **triller**
triergol n. m.
triester /tʀiɛstɛʀ/ n. m.
triétéride n. f.
[1]**trieur, trieuse** n. (personne)
[2]**trieur** n. m. (appareil)
trieuse n. f. (machine)
trifide adj.
triflèche adj.
triflore adj.
trifluorure n. m.
trifoliolé, ée adj.
triforium /-jɔm/ n. m.
trifouillage n. m.
trifouillée n. f.
trifouiller v. tr. et v. intr. | conjug. 1 |
trifouilleur, euse adj. et n.
trifourchu, ue adj.
trifurcation n. f.
trigame n. et adj.
trigamie n. f.
trigauderie n. f.
trigémellaire adj.
trigéminé, ée adj.
trigger /tʀigœʀ ; -gɛʀ/ n. m.
trigle n. m.
triglidé n. m.
triglycéride n. m.
triglyphe n. m.
trigo n. f.
□ abrév. de **trigonométrie**
trigonal, ale, aux adj.
trigone adj. et n. m.
trigonelle n. f.
trigonocéphale n. m.
trigonocéphalie n. f.
trigonométrie n. f.
trigonométrique adj.
trigonométriquement adv.
trigramme n. m.
trihalogéné, ée adj.
trihebdomadaire adj.
trihybride n. m.

trihydrol n. m.
triiodure n. m.
trijumeau adj. et n. m.
trilatéral, ale, aux adj.
trilatération n. f.
trilatère n. m.
trilinéaire adj.
trilingue adj.
trilitéralité n. f.
trilitère adj.
trilithe n. m.
trille n. m.
☯ Ce mot est masculin : *un trille*.
triller v. tr. et v. intr. | conjug. 1 |
trillion /tʀiljɔ̃/ n. m.
Ξ Attention à la confusion possible entre l'ancien sens « mille milliards » et le sens actuel « un milliard de milliards ».
trillionnaire /tʀil-/ n.
trilobe n. m.
trilobé, ée adj.
trilobite n. m.
triloculaire adj.
trilogie n. f.
trilogique adj.
trilogue n. m.
trimaran n. m.
trimard n. m.
trimarder v. intr. et v. tr. | conjug. 1 |
trimardeur n. m.
trimbalage ou **trimballage** n. m.
trimbalement ou **trimballement** n. m.
trimbaler ou **trimballer** v. tr. | conjug. 1 |
trimer v. intr. | conjug. 1 |
trimère adj.
HOM. **trimmer**, forme du v. **trimer**
trimestre n. m.
trimestriel, ielle adj.
trimestriellement adv.
trimétallique adj.
triméthylamine n. f.
trimètre n. m.
trimétrique adj.
trimeur, euse n. (personne)
HOM. **trimmer**
trimmer /tʀimœʀ ; tʀimɛʀ/ ou **trimmeur**○ /-mœʀ/ n. m. (appareil)
HOM. **trimère**, **trimeur**, forme du v. **trimer**
trimorphe adj.
trimorphisme n. m.
trimoteur n. m.
trin, trine adj.
HOM. **train**
trinacrie n. f.
trinervé, ée adj.
tringle n. f.
tringler v. tr. | conjug. 1 |
tringlette n. f.
tringlot ou **trainglot** n. m.
trinitaire adj. et n.
➾ Ce mot s'écrit avec une minuscule lorsqu'il désigne une personne : *un couvent de trinitaires*. Il s'écrit avec une majuscule lorsqu'il désigne sans ambiguïté l'ordre lui-même : *il est entré chez les Trinitaires*.
trinité n. f.
➾ Avec une majuscule, **la Trinité** désigne le dogme chrétien, la fête qui lui est consacrée ou un ordre religieux : *le mystère de la Trinité ; la Trinité a lieu le premier dimanche après la Pentecôte ; l'ordre de la Trinité*.
trinitré, ée adj.
trinitrine n. f.
trinitrobenzène /-bɛ̃-/ n. m.
trinitrophénol n. m.
trinitrotoluène n. m.
trinôme n. m.
trinquart n. m.
trinqueballe n. m.
→ **triqueballe**
trinquée n. f.
trinquer v. intr. | conjug. 1 |
trinquet n. m.
HOM. formes du v. **trinquer**
trinquette n. f.
trinqueur, euse n.
trio n. m.
triode n. f.
triol n. m.
→ **trialcool**
triolet n. m.
triolisme n. m.
triomphal, ale, aux adj.
Ξ Ce mot ne peut s'employer pour qualifier une personne : *on peut dire un joueur triomphant* mais pas **un joueur triomphal*.
triomphalement adv.
triomphalisme n. m.
triomphaliste adj. et n.
triomphant, ante adj.
triomphateur, trice n.
[1]**triomphe** n. m. (grand succès)
[2]**triomphe** n. f. (jeu)
triompher v. tr. ind. et v. intr. | conjug. 1 |
▸ **triompher de** (+ n.) *triompher de son adversaire ; triompher d'une difficulté*
⌘ La construction ***triompher sur** est fautive.
trional n. m.
trionyx n. m.
trioxyde n. m.
trip n. m.
HOM. **tripe**, formes du v. **triper**
tripaille n. f.
tripale adj.

tripang ou **trépang** /-pɑ̃/ n. m.
HOM. **trépan**
triparti, ie ou **tripartite** adj.
Ξ Au sens « qui est composé de trois groupes », la forme *tripartite* est plus fréquente : *un gouvernement tripartite*.
tripartisme n. m.
tripartition n. f.
tripatouillable adj.
tripatouillage n. m.
tripatouiller v. tr. | conjug. 1 |
tripatouilleur, euse n.
tripe n. f.
HOM. **trip**, formes du v. **triper**
triper v. intr. | conjug. 1 |
triperie n. f.
tripette n. f.
tripeur n. m.
triphasé, ée adj.
triphénol n. m.
triphénylméthane n. m.
triphonique adj.
triphosphate n. m.
triphtongue n. f.
triphylle adj.
tripier, ière n.
HOM. formes du v. **triper**
tripière n. f.
triplace adj.
triplan n. m.
triple adj. et n. m.
➾ On écrit **la Triple-Alliance** et **la Triple-Entente** avec des majuscules et un trait d'union.
triplé n. m.
triplégie n. f.
triplement adv. et n. m.
tripler v. tr. et v. intr. | conjug. 1 |
triplet n. m.
HOM. formes du v. **tripler**
triplette n. f.
triplex n. m. (appartement)
Triplex® n. m. (verre de sécurité)
➾ Comme tous les noms déposés, ce mot doit s'écrire avec une majuscule : *des vitres en Triplex*. Toutefois, on le trouve fréquemment employé comme nom générique sans respect de la règle : *des vitres en triplex*.
triplicata n. m. ▪ plur. inv. ou plur. **triplicatas**
Ξ En latin, *triplicata* est un nom pluriel. On peut toutefois l'employer au singulier et franciser la forme du pluriel : *un triplicata, des triplicatas*.
triplice n. f.
triplicité n. f.
triploblastique adj.
triploïde adj.
triploïdie n. f.
triplure n. f.
tripode adj. et n. m.
tripodie n. f.
tripoli n. m.
triporteur n. m.
tripot n. m.
tripotage n. m.
tripotant, ante adj.
tripotée n. f.
tripoter v. tr. et v. intr. | conjug. 1 |
tripoterie n. f.
tripoteur, euse n.
tripotier, ière n. et adj.
tripous ou **tripoux** n. m. pl.
triptyque n. m.
➾ Ne pas écrire **tryptique*.
trique n. f.
HOM. **trick**
triqueballe ou **trinqueballe** n. m.
trique-madame ▪ plur. inv. ou **triquemadame**○ ▪ plur. **triquemadames**○ n. f.
triquet n. m.
triréacteur n. m.
trirectangle adj.
trirègne n. m.
trirème n. f.
trisagion n. m.
trisaïeul, eule n.
trisannuel, elle adj.
trisecteur, trice adj.
trisection n. f.
trisilicique adj.
triskèle n. m.
trismégiste adj. m.
trismique adj.
trismus /-mys/ n. m.
trisoc n. m.
trisodique adj.
trisomie n. f.
trisomique adj. et n.
trisphérique adj.
trisser v. intr. et v. tr. | conjug. 1 |
¬ **se trisser**
➾ Aux temps composés de la forme pronominale, le participe passé s'accorde en genre et en nombre avec le sujet : *elle s'est trissée*.
trissotinisme n. m.
tristâtre adj.
triste adj.
tristement adv.
tristesse n. f.
tristouillet, ette adj.
tristounet, ette adj.
trisulfure /-sy-/ n. m.
trisyllabe /-si-/ adj. et n. m.
trisyllabique /-si-/ adj.

tritagoniste n. m.
tritane n. m.
tritanopie ou **tritanopsie** n. f.
trithéisme n. m.
trithérapie n. f.
triticale n. m.
tritium /-jɔm/ n. m.
tritoma n. m.
triton n. m.
tritonien, ienne adj.
trituberculé, ée adj.
triturable adj.
triturant, ante adj.
triturateur n. m.
trituration n. f.
triture n. f.
triturer v. tr. | conjug. 1 |
¬ **se triturer**
➾ Aux temps composés de la forme pronominale, le participe passé ne s'accorde pas quand il est suivi d'un complément d'objet direct : *elle s'est trituré les méninges.*
tritureuse n. f.
triumvir /tʀijɔmviʀ/ n. m.
triumviral, ale, aux /tʀijɔm-/ adj.
triumvirat /tʀijɔmvira/ n. m.
trivalence n. f.
trivalent, ente adj.
trivalve adj.
trivelin n. m.
trivelinade n. f.
trivial, iale, iaux adj.
trivialement adv.
trivialiser v. tr. | conjug. 1 |
trivialité n. f.
trivium /-jɔm/ n. m.
troc n. m.
➾ Ne pas écrire **troque*.
HOM. **troque**, formes du v. **troquer**
trocart n. m.
trochaïque /-k-/ adj.
trochanter /-kɑ̃tɛʀ/ n. m.
trochantérien, ienne /-k-/ adj.
trochantin /-k-/ n. m.
trochantinien, ienne /-k-/ adj.
[1]**troche** n. f. (bouquet)
[2]**troche** ou **troque** n. f. (coquillage)
HOM. (de troque) **troc**, formes du v. **troquer**
[1]**trochée** n. m. (pied formé de deux syllabes)
☯ Ce mot est masculin : *un trochée et un spondée.*
[2]**trochée** n. f. (bourgeons, rameaux)
troches n. f. pl.
trochet n. m.
trochidé /-k-/ n. m.
trochile /-k-/ n. m.
trochilidé /-k-/ n. m.
trochin n. m.
trochiscation n. f.
trochisque n. m.
trochiter /tʀɔkitɛʀ/ n. m.
trochlée /-k-/ n. f.
trochléen, enne /-k-/ adj.
trochoïdal, ale, aux /-k-/ adj.
trochoïde /-k-/ adj. et n. f.
trochophore /-k-/ n. f.
trochosphère /-k-/ n. f.
trochotron /-k-/ n. m.
trochure n. f.
troène n. m.
troglobie adj.
troglodyte n. m.
troglodytique adj.
troglodytisme n. m.
troglophile adj.
trogloxène adj.
trognard n. m.
trogne n. f.
trognon n. m.
☰ Dans le registre familier, ce mot peut s'employer comme adjectif ; il s'accorde alors uniquement en nombre : *elles sont trognons.*
trogue n. m.
troïka n. f.
trois adj. numéral et n. m.
➾ On écrit avec des majuscules **les Trois Glorieuses**. Les numéraux formant un nombre complexe inférieur à cent s'écrivent avec un trait d'union : *cinquante-trois jours.* Les Rectifications de l'orthographe de 1990 préconisent de généraliser l'emploi du trait d'union à tous les numéraux composés, qu'ils soient inférieurs ou supérieurs à cent : *à la page cent-trois* ; il a *trois-mille euros en espèces.*
trois-D ou **3D** n. et adj. inv.
trois-deux n. m.
trois-étoiles ou **trois étoiles** n. m. inv. et adj. inv.
[1]**trois-huit** n. m. inv. (mesure)
[2]**trois-huit** n. m. pl. (travail continu)
troisième adj. et n.
troisièmement adv.
trois-mâts n. m. inv.
trois-pièces n. m.
trois-points adj. inv.
trois-ponts n. m. inv.
trois-quarts n. m.
➾ Ce nom s'écrit avec un trait d'union, contrairement à la locution adjectivale **trois quarts** : *un manteau/des manches trois quarts* mais *porter un trois-quarts.*
trois-quatre n. m. inv.

trois-six n. m. inv.
troll n. m. (lutin)
HOM. **trolle**
[1]**trolle** ou **trole**○ n. f. (manière de chasser)
HOM. **troll**
[2]**trolle** ou **trole**○ n. m. (plante)
HOM. **troll**
trolley n. m.
trolleybus /-bys/ n. m.
trombe n. f.
trombidion n. m.
trombidiose n. f.
trombine n. f.
HOM. **thrombine**
trombinoscope n. m.
tromblon n. m.
trombone n. m.
➾ Ne pas écrire **trombonne* : ce mot n'a qu'un seul *n*.
tromboniste n.
trommel n. m.
trompe n. f.
trompe-la-mort n. inv.
trompe-l'œil n. m. inv.
trompement n. m.
tromper v. tr. | conjug. 1 |
¬ **se tromper**
➾ Aux temps composés de la forme pronominale, le participe passé s'accorde en genre et en nombre avec le sujet : *ils se sont trompés sur son compte ; elle s'est trompée de jour.*
tromperie n. f.
trompeter ou **trompéter**○ ou **trompetter** v. intr. et v. tr. | conjug. 4 |
trompette n. f. (instrument)
trompette-de-la-mort ▪ plur. **trompettes-de-la-mort** ou **trompette-des-morts** ▪ plur. **trompettes-des-morts** n. f.
trompetter v. intr. et v. tr. | conjug. 4 |
→ **trompeter**
trompettiste n.
trompeur, euse adj.
trompeusement adv.
trompillon n. m.
tronc n. m.
troncation n. f.
troncature n. f.
tronce n. f.
tronche n. f.
troncher v. tr. | conjug. 1 |
tronchet n. m.
HOM. formes du v. **troncher**
tronchin n. m.
tronçon n. m.
tronconique adj.
tronçonnage n. m.
tronçonnement n. m.
tronçonner v. tr. | conjug. 1 |
tronçonneur n. m.
tronçonneuse n. f.
tronculaire adj.
trône n. m.
trôner v. intr. | conjug. 1 |
tronqué, ée adj.
tronquer v. tr. | conjug. 1 |
trop /tʀo/ adv. et nominal
▸ **trop... pour** (+ n.) *elle est trop jeune pour cette fonction*
▸ **trop... pour** (+ inf.) *il est trop poli pour être honnête*
▸ **trop... pour que** (+ subj.) *il a trop menti pour qu'on le croie*
⌘ *Trop* ne peut normalement pas modifier un nom ; il est toutefois admis dans certaines locutions : *avoir trop peur, trop soif, trop envie,* etc.
La locution **de trop** s'emploie avec un nom : *dix euros de trop ; un verre de trop.* Dans les autres cas, son emploi est fautif : **il boit de trop ; *un peu de trop ; *j'en ai de trop.* Il faut dire : *il boit trop ; un peu trop ; j'en ai trop.*
Lorsque **trop de** suivi d'un nom est sujet, le verbe s'accorde avec le complément de *trop* ou au masculin singulier en fonction du sens : *trop de routes sont dangereuses* (ce sont les routes qui sont dangereuses) ; *trop d'aliments gras est dangereux* (c'est l'excès d'aliments gras qui est dangereux).
HOM. **trot**
tropæloacée /tʀɔpelo-/ n. f.
tropaire n. m.
tropanol n. m.
tropanone n. f.
trope n. m.
trophallaxie n. f.
trophallergie n. f.
trophée n. m.
➾ Ne pas oublier le *e* final.
trophie n. f.
trophique adj.
trophoblaste n. m.
trophoblastique adj.
trophocyte n. m.
trophœdème /-edɛm ; -ødɛm/ n. m.
trophologie n. f.
trophomicrobien, ienne adj.
trophonévrose n. f.
trophonévrotique adj.
trophoplasma n. m.
tropical, ale, aux adj.
tropicalisation n. f.
tropicaliser v. tr. | conjug. 1 |
tropicalisme n. m.
tropine n. f.

tropique n. m. et adj.
➾ Ce mot s'écrit sans majuscule : *le tropique du Cancer et le tropique du Capricorne.*
tropisme n. m.
tropologie n. f.
tropologique adj.
tropolone n. f.
tropomètre n. m.
tropomyosine n. f.
tropopause n. f.
tropophyte n. f.
troposphère n. f.
troposphérique adj.
tropotaxie n. f.
trop-perçu n. m. ▪ plur. **trop-perçus**
trop-plein n. m. ▪ plur. **trop-pleins**
[1]**troque** n. f. (coquillage)
→ [2]**troche**
[2]**troque** n. f. (action de troquer les aiguilles)
HOM. **troc**
troquer v. tr. | conjug. 1 |
troquet n. m.
HOM. formes du v. **troquer**
troqueur, euse n.
trot n. m.
HOM. **trop**
trotskisme ou **trotskysme** n. m.
➾ Comme tous les noms de courants politiques, ce mot s'écrit sans majuscule : *les partisans du trotskisme.*
trotskiste ou **trotskyste** adj. et n.
➾ Comme tous les mots désignant ou qualifiant un courant politique ou ses partisans, ce mot s'écrit sans majuscule : *le courant trotskiste ; les trotskistes.*
trotte n. f.
trotte-menu adj. inv.
trotter v. intr. et v. pron. | conjug. 1 |
trotteur, euse n.
trotteuse n. f.
trottin n. m.
trottinement n. m.
trottiner v. intr. | conjug. 1 |
trottinette n. f.
trottineur, euse n.
trotting /-iŋ/ n. m.
trottoir n. m.
trou n. m.
HOM. formes du v. **trouer**
troubade n. m.
troubadour n. m.
troubadouresque adj.
troubadourisme n. m.
troublant, ante adj.
trouble adj. et n. m.
➾ Ce mot est au pluriel dans la locution **fauteur de troubles**.
troublé, ée adj.
trouble-fête n. ▪ plur. **trouble-fêtes**
troubler v. tr. | conjug. 1 |
troubleur, euse n. et adj.
troué, ée adj.
trouée n. f.
trouer v. tr. | conjug. 1 |
troufignon n. m.
troufion n. m.
➾ Ne pas écrire **trouffion* : ce mot n'a qu'un seul *f.*
trouillard, arde adj. et n.
trouille n. f.
trouiller v. intr. | conjug. 1 |
trouillomètre n. m.
trouilloter v. tr. | conjug. 1 |
trou-madame n. m. ▪ plur. **trous-madame**
troupe n. f.
➾ Ce mot est au singulier dans les locutions **corps de troupe**, **homme de troupe** et **enfant de troupe**.
⌘ Lorsque **une troupe de** suivi d'un nom au pluriel est sujet, le verbe s'accorde soit avec *troupe*, soit avec le complément : *une troupe de touristes est arrivée* ou *sont arrivés*. Avec **la troupe de**, le verbe s'accorde toujours avec *troupe* : *la troupe de touristes est repartie.*
troupeau n. m.
troupiale n. m.
troupier n. m. et adj. m.
troussage n. m.
trousse n. f.
trousseau n. m.
trousse-galant n. m. ▪ plur. **trousse-galants**
trousse-jupons ▪ plur. inv. ou **trousse-jupon**° ▪ plur. **trousse-jupons**° n. m.
trousse-pet n. m. ▪ plur. **trousse-pets**
trousse-pied n. m. ▪ plur. **trousse-pieds**
trousse-queue n. m. ▪ plur. **trousse-queues**
[1]**troussequin** n. m. (partie d'une selle)
[2]**troussequin** n. m. (outil)
→ **trusquin**
trousser v. tr. | conjug. 1 |
trousseur n. m.
troussière n. f.
troussis n. m.
troussoire n. f.
trou-trou ▪ plur. **trous-trous** ou **troutrou**° ▪ plur. **troutrous**° n. m.
trouvable adj.
trouvaille n. f.
trouvé, ée adj.
trouver v. tr. | conjug. 1 |
▸ **trouver** (+ adj.) **que** (+ subj.) *je trouve normal qu'il soit venu*
▸ **trouver à** (+ inf.) *trouver à placer un mot ; il trouve toujours à redire*

▸ **trouver qqch. à** (+ inf.) *elle n'a rien trouvé à répondre*
▸ **il se trouve que** (+ indic.) *il se trouve que c'est ma cousine*
⌘ **Trouver que** est suivi de l'indicatif quand la principale est affirmative et du subjonctif quand elle est négative ou interrogative : *je trouve que ce plat est bon ; je ne trouve pas que ce plat soit bon.*
Ξ La locution **si ça se trouve** appartient au registre familier.
¬ **se trouver**
➾ Aux temps composés de la forme pronominale, le participe passé s'accorde en genre et en nombre avec le sujet : *elles se sont trouvées là par hasard ; elle s'est trouvée mal* Mais le participe passé ne s'accorde pas quand il est suivi d'un complément d'objet direct : *ils se sont trouvé une occupation*. Il ne s'accorde avec le complément d'objet direct que lorsque celui-ci est placé avant le verbe : *l'occupation qu'ils se sont trouvée.*
trouvère n. m.
HOM. forme du v. **trouver**
trouveur, euse n.
troy /tʀɔj/ n. m.
truand, ande n.
truandage n. m.
truandaille n. f.
truander v. intr. et v. tr. | conjug. 1 |
truanderie n. f.
truble n. f.
trublion n. m.
➾ Ne pas employer **troublion*, qui n'existe pas.
[1]**truc** n. m.
[2]**truc** ou **truck** /tʀyk ; tʀœk/ n. m. (chariot)
trucage ou **truquage** n. m.
truchement n. m.
trucider v. tr. | conjug. 1 |
trucideur n. m.
truck n. m.
→ [2]**truc**
trucmuche n. m.
truculence n. f.
truculent, ente adj.
truellage n. m.
truelle n. f.
truellée n. f.
trueller v. tr. | conjug. 1 |
truellette n. f.
truffade n. f.
truffage n. m.
truffe n. f.
truffer v. tr. | conjug. 1 |
truffette n. f.
trufficulteur, trice n.
trufficulture n. f.
truffier, ière adj.
HOM. forme du v. **truffer**
truffière n. f.
truie n. f.
truisme n. m.
truisse n. f.
truite n. f.
truité, ée adj.
truitelle n. f.
truiticole ou **trutticole** adj.
truiticulteur, trice ou **trutticulteur, trice** n.
truiticulture ou **trutticulture** n. f.
trullisation n. f.
trullo /tʀu(l)lo ; tʀylo/ n. m. ▪ plur. **trullos** ou plur. **trulli**
Ξ On peut employer le pluriel francisé *trullos* ou le pluriel italien *trulli*.
trumeau n. m.
truquage n. m.
→ **trucage**
truquer v. intr. et v. tr. | conjug. 1 |
truqueur, euse n.
truquiste n.
trusquin ou **troussequin** n. m.
trusquiner v. tr. | conjug. 1 |
trust /tʀœst/ n. m.
truste n. f.
trustee /tʀœsti/ n.
truster /tʀœste/ v. tr. | conjug. 1 |
trusteur /tʀœstœʀ/ n. m.
trutticole adj.
→ **truiticole**
trutticulteur, trice n.
→ **truiticulteur**
trutticulture n. f.
→ **truiticulture**
trypanosome n. m.
trypanosomé, ée adj.
trypanosomiase n. f.
trypsine n. f.
trypsinogène n. m.
trypsique adj.
tryptamine n. f.
tryptophane n. m.
tsar ou **tzar** ou **czar** n. m.
tsarévitch ou **tzarévitch** n. m.
tsarine ou **tzarine** n. f.
tsarisme ou **tzarisme** n. m.
tsariste ou **tzariste** adj.
tsatsiki n. m.
→ **tzatziki**
tségo n. m.
tsétsé ▪ plur. **tsétsés** ou **tsé-tsé** ▪ plur. inv. n. f.
T. S. F. n. f.
▫ abrév. de **télégraphie sans fil**

T. S. H. n. f.
□ abrév. de **thyroid stimulating hormone**
t-shirt /tiʃœʀt/ n. m. ■ plur. **t-shirts**
→ **teeshirt**
tsigane ou **tzigane** n. et adj.
➾ L'adjectif s'écrit sans majuscule : *la population tsigane*. Le nom s'écrit avec une majuscule uniquement quand il désigne une personne : *les Tsiganes ; c'est une Tsigane* mais *parler le tsigane*.
tsoin-tsoin ou **tsointsoin**○ interj. et adj. inv.
tsonga n. m.
➾ Comme tous les noms de langues, ce mot s'écrit sans majuscule : *ils parlent le tsonga*.
tss-tss interj.
tsuga n. m.
tsuica n. f.
tsunami /tsunami/ n. m.
T. T. C. abrév.
□ abrév. de **toutes taxes comprises**
T. U. /tey/ abrév.
□ abrév. de **temps universel**
tu pron. pers.
Ξ *Tu* ne s'élide devant une voyelle ou un *h* muet que dans le registre familier : *t'as bonne mine ; t'habites où ?*
HOM. formes des v. **taire**, **tuer**
tuable adj.
tuage n. m.
tuant, tuante adj.
tu autem /tuaotɛm ; tyotɛm/ n. m.
tub /tœb/ n. m.
tuba n. m.
tubacé, ée adj.
tubage n. m.
tubaire adj.
tubard, arde adj. et n.
tubardise n. f.
[1]**tube** n. m. (conduit)
[2]**tube** n. m.
□ rec. off. pour **hit**
tubeless adj. et n. m.
tuber v. tr. | conjug. 1 |
tubéracé, ée adj. et n. f.
tubérale n. f.
tubercule n. m.
☯ Ce mot est masculin : *un tubercule*.
tuberculé, ée adj.
tuberculeux, euse adj. et n.
tuberculide n. f.
tuberculiforme adj.
tuberculination n. f.
tuberculine n. f.
tuberculiner ou **tuberculiniser** v. tr. | conjug. 1 |
tuberculinique adj.
tuberculisable adj.
tuberculisation n. f.
tuberculiser v. tr. | conjug. 1 |
tuberculolytique adj.
tuberculose n. f.
tuberculostatique adj.
tubéreuse n. f.
tubéreux, euse adj.
tubériforme adj.
tubérisation n. f.
tubérisé, ée adj.
tubérivore adj.
tubérosité n. f.
tubette n. f.
tubeur n. m.
tubeuse n. f.
tubicole n. m.
tubifex n. m.
tubipore n. m.
tubiste n.
tubitèle adj. et n. m.
tubleu interj.
tubocurarine n. f.
tubotympanite n. f.
tubulaire n. f. et adj.
tubule n. m.
tubulé, ée adj.
tubuleux, euse adj.
tubuliflore adj.
tubuline n. f.
tubulure n. f.
tudesque adj.
tudieu interj.
tue-chien n. m. ■ plur. **tue-chiens**
tue-diable n. m. ■ plur. **tue-diables**
tue-l'amour n. m. inv.
tue-loup /-lu/ n. m. ■ plur. **tue-loups**
tue-mouche n. m. et adj. ■ plur. **tue-mouches**
tuer v. tr. | conjug. 1 |
¬ **se tuer**
➾ Aux temps composés de la forme pronominale, le participe passé s'accorde en genre et en nombre avec le sujet : *elle s'est tuée dans un accident de voiture ; ils se sont tués à le lui répéter*.
tuerie n. f.
➾ Ne pas oublier le *e* muet.
tue-tête (à) loc. adv.
tueur, tueuse n.
tuf n. m.
tufacé, ée adj.
tuffeau ou **tufeau** n. m.
tufier, ière adj.
tuilage n. m.
tuile n. f.
tuilé, ée adj.
tuileau n. m.
tuiler v. tr. | conjug. 1 |

tuilerie n. f.
tuilette n. f.
tuilier, ière n. et adj.
tularémie n. f.
tulipe n. f.
Ξ Ce mot peut s'employer en apposition ; il est alors invariable : *des verres tulipe*.
[1]**tulipier, ière** n. (personne)
[2]**tulipier** n. m. (arbre)
tulle n. m.
tullerie n. f.
tullier, ière adj.
tulliste n.
tumbling /tœmbliŋ/ n. m.
tuméfaction n. f.
tuméfié, iée adj.
tuméfier v. tr. | conjug. 7 |
¬ **se tuméfier**
➾ Aux temps composés de la forme pronominale, le participe passé s'accorde en genre et en nombre avec le sujet : *sa cheville s'est tuméfiée*.
tuménol n. m.
tumescence n. f.
tumescent, ente adj.
tumeur n. f.
tumoral, ale, aux adj.
tumorigène adj.
tumulaire adj.
tumulte n. m.
tumultuaire adj.
tumultuairement adv.
tumultueusement adv.
tumultueux, euse adj.
tumulus /-lys/ n. m. ▪ plur. **tumulus** ou plur. **tumuli**
Ξ On peut employer le pluriel invariable *tumulus* ou le pluriel latin *tumuli*.
tune n. f.
→ **thune**
tuner /tynɛʀ ; tynœʀ/ n. m.
□ rec. off. : **syntoniseur**
tungar /tœ̃gaʀ/ n. m.
tungstate /tœ̃kstat/ n. m.
tungstène /tœ̃kstɛn/ n. m.
tungstique /tœ̃kstik/ adj.
tungstite /tœ̃kstit/ n. f.
tunicelle n. f.
tunicier n. m.
tunicine n. f.
tuning /-iŋ/ n. m.
tunique n. f.
tuniqué, ée adj.
tunnel n. m.
tunnelier n. m.
TUP /typ/ n. m.
□ abrév. de **titre universel de paiement**
tupa n. m.
tupaïa ou **tupaya** n. m.
tupi adj. et n.
➾ L'adjectif s'écrit sans majuscule : *la population tupi*. Le nom s'écrit avec une majuscule uniquement quand il désigne une personne : *les Tupis ; c'est une Tupi* mais *parler le tupi*.
tupinambis /-bis/ n. m.
Tupperware® /typɛʀwɛʀ ; tœpœʀwɛʀ/ n. m.
➾ Comme tous les noms déposés, ce mot doit s'écrire avec une majuscule : *des Tupperwares transparents*. Toutefois, on le trouve fréquemment employé comme nom générique sans respect de la règle : *des tupperwares transparents*.
tuque n. f.
turban n. m.
turbe n. f.
turbé ou **turbeh** n. m.
turbellarié n. m.
turbicole adj.
turbide adj.
turbidimétrie n. f.
turbidite n. f.
turbidité n. f.
turbin n. m.
turbinable adj.
turbinage n. m.
turbine n. f.
turbiné, ée adj.
turbinelle n. f.
turbiner v. intr. et v. tr. | conjug. 1 |
turbineur, euse adj. et n.
turbith n. m.
[1]**turbo** n. m. (mollusque)
HOM. **turbot**
[2]**turbo** n. m. et adj. inv.
□ abrév. de **turbocompresseur**
HOM. **turbot**
turboagitateur n. m.
turboalternateur n. m.
turbobroyeur n. m.
turbocombustible n. m.
turbocompressé, ée adj.
turbocompresseur n. m.
turbodiesel adj. et n. m.
turbofiltre n. m.
turboforage n. m.
turboforeuse n. f.
turbogénérateur n. m.
turbomachine n. f.
turbomoteur n. m.
turbopompe n. f.
turbopropulseur n. m.
turborail n. m.
turboréacteur n. m.
turbosoufflante n. f.

turbostatoréacteur n. m.
turbot n. m.
HOM. **turbo**
turbotière n. f.
turbotin n. m.
turbotrain n. m.
turboventilateur n. m.
turbulence n. f.
turbulent, ente adj.
turbulette n. f.
turc, turque adj. et n.
➾ Ne pas écrire **turcque*. L'adjectif s'écrit sans majuscule : *la population turque*. Le nom s'écrit avec une majuscule uniquement quand il désigne une personne : *les Turcs ; c'est une Turque* mais *parler le turc ; être assis à la turque*.
turcie n. f.
turcique adj.
turco n. m.
turcoman, ane adj. et n.
turco-mongol, ole n. m. et adj. ▪ plur. **turco-mongols, oles**
turcophile adj. et n.
turcophobe adj. et n.
turcophone adj.
turcotatar, are adj. et n. m.
turdidé n. m.
turdus /-ys/ n. m.
turelure n. f.
turf n. m.
turfiste n.
turgescence n. f.
turgescent, ente adj.
turgide adj.
turion n. m.
turista /tu-/ n. f.
→ **tourista**
turkmène adj. et n.
➾ L'adjectif s'écrit sans majuscule : *la population turkmène*. Le nom s'écrit avec une majuscule uniquement quand il désigne une personne : *les Turkmènes ; c'est une Turkmène* mais *parler le turkmène*.
turlupin n. m. et adj.
turlupinade n. f.
turlupiner v. intr. et v. tr. | conjug. 1 |
turlupinesque adj.
turlurette n. f.
turlutaine n. f.
turlute n. f.
turluter v. intr. et v. tr. | conjug. 1 |
turlutte n. f.
turlututu interj.
turne n. f.
turnep n. m.
turnix /-ks/ n. m.
turnover /tœʀnɔvœʀ/ ▪ plur. **turnovers** ou **turn-over** ▪ plur. inv. n. m.
turonien, ienne adj. et n. m.
turpide adj.
turpidement adv.
turpitude n. f.
turquerie n. f.
turquet n. m.
turquette n. f.
turquin adj. m.
Ξ Lorsque *turquin* est employé derrière un adjectif de couleur pour en préciser la nuance, les deux mots sont invariables : *des vestes bleu turquin*.
turquoise n. f., adj. inv. et n. m.
➾ L'adjectif est invariable : *des collants turquoise ; des écharpes bleu turquoise*.
turriculé, ée adj.
turriforme adj.
turritelle n. f.
tursan n. m.
➾ Lorsqu'il désigne un vin, ce mot s'écrit sans majuscule, contrairement au nom propre qui désigne la région : *un vin du Tursan* mais *une bouteille de tursan*.
tursion n. m.
tussah n. m.
tussifuge adj. et n. m.
tussigène adj.
tussilage n. m.
tussock n. m.
tussor n. m.
tut /tyt/ ou **tutt** interj. et n. m.
tutélaire adj.
tutelle n. f.
tuteur, trice n.
tuteurage n. m.
tuteurer v. tr. | conjug. 1 |
tuthie ou **tutie** n. f.
tutiorisme n. m.
tutoiement n. m.
➾ Ne pas oublier le *e* muet.
tutorat n. m.
tutoré, ée adj.
tutoriel, ielle adj. et n. m.
tutoyer v. tr. | conjug. 8 |
¬ **se tutoyer**
➾ Aux temps composés de la forme pronominale, le participe passé s'accorde en genre et en nombre avec le sujet : *ils se sont tutoyés très vite*.
tutoyeur, euse n.
tutti /tu(t)ti/ n. m. ▪ plur. inv. ou plur. **tuttis**○
tutti frutti /tutifʀuti/ loc. adj. inv. et n. m. inv.
tutti quanti /tutikwɑ̃ti ; tutikwanti/ loc. nominale
tutu n. m.

tuyau n. m.
➾ Ne pas écrire **tuyeau.*
tuyautage n. m.
tuyauté, ée adj. et n. m.
tuyauter v. tr. et v. intr. | conjug. 1 |
tuyauterie n. f.
tuyauteur, euse n.
tuyère n. f.
T. V. A. n. f.
◻ abrév. de **taxe à la valeur ajoutée**
T. V. H. D. n. f. inv.
◻ abrév. de **télévision haute définition**
tweed /twid/ n. m.
tweeter /twitœʀ/ ou **tweeteur**○ n. m.
◻ rec. off. : **haut-parleur d'aigus**
twill n. m.
twin-set /twinsɛt/ ▪ plur. **twin-sets** ou **twinset**○ ▪ plur. **twinsets**○ n. m.
twist n. m.
HOM. formes du v. **twister**
twister v. intr. | conjug. 1 |
twisteur, euse n.
two-step /tustɛp/ n. m. ▪ plur. **two-steps**
tylenchus /tilɛ̃kys/ n. m.
tympan n. m.
tympanal, ale, aux adj. et n. m.
tympanectomie n. f.
tympanique adj.
tympaniser v. tr. | conjug. 1 |
tympanisme n. m.
tympanite n. f.
tympanométrie n. f.
tympanon n. m.
tympanoplastie n. f.
tympanosclérose n. f.
tympanotomie n. f.
tyndallisation n. f.
typage n. m.
type n. m.
Ξ Ce mot peut s'employer en apposition ; il prend la marque du pluriel : *des objets types.*
⌘ Après **type de** (+ n.), l'accord se fait avec *type* : **un type de maisons très répandu* (et non **très répandues*) ; *c'est le type de films qui lui plaît* (et non **qui lui plaisent*).
typé, ée adj.
typer v. tr. | conjug. 1 |
typesse n. f.
typha n. m.
typhacée n. f.
typhique adj. et n.
typhlite n. f.
typhlographe n. m.
typhlologie n. f.
typhlonecte n. m.
typhobacillose /-basiloz/ n. f.
typhoïde adj. et n. f.
typhoïdique adj.
typhon n. m.
typhose n. f.
typhotuberculose n. f.
typhus /-fys/ n. m.
typicité n. f.
typification n. f.
typifier v. tr. | conjug. 7 |
typique adj. et n. f.
typiquement adv.
¹typo n. f. et adj.
◻ abrév. de **typographie ; typographique**
²typo, typote n.
◻ abrév. de **typographe**
typochromie /-k-/ n. f.
typographe n.
typographie n. f.
typographier v. tr. | conjug. 7 |
typographique adj.
typographiquement adv.
typolithographie n. f.
typologie n. f.
typologique adj.
typologiquement adv.
typomètre n. m.
typon n. m.
HOM. formes du v. **typer**
typtologie n. f.
tyramine n. f.
tyran n. m.
☯ Ce mot n'a pas de forme féminine mais peut s'employer pour parler d'une femme : *sa mère est un tyran.*
HOM. **tirant**
tyranneau n. m.
¹tyrannicide adj. et n. (meurtrier)
²tyrannicide n. m. (meurtre)
tyrannie n. f.
tyrannique adj.
tyranniquement adv.
tyranniser v. tr. | conjug. 1 |
tyrannosaure n. m.
tyrien, ienne adj. et n.
➾ L'adjectif s'écrit sans majuscule : *la population tyrienne.* Le nom s'écrit avec une majuscule : *les Tyriens ; une Tyrienne.*
Ξ Ce mot peut s'employer derrière un adjectif de couleur pour en préciser la nuance ; les deux mots sont alors invariables : *des jupes rose tyrien.*
tyrine n. f.
tyrolien, ienne adj. et n. (du Tyrol)
➾ L'adjectif s'écrit sans majuscule : *la population tyrolienne.* Le nom s'écrit avec une majuscule : *les Tyroliens ; c'est une Tyrolienne.*
tyrolienne n. f. (chant, appareil)
tyrosinase n. f.

tyrosine n. f.
tyrosinémie n. f.
tyrothricine n. f.
tyrrhénien, ienne adj. et n. m.
tzar n. m.
→ **tsar**
tzarévitch n. m.
→ **tsarévitch**
tzarine n. m.
→ **tsarine**
tzarisme n. m.
→ **tsarisme**
tzariste n. m.
→ **tsariste**
tzatziki ou **tsatsiki** n. m.
tzeltal n. m. et adj.
⇒ Comme tous les noms de langues, ce mot s'écrit sans majuscule : *ils parlent le tzeltal*.
tzigane n. et adj.
→ **tsigane**

U

u n. m. inv.
HOM. **hue**, formes des v. **avoir**, **huer**
ubac n. m.
ubérale adj. f.
ubique adj.
ubiquisme /-kɥi-/ n. m.
ubiquiste /-kɥi-/ adj. et n.
ubiquitaire /-kɥi-/ n. et adj.
ubiquité /-kɥi-/ n. f.
ubuesque adj.
uchronie /-k-/ n. f.
U. E. M. n. f.
◻ abrév. de **union économique et monétaire**
ufologie n. f.
ufologique adj.
ufologue n.
U. F. R. n. f.
◻ abrév. de **unité de formation et de recherche**
uhlan n. m.
U. H. T. n. f.
◻ abrév. de **ultra-haute température**
Ξ Cette abréviation s'emploie souvent en apposition : *du lait U. H. T.*
ukase /ukaz/ n. m.
→ **oukase**
ukrainien, ienne adj. et n.
➾ L'adjectif s'écrit sans majuscule : *la population ukrainienne*. Le nom s'écrit avec une majuscule uniquement quand il désigne une personne : *les Ukrainiens* ; *c'est une Ukrainienne* mais *parler l'ukrainien*.
ukulélé /ukulele/ n. m.
ulcératif, ive adj.
ulcération n. f.
ulcère n. m.
☯ Ce mot est masculin : *un ulcère*.
ulcéré, ée adj.
ulcérer v. tr. | conjug. 6 |
¬ **s'ulcérer**
➾ Aux temps composés, le participe passé s'accorde en genre et en nombre avec le sujet : *la plaie s'est ulcérée*.
ulcéreux, euse adj.
ulcérogène adj.
ulcéroïde adj.
ulcus /ylkys/ n. m.
uléma /y- ; u-/ ou **ouléma** n. m.
ulex n. m.
uliginaire adj.
uligineux, euse adj.
ulite n. f.
ulluque n. m.
U. L. M. n. m. inv.
◻ abrév. de **ultra-léger motorisé**
ulmacée n. f.
ulmaire n. f.
ulmeau n. m.
ulmique adj.
ulnaire adj.
ulotricale n. f.
ulotriche ou **ulotrique** adj.
ulotrix n. m.
ulster /œlstɛʀ ; ylstɛʀ/ n. m.
ultérieur, ieure adj.
Ξ Ce mot étant un adjectif comparatif, on ne peut pas dire ***plus ultérieur** ni ***moins ultérieur**. Mais on peut dire **très/peu/bien ultérieur à**.
ultérieurement adv.
ultima ratio /yltimaʀasjo/ n. f.
ultimatif, ive adj.
ultimatum /-ɔm/ n. m.
ultime adj.
Ξ Ce mot étant un adjectif superlatif, on ne peut pas dire ***(le) plus ultime** ni ***(le) moins ultime**.
ultimement adv.
ultimo adv.
ultra n. et adj. inv.
ultrabasique adj.
ultracentrifugation n. f.

ultracentrifugeuse n. f.
ultrachic adj.
ultracisme n. m.
ultraconcurrentiel, ielle adj.
ultraconservateur, trice adj.
ultracourt, courte adj.
ultracoustique adj.
ultradien, ienne adj.
ultradyne adj. et n. m.
ultrafiltrat n. m.
ultrafiltration n. f.
ultrafiltre n. m.
ultrafiltrer v. tr. | conjug. 1 |
ultrafin, ultrafine adj.
ultrafrais, fraîche ou **fraiche**○ adj. et n. m.
ultragauche n. f.
ultragauchisme n. m.
ultragauchiste adj. et n.
ultralarge adj.
ultraléger, ère adj.
ultralibéral, ale, aux adj. et n.
ultralibéralisme n. m.
ultramajoritaire adj.
ultramarin, ine adj.
ultramicroscope n. m.
ultramicroscopie n. f.
ultramicroscopique adj.
ultraminoritaire adj.
ultramoderne adj.
ultramodernisme n. m.
ultramontain, aine adj.
ultramontanisme n. m.
ultranationalisme n. m.
ultranationaliste adj. et n.
ultranoir n. m.
ultra-orthodoxe ▪ plur. **ultra-orthodoxes** ou **ultraorthodoxe**○ ▪ plur. **ultraorthodoxes**○ adj. et n.
ultrapatriotique adj.
ultraperformant, ante adj.
ultrapériphérique adj.
ultra-petita /yltʀapetita/ ou **ultrapétita**○ adv.
ultraplat, plate adj.
ultraportable adj.
ultrapression n. f.
ultrapuissant, ante adj.
ultrarapide adj.
ultraroyaliste adj. et n.
ultrasensible /-s-/ adj.
ultrason /-sɔ̃/ n. m.
ultrasonique /-sɔ-/ adj.
ultrasonographie /-sɔ-/ n. f.
ultrasonore /-sɔ-/ adj.
ultrasonothérapie /-sɔ-/ n. f.
ultrastructure n. f.
ultravide n. m.
ultraviolence n. f.
ultraviolent, ente adj.
ultraviolet, ette adj. et n. m.
ultravirus /-ʀys/ n. m.
ultrazodiacal, ale, aux adj.
ululation n. f.
'ululement n. m.
→ **hululement**
'ululer v. intr. | conjug. 1 |
→ **hululer**
ulve n. f.
umbo /œ̃bo/ n. m.
umbre /œ̃bʀ ; ɔ̃bʀ/ n. m.
umlaut /umlawt/ n. m.

un, une adj. numéral et qualificatif, n., art. et pron. indéf.

♪ On fait la liaison devant une voyelle ou un *h* muet : *un ami ; un habitant.*

Ξ *De* s'élide devant le numéral *un* quand celui-ci est suivi de décimales : *une pièce de un euro, au bout de un kilomètre.* Il ne devrait pas y avoir d'élision s'il n'y a pas de décimales *un homme d'un mètre quatre-vingt-cinq* ; dans l'usage courant, cette règle n'est toutefois pas toujours respectée. *Le* s'élide devant *un* uniquement quand il s'agit du pronom : *l'une et l'autre* mais *les numéros gagnants sont le un et le sept.*

Le pronom *un* est précédé de *l'* lorsqu'il est en tête de phrase, lorsqu'il est suivi d'un autre pronom ou pour des raisons d'euphonie : *l'une des usines a fermé ; c'est peut-être l'un de nous ; si l'un des élèves est absent.*

➻ L'adjectif numéral cardinal prend toujours la marque du féminin : *trente et une personnes.* L'accord de l'adjectif numéral ordinal est admis : *la page une.* Dans la langue soignée, on préfèrera l'invariabilité : *la page un.* Le pronom s'accorde en genre et en nombre : *les unes et les autres.* Au sens de « qui forme un tout », l'adjectif *un* s'accorde également : *tous les êtres sont uns et indivisibles.* En revanche, le nom est toujours invariable : *des un et des sept écrits au feutre.* Dans la locution **ne faire qu'un**, *un* est invariable : *sa sœur et lui ne font qu'un.* Les numéraux formant un nombre complexe inférieur à cent s'écrivent avec un trait d'union : *quatre-vingt-un jours.* Les Rectifications de l'orthographe de 1990 préconisent de généraliser l'emploi du trait d'union à tous les numéraux composés, qu'ils soient inférieurs ou supérieurs à cent : *à la page cent-un ; il a cent-un-mille euros en espèces.*

⌘ Lorsque le pronom *un* est suivi d'un nom, l'accord se fait généralement avec le complément : *c'est l'une des inventions qui ont*

changé la vie quotidienne (et non **qui a*). L'accord avec le pronom est toutefois admis lorsqu'il s'agit d'une formule à valeur intensive : *c'est l'une des plus belles choses que j'aie vue.* Lorsque le complément est *ceux* ou est déterminé par un démonstratif, l'accord du verbe avec le complément est obligatoire : *un de ceux qui m'ont soutenu ; un de ces moments qui ne s'oublient pas.*
Un(e) de ces est normalement suivi d'un nom au pluriel : *nous avons visité un de ces villages pittoresques.* Mais lorsque **un(e) de ces** a une valeur intensive, le nom est au singulier : *j'ai un de ces mal de tête !*
Après **pas un**, la subordonnée est toujours au subjonctif : *il n'y a pas un invité qui ne soit venu. Ne* est ici une négation et non un *ne* explétif : l'exemple signifie « tous les invités sont venus ». Pour signifier « aucun invité n'est venu », on dira *il n'y a pas un invité qui soit venu.*
HOM. (du masc.) **hein** ; (du fém.) **hune**
→ aussi **autre, plus, moins**

unaire adj.
unanime adj.
Ξ **Tous unanimes** est un pléonasme à éviter.
unanimement adv.
unanimisme n. m.
unanimiste adj. et n.
unanimité n. f.
unau n. m.
unciforme /ɔ̃si-/ adj.
uncinaire /ɔ̃si-/ n. f.
unciné, ée /ɔ̃si-/ adj.
uncinule /ɔ̃si-/ n. f.
uncinus /ɔ̃sinys/ adj.
uncus /ɔ̃kys/ n. m.
undécennal, ale, aux /œde-/ adj.
undecimo /œde-/ adv.
underground /œndœʀgʀaund ; œdɛʀgʀaund/ adj. inv. et n. m.
understatement /œndœʀstɛtmənt/ n. m.
une n. f.
HOM. **hune**
une-deux n. m. inv.
unguéal, ale, aux /ɔ̃gɥeal, o ; œgɥeal, o/ adj.
unguifère /ɔ̃gɥifɛʀ ; œgɥifɛʀ/ adj.
unguineux, euse /ɔ̃gɥi- ; œgɥi-/ adj.
unguis /ɔ̃gɥis : œgɥis/ n. m.
uni, unie adj.
uniate n. et adj.
uniatomique adj.
uniaxe adj.
unicaule adj.
unicellulaire adj.
unichroïsme /-k-/ n. m.
unicisme n. m.
uniciste n. m.
unicité n. f.
unicolore adj.
unicorne n. m. et adj.
unicursale adj. f.
unicuspidé, ée adj.
unidimensionnel, elle adj.
unidirectionnel, elle adj.
unidose n. f.
unième adj. numéral ordinal et n.
Ξ Ce mot ne s'emploie jamais seul : *vingt et unième.*
unièmement adv.
unif n. f.
□ abrév. de **université**
Ξ Cette abréviation appartient au registre familier et s'emploie surtout en Belgique.
unifamilial, ale, aux adj.
unificateur, trice adj. et n.
unification n. f.
unifier v. tr. | conjug. 7 |
¬ **s'unifier**
➾ Aux temps composés, le participe passé s'accorde en genre et en nombre avec le sujet : *ces États se sont unifiés.*
unifilaire adj.
uniflore adj.
unifolié, iée adj. et n. m.
uniforme adj. et n. m.
uniformément adv.
uniformisant, ante adj.
uniformisation n. f.
uniformiser v. tr. | conjug. 1 |
uniformitarisme n. m.
uniformité n. f.
unigraphie n. f.
unihoraire adj.
unijambiste adj. et n.
unijonction n. f.
unijugué, ée adj.
unilatéral, ale, aux adj.
unilatéralement adv.
unilatéralisme n. m.
unilatéraliste adj.
unilatéralité n. f.
unilatère adj.
unilinéaire adj.
unilinéarité n. f.
unilingue adj.
unilinguisme n. m.
unilobé, ée adj.
uniloculaire adj.
uniment adv.
➾ Ne pas écrire **uniement*.
unimodal, ale, aux adj.
unimodulaire adj.
uninaire adj.

uninervé, ée adj.
uninominal, ale, aux adj.
union n. f.
Ξ Ce nom s'écrit avec une majuscule dans les dénominations d'organismes à caractère unique et dans les noms de pays : *l'Union européenne ; l'Union républicaine ; l'Union des républiques socialistes soviétiques*.
unionidé n. m.
unionisme n. m.
unioniste n. et adj.
uniovulaire adj.
uniovulé, ée adj.
unipare adj.
unipenne adj.
unipersonnel, elle adj. et n. m.
unipétale adj.
unipolaire adj.
unipolarité n. f.
uniprimauté n. f.
unique adj.
Ξ Lorsque *unique* a un sens qualitatif, le comparatif et le superlatif sont possibles : *il est plus unique que son prédécesseur ; le spectacle le moins unique du festival*. Cet usage est toutefois peu fréquent.
HOM. **hunnique**
uniquement adv.
unir v. tr. | conjug. 2 |
▸ **unir... à/et/avec** *unir une province à un pays ; unir un homme et une femme ; unir la discrétion avec l'élégance*
Ξ **Unir ensemble** est un pléonasme à éviter.
¬ **s'unir**
➾ Aux temps composés, le participe passé s'accorde en genre et en nombre avec le sujet : *ils se sont unis pour la vie*.
uniradiculaire adj.
uniramé, ée adj.
uniréfringent, ente adj.
unisexe /-sɛ-/ adj.
unisexualité /-sɛ-/ n. f.
unisexué, ée /-sɛ-/ adj.
unisexuel, elle, els /-sɛ-/ adj.
unisport adj.
unisson n. m.
▸ **à l'unisson** *chanter à l'unisson ; nos cœurs battent à l'unisson*
HOM. formes du v. **unir**
unitaire n. et adj.
unitarien, ienne n.
unitarisme n. m.
unitariste adj.
unité n. f.
unitéisme n. m.
unitif, ive adj.
univalence n. f.
univalent, ente adj.
univalve adj.
univers n. m.
➾ Ce mot s'écrit toujours sans majuscule : *les sciences de l'univers*.
universal, aux n. m.
Ξ Ce mot s'emploie surtout au pluriel : *les universaux du langage*. Le singulier a d'ailleurs été créé à partir du pluriel.
universalisation n. f.
universaliser v. tr. | conjug. 1 |
universalisme n. m.
universaliste adj. et n.
universalité n. f.
universaux n. m. pl.
→ **universal**
universel, elle adj. et n. m.
universellement adv.
universiade n. f.
universitaire adj. et n.
université n. f.
➾ Ce mot s'écrit avec une majuscule uniquement quand il désigne l'ensemble du corps enseignant : *l'Université s'oppose à ce projet* mais *l'université de Rennes ; entrer à l'université*.
univibrateur n. m.
univitellin, ine adj.
univocité n. f.
univoltin, ine adj.
univoltinisme n. m.
univoque adj.
univoquement adv.
untel pron.
➾ Employé comme nom de famille, ce mot s'écrit avec une majuscule : *j'ai rencontré Madame Untel*.
upas /ypa(s)/ n. m.
upérisation n. f.
upérisé, ée adj.
uppercut /ypɛʀkyt/ n. m.
upsilon /-ɔn/ n. m. ▪ plur. inv. ou plur. **upsilons**○
upwelling /œpweliŋ/ n. m.
▫ rec. off. : **remontée d'eau** ou **remontée des eaux froides**
uracile n. m.
uraète n. m.
uræus /yʀeys/ n. m.
uranate n. m.
urane n. m.
uraneux adj. m.
uranide n. m.
uranie n. f.
uranifère adj.
uraninite n. f.
uranique adj.

uranisme n. m.
uraniste n. m.
uranite n. f.
uranium /-jɔm/ n. m.
uranocircite n. f.
uranographe n.
uranographie n. f.
uranologie n. f.
uranométrie n. f.
uranophane n. f.
uranopilite n. f.
uranoplastie n. f.
uranoplégie n. f.
uranorama n. m.
uranoscope n. m.
uranospathite n. f.
uranosphérite n. f.
uranothallite n. f.
uranothorite n. f.
uranotile n. f.
uranyle n. m.
urase n. f.
urate n. m.
uratolytique adj. et n. m.
urbain, aine adj.
urbaine n. f.
urbanisation n. f.
urbaniser v. tr. | conjug. 1 |
¬ **s'urbaniser**
➾ Aux temps composés, le participe passé s'accorde en genre et en nombre avec le sujet : *cette zone s'est urbanisée.*
urbanisme n. m.
ϟ Ne pas confondre **urbanisme**, qui désigne les méthodes qui permettent d'adapter l'habitat urbain aux besoins humains, avec **urbanité**, qui signifie « politesse ».
urbaniste n.
urbanistique adj.
urbanité n. f.
ϟ Ne pas confondre **urbanité**, qui signifie « politesse », avec **urbanisme**, qui désigne les méthodes qui permettent d'adapter l'habitat urbain aux besoins humains.
urbanologie n. f.
urbi et orbi /yʀbiɛtɔʀbi/ loc. adv.
urbinate adj. et n.
urcéola n. m.
urcéole n. m.
urcéolé, ée adj.
urdu /uʀdu/ n. m.
→ **ourdou**
ure n. m.
HOM. **hure**, forme du v. **avoir**
uréase n. f.
uréasique adj.
urédinale n. f.
urédospore n. f.
urée n. f.
uréide n. m.
uréine n. f.
uréique adj.
urémie n. f.
urémique adj.
uréogénèse ou **uréogenèse** n. f.
uréomètre n. m.
uréotélique adj.
urétéral, ale, aux adj.
uretère n. m.
ϟ Ne pas confondre **uretère**, « canal qui conduit l'urine du rein à la vessie », avec **urètre**, « canal qui permet l'excrétion de l'urine ».
urétérite n. f.
urétérocèle n. f.
urétéropyélographie n. f.
uréthane ou **uréthanne** n. m.
urétral, ale, aux adj.
urètre n. m.
ϟ Ne pas confondre **urètre**, « canal qui permet l'excrétion de l'urine », avec **uretère**, « canal qui conduit l'urine du rein à la vessie ».
urétrite n. f.
urétrographie n. f.
urétrorragie n. f.
urétroscope n. f.
urgemment /-ʒamɑ̃/ adv.
urgence n. f.
urgent, ente adj.
➾ Ne pas écrire cet adjectif comme *urgeant*, participe présent du verbe *urger.*
urgentissime adj.
urgentiste n.
urger v. intr. | conjug. 3 |
Ξ Ce verbe appartient au registre familier. Dans la langue soignée, on peut employer *être urgent* ou *presser.*
urgonien, ienne adj. et n. m.
uricase n. f.
uricémie n. f.
uricopexie n. f.
uricosurique adj.
uricotélique adj.
uridine n. f.
urinaire adj.
HOM. forme du v. **uriner**
urinal, aux n. m.
urine n. f.
urinement n. m.
uriner v. intr. | conjug. 1 |
urineux, euse adj.
urinifère adj.
urinoir n. m.
urique adj.

urite n. m.
U. R. L. n. f. inv.
▫ abrév. de **uniform resource locator**
▫ rec. off. : **adresse universelle** ou **adresse réticulaire**
Ξ Ce mot est féminin : *taper une U. R. L.*
urne n. f.
urobiline n. f.
urobilinogène n. m.
urobilinurie n. f.
urochrome /-k-/ n. m.
urocordé ou **urochordé** /-k-/ n. m.
urodèle n. m.
urodynie n. f.
urogastre n. m.
urogénital, ale, aux adj.
urographie n. f.
urolagnie n. f.
urologie n. f.
urologique adj.
urologue n.
uromètre n. m.
uronique adj.
uropeltidé n. m.
uropode n. m.
uropyge n. m.
uropygial, iale, iaux adj.
uropygien, ienne adj.
uroscopie n. f.
urostyle n. m.
urotélique adj.
ursidé n. m.
ursin, ine adj.
ursuline n. f.
➾ Ce mot s'écrit avec une minuscule lorsqu'il désigne une personne : *un couvent d'ursulines.* Il s'écrit avec une majuscule lorsqu'il désigne sans ambiguïté l'ordre lui-même : *elle est entrée chez les Ursulines.*
urticacée n. f.
urticaire n. f.
☯ Ce mot est féminin : *une urticaire d'origine inconnue.*
urticale n. f.
urticant, ante adj.
urticarien, ienne adj.
urtication n. f.
urubu n. m.
urus /yʀys/ n. m.
us /ys/ n. m. pl.
Ξ Ce mot ne s'emploie plus que dans la locution **les us et coutumes**, qu'il ne faut pas déformer en **les us et les coutumes**.
HOM. forme du v. **avoir**
usable adj.
usage n. m.
➾ Les locutions **à usage** (+ adj.), **en usage** et **hors d'usage** sont invariables.
usagé, ée adj.
usager, ère n.
Ξ Ce mot s'emploie surtout au pluriel général : *les usagers des transports en commun*. De ce fait, le féminin *usagère* est peu usité.
usance n. f.
usant, ante adj.
U. S. B. n. m.
▫ abrév. de **universal serial bus**
Ξ Cette abréviation s'emploie souvent en apposition : *des clés U. S. B.*
usé, ée adj.
user v. tr. | conjug. 1 |
Ξ Ne pas confondre la forme transitive directe, employée au sens de « diminuer », « affaiblir » ou « détériorer » (*user ses chaussures ; ce travail m'a usé*), avec la forme transitive indirecte **user de**, qui signifie « employer, se servir de » (*user de son influence*).
¬ **s'user**
➾ Aux temps composés, le participe passé s'accorde en genre et en nombre avec le sujet : *les ouvriers se sont usés au travail.* Mais le participe passé ne s'accorde pas quand il est suivi d'un complément d'objet direct : *elle s'est usé les yeux.* Il ne s'accorde avec le complément d'objet direct que lorsque celui-ci est placé avant le verbe : *elle se les est usés.*
useur, euse n.
usinabilité n. f.
usinable adj.
usinage n. m.
usine n. f.
usiner v. tr. | conjug. 1 |
usineur, euse adj. et n.
usinier, ière adj.
HOM. formes du v. **usiner**
usité, ée adj.
Ξ Le verbe **usiter* n'existe pas.
usnée n. f.
ustensile n. m.
ustensilité n. f.
ustilaginale n. f.
ustilaginisme n. m.
ustion n. f.
ustrinum /-ɔm/ n. m.
usucapion n. f.
➾ Ne pas employer **usucaption*, qui n'existe pas.
usuel, elle adj. et n. m.
usuellement adv.
usufructuaire adj.
usufruit n. m.
usufruitier, ière n. et adj.
usuraire adj.

usurairement adv.
usure n. f.
usurier, ière n.
usurpateur, trice n.
usurpation n. f.
usurpatoire adj.
usurper v. tr. et v. intr. | conjug. 1 |
Ξ La construction intransitive **usurper sur** appartient au registre littéraire : *usurper sur les droits de qqn*.
ut /yt/ n. m. inv.
HOM. **hutte**, forme du v. **avoir**
utérin, ine adj.
utérinité n. f.
utérus /-RYS/ n. m.
utile adj. et n. m.
utilement adv.
utilisable adj.
utilisateur, trice n.
utilisation n. f.
utiliser v. tr. | conjug. 1 |
Ξ L'emploi de ce verbe au sens de « se servir de, employer » a été critiqué : à l'origine, *utiliser* signifie « rendre utile, faire servir à une fin précise » (*l'art d'utiliser les restes*). Cet usage est toutefois très courant et ne peut être considéré comme fautif.
utilitaire adj. et n. m.
utilitairement adv.
utilitarisme n. m.
utilitariste adj.
utilité n. f.
utopie n. f.
utopien, ienne adj.
utopique adj.
utopiquement adv.
utopiste n.
utraquiste adj. et n. m.
[1]**utriculaire** adj.
[2]**utriculaire** n. f. (plante)
[3]**utriculaire** n. m. (batelier)
utriculariacée n. f.
utricule n. m.
utriculeux, euse adj.
[1]**U. V.** n. m. pl.
□ abrév. de **ultraviolets**
HOM. **uvée**
[2]**U. V.** n. f. inv.
□ abrév. de **unité de valeur**
HOM. **uvée**
U. V. A. n. m. pl.
□ abrév. de **ultraviolets A**
uval, ale, aux adj.
uva-ursi n. m. inv.
U. V. B. n. m. pl.
□ abrév. de **ultraviolets B**
uve n. f.
uvéal, ale, aux adj.
uvée n. f.
HOM. **U. V.**
uvéite n. f.
uvifère adj.
uvulaire adj. et n. f.
uvule n. f.
uvulite n. f.
uxoricide n. m.
uxorilocal, ale, aux adj.

V

v n. m. inv, abrév. et symb.
V n. m. inv, abrév. et symb.
vacance n. f.
Ξ Le singulier s'emploie uniquement au sens de « état de ce qui est vacant » : *la vacance du pouvoir ; une vacance de succession*. Pour désigner une période de repos, on emploie toujours le pluriel : *partir en vacances ; un club de vacances ; bonnes vacances !*
vacancier, ière n.
vacant, ante adj.
➡ Ne pas écrire cet adjectif comme *vaquant*, participe présent du verbe *vaquer*.
vacarme n. m.
vacataire n. et adj.
vacation n. f.
vaccaire n. f.
HOM. forme du v. **vaquer**
vaccin n. m.
vaccinable adj.
vaccinal, ale, aux adj.
vaccinateur, trice n. et adj.
vaccination n. f.
vaccine n. f.
vaccinelle n. f.
vacciner v. tr. | conjug. 1 |
vaccinide n. f.
vaccinier n. m.
HOM. formes du v. **vacciner**
vaccinifère adj.
vaccinogène adj.
vaccinoïde n. f. et adj.
vaccinologie n. f.
vaccinoprévention n. f.
vaccinostyle n. m.
vaccinothérapie n. f.
vachard, arde adj.
vachardise n. f.
vache n. f.
vachement adv.
vacher, ère n.
vacherie n. f.
vacherin n. m.
vacheron n. m.
vachette n. f.
vacillant, ante /vasij- ; vasil-/ adj.
♪ La prononciation /vasilɑ̃/ tend à disparaître.
vacillation /vasij- ; vasil-/ n. f.
♪ La prononciation /vasilasjɔ̃/ tend à disparaître.
vacillement /vasij- ; vasil-/ n. m.
♪ La prononciation /vasilmɑ̃/ tend à disparaître.
vaciller /vasije ; vasile/ v. intr. | conjug. 1 |
♪ La prononciation /vasile/ tend à disparaître.
vacive n. f.
va-comme-je-te-pousse (à la) loc. adv.
vacuisme n. m.
vacuiste adj. et n.
vacuité n. f.
vacuolaire adj.
vacuole n. f.
vacuolisation n. f.
vacuoliser v. tr. | conjug. 1 |
vacuome n. m.
HOM. **vacuum**
vacuomètre n. m.
vacuum /vakɥɔm/ n. m.
HOM. **vacuome**
vade n. f.
va-de-la-gueule n. inv.
vade-mecum ▪ plur. inv. ou **vadémécum**○ ▪ plur. **vadémécums**○ /vademekɔm/ n. m.
vadrouille n. f.
vadrouiller v. intr. | conjug. 1 |
vadrouilleur, euse adj. et n.
va-et-vient n. m. inv.
vagabond, onde adj. et n.
vagabondage n. m.
vagabondant, ante adj.

vagabonder v. intr. | conjug. 1 |
vagal, ale, aux adj.
vagile adj.
vagin n. m.
vaginal, ale, aux adj.
vaginalement adv.
vaginalite n. f.
vaginelle n. f.
vaginique adj.
vaginisme n. m.
vaginite n. f.
vagir v. intr. | conjug. 2 |
vagissant, ante adj.
vagissement n. m.
vagolytique adj.
vagomimétique adj.
vagotomie n. f.
vagotonie n. f.
vagotonique adj.
vagotonisant, ante adj.
vaguage n. m.
[1]**vague** n. f. (déferlement, râteau, poche)
[2]**vague** adj. et n. m. (vide, flou)
vaguelette n. f.
vaguement adv.
vaguemestre n. m.
vaguer v. intr. et v. tr. | conjug. 1 |
vaguette n. f.
vahé n. m.
vahiné n. f.
vaigrage n. m.
vaigre n. f.
vaillamment adv.
vaillance n. f.
vaillant, ante adj.
vaillantie /-ti/ n. f.
vaillantise n. f.
vaille que vaille loc. adv.
vain, vaine adj.

▸ **en vain** *il protesta en vain*

Ξ Dans le registre littéraire, la locution **en vain** s'emploie en tête de phrase avec inversion du sujet : *en vain protesta-t-il.*

HOM. (du masc.) **vin**, **vingt**, formes des v. **vaincre**, **venir** ; (du fém.) **veine**, **vène**, formes du v. **veiner**

vaincre v. tr. | conjug. 42 |
vaincu, ue adj.
vainement adv.
vainqueur n.

☯ On peut employer ce nom au féminin : *elle est la grande vainqueur du tournoi*. L'Office québécois de la langue française recommande la forme *vainqueure*.

vair n. m.
HOM. **ver, verre, vers, vert**

vairé, ée adj.
HOM. **verré, verrée**
vairon adj. m. et n. m.
HOM. formes du v. **voir**
vaisseau n. m.
vaisselier n. m.
vaisselle n. f.
val, vals ou **vaux** n. m.

Ξ Le pluriel *vaux* est surtout employé dans la locution **par monts et par vaux** et dans les toponymes : *les Vaux-de-Cernay.* Dans les autres cas, on emploie *vals* : *des vals boisés.*

➾ Ce mot s'écrit avec une majuscule dans les dénominations géographiques : *le Val de Loire.* Les noms d'unités administratives s'écrivent avec des traits d'union : *le Val-de-Marne.*

HOM. **VAL**, formes du v. **valoir**

VAL n. m.
▫ abrév. de **véhicule automatique léger**
HOM. **val**, formes du v. **valoir**

valable adj.

Ξ L'emploi de *valable* au sens de « qui a des qualités qu'on peut apprécier, estimer » (*un restaurant valable ; un interlocuteur valable*) est critiqué. Il peut être remplacé par *compétent, estimable, de qualité,* etc.

valablement adv.
valais n. m.
HOM. **valet**, formes du v. **valoir**
valanginien n. m.
valat n. m.
valda n. f.
[1]**valdingue** n. f. ou n. m. (chute)
[2]**valdingue** n. f. (valise)
valdinguer v. intr. | conjug. 1 |
valdisme n. m.
valençay n. m.

➾ Lorsqu'il désigne un fromage, ce mot s'écrit sans majuscule, contrairement au nom propre qui désigne la commune : *un fromage de Valençay* mais *manger du valençay.*

valence n. f.
valence-gramme n. f. ▪ plur. **valences-grammes**
valencien, ienne adj. et n.

➾ L'adjectif s'écrit sans majuscule : *la population valencienne.* Le nom s'écrit avec une majuscule uniquement quand il désigne une personne : *les Valenciens ; c'est une Valencienne* mais *parler le valencien.*

valenciennes n. f.

➾ Lorsqu'il désigne de la dentelle, ce mot s'écrit sans majuscule, contrairement au nom propre qui désigne la ville : *de la dentelle de Valenciennes* mais *une collerette de valenciennes.*

valentiel, ielle adj.
valentin, ine n.
➾ Ce mot s'écrit sans majuscule, contrairement au prénom : *elle a choisi son valentin.*
valentinianisme n. m.
valentinien, ienne n. et adj.
valentinite n. f.
valérianacée n. f.
valérianate n. m.
valériane n. f.
valérianelle n. f.
valérique adj.
valet n. m.
HOM. **valais**, formes du v. **valoir**
valetage n. m.
valetaille n. f.
valétudinaire adj. et n.
valeur n. f.
➾ Ce mot est toujours au singulier dans les locutions **mettre en valeur** et **mise en valeur**.
valeureusement adv.
valeureux, euse adj.
valgue n. m.
valgus /-gys/ adj. et n. m.
vali n. m.
validable adj.
validation n. f.
valide adj.
validement adv.
valider v. tr. | conjug. 1 |
validité n. f.
valine n. f.
valise n. f.
valisette n. f.
valkyrie n. f.
→ **walkyrie**
vallaire adj.
vallécule n. f.
vallée n. f.
HOM. formes du v. **valoir**
valleuse n. f.
valliculture n. f.
vallisnérie n. f.
vallon n. m.
HOM. formes du v. **valoir**
vallonné, ée adj.
vallonnement n. m.
vallum /-ɔm/ n. m.
valoche n. f.
valoir v. intr. et v. tr. | conjug. 29 |
CONJUG. Attention aux formes du subjonctif présent : *que je vaille* (et non **que je vale*).
➾ Le participe passé s'accorde en genre et en nombre avec le complément d'objet direct uniquement lorsque celui-ci est placé avant le verbe : *son livre lui a valu des critiques ; les critiques que son livre lui a values.* Avec un complément indiquant une valeur, le participe passé est invariable : *les mille euros qu'il a valu ; la somme qu'elle a valu.*
ϟ Ne pas écrire la locution **à valoir** comme le nom masculin **à-valoir** : *verser un à-valoir sur une créance* mais *verser une somme à valoir sur une créance.*
→ aussi **falloir**
valorisable adj.
valorisant, ante adj.
valorisation n. f.
valoriser v. tr. | conjug. 1 |
valpolicella /valpɔlitʃɛlla ; valpɔlitʃela/ n. m.
valse n. f.
valse-hésitation n. f. ▪ plur. **valses-hésitations**
valser v. intr. | conjug. 1 |
valseur, euse n.
valtouze n. f.
value n. f.
HOM. formes du v. **valoir**
valvacé, ée adj.
valvaire adj.
valve n. f.
valvé, ée adj.
valvulaire adj.
valvule n. f.
valvulite n. f.
valvuloplastie n. f.
vamp n. f.
HOM. formes du v. **vamper**
vamper v. tr. | conjug. 1 |
vampire n. m.
vampirique adj.
vampiriser v. tr. | conjug. 1 |
vampirisme n. m.
[1]**van** /vɑ̃/ n. m. (panier)
HOM. **vent**, formes du v. **vendre**
[2]**van** /vɑ̃/ n. m. (véhicule servant au transport des chevaux)
HOM. **vent**, formes du v. **vendre**
[3]**van** /van/ n. m. (camionnette)
HOM. **vanne**
vanadate n. m.
vanadeux adj.
vanadié, ée adj.
vanadifère adj.
vanadine n. f.
vanadinite n. f.
vanadique adj.
vanadium /-jɔm/ n. m.
vanadyle n. m.
vanda n. f.
vandale n.
➾ Ce mot s'écrit avec une majuscule lorsqu'il désigne une personne appartenant à un

ancien peuple germanique : *les Vandales dévastèrent une partie de l'Europe et de l'Afrique du Nord*. Il s'écrit sans majuscule au sens figuré : *le train a été saccagé par des vandales*.

vandalique adj.

vandaliser v. tr. | conjug. 1 |

vandalisme n. m.

vandoise n. f.

vanel n. m.

HOM. **vannelle**

vanesse n. f.

vanille n. f.

Ξ Ce mot peut s'employer seul comme adjectif de couleur ou derrière un adjectif de couleur pour en préciser la nuance ; ces adjectifs sont alors invariables : *des manteaux jaune vanille ; des pantalons vanille*.

vanillé, ée adj.

vanillerie n. f.

vanillier n. m.

➾ Le texte des Rectifications de l'orthographe de 1990 donne une liste, censément close, des mots en *-illier* pour lesquels on accepte la terminaison *-ller* lorsque le *i* n'est pas prononcé (*joailler, marguiller, ouillère, quincailler, serpillère*). *Vanillier* n'y figure pas et la plupart des travaux commentant le texte des Rectifications expliquent cette absence par son appartenance à la classe des végétaux.

vanilline n. f.

vanilliné, ée adj.

vanillisme n. m.

vanillon n. m.

vanisage n. m.

vanisé, ée adj.

vanité n. f.

➾ Ce mot est toujours au singulier dans la locution **tirer vanité de** : *ils tirent vanité de leurs réussites*.

vaniteusement adv.

vaniteux, euse adj.

vanity n. m.

◻ abrév. de **vanity-case**

➾ Ce mot a un pluriel régulier : *des vanitys*.

vanity-case /vanitikɛz/ n. m. ▪ plur. **vanity-cases**

vannage n. m.

vanne n. f.

vanné, ée adj.

vanneau n. m.

vannelle n. f.

HOM. **vanel**

vanner v. tr. | conjug. 1 |

vannerie n. f.

vannet n. m.

HOM. formes du v. **vanner**

vannetais, aise adj. et n.

➾ L'adjectif s'écrit sans majuscule : *la population vannetaise*. Le nom s'écrit avec une majuscule uniquement quand il désigne une personne : *les Vannetais ; c'est une Vannetaise* mais *parler le vannetais*.

vannette n. f.

vanneur, euse n.

vannier, ière n.

HOM. formes du v. **vanner**

vannure n. f.

vantail, aux ou **ventail, aux** n. m.

HOM. (du plur.) **venteau**

vantard, arde adj. et n.

vantardise n. f.

vanter v. tr. | conjug. 1 |

¬ **se vanter**

➾ Aux temps composés de la forme pronominale, le participe passé s'accorde en genre et en nombre avec le sujet : *elle s'est vantée de ses succès*.

HOM. **venter**

vanterie n. f.

vanterne n. f.

va-nu-pieds ou **vanupieds**○ n. inv.

vape n. f.

[1]**vapeur** n. f. (substance)

➾ *Vapeur* est toujours au singulier dans les locutions **à vapeur** (*machines à vapeur ; fers à vapeur*), **à toute vapeur** et **bain de vapeur**.

Ξ Dans le domaine culinaire, ce mot s'emploie dans l'expression **à la vapeur** ou en apposition ; il est alors invariable : *des pommes (à la) vapeur*.

[2]**vapeur** n. m. (bateau)

vapo n. m.

◻ abrév. de **vaporisateur**

Ξ Cette abréviation appartient au registre familier.

vapocraquage n. m.

vapocraquer v. tr. | conjug. 1 |

vapocraqueur n. m.

vapométallurgie n. f.

vaporetto n. m.

vaporeusement adv.

vaporeux, euse adj.

vaporisage n. m.

vaporisateur n. m.

vaporisation n. f.

vaporiser v. tr. | conjug. 1 |

vaporiseur n. m.

vaporiste n. m.

vaquer v. intr. et v. tr. ind. | conjug. 1 |

▸ **vaquer à** (+ n.) *vaquer à ses occupations*

vaquette n. f.

var n. m.

◻ abrév. de **volt ampère réactif**

varactor n. m.

varaigne n. f.
varan n. m.
HOM. **warrant**
varangue n. f.
varappe n. f.
varapper v. intr. | conjug. 1 |
varappeur, euse n.
varech /-ʀɛk/ n. m.
varenne n. f.
vareuse n. f.
varheure n. m.
varheuremètre n. m.
vari n. m.
HOM. formes du v. **varier**
varia n. m. pl.
HOM. formes du v. **varier**
variabilité n. f.
variable adj. et n. f.
variablement adv.
variance n. f.
variant, ante adj. et n. m.
variante n. f.
variateur n. m.
variation n. f.
variationnel, elle adj.
varicap n. f.
varice n. f.
➾ Ce mot est toujours au pluriel dans la locution **bas (à) varices**.
varicelle n. f.
varicocèle n. f.
varicosité n. f.
varié, iée adj.
varier v. tr. et v. intr. | conjug. 7 |
variétal, ale, aux adj.
variété n. f.
➾ Ce mot est toujours au pluriel dans les locutions **spectacle de variétés** et **émission de variétés**. Le *s* est facultatif dans les locutions **musique de variété(s)** et **chanteur de variété(s)**.
variétoche n. f.
variocoupleur n. m.
variole n. f.
ϟ Ne pas confondre **variole** avec **vérole**. La variole, autrefois appelée *petite vérole*, est une maladie infectieuse et contagieuse, avec éruption de boutons. La vérole est une maladie sexuellement transmissible aujourd'hui appelée *syphilis*.
variolé, ée adj.
variolette n. f.
varioleux, euse adj. et n.
varioliforme adj.
variolique adj.
variolisation n. f.
variolite n. f.
varioloïde n. f.
variomètre n. m.
variorum /vaʀjɔʀɔm/ adj. inv.
variqueux, euse adj.
varistance n. f.
varlet n. m.
varlopage n. m.
varlope n. f.
varloper v. tr. | conjug. 1 |
varlopeuse n. f.
varmètre n. m.
varon ou **varron** n. m.
varonné, ée adj.
varsovienne n. f.
varus /vaʀys/ adj. et n. m.
varve n. f.
vasard, arde adj. et n. m.
vasa vasorum /vazavazoʀɔm/ n. m. pl.
vasculaire adj.
vascularisation n. f.
vascularisé, ée adj.
vasculariser (se) v. pron. | conjug. 1 |
➾ Aux temps composés de la forme pronominale, le participe passé s'accorde en genre et en nombre avec le sujet : *ces cellules se sont vascularisées*.
vascularite n. f.
¹vase n. m. (récipient)
²vase n. f. (matière)
vasectomie ou **vasotomie** n. f.
vasectomiser v. tr. | conjug. 1 |
vaseline n. f.
vaseliner v. tr. | conjug. 1 |
vaser v. impers. | conjug. 1 |
vaseusement adv.
vaseux, euse adj. et n. m.
vasicole adj.
vasière n. f.
vasistas /vazistɑs/ n. m.
vasoconstricteur, trice adj. et n. m.
vasoconstrictif, ive adj.
vasoconstriction n. f.
vasodilatateur, trice adj. et n. m.
vasodilatation n. f.
vasolabilité n. f.
vasomoteur, trice adj.
vasomotricité n. f.
vasoplégie n. f.
vasopresseur n. m.
vasopressine n. f.
vasotomie n. f.
→ **vasectomie**
vasouillage n. m.
vasouillard, arde adj.

vasouiller v. intr. | conjug. 1 |
vasouilleux, euse adj.
vasque n. f.
vassal, ale, aux n.
Ξ Ce mot peut s'employer en apposition ; il prend la marque du pluriel : *des pays vassaux*.
vassalique adj.
vassalisation n. f.
vassaliser v. tr. | conjug. 1 |
vassalité n. f.
vasselage n. m.
vasseur n. m.
vassiveau n. m.
vaste adj.
vastement adv.
vastité n. f.
vastitude n. f.
va-t-en-guerre n. inv. et adj. inv.
➾ Ne pas écrire **va-t'en-guerre* : il s'agit du *t* euphonique et non de la forme élidée de *toi*.
→ aussi **t**
vatères n. m. pl.
vatérien, ienne adj.
vaticane adj. f.
vaticanesque adj.
vaticaniste n. m.
vaticinant, ante adj.
vaticinateur, trice n.
vaticination n. f.
vaticiner v. intr. | conjug. 1 |
va-tout ▪ plur. inv. ou **vatout**° ▪ plur. **vatouts**° n. m.
▸ **jouer son va-tout**
vau n. m.
HOM. **veau, vos,** formes du v. **valoir**
vauchérie n. f.
vauclusien, ienne adj.
vaudaire n. f.
vaudeville n. m.
vaudevillesque adj.
vaudevillisé, ée adj.
vaudevilliste n.
[1]**vaudois, oise** n. et adj. (d'une secte chrétienne)
[2]**vaudois, oise** n. et adj. (du pays de Vaud)
➾ L'adjectif s'écrit sans majuscule : *la population vaudoise*. Le nom s'écrit avec une majuscule : *les Vaudois ; c'est une Vaudoise*.
vaudou n. m.
vaudouisme n. m.
vau-l'eau (à) loc. adv.
[1]**vaurien, ienne** n. (personne)
[2]**Vaurien**® n. m. (bateau)
➾ Comme tous les noms déposés, ce mot doit s'écrire avec une majuscule : *une régate de Vauriens*. Toutefois, on le trouve fréquemment employé comme nom générique sans respect de la règle : *une régate de vauriens*.
vautour n. m.
vautrait n. m.
HOM. formes du v. **vautrer (se)**
vautre n. m.
HOM. **vôtre**
vautrer (se) v. pron. | conjug. 1 |
➾ Aux temps composés de la forme pronominale, le participe passé s'accorde en genre et en nombre avec le sujet : *ils se sont vautrés dans l'herbe*.
vau-vent (à) loc. adv.
vavasseur n. m.
va-vite (à la) loc. adv.
V. D. Q. S. n. m.
▫ abrév. de **vin délimité de qualité supérieure**
veau n. m.
HOM. **vau, vos,** formes du v. **valoir**
→ aussi **ris**
vécés n. m. pl.
HOM. **vesser, W.-C.**
vecteur adj. et n. m.
vectocardiogramme ou **vectogramme** n. m.
vectocardiographe ou **vectographe** n. m.
vectocardiographie ou **vectographie** n. f.
vectocardiographique ou **vectographique** adj.
vectoriel, ielle adj.
vectorisation n. f.
vectoriser v. tr. | conjug. 1 |
vécu, ue adj. et n. m.
véda n. m.
vedettariat n. m.
vedette n. f.
Ξ Ce mot peut s'employer en apposition ; il prend la marque du pluriel : *des présentateurs vedettes*.
vedettisation n. f.
védique adj.
védisant, ante adj. et n.
védisme n. m.
➾ Comme tous les mots désignant une religion, ce mot s'écrit sans majuscule : *les rites du védisme*.
végétal, ale, aux n. m. et adj.
végétalien, ienne adj. et n.
ϟ Ne pas confondre **végétalien**, « qui ne consomme que des végétaux », avec **végétarien**, « qui ne mange pas la chair des animaux ».
végétalisation n. f.
végétaliser v. tr. | conjug. 1 |
végétalisme n. m.
végétant, ante adj.

végétarien, ienne adj. et n.

⚡Ne pas confondre **végétarien**, « qui ne mange pas la chair des animaux », avec **végétalien**, « qui ne consomme que des végétaux ».

végétarisme n. m.

végétatif, ive adj.

végétation n. f.

végétativement adv.

végéter v. intr. | conjug. 6 |

végétoanimal, ale, aux adj.

végétominéral, ale, aux adj.

veglione /veglijɔne/ n. m. ▪ plur. **veglioni** ou plur. **vegliones**

➾ On peut employer le pluriel italien *veglioni* ou le pluriel francisé *vegliones*.

véhémence n. f.

véhément, ente adj.

véhémentement adv.

véhiculaire adj.

⚡Ne pas confondre **langue véhiculaire**, « langue qui sert aux communications entre groupes de langue maternelle différente », avec **langue vernaculaire**, « langue parlée seulement à l'intérieur d'une communauté ».

HOM. forme du v. **véhiculer**

véhicule n. m.

véhiculer v. tr. | conjug. 1 |

vehmique adj.

veillant, ante adj.

veillaque adj.

veille n. f.

▸ **à la veille de** (+ n.) *à la veille de la Révolution française*

▸ **à la veille de** (+ inf.) *à la veille de faire faillite*

➾ La locution **en veille** est invariable : *des appareils en veille*.

veillée n. f.

veiller v. intr. et v. tr. | conjug. 1 |

▸ **veiller qqn** *veiller un malade*

▸ **veiller à** (+ n.) *veiller à la bonne marche des opérations*

▸ **veiller à** (+ inf.) *veillons à garder notre calme*

▸ **veiller sur** (+ n.) *son père veille sur elle ; peux-tu veiller sur mon sac ?*

⌘ La construction **veiller que** (+ subj.) est rare. On emploie plus couramment **veiller à ce que** (+ subj.) : *il veille à ce que tout soit en ordre.*

veilleur, euse n.

veilleuse n. f.

veillotte n. f.

veinard, arde adj. et n.

veine n. f.

➾ Ce mot est toujours au singulier dans la locution **en veine (de)** : *ils sont particulièrement en veine ; des amis en veine de confidences.*

HOM. **vaine** (fém. de *vain*), **vène**

veiné, ée adj.

veiner v. tr. | conjug. 1 |

veinette n. f.

veineux, euse adj.

veinoprotecteur, trice adj.

veinosité n. f.

veinotonique adj. et n. m.

veinule n. f.

veinulé, ée adj.

veinure n. f.

vêlage ou **vêlement** n. m.

vélaire adj.

HOM. forme du v. **vêler**

vélamenteux, euse adj.

vélanède n. f.

vélani n. m.

vélar n. m.

vélarisation n. f.

vélariser v. tr. | conjug. 1 |

vélarium ou **velarium** /velaʀjɔm/ n. m.

velaunien, ienne adj.

velche ou **welche** /vɛlʃ/ n. m.

Velcro® n. m.

➾ Comme tous les noms déposés, ce mot doit s'écrire avec une majuscule : *des chaussures à Velcros*. Toutefois, on le trouve fréquemment employé comme nom générique sans respect de la règle : *des chaussures à velcros*.

Ξ Ce mot peut s'employer en apposition ; il est alors invariable : *des fermetures Velcro*.

veld ou **veldt** /vɛlt/ n. m.

HOM. **velte**

vélelle n. f.

vêlement n. m.

→ **vêlage**

vêler v. intr. | conjug. 1 |

velet n. m.

vélideltiste n.

vélie n. f.

véliforme adj.

véligère n. f. et adj.

vélin n. m.

Ξ Ce mot peut s'employer en apposition ; la marque du pluriel est alors facultative : *des papiers vélin(s)*.

véliplanchiste n.

vélique adj.

vélite n. m.

vélivole adj. et n.

velléitaire adj. et n.

velléité n. f.

vélo n. m.
véloce adj. et n. m.
vélocement adv.
vélocifère n. m.
vélocimètre n. m.
vélocimétrie n. f.
vélocimétrique adj.
vélocipède n. m.
vélocipédie n. f.
vélocipédique adj.
vélocipédisme n. m.
vélocipédiste n. et adj.
vélociste n.
vélocité n. f.
vélodrome n. m.
vélomoteur n. m.
vélomotoriste n.
vélopalatin, ine adj.
vélopousse ▪ plur. **vélopousses** ou **vélopousse** ▪ plur. inv. n. m.
véloroute n. f.
véloski n. m.
velot n. m.
vélo-taxi ▪ plur. **vélos-taxis** ou **vélotaxi** ▪ plur. **vélotaxis** n. m.
velours n. m.
veloutage n. m.
velouté, ée adj. et n. m.
veloutement n. m.
velouter v. tr. | conjug. 1 |
velouteux, euse adj.
veloutier n. m.
HOM. formes du v. **velouter**
veloutine n. f.
veltage n. m.
velte n. f.
HOM. **veld**
velteur n. m.
velu, ue adj.
vélum ou **velum** /-ɔm/ n. m.
Velux® /velyks/ n. m.
➾ Comme tous les noms déposés, ce mot doit s'écrire avec une majuscule : *ouvrir le Velux*. Toutefois, on le trouve fréquemment employé comme nom générique sans respect de la règle : *ouvrir le velux*.
velvet /vɛlvɛt/ n. m.
velvétine n. f.
velvétique adj.
velvote n. f.
venaison n. f.
vénal, ale, aux adj.
vénalement adv.
vénalité n. f.
venant, ante n. et adj.
➾ De nos jours, la locution **à tout venant** est toujours au singulier. Elle s'écrit sans trait d'union, contrairement au nom masculin *tout-venant* : *le rare et le tout-venant* mais *il se plaignait à tout venant*.
vendable adj.
vendange n. f.
vendangeable adj.
vendangeoir n. m.
vendangeon n. m.
HOM. formes du v. **vendanger**
vendanger v. tr. et v. intr. | conjug. 3 |
vendangerot n. m.
vendangette n. f.
vendangeur, euse n.
vendéen, enne adj. et n.
➾ L'adjectif s'écrit sans majuscule : *la population vendéenne* , *l'insurrection vendéenne* ; *le Bocage vendéen*. Le nom s'écrit avec une majuscule quand il désigne un habitant de la Vendée : *les Vendéens* ; *c'est une Vendéenne*. Il s'écrit sans majuscule lorsqu'il désigne un insurgé royaliste : *les vendéens et les chouans*.
vendémiaire n. m.
➾ Comme tous les noms de mois, ce mot s'écrit sans majuscule, sauf lorsqu'une date évoque un événement historique et que l'année n'est pas précisée : *les insurgés du 13 Vendémiaire* mais *les événements du 13 vendémiaire an IV*.
venderesse n. f.
➙ aussi **vendeur**
vendetta /vɑ̃deta ; vɑ̃dɛtta/ n. f.
vendeur, euse n. et adj.
Ξ Dans le domaine du droit, on emploie la forme féminine *venderesse* : *la venderesse a exigé un acompte* ; *la société venderesse*.
vendre v. tr. | conjug. 41 |
➾ Au présent de l'indicatif, à la forme interrogative avec sujet inversé, on écrit *vend-on, vend-il, vend-elle* et non **vend-t-on, *vend-t-il, *vend-t-elle*. Le *d* final se prononce /t/ ; il est donc inutile et fautif d'ajouter un *t*.
¬ **se vendre**
➾ Aux temps composés de la forme pronominale, le participe passé s'accorde en genre et en nombre avec le sujet : *ses romans se sont vendus à des millions d'exemplaires*.
vendredi n. m.
➾ Comme tous les noms qui désignent un jour de la semaine, ce mot prend un *s* au pluriel : *ils vont au cinéma tous les vendredis*. Il s'écrit sans majuscule, sauf dans les noms de fêtes : *le Vendredi saint*.
vendu, ue adj.
vendue n. f.
vène n. m.
HOM. **vaine** (fém. de *vain*), **veine**, formes du v. **veiner**

vénéfice n. m.
venelle n. f.
vénéneux, euse adj.
↯ Ne pas confondre **vénéneux** avec **venimeux**. **Vénéneux** signifie « qui contient un poison » et qualifie les végétaux : *un champignon vénéneux*. **Venimeux** signifie « qui a du venin » et qualifie les animaux : *un serpent venimeux*.
vénénifère adj.
vénénosité n. f.
vénérable adj. et n.
vénérablement adv.
vénération n. f.
vénère ou **véner** /venɛʀ/ adj.
☰ Ce mot appartient au registre familier.
vénéréologie n. f.
→ **vénérologie**
vénérer v. tr. | conjug. 6 |
vénéricarde n. f.
vénerie ou **vènerie**○ n. f.
vénérien, ienne adj. et n.
vénérologie ou **vénéréologie** n. f.
vénérologique adj.
vénérologiste ou **vénérologue** n.
venet n. m.
HOM. formes du v. **venir**
venette n. f.
veneur n. m.
venez-y-voir n. m. inv.
vengeance n. f.
venger v. tr. | conjug. 3 |
¬ **se venger**
➾ Aux temps composés de la forme pronominale, le participe passé s'accorde en genre et en nombre avec le sujet : *elle s'est vengée de lui*.
vengeron n. m.
HOM. forme du v. **venger**
vengeur, geresse n. et adj.
véniel, ielle adj.
véniellement adv.
venimeusement adv.
venimeux, euse adj.
➾ Ne pas écrire **vénimeux*.
↯ Ne pas confondre **venimeux** avec **vénéneux**. **Venimeux** signifie « qui a du venin » et qualifie les animaux : *un serpent venimeux*. **Vénéneux** signifie « qui contient un poison » et qualifie les végétaux : *un champignon vénéneux*.
venimosité n. f.
venin n. m.

venir v. intr. | conjug. 22 |
▸ **venir à qqn** *un enquêteur est venu à nous*
▸ **en venir à** (+ n.) *ils en sont venus aux mains*
▸ **en venir à** (+ inf.) *j'en viens à douter*
▸ **venir de** (+ n.) *je viens de la gare ; ce mot vient du latin*
▸ **venir de** (+ inf.) *elle vient de partir*
CONJUG. Aux temps composés, ce verbe se conjugue avec l'auxiliaire *être* : *si j'avais su, je ne serais pas venu* (et non **je n'aurais pas venu*).
La construction **venir de** (+ inf.) ne peut se conjuguer aux temps composés : on peut dire *ce livre vient de paraître* mais pas **ce livre est venu de paraître*.
☰ Contrairement au verbe *aller*, *venir* indique un déplacement relatif au lieu où se trouve le locuteur : *ils sont venus avec moi ; vous devriez venir ici* mais *elle est allée là-bas ; j'y suis allé il y a longtemps*.
⌘ Dans le registre littéraire, *venir* s'emploie parfois en tête de phrase au subjonctif ; il s'accorde normalement avec le sujet : *viennent les beaux jours*.
Venir s'emploie dans de nombreux tours impersonnels ; il s'accorde alors au masculin singulier : *il me vient une idée ; il est venu au village une famille d'Italiens ; jamais il ne leur serait venu à l'esprit de déménager*.
↯ Ne pas écrire la locution adjectivale **à venir** comme le nom masculin **avenir** : *les générations à venir ; à l'avenir, nous serons plus prudent*.

venise n. m.
➾ Lorsqu'il désigne du verre, ce mot s'écrit sans majuscule, contrairement au nom propre qui désigne la ville : *du verre de Venise* mais *de beaux venises*.
vénitien, ienne adj. et n.
➾ L'adjectif s'écrit sans majuscule : *la peinture vénitienne*. Le nom s'écrit avec une majuscule uniquement quand il désigne une personne : *les Vénitiens ; c'est une Vénitienne* mais *parler le vénitien*. Lorsque *vénitien* est employé derrière un adjectif de couleur pour en préciser la nuance, les deux mots sont invariables : *des mèches blond vénitien*.
vénitienne n. f. (tissu)
vent n. m.
▸ **avoir vent de** (+ n.) *je n'ai pas eu vent de ce projet*
➾ Ce mot est au singulier dans les locutions **à vent**, **à tout vent**, **au vent** et **en coup de vent**. On peut écrire **contre vent et marée** ou **contre vents et marées**.
HOM. **van**, formes du v. **vendre**
venta /vɛnta ; vɑ̃ta/ n. m.
HOM. formes des v. **vanter**, **venter**

ventage n. m.
[1]**ventail, aux** n. m. (partie du heaume)
HOM. (du plur.) **vantaux** (plur. de *vantail*), **venteau**
[2]**ventail, aux** n. m. (battant)
→ **vantail**
vente n. f.
➾ La locution **en vente** est invariable : *ils mettent des appartements en vente.*
HOM. formes des v. **vanter, venter**
venté, ée adj.
HOM. **vanter**
venteau n. m.
HOM. **vantaux** (plur. de *vantail*), **ventaux** (plur. de *ventail*)
venter v. impers. | conjug. 1 |
HOM. **vanter**
venteux, euse adj.
ventier n. m.
HOM. formes des v. **vanter, venter**
ventilateur n. m.
ventilation n. f.
ventilé, ée adj.
ventilement n. m.
ventiler v. tr. | conjug. 1 |
ventileuse n. f.
ventillon n. m.
ventilo n. m.
▫ abrév. de **ventilateur**
Ξ Cette abréviation appartient au registre familier.
ventis n. m. pl.
ventolier adj. m.
ventôse n. m.
➾ Comme tous les noms de mois, ce mot s'écrit sans majuscule : *le 10 ventôse.*
ventosité n. f.
ventousaire adj.
ventouse n. f.
ventouser v. tr. | conjug. 1 |
ventrailles n. f. pl.
ventral, ale, aux adj.
ventralement adv.
ventre n. m.
➾ Les locutions **à plat ventre, ventre à terre** et **la peur au ventre** sont invariables.
ventrebleu interj.
ventrèche n. f.
ventrée n. f.
ventre-saint-gris interj.
ventriculaire adj.
ventricule n. m.
ventriculographie n. f.
ventriculoscopie n. f.
ventrière n. f.
ventriloque n. et adj.
ventriloquie n. f.
ventripotent, ente adj.
ventru, ue adj.
venturi n. m.
venu, ue adj. et n.
➾ Dans **nouveau venu** et **premier venu**, les deux éléments varient en genre et en nombre : *les nouvelles venues ; les premières venues.* Ne pas écrire le groupe verbal *bien venu* comme l'adjectif *bienvenu* : *ils seront toujours bienvenus chez nous* mais *oui, ils sont bien venus chez nous à l'heure prévue.* Si l'on peut remplacer *bien* par *vraiment*, il s'agit de l'adverbe *bien* et *bien venu* s'écrit en deux mots.
→ aussi **allée**
venue n. f.
vénus /venys/ n. f.
➾ Lorsqu'il désigne une femme d'une grande beauté, *vénus* s'écrit sans majuscule : *ce n'est pas une vénus.* Lorsqu'il désigne une représentation de la déesse, il s'écrit avec une majuscule : *la Vénus de Milo.*
vénusiaque adj.
vénusien, ienne adj.
vénuste adj.
vénusté n. f.
vépéciste n.
vêpre n. m.
vêprée n. f.
vêpres n. f. pl.
Ξ **Aller à vêpres** est vieilli. De[...]s jours, on dit **aller aux vêpres**.
vepse n. m.
ver n. m.
➾ **Ver de terre, ver**[...]**nt** et **ver à soie** s'écrivent sans traits[...]
HOM. **vair, verre, v**[...]
vérace adj.
véracité n. f.
véraison n[...]
véranda[...]
vérasc[...]
véra[...]**, aux** adj.
vé[...]**ent** adv.
[...]**able** adj.
[...]**isateur, trice** adj. et n.
[...]**alisation** n. f.
[...]**baliser** v. intr. et v. tr. | conjug. 1 |
[...]**erbalisme** n. m.
verbatim /-tim/ adv. et n. m.
verbe n. m.
verbénacée n. f.
verbeusement adv.
verbeux, euse adj.

verbiage n. m.
verbiageur, euse adj. et n.
verbigération n. f.
verbo-iconique adj. ▪ plur. **verbo-iconiques**
verbomanie n. f.
verbomoteur, trice adj. et n.
verboquet n. m.
verbosité n. f.
verchok n. m.
ver-coquin n. m. ▪ plur. **vers-coquins**
verdage n. m.
verdagon n. m.
verdasse adj.
verdâtre adj.
verdelet, ette adj.
verderet n. m.
verderie n. f.
verdet, ette adj. et n. m.
verdeur n. f.
verdiau n. m.
verdict n. m.
verdier n. m.
verdillon n. m.
verdin n. m.
verdine n. f.
verdir v. intr. et v. tr. | conjug. 2 |
verd sage n. m.
verdis nt, ante adj.
verdiss ent n. m.
verdoie t n. m.
➾ Ne pas blier le *e* muet.
verdoré, ée
verdoyant, a
verdoyer v. int adj.
verdunisation jug. 8 |
verduniser v. tr. |
verdure n. f. 1 |
verdurier, ière n.
vérécondie n. f.
vérétille n. f. ou m.
véreux, euse adj.
verge n. f.
vergé, ée adj.
HOM. **verger**
vergence n. f.
vergeoise n. f.
verger n. m.
HOM. **vergé**
vergerette n. f.
vergeté, ée adj.
vergetier, ière n.
vergette n. f.
vergeture n. f.
vergeure ou **vergeüre**° /vɛʀʒyʀ/ n. f.

verglaçant, ante adj.
➾ Ne pas écrire **verglassant* : ce mot n'a pas de *s*, contrairement à *verglas*.
verglacé, ée adj.
➾ Ne pas écrire **verglassé* : ce mot n'a pas de *s*, contrairement à *verglas*.
verglacer v. impers. | conjug. 3 |
➾ Ne pas écrire **verglasser* : ce mot n'a pas de *s*, contrairement à *verglas*.
verglas n. m.
vergne n. m.
vergobret n. m.
vergogne n. f.
Ξ Ce mot ne s'emploie plus que dans la locution **sans vergogne**.
vergogneux, euse adj.
vergue n. f.
verhaerénien, ienne /vɛʀaʀ-/ adj. et n.
véridicité n. f.
véridiction n. f.
véridique adj.
véridiquement adv.
vérifiabilité n. f.
vérifiable adj.
vérificateur, trice n.
vérificatif, ive adj.
vérification n. f.
vérificatrice n. f.
vérifier v. tr. | conjug. 7 |
▸ **vérifier** (+ n.) *il faut vérifier les comptes*
▸ **vérifier que** (+ indic.) *elle vérifie que tout est en ordre*
▸ **vérifier si** (+ indic.) *je vérifierai si la machine fonctionne*
¬ **se vérifier**
➾ Aux temps composés de la forme pronominale, le participe passé s'accorde en genre et en nombre avec le sujet : *ses soupçons se sont vérifiés*.
vérifieur, ieuse n.
vérin n. m.
vérine ou **verrine** n. f.
vérisme n. m.
vériste adj. et n.
véritable adj.
véritablement adv.
vérité n. f.
Ξ Ce mot s'emploie fréquemment en apposition ; il est alors invariable. L'usage hésite quant à la présence d'un trait d'union : *le inéma-vérité* mais *des documents vérité*.
ius /vɛʀʒy/ n. m.
ter v. tr. | conjug. 1 |
ien, ienne adj.
m.

vermée n. f.
vermeil, eille adj. et n. m.
➾ On écrit ce mot avec une majuscule dans **la Côte Vermeille**.
vermet n. m.
vermicelle n. m.
☯ Ce mot est masculin : *un vermicelle.*
Ξ Le singulier peut s'employer comme collectif. De ce fait, on peut écrire **de la soupe au vermicelle** ou **de la soupe aux vermicelles**.
vermicellé, ée adj.
vermicellerie n. f.
vermicide adj.
vermiculage n. m.
vermiculaire adj.
vermiculé, ée adj.
vermiculer v. tr. | conjug. 1 |
vermiculite n. f.
vermiculure n. f.
vermidien n. m.
vermification n. f.
vermiforme adj.
vermifuge adj.
vermilingue adj.
vermille n. f.
vermiller v. intr. | conjug. 1 |
vermillon n. m.
Ξ Ce mot peut s'employer seul comme adjectif de couleur ou derrière un adjectif de couleur pour en préciser la nuance ; ces adjectifs sont alors invariables : *des jupes rouge vermillon ; des robes vermillon.*
vermillonner v. intr. et v. tr. | conjug. 1 |
vermine n. f.
vermineux, euse adj.
vermis /-mis/ n. m.
vermisseau n. m.
vermivore adj.
vermoulu, ue adj.
vermoulure n. f.
vermouth ou **vermout** n. m.
vernaculaire adj.
ϟ Ne pas confondre **langue vernaculaire**, « langue parlée seulement à l'intérieur d'une communauté », avec **langue véhiculaire**, « langue qui sert aux communications entre groupes de langue maternelle différente ».
vernal, ale, aux adj.
vernalisation n. f.
vernation n. f.
vernay n. m.
verne n. m.
[1]**verni, ie** adj.
HOM. **vernis**
[2]**verni** n. m. (cuir verni, mollusque)
un sac en verni noir
HOM. **vernis**
vernier n. m.
vernir v. tr. | conjug. 2 |
ϟ Ne pas confondre **vernir** et **vernisser**. **Vernisser** s'emploie uniquement dans le domaine de la céramique : *vernisser une poterie ; vernisser une faïence.* On emploie **vernir** dans les autres cas : *vernir un tableau ; se vernir les ongles.*
¬ **se vernir**
➾ Aux temps composés de la forme pronominale, le participe passé ne s'accorde pas quand il est suivi d'un complément d'objet direct : *elles s'est verni les ongles.* Il ne s'accorde avec le complément d'objet direct que lorsque celui-ci est placé avant le verbe : *elle se les est vernis.*
vernis n. m. (substance, végétal, aspect)
HOM. **verni**
vernissage n. m.
vernissé, ée adj.
vernisser v. tr. | conjug. 1 |
ϟ Ne pas confondre **vernisser** et **vernir**. **Vernisser** s'emploie uniquement dans le domaine de la céramique : *vernisser une poterie ; vernisser une faïence.* On emploie **vernir** dans les autres cas : *vernir un tableau ; se vernir les ongles.*
vernisseur, euse n.
vernissure n. f.
vernonie n. f.
vérole n. f.
ϟ Ne pas confondre **vérole** avec **variole**. La vérole est une maladie sexuellement transmissible aujourd'hui appelée *syphilis.* La variole, autrefois appelée *petite vérole*, est une maladie infectieuse et contagieuse, avec éruption de boutons.
vérolé, ée adj.
véroler v. tr. | conjug. 1 |
Véronal® n. m.
➾ Comme tous les noms déposés, ce mot doit s'écrire avec une majuscule : *une dose de Véronal.* Toutefois, on le trouve fréquemment employé comme nom générique sans respect de la règle : *une dose de véronal.*
véronique n. f.
vérot n. m.
verrage n. m.
verranne n. f.
verrat n. m.
HOM. formes du v. **voir**
verre n. m.
HOM. **vair, ver, vers, vert**
verré, ée adj.
HOM. **vairé, verrée**
verrée n. f.
HOM. **vairé, verré**

verrerie n. f.
verrier, ière n. (personne)
☯ *Verrière* est la forme recommandée par le *Guide d'aide à la féminisation des noms de métiers, titres, grades et fonctions* et par l'Office québécois de la langue française pour parler d'une femme : *elle est verrière.*
HOM. formes du v. **voir**
verrière n. f. (paroi vitrée)
[1]**verrine** n. f. (objet en verre, préparation)
HOM. **vérine**
[2]**verrine** n. f. (Mar. : filin)
→ **vérine**
verroterie n. f.
verrou n. m.
➾ Ce mot a un pluriel régulier : *des verrous* (et non **des verroux*).
verrouil n. m.
HOM. formes du v. **verrouiller**
verrouillable adj.
verrouillage n. m.
verrouiller v. tr. | conjug. 1 |
verrouilleur, euse n.
verrucaire n. f.
verrucosité n. f.
verrue n. f.
verruga n. f.
verruqueux, euse adj.
[1]**vers** prép.
♪ On ne fait jamais la liaison : *vers eux* se prononce /vɛʀø/ et non /*vɛʀsø/.
☰ L'emploi de **vers où** est critiqué. Dans la langue soignée, on dira plutôt **vers lequel/laquelle** : *la ville vers laquelle nous nous dirigeons* (plutôt que *vers où nous nous dirigeons*). L'emploi de *vers* au sens de **aux environs de** est aujourd'hui admis : *nous nous sommes arrêtés vers Amiens.*
HOM. **vair, ver, verre, vert**
[2]**vers** n. m.
HOM. **vair, ver, verre, vert**
versable adj.
versage n. m.
versaillais, aise adj. et n.
➾ L'adjectif s'écrit sans majuscule : *la population versaillaise.* Le nom s'écrit avec une majuscule lorsqu'il désigne un habitant de Versailles : *c'est une Versaillaise.* Il s'écrit sans majuscule lorsqu'il désigne un opposant à la Commune de Paris : *les versaillais et les communards.*
versant n. m.
versatile adj.
versatilité n. f.
verse n. f.
➾ Ne pas écrire la locution **à verse** comme le nom féminin *averse* : *il y a eu une averse* mais *il a plu à verse.*

versé, ée adj.
[1]**Verseau** n. m.
➾ Comme tous les noms qui désignent une constellation ou un signe du zodiaque, ce mot est invariable et s'écrit avec une majuscule : *il est (du signe) du Verseau ; elles sont Verseau.*
HOM. **verso**
[2]**verseau** n. m. (pente)
HOM. **verso**
versée n. f.
versement n. m.
verser v. tr. et v. intr. | conjug. 1 |
▸ **verser dans** *la voiture a versé dans le fossé ; cet auteur verse dans la facilité*
¬ **se verser qqch.**
➾ Aux temps composés de la forme pronominale, le participe passé ne s'accorde pas quand il est suivi d'un complément d'objet direct : *elles s'est versé deux verres.* Il ne s'accorde avec le complément d'objet direct que lorsque celui-ci est placé avant le verbe : *les deux verres qu'elle s'est versés.*
verset n. m.
HOM. formes du v. **verser**
verseur n. m. et adj. m.
verseuse n. f.
versicolore adj.
versiculet n. m.
versifiant, ante adj. et n.
versificateur, trice n.
versification n. f.
versifier v. tr. | conjug. 7 |
version n. f.
HOM. formes du v. **verser**
vers-librisme n. m. ▪ plur. **vers-librismes**
vers-libriste n. ▪ plur. **vers-libristes**
verso n. m.
HOM. **verseau**
versoir n. m.
verste n. f.
versus /-sys/ prép.
☰ À l'écrit, on abrège généralement *versus* en *vs.*
vert, verte adj. et n. m.
➾ Cet adjectif de couleur est invariable quand il est suivi d'un autre adjectif ou d'un nom qui précise la nuance : *des écharpes vert tendre ; des pantalons vert pomme ; des chemises vert d'eau ; des jupes vert Véronèse.* Quand deux adjectifs de couleur se suivent, ils sont invariables et liés par un trait d'union : *des teintes bleu-vert.*
HOM. **vair, ver, verre, vers**
vert-de-gris n. m. et adj. inv.
vert-de-grisé, ée adj. ▪ plur. **vert-de-grisés, ées**
vertébral, ale, aux adj.
vertèbre n. f.

vertébré, ée adj. et n. m.
vertébro-iliaque adj. ▪ plur. **vertébro-iliaques**
vertébrothérapeute n.
vertébrothérapie n. f.
vertement adv.
verterelle ou **vertevelle** n. f.
vertex n. m.
[1]**vertical, ale, aux** adj.
[2]**vertical, aux** n. m. (grand cercle)
verticale n. f. (ligne, position)
verticalement adv.
verticaliser v. tr. | conjug. 1 |
verticalité n. f.
verticille n. m.
verticillé, ée adj.
verticilliose n. f.
verticillium /-jɔm/ n. m.
vertige n. m.
vertigineusement adv.
vertigineux, euse adj.
vertigo n. m.
vertiport n. m.
vertu n. f.
➾ Ne pas écrire **vertue*.
vertubleu interj.
vertuchou interj.
vertueusement adv.
vertueux, euse adj.
vertugadin n. m.
verve n. f.
verveine n. f.
vervelle n. f.
verveusement adv.
verveux, euse adj. et n. m.
vésanie n. f.
vésanique adj.
vesce n. f. (plante)
HOM. **vesse**, formes du v. **vesser**
vesceron n. m.
HOM. forme du v. **vesser**
vésical, ale, aux adj.
vésicant, ante adj. et n. m.
vésicateur n. m.
vésication n. f.
vésicatoire adj. et n. m.
vésiculaire adj.
vésicule n. f.
vésiculeux, euse adj.
vesou n. m.
Vespa® n. f.
➾ Comme tous les noms déposés, ce mot doit s'écrire avec une majuscule : *une Vespa d'occasion*. Toutefois, on le trouve fréquemment employé comme nom générique sans respect de la règle : *une vespa d'occasion*.
vespasienne n. f.
vespéral, ale, aux n. m. et adj.
vespertilion n. m.
vespétro n. m.
vespidé n. m.
vesse n. f. (vieilli : flatuosité)
HOM. **vesce**
vesse-de-loup n. f. ▪ plur. **vesses-de-loup**
vesser v. intr. | conjug. 1 |
HOM. **vécés, W.-C.**
vessie n. f.
vessigon n. m.
vestale n. f.
Vestalies n. f. pl.
➾ Comme tous les noms de fêtes, ce mot s'écrit avec une majuscule : *les Vestalies étaient fêtées en l'honneur de Vesta*.
veste n. f.
vestiaire n. m.
Ξ L'emploi de *vestiaire* pour désigner les vêtements et objets déposés est critiqué. Dans le langage soigné, il est préférable de l'éviter.
vestibulaire adj.
vestibule n. m.
vestige n. m.
vestigial, iale, iaux adj.
vestimentaire adj.
veston n. m.
→ aussi **complet-veston**
vestonné, ée adj.
vésuvien, ienne adj.
vété n.
▫ abrév. de **vétérinaire**
Ξ Cettte abréviation est familière et s'emploie surtout en Belgique.
vêtement n. m.
vétéran n. m.
➾ Ne pas écrire **vétérant* : le féminin *vétérante* a été créé par confusion morphologique.
vétérance n. f.
vétérante n. f.
vétérinaire adj. et n.
vététiste ou **V. T. Tiste** n.
vétillard, arde n. et adj.
vétille n. f.
vétiller v. intr. | conjug. 1 |
vétilleur, euse adj.
vétilleux, euse adj.

vêtir v. tr. | conjug. 20 |
Ξ Ce verbe s'emploie aussi bien au sens de « mettre des vêtements à (qqn) » qu'au sens de « mettre sur soi » : *elle a vêtu sa poupée ; il a vêtu son uniforme*. Ces constructions appartiennent au registre littéraire ; dans l'usage courant, on emploie plutôt *habiller* et *revêtir*.
⌘ Le complément indiquant la couleur doit

être introduit par *de*, et non par *en* : *il était vêtu de noir* (et non **en noir*).
CONJUG. Les formes en *vêtiss-*, autrefois en usage dans le registre littéraire à l'imparfait de l'indicatif et au participe présent, ne s'emploient plus qu'au subjonctif imparfait : *que je vêtisse, que nous vêtissions* mais *je vêtais* (et non **je vêtissais*) ; *nous vêtions* (et non **nous vêtissions*) ; *vêtant* (et non **vêtissant*).
¬ **se vêtir**
➾ Aux temps composés de la forme pronominale, le participe passé s'accorde en genre et en nombre avec le sujet : *elles se sont vêtues chaudement.*

vétiver /-vɛʀ/ n. m.
veto /veto/ ▪ plur. inv. ou **véto**○ ▪ plur. **vétos**○ n. m. (opposition)
Ξ La locution **opposer son veto** est critiquée par certains puristes. Elle est toutefois très courante et ne peut être considérée comme incorrecte.
véto n.
▫ abrév. de **vétérinaire**
Ξ Cette abréviation appartient au registre familier.
vêtu, ue adj.
vêture n. f.
vétuste adj.
vétusté n. f.
➾ Ne pas employer **vétusteté*, qui n'existe pas.
veuf, veuve adj. et n.
veuglaire n. m.
veule adj.
veulerie n. f.
veuvage n. m.
vexant, ante adj.
vexateur, trice n.
vexation n. f.
vexatoire adj.
vexer v. tr. | conjug. 1 |
¬ **se vexer**
➾ Aux temps composés de la forme pronominale, le participe passé s'accorde en genre et en nombre avec le sujet : *je crois qu'elle s'est vexée.*
vexillaire /-ksil-/ n. m.
vexille /vɛksil/ n. m.
vexillologie /-ksil-/ n. f.
vexillologue /-ksil-/ n.
V. H. S. n. m.
▫ abrév. de **video home system**
via prép.
Ξ Ce mot, qui signifie « voie » en latin, doit normalement s'employer avec un nom de lieu : *aller de Paris à Alger via Marseille.* Dans les autres cas, on emploiera plutôt *par* ou *par l'intermédiaire de* : *transmettre un document à qqn par l'intermédiaire de son secrétaire* (et non **via son secrétaire*).
viabiliser v. tr. | conjug. 1 |
viabilité n. f.
ϟ Ne pas confondre **viabilité**, qui signifie « caractère de ce qui peut vivre, se développer », avec **fiabilité**, qui signifie « caractère d'une personne ou d'une chose en qui ou en quoi on peut avoir confiance ».
viable adj.
viaduc n. m.
via ferrata n. f. ▪ plur. **vias ferratas**
viager, ère adj. et n. m.
viandard, arde n.
viande n. f.
viander v. intr. et v. pron. | conjug. 1 |
¬ **se viander**
Ξ À la forme pronominale, ce verbe appartient au registre familier.
➾ Aux temps composés de la forme pronominale, le participe passé s'accorde en genre et en nombre avec le sujet : *ils se sont viandés en moto.*
viandeux, euse adj.
viandis n. m.
Viandox® n. m.
➾ Comme tous les noms déposés, ce mot doit s'écrire avec une majuscule : *un bol de Viandox.* Toutefois, on le trouve fréquemment employé comme nom générique sans respect de la règle : *un bol de viandox.*
viatique n. m.
vibice n. f.
vibord n. m.
vibrage n. m.
Vibram® /-ʀam/ n. m.
➾ Comme tous les noms déposés, ce mot doit s'écrire avec une majuscule : *des semelles de Vibram.* Toutefois, on le trouve fréquemment employé comme nom générique sans respect de la règle : *des semelles de vibram.*
HOM. forme du v. **vibrer**
vibrant, ante adj.
vibraphone n. m.
vibraphoniste n.
vibrateur n. m.
vibratile adj.
vibration n. f.
vibrationnel, elle adj.
vibrato n. m.
vibratoire adj.
vibrement n. m.
vibrer v. intr. et v. tr. | conjug. 1 |
vibreur n. m.
vibrion n. m.
vibrionien, ienne adj.
vibrionique adj.

vibrionner v. intr. | conjug. 1 |
vibriose n. f.
vibrisse n. f.
vibrodameur n. m.
vibrographe n. m.
vibromassage n. m.
vibromasseur n. m.
vibromètre n. m.
vibure n. f.
vicaire n. m.
vicarial, iale, iaux adj.
vicariance n. f.
vicariant, iante adj.
vicariat n. m.
vice n. m.
HOM. **vis**, formes des v. **visser, voir**
vice-amiral, ale n. ▪ plur. **vice-amiraux, vice-amirales**
vice-champion, ionne n. ▪ plur. **vice-champions, ionnes**
vice-chancelier, ière n. ▪ plur. **vice-chanceliers, ières**
vice-consul, e n. ▪ plur. **vice-consuls, es**
vice-consulat n. m. ▪ plur. **vice-consulats**
vicelard, arde adj. et n.
vice-légat n. m. ▪ plur. **vice-légats**
vice-légation n. f. ▪ plur. **vice-légations**
vicennal, ale, aux adj.
vice-présidence n. f. ▪ plur. **vice-présidences**
vice-président, ente n. ▪ plur. **vice-présidents, entes**
vice-recteur, trice n. ▪ plur. **vice-recteurs, trices**
vice-reine n. f. ▪ plur. **vice-reines**
vice-roi n. m. ▪ plur. **vice-rois**
vice-royal, ale adj. ▪ plur. **vice-royaux, ales**
vice-royauté n. f. ▪ plur. **vice-royautés**
vice-sénéchal n. m. ▪ plur. **vice-sénéchaux**
vicésimal, ale, aux adj.
vice versa ou **vice-versa** /vis(e)vɛʀsa/ loc. adv.
➾ Ne pas écrire ***vice et versa**.
vichy n. m.
➾ Lorsqu'il désigne un tissu, ce mot s'écrit sans majuscule, contrairement au nom propre qui désigne la ville : *un tablier en vichy* mais *de l'eau de Vichy.*
Ξ Ce mot peut s'employer en apposition ; il est alors invariable : *des chemises vichy.*
vichysme n. m.
vichyssois, oise adj. et n. (de la ville de Vichy)
➾ L'adjectif s'écrit sans majuscule : *la population vichyssoise.* Le nom s'écrit avec une majuscule uniquement quand il désigne un habitant de Vichy : *les Vichyssois ; il a épousé une Vichyssoise* mais *préparer une vichyssoise* (crème aux poireaux).
vichyste adj. et n. (du gouvernement de Vichy)
➾ Ce mot s'écrit sans majuscule : *les vichystes et les gaullistes.*
viciable adj.
viciateur, trice adj.
viciation n. f.
vicié, iée adj.
vicier v. tr. | conjug. 7 |
HOM. formes des v. **visser, voir**
vicieusement adv.
vicieux, ieuse adj. et n.
vicinal, ale, aux adj.
vicinalité n. f.
vicinité n. f.
vicissitude n. f.
Ξ De nos jours, ce mot s'emploie surtout au pluriel : *les vicissitudes de l'existence.*
vicomtal, ale, aux adj.
vicomte, esse n.
➾ Ce mot s'écrit sans majuscule : *le vicomte de Valmont.*
vicomté n. f.
☯ Ce mot est féminin : *la vicomté de Turenne.*
victimaire n. m. et adj.
victime n. f.
victimisation n. f.
victimiser v. tr. | conjug. 1 |
victimologie n. f.
victoire n. f.
Ξ **Gagner une victoire** est fautif. Il faut dire **remporter une victoire**.
victoria n. f.
victorien, ienne adj.
victorieusement adv.
victorieux, ieuse adj.
victuaille n. f.
vidage n. m.
vidame n. m.
HOM. forme du v. **vider**
vidamé n. m. ou **vidamie** n. f.
vidange n. f.
vidanger v. tr. | conjug. 3 |
vidangeur n. m.
vide adj. et n. m.
➾ La locution **à vide** est invariable : *ils tournent à vide ; des passages à vide.*
vidé, ée adj.
vidéaste n.
vide-bouteille n. m. ▪ plur. **vide-bouteilles**
vide-cave n. m. ▪ plur. **vide-caves**
vide-grenier n. m. ▪ plur. **vide-greniers**
videlle n. f.
vidéo adj. inv. et n. f.
vidéocassette n. f.

vidéoclip n. m.
vidéoclub n. m.
vidéocommunication n. f.
vidéoconférence n. f.
vidéodisque n. m.
vidéofréquence n. f.
vidéogramme n. m.
vidéographie n. f.
vidéophone n. m.
vidéophonie n. f.
vidéoprojecteur n. m.
vidéoprojection n. f.
vide-ordures ▪ plur. inv. ou **vide-ordure**° ▪ plur. **vide-ordures**° n. m.
vidéosurveillance n. f.
Vidéotex® n. m.
➾ Comme tous les noms déposés, ce mot doit s'écrire avec une majuscule : *une transmission par Vidéotex*. Toutefois, on le trouve fréquemment employé comme nom générique sans respect de la règle : *une transmission par vidéotex*.
vidéothèque n. f.
vidéotransmission n. f.
vide-poche n. m. ▪ plur. **vide-poches**
vide-pomme n. m. ▪ plur. **vide-pommes**
vider v. tr. | conjug. 1 |
vide-tourie n. m. ▪ plur. **vide-touries**
videur, euse n.
vide-vite n. m. inv.
vidicon n. m. et adj.
vidien, ienne adj.
vidimer v. tr. | conjug. 1 |
vidimus /-mys/ n. m.
vidoir n. m.
vidrecome n. m.
viduité n. f.
Ξ Ce mot est synonyme de *veuvage* et s'emploie, par extension, au sens de « solitude, abandon ». Pour désigner l'état de ce qui est vide, son emploi est abusif ; il est préférable d'employer *vacuité*.
vidure n. f.
vie n. f.
HOM. **vit**, formes des v. **vivre, voir**
viédaze n. m.
vieil adj. et n.
HOM. **vieille**
→ **vieux**
vieillard, arde n.
Ξ Le féminin *vieillarde* est rare.
¹**vieille** adj. et n. f.
HOM. **vieil**
→ **vieux**
²**vieille** n. f. (poisson)
HOM. **vieil**
vieillerie n. f.
vieillesse n. f.
Ξ Ce mot peut s'employer en apposition ; il est alors invariable : *des assurances vieillesse*.
vieilli, ie adj.
vieillir v. intr. et v. tr. | conjug. 2 |
CONJUG. Ce verbe se conjugue généralement avec l'auxiliaire *avoir* : *les épreuves l'ont vieilli* ; *il a beaucoup vieilli*. Avec la forme intransitive, l'emploi de l'auxiliaire *être*, qui insiste plus sur le résultat que sur l'action, est rare.
vieillissant, ante adj.
vieillissement n. m.
vieillot, otte adj.
¹**vielle** ou **vièle** ou **viele** n. f. (anciennt : instrument de musique à archet)
²**vielle** n. f. (instrument de musique à roue)
vieller v. intr. | conjug. 1 |
vielleur, euse ou **vielleux, euse** n.
viennois, oise adj. et n.
➾ L'adjectif s'écrit sans majuscule : *la population viennoise* ; *un chocolat viennois*. Le nom s'écrit avec une majuscule uniquement quand il désigne une personne : *les Viennois* ; *c'est une Viennoise* mais *manger un viennois* (pain).
viennoiserie n. f.
vierge n. f. et adj.
➾ Ce mot s'écrit avec une majuscule lorsqu'il désigne la mère de Jésus : *la Sainte Vierge* ; *la Vierge Marie*. Il s'écrit également avec une majuscule lorsqu'il désigne une représentation mais sans majuscule lorsqu'il désigne un objet : *une Vierge de Raphaël* ; *une vierge d'albâtre*. Quand il désigne la constellation ou le signe du zodiaque, ce mot est invariable et s'écrit avec une majuscule : *il est du signe de la Vierge* ; *elles sont Vierge*.
vietnamien, ienne adj. et n.
➾ L'adjectif s'écrit sans majuscule : *la population vietnamienne*. Le nom s'écrit avec une majuscule uniquement quand il désigne une personne : *les Vietnamiens* ; *c'est une Vietnamienne* mais *parler le vietnamien*.
viet vo dao /vjɛtvodao/ n. m. inv.
vieux ou **vieil, vieille** adj. et n.
Ξ Au masculin singulier, on emploie *vieil* devant un nom commençant par une voyelle ou un *h* muet : *un vieil homme* ; *un vieil arbre* mais *un homme vieux et malade*. Devant *et*, la forme de l'adjectif dépend de la première lettre du nom qu'il qualifie : *mon vieil et grand ami* mais *un vieux et grand vaisseau*.
vieux-lille n. m. inv.
vif, vive adj. et n. m.
➾ Dans **brûler vif**, *vif* s'accorde avec le sujet : *Jeanne d'Arc fut brûlée vive*. La locution **à vif** est invariable : *des plaies à vif*. Lorsque *vif* est employé derrière un adjectif de couleur pour

en préciser la nuance, les deux mots sont invariables : *des bottes rouge vif.*
vif-argent n. m. sing.
vigesimo /viʒe-/ adv.
vigie n. f.
↯ Ne pas confondre le nom féminin **vigie**, qui désigne un matelot en observation, avec le nom **vigile**, qui désigne un surveillant appartenant à une police privée.
vigilambule n.
vigilamment adv.
vigilance n. f.
vigilant, ante adj.
1**vigile** n. f. (veille, office)
2**vigile** n. m. (personne)
↯ Ne pas confondre le nom **vigile**, qui désigne un surveillant appartenant à une police privée, avec le nom féminin **vigie**, qui désigne un matelot en observation.
3**vigile** adj. (à l'état de veille)
vigne n. f.
1**vigneau** n. m. (tertre)
2**vigneau** ou **vignot** n. m. (littorine)
vigneron, onne n.
vignetage ou **vignettage** n. m.
vigneté, ée ou **vignetté, ée** adj.
vignette n. f.
vignettiste n.
vigneture n. f.
vignoble n. m.
vignot n. m.
→ 2**vigneau**
vigogne n. f.
vigoureusement adv.
vigoureux, euse adj.
viguerie n. f.
vigueur n. f.
viguier n. m.
V. I. H. n. m.
▫ abrév. de **virus de l'immunodéficience humaine**
vihara n. m. ▪ plur. **viharas** ou plur. **vihari**
Ξ On peut employer le pluriel francisé *viharas* ou le pluriel sanscrit *vihari*.
viking /-iŋ/ n. m. et adj.
➾ L'adjectif s'écrit sans majuscule : *le peuple viking*. Le nom s'écrit avec une majuscule : *l'invasion des Vikings*.
vil, vile adj.
➾ Ne pas écrire *vile* au masculin.
HOM. **ville**
vilain, aine n. et adj.
vilainage n. m.
vilainement adv.
vilayet /vilajɛt/ n. m.
vilebrequin n. m.
vilement adv.
vilené adj. m.
vilenie ou **vilénie** n. f.
vileté n. f.
vilipender v. tr. | conjug. 1 |
⌘ La construction ***vilipender contre** est fautive.
vilipendeur, euse n. et adj.
villa n. f.
villafranchien, ienne adj. et n. m.
village n. m.
villageois, oise adj. et n.
villagisation n. f.
villanelle n. f.
villarsie n. f.
ville n. f.
➾ On écrit ce mot avec une majuscule dans **la Ville Lumière** (Paris), **la Ville rose** (Toulouse), **la Ville éternelle** (Rome) et **la Ville sainte** (Jérusalem, Rome, La Mecque, Bénarès).
HOM. **vil**
ville-dortoir n. f. ▪ plur. **villes-dortoirs**
villégiateur n. m.
villégiaturant, ante n.
villégiature n. f.
villégiaturer v. intr. | conjug. 1 |
villégiaturiste n. m.
villette n. f.
villeux, euse adj.
villosité n. f.
villotier, ière n.
vimaire n. f.
vin n. m.
➾ On écrit **marchand de vin** (sans *s*) pour parler d'une personne faisant débit de boissons et **marchand de vins** (avec un *s*) pour parler d'un négociant en vins.
Ξ **Marchand de vin** peut s'employer en apposition ; il est alors invariable : *des sauces marchand de vin*.
HOM. **vain**, **vingt**, formes des v. **vaincre**, **venir**
vinage n. m.
vinaigre n. m.
➾ Ce mot est toujours au singulier dans les locutions **faire vinaigre** et **tourner au vinaigre**.
vinaigrer v. tr. | conjug. 1 |
vinaigrerie n. f.
vinaigrette n. f.
vinaigrier n. m.
vinaire adj.
HOM. forme du v. **viner**
vinasse n. f.
vinassier, ière adj. et n.
vincennite n. f.

vindas /vɛ̃dɑ(s)/ n. m.
vindicatif, ive adj.
vindicativement adv.
vindicte n. f.
vindobonien n. m.
vinée n. f.
viner v. tr. | conjug. 1 |
vinettier n. m.
vineux, euse adj.
vingt /vɛ̃/ adj. numéral inv. et n. inv.
♪ On prononce /vɛ̃t/ dans les nombres de 22 /vɛ̃tdø/ à 29 /vɛ̃tnœf/, et en liaison : *vingt ans* /vɛ̃tɑ̃/ ; *vingt et un* /vɛ̃teœ̃/.
➾ *Vingt* s'écrit avec un *s* uniquement dans *quatre-vingt* lorsqu'il n'est pas suivi d'un autre adjectif numéral : *vingt ans* ; *quatre-vingts ans* ; *quatre-vingt-dix ans* ; *quatre-vingts millions d'années*. Les numéraux formant un nombre complexe inférieur à cent s'écrivent avec un trait d'union : *vingt-deux jours*. Les Rectifications de l'orthographe de 1990 préconisent de généraliser l'emploi du trait d'union à tous les numéraux composés, qu'ils soient inférieurs ou supérieurs à cent : *à la page cent-vingt* ; *il a vingt-mille euros en espèces*.
HOM. **vain**, **vin**, formes des v. **vaincre**, **venir**
vingtain n. m.
vingtaine n. f.
⌘ Lorsque **une vingtaine de** suivi d'un nom est sujet, le verbe s'accorde soit avec *vingtaine*, soit avec le complément : *une vingtaine de candidats s'est présentée* ou *se sont présentés*. Avec **la vingtaine de**, le verbe s'accorde toujours avec *vingtaine* : *la vingtaine de candidats présents a réussi le concours*.
vingt-deux adj. numéral et interj.
♪ La prononciation /vɛ̃tədø/ est fautive : il faut dire /vɛ̃tdø/.
vingtième adj. et n.
vingtièmement adv.
vinicole adj.
⚡ Ne pas confondre **vinicole** avec **viticole**. **Vinicole** s'emploie généralement au sens de « relatif à la production du vin » : *l'industrie vinicole*. **Viticole** s'emploie plutôt au sens de « relatif à la culture de la vigne » : *une région viticole*.
viniculture n. f.
vinifère adj.
vinificateur, trice n.
vinification n. f.
vinifier v. tr. | conjug. 7 |
vinique adj.
vinosité n. f.
vinothèque n. f.
vinothérapie n. f.
vintage /vɛ̃taʒ ; vintɛdʒ/ n. m.
□ rec. off. : **rétro** ou **tirage d'époque**
Ξ Ce mot peut s'employer comme adjectif ; il est alors invariable : *des robes vintage*.
vinyle n. m.
➾ Ne pas écrire **vynile*.
Ξ Ce mot peut s'employer en apposition ; il prend la marque du pluriel : *des disques vinyles*.
vinylique adj.
Vinylite® n. f.
➾ Comme tous les noms déposés, ce mot doit s'écrire avec une majuscule : *des disques en Vinylite*. Toutefois, on le trouve fréquemment employé comme nom générique sans respect de la règle : *des disques en vinylite*.
Vinylon® n. m.
➾ Comme tous les noms déposés, ce mot doit s'écrire avec une majuscule : *un revêtement en Vinylon*. Toutefois, on le trouve fréquemment employé comme nom générique sans respect de la règle : *un revêtement en vinylon*.
vioc adj. et n.
→ **vioque**
viocard, arde adj. et n.
viol n. m.
➾ Ne pas écrire *viole* : ce mot n'a pas de *e*.
HOM. **viole**, formes du v. **violer**
violable adj.
violacé, ée adj.
violacer v. tr. | conjug. 3 |
violat adj. m.
HOM. formes du v. **violer**
violateur, trice n.
violation n. f.
violâtre adj.
viole n. f.
HOM. **viol**, formes du v. **violer**
violemment /-mɑ̃/ adv.
violence n. f.
violent, ente adj.
➾ Ne pas écrire cet adjectif comme *violant*, participe présent du verbe *violer*.
violenter v. tr. | conjug. 1 |
violenteur n. m.
violer v. tr. | conjug. 1 |
violet, ette adj. et n. m.
➾ L'adjectif de couleur est invariable quand il est suivi d'un autre adjectif ou d'un nom qui précise la nuance : *des jupes violet pâle* ; *des vestes violet d'évêque*. Quand deux adjectifs de couleur se suivent, ils sont invariables et liés par un trait d'union : *des voitures bleu-violet*.
HOM. (du masc.) formes du v. **violer**
violette n. f.

violeur, euse n.
violier n. m.
HOM. formes du v. **violer**
violine n. f. et adj.
violiste n.
violon n. m.
HOM. formes du v. **violer**
violoncelle n. m.
violoncelliste n.
violoné, ée adj.
violoner v. intr. | conjug. 1 |
violoneux n. m.
violoniste n.
viomycine n. f.
vioque ou **vioc** adj. et n.
viorne n. f.
V. I. P. /veipe ; viajpi/ n. inv.
□ abrév. de **very important person**
vipère n. f.
vipereau n. m.
vipéridé n. m.
vipérin, ine n. f. et adj.
vipérine n. f.
virage n. m.
virago n. f.
viral, ale, aux adj.
vire n. f.
HOM. formes des v. **virer, voir**
virée n. f.
virelai n. m.
virelangue n. m.
virement n. m.
virémie n. f.
virer v. tr., v. tr. ind. et v. intr. | conjug. 1 |
▸ **virer à** (+ n.) *virer à l'aigre ; le ciel vire au gris*
vires n. f. pl.
HOM. formes des v. **virer, voir**
virescence n. f.
virescent, ente adj.
vireton n. m.
virette n. f.
vireur n. m.
vireux, euse adj.
virevoltant, ante adj.
virevolte n. f.
virevolter v. intr. | conjug. 1 |
virga n. f.
virgation n. f.
virgilien, ienne adj.
[1]**virginal, ale, aux** adj.
[2]**virginal** n. m.
➾ Ce mot a un pluriel régulier : *le son des virginals.*
virginalement adv.
virginie n. m.
➾ Lorsqu'il désigne du tabac, ce mot s'écrit sans majuscule, contrairement au nom propre qui désigne l'État : *du tabac de Virginie* mais *un paquet de virginie.*
virginien, ienne adj. et n.
virginité n. f.
virgulage n. m.
virgulaire adj.
virgule n. f.
viridant, ante adj.
viride adj.
viridité n. f.
viriel n. m.
viril, ile adj.
➾ Ne pas écrire *virile* au masculin.
virilement adv.
virilisant, ante adj.
virilisation n. f.
viriliser v. tr. | conjug. 1 |
virilisme n. m.
virilité n. f.
virilocal, ale, aux adj.
viriloïde adj.
virion n. m.
HOM. formes du v. **virer**
virocide ou **virucide** adj. et n. m.
virocyte n. m.
virolage n. m.
virole n. f.
viroler v. tr. | conjug. 1 |
viroleur n. m.
virolier n. m.
virologie n. f.
virologique adj.
virologiste ou **virologue** n.
virophage n. m.
viroplasme n. m.
virose n. f.
virostatique adj. et n. m.
virtualiser v. tr. | conjug. 1 |
virtualité n. f.
virtuel, elle adj. et n. m.
virtuellement adv.
virtuose n.
virtuosité n. f.
virucide adj. et n. m.
→ **virocide**
virulence n. f.
virulent, ente adj.
virure n. f.
virus /viʀys/ n. m.
vis /vis/ n. f.
☯ Ce mot est féminin : *desserrer une vis.*
HOM. **vice**, formes des v. **visser, voir**
visa n. m.
HOM. formes du v. **viser**

visage n. m.
➾ Les locutions **sans visage** et **à visage découvert** sont invariables.
Visagisme® n. m.
➾ Comme tous les noms déposés, ce mot doit s'écrire avec une majuscule : *des cours de Visagisme*. Toutefois, on le trouve presque toujours employé comme nom générique sans respect de la règle : *des cours de visagisme*.
Visagiste® n.
➾ Comme tous les noms déposés, ce mot doit s'écrire avec une majuscule : *elles sont Visagistes*. Toutefois, on le trouve presque toujours employé comme nom générique sans respect de la règle : *elles sont visagistes*.
vis a tergo /visatɛʀgo/ n. f.
vis-à-vis /vizavi/ adv. et n. m.
⌘ On peut dire **vis-à-vis l'un de l'autre** ou **l'un vis-à-vis de l'autre**.
L'emploi de **vis-à-vis** comme préposition est archaïque : *la maison se trouve vis-à-vis la mairie*. De nos jours, on emploie la locution prépositionnelle **vis-à-vis de** : *la maison se trouve vis-à-vis de la mairie*
Ξ La locution prépositionnelle **vis-à-vis de** signifie « en face de » : *j'étais placé vis-à-vis d'eux*. Aux sens de « en comparaison de » et de « envers (qqn) », elle est admise dans l'usage courant : *ma fortune est modeste vis-à-vis de la sienne ; je me suis engagé vis-à-vis de lui*. En revanche, au sens de « en ce qui concerne » (*il est méfiant vis-à-vis de la drogue*), l'emploi de **vis-à-vis de** doit être évité.
viscache n. f.
viscaria n. f.
viscéral, ale, aux adj.
viscéralement adv.
viscéralgie n. f.
viscère n. m.
☯ Ce mot est masculin : *un viscère*.
HOM. forme du v. **visser**
viscérocrâne n. m.
viscéro-inhibiteur, trice adj. ▪ plur. **viscéro-inhibiteurs, trices**
viscéromoteur, trice adj.
viscérotonique adj. et n.
viscérotrope adj.
viscoélasticité n. f.
viscoélastique adj.
viscoplasticité n. f.
viscoplastique adj.
viscoréducteur n. m.
viscoréduction n. f.
viscose n. f.
viscosimètre n. m.
viscosimétrie n. f.
viscosimétrique adj.
viscosité n. f.
viscostatique adj.
visé n. m.
▸ **tir au visé**
visée n. f.
viser v. intr., v. tr. ind. et v. tr. | conjug. 1 |
Ξ La forme transitive indirecte **viser à** s'emploie au sens de « vouloir atteindre » : *le tireur a visé au cœur ; viser à la perfection*. Suivie d'un infinitif, elle signifie « chercher à, tendre à » : *viser à provoquer une émotion*. La forme transitive directe s'emploie pour dire « regarder attentivement (un but, une cible) afin de l'atteindre » et, au figuré, « avoir en vue » : *viser qqn avec une arme ; elle vise la présidence*.
viseur n. m.
vishnuisme /viʃnu-/ n. m.
visibilité n. f.
visible adj.
visiblement adv.
visière n. f.
visiocasque n. m.
visioconférence n. f.
vision n. f.
visionique n. f.
visionnage n. m.
visionnaire n. et adj.
visionnement n. m.
visionner v. tr. | conjug. 1 |
visionneuse n. f.
visiophone n. m.
visiophonie n. f.
visitable adj.
visitage n. m.
visitandine n. f.
visitateur n. m.
visitation n. f.
➾ Ce mot s'emploie presque toujours dans un contexte religieux. Il s'écrit alors avec une majuscule, que ce soit pour désigner l'épisode biblique, la fête qui le commémore, une œuvre qui le représente ou un ordre religieux : *la Visitation est fêtée le 31 mai ; une Visitation de Fra Angelico ; les sœurs de la Visitation*.
visitatrice n. f.
visite n. f.
➾ Ce mot est toujours au singulier dans **rendre visite** et **carte de visite**.
visiter v. tr. | conjug. 1 |
Ξ Avec un nom de personne pour complément, l'emploi de ce verbe est limité à certains contextes : *le médecin visite ses patients ; visiter les prisonniers ; visiter ses clients*. Dans les autres cas, on emploie plutôt **rendre visite à** : *nous rendons visite à nos amis*.

visiteur, euse n.
visnage n. m.
vison n. m.
HOM. formes du v. **viser**
visonnette n. f.
visonnière n. f.
visqueux, euse adj.
vissage n. m.
vissant, ante adj.
visser v. tr. | conjug. 1 |
visserie n. f.
visseur, euse n.
visseuse n. f.
vista n. f.
vistadôme n. m.
visu n. f. inv.
visu (de) /devizy/ loc. adv.
visualisation n. f.
visualiser v. tr. | conjug. 1 |
visualiseur n. m.
visuel, elle adj. et n.
visuellement adv.
vit /vi/ n. m.
HOM. **vie**, formes des v. **voir, vivre**
vitacée n. f.
vital, ale, aux adj.
vitalement adv.
vitaliser v. tr. | conjug. 1 |
vitalisme n. m.
vitaliste n.
vitalité n. f.
vitamine n. f.
vitaminé, ée adj.
vitaminer v. tr. | conjug. 1 |
vitaminique adj.
vitaminisation n. f.
vitaminologie n. f.
vitaminothérapie n. f.
vitchoura n. m.
vit-de-mulet n. m. ▪ plur. **vits-de-mulet**
vite adj. et adv.
Ξ L'adjectif s'emploie surtout dans la langue du sport : *les coureurs les plus vites.*
La formule ***à très vite**, employée pour dire « à bientôt », est fautive.
HOM. forme du v. **voir**
vitellin, ine adj. et n. m.
vitelline n. f.
vitellogène n. m.
vitellogenèse n. f.
vitellus /-lys/ n. m.
vitelot n. m.
vitelotte n. f.
vitesse n. f.
▸ **(à la) vitesse grand V**
➾ Ce mot est toujours au singulier dans les locutions **à toute vitesse, à grande vitesse** et **en vitesse**. Il est au pluriel dans **boîte de vitesses**.
vitex n. m.
viticole adj.
ϟ Ne pas confondre **viticole** avec **vinicole**. **Viticole** s'emploie généralement au sens de « relatif à la culture de la vigne » : *une région viticole.* **Vinicole** s'emploie plutôt au sens de « relatif à la production du vin » : *l'industrie vinicole.*
viticulteur, trice n.
viticulture n. f.
vitiligo n. m.
vitrage n. m.
vitrail, aux n. m.
vitraillé, ée adj.
vitre n. f.
vitré, ée adj.
vitrellé, ée adj.
vitrer v. tr. | conjug. 1 |
vitrerie n. f.
vitrescible adj.
vitreux, euse adj.
vitrier n. m.
HOM. formes du v. **vitrer**
vitrière n. f.
vitrifiable adj.
vitrificateur n. m.
vitrification n. f.
vitrifier v. tr. | conjug. 7 |
¹**vitrine** n. f. (devanture)
²**vitrine** n. f. ou **vitrina** n. m. (escargot)
vitrinidé n. m.
vitriol n. m.
vitriolage n. m.
vitriolé, ée adj.
vitrioler v. tr. | conjug. 1 |
vitrioleur, euse n.
vitriolique adj.
vitriolisation n. f.
vitrocéramique n. f.
vitrophanie n. f.
vitrosité n. f.
vitulaire adj.
vitulin, ine adj.
vitupérant, ante adj. et n.
vitupérateur, trice n.
vitupération n. f.
vitupère n. m.
vitupérer v. tr. et v. intr. | conjug. 6 |
Ξ La construction transitive s'emploie surtout dans le registre littéraire : *elle vitupérait ses employés.* Autrefois critiquée, la construction intransitive **vitupérer contre** est aujourd'hui admise dans le langage courant : *vitupérer contre un chauffard ; vitupérer contre les embouteillages.*

vivable adj.
[1]**vivace** adj. (résistant)
[2]**vivace** /vivatʃe/ adj. inv. (Mus. : rapide)
vivacement adv.
vivacité n. f.
vivandier, ière n.
vivaneau n. m.
[1]**vivant, ante** adj. et n.
→ aussi **bon vivant**
[2]**vivant** n. m. (temps de la vie)
vivarium /-jɔm/ n. m.
vivat interj. et n. m.
[1]**vive** n. f.
[2]**vive** ou **vivent** interj.
➾ Avec un nom au singulier, on écrit toujours *vive* : *vive le roi !* Avec un nom au pluriel, on peut écrire *vive* ou *vivent* : *vive les mariés !* ou *vivent les mariés !* De nos jours, l'invariabilité tend à l'emporter.
vive-eau n. f. ▪ plur. **vives-eaux**
vive-la-joie n. m. inv.
vivement adv.
vivent interj.
→ [2]**vive**
viverridé n. m.
viveur n. m.
vivide adj.
vividité n. f.
vivier n. m.
HOM. formes du v. **vivre**
vivifiant, iante adj.
vivificateur, trice adj. et n.
vivification n. f.
vivifier v. tr. | conjug. 7 |
vivipare adj.
viviparité n. f.
vivisecter v. tr. | conjug. 1 |
vivisecteur, trice n.
vivisection n. f.
vivoir n. m.
vivoter v. intr. | conjug. 1 |
[1]**vivre** v. intr. et v. tr. | conjug. 46 |
➾ Le participe passé s'accorde avec le complément antéposé uniquement quand il s'agit d'un complément d'objet direct : *la vie qu'il a vécue* mais *les trois années qu'il a vécu à Londres* (il s'agit ici d'un complément de durée).
[2]**vivre** n. m.
➾ Hormis dans l'expression **le vivre et le couvert**, ce mot ne s'emploie plus qu'au pluriel : *ils lui ont coupé les vivres.*
vivré, ée adj.
vivrier, ière adj. et n.
vizir n. m.
vizirat n. m.
v'là prép.
Ξ *V'là* est une forme familière de *voilà* fréquente à l'oral.
vlan interj.
vlouf interj.
voadourou n. m.
voamboana /vɔɑ̃bɔana/ n. m.
vobulateur n. m.
vobulation n. f.
vobuler v. tr. | conjug. 1 |
vobuloscope n. m.
vocable n. m.
vocabulaire n. m.
vocabuliste n.
vocal, ale, aux adj.
vocalement adv.
vocalique adj.
vocalisateur, trice n.
vocalisation n. f.
vocalise n. f.
vocaliser v. intr. et v. tr. | conjug. 1 |
vocalisme n. m.
vocaliste n.
vocatif n. m.
vocation n. f.
vocationnel, elle adj.
voceratrice /vɔtʃeʀatʀitʃe/ ou **vocératrice** /vɔseʀatʀis/ n. f.
vocero /vɔtʃeʀo/ ▪ plur. **voceri** ou **vocéro** ▪ plur. **vocéros** /vɔseʀo/ n. m.
Ξ On peut employer les formes italiennes *vocero* et *voceri* ou les formes francisées *vocéro* et *vocéros*.
vocifer /-fɛʀ/ n. m.
vociférant, ante adj.
vociférateur, trice n.
vocifération n. f.
vociférer v. intr. | conjug. 6 |
vocodeur n. m.
vocoïde n. f.
vodka n. f.
vœu n. m.
Ξ Ce mot est toujours au singulier dans la locution **faire vœu de** : *ils font vœu de pauvreté.*
HOM. formes du v. **vouloir**
vogelia /-ʒe-/ ou **vogélia** ○ n. m.
vogoul ou **vogoule** n. m. et adj.
➾ Comme tous les noms de langues, ce mot s'écrit sans majuscule : *ils parlent le vogoul* ou *le vogoule.*
vogue n. f.
➾ La locution **en vogue** est invariable : *les auteurs en vogue.*
voguer v. intr. | conjug. 1 |

vogueur n. m.

voici prép.

⌶ En principe, *voici* s'emploie pour ce qui est proche et *voilà* pour ce qui est éloigné, mais cette distinction est de moins en moins souvent respectée : la langue courante tend à employer *voilà* dans tous les cas.

⌘ Lorsque *voici* est suivi d'une complétive, on rencontre souvent l'inversion du sujet : *voici que la nuit tombe* ou *voici que tombe la nuit.*

voie n. f.

➾ Ce mot s'écrit avec une majuscule dans **la Voie lactée**. Les locutions **en voie de** et **en bonne voie** sont invariables : *les pays en voie de développement ; ils sont en voie de réussir ; les négociations sont en bonne voie.* Ne pas écrire *voix* à la place de *voie* : *avoir voix au chapitre* mais *les voies du Seigneur.*

HOM. **voix**, formes du v. **voir**

voilà prép.

⌶ En principe, *voici* s'emploie pour ce qui est proche et *voilà* pour ce qui est éloigné, mais cette distinction est de moins en moins souvent respectée : la langue courante tend à employer *voilà* dans tous les cas.

⌘ Lorsque *voilà* est suivi d'une complétive, on rencontre souvent l'inversion du sujet : *voilà que l'orage éclate* ou *voilà qu'éclate l'orage.*

voilage n. m.

¹voile n. m. (étoffe, vêtement, masque)

²voile n. f. (voilure, activité)

➾ Ce mot est au singulier dans **faire voile**, **planche à voile**, **vol à voile** et **à voile et à vapeur**. Il est au pluriel dans **être sous voiles**, **faire force de voiles** et **toutes voiles dehors**. Il est normalement au singulier dans **marine à voile** ; le pluriel est toutefois fréquent. On écrit **bateau à voile(s)** avec ou sans *s* selon que le navire a une ou plusieurs voiles.

→ aussi **grand-voile**

voilé, ée adj.

voilement n. m.

¹voiler v. tr. | conjug. 1 | (couvrir d'un voile)

¬ **se voiler**

➾ Aux temps composés de la forme pronominale, le participe passé s'accorde en genre et en nombre avec le sujet : *elles se sont voilées.* Mais le participe passé ne s'accorde pas quand il est suivi d'un complément d'objet direct : *ils se sont voilé la face.*

²voiler v. tr. | conjug. 1 | (garnir de voiles (un bateau))

voiler (se) v. pron. | conjug. 1 | (se déformer)

➾ Aux temps composés de la forme pronominale, le participe passé s'accorde en genre et en nombre avec le sujet : *la roue s'est voilée.*

voilerie n. f.

voilette n. f.

voiletté, ée adj.

voilier n. m.

voilure n. f.

voir v. intr., v. tr. et v. tr. ind. | conjug. 30 |

⌶ La construction transitive indirecte **voir à** (+ inf. ou subj.) s'emploie uniquement au sens de « songer à, veiller à » : *nous verrons à vous dédommager* ou *à ce que vous soyez dédommagé.*

➾ Quand le participe passé *vu* est suivi d'un verbe à l'infinitif, il est invariable si son complément est aussi complément du verbe à l'infinitif : *les voitures que j'ai vu conduire.* En revanche, le participe passé s'accorde avec le complément si celui-ci est placé avant et qu'il est sujet de l'infinitif : *les voitures que j'ai vues rouler* mais *j'ai vu des voitures rouler.*

¬ **se voir**

➾ Aux temps composés de la forme pronominale, le participe passé s'accorde en genre et en nombre avec le sujet : *ils ne se sont pas vus depuis longtemps ; elle s'est vue devancée par une autre.* Lorsqu'il est suivi d'un verbe à l'infinitif, il se conforme à la règle énoncée plus haut : *ils se sont vu refuser l'entrée ; elle s'est vue mourir.*

HOM. **voire**

→ aussi **²beau**

voire adv.

⌶ **Voire même** est considéré comme pléonastique par certains puristes. Cette locution est toutefois courante et ne peut être considérée comme fautive.

HOM. **voir**

voirie n. f.

➾ Ne pas écrire **voierie.*

voirolle n. f.

voisé, ée adj.

voisement n. m.

voisin, ine adj. et n.

voisinage n. m.

voisiner v. intr. | conjug. 1 |

voiturage n. m.

voiture n. f.

voiture-balai n. f. ▪ plur. **voitures-balais**

voiture-bar n. f. ▪ plur. **voitures-bars**

voiturée n. f.

voiture-école n. f. ▪ plur. **voitures-écoles**

voiture-lit n. f. ▪ plur. **voitures-lits**

voiture-poste n. f. ▪ plur. **voitures-poste**

voiturer v. tr. | conjug. 1 |

voiture-restaurant n. f. ▪ plur. **voitures-restaurants**

voiture-salon n. f. ▪ plur. **voitures-salons**

voiturette n. f.

voiture-ventouse n. f. ▪ plur. **voitures-ventouses**
voiturier n. m. et adj. m.
voiturin n. m.
voïvodat n. m.
voïvode n. m.
voïvodie n. f.
voix n. f.
➾ Ne pas écrire *voie* à la place de *voix* : *les voies du Seigneur* mais *avoir voix au chapitre*.
HOM. **voie**, formes du v. **voir**
vol n. m.
➾ Les locutions **en vol, en plein vol** et **à vol d'oiseau** sont invariables.
HOM. **vole**, formes du v. **voler**
volable adj.
volage adj.
volaille n. f.
volailler, ère n.
volailleur, euse n.
volain n. m.
volant, ante adj. et n. m.
volante n. f.
volanter v. tr. | conjug. 1 |
volapuk n. m.
➾ Comme tous les noms de langues, ce mot s'écrit sans majuscule : *ils parlent le volapuk*.
volatil, ile adj.
➾ Ne pas écrire *volatile* au masculin.
HOM. **volatile**
volatile n. m.
HOM. **volatil**
volatilisable adj.
volatilisation n. f.
volatiliser v. tr. | conjug. 1 |
volatilité n. f.
vol-au-vent n. m. ▪ plur. **vols-au-vent** ou plur. inv.
volcan n. m.
volcanicité n. f.
volcanien, ienne adj.
volcanique adj.
volcaniquement adv.
volcanisation n. f.
volcanisme n. m.
volcanologie ou **vulcanologie** n. f.
volcanologique ou **vulcanologique** adj.
volcanologue ou **vulcanologue** n.
volcelest /-lɛ/ n. m.
vole n. f.
HOM. **vol**
volé, ée adj.
volée n. f.
➾ Les locutions **à toute volée** et **de haute volée** sont invariables.
volémie n. f.
voler v. intr. et v. tr. | conjug. 1 |
Ξ **Voler dans l'air** est un pléonasme à éviter.
¬ **se voler**
➾ Aux temps composés de la forme pronominale, le participe passé s'accorde en genre et en nombre avec le sujet : *ils se sont volés dans les plumes*.
volereau n. m.
volerie n. f.
volet n. m.
HOM. **volley**, formes du v. **voler**
voletant, ante adj.
voleter v. intr. | conjug. 4 |
HOM. **volter**
volette n. f.
volettement ou **volètement**○ n. m.
voleur, euse n. et adj.
volier n. m.
HOM. formes du v. **voler**
volière n. f.
volige n. f.
voligeage n. m.
voliger v. tr. | conjug. 3 |
volis n. m.
volitif, ive adj.
volition n. f.
volkameria /-me-/ ou **volkaméria**○ n. m.
volley n. m.
▫ abrév. de **volleyball**
HOM. **volet**, formes du v. **voler**
volleyball ▪ plur. **volleyballs** ou **volley-ball** ▪ plur. **volley-balls** /vɔlɛbol/ n. m.
♪ Contrairement à la dernière syllabe de *handball* (mot allemand) qui se prononce /bal/, celle de *volleyball* (mot anglais) se prononce /bol/.
volleyer v. intr. | conjug. 1 |
volleyeur, euse n.
volnay n. m.
➾ Lorsqu'il désigne un vin, ce mot s'écrit sans majuscule, contrairement au nom propre qui désigne la commune : *un vin de Volnay* mais *une bouteille de volnay*.
volontaire adj. et n.
volontairement adv.
volontariat n. m.
volontarisme n. m.
volontariste adj.
volonté n. f.
➾ Les locutions **à volonté** et **de bonne volonté** sont invariables.
Ξ ***La plus bonne volonté** et ***la meilleure bonne volonté** sont fautifs : il faut dire **la meilleure volonté**.
volontiers adv.
➾ Ne pas oublier le *s* final.
Ξ L'emploi de cet adverbe en parlant de

choses est correct : *des activités volontiers ludiques*.
volorécepteur n. m.
volt n. m.
HOM. **volte**
volta n. f.
voltage n. m.
Ξ L'emploi de ce mot pour désigner la différence de potentiel est critiqué. Dans la langue soignée, il faut employer *tension*.
[1]**voltaïque** adj. (de la pile de Volta)
[2]**voltaïque** adj. et n. (de la Haute-Volta)
➾ L'adjectif s'écrit sans majuscule : *la population voltaïque*. Le nom s'écrit avec une majuscule : *les Voltaïques ; une Voltaïque*.
voltaire n. m.
➾ Employé comme nom commun, ce mot s'écrit sans majuscule et prend la marque du pluriel : *des voltaires d'époque*. En revanche il est invariable et s'écrit avec une majuscule dans **fauteuil Voltaire** car il s'agit du nom propre.
voltairianisme n. m.
voltairien, ienne adj. et n.
voltaïsation n. f.
voltamètre n. m.
voltampère n. m.
voltampèremètre n. m.
voltampérométrie n. f.
volte n. f.
HOM. **volt**
volte-face ▪ plur. inv. ou plur. **volte-faces** ou **volteface**○ ▪ plur. **voltefaces**○ n. f.
volter v. intr. | conjug. 1 |
HOM. **voleter**
volti interj.
voltige n. f.
voltigeant, ante adj.
voltigement n. m.
voltiger v. intr. | conjug. 3 |
voltigeur, euse n.
voltmètre n. m.
volubile adj.
volubilement adv.
volubilis /-is/ n. m.
volubilité n. f.
volucelle n. f.
Volucompteur® n. m.
➾ Comme tous les noms déposés, ce mot doit s'écrire avec une majuscule : *installer un Volucompteur*. Toutefois, on le trouve fréquemment employé comme nom générique sans respect de la règle : *installer un volucompteur*.
volucraire n. m.
volumateur, trice adj. et n. m.
volume n. m.
volumen /-mɛn/ n. m. ▪ plur. **volumens** ou plur. inv.
volumètre n. m.
volumétrie n. f.
volumétrique adj.
volumétriquement adv.
volumineux, euse adj.
volumique adj.
volupté n. f.
voluptuaire adj.
voluptueusement adv.
voluptueux, euse adj.
volute n. f.
☯ Ce mot est féminin : *une volute*.
volvacé, ée adj.
volvaire n. f.
volvation n. f.
volve n. f.
volvé, ée adj.
volvocacée n. f.
volvocale n. f.
volvoce ou **volvox** n. m.
volvulé, ée adj.
volvulus /-lys/ n. m.
vomer /-mɛʀ/ n. m.
vomérien, ienne adj.
vomi n. m.
HOM. formes du v. **vomir**
vomique adj. f et n. f.
vomiquier n. m.
vomir v. tr. | conjug. 2 |
vomissement n. m.
vomissure n. f.
vomitif, ive adj.
vomitoire n. m.
vomito negro /-negʀo/ ou **vomitonégro**○ n. m.
vopo n. m.
vorace adj.
voracement adv.
voracité n. f.
vorge n. f.
vorgine n. f.
vortex n. m.
vorticelle n. f.
vorticisme n. m.
vorticiste adj. et n.
vorticité n. f.
vos adj. poss. pl.
HOM. **vau, veau**, formes du v. **valoir**
→ **votre**
votant, ante n.
votation n. f.
[1]**vote** n. m. (scrutin, suffrage)
[2]**vote** n. f. (fête)
voter v. intr. et v. tr. | conjug. 1 |
Ξ Les formules *voter à droite/à gauche* et

voter démocrate/socaliste/vert, etc. sont admises dans le langage courant. Dans la langue soignée, on dira plutôt *voter pour la droite/pour la gauche* et *voter pour les démocrates/pour les socialistes/pour les verts*, etc. Avec un nom de personne, la construction transitive est familière : il faut dire *voter pour qqn* plutôt que *voter qqn*. En revanche, au sens de « faire adopter, décider par un vote », la construction transitive est correcte : *ils ont voté la guerre.*

voteur, euse adj.

votiak ou **votyak** adj. et n.

➾ L'adjectif s'écrit sans majuscule : *le peuple votiak*. Le nom s'écrit avec une majuscule uniquement quand il désigne une personne : *les Votiaks ; une Votiak* mais *parler le votiak*.

votif, ive adj.

votre adj. poss.

Ξ L'adjectif possessif est remplacé par *le, la, les* quand il détermine un nom désignant une partie du corps ou de l'esprit du sujet de la phrase : *vous vous êtes cassé le bras* (et non **vous vous êtes cassé votre bras* ni **vous avez cassé votre bras*) ; *vous avez perdu la mémoire* (et non **vous avez perdu votre mémoire*). Certaines expressions figées font exception : *vous n'avez plus toute votre tête* (et non **toute la tête*).

vôtre adj., pron. poss. et n.

Ξ *Vôtre* s'emploie couramment comme pronom : *cette maison est la vôtre ; je serai des vôtres*. L'adjectif possessif s'emploie dans la formule **amicalement vôtre** et dans le registre soutenu en fonction attribut : *cette idée est vôtre*. Devant un nom, il faut employer l'adjectif possessif *votre*, sans accent circonflexe : *c'est votre idée*.

HOM. **vautre**, formes du v. **vautrer (se)**

voucher /vuʃɛʀ ; -ʃœʀ/ n. m.

vouer v. tr. | conjug. 1 |

¬ se vouer

➾ Aux temps composés de la forme pronominale, le participe passé s'accorde en genre et en nombre avec le sujet : *ils se sont voués à cette cause.*

vouerie n. f.

vouge n. m.

voui adv. d'affirmation

Ξ *Voui* est une forme populaire de *oui* employée à l'oral.

vouivre n. f.

¹vouloir v. tr. | conjug. 31 |

▸ **vouloir que** (+ subj.) *il veut que tout soit parfait*

▸ **en vouloir** *un sportif qui en veut*

▸ **en vouloir à qqch.** *il en veut à son argent*

▸ **en vouloir à qqn** *il lui en veut d'avoir menti*

Ξ La construction indirecte **vouloir de** (+ n.) s'emploie uniquement au sens de « être disposé à se satisfaire de, à accepter » : *elle ne veut pas de tes excuses ; personne ne veut de lui comme directeur*. Au sens de « souhaiter obtenir, souhaiter que se produise », on emploie la construction transitive directe : *il veut cette maison ; elle veut cet homme ; ils veulent une révolution.*

Dans les formules de courtoisie, on emploie **bien vouloir** (+ inf.) plutôt que **vouloir bien** (+ inf.) : *je vous prie de bien vouloir me renseigner.*

Pour formuler une demande, on emploie généralement le conditionnel de politesse : *je voudrais trois baguettes s'il vous plaît.*

⌘ **Vouloir que** peut être suivi de l'indicatif lorsqu'il s'agit d'une constatation ou d'un fait fortuit : *je veux bien qu'il faut le faire, mais je ne peux m'y résoudre ; le hasard voulut qu'il faisait beau ce jour-là.*

CONJUG. À la deuxième personne du singulier et du pluriel de l'impératif, ce verbe a deux formes : *veux* et *veuille*, *voulez* et *veuillez*. *Veux* et *voulez* s'emploient surtout à la négative dans la locution **en vouloir à qqn** : *ne m'en veux pas ; ne m'en voulez pas*. Dans une formule de politesse, on emploie toujours *veuillez* : *veuillez agréer...*

Au subjonctif présent, les formes *que nous veuillons* et *que vous veuillez* ne sont plus en usage. On dit de nos jours *que nous voulions* et *que vous vouliez.*

¬ se vouloir

▸ **se vouloir** (+ adj.) *son discours se veut impartial*

▸ **s'en vouloir** *il s'en veut d'avoir refusé*

➾ Aux temps composés de la forme pronominale, le participe passé s'accorde en genre et en nombre avec le sujet : *ils se sont voulus rassurants*. Mais le participe passé ne s'accorde jamais dans l'expressions **s'en vouloir** : *elle s'en est voulu* (à elle-même).

²vouloir n. m.

Ξ Ce mot s'emploie surtout dans la locution **bon vouloir** : *il agit selon son bon vouloir.*

voulu, ue adj.

vous pron. pers.

⌘ Le *vous* de politesse qui s'adresse à une seule personne entraîne l'accord du verbe au pluriel mais pas celui de l'adjectif et du participe passé : *vous êtes très aimable ; je vous trouve fatigué.*

Beaucoup d'entre vous, la plupart d'entre vous et **certains d'entre vous** entraînent l'accord à la troisième personne du pluriel : *beaucoup d'entre vous sont déçus.*

Après plusieurs sujets incluant *toi*, la reprise par *vous* est facultative : *tes amis et toi avez beaucoup de chance* ou *tes amis et toi, vous avez beaucoup de chance*.
HOM. formes du v. **vouer**
vous-même(s) pron. pers.
vousoiement n. m.
→ **voussoiement**
vousoyer v. tr. | conjug. 8 |
→ **voussoyer**
voussé, ée adj.
vousseau n. m.
voussoiement ou **vousoiement** n. m.
➾ Ne pas oublier le *e* muet.
☰ Ce mot est vieilli. De nos jours, on dit plus couramment *vouvoiement*.
voussoir n. m.
voussoyer ou **vousoyer** v. tr. | conjug. 8 |
☰ Ce verbe est vieilli. De nos jours, on dit plus couramment *vouvoyer*.
voussure n. f.
voûtain ou **voutain**○ n. m.
voûte ou **voute**○ n. f.
voûté, ée ou **vouté, ée**○ adj.
voûter ou **vouter**○ v. tr. | conjug. 1 |
¬ **se voûter**
➾ Aux temps composés de la forme pronominale, le participe passé s'accorde en genre et en nombre avec le sujet : *elle s'est voûtée avec l'âge*.
voûture ou **vouture**○ n. f.
vouvoiement n. m.
➾ Ne pas oublier le *e* muet.
vouvoyer v. tr. | conjug. 8 |
¬ **se vouvoyer**
➾ Aux temps composés de la forme pronominale, le participe passé s'accorde en genre et en nombre avec le sujet : *elles se sont longtemps vouvoyées*.
vouvray n. m.
➾ Lorsqu'il désigne un vin, ce mot s'écrit sans majuscule, contrairement au nom propre qui désigne la région : *un vin de Vouvray* mais *une bouteille de vouvray*.
vox populi n. f. inv.
voyage n. m.
1voyager v. intr. | conjug. 3 |
2voyager, ère adj.
HOM. formes du v. **voyager**
voyageur, euse n.
voyageur-kilomètre n. m. ▪ plur. **voyageurs-kilomètres**
voyagiste n.
▫ rec. off. pour **tour-opérateur**
voyance n. f.
voyant, ante n. et adj.
voyelle n. f.
voyer n. m.
HOM. formes du v. **voir**
voyette n. f.
voyeur, euse n.
voyeurisme n. m.
voyou n. m.
➾ Le pluriel est régulier : *des voyous*.
☰ Ce mot peut s'employer comme adjectif ; il prend la marque du pluriel : *ils sont un peu voyous*.
Voyou s'emploie généralement pour parler d'un homme. Pour parler d'une femme, on rencontre parfois la forme *voyoute*.
voyoucratie /-si/ n. f.
voyoute n. f.
→ aussi **voyou**
voyouterie n. f.
vozigue pron. pers.
V. P. C. n. f.
▫ abrév. de **vente par correspondance**
vrac n. m.
☰ Ce mot s'emploie surtout dans la locution **en vrac** : *des marchandises en vrac*.
vrai, vraie adj., n. m. et adv.
▸ **il est vrai que** (+ indic.) *il est vrai qu'il pleut souvent en cette saison*
☰ On peut employer indifféremment **à dire vrai** ou **à vrai dire**.
➾ L'adverbe est invariable : *elles parlent vrai*.
vraiment adv.
➾ Ne pas écrire **vraiement*.
vraisemblable /-sɑ̃-/ adj.
➾ Ne pas écrire **vraissemblable* : ce mot n'a qu'un seul *s*.
⌘ Dans une phrase affirmative, la locution **il est vraisemblable que** est suivie de l'indicatif : *il est vraisemblable qu'il s'est perdu*. Dans une phrase interrogative ou négative, il est suivi du subjonctif : *il n'est pas vraisemblable qu'il se soit perdu*. On emploie également le conditionnel pour exprimer une hypothèse : *si elle participait, il est vraisemblable qu'elle gagnerait*.
vraisemblablement /-sɑ̃-/ adv.
➾ Ne pas écrire **vraissemblablement* : ce mot n'a qu'un seul s.
vraisemblance /-sɑ̃-/ n. f.
➾ Ne pas écrire **vraissemblance* : ce mot n'a qu'un seul *s*.
vraquier n. m.
vreneli /vʀenəli/ n. m.
vrillage n. m.
vrillant, ante adj.
vrille n. f.
vrillé, ée adj.
vrillée n. f.
vrillement n. m.
vriller v. intr. et v. tr. | conjug. 1 |
vrillerie n. f.

vrillette n. f.
vrillon n. m.
HOM. formes du v. **vriller**
vrombir v. intr. | conjug. 2 |
vrombissant, ante adj.
vrombissement n. m.
vroum interj.
V. R. P. n. inv.
▫ abrév. de **voyageur, représentant, placier**
V. S. n. f.
▫ abrév. de **vitesse de sédimentation**
vs prép.
▫ abrév. de **versus**
☰ Cette abréviation ne s'emploie qu'à l'écrit. Elle se met en italique dans un texte en romain et en romain dans un texte en italique.
V. S. N. n. m.
▫ abrév. de **volontaire du service national**
V. T. C. n. m.
▫ abrév. de **vélo tout-chemin**
V. T. T. n. m.
▫ abrév. de **vélo tout-terrain**
V. T. Tiste n.
→ **vététiste**
[1]**vu, vue** adj.
➾ Les locutions **ni vu ni connu, au vu de** et **au vu et au su de tout le monde** sont invariables.
☰ Ne pas confondre **au vu de** (+ n.), qui signifie « en voyant » (*au vu des résultats*), avec **en vue de** (+ n.), qui signifie « de manière à préparer » (*en vue des élections*).
[2]**vu** prép.
▸ **vu que** (+ indic.) *vu qu'il est tard, je préfère attendre demain*
➾ Comme toutes les prépositions, *vu* est invariable : *vu les circonstances, il vaut mieux attendre.*
vue n. f.
➾ Ce mot est toujours au singulier dans les locutions suivantes : **à vue, à vue de nez, à vue d'œil, à perte de vue, à première vue, avoir vue sur, connaître qqn de vue, en vue, en vue de, garde à vue** et **point de vue.** Il est au pluriel dans **échange de vues** et **hauteur/largeur/profondeur de vues.**
☰ Ne pas confondre **en vue de** (+ n.), qui signifie « de manière à préparer » (*en vue des élections*), avec **au vu de** (+ n.), qui signifie « en voyant » (*au vu des résultats*).
vulcain n. m.
vulcanal, ale, aux adj.
Vulcanales n. f. pl.
➾ Comme tous les noms de fêtes, ce mot s'écrit avec une majuscule : *les Vulcanales étaient célébrées en l'honneur de Vulcain.*
vulcanien, ienne adj.
vulcanisant, ante adj. et n. m.
vulcanisation n. f.
vulcaniser v. tr. | conjug. 1 |
vulcanisme n. m.
vulcanite n. f.
vulcanologie n. f.
→ **volcanologie**
vulcanologique adj.
→ **volcanologique**
vulcanologue n.
→ **volcanologue**
vulgaire adj. et n. m.
vulgairement adv.
vulgarisateur, trice n. et adj.
vulgarisation n. f.
vulgariser v. tr. | conjug. 1 |
¬ **se vulgariser**
➾ Aux temps composés de la forme pronominale, le participe passé s'accorde en genre et en nombre avec le sujet : *cette technique s'est vulgarisée.*
vulgarisme n. m.
vulgarité n. f.
vulgate n. f.
➾ Ce mot s'écrit avec une majuscule lorsqu'il désigne la traduction latine de la Bible.
vulgivague adj.
vulgo adv.
vulgum pecus /vylgɔmpekys/ n. m. sing.
vulnérabilité n. f.
vulnérable adj.
[1]**vulnéraire** adj. et n. m. (vx : médicament)
[2]**vulnéraire** n. f. (plante)
vulpin, ine adj. et n. m.
vultueux, euse adj.
vultuosité n. f.
vulturidé n. m.
vulturin, ine adj.
vulvaire adj. et n. f.
vulve n. f.
vulvite n. f.
vulvovaginal, ale, aux adj.
vulvovaginite n. f.
vumètre n. m.

W

w n. m. inv, abrév. et symb.

♪ Les mots qui contiennent un *w* sont pour la plupart des emprunts. Dans un mot emprunté à l'allemand ou à une langue scandinave, le *w* se prononce généralement /v/ : *weltanschauung* ; *walkyrie*. Dans un mot emprunté à l'anglais, au néerlandais, au flamand, à une langue orientale, africaine ou océanienne, il se prononce généralement /w/ : *whisky* ; *waterzooï* ; *wasabi* ; *wallaby*. Lorsque la prononciation est francisée, on le prononce /v/ : *wagon*.

W n. m. inv, abrév. et symb.

wading /wɛdiŋ/ n. m.

wagage /wa-/ n. m.

wagnérien, ienne /vagneʀjɛ̃, jɛn/ adj.

wagnérisme /vagneʀism/ n. m.

wagon /va-/ n. m.

Ξ *Wagon* désigne le véhicule aménagé pour le transport des marchandises ou des bestiaux. Pour le transport des voyageurs, on emploie plutôt *voiture*.

HOM. formes du v. **vaguer**

wagon-bar n. m. ▪ plur. **wagons-bars**

wagon-citerne n. m. ▪ plur. **wagons-citernes**

wagon-foudre n. m. ▪ plur. **wagons-foudres**

wagon-lit n. m. ▪ plur. **wagons-lits**

wagonnage /va-/ n. m.

wagonnée /va-/ n. f.

wagonnet /va-/ n. m.

wagonnier, ière /va-/ n.

wagon-poste n. m. ▪ plur. **wagons-poste**

wagon-réservoir n. m. ▪ plur. **wagons-réservoirs**

wagon-restaurant n. m. ▪ plur. **wagons-restaurants**

wagon-salon n. m. ▪ plur. **wagons-salons**

wagon-tombereau n. m. ▪ plur. **wagons-tombereaux**

wagon-trémie n. m. ▪ plur. **wagons-trémies**

wagon-vanne n. m. ▪ plur. **wagons-vannes**

wahhabisme /waa-/ n. m.

➾ Comme tous les mots désignant une doctrine religieuse, ce nom s'écrit sans majuscule : *les partisans du wahhabisme*.

wahhabite /waa-/ adj. et n.

➾ Comme tous les mots désignant ou qualifiant une doctrine religieuse ou ses adeptes, ce mot s'écrit sans majuscule : *la doctrine wahhabite* ; *les wahhabites*.

wah-wah ou **wahwah**○ /wawa/ adj. et n. f. inv.

HOM. **wawas**

wakeboard /wɛkbɔʀd/ n. m.

walé /wa-/ n. m.

walhalla /walala/ n. m.

wali /wali/ n. m.

walkie-talkie /wokitoki ; wɔlkitɔlki/ n. m. ▪ plur. **walkies-talkies**

Walkman® /wɔ(l)kman/ n. m.

□ rec. off. : **baladeur**

➾ Comme tous les noms déposés, ce mot doit s'écrire avec une majuscule : *un Walkman à cassettes*. Toutefois, on le trouve fréquemment employé comme nom générique sans respect de la règle : *un walkman à cassettes*.

➾ *Walkman* a un pluriel régulier : *des walkmans*.

walk-over ▪ plur. inv. ou **walkoveur**○ ▪ plur. **walkoveurs**○ /wɔ(l)kɔvœʀ/ n. m.

walkyrie /va-/ ou **valkyrie** n. f.

➾ On écrit **les Walkyries** avec une majuscule pour désigner les divinités guerrières de la mythologie germanique.

wallaby /wa-/ n. m. ▪ plur. **wallabys** ou plur. **wallabies**

Ξ On peut employer le pluriel francisé *wallabys* ou le pluriel anglais *wallabies*.

wallace /wa-/ n. f.

➾ Employé comme nom commun, ce mot s'écrit sans majuscule : *les wallaces de Paris*.

Mais il est invariable et s'écrit avec une majuscule dans **fontaine Wallace** car il s'agit du nom propre.

wallingant, ante /wa-/ n. et adj.

➾ Ce mot s'écrit sans majuscule : *les wallingants et les flamingants.*

wallon, onne /wa-/ n. et adj.

➾ L'adjectif s'écrit sans majuscule : *la population wallonne.* Le nom s'écrit avec une majuscule uniquement quand il désigne une personne : *les Wallons et les Flamands ; c'est une Wallonne* mais *parler le wallon.*

wallonisme /wa-/ n. m.

walloniste /wa-/ n.

waouh /wau/ interj.

WAP /wap/ n. m.

□ abrév. de **wireless application protocol**

wapiti /wa-/ n. m.

wargame /waʀgɛm/ n. m.

warning /waʀniŋ/ n. m.

□ rec. off. : **feu de détresse**

warrant /va-/ n. m.

HOM. **varan**

warrantage /va-/ n. m.

warranter /va-/ v. tr. | conjug. 1 |

warrat /va-/ n. m.

wasabi /wazabi/ n. m.

washingtonia /waʃiŋtɔnja/ n. m.

wasp /wasp/ n. et adj.

□ abrév. de **white anglo-saxon protestant**

wassingue /wasɛ̃g ; vasɛ̃g/ n. f.

wastringue /wa-/ n. m.

watchman /watʃman/ n. m.

water /watɛʀ/ n. m.

→ **waters**

water-ballast /watɛʀbalast/ n. m. ■ plur. **water-ballasts**

waterbuck /watɛʀbœk/ n. m.

watergang /watɛʀgɑ̃g/ n. m.

waterie /wa-/ n. f.

wateringue /watʀɛ̃g/ n. m. ou f.

waterpoliste /watɛʀ-/ n.

water-polo ■ plur. **water-polos** ou **waterpolo**○ ■ plur. **waterpolos**○ /watɛʀpɔlo/ n. m.

waterproof /watɛʀpʀuf/ adj.

➾ Le pluriel est régulier : *des montres waterproofs.*

waters n. m. pl. ou **water** /watɛʀ/ n. m.

□ abrév. de **water-closet**

Ξ On emploie plus souvent le pluriel pour désigner un lieu unique : *aller aux waters.*

waterzooi ou **waterzoï** /watɛʀzoj/ n. m.

watt /wat/ n. m.

HOM. **ouate**, formes du v. **ouater**

wattheure /watœʀ/ n. m.

wattman /watman/ n. m. ■ plur. **wattmans** ou plur. **wattmen**

Ξ On peut employer le pluriel à la française *wattmans* ou le pluriel à l'anglaise *wattmen.*

wattmètre /wat-/ n. m.

wavellite /wa-/ n. f.

wawas /wawa/ n. m. pl.

HOM. **wah-wah**

wax /waks ; wɑks/ n. m.

wayang /wajɑ̃g/ n. m.

waza /wa-/ n. m.

W.-C. /dubləvese ; vese/ n. m. pl.

□ abrév. de **water-closets**

HOM. **vécés, vesser**

web /wɛb/ n. m.

□ abrév. de **world wide web**

□ rec. off. : **toile (d'araignée) mondiale**

➾ Ce mot peut s'écrire avec une majuscule : *surfer sur le web* ou *sur le Web.*

Ξ *Web* peut s'employer en apposition ; il est alors invariable : *des pages web.*

webcam /wɛbkam/ n. f.

□ rec. off. : **cybercaméra**

webdesigner ou **webdesigneur, euse**○ /wɛbdizajnœʀ/ n.

weber ou **wéber**○ /vebɛʀ/ n. m.

webmaster /wɛbmastœʀ/ n. m.

□ rec. off. : **administrateur de site** ou **administrateur de serveur**

webmestre /wɛb-/ n.

webrairie /wɛb-/ n. f.

webtélé /wɛb-/ n. f.

webzine /wɛb-/ n. m.

wech ou **wesh** ou **ouech** /wɛʃ/ adv. et n.

wedge /wɛdʒ/ n. m.

week-end /wikɛnd/ ■ plur. **week-ends** ou **weekend**○ ■ plur. **weekends**○ n. m.

weimarien, ienne /vɛmaʀjɛ̃/ adj. et n.

welche /vɛlʃ/ n. m.

→ **velche**

wellingtonia /weliŋtɔnja/ n. m.

weltanschauung /vɛltanʃauŋ(g)/ n. f.

welter /wɛltɛʀ ; vɛltɛʀ/ n. m.

wengé /vɛŋge ; wɛŋge/ n. m.

wergeld /vɛʀgɛld ; vɛʀgɛlt/ n. m.

werthérien, ienne /vɛʀ-/ adj.

wesh /wɛʃ/ adv. et n.

→ **wech**

wesleyen, enne /wɛs-/ adj.

wesselton /wɛsɛltɔn/ n. m.

western /wɛstɛʀn/ n. m.

westernien, ienne /wɛs-/ adj.

wharf /waʀf/ n. m.

whig /wig/ adj. et n.

➾ Ce mot s'écrit sans majuscule : *les whigs.*

whiggisme /wigism/ n. m.
➾ Ce mot s'écrit sans majuscule : *les partisans du whiggisme.*
whip /wip/ n. m.
whipcord /wipkɔʀd/ n. m.
whiskey /wiskɛ/ n. m.
whisky /wiski/ n. m. ▪ plur. **whiskys** ou plur. **whiskies**
☰ On peut employer le pluriel francisé *whiskys* ou le pluriel anglais *whiskies.*
HOM. **wiski**
whist /wist/ n. m.
white /wajt/ n. m.
white-spirit /wajtspiʀit/ n. m. ▪ plur. **white-spirits**
wicket /wikɛt/ n. m.
widget /widʒɛt/ n. m.
widia /vidja/ n. m.
wifi ou **wi-fi** /wifi/ n. m. inv.
▫ abrév. de **wireless fidelity**
▫ rec. off. : **accès sans fil à l'internet**
☰ Ce mot peut s'employer en apposition ; il est invariable : *des connexions wifi.*
wigwam /wigwam/ n. m.
wiki /wiki/ n. m.
☰ Ce mot peut s'employer en apposition ; il est alors invariable : *des sites wiki.*
wilaya /wi- ;vi-/ n. f.
wildcat /wajldkat/ n. m.
wildien, ienne /wajldjɛ̃/ adj.
williams /wiljams/ n. f.
winch /win(t)ʃ/ n. m. ▪ plur. **winchs** ou plur. **winches**
▫ rec. off. : **cabestan**
☰ On peut employer le pluriel francisé *winchs* ou le pluriel anglais *winches.*
winchester /win(t)ʃɛstɛʀ/ n. f.
Windsurf® /windsœʀf/ n. m.
➾ Comme tous les noms déposés, ce mot doit s'écrire avec une majuscule : *faire du Windsurf.* Toutefois, on le trouve fréquemment employé comme nom générique sans respect de la règle : *faire du windsurf.*
windsurfeur, euse ou **windsurfer** /windsœʀfœʀ/ n.
windsurfiste /windsœʀfist/ n.
winstub /vinʃtub/ n. f.
wintergreen /wintɛʀgʀin/ n. m.
wishbone /wiʃbon/ n. m.
▫ rec. off. : **bôme double**
wisigoth, othe /vizigo, ɔt/ adj. et n.
➾ L'adjectif s'écrit sans majuscule : *l'art wisigoth.* Le nom s'écrit avec une majuscule : *les Wisigoths ; c'est une Wisigothe.*
wisigothique /vizi-/ adj.
wiski /wi-/ n. m.
HOM. **whisky**
withérite /wi-/ n. f.
witloof /witlɔf/ n. f.
W. O. abrév.
▫ abrév. de **walk-over**
woh interj.
wok /wɔk/ n. m.
wolfram /vɔlfʀam/ n. m.
wolframite /vɔlfʀa-/ n. f.
wolof ou **ouolof** /wɔlɔf/ adj. et n.
➾ L'adjectif s'écrit sans majuscule : *la population wolof.* Le nom s'écrit avec une majuscule uniquement quand il désigne une personne : *les Wolofs ; c'est une Wolof* mais *parler le wolof.*
wombat /wɔ̃ba/ n. m.
won /wɔn/ n. m.
woofer ou **woofeur** /wufœʀ/ n. m.
▫ rec. off. : **haut-parleur des graves**
worabée /wɔ-/ n. m.
world music /wœʀldmjuzik/ n. f. ▪ plur. **world musics**
World Wide Web /wœʀldwajdwɛb/ n. m. sing.
wormien /vɔʀ-/ adj. m.
worsted /wɔʀstɛd/ n. m.
wouah ou **wouaou(h)** /wa ; wau/ interj.
HOM. **oie, ouah**
würm /vyʀm/ n. m.
würmien, ienne /vyʀm-/ adj.
wyandotte /vjɑ̃dɔt/ n. f. et adj.

X

x n. m. inv, abrév. et symb.
♪ Cette lettre se prononce /ks/ (*extrême, lynx*) ou /gz/, en particulier dans les mots commençant par *ex-* suivi d'une voyelle (*exagéré, exemple, exiger, exhibition*) ou à l'initiale (*xénon*), ou /z/ (*deuxième, dixième*) ainsi qu'en liaison (*deux amis* /døzami/), ou encore /s/ (*Bruxelles, soixante*).
HOM. **ixe**, formes du v. **ixer**
X n. m. et adj. inv., abrév. et symb.
HOM. **ixe**, formes du v. **ixer**
xancus /-kys/ n. m.
xanthane n. m.
xanthate n. m.
xanthélasma n. m.
xanthène n. m.
xanthie n. f.
xanthine n. f.
xanthinique adj.
xanthique adj.
HOM. **xantiques**
xanthochromie /-k-/ n. f.
xanthogénate n. m.
xanthogénique adj.
xanthomatose n. f.
xanthome n. m.
xanthophylle n. f.
xanthopsie n. f.
Xantiques n. f. pl.
➾ Comme tous les noms de fêtes, ce mot doit s'écrire avec une majuscule : *les Xantiques étaient célébrées au mois d'avril.*
HOM. **xanthique**
xatardie n. f.
xénarthre n. m.
xénélasie n. f.
xénie n. f.
xénisme n. m.
xénobiose n. f.
xénobiotique adj. et n. m.
xénodevise n. f.
xénogénique adj.
xénoglossie n. f.
xénogreffe n. f.
xénon n. m.
xénoparasitisme n. m.
xénophile adj. et n.
xénophilie n. f.
xénophobe adj. et n.
xénophobie n. f.
xénophonie n. f.
xénoplastique adj.
xénopus n. m.
xénotest n. m.
xénotrope adj.
xénotropisme n. m.
xéranthème /gze- ; kse-/ n. m.
xérès /gzeʀɛs ; keʀɛs ; kseʀɛs/ ou **jerez** /xeʀɛs/ n. m.
xérique /gze- ; kse-/ adj.
Xérocopie® /gze- ; kse-/ n. f.
➾ Comme tous les noms déposés, ce mot doit s'écrire avec une majuscule : *une reproduction par Xérocopie*. Toutefois, on le trouve fréquemment employé comme nom générique sans respect de la règle : *une reproduction par xérocopie*.
xérodermie /gze- ; kse-/ n. f.
xérographie /gze- ; kse-/ n. f.
xérographique /gze- ; kse-/ adj.
xérophagie /gze- ; kse-/ n. f.
xérophile /gze- ; kse-/ adj.
xérophtalmie /gze- ; kse-/ n. f.
xérophtalmique /gze- ; kse-/ adj.
xérophyte /gze- ; kse-/ n. f.
xérophytique /gze- ; kse-/ adj.
xéroradiographie /gze- ; kse-/ n. f.
xérose /gze- ; kse-/ n. f.
xérosis /gzeʀozis ; kseʀozis/ n. f.
xérostomie /gze- ; kse-/ n. f.
xérus /gzeʀys ; kseʀys/ n. m.

xi ▪ plur. inv. ou plur. **xis**○ ou **ksi** ▪ plur. inv. ou plur. **ksis**○ n. m.
xième /iksjɛm/ adj. numéral
→ **ixième**
ximénie /gzi- ; ksi-/ n. f. ou **ximenia** n. m.
xipho /gzi- ; ksi-/ n. m.
◻ abrév. de **xiphophore**
xiphodynie /gzi- ; ksi-/ n. f.
xiphoïde /gzi- ; ksi-/ adj.
xiphoïdien, ienne /gzi- ; ksi-/ adj.
xiphoïdite /gzi- ; ksi-/ n. f.
xiphophore /gzi- ; ksi-/ n. m.
xir /gziʀ ; ksiʀ/ n. m.
xoanisant, ante /gzɔ- ; ksɔ-/ adj.
xoanon /gzɔ- ; ksɔ-/ n. m.
xylane /gzi- ; ksi-/ n. m.
xylème /gzi- ; ksi-/ n. m.
xylène /gzi- ; ksi-/ n. m.
xylénol /gzi- ; ksi-/ n. m.
xylidine /gzi- ; ksi-/ n. f.
xylin, ine /gzi- ; ksi-/ adj.
xylite /gzi- ; ksi-/ n. f.
xylitol /gzi- ; ksi-/ n. m.
xylo /gzi- ; ksi-/ n. m.
◻ abrév. de **xylophone**
Ξ Cette abréviation appartient au registre familier.
xylobie /gzi- ; ksi-/ adj. et n. m.
xylochimie /gzi- ; ksi-/ n. f.
xylocope /gzi- ; ksi-/ n. m.
xylofer /gzi- ; ksi-/ n. m.
xylographe /gzi- ; ksi-/ n.
xylographie /gzi- ; ksi-/ n. f.
xylographique /gzi- ; ksi-/ adj.
xylol /gzi- ; ksi-/ n. m.
xylolâtrie /gzi- ; ksi-/ n. f.
xylophage /gzi- ; ksi-/ adj.
xylophagie /gzi- ; ksi-/ n. f.
xylophène /gzi- ; ksi-/ n. m.
xylophone /gzi- ; ksi-/ n. m.
xylophoniste /gzi- ; ksi-/ n.
xylose /gzi- ; ksi-/ n. m.
xyste /ksist/ n. m.

Y

[1]y n. m. inv, abrév. et symb.
♪ Le *y* initial suivi d'une consonne se prononce /i/ et permet la liaison et l'élision : *l'ypérite* ; *l'ysopet*. Le *y* initial suivi d'une voyelle se prononce /j/ et ne permet ni la liaison ni l'élision, sauf dans *yèble*, *yeuse* et *yeux*.
HOM. **hi, hie, I**

[2]y pron. et adv.
Ξ Lorsque *y* est employé comme complément d'un impératif, on ajoute un *s* aux formes verbales qui n'en ont pas pour éviter le hiatus et on relie le *y* au verbe par un trait d'union : *va* mais *vas-y* ; *reste* mais *restes-y*. Lorsque *y* signifie « là-bas » et n'est pas complément de l'impératif, il n'est pas relié au verbe à l'impératif par un trait d'union et le verbe ne prend pas de *s* : *va y déposer la lettre* (et non **vas-y déposer la lettre*).
Pour des raisons d'euphonie, *y* est omis devant le futur et le conditionnel du verbe *aller* : *je n'y suis pas allé aujourd'hui mais j'irai demain* (et non **j'y irai*).
Y sert à transcrire la prononciation populaire des pronoms *il* et *lui* : *c'est-y pas mignon ?* (« n'est-il pas mignon ? ») ; *j'y ai déjà demandé* (« je lui ai déjà demandé ») ; *dis-y de venir* (« dis-lui de venir »).
⌘ À l'impératif, *y* se place après le pronom personnel : *emmène-les-y* (et non **emmènes-y-les*). Les pronoms *moi*, *toi* et *le* s'élident alors en *m'*, *t'* et *l'* : *emmenez-m'y* (et non **emmenez-moi-z-y*) ; *mets-l'y* (et non **mets-le-z-y*).
Devant un infinitif et avec *tout*, *rien*, et quelques adverbes (*beaucoup*, *peu*, *assez*, *bien*, etc.), *y* peut se placer avant ou après ces mots : *je commence à n'y plus rien comprendre* ou *à ne plus rien y comprendre*.
Y ne pas peut s'employer avec *où* : on ne dira pas **la rue où j'y suis né* mais *la rue où je suis né*.
HOM. **hi, hie, I**

ya n. m.
yachmak n. m.
'yacht /'jɔt/ n. m.
'yacht-club /'jɔtklœb/ n. m. ▪ plur. **yacht-clubs**
'yachting /'jɔtiŋ/ n. m.
'yachtman ou **yachtsman** /'jɔtman/ ▪ plur. **yacht(s)mans** ou plur. **yatch(s)men** n. m.
Ξ On peut employer le pluriel francisé *yacht(s)mans* ou le pluriel anglais *yacht(s)men*.
'yack ou **yak** n. m.
yagé n. m.
yaka n. m. inv.
→ **y-a-qu'à**
'yakitori n. m.
'yakuza ou **'yakusa** /jakuza/ n. m.
yali n. m.
yamba /'jɑ̃mba/ n. m.
'yang /'jɑ̃g/ n. m.
'yankee /'jɑ̃ki/ n. et adj.
'yaourt /'jauʀt/ ou **yogourt** /'jɔguʀt/ n. m.
'yaourtière n. f.
yapok n. m.
'y-a-qu'à ou **yaka** n. m. inv.
'yard /'jaʀd/ n. m.
yashiva ou **yeshiva** n. f.
'yass ou **jass** n. m.
yassa n. m.
'yatagan n. m.
yawl /'jol/ n. m.
yayamadou n. m.
'yearling /'jœʀliŋ/ n. m.
yèble n. f.
→ **hièble**
'yen /'jɛn/ n. m.
HOM. **hyène**
'yeoman /'jɔman/ n. m. ▪ plur. **yeomans** ou plur. **yeomen**
Ξ On peut employer le pluriel francisé *yeomans* ou le pluriel anglais *yeomen*.
yerkish n. m.

yeshiva n. f.
→ **yashiva**
'yéti ou **yeti** /'jeti/ n. m.
yeuse n. f.
♪ Ce mot permet la liaison et l'élision : *l'yeuse.*
yeux n. m. pl.
♪ *Yeux* permet la liaison et l'élision : *il n'a d'yeux que pour elle.*
→ aussi **œil**
'yéyé ▪ plur. **yéyés** ou **'yé-yé** ▪ plur. **yé-yé** n.
Ξ Ce mot peut s'employer comme adjectif ; il est alors invariable : *des chansons yéyé* ou *yé-yé.*
'yiddish adj. inv. et n. m. inv. ou **yidiche**○ adj. et n. m.
➾ Comme tous les noms de langues, ce mot s'écrit sans majuscule : *ils parlent le yiddish.*
'yin /'jin/ n. m.
ylang-ylang /ilɑ̃ilɑ̃/ n. m. ▪ plur. **ylangs-ylangs**
→ **ilang-ilang**
ylem /ilɛm/ n. m.
ylure n. m.
'yod n. m.
HOM. **iode**, formes du v. **ioder**
yodiser v. tr. | conjug. 1 |
'yoga n. m.
'yogi /'jɔgi/ n.
yogique /'jɔgik/ adj.
yogisme /'jɔgism/ n. m.
yogourt /'jɔguʀt/ n. m.
→ **yaourt**
'yohimbehe /'jɔimbe/ n. m.
'yohimbine /'jɔimbin/ n. f.
yokozuna /'jɔkozuna/ n. m.
'yole n. f.
'Yom Kippour ou **Yom Kippur** /'jɔmkipuʀ/ n. m.
➾ Comme tous les noms de fêtes, ce mot s'écrit avec des majuscules.
'yorkshire-terrier /'jɔʀkʃœʀtɛʀje/ ▪ plur. **yorkshire-terriers** ou **yorkshire** ▪ plur. **yorkshires** ou **york** ▪ plur. **yorks** n. m.
yoruba /'jɔʀuba/ adj. et n.
➾ L'adjectif s'écrit sans majuscule : *la population yoruba.* Le nom s'écrit avec une majuscule uniquement quand il désigne une personne : *les Yorubas ; c'est une Yoruba* mais *parler le yoruba.*
'youp interj.
'youpala n. m.
'youpi interj.
HOM. **yuppie**
'youpin, ine n.
Ξ Ce mot est péjoratif et raciste.
'yourte ou **iourte** n. f.
youtre n. et adj.
Ξ Ce mot est péjoratif et raciste.
1**'youyou** n. m. (vx : embarcation)
2**'youyou** n. m. (exclamation)
Yoyo® ▪ plur. **Yoyos** ou **Yo-yo** ▪ plur. inv. **n. m.**
➾ Comme tous les noms déposés, ce mot doit s'écrire avec une majuscule : *jouer au Yoyo* ou *au Yo-Yo.* Toutefois, on le trouve fréquemment employé comme nom générique sans respect de la règle : *jouer au yoyo* ou *au yo-yo ; les prix font le yoyo* ou *le yo-yo.*
'yoyoter ou **yoyotter** v. intr. | conjug. 1 |
ypérite n. f.
➾ Ce mot est féminin : *l'ypérite est asphyxiante.*
ypérité, ée adj.
yponomeute n. m.
→ **hyponomeute**
ypréau n. m.
ysopet ou **isopet** n. m.
ytterbine n. f.
ytterbium /-jɔm/ n. m.
yttria n. m.
yttrialite n. f.
yttrié, ée adj.
yttrifère adj.
yttrique adj.
yttrium /-jɔm/ n. m.
yu n. m.
'yuan /'jyan ; 'yan/ n. m.
'yucca /'juka/ n. m.
'yuppie /'jupi/ n.
▫ abrév. de **young urban professional**
yuzu /'juzu/ n. m.

Z

z n. m. inv, abrév. et symb.
HOM. **zèd**
Z n. m. inv, abrév. et symb.
HOM. **zèd**
zabre n. m.
ZAC /zak/ n. f.
◘ abrév. de **zone d'aménagement concerté**
ZAD /zad/ n. f.
◘ abrév. de **zone d'aménagement différé**
zadruga n. f.
zaïbatsu /-tsu/ n. m.
zaïmph n. m.
zain adj. m.
zaïre n. m.
zakouski n. m. ▪ plur. inv. ou plur. **zakouskis**
Ξ En russe, *zakouski* est un nom pluriel. On peut toutefois l'employer au singulier et franciser la forme du pluriel : *un zakouski, des zakouskis.*
Zamak® n. m.
➾ Comme tous les noms déposés, ce mot doit s'écrire avec une majuscule : *un boîtier en Zamac.* Toutefois, on le trouve fréquemment employé comme nom générique sans respect de la règle : *un boîtier en zamac.*
zamenis ou **zaménis**○ /zamenis/ n. m.
zamier ou **zamia** n. m.
zamorin n. m.
zancle n. m.
zanni ou **zani** /(d)zani/ n. m.
zanzi ou **zanzibar** n. m.
zaouïa n. f.
zapatéado /zapa- ; sapa-/ n. m.
zapatéro /zapa- ; sapa-/ n. m.
zapatiste adj. et n.
zapper v. intr. | conjug. 1 |
zappette n. f.
zappeur, euse n.
zapping /zapiŋ/ n. m.
zarbi ou **zarb** adj.
zarzuela ou **zarzuéla**○ /zaʀzwela ; saʀ-/ n. f.
zazou n. et adj.
☯ Au féminin, on rencontre parfois la forme *zazoue : c'est une zazou* ou *une zazoue.*
zeb ou **zébi** n. m.
zébra /zebʀa/ n. m.
zébrâne n. m.
zèbre n. m.
zébré, ée adj.
zébrer v. tr. | conjug. 6 |
zébrule n. m.
zébrure n. f.
zébu n. m.
zèd n. m.
HOM. **z**
zédoaire n. f.
zédoarine n. f.
zée n. m.
zéen n. m.
zèf ou **zèph** n. m.
zelanti /ze-/ n. m. pl.
zélateur, trice n.
zèle n. m.
zélé, ée adj.
zellige n. m.
zélote n.
zélotisme n. m.
zemstvo /zɛmstvo/ n. m.
zen /zɛn/ n. m. et adj. inv.
zénana n. m.
zend, zende /zɛ̃d/ n. m. et adj.
➾ Comme tous les noms de langues, ce mot s'écrit sans majuscule : *un texte en zend.*
zénith n. m.
zénithal, ale, aux adj.
zénitude ou **zenitude** n. f.
zéolithe ou **zéolite** n. f.
zéolithique ou **zéolitiqee** adj.
zéolitisation n. f.
zéophage adj.
zéotrope adj.

ZEP /zɛp/ n. f. inv.
◻ abrév. de **zone d'éducation prioritaire**
zèph n. m.
→ **zèf**
zéphyr n. m.
zéphyrien, ienne adj.
zéphyrine n. f.
zeppelin n. m.
zerbia n. f.
zerda n. m.
zéro n. m.
➾ *Zéro* prend un *s* au pluriel : *une série de zéros.*
Ξ Ce mot peut s'employer comme adjectif numéral : *zéro faute.*
On dit **commencer à zéro** et **recommencer à zéro**. En revanche, dans le langage soigné, on dit **partir de zéro** et **repartir de zéro** plutôt que **partir à zéro** et **repartir à zéro**.
zérotage n. m.
zérovalent, ente adj.
zérumbet /zeʀɔ̃bɛ/ n. m.
zest ou **zeste** interj.
HOM. **zeste**
zeste n. m.
HOM. **zest**
zester v. tr. | conjug. 1 |
[1]**zesteur, euse** n. (personne)
[2]**zesteur** n. m. (couteau)
zesteuse n. f. (machine)
zêta ▪ plur. inv. ou plur. **zêtas**○ ou **dzêta** ▪ plur. inv. ou plur. **dzêtas**○ n. m.
zétète n. m.
zététique adj.
zèthe ou **zéthus** /-tys/ n. m.
zeugite n. m.
zeugma ou **zeugme** n. m.
zeunérite n. f.
zeuzère n. f.
zézaiement n. m.
➾ Ne pas oublier le *e* muet.
zézayant, ante adj.
zézayer v. intr. | conjug. 8 |
Z. I. n. f.
◻ abrév. de **zone industrielle**
zibeline n. f.
zibeth n. f.
zibéthin n. m.
Zicral® n. m.
➾ Comme tous les noms déposés, ce mot doit s'écrire avec une majuscule : *des skis en Zicral.* Toutefois, on le trouve fréquemment employé comme nom générique sans respect de la règle : *des skis en zicral.*
zicrone n. f.
zidovudine n. f.
zieuter ou **zyeuter** v. tr. | conjug. 1 |
zig ou **zigue** n. m.
ziggourat /ziguʀat/ n. f.
zigomar n. m.
zigonner v. intr. | conjug. 1 |
zigoto n. m.
zigouigoui n. m.
zigouillage n. m.
zigouiller v. tr. | conjug. 1 |
zigounette n. f.
zigue n. m.
→ **zig**
zigzag n. m.
➾ La locution **en zigzag** est invariable : *des routes en zigzag.*
HOM. formes du v. **zigzaguer**
zigzagant, ante adj.
➾ Ne pas écrire cet adjectif comme *zigzaguant,* participe présent du verbe *zigzaguer.*
zigzaguer v. intr. | conjug. 1 |
zilcade n. m.
zim boum boum interj.
zinc /zɛ̃g/ n. m.
HOM. formes du v. **zinguer**
zincifère adj.
zincique adj.
zincite n. f.
zincographie n. f.
zincogravure n. f.
zincose n. f.
zincosite n. m.
zine n. m.
zingage n. m.
zingaro /(d)zingaʀo/ n. m. ▪ plur. **zingari** ou plur. **zingaros**
Ξ On peut employer le pluriel italien *zingari* ou le pluriel francisé *zingaros.*
zingel /zingœl/ n. m.
zingibéracée n. f.
zinguer v. tr. | conjug. 1 |
zinguerie n. f.
zingueur, euse n.
zinjanthrope n. m.
zinnia n. m.
☯ Ce mot est masculin : *un zinnia.*
[1]**zinzin** n. et adj. inv. (chose, fou)
[2]**zinzin** n. m. (institution financière)
zinzinuler v. intr. | conjug. 1 |
zinzolin n. m.
Ξ Ce mot peut s'employer comme adjectif de couleur. L'usage hésite quant à l'accord : on peut dire *des étoffes zinzolin* ou *des étoffes zinzolines.*
zioniste adj.
Zip® n. m.
➾ Comme tous les noms déposés, ce mot doit s'écrire avec une majuscule : *un gilet à Zip.* Toutefois, on le trouve fréquemment

employé comme nom générique sans respect de la règle : *un gilet à zip.*
HOM. formes du v. **zipper**
ziphiidé n. m.
zipper v. tr. | conjug. 1 |
zircon n. m.
zirconate n. m.
zircone n. f.
zirconite n. f.
zirconium /-jɔm/ n. m.
zirconyle n. m.
zircothermie n. f.
zist n. m.
zizanie n. f.
zizi n. m.
zizique n. f.
zloty n. m.
zoanthaire n. m.
zoanthropie n. f.
zoarium /-jɔm/ n. m.
zob n. m.
Zodiac® n. m.
➾ Comme tous les noms déposés, ce mot doit s'écrire avec une majuscule : *une promenade en Zodiac.* Toutefois, on le trouve fréquemment employé comme nom générique sans respect de la règle : *une promenade en zodiac.*
HOM. **zodiaque**
zodiacal, ale, aux adj.
zodiaque n. m.
HOM. **Zodiac** ®
zoé n. f.
zoécie n. f.
zoïde n. m.
zoïle n. m.
zoïsme n. m.
zoïte n. m.
zola n. m.
zoliste n.
zombie ou **zombi** n. m.
zombiesque adj.
zona n. m.
HOM. formes du v. **zoner**
zonage n. m.
◘ rec. off. pour **zoning**
zonal, ale, aux adj.
zonalité n. f.
zonard, arde n. et adj.
zonation n. f.
zone n. f.
zoné, ée adj.
zoner v. tr. et v. intr. | conjug. 1 |
zonier, ière n.
HOM. formes du v. **zoner**
zoning /zoniŋ/ n. m.
◘ rec. off. : **zonage**
zonite n. m.
zonule n. f.
zonure n. m.
zonzon n. m.
zonzonner v. intr. | conjug. 1 |
zoo /z(o)o/ n. m.
zoobiologie /zoo-/ n. f.
zoocécidie /zoo-/ n. f.
zoocénose /zoo-/ n. f.
zoochimie /zoo-/ n. f.
zoochlorelle /zook-/ n. f.
zoochorie /zook-/ n. f.
zooflagellé /zoo-/ n. m.
zoogamète /zoo-/ n. m.
zoogène /zoo-/ adj.
zoogénie /zoo-/ n. f.
zoogéographe /zoo-/ n.
zoogéographie /zoo-/ n. f.
zooglée /zoo-/ n. f.
zoographe /zoo-/ n.
zoographie /zoo-/ n. f.
zoographique /zoo-/ adj.
zoohormone /zoo-/ n. f.
zooïde /zoo-/ adj.
zoolâtre /zoo-/ adj. et n.
zoolâtrie /zoo-/ n. f.
zoolite ou **zoolithe** /zoo-/ n. m.
zoologie /zoo-/ n. f.
zoologique /zoo-/ adj.
zoologiquement /zoo-/ adv.
zoologiste ou **zoologue** /zoo-/ n.
zoom /zum/ n. m.
HOM. formes du v. **zoomer**
zoomable /zu-/ adj.
zoomancie /zoo-/ n. f.
zoomanie /zoo-/ n. f.
zoomer /zu-/ v. intr. | conjug. 1 |
zoomorphe /zoo-/ adj.
zoomorphie /zoo-/ n. f.
zoomorphisme /zoo-/ n. m.
zoonomie /zoo-/ n. f.
zoonose /zoo-/ n. f.
zooparasite /zoo-/ n. m.
zoopathie /zoo-/ n. f.
zoophage /zoo-/ adj.
zoophagie /zoo-/ n. f.
zoophile /zoo-/ adj.
zoophilie /zoo-/ n. f.
zoophobie /zoo-/ n. f.
zoophore /zoo-/ n. m.
zoophorique /zoo-/ adj.
zoophyte /zoo-/ n. m.
zoophytique /zoo-/ adj.
zooplancton /zoo-/ n. m.
zooprophylaxie /zoo-/ n. f.
zoopsie /zoo-/ n. f.

zoopsychiatrie /zoopsikjatʀi/ n. f.
zoopsychologie /zoopsikɔlɔʒi/ n. f.
zoosémiotique /zoo-/ n. f.
zoosporange /zoo-/ n. m.
zoospore /zoo-/ n. f.
zoostérol /zoo-/ n. m.
zootaxie /zoo-/ n. f.
zootechnicien, ienne /zootɛk-/ n.
zootechnie /zootɛk-/ n. f.
zootechnique /zootɛk-/ adj.
zoothérapeutique /zoo-/ adj.
zoothérapie /zoo-/ n. f.
zootomie /zoo-/ n. f.
zootoxine n. f.
zootrope /zoo-/ n. m.
zooxanthelle /zoo-/ n. f.
zoreille n.
zorille n. f.
zoroastrien, ienne adj. et n.
zoroastrisme n. m.
zorongo n. m.
zorrino n. m.
zorse n. m.
zostéracée n. f.
zostère n. f.
zostérien, ienne adj.
zostérops /-ʀɔps/ n. m.
zou interj.
zouave n. m.
zoubrovka n. f.
zouk n. m.
HOM. formes du v. **zouker**
zouker v. intr. | conjug. 1 |
zoulou, e n.
➾ L'adjectif s'écrit sans majuscule : *le peuple zoulou*. Le nom s'écrit avec une majuscule uniquement quand il désigne une personne : *les Zoulous ; c'est une Zouloue* mais *parler le zoulou*.
zozo n. m.
zozotant, ante adj.
zozotement n. m.
zozoter v. intr. | conjug. 1 |
zozoteur, euse n.
zuchette ou **zucchette** n. f.
zumique ou **zymique** adj.
ZUP /zyp/ n. f.
□ abrév. de **zone à urbaniser en priorité**
zupéen, enne adj.
zut /zyt/ interj.
zutique adj.
zutisme n. m.
zutiste n.
zwanze /zwɑ̃z ; swantse ; svantse/ n. f.
zwanzer /zwɑ̃ze, swantse ; svantse/ v. intr. | conjug. 1 |
zwanzeur, euse /zwɑ̃zœʀ ; swantsœʀ ; svantsœʀ/ n.
zwinglianisme /zvɛ̃gl-/ n. m.
➾ Comme tous les mots désignant un courant religieux, ce mot s'écrit sans majuscule : *il se convertit au zwinglianisme*.
zwinglien, ienne /zvɛ̃gl-/ adj. et n.
➾ Comme tous les mots désignant ou qualifiant un courant religieux ou ses adeptes, ce mot s'écrit sans majuscule : *la doctrine zwinglienne ; les zwingliens*.
zyeuter v. tr. | conjug. 1 |
→ **zieuter**
zygène n. f.
zygnéma /-gn-/ n. m.
zygnémale /-gn-/ n. f.
zygoma n. m.
zygomatique adj.
zygomorphe adj.
zygomycète n. m.
zygopétale n. m.
zygophyllacée n. f.
zygophylle ou **zygophyllum** /-ɔm/ n. m.
zygose n. f.
zygospore n. f.
zygote n. m.
zygotène adj.
zyklon n. m.
zymase n. f.
zymique adj.
→ **zumique**
zymogène adj. et n. m.
zymologie n. f.
zymose n. f.
zymostérol n. m.
zymotechnie /-k-/ n. f.
zymotechnique /-k-/ adj.
zymothérapie n. f.
zymothermie n. f.
zymotique adj.
zythum /-ɔm/ ou **zython** n. m.
zzzz... interj.

TABLEAUX DE CONJUGAISON

conjugaison 1 aimer (avec l'auxiliaire **avoir**) verbes réguliers en **-er**

INDICATIF

PRÉSENT	PASSÉ COMPOSÉ
j'aime	j'ai aimé
tu aimes	tu as aimé
il/elle aime	il/elle a aimé
nous aimons	nous avons aimé
vous aimez	vous avez aimé
ils/elles aiment	ils/elles ont aimé

IMPARFAIT	PLUS-QUE-PARFAIT
j'aimais	j'avais aimé
tu aimais	tu avais aimé
il/elle aimait	il/elle avait aimé
nous aimions	nous avions aimé
vous aimiez	vous aviez aimé
ils/elles aimaient	ils/elles avaient aimé

PASSÉ SIMPLE	PASSÉ ANTÉRIEUR
j'aimai	j'eus aimé
tu aimas	tu eus aimé
il/elle aima	il/elle eut aimé
nous aimâmes	nous eûmes aimé
vous aimâtes	vous eûtes aimé
ils/elles aimèrent	ils/elles eurent aimé

FUTUR SIMPLE	FUTUR ANTÉRIEUR
j'aimerai [ɛm(ə)ʀɛ]	j'aurai aimé
tu aimeras	tu auras aimé
il/elle aimera	il/elle aura aimé
nous aimerons [ɛm(ə)ʀɔ̃]	nous aurons aimé
vous aimerez	vous aurez aimé
ils/elles aimeront	ils/elles auront aimé

SUBJONCTIF

PRÉSENT

que j'aime
que tu aimes
qu'il/elle aime
que nous aimions
que vous aimiez
qu'ils/elles aiment

IMPARFAIT

que j'aimasse
que tu aimasses
qu'il/elle aimât
que nous aimassions
que vous aimassiez
qu'ils/elles aimassent

PASSÉ

que j'aie aimé
que tu aies aimé
qu'il/elle ait aimé
que nous ayons aimé
que vous ayez aimé
qu'ils/elles aient aimé

PLUS-QUE-PARFAIT

que j'eusse aimé
que tu eusses aimé
qu'il/elle eût aimé
que nous eussions aimé
que vous eussiez aimé
qu'ils/elles eussent aimé

CONDITIONNEL

PRÉSENT

j'aimerais
tu aimerais
il/elle aimerait
nous aimerions
vous aimeriez
ils/elles aimeraient

PASSÉ 1re FORME

j'aurais aimé
tu aurais aimé
il/elle aurait aimé
nous aurions aimé
vous auriez aimé
ils/elles auraient aimé

PASSÉ 2e FORME

j'eusse aimé
tu eusses aimé
il/elle eût aimé
nous eussions aimé
vous eussiez aimé
ils/elles eussent aimé

	PRÉSENT	PASSÉ
IMPÉRATIF	aime aimons aimez	aie aimé ayons aimé ayez aimé
PARTICIPE	aimant	aimé, ée ayant aimé
INFINITIF	aimer	avoir aimé

conjugaison 1 **arriver** (avec l'auxiliaire **être**) verbes réguliers en **-er**

INDICATIF

PRÉSENT	PASSÉ COMPOSÉ
j'arrive	je suis arrivé, ée
tu arrives	tu es arrivé, ée
il/elle arrive	il/elle est arrivé, ée
nous arrivons	nous sommes arrivés, ées
vous arrivez	vous êtes arrivés, ées
ils/elles arrivent	ils/elles sont arrivés, ées

IMPARFAIT	PLUS-QUE-PARFAIT
j'arrivais	j'étais arrivé, ée
tu arrivais	tu étais arrivé, ée
il/elle arrivait	il/elle était arrivé, ée
nous arrivions	nous étions arrivés, ées
vous arriviez	vous étiez arrivés, ées
ils/elles arrivaient	ils/elles étaient arrivés, ées

PASSÉ SIMPLE	PASSÉ ANTÉRIEUR
j'arrivai	je fus arrivé, ée
tu arrivas	tu fus arrivé, ée
il/elle arriva	il/elle fut arrivé, ée
nous arrivâmes	nous fûmes arrivés, ées
vous arrivâtes	vous fûtes arrivés, ées
ils/elles arrivèrent	ils/elles furent arrivés, ées

FUTUR SIMPLE	FUTUR ANTÉRIEUR
j'arriverai [aʀiv(ə)ʀɛ]	je serai arrivé, ée
tu arriveras	tu seras arrivé, ée
il/elle arrivera	il/elle sera arrivé, ée
nous arriverons [aʀiv(ə)ʀɔ̃]	nous serons arrivés, ées
vous arriverez	vous serez arrivés, ées
ils/elles arriveront	ils/elles seront arrivés, ées

SUBJONCTIF

PRÉSENT

que j'arrive
que tu arrives
qu'il/elle arrive
que nous arrivions
que vous arriviez
qu'ils/elles arrivent

IMPARFAIT

que j'arrivasse
que tu arrivasses
qu'il/elle arrivât
que nous arrivassions
que vous arrivassiez
qu'ils/elles arrivassent

PASSÉ

que je sois arrivé, ée,
que tu sois arrivé, ée
qu'il/elle soit arrivé, ée
que nous soyons arrivés, ées
que vous soyez arrivés, ées
qu'ils/elles soient arrivés, ées

PLUS-QUE-PARFAIT

que je fusse arrivé, ée
que tu fusses arrivé, ée
qu'il/elle fût arrivé, ée
que nous fussions arrivés, ées
que vous fussiez arrivés, ées
qu'ils/elles fussent arrivés, ées

CONDITIONNEL

PRÉSENT

j'arriverais [aʀivʀɛ]
tu arriverais
il/elle arriverait
nous arriverions [aʀivəʀjɔ̃]
vous arriveriez
ils/elles arriveraient

PASSÉ 1re FORME

je serais arrivé, ée
tu serais arrivé, ée
il/elle serait arrivé, ée
nous serions arrivés, ées
vous seriez arrivés, ées
ils/elles seraient arrivés, ées

PASSÉ 2e FORME

je fusse arrivé, ée
tu fusses arrivé, ée
il/elle fût arrivé, ée
nous fussions arrivés, ées
vous fussiez arrivés, ées
ils/elles fussent arrivés, ées

IMPÉRATIF

PRÉSENT	PASSÉ
arrive	sois arrivé, ée
arrivons	soyons arrivés, ées
arrivez	soyez arrivés, ées

PARTICIPE

PRÉSENT	PASSÉ
arrivant	arrivé, ée
	étant arrivé, ée

INFINITIF

PRÉSENT	PASSÉ
arriver	être arrivé, ée

conjugaison 1 (forme pronominale) **se reposer** — verbes réguliers en **-er**

INDICATIF

PRÉSENT	PASSÉ COMPOSÉ
je me repose	je me suis reposé, ée
tu te reposes	tu t'es reposé, ée
il/elle se repose	il/elle s'est reposé, ée
nous nous reposons	nous nous sommes reposés, ées
vous vous reposez	vous vous êtes reposés, ées
ils/elles se reposent	ils/elles se sont reposés, ées

IMPARFAIT	PLUS-QUE-PARFAIT
je me reposais	je m'étais reposé, ée
tu te reposais	tu t'étais reposé, ée
il/elle se reposait	il/elle s'était reposé, ée
nous nous reposions	nous nous étions reposés, ées
vous vous reposiez	vous vous étiez reposés, ées
ils/elles se reposaient	ils/elles s'étaient reposés, ées

PASSÉ SIMPLE	PASSÉ ANTÉRIEUR
je me reposai	je me fus reposé, ée
tu te reposas	tu te fus reposé, ée
il/elle se reposa	il/elle se fut reposé, ée
nous nous reposâmes	nous nous fûmes reposés, ées
vous vous reposâtes	vous vous fûtes reposés, ées
ils/elles se reposèrent	ils/elles se furent reposés, ées

FUTUR SIMPLE	FUTUR ANTÉRIEUR
je me reposerai	je me serai reposé, ée
tu te reposeras	tu te seras reposé, ée
il/elle se reposera	il/elle se sera reposé, ée
nous nous reposerons	nous nous serons reposés, ées
vous vous reposerez	vous vous serez reposés, ées
ils/elles se reposeront	ils/elles se seront reposés, ées

SUBJONCTIF

PRÉSENT

que je me repose
que tu te reposes
qu'il/elle se repose
que nous nous reposions
que vous vous reposiez
qu'ils/elles se reposent

IMPARFAIT

que je me reposasse
que tu te reposasses
qu'il/elle se reposât
que nous nous reposassions
que vous vous reposassiez
qu'ils/elles se reposassent

PASSÉ

que je me sois reposé, ée,
que tu te sois reposé, ée
qu'il/elle se soit reposé, ée
que nous nous soyons reposés, ées
que vous vous soyez reposés, ées
qu'ils/elles se soient reposés, ées

PLUS-QUE-PARFAIT

que je me fusse reposé, ée
que tu te fusses reposé, ée
qu'il/elle se fût reposé, ée
que nous nous fussions reposés, ées
que vous vous fussiez reposés, ées
qu'ils/elles se fussent reposés, ées

CONDITIONNEL

PRÉSENT

je me reposerais
tu te reposerais
il/elle se reposerait
nous nous reposerions
vous vous reposeriez
ils/elles se reposeraient

PASSÉ 1re FORME

je me serais reposé, ée
tu te serais reposé, ée
il/elle se serait reposé, ée
nous nous serions reposés, ées
vous vous seriez reposés, ées
ils/elles se seraient reposés, ées

PASSÉ 2e FORME

je me fusse reposé, ée
tu te fusses reposé, ée
il/elle se fût reposé, ée
nous nous fussions reposés, ées
vous vous fussiez reposés, ées
ils/elles se fussent reposés, ées

IMPÉRATIF

PRÉSENT

repose-toi
reposons-nous
reposez-vous

PARTICIPE

PRÉSENT	PASSÉ
se reposant	s'étant reposé, ée

INFINITIF

PRÉSENT	PASSÉ
se reposer	s'être reposé, ée

conjugaison 2 finir

verbes réguliers en **-ir**

INDICATIF

PRÉSENT	PASSÉ COMPOSÉ
je finis	j'ai fini
tu finis	tu as fini
il/elle finit	il/elle a fini
nous finissons	nous avons fini
vous finissez	vous avez fini
ils/elles finissent	ils/elles ont fini

IMPARFAIT	PLUS-QUE-PARFAIT
je finissais	j'avais fini
tu finissais	tu avais fini
il/elle finissait	il/elle avait fini
nous finissions	nous avions fini
vous finissiez	vous aviez fini
ils/elles finissaient	ils/elles avaient fini

PASSÉ SIMPLE	PASSÉ ANTÉRIEUR
je finis	j'eus fini
tu finis	tu eus fini
il/elle finit	il/elle eut fini
nous finîmes	nous eûmes fini
vous finîtes	vous eûtes fini
ils/elles finirent	ils/elles eurent fini

FUTUR SIMPLE	FUTUR ANTÉRIEUR
je finirai	j'aurai fini
tu finiras	tu auras fini
il/elle finira	il/elle aura fini
nous finirons	nous aurons fini
vous finirez	vous aurez fini
ils/elles finiront	ils/elles auront fini

SUBJONCTIF

PRÉSENT

que je finisse
que tu finisses
qu'il/elle finisse
que nous finissions
que vous finissiez
qu'ils/elles finissent

IMPARFAIT

que je finisse
que tu finisses
qu'il/elle finît
que nous finissions
que vous finissiez
qu'ils/elles finissent

PASSÉ

que j'aie fini
que tu aies fini
qu'il/elle ait fini
que nous ayons fini
que vous ayez fini
qu'ils/elles aient fini

PLUS-QUE-PARFAIT

que j'eusse fini
que tu eusses fini
qu'il/elle eût fini
que nous eussions fini
que vous eussiez fini
qu'ils/elles eussent fini

CONDITIONNEL

PRÉSENT

je finirais
tu finirais
il/elle finirait
nous finirions
vous finiriez
ils/elles finiraient

PASSÉ 1re FORME

j'aurais fini
tu aurais fini
il/elle aurait fini
nous aurions fini
vous auriez fini
ils/elles auraient fini

PASSÉ 2e FORME

j'eusse fini
tu eusses fini
il/elle eût fini
nous eussions fini
vous eussiez fini
ils/elles eussent fini

	PRÉSENT	PASSÉ
IMPÉRATIF	finis finissons finissez	aie fini ayons fini ayez fini
PARTICIPE	finissant	fini, ie ayant fini
INFINITIF	finir	avoir fini

conjugaisons 3 à 8

		INDICATIF			
		PRÉSENT 1res personnes	PRÉSENT 3es personnes	IMPARFAIT	PASSÉ SIMPLE
3	placer[1]	je place [plas] nous plaçons [plasɔ̃]	il/elle place ils/elles placent	je plaçais	je plaçai
	bouger[2]	je bouge [buʒ] nous bougeons [buʒɔ̃]	il/elle bouge ils/elles bougent	je bougeais nous bougions	je bougeai
4	appeler[3]	j'appelle [apɛl] nous appelons [ap(ə)lɔ̃]	il/elle appelle ils/elles appellent	j'appelais	j'appelai
	jeter[4]	je jette [ʒɛt] nous jetons [ʒ(ə)tɔ̃]	il/elle jette ils/elles jettent	je jetais	je jetai
5	geler	je gèle [ʒɛl] nous gelons [ʒ(ə)lɔ̃]	il/elle gèle ils/elles gèlent	je gelais nous gelions [ʒəljɔ̃]	je gelai
	acheter	j'achète [aʃɛt] nous achetons [aʃ(ə)tɔ̃]	il/elle achète ils/elles achètent	j'achetais [aʃtɛ] nous achetions	j'achetai
6	céder[5]	je cède [sɛd] nous cédons [sedɔ̃]	il/elle cède ils/elles cèdent	je cédais nous cédions	je cédai
7	épier	j'épie [epi] nous épions [epjɔ̃]	il/elle épie ils/elles épient	j'épiais nous épiions [epijɔ̃]	j'épiai
	prier	je prie [pʀi] nous prions [pʀijɔ̃]	il/elle prie ils/elles prient	je priais nous priions [pʀijjɔ̃]	je priai
8	noyer[6]	je noie [nwa] nous noyons [nwajɔ̃]	il/elle noie ils/elles noient	je noyais nous noyions [nwajjɔ̃]	je noyai
	payer[7]	je paie [pɛ] ou je paye [pɛj] nous payons [pɛjɔ̃]	il/elle paie ou il/elle paye ils/elles paient ou ils/elles payent	je payais nous payions [pɛjjɔ̃]	je payai

verbes irréguliers en **-er**

FUTUR	CONDITIONNEL PRÉSENT	SUBJONCTIF PRÉSENT	IMPÉRATIF PRÉSENT	PARTICIPES PRÉSENT PASSÉ
je placerai [plasʀɛ]	je placerais	que je place que nous placions	place plaçons	plaçant placé, ée
je bougerai [buʒʀɛ]	je bougerais	que je bouge que nous bougions	bouge bougeons	bougeant bougé, ée
j'appellerai [apɛlʀɛ]	j'appellerais	que j'appelle que nous appelions	appelle appelons	appelant appelé, ée
je jetterai [ʒɛtʀɛ]	je jetterais	que je jette que nous jetions	jette jetons	jetant jeté, ée
je gèlerai [ʒɛlʀɛ]	je gèlerais	que je gèle que nous gelions	gèle gelons	gelant gelé, ée
j'achèterai [aʃɛtʀɛ]	j'achèterais	que j'achète que nous achetions	achète achetons	achetant acheté, ée
je céderai ou je cèderai [sɛdʀɛ ; sɛdʀɛ]	je céderais ou je cèderais	que je cède que nous cédions	cède cédons	cédant cédé, ée
j'épierai [epiʀɛ]	j'épierais	que j'épie	épie épions	épiant épié, ée
je prierai [pʀiʀɛ]	je prierais	que je prie	prie prions	priant prié, priée
je noierai [nwaʀɛ]	je noierais	que je noie	noie noyons	noyant noyé, noyée
je paierai [pɛʀɛ] ou je payerai [pɛjʀɛ] nous paierons ou nous payerons	je paierais ou je payerais	que je paie ou que je paye que nous payions	paie ou paye payons	payant payé, payée

conjugaison 9 aller

verbes irréguliers en **-er**

INDICATIF

PRÉSENT	PASSÉ COMPOSÉ
je vais [vɛ]	je suis allé, ée
tu vas	tu es allé, ée
il/elle va	il/elle est allé, ée
nous allons [alɔ̃]	nous sommes allés, ées
vous allez	vous êtes allés, ées
ils/elles vont [vɔ̃]	ils/elles sont allés, ées

IMPARFAIT	PLUS-QUE-PARFAIT
j'allais [alɛ]	j'étais allé, ée
tu allais	tu étais allé, ée
il/elle allait	il/elle était allé, ée
nous allions [aljɔ̃]	nous étions allés, ées
vous alliez	vous étiez allés, ées
ils/elles allaient	ils/elles étaient allés, ées

PASSÉ SIMPLE	PASSÉ ANTÉRIEUR
j'allai	je fus allé, ée
tu allas	tu fus allé, ée
il/elle alla	il/elle fut allé, ée
nous allâmes	nous fûmes allés, ées
vous allâtes	vous fûtes allés, ées
ils/elles allèrent	ils/elles furent allés, ées

FUTUR SIMPLE	FUTUR ANTÉRIEUR
j'irai [iʀɛ]	je serai allé, ée
tu iras	tu seras allé, ée
il/elle ira	il/elle sera allé, ée
nous irons	nous serons allés, ées
vous irez	vous serez allés, ées
ils/elles iront	ils/elles seront allés, ées

SUBJONCTIF

PRÉSENT

que j'aille [aj]
que tu ailles
qu'il/elle aille
que nous allions
que vous alliez
qu'ils/elles aillent

IMPARFAIT

que j'allasse [alas]
que tu allasses
qu'il/elle allât
que nous allassions
que vous allassiez
qu'ils/elles allassent

PASSÉ

que je sois allé, ée
que tu sois allé, ée
qu'il/elle soit allé, ée
que nous soyons allés, ées
que sous soyez allés, ées
qu'ils/elles soient allés, ées

PLUS-QUE-PARFAIT

que je fusse allé, ée
que tu fusses allé, ée
qu'il/elle fût allé, ée
que nous fussions allés, ées
que vous fussiez allés, ées
qu'ils/elles fussent allés, ées

conjugaison 9 aller

verbes irréguliers en **-er**

CONDITIONNEL

PRÉSENT

j'irais
tu irais
il/elle irait
nous irions
vous iriez
ils/elles iraient

PASSÉ 1re FORME

je serais allé, ée
tu serais allé, ée
il/elle serait allé, ée
nous serions allés, ées
vous seriez allés, ées
ils/elles seraient allés, ées

PASSÉ 2e FORME

je fusse allé, ée
tu fusses allé, ée
il/elle fût allé, ée
nous fussions allés, ées
vous fussiez allés, ées
ils/elles fussent allés, ées

	PRÉSENT	PASSÉ
IMPÉRATIF	va allons allez	sois allé, ée soyons allés, ées soyez allés, ées

	PRÉSENT	PASSÉ
PARTICIPE	allant	allé, ée étant allé, ée

	PRÉSENT	PASSÉ
INFINITIF	aller	être allé, ée

conjugaisons 10 à 22

		INDICATIF			
		PRÉSENT 1res personnes	PRÉSENT 3es personnes	IMPARFAIT	PASSÉ SIMPLE
10	haïr[8]	je hais ['ɛ] nous haïssons ['aisɔ̃]	il/elle hait ['ɛ] ils/elles haïssent ['ais]	je haïssais nous haïssons	je haïs ['ai] nous haïmes
11	courir	je cours [kuʀ] nous courons [kuʀɔ̃]	il/elle court ils/elles courent	je courais [kuʀɛ] nous courions	je courus
12	cueillir	je cueille [kœj] nous cueillons [kœjɔ̃]	il/elle cueille ils/elles cueillent	je cueillais nous cueillions [kœjjɔ̃]	je cueillis
13	assaillir	j'assaille nous assaillons [asajɔ̃]	il/elle assaille ils/elles assaillent	j'assaillais nous assaillions [asajjɔ̃]	j'assaillis
14	servir	je sers [sɛʀ] nous servons [sɛʀvɔ̃]	il/elle sert ils/elles servent [sɛʀv]	je servais nous servions	je servis
15	bouillir	je bous [bu] nous bouillons [bujɔ̃]	il/elle bout ils/elles bouillent [buj]	je bouillais nous bouillions [bujjɔ̃]	je bouillis
16	partir	je pars [paʀ] nous partons [paʀtɔ̃]	il/elle part ils/elles partent [paʀt]	je partais nous partions	je partis
	sentir	je sens [sɑ̃] nous sentons [sɑ̃tɔ̃]	il/elle sent ils/elles sentent [sɑ̃t]	je sentais nous sentions	je sentis
17	fuir	je fuis [fɥi] nous fuyons [fɥijɔ̃]	il/elle fuit ils/elles fuient	je fuyais nous fuyions [fɥijjɔ̃]	je fuis nous fuîmes
18	couvrir	je couvre nous couvrons	il/elle couvre ils/elles couvrent	je couvrais nous couvrions	je couvris
19	mourir	je meurs [mœʀ] nous mourons [muʀɔ̃]	il/elle meurt ils/elles meurent	je mourais [muʀɛ] nous mourions	je mourus
20	vêtir	je vêts [vɛ] nous vêtons [vɛtɔ̃]	il/elle vêt ils/elles vêtent [vɛt]	je vêtais nous vêtions	je vêtis [vet nous vêtîm
21	acquérir	j'acquiers [akjɛʀ] nous acquérons [akeʀɔ̃]	il/elle acquiert ils/elles acquièrent	j'acquérais [akeʀɛ] nous acquérions	j'acquis
22	venir	je viens [vjɛ̃] nous venons [v(ə)nɔ̃]	il/elle vient ils/elles viennent [vjɛn]	je venais nous venions	je vins [v nous vînmes

verbes irréguliers en **-ir**

FUTUR	CONDITIONNEL PRÉSENT	SUBJONCTIF PRÉSENT	IMPÉRATIF PRÉSENT	PARTICIPES PRÉSENT PASSÉ
je haïrai ['aiRɛ]	je haïrais	que je haïsse	hais haïssons	haïssant haï, haïe ['ai]
je courrai [kuRRɛ]	je courrais	que je coure	cours courons	courant couru, ue
je cueillerai	je cueillerais	que je cueille	cueille cueillons	cueillant cueilli, ie
j'assaillirai	j'assaillirais	que j'assaille	assaille assaillons	assaillant assailli, ie
je servirai	je servirais	que je serve	sers servons	servant servi, ie
je bouillirai	je bouillirais	que je bouille	bous bouillons	bouillant bouilli, ie
je partirai	je partirais	que je parte	pars partons	partant parti, ie
je sentirai	je sentirais	que je sente	sens sentons	sentant senti, ie
je fuirai	je fuirais	que je fuie	fuis fuyons	fuyant fui, fuie
je couvrirai	je couvrirais	que je couvre	couvre couvrons	couvrant couvert, erte [kuvɛR, ɛRt]
je mourrai [muRRɛ]	je mourrais	que je meure	meurs mourons	mourant mort, morte [mɔR, mɔRt]
je vêtirai	je vêtirais	que je vête	vêts vêtons	vêtant vêtu, ue [vety]
j'acquerrai	j'acquerrais	que j'acquière	acquiers acquérons	acquérant acquis, ise [aki, iz]
je viendrai [vjɛ̃dRɛ]	je viendrais	que je vienne	viens venons	venant venu, ue

conjugaisons 23 à 33

		INDICATIF			
		PRÉSENT 1res personnes	PRÉSENT 3es personnes	IMPARFAIT	PASSÉ SIMPLE
23	pleuvoir		il pleut [plø]	il pleuvait	il plut
24	prévoir	je prévois [pʀevwa] nous prévoyons [pʀevwajɔ̃]	il/elle prévoit ils/elles prévoient	je prévoyais nous prévoyions [pʀevwajjɔ̃]	je prévis
25	pourvoir	je pourvois nous pourvoyons	il/elle pourvoit ils/elles pourvoient	je pourvoyais nous pourvoyions	je pourvus
26	asseoir	j'assieds [asjɛ] nous asseyons [asɛjɔ̃] ou j'assois nous assoyons	il/elle assied ils/elles asseyent [asɛj] ou il/elle assoit ils/elles assoient	j'asseyais nous asseyions ou j'assoyais nous assoyions	j'assis
27	mouvoir[9]	je meus [mø] nous mouvons [muvɔ̃]	il/elle meut ils/elles meuvent [mœv]	je mouvais nous mouvions	je mus [my] nous mûmes
28	recevoir	je reçois [ʀ(ə)swa] nous recevons [ʀ(ə)səvɔ̃]	il/elle reçoit ils/elles reçoivent [ʀəswav]	je recevais nous recevions	je reçus [ʀ(ə)sy]
29	valoir	je vaux [vo] nous valons [valɔ̃]	il/elle vaut ils/elles valent [val]	je valais nous valions	je valus
	falloir		il faut [fo]	il fallait [falɛ]	il fallut
30	voir	je vois [vwa] nous voyons [vwajɔ̃]	il/elle voit ils/elles voient	je voyais nous voyions [vwajjɔ̃]	je vis
31	vouloir	je veux [vø] nous voulons [vulɔ̃]	il/elle veut ils/elles veulent [vœl]	je voulais nous voulions	je voulus
32	savoir	je sais [sɛ] nous savons [savɔ̃]	il/elle sait ils/elles savent [sav]	je savais nous savions	je sus
33	pouvoir	je peux [pø] ou je puis nous pouvons [puvɔ̃]	il/elle peut ils/elles peuvent [pœv]	je pouvais nous pouvions	je pus

verbes irréguliers en **-oir**

FUTUR	CONDITIONNEL PRÉSENT	SUBJONCTIF PRÉSENT	IMPÉRATIF PRÉSENT	PARTICIPES PRÉSENT PASSÉ
il pleuvra	il pleuvrait	qu'il pleuve [plœv]		pleuvant plu
je prévoirai	je prévoirais	que je prévoie [prevwa]	prévois prévoyons	prévoyant prévu, ue
je pourvoirai	je pourvoirais	que je pourvoie	pourvois pourvoyons	pourvoyant pourvu, ue
j'assiérai [asjerɛ] ou j'assoirai	j'assiérais ou j'assoirais	que j'asseye ou que j'assoie	assieds asseyons ou assois assoyons	asseyant assis, ise ou assoyant assis, ise
je mouvrai [muvrɛ]	je mouvrais	que je meuve que nous mouvions	meus mouvons	mouvant mû, mue [my]
je recevrai	je recevrais	que je reçoive que nous recevions	reçois recevons	recevant reçu, ue
je vaudrai [vodrɛ] il faudra [fodra]	je vaudrais il faudrait	que je vaille [vaj] que nous valions [valjɔ̃] qu'il faille [faj]	vaux valons	valant valu, ue fallu
je verrai [vɛrɛ]	je verrais	que je voie [vwa] que nous voyions [vwajjɔ̃]	vois voyons	voyant vu, vue
je voudrai [vudrɛ]	je voudrais	que je veuille [vœj] que nous voulions [vuljɔ̃]	veux ou veuille voulons	voulant voulu, ue
je saurai [sorɛ]	je saurais	que je sache [saʃ] que nous sachions	sache sachons	sachant su, sue
je pourrai [purɛ]	je pourrais	que je puisse [pɥis] que nous puissions	inusité	pouvant pu

conjugaison 34 avoir

INDICATIF

PRÉSENT	PASSÉ COMPOSÉ
j'ai [e ; ɛ]	j'ai eu
tu as [a]	tu as eu
il/elle a [a]	il/elle a eu
nous avons [avɔ̃]	nous avons eu
vous avez [ave]	vous avez eu
ils/elles ont [ɔ̃]	ils/elles ont eu

IMPARFAIT	PLUS-QUE-PARFAIT
j'avais	j'avais eu
tu avais	tu avais eu
il/elle avait	il/elle avait eu
nous avions	nous avions eu
vous aviez	vous aviez eu
ils/elles avaient	ils/elles avaient eu

PASSÉ SIMPLE	PASSÉ ANTÉRIEUR
j'eus [y]	j'eus eu
tu eus	tu eus eu
il/elle eut	il/elle eut eu
nous eûmes [ym]	nous eûmes eu
vous eûtes [yt]	vous eûtes eu
ils/elles eurent [yʀ]	ils/elles eurent eu

FUTUR SIMPLE	FUTUR ANTÉRIEUR
j'aurai [ɔʀɛ]	j'aurai eu
tu auras	tu auras eu
il/elle aura	il/elle aura eu
nous aurons	nous aurons eu
vous aurez	vous aurez eu
ils/elles auront	ils/elles auront eu

SUBJONCTIF

PRÉSENT

que j'aie [ɛ]
que tu aies
qu'il/elle ait
que nous ayons [ɛjɔ̃]
que vous ayez
qu'ils/elles aient

IMPARFAIT

que j'eusse [ys]
que tu eusses
qu'il/elle eût [y]
que nous eussions [ysjɔ̃]
que vous eussiez
qu'ils/elles eussent

PASSÉ

que j'aie eu
que tu aies eu
qu'il/elle ait eu
que nous ayons eu
que vous ayez eu
qu'ils/elles aient eu

PLUS-QUE-PARFAIT

que j'eusse eu
que tu eusses eu
qu'il/elle eût eu
que nous eussions eu
que vous eussiez eu
qu'ils/elles eussent eu

conjugaisons 35 à 37

		INDICATIF			
		PRÉSENT 1res personnes	PRÉSENT 3es personnes	IMPARFAIT	PASSÉ SIMPLE
35	conclure	je conclus [kɔ̃kly] nous concluons [kɔ̃klyjɔ̃]	il/elle conclut ils/elles concluent	je concluais nous concluions	je conclus
36	rire	je ris [ʀi] nous rions [ʀijɔ̃]	il/elle rit ils/elles rient	je riais nous riions [ʀijjɔ̃]	je ris
37	dire	je dis [di] nous disons [dizɔ̃]	il/elle dit vous dites [dit] ils/elles disent [diz]	je disais nous disions	je dis
	suffire	je suffis [syfi] nous suffisons [syfizɔ̃]	il/elle suffit ils/elles suffisent [syfiz]	je suffisais nous suffisions	je suffis

verbes irréguliers en **-oir** et **-re**

CONDITIONNEL

PRÉSENT

j'aurais
tu aurais
il/elle aurait
nous aurions
vous auriez
ils/elles auraient

PASSÉ 1re FORME

j'aurais eu
tu aurais eu
il/elle aurait eu
nous aurions eu
vous auriez eu
ils/elles auraient eu

PASSÉ 2e FORME

j'eusse eu
tu eusses eu
il/elle eût eu
nous eussions eu
vous eussiez eu
ils/elles eussent eu

	PRÉSENT	PASSÉ
IMPÉRATIF	aie [ɛ] ayons [ɛjɔ̃] ayez [eje]	aie eu ayons eu ayez eu

	PRÉSENT	PASSÉ
PARTICIPE	ayant	eu, eue [y] ayant eu

	PRÉSENT	PASSÉ
INFINITIF	avoir	avoir eu

verbes irréguliers en **-re**

	CONDITIONNEL	SUBJONCTIF	IMPÉRATIF	PARTICIPES
FUTUR	PRÉSENT	PRÉSENT	PRÉSENT	PRÉSENT PASSÉ
je conclurai	je conclurais	que je conclue	conclus concluons	concluant conclu, ue
je rirai	je rirais	que je rie	ris rions	riant ri
je dirai	je dirais	que je dise	dis disons dites	disant dit, dite
je suffirai	je suffirais	que je suffise	suffis suffisons	suffisant suffi

conjugaisons 38 à 47

		INDICATIF			
		PRÉSENT 1res personnes	3es personnes	IMPARFAIT	PASSÉ SIMPLE
38	nuire	je nuis [nɥi] nous nuisons [nɥizɔ̃]	il/elle nuit ils/elles nuisent [nɥiz]	je nuisais nous nuisions	je nuisis
	conduire	je conduis nous conduisons	il/elle conduit ils/elles conduisent	je conduisais nous conduisions	je conduisis
39	écrire	j'écris [ekʀi] nous écrivons [ekʀivɔ̃]	il/elle écrit ils/elles écrivent [ekʀiv]	j'écrivais nous écrivions	j'écrivis
40	suivre	je suis [sɥi] nous suivons [sɥivɔ̃]	il/elle suit ils/elles suivent [sɥiv]	je suivais nous suivions	je suivis
41	rendre	je rends [ʀɑ̃] nous rendons [ʀɑ̃dɔ̃]	il/elle rend ils/elles rendent [ʀɑ̃d]	je rendais nous rendions	je rendis
	rompre	je romps [ʀɔ̃] nous rompons [ʀɔ̃pɔ̃]	il/elle rompt ils/elles rompent [ʀɔ̃p]	je rompais nous rompions	je rompis
	battre	je bats [ba] nous battons [batɔ̃]	il/elle bat ils/elles battent [bat]	je battais nous battions	je battis
42	vaincre	je vaincs [vɛ̃] nous vainquons [vɛ̃kɔ̃]	il/elle vainc ils/elles vainquent [vɛ̃k]	je vainquais nous vainquions	je vainquis
43	lire	je lis [li] nous lisons [lizɔ̃]	il/elle lit ils/elles lisent [liz]	je lisais nous lisions	je lus
44	croire	je crois [kʀwa] nous croyons [kʀwajɔ̃]	il/elle croit ils/elles croient	je croyais nous croyions [kʀwajjɔ̃]	je crus nous crûmes
45	clore[10]	je clos [klo]	il/elle clôt ils/elles closent [kloz] (rare)	je closais (rare)	n'existe pas
46	vivre	je vis [vi] nous vivons [vivɔ̃]	il/elle vit ils/elles vivent [viv]	je vivais nous vivions	je vécus [veky]
47	moudre	je mouds [mu] nous moulons [mulɔ̃]	il/elle moud ils/elles moulent [mul]	je moulais nous moulions	je moulus

verbes irréguliers en **-re**

FUTUR	CONDITIONNEL PRÉSENT	SUBJONCTIF PRÉSENT	IMPÉRATIF PRÉSENT	PARTICIPES PRÉSENT PASSÉ
je nuirai	je nuirais	que je nuise	nuis nuisons	nuisant nui
je conduirai	je conduirais	que je conduise	conduis conduisons	conduisant conduit, ite
j'écrirai	j'écrirais	que j'écrive	écris écrivons	écrivant écrit, ite
je suivrai	je suivrais	que je suive	suis suivons	suivant suivi, ie
je rendrai	je rendrais	que je rende	rends rendons	rendant rendu, ue
je romprai	je romprais	que je rompe	romps rompons	rompant rompu, ue
je battrai	je battrais	que je batte	bats battons	battant battu, ue
je vaincrai	je vaincrais	que je vainque	vaincs vainquons	vainquant vaincu, ue
je lirai	je lirais	que je lise	lis lisons	lisant lu, lue
je croirai	je croirais	que je croie	crois croyons	croyant cru, crue
je clorai (rare)	je clorais	que je close	clos	closant (rare) clos, close
je vivrai	je vivrais	que je vive	vis vivons	vivant vécu, ue
je moudrai	je moudrais	que je moule	mouds moulons	moulant moulu, ue

conjugaisons 48 à 59

		INDICATIF			
		1res personnes — PRÉSENT	3es personnes	IMPARFAIT	PASSÉ SIMPLE
48	coudre	je couds [ku] nous cousons [kuzɔ̃]	il/elle coud ils/elles cousent [kuz]	je cousais nous cousions	je cousis [kuzi]
49	joindre	je joins [ʒwɛ̃] nous joignons [ʒwaɲɔ̃]	il/elle joint ils/elles joignent [ʒwaɲ]	je joignais nous joignions [ʒwaɲjɔ̃]	je joignis
50	traire	je trais [tʀɛ] nous trayons [tʀɛjɔ̃]	il/elle trait ils/elles traient	je trayais nous trayions [tʀɛjjɔ̃]	n'existe pas
51	absoudre[11]	j'absous [apsu] nous absolvons [apsɔlvɔ̃]	il/elle absout ils/elles absolvent [apsɔlv]	j'absolvais nous absolvions	j'absolus [apsɔly] (rare)
52	craindre	je crains [kʀɛ̃] nous craignons [kʀɛɲɔ̃]	il/elle craint ils/elles craignent [kʀɛɲ]	je craignais nous craignions [kʀɛɲjɔ̃]	je craignis
	peindre	je peins [pɛ̃] nous peignons [pɛɲɔ̃]	il/elle peint ils/elles peignent [pɛɲ]	je peignais nous peignions [pɛɲjɔ̃]	je peignis
53	boire	je bois [bwa] nous buvons [byvɔ̃]	il/elle boit ils/elles boivent [bwav]	je buvais nous buvions	je bus
54	plaire[12]	je plais [plɛ] nous plaisons [plɛzɔ̃]	il/elle plaît ils/elles plaisent [plɛz]	je plaisais nous plaisions	je plus
	taire	je tais nous taisons	il/elle tait ils/elles taisent	je taisais nous taisions	je tus
55	croître[13]	je croîs [kʀwa] nous croissons [kʀwasɔ̃]	il/elle croît ils/elles croissent [kʀwas]	je croissais nous croissions	je crûs nous crûmes
	accroître[14]	j'accrois nous accroissons	il/elle accroît ils/elles accroissent	j'accroissais nous accroissions	j'accrus nous accrûmes
56	mettre	je mets [mɛ] nous mettons [mɛtɔ̃]	il/elle met ils/elles mettent [mɛt]	je mettais nous mettions	je mis
57	connaître[15]	je connais [kɔnɛ] nous connaissons [kɔnɛsɔ̃]	il/elle connaît ils/elles connaissent [kɔnɛs]	je connaissais nous connaissions	je connus
58	prendre	je prends [pʀɑ̃] nous prenons [pʀənɔ̃]	il/elle prend ils/elles prennent [pʀɛn]	je prenais nous prenions	je pris
59	naître[16]	je nais [nɛ] nous naissons [nɛsɔ̃]	il/elle naît ils/elles naissent [nɛs]	je naissais nous naissions	je naquis [naki]

verbes irréguliers en **-re**

FUTUR	CONDITIONNEL PRÉSENT	SUBJONCTIF PRÉSENT	IMPÉRATIF PRÉSENT	PARTICIPES PRÉSENT PASSÉ
je coudrai	je coudrais	que je couse	couds cousons	cousant cousu, ue
je joindrai	je joindrais	que je joigne	joins joignons	joignant joint, jointe
je trairai	je trairais	que je traie	trais trayons	trayant trait, traite
j'absoudrai	j'absoudrais	que j'absolve	absous absolvons	absolvant absous, oute [apsu, ut]
je craindrai	je craindrais	que je craigne	crains craignons	craignant craint, crainte
je peindrai	je peindrais	que je peigne	peins peignons	peignant peint, peinte
je boirai	je boirais	que je boive que nous buvions	bois buvons	buvant bu, bue
je plairai	je plairais	que je plaise	plais plaisons	plaisant plu
je tairai	je tairais	que je taise	tais taisons	taisant tu, tue
je croîtrai	je croîtrais	que je croisse	croîs croissons	croissant crû, crue
j'accroîtrai	j'accroîtrais	que j'accroisse	accrois accroissons	accroissant accru, ue
je mettrai	je mettrais	que je mette	mets mettons	mettant mis, mise
je connaîtrai	je connaîtrais	que je connaisse	connais connaissons	connaissant connu, ue
je prendrai	je prendrais	que je prenne que nous prenions	prends prenons	prenant pris, prise
je naîtrai	je naîtrais	que je naisse	nais naissons	naissant né, née

conjugaison 60 faire

verbes irréguliers en **-re**

INDICATIF

PRÉSENT	PASSÉ COMPOSÉ
je fais [fɛ]	j'ai fait
tu fais	tu as fait
il/elle fait	il/elle a fait
nous faisons [f(ə)zɔ̃]	nous avons fait
vous faites [fɛt]	vous avez fait
ils/elles font [fɔ̃]	ils/elles ont fait

IMPARFAIT	PLUS-QUE-PARFAIT
je faisais [f(ə)zɛ]	j'avais fait
tu faisais	tu avais fait
il/elle faisait	il/elle avait fait
nous faisions [f(ə)zjɔ̃]	nous avions fait
vous faisiez [f(ə)zje]	vous aviez fait
ils/elles faisaient	ils/elles avaient fait

PASSÉ SIMPLE	PASSÉ ANTÉRIEUR
je fis	j'eus fait
tu fis	tu eus fait
il/elle fit	il/elle eut fait
nous fîmes	nous eûmes fait
vous fîtes	vous eûtes fait
ils/elles firent	ils/elles eurent fait

FUTUR SIMPLE	FUTUR ANTÉRIEUR
je ferai [f(ə)ʀɛ]	j'aurai fait
tu feras	tu auras fait
il/elle fera	il/elle aura fait
nous ferons [f(ə)rɔ̃]	nous aurons fait
vous ferez	vous aurez fait
ils/elles feront	ils/elles auront fait

SUBJONCTIF

PRÉSENT

que je fasse [fas]
que tu fasses
qu'il/elle fasse
que nous fassions
que vous fassiez
qu'ils/elles fassent

IMPARFAIT

que je fisse [fis]
que tu fisses
qu'il/elle fît
que nous fissions
que vous fissiez
qu'ils/elles fissent

PASSÉ

que j'aie fait
que tu aies fait
qu'il/elle ait fait
que nous ayons fait
que vous ayez fait
qu'ils/elles aient fait

PLUS-QUE-PARFAIT

que j'eusse fait
que tu eusses fait
qu'il/elle eût fait
que nous eussions fait
que vous eussiez fait
qu'ils/elles eussent fait

CONDITIONNEL

PRÉSENT

je ferais [f(ə)ʀɛ]
tu ferais
il/elle ferait
nous ferions [fəʀjɔ̃]
vous feriez
ils/elles feraient

PASSÉ 1re FORME

j'aurais fait
tu aurais fait
il/elle aurait fait
nous aurions fait
vous auriez fait
ils/elles auraient fait

PASSÉ 2e FORME

j'eusse fait
tu eusses fait
il/elle eût fait
nous eussions fait
vous eussiez fait
ils/elles eussent fait

IMPÉRATIF

PRÉSENT	PASSÉ
fais	aie fait
faisons	ayons fait
faites	ayez fait

PARTICIPE

PRÉSENT	PASSÉ
faisant [f(ə)zɑ̃]	fait, e ayant fait

INFINITIF

PRÉSENT	PASSÉ
faire	avoir fait

conjugaison 61 être

verbes irréguliers en **-re**

INDICATIF

PRÉSENT	PASSÉ COMPOSÉ
je suis [sɥi]	j'ai été
tu es [ɛ]	tu as été
il/elle est [ɛ]	il/elle a été
nous sommes [sɔm]	nous avons été
vous êtes [ɛt]	vous avez été
ils/elles sont [sɔ̃]	ils/elles ont été

IMPARFAIT	PLUS-QUE-PARFAIT
j'étais [etɛ]	j'avais été
tu étais	tu avais été
il/elle était	il/elle avait été
nous étions [etjɔ̃]	nous avions été
vous étiez	vous aviez été
ils/elles étaient	ils/elles avaient été

PASSÉ SIMPLE	PASSÉ ANTÉRIEUR
je fus [fy]	j'eus été
tu fus	tu eus été
il/elle fut	il/elle eut été
nous fûmes	nous eûmes été
vous fûtes	vous eûtes été
ils/elles furent	ils/elles eurent été

FUTUR SIMPLE	FUTUR ANTÉRIEUR
je serai [s(ə)ʀɛ]	j'aurai été
tu seras	tu auras été
il/elle sera	il/elle aura été
nous serons [s(ə)ʀɔ̃]	nous aurons été
vous serez	vous aurez été
ils/elles seront	ils/elles auront été

SUBJONCTIF

PRÉSENT

que je sois [swa]
que tu sois
qu'il/elle soit
que nous soyons [swajɔ̃]
que vous soyez
qu'ils/elles soient

IMPARFAIT

que je fusse
que tu fusses
qu'il/elle fût
que nous fussions
que vous fussiez
qu'ils/elles fussent

PASSÉ

que j'aie été
que tu aies été
qu'il/elle ait été
que nous ayons été
que vous ayez été
qu'ils/elles aient été

PLUS-QUE-PARFAIT

que j'eusse été
que tu eusses été
qu'il/elle eût été
que nous eussions été
que vous eussiez été
qu'ils/elles eussent été

CONDITIONNEL

PRÉSENT

je serais [s(ə)ʀɛ]
tu serais
il/elle serait
nous serions [səʀjɔ̃]
vous seriez
ils/elles seraient

PASSÉ 1re FORME

j'aurais été
tu aurais été
il/elle aurait été
nous aurions été
vous auriez été
ils/elles auraient été

PASSÉ 2e FORME

j'eusse été
tu eusses été
il/elle eût été
nous eussions été
vous eussiez été
ils/elles eussent été

IMPÉRATIF

PRÉSENT	PASSÉ
sois [swa]	aie été
soyons [swajɔ̃]	ayons été
soyez [swaje]	ayez été

PARTICIPE

PRÉSENT	PASSÉ
étant	été [ete]
	ayant été

INFINITIF

PRÉSENT	PASSÉ
être	avoir été

NOTES SUR LES VERBES

1. Placer (3)

■ Les verbes en **-cer** présentent l'alternance **c/ç** devant **a** et **o**, pour maintenir la prononciation /s/.

■ Les verbes en **-ecer** (ex. *dépecer*) se conjuguent comme **placer** et **peler**, c'est-à-dire qu'ils présentent à la fois l'alternance **c/ç** devant **a** et **o** et l'alternance **e/è** devant un **e** muet.

■ Les verbes en **-écer** (ex. *rapiécer*) se conjuguent comme **placer** et **céder**, c'est-à-dire qu'ils présentent à la fois l'alternance **c/ç** devant **a** et **o** et l'alternance **é/è** devant un **e** muet.

2. Bouger (3)

■ Les verbes en **-ger** présentent l'alternance **g/ge** devant **a** et **o**, pour maintenir la prononciation /ʒ/.

■ Les verbes en **-éger** (ex. *protéger*) se conjuguent comme **bouger** et **céder**, c'est-à-dire qu'ils présentent à la fois l'alternance **g/ge** et l'alternance **é/è.**

3. Appeler (4)

La plupart des verbes en **-eler** doublent le **l** devant un **e** muet *(j'appelle, j'appellerai).*

4. Jeter (4)

La plupart des verbes en **-eter** doublent le **t** devant un **e** muet *(je jette, je jetterai).*

5. Céder (6)

■ Cette série comprend les verbes en **é** + consonne(s) + **-er** (ex. *célébrer, lécher, préférer,* etc.), qui présentent l'alternance **é/è** devant un **e** muet *(je cédais, je cède).*

■ Les verbes en **-éger** (ex. *protéger*) se conjuguent comme **céder** et **bouger.** Les verbes en **-écer** (ex. *rapiécer*) se conjuguent comme **céder** et **placer.** Les verbes en **-éguer** (ex. *léguer*) se conjuguent comme **céder** et **naviguer.**

■ La prononciation appelle l'accent grave au futur et au conditionnel *(je cèderai, je cèderais),* préconisé par les Rectifications de l'orthographe de 1990.

6. Noyer (8)

■ Cette série comprend les verbes en **-oyer** et en **-uyer** (ex. *nettoyer, essuyer*), qui présentent l'alternance **y/i** devant un **e** muet *(je noie, je noierai).*

■ Attention de ne pas oublier le **i** aux 1re et 2e personnes du pluriel de l'imparfait de l'indicatif et du présent du subjonctif *(nous noyions, vous noyiez).*

■ Attention au **e** après le **i** au futur et au conditionnel présent *(je noierai, je noierais).*

■ *Envoyer* fait au futur *j'enverrai, tu enverras, il enverra, nous enverrons, vous enverrez, ils enverront,* et au conditionnel *j'enverrais, tu enverrais, il enverrait, nous enverrions, vous enverriez, ils enverraient.*

7. Payer (8)

■ Cette série comprend les verbes en **-ayer**, qui présentent ou non l'alternance **y/i** devant un **e** muet *(je paie* ou *je paye).*

■ Attention aux deux **i** aux 1re et 2e personnes du pluriel de l'imparfait de l'indicatif et du présent du subjonctif *(nous payions, vous payiez).*

■ Attention au **e** après le **i** au futur et au conditionnel présent *(je paierai, je paierais).*

8. Haïr (10)

■ Le verbe *haïr* se conjugue comme **finir** sauf aux trois personnes du singulier du présent de l'indicatif.

■ À cause du tréma, il n'y a pas d'accent circonflexe au passé simple *(nous haïmes, vous haïtes)* et à l'imparfait du subjonctif *(qu'il haït).*

9. Mouvoir (27)

■ La conjugaison complète est plus courante pour la forme pronominale *se mouvoir* que pour *mouvoir.*

■ Le participe passé s'écrit traditionnellement avec un accent circonflexe sur le *u.* Cependant, les Rectifications de l'orthographe de 1990 préconisent la graphie sans accent circonflexe *mu* pour le participe passé à tous les temps composés, ceci afin d'harmoniser cette forme avec les participes passés des verbes *émouvoir* et *promouvoir (ému, promu)*. Ainsi les graphies *j'ai mu, nous aurions mu,* etc. ne sont plus considérées comme fautives.

10. Clore (45)

▪ Cette série comprend le verbe *clore* et ses composés *déclore, éclore, enclore, forclore*.

▪ *Éclore* s'emploie surtout à l'infinitif, au présent et au participe passé, *forclore* à l'infinitif et au participe passé.

▪ Au présent de l'indicatif on écrit : *il éclot, il enclot, il déclot* sans accent circonflexe ; en revanche, *il clôt* en prend un.

11. Absoudre (51)

Les Rectifications de l'orthographe de 1990 préconisent d'employer les participes passés *absout, dissout* avec un *t* final, sur le modèle des féminins *absoute, dissoute*. Ainsi, on peut écrire indifféremment *j'ai absous* ou *j'ai absout*.

12. Plaire (54)

▪ *Complaire, déplaire* et *plaire* prennent traditionnellement un accent circonflexe au présent de l'indicatif : *il plaît*. Cependant, les Rectifications de l'orthographe de 1990 préconisent l'abandon de ce circonflexe. Les formes *il plait, il complait, il déplait* ne sont donc plus considérées comme fautives.

▪ *Taire* se conjugue comme **plaire** sauf au présent *(il tait)* et au participe passé *(tu, tue)*.

13. Croître (55)

▪ Ce verbe prend traditionnellement un accent circonflexe sur le **i** devant le **t**.

Cependant, les Rectifications de l'orthographe de 1990 préconisent l'abandon de ce circonflexe au futur et au conditionnel, temps auxquels la confusion entre les verbes *croître* et *croire* n'est pas possible. Ainsi les graphies *je croitrai, tu croitras, il croitra, nous croitrons, vous croitrez, ils croitront* et *je croitrais, tu croitrais, il croitrait, nous croitrions, vous croitriez, ils croitraient* ne sont plus considérées comme fautives.

14. Accroître (55)

▪ Ce verbe prend traditionnellement un accent circonflexe sur le **i** devant le **t**.

Cependant, les Rectifications de l'orthographe de 1990 préconisent l'abandon de ce circonflexe. Ainsi les graphies *j'accroitrai, tu accroitras, il accroitra, nous accroitrons, vous accroitrez, ils accroitront* et *j'accroitrais, tu accroitrais, il accroitrait, nous accroitrions, vous accroitriez, ils accroitraient* ne sont plus considérées comme fautives.

15. Connaître (57)

▪ Le **i** prend traditionnellement un accent circonflexe devant un **t**. Cependant, les Rectifications de l'orthographe de 1990 préconisent l'abandon de ce circonflexe. Ainsi les graphies *connaitre, il connait, je connaitrai, tu connaitras, il connaitra, nous connaitrons, vous connaitrez, ils connaitront* et *je connaitrais, tu connaitrais, il connaitrait, nous connaitrions, vous connaitriez, ils connaitraient* ne sont plus considérées comme fautives.

▪ *Paître* n'a ni temps composés ni participe passé, ni passé simple, ni subjonctif imparfait. Mais ces formes existent pour *repaître (repu, ue ; je repus)*.

16. Naître (59)

Le **i** prend traditionnellement un accent circonflexe devant un **t**. Cependant, les Rectifications de l'orthographe de 1990 préconisent l'abandon de ce circonflexe. Ainsi les graphies *naitre, il nait, je naitrai, tu naitras, il naitra, nous naitrons, vous naitrez, ils naitront* et *je naitrais, tu naitrais, il naitrait, nous naitrions, vous naitriez, ils naitraient* ne sont plus considérées comme fautives.

TABLE DES MATIÈRES

N° d'éditeur : 10173977
Dépôt légal : février 2011
Imprimé en France par l'imprimerie
Maury-Imprimeur - 45330 Malesherbes
N° d'imprimeur : 161842

ventage n. m.
[1]**ventail, aux** n. m. (partie du heaume)
HOM. (du plur.) **vantaux** (plur. de *vantail*), **venteau**
[2]**ventail, aux** n. m. (battant)
→ **vantail**
vente n. f.
➾ La locution **en vente** est invariable : *ils mettent des appartements en vente.*
HOM. formes des v. **vanter, venter**
venté, ée adj.
HOM. **vanter**
venteau n. m.
HOM. **vantaux** (plur. de *vantail*), **ventaux** (plur. de *ventail*)
venter v. impers. | conjug. 1 |
HOM. **vanter**
venteux, euse adj.
ventier n. m.
HOM. formes des v. **vanter, venter**
ventilateur n. m.
ventilation n. f.
ventilé, ée adj.
ventilement n. m.
ventiler v. tr. | conjug. 1 |
ventileuse n. f.
ventillon n. m.
ventilo n. m.
□ abrév. de **ventilateur**
Ξ Cette abréviation appartient au registre familier.
ventis n. m. pl.
ventolier adj. m.
ventôse n. m.
➾ Comme tous les noms de mois, ce mot s'écrit sans majuscule : *le 10 ventôse.*
ventosité n. f.
ventousaire adj.
ventouse n. f.
ventouser v. tr. | conjug. 1 |
ventrailles n. f. pl.
ventral, ale, aux adj.
ventralement adv.
ventre n. m.
➾ Les locutions **à plat ventre**, **ventre à terre** et **la peur au ventre** sont invariables.
ventrebleu interj.
ventrèche n. f.
ventrée n. f.
ventre-saint-gris interj.
ventriculaire adj.
ventricule n. m.
ventriculographie n. f.
ventriculoscopie n. f.
ventrière n. f.
ventriloque n. et adj.
ventriloquie n. f.
ventripotent, ente adj.
ventru, ue adj.
venturi n. m.
venu, ue adj. et n.
➾ Dans **nouveau venu** et **premier venu**, les deux éléments varient en genre et en nombre : *les nouvelles venues ; les premières venues*. Ne pas écrire le groupe verbal *bien venu* comme l'adjectif *bienvenu* : *ils seront toujours bienvenus chez nous* mais *oui, ils sont bien venus chez nous à l'heure prévue*. Si l'on peut remplacer *bien* par *vraiment*, il s'agit de l'adverbe *bien* et *bien venu* s'écrit en deux mots.
→ aussi **allée**
venue n. f.
vénus /venys/ n. f.
➾ Lorsqu'il désigne une femme d'une grande beauté, *vénus* s'écrit sans majuscule : *ce n'est pas une vénus*. Lorsqu'il désigne une représentation de la déesse, il s'écrit avec une majuscule : *la Vénus de Milo*.
vénusiaque adj.
vénusien, ienne adj.
vénuste adj.
vénusté n. f.
vépéciste n.
vêpre n. m.
vêprée n. f.
vêpres n. f. pl.
Ξ **Aller à vêpres** est vieilli. De nos jours, on dit **aller aux vêpres**.
vepse n. m.
ver n. m.
➾ **Ver de terre**, **ver luisant** et **ver à soie** s'écrivent sans traits d'union.
HOM. **vair, verre, vers, vert**
vérace adj.
véracité n. f.
véraison n. f.
véranda n. f.
vérascope n. m.
vératre n. m.
vératrine n. f.
verbal, ale, aux adj.
verbalement adv.
verbalisable adj.
verbalisateur, trice adj. et n.
verbalisation n. f.
verbaliser v. intr. et v. tr. | conjug. 1 |
verbalisme n. m.
verbatim /-tim/ adv. et n. m.
verbe n. m.
verbénacée n. f.
verbeusement adv.
verbeux, euse adj.

verbiage n. m.
verbiageur, euse adj. et n.
verbigération n. f.
verbo-iconique adj. ▪ plur. **verbo-iconiques**
verbomanie n. f.
verbomoteur, trice adj. et n.
verboquet n. m.
verbosité n. f.
verchok n. m.
ver-coquin n. m. ▪ plur. **vers-coquins**
verdage n. m.
verdagon n. m.
verdasse adj.
verdâtre adj.
verdelet, ette adj.
verderet n. m.
verderie n. f.
verdet, ette adj. et n. m.
verdeur n. f.
verdiau n. m.
verdict n. m.
verdier n. m.
verdillon n. m.
verdin n. m.
verdine n. f.
verdir v. intr. et v. tr. | conjug. 2 |
verdissage n. m.
verdissant, ante adj.
verdissement n. m.
verdoiement n. m.
➾ Ne pas oublier le *e* muet.
verdoré, ée adj.
verdoyant, ante adj.
verdoyer v. intr. | conjug. 8 |
verdunisation n. f.
verduniser v. tr. | conjug. 1 |
verdure n. f.
verdurier, ière n.
vérécondie n. f.
vérétille n. f. ou m.
véreux, euse adj.
verge n. f.
vergé, ée adj.
HOM. **verger**
vergence n. f.
vergeoise n. f.
verger n. m.
HOM. **vergé**
vergerette n. f.
vergeté, ée adj.
vergetier, ière n.
vergette n. f.
vergeture n. f.
vergeure ou **vergeüre**° /vɛʀʒyʀ/ n. f.
verglaçant, ante adj.
➾ Ne pas écrire **verglassant* : ce mot n'a pas de *s*, contrairement à *verglas*.
verglacé, ée adj.
➾ Ne pas écrire **verglassé* : ce mot n'a pas de *s*, contrairement à *verglas*.
verglacer v. impers. | conjug. 3 |
➾ Ne pas écrire **verglasser* : ce mot n'a pas de *s*, contrairement à *verglas*.
verglas n. m.
vergne n. m.
vergobret n. m.
vergogne n. f.
Ξ Ce mot ne s'emploie plus que dans la locution **sans vergogne**.
vergogneux, euse adj.
vergue n. f.
verhaerénien, ienne /vɛʀaʀ-/ adj. et n.
véridicité n. f.
véridiction n. f.
véridique adj.
véridiquement adv.
vérifiabilité n. f.
vérifiable adj.
vérificateur, trice n.
vérificatif, ive adj.
vérification n. f.
vérificatrice n. f.
vérifier v. tr. | conjug. 7 |
▸ **vérifier** (+ n.) *il faut vérifier les comptes*
▸ **vérifier que** (+ indic.) *elle vérifie que tout est en ordre*
▸ **vérifier si** (+ indic.) *je vérifierai si la machine fonctionne*
¬ **se vérifier**
➾ Aux temps composés de la forme pronominale, le participe passé s'accorde en genre et en nombre avec le sujet : *ses soupçons se sont vérifiés*.
vérifieur, ieuse n.
vérin n. m.
vérine ou **verrine** n. f.
vérisme n. m.
vériste adj. et n.
véritable adj.
véritablement adv.
vérité n. f.
Ξ Ce mot s'emploie fréquemment en apposition ; il est alors invariable. L'usage hésite quant à la présence d'un trait d'union : *le cinéma-vérité* mais *des documents vérité*.
verjus /vɛʀʒy/ n. m.
verjuter v. tr. | conjug. 1 |
verlainien, ienne adj.
verlan n. m.